Beck'sches Formularbuch
für den Strafverteidiger

Beck'sches Formularbuch für den Strafverteidiger

Herausgegeben von

Prof. Dr. Rainer Hamm
Rechtsanwalt in Frankfurt

Dr. Ingram Lohberger
Rechtsanwalt in München

In Zusammenarbeit mit

Michael Bärlein, Rechtsanwalt in Berlin; *Ernst Burgmair,* Fachanwalt für Steuerrecht in Dachau; *Dr. Peter Danckert,* Rechtsanwalt und Notar in Berlin; *Rüdiger Deckers,* Rechtsanwalt in Düsseldorf; *Dr. Alexander Eich,* Rechtsanwalt in Berlin; *Dr. Ferdinand Gillmeister,* Rechtsanwalt in Freiburg; *Dr. Eberhard Goll,* Rechtsanwalt in Stuttgart; *Prof. Dr. Winfried Hassemer,* Universität Frankfurt; *Dietrich Herrmann,* Rechtsanwalt und Notar in Berlin; *Heinz Kammeier,* Krankenhauspfarrer in Lippstadt; *Dr. Klaus Leipold,* Rechtsanwalt in München; *Regina Michalke,* Rechtsanwältin in Frankfurt; *Dr. Sven Thomas,* Rechtsanwalt in Düsseldorf; *Dr. Günter Tondorf,* Rechtsanwalt in Düsseldorf; *Prof. Dr. Rüdiger Zuck,* Rechtsanwalt in Stuttgart

2., neubearbeitete Auflage

C. H. Beck'sche Verlagsbuchhandlung
München 1992

Die Deutsche Bibliothek – CIP-Einheitsaufnahme

Beck'sches Formularbuch für den Strafverteidiger / hrsg.
von Rainer Hamm ; Ingram Lohberger. In Zusammenarbeit
mit Michael Bärlein ... – 2. Aufl. – München : Beck, 1992
  ISBN 3 406 34437 2
NE: Hamm, Rainer [Hrsg.]; Bärlein, Michael

ISBN 3 406 34437 2
Druck der C.H. Beck'schen Buchdruckerei, Nördlingen

Vorwort zur 2. Auflage

Die erste Auflage dieses Formularbuchs war schneller als erwartet vergriffen. Dies und die durchweg freundlichen Reaktionen der Kolleginnen und Kollegen haben uns gezeigt, daß der Bedarf nach einem solchen Hilfsmittel für die Praxis der Strafverteidigung groß ist und daß es auch entsprechend unseren Intentionen verwendet wird. Soweit uns Verbesserungsvorschläge erreichten, haben wir diese aufgenommen und nach Möglichkeit in der hier vorgelegten zweiten Auflage berücksichtigt.

Neben der Aktualisierung der Zitate in den Mustertexten und Anmerkungen wurden einige Teile (z. B. Hauptverhandlung und Checkliste für die Verfahrensrügen in der Revision) neu bearbeitet. Bei den besonderen Verfahrensarten sind zu den an die geänderte Gesetzeslage angepaßten Jugendstrafsachen und den Steuerstrafsachen die Wirtschafts- und die Umweltstrafverfahren hinzugetreten.

Die in der neuesten Rechtsprechung des Bundesgerichtshofs zu beobachtende Tendenz, den Verteidiger mehr als nach bisherigem Verständnis auch für die Einhaltung des Verfahrensrechts während des Ermittlungsverfahrens und beim Tatgericht in die Pflicht zu nehmen, ist hier nicht zu bewerten. Aber sie verstärkt die Notwendigkeit einer professionellen und handwerklich gut ausgerüsteten Strafverteidigung. Daß das jetzt anerkannte Verwertungsverbot für Aussagen des Beschuldigten im Ermittlungsverfahren ohne vorhergehende Belehrung nach §§ 136, 163a StPO dann nicht gilt, wenn die Aussage in Gegenwart eines Verteidigers gemacht wurde (BGH 5 StR 190/91 vom 27. 2. 1992; NJW 1992, 1463), setzt den informierten und informierenden Anwalt voraus. Auch wer die dem Verteidiger vom 4. Strafsenat des Bundesgerichtshofs neuerdings zugeschriebene Filterfunktion für die eigenen Aktivitäten des Mandanten (BGH, 4 StR 252/91 vom 7. 11. 1991; NJW 1992, 1245) ablehnt, wird sich darauf einstellen müssen, daß die Zahl der Diskussionen über die Grenzen der Beschuldigtenrechte, aber auch der zulässigen Verteidigung im Prozeßalltag zunehmen wird. Auch hierfür soll das vorliegende Handbuch eine Hilfe bieten.

Wir danken allen Autoren und Mitarbeitern sowie dem neuen Lektor des Verlags, Herrn Dr. Warth, für die gute Zusammenarbeit.

Frankfurt am Main/München, im Mai 1992

Rainer Hamm, Ingram Lohberger

Vorwort zur 1. Auflage

Die Erfahrung lehrt, daß Strafurteile für den beschuldigten Bürger um so günstiger ausfallen, je näher sich der Richter mit ihm als Einzelperson befaßt hat. Je mehr es dem Verteidiger gelingt, seinen Mandanten für den Richter transparent („einsehbar") werden zu lassen, desto größer ist die Chance, daß das Urteil vom menschlichen Verständnis für das Schicksalhafte auch einer strafprozessualen Verstrickung getragen ist. Es gibt im Strafrecht keine gleichen und nicht einmal vergleichbare Fälle, die es dem Richter erlauben würden, seine Entscheidung im Falle A („ohne Ansehen der Person"?) als Faksimile für den Fall B zu benutzen. Und es ist die wichtigste Aufgabe des Strafverteidigers, die stets vorhandenen singulären Besonderheiten des Einzelfalles zu erkennen und dem Gericht nahe zu bringen.

Das größte Hindernis, das es hierbei zu überwinden gilt, ist ein auch bei Juristen leider verbreitetes bürokratisch verwurzeltes „Denken in Formularen", also jene, einen falsch verstandenen Gleichbehandlungsgrundsatz vor sich hertragende, schematisierende Abhandlung von Einzelfällen, bei der sich der Staatsanwalt und oft auch der Strafrichter wie an ein rettendes Gerüst an vorformulierte Textraster klammern, die ihre Autorität und Authentizität aus dem „Vor-Druck" ableiten.

Böse Zungen behaupten, die Tatsache, daß ein so hoher Anteil von 99,7% aller Anklagen zum Hauptverfahren zugelassen werden, hänge auch damit zusammen, daß es für diese Entscheidung (Eröffnungsbeschluß) ein Formular gibt, das der Richter nur zu unterschreiben brauche, während er sich in ganzen 0,3% der Fälle der Mühe unterziehe, seinen gegenteiligen Beschluß (Nichteröffnung) selbst zu formulieren und auch noch ohne Vorlage zu begründen. Wer auch dieser These widersprechen mag, wird nicht bestreiten, daß eine gute und wirksame Strafverteidigung mit der Fähigkeit des Anwalts steht und fällt, wo immer die Neigung zur Bequemlichkeit und zur bürokratischen Erledigung bei der anderen Seite sichtbar wird, diese durch eine an den Besonderheiten des Einzelfalles orientierte Argumentation zu bekämpfen.

Und wozu dann jetzt ein Formularbuch für den Strafverteidiger? Ist dies nicht ein Widerspruch in sich? Wollen die Herausgeber und Autoren die schärfsten Waffen unseres Berufsstandes gegen stumpfe eintauschen? Besteht nicht die Gefahr, daß sich der Benutzer des Buches das Denken abgewöhnt und nur noch Texte ausfüllt und abschreibt?

Wir haben diese bangen Fragen und Einwände von Anfang an gesehen und uns dennoch von der Notwendigkeit eines Formularbuchs für den Strafverteidiger überzeugt. Der Verlag, der die Initiative ergriffen und die Autoren ausgewählt hat, hielt an seinem ursprünglichen Vorhaben fest, das vorliegende Buch in die Reihe der Beck'schen Formularbücher aufzunehmen, obwohl es aus den genannten Gründen in weiten Teilen kein Formularbuch in der herkömmlichen Bedeutung werden konnte. **Weil** Verteidigung niemals mit vorgegebenen Texten zu bewerkstelligen ist, kann und darf es für diesen Beruf kein „Formular-Buch" in dem Sinne geben, daß es der Benutzer als Arbeitsvorlage für die Programmierung eines Schreibautomaten „für alle Lebenslagen" der Strafverteidigerpraxis verwenden könnte. Von Ausnahmen abgesehen, enthält das Buch also nichts zum Ausfüllen und Abschreiben. Statt dessen sollte es dem Anwalt, der sich mit Strafsachen befassen will, eine Handhabe zur **Methodik** der Formulierung seiner schriftlichen und mündlichen Aktivitäten bieten. Die als „Formulare" bezeichneten Mustertexte enthalten dabei teilweise bewußt Einzelheiten des (gedachten oder der Praxis des Autors entnommenen) Falles, um auch den Detaillierungsgrad der Darstellung als solchen – freilich ohne Übertragbarkeit des Details selbst – zu zeigen.

Daneben sollen die vielfältigen Anmerkungen und Vorbemerkungen sowie die Schrifttumshinweise als Brücke zur Rechtswissenschaft und zur Judikatur dienen. Das Beck'sche

Vorwort

Formularbuch für den Strafverteidiger will damit auch deutlich machen, daß es nicht in Konkurrenz zu den Lehrbüchern und Kommentaren des Strafrechts und des Strafverfahrensrechts treten will. Es kann und will beispielsweise auch nicht die Lektüre des *Dahs*'schen „Handbuchs des Strafverteidigers" ersetzen.

Die dogmatisch-systematische Durchdringung des rechtlichen Stoffes, mit dem der Strafverteidiger täglich umzugehen hat, sollte der praktischen Arbeit unbedingt vorausgehen. Andererseits bleibt bei den noch so praxisbezogenen, mehr oder weniger abstrakten Gesamtdarstellungen die Frage nach dem „wie" im Einzelfall letztlich offen. So erklärt sich der in Fortbildungsveranstaltungen immer wieder zu hörende und zunehmend lauter an den Verlag herangetragene Ruf nach einem literarischen Hilfsmittel für die praktische Umsetzung der anderweitig erworbenen normativ-systematischen Kenntnisse. Hierin sehen wir die Aufgabe dieses Buches.

Während seiner etwa zweijährigen Entstehungsgeschichte wurde uns eine weitere Eigenart der Strafverteidigung vor Augen geführt, die hier zur Vermeidung eines naheliegenden Mißverständnisses über die Reichweite des Buches klargestellt werden muß: Strafverteidigung ist mehr als jede andere anwaltliche Tätigkeit auch eine Sache des individuellen Stils der einzelnen Verteidigerpersönlichkeit. Ein verteidigungsstrategisches Vorgehen, das der eine Anwalt ein Berufsleben lang geradezu als „sein Erfolgsrezept" anwendet, hält der andere für einen groben Kunstfehler, ohne daß sich auch nur einigermaßen zuverlässige objektive Richtigkeitskriterien benennen ließen. Das gilt schon für die Frage, ob es generell „richtig" oder „falsch" ist, vorhandene formelle Verteidigungsmittel stets auch auszuschöpfen; ebensowenig können sich oft auch erfahrene Verteidiger im Einzelfall darauf einigen, ob ein bestimmter Antrag gestellt werden sollte oder nicht. Es ist insbesondere das jeder Verteidigerentscheidung innewohnende starke prognostische Element zu einer mehr oder weniger großen Zahl unkalkulierbarer Faktoren (bevorstehende Zeugenaussagen, Reaktionen des Gerichts u. a. m.), das die Effektivität eines bestimmten Verteidigerverhaltens nur sehr bedingt vom Wortlaut eines vorgetragenen Textes abhängig macht. Nicht zu übersehen ist auch die unterschiedliche Wirkung, die von der Art des Auftretens eines Verteidigers, und sogar von dem ihm vorauseilenden Ruf, von Sympathien und von Antipathien ausgehen kann. Derartige Einflüsse haben sich noch um ein vielfaches dadurch vergrößert, daß in den letzten Jahren zunehmend informelle Verhandlungselemente Eingang in den Strafprozeß gefunden haben. Das seitdem viel diskutierte Thema der „Verständigung" oder gar des „Vergleichs" im Strafprozeß muß sich schon deshalb per definitionem einer Formalisierung und Formularisierung weitgehend entziehen, weil es an einer fallübergreifenden Regelhaftigkeit fehlt.

Die Autoren dieses Bandes repräsentieren einen Teil der Vielfalt der erfahrenen Berufspraktiker und sie spiegeln damit auch unterschiedliche Verteidigungsstile, Temperament und Mentalitäten wider. Die Herausgeber haben es als ein Gebot der Redlichkeit angesehen, derartige in den Manuskripten erkennbar gebliebene Differenzen bestehen zu lassen. Der Leser mag diesen Verzicht auf eine Bereinigung auch von vereinzelten widersprüchlich erscheinenden Empfehlungen nicht als Mangel, sondern als Aufforderung verstehen, sich selbst im Einzelfall für die ihm und der Sache angemessene Lösung zu entscheiden und alle hier vorgestellten Mustertexte daraufhin kritisch zu überprüfen, ob die darin vorgestellte Methodik des Vorgehens zum eigenen Stil und zum eigenen Auftreten paßt und in der jeweiligen Interaktion mit anderen Verfahrensbeteiligten einsetzbar ist.

Wir haben unseren Mitautoren ganz besonderen Dank dafür zu zollen, daß sie gerade in Kenntnis der Persönlichkeitsbezogenheit eines jeden Verteidigerhandelns bereit waren, hier vor der Fachöffentlichkeit Arbeitsproben ihres jeweiligen Berufsverständnisses und ihrer praktischen Tätigkeit abzulegen. Dies zeugt auch von einem gewandelten Verständnis vom Beruf des Strafverteidigers, der in wohltuender Weise immer mehr befreit wird von dem Nimbus einer geradezu magischen Geheimwissenschaft einzelner isoliert wirkender Persönlichkeiten, die sich nicht selten sogar (zum Schutz gegen Einblick Unbefugter in die eigene Arbeitsweise?) mit dem Glimmer eines Starkultes umgaben. Daß Strafverteidi-

Vorwort

gung auch aus einem lehr- und lernbaren Kern „handwerklicher" Fähigkeiten besteht, will dieses Buch dem jungen Berufskollegen, aber auch dem erfahrenen Anwalt, der sich der Strafverteidigung erst zu nähern beginnt, vermitteln. Das mit der Herausgabe dieses Bandes verfolgte Ziel wäre freilich erst dann erreicht, wenn es nicht nur als Nachschlagewerk zur Formulierung konkreter Bearbeitungsvorgänge, sondern auch als Lesebuch zur Gewinnung einer professionellen Argumentationssicherheit geeignet wäre.

Bei der Verfolgung dieses Ziels haben uns zwei Mitwirkende in besonderer Weise geholfen, die deshalb hier eine eigene Erwähnung verdienen, weil ihre Beiträge zum Entstehen des Werkes aus dem üblichen Rahmen der Autorenschaft für ein Formularbuch völlig herausfallen: Herr Professor Dr. Winfried Hassemer hat es freundlicherweise übernommen, aus der Sicht des Rechtswissenschaftlers die teilweise recht verschwommenen Grenzen zulässiger Strafverteidigung nachzuzeichnen. Bei der leider zu beobachtenden Vermehrung der Zahl von Strafverfahren gegen Strafverteidiger war es uns ein besonderes Anliegen, an den Anfang dieses Formularbuches eine Orientierungshilfe zur Erkennung des äußersten Rahmens legitimer Berufsausübung zu stellen. Um auf diesem hochsensiblen Gebiet dem Einwand zu entgehen, die Strafverteidiger definierten sich betriebsblind und interessengebunden selbst die Grenzen der Zulässigkeit ihres Tuns, legten wir besonderen Wert darauf, daß dieses Kapitel gerade nicht von einem Berufskollegen geschrieben wurde.

Verlag und Herausgebern war daran gelegen, den gesamten übrigen Text freizuhalten von leicht angreifbaren Passagen, die dazu führen könnten, das Bekenntnis zur professionellen einseitigen Sicht des Verteidigers als Anleitung zu einem unkontrollierten Aktionismus mißzuverstehen. Wir haben deshalb unsere Manuskripte Herrn Vorsitzenden Richter am Oberlandesgericht Hamburg, Dr. Klaus Wagner, zur kritischen Durchsicht überlassen und verdanken ihm eine Reihe von wertvollen Anregungen. Fast alle seiner Änderungsvorschläge leuchteten unter dem Aspekt des „Kontrollblicks von der anderen Seite" ein und haben geholfen, die Texte zu verbessern.

Besonderer Dank gilt auch Herrn Dr. Bernd Rüster und Herrn Norbert Konda von der C. H. Beck'schen Verlagsbuchhandlung für die gute verlegerische Betreuung sowie Frau Kollegin Sonja Dollinger für die Bearbeitung des Sachverzeichnisses.

Frankfurt/München, im Oktober 1987

Rainer Hamm, Ingram Lohberger

Inhaltsverzeichnis

Vorwort V
Bearbeiterverzeichnis... XXI
Abkürzungsverzeichnis.. XXIII

I. Grenzen zulässiger Strafverteidigung

A. Typologie unzulässiger Verteidigung

1. Verläßlichkeit und Mitteilbarkeit............................... 2
2. Informelle Programme... 3
3. Standesrecht... 4

B. Konstellationen unzulässiger Verteidigung

1. Kontakt mit dem Mandanten...................................... 4
2. Kontakt mit anderen Personen................................... 11
3. Kontakt mit sächlichen Beweismitteln........................... 16
4. Handeln im Verfahren... 16
5. Ergebnisse... 20

C. Grenzen zulässiger Verteidigung in Rechtsprechung und Lehre

1. Kontakt mit dem Mandanten...................................... 21
2. Kontakt mit anderen Personen................................... 24
3. Kontakt mit sächlichen Beweismitteln........................... 25
4. Handeln im Verfahren... 25

II. Mandatsverhältnis

1. Mandatsanbahnung... 29
2. Mandatsangebot... 31
3. Mandatsannahme... 33
4. Mehrfache Verteidigung... 36
5. Mitwirkung von Dritten (Steuerberater, Referendare, Rechtsbeistände, ausländische Verteidiger)... 37
6. Unterbevollmächtigung.. 39
7. „Vertreter" des Beschuldigten.................................. 40
8. Bestimmungen des Auftragsumfanges.............................. 41
9. Schweigepflichtentbindungserklärung gem. § 53 Abs. 2 StPO...... 42
10. Mitteilung der Mandatsübernahme an Polizei, Staatsanwaltschaft und/oder Gericht....... 44
11. Mandatskündigung.. 45
12. Mandatsbeendigung und nachwirkende Verpflichtungen............ 46

Die Pflichtverteidigung

13. Vollmachtsniederlegung und Antrag auf Beiordnung.............. 47
14. Antrag auf Erteilung eines Sprechscheins/Besuchserlaubnis..... 49
15. Ablehnung der Beiordnung durch Rechtsanwalt................... 49

Inhalt

16. Beschwerde gegen die Ablehnung der Beiordnung 50
17. Beschwerde gegen die Beiordnung 51

III. Der Verteidiger im Ermittlungsverfahren

1. Checkliste für Handakten 53
2. Vertretungsanzeige/Meldung zu den Verfahrensakten 54
3. Akteneinsicht 55
4. Schriftverkehr mit Mandanten (Verteidigerpost) 58
5. Schriftverkehr mit und Befragung von Zeugen 59
6. Erklärung von Zeugen bei anwaltlichen Anhörungen 61
7. Schriftverkehr mit Sachverständigen 62
8. Teilnahme an Durchsuchungshandlungen 64
9. Verteidigerbemühungen im Vorverfahren/Ermittlungsverfahren 68
10. Anwesenheit bei Vernehmungen von Beschuldigten, Mitbeschuldigten, Zeugen und Sachverständigen 69
11. Augenscheinseinnahme 71
12. Beweissicherung 72
13. Einschalten/Beauftragung von Detektiven 73
14. Beauftragung wissenschaftlicher Mitarbeiter des Verteidigers 74
15. Beauftragung von eigenen Sachverständigen 77
16. Beweisanträge/Beweisanregungen im Ermittlungsverfahren 78
17. Verteidigungsschriften und Verteidigergespräche 79
18. Einstellungsanträge nach §§ 170 Abs. 2, 153, 153 a ff. StPO 81

Gegenmaßnahmen des Verteidigers im Ermittlungsverfahren

19. Strafanzeige des Mandanten 82
20. Presserechtliche Verteidigungsbemühungen (Gegendarstellung, Aufforderungsschreiben, gerichtlicher Antrag auf Abdruck einer Gegendarstellung, Aufforderung zur Abgabe einer Verpflichtungserklärung, auf Unterlassung, Verpflichtungserklärung auf Unterlassung, Antrag auf Erlaß einer einstweiligen Verfügung wegen Unterlassung) 83
21. Dienstaufsichtsbeschwerde gegen Presseveröffentlichungen der Justiz 90

IV. Verfahrensabschluß ohne Urteil

Vorbemerkung 93

Einstellungen gem. § 153 StPO

1. Anregung auf Einstellung wegen geringer Schuld vor Erhebung der öffentlichen Klage (§ 153 Abs. 1 StPO)
   – Nach vorheriger Einigung mit der Staatsanwaltschaft – 95
2. Anregung auf Einstellung wegen geringer Schuld vor Erhebung der öffentlichen Klage (§ 153 Abs. 1 StPO)
   – Ohne vorherige Einigung mit der Staatsanwaltschaft – 98
3. Einstellung nach Erhebung der öffentlichen Klage (§ 153 Abs. 2 StPO) 101

Vorläufige Einstellung zur Erfüllung von Auflagen (§ 153 a StPO)

4. Vorläufiges Absehen von der Erhebung der öffentlichen Klage (§ 153 a Abs. 1 StPO)
   – „Andeutung" einer Bereitschaft zur Zustimmung innerhalb einer Verteidigungsschrift am Beispiel eines Falles aus dem Umweltstrafrecht – 103
5. Vorläufiges Absehen von der Erhebung der öffentlichen Klage (§ 153 a Abs. 1 StPO)
   – Anregung zur Einstellung mit konkretem Entscheidungsvorschlag für Auflagen (Wiedergutmachungsleistung) – 107

Inhalt

6. Vorläufiges Absehen von der Erhebung der öffentlichen Klage (§ 153a Abs. 1 StPO)
   – Anregung zur Einstellung mit konkretem Entscheidungsvorschlag für Auflagen (Geldbuße an gemeinnützige Einrichtung oder Staatskasse nach vorheriger Teileinigung mit der Staatsanwaltschaft) – 109
7. Nach Erhebung einer Anklage (§ 153a Abs. 2 StPO)
   – Außerhalb der Hauptverhandlung – 113
8. Nach Erhebung einer Anklage (§ 153a Abs. 2 StPO)
   – In der Hauptverhandlung – 115
9. Zustimmungserklärung zur Einstellung nach § 153a Abs. 1 (oder Abs. 2) StPO 117
10. Antrag auf nachträgliche Änderung der Auflagen (§ 153a Abs. 1 Satz 3 StPO) 118
11. Antrag auf endgültige Einstellung nach § 153a StPO 119

Strafbefehl

Vorbemerkung 120
12. Anregung an die Staatsanwaltschaft, Strafbefehlsantrag zu stellen 121
13. Rücknahme einer bereits erhobenen Anklage vor Eröffnung und Ersetzung durch Strafbefehlsantrag 124
14. Anregung für Übergang des Anklageverfahrens in das Strafbefehlsverfahren gem. § 408a StPO nach Eröffnung des Hauptverfahrens 126

V. Untersuchungshaft

Einführung 129
1. Schreiben des Verteidigers an die Staatsanwaltschaft
   – Der Beschuldigte befindet sich auf freiem Fuß, Haftbefehl droht – 130
2. Schreiben an die Staatsanwaltschaft und das Amtsgericht
   – Der Beschuldigte befindet sich im Ausland, Haftbefehl ist erlassen oder möglicherweise erlassen – 139
3. Haftabwendung durch Sicherheitsleistung bei geringfügigen Verstößen (§§ 127a, 132 StPO)
   – Der im Ausland wohnende Mandant möchte in die Bundesrepublik einreisen, ohne im Inland einen Wohnsitz zu begründen – 141
4. Schriftsatz zum Vorführtermin
   – Der Beschuldigte ist vorläufig festgenommen (§ 127 Abs. 2 StPO) – 142
5. Antrag auf Haftprüfung in mündlicher Verhandlung (§§ 117, 118, 118a StPO) 148
6. Haftbeschwerde (§ 304 StPO) 153
7. Beschwerde gegen die Entscheidung im Haftprüfungsverfahren (§ 304 StPO) 156
8. Weitere Beschwerde (§ 310 StPO) 157
9. Stellungnahme im Rahmen der Anhörung zum Haftfortdauerverfahren vor dem Oberlandesgericht (§§ 121, 122 StPO) 158
10. Haftbeschwerde bei nicht rechtskräftiger Verurteilung in 1. Instanz 162
11. Anträge zur Ausgestaltung der Untersuchungshaft 163
12. Übersicht über weitere Rechtsbehelfe im Bereich des Rechts der Untersuchungshaft 165

VI. Zwischenverfahren (Verteidigungsschriften)

Vorbemerkung 167
1. Verteidigungsschrift mit Antrag auf Nichteröffnung aus tatsächlichen Gründen (Kausalität) . . 168
2. Verteidigungsschrift mit Antrag auf Nichteröffnung aus tatsächlichen und rechtlichen Gründen 171

Inhalt

VII. Hauptverfahren

Vorbemerkung 172

A. Vorbereitung der Hauptverhandlung
Teil 1

1. Bitte um Terminsabstimmung 178
2. Antrag auf Terminsverlegung 179
3. Antrag auf (erneute) Akteneinsicht 181
4. Beschwerde gegen die Ablehnung eines Antrages auf Akteneinsicht 183
5. Aufhebung eines Eröffnungsbeschlusses 186
6. Vorläufige Einstellung bei Hindernissen in der Person des Angeklagten, § 205 StPO 188
7. Einstellung bei Verfahrenshindernissen, § 206 a StPO
    a) Rücknahme des Strafantrags 189
    b) Unwirksamer Strafantrag 192
    c) Verjährung 193
    d) Mängel der Anklageschrift/des Eröffnungsbeschlusses 194
8. Einstellung bei Gesetzesänderungen, § 206 b StPO 196

Teil 2

I. Anträge vor der Hauptverhandlung

9. Antrag auf kommissarische Vernehmung 199
10. Zuziehung eines Dolmetschers 201
11. Fremdsprachige Protokollierung 203
12. Antrag auf Ablehnung von Verfahrensbeteiligten wegen Besorgnis der Befangenheit 203

II. Weiteres zur Vorbereitung der Hauptverhandlung

13. Ankündigung von Anträgen für die Hauptverhandlung 205
14. Mitteilung des möglichen Aussageverhaltens 207
15. Checkliste zum Aussageverhalten des Angeklagten 207
16. Beweisverbote (Checkliste) 211
17. Rügeverlust (Checkliste) 220
18. Checkliste zur Vorbereitung der Hauptverhandlung 222

B. Tätigkeit in der Hauptverhandlung

I. Angekündigte Anträge

1. Ablehnung von Verfahrensbeteiligten wegen Besorgnis der Befangenheit 224
2. Antrag auf Änderung der Sitzordnung
    a) Wiedererkennen des Angeklagten durch Zeugen 225
    b) Bessere Verständigung mit dem Verteidiger 227
3. Nichtverlesung eines fehlerhaften Anklagesatzes 228
4. Besetzungseinwand 230
5. Aussetzung der Hauptverhandlung wegen Nichteinhaltung der Ladungsfrist
    a) Ladung des Angeklagten 230
    b) Ladung des (jedes einzelnen) Verteidigers 232

Inhalt

6. Zuständigkeitsrügen
   a) Örtliche Zuständigkeit gemäß § 16 StPO 234
   b) Funktionelle Zuständigkeit gemäß § 6a StPO 235
7. Aussetzung der Hauptverhandlung
   a) Wegen fehlender Akteneinsicht 236
   b) Wegen abgelehnter Akteneinsicht 237
8. Stellen von angekündigten Beweisanträgen 238
9. Zulassung von anwaltlichen Mitarbeitern 239
10. Zulassung von Tonbandaufzeichnungen 241

II. Anträge aus dem Verlauf der Hauptverhandlung

11. Einstellung des Verfahrens durch Urteil 243
12. Unterbrechung der Hauptverhandlung 244
13. Aussetzung der Hauptverhandlung
    a) Verspätete Namhaftmachung/verspätetes Vorbringen einer zu beweisenden Tatsache (§ 246 Abs. 2 StPO) 245
    b) Veränderte Sach- und Rechtslage (§ 265 Abs. 3 StPO)
       aa) Anwendung eines schwereren Strafgesetzes 247
       bb) Rechtsfolgenausspruch, Maßregeln der Besserung und Sicherung 249
    c) Veränderte Sachlage (§ 265 Abs. 4 StPO)
       aa) Veränderung des Sachverhalts 251
       bb) Veränderung der Verfahrenslage
           α) Verwertung von Tatsachen aus eingestellten Verfahrenskomplexen 252
           β) Neue Beweismittel 254
           γ) Verhinderung des Verteidigers 255
14. Beanstandung von prozessualen Handlungen
    a) Ungeeignete Fragen 256
    b) Verlesung einer Eintragung im Erziehungsregister 258
    15. Protokollierung einer Aussage 259
    16. Aufhebung einer Sperrerklärung (§ 96 StPO) 260
    17. Antrag auf Erteilung einer (unbeschränkten) Aussagegenehmigung 261
    18. Ausschließung der Öffentlichkeit
        a) Während der Vernehmung des Angeklagten 263
        b) Während der Urteilsverkündung 265
    19. Ablehnung von Verfahrensbeteiligten wegen Besorgnis der Befangenheit
        a) Richter
           aa) Berufsrichter 266
           bb) Schöffen 268
           cc) Alle Mitglieder eines Spruchkörpers 269
        b) Protokollführer 270
        c) Sachverständiger 271
        d) Auswechslung des Staatsanwalts 272
20. Anträge zum Verteidigungsverhältnis
    a) Bestellung des Wahlverteidigers zum Pflichtverteidiger 274
    b) Bestellung eines Pflichtverteidigers neben dem Wahlverteidiger 275
    c) Zurücknahme der Bestellung zum Pflichtverteidiger 276
    d) Aussetzung der Hauptverhandlung gemäß § 145 Abs. 3 StPO 278
21. Fragerecht des Verteidigers und Vernehmungstechnik 279
22. Strafzumessung 284

C. Besetzungsfragen

Checkliste 298
1. Unterbrechungsantrag 298
2. Antrag auf Einsicht in den Geschäftsplan des Landgerichts/Oberlandesgericht 300
3. Antrag auf Mitteilung der nach Fertigung des Geschäftsplans ergangenen neuen Präsidialbeschlüsse 300
4. Antrag auf Einsicht in die Unterlagen betreffend die Schöffenwahl 301
5. Protokoll über Schöffenauslosung 303

Inhalt

   6. Antrag auf Einsicht in die Hilfsschöffenliste 304
   7. Rüge der nichtvorschriftsmäßigen Besetzung des erkennenden Gerichts hinsichtlich der Berufsrichter 304
   8. Rüge der nichtvorschriftsmäßigen Besetzung des erkennenden Gerichts hinsichtlich der Hauptschöffen 306
   9. Rüge der nichtvorschriftsmäßigen Besetzung des erkennenden Gerichts hinsichtlich der Hilfs- und Ergänzungsschöffen 308
10. Rüge der nichtvorschriftsmäßigen Besetzung des erkennenden Gerichts hinsichtlich der Ergänzungsrichter 309

D. Beweisanträge

   1. Beweisantrag auf Vernehmung des nicht-präsenten Zeugen in der Hauptverhandlung 310
   2. Beweisantrag auf Vernehmung des präsenten Zeugen (§ 245 Abs. 2 StPO) in der Hauptverhandlung 313
   3. (Selbst-)Ladungsschreiben an den Zeugen 314
   4. Ladungsauftrag an den Gerichtsvollzieher 314
   5. Beweisantrag auf Einholung eines Sachverständigengutachtens in der Hauptverhandlung ... 318
   6. Beweisantrag auf Ladung eines Sachverständigen zur Vorbereitung auf die Hauptverhandlung gem. § 219 StPO 321
   7. Beweisantrag auf Vernehmung des präsenten Sachverständigen in der Hauptverhandlung nach Zurückweisung des Beweisantrages gem. § 219 StPO 322
   8. Beweisantrag auf Verlesung einer (präsenten) Urkunde (§ 245 StPO) in der Hauptverhandlung 324
   9. Beweisantrag auf Augenscheinseinnahme in der Hauptverhandlung 325
10. Beweisantrag auf Augenscheinseinnahme außerhalb des Gerichtssaals (Durchführung eines Fahrversuchs) 327
11. Beweisanregung in der Hauptverhandlung 328
12. Beweisermittlungsantrag in der Hauptverhandlung 329
13. Beweisantrag im Zwischenverfahren gem. § 201 StPO 331
14. Beweisantrag im Ermittlungsverfahren (§ 163 a Abs. 2 StPO) 333
15. Der bedingte Beweisantrag (unechter Hilfsbeweisantrag) 334
16. Hilfsbeweisantrag 337
17. Hilfsbeweisantrag auf Zuziehung eines i.S.d. § 244 Abs. 4 S. 2 StPO „weiteren Sachverständigen" 339

VIII. Rechtsmittel und Rechtsbehelfe

Allgemeine Grundsätze 343

A. Beschwerde, sofortige Beschwerde

Vorbemerkung 346
1. Beschwerde gegen Durchsuchung und Beschlagnahme 347
2. Beschwerde gegen Beschlagnahme von Verteidigerpost 350
3. Weitere Beschwerde 351
4. Sofortige Beschwerde (§ 311 StPO) 352
5. Beschwerde gem. § 181 GVG mit Antrag auf Aussetzung der Vollziehung (§ 307 Abs. 2 StPO) 352

B. Berufung

Vorbemerkung 357
1. Einlegung der Berufung 358
2. Einlegung eines (noch unbestimmten) „Rechtsmittels" 360
3. Nachträgliche Bezeichnung des Rechtsmittels als Berufung 361

4. Antrag auf Wiedereinsetzung gegen ein auf das Ausbleiben des Angeklagten hin ergangenes erstinstanzliches Urteil mit gleichzeitiger Berufungseinlegung (§ 315 StPO) 362
5. Antrag gem. § 319 Abs. 2 StPO gegen den Beschluß des erstinstanzlichen Gerichts, der die Unzulässigkeit der Berufung wegen Verspätung der Berufungseinlegung gem. § 319 Abs. 1 StPO ausspricht 364
6. Berufungsbegründung bei Anfechtung des Urteils in vollem Umfang (Fall aus dem Umweltstrafrecht) 365
7. Antrag und Begründung einer auf das Strafmaß beschränkten Berufung 368
8. Berufungsbeschränkung innerhalb des Rechtsfolgenausspruchs 370
9. Berufungsbeschränkung innerhalb des Schuldspruchs 372

C. Revision

1. Revisionseinlegung 378
2. Checkliste zur Prüfung von Verfahrensfehlern 380
3. Revisionsbegründungsschrift (Grundmuster einer Revisionsbegründung mit allgemeiner Sachrüge und zwei Verfahrensrügen betr. Vereidigung von Zeugen) 393
4. Verfahrensrügen auf unrichtige Behandlung von Beweisanträgen 397
5. Revisionsbegründung mit allgemeiner Sachrüge, Besetzungsrüge und Rüge der Verletzung des § 252 StPO 407
6. Öffentlichkeitsrüge 413
7. Aufklärungsrügen (unterlassene Zeugenvernehmung und Glaubwürdigkeitsbegutachtung) ... 414
8. Ausgeführte Sachrüge (Angriffe gegen die Beweiswürdigung in einem Indizienprozeß) 417
9. Gegenerklärung zum Antrag der Revisionsstaatsanwaltschaft auf Beschlußverwerfung (§ 349 Abs. 2, 3 StPO) 430

D. Wiedereinsetzung in den vorigen Stand

Vorbemerkung 434
1. Wiedereinsetzung wegen Versäumung der Einspruchsfrist gegen einen Strafbefehl 436
2. Wiedereinsetzung wegen Versäumung der Einspruchsfrist gegen einen Bußgeldbescheid gem. § 52 OWiG 440
3. Antrag auf Wiedereinsetzung wegen Versäumung der Frist zur Berufungseinlegung aufgrund unterbliebener Rechtsmittelbelehrung mit gleichzeitiger Berufungseinlegung 442
4. Wiedereinsetzungsantrag bei Versäumung der Beschwerdefrist des § 172 Abs. 1 StPO 444
5. Wiedereinsetzungsantrag wegen Ausbleibens des Angeklagten in der Hauptverhandlung gem. § 235 StPO 446
6. Wiedereinsetzungsantrag wegen Ausbleibens des Angeklagten in der Berufungshauptverhandlung gem. § 329 Abs. 3 mit gleichzeitiger Revisionseinlegung gem. § 342 Abs. 2 StPO 447
7. Wiedereinsetzung wegen Versäumung der Frist zur Revisionsbegründung nach Verwerfung der Revision durch das Tatgericht (§ 346 StPO) 449

E. Rechtsmittel gegen erkennungsdienstliche Maßnahmen

Vorbemerkung 452
1. Antrag auf Vernichtung angefertiger, erkennungsdienstlicher Unterlagen (§ 81 b, 2. Alt. StPO) 453
2. Antrag auf gerichtliche Entscheidung (§ 98 Abs. 2 S. 2 StPO analog) gegen von der Polizei angeordnete erkennungsdienstliche Maßnahmen (§ 81 b 1. Alt. StPO) 458

F. Sonstige Rechtsbehelfe

1. Antrag auf nachträgliche Gewährung rechtlichen Gehörs (§ 33 a StPO) 460
2. Gegenvorstellung 462
3. Antrag auf gerichtliche Entscheidung gem. §§ 23 ff EGGVG 466

Inhalt

IX. Wiederaufnahme des Verfahrens

Vorbemerkung 473
1. Ziele eines Wiederaufnahmeverfahrens 474
2. Allgemeine Zulässigkeitsvoraussetzungen 477
3. Antrag nach § 359 Nr. 2 StPO 495
4. Antrag nach § 359 Nr. 5 StPO 502
5. Wiederaufnahme gegen einen Strafbefehl (§ 373 a StPO) 540
6. Wiederholung eines Antrags – erneute Antragstellung 542
7. Haftfragen während des Wiederaufnahmeverfahrens – Bedeutung des § 360 Abs. 2 StPO 546
8. Wiederaufnahme mit neuen Beweismitteln 552
9. Wiederaufnahme mit neuen Tatsachen 555

X. Strafvollstreckung, Begnadigung und Vollzug

A. Strafvollstreckung und Begnadigung

1. Antrag auf Zahlungserleichterungen bei einer Geldstrafe (§ 459 a StPO) 561
2. Antrag auf Bildung einer Gesamtstrafe (§ 460 StPO) 563
3. Sofortige Beschwerde gegen Entscheidung über nachträgliche Gesamtstrafenbildung 565
4. Antrag auf Aufhebung erteilter Weisungen (§ 56 e StGB) 568
5. Stellungnahme zum Widerrufsantrag (§ 56 Abs. 1 Nr. 1 StGB) 569
6. Sofortige Beschwerde gegen Widerruf 571
7. Antrag auf Aufhebung eines Sicherungshaftbefehls (§ 453 c StPO) 572
8. Antrag auf Strafaufschub (§ 456 StPO) 573
9. Antrag auf Strafaufschub (§ 455 StPO) 578
10. Antrag auf Strafaussetzung einer Reststrafe (§ 57 Abs. 1 StGB) 580
11. Antrag auf Strafaussetzung zur Bewährung (Halbstrafe gem. § 57 Abs. 2 Nr. 1 StGB) 582
12. Antrag auf Strafaussetzung zur Bewährung (Halbstrafe gem. § 57 Abs. 2 Nr. 2 StGB) 584
13. Sofortige Beschwerde gegen Entscheidung nach § 57 StGB 588
14. Gnadenantrag: Strafaussetzung zur Bewährung, Rechtsgründe 591
15. Gnadenantrag: Strafaussetzung zur Bewährung, persönliche Gründe 605
16. Gnadenantrag: Strafaufschub von 1 Jahr 607
17. Gnadenantrag: Strafunterbrechung 611
18. Gnadenverfahren: Rechtsbehelfe 612
19. Zurückstellung der Strafvollstreckung nach dem Betäubungsmittelgesetz . . 614

B. Der Vollzug der freiheitsentziehenden Maßregeln der Besserung und Sicherung gemäß §§ 63, 64 StGB in einem Psychiatrischen Krankenhaus und in einer Entziehungsanstalt

Der Vollzug

1. Übersichtsgrafik/Begriffsbestimmungen/ Rechtsbehelfsverfahren 619
2. Anfechtungsklage gemäß § 109 Abs. 1 S. 1 StVollzG (gegen unzulässige Grundrechtseingriffe) 624
3. Anfechtungsklage mit Übergang auf Feststellungsklage gemäß § 109 Abs. 1 S. 1 StVollzG (gegen aufgezwungene – falsche – Behandlung) 626
4. Verpflichtungsklage gemäß §§ 109 Abs. 1 S. 2, 115 Abs. 4 S. 1 StVollzG (Gewährung von Urlaub und auswärtigem Wohnen) 629
5. Verpflichtungsklage gemäß §§ 109 Abs. 1 S. 2, 115 Abs. 4 S. 1 StVollzG (Gewährung von sonstiger Gesundheitsbehandlung) 631
6. Vornahmeklage gemäß § 113 StVollzG (gegen Untätigkeit) 633
7. Vornahmeklage gemäß § 113 StVollzG (gegen Untätigbleiben und gegen das Unterlassen einer Maßnahme) 635

Inhalt

  8. Unterlassungsklage gemäß § 109 Abs. 1 S. 1 StVollzG (gegen angedrohte Maßnahme) 636
  9. Unterlassungsklage gemäß § 109 Abs. 1 S. 1 StVollzG (gegen „schikanöse Behandlung") 638
 10. Feststellungsklage gemäß § 115 Abs. 3 StVollzG (gegen Rechtswidrigkeit einer Ausgangssperre) 640
 11. Antrag auf Aussetzung einer Maßnahme gemäß § 114 Abs. 2 S. 1 StVollzG (Verlegung zum jetzigen Zeitpunkt) 642
 12. Antrag auf einstweilige Anordnung gemäß § 114 Abs. 2 S. 2 StVollzG (Teilnahme an Beerdigung) 644
 13. Rechtsbeschwerde 645
 14. Checkliste von relevanten Punkten für Anträge auf gerichtliche Entscheidung 648

Die Vollstreckung von Maßregeln der Besserung und Sicherung

 15. Aussetzung zugleich mit der Anordnung (§ 67 b StGB) 651
 16. Dauer der Unterbringung (§ 67 d Abs. 2 und § 67 e StGB) 655
 17. Aussetzung nach zuvor vollzogener Freiheitsstrafe (§ 67 c Abs. 1 StGB) 660
 18. Keine Anrechnung der Maßregel auf die Strafzeit bei Abbruch der Unterbringung in der Entziehungsanstalt (§ 67 Abs. 4 S. 2 i. V. m. § 67 d Abs. 5 S. 1 StGB) 663
 19. Vikariierung von Strafe und Maßregel (§ 67 Abs. 3 StGB) 666
 20. Überweisung in den Vollzug einer anderen Maßregel (§ 67 a StGB) 668
 21. Verbindung von Maßregeln, Reihenfolge bei mehreren Maßregeln (§ 72 Abs. 3 StGB) 669

XI. Ordnungswidrigkeiten, einschließlich Verkehrssachen und Rechtsbehelfe

A. Verfahren vor der Verwaltungsbehörde und Führerscheinsachen

  1. Legitimation und Antrag auf Akteneinsicht 671
  2. Anfechtung einer Verwarnung und Antrag auf Rückzahlung des Verwarnungsgeldes 673
  3. Antrag auf gerichtliche Entscheidung gegen die Ablehnung der Verwaltungsbehörde, eine Verwarnung zurückzunehmen 674
  4. Antrag auf Beiordnung eines Verteidigers 675
  5. Antrag auf gerichtliche Entscheidung gegen die Ablehnung der Verwaltungsbehörde, dem Betroffenen einen Pflichtverteidiger beizuordnen 677
  6. Antrag an die Verwaltungsbehörde auf Vernehmung eines Zeugen, verbunden mit der Einnahme eines Augenscheins 678
  7. Antrag auf gerichtliche Entscheidung (§ 62 OWiG) gegen eine verwaltungsbehördliche Durchsuchungs- und Beschlagnahmeanordnung, verbunden mit dem Antrag auf Aussetzung der Vollziehung 680
  8. Beschwerde eines Nichtbetroffenen gegen eine richterlich angeordnete Beschlagnahme ... 682
  9. Antrag auf richterliche Entscheidung (§ 98 Abs. 2 Satz 2 StPO) gegen die polizeiliche Beschlagnahme eines Führerscheins 684
 10. Beschwerde gegen die vorläufige Entziehung der Fahrerlaubnis 685
 11. Antrag auf Ausnahme bestimmter Fahrzeugarten von der vorläufigen Entziehung der Fahrerlaubnis 688
 12. Antrag auf vorzeitige Aufhebung einer rechtskräftig verhängten Sperre für die Wiedererteilung einer Fahrerlaubnis (§ 69 a Abs. 7 StGB) 689
 13. Antrag eines Kfz-Halters gegen die Kostentragungspflicht gem. § 25 a StVG (Halterhaftung) . 691

B. Einspruch

  1. Einspruch gegen einen Bußgeldbescheid 695
  2. Einspruch einer juristischen Person im selbständigen Bußgeldverfahren nach § 30 Abs. 4 OWiG 698
  3. Einspruch gegen einen Bußgeldbescheid mit dem Antrag auf Rücknahme und der Anregung, einen neuen Bußgeldbescheid mit geänderter Rechtsfolge zu erlassen 700

Inhalt

C. Zwischenverfahren

1. Antrag auf gerichtliche Entscheidung gegen die Verwerfung des Einspruchs als unzulässig 702
2. Sofortige Beschwerde gegen die Verwerfung des Einspruchs als unzulässig 704
3. Rücknahme des Einspruchs gegen einen Bußgeldbescheid 705
4. Verteidigungsschrift an die Staatsanwaltschaft mit dem Antrag, das Bußgeldverfahren wegen Verjährung einzustellen 707

D. Hauptverfahren

1. Antrag auf Vernehmung des Betroffenen durch einen ersuchten Richter 711
2. Beschwerde gegen die richterliche Anordnung, den Betroffenen vorzuführen 713

E. Rechtsbeschwerdeverfahren

1. Einlegung einer Rechtsbeschwerde 715
2. Begründung einer Rechtsbeschwerde gegen die Verurteilung wegen einer Verkehrsordnungswidrigkeit 716
3. Begründung einer Rechtsbeschwerde gegen einen Beschluß nach § 72 OWiG 721
4. Antrag auf Zulassung einer Rechtsbeschwerde 722
5. Beschränkte Rechtsbeschwerde gegen die Höhe einer verhängten Geldbuße 725

F. Einziehung

1. Einspruch gegen die selbständige Anordnung einer Einziehung 728
2. Antrag auf gerichtliche Entscheidung gegen die Ablehnung der Verfahrensbeteiligung im Einziehungsverfahren 730
3. Rechtsbeschwerde eines Einziehungsbeteiligten wegen nicht ausreichender Entschädigung 731
4. Antrag auf ein Nachverfahren wegen nicht gerechtfertigter Einziehung 733

G. Wirtschaftsstrafgesetz

1. Sofortige Beschwerde gegen die Verpflichtung zur Rückerstattung des Mehrerlöses nach dem Wirtschaftsstrafgesetz 736

XII. Besondere Verfahrensarten

A. Der Verteidiger in Jugendstrafsachen

1. Der Verteidiger als „Störenfried" oder als „pädagogischer Fachanwalt" 737
2. Die Verteidigung im Ermittlungs- und Zwischenverfahren (Checkliste) 742
3. Untersuchungshaft und Pflichtverteidigung 749
4. „Non-Intervention" (§ 45 Abs. 2 Nr. 2 JGG) 749
5. Diversion (§ 45 Abs. 2 Nr. 1, 45 Abs. 1, 47 JGG) 751
6. Zur Verantwortlichkeit des Jugendlichen nach § 3 JGG 753
7. Die strafrechtliche Behandlung des Heranwachsenden nach § 105 JGG 757
8. Vorbereitung der Hauptverhandlung (Checkliste) 761
9. Besonderheiten der Hauptverhandlung (Checkliste) 762
10. Verteidigerstrategie und Plädoyerhinweise (Verbindung von Erziehungsmaßregeln, Zuchtmitteln und Jugendstrafen; Erziehungsmaßregeln; Zuchtmittel; Jugendstrafe von bestimmter Dauer; Strafzumessungserwägungen; Strafaussetzung zur Bewährung; Jugendstrafe von unbestimmter Dauer; Aussetzung der Verhängung der Jugendstrafe – die Schuldfeststellung gemäß § 27 JGG; Vorbewährung) 763
11. Einheitsjugendstrafe wegen mehrerer Taten in verschiedenen Altersstufen, §§ 31, 32 JGG ... 773
12. Besonderheiten bei Kosten und Auslagen 775
13. Besonderheiten bei Rechtsmitteln 776

Inhalt

B. Steuerstrafsachen

1. Berichtigung einer Erklärung gem. § 153 AO 777
2. Selbstanzeige (§ 371 AO) 779
3. Anzeige nach § 371 Abs. 4 AO 783
4. Ausführliche Selbstanzeige 784
5. Beschwerde gegen Kontrollmitteilung gem. § 349 AO 785
6. Antrag auf Akteneinsicht gem. § 147 StPO 788
7. Antrag auf Aussetzung nach § 396 AO 790

C. Maßnahmenkatalog bei Tätigkeit von Finanzbehörden, Steuerfahndungsstellen und Strafverfolgungsorganen

Maßnahmenkatalog strafrechtlicher und steuerstrafrechtlicher Ermittlungshandlungen; Maßnahmen von Finanzbehörden im Besteuerungsverfahren

Vorbemerkung 793
1. Fernmündliches Auskunftsersuchen der Staatsanwaltschaft und der Kriminalpolizei, der Steuerfahndung oder des Finanzamts 794
2. Schriftliches Auskunftsersuchen 798
3. Vorladung zur Vernehmung, Erscheinen zum Zwecke der Vernehmung 801
4. Erscheinen zum Zwecke der Einsichtnahme in die Geschäftsunterlagen 802
5. Erscheinen zum Zwecke der Durchsuchung und Beschlagnahme 805
Anhang: Rechtsschutz in Strafsachen für Bundesbedienstete 922

Verhaltensregeln

6. Verhaltensregeln bei staatsanwaltschaftlichen Ermittlungshandlungen gegen Unternehmen ... 809

D. Verteidigung in Wirtschaftsstrafverfahren

Einführung 819
1. Bestellung als Verteidiger in Wirtschaftsstrafverfahren 822
2. Bestellung als Zeugenbeistand 825

E. Verteidigung in Umweltstrafsachen

Vorbemerkung 827
1. Verteidigungsschrift im Ermittlungsverfahren zur Frage einer wasserrechtlichen Einleitungserlaubnis (§ 324 StGB) 829
2. Verteidigungsschrift nach Anklageerhebung vor der Eröffnungsentscheidung (zu § 324 StGB) . 833
3. Verteidigungsschrift nach Anklageerhebung vor der Eröffnungsentscheidung (zu § 326 StGB) . 836
4. Verteidigungsschrift im Ermittlungsverfahren (zu § 327 Abs. 2 StGB) 838

XIII. Vertretung des Verletzten und Zeugen im Strafverfahren

A. Klageerzwingungsverfahren

1. Einstellungsbeschwerde 841
2. Klageerzwingungsantrag 845

B. Privatklageverfahren

1. Antrag auf Durchführung eines Sühneverfahrens in Privatklagesachen 852
2. Antrag auf Prozeßkostenhilfe und Beiordnung eines Rechtsanwalts verbunden mit einem Privatklageentwurf 854

Inhalt

3. Privatklage einer juristischen Person 859
4. Beitritt zu einem anhängigen Privatklageverfahren 860
5. Sofortige Beschwerde gegen einen Zurückweisungsbeschluß 861
6. Widerklage im Privatklageverfahren 863

C. Nebenklageverfahren

1. Anschlußerklärung für den Nebenkläger 865
2. Anschlußerklärung für den Nebenkläger verbunden mit dem Antrag auf Prozeßkostenhilfe für die Vertretung des Nebenklägers 867
3. Beschwerde gegen einen Nichtzulassungsbeschluß 869
4. Beschwerde des Angeschuldigten gegen die Zulassung einer Nebenklage 871
5. Anschlußerklärung des Nebenklägers durch Einlegung eines Rechtsmittels 872

D. Adhäsionsverfahren

Einführung 874
1. Anträge im Adhäsionsverfahren 875
2. Unbestimmter Adhäsionsantrag auf Zahlung eines Schmerzensgeldes gegen einen Mitangeklagten im Berufungsverfahren 879
3. Beweisantrag für das Adhäsionsverfahren 880
4. Rücknahme der Adhäsionsanträge 882
5. Isolierte Anfechtung der Adhäsionsentscheidung durch den Angeklagten mit Vergleichsvorschlag 883

E. Der Rechtsanwalt als Beistand eines Zeugen

Einführung 886
1. Mandatsanzeige des Zeugenbeistands und Anträge zum Ausschluß der Öffentlichkeit 890
2. Schriftsatz für einen wegen Selbstbezichtigung gefährdeten Zeugen 892
3. Antrag auf gerichtliche Entscheidung gegen die Anordnung von Ordnungsmitteln durch die Staatsanwaltschaft (§ 161a Abs. 3 StPO) 894

XIV. Kosten

A. Honorarvereinbarungen

1. Honorarvereinbarung (normaler Honorarschein) 897
2. Honorarvereinbarung (Stundenhonorar für Ermittlungsverfahren) 897
3. Honorarvereinbarung (Hauptverhandlung) 898
4. Honorarschein (Hauptverhandlung mit Zusatztagen) 899
5. Honorarschein (Hauptverhandlung mit Stundenhonorar) 899

B. Pflichtverteidigergebühren

1. Pflichtverteidigergebührenantrag für 1. Instanz (Amtsgericht) 924
2. Pflichtverteidigergebührenantrag für 2. Instanz (Landgericht) 925
3. Vorschußanforderung für Pflichtverteidigergebühren und Auslagen (Landgericht) 926
4. Antrag auf Genehmigung der Teilnahme des Pflichtverteidigers an der auswärtigen Vernehmung eines Zeugen (Landgericht) 927
5. Antrag auf Feststellung der Notwendigkeit von Auslagen des Pflichtverteidigers 927
6. Gebührenantrag für Einzeltätigkeit des Pflichtverteidigers (Amtsgericht) 928
7. Antrag auf Erstattung von Pflichtverteidigergebühren bei mehrtägiger Hauptverhandlung vor dem Landgericht 1. Instanz mit gezahlten Vorschuß aus der Staatskasse 929
8. Antrag auf Erstattung von Pflichtverteidigergebühren für den Wiederaufnahmeantrag (Amtsgericht) 931

Inhalt

C. Strafsachen besonderen Umfangs

1. Hauptverhandlungstage 947
2. Ermittlungsverfahren 948
3. Kommissarische Vernehmung 949
4. Vorschußanforderung 950
5. Nebenkläger 952
6. Stellungnahme zur Äußerung des Bezirksrevisors 953

D. Anspruch des bestellten Verteidigers gegen den Angeklagten (§ 100 BRAGO)

1. Anspruch des bestellten Verteidigers gegen den Angeklagten 975
2. Anspruch des bestellten Rechtsanwaltes gegen den Nebenkläger 976

XV. Verfassungsbeschwerde, Menschenrechtsbeschwerde

1. Verfassungsbeschwerde wegen Auslieferungsentscheidungen / Haft / gesetzlicher Richter / Prinzip der Verhältnismäßigkeit (Art. 2 Abs. 1, 2, 16 Abs. 2, 20 Abs. 3, 101 Abs. 1 S. 2 GG) .. 987
2. Verfassungsbeschwerde wegen Unterbringungsmaßnahmen / Pflichtverteidigung / faires Verfahren / Sachverständigengutachten (Art. 2 Abs. 1, 2, Art. 20 Abs. 3 GG) 997
3. Verfassungsbeschwerde wegen Strafbefehl / rechtliches Gehör / ne bis in idem / nulla poena sine lege / Ungleichbehandlung / Prozeßkostenhilfe (Art. 3 Abs. 1, 19 Abs. 4, 103 Abs. 1, 2, 3 GG) 1001
4. Antrag auf Erlaß einer einstweiligen Anordnung 1008
5. Vollmacht 1010
6. Ablehnungsgesuch 1011
7. Antrag auf Festsetzung des Gegenstandswerts 1012
8. Antrag auf Kostenfestsetzung 1013
9. Menschenrechtsbeschwerde an die Europäische Menschenrechtskonvention 1014

Sachverzeichnis 1037

Verzeichnis der Bearbeiter

Michael Bärlein	VII. C. Besetzungsfragen (gemeinsam mit Dr. Peter Danckert)
Ernst Burgmair	XII. B. Steuerstrafsachen
Dr. Peter Danckert	II. Mandatsverhältnis
	III. Der Verteidiger im Ermittlungsverfahren
	A. Vorbereitung der Hauptverhandlung Form. 1–13, 17, 18 (gemeinsam mit Dr. Alexander Eich)
	B. Tätigkeit in der Hauptverhandlung Form. 1–20 (gemeinsam mit Dr. Alexander Eich)
	VII. C. Besetzungsfragen (gemeinsam mit Michael Bärlein)
Rüdiger Deckers	V. Untersuchungshaft
Dr. Alexander Eich	VII. A. Vorbereitung der Hauptverhandlung Form. 1–13, 17, 18 (gemeinsam mit Dr. Peter Danckert)
	VII. B. Tätigkeit in der Hauptverhandlung Form. 1–20 (gemeinsam mit Dr. Peter Danckert)
Dr. Ferdinand Gillmeister	XI. Ordnungswidrigkeiten, einschließlich Verkehrssachen und Rechtsbehelfe
	XIII. Vertretung des Verletzten und Zeugen im Strafverfahren
Dr. Eberhard Goll	XII. C. Maßnahmenkatalog bei Tätigkeit von Finanzbehörden, Steuerfahndungsstellen und Strafverfolgungsorganen
Prof. Dr. Rainer Hamm	IV. Verfahrensabschluß ohne Urteil
	VI. Zwischenverfahren (Verteidigungsschriften)
	VIII. A. Beschwerde, sofortige Beschwerde
	VIII. C. Revision
	VIII. E. Sonstige Rechtsbehelfe (gemeinsam mit Regina Michalke)
	XII. E. Verteidigung in Umweltstrafsachen
Prof. Dr. Winfried Hassemer	I. Grenzen zulässiger Strafverteidigung
Dietrich Herrmann	XIV. Kosten
Heinz Kammeier	X. B. Vollzug der freiheitsentziehenden Maßregeln (gemeinsam mit Dr. Günter Tondorf)
Dr. Klaus Leipold...............	VIII. E. Rechtsmittel gegen erkennungsdienstliche Maßnahmen
	X. A. Strafvollstreckung und Begnadigung Form. 19
Dr. Ingram Lohberger	IX. Wiederaufnahme des Verfahrens
	X. A. Strafvollstreckung und Begnadigung Form. 1–18

Verzeichnis der Bearbeiter

Regina Michalke	VII. D. Beweisanträge
	VIII. B. Berufung
	VIII. D. Wiedereinsetzung in den vorigen Stand
	VIII. F. Sonstige Rechtsbehelfe (gemeinsam mit Prof. Dr. Rainer Hamm)
Dr. Sven Thomas	XII. D. Verteidigung in Wirtschaftsstrafverfahren
Dr. Günter Tondorf	VII. A. Vorbereitung der Hauptverhandlung Form. 14–16
	VII. B. Die Tätigkeit des Strafverteidigers in der Hauptverhandlung Form. 21, 22
	X. B. Vollzug der freiheitsentziehenden Maßregeln (gemeinsam mit Heinz Kammeier)
	XII. A. Der Verteidiger in Jugendstrafsachen
Prof. Dr. Rüdiger Zuck	XV. Verfassungsbeschwerde, Menschenrechtsbeschwerde

Abkürzungsverzeichnis

aA	anderer Auffassung
Abs.	Absatz
AGGVG	Ausführungsgesetz zum Gerichtsverfassungsgesetz
AktStVollzG/Bearbeiter	Kommentar zum Strafvollzugsgesetz, Reihe Alternativkommentare, 3. Auflage 1990
Alsberg/Nüse/Meyer	Alsberg/Nüse/Meyer, Der Beweisantrag zum Strafprozeß, 5. Aufl. 1983
Anm	Anmerkung
AnwBl	Anwaltsblatt (Jahr u. Seite)
AO	Abgabenordnung
AWG	Außenwirtschaftsgesetz
Az.	Aktenzeichen
BAK	Blutalkoholkonzentration
Bay	Bayern, bayrisch
BayObLG	Bayerisches Oberstes Landesgericht
BDH	Bundesdisziplinarhof
BGH	Bundesgerichtshof
BGHSt	Entscheidungen des Bundesgerichtshofs in Strafsachen
BJagdG	Bundesjagdgesetz
BPO	Allgemeine Verwaltungsverordnung für die Betriebsprüfung (Betriebsprüfungsordnung)
BRAGO	Bundesrechtsanwaltsgebührenordnung
BRAO	Bundesrechtsanwaltsordnung
BVerfGG	Gesetz über das Bundesverfassungsgericht
BVerfGE	Entscheidungen des Bundesverfassungsgerichts
BVerwGE	Entscheidungen des Bundesverwaltungsgerichts
DAR	Deutsches Autorecht (Jahr u. Seite)
DÖV	Die Öffentliche Verwaltung (Jahr u. Seite)
Dreher/Tröndle	Dreher/Tröndle, Strafgesetzbuch und Nebengesetze, 45. Auflage 1991
DRiZ	Deutsche Richterzeitung (Jahr u. Seite)
DStR	Deutsches Steuerrecht (Jahr u. Seite)
DStrR	Deutsches Strafrecht (Jahr u. Seite)
EBAO	Einforderungs- und Beitreibungsordnung
EGGVG	Einführungsgesetz zum Gerichtsverfassungsgesetz
EGH	Ehrengerichtshof; Ehrengerichtliche Entscheidungen
EGMR	Entscheidungen des Europäischen Gerichtshofs für Menschenrechte
EichG	Eichgesetz
EMRK	Europäische Menschenrechtskonvention
EuGRZ	Europäische Grundrechte – Zeitschrift (Jahr u. Seite)
EWGV	Vertrag zur Gründung der Europäischen Wirtschaftsgemeinschaft
Form	Formular
Franzen/Gast/Samson	Franzen/Gast/Samson, Steuerstrafrecht, 3. Auflage 1985
GA	Goltdammer's Archiv für Strafrecht
GBl.	Gesetzblatt
GnO	Gnadenordnung
Göhler	Göhler, Ordnungswidrigkeitengesetz, 9. Auflage 1990
GKG	Gerichtskostengesetz

Abkürzungen

GVBl.	Gesetz- und Verordnungsblatt
GVG	Gerichtsverfassungsgesetz
GWB	Gesetz gegen Wettbewerbsbeschränkungen
IRG	Gesetz über die internationale Rechtshilfe in Strafsachen
i. S. d.	im Sinne des
iVm	In Verbindung mit
JGG	Jugendgerichtsgesetz
JR	Juristische Rundschau (Jahr u. Seite)
JurA	Juristische Analysen (Jahr u. Seite)
JuS	Juristische Schulung (Jahr u. Seite)
JW	Juristische Wochenschrift (Jahr u. Seite)
JZ	Juristenzeitung (Jahr u. Seite)
KK/Bearbeiter	Karlsruher Kommentar zur Strafprozeßordnung und zum Gerichtsverfassungsgesetz, 2. Auflage 1987
Kleinknecht/Meyer	Kleinknecht/Meyer, Strafprozeßordnung, 40. Auflage 1991
Klein/Orlopp	Klein/Orlopp, Abgabenordnung, 4. Auflage 1989
KMR/Bearbeiter	Müller/Sax/Paulus, Kommentar zur StPO, 7. Auflage 1980
KrimJ	Kriminologisches Journal (Jahr u. Seite)
Kühn/Kutter/Hofmann	Kühn/Kutter/Hofmann, Abgabenordnung, 16. Auflage 1990
LK/Bearbeiter	Leipziger Kommentar zum Strafgesetzbuch, 10. Auflage 1978
LR/Bearbeiter	Loewe/Rosenberg, Die Strafprozeßordnung und das Gerichtsverfassungsgesetz, 24. Auflage 1984, ff.
MDR	Monatsschrift für deutsches Recht (Jahr u. Seite)
MRVG	Maßregelvollzugsgesetz
MschrKrim	Monatsschrift für Kriminologie und Strafrechtsreform (Jahr u. Seite)
m. w. Nachw	Mit weiteren Nachweisen
NJW	Neue Juristische Wochenschrift
Nr.	Nummer
NStZ	Neue Zeitschrift für Strafrecht
NW	Nordrhein-Westfalen
ÖJZ	Österreichische Juristen-Zeitung (Jahr u. Seite)
OLG	Oberlandesgericht
OLGSt	Entscheidungen der Oberlandesgerichte zum Straf- und Strafverfahrensrecht
OWiG	Gesetz über Ordnungswidrigkeiten
PostO	Postordnung
RdJ	Recht der Jugend und des Bildungswesens (Jahr u. Seite)
Rdnr.	Randnummer
RG	Reichsgericht
RGSt	Entscheidungen des Reichsgerichts in Strafsachen
Rili	Richtlinie für das Standeswesen
RiStBV	Richtlinien für das Strafverfahren und das Bußgeldverfahren
RPflG	Rechtspflegergesetz
RuP	Recht und Politik (Jahr und Seite)
Sarstedt/Hamm	Sarstedt/Hamm, Die Revision in Strafsachen, 5. Auflage 1983
SchiedsmZ	Schiedsmannszeitung (Jahr und Seite)
SchlHA	Schleswig-Holsteinische Anzeigen (Jahr u. Seite)
Schönke/Schröder/Bearbeiter	Schönke/Schröder, Strafgesetzbuch, 24. Auflage 1991

Abkürzungen

SK/Bearbeiter	Systematischer Kommentar zum Strafgesetzbuch, Loseblattausgabe Stand 1986
StGB	Strafgestzbuch
StPO	Strafprozeßordnung
StV	Strafverteidiger (Jahr u. Seite)
StVG	Straßenverkehrsgesetz
StVollStrO	Strafvollstreckungsordnung
StVZO	Straßenverkehrszulassungsordnung
USt	Umsatzsteuer
UVollzO	Untersuchungshaftvollzugsordnung
VBlBW	Verwaltungsblätter für Baden-Württemberg (Jahr u. Seite)
VerfO Kom	Verfahrensordnung für Kommission
VersR	Versicherungsrecht (Jahr u. Seite)
vgl.	vergleiche
VRS	Verkehrsrecht-Sammlung
WaffG	Waffengesetz
Wenzel	Wenzel, Das Recht der Wort- und Bildberichterstattung, 4. Aufl. 1992
WiStG	Wirtschaftsstrafgesetz
wistra	Zeitschrift für Wirtschaft, Steuer, Strafrecht (Jahr und Seite)
WuW	Wirtschaft und Wettbewerb (Jahr und Seite)
ZfStrVo	Zeitschrift für Strafvollzug (Jahr u. Seite)
ZPO	Zivilprozeßordnung
ZRP	Zeitschrift für Rechtspolitik (Jahr u. Seite)
ZSEG	Gesetz über die Entschädigung von Zeugen und Sachverständigen
ZStrW	Zeitschrift für die gesamte Strafrechtswissenschaft (Band, Jahr u. Seite)
ZuVOWiG	Verordnung über Zuständigkeiten im Ordnungswidrigkeitenrecht

I. Grenzen zulässiger Strafverteidigung

Übersicht

A. Typologie unzulässiger Verteidigung
  1. Verläßlichkeit und Mitteilbarkeit
  2. Informelle Programme
  3. Standesrecht

B. Konstellationen unzulässiger Verteidigung
  1. Kontakt mit dem Mandanten
    a) Auskunft
    b) Beratung
    c) Mitteilungen aus den Akten
    d) Sonstige Hilfen
  2. Kontakt mit anderen Personen
    a) Zeugen und Strafantragsberechtigte
      (aa) Alltägliche Kommunikation
      (bb) Zwang, Drohung, Täuschung, „Bestechung"
    b) Mitbeschuldigte
    c) Presse
  3. Kontakt mit sächlichen Beweismitteln
    a) Ermittlungen des Verteidigers
    b) Eingriffe in sächliche Beweismittel
  4. Handeln im Verfahren
    a) Handeln in regelgeleiteter Auseinandersetzung
    b) Handeln gegen die „Überzeugung"
  5. Ergebnisse

C. Grenzen zulässiger Verteidigung in Rechtsprechung und Lehre

Schrifttum: Ackermann, Anmerkung zu BGH MDR 1958, 48, in: MDR 1958, 49–50; *Arbeitskreis Strafprozeßreform,* Die Verteidigung. Gesetzentwurf mit Begründung, 1979; *Arzt,* Strafrecht BT. Lehrheft 4, 1980; *Berkenheide,* Die Grenzen der anwaltlichen Strafverteidigung, Diss. Münster 1952; *Beulke,* Der Verteidiger im Strafverfahren. Funktionen und Rechtsstellung, 1980; *ders.,* Die Strafbarkeit des Verteidigers, 1989; *Bottke,* Wahrheitspflicht des Verteidigers, ZStrW 96 (1984), 726–760; *Dahs,* Handbuch des Strafverteidigers. 5. Aufl. 1983; *Dreher/Tröndle,* StGB, 45. Aufl. 1991; *Ernesti,* Grenzen anwaltlicher Interessenvertretung im Ermittlungsverfahren, JR 1982, 211–229; *Eschen,* Noch einmal: § 1 BRAO – Bedeutung des Begriffs „Organ der Rechtspflege", StV 1981, 365–370; *Gallas,* Grenzen zulässiger Verteidigung im Strafprozeß, ZStrW 53 (1934), 256–271; *Haferland,* Die strafrechtliche Verantwortlichkeit des Verteidigers, Diss. Leipzig 1928; *Hamm,* Entwicklungstendenzen der Strafverteidigung, in: Festschrift für W. Sarstedt, 1981, S. 49–63; *ders.,* Wert und Möglichkeiten der „Früherkennung" richterlicher Beweiswürdigung durch den Strafverteidiger, in: Festgabe für K. Peters, 1984, S. 169–178; *Hassemer,* Reform der Strafverteidigung, ZRP 1980, 326–332; *ders.,* Einführung in die Grundlagen des Strafrechts, 1981; *ders.,* Informelle Programme im Strafprozeß. Zu Strategien der Strafverteidigung, StV 1982, 377–382; *ders.,* Die Funktionstüchtigkeit der Strafrechtspflege – ein neuer Rechtsbegriff?, in: StV 1982, 275–280; *ders.,* Vorverurteilung durch die Medien?, NJW 1985, 1921–1929; *Heeb,* Grundsätze und Grenzen der anwaltlichen Strafverteidigung und ihre Anwendung auf den Fall der Mandatsübernahme, Diss. Tübingen 1973; *Henkel,* Strafverfahrensrecht. 2. Aufl. 1968; *Hofstetter,* Die strafrechtliche Verantwortlichkeit des Verteidigers wegen Begünstigung, Diss. Bern 1938; *Hruschka,* Anmerkung zu OLG Düsseldorf JR 1984, 257, in: JR 1984, 258–263; *Imme,* Anmerkung zu BGH JR 1957, 467 in: JR 1957, 467–468; *Jungfer,* Eigene Ermittlungstätigkeit des Strafverteidigers – Strafprozessuale und standesrechtliche Möglichkeiten und Grenzen, StV 1981, 100–105; *Karlsruher Kommentar* (KK) zur StPO und zum GVG, 2. Aufl. 1987; *Kleinknecht/Meyer,* StPO, 39. Aufl. 1989; *Knapp,* Der Verteidiger – Ein Organ der Rechtspflege?, 1974; *Krekeler,* Der Rechtsanwalt als Beistand des Zeugen und die Sitzungspolizei, NJW 1980, 980–981; *ders.,* Probleme der Verteidigung in Wirtschaftsstrafsachen, wistra 1983, 43–49; *ders.,* Strafrechtliche Grenzen der Verteidigung, NStZ 1989, 146–153; *Kühne,* Strafprozeßlehre. Eine Einführung. 3. Aufl. 1988; *Lackner,* StGB,

19. Aufl. 1991; *Leipziger Kommentar* (LK), StGB 10. Aufl. 1978 ff.; *Lingenberg/Hummel/ Zuck/Eich,* Kommentar zu den Grundsätzen des anwaltlichen Standesrechts, 2. Aufl. 1988; *Löwe/Rosenberg* (LR), StPO, 24. Aufl. 1985 ff.; *Lüderssen,* Strafverteidigung in einer freien Gesellschaft, in: Festschrift für W. Sarstedt, 1981, S. 145–168; *Lüttger,* Das Recht des Verteidigers auf Akteneinsicht, NJW 1951, 744–747; *Maurach/Schroeder,* Strafrecht BT, Teilband 2, 6. Aufl. 1981; *Mehle,* Anmerkung zu KG NStZ 1983, 556, in: NStZ 1983, 557–559; *Müller-Dietz,* Strafverteidigung und Strafvereitelung, JurA 1979, 242–254; *Naucke,* „Mißbrauch" des Strafantrags?, in: Festschrift für H. Mayer, 1966, S. 565–585; *Ostendorf,* Strafvereitelung durch Strafverteidigung. Zur Diskussion um Gründe und Leitbild berufsmäßiger Strafverteidigung, NJW 1978, 1345–1350; *ders.,* Verteidigung am Scheideweg, JZ 1979, 262–256; *Otto,* Strafvereitelung durch Verteidigerhandeln, Jura 1987, 329–331; *Peters,* Strafprozeß. Ein Lehrbuch. 4. Aufl. 1985; *Pfeiffer,* Zulässiges und unzulässiges Verteidigerhandeln. Eine Darstellung der in Rechtsprechung und Schrifttum erörterten Fälle, DRiZ 1984, 341–349; *Roxin,* Strafverfahrensrecht. Ein Studienbuch. 21. Aufl. 1989; *Rückel,* Die Notwendigkeit eigener Ermittlungen des Strafverteidigers, in: Festgabe für K. Peters, 1984, S. 265–284; *Seier,* Die Trennlinie zwischen zulässiger Verteidigungstätigkeit und Strafvereitelung – OLG Frankfurt NStZ 1981, 144, in: JuS 1981, 806–809; *Systematischer Kommentar* (SK), Loseblattausgabe, Stand 1989; *Schlüchter,* Das Strafverfahren, 2. Aufl. 1983; *Schmidt,* Lehrkommentar zur StPO und zum GVG, II, 1957; *Schönke/Schröder* (S/S), StGB, 23. Aufl. 1988; *Strzyz,* Die Abgrenzung von Strafverteidigung und Strafvereitelung, 1983; *Vormbaum,* Der strafrechtliche Schutz des Strafurteils. Untersuchungen zum Strafrechtsschutz des strafprozessualen Verfahrenszieles, 1987; *Wassmann,* Strafverteidigung und Strafvereitelung, Diss. Hamburg 1982; *Waldhorn,* Das Verhältnis von Strafverteidigung und Begünstigung. Diss. Würzburg 1967; *Welp,* Der Verteidiger als Anwalt des Vertrauens, ZStrW 90 (1978), 101–131; *ders.,* Akteneinsichtsrecht des Strafverteidigers, in: Festgabe für K. Peters, 1984, S. 309–330; *Weihrauch,* Verteidigung im Ermittlungsverfahren. 2. Aufl. 1985.

A. Typologie unzulässiger Verteidigung

1. Verläßlichkeit und Mitteilbarkeit

Die Grenzen zulässiger Strafverteidigung lassen sich nicht in Formularen abbilden. Das liegt nicht etwa daran, daß sie unklar sind, fließend und umstritten (das sind sie auch!); es liegt vielmehr daran, daß sie weniger in Schriftsätzen problematisch werden (die man präsentieren könnte) als im praktischen Handeln: im Rat an den Mandanten, in Informationen aus den Akten, in Kontakten mit dem inhaftierten Beschuldigten oder mit Zeugen, im Plädoyer. Auch wäre die Abbildung unzulässiger Verteidigung in Formularen reichlich naiv: Welcher Verteidiger, dem bei seinem Handeln strafrechtlich oder standesrechtlich nicht ganz wohl ist, sollte dazu neigen, das Ergebnis seiner Überlegungen formularhaft festzuhalten?

Präsentieren lassen sich die Grenzen zulässiger Strafverteidigung an typischen Konstellationen: an der Auskunft gegenüber dem Mandanten über dessen Schweigerecht oder bevorstehende Verhaftung; am Antrag auf Freispruch des schuldigen Angeklagten; für Suggestivfragen in der Hauptverhandlung oder hinsichtlich des anwaltlichen Rechts auf eigene Ermittlungen. Dies belehrt zwar, nutzt aber nicht viel. Denn dabei zeigt sich, daß diese Grenzen durchaus nicht verläßlich zu ziehen sind. Klare Stellungnahmen der höchstrichterlichen Rechtsprechung sind selten (die umfängliche Entscheidung des 3. Strafsenats in BGHSt 29, 99/102 ff. kann nur begrenzt als Ausnahme gelten), und überdies weiß man nie genau, ob ein Judikat des Reichsgerichts heute etwa als überholt gelten darf. Die Literatur hat sich, gerade in der jüngsten Zeit, mit den Grenzen der Strafverteidigung umfänglich befaßt – freilich, wie zu erwarten, zumeist kontrovers; es gibt nur verschwindend wenige Konstellationen, für die man ein eindeutiges Urteil über die Zulässigkeit des Verteidigerhandelns registrieren kann.

Dies liegt nicht nur daran, daß Stimmen in der Literatur gemeinhin nur laut werden, wenn sie anderes zu vermelden haben als die bislang laut gewordenen Stimmen. Es liegt vor allem daran, daß man sich über die Prinzipien nicht einig ist (ja sich häufig darüber noch nicht einmal Rechenschaft gibt), aus denen sich die Grenzen der Zulässigkeit jeweils ergeben sollen. So muß die Zulässigkeitsgrenze anders aussehen, wenn man dem Verteidiger – als einem „Organ der Rechtspflege", § 1 BRAO – eine Mitwirkungspflicht bei der Wahrheitssuche im Strafverfahren auferlegt, als wenn man ihn nur für verpflichtet hält, die Wahrheitssuche nicht zu stören, oder gar für berechtigt, sanktionslos die Unwahrheit zu sagen, weil er – als dessen Interessenvertreter – über dieselben Rechte im Verfahren verfüge wie der Beschuldigte.

Daraus folgen die ersten Zwischenergebnisse:

(1) Eindeutige Grenzen zulässiger Strafverteidigung gibt es nicht. Deshalb wären ein Katalog oder eine „Checkliste" für gerade noch tolerable Aktivitäten trügerisch und gefährlich.

(2) Was ein Verteidiger im Strafverfahren (nicht) darf, hängt zuerst einmal davon ab, was er im Strafverfahren soll; also von seinen Aufgaben, vor allem gegenüber dem Mandanten und den Zielen des Strafverfahrens. Bleiben diese Aufgaben unklar, dann werden die Grenzen zulässiger Verteidigung zufällig.

2. Informelle Programme

Eine weitere Besonderheit kommt hinzu. „Zulässigkeit" kann bezüglich der Grenzen der Strafverteidigung Unterschiedliches bedeuten. So findet sich in literarischen Ratgebern für den Strafverteidiger (vor allem im Handbuch von *Dahs*, aber beispielsweise auch in der Einführung von *Weihrauch* über die Verteidigung im Ermittlungsverfahren, s. dort etwa S. 3 zum Ziel der Darstellung) eine Fülle von Ratschlägen zur richtigen, erfolgreichen, professionellen Verteidigung. Der Kontakt mit Zeugen außerhalb der Hauptverhandlung, der Umgang mit anderen Verfahrensbeteiligten oder mit der Presse, die Formen des Anbahnungsgesprächs mit dem möglichen Mandanten – für solche und viele andere Konstellationen braucht gerade der Anfänger oder der in Strafsachen nicht spezialisierte Anwalt erfahrenen Ratschlag, und dieser Ratschlag hat es oft mit Zulässigkeitsfragen zu tun. Was einen guten Strafverteidiger ausmacht, läßt sich kaum dem Gesetz oder der Rechtsprechung entnehmen, sondern ergibt sich vielmehr aus „informellen Programmen": aus ungeschriebenen, aus nur durch Hinschauen und Nachmachen erlernbaren, aber für den Erfolg entscheidenden Strategien der Strafverteidigung im Gerichtssaal und außerhalb (Näheres dazu bei *W. Hassemer* StV 1982, 377 ff.; ähnlich auch *Krekeler* NStZ 1989, 153).

Freilich geht es dort bei Grenzüberschreitungen nicht um Strafbarkeit, sondern um Erfolglosigkeit. Und die Warnzeichen heißen nicht §§ 356, 257 129, 129a oder §§ 138, 139 StGB, sondern „Takt", „guter Geschmack", „Einfühlungsvermögen", „Menschenkenntnis", „Risiko" oder „Zweckmäßigkeit". Gleichwohl ist leicht zu sehen, daß der Strafverteidiger, wenn er die informellen Programme nicht kennt oder nicht beachtet, Grenzüberschreitungen riskiert, die für ihn (wie regelmäßig auch für den Mandanten) informelle, aber fühlbare und wirksame Sanktionen nach sich ziehen. Leicht zu sehen ist aber auch, daß über diese Warnzeichen kaum literarisch berichtet werden kann, gehören sie doch – als informelle Gesetzlichkeiten – zum „ungehobenen Schatz" der Verteidigungsstrategien. Es kommt hinzu, daß die hier betroffenen Konstellationen so vielfältig sind wie der berufliche Alltag des Strafverteidigers selbst und sich deshalb nicht, wie die strafrechtlichen Grenzen zulässiger Strafverteidigung, an Gesetzesvorschriften und deren Auslegung verdeutlichen lassen.

3. Standesrecht

Fließend sind die Grenzen zwischen informellen Programmen und dem anwaltlichen Standesrecht, aus dem gleichfalls die Unzulässigkeit des Verteidigerhandelns folgen kann. Die „Grundsätze des anwaltlichen Standesrechts" („Richtlinien"; vgl. § 177 Abs. 2 Nr. 2 BRAO) formulieren die wichtigsten Prinzipien für die Beurteilung der Grenzen zulässigen Verteidigerhandelns – aber nur die wichtigsten: Mit den informellen Programmen hat das Standesrecht gemein, daß das Bedeutsamste und Konkreteste kaum in Büchern nachzulesen ist. Die einzelnen Situationen, in denen der Strafverteidiger mit dem Standesrecht kollidieren kann, müssen an den Richtlinien durch Auslegung konkretisiert werden bis hin etwa zu dem Verbot, einem Zeugen eine Vergütung anzubieten (*Lingenberg/Hummel/Zuck/Eich* § 6 Rdn. 8), Gebührenforderungen mit der Vermittlung anderer Mandate aufzurechnen (*Weihrauch* Rdn. 235) oder ein Mandatsverhältnis ohne vorherige Aussprache zu begründen, also ohne die getestete Erwartung, daß eine Vertrauensbeziehung sich wird entwickeln können (*Heeb* S. 135; zweifelhaft). Es kommt hinzu, daß die „Richtlinien" – zu Recht – nicht als vollständige Sammlung aller standesrechtlichen Verbote betrachtet werden und daß sie sich im Ergebnis auch nicht gegen strafprozessuale Erlaubnisse durchsetzen können (*Dahs* Rdn. 32), daß sie also in beiden Richtungen „vorläufig" sind.

Man sieht, daß die standesrechtlichen Grenzen zulässigen Verteidigerhandelns kaum klarer, vollständiger und verläßlicher zu markieren sind als Grenzüberschreitungen im Bereich der informellen Programme. Beides geht in den literarischen Ratgebern für den Strafverteidiger deshalb auch ineinander über. Für die Grenzen zulässiger Verteidigung bedeutet all dies:

(3) Grenzen zulässiger Verteidigung finden sich in informellen Programmen und im anwaltlichen Standesrecht. Diese Grenzen sind im Einzelfall wirksam, generell aber kaum zu markieren.

(4) Die Darstellung wird sich deshalb auf strafrechtliche und strafprozessuale Verbote konzentrieren und die sonstigen Grenzen der Zulässigkeit nur am Rande und beispielhaft besprechen.

B. Konstellationen unzulässiger Verteidigung

Überblickt man die praktische Berufstätigkeit des Strafverteidigers, so lassen sich vier Bereiche unterscheiden, in denen die Grenzen zulässigen Handelns in Frage stehen können. Es ist dies vor allem der Kontakt mit dem Mandanten (1.), sodann sind es Kontakte mit anderen Personen, wie etwa Zeugen oder Strafantragsberechtigten (2.), sowie Kontakte mit Sachen, insbesondere Beweismitteln (3.). Zuletzt läßt sich – weniger gegenständlich als funktional – noch das Handeln des Strafverteidigers im Verfahren, vor allem in der Hauptverhandlung (4.), herausheben. Es versteht sich, daß alle diese Bereiche miteinander zusammenhängen: es geht ja um eine einheitliche Berufspraxis und deren Gesetze; deshalb werden die Beurteilungskriterien für alle Bereiche, jedenfalls im Grundsatz, dieselben sein müssen. Es wird sich aber auch zeigen, daß die Handlungsanforderungen innerhalb dieser Bereiche jeweils andere sind; deshalb ist es nützlich, die Grenzen zulässiger Strafverteidigung in dieser Differenzierung zu betrachten.

1. Kontakt mit dem Mandanten

Der Kontakt mit dem Mandanten, innerhalb und außerhalb des Verfahrens, ist das Zentrum der Aufgaben eines Strafverteidigers. Das gilt jedenfalls für die wachsende Zahl derjenigen Strafprozessualisten, welche die Bezeichnung „Organ der Rechtspflege" (§ 1

1. Kontakt mit dem Mandanten I. B. 1

BRAO) für eine untaugliche oder doch unvollständige rechtliche Qualifizierung des Strafverteidigers halten (dazu umfänglich *Knapp;* LR/*Lüderssen* Vor § 137 Rdn. 75 ff.; *Beulke* Strafbarkeit Rdn. 11 ff.; kurz W. *Hassemer* ZRP 1980, 327 f.).

In dieser Bezeichnung kommt zutreffend zum Ausdruck, daß der Verteidiger nicht nur einen Beistand leistet, wie ihn jeder unbeteiligte Dritte auch leisten könnte, sondern daß
— er diesen Beistand vielmehr auf der Basis einer besonderen professionellen Qualifikation leistet, welche der von Berufsrichter und Staatsanwalt formell gleich ist;
— seine Tätigkeit nicht nur im privaten Interesse des beschuldigten Mandanten, sondern zugleich im öffentlichen Interesse des Verfahrens steht (Prinzipien des fairen Verfahrens und der „Waffengleichheit");
— folglich seine Stellung im Verfahren mit besonderen Garantien ausgestattet ist (daraus folgt beispielsweise, daß gegen den Rechtsanwalt als Verteidiger und als Beistand eines Zeugen die Maßnahmen der §§ 177, 178 GVG nicht anwendbar sind; *Krekeler* NJW 1980, 980 f.).

Hingegen kommen in der Bezeichnung „Organ der Rechtspflege" zwei fundamentale Qualitäten nicht zu ihrem Recht: daß der Strafverteidiger auf der Grundlage einer Vertrauensbeziehung handelt, die ihn mit seinem Mandanten verbindet (*Welp* ZStrW 90, 101 ff.), und daß er berechtigt und verpflichtet ist, streng einseitig zugunsten des Beschuldigten zu agieren (*Kleinknecht/Meyer* Vor § 137 Rdn. 1). Erst das Vertrauensverhältnis und die rechtliche Pflicht zur Parteilichkeit qualifizieren die Aufgaben des Strafverteidigers in ihrem Kern und machen die rechtlichen Grenzen dieser Aufgaben verständlich:

a) Auskunft

Zu Recht steht ganz außer Streit, daß der Strafverteidiger dem beschuldigten Mandanten vollständig rechtliche Auskunft geben darf (und muß), und zwar sowohl hinsichtlich der materiellen wie der formellen Rechtslage, und zwar auch dann, wenn sich aus diesen Informationen beispielsweise ein Entschluß zur Strafvereitelung ergeben könnte (grundlegend *RGSt* 37, 321/323). Recht (und Pflicht) zur juristischen Information ist selbstverständliche und zentrale anwaltliche Aufgabe gegenüber dem Mandanten. Daß der Mandant mit dieser Information etwas anstellen könnte, was dem Recht zuwiderläuft, ja daß die Information ihn möglicherweise erst auf die rechtsfeindliche Idee bringt, gehört zum allgemeinen Risiko jeder Rechtsberatung (ebenso *Krekeler* NStZ 1989, 147). Allein eine solche Erwartung kann die zentrale Aufgabe des Anwalts nicht berühren. Daß Rechte mißbraucht werden können, ist, für sich genommen, noch kein Grund, diese Rechte zu verweigern.

Was allgemein für die Auskunft über die Rechtslage gilt, muß konsequent auch für konkretere Beispielsfälle gelten. So kann es – auch standesrechtlich – nicht unzulässig sein, den Mandanten wahrheitsgemäß über Rechtslagen zu orientieren, in welchen die Gefahr eines „Mißbrauchs" erfahrungsgemäß naheliegt: Auskunft über Rechtshilfeabkommen und den Kreis der Staaten, bei denen im Falle einer Flucht eine Auslieferung nicht zu erwarten ist (*Bottke* ZStrW 96, 756); über die Straflosigkeit der Flucht oder des Widerrufs eines (auch richtigen) Geständnisses; über die rechtliche Folgenlosigkeit von Lügen und Schutzbehauptungen und, allgemein, über das Schweigerecht (Nachw. bei LR/*Lüderssen* § 138 a Rdn. 40 ff.; *Wassmann* S. 129 ff.; *Waldhorn* S. 34 ff.).

Das ist richtige und herrschende, aber nicht unbestrittene Meinung. Dieser wird eingewendet, objektiv richtige Hinweise auf die Rechtslage seien unzulässig, wenn klar ist, daß diese die Grundlage unwahrer Ausflüchte sein würden (vgl. *Hruschka* JR 1984, 261 f., der allerdings auf die Problematik der Strafvereitelung nicht eingeht; *Berkenheide* S. 48 ff./54); über die rechtlichen Folgen einer Flucht dürfe der Verteidiger nicht unterrichten, weil dies nicht mehr in den Bereich der Verteidigung falle (*Peters* § 29 V 1 a). Diese Einwände zwingen dazu, einige der Prinzipien genauer herauszuarbeiten, welche die Grenzen zulässiger Verteidigung bestimmen.

Würde man dem Verteidiger verbieten, – in welchen Fällen auch immer – objektiv richtige Rechtsauskünfte zu erteilen, so würde man ihn zwingen, sich (wenn auch durch Unterlassen) an der Strafverfolgung gegen seinen Mandanten zu beteiligen; man würde eine Vertrauensbeziehung zwischen Verteidiger und Mandant schon im Ansatz zerstören (weil der Mandant, der immer damit rechnen muß, daß der Anwalt ihn im konkreten Fall nicht vollständig unterrichten darf, den rechtlichen Auskünften seines Verteidigers nie trauen könnte); man würde das Prinzip der Parteilichkeit angreifen, indem man den Verteidiger zwingt, zugunsten ungestörter Strafverfolgung auf die Erfüllung seiner (zentralen) Informationsaufgabe zu verzichten (ähnlich auch BGHSt 29, 99/103). Der Verteidiger würde dann seinem Mandanten nicht als ein Beistand gegenübertreten, der dessen Interessen verfolgt, sondern als ein (mißverstandenes) „Organ der Rechtspflege", als eine „Justizperson", die Rücksichten auf die Strafverfolgung zu nehmen hat. Dies alles würde überdies dazu führen, daß die Ziele der Waffengleichheit oder doch des Gleichgewichts, welche die Einrichtung der Strafverteidigung verfolgt, unerreichbar wären: Alle professionellen Verfahrensbeteiligten außer dem Beschuldigten, dem sie vorenthalten wird, verfügen über die rechtliche Information und können ihr Verhalten nach ihr ausrichten (ähnl. *Beulke* Strafbarkeit Rdn. 24). Der unkundige Beschuldigte wird so verleitet, sich anderswo kundig zu machen (etwa in Lexika oder im Bekanntenkreis), was seiner Verteidigung im Zweifel nicht förderlich ist.

Das Argument, bestimmte Informationen (etwa über die Rechtsfolgen einer Flucht) gehörten nicht mehr zum Bereich der Verteidigung, ist im schlechten Sinne formal und verkennt die Aufgabe der Strafverteidigung. Zuerst einmal ist es eine petitio principii; denn was zum „Bereich der Verteidigung" gehört, steht bei den Grenzen zulässiger Verteidigung ja gerade in Frage und kann deshalb nicht als (Teil einer) Antwort angeboten werden. Der Sache nach gehören die Rechtsfolgen einer Flucht sicherlich zum Bereich der Verteidigung; denn es geht um Rechtsfragen, welche für das Verhalten des Beschuldigten im Verfahren von unmittelbarer Bedeutung sein können (ebenso *Krekeler* NStZ 1989, 148). Des weiteren liegt die Zuständigkeit für eine Bestimmung des „Bereichs der Verteidigung" zuerst einmal beim Verteidiger und dem Beschuldigten, weil nur diese (ohne staatliche Aufsicht und Intervention!) darüber befinden können, wie die Verteidigung geführt werden soll und welche Schritte dafür vonnöten sind. Gewiß gibt es rechtliche Grenzen dieser Bestimmung; diese aber sind bei objektiv richtigen Auskünften über die Rechtslage nicht berührt.

Anders ist die Rechtslage bei objektiv unrichtigen Auskünften. Hier sind natürlich zuerst die Grenzen des allgemeinen Strafrechts zu beachten. Sind im Einzelfall die Voraussetzungen gegeben, welche etwa §§ 25 bis 27 StGB für die Vereinbarungen zwischen den Beteiligten und für den Vorsatz aufstellen, so ist es möglich, in einer zielgerichtet falschen Rechtsauskunft eine kriminelle Beteiligung des Anwalts an einer Straftat des Mandanten zu sehen. Dasselbe gilt für Auskünfte und Ratschläge, die der Anwalt aufgrund falscher Einschätzung der Rechtslage gibt (lehrreich der Fall BGHSt 2, 375).

Nicht notwendig gegen das Strafrecht, wohl aber gegen die Aufgaben der Strafverteidigung und damit gegen das Standesrecht richten sich unrichtige Rechtsauskünfte, die den Mandanten zu einem Verhalten veranlassen sollen, das er bei richtiger Auskunft nicht gewählt hätte (etwa ein Geständnis oder ein Schweigen zu bestimmten Anklagevorwürfen). Die darin liegende Verletzung richtet sich typischerweise nicht gegen ein strafrechtlich geschütztes Rechtsgut (wenn sie die Schwelle der §§ 239 ff. StGB nicht erreicht), sondern gegen die Rechte des Beschuldigten in der Verteidigungsbeziehung. Eine solche Auskunft verletzt das Prinzip des Vertrauensverhältnisses und der Autonomie des Beschuldigten, welches auch der Verteidiger zu achten hat; denn der Beschuldigte wird instrumentalisiert und außerstande gesetzt (in der freien und auf Vertrauen gegründeten Beziehung mit dem Verteidiger) über seine Verteidigung verantwortlich zu entscheiden. Daß dies aufseiten des Verteidigers in bester Absicht und im „wohlverstandenen" Interesse des Beschuldigten geschieht, kann am Ergebnis der Standeswidrigkeit nichts ändern: Ist der Verteidiger mit den Vorstellungen des Beschuldigten hinsichtlich der Verteidigung nicht

1. Kontakt mit dem Mandanten I. B. 1

einverstanden und kann er den Beschuldigten auch nicht durch täuschungsfreie Information und Beratung von dessen Vorstellungen abbringen, so muß er äußerstenfalls die Verteidigung niederlegen. Die in § 136a StPO inkriminierten Methoden sind gegenüber dem Mandanten a fortiori auch dem Verteidiger verboten – geht es hier doch um etwas viel Sensibleres als bei Vernehmungen: um wechselseitiges professionelles Vertrauen (i. Erg. ähnl. *Beulke* Strafbarkeit Rdn. 28).

(5) Objektiv richtige Rechtsauskünfte gegenüber dem Mandanten sind auch dann zulässig, wenn die Gefahr ihres Mißbrauchs durch den Mandanten nahe liegt.

(6) Objektiv unrichtige Auskünfte können strafbare Beteiligungshandlungen sein. Sie sind standeswidrig, wenn sie den Mandanten durch Täuschung zu einem bestimmten Verhalten veranlassen sollen.

b) Beratung

Die Strafprozeßrechtslehre ist gewohnt (vgl. etwa *Wassmann* S. 129ff., 132ff.; *Peters* § 29 V 1a, b; c, d), „Auskünfte" von „Beratungen" zu unterscheiden und nur die Auskünfte für im wesentlichen zulässig zu halten. Dabei versteht man unter „Auskunftserteilung" eine Information zu allgemeinen oder konkreten Fragen, welche dem Informierten die Entscheidung über sein weiteres Verhalten selber überläßt, während bei der „Beratung" schon konkret Stellung bezogen werde, was den Beratenen beeinflusse, weil ein bestimmtes Verhalten als das richtige dargestellt werde (so bspw. *Waldhorn* S. 35 m.w.Nachw.). Daraus folgen dann vor allem solche Konstellationen unzulässiger Beratung (wobei sich freilich überall auch gewichtige Gegenstimmen auffinden lassen): Der Rat,
– kein Geständnis abzulegen (*Peters* § 29 V 1c; a.A. LK/*Ruß* § 258 Rdn. 20);
– ein wahres Geständnis zu widerrufen (BGHSt 2, 375/378; a.A. *Wassmann* S. 136);
– die Flucht zu ergreifen (*Beulke* Verteidiger S. 155; a.A. *Wassmann* S. 138),
wird teilweise für ebenso rechtswidrig gehalten wie die aktive Beratung bei lügnerischer Einlassung (*Roxin* § 19 E I; a.A. *Ostendorf* NJW 1978, 1349; das Abraten von einer Selbstanzeige ist hingegen – strafrechtlich – zulässig: BGHSt 2, 375/377f.).

Ich halte die Unterscheidung von „Auskunft" und „Beratung", welche in vielen Konstellationen als entscheidend für die Zulässigkeitsgrenze gelten soll, für wenig tragfähig (überhaupt ist die Redeweise in der Literatur hier durchweg verschwommen, und es fällt manchmal schwer, Autoren präzise einer Meinung zuzuordnen. *Haferland*, der S. 39 einen Rat zu lügen von einem Rat zu leugnen unterscheiden will, ist kein besonders extremes Beispiel). Dieser Unterscheidung liegt ja die Idee zugrunde, daß die Grade einer Einflußnahme des Verteidigers auf die Willensentschließung und Handlungsfreiheit des Beschuldigten auseinandergehalten werden müssen; nur bei erhöhtem Einfluß (mittels „Beratung") rückt die Grenze der Unzulässigkeit näher (krit. gegenüber dieser Unterscheidung auch LR/*Lüderssen* § 138a Rdn. 40).

Wie intensiv die Einflußnahme ist, hängt aber nicht von Begriffen, sondern von Personen und deren Verhältnissen ab. So wird eine in aller Distanz erteilte Auskunft für den Informierten absolut verbindlich wirken können etwa dann, wenn er dem Verteidiger – aus welchen Gründen immer – absolut vertraut oder wenn der alternative Weg sich aufgrund der Auskunft als ungangbar erweist. So wird ein dringender Rat des Verteidigers unverbindlich bleiben, wenn der Mandant etwa selber über eine juristische Übersicht in seinem Fall, über Selbstvertrauen in seine Prozeßstrategie oder über anderweitigen professionellen Rat verfügt. Ob der Verteidiger über Nicht-Auslieferungs-Staaten informiert (was er darf) oder ob er dem Beschuldigten noch den (vielleicht nur konkludent erklärten) Rat beigibt, der Informierte möge die entsprechenden Konsequenzen ziehen, kann objektiv die Grenze zulässiger Strafverteidigung nicht begründen. Eine solche Grenze wäre auch im Verfahren nicht verläßlich nachzuzeichnen – hängt es doch von Wortwahl, Betonung, Mimik oder Gestik ab, ob es sich um „Auskunft" oder „Beratung" gehandelt haben könnte (der Sache nach wird das in BGHSt 10, 393/395, 1. Abs. nicht anders gesehen:

Zulässigkeit unterschiedslos von Belehrung über Beratung bis hin zur Bitte; dort freilich gegenüber dem zur Verweigerung des Zeugnisses Berechtigten).

Verläßlich läßt sich diese Grenze nur ziehen mit Hilfe der Begrifflichkeit des allgemeinen Strafrechts, also durch die Beherrschung des Mandanten als eines Werkzeugs in Konstellationen der mittelbaren Täterschaft. Ein bloßes „Bestimmen" des Mandanten durch den Verteidiger reicht nicht aus, weil dies bloß „Anstiftung" zur straflosen Haupttat wäre (so mit Recht *Krekeler* NStZ 1989, 148; ähnl. LR/*Lüderssen* § 138a Rdn. 49). Des weiteren sind auch bei Beratungen oder Empfehlungen die Grundsätze des Standesrechts von Bedeutung, welche den Mandanten vor täuschender Beeinflussung des Verteidigers schützen (s. oben B. 1. a. am Ende).

Unterscheiden sich „Auskunft" und „Beratung" hinsichtlich der Grenzen zulässiger Verteidigung nicht auf objektiver Ebene, so bleibt die Möglichkeit einer Versuchskonstruktion: Der Strafverteidiger darf sich dem Beschuldigten nicht aufdrängen (wollen). Aber auch dieser Weg trifft auf die Schwierigkeiten begrifflicher Unterscheidung von „Auskunft" und „Rat". Er führt überdies zu dem weiteren Problem, daß es regelmäßig eines Eindringens in die geschützte Vertrauenssphäre von Mandant und Verteidiger bedürfte, um Grade unterschiedlichen Bemühens des Verteidigers aufzuklären und abzuwägen. Endlich sind Versuchskonstruktionen ungeeignet, um Fälle unzulässigen Verteidigerhandelns aufzufangen: Wo schon kein deliktischer „Erfolg" zu verzeichnen ist, besteht kein Anlaß, in die Vertrauenssphäre zwischen Anwalt und Verteidiger einzudringen, um dort nach Fehlverhalten zu suchen.

(7) Für den Rat kann nichts anderes gelten als für die Auskunft.

c) Mitteilungen aus den Akten

„Sachgerechte Strafverteidigung setzt voraus, daß der Beschuldigte weiß, worauf sich der gegen ihn erhobene Vorwurf stützt, und daß er den Verteidiger informieren kann, wie er sich dazu einlassen wird. Der Verteidiger ist deshalb in der Regel berechtigt und unter Umständen sogar verpflichtet, dem Beschuldigten zu Verteidigungszwecken mitzuteilen, was er aus den Akten erfahren hat" (BGHSt 29, 99/102). Dem wäre eigentlich nichts hinzuzufügen, gäbe es nicht Gegenstimmen zu und Ausnahmen von diesem Grundsatz.

So wird eine Weitergabe von Informationen aus den Akten vom Verteidiger an den Beschuldigten auch für den Fall zugelassen, daß dieser darauf eine – auch unwahre – Einlassung stützen könnte (OLG Frankfurt NStZ 1981, 145; im Grundsatz allgemeine Meinung). Andererseits nimmt der *BGH* von der Befugnis zur Weitergabe Akteninformationen aus, deren Aushändigung den Untersuchungszweck gefährden könnte oder befürchten ließe, daß die Aktenauszüge oder -abschriften zu „verfahrensfremden Zwecken" – beispielsweise für eine private Veröffentlichung – mißbraucht werden (BGHSt 29, 99/103). Wenn die Information sich auf bevorstehende Zwangsmaßnahmen der Strafverfolgungsbehörden (Beschlagnahme, Durchsuchung, Untersuchungshaft) bezieht und deren Weitergabe folglich diese Maßnahmen vereiteln könnte, fordert die wohl überwiegende Meinung ein Weitergabeverbot (so etwa *Schlüchter* Rdn. 108.3; a. A. etwa *Arbeitskreis Strafprozeßreform* S. 98). Andererseits wird vertreten, dieses Verbot gelte dann nicht, wenn die Information, statt aus den Akten, aus der „Risikosphäre" der Justiz stammt (so *Dahs* Rdn. 50, noch in der 4. Aufl.; a. A. *Ostendorf* NJW 1978, 1349; nunmehr *Dahs* Rdn. 50 (5. Aufl.)), also beispielsweise aus einer beiläufigen – vertraulichen – Information des Staatsanwalts. Gerade dagegen aber werden Bedenken aus den Regeln des „informellen Programms" (s. oben A. 2.) erhoben: Die Verletzung der Vertraulichkeit sei eine „Todsünde des Verteidigers", und dem vertraulichen Gespräch mit diesem Staatsanwalt dürfte kein weiteres mehr folgen (*Weihrauch* Rdn. 85).

Man sieht, die Rechtslage ist verworren. Außer Streit dürfte lediglich sein, daß für Kopien aus den Akten nichts anderes gelten kann als für Abschriften oder sonstige Informationsvermittlung, daß aber die Überlassung der Originalakte oder von Teilen daraus jedenfalls unzulässig ist (*Kühne* Rdn. 100).

1. Kontakt mit dem Mandanten   I. B. 1

Auch die Grenze der Zulässigkeit von Informationsvermittlung aus den Akten läßt sich ohne Orientierung an den Grundlagen der Strafverteidigung nicht bestimmen. Wer den Verteidiger nur als „Organ der Rechtspflege" qualifiziert (und seine Beistandsaufgabe dem Beschuldigten gegenüber damit relativiert) oder ihn für die „Effektivität" der Strafrechtspflege mit verantwortlich macht (so *Beulke* Verteidiger S. 89 ff., 93), hat Schwierigkeiten, eine Information des Beschuldigten aus den Akten überhaupt zu begründen – steht sie doch nicht im Gesetz und kann doch nie ausgeschlossen werden, daß der Beschuldigte sie zur unberechtigten Abwehr des staatlichen Strafanspruchs verwendet.

Diese Deutung wird den Aufgaben des Strafverteidigers und seinem Verhältnis zum Beschuldigten jedoch nicht gerecht. Daß § 147 StPO nur dem Verteidiger, nicht aber dem Beschuldigten ein Recht auf Akteneinsicht gewährt, besagt nicht, daß das Recht auf Akteneinsicht ein Recht nur des Verteidigers sei: Es ist auch ein Recht des Beschuldigten, dessen Ausübung dem Verteidiger übertragen ist (so richtig LR/*Lüderssen* § 147 Rdn. 9: „quoad ius" für den Beschuldigten, „quoad exercitum" für den Verteidiger): Ohne Kenntnis des Akteninhalts kann sich der Beschuldigte, wie auch der BGH schon hervorgehoben hat (BGHSt 29, 99/102), nicht sachgerecht verteidigen. Verwiese man ihn auf die Aktenkenntnis seines Verteidigers, so würde das im Regelfall nicht viel nützen, in vielen Fällen aber schaden. Denn der Verteidiger ist darauf angewiesen, daß der Beschuldigte ihm seine Sicht der Dinge vollständig mitteilt. Ohne diese Informationen kann eine Verteidigungslinie nicht entworfen werden, und ohne Aktenkenntnis kann der Beschuldigte diese Informationen nur ungefähr und unvollständig geben. Strafverteidigung ist nicht nur ein Geschäft des Verteidigers; sie bedarf der kundigen und informierten Mitwirkung des Mandanten. Die Kenntnisse, auf denen sie aufbaut, müssen präzise sein, es kommt nicht selten auf den Wortlaut oder auf andere Einzelheiten an.

Gewichtiger ist freilich der Schaden, der bei einer Abstufung der Einsichtsrechte für den Verteidiger und den Beschuldigten zu erwarten ist. Verfügt der Verteidiger über Kenntnisse, die für Anklagevorwurf, Verfahren und Verteidigung von Bedeutung sind und die er dem Mandanten nicht weitergeben darf – was dieser weiß –, so liegt darin eine ernste Bedrohung eines Vertrauensverhältnisses. Das informationelle Übergewicht des Verteidigers macht diesen – gegen seinen Willen – zum falsch verstandenen „Organ der Rechtspflege", das im Konfliktfall das staatliche Verfolgungsinteresse zum Nachteil des Mandanteninteresses verteidigt und dem der Mandant deshalb nie ganz trauen kann.

Nicht indem der Verteidiger den Beschuldigten einmal an seinem Wissen teilhaben läßt und ihm ein andermal im Interesse der Strafverfolgung die Information vorenthält, füllt er seine Verfahrensrolle aus, sondern indem er ihm konsequent beisteht, wo er kann (ausführlicher hierzu und zum Folgenden meine Arbeiten in ZRP 1980, 326 ff.; StV 1982, 275 ff.; außerdem *Arbeitskreis Strafprozeßreform* S. 37 ff.). Die Interessen der Strafverfolgung und die Prinzipien effektiver, funktionstüchtiger Strafrechtspflege sind gerade beim Verteidiger falsch plaziert; dafür stehen andere Ressourcen und andere Verfahrensrollen bereit. „Fair" wird das Strafverfahren nicht dadurch, daß alle am Verfahren Beteiligten mit Ausnahme des Beschuldigten zu Rücksichten auf die Durchsetzung des staatlichen Strafanspruchs verpflichtet werden, sondern dadurch, daß eine Position im Verfahren eingerichtet und gestärkt wird, die dem Beschuldigten konsequent beisteht und ihn damit auch praktisch zu einem Subjekt des Verfahrens macht. Und „Effektivität" der Strafrechtspflege muß nicht mit ungehemmter Durchsetzung des Strafverfolgungsinteresses gleichgesetzt werden; in einem anspruchsvolleren und richtigeren Sinn ist eine „effektive" Strafrechtspflege diejenige, welche die Justizförmigkeit und Fairneß der Strafverfolgung durchsetzt.

Daraus ergibt sich, daß der Verteidiger auch dann nicht unzulässig handelt, wenn er dem Beschuldigten von bevorstehenden Zwangsmaßnahmen Mitteilung macht, wie sie aus den Akten ersichtlich sind (so jetzt auch *OLG Hamburg*, BRAK-Mitt. 1987, 163 m. Anm. *Dahs*). Der Schutz solcher Verfahrens- und Verfolgungsinteressen ist Sache der Behörden, nicht des Verteidigers, und die Behörden haben durchaus die Möglichkeit, diesen Schutz zu gewährleisten (überzeugend *Schmidt* § 147 Rdn. 19). Daß nur der Verteidiger einen unmittelbaren Zugang zu den Akten hat und dem Beschuldigten die Originalakten nicht weitergeben darf, rechtfertigt sich allein durch das staatliche Interesse am unversehrten Bestand der Akten und nicht durch unterschiedliche Rechte des Strafverteidigers und des Beschuldigten (richtig (und lehrreich!) deshalb OLG Zweibrücken NJW 1977, 1699, wo dem Beschuldigten bei komplizierten Konstellationen, die er besser übersieht als sein Verteidiger (dort: kaufmännische Zusammenhänge in 14 Sammelordnern), unmittelbare Akteneinsicht im Beisein des Verteidigers gewährt wurde). Daß der Verteidiger die Vertraulichkeit einer Mitteilung achten muß (s. oben bei B. 3. c.), ist eine Frage des informellen Programms und begründet kein rechtliches Verbot der Informationsweitergabe.

(8) Mitteilungen aus den Akten (auch durch Fotokopie oder Abschriften) sind selbst dann nicht unzulässig, wenn der Beschuldigte dadurch von bevorstehenden Zwangsmaßnahmen erfährt. Unzulässig ist lediglich die Aushändigung der Originalakten. Die Weitergabe von Informationen an den Beschuldigten, die der Verteidiger außerhalb der Akten erhalten hat, kann die Regeln einer sachgerechten Strafverteidigung verletzen, nicht aber das Recht.

d) Sonstige Hilfen

Mit Auskunft, Beratung und der Information aus den Akten sind die Hilfen beschrieben, welche der Beschuldigte im Innenverhältnis (das Handeln des Strafverteidigers im Verfahren, vor allem in der Hauptverhandlung, wird unten 4. besprochen) von seinem Verteidiger erwarten darf. Dies sind freilich nicht alle die Hilfen, welche manche Beschuldigte von ihrem Verteidiger faktisch erwarten. Solche Hilfen können vielfältig in alltäglicher Unterstützung bestehen, wie sie Menschen einander leisten und wie sie der Verteidiger aufgrund seiner Nähe zum Beschuldigten erbringt, vom aufmunternden Zuspruch bis zur Überbrückung eines finanziellen Engpasses; dagegen ist rechtlich nichts zu erinnern (es ist klar, daß gerade hier die prekären Regeln des informellen Programms zu beachten sind: Unabhängigkeit vom und Distanz zum Mandanten; vgl. dazu *Dahs* Rdn. 28, 117 ff.; ausf. *Beulke* Strafbarkeit Rdn. 73 ff.). Solche Hilfen können aber auch dahin gehen, den alkoholisierten Beschuldigten vor den Ermittlungen abzuschirmen, ihn zu verbergen und die Entnahme einer Blutprobe zu vereiteln (vgl. OLG Hamm DAR 1960, 19), einen Kassiber aus der Haftanstalt zu schmuggeln (vgl. den. Fall BGHSt 31, 10) oder dem Beschuldigten Fluchthilfe zu leisten (vgl. *Ostendorf* JZ 1979, 254).

Solche Hilfen können strafbar sein, wenn die tatbestandlichen Voraussetzungen etwa des § 258 StGB (Versuchsbeginn; Bezug des geschmuggelten Kassibers auf die Straftat) oder der Teilnahmevorschriften erfüllt sind (hilfreich die Zusammenstellung m. Nachw. bei LK/*Ruß* § 258 Rdn. 20). Sie sind, auch wo diese Voraussetzungen nicht erfüllt sind, mit den Aufgaben des Strafverteidigers nicht zu vereinbaren und deshalb unzulässig:

Flucht und Verdunkelung sind Aktivitäten des Beschuldigten, welche den Zielen des Strafverfahrens zuwiderlaufen. Das zeigen nicht erst die unumstrittenen Haftgründe des § 112 Abs. 2 StPO; das ergibt sich bereits aus den Grundlagen unseres Strafverfahrensrechts, nämlich aus den Grundsätzen der Wahrheitsermittlung oder der Anwesenheitspflicht. Daß diese Aktivitäten in der Person des Beschuldigten straflos gestellt sind, besagt gegen deren Verfahrenswidrigkeit nichts. Diese Straflosigkeit beruht ausschließlich auf der Legitimität des Selbstschutzes in bestimmten Konstellationen; ihre Grenzen zeigen sich beispielsweise hinsichtlich dritter Personen in § 120 StGB, hinsichtlich der Betroffenen selbst in § 121 Abs. 1 Nrn. 2 und 3 StGB.

Daß der Strafverteidiger, nach der gängigen Redeweise, objektiv mit Strafvereitelung zugunsten des Beschuldigten beauftragt ist, stellt ihn rechtlich nicht frei, die hier besprochenen Hilfen zu leisten. An dieser Redeweise ist das triviale Ergebnis richtig, daß die lege artis durchgeführte Strafverteidigung nicht strafbar sein kann; das Problem aber, wo die Grenzen der Strafverteidigung lege artis verlaufen, bleibt offen. Also läßt sich aus dieser

Überlegung für die Frage der Zulässigkeit nichts gewinnen. Die Antwort muß vielmehr aus den Aufgaben der Strafverteidigung gewonnen werden (vgl. oben B. 1., B. 1.c.).

Kassiberschmuggel, Fluchthilfe oder faktische Beweisvereitelung (auch durch Urkundenunterdrückung oder Bedrohung von Zeugen usw.) haben gemeinsam, daß sie verfahrenswidrig sind (deshalb stellt sich ja die Frage der Zulässigkeit). Sie haben darüber hinaus gemeinsam, daß sie Jedermann-Handlungen (und nicht funktional Strafverteidigung) sind. Sie gehören nicht zu den Aufgaben, für deren Erfüllung es der rechtlichen Einrichtung der Strafverteidigung bedarf – auch nicht bei großzügigster Auslegung bis hin zur unverbindlichen Auskunft in der Anbahnungsphase. Leistet der Anwalt solche Hilfen, so handelt er jenseits seiner Ausbildung und seiner Aufgaben „als" Strafverteidiger: jenseits seiner rechtlichen Funktion; und da er entgegen den Verfahrenszielen handelt, handelt er disfunktional. Die Beziehung dieser Handlungen zu den Aufgaben der Strafverteidigung ist keine rechtliche, sondern eine rein faktische: Aufgrund seiner rechtlich privilegierten Stellung (die dadurch mißbraucht wird) ist der Anwalt typischerweise rein faktisch eher in der Lage, solche disfunktionalen Hilfen zu leisten, als irgendein Dritter. Rechtlich hat er, da jenseits seiner Aufgaben handelnd, gegenüber diesem Dritten keinen Vorzug; rechtlich belastet ist er diesem gegenüber durch den Mißbrauch seiner Privilegierung (Zugangs-, Interventions-, Informations-, Schweigerechte etc.).

(9) Sonstige Hilfen darf der Verteidiger dem Beschuldigten leisten, soweit sie die Verfahrensziele nicht beeinträchtigen. Verfahrenswidrige Hilfen (Beispiele: Fluchthilfe, Kassiberschmuggel, Beweisvereitelung) sind unzulässig, soweit sie Jedermann-Handlungen sind und die privilegierte Stellung des Strafverteidigers mißbrauchen.

2. Kontakt mit anderen Personen

Für die rechtliche Beurteilung des Kontakts mit anderen Personen brauchen die bis hierin entwickelten Grundsätze nur konkretisiert und entsprechend angewendet zu werden.

a) Zeugen und Strafantragsberechtigte

(aa) **Alltägliche Kommunikation.** So ergibt sich klar, daß es dem Verteidiger nicht verwehrt sein kann, mit allen Personen Verbindung aufzunehmen, die für die Verteidigung von Bedeutung sein können (daß dabei besondere Vorsicht am Platze ist, versteht sich, (vgl. dazu *Weihrauch* Rdn. 42 oder § 6 Abs. 5 der „Richtlinien"). Das hat aber nichts mit der rechtlichen Zulässigkeit der Kontaktaufnahme zu tun. § 6 Abs. 1 der „Richtlinien" bestätigt dies ausdrücklich für die außergerichtliche Befragung von Personen, die als Zeugen in Betracht kommen; die dort genannte weitere Voraussetzung „wenn dies zur pflichtgemäßen Sachaufklärung, Beratung oder Vertretung notwendig ist" steht in der pflichtgemäßen Beurteilung des Verteidigers selbst, weil niemand außerhalb der Vertrauenssphäre von Verteidiger und Beschuldigtem die Eignung dieses Zeugenwissens für diese Verteidigung angemessen beurteilen kann. Würde man dem Verteidiger schon diese Kontakte verbieten, so könnte, vor allem im Ermittlungsverfahren und außerhalb der Hauptverhandlung, von einer annähernd gleichgewichtigen Stellung des Beschuldigten als einer Voraussetzung des fairen Verfahrens nicht die Rede sein. Überdies ist nicht zu sehen, welches rechtlich geschützte Interesse durch solche Kontakte verletzt oder gefährdet werden könnte.

Im Ergebnis kann nichts anderes gelten für (erfolgreiche oder erfolglose) Versuche des Verteidigers, im Interesse des Beschuldigten
- den Tatzeugen von einer Anzeige abzubringen (herrschend; vgl. *Müller-Dietz* JurA 1979, 251; *Krekeler* NStZ 1989, 150);
- den Inhaber des Strafantragsrechts zu einer Unterlassung oder Rücknahme des Strafantrags zu bewegen (allgemeine Meinung; vgl. RGSt 40, 394; *Strzyz* S. 297ff.) oder
- den nach §§ 52, 53 bzw. § 55 StPO zur Verweigerung von Zeugnis (allgemeine Meinung; vgl. BGHSt 29, 99/107; 10, 393/395 f.: arg. e contrario; *Pfeiffer* DRiZ 1984, 346;

a.A. *Imme* JR 1957, 467 f.) bzw. Aussage Berechtigten anzuhalten, dieses Recht auszuüben (wohl herrschend; vgl. BGHSt 10, 393/395; OLG Frankfurt NStZ 1981, 145; *Wassmann* S. 182 f.; *Waldhorn* S. 40).

Solche Aktivitäten sind verfahrensbezogene Hilfeleistungen für den Beschuldigten und als solche von den Aufgaben der Strafverteidigung umfaßt; sie richten sich ja auf die Vermeidung (der Fortsetzung) eines Strafverfahrens bzw. auf eine dem Beschuldigten günstigere Beweislage.

Sie verletzen oder gefährden auch nicht etwa ein Verfahrensziel. Solange und soweit keine Pflicht zur Anzeige besteht (in diesem Fall ist die entsprechende Einwirkung auf den Anzeigepflichtigen unzulässig, denn sie richtet sich auf ein rechtswidriges Ergebnis, vgl. *Haferland* S. 33; *Hofstetter* S. 75 f.). Es ist auch nicht zu sehen, warum der Strafverteidiger ausnahmsweise berechtigt sein sollte, einen solchen rechtswidrigen Zustand zu bewirken oder anzustreben. Das Recht kann, soll es widerspruchsfrei sein, nicht – auch nicht zur Besserstellung des Beschuldigten – ein Verhalten (Anzeige) befehlen und zugleich Aktivitäten erlauben, welche den Pflichtigen vom Gehorsam abbringen. Wollte man den Beschuldigten insoweit besserstellen, so müßte man schlicht und konsequent die Anzeigepflicht beseitigen, handelt der Anzeigeerstatter rechtsfrei: souverän aufgrund eigener Entschließung. Ein Einfluß auf diese Entschließung ist deshalb kein Eingriff in das Recht, sondern nur eine Form alltäglicher Kommunikation. Auch daß dieser Einfluß von einem Strafverteidiger und daß er bezüglich eines ablaufenden oder erwarteten Verfahrens ausgeübt wird, macht ihn nicht rechtsfehlerhaft: Solange der Verteidiger bei solchen Aktivitäten nichts weiter als die Mittel alltäglicher Kommunikation einsetzt (Information, Rat, gutes Zureden etc.), solange der andere also die Freiheit der Beurteilung und Willensentschließung behält, ist ein rechtlich geschütztes Interesse nicht berührt (so im Ergebnis auch BGHSt 10, 393/394).

Was für die Anzeige gilt, kann für den Strafantrag nicht anders sein (vgl. freilich *Naukke*, H. Mayer-Festschrift, S. 581/584). Strafantragsrechte finden sich überall dort, wo die Bedeutung des jeweiligen Delikts typischerweise den Bereich der unmittelbar Beteiligten (Täter und Opfer) nicht überschreitet, weshalb es vernünftig ist, die Entscheidung über die Strafverfolgung beim Opfer zu belassen (ausführlicher W. *Hassemer* Einführung S. 229). Diese Entscheidung nimmt die Rechtsordnung hin, auch wenn sie objektiv unvernünftig ist (wollte man nur „vernünftige" Entscheidungen über die Strafverfolgung, so müßte man die Strafantragsrechte beseitigen: die Staatsanwaltschaft oder sonstwen in die Zuständigkeit setzen – aber nicht ausgerechnet denjenigen, der durch die fragliche Tat verletzt worden ist!); sie ist deshalb ebenfalls Ergebnis souveräner und rechtsfreier Entschließung, und folglich darf der Strafverteidiger im Interesse des Mandanten auf diese Entschließung jedenfalls insoweit einwirken, als die Freiheit der Entschließung dadurch nicht beeinträchtigt wird.

(10) Der Verteidiger darf im Interesse des Beschuldigten einwirken auf
– den Tatzeugen, die Anzeige zu unterlassen;
– den Strafantragsberechtigten, den Strafantrag nicht zu stellen oder ihn zurückzunehmen;
– den Zeugen, seine Rechte aus §§ 52, 53, 55 StPO auszuüben.
Dies gilt nicht, soweit eine Rechtspflicht zur Anzeige besteht.

(bb) Zwang, Drohung, Täuschung, „Bestechung". Anders sieht die Sache aus, wenn der Verteidiger bei seinen Einwirkungsversuchen auf Zeugen und Antragsberechtigte den Bereich alltäglicher Kommunikation verläßt und zu vermeintlich wirksameren Mitteln greift: Zwang, Drohung, Täuschung, „Bestechung". Diese Mittel hält man allgemein für unzulässig (insofern sehr weitgehend *Peters* § 29 V 3, S. 234; differenzierend *Wassmann* S. 139/181), die Begründungen sind freilich nicht einheitlich. Es liegt nahe, sich an § 136a StPO zu halten und auch dem Verteidiger die dort inkriminierten Mittel zu verbieten (so etwa BGHSt 10, 393/394; *Beulke* Verteidiger S. 156 m. w. Nachw.).

2. Kontakt mit anderen Personen
I. B. 2

Dieser Weg ist freilich nicht gangbar, weil § 136a StPO auf den Strafverteidiger nicht anwendbar ist (so richtig BGHSt 14, 189/192; LR/*Hanack* § 136a Rdn. 6). Die Vorschrift zielt auf Richter, Strafverfolgungsorgane und deren Gehilfen (BGHSt 11, 211/212), d.h. sie will die Justizförmigkeit der staatlichen Wahrheitssuche – auch gegenüber Zeugen, § 69 Abs. 3, und Sachverständigen, § 72 StPO –, vor allem die Achtung vor der Würde der Verhörsperson, sicherstellen. Für nicht-staatliche Befrager und „Ermittler", also auch für den Strafverteidiger, gelten allenfalls (s. die Bedenken bei KK/*Pelchen* Vor § 48 Rdn. 52 m. Nachw.) die Eingriffsgrenzen, mit denen sich jede Rechtskultur gegenüber atavistischen Methoden (Folter, Marter, Einkerkerung) abgrenzt (*Kleinknecht/Meyer* § 136a Rdn. 3).

Eine solche Grenzziehung ist allerdings für den Strafverteidiger ohne praktischen Belang, weil für seine Kontakte mit anderen Personen sowieso die Verbote des allgemeinen Strafrechts (§§ 223 ff., §§ 239 ff. StGB) verbindlich sind. Ebensowenig wie bei seinem Kontakt mit dem Beschuldigten (vgl. oben B. 1.a. u. Ergebnis (6), 1. Satz), ist der Verteidiger beim Kontakt mit Dritten – auch im Rahmen und im Interesse der Verteidigung – von den Regeln des allgemeinen Strafrechts freigestellt; es gibt keinen allgemeinen Rechtfertigungsgrund „Strafverteidigung", das ist unproblematisch.

Überlegenswert ist allein, ob Zwang, Drohung, Täuschung, „Bestechung", soweit sie nicht die Voraussetzungen der Strafbarkeit erfüllen (Beispiele: Die Täuschung ist vermögensirrelevant (§ 263 StGB); die Drohung ist im Einzelfall nicht verwerflich i.S. des § 240 Abs. 2 StGB; der „Bestochene" gehört nicht zum Kreis der von §§ 331 ff. StGB genannten Personen), dem Verteidiger im Kontakt mit dritten Personen deshalb verwehrt werden müssen, weil sie den Aufgaben der Strafverteidigung und damit dem Standesrecht zuwiderlaufen. Die Parallele zu Kassiberschmuggel, Fluchthilfe und Beweisvereitelung durch praktisches Handeln ist offensichtlich (oben B. 1.d. sowie Ergebnis (9), 2. Satz). Die rechtlichen Prinzipien und ihre Anwendung sind hier jedoch weniger klar.

Man wird annehmen dürfen, daß jedenfalls Zwang, Drohung und Täuschung, auch wenn sie nicht Flucht oder Verdunkelung befördern, den Zielen des Strafverfahrens widersprechen. Denn diese Mittel richten sich – das ist ihr Sinn – gegen die Freiheit der Willensentschließung der von ihnen betroffenen Person. Diese Freiheit aber ist, wie gezeigt (oben B. 2.a.aa), die rechtlich vorausgesetzte Grundlage etwa von Zeugnisverweigerung oder Unterlassung eines Strafantrags. Folglich bewegen sich solche Methoden der Einflußnahme jenseits der Wege, auf denen im Strafverfahren Wahrheit und Gerechtigkeit hergestellt werden sollen. Sie sind gegen die Justizförmigkeit des Verfahrens (nicht gegen das Prinzip der Wahrheitsfindung, wie *Beulke* Verteidiger S. 156, meint: Immer wenn der Strafantragsberechtigte durch Unterlassen oder Rücknahme des Strafantrags eine strafgerichtliche Aufklärung des Sachverhalts verhindert oder der wohlunterrichtete Zeuge sein Verweigerungsrecht ausübt, so ist die Wahrheitsfindung – freilich legitim und legal – beeinträchtigt. Hier aber geht es nicht um das Daß der verweigernden Entscheidung, sondern um das Wie ihres Zustandekommens) gerichtet.

Von der „Bestechung", also der Zuwendung von Geld etwa zur Unterlassung einer Anzeige oder zur Rücknahme eines Strafantrags, wird man dies nicht mit gleicher Stringenz behaupten können. Immerhin richtet sich dieses Mittel nicht gegen die Freiheit der Willensentschließung, sondern gegen deren (für den Beschuldigten negatives) Ergebnis, indem es die Gegenargumente vermehrt. Und überdies wird eine geldliche Zuwendung zum Ausgleich des durch die Straftat verursachten Schadens, auch vonseiten des Verteidigers, zu Recht für zulässig gehalten (etwa von *Weihrauch* Rdn. 159 am Ende), was – da die Unterscheidung nur auf das Motiv abstellt – das Urteil „unzulässig" bei geldlichen Zuwendungen generell problematisch und Abgrenzungen im Einzelfall unsicher macht.

Des weiteren wird man von den hier besprochenen Einwirkungen – im Gegensatz zu Fluchthilfe oder Kassiberschmuggel (zu dieser Voraussetzung s. oben B. 1.d. sowie Ergebnis (9), 2. Satz) – nicht sagen können, daß sie typischerweise die Privilegien der Verteidigerposition mißbrauchen. Sie sind Jedermann-Handlungen auch in dem Sinne, daß es zu ihrer Verwirklichung keiner besonderen Rechtsstellung bedarf (Zugang, Intervention, Information usw.). Folgt aus dem Umstand, daß diese Mittel von Jedermann eingesetzt werden dürfen (sie liegen ja unterhalb der Strafbarkeitsgrenze), daß auch der Verteidiger sie einsetzen darf (er mißbraucht ja die Privilegien seiner Position nicht, hat nicht bessere Verwirklichungschancen als Jedermann)? Anders formuliert: Hat der Verteidiger hier dieselben Rechte wie jeder Dritte?

Diese Frage kann nur bejahen, wer den Strafverteidiger als den schlichten Vertreter des Beschuldigten betrachtet, als dessen verlängerten Arm, und wer in Kauf nimmt, daß das Ansehen des Berufsstandes (daß es beim „Jedermann"-Kriterium um Standesrecht und nicht um Strafrecht – § 258 StGB – geht, verkennt *Beulke* Strafbarkeit Rdn. 157a) dadurch gemindert wird, daß einige Anwälte Einwirkungsmittel verwenden, welche – im konkreten Fall zwar nicht strafbar, aber – als solche pönalisiert sind (vgl. auch *Wassmann* S. 140f. m.w.Nachw.) und der Justizförmigkeit des Verfahrens widersprechen. Das gilt jedenfalls für Zwang, Drohung und Täuschung. Zwar sind dem Verteidiger intensivere Einwirkungsmöglichkeiten erlaubt, als § 136a StPO sie definiert (so richtig *Arzt/Weber* Rdn. 258 Fn. 20); das anwaltliche Standesrecht kann jedoch nicht zulassen, daß Strafverteidiger Zeugen oder Strafantragsberechtigte mit Methoden traktieren, die nicht justizförmig und auch in alltäglicher Kommunikation verpönt sind. Solche Methoden machen den Verteidiger eher zum Komplicen als zum professionellen und – auch vom Mandanten – unabhängigen Beistand.

Für die Zuwendung von Geld oder anderen Vorteilen („Bestechung") kann dies allerdings nicht gelten. Wie gezeigt, beeinträchtigt diese Methode der Einflußnahme die Willensfreiheit des Adressaten nicht, und die Abgrenzung zum – zulässigen – Schadensausgleich ist in vielen Fällen schwierig, wenn nicht unmöglich. Jedenfalls dann, wenn das Motiv des Schadensausgleichs nicht ausgeschlossen werden kann, widerspricht ein solches Verhalten (etwa Weiterleiten des Geldes vom Beschuldigten an den Verletzten) den Aufgaben des Strafverteidigers nicht (noch weitergehend *Krekeler* NStZ 1989, 150; ähnl. wie hier *Beulke* Strafbarkeit Rdn. 51 f.).

(11) Eine strafbare Einwirkung auf dritte Personen zum Zwecke der Verteidigung ist auch dem Strafverteidiger verwehrt.

(12) Zwang, Drohung und Täuschung gegenüber dem Zeugen oder Strafantragsberechtigten sind unzulässige Methoden der Verteidigung. Geldliche Zuwendungen oder die Vermittlung anderer Vorteile sind zulässig, soweit das Motiv des Schadensausgleichs nicht ausgeschlossen werden kann.

b) Mitbeschuldigte

Daß die gerade (unter B. 2.a.bb) entwickelten Einschränkungen beim Kontakt mit Zeugen und Antragsberechtigten auch hinsichtlich des Mitbeschuldigten gelten, ist ohne weiteres klar; der Mitbeschuldigte verdient sicherlich nicht weniger Schutz als diese anderen Personen, und die Probleme von Justizförmigkeit und Verteidigeraufgaben stellen sich hier nicht anders als dort. Diskutabel ist allein, ob diese Einschränkungen beim Mitbeschuldigten noch verstärkt werden müssen. Indikator des Problems ist § 146 StPO n.F.. Das Problem selbst besteht im rechtlich geschützten Interesse des Mitbeschuldigten, in seiner eigenen Verteidigung nicht gehindert zu sein. Im Hinblick auf den Mitbeschuldigten trifft die strenge Einseitigkeit bei der Vertretung der Beschuldigteninteressen als die Aufgabe des Verteidigers auf ihr Spiegelbild.

Daraus folgt zuerst einmal, daß der Verteidiger, auch bei konsequenter Parteilichkeit für seinen Mandanten, die Verteidigungsinteressen des Mitbeschuldigten nicht beeinträchtigen darf; weder Straf- und Strafverfahrens- noch Standesrecht können zulassen, daß die berechtigte Einseitigkeit der Strafverteidigung die unberechtigte Benachteiligung des Mitbeschuldigten im Gefolge hat. Dies gilt insbesondere bezüglich des nicht-verteidigten Mitbeschuldigten. Erteilt der Verteidiger – was er darf – diesem Auskunft und Rat, so darf er nicht einseitig im Interesse seines Mandanten Informationen auswählen und Wege empfehlen. Täuschende Einwirkungen sind jedenfalls unzulässig.

2. Kontakt mit anderen Personen I. B. 2

Im übrigen gibt es – auch unter § 146 StPO n. F. – keinen Grund, dem Verteidiger ein Zugangs- und Kommunikationsrecht beim Mitbeschuldigten zu verweigern (*Strzyz* S. 141 m.w.Nachw.). Auch die sog. „Sockelverteidigung" (wechselseitige Informationen und Absprachen der mehreren Verteidiger über eine gemeinsame Strategie) verletzt als solche kein Verfahrensinteresse, sondern rät sich in vielen Prozeßkonstellationen geradezu an (*Ostendorf* JZ 1979, 254 m.w.Nachw.); davon umfaßt ist auch die Information des inhaftierten Mitbeschuldigten bzw. dessen Verteidigers über die Einlassung des eigenen Mandanten (OLG Frankfurt NStZ 1981, 145).

(13) Die sog. „Sockelverteidigung" ist zulässig. Zum Mitbeschuldigten darf der Verteidiger Kontakt aufnehmen. Vor allem einen nicht-verteidigten Mitbeschuldigten darf der Verteidiger nicht einseitig informieren und beraten.

c) Presse

Die Kontakte des Verteidigers zur Presse werden reguliert eher über informelle Programme (oben A. 2) als über rechtliche Normen. Vor allem im Handbuch von *Dahs* (Rdn. 185 ff.) findet sich eine Fülle nützlicher Ratschläge bis hin zu regelrechten „Verboten" nicht-rechtlicher Art. Aber natürlich gibt es auch in diesem Bereich Zulässigkeitsgrenzen mit rechtlicher Sanktionierung.

Aus dem Strafrecht sind es vor allem die Verletzung des persönlichen Lebens- und Geheimbereichs (§§ 201 ff., beachte § 203 Abs. 1 Nr. 3 StGB) und die Ehrverletzung (§§ 185 ff. StGB), die für den Strafverteidiger von Bedeutung sind – nicht nur als Strafbarkeitsgrenze eigenen Handelns, sondern auch als Rechtfertigungs- und Erlaubnismöglichkeit. Brennpunkt ist die Wahrnehmung berechtigter Interessen (§ 193 StGB), von der eine beachtliche Meinung die entsprechende Anwendung jedenfalls auf §§ 201, 203 StGB fordert (Nachw. bei *Lackner* § 193 Anm. 1 c.) und die auch für den Verteidiger streitet – von Äußerungen im Verfahren über eigene Ermittlungstätigkeit bis hin zu Auskünften ihm gegenüber (Einzelheiten bei SK/*Rudolphi* § 193 Rdn. 7, 8).

Aus dem Standesrecht hat der Verteidiger insbes. das Werbeverbot und das Verbot von Sensationsdarstellung zu beachten (§ 2 Abs. 1, 2 der „Richtlinien"). Freilich sind deren Grenzen, wie man weiß, unscharf und einzelfallbezogen. Im Hinblick auf die Kontakte des Strafverteidigers zur Presse sind sie besonders konkretisierungsbedürftig. Denn was dem Verteidiger, vor allem zu Schutz und Wiedergutmachung für seinen Mandanten bei Angriffen aus den Medien, erlaubt ist, hängt vor allem von Form, Zeitpunkt, Typus und Intensität solcher Angriffe ab und kann kaum generell fixiert werden.

Dies sei an einem Phänomen beispielhaft verdeutlicht, das Beschuldigte und Verteidiger schon seit langer Zeit belästigt und verletzt, das aber erst jüngst ein breiteres öffentliches Interesse gefunden hat: „Vorverurteilungen" durch die Medien (umfänglich dazu W. *Hassemer* NJW 1985, 1921 ff.; zu Möglichkeiten des Strafverteidigers 1928 f.). Es läßt sich nicht leugnen, daß es – wie immer man das auch definiere – öffentliche „Vorverurteilungen" (ebenso wie „Vorfreisprüche"!) gibt, und das nicht nur bei prominenten Beschuldigten. Sicher ist aber auch, daß der Verteidiger das Recht und die Aufgabe hat, den Schutz seines Mandanten in solchen Fällen auch durch eigene Pressearbeit zu gewährleisten (ebenso *Beulke* Strafbarkeit Rdn. 105). So kann es ihm nicht verwehrt sein, in geeigneten Fällen
– selber Pressekonferenzen abzuhalten;
– die Angaben des behördlichen Presseinformanten aus der Sicht des Beschuldigten zu ergänzen oder zu korrigieren;
– die Presse dabei auch über die Einlassung des Beschuldigten im Verfahren zu informieren (anders wohl BGHSt 29, 99/103: Mißbrauch für eine „private Veröffentlichung"?). Jedenfalls sind die Grenzen des § 353 d StGB zu beachten (was freilich nicht schwierig ist; vgl. *Wassmann* S. 200 f.; zur Verfassungsmäßigkeit des § 353 d Nr. 3 StGB s. BVerfG StV 1986, 195).

(14) Im Kontakt mit der Presse hat der Verteidiger die Verbote des allgemeinen Strafrechts (§§ 185 ff., §§ 201 ff. StGB) und des standesrechtlichen Werbe- und Sensationsver-

bots zu beachten. Er darf aber, auch durch eigene Pressearbeit, seinen Mandanten vor Angriffen aus den Medien und zur Korrektur behördlicher Presseinformationen schützen.

3. Kontakt mit sächlichen Beweismitteln

Es verwundert nicht, daß Handlungssituation und Probleme des Strafverteidigers bei persönlichen Beweismitteln ganz andere sind als bei sachlichen; die Schwierigkeiten, die dort wegen des Schutzes der persönlichen Interessen etwa von Zeugen zu besprechen waren, entstehen bei sachlichen Beweismitteln nicht. Nicht zuletzt deshalb ist die Rechtslage hinsichtlich des zulässigen Verteidigerhandelns hier einfacher.

a) Ermittlungen des Verteidigers

Positiv dürfte mittlerweile praktisch außer Streit sein, daß der Verteidiger zu eigenen Ermittlungen berechtigt ist (vgl. insbes. *Arbeitskreis Strafprozeßreform* § 11 Begr. S. 95 f.; *Hamm* Peters-Festgabe, S. 169 f.; *Beulke* Strafbarkeit Rdn. 84 ff.; Einzelheiten und praktische Hinweise bei *Jungfer* StV 1981, 100 ff.). Dies ist – da die Weichen für die Tatsachenbasis des Urteils regelmäßig während des Ermittlungsverfahrens gestellt werden und der Beschuldigte sich dabei den weit überlegenen Aufklärungsmöglichkeiten der Ermittlungsbehörden gegenübersieht – unabdingbare Voraussetzung dafür, daß der Beschuldigte zu einem Subjekt des Verfahrens wird, das nicht nur hinsichtlich der Rechtsfragen über hinreichende Interventionsmöglichkeiten in einem fairen Verfahren verfügt. Von „Waffengleichheit" kann sowieso keine Rede sein, da Beschuldigter und Verteidiger bei Ermittlungen nicht die Zwangsbefugnisse der Behörden innehaben. Des weiteren ist klar, daß auch hier die Grenzen des allgemeinen Strafrechts gelten (etwa §§ 239 ff., 267 ff. StGB). Klar ist aber auch, daß die Entscheidung darüber, ob und welche Ermittlungen für die Verteidigung angezeigt sind, in der Beurteilungszuständigkeit von Beschuldigtem und Verteidiger stehen und daß der Verteidiger, hält er sich in diesem Rahmen, den Bereich des § 258 StGB nicht berührt.

(15) Innerhalb der Grenzen des allgemeinen Strafrechts ist der Verteidiger zu eigenen Ermittlungen berechtigt; Zwangsbefugnisse hat er nicht.

b) Eingriffe in sächliche Beweismittel

Negativ war und ist außer Streit, daß der Verteidiger sachliche Beweismittel nicht manipulieren darf. Das gilt für die Verfälschung von Urkunden oder Spuren (*Beulke* Verteidiger S. 152 m.w. Nachw.) und auch für das Beiseiteschaffen von Beweismitteln (*Müller-Dietz* JurA 1979, 252 m.w. Nachw.). Das gilt ebenso für die manipulative Vorlage falschen Beweismaterials bei den Behörden (*Eschen* StV 1981, 367). Soweit dies ein (urkunden-)-deliktisches Verhalten ist, folgt das Ergebnis der Unzulässigkeit aus dem allgemeinen Strafrecht, von dem der Verteidiger nicht dispensiert ist. Soweit – aus welchen Gründen immer – ein Strafgesetz nicht verletzt ist, folgt die Unzulässigkeit aus der Verbindung verfahrenswidriger Ziele (Verdunkelung) und Mißbrauchs der Verteidigerposition; die für die „sonstigen Hilfen" entwickelte Argumentation (zu dieser Konstruktion im einzelnen oben B. 1. d.) gilt entsprechend auch hier.

(16) Manipulationen an sachlichen Beweismitteln sind unzulässig.

4. Handeln im Verfahren

Im Verfahren, vor allem in der Hauptverhandlung, bündeln sich alle die Kontakte, die bisher besprochen worden sind. Sie erhalten dort aber zwei besondere Qualitäten, welche für die Zulässigkeit des Verteidigerhandelns von ausschlaggebender Bedeutung sind:

Sie sind, zum einen, eingebunden in die Regeln, die für das jeweilige Verfahren und seine Abläufe gelten, und sie finden regelmäßig statt im Beisein von Ermittlungsbehörden oder

4. Handeln im Verfahren I. B. 4

Gericht, typischerweise sogar in regelgeleiteter Auseinandersetzung mit ihnen. Dieses besondere „setting" des Verteidigerverhaltens wird in der bisherigen Diskussion um die Grenzen der Zulässigkeit zu wenig beachtet.

Zu wenig beachtet wird, zum zweiten, auch der Umstand, daß man dem Strafverteidiger, der im Verfahren agiert, genausowenig in den Kopf hineinschauen kann wie den anderen Verfahrensbeteiligten: daß mithin alle die Zulässigkeitsvoraussetzungen, welche auf die „Überzeugung" oder das „Wissen" des Verteidigers abstellen, deshalb auf tönernen Füßen stehen, weil diese „inneren Tatsachen" in der Praxis kaum verläßlich festgestellt werden können (ausführlicher zu solchen „Dispositionsbegriffen" und ihren Schwierigkeiten in der praktischen Anwendung W. *Hassemer* Einführung, § 19 III). Entweder begünstigen sie eine unsichere, spontane und deshalb ungleichmäßige und ungerechte Rechtsanwendung, oder – was wahrscheinlicher ist – sie führen in ein großes Dunkelfeld, aus dem nur die seltenen Fälle ins Licht treten, in denen der Verteidiger so unvorsichtig war, seine „Überzeugung" oder sein „Wissen" klar und verwertbar zu offenbaren.

Nach diesen beiden Qualitäten lassen sich die Konstellationen unzulässigen Verteidigerhandelns im Verfahren mühelos ordnen.

a) Handeln in regelgeleiteter Auseinandersetzung

Zuerst ist – noch einmal – festzuhalten, daß nicht jedes Verteidigerhandeln während eines Verfahrens, welches das Standesrecht überschreitet, auch schon als (Begünstigung oder) Strafvereitelung gewertet werden kann. So sind beispielsweise bei ungerechtfertigten verbalen Attacken gegen Richter (lehrreich der Fall BGHSt 21, 206), Staatsanwalt oder Zeugen deren Persönlichkeitsrechte und evtl. auch die Anwaltspflichten aus der BRAO verletzt, nicht immer aber zugleich die staatliche Rechtspflege als das von §§ 257, 258 geschützte Rechtsgut (Näheres bei *Schönke/Schröder/Stree*, jeweils Rdn. 1 zu §§ 257, 258). Zur Strafvereitelung – oder zur Unterstützung einer kriminellen bzw. terroristischen Vereinigung – werden solche Pflichtwidrigkeiten erst dann, wenn sie geeignet sind, den staatlichen Strafanspruch zu vereiteln (klar ausgeführt in BGHSt 29, 99/107 im Rahmen der §§ 129, 129a StGB).

Sodann ist klar, daß der Strafverteidiger auch bei seinem Handeln im Verfahren den Geboten und Verboten des allgemeinen Strafrechts (§§ 153 ff./26/27, 185 ff., 267 ff., 120 etc. StGB) ebenso unterliegt wie sonst; auch im Verfahren gibt es keinen allgemeinen Rechtfertigungsgrund „Strafverteidigung".

Des weiteren steht zu Recht außer Streit, daß der Strafverteidiger im Verfahren nicht verpflichtet – wohl aber berechtigt – ist, gegen eine falsche Zeugenaussage einzuschreiten (KK/*Laufhütte* Vor § 137 Rdn. 5 m. Nachw.). Eine solche Pflicht würde nicht nur das Gebot der Parteilichkeit verletzen und den Strafverteidiger mit zum Hüter der Wahrheitsfindung machen, sondern ihn auch mit Prüfungspflichten hinsichtlich der Wahrheit von Aussagen belasten, die er gar nicht erfüllen kann. Ebenfalls aus dem Gebot der Parteilichkeit folgt, daß dem Verteidiger der Vortrag von abwegigen Rechtsansichten erlaubt sein muß (*Dreher/Tröndle* § 258 Rdn. 7; *Beulke* Verteidiger S. 152 m. Nachw.) (wenn er das für zweckdienlich hält): Es ist nicht zu sehen, welche Interessen (außer seinen eigenen) der Strafverteidiger dadurch verletzen könnte und welche Instanz (außer den am Verfahren beteiligten Juristen selbst) über die Zulässigkeit einer Rechtsmeinung zu entscheiden hätte; das Gericht wird diese Meinung dann schon würdigen.

Streit gibt es hingegen über die Grenzen einer Einwirkung auf Zeugen und einer Ausnutzung von Interventionsmöglichkeiten zugunsten des Mandanten. So werden – freilich durchweg nicht ohne jeden Widerspruch – für unzulässig gehalten:
– Suggestivfragen mit dem Ziel einer falschen Aussage (*Schönke/Schröder/Stree* § 258 Rdn. 20 m. Nachw.);
– Fangfragen mit dem Ziel der Verwirrung (abgewogene Darstellung m. Nachw. bei *Wassmann* S. 179 f.);

– Angriffe auf die Glaubwürdigkeit eines Belastungszeugen durch wissentliche Behauptung falscher Tatsachen und Benennung von Zeugen hierfür (BGHSt 29, 99/107 m. Nachw.; OLG Frankfurt NStZ 1981, 146);
– Aussetzungsanträge in der Hoffnung auf Verlust des entscheidenden Beweismittels (*Beulke* Verteidiger S. 153);
– Anbringen aussichtsloser Rechtsmittel ausschließlich zum Zeitgewinn (*Berkenheide* S. 169 f.);
– Beweisanträge zur Prozeßverschleppung (*Weihrauch* Rdn. 172, S. 131 m. Hinweis auf *Dahs*).

Fast alle diese Ergebnisse beruhen zum Teil auf einer unzutreffenden Rollenbeschreibung für den Verteidiger im Verfahren, zum Teil auf einer Verkennung der strafprozessualen Möglichkeiten, das Verfahren vor Mißbräuchen zu schützen, und zum Teil auf einer falschen Hoffnung, theoretische Voraussetzungen unzulässigen Handelns im Einzelfall praktisch feststellen zu können.

Wenn, was nicht bestritten wird, der Strafverteidiger in strenger Einseitigkeit zugunsten des Beschuldigten zu handeln hat, kann man ihm Suggestiv- und Fangfragen sowie Angriffe auf die Glaubwürdigkeit von Belastungszeugen nicht unter Strafe (§§ 129, 129 a, 164, 257, 258 StGB) verbieten (a. A. *Beulke* Strafbarkeit Rdn. 98). Abgesehen davon, daß die Bestrafungsvoraussetzungen – aufgrund der begrifflichen Unklarheiten von „Suggestiv-" und „Fangfragen" – unbestimmt wären (was sich zu Lasten des Verteidigers auswirken müßte), ist nicht zu sehen, welches Verfahrensziel durch ein solches Handeln verletzt würde: Soweit es um die rechtlich geschützten Interessen der Verhörsperson geht, obliegt deren Wahrung dem jeweiligen Herrn des Verfahrensabschnitts, in der Hauptverhandlung dem Vorsitzenden bzw. dem Gericht (§§ 238 ff. StPO). Das Gesetz hat die Verhandlungsleitung ausreichend mit Schutzmöglichkeiten ausgestattet, um Rechtsverletzungen durch Fragen der Verteidigung zu begegnen.

Soweit es um die Wahrheitssuche als Verfahrensziel geht, ist eine Einschränkung von Verteidigerfragen gleichfalls nicht angezeigt. Die Wahrheitssuche im Strafverfahren, vor allem in der Hauptverhandlung, ist keine fortschreitende Annäherung an die „Sache", sondern ein geregelter Streit um das, was als justizförmig festgestellte Tatsache gelten darf (ausführlicher hierzu und zum Folgenden W. *Hassemer* Einführung § 16 III 4). Motor dieser Suche und Garant für ein richtiges Ergebnis ist nicht (nur) der Sachverstand des Inquirenten, sondern ist die Handlungskompetenz aller nach dem Gesetz an diesem Streit Beteiligten. Die Aufgabe des Verteidigers ist es, den Streit um die Feststellung von Tatsachen auszuwiegen und ihn, von der Seite des Beschuldigten her, zu vervollständigen. **Das** ist sein Beitrag zur Wahrheitssuche und ist die Erfüllung seiner Pflicht zur Mitwirkung daran. Je mehr man die Handlungsmöglichkeiten des Verteidigers in diesem geregelten Streit einschränkt, desto eher gefährdet man die Wahrheitssuche. Die Parteilichkeit des Verteidigers ist kein Zugeständnis an den Beschuldigten, sondern Gebot eines guten Verfahrens.

Diese Parteilichkeit schadet dem Ziel der Wahrheitssuche im Verfahren auch dann nicht, wenn sie suggestiv oder kaptiös wird. Denn sie realisiert sich ja im Angesicht der anderen Beteiligten, in der Hauptverhandlung vor allem des Gerichts, welches sie nach § 261 StPO zu würdigen hat. Wer dem Verteidiger ein solches Handeln verbietet, schätzt die kommunikativen Möglichkeiten des Gerichts zu Unrecht geringer ein als die des Verteidigers und beschneidet ohne Not die Vollständigkeit des Streits um die Wahrheit.

Auch die Verbote der Wahrnehmung von Interventionsrechten der Verteidigung beruhen auf einer schiefen Verfahrenskonstruktion. Selbst wenn diese Wahrnehmung im Einzelfall „mißbräuchlich" wäre, so wäre das Instrument der rechtlichen Lösung nicht eine Strafbarkeit des Verteidigers wegen Strafvereitelung, sondern die Einschränkung dieser Interventionsrechte selbst; das Problem liegt nicht im Strafrecht, sondern im Strafverfahrensrecht, wie ja ein Beweisantrag dann abgelehnt werden darf, wenn er zum Zweck der Prozeßverschleppung gestellt ist (§ 244 Abs. 3 S. 2 StPO); dem Mißbrauch also dort begegnet wird, wo er entsteht. Für eine (zusätzliche) Strafbewehrung gibt es keinen Grund (übereinst. *Krekeler* NStZ 1989, 152; differenzierend *Beulke* Strafbarkeit Rdn. 102).

b) Handeln gegen die „Überzeugung"

Im Ergebnis dürfte all dies den Unzulässigkeitsthesen für das Verteidigerhandeln noch nicht widersprechen. Diese Thesen haben nämlich eine weitere zentrale Strafbarkeitsvoraussetzung gemeinsam: das Motiv, die Überzeugung, das Ziel, das Wissen, die Hoffnung des Strafverteidigers. Diese Strafbarkeitsvoraussetzung liegt auch den eher theoretisch als praktisch interessanten Streitfragen zugrunde, ob der Verteidiger Freispruch beantragen darf, auch wenn er von der Schuld des Angeklagten überzeugt ist (Diskussion und Nachw. bei *Beulke* Verteidiger S. 150 f.), und ob er im Verfahren „lügen" darf (Diskussion und Nachw. bei *Strzyz* S. 147 ff.). Diese Einschränkung der Strafbarkeit ist theoretisch von wesentlicher Bedeutung. Sie hat nämlich zur Folge, daß alles das zulässige Strafverteidigung ist, was ohne die inkriminierte Disposition geschieht, daß beispielsweise die bewußte Verzögerung des Verfahrens dann noch hinzunehmen ist, wenn, nicht völlig abwegig, eine Verbesserung der Beweislage erhofft wird (so etwa *Weihrauch* Rdn. 172, S. 131).

Das ist auch richtig so. Allenfalls dann, wenn der Verteidiger kein anderes Ziel verfolgt als Verzögerung, Verwirrung oder Verfälschung, kommt ein Verbot in Frage. Andernfalls läge die Aufdeckung der Verteidigungsstrategie zu nahe, und damit das Ende der Verteidigung; oder es wäre zu befürchten, daß dem Verteidiger Interventionsmöglichkeiten zu Unrecht abgeschnitten würden mit der Berufung auf Suggestivität oder Verzögerung, was die Verteidigung wesentlich behindern würde.

Diese Strafbarkeitseinschränkung mit Hilfe des dominanten Motivs kann freilich, so theoretisch notwendig und gut gemeint sie ist, in der Praxis kaum funktionieren (in ähnlicher Richtung schon *Hamm*, Sarstedt-Festschrift, S. 51: „Die Antwort ...... läßt sich abstrakt ebenso leicht geben, wie die Abgrenzung zwischen Scheinanträgen und (auch) sachlich begründeten Schritten im Einzelfall schwerfallen kann"). Aus gutem Grund grenzt das Strafrecht allenthalben die Bereiche der Strafbarkeit über objektive Merkmale und nicht über Dispositionen wie Überzeugungen und Ziele ab – gar noch über „ausschließliche" Ziele. Dieser Grund liegt in den Schwierigkeiten, Dispositionen im Verfahren verläßlich zu erkennen und nachzuweisen (vgl. dazu oben 4.; *Hassemer* Einführung, § 19 III). Wie soll man auch Fangfragen mit dem Ziel der Verwirrung von Fangfragen mit dem Ziel der Wahrheitsfindung unterscheiden, wenn man die Wahrheit nicht kennt und überdies weiß, daß Lügengebilde auch durch Verwirrung des Lügners zusammenbrechen können? Wie will man einem Verteidiger dessen „Überzeugung" von der Schuld des Angeklagten (verläßlich!) nachweisen, wenn man begriffen hat, daß Überzeugungen für Dritte nicht sichtbar und für den, der sie hat, zum einen wechselnd (gerade durch die fortschreitenden Entwicklungen in einem Strafverfahren!) und zum andern typischerweise vorläufig und unklar sind? Wie will man jemals behaupten und vertreten können, ein anderer (nämlich der Verteidiger) handle „ausschließlich" mit einem bestimmten Ziel – da man doch weiß, daß jeder, bei stets ungewisser Zukunft, auch ein wenig Hoffnung auf eine Verbesserung der Sache haben darf?

Damit ist nicht in Abrede gestellt, daß es Situationen und Konstellationen geben mag, die verläßliche Feststellungen zu fremder Disposition ermöglichen. Für eine rechtliche Regelung wie die Grenzen zulässigen Verteidigerhandelns im Verfahren und damit für die Grenzen der Strafbarkeit, etwa wegen Strafvereitelung, reicht das aber nicht aus. Die rechtliche Regelung braucht Regelmäßigkeit und Typizität hinsichtlich der Feststellbarkeit ihrer Voraussetzungen. Kann man auf Feststellbarkeit nur im Ausnahmefall hoffen, dann ist die Strafbarkeitsvoraussetzung unbestimmt, und dann führt sie zwingend zu ungleichen und damit ungerechten Anwendungen. Sie ist dann, jedenfalls im Strafrecht, nicht akzeptabel. Was als Voraussetzung der Strafbarkeit theoretisch einsichtig, im Einzelfall aber nur ausnahmsweise nachzuweisen ist, ist nicht bedauernd hinzunehmen, sondern zu eliminieren (Art. 103 Abs. 2 GG, § 1 StGB).

Daraus folgt, daß alle Konstruktionen unzulässigen Verteidigerhandelns im Verfahren, welche die Strafbarkeit entscheidend von einer Disposition abhängig machen, nicht akzeptabel sind. Die theoretische Alternative, auf die Disposition als Voraussetzung der Strafbarkeit zu verzichten (Unzulässigkeit verzögernder Interventionen, von Suggestivfragen oder des Anbringens aussichtsloser Rechtsmittel in jedem Fall), ist rechtspolitisch nicht wählbar, weil sie, wie gezeigt, die Strafverteidigung im Verfahren weitgehend lahmlegen würde.

Dieses Ergebnis gilt, wie ich meine, auch für Angriffe auf die Glaubwürdigkeit von Belastungszeugen selbst unter den einschränkenden Bedingungen, wie sie die Rechtsprechung, vernünftigerweise, verlangt (oben bei 4. a; BGHSt 29, 99/107 m. Nachw.; OLG Frankfurt NStZ 1981, 146). In solchen Konstellationen mag die Praxis zwar verläßlicher als in den anderen Feststellungen treffen können, weil es immerhin auch auf die Behauptung falscher Tatsachen und auf die Benennung von Zeugen hierfür ankommt. Gleichwohl hängt auch dort die Strafbarkeit entscheidend von der Wissentlichkeit der Behauptung ab, und es kann – anders als bei einem deliktischen Vorsatz sonst – niemals ausgeschlossen werden, daß der Verteidiger, wie auch die anderen Verfahrensbeteiligten, durch die Zeugenaussage im Verfahren eines besseren belehrt wird. Diese Unzulässigkeitsvoraussetzung beruht auf einer Vorwegnahme der Beweiswürdigung, dem Kardinalfehler der Beweisaufnahme. Denn diese Voraussetzung kann nur praktisch werden, wenn etwa über die Falschheit der Zeugenaussage befunden wird, bevor der Zeugenbeweis erhoben ist; für „falsch" muß der Verteidiger, wie jeder andere auch, eine Tatsachenbehauptung erst dann halten, wenn über die Beweise justizförmig befunden ist (ebenso i. Erg. *Krekeler* NStZ 1989, 152).

(17) Auch im Verfahren darf der Verteidiger nur innerhalb der Grenzen des allgemeinen Strafrechts handeln.

(18) Der Verteidiger ist nicht verpflichtet, gegen eine falsche Zeugenaussage einzuschreiten. Er ist nicht beschränkt im Vorbringen von Rechtsmeinungen.

(19) Dem Verteidiger sind im Verfahren Suggestiv- und Fangfragen erlaubt. Er darf jedes Mittel einsetzen, das ihm prozessual zusteht, auch wenn nicht ausgeschlossen werden kann, daß er dabei verfahrenswidrige Ziele verfolgt.

5. Ergebnisse

(1) Eindeutige Grenzen zulässiger Strafverteidigung gibt es nicht. Deshalb wären ein Katalog oder eine „Checkliste" für gerade noch tolerable Aktivitäten trügerisch und gefährlich (A. 1).

(2) Was ein Verteidiger im Strafverfahren (nicht) darf, hängt zuerst einmal davon ab, was er im Strafverfahren soll: also von seinen Aufgaben, vor allem gegenüber dem Mandanten und den Zielen des Strafverfahrens. Bleiben diese Aufgaben unklar, dann werden die Grenzen zulässiger Verteidigung zufällig (A. 1.).

(3) Grenzen zulässiger Verteidigung finden sich in informellen Programmen und im anwaltlichen Standesrecht. Diese Grenzen sind im Einzelfall wirksam, generell aber kaum zu markieren (A. 3.).

(4) Die Darstellung wird sich deshalb auf strafrechtliche und strafprozessuale Verbote konzentrieren und die sonstigen Grenzen der Zulässigkeit nur am Rande und beispielhaft besprechen (A. 3.).

(5) Objektiv richtige Rechtsauskünfte gegenüber dem Mandanten sind auch dann zulässig, wenn die Gefahr ihres Mißbrauchs durch den Mandanten nahe liegt (B. 1. a.).

(6) Objektiv unrichtige Auskünfte können strafbare Beteiligungshandlungen sein. Sie sind standeswidrig, wenn sie den Mandanten durch Täuschung zu einem bestimmten Verhalten veranlassen sollen (B. 1. a.).

(7) Für den Rat kann nichts anders gelten als für die Auskunft (B. 1. b.).

(8) Mitteilungen aus den Akten (auch durch Fotokopien oder Abschriften) sind selbst dann nicht unzulässig, wenn der Beschuldigte dadurch von bevorstehenden Zwangsmaßnahmen erfährt. Unzulässig ist lediglich die Aushändigung der Originalakten.

Die Weitergabe von Informationen an den Beschuldigten, die der Verteidiger außerhalb der Akten erhalten hat, kann die Regeln einer sachgerechten Strafverteidigung verletzen, nicht aber das Recht (B. 1. c.).
(10) Der Verteidiger darf im Interesse des Beschuldigten einwirken auf
– den Tatzeugen, die Anzeige zu unterlassen;
– den Strafantragsberechtigten, den Strafantrag nicht zu stellen oder ihn zurückzunehmen;
– den Zeugen, seine Rechte aus §§ 52, 53, 55 StPO auszuüben.
Dies gilt nicht, soweit eine Rechtspflicht zur Anzeige besteht (B. 2. a. aa).
(11) Eine strafbare Einwirkung auf dritte Personen zum Zwecke der Verteidigung ist auch dem Strafverteidiger verwehrt (B. 2. a. aa).
(12) Zwang, Drohung und Täuschung gegenüber dem Zeugen oder Strafantragsberechtigten sind unzulässige Methoden der Verteidigung. Geldliche Zuwendungen oder die Vermittlung anderer Vorteile sind zulässig, soweit das Motiv des Schadensausgleichs nicht ausgeschlossen werden kann (B. 2. a. aa).
(13) Die sog. „Sockelverteidigung" ist zulässig. Zum Mitbeschuldigten darf der Verteidiger Kontakt aufnehmen. Vor allem einen nicht-verteidigten Mitbeschuldigten darf der Verteidiger nicht einseitig informieren und beraten (B. 2. b.).
(14) Im Kontakt mit der Presse hat der Verteidiger die Verbote des allgemeinen Strafrechts (§§ 185 ff., §§ 201 ff. StGB) und des standesrechtlichen Werbe- und Sensationsverbots zu beachten. Er darf aber, auch durch eigene Pressearbeit, seinen Mandanten vor Angriffen aus den Medien und zur Korrektur behördlicher Presseinformationen schützen (B. 2. c.).
(15) Innerhalb der Grenzen des allgemeinen Strafrechts ist der Verteidiger zu eigenen Ermittlungen berechtigt; Zwangsbefugnisse hat er nicht (B. 3. a.).
(16) Manipulationen an sachlichen Beweismitteln sind unzulässig.
(17) Auch im Verfahren darf der Verteidiger nur innerhalb der Grenzen des allgemeinen Strafrechts handeln (B. 4. b.).
(18) Der Verteidiger ist nicht verpflichtet, gegen eine falsche Zeugenaussage einzuschreiten. Er ist nicht beschränkt im Vorbringen von Rechtsmeinungen (B. 4. b.).
(19) Dem Verteidiger sind im Verfahren Suggestiv- und Fangfragen erlaubt. Er darf jedes Mittel einsetzen, das ihm prozessual zusteht, auch wenn nicht ausgeschlossen werden kann, daß er dabei verfahrenswidrige Ziele verfolgt (B. 4. b.).

C. Grenzen zulässiger Verteidigung in Rechtsprechung und Lehre*

1. Kontakt mit dem Mandanten

a) Vollständige Auskunft über die materielle und formelle Rechtslage

Zulässig: RGSt 37, 321/323; OLG Düsseldorf JR 1984, 257 f.; *Roxin* § 19 E. I. (selbst dann, „wenn der Beschuldigte sie dazu benutzen kann, sich der Bestrafung zu entziehen"); *Schönke/Schröder/Stree* § 258 Rdn. 20 („möge sie auch einen Entschluß zur Strafvereitelung fördern"); *Lackner* § 258 Anm. 2. d. aa.; *Hassemer* B. 1 a.

---

* Zusammengestellt von wiss. Mitarbeiter Dimitrios Pitsounis, auf den Stand von August 1989 gebracht von wiss. Mitarbeiter Kai Hart-Hönig. Umfängliche tabellarische Übersicht zur rechtlichen Bewertung des Verteidigerhandelns auch in *Beulke*, Strafbarkeit S. 157 ff.

Unzulässig: *Hruschka* JR 1984, 261 f. (wenn die Rechtsauskunft zu einer „Straftat" führt); *Berkenheide* S. 48 ff./54.

(aa) Auskunft über das Schweigerecht, über die Straflosigkeit des Widerrufs eines Geständnisses und über die rechtliche Folgenlosigkeit von Lügen und Schutzbehauptungen
Zulässig: *Wassmann* S. 131; *Ostendorf* NJW 1978, 1349; *Pfeiffer* DRiZ 1984, 344 f.; *Bottke* ZStrW 96, 756 (soweit „stimulierungsneutral"); *Hassemer* B. 1. a.

(bb) Auskunft über die Straflosigkeit der Flucht
Zulässig: *Heeb* S. 69; *Bottke* ZStrW 96, 756 (soweit „stimulierungsneutral"); *Lackner* § 258 Anm. 2. d. aa.; *Hassemer* B. 1. a.; *Wassmann* S. 130.
Unzulässig: *Berkenheide* S. 54; *Peters* § 29 V 1 a.

(cc) Auskunft über Rechtshilfeabkommen und den Kreis der Staaten, bei denen im Falle einer Flucht eine Auslieferung nicht zu erwarten ist.
Zulässig: *Heeb* S. 69; *Bottke* ZStrW 96, 756; *Dahs* Rdn. 53; *Hassemer* B. 1. a.
Unzulässig: *Berkenheide* S. 54.

b) Beratung

(aa) Rat, die Aussage zu verweigern oder kein Geständnis abzulegen
Zulässig: BGH b. *Holtz* MDR 1982, 970 (Der Verteidiger wirkte an der Realisierung eines Planes mit, wonach sein Mandant die „eigentlichen Haupttäter" nicht preisgeben sollte. – „Es ist das Recht des Beschuldigten, sich nicht zur Sache einzulassen. Die dahingehende Beratung ist durch die Verteidigungsfunktion gedeckt und deshalb rechtmäßig"); *Wassmann* S. 132; *Müller-Dietz* JurA 1979, 251; *Pfeiffer* DRiZ 1984, 345; LK/*Ruß* § 258 Rdn. 30; *Weihrauch* Rdn. 37; *Hassemer* B. 1. b.
Unzulässig: *Peters* § 29 V. 1. c.

(bb) Abraten von einer Selbstanzeige
Zulässig: BGHSt 2, 375 (Nach dem Sachverhalt riet der Verteidiger dem Mandanten von der Berichtigung eines Meineids ab – S. 377: Der Mandant sei „rechtlich" nicht zur Selbstanzeige verpflichtet gewesen; der Vert. wirkte zwar auf den Willen des Mandanten ein, „aber nicht auf irgendwelche Umstände außerhalb dieses Willens, und auch nur in der Weise, daß er G. [den Mandanten] von der Selbstgestellung abhielt, „nicht etwa derart, daß er ihm ein Tätigwerden zur Verdunkelung des Sachverhalts anriet"); OLG Frankfurt NStZ 1981, 145; *Müller-Dietz* JurA 1979, 251; LK/*Ruß* § 258 Rdn. 20.

(cc) Rat, die Unwahrheit zu sagen
Zulässig: *Wassmann* S. 136; *Strzyz* S. 268; *Kühne* Rdn. 91.1 (mit Hinweis darauf, daß „der Beschuldigte im Verfahren lügen darf"; *Kühne* nimmt aber eine Standeswidrigkeit an); *Hassemer* B. 1. b. (Grenze: Die allgemeinen Regeln über die Deliktsbeteiligung); *Krekeler* NStZ 1989, 147 (standeswidrig); *Otto* Jura 1987, 330.
Unzulässig: *Waldhorn* S. 38; *Müller-Dietz* JurA 1979, 252; *Bottke* ZStrW 96, 757; *Pfeiffer* DRiZ 1984, 345; LK/*Ruß* § 258 Rdn. 20; *Peters* § 29 V 1 c.

(dd) Rat, ein wahres Geständnis zu widerrufen
Zulässig: *Heeb* S. 70 („solange der Anwalt dem Beschuldigten nicht ein bestimmtes Verhalten aufzwingen möchte"); *Wassmann* S. 136; *Schönke/Schröder/Stree* § 258 Rdn. 20 (Mit Hinweis darauf, daß der Verteidiger den Beschuldigten „hiermit nur zum Selbstschutz veranlaßt"); *Hassemer* B. 2. b.; *Krekeler* NStZ 1989, 148; *Otto* Jura 1987, 330.
Unzulässig: *Gallas* ZStrW 53, 268; BGHSt 2, 378; *Waldhorn* S. 38; *Beulke* Verteidiger S. 155; *Bottke* ZStrW 96, 757; *Dahs* Rdn. 49; *Pfeiffer* DRiZ 1984, 345; *Maurach/Schroeder* § 98 II 7; LK/*Ruß* § 258 Rdn. 20; *Müller-Dietz* JurA 1979, 252; *Peters* § 29 V 1 c; *Dreher/Tröndle* § 258 Rdn. 7; *Seier* JuS 1981, 808.

1. Kontakt mit dem Mandanten

(ee) Beratung bei der Lüge

Zulässig: *Heeb* S. 53 (Die Aufgabe des Verteidigers dürfe aber nicht sein, „sich für seinen Mandanten die Lügen selbst auszudenken". Vielmehr habe sich die Beratung des Anwalts auf die „normativen Elemente" zu beschränken, welche „die Lüge enthalten muß, um Erfolg zu haben. Diese normativen Elemente mit einem Sachverhalt auszufüllen, ist die Aufgabe des Mandanten"); *Strzyz* S. 271 (Der Verteidiger dürfe etwa dem Beschuldigten bei dem Aufbau eines falschen Alibis behilflich sein); *Ostendorf* NJW 1978, 1349; *Eschen* StV 1981, 367; *Vormbaum* S. 426.

Unzulässig: OLG Frankfurt NStZ 1981, 146; *Beulke* Verteidiger S. 154; *Bottke* ZStrW 96, 757; *Dahs* Rdn. 48 f.; *Roxin* § 19 E I; *Seier* JuS 1981, 808; *Pfeiffer* DRiZ 1984, 345.

(ff) „Beratung" des Mandanten im Hinblick auf seine Flucht

Zulässig: *Wassmann* S. 136; *Hassemer* B. 1. b. (zulässig, solange die Grenzen zur mittelbaren Täterschaften nicht überschritten werden).

Unzulässig: *Beulke* Verteidiger S. 155; *Strzyz* S. 241, 289 und wohl auch die herrschende Praxis der standesrechtlichen Beurteilung.

c) Mitteilungen aus den Akten

(aa) Mitteilungen des Akteninhalts und Aushändigung von Aktenauszügen oder -abschriften

Zulässig: BGHSt 29, 99 (103: Auch wenn „Zweifel, Vermutungen und selbst ein erheblicher Verdacht des Verteidigers" bestehen, „der Beschuldigte könne ihm überlassene Unterlagen zur Verschleierung des Sachverhalts mißbrauchen"); *Roxin* § 19 E II (wie BGHSt 29, 99; am BGH-Urteil kritisiert aber *Roxin*, daß das Recht auf Weitergabe von Akteninformationen nicht gelten soll, „wenn der Verteidiger nur scheinbar Verteidigungszwecke verfolge und in Wirklichkeit der terroristischen Vereinigung helfen wolle"); OLG Frankfurt NStZ 1981, 145 (Die Information des Beschuldigten über bisherige Zeugenaussagen sei zulässig, „selbst wenn dadurch die Gefahr heraufbeschworen wird, daß der Beschuldigte möglicherweise seine eigene Einlassung darauf abstellen wird"); OLG Hamburg, BRAK-Mitt. 1987, 163 m. Anm. *Dahs*; *Wassmann* S. 148 ff.; LK/*Ruß* § 258 Rdn. 20; *Lackner* § 258 Anm. 2. d. aa.

(bb) Weitergabe von Akteninformationen über bevorstehende Zwangsmaßnahmen (Verhaftung, Durchsuchung, Beschlagnahme)

Zulässig: *Schmidt* § 147 Rdn. 19; Arbeitskreis Strafprozeßreform, S. 98; *Tondorf* StV 1983, 260; *Dahs* Rdn. 50; *Krekeler* wistra 1983, 47; *ders.* NStZ 1989, 149; *Welp* Peters-Festgabe, S. 318 ff.; *Mehle* NStZ 1983, 558; LR/*Lüderssen* § 147 Rdn. 127; *Hassemer* B. 1. c.; *Otto* Jura 1987, 330.

Unzulässig: BGHSt 29, 99/103; KG NStZ 1983, 557; LK/*Ruß* § 259 Rdn. 20; *Schlüchter* Rdn. 108.3; *Schönke/Schröder/Stree* § 258 Rdn. 20; *Dreher/Tröndle* § 258 Rdn. 7; *Ostendorf* NJW 1978, 1349; *Bottke* ZStrW 96, 757; KK/*Laufhütte* Vor § 137 Rdn. 5; *Lüttger* NJW 1951, 746; *Pfeiffer* DRiZ 1984, 347, 348; *Beulke* Verteidiger S. 29 ff.

d) Sonstige Hilfen

(aa) Fluchthilfe

Unzulässig: *Ostendorf* NJW 1978, 1349; *Müller-Dietz* JurA 1979, 252; *Wassmann* S. 136; *Hassemer* B. 1. d.

(bb) Verbergen des Beschuldigten

Unzulässig: OLG Hamm DAR 60, 19; *Müller-Dietz* JurA 1979, 252; *Beulke* Verteidiger S. 148; LK/*Ruß* § 258 Rdn. 20; *Hassemer* B. 1. d.

(cc) Kassiberschmuggel zur Verdunkelung der Straftat

Unzulässig: *Ostendorf* NJW 1978, 1349; *Müller-Dietz* JurA 1979, 252; LK/*Ruß* § 258 Rdn. 20; *Hassemer* B. 1. d.

2. Kontakt mit anderen Personen

a) Einflußnahme auf Strafantragsberechtigte, keinen Strafantrag zu stellen bzw. ihn zurückzuziehen

Zulässig: RGSt 40, 394; *Ackermann* MDR 1958, 49; *Waldhorn* S. 39; *Müller-Dietz* JurA 1979, 251; *Beulke* Verteidiger S. 155 f.; *Arzt/Weber* Rdn. 258; *Wassmann* S. 140; *Strzyz* S. 299; *Pfeiffer* DRiZ 1984, 346; *Peters* § 29 V 3; *Hassemer* B. 2. a. aa.

(aa) Einflußnahme auf Strafantragsberechtigte unter Einsatz von Zwang, Drohung oder Täuschung

Unzulässig: *Müller-Dietz* JurA 1979, 251; *Beulke* Verteidiger S. 155 f. (Grenze: § 136 a StPO); *Arzt/Weber* Rdn. 258 (Dem Verteidiger ist eine „intensivere Einflußnahme" erlaubt, als § 136 a StPO sie definiert); *Hassemer* B. 2. a. bb. (wie *Arzt/Weber*); *Wassmann* S. 140 (Grenze: Die Normen des Strafrechts).

(bb) Einflußnahme auf Strafantragsberechtigte mittels Versprechens finanzieller Vorteile

Zulässig: *Waldhorn* S. 39; *Wassmann* S. 140; *Krekeler* NStZ 1989, 150; *Schönke/Schröder/Stree* § 258 Rdn. 20; *Beulke* Strafbarkeit Rdn. 55; *Hassemer* B. 2. a. bb. („Jedenfalls dann, wenn das Motiv des Schadensausgleichs nicht ausgeschlossen werden kann").
Unzulässig: *Peters* § 29 V 3; *Weihrauch* Rdn. 159 („es sei denn, die Geldzahlung dient dem Ausgleich des durch die Straftat verursachten Schadens"); *Dahs* Rdn. 128 (wie *Weihrauch*; *Dahs* spricht aber nur von Standeswidrigkeit) – offen gelassen bei *Arzt/Weber* Rdn. 258.

b) Einflußnahme auf die nach §§ 52, 53 bzw. 55 StPO zur Verweigerung von Zeugnis bzw. Aussage Berechtigten, dieses Recht auszuüben. Grenzen: wie unter 2. a. aa. bb.

Zulässig: BGHSt 10, 393 = BGH b. *Dallinger* MDR 1958, 48; *Ackermann* MDR 1958, 49; OLG Frankfurt NStZ 1981, 145; *Waldhorn* S. 40; *Müller-Dietz* JurA 1979, 251; *Beulke* Verteidiger S. 155 f.; *ders.*, Strafbarkeit Rdn. 59; *Arzt/Weber* Rdn. 258; *Schlüchter* Rdn. 105; LK/*Ruß* § 258 Rdn. 20; *Roxin* § 19 E II; *Pfeiffer* DRiZ 1984, 346; *Hassemer* B. 2. a. aa.; *Strzyz* S. 301 (Die Einwirkung auf einen Zeugen hinsichtlich der Ausübung des Zeugnisverweigerungsrechts könne „nie den Tatbestand der Strafvereitelung erfüllen, sondern nur den einer Nötigung oder Körperverletzung"); *Seier* JuS 1981, 807.
Unzulässig: *Imme* JR 1957, 467; *Berkenheide* S. 135 f. (aber nur hinsichtlich des Rechts nach § 55 StPO).

(aa) Einflußnahme auf aussagepflichtigen Zeugen, die Aussage zu verweigern. Ebenso hinsichtlich der Einflußnahme auf Anzeigepflichtige, keine Anzeige zu erstatten

Unzulässig: *Haferland* S. 33; *Ackermann* MDR 1958, 49; *Waldhorn* S. 40 f.; *Beulke* Strafbarkeit Rdn. 49; *Hassemer* B. 2. a. aa.; *Berkenheide* S. 62 ff., nimmt bei schweren Delikten eine Strafvereitelung unabhängig von der gesetzlich vorgesehenen Anzeigepflicht an.

c) Kontakt des Verteidigers mit dem Mitbeschuldigten seines Mandanten

(aa) Direkte Kontaktaufnahme mit dem Mitbeschuldigten
Zulässig: *Ostendorf* JZ 1979, 254; *Strzyz* S. 141 f.; KK/*Laufhütte* Vor § 137 Rdn. 3; *Hassemer* B. 2. b.
Unzulässig: BVerfG NJW 1976, 231 – allerdings nicht eindeutig. Die hier relevante Erwägung des Gerichts (Vorprüfungsausschuß) lautet: Anläßlich des Kontaktgesprächs können dem Anwalt Tatsachen bekannt werden, „die geeignet sind, ihn an der ordnungsgemäßen Interessenvertretung des von ihm verteidigten Beschuldigten zu hindern."

4. Handeln im Verfahren

(bb) Weitergabe der Einlassung des eigenen Mandanten an den Verteidiger des Mitbeschuldigten

Zulässig: OLG Frankfurt NStZ 1981, 145 (Der Verteidiger hatte die Einlassung seines Mandanten zur Sache dem Verteidiger des Mitangeklagten übermittelt mit der Bitte, die Einlassung seinem Mandanten zur Kenntnis zu geben und mit diesem zu erörtern – Strafvereitelung wäre nur dann anzunehmen, wenn die Verteidiger „die Absicht verfolgt hätten, daß die Angeklagten ihre Einlassungen in der Hauptverhandlung bewußt wahrheitswidrig aufeinander abstimmen.") Wie OLG Frankfurt: LK/*Ruß* § 258 Rdn. 20; *Schönke/Schröder/Stree* § 258 Rdn. 20; *Seier* JuS 1981, 808. Nach *Dahs* Rdn. 59, „hat der Mitteilungsempfänger aber in erster Linie die Verantwortung für die Nichtweitergabe an seinen Mandanten, dessen Angehörige oder andere Personen, mit denen er Gespräche führt. Nur durch äußerste Zurückhaltung kann der Verteidiger hier den Verdacht der Verdunkelung vermeiden." Wie *Dahs*, *Ernesti* JR 1982, 227. Für Zulässigkeit ohne die angeführten Restriktionen *Hassemer* B. 2. b.

Unzulässig: *Dreher/Tröndle* § 258 Rdn. 7 (mit Kritik an OLG Frankfurt NStZ 1981, 145, „wonach nur die absichtliche Herbeiführung von Falscheinlassungen unter § 258 falle.")

3. Kontakt mit sächlichen Beweismitteln

a) Ermittlungen des Verteidigers

Zulässig: *Gallas* ZStrW 53, 269; *Beulke* Verteidiger S. 148 („keinesfalls kommt ...... den staatlichen Ermittlungsorganen ein Erstvernehmungsrecht zu"); *Jungfer* StV 1981, 100 ff.; *Wassman* S. 147; *Rückel*, Peters-Festgabe, S. 265 ff.; *Roxin* § 19 E II; *Hassemer* B. 3. a.; *Ernesti* JR 1982, 227 f. (allerdings mit deutlichem Unbehagen).

Unzulässig: *Peters* § 29 V 3 (nur hinsichtlich der Vernehmung von Belastungszeugen „wegen der stets gegebenen Möglichkeit einer Beeinflussung und einer Verschlechterung der Aussage"); *Henkel* S. 162 (wie *Peters*).

b) Eingriffe in sächliche Beweismittel (Verfälschung von Urkunden oder Spuren; Beiseiteschaffen von Beweismitteln; manipulative Vorlage falschen Beweismaterials bei den Behörden)

Unzulässig: *Eschen* StV 1981, 367; *Schönke/Schröder/Stree* § 258 Rdn. 20; LK/*Ruß* § 258 Rdn. 20; *Roxin* § 19 E II; *Kühne* Rdn. 91.1; *Hassemer* B. 3. b.; *Beulke* Verteidiger S. 149 (nach dem auch unzulässig ist, einen Belastungszeugen zu einer längeren Auslandsreise zu bewegen); *Pfeiffer* DRiZ 1984, 346 (wie *Beulke*).

4. Handeln im Verfahren

a) Benennung eines zur Unwahrheit entschlossenen Zeugen

Zulässig: *Haferland* S. 45; *Ostendorf* NJW 1978, 1349 (wenn der Zeuge weder vom Verteidiger noch von seinem Mandanten zur Falschaussage angestiftet wurde); *Wassmann* S. 175 (Grenze: Teilnahme am Aussagedelikt); *Vormbaum* S. 421; *Krekeler* NStZ 1989, 150.

Unzulässig: RGSt 66, 324; BGH NJW 1983, 2712; *Waldhorn* S. 42; *Müller-Dietz* JurA 1979, 252; *Beulke* Verteidiger S. 151; *Bottke* ZStrW 96, 758; *Strzyz* S. 268; *Dahs* Rdn. 60; *Arzt/Weber* Rdn. 258; *Maurach/Schroeder* § 98 II 7; LK/*Ruß* § 258 Rdn. 20; *Schönke/Schröder/Stree* § 258 Rdn. 20; *Pfeiffer* DRiZ 1984, 346.

b) Nichteinschreiten gegen eine falsche Zeugenaussage

Zulässig: BGH MDR 1957, 267; *Müller-Dietz* JurA 1979, 252, 255; *Beulke* Verteidiger S. 152; *Arzt/Weber* Rdn. 258; *Pfeiffer* DRiZ 1984, 346; *Hassemer* B. 4. a.

c) Suggestivfragen mit dem Ziel einer falschen Aussage

Zulässig: *Haferland* S. 45; *Wassmann* S. 178f. („es sei denn, diese Fragen sind zur Sachverhaltsermittlung ungeeignet oder gehören nicht zur Sache"); *Hassemer* B. 4. a. b.

Unzulässig: *Beulke* Verteidiger S. 151; *Pfeiffer* DRiZ 1984, 346; *Dreher/Tröndle* § 258 Rdn. 7; *Schönke/Schröder/Stree* § 258 Rdn. 20.

d) Fangfragen mit dem Ziel der Verwirrung des Zeugen

Zulässig: *Wassmann* S. 179; *Arzt/Weber* Rdn. 258; *Hassemer* B. 4. a. b.

Unzulässig: *Berkenheide* S. 132f.; *Beulke* Verteidiger S. 156. Nach *Dahs* Rdn. 61 und *Arzt/Weber* Rdn. 258, ist auch unzulässig, wenn der Verteidiger den Richter durch eine „gezielte Gegenfrage" von einem für den Angeklagten gefährlichen Punkt ablenkt.

e) Angriffe auf die Glaubwürdigkeit eines Belastungszeugen, der nach dem Wissen des Verteidigers wahrheitsgemäß aussagt

Zulässig: *Ostendorf* NJW 1978, 1349; *Strzyz* S. 266f.; *Kühne* Rdn. 91.1 (jedoch standeswidrig); *Hassemer* B. 4. a. b.; *Krekeler* NStZ 1989, 152.

Unzulässig: OLG Frankfurt NStZ 1981, 146; *Beulke* Verteidiger S. 152; *Pfeiffer* DRiZ 1984, 346; LK/*Ruß* § 258 Rdn. 20; *Dahs* Rdn. 64 (differenzierend).

f) Beweisanträge zur Prozeßverschleppung

Zulässig: *Kühne* Rdn. 91.1 (aber u. U. standeswidrig); *Beulke* Strafbarkeit Rdn. 102; *Hassemer* B. 4. a. b.

Unzulässig: *Dahs* Rdn. 54; *Schönke/Schröder/Stree* § 258 Rdn. 20.

g) Aussetzungsanträge in der Hoffnung auf Verlust von entscheidenden Beweismitteln

Zulässig: *Hassemer* B. 4. a. b.

Unzulässig: LK/*Ruß* § 258 Rdn. 20; *Beulke* Verteidiger S. 153.

h) Vortrag von abwegigen Rechtsansichten

Zulässig: *Ostendorf* NJW 1978, 1349; *Pfeiffer* DRiZ 1984, 345; *Schönke/Schröder/Stree* § 258 Rdn. 20; *Hassemer* B. 4. a.

i) Behauptung von Tatsachen, die nach Überzeugung des Verteidigers unwahr sind

Zulässig: *Strzyz* S. 254 („Der Verteidiger darf im Prozeß die Unwahrheit sagen, und zwar unabhängig davon, ob dies aus eigenem Antrieb geschieht oder aber nur eine Lüge des Beschuldigten wiederholt"); *Ostendorf* NJW 1978, 1349 (soweit der Verteidiger eine falsche Einlassung seines Mandanten wiederholt); *Wassmann* S. 186 (hinsichtlich der falschen Darstellung des Beweismaterials); *Hassemer* B. 2. b.; LK/*Lüderssen* Vor § 137 Rdn. 141 (straflos, wenn „Teilnahme in bezug auf unwahre Behauptungen durch den Beschuldigten und als ›Mittäterschaft‹ zu klassifizierendes Zusammenwirken mit dem eigenverantwortlich unwahre Behauptungen aufstellenden Beschuldigten").

Unzulässig: *Pfeiffer* DRiZ 1984, 343f. (Der Vert. dürfe weder „unwahre Behauptungen aufstellen" noch „sich die unwahren Behauptungen seines Mandanten zu eigen machen und aufgrund angeblich eigenen Wissens als richtig hinstellen"); *Ostendorf* NJW 1978, 1349 (wenn der Verteidiger selbst „aus eigenem Antrieb unwahre Tatsachen einführt"); *Beulke* Verteidiger S. 149f.; *Schönke/Schröder/Stree* § 258 Rdn. 20; KK/*Laufhütte* Vor § 137 Rdn. 5 (es bestehe jedoch keine Verpflichtung, nur das vorzutragen, von dessen Richtigkeit der Verteidiger überzeugt ist); LK/*Ruß* § 258 Rdn. 20; *Waldhorn* S. 45; *Mau-*

4. Handeln im Verfahren I. C. 4

rach/*Schroeder* § 98 II 7; *Müller-Dietz* JurA 1979, 250; LK/*Ruß* § 258 Rdn. 20; *Roxin* § 19 E I; *Dahs* Rdn. 61.

i) Herausforderung von Fehlern des Gerichts, um die Revision der Entscheidung zu erreichen

Zulässig: *Arzt/Weber* Rdn. 258.

k) Antrag auf Freispruch des nach Überzeugung des Verteidigers „schuldigen" Angeklagten, wenn Zweifel am Ergebnis der Beweisaufnahme bestehen

Zulässig: *Schönke/Schröder/Stree* § 258 Rdn. 20 („mag auch eine unwahre Zeugenaussage zum non liquet geführt haben"); *Müller-Dietz* JurA 1979, 251; *Beulke* Verteidiger S. 152 f.; *Arzt/Weber* Rdn. 258.

l) Antrag auf Freispruch des „schuldigen" Angeklagten, wenn er nach der Überzeugung des Verteidigers überführt wurde

Zulässig: *Gallas* ZStrW 53, 268 f. (aber standeswidrig); *Lüderssen*, Sarstedt-Festschrift, S. 158; *Maurach/Schroeder* § 98 II 7; *Wassmann* S. 195 („stets prozeßordnungsgemäß"); SK/*Samson* § 258 Rdn. 38 b (mit Hinweis darauf, daß die Überzeugung des Verteidigers über Schuld oder Unschuld des Mandanten „kein zulässiger Anknüpfungsgegenstand für die Überzeugungsbildung des Gerichts" sei); KK/*Laufhütte* Vor § 137 Rdn. 5; *Hassemer* B. 4. b.
Unzulässig: *Waldhorn* S. 46; *Beulke* Verteidiger S. 150 f.; *Dahs* Rdn. 65; *Schlüchter* Rdn. 101 f.; *Arzt/Weber* Rdn. 258.

m) Einlegen aussichtsloser Rechtsmittel ausschließlich zum Zeitgewinn

Zulässig: *Beulke* Verteidiger S. 153; *Schönke/Schröder/Stree* § 258 Rdn. 20; *Pfeiffer* DRiZ 1984, 345; *Hassemer* B. 4. a. b.

n) Rügen von Verfahrensverstößen, die sich zwar aus dem Protokoll ergeben, in Wirklichkeit aber nicht geschehen sind

Zulässig: *Arzt/Weber* Rdn. 258; *Beulke* Verteidiger S. 156 f.; *Pfeiffer* DRiZ 1984, 347.

II. Mandatsverhältnis

1. Mandatsanbahnung

Alternative A.

Sehr geehrter Herr Kollege,

durch Ihren Telefonanruf habe ich erfahren, daß Ihr Mandant A[1] auf Ihre Empfehlung beabsichtigt, mich mit seiner Vertretung im anhängigen Strafverfahren/Ermittlungsverfahren zu beauftragen.[2] Ich bin gern bereit, ein Gespräch mit Herrn A zu führen, um die Übernahme des Mandats zu prüfen.[3] Vorsorglich weise ich darauf hin, daß dieses Anbahnungsgespräch keine förmliche Mandatsübernahme darstellt.[4]

Rechtsanwalt

Anmerkungen

1. Auch in Strafsachen ist die standesrechtliche Problematik – kollegiale Informations- und Rückversicherung – zu beachten, vgl. § 26 der Grundsätze des anwaltlichen Standesrechts (zur Fortgeltung vgl. *Zuck* in Lingenberg/Hummel/Zuck/Eich N Rz. 59).

„§ 26 Beauftragung eines anderen oder weiteren Kollegen

1. Will der Auftraggeber seinen Rechtsanwalt wechseln, so darf der neu beauftragte Rechtsanwalt den Auftrag nur annehmen, wenn er sich überzeugt hat, daß das frühere Auftragsverhältnis beendet ist.
2. Der neu beauftragte Rechtsanwalt hat den früheren Rechtsanwalt von der Annahme des Auftrages zu verständigen.
3. Will der Auftraggeber, der anwaltlich vertreten ist, einen weiteren Rechtsanwalt mit seiner Vertretung beauftragen, so muß dieser den bereits beauftragten Rechtsanwalt vor Annahme eines solchen Auftrages verständigen.
4. Wenn der Auftraggeber sich durch den weiteren Rechtsanwalt lediglich beraten lassen will, entfällt die Pflicht zur Unterrichtung des bereits beauftragten Rechtsanwalts."

Man wird über den Wortlaut hinaus annehmen müssen, daß der bisher beauftragte Rechtsanwalt mit der Kooperation einverstanden sein muß (*Zuck* in Lingenberg/Hummel/Zuck/Eich § 26 Rdnr. 9).

2. Ein vergleichbares Bestätigungsschreiben (zumindest eine Aktennotiz) sollte an den einen Verteidiger suchenden Beschuldigten/Angeschuldigten oder Angeklagten gerichtet werden. Die Anbahnungsphase ist häufig ein sehr problematischer Bereich, der zudem im Einzelfall große wirtschaftliche Konsequenzen (Hinderung zur Übernahme zusammenhängender Mandate) und/oder standesrechtliche, ausnahmsweise auch strafrechtliche Folgen (Parteiverrat, § 356 StGB) zeitigen kann (*Schönke/Schröder/Cramer* § 356 Rdnr. 10).

3. Im Hinblick auf § 146 StPO hat der angefragte Verteidiger das Recht und die Pflicht, sorgfältig zu prüfen, ob die Voraussetzungen für den Abschluß eines Mandatsvertrages vorliegen. Auch für den Beschuldigten besteht ein unabweisbares Bedürfnis, mit einem in Aussicht genommenen Verteidiger Fragen des Vertrauensverhältnisses, der Sachkompetenz und der Honorarfrage zu klären, ohne daß bereits ein Mandatsverhältnis begründet worden ist.

4. Das Anbahnungsgespräch ist nur eine Vorstufe zur förmlichen Mandatsübernahme. Es sind deshalb innerhalb eines Ermittlungskomplexes solche Informationsgespräche mit

mehreren Beschuldigten möglich, ohne den Bereich des § 146 StPO (Verbot der Mehrfachverteidigung) zu verletzen (OLG Düsseldorf StV 1984, 106). Der Inhalt und Umfang der erteilten und erfragten Informationen entscheidet jedoch darüber, ob im Einzelfall nicht bereits der Anschein der Wahrnehmung widerstreitender Interessen (§ 46 Abs. 3 der Grundsätze des anwaltlichen Standesrechts: zur Fortgeltung vgl. *Zuck* in Lingenberg/Hummel/Zuck/Eich N Rz. 96–99) gegeben ist. Für den Verteidiger ist deshalb größte Sorgfalt und Vorsicht geboten, wenn er mit zwei (möglichen) Beschuldigten Anbahnungsgespräche führt. Der zukünftige Mandant, manchmal auch der anfragende Kollege, unterscheiden oft nicht sorgsam genug, die zugegebenermaßen schmale Grenzlinie zwischen Informationen im Vorfeld des Mandats und Hinweisen nach Abschluß eines Mandatsvertrages, zumal ein formloser Abschluß ausreichend ist (BGHSt 26, 291/293; OLG Hamm AnwBl. 1980, 308).

Weiterhin umstritten ist die Frage, ob bei einem Verstoß gegen § 146 StPO für eine etwaige Tätigkeit, die vor der Zurückweisung nach § 146a Abs. 2 StPO geleistet wurde, ein Honoraranspruch besteht (verneinend *Wasmuth* NStZ 1989, 348).

Alternative B.

Sehr geehrter Herr Kollege,

bezugnehmend auf Ihre Anfrage im Ermittlungsverfahren gegen Ihren Mandanten A teile ich Ihnen mit, daß mir Herr A nach einem Vorgespräch[1] eine Vollmacht zu seiner Vertretung nicht erteilt hat. Für das Informationsgespräch liquidiere ich nichts.[2] Rein vorsorglich erlaube ich mir, darauf hinzuweisen, daß sich zwischenzeitlich aus dem Ermittlungskomplex ein weiterer Betroffener mit mir in Verbindung gesetzt hat, dessen Vertretung ich übernommen habe.[3] Das Anbahnungsgespräch mit Herrn A – über das ich einen Aktenvermerk gefertigt habe – hindert mich, wie eine sorgfältige Prüfung ergeben hat, nicht, das angetragene Mandat zu übernehmen.[4]

Rechtsanwalt

Anmerkungen

1. Das Vorgespräch gehört als Abklärung für eine Mandatsübernahme zu dem geschützten Bereich im Verteidigungsverhältnis. Der Inhalt des Gespräches unterliegt – auch wenn nicht über die Sache gesprochen worden ist – der anwaltlichen Schweigepflicht (§ 203 StGB, § 53 StPO; § 42 der Grundsätze des anwaltlichen Standesrechts: zur Fortgeltung vgl. *Zuck* in Lingenberg/Hummel/Zuck/Eich N Rz. 89–92). Bei dem in Haft befindlichen Beschuldigten besteht zudem ein Anspruch auf ein unüberwachtes Gespräch (OLG Düsseldorf StV 1984, 106; *Hanack* JR 1986, 36; *Danckert* StV 1986, 171 ff.; aA KG JR 1985, 74 f.).

2. Ein Gebührenanspruch nach der Bundesrechtsanwaltsgebührenordnung (BRAGO §§ 83 ff.) setzt einen Mandatsvertrag voraus. Das Informationsgespräch ohne anschließende Mandatsübernahme löst regelmäßig keine Gebühr aus (*Riedel/Sußbauer/Fraunholz* § 1 Rdnr. 10). Ausnahmsweise kann eine Ratgebühr nach § 20 BRAGO in Betracht kommen (*Riedel/Sußbauer/Fraunholz* § 1 Rdnr. 10 L; *Gerold/Schmidt/v. Eicken/Madert* § 20 Rdnr. 6). Ein Ersatz von Auslagen (Reisekosten, Telefon etc.) ist möglich.

3. Vorgespräche oder Anbahnungsgespräche hindern grundsätzlich nicht, die Vertretung eines anderen Beschuldigten zu übernehmen, wenn standesrechtliche und strafrechtliche Kollisionen eindeutig ausgeschlossen worden sind. Im Einzelfall kann der Verteidiger zur standesrechtlichen Prüfung den Vorstand der zuständigen Rechtsanwaltskammer einschalten. Dies geschieht zweckmäßigerweise dergestalt, daß der vollständige Sachverhalt

abstrakt mitgeteilt wird. Der Kammervorstand ist nach § 73 Abs. 2 Nr. 1 BRAO zur Beratung in standesrechtlichen Fragen verpflichtet. Wenn der Anwalt sich nach dem Rat der für die Dienstaufsicht zuständigen Kammer richtet, liegt – wenn dann überhaupt noch die Dienstpflichtverletzung angenommen werden kann – jedenfalls ein nicht vermeidbarer Verbotsirrtum vor (*Isele*, Kommentar zur BRAO § 73 S. 1050, vgl. auch EGH Frankfurt AnwBl. 1984, 629/631).

4. Bei mehreren Betroffenen/Beschuldigten aus einem Firmen- oder sonstigen Verantwortungsbereich ist es ein Gebot der Zweckmäßigkeit, daß der in Aussicht genommene Verteidiger nicht zu früh an einen Mandanten gebunden wird und so unter Umständen im Verlauf des Ermittlungsverfahrens eine weitere anwaltliche Tätigkeit nicht entfalten kann, weil das Ermittlungsverfahren gegen den gewählten Mandanten eingestellt wird und nunmehr die Verteidigung eines anderen Beschuldigten im gleichen Strafverfahren ausgeschlossen ist. Durch die Neufassung des § 146 StPO (StVÄG 1987) (vgl. dazu OLG Celle StV 1989, 471; *Egon Müller* NStZ 1989, 112) wird die sogenannte „sukzessive Mehrfachverteidigung" von dieser Vorschrift nicht mehr umfaßt (BT-Drucks 10/1313 S. 22). Der Verteidiger muß nun im Einzelfall sehr sorgfältig prüfen, ob nach abgeschlossener Vortätigkeit ein weiterer Beschuldigter von ihm vertreten werden kann. Die Strafbestimmungen (§§ 203, 356 StGB) und standesrechtlichen Normen können ihn hindern, ein weiteres Mandat zu übernehmen. Eine rasche Entscheidung ist auch aus der Sicht des Verteidigers nicht geboten. Es empfiehlt sich daher, eine Akteneinsicht zur weiteren Abklärung durch einen Sozius oder loyalen außenstehenden Kollegen des späteren Strafverteidigers vornehmen zu lassen.

2. Mandatsangebot

Sehr geehrter Herr Rechtsanwalt,

unter Bezugnahme auf unser Vorgespräch[1] möchte ich Sie bitten, meine Verteidigung in dem gegen mich gerichteten Ermittlungsverfahren zu übernehmen.[2] Die Vergütung erfolgt nach der gesetzlichen Regelung.[3]

Alternativ:

Sie haben den Abschluß einer schriftlichen Honorarvereinbarung gewünscht.[4] Bitte übersenden Sie mir eine „Strafprozeßvollmacht", wenn Sie bereit sind, das Mandat zu übernehmen.[5] Ich habe dem Gericht mitgeteilt, daß ich Sie beauftragt habe. Bitte senden Sie mir den Entwurf einer Honorarvereinbarung zu.[6]

Hochachtungsvoll

Anmerkungen

1. Zur Frage der Mandatsanbahnung s. Form. II. 1.

2. Regelmäßig erfolgt das Vertragsangebot mündlich im Rahmen des ersten Informationsgespräches; damit verbunden zugleich die (konkludente) Annahme. Die Unterscheidung zwischen Innenverhältnis (zivilrechtliche Ausformung) und Außenverhältnis (strafverfahrensrechtliche Auswirkung) ist notwendig.

3. Erst der Abschluß des Vertrages löst den gesetzlichen Gebührenanspruch aus. Absprachen über die Ausschöpfung/Inanspruchnahme des gesetzlichen Gebührenrahmens sind zweckmäßig, weil dadurch spätere Streitigkeiten vermieden werden können (vgl. § 12 Abs. 2 BRAGO). Erfolgt eine vorherige Abstimmung über die Gebühr (z.B. gesetzliche Höchstgebühr), so liegt eine nach billigem Ermessen bestimmte Gebühr i. S. v. § 12 Abs. 1 BRAGO vor.

4. Abweichend von den gesetzlichen Gebühren nach BRAGO kann eine schriftliche Honorarabsprache erfolgen. Hierbei sind § 3 BRAGO und § 51 Abs. 4 der Grundsätze des anwaltlichen Standesrechts (zur Fortgeltung *Zuck* in Lingenberg/Hummel/Zuck/Eich N Rz. 112) zu beachten. Von einer formularmäßigen Vereinbarung ist abzuraten. Der mögliche Verstoß gegen das AGB-Gesetz kann durch individuelle Ausgestaltung vermieden werden (zum Streitstand: *Löwe/Graf von Westphalen/Trinkner* AGBG Bd. III 54.1. Rdnr. 1; *Gerold/Schmidt/v. Eicken/Madert* BRAGO § 3 Rdnr. 5). Dabei sollte der Auftraggeber auch immer einen Hinweis auf die Höhe der tatsächlichen gesetzlichen Gebühren erhalten. Dies ist jedoch nur standesrechtlich bindend. Die zivilrechtliche Gültigkeit der Abrede wird davon nicht betroffen (*Hummel* in Lingenberg/Hummel/Zuck/Eich § 51 Rz. 8). Zugleich sollte auf die Höhe eines eventuellen Erstattungsanspruches im Falle des Freispruchs (evtl. auch bei einer Einstellung gem. §§ 153 ff StPO) ausdrücklich hingewiesen werden. (Vgl. hierzu Form. XIV. A.)

5. Das Auftragsverhältnis kann unabhängig von einer „schriftlichen" Strafprozeßvollmacht begründet werden. Im Normalfall ist die Legitimation des Verteidigers durch schriftlichen Nachweis nach außen notwendig. Die Unterzeichnung eines Strafprozeßvollmachtsformulars bedeutet konkludent das Angebot, die stillschweigende Entgegennahme die Annahme des Vertragsangebotes. Die Außenmitteilung ist nicht konstitutiv, regelmäßig aber sinnvoll.

6. Der Entwurf einer **schriftlichen Honorarvereinbarung**:
Honorarvereinbarung zwischen Herrn A./Auftraggeber und Rechtsanwalt/Rechtsanwältin B/Auftragnehmer betreffend das Verfahren bei der Staatsanwaltschaft bei dem Landgericht, Aktenzeichen.

Der Auftraggeber hat den Auftragnehmer gebeten, ihn in dem vorstehend genannten Ermittlungs-/Strafverfahren als Verteidiger zu vertreten.

Wegen des Umfangs und der Bedeutung der Angelegenheit für den Auftraggeber wird eine Honorarvereinbarung geschlossen, wobei der Auftraggeber darauf hingewiesen worden ist, daß die nachstehend getroffene Regelung von den gesetzlichen Gebühren der Bundesrechtsanwaltsgebührenordnung (BRAGO) abweicht.

Für das Vorverfahren mit den jetzt bekannten Ermittlungskomplexen wird ein Honorar von DM ...... zuzüglich 14% Mehrwertsteuer vereinbart. Auftraggeber und Auftragnehmer sind sich darüber einig, daß hiermit ein zeitlicher Aufwand von ...... Arbeitsstunden abgegolten ist.

Der Auftragnehmer ist verpflichtet, stichwortartige Aufzeichnungen über die von ihm entfaltete Tätigkeit hinsichtlich des zeitlichen Aufwands zu führen und gegebenenfalls hierüber zu berichten. Der Auftragnehmer ist ferner verpflichtet, dem Auftraggeber anzuzeigen, wenn der vorgesehene zeitliche Aufwand erbracht ist.

Der Auftraggeber wird darauf hingewiesen, daß die gesetzlichen Gebühren im vorbereitenden Verfahren maximal DM 530,– (Amtsgericht) bzw. DM 620,– (Landgericht) zuzüglich gesetzliche Mehrwertsteuer betragen und daß im Falle einer Einstellung des Verfahrens oder eines Freispruchs nur mit einer Erstattung gegen die Staatskasse bis zur Höhe der gesetzlichen Gebühren gerechnet werden kann. Sollte das Ermittlungsverfahren vor Anklageerhebung eingestellt werden, wird auch dieser Betrag nach den gesetzlichen Vorschriften von der Staatskasse nicht erstattet.

Der Auftraggeber und der Auftragnehmer vereinbaren für den Fall einer Hauptverhandlung ein Honorar pro Verhandlungstag von DM ...... (zur Kalkulation einer Anwaltsstunde, vgl. *Franzen/Apel* NJW 1988, 1059) zuzüglich gesetzliche Mehrwertsteuer. Der Auftraggeber wird darauf hingewiesen, daß nach den gesetzlichen Gebühren der BRAGO ein Hauptverhandlungshonorar von DM 1.060,– (Amtsgericht) bzw. DM 1.240,– (Landgericht) maximal für den ersten Hauptverhandlungstag beansprucht werden kann und daß nach der gesetzlichen Regelung für jeden weiteren Hauptverhandlungstag ein Honorar

3. Mandatsannahme   II. 3

von maximal DM 530,– (Amtsgericht) und DM 620,– (Landgericht) zuzüglich gesetzlicher Mehrwertsteuer berechnet werden kann.

Auch insoweit ist der Auftraggeber darauf hingewiesen worden, daß im Falle eines Freispruchs nur mit einer Erstattung im Rahmen der gesetzlichen Gebühren gerechnet werden kann.

Alle Auslagen, wie Mehrwertsteuer, Reisekosten, Tagegelder, Abwesenheitsgelder, Schreibauslagen und dergleichen werden daneben gesondert erstattet.

Abweichend von der gesetzlichen Regelung (§ 27 BRAGO) vereinbaren Auftraggeber und Auftragnehmer, daß für Fotokopien, die vom Auftragnehmer angefertigt werden, je angefangene Seite DM 0,50 berechnet werden. Hier ist der Auftraggeber darauf hingewiesen worden, daß nach der gesetzlichen Regelung für die ersten 50 Seiten DM 1,– berechnet werden können und für jede weitere angefangene Seite DM 0,30.

3. Mandatsannahme

Alternative A.

Sehr geehrte Frau M.,

wir hatten am vergangenen Dienstag eine ausführliche Vorbesprechung.[1] Ich habe verabredungsgemäß eine Reihe von Fragen geklärt, von denen ich die Übernahme des Mandats abhängig gemacht habe. Es bestehen meinerseits keine Hindernisse, Ihre Vertretung zu übernehmen.[2] Eine Interessenkollision mit einem anderen Beschuldigten im gesamten Komplex scheidet aus den Ihnen abstrakt dargestellten Umständen aus, jedoch werde ich Ihre Vertretung zunächst nur im Innenverhältnis übernehmen.[3] Die Außenvertretung wird zunächst mein Sozius, Rechtsanwalt D, allein übernehmen.[4] Bei unserem nächsten Gespräch werden wir auch noch die Frage erörtern, ob wegen des erheblichen Zeitaufwands neben den gesetzlichen Gebühren eine schriftliche Honorarvereinbarung abgeschlossen werden soll.[5]

Rechtsanwalt

Anmerkungen

1. Bei der Gebührenbemessung ist der zeitliche Aufwand ein wesentlicher Faktor. Der Strafverteidiger muß daher den Umfang seiner anwaltlichen Tätigkeit sowohl intern aufzeichnen/festhalten als auch im Schriftverkehr mit dem Mandanten gelegentlich zum Ausdruck bringen.

2. Vor der endgültigen Mandatsübernahme muß der Anwalt prüfen, ob bereits konkrete Interessenkollisionen gegeben sind oder ob im Hinblick auf den ihm geschilderten Sachverhalt solche Interessengegensätze mit anderen Mandanten oder solchen Personen, die als potentielle Mandanten in Betracht kommen, bestehen. Auch die Frage der zeitlichen Möglichkeiten muß abgeklärt und ggf. auch im Rahmen eines schriftlichen Mandatsvertrages berücksichtigt werden.

3. Der Abschluß des Mandatsvertrages durch Annahme des Angebots führt dazu, daß der Rechtsanwalt im Innenverhältnis bereits als Verteidiger anzusehen ist, ohne daß hiervon Polizei, Staatsanwaltschaft oder Gericht erfahren müssen. Die Bekanntgabe nach außen hat keine konstitutive Wirkung (*Weiß* NJW 1983, 89/90; *Schnarr* NStZ 1986, 488/489).

4. Bei größeren Verfahrenskomplexen – insbesondere auch dann, wenn Vorstände und leitende Mitarbeiter von Firmen betroffen sind – ist es zweckmäßig, daß zunächst ein

Sozius oder ein außenstehender Anwalt die Außenvertretung übernimmt, damit der eigentliche Strafverteidiger nicht frühzeitig verbraucht wird (§ 146 StPO). Im Rahmen des Ermittlungsverfahrens hat die Staatsanwaltschaft häufig – auch aus taktischen Überlegungen – die Möglichkeit, Verfahrenskomplexe abzuklammern oder zusammenzufügen und dadurch die Vertretungsmöglichkeiten einzelner Strafverteidiger auszuschließen oder zu erschweren. Die gesetzliche Neuregelung des § 146 StPO läßt eine sukzessive Mehrfachverteidigung zu, wenn eine Verteidigertätigkeit für den früheren Mandanten rechtlich nicht mehr möglich ist, die Beendigung der Verteidigung dem Gericht angezeigt ist und straf- und standesrechtliche Vorschriften (z.B. §§ 203, 356 StGB) nicht gegen die Übernahme eines weiteren Mandats sprechen (BT-Drucks. 10/1313 S. 23; vgl. *Egon Müller* NStZ 1989, 112).

5. Mit dem Abschluß des Mandatsvertrages entsteht in jedem Fall der Anspruch auf die gesetzlichen Gebühren gem. § 83 ff. Bundesrechtsanwaltsgebührenordnung. Diese Gebührenordnung ist so abgefaßt, daß von einer nur minimalen anwaltlichen Tätigkeit im Vorverfahren ausgegangen wird. Die gesetzlichen Gebühren für das Vorverfahren (§§ 83, 84 BRAGO) betragen maximal DM 530,– (Amtsgericht) bis DM 620,– (Landgericht). Es ist deshalb notwendig, den Abschluß einer schriftlichen Honorarvereinbarung vorzuschlagen. In dieser Honorarvereinbarung kann jedenfalls für das Vorverfahren der zeitliche Aufwand für den Anwalt angemessener abgegolten werden, z.B. durch die Vereinbarung eines Stundenhonorars (siehe hierzu *Gerold/Schmidt/v. Eicken/Madert* BRAGO § 3 Rdnr. 9) (zum Abschluß der Honorarvereinbarung siehe auch Form. II. 2 Anm. 4).

Alternative B.

Sehr geehrter Herr B.,

ich bestätige die Annahme des mir angetragenen Mandats.[1] Anliegend übersende ich Ihnen zwei Strafprozeßvollmachtsformulare. Bitte unterzeichnen Sie beide Exemplare.[2] Eine Strafprozeßvollmacht werde ich zu den Ermittlungsakten übersenden. Das 2. Exemplar ist für meine Handakten bestimmt.
In der Besprechung habe ich Ihnen die Gründe für eine besondere (schriftliche) Honorarvereinbarung mitgeteilt.[3] Ich übersende Ihnen vereinbarungsgemäß den Entwurf einer Honorarvereinbarung.[4]
Wenn Sie mit den Honorarvorstellungen einverstanden sind, unterzeichnen Sie den Entwurf und senden ihn an mich zurück. Nach Gegenzeichnung erhalten Sie eine Fotokopie des Honorarvertrages.[5]

Rechtsanwalt

Anmerkungen

1. Die ausdrückliche Bestätigung des Mandatsvertrages erscheint regelmäßig angezeigt. In den Fällen, in denen die Mandatsanbahnungsphase über einen längeren Zeitraum lief, erscheint die schriftliche Fixierung unerläßlich.

2. Es hat sich als zweckmäßig erwiesen, daß dem in Strafsachen tätigen Rechtsanwalt von seinem Mandanten zwei Strafprozeßvollmachtsformulare unterzeichnet werden. Ein Exemplar wird regelmäßig mit der Vertretungsanzeige (vgl. Form. III. 2) oder dem Antrag auf Akteneinsicht (vgl. Form. III. 2) zu den Verfahrensakten überreicht. Das zweite Vollmachtsexemplar sollte Bestandteil der anwaltlichen Handakten sein, da der Verteidiger sich nicht nur in Notfällen (vorläufige Festnahme oder Verhaftung) legitimieren kann, sondern auch gegenüber Zeugen und Sachverständigen, die er befragt oder beauftragt, seine Bevollmächtigung nachweisen kann. Bei größeren Sozietäten sollte sichergestellt werden, daß nur jeweils 3 Anwälte (§ 137 Abs. 1 StPO) auf der Vollmacht erscheinen (zur

3. Mandatsannahme **II. 3**

Frage des § 146 StPO: BVerfG NJW 1977, 99/100; *Nestler-Tremel* NStZ 1988, 103/107). Wegen späterer weiterer Mandate in einem größeren Ermittlungskomplex sollte die Mandatierung von mehr als einem Anwalt vorher sorgfältig geprüft werden. Zur besseren Nachprüfbarkeit der Frage, wer im konkreten Fall auf der überreichten Vollmacht erscheint, muß eine Fotokopie des zu den Verfahrensakten überreichten Exemplars zu den eigenen Handakten genommen werden.

3. Bereits in der Mandatsanbahnungsphase muß die Honorarfrage mit dem Mandanten erörtert werden. Zwar ist häufig der Umfang der Verteidigertätigkeit noch unbestimmt. Jedoch muß die Möglichkeit einer besonderen, über die gesetzlichen Gebühren hinausgehende schriftliche Honorarvereinbarung offen angesprochen werden (vgl. Form. II. 2 Anm. 4).

4. Vorschlag zum Abschluß einer schriftlichen Honorarvereinbarung Form. II. 2 Anm. 6.

5. Auch hier ist es zweckmäßig, eine Fotokopie oder eine 2. Ausfertigung der Honorarvereinbarung dem Mandanten nach beiderseitiger Unterzeichnung zuzuleiten. Der Mandant hat sein Exemplar zur Hand und kann sich jederzeit über die von ihm eingegangenen Verpflichtungen orientieren.

Alternative C.
Verteidigerpost[1]
Herrn A.
z. Z. Justizvollzugsanstalt

Sehr geehrter Herr A.,
unter Bezugnahme auf das in der Haftanstalt geführte Mandatsanbahnungsgespräch teile ich Ihnen mit, daß ich bereit bin, Sie in Ihrer Strafsache zu vertreten. Bitte unterzeichnen Sie beide Vollmachtsformulare und senden Sie beide Exemplare an mich zurück[2]. Sie können nunmehr alle Informationen, die mit dem Ermittlungsverfahren zusammenhängen, mit dem Zusatz „Verteidigerpost" an mich senden. Diese Post wird nicht kontrolliert.[3]

Rechtsanwalt

Anmerkungen

1. Mit der Annahme des dem Verteidiger angetragenen Mandates besteht der besondere Schutz des Mandatsverhältnisses (*Kleinknecht/Meyer* Vor § 137 Rdnr. 4; § 148 Rdnr. 4). Der Verteidiger ist also berechtigt, die Bestätigung der Mandatsannahme dem Mandanten schon als **Verteidigerpost** zuzuleiten. Dies gilt auch dann, wenn man die Annahmeerklärung als empfangsbedürftige Willenserklärung versteht und streng genommen der Mandatsvertrag erst mit Zugang der Annahmeerklärung zustandekommt (*Palandt/Heinrichs* § 148 Rdnr. 1). Der Mandatsvertrag kann auch nach § 151 BGB zustandekommen.

2. Siehe hierzu Form. II. 3 Alternative B Anm. 2.

3. Der in Untersuchungshaft sitzende Mandant muß ausdrücklich darauf hingewiesen werden, daß auch seine Post zu dem Anwalt als „Verteidigerpost" gekennzeichnet sein muß, damit sie nicht der Briefkontrolle seitens der Staatsanwaltschaft oder des Gerichts unterliegt (vgl. auch §§ 26 S. 3 und 29 Abs. 1 S. 1 StVollzG). Dabei ist der Hinweis erforderlich, daß nur die verfahrensrelevanten Mitteilungen das Privileg des § 148 StPO – ungehinderter Verkehr mit Verteidiger – haben. Der Strafverteidiger sollte hier keine

„Kompromisse" eingehen und jegliche andere Nachrichten, die sich nicht unmittelbar auf die Strafsache beziehen, unverzüglich zurückschicken. Diese Zurücksendung an den in U-Haft befindlichen Mandanten mit einem entsprechenden aufklärenden Schreiben kann als Verteidigerpost deklariert werden, da hier ein unmittelbarer Zusammenhang zur anhängigen Strafsache insoweit besteht, als der Strafverteidiger den Mandanten über die beiderseitigen Rechte und Pflichten, insbesondere im Rahmen des § 148 StPO, informiert.

Auch soweit der Verteidiger zugleich als Rechtsanwalt z.B. die anhängige Ehescheidung betreibt, muß der sich hierauf erstreckende Briefwechsel auf dem normalen – also kontrollierten – Postweg geschickt werden (LR/*Lüderssen* § 148 Rdnr. 16). Ausnahmen von diesem eisernen Grundsatz sind nur möglich, wenn sie mit dem für die Briefkontrolle zuständigen Staatsanwalt oder Richter **vorher** abgestimmt sind.

Zum Problem der Überwachung bei Terroristenprozessen (BGH NStZ 1989, 333; 1989, 440; 1990, 93; *Kreitner* NStZ 1989, 5 ff.; *Nestler-Tremel* StV 1990, 147).

4. Mehrfache Verteidigung

Sehr geehrter Herr M.,

da ich in dem Ermittlungskomplex bereits ein Mandat habe, kann ich aus gesetzlichen Gründen (§ 146 StPO) Ihren Auftrag, Ihre Verteidigung zu übernehmen, nicht annehmen.[1] Ihr Hinweis, daß es zu keinem der übrigen Beschuldigten eine Interessenkollision gibt oder geben wird, ändert hieran nichts.[2] Ihr Einverständnis voraussetzend habe ich Ihre Anfrage an meinen Sozius, Rechtsanwalt X weitergeleitet, der sich noch mit Ihnen in Verbindung setzen wird.[3]

Rechtsanwalt

Sehr geehrter Herr M.,

wegen des Umfangs der Verteidigung baten Sie mich, auch meinen Sozius, Rechtsanwalt X beauftragen zu können.[4] Die Beauftragung mehrerer Wahlverteidiger ist zulässig.[5] Jeder Wahlverteidiger hat einen eigenen Gebührenanspruch.[6] Einen eventuellen Kostenerstattungsanspruch gegen die Staatskasse haben Sie jedoch nur hinsichtlich eines Wahlverteidigers.[7]

Rechtsanwalt

Anmerkungen

1. Die Auswirkungen des Verbots der Doppelverteidigung (§ 146 StPO) sind in der Rechtsprechung erheblich umstritten (OLG Hamm NStZ 1985, 327 f gegen BGHSt 27, 148 ff). Die Frage, wie das zuständige Oberlandesgericht im Einzelfall entscheidet, ist höchst unsicher, zumal auch einzelne Strafsenate des jeweiligen Oberlandesgerichts unterschiedliche Auffassungen vertreten (OLG Hamm a.a.O.; zur Frage des Honoraranspruchs bei Mehrfachverteidigung: *Wasmuth* NStZ 1989, 348). Der Strafverteidiger muß daher bei der Übernahme von Mandaten, die einen großen Ermittlungskomplex betreffen, immer auch das Problem der (verbotenen) Doppelverteidigung vor Augen haben. Die Schwierigkeit liegt nicht nur in der Auslegung des § 146 StPO, sondern auch in der Frage der Tatidentität im Sinne der §§ 155, 264 StPO. Die gesetzliche Neuregelung des § 146 StPO (StVÄG 1987) bestätigt das Verbot der gleichzeitigen Verteidigung. Sie eröffnet die sukzessive Verteidigung, wenn der Verteidiger für seinen früheren Mandanten eine Verteidigertätigkeit (rechtlich) nicht mehr entfalten kann (BT-Drucks. 10/1313 S. 23; vgl. auch LG Bonn MDR 1989, 480).

5. Mitwirkung von Dritten (Steuerberater, Referendare usw.) II. 5

2. Auch die möglichen Interessenkollisionen sind vor Mandatsübernahme abzuklären. Dabei hat der Strafverteidiger sich auch zugleich den standesrechtlichen Aspekt des § 46 Abs. 3 der Grundsätze des anwaltlichen Standesrechts zu vergegenwärtigen: „Der Rechtsanwalt hat schon den Anschein der Vertretung widerstreitender Interessen zu vermeiden".

3. Die Weiterleitung der Anfrage an einen Sozius ist unter dem Gesichtspunkt der anwaltlichen Schweigepflicht nicht problematisch. Bei der Vertretung durch einen Sozius liegt das Problem nicht im Bereich des § 146 StPO, sondern eher im Bereich der Interessenkollision und des Standesrechts (§ 46 der Grundsätze des anwaltlichen Standesrechts).

4. Im Einzelfall ist die Beauftragung mehrerer Anwälte notwendig. Dies gilt insbesondere für solche Ermittlungsverfahren, die sowohl von tatsächlichen als auch von rechtlichen Fragestellungen her besonders kompliziert und umfangreich sind.

5. Im Einzelfall ist die Beauftragung von drei Wahlverteidigern rechtlich zulässig (§ 137 Abs. 1 StPO).

6. Jeder einzelne beauftragte Wahlverteidiger hat seinen gesetzlichen Gebührenanspruch nach §§ 83 ff. BRAGO. Zweckmäßigerweise ist der Mandant vorher auf diesen Umstand ausdrücklich hinzuweisen. Die pauschale und undifferenzierte Beauftragung von zwei oder drei Sozien ist unzweckmäßig, da diese für andere Ermittlungsteile und Mandanten u. U. als Wahlverteidiger nicht mehr in Betracht kommen.

7. Der Mandant muß ausdrücklich darauf hingewiesen werden, daß der Erstattungsanspruch gegen die Staatskasse nur bezüglich eines Wahlverteidigers besteht. Nur in den Fällen, in denen der Wahlverteidiger neben einem Pflichtverteidiger tätig ist und es zu einem Freispruch kommt, besteht gegen die Staatskasse auch ein doppelter Erstattungsanspruch, sofern der Pflichtverteidiger aus vom Angeklagten nicht zu vertretenden Umständen bestellt wurde.

Der Pflichtverteidiger hat zunächst den Anspruch auf die Pflichtverteidigergebühren gegen die Staatskasse. Daneben kann der Pflichtverteidiger einen Antrag nach § 99 Abs. 1 BRAGO stellen (siehe Musterantrag bei *Gerold/Schmidt/v. Eicken/Madert* § 99 Rdnr. 13). Ferner ist ein Antrag nach § 100 Abs. 2 BRAGO möglich. Wenn das Gericht des ersten Rechtszuges nach Anhörung des Mandanten feststellt, daß der Mandant nach seinen Einkommens- und Vermögensverhältnissen in der Lage war und ist, einen Rechtsanwalt zu bezahlen, hat der Anwalt einen Anspruch auf die Differenz zwischen den Pflichtverteidigergebühren und den angemessenen gesetzlichen Gebühren. Der Erstattungsanspruch des Mandanten gegen die Staatskasse erstreckt sich sodann auch auf die „Wahlverteidigergebühren".

5. Mitwirkung von Dritten
(Steuerberater, Referendare, Rechtsbeistände, ausländische Verteidiger, § 138 Abs. 2 StPO, § 392 Abs. 1 AO)

Sehr geehrter Herr M.,

in dem gegen Sie anhängigen Strafverfahren – unter anderem wegen des Vorwurfs der Steuerhinterziehung[1] – bestehen gegen die Anregung, einen Fachmann hinzuzuziehen, der Angehöriger der steuerberatenden Berufe ist, keine gesetzlichen Hindernisse.[2] Die Tätigkeit als Verteidiger neben einem Wahlverteidiger (§ 198 Abs. 1 StPO) bedarf allerdings der gerichtlichen Genehmigung.[3] Es bestehen bei Herrn Steuerberater Dr. M. keine Bedenken, daß das Gericht die Genehmigung erteilt. Die Zahl von drei Wahlverteidigern darf nicht überschritten werden. Aus diesem Grund wird es auch möglich sein, den Rechtsreferendar M. mit der Wahrnehmung Ihrer Verteidigung zusätzlich zu beauftragen.[4]

Rechtsanwalt

Anmerkungen

1. In Steuerstrafsachen wird der Kreis der möglichen Verteidiger – derjenigen Personen, die neben dem Rechtsanwalt zu Verteidigern gewählt werden können – erweitert. § 392 AO 1977 lautet:

„1. Abweichend von § 138 Abs. 1 der Strafprozeßordnung können auch Steuerberater, Steuerbevollmächtigte, Wirtschaftsprüfer und vereidigte Buchprüfer zu Verteidigern gewählt werden, soweit die Finanzbehörde das Strafverfahren selbständig geführt hat; im übrigen können sie die Verteidigung nur in Gemeinschaft mit einem Rechtsanwalt oder einem Rechtslehrer an einer deutschen Hochschule führen.
2. § 138 Abs. 2 der Strafprozeßordnung bleibt unberührt."

2. Die Hinzuziehung eines Berufsangehörigen der steuerberatenden Berufe kann für den Strafverteidiger, wenn die Spezialmaterie Steuerstrafsache hinzukommt, unerläßlich sein, da er regelmäßig die erforderlichen Grundkenntnisse nicht hat. Die Beauftragung eines Steuerberaters, Wirtschaftsprüfers etc. im Innenverhältnis und/oder Außenverhältnis ist deshalb zweckmäßigerweise Gegenstand der Beratung im Rahmen des Mandatsverhältnisses.

3. Der Grundsatz, daß der Rechtsanwalt bzw. der Hochschullehrer der berufene Vertreter des Beschuldigten in Strafsachen ist, erfährt durch § 392 Abs. 1 AO eine Ausnahme, soweit das Verfahren vor der Finanzbehörde geführt wird (§ 386 Abs. 2 AO). Geht das Ermittlungsverfahren in das gerichtliche Verfahren über, können die steuerberatenden Berufe nur in Gemeinschaft mit einem Rechtsanwalt oder Hochschullehrer verteidigen. Die Bestellung eines Angehörigen der steuerberatenden Berufe bedarf nach § 138 Abs. 2 StPO der Genehmigung. Dies ist eine Ermessensentscheidung. Wenn der aus dem Personenkreis des § 138 Abs. 2 StPO gewählte Verteidiger vertrauenswürdig ist und daneben sogar über besondere Rechtskenntnisse verfügt, darf die Genehmigung nicht versagt werden (OLG Hamm MDR 1978, 509/510; *Hilla* NJW 1988, 2525 gegen OLG Karlsruhe NJW 1988, 2549). Der Antrag sollte zweckmäßigerweise vom in erster Linie beauftragten Rechtsanwalt gestellt und begründet werden. Gegen die Ablehnung ist das Rechtsmittel der Beschwerde zulässig. In welchem Umfang das Beschwerdegericht die angefochtene Entscheidung nachprüft, ist streitig (*Kleinknecht/Meyer* § 138 Rdnr. 21 gegen OLG Düsseldorf NStZ 1988, 91; MDR 1983, 600).

4. Bei der Beauftragung von Rechtsreferendaren ist die Vorschrift des § 139 StPO zu beachten. Hat die Ausbildungszeit ein Jahr und drei Monate erreicht, kann dem Referendar ohne besondere Genehmigung des Gerichts allein durch den Rechtsanwalt mit Zustimmung des Mandanten die Verteidigung übertragen werden. Hat der Referendar die Ausbildungszeit von 15 Monaten noch nicht erreicht, ist eine Verteidigung nach § 138 Abs. 2 StPO genehmigungsbedürftig. Mit der ab 1. 4. 1987 geltenden Neufassung des § 139 StPO darf der Rechtsreferendar auch bereits vor der Eröffnung des Hauptverfahrens tätig werden (BT-Drucks. 10/1313 S. 20). Zum Problem der Tätigkeit eines Rechtsreferendars als Pflichtverteidiger, siehe BGH StV 1989, 465; BayObLG StV 1989, 469.

Für die Tätigkeit eines Stationsreferendars kann nach der BRAGO liquidiert werden (§ 4 BRAGO). Zur Höhe der Vergütung, vgl. *Gerold/Schmidt/v. Eicken/Madert* § 4 Rdnr. 10.

6. Unterbevollmächtigung

Sehr geehrte Frau M.,

anschließend an mein Schreiben vom ......[1] möchte ich Sie ausdrücklich darauf hinweisen, daß die mir erteilte schriftliche Vollmacht[2] mich zur Erteilung einer Untervollmacht berechtigt.[3] Nur im Falle einer Verhinderung werde ich einen Kollegen beauftragen, tätig zu werden. Mit Ihrer Zustimmung kann ich auch dem Referendar W. eine Untervollmacht erteilen.

Rechtsanwalt

Anmerkungen

1. Vgl. zunächst Form. II. 3. Der schriftliche Hinweis auf die von dem Verteidiger beabsichtigte Erteilung von Untervollmachten ist zweckmäßig, um Mißverständnisse und Fehlinterpretationen, die bei dem Mandanten als Laien leicht auftreten können, von vornherein zu vermeiden. Der Auftraggeber sollte deshalb nie von der Tatsache der Unterbevollmächtigung überrascht werden, auch wenn der Rechtsanwalt aufgrund der Vertragssituation berechtigt ist, einen Unterbevollmächtigten zu bestellen.

2. Der Mandatsvertrag bedarf nicht der Schriftform. Zur Klarstellung ist es jedoch zweckmäßig, schriftliche Mandatsbedingungen zu vereinbaren. Die Verteidigungsvollmacht faßt bestimmte, in der Außenwirkung relevante, Gestaltungsmöglichkeiten zusammen. Es muß im Interesse des Strafverteidigers liegen, daß sein Mandant sich die einzelnen Tatbestände der schriftlichen Vollmacht vergegenwärtigt hat.

3. Da in der Strafprozeßordnung mit Ausnahme der Übertragung der Verteidigung auf einen Referendar nach § 139 StPO die Unterbevollmächtigung nicht gesetzlich geregelt ist, ist im Interesse eines Vertrauensverhältnisses zwischen Rechtsanwalt und Mandant das Recht zur Erteilung der Untervollmacht nach dem Mandatsvertrag ausdrücklich anzusprechen.

Ein Sonderfall der Vertretung ergibt sich aus § 53 BRAO. Bei einer Verhinderung von mehr als einer Woche muß der Rechtsanwalt einen Vertreter bestellen.

§ 53 Abs. 2 Satz 1 BRAO:
„Der Rechtsanwalt kann den Vertreter selbst bestellen, wenn die Vertretung die Dauer eines Monats nicht überschreitet und wenn sie von einem bei demselben Gericht zugelassenen Rechtsanwalt übernommen wird."

Im übrigen erfolgt die Bestellung durch die Landesjustizverwaltungen. Diese gesetzliche Regelung sollte – wenn von ihr Gebrauch gemacht wird – gleichwohl dem Mandanten erläutert werden, damit er von ihr nicht überrascht wird (zur Untervollmacht im Strafprozeß: *Schmidt* MDR 1979, 804 ff.). Ist ein Rechtsreferendar zum allgemeinen Vertreter eines Rechtsanwalts gemäß § 53 BRAO bestellt, so kann er auch ohne Zustimmung des Angeklagten die Befugnisse des Rechtsanwalts wahrnehmen, wenn dieser zum Pflichtverteidiger bestellt ist (BayObLG StV 1989, 469).

7. „Vertreter" des Beschuldigten
(§§ 234, 350 Abs. 2 Satz 1, 378, 387 Abs. 1, 411 Abs. 2, 434 Abs. 1 StPO)

Sehr geehrte Frau M.,

Sie haben mir eine schriftliche Vollmacht[1] zu Ihrer Vertretung[2] in der Hauptverhandlung erteilt (§§ 234, 350 Abs. 2 Satz 1 StPO). Da Sie von der Pflicht zum Erscheinen in der Hauptverhandlung entbunden worden sind,[3] kann ich – soweit Sie mir keine Beschränkung auferlegen – für Sie Erklärungen in der Hauptverhandlung abgeben und entgegennehmen.[4]

Rechtsanwalt

Anmerkungen

1. Der Grundsatz, daß die Verteidigungsvollmacht nicht schriftlich erteilt sein muß – aber zweckmäßigerweise auf den dafür vorgesehenen Formularen erfolgt – erfährt seine Ausnahme im sogenannten Vertretungsfall. Hier kommt neben der Verteidigung (Beistand des Beschuldigten/Angeklagten) eine Vertretung des Mandanten nur mit der im Gesetz vorgeschriebenen schriftlichen Vollmacht in Betracht. In der Praxis wichtig sind folgende Fälle:
– Hauptverhandlung nach Einspruch (§ 411 Abs. 2 StPO), (siehe dazu OLG Düsseldorf NStZ 1984, 524; OLG Bremen StV 1989, 54),
– Entbindung vom Erscheinen in der Hauptverhandlung (§§ 233, 234 StPO) sowie
– die Vertretung des Privatbeklagten (§ 387 Abs. 1 StPO).
Daneben ist auch die Vertretung des Angeklagten in der Revisionshauptverhandlung möglich (§ 350 Abs. 2 Satz 1 StPO).

2. Soweit der Verteidiger zugleich auch Vertreter des Beschuldigten ist, hat er weitreichende Verfahrensrechte, die er für die Person des Mandanten ausübt, z.B. Anwesenheitsrechte, rechtliches Gehör und Abgabe von Erklärungen. Aus diesem Grunde erfordert das Gesetz im Interesse des Mandanten eine ausdrückliche schriftliche Vollmacht (BGHSt 9, 356/357).

3. Der Verteidiger sollte in geeigneten Fällen – um die möglichen Strafvorstellungen des Gerichts und der Staatsanwaltschaft auszuloten – den Antrag nach § 233 Abs. 1 StPO stellen.
Der Mandant kann so von der Verpflichtung zum Erscheinen in der Hauptverhandlung entbunden werden. Damit ist zugleich auch, wie sich aus dem Gesetz ergibt, die gesetzliche Höchststrafe festgelegt. In § 233 Abs. 1 StPO heißt es u.a.: „Eine höhere Strafe oder eine Maßregel der Besserung und Sicherung darf in seiner Abwesenheit nicht verhängt werden." Die theoretisch mögliche Straferwartung liegt in diesem Fall weit unter der gesetzlichen Höchststrafe. Der Antrag, von der Verpflichtung zum Erscheinen in der Hauptverhandlung entbunden zu werden, kann von dem Mandanten nur persönlich gestellt werden. Der Verteidiger muß zu einem solchen Antrag eine besondere Vertretungsvollmacht haben, die ihn zur Stellung dieses Antrages ermächtigt (BGHSt 12, 367/370).

4. Wenn der Verteidiger aufgrund einer besonderen schriftlichen Vollmacht zur Vertretung des Mandanten berechtigt ist, kann er für ihn Erklärungen – z.B. Geständnis oder Zustimmung zur Einstellung nach §§ 153 ff. StPO – abgeben. Es ist unerläßlich, daß der Verteidiger seinen Mandanten auf diese besondere gesetzliche Regelung ausdrücklich aufmerksam macht und sich nicht auf die formularmäßig erteilte Ermächtigung beruft.

8. Bestimmungen des Auftragsumfanges

Vereinbarung über Auftragsumfang:[1]

Auftraggeber
und
Auftragnehmer, Rechtsanwalt ......
vereinbaren hinsichtlich der Art[2] und des Umfanges[3] der anwaltlichen Tätigkeit folgendes:
1. Auftragnehmer übernimmt zunächst keine umfassende Verteidigung (Vollverteidigung)[4], sondern als Verfahrensvertreter Einzelaufträge gemäß § 91 Bundesrechtsanwaltsgebührenordnung.[5]
2. Die Einzelaufträge umfassen nur den Antrag auf Akteneinsicht[6] und die Teilnahme an der Vernehmung des Auftraggebers.[7]

Rechtsanwalt

Anmerkungen

1. In besonderen Einzelfällen ist es zweckmäßig, eine schriftliche Bestimmung über den Auftragsumfang zu treffen. Dies gilt sowohl für die Fälle, in denen die Gebühren nach der Bundesrechtsanwaltsgebührenordnung berechnet werden sollen, als auch für die Fälle, in denen eine besondere schriftliche Honorarvereinbarung abgeschlossen worden ist (Ausführungen zu den einzelnen Ansprüchen nach §§ 91, 92 BRAGO: *Madert* AnwBl 1982, 176). Wenn der Auftragsumfang schriftlich festgelegt wird, wissen sowohl Auftraggeber als auch Auftragnehmer im einzelnen, welche anwaltlichen Tätigkeiten nach den Vorstellungen der Vertragsparteien erfolgen sollen. Die Abrechnung sowohl nach der Bundesrechtsanwaltsgebührenordnung als auch aufgrund der Honorarvereinbarung ist so durchsichtiger und führt zu weniger Schwierigkeiten. Im § 91 BRAGO finden sich Beispiele für einzelne anwaltliche Tätigkeiten, die für sich gesehen jeweils dann Gebühren auslösen, wenn dem Rechtsanwalt die Verteidigung nicht insgesamt übertragen worden ist. Dabei werden drei Gruppen von Tätigkeiten unterschieden: Anfertigung oder Unterzeichnung von Anträgen, pp. – u.U. verbunden mit der Einlegung eines Rechtsmittels – (§ 91 Nr. 1 BRAGO), Anfertigung oder Unterzeichnung einer Schrift zur Rechtfertigung einer Berufung, pp. (§ 91 Nr. 2 BRAGO) und Anfertigung und/oder Unterzeichnung einer Schrift zur Begründung einer Revision, pp. (§ 91 Nr. 3 BRAGO). Die in der speziellen Vorschrift des § 91 aufgeführten Einzeltätigkeiten umfassen in allen Fällen auch die hierzu gehörende Beratung und Information des Mandanten (vgl. *Riedel/Sußbauer/Fraunholz* § 91 Rdnr. 19).

2. Vgl. Anm. 1.

3. Auch der zeitliche Umfang der anwaltlichen Tätigkeit wird im Einzelfall zweckmäßigerweise schriftlich vorab vereinbart. Dies ist insbesondere in den Fällen notwendig, in denen ein Zeitfaktor bei der Bemessung der gesetzlichen Gebühren oder auch im Zusammenhang mit einer schriftlichen Honorarvereinbarung zugrundegelegt ist.

4. Die Strafverteidigung ist im Grundsatz eine umfassende Verteidigung. Dabei sollte jedoch diese auch als „Vollverteidigung" bezeichnete anwaltliche Tätigkeit nicht ohne weiteres und ohne besondere Rücksprache mit dem Mandanten übernommen werden. Es kann durchaus in seinem Interesse sein, wenn nur beschränkte anwaltliche Tätigkeit entfaltet wird.

5. Die dem Anwalt übertragenen konkreten Einzelaufträge sollten schriftlich bezeichnet werden und u. U. auch im Rahmen einer konkreten Vereinbarung oder eines schriftlichen Bestätigungsschreibens inhaltlich begründet werden.

6. Wenn der Mandant im Einzelfall eine Verteidigung im konkreten Verfahren nicht für erforderlich hält, sich jedoch die entsprechenden Informationen durch ein eigenes Akteneinsichtsrecht nicht beschaffen kann, benötigt er hierfür den Verteidiger. In diesen Fällen ist es sinnvoll, den Einzelauftrag auf den Antrag auf Akteneinsicht und Anfertigung eines Aktenauszuges zu beschränken. Dem Mandanten darf und muß ein vollständiger Aktenauszug zur Verfügung gestellt werden (BGHSt 29, 99 ff). Die Anfertigung von Aktenauszügen und Abschriften aus den Akten ist regelmäßig eine ausdrückliche Verpflichtung des Verteidigers. Es stellt einen anwaltlichen Kunstfehler dar, wenn der Verteidiger seinen Mandanten nicht rechtzeitig über den Akteninhalt informiert. Dies kann auch durch Aushändigung eines Aktenauszuges geschehen (BGHSt 29, 99/102/103). Zu beachten ist die Frage, ob der Anwalt seinen Mandanten bei Aushändigung von Fotokopien auch über Haftbefehl oder Anträge auf Durchsuchung unterrichten darf. Wenn der Untersuchungszweck durch die vollständige Aushändigung der Akten gefährdet ist, dürfen nach überwiegender Auffassung diese Aktenbestandteile nicht ausgehändigt werden (*Kleinknecht/ Meyer* § 147 Rdnr. 21; a. A. jetzt *Dahs*, Handbuch, Rdnr. 227; *Krekeler* wistra 1983, 43/ 47 und *Gatzweiler* StV 1985, 248/250, s. auch Form. I.).

7. Ein wesentlicher Vorgang ist die Beratung des Mandanten vor der ersten Vernehmung und die Begleitung des Auftraggebers zu dieser Beschuldigtenvernehmung. Es gibt praktisch keine Situation, in der der Mandant zu dieser Vernehmung ohne anwaltlichen Beistand hingehen kann.

9. Schweigepflichtsentbindungserklärung gem. § 53 Abs. 2 StPO

Erklärungen über die Entbindung von der anwaltlichen Schweigepflicht:[1]

In dem Ermittlungsverfahren wegen folgender Strafvorwürfe[2]
a) ......,
b) ......,
c) ......,
wird der Rechtsanwalt X von seiner anwaltlichen Schweigepflicht[3] gegenüber
dem Ehegatten[4],
den Angehörigen[5],
sowie Herrn A. und Frau B.[6],
den Strafverfolgungsbehörden[7] und
dem Gericht[8]
entbunden.

Die Befreiung erstreckt sich auf folgende Sachkomplexe/Vorgänge:[9] ......
Der Rechtsanwalt hat auf die rechtlichen Folgen der Erklärung hingewiesen.[10] Der Auftraggeber/Mandant wird ausdrücklich darauf hingewiesen, daß ein Widerruf dieser Schweigepflichtsentbindungserklärung jederzeit zulässig ist.[11]

Anmerkungen

1. Die Situationen, in denen der Strafverteidiger mit Dritten eigentlich nur gefahrlos reden und das konkrete Ermittlungsverfahren des Mandanten mittelbar oder unmittelbar fördern kann, wenn er von der Schweigepflicht entbunden ist, sind zahlreich. Zu denken

9. Schweigepflichtsentbindungserklärung gem. § 53 Abs. 2 StPO

ist beispielsweise an folgende Situationen: a) an eine Verbesserung der Haftsituation – dies erfordert die Aufklärung dahingehend, daß und aufgrund welcher Vorwürfe der Ehemann, Verlobte oder Freund in Haft sitzt –, b) an die Aufklärung des Sachverhaltes durch Zeugenbefragung – dies erfordert oft den Hinweis, daß überhaupt ein Ermittlungsverfahren läuft –, oder auch c) an vorbereitende Gespräche mit Staatsanwaltschaft und Gericht – auch hier ist es angezeigt, sich zumindest in Teilbereichen von der beruflichen Schweigepflicht entbinden zu lassen.

Die Schweigepflichtsentbindungserklärung für den als Strafverteidiger tätigen Rechtsanwalt sollte in jedem Fall ausdrücklich und schriftlich erfolgen. Damit werden Zweifelsfragen und mögliche Nachweisprobleme ausgeschlossen. Zuweilen wird auch die Auffassung vertreten, daß die Erklärung über die Entbindung von der Schweigepflicht durch schlüssiges Verhalten erfolgen kann (*Kleinknecht/Meyer* § 53 Rdnr. 47). Hierauf sollte sich der Strafverteidiger nur ausnahmsweise berufen. Die Frage, ob eine wirksame Entbindung von der Schweigepflicht vorliegt, muß letztlich vom zuständigen Gericht geprüft werden. Es handelt sich hierbei um eine Rechtsfrage (BGH NJW 1960, 550 ff).

2. Die Entbindungserklärung ist ein höchstpersönliches Recht desjenigen, zu dessen Gunsten die Verschwiegenheitpflicht besteht. Er kann deshalb, je nach den gegen ihn erhobenen Strafvorwürfen, die Entbindungserklärung auf einzelne Teile erstrecken. Dies ist für den Strafverteidiger deshalb wichtig, weil er u. U. nur bezüglich einzelner Strafvorwürfe notwendigerweise mit dritten Personen, die z.B. als Zeugen in Betracht kommen könnten, sprechen muß.

3. Der Strafverteidiger muß regelmäßig zunächst prüfen, ob eine anwaltliche Schweigepflicht besteht. Die Schweigepflicht korrespondiert regelmäßig mit § 203 StGB. Soweit eine strafrechtlich sanktionierte Schweigepflicht besteht, muß der Anwalt in jedem Fall, wenn er mit dritten Personen sprechen will, das Problem der Entbindung von der anwaltlichen Schweigepflicht mit dem Mandanten ansprechen. Regelmäßig sind solche Gespräche mit Dritten durchaus im wohlverstandenen Interesse des Mandanten und fördern die Aufklärung des Sachverhalts. Da die Gefahr besteht, daß der Mandant sich nachträglich mit der vom Anwalt vorgesehenen Handhabung nicht einverstanden erklärt, ist es zur eigenen Absicherung unerläßlich, eine schriftliche Entbindungserklärung herbeizuführen.

4. Gerade auch mit den jeweiligen Ehegatten sind Informationsgespräche, in denen teilweise Dinge offenbart werden müssen, die Gegenstand des Ermittlungsverfahrens sind, unerläßlich. Die Versuchung, ohne eine entsprechende Entbindungserklärung von der anwaltlichen Schweigepflicht diesem Personenkreis gegenüber Rede und Antwort zu stehen, ist äußerst groß. Gleichwohl ist auch hier eine Entbindungserklärung notwendig.

5. Auch Angehörige des Mandanten haben häufig ein verständliches Interesse, sich über Einzelheiten der erhobenen Vorwürfe zu informieren und aus ihrer Sicht Informationen zu erteilen. Der Personenkreis, dem gegenüber die Entbindungserklärung wirkt, muß jedoch, auch soweit Familienangehörige betroffen sind, klar abgegrenzt sein, d.h. die Namen der Personen müssen im einzelnen aufgeführt werden, denen gegenüber die anwaltliche Schweigepflicht nicht mehr bestehen soll.

6. Personen aus dem Freundes- und Bekanntenkreis müssen ebenfalls vom Strafverteidiger zur Aufklärung des Sachverhalts angesprochen werden. Diese erwarten ihrerseits Hintergrundinformationen. Wenn der Anwalt sich bei entsprechenden Rückfragen auf seine anwaltliche Schweigepflicht beruft, führt das zu überflüssigem Mißtrauen. Es ist deshalb, sofern auch Freunde und Bekannte betroffen sind, die Frage der Entbindung von der anwaltlichen Schweigepflicht zu klären, insbesondere deshalb, weil dieser Personenkreis regelmäßig keine eigenen Zeugnisverweigerungsrechte hat.

7. Auskünfte gegenüber Strafverfolgungsbehörden führen – auch wenn sie höchst vertraulich erteilt werden – regelmäßig zu internen Aktenvermerken, die dann eines Tages Gegenstand des Ermittlungsverfahrens sind. Der Anwalt kann hier erhebliche standes-

rechtliche, u.U. strafrechtliche Komplikationen vermeiden, wenn er sich rechtzeitig – soweit dies auch im wohlverstandenen Interesse des Mandanten ist – von der anwaltlichen Schweigepflicht entbinden läßt. Die Gefahr besteht hier allerdings darin (vgl. auch Anm. 8), daß das Beschlagnahmeprivileg des § 97 Abs. 1 StPO aufgehoben wird (vgl. *Kleinknecht/Meyer* § 97 Rdnr. 24 mit weiteren Nachweisen). Hierauf ist der Mandant ausdrücklich hinzuweisen (vgl. auch Anm. 10).

8. Beabsichtigt der Strafverteidiger gegenüber dem Gericht Erklärungen abzugeben, die der anwaltlichen Schweigepflicht unterliegen, muß er sich eine Entbindung von der anwaltlichen Schweigepflicht erteilen lassen. Auch insoweit gilt der Hinweis, daß damit das Beschlagnahmeprivileg entfällt.

9. Aus der rechtlichen Befugnis des Berechtigten, die Befreiung von der anwaltlichen Schweigepflicht zu erteilen oder nicht zu erteilen, folgt die Möglichkeit, die Befreiung auf bestimmte Vorgänge zu beschränken (OLG Hamburg NJW 1962, 689 ff.).

10. Die rechtlichen Folgen der Entbindung von der anwaltlichen Schweigepflicht sind ausdrücklich anzusprechen. Der von der Schweigepflicht entbundene Anwalt muß aussagen, d.h. wahrheitsgemäß und vollständig über die ihm bekannt gewordenen Tatsachen berichten. Auch das Beschlagnahmeprivileg des § 97 Abs. 1 StPO entfällt. Eine möglichst umfassende ergänzende mündliche Aufklärung des Mandanten ist ratsam.

11. Auch der Hinweis des Anwalts gegenüber dem Auftraggeber/Mandanten, daß der jederzeitige Widerruf der Schweigepflichtsentbindungserklärung rechtlich zulässig ist, ist erforderlich, damit die Dispositionsbefugnis des Mandanten nicht zweifelhaft wird (BGHSt 18, 146 ff.).

10. Mitteilung der Mandatsübernahme an Polizei, Staatsanwaltschaft und/oder Gericht

a) Polizeipräsident
 – Verkehrsordnungwidrigkeiten –

b) Staatsanwaltschaft beim
 Landgericht ......

c) Amtsgericht,
 Landgericht

In dem (Vor–)Ermittlungsverfahren
gegen A. u. a.

wegen des Verdachts (einer Straftat nach ......)
zeige ich an, daß mir Herr B. eine Vollmacht erteilt hat.[1]
Ich beantrage zunächst

Akteneinsicht.[2]

Mein Mandant steht erst danach zu einer Vernehmung zur Verfügung. Ich bitte, mich zu richterlichen Zeugenvernehmungen zu laden.[3]

Rechtsanwalt

Anmerkungen

1. Es gehört zur fast routinemäßigen Bearbeitung einer Strafsache, daß der mandatierte Anwalt sofort den Ermittlungsbehörden (Polizei, Kriminalpolizei, Staatsanwaltschaft und Gericht) das Mandatsverhältnis mitteilt. Entgegen einer verbreiteten Auffassung ist die

Bekanntgabe des Mandatsverhältnisses gegenüber Polizei, Staatsanwaltschaft und Gericht nicht Voraussetzung für die Begründung eines Verteidigungsverhältnisses. Es ist sorgsam zu prüfen, ob die Bekanntgabe in jedem Falle notwendig ist oder ob u. U. eine Verteidigung im Innenverhältnis zunächst ausreichend ist. Die Tatsache, daß sich der Beschuldigte/Mandant einen Verteidiger gewählt hat, kann u. U. auch aus der Sicht der Ermittlungsbehörden den (Anfangs-)Verdacht verstärken. Nur wenn überhaupt kein Zweifel daran besteht, daß ein Ermittlungsverfahren anhängig ist und anwaltliche Tätigkeit auch im Außenverhältnis angezeigt ist, soll der Strafverteidiger sich zu den Verfahrensakten melden und u. U. eine Verteidigervollmacht überreichen. Dabei ist, wie schon ausgeführt, der Umfang der Verteidigervollmacht im Einzelfall zu beschränken.

2. Jede Meldung zu den Verfahrensakten muß notwendigerweise zugleich auch den Antrag auf Akteneinsicht enthalten. Eine sachgerechte Verteidigung ist nur möglich, wenn der Verteidiger von Anfang an auf vollständige Akteneinsicht besteht. Der Antrag auf Akteneinsicht ist, je nach dem Verfahrensablauf, mehrfach zu wiederholen bis hin zum Beginn der Hauptverhandlung. Auch während der Hauptverhandlung ist ergänzende Akteneinsicht notwendig. Der rechtzeitige Antrag auf Akteneinsicht eröffnet dem Verteidiger u. U. Aussetzungs- und/oder Unterbrechungsanträge, die einen Zeitgewinn und auch ein taktisches Element bedeuten können.

3. Der Hinweis, daß der Anwalt an richterlichen Vernehmungen teilzunehmen beabsichtigt, ist auch unter revisionsrechtlichen Gesichtspunkten wichtig, da die Nichtladung des Verteidigers ein in der Hauptverhandlung zu rügender Verfahrensmangel ist (*Kleinknecht/Meyer* § 168c Rdnr. 5 und 9; BGHSt 31, 140).

11. Mandatskündigung

Sehr geehrter Herr M.,

a) Unter Bezugnahme auf unsere gestrige Unterredung muß ich Ihnen mitteilen, daß ich das Mandatsverhältnis mit sofortiger Wirkung kündige.[1] Die Gründe für die vorzeitige Kündigung möchte ich nicht schriftlich festhalten.[2] Dem Gericht habe ich nur mitgeteilt, daß ich das Mandat niedergelegt habe.[3]

alternativ:

b) Sehr geehrter Herr M.,

ich bestätige Ihre mündlich ausgesprochene Kündigung. Mein Gebührenanspruch bleibt erhalten.[4] Ich werde ihn jedoch angemessen mindern.[5] Dem Gericht habe ich die Mandatsbeendigung angezeigt.

Rechtsanwalt

Anmerkungen

1. Die Mandatskündigung oder die Niederlegung des Mandats kann auch vom Anwalt jederzeit erfolgen, allerdings hat insbesondere der Strafverteidiger darauf zu achten, daß die Mandatskündigung nicht zur Unzeit erfolgt. Auch unter Berücksichtigung der konkreten Gründe für die (fristlose) sofortige Mandatsbeendigung muß der Verteidiger Strafprozeßrecht (§ 145 StPO; beachte Kostenregelung in Abs. 4) und Standesrecht (§ 34 Abs. 4 der Grundsätze des anwaltlichen Standesrechts: zur Weitergeltung vgl. *Zuck* in Lingenberg/Hummel/Zuck/Eich N Rz. 76–78) beachten.

2. Die konkreten Kündigungsgründe des Anwalts sollten wegen der Gefahr der Beschlagnahme von Unterlagen bei dem (früheren) Mandanten nur dann schriftlich festgehalten werden, wenn sie aus der Sicht des Mandanten und eines Dritten (z.B. Staatsanwalt) unverfänglich sind. Hier wirkt eine Fürsorgepflicht des Anwalts fort. Liegen die Kündigungsgründe in der konkreten, das Ermittlungsverfahren betreffenden Straftat und in weiterem strafbaren Verhalten des Mandanten begründet, so sollten diese Tatsachen nicht im Kündigungsschreiben festgehalten werden, sondern nur in einem internen Vermerk für die Handakten des Anwalts.

3. Die Mandatsniederlegung sollte unverzüglich angezeigt werden, damit Ladungen zur Hauptverhandlung, zu einzelnen Zeugenvernehmungen und Zustellungen nicht mehr an den Verteidiger bewirkt werden. Selbstverständlich darf dem Gericht nicht mitgeteilt werden, aus welchen Gründen die Niederlegung erfolgt. Die entsprechende Formulierung ist so neutral wie möglich abzufassen. Deshalb sollte auch eine Bemerkung unterbleiben, daß die Niederlegung erfolgt, weil der Mandant die gesetzlichen Gebühren oder das vereinbarte Honorar nicht bezahlt hat.

4. Wenn die Kündigung durch vertragswidriges Verhalten des Anwalts veranlaßt wird, verliert der Anwalt seinen Gebührenanspruch oder seinen Anspruch auf weiteres Honorar. Hat umgekehrt das Verhalten des Mandanten berechtigten Anlaß zur Kündigung/Beendigung durch den Verteidiger gegeben, so behält der Anwalt seinen Gebührenanspruch. Eine eventuelle Honorarvereinbarung ist jedoch angemessen zu mindern (BGHSt 27, 366 ff.).

5. Es ist standesrechtliche Pflicht des Anwalts, den Gebührenanspruch nach BRAGO und nach schriftlicher Honorarvereinbarung bei vorzeitiger Mandatsbeendigung angemessen zu mindern.

12. Mandatsbeendigung und nachwirkende Verpflichtungen

An das
Amtsgericht

In der Strafsache
gegen A.

zeige ich an, daß ich Herrn A. nicht mehr vertrete.[1] Zustellungen gemäß § 145a Abs. 1 StPO bitte ich, an den Mandanten selbst oder an einen neuen Verteidiger vorzunehmen.[2]

ergänzend:

Sehr geehrter Herr A.,

in dem gegen Sie gerichteten Strafverfahren habe ich heute dem Gericht angezeigt, daß ich Sie nicht mehr vertrete. Damit müssen Zustellungen nunmehr an Sie erfolgen.[3] Meine Schweigepflicht dauert fort.[4] Eventuelle Schadensersatzansprüche gegen mich beginnen am ...... und enden nach § 51 Bundesrechtsanwaltsordnung voraussichtlich am ......[5]

Rechtsanwalt

Anmerkungen

1. Neben der generellen Verpflichtung, das Ende des Mandatsverhältnisses der Staatsanwaltschaft und dem Gericht anzuzeigen – diese Pflicht ergibt sich aus der Natur des privatrechtlichen Mandatsvertrages mit öffentlich-rechtlicher Auswirkung –, hat der Anwalt auch unter dem Gesichtspunkt der nachwirkenden Vertragspflichten (§ 34 Abs. 5 der Grundsätze des anwaltlichen Standesrechts: zur Weitergeltung, vgl. *Zuck* in Lingenberg/Hummel/Zuck/Eich N Rz. 76–78) die Pflicht gegenüber dem Mandanten, die Niederle-

gung unverzüglich anzuzeigen. Das Ende des Mandatsverhältnisses – aus welchem Grunde es auch beendet worden ist – bedeutet nicht zugleich, daß alle rechtlichen Bindungen entfallen. Bei nach außen fortbestehender Bevollmächtigung können weiterhin Zustellungen an den nicht mehr mandatierten Anwalt kraft gesetzlicher Fiktion bewirkt werden. Nur durch den Widerruf der Vollmacht kann die gesetzlich fingierte Zustellungsvollmacht beseitigt werden (KK/*Laufhütte* § 145 a Rdnr. 2; vgl. auch OLG Celle NJW 1984, 444).

2. Aufgrund der eindeutigen gesetzlichen Regelung ist dieser Hinweis streng genommen nicht erforderlich. Da jedoch vielfach die Konsequenzen übersehen werden – und zwar sowohl vom Anwalt als auch von Justizorganen – empfiehlt sich gleichwohl ein entsprechender Hinweis.

3. Der (frühere) Mandant weiß jetzt, daß an ihn wirksame Ladungen und insbesondere Zustellungen erfolgen müssen. Ein entsprechender Hinweis des Anwalts gehört zu den nachwirkenden Vertragspflichten des Anwalts, um Nachteile von Mandanten – z. B. durch unzutreffende rechtliche Vorstellungen – abzuwenden.

4. Die anwaltliche Schweigepflicht endet nicht mit dem Mandat. Hiervon sollte der Mandant unterrichtet werden.

5. Der Hinweis auf mögliche Schadensersatzansprüche nach § 51 BRAO ist auch im strafrechtlichen Ermittlungsverfahren notwendig, wenn auch nicht von überragender praktischer Bedeutung. Im Einzelfall kann allerdings auch auf den Strafverteidiger ein beachtlicher Regreßanspruch zukommen (OLG Düsseldorf StV 1986, 211 ff.). Deshalb ist auch ein entsprechender deutlicher Hinweis über die Belehrung zum Beginn der Verjährungsfrist angezeigt (BGH NJW 1975, 1655).

Die schuldhafte Verletzung der Hinweispflicht löst einen sekundären Schadensersatzanspruch des Mandanten aus (BGH AnwBl 1985, 520 ff.; NJW 1987, 326).

Die Pflichtverteidigung

13. Vollmachtsniederlegung und Antrag auf Beiordnung

An das
Amtsgericht/Landgericht

In der Strafsache
gegen A.

lege ich das Wahlmandat nieder und beantrage namens des A. meine Beiordnung als Pflichtverteidiger.[1] Die Voraussetzungen des § 140 StPO für eine notwendige Verteidigung sind gegeben.[2] Es besteht zwischen Herrn A und mir seit längerer Zeit ein besonderes Vertrauensverhältnis, da ich den Mandanten seit mehreren Monaten regelmäßig in der Justizvollzugsanstalt betreue. Im übrigen sind keine wichtigen Gründe in meiner Person gegeben, die eine Beiordnung unvertretbar erscheinen lassen.[3]

Alternativ:

In der Strafsache
gegen A.

lege ich im Falle meiner Beiordnung als Pflichtverteidiger für Herrn A. das Wahlmandat nieder.[4] Die Voraussetzungen des § 140 StPO für eine notwendige Verteidigung sind gegeben.[5] Es besteht hier ein besonderes Vertrauensverhältnis. Im übrigen sind keine wichtigen Gründe in meiner Person gegeben, die eine Beiordnung unvertretbar erscheinen lassen.[6]

Rechtsanwalt

Anmerkungen

1. Der Strafverteidiger, der das Wahlmandat hat, kann aufgrund der ihm erteilten Vollmacht und in Absprache bzw. im Auftrage des Mandanten erklären, daß er das Wahlmandat niederlegt und gleichzeitig seine eigene Beiordnung als Pflichtverteidiger im Namen des Mandanten beantragen. Die Verbindung zwischen Niederlegung des Wahlmandats und dem Antrag auf Beiordnung als Pflichtverteidiger ist erforderlich, da einige Vorsitzende eine Pflichtverteidigerbestellung solange ablehnen, wie ein oder mehrere Wahlverteidiger für den Beschuldigten tätig sind.

2. Für den Fall des Antrags auf Beiordnung sollten zugleich die gesetzlichen Voraussetzungen bezeichnet werden, die im konkreten Fall gegeben sind. Die Beiordnungsvoraussetzungen lassen sich im allgemeinen aus der Vorschrift des § 140 StPO entnehmen. Besonders hervorgehoben werden soll – weil diese Bestimmungen übersehen bzw. unterschätzt werden – § 140 Abs. 1 Nr. 3 und § 140 Abs. 2 StPO (*Kleinknecht/Meyer* § 140 Rdnr. 13 und 21 ff.). Die Stellungnahme zu der Schwierigkeit der Sach- und Rechtslage, die unter Berücksichtigung der konkreten Situation eines Betroffenen/Mandanten die Beiordnung notwendig erscheinen läßt, muß ausführlich und detailliert sein, damit der Vorsitzende eine sachgerechte Entscheidung treffen kann und der Beschuldigte unter Umständen gegen die Nichtbeiordnung ein Rechtsmittel einlegen kann. Wesentlich ist, daß die Beiordnung nach § 140 Abs. 2 StPO sich nach der konkreten Verteidigungsfähigkeit des Beschuldigten richtet (OLG Hamburg NStZ 1984, 281). Dabei soll (zum Teil schon) bei einer Straferwartung von mehr als einem Jahr eine Beiordnung in Betracht kommen (KG StV 1982, 412; weitere Einzelfälle: *Egon Müller* NStZ 1989, 112, 563; BayObLG NStZ 1990, 142).

3. Nach der früher geltenden Rechtslage hatte der Mandant keinen Anspruch auf die Bestellung des von ihm vorgeschlagenen Rechtsanwalts (BVerfG NJW 1975, 1015/1016). Durch das Strafverfahrensänderungsgesetz 1987 (StVÄG 1987) ist § 142 Abs. 1 StPO ergänzt worden durch die Sätze 2 und 3: „Dem Beschuldigten soll Gelegenheit gegeben werden, innerhalb einer zu bestimmenden Frist einen Rechtsanwalt zu bezeichnen. Der Vorsitzende bestellt den vom Beschuldigten bezeichneten Verteidiger, wenn nicht wichtige Gründe entgegenstehen." Aus dieser Gesetzesänderung ergibt sich, daß der Vorsitzende kein Auswahlermessen (mehr) hat (BT-Drucks. 10/1313 S. 20). Der Hinweis auf ein besonderes Vertrauensverhältnis ist deshalb nicht unbedingt erforderlich, gleichwohl aber sinnvoll. Ein die Bestellung des vorgeschlagenen Verteidigers hindernder wichtiger Grund liegt vor, wenn der betreffende Rechtsanwalt überlastet ist oder wenn ihm Spezialkenntnisse in einem besonders schwierigen Fall fehlen (BT-Drucks. a. a. O. S. 21; *Meyer-Goßner* NJW 1987, 1161/1162).

Zum Antrag eines Angeklagten, ihm einen zweiten Pflichtverteidiger beizuordnen (siehe OLG Düsseldorf NStZ 1990, 47; OLG Stuttgart StV 1990, 55).

4. Wie Anm. 1; hier ist jedoch – da die gewünschte Bestellung zum Pflichtverteidiger nicht sicher ist – die Niederlegung bedingt erklärt. Dies ist rechtlich zulässig.

5. Wie Anm. 2.

6. Wie Anm. 3.

14. Antrag auf Erteilung eines Sprechscheins/Besuchserlaubnis

An den Vorsitzenden
des AG/LG

In der Strafsache
gegen A.

bitte ich, mir einen Einzelsprechschein/eine Besuchserlaubnis[1] zu erteilen, und zwar ohne Anwesenheit eines Beamten (Nr. 36 Abs. 4 UVollzO).[2] Erst nach dem Anbahnungsgespräch[3] werde ich entscheiden, ob eine Vertretung als Wahlverteidiger in Betracht kommt oder ob im Namen des A. um Beiordnung nachgesucht wird.

Rechtsanwalt

Anmerkungen

1. Der nichtmandatierte Verteidiger oder Rechtsanwalt, der den Auftrag hat, den zukünftigen Mandanten aufzusuchen, sollte sich entgegen einer teilweise vertretenen Auffassung (KG StV 1985, 405) keine vorläufige Vollmacht zur Abklärung des zukünftigen Verteidigerverhältnisses erteilen lassen, er muß sich vielmehr einen Einzelsprechschein besorgen (Nr. 36 Abs. 3 UVollzO). Der Verteidiger hat auch die Möglichkeit sich die allgemeine Besuchserlaubnis nach Nr. 24 UVollzO zu besorgen. Der Unterschied besteht darin, daß der Einzelsprechschein regelmäßig zu einem unüberwachten Besuch berechtigt, während die allgemeine Besuchserlaubnis nur eine beschränkte Gesprächsmöglichkeit ermöglicht (Dauer des Besuchs) und regelmäßig nur ein überwachtes Gespräch erlaubt wird.

2. Wichtig ist, daß der Anwalt bei Aushändigung des Einzelsprechscheins darauf achtet, daß das Gespräch nicht in Anwesenheit eines Beamten stattfindet. Staatsanwaltschaft und/oder Richter sind von vornherein darauf hinzuweisen, daß eine Gesprächsmöglichkeit nur dann gegeben ist, wenn sie in Abwesenheit von Justizvollzugsbeamten stattfindet.

3. Es ist von vornherein darauf hinzuweisen, daß das Gespräch mit dem (zukünftigen) Mandanten nur ein Anbahnungsgespräch ist. Dies ist im Hinblick auf mögliche andere Mandate im Rahmen eines Gesamtkomplexes sehr wichtig.

15. Ablehnung der Beiordnung durch Rechtsanwalt

An den Vorsitzenden
des AG/LG

In der Strafsache
gegen A.

lehne ich die Beiordnung zum Pflichtverteidiger ab.[1] Unter Hinweis auf §§ 49 Abs. 2, 48 Abs. 2 BRAO beantrage ich die Aufhebung der Bestellung zum Pflichtverteidiger.[2] Der wichtige Grund besteht in folgendem Umstand: ......
Ich rege an, den Rechtsanwalt ...... beizuordnen, der das Vertrauen des Angeklagten besitzt.[3]

Rechtsanwalt

Anmerkungen

1. Wenn der Rechtsanwalt – für ihn überraschend – als Pflichtverteidiger beigeordnet wird, muß er sofort prüfen, ob nach seinem Rechtsverständnis und aufgrund der konkreten Verfahrenssituation eine Beiordnung als Pflichtverteidiger in Betracht kommt. Zwar ist es das Recht des Vorsitzenden, den Rechtsanwalt zum Pflichtverteidiger zu bestellen. Nach der ab 1. 4. 1987 geltenden neuen Gesetzeslage (§ 142 Abs. 1 Satz 2 und 3 StPO) hat der Vorsitzende kein Auswahlermessen. Dies entbindet jedoch den betroffenen Anwalt seinerseits nicht davon, eigenverantwortlich zu überprüfen, ob die Beiordnungsvoraussetzungen vorliegen, die von der Rechtsprechung hierzu entwickelt worden sind. Zwei Gesichtspunkte sind maßgebend: Der Beschuldigte soll einen rechtskundigen Beistand erhalten und der ordnungsgemäße Verfahrensablauf soll gesichert werden. Der beigeordnete Verteidiger muß nunmehr – auch unter standesrechtlichen Gesichtspunkten – prüfen, ob der Vorsitzende dem Beschuldigten Gelegenheit zu einem eigenen Vorschlag gegeben hat. Hat der Beschuldigte von seinem Vorschlagsrecht Gebrauch gemacht, darf der Vorsitzende nur dann, wenn ein wichtiger Grund gegeben ist (s. Form. II 13 Anm. 3), die Bestellung ablehnen.

2. Wenn der Rechtsanwalt ohne Rücksprache und ohne daß die gesetzlichen bzw. von der Rechtsprechung entwickelten Voraussetzungen vorliegen, zum Pflichtverteidiger bestellt worden ist, dann muß er aus eigenem Recht die Aufhebung seiner Bestellung beantragen. Dabei sollte er nicht nur auf die im Gesetz generell vorgesehene Möglichkeit hinweisen, nach welcher er bei Vorliegen eines wichtigen Grundes berechtigt, unter Umständen sogar verpflichtet ist, die Pflichtverteidigung nicht zu übernehmen; es sollten im Einzelfall auch konkrete Gründe vorgetragen, die aus der Sicht des betroffenen Rechtsanwalts die Ablehnung rechtfertigen. Hierzu zählt z.B. der Hinweis auf eine Interessenkollision – ohne daß allerdings wegen fortdauernder Schweigepflicht Einzelheiten vorgetragen werden dürfen –. Hilfreich ist hier unter Umständen eine Rücksprache mit dem zuständigen Vorstand der Rechtsanwaltskammer, da auch insoweit eine standesrechtliche Frage angesprochen wird und der Vorstand zur Beratung in standesrechtlichen Fragen gesetzlich verpflichtet ist.

3. Der Antrag auf Aufhebung der Bestellung zum Pflichtverteidiger wird naturgemäß in den Fällen erleichtert, in denen dem Vorsitzenden des Gerichts zugleich ein konkreter Vorschlag – naturgemäß nur ein solcher im Namen des Beschuldigten – gemacht werden kann. Auch hier sollte zugleich darauf hingewiesen werden, weshalb der betreffende Anwalt das Vertrauen des Beschuldigten besitzt (§ 142 Abs. 1 Satz 3 und 3 StPO n.F.).

16. Beschwerde gegen die Ablehnung der Beiordnung

In der Strafsache
gegen A.

zeige ich an, daß der Angeklagte A. mir eine (beschränkte) Vollmacht zur Wahrnehmung seiner Rechte betreffend die Bestellung eines Pflichtverteidigers erstellt hat.[1]
Namens meines Mandanten lege ich

Beschwerde[2]

gegen die nichterfolgte Beiordnung ein.
Die Beschwerde gegen die ablehnende Entscheidung ist zulässig.[3]
Zur Begründung wird folgendes ausgeführt:[4]
  a) Der Beschuldigte/Angeschuldigte/Angeklagte hat einen gesetzlichen Anspruch auf einen Pflichtverteidiger. Die gesetzlichen Voraussetzungen des § 140 ...... StPO sind aus folgenden Gründen gegeben.

b) Der Beschuldigte hat angeregt, ihm seinen früheren Rechtsanwalt als Pflichtverteidiger beizuordnen.
Nach § 142 Abs. 1 Satz 2 und 3 StPO n. F. hat der Beschuldigte einen Rechtsanspruch auf Bestellung des von ihm benannten Rechtsanwalts zum Pflichtverteidiger. Der vorgeschlagene Verteidiger war bereits in vielen Verfahren für den Beschuldigten tätig und ist auch mit diesem Verfahrensgegenstand betraut. RA A besitzt das Vertrauen des Beschuldigten. Es sind auch sonst keine wichtigen Gründe in der Person des RA A gegeben, die eine Beiordnung unvertretbar erscheinen lassen.[5]

Rechtsanwalt

Anmerkungen

1. Wenn der Vorsitzende des Gerichts die Beiordnung eines bestimmten Rechtsanwalts ablehnt, dann ist es zweckmäßig, daß der Angeklagte seinem „Verteidiger" eine gegenständlich beschränkte Vollmacht zur Wahrnehmung seiner Rechte im Rahmen des Beiordnungsverfahrens erteilt. Art und Umfang sollten in diesem Fall klar inhaltlich beschränkt sein, damit für jeden Außenstehenden erkennbar ist, daß hier nur ein bestimmter Sachgegenstand Inhalt der erteilten Wahlvollmacht ist.

2. Die Entscheidung des Gerichtsvorsitzenden ist selbständig mit der Beschwerde anfechtbar (*Kleinknecht/Meyer* § 141 Rdnr. 10). Dies folgt aus § 304 StPO. Allerdings ist auch § 304 Abs. 4 Satz 2 StPO zu beachten. Die Beschwerde kann von dem Beschuldigten selbst oder von seinem Verteidiger erhoben werden. Entweder ist (vgl. Anm. 1) eine ausdrückliche Vollmacht erteilt worden oder die Bevollmächtigung des Anwalts ergibt sich aus dem von ihm gestellten Antrag konkludent (KK/*Laufhütte* § 142 Rdnr. 11).

3. Zur Frage der Zulässigkeit der Beschwerde gibt es unterschiedliche Auffassungen bei den Obergerichten, die h. M. bejaht in diesen Fällen die Zulässigkeit (dafür OLG München NJW 1981, 2208; dagegen OLG Hamburg NStZ 1985, 88 f).

4. Die Beschwerde sollte detailliert begründet werden, damit das Rechtsmittelgericht die Argumentation des Betroffenen und seines Verteidigers nachvollziehen und unter Umständen die getroffene Entscheidung abändern kann.

5. Zur neuen Rechtslage nach dem Strafverfahrensänderungsgesetz 1987 vergleiche Form. II. 13 Anm. 3.

17. Beschwerde gegen die Beiordnung

An den Vorsitzenden
des AG/LG

In der Strafsache
gegen A.

zeige ich an, daß Herr A. mich mit der Wahrnehmung seiner Interessen im Beiordnungsverfahren beauftragt hat.[1]
Gegen die Verfügung des Vorsitzenden vom ......, mit der Rechtsanwalt X beigeordnet worden ist, lege ich namens meines Mandanten A.

Beschwerde[2]

ein. Ich beantrage namens meines Mandanten:
1. Die Verfügung vom ......, mit der RA X beigeordnet worden ist, wird aufgehoben.
2. RA Y wird zum Pflichtverteidiger des A. bestellt.

Das zulässige Rechtsmittel[3] begründe ich wie folgt:
Mein Mandant hat nach § 142 Abs. 1 S. 3 StPO einen Anspruch auf Bestellung des von ihm bezeichneten Verteidigers. Es bestehen in der Person des RA Y keine wichtigen Gründe, die die Ablehnung der Bestellung rechtfertigen könnten.[4]

Rechtsanwalt

Anmerkungen

1. Der Rechtsanwalt, der die Entpflichtung des zunächst bestellten Pflichtverteidigers betreibt, sollte sich vom Mandanten hierzu eine ausdrückliche Vollmacht erteilen lassen. Wenn der Rechtsanwalt bereits Wahlverteidiger ist, kann er insoweit im Namen des Mandanten die Entpflichtung betreiben (OLG Zweibrücken NStZ 1982, 298). Nach § 143 StPO ist die Bestellung regelmäßig dann zurückzunehmen, wenn sich ein Wahlverteidiger zu den Gerichtsakten meldet und ein Antrag auf Zurücknahme der Bestellung gestellt wird. Wenn eine zwingende Notwendigkeit für die Aufrechterhaltung der Bestellung besteht, kann der Vorsitzende die Entpflichtung ablehnen (*Kleinknecht/Meyer* § 143 Rdnr. 2).

2. Das Rechtsmittel der Beschwerde gegen eine konkrete Pflichtverteidigerbestellung ist möglich. Entscheidend ist, ob der betroffene Mandant eine Beschwer schlüssig darlegen kann (*Kleinknecht/Meyer* § 142 Rdnr. 19). Bei einer ermessensfehlerhaften Auswahl des Pflichtverteidigers ist die Beschwerde statthaft (OLG München AnwBl. 1980, 466/467) und angezeigt.

3. Grundsätzlich gilt für alle Rechtsmittel, daß für ihre Zulässigkeit eine Beschwer vorgetragen werden muß. Es muß daher eine für den Rechtsmittelführer günstigere Rechtslage erreicht werden können (BGHSt 28, 327/330). Anderenfalls ist das Rechtsmittel bereits unzulässig.

4. Nur wenn in ermessensfehlerhafter Weise gegen die Auswahlgrundsätze bei der Bestellung eines Pflichtverteidigers verstoßen worden ist, kann die Beschwerde Erfolg haben (*Kleinknecht/Meyer* § 142 Rdnr. 19). Das ist u. a. dann der Fall, wenn die schutzwürdigen Interessen des Beschuldigten (z. B. besonderes Vertrauensverhältnis nach vorangegangener guter Zusammenarbeit) gegenüber verfahrensbezogenen Gründen (z. B. gleichmäßige Verteilung von Pflichtverteidigerbestellungen auf verschiedene Anwälte) den Vorrang haben (OLG Karlsruhe NJW 1978, 1064).

III. Der Verteidiger im Ermittlungsverfahren

1. Checkliste für Handakten

- Mandantenanschriften: privat, dienstlich und Telefon-Nr. sowie die „großen Personalien" des Mandanten[1]
- Hinweis auf Empfehlungen/frühere Mandate[2]
- Tatvorwurf[3]
- Aktenzeichen der Staatsanwaltschaft[4]
  Sachbearbeiter der StA: Name u. Telefon[5]
- Anklage vom ......
- Amtsgericht/Landgericht: Aktenzeichen
  Vorsitzender des AG/LG[6]
- Hauptverhandlung am ......
- Urteil vom ......
- Berufung: Mandant am ...... Staatsanwaltschaft am ......
- Berufungsgericht – Aktenzeichen
  Kl. Strafkammer
  Gr. Strafkammer
  Vorsitzender/Berichterstatter
- Hauptverhandlung am ......
- Urteil vom ......, zugestellt am ......
- Revisionseinlegung am ......
- Revisionsbegründung am ......
- Berichterstatter StA OLG/BGH
- Revisionsgericht OLG/BGH
  Berichterstatter/Vorsitzender
- Anträge auf Akteneinsicht am ......[7]
- Schweigepflichtsentbindungserklärung[8]
- Strafprozeßvollmachten (Umfang des Auftrages)[9]
- Honorarabsprachen/Angaben zum gesetzlichen Gebührenrahmen[10]

Anmerkungen

1. Neben der Privatanschrift ist selbstverständlich auch die Dienstanschrift abzufragen, da der Mandant jederzeit erreichbar sein muß, insbesondere auch telefonisch.
Das Abfragen der sogenannten „großen Personalien", d.h. Geburtsdatum, Geburtsort, 1., 2. Wohnsitz, Familienstand, Beruf, Einkommen, erspart dem Mandanten unter Umständen eine Vernehmungssituation, die bei dem (noch) nicht aussagewilligen Mandanten sich nur auf die Angabe seiner Personalien erstrecken könnte. Staatsanwaltschaft und Gericht können die Vorladung zur Vernehmung – nicht diese selbst – erzwingen (vgl. §§ 133, 163a Abs. 3 StPO). Ein Verzicht auf diese überflüssige Formalie ist dann möglich, wenn der Anwalt die Personalien Polizei, Staatsanwaltschaft und/oder Gericht von sich aus mitteilt.
Hinweis: Gleichwohl kann es zur Vorladung kommen; der Anwalt muß dann seinen Mandanten begleiten.

2. Diese Information gibt dem Anwalt Hinweise auf die Erwartungen des Auftraggebers.

3. Angaben zum Tatvorwurf erleichtern die Vorbereitung in rechtlicher und tatsächlicher Hinsicht.

4. Im Laufe eines Verfahrens wechseln sehr häufig die Aktenzeichen der jeweiligen Behörden. Hier vermeidet eine präzise Aktenführung Irrtümer, die Fristversäumnisse zur Folge haben können.

5. Der Sachbearbeiter der Staatsanwaltschaft sollte namentlich ermittelt werden. Das Gespräch mit dem zuständigen Staatsanwalt erleichtert die Betreuung des Mandats.

6. Auch der Name des zuständigen Richters sollte dem Strafverteidiger bekannt sein. In einem weit höherem Maße als im Zivilverfahren kommt es im Rahmen der Strafverteidigung auch auf den persönlichen Kontakt zum Gericht an. Der Berichterstatter/Vorsitzende muß namentlich bekannt sein, damit auch hier schon vor der Hauptverhandlung Gespräche über die Sache gesucht werden können.

7. Hier ist eine präzise Erfassung der Anträge auf Akteneinsicht in den einzelnen Verfahrensabschnitten notwendig, um gegebenenfalls prozessuale Maßnahmen (z.B. Aussetzungsantrag) stellen zu können.

8. Die Schweigepflichtentbindungserklärung ist im Hinblick auf Gespräche mit Angehörigen, Bekannten, Freunden des Mandanten sowie für vorbereitende Gespräche mit Zeugen unerläßlich.

9. Der Umfang des Auftrages muß sich eindeutig aus der Vollmacht ergeben. Eine Ablichtung der zu den Gerichtsakten eingereichten Vollmacht muß Bestandteil der Handakte sein.

10. Information des Mandanten über das in Aussicht genommene Honorar oder den Betrag, der nach den gesetzlichen Gebühren zu zahlen ist, sollte gleich schriftlich festgehalten werden, damit nicht spätere Angaben hierzu differieren.

2. Vertretungsanzeige/Meldung zu den Verfahrensakten

An die
Kriminalpolizei[1]
Staatsanwaltschaft bei dem Landgericht[2]

In dem Ermittlungsverfahren[3]
gegen A. u.a.
hier: B.

– Aktenzeichen –
wegen des Verdachts ......

zeige ich an, daß ich Frau B. vertrete. Ich überreiche eine Vollmacht. Aus der meiner Mandantin zugegangenen Ladung zur Vernehmung ist nicht ersichtlich, ob es sich um eine zeugenschaftliche Anhörung oder um eine Beschuldigtenvernehmung handeln soll. Meine Mandantin bittet um Klarstellung. Zunächst beruft sie sich vorsorglich auf § 136 Abs. 1 Satz 2 StPO. Grundsätzlich ist meine Mandantin jedoch bereit, Angaben zur Sache zu machen.

Rechtsanwalt

Anmerkungen

1. Zu Beginn des Ermittlungsverfahrens gibt es regelmäßig noch kein staatsanwaltschaftliches Aktenzeichen, sondern nur einen bei der Kriminal-, Verkehrs- oder sonstigen Polizei erfaßten Vorgang. Hierbei handelt es sich meist um „Tagebuchnummern". Der

Anwalt muß sich also zunächst zum Sachbearbeiter (telefonisch) durchfragen und den Bearbeitungsvorgang ermitteln (sofern feststeht, daß polizeiliche Ermittlungen geführt werden). Der Anwalt muß auch hier sorgfältig prüfen, ob seine Beauftragung zu Beginn der Ermittlungstätigkeit bekannt werden soll. Für eine frühe Meldung zu den Ermittlungsakten spricht, daß damit bereits für den Mandanten ein gewisser Schutz vor überraschender Vernehmung – sei es als Beschuldigter oder als Zeuge – einsetzt. Der Mandant sollte gleichwohl darauf hingewiesen werden, daß er zur Vernehmung geladen werden kann und auch Versuche, ihn verantwortlich zu vernehmen, nicht ausgeschlossen sind. Gegen eine vorzeitige Offenlegung des Mandatsverhältnisses spricht das psychologische Moment, das darin gesehen werden könnte, daß nur der vermeintlich „schuldige" Mandant sich einen Anwalt nimmt. Dies könnte auch die Ermittlungen intensivieren.

Der Mandant muß ferner wissen, daß Staatsanwalt und Polizei sich häufig formlos (z.B. telefonisch) melden und den Beschuldigten zu Angaben veranlassen. Der Verteidiger muß seinen Mandanten nachdrücklich dahingehend instruieren, daß er ohne Rücksprache mit dem Anwalt keine Angaben zur Sache macht.

2. Ergeben die anwaltlichen Nachforschungen, daß bereits ein **staatsanwaltschaftliches Ermittlungsverfahren** anhängig ist, muß auch hier die Zweckmäßigkeit einer baldigen Vertretungsanzeige geprüft werden (vgl. Anm. 1). Zu den Argumenten, die in Anm. 1 behandelt worden sind, kommt hier hinzu, daß nur die Staatsanwaltschaft Akteneinsicht bewilligen kann, nicht dagegen die Polizei (*Kleinknecht/Meyer* § 147 Rdnr. 34; vgl. aber auch Anmerkung 3 zu Muster III. 3.).

3. In diesem Verfahrensabschnitt bis zum Abschluß der Ermittlungen (§§ 170 und 163a StPO) sollten die Begriffe „Strafsache" oder „Strafverfahren" vermieden werden. Der Begriff „Ermittlungsverfahren" (§ 160 StPO) erscheint neutraler und weniger negativ besetzt. Der Beginn des Ermittlungsverfahrens erfolgt regelmäßig durch eine besondere Einleitungsverfügung. Ausreichend sind allerdings auch konkludente Handlungen der Polizei oder Staatsanwaltschaft, wie z.B vorläufige Festnahme oder Beschuldigtenvernehmung (KK/*Müller* § 160 Rdnr. 14).

3. Akteneinsicht

An die
(Kriminal)polizei[1]
Staatsanwaltschaft beim Landgericht[2]

In dem Ermittlungsverfahren
gegen A.
wegen des Verdachts pp.

beantrage ich unter Bezugnahme auf meine Vollmacht

Akteneinsicht,[3]

insbesondere in die Haupt- oder Verfahrensakten[4], sämtliche Beiakten[5], Beweismittelordner[6] und sonstige Beweisstücke[7].
Jedenfalls bitte ich, mir die Beschuldigtenvernehmung[8] sowie die Niederschriften gemäß § 147 Abs. 3 StPO[9] einschließlich der Sachverständigengutachten[10] unverzüglich zur Einsicht zur Verfügung zu stellen.[11]

Die Akten bitte ich, mir
a) zu übersenden,
b) zur Mitnahme in die Kanzlei bereit zu legen,
c) über das Amtsgericht B zur Verfügung zu stellen.[12]

Bei nicht rechtzeitig gewährter Akteneinsicht kündige ich einen Antrag
a) auf Aussetzung der Hauptverhandlung,
b) auf geräumige Unterbrechung der Hauptverhandlung
bereits jetzt an.

Rechtsanwalt

Anmerkungen

1. Im normalen Strafverfahren ist für die Akteneinsicht nach § 147 StPO grundsätzlich **nicht** die Polizei oder Kriminalpolizei zuständig. Dies folgt aus § 147 StPO in Verbindung mit Nr. 182, 183 der Richtlinien für Strafverfahren und Bußgeldverfahren (*Kleinknecht/Meyer* Anhang A 14). Die Polizei darf deshalb über den Antrag auf Akteneinsicht selbst nicht entscheiden (*Kleinknecht/Meyer* § 147 Rdnr. 34), sie muß den Schriftsatz an die Staatsanwaltschaft weiterleiten. Gleichwohl ist es nicht fehlerhaft, das Gesuch an die Kriminalpolizei zu richten. Oft ist dem Verteidiger nur der ermittelnde Polizeibeamte namentlich bekannt. Dieser kann den Antrag weiterleiten und erfährt so von der Tatsache, daß ein Anwalt eingeschaltet worden ist und dieser für den Beschuldigten prozessuale Rechte geltend macht.

Im Bußgeldverfahren kann der Antrag auf Akteneinsicht an die nachbearbeitende Verwaltungsbehörde gerichtet werden (Nr. 296 in Verbindung mit Nr. 182–189 der Richtlinien für das Strafverfahren und das Bußgeldverfahren). Vgl. auch Form. XI.

2. Im Ermittlungsverfahren, d.h. bis zur Einstellung oder – bei hinreichendem Tatverdacht – Anklageerhebung, ist die Staatsanwaltschaft der richtige Adressat für den Akteneinsichtsantrag. Die Staatsanwaltschaft entscheidet eigenverantwortlich (§ 147 Abs. 5 StPO).

3. Die **Akteneinsicht** ist der wichtigste Vorgang zur Gestaltung einer effektiven Verteidigung. Die Bedeutung für den weiteren Verlauf des Ermittlungs- oder Strafverfahrens wird leider immer noch unterschätzt. Ohne (ständige) Akteneinsicht ist eine Strafverteidigung lege artis nicht möglich. Der Antrag auf Akteneinsicht muß deshalb so früh wie möglich gestellt werden und im Verlauf des gesamten Ermittlungsverfahrens immer wieder erneuert werden. Der Grundsatz lautet: der Strafverteidiger muß dieselben Aktenkenntnisse haben können wie Staatsanwaltschaft und Gericht. Je früher der Strafverteidiger Aktenkenntnis hat, desto eher kann er auf den weiteren Verlauf des Ermittlungsverfahrens durch Anträge oder Anregungen einwirken. Dabei können u.U. verhängnisvolle Ermittlungsfehler der Polizei oder Staatsanwaltschaft erkannt und korrigiert werden. Ohne Akteneinsicht kann der Verteidiger sich keinen Überblick über den Ermittlungsverlauf verschaffen. Akteneinsicht wird aus der Sicht der Ermittlungsbehörde oft als störender Vorgang empfunden. Sie wird deshalb selten freiwillig, unaufgefordert gewährt. Der Verteidiger muß drängen und vor allem seine Anträge zum besseren Nachweis für seine Bemühungen schriftlich zu den Akten reichen. Auch im Anbahnungsfall hat der Rechtsanwalt ein Akteneinsichtsrecht (*Kleinknecht/Meyer* § 147 Rdnr. 9).

4. Der Antrag auf Akteneinsicht erstreckt sich im Ermittlungsverfahren auf alle im Falle der Anklageerhebung dem Gericht vorzulegenden Akten (§ 147 Abs. 1 StPO). Der Strafverteidiger sollte darauf achten, daß der Begriff der Strafakten weit ausgelegt wird. Die Polizei hat der Staatsanwaltschaft nach § 163 Abs. 2 StPO unverzüglich alle Verhandlungen zu übersenden, diese und die weiteren staatsanwaltschaftlichen Ermittlungsvorgänge – mit Ausnahme der Handakten der StA – sind an das Gericht weiterzuleiten (§ 199 Abs. 2 StPO). Der Verteidiger hat also ein umfassendes Einsichtsrecht. Es darf keine Auswahl getroffen werden (*Kleinknecht/Meyer* § 147 Rdnr. 14 ff.). Demzufolge erstreckt sich die Akteneinsicht auf **alle** be- und entlastenden Vorgänge/Zeugenaussagen, Vermerke, Skiz-

zen, Fotos, Tonbandaufzeichnungen, Strafregisterauszüge etc.). Dies gilt auch für polizeiliche Spurenakten (*Kleinknecht/Meyer* § 147 Rdnr. 8; KK/*Laufhütte* § 147 Rdnr. 4; einschränkend BGHSt 30, 31 ff). Gerade polizeiliche Ermittlungen, die nicht in Richtung auf den oder die Beschuldigten geführt worden sind, geben gute Ansätze für eine eigene anwaltliche Ermittlungstätigkeit (*Wasserburg* NJW 1980, 2440 ff).

5. Beiakten sind Bestandteile der Verfahrensakten, wenn ihr Inhalt von schuld- oder rechtsfolgenrelevanter Bedeutung sein kann (BGHSt 30, 131/139). Auch die Beiakten unterliegen damit dem Akteneinsichtsrecht, wenn sie für die Rechts- und/oder Schuldfrage wesentlich sind (*Kleinknecht/Meyer* § 199 Rdnr. 2; OLG Frankfurt NJW 1982, 1408). Der Verteidiger sollte seinen Antrag ausdrücklich auch auf evtl. Beiakten erstrecken, da Gericht und Staatsanwaltschaft ihre Argumentation oft stillschweigend aus früheren (auch eingestellten) Verfahren ableiten.

6. Der oder die Beweismittelordner bilden in umfangreicheren Strafverfahren das Kernstück der staatsanwaltschaftlichen Beweisführung. Hier sind alle wesentlichen Beweismittel – regelmäßig in Ablichtung – zusammengefaßt. Für den Strafverteidiger ist deshalb die Kenntnis dieser „Urkundensammlung" wesentlich und unerläßlich. Da diese Beweismittel jedoch auf einer (einseitigen) Auswahl durch die Staatsanwaltschaft beruhen, muß der Verteidiger zugleich auch die „Fundstellen" überprüfen und einsehen; das sind die beschlagnahmten Ursprungsleitzordner. Wenn die Beweismittelordner Ablichtungen der Originale sind, hat der Anwalt nicht nur das Recht der Besichtigung, sondern auch das der Mitnahme in die Kanzlei.

7. Nach der gesetzlichen Regelung hat die **Besichtigung** der amtlich verwahrten Beweisstücke eine andere rechtliche Qualität. Dies folgt unmittelbar aus § 147 Abs. 1 StPO. In Einzelfällen gewähren jedoch Staatsanwaltschaft und Gericht gleichwohl ein unbeschränktes Einsichtsrecht in Beweisstücke, ohne daß hierauf ein Rechtsanspruch besteht. Der Verteidiger muß diese regionalen Besonderheiten erkunden, zumal diese oft auch auf persönlichem Vertrauen beruhen.

8. Das Akteneinsichtsrecht in die *Beschuldigtenvernehmung* des eigenen Mandanten kann auch vor Abschluß der Ermittlungen nicht verwehrt werden (§ 147 Abs. 3 StPO). Da die Staatsanwaltschaft bei einem allgemeinen Antrag auf Akteneinsicht oft unter Hinweis auf die Gefährdung des Untersuchungszwecks (§ 147 Abs. 2 StPO) Akteneinsicht verweigert, muß Einsicht in die Beschuldigtenvernehmung ausdrücklich beantragt werden. Diese Ausnahmebestimmung ist dem Staatsanwalt oft nicht geläufig.

9. Soweit sich in den Verfahrensakten Niederschriften über richterliche Untersuchungshandlungen befinden, unterliegen diese ebenfalls uneingeschränkt dem Einsichtsrecht des Verteidigers. Auf diese Weise kann der Verteidiger trotz § 147 Abs. 2 StPO Vernehmungsprotokolle auch der Beschuldigten, Zeugen oder Sachverständigen erhalten (*Kleinknecht/ Meyer* § 147 Rdnr. 26). Eine interessante Frage ist hierbei, ob sich dieses Einsichtsrecht dann auch auf solche polizeilichen und staatsanwaltschaftlichen Vernehmungen erstreckt, auf die in den richterlichen Vernehmungen Bezug genommen wird. Da diese Aussageteile durch Bezugnahme Bestandteil der richterlichen Vernehmungen geworden sind, ist das Einsichtsrecht auch hierauf zu erstrecken (OLG Hamm NStZ 1987, 572 f.). Es muß aber ebenfalls ausdrücklich beantragt werden.

10. Sachverständigengutachten bilden oft das Kernstück staatsanwaltschaftlicher Ermittlungstätigkeit. Bei Kapitaldelikten (z.B. in Fällen des § 74 Abs. 2 GVG) wird sehr häufig ein Sachverständigengutachten vorhanden sein. Der Verteidiger muß also seinen Antrag auch hierauf erstrecken.

11. Der Verteidiger muß nachdrücklich auf baldiger Akteneinsicht bestehen, damit er notfalls eigene Ermittlungen anstellen kann.

Einen Anspruch auf Kopien der Verfahrensakten etc. hat der Anwalt dabei nicht (*Kleinknecht/Meyer* § 147 Rdnr. 6). Diese Kopien muß er selbst anfertigen. Die von ihm angefertigten Fotokopien kann er grundsätzlich dem eigenen Mandanten zur Verfügung stellen (zu Ausnahmen BGHSt 29, 99/103). Teilweise wird jedoch die Auffassung vertreten, der Verteidiger müsse prüfen, ob durch eine Aushändigung nicht verfahrensfremde Zwecke verfolgt (z.B. Presseveröffentlichung) und der Untersuchungszweck gefährdet werden (*Kleinknecht/Meyer* § 147 Rdnr. 21; BGH a.a.O.).

12. Grundsätzlich erfolgt die Akteneinsicht durch Mitnahme in die Kanzlei. Das Recht auf Mitnahme der Akten kann nur aus wichtigem Grund verwehrt werden (§ 147 Abs. 4 Satz 1 StPO). Der Anspruch auf Akteneinsicht in den Diensträumen von Staatsanwaltschaft und Gericht besteht uneingeschränkt (KK/*Laufhütte* § 147 StPO Rdnr. 5). Der Verteidiger muß sich nachdrücklich um Kenntnis vom Akteninhalt bemühen (BGH bei *Holtz* MDR 1984, 443/444). Bei Strafsachen, die bei einer auswärtigen Staatsanwaltschaft geführt werden, sollte der Anwalt sich die Ermittlungsakten – im Wege der Rechtshilfe – zu seinem Amtsgericht schicken lassen und sie von dort in seine Kanzlei mitnehmen (vgl. auch Nr. 189 Abs. 2 der RiStBV).

4. Schriftverkehr mit Mandanten (Verteidigerpost)

Verteidigerpost[1]
Untersuchungshaft-/Vollzugsanstalt

Sehr geehrter Herr A.,

in Ihrer Strafsache übersende ich Ihnen den Entwurf meiner Haftbeschwerde. Sie können mir Ihre Ergänzungswünsche als „Verteidigerpost" zusenden.[2] Unsere wechselseitige Post unterliegt nicht der Beschlagnahme.[3] Die Klageerwiderung in der Ehesache erhalten Sie mit gesonderter, normaler Post.[4] Anbei die Postkarte an Ihre Großmutter, die ich aus grundsätzlichen Erwägungen nicht weiterleiten kann.[5]
Für die Entgegennahme der Unterschriftsbeglaubigung werde ich mir einen gesonderten Sprechschein besorgen.[6]

Rechtsanwalt

Anmerkungen

1. Die Verteidigerpost an den in Haft befindlichen Mandanten unterliegt nach § 148 StPO im Normalfall weder der staatsanwaltlichen noch der gerichtlichen Kontrolle. Eine Ausnahmeregelung ist nach § 148 Abs. 2 StPO nur zulässig, wenn Gegenstand der Untersuchung eine Straftat nach § 129a StGB ist und die Beschränkung richterlich angeordnet wurde (BGHSt 36, 205/206). In diesem Fall kann auch die Post vom und zum Verteidiger durch einen Richter überwacht werden (*Kleinknecht/Meyer* § 148 Rdnr. 20). Der unbehinderte, unüberwachte Briefwechsel mit dem Mandanten, der in Untersuchungshaft sitzt, ist eine wesentliche rechtsstaatliche Errungenschaft, die unter keinen Umständen mißbraucht werden sollte. Die ausdrückliche Kennzeichnung als „Verteidigerpost" ist erforderlich, damit die normale Briefkontrolle durch Staatsanwaltschaft oder Gericht (UVollzO Nr. 33 III) unterbleibt. Schriftwechsel, der sich nicht auf das anhängige Ermittlungsverfahren bezieht, muß mit normaler Post geschickt werden (s. auch Anm. 5). Voraussetzung ist der Beginn des Verteidigungsverhältnisses (*Danckert* StV 1986, 171ff).

2. Auch der beschuldigte Mandant kann seine Post an den Verteidiger über die Vollzugsanstalt verschlossen und unkontrolliert zum Versand bringen (*Kleinknecht/Meyer* § 148 Rdnr. 6). Der Verteidiger muß ihn hierauf ausdrücklich hinweisen.

3. Der Briefwechsel zwischen Verteidiger und Mandant unterliegt nicht der Beschlagnahme. Dabei wird § 97 Abs. 2 StPO ergänzt durch § 148 StPO. Es kommt dabei nicht darauf an, daß die Briefe sich schon im Gewahrsam des Verteidigers befinden. Auch der noch nicht abgesandte Brief an den Verteidiger, der sich noch in der Haftzelle befindet und auf dem Postweg zum Anwalt unterwegs ist, bleibt von der Beschlagnahme frei (*Kleinknecht/Meyer* § 97 Rdnr. 37 m.w.Nachw.). Dies gilt umgekehrt auch für die Post des Verteidigers im Gewahrsam des Beschuldigten (BGH NJW 1973, 2035; 1982, 2508).

4. Soweit der Strafverteidiger zugleich auch andere Rechtsangelegenheiten für den Beschuldigten bearbeitet, dürfen diese Schriftstücke in keinem Fall als Verteidigerpost mitgeschickt werden. Hierauf ist insbesondere auch das eigene Büropersonal nachdrücklich hinzuweisen. Der Strafverteidiger hat hier eine gesteigerte Überwachungspflicht.

Da eine Pflicht zur Überwachung dieser Post umgekehrt nicht besteht, kann der Rechtsanwalt durch ein offenes Gespräch mit Staatsanwaltschaft und Gericht u. U. erreichen, daß diese Post ebenfalls direkt und damit ohne Zeitverlust geschickt wird.

5. Die Versuchung, die übliche Postkontrolle zu umgehen, ist bei scheinbar harmlosen „Postkarten mit Ostergrüßen" sehr groß. Solche Grußkarten können jedoch versteckte Hinweise an den Adressaten enthalten. Deshalb muß der Anwalt solche Ansinnen zurückweisen. Da hilft der Hinweis des Strafverteidigers an den Mandanten, daß er Verteidiger mit bestimmten Privilegien ist und kein Briefbote. Der Strafverteidiger darf unter keinen Umständen die Möglichkeiten einer völlig freien Verteidigung (BGHSt 27, 260/262) mißbrauchen. Ein Verstoß des Verteidigers gegen diese Regeln kann strafrechtliche und standesrechtliche Konsequenzen haben.

Es besteht die Gefahr der Strafvereitelung. Ferner kann ein Verstoß nach § 65 der Grundsätze des anwaltlichen Standesrechts (zur Fortgeltung vgl. *Zuck* in Lingenberg/Hummel/Zuck/Eich N Rz. 134) gegeben sein.

Regelmäßig wird auch ein Verstoß nach § 115 Ordnungswidrigkeitengesetz gegeben sein, wenn Nachrichten unbefugt übermittelt werden. § 115 Abs. 1 OWiG lautet:

„Ordnungswidrig handelt, wer unbefugt
1. einem Gefangenen Sachen oder Nachrichten übermittelt oder sich von ihm übermitteln läßt oder
2. sich mit einem Gefangenen, der sich innerhalb einer Vollzugsanstalt befindet, von außen durch Worte oder Zeichen verständigt."

5. Schriftverkehr mit und Befragung von Zeugen

Sehr geehrter Herr A.,
ich wende mich an Sie als Verteidiger[1] in einem strafrechtlichen Ermittlungsverfahren.[2]
Sie sollen sachdienliche Angaben[3] machen können. Als Verteidiger bin ich befugt, Zeugen über ihr Wissen zu befragen[4]. In einem persönlichen Gespräch kann ich Sie über weitere Einzelheiten der Rechte und Pflichten eines Zeugen[5] informieren.
Als Besprechungstermin schlage ich Ihnen Montag, d. ...... in meiner Kanzlei vor.[6]
Verdienstausfall und Fahrtkosten könnte ich Ihnen entsprechend den gesetzlichen Regelungen erstatten. Bereits jetzt übersende ich Ihnen die von mir für solche Fälle vorbereitete Erklärung, die ich Sie bitten darf, zur Besprechung mitzubringen.[7]

Rechtsanwalt

Anmerkungen

1. Zu den wesentlichen Aufgaben des Verteidigers im Rahmen eigener Ermittlungen gehört die persönliche Befragung von Zeugen. Hierbei handelt es sich um zulässige Verteidigertätigkeit (*Kleinknecht/Meyer* Vor § 137 Rdnr. 2; BGH AnwBl. 1981, 115/116).

Gleichwohl muß der Verteidiger sich der Skepsis bewußt sein, die dieser anwaltlichen Tätigkeit gegenüber besteht. Ein besonders sorgfältiges und gewissenhaftes Vorgehen ist angezeigt. Zur eigenen Absicherung – und zur Vermeidung von Mißverständnissen auf Seiten der Zeugen – muß der Verteidiger seine Zeugenbefragung schriftlich vorbereiten.

2. Der Hinweis auf die anwaltliche Tätigkeit im Rahmen eines strafrechtlichen Ermittlungsverfahrens muß unbedingt erfolgen, damit der mögliche Zeuge keine Zweifel über den Hintergrund oder den Anlaß der anwaltlichen Befragung haben kann. Wenn erst in der Hauptverhandlung für den Zeugen deutlich wird, welche Bedeutung seine Aussage hat, kann es unangenehme Überraschungen für den Anwalt und seinen Mandanten geben. Es besteht dann die Gefahr, daß der Zeuge wesentliche Umstände seiner angeblichen Beobachtungen nicht mehr bestätigt, weil er sich „getäuscht" fühlt oder sich der Tragweite seiner Aussage nicht bewußt war.

3. Der Begriff der „sachdienlichen Angaben" muß in dem Anschreiben – je nach Bildungsgrad des Zeugen – u.U. präzisiert werden. Angaben oder Aussagen zur Sache betreffen nicht nur den eigentlichen Tatvorwurf im engeren Sinne, sondern auch solche Umstände, die als Indiztatsachen, mittelbar zur Aufklärung beitragen. Hierzu zählen Umstände, die die Glaubwürdigkeit und Glaubhaftigkeit von anderen Zeugen betreffen. Aber auch Bekundungen, die die angenommene Motivsituation, für den Beschuldigten beeinflussen oder solche Tatsache, die ein Alibi belegen können.

4. Die Zeugen müssen auf das Recht des Strafverteidigers hingewiesen werden, eigene Ermittlungen durchzuführen und dabei Zeugen zu befragen. Allzu oft besteht die falsche Vorstellung, Zeugenbefragungen könnten nur durch Gericht und Ermittlungsbehörden erfolgen. Der Umfang der diesbezüglichen anwaltlichen Aufklärung findet seinen schriftlichen Niederschlag in der Zeugenerklärung (s. Form. III. 6).

5. Die konkreten Rechte und Pflichten sollten erst in dem persönlichen Gespräch zwischen Anwalt und Zeugen erläutert werden. Im Einzelfall könnte die Belehrung allerdings auch schon im ersten Kontaktbrief erwähnt werden. Zu den Rechten eines Zeugen gehören z.B. Aussageverweigerungsrecht nach § 52 StPO, soweit sie zu dem Kreis der Angehörigen der Beschuldigten im Sinne der gesetzlichen Bestimmungen zählen. Hiermit korrespondiert das Recht auf eine Aussage. Vielfach sind sich weder der eigene Mandant noch der mit ihm verwandte Zeuge (z.B. Ehefrau, Kinder und Verlobte) über ihr Recht, eine verwertbare Aussage machen zu können, im klaren. Zu den Rechten eines Zeugen, auf die der Anwalt im Rahmen seiner Belehrung hinweisen kann und muß, gehört auch das Auskunftsverweigerungsrecht nach § 55 StPO. Entsprechende Hinweise der Ermittlungsbehörde sind oft spärlich und in den Konsequenzen nicht sehr eindrucksvoll.
Der Strafverteidiger darf einem Zeugen raten, von seinem Zeugnisverweigerungsrecht Gebrauch zu machen. Er handelt nur dann rechtswidrig, wenn er unerlaubte Mittel – also z.B. Täuschung, Drohung oder Bestechung – einsetzt (BGHSt 10, 393/394).

6. Im Regelfall sollte die Zeugeneinvernahme durch den Verteidiger in dessen Kanzlei stattfinden. Nur ausnahmsweise kann sie auch an einem anderen Ort erfolgen. Der Strafverteidiger muß hier besonderes Fingerspitzengefühl beweisen, weil sonst die Gefahr besteht, daß die Aussage allein wegen der Umstände eine erhebliche Abschwächung erfährt. Dabei ist auch zu beachten, daß die dienstliche Atmosphäre der Anwaltspraxis die Seriösität dieser Maßnahme unterstreicht und nur hier der Anwalt die Möglichkeit hat, ein Protokoll zu diktieren oder Gesprächszeugen aus dem Kreis seiner Mitarbeiter hinzuzuziehen.

7. Es ist ferner zweckmäßig, die Zeugenerklärung vorab zuzusenden, damit die Gefahr gemindert wird, daß der Zeuge sich überrumpelt fühlt und dies in der eigentlichen Vernehmung vor Polizei, Staatsanwaltschaft und später vor Gericht als Erklärung nutzt, um von der entlastenden Aussage abzurücken.

6. Erklärung von Zeugen bei anwaltlichen Anhörungen[1]

In dem Ermittlungsverfahren
gegen A., B. und C.[2]

wegen des Verdachts einer Straftat nach §§ ......[3]

hat mich Rechtsanwalt X als Verteidiger des A.[4] über meine Rechte und Pflichten als Zeuge belehrt[5] und mich mit dem „Gegenstand der Untersuchung" vertraut gemacht.
Ich bin bereit, wahrheitsgemäße Angaben über meine Beobachtungen zu machen.[6] Rechtsanwalt X fertigt mit meinem Einverständnis über dieses Gespräch ein Gedächtnisprotokoll an.[7]
Ich bin ausdrücklich darauf hingewiesen worden, daß ich bei einer Zeugenvernehmung durch Gericht oder Staatsanwaltschaft die Tatsache, daß dieses Gespräch geführt worden ist, wahrheitsgemäß und unbefangen bestätigen kann.[8]

Alternativ:

Erklärung:
Ich bin von Rechtsanwalt X darauf hingewiesen worden, daß er berechtigt ist, eigene Ermittlungen anzustellen und Zeugen zu vernehmen. Es ist mir überlassen, ob ich ihm gegenüber eine Aussage machen möchte, da eine gesetzliche Verpflichtung zur Zeugenaussage – ebenso wie eine strafbewehrte Wahrheitspflicht – vor einem Rechtsanwalt nicht besteht.[9]
Ich möchte hier wahrheitsgemäß aussagen und erkläre, daß meine Angaben richtig und vollständig sind und ich sie so jederzeit auch vor einem Gericht oder einem Staatsanwalt wiederholen und ggf. beeiden würde.

Anmerkungen

1. Die formularmäßige Einverständniserklärung der Zeugen vor der anwaltlichen Befragung stärkt die Verteidigerposition in einer möglichen Diskussion mit Gericht und/oder Staatsanwaltschaft über die äußeren Umstände der Zeugenbefragung. Der Strafverteidiger hat damit ein nicht zu unterschätzendes Beweismittel in seinen Unterlagen und die Möglichkeit, jederzeit in einer kritischen Situation, wenn beispielsweise die Korrektheit seines Vorgehens bezweifelt wird, ohne weiteres auf die schriftliche Zeugenerklärung hinzuweisen. Wissenschaftliche Untersuchungen über ärztliche Aufklärungsbemühungen beweisen, daß die Patienten – hier ließe sich die Parallele zum Zeugen denken – nur in beschränktem Maße aufklärende Informationen verstehen und später erinnern. Deshalb ist die schriftliche Aufklärung und das schriftliche Einverständnis dringend zu empfehlen.

2. Die Information des Anwalts muß sich auf alle dem Anwalt bekanntgewordenen Beschuldigten erstrecken, da der Zeuge nur so wirksam entscheiden kann, ob er in der konkreten Situation aussagen will. Der spätere Hinweis auf seine Rechte und Pflichten wäre unvollständig und rechtlich zu beanstanden, wenn der Zeuge nicht über die Namen aller betroffenen Beschuldigten informiert werden würde.

3. Auch die Tatvorwürfe oder der „Gegenstand der Untersuchung" (vgl. § 69 Abs. 1 StPO) sind dem Zeugen schriftlich mitzuteilen. Die Mitteilung dieser Einzelheiten entsprechend der gesetzlichen Regelung setzt eine Entbindung von der anwaltlichen Schweigepflicht voraus. Auch wenn bei anwaltlicher Ermittlungstätigkeit zugunsten des beschuldigten Mandanten von einer mutmaßlichen Einwilligung ausgegangen werden kann, reicht dies wohl nur dann aus, wenn der „Entlastungszeuge" ausdrücklich vom Mandanten benannt worden ist (*Kleinknecht/Meyer* § 53 Rdnr. 47).

4. Bei der Aufklärung und der umfassenden Information des Zeugen darf unter keinen Umständen die konkrete Verteidigerfunktion des befragenden Anwalts unklar oder offen bleiben. Deshalb muß der Strafverteidiger eindeutig und unmißverständlich auf seine Funktion als Beistand eines bestimmten Beschuldigten hinweisen.

5. Hierzu s. Form. III. 5 Anm. 5. In einem persönlichen Gespräch vor der eigentlichen Anhörung muß der Strafverteidiger sehr ausführlich und sorgfältig belehren. Je gründlicher diese Aufgabe wahrgenommen wird, desto größer ist das Vertrauensverhältnis für das bevorstehende Gespräch. Von Fall zu Fall muß der Anwalt die Hinzuziehung eines Gesprächszeugen (Mitarbeiter) erwägen. Dies dient vor allem auch der eigenen Absicherung.

6. Es gehört zu den selbstverständlichen Pflichten eines Zeugen, wahrheitsgemäße Angaben zu machen (vgl. hierzu § 57 Satz 1 StPO). Da auch der vernehmende Staatsanwalt den Zeugen zur Wahrheit ermahnen muß (vgl. *Kleinknecht/Meyer* § 57 Rdnr. 2), sollte auch der Strafverteidiger dem Zeugen einen entsprechenden Hinweis geben, verbunden mit einer Belehrung über den unterschiedlichen Charakter einer richterlichen Vernehmung einerseits und einer anwaltlichen, staatsanwaltlichen und polizeilichen Vernehmung andererseits.

7. Aufzeichnungen über den Verlauf der Anhörung sind selbstverständlich. Es hängt von der Bedeutung der Aussage ab, ob der Verteidiger darüberhinaus ein Gedächtnisprotokoll oder sogar ein Anhörungsprotokoll mit einer Unterschrift des Zeugen aufnimmt. Letzteres ist für beide Seiten hilfreich. Der Zeuge weiß auch noch nach langer Zeit, was er ausgesagt hat. Der Anwalt besitzt für die Verteidigung eine schriftliche, oft sogar unterzeichnete Aussage des Zeugen.

8. Zu jedem Gespräch mit einem Zeugen gehört ohne Ausnahme der aufklärende Hinweis für den Zeugen, daß die Anhörung selbstverständlich auf eine entsprechende Frage des Gerichts oder der Staatsanwaltschaft bestätigt werden kann und muß. Unterbleibt diese Information und wird der Zeuge später danach gefragt, ob er mit dem Verteidiger gesprochen hat, entsteht bei manchen Zeugen – trotz der generellen Wahrheitspflicht – eine Unsicherheit über ihre Berechtigung und Verpflichtung, die Anhörung zu bestätigen. Zeugen, die ein solches Gespräch zunächst leugnen und es später einräumen müssen, laufen nicht nur Gefahr, wegen Verletzung der Wahrheitspflicht belangt zu werden, sie machen selbst bei rechtzeitiger Richtigstellung die beste Aussage „kaputt".

9. Die in den Anmerkungen 5, 6 und 8 gemachten Ausführungen gelten sinngemäß für den Alternativvorschlag der Zeugenerklärung.

7. Schriftverkehr mit Sachverständigen

Herrn Sachverständigen[1]
Dr. P.

Sehr geehrter Herr Dr. P.,

in dem Ermittlungsverfahren gegen A. darf ich Sie bitten, zur Unterstützung meiner Verteidigertätigkeit[2] in dem gegen meinen Mandanten anhängigen Strafverfahren wegen des Verdachts ...... als Sachverständiger tätig zu werden.[3]
Der Verfahrensstand ist folgender: ......[4]
Einen vollständigen Aktenauszug füge ich bei.[5]
Ich benötige vorab eine gutachterliche Stellungnahme zu folgender Frage: ......[6]
Sollte es zu einer Anklage kommen, werde ich Sie ggf. als Sachverständiger benennen.[7]
Unter Umständen werde ich Sie auch nur bitten, mich bei der Befragung von Zeugen und anderen Sachverständigen zu unterstützen.[8]

Rechtanwalt

Anmerkungen

1. Schon im Ermittlungsverfahren kann die Hinzuziehung eines Sachverständigen durch den Strafverteidiger sinnvoll sein. Dabei ist sowohl an die Fallgestaltung zu denken, in der bereits ein Sachverständiger im Auftrage der Ermittlungsbehörden oder des Gerichts tätig geworden ist, als auch an solche Sachverhalte, bei denen die Tätigkeit eines Fachmannes zur Unterstützung der Verteidigerarbeit angezeigt erscheint. Die Beauftragung eines Sachverständigen ist auch wegen der Kosten sorgfältig zu prüfen. Die Vorteile bestehen darin, daß der (zusätzliche) Sachverstand der Verteidigung zugute kommt. Ferner ist auch der bereits bestellte Sachverständige mit seinen wissenschaftlichen Thesen regelmäßig viel zurückhaltender, wenn er fachlich kontrolliert werden kann. In zahlreichen Ermittlungsverfahren – z.B. bei Brand-, Tötungs-, Verkehrsunfalldelikten – ist eine effektive Verteidigung nur denkbar, wenn die eigene Ermittlungstätigkeit durch wissenschaftlichen Sachverstand vorbereitet und unterstützt wird.

2. Die Zusammenarbeit mit Sachverständigen auf Initiative des Strafverteidigers begegnet häufig dem Problem, daß einige Sachverständige nur im Auftrage des Gerichts oder der Staatsanwaltschaft tätig werden. Dieser Schwierigkeit ist nur durch eine Aufwertung anwaltlicher Ermittlungsarbeit zu begegnen. Die Verbesserung des Standards von Verteidigertätigkeit im Ermittlungsverfahren vermindert die teilweise unverständliche Zurückhaltung bei Arbeitsaufträgen von Strafverteidigern an Sachverständige.

3. Der in Aussicht genommene Sachverständige sollte zweckmäßigerweise vorher persönlich oder fernmündlich angesprochen und für den speziellen Fall interessiert werden. Das wissenschaftliche Interesse ist bekanntermaßen die wichtigste Antriebsfeder. Dabei hat der Verteidiger bei den sogenannten spektakulären Fällen die geringsten Probleme, eine Kapazität zu gewinnen. In jedem Fall sollte er sich eingehend – z.B. bei erfahrenen Kollegen – über die persönlichen Vorlieben und die Besonderheiten in fachlicher Hinsicht des in Aussicht genommenen Experten informieren. Der Name des Mandanten und der konkrete Tatvorwurf müssen dem Sachverständigen bekanntgegeben werden. Dies setzt eine Entbindung von der anwaltlichen Schweigepflicht voraus. Es ist zweckmäßig, die Namen eventuell weiterer Beschuldigter mitzuteilen, damit der Sachverständige mögliche Konfliktsituationen (z.B. Befangenheit) vor Beginn einer Tätigkeit abschätzen kann.

4. Zu Beginn des Ermittlungsverfahrens hat der Verteidiger oft noch keine Akteneinsicht gehabt (§ 147 Abs. 2 StPO), so daß für den Sachverständigen eine (höchst subjektive) Zusammenfassung aller bekannten Tatsachen (eigene Ermittlungen, z.B. Fotos, Tatortbesichtigung) und Informationen (= Angaben des Mandanten, der Zeugen) vorgenommen werden muß. Die Beauftragung muß so früh wie möglich durch den Akteninhalt objektiviert werden.

5. Gegen die Aushändigung von Fotokopien der Verfahrensakten bestehen grundsätzlich keine Bedenken (vgl. § 15 Abs. 2 der Grundsätze des anwaltlichen Standesrechts; zur Fortgeltung siehe *Zuck* in Lingenberg/Hummel/Zuck/Eich N Rz. 41, 42).

6. Eine möglichst präzise Fragestellung erleichtert dem Sachverständigen seine Aufgabe. Sie setzt voraus, daß der Verteidiger sich über die tatsächliche und/oder rechtliche Relevanz des zu erteilenden Auftrages bewußt ist.

7. Auch die spätere Tätigkeit in der Hauptverhandlung muß von vornherein angesprochen werden. Ein Sachverständiger, der nicht bereit ist, auch in einer eventuellen Hauptverhandlung tätig zu werden, ist für den Verteidiger nur ausnahmsweise hilfreich. Der Verteidiger kann den Sachverständigen allerdings in der Hauptverhandlung auch selbst laden, §§ 220, 38 StPO.

8. Eine Beschränkung des Auftragsumfanges oder eine Modifizierung der Sachverständigenarbeit kann auch darin bestehen, daß der Sachverständige (nur) die Aufgabe eines qualifizierten wissenschaftlichen Mitarbeiters hat. Bei dieser Lösung – Mitarbeiter des Verteidigers – ist unter Umständen das Problem der Schweigepflicht besser zu lösen. Die umfassende Information des Sachverständigen führt möglicherweise dazu, daß er bei einem späteren Auftritt in der Hauptverhandlung bezüglich bestimmter Anknüpfungstatsachen als Zeuge vernommen wird und insoweit – anders als der Mitarbeiter des Strafverteidigers – kein Schweigerecht hat und demzufolge wahrheitsgemäß auch über die Quellenherkunft bestimmter, in seinem Gutachten bezeichneten Anknüpfungstatsachen berichten muß. Selbst wenn der Verteidiger sich entschließt, den Sachverständigen nicht in der Hauptverhandlung auftreten zu lassen – etwa wegen eines negativen Vorgutachtens – muß der Anwalt mit der Möglichkeit rechnen, daß die Sachverständigentätigkeit bekannt geworden ist und „sein Sachverständiger" von Amts wegen geladen wird.

8. Teilnahme an Durchsuchungshandlungen

Durchsuchung/Beschlagnahme[1]

1. Anordnung der Staatsanwaltschaft/Polizei[2]
2. Beschluß des Gerichts,[3]
   a) Konkretisierung der Straftaten und Beweismittel (Besonderheiten bei Zufallsfunden),[4]
   b) Räumlichkeiten (insbesondere bei juristischen Personen, Gefahr im Verzuge, Nachtzeit),[5]
   c) Verhältnismäßigkeit[6]
3. Anwesenheit des Betroffenen und Verteidigers, evtl. Zeugen,[7]
4. Ablauf der Durchsuchung, Aufsicht, Durchsicht, Versiegelung,[8]
5. Protokoll – Widerspruch gegen Mitnahme –,
   Formalien einer wirksamen Beschlagnahme,[9]
6. Rechtsmittel,[10]
7. Antrag auf Freigabe,[11]
alternativ
   Antrag auf Überlassung von Fotokopien,[12]
8. Besonderheiten bei Beschlagnahmeprivilegien (Anwälte, Ärzte, Steuerberater etc.),[13]
9. Vernehmung des Betroffenen aus Anlaß der Durchsuchung/Beschlagnahme, Zeuge bzw. Beschuldigter – vorläufige Festnahme, Haftbefehl[14]

Anmerkungen

1. Die Teilnahme des Strafverteidigers an Durchsuchungshandlungen der Polizei und/oder der Staatsanwaltschaft und die anwaltliche Beobachtung von Beschlagnahmeaktivitäten erfolgt regelmäßig nach einem verzweifelten Telefonanruf des von diesen Ermittlungsmaßnahmen völlig überraschten Mandanten. Der Klient erwartet von seinem Anwalt sofortige Abwehrmaßnahmen, um den vermeintlich rechtswidrigen Eingriff zu stoppen. Die Erwartungshaltung ist sehr groß. Der Strafverteidiger muß sofort deutlich machen, wie begrenzt seine rechtlichen Möglichkeiten sind. Je früher und eindeutiger die Hoffnungen auf ein realistisches Maß zurückgestuft werden, desto besser ist die Position des Anwalts für die konkrete Situation, aber auch für sein Ansehen und das Vertrauen des Mandanten für das gesamte weitere Verfahren.

Konkret gesagt heißt dies: Der Strafverteidiger muß dem Mandanten deutlich machen, daß ein Anwalt – jeder Verteidiger – in dieser Situation nahezu keine Rechte hat. Die wenigen Möglichkeiten jedoch, auf den Gang der Durchsuchungshandlungen und der beabsichtigten Beschlagnahme oder Sicherstellungen von Beweismittel einzuwirken, muß der Strafverteidiger konsequent nutzen.

8. Teilnahme an Durchsuchungshandlungen III. 8

Das erste und wichtigste Recht des Anwalts ist das Anwesenheitsrecht bei Durchsuchungshandlungen, wenn der Gewahrsamsinhaber zugleich der Beschuldigte ist (*Kleinknecht/Meyer* § 106 Rdnr. 3, 4; dagegen KK/*Laufhütte* § 106 Rdnr. 2). Der Anwalt muß alles unternehmen, um an diesen Durchsuchungen teilzunehmen.

Das Vertrauensverhältnis zwischen ihm und dem Mandanten wird erheblich belastet, wenn der Anwalt seinen (zukünftigen) Mandanten in dieser bedrohlichen Situation ohne anwaltlichen Beistand läßt.

Die Kosten eines Anwalts, der zu einer Beschlagnahme oder Durchsuchung hinzugezogen wird, fallen im Falle der Einstellung des Verfahrens nach § 2 Abs. 1 und Abs. 2 Nr. 4 StrEG der Staatskasse zur Last (LG Karlsruhe AnwBl. 1985, 158).

2. Der Verteidiger muß sich vergewissern, wer die Anordnung zur Durchsuchung getroffen hat. Da sich der Anwalt zweckmäßigerweise sofort an den Ort der Durchsuchung begibt, muß er die Auskunft von dem die Durchsuchungshandlung leitenden Beamten erfragen. Erfahrungsgemäß sind auch erfahrene Staatsanwälte und Kriminalbeamte bei Durchsuchungen nervös und hektisch. Der Anspannung einer solchen Situation kann man sich auch als Anwalt kaum erwehren. Die Hauptaufgabe besteht darin, durch ruhige rechtliche Fragen sich möglichst umfassende Informationen zu beschaffen. Die Durchsuchungsanordnung wird nach § 105 Abs. 1 StPO nur durch den Richter getroffen. Ausschließlich bei „Gefahr im Verzug" können Staatsanwaltschaft und deren Hilfsbeamte die Durchsuchung anordnen. Es sind – wenn ein richterlicher Durchsuchungsbefehl nicht vorliegt – die konkreten Gründe zu erfragen, die „Gefahr im Verzug" begründen sollen. Hier kann der Strafverteidiger durch beharrliches Nachfragen taktische Vorteile erzielen, wenn die gesetzlichen Voraussetzungen nicht ganz offensichtlich gegeben sind (wie z.B. bei einem auf frischer Tat entdeckten Beschuldigten). Die nichtrichterliche Anordnung kann auch „mündlich, telefonisch oder fernschriftlich" (*Kleinknecht/Meyer* § 105 Rdnr. 3) ergehen. Da eine bestimmte Form nicht vorgeschrieben ist, muß der Anwalt darauf bestehen, daß ihm die Gründe für das Einschreiten mitgeteilt werden, sie jedenfalls unverzüglich aktenkundig gemacht werden.

Wesentlich ist, daß der Anwalt die Straftat erfährt, die den Grund für die Durchsuchung darstellt. Auch die formlose Anordnung muß den konkreten Tatvorwurf erkennen lassen (*Kleinknecht/Meyer* § 105 Rdnr. 5).

3. Der richterliche Beschluß über die Durchsuchungsanordnung muß immer schriftlich erfolgen (*Kleinknecht/Meyer* § 105 Rdnr. 3). Die von *Rengier* (NStZ 1981, 372/374) vertretene abweichende Ansicht, wonach auch der formlose (z. B. telefonische) richterliche Durchsuchungsbefehl ausreichen soll, vermeidet eine Erweiterung der Anordnungsbefugnis der Exekutive unter dem Gesichtspunkt der Gefahr im Verzug.

4. Die Durchsuchungsbefehle und die Beschlagnahmeanordnungen entsprechen in der Praxis selten den Anforderungen, die das Bundesverfassungsgericht aufgestellt hat (BVerfGE 20, 162, 227 = NJW 1966, 1603/1615; NJW 1976, 1735; NJW 1977, 1489; NJW 1981, 971).

Folgende Grundsätze müssen nach der Rechtsprechung des Bundesverfassungsgerichts beachtet werden:
a) Die Beschreibung des Tatvorwurfs steckt den äußeren Rahmen ab, innerhalb dessen die Zwangsmaßnahmen durchzuführen sind.
b) Die möglichst genaue Umschreibung der aufzuklärenden Straftat wird ergänzt durch eine wenigstens annäherungsweise Umschreibung der Beweismittel, die bei der Durchsuchung gefunden werden sollen. Dabei sollen im Einzelfall beispielhafte Angaben genügen (BVerfG NJW 1976, 1735/1736).
c) Der allgemeine Rechtsgrundsatz der Verhältnismäßigkeit ist zu wahren; das bedeutet: es ist Aufgabe des Richters – entsprechendes gilt natürlich für Staatsanwaltschaft und deren Hilfsorgane nach § 182 GVG – durch geeignete sprachliche Fassung der Durch-

suchungs- und Beschlagnahmebeschlüsse, den Eingriff in Grundrechte meßbar und kontrollierbar zu fassen (BVerfG a. a. O.).

Wenn ein Zusammenhang mit der konkreten Straftat nicht besteht, können gleichwohl sogenannte Zufallsfunde nach § 108 StPO einstweilen in Beschlag genommen werden. Wichtig ist hier für den am Ort der Durchsuchung anwesenden Anwalt, daß nicht gezielt nach Zufallsfunden gesucht werden darf (*Kleinknecht/Meyer* § 108 Rdnr. 1; LG Berlin StV 1987, 97/98). Beobachtet der Anwalt solche rechtswidrigen Durchsuchungshandlungen, müssen die Beamten unter Hinweis auf die Rechtslage nachdrücklich aufgefordert werden, diese Aktivitäten zu unterlassen. Die Durchsuchung darf kein Vorwand sein (LG Bonn NJW 1981, 292, eine sehr lesenswerte Einscheidung).

Bei rechtsfehlerhaften Durchsuchungen – Verstoß gegen richterliche Festlegungen und Beschränkungen des Zwecks – kann die Beschlagnahme von Zufallsfunden rechtlich unzulässig sein (KG StV 1985, 404).

5. Da die Durchsuchung regelmäßig ein Eingriff in Grundrechte (Art. 2, 13 GG) darstellt, muß auch eine Konkretisierung hinsichtlich der Wohnungen und Räume im Sinne von § 102 StPO beim verdächtigen Mandanten verlangt werden. Bei Geschäftsräumen ist allzu oft nicht nachgewiesen, daß der Verdächtigte tatsächlich Gewahrsamsinhaber ist. Dabei reicht auch schon eine Mitbenutzung der Räume aus (*Kleinknecht/Meyer* § 102 Rdnr. 7). Sind juristische Personen Mieter, Pächter oder ähnliches der Räume, dann ist die Mitbenutzung durch den Verdächtigen jedenfalls nach dem Gesetz Voraussetzung für Maßnahmen nach § 102 StPO. Die gesetzlichen Anforderungen an eine Durchsuchung bei nichtverdächtigen Personen nach § 103 StPO sind erheblich stärker (*Kleinknecht/Meyer* § 103 Rdnr. 1, 5, 6). Der Tatverdacht gegen eine bestimmte Person muß konkret bestehen und Maßnahmen gegen Dritte aufgrund bestimmter Tatsachen rechtfertigen.

6. Nach der Rechtsprechung des Bundesverfassungsgerichts muß stets der Verhältnismäßigkeitsgrundsatz beachtet werden; das bedeutet, die Durchsuchung muß in einem angemessenen Verhältnis zur angenommenen Straftat stehen (*Kleinknecht/Meyer* § 102 Rdnr. 15). Die Durchsuchung kann auch dadurch unverhältnismäßig sein, daß der Betroffene das sichergestellte Material dringend zur Fortführung seines Betriebes benötigt und bei der weiteren Durchsicht erhebliche Nachteile entstehen könnten (BGH StV 1988, 90/91). Siehe auch Anm. 4.

7. Der oder die Inhaber der zu durchsuchenden Wohnungen/Räume haben nach § 106 StPO ein Anwesenheitsrecht. Aus einer Verletzung dieser Ordnungsvorschrift sollen keine Rechtsfolgen hergeleitet werden können (*Kleinknecht/Meyer* § 106 Rdnr. 1; BGH NStZ 1983, 375); es besteht auch kein Verwertungsverbot hinsichtlich der beschlagnahmten Unterlagen (BGH NStZ 1983, 375/376), die unter Verletzung des Anwesenheitsrechts (§ 106 Abs. 1 Satz 1 StPO) erlangt werden.

8. Konkrete Einwirkungsmöglichkeiten auf die laufende Durchsuchungshandlung hat der Strafverteidiger bei Papieren, die im Gewahrsam des Beschuldigten oder eines Dritten sind. Dabei ist der Begriff „Papier" extensiv auszulegen und umfaßt auch Magnetbänder, Disketten sowie die zum Lesen und Verarbeiten von Disketten notwendigen Zentral-Computereinheiten (BGH StV 1988, 90; *Kleinknecht/Meyer* § 110 Rdnr. 1).

Nur dem Staatsanwalt ist die **Durchsicht** der Unterlagen gestattet. Wird die Durchsuchung von Hilfsorganen der Staatsanwaltschaft geleitet, ist diesen Beamten nur die **„Aufsicht"** gestattet. Auch eine stichprobenartige inhaltliche Prüfung ist ohne Genehmigung des Gewahrsamsinhabers nicht gestattet (*Kleinknecht/Meyer* § 110 Rdnr. 4). Die Beamten sind auf den Unterschied hinzuweisen. Der Verteidiger sollte diese Gestaltungsmöglichkeiten nutzen – nicht zuletzt auch, um dem Mandanten die wenigen Möglichkeiten der Einflußnahme zu demonstrieren. Hierbei ergeben sich im Einzelfall Gespräche zwischen den Beteiligten über den weiteren Ablauf, insbesondere den Umfang der Durchsuchung. Die den Beamten nicht gestattete Durchsicht der Papiere verlängert die Beschwerdemöglichkeit (vgl. Anm. 10).

8. Teilnahme an Durchsuchungshandlungen III. 8

Im Zweifel muß der Anwalt auf einer Versiegelung der Unterlagen bestehen (§ 110 Abs. 2 und 3 StPO). Auch hierbei ergeben sich u. U. Anknüpfungspunkte für ein Gespräch, wenn die Beamten die erforderlichen Hilfsmittel nicht bei sich führen (Siegel, Schnur, Umschlag etc.).

9. Zu den wenigen Einwirkungsmöglichkeiten des Strafverteidigers gehört auch die Überwachung der Formalien, also die gewissenhafte Bezeichnung der beschlagnahmten Gegenstände oder auch die Aushändigung einer Bescheinigung darüber, daß nichts Verdächtiges gefunden wurde (§ 107 StPO). Beides kann für den weiteren Verlauf des Ermittlungsverfahrens sehr wichtig sein. Die Durchsuchungsbescheinigung muß auch Angaben über den Zweck der Durchsuchung enthalten (*Kleinknecht/Meyer* § 107 Rdnr. 2).

10. Gegen die richterlich angeordnete Durchsuchung ist die Beschwerde zulässig (§ 304 StPO). Die Zulässigkeit der Beschwerde ist aber nur solange gegeben, wie die Durchsuchung andauert. Steht die Durchsicht der Papiere aus oder hält diese noch an, kann gegen die Durchsuchungsanordnung noch Beschwerde eingelegt werden (*Kleinknecht/Meyer* § 105 Rdnr. 15; BGH StV 1988, 90/91; *Schiller* StV 1985, 169 ff zum Anwaltsprivileg). Gegen staatsanwaltschaftliche oder polizeiliche Durchsuchungsanordnungen ist analog zu § 98 Abs. 2 Satz 2 StPO Antrag auf richterliche Entscheidung zulässig (BGH NJW 1978, 1013), allerdings nur solange die Durchsuchung noch nicht beendet ist (vgl. oben). Wenn die Umstände der Durchsuchung beanstandet werden – z.B. Untersagung von Telefongesprächen mit dem Verteidiger –, ist das Rechtsmittel nach § 23 EGGVG gegeben (*Kleinknecht/Meyer* § 105 Rdnr. 17; OLG Hamm StV 1988, 47/48).

Gegen die richterlich angeordnete Beschlagnahme ist – solange sie andauert –, die Beschwerde nach § 304 StPO zulässig.

Für die durch Staatsanwaltschaft und ihre Hilfsorgane angeordnete Beschlagnahme gilt § 98 Abs. 2 Satz 2 StPO.

Der Zulässigkeit einer Verfassungsbeschwerde steht nicht die Tatsache entgegen, daß die Durchsuchung beendet ist (BVerfG NJW 1976, 1735).

11. Die Ermittlungsbehörden müssen – auch im Hinblick auf den Verhältnismäßigkeitsgrundsatz – jederzeit prüfen, ob die beschlagnahmten Unterlagen (Beweisstücke etc.) freizugeben sind. Der Strafverteidiger muß nachdrücklich auf Freigabe der beschlagnahmten Gegenstände bestehen, um so auch zur Verfahrensförderung beizutragen.

12. Eine praktisch brauchbare Alternative zum Antrag auf Freigabe der Unterlagen stellt der Antrag auf Überlassung von Fotokopien – u.U. auf Kosten des Antragstellers – dar. Hierdurch wird dem Mandanten bei beschlagnahmten Buchhaltungsunterlagen die Erstellung der Bilanz ermöglicht oder auch die Entscheidung über einen eventuellen Konkursantrag erleichtert. Dieser Antrag muß aus Gründen des späteren Nachweises unbedingt schriftlich zu den Verfahrensakten gestellt werden.

13. Bestimmte Berufsgruppen – wie z.B. Anwälte, Ärzte und Steuerberater – haben nach § 53 StPO ebenso wie Angehörige nach § 52 StPO ein Zeugnisverweigerungsrecht. Bei diesem Personenkreis besteht unter der Voraussetzung, daß der Beschuldigte nicht Mitgewahrsamsinhaber ist und sie nicht selbst Mitbeschuldigte sind, Beschlagnahmefreiheit (*Kleinknecht/Meyer* § 97 Rdnr. 10, 12).

Bei Anwälten besteht in bezug auf ihre Mandanten das Beschlagnahmeprivileg nur solange auch die Schweigepflicht fortbesteht. Entbindung von der Schweigepflicht bedeutet zugleich Wegfall der Beschlagnahmefreiheit. Das Privileg entfällt ferner bei Teilnahmeverdacht (§ 97 Abs. 2 Satz 3 StPO) und den Deliktsgegenständen (*Kleinknecht/Meyer* § 97 Rdnr. 18 ff und 21 f).

Die Rechtsanwaltskammer Frankfurt hat Hinweise für Kollegen veröffentlicht, die von Durchsuchungen von Kanzleiräumen und von Beschlagnahmen von Mandantenunterlagen betroffen sind (StV 1981, 52). Eine freiwillige Herausgabe der Handakten muß wegen der Gefahr von standesrechtlichen Sanktionen (Verstoß gegen § 42 der Grundsätze des anwaltlichen Standesrecht; zur Fortgeltung, vgl. *Zuck* in Lingenberg/Hummel/Zuck/Eich N Rz. 89–92) und strafrechtlichen Ermittlungsverfahren (Verstoß gegen § 203 StGB) unterbleiben.

14. Aus Anlaß von Durchsuchungen finden bei den Betroffenen häufig sofort formlose Vernehmungen oder Anhörungen statt, bei denen bewußt offengelassen wird, in welcher Eigenschaft der betroffene Mandant angehört werden soll. Deshalb muß der Anwalt auf förmlicher Ladung bestehen, damit Zeugenrolle oder Beschuldigtenstatus geklärt werden. Der Zeuge kann zur Vernehmung bei Polizei nicht zwangsweise geladen werden. Die Staatsanwaltschaft hat die Befugnisse nach § 161 a StPO (Ordnungsgeld), aber nicht Haftanordnung. Nur der Beschuldigte kann vorläufig festgenommen werden. Die Ermittlungsbehörden müssen sich also entscheiden und erklären, in welcher Eigenschaft sie den betroffenen Mandanten hören wollen.

Wichtig ist der dringende Hinweis an den Mandanten, keine informellen Gespräche zu führen. Es besteht die Gefahr, daß die an der Durchsuchungshandlung beteiligten Beamten sich Gesprächsnotizen und Aktenvermerke anfertigen.

Hinweis: Zu weiteren Einzelheiten anwaltlicher Verhaltensregeln bei polizeilichen/staatsanwaltlichen Durchsuchungshandlungen s. Form. XII. D.

9. Verteidigerbemühungen im Vorverfahren/Ermittlungsverfahren

Sehr geehrter Herr A.,

in dem gegen Sie jetzt eingeleiteten Ermittlungsverfahren wegen des Verdachts des Versicherungsbetruges/der Brandstiftung pp. muß ich umfangreiche eigene Ermittlungen[1] anstellen. Die Kriminalpolizei geht davon aus, daß nur Sie als Täter in Betracht kommen. Sachbeweise belegen diese Theorie nicht.[2] Gutachten über Art und Weise der Brandentstehung liegen nicht vor.[3] Ich will daher durch eine Reihe von Maßnahmen Beweisanregungen bzw. Beweisanträge vorbereiten.[4] Diese anwaltliche Ermittlungstätigkeit muß ich insbesondere auch wegen des erheblichen zeitlichen und finanziellen Aufwands mit ihnen abstimmen.[5] Bitte vereinbaren Sie mit meinem Büro einen Besprechungstermin.

Rechtsanwalt

Anmerkungen

1. Grundsätzlich wird heute nicht mehr bezweifelt, daß der Verteidiger „**eigene Ermittlungen**" anstellen darf und muß (*Kleinknecht/Meyer* Vor § 137 Rdnr. 2 und *Jungfer* StV 1981, 100, siehe auch Form. III. 12 Anm. 1).

Die Aufgaben des Verteidigers im Ermittlungsverfahren sind trotz der geringen gesetzlichen Möglichkeiten in der konkreten Arbeit sehr vielfältig. Neben einer „Reform des Ermittlungsverfahrens" (dazu *Müller* AnwBl. 1986, 50 f), die aus anwaltlicher Sicht unerläßlich ist, gilt es, die bestehenden Spielräume kreativ zu nutzen. Dabei sind stets die straf- und standesrechtlichen Grenzen zu beachten (vgl. hierzu Form. I ......). Im Zweifel muß der Vorstand der regional zuständigen Rechtsanwaltskammer befragt werden: § 73 Abs. 1 Nr. 1 BRAO sieht vor: „Dem Vorstand obliegt insbesondere, die Mitglieder der Kammer in Fragen der Berufspflichten zu beraten und zu belehren."

Die nachfolgenden Stichworte sind Anregungen, die keinen Anspruch auf Vollständigkeit erheben. Soweit die Verteidigungsbemühungen in Form konkreter schriftlicher Schritte erfolgen könnten, werden Formularvorschläge gemacht.

2. Die Beweisführung erfolgt regelmäßig durch Personal- und/oder Sachbeweise (vgl. ausführlich *Groß/Geerds,* Handbuch der Kriminalistik, Bd. 2, S. 140 ff). Als Sachbeweise sind objektive oder objektivierbare Spuren aller Art, z.B. Blutspuren, Fingerabdrücke, Geschoßhülsen etc. anzusehen. Kommen solche Objekte als Beweismittel nicht in Betracht, dann mangelt es an Sachbeweisen. Sind ferner unmittelbare Tatzeugen nicht vorhanden, dann gründet sich die Beweisführung auf Personalbeweise. Über von Zeugen bekundete Zusatztatsachen wird dann die Überführung des vermeintlichen Täters versucht. Eine Beweissituation, in der Sachbeweise welcher Art auch immer nicht vorliegen, sollte den Strafverteidiger zu eigener Ermittlungstätigkeit veranlassen, damit nicht nur Indiztatsachen zu Lasten seines Mandanten zusammengetragen werden.

3. Sachverständigengutachten stellen eine Verbindung von Personal- und Sachbeweisen dar. Hier muß der Verteidiger sich Kenntnisse über die Person des Sachverständigen verschaffen, insbesondere über die von ihm vertretenen Theorien. In dem hier erwähnten Beispielfall des Vorwurfs der Brandstiftung sind vielfältige Gutachten denkbar, die im Einzelfall auch vom Verteidiger angeregt werden müssen: Brandschuttuntersuchungen auf Brandbeschleuniger, Entflammbarkeitsanalysen, Möglichkeiten techn. Brandentstehung.

4. Die eigene Ermittlungstätigkeit setzt eine eingehende Befassung mit dem Sachverhalt in tatsächlicher und rechtlicher Hinsicht voraus. Nur auf diesem Hintergrund sind Verteidigeraktivitäten denkbar und sinnvoll. Blinder Aktionismus schadet nur dem Beschuldigten. Soweit dem Verteidiger im konkreten Fall wegen der Spezialmaterie die Sachkenntnisse fehlen, müssen diese Defizite durch wissenschaftliche Mitarbeiter ausgeglichen werden. Erst dann sind Ermittlungsanstöße gerechtfertigt.

5. Der zusätzliche zeitliche und fachliche Aufwand muß vorab mit dem Mandanten erörtert werden. Eine besondere (schriftliche) Regelung ist notwendig. Dies gilt bei der Einschaltung von Sachverständigen, Detektiven, fachlich besonders qualifizierten Mitarbeitern ebenso, wie bei einem die normale anwaltliche Tätigkeit übersteigenden zeitlichen Aufwand des Verteidigers.

10. Anwesenheit bei Vernehmungen von Beschuldigten, Mitbeschuldigten, Zeugen und Sachverständigen

Staatsanwaltschaft
bei dem Landgericht

In der Strafsache gegen A. und andere, hier B., wegen des Verdachts der uneidlichen Falschaussage

beantrage ich, mich zu allen bevorstehenden Vernehmungen als Verteidiger des B. zu laden.
Dies gilt insbesondere für Vernehmungen
a) des Beschuldigten/Mandanten[1]
b) des Mitbeschuldigten[2]
c) der Zeugen[3]
d) des Sachverständigen[4].

Auf die Ladung des Beschuldigten – soweit er nicht selbst von der Vernehmung betroffen ist – wird verzichtet/nicht verzichtet.

Rechtsanwalt

Anmerkungen

1. Die Teilnahme des Verteidigers an staatsanwaltschaftlichen und richterlichen Vernehmungen des **Beschuldigten** versteht sich wegen der Beistandspflicht und wegen der nicht zu unterschätzenden Bedeutung dieser Aussage für das weitere Verfahren von selbst.

Das **Anwesenheitsrecht des Verteidigers** im Falle der Vernehmung durch die Staatsanwaltschaft ergibt sich aus §§ 163 a Abs. 3, 168 c Abs. 1 StPO. Auch der Beschuldigte, der von seinem Aussageverweigerungsrecht Gebrauch macht, muß erscheinen. Der Verteidiger eines Mandanten, der von seinem Aussageverweigerungsrecht Gebrauch machen will, muß den Mandanten gleichwohl begleiten, um Gespräche aus Anlaß der Protokollierung der Nichtaussage zu unterbinden.

Bei **polizeilichen Vernehmungen** des Beschuldigten hat der Verteidiger kein Anwesenheitsrecht (*Kleinknecht/Meyer* § 163 Rdnr. 16). Der Beschuldigte hat aber auch keine Pflicht zu erscheinen.

Häufig finden bei polizeilichen und staatsanwaltschaftlichen Beschuldigtenvernehmungen **Gegenüberstellungen** statt. Hier muß der Verteidiger auf die Einhaltung der Regeln achten (s. Nr. 18 der RiStBV). Wichtige, sehr detaillierte Hinweise zur Wahlgegenüberstellung finden sich in der Entscheidung OLG Karlsruhe NStZ 1983, 377/378: Danach muß vor der Gegenüberstellung alles unterlassen werden, was das Erinnerungsbild der (Augen-) Zeugen beeinträchtigen kann. Keine Einzelheit im äußeren Ablauf darf vorher auf den möglichen Täter hindeuten.

Die neben dem Beschuldigten vorhandenen Vergleichspersonen müssen der Täterbeschreibung nach Alter, Größe und sonstigem Erscheinungsbild entsprechen. Jeder suggestive Hinweis ist zu unterlassen. Der Vorgang ist in Bild und Ton festzuhalten. Auch die Aufzeichnung mit einem Videogerät unterliegt keinen verfassungsrechtlichen Bedenken (BVerfG NStZ 1983, 84).

Bei **richterlichen Vernehmungen** des Beschuldigten ergibt sich das Recht des Verteidigers auf Anwesenheit aus § 168 c Abs. 1 StPO.

2. Bei **richterlichen Vernehmungen des Mitbeschuldigten** soll sich aus § 168 c Abs. 2 StPO ergeben, daß der Beschuldigte und sein Verteidiger kein Anwesenheitsrecht haben (KK/*Müller* § 168 c Rdnr. 11). Diese Auffassung ist nicht sehr verteidigerfreundlich. Sie übersieht, daß häufig die Frage, ob jemand schon Mitbeschuldigter oder noch Zeuge ist, von Zufällen abhängt. Dieser Umstand darf nicht dazu führen, daß prozessuale Grundrechte des Beschuldigtenvertreters (z. B. Fragerechte) beeinträchtigt werden (vgl. *Krause* NJW 1975, 2283 f; StV 1984, 169/171; LR/*Rieß* § 168 c Rdnr. 14).

Bei **polizeilichen** und **staatsanwaltschaftlichen Vernehmungen eines Mitbeschuldigten** besteht kein Anwesenheitsrecht des Verteidigers.

3. Bei **richterlichen Vernehmungen von Zeugen und Sachverständigen** ergibt sich aus § 168 c Abs. 2 StPO das Recht des Verteidigers auf Anwesenheit. Der Verteidiger muß hier insbesondere auch sein Fragerecht ausüben, da diese Vernehmungsprotokolle in der Hauptverhandlung verlesen werden können (§ 251 Abs. 1 StPO). Der Verteidiger ist zu verständigen. Die unterbliebene Benachrichtigung kann revisionsrechtliche Konsequenzen haben (BGHSt 31, 140/142). Bei der Verlesung von Vernehmungsprotokollen in der Hauptverhandlung muß der Verteidiger widersprechen, wenn er von der Vernehmung nicht unterrichtet worden ist. Wenn die Benachrichtigung des Verteidigers den Untersuchungserfolg gefährdet, kann sie unterbleiben (§ 168 c Abs. 5 StPO). Erfährt der Verteidiger auf andere Weise vom Termin, kann ihm die Teilnahme nicht verwehrt werden (*Kleinknecht*/*Meyer* § 168 c Rdnr. 5).

4. Bei **staatsanwaltschaftlichen und polizeilichen Vernehmungen von Zeugen und Sachverständigen** hat der Verteidiger kein Recht auf Anwesenheit (KK/*Müller* § 161 a Rdnr. 6), aber der Staatsanwalt kann die Anwesenheit des Verteidigers gestatten. Das setzt aber eine entsprechende Aktivität des Verteidigers voraus.

11. Augenscheinseinnahme

Alternative A.
Staatsanwaltschaft
bei dem Landgericht

In dem Ermittlungsverfahren
gegen W.
– wegen des Verdachts der Brandstiftung –

beantrage ich – für den Fall, daß die Einnahme des richterlichen Augenscheins beabsichtigt ist – rechtzeitige Ladung des Verteidigers (§ 168 d StPO).[1]
Falls die Hinzuziehung eines Sachverständigen beabsichtigt ist, bitte ich um einen ausdrücklichen Hinweis, da ich als Verteidiger des Beschuldigten A. den Brandort bereits mit dem Sachverständigen H., der sich speziell mit Brandentstehungsforschung befaßt, besichtigt habe. Ich bitte, den Sachverständigen H. ebenfalls zu laden.[2] Ich schlage Herrn H. als Sachverständigen für eine eventuelle Hauptverhandlung vor.[3]

Alternative B.
Staatsanwaltschaft
bei dem Landgericht

In der Strafsache
gegen A. u. a., hier B

beantrage ich die rechtzeitige Ladung zum richterlichen Augenschein nach § 168 d StPO. Ich rege an, die Tatortbesichtigung erst nach Einbruch der Dunkelheit vorzunehmen.

Rechtsanwalt

Anmerkungen

1. Das **Teilnahmerecht des Verteidigers** ist gesetzlich geregelt (§ 168 d Abs. 1 StPO). Seine Anwesenheit ist schon deshalb notwendig, weil sich regelmäßig Gesprächsmöglichkeiten ergeben, die die informelle Verständigung erleichtern. Praktische Bedeutung hat der richterliche Augenschein vor der Hauptverhandlung vor allem im Zwischenverfahren (§ 202 StPO).
   Wichtiger für die Verteidigerbemühungen ist die **eigene Augenscheineinnahme** und/oder **Tatortbesichtigung** zum frühestmöglichen Zeitpunkt. Der Verteidiger sollte hier alle technischen Möglichkeiten (Bild-, Ton- und Videoaufzeichnungen) zunächst für die interne Abklärung nutzen. Dabei ist jedoch an die spätere Gerichtsverwertbarkeit zu denken. Deshalb empfiehlt sich die Aufzeichnung durch einen zur Verschwiegenheit verpflichteten Mitarbeiter, der jedoch nach Verfahrenslage auch als Zeuge in Betracht kommt, anfertigen zu lassen.

2. Die Verpflichtung zur Ladung des vom Beschuldigten/Verteidiger **vorgeschlagenen Sachverständigen** ergibt sich aus § 168 d Abs. 2 StPO. Dieser Sachverständige darf die Tätigkeit des gerichtlich bestellten Sachverständigen nicht behindern (*Kleinknecht/Meyer* § 168 d Rdnr. 2).

3. Der Verteidiger muß auf die Auswahl eines geeigneten Sachverständigen von sich aus hinwirken. Nach Nr. 70 Abs. 1 der RiStBV gibt der Staatsanwalt dem Verteidiger Gelegenheit zur Stellungnahme. Der Richter trifft die Entscheidung, § 73 Abs. 1 Satz 1 StPO.

12. Beweissicherung

Herrn Sachverständigen für
Unfallrekonstruktion

Betr.: Beweissicherung für Unfallgeschehen am ......[1]

Sehr geehrter Herr Dr. R.,
für einen Mandanten beabsichtige ich, zur späteren Verwendung in der Hauptverhandlung und besseren Aufklärung des Sachverhalts, die Unfallspuren sowohl am Fahrzeug meines Mandanten als auch die Markierungen/Spuren im Kreuzungsbereich der Straßen X und Y festzustellen und sichern zu lassen. Ich möchte Sie bitten, gerichtsverwertbare Feststellungen, d. h. ...... zu treffen,[2] insbesondere Fotos und die konkreten Vermessungen maßstabgerecht anzufertigen sowie Feststellungen zur Ermittlung der Geschwindigkeit der Fahrzeuge sowie zur Laufrichtung der Fußgänger zu treffen.
Wegen der Einzelheiten Ihres Auftrages bitte ich Sie, mich anzurufen.

Rechtsanwalt

Anmerkungen

1. Zu den unbestreitbar zulässigen und erforderlichen eigenen Ermittlungen des Strafverteidigers (*Jungfer* StV 1981, 100 ff; *Krekeler* wistra 1983, 43/48) gehören auch Maßnahmen zur Beweissicherung, z. B. am Unfallort, am Fahrzeug, am Brandort etc.
Die Beweissicherung – nicht zu verwechseln mit der strafbaren Beweisvereitelung – gehört zu den wichtigsten Aufgaben des Verteidigers im Ermittlungsverfahren. Aufgrund des intensiven Kontaktes zum Mandanten kann der Verteidiger am besten beurteilen, welche Entlastungsbeweise (Zeugen, Urkunden und sonstige Beweismittel: Spuren) aufzufinden und zu konservieren sind. Es ist statthaft und notwendig, im Einzelfall die verfahrensrechtliche Relevanz zu prüfen bzw. zu klären. Der Verteidiger darf nur auf solche Beweismittel hinweisen, deren Entlastungscharakter er unter Berücksichtigung der Gesamtumstände geprüft hat.
Der Verteidiger sollte aber jeweils wegen der fortbestehenden Skepsis von Polizei, Staatsanwaltschaft und Gericht sorgfältig prüfen, ob er ohne die Ermittlungsbehörden und Gerichte Sicherung der Beweise vornimmt. Im Einzelfall kann es durchaus effektiver und verfahrensfördernder sein, wenn er nach seiner Vorprüfung (eventuell mit einem Sachverständigen) Staatsanwalt und Gericht in die eigenen Ermittlungen einbezieht und der Justiz – nach entsprechender Anregung und ausdrücklichem Antrag – den Vortritt läßt (vgl. RiStBV Nr. 10, 76 und 243). Keineswegs darf zulässige Beweissicherung verwechselt werden mit unzulässiger, regelmäßig auch strafbarer Beweisvereitelung, insbesondere Spurenvernichtung (vgl. *Schönke/Schröder/Stree* § 258 StGB Rdnr. 17).

2. Die Ermittlungen müssen sich insbesondere auf die Ursachenforschung erstrecken. Zur Ursachenforschung gibt es nahezu unbegrenzte technische Mittel. Es kommt darauf an, daß der Strafverteidiger sich zum zuständigen Sachverständigen durchfragt. Die Feststellungen oder Untersuchungen müssen gerichtsverwertbar sein, d. h., als Beweismittel notfalls in der Hauptverhandlung vorgebracht werden können.
Vielfältige Möglichkeiten der Spurensicherung:
Körperspuren (Fotos plus Datum)
Blutspuren (Blutgruppenbestimmung)
psychischer Zustand (§§ 20, 21 StGB)
Fahrzeugschäden (Geschwindigkeit, Richtung).

13. Einschalten/Beauftragung von Detektiven

An die Detektei B.[1]

Sehr geehrter Herr B.,

unter Bezugnahme auf das heute geführte Gespräch erteile ich Ihnen im Namen von Frau B. den Auftrag zur Beschaffung von gerichtsverwertbarem Beweismaterial, d.h. die Beweismittel müssen in gesetzlich zulässiger Weise erlangt werden.[2] Die Angelegenheit eilt, da bereits in zehn Tagen die Hauptverhandlung anberaumt ist. Sie haben erklärt, daß Ihre Nachforschungen – basierend auf dem nachstehend geschilderten Sachverhalt – Kosten in Höhe von DM 1.000,— bis DM 1.200,— zzgl. gesetzliche Mehrwertsteuer auslösen.[3] Ich darf Sie unbedingt bitten, diesen Kostenrahmen einzuhalten. Für die Übermittlung eventueller Zwischenergebnisse wäre ich dankbar. Bitte unterzeichnen Sie die beiliegende Mitarbeitererklärung.

Der Sachverhalt stellt sich wie folgt dar:

Alternativ:

Ich stelle Ihnen die Verfahrensakten, und zwar Blatt ...... zur Verfügung.

Die entscheidungsrelevanten Fragen sind folgende: ......

Mitarbeitererklärung[4]

Ermahnung zur Verschwiegenheit

Herr B. von der Detektei M. wurde heute darauf hingewiesen, daß er bei allen Arbeiten, die er in der Mandatssache A des Rechtsanwalts R. ausführt, zur Verschwiegenheit gem. § 203 Abs. 3 in Verbindung mit § 203 Abs. 1 Nr. 3 StGB verpflichtet ist.

Es wurde ferner darauf hingewiesen, daß die Schweigepflicht auch nach Beendigung des Mandatsverhältnisses und auch über die Beendigung des Mitarbeiterverhältnisses bzw. Ausbildungsverhältnisses hinaus bestehen bleibt.

Schließlich wurde darauf hingewiesen, daß die Schweigepflicht berechtigt und verpflichtet, das Zeugnis über die Tatsachen zu verweigern, die durch die Mitarbeit zur Kenntnis gelangt sind, §§ 383 Abs. 1 Nr. 6 ZPO, 53a StPO.

Rechtsanwalt

Anmerkungen

1. Die Beauftragung eines seriösen Detektivbüros zur Aufklärung des Sachverhalts ist für den Strafverteidiger u.U. ein notwendiger Schritt, um dem in aussichtsloser Lage befindlichen Mandanten zu seinem Recht zu verhelfen. Grundsätzlich sollten zunächst die Ermittlungsbehörden eingeschaltet werden. Diese Auffassung wird auch als unzutreffend und gefährlich bezeichnet (siehe *Jungfer* StV 1989, 495/498 Fn. 48). Die Aufgabe der Polizei und der Staatsanwaltschaft muß auch darauf gerichtet sein, Verteidigungsvorbringen zugunsten des Beschuldigten nachzugehen. Die Ermittlungstätigkeit der Strafverfolgungsbehörden verursacht auch in der Regel keine zusätzlichen Kosten. Der Nachteil für den Verteidiger ist jedoch, daß Beweisanregungen im Ermittlungsverfahren nicht förmlich beschieden werden (vgl. Thesen Nr. 15 und 16 des Strafrechtsausschuß des DAV AnwBl. 1986, 55) müssen. Der Verteidiger kann im Ermittlungsverfahren die Beweiserhebung nicht erzwingen. Oft bleibt deshalb nur die Möglichkeit, einen Detektiv einzuschalten. Dabei ist ein sorgfältiges Vorgehen des Anwalts erforderlich, um die Kosten überschaubar zu halten (zur Behinderung staatsanwaltlicher Ermittlungstätigkeit durch Privatdetektive, vgl. BGH NStZ 1989, 279/280). Umstritten ist, ob der beauftragte Detektiv „Berufshel-

fer" im Sinne von § 53a StPO ist (so überzeugend LG Frankfurt NJW 1959, 589f; anderer Ansicht KK/*Pelchen* § 53a Rdnr. 3).

Wenn Staatsanwaltschaft und/oder Gericht davon erfahren, daß die Verteidigung einen Detektiv eingeschaltet hat, besteht die Möglichkeit, den Detektiv als Zeugen zu vernehmen. Der Detektiv muß sich als Berufshelfer im Sinne von § 53a Abs. 1 StPO auf sein Zeugnisverweigerungsrecht berufen. Die Rechtsfrage ist notfalls gerichtlich zu entscheiden.

Wird der Mandant zu Unrecht mit einem Strafverfahren überzogen – z.B. auf Grund falscher Zeugenaussagen – liegt zivilrechtlich zugleich eine unerlaubte Handlung vor (§ 823 Abs. 2 BGB in Verbindung mit §§ 153ff, 164 Abs. 1 StGB).

In diesem Fall ist die Einschaltung eines Detektivs erforderlich und zwar unabhängig von der Frage, ob die Beauftragung einer Detektei zu einem im Strafverfahren erheblichen Ermittlungsergebnis führt (KG, Beschluß v. 21. 2. 1986 – 9 U 1518/85).

2. Die Auftragsbestätigung an die Detektei muß den Hinweis enthalten, daß nur gerichtsverwertbares Beweismaterial beschafft werden darf. Heimliche Gesprächsaufzeichnungen oder durch Täuschung oder Drohung erlangtes Material kann (entsprechend § 136a StPO) nicht im Ermittlungsverfahren oder in der Hauptverhandlung vorgelegt werden. Der Anwalt und sein Mandant müssen absolut korrekt vorgehen.

3. Die vertragliche Fixierung des Kostenrahmens ist unerläßlich, weil nur so die endlose Ermittlungstätigkeit begrenzt werden kann. Der Anwalt muß aufgrund seiner Sachverhaltskenntnisse einen klar umrissenen Auftrag erteilen, bei welchem sichergestellt ist, daß nicht überflüssige oder bekannte Fakten als Ermittlungsergebnis präsentiert werden. Dies kann durch die Übersendung von Aktenteilen oder durch einen Hinweis im Anschreiben vermieden werden.

Der Detektiv ist Berufshelfer im Sinne von § 53a StPO (s. Anm. 1). In dieser Eigenschaft können ihm – wenn er die Mitarbeitererklärung unterzeichnet hat – Aktenteile ausgehändigt werden.

4. Der Anwalt kann im Rahmen der eigenen Ermittlungstätigkeit Personen aus seiner Kanzlei Einzelaufgaben übertragen. Diese Mitarbeiter unterliegen – wie der Anwalt selbst – der Verschwiegenheit. Zu diesem Büropersonal kann in großen Anwaltskanzleien auch ein Mitarbeiter zählen, der in Strafsachen oder Familienrechtsangelegenheiten nur mit Nachforschungen befaßt ist, die typischerweise von einem Detektiv wahrgenommen werden. Bei diesen anwaltlichen Mitarbeitern, die in einem ständigen Beschäftigungsverhältnis stehen, ergeben sich keine Probleme hinsichtlich ihrer Schweigepflicht. Es ist kein sachlicher Grund erkennbar, weshalb nicht auch für Einzelaufgaben ein Mitarbeiter verpflichtet werden kann, der in keinem ständigen arbeitsrechtlichen Beschäftigungsverhältnis zum Anwalt steht. Deshalb wird auch eine Person – z.B. der Detektiv –, der eine Einzelaufgabe für den Anwalt übernimmt, Gehilfe im Sinne von § 53a StPO. Die Gehilfeneigenschaft muß für das Innenverhältnis (Mandant – Anwalt – Detektiv) und zugleich für die Außenbeziehung (Detektiv – Justiz) durch die „Mitarbeitererklärung" dokumentiert werden.

14. Beauftragung wissenschaftlicher Mitarbeiter des Verteidigers

Herrn A

In dem umfangreichen Strafverfahren gegen A., B. ...... wegen des Verdachts pp. muß ich Teilkomplexe von wissenschaftlichen Mitarbeitern[1] und studentischen Hilfskräften vorbereiten lassen, die mich in meiner Arbeit zur Vorbereitung der Verteidigung unterstützen. Hierfür benötige ich auch Ihre Hilfe.

14. Beauftragung wissenschaftlicher Mitarbeiter des Verteidigers — III. 14

Sie sollen folgende Aufgaben übernehmen:
a) die gesamte Literatur zur Frage ...... zu sichten und fallgerecht zusammenzustellen.
oder
b) die Namen sämtlicher Beteiligten, auch die jeweiligen Fundstellen in den Akten computergerecht zu erfassen.

Sie haben nach § 53a Abs. 1 StPO als mein anwaltlicher Mitarbeiter[2] – als Berufsgehilfe – Schweigepflicht.

Anmerkungen

1. Zu den (wissenschaftlichen) Mitarbeitern eines Strafverteidigers gehören neben Volljuristen, Referendaren, studentischen Hilfskräften und Büromitarbeitern auch Gehilfen mit Spezialkenntnissen, die zur Aufarbeitung und Aufklärung des Sachverhalts im Einzelfall verpflichtet werden können. Der rechtliche Status nach § 53a Abs. 1 StPO kann nicht von der Frage abhängen, ob der Berufshelfer ständig oder nur vorübergehend für den Verteidiger tätig ist. Die Verpflichtung zur Verschwiegenheit soll in jedem Fall schriftlich erfolgen.

2. Die juristischen Mitarbeiter und das Büropersonal im weiteren Sinne gehören zu den Berufshelfern bei Rechtsanwälten (*Kleinknecht/Meyer* § 53a Rdnr. 4, 5).

Vorschriften zur anwaltlichen Verschwiegenheit

I. Verschwiegenheitspflicht

§ 42 der Grundsätze des anwaltlichen Standesrechts (zur Fortgeltung, vgl. *Zuck* in Lingenberg/Hummel/Zuck/Eich N Rz. 89–92)

(1) Die Pflicht zur Verschwiegenheit erstreckt sich über die gesetzliche Schweigepflicht (§ 203 StGB) hinaus auf alles, was dem Rechtsanwalt in Ausübung seines Berufes anvertraut worden oder ihm anläßlich seiner Berufsausübung bekannt geworden ist, soweit nicht das Gesetz oder die in der Rechtsprechung entwickelten Grundsätze Ausnahmen zulassen.

(2) Beide Pflichten bestehen auch über die Beendigung des Auftragsverhältnisses hinaus und auch dem gegenüber dem die betreffende Tatsache bereits von anderer Seite mitgeteilt worden ist, sowie gegenüber anderen Rechtsanwälten und gegenüber Familienangehörigen.

(3) Der Rechtsanwalt hat seine Mitarbeiter und Angestellten zur Beachtung dieser Grundsätze anzuhalten.

II. Strafbarkeit der Verletzung von Privatgeheimnissen

§ 203 Strafgesetzbuch (Auszug)

(1) Wer unbefugt ein fremdes Geheimnis, namentlich ein zum persönlichen Lebensbereich gehörendes Geheimnis oder ein Betriebs- oder Geschäftsgeheimnis, offenbart, das ihm als ......

3. Rechtsanwalt, Patentanwalt, Notar, Verteidiger in einem gesetzlich geordneten Verfahren, Wirtschaftsprüfer, vereidigtem Buchprüfer, Steuerberater, Steuerbevollmächtigten oder Organ oder Mitglied eines Organs einer Wirtschaftsprüfungs-, Buchprüfungs- oder Steuerberatungsgesellschaft

anvertraut worden oder sonst bekanntgeworden ist, wird mit Freiheitsstrafe bis zu einem Jahr oder mit Geldstrafe bestraft.

(3) Den in Absatz 1 Genannten stehen ihre berufsmäßig tätigen Gehilfen und die Personen gleich, die bei ihnen zur Vorbereitung auf den Beruf tätig sind. Den in Absatz 1 und den in Satz 1 Genannten steht nach dem Tod des zur Wahrung des Geheimnisses Verpflichteten ferner gleich, wer das Geheimnis von dem Verstorbenen oder aus dessen Nachlaß erlangt hat.

(4) Die Absätze 1 bis 3 sind auch anzuwenden, wenn der Täter das fremde Geheimnis nach dem Tode des Betroffenen unbefugt offenbart.

III. 14 III. Der Verteidiger im Ermittlungsverfahren

(5) Handelt der Täter gegen Entgelt oder in der Absicht, sich oder einen anderen zu bereichern oder einen anderen zu schädigen, so ist die Strafe Freiheitsstrafe bis zwei Jahren oder Geldstrafe.

III. Zeugnisverweigerungsrecht

§ 53 Strafprozeßordnung (Auszug)

(1) Zur Verweigerung des Zeugnisses sind ferner berechtigt

3. Rechtsanwälte, Patentanwälte, Notare, Wirtschaftsprüfer, vereidigte Buchprüfer, Steuerberater und Steuerbevollmächtigte, Ärzte, Zahnärzte, Apotheker und Hebammen über das, was ihnen in dieser Eigenschaft anvertraut worden oder bekanntgeworden ist;

(2) Die in Absatz 1 Nr. 2 bis 3a Genannten dürfen das Zeugnis nicht verweigern, wenn sie von der Verpflichtung zur Verschwiegenheit entbunden sind.

§ 53a Strafprozeßordnung

(1) Den in § 53 Abs. 1 Nr. 1 bis 4 Genannten stehen ihre Gehilfen und die Personen gleich, die zur Vorbereitung auf den Beruf an der berufsmäßigen Tätigkeit teilnehmen. Über die Ausübung des Rechtes dieser Hilfspersonen, das Zeugnis zu verweigern, entscheiden die in § 53 Abs. 1 Nr. 1 bis 4 Genannten, es sei denn, daß diese Entscheidung in absehbarer Zeit nicht herbeigeführt werden kann.

(2) Die Entbindung von der Verpflichtung zur Verschwiegenheit (§ 53 Abs. 2) gilt auch für die Hilfspersonen.

Den Bestimmungen der Strafprozeßordnung entspricht – in anderer sprachlicher Fassung – die Regelung für den Zivilprozeß:

§ 383 Zivilprozeßordnung (Auszug)

(1) Zur Verweigerung des Zeugnisses sind berechtigt:

6. Personen, denen kraft ihres Amtes, Standes oder Gewerbes Tatsachen anvertraut sind, deren Geheimhaltung durch ihre Natur oder durch gesetzliche Vorschrift geboten ist, in betreff der Tatsachen, auf welche die Verpflichtung zur Verschwiegenheit sich bezieht.

(3) Die Vernehmung der unter Nummern 4 bis 6 bezeichneten Personen ist, auch wenn das Zeugnis nicht verweigert wird, auf Tatsachen nicht zu richten, in Ansehung welcher erhellt, daß ohne Verletzung der Verpflichtung zur Verschwiegenheit ein Zeugnis nicht abgelegt werden kann.

§ 385 Abs. 2 Zivilprozeßordnung

(2) Die im § 383 Nr. 4, 6 bezeichneten Personen dürfen das Zeugnis nicht verweigern, wenn sie von der Verpflichtung zur Verschwiegenheit entbunden sind.

Das Zeugnisverweigerungsrecht ist für die anderen Gerichtszweige und auch für Verwaltungsverfahren genauso wie für den Zivilprozeß und den Strafprozeß geregelt. Vergleiche:

§ 15 Abs. 1 Gesetz ü. d. freiwillige Gerichtsbarkeit
§ 46 Abs. 2 § 80 Abs. 2 Arbeitsgerichtsgesetz
§ 98 Verwaltungsgerichtsordnung
§ 118 Abs. 1 Sozialgerichtsgesetz
§ 84 Abs. 1 Finanzgerichtsordnung
§ 28 Abs. 1 Bundesverfassungsgerichtsgesetz
§ 65 Abs. 1 Verwaltungsverfahrensgesetz
§ 102 Abgabenordnung

15. Beauftragung von eigenen Sachverständigen

Herrn Sachverständigen[1]

Betr.: Ermittlungsverfahren gegen A wegen des Verdachtes ......

Sehr geehrter Herr Dr. P.,

meinem Mandanten wird der Vorwurf seitens der Staatsanwaltschaft gemacht, er habe seine Fabrik durch Brandstiftung vernichtet bzw. vernichten lassen. Der A bestreitet den Vorwurf. Nach Angaben des gerichtlich bestellten Sachverständigen scheidet eine technische Brandentstehung durch Kurzschluß/Selbstentzündung aus. Die Verteidigung hält die Auffassung aus verschiedenen Gründen für sachlich unzutreffend. Insoweit wird auf die Auskunft des Instituts für ...... verwiesen.[2]

Wir bitten Sie, das bei den Ermittlungsakten befindliche Gutachten auf seine tatsächlichen Ausgangspunkte und seine wissenschaftlichen Aussagen hin zu überprüfen.

Rechtsanwalt

Anmerkungen

1. Der Sachverständige ist Gehilfe oder Berater aller Verfahrensbeteiligten (Gericht, Staatsanwaltschaft und Verteidiger). Neben der offiziellen Bestellung durch das Gericht (§ 73 Abs. 1 StPO) und der Staatsanwaltschaft (bei der Nr. 70 der RiStBV beachtet werden soll), kommt die Beauftragung eines Sachverständigen zur Unterstützung der Verteidigung im Innenverhältnis in Betracht (vgl. auch Form. III. 7). Der Sachverständige wird damit Berufshelfer im Sinne von § 53 a StPO.

Dabei gewinnt die Verteidigung nicht nur zusätzliche, oft entscheidende Sachkunde. Die Mitwirkung des „eigenen Sachverständigen" vor und in der Hauptverhandlung läßt den gerichtlich beauftragten Sachverständigen gewissenhafter agieren. Die Einschaltung schafft erhebliche Pluspunkte für die Verteidigung: erweiterte Sachkompetenz, bessere Fragemöglichkeiten. Die Kostenfrage ist jedoch unbedingt vorab zu klären.

Tätigkeitsfelder für Sachverständige (nach *Groß-Geerds,* Handbuch der Kriminalistik, Bd. I, S 549 f) (beispielhaft):

I. Medizin,
II. Biologie,
III. Psychologie,
IV. Chemie, Physik,
V. Andere Naturwissenschaften (Mathematik, insbesondere elektronische Datenverarbeitung),
VI. Technik (z.B. Ballistik, Schußwaffenidentifizierung, Brandtechnik),
VII: Andere Wissenschaftsgebiete (z.B. Kriminologen, Historiker)
VIII. Berufstätigkeit und andere Erfahrung (z.B. Schreibmaschinensystembestimmung, Tatortfotografie),
IX. Nicht oder noch nicht anerkannte Sachverständige (z.B. Psychoanalyse, Graphologie).

2. Der Verteidiger hat im Vergleich zur Staatsanwaltschaft (§ 161 StPO) nur eine begrenzte Möglichkeit, Behördenauskünfte oder Angaben von Dritten einzuholen. Gleichwohl sollte der Verteidiger versuchen, sich auf legale Weise gerichtsverwertbare Informationen zu beschaffen, die dann Grundlage für die Auftragserteilung bei einem eigenen Sachverständigen sein können. Hierfür bieten sich an:

Zentrales Schuldnerverzeichnis
Meteorologisches Institut

Polizeitechnische Untersuchungsstelle
TÜV (Technischer Überwachungsverein)
Universitätsinstitute
Rundfunk
Fernsehen
Zeitung

16. Beweisanträge/Beweisanregungen im Ermittlungsverfahren

Staatsanwaltschaft
bei dem Landgericht

In dem Ermittlungsverfahren
gegen A.

stelle ich nachfolgenden

Beweisantrag.

Ich beantrage, vor Abschluß der Ermittlungen den Zeugen Bäckermeister P., Anschrift, als Zeugen/sachverständigen Zeugen/Sachverständigen zu laden[1] und bereits jetzt zum Zwecke der Beweissicherung zu vernehmen.[2]

Begründung:

Der Zeuge wird bekunden:[3]
Er hat am 10. März 1990 gegen 17.00 Uhr in der Breitestraße beobachtet, daß ......
Diese Bekundung ist beweiserheblich, weil ......[4]
Die Angaben der sachverständigen Zeugen sind beweiserheblich, weil ......[4]
Die Zeugenaussage/das Gutachten des Sachverständigen wird ergeben, daß die Behauptung/Bekundung des Beschuldigten ...... zutreffend sind.[4]

Rechtsanwalt

Anmerkungen

1. Zum Beweisantrag in der Hauptverhandlung wird auf die ausführliche Darstellung in Form. VII. D. 1–17 verwiesen. Für das Ermittlungsverfahren sieht § 166 StPO Beweisanträge des Beschuldigten und seines Verteidigers ausdrücklich vor. Es gilt jedoch nicht das strenge Beweisrecht nach § 244 Abs. 3–6 StPO.

Die Verteidigungsbemühungen – insbesondere auch zur Mitgestaltung des Ermittlungsverfahrens – finden ihren konkreten Ausdruck in der Stellung von Beweisanträgen. Im Ermittlungsverfahren müssen diese Beweisanträge – besser Beweisanregungen – anders als später in der Hauptverhandlung (§ 244 Abs. 3–6 StPO) nicht förmlich beschieden werden. Staatsanwaltschaft und Gericht können den Anregungen zur Sachverhaltsaufklärung aber nachgehen. Werden diese Anträge unbeachtet gelassen, müssen sie in der Hauptverhandlung ausdrücklich gestellt bzw. verlesen werden.

Der Verteidiger muß stets abzuschätzen versuchen, welche Verfahrensentwicklung – z.B. Einstellung nach § 170 Abs. 2, 153, 153a StPO – durch positive Beweisergebnisse entstehen können.

Vorteile von Beweisanträgen im Ermittlungsverfahren:
Verfahrenssteuerung, Verfahrensbeendigung, Ausdruck dynamischer Verteidigerbemühungen, Ansatzpunkt für informelle Verständigung.

Nachteile: Offenlegung von Verteidigungsstrategien, Nichtanwesenheitsrechte bei polizeilichen und/oder staatsanwaltschaftlichen Zeugenvernehmungen.

2. Die Beweissicherung gilt gleichermaßen für Sachbeweise wie auch für den Zeugenbeweis. Zeugenaussagen werden oft schon nach einigen Tagen vage und ungenau. Der Strafverteidiger muß im Interesse des betroffenen Mandanten so früh wie möglich die (entlastende) Aussage sichern. Dabei ist insbesondere bei Alibizeugen darauf zu achten, daß diese wichtigen Zeugen auch unverzüglich vernommen werden. Der Strafverteidiger muß die Tatsache berücksichtigen, daß Zeugen oft schon nach Tagen genaue Einzelheiten (z.B. die exakte Uhrzeit ihrer Beobachtung) vergessen. Der Anwalt muß sich durch Nachfrage vergewissern, ob die Zeugenvernehmung erfolgt ist.

Bei Beweisanträgen im Ermittlungsverfahren ist zu beachten, daß die Zeugenbefragung durch die Polizei als Hilfsorgan der Staatsanwaltschaft (§ 152 GVG) ohne Anwesenheit des Verteidigers erfolgt und der Entlastungszeuge durch eine nicht sachgerechte oder einseitige Befragung „beschädigt" werden kann. Da auch oft Zusagen von Staatsanwälten, die Vernehmung selbst durchzuführen – z.B. aus Gründen der Überlastung – nicht eingehalten werden, muß der Verteidiger auf richterlicher Zeugeneinvernahme bestehen und von dieser Zusage des Staatsanwalts die Stellung des Beweisantrages abhängig machen. Es empfiehlt sich deshalb, zunächst den Beweisantrag zu stellen, ohne daß der Name des Zeugen zugleich mitgeteilt wird.

3. Der Beweisantrag muß die Behauptung einer Tatsache, die beweiserheblich ist, enthalten. Dabei ist nicht Voraussetzung, daß der Anwalt sich zuvor Gewißheit über die behauptete Tatsache verschafft hat. Es ist ausreichend, wenn Anhaltspunkte für die Beweisbehauptung bestehen und der Verteidiger sie für möglich oder wahrscheinlich hält (*Kleinknecht/Meyer* § 244 Rdnr. 20, siehe Form. VII. D. 1–17). Bloße Vermutungen sollen hingegen nicht ausreichend sein (BGH JR 1988, 387).

4. Ausführungen über die Beweiserheblichkeit der behaupteten Tatsache sind aus zwei Gründen zweckmäßig, aber nicht erforderlich:
a) Für die interne Prüfung kann sich der Verteidiger über die verfahrensmäßige Relevanz der Beweiserhebung Klarheit verschaffen, indem er prüft, für welches Tatbestandselement die (Indiz-)Tatsache wesentlich ist.
b) Zugleich wird damit im Verhältnis von Gericht oder Staatsanwaltschaft die Beweisbedeutung hervorgehoben. Dies gilt insbesondere für Indiztatsachen, deren Bedeutung nicht immer auf der Hand liegen muß.

17. Verteidigungsschriften und Verteidigergespräche

Staatsanwaltschaft
bei dem Landgericht

In dem Ermittlungsverfahren
gegen A und B, hier nur B
wegen des Verdachtes der Brandstiftung pp.
reiche ich für den Beschuldigten B
nachfolgende

Verteidigungsschrift[1]

ein:
1. Nach Aktenlage ist in tatsächlicher Hinsicht folgendes Ergebnis festzustellen ......
2. Hieraus folgt für den gesetzlichen Tatbestand des § 306 StGB:
   a) zum objektiven Tatbestand:
   b) zum subjektiven Tatbestand:

3. Stellungnahme zum dringenden Tatverdacht (§ 112 StPO)
Bezüglich des Haftbefehls ergibt sich daraus für den dringenden Tatverdacht (§ 112 Abs. 1 StPO) folgendes ......
Wenn – wie oben ausgeführt – erhebliche Zweifel am hinreichenden Tatverdacht bestehen, dann kann in diesem Stadium des Ermittlungsverfahrens jedenfalls der dringende Tatverdacht[2] im Sinne des § 112 Abs. 1 StPO nicht mehr angenommen werden. Es wird daher

Aufhebung des Haftbefehls

beantragt.
Die Verteidigung beabsichtigt, mit Staatsanwaltschaft[3] und Gericht[4] ein Gespräch über den Verfahrensstand zu führen. Der Unterzeichnete wird den sachbearbeitenden Staatsanwalt und/oder den Berichterstatter in etwa 1 Woche anrufen und ein Gespräch vereinbaren.

Rechtsanwalt

Anmerkungen

1. Die Ausführungen des Verteidigers vor Abschluß der staatsanwaltschaftlichen Ermittlungen zum Tatvorwurf in tatsächlicher und rechtlicher Hinsicht erfolgen in einer Schutzschrift, besser auch Verteidigungsschrift genannt (s. *Hamm* StV 1982, 490ff). Die Stellungnahme des Strafverteidigers zum Akteninhalt muß – wenn sie wirklich beachtet werden soll – klare Zielvorstellungen erkennen lassen, im Aufbau und in der inhaltlichen Ausgestaltung strukturiert und durchdacht sein. Eine präzise Argumentation am konkreten Tatvorwurf, eine klare Trennung von Beweiswürdigung und Rechtsausführungen (so *Hamm* StV 1982, 490) sind unerläßlich. Unzweckmäßig und oft gefährlich ist es, Stellungnahmen des Mandanten ungeprüft an die Staatsanwaltschaft und das Gericht weiterzuleiten.

2. An den dringenden Tatverdacht sind jedenfalls unmittelbar vor Abschluß der Ermittlungen höhere Anforderungen als an den hinreichenden Tatverdacht im Sinne von § 203 StPO zu stellen. Der dringende Verdacht ist stärker als der hinreichende Tatverdacht bei Abschluß der Ermittlungen (*Kleinknecht/Meyer* § 112 Rdnr. 6).

3. Die Verteidigungsschrift ist zugleich auch ein sachlich begründeter Anknüpfungspunkt für Verteidigergespräche mit Staatsanwaltschaft und Gericht. Sach- und Rechtsgespräche zum Zwecke der informellen Verständigung mit dem zuständigen Sachbearbeiter der Staatsanwaltschaft sind für die Verteidigung eine wichtige Aufgabe. Sie ergeben regelmäßig wertvolle Hinweise auf den Verfahrensstand und die aktuelle Beurteilung durch die Anklagebehörde (vgl. *Schmidt-Hieber,* Verständigung im Strafverfahren, 1986, S. 19ff, 62f).

4. Auch vorbereitende Gespräche mit dem zuständigen Richter – beispielsweise zur Vorbereitung einer Entscheidung nach §§ 153, 153a StPO oder im Haftbefehlsverfahren (*Schmidt-Hieber* S. 12, 62) – können den weiteren Verlauf des Ermittlungsverfahrens beeinflussen. Wenn der Verteidiger nach dem Geschäftsplan des Amtsgerichts oder Landgerichts den Richter oder das Gericht ermittelt hat, kann er seine Verteidigungsbemühungen richtiger einschätzen. Der Mandant wird nicht nur über Verfahrensabläufe, sondern auch über die Persönlichkeit und Eigenheiten der entscheidenden Richter informiert. Die sachgerechte Verteidigungsschrift erleichtert den Einstieg in ein kollegiales Gespräch und bereitet die Verständigung vor (zu den verfassungsrechtlichen Grenzen einer Verständigung im Strafverfahren BVerfG Beschluß vom 27. 1. 1987 wistra 1987, 124).
Dabei muß jedem Strafverteidiger klar sein, daß solche Gespräche – auch im Verhältnis zum eigenen Mandanten – notwendigerweise weitgehend vertraulich geführt werden müs-

sen. Wenn der Inhalt dieser Unterredungen zum Gegenstand von prozessualen Maßnahmen – z.B. Befangenheitsanträge – gemacht wird, schadet dies einer vernünftigen Zusammenarbeit, die auch bei Wahrung der unterschiedlichen Positionen jederzeit möglich sein sollte. Deshalb ist oft nur eine zusammenfassende, nicht ins Detail gehende Information des Mandanten möglich. Nur in absoluten Ausnahmefällen kann der Inhalt vertraulicher Gespräche zum Gegenstand eines Befangenheitsantrages gemacht werden.

18. Einstellungsanträge nach §§ 170 Abs. 2, 153, 153a ff. StPO

An die Staatsanwaltschaft
beim Landgericht

In der Ermittlungssache
gegen A.

beantrage ich,

        das Verfahren nach § 170 Abs. 2 StPO einzustellen.[1]

Begründung:
1. Beweiswürdigung nach Aktenlage: ......
2. Rechtliche Beurteilung ......
3. Ergebnis: Das Verfahren ist aus tatsächlichen und/oder rechtlichen Gründen demnach einzustellen, § 170 Abs. 2. StPO.

– ausnahmsweise kann noch folgendes vorgetragen werden: –

Notfalls würde die Verteidigung dem Mandanten auch zu einer anderen Verfahrensbeendigung[2] (§§ 153, 153a StPO) raten, um ihm weitere finanzielle und psychische Belastungen zu ersparen.

                                                           Rechtsanwalt

1. Der Einstellungsantrag nach § 170 Abs. 2 StPO ist aus der Verteidigungsperspektive unproblematisch. Mehr taktische Überlegungen erfordert der Antrag und die Anregung, das Verfahrens nach §§ 153, 153a StPO einzustellen. In diesen Anstößen zur Verfahrensbeendigung liegen naturgemäß „Schuldbekenntnisse" des Mandanten, die beim Scheitern die Fortführung der Verteidigung mit dem Ziel des Freispruchs zumindest psychologisch außerordentlich erschweren.
Die Angebote der Verteidigung müssen deshalb taktisch geschickt vorbereitet, offen formuliert und den Rückzug nicht verbauend vorgetragen werden. Die Einstellung nach §§ 153, 153a StPO ist nach zwingender gesetzlicher Regelung nur bei Vergehen möglich. Der rechtliche Hinweis auf den Fahrlässigkeitstatbestand (z.B. Meineid – fahrlässiger Falscheid –) öffnet die Tür zur Einstellung auch bei dem Tatvorwurf eines Verbrechens.
Entgegen einer weit verbreiteten Ansicht (*Kleinknecht/Meyer* § 153 Rdnr. 3; *ders.* § 153a Rdnr. 1ff) kommt die Einstellung nach §§ 153, 153a StPO nicht nur für Klein- und Bagatellkriminalität in Betracht. Opportunitätsgesichtspunkte können durchaus auch bei mittlerer und großer Kriminalität zur Einstellung führen.

2. Richtet sich der Vorwurf gegen den Beschuldigten auf ein Verbrechen, so scheidet die Einstellung nach §§ 153, 153a StPO vordergründig betrachtet aus. Die Praxis weist hier bei Zustimmung aller Verfahrensbeteiligter auch andere praktisch gangbare (Um-)Wege. Dabei erweisen sich sowohl § 153b StPO als auch §§ 154, 154a StPO bei allseits gutem Willen als Vorschriften, die über den Anwendungsbereich von §§ 153ff. StPO hinaus eine

Verfahrensbeendigung ermöglichen oder jedenfalls vorbereiten. Der Verteidiger sollte jede Möglichkeit einer informellen Verständigung mit Staatsanwalt und Gericht nutzen.

Der Verteidiger muß genau prüfen, ob es zweckmäßig ist, neben dem Antrag auf Einstellung des Verfahrens nach § 170 Abs. 2 StPO auch solche Anregungen vorzutragen, bei denen eine geringe Schuld des Mandanten von Gesetzes wegen unterstellt wird.

Gegenmaßnahmen des Verteidigers im Ermittlungsverfahren

19. Strafanzeige des Mandanten

An die
Kriminalpolizei/Staatsanwaltschaft beim Landgericht

a) betr. Strafanzeige und Strafantrag gegen A.[1]
Unter Bezugnahme auf die von Herrn B. unterzeichnete Strafprozeßvollmacht stelle ich in seinem Namen Strafantrag wegen des Verdachts der Beleidigung und/oder Hausfriedensbruch gegen A. und erstatte im Namen meines Mandanten Strafanzeige mit der Bitte um umgehende Bearbeitung ...... Auf die naheliegende Gefahr der Beseitigung von Beweismitteln weise ich ausdrücklich hin. Zum Sachverhalt sind mir nachfolgende Angaben gemacht worden.[2]: ......

b) ...... bin ich beauftragt, nachstehenden Sachverhalt zu unterbreiten.[3] Ich bitte um Überprüfung unter folgenden rechtlichen Gesichtspunkten/unter allen in Betracht kommenden rechtlichen Gesichtspunkten.

Anmerkungen

1. Neben der Verteidigung im engeren Sinne – Entkräftigung von Tatvorwürfen – kann es ausnahmsweise geboten sein, im Auftrage des Mandanten Strafantrag und/oder Strafanzeige zu erstatten, um sich gegen strafrechtlich relevante Vorwürfe zur Wehr zu setzen. Eine besonders sorgfältige Prüfung durch den Verteidiger ist dann angezeigt, wenn er die Strafanzeige im eigenen Namen erstattet. Dies sollte aber nur in Ausnahmefällen geschehen. Die Strafanzeige – z.B. wegen falscher Verdächtigung oder Beleidigung pp. – führt regelmäßig zunächst zu einer Entscheidung nach § 154e StPO, damit widersprechende Urteile vermieden werden. Sie entfaltet jedoch (allerdings nicht genau kalkulierbare) psychologische Wirkungen im Zusammenhang mit anderen Verteidigungsaktivitäten. Staatsanwaltschaft und Gericht stellen sich nämlich oft unausgesprochen die Frage, weshalb der Beschuldigte sich gegen die Vorwürfe nicht aktiv zur Wehr gesetzt hat. Die Strafantragsfrist ist zu beachten (§ 77b StGB). Sie beginnt, wenn dem Antragsberechtigten Tat *und* Täter bekannt sind (*Kleinknecht/Meyer* § 158 Rdnr. 5). Da der Strafantrag und die Strafanzeige hier als Abwehrmaßnahmen verstanden werden, muß jedenfalls der mögliche Fristablauf mit dem Mandanten eingehend erörtert werden. Die überreichte Vollmacht muß zur Antragstellung berechtigen.

Neben diesen Vorteilen muß der Strafverteidiger allerdings auch die denkbaren Nachteile eingehend ansprechen. Es besteht die Gefahr, daß nach rechtskräftigem Abschluß des Verfahrens wegen des Ursprungsvorwurfes die Staatsanwaltschaft Anklage wegen falscher Verdächtigung (§ 164 StGB) erhebt. Die Strafanzeige führt dann unter Umständen zu einem neuen, weiteren Verfahren und einer zusätzlichen Bestrafung.

Dieses Risiko ist sorgfältig zu diskutieren und unter dem Gesichtspunkt der prozessualen Verhältnismäßigkeit abzuwägen. Bei erheblichen strafrechtlichen Vorwürfen in der

Ausgangssituation könnte eine Strafanzeige eher in Betracht kommen als bei Bagatelldelikten. Bei letzteren kann der Verteidiger nach Rücksprache mit dem Mandanten der Staatsanwaltschaft und/oder dem Gericht offenlegen, weshalb er von einer Strafanzeige abgeraten hat.

2. Der wesentliche Inhalt des strafrechtlich relevanten Sachverhalts muß mitgeteilt werden. Dabei ist darauf hinzuweisen, auf welche Informationsquellen und Beweismittel zurückgegriffen wird. Nur wenn der Strafverteidiger den mitgeteilten Sachverhalt selbst weitgehend recherchiert hat, kann eine darauf hindeutende Formulierung gewählt werden. In keinem Fall darf leichtfertig Strafanzeige und Strafantrag gestellt werden. Bestehen beim Anwalt Zweifel, so sollte er dies bei der Abfassung des Textes zum Ausdruck bringen.

3. Es ist zweckmäßig, wenn der Strafverteidiger nur „als Bote" den Ermittlungsbehörden einen Lebenssachverhalt unterbreitet, der erkennbar – auch der äußeren Form nach – von dem eigenen Mandanten abgesetzt worden ist.

20. Presserechtliche Verteidigungsbemühungen

Gegendarstellung (S. 85); Aufforderungsschreiben (S. 86); gerichtlicher Antrag auf Abdruck einer Gegendarstellung (S. 86); Aufforderung zur Abgabe einer Verpflichtungserklärung auf Unterlassung (S. 87); Verpflichtungserklärung auf Unterlassung (S. 88); Antrag auf Erlaß einer einstweiligen Verfügung wegen Unterlassung (S. 88).

Vorbemerkung

1. Für den Betroffenen – zugleich Beschuldigten in einem strafrechtlichen Ermittlungsverfahren – einer falschen Presseberichterstattung kommen neben den
– Schadensersatzansprüchen für materielle und immaterielle Schäden
– Berichtigungsansprüche
    Gegendarstellungsanspruch,
    Widerrufsanspruch,
    evtl. auch Veröffentlichung eines Unterlassungsurteils und der
– Unterlassungsanspruch
in Betracht.
Wegen der auch psychologisch großen Bedeutung der Presseberichterstattung über Strafverfahren – Vorverurteilung durch die Medien! – muß der Strafverteidiger die Möglichkeit einer Verteidigung im presserechtlichen Bereich kennen und sie gegebenenfalls entschieden nützen.
a) Im strafrechtlichen Ermittlungsverfahren, in dem dem Betroffenen der volle Beweis der Unrichtigkeit der Pressemeldung regelmäßig nicht gelingen wird, spielen Schadensersatzansprüche keine Rolle. Es muß jedoch bereits im Ermittlungsverfahren bedacht werden, daß später zu stellende Schadensersatzansprüche im Hinblick auf § 254 BGB durch unterlassene presserechtliche Gegenwehr beeinträchtigt werden können (vgl. hierzu *Wenzel*, Das Recht der Wort- und Bildberichterstattung, 3. Auflage 1986, Rdnr. 14.103; BGH NJW 1979, 1041). Nach BGH a.a.O. läßt der Umstand, daß der Betroffene sich nicht mit einer Gegendarstellung gegen eine Presseveröffentlichung gewehrt hat, Rückschlüsse auf sein Genugtuungsbedürfnis bei der Bemessung eines späteren Schmerzensgeldanspruchs zu.
b) Bei den Berichtigungsansprüchen ist zunächst der **Gegendarstellungsanspruch** in Erwägung zu ziehen. Zum einen deshalb, weil der Gegendarstellungsanspruch innerhalb kürzester Frist erhoben werden muß und zum anderen, weil die geringsten Vorausset-

zungen an ihn gestellt werden. Der Gegendarstellungsanspruch ergibt sich aus den Pressegesetzen der Bundesländer. Er richtet sich gegen unrichtige *Tatsachen*behauptungen, setzt aber weder eine Ehrbeeinträchtigung des Betroffenen (so beim Widerrufsanspruch und Unterlassungsanspruch) noch den Nachweis der Unwahrheit der Berichterstattung durch den Betroffenen voraus.

c) Der andere Berichtigungsanspruch, der Anspruch auf *Widerruf* der beanstandeten Äußerung, folgt aus einer analogen Anwendung des § 1004 BGB. Dieser Anspruch setzt eine unrichtige Tatsachenbehauptung voraus, die Ehre oder Kredit des Betroffenen beeinträchtigt. Die Durchführung setzt voraus, daß der Betroffene die Behauptung als unwahr nachgewiesen hat (*Wenzel* Rdnr. 13.15). Wegen dieser strengen Beweisanforderungen wird die Durchsetzung des Widerrufsanspruchs praktisch keine Rolle spielen, so daß hier vom Abdruck eines Musters abgesehen wurde.

d) Eine erhebliche Ausnahme kann allerdings für die sogenannten *„eingeschränkten Widerruf"* gelten, wonach der Verantwortliche seine Darstellung nicht als unwahr oder falsch bezeichnet, sondern lediglich erklärt, er halte seine Darstellung nicht aufrecht. Dieser Anspruch kann gegeben sein, wenn sich zwar die Unwahrheit der Behauptung nicht nachweisen läßt, es aber für einen objektiv Beurteilenden an ernstlichen Anhaltspunkten für die Wahrheit des Vorwurfs fehlt (BGH NJW 1977, 1681/1682). Dies gilt aber schon dann nicht mehr, wenn es in hohem Grade wahrscheinlich ist, daß die Behauptungen des presserechtlich Verpflichteten zutreffen (*Wenzel* 3. Aufl. Rdnr. 13.63 ff). Die Beweislast trägt der Kläger/der Betroffene.

e) Schließlich kommt noch als Berichtigung die Veröffentlichung eines Urteils auf Unterlassung oder einer Unterlassungserklärung des Verpflichteten in Betracht (vgl. hierzu *Wenzel* Rdnr. 13.102 ff).

f) Weitaus größere Bedeutung als der Anspruch auf Widerruf, und zwar auch in der Form des eingeschränkten Widerrufs, hat im strafrechtlichen Ermittlungsverfahren der *Unterlassungsanspruch,* da hier in der Regel die Beweisanforderungen geringer sind.

Anspruchsgrundlage ist die von der Rechtsprechung entwickelte Analogie zu §§ 12, 866 und 1004 BGB. Der Unterlassungsanspruch richtet sich, wie der Widerruf, gegen unrichtige Tatsachenbehauptungen, die die Ehre oder den Kredit des Betroffenen beeinträchtigen. Zusätzlich ist ein Unterlassungsanspruch gegeben gegen *Werturteile,* soweit diese die Grenze zur Schmähkritik überschreiten.

Zu den Beweisanforderungen gilt zunächst grundsätzlich das Gleiche wie zum Widerrufsanspruch. Sämtliche anspruchsbegründenden Tatsachen hat der Betroffene nachzuweisen. Da jedoch im Ermittlungsverfahren zumeist die streitige Behauptung zugleich den Tatbestand des § 186 StGB erfüllt und die üble Nachrede als Schutzgesetz im Sinne des § 823 Abs. 2 BGB anzusehen ist, obliegt der Wahrheitsbeweis dem Verpflichteten, sofern der Betroffene nachgewiesen hat, daß der Verpflichtete die streitige Behauptung aufgestellt oder verbreitet hat. Der Verpflichtete kann sich aber auf § 193 StGB berufen, d.h., in Wahrnehmung berechtigter Interessen gehandelt zu haben. Gelingt ihm dieses, so hat wiederum der Betroffene die Beweislast für die Unwahrheit der Behauptung (vgl. zu alledem *Wenzel* Rdnr. 12.100 ff).

Diese Beweiserleichterung gilt nach der Rechtsprechung nur für Unterlassungsansprüche, nicht jedoch für Widerrufsansprüche, da der Widerrufsanspruch einen stärkeren Eingriff in das Persönlichkeitsrecht des Verpflichteten darstellen soll (vgl. MünchKomm/*Schwerdtner* 2. Aufl., § 12 Rdnr. 346; a.A. MünchKomm/*Schwerdtner* Rdnr. 347).

Im Rahmen von § 193 StGB spielt bis zur rechtskräftigen Verurteilung (für die Zeit danach vgl. BGH NJW 1972, 431) die Unschuldsvermutung eine große Rolle. In dem hier vorgelegten Formular sind 2 Entscheidungen genannt, die die Unschuldsvermutung zugunsten des Betroffenen heranziehen. Nach wohl dogmatisch richtigerer Ansicht bindet jedoch die Unschuldsvermutung nicht die Presse (so *Wenzel* Rdnr. 10.133; OLG Frankfurt NJW 1980, 597/598 f).

20. Presserechtliche Verteidigungsbemühungen

Allgemein anerkannt ist aber jedenfalls im Ergebnis, daß die Presse – je nach Stand des Verfahrens und Art des Vorwurfes – besondere Rücksicht auf das Persönlichkeitsrecht des Tatverdächtigen zu nehmen hat (vgl. hierzu *Lampe*, Der Straftäter als „Person der Zeitgeschichte", NJW 1973, 217 ff). Der Bundesgerichtshof zitiert in seiner Entscheidung vom 30. 1. 1979 (NJW 1979, 1041) selbst den Tätigkeitsbericht des Deutschen Presserats 1965, wonach im Hinblick auf die Nachteile, die einem Beschuldigten aus der Berichterstattung über einen Strafprozeß erwachsen können, in Darstellung und Überschrift jede einseitige, tendenziöse und präjudizierende Stellungnahme zu vermeiden und zwischen bloßem Verdacht und erwiesener Schuld streng zu unterscheiden ist. Nach Ansicht des OLG Düsseldorf (NJW 1980, 599) ist die Presse bei der Berichterstattung über ein strafrechtliches Ermittlungsverfahren verpflichtet, sorgfältig darauf zu achten, daß sie den jeweiligen Erkenntnisstand der Ermittlungsbehörden zutreffend und ausgewogen widergibt. Sie darf insbesondere nicht einen Verdacht als Gewißheit hinstellen und ihr bekannte entlastende Umstände verschweigen oder nur an versteckter Stelle mitteilen (MünchKomm/*Schwerdtner* Rdnr. 275).

2. Ergebnis. In den weitaus meisten Fällen ist für den Betroffenen und Beschuldigten in einem Strafverfahren die Gegendarstellung das richtige Mittel der Gegenwehr gegenüber einer Presseberichterstattung. In Fällen, in denen die Presse den Betroffenen bereits als Täter hinstellt, ist zusätzlich an den Unterlassungsanspruch zu denken. Nur in ganz wenigen Ausnahmefällen wird es wegen der schwierigen Beweislastlage möglich sein, einen eingeschränkten Widerruf oder sogar einen uneingeschränkten Widerruf durchzusetzen.

In jedem Fall muß der Strafverteidiger zusammen mit seinem Mandanten abwägen, ob eine nochmalige „Veröffentlichung" – auch in Form einer Gegendarstellung – der konkreten Interessenlage entspricht. Unter Berücksichtigung der Verteidigungsinteressen kommt als milderes Mittel der Abwehr ein Schreiben an den zuständigen Redakteur (eventuell mit einer Abschrift an Staatsanwaltschaft und/oder Gericht) in Betracht.

Rechtsanwalt *Friedrich-Wilhelm Deus*, Berlin, hat mich dankenswerterweise im presserechtlichen Teil beraten.

a) Gegendarstellung

in der X-Zeitung, Ausgabe Nummer ......, vom ......, ist auf Seite ...... ein Beitrag unter der Überschrift „......" enthalten, in dem es u.a. heißt, ich hätte meine Schwiegermutter ermordet.[1] Weiter heißt es in dem Artikel, ich hätte einem Reporter der X-Zeitung erklärt: „dann muß die Kripo wohl das Messer in meinem Keller gefunden haben".[1]

Beide Behauptungen sind unrichtig.[2]

Ich habe meine Schwiegermutter nicht ermordet. Es wird zwar derzeit ein Ermittlungsverfahren mit diesem Vorwurf gegen mich geführt. Richtig ist jedoch, daß ich diese Tat nicht begangen habe.

Ich habe auch keinem Reporter der X-Zeitung oder sonst irgend jemand wörtlich oder sinngemäß erklärt, die Polizei müsse das Messer in meinem Keller gefunden haben.

Berlin, den ......

Unterschrift des Betroffenen[3]

b) Aufforderungsschreiben

Betr.: Veröffentlichung vom ......[4] in der X-Zeitung auf Seite ...... unter der Überschrift: „......".

Sehr geehrte Damen und Herren,[5]

ich zeige ausweislich der beigefügten Vollmacht an, daß ich Herrn A anwaltlich vertrete. Ich überreiche anliegend die von meinem Mandanten persönlich unterzeichnete Gegendarstellung mit der Aufforderung, die Gegendarstellung in der nächsten für den Druck noch nicht abgeschlossenen Ausgabe in dem gleichen Teil des Druckwerks und mit gleicher Schrift wie der beanstandete Text ohne Einschaltungen und Weglassungen abzudrucken.

Rechtsanwalt

c) gerichtlicher Antrag auf Abdruck einer Gegendarstellung

Landgericht XY[6]

Antrag auf Abdruck einer Gegendarstellung

des Kaufmannes A,

– Antragstellers –

Prozeßbevollmächtigter: RA ......

gegen

1. Verlag AG, vertreten durch den Vorstand, dieser vertreten durch den Vorsitzenden Z,
2. den verantwortlichen Redakteur Y,

– Antragsgegner –

wegen Veröffentlichung einer Gegendarstellung.
Vorläufiger Streitwert: DM 10.000,00[7]

Hiermit zeige ich an, daß ich den Antragsteller anwaltlich vertrete. Ich bitte unter Abkürzung der Einlassungs- und Ladungsfrist um Anberaumung eines möglichst nahen Termins zur mündlichen Verhandlung vor der Kammer, in dem ich den Antrag stellen werde,
1. den Antragsgegnern aufzugeben, in der nächsten für den Druck noch nicht abgeschlossenen Ausgabe der X-Zeitung im ...... Teil, mit gleicher Schrift wie die Erstmitteilung ohne Einschaltung oder Weglassungen die nachfolgende Gegendarstellung zu veröffentlichen:

Gegendarstellung

In der X-Zeitung, Ausgabe Nummer ......, vom ......, ist auf Seite ...... ein Beitrag unter der Überschrift „......" enthalten, in dem es u. a. heißt, ich hätte meine Schwiegermutter ermordet. Weiter heißt es in dem Artikel, ich hätte einem Reporter der X-Zeitung erklärt: „dann muß die Kripo wohl das Messer in meinem Keller gefunden haben".
Beide Behauptungen sind unrichtig. Ich habe meine Schwiegermutter nicht ermordet. Es wird zwar derzeit ein Ermittlungsverfahren mit diesem Vorwurf gegen mich geführt. Richtig ist jedoch, daß ich diese Tat nicht begangen habe.
Ich habe auch keinem Reporter der X-Zeitung oder sonst irgend jemand wörtlich oder sinngemäß erklärt, die Polizei müsse das Messer in meinem Keller gefunden haben.

Berlin, den ......   gez. A

20. Presserechtliche Verteidigungsbemühungen

2. Die Antragsgegner haben als Gesamtschuldner die Kosten des Verfahrens zu tragen.

Begründung:[8]

Der Antragsteller ist Betroffener der in der X-Zeitung Nummer ...... vom ...... auf Seite ...... unter der Überschrift „......" aufgestellten Behauptung, er habe seine Schwiegermutter ermordet. Weiter heißt es in dem Artikel, er hätte einem Reporter der X-Zeitung erklärt: „dann muß die Kripo wohl das Messer in meinem Keller gefunden haben".

Glaubhaftmachung: Vorlage der X-Zeitung vom ......, die im Original beigefügt ist

Die Antragsgegnerin zu 1) ist Verlegerin, der Antragsgegner zu 2) presserechtlich verantwortlicher Redakteur dieser Zeitung.

Glaubhaftmachung: wie vor

Der Antragsteller hat mit Schreiben des Unterzeichners vom ...... die Veröffentlichung der diesem Schreiben beigefügten Gegendarstellung gefordert.

Glaubhaftmachung:
1. Vorlage der Durchschrift des Aufforderungsschreibens nebst Gegendarstellung vom ......, deren Ablichtungen beigefügt sind.
2. Ablichtung des unterschriebenen Rückscheins

Die Antragsgegner haben bis heute auf die Aufforderung nicht reagiert und auch bis heute die Gegendarstellung nicht abgedruckt. Dies wird anwaltlich versichert.
Spätestens heute hätte die Gegendarstellung abgedruckt werden müssen, da die Aufforderung am ...... bei den Antragsgegnern einging und es sich bei der X-Zeitung um eine Tageszeitung handelt.

3 begl. und 3 einfache Abschriften anbei

Rechtsanwalt

d) Aufforderung zur Abgabe einer Verpflichtungserklärung auf Unterlassung

Verlag XY[9]

Betr.: Veröffentlichung vom ...... in der X-Zeitung auf Seite ...... unter der Überschrift: „......".

Sehr geehrte Damen und Herren,

mit Schreiben vom ...... hatte ich Ihnen angezeigt, daß ich Herrn A anwaltlich vertrete. Ich hatte eine Gegendarstellung zu Ihrem Bericht in der Ausgabe ...... der X-Zeitung, Seite ......, unter der Überschrift „......" verlangt.
Die in dem Artikel aufgestellte Behauptung, mein Mandant habe seine Schwiegermutter umgebracht, ist unwahr und geeignet, meinen Mandanten in seiner Ehre zu verletzen.[10]
Auch die weiter aufgestellte Behauptung, er habe einem Reporter erklärt: „dann muß die Kripo wohl das Messer in meinem Keller gefunden haben", trifft ebenfalls nicht zu.
Ich habe Sie deshalb, bei Vermeidung gerichtlicher Schritte, aufzufordern, die in der Anlage beigefügte Verpflichtungserklärung postwendend unterzeichnet an mich zurückzusenden. Dem Eingang der Erklärung in meinem Büro sehe ich bis zum

......

entgegen. Nach fruchtlosem Ablauf der Frist gehe ich davon aus, daß Ihnen an einer außergerichtlichen Regelung nicht gelegen ist.

Rechtsanwalt

e) Verpflichtungserklärung auf Unterlassung

An den
Verlag

Verpflichtungserklärung

Hiermit verpflichte ich mich gegenüber Herrn A, es bei Vermeidung einer Konventionalstrafe in Höhe von DM 5.000,00 (in Worten: fünftausend Deutsche Mark) für jeden Fall der Zuwiderhandlung unter Ausschluß des Fortsetzungszusammenhangs zu unterlassen, die Behauptungen aufzustellen, Herr A habe seine Schwiegermutter umgebracht und weiter, Herr A habe erklärt „dann muß die Kripo wohl das Messer in meinem Keller gefunden haben".
Ich verpflichte mich ferner, die Herrn A durch die Inanspruchnahme des Rechtsanwalts ...... entstandenen Kosten aus einem Gegenstandswert von DM 30.000,00 zu erstatten.

Berlin, den ......   Unterschrift

f) Antrag auf Erlaß einer einstweiligen Verfügung wegen Unterlassung

An das
Landgericht[10]

Antrag auf Erlaß einer einstweiligen Verfügung

des Kaufmannes A

                    – Antragstellers –

Verfahrensbevollmächtigter: RA ......
gegen
den Verlag ......,

                    – Antragsgegner –

wegen Unterlassung.
Vorläufiger Streitwert:[11]

Namens und in Vollmacht des von mir vertretenen Antragstellers beantrage ich – wegen der Dringlichkeit ohne mündliche Verhandlung – im Wege der einstweiligen Verfügung folgendes anzuordnen:

> Der Antragsgegner hat es bei Vermeidung von Ordnungsgeld bis zu 500.000,00 DM, ersatzweise Ordnungshaft bis zu 2 Jahren, zu unterlassen, wörtlich oder sinngemäß die Behauptung aufzustellen und/oder zu verbreiten, der Antragsteller habe seine Schwiegermutter umgebracht, ferner, er habe einem Reporter der XY-Zeitung oder sonst jemandem gegenüber behauptet, „dann muß die Kripo wohl das Messer in meinem Keller gefunden haben".

Begründung:
Der Antragsgegner ist Verleger der X-Zeitung. In der Ausgabe Nummer ...... vom ......, Seite ......, ist unter der Überschrift „......" über den Antragsteller behauptet worden, er habe seine Schwiegermutter umgebracht, ferner er habe einem Reporter erklärt: „dann muß die Kripo wohl das Messer in meinem Keller gefunden haben".

Glaubhaftmachung: XY-Zeitung vom ......, die im Original beigefügt ist
Die Behauptungen sind unwahr.

Gegen den Antragsteller wird zwar in dem zur Zeit gegen ihn geführten Ermittlungsverfahren, über das in dem beanstandeten Artikel berichtet wird, vorgeworfen, er habe seine Schwiegermutter ermordet. Der Antragsteller wehrt sich jedoch entschieden gegen diesen Vorwurf.

Glaubhaftmachung: beigefügte eidesstattliche Versicherung des Antragstellers vom heutigen Tage

Die Behauptung, der Antragsteller sei ein Mörder, ist rechtswidrig. Dies folgt aus Artikel 6 Abs. 2 der geltenden Konvention zum Schutze der Menschenrechte und Grundfreiheiten vom 4. November 1950. Danach gilt niemand als schuldig und darf niemand so bezeichnet werden, solange er nicht von einem Gericht rechtskräftig verurteilt worden ist.
An diesem grundlegenden Rechtssatz hat sich gerade auch die Presse bei ihrer Berichterstattung zu halten. Die verfassungsgemäß gewährte Pressefreiheit findet hier ihre Grenze (vgl. KG NJW 1968, 1969, 1970; OLG Braunschweig NJW 1975, 651).[13]
Die Behauptung, der Antragsteller habe einem Reporter der X-Zeitung erklärt, die Polizei müsse die Mordwaffe in seinem Keller gefunden haben, ist unwahr.

Glaubhaftmachung: eidesstattlicher Versicherung des Antragstellers vom heutigen Tage

Die Behauptung erweckt beim unbefangenen Leser den Eindruck, der Antragsteller habe die ihm zur Last gelegte Tat zugestanden.
Wiederholungsgefahr ist gegeben. Die Hauptverhandlung ist auf den ...... anberaumt. Es ist zu erwarten, daß die Presse über diesen Fall umfangreich berichten wird.

Glaubhaftmachung: wie vor

Darüberhinaus hat die Antragsgegnerin mit Schreiben vom ...... erklärt, sie werde die verlangte Unterlassungserklärung nicht abgeben.

Glaubhaftmachung: Vorlage des Schreibens vom ......, das in Ablichtung beigefügt ist

Die Antragsgegnerin ist mit Schreiben vom ...... abgemahnt worden.

Glaubhaftmachung: Vorlage der Durchschrift des Schreibens vom ...... nebst der vorbereiteten Verpflichtungserklärung, deren Ablichtungen beigefügt sind.

Begl. und einfache Abschrift anbei

Rechtsanwalt

Vorbemerkung

Im Beck'schen Prozeßformularbuch (5. Aufl., 1989) findet sich ein Kapitel „Presserecht" (S. 881 ff, Bearbeiter: *Klaus Sedelmeier*). Wir haben uns bewußt an diesen standardisierten Mustertext angelehnt. Einzelne Formulierungen – wie sie *Sedelmeier* vorgeschlagen hat – sind wörtlich übernommen worden. Die Besonderheiten der strafrechtlichen Aspekte sind eingearbeitet worden, um so die Verwendbarkeit des presserechtlichen Instrumentariums im Ermittlungsverfahren deutlicher zu machen.

Anmerkungen

1. Eine Gegendarstellung ist nur möglich gegenüber Tatsachenbehauptungen und nicht gegenüber Meinungsäußerungen. Vgl. hierzu *Seitz/Schmidt/Schöner*, Der Gegendarstellungsanspruch in Presse, Film, Funk und Fernsehen, 2. Aufl., 1990, Rdnr. 294 ff. Verdachtsäußerungen sind grundsätzlich Tatsachenbehauptungen und nicht Meinungsäußerungen (BGH NJW 1978, 2151; *Seitz/Schmidt/Schöner* Rdnr. 301).

2. Auf die Tatsachenbehauptungen darf auch nur mit Tatsachenbehauptungen erwidert werden, die der Erstmitteilung widersprechen oder sie ergänzen.

3. Die Unterzeichnung muß eigenhändig durch Namensunterschrift des Betroffenen oder seines gesetzlichen Vertreters erfolgen. In Berlin, Bremen und Niedersachsen ist nach umstrittener Ansicht (*Seitz/Schmidt/Schöner* Rdnr. 189, 190) rechtsgeschäftliche Vertretung möglich.

4. Die Gegendarstellung muß unverzüglich (Faustregel 14 Tage ab Kenntnisnahme), spätestens aber innerhalb von 3 Monaten (außer Hessen) nach Veröffentlichung verlangt werden (*Seitz/Schmidt/Schöner* Rdnr. 131).

5. Anspruchsverpflichteter ist der Verleger und/oder der verantwortliche Redakteur, nicht jedoch der Verfasser.

6. Ausschließliche Zuständigkeit der Landgerichte, §§ 23 Nr. 1, 71 Abs. 1 GVG. Die örtliche Zuständigkeit richtet sich nach den allgemeinen Vorschriften der ZPO.

7. Die Höhe der Streitwerte schwankt stark, und zwar von 1.000,– DM bis 100.000,– DM.

8. Eine Glaubhaftmachung der Wahrheit oder Unwahrheit der Erstmitteilung ist nicht erforderlich. Es sind lediglich die formellen Voraussetzungen darzulegen und glaubhaft zu machen.

9. Verpflichteter des Unterlassungsanspruchs ist jeder Störer, also der Behauptende selbst und der Verbreiter.

10. Unerheblich ist beim Unterlassungsanspruch, ob er sich gegen eine Tatsachenbehauptung oder eine Meinungsäußerung richtet. Die Beeinträchtigung muß aber bereits erfolgt sein und es muß ferner eine Wiederholungsgefahr bestehen.

11. Für die Unterlassungsverfügung ist je nach Streitwert das Landgericht oder das Amtsgericht zuständig. Bei nichtvermögensrechtlichen Unterlassungsansprüchen ist grundsätzlich das Landgericht zuständig. Örtlich zuständig ist neben dem allgemeinen Gerichtsstand des Beklagten das Gericht, in dessen Bezirk die unerlaubte Handlung begangen wurde. Für Druckschriften bedeutet dies der Ort, an dem die Druckschrift erscheint und/oder an dem sie verbreitet wird.

12. Der Streitwert richtet sich nach dem wirtschaftlichen Interesse des Klägers an der begehrten Unterlassung. Bei der Unterlassung ehrverletzender Behauptungen handelt es sich um eine nichtvermögensrechtliche Streitigkeit, die nach § 12 Abs. 2 GKG zu bemessen ist. In durchschnittlichen Fällen dürfte der Streitwert um 10.000,– DM liegen, ggf. höher, je nach Stellung des Betroffenen in der Öffentlichkeit.

13. Vgl. hierzu Form. III. 20 Vorbemerkung Ziff. 1 f.

21. Dienstaufsichtsbeschwerde gegen Presseveröffentlichungen der Justiz

**Generalstaatsanwalt bei
dem Oberlandesgericht**[1]

Sehr geehrter Herr Generalstaatsanwalt,
in dem Ermittlungsverfahren gegen A. bin ich zum Verteidiger bestellt. Eine Strafprozeßvollmacht habe ich zu den Akten gereicht.
Die Staatsanwaltschaft hat unter vollständiger Namensnennung die Presse informiert. In verschiedenen Zeitungsartikeln heißt es u. a.[2]:
a) A habe Vermögenswerte der X-AG in Höhe von 4,3 Millionen veruntreut,
b) A habe den Aufsichtsratsvorsitzenden bestochen,
c) A besitze Millionenwerte im Ausland und sei deshalb der Flucht verdächtig.

Dienstaufsichtsbeschwerde gegen Presseveröffentlichungen der Justiz III. 21

Die Presseveröffentlichungen sind auf falsche Informationen des Pressesprechers der Staatsanwaltschaft zurückzuführen.
Zum Zwecke der Schadensabwendung im Sinne von § 839 Abs. 3 BGB erhebe ich

Dienstaufsichtsbeschwerde[3]

und fordere Sie auf, die unzutreffenden Äußerungen des Pressesprechers zu widerrufen und den Sachverhalt unverzüglich richtigzustellen.
Im Einzelnen weise ich auf folgende Tatsachen hin, die sich durch den Inhalt der Ermittlungsakten belegen lassen: ......

Rechtsanwalt

Anmerkungen

1. Die Verteidigungsbemühungen im Rahmen des Ermittlungsverfahrens haben auch einen zivilrechtlichen Aspekt zu beachten. Die Presseveröffentlichungen haben nicht nur, wie bereits dargestellt, einen Einfluß auf das Ermittlungsverfahren, sondern auch Auswirkungen auf die berufliche Existenz des Mandanten. Die Unschuldsvermutung hat nicht nur für das Ermittlungsverfahren Bedeutung, sondern auch im zivilrechtlichen Bereich. „Die Wahrung der Anonymität des Beschuldigten ist ein Stück praktizierter Unschuldsvermutung" (*Dahs* NStZ 1986, 563). Wenn der Strafverteidiger schon die Veröffentlichungen nicht verhindern kann, so muß er die negativen Folgen der unerwünschten Publizität so gering wie möglich halten und evtl. Schadensersatzansprüche vorbereiten. Zu den vertraglichen Nebenpflichten im Rahmen eines Auftrages (Mandats) zur Strafverteidigung gehört auch die anwaltliche Beratung in Zusammenhang mit Presseveröffentlichungen, die auf Informationen der Justiz zurückgehen.

Grundlage für Veröffentlichungen durch die Pressesprecher der Justiz sind die jeweiligen Landespressegesetze. Erfolgt eine Veröffentlichung im Rahmen des Ermittlungsverfahrens durch den Pressesprecher der Staatsanwaltschaft, so ist die Dienstaufsichtsbeschwerde an den Behördenleiter, den Generalstaatsanwalt, zu richten. Die Dienstaufsichtsbeschwerde wird im allgemeinen als form-, frist- und fruchtlos bezeichnet. An dieser Stelle ist jedoch der Rechtsbehelf der Dienstaufsichtsbeschwerde unerläßlich. Der beauftragte Rechtsanwalt setzt sich der Gefahr erheblicher Regreßforderungen seines Mandanten aus, wenn er ihn nicht ausreichend über die Rechtslage informiert.

2. Der Verteidiger muß im Rahmen der Dienstaufsichtsbeschwerde möglichst genau den Sachverhalt wiedergeben, der nach seinen Erkenntnissen auf falsche Informationen des Justizpressesprechers zurückzuführen ist, damit der Schadensersatzanspruch wegen unrichtiger Pressemitteilungen nicht gefährdet ist.

3. Der Amtshaftungsanspruch wegen schuldhafter Verletzung der Amtspflichten nach § 839 Abs. 1 BGB setzt voraus, daß ein vorgesehenes Rechtsmittel eingesetzt worden ist, um den Schaden abzuwenden (§ 839 Abs. 3 BGB). Die Dienstaufsichtsbewerde ist als ein Rechtsbehelf im Sinne des § 839 Abs. 3 BGB anzusehen (BGH WM 1985, 336/338). Die Durchsetzung des Amtshaftungsanspruchs scheitert häufig daran, daß der von der Pressemitteilung Betroffene keine Dienstaufsichtsbeschwerde erhoben hat. Nach der neueren Rechtsprechung des Bundesgerichtshofs führt die Unterlassung jedoch nicht notwendigerweise zum Anspruchsverlust (BGH NJW 1986, 1924), wenn festgestellt werden kann, daß die Dienstaufsichtsbeschwerde erfolglos geblieben wäre. Dieser Nachweis ist nicht leicht zu führen. Der zum sachgerechten Rat verpflichtete Anwalt sollte deshalb den Weg der Gegenvorstellung oder Dienstaufsichtsbeschwerde unter Hinweis auf die Rechtsprechung empfehlen. Der Anonymitätsschutz des beschuldigten Mandanten ist durch diese neue Rechtsprechung verstärkt worden. Die Pressesprecher der Ermittlungsbehörden müssen jetzt im Zweifel zugunsten des Betroffenen entscheiden (*Dahs* NStZ 1986, 563/564).

IV. Verfahrensabschluß ohne Urteil

Vorbemerkung

Das weitestgehende Ziel einer jeden Strafverteidigung ist entgegen landläufiger Meinung nicht der Freispruch, sondern bereits die Einstellung des Ermittlungsverfahrens gem. § 170 Abs. 2 StPO. Gelingt dies, so erspart man dem Mandanten nicht nur die Verurteilung, sondern auch die Hauptverhandlung und die Erhebung der „öffentlichen Klage", die vielfach als solche schon die bürgerliche und/oder wirtschaftliche Existenz gefährdet.

Das Instrumentarium des Verteidigers, wie er bereits im Ermittlungsverfahren auf eine Einstellung wegen nicht hinreichenden Tatverdachts (§ 203 StPO) hinwirkt, ist ausführlich oben im Kapitel Vorverfahren behandelt.

Das Interesse an der Vermeidung einer öffentlichen Hauptverhandlung und ihrer stigmatisierenden Wirkung für den Mandanten sollte den Verteidiger aber stets auch zur Prüfung der Frage veranlassen, ob auch dann, wenn ein hinreichender Tatverdacht nicht zu bestreiten ist, das Verfahren möglichst „geräuschlos" beendet werden kann.

Die Strafprozeßordnung eröffnet dafür verschiedene Wege, die jedoch in der Praxis von den Staatsanwaltschaften regelmäßig nur dann beschritten werden, wenn mit einer Art Unterwerfungshaltung des Angeklagten zu rechnen ist. Das gilt sowohl für das Strafbefehlsverfahren (§§ 407 ff StPO) als auch für den Geltungsbereich des Opportunitätsprinzips im Strafprozeß, das in den §§ 153 ff und insbesondere auch § 153 a StPO als Ausnahme von dem prinzipiellen Verfolgungszwang (Legalitätsprinzip) geregelt ist. Orientiert man sein Verteidigerverhalten hinsichtlich dieser Verfahrensarten ausschließlich am Gesetzeswortlaut, so versäumt man das Wesentliche. Dieser legt nämlich die Annahme nahe, es bestünde für den Verteidiger kein eigentlicher Handlungsbedarf: die Entscheidung, statt eine Anklage zu erheben, einen Antrag auf Erlaß eines *Strafbefehls* zu stellen, trifft allein der Staatsanwalt. Ein eigenes Antragsrecht steht insoweit dem Verteidiger nicht zu. Er muß nicht einmal Gelegenheit zur Stellungnahme haben, bevor das Gericht über diesen Antrag entscheidet (§ 407 Abs. 3 StPO), das rechtliche Gehör ist also hier ausdrücklich ausgeschlossen. Man braucht also vor der Zustellung des fertigen Strafbefehls nicht einmal etwas von einer entsprechenden Absicht der Staatsanwaltschaft zu erfahren, und wenn der Strafbefehl akzeptabel erscheint, genügt wiederum schlichtes Nichtstun des Verteidigers, um diesen Verfahrensabschluß zu „fördern".

Auch § 153 a StPO kann im Falle des Abs. 1 vom Staatsanwalt alleine entschieden werden. Man kann ihm die Festlegung der Bedingungen überlassen und braucht nur noch zuzustimmen, wenn ein entsprechender Vorschlag zu diesem Zweck mitgeteilt wird. Dasselbe gilt für § 153 a Abs. 2, wenn die Initiative von Staatsanwaltschaft oder Gericht ausgeht. Wiederum völlig passiv kann sich der Verteidiger bei § 153 Abs. 1 verhalten, der eine Einstellung des Verfahrens auch ohne die Zustimmung des Beschuldigten, also auch ohne daß dieser bzw. sein Verteidiger sie verhindern könnte, vorsieht.

Ein Verteidiger, der sich in dieser Weise passiv gegenüber den gesetzlich vorgesehenen Möglichkeiten eines Verfahrensabschlusses ohne Urteil verhält, läßt die wichtigen Instrumente zur Berufsausübung und zur Wahrung der Interessen des Mandanten in unverantwortlicher Weise ungenutzt herumliegen. Der Verteidiger muß die Realität kennen, wonach die Staatsanwälte schon in den Fällen, in denen sie von sich aus auf den Gedanken kommen, einen der beschriebenen Verfahrenswege für gangbar zu halten, dann keine entsprechende Initiative ergreifen, wenn sie von vornherein nicht damit rechnen, daß der anwaltlich beratene Beschuldigte sich einer Geldstrafe oder auch nur einer Geldbuße widersetzen wird. Vielfach ist es aber auch Aufgabe des Verteidigers, den Staatsanwalt erst einmal von der Geeignetheit des Falles für einen derartigen Verfahrensabschluß zu überzeugen. Dazu gehört oft rechtzeitiger tatsächlicher Vortrag, eine rechtliche Problematisierung der erhobenen strafrechtlichen Vorwürfe und nicht zuletzt auch mündliche Überzeugungsarbeit in Sachgesprächen mit dem bearbeitenden Staatsanwalt.

Somit handelt es sich hier um das eigentliche und in seiner Legalität und Legitimität auch unbestrittene Gebiet der „Verständigung im Strafverfahren" (vgl. das gleichnamige Buch von *Schmidt-Hieber,* 1986 und *Dencker/Hamm,* Der Vergleich im Strafprozeß, 1988).

Soweit die Kunst des Strafverteidigers in seinem Verhandlungsgeschick, in seinem selbstsicheren, nicht herausfordernden, Kompromißbereitschaft signalisierenden aber auch überzeugenden Auftreten gegenüber dem Staatsanwalt liegt, sind die wirksamen Verhaltensmuster in einem Formularbuch ebensowenig darstellbar wie beispielsweise eine effiziente Gesprächsführung. Es würde auch für den Einzelfall wenig hilfreich sein, wollte man hier eine Art Checkliste typischer Fehler solcher Gesprächskontakte oder gar Einzelrezepte mit Formulierungsbausteinen für typische Ausgangssituationen derartiger Gespräche vorschlagen. Daß man beispielsweise nicht die Bereitschaft des Mandanten, sich auch einer Geldstrafe von 90 Tagessätzen zu unterwerfen, bereits zu einem Zeitpunkt dem Staatsanwalt bekannt gibt, zu dem man noch das Ziel verfolgt, das Verfahren nach § 153 a einstellen zu lassen, ist im Grundsatz ebenso selbstverständlich wie in extremen Ausnahmefällen auch einmal falsch, in denen man z.B. auf diese Weise die bereits eingetretenen psychischen Auswirkungen des Verfahrens auf den Mandanten demonstrieren kann.

Bei dem großen Gewicht, das bei informellen Zweiergesprächen auch den nicht verbalen intrapersonalen Kommunikationsformen (bis hin zu Sympathie und Antipathie) zukommt, verbieten sich Textvorschläge für diese „Verhandlungen" von selbst.

Somit verbleibt in diesem Bereich für die Darstellung in einem Formularbuch nur der schriftliche Teil derartiger Verständigungsbemühungen. Um den Benutzer jedoch vor dem auch hier wiederum naheliegenden Mißverständnis zu bewahren, der Verteidiger dürfe sich bei seinem Streben nach einem Verfahrensabschluß ohne Urteil auf schriftliche Eingaben beschränken, enthalten die meisten der folgenden Formulare eine hier freilich unausgefüllt bleibende Bezugnahme auf vorausgegangene Gespräche. Soweit den Schriftsatzmustern teilweise die Funktion von „Bestätigungsschreiben" zukommt, erschließt sich der Gesprächsinhalt aus dem entsprechenden Text.

Daß der Verteidiger Verhandlungen über eine einvernehmliche Lösung mit Staatsanwaltschaft und Gericht nicht „hinter dem Rücken des Mandanten" führen darf (was nicht bedeutet, daß der Mandant stets dabei sein müßte), haben wir in der 1. Auflage noch für so selbstverständlich gehalten, daß uns eine Erwähnung nicht notwendig erschien. Nachdem *Schünemann* (Gutachten zum 58. DJT 1990) jedoch insoweit einen verbreiteten Mißstand behauptet, sei hier ausdrücklich hervorgehoben, daß insbesondere eine mögliche Geständnisbereitschaft niemals signalisiert werden darf, ohne daß zuvor die Zustimmung des Mandanten vorliegt. Dies folgt unmittelbar aus der Pflicht des Verteidigers, sich auf die Beratungs- und Beistandsrolle zu beschränken (vgl. LR. *Lüderssen* vor § 137 Rdnr. 65 ff.).

Schrifttum zu den §§ 153, 153 a StPO: *Bloy,* Zur Systematik der Einstellungsgründe im Strafverfahren, GA 1980, 161; *Boxdorfer,* Das öffentliche Interesse an der Strafverfolgung trotz geringer Schuld des Täters, Grenzen der Anwendung des § 153 a StPO, NJW 1976, 317; *Cramer,* Absprachen im Strafprozeß, FS für Rebmann, 1989, 145 ff; *Dahs,* Handbuch des Strafverteidigers, 5. Aufl. 1983, Rdnr. 261 ff; *Dahs,* Absprachen im Strafprozeß, NStZ 1988, 153; *Dencker,* Die Bagatelldelikte im Entwurf eines EGStGB, JZ 1973, 144; *Dencker/Hamm,* Der Vergleich im Strafprozeß, 1988; *Frehsee,* Wiedergutmachungsauflage und Zivilrecht, NJW 1981, 1273; *Geerds,* Über mögliche Reaktionen auf Ladendiebstähle, DRiZ 1976, 225; *Grohmann,* Zustimmung der Staatsanwaltschaft zur Einstellung nach § 153 a Abs. 2 StPO, DRiZ 1983, 365; *Hamm,* Absprachen im Strafverfahren, ZRP

1990, 337; *Jungwirth,* Bagatelldiebstahl und Sachen ohne Verkehrswert, NJW 1984, 954; *Kaiser/Meinberg,* „Tuschelverfahren" und „Millionärsschutzparagraph"? – Empirische Erkenntnisse zur Einstellung nach § 153a Abs. 1 StPO am Beispiel Wirtschaftskriminalität, NStZ 1984, 343; *Katholnigg,* Neue Verfahrensmaßnahmen in Betäubungsmittelstrafsachen, NStZ 1983, 417; *Keller,* Zur gerichtlichen Kontrolle prozessualer Ermessensentscheidungen der Staatsanwaltschaft, GA 1983, 497; *Kern,* Das Opportunitätsprinzip als Magd des Legalitätsprinzips, ZRP 1986, 312; *Keunecke/Schinkel,* § 153a Strafprozeßordnung und Ladendiebstahl, MSchrKrim 1984, 157; *Kühl,* Unschuldsvermutung und Einstellung des Strafverfahrens, NJW 1984, 1264; *Lüderssen,* Die Verständigung im Strafprozeß, StV 1990, 415; *Niemöller,* Absprachen im Strafprozeß, StV 1990, 34; *Rieß,* Entwicklung und Bedeutung der Einstellungen nach § 153 aStPO, ZRP 1983, 93; *ders.,* Zur weiteren Entwicklung der Einstellungen nach § 153a StPO, ZRP 1985, 212; *Schlegl,* Verfahrenseinstellung nach § 153 bei in der Anklage als Verbrechen bezeichneten Taten, NJW 1969, 89; *Schlothauer,* Die Einstellung des Verfahrens gem. § 153, § 153a StPO nach Eröffnung des Hauptverfahrens, StV 1982, 449; *Schmid,* Erstattung der Auslagen des Nebenklägers bei Einstellung des Verfahrens nach den §§ 153 ff StPO, JR 1980, 404; *Schmidt-Hieber,* Verständigung im Strafverfahren, 1986; *Schünemann,* Gutachten zum 58. DJT 1990; *Sieg,* Fehlerhafte Einstellung nach § 153a StPO, MDR 1981, 200; *Tröndle,* „Zurückstellung der Strafvollstreckung" und Strafaussetzung zur Bewährung, MDR 1982, 1; *Weihrauch,* Verteidigung im Ermittlungsverfahren, 2. Aufl. 1985, S. 74ff.

Einstellungen gemäß § 153 StPO

1. Anregung auf Einstellung wegen geringer Schuld vor Erhebung der öffentlichen Klage (§ 153 Abs. 1 StPO).

– Nach vorheriger Einigung[1] mit der Staatsanwaltschaft –

Staatsanwaltschaft[2]
bei dem Landgericht
6300 Gießen   18. 5. 19..

In dem Ermittlungsverfahren
gegen
Herrn J... A...
– Az.: ... –

nehme ich Bezug auf mein gestriges Gespräch[3] mit dem Herrn sachbearbeitenden Staatsanwalt und überreiche anliegend eine schriftliche Bestätigung[4] der Zeugin N., aus der sich ergibt, daß noch am gestrigen Abend Herr A. zusammen mit seiner Ehefrau die Zeugin N. aufgesucht hat und sich in aller Form bei ihr wegen der sexuellen Belästigung[5] entschuldigte, daß die Zeugin N. diese Entschuldigung[6] angenommen und nach telefonischer Rücksprache mit ihrer Anwältin unter Verzicht auf eine von Herrn A. angebotene finanzielle Entschädigung zur Vorlage bei der Staatsanwaltschaft bestätigt, daß sie an einer weiteren Strafverfolgung nicht mehr interessiert[7] ist.
   Angesichts der Tatsache, daß es nicht die Zeugin N. war, die Strafanzeige erstattet hatte, sondern der Zeuge O., dessen übertreibende Schilderung des Tatgeschehens schon durch die polizeiliche Aussage der Zeugin N. teilweise widerlegt ist, angesichts des Trunkenheitsgrades des Herrn A. zum Zeitpunkt des von ihm aufrichtig bedauerten Vorfalls und nicht

zuletzt angesichts der durch das öffentliche Bekanntwerden des Verfahrens bereits eingetretenen erheblichen Rufschädigung des Herrn A. in seinem kleinen Wohnort und an seinem Arbeitsplatz wird die von Herrn Staatsanwalt X für den Fall der jetzt erfolgten förmlichen Entschuldigung des Herrn A. in Aussicht gestellte Einstellung des Verfahrens gemäß § 153 Abs. 1 StPO dem Sinn und Zweck dieser Bestimmung gerecht. Ich bitte[8] also nunmehr, in der vorgesehenen Weise das Verfahren abzuschließen.

Rechtsanwalt

Schrifttum: siehe vor Form. IV. 1.

Anmerkungen

1. Wie in den obigen Vorbemerkungen ausgeführt, empfiehlt es sich stets, die Erledigung eines Strafverfahrens ohne öffentliche Klage durch vorherige informelle Gespräche mit Staatsanwaltschaft und/oder Gericht vorzubereiten. Die dabei gefundene Verständigung über den Verfahrensabschluß kann, wie im hier vorgestellten Formular vom Staatsanwalt noch unter Bedingungen gestellt werden, die jenseits von Auflagen, wie sie bei § 153a StPO zum Inhalt der Entscheidung gehören, als Voraussetzungen für die Verneinung des öffentlichen Interesses an der Strafverfolgung genannt werden.

Die Zulässigkeit dieser Verfahrensweise ergibt sich schlicht daraus, daß sowohl die Verneinung des öffentlichen Interesses als auch die Bewertung eines Verschuldens als gering eine Summe von Einzeltatsachen in Rechnung stellen muß, von denen nicht alle bereits mit Abschluß des Tatgeschehens unverrückbar feststehen. Den wichtigsten Maßstab für die Geringfügigkeit der (potentiellen) Schuld geben die in § 46 Abs. 2 Satz 2 StGB genannten Strafzumessungsgründe ab, die dann, wenn sie überwiegend zu Gunsten des Beschuldigten sprechen, die Entscheidung nach § 153 StPO erst ermöglichen (LR/*Rieß*, 24. Aufl., § 153 Rdnr. 24). Unter den dort genannten Strafzumessungskriterien findet sich ausdrücklich auch das Verhalten des Täters nach der Tat, „besonders sein Bemühen, den Schaden wiedergutzumachen". Ist der Staatsanwalt der Auffassung, daß es nur daran noch fehlt, um das Verfahren wegen geringer Schuld einzustellen, so kann er entweder die Wiedergutmachung in einer bestimmten festzusetzenden Höhe zur Auflage nach § 153a StPO machen (vgl. dazu unten Form. IV.5), oder es kann im Gespräch mit dem Verteidiger das besondere Gewicht einer freiwilligen Wiedergutmachung erörtert werden, die dann zu einer Einstellung nach § 153 StPO führt. Der Verteidiger muß sich stets bewußt sein, daß § 153 gegenüber § 153a für den Mandanten große Vorzüge hat: Während zu § 153a StPO im Schrifttum aber auch in der Strafprozeßpraxis die Meinung vertreten wird, seine Anwendung setze das positive Feststehen eines Verschuldens voraus (vgl. dazu LR/*Rieß* § 153a Rdnr. 32), ist in § 153 StPO schon durch die konjunktivische Fassung („als gering anzusehen **wäre**") klargestellt, daß die Schuldfrage offenbleibt (LR/*Rieß* § 153 Rdnr. 32). Damit entfällt jede Präjudizwirkung der Entscheidung nach § 153 StPO für andere Verfahrensarten (vgl. auch BVerfG NJW 1987 2427/2428).

Außerdem trifft man durchaus bei Staatsanwälten auch auf die Meinung, eine Wiedergutmachung, die erst unter dem „Zwang" einer Auflage gem. § 153a StPO erbracht wird, sei überhaupt nicht geeignet, an der Bewertung des Verschuldens als nicht gering etwas zu ändern, während dies bei einer freiwilligen „Vorleistung" anders wäre. In geeigneten Fällen kann sich der Verteidiger diese Argumentation zu eigen machen, um für seinen Mandanten statt einer Einstellung nach § 153a eine solche nach § 153 zu erreichen.

Das Nachtatverhalten und das Bemühen um Wiedergutmachung kann – wie hier – bei der Verletzung höchstpersönlicher Rechtsgüter auch ohne materiellen Schadensausgleich etwa durch Bitte um Verzeihung bzw. förmliche Entschuldigung, Widerruf beleidigender Äußerungen o. ä. erfolgen (*Dreher/Tröndle* § 46 Rdnr. 27a).

1. Anregung auf Einstellung wegen geringer Schuld   IV. 1

Die Bemühungen des Verteidigers um eine Verständigung mit dem Staatsanwalt sind nicht etwa deshalb überflüssig, weil § 153 im Gegensatz zu § 153a StPO während des Ermittlungsverfahrens die Zustimmung des Beschuldigten nicht voraussetzt (*Schmidt-Hieber* Rdnr. 43). Für den Beschuldigten liegt gerade darin der Reiz der Anwendung des § 153 Abs. 1, daß er sie nicht einmal verhindern könnte. Deshalb steht auch in der optischen Außenwirkung diese Entscheidung faktisch der Einstellung nach § 170 Abs. 2 StPO gleich. Dies gilt allerdings auch für deren Nachteile gegenüber der Anwendung des § 153a StPO: Während dort jedenfalls einer erneuten Verfolgung wegen eines Vergehens das Verfahrenshindernis des Strafklageverbrauchs entgegensteht (§ 153a Abs. 1 Satz 4 StPO), soll nach herrschender Meinung beim Vorliegen neuer Tatsachen und Beweismittel die Verfügung der Staatsanwaltschaft nach § 153 Abs. 1 auch dann zurücknehmbar sein, wenn die Nova nicht zu einer Änderung der rechtlichen Beurteilung der Tat führen (vgl. *Kleinknecht/Meyer* § 153 Rdnr. 38; a.A. KK-*Schoreit* § 153 f Rdnr. 65 f; BayObLG JR 1965, 350 mit krit. Anm. *Kleinknecht*).

2. Die Zuständigkeit der Staatsanwaltschaft vor der Erhebung der öffentlichen Klage folgt aus § 153 Abs. 1 selbst. Zwar erzeugt die Einigung mit dem Staatsanwalt keine vertragsähnliche gegenseitige Rechtsverbindlichkeit, jedoch sollte dabei die Verläßlichkeit auch ohne „Einklagbarkeit" selbstverständlich sein. Betrifft das Verfahren ein Vergehen, das kein Vermögensdelikt ist (§ 153 Abs. 1 Satz 2 StPO), so steht die Einhaltung der Zusage des Staatsanwalts jedoch unter dem Vorbehalt der Zustimmung des für die Eröffnung des Hauptverfahrens zuständigen Gerichts. Zwar kommt es in der Praxis sehr selten vor, daß diese Zustimmung verweigert wird, jedoch ist ihre Notwendigkeit schon bei der Vereinbarung mit dem zuständigen Staatsanwalt zu beachten. Oft hat sich der Staatsanwalt, bevor er eine entsprechende Zusage gibt, seinerseits informell bei dem zuständigen Gericht vergewissert, daß mit der Zustimmung zu rechnen ist. Zuweilen ist es auch ratsam, daß der Verteidiger selbst mit dem Gericht ein Vorgespräch führt, um auch ihm mündlich die Besonderheiten des Falles, die eine Behandlung nach § 153 StPO ermöglichen sollen, nahezulegen. Daß der Verteidiger verpflichtet ist, über solche Gespräche **zuvor** den Mandanten zu unterrichten, wurde oben bereits ausgeführt (Vorbem. a. E.).

3. Die ausdrückliche Bezugnahme auf die vorausgegangene mündliche Erörterung mag zwar wegen der naheliegenden Assoziation eines „kaufmännischen Bestätigungsschreibens" gelegentlich in der Gefahr sein, in ihrer Zweckrichtung mißverstanden zu werden, sie dient jedoch der Transparenz der Entscheidungsvorgänge in den Akten und ist auch geeignet, die Gesprächsteilnehmer vor dem Verdacht des „Mauschelns" zu schützen.

4. Der Fall ist so gebildet, daß der Staatsanwalt lediglich einen Beleg für den „Friedensschluß" zwischen Täter und Opfer verlangt hat, wobei er es der Verhandlung auf privater Ebene überließ, ob dies durch Zahlung eines Schmerzensgeldes oder durch eine immaterielle Geste der Reue geschehe. Aus berufsrechtlichen Gründen wird der Verteidiger mit dem anwaltlichen Vertreter des Opfers zuerst Verbindung aufnehmen, um diese Bedingungen zu besprechen. Wegen des höchstpersönlichen und deshalb ausschließlich an den Besonderheiten des Einzelfalles (z.B. Scheu des Opfers, aus einer sexuellen Zudringlichkeit „Kapital zu schlagen") orientierten Inhalts einer derartigen Befriedungserklärung, wird hier vom Abdruck eines Formulars abgesehen. Zu Kontakten mit dem Tatopfer allgemein, vgl. die instruktiven Ausführungen bei *Weihrauch* Rdnr. 157ff; *Dahs* Handbuch Rdnr. 127ff.

5. Da § 153 StPO keinerlei Ermittlungshandlungen voraussetzt und deshalb auch schon auf der Grundlage eines bloßen Anfangsverdachts angewendet werden darf (LR/*Rieß* § 153 Rdnr. 32), ist es nicht erforderlich und oft aus der Feder des Verteidigers auch nicht tunlich, das vorgeworfene Delikt mit der materiell-rechtlich exakten Beschreibung eines Straftatbestandes zu bezeichnen. Gerade damit, daß man die ungenaue („kriminologische") Bezeichnung wählt, kann man auch sprachlich noch einmal dokumentieren, daß die Schuldfrage letztlich offenbleibt. Damit kann gleichzeitig dahingestellt bleiben, ob ggf. ein

Offizialdelikt (z. B. § 240 StGB) oder ein Antragsdelikt (z. B § 183 oder § 185 StGB) anzunehmen wäre. Dies kann u. U. dem Tatopfer die Rücknahme des Strafantrages und damit die Kostenfolge des § 469 StPO ersparen.

6. Zur Geeignetheit eines solchen Zeichens von Reue und Genugtuungsbereitschaft als Kriterium für die Bewertung „geringe Schuld" vgl. oben Anm. 1.

7. Die Erklärung des Verletzten gegenüber der Staatsanwaltschaft, er sei an einer weiteren Strafverfolgung nicht mehr interessiert, führt zwar bei Offizialdelikten nicht zu einem Verfahrenshindernis, kann jedoch z. B. auch bei Vermögensdelikten nach vorheriger zivilrechtlicher Einigung dem Sachbearbeiter der Staatsanwaltschaft die Anwendung der §§ 153, 153 a StPO wesentlich erleichtern.

8. Die strafprozessual ungewöhnlich erscheinende Formulierung, man „bitte" um einen bestimmten Verfahrensabschluß, rechtfertigt sich hier daraus, daß ein eigentliches Antragsrecht nicht besteht, eine bloße „Anregung" aber den falschen Anschein erwecken würde, als wollte man hinter die bereits erfolgte Einigung mit dem Staatsanwalt zurückgehen.

2. Anregung auf Einstellung wegen geringer Schuld vor Erhebung der öffentlichen Klage (§ 153 Abs. 1 StPO)

– Ohne vorherige Einigung mit der Staatsanwaltschaft[1] –

Staatsanwaltschaft b. d.
Landgericht Wiesbaden
6200 Wiesbaden   20. 7. 19..

In dem Ermittlungsverfahren
gegen
Herrn M... V...
– Az. ... –

reiche ich anliegend die mir überlassenen Akten mit Dank zurück.[2]
Einer verantwortlichen Vernehmung meines Mandanten bedarf es nicht[3], da die folgende Stellungnahme zu den bisherigen Ermittlungsergebnissen auch seine Darstellung zur Sache enthält, die nur in unwesentlichen Randdetails von den Angaben der Polizeibeamten in der Strafanzeige abweicht.
Herr V. räumt unumwunden ein, daß er sich nach § 113 StGB wegen Widerstands gegen Vollstreckungsbeamte strafbar gemacht hat. Der Fall weist jedoch eine solche Reihe von Besonderheiten[4] auf, die mit einer ebenso außergewöhnlichen Zahl von Strafmilderungsgründen einhergehen, daß die Voraussetzungen des § 153 Abs. 1 StPO vorliegen dürften.
Im einzelnen sprechen hierfür folgende Umstände:
1. Herr V. ist im Alter von 58 Jahren durch den Konkurs seines langjährigen Arbeitgebers vor drei Jahren arbeitslos geworden und hat trotz vielfältiger Bemühungen keinen neuen Arbeitsplatz erhalten. Er lebt nach dem tragischen Unfalltod seiner Ehefrau, seines Sohnes und seiner Schwiegertochter seit einem guten halben Jahr alleine mit seinen verwaisten Enkelkindern, einem 10jährigen geistig behinderten Mädchen und einem erst 8 Monate alten Jungen zusammen in einer Mietwohnung, aus der er wohl demnächst ausziehen muß, weil er die Miete nicht mehr aufbringen kann.
Am Abend des 24. Dezember geriet Herr V. in eine tief depressive Stimmung, in der er immer wieder aufkommende Suizidgedanken nur noch durch die Sorge um die beiden Kinder verdrängen konnte. Sein Denken kreiste um den schmerzlichen Verlust seiner

2. Anregung auf Einstellung wegen geringer Schuld

nächsten Angehörigen, mit denen er viele Jahrzehnte lang in einem harmonischen Familienverbund gelebt hatte, um die Einsamkeit am Weihnachtsfest, um die Unsicherheit seiner eigenen Zukunft aber auch insbesondere die der beiden Enkelkinder.
In dieser desolaten Verfassung begab sich Herr V. in den Keller des Hauses, um den kärglichen aber gefährlichen Rest seiner früheren Alkoholbestände in die Wohnung zu holen. Es handelte sich um eine Flasche 80%igen Strohrum, die er vor vier Jahren bei der letzten Urlaubsreise, die er sich mit seiner Frau leisten konnte, in einem österreichischen Bergdorf gekauft hatte. Auf dem Weg vom Keller in die Wohnung im 2. Obergeschoß begegnete er seiner Nachbarin, der Zeugin B., die er in seinem Zustand mehr oder weniger unbewußt wahrnam. Erst aus den Ermittlungsakten und dem darin befindlichen Protokoll über die Vernehmung der Zeugin B. hat Herr V. erfahren, in welcher Weise er sich für die Zeugin auffällig verhalten und mit stierem Blick vor sich hinstarrend geäußert hat: Nachdem die Zeugin ihm ein frohes Weihnachtsfest gewünscht hatte, antwortete er nur mit einem resignierten „ich glaube, ich mache Schluß".
Auch die Tatsache, daß die Zeugin B. die bei ihm zeitweise an jenem Abend durchaus vorliegende Suizidgefahr erkannt und die Polizei angerufen hatte, weiß Herr V. nur aus den Ermittlungsakten.
Als die Polizeibeamten an seiner Wohnungstür klingelten, erwachte das 8 Monate alte Baby, das nach einem sehr unruhigen Tag erst kurz vorher von Herrn V. mühsam in den Schlaf gewiegt worden war. Dies wäre nicht passiert, wenn die Beamten nicht regelrecht Sturm geläutet und gleichzeitig offenbar mit Fäusten gegen die Tür geklopft hätten. Außerdem rannte das geistig behinderte 10jährige Kind aus seinem Zimmer und fing hysterisch an zu schreien. Dadurch wurde Herr V. seinerseits sehr nervös und aufgebracht gegenüber den ihm noch unbekannten, unerwarteten Besuchern.
Es ist jedoch richtig, daß er durch den Türspion erkannt hatte, daß uniformierte Polizei draußen stand und daß ein Beamter durch die geschlossene Tür rief, man sei gekommen, um „mit Herrn V. zu sprechen".
Herr V., der sich das Auftauchen der Polizei nicht erklären konnte, hoffte, sie werde wieder verschwinden, wenn er so tat, als wäre er selbst nicht zu Hause. Er blieb also hinter der Tür stehen, hatte jedoch Mühe, seinem Vorhaben gemäß stillzubleiben, da er durch das ständige Klopfen und Klingeln der Beamten und schließlich auch noch die Androhung, man werde die Tür eintreten, immer wütender wurde. Ziemlich bald, nachdem zum dritten Mal das Aufbrechen der Tür angedroht worden war, was Herr V. nicht für möglich hielt, kam ihm mit einem Riesengetöse die Tür entgegengeflogen, wobei nicht nur er am linken Arm verletzt, sondern auch der an der Wand hängende Kristallspiegel völlig zerstört wurde. Hierbei handelte es sich um ein Familienerbstück, das schon von seinen Großeltern stammte und das von ihm in der Vergangenheit immer hoch in Ehren gehalten worden war. Durch diesen Schaden mehr noch als durch seine Verletzung am Arm wurde Herr V. so in Wut versetzt, daß er dem ersten Polizeibeamten, der durch die eingetretene Tür in die Wohnung kam, mit der Faust in das Gesicht schlug, woraufhin man ihn mit Gewalt zur Polizeiwache brachte, um ihn ärztlich untersuchen und um eine Blutprobe entnehmen zu lassen.

2. Noch in der Vorstellung, bei dem Eindringen der Beamten in seine Wohnung handele es sich um einen durch nichts gerechtfertigten Übergriff, erstattete Herr V. am nächsten Tag seinerseits Strafanzeige gegen die Polizeibeamten. Dieses Verfahren ist zwischenzeitlich gemäß § 170 Abs. 2 StPO eingestellt mit der Begründung, daß die Beamten angesichts des konkreten Hinweises der Zeugin B., Herr V. werde sich „etwas antun", und angesichts seines Schweigens auf die Aufforderung hin, die Tür zu öffnen, rechtmäßig gehandelt hätten.
Herr Staatsanwalt S. hat gegenüber dem unterzeichneten Verteidiger zu Recht darauf hingewiesen, daß diese Einstellung nicht etwa bedeutet, daß sich die Beamten auch vorbildlich verhalten haben.

3. In der Tat muß bei der Beurteilung des Verschuldens des Herrn V. berücksichtigt wer-

den, daß bei einem etwas sensibleren Vorgehen der Beamten die Eskalation vermieden worden wäre.

Bei der Bewertung des Verschuldens des Herrn V. müssen ihm darüber hinaus die oben geschilderten Gesamtumstände zugute gehalten werden, die das Geschehen am Heiligen Abend des Jahres 1986 geradezu als die Kulmination einer Verkettung tragischer und schicksalhafter Ereignisse bis hin zu der verhängnisvollen Realitätsverkennung beider Seiten diesseits und jenseits der Wohnungstür erscheinen lassen.

Das bekanntermaßen allein für sich schon nervenaufreibende Schreien eines Kleinkindes, hier ausgelöst durch das polternde und lärmende Sich-Bemerkbar-machen der Beamten, die im wahrsten Sinne des Wortes „mit der Tür ins Haus gefallen" sind, ist nur eine allzu einfühlbare psychologische Ausgangssituation für die affektartige Reaktion des Herrn V. Bedenkt man nämlich den Kontrast, wie hier aus dem Gefühl des absoluten Verlassenseins, der Einsamkeit und der Ausweglosigkeit unvermittelt ein Übermaß an „Zuwendung", freilich mit allen Zeichen aggressiven Verhaltens durch eine geballte Übermacht (helfender?) staatlicher Gewalt auf ihn einstürmte, so würde sich im Falle einer öffentlichen Anklage durchaus die Frage stellen, ob nicht durch einen forensisch-psychiatrischen Sachverständigen die Voraussetzungen der §§ 20 oder 21 StGB geprüft werden müßten. Die Verteidigung sähe sich jedenfalls aufgrund der situativen Gegebenheiten, die einen hochgradigen Affekt nahelegen, veranlaßt, einen solchen Antrag zu stellen.

4. Zuvor sollte jedoch von der Staatsanwaltschaft wohlwollend geprüft werden, ob allein der mit einer solchen Begutachtung verbundene Verfahrensaufwand wirklich noch im Verhältnis zu dem öffentlichen Interesse an der Verfolgung einer solchen Kurzschlußhandlung als Straftat stünde.

Es wird deshalb angeregt, das Verfahren gemäß § 153 Abs. 1 StPO einzustellen.

Rechtsanwalt

Schrifttum: siehe vor Form. IV. 1.

Anmerkungen

1. Im Gegensatz zu oben Form. IV. 1 soll hier davon ausgegangen werden, daß eine Verständigung mit der Staatsanwaltschaft noch nicht herbeigeführt werden konnte. Hier diente der Schriftsatz vielmehr dazu, erst einmal die Fülle der Umstände aktenkundig zu machen, die in ihrer Gesamtschau geeignet sind, den Staatsanwalt davon zu überzeugen, daß die Anwendung des § 153 Abs. 1 StPO in Betracht kommt. In diesen Fällen ist nämlich abzusehen, daß man mit einer mündlichen Erörterung noch nicht zum Ziel käme, weil der Staatsanwalt mit Recht Wert darauf legen müßte, daß zunächst einmal die Einlassung des Mandanten in tatsächlicher Hinsicht vorgebracht wird. Man kann einen solchen Schriftsatz dann dem Staatsanwalt persönlich überbringen, um ergänzende mündliche Erläuterungen zum Anlaß zu nehmen, die Einstellungsfrage aufzuwerfen. Man kann aber auch die Reaktion des Staatsanwalts auf längere Verteidigungsschriften abwarten, bevor man mit ihm in eine mündliche Erörterung eintritt.

2. Die Verteidigungsschrift unmittelbar mit der Rückgabe der Akten wird eher die Ausnahme sein. Jedenfalls sollte man nicht die Rückgabe der Akten dadurch verzögern, daß ihr Inhalt erst noch mit dem Mandanten besprochen und die Verteidigungsschrift bearbeitet werden muß. Werden die Akten vor der Einreichung einer Verteidigungsschrift zurückgegeben, so sollte zur Vermeidung einer Anklage der Schriftsatz im Rückgabeschreiben angekündigt werden.

3. Die Entscheidung des Verteidigers, ob er seinem Mandanten hier empfiehlt, sich einer Vernehmung (stets im Beisein des Verteidigers!) zu stellen oder ob eine Verteidigungs-

schrift vorgezogen wird (zur Verteidigungsschrift allgemein vgl. *Hamm* StV 1982, 490) ist eine Frage des Einzelfalls. Oft ausschlaggebend dafür ist die Prognose, welchen persönlichen Eindruck der Mandant bei einer Vernehmung auf den Staatsanwalt macht, wie groß die Gefahr ist, daß er in der Vernehmungssituation in Verkennung der rechtlichen Relevanz unbedachte Äußerungen zu Protokoll gibt und wie sehr er überhaupt in der Lage ist, auch extreme emotionale Zustände zu beschreiben.

4. Bei der Verteidigung eines schuldigen Mandanten liegt ganz generell die Aufgabe des Verteidigers darin, alle Besonderheiten des Falles, die geeignet sind, die Tat einfühlbar erscheinen zu lassen, zu ermitteln und herauszuarbeiten. Die *Kriterien* für eine Anwendung des *§ 153 StPO* lassen sich in folgenden Gruppierungen auflisten:
– Nähe des Tatgeschehens an einem Rechtfertigungsgrund (z.B. Notwehr) (LR/*Rieß* § 153 Rdnr. 23)
– Nähe des Tatgeschehens an einem Schuldausschließungsgrund (z.B. gerade eben noch vorwerfbarer Verbotsirrtum) LR/*Rieß* a.a.O.)
– Untergeordnete Beteiligung bei der Beihilfe
– Nähe zur straflosen Vorbereitungshandlung bei Versuchstaten (LR/*Rieß* a.a.O.)
– Nähe zum untauglichen Versuch oder zum Wahnverbrechen bei Versuchstaten (LR/*Rieß* a.a.O)
– So hochgradiger Ausschluß der Steuerungsfähigkeit i.S.d. § 21 StGB, daß auch § 20 StGB nicht weit entfernt liegt
– Einfühlbarer Tatimpuls bzw. nicht verwerfliche Motive
– Handeln aus Not
– Verführung zur Tat durch dominante andere Täter (KK/*Schoreit* § 153 Rdnr. 28; *Cramer*, Festschrift für Maurach, S. 495)
– Geringe kriminelle Intensität (KK/*Schoreit* § 153 Rdnr. 28; LR/*Rieß* § 153 Rdnr. 24)
– Bemühen um Schadenswiedergutmachung (dazu sehr instruktiv aus der Zeit vor Einführung des § 153a StPO: Contergan-Fall, LG Aachen JZ 1971, 519; AG Nürnberg NJW 1974, 1668; BGH NJW 1990, 1000; LR/*Rieß* § 153 Rdnr. 24)
– Geringe verschuldete Tatfolgen (LR/*Rieß* a.a.O. m.w.Nachw.)
– Fehlende Vorstrafen (LR/*Rieß* a.a.O.; *Dreher/Tröndle* § 46 Rdnr. 24a)
– Staatlich veranlaßte oder geduldete Tatprovokation (BGHSt 32, 345; LR/*Rieß* a.a.O. Rdnr. 31)
– Überlange, nicht vom Beschuldigten zu vertretende Verfahrensdauer (BVerfG NJW 1984, 967; BGH NJW 1990, 1000; LR/*Rieß* a.a.O.)

3. Einstellung nach Erhebung der öffentlichen Klage (§ 153 Abs. 2 StPO)

An das
Amtsgericht[1]
6798 Kusel   24.2.19..

In der Strafsache
gegen
G... W...
– Az.: ...

zeige ich an, daß mich Herr W. nach Anklageerhebung mit seiner Verteidigung beauftragt hat. Strafprozeßvollmacht ist anliegend beigefügt.
Ich bitte mir die Akten zur Einsichtnahme zur Verfügung zu stellen. Eine Übersendung der Akten bedarf es dann nicht[2], wenn das Gericht mit Zustimmung der Staatsanwaltschaft

meiner Anregung folgt und das Verfahren gem. § 153 Abs. 2 StPO einstellt[1]. Herr W. erklärt hiermit durch mich seine Zustimmung[3] und kündigt gleichzeitig an, daß er eine Entscheidung, wonach davon abgesehen wird, seine notwendigen Auslagen der Staatskasse aufzuerlegen[4], nicht anfechten wird.[5]

Der Sachbearbeiter der Staatsanwaltschaft Kaiserslautern hat bei einem Telefongespräch mit dem unterzeichneten Verteidiger unter der Bedingung, daß Herr W. seine notwendigen Auslagen selbst trägt, seine Zustimmung zur Einstellung nach § 153 Abs. 2 StPO in Aussicht gestellt.

Für die sonstigen Voraussetzungen des § 153, insbesondere für die Einstufung des Verschuldens als gering und für das Fehlen eines öffentlichen Interesses an der Verfolgung sprechen folgende Besonderheiten des Falles:

......

...... (näher auszuführen[6])

Rechtsanwalt

Schrifttum: Siehe vor Form. IV. 1.

Anmerkungen

1. Mit Erhebung der öffentlichen Klage, worunter die Strafprozeßordnung stets sowohl eine Anklageerhebung als auch einen Antrag auf Erlaß eines Strafbefehls versteht, geht die Zuständigkeit für die Beendigung des Verfahrens wegen geringer Schuld von der Staatsanwaltschaft auf das für die Eröffnung des Hauptverfahrens (bzw. Erlaß des Strafbefehls) zuständige Gericht über (§ 153a Abs. 2 StPO). Die Entscheidung ergeht durch Beschluß (§ 153a Abs. 2 Satz 3 StPO), dies gilt unabhängig davon, ob die Einstellung außerhalb oder in der Hauptverhandlung erfolgt (*Kleinknecht/Meyer* § 153 Rdnr. 24). Ein solcher Beschluß lautet auf Einstellung und unterscheidet sich insofern von der entsprechenden Verfügung der Staatsanwaltschaft vor Anklageerhebung, die lediglich als „Absehen von der Verfolgung" tenoriert wird, auch wenn der eingefahrene Sprachgebrauch der beteiligten Behörden und Anwälte die terminologische Unterscheidung meist vergißt und auch die Entscheidung des Staatsanwaltes als „Einstellung" bezeichnet.

2. Der hier angebotene Verzicht auf Akteneinsicht für den Fall der Einstellung ist nur dann vertretbar, wenn der Sachverhalt einfach ist und man z.B. aus dem vorangegangenen Gespräch mit dem Staatsanwalt erfahren hat, daß die Akte praktisch nichts enthält außer der Strafanzeige, die man ohnehin bereits z.B. im Rahmen zivilrechtlicher Auseinandersetzungen als Kopie vom Gegenanwalt zugeschickt bekommen hat. In diesen Ausnahmefällen ist der bedingte Verzicht auf die Akteneinsicht für den Mandanten kein Risiko, erleichtert jedoch unter Umständen dem Gericht die Einstellungsentscheidung, weil sie ohne jeden nochmaligen Verwaltungsaufwand die sofortige Erledigung einer Sache erlaubt.

3. Nach der Anklageerhebung kann dem Angeschuldigten die Einstellung nach § 153 StPO nicht mehr „aufgedrängt" werden. Sie ist jetzt von seiner Zustimmung abhängig. Er kann also auch nicht gehindert werden, das Risiko einer Verurteilung auf sich zu nehmen mit dem Ziel, durch einen Freispruch voll rehabilitiert zu werden. Es wird jedoch höchst selten vorkommen, daß der Verteidiger dem Mandanten eine solche Haltung nicht auszureden versucht. Allerdings setzt das Gesetz, wie der Wortlaut eindeutig ergibt, eine Zustimmung „des Beschuldigten" voraus, so daß dem Verteidiger keine Dispositionsbefugnis aus eigenem Recht zusteht. Deshalb darf der Verteidiger gegen den ausdrücklichen Willen des Mandanten auch dann keine Zustimmung erklären, wenn er die Einstellung für die einzig sachgerechte Lösung hält und nicht bereit ist, die Verantwortung für das sonst gegebene Verurteilungsrisiko mit zu tragen. Notfalls hilft nur die Mandatsniederlegung.

4. Vorläufiges Absehen von der Erhebung der öffentl. Klage (§ 153a Abs. 1 StPO)   IV. 4

Die Zustimmung ist jederzeit widerrufbar, solange die Einstellung noch nicht erfolgt ist (*Kleinknecht/Meyer* § 153 Rdnr. 27), danach jedoch nicht mehr (KG JR 1978, 524; *Kleinknecht/Meyer* a. a. O.).

Die Zustimmungserklärung ist eine förmliche Prozeßhandlung und als solche bedingungsfeindlich (OLG Schleswig SchlHA, 83, 111; *Kleinknecht/Meyer* a. a. O.). Eine dennoch mit einer Bedingung versehene Zustimmung (z. B.: „...... wenn ich nicht meine notwendigen Auslagen selbst tragen muß") ist insgesamt unwirksam. Hat das Gericht dies übersehen, was gelegentlich vorkommt, so leidet der Einstellungsbeschluß unter einem Verstoß gegen zwingendes Recht und ist deshalb ausnahmsweise durch die einfache Beschwerde gem. § 304 StPO anfechtbar (KK/*Schoreit* § 153 Rdnr. 98, 99 m. w. Nachw.; OLG Karlsruhe NStZ 87, 42 m. w. Nachw.; LG Zweibrücken NJW 1990, 1247).

4. Da es bei der Einstellung nach § 153 Abs. 2 StPO um eine Ermessensentscheidung handelt, gilt für die Kostentragungspflicht § 467 Abs. 4, wonach wiederum nach dem Ermessen des Gerichts davon abgesehen werden kann, die notwendigen Auslagen der Staatskasse aufzuerlegen. Dabei soll nach herrschender Meinung das Maß an Wahrscheinlichkeit für eine Verurteilung ausschlaggebend sein (OLG Frankfurt NJW 1980, 2031 mit krit. Anm. *Kühl* NStZ 1981, 114).

5. Statt der Ankündigung, eine Entscheidung nach § 467 Abs. 4 nicht anzufechten, ist vielfach auch die Formulierung üblich, der Angeschuldigte sei „zur Tragung seiner Auslagen bereit". Wegen der Neigung der Gerichte, *solche* Erklärungen eines Angeschuldigten als schlechterdings verbindlich zu behandeln, ist die in der Literatur diskutierte Frage, ob die Belastung der Staatskasse dann überhaupt noch rechtlich in Betracht kommt, mehr von theoretischem Wert (vgl. *Kleinknecht/Meyer* § 467 Rdnr. 19 m. w. Nachw.).

6. Die Einzeldarlegungen zur Begründung der allgemeinen Voraussetzungen des § 153 StPO sind wiederum einzelfallspezifisch und können an den oben aufgelisteten Kriterien orientiert werden (Anm. 4 zu Form. IV. 2).

Vorläufige Einstellung zur Erfüllung von Auflagen (§ 153a StPO)

4. Vorläufiges Absehen von der Erhebung der öffentlichen Klage (§ 153a Abs. 1 StPO)

– „Andeutung"[1] einer Bereitschaft zur Zustimmung[2] innerhalb einer Verteidigungsschrift am Beispiel eines Falles aus dem Umweltstrafrecht[3] –

Staatsanwaltschaft
bei dem Landgericht
6000 Frankfurt am Main

In dem Verfahren
gegen
die Verantwortlichen der X...-GmbH
– Az.: ... –

gebe ich als Verteidiger des Geschäftsführers G. nach Einsichtnahme in die Ermittlungsakten folgende Stellungnahme zur Sache ab:
Der Schuldvorwurf gegen Herrn G., sich nach § 324 StGB einer unbefugten Gewässerverunreinigung schuldig gemacht zu haben, ist ebenso wie der strafrechtliche Vorwurf gegen die von mir nicht verteidigten anderen Mitarbeiter der X...-GmbH unbegründet.

I. Es wird deshalb beantragt,

das Verfahren gem. § 170 Abs. 2 StPO einzustellen.

Einzuräumen ist der Staatsanwaltschaft lediglich, daß die Abwassersituation auf dem Betriebsgelände der X...-GmbH dringend verbesserungsbedürftig ist. Dies beruht jedoch nicht auf einem Verhalten oder vorwerfbaren Unterlassen der Geschäftsleitung und der Mitarbeiter der X...-GmbH, sondern zum einen darauf, daß die produktionstechnische Ausstattung und das betriebseigene Kanalsystem bereits gegen Ende des vorigen Jahrhunderts gebaut worden sind und von den jetzigen Anteilseignern der GmbH sowie der Betriebsleitung bei Übernahme Mitte der 70er Jahre so vorgefunden wurden, zum anderen aber auch darauf, daß man seit nun schon über zehn Jahren versucht, sich mit der zuständigen Wasserbehörde auf eine Sanierungsart und Klärmethode zu verständigen, ohne daß bisher eine Einigung erzielt werden konnte, die ökologisch sinnvoll aber auch wirtschaftlich verkraftbar wäre.

Es war Herr G. selbst, der unmittelbar nach dem 1. Januar 1975, als er seinen Dienst als Geschäftsführer antrat, den Bau einer eigenen Kläranlage anordnete. Deren Planung hatte von da an im Unternehmen absoluten Vorrang. Da sich die Firma als mittelständischer Betrieb eine eigene Rechtsabteilung nicht leisten kann, wurde der auf dem Gebiet des Verwaltungsrechts erfahrene externe Anwalt, Herr Rechtsanwalt und Notar Dr. A. mit der Klärung der Genehmigungssituation, der Bearbeitung der erforderlichen Anträge und den Verhandlungen mit dem Regierungspräsidenten und dem Wasserwirtschaftsamt beauftragt.

Der jahrelange Verlauf dieser Verhandlungen, der sich in der den Ermittlungsbehörden vorliegenden Korrespondenz zwischen Rechtsanwalt Dr. A. und dem Regierungspräsidenten wiederspiegelt, ist ein beredtes Beispiel dafür, wie immer neue bürokratische Hemmnisse einer Überleitung des Rechtszustandes von der rechtzeitigen Anmeldung sogenannter alter Rechte i.S.d. § 15 des Wasserhaushaltsgesetzes in eine zeitgemäße Einleiterlaubnis im Wege standen.

...... (Im konkreten Fall näher auszuführen.)

Bei diesem Ablauf der Verhandlungen mit der zuständigen Behörde, der von Anfang an die hohe Belastung der laufend eingeleiteten Abwässer mit Schadstoffen bekannt war und die durch ein ständiges Heraufschrauben ihrer Bedingungen für den überfälligen Bau der Kläranlage objektiv eine Sanierung verhinderte, darf sich die Ungeklärtheit der Genehmigungssituation nicht zu Lasten des Betreibers im Sinne einer Strafbarkeit auswirken.

Dabei sollte die Frage, ob das Verhalten der Behörde als eine „vorläufige Erlaubnis" im Sinne einer aktiven Duldung rechtfertigend oder nur entschuldigend wirkt (vgl. *Lackner* StGB, 17. Aufl. 1987, § 324 Anm. 5 a, bb m.w.Nachw.), sekundär sein.

Jedenfalls fehlt es bei dem oben näher dargelegten Verhalten der Behörde am Merkmal „unbefugt" und damit an einem hinreichenden Tatverdacht, so daß eine Anklageerhebung nicht gerechtfertigt wäre.

II. Wir verkennen nicht, daß die Staatsanwaltschaft dies bisher anders beurteilt und insbesondere dem Umstand Bedeutung beimißt, daß die in den Labors der X...-GmbH freiwillig durchgeführten Analysen aus Abwasserproben vereinzelt einen bisher ungeklärten und in seiner Ursache auch unaufklärbaren Umschlag des gewöhnlich im sauren Bereich liegenden ph-Wertes in den basischen Bereich ergaben, der als solcher der Behörde nicht bekannt gemacht wurde.

Abgesehen davon, daß nach den bisherigen Erfahrungen mit der Verwaltungsbehörde diese eine solche Information, wenn sie erteilt worden wäre, mit Sicherheit nicht zum Anlaß genommen hätte, irgendetwas zur Beschleunigung des Genehmigungsverfahrens für den Bau der Kläranlage zu unternehmen, so sollte bei der Abschlußverfügung, wenn die Staatsanwaltschaft ihre bisherige Beurteilung der Beweis- und Rechtslage beibehalten sollte, doch berücksichtigt werden, daß offensichtlich das laufende Ermittlungsverfahren, das sich ja auch gegen Beamte des Regierungspräsidenten richtet, sowohl in wasserrechtlicher als auch in baurechtlicher Hinsicht zu einer Beschleunigung der dortigen Bearbeitung geführt hat, so daß jetzt die Genehmigungen vorliegen. Daraufhin konnte die X...-GmbH, was sie auch unverzüglich getan hat, die Aufträge an die bauausführenden Firmen erteilen. Mit dem Bau der Kläranlage kann somit bereits in den nächsten Tagen begonnen werden. Herr G. hat äußersten Wert darauf gelegt, daß in den Verträgen mit den Firmen ein möglichst nahes Fertigstellungsdatum fest vereinbart und durch Vertragsstrafenregelungen abgesichert worden ist. Damit wird bereits in acht Monaten mit dem Einfahren der Kläranlage begonnen werden können.

Da es unzumutbar wäre, bis dahin den gesamten Produktionsbetrieb der X...-GmbH stillzulegen (nur so könnte die Einleitung der noch ungeklärten Abwässer vermieden werden), sollten die ernsthaften und stetigen Bemühungen des Herrn G. und seiner Mitarbeiter um eine Verbesserung der Abwassersituation auch von der Staatsanwaltschaft honoriert werden, indem jedenfalls die Erhebung einer öffentlichen Klage vermieden wird.

Falls die Staatsanwaltschaft sich zu einer Einstellung des Verfahrens gem. § 170 Abs. 2 StPO nicht entschließen kann, rege ich an, daß in einem Gespräch zwischen dem sachbearbeitenden Staatsanwalt und mir die gegenseitigen Standpunkte noch einmal ausgetauscht und vertieft werden, um ggf. daran auch Überlegungen über gesetzliche Möglichkeiten der Beseitigung des öffentlichen Interesses an der Strafverfolgung anzuknüpfen.

Ich werde mir erlauben, Herrn Staatsanwalt St. dieserhalb in den nächsten Tagen anzusprechen.

Rechtsanwalt

Schrifttum: siehe vor Form. IV. 1.

Anmerkungen

1. So wie sich das Schwergewicht der Verteidigung in der Praxis von der Hauptverhandlung in das Ermittlungsverfahren verlagert hat (vgl. *Richter* StV 1985, 382), so ist auch ein Dilemma des Verteidigers von der Hauptverhandlung ins Ermittlungsverfahren sozusagen mitgewandert: Die Schwierigkeit, die Argumentation zu den Rechtsfolgen so zu „verpakken", daß sie den Vortrag zu dem primär verfolgten Ziel einer vollständigen Sanktionslosigkeit nicht abwertet. Der Verteidiger, der in einem flammenden Plädoyer in der Hauptverhandlung zunächst die Freisprechung seines Mandanten beantragt und dann unvermittelt Ausführungen darüber macht, weshalb aber jedenfalls die Strafe nicht höher als drei Jahre sein dürfe, begeht einen Kunstfehler. Dasselbe gilt aber auch für den Verteidiger, der im Ermittlungsverfahren in einer Verteidigungsschrift die Einstellung nach § 170 Abs. 2 StPO als die einzig vertretbare Lösung des Falles hinstellt, dann aber anregt, nach § 153a Abs. 1 mit der Auflage einer Zahlung einer Geldbuße an eine gemeinnützige Einrichtung von der Verfolgung vorläufig abzusehen.

Als bewährte Technik zur Vermeidung derartiger Selbstwiderlegungseffekte hat sich im Plädoyer in der Hauptverhandlung eingespielt das Vorziehen hypothetischer Strafzumessungserwägungen an den Anfang des Schlußvortrages in Erwiderung auf das Plädoyer des Staatsanwaltes, bevor man das eigene Hauptanliegen (Freispruch) begründet. („Die Beweiswürdigung des Herrn Staatsanwalts halte ich aus den Gründen, die ich noch vortragen werde, für unrichtig. Aber selbst wenn ich einmal versuche, mich in seine Rolle zu versetzen und wenn ich mir weiterhin vorstelle, was mir schwerfällt, ich wäre dann zur Überzeugung gekommen, daß Herr X. die ihm vorgeworfene Tat wirklich begangen hat, dann hätte ich doch auch als Staatsanwalt die folgenden Strafmilderungsgründe nicht verschwiegen und bei meinem Strafantrag nicht unberücksichtigt lassen dürfen: ......")

Andererseits kommt es aber auch vor, daß man in der Hauptverhandlung immer noch einen Freispruch für begründbar hält, daß man jedoch aus sicheren Anzeichen weiß, daß ein Freispruch jedenfalls in dieser Instanz nicht mehr erzielbar ist. Das sind nicht nur die Fälle, in denen das Gericht sich in seiner Beweiswürdigung zu früh festgelegt hat und damit wegen Besorgnis der Befangenheit ablehnbar ist. Die „Früherkennung" der richterlichen Überzeugungsbildung ist vielmehr eine verteidigungsstrategisch wichtige Aufgabe, deren Erfüllung viele Anwälte sich durch voreilige Ablehnungsgesuche selbst unmöglich machen (vgl. *Hamm,* Festschrift für Peters, 1984, S. 169 ff).

Liegt ein solcher Fall vor, daß man die Überzeugung des Gerichts von der Schuld des Angeklagten bereits kennt, so haben die Ausführungen zur Begründung des Freispruchs ihrerseits nur eine formale Funktion, nämlich sicherzustellen, daß man sich in späteren Instanzen nicht in Widerspruch zu seinem eigenen früheren Verteidigungsvorbringen setzt. Dann kann es durchaus sachgerecht sein, noch einen letzten Versuch zu unternehmen, das Gericht in der Schuldfrage umzustimmen, um erst daran anschließend das Schwergewicht der Argumentation in die „Hilfserwägungen" zur Strafzumessungsfrage zu legen. Dabei kann man sich auch den Umstand zunutze machen, daß einige der zuvor für den Freispruch vorgebrachten Argumente (z.B. Notwehrsituation) in abgeschwächter Form auch als Strafmilderungsgründe anwendbar sind.

In solchen Fällen, in denen der Verteidiger erkennt, daß das Instanzgericht ohnehin nicht freisprechen wird, wirkt ein Plädoyer, in dem man die Notwendigkeit von Strafzumessungserwägungen als allenfalls höchst hilfsweise erforderlich darstellt, oft zu gekünstelt. Damit kann der notwendige Kommunikationskontakt zu dem angesprochenen Gericht psychologisch völlig abreißen, so daß das gesamte Plädoyer ohne Wirkung bleibt.

Ganz ähnlich ist die Situation im Ermittlungsverfahren, wenn man einem Staatsanwalt die Bereitschaft des Mandanten, einer Einstellung nach § 153a StPO zuzustimmen, signalisieren möchte, sich aber auch die Möglichkeit offenhalten will, falls eine solche Einigung nicht zustandekommt, weiterhin für eine Einstellung nach § 170 Abs. 2 StPO bzw. nach Anklageerhebung für eine Nichteröffnung des Hauptverfahrens oder für einen Freispruch einzutreten. Auch hier entsteht immer wieder das Problem, daß eine ausdrückliche Anregung, nach § 153a StPO zu verfahren, erst einmal dazu führt, daß der Staatsanwalt die Möglichkeit einer Einstellung nach § 170 Abs. 2 StPO völlig „vergißt". Andererseits gibt es auch hier die Situation, daß man nicht zuletzt dank der stattgefundenen Gespräche mit dem Staatsanwalt dessen festgefahrene Meinung kennt, wonach ein hinreichender Tatverdacht besteht, der Mandant andererseits nicht „für jeden Preis" bereit ist, dem Staat seinen (vermeintlichen?) Strafanspruch „abzukaufen". Der Verteidiger befindet hier zwischen Skylla und Charybdis: Mit der Anregung nach § 153a fällt er vielleicht dem eigenen Mandanten in den Rücken, während er dadurch, daß er allein auf die Karte § 170 Abs. 2 StPO setzt, es dem Staatsanwalt unter Umständen unmöglich macht, von sich aus den Kompromiß des § 153a StPO mit maßvollen Auflagen anzubieten.

Für solche Fälle wird hier die Möglichkeit vorgestellt, wiederum zur Wahrung und Aufrechterhaltung aller Verteidigungsmöglichkeiten den Antrag, das Verfahren gem. § 170 Abs. 2 StPO einzustellen, formell in den Vordergrund einer Verteidigungsschrift zu stellen, auch wenn bereits aufgrund der vorangegangenen mündlichen Erörterungen klar ist, daß dem der Sachbearbeiter der Staatsanwaltschaft nicht folgen wird. Mit der „hilfsweise" begründeten und ausgeführten Bitte, falls der Staatsanwalt auf seinem bisherigen Standpunkt beharrt, ein erneutes Gespräch zu führen, kann man als Verteidiger „den Fuß in der Tür behalten". Die mögliche Bereitschaft, einem Verfahren nach § 153a Abs. 1 StPO sozusagen dem Grunde nach zuzustimmen, wird lediglich angedeutet. Damit wird eine Brücke gebaut, aber noch nicht betreten.

2. Wegen des gegenüber § 153 StPO erhöhten Verdachtsgrades (LR/*Rieß* § 153a Rdnr. 31 f) aber auch wegen der Zweistufigkeit des Verfahrens (vorläufige Einstellung bis zur Erfüllung der Auflagen, endgültige Einstellung danach) und insbesondere auch wegen des

5. Vorläufiges Absehen von der Erhebung der öffentl. Klage (§ 153a Abs. 1 StPO) IV. 5

Sanktionscharakters der Auflagen bedarf hier auch bereits die Entscheidung der Staatsanwaltschaft im Ermittlungsverfahren der Zustimmung des Angeklagten. (Im einzelnen hierzu vgl. oben Anm. 1 zu Form. IV. 1).

3. Fälle aus dem Umweltstrafrecht eignen sich nicht deshalb besonders gut dazu, auch bei massiver Rechtsgutbeeinträchtigung § 153a StPO anzuwenden, weil die Staatsanwaltschaften die rechtspolitischen Zeichen der Zeit und die Popularität des Umweltschutzes nicht erkannt hätten (das Gegenteil ist inzwischen der Fall), sondern weil wegen der Verwaltungsakzessorietät und wegen des immer noch zu beobachtenden Vollzugsdefizites der einschlägigen Verwaltungsvorschrift hier noch sehr häufig die ökologische Beeinträchtigung außerhalb jeden Verhältnisses zum Schuldgehalt beispielsweise eines Abwassereinleiters steht, dem nichts weiter vorzuwerfen ist, als daß er die zuständige Aufsichtsbehörde in ihrem Verhalten „ernstgenommen" hatte. Es kommt die weitgehend noch ungeklärte verfassungsrechtliche Haltbarkeit der Blankettbestimmungen der §§ 324ff StGB hinzu (vgl. dazu *Lackner* StGB, 17. Aufl., 1987, Anm. 1, b, bb vor § 324; *Kühl*, Festschrift für Lackner, 1987, S. 815).

4. In Wirtschaftsstrafsachen im allgemeinen, aber auch in Umweltstrafsachen im besonderen richtet sich sehr häufig das Verfahren in der Sache gegen Verhaltensweisen eines gesamten Unternehmens bei zunächst noch unklarer interner strafrechtlicher Verantwortlichkeit. Daraus ergibt sich, daß vielfach die Interessen des Gesamtunternehmens bis zu dem Untersuchungsstand, bei dem nur noch die persönliche Veranwortlichkeit einzelner Mitarbeiter in Streit steht, völlig parallel verlaufen. Es begegnet in diesen Fällen keinen Bedenken, wenn der Verteidiger etwa des Geschäftsführers in seinem Verteidigungsvorbringen die Gründe mit abhandelt, aus denen es auf die interne persönliche Zuordnung eines Verhaltens nicht ankommt. Dies gilt unabhängig davon, ob die anderen Mitarbeiter je eigene Verteidiger beauftragt haben oder zunächst noch unverteidigt bleiben. Der Verteidiger des Geschäftsführers wird sich jedoch tunlichst einer Meinungsäußerung darüber enthalten, ob die Mitarbeiter andere Kollegen mandatieren sollten. So etwas könnte allzu leicht als Einflußnahme unter Ausnutzung eines (insoweit nicht bestehenden) Weisungsrechts des Firmenchefs verstanden werden.

5. Vorläufiges Absehen von der Erhebung der öffentlichen Klage (§ 153a Abs. 1 StPO)

– Anregung[1] zur Einstellung mit konkretem Entscheidungsvorschlag[2] für Auflagen (Wiedergutmachungsleistung[3]) –

In dem Ermittlungsverfahren
gegen
K... Sch...
– Az.: ... –

gebe ich die mir überlassene Akte anliegend mit verbindlichem Dank zurück und reiche gleichzeitig in weiterer Anlage die dienstliche Stellungnahme zu den Akten, die Herr Sch. unter dem 4. März 1986 gegenüber seinem Dienstherrn abgegeben hat.[4] Der Inhalt wird hiermit auch zum Gegenstand seiner Einlassung im Ermittlungsverfahren gemacht.
Weiterhin füge ich die Disziplinarverfügung des Präsidenten der Bundesanstalt für Flugsicherung vom 18. Januar 1987 bei, aus der sich ergibt, daß im Disziplinarverfahren das Verschulden des Herrn Sch. lediglich als leichte Fahrlässigkeit bewertet wurde und daß er eine Geldbuße in Höhe von 1.200,– DM zu zahlen hatte.

Ich rege an,[1] das Verfahren gem. § 153a StPO einzustellen. Nachdem bereits die Geldbuße in Höhe von 1.200,– DM nach der Disziplinarverfügung an die Staatskasse zu zahlen war, sollte die Auflage im Rahmen des § 153a StPO nunmehr dem Verletzten, Herrn L. zugute kommen. Sie sollte andererseits aber den Betrag von 1.200,– DM nicht übersteigen, zumal damit etwaige weitergehende zivilrechtliche Schadensersatzansprüche ohnehin unberührt bleiben.

Rechtsanwalt

Schrifttum: siehe vor Form. IV. 1.

Anmerkungen

1. Entgegen einem verbreiteten Brauch (vgl. z.B. *Weihrauch,* Verteidigung im Ermittlungsverfahren, Rdnr. 198) sollte man hier die Bezeichnung des Begehrens als „Antrag" vermeiden, und zwar aus folgenden Gründen: nach der gesetzlichen Konzeption ist es nicht der Beschuldigte, der die Initiative zur Einstellung ergreift. Er wird lediglich vom Staatsanwalt gefragt, ob er zustimmt. Diese Verfahrensstruktur ist keine Degradierung des Beschuldigten vom Verfahrenssubjekt zum Verfahrensobjekt, sondern sollte vom Verteidiger auch als ein willkommenes Zugeständnis verteidigungstaktischer Überlegungen gewertet werden. Die im Gegensatz zu § 153 StPO apodiktisch formulierte Voraussetzung eines geringen Verschuldens („bei geringer Schuld"; vgl. dazu *Kleinknecht/Meyer* Rdnr. 6 zu § 153a StPO) macht sich der Verteidiger zu eigen, wenn er ausdrücklich einen Antrag stellt. Ein solcher wird nämlich allgemein so verstanden, als bejahe der Antragsteller positiv sämtliche Voraussetzungen der von ihm begehrten Verfahrensweise. Das gilt nicht in gleichem Maße für denjenigen, der einem von der „Gegenpartei" vorgeschlagenen Verfahren lediglich zustimmt. Eine solche Erklärung bedeutet nämlich nichts weiter, als daß der Beschuldigte bereit ist, sich den vorgeschlagenen Auflagen und Weisungen zu unterwerfen. Sie nimmt dagegen nicht Stellung zur Verschuldensfrage, weshalb es durchaus zulässig und in vielen Fällen auch empfehlenswert ist, mit der Zustimmungserklärung die ausdrückliche Klarstellung zu verbinden, darin läge kein Eingeständnis eines (wenn auch geringen) Verschuldens (vgl. dazu unten Form. IV. 6).
Eine ähnliche konkludente Distanzierung vom Schuldvorwurf liegt in der Ersetzung des Wortes Antrag durch das Wort Anregung. Auch damit wird ähnlich wie durch das Wort Zustimmung die Motivation für die Einwilligung in die verfahrensabkürzende Einstellungsform offengelassen.
In Fällen, in denen auch eine Einstellung des Verfahrens gemäß § 170 II StPO vertretbar, aber nicht zu erwarten ist, kann es sich empfehlen, einen solchen Antrag zu stellen und in der Begründung gleichsam als „Hilfslösung" die Möglichkeit einer Entscheidung nach § 153a StPO nur anzudeuten (vgl. dazu ein Beispiel aus dem Umweltstrafrecht u. Form. XII. E).

2. Der Fall ist so gebildet, daß der Staatsanwalt seine grundsätzliche Bereitschaft zur Einstellung des Verfahrens gem. § 153a StPO bekundet, sich jedoch eine nochmalige Überprüfung der Auflagenart und -höhe vorbehalten hat.

3. Die Befriedungsfunktion der Wiedergutmachung auch im Hinblick auf die Opferorientierung vieler Staatsanwälte bei der Behandlung von Straftaten gegen höchstpersönliche Rechtsgüter, wird in der Praxis von den Verteidigern viel zu sehr vernachlässigt. Dies ist um so erstaunlicher, als zwar regelmäßig mit der Einstellungsverfügung die Klarstellung verbunden wird, daß dem Verletzten mit der strafprozessual angeordneten Wiedergutmachung nicht das Recht abgeschnitten wird, einen etwaigen weitergehenden Schaden zivilrechtlich geltend zu machen (vgl. *Kleinknecht/Meyer* § 153a Rdnr. 15), daß jedoch immer-

6. Vorläufiges Absehen von der Erhebung der öffentl. Klage (§ 153a Abs. 1 StPO) IV.6

hin die Wiedergutmachung auf den zivilrechtlichen Schadensersatzanspruch angerechnet wird und damit ein gewisser Sockelbetrag, der geeignet wäre, im Wege einer Teilklage mit vermindertem zivilrechtlichen Prozeßrisiko geltend gemacht zu werden, damit erst einmal abgedeckt ist. Über die Wiedergutmachungsauflagen können sich auch Vorgespräche mit dem Verletzten selbst bzw. seinem anwaltlichen Berater empfehlen (vgl. dazu oben Form. IV. 1 Anm. 4 und *Weihrauch* Rdnr. 157ff.).

4. Bei Beschuldigten, die im öffentlichen Dienst stehen, findet regelmäßig neben dem strafrechtlichen Ermittlungsverfahren ein Disziplinarverfahren statt. Da erst nach Erhebung der öffentlichen Klage das Disziplinarverfahren bis zur Beendigung des Strafverfahrens auszusetzen ist (§ 17 Abs. 1 BDO und die entsprechenden Vorschriften in den Disziplinargesetzen der Länder), läßt sich die Parallelität der beiden Verfahren dann zum Vorteil des Mandanten ausnutzen, wenn sich abzeichnet, daß das Disziplinarverfahren kurzfristig zu einem Ergebnis zu führen ist, das den Weg zur Einstellung auch des Strafverfahrens ebnet. Das ist z.B. immer dann der Fall, wenn die Kenntnis von Behördeninterna oder den spezifischen Gefahren des betreffenden Sachgebietes von den Bearbeitern des Disziplinarverfahrens eher erwartet werden kann, als vom fachfremden Staatsanwalt.

In dem dem Musterschriftsatz zugrundeliegenden Beispielsfall handelte es sich um einen von einem Fluglotsen verschuldeten Unfall auf dem Rollfeld des Flughafens (er hatte die Rollbahn einer startenden Großraummaschine freigegeben, obwohl sich darauf noch ein Inspektionsfahrzeug befand, dessen Fahrer bei der Kollision verletzt wurde). Das Fehlverhalten des Beschuldigten war nur dann verständlich, wenn man seine aktuelle Überforderung in der konkreten Situation in Rechnung stellte, was wiederum eine genaue Kenntnis der Abläufe an seinem Arbeitsplatz voraussetzte. Der Staatsanwalt, dem zunächst ein solcher gefährlicher Fehler (der Unfall hätte insbesondere für das mit über 300 Personen voll besetzte Flugzeug auch in eine Katastrophe münden können) völlig unverzeihlich erschien, schloß sich bei der Bewertung des Verschuldens der einfühlsamen Beurteilung des Beamten des Bundesamtes für Flugsicherung an und stellte das Verfahren mit der im Musterschriftsatz angebotenen Auflage ein.

6. Vorläufiges Absehen von der Erhebung der öffentlichen Klage (§ 153a Abs. 1 StPO)

– Anregung zur Einstellung mit konkretem Entscheidungsvorschlag für Auflagen (Geldbuße an gemeinnützige Einrichtung oder Staatskasse nach vorheriger Teileinigung[1] mit der Staatsanwaltschaft)[1] –

**Staatsanwaltschaft
bei dem Landgericht
6450 Hanau**

In der Strafsache
gegen
F... M...
– Az.: ... –

konnte in einer ausführlichen Erörterung der Sach- und Rechtslage mit Herrn Staatsanwalt X Einigkeit darüber erzielt werden, daß das Verfahren gem. § 153a StPO eingestellt werden kann. Lediglich über die Höhe[2] und den Adressaten[3] der Herrn M. aufzuerlegenden Geldzahlung bestehen bisher noch unterschiedliche Auffassungen. Nach nochmaliger Rücksprache mit meinem Mandanten mache ich deshalb für die von Herrn Staatsanwalt X

angekündigte Erörterung mit dem Herrn Leitenden Oberstaatsanwalt folgendes aktenkundig:
Herr M. ist bereit, eine Einstellung des Verfahrens gem. § 153a StPO gegen Zahlung einer Geldbuße von maximal 500,– DM an den Bund für Umweltschutz oder an eine andere von der Staatsanwaltschaft zu benennende, als gemeinnützig anerkannte Einrichtung, die sich dem Schutz der Umwelt verschrieben hat, zu zahlen. Herr M. möchte auf diese Weise einen sinnvollen vorwurfsbezogenen Ausgleich dafür schaffen, daß er sein 10 Jahre altes, weitgehend verrostetes Mofa mit gefülltem Tank nach dem Unfall auf der Landstraße zwischen Bergen-Enkheim und Hanau aus Ärger über den Totalschaden im Wald hat liegenlassen, wo es zwei Wochen später von dem Polizeibeamten P. gefunden und zum Anlaß für eine Strafanzeige wegen umweltgefährdender Abfallbeseitigung gem. § 326 StGB genommen wurde.
Es soll auch noch einmal ausdrücklich klargestellt werden, daß mit der Zustimmung zur Einstellung gem. § 153a StPO kein Geständnis des Herrn M. verbunden ist.[4] Lediglich aus prozeßökonomischen Gründen und wegen seines genannten Anliegens, durch die Wahl des Adressaten der Geldbuße zu zeigen, daß er den Belangen des Umweltschutzes alles andere als feindlich gegenüber eingestellt ist, ist Herr M. mit dieser Verfahrensweise einverstanden. Im Falle einer Hauptverhandlung würde, wie bereits mündlich dargelegt, Herr M. geltend machen, daß das Zurücklassen des Mofas aus der momentanen Verärgerung und dem Unfallschock heraus erklärbar ist und daß er lediglich nicht mehr dazu kam, das Mofawrack noch abzuholen, bevor er gleich am nächsten Tag in einen Monate vorher gebuchten Auslandsurlaub flog, von dem er erst zurückkehrte, als das Ermittlungsverfahren schon eingeleitet war. Damit dürfte es an dem Tatbestandsmerkmal des „Lagerns" aber auch dem des „Ablagerns" fehlen.
Darin, daß Herr M. dennoch bereit ist, einen Betrag von 500,– DM an eine gemeinnützige Einrichtung, die sich dem Umweltschutz verschrieben hat, zu zahlen, dient er den Zwecken des Umweltstrafrechts sehr viel mehr, als es durch eine Geldstrafe oder eine Geldbuße an die Staatskasse erreicht werden könnte.
Zudem erscheint die von der Staatsanwaltschaft „geforderte" Geldzahlung in Höhe von 1.500,– DM bei weitem übersetzt angesichts der Tatsache, daß ein Umweltschaden, vor dem § 326 StGB schützen soll, auch dann nicht eingetreten wäre, wenn man das Vorliegen des Gefährdungstatbestandes bejahen wollte, was auch deshalb zweifelhaft ist, weil es von den Ermittlungsbehörden versäumt wurde, die Menge der inzwischen beseitigten Tankfüllung zu messen.
Entscheidend dürfte jedoch der Gesichtspunkt sein, daß mit der von Herrn M. „angebotenen" Zahlung von ihm ein Zeichen gesetzt wird, das die Staatsanwaltschaft auch als Beweis für Reue und Wiedergutmachungsbereitschaft werten sollte, das mehr wiegt als manch ein taktisches Geständnis.

Rechtsanwalt

Schrifttum: siehe vor Form. IV. 1.

Anmerkungen

1. Nicht selten führen die Verhandlungen mit dem zuständigen Staatsanwalt zu dem Ergebnis, daß eine Anwendung des § 153a Abs. 1 StPO zwar „dem Grunde nach" von beiden Seiten befürwortet wird, aber über die Modalitäten noch eine Annäherung aussteht. Hier sitzt zwar regelmäßig der Staatsanwalt am längeren Hebelarm, wenn nämlich wegen des sonst bestehenden Verurteilungsrisikos der Beschuldigte „um jeden Preis" die Einstellung gem. § 153a StPO einer Fortführung des Verfahrens vorziehen muß. Aber vielfach werden auch die Möglichkeiten des Verteidigers, z.B. bei der Höhe der zu bemes-

6. Vorläufiges Absehen von der Erhebung der öffentl. Klage (§ 153a Abs. 1 StPO) IV.6

senden Geldbuße ein Wort mitzureden, verkannt oder verspielt. Hier ist durchaus so etwas ähnliches wie kaufmännisches Verhandlungsgeschick gefragt, das jedenfalls dann nicht besteht, wenn der Verteidiger vor lauter Begeisterung über die Anregung des Staatsanwalts nach § 153a StPO zu verfahren, sofort dessen Bedingungen akzeptiert. Freilich gilt für den Verteidiger ebenso wie für den Staatsanwalt (KK/*Schoreit* § 153a Rdnr. 41; *Kleinknecht/ Meyer* § 153a Rdnr. 30; LR/*Meyer-Gossner* § 153a Rdnr. 30), daß diese Verhandlungen nicht in ein unwürdiges Feilschen ausarten dürfen.

Der geschickte Verteidiger wird sich in dieser Situation ähnlich verhalten wie der Zivilanwalt bei Vergleichsverhandlungen, an denen sein Mandant nicht teilnimmt. Er wird die subjektive Sicht des Mandanten zur Sprache bringen und wird auch kenntlich machen, wo er dessen Standpunkt teilt. Im wohlverstandenen Interesse des Mandanten kann es sogar auch einmal liegen, sich partiell von seiner Sicht der Dinge zu distanzieren, etwa wenn er ein fehlendes Unrechtsbewußtsein geltend macht und der Verteidiger dem Staatsanwalt gegenüber seine eigene Beurteilung einräumt, wonach es möglicherweise schwierig werden könnte, ein Gericht von der Unvermeidbarkeit des Verbotsirrtums zu überzeugen (z.B., wenn er in einem früheren Prozeß wegen des gleichen Vorwurfs schon wegen Verbotsirrtums freigesprochen worden ist). Der Verteidiger kann auf diese Weise das Gesprächsklima verbessern, um auch die Bereitschaft des Staatsanwalts zu erhöhen, die zu Gunsten des Mandanten sprechenden Umstände gebührend zu würdigen.

Eine endgültige Verständigung scheitert oft daran, daß den Staatsanwalt das betreffende Gespräch unvorbereitet trifft und er aufgrund innerdienstlicher Regeln gehalten ist, einen Verfahrensabschluß nach § 153a StPO mit seinem Abteilungsleiter oder auch wie in dem hier vorgestellten Musterfall mit dem Behördenleiter abzustimmen. Das betrifft nicht nur die sogenannten Berichtssachen, bei denen die Staatsanwaltschaft die ihr vorgesetzten Behörden (Generalstaatsanwaltschaft, Justizministerium) regelmäßig über den Stand des Verfahrens und über wichtige bevorstehende Verfahrensschritte unterrichten muß. Bei kleineren Staatsanwaltschaften behält sich oft der Behördenleiter ein Mitspracherecht generell in solchen Fällen vor, die besonders von der Öffentlichkeit beachtet werden. Dafür reicht manchmal auch ein potentielles Interesse der Medien an dem Fall aus, was z.Zt. bei Umweltstrafsachen immer anzunehmen ist.

Macht der Staatsanwalt seine Zustimmung und die Bedingungen einer Einstellung des Verfahrens nach § 153a Abs. 1 StPO von dem Ergebnis eines noch bevorstehenden Gesprächs mit seinem Abteilungs- oder Behördenleiter abhängig, so kann es sich empfehlen, vorzuschlagen, dieses Gespräch gemeinsam zu führen. Wenn jedoch „Hierarchieempfindlichkeiten" sichtbar sind, so tut man jedoch besser daran, zuerst den Sachbearbeiter zu überzeugen, und ihm dabei noch eine schriftliche ergänzende Argumentationshilfe anzukündigen. Damit entsteht die Ausgangssituation für das hier vorgeschlagene Schriftsatzmuster.

2. Zur Höhe der Geldbuße hat sich bei vielen Staatsanwaltschaften die Faustregel eingebürgert, auf eine „an sich verwirkte" Geldstrafe einen bestimmten Prozentsatz (verbreitet: 50%) als Ausgleich für die Rechtswohltat der Nichtaufnahme in das Bundeszentralregister zu verlangen. Diese Methode ist schon deshalb fragwürdig, weil sie an die unzuverlässige Prognose der richterlichen Strafzumessung anknüpft oder sich an einem die Besonderheiten des Einzelfalles nicht berücksichtigenden Taxensystem orientiert. Ließen sich diese Bedenken noch überwinden, solange nur eine ungefähre Orientierung an vergleichbaren Fällen mit dem Ziel stattfindet, den Verhältnismäßigkeitsgrundsatz bei der Anwendung des § 153a StPO zu beachten (vgl. KK/*Schoreit* § 153a Rdnr. 25), so ist mit Sinn und Zweck des § 153a vollends unvereinbar, die Geldbuße höher anzusetzen als die gedachte Geldstrafe. Bekanntlich ist Voraussetzung für die Anwendung des § 153a StPO, daß nur ein geringes Verschulden vorliegt *und* die Auflagen und Weisungen geeignet sind, das öffentliche Interesse an der Strafverfolgung zu beseitigen. Da die in die Strafzumessung einfließenden Strafzwecke nur zum Teil am öffentlichen Interesse, im übrigen aber auch

am Individualinteresse des Beschuldigten orientiert sind (vgl. § 46 StGB), kann der Verzicht auf die Verfolgung des öffentlichen Interesses nicht „teurer" sein als die Strafe. Die von Staatsanwälten in diesem Zusammenhang immer gern ins Feld geführte „Rechtswohltat", daß die Einstellung nach § 153 a StPO nicht ins Bundeszentralregister eingetragen wird, gehört zu den zwangsläufigen Folgen der Anwendung dieser Vorschrift. Dem Verzicht auf den Strafanspruch des Staates fügt die Nichteintragung im Bundeszentralregistergesetz also nichts hinzu, das für sich genommen noch einmal „preiserhöhend" wirken dürfte. So wie bei der Strafzumessung ein bereits zum Straftatbestand gehörender Umstand nicht noch straferhöhend berücksichtigt werden darf (§ 46 Abs. 3 StPO), so wenig darf sich das Vorliegen sämtlicher Voraussetzungen für die Anwendung des § 153 a StPO noch einmal sanktionsverschärfend auswirken. Umgekehrt ausgedrückt heißt das: wenn nicht einmal die Höhe der gedachten Geldstrafe als Sanktion nach § 153 a StPO ausreicht, das öffentliche Interesse zu beseitigen, so könnte die Vorschrift eigentlich gar nicht anwendbar sein.

Aber in vielen Fällen sind derartige dogmatische Differenzierungen auch wenig hilfreich, wenn nämlich der Staatsanwalt von seinen Bedingungen nicht abrückt und als einzige Alternative die Weiterführung des Verfahrens ankündigt.

3. Die Mandanten haben gewöhnlich eine verständliche Abneigung dagegen, daß die Zahlungsauflage gem. § 153 a StPO zu Gunsten der Staatskasse erfolgt. Dadurch wird die Nähe zur Geldstrafe oder auch zur Geldbuße des Ordnungswidrigkeitenrechts zu sehr sichtbar. Bei Fiskaldelikten oder bei Verfahren mit ungewöhnlich hohen Verfahrenskosten besteht gewöhnlich der Staatsanwalt auf der Zahlung an die Staatskasse. Dies ist in diesen Fällen auch einzusehen und vom Verteidiger dem Mandanten zu vermitteln. Andererseits kann in Fällen ohne ein Übergewicht fiskalischer Interessen von der Staatsanwaltschaft erwartet werden, daß sie sich dem Wunsch des Beschuldigten auf Herstellung eines Sachbezuges nicht verschließt und diesen sogar anerkennend bei der Bemessung der Schuld (Tatnachverhalten § 46 Abs. 1 StGB!) und damit auch bei der Bemessung der Zahlungshöhe berücksichtigt. Neben dem im Text vorgeschlagenen Sachbezug kommen z.B. auch in Betracht die Zahlung an eine Organisation zur Hilfe für Drogensüchtige bei einem BtMG-Verstoß, an eine Gesundheitshilfsorganisation bei Körperverletzung usw.

Man darf jedoch auch den Versuch, einen Sachbezug zwischen der Tat und dem Empfänger der Zahlung herzustellen, nicht übertreiben, und man sollte auch geschmacklose Anspielungen vermeiden (z.B. gezieltes Angebot zur Zahlung an eine gemeinnützige Einrichtung, die unter der Schirmherrschaft eines Politikers steht, der bekanntermaßen schon einmal vom Vorwurf des Meineides freigesprochen worden ist, in einem Verfahren wegen Falschaussage). Auch der Wunsch eines Beschuldigten in einem Parteispendenverfahren, die Zahlung an amnesty international leisten zu dürfen, wurde von der Staatsanwaltschaft abgelehnt, als der Sachbearbeiter durchschaute, daß damit zum Ausdruck gebracht werden sollte, es handele sich bei dem Verfahren um eine „politische" Verfolgung.

Nach herrschender Meinung braucht die durch die Zahlungsauflage begünstigte gemeinnützige Einrichtung diesen Status nicht im Sinne des Steuerrechts verliehen bekommen zu haben (KK/*Schoreit* § 153 a Rdnr. 26; *Kleinknecht-Meyer* § 153 a Rdnr. 18; LR/ *Meyer-Gossner* § 153 a Rdnr. 31 a.M. KMR/*Müller* § 153 a Rdnr. 6).

4. Vgl. dazu Form. IV. 5 Anm. 4.

7. Nach Erhebung einer Anklage (§ 153 a Abs. 2 StPO)

– Außerhalb der Hauptverhandlung[1] –

Landgericht
4790 Paderborn   12. 12. 19..

In der Strafsache
gegen
Dr. med. A... B...
– Az.: ...

rege ich nach Eröffnung des Hauptverfahrens an, das Verfahren gem. § 153 a Abs. 2 StPO vorläufig einzustellen mit der Auflage, daß Herr Dr. B eine Geldbuße von 20.000,– DM, und zwar je zur Hälfte[2] an die Staatskasse und den Verein zur Hilfe Behinderter ... zahlt.

Begründung:

Die Strafkammer hat das Hauptverfahren eröffnet und hat sich damit der in unserer Verteidigungsschrift vom 15. Mai 1987 vertretenen Rechtsauffassung, wonach das in der Anklage beschriebene Verhalten unter dem Gesichtspunkt des erlaubten Risikos straffrei sei, nicht angeschlossen. Nach der Aufklärung durch die Verteidigung, daß deshalb mit überwiegender Wahrscheinlichkeit mit einer Verurteilung in erster Instanz zu rechnen ist, hat Herr Dr. B nach Abstimmung mit seiner Haftpflichtversicherung seine Ersatzpflicht für den dem Anzeigeerstatter entstandenen zivilrechtlichen Schaden einschließlich der vollen Höhe des von der Gegenseite beanspruchten Schmerzensgeldes rechtsverbindlich anerkannt, obwohl sich über die Höhe insbesondere des Schmerzensgeldes durchaus hätte streiten lassen. Damit dürfte hinsichtlich der Wiedergutmachung des eingetretenen Schadens sogar ein Übersoll erfüllt sein.[3]

Die Anwendung des § 153 a StPO rechtfertigt sich trotz der zugegebenermaßen erheblichen körperlichen Beeinträchtigung des Anzeigeerstatters aus folgenden Gründen:

1. Es handelt sich unter den gegebenen Umständen bei dem pflichtwidrigen Verhalten des Herrn Dr. B um die denkbar leichteste Form der Fahrlässigkeit. ... (Näher auszuführen) Damit ist das Verschulden als gering einzustufen.
2. Das Herrn Dr. B angelastete Fehlverhalten ist aus der extremen Ausnahmesituation erklärbar, die sich in dieser Form wohl kaum wiederholen dürfte, so daß das öffentliche Interesse an der Strafverfolgung nicht derart gravierend ist, als daß es nicht durch die oben genannten Auflagen beseitigt werden könnte. Herr Dr. B mußte die Entscheidung, welchen Rat für die Erstversorgung des verunglückten Anzeigeerstatters er dem medizinisch nicht geschulten Zeugen X gab, innerhalb von wenigen Sekunden treffen, während er sich noch um den lebensgefährlich verletzten Zeugen Y kümmerte, dessen ärztliche Erstversorgung die volle Aufmerksamkeit des Herrn B beanspruchte und glücklicherweise auch erfolgreich war. Daß Herr Dr. B in dieser Situation im Wege eines durch die situative Aufregung erklärbaren »Versprechers« dem Zeugen X den Rat gab, er möge den Anzeigeerstatter „erst einmal in die Rückenlage" bringen (statt: „in die Seitenlage", was Herr Dr. B eigentlich sagen wollte), mag zwar als vorwerfbarer falscher ärztlicher Rat zu werten sein, dessen Ursächlichkeit für die kurzfristige aber folgenreiche Sauerstoffunterversorgung des Gehirns nach dem Gutachten des Sachverständigen Prof. Dr. E auch möglicherweise beweisbar ist. Doch ist dem Sachverständigen auch darin zu folgen, daß in der Verkettung der Einzelbedingungen, die schließlich zu dem schweren Schaden geführt haben, die jedenfalls durch Herrn Dr. B nicht zu

beeinflussenden schicksalhaften Elemente gegenüber seinem vorwerfbaren Beitrag bei weitem überwiegen.

3. Es kommt hinzu, daß Herr Dr. B unabhängig von der strafrechtlichen Einordnung seit dem Vorfall aufgrund seiner hohen eigenen berufsethischen Auffassungen unter ganz erheblichen Selbstvorwürfen und Depressionen leidet, in deren Folge er sogar vorübergehend arbeitsunfähig war. Nachdem er durch die psychotherapeutischen Bemühungen des Zeugen Dr. S wieder so weit psychisch aufgebaut ist, daß er im Laufe der nächsten drei bis vier Wochen seinen Dienst wieder antreten kann, erscheint auch nach der Beurteilung des Herrn Dr. S vordringlich, Herrn Dr. B möglichst kurzfristig von dem Druck des noch laufenden Strafverfahrens zu befreien. Der sachgerechte Weg hierzu dürfte die Einstellung nach § 153a StPO sein, zumal die oben genannten Auflagen geeignet sind, einen gerechten Ausgleich herzustellen und durch das Angebot einer Zahlung der Hälfte der Geldbuße an die Staatskasse auch die bisher entstandenen, insbesondere durch die Sachverständigen-Gutachten bewirkten erheblichen Verfahrenskosten auszugleichen sind.

Rechtsanwalt

Schrifttum: siehe vor Form. IV. 1.

Anmerkungen

1. Das Gesetz unterscheidet nicht zwischen der Einstellung außerhalb und während der Hauptverhandlung. Die Einstellungsentscheidung ergeht in jedem Falle durch Beschluß, der nicht anfechtbar ist (§ 153a Abs. 2 Satz 3 und 4 StPO). Und doch gibt es Unterschiede: Der wichtigste ist der, daß das Gericht außerhalb und innerhalb der Hauptverhandlung in unterschiedlicher Besetzung entscheidet. Beim Schöffengericht entscheidet außerhalb der Hauptverhandlung der Vorsitzende allein (§ 30 Abs. 2 GVG), bei der Strafkammer die drei Berufsrichter (§ 76 Abs. 1 GVG), jeweils ohne Mitwirkung der Schöffen. In der Hauptverhandlung entscheiden die Schöffen mit (für das Schöffengericht: § 30 Abs. 1 GVG; für die Strafkammer: § 76 Abs. 2 GVG).

Aus dem fallbezogenen unterschiedlichen faktischen Einfluß der Schöffen folgt, daß es keine generelle Regel geben kann, ob ein Vorstoß des Verteidigers mit dem Ziel einer Einstellung nach § 153a Abs. 2 StPO in oder außerhalb der Hauptverhandlung aussichtsreicher ist. Der logisch klingende Satz, es sei immer schwieriger, fünf Leute zu überzeugen als drei, ist hier nicht ohne weiteres anwendbar. Da vermutlich solche „Wohlwollensentscheidungen" aus gruppenpsychologischen Gründen faktisch überhaupt nur ergehen, wenn der Spruchkörper in der Beratung einstimmig dafür ist (§ 263 StPO und §§ 194 bis 197 GVG dürften bei solchen Entscheidungen nur theoretische Bedeutung haben), läßt sich der Satz auch umkehren: Je größer das Quorum, desto größer ist auch die Chance, daß ein Mitglied dabei ist, das die anderen überzeugt. Der Verteidiger wird von Fall zu Fall zu entscheiden haben, wie er die Wirkung seiner Argumente für die Verfahrenseinstellung gerade auf Laienrichter einschätzt (vgl. *Dahs,* Handbuch des Strafverteidigers, Rdnr. 145). Geht es um eine Straftat, bei der die emotionalen Anteile der Bewertung der Gewinnung eines Verständnisses für den Beschuldigten eher hinderlich sind, weil das Herz des Laien auf der Seite des Opfers schlägt, so sollte man tunlichst versuchen, die vorläufige Einstellung nach § 153a Abs. 2 StPO zu erreichen, bevor Nichtjuristen ein Wort mitzureden haben. Ist die Tat dagegen aus einer „gefahrengeneigten Situation" heraus erwachsen, die jeder Laie aus dem eigenen Alltagsgeschehen kennt und bei der sich die Schöffen gewöhnlich vorstellen können, daß auch ihnen einmal eine solche Beschuldigung widerfahren wird, so kann es sich durchaus empfehlen, mit der Anregung zu warten, bis man die Chance hat, zwei Verbündete mit im Beratungszimmer zu wissen.

Es sei jedoch an dieser Stelle einmal die allgemeine Warnung vor einem Übertaktieren im Verhältnis des Verteidigers zu den Richtern angebracht. Ein zeitlich geschickt plaziertes spätes Verteidigungsvorbringen kann zwar im Einzelfall einmal eine günstige Entscheidung ermöglichen, die ein entsprechender früherer Vorstoß endgültig vereitelt hätte, jedoch muß der Verteidiger auch darauf achten, daß er nicht in den Ruf gerät, seinen Beruf wie ein Taschenspieler auszuüben.

Als allgemeine Faustregel hat sich auch hier bewährt, daß gute Verteidigungsargumente nicht dadurch besser werden, daß man sie lange versteckt hält. Auch ist hier noch einmal daran zu erinnern, daß jede Chance genutzt werden sollte, dem Mandanten die Hauptverhandlung zu ersparen. Das Verstreichen-lassen der Chance, bereits vor der Terminierung der Hauptverhandlung die Berufsrichter einer Strafkammer und die Staatanwaltschaft mit einer schriftlichen Eingabe, die geeignet ist, die Tat gegenüber dem Eröffnungsbeschluß in einem anderen Licht erscheinen zu lassen, und in informellen Gesprächen zu überzeugen, ist ein Kunstfehler, weil die vage Hoffnung, der „typische" Schöffe könne das Verteidigungsanliegen wirksam unterstützen, durch die faktisch starke Stellung der Berufsrichter aber auch dadurch zunichte gemacht werden kann, daß das Prinzip des gesetzlichen Richters dem Mandanten gerade den untypischen Schöffen beschert.

Von Ausnahmen abgesehen, läßt sich somit die Faustregel aufstellen, daß der Verteidiger gut daran tut, wenn aus der Sache heraus eine Chance zu Einstellung nach § 153 a Abs. 2 StPO besteht, diese schon mit dem Ziel der Vermeidung der Hauptverhandlung wahrzunehmen.

2. Die Zahlungsauflage gem. § 153 a StPO muß nicht zugunsten nur eines Adressaten erfolgen. Sie kann vielmehr geteilt werden. Eine Teilung unter verschiedenen gemeinnützigen Einrichtungen ist in der Praxis selten. Dagegen wird zwischen dem Bedürfnis des Beschuldigten, eine gemeinnützige Einrichtung zu begünstigen und dem Bedürfnis der Staatsanwaltschaft, den Betrag dem Fiskus zukommen zu lassen, häufig insoweit eine Teilung als Kompromiß vereinbart. Daß sie zulässig ist, wird auch in der Literatur – soweit ersichtlich – nicht bestritten (vgl. LR/*Rieß* § 153 a Rdnr. 45).

3. Der Hinweis auf die großzügige Wiedergutmachung im Rahmen der zivilrechtlichen Auseinandersetzung ist geeignet, die hypothetische Strafmaßprognose des Gerichts günstig zu beeinflussen. Dagegen muß man sich vor dem Vorschlag hüten, das Gericht möge nach vollständiger Erfüllung der Schadensersatzanforderungen des Opfers noch als Auflage einen zusätzlichen Betrag zur Wiedergutmachung beschließen. Ein solches Ansinnen wäre nämlich auf eine richterliche Anordnung der Zahlung eines nicht geschuldeten Betrages an Private gerichtet und damit unzulässig (KK/*Schoreit* § 153 a Rdnr. 27).

8. Nach Erhebung einer Anklage (§ 153 a Abs. 2 StPO)

– In der Hauptverhandlung[1] –

Erklärung[2]

Nach der bisherigen Beweisaufnahme und insbesondere nach der Aussage des zuletzt vernommenen Zeugen, des Finanzbeamten F, hat sich die der Anklage zugrundeliegende Behauptung der Staatsanwaltschaft nicht bestätigt, Herr A (der Angeklagte) habe Herrn F anläßlich der steuerlichen Betriebsprüfung in seiner Firma ernsthaft die Übernahme der Kosten für eine Reise auf die Seychellen versprochen. Der Zeuge K, der Kellner des Restaurants „Porzellanplatte" hat bei seiner Vernehmung in der Hauptverhandlung zwar wiederum ausgesagt, daß er beim Abräumen der Vorspeise die von Herrn A gesprochenen Worte mitgehört habe: „Dann verbringen Sie mal zwei schöne Wochen auf den Seychellen", jedoch hat er erstmals auf die Fragen der Verteidigung hinzugefügt, daß die ganze Tischgesellschaft im unmittelbaren Anschluß an diesen Ausspruch in ein schallendes Gelächter ausgebrochen sei, ohne daß er dessen Bedeutung erkannt habe. Der Zeuge F und der Prokurist der Firma A, der Zeuge P, haben hierzu glaubhaft erklärt, daß in der Tat Herr A in recht angeheiterter Stimmung den Ausspruch getan hat, daß es jedoch völlig ausgeschlossen sei, daß irgendjemand am Tisch dies als ein ernsthaftes Angebot verstanden habe.

Damit hat sich dieser gravierendste Vorwurf als unberechtigt herausgestellt.

Gegenstand des Schuldspruchs könnte somit nur noch der von Herrn A nie bestrittene Vorwurf sein, er habe Herrn F zu dem aufwendigen Essen in dem Restaurant „Porzellanplatte" eingeladen und dementsprechend die gesamte Verzehrrechnung in Höhe von 330,– DM, wovon etwa ⅓ auf den Zeugen F entfallen dürfte, bezahlt.

Da die Betriebsprüfung formell zu diesem Zeitpunkt noch nicht abgeschlossen war, mag es weiterhin prüfenswert sein, ob Herr A diese Einladung, was er nach wie vor bestreitet, im Hinblick auf noch „künftig" vorzunehmende Diensthandlungen ausgesprochen hat. Es steht jedoch schon jetzt fest, daß ggf. das Verschulden des Herrn A als gering einzustufen wäre ...... (im Einzelfall näher auszuführen). Außerdem dürfte Einigkeit darüber bestehen, daß die öffentliche Hauptverhandlung dann hätte vermieden werden können, wenn die Staatsanwaltschaft den von der Verteidigung im Ermittlungsverfahren bereits benannten Zeugen P vor Anklageerhebung oder auch das Gericht vor Eröffnung des Hauptverfahrens vernommen hätte, so daß der eigentlich gravierende Vorwurf bereits früher entfallen wäre. Damit wäre Herrn A auch die Presseberichterstattung über seinen Fall erspart geblieben, die sich bisher schon geschäftsschädigend ausgewirkt hat ...... (im Einzelfall näher auszuführen).

Das Interesse an der Vermeidung dieser durch die Zwecke des Strafrechts nicht gedeckten Nebenfolgen hätte Herrn A auch veranlassen können, einen Strafbefehl mit einer Geldstrafe von jedenfalls weniger als 90 Tagessätzen zu akzeptieren.

Nachdem nun aber ausgerechnet durch einen unberechtigten Vorwurf ein „veröffentlichtes Interesse" an diesem Fall entstanden ist, der sich auf die beschriebene Art hätte ohne „Prangerwirkung" erledigen lassen, sollte das wohlverstandene strafprozessuale öffentliche Interesse durch Zahlung einer Geldbuße zu beseitigen sein.

Ich rege deshalb an, das Verfahren nach § 153a StPO gegen Zahlung eines angemessenen Geldbetrages an eine als gemeinnützig anerkannte Einrichtung vorläufig einzustellen.

Schrifttum: siehe vor Form. IV. 1.

Anmerkungen

1. Zu der Entscheidung des Verteidigers, ob er eine Einstellung nach § 153a Abs. 2 StPO außerhalb oder innerhalb der Hauptverhandlung anregt, vgl. oben Anm. 1 zu Form. IV. 7.

In dem hier gedachten Fall ergibt sich diese Entscheidung daraus, daß erst während der Hauptverhandlung die Beweissituation sich so günstig gestaltet, daß sich die Möglichkeit der Verfahrenseinstellung aufdrängt.

2. Auch innerhalb der Hauptverhandlung ist die Entscheidung manchmal schwierig zu treffen, wann man die Möglichkeit der Einstellung nach § 153a Abs. 2 StPO zur Sprache bringt. Im Plädoyer kann es dafür zu spät sein, weil der Staatsanwalt sich durch seinen vorausgegangenen Schlußvortrag so in der Bewertung und der Beurteilung festgelegt hat, daß er einer Einstellung nicht mehr zustimmen kann. Nach § 257 Abs. 2 StPO ist dem Verteidiger nach der Vernehmung des Angeklagten und nach jeder einzelnen Beweiserhe-

bung Gelegenheit zu geben, sich dazu zu erklären. Die Einschränkung in § 257 Abs. 3 StPO, daß diese Erklärung den Schlußvortrag „nicht vorwegnehmen dürfe", bedeutet nicht, daß der Verteidiger etwa gehindert wäre, darüber Ausführungen zu machen, wie sich der Sachverhalt aus seiner Sicht darstellt (LR/*Gollwitzer* § 257 Rdnr. 11).

9. Zustimmungserklärung zur Einstellung nach § 153 a Abs. 1 (oder Abs. 2) StPO

Staatsanwaltschaft[1]

6000 Frankfurt am Main   16. 6. 19..

In der Strafsache
gegen
F... M...
– Az.: ...

wird auf die Anfrage vom 10. Juni 19.. mitgeteilt, daß Herr M zur Vermeidung einer Hauptverhandlung mit dem vorgesehenen Verfahrensabschluß einverstanden ist, wobei er sich bemühen wird, die von der Staatsanwaltschaft vorgesehene Zahlungsfrist von 6 Monaten einzuhalten.[2] Angesichts seiner aktenkundigen angespannten Vermögens- und Einkommensverhältnisse kündigen wir jedoch schon jetzt erforderlichenfalls einen Antrag auf Fristverlängerung an, falls es Herrn M nicht möglich sein wird, die 6-Monats-Frist einzuhalten.
Herr M legt Wert auf die Klarstellung, daß seine Zustimmung zu dieser Verfahrensweise kein Geständnis der ihm vorgeworfenen Straftat enthält.[3]

Rechtsanwalt

Schrifttum: siehe vor Form. IV. 1.

Anmerkungen

1. Adressat der Zustimmung ist nur im Falle des § 153 a Abs. 1 StPO die Staatsanwaltschaft. Nach Erhebung der öffentlichen Klage kommt schon die Anfrage vom Gericht, so daß auch dorthin die Antwort zu richten ist.

2. Die hier gewählte etwas weiche Formulierung, Herr M werde „sich bemühen", darf nicht noch weiter relativiert werden, um zu vermeiden, daß sie als eine nur bedingte gewertet wird. Eine ausdrücklich an eine Bedingung geknüpfte Zustimmung (z.B. hinsichtlich der Kostenfrage) ist unwirksam (LG Koblenz NJW 1983, 2458; *Kleinknecht/Meyer* § 153 a Rdnr. 10; vgl. aber jetzt für die Zustimmung der StA: LG Zweibrücken NJW 1990, 1247).
Die Zustimmung ist auch nur dann wirksam, wenn sie sich entweder ausdrücklich oder konkludent (vgl. LR/*Rieß* § 153 a Rdnr. 34) auf alle Einzelheiten der vorgesehenen Auflagen und Weisungen einschließlich der Leistungsmodalitäten wie Ratenzahlung und Zahlungsfrist bezieht (*Kleinknecht-Meyer* § 153 a Rdnr. 10; KK/*Schoreit* § 153 a Rdnr. 47; LR/*Rieß* § 153 a Rdnr. 33). Schlägt der Beschuldigte selbst oder durch seinen Verteidiger auf die Zustimmungsfrage hin andere Auflagen oder Zahlungsbedingungen vor, so wird im allgemeinen darin die Verweigerung der Zustimmung zu der vorgesehenen Verfahrensweise gesehen (LR/*Rieß* a.a.O.).

Eine Besonderheit bildet insoweit die Zahlungsfrist, die recht eigentümlich im Gesetz geregelt ist: Sie darf in dem ursprünglichen Beschluß 6 Monate nicht überschreiten, kann jedoch um drei Monate verlängert werden. Vielfach hat sich in der Praxis eingebürgert, diese Verlängerung schon im voraus zuzusichern und bei der Orientierung der Bemessung der Zahlungsauflage der Höhe nach die Leistungsfähigkeit des Beschuldigten bezogen auf den Gesamtzeitraum von 9 Monaten bereits zu berücksichtigen. Dies dürfte zwar schwerlich mit den Intentionen des Gesetzgebers in Einklang zu bringen sein, muß jedoch auch vom Verteidiger bei informellen Verhandlungen als „letztes Mittel" im Auge behalten werden, wenn sonst die Einstellung daran zu scheitern droht, daß der Staatsanwalt den Betrag, den der Beschuldigte innerhalb der ersten gesetzlichen Höchstfrist von 6 Monaten aufbringen kann, nicht ausreichend findet, das öffentliche Interesse an der Verfolgung zu beseitigen.

Einigt man sich dann auf den kleinen „Trick" der von vornherein vorgesehenen Fristverlängerung, so ist die im Text gewählte Formulierung geeignet, in den Akten einen Erinnerungsposten dafür zu verankern, ohne die eigentlich praeter legem getroffene Vereinbarung direkt anzusprechen. Damit ist gleichzeitig der spätere Antrag auf Fristverlängerung vorbereitet.

Freilich darf bei alldem nicht vergessen werden, daß es das primäre Anliegen des Verteidigers sein muß, den Staatsanwalt davon zu überzeugen, daß für die gesetzliche Frist von 6 Monaten keine Forderungen gestellt werden dürfen, die über die Leistungsgrenze des Beschuldigten hinausgehen, und daß die im übrigen für sachgerecht gehaltene Einstellung nach § 153a StPO auch nicht an den bescheidenen Vermögensverhältnissen des Beschuldigten scheitern darf. Hierfür ist häufig eine Ausweitung des Gesprächs auf das allgemeine rechtspolitische Thema der in der Literatur bei der Einführung des § 153a StPO erhobenen Bedenken hilfreich.

3. Manche Staatsanwälte verlangen als Voraussetzung für die Einstellung gemäß § 153a StPO ein Geständnis oder zumindest den Verzicht auf eine Formulierung, wie die hier vorgeschlagene. Deshalb sollte auch die Akzeptanz eines solchen distanzierenden Zusatzes mit dem StA vorher besprochen werden. Der Vorteil im Hinblick auf z.B. zivilrechtliche Folgeprozesse liegt auf der Hand. Dem gleichen Zweck dient die Bemerkung „zur Vermeidung der Hauptverhandlung".

10. Antrag auf nachträgliche Änderung der Auflagen[1] (§ 153a Abs. 1 Satz 3 StPO)

Landgericht Frankfurt
– 2. Strafkammer –
6000 Frankfurt am Main   5. 6. 19..

In der Strafsache
gegen
F... K...
– Az.: ...

wird beantragt,

die durch Beschluß vom 5. Januar 1987 Herrn K auferlegte Geldbuße in Höhe von 8.000,– DM auf einen Betrag von 4.000,– DM herabzusetzen und die Frist zur Zahlung dieses Betrages um drei Monate zu verlängern.

11. Antrag auf endgültige Einstellung nach § 153 a StPO)

Begründung:

Zu dem Zeitpunkt, als der im Antrag genannte Beschluß zur vorläufigen Einstellung des Verfahrens gem. § 153 a Abs. 2 StPO gefaßt wurde, hatte Herr K noch ein Monatseinkommen von 3.000,– DM netto. Nachdem durch eine bis heute nicht geklärte Indiskretion der Verfahrensabschluß und die gegen Herrn K erhobenen Vorwürfe in der lokalen Presse erschienen waren (obwohl in der Hauptverhandlung weder ein Zuschauer noch ein Presseberichterstatter anwesend war), hat Herr K seinen Arbeitsplatz verloren. In seinem vorgerückten Alter war er darauf angewiesen, das Angebot auf einen neuen Arbeitsplatz anzunehmen, bei dem er jedoch nur die Hälfte, nämlich 1.500,– DM netto verdient. Sein jetziger Arbeitgeber ist die Firma ... eine Verdienstbescheinigung wird anliegend in Kopie zu den Akten gereicht.

Zwischen der Beendigung seines früheren Arbeitsverhältnisses und der Aufnahme seiner Tätigkeit beim jetzigen Arbeitgeber war Herr K drei Monate arbeitslos. In dieser Zeit mußte er seine Ratenzahlungen bezüglich der ihm im Einstellungsbeschluß gemachten Geldauflage aussetzen. Wenn dem Antrag auf Herabsetzung der Geldbuße und auf Verlängerung der Zahlungsfrist um drei Monate entsprochen wird, ist Herr K in der Lage, die Voraussetzungen für die endgültige Einstellung des Verfahrens zu schaffen.

Rechtsanwalt

Schrifttum: siehe vor Form. IV. 1.

Anmerkungen

1. Auch wenn die Auflagen nicht von vornherein schon auf eine Änderung hin angelegt sind (vgl. dazu oben Form. IV. 8 Anm. 2), kann sich die Notwendigkeit einer nachträglichen Änderung der Auflagen ergeben, insbesondere wenn sich die Verhältnisse, die wie eine „Geschäftsgrundlage" gewirkt haben, verändern. Das gilt insbesondere für die Einkommensverhältnisse des Beschuldigten, aber auch für das Auftreten unverschuldeter Leistungsstörungen, etwa durch Unfall, Krankheit o.ä. Häufig übersehen wird, daß für die Ausnahmefälle, in denen es grob unbillig wäre, das Verfahren nur deshalb fortzusetzen, weil der Beschuldigte die Auflagen überhaupt nicht erfüllen kann, diese auch nachträglich völlig in Wegfall gebracht werden können (§ 153a Abs. 1 Satz 3; vgl. dazu LR/*Rieß* § 153a Rdnr. 56).

11. Antrag auf endgültige Einstellung nach § 153 a StPO[1]

Amtsgericht
6300 Gießen   2. 7. 19..

In der Strafsache
gegen
G... S...
– Az.: ...

wird anliegend der Einzahlungs- und Überweisungsbeleg[2] für die von Herrn S inzwischen erfüllte Zahlungsauflage zu den Akten gereicht mit dem Antrag,

    das Verfahren endgültig einzustellen.

Rechtsanwalt

Schrifttum: siehe vor Form. IV. 1.

Anmerkungen

1. Haben wir oben, solange es um die vorläufige Einstellung bzw. das vorläufige Absehen von der Erhebung der öffentlichen Klage ging, bezogen auf die Initiative des Verteidigers den Begriff des „Antrags" vermieden, weil darin zu sehr eine Bejahung der Voraussetzungen und insbesondere der Schuldwahrscheinlichkeit gesehen werden könnte, so bestehen diese Bedenken bei der endgültigen Einstellung nicht, da sie vom Gesetz unter der Voraussetzung der Erfüllung der Auflagen eine zwingende gesetzliche Folgerung ist, auch wenn das Erfordernis einer förmlichen Entscheidung nicht ausdrücklich in § 153a StPO normiert ist. Während des Ermittlungsverfahrens handelt es sich bei dieser endgültigen Einstellung der Sache nach um eine solche gem. § 170 Abs. 2 StPO, wobei lediglich streitig ist, ob diese Bestimmung unmittelbar anwendbar ist (so: KMR/*Müller* § 153a Rdnr. 15; a.A. LR/*Meyer-Goßner*, 23. Aufl., § 153a Rdnr. 71) oder ob es sich um eine analoge Anwendung handelt (so: LR/*Rieß*, 24. Aufl., § 153a Rdnr. 83).

Nach Erhebung der öffentlichen Klage wird die vorläufige Einstellung durch Gerichtsbeschluß bewirkt. Demgemäß bedarf auch die endgültige Einstellung eines Gerichtsbeschlusses, wie sich aus § 467 Abs. 5 StPO ergibt (OLG Stuttgart MDR 1980, 250; *Kleinknecht/ Meyer* § 153a Rdnr. 53).

2. Der Verteidiger sollte es als seine Aufgabe ansehen, zur Beschleunigung der endgültigen Einstellung beizutragen, weil erst dann das Verfahrenshindernis des Strafklageverbrauchs eintritt. Deshalb sollte man sich nicht auf die Mitteilung des Zahlungseingangs durch den Adressaten der Zahlungsauflage verlassen und durch Vorlage des Belegs selbst tätig werden.

Strafbefehl

Vorbemerkung

Die Beendigung eines Strafverfahrens durch Strafbefehl (§§ 407–412 StPO) war ursprünglich vom Gesetzgeber für die sogenannten einfacheren Strafsachen mit geringerem Tatvorwurf gedacht. Inzwischen hat sie aber die Praxis auf alle Verfahren ausgedehnt, in denen der Sanktionskatalog des § 407 Abs. 2 StPO von der Staatsanwaltschaft und dem zuständigen Gericht als ausreichend angesehen wird und in denen ein Geständnis vorliegt oder eine Unterwerfung zu erwarten ist. Das bedeutet, daß die Bemühungen des Verteidigers darauf gerichtet sein müssen, den Staatsanwalt davon zu überzeugen, daß nicht die besondere Bedeutung der Sache eine Anklage zum Landgericht erfordert (§ 24 Abs. 1 Ziff. 3 GVG). Vielfach macht der Staatsanwalt die Erledigung im Strafbefehlswege auch von der vorherigen Zusage abhängig, daß ein Strafbefehl mit einem bestimmten Inhalt akzeptiert wird, d.h. die „Gegenleistung" für die Anwendung des Strafbefehlsverfahrens auf der Seite des Beschuldigten ist die Ankündigung des Geständnisses und die zwar prozeßrechtlich nicht wirksame und auch nicht einklagbare, aber auf der Grundlage einer informellen gegenseitigen Vertrauensbasis auch einzuhaltende Zusage, den Strafbefehl nicht mit einem Einspruch anzufechten (vgl. *Schmidt/Hieber* Rdn. 84ff).

Ähnlich wie bei der Anwendung des § 153a StPO muß auch hier der Verteidiger die allgemeine Diskussion um die Problematik der Verfahrensart kennen, um im Einzelfall auf mögliche Einwände der Staatsanwaltschaft oder auch des Gerichts gefaßt zu sein. So ist insbesondere gegen dieses „summarische Verfahren" eingewendet worden, es vernachlässige die Aufklärungspflicht des Gerichts (§ 244 Abs. 2 StPO), es verleite den unerfahrenen, gleichgültigen oder ängstlichen Beschuldigten, eine ungerechte Strafe „zu schlucken", es

12. Antrag an die Staatsanwaltschaft, Strafbefehlsantrag zu stellen IV. 12

lasse gelegentlich den Schuldigen über Gebühr gut wegkommen, oft sei es eine Kompromißlösung, die dem Gericht den „sogenannten prominenten oder in der Hauptverhandlung als schwierig bekannten Verteidiger" erspare (KK/*Müller* (1. Aufl.) Rdnr. 2 vor § 407 StPO; vgl. dagegen jetzt dort KK (2. Aufl.) *Meyer-Goßner*). Interessanterweise wurde auch geltend gemacht, die vom Strafbefehl ausgehende Warnwirkung sei wesentlich geringer als die eines Urteils, dem eine Hauptverhandlung vorausgegangen sei (KK/*Müller* a.a.O.). Demgegenüber wird das „Bedürfnis unseres Justizapparates an dieser Möglichkeit" (KK/ *Müller* a.a.O.), aber auch das Interesse des Staatsbürgers geltend gemacht, dem daran gelegen ist, einfachere Straffälle mit akzeptablen Sanktionen und auch diskret ohne Zeitverlust und Aufsehen erledigen zu können (BVerfGE 25, 129, 165 = NJW 1969, 1103; *Kleinknecht/Meyer* Rdnr. 1 vor § 407 StPO; KK/*Meyer-Goßner* a.a.O.).

Damit dürften auch für den Einzelfall die Eckpunkte vieler Gespräche zwischen Staatsanwaltschaft und Verteidigung im wesentlichen markiert sein. Die Kenntnis dieser Interessenfelder ist unter anderem auch hilfreich für die Frage, wer wie und wann die Initiative zur Wahl dieser Erledigungsform ergreift. Es versteht sich von selbst, daß der Verteidiger nur dann initiativ werden darf, wenn es vertretbar ist, auch gegenüber dem „Gegner" offenzulegen, daß man eine Einstellung nach § 170 Abs. 2 StPO und einen Freispruch nicht mehr für erreichbar hält (vgl. zu dieser Problematik *Hamm* ZRP 1990, 337ff.). Scheitert die Einstellung nach § 153a StPO an dem Widerstand der Staatsanwaltschaft und steht nicht von vornherein fest, daß angesichts der Schwere der vorgeworfenen Tat eine Freiheitsstrafe verhängt werden wird, so sollte der Verteidiger stets den Versuch unternehmen, auf einen Strafbefehlsantrag hinzuwirken. Dies gilt um so mehr, als durch die Neufassung des § 410 Abs. 3 StPO nach der vorausgegangenen Änderung der Rechtsprechung des Bundesverfassungsgerichts (BVerfGE 65, 377 = NStZ 1984, 325 mit Anm. *Schnarr*) die bisherige herrschende Lehre und Rechtsprechung von der beschränkten Rechtskraftwirkung des Strafbefehls überholt ist. Ein Strafbefehl, der nicht durch Einspruch angefochten ist, steht in seiner Sperrwirkung jetzt einem rechtskräftigen Urteil gleich (§ 410 Abs. 3), so daß nur unter den Voraussetzungen der Wiederaufnahme (§§ 359ff StPO) die Schuldfrage neu gestellt werden darf.

Nicht ohne praktische Bedeutung ist auch die Möglichkeit, statt einer Geldstrafe eine Verwarnung mit Strafvorbehalt (§ 59 StGB; § 407 Abs. 3 Ziff. 1 StPO) anzustreben, wenn sich deren Voraussetzungen vertretbar begründen lassen.

12. Anregung an die Staatsanwaltschaft, Strafbefehlsantrag zu stellen[1]

Staatsanwaltschaft
6200 Wiesbaden   10.8.19..

In der Strafsache
gegen
J... B...
– Az.: ...

nehme ich Bezug auf meine Gespräche[2] mit Herrn Oberstaatsanwalt W und rege nunmehr förmlich an, das Verfahren durch Strafbefehl abzuschließen, wobei Herr B den Strafbefehl dann nicht anfechten wird, wenn die Geldstrafe 90 Tagessätze[3] nicht übersteigt und der Tagessatz sich an seinen tatsächlichen Einkommensverhältnissen[4] orientiert, so daß er nicht mehr als 40,– DM beträgt.
Das Nettoeinommen des Herrn B nach Abzug seiner Unterhaltsverpflichtungen beträgt 1.200,– DM ...... *(näher auszuführen).*

IV. 12   IV. Verfahrensabschluß ohne Urteil

Die Strafzumessung bis zu 90 Tagessätzen ist nicht überhöht, wie sich aus folgenden
Erwägungen ergibt: ...... *(näher auszuführen)*

Rechtsanwalt

Schrifttum: siehe vor Form. IV. 1.

Anmerkungen

1. In zahlreichen Fällen ließe sich den Mandanten die Hauptverhandlung ersparen, wenn die Verteidiger von der Möglichkeit Gebrauch machten, die Staatsanwaltschaft rechtzeitig wissen zu lassen, welcher Schuldspruch und welcher Strafausspruch akzeptiert wird. Dies ist um so bemerkenswerter, als der durch den Strafbefehl abdeckbare Strafrahmen den gesamten Bereich der Geldstrafe umfaßt (nach § 40 Abs. 1 und 2 StGB bei Einzelstrafen also bis zu einer Höchstgrenze von 360 × 10.000,– DM = 3.600.000,– DM und bei Gesamtstrafe nach § 54 Abs. 2 StGB 7.200.000,– DM) und die Durchführung einer öffentlichen Hauptverhandlung mit einer Geldstrafe als Ergebnis gegenüber dem Strafbefehl in den seltensten Fällen einen Vorteil für den Mandanten bringt. Auch lehrt die Erfahrung, daß ein Staatsanwalt, wenn er sich damit die Anklageerhebung erspart, eher bereit ist, eine Geldstrafe noch für angemessen anzusehen, als wenn erst einmal die Hauptverhandlung stattgefunden hat.

Es wäre schlimm, wenn die große Zahl von Fällen, in denen Verteidiger erst in der Hauptverhandlung auf eine Geldstrafe hinwirken, ohne vorher den Versuch unternommen zu haben, eine akzeptable Erledigung im Strafbefehlswege zu erreichen, ihre Erklärung im Gebührenrecht hätte. Leider geht von der Struktur der gesetzlichen Gebührenregelung immer noch eine gewisse Verlockung für den Verteidiger aus, das Interesse des Mandanten an der Vermeidung der Hauptverhandlung zu vernachlässigen, um das eigene Interesse an dem die Gebühren des § 83 BRAGO auslösenden Tatbestand zu befriedigen. Eine solche Haltung bedeutet Verrat an den Interessen des Mandanten und ist im übrigen auch eher geeignet, den Mißstand des Gebührenrechts zu zementieren als ihn durch eine entsprechende Gesetzesreform zu beseitigen.

Die Form des vom Verteidiger an den Staatsanwalt heranzutragenden Petitums wird hier als „Anregung" bezeichnet, weil der eigentliche Antrag im Zusammenhang mit dem Strafbefehlsverfahren zwingend vom Staatsanwalt auszugehen hat (§ 407 Abs. 1 StPO). Ein eigenes Antragsrecht steht weder dem Beschuldigten noch seinem Verteidiger zu, zumal hier sogar eine Ausnahme von der sonstigen Ausgestaltung des rechtlichen Gehörs (Art. 103 GG) besteht, indem § 407 Abs. 3 StPO ausdrücklich § 33 Ab. 3 StPO für unanwendbar erklärt.

Dieser partielle Verzicht auf das Erfordernis des rechtlichen Gehörs wird allgemein als dadurch gerechtfertigt angesehen, daß der Beschuldigte Einspruch einlegen kann, um dadurch eine Hauptverhandlung zu erzwingen (BVerfGE 29, 169, 165 ff = NJW 1969, 1103; *Kleinknecht/Meyer* Rdnr. 19 zu § 407 StPO). Rechtspolitisch verbirgt sich dahinter die Absicht, den Beschuldigten unvorbereitet vor die Alternative zu stellen, eine bestimmte, einseitig von der Staatsanwaltschaft vorgeschlagene und vom Gericht bereits akzeptierte Strafe anzuerkennen, oder das Verfahren in den Stand zu versetzen, in den es durch eine Anklage geraten wäre.

In den meisten Fällen sind jedoch auch die Staatsanwälte von diesem Konzept in der Praxis bereits abgekommen und kündigen jedenfalls dem verteidigten Beschuldigten ihre Absicht, einen Strafbefehlsantrag mit einem bestimmten Inhalt zu stellen, vorher an. Nichts hindert aber den Verteidiger, von sich aus die Initiative zu ergreifen und auch den Staatsanwalt, der noch entschlossen ist, eine Anklage zu erheben, von der Geeignetheit des Falles zur Erledigung im Strafbefehlswege zu überzeugen.

12. Antrag an die Staatsanwaltschaft, Strafbefehlsantrag zu stellen   IV. 12

2. Ebenso wie bei der Handhabung des § 153a StPO gilt, daß die Bemühungen des Verteidigers um Erledigung ohne Hauptverhandlung mit dem informellen Gespräch beginnen sollten. Dabei kann auch hier das Ergebnis einer Einigung dahingehend sein, daß der Staatsanwalt noch zum Zeichen der Bereitschaft zur Unterwerfung im Wege der „Vorleistung" beim Übergang von der informellen auf die formelle Ebene eine schriftliche Anregung erbittet. Gegenstand solcher Gespräche können unter anderem auch die Möglichkeit sein, beim Vorliegen verschiedener Vorwürfe gegen den Mandanten eine gesamte Bereinigung durch Kopplung des Strafbefehlsverfahrens mit den Möglichkeiten der Stoffbeschränkung nach den §§ 154, 154a StPO zu erreichen (vgl. dazu *Schmidt-Hieber*, Rdnr. 81).

Das informelle Gespräch, das der Verteidiger mit dem Ziel einer Erledigung im Strafbefehlsverfahren führt, ist häufig geprägt von dem Spannungsverhältnis zwischen dem von der Staatsanwaltschaft herausgestellten öffentlichen Interesse an der Warnfunktion einer Hauptverhandlung für die Allgemeinheit einerseits und dem vom Verteidiger verfolgten Ziel der Vermeidung eben dieser Öffentlichkeitswirkung. *Schmidt/Hieber* (Rdnr. 84) weist zu Recht in seinen „praktischen Hinweisen und Argumentationshilfen" darauf hin, daß der Verteidiger mit seiner Herausstellung des Interesses seines Mandanten das Bundesverfassungsgericht auf seiner Seite weiß (BVerfGE 25, 158). Außerdem ist vielfach auch ein Hinweis auf die Bemühungen des Gesetzgebers angebracht, das Strafbefehlsverfahren einer erweiterten Anwendung zugänglich zu machen, die z.B. bereits in dem Strafverfahrensänderungsgesetz 1979 dadurch zum Ausdruck gekommen sind, daß in § 407 Abs. 1 StPO solche Fälle mit aufgenommen worden sind, die an sich zur Zuständigkeit des Schöffengerichts (bis dahin nur: des Einzelrichters) gehören würden. Auch der jetzt neu eingeführte § 408a StPO zeigt, wie sehr der Gesetzgeber inzwischen davon Abstand genommen hat, daß das Strafbefehlsverfahren nur für die reine Bagatellkriminalität Anwendung finden sollte (vgl. dazu unten Form. IV. 14).

3. Die Geldstrafe von 90 Tagessätzen stellt für die informelle Verständigung vielfach eine Art „Schallgrenze" für den Verteidiger dar. Die Vorzüge einer Geldstrafe, die diese Grenze nicht überschreitet, sind auch am ehesten geeignet, dem eigenen Mandanten das Strafbefehlsverfahren schmackhaft zu machen, was (wie *Schmidt/Hieber* a.a.O. Rdn. 86 zutreffend vermutet) manchmal schwieriger ist als die Überzeugungsarbeit gegenüber dem Staatsanwalt. Zur Erinnerung: eine Geldstrafe von nicht mehr als 90 Tagessätzen wird zwar unabhängig davon, ob sie durch Urteil oder durch Strafbefehl verhängt wird, in das Bundeszentralregister eingetragen (§§ 3, 4 BZRG), sie unterfällt jedoch beschränkter Auskunft (§ 30 Abs. 2 Nr. 5a BZRG). Das bedeutet, daß sie nicht in ein Führungszeugnis aufgenommen wird (§ 32 BZRG), so daß der Mandant sich weiterhin als nicht vorbestraft bezeichnen kann (§ 51 BZRG). Weitere Voraussetzung ist freilich, daß keine sonstigen Verurteilungen im Bundeszentralregister stehen.

Aber auch bei Geldstrafen über 90 Tagessätzen gibt es Vorteile: Nach Ablauf von drei Jahren seit der Verurteilung dürfen Geldstrafen nicht mehr in das Führungszeugnis aufgenommen werden (§ 32 BRZG). Dies ist dann ein Argument im Gespräch mit dem Mandanten, wenn der Verteidiger nach gewissenhafter Prüfung für den Fall einer Anklageerhebung die Gefahr einer Freiheitsstrafe nicht ausschließen kann.

4. Der Hinweis darauf, daß die Höhe des Tagessatzes sich an den tatsächlichen Einkommensverhältnissen des Mandanten zu orientieren habe, ist an sich überflüssig, da er dem geltenden Recht (§ 40 Abs. 2 StGB) entspricht. Dennoch ist er manchmal angebracht, weil auch über die Höhe dieses Einkommens unterschiedliche Auffassungen bestehen können. Bei manchen Staatsanwälten ist z.B. gerade im informellen Gespräch der Hinweis beliebt, daß angeblich „erfahrungsgemäß" die Berufsgruppe, der der Mandant angehört, es verstehe, die wahren Einkommensverhältnisse schon gegenüber dem Finanzamt zu verschleiern. Hier ist zuweilen ein deutliches Wort über die Untauglichkeit derartiger Vorurteile zur

Anwendung zwingenden Rechts gerade im Strafrecht und Strafverfahren, wo der Satz in dubio pro reo gilt, angebracht.

Andererseits darf auch hier nicht verschwiegen werden, daß die Korrelation zwischen der Zahl der Tagessätze und der Höhe des einzelnen Tagessatzes gerade angesichts bevorstehender rechtskräftiger Entscheidungen in der Praxis als in gewisser Weise „gestaltbar" gilt. Wenn der Staatsanwalt partout der Meinung ist, es müsse im Ergebnis eine Geldstrafe von mindestens 6.000,– DM herauskommen, er dabei aber noch von einem Tageseinkommen des Mandanten von 60,– DM ausgeht, so daß er 100 Tagessätze für angemessen erachtet, so ist die für den Mandanten so wichtige Grenze von 90 Tagessätzen (vgl. dazu oben Anm. 3) vielfach nur dadurch einhaltbar, daß man sich mit dem Staatsanwalt auf ein Tageseinkommen von 67,– DM „verständigt".

Dadurch, daß das Gesetz neben dem tatsächlichen Einkommen auch das Tageseinkommen nennt, „das der Täter durchschnittlich an einem Tag ...... haben könnte" (§ 40 Abs. 2 Satz 1 StGB), wird dem Rechtsanwender eine gewisse Bandbreite der Beurteilung eingeräumt. Solange sich die Geldstrafenarithmetik durch Berücksichtigung der Korrelation zwischen der Tagessatzanzahl und der Tagessatzhöhe innerhalb dieser Bandbreite bewegt, wäre es verfehlt, dies generell als manipulativ und damit unzulässig abzutun (vgl. auch *Dreher/Tröndle* StGB § 40 Rdnr. 24).

13. Rücknahme einer bereits erhobenen Anklage vor Eröffnung und Ersetzung durch Strafbefehlsantrag[1]

Staatsanwaltschaft b. d.
Landgericht Darmstadt
Schottener Weg 3
6100 Darmstadt 1   19. 9. 19..

In der Strafsache
gegen
X... E...
– Az.: ...

nehme ich Bezug auf das ausführliche Gespräch[1] mit Herrn Staatsanwalt D. zusammen mit Herrn Oberstaatsanwalt ... im Beisein meines Mandanten sowie der Beamten der Steuerfahndung ...... am 16. September 19.., bei dem Einvernehmen dahin erzielt werden konnte, daß unter Berücksichtigung der nachstehenden Ergänzungen bzw. Änderungen des bisherigen Verteidigungsvorbringens das Verfahren durch Rücknahme der Strafkammeranklage und Erlaß eines von der Staatsanwaltschaft zu beantragenden Strafbefehls abgeschlossen werden kann, wobei die Geldstrafe den Betrag von 180 Tagessätzen je 333,– DM nicht übersteigen sollte.

Die Verteidigung hält grundsätzlich an ihrer rechtlichen Bewertung der angeklagten Vorgänge, wie sie in der Verteidigungsschrift vom 19. August 1986 ausgeführt worden ist, fest.

Herr E. ergänzt unseren Vortrag jedoch in tatsächlicher Hinsicht nunmehr wie folgt:
Zu Ziffer 4 der Anklage beruht die rechtliche Beurteilung der Verteidigung bisher auf der Annahme, Herr E. habe kein eigenes wirtschaftliches Interesse daran gehabt, daß die Provisionszahlung in Höhe von 97.200,– DM von der Firma F. statt an ihn an seine damalige Verlobte und jetzige Ehefrau geleistet worden ist. Herr E. räumt nunmehr ein, daß dieser Provisionsanteil tatsächlich ihm zugestanden hätte, weil er die Gegenleistung (Vermittlung des Kreditvertrages) persönlich erbracht hatte, und daß nur deshalb die

13. Rücknahme einer bereits erhobenen Anklage vor Eröffnung

Provisionsrechnung von seiner damaligen Verlobten geschrieben wurde, weil man zum damaligen Zeitpunkt annahm, sie unterliege mit ihrem Jahreseinkommen einer niedrigeren steuerlichen Progressionsstufe. Durch die wirtschaftliche Verwobenheit der damaligen nichtehelichen Lebensgemeinschaft hatte Herr E. auch faktisch einen Vermögensvorteil, auch wenn der Zufluß im Vermögensbereich seiner Verlobten erfolgte.
Richtig und für die Strafzumessung bedeutsam ist nach wie vor, daß infolge der nicht vorhersehbaren Geschäftsentwicklung tatsächlich Frau E. für den betreffenden Veranlagungszeitraum eine Einkommensteuer in Höhe von 56% und Herr E. nur eine Einkommensteuer in Höhe von 42% zu zahlen hatte. Durch die in gewisser Weise manipulativ vorgenommene Änderung des Provisionsempfängers ist also, so wie wir es in unserem Schriftsatz vom 19. 8. 1986 im einzelnen dargelegt und durch Kopien der Einkommensteuerbescheide von Frau und Herrn E. belegt haben, letztlich nur der Fiskus bereichert und nicht geschädigt worden.
Zu Ziffer 5 der Anklage räumt Herr E. nunmehr ein, daß auch insoweit die von verschiedenen Firmen an die Firma B. GmbH gezahlten Beträge Gegenleistungen für seine persönlichen Bemühungen waren und daß die Rechnungserstellung durch die GmbH lediglich deshalb erfolgte, weil sie sich in jenen Jahren in der Verlustzone bewegte, so daß dadurch eine Steuerzahlungspflicht nicht entstand. Es ist nach wie vor richtig, daß die Verluste durch persönliche Darlehen des Herrn E. an die GmbH ausgeglichen wurden. Wegen des ideellen Gesellschaftszwecks der GmbH ist jedoch nicht abzusehen, ob Herr E. jemals eine Rückzahlung des Darlehens von der GmbH, deren einziger Gesellschafter er ist, realisieren wird.
Zu Ziffer 6 der Anklage bleibt der bisherige Sach- und Rechtsvortrag auch in Kenntnis der abweichenden Beweiswürdigung der Staatsanwaltschaft unverändert . . . . . . *(näher auszuführen)*
Es bestand bei unserem Gespräch Einigkeit darüber, daß die aus prozeßökonomischen Gründen gefundene Verständigung im Strafverfahren in keiner Weise zum Nachteil des Herrn E. präjudiziell für die weitere steuerrechtliche Behandlung ausgewertet werden soll.[2]

Rechtsanwalt

Schrifttum: siehe vor Form. IV. 1.

Anmerkungen

1. Wurde bei den bisherigen Mustertexten zu einer Erledigung des Verfahrens ohne Hauptverhandlung das informelle Gespräch mit dem Staatsanwalt als eine zweckmäßige Prozedur empfohlen, so setzt der hier vorgestellte, selten mögliche aber doch rechtlich zulässige Weg schlechterdings die vorherige Einigung mit dem Staatsanwalt voraus. Daß hier überhaupt ein solcher Text vorgestellt wird, darf nicht dahin mißverstanden werden, als handele es sich um eine Verfahrensweise, auf die der Verteidiger von Anfang an im Sinne einer strategischen Variante hinarbeiten dürfe. Es kann sich immer nur um eine Art Notmaßnahme handeln, sei es, daß der Mandant erst nach der Anklageerhebung das Mandat erteilt hat und der Verteidiger beim Aktenstudium oder beim ersten Gespräch mit dem Staatsanwalt erkennt, daß auch eine Strafbefehlslösung möglich gewesen wäre, sei es, daß erst die Anklageschrift Klarheit über die Beurteilung eines komplexen Sachverhaltes durch die Staatsanwaltschaft bringt. In dem hier anonymisiert und variiert wiedergegebenen konkreten Fall, der der Praxis des Verfassers entnommen wurde, bestand das Mandat bereits im frühen Stadium des Ermittlungsverfahrens. Der Schlußbericht der Steuerfahndung ließ jedoch so viele Fragen tatsächlich offen und behandelte sie als alternative Bege-

hungsformen einer Steuerhinterziehung, daß jede Einlassung des Mandanten vor der Anklageerhebung geeignet gewesen wäre, dem Staatsanwalt aus seiner Beweisnot herauszuhelfen. Wir haben es deshalb vorgezogen, von dem Recht zu schweigen Gebrauch zu machen, was zwar auch die Strafkammeranklage nicht vermieden, jedoch den Staatsanwalt gezwungen hat, sich für eine Vorwurfsvariante zu entscheiden und die Sache im übrigen nach § 170 Abs. 2 StPO einzustellen. Nunmehr konnte in einer Verteidigungsschrift gegen die konkretisierten Vorwürfe Stellung genommen werden, wodurch zumindest deutlich gemacht werden konnte, daß dem Schuldumfang nach die Anklage bei der Strafkammer zu hoch gegriffen war. In dem Ausgangsfall kam uns zustatten, daß die hoffnungslos überlastete Strafkammer daran mitwirkte, den Staatsanwalt von der Zulässigkeit und von der Zweckmäßigkeit einer Umwandlung in das Strafbefehlsverfahren zu überzeugen, beginnend damit, daß der Vorsitzende die Frist des § 201 Abs. 1 StPO großzügig verlängerte, bis die entsprechenden Gespräche zwischen Verteidigung und Staatsanwalt zu einem Abschluß gekommen waren.

Die Möglichkeit der Rücknahme der Klage bis zur Entscheidung über die Eröffnung des Hauptverfahrens ergibt sich im Wege des Umkehrschlusses aus § 156 StPO. Die Rücknahme versetzt das Verfahren in den Stand des Ermittlungsverfahrens zurück (*Kleinknecht/ Meyer* Rdnr. 2 zu § 156 StPO; OLG Karlsruhe Die Justiz 1982, 438).

Weitgehend unbekannt auch bei den beteiligten Richtern und Staatsanwälten ist die Möglichkeit, einen Antrag auf Erlaß eines Strafbefehls noch nach dessen Erlaß, solange er nicht rechtskräftig ist, bis zum Beginn der Verhandlung zur Sache in der Hauptverhandlung zurückzunehmen (§ 410 Abs. 3 StPO; *Kleinknecht/Meyer* Rdnr. 3 zu § 156 StPO).

2. In dem diesem Text zugrundeliegenden konkreten Fall war diese Klausel mündlich vereinbart worden, um bei schwierigen steuerrechtlichen Fragen dem Mandanten die Möglichkeit der grundsätzlichen Klärung durch die Finanzgerichte zu belassen, ohne jenes Verfahren durch den Ausgang des Strafverfahrens zu belasten. Diesem Ziel diente auch das mit der Staatsanwaltschaft „vereinbarte" weiterhin bestehende Bestreiten in einem Anklagepunkt (zu Ziffer 6), wobei gegenseitig zugesichert wurde, daß die abweichende Beurteilung der Staatsanwaltschaft zwar zur Grundlage des Strafbefehls gemacht würde, ohne daß jedoch das Unterlassen der Anfechtung durch den Beschuldigten im Steuerverfahren gegen ihn verwertet werden sollte.

14. Anregung für Übergang des Anklageverfahrens in das Strafbefehlsverfahren gem. § 408 a StPO nach Eröffnung des Hauptverfahrens[1]

Amtsgericht Limburg
Postfach
6250 Limburg a. d. Lahn   2. 6. 19. .

In der Strafsache
gegen
E... F...
– Az.: Js ... Ds ...

wird gebeten, die Akten der Staatsanwaltschaft zuzuleiten mit der Anregung,[2] einen Antrag gem. § 408 a StPO auf Erlaß eines Strafbefehls mit einer Geldstrafe von 90 Tagessätzen zu stellen.

Das vorliegende Verfahren ist, wie die Anklageschrift zutreffend hervorhebt, ein Folgeverfahren zu dem ursprünglichen Verkehrsordnungswidrigkeitverfahren gegen Herrn F., das, nachdem es in ein Strafverfahren übergeleitet worden war, mit einer Verurteilung des

14. Anregung für Übergang des Anklageverfahrens in das Strafbefehlsverfahren IV. 14

Herrn F. wegen fahrlässiger Körperverletzung endete. Die jetzige Verlobte des Herrn F., die Zeugin K., hatte in diesem Verfahren zeugenschaftliche Angaben gemacht. Gegen sie wurde nach der Verurteilung des Herrn F. ein Ermittlungsverfahren wegen Meineides eingeleitet, das zunächst mit einer Verurteilung zu einer Freiheitsstrafe von einem Jahr und drei Monaten und nach Aufhebung und Zurückverweisung im Rechtsfolgenausspruch durch das Oberlandesgericht Frankfurt zu einem rechtskräftigen Urteil mit einer Freiheitsstrafe von neun Monaten, die zur Bewährung ausgesetzt wurden, endete. Herr F. wurde im Verfahren gegen Frau K. als Zeuge vernommen. Da er dort kein Zeugnis- oder Auskunftsverweigerungsrecht für sich in Anspruch nehmen konnte, machte er die Aussage, die zu dem hier vorliegenden Verfahren wegen uneidlicher Falschaussage führte.

Der Vorfall, der allen drei Verfahren zugrundeliegt, ereignete sich am 20. April 19.. An diesem Tag soll Herr F. die Zeugin W. durch ordnungswidriges Überholen auf der Autobahn zu einem Bremsmanöver veranlaßt haben, das bei der Zeugin W. zu einer akuten Verspannung der Schulter- und Nackenmuskulatur geführt haben soll. Herr F. hat stets bestritten, am Steuer des PKW gesessen zu haben, mit dem das Fahrzeug der Zeugin W. überholt wurde. Die Zeugin K. hat seine Aussage bestätigt, indem sie angab, selbst den PKW gefahren zu haben. Alle mit der Sache befaßten Gerichte haben bisher jedoch der Zeugin W. geglaubt.

Herr F., der als ehemaliger Polizeibeamter unter dem Vorwurf, die Wahrheit manipuliert zu haben, besonders stark leidet, ist derzeit schwer erkrankt. Das depressive Syndrom, das bereits vor fünf Jahren zu seiner vorzeitigen Pensionierung geführt hat, zwang ihn jetzt, sich in psychotherapeutische Behandlung zu begeben. Nach Auskunft seiner Therapeutin sind die Ursachen der Verschlimmerung einerseits sein streitig durchgeführtes und erst vor wenigen Wochen beendetes Scheidungsverfahren, andererseits aber auch der bereits erwähnte psychische Druck, der unter anderem mit diesem Strafverfahren zusammenhängt. Ohne einer abschließenden ärztlichen Beurteilung vorgreifen zu wollen, dürfte die Verhandlungsfähigkeit des Herrn F. auf absehbare Zeit nicht gegeben sein. Da andererseits aus den beschriebenen Gründen die Beendigung dieses Verfahrens den Erfolg seiner Therapie fördern kann, sollte der verfahrensrechtlich zulässige Weg beschritten werden, um die Sache ohne Hauptverhandlung abzuschließen.

§ 408a StPO begründet die Möglichkeit, bei Abwesenheit oder dem Ausbleiben eines Angeklagten, aber auch beim Vorliegen eines „anderen wichtigen Grundes" ein bereits eröffnetes Hauptverfahren in ein Strafbefehlsverfahren überzuleiten.

Da wegen der Fülle der Strafmilderungsgründe ohnehin nur eine Geldstrafe in Betracht kommt, sollte von dieser gesetzlichen Möglichkeit Gebrauch gemacht werden.

Bei der Bemessung der Geldstrafe werden folgende Strafzumessungserwägungen in Rechnung zu stellen sein ...... *(näher auszuführen)*

Zu den Einkommensverhältnissen des Herrn F. wird auf die anliegende „Berechnung der Versorgungsbezüge" verwiesen. Herr F., der eine Pension in Höhe von insgesamt 3.658,96 DM bezieht, muß gegenwärtig an Unterhaltszahlungen und Tilgungen von Verbindlichkeiten seiner geschiedenen Ehefrau insgesamt 3.129,70 DM monatlich aufbringen. Es verbleibt ihm ein Restbetrag von nur 529,26 DM. Herr F. wird, da er hiervon nicht leben kann, von seinem Bruder durch Sach- und Geldzuwendungen unterstützt. Nur dadurch wird ihm das Existenzminimum gesichert. Hiervon bitten wir bei der Bemessung des Tagessatzes auszugehen.

Rechtsanwalt/Rechtsanwältin

Schrifttum: siehe vor Form. IV. 1.

Anmerkungen

1. Durch den am 1. April 1987 in Kraft getretenen Artikel 1 des Strafverfahrensänderungsgesetzes 1987 vom 27. April 1987 (BGBl. I S. 475) ist in § 408a StPO eine Möglichkeit geschaffen worden, auch noch nach Zulassung einer Anklage und Eröffnung des Hauptverfahrens zum Strafbefehlsverfahren überzugehen, wenn die Voraussetzungen des § 407 Abs. 1 Satz 1 und 2 StPO vorliegen und wenn der Rechtsfolgenkatalog des § 407 Abs. 2 StPO als ausreichend angesehen wird. Die Vorschrift ist geschaffen worden, um Verfahren auch gegen abwesende oder ausgebliebene Angeklagte abschließen zu können. Außerdem ist dieses Verfahren vorgesehen für Fälle, in denen der Durchführung der Hauptverhandlung „ein anderer wichtiger Grund entgegensteht". Hier eröffnet sich z.B. für den Verteidiger die Möglichkeit, bei zweifelhafter Verhandlungsfähigkeit dem Mandanten die oft unerfreuliche Prozedur der ärztlichen Begutachtung und/oder die Hauptverhandlung zu ersparen, indem auch noch nach Eröffnung des Hauptverfahrens eine akzeptable Geldstrafe sozusagen im „schriftlichen Verfahren" festgesetzt wird. (Die beachtliche Kritik an der neuen Vorschrift aus rechtstheoretischer und -systematischer Sicht, vgl. KK/*Meyer-Goßner* § 408a StPO Rdnr. 2 ff, ist im Falle einer einvernehmlichen Lösung praktisch gegenstandslos).

Beachtlich ist zudem, daß durch den neu eingefügten § 408a StPO auch dem Verteidiger eines flüchtigen Angeklagten die Möglichkeit gegeben wird, auf einen Verfahrensabschluß mit Geldstrafe hinzuwirken. Nichts hindert den Verteidiger, schriftlich sämtliche Strafmilderungsgründe darzulegen, und auch unter Beweis zu stellen, um einen Haftbefehl, sei es nach § 230 Abs. 2 StPO, sei es nach § 112 Abs. 2 Ziff. 1 StPO zu vermeiden.

2. Mit der hier vorgeschlagenen Formulierung wird sprachlich bewußt offengelassen, ob die Anregung des Verteidigers oder die „angeregte Anregung" des Gerichts gemeint ist. Da die Verfahrensweise nach § 408a StPO zwingend einen Antrag der Staatsanwaltschaft voraussetzt und sich die Akten nach Eröffnung des Hauptverfahrens bei dem Gericht befinden, ist dieses formell der Ansprechpartner des Verteidigers. Im übrigen gilt auch hier, daß informelle Gespräche mit Gericht und Staatsanwaltschaft einem solchen Schriftsatz vorausgehen sollten.

V. Untersuchungshaft

Einführung

Die Erfahrung in der Strafverteidigumg lehrt, daß die frühe Intervention in Haftsachen entscheidenden und weichenstellenden Einfluß auf den Gang des gesamten Strafverfahrens hat. Dies gilt in durchaus verschiedener Richtung. Zum einen darf dem Ziel, den Mandanten so bald wie möglich aus der Haft zu bekommen, nicht ohne Einschränkung jede Rechtsposition geopfert werden. Umgekehrt bieten Haft verhindernde oder beendende Verteidigungsschritte in der weitaus überwiegenden Zahl der Fälle die entscheidende Basis für
a) eine verbesserte Ausgangsposition im weiteren Verlauf des Verfahrens im Hinblick auf dessen Einstellung oder Beendigung durch einen Freispruch,
b) die Möglichkeit, über das sogenannte Tatnachverhalten die Bedingungen zu schaffen, die erheblich strafmildernd berücksichtigt und unter Umständen tragend für die Entscheidung werden können, ob eine evtl. zu verhängende Freiheitsstrafe zur Bewährung auszusetzen ist.

Die Abwägung zwischen diesen beiden Polen ist mitunter schwer zu treffen, insbesondere vor dem Hintergrund, daß die Strafverteidigung im frühen Stadium des Verfahrens regelmäßig noch nicht über die Akten verfügt und die Strafverfolgungsbehörde nicht selten Haft auf der einen und Geständnis des Mandanten auf der anderen Seite als Grundlage für ihre weiteren Entscheidungen ins Spiel bringt. Vor dem Hintergrund, daß der Haftgrund der Fluchtgefahr in der weitaus überwiegenden Zahl der Fälle angewandt wird (etwa 95%), erscheint es als Faustregel angezeigt, den Schwerpunkt der Verteidigungstätigkeit in diesen Bereich zu setzen und die Frage der Erklärung zum Tatvorwurf selbst zurückzustellen, bis die notwendige Informationsgrundlage (Akteneinsicht) vorhanden ist. Gelingt es, die Haft zu verhindern oder sie frühzeitig zu beenden, so ist meist das Gespenst späterer Strafvollstreckung verscheucht, vorausgesetzt, der Mandant nutzt die Zeit der Freiheit in Hinblick auf das schwebende Verfahren entsprechend.

Immer größere Bedeutung bekommt im Zusammenhang mit der Haftfrage die sich weiter entwickelnde obergerichtliche Rechtsprechung zum Beschleunigungsgrundsatz. Es zeigt sich, daß die Obergerichte schleppende Ermittlungstätigkeit der Strafverfolgungsbehörde jedenfalls dann zum Anlaß für eine Haftverschonung nehmen können, wenn die Verteidigung frühzeitig mit Beweisanträgen operiert hat, diesen aber nicht in der gebührenden Form nachgegangen wird (vgl. Form V. 4. Anm. 10).

Vor diesem Hintergrund muß die Verteidigung, die erst nach Anklageerhebung ihre ganze Kraft entfaltet, als veraltet, ja sogar kunstfehlerhaft angesehen werden. Die nachfolgenden Formulare widmen sich aus diesem Grund daher wesentlich dem Problemkreis der Haftverhinderung und Haftverkürzung. Dabei spielt die Intervention ins Ermittlungsverfahren eine wesentliche Rolle. Es gilt, sowohl das Akteneinsichtsrecht zum frühestmöglichen Zeitpunkt zu realisieren als auch mit Beweisanträgen den Gang des Ermittlungsverfahrens zu beeinflussen (vgl. Form. V. 1. u. V. 5).

Es kommt hinzu, daß die Anwesenheit des Verteidigers bei Haftvorführungen und Haftprüfungen verstärkt werden muß, um auf die Entscheidung des Haftrichters Einfluß zu nehmen. Sammelt der Verteidiger auf diese Weise sachliche und persönliche Erfahrungen, pflegt er den regelmäßigen Kontakt zum Haftrichter und scheut er auch nicht den Konflikt zum rechten Zeitpunkt, so kann er auf Dauer in vielen Haftsachen zugunsten des Beschuldigten wirken. Die von *Gebauer* angestellte Untersuchung „Rechtswirklichkeit der Untersuchungshaft in Deutschland" hat ergeben, daß aktuell nur in etwa zwei Drittel der Fälle mündlicher Haftprüfung der bereits bestellte Verteidiger auch tatsächlich am Termin teilgenommen hat (*Gebauer,* S. 315). Die Zahl der Fälle, in denen Verteidiger beim Vorführtermin anwesend sind, dürfte noch weit niedriger liegen. Hier ist – in praxi – erhebliches Terrain zu gewinnen. Die Formulare V. 4. und V. 5. dienen diesem Ansinnen.

Schon die Frage, wie lange der Beschuldigte bis zu seiner Vorführung im Gewahrsam der Polizei verbleibt, begründet ein Kapitel für sich, das von der Verteidigung nicht ernst genug genommen werden kann. Die Praxis zeigt, daß die Polizei nicht selten die Fristen der §§ 115 Abs. 1, 128 Abs. 1 ausschöpft, um den Beschuldigten im Ermittlungsverfahren ausführlich vernehmen zu können, anstatt dem gesetzlichen Gebot zu genügen, den Beschuldigten unverzüglich dem Haftrichter vorzuführen (vgl. dazu Seebode, StV 89, 118, 119). Aus dieser Praxis folgen für die Beschuldigten nicht selten traumatische Erlebnisse und Erfahrungen, wenn sie in schwebender Ungewißheit unter nicht selten unwürdigen Bedingungen auf ihren Vorführtermin warten (zu dieser Problematik verhält sich Form. V. 4). Hier ist es, wie im übrigen in Haftfragen überhaupt, besonders angezeigt, die modernen Kommunikationsmittel (Telefax) einzusetzen, um die notwendige Beschleunigung des Verfahrens aktuell herbeizuführen.

1. Schreiben des Verteidigers an die Staatsanwaltschaft
– Der Beschuldigte befindet sich auf freiem Fuß, Haftbefehl droht –

An die
Staatsanwaltschaft[1]
4000 Düsseldorf   20. 6. 1990

In dem Ermittlungsverfahren[1]
gegen
Herrn A. S.
Az.: ... Js. ......
oder
Az.: noch nicht bekannt

– Zentralkartei[2] –

melde ich mich mit anliegender Vollmacht[2] als Verteidiger[3] des Herrn S.
Soweit ersichtlich, wird dem Beschuldigten vorgeworfen, gegen § ...... StGB verstoßen zu haben.[4]
Es wird beantragt, die Akten zur Einsichtnahme zu übersenden.[5]
Sollten die Ausnahmegründe des § 147 Abs. 2 StPO[5] nach Auffassung der Staatsanwaltschaft derzeit einer vollständigen Akteneinsicht entgegenstehen, so wird beantragt,
    unverzüglich die bevorzugten Urkunden[5] gem § 147 Abs. 3 StPO zur Einsichtnahme zu übersenden.
Nach Akteneinsicht wird entschieden, ob eine Stellungnahme[6] zur Sache über den Verteidiger abgegeben werden soll oder Herr S. sich – in Anwesenheit des Verteidigers[7] – vernehmen lassen wird.
Da mangels Akteneinsicht der Verteidigung bisher nicht bekannt ist, welche Informationen die Staatsanwaltschaft über die persönlichen Verhältnisse des Herrn S. erhalten hat, werden schon jetzt, um unrichtigen Annahmen vorzubeugen, die folgenden Umstände vorgetragen:[8]
  a) Herr S. verfügt über einen festen Wohnsitz unter der Anschrift ...... und hat dort seinen Lebensmittelpunkt. Er ist dort auch amtlich gemeldet.
  b) Herr S. hat eine feste Arbeitsstelle bei der Firma ......
  c) Herr S. verfügt über soziale Bindungen: ......

1. Schreiben des Verteidigers an die Staatsanwaltschaft   V. 1

d) Herr S. leidet an einer Krankheit, die ihn ständiger ärztlicher Behandlung und Kontrolle unterwirft. Er befindet sich seit dem ...... in Behandlung bei Dr. ......
e) Herr S. ist bereit, sich dem Verfahren zu stellen und hat ein großes eigenes Interesse, an der Klärung des Ermittlungsgegenstandes mitzuwirken.[9]
Sollte gleichwohl erwogen werden, gegen Herrn S. Haftbefehl zu beantragen, weise ich schon an dieser Stelle darauf hin, daß Herr S. für den Fall einer Haftverschonung[10] geeignete Auflagen aus §§ 116 Abs. 1 Nr. 1–4, Abs. 2 oder Abs. 3 StPO zu erfüllen bereit ist.
Herr S. wird dem Unterzeichnenden eine unwiderrufliche Vollmacht für Zustellungen und Ladungen erteilen.[11]

Rechtsanwalt

Schrifttumsverzeichnis: Baumann, „Mit dem Besitz von modernen Schreibgeräten fangen wir bei Untersuchungsgefangenen lieber erst gar nicht an", StV 1985, 292; *Dahs* jun., Der Haftgrund der Fluchtgefahr, AnwBl. 1983, 418; *ders.,* Apokryphe Haftgründe – Erwartung einer hohen Strafe gleich Fluchtgefahr – Charakter der Straftat gleich Verdunkelungsgefahr, Festschrift für Dünnebier, S. 227; *Deckers,* Die Vorschrift des § 112 Abs. 3 StPO, sog. „Haftgrund der Tatschwere", AnwBl. 1983, 420; *ders.,* Reform der Untersuchungshaft, in: Festgabe für Ludwig Koch, S. 151; *ders.,* Verteidigung beim ersten Zugriff der Polizei, NJW 1991, 1151; *Fischer,* Aufhebung des Haftbefehls nach § 121 StPO, StV 1987, 462; *Hamm,* Zur Prognosegenauigkeit der Haftentscheidungen, StV 1986, 499; *Happel,* Aufhebung des Haftbefehls nach § 121 StPO, StV 1986, 501; *Hassemer,* Die Voraussetzungen der Untersuchungshaft, StV 1984, 38; *Heinz,* Thesenpapier zum Vortrag vom 4. 11. 1984 in Klein-Aspach, Entwicklung der Kriminalität der Untersuchungshaft und des Strafvollzuges in der Bundesrepublik; *Hilger,* Die Entwicklung der Untersuchungshaft – Zahlen von 1981–1987, NStZ 1989, 107, *Hohmann-Matt,* Tatfrequenz und Wiederholungsgefahr i. S. des § 112a Abs. 1 Nr. 2 StPO, NStZ 1989, 211; *Kanka,* Untersuchungshaft bei Mord, Totschlag und Völkermord, NJW 1965, 428; *Krekeler,* Zum Haftgrund der Verdunkelungsgefahr, insbesondere bei Wirtschaftsdelikten, wistra 1982, 8; *Kühl,* Zur Göttinger Untersuchungshaft-Studie, StV 1988, 355; *Maier,* Was darf der „nächste" Richter nach § 115 a StPO, NStZ 1989, 59; *Nelles,* Der Einfluß der Verteidigung auf Beweiserhebungen im Ermittlungsverfahren, StV 1986, 74; *Paeffgen,* Übersicht über die obergerichtliche Rechtsprechung in Haftsachen im letzten Jahrfünft, Teil 1, NStZ 1989, 417 und Teil 2, NStZ 1989, 514; *Parigger,* Tendenzen im Haftrecht in der Rechtswirklichkeit, AnwBl. 1983, 423; *ders.,* Aus der Praxis des Rechts der Untersuchungshaft, NStZ 1986, 211; *Richter II,* Zum Bedeutungswandel des Ermittlungsverfahrens – Bestandsaufnahme und Reformtendenzen, StV 1985, 382; *Rückel,* Handlungsmöglichkeiten des Strafverteidigers im Haftverfahren, StV 1985, 36; *Seebode,* Zur Bedeutung der Gesetzgebung für die Haftpraxis, StV 1989, 118; *Starke,* Probleme der Fristberechnung nach § 121 Abs. 1 StPO, StV 1988, 223; *Schwenn,* Straferwartung – Ein Haftgrund?, StV 1984, 132; *Thomas,* Erweiterte Teilhaberrechte der Verteidigung im Ermittlungsverfahren, AnwBl. 1986, 56; *Ullrich,* Handlungsmöglichkeiten des Strafverteidigers im Haftverfahren? StV 1986, 268.

Anmerkungen

1. Die Staatsanwaltschaft ist Herrin des Ermittlungsverfahrens (§§ 160, 152 StPO). Sie erforscht den Sachverhalt, wenn konkrete Tatsachen einen Anfangsverdacht begründen (*Kleinknecht/Meyer* § 152 Rdnr. 4). Die Staatsanwaltschaft ist auch in Bezug auf die Untersuchungshaft im Ermittlungsverfahren – d. h. vor Erhebung der öffentlichen Klage – mit einer besonderen Rechtsposition ausgestattet:

Für den Erlaß eines Haftbefehls durch den zuständigen Richter ist grundsätzlich erforderlich, daß die Staatsanwaltschaft einen entsprechenden Antrag gestellt hat (§§ 125 Abs. 1 und 128 Abs. 2 StPO).

Die Aufhebung des Haftbefehls kann die Staatsanwaltschaft (nur) in diesem Verfahrensabschnitt sogar erzwingen (§ 120 Abs. 3 StPO). Der Haftrichter ist an einen entsprechenden Antrag der Staatsanwaltschaft gebunden, ihm steht in seiner Entscheidung kein Ermessen mehr zu (vgl. LR/*Wendisch* § 120 Rdnr. 39 – „Bindungswirkung" –). Diese Bindungswirkung des Haftrichters an den Antrag der Staatsanwaltschaft gilt nur für den Aufhebungsantrag, nicht aber für den Antrag auf Haftverschonung. Obwohl die Haftverschonung gegenüber der Aufhebung des Haftbefehls ein Minus darstellt, ist diese eindeutige Entscheidung des Gesetzgebers einer anderweitigen Auslegung nicht zugänglich (vgl. KK/*Boujong* § 120 Rdnr. 23; KMR/*Müller* § 120 Rdnr. 10; LR/*Wendisch* § 120 Rdnr. 39; *Kleinknecht*/*Meyer* § 120 Rdnr. 13). Die besondere Rechtsposition der Staatsanwaltschaft ist in diesem Verfahrensabschnitt weiter dahingehend ausgestaltet, daß sie den vorläufig festgenommenen Beschuldigten (§ 127 Abs. 2 StPO) vor der Vorführung vor den zuständigen Richter (§ 128 StPO) freilassen kann (vgl. KK/*Boujong* § 128 Rdnr. 10). Auch noch nach der Vorführung, aber vor Erlaß eines Haftbefehls, kann die Staatsanwaltschaft den Festgenommenen freilassen, dies entspricht ihrem Recht aus § 120 Abs. 3 StPO, die Aufhebung eines sogar schon erlassenen Haftbefehls zu erzwingen (vgl. KK/*Boujong* § 128 Rdnr. 10). Die Staatsanwaltschaft ist mithin der richtige Adressat, wenn die Verteidigung bereits in diesem frühen Stadium des Ermittlungsverfahrens interveniert und die Freiheit des Mandanten zu erhalten sucht. Dies gilt insbesondere auch im Stadium der vorläufigen Festnahme (§ 127 Abs. 2 StPO). Mit dieser Vorschrift hat sich zu beschäftigen, wer die Möglichkeiten nutzen will, daß von einer Festnahme abgesehen wird (vgl. dazu *Ullrich* StV 1986, 268). Auch für die vorläufige Festnahme gemäß § 127 Abs. 2 StPO bedarf es eines dringenden Tatverdachtes und eines Haftgrundes (vgl. KK/*Boujong* § 127 Rdnr. 36).

2. Es empfiehlt sich, Geburtsdatum, Geburtsort und sämtliche Vornamen des Beschuldigten mitzuteilen, wenn das Aktenzeichen der Verteidigung noch nicht bekannt ist. Fernmündliche Auskünfte werden dem Verteidiger in aller Regel nicht erteilt, wenn eine Vollmacht der Behörde noch nicht vorgelegt worden ist. Über die bei der Staatsanwaltschaft bestehende Zentralkartei gelangt das Schreiben aber auf kürzestem Wege zum sachbearbeitenden Dezernenten. Ist diesem Schreiben die Vollmacht des Verteidigers beigefügt, so gibt dann auf Nachfrage die Zentralkartei in aller Regel auch das Aktenzeichen an.

3. Bereits die Tatsache, daß der Beschuldigte einen Verteidiger zu diesem frühen Stadium des Verfahrens eingeschaltet hat, kann als nicht unwesentliche, vorbeugende Maßnahme zur Vermeidung eines Haftbefehls, mindestens aber des Vollzugs eines noch von der Staatsanwaltschaft zu beantragenden Haftbefehls dienen (vgl. § 145 a Abs. 1 StPO; LR/*Wendisch* § 112 Rdnr. 32).

4. Nicht selten wird als eine Grundüberlegung der Staatsanwaltschaft anzusehen sein, daß mit dem Erlaß eines Haftbefehls und dessen unverzüglicher Durchsetzung und Vollziehung
a) ein für die Ermittlungsarbeit wesentliches Überraschungsmoment liege,
b) der Beschuldigte besonders dann zur Flucht – oder Verdunkelung – neige, wenn er erst einmal erfahren hat, welcher strafrechtliche Verstoß ihm vorgeworfen wird.

Gibt der Beschuldigte über seinen Verteidiger zu erkennen, daß er über den strafrechtlichen Vorwurf in seinem wesentlichen Umfang informiert ist, so können jedenfalls die genannten Gründe als Antrag für den Erlaß eines Haftbefehles entfallen (vgl. dazu: OLG Frankfurt StV 1985, 463).

5. Häufig erhält die Verteidigung auf ihren Akteneinsichtsantrag ein Formblatt mit dem Hinweis, „Akten derzeit nicht entbehrlich", „Akten versandt", „Ermittlungen noch nicht abgeschlossen". Diese Hinweise enthalten keine ausreichende Begründung, das Akteneinsichtsrecht zu verwehren; denn dies kann lediglich aus dem Ausnahmetatbestand des § 147 Abs. 2 StPO erfolgen (vgl. dazu ausführlich L-R/*Lüderssen*, § 147 Rdnr. 133 ff). Die Gefährdung des Untersuchungszweckes durch den Beschuldigten kann nur dann angenommen werden, wenn die durch Tatsachen belegte konkrete Gefahr besteht, der Beschuldigte werde auf der Grundlage des bei der Akteneinsicht gewonnenen Wissens in unzulässiger Weise auf das Verfahren einwirken. Diese Voraussetzung zeigt, daß ein Wechselverhältnis zwischen Akteneinsichtsrecht und Untersuchungshaft dahingehend besteht, daß einerseits die Versagung der Akteneinsicht als milderes Mittel gegenüber der Haft angesehen werden kann, wenn Verdunkelungshandlungen befürchtet werden. Andererseits wird die Akteneinsicht im Grunde nur schwer wegen der Gefährdung des Untersuchungszwecks versagt werden können, wenn der Beschuldigte sich in Haft befindet; denn seine Einwirkungsmöglichkeiten auf das Ermittlungsverfahren sind auf das äußerste eingeschränkt (vgl. dazu *Kühl*, StV 1988, 358).

Nicht selten veranlaßt schon der Hinweis auf das gesetzliche Regel-Ausnahmeverhältnis und auf die Bestimmung des § 147 StPO die Staatsanwaltschaft dazu, „der Einfachheit halber", die gesamte Akte oder eine Zweitakte zur Einsichtnahme zu übersenden. Das Akteneinsichtsrecht in die bevorzugten Urkunden (§ 147 Abs. 3 StPO) ist unverzüglich zu gewähren. Rechtliche wie praktische Hinderungsgründe kann es nicht geben. Zu beachten ist aber, daß § 147 Abs. 3 StPO nicht generell in Beschuldigtenvernehmungen ein uneingeschränktes Akteneinsichtsrecht gewährt, sondern dieses nur bezüglich der Angaben des eigenen Mandanten des Verteidigers besteht (vgl. *Ullrich*, StV 1986, 268).

Es kommt vor, daß der Verteidiger in diesem Zusammenhang bereits davon erfährt, daß gegen den Mandanten eine Fahndung eingeleitet ist. Davon darf der Verteidiger den Mandanten unterrichten (vgl. *Rückel* StV 1985, 37; *Dahs*, Handbuch des Strafverteidigers, Rz. 53; Beschluß des Strafrechtsausschusses der BRAK vom 19. 2. 1979 – Rs 7/79; vgl. oben Form. I.).

6. Der Verteidiger kann in jeder Lage des Verfahrens Erklärungen für den Mandanten abgeben, z.B. auch ein Geständnis aufnehmen und dieses der Staatsanwaltschaft zuleiten. Daran ist vor allem im Hinblick darauf zu denken, mögliche Tatsachen zu begründen (etwa die Bereitschaft des Beschuldigten, sich dem Verfahren zu stellen) (vgl. *Ullrich* StV 1986, 268/270), mit denen der Annahme einer Flucht- oder Verdunkelungsgefahr im Vorfeld begegnet werden kann. Das Gespräch des Verteidigers mit dem Mandanten sollte daher frühzeitig auch thematisieren, inwieweit ein Beitrag des Mandanten zum Verfahren (Aussage, Beweisanträge, Beibringen von Beweismitteln) geleistet werden kann (vgl. *Rückel* StV 1985, 36ff.). Es muß jedoch davor gewarnt werden, Beiträge dieser Art zu frühzeitig anzubringen, ohne über die notwendigen Informationen zum Akteninhalt zu verfügen. Der Verteidiger muß sich stets bewußt sein, daß er zwar durch frühzeitige Erklärungen erfolgversprechend versuchen kann, einen drohenden Haftbefehl abzuwenden, daß er damit aber u.U. gleichzeitig Fakten schafft, die die Gefahr einer späteren Verurteilung vergrößern können. Im Zweifel sollte dieser Konflikt dahingehend entschieden werden, daß zunächst zu den Fragen des dringenden Tatverdachts geschwiegen wird und man sich im Sachvortrag auf die Tatsachen hinsichtlich der Haftgründe beschränkt.

7. Das Angebot des Mandanten, für Vernehmungen zur Verfügung zu stehen, sollte der Verteidiger deshalb mit der Bedingung seiner Anwesenheit verknüpfen, weil darauf, jedenfalls bei polizeilicher Vernehmung, kein rechtlich gesicherter Anspruch besteht (vgl. *Thomas* AnwBl. 1986, 56) und es häufig vorkommt, daß der Mandant in Abwesenheit seines Verteidigers nicht den Mut aufbringt, von seinem Schweigerecht Gebrauch zu machen. Die Polizei kann dem Verteidiger die Anwesenheit gestatten, wenn hierfür besondere Gründe vorliegen (*Kleinknecht/Meyer* § 163 Rdnr. 16). Für das Anwesenheitsrecht des Verteidigers bei der staatsanwaltschaftlichen Vernehmung des Beschuldigten gilt § 163a Abs. 3 Satz 2 i.V.m. § 168c Abs. 1 und Abs. 5 StPO. Der Verteidiger hat ein Anwesenheitsrecht bei der Vernehmung des Beschuldigten durch den Staatsanwalt und ist auch vom Verneh-

mungstermin zu benachrichtigen. Für die Vernehmung durch den Haftrichter besteht das Anwesenheitsrecht des Verteidigers unter den Bedingungen des § 168c Abs. 1 StPO. Dies gilt sowohl bei der Verhandlung über den Erlaß eines Haftbefehls (§ 128 Abs. 1 StPO) als auch bei der Haftprüfung in mündlicher Verhandlung (§ 118, 118a StPO), weil der Richter in diesen Fällen den Beschuldigten stets zum Tatvorwurf zu vernehmen hat (vgl. *Kleinknecht/Meyer* § 128 Rdnr. 7). Es gibt aber keinen verfahrensrechtlichen Grund, warum der prozessuale Grundsatz, der Beschuldigte könne sich in jeder Lage des Verfahrens der Hilfe eines Verteidigers bedienen (§ 137 Abs. 1 StPO), sich nicht auch bei polizeilicher Vernehmung durch die Anwesenheit des Verteidigers materialisieren soll. Zwar mag eine gesicherte Rechtsposition in dieser Hinsicht nicht bestehen, der Beschuldigte kann aber das Recht jederzeitiger Konsultation eines Verteidigers auf die hier vorgeschlagene Weise erzwingen. Zumindest setzt er die Ermittlungsbehörde in Zugzwang zu begründen, weshalb sie sein Angebot, sich der Vernehmung in Anwesenheit des Verteidigers zu stellen, nicht als ein der Flucht- und Verdunkelungsgefahr widersprechendes Verhalten zu werten bereit ist. Da die Untersuchungshaft nur dann angeordnet werden darf, wenn sie zur Durchführung eines geordneten Strafverfahrens und zur Sicherstellung einer möglichen späteren Strafvollstreckung unumgänglich ist (ultima ratio der Untersuchungshaft, Subsidiaritätsprinzip des Vollzugs der Untersuchungshaft gegenüber der Haftverschonung, vgl. KK/*Boujong* § 116 Rdnr. 1), müssen als Voraussetzung für den Erlaß eines Haftbefehls stets Umstände vorliegen, die die Gefahr begründen, daß ohne Festnahme des Beschuldigten die alsbaldige Aufklärung und Ahndung der Tat gefährdet sein könnte (BVerfGE 19, 342ff., 350f.). Zeigt der Beschuldigte über seinen Verteidiger die Bereitschaft an, sich für Vernehmungen zur Verfügung zu halten, begründet er bei der Staatsanwaltschaft und dem Ermittlungsrichter zugleich die Möglichkeit und damit in gewisser Weise auch die Pflicht, das Ermittlungsverfahren frühzeitig seiner strukturellen Einseitigkeit zu entheben und die vom Beschuldigten einzubringenden entlastenden Momente in diesem ansonsten eher inquisitorisch ausgestalteten Verfahrensabschnitt einzubeziehen (vgl. *Ullrich* StV 1986, 268/270).

8. Mit dem Vortrag dieser Tatsachen soll einem möglichen Antrag der Staatsanwaltschaft auf Erlaß eines Haftbefehls im Vorfeld begegnet werden. Die Tatsachen verhalten sich zu dem Haftgrund der Fluchtgefahr, der in der Praxis in weitaus überwiegender Zahl der Begründung eines Haftbefehls angeführt wird (etwa 95%).

Haftgründe bestehen, wenn aufgrund bestimmter Tatsachen
a) feststeht, daß der Beschuldigte flüchtig ist oder sich verborgen hält (Haftgrund der Flucht, § 112 Abs. 1 Ziffer 1 StPO);
b) bei Würdigung der Umstände des Einzelfalles Fluchtgefahr besteht (§ 112 Abs. 2 Ziffer 2 StPO);
c) das Verhalten des Beschuldigten den dringenden Verdacht der Verdunkelungsgefahr begründet (§ 112 Abs. 2 Ziffer 3 StPO);
d) gegen den Beschuldigten der dringende Verdacht einer Katalogtat aus § 112 Abs. 3 StPO besteht (sog. Haftgrund der Tatschwere) und eine – widerlegliche – Vermutung für Flucht- oder Verdunkelungsgefahr spricht (vgl. LR/*Wendisch* § 112 Rdnr. 52);
e) dringender Verdacht wegen einer Katalogtat des § 112a Abs. 1 Ziffer 1 StPO oder wiederholte Begehung einer Katalogtat aus § 112a Abs. 1 Ziffer 2 StPO besteht und bestimmte Tatsachen die Wiederholungsgefahr begründen;

Zu den einzelnen Haftgründen werden im einzelnen von Rechtsprechung und Literatur folgende Tatsachen als bedeutsam angesehen:

Zur Flucht

Der Beschuldigte, der seine Wohnung verläßt, keine neue bezieht und unter keiner Anschrift dafür sorgt, postalisch erreichbar zu sein, gilt als flüchtig.

Subjektiv muß der Beschuldigte den Willen haben, für die Behörden nicht erreichbar zu sein, auch wenn dieser Wille sich auf das betreffende Verfahren nicht bezieht, in dem über den Erlaß eines Haftbefehls entschieden werden soll.

1. Schreiben des Verteidigers an die Staatsanwaltschaft V. 1

Deshalb steht die Begründung eines Wohnsitzes – sei es im Ausland (vgl. OLG Karlsruhe NJW 1972, 2098) – oder – etwa bei Fahnenflucht – in Berlin (vgl. OLG Hamm NJW 1972, 653) der Annahme der Flucht entgegen, ebenso wie die Erteilung einer Verteidigungsvollmacht an einen Rechtsanwalt (vgl. § 145a Abs. 1 StPO). Ein Ausländer ist nicht schon deshalb flüchtig, weil er sich in sein Heimatland zurückbegibt, wenn die Gründe, die ihn dazu bewegen, nicht mit der ihm vorgeworfenen Straftat zusammenhängen (LG Berlin, StV 1989, 253). Ebenfalls kann eine Flucht eines im Ausland wohnenden Beschuldigten nicht angenommen werden, wenn nicht belegt ist, daß er sich dem Verfahren entziehen wollte, als er ins Ausland übersiedelte (LG Verden, StV 1986, 256).

Analog gilt zum „Sich-Verborgen-Halten" (Beispiel: Der Beschuldigte lebt unangemeldet oder unter falschem Namen) dieselbe subjektive Seite wie bei der Flucht. Wußte der Beschuldigte mithin nichts von einem gegen ihn schwebenden Verfahren und war seine Unerreichbarkeit nicht von dem Willen getragen, sich dem vorliegenden oder einem anderen Verfahren zu entziehen, ist für den Erlaß eines Haftbefehls aus diesem Haftgrund kein Raum, ein bereits erlassener Haftbefehl müßte aufgehoben werden, namentlich wenn der Beschuldigte nachweisen kann, daß er unter fester Anschrift erreichbar ist (vgl. LR/*Wendisch* § 112 Rdnr. 32).

Zur Fluchtgefahr

Mit der Einführung des Begriffs der Gefahr (für die Flucht oder Verdunkelung) sollte mit der Reform des Untersuchungshaftrechts die Erlaß- und Vollzugspraxis von Untersuchungshaftbefehlen eingeschränkt werden. Die Reform hat nur vorübergehend Wirkung gezeigt. Begrifflich ist für die Fluchtgefahr eine enge Auslegung zu fordern. Es muß eine hohe Wahrscheinlichkeit bestehen, daß der zu vermeidende Erfolg eintritt. Sie muß stets höher sein als die, daß der Erfolg ausbleibt (LR/*Wendisch* § 112 Rdnr. 24; *Kleinknecht/Meyer* § 112 Rdnr. 17; OLG Celle NdsRpfl. 1963, 214). Die Gefahr, der Beschuldigte werde sich dem Verfahren entziehen, muß auf das Verfahren bezogen sein, in dem erwogen wird, Untersuchungshaft anzuordnen (LR/*Wendisch* § 112 Rdnr. 35). Es ist auf die Gefahr abzustellen, der Beschuldigte werde sich dauernd oder vorübergehend dem Verfahren entziehen (BGHSt 23, 384). Nicht als Entziehungshandlung kann gewertet werden, wenn der Beschuldigte im Ausland eine Wohnung hat und dort verbleibt (OLG Karlsruhe NJW 1972, 2099): Vgl. BGH StV 1990, 309. So kann die Absicht des Beschuldigten, seinen Wohnsitz ins Ausland zu verlegen, nicht ohne weiteres als Fluchtgefahr angesehen werden, wenn nicht konkrete Umstände hinzutreten, der Beschuldigte wolle sich damit der Zugriffsmöglichkeit der Justiz entziehen (LG Hanau, NStZ 1987, 41). Wer schon flüchtig war und sich verborgen gehalten hat, hat zunächst bestimmte Tatsachen für die Annahme der Fluchtgefahr gesetzt. Familiäre wie auch anderweitige soziale Bindungen sprechen gegen die Fluchtgefahr. Die Umstände, die hier anzuführen sind, führen weit über den familiären Bereich hinaus. Sei es, daß der Beschuldigte mit einer Lebensgefährtin zusammenlebt, sei es, daß er in einer Wohngemeinschaft wohnt, sei es, daß im Rahmen sogenannter „ambulanter Maßnahmen" ein am Orte ansässiger Hilfsverein für Straffällige Wohnplatz und sozialarbeiterische Betreuung zur Verfügung stellt. Aktive Verteidigung setzt die Verbindung zu der entsprechenden Institution geradezu zwingend voraus, die sich dann auch im weiteren Verlauf um gesicherte Arbeits- und Wohnverhältnisse des Mandanten bemühen. Wird in dieser Form ein komplexes Betreuungsangebot dem Haftrichter durch die Verteidigung vorgestellt, wird zumindest der Fluchtgefahr – so sie noch angenommen wird – in aller Regel mit Maßnahmen aus dem Katalog des § 116 StPO begegnet werden können. Regelmäßig wird Fluchtgefahr angenommen, wenn der Beschuldigte nicht über Bindungen im Inland, wohl aber gute Auslandsbeziehungen (etwa geschäftlicher Art) und Fremdsprachenkenntnisse verfügt (vgl. LR/*Wendisch* § 112 Rdnr. 39). Dem kann im Einzelfall nur mit Sachvortrag zu konkreten sozialen Bindungen entgegengetreten werden.

Als soziale Bindung, die die Fluchtgefahr mindert, ist auch eine homosexuelle Partnerschaft jedenfalls dann anzusehen, wenn sie sich als gefestigte Beziehung darstellt (Hans-OLG Hamburg, StV 1987, 496). Vgl. Form. V 4. Anm. 9 ff. Selbstmordgefahr stellt keine Tatsache dar, aufgrund derer man Fluchtgefahr annehmen könnte (vgl. LR/*Wendisch* § 112 Rdnr. 40).

Zur Verdunkelungsgefahr

Dieser Haftgrund unterliegt am ehesten der Gefahr, mißbraucht zu werden (LR/*Wendisch* § 112 Rdnr. 42). Weder rechtfertigen ausstehende Ermittlungen die Annahme dieses Haftgrundes, noch darf das Schweigen des Beschuldigten Verdunkelungsgefahr begründen (OLG Frankfurt NJW 1960, 352; OLG Hamm StV 1985, 114). Lebensführung einerseits (gewerbsmäßige Hehlerei, Spionage, Angehörigkeit zu einer kriminellen oder terroristischen Vereinigung) und „Natur der Straftat" (Betrug, Urkundenfälschung u.a.) sollen ausreichen, um einen Haftgrund der Verdunkelungsgefahr anzunehmen, „weil Verdacht und Gefahr hier auf der Hand liegen" (LR/*Wendisch* § 112 Rdnr. 43) (anders: OLG Köln, StV 1986, 538: In der Regel reicht die Tatausführung allein nicht aus, Verdunkelungsgefahr festzustellen. Vielmehr müssen weitere Umstände hinzutreten, aus denen auf die Verdunkelungsgefahr geschlossen werden kann). Gegen den Schluß aus er „Natur der Straftat" ist anzuführen, daß von Verdunkelungshandlungen im eigentlichen Sinne erst dann gesprochen werden kann, wenn der Beschuldigte um die Existenz eines Ermittlungsverfahrens gegen ihn weiß und er nun Verdunkelungshandlungen unternimmt, um die Wahrheitsfindung zu erschweren (vgl. *Dahs* Fs. Dünnebier, S. 234 ff.; dazu auch *Parigger,* AnwBl. 1983, 423; dafür, daß derartige Tatsachen *festgestellt* sein müssen, eine hohe Wahrscheinlichkeit nicht ausreiche: *Krekeler* wistra 1982, 8). Die Verdunkelungshandlungen müssen zu der Gefahr führen, daß die Ermittlung der Wahrheit in derselben Sache erschwert werde. Dazu müssen sie auch geeignet sein und sich auf einen zukünftigen Zweck beziehen. Untersuchungshaft wegen Verdunkelungsgefahr darf daher weder Prozeßstrafe noch Beugehaft sein (LG Verden StV 1982, 374). Bei der Einwirkung auf sächliche Beweismittel (§ 112 Abs. 2 Ziffer 3 a StPO) kommt es auf die zugrundeliegende Haltung des Handelnden nicht an, anders bei der Einwirkung auf Mitbeschuldigte, Zeugen und Sachverständige (§ 112 Abs. 2 Ziffer 3 b StPO), hier muß die Unlauterkeit des Handelnden festgestellt werden. Es kann dem Beschuldigten weder verwehrt sein, mit Zeugen und Mitbeschuldigten zu sprechen, noch sie zu bitten, von einem bestehenden Zeugnisverweigerungsrecht Gebrauch zu machen (LR/*Wendisch* § 112 Rdnr. 48). Vgl. Hassemer Form. I B 2 a.

Da das Zeugnisverweigerungsrecht des Zeugen auch zugunsten des Beschuldigten im Strafverfahren verankert ist, kann der Beschuldigte den Zeugen auf die Folgen einer solchen Aussage hinweisen, ohne unlauter zu handeln (vgl. LR/*Wendisch* § 112 Rdnr. 48). Soweit der Beschuldigte einen Dritten veranlaßt, Verdunkelungshandlungen vorzunehmen, muß sein Handeln vorsätzlich sein, um den Haftgrund der Verdunkelungsgefahr zu begründen (LR/*Wendisch* § 112 Rdnr. 49). Auch wenn der Beschuldigte die Tat bestreitet, kann daraus der Haftgrund der Verdunkelungsgefahr nicht abgeleitet werden (LG Verden, StV 1985, 464; OLG Hamm, a.a.O.; vgl. auch *Paeffgen,* NStZ 1989, 418).

Daß ein Beschuldigter mögliche Mittäter nicht nennt, stellt keine Verdunkelungshandlung dar. Umgekehrt steht das (nur) auf seine eigene Person bezogene Person Geständnis der Verdunkelungsgefahr regelmäßig entgegen. Schließlich ist noch festzuhalten, daß sich die Verdunkelungsgefahr stets auf die im Haftbefehl benannten Taten beziehen muß, und daß sonstige Verdunkelungsgefahren bezüglich anderer, den Gegenstand des Ermittlungsverfahrens bildender Sachverhalte die Anordnung der Haft nicht tragen (vgl. OLG Stuttgart, StV 1987, 110; *Paeffgen,* NStZ 1989, 418). Vgl. weiter zu diesem Haftgrund Formular V. 5. Anm. 7 und 8.

1. Schreiben des Verteidigers an die Staatsanwaltschaft V. 1

Zu § 112 Abs. 3 StPO

Der sogenannte Haftgrund der Tatschwere wird in der Praxis häufig fälschlich als „automatischer" Haftgrund begriffen, der immer dann anzunehmen sei, wenn dringender Tatverdacht wegen einer Katalogtat vorliegt.

Außerhalb des Katalogs ist eine Anwendung dieses Haftgrundes ausgeschlossen (LR/*Wendisch* § 112 Rdnr. 51; OLG Düsseldorf NJW 1965, 2119; KK/*Boujong* § 112 Rdnr. 39; *Kleinknecht/Meyer* § 112 Rdnr. 36; a.A.: OLG Hamm NJW 1982, 2786 für § 213 StGB). Für Versuch (§ 22 StGB), Anstiftung (§ 26 StGB), Beihilfe (§ 27 StGB) und Versuch der Beteiligung (§ 30 StGB) wird dieser Haftgrund als anwendbar angesehen, obwohl er dafür nach der Intention des Gesetzgebers nicht gedacht war (vgl. *Kanka* NJW 1965, 428/429). In einer jüngeren Entscheidung hat das OLG Köln (StV 1989, 486) bestätigt, daß der Katalog des § 112 Abs. 3 abschließend ist, dieser Haftgrund deshalb auf § 213 StGB also nicht angewandt werden dürfe.

§ 112 Abs. 3 ist deshalb ferner weder bei 323a StGB mit einer Katalogtag als Rauschtat noch in den Fällen der §§ 216, 217 anwendbar (vgl. *Kleinknecht/Meyer*, Rdnr. 36). Die Intention des Gesetzgebers und die Auslegung dieser Norm durch das Bundesverfassungsgericht (BVerfGE 19, 342ff.) sind kaum in Einklang zu bringen (vgl. LR/*Wendisch* § 112 Rdnr. 52). Jedenfalls muß auch für diesen Haftgrund eine erhebliche – durch Tatsachen belegte – Vermutung bestehen, der Beschuldigte werde sich dem Verfahren durch Flucht oder Verdunkelung entziehen. Diese Vermutung wiederum ist durch Tatsachen, die gegen die diese Haftgründe streiten, widerlegbar (vgl. OLG Bremen, StV 1983, 288; OLG Düsseldorf, MDR 1983, 152). Die Möglichkeit der Haftverschonung besteht auch für den Haftgrund des § 112 Abs. 3 (LR/*Wendisch*, § 116 Rdnr. 30; *Kleinknecht-Meyer*, § 116 Rdnr. 18). Vgl. Form. V. 5. Anm. 9.

Zur Wiederholungsgefahr

Der Haftgrund des § 112a Abs. 1 Nr. 1 bedarf wegen der gesetzlichen Klarheit keiner eingehenden Erläuterungen an dieser Stelle. Praktisch relevanter und mit größeren rechtlichen Schwierigkeiten verbunden ist ohnehin der § 112a Abs. 1 Nr. 2. Es bedarf einer Kataloganlaß- und der Wiederholungstat. Abweichend von der Interpretation des § 112 Abs. 3 StPO wird der Katalog des § 112a StPO nicht als abschließend angesehen, da überwiegende Rechtsprechung und Lehre auch bei im Vollrausch (§ 323a StGB) begangener Katalogtat den Haftgrund als gegeben betrachten (OLG Hamm NJW 1974, 1667; OLG Frankfurt NJW 1965, 1728). Damit erfährt dieser Haftgrund eine nicht unerhebliche Ausdehnung, und diese Interpretation fügt sich nicht recht in den Sinn der Vorschrift ein, die für *erhebliche Straftaten* (vgl. LR/*Wendisch* § 112a Rdnr. 27, 42) und solche gelten soll, die die Rechtsordnung *schwerwiegend beeinträchtigen*. Für minderschwere Fälle der Katalogtaten gilt dieser Haftgrund daher nur unter den besonderen Umständen, daß ausnahmsweise eine schwerwiegende Beeinträchtigung der Rechtsordnung vorliegt (LR/*Wendisch* § 112a Rdnr. 27). Ansonsten sind Versuch, Anstiftung, Beihilfe, Versuch der Beteiligung zu den genannten Verbrechen mit erfaßt (BGHSt 2, 361; 6, 213). Tatsachenvortrag zu den Haftgründen in diesem ersten Schreiben an die Staatsanwaltschaft hat Ausnahmecharakter. Er ist namentlich dann angebracht, wenn der Verteidiger konkrete Hinweise dafür hat, daß die Staatsanwaltschaft den Antrag auf Erlaß eines Haftbefehls zu stellen gedenkt. Kann mit diesem Tatsachenvortrag dem Erlaß eines Haftbefehls nicht entgegengewirkt werden, so wird durch ihn jedenfalls die Chance für den Erlaß eines Haftverschonungsbeschlusses erhöht.

9. Nur selten wird bei den Ermittlungsbehörden angenommen, der Beschuldigte habe ein eigenes Interesse, sich aus seiner Sicht in den Gang des Ermittlungsverfahrens einzuschalten. In der Routine der Arbeit der Ermittlungsbehörden geht allzu schnell unter, welche besonderen persönlichen Einschränkungen bereits die Existenz des Ermittlungsverfahrens für den Beschuldigten mit sich bringt (vgl. dazu ausführlich: *Richter II* StV 1985,

382 ff.). Das Interesse des Beschuldigten, sich bereits in diesem Verfahrensabschnitt einzuschalten, sollte stattdessen gemeinhin als ebenso groß angesehen werden, wie ein häufig vermutetes Interesse, der Beschuldigte werde sich dem Verfahren und/oder einer möglichen, daran anschließenden Strafvollstreckung entziehen. Häufig wird dabei von den Ermittlungsbehörden übersehen, daß der Beschuldigte mit einer Flucht vor dem Verfahren sich auch jeglicher Kontroll- und Einwirkungsmöglichkeit auf den Gang des Ermittlungsverfahrens begibt. Im Hinblick auf die eigenständigen Erledigungsmöglichkeiten dieses Verfahrensabschnittes (§§ 153, 153 a StPO) stellen sich für den Beschuldigten Flucht und Verdunkelung häufig als geradezu widersinnig dar. Form. V. 5. Anm. 8.

10. Die Haftverschonung geht nach dem Grundsatz der Verhältnismäßigkeit (BVerfGE 19, 243 für den vollzogenen Haftbefehl; 53, 152 für den außer Vollzug gesetzten Haftbefehl) dem Vollzug der Untersuchungshaft zwingend vor (KK/*Boujong* § 116 Rdnr. 1, 4; LR/*Wendisch* § 116 Rdnr. 1, 8; *Hassemer* StV 1984, 38/41). Dies gilt auch für den Haftgrund der Tatschwere (BVerfGE 19, 342 ff.; LR/*Wendisch* § 116 Rdnr. 2, 30). Die einzige Ausnahme besteht für den Haftgrund der Flucht (§ 112 Abs. 1 Ziff. 1) (LR/*Wendisch* § 116 Rdnr. 2), hier kann aber andererseits nach § 295 StPO (sicheres Geleit) „Befreiung von der Untersuchungshaft" (§ 295 Abs. 2 StPO) gewährt werden. Eine andere Möglichkeit liegt darin, daß der Verteidiger vorab klärt, unter welchen Bedingungen eine Außervollzugsetzung im Falle einer Selbststellung des Mandanten in Betracht kommt. (Vgl. dazu auch *Ullrich* StV 1986, 270). Die Haftverschonung setzt den Erlaß eines Haftbefehls voraus und ist in der Regel mit Auflagen verbunden (KK/*Boujong* § 116 Rdnr. 5; *Kleinknecht*/*Janischowsky* Rdnr. 187 – Auflagen zwingend –; LR/*Wendisch* § 116 Rdnr. 23 – Entlassung auf Ehrenwort ist zulässig –). Die Auflagen aus § 116 StPO sind nicht enumerativ, sie gelten als beispielhafte Maßnahmen (vgl. OLG Saarbrücken NJW 1978, 2460). § 116 StPO läßt nur solche Auflagen zu, die eindeutig dem Zweck dienen, die nach dem jeweiligen Haftgrund angenommene Gefahr zu mindern (Vgl. OLG Celle StV 1988, 207). Auch wenn die Staatsanwaltschaft die Aussetzung des Haftbefehlsvollzuges durch einen entsprechenden Antrag nicht erzwingen kann (vgl. Anm. 1), wird ihr Einfluß auf die Haftentscheidung des Haftrichters nicht zu unterschätzen sein. Es empfiehlt sich daher, hier schon frühzeitig Möglichkeiten für entsprechende Auflagen zu unterbreiten, denen der Beschuldigte folgen kann und will (beachtenswertes Beispiel in diesem Zusammenhang: Der drogenabhängige Mandant begibt sich in Therapie, vgl. OLG Hamm StV 1984, 123 m. Anm. *Budde;* vgl. auch LR/*Wendisch* § 112 Rdnr. 59; KK/*Boujong* § 112 Rdnr. 20 – freiwillige Maßnahmen des Mandanten können sogar schon dem Erlaß des Haftbefehls entgegenstehen –). Auch auf § 126 a StPO ist § 116 StPO analog anwendbar (OLG Celle StV 1987, 445; a. A. KK/*Boujong* § 126 a Rdnr. 5; *Kleinknecht*/*Meyer* Rdnr. 10; KMR/*Müller* 7. Aufl. (1988) § 126 a Rdnr. 10) Vgl. auch: Form. V. 2. Anm. 4.

11. Vgl. § 145 a Abs. 1 StPO; § 116 a Abs. 3 StPO; LR/*Wendisch* § 112 Rdnr. 32. Der hier angebotene Schriftsatz kann auch als Muster für den praktisch nicht seltenen und sehr bedeutsamen Fall verwendet werden, daß ein Mandant zu dem Verteidiger kommt und die Vermutung äußert, er könne bereits aufgrund eines Haftbefehls gesucht werden. Im Gespräch mit dem Mandanten hat der Verteidiger dann in aller Regel vorab zu klären, daß der Mandant auch bereit sein muß, sich selbst zu stellen und ein entsprechendes Angebot schriftlich oder fernmündlich der Staatsanwaltschaft oder dem Haftrichter übermittelt werden kann (vgl. Anm. 10). Bei alldem darf freilich nicht übersehen werden, daß im Einzelfall abzuwägen ist, ob eine solche Eingabe eher geeignet ist, einen Haftbefehlsantrag erst zu provozieren oder ihm vorzubeugen.

2. Schreiben an die Staatsanwaltschaft und das Amtsgericht
– Der Beschuldigte befindet sich im Ausland, Haftbefehl ist erlassen
oder möglicherweise erlassen –

An die
Staatsanwaltschaft[1]
4000 Düsseldorf   20. 6. 1990

In dem Ermittlungsverfahren
gegen
Herrn A. S.
Az.: ... Js ......

melde ich mich mit der anliegenden Strafprozeßvollmacht als Verteidiger des Herrn S. und beantrage,
   Akteneinsicht zu erteilen.
Sollten Gründe aus § 147 Abs. 2 StPO entgegenstehen, so wird gebeten, diese zu benennen und unverzüglich die bevorzugten Urkunden gem. § 147 Abs. 3 StPO zur Einsichtnahme zu übersenden.[2]

                                                         Rechtsanwalt

An das
Amtsgericht[3]
4000 Düsseldorf   20. 6. 1990

In der Strafsache
gegen
Herrn A. S.
Az.: ... Gs ......

melde ich mich mit anliegender Vollmacht als Verteidiger des Herrn S.
Es wird beantragt,
   den Haftbefehl vom 5. 1. 1986 außer Vollzug zu setzen.[4]
Es besteht die hinreichend begründete Erwartung, daß Herr S. sich dem Strafverfahren nicht entziehen wird.[5]
Herr S. befindet sich im Ausland.[6] Er ist dort mit Wohnsitz gemeldet und unter der Anschrift ...... erreichbar. Herr S. wird innerhalb einer Frist[7] von 4 Wochen in die Bundesrepublik Deutschland einreisen. Er wird über seinen Verteidiger mitteilen, wann diese Einreise erfolgt ist.
Herr S. hält sich sodann für Vernehmungen in Anwesenheit seines Verteidigers zur Verfügung.[8]
Herr S. wird in der Bundesrepublik Deutschland einen festen Wohnsitz begründen und die Bestätigung des Einwohnermeldeamtes für seine Anmeldung dem Gericht vorlegen. Herr S. wird sich an diesem Wohnsitz regelmäßig aufhalten.[9]
Es wird angeboten, daß Herr S. eine Sicherheitsleistung hinterlegt.[10] Herr S. wird sodann dem Unterzeichnenden eine unwiderrufliche Ladungs- und Zustellungsvollmacht erteilen.[11]
Im übrigen wird gebeten, mitzuteilen, unter welchen weiteren Bedingungen eine Haftverschonung erwogen werden kann.[12,13]

                                                         Rechtsanwalt

Schrifttum: Vgl. Form. V. 1.

Anmerkungen

1. Akteneinsicht erteilt die Staatsanwaltschaft, sie ist deshalb der richtige Adressat dieses Antrages.

2. Vgl. Form. V. 1 Anm. 5.

3. Ist ein Haftbefehl bereits erlassen, weil der Beschuldigte wegen eines dauernden oder vorübergehenden Auslandsaufenthaltes dem Verfahren nicht zur Verfügung steht, kann der Versuch unternommen werden, die Außervollzugsetzung im Vorfeld der Wiedereinreise des Beschuldigten ins Inland zu erreichen (vgl. dazu auch Form. V. 4 Anm. 1 u. 11). Richtiger Adressat eines entsprechenden Antrages ist der Haftrichter (§§ 125, 126 StPO). Die Staatsanwaltschaft wird obligatorisch gehört und damit über den Inhalt des Antrages informiert, es empfiehlt sich, ihr eine Kopie des Antrages unmittelbar zu übersenden. Eine begleitende fernmündliche Kontaktaufnahme mit dem Dezernenten der Staatsanwaltschaft ist anzuraten (vgl. dazu *Rückel* StV 1985, 36/39). Eine andere Möglichkeit, auf die hier hingewiesen werden soll, besteht in einem Antrag nach § 295 StPO (Antrag auf sicheres Geleit beim Ermittlungsrichter, § 162 StPO).

4. Vgl. Form. V. 1 Anm. 8 u. 10.

5. Zwar muß der Haftrichter das Risiko, der Beschuldigte werde sich dem Verfahren entziehen, sorgfältig abwägen (LR/*Wendisch* § 116 Rdnr. 6), er darf aber keine absolute Sicherheit anstreben. Sieht er bei Übernahme eines gewissen Risikos die große Wahrscheinlichkeit des Erfolges begründet, der Beschuldigte werde sich dem Verfahren stellen, so hat die Verschonung zu erfolgen (LG Köln StV 1984, 342; LR/*Wendisch* § 116 Rdnr. 6).

6. Nicht selten wird der Verteidiger von einem Mandanten dahingehend informiert, er wisse um den Bestand eines Haftbefehls, wolle aber nur dann ins Inland einreisen, wenn die Außervollzugsetzung erreicht werden kann. In diesem Zusammenhang ist es bereits von Bedeutung, ob der Mandant im Ausland einen festen Wohnsitz hat und dort auch regelmäßig und ordnungsgemäß gemeldet ist. Dies sollte auf jeden Fall mitgeteilt werden (vgl. dazu Form. V. 1 Anm. 8 – Flucht –).

7. Die Verteidigung sollte anzeigen, daß der Beschuldigte alsbald durch seine Anwesenheit bereit ist, den Fortgang des Verfahrens zu ermöglichen. Da die Haftverschonung grundsätzlich von Bedingungen abhängig gemacht werden darf (vgl. LR/*Wendisch* § 116a Rdnr. 12; KK/*Boujong* § 116a Rdnr. 5), ist auch ein Antrag in der Fassung denkbar, in dem Verschonungsbeschluß möge dem Beschuldigten die Auflage erteilt werden, bis zu einem bestimmten Datum einzureisen und die Einreise anzuzeigen.

8. Vgl. Form. V. 1 Anm. 7.

9. Vgl. § 116 Abs. 1, 2 StPO, der weitergehend als Auflagen bestimmt, daß der Beschuldigte den Aufenthaltsort oder -wohnsitz nicht ohne Erlaubnis des Richters oder der Strafverfolgungsbehörde verlassen darf. Da es entscheidend auf die Verfügbarkeit des Beschuldigten für das Verfahren ankommt, ist auf seine Erreichbarkeit an seinem Aufenthaltsort abzustellen. Wird das Verlassen des Aufenthaltsortes von der Erlaubnis des Haftrichters oder der Strafverfolgungsbehörde abhängig gemacht, so kann der Beschuldigte zwar gegen die Versagung der Erlaubnis durch die Staatsanwaltschaft oder die Polizei die Entscheidung des Haftrichters herbeiführen, nicht aber einen Antrag nach § 23 EGGVG stellen (vgl. KK/*Boujong* – § 116 Rdnr. 16).

10. Die Art der Sicherheit richtet sich nach § 116a StPO, sie kann insbesondere auch von Dritten geleistet werden (KK/*Boujong* § 116a Rdnr. 2). Sie wird nach dem Wortlaut des Gesetzes zwar nur zur Abwendung der Fluchtgefahr genannt, ist aber als sonstige Maßnahme des § 116 Abs. 2 auch bei Verdunkelungsgefahr (str., dafür: OLG Hamburg

NJW 1966, 1329; MDR 1974, 595; KK/*Boujong* § 116 Rdnr. 19; LR/*Wendisch* § 116 Rdnr. 18; a. A. OLG Frankfurt NJW 1978, 838; *Kleinknecht/Meyer* § 116 Rdnr. 16; *Tiedemann* NJW 1977, 1977), als Inhalt einer Anweisung nach § 116 Abs. 3 StPO oder als Sicherung bzgl. mehrerer Haftgründe einschließlich des Haftgrundes der Tatschwere (§ 112 Abs. 3) zulässig (zustimmend auch: KMR/*Müller* § 116a, 1; *Jungfer*, GS Meyer S. 227).

11. Die Erteilung einer Vollmacht nach § 116a, Abs. 3 StPO ist als eine im Gesetz besonders genannte Maßnahme i. S. d. § 116 anzusehen (LR/*Wendisch* § 116a Rdnr. 12), sie ist daher nicht auf den Fall des 116a, Abs. 3 StPO beschränkt. Das Vollmachtsverhältnis ist nicht widerruflich (*Kleinknecht/Meyer* § 116a Rdnr. 5); der Beschuldigte hat es nachzuweisen (vgl. LR/*Wendisch* § 116a Rdnr. 14).

12. Vgl. dazu *Kleinknecht/Meyer* – § 116 Rdnr. 11. Wie bezgl. der Höhe der Sicherheitsleistung der Verteidiger letztendlich nur einen Vorschlag unterbreitet, an den der Haftrichter nicht gebunden ist (vgl. KK/*Boujong* § 116 Rdnr. 18), so gilt dies auch für den gesamten Katalog der Auflagen (vgl. beispielhaft die Aufzählung bei *Rückel* StV 1985, 36/37). Es ist Aufgabe des Verteidigers vom Haftrichter in Erfahrung zu bringen, unter welchen weiteren Bedingungen in seinem Fall die Verschonung von der Untersuchungshaft erwogen werden kann, da diese Aufklärung einerseits als zulässig erachtet wird (vgl. LR/*Wendisch* § 116 Rdnr. 24), und die Erfüllung der Auflagen die Freiwilligkeit des Beschuldigten voraussetzt. Der Beschuldigte muß sich daher zu möglichen Auflagen, die der Haftrichter erwägt, äußern und verhalten können.

13. Bleibt dem Antrag der Erfolg versagt, ist gleichwohl zu bedenken, daß der Beschuldigte sich selbst stellt, und so einen „Bonus" für spätere Haftentscheidungen erlangt. Ein mögliches Auslieferungsverfahren muß dem Beschuldigten nicht nur Vorteile bringen, es ist aber in diesem Zusammenhang zu bedenken, daß der Beschuldigte dann Verfahrensvorteile erlangt, wenn die Auslieferung nicht für alle im Haftbefehl angeführten Tatsachen zugelassen wird (Artikel 14 EuAuslfübk; § 11 IRG; vgl. *Rückel* StV 1985, 36/39).

3. Haftabwendung durch Sicherheitsleistung bei geringfügigen Verstößen (§§ 127a, 132 StPO)

– Der im Ausland wohnende Mandant möchte in die Bundesrepublik einreisen, ohne im Inland einen Wohnsitz zu begründen –

An die
Staatsanwaltschaft
4000 Düsseldorf   20. 6. 1990

In dem Ermittlungsverfahren
gegen
Herrn A. S.
Az.: ... Js ......

lege ich anliegende Vollmacht vor und melde mich als Verteidiger des Herrn S.
Herr S. hat einen festen Wohnsitz in Paris.
Herr S. möchte ins Inland einreisen, ohne hier einen Wohnsitz zu begründen. Gegen Herrn S. schwebt das vorliegende Verfahren, das im Falle einer Verurteilung die Verhängung einer Freiheitsstrafe oder einer freiheitsentziehenden Maßnahme der Sicherung und Besserung nicht erwarten läßt.[1]
Herr S. hat dem Unterzeichnenden eine unwiderrufliche Ladungs- und Zustellungsvollmacht erteilt.[2]

Herr S. bietet an, eine angemessene Sicherheit für die im Falle einer Verurteilung zu erwartende Geldstrafe und die Verfahrenskosten zu leisten.[3]
Es wird gebeten, im Hinblick auf § 127a StPO von Fahndungsmaßnahmen gegen Herrn S. abzusehen.

Rechtsanwalt

Schrifttum: Vgl. Form. V. 1.

Anmerkungen

1. Vgl. § 127a Abs. 1 Nr. 1 StPO; hat der Beschuldigte in der Bundesrepublik Deutschland keinen Aufenthalt oder Wohnsitz und liegen lediglich die Voraussetzungen der Fluchtgefahr vor, kann unter den Bedingungen des § 127a die vorläufige Festnahme wie auch der Erlaß eines Haftbefehls verhindert werden.

2. Es gilt § 116a Abs. 1 StPO entsprechend. Die Sicherheit darf aber nur die voraussichtliche Geldstrafe und die Kosten des Verfahrens (§ 464a Abs. 1 StPO) berücksichtigen (*Kleinknecht/Meyer* § 127a Rdnr. 6).

3. Vgl. Form. V. 2 Anm. 10. Statt mit dem hier vorgeschlagenen Schreiben kann das hier verfolgte Anliegen auch fernmündlich oder mündlich mit der Staatsanwaltschaft verhandelt werden.

4. Schriftsatz zum Vorführtermin[1]
– Der Beschuldigte ist vorläufig festgenommen (§ 127 Abs. 2 StPO) –[2]

An das
Amtsgericht
4000 Düsseldorf   20. 6. 1990

In dem Ermittlungsverfahren
gegen
Herrn A. S.
Az.: ... Js ......

melde ich mich mit anliegender Vollmacht als Verteidiger des Herrn S.
Dem Unterzeichnenden ist durch den sachbearbeitenden Kriminalbeamten[3] mitgeteilt worden, daß der vorläufig festgenommene Herr S. dem Haftrichter vorgeführt werden soll. Ich beabsichtige, an diesem Termin teilzunehmen und bitte deshalb, mich über den Zeitpunkt der Vorführung vorher zu benachrichtigen.[4]
Es wird beantragt,
den Antrag der Staatsanwaltschaft auf Erlaß eines Haftbefehls dem Unterzeichnenden unverzüglich zuzuleiten oder dessen Inhalt dem Unterzeichnenden bei der Vorführung bekanntzugeben.[5]
Die den dringenden Tatverdacht stützenden Beweismittel mögen der Verteidigung durch Akteneinsicht oder durch Mitteilung des entsprechenden Akteninhalts spätestens bei der Vorführung bekanntgegeben werden.[6]
Da vorliegend keine bestimmten Tatsachen[7] die hohe Wahrscheinlichkeit begründen, Herr S. werde sich dem vorliegenden Verfahren – auch nicht zumindest für eine gewisse Zeit[8] – entziehen, ist Fluchtgefahr nicht gegeben.

4. Schriftsatz zum Vorführtermin V. 4

Der Annahme einer Fluchtgefahr[9] stehen insbesondere folgende Tatsachen entgegen:
a) Herr S. hat einen festen Wohnsitz, eine Arbeitsstelle, (ist als Arbeitssuchender beim Arbeitsamt gemeldet) verfügt über soziale und familiäre Bindungen.
Herr S. leidet zudem an einer Krankheit, die ihn an eine ständige ärztliche Versorgung bindet.
Für die Tatsachen wird Beweis[10] angeboten durch:
   aa) Vorlage von Urkunden
   bb) Einvernahme der Zeugen A. u. O.
b) Die Fluchtgefahr ergibt sich insbesondere auch nicht aus der Höhe einer zu erwartenden Strafe.[11]
c) Die Anordnung der Untersuchungshaft wäre unverhältnismäßig......[12]
d) Der Fluchtgefahr kann durch andere, weniger einschneidende Maßnahmen begegnet werden (§ 116 StPO): ......[13]
e) Der Beschuldigte ist im übrigen nicht haftfähig ......[14,15]

Rechtsanwalt

Schrifttum: Vgl. Form. V. 1.

Anmerkungen

Vorbemerkung: Nicht immer wird es möglich sein, bereits beim Vorführtermin einen Schriftsatz dieser Art vorlegen zu können. Das vorliegende Schreiben kann also auch als Muster für die im Vorführtermin abzugebenden mündlichen Erklärungen der Verteidigung dienen.

1. Es sind zwei Varianten denkbar,
a) es ist bereits ein Haftbefehl erlassen (vgl. § 114 StPO), der Beschuldigte wird ergriffen und dem gem. §§ 114, 115 zuständigen, oder dem gem. §§ 114a, 115a StPO „nächsten" Richter vorgeführt (im letzteren Fall sollte die Verteidigung unbedingt Verbindung zu dem Richter aufnehmen, der den Haftbefehl erlassen hat.)
b) Es ist noch kein Haftbefehl erlassen, der Beschuldigte ist vorläufig festgenommen (§ 127 Abs. 2 StPO). Der Beschuldigte wird gem. § 128 Abs. 1 dem Richter bei dem Amtsgericht vorgeführt, in dessen Bezirk er festgenommen worden ist (zu den Zuständigkeiten des Ermittlungsrichters beim Bundesgerichtshof und Oberlandesgericht gem. § 169 StPO, die neben der des Richters am Amtsgericht für den Erlaß des Haftbefehls besteht, vgl. KK/*Boujong* § 125 Rdnr. 4).

2. Hier wird beispielhaft der Fall der Anmerkung 1 b) behandelt. Inhaltlich ergeben sich deshalb keine wesentlichen Unterschiede, weil die hier gegen die Verhaftung erhobenen Einwendungen auch im Vorführtermin 1 a) vorgetragen werden können (vgl. *Ullrich* StV 1986, 268).

3. Erfährt der Verteidiger von der vorläufigen Festnahme des Beschuldigten, empfiehlt es sich, umgehend Kontakt mit dem im Gewahrsam der Polizei befindlichen Beschuldigten aufzunehmen und den sachbearbeitenden Kriminalbeamten zu bitten, ihm den zuständigen Staatsanwalt zu benennen und ihn ggfs über einen Antrag auf Erlaß eines Haftbefehls zu unterrichten. Um sich über Ort und Zeit einer möglichen Vorführung zu informieren, sollte der Verteidiger möglichst schnell dem zuständigen Haftrichter oder Staatsanwalt Kontakt aufnehmen. Dabei muß man freilich die jeweiligen lokalen Gegebenheiten kennen und beachten.

4. Der Verteidiger hat das Recht bei der Vorführung anwesend zu sein (§ 168c Abs. 1 StPO), und von dem Vorführtermin benachrichtigt zu werden (KK/*Boujong* § 115 Rdnr. 11), dies muß notfalls telefonisch geschehen, weil die Vorführung an die Frist des § 115 Abs. 2 StPO gebunden ist. Zwar hat der Verteidiger grundsätzlich keinen Anspruch darauf, daß der Termin verlegt wird, damit er teilnehmen kann (§ 168c Abs. 5 StPO; KK/*Boujong* § 115 Rdnr. 11), zeigt er aber seinen Teilnahmewillen an, hat der Haftrichter wegen seiner Fürsorgepflicht gegenüber dem Beschuldigten den Terminsbeginn im Rahmen der strikt zu wahrenden Frist des § 115 Abs. 2 (oder § 115a Abs. 2 Satz 1) zu verschieben (*Kleinknecht/Janischowski* § 115 Rdnr. 175; KK/*Boujong* § 115 Rdnr. 11).

5. Der Erlaß eines Haftbefehls setzt – mit wenigen, streng zu prüfenden, Ausnahmen (Unerreichbarkeit des zuständigen Staatsanwalts, Gefahr im Verzug; vgl. KK/*Boujong* § 125 Rdnr. 7) – im Ermittlungsverfahren den **Antrag** der Staatsanwaltschaft voraus (§ 125 Abs. 1 StPO). Nach Anklageerhebung wechselt die Zuständigkeit des Haftrichters zum erkennenden Gericht mit der Notkompetenz des Vorsitzenden (§ 125 Abs. 2 StPO), ein Antrag der Staatsanwaltschaft ist dann nicht mehr erforderlich. Die sachgerechte Auseinandersetzung mit diesem Antrag setzt die Kenntnis des Inhalts voraus, den bekanntzugeben der für den Vorführtermin zuständige Richter kaum verweigern können dürfte. Auf diese Weise sollte die Verteidigung einer nicht seltenen „Praxiserleichterung" entgegenwirken, daß die Staatsanwaltschaft dem Haftrichter den Haftbefehl auf dem entsprechenden roten Formular vorformuliert und dieser lediglich nur noch zu unterzeichnen braucht.

6. In der Eile der Entscheidung anläßlich des Vorführtermins gerät allzu häufig in Vergessenheit, daß dem Beschuldigten zur Wahrung seines rechtlichen Gehörs das gegen ihn vorliegende Belastungsmaterial mitgeteilt werden muß, das den Gegenstand des Verfahrens bildet und für den Erlaß eines Haftbefehls von Bedeutung sein kann (KK/*Boujong* § 115 Rdnr. 9, mit erfreulicher Klarheit; weniger entschieden: LR/*Wendisch* § 115 Rdnr. 17). Der Beschuldigte ist über Tatsachen und Beweismaterial sowie bzgl. des dringenden Tatverdachts (§ 112 Abs. 1 Satz 1 StPO) als auch der möglichen Haftgründe zu informieren (KK/*Boujong* § 115 Rdnr. 9). Im Prinzip kann die Verteidigung darauf beharren, daß ihr im Vorführtermin der wesentliche Inhalt der Akten mündlich mitgeteilt wird, ein Umstand, der entweder dazu führt, daß Akteneinsicht schon an dieser Stelle gewährt wird, oder aber der Verteidigung eine der Akteneinsicht nahekommende Information über den derzeitigen Stand des Ermittlungsverfahrens vermittelt wird. Auf dieses wesentliche Moment ist daher schon im vorbereitenden Schriftsatz, der im Termin zu den Akten gereicht werden und mündliche Ergänzungen erfahren kann, nachdrücklich hinzuweisen. Vor diesem Hintergrund muß es als Kunstfehler bezeichnet werden, wenn ein Verteidiger meint, eine Vorbereitung, oder gar die Teilnahme am Vorführtermin sei entbehrlich.

7. Wie die den dringenden Tatverdacht begründenden Tatsachen müssen auch die für die Haftgründe angeführten Tatsachen *bestimmt* sein. Was darunter zu verstehen ist, muß durch Auslegung ermittelt werden, weil aus unbestimmten Tatsachen ohnehin nichts gefolgert werden könnte (vgl. LR/*Wendisch* § 112 Rdnr. 27). Nach der Ansicht des Bundestages sollte auf „bestimmte (objektiv) festgestellte Tatsachen" abgestellt werden (BT-Drucksache IV/1020, S. 2). Dies deutet darauf hin, daß sich der Ausdruck „bestimmte Tatsachen" auf deren Feststellung durch einen objektiven Beobachter bezieht. Damit scheint der Gesetzeswortlaut als Grundlage des logischen Urteils des Haftrichters äußerlich wahrnehmbare Ereignisse zu fordern, die zu deuten keiner oder nur einfacher Schlüsse bedarf (vgl. LR/*Wendisch* § 112 Rdnr. 27).

Soweit *Wendisch* (§ 112, Rdnr. 28) aus dem Haftgrund der Wiederholungsgefahr herleitet, daß man auch bei der Fluchtgefahr das als Tatsache bewerten könne, „was nach der Lebenserfahrung aus dem Inneren eines Menschen erschlossen werden kann, nämlich die Antwort auf einen Fluchtreiz", muß dem entgegengehalten werden, daß diese *subjektiven* Momente des Beschuldigten einer Objektivierung, wie sie das Gesetz fordert, kaum zugänglich sein dürften. Für den Beschuldigten leitet sich der Fluchtanreiz nicht aus der Strafe ab, die ihm nach der Vorstellung des Gerichts droht, sondern nach derjenigen, die er selbst erwartet. Hier kann der Beschuldigte die objektive Situation völlig verkennen. Es ist nicht ersichtlich, in welcher Weise der Haftrichter solche Vorstellungen als bestimmte

4. Schriftsatz zum Vorführtermin V. 4

Tatsachen einem Haftbefehl unterlegen soll (vgl. *Schwenn* StV 1984, 132/133 und Anm. 12).

8. Vgl. OLG Hamm NJW 1966, 2078.

9. Beispielhaft beschränkt sich der Schriftsatz hier auf die Fluchtgefahr, die in etwa 95 % aller Haftbefehle als Haftgrund angeführt wird. Zu den möglichen Gründen einer Verdunkelungs- und Wiederholungsgefahr kann substantiiert erst nach der in Anm. 6 angeführten Information vorgetragen werden. Zu den Haftgründen der Verdunkelungs- und Wiederholungsgefahr vgl. Form. V. 1 Anm. 8 und 5 Anm. 7 u. 8. Gegen Fluchtgefahr sprechen enge familiäre, soziale und berufliche Bindungen, Krankheit (vgl. KK/*Boujong* § 112 Rdnr. 22). Gegen *Kleinknecht/Meyer* 38. Aufl. § 112 Rdnr. 16, der in der stärker werdenden Mobilität des Menschen eine Schwächung der fluchthindernden Wirkung von Beruf und Familie sah, ist anzuführen, daß demgegenüber die wachsenden staatlichen Kontrollmöglichkeiten durch technische Überwachungssysteme mehr und mehr das Argument verstärken, daß in der Flucht und dem Untertauchen für den Beschuldigten ohnehin kein Segen liegt (vgl. *Schwenn* StV 1984, 132/133).

10. Der Beweisantrag im Ermittlungsverfahren (vgl. dazu instruktiv: *Nelles* StV 1986, 74 ff.) erhält seine besondere Ausprägung dort, wo die Beweisbehauptungen – falls sie sich als wahr erweisen – die Freilassung des Beschuldigten begründen können (§ 166, Abs. 1, l. Altern. StPO). In diesem sachlich eng begrenzten Bereich gilt demnach nicht ein freies Ermessen des Haftrichters – wie § 118a, Abs. 3 Satz 2 in analoger Anwendung nahelegen könnte. Man wird in Ansehung des hohen Stellenwertes des Freiheitsanspruches des Beschuldigten im Verfahren über die Anordnung der Untersuchungshaft die Pflicht des Haftrichters konstatieren müssen, in diesem Sinne erheblichen Beweisbehauptungen, die mit geeigneten Beweismitteln unterlegt sind, nachzugehen (vgl. *Nelles* StV 1986, 74/78). Es gibt freilich keine zwingende Handhabe, den Haftrichter zu veranlassen, die beantragten Beweise vor Erlaß eines Haftbefehls zu erheben. Hinzuweisen ist in diesem Zusammenhang darauf, daß schon § 117 Abs. 3 StPO dem Haftrichter die Möglichkeit eröffnet, – beispielsweise auf entsprechende Anträge oder Anregungen der Verteidigung hin –, einzelne ergänzende Ermittlungen anzuordnen, die für eine künftige Entscheidung über die Aufrechterhaltung der Untersuchungshaft von Bedeutung sein können (vgl. *Ullrich* StV 1986, 268/270). Verteidigung kann nicht dabei stehenbleiben, in Haftfragen auf die Hilfe der Obergerichte zu hoffen (vgl. dazu *Fischer*, StV 1987, 110). Einige Judikate der Oberlandesgerichte haben in jüngerer Zeit zum einen auf die Entwicklung des Begriffes des dringenden Tatverdachts und die ihn bestimmenden Tatsachen im Laufe des Ermittlungsverfahrens, zum anderen auf ihr Verhältnis zum Beschleunigungsgrundsatz hingewiesen (vor allem: OLG Celle, StV 1986, 392; auch OLG Frankfurt, StV 1987, 110 und KG Berlin, StV 1986, 539). In dieses Spannungsverhältnis kann und soll Verteidigung durch Beweisanträge im Ermittlungsverfahren hineinwirken. Zwar hat die Nicht- oder nur zögerliche Behandlung durch die Staatsanwaltschaft regelmäßig keine Auswirkung auf eine spätere Behandlung der Anträge im Hauptverfahren, aber die Haftfrage dürfte unter dem Gesichtspunkt des Beschleunigungsgrundsatzes zugunsten des Beschuldigten sich entwickeln, wenn die Strafverfolgungsbehörde erheblichen Beweisanträgen nicht oder nur verspätet nachgeht. Der Beschleunigungsgrundsatz sanktioniert auf diese Weise die rechtsfehlerhafte Behandlung von Beweisanträgen der Verteidigung im Ermittlungsverfahren. Die diesen Grundsatz wiederum einschränkenden Entscheidungen des OLG Frankfurt, StV 1988, 439, und OLG Düsseldorf, StV 1989, 113, sind rechtlich nicht haltbar (vgl. *Seebode*, StV 1989, 118; *Paeffgen*, NStZ 1989, 518) und bleiben hoffentlich singulär.

11. Die Diskussion, ob die zu erwartende hohe Strafe (allein) eine bestimmte Tatsache zur Begründung der Fluchtgefahr darzustellen vermag, durchzieht seit langem Literatur und Rechtsprechung des Untersuchungshaftrechts (vgl. *Alsberg* JW 1925, 1433 ff; *Dahs*, Fs. Dünnebier, S. 227 ff.; *Wendisch* Anm. zu OLG Hamm NStZ 1983, 478 ff; *Schwenn*

StV 84, 132 ff.). Die Praxis der Haftrichter hat sich Begründungserleichterungen geschaffen, die angesichts der weiten Strafrahmen des materiellen Strafrechtes unter weitgehender Mißachtung der immer bedeutsameren und differenzierteren Rechtsprechung zur Anwendung der minder schweren Fälle auf die vom Gesetz ausdrücklich geforderte Prüfung der bestimmten Tatsachen für die Fluchtgefahr verzichtet. Diese Praxis entspricht nicht dem Gesetz. Sie bezieht sich freilich – zum Teil nicht ganz zu Recht – auf einzelne jüngere Entscheidungen verschiedener Oberlandesgerichte.

Zunächst einmal ist festzustellen, daß die Praxis bei der Verwendung der formelhaften Wendungen zur Begründung des Haftbefehls sich letztlich nur auf wenige *veröffentlichte* obergerichtliche Entscheidungen stützen kann (OLG Braunschweig JZ 1965, 619 ff.; OLG Karlsruhe NJW 1978, 333; OLG Düsseldorf StV 1982, 586). Diese Rechtsprechung, die als Erfahrungstatsache bezeichnet, „daß ein Beschuldigter umso eher versucht, sich dem Strafverfahren zu entziehen, je höher die Strafe ist, die ihm bevorsteht" (KG Berlin NJW 1965, 1390 ff.), schließt zum einen in unzulässiger Weise aus dem dringenden Tatverdacht auf den – nach dem Gesetzesprogramm gesondert und eigenständig zu prüfenden – Haftgrund. Zum anderen kann sie sich – soweit ersichtlich – auch nicht ansatzweise auf wissenschaftlich-empirisches Material stützen. Sie kehrt die Beweislast für einen Haftgrund um, indem sie eine kaum zu widerlegende Vermutung für die Fluchtgefahr begründet. In der amtsgerichtlichen Praxis hat man zudem in Erweiterung der obergerichtlichen Rechtsprechung die „Begründungserleichterung" selbst dann genutzt, wenn die „zu erwartende hohe Strafe" noch in Bereichen anzusiedeln war, die durchaus eine Strafaussetzung zur Bewährung erlaubt hätte. Diese Praxis hat sich vielfach zu Unrecht auf die Entscheidung des OLG Karlsruhe (NJW 1978, 333) bezogen; denn diese betraf ausdrücklich einen Fall einer Mindeststrafe von 5 Jahren.

Wegen der beschriebenen Praxis und weil die Prognoseentscheidung für den Haftrichter in aller Regel eine Überforderung darstellt (vgl. *Hassemer* S. 41), muß der Strafverteidiger auch schon in diesem Stadium des Verfahrens mit materiellem Strafrecht und mit Strafzumessungsgründen argumentieren.

Hier ist insbesondere die Rechtsprechung zu den minder schweren Fällen (auch bei Kapitaldelikten!) anzuführen. Desweiteren ist auf die Möglichkeit der Strafaussetzung zur Bewährung sowie auf die Regelaussetzung der Strafe nach ⅔ der Vollstreckung bei Ersttätern und den erwarteten Möglichkeiten, eine Vollstreckung bei Ersttätern bereits nach der Halbstrafe auszusetzen, wenn die zu verhängende Strafe nicht 2 Jahre übersteigt, hinzuweisen. Dabei sollte man die grundsätzlichen Bedenken gegen den „Haftgrund der Straferwartung" immer wieder zur Sprache bringen. Im Folgenden soll eine kurze Übersicht über die Rechtsprechung gegeben werden, die in diesem Zusammenhang zitiert werden kann.

– Das OLG Celle (NJW 1950, 240) hat entschieden, es gäbe keinen Erfahrungssatz, daß der Beschuldigte bei einer zu erwartenden Strafe von 1 Jahr fliehe (vgl. dazu auch OLG Frankfurt NJW 1965, 1342);
– LG Oldenburg StV 1983, 248: Die Erwartung einer hohen Strafe ist allein kein Haftgrund;
– OLG Zweibrücken StV 1984, 339: Bei einem Vorwurf des Handeltreibens mit 2,5 kg Haschisch kann der Fluchtgefahr durch Meldeauflagen begegnet werden;
– OLG Frankfurt StV 1985, 20 – Nach 22-monatiger Untersuchungshaft und einer nicht rechtskräftigen Verurteilung zu 4 Jahren kann unter Berücksichtigung des § 57 Abs. 2 StGB der Beschuldigte von der Haft verschont werden;
– OLG Hamm StV 1985, 114: Bei einer Verurteilung zu 3 Jahren 9 Monaten verbleibt in diesem Fall unter Berücksichtigung des § 57 Abs. 1 StGB ein Strafrest von 1 Jahr und 11 Monaten. Dieser Zeitraum begründet nicht die Annahme einer Fluchtgefahr, der nur durch den Vollzug der Untersuchungshaft begegnet werden könnte;
– OLG Frankfurt StV 1985, 374: Auch bei einer hohen Straferwartung (Vorwurf der Einfuhr einer nicht geringen Menge von Betäubungsmitteln) kann die dadurch indizierte Fluchtgefahr widerlegt werden; ebenso OLG Frankfurt StV 1985, 463.

4. Schriftsatz zum Vorführtermin

— Keine Fluchtgefahr wegen möglicher anderweitiger Strafvollstreckung:
Rechtfertigt die Straferwartung wegen der Gegenstand eines Haftbefehls bildenden Tat allein nicht die Annahme von Fluchtgefahr, kann auch die drohende Vollstreckung der Reststrafe aus einem anderen Urteil nach Widerruf der Strafaussetzung in der Haftbefehlssache keine andere Betrachung rechtfertigen, weil hinsichtlich der Reststrafe nach § 453c StPO zu verfahren wäre, wenn dazu die Voraussetzungen vorliegen (OLG Oldenburg, StV 1987, 110)
— Drohen einem Angeklagten im Verurteilungsfall bis zum ⅔-Zeitpunkt i.S.d. § 57 Abs. 1 noch höchstens 6 Monate Strafverbüßung, geht hiervon nach 3½-jähriger Untersuchungshaft kein Fluchtanreiz mehr aus (OLG Frankfurt, StV 1989, 468).

Weil die Verhängung der Untersuchungshaft häufig mit dem kriminalpolitischen Programm des materiellen Strafrechts kollidiert, kurzfristigen Freiheitsentzug zu begrenzen (§§ 47, 56 StGB; vgl. *Hassemer* S. 41), ist stets auch das Übermaßverbot (§ 112 Abs. 1 Satz 2) zu berücksichtigen. So darf gegen Jugendliche ein Haftbefehl nicht ergehen, wenn Ersatzmaßnahmen genügen (§ 72 Abs. 1 JGG).

12. Der Grundsatz der Verhältnismäßigkeit hat Verfassungsrang und ist stets zu beachten. Dies gilt in jeder Beziehung. Sowohl für den Erlaß des Haftbefehls besteht das sog. Übermaßverbot, aber auch im weiteren Verlauf der Haft ist stets deren Verhältnismäßigkeit zu überprüfen. Hier sind die konkreten Auswirkungen der Haft auf den Beschuldigten auf der einen Seite zu thematisieren, andererseits ist die Anordnung wie auch die Fortdauer der Haft ins Verhältnis zu dem zu erwartenden Ergebnis des Strafverfahrens zu setzen. Stellt sich beispielsweise die Untersuchungshaft wegen des Vorwurfs eines Einbruchsdiebstahls mit geringem Schaden im Hinblick auf die persönlichen Verhältnisse des Beschuldigten als schwerwiegender Eingriff in seine Lebenssphäre dar, ist der Haftbefehl wegen fehlender Verhältnismäßigkeit nicht zu erlassen oder ein bestehender Haftbefehl aufzuheben (LG Oldenburg, StV 1987, 446). So ist auch bei einem flüchtigen Beschuldigten, gegen den der dringende Tatverdacht eines Verstosses gegen § 22 Abs. 8 AsylVfG besteht, der Erlaß eines Haftbefehls mangels Verhältnismäßigkeit abzulehnen (LG Hamburg, StV 1987, 399). Ist bereits zum Zeitpunkt der Anordnung der Haft abzusehen, daß das Verfahren wegen nicht nur vorübergehender Überlastung des später erkennenden Gerichts nicht innerhalb der nach § 121 StPO gesetzlich gebotenen Frist von 6 Monaten stattfinden kann, so ist der Erlaß eines Haftbefehls unverhältnismäßig (OLG Düsseldorf, StV 1988, 390).

13. Die besondere Schutzwirkung, die eine Haftverschonungsentscheidung im frühen Stadium des Verfahrens entfalten kann, liegt darin, daß eine Verstärkung des dringenden Tatverdachtes allein durch die laufenden Ermittlungen die Wiederinvollzugsetzung nicht rechtfertigt (vgl. OLG München NJW 1978, 71; OLG Düsseldorf StV 1984, 339). Auch kann die Tatsache einer Verurteilung selbst nicht als Grund für den Widerruf der Verschonungsentscheidung herangezogen werden (HansOLG Bremen, StV 1988, 392; OLG Düsseldorf, StV 1988, 207; vgl. dazu auch Paeffgen, NStZ 1989, 419). Der Begriff derselben Tat entfaltet hier große Bedeutung, er ist im Haftrecht zum Schutz des haftverschonten Beschuldigten weiter zu fassen als in § 264 StPO (vgl. OLG Düsseldorf, StV 1986, 345; StV 1989, 258). Es besteht hier eine Parallele zum Komplex des „wichtigen Grundes" i.S.d. § 121 Abs. 1 StPO (vgl. dazu *Paeffgen*, NStZ 1989, 514).

14. Umstände, die eine Haftunfähigkeit begründen können (vgl. § 455 Abs. 1 und 2 StPO) wie Geisteskrankheit oder nahe Lebensgefahr, sind unbedingt anzubringen. Notfalls ist auf eine umgehende amtsärztliche Untersuchung zu dringen. Die Haftunfähigkeit hindert grundsätzlich nur die Vollstreckung, nicht aber den Erlaß eines Haftbefehls (KK/*Boujong* § 112 Rdnr. 52). Ist zu erwarten, daß der Beschuldigte durch die bloße Kenntnis vom Erlaß eines Haftbefehls einer konkreten Lebensgefahr oder der ernsthaften Gefahr schwerer Gesundheitsschäden ausgesetzt wird, ist von der Anordnung der Haft abzusehen (KK/*Boujong* § 112 Rdnr. 52).

15. Derartige grundlegende Hafthindernisse, wie die Haftunfähigkeit, muß schon der „nächste Richter" (§ 115 a StPO) zum Anlaß nehmen, selbst die Freilassung des Beschuldigten zu verfügen, da seine Prüfungskompetenz über den § 115 a Abs. 2 Satz 3 StPO auch auf die Einhaltung der Grundrechte (z.B. Artikel 104 GG) geht (vgl. LG Frankfurt StV 1985, 464). (Vergleiche dazu grundlegend *Maier,* NStZ 1989, 59). Folgt der „nächste Richter" einem entspechenden Begehren nicht, muß die Verteidigung verlangen, daß der Beschuldigte umgehend dem zuständigen Haftrichter vorgeführt wird (§ 115 a Abs. 3 StPO).

5. Antrag auf Haftprüfung in mündlicher Verhandlung (§§ 117, 118, 118 a StPO)

An das
Amtsgericht[1]
4000 Düsseldorf   20. 6. 1990

In der Haftsache
gegen
Herrn A. S.
Az.: ... Gs ......

wird beantragt,
Termin zur mündlichen Haftprüfung[2] anzuberaumen.
Der Haftbefehl ist aus folgenden Gründen aufzuheben:
1. Es besteht kein auf bestimmte Tatsachen begründeter dringender Tatverdacht.[3]
    Soweit der dringende Tatverdacht im Haftbefehl auf die Aussagen der Zeugen A. u. O. gestützt wird, sind deren Angaben gegenüber der Ermittlungsbehörde zumindest in wesentlichen Teilen unzutreffend.
    Es wird daher beantragt,
        die Zeugen richterlich in Anwesenheit des Beschuldigten und seines Verteidigers erneut zu vernehmen (§ 168 c Abs. 2 StPO).[4]
    Es wird ferner beantragt,
        den Zeugen H. zum Beweis der Tatsache zu hören, daß der Beschuldigte sich zur Tatzeit nicht am Tatort aufgehalten hat, sondern mit dem Zeugen ein Kino besuchte.[5]
2. Es besteht ferner kein Haftgrund aufgrund bestimmter Tatsachen:
    Es besteht keine Fluchtgefahr.......[6]
    Es besteht keine Verdunkelungsgefahr.......[7]
    Es besteht keine Wiederholungsgefahr.......[8]
    Es liegt kein Haftgrund des § 112 Abs. 3 StPO vor.......[9]
Hilfsweise wird beantragt,
    den Beschuldigten von der Haft zu verschonen.[10]
Der Zweck der Untersuchungshaft kann durch in das Ermessen des Gerichts gestellte, weniger einschneidende Maßnahmen aus § 116 StPO erreicht werden.[11]
Der Beschuldigte ist bereit, sich der Anordnung solcher Maßnahmen zu fügen, respektive eine Sicherheitsleistung in Höhe von DM ...... zu erbringen und dem Unterzeichnenden eine unwiderrufliche Ladungs- und Zustellungsvollmacht zu erteilen.[12]
Es wird beantragt,
    die Stellungnahme der Staatsanwaltschaft zu diesem Antrag dem Verteidiger vor dem Haftprüfungstermin zuzuleiten.[13]

                                                                                          Rechtsanwalt

Schrifttum: Vgl. Form. V. 1.

5. Antrag auf Haftprüfung in mündlicher Verhandlung V. 5

Anmerkungen

1. Die Zuständigkeit richtet sich nach § 126 Abs. 1 StPO. Nach Erhebung der Anklage ist das mit der Strafsache befaßte Tatgericht für die Haftentscheidung zuständig (§ 126 Abs. 2 Satz 1 StPO). Wirken an der Hauptverhandlung Schöffen mit, sind diese an der Haftentscheidung zu beteiligen (str.) (dafür: OLG Düsseldorf StV 1984, 159; KK/*Boujong* § 126 Rdnr. 10; LR/*Wendisch* § 126 Rdnr. 15 ff.; a.A. OLG Hamburg MDR 1973, 69; *Kleinknecht/Meyer* § 126 Rdnr. 8; KMR/*Müller* § 125 Rdnr. 5).

2. Vgl. §§ 117, 118, 118 a StPO. Die Haftprüfung findet auf Antrag obligatorisch in mündlicher Verhandlung statt. Darauf hat der Beschuldigte einen nur durch die Ausnahmen des § 118 Abs. 3 und 4 StPO begrenzten Anspruch (KK/*Boujong* § 118 Rdnr. 1). Die Haftprüfung hat unverzüglich, spätestens 2 Wochen nach Eingang des Antrages stattzufinden (§ 118 Abs. 5 StPO). Ob die Verteidigung gegen einen erlassenen und vollzogenen Haftbefehl den Rechtsbehelf der Haftprüfung oder der Haftbeschwerde (§§ 304, 305 Satz 2 StPO) ergreift, muß sie nach sachlichen und persönlichen Gesichtspunkten abwägen. Sie hat selbstverständlich auch die Möglichkeit, Haftprüfung ohne mündliche Verhandlung zu beantragen (§ 117 Abs. 1 StPO). Zwar kann auch im Haftbeschwerdeverfahren auf Antrag des Beschuldigten in mündlicher Verhandlung entschieden werden (§ 118 Abs. 2 StPO), in der Regel handelt es sich aber bei ihr um ein schriftliches Verfahren, das namentlich bei der Erörterung von Rechtsfragen den Vorzug genießt und wenn es auf den Eindruck der Person des Beschuldigten nicht ankommt. Die Haftbeschwerde ist gegenüber der mündlichen Haftprüfung das einzig richtige Rechtsmittel, wenn es um die Aufhebung eines nicht vollzogenen Haftbefehls geht – z. B. bei Überhaftnotierung oder Haftverschonung – (vgl. OLG Düsseldorf StV 1984, 159) oder um die Aufhebung von Verschonungsauflagen nach Rechtskraft des Urteils, da diese, anders als der Haftbefehl selbst – dann nicht automatisch entfallen (KK/*Boujong* § 116 Rdnr. 23). Die Zulässigkeit der mündlichen Haftprüfung setzt demgegenüber den vollzogenen Haftbefehl in der gleichen Sache voraus (KK/*Boujong* § 117 Rdnr. 2). Ist der Antrag auf mündliche Haftprüfung gestellt, ist **daneben** die Haftbeschwerde unzulässig (*Kleinknecht-Meyer* § 117 Rdnr. 14), sie kann danach freilich noch gestellt werden (§ 304 Abs. 1 Satz 1 StPO). Für die Haftprüfung ist der Haftrichter (§ 126 Abs. 1 StPO) zuständig, während die Haftbeschwerde zur nächst höheren Instanz geht, wenn der Haftrichter ihr nicht abhilft.

Die Verteidigung wird in aller Regel zum Mittel der Haftprüfung in mündlicher Verhandlung greifen, wenn sie Zeugen stellen will, die richterliche Vernehmung von Belastungszeugen in eigener Anwesenheit erreichen möchte, und wenn der Beschuldigte aus seiner Sicht Erklärungen zum dringenden Tatverdacht und/oder zu den Haftgründen entgegenstehenden Umständen abgeben sollte. Der Verteidiger sollte sich jedoch in aller Regel vorher die notwendigen Informationen (Akteneinsicht) verschaffen. Der an die Staatsanwaltschaft vor der Haftprüfung zu richtende Akteneinsichtsantrag sollte stets mit der Begründung versehen sein, der inhaftierte Mandant könne nur unter schwer vorstellbaren Umständen den weiteren Gang der Untersuchung stören und deshalb sei die Akteneinsicht aus Gründen des § 147 Abs. 2 nicht zu versagen (vgl. *Kühl*, StV 1988, 358). S. auch Form. V. 1. Anm. 5.

Wenn LR/*Wendisch* zu § 117 Rdnr. 23 dazu empfiehlt, der Verteidigung könne im Rahmen des rechtlichen Gehörs zur Haftprüfung zur Vermeidung einer mündlichen Verhandlung über den Haftrichter Akteneinsicht erteilt werden, so sollte der Verteidiger diese Möglichkeit auch dann nutzen können, wenn dies zu einer sachgerechten Vorbereitung für die mündliche Haftprüfung notwendig erscheint. Hier ist allerdings zu berücksichtigen, daß nach ganz herrschender Meinung im Ermittlungsverfahren die Staatsanwaltschaft die Entscheidung über die Akteneinsicht zu treffen hat; daß also § 147 Abs. 5 StPO auch gilt, wenn und solange sich die Akten bei Gericht befinden (*Kleinknecht/Meyer* § 147 Rdnr. 34; OLG Hamm NStZ 1982, 348). Der Verteidiger sollte jedoch gerade im Haftprüfungsverfahren auf Information über die wesentlichen belastenden Tatsachen aus der Ermittlungsakte drängen. Der rechtliche Anspruch besteht, umfassend über den Inhalt der belastenden Beweismittel informiert zu werden (vgl. dazu Form. V. 4 Anm. 6).

Deshalb kann sich der Antrag auf mündliche Haftprüfung gerade in den Fällen, in denen die Staatsanwaltschaft nach § 147 Abs. 2 die Akteneinsicht verweigert hat, empfehlen. Erkennt der Verteidiger im Termin zur mündlichen Haftprüfung, daß der Antrag derzeit keine Erfolgsaussicht hat, kann er diesen zurücknehmen, um nicht für einen neuerlichen Antrag durch die Fristen des § 118 Abs. 3 StPO blockiert zu sein. Diese Frist beträgt, wenn der Beschuldigte sich schon 3 Monate in Untersuchungshaft befindet, 2 Monate (vgl. dazu *Ullrich* StV 1986, 268/269). Sollten noch Ermittlungen angeordnet werden (§ 117 Abs. 3 StPO), nach deren Ergebnis erst eine sachgerechte Entscheidung getroffen werden kann, so kann der Verteidiger anregen, die Entscheidung über die Haftprüfung bis dahin zurückzustellen. Er verzichtet damit inzidenter auf die Einhaltung der 14-Tagesfrist (vgl. § 118 Abs. 5 StPO).

3. Ein Vortrag zu den bestimmten Tatsachen des dringenden Tatverdachts empfiehlt sich nur dann, wenn die Verteidigung vor der Antragstellung die Akten bereits kennt oder die Sachlage absolut überschaubar ist. Vgl. dazu ausführlich Form. IV. Anm. 10 m. Hinw. a.: OLG Celle, StV 1986, 392; OLG Frankfurt, StV 1987, 110; KG Berlin, StV 1986, 539.

4. Eine sachgerechte Befragung der richterlich zu vernehmenden Zeugen durch die Verteidigung setzt eigentlich die Kenntnis der Vorvernehmungen voraus. Dennoch bringt die Vernehmung – so der Haftrichter ihr nachkommt (vgl. dazu § 166 Abs. 1 StPO) – erhebliche Informationsgewinne mit sich. Die so erstellten Vernehmungsprotokolle (§ 168 StPO) stellen bevorzugte Urkunden i. S. d. § 147 Abs. 3 StPO dar, in die Akteneinsicht der Verteidigung nicht verwehrt werden darf.

5. Vgl. Anm. 3. Die Verteidigung kann zum Haftprüfungstermin Zeugen stellen und so sowohl zum dringenden Tatverdacht als auch zu den Haftgründen Beweiserhebungen veranlassen (vgl. LR/*Wendisch* § 118 a Rdnr. 2 u. 8).

Zwar bestimmt der Haftrichter Art und Umfang der Beweisaufnahme selbst (§ 118 a Abs. 3 Satz 2 StPO) ist aber im Rahmen des § 166 Abs. 1 StPO sachlich gebunden, wenn er die Beweise für erheblich erachtet und die Beweiserhebung die Freilassung des Beschuldigten begründen kann.

6. Vgl. Form. V. 4 Anm. 11. Form. V. 1. Anm. 8 – Fluchtgefahr –.

7. Gefahr der Verdunkelung liegt vor, wenn der dringende Verdacht besteht, der Beschuldigte werde die Beweislage in *unstatthafter* Weise verändern. Dies wiederum muß sich aufgrund bestimmter Tatsachen aus dem konkreten Verhalten des Beschuldigten ergeben (vgl. KK/*Boujong* § 112 Rdnr. 25, 27; *Parigger* NStZ 1986, 211ff.). Die bloße *Möglichkeit* von *Verdunkelungshandlungen* des Beschuldigten (etwa: Die Mittäter zu warnen) reicht nicht aus (vgl. OLG Hamm StV 1985, 114). Die auf Beweisvereitelung gerichteten Verdunkelungshandlungen sind in § 112 Abs. 3 Nr. 3 lit. a–c umschrieben. Gleichwohl hat sich auch bzgl. dieses Haftgrundes eine Rechtsprechung entwickelt, die ohne das Erfordernis ausführlicher Zusatzfeststellungen die Verdunkelungsgefahr annimmt, wenn die vorgeworfenen Straftaten „von ihrer Natur her" in Planung und Ausführung Verdunkelung geradezu voraussetzen und sich den Umständen nach diese Haltung des Beschuldigten nicht geändert hat (vgl. dazu die bei *Franzheim* GA 1970, 109 zitierte ständige Rechtsprechung des OLG Köln). Auch LR/*Wendisch* § 112 Rdnr. 43 führt an, daß Verdunkelungsgefahr bestehe, wenn die ganze Lebensführung des Beschuldigten auf Verheimlichen, Verbergen, Verdunkeln, Täuschung, Drohung und Gewalt abgestellt sei. Es ist freilich nicht zu verstehen, warum in diesem Zusammenhang auf die jeweils konkrete Feststellung der vom Gesetz geforderten *bestimmten Tatsachen* verzichtet werden soll, gerade wenn angeblich Verdacht und Gefahr in derartigen Fällen auf der Hand liegen. *Dahs* (Fs. Dünnebier S. 234 ff.) hat zurecht eingewandt, daß auf diese Weise die vom Gesetz geforderte

5. Antrag auf Haftprüfung in mündlicher Verhandlung V. 5

Prüfung zweier tatsächlich und rechtlich völlig voneinander zu trennender Bereiche (dringender Tatverdacht einerseits und Haftgrund andererseits) verlassen und aus der Natur des vorgeworfenen Delikts auch auf das Bestehen eines Haftgrundes rückgeschlossen werde. Schon zeitlich muß nach dem Gesetz die Verdunkelungshandlung, die den Haftgrund ergeben soll, in das Ermittlungsverfahren selbst eingreifen. Vor der Eröffnung des Ermittlungsverfahrens kann unter dem Gesichtspunkt eines Haftgrundes von einer unstatthaften Veränderung der Beweislage logischerweise nicht gesprochen werden. Da der Haftgrund der Verdunkelungsgefahr am ehesten der Gefahr des Mißbrauchs unterliegt (vgl. LR/*Wendisch* § 112 Rdnr. 43) und dieser im besonderen Maße geeignet ist, Geständnisdruck zu entfalten, ist immer wieder darauf hinzuweisen, daß aus dem Schweigen des Beschuldigten zur Sache oder aus einer bestreitenden Einlassung nicht auf Verdunkelungsgefahr geschlossen werden darf (vgl. dazu OLG Hamm StV 1985, 114; OLG Frankfurt NJW 1960, 352). Auch für den Haftgrund der Verdunkelungsgefahr gilt – entgegen dem Gesetzeswortlaut, der insoweit sich wie eine Kannvorschrift liest (§ 116 Abs. 2 StPO) – das Subsidiaritätsprinzip in einer Weise, daß der Haftrichter den Beschuldigten von der Haft verschonen **muß,** wenn anderweitige Maßnahmen geeignet sind, der Gefahr der Verdunkelung zu begegnen (vgl. KK/*Boujong* § 116 Rdnr. 4). Auch gegen Sicherheitsleistung kann der Vollzug ausgesetzt werden (KK/*Boujong* § 116 Rdnr. 19; LR/*Wendisch* § 116 Rdnr. 18; vgl. Form. V. 28 Anm. 10). Die Verdunkelungsgefahr verringert sich mit dem Fortgang der Ermittlungen. Im Grundsatz sollte sie spätestens mit dem Abschluß der Ermittlungen entfallen, nach der einschlägigen Kommentierung sind aber Ausnahmefälle denkbar und möglich, weil bis zur Rechtskraft des Urteils noch Verdunkelungshandlungen ihr „Ziel" erreichen können (vgl. KK/*Boujong* § 112 Rdnr. 38; LR/*Wendisch* § 120 Rdnr. 8). Vgl. Form. V. 1 Anm. 8 – Verdunkelungsgefahr –.

7a. Wiederholungsgefahr darf bei einem vollzogenen Haftbefehl niemals neben Flucht- oder Verdunkelungsgefahr herangezogen werden (§ 112a Abs. 2 StPO).

8. *Wiederholungsgefahr* (§ 112a Abs. 1 StPO) setzt bei Nr. 1 den dringenden Tatverdacht bzgl. *einer Katalogtat* voraus. Im Fall des § 112a Abs. 1 Nr. 2 StPO ist erforderlich, daß der Beschuldigte im dringenden Verdacht steht, *wiederholt* und *fortgesetzt* eine die Rechtsordnung schwerwiegend beeinträchtigende Straftat aus dem dortigen Katalog begangen zu haben. Hier genügen nur *mehrere Straftaten* gleicher Art in Tatmehrheit oder als fortgesetzte Tat, die sich aus entsprechenden Einzelhandlungen zusammensetzt (str.: Wie hier: OLG Frankfurt StV 1984, 159; LR/*Dünnebier* § 112a Rdnr. 44; die Gegenmeinung: OLG Hamm MDR 1981, 956; OLG Hamburg NJW 1980, 2367; OLG Stuttgart, NStZ 1988, 326; einschränkend: KK/*Boujong* § 112a Rdnr. 12 vermischt auch bei diesem Haftgrund den dringenden Tatverdacht der Katalog-Anlaßtat und die bestimmten Tatsachen, die die Wiederholungsgefahr begründen sollen, in unzulässiger Weise.). Das Gesetz verlangt aber auch hier die Feststellung beider Voraussetzungen nebeneinander. Der Gesetzgeber hätte nämlich sonst darauf verzichten können, neben der wiederholten auch die fortgesetzte Tat zu erwähnen, weil regelmäßig schon die einschlägige Vorverurteilung eine neue Tat als wiederholt erscheinen ließe. Im übrigen wäre die vom Gesetz getroffene Unterscheidung zwischen Nr. 1 und Nr. 2 des § 112a StPO widersinnig, wenn einerseits von einer Anlaßtat, andererseits von einer fortgesetzten und wiederholten Tat gesprochen würde, man aber im Grunde das gleiche gemeint hätte (vgl. OLG Frankfurt StV 1984, 160). Auch an diesem Meinungsstreit zeigen sich die Schwierigkeiten, die schon die gesetzessystematischen Mängel des Untersuchungshaftrechts mit sich bringen. Der Haftgrund der Wiederholungsgefahr dient weder der Verfahrens- noch der Vollstreckungssicherung. Er verfolgt eindeutig präventiv-polizeiliche Zwecke (vgl. BVerfGE 19, 342, 349ff.). Es wird an einem Beschuldigten Haft vollzogen wegen eines Deliktes, dessen er als unschuldig zu gelten hat (vgl. Art. 6 Abs. 2 MRK). Der Haftgrund der Wiederholungsgefahr paßt daher nicht in den rechtsstaatlichen Systemzweck von Untersuchungshaft (vgl. dazu eingehend *Hassemer* S. 42; vgl. auch *Paeffgen*, NStZ 1989, 418). Deshalb ist dieser Haftgrund wie auch der des § 112 Abs. 3 StPO zu recht umstritten (vgl. LR²³/*Dünnebier* § 112a Rdnr. 17; *Deckers* AnwBl. 1983, 420ff.). Die befürwortenden Argumente (vgl. KK/*Boujong* § 112a Rdnr. 5) – etwa: der Haftgrund sei auch fast überall im Ausland anerkannt (vgl. Art. 5 Abs. 1 lit. c MRK) – vermögen wenig zu überzeugen. Systemfremde Haftgründe wirken sich im übrigen dogmatisch nachteilig bei der Interpretation auch der Haftgründe der Flucht- und Verdunkelungsgefahr aus. So schlußfolgert LR/*Wendisch* § 112 Rdnr. 28 bei der Interpretation des Begriffs der „bestimmten Tatsachen", es könne nicht nur auf äußerlich zutage liegende Tatsachen abgestellt werden; denn der Haftgrund aus § 112a belege, daß als bestimmte Tatsache in diesem Zusammenhang nicht allein Vortaten und Lebensumstände, sondern der nach wissenschaftlichen Erkenntnissen zu erschließende (innere) Hang des Beschuldigten relevant sei, bestimmte Straftaten zu begehen. § 112a StPO verlangt aber selbst – hält man die strikte sachliche Trennung zwischen dem dringenden Tatverdacht und der Anlaßtat(en) und dem Haftgrund auch hier ein – nicht die Feststellung eines inneren Hanges des Beschuldigten zur Begehung von Straftaten, sondern die objektiven Feststellungen zur Vortat und Anlaßtat. Diese systematischen Genauigkeiten sollten in der Praxis von der Verteidigung wenigstens für eine einengende Auslegung des Untersuchungshaftrechtes aktiviert werden. Der Haftgrund der Wiederholungsgefahr ist an die absolute zeitliche Begrenzung von 1 Jahr geknüpft (vgl. § 122a StPO). Er ist im übrigen gegenüber den anderen Haftgründen subsidiär (vgl. KK/*Boujong* § 112a Rdnr. 24) mit der Folge, daß er bei einem vollzogenen Haftbefehl nicht neben anderen Haftgründen angenommen werden darf (vgl. LR/*Wendisch* § 112a Rdnr. 62).

Auch der Haftbefehl, der diesen Haftgrund zum Gegenstand hat, *muß* außer Vollzug gesetzt werden, wenn Maßnahmen nach § 116 Abs. 3 StPO ausreichend erscheinen (KK/*Boujong* § 116 Rdnr. 4), auch ist es zulässig, als Maßnahme eine Sicherheitsleistung anzuordnen (KK/*Boujong* § 116 Rdnr. 19). Ein Haftbefehl, der auf Fluchtgefahr gestützt ist, darf nicht auf § 112a hilfsweise gestützt werden (LG Bonn, StV 1988, 439). Vgl. Form. V. 1. Anm. 8 – Wiederholungsgefahr –.

9. In den Fällen, in denen ein dringender Tatverdacht wegen einer in **§ 112 Abs. 3 StPO** angeführten Katalogtat besteht, ermöglicht diese Vorschrift den Erlaß eines Haftbefehls, ohne daß ein Haftgrund im technischen Sinne (§ 112 Abs. 2 StPO) vorliegen muß. Dies bedeutet freilich nicht, daß allein schon der dringende Tatverdacht „automatisch" den Erlaß eines Haftbefehls rechtfertigt. Auch bei dieser – wiederum systemfremden (vgl. *Deckers* AnwBl. 1983, 420) – Vorschrift verlangt eine verfassungskonforme Auslegung unter Berücksichtigung des Grundsatzes der Verhältnismäßigkeit, daß der eigentliche Zweck der Untersuchung – Verfahrens- und Vollstreckungssicherung – berücksichtigt wird (BVerfGE 19, 342/350; OLG Bremen StV 1983, 289). § 112 Abs. 3 StPO soll demnach eine gesetzliche Vermutung der Haftgründe statuieren, die zwar widerlegt werden kann, deshalb aber zu einer Umkehr der Beweislast führt, die dem Strafprozeßrecht sonst fremd ist (vgl. LR/*Wendisch* § 112 Rdnr. 50ff.; OLG Düsseldorf MDR 1983, 152). In der Praxis wird der Verteidigungsschriftsatz die Umstände des Einzelfalles darzulegen haben, die einer Flucht-, Verdunkelungs- und Wiederholungsgefahr widersprechen. Sind diese gewichtig, liegt auch der Haftgrund des § 112 Abs. 3 nicht vor (KK/*Boujong* § 112 Rdnr. 40; OLG Bremen StV 1983, 289; OLG Düsseldorf StV 1982, 585).

Auch ein Haftbefehl mit dem Haftgrund des § 112 Abs. 3 StPO kann außer Vollzug gesetzt werden (BVerfGE 19, 342/350). Vgl. V. 1. Anm. 8 – § 112 Abs. 3 –.

10. Vgl. Form. V. 4 Anm. 13, Form. V. 1 Anm. 10.

11. Vgl. Form. V. 1 Anm. 10.

12. Vgl. Form. V. 2 Anm. 10 u. 11.

13. Da die Staatsanwaltschaft obligatorisch (§ 33 Abs. 2 StPO) zur Haftprüfung gehört wird, häufig der mündlichen Verhandlung aber fern bleibt, sollte der Verteidiger durch vorherige Kenntnisnahme des Antrages der Staatsanwaltschaft deren Intention in die

6. Haftbeschwerde (§ 304 StPO)

An das
Amtsgericht[1]
4000 Düsseldorf   20. 6. 1990

In der Haftsache
gegen
Herrn A. S.
Az.: des Haftbefehls: ... Gs ......
Az.: der Staatsanwaltschaft: ...... Js ......

wird gegen den Haftbefehl vom 15. 2. 1985

Beschwerde[2]

eingelegt mit dem Antrag,
a) den Haftbefehl aufzuheben,
b) hilfsweise, diesen unter geeigneten Auflagen außer Vollzug zu setzen.

Begründung:

Der Haftbefehl enthält bzgl. des dringenden Tatverdachts der vorgeworfenen Tat eine unzutreffende rechtliche Würdigung ......[3]
Es kommt hinzu, daß das Ermittlungsverfahren nicht mit der gebotenen Beschleunigung betrieben wurde und deshalb die Aufrechterhaltung des Haftbefehls gegen den Grundsatz der Verhältnismäßigkeit (§ 120 Abs. 1 StPO) verstößt.[4]
Auch die im Haftbefehl angeführten Haftgründe können nicht durch bestimmte Tatsachen[5] gestützt werden.
– Soweit Fluchtgefahr[6] im Haftbefehl als Haftgrund angenommen wird, hat sich die Situation des Herrn A. wesentlich in positiver Richtung verändert. Die Straferwartung ist im übrigen erheblich niedriger als sie der Haftrichter bei Erlaß des Haftbefehls prognostiziert hat. ......
– Soweit Verdunkelungsgefahr[7] im Haftbefehl angenommen wird, liegen bestimmte Tatsachen, die für die Annahme sprechen, daß der Beschuldigte in unstatthafter Weise die Beweislage zu verändern suchte, nicht vor. Dies kann insbesondere weder aus der Tatsache abgeleitet werden, daß der Beschuldigte den Tatvorwurf bestreitet, noch daß – im Fall einer Haftentlassung – die abstrakte Möglichkeit besteht, daß „Mittäter" gewarnt werden. ......
– Soweit Wiederholungsgefahr[8] (subsidiär!) angenommen wird, fehlt es an dem Erfordernis einer einschlägigen Vorverurteilung (§ 112a Nr. 1 StPO) bzw. an einer wiederholten oder fortgesetzten Anlaßtat (§ 112a Nr. 2 StPO).
– Soweit der Haftgrund des § 112 Abs. 3 StPO[9] angenommen wird, läßt der Haftbefehl jegliche Begründung dafür vermissen, daß Umstände vorlägen, ohne die Verhaftung des Herrn S. sei eine alsbaldige Aufklärung und Ahndung der Tat in Frage gestellt.
Die Verteidigung legt zum Beweis der Tatsachen, die einer Fluchtgefahr entgegenstehen, die anliegenden Urkunden (z.B. Anmeldebestätigung, ärztliche Bescheinigung über ambulante Behandlungsnotwendigkeit) vor.[10]
Sollte das Gericht den Haftbefehl nicht aufheben, so sollte dem Hilfsantrag entsprochen werden, denn der bestehenden Fluchtgefahr (Verdunkelungs-, Wiederholungsgefahr)

kann durch anderweitige Maßnahmen (§ 116 StPO) entgegengewirkt werden.[11] Das Gericht möge die geeignet erscheinenden Maßnahmen bestimmen. Herr S. ist bereit, den Auflagen zu folgen. Es wird insbesondere angeboten, eine Sicherheitsleistung in Höhe von DM ...... zu erbringen.[12]
Es wird gebeten, die Stellungnahme der Staatsanwaltschaft zu diesem Antrag dem Unterzeichnenden zuzuleiten.[13]

Rechtsanwalt

Schrifttum: Vgl. Form. V. 1.

Anmerkungen

1. Für die Zuständigkeit gelten die allgemeinen Regeln der Beschwerde (§ 306 Abs. 1 StPO).

2. Die Haftbeschwerde wird vor allem eingelegt,
a) gegen den vollzogenen Haftbefehl,
b) gegen den außer Vollzug gesetzten oder nichtvollzogenen Haftbefehl sowie gegen einzelne im Rahmen der Außervollzugsetzung erteilten Auflagen (vgl. OLG Düsseldorf StV 1984, 159).
c) Sie kann auch das begrenzte Ziel verfolgen, einzelne Haftgründe zu beseitigen (vgl. OLG Nürnberg MDR 1964, 943). Die Haftbeschwerde ist bei der Sonderzuständigkeit des Bundesgerichtshofs oder des Oberlandesgerichts (§ 169 StPO) gegen Beschlüsse des erstinstanzlichen Strafsenats des OLG und gegen die Verfügungen des Ermittlungsrichters des BGH zulässig, wenn diese Entscheidung die Verhaftung selbst betreffen (§ 304 Abs. 4 Nr. 1, Abs. 5 StPO). Dies gilt nicht, wenn sie sich lediglich gegen bei der Haftverschonung nach § 116 angeordnete Auflagen richtet (BGHSt 25, 120; 29, 200/201 f.; KK/*Boujong* § 116 Rdnr. 26).
d) Das Rechtsmittel der Haftbeschwerde steht dem inhaftierten oder haftverschonten Beschuldigten aus § 304 StPO zu. Es richtet sich stets gegen die zuletzt ergangene Haftentscheidung. Diese kann im Haftbefehl selbst, einer Entscheidung des Haftrichters nach (evtl. mündlicher) Haftprüfung oder des erkennenden Gerichts in der Hauptverhandlung bestehen (vgl. *Kleinknecht/Meyer* § 117 StPO Rdnr. 8). Neben einem Antrag auf Haftprüfung (§ 117 StPO) ist die Haftbeschwerde unzulässig (§ 112 Abs. 2 Satz 1 StPO), dies gilt nicht für die Beschwerde gegen die Entscheidung des Haftrichters im Haftprüfungsverfahren (§ 112 Abs. 2 Satz 2 StPO!; vgl. *Ullrich* StV 1986, 268/269).
e) In beiden Fällen steht die weitere Beschwerde aus § 310 zur Verfügung gegen die Entscheidungen, die die Verhaftung betreffen. So kann mit ihr der Bestand auch eines außer Vollzug gesetzten Haftbefehls angegriffen werden (str. dafür: KK/*Boujong* § 116 Rdnr. 26; *Kleinknecht/Meyer* § 310 Rdnr. 7; BGHSt 29, 200/202; OLG Düsseldorf NJW 1980, 2426; a.A. OLG München MDR 1980, 74; OLG Nürnberg MDR 1980, 75; OLG Zweibrücken MDR 1979, 695). Die weitere Beschwerde kann auch angebracht werden, wenn es in der Entscheidung um Haftverschonung geht. Das gilt nicht, wenn die weitere Beschwerde sich lediglich gegen die anläßlich der Verschonung erteilten Auflagen wendet (OLG Frankfurt NJW 1973, 209/210; BGHSt 25, 120; KG Berlin NJW 1974, 2626).
f) Mit Rechtskraft des Urteils erledigt sich der Haftbefehl und damit auch die gegen den Bestand des Haftbefehls eingelegte Beschwerde (OLG HH MDR 1977, 69). Da dies nicht für die im Rahmen einer Haftverschonung erteilten Auflagen gilt, bleibt die diesbezügliche Haftbeschwerde erhalten (vgl. zum Ganzen Form. V. 5 Anm. 2).

3. Vgl. Form. V. 5 Anm. 3 und Form. V. 4. Anm. 10. Das OLG Düsseldorf hat in seiner Entscheidung StV 1988, 534 (ablehnende Anm. *Rudolphi* a.a.O.) ausgeführt, im Untersuchungsverfahren sei eine Auseinandersetzung mit der Qualität der Beweismittel nicht erforderlich. Im Ergebnis würde dies bedeuten, daß auch eine Behandlung der den dringenden Tatverdacht begründenden Tatsachen und Beweismittel im Verteidigungsvorbringen überflüssig wäre. Zwar kann das Beschwerdeverfahren nicht der Beweisaufnahme einer Hauptverhandlung gleichgestellt werden, aber es darf nicht in Vergessenheit geraten, daß § 308 Abs. 2 StPO dem Gericht ausdrücklich eigenständige Ermittlungen erlaubt. Daraus folgt zwingend, daß auch die Bewertung jeglicher Beweise, seien sie nun vom Gericht selbst erhoben oder von der Staatsanwaltschaft im Ermittlungsverfahren, vollzogen werden muß (vgl. dazu *Paeffgen*, NStZ 1989, 419).

4. Der Grundsatz der Verhältnismäßigkeit (§ 120 StPO) und das Grundrecht der persönlichen Freiheit gebieten in jeder Phase des Verfahrens eine angemessene Beschleunigung der Sachbearbeitung. Vermeidbare Verzögerungen des Verfahrens können ohne Rücksicht auf die Höhe der zu erwartenden Strafe zur Aufhebung des Haftbefehls führen (BVerfGE 20, 45, 50; OLG Karlsruhe NJW 1969, 1682f.; LG Hamburg StV 1985, 20; OLG Hamburg StV 1985, 66; KG Berlin StV 1985, 67; OLG Celle StV 1984, 340f.). Dies gilt auch für den außer Vollzug gesetzten Haftbefehl (BVerfG MDR 1980, 822ff. und bei Überhaftnotierung (OLG Stuttgart, StV 1990, 213). Die Verteidigung hat Fehler in der Sachbearbeitung (Beispiel: Anklage beim unzuständigen Gericht) oder andere vermeidbare Verzögerungen (Beispiel: Geschäftslage der Kammer läßt eine baldige Terminierung nicht zu) unbedingt zur Wahrung des Freiheitsanspruchs des Beschuldigten zu nutzen. Dies bezieht sich namentlich auch auf die einschränkenden Auflagen aus einer Haftverschonung. So auch KG Berlin, StV 1989, 68. Auch wenn der Haftbefehl nur als Überhaft notiert ist, gilt das Beschleunigungsgebot (OLG Stuttgart, StV 1990, 213; OLG Hamm, StV 1986, 441).

Der Beschleunigungsgrundsatz ist bereits bei Erlaß des Haftbefehls zu beobachten (OLG Düsseldorf, StV 1988, 390). Steht also fest, daß das erkennende Gericht nicht innerhalb der vorgesehenen Fristen ein Urteil wird erlassen können, so darf der Haftbefehl nicht erlassen werden. Das Beschleunigungsgebot ist auch dann verletzt, wenn der Tatrichter bei dem Versuch, einen ausländischen Zeugen zu laden, es schuldhaft unterläßt, den von dem ausländischen Staat geforderten Rechtshilfeantrag auf die diplomatischem Wege zu veranlassen (vgl. OLG Köln, StV 1989, 159). Treten Verfahrensverzögerungen deshalb ein, weil die Staatsanwaltschaft ihrer Verpflichtung zur umfassenden Vorlage verfahrensrelevanter Aktenteile nicht ordnungsgemäß nachkommt, so ist der Beschleunigungsgrundsatz verletzt und der weitere Vollzug der Untersuchungshaft unverhältnismäßig (vgl. LG Dortmund, StV 1989, 254). Auch eine sachlich nicht berechtigte Aussetzung einer begonnenen Hauptverhandlung verstößt gegen das Beschleunigungsgebot (vgl. OLG Frankfurt, StV 1989, 486). Wartet die Staatsanwaltschaft mit der Anklageerhebung zu, weil noch ein Sachverständigengutachten eingeholt werden soll, so vermag dies die Fortdauer der Untersuchungshaft nicht zu rechtfertigen, wenn erst 4 Monate nach Erteilung des Gutachterauftrages eine Anmahnung des Gutachtens erfolgt und das Gutachten auch nach weiteren 4 Wochen noch nicht vorliegt. HansOLG Bremen, StV 1989, 539. Vgl. ferner Form. V. 4. Anm. 10 und V. 5. Anm. 3.

5. Zum Begriff der bestimmten Tatsachen vgl. Form. V. 4 Anm. 7.

6. Vgl. Form. V. 1 Anm. 8; Form. V. 4 Anm. 11.

7. Vgl. Form. V. 1 Anm. 8; Form. V. 5 Anm. 7.

8. Vgl. Form. V. 1 Anm. 8; Form. V. 5 Anm. 8.

9. Vgl. Form. V. 1 Anm. 8; Form. V. 5 Anm. 9.

10. Vgl. Form. V. 1 Anm. 11.

11. Vgl. Form. V. 1 Anm. 10; V. 2. Anm. 12.

12. Vgl. Form. V. 2 Anm. 12.

13. Vgl. Form. V. 5 Anm. 13.

7. Beschwerde gegen die Entscheidung im Haftprüfungsverfahren
(§ 304 StPO)

An das
Amtsgericht[1]
4000 Düsseldorf   20. 6. 1990

In der Haftsache
gegen
Herrn A.S.
Az.: ... Gs ......

wird gegen den Haftfortdauerbeschluß vom 15. 2. 1986

Beschwerde[2]

eingelegt und beantragt,
a) den Haftbefehl vom ...... aufzuheben.
b) Hilfsweise, den Haftbefehl vom ...... gegen geeignete Auflagen außer Vollzug zu setzen.[3]

Weiterhin wird beantragt,
über die Beschwerde in mündlicher Verhandlung zu entscheiden.[4]
Für die Durchführung einer mündlichen Verhandlung spricht vorliegend, daß der Beschuldigte den Tatvorwurf bestreitet und dazu bereits im Haftprüfungsverfahren die Einvernahme von Zeugen beantragt hat. Diesem Begehren ist das Amtsgericht nicht in der erforderlichen Weise nachgekommen.[5] Inhaltlich wird auf den Sachvortrag zur mündlichen Haftprüfung Bezug genommen.[6]
Im übrigen ist das Verfahren nicht mit der gebotenen Beschleunigung betrieben worden.[7]
Es wird ferner gebeten, die Stellungnahme der Staatsanwaltschaft zu diesem Rechtsbehelf dem Unterzeichnenden zuzuleiten.[8]

Rechtsanwalt

Schrifttum: Vgl. Form. V. 1.

Anmerkungen

1. Vgl. Form. V. 6 Anm. 1.

2. Vgl. Form. V. 6 Anm. 2; Form. V. 5 Anm. 2; ist zwischenzeitlich Anklage erhoben, wird die Beschwerde als Haftprüfungsantrag durch das erkennende Gericht behandelt (KK/*Boujong* § 126 Rdnr. 8). Erst gegen dessen Entscheidung ist dann Beschwerde zum Oberlandesgericht zulässig.

3. Vgl. Form. V. 1. Anm. 10; V. 2 Anm. 12.

4. Die Entscheidung darüber, ob die Beschwerde in mündlicher Verhandlung stattfinden soll, steht im Ermessen des Gerichts (KK/*Boujong* § 118 Rdnr. 2). Deshalb ist es notwendig, einen entsprechenden Antrag zu stellen, wenn sich die Verteidigung von der mündlichen Verhandlung Vorteile verspricht. Dieser Antrag ist mit Gründen zu versehen (vgl. dazu auch Form. V. 5 Anm. 2). Die Neigung der Gerichte, über die Beschwerde mündlich zu verhandeln, ist allerdings sehr gering zu veranschlagen.

5. Vgl. Form. V. 5 Anm. 4.

6. Vgl. Form. V. 5.
7. Vgl. Form. V. 6 Anm. 4.
8. Vgl. Form. V. 5 Anm. 13.

8. Weitere Beschwerde (§ 310 StPO)

An das
Landgericht
4000 Düsseldorf   20. 6. 90

In der Haftsache
gegen
Herrn A. S.
Az. ... Gs ......

wird gegen den Haftfortdauerbeschluß vom ......

weitere Beschwerde [1,2,3]

eingelegt und beantragt,
den Haftbefehl vom ...... aufzuheben, hilfsweise, den Haftbefehl gegen geeignete Auflagen außer Vollzug zu setzen.[4]

Begründung:

Schrifttum: Vgl. Form. V. 1.

Anmerkungen

1. Vgl. Form. V. 6 Anm. 2e. Auch die weitere Beschwerde wird in einen Antrag auf Haftprüfung (§ 117 StPO) umgedeutet, wenn zwischenzeitlich Anklage erhoben wurde (KK/*Boujong* § 126 Rdnr. 8; OLG Karlsruhe Justiz 1979, 444).

2. Die Überlegung, in einer Haftsache weitere Haftbeschwerde einzulegen, stellt die Verteidigung meist vor nicht unerhebliche Probleme. Der Verteidiger muß die Rechtsprechung des zuständigen Senats des OLG kennen und daraufhin überprüfen, ob die Ausschöpfung des Rechtsweges nicht eine prägende Vorentscheidung für das Hauptverfahren mit sich bringen kann. Diese Gefahr besteht insbesondere dann, wenn beim zuständigen Senat die Neigung besteht, das Merkmal „der zu erwartenden hohen Strafe" in einer Weise zu substantiieren, daß sich das erkennende Gericht im Hauptverfahren nur schwer davon lösen kann. Außerdem wird oft dadurch, daß in einem früheren Ermittlungsstadium das Oberlandesgericht einen **dringenden** Tatverdacht bejaht hat, faktisch unmöglich, noch etwas gegen die Annahme des hinreichenden Tatverdachts nach Abschluß der Ermittlungen einzuwenden.

3. Nach § 310 Abs. 1 StPO ist die weitere Beschwerde auch zulässig, die sich gegen den Bestand eines außer Vollzug gesetzten Haftbefehls richtet (str.) (*Dafür:* OLG Celle StV 1983, 466; OLG Hamm OLGSt § 310 StPO S. 27; KG Berlin NJW 1979, 2626; OLG Düsseldorf NJW 1980, 2426; OLG Hamburg NJW 1981, 834; OLG Schleswig NJW 1981, 1523; *dagegen:* OLG Nürnberg MDR 1980, 75; OLG Stuttgart MDR 1978, 953; OLG Hamburg JR 1978, 526; OLG Zweibrücken MDR 1979, 695, OLG München MDR 1980, 79 und NStZ 1983, 41). OLG Frankfurt, StV 1989, 113; OLG Koblenz, StV 1986,

442 und unter Aufgabe der früheren ablehnenden Meinung (vgl. OLG Koblenz, NStZ 1988, 327) jetzt auch zustimmend OLG Koblenz (1. Senat), StV 1990, 26; neuerdings ablehnend: OLG Düsseldorf, StV 1990, 310 (1. Senat) dies gilt auch für den wegen anderweitiger Vollstreckung nicht vollzogenen Haftbefehl (vgl. OLG Koblenz, StV 1990, 26).

9. Stellungnahme im Rahmen der Anhörung zum Haftfortdauerverfahren vor dem Oberlandesgericht gem. §§ 121, 122 StPO

An das
Oberlandesgericht[1]
4000 Düsseldorf   20. 6. 1990

In der Haftsache
gegen
Herrn S.
Az. ... Ws ...... /86

nehme ich zur Frage der Haftfortdauer über 6 (9, 12 etc.)[2] Monate hinaus nachstehend Stellung:

1. Die in der Stellungnahme des Landgerichts, der Staatsanwaltschaft und der Generalstaatsanwaltschaft dargelegten Gründe vermögen die Anordnung der Haftfortdauer nicht zu tragen.[3]
2. Die Tatsache, daß in dieser Sache[4] noch kein Urteil[5] ergangen ist, findet weder in der besonderen Schwierigkeit oder dem Umfang der Ermittlungen ihre Begründung, noch liegt dafür ein anderer wichtiger Grund vor.[6]
   Sollte das Oberlandesgericht zu den diesbezüglichen tatsächlichen Umständen dienstliche Äußerungen einholen, wird beantragt, diese dem Unterzeichnenden zuzuleiten.[7]
3. Die Aufrechterhaltung des Haftbefehls ist deshalb unverhältnismäßig, weil das Verfahren nicht mit der gebotenen Beschleunigung gefördert worden ist.[8]
4. Auch steht die Dauer der Untersuchungshaft zu der – im Falle einer Verurteilung – zu erwartenden Strafe außer Verhältnis.[9]

                                                                                Rechtsanwalt

Schrifttum: Vgl. Form. V. 1.

Anmerkungen

1. Nach § 121 Abs. 1 StPO ist der Vollzug der Untersuchungshaft grundsätzlich auf 6 Monate beschränkt, so lange ein auf Freiheitsstrafe lautendes Urteil nicht ergangen ist. Darüber hinaus ist Untersuchunghaft nur zulässig, wenn das Oberlandesgericht (§ 121 Abs. 2 StPO) unter Prüfung der Voraussetzungen des § 121 Abs. 1 StPO deren Fortdauer anordnet. Mit dieser Vorschrift soll die Dauer der Untersuchungshaft begrenzt werden. Die Kontrolle durch das Oberlandesgericht als „besonders qualifizierter Haftrichter" (BVerfGE 36, 264/278) schlägt sich freilich statistisch kaum nieder, Haftdauer über 6 Monate nimmt vielmehr seit 1964 stetig zu (vgl. *Hassemer* StV 1984, 38/39; *Hamm* StV 1986, 499 ff.; *Happel* StV 1986, 501 ff.). Dieses Haftprüfungsverfahren findet nur bei Vollzug des Haftbefehls statt. Ist der Haftbefehl außer Vollzug gesetzt, wird aber vollzogen, weil der Beschuldigte eine Auflage nicht erfüllen konnte (z.B. die ihm auferlegte

9. Stellungnahme im Rahmen der Anhörung zum Haftfortdauerverfahren V. 9

Sicherheitsleistung noch nicht erbracht hat), findet diese Haftprüfung gleichwohl statt (OLG Düsseldorf StV 1985, 67).

2. Ist die Frist nicht durch eine laufende Hauptverhandlung gehemmt (§ 121 Abs. 3 Satz 2 StPO) muß die Fortdauerprüfung jeweils spätestens nach 3 Monaten wiederholt werden (§ 122 Abs. 4 Satz 2 StPO). Zur Fristberechnung vgl. Anm. 5.

3. Der Haftrichter hat vor Vorlage der Akten zum Oberlandesgericht selbst die Haftfrage zu überprüfen. Liegt zwischenzeitlich ein Antrag der Staatsanwaltschaft auf Haftfortdauer vor, ist der Haftrichter (§ 126 StPO) an diesen gebunden (KK/*Boujong* § 122 Rdnr. 4; LR/*Wendisch* § 122 Rdnr. 17). Das Oberlandesgericht hört den Generalstaatsanwalt an (KK/*Boujong* § 122 Rdnr. 5). Dessen Stellungnahme gem. § 33 Abs. 2 StPO soll zwar der Verteidiger und der Beschuldigte nur dann erfahren müssen, wenn sie neue Tatsachen und Beweisergebnisse enthält und das Gericht sie bei seiner Entscheidung nachteilig für den Beschuldigten verwerten will (KK/*Boujong* § 122 Rdnr. 7), diese Einschränkung für das in § 122 Abs. 2 Satz 1 angeordnete rechtliche Gehör des Beschuldigten und seines Verteidigers findet freilich im Gesetz kaum eine Stütze. In der Praxis wird – zumindest, wenn dies die Verteidigung ausdrücklich beantragt – die Bekanntgabe der Stellungnahme auch kaum verweigert werden (Vgl. *Kleinknecht/Meyer* § 122 Rdnr. 9).

4. Ergeht ein freiheitsentziehendes Urteil, gilt die Haftdauerbeschränkung des § 121 nicht mehr. Die Frage der Haftdauer richtet sich dann nach den allgemeinen Vorschriften, insbesondere § 116, 120 StPO. Daran ändert auch eine die Verurteilung aufhebende Entscheidung in der Rechtsmittelinstanz nichts (OLG Oldenburg NJW 1965, 1819; KK/*Boujong* § 121 Rdnr. 5 m.w.N.).

5. Anders jedoch, wenn ein freisprechendes Urteil aufgehoben wird und nach Zurückverweisung wegen derselben Tat ein neuer Haftbefehl ergeht (OLG Karlsruhe Justiz 1979, 234: Die Haftzeiten sind zu addieren). Im Falle eines freisprechenden Urteils ist der Haftbefehl aufzuheben (§ 120 Abs. 1 Satz 2), dies gilt gleichermaßen für den Fall der Ablehnung, das Hauptverfahren zu eröffnen, wie für den Fall, daß das Verfahren eingestellt wird (vgl. dazu LG Mannheim StV 1985, 287). Der Fall, daß das Instanzgericht nach Aufhebung des freisprechenden Urteils durch das Revisionsgericht erneut Haftbefehl erläßt, ist nur dann zulässig, wenn neue Tatsachen und Beweismittel hervorgetreten sind, die dem Gericht, das auf Freispruch erkannt hat, noch nicht bekannt waren (vgl. LG Mannheim StV 1985, 287, OLG Hamm NStZ 1981, 34; OLG Frankfurt StV 1985, 375 mit zustimmender Anmerkung Wendisch). Selbst wenn das Instanzgericht gegenüber dem freisprechenden Urteil von vornherein anderer Auffassung ist, ist ihm der Erlaß eines Haftbefehls verwehrt, wenn es sich lediglich auf die gleichen Tatsachen und Beweismittel stützt, diese aber anders bewertet (vgl. OLG Hamm NStZ 1981, 34). Umstritten ist die Frage, ob ein einmal vom OLG in der Haftprüfung gem. §§ 121, 122 aufgehobener Haftbefehl wieder erlassen werden kann (dafür: OLG Frankfurt StV 1985, 196 bei wesentlicher Änderung der Verfahrenslage; dagegen: schon LR[23]/*Dünnebier* Rdnr. 44 zu § 122 StPO; *Roxin*, Strafverfahrensrecht 1980, S. 169; *Wendisch* StV 1985, 197). *Wendisch* (StV 1985, 197) ist zu folgen, wenn er anführt, daß im Rahmen der Prüfung des OLG gem. §§ 121, 122 StPO festzustellen ist, daß die gleichen Gründe, die das Urteil noch nicht zulassen, auch die Fortdauer der Haft rechtfertigen. Ist dies im Rahmen der notwendigen Prüfung einmal abgelehnt worden, kann eine „wesentliche Änderung der Verfahrenslage" jedenfalls nicht die Aufhebungsgründe wegen § 121 Abs. 1 betreffen; denn zeitliche Versäumnisse ohne rechtlich begründeten Anlaß sind für die Frage der Haftfortdauer ihrer Natur nach nicht mehr heilbar (LR/*Wendisch* § 122 Rdnr. 38; *Paeffgen* NStZ 1989, 519; vgl. auch Form. V. 10. Anm. 5). Der Begriff „wegen derselben Tat" in § 121 Abs. 1 StPO ist ausdehnend auszulegen, dieselbe Tat bedeutet im Regelfall das gleiche wie in demselben Verfahren. (Vgl. KK/*Boujong* § 121 Rdnr. 10, Schleswig-Holsteinisches OLG StV 1983, 466.) (Fristberechnung nach OLG D'dorf StV 89, 256 u. HansOLG Hamburg StV 89, 489 Unterbrin-

gung OLG D'dorf StV 87, 291) – Dies gilt auch für die Fristberechnung. So hat in die 6-Monats-Frist das OLG Celle (StV 1987, 540) auch die in anderen Verfahren erlittene U-Haft miteinbezogen, wenn diese hätten verbunden und in einen Haftbefehl aufgenommen werden können. Damit soll eine sog. „Reservehaltung" von Tatvorwürfen (zwecks Erlaß eines erneuten Haftbefehls) ebenso vorgebeugt werden wie der manipulativen Nicht-Verbindung von Verfahren, um die Anrechnung zu vermeiden (vgl. dazu auch *Paeffgen*, NStZ 1989, 514). Auch wenn gegen den Beschuldigten in Unterbrechung von Untersuchungshaft Ersatzfreiheitsstrafe vollstreckt wurde, ist der erlittene Freiheitsentzug, der als Strafhaft unzulässig war, als Untersuchungshaft zu werten und damit bei der Berechnung der 6-Monats-Frist nach § 121 Abs. 2 StPO zu berücksichtigen (vgl. OLG Frankfurt, StV 1988, 68). Auch die vor der Untersuchungshaft erlittene Freiheitsentziehung in den Fällen der einstweiligen Unterbringung nach § 126a StPO ist in die Fristberechnung des § 121 Abs. 1 StPO einzubeziehen (vgl. L-R/*Wendisch*, § 121 Rdnr. 13 und grundlegend: Starke, StV 1988, 223; HansOLG Hamburg, MDR 1976, 600; a.A. OLG Nürnberg, NStZ 1982, 297; OLG Schleswig, MDR 1983, 70; vgl. auch OLG Düsseldorf, StV 1987, 19 und StV 1989, 256 und HansOLG Hamburg, StV 1989, 489 zur Anrechnung der Unterbringung nach § 126a).

6. Die Anforderungen an die Haftfortdauerkriterien wachsen, je länger die U-Haft währt (KG Berlin StV 1985, 116). Sie sind nach der zitierten Entscheidung bei der 6-Monatsprüfung weniger streng als bei den später folgenden Prüfungen. Daß grobe Versäumnisse und Fehler in der Sachbearbeitung die Haftverlängerung hindern, gilt sowohl für den Abschnitt des Ermittlungs- wie auch des Zwischen- und Hauptverfahrens. Aus der neuesten Rechtsprechung dazu seien die nachstehenden Beispiele aufgeführt:
– Bereits eine Verzögerung der Anklageerhebung um 1 Monat kann ein erhebliches Versäumnis darstellen (KG Berlin StV 1985, 116).
– Engpässe in der Geschäftslage der Strafverfolgungsbehörden, die weder kurzfristig noch unvorhersehbar noch unbehebbar sind, stellen keinen wichtigen Grund im Sinne des § 121 Abs. 1 StPO dar (OLG Frankfurt StV 1983, 379).
– Gleiches gilt, wenn trotz Erfordernis keine Duplo-Akten angelegt werden, und dadurch eine Verfahrensverzögerung eintritt (OLG Frankfurt StV 1983, 380; vgl. auch RiStBV Ziff. 12, 2).
– Wird die Hauptverhandlung ohne triftigen Grund um 8 Monate vertragt, stellt dies ein erhebliches Versäumnis dar (OLG Frankfurt StV 1981, 25).
– Liegen zwischen dem Beginn der Hauptverhandlung und dem Zeitpunkt, zudem das Gericht spätestens über die Eröffnung des Hauptverfahrens hätte entscheiden müssen, mehr als 3 Monate, ist die Haftfortdauer nicht mehr zulässig (Hans. OLG Hamburg StV 1985, 198 – Anklage zugestellt am 30. 11. 1984, voraussichtliche Terminierung Ende April 1985).
– Eine verzögerte – vom Verteidiger frühzeitig beantragte – Aktenbeiziehung im Zwischenverfahren stellt ein erhebliches Versäumnis dar (OLG Hamburg StV 1984, 122).
– Anklageerhebung beim unzuständigen Gericht und dadurch verursachte Verzögerung sind als grober Fehler zu werten (OLG Frankfurt StV 1984, 123).
– Auch die Verfahrensverzögerung durch wiederholte Übersendung der Akten an den Verteidiger stellt keinen wichtigen Grund zur Fortdauer der Haft dar (OLG Stuttgart StV 1983, 70). Dagegen soll kein Aufhebungsgrund vorliegen, wenn dem OLG die Akten zu spät vorgelegt oder die Fristen falsch berechnet werden (KK/*Boujong* § 121 Rdnr. 30 m.w.N.; OLG Bremen StV 1984, 340).
– Eine ungerechtfertigte Aussetzung der Hauptverhandlung stellt keinen wichtigen Grund für die Fortdauer der Untersuchungshaft dar (HansOLG Bremen, StV 1986, 540; ebenso OLG Frankfurt, StV 1988, 210).
– An einem wichtigen Grund für die Fortdauer der Untersuchungshaft fehlt es auch dann, wenn sich ein Jugendgericht entgegen § 47a JGG unzulässigerweise nach Eröffnung des

9. Stellungnahme im Rahmen der Anhörung zum Haftfortdauerverfahren V.9

Verfahrens für unzuständig erklärt, weil die Sache nach seiner Auffassung vor ein für allgemeine Strafsachen zuständiges Gericht gleicher oder niederer Ordnung gehöre. Dies gilt auch dann, wenn der Verteidiger einen entsprechenden Antrag in Kenntnis der Vorschrift des § 47a JGG gestellt haben sollte (OLG Hamm, StV 1990, 168).
– Ebenso fehlt es am wichtigen Grund, wenn die Strafkammer das Strafverfahren über längere Zeit deshalb nicht weiter betreibt, weil sich der Beschuldigte im Ausland in Strafhaft befindet, obgleich die vorübergehende Auslieferung zum Zwecke der Durchführung der Hauptverhandlung bewilligt ist (vgl. OLG Düsseldorf, StV 1990, 168).
– Selbst wenn der bestellte Verteidiger eine Verfahrensverzögerung durch Unterlassen einer mehrfach angekündigten Äußerung „zum Umfang der (notwendigen) Beweisaufnahme" veranlaßt, so stellt dies nur begrenzte Zeit einen „anderen wichtigen Grund" dar, auch wenn der Verteidiger ausdrücklich sein Einverständnis mit der dadurch verursachten längeren Dauer der Untersuchungshaft erklärt (StV 1988, 211).
– Der Umstand, daß erforderliche Übersetzungen umfangreicher fremdsprachlicher Unterlagen erhebliche Zeit in Anspruch nehmen, das Beschleunigungsgebot aber Anlaß gab, die zu übersetzenden Schriftstücke aufzuteilen und mehrere Übersetzer zu beauftragen, stellt keinen die Haftdauer rechtfertigenden wichtigen Grund dar (OLG Zweibrücken, StV 1989, 158).
– Ist Gegenstand des Haftbefehls nur ein Tatvorwurf, so können nur grundsätzlich solche Ermittlungen als wichtiger Grund i.S.d. § 121 Abs. 1 StPO anerkannt werden, die sich auf diesen Tatvorwurf beziehen und die vor einer Anklageerhebung wegen dieses Tatvorwurfs unerläßlich waren (OLG Hamm, StV 1988, 212).
– Auch ein überlasteter Staatsanwalt ist kein „wichtiger Grund" i.S.d. § 121 StPO (OLG München, StV 1989, 351).

Zu erwähnen sind in diesem Zusammenhang noch zwei Entscheidungen des OLG Frankfurt, in denen der topos der „Bedeutung der Sache" bemüht wurde, um Haftfortdauer rechtfertigen zu können:
– auch wenn die zu erwartende Strafe durch anrechenbare Haftzeiten erreicht wird oder die restliche Sanktionserwartung geringfügig geworden ist, kann die Bedeutung der Sache ausnahmsweise Haftfortdauer rechtfertigen. Daß die Untersuchungshaft ausnahmsweise die Grenzen der Rechtsfolgenerwartung überschreiten darf, ist jedenfalls dann rechtlich nicht zu beanstanden, wenn den Angeklagten ein Verschulden an der Haftdauer trifft (OLG Frankfurt, StV 1988, 392).
– Hat ein die Fortdauer die Untersuchungshaft rechtfertigender wichtiger Grund einmal bestanden, so entfällt er nicht schon deshalb, weil aufgrund eines Versehens amtlicher Stellen eine Verfahrensverzögerung eingetreten ist (hier: Vertagung der Hauptverhandlung in Folge eines Umstandes, daß ein Akteneinsichtsgesuch eines Verteidigers übersehen wurde). Vgl. dazu die ablehnende Anmerkung *Prittwitz*, StV 1988, 440.

7. Das mit der Haftprüfung befaßte OLG kann zur Vorbereitung einer Entscheidung dienstliche Äußerungen einholen, deren Inhalt für die Verteidigung oft von großem Interesse ist.

8. Trotz dringenden Tatverdachts und bestehender Haftgründe ist die Untersuchungshaft aufzuheben, wenn der Beschleunigungsgrundsatz mißachtet wurde (vgl. OLG Celle StV 1984, 340); für den außer Vollzug gesetzten Haftbefehl: vgl. KG Berlin StV 1985, 67. Dieser wird nur überprüft, wenn die Haft tatsächlich vollzogen wird, obwohl der Haftbefehl außer Vollzug gesetzt ist (vgl. Anm. 1 und OLG Düsseldorf StV 1985, 67). Vgl. Form. V. 6. Anm. 4.

9. Vgl. BVerfGE 36, 264/270: „bei der Abwägung fordert der Umstand Beachtung, daß sich mit zunehmender Dauer der Untersuchungshaft das Gewicht des Freiheitsanspruchs gegenüber dem Interesse an einer wirksamen Strafverfolgung vergrößern kann: wird der Beschuldigte freigesprochen, so ist der durch die verfahrenssichernde Freiheitsentziehung entstandene Schaden – ungeachtet der finanziellen Ansprüche, die das Gesetz über die

Entschädigung für Strafverfolgungsmaßnahmen (StrEG) vom 8. März 1971 (BGBl. I S. 157) gewährt – seiner Natur nach irreparabel. Wird er hingegen zu einer Freiheitsstrafe verurteilt, läßt sich der Strafausspruch entweder nicht mehr oder nur noch teilweise vollziehen. Da die Untersuchungshaft nach § 60 StGB regelmäßig auf die erkannte Freiheitsstrafe anzurechnen ist, verbleibt bei überlanger Haftdauer, während der sich der Beschuldigte lediglich in Verwahrung befindet, nicht selten kein Strafrest und oftmals nur eine Reststrafzeit, die zu kurz ist, um einen sinnvollen und Erfolg versprechenden Strafvollzug zu ermöglichen. Angesichts dieser Umstände verändert sich die verfassungsrechtliche Abwägung zwischen der Strafverfolgungspflicht des Staates und dem Freiheitsanspruch des Beschuldigten, je länger die Untersuchungshaft währt." Vgl. Form. V. 4. Anm. 12.

10. Haftbeschwerde bei nicht rechtskräftiger Verurteilung in 1. Instanz

An das
Landgericht[1]
4000 Düsseldorf   20. 6. 1990

In der Strafsache
gegen
Herrn A. S.
Az.: ... KLs ...

wird, nachdem das Urteil des Landgerichts vom ...... auf die Revision des Angeklagten durch Urteil des Bundesgerichtshofes vom ...... aufgehoben wurde,

Beschwerde[3]

gegen den Haftbefehl vom ...... eingelegt und beantragt,
den Haftbefehl aufzuheben, hilfsweise, diesen gegen geeignete Auflagen außer Vollzug zu setzen.

Begründung:

Die Aufrechterhaltung der Untersuchungshaft steht selbst im Falle einer erneuten Verurteilung zur Bedeutung der Sache und zur zu erwartenden Strafe außer Verhältnis.[4,5]

Rechtsanwalt

Schrifttum: Vgl. Form. V. 1.

Anmerkungen

1. In jeder Lage des nicht rechtskräftig abgeschlossenen Verfahrens kann die Aufhebung oder Verschonung vom Haftbefehl beantragt werden. Beispielhaft wird der Fall dargestellt, daß das Urteil eines Landgerichts mit der Revision angefochten wurde. In gleicher Weise ist eine Haftbeschwerde anzubringen, wenn ein Urteil des Amtsgerichts durch eine Sprungrevision aufgehoben und zurückverwiesen wurde. Dann würde sich die Beschwerde an das Amtsgericht als zuständigem Gericht zu richten haben. Inhaltlich kann diese Beschwerde sich über den hier vorgeschlagenen Vortrag zur Dauer der Untersuchungshaft selbstverständlich auch zu den übrigen Voraussetzungen der Anordnung der Untersuchungshaft verhalten.

2. Während des Revisionsverfahrens bleibt für die Haftentscheidung grundsätzlich das Gericht zuständig, dessen Urteil angefochten wird (§ 126 Abs. 2 Satz 2 StPO). § 126 Abs. 3 StPO begründet in dem Ausnahmefall die Zuständigkeit des Revisionsgerichts für die Aufhebung des Haftbefehls, wenn sich anläßlich der Revisionsentscheidung ohne weitere Ermittlungen ergibt, daß die Aufrechterhaltung des Haftbefehls unverhältnismäßig wäre (§ 120 Abs. 1 StPO). (Vgl. OLG Frankfurt, StV 1988, 536). Das Revisionsgericht kann aber diese Entscheidung auch dem Tatrichter überlassen (KK/*Boujong* § 126 Rdnr. 11; a.A. KMR/*Müller* § 126 Rdnr. 8).

3. Auch wenn die Verteidigung ein Urteil angefochten und das Instanzgericht noch nicht entschieden hat, bietet sich die Haftbeschwerde namentlich dann an, wenn in der weiteren Behandlung der Sache vermeidbare Verzögerungen eingetreten sind (vgl. OLG Hamburg StV 1985, 66 für einen außer Vollzug gesetzten Haftbefehl, dazu: BVerfG MDR 1980, 822).

4. Vgl. Form. V. 9 Anm. 10. Auch wenn die Entscheidung über die Revision zurückgestellt wird, kann gem. § 126 Abs. 3 StPO i.V.m. § 120 Abs. 1 StPO der Haftbefehl aufgehoben werden, wenn er nicht mehr verhältnismäßig ist (OLG Frankfurt, StV 1988, 536).

5. Im umgekehrten Falle, daß ein freisprechendes Urteil durch Revision der Staatsanwaltschaft kassiert wird, soll nach einer Entscheidung des OLG Frankfurt (StV 1985, 375) die Sperrwirkung des § 120 Abs. 1 Satz 2 StPO für den Neu-Erlaß eines Haftbefehls entfallen (wie OLG Frankfurt: OLG Karlsruhe, NJW 1970, 438; OLG Hamm, NStZ 1981, 34; KK-*Boujong*, § 120 Rdnr. 11; KMR/*Müller*, § 120 Rdnr. 4). Dem ist – mit *Paeffgen* (NStZ 1989, 423) – entschieden zu widersprechen. Wie die Tatsache der Verurteilung allein wegen der im Haftbefehl aufgeführten Tat kein novum ist, um eine Haftverschonung zu widerrufen (vgl. OLG Düsseldorf, StV 1988, 207; HansOLG Bremen, StV 1988, 392), so stellt das Aufhebungsurteil des Revisionsgerichts für sich allein keine neue Tatsache dar, die den Weg zu § 112 StPO wieder eröffnet; denn durch das freisprechende Urteil ist die Dringlichkeit des Tatverdachts unaufhebbar normativ widerlegt und § 120 Abs. 1 Satz 2 StPO hebt in seiner Sperrwirkung gerade nicht darauf ab, ob das freisprechende Urteil rechtskräftig ist (vgl. *Paeffgen*, NStZ 1989, 423; LR/*Wendisch* § 120 Rdnr. 33; LR/*Dünnebier* (23. Aufl.) § 120 Rdnr. 43; vgl. auch KG Berlin, StV 1986, 539; einschränkend: *Wendisch*, StV 1985, 377; der dies nur noch bei Aufhebung wegen eines Verfahrensfehlers gelten lassen will; a.A. *Kleinknecht*/*Meyer* § 120 Rdnr. 11).

11. Anträge zur Ausgestaltung der Untersuchungshaft[1]

An das
Amtsgericht[2]
4000 Düsseldorf   20. 6. 1990

In der Haftsache
gegen
Herrn A. S.
Az.: ... Gs ......

melde ich mich mit der anliegenden Vollmacht als Verteidiger des Herrn S. und beantrage bezüglich der Ausgestaltung der Untersuchungshaft:
– Herrn S. neben einem Radio auch einen Fernseher für den Einzelempfang zu genehmigen (dafür: OLG Düsseldorf StV 1985, 22; dagegen: OLG Zweibrücken NStZ 1985, 45; kann untersagt werden: BGH NStZ 85, 139). Kann nur ausnahmsweise versagt

werden: OLG Koblenz, StV 1989, 210; OLG Nürnberg, StV 1990, 117; jetzt auch zustimmend OLG Zweibrücken, StV 1989, 537.
oder
- Herrn S. zu genehmigen, einen Kassettenrecorder (oder walkman) mit Kassetten für einen Sprachkurs benutzen zu dürfen (OLG Düsseldorf NStZ 1984, 333; OLG Koblenz NStZ 85, 528; LR/*Wendisch* § 119 Rdnr. 13).
und
- Herrn S. ein erhöhtes Einkaufsgeld zu genehmigen, damit er Batterien für sein Fernseh- bzw. Kassettengerät kaufen kann (OLG Frankfurt, StV 1987, 255).
oder
- Herrn S. zu genehmigen, seine Haftfähigkeit durch einen Arzt seines Vertrauens überprüfen zu lassen. Herrn S. soll gestattet werden, auf eigene Kosten eine Untersuchung durch den Facharzt, Herrn Dr. med. M. in der JVA vornehmen zu lassen (vgl. OLG Köln StV 1985, 21) ablehnend: OLG Düsseldorf, NJW 1985, 2208; zustimmend: OLG Düsseldorf, StV 1988, 68; LR/*Wendisch* § 119 Rdnr. 130; *Seebode,* Vollzug der Untersuchungshaft, S. 161; *Paeffgen,* NStZ 1989, 422).
oder
- Dem Mitarbeiter der Drogenberatungsstelle B. soll eine Besuchserlaubnis für ein unüberwachtes Gespräch mit Herrn S. erteilt werden (vgl. OLG Frankfurt StV 1983, 289).
oder
- Es wird ferner beantragt den Haftbefehl befristet[3] außer Vollzug zu setzen.
  a) damit Herr S. ein Vorstellungsgespräch bei der Drogentherapiestelle X. führen kann (vgl. LG Köln StV 1984, 342),
  b) damit Herr S. an einer unaufschiebbaren geschäftlichen Besprechung teilnehmen kann, zu der die Anwesenheit seiner Person für den Fortbestand seines Betriebes von erheblicher Bedeutung ist (vgl. LR/*Wendisch* § 116 Rdnr. 9).
oder
- Der Ehefrau Hilde S. soll eine Besuchserlaubnis für einen unbewachten Besuch erteilt werden (vgl. OLG Frankfurt StV 1983, 465).
oder
- Dem Ehepaar A. S. und H. S. eine Besuchszusammenführung zu gewähren. Es liegt kein Haftgrund der Verdunkelungsgefahr vor und die Eheleute befinden sich bereits seit längerer Zeit in Untersuchungshaft (vgl. OLG Düsseldorf, StV 1989, 538).
- Der aus Großbritannien stammenden Ehefrau soll eine Besuchserlaubnis für ein unbewachtes Gespräch erteilt werden (vgl. OLG Frankfurt StV 1985, 375).
oder
- Der Ehefrau Hilde S. soll über den gewöhnlichen zeitlichen Umfang hinaus eine Besuchserlaubnis für weitere Besuche erteilt werden (vgl. OLG Düsseldorf StV 1983, 111).
oder
- Herrn S. soll genehmigt werden, eine elektronische Schreibmaschine zu benutzen (ausnahmsweise genehmigungsfähig: vgl. OLG Düsseldorf StV 1985, 286; *Baumann* StV 1985, 292 ff.): Grundsätzlich zustimmend OLG Düsseldorf bei *Paeffgen,* NStZ 1989, 421 und OLG Düsseldorf, StV 1989, 351.
oder
- Es soll die Anordnung aufgehoben werden, den Beschuldigten bei Ausführungen und Transporten zu fesseln, da eine Fluchtgefahr in erhöhtem Maße weder substantiell besteht noch mit konkreten Anhaltspunkten belegt ist (vgl. OLG Celle NStZ 1985, 480). OLG Koblenz, StV 1989, 209.
- Herrn S. soll genehmigt werden, ein Ferngespräch zu führen. Es besteht daran wegen der besonderen Dringlichkeit ein berechtigtes Interesse des Inhaftierten. Auch ist eine anderweitige Kommunikationsmöglichkeit mit dem Adressaten nicht möglich oder nicht sachgerecht. (Vgl. dazu OLG Düsseldorf, StV 1989, 254; *Paeffgen,* NStZ 1989, 421 im Anschluß an *Seebode,* Vollzug der Untersuchungshaft, 1985, S. 118).

- Der angehaltene Brief des Herrn S. an seine Ehefrau (oder Lebensgefährtin) soll weitergeleitet werden. Gegen die Beschlagnahme wird Beschwerde erhoben (vgl. dazu LG Flensburg, StV 1988, 210; OLG Koblenz, StV 1989, 208; OLG Hamm, StV 1985, 22).
- Es soll die Anordnung einer Disziplinarmaßnahme aufgehoben werden, die sich darauf stützt, daß der jugendliche/heranwachsende Untersuchungsgefangene S. verweigert hat, zu arbeiten (vgl. AG Hamburg, NStZ 1985, 288).
- Es soll die Vollstreckung der gegen Herrn S. verhängten disziplinarischen Maßnahme zur Bewährung ausgesetzt werden (vgl. OLG Hamm, StV 1987, 255; *Paeffgen*, NStZ 1989, 422).

Schrifttum: Vgl. Form. V. 1.

Anmerkungen

1. Dieses Muster enthält aus der jüngeren Rechtsprechung zusammengestellte Beispiele für Anträge zur Ausgestaltung der Untersuchungshaft.
2. Zuständig ist der Haftrichter als allein entscheidender Richter (§§ 119 Abs. 1 iVm 126 StPO). Im vorbereitenden Verfahren ist das der Richter bei dem Amtsgericht, der den Haftbefehl erlassen hat oder dem die Zuständigkeit übertragen wurde, nach Erhebung der Klage der Vorsitzende des mit der Sache befaßten Gerichts (vgl. OLG Düsseldorf NJW 1982, 1474).
3. Ob die befristete Außervollzugsetzung des Haftbefehls zulässig ist, ist umstritten (vgl. *Kleinknecht/Meyer* § 116 Rdnr. 2; KK/*Boujong* § 116 Rdnr. 6; OLG Stuttgart MDR 1980, 423; OLG Zweibrücken MDR 1979, 51; OLG Schleswig SchlHA 1971, 69, die eine befristete Außervollzugsetzung deshalb für unzulässig halten, weil sie in Wahrheit eine Beurlaubung darstelle). Die Gegenansicht hält die Prüfung der Vertrauenswürdigkeit des Beschuldigten durch die Aussetzung des Vollzugs der Untersuchungshaft für eine bestimmte Zeit für durchaus sinnvoll (vgl. LG Köln StV 1984, 342; LG Köln StV 1982, 374).

Mit LR/*Wendisch* § 116 Rdnr. 9 ist zustimmend anzuführen, daß gerade bei befristeter Außervollzugsetzung strenge Auflagen erteilt werden können, die bei einem Urlaub nicht möglich wären. Zudem führt KK/*Boujong* § 116 Rdnr. 6 selbst an, daß in Ausnahmefällen (etwa zur Teilnahme des Beschuldigten an einer wichtigen geschäftlichen Besprechung) der Vollzug auf kurze Zeit ausgesetzt werden könne. Im Zusammenhang mit besonderen Sicherungsauflagen stimmt dem auch *Kleinknecht/Janischowsky* Rdnr. 188 zu.

12. Übersicht über weitere Rechtsbehelfe im Bereich des Rechts der Untersuchungshaft

1. Bei Mißachtung des Anspruchs des Beschuldigten, daß von seiner Verhaftung ein Angehöriger oder eine Person seines Vertrauens benachrichtigt wird oder er diese selbst benachrichtigen (§ 114b Abs. 1, 2 StPO) hat der Beschuldigte ein Beschwerderecht. Die weitere Beschwerde ist nicht eröffnet, da die versagende Entscheidung nicht die Verhaftung selbst betrifft (§ 304 Abs. 4 StPO; KK/*Boujong* § 114b Rdnr. 11).

Der Beschuldigte kann aber sein subjektives Recht mit der Verfassungsbeschwerde verfolgen (BVerfGE 16, 119/123). KK/*Boujoung* § 114b Rdnr. 12.

2. Wird die Vorführfrist (vgl. § 115a Abs. 1 StPO) versäumt, steht dem Beschuldigten ein Anspruch auf gerichtliche Entscheidung gem. § 23 EGGVG zu (KK/*Boujong* § 115 Rdnr. 5; vgl. auch Form. VIII. E. 3).

3. Wird der vorläufig festgenommene Beschuldigte vor der Vorführung vor den Richter freigelassen, kann er beantragen, die Rechtswidrigkeit der vorläufigen Festnahme festzustellen, sofern er hieran ein fortwirkendes Feststellungsinteresse hat. Der Antrag richtet sich in entsprechender Anwendung des § 98 Abs. 2 StPO an den Ermittlungsrichter (BGH GA 1981, 223; KK/*Boujong* § 127 Rdnr. 48).

4. Bei **vorläufigen** belastenden Maßnahmen gem. § 119 Abs. 3 StPO kann der Beschuldigte deren Rechtmäßigkeit entsprechend § 28 Abs. 1 Satz 2 EGGVG durch Entscheidung des Haftrichters klären lassen, falls er (etwa wegen Wiederholungsgefahr) daran ein nachwirkendes Interesse hat (KG Berlin GA 1977, 148/149).

5. Gegen Maßnahmen des Haftrichters gem. § 119 Abs. 3 StPO steht dem Beschuldigten die Beschwerde zu, dies gilt nicht bei Verfügungen des OLG und des Ermittlungsrichters des BGH in 1. Instanz, da sie nicht die Inhaftnahme oder Haftfortdauer betreffen (BGHSt 26, 270).

6. Gegen Anordnungen und Verfügungen des Anstaltsleiters, die den äußeren Bereich der Anstaltsordnung betreffen, ist der Rechtsweg gem. § 23 EGGVG eröffnet (vgl. dazu KK/*Boujong* § 119 Rdnr. 103).

Dieser Rechtsweg steht auch gegen eine Anordnung des Justizministers zur Verfügung, die den schriftlichen und mündlichen Verkehr des Verteidigers mit seinem Mandanten einstweilen unterbindet (OLG Frankfurt NJW 1977, 2177).

7. Gerichtsbeschlüsse gem. § 123 StPO, die die Aufhebung der Ersatzmaßnahmen gem. § 116 StPO betreffen, sind mit der Beschwerde, nicht aber mit der weiteren Beschwerde anfechtbar (vgl. Ziff. 4).

8. Gegen Entscheidungen über den Verfall einer Sicherheit (§ 124 StPO) findet die sofortige Beschwerde (§ 311 StPO) statt. Vgl. OLG Düsseldorf, StV 1990, 167.

9. Hat – nach Anklageerhebung – der Vorsitzende des erkennenden Gerichts im Rahmen der Notkompetenz (§ 125 Abs. 2 2 StPO) entschieden, kann dagegen die Entscheidung des Spruchkörpers eingeholt werden (KK/*Boujong* § 125 Rdnr. 9).

10. Wird ein Urteil 1. Instanz mit der Revision angefochten, kann dies mit dem Antrag auf Aufhebung des Haftbefehls durch das Revisionsgericht verbunden werden (§ 126 Abs. 3 StPO)

11. Der bedürftige Untersuchungsgefangene hat Anspruch auf ein Taschengeld zur Befriedigung der persönlichen Bedürfnisse des täglichen Lebens (OVG Rheinland-Pfalz, StV 1988, 346 sieht als Adressaten das örtliche Sozialamt an und als Anspruchsgrundlage §§ 11, 12 BSHG; das OVG Münster, NStZ 1988, 384, sieht den Vollzugsträger als Adressaten an, der Anspruch stütze sich auf die Fürsorgepflicht des Vollzugsträgers. Gleichzeitig stellt das OVG Münster fest, daß dem Untersuchungsgefangenen zugemutet werden könne, den Taschengeldbetrag durch Arbeit in der Haft zu verdienen).

VI. Zwischenverfahren (Verteidigungsschriften)

Vorbemerkung

Nach § 200 StPO hat die Anklageschrift „den Angeschuldigten, die Tat, die ihm zur Last gelegt wird, Zeit und Ort ihrer Begehung, die gesetzlichen Merkmale der Straftat und die anzuwendenden Strafvorschriften zu bezeichnen (Anklagesatz). In ihr sind ferner die Beweismittel, das Gericht, vor dem die Hauptverhandlung stattfinden soll und der Verteidiger anzugeben". Nach § 200 Abs. 2 StPO enthält die Anklageschrift das wesentliche Ergebnis der Ermittlungen. Von der Kann-Vorschrift des § 200 Abs. 2 Satz 2 StPO wird regelmäßig Gebrauch gemacht, wonach das wesentliche Ermittlungsergebnis bei einer Anklage zum Strafrichter fehlt.

Nach § 201 Abs. 1 StPO teilt der Vorsitzende des Gerichts die Anklageschrift dem Angeschuldigten mit und fordert ihn zugleich auf, ihm innerhalb einer von ihm bestimmten Frist zu erklären, „ob er die Vornahme einzelner Beweiserhebungen vor der Entscheidung über die Eröffnung des Hauptverfahrens beantragen oder Einwendungen gegen die Eröffnung des Hauptverfahrens vorbringen wolle". Nach Ablauf der Frist, die auf eine entsprechende Bitte hin durch den Vorsitzenden ohne weiteres auch verlängert werden kann, entscheidet das Gericht durch Beschluß über das weitere Schicksal des Verfahrens. Es bestehen dabei folgende Möglichkeiten.

– Uneingeschränkte Eröffnung des Hauptverfahrens unter Zulassung der Anklage (§§ 199 Abs. 1, 203, 207 StPO)
– Nichteröffnung (§ 204 StPO) mit der Wirkung des Verbrauchs der Strafklage (§ 211 StPO)
  • aus Rechtsgründen (fehlende Strafbarkeit des in der Anklage dargestellten Sachverhalts oder endgültiges Vorliegen eines Verfahrenshindernisses)
  • aus tatsächlichen Gründen
– modifizierte Eröffnung (§ 207 Abs. 2 StPO)
  • aus Rechtsgründen (bei abweichender rechtlicher Einordnung der angeklagten Tat § 207 Abs. 2 Ziff. 3)
  • aus tatsächlichen Gründen (fehlende Nachweisbarkeit i.S. eines nicht hinreichenden Tatverdachts) bezüglich einzelner angeklagter Taten
  • Teil„einstellung" gem. § 154a StPO
– weitere Aufklärung durch Erhebung einzelner Beweise im Zwischenverfahren (§ 202 StPO)
– vorläufige Einstellung beim Bestehen vorübergehender Verfahrenshindernisse (§ 205 StPO)
– endgültige Einstellung wegen Gesetzesänderungen nach Anklageerhebung (§ 206b StPO)
– Eröffnung vor einem Gericht niedrigerer Ordnung (§ 209 Abs. 1 StPO)
– Vorlage der Sache an ein höheres Gericht (§ 209 Abs. 2 StPO)

Man sollte annehmen, daß diese Vielfalt der möglichen Entscheidungen dem Verteidiger ein wahres Arsenal an Einflußmöglichkeiten in diesem Verfahrensabschnitt in die Hand gibt. In krassem Gegensatz dazu steht jedoch die Passivität der meisten Verteidiger zwischen Anklageschrift und Eröffnungsentscheidung. Dem Mandanten gegenüber wird diese Untätigkeit gewöhnlich damit begründet, daß nur in einer verschwindend geringen Zahl von Fällen (0,3%) das Gericht die Nichteröffnung beschließt. Daß die Untätigkeit der Verteidiger eine von mehreren Ursachen für diese Statistik ist, wird dabei freilich verschwiegen.

Weit verbreitet ist auch die Furcht davor, durch Verteidigungsschriften frühzeitig „sein Pulver zu verschießen". In Einzelfällen mag die Warnung vor der „Materialauslieferung" (vgl. *Dahs,* Handbuch des Strafverteidigers, 5. Auflage, Rdn. 355) berechtigt sein. Sie wird jedoch auch viel zu häufig als unüberlegte Beschönigung der eigenen Bequemlichkeit eingesetzt (vgl. *Hamm,* Die Verteidigungsschrift im Verfahren bis zur Hauptverhandlung, StV 1982, 490 ff.).

Als Faustregel kann folgendes gelten: Wenn nach sorgfältiger Prüfung der Sach- und Rechtslage der Verteidiger selbst zu der Überzeugung kommt, daß die Eröffnung des Hauptverfahrens nicht mit einer vertretbaren Begründung abgelehnt werden kann, läßt er die Frist verstreichen oder teilt dem Gericht mit, daß die Verteidigung der Hauptverhandlung vorbehalten bleiben soll. Dasselbe gilt in Fällen, in denen die Einwendungen gegen die Anklage nur zu einer anderen aber ähnlich gravierenden rechtlichen Beurteilung führen kann (Unterschlagung statt Diebstahl). Würde sich dagegen der Verteidiger, indem er versucht, sich in die Rolle des Richters zu versetzen, zutrauen, eine der Beschwerde der Staatsanwaltschaft standhaltende Begründung zur Nichteröffnung des Hauptverfahrens zu schreiben, so muß er versuchen, das Gericht im Zwischenverfahren von der Richtigkeit dieser Begründung zu überzeugen.

1. Verteidigungsschrift mit Antrag auf Nichteröffnung aus tatsächlichen Gründen (Kausalität)

Amtsgericht Groß-Gerau[1]
Darmstädter Str. 31

6080 Groß-Gerau   11. 3. 19..

In der Strafsache
gegen
E... R... u.a.
hier: Dipl.-Ing. P... H...
– 6 Js 3429/80 – 3 Ls –[1]

wird beantragt,
die Eröffnung des Hauptverfahrens abzulehnen.

Begründung:

Die Anklage vom 25. 9. 19.. wirft Herrn H. vor, er habe in den Jahren 1969/70 bei der Konstruktion des Baukrans XY Fehler gemacht und dadurch bewirkt, daß am 5. 11. 19.. das Kranoberteil abgebrochen ist mit der Folge einer Körperverletzung des Kranführers, des Zeugen K.
Bei der jetzt zu treffenden Entscheidung, ob ein hinreichender Tatverdacht[2] besteht, ist zu unterscheiden zwischen zwei Fragen.
1. Litt der im Jahre 1971 gebaute Kran unter einem von den Angeschuldigten zu verantwortenden Konstruktionsfehler?
2. Wäre ggf. mit einer für eine strafrechtliche Verurteilung erforderlichen Sicherheit nachweisbar, daß der Unfall im Jahre 1981 ursächlich auf einen solchen Konstruktionsfehler zurückzuführen wäre?
Die Frage zu 1) dürfte ohne Zuhilfenahme von Sachverständigen nicht beantwortbar sein.
Die Sachverständigen, von denen sich bisher schriftliche Gutachten in den Akten befinden

1. Verteidigungsschrift mit Antrag auf Nichteröffnung aus tatsächlichen Gründen   VI. 1

(die Professoren L. und V.), beantworten die Frage unterschiedlich. Hinge die Eröffnung des Hauptverfahrens also nur von dieser Frage ab, so spräche einiges dafür, ihre Klärung der Hauptverhandlung zu überlassen. Die Verteidigung verzichtet deshalb an dieser Stelle darauf, die uns zwischenzeitlich vorliegenden Informationen, die für die Richtigkeit der Ergebnisse sprechen, zu denen der Sachverständige Prof. V. gekommen ist, im einzelnen darzulegen.[3]

Die Eröffnung des Hauptverfahrens ist jedoch schon dann abzulehnen, wenn es mit überwiegender Wahrscheinlichkeit an einer Voraussetzung für die Strafbarkeit der Angeschuldigten fehlt.

Zur Frage der Ursächlichkeit eines etwaigen (und von den Angeschuldigten bestrittenen) Konstruktionsfehlers für den Unfall nimmt der Sachverständige Prof. L. zwar Stellung, er geht dabei jedoch erkennbar von einem dem Strafrecht fremden Begriff der Kausalität aus.[4]

Bei der Entscheidung, wie sich wahrscheinlich ggf. am Ende einer Hauptverhandlung die Kausalitätsfrage entscheiden wird, kann das Gericht (im Gegensatz zu einem Naturwissenschaftler) nicht unberücksichtigt lassen, daß außerhalb des Einflußbereichs der Angeschuldigten im Jahre 1978 eine völlige Demontage des Krandrehkranzes stattgefunden hat und daß im Dezember 1978 unter der Leitung des Zeugen P. in den Werkstätten der Firma Z. der Drehkranz neu montiert worden ist. Auch wenn der Zeuge P. verständlicherweise heute der Auffassung ist, bei diesem Vorgang sei man absolut korrekt verfahren, so wird doch mit keinem Beweismittel auszuschließen sein, daß die Ursache für den Unfall erst bei diesem Montagevorgang oder auch danach (z.B. bei den jährlichen Überprüfungen der Schrauben ohne Drehmomentschlüssel – vgl. Bl. ... d.A.!) gesetzt worden ist.

Bei der Bewertung der Aussage des Zeugen P.[5] wird weiter zu berücksichtigen sein, daß er sich erst unter Berichtigung seiner bis dahin gemachten Aussage auf Vorhalt der Lichtbilder hin daran erinnern konnte, welche Schrauben verwendet wurden. Diese Erinnerungsschwäche ist zwar angesichts des Zeitablaufs zwischen 1978 und der Vernehmung im Jahre 1985 ohne weiteres verständlich. Damit verbietet es sich aber auch gleichzeitig, auf die sonstigen Detailangaben dieses am Ausgang des Verfahrens nicht uninteressierten Zeugen ein Urteil zu stützen, indem man es als ausgeschlossen ansehen würde, daß beim Zusammenbauen des Krans im Jahre 1978 oder später ein Fehler gemacht wurde, der allein ursächlich für den Unfall war.

Bei der Beurteilung der Zeugenaussage P. und bei der Entscheidung über die Frage der Ursächlichkeit wird man nämlich auch den Umstand nicht außer Betracht lassen dürfen, daß der Kran bis zur Demontage durch die Firma Z. mehr als sieben Jahre in Betrieb war, ohne daß an den verwendeten Schrauben irgendwelche durch die wechselnde Belastung bedingten Probleme auftraten oder gar ein Unfall passierte. Dabei ist bemerkenswert, daß Anlaß für die Reparatur im Dezember 1978 auch keineswegs Bruchstellen oder Deformationen an den Halteschrauben, sondern eine Materialermüdung der Lagerkugeln war (Bl. ......ff. und ...... d.A.). Da keine Anhaltspunkte dafür vorhanden sind, daß der Kran in den 7 ½ Jahren bis zur Reparatur bei der Firma Z. weniger starken oder weniger wechselnden Belastungen ausgesetzt gewesen sein könnte als in den drei Jahren danach bis zu dem Unfall, wäre es kaum verständlich, aus welchem Grund es nicht bereits vor der Reparatur zu einer Überschreitung der Belastungsgrenze der verwendeten Schrauben oder wenigstens zur Beobachtung von Verschleißerscheinungen an den Schrauben anläßlich der Reparatur gekommen wäre, wenn der Sachverständige L. mit seiner Auffassung über die Unfallursache recht hätte. Offensichtlich ist er bei seiner Beurteilung von einem „technischen Kausalitätsbegriff" ausgegangen, bei dem man mit guten Gründen und im Interesse der technischen Sicherheit auch solche Fälle miteinbezieht, in denen ein Zustand auch nur möglicherweise zur Bedingung für einen Erfolg geworden ist. Den Anforderungen des strafrechtlichen Beweises würde dies jedoch nicht entsprechen, weshalb auch vom (unrichtigen) Ausgangspunkt des Sachverständigen Prof. L. zur Frage des Konstruktionsfehlers eine Kausalität zu verneinen wäre.

Dazu bedarf es keiner Beweisaufnahme. Es steht vielmehr aus den genannten Gründen aufgrund der Aktenlage fest, daß es an einem hinreichenden Tatverdacht fehlt, so daß das Hauptverfahren nicht eröffnet werden kann.

Rechtsanwalt/Rechtsanwältin

Anmerkungen

1. Dem hier vorgestellten Formular liegt ein Fall aus der Praxis zugrunde. Das Aktenzeichen ist authentisch. Das Amtsgericht Groß-Gerau hat durch Beschluß vom 29. 7. 1987 im wesentlichen mit der Begründung der Verteidigungsschrift die Eröffnung des Hauptverfahrens abgelehnt.

2. Es empfiehlt sich kenntlich zu machen, daß man als Verteidiger das Wesen des Eröffnungsverfahrens erkannt hat und die Verteidigungsschrift nicht etwa wie einen zivilprozessualen Schriftsatz auf das Urteil hin geschrieben hat. Die Fragestellung ist nicht, ob der Mandant schuldig ist, sondern ob er hinreichend verdächtig ist. Das bedeutet, daß mit überwiegender Wahrscheinlichkeit unter Beachtung der bestehenden Möglichkeiten für die Beweisaufnahme mit einem Schuldspruch zu rechnen ist (*Kleinknecht/Meyer* § 203 Rdnr. 2). Dabei handelt es sich um eine vorläufige Tatbewertung (BGHSt 23, 304, 306; BayObLG NStZ 1983, 123). Nicht nur von theoretischem Wert für den Verteidiger ist der Streit in der Literatur darüber, in welchem Verhältnis der dringende Tatverdacht als Voraussetzung eines Haftbefehls (§ 112 StPO) zu dem hinreichenden Tatverdacht nach § 203 StPO steht. Gerade weil es sich um eine vorläufige Beurteilung handelt, die vom Verfahrensstand abhängt, ist durchaus die Auffassung überzeugend, wonach nach dem Abschluß der Ermittlungen beide Verdachtsgrade identisch sind, so daß der hinreichende Tatverdacht als Voraussetzung für die Eröffnung des Hauptverfahrens identisch mit dem dringenden Tatverdacht ist (LR/*Rieß* 24. Aufl. Rdnr. 12 zu § 203; anderer Ansicht *Kleinknecht/Meyer* § 203 Rdnr. 2).

3. Im konkreten Ausgangsfall waren die schriftlichen Sachverständigengutachten ebenso wie das von Technikern verfaßte Informationsschreiben für den Verteidiger mit so vielen für den Laien unverständlichen mathematischen Formeln und physikalisch-technischen Kürzeln durchsetzt, daß der Versuch völlig aussichtslos gewesen wäre, den Gutachterstreit zur Frage eines Konstruktionsfehlers im „schriftlichen Verfahren" auszutragen.

4. Die Unterschiedlichkeit des Kausalitätsbegriffes zwischen der strafrechtlichen und der naturwissenschaftlichen Betrachtungsweise von Sachverständigen ist häufig ein Angriffspunkt, der es lohnt, entsprechende Einwände schon im Zwischenverfahren geltend zu machen.

5. Die Beweiswürdigung im Zwischenverfahren muß sich stets an der Ausrichtung der Zwecke dieses Verfahrens richten und muß dort halt machen, wo sie über die Fragestellung nach dem hinreichenden Tatverdacht hinausgeht (vgl. dazu Anm. 1). Das schließt nicht aus, daß die Verteidigungsschrift voraussehbare zwangsläufige Schwierigkeiten bei dem Versuch, die tatsächlichen Annahmen der Anklage zu beweisen bzw. einen der Tatbestandsverwirklichung entgegenstehenden Umstand (hier: überholende Kausalität) zu widerlegen, deutlich anspricht.

2. Verteidigungsschrift mit Antrag auf Nichteröffnung aus tatsächlichen und rechtlichen Gründen

Amtsgericht[1]
– Schöffengericht –

6... D...   15. 8. 19..

In der Strafsache
gegen
N... H...

– Az.: ... –
wird beantragt,
die Eröffnung des Hauptverfahrens abzulehnen.

Begründung:

I. Der Anklagevorwurf
Die Staatsanwaltschaft legt Herrn H zur Last, gegen § 333 StGB verstoßen zu haben, indem er die Mitarbeiter der Stadtwerke, die Zeugen M und S zu „Segelwochenenden" auf seiner privaten Yacht eingeladen habe.
Die Berechtigung dieses Vorwurfs würde voraussetzen, daß
– die Herren M und S als leitende Mitarbeiter der Stadtwerke D bzw. W im Sinne des § 333 StGB i.V.m. § 1 Abs. 1 Ziff. 2 StGB als Amtsträger anzusehen wären und Herrn H dies in tatsächlicher und rechtlicher Hinsicht bekannt war,
– Herr H den Herren M und S durch die kostenlosen („geschenkten") Segelwochenenden einen vermögenswerten Vorteil zugewendet hätte und
– dieser vermögenswerte Vorteil gewährt worden wäre als Gegenleistung für eine künftige Diensthandlung.

II. Angaben des Herrn H zur Sache[2]
Es trifft zu, daß Herr H bis zum Jahre 1984 Eigentümer eines Segelbootes war. Es handelt sich dabei nicht etwa um eine (Luxus-) Yacht, sondern um ein Boot der ¾-t-Klasse mit der Typenbezeichnung „d-b-l" der Herstellerfirma Dehler. Herr H hat das Boot im Jahre 1984 wieder verkauft, weil es sich für ihn nicht lohnte. Zum einen wegen seiner außergewöhnlichen beruflichen Inanspruchnahme, zum anderen aber auch wegen der Schwierigkeiten, geeignete Mitfahrer zu finden, konnte das Boot nur an einigen Wochenenden im Jahr benutzt werden. Die Schwierigkeit, das Boot jeweils zu besetzen, hing damit zusammen, daß es einerseits nur für sechs Personen Platz bot, während andererseits aber auch wegen der beim Segeln notwendigen Arbeiten mindestens vier Personen an Bord sein mußten. Von seiner Ausstattung und dem damit zusammenhängenden Bedienungsaufwand her ist dieses Boot nur für eine Besatzung geeignet, bei der jedes einzelne Mitglied während der gesamten Segeltour ständig „hart arbeitet".
An Bequemlichkeiten bietet das Boot etwa den Komfort eines einfachen Campingaufenthaltes, d.h. es bietet zwar die Möglichkeit (in jeweils selbst mitgebrachten Schlafsäcken) zu übernachten, die Verpflegung wird jedoch sehr sportlich-abenteuerlich improvisiert, indem jedes Besatzungsmitglied eine Art Picknickausrüstung (Essen und Trinken in Flaschen und Konserven) mitbringt.
Herr H schätzt, daß die Charterkosten für ein derartiges Boot für eine dreitägige Wochenendtour etwa 600,– bis 1.000,– DM betragen dürften. Das würde, umgelegt auf eine sechsköpfige Besatzung, also pro Person 100,– bis 150,– DM ausmachen.
Um eine Wochenendsegeltour durchführen zu können, war Herr H darauf angewiesen, daß sich eine genügend große Zahl von segelsportinteressierten Freunden und

Bekannten bereiterklärte, daran mitzuwirken. Stand eine solche Gruppe fest, so wurde jeweils die Anfahrt nach Kiel organisiert, wobei meist stillschweigend darauf geachtet wurde, daß man ein mehr oder weniger kameradschaftliches Gegenseitigkeitsprinzip wahrte, indem derjenige, dem das Boot gehörte, nicht auch noch die Kosten für die Hin- und Rückfahrt mit dem PKW zu tragen hatte. Das bedeutet, daß der „Gast" auf dem Segelschiff meist seinerseits „Gastgeber" bezüglich der PKW-Fahrten aus dem Raum D...... nach Kiel und zurück war. Ähnlich verfuhr man mit der Verpflegung für den Aufenthalt auf dem Boot („mal hatte einer das Bier, der andere die Wurst gekauft, ein anderes Mal war es wieder umgekehrt").

Herrn H ist nie der Gedanke gekommen, daß irgendein Teilnehmer derartiger Segeltouren je den Eindruck gewinnen konnte, ihm werde „etwas geschenkt".

Es trifft zu, daß an einer der Wochenendsegeltouren, die in der Zeit stattfanden, in der das Boot Herrn H gehörte, Herr M von den Stadtwerken D teilgenommen hat. Herr H glaubt sich zu erinnern, daß dies im Jahre 1983 war und daß es sich dabei zufällig um dieselbe Tour gehandelt hat, an der auch Herr S von den Stadtwerken W teilnahm. Mit beiden Stadtwerken steht die H GmbH seit vielen Jahren in laufender Geschäftsverbindung. Die Stadtwerke D lassen etwa seit 25 Jahren ihre Gas- und Wasserleitungen durch die H GmbH verlegen, dabei besteht eine Art Rahmenvertrag, der es erforderlich macht, daß jährlich die Preise der Lohnentwicklung angepaßt werden. Von Zeit zu Zeit fanden auch neue Ausschreibungen statt, wobei jeweils die Firma H weiterhin den Auftrag deshalb erhielt, weil sie das günstigste Angebot abgab.

Zu dem Zeitpunkt, als Herr M und Herr S sich an einer dreitägigen Segeltour beteiligten, stand weder in D noch in W irgendeine Entscheidung der Stadtwerke bevor, auch waren keinerlei „Amtshandlungen" der beiden Mitarbeiter dieser Unternehmen, die sich hätten auf die H GmbH beziehen können, in Sicht.

Herr H hat auch jetzt erst im Zuge der Befassung mit den gegen ihn erhobenen Vorwürfen erfahren, daß es einen strafrechtlichen Amtsträgerbegriff gibt, der sehr viel weiter ist als der beamtenrechtliche. Aus seiner Sicht waren die Stadtwerke privatrechtliche Kunden wie andere natürliche oder juristische Personen, von denen die Firma H Aufträge erhalten hatte. Auf den Gedanken, daß die aufgrund privatrechtlicher Verträge angestellten Mitarbeiter der in der Rechtsform der GmbH betriebenen Stadtwerke deshalb im strafrechtlichen Sinne einem Beamten gleichstehen, weil sie Aufgaben der öffentlichen Daseinsvorsorge wahrnehmen, ist Herr H zu keiner Zeit gekommen.

Herr H weiß heute nicht mehr, ob er zu der Segeltour in der Ostsee in dem Fahrzeug des Herrn M, in dem Fahrzeug des Herrn S oder in dem eines anderen Teilnehmers mitgefahren ist. Er geht jedoch mit großer Sicherheit davon aus, daß, nachdem er schon das Boot zu „stellen" hatte, zwei andere Mitglieder der Gruppe für die Hin- und Rückfahrt sorgten.

Ebensowenig unterschied sich diese Tour von anderen in der oben beschriebenen Übung hinsichtlich der gegenseitigen „Bewirtung". Herr H hatte im Zuge dieser Fahrt nicht ein einziges Mal den Gedanken, daß allein durch die Tatsache, daß ihm das Boot gehörte, irgendeinem anderen Teilnehmer ein geldwerter Vorteil zuwachsen würde, und er ist auch sicher, daß das keiner der Teilnehmer anders empfunden hat.

Soweit in der Anklage die Möglichkeit angedeutet ist, daß auch weitere Mitarbeiter der Stadtwerke an solchen Segeltouren teilgenommen haben, trifft dies nicht zu. Ein Herr W hat zwar gelegentlich einmal seine Bereitschaft zu erkennen gegeben, sich ebenfalls an einer solchen Tour zu beteiligen. Es ist dazu jedoch nie gekommen.

III. Strafrechtliche Würdigung[3]

1. Schon die Frage, ob die Herrn M und S als Amtsträger i.S.d. § 11 Abs. 1 Ziff. 2 StGB und des § 333 StGB anzusehen sind, erscheint zumindest zweifelhaft. Zwar findet sich in der Kommentarliteratur der regelmäßig als „herrschende Meinung"

apostrophierte Satz, Angestellte und Arbeiter von städtischen Licht- und Wasserwerken sowie städtische Verkehrsunternehmen seien Beamte im strafrechtlichen Sinne. Diese Auffassung geht auf Entscheidungen des Reichsgerichts zurück, z. B. auf ein obiter dictum in RGSt 67, 299 anhand eines Falles, bei dem die Stadt Dresden ihren städtischen Straßenbahnbetrieb unter Übernahme und Weiterbeschäftigung der Beamten im staatsrechtlichen Sinne in eine Aktiengesellschaft umgewandelt hatte. Das Reichsgerichts hat auch wiederholt entschieden, daß die Versorgung der Bevölkerung mit Gas, Licht und Wasser eine öffentliche Aufgabe sei und daß deshalb derjenige, der dazu bestellt ist, beim Abnehmer den Verbrauch als Grundlage für die Rechnungsstellung abzulesen, auch bei privatrechtlicher Ausgestaltung seines Dienstverhältnisses Beamter i. S. d. Strafrechtes ist (RG JW 1936, 1606 und RG JW 1936, 3005). Auch einige Bemerkungen des „Poullain-Urteils" des Bundesgerichtshofs (BGHSt 31, 359 ff, 268) und die Entscheidung des OLG Hamburg (NJW 1984, 624) lassen sich für diese „h. M." anführen. Andererseits hat aber gerade die zuletzt genannte Entscheidung durch (Staatsanwalt!) *Schröder* in NJW 1984, 2510 eine überzeugende Kritik erfahren, die ebenso wie schon die fundierten Ausführungen *Wiedemanns* in NJW 1965, 852 ff das Argument, derartige Versorgungsbetriebe seien im Zuge der öffentlich-rechtlichen „Daseinsvorsorge" tätig, jedenfalls insoweit widerlegen, als die betreffenden „Bediensteten" nicht in hoheitlicher Funktion tätig werden.

Man mag darüber streiten, ob die Bediensteten der Stadtwerke im Verhältnis zu den Leistungsempfängern der „Daseinsvorsorge", also den Anschlußinhabern der öffentlichen Versorgungsleistungen „hoheitlich" tätig sind. Soweit die als GmbH organisierten Stadtwerke ihrerseits jedoch als Kunden privatwirtschaftlich konkurrierender Unternehmen auftreten, gibt es nach dem Sinn und Zweck der Amtsdelikte im allgemeinen und des § 333 StGB im besonderen keinen vernünftigen Grund, sie strafrechtlich anders zu behandeln, als die Mitarbeiter jeder anderen privatrechtlich auftretenden juristischen Person, zu deren Gesellschaftern keine Körperschaften des öffentlichen Rechts gehören.

Aber selbst wenn man insoweit anderer Auffassung sein wollte, würde es dennoch unabhängig von den im Falle des Herrn H ohnehin fehlenden subjektiven Voraussetzungen der Strafbarkeit im äußeren Tatbestand fehlen, weil die Herren M und S nicht in ihrer Eigenschaft als „Amtsträger" an den Bootstouren teilgenommen haben. Ihre berufliche Einbindung in die Stadtwerke D bzw. W mag zwar den Anlaß dafür gegeben haben, daß sie Herrn H kennenlernten und so mag auch die Gelegenheit entstanden sein, daß man auf das gemeinsame private Interessengebiet (Segeln) zu sprechen kam. Die Verabredung zu dem gemeinsamen Segelwochenende in der Ostsee hatte jedoch keinerlei sachlichen oder auch nur motivischen Zusammenhang mit der beruflichen Einbindung der Beteiligten. Angesichts der unter Seglern allgemein bekannten chronischen Schwierigkeiten eines binnenländischen Bootseigners, in der wünschenswerten Häufigkeit eine ausreichend große Crew zusammenzustellen, hätte Herr H das Interesse des Herrn M und S ohne weiteres auch dann zum Anlaß für einen Vorschlag zu einer gemeinsamen Bootstour genommen, wenn diese Herren nicht Mitarbeiter von Stadtwerken gewesen wären, sondern beispielsweise Geschäftsführer eines Lieferantenbetriebes, bei dem die Firma H ihrerseits Kunde ist.

2. Es fehlt aber auch an allen anderen Tatbestandsmerkmalen der Vorteilsgewährung:
   a) Herr H hat weder Herrn M noch Herrn S einen vermögenswerten Vorteil gewährt.
   Wie oben dargelegt, wäre der auf ein Crew-Mitglied entfallende Geldwert selbst dann, wenn man ihn an den fiktiven Charterkosten messen wollte, nur 100,– bis 150,– DM. Es ist jedoch nicht einmal gerechtfertigt, die Charterkosten zugrundezulegen. Vergleichbar ist der Vorgang etwa mit der Gewährung einer Mitfahrge-

legenheit im eigenen PKW, wenn der auf diese Weise „bevorteilte" Beamte nie auf den Gedanken gekommen wäre, die gleiche Reise auch mit einem Mietwagen zu unternehmen. Berücksichtigt man dies, so reduziert sich der ohnehin an der Bagatellgrenze liegende Betrag von 100,– bis 150,– DM noch einmal beträchtlich.

Angesichts der oben geschilderten Gegebenheiten im Zusammenhang mit der Ausstattung des Bootes erscheint es auch nicht gerechtfertigt, etwa für die „Schlafgelegenheit" einen geldwerten Vermögensbetrag anzusetzen.

Es kommt hinzu, daß etwa in Form der zur Verfügungstellung des eigenen PKW (vgl. auch die Aussage des Herrn M insoweit) Gegenleistungen erbracht wurden, die es gänzlich verbieten, von einer Vorteilsgewährung zu sprechen.

b) Schließlich wäre diese auch nicht als Gegenleistung für eine künftige Dienstleistung einzustufen. Wie bereits ausgeführt, bestand zwischen der beruflichen Einbindung der Herren M und S und der Verabredung zu der Segeltour überhaupt kein Zusammenhang. Es wurde dabei auch weder ausdrücklich noch stillschweigend ein Bezug zu den künftigen geschäftlichen Kontakten hergestellt oder gesehen. Die Aufrechterhaltung des seit Jahrzehnten bestehenden Auftragsverhältnisses hing nicht von einer (Ermessens-) Entscheidung der Herren M und S, sondern jeweils vom Ergebnis der Ausschreibungen ab.

Nach allem fehlt es also aus tatsächlichen und aus rechtlichen Gründen an einem hinreichenden Tatverdacht, so daß das Hauptverfahren nicht eröffnet werden kann.

Rechtsanwalt

Anmerkungen

1. Das hier vorgestellte Formular orientiert sich an einem Fall aus der Praxis und ist einer Verteidigungsschrift aus dem Ermittlungsverfahren nachgebildet, die ohne weiteres zur Einstellung gem. § 170 Abs. 2 StPO führte. Um ihn auf die Situation im Zwischenverfahren zu übertragen, hätte daran gedacht werden können, den neuen Sachvortrag (II. Angaben des Herrn H zur Sache) durch die Anregung oder den Antrag, nach § 202 StPO zu verfahren, „unter Beweis zu stellen". Auf die Möglichkeit der weiteren Sachaufklärung vor der Entscheidung über die Eröffnung des Hauptverfahrens braucht freilich das Gericht nicht vom Verteidiger erst hingewiesen zu werden. Angesichts der eindeutigen strafprozessualen „Beweislastregelung" (in dubio pro reo) kann verfahrenspsychologisch sogar das im Zivilprozeß als Verstärkung eines Parteivortrages eingesetzte Beweisangebot als eine Abwertung der schriftlich vorgebrachten Einlassung des Mandanten wirken. So wie es häufig nötig ist, den Mandanten bei der Vorbereitung der Hauptverhandlung vor einer Sachaussage zu warnen, die mit Hinweisen auf ihre Beweisbarkeit oder gar die Unbeweisbarkeit der Anklagevorwürfe durchsetzt, ist, gilt auch für das schriftliche Vorbringen der Einlassung im Zwischenverfahren, daß sie primär mit dem „Anspruch" präsentiert werden sollte, auch ohne zusätzliche Beweiserhebung geglaubt zu werden.

Zu unterscheiden von einem solchen eigenen Sachvortrag, bei dem man darauf vertraut, daß das Gericht in Kenntnis seiner Aufklärungspflicht den Weg des § 202 StPO erforderlichenfalls selbst findet, ist der Beweisantrag nach § 201 StPO (vgl. Form. VII. D. 13). Einen Beweisantrag wird man stets dann stellen, wenn man dem Gericht ein nach Aktenlage noch nicht bekanntes Beweismittel benennen und die Beweiserhebung zur Beseitigung des hinreichenden Tatverdachts führen kann.

In dem Ausgangsfall des obigen Mustertextes wird davon ausgegangen, daß die Zeugen M und S als gesondert verfolgte Beschuldigte bereits vernommen worden sind und dabei nicht bestritten haben, auf dem Segelschiff des Herr H ein Wochenende verbracht zu haben. Die nunmehr erstmals vorgetragenen Einzelumstände, die insbesondere die Annahme der Zuwendung eines Vermögensvorteils beseitigen sollen, können nach dem Ermessen

2. Verteidigungsschrift mit Antrag auf Nichteröffnung VI. 2

des Gerichts bei der Eröffnungsentscheidung als Einlassung des Angeschuldigten H unmittelbar verwertet werden (verbunden mit der Prognose, ob zu erwarten ist, daß die Zeugen M und S dies vermutlich bestätigen werden), oder ob noch vor der Eröffnungsentscheidung Beweis erhoben werden muß. Da der erstere Weg durchaus rechtlich gangbar ist und ohne weiteres zum Ziel der Nichteröffnung des Hauptverfahrens führen kann, wird sich in einem solchen Fall der Verteidiger nicht auf das petitum der Beweiserhebung im Zwischenverfahren festlegen.

2. Die hier vorgeschlagene und auch in sonstigen Verteidigungsschriften praktikable Methode, eine Einlassung des Mandanten schriftsätzlich vorzutragen, ist dem eigenen schriftlichen Sachvortrag des Mandanten (in „Ich-Form") vorzuziehen. Sollte es in der Hauptverhandlung zu Auseinandersetzungen darüber kommen, wie eine zuvor in die Akte gelangte Einlassung mit der mündlichen Darstellung in Einklang zu bringen ist, kann dem Angeklagten eine Verteidigungsschrift zwar im Wege des informellen Vorhalts, nicht jedoch durch Verlesung im Urkundenbeweis entgegengehalten werden (OLG Celle NStZ 1988, 426; *Kleinknecht/Meyer* § 249 Rdnr. 13; a.A. für den Fall, daß die Urheberschaft des Angeklagten feststeht OLG Hamm JR 1980, 82; LR/*Gollwitzer* § 249 Rdnr. 13).

3. Wird das Hauptverfahren nicht eröffnet, so muß aus dem Beschluß hervorgehen, ob er auf tatsächlichen oder auf Rechtsgründen beruht (§ 204 Abs. 1 StPO). Auf Tatsächlichem beruht er dann, wenn allein die Prognose, die tatsächlichen Voraussetzungen der Strafbarkeit könnten nicht nachgewiesen werden, zur Nichteröffnung führt. Dies war oben im Beispiel des Mustertextes 1 hinsichtlich der Kausalität der Fall. Bei dem hier vorgestellten Text liegt das Schwergewicht der Begründung auf rechtlichem Gebiet. Die Begründung würde sogar ausschließlich rechtlicher Natur sein, wenn sich das Gericht der Meinung anschlösse, daß jedenfalls im Verhältnis zu anderen Privatunternehmen beim Abschluß von Verträgen, die nicht die spezifische Leistung der Daseinsvorsorge zum Gegenstand haben, die Mitarbeiter von Versorgungsunternehmen keine Beamten im strafrechtlichen Sinne seien. Aber auch wenn das Gericht die Nichteröffnung auf die Erwägung stützt, bei der gegebenen Sachlage läge das Merkmal der Vorteilsgewährung nicht vor, würde der Beschluß auf der fehlenden Subsumierbarkeit und damit auf Rechtsgründen beruhen.

Um die klare Scheidung zwischen Tatfragen und Rechtsfragen für die Beratung des Gerichts vorzubereiten, empfiehlt es sich, auch die Verteidigungsschrift entsprechend aufzubauen und zu gliedern.

VII. Hauptverfahren

Vorbemerkung

Keine noch so exzellente Verteidigertätigkeit wird immer oder in jedem Fall die Eröffnung des Hauptverfahrens verhindern können; dies auch, weil in der Mehrzahl der Fälle die tatsächlichen Grundlagen eines von der Staatsanwaltschaft vorermittelten und zur Anklage gebrachten Sachverhalts in einer Hauptverhandlung durch die Konfrontation mit der Sicht der Verteidigung ihre Tragfähigkeit für eine Verurteilung beweisen müssen. Das Hauptverfahren und speziell die Hauptverhandlung sind deshalb noch immer für das Gros strafrechtlicher Mandate der wichtigste Teil der Verteidigertätigkeit und damit auch aus Sicht des Mandanten der entscheidende Punkt, bei dem sich zeigt, ob er seinen Verteidiger gut gewählt hat. Oder anders ausgedrückt: Immer noch ist das Bild vom Strafverteidiger das des Verteidigers oder besser des sagenumwobenen Magiers in der Hauptverhandlung.

Wir haben uns gleichwohl bei der Auswahl und Ausgestaltung der Muster für die Vorbereitung der Hauptverhandlung und die Tätigkeit in der Hauptverhandlung nicht von einem Advokaten als deus ex toga nigra leiten lassen. Zum einen braucht ein solcher Kollege eh keine Muster, zum anderen ist aber die Genialität des Augenblicks in einer Hauptverhandlung in der Regel nur die individuelle Zugabe zu einer systematischen, de lege artis durchgeführten und konzentrierten Vorbereitungsarbeit.

Neben organisatorischen Notwendigkeiten gehen unsere Überlegungen zunächst davon aus, trotz der Eröffnung des Hauptverfahrens eine Hauptverhandlung zu vermeiden und nähern sich dann immer mehr dem anstehenden Tag der Hauptverhandlung. In der Hauptverhandlung selbst folgen wir der Überlegung, zunächst die Vorarbeit zu aktivieren und dann aus der jeweiligen Situation heraus zu agieren.

Wir haben die Abschnitte Vorbereitung der Hauptverhandlung und Tätigkeit in der Hauptverhandlung im Verhältnis zur 1. Auflage neu konzipiert und neu bearbeitet. Dort wo wir uns entschlossen haben, Muster aus der 1. Auflage zu übernehmen, geschah dies mit Zustimmung von Kollegen Tondorf. Die Muster selbst beruhen naturgemäß auf eigenen Erfahrungen im Strafprozeß. Wir haben uns trotzdem bemüht, jeweils so weit zu abstrahieren, daß das einzelne Muster für eine Vielzahl von vergleichbaren Fällen eine Hilfestellung gibt. Wir gehen im übrigen davon aus, daß nicht alle Muster auf jeden Fall Anwendung finden können. Das sollte auch der Benutzer berücksichtigen.

Soweit es um Fragen eines Verteidigerstils an sich geht, falls es diesen überhaupt gibt, haben wir uns von keinem Extrem leiten lassen; es sind weder Muster für Agressivität oder Konfrontation mit dem Gericht noch für die Suche nach trügerischem gutem Klima. Wir sind aber der Auffassung, daß es keine hoffnungslosen Fälle gibt. Dabei spielt sich die Frage des Erfolgs entsprechend dem Grau des tatsächlichen Lebens zwischen dem Weiß des Freispruchs und dem Schwarz der denkbar schlechtesten Verurteilung ab. Diesem Ziel näher zu kommen, mögen unsere Überlegungen auch für andere Kollegen eine Anregung sein.

A. Vorbereitung der Hauptverhandlung

Teil 1

Einleitung

Wir sehen den ersten Teil der Vorbereitung auf die anstehende Hauptverhandlung nicht allein technisch und/oder rein organisatorisch. Neben solchen Fragen – wie z.B. Terminsabklärung – steht zum einen im Vordergrund das Schaffen annähernd gleicher Sachverhaltsgrundlagen im Verhältnis zu Staatsanwaltschaft und Gericht. Stichwort Akteneinsicht; ein Problemkreis, der dann die weitere Verteidigertätigkeit bis in die Hauptverhandlung selbst begleitet. Zum anderen zählt hier zur Vorbereitung meist das Abprüfen von Möglichkeiten, um die Hauptverhandlung letztlich doch noch zu vermeiden. Gerade dieser Aspekt ist nicht resignativ zu sehen im Anschluß an vergebliche Bemühungen, das Verfahren vorzeitig zur Einstellung zu bringen. Auch nach Eröffnung des Hauptverfahrens und eventuell im Zusammenhang mit einer erneuten Akteneinsicht können Umstände auftauchen, die erst dann die Voraussetzungen für eine Einstellung erkennen lassen. Unabhängig davon wird der Verteidiger in einer leider zu großen Zahl von Fällen erst dann eingeschaltet, wenn Termin zur Hauptverhandlung ansteht, so daß Überlegungen zur Einstellung des Verfahrens erstmals in der Vorbereitungsphase auf die Hauptverhandlung angestellt werden können.

1. Bitte um Terminsabstimmung[1]

An das
Amtsgericht/Landgericht
......

In der Strafsache
gegen ......
Az.: ...

ist mit Beschluß des Gerichts vom ...... das Hauptverfahren gegen den Angeklagten eröffnet worden.
Den Hauptverhandlungstermin bitte ich, mit mir abzustimmen, um Terminskollisionen zu vermeiden. Ich werde meinerseits in den nächsten Tagen zwecks Terminsabstimmung telefonisch mit dem Gericht Kontakt aufnehmen.[2]
Vorsorglich weise ich schon heute darauf hin, daß ich wegen eines lange geplanten Urlaubs in der Zeit vom ...... bis zum ...... verhindert bin.[3] Mein Mandant ist vom ...... bis zum ...... geschäftlich verhindert und bittet darum, in dieser Zeit keinen Termin anzuberaumen.

Rechtsanwalt

Schrifttum: Moos, Anm. zu OLG Karlsruhe, StV 1982, 561; *Julius,* Anm. zu OLG Hamm, StV 1990, 56

Anmerkungen

1. Es empfiehlt sich, möglichst früh mit dem Gericht Kontakt aufzunehmen, um den Termin für eine Hauptverhandlung abzustimmen, da die Möglichkeiten, gegen eine die Interessen des Mandanten und des Verteidigers nicht berücksichtigende Terminsanberaumung vorzugehen, beschränkt sind (*Schlothauer*, Hauptverhandlung, Rdnr. 180 f. m. w. N.; vgl. auch OLG Hamm NStZ 1989, 133; OLG Hamm StV 1990, 56 mit Anm. *Julius*; LG Hamburg StV 1989, 340; OLG Frankfurt StV 1989, 384). Das Gericht wird der Bitte um Abstimmung regelmäßig nachkommen, jedenfalls wenn sich daraus keine wesentliche Verzögerung des Verfahrens ergibt (vgl. *Kleinknecht/Meyer* § 213 Rdnr. 6). Die Anregung kann schon im Zwischenverfahren „für den Fall der Eröffnung des Hauptverfahrens" erfolgen, da bei den Gerichten wegen des einheitlichen Formulars die Übung besteht, die Eröffnung und die Terminsbestimmung gleichzeitig zu beschließen. Allerdings ist hier eine sehr sorgfältige, auch mit dem Mandanten abgestimmte Formulierung angezeigt, wenn die Verteidigung grundsätzlich auch gegen die Eröffnung des Hauptverfahrens vorgehen will.

2. Es ist sinnvoll, die Terminsabsprache mit dem Richter selbst vorzunehmen. Das Büropersonal kann selten die Dauer von Terminsüberschneidungen einschätzen. Ferner sieht es nicht die Möglichkeit, Kollisionen und Überschneidungen durch Unterbrechungen zu lösen.

Es kann ferner durch den frühen Kontakt mit dem Richter zu einem Gespräch über den Fall selbst kommen. Dabei soll an dieser Stelle allerdings nicht der frühzeitigen Initiative des Verteidigers zu „Absprachen" das Wort geredet werden (vgl. dazu neustens BGH StV 1991, 194 mit Anm. *Heider* StV 1991, 241).

3. Wenn es feststeht, daß der Verteidiger und/oder sein Mandant in der folgenden Zeit an bestimmten Terminen verhindert sind, sollte dies dem Gericht umgehend mitgeteilt werden. Auch der Urlaub des Verteidigers gehört dabei grundsätzlich zu den anzuerkennenden Verhinderungsgründen (*Dahs*, Handbuch, Rdnr. 370; BGH MDR 1980, 815; LG Oldenburg StV 1990, 299). Im Einzelfall kann es angezeigt sein, dem Gericht die Hinderungsgründe – unter Beachtung der Verschwiegenheitspflicht dem Mandanten gegenüber – konkret mitzuteilen.

2. Antrag auf Terminsverlegung[1]

An das
Amtsgericht/Landgericht
......

In der Strafsache
gegen ......

Az.: ...   Termin zur Hauptverhandlung am ......

bitte ich,

    den für den ...... anberaumten Termin zur Hauptverhandlung aufzuheben[2] und einen neuen Termin mit mir abzustimmen. Ich werde in den nächsten Tagen zur Abstimmung eines neuen Termins mit dem Gericht Kontakt aufnehmen.

Ich habe an dem anberaumten Hauptverhandlungstag bereits einen seit längerer Zeit feststehenden Hauptverhandlungstermin in einem anderen, zunächst auf drei Verhandlungstage angesetzten Strafverfahren zum Aktenzeichen ...... wahrzunehmen.[3] Auf die Anwesenheit des Unterzeichners in diesem anderen Verfahren kann nicht verzich-

den.[4] Dies gilt insbesondere für den Hauptverhandlungstermin vom ......, an dem nun auch in diesem Verfahren Termin zur Hauptverhandlung anberaumt worden ist. Zu diesem Termin sind in dem anderen Strafverfahren zum Aktenzeichen ...... zwei für die Verteidigung wichtige Zeugen geladen.
Auch in dem hiesigen Verfahren ist die Anwesenheit des Unterzeichners erforderlich. Zum einen erfordert der Umfang der Akten dieses Strafverfahrens eine längere Vorbereitung, die einem für einen Verhandlungstag bestellten Terminsvertreter nicht mehr möglich ist. Zum anderen hat der Angeklagte einen Anspruch, von dem Anwalt seines Vertrauens vor Gericht vertreten zu werden.[5]
Die Verteidigung bittet zu prüfen, ob die aufgezeigte Terminskollision durch ein kollegiales Gespräch der beteiligten Vorsitzenden ausgeräumt werden kann.

Rechtsanwalt

Schrifttum: Moos, Anm. zu OLG Karlsruhe, StV 1982, 561; *Julius,* Anm. zu OLG Hamm, StV 1990, 56.

Anmerkungen

1. Es ist umstritten, ob die Ablehnung des Antrages auf Terminsverlegung mit der Beschwerde anfechtbar ist. Dies wird zum Teil unter Hinweis auf § 305 S. 1 StPO verneint (*Kleinknecht/Meyer* § 213 Rdnr. 8 m. w. N.). Soweit die Beschwerde für zulässig erachtet wird, können nur Ermessensfehler überprüft werden (LR/*Gollwitzer* § 213 Rdnr. 16 m. w. N.). Der Strafverteidiger sollte allerdings auch an die Möglichkeit eines Aussetzungsantrags in der Hauptverhandlung wegen nicht erfolgter Terminsverlegung denken. Die Ablehnung eines hierauf gerichteten Antrags durch Gerichtsbeschluß kann eine Verfahrensrüge nach § 338 Nr. 8 StPO rechtfertigen (LR/*Gollwitzer* § 213 Rdnr. 19; vgl. auch OLG Celle StV 1984, 503).

2. Der Antrag auf Terminsverlegung muß unverzüglich nach Eingang der Terminsmitteilung erfolgen. Die Aufhebung des Termins kann grundsätzlich nicht verlangt werden, wenn das Mandat in Kenntnis der Terminskollision übernommen worden ist (*Dahs,* Handbuch, Rdnr. 370). Von diesem Grundsatz müssen aber Ausnahmen gemacht werden, wenn besondere Gründe für die Beauftragung gerade dieses Verteidigers vorliegen. In Betracht kommt hier etwa eine langjährige enge Verbundenheit des Mandanten mit dem Verteidiger.

3. Der Aufhebungsantrag sollte nicht nur mit dem formelhaften Hinweis auf eine bestehende Terminskollision gestellt werden, sondern den Hinderungsgrund im einzelnen darlegen (*Dahs* a. a. O. Rdnr. 370). Dies erleichtert dem Gericht die Entscheidung, ob es die Hinderungsgründe für so gewichtig hält, daß es sich zur Aufhebung des anberaumten Hauptverhandlungstermins entschließt. Einen formelhaften Antrag wird es dagegen im Zweifel ermessensfehlerfrei ablehnen können.

4. Das ist dann im Einzelfall näher auszuführen.

5. Dieses Recht tritt grundsätzlich nicht hinter das Gebot zur beschleunigten Durchführung des Verfahrens zurück (*Dahs* a. a. O. Rdnr. 370). Aus dem rechtsstaatlichen Grundsatz des fairen Verfahrens folgt nämlich auch das Recht des Betroffenen, in jeder Lage des Verfahrens einen Verteidiger seines Vertrauens hinzuzuziehen (BVerfGE 38, 105, 111). Dieses Recht würde leerlaufen, wenn auf die Verhinderung des gewählten Verteidigers ohne sachlichen Grund keine Rücksicht genommen wird. Deshalb wird das Gericht im Einzelfall trotz § 228 Abs. 2 StPO aufgrund seiner prozessualen Fürsorgepflicht gehalten sein, eine Hauptverhandlung wegen Verhinderung des Verteidigers auf Antrag auszusetzen (BayObLG StV 1984, 13). Dies muß erst recht gelten, wenn es nur um die Verlegung eines Termins in einer Sache geht, in der noch nicht verhandelt worden ist.

3. Antrag auf (erneute) Akteneinsicht[1]

An das
Amtsgericht/Landgericht[2]
......

In der Strafsache
gegen ......
Az.: ...

beantrage ich als Verteidiger des Angeklagten erneut

Akteneinsicht.

Ich bitte, mir die Akten in meine Kanzlei zu übersenden.[3] Eine kurzfristige Rückgabe der Akten wird zugesichert.[4]
Ferner sind in der Anklageschrift vom ...... auf S. ... folgende Beweismittelordner aufgeführt:
1. ......
2. ......

In diese Beweismittelordner und in die auf Bl. ... der Verfahrensakten aufgeführten Akten der Behörde ...... beantrage ich ebenfalls

Akteneinsicht.[5]

Hinsichtlich der auf S. ... der Anklageschrift der Staatsanwaltschaft vom ...... aufgeführten, nachfolgend genannten amtlich verwahrten Beweisstücke:
1. ......
2. ......
beantrage ich die Gelegenheit zur

Besichtigung.[6]

Ich bitte, mir Zeit und Ort für die Besichtigung mitzuteilen.
Ich weise darauf hin, daß ich von den Beweisstücken Lichtbilder fertigen und als Sachverständigen Dr. S. ... zur Besichtigung hinzuziehen werde.[7]

Rechtsanwalt

Schrifttum: Egon Müller, Aus der Rechtsprechung zum Recht der Strafverteidigung 1988, NStZ 1989, 112 und 563; *Krekeler,* Strafrechtliche Grenzen der Verteidigung, NStZ 1989, 149; *Welp,* Anm. zu OLG Frankfurt/Main, StV 1989, 149; *Oswald,* Aktenaushändigung in der Kanzlei des Bevollmächtigten, AnwBl. 1983, 253; *Danckert,* Das Recht des Beschuldigten auf ein unüberwachtes Anbahnungsgespräch, StV 1986, 171; *Wasserburg,* Das Einsichtsrecht des Anwalts in die kriminalpolizeilichen Spurenakten, NJW 1980, 2440; *Schäfer,* Die Einsicht in Strafakten durch Verfahrensbeteiligte und Dritte, NStZ 1985, 198; *Meyer-Goßner,* Die Behandlung kriminalpolizeilicher Spurenakten im Strafverfahren, NStZ 1982, 357.

Anmerkungen

1. Der Verteidiger hat ein Recht darauf, ebenso gut wie die anderen Verfahrensbeteiligten informiert zu sein. Ihm muß deshalb ausreichend, u. U. auch mehrmals (LR/*Lüderssen* § 147 Rdnr. 99) Akteneinsicht gewährt werden. Dies folgt aus dem verfassungsrechtlich in

Art. 103 Abs. 1 GG verankerten Grundsatz des rechtlichen Gehörs (BVerfGE 18, 399, 405; *Schäfer* NStZ 1985, 198, 199). Das Recht des Beschuldigten, sich zu dem ihm vorgeworfenen Sachverhalt zu äußern, umfaßt die Möglichkeit, sich durch seinen Verteidiger über den strafrechtlichen Vorwurf zu informieren. (Zur Revisionserheblichkeit verweigerter Akteneinsicht, vgl. das nachfolgende Formular, Anm. 9; für Entscheidungen der Staatsanwaltschaft über die Akteneinsicht im Ermittlungsverfahren vgl. *Kleinknecht/Meyer* § 147 Rdnr. 39 m.w.N.).

2. Die Zuständigkeit ergibt sich aus § 147 Abs. 5 StPO. Danach ist der Vorsitzende vom Eingang der Anklage bei Gericht bis zum Abschluß des Verfahrens in der jeweiligen Instanz zuständig. § 238 Abs. 2 StPO findet in der Hauptverhandlung keine Anwendung (*Kleinknecht/Meyer* § 147 Rdnr. 35; zur Notwendigkeit, einen Beschluß nach § 238 Abs. 2 StPO zu erwirken, vgl. das nachfolgende Formular, Anm. 2).

3. Ein Rechtsanspruch auf Aushändigung der Akten zur Mitnahme in die Kanzlei besteht nach BGH NStZ 1985, 13 (Pf/M) nicht. Dies ist zweifelhaft, da nach § 147 Abs. 4 StPO dem Antrag grundsätzlich stattgegeben werden soll, wenn kein wichtiger Grund entgegensteht. Deshalb darf die Aushändigung der Akten zur Mitnahme in die Geschäftsräume nur bei Vorliegen eines wichtigen Grundes verweigert werden (so auch *Rieß*, Festgabe für K. Peters 1984, S. 127). Jedoch besteht keine Pflicht des Gerichts, die Akten dem Verteidiger zu übersenden (OLG Frankfurt NStZ 1981, 191).

4. Dieser Zusatz empfiehlt sich, um dem Einwand, die Überlassung der Akten gefährde eine beschleunigte Durchführung des Verfahrens, von vornherein zu begegnen. Die Überlassung der Akten kann dann schwerlich unter Hinweis auf Nr. 186 RiStBV verweigert werden. Bei erstmaliger Akteneinsicht muß notfalls auch eine Verzögerung des Verfahrens hingenommen werden. Darüberhinaus darf die Verweigerung unter Hinweis auf den ungehinderten Fortgang der Ermittlungen nicht zu einer faktischen Begrenzung des Einsichtsrechts führen (LR/*Lüderssen* § 147 Rdnr. 99).

5. Es gilt der Grundsatz der Aktenvollständigkeit. Deshalb darf der Verteidiger grundsätzlich alle Akten einsehen, die dem Gericht vorliegen. Als Teil der Akten sind auch Beweismittelordner, die allerdings nicht in die Kanzlei mitgegeben werden (dazu LR/*Lüderssen* § 147 Rndr. 114), anzusehen (OLG Köln NJW 1985, 336, 337; *Schäfer* NStZ 1984, 203, 205; vgl. ferner *Kleinknecht/Meyer* § 147 Rdnr. 13 ff. und insbes. zu den Problemfällen LR/*Lüderssen* § 147 Rdnr. 31 ff.). Das Akteneinsichtsrecht bezieht sich auch auf sämtliche, den Beschuldigten betreffende und dem Gericht vorliegende Unterlagen zur Untersuchungshaft (BGH NStZ 1991, 94).

6. Das Besichtigungsrecht ist nicht Teil des Rechts auf Akteneinsicht, wie sich aus § 147 Abs. 1 StPO ergibt, sondern ergänzt dieses Recht. Sind die Beweisstücke nicht amtlich verwahrt, weil dies nicht möglich ist, z.B. im Unternehmen verbliebene Maschine, die im Zusammenhang mit einem Betriebsunfall steht, so hat der Verteidiger – entgegen dem zu engen Wortlaut des § 147 Abs. 1 StPO – gleichwohl ein Recht zur Besichtigung. Notfalls sind die Beweisstücke zu diesem Zweck zuvor in amtliche Verwahrung zu nehmen (*Rieß*, Festgabe für K. Peters 1984, S. 123).

7. Der Umfang des zu gewährenden Besichtigungsrechts deckt sich mit dem Umfang des Akteneinsichtsrechts (LR/*Lüderssen* § 147 Rdnr. 5). Daraus folgt das Recht, Lichtbilder zu fertigen bzw. Sachverständige hinzuzuziehen. Eine Mitnahme der Beweisstücke in die Kanzlei ist jedoch nicht gestattet. Gleichwohl muß der Verteidiger wissen, daß eine solche Verfahrensweise nicht selten praktiziert wird. Möglich ist aber die Übersendung der Beweisstücke zur Einsichtnahme an das Amtsgericht, in dessen Bezirk der Verteidiger seine Kanzlei hat (LG Heilbronn StV 1988, 293).

4. Beschwerde gegen die Ablehnung eines Antrags auf Akteneinsicht

An das
Amtsgericht/Landgericht
......

In der Strafsache
gegen ......
Az.: ...

lege ich gegen die Verfügung des Vorsitzenden vom ......, mit der der am ...... gestellte Antrag des Unterzeichners auf Akteneinsicht abgelehnt worden ist,

Beschwerde[1]

ein.[2]
Der Antrag auf Akteneinsicht wurde durch die angefochtene Verfügung mit folgender Begründung abgelehnt:
„Das Akteneinsichtsrecht des Verteidigers gem. § 147 StPO umfaßt nicht die Einsicht in Akten anderer Behörden, da diese darauf vertrauen, daß ihre behördeninternen Vorgänge nicht Dritten zugänglich gemacht werden, denen sie selbst eine Einsicht in ihre Akten nicht gewähren. Deshalb ist der Antrag des Verteidigers vom ...... auf Einsicht in die Akten des Gesundheitsamtes (Bl. ... der Ermittlungsakten) abzulehnen."
Diese Entscheidung, gegen die die Beschwerde zulässig ist, ist rechtsfehlerhaft und verletzt den Anspruch auf rechtliches Gehör.[3]
Für das Recht auf Akteneinsicht gilt u. a. der Grundsatz der Aktenvollständigkeit.[4] Was für ein Verfahren geschaffen worden ist, darf der Akteneinsicht nicht entzogen werden.[5] Es muß Einsicht in alle Akten gewährt werden, die dem Gericht gemäß § 199 Abs. 2 S. 2 StPO vorzulegen sind. Demgemäß umfaßt das Akteneinsichtsrecht auch das Recht auf Einsicht in die Akten anderer Behörden. Dies gilt nur dann nicht, wenn diese Akten zur vertraulichen Behandlung übersandt worden sind.[6] Sie dürfen dann aber auch nicht im (Vor)Verfahren verwertet werden.[7]
Im vorliegenden Verfahren fehlt es bei den betreffenden Akten des Gesundheitsamtes an einem Vorbehalt der vertraulichen Behandlung seitens der Behörde – wie ich aus einem Telefongespräch mit dem Sachbearbeiter ...... des Amtes am ...... erfahren habe –, und diese Akten sind auch, wie sich aus den Verfügungen vom ...... (Bl. ... der Ermittlungsakten) und aus Abschnitt ...... der Anklageschrift der Staatsanwaltschaft vom ...... ergibt, zur Verwertung im vorliegenden Strafverfahren bestimmt.[8]
Der Antrag auf Akteneinsicht vom ...... hätte nicht abgelehnt werden dürfen. Die Beschwerde ist deshalb begründet.[9]

Rechtsanwalt

Schrifttum: Vgl. die Nachweise bei dem vorhergehende Formular

Anmerkungen

1. Kraft ausdrücklicher gesetzlicher Regelung sind auch Beschlüsse der Oberlandesgerichte, die die Akteneinsicht betreffen, mit der Beschwerde angreifbar (§ 304 Abs. 4 S. 2 Nr. 4 StPO). Daraus folgt, daß dies erst recht für Beschlüsse der Amts- und Landgerichte

gelten muß. § 305 S. 1 StPO steht nicht entgegen, da die Aufzählung der Ausnahmen in S. 2 nicht abschließend ist. § 305 S. 2 StPO enthält eine beispielhafte Aufzählung von Entscheidungen, die bei Urteilsfällung nicht überprüft werden und deshalb der Beschwerde unterliegen. Da ein innerer Zusammenhang zwischen dem Recht auf Akteneinsicht und dem späteren Urteil im Sinne von § 305 StPO nicht besteht, kann eine Ablehnung mit der Beschwerde angefochten werden (*Welp,* Festgabe für K. Peters 1984, S. 325 m.w.N. sowie z.B. *Kleinknecht/Meyer* § 147 Rdnr. 41; LR/*Lüderssen* § 147 Rdnr. 165; KK/*Laufhütte* § 147 Rdnr. 20):

2. Ist der Antrag auf Akteneinsicht nicht beschieden oder abgelehnt worden, so hat der Verteidiger zwei Möglichkeiten:
a) Beschwerde vor Beginn der Hauptverhandlung,
b) Antrag auf Aussetzung der Hauptverhandlung.

Die mögliche Beschwerde vor Beginn der Hauptverhandlung schöpft die rechtlichen Möglichkeiten des Verteidigers auch in diesem Verfahrensabschnitt aus. Eine Terminsaufhebung läßt sich unter Umständen nicht vermeiden. Hierauf ist auch der Mandant hinzuweisen.

In der Hauptverhandlung ist der Antrag auf Aussetzung wegen fehlender Akteneinsicht sachgerecht (vgl. unten B. I. 7.). Der Verteidiger muß einen Gerichtsbeschluß nach § 238 Abs. 2 StPO erwirken, damit die revisionsrechtlichen Auswirkungen erhalten bleiben (§ 338 Nr. 8 StPO; *Kleinknecht/Meyer* § 147 Rdnr. 43; LR/*Lüderssen* § 147 Rdnr. 171; BGH StV 1988, 193).

3. Neben dem speziellen, aus Art. 103 Abs. 1 GG folgenden Verfahrensgrundrecht auf Gewährung rechtlichen Gehörs kommt auch noch eine Verletzung des Rechts auf ein faires Verfahren in Betracht, das sich aus dem Rechtsstaatsprinzip i.V.m. Art. 2 Abs. 1 GG ergibt (BVerfGE 57, 250, 274f.).

4. Der Grundsatz der Aktenvollständigkeit besagt, daß dem Verteidiger grundsätzlich Einsicht in alle Akten zu gewähren ist, die dem Gericht vorliegen (vgl. auch Anm. 5 zum vorhergehenden Formular). Jedoch folgt weder aus dem Grundsatz des rechtlichen Gehörs noch aus dem Recht auf ein faires Verfahren ein Anspruch darauf, daß das Gericht von sich aus weitere Akten hinzuzieht. Das Akteneinsichtsrecht ist vielmehr auf die dem Gericht vorliegenden Akten beschränkt (BVerfG NStZ 1983, 273). Will der Verteidiger gleichwohl in verfahrensfremde Akten Einsicht nehmen, so muß er unter Darlegung eines berechtigten Interesses (Nr. 185 Abs. 3 RiStBV) Akteneinsicht bei der aktenverwahrenden Stelle beantragen (*Schlothauer,* Hauptverhandlung Rdnr. 46; auch OLG Hamm NStZ 1986, 236).

5. Entscheidend ist, daß die Akten für dieses Verfahren angelegt bzw. hinzugezogen wurden. Verfahrensfremde Akten, die außerhalb der Ermittlungen gegen den Angeklagten entstanden sind, brauchen nur dann dem Gericht vorgelegt und damit der Einsicht des Verteidigers zugänglich gemacht zu werden (vgl. Nr. 111 Abs. 5 S. 1 RiStBV), wenn ihr Inhalt für die Feststellung der dem Angeklagten vorgeworfenen Tat von Bedeutung sein kann (BVerfG NStZ 1983, 273).

6. So verfährt jedenfalls die Praxis und verweist dabei auf Nr. 187 Abs. 2 S. 2 RiStBV (kritisch OLG Hamm StV 1984, 373). Diese Verfahrensweise ist jedoch rechtlich zweifelhaft. Aus § 96 StPO ergibt sich, unter welchen Voraussetzungen die ersuchte Behörde das Ersuchen der Staatsanwaltschaft auf Aktenübersendung ablehnen darf. Die Sperrerklärung (dazu näher Formular B. II. 6.) des § 96 StPO ist jedoch nicht in dem Sinne teilbar, daß zwar der Staatsanwaltschaft, nicht aber der Verteidigung Einsicht in die Akten gewährt werden kann (so auch LR/*Lüderssen* § 147 Rdnr. 62).

7. Auf diese Weise kann verhindert werden, daß das Gericht einen Umstand berücksichtigt, von dem der Verteidiger keine Kenntnis erlangt hat. Gleichwohl wird die „Waffen-

4. Beschwerde gegen die Ablehnung eines Antrags auf Akteneinsicht

gleichheit" damit nicht in vollem Umfang wiederhergestellt. So können sich aus den zur vertraulichen Behandlung übersandten Akten entlastende Umstände ergeben, die die Staatsanwaltschaft übersehen hat. Denkbar ist auch, daß die Staatsanwaltschaft eine Einstellung des Verfahrens mit dem Gedanken an bestimmte Umstände, von denen sie aus den vertraulich zu behandelnden Akten Kenntnis erlangt hat, von vornherein ausschließt, obwohl sie – bei Darlegung des diesen Umständen zugrunde liegenden Sachverhalts – zu einem anderen Ergebnis kommen würde. Auch dies spricht für die zu Anm. 6 vertretene Auffassung.

8. Dabei dürfte auch ein Vorbehalt seitens der Behörde dann unbeachtlich sein, wenn eine Bestimmung zur Verwertung im Strafverfahren vorliegt.

9. Ablehnende Entscheidungen zum Akteneinsichtsrecht können Revisionsmöglichkeiten eröffnen. Die Revision kann sowohl auf eine Verletzung des § 147 StPO als auch auf eine unzulässige Beschränkung der Verteidigung (§ 338 Nr. 8 StPO) gestützt werden.

Die Revision kann begründet sein (die Beruhensfrage ist allerdings zu beachten, BGH NStZ 1981, 361), wenn
– die Akteneinsicht noch in der Hauptverhandlung abgelehnt worden ist,
– sich eine vorher ausgesprochene Ablehnung in der Hauptverhandlung ausgewirkt hat,
– dem Verteidiger die neuerliche Akteneinsicht versagt wird, obwohl weitere Ermittlungen seit der letzten Akteneinsicht durchgeführt worden sind,
– in der Hauptverhandlung ein Antrag auf Unterbrechung oder Aussetzung gestellt und durch Gerichtsbeschluß abgelehnt worden ist, obwohl der Verteidiger trotz rechtzeitigen Antrags vor der Hauptverhandlung keine ausreichende Akteneinsicht hatte,
– dem Gericht oder der Verteidigung Akten oder Aktenteile vorenthalten worden sind, die zu den Verfahrensakten gehören, weil einem begründeten Antrag auf Beiziehung von Akten nicht entsprochen worden ist,
– dem Verteidiger Akten vorenthalten werden, auf die sich das Akteneinsichtsrecht erstreckt, weil Aktenteile nach § 96 StPO gesperrt werden, obwohl die Voraussetzungen hierfür nicht vorliegen.

Die Revision kann ferner begründet sein, wenn
– dem Verteidiger in unzulässiger Weise untersagt wird, von den Akten Ablichtungen oder Abschriften zu fertigen,
– in unzulässiger Weise untersagt wird, dem Angeklagten Aktenauszüge auszuhändigen,
– die Akteneinsicht unter unzumutbaren Bedingungen gewährt wird,
– keine ausreichende Gelegenheit besteht, Beweisstücke zu besichtigen,
– dem Verteidiger zustehende Kopien verweigert werden,
– dem Verteidiger die Akteneinsicht in seinen Geschäftsräumen verweigert wurde und eine Vorbereitung der Verteidigung in den Räumen des Gerichts nicht möglich ist.
(z.B. BGH StV 1988, 193; NStZ 1985, 87; LR/*Lüderssen* § 147 Rdnr. 171ff.; *Kleinknecht/Meyer* § 147 Rdnr. 43; KK/*Laufhütte* § 147 Rdnr. 22; *Dahs/Dahs*, Die Revision, Rdnr. 175 je m.w.N.)

5. Aufhebung eines Eröffnungsbeschlusses*

An das
Amtsgericht/Landgericht
......

In der Strafsache
gegen ......
Az.: ...

beantrage ich,
> den Eröffnungsbeschluß vom ...... aufzuheben[1] und die Eröffnung des Hauptverfahrens abzulehnen.[2]

Herr Dr. W. ist wegen fahrlässiger Tötung angeklagt. Ihm wird vorgeworfen, bei der Operation eines Neugeborenen einen Kunstfehler gemacht zu haben. Der Sachverständige Dr. B. hat in seinem Gutachten vom ...... festgestellt, daß der verstorbene Säugling organisch gesund gewesen sei und der Eingriff des Angeklagten den Tod des Kindes verursacht habe. Aufgrund dieses rechtsmedizinischen Gutachtens ist das Hauptverfahren eröffnet worden. Mit Schreiben vom ...... teilte der Sachverständige dem Gericht von sich aus mit, daß er die in seinem Gutachten vom ...... dargelegten Gesichtspunkte nicht mehr aufrecht erhalten könne. Vielmehr habe er in seinem Erstgutachten übersehen, daß der Säugling eine schwere Herzschädigung gehabt habe und es auch ohne jegliche zusätzliche physische Belastung – für den Anästhesisten und Operateur unvorhersehbar – zum Herzversagen gekommen wäre.

Damit besteht kein Kausalzusammenhang zwischen der Handlung des Angeklagten, Dr. W., und dem eingetretenen Erfolg. Mithin liegt auch kein hinreichender Tatverdacht mehr vor.

Der Eröffnungsbeschluß ist daher aufzuheben. Es wird zwar nicht verkannt, daß nach der herrschenden Lehre der wirksam gewordene Eröffnungsbeschluß binden und vom Gericht auch beim nachträglichen Wegfall des hinreichenden Tatverdachts nicht mehr aufhebbar sein soll. Deren Argumente sind jedoch nicht überzeugend. Die Verteidigung stützt ihre Rechtsauffassung auf die Entscheidung des Landgerichts Nürnberg-Fürth vom 20. 12. 1982 im sog. KOMM-Prozeß (NStZ 1983, 136). Dort hat das Gericht sogar nach teilweise durchgeführter Hauptverhandlung den Eröffnungsbeschluß wiederaufgehoben. Es begründete dies mit einer Neubewertung der Beweislage. Kritiker dieser Entscheidung (LR/ Rieß § 207 Rdnr. 36; Meyer JR 1983, 259) argumentieren u. a., daß mit der Eröffnung der Hauptverfahrens die Prüfung des hinreichenden Tatverdachts abgeschlossen sei. Dem ist jedoch entgegenzuhalten, daß dem Eröffnungsbeschluß nur eine vorläufige Tatbewertung des Gerichts vorangeht. Die Annahme des hinreichenden Tatverdachts ist keineswegs endgültig. Das Gericht prüft vielmehr bei Zulassung der Anklage zur Hauptverhandlung erstmalig diese Frage. Das schließt aber nicht aus, daß sich die Beweislage ändern kann. Denn die eigene Ermittlungstätigkeit des Gerichts (§ 221 StPO) und die des Angeklagten bzw. seines Verteidigers können andere als dem Eröffnungsbeschluß zugrundeliegende Tatsachen ergeben. Eine Hauptverhandlung würde dann gegen das Recht des Angeklagten auf ein faires Verfahren verstoßen, wenn von vornherein feststeht, daß sie mit einem Freispruch endet (Hohendorf NStZ 1985, 403). Es ist nicht erforderlich, in den persönlichen und möglicherweise auch geschäftlichen Bereich des Angeklagten durch eine öffentli-

---

* Das Muster ist im wesentlichen unverändert aus der insoweit von Tondorf bearbeiteten 1. Auflage übernommen worden.

5. Aufhebung eines Eröffnungsbeschlusses VII. A. 5

che Hauptverhandlung einzugreifen, wenn das Verfahren nichtöffentlich durch Aufhebung des Eröffnungsbeschlusses beendet werden kann. Schließlich kann auch der Schutz des Angeklagten vor erneuter Strafverfolgung nicht die Unaufhebbarkeit des Eröffnungsbeschlusses gebieten (so Rieß NStZ 1983, 248). Zwar ist die Rechtswirkung gemäß § 211 StPO gegenüber der eines Freispruchs insofern eingeschränkt, als das Vorliegen neuer Tatsachen und Beweismittel zur Wiederaufnahme der Klage ausreicht. Bei einem Freispruch kann ein Verfahren zuungunsten des Angeklagten dahingegen nur unter den Voraussetzungen des § 362 StPO wiederaufgenommen werden. Ein Wiederaufrollen des Verfahrens aufgrund neuer Tatsachen und Beweismittel ist jedoch in der Praxis äußerst selten. Auch zeigen die Vorschriften der §§ 206a und b StPO, daß der Angeklagte kein absolutes Recht auf Freispruch besitzt. Wäre der Erlaß des Eröffnungsbeschlusses von vornherein abgelehnt worden, hätte der Angeklagte auch nicht die Durchführung einer Hauptverhandlung und einen Freispruch verlangen können.

Rechtsanwalt

Schrifttum: Hohendorf, Die (Un-)Aufhebbarkeit eines Eröffnungsbeschlusses nach Wegfall des hinreichenden Tatverdachts, NStZ 1985, 399ff.; *Meyer,* Anmerkung zum KOMM-Beschluß des LG Nürnberg-Fürth vom 20. 12. 1982, JR 1983, 257ff.; *Rieß,* Eröffnungsentscheidung auf unvollständiger Aktengrundlage, NStZ 1983, 247ff.; *Ulsenheimer,* Zur Rücknahme des Eröffnungsbeschlusses bei Wegfall des Tatverdachts, NStZ 1984, 440ff.

Anmerkungen

Der Antrag auf Aufhebung des Eröffnungsbeschlusses ist nur in Ausnahmefällen angezeigt.

1. Die herrschende Meinung verneint die Frage, ob ein erlassener Eröffnungsbeschluß rückgängig gemacht werden kann (vgl. LR/*Rieß* § 207 Rdnr. 36; *Kleinknecht/Meyer* § 207 Rdnr. 11 jeweils m.w.N.).

2. Die wesentlichen Argumente der herrschenden Lehre gibt Ulsenheimer (NStZ 1984, 441 Fn. 6–12) wieder. § 210 StPO besagt lediglich, daß dem Angeklagten gegen den Eröffnungsbeschluß kein Rechtsmittel zur Verfügung steht. Es ist nicht geregelt, unter welchen Voraussetzungen das die Eröffnung des Hauptverfahrens beschließende Gericht seine eigene Entscheidung wieder revidieren kann oder sogar muß. Die Verteidiger sollten sich daher die Mindermeinung (*Hohendorf* NStZ 1985, 399; Ulsenheimer NStZ 1984, 440) zu eigen machen und bei veränderter Beweissituation beantragen, den Eröffnungsbeschluß aufzuheben und die Eröffnung des Hauptverfahrens abzulehnen, wenn dies bei Abwägung aller Umstände dem Interesse des Mandanten entspricht. Möglicherweise führt nur ein Freispruch zu völliger Rehabilitierung. Auch wenn der Beschluß des Landgerichts Nürnberg-Fürth vereinzelt geblieben ist, wird es Aufgabe des Verteidigers sein, in ähnlich extrem gelagerten Fällen den Gerichten eine Entscheidung abzuverlangen. Umso mehr besteht die Chance, daß sich die grundsätzliche Einstellung der Rechtsprechung zu dieser Frage ändert.

Die Aufhebung des Eröffnungsbeschlusses zu beantragen, ist auch dann gerechtfertigt, wenn nach mehrtägiger Hauptverhandlung und eingehender Beweisaufnahme die Staatsanwaltschaft ganz oder teilweise Freispruch beantragt hat und das Verfahren vor Abschluß durch Urteil (z.B. wegen Befangenheit eines Mitglieds des Spruchkörpers) ausgesetzt worden ist. Bei einer solchen Sachlage besteht jedenfalls aus Sicht der Staatsanwaltschaft keine Wahrscheinlichkeit einer Verurteilung, so daß die Voraussetzungen des § 170 Abs. 1 StPO nicht (mehr) vorliegen (*Kleinknecht/Meyer* § 170 Rdnr. 2). Ein Antrag auf Aufhebung des Eröffnungsbeschlusses ist zumindest in dieser Verfahrenslage sachgerecht, wenn vielleicht auch nicht erfolgreich.

6. Vorläufige Einstellung bei Hindernissen in der Person des Angeklagten, § 205 StPO[1]

An das
Amtsgericht/Landgericht
......

In der Strafsache
gegen ......
Az.: ...

beantrage ich namens und in Vollmacht des Angeklagten,

    das Verfahren wegen vorübergehender Verhandlungsunfähigkeit[2] des Angeklagten vorläufig einzustellen, § 205 StPO.

Es besteht ein vorübergehendes Hindernis tatsächlicher und rechtlicher Art für das Hauptverfahren.[3] Der Angeklagte ist, wie sich aus dem beigefügten medizinischen Gutachten des Sachverständigen Dr. S. ...... vom ...... ergibt, zur Zeit nicht in der Lage, an einer Hauptverhandlung teilzunehmen. Es bestehen konkrete Anhaltspunkte, die befürchten lassen, daß der Angeklagte bei einer Fortführung des Verfahrens, insbesondere bei einer Durchführung der Hauptverhandlung, schwerwiegende Dauerschäden an seiner Gesundheit erleiden würde.[4]

Nach dem beigefügten medizinischen Gutachten steht ferner fest, daß die Verhandlungsunfähigkeit des Angeklagten für längere Zeit, zumindest bis ...... bestehen wird.[5] Eine Vertagung der Hauptverhandlung bis zur Wiederherstellung der Verhandlungsfähigkeit kommt deshalb nicht in Betracht.[6]

Rechtsanwalt

Schrifttum: Cabanis, Verhandlungs- und Vernehmungs(un)fähigkeit, StV 1984, 87

Anmerkungen

1. § 205 StPO gilt in jeder Lage des Verfahrens (LR/*Rieß* § 205 Rdnr. 3), im vorbereitenden Verfahren auch für die Staatsanwaltschaft (vgl. Nr. 104 Abs. 1 RiStBV). Bei bewußt herbeigeführter Verhandlungsunfähigkeit ist § 231a StPO zu beachten.

2. Hauptanwendungsfall des § 205 StPO ist die (vorübergehende) Verhandlungsunfähigkeit des Angeklagten. Der Grundsatz „in dubio pro reo" gilt bei Feststellung der Verhandlungsfähigkeit nicht (KK/*Treier* § 205 Rdnr. 4; vgl. aber LG Hannover StV 1988, 520 „nicht auszuräumende Zweifel an der Verhandlungsfähigkeit"). Zur vorläufigen Verfahrenseinstellung bei Auslandsaufenthalt, vgl. BGH NJW 1991, 114 = NStZ 1990, 584.

3. Bei dauernder Verhandlungsunfähigkeit ist nach § 206a StPO (bzw. § 260 Abs. 3 StPO) endgültig einzustellen (LR/*Rieß* § 205 Rdnr. 8). Die in der Person des Angeklagten liegenden Hindernisse i.S.v. § 205 StPO können von tatsächlicher oder rechtlicher (z.B. Immunität) Art sein (vgl. KK/*Treier* § 205 Rdnr. 4, 7). Für andere, außerhalb der Person des Angeklagten liegende Verfahrenshindernisse (z.B. Vernehmungsunfähigkeit oder Verhinderung eines wichtigen Zeugen), ist § 205 StPO nicht entsprechend anwendbar.

4. Die Verhandlungsfähigkeit ist grundsätzlich zu bejahen, wenn der Angeklagte der Verhandlung psychisch und physisch folgen kann. Eine Ausweitung des Begriffs der Verhandlungsunfähigkeit wird im Hinblick auf Art. 1 Abs. 2 Satz 1 GG jedoch für den Fall

bejaht, daß dem Angeklagten bei Fortsetzung der Verhandlung eine konkrete Lebens- und schwerwiegende Gesundheitsgefährdung droht (BVerfGE 51, 346).

5. Bei kurzfristig zu behebenden oder sich erledigenden Hinderungsgründen ist nach §§ 228, 229 StPO zu verfahren. Eine allgemein gültige zeitliche Grenze, ab der nicht mehr von einem kurzfristigen Hinderungsgrund gesprochen werden kann, gibt es nicht. Maßgebend ist, ob das bloße Zuwarten ohne eine ausdrückliche (überprüfbare!). Entscheidung gegen das Beschleunigungsgebot verstößt (LR/*Rieß* § 205 Rdnr. 8). Bei Ungewißheit über den Zeitpunkt des Wegfalls des Hindernisses wird im allgemeinen nach § 205 StPO zu verfahren sein (LG Hannover StV 1988, 520).

6. Der Einstellungsbeschluß ist durch die Staatsanwaltschaft und den Angeklagten, nicht aber durch den Nebenkläger, mit der einfachen Beschwerde anfechtbar, und zwar auch, wenn er nach Eröffnung des Hauptverfahrens ergeht. Der eine Einstellung ablehnende Beschluß ist ebenfalls mit der einfachen Beschwerde anfechtbar, jedenfalls solange das Hauptverfahren noch nicht eröffnet ist. Wird der Beschluß im Hauptverfahren erlassen, so steht § 205 Satz 1 StPO entgegen (vgl. LR/*Rieß* § 205 Rdnr. 31 f.; *Kleinknecht/Meyer* § 205 Rdnr. 4; KK/*Treier* § 205 Rdnr. 12 f.; KMR/*Paulus* § 205 Rdnr. 29 f.).

Umstritten ist, ob mit der Beschwerde auch geltend gemacht werden kann, daß richtigerweise nach § 206 a StPO und nicht nach § 205 StPO hätte verfahren werden müssen (bejahend z. B. LR/*Rieß* § 205 Rdnr. 31 m. w. N.; dagegen z. B. OLG Celle MDR 1978, 161; *Kleinknecht/Meyer* § 205 Rdnr. 4).

Die Revision kann auf die unrichtige Anwendung des § 205 nicht gestützt werden. Es können aber Verfahrensfehler geltend gemacht werden, die darauf zurückzuführen sind, daß das Gericht das Verfahren nicht vorläufig eingestellt, sondern bis zum Urteil durchgeführt hat, sofern das Urteil auf diesen Fehlern beruht oder § 338 eingreift (vgl. näher LR/*Rieß* § 205 Rdnr. 34; ferner auch *Kleinknecht/Meyer* § 205 Rdnr. 4).

7. Einstellung bei Verfahrenshindernissen, § 206 a StPO

a) Rücknahme des Strafantrags*

An das
Amtsgericht/Landgericht
......

In der Strafsache
gegen ......

Az.: ...

beantrage ich,

das Verfahren nach § 206 a StPO einzustellen.

Der Strafantragsberechtigte, Herr Bundesbahnobersekretär im Bahnpolizeidienst B., und die Deutsche Bundesbahn als vorgesetzte Dienstbehörde[1] haben sich bereit erklärt, die gestellten Strafanträge zurückzunehmen.[2] Mein Mandant hatte sich zuvor persönlich[3] bei Herrn B. für seine Äußerungen ihm gegenüber entschuldigt. Der Unterzeichner hat nach Rücksprache mit der vorgesetzten Dienstbehörde des Herrn B. die Entschuldigung im Namen seines Mandanten, des Angeklagten N., nochmals wiederholt.[4] Mein Mandant hat

---

* Das Muster ist gekürzt und ansonsten im wesentlichen unverändert aus der insoweit von Tondorf bearbeiteten 1. Auflage übernommen.

darüber hinaus vereinbarungsgemäß einen Geldbetrag an eine gemeinnützige Organisation gezahlt[5] und sich bereit erklärt, alle Kosten zu übernehmen, die den Antragstellern sowohl durch Stellung des Antrags als auch durch die Rücknahme entstehen bzw. entstanden sind.[6] Die Antragsteller haben sich daraufhin gegenüber dem Unterzeichner zur Rücknahme der von ihnen gestellten Strafanträge bereit erklärt. Entsprechende Erklärungen der Antragsteller müßten zwischenzeitlich bei Gericht eingegangen sein.[7]
Die Schreiben des Unterzeichners an Herrn B. sowie an die Deutsche Bundesbahn füge ich bei.

Rechtsanwalt   2 Anlagen

Herrn Bundesbahnobersekretär
im Bundesbahnpolizeidienst B.
……

Sehr geehrter Herr B.,

wie Sie aus der beigefügten Vollmacht ersehen können, ist der Unterzeichner von Herrn N. mit seiner Verteidigung beauftragt worden. Herr N., der bereits bei Ihnen persönlich vorgesprochen und um Verzeihung gebeten hat, entschuldigt sich hiermit nochmals für sein Verhalten. Er hatte an jenem Tage in erheblichem Maße Alkohol zu sich genommen. Nur so ist sein Verhalten zu erklären. Der Unterzeichner hat zwischenzeitlich mit Ihrer dienstvorgesetzten Behörde Kontakt aufgenommen. Diese hat sich bereit erklärt, unter folgenden Voraussetzungen den Strafantrag zurückzunehmen:

1. Herr N. entschuldigt sich bei Ihnen.
2. Herr N. zahlt einen Geldbetrag in Höhe von DM …… an die gemeinnützige Einrichtung ……
3. Herr N. übernimmt sämtliche Kosten, die Ihnen und der Deutschen Bundesbahn infolge der Stellung und der Rücknahme des Strafantrags entstehen bzw. entstanden sind.

Den zugesagten Betrag an die gemeinnützige Einrichtung …… hat Herr N. inzwischen gezahlt. Der entsprechende Zahlungsabschnitt wurde Ihrer dienstvorgesetzten Behörde zugesandt. Mein Mandant erklärt sich darüberhinaus ausdrücklich bereit, alle Ihnen entstandenen und noch entstehenden Kosten anläßlich der Stellung und der Rücknahme des Strafantrags zu übernehmen. Ich hoffe, daß Sie sich unter diesen Umständen ebenfalls entschließen können, den Strafantrag gegen meinen Mandanten, Herrn N. zurückzunehmen.

Namens und in Vollmacht meines Mandanten danke ich bereits im voraus für Ihr Entgegenkommen.

                                                                                                                   Rechtsanwalt

Deutsche Bundesbahn
Bundesbahndirektion
Postfach
……

Sehr geehrte Damen und Herren,

ich nehme Bezug auf das mit Ihrem Hause am …… geführte Gespräch und übersende Ihnen in der Anlage eine Durchschrift meines Schreibens an den Bahnpolizeibeamten B. vom …… Herr N. hat sich zwischenzeitlich persönlich und auch schriftlich über den Unterzeichner bei Herrn B. entschuldigt. Der Nachweis über die von Ihnen geforderte Zahlung an die gemeinnützige Organisation …… liegt bei. Alle Kosten, die Ihnen infolge der Stellung und Rücknahme des Strafantrags entstehen bzw. entstanden sind, werden von Herrn N. übernommen.

7. Einstellung bei Verfahrenshindernissen, § 206 a StPO VII. A. 7

Ich bitte Sie nunmehr, den Strafantrag – wie angekündigt – gegenüber dem Gericht zurückzunehmen und dem Unterzeichner eine Durchschrift dieses Schreibens zukommen zu lassen. Für Ihr Entgegenkommen bedanke ich mich namens und in Vollmacht meines Mandanten bereits im voraus.

Rechtsanwalt

Schrifttum: Bindokat, Freispruch bei fehlendem Strafantrag?, NJW 1955, 1863; *Barnstorf,* Unwirksamkeit des Strafantrages, NStZ 1985, 67

Anmerkungen

1. Das Gesetz berechtigt in bestimmten Fällen (§ 194 Abs. 3 S. 1; § 232 Abs. 2 S. 1 StGB) den Dienstvorgesetzten neben dem Verletzten zur Stellung eines Strafantrags (*Schönke/Schröder/Lenckner* § 194 StGB Rdnr. 10 ff.).

2. Der Strafantrag kann noch bis zum rechtskräftigen Abschluß des Verfahrens zurückgenommen werden. Fehlt ein Strafantrag, so liegt ein Verfahrenshindernis vor. Stellt sich dieses erst nach Eröffnung des Hauptverfahrens heraus, so kann das Gericht außerhalb der Hauptverhandlung das Verfahren durch Beschluß einstellen (§ 206 a StPO). In der Hauptverhandlung muß ein Einstellungsurteil erlassen werden (§ 260 Abs. 3 StPO).
Der Verteidiger kann gute Gründe haben, auf eine Rücknahme des Strafantrags erst in einem späteren Verfahrensstadium hinzuwirken. Verletzte sind kurze Zeit nach dem Vorfall noch nicht bereit, eine Entschuldigung anzunehmen. In diesen Fällen kann der Ablauf einer längeren Zeit dazu führen, daß das Interesse des Verletzten an der Strafverfolgung abnimmt und er nunmehr bereit ist, den Antrag zurückzunehmen, wenn der Angeklagte sich bei ihm entschuldigt.

3. Ist der Verletzte (*Kleinknecht/Meyer* § 172 Rdnr. 9) anwaltlich nicht vertreten, kann den Verteidigerbemühungen eine persönliche Kontaktaufnahme des Angeklagten mit dem Verletzten vorausgehen. Der Verteidiger sollte seinem Mandanten raten, wie er im einzelnen vorzugehen hat. Ist der Mandant geständig, so sollte er sich auch für sein Verhalten entschuldigen. Ist die Schuld zweifelhaft, kann er erklären, er fühle sich moralisch schuldig und entschuldige sich deshalb. Von einer Kontaktaufnahme mit dem Verletzten ist selbstverständlich abzuraten, wenn der Mandant zu keinerlei Zugeständnissen gegenüber dem Verletzten bereit ist.

4. Nach einer ersten unmittelbaren Kontaktaufnahme zwischen dem Angeklagten und dem Verletzten sollte sich der Verteidiger zur Vermeidung von Mißverständnissen aber selbst einschalten. Dies ist grundsätzlich keine Strafvereitelung. Entscheidend ist nur, daß der Antragsberechtigte nicht in seiner freien Willensbildung beeinflußt wird. Die Grenzen zulässigen Verteidigerverhaltens ergeben sich entsprechend § 136 a StPO (vgl. insoweit eingehend I. C sowie *Beulke,* Der Verteidiger im Strafverfahren, Frankfurt 1980; *ders.* ‚Die Strafbarkeit des Verteidigers, Heidelberg, 1989).

5. Das Anerbieten an den Verletzten, ihm gegen Rücknahme des Strafantrags eine Geldzahlung zu leisten, ist möglicherweise standeswidrig, soweit die Zahlung nicht zum Ausgleich des zugefügten Schadens dient (vgl. *Dahs,* Handbuch, Rdnr. 128; *Beulke,* Die Strafbarkeit des Verteidigers, Rdnr. 55, 217). Als weitere Einwirkungsmöglichkeiten kommen in Betracht bei Ehrkränkungen die Entschuldigung und die Ehrenerklärung; bei Straftaten gegen Vermögen und Eigentum neben Rückgabe der Sache die Entschuldigung und die Schadenswiedergutmachung.

6. In der Regel wird der Antragsteller nur zur Rücknahme des Strafantrags bereit sein, wenn der Angeklagte alle Kosten und notwendigen Auslagen übernimmt (Zur Auferlegung der Kosten auf den Angeklagten nach § 470 S. 2 StPO s. LG Berlin StV 1985, 500).

7. Es empfiehlt sich, die Bemühungen um eine Rücknahme des Strafantrags dem Gericht gegenüber offenzulegen, damit auch nur der Anschein einer unzulässigen Einflußnahme unterbleibt.

b) Unwirksamer Strafantrag*

An das
Amtsgericht/Landgericht
......

In der Strafsache
gegen ......

Az.: ...

beantrage ich,

    das Hauptverfahren gemäß § 206a StPO einzustellen.

Der Verfolgung der angeklagten Straftat steht ein Prozeßhindernis entgegen, da der Verletzte, Herr V., innerhalb der Antragsfrist des § 77b StGB keinen wirksamen Strafantrag[1] gestellt hat.
Nachdem aus dem Hühnerstall des Herrn V. mehrfach Hühner und insbesondere Legehennen verschwunden waren, stellte er erstmals am 1. 9. 1988 bei der Staatsanwaltschaft in ...... Strafantrag für den Fall, daß es in seinem Hühnerstall zu weiteren Diebstählen käme. Mit Schreiben vom 15. 4. 1990 teilte er der Staatsanwaltschaft mit, daß er am 30. 3. 1990 seinen Sohn A. und seinen Stiefsohn B. auf frischer Tat bei einem Diebstahl von Eiern aus seinem Hühnerstall gestellt habe. Die Staatsanwaltschaft nahm daraufhin die Ermittlungen auf und bat Herrn V. um Stellung eines Strafantrags. Am 16. 6. 1990 stellte dieser formell Strafantrag, machte allerdings die Straflosigkeit seines Sohnes A. zur Bedingung des Strafantrags gegen seinen Stiefsohn B. Auf weiteren Hinweis der Staatsanwaltschaft stellte er am 1. 7. 1990 erneut Strafantrag gegen B. setzte jedoch hinzu, daß er gegen seinen Sohn A. keinen Strafantrag stellen wolle.
Der vorsorglich gestellte Strafantrag vom September 1988 ist unwirksam.
Strafanträge können ihre verfahrensrechtliche Funktion nur dann erfüllen, wenn sie sich auf eine Tat beziehen, die bereits stattgefunden hat.[2] Das Schreiben des Herrn V. an die Staatsanwaltschaft vom 15. 4. 1990 ist nicht als Strafantrag auszulegen, weil er darin nur einen bestimmten Tathergang schildert, jedoch nicht unmißverständlich zum Ausdruck bringt, daß er ein strafrechtliches Einschreiten begehrt.[3] Der Strafantrag vom 16. 6. 1990 ist wegen der mit ihm verknüpften Bedingungen unwirksam.[4] Wirksam gestellt ist deshalb erst der Strafantrag vom 1. 7. 1990 gegen B. Dieser Strafantrag ist allerdings verspätet.[5]

Rechtsanwalt

Schrifttum: Rieß, Strafantrag und Nebenklage, NStZ 1989, 101; *M.-K. Meyer*, Zur Rechtsnatur und Funktion des Strafantrages, 1984

Anmerkungen

1. Bei den sog. reinen Antragsdelikten muß ein wirksamer Strafantrag vorliegen. Es ist genau zu prüfen, ob der Antragsberechtigte im Sinne des § 77 Abs. 1 StGB Strafantrag gestellt hat. Vorsicht ist vor allem bei mehreren Verletzten geboten, weil nach § 77 Abs. 4 StGB jeder Verletzte ein eigenes Antragsrecht hat (*Schönke/Schröder/Stree* § 77 StGB

---

* Das Muster ist im wesentlichen unverändert aus der insoweit von Tondorf bearbeiteten 1. Auflage übernommen.

Rdnr. 11). Die Form des § 158 Abs. 2 StPO muß beachtet worden sein. Ein fehlerhafter Strafantrag sollte erst nach Ablauf der Antragsfrist gerügt werden, da sonst ein korrekter Strafantrag nachgereicht werden könnte.

2. Der vorsorglich gestellte Strafantrag ist jedenfalls dann unwirksam, wenn seit Antragstellung ein längerer Zeitraum verstrichen ist (OLG Düsseldorf NJW 1987, 2526, 2527 und LG Berlin StV 1985, 339; weitergehend *Schroth* NStZ 1982, 1 ff.; LK/*Jähnke* § 77 StGB Rdnr. 22).

3. Ein Schreiben des Anzeigenerstatters an die Staatsanwaltschaft ist nicht als Strafantrag auszulegen, wenn er darin nur einen bestimmten Tathergang schildert, ohne zum Ausdruck zu bringen, daß er ein strafrechtliches Einschreiten begehrt (LG Bonn MDR 1965, 766). Andererseits muß der Strafantrag nicht als solcher bezeichnet werden (*Lackner* § 77 StGB Anm. 1 d). Ausreichend ist vielmehr, daß das Begehren eines strafrechtlichen Einschreitens deutlich zum Ausdruck kommt. Es gilt der Grundsatz „in dubio pro reo" (OLG Stuttgart NStZ 1981, 184; BGH StV 1984, 509).

4. Der Strafantrag ist bedingungsfeindlich. Zulässig ist hingegen eine Beschränkung des Strafantrags in persönlicher Hinsicht (LK/*Jähnke* § 77 StGB Rdnr. 17).

5. Die Strafantragsfrist beträgt regelmäßig drei Monate, § 77b Abs. 1 StGB (zu den Ausnahmen vgl. *Schönke/Schröder/Stree* § 77b StGB Rdnr. 12 ff.). Sie beginnt, wenn der Berechtigte Kenntnis von der Tat und dem Täter erlangt hat (§ 77b Abs. 2 S. 1 StGB); dabei wird der Tag der Kenntnisnahme nicht mitgezählt, so daß die Frist erst mit dem folgenden Tage zu laufen beginnt (*Dahs*, Handbuch, Rdnr. 940).

c) Verjährung

An das Amtsgericht
......

In der Strafsache
gegen ......

Az.: ...

beantrage ich,

    das Verfahren gegen meinen Mandanten wegen Verjährung der Tat einzustellen, § 206a StPO.

Meinem Mandanten wird in der Anklageschrift vom 6. 6. 1990 vorgeworfen, sich durch den von ihm redigierten Artikel in der Tageszeitung Z. vom 27. 6. 1989 wegen übler Nachrede (§ 186 StGB) strafbar gemacht zu haben. Mein Mandant bestreitet dies. Unabhängig davon ist die Tat verjährt. Es handelt sich um ein sog. Pressedelikt. Die Verjährung beträgt in Abweichung von §§ 78 ff. StGB nach § 22 Landespressegesetz (hier Berlin) nur sechs Monate. Somit war die Tat bereits am 27. 12. 1989 verjährt. Das Verfahren ist gemäß § 206a StPO einzustellen.

Rechtsanwalt

Anmerkungen

Der Strafverteidiger muß – sowohl als Vertreter eines Verletzten als auch als Verteidiger eines Angeklagten – auf die kurzen Verjährungsfristen achten, die oft auch die Staatsanwaltschaft übersieht. Das Vorliegen der Verjährung ist ein Verfahrenshindernis i. S. v.

§ 206a StPO. Sie ergibt sich aus den §§ 78 ff. StGB. Diese gelten auch für strafrechtliche Nebengesetze, soweit diese keine abweichenden Vorschriften enthalten. Besondere Verjährungsfristen ergeben sich aus den Landesgesetzen (s.o.). Besonders kurze Verjährungsfristen kennt auch das OWiG (§ 31).

Maßgeblich für die Fristberechnung ist die Höhe der im Einzelfall angedrohten Strafe. Ist der Zeitpunkt der Begehung zweifelhaft, so ist nach dem Grundsatz in dubio pro reo der dem Täter günstigste Zeitpunkt maßgebend (*Dreher/Tröndle* § 78 Rdnr. 3). Zweifel daran, ob die Tat verjährt ist, führen ebenfalls zur Einstellung (LR/*Rieß* § 206a Rdnr. 47 m.w.N.). Zum Beginn der Verjährung bei Erfolgs-, Fahrlässigkeits-, Unterlassungs-, Dauer- und Zustandsdelikten sowie bei fortgesetzter Tat (*Schönke/Schröder/Stree* § 78 StGB Rdnr. 8 ff.).

d) Mängel der Anklageschrift/des Eröffnungsbeschlusses

An das
Amtsgericht/Landgericht
......

In der Strafsache
gegen ......

Az.: ...

beantrage ich,

das Strafverfahren gegen meinen Mandanten wegen des Fehlens einer wesentlichen Prozeßvoraussetzung nach § 206a Abs. 1 StPO einzustellen.

1. Nach ständiger Rechtsprechung des Bundesgerichtshofes und der Obergerichte muß der Inhalt einer Anklageschrift gemäß § 200 Abs. 1 und 2 StPO bestimmten Mindestvoraussetzungen genügen. Die vorliegende Anklageschrift vom ...... wird diesem Erfordernis nicht gerecht. Da der Eröffnungsbeschluß vom ...... diesen Mangel übernimmt, ist er – nach einhelliger Auffassung in Rechtsprechung und Schrifttum – unwirksam, und das Verfahren ist nach § 206a StPO einzustellen.[1]

2. Eine Anklageschrift genügt den gesetzlichen Anforderungen des § 200 Abs. 1 und 2 StPO nur dann, wenn sie ein Minimum an Informationen enthält, die geeignet sind, den Umfang des Tatvorwurfs so zu bestimmen, „daß wesentliche Eingrenzungskriterien (soweit sie der Ermittlung zugänglich sind) mitgeteilt werden. Hierzu gehören etwa Tatzeit, Tatopfer, Tatbeteiligte, Mindestanzahl der Einzelakte einer fortgesetzten Tat, Ausführungen zur inneren Tatseite und Angaben des Mindestschadens, falls sich die Höhe des Schadens nicht ermitteln läßt." (OLG Frankfurt GA 1988, 502).[2]

a) Ausführungen zur inneren Tatseite

Die vorliegende Anklageschrift enthält keinen Hinweis zur inneren Tatseite.[3] Mit diesem Mangel korrespondiert der Umstand, daß die Anklage – entgegen einer ständigen Rechtsprechung – keinerlei Aufschluß über die Mindestzahl der dem Angeklagten vorgeworfenen Einzelakte der fortgesetzten Tat erkennen läßt.[4] Die ständige Rechtsprechung zu dieser Frage ergibt sich nicht nur durch den Beschluß des BGH vom 28.1.1986 (1 StR 646/85) – auf den die Verteidigung bereits mit Schriftsatz vom ...... hingewiesen hat –; diese Rechtsprechung reicht u.a. zurück bis zur Entscheidung des BGH vom 26.2.1957 (BGHSt 10, 137 ff.). In diesem Urteil heißt es auf S. 139, 140 u.a.: „Das strafbare Verhalten muß daher im Eröffnungsbeschluß so bezeichnet werden, daß erkennbar ist, welche bestimmte Tat gemeint ist. Diese muß sich von anderen, gleichartigen strafbaren Handlungen, die der Angeklagte begangen haben kann, genügend unterscheiden lassen. Soweit und

7. Einstellung bei Verfahrenshindernissen, § 206 a StPO

solange die tatsächlichen Anhaltspunkte, die dazu nötig sind, nicht ermittelt werden, kann das Hauptverfahren auch dann nicht eröffnet werden, wenn ein Geständnis vorliegt, das so allgemein gehalten ist, wie hier. Diese Unmöglichkeit muß in Kauf genommen werden. Schwerer als das Bedürfnis, jede irgendwie bekanntgewordene Straftat gerichtlich zu verfolgen, wiegt der rechtsstaatliche Grundsatz, daß sie genügend bestimmbar sein muß. Wenn sie das nicht ist, wäre im übrigen die gerechte Strafe nicht zu finden, weil dafür keine hinreichenden tatsächlichen Anknüpfungspunkte vorhanden wären. Je ungenauer der Richter eine Tat kennt, desto fraglicher mag sogar erscheinen, ob er von ihr überhaupt im Sinne des § 261 StPO überzeugt sein kann.""

Die Verteidigung erwartet von einem Gericht, das an Recht und Gesetz gebunden ist, daß es diese ständige Rechtsprechung zur Kenntnis nimmt und entsprechend verfährt. Dieses Gebot gilt auch dann, wenn bislang möglicherweise andere Maßstäbe für Anklageschriften dieser Art gegolten haben.

b) Fortsetzungszusammenhang – Gesamtvorsatz

Mit dem vorstehend erwähnten Mangel der Anklageschrift geht der Umstand ein her, daß grundsätzlich bei Vorwürfen, die im Bereich der Sittlichkeitsdelikte angesiedelt sind, nach der Rechtsprechung des Bundesgerichtshofes die Annahme eines Fortsetzungszusammenhangs ausscheidet (BGH MDR bei Dallinger 1972, 196, 197).
Weder Einzelakte noch Einzeltaten sind auch nur im Ansatz aus der Anklageschrift heraus bestimmbar und identifizierbar. Angaben zum Gesamtvorsatz fehlen vollständig.[5]

c) Mangelnde Individualisierung der Tat

Wenn – wie hier – eine fortgesetzte Tat angeklagt ist, so muß nach der herrschenden Meinung „bei der Tatbeschreibung neben dem Gesamtvorsatz mindestens angegeben werden, wann die Tat begann und wann sie endete (LR/*Rieß* § 200 Rdnr. 14). In der vorliegenden Anklageschrift bleibt die Zeitangabe so vage, daß der Vorwurf zeitlich nicht bestimmt genug eingeordnet werden kann. Hieraus folgt, daß die ungenaue Zeitbeschreibung zur Individualisierung der behaupteten Tat im konkreten Fall nicht geeignet ist. Dieser Mangel ist auch unter Berücksichtigung des „wesentlichen Ergebnisses der Ermittlungen" nicht zu heilen.
Der wesentliche Mangel dieser Anklageschrift liegt – wie bereits angedeutet – in der Tat darin, daß die Anklageschrift keinerlei Aufschluß über die Mindestzahl der dem Angeklagten vorgeworfenen Einzelakte der angenommenen Tat enthält.
Es ist ferner zu berücksichtigen, daß nach der ständigen Rechtsprechung für jeden Einzelakt eine detaillierte Schilderung vorliegen muß. Nur dann genügt der Anklagesatz den gesetzlichen Anforderungen.
Der Bundesgerichtshof und die Obergerichte haben wiederholt – bis in die jüngste Zeit hinein – festgestellt, daß wegen solcher Mängel regelmäßig der historische Lebenssachverhalt weitgehend im Dunkeln bleibt und damit der Umfang des Schuldvorwurfs für den Angeklagten und seine Verteidigung nicht zu erkennen ist.[5] Hieraus folgt, daß im Anklagesatz – auch unter Heranziehung des „wesentlichen Ergebnisses der Ermittlungen" – Art und Umfang des Schuldvorwurfs nicht genügend klar bestimmt sind.
Es bleibt danach nur noch die Einstellung des Verfahrens nach § 206 a StPO.[6]

Rechtsanwalt

Schrifttum: *Solbach*, Zur Fassung des Anklagesatzes, MDR 1978, 900; *Kohlhaas*, Fehlerhafte Anklagen und Eröffnungsbeschlüsse, GA 1955, 64; *Solbach*, Zu drei Fragen aus der staatsanwaltlichen Praxis, NStZ 1987, 350

Anmerkungen

1. LR/*Rieß* § 206a Rdnr. 41; BGHSt 10, 137, 141. Es muß im Zusammenhang mit den Mindestvoraussetzungen einer Anklageschrift immer wieder verdeutlicht werden, daß dieser in rechtlicher und tatsächlicher Hinsicht eine Bedeutung zukommt (LR/*Rieß* § 200 Rdnr. 3). Demgegenüber ist oft eine reziproke Nachlässigkeit bei der Abfassung der Anklageschrift zu verzeichnen, die über das hinausgeht, was an regionalen Unterschieden oder örtlichen Gewohnheiten vom Gesetz nicht zu beanstanden sein mag (LR/*Rieß* § 200 Rdnr. 5 m.w.N.) Nicht unüblich ist der Hinweis in einer Stellungnahme des Sitzungsvertreters der Staatsanwaltschaft zu einem Antrag nach § 206a StPO: „Man wisse nicht, was die Verteidigung wolle oder über was sie sich aufrege. Es handele sich doch nicht einmal um eine Schöffengerichtsanklage."

2. Nach zutreffender Ansicht rechnen auch die Angaben der Merkmale und Umstände, die die Rechtsfolgen betreffen, hierzu (KMR/*Paulus* § 200 Rdnr. 16; KK/*Treier* § 200 Rdnr. 10; LR/*Rieß* § 200 Rdnr. 18 ff.).

3. Im Zusammenhang mit der Angabe der gesetzlichen Merkmale der Straftat – das ist mehr als die Angabe der Tatbestandsmerkmale – kommt auch den Ausführungen zur inneren Tatseite Bedeutung zu. In vielen Fällen schweigen aber gerade hierzu die Anklageschriften; und zwar auch dann, wenn es um weniger gravierende Fälle als in dem hier dargestellten geht.

4. Vgl. LR/*Rieß* § 200 Rdnr. 14 m.w.N.

5. In solchen Fällen genügt die Anklageschrift weder den Anforderungen der Umgrenzungsfunktion noch denen der Informationsfunktion (LR/*Rieß* § 200 Rdnr. 3 f.). Anklageschriften mit solchen Mängeln dienen auch nicht der Staatsanwaltschaft, da sie dem Sitzungsvertreter, der die Anklage nicht verfaßt hat, die Durchführung der Hauptverhandlung kaum erleichtern.

6. Hier wird dann der Bereich tangiert, der – im Sinne der Rechtsprechung – einen sog. groben Rechtsirrtum betrifft, der aus der Sicht des Betroffenen nicht hingenommen werden kann mit der Folge eines Befangenheitsantrages (BGH StV 1984, 99, 101).

8. Einstellung bei Gesetzesänderungen, § 206b StPO[1]

An das
Amtsgericht/Landgericht
......

In der Strafsache
gegen ......
Az.: ...

beantrage ich namens und in Vollmacht des Angeklagten,

    das Verfahren wegen der Änderung des § ...... StGB durch Art. ...... des Strafrechtsänderungsgesetzes (StrÄG) vom ...... (BGBl I S. ......) einzustellen, § 206b StPO.[2]

Nach der Anklageschrift der Staatsanwaltschaft vom ......, die mit Beschluß des Gerichts vom ...... zur Hauptverhandlung zugelassen worden ist,[3] wird dem Angeklagten die Begehung folgender Tat zur Last gelegt: ......

8. Einstellung bei Gesetzesänderungen, § 206 b StPO   VII. A. 8

Nach dem Ergebnis der Ermittlungen war die dem Angeklagten vorgeworfene Tat am ...... beendet.[4] Zu diesem Zeitpunkt wäre eine solche Tat, könnte ihre Begehung dem Angeklagten zur Last gelegt werden, nach § ...... StGB strafbar gewesen. § ...... StGB ist durch ...... mit Wirkung vom ...... wie folgt geändert worden:[5] ......
Damit ist die dem Angeklagten zur Last gelegte Tat nicht mehr nach § ...... StGB strafbar. Da auch ein Verstoß gegen sonstige Straf- oder Bußgeldvorschriften ausscheidet,[6] ist das Verfahren nach § 206 b StPO einzustellen.[7]

Rechtsanwalt

Schrifttum: Bohnert, Die Einstellungsbeschlüsse nach §§ 206 a, 206 b StPO, GA 1982, 166.

Anmerkungen

1. § 206 b StPO gilt sowohl in der Tatsachen- als auch in der Revisionsinstanz. Ist die Gesetzesänderung nach dem tatrichterlichen Urteil in Kraft getreten, kann das Revisionsgericht nach seiner Wahl auch nach § 354 a StPO vorgehen (KK/*Treier* § 206 b Rdnr. 2; LR/*Rieß* § 206 b Rdnr. 5 ff.).

2. Der Sache nach handelt es sich bei dem Beschluß nach § 206 b StPO um ein freisprechendes Erkenntnis (*Küpper,* Festschrift für Pfeiffer, S. 439; *Bloy* GA 1980, 164). Deshalb ergeht, wenn die Rechtsänderung erst im Verlauf der Hauptverhandlung wahrgenommen wird, ein freisprechendes Urteil (so die wohl h. M., vgl. *Bohnert* GA 1982, 166, 175; OLG München NJW 1974, 873 sowie ferner LR/*Rieß* § 206 b Rdnr. 7. m. w. N.; Zur Kritik an der Vorschrift insgesamt vgl. *Rieß* a. a. O. Rdnr. 4).

3. Entfällt die Strafbarkeit wegen Änderung von Strafrechtsvorschriften schon vor Eröffnung des Hauptverfahrens, muß das Gericht nach § 204 StPO verfahren (so zutreffend LR/*Rieß* § 206 b Rdnr. 6 sowie *Kleinknecht/Meyer* § 206 b Rdnr. 3/4).

4. Nur wenn der Zeitpunkt der Beendigung der Tat vor der Strafrechtsänderung lag, kommt eine Einstellung nach § 206 b StPO in Betracht.
Im übrigen bleibt eine Tat auch strafbar, wenn eine Gesetzesänderung lediglich dazu führt, daß einzelne von mehreren, bisher geltenden tateinheitlich oder tatmehrheitlich zusammentreffenden Tatbeständen unanwendbar werden (LR/*Rieß* § 206 b Rdnr. 12).

5. Ob und inwieweit § 206 b StPO angesichts der Tendenz, die Strafbarkeit im Hinblick auf gesellschaftliche und/oder technische Entwicklungen auszubreiten (als Schlagwörter mögen hier reichen Umweltstrafrecht, Wirtschaftskriminalität), statt den Wegfall einer Strafbarkeit in anderen Bereichen (z. B. bei Demonstrationen) zu überdenken, noch Bedeutung in der täglichen Praxis hat, ist bei diesem Formular überlegt worden. Wir haben uns gleichwohl für einen Antrag nach § 206 b StPO entschieden, da nicht auszuschließen ist, daß die Vorschrift infolge der Rechtseinheit Deutschlands zumindest für eine Übergangsfrist stärker ins Blickfeld der Verteidigung rücken könnte.

6. Eine Einstellung nach § 206 b StPO setzt voraus, daß die dem Angeklagten zur Last gelegte Tat unter keinem rechtlichen Gesichtspunkt mehr verfolgt werden kann. Ist die ihm zur Last gelegte Tat nunmehr als Ordnungswidrigkeit einzustufen, wird das Verfahren entsprechend § 82 OWiG als Bußgeldverfahren fortgeführt (*Kleinknecht/Meyer* § 206 b Rdnr. 7 m. w. N.). Besteht insoweit ein Prozeßhindernis, ist nach § 206 a StPO einzustellen (LR/*Rieß* § 206 b Rdnr. 12; BGHSt 20, 77, 80).

7. Die sofortige Beschwerde gegen eine, die Einstellung nach § 206 b StPO ablehnende Entscheidung, ist wegen § 305 S. 1 StPO nicht zulässig (*Kleinknecht/Meyer* § 206 b Rdnr. 11 m. w. N.). § 206 b S. 2 StPO gilt nur für Entscheidungen, durch die dem Einstel-

lungsantrag stattgegeben wird, und zwar für Staatsanwaltschaft, Privatkläger und zugelassenen Nebenkläger. (Zur Frage, ob die Beschwerde zulässig ist, wenn das OLG im 1. Rechtszug entschieden hat, LR/*Rieß* § 206 b Rdnr. 17).

Teil 2

Einleitung

Der zweite Teil der Vorbereitung einer Hauptverhandlung sollte mehrere Phasen umfassen:

Zunächst ist das zu erledigen, was quasi statisch bereits in Anträge gefaßt werden kann, weil die dementsprechenden Fakten feststehen und ihre Umsetzung mehr zwangsläufig ist. Dies bedeutet allerdings nicht, daß derartige Anträge ein Muß für jede Hauptverhandlung wären. Die Zwangsläufigkeit wird entweder durch die Besonderheiten gerade des Falles bestimmt, z.B. der Antrag auf Zuziehung eines Dolmetschers.

Dann folgt das Training im Hinblick auf den erwarteten Ablauf der Hauptverhandlung. Auch hier ist eher selbstverständlich, daß nicht jede Hauptverhandlung – wahrscheinlich eher keine – in dem hypothetischen Durchdenken Anlaß für alle der in diesem Teil konzipierten Anträge gibt. Die wesentliche Frage in dieser Phase ist, ob die Einschätzung, in der späteren Hauptverhandlung einen bestimmten Antrag in Betracht zu ziehen, es angezeigt erscheinen läßt, diesen Antrag anzukündigen. Das Für und Wider dieser Frage mag sich abstrakt die Waage halten. Es wird auf eine Vielzahl von Faktoren ankommen, zu denen sicher die Einzelheiten des jeweils zur Hauptverhandlung anstehenden Falls, das zur Entscheidung berufene Gericht und auch der Verteidigungsstil selbst zählen. Wenn der Verteidiger sich für ein Ankündigen von Anträgen entscheidet, bleibt als zweite, genauso individuell bestimmte Frage: Wird nur die Tatsache, einen bestimmten Antrag stellen zu wollen, angekündigt, oder wird bereits eine Ausformulierung übermittelt, die in der Hauptverhandlung dann, gegebenenfalls modifiziert, wiederholt wird. Auch hierzu ist allein bestimmend die situative Einbindung des Einzelfalls. Das Vordenken von in der Hauptverhandlung zu stellenden Anträgen ist für die Vorbereitung der Hauptverhandlung selbstverständlich. Der nächste Schritt, die Auseinandersetzung mit den Fragen, ob und mit welchem Inhalt solche sich abzeichnenden Anträge angekündigt werden sollen, mag zur Vollständigkeit dieses Vordenkens beitragen. Gleiche Überlegungen betreffen die Frage des Ankündigens eines Aussageverhaltens.

In einem dritten, auch nicht isoliert zu sehenden Schritt sollte der Verteidiger einen generellen prozessualen Check machen, für den Beweisverbote und Rügeverluste nur ein Beispiel sind.

Insgesamt sehen wir den zweiten Teil einer Vorbereitung auf die Hauptverhandlung als deren Durchspielen am grünen Tisch. Dies darf natürlich nicht davon ablenken, daß tatsächlich noch eine Hauptverhandlung stattfindet, die ihrer eigenen, eben gerade nicht abstrakt vorherbestimmbaren Eigengesetzlichkeit unterliegt. Dessen eingedenk ist aber das Vorhersehen eine gute Vorbereitung.

I. Anträge vor der Hauptverhandlung

9. Antrag auf kommissarische Vernehmung

An das
Amtsgericht/Landgericht
......

In der Strafsache
gegen ......
Az.: ...

beantrage ich,
> den Zeugen Z. gemäß § 223 StPO kommissarisch zu vernehmen.[1]

Wie der Verteidigung bekannt geworden ist, wird sich der Zeuge Z. berufsbedingt für eine längere Zeit, und zwar vom ...... bis ......, im Ausland aufhalten. Dem Erscheinen des Zeugen in der Hauptverhandlung wird damit für eine längere Zeit ein nicht zu beseitigendes Hindernis im Sinne von § 223 StPO entgegenstehen.[2]
Eine Durchführung der Hauptverhandlung vor Beginn des Auslandsaufenthalts des Zeugen ist nicht möglich, wie eine Rückfrage beim Gericht ergeben hat. Eine Anberaumung der Hauptverhandlung erst nach Rückkehr des Zeugen ist insbesondere für den Angeklagten nicht hinnehmbar und widerspricht auch dem Beschleunigungsgebot.[3] Der Angeklagte ist an einer möglichst schnellen Klärung der gegen ihn erhobenen Vorwürfe interessiert. Eine kommissarische Vernehmung des Zeugen, dessen Aussage für die Verteidigung unverzichtbar ist, erscheint deshalb geboten.[4]
Hinsichtlich der Durchführung der kommissarischen Vernehmung[5] bitte ich, beim beauftragten bzw. ersuchten Richter anzuregen, mir möglichst frühzeitig eine Terminsnachricht zukommen zu lassen,[6] damit ich mich auf eine Teilnahme an der Vernehmung einrichten kann.[7]

Rechtsanwalt

Schrifttum: Foth, Wie sind die Beobachtungen des beauftragten Richters zur Glaubwürdigkeit des kommissarisch vernommenen Zeugen in die Hauptverhandlung einzuführen?, MDR 1983, 716; *Linke,* Aktuelle Fragen der Rechtshilfe in Strafsachen, NStZ 1982, 416

Anmerkungen

1. Nach h.M. ist die kommissarische Vernehmung die Vorwegnahme eines Teils der Hauptverhandlung (*Kleinknecht/Meyer* § 223 Rdnr. 1 m.w.N.; a.A. etwa KMR/*Paulus* § 223 Rdnr. 2, der in ihr nur ein Mittel der Beweissicherung sieht); ein entsprechendes Formular ist deshalb in diesem Abschnitt sinnvoll. Da über die Aussage eine Vernehmungsniederschrift anzufertigen ist, muß der Verteidiger unbedingt anwesend sein oder sich durch einen informierten Kollegen vertreten lassen (s.a. unten Anm. 7).

2. Bezüglich der Anforderungen an das Gericht, durch geeignete Maßnahmen doch ein persönliches Erscheinen des Zeugen in der Hauptverhandlung zu erreichen, gelten die gleichen Voraussetzungen wie bei dem Kriterium der Erreichbarkeit im Sinne des § 244 Abs. 3 S. 2 StPO (*Kleinknecht/Meyer* § 223 Rdnr. 7 m.w.N.). Im übrigen ist der hier

angeschnittene Hinderungsgrund komplex: Zwar ist als Hindernis i. S. v. Abs. 1 eine bevorstehende längere Auslandsreise anerkannt. Andererseits soll die Inanspruchnahme durch den Beruf und speziell der Aufenthalt im Ausland in der Regel kein nicht zu beseitigendes Hindernis sein, wobei beim zweiten Fall die Frage der kommissarischen Vernehmung sich nach den Grundsätzen des Abs. 2 beantwortet (LR/*Rieß* § 223 Rdnr. 10 u. 11; *Kleinknecht/Meyer* § 223 Rdnr. 3 ff. m. w. N.). In solchen Fällen wird ein eingehender Vortrag erforderlich sein; auf jeden Fall sollte versucht werden, Belege bzw. Bestätigungen für die Verhinderung vom Zeugen und/oder dessen Arbeitgeber zu erhalten.

3. Der Zweck des § 223 StPO ist auch objektiv angebunden an das Interesse der Verfahrensbeschleunigung (LR/*Gollwitzer* § 223 Rdnr. 1).

4. Wenn für die Verteidigung erkennbar wird, daß dem Anliegen um kommissarische Vernehmung nicht nachgekommen wird, muß auch überlegt werden, den Zeugen von der Verteidigung selbst zu hören und dessen Angaben schriftlich festzuhalten. Die Anordnung oder Ablehnung der kommissarischen Vernehmung ist nach h. M. nicht mit der Beschwerde angreifbar (*Kleinknecht/Meyer* § 223 Rdnr. 25 m. w. N.) Für den Fall drohenden Beweisverlustes bei Ablehnung wird die Beschwerde vereinzelt für zulässig gehalten (LG Düsseldorf NStZ 1983, 42). Die Revision wird nur auf eine Verletzung des § 251 StPO bei Verlesung von Vernehmungsniederschriften zu stützen sein (LR/*Gollwitzer* § 223 Rdnr. 44 ff.).

5. Speziell zu Vernehmungen im Ausland, siehe LR/*Gollwitzer* § 223 Rdnr. 37 ff.

6. Nach § 224 Abs. 1 S. 1 1. Hs. StPO sind der Angeklagte und sein Verteidiger von dem anberaumten Termin zur kommissarischen Vernehmung zu unterrichten. Diese Pflicht trifft grundsätzlich den beauftragten oder ersuchten Richter. Die Benachrichtigung kann aber auch durch das mit der Sache befaßte Gericht erfolgen, wenn bei Abfassung des Beschlusses nach § 223 StPO Zeit und Ort der Vernehmung durch den beauftragten (ersuchten) Richter schon feststehen (*Kleinknecht/Meyer* § 224 Rdnr. 4). Die Benachrichtigungspflicht entfällt nur, wenn durch die Benachrichtigung der Untersuchungserfolg gefährdet wäre (§ 224 Abs. 1 S. 2 StPO).

Die Benachrichtigung muß durch förmliche Zustellung erfolgen (*Kleinknecht/Meyer* § 224 Rdnr. 6). Ein Verstoß gegen § 224 StPO ist allein kein Revisionsgrund. Vielmehr muß hinzukommen, daß der Verlesung des unter Mißachtung des § 224 StPO aufgenommenen Protokolls von der kommissarischen Vernehmung in der Hauptverhandlung ausdrücklich widersprochen worden ist. In diesen Fällen wird das Urteil in der Regel auf dem Mangel beruhen (*Kleinknecht/Meyer* § 224 Rdnr. 12 m. w. N.).

7. Der Verteidiger hat einen Anspruch auf Anwesenheit bei der Vernehmung. Er muß so rechtzeitig benachrichtigt werden, daß ihm das persönliche Erscheinen oder die Beauftragung eines Vertreters zur Vernehmung ermöglicht wird (*Kleinknecht/Meyer* § 224 Rdnr. 5). Er hat jedoch keinen Anspruch auf Verlegung des anberaumten Termins, da seine Anwesenheit bei der Vernehmung nicht erforderlich ist (§ 224 Abs. 1 S. 1 2. Hs. StPO; LR/*Gollwitzer* § 224 Rdnr. 6).

Die sachgerechte Verteidigung erfordert die Anwesenheit sowohl bei Zeugen, die die Staatsanwaltschaft benannt hat, als auch gerade bei Entlastungszeugen. Der Verteidiger muß wissen, daß der vernehmende Richter auch seinen persönlichen Eindruck und sonstige Umstände der Vernehmung – gegebenenfalls auf Anregung des anwesenden Verteidigers – protokollieren kann. Die Ausübung des Fragerechts durch die Verteidigung ist unerläßlich, zumal es in der Hauptverhandlung nicht nachgeholt werden kann. Ein praktischer Vorteil besteht zudem darin, daß die Staatsanwaltschaft häufig solche Termine nicht wahrnimmt und dann nur das Protokoll vorgelegt erhält (§ 224 Abs. 1 StPO).

10. Zuziehung eines Dolmetschers

An das
Amtsgericht/Landgericht
......

In der Strafsache
gegen ......

Az.: ...

zeige ich an, daß mich der Angeklagte mit seiner Verteidigung beauftragt hat. Ich beantrage,

1. einen Dolmetscher für die englische Sprache[2] gemäß § 185 GVG kostenlos[3] zum Hauptverhandlungstermin vom ...... zuzuziehen,[4] da unter Beteiligung von Personen verhandelt werden wird, die der deutschen Sprache nicht mächtig[5] sind,
2. mich gemäß § 140 Abs. 2 StPO zum Pflichtverteidiger zu bestellen.

Mein Mandant ist britischer Staatsangehöriger und nicht hinreichend in der Lage, der Hauptverhandlung am ...... in deutscher Sprache zu folgen und sich in dieser Sprache auszudrücken.[6] Er kann in Folge Unkenntnis der deutschen Sprache sich auch mit seinem Verteidiger nicht verständigen.

Mein Mandant ist mittellos. Er verdingt sich als Straßenmusiker und kann nicht die Kosten für einen Dolmetscher zum Verkehr mit dem Verteidiger aufbringen.[7]

Im Falle der Beiordnung lege ich das Wahlmandat nieder.

Rechtsanwalt

Schrifttum: Kabbani, Dolmetscher im Strafprozeß, StV 1987, 410

Anmerkungen

1. Der Angeklagte, der der deutschen Sprache nicht mächtig ist – d. h. nicht in der Lage ist, der Verhandlung zu folgen und selbst das vorzubringen, was er vortragen will (*Kleinknecht/Meyer* § 185 GVG Rdnr. 4) –, hat jedenfalls für die mündliche Verhandlung (BVerfG NJW 1988, 1462, 1464) das – unverzichtbare (KK/*Mayr* § 185 GVG Rdnr. 4) – Recht auf Zuziehung eines Dolmetschers. Dieser ist Beteiligter eigener Art, Gehilfe des Gerichts und der Prozeßbeteiligten. Als „Hilfsorgan der Verteidigung" hat er auch ohne Besuchserlaubnis Zugang zur Justizvollzugsanstalt, um dort das Verteidigergespräch mit dem in Untersuchungshaft befindlichen Angeklagten zu dolmetschen (LG Frankfurt StV 1989, 350).

§ 77 StPO ist nicht anzuwenden (*Kleinknecht/Meyer* § 185 GVG Rdnr. 7). § 191 GVG gilt für ihn entsprechend. Übersetzungen von außerhalb gerichtlicher Verfahren abgegebenen fremdsprachigen Äußerungen gehören nicht zur Tätigkeit eines Dolmetschers, sondern sind Sachverständigentätigkeit (*Kleinknecht/Meyer* § 185 GVG Rdnr. 2; BGHSt 1, 4, 7). Zugelassen werden kann jeder Sprachkundige, ob allgemein beeidigt oder nicht, ob haupt- oder nebenberuflich tätig. Eine gewisse Gewähr für die notwendige Sachkunde bietet die allgemeine Vereidigung, da sie den Nachweis einer staatlich anerkannten Dolmetscherprüfung verlangt (vgl. im einzelnen *Kabbani* StV 1987, 410, 411).

Der Verteidiger muß sich über die fachlichen Qualitäten und die Persönlichkeit des Dolmetschers vorher genau unterrichten. Es gibt Strafverfahren, die durch den Dolmetscher erheblich mitgestaltet werden.

Wörtlich zu übersetzen sind prozeßerhebliche Erklärungen, Anklagesatz, Anträge, Entscheidungen, Zeugenaussagen und sonstige wesentliche Vorgänge gerichtlicher Verfahren (KK/*Mayr* § 185 GVG Rdnr. 4; *Kleinknecht/Meyer* § 259 Rdnr. 1). Für die Schlußvorträge gilt § 259 Abs. 1 StPO. Für diese und die Entscheidungsgründe genügt die Übersetzung des wesentlichen Inhalts. Wörtliche Üersetzung steht im Ermessen der Vorsitzenden (*Kleinknecht/Meyer* § 259 Rdnr. 1).

2. Übersetzt wird in die Muttersprache oder in eine andere dem Betreffenden geläufige Sprache (*Kleinknecht/Meyer* § 185 GVG Rdnr. 3).

3. Gemäß Art. 6 Abs. 3 e MRK hat ein Ausländer als Angeklagter jedenfalls in der mündlichen Verhandlung Anspruch auf kostenlose Zuziehung eines Dolmetschers. Im Falle seiner Verurteilung darf vom Angeklagten die Erstattung der Dolmetscherkosten nicht verlangt werden (*Kleinknecht/Meyer* § 185 GVG Rdnr. 4; Art. 6 MRK Rdnr. 23; BVerfG NJW 1988, 1462, 1464).

4. Zuziehung und ihr Anlaß müssen im Protokoll aufgenommen werden. Insoweit hat das Protokoll absolute Beweiskraft (KK/*Mayr* § 185 GVG Rdnr. 6). Ist die Zuziehung für die gesamte Hauptverhandlung angeordnet, so braucht die Mitwirkung nicht bei jedem Verhandlungsakt erwähnt zu werden (*Kleinknecht/Meyer* § 185 GVG Rdnr. 7). Er muß aber während der gesamten Verhandlung zugegen sein. Ist dies nicht der Fall bzw. wurde überhaupt kein Dolmetscher hinzugezogen, obwohl nach § 185 GVG geboten, liegt ein absoluter Revisionsgrund gemäß § 338 Nr. 5 StPO vor (*Kleinknecht/Meyer* § 185 GVG Rdnr. 10; § 338 Rdnr. 44; KK/*Mayr* § 185 GVG Rdnr. 7).

5. Ob der Angeklagte oder sonstige Beteiligte der deutschen Sprache mächtig sind, hat das Gericht von Amts wegen festzustellen (KK/*Mayr* § 185 GVG Rdnr. 1). Ist er nur teilweise der deutschen Sprache mächtig, können der Vorsitzende ggf. das Gericht nach pflichtgemäßem Ermessen entscheiden, in welchem Umfang unter Mitwirkung eines Dolmetschers verhandelt wird (BGHSt 3, 285; NStZ 1984, 328; *Kleinknecht/Meyer* § 185 GVG Rdnr. 6).

6. Die Verständigungsschwierigkeiten sind unter dem Gesichtspunkt der „Unfähigkeit der Selbstverteidigung" ein Fall notwendiger Verteidigung gem. § 140 Abs. 2 StPO (*Kleinknecht/Meyer* § 140 Rdnr. 30 m. w. N.).

7. Die Mittellosigkeit ist ferner ein Beiordnungsgrund für den Verkehr mit dem Verteidiger. Im Falle der Wahlverteidigung werden die Dolmetscherkosten für den Verkehr mit dem Wahlverteidiger außerhalb der Hauptverhandlung nach herrschender Meinung nicht erstattet. Diese Ansicht wird jetzt mit überzeugenden Argumenten, insbesondere mit Rücksicht auf die neuere Rechtsprechung des EGMR, vom Kammergericht abgelehnt (KG StV 1990, 171). Dem Pflichtverteidiger werden demgegenüber die Dolmetscherkosten als Auslagen nach § 97 Abs. 2 Satz 1 BRAGO erstattet, ohne daß sie dem Angeklagten aufgebürdet werden dürfen (*Kleinknecht/Meyer* Art. 6 MRK Rdnr. 25 m. w. N.). Ist bereits im Verkehr mit dem Verteidiger ein Dolmetscher eingeschaltet, empfiehlt es sich natürlich, diesen dem Gericht im Antrag auf Zuziehung zu benennen.

11. Fremdsprachige Protokollierung

An das
Amtsgericht/Landgericht
......

In der Strafsache
gegen ......

Az.: ...

beantrage ich gemäß § 185 Abs. 1 S. 2 2. Hs. GVG,

daß die Aussagen und Erklärungen des Zeugen Z., die dieser in englische Sprache machen wird, auch in dieser Sprache in das Protokoll oder in eine Anlage niedergeschrieben werden.[1]

Meinem Mandanten wird der Vorwurf einer Steuerhinterziehung gemacht. Der Zeuge Z. soll zu komplizierten Vorgängen bei der Verarbeitung der meinem Mandanten gelieferten Teile bei der Firma X in Taiwan gehört werden. Dabei kommt es auf den genauen Wortlaut dieser Aussage an, die der Dolmetscher im Prozeß mangels hinreichender Kenntnis der Materie nicht genau genug übersetzen kann. Der genaue Wortlaut der Aussage ist für die Verteidigung des Angeklagten unentbehrlich.

Rechtsanwalt

Anmerkungen

Die Anordnung der fremdsprachigen Protokollierung liegt im Ermessen des Vorsitzenden bzw. des Gerichts. Die Protokollierung obliegt dem Dolmetscher im Zusammenwirken mit dem Urkundsbeamten (*Kleinknecht/Meyer* § 185 GVG Rdnr. 8; *KK/Mayr* § 185 GVG Rdnr. 6). Die Ausübung des Ermessens durch den Tatrichter kann vom Revisionsgericht nur darauf geprüft werden, ob sie ermessensfehlerfrei erfolgt ist (BGH NStZ 1984, 328). Im Einzelfall muß der Verteidiger eventuell einen eigenen Dolmetscher mitbringen für den Fall, daß dem Antrag nicht entsprochen wird. Dieser kann mögliche Übersetzungsfehler erkennen und den Verteidiger darauf hinweisen, so daß die Übersetzung beanstandet werden kann.

12. Antrag auf Ablehnung von Verfahrensbeteiligten wegen Besorgnis der Befangenheit[1]

An das
Amtsgericht/Landgericht
......

In der Strafsache
gegen ......

Az.: ...

beantrage ich namens und in Vollmacht des Angeklagten,

den Schöffen A. wegen Besorgnis der Befangenheit abzulehnen.

Herr A., der als Schöffe an der Hauptverhandlung am ...... gegen den Angeklagten mitwirken soll,[2] wohnt in der Schulstraße 7. Dort wohnt auch die Zeugin Z., die durch die dem Angeklagten vorgeworfene Tat geschädigt sein soll. Der Schöffe A. und die Zeugin Z. sind gut befreundet und spielen regelmäßig gemeinsam in dem selben Tennisclub Tennis.[3] Zur Glaubhaftmachung wird auf die beiliegende eidesstattliche Versicherung der Frau F. und das Zeugnis der Zeugin Z. verwiesen. Frau F. ist gleichfalls Mitglied dieses Tennisclubs.

Von der Zeugin Z. konnte eine schriftliche Erklärung über den zuvor dargestellten Sachverhalt nicht beigebracht werden, da sie den Kontakt zu dem Unterzeichner verweigert. Zur Glaubhaftmachung verweise ich auf das beigefügte Schreiben der Zeugin Z. vom ……..[4]

Das freundschaftliche Verhältnis zwischen dem Schöffen A. und der Zeugin Z. gibt Anlaß zu der Besorgnis, daß der Schöffe A. dem Angeklagten gegenüber nicht unparteilich ist. Insbesondere besteht die Gefahr, daß er nicht in der Lage sein wird, die Aussage der Zeugin Z. unvoreingenommen zu würdigen.

Rechtsanwalt

Anmerkungen

1. Zwar kann mit der Ablehnung von Schöffen wie auch bei anderen Verfahrensbeteiligten immer bis zu dem in § 25 Abs. 1 StPO genannten Zeitpunkt gewartet werden, auch wenn die Ablehnungsgründe schon vorher bekannt werden. Das schließt aber nicht aus, daß im Einzelfall der Ablehnungsantrag bereits vor und außerhalb der Hauptverhandlung gestellt wird; etwa wenn wie im vorliegenden Fall noch Ermittlungen im Tatsächlichen erforderlich sind. Wir haben die Möglichkeiten für eine Ablehnung von Verfahrensbeteiligten umfassender in einem gesonderten Abschnitt zusammengefaßt (vgl. Formulare unter B. II. 9). Das hier bei der Vorbereitung der Hauptverhandlung vorgeschlagene Formular soll in Erinnerung rufen, daß eine Ablehnung wegen Besorgnis der Befangenheit nicht auf die Tätigkeit in der Hauptverhandlung beschränkt ist. Zu welchem Zeitpunkt tatsächlich ein Ablehnungsantrag gestellt wird, muß der Verteidiger aus dem jeweiligen Einzelfall heraus entscheiden.

2. Die an der Verhandlung beteiligten Personen sind dem Angeklagten auf Verlangen namhaft zu machen (§ 24 Abs. 3 S. 2 StPO; *Kleinknecht/Meyer* § 24 Rdnr. 21; siehe auch Muster B. II. 9. a) aa). Anm. 9 und 10).

3. Nicht jedes persönliche Verhältnis genügt, um eine Besorgnis der Befangenheit zu begründen (*Kleinknecht/Meyer* § 24 Rdnr. 11; zur Befangenheit eines Schöffen vgl. neuestens BGH NStZ 1991, 144).

4. Diese Erklärung ist erforderlich, da die bloße Benennung von Zeugen zur Glaubhaftmachung nur ausreicht, wenn eine schriftliche Äußerung von dem Zeugen nicht erlangt werden kann (OLG Düsseldorf StV 1987, 428). Der Hinderungsgrund selbst muß ebenfalls glaubhaft gemacht werden (*Kleinknecht/Meyer* § 26 Rdnr. 11 m.w.N.). Kann der Ablehnungsgrund nicht glaubhaft gemacht werden, wird der Beweis von Amts wegen erhoben (KK/*Pfeiffer* § 26 Rdnr. 7).

II. Weiteres zur Vorbereitung der Hauptverhandlung

13. Ankündigung von Anträgen für die Hauptverhandlung

An das
Amtsgericht/Landgericht
......

In der Strafsache
gegen ......
Az.: ...

kündige ich für die am ...... beginnende Hauptverhandlung folgenden Antrag an:
— Namens und in Vollmacht des Angeklagten lehne ich den Richter ...... wegen Besorgnis der Befangenheit ab (wegen der Einzelheiten s. Formular B. I. 1. und B. II. 9).
— Die Hervorhebung des Angeklagten durch die Sitzordnung im Gerichtssaal wird dadurch beseitigt, daß diesem gestattet wird, zu Beginn der Hauptverhandlung vorübergehend unter den Zuhörern Platz zu nehmen (wegen der Einzelheiten s. Formular B. I. 2 a)).
— Dem Angeklagten wird gestattet, neben dem Verteidiger auf der Verteidigerbank Platz zu nehmen (wegen der Einzelheiten s. Formular B. I. 2 b)).
— Ich rüge die nicht vorschriftsmäßige Besetzung des Gerichts gemäß § 222 a StPO, § 222 b StPO hinsichtlich der Berufsrichter ......, hinsichtlich der Schöffen ...... (wegen der Einzelheiten s. Formular B. I. 4.).
— Namens und in Vollmacht des Angeklagten beantrage ich, die Verhandlung wegen Nichteinhaltung der Ladungsfrist auszusetzen und den Termin aufzuheben (wegen der Einzelheiten s. Formular B. I. 5. a)).
— Die Verhandlung wird wegen Nichteinhaltung der Ladungsfrist nach §§ 218 S. 2, 217 Abs. 1 StPO ausgesetzt, und der Termin wird aufgehoben (wegen der Einzelheiten s. Formular B. I. 2. b)).
— Namens und in Vollmacht des Angeklagten rüge ich die örtliche Zuständigkeit des Landgerichts und beantrage die Einstellung des Verfahrens gemäß § 260 Abs. 3 StPO durch Urteil (wegen Einzelheiten s. Formular B. I. 6. a)).
— Namens und in Vollmacht des Angeklagten rüge ich die funktionelle Zuständigkeit der Großen Strafkammer (wegen Einzelheiten s. Formular B. I. 6. b)).
— Der Anklagesatz der Anklageschrift vom ...... wird in der Hauptverhandlung nicht verlesen (wegen Einzelheiten s. Formular B. I. 3.).
— Wegen fehlender Akteneinsicht wird die Hauptverhandlung ausgesetzt und der Termin wird aufgehoben (wegen Einzelheiten s. Formular B. I. 7. a)).
— Wegen abgelehnter Akteneinsicht wird die Verhandlung ausgesetzt und der Termin wird aufgehoben (wegen Einzelheiten s. Formular B. I. 7. b)).
— Es wird ein psychoanalytisches Sachverständigengutachten durch den Sachverständigen S., Universität in W., eingeholt zum Beweis der Tatsache, daß der Angeklagte die ihm vorgeworfenen Straftaten im Zustand (und aufgrund) einer schweren krankhaften seelischen Störung begangen hat, die seine Fähigkeit, sein Handeln aus Einsicht in das Unerlaubte zu steuern, aufgehoben hat (§ 20 StGB) (wegen Einzelheiten s. Formular B. I. 8.).

VII. A. 13   VII. Hauptverfahren. A. Vorbereitung der Hauptverhandlung

– Der Verteidigung wird gestattet, sich während der Hauptverhandlung – insbesondere am 2. Sitzungstag – der Sachverständigenhilfe des schon im Vorverfahren für die Verteidigung tätigen Sachverständigen S. zu bedienen. Diesem wird gestattet, neben dem Verteidiger auf der Verteidiger Bank Platz zu nehmen (wegen Einzelheiten s. Formular B. I. 9.)).
– Vorbehaltlich der Zustimmung der Prozeßbeteiligten, eventueller Zeugen und Sachverständigen, wird der Verteidigung gestattet, die Hauptverhandlung auf Tonträger aufzunehmen; hilfsweise wird der Verteidigung gestattet, von der Hauptverhandlung eigene Tonbandaufzeichnungen herzustellen (wegen Einzelheiten s. Formular B. I. 10.)).

Anmerkung

Wie in der Einleitung zu diesem Teil der Vorbereitung einer Hauptverhandlung bereits erläutert, kann es sinnvoll sein, im Einzelfall das Stellen von Anträgen in der Hauptverhandlung anzukündigen. Die in diesem Formular angelegte Aufzählung kann nicht erschöpfend sein. Sie bedeutet andererseits auch nicht, daß alle genannten Anträge jeweils anzukündigen wären. So kann z. B. Ankündigung von Beweisanträgen in Betracht kommen, wenn der an einem zügigen Gerichtsverfahren interessierte Angeklagte einen Beweisantrag nur für den Fall eines ungünstigen Verfahrensablaufs stellen will. Durch die Ankündigung begegnet er der Gefahr, daß er bei einer späteren Stellung des Beweisantrages die Hauptverhandlung nach § 246 Abs. 2 StPO zum Zwecke der Erkundigung ausgesetzt wird (*Dahs*, Handbuch, Rdnr. 556; vgl. *Schlothauer*, Hauptverhandlung Rdnr. 123 sowie ferner Rdnr. 126 ff. und 212 ff. m. w. N. zu der vergleichbaren Problematik bei Beweisanträgen des Angeklagten vor der Hauptverhandlung und bei der Selbstladung, §§ 219, 220 StPO). Die Ankündigung eines Beweisantrages kann ferner geeignet sein, eine Äußerung des Gerichts zu dem genannten Beweisthema herbeizuführen (*Dahs*, a. a. O. Rdnr. 554). Aus der Äußerung kann sich ergeben, wie das Gericht eine bestimmte Tatsache zu bewerten gedenkt. So kann sich die Stellung des Beweisantrages in der Hauptverhandlung eventuell erübrigen. Dabei ist allerdings zu bedenken, daß durch derartige Äußerungen des Gerichts eine Rechtsbindung für das weitere Verfahren oder die Entscheidung nicht eintreten dürfte. Die Ankündigung eines Beweisantrages mag oft Auslöser dafür sein, mit dem Gericht zu Beginn der Hauptverhandlung in ein Rechtsgespräch zu kommen, was die Strategie für das weitere Verfahren unterstützen kann. Ferner kann durch die Verteidigung einer vorschnellen Festlegung des Gerichts auf den aus dem Akteninhalt ersichtlichen Sachverhalt entgegengewirkt werden.

Andererseits kann durch die Ankündigung auch die Verteidigungsstrategie offengelegt werden. Bei Ankündigung von Zeugenaussagen sollte die Gefahr auszuschließen sein, daß andere Zeugen sich in ihrem Aussageverhalten auf Aussagen dieser „angekündigten" Zeugen einstellen und damit die Möglichkeit zur Aufdeckung entlastender Widersprüche verloren geht. Und das Beweisergebnis, auf das die Ankündigung zielt, muß auch erzielbar sein. Steht das nicht fest oder ist nicht auszuschließen, daß eine auf die Ankündigung veranlaßte Beweiserhebung zu negativen Ergebnissen für den Angeklagten führen kann, muß abgewartet werden, bis die Einschätzung der Beweislage auf einer gesicherten Grundlage erfolgen kann.

Ob der angekündigte Antrag ausformuliert wird – was bei der hier gewählten Formulierung sich anschließen würde – oder ob nur umgrenzt wird, auf was sich ein angekündigter Antrag beziehen wird, kann sich auch nur aus dem jeweiligen Einzelfall ergeben. Wenn besonderes Augenmerk auf die zuvor genannten Gefahren zu richten ist, ist die konkrete Ausformulierung bereits in der Ankündigung eher zu verneinen, wenn nicht ohnehin auf die Ankündigung verzichtet wird.

Unabhängig davon spricht für die konkrete Ausformulierung die relative Ruhe vor der Hauptverhandlung und die verringerte Gefahr der Stellung fehlerhafter Anträge. Dann ist im weiteren Verlauf aber darauf zu achten, daß der konkret ausformulierte, angekündigte Antrag in der Hauptverhandlung nicht nur als schablonenhaft wiederholt gestellt wird und mögliche neue Gesichtspunkte aus dem Verlauf der Hauptverhandlung selbst unbeachtet bleiben.

Ausdrücklich sei darauf hingewiesen, daß angekündigte Anträge z.B. beim Beweisantragsrecht, wegen revisionsrechtlichen Vorgaben in der Hauptverhandlung dann auch gestellt werden müssen, vgl. näheres beim Formular B. 1. 8.

14. Mitteilung des möglichen Aussageverhaltens

An das
Amtsgericht/Landgericht
......

In der Strafsache
gegen ......

Az.: ...

kündige ich an, daß der Angeklagte in der Hauptverhandlung vom ......
– von seinem Recht Gebrauch machen wird, nicht zur Sache auszusagen (§ 243 Abs. 4 S. 1 StPO).
– den Anklagevorwurf bestreiten und im übrigen von seinem Recht, zur Sache nicht auszusagen, Gebrauch machen wird.
– sich umfassend zur Anklage äußern wird.
– eine schriftliche Einlassung zur Sache verlesen wird.
– ein Geständnis ablegen wird.

Rechtsanwalt

Anmerkungen

Für die Frage des Ankündigens eines möglichen Aussageverhaltens des Angeklagten in der Hauptverhandlung gilt im Prinzip das gleiche, was zur Ankündigung von Anträgen ausgeführt worden ist (vgl. die Anmerkung zu dem vorhergehenden Muster). Erwägungen zum Aussageverhalten selbst gibt die nachfolgende Checkliste.

15. Checkliste zum Aussageverhalten des Angeklagten

Der Angeklagte[1] soll nur dann aussagen, wenn seine Einlassung zur Verwirklichung des Verteidigungskonzepts benötigt wird.

Das ist **immer** dann der Fall,
– wenn Rechtfertigungsgründe (z.B. Notwehr),
– Entschuldigungsgründe (auch fehlender Vorsatz)
– und insbesondere Strafmilderungsgründe geltend gemacht werden müssen
– z.B. wenn das Schweigen des Angeklagten vor allem zu seinen persönlichen Verhältnissen und zu seinen sonstigen Lebensumständen zur Tatzeit geradezu dazu führen muß, daß der Tatrichter gehindert ist, günstige Umstände in der Tat und für die im Rahmen des § 56 anzustellende Sozialprognose festzustellen (OLG Zweibrücken NStZ 1986, 136).

VII. A. 14 VII. Hauptverfahren. A. Vorbereitung der Hauptverhandlung

Der Angeklagte soll **in aller Regel** aussagen,
- wenn er bei der Polizei, dem Staatsanwalt oder Untersuchungsrichter ein umfassendes – richtiges – Geständnis abgelegt hat: der Verhörsbeamte kann dazu in der Hauptverhandlung vernommen werden und den Angeklagten überführen.
- wenn belastende Urkunden verlesen oder Belastungszeugen auftreten werden und der Angeklagte allein in der Lage ist, sich durch eine glaubwürdige Einlassung zu entlasten.
- wenn die Hauptverhandlung ausgesetzt werden muß und es zu neuen Ermittlungen kommt, die der Angeklagte befürchten muß: die Ermittlungen führen z.B. voraussichtlich nicht nur zu geschäftsschädigenden Maßnahmen, der Angeklagte könnte unter Umständen weiterer Straftaten überführt werden.
- wenn dem Angeklagten ein Geständnis anzuraten ist, weil er ansonsten durch die Beweisaufnahme überführt werden wird: hat das Gericht einmal die Schuld festgestellt, führt ein verspätet abgelegtes Geständnis kaum noch zu einer Strafmilderung.
- wenn eine Einstellung gemäß §§ 153 oder 153a StPO erstrebt wird und Gericht und Staatsanwaltschaft in informellen Vorgesprächen dies von einem Geständnis abhängig gemacht haben.

Im übrigen ist es Aufgabe des Verteidigers, im Vorgriff auf die Hauptverhandlung hypothetisch zu prognostizieren, ob der Angeklagte überführt werden wird, wenn er sich selbst durch eine eigene Aussage an der Aufklärungsarbeit des Gerichts nicht beteiligt: Ist der Verlauf der Hauptverhandlung nicht ausreichend voraussehbar, sollte der Verteidiger seinem Mandanten raten, zu Beginn der Hauptverhandlung nicht auszusagen, um erst nach Abschluß der Beweisaufnahme über die Aussagebereitschaft abschließend zu entscheiden.

Der Angeklagte sollte schweigen,
- wenn ihm auf prozeßordnungsgemäßem Weg die angelastete Straftat nicht nachgewiesen werden kann.
- wenn sich ein aggressiv, unbeholfen oder querulatorisch wirkender Angeklagter mit seiner Einlassung mehr schaden als nutzen würde, die Einlassung den Angeklagten selbst wegen der zu erwartenden Ungereimtheiten und Widersprüche „überführen" würde (*Weihrauch* S. 139).
- wenn der Angeklagte bei seinen bisherigen Vernehmungen nur Angaben zum Tatbestand, nicht aber zur subjektiven Seite gemacht hat, z.B. das Gericht vor der Frage steht:
  - ob der Angeklagte einen Mord, einen Totschlag oder eine gefährliche Körperverletzung begangen,
  - ob er sich eines versuchten Mordes, einer sexuellen Nötigung oder nur einer einfachen Nötigung schuldig gemacht,
  - ob er grob verkehrswidrig und rücksichtslos die Vorfahrt nicht beachtet und dadurch Leib und Leben eines anderen oder fremde Sachen von bedeutendem Wert gefährdet hat.
- wenn sich der Angeklagte nicht zu einem vollen Geständnis durchringen kann; er ist z.B. zwar bereit, die Tat als solche, etwa einen Raubüberfall, einzuräumen, nicht jedoch die Tatsache, daß er die Beute vereinnahmt hat. Läßt sich dem Angeklagten, wie hier nicht selten, die Tat mit anderen Beweismitteln ohnehin nachweisen, ist sein Geständnis wenig wert. Das Gericht wird vielmehr größten Wert auf die Klärung der Frage legen, wo die Beute geblieben ist. Hat das Gericht Anhaltspunkte dafür, daß der Angeklagte unzureichende oder gar falsche Angaben über den Verbleib der Beute gemacht hat, wird es sein Aussageverhalten strafschärfend werten. Schweigt der Angeklagte völlig, ist dieser Weg dem Gericht versperrt. Der Angeklagte hat von seinem prozessualen Recht auf Schweigen Gebrauch gemacht. Sein Verhalten darf deshalb auch nicht als Belastungsindiz bei der Strafzumessung gegen ihn verwertet werden.
- wenn der Angeklagte im Vorverfahren keine Angaben vor einem von ihm nicht erwünschten, ihm jedoch aufgezwungenen Sachverständigen gemacht hat, der seine Schuldfähigkeit überprüfen soll. Kommt dieser Sachverständige in seinem vorbereiten-

15. Checkliste zum Aussageverhalten des Angeklagten VII. A. 15

den Gutachten zu Schlußfolgerungen, mit denen der Angeklagte und sein Verteidiger nicht einverstanden sind und ist zu erwarten, daß er in seinem abschließenden Gutachten in der Hauptverhandlung zu demselben Ergebnis kommen wird, kann es für den Angeklagten ratsam sein, in der Hauptverhandlung weiter zu schweigen, um so möglicherweise die Voraussetzungen für einen Beweisantrag auf Einholung eines weiteren Sachverständigengutachtens zu schaffen (vgl. *Tondorf,* Recht und Psychiatrie, 155, 156).

Schrifttum: Dencker, Anmerkung zu LG Frankfurt, StV 1985, 498; *Schmidt-Leichner,* Ist und bleibt Schweigen des Beschuldigten zweischneidig? NJW 1966, 189; *Tondorf,* Der „aufgedrängte" Sachverständige – ein Ärgernis für die Verteidigung, Recht und Psychiatrie 1984, 155 ff.; *Zieger,* Verteidiger in Jugendstrafsachen, Erfahrungen und Empfehlungen, StV 1982, 305 ff.

Anmerkungen

1. Die Checkliste kann nur Anregungen geben, wann der Angeklagte aussagen bzw. schweigen soll. Es kommt immer auf die Umstände des Einzelfalles an. Richtig gehandhabt, gibt das Recht zum Schweigen dem Verteidiger eine bedeutsame Waffe in die Hand. Er sollte deshalb in jedem Falle neu überlegen, ob ein Schweigen dem Angeklagten nicht helfen kann. Der BGH geht bei seiner Rechtsprechung zu § 243 Abs. 4 Satz 1 StPO davon aus, daß der Angeklagte, der den Beistand eines Verteidigers genieße, über diese Verteidigungsmöglichkeit informiert worden sei (BGHSt 25, 325/329). Ein Verstoß gegen § 243 Abs. 4 Satz 1 StPO kann daher nach Auffassung des BGH regelmäßig nicht erfolgreich mit der Revision gerügt werden.

2. Wer von seinem Recht zum Schweigen Gebrauch macht, sollte nicht zu fürchten haben, daß ihm dies schaden könnte. *Schmidt-Leichner* stellte nach der Erweiterung der Belehrungspflicht in NJW 1966, 189 schon damals provokante Fragen, die heute noch aktuell sind.

„Was heißt „Recht zu schweigen"? Entspricht es nicht jeder vernünftigen Lebenserfahrung – die der Richter ebenso wie „Denkgesetze" und „offenkundige" Tatsachen seiner „freien Beweiswürdigung" von Amts wegen zugrundelegen soll und muß – daß ein Mensch, dem Vorwürfe gemacht und sogar eine strafbare Handlung nachgesagt werden, sich zur Wehr setzt und sich verantwortet, d. h. redet und nicht schweigt? Ist Schweigen nicht als Zeichen des schlechten Gewissens äußerst verdächtig und soll es dem Richter von Rechts wegen verboten sein, dieses „Verhalten", wenn es ihn beeindruckt, mit als Schuldindiz zu würdigen? Zumal der Gesetzgeber § 261 StPO unverändert gelassen und keine Beweisregeln oder gar Beweisverbote eingeführt hat? Wie wird Schweigen auf die Laienrichter wirken? Müssen die Berufsrichter ihnen nicht erst klar machen, daß das „natürliche Rechtsempfinden" ab 1. 4. 1965 ein anderes zu sein hat?"

Es ist Sache der Verteidigung, den Berufsrichtern und Laienrichtern zu erklären, daß der Angeklagte hier von einem fundamentalen Recht Gebrauch macht, und zwar auf den Rat der Verteidigung hin.

3. Die Grundsätze gelten für jugendliche und heranwachsende Angeklagte ebenfalls. Für sie gilt auch im Hinblick auf eine Erziehungsfunktion des Strafverteidigers nichts anderes. Verteidiger und Angeklagter sollen dem Rat des Gerichts, doch ein Geständnis im Hinblick auf die Erziehungsfunktion des Strafverfahrens abzulegen, nicht folgen. Anderenfalls käme es zu einem beklagenswerten Abbau von Verteidigermöglichkeiten. Entschließt sich der jugendliche Angeklagte zum Schweigen, so sollte er sich auch bei der Jugendgerichtshilfe jeder Aussage zum Tatgeschehen und Tathintergrund enthalten, dagegen dort Lebenslauf und die allgemeine Situation erörtern. (Näheres bei *Zieger* StV 1982, 305 ff.).

4. Schweigt der Angeklagte uneingeschränkt, dürfen hieraus keinerlei Schlüsse zu seinem Nachteil gezogen werden. Hat der Angeklagte bei seiner polizeilichen Vernehmung geschwiegen und erst in der Folgezeit vor dem Richter entlastende Tatsachen vorgetragen oder seine Unschuld beteuert, so darf sein anfängliches (Total-)Schweigen nicht gegen ihn gekehrt werden (BGHSt 20, 281/282 f.). Es ist ganz und gar unzulässig, das „verspätete" Vorbringen entlastender Umstände nach anfänglichem Schweigen bei früheren Gelegenheiten allein um deswillen als unglaubhaft abzuqualifizieren, weil der Angeklagte schon früher hätte reden können (BGHSt 20, 281, vgl. auch OLG Stuttgart StV 1986, 191; für den umgekehrten Fall OLG Zweibrücken StV 1986, 290).

5. Leider will die Rechtsprechung diese Regel dann nicht gelten lassen, wenn der Angeklagte teilweise zur Sache aussagt, im übrigen schweigt. Daraus können nachteilige Schlüsse gezogen werden, mit der nur eingeschränkten Aussage macht sich der Angeklagte selbst zu einem Beweismittel und unterstellt sich der freien Beweiswürdigung (BGHSt 20, 298/300). Anders ist indes die Rechtslage, wenn ein Angeklagter zu einem von mehreren selbständigen Tatvorwürfen schweigt. Die Tatsache, daß er sich überhaupt – zu einer Tat – zur Sache einläßt, führt nicht dazu, daß sein Schweigen zu anderen Taten indiziell gegen ihn verwertet werden kann. Denn insoweit hat er sich eben nicht als ein Beweismittel zur Verfügung gestellt, sondern von seinem Recht Gebrauch gemacht, zur Sachaufklärung nicht beizutragen (BGHSt 32, 145).

6. Hat sich allerdings der Angeklagte bei der Vernehmung über seine persönlichen Verhältnisse zu Fragen geäußert, die sich auf die Schuldfrage beziehen, dürfen bei deren Beurteilung die Äußerungen nicht zu seinem Nachteil verwertet werden, wenn er auf den Hinweis nach § 243 Abs. 4 Satz 1 StPO erklärt hat, keine Angaben zur Sache machen zu wollen. Die Erörterung solcher Umstände ist eine Vernehmung „zur Sache", die erst zulässig ist, wenn der Angeklagte den Hinweis nach § 243 Abs. 4 Satz 1 StPO erhalten und sich bereit erklärt hat, zur Sache auszusagen (BayObLG VersR 1966, 207; *Kleinknecht/ Meyer* Rdnr. 7 zu § 243 StPO).

7. Zeitlich begrenzt im Interesse der Prozeßbeschleunigung sind bestimmte Rügen des Angeklagten bis zum Beginn seiner Vernehmung zur Sache, spätestens also im Anschluß an die „Erklärung zu seiner Aussagebereitschaft" geltend zu machen (BGH NStZ 1984, 128). Läßt sich der Angeklagte – eventuell auch über seinen Verteidiger – im Anschluß an die Erklärung zur Aussagebereitschaft nach Belehrung gemäß § 243 Abs. 4 Satz 1 StPO auch nur teilweise ein, können bestimmte – nachfolgend genannte – Einwendungen nicht mehr erhoben werden. Dies gilt auch, wenn der Verteidiger beispielsweise im Anschluß an die Belehrung gemäß § 243 Abs. 4 Satz 1 StPO erklärt hat, der Angeklagte werde eine schriftliche Stellungnahme vortragen und sich darüberhinaus nicht zur Sache äußern oder erklärt hat, der Angeklagte werde „heute keine Aussage machen", da der Angeklagte in diesem Fall seine Aussagebereitschaft erklärt hat (BGH NStZ 1984, 128). Der Angeklagte kann dann folgende Einwendungen nicht mehr erheben: Er verliert die Befugnis, die örtliche Zuständigkeit des Gerichts (§ 16 StPO), die Unzuständigkeit der Strafkammer (§ 6 a StPO) und in den Fällen des § 222 StPO die vorschriftswidrige Besetzung des Gerichts (§ 222 b Abs. 2 StPO) zu rügen.

Grundsätzlich hat der Angeklagte einen Anspruch darauf, wenn er sich zur Einlassung entschlossen hat, diese vor der Beweisaufnahme vorbringen zu dürfen (BGH NStZ 1986, 370).

16. Beweisverbote (Checkliste)*

1. Dürfen die Vorstrafen des Angeklagten verwertet werden (§ 51 BZRG)?[1]
2. Wurde der Beschuldigte ordnungsgemäß belehrt (§§ 136, 163a Abs. 3 und Abs. 4)?[2]
3. Ergeben sich Anhaltspunkte für Verstöße gegen § 136a StPO?[3]
4. Wurden die Zeugen über etwaige Weigerungsrechte belehrt (§§ 52 ff., 161 a Abs. 1, 163 a Abs. 5 StPO)?[4]
5. Enthält die Akte Urkunden belastenden Inhalts? Stehen der Benutzung dieser Urkunden Beweisverbote nach §§ 250 ff. StPO entgegen? Kann der Inhalt dieser Urkunden auf andere Weise in die Hauptverhandlung eingeführt werden, insbesondere durch Vernehmung von Verhörspersonen?[5]
6. Sind die Beweismittel unter Verstoß gegen die Grundrechte gewonnen worden (Abspielen heimlicher Tonbandaufnahmen, Vorlesen privater Briefe oder Tagebücher intimen Inhalts)?[6]
7. Sind die Ergebnisse einer Telefonüberwachung in zulässiger Weise gewonnen worden? Handelt es sich bei den Erkenntnissen um Zufallsfunde?[7]
8. Sind bestimmte Beweismittel oder Ergebnisse mittelbar auf dem Umweg über ein Beweisverbot gewonnen worden (Fernwirkung)?[8]
9. Wurden die Benachrichtigungspflichten nach den §§ 168c, 168d StPO gewahrt?[9]

Schrifttum: Alsberg/Nüse, Der Beweisantrag im Stafprozeß, 1969; *Alsberg/Nüse/Meyer,* Der Beweisantrag im Strafprozeß, 5. Aufl. 1983; *Dahs/Wimmer,* Unzulässige Methoden bei Alkoholverdacht, NJW 1960, 2219; *Fetzer,* JuS 1977, 234, 382, 520, 569, 813; 1978, 104, 325, 472, 612, 765; *Geppert,* Der Grundsatz der Unmittelbarkeit, 1979; *Glatzel,* Zur Vernehmungsfähigkeit bestimmter Drogenabhängiger, StV 1981, 191; *Hilland,* Das Beweisgewinnungsverbot des § 136a StPO, Diss., Tübingen 1981; *Krause,* Zum Urkundenprozeß im Strafprozeß, 1966; *ders.,* Einzelfragen zum Anwesenheitsrecht des Verteidigers im Strafverfahren, 1984, 169; *Meyer,* Anmerkung zu BGH NStZ 1983, 565/566; *Schneidewin,* Der Urkundenprozeß in der Hauptverhandlung, JR 1951, 481; *Täschner,* Forensisch-psychiatrische Probleme bei der Beurteilung von Drogenkonsumenten 1984, 638; *ter Veen,* Die Beschneidung des Fragerechts und die Beschränkung des Verteidigers als absoluter Revisionsgrund, StV 1983, 167; *ders.,* Die Zulässigkeit der informatorischen Befragung, StV 1983, 293; *Wömpner,* Zum Urkundenprozeß mit Fotokopien und anderen Reproduktionen, MDR 1980, 889; *ders.,* Ergänzender Urkundenbeweis neben §§ 253, 254 StPO? NStZ 1983, 293; *ders.,* Zur Verlesung früherer Urteile, NStZ 1984, 481.

Anmerkungen

1. Bei der Vorbereitung der Hauptverhandlung ist der Akteninhalt erneut auf Beweisverbote zu überprüfen.

Die Beweisverbote gliedern sich in sog. Beweiserhebungs- (-gewinnungs- oder -verfahrens-) verbote, auch als Beweisverbote bezeichnet, und Beweisverwertungsverbote, abgekürzt auch Verwertungsverbote genannt.

Beweiserhebungsverbote schränken die Aufklärungspflicht und damit den Gegenstand der freien Beweiswürdigung ein. Wir unterscheiden herkömmlich: Beweisthemaverbote

---

* Die Checkliste ist im wesentlichen aus der 1. Aufl. übernommen.

(das darf nicht aufgeklärt werden). Sie begründen das Verbot, eine bestimmte Tatsache aufzuklären und darüber Beweis zu erheben. Klassisches Beispiel eines Beweisthemaverbots ist § 51 BZRG: Ist die Eintragung über eine Verurteilung getilgt oder tilgungsreif, so dürfen die Tat oder die Verurteilung dem Betroffenen im Rechtsverkehr nicht mehr vorgehalten und nicht zu seinem Nachteil verwendet werden. Die Tilgungsreife bestimmt § 46 BZRG. Maßgeblich für den Ablauf der Frist ist der Zeitpunkt des letzten tatrichterlichen Urteils. Das Verbot des § 51 BZRG gilt daher auch dann, wenn die Tilgungsfrist zwar zum Zeitpunkt der neuen Tat noch nicht verstrichen war, wohl aber vor Ende der Hauptverhandlung in der letzten Tatsacheninstanz bereits abgelaufen ist (BGH NStZ 1983, 30).

2. Beweismittelverbote (damit darf nicht bewiesen werden). Beweismittelverbote untersagen nur die Benutzung eines bestimmten Beweismittels einer der Aufklärung mit anderen Beweismitteln zugänglichen Beweistatsache, Beweismittelverbote befinden sich in den Vorschriften der Prozeßordnung, die Aussage oder Untersuchungsverweigerungsrechte begründen (wie §§ 52, 53, 55, 81c, 136, 163a, 242 Abs. 4 StPO). Die Geltendmachung des Verweigerungsrechts führt zum Ausschluß des Zeugen bzw. Beschuldigten als Beweismittel. Weitere Beispiele sind unzulässige Beschlagnahmen (§§ 95 ff. StPO) und unzulässige Urkundenverlesungen (§§ 250 ff. StPO).

Verstöße gegen § 136 Abs. 1 Satz 2 StPO sind bei polizeilichen Vernehmungen nicht selten. Der Bundesgerichtshof hat dieser Unsitte nunmehr einen Riegel vorgeschoben. Abweichend von seiner bisherigen Rechtsprechung (BGHSt 31, 395) vertritt er in Übereinstimmung mit der im Schrifttum vorherrschenden Meinung folgende Auffassung:

„Ist die Vernehmung des Beschuldigten durch einen Beamten des Polizeidienstes nicht der Hinweis vorausgegangen, daß es dem Beschuldigten freistehe, sich zu der Beschuldigung zu äußern oder nicht zur Sache auszusagen (§ 136 Abs. 1 Satz 2 iV mit § 163a Abs. 4 Satz 2 StPO), so dürfen Äußerungen, die der Beschuldigte in dieser Vernehmung gemacht hat, nicht verwertet werden (gegen BGHSt 31, 395).

Dies gilt nicht, wenn feststeht, daß der Beschuldigte sein Recht zu schweigen ohne Belehrung gekannt hat, oder wenn der verteidigte Angeklagte in der Hauptverhandlung ausdrücklich der Verwertung zugestimmt oder ihr nicht bis zu dem in § 257 StPO genannten Zeitpunkt widersprochen hat. Dem verteidigten Angeklagten steht ein Angeklagter gleich, der vom Vorsitzenden über die Möglichkeit des Widerspruchs unterrichtet worden ist."

Gleichzeitig hat der Bundesgerichtshof in seinem Beschluß vom 27. Februar 1992 (5 StR 190/91) folgende bedeutsame Hinweise erteilt:

„Der Polizeibeamte, der am Tatort oder in seiner Umgebung Personen fragt, ob sie ein bestimmtes Geschehen beobachtet haben, vernimmt keine Beschuldigten, mag er auch hoffen, bei seiner Tätigkeit neben geeigneten Zeugen den Täter zu finden. Er braucht nicht den Hinweis nach § 136 Abs. 1 Satz 2 StPO zu geben (vgl. BGHSt 37, 48; BGH NStZ 1983, 86). Bedeutsam ist die Stärke des Tatverdachts, den der Polizeibeamte gegenüber dem Befragten hegt. Hierbei hat der Beamte einen Beurteilungsspielraum (Fincke aaO S. 935), den er freilich nicht mit dem Ziel mißbrauchen darf, den Zeitpunkt der Belehrung nach § 136 Abs. 1 Satz 2 StPO möglichst weit hinauszuschieben (vgl. BGH NStZ 1983, 86). Neben der Stärke des Verdachts ist auch von Bedeutung, wie sich das Verhalten des Beamten nach außen, auch in der Wahrnehmung des Befragten darstellt (vgl. – in anderem Zusammenhang – BGHSt 34, 138, 140). Diese Kombination objektiver und subjektiver Merkmale liegt der Vorschrift des § 397 Abs. 1 AO zugrunde (vgl. auch *Fincke* aaO S. 952; *Geppert* aaO S. 328, *Rogall* aaO Rdn. 31 ff.). Es gibt polizeiliche Verhaltensweisen, die schon nach ihrem äußeren Befund belegen, daß der Polizeibeamte dem Befragten als Beschuldigten begegnet, mag er dies auch nicht zum Ausdruck bringen. Dies wird etwa für Gespräche gelten, die der Beamte mit einem Verdächtigen führt, den er im Kraftfahrzeug der Polizei mit zur Polizeiwache nimmt; hier wird selbst bei einem vergleichsweise geringen Grad des Verdachtes vor jeder Befragung ein Hinweis nach § 136 Abs. 1 Satz 2 StPO anzubringen sein. Dasselbe gilt selbstverständlich, sobald der Betroffene vorläufig festgenommen worden ist, oder bei einer beim Verdächtigen vorgenommenen Durchsuchung."

16. Beweisverbote (Checkliste)

Berichtet der Angeklagte dem Verteidiger, daß er bei seiner polizeilichen Vernehmung nicht belehrt wurde und ihm ein entsprechendes Schweigerecht auch nicht bekannt war, sollte der Verteidiger wie folgt vorgehen:

a) Er sollte seinem Mandanten raten, daß er bei seiner Vernehmung zur Sache darauf hinweist, daß er vor seiner polizeilichen Vernehmung nicht belehrt worden ist.

b) Macht einer der Verfahrensbeteiligten im Rahmen der Vernehmung zur Sache Vorhalte aus einem wegen Verstoßes gegen § 136 StPO unverwertbaren Protokoll, ist sofort zu widersprechen. Was nicht verwertbar ist, darf nicht vorgehalten werden. Bleibt der Vorsitzende bei seinem Standpunkt oder duldet er den Vorhalt eines Verfahrensbeteiligten, ist ein Gerichtsbeschluß über die Zulässigkeit des Vorhalts herbeizuführen (§ 238 Abs. 2 StPO).

c) Spätestens vor Beginn der Vernehmung des Polizeibeamten zur Sache muß der Verteidiger auf die unterbliebene Belehrung hinweisen und der Vernehmung widersprechen. Geht der Vorsitzende auf den Widerspruch nicht ein, ist ein Gerichtsbeschluß herbeizuführen (§ 238 Abs. 2 StPO).

d) Die Frage, ob der Polizeibeamte ordnungsgemäß belehrt hat oder nicht und ggf. weshalb nicht, ist eine prozessuale Frage. Deshalb gilt hier kein Strengbeweis, sondern Freibeweis. Es dürfen daher alle Erkenntnisquellen benutzt werden, wie etwa Akten, berichtende Urkunden, dienstliche Äußerungen, schriftliche, mündliche oder telefonische Auskünfte und dergl. mehr. Solche Erkenntnisquellen darf selbstverständlich auch die Verteidigung präsentieren, wenn sie darüber verfügt. In jedem Falle sollte der Verteidiger Beweisanträge stellen mit dem Ziel, den Nachweis der Unterlassung der Belehrung zu erbringen. Er sollte also den Polizeibeamten, ggf. andere Personen, die bei der Vernehmung zugegen waren, als Zeugen benennen. Zwar gelten die §§ 244 Abs. 3–6, 245 Abs. 2 StPO nicht im Freibeweisverfahren, das ein förmliches Antragsrecht nicht kennt.

Das Gericht kann daher von der beantragten Beweiserhebung ohne Bindung an die gesetzlichen Ablehnungsgründe absehen. In jedem Falle gilt aber § 244 Abs. 2 StPO. Das Gericht darf deshalb von der Feststellung prozessualerheblicher Tatsachen nicht nach Belieben absehen; es muß ermitteln, solange Ermittlungen Erfolg versprechen; mit bloßen Wahrscheinlichkeiten – etwa mit der Erwägung, die Behauptung des Angeklagten erscheine von vornherein unglaubhaft – darf es sich nicht begnügen. Deshalb kann es sich Beweisanregungen auf Anhörung von Vernehmungszeugen auch nicht verschließen. Ergibt der Beweisantrag aber den Verstoß nach §§ 136, so darf die fehlerhaft gewonnene Aussage nicht mehr in den Prozeß eingeführt werden.

3. **Beweismethodenverbote** (so darf nicht bewiesen werden). Beweismethodenverbote schließen eine bestimmte Art und Weise der zulässigen Beweiserhebung aus. Musterbeispiel ist § 136a StPO, der es bei der Vernehmung des Beschuldigten untersagt, Mittel oder Maßnahmen anzuwenden, die die Willensfreiheit beeinträchtigen. Die Vorschrift gilt auch für die Vernehmung von Zeugen und Sachverständigen. Der Nachweis eines Verstoßes gegen § 136a StPO ist außerordentlich schwierig, da die Rechtsprechung auf diesem Gebiet nicht als sonderlich sensibel bezeichnet werden kann. Einige wichtige Fälle aus der Praxis, in der die Rechtsprechung und Lehre den Angriff auf die Menschenwürde nicht hingenommen haben, können jedoch genannt werden:

Es ist unzulässig,
– ein Geständnis entgegenzunehmen, nachdem der Beschuldigte 30 Stunden keine Gelegenheit zum Schlafen hatte (BGHSt 13, 60),
– den Beschuldigten zur Leiche des Opfers zu führen, wenn damit das Ziel verfolgt wird, eine Aussage zu erlangen (BGHSt 15, 187; zum Verhältnis des § 136 zu § 88 Satz 2 StPO vgl. BGHSt 15, 187/189),
– mit der Verhaftung für den Fall weiteren Leugnens zu drohen (BGH bei *Dall* MDR 1971, 18),

- einen gesetzlich nicht vorgesehenen Vorteil zu versprechen, z. B. Entlassung aus der Untersuchungshaft bei Ablegen eines Geständnisses, obwohl das Geständnis die Fluchtgefahr im konkreten Fall nicht beseitigen konnte (BGHSt 20, 269),
- Beschuldigten an der Unfallstelle zu vernehmen, wenn dieser unter Schockwirkung steht,
- jemanden zu vernehmen, dessen freie Willensentscheidung durch Alkohol oder Rauschmittel ernsthaft beeinträchtigt ist. Eine solche Beeinträchtigung liegt nicht nur vor, wenn die Verhandlungsfähigkeit ausgeschlossen ist (so aber LG Münster StV 1981, 613; KK/*Boujong* Rdnr. 16 zu § 136a, die aber beim Drogenkonsum anders entscheiden). Alkohol- oder Rauschmittelgenuß können die Freiheit der Willensentschließung und -betätigung vielmehr schon erheblich vor dem Stadium der Verhandlungsunfähigkeit beeinträchtigen. Das auszunutzen, verbietet § 136a StPO. Zu Recht weist LR/*Hanack* (Rdnr. 28 zu § 136a StPO) darauf hin, daß es den Justizorganen in derartigen Fällen auch durchaus zuzumuten sei, im Ermittlungsverfahren von der sofortigen Vernehmung abzusehen, zumal die für die Trunkenheitsdelikte entscheidende Blutprobe ja dennoch entnommen werden könne (§ 81a StPO). Wann aufgrund des Alkohol- oder Drogenkonsums eine relevante Beeinträchtigung vorliegt, hängt vom Einzelfall ab LR/*Hanack* Rdnr. 28 zu 136a StPO). Bei einem trinkgewohnten Beschuldigten soll die Willensfreiheit bei 2‰ Blutalkoholgehalt noch nicht ernsthaft beeinträchtigt sein, sofern nicht weitere Umstände hinzutreten (LR/*Hanack* Rdnr. 28 zu § 136a StPO; a. A. Hilland S. 87, der im Hinblick auf das Höchstmaß an Konzentration, das die Vernehmung des Beschuldigten abverlangt, die Grenze bei 1,3% ansetzt). Als weitere Umstände nennt *Hanack* (Rdnr. 28 zu § 136a StPO) Schockzustände nach einem Verkehrsunfall in Verbindung mit Ermüdung, die die Schwelle des § 136a StPO für sich nicht erreichen (wie *Hanack* auch *Dahs/Wimmer* NJW 1960, 2218).

Die bloße Rauschmittelabhängigkeit eines Süchtigen beeinträchtigt die Vernehmungsfähigkeit noch nicht. Die Wirkungen einer konkreten Intoxikation, etwa bei Einnahme berauschender Mittel kurz vor der Vernehmung oder Festnahme und Leistungsausfälle aufgrund starker Entzugserscheinungen begründen eine Vernehmungsunfähigkeit (*Täschner* NJW 1984, 641, *Glatzel* StV 1981, 191).

- jemanden als Beschuldigten zu vernehmen, obwohl dieser aufgrund eines erkennbaren geistigen Gebrechens nicht in der Lage ist, seine Interessen und prozessualen Rechte wahrzunehmen (LG Verden StV 1986, 97),
- einem starken Raucher bei der Vernehmung Zigaretten vorzuenthalten und dabei als Vernehmender selbst zu rauchen (BGHSt 5, 291).

Ergeben sich in den Akten Anhaltspunkte für derartige Verstöße, muß der Verteidiger dem nachgehen und die Verstöße in der Hauptverhandlung aufdecken. Methodisch geht er dabei genauso vor wie im Falle des Verstoßes gegen § 136 StPO. Insoweit kann auf die obigen Ausführungen verwiesen werden. Gelingt der Nachweis der Verletzung des § 136a StPO, darf die Aussage weder unmittelbar durch Verlesen oder Abspielen von Tonbändern noch mittelbar durch Vernehmung von Verhörspersonen oder Vernehmungszeugen in der Hauptverhandlung vorgeführt werden. Ebensowenig darf sie zu Zwecken des Vorhalts benutzt werden.

4. Die Beweisverwertungsverbote bezeichnen die Grenzen, die der Verwertung von Beweisergebnissen im Strafprozeß gesetzt sind. Nicht alle Beschränkungen auf dem Gebiet des Beweisrechts haben auch ein Verwertungsverbot zur Folge.

Sofern ein Gesetz ein Verwertungsverbot nicht ausdrücklich anordnet (z. B. § 136a Abs. 3 S. 2 StPO, § 393 Abs. 2 AO 1977, § 51 Abs. 1 Bundeszentralregistergesetz, § 7 Abs. 3 des Gesetzes zur Beschränkung des Brief-, Post- und Fernmeldegeheimnisses), bedarf es jeweils der Einzelprüfung, ob der Verstoß gegen ein Beweisverbot ein Verwertungsverbot nach sich zieht.

Für Verstöße gegen die Belehrungsgebote hat die Rechtsprechung die umstrittene Rechtskreistheorie aufgestellt. Danach muß „bei jeder Vorschrift geprüft werden, ob ihre

Verletzung den Rechtskreis des Beschwerdeführers wesentlich berührt oder ob sie für ihn nur von untergeordneter oder von keiner Bedeutung ist. Bei dieser Untersuchung sind vor allem der Rechtfertigungsgrund der Bestimmung und die Frage, in welchem Interesse sie geschaffen ist, zu berücksichtigen". (BGHSt 11, 213/215.) Danach ist die Aussage des vorschriftswidrig nicht belehrten Zeugen im Falle des § 52 StPO unverwertbar, weil der Rechtskreis des Angeklagten unmittelbar betroffen ist, wenn der Zeuge sich infolge Rechtsunkenntnis nicht frei entscheiden kann. Dagegen unterliegt im Fall der Nichtbelehrung nach § 55 Abs. 2 StPO die Auskunft des Zeugen keinem Verwertungsverbot, weil der Angeklagte kein rechtlich zu schützendes Interesse daran haben kann, daß die Entschlußfreiheit des Zeugen gewahrt bleibt (BGHSt 11, 213/217).

In den Fällen der §§ 53, 53 a StPO, in denen die Zeugenbelehrung nicht vorgeschrieben ist, ist die Aussage auch dann als Beweismittel verwertbar, wenn sie unter Bruch des Berufsgeheimnisses gemacht worden ist, weil der Angeklagte keinen verfahrensrechtlichen Anspruch darauf hat, daß der Zeuge von seiner Befugnis, zu schweigen, Gebrauch macht (BGHSt 9, 59).

5. Wird Urkundenbeweis mit Protokollen und schriftlichen Erklärungen erhoben, muß das für den Verteidiger Anlaß zu höchster Alarmbereitschaft sein. Hier besteht die Gefahr, daß unter Verletzung der Vorschriften des Urkundenbeweises zu Lasten des Angeklagten nur der Inhalt der Akten reproduziert werden soll. Das muß der Verteidiger durch Beanstandungen nach § 238 Abs. 2 StPO verhindern. Dazu bedarf er solider Kenntnisse der Regeln des Urkundenbeweises, die hier nur in groben Zügen dargestellt werden können:

a) Die Regel ist: Alle Urkunden sind verlesbar, es sei denn, daß das Gesetz es verbietet. Die §§ 249 Abs. 1 Satz 1 und Abs. 2 StPO regeln die Form des Urkundenbeweises: Urkunden sind zu verlesen, § 249 Abs. 1 Satz 1. § 249 Abs. 2 StPO läßt den Ersatz der Verlesung durch den Bericht des Vorsitzenden unter den dort genannten Voraussetzungen zu.

§ 249 Abs. 1 Satz 2 erläutert den unausgesprochenen allgemeinen Grundsatz von der Zulässigkeit des Urkundenbeweises durch einige Beispiele, die nicht vollständig sind. Die herrschende Meinung läßt unter Berufung auf § 249 Abs. 1 Satz 1 und Satz 2 StPO die Verwertung früherer Urteile auch zu Zwecken des Beweises in der Tat-, Schuld- und Straffrage zu (dagegen wohl nur *Wömpner* NStZ 1984, 481). Sie gestattet dem Richter also, frühere Urteile zum Beweise dafür zu verlesen, daß eine Auskunftsperson (Angeklagter, Zeuge, Sachverständiger) sich so geäußert habe, wie im Urteil niedergelegt, aber auch zum Beweise dafür, daß die im Urteil behandelte Tat sich so zugetragen habe, wie dort beschrieben. Auf diese Weise kann dann etwas bewiesen werden, daß der Angeklagte in einer früheren Hauptverhandlung gestanden hat oder daß die jetzige Tat persönlichkeitsadäquat sei, weil sie in Art und Ausführung früheren Taten entspreche. Das darin grundsätzlich ein Verstoß gegen § 250 Satz 2 StPO liegt (*Wömpner* NStZ 1984, 481) will die herrschende Meinung nicht wahrhaben. Der Verteidiger sollte bei solchen Verlesungen die Feststellungen des früheren Urteils durch geeignete Beweisanträge angreifen, sei es, daß er die Urteilsverfasser oder die Beteiligten an der früheren Hauptverhandlung als Zeugen dafür benennt, daß das Urteil eine Aussage nicht richtig wiedergibt, sei es, daß er die damals gehörten Auskunftspersonen zum Beweise dafür anführt, daß der Vorgang sich anders als festgestellt ereignet habe.

Solchen Beweisanträgen steht nicht etwa die Rechtskraft des Urteils entgegen (*Alsberg* Beweisantrag, 4. Aufl. 1969, S. 276 m.w.Nachw.).

Auf diese Weise kann der Verteidiger die Beweisführung durch das Urteil unter Umständen vereiteln.

b) Die Freiheit des Urkundenbeweises schränkt § 250 StPO ein. Die Vorschrift zieht die Konsequenz aus der Erfahrung, daß das originäre personale Beweismittel den Vorzug gegenüber seinem urkundlich – sachlichen Surrogat verdient (*Wömpner* NStZ 1983, 294). Aussagepersonen kann man bei der Vernehmung testen und erleben und sich so ein Urteil über sie bilden; der nackten Berichtsurkunde über Wahrnehmungen und Erlebnisse ihres Verfassers sieht man nicht an, „wes geistes Kind" ihr Urheber ist (*Wömpner* NStZ 1983, 295). Der Beweis über Tatsachen, die eine Person „mit ihren 5 Sinnen" wahrgenommen hat, ist durch Vernehmung eben dieser Person zu führen (*Wömpner* NStZ 1983, 294). § 250 Satz 2 StPO ist die negativ formulierte Kehrseite dieses Gebots: Eben weil nach § 250 Satz 1 StPO die Wahrnehmungsperson selbst zu hören ist, verbietet § 250 Satz 2 StPO, solchen Personalbeweis durch Urkundenbeweis in Form von Verlesung von Vernehmungsprotokollen zu ersetzen.

§ 250 StPO gilt nur für berichtende Urkunden, Urkunden also, die einen Bericht über Wahrnehmungen enthalten, die ihr Verfasser gemacht hat. Nicht erfaßt sind Konstitutiv- oder Dispositivurkunden, welche die Existenz einer Tatsache unabhängig von der persönlichen Wahrnehmung einer Wahrnehmungsperson unmittelbar evident ausweisen wie z.B. Verträge, Privatbriefe, für internen Gebrauch erstellte schriftliche Unterlagen, wie Geschäftsbücher, Buchungsbelege. Eine wichtige Einschränkung des § 250 Satz 2 StPO ergibt sich aus dem Begriff des „Ersetzens" der Vernehmung (*Wömpner* NStZ 1984, § 254 ff. m. w. Nachw.). Ein unzulässiger Ersatz findet nur statt, wenn die Vernehmung unterbleibt, obwohl sie tatsächlich möglich ist; nicht aber, wenn sie unterbleibt, weil sie aus tatsächlichen Gründen unmöglich ist. Einen toten Zeugen kann man nicht vernehmen; daher darf seine Aussage verlesen werden.

c) Das Prinzip, erforderlichen und möglichen Personalbeweis nicht durch Sachbeweis mit berichtenden Urkunden zu ersetzen, erleidet eine Ausnahme wiederum in § 251 StPO. Die Vorschrift normiert unterschiedliche Voraussetzungen für die Protokolle aus richterlichen und die Protokolle aus anderen Vernehmungen, falls persönliche Vernehmung nicht oder nur schwer möglich ist.

d) Jeglicher Urkundenbeweis und darüberhinaus jeglicher sonstiger Beweis versagt aber grundsätzlich, wenn der Tatbestand des § 252 StPO eingreift und der Zeuge erscheint und legal schweigt, das heißt die Aussage unter Berufung auf ein bestehendes Aussageverweigerungsrecht verweigert (näher dazu *Alsberg/Nüse/Meyer* S. 465 ff.). Zu den Aussageverweigerungsrechten im Sinne des § 252 StPO gehören nicht nur die Fälle des § 52 StPO, sondern auch die der §§ 53, 53 a und 54 StPO, das allerdings mit folgenden Einschränkungen:

Im Falle der §§ 53, 53 a wirkt das Verwertungsverbot nur, wenn das Weigerungsrecht schon bei der früheren Aussage bestand, nicht aber, wenn der Zeuge damals von der Schweigepflicht entbunden war. Im Falle des § 54 StPO gilt § 252 StPO, wenn der weigerungspflichtige Zeuge in der Fehlvorstellung ausgesagt hat, er sei zum Schweigen nicht verpflichtet. Anders aber, wenn die Aussagegenehmigung später widerrufen worden ist: die vor dem Widerruf gemachte Aussage ist verwertbar.

e) Praeter legem: die Rechtssprechung hat von d) folgende Ausnahmen zugelassen:
– § 252 soll nicht gelten beim Schweigen gem. § 55 StPO (BGHSt 6, 209/211; 17, 337/350; a. A. KMR/*Paulus* § 252 Rdnr. 5). Die frühere Aussage darf mit allen zulässigen Beweismitteln, also auch durch Vernehmung von Polizeibeamten, rekonstruiert werden.
– Eine Ausnahme von § 252 StPO läßt die Rechtssprechung für richterliche Verhörpersonen zu. Wenn sie den Zeugen bei der früheren Vernehmung ordnungsgemäß über sein Weigerungsrecht belehrt haben, dürfen sie über den Inhalt der Aussage vernommen werden (zuletzt BGHSt 32, 25/31). Insoweit sind Vorhalte zur Gedächtnisstütze zulässig.

Verwertbar ist aber nur, was der Richter aus wiedergekehrter Erinnerung sagen kann. Kann er sich nicht mehr erinnern und nur erklären, die Aussagen seinerzeit richtig und vollständig aufgenommen zu haben, so reicht das nicht aus (BGHSt 11, 341/21, 150). Eine Ausnahme hiervon ist wieder: wenn der Zeuge früher als Beschuldigter vernommen wurde (OLG Koblenz StV 1983, 325).

f) § 253 Abs. 1 StPO ist eine Ausnahme von d), wenn der Zeuge schweigt, weil er „sich nicht erinnert" (das gleiche gilt bei widersprüchlichen Aussagen gem. § 253 Abs. 2 StPO). Unter den Voraussetzungen des § 253 StPO darf Urkundenbeweis erhoben werden, und zwar auch mit Polizeiprotokollen und mit schriftlichen Erklärungen, vorausgesetzt, die Auskunftsperson wird zur Sache vernommen (dazu näher *Wömpner* NStZ 1983, 293/294 ff.). Der BGH läßt den Urkundenprozeß nach § 253 StPO nur „als letzten Ausweg" zu, nachdem der – auch mit Hilfe von Vorhalten (Vorlesen, Einsichtsgewährung) unternommene – Versuch, den Zeugenbeweis zu erreichen, erfolglos geblieben ist (BGH NJW 1986, 2063/2064). Dagegen kann der Verteidiger nichts unternehmen. Auf einem anderen Blatt steht, welche Beweiskraft solcher Urkundenbeweis hat. Damit muß sich der Verteidiger kritisch auseinandersetzen.

g) § 254 StPO: Verlesbarkeit früherer Protokolle über die Aussagen des Angeklagten bei früheren Geständnis und bei Widersprüchen: Schweigt der Angeklagte – im Gegensatz zu früher – in der Hauptverhandlung, oder bestreitet er ganz oder teilweise, wird das Gericht auf vorhandene frühere richterliche Protokolle zurückgreifen.

Der Verteidiger muß in diesen Fällen darauf achten, ob das richterliche Protokoll und das zugrundeliegende Verfahren mangelfrei sind. Wesentliche Mängel machen das Protokoll als urkundliches Beweismittel für die Zwecke des § 254 StPO unverwertbar. Solche Mängel liegen vor z. B., wenn
– ein ausgeschlossener oder mit Erfolg abgelehnter Richter die Vernehmung geführt hat,
– Richter und Protokollführer die Niederschrift nicht unterzeichnet haben (§§ 168a Abs. 4, 271 Abs. I S. 1 StPO),
– ein nicht vereidigter Dolmetscher mitgewirkt hat (§ 189 GVG),
– bei der Vernehmung gegen §§ 68 oder 69 Abs. 1 StPO verstoßen wurde. Verstöße gegen § 69 Abs. 1 StPO treten in manchen haftrichterlichen Protokollen offen zutage, wenn es dort etwa heißt:

„Die Niederschrift über meine Vernehmung bei der Kripo vom ...... wurde mir vorgelesen. Sie ist in allen Punkten richtig. Ich mache sie zum Inhalt meiner heutigen Aussage."

Protokolle, die sich in bloß formelhafter Bezugnahme erschöpfen, ohne eine Vernehmung zur Sache im Sinne des § 69 Abs. 1 StPO auszuweisen, sind nicht verlesbar (BGHSt 7, 73; BGH [D] MDR 1974, 725; BGH [H] MDR 1981, 632),
– wenn Anwesenheitsberechtigte nicht gem. § 168c StPO unterrichtet wurden.

Bestehen begründete Zweifel, ob richtig protokolliert wurde, sollte der Verteidiger durch entsprechende Beweisanträge die Vernehmung der richterlichen Verhörperson und/oder des Protokollführers erzwingen. Ferner sollte er Antrag nach § 255 StPO stellen.

Es wird im übrigen allgemein für zulässig gehalten, vom Angeklagten herrührende Schriftstücke zu verlesen, auch soweit sie ein Geständnis enthalten. Verlesbar sollen also seine Eingaben an das Gericht, die Polizei, die Staatsanwaltschaft und Verwaltungsbehörden sein (*Kleinknecht/Meyer* Rdnr. 13 zu § 249).

h) § 256 StPO: Verlesbarkeit von Behördenzeugnissen: Insbesondere ärztliche Atteste dürfen verlesen werden, wenn sie sich auf Körperverletzungen beziehen, die nicht zu den schweren (§§ 224, 226 StGB) gehören. Dadurch soll den Ärzten erspart werden, allzu oft vor Gericht erscheinen zu müssen. Verlesbar sind nur schriftliche Bestätigungen approbierter Ärzte über eigene Wahrnehmungen bei der Untersuchung und Behandlung von Kranken und Verletzten. Unzulässig ist die Verlesung von Tatsachen, die der Arzt bei der Untersuchung ohne besondere Sachkunde festgestellt hat, z. B. Zustand der Kleidung, Angaben des Verletzten oder eines Dritten über die Ursache der Verletzung (BGHSt 4, 155). Ob eine Körperverletzung nicht zu den schweren gehört, beurteilt sich nach dem Anklagegegenstand (hinsichtlich der Einzelheiten wird auf *Kleinknecht/Meyer* § 256 Rdnr. 16 verwiesen).

6. Aus dem Grundgesetz lassen sich ebenfalls Verwertungsverbote ableiten.

So besteht ein Beweisverwertungsverbot für intime Tagebuchaufzeichnungen im Strafverfahren gegen den Verfasser. Uneingeschränkt geschützt ist aber nur der „schlechthin unantastbare Bereich privater Lebensgestaltung" (BVerfGE 34, 338/248). Die Verwertung eines aus einem Eingriff in die „schlichte Privatsphäre" (*Roxin* § 24 D III 2 d) gewonnenen Beweismittels hängt hingegen von einer Abwägung der widerstreitenden Interessen unter Berücksichtigung des Verhältnismäßigkeitsgebots auf der Grundlage der Umstände des Einzelfalles ab. Der BGH (BGHSt 19, 325) führt aus:

> „Werden tagebuchartige Aufzeichnungen, die mit der Persönlichkeitssphäre des Verfassers verknüpft sind und die er nicht zur Kenntnis Dritter bringen wollte, im Strafverfahren als Beweismittel gegen seinen Willen benutzt, so liegt hierin ein Verstoß gegen die Menschenwürde und das Grundrecht auf freie Entfaltung der Persönlichkeit, es sei denn, das Interesse des Staates an der Strafverfolgung überwiegt, im Lichte des Grundrechts abgewogen, das persönliche Interesse am Schutz des eigenen Geheimbereichs."

Eine heimliche Tonbandaufnahme, die von dem Gesprächspartner über ein privates Gespräch mit dem Angeklagten erstellt worden ist, darf im Strafverfahren gegen diesen ohne seine Einwilligung nicht als Beweismittel verwertet werden (BGHSt 14, 358). Eine Ausnahme gilt jedoch wiederum in Fällen schwerer Kriminalität. Hier kann die heimliche Tonbandaufnahme zur Entlastung Unschuldiger oder zur Feststellung der Identität von Straftätern wie z.B. Terroristen oder Erpressern verwertet werden (BGHSt 19, 325/332/333; BGH StV 1986, 325).

7. Die Rechtsprechung und Literatur zu der Frage der prozessualen Verwertbarkeit von Zufallsfunden anläßlich einer Fernsprechüberwachung, d.h. von Erkenntnissen, die eine andere Tat als die der Überwachungsanordnung zugrundeliegende „Katalogtat" oder eine andere Person als den überwachten Verdächtigen betreffen, faßt *Paulus* (KMR/*Paulus* § 249 Rdnr. 579–582) wie folgt zusammen:

Während Erkenntnisse hinsichtlich derselben prozessualen Tat des Überwachten auch dann als Beweismittel zu deren Nachweis verwertbar bleiben, wenn der zur Überwachungsanordnung führende Anfangsverdacht einer „Katalogtat" (z.B. § 249 StGB) sich nicht bestätigt und Anklageerhebung oder Verurteilung nur wegen eines nicht unter § 100a Abs. 1 StPO fallenden rechtlichen Gesichtspunkts (z.B. § 242 StGB in Betracht kommt, sind „Zufallsfunde wegen anderer prozessualer Taten des Überwachten oder solcher Dritter wegen Art. 10 GG nicht unbeschränkt, sondern nur unter der Voraussetzung als Beweismittel verwertbar, daß sie entweder,
– selbst Katalogtaten (§ 100a Abs. 1 StPO) – nicht notwendig gleiche wie der Überwachungsanordnung zugrundeliegend – sind,
– in sonstiger Weise mit einer „Katalogtat" in Zusammenhang stehen, zu ihr einen „objektiven Bezug" haben: Dieses Erfordernis bejaht BGH 28, 128 schon dann, wenn die bei einer wegen Verdachts einer Straftat nach § 129 StGB angeordnete Überwachung des Fernmeldeverkehrs gewonnenen tatsächlichen Erkenntnisse zum Nachweis von Straftaten dienen, die zwar nicht „Katalogtaten" sind, aber wegen der kriminellen Vereinigung als ihr Zweck und ihre Tätigkeit bei der Anordnung oder im Verlauf der Überwachung zugerechnet worden sind.

Ob das grundsätzliche Verbot, „Zufallsfunde" als Beweismittel zu verwerten, daran hindert, sie zum Anlaß zu nehmen, hinsichtlich der „Nichtkatalogtat" Ermittlungen einzuleiten, ist wenig geklärt (LR/*Rieß* § 152 Rdnr. 26). Es ist aber unzulässig, den für prozessuale Zwangsmaßnahmen notwendigen Tatverdacht auf als Beweismittel unverwertbare Überwachungserkenntnisse zu stützen oder sie zu Vernehmungsvorhalten zu benutzen.

Der gegen einen Strafverteidiger bestehende Verdacht der Strafvereitelung zugunsten eines Mandanten, der einer Katalogtat im Sinne des § 100a StPO verdächtig ist, berechtigt nicht zur Überwachung seines Telefonanschlusses (BGH StV 1986, 1 mit Anm. von *Welp* NStZ 1986, 284).

8. Ob eine Fernwirkung eines Beweisverwertungsverbotes besteht, also die sog. „Früchte des verbotenen Baumes" als Beweismittel verwertet werden dürfen, ist umstritten. Die Frage, ob oder wann Beweismittel benutzt werden dürfen, die erst aufgrund der durch die unerlaubte Methode gewonnenen Aussage erlangt oder bekannt geworden sind, wurde auf dem 46. Deutschen Juristentag eingehend behandelt (vgl. DRiZ 1966, 378). Nach der einen Meinung ist grundsätzlich nur die Verwertung der Aussage selbst als Beweismittel verboten, nicht jedoch ihre Verwertung als Grundlage weiterer Ermittlungen, also nicht die Benutzung der mittelbar durch die Aussage erlangten Beweise. Führt z.B. das auf unzulässige Weise (z.B. unter Verabfolgung von Drogen) erlangte Geständnis des Angeklagten dazu, daß die Diebesbeute, die Leiche des Opfers und die Tatwaffe mit zum Beweis geeigneten Tatspuren sichergestellt werden können, so dürfen diese Erkenntnisse jedenfalls verwertet werden. Die Gegenmeinung knüpft an die aus dem amerikanischen Recht stammende „fruit of the poisonous tree doctrine". Sie wurde entwickelt, um disziplinierend auf das Vorgehen der dortigen Strafverfolgungsorgane einzuwirken. Sie hält auch die Verwertung der mittelbar erlangten Beweis grundsätzlich für unzulässig, weil die Verbote des § 136a StPO sonst im Ergebnis umgangen und ausgehöhlt würden, insbesondere der Anreiz bleibe, sie zur Gewinnung mittelbarer Beweise doch anzuwenden. Eine Mittelmeinung will, wenn auch in unterschiedlicher Akzentuierung, auf eine Abwägung im Einzefall abstellen. Sie will dabei berücksichtigen, ob in besonders grober Weise gegen die Rechtsordnung, namentlich gegen Grundrechtsnormen verstoßen worden ist. Dabei soll auch die Schwere der aufzuklärenden Tat bedeutsam sein. Der BGH hat bisher eine generelle Festlegung vermieden (BGH NJW 1980, 1700). Er hat entschieden, eine allgemeine Regel, wann ein Verwertungsverbot über das unmittelbar gewonnene Beweisergebnis hinausreiche und wo seine Grenzen zu ziehen seien, lasse sich nicht aufstellen. Die Grenzen richteten sich jeweils nach der Sachlage und der Art des Verbots. Eine Fernwirkung des Beweisverbotes bestehe allerdings bei § 7 Abs. 3 G 10. In der Entscheidung des BGH (NJW 1980, 1700) ist der obige Meinungsstand mit Literaturnachweisen wiedergegeben.

9. Verstöße gegen die Benachrichtigungspflichten nach § 168c Abs. 5 und § 168d Abs. 1 StPO.
Bei der richterlichen Vernehmung des Beschuldigten, eines Zeugen oder Sachverständigen ist dem Verteidiger die Anwesenheit gestattet. Von den Terminen ist er vorher grundsätzlich zu benachrichtigen. Die Benachrichtigung unterbleibt nur, wenn sie den Untersuchungserfolg gefährden würde (§ 168c StPO). Bei der Einnahme des richterlichen Augenscheins ist dem Verteidiger unter den gleichen Umständen die Anwesenheit gestattet (§ 168d StPO).
Die Ausnahme ist nicht gegeben, wenn nur die Anwesenheit des Berechtigten wegen Gefährdung des Untersuchungserfolgs unerwünscht ist. Auf dem Umweg über die unterlassene Benachrichtigung kann nicht das Anwesenheitsrecht eingeschränkt werden. Auch durch gleichzeitiges Ansetzen mehrerer Termine darf dies nicht geschehen (KMR/*Müller* Rdnr. 5 zu § 168c StPO). Ein Verstoß gegen die Benachrichtigungspflicht führt dazu, daß die Niederschrift ohne Einverständnis des Angeklagten und des Verteidigers nicht als richterliches Protokoll gemäß § 251 Abs. 1 StPO in der Hauptverhandlung verlesen werden darf. Sie soll aber nach der Rechtsprechung unter den Voraussetzungen des § 251 Abs. 2 StPO als schriftliche Äußerung, auch als Niederschrift über eine „andere" Vernehmung verlesen werden (BayObLG MDR 1977, 687; *Kleinknecht/Meyer* § 168c Rdnr. 6). Ausgeschlossen ist die Vernehmung des Ermittlungsrichters (BGH StV 1985, 397; KG StV 1984, 68); auch Vorhalte aus dem Vernehmungsprotokoll sind unzulässig (BGHSt 31, 141; zum Ganzen auch BGHSt 31, 148/153; 32, 115/129 m.w.Nachw.; vgl. auch *Krause* StV 1984, 169ff.).
Das Unterlassen der Benachrichtigung hindert die Anwesenheit des Verteidigers nicht, der auf andere Weise von der Vernehmung Kenntnis genommen hat (*Kleinknecht/Meyer* § 168c Rdnr. 5).

Voraussetzung für eine erfolgreiche Revision ist, daß der Verteidiger der Verlesung eines Protokolls, das unter Verstoß gegen § 168c StPO aufgenommen worden ist, in der Hauptverhandlung widersprochen hat.

17. Rügeverlust (Checkliste)

- Beginn der Vernehmung des
  - ersten Angeklagten
  - über seine persönlichen Verhältnisse
  - in der Hauptverhandlung
    - Ablehnung wegen Besorgnis der Befangenheit § 25 Abs. 1 StPO (§ 31 StPO)
- Beginn der Vernehmung des
  - ersten Angeklagten
  - zur Sache
  - in der Hauptverhandlung
    - Gerichtsbesetzung, § 222a Abs. 2 StPO
    - Besetzungseinwand, § 222b Abs. 1 StPO
- Beginn der Vernehmung
  - des Angeklagten
  - zur Sache
  - in der Hauptverhandlung
    - Funktionelle Zuständigkeit, § 6a Satz 3 StPO
    - Örtliche Zuständigkeit, § 16 StPO
    - Ladung des Angeklagten, § 217 Abs 2 StPO
    - Ladung des Verteidigers, § 218, § 217 Abs. 2 StPO
- Schluß der Beweisaufnahme
  - bzw. der Hauptverhandlung
  (vgl. LR/Dahs § 74 Rdnr. 21; KK/Pelchen § 74 Rdnr. 7)
    - Ablehnung des Sachverständigen, §§ 74, 83 Abs. 2 StPO
- Unverzüglich
  - neue Umstände oder Kenntnis davon
    - Ablehnung wegen Besorgnis der Befangenheit § 25 Abs. 2 Nr. 1 und 2 StPO
  - bei Erscheinen
    - verspäteter Verteidiger, § 218, § 217 Abs. 2 StPO

Anmerkung

Die vorstehende Checkliste gibt nur einen Überblick über die Zeitpunkte, die für mögliche Rügen oder Rügeverluste maßgeblich sein können. Sie umfaßt nicht alle Zeitpunkte, die Relevanz im Verfahren gewinnen können, wie z.B. der Beginn der Urteilverkündung für Beweisanträge. Sie ist zunächst beschränkt auf die wichtigsten oder zumindest häufigsten Rügen, mit denen Einfluß auf den Verfahrensgang genommen wird.

Bei den einzelnen Rügen ist zu beachten, daß sie eigenen Gesetzlichkeiten folgen, die jeweils im konkreten Fall zu beachten sind. Beispielhaft ist eine Problemskizze bzw. ein Prüfungsraster für die Rüge der funktionellen Zuständigkeit entworfen:

17. Rügeverlust (Checkliste) VII. A. 17

Funktionelle Zuständigkeit, § 6 a Satz 3 StPO

Zulässiger Zeitraum
- Grundsätzlich
  - schon im Eröffnungsverfahren mit Wiederholung nach Eröffnung des Hauptverfahrens
- in der Hauptverhandlung
  - Zeitpunkt, in dem der Angeklagte sich nach der Belehrung nach § 243 Abs. 4 Satz 1 zur Aussage bereiterklärt
- Hauptverhandlung gegen mehrere Angeklagte
  - jeder bis zum Beginn seiner Vernehmung
  - Verlust eines Mitangeklagten schadet nicht
- Hauptverhandlung in Abwesenheit
  - durch den nach § 140 Abs. 1 Nr. 1 mitwirkenden Verteidiger
  - Verlesung der Niederschrift über die Vernehmung
  - keine Rüge erforderlich, wenn der Einwand schon bei der Vernehmung erhoben worden ist
- Berufungsverfahren
  - bis zum Beginn zur Vernehmung zur Sache
- maßgeblicher Ausschluß
  - erste Hauptverhandlung in der Sache
  - Befugnis lebt nicht wieder auf bei neuer Hauptverhandlung
    - nach Aussetzung
    - nach Zurückweisung
    - außer bei Wiedereinsetzung nach § 235 StPO

Rügebefugnis
- Angeklagter
- Nebenbeteiligte
- im Jugendgerichtsverfahren Erziehungsberechtigte und gesetzliche Vertreter
- der Verteidiger nicht aus eigenem Recht
- Staatsanwalt und andere Verfahrensbeteiligte geben nur eine Anregung

Form
- vor Beginn der Hauptverhandlung schriftlich oder zu Protokoll
- in der Hauptverhandlung mündlich, Beurkundung in der Sitzungsniederschrift (§ 273 StPO)

Revision
- keine Rüge bei Zurückverweisung des Einwands im Eröffnungsverfahren
- Rüge nach § 338 Nr. 4 StPO der fehlerhaften Zurückweisung, wenn der Einwand rechtzeitig erneut vorgebracht worden ist

Bei anderen Rügen können andere Maßgeblichkeiten zu beachten sein: Etwa
- Ablehnung wegen Besorgnis der Befangenheit
  - Berufungs- und Revisionsverfahren
    - Beginn des Vortrags des Berichterstatters gemäß §§ 324 Abs. 1, 351 Abs. 1 StPO
  - Hauptverhandlung gegen mehrere Angeklagte
    - für alle mit der Vernehmung des ersten Angeklagten; es sei denn, die Verfahren werden erst nach diesem Zeitpunkt verbunden.

Die Beispiele sollen deutlich machen, daß für jede Rüge gesondert – und neben dem in der Checkliste angegebenen Zeitpunkt – die jeweilgen Besonderheiten für verschiedene Verfahrenssituationen unbedingt zu klären und zu beachten sind.

18. Checkliste zur Vorbereitung der Hauptverhandlung

A. Fragen / Probleme, die mit Mandanten zu klären sind:

I. Verteidigungsziel
1. Freispruch
2. a) Verurteilung gemäß Anklage
   b) Alternativen zum Schuldspruch
3. Straffolgenausspruch

II. Verteidigungsstrategien
1. offensive Verteidigung
2. defensive Verteidigung
3. kooperative Verteidigung

III. Aussageverhalten (Grundentscheidung)
1. Aussage zur Sache
2. Schweigen mit Erklärung des Mandanten

IV. Rügemöglichkeiten und Rügepräklusionen
1. Besetzungsrüge
2. Zuständigkeit besonderer Strafkammern
3. Befangenheitsanträge
4. Aussetzungsanträge etc.

V. Gestaltung der Einlassung zur Sache
1. mündlicher Vortrag
2. schriftliche Darstellung
3. Fragesituation

VI. Verständigung im Strafverfahren – Deal
1. Möglichkeiten der Verständigung
2. konkrete Schritte zur Verständigung
3. Vor- und Nachteile der Verständigung
4. rechtliche Zulässigkeit
5. Möglichkeiten der Absicherung

B. Probleme / Fragen, die mit Richter, Staatsanwalt und Mitverteidigern zu klären sind:

I. Gericht:

Prozeßbeginn – Prozeßverlauf
1. Terminabstimmung – mögliche Verhinderungen
2. Sitzungstage – Dauer der täglichen Verhandlungen
3. Gestaltung der Verhandlung – Beweisaufnahme

II. Staatsanwaltschaft:
1. Anklageverfasser – Sitzungsvertreter der Staatsanwaltschaft
2. Ziel der Staatsanwaltschaft; Schuldspruch – Straffolgenausspruch
3. Aufgaben der Staatsanwaltschaft im konkreten Verfahren

18. Checkliste zur Vorbereitung der Hauptverhandlung

III. Namen und Persönlichkeit der Richter

1. Vorsitzender Richter
2. eventuelle Beisitzer – Berichterstatter
3. Schöffen – berufliche Herkunft / Stellung

IV. Mitverteidiger

1. Ziel des/der Mitangeklagten
2. Persönlichkeit der Mitverteidiger
3. Gemeinsamkeiten oder Gegensätze

C. Zusammenstellung von Akten und Arbeitsmaterialien

I. Handakten des Verteidigers

1. Anlegen der Handakte
2. Inhalt der Handakte / Abschriften und Vermerke
3. sonstiger Inhalt von Handakten (Beschlagnahmeprivileg!)

II. Ablichtungen von Verfahrensakten

1. Vollständigkeit der Verfahrensakten
2. Kennzeichnung der Aktenteile (Inhaltsübersicht)
3. Übersichten und sonstige Hilfsmittel

D. Logistische Vorbereitung

I. Anfahrt zum Gericht

1. Örtliche Besonderheiten
2. Parkplatz
3. Verkehrssituation

II. Im Gericht

1. Anwaltszimmer
2. Treffen mit Kollegen
3. Erreichbarkeit
4. Schließung von Gericht, Parkhaus

Anmerkungen

Diese Checkliste soll in Stichpunkten einen kurzen Überblick über die Fragen geben, die möglicherweise bei der Vorbereitung einer Hauptverhandlung zu beachten sind.

Sie enthält Merkpunkte der unterschiedlichsten Art und wird möglicherweise nach jedem Einzelfall zu ergänzen sein. Insoweit kann sie bereits keinen Anspruch auf Vollständigkeit erheben. Unabhängig davon ist sie gedacht als reine Auflistung von Merkpunkten, die im Einzelfall Anlaß geben können, in eine eingehende Vorbereitung oder Bearbeitung des jeweiligen Punktes einzutreten.

Die Checkliste ist gesetzt an den Schluß des Abschnittes A und vor den Abschnitt B, da sie sowohl Gesichtspunkte für die Vorbereitung, wie auch für die Durchführung der Hauptverhandlung enthält.

B. Tätigkeit in der Hauptverhandlung

Einleitung

Im Verhältnis zur Vorbereitung ist die Tätigkeit in der Hauptverhandlung selbst naturgemäß weniger vorherbestimmbar oder in Formulare faßbar. Sie ist aber in Komplexe eingrenzbar, wobei unseres Erachtens diese sich folgerichtig an die Vorbereitungsarbeit anschließen. Zunächst sind die gegebenenfalls angekündigten Anträge im Auge zu behalten, und es ist gleichzeitig aus dem Verlauf der konkreten Hauptverhandlung die Verteidigertätigkeit durch das Stellen von „aktuellen" Anträgen zu entwickeln. Beide Antragskomplexe werden selten im zeitlich getrennten Nacheinander abzuhandeln sein. Somit kann die hier gewählte Gliederung letztlich auch nur ein abstraktes Ordnungsschema sein. Sie ist der Versuch, mögliche Situationen für die Notwendigkeit und Zwangsläufigkeit von Anträgen, die auch rein abstrakt nie umfassend bestimmbar sein können, und deren verschiedene Ausgangspunkte aufzuzeigen. Unter diesen Gliederungsgesichtspunkten haben wir die Ablehnung wegen Besorgnis der Befangenheit, das Verteidigungsverhältnis, das Fragerecht und das Plädoyer gesondert behandelt.

Die Ablehnung wegen Besorgnis der Befangenheit ist dabei nur ein mögliches Beispiel für ein Problemfeld, das sich durch die gesamte Tätigkeit während eines Hauptverfahrens ziehen kann: als Antrag vor der Hauptverhandlung, als angekündigter und dann in der Hauptverhandlung gestellter Antrag, oder als Antrag aus dem Verlauf der Hauptverhandlung. Obwohl eine Selbstverständlichkeit soll der Hinweis erlaubt sein, daß die unter den angekündigten aufgeführten Anträge auch Bedeutung für die Hauptverhandlung haben, wenn sie nicht angekündigt worden sind. Sie werden dann maßgebend als solche aus dem Verlauf der Hauptverhandlung.

I. Angekündigte Anträge

1. Ablehnung von Verfahrensbeteiligten wegen Besorgnis der Befangenheit

An das
Amtsgericht/Landgericht
......

In der Strafsache
gegen ......
Az.: ...

lehne ich namens und in Vollmacht des Angeklagten den Richter ...... wegen Besorgnis der Befangenheit ab.
......

Anmerkung

Es handelt sich um einen Antrag, der hier im Hinblick auf das in der Gliederung zu diesem Abschnitt erläuterte Gliederungsschema nur zur Erinnerung und wegen der gedanklichen Vollständigkeit aufgeführt ist. Wegen der Einzelheiten vgl. die Formulare bei VII. B. 19.

2. Antrag auf Änderung der Sitzordnung

a) Wiedererkennen des Angeklagten durch Zeugen*

An das
Amtsgericht/Landgericht
......

In der Strafsache
gegen ......
Az.: ...

beantrage ich,

in der Hauptverhandlung am ...... die Hervorhebung des Angeklagten durch die Sitzordnung im Gerichtssaal dadurch zu beseitigen, daß diesem gestattet wird, zu Beginn der Verhandlung bis zur Vernehmung des Zeugen S unter den Zuhörern Platz zu nehmen.

Der Angeklagte bestreitet den Vorwurf, am 8. Oktober 1990 das Fahrzeug des Zeugen S. auf der Autobahn Köln-Neuss rechts überholt, sich anschließend vor das Fahrzeug gesetzt und abrupt gebremst zu haben. Er läßt sich dahingehend ein, zum fraglichen Zeitpunkt nicht mit dem Auto gefahren zu sein.
Der Zeuge S. hat zwar bei der Polizei bekundet, er werde den Angeklagten, Herrn W., in der Hauptverhandlung mit Sicherheit wiedererkennen. Er konnte den Fahrer lediglich ungenau als „älteren Mann mit dunklen kurzen Haaren und Hornbrille" beschreiben. Der Angeklagte ist zwar Brillenträger, jedoch erst 40 Jahre alt und trägt seine Haare keineswegs kurz.
Gemäß der polizeilichen Aussage des Zeugen hat er den Fahrer des PKW nur kurze Zeit beobachtet. Eine ordnungsgemäße Gegenüberstellung hat nicht stattgefunden. Der Zeuge mag sich persönlich hundertprozentig sicher sein. Wissenschaftliche Erkenntnisse haben jedoch ergeben, daß es diese Sicherheit allein aufgrund seiner flüchtigen Beobachtung objektiv nicht gibt. Dem steht allein schon das bekannte Doppelgängerphänomen entgegen. Es besteht die Gefahr, daß der Zeuge in der Hauptverhandlung allein aufgrund der suggestiven Wirkung, die von der Tatsache ausgeht, daß sich Herr W. auf der Anklagebank befindet, den Angeklagten wiedererkennen will.

Rechtsanwalt

Schrifttum: Alsberg/Nüse, Der Beweisantrag im Strafprozeß, 4. Aufl., 1969; *Alsberg/Nüse/Meyer,* Der Beweisantrag im Strafprozeß, 5. Aufl., 1983; *Arntzen,* Vernehmungspsychologie, Psychologie der Zeugenvernehmung, 2. Aufl., 1986; *Bender/Röder/Noack,* Tatsachenfeststellung vor Gericht, Band II, Vernehmungslehre, 1981; *Budde,* Anmerkung zu AG Unna, StV 1982, 109; *Gniech/Stadtler,* Die Wahlgegenüberstellung – Methodische Probleme des kriminalistischen Wiedererkennens; *Odenthal,* Die Gegenüberstellung zum Zwecke des Wiedererkennens, NStZ 1985, 433; *Schweling,* Zum Wiedererkennen des Täters Beweiswert und Revisibilität, MDR 1969, 177; *Sporer,* Experimentalpsychologische Grundlagen der Personenidentifizierung, MschrKrim 1984, 339.

---

* Dieses Muster ist im wesentlichen unverändert aus der insoweit von Tondorf bearbeiteten 1. Auflage übernommen.

Anmerkungen

Warnung: Dieser Antrag ist besonders sorgfältig mit dem Mandanten zu erörtern: Erkennt der Zeuge den Angeklagten als Täter unter den Zuhörern wieder, bleibt kaum noch Spielraum, die Identifizierung in Frage zu stellen.

Zu bedenken ist auch, daß der Zeuge bei Erscheinen des Angeklagten und des Verteidigers bereits vor dem Sitzungssaal anwesend sein kann.

In dieser Situation ist durch möglichst unauffälliges Verhalten zu vermeiden, daß der Zeuge den Mandanten als Angeklagten erkennen kann.

Es sollten beispielsweise keine Gespräche zwischen Mandanten und Verteidiger stattfinden, insbesondere wenn der Verteidiger bereits mit der Robe gekleidet ist.

1. Das Wiedererkennen des vermeintlichen Täters in der Hauptverhandlung führt zu großen Problemen, denn eine ordnungsgemäße Gegenüberstellung hat hier vorher nicht stattgefunden. Kommt es auf eine Identifizierung des Täters in der Hauptverhandlung an und wird dies dem Verteidiger bei der Vorbereitung ersichtlich, hat er durch geeignete Anträge die Hervorhebung des Angeklagten durch die Sitzordnung zu beseitigen. Dazu meint *Budde* (StV 1982, 109), er habe noch nie erlebt, daß ein Gericht einen derart begründeten Antrag abgelehnt hätte. Es handelt sich hierbei um eine Beweisanregung, der nachzugehen dem Gericht unter dem Gesichtspunkt der Aufklärungspflicht gem. § 244 Abs. 2 StPO geboten ist (Alsberg/Nüse/Meyer S. 97 ff.).

2. Der Verteidiger darf es deshalb erst gar nicht dazu kommen lassen, daß es bei Hervorhebung des Angeklagten durch die Sitzordnung zu der gängigen Frage kommt, ob der Zeuge die Person auf der Anklagebank als den Täter wiedererkenne. Sollte das Gericht einen solchen Antrag ablehnen und bei fortdauernder Hervorhebung des Angeklagten an den Zeugen die Frage richten, ob er den Angeklagten als Täter wiedererkenne, ist eine solche Frage als ungeeignet gem. §§ 241, 242 StPO zu beanstanden und ggf. ein Gerichtsbeschluß über die Zulässigkeit der Frage herbeizuführen.

   Für das Wiedererkennen des Täters vor der Hauptverhandlung gilt folgendes: Eine Vernehmung des Wiedererkennungszeugen muß jeder Vorlage von Fahndungsfotos und Gegenüberstellung vorausgehen. Fehlt eine gründliche Vorvernehmung, wird die beste Gegenüberstellung problematisch. Deshalb sollte der Verteidiger auch darauf bestehen, bei der Gegenüberstellung anwesend zu sein, damit vorher die erforderlichen Fragen gestellt werden können. Beschuldigter und Zeugen müssen auf polizeiliche Ladung hin nicht zur Gegenüberstellung erscheinen. Demgegenüber können Staatsanwaltschaft und Gericht eine Vorführung zum Zwecke der Gegenüberstellung anordnen und erzwingen. Da es sich bei der Gegenüberstellung um eine besondere Form der Vernehmung handelt (§ 58 Abs. 2 StPO), ist der Beschuldigte erneut auf sein Aussageverweigerungsrecht und der Zeuge auf ein eventuelles Zeugnisverweigerungsrecht hinzuweisen. Hier liegt ggf. die nächste Fehlerquelle: Der Verteidiger muß stets darauf achten, ob der Zeuge nicht schon vor der Gegenüberstellung Gelegenheit hatte, den Verdächtigen in auffallender Weise zu sehen, z.B. auf dem Weg zur Gegenüberstellung auf dem Flur in Begleitung eines Polizeibeamten, etwa gar mit Handschellen.

3. Zum Problem des Wiedererkennens und insbesondere eines wiederholten „Wiedererkennens", vgl. BGHSt 16, 204; NStZ 1982, 342 sowie OLG Schleswig SchlHA 1971, 216; KG NStZ 1982, 215; OLG Karlsruhe NStZ 1983, 377 mit Anmerkung *Odenthal* NStZ 1984, 137; *Kleinknecht/Meyer* § 58 Rdnr. 12.

   Speziell zur Revisibilität von Fehlurteilen in Wiedererkennungsfällen (Fehler der Beweiswürdigung oder der Beweiserhebung), vgl. *Odenthal* NStZ 1985, 433, 437 f. m.w.N.; OLG Frankfurt NStZ 1988, 41.

2. Antrag auf Änderung der Sitzordnung

b) Bessere Verständigung mit dem Verteidiger

An das
Amtsgericht/Landgericht
......

In der Strafsache
gegen ......
Az.: ...

wird beantragt,
    den Angeklagten ...... neben mir auf der Verteidigerbank sitzen zu lassen.[1]

Mein Mandant leidet unter einer akuten Hörgangentzündung, mit der Folge eines eingeschränkten Hörvermögens.
Hiervon ist insbesondere die Verständigung zwischen ihm und mir betroffen. Wenn mein Mandant, wie bisher, hinter mir plaziert ist, sind kurze notwendige Absprachen nicht möglich.[2]

Rechtsanwalt

Anmerkungen

1. Die übliche Sitzordnung in der Hauptverhandlung weist dem Angeklagten einen speziell für ihn vorgesehenen Platz zu. Erfahrungsgemäß wird diese Regel von vielen Mandanten als eine zusätzliche Belastung empfunden, weil sie ihre Stellung als Angeklagte im Verfahren unterstreicht. Auch für diese Problematik sollte der Verteidiger geeignete Mittel kennen. Der Mandant wird sich auch insoweit gut betreut und verstanden fühlen.
Eine Änderung der Sitzordnung gehört im weiteren Sinne zur Sachleitung der Verhandlung, die gemäß § 238 Abs. 1 StPO dem Vorsitzenden des Spruchkörpers obliegt (LR/ *Gollwitzer* § 238 Rdnr. 10). Der Verteidiger kann die Frage der Sitzordnung zweckmäßigerweise auch vor Beginn der Hauptverhandlung mit dem Vorsitzenden erörtern. In vielen umfangreichen Strafverfahren, insbesondere in Steuer- und Wirtschaftsstrafsachen, ist es notwendig, stets gemeinsam mit dem Mandanten Einblick in die Akten nehmen zu können. In diesen Fällen ist es in der Regel unproblematisch, daß der Angeklagte neben seinem Verteidiger sitzen kann.

2. Grundsätzlich wird die vorgefundene Sitzordnung die jederzeitige Kommunikation (durch Flüstern) zwischen Verteidiger und Mandanten während der Hauptverhandlung ermöglichen. Ist die Sitzordnung ausnahmsweise nicht in dieser Weise beschaffen, entweder wegen der Räumlichkeiten, oder verhindern besondere Umstände, wie in der Fallgestaltung des Formulars, die erforderliche Verständigung, kann zunächst darum gebeten werden, dem Mangel durch Änderung der Plazierung abzuhelfen. Wird der Bitte nicht entsprochen, empfiehlt es sich jedoch dringend, hierüber einen Gerichtsbeschluß nach § 238 Abs. 2 StPO herbeizuführen, um die Ablehnung des Antrages mit der Revision (unzulässige Beschränkung der Verteidigung nach § 338 Nr. 8 StPO) beanstanden zu können (OLG Köln NJW 1961, 1127; NJW 1980, 302; *Molketin* AnwBl. 1982, 469).

3. Nichtverlesung eines fehlerhaften Anklagesatzes

An das
Amtsgericht/Landgericht
......

In der Strafsache
gegen ......

Az.: ...

beantrage ich,

> den Anklagesatz der Anklageschrift vom ...... in der heutigen Hauptverhandlung ...... nicht verlesen zu lassen.[1]

Wie bereits im Schriftsatz vom ......, mit dem die Verteidigung die Nichteröffnung des Hauptverfahrens beantragt hat, ausführlich dargelegt,[2] entspricht der Anklagesatz nicht der in § 200 Abs. 1 Satz 1 StPO vorgeschriebenen gesetzlichen Form.
Nachdem das Gericht durch den Eröffnungsbeschluß vom ...... die Anklage unverändert zur Hauptverhandlung zugelassen hat, wird nunmehr die Nichtverlesung des Anklagesatzes in der Hauptverhandlung beantragt.
Der Mangel des Anklagesatzes ergibt sich aus Punkt 2a, Blatt 2 der Anklageschrift. Hier heißt es wörtlich wie folgt:

> „...... indem der Angeklagte sich am 10. 2. 1991 gegen 16.32 Uhr, seinen gegen die Zeugen A und B aufgestauten inneren Aggressionen nachgebend, entschloß, das Lokal ...... aufzusuchen. Wie von ihm erwartet, hielten sich zu diesem Zeitpunkt die beiden Zeugen A. und B. in dem Lokal auf. Bereits beim Eintreten in das Lokal begann der Angeklagte, die beiden Zeugen übel zu beschimpfen, um so einen Streit mit ihnen zu provozieren. Die Zeugen berichten glaubwürdig, daß sie sich nicht auf eine Auseinandersetzung mit dem Angeklagten einlassen wollten. Aus Wut darüber setzte der Angeklagte die Beschimpfungen nun in einem aggressiv gesteigertem Maße fort.
>
> Die Zeugin C., Wirtin des Lokals ......, die den Vorgang von Anfang an beobachten konnte, sah dann, wie der Angeklagte plötzlich ein mitgeführtes großes Schlüsselbund erhob und damit mehrere Male auf den Zeugen A. einschlug. Der Zeuge A. erlitt durch die Schläge eine Kopfplatzwunde und ein etwa 5 DM-Stück großes Hämatom unter dem linken Auge."

Im konkreten Anklagesatz wird das von der Staatsanwaltschaft behauptete Tatgeschehen in nicht vertretbarer Ausführlichkeit dargestellt, so daß der Eindruck entsteht, die angeklagte Tat sei als Untersuchungsergebnis schon erwiesen. Überdies enthält der Anklagesatz die Beweiswürdigung der Staatsanwaltschaft. Aus diesen Gründen ist der Anklagesatz tatsächlich als Darstellung des auf der Basis der Beweiswürdigung der Staatsanwaltschaft beruhenden Ergebnisses der Ermittlungen anzusehen.
Die Verlesung dieses Anklagesatzes verstößt gegen §§ 243 Abs. 3 Satz 1, 244 Abs. 1 und 261 StPO. Das Gesetz schreibt durch § 243 Abs. 3 StPO vor, daß nur der Anklagesatz der Anklageschrift zu verlesen ist. Die Vorschrift soll gewährleisten, daß die nicht aktenkundigen Verfahrensbeteiligten, also die Schöffen, zu Beginn der Hauptverhandlung darüber informiert werden, welcher Tatvorwurf dem Angeklagten gemacht wird. Darüberhinaus darf ihnen die Anklageschrift, und insbesondere das wesentliche Ergebnis der Ermittlungen, weder durch Verlesen noch auf andere Weise mitgeteilt werden. Daraus folgt zwingend, daß nicht Teile des wesentlichen Ergebnisses der Ermittlungen über den gemäß § 243 Abs. 3 Satz 1 StPO zu Beginn der Hauptverhandlung zu verlesenden Anklagesatz in

3. Nichtverlesung eines fehlerhaften Anklagesatzes

die Hauptverhandlung eingeführt werden dürfen, und daß der zu verlesende Anklagesatz keine Beweiswürdigung enthalten darf.
Aus den genannten Gründen darf der gerügte Anklagesatz nicht verlesen werden.

Rechtsanwalt

Schrifttum: Krause/Thon, Mängel der Tatschilderung im Anklagesatz und ihre rechtliche Bedeutung, StV 1985, 252; *Rieß,* Anm. zu BGH-Urteil vom 2. 12. 1986, JR 1987, 389; *Danckert,* Anm. zu BGH, Urteil vom 2. 12. 1986, StV 1988, 282

Anmerkungen

1. Die gesetzliche Form des Anklagesatzes ergibt sich aus § 200 Abs. 1 StPO. Danach hat er den Prozeßgegenstand in persönlicher und sachlicher Hinsicht zu bestimmen. Er muß insbesondere klar herausstellen, auf welchen konkreten historischen Sachverhalt der dem Angeklagten gemachte Tatvorwurf bezogen ist. Darüberhinaus erhält der Anklagesatz durch die Regelung in § 243 Abs. 3 S. 1 StPO eine spezielle prozessuale Aufgabe. Danach ist nur der Anklagesatz zu Beginn der Hauptverhandlung vor der Einlassung des Angeklagten zur Sache und der Beweisaufnahme zu verlesen. Der zweite Teil der Anklageschrift (das wesentliche Ergebnis der Ermittlungen) ist demgegenüber nicht zu verlesen. Bedeutung erlangt diese Regelung über den Ablauf der Hauptverhandlung für die Schöffen, da sie die einzigen Verfahrensbeteiligten sind, die den Inhalt der Akten und damit auch die Beweisführung der Staatsanwaltschaft nicht kennen können.
Damit die Schöffen zu Beginn der Hauptverhandlung hinreichend über den Verfahrensgegenstand informiert werden, jedoch darüberhinaus keine Kenntnis von der Beweisführung der Staatsanwaltschaft erhalten, schreibt das Gesetz die Verlesung lediglich des Anklagesatzes vor (Prozeßfunktion des Anklagesatzes). Enthält der Anklagesatz Elemente von Beweiswürdigung, so liegt hierin ein wesentlicher Mangel des Anklagesatzes im Hinblick auf diese Prozeßfunktion (BGH StV 1988, 282 mit Anm. *Danckert*).

2. Auf einen solchen Mangel ist das Gericht von der Verteidigung schon im Zwischenverfahren hinzuweisen. Die Nichtzulassung der mangelhaften Anklage zur Hauptverhandlung ist bereits zu diesem Zeitpunkt zu beantragen. Bei Erfolglosigkeit des Antrags ist der Verlesung des Anklagesatzes zu widersprechen. Wird der Einwand gegen die Zulassung einer nicht dem Gesetz entsprechenden Anklageschrift und der Verlesung eines an einem wesentlichen Mangel leidenden Anklagesatzes erstmals im Rahmen der Revision erhoben, wird die Verfahrensrüge in der Regel an dem Beruhenserfordernis scheitern. Wenn der Verteidiger der Zulassung der fehlerhaften Anklage und ihrer Verlesung widerspricht, kann sich hieraus eine Verfahrensrüge für den Verteidiger ergeben. Auch sonst kann ein Befangenheitsantrag auf ein solches Verhalten des Gerichts als objektiv willkürliches gerichtliches Handeln gestützt werden (vgl. zu allem *Danckert* StV 1988, 282 ff.; *Krause/ Thon* StV 1985, 252 ff.).
Andererseits ist zu bedenken, daß wesentliche Mängel in der Anklageschrift noch in der Hauptverhandlung durch Ergänzungen oder/und Erläuterungen entweder von der Staatsanwaltschaft oder vom Gericht behoben werden können (*Kleinknecht/Meyer* § 200 Rdnr. 26; KK/*Treier* § 200 Rdnr. 24). Ein solcher Verfahrensvorgang ist in das Sitzungsprotokoll aufzunehmen (BGH NStZ 1984, 133; KK/*Treier* § 243 Rdnr. 33; derselbe § 200 Rdnr. 24).
Wird ein wesentlicher Mangel der Anklageschrift nicht behoben, sind Anklageschrift und Eröffnungsbeschluß unwirksam, was zur Einstellung des Verfahrens führt (*Kleinknecht/Meyer* § 200 Rdnr. 26 m.w.N.).

4. Besetzungseinwand

An das
Amtsgericht/Landgericht
......

In der Strafsache
gegen ......

Az.: ...

beantrage ich,
......

Anmerkung

Der Antrag ist hier als Formular unvollständig aufgenommen und dient nur als Erinnerungsstütze. Die Besetzungsfragen sind eingehend behandelt in Abschnitt VII.C.

5. Aussetzung der Hauptverhandlung wegen Nichteinhaltung der Ladungsfrist

a) Ladung des Angeklagten

An das
Amtsgericht/Landgericht[1]
......

In der Strafsache
gegen ......

Az.: ...

beantrage ich namens und in Vollmacht den Angeklagten[2]

die Hauptverhandlung auszusetzen und den Termin aufzuheben.[3]

Mit Schreiben des Gerichts vom ...... ist Termin zur Hauptverhandlung auf den heutigen Tag anberaumt worden und gleichzeitig der Angeklagte zur Hauptverhandlung geladen worden. Die Ladung ist dem Angeklagten am ...... zugestellt worden,[4] also nur 5 Tage vor dem heutigen Termin.[5]

Der Angeklagte, der als Handelsvertreter häufig mehrere Tage in der Woche berufsbedingt ortsabwesend ist, hatte wegen der kurzfristigen Kenntnisnahme von der Hauptverhandlung keine Gelegenheit, die Verhandlung mit seinem Verteidiger ausreichend vorzubereiten.[6]

Wegen Nichteinhaltung der Ladungsfrist gem. § 217 Abs. 1 StPO[7] ist deshalb die heutige Hauptverhandlung auf Antrag des Angeklagten gem. §§ 217 Abs. 2, 228 StPO auszusetzen.[8]

Rechtsanwalt

Schrifttum: Ordemann, Das Ausbleiben des Angeklagten bei Nichteinhalten der Frist des § 217 Abs. 1 StPO, MDR 1960, 190

5. Aussetzung der Hauptverhandlung wegen Nichteinhaltung der Ladungsfrist VII. B. 5

Anmerkungen

1. Über den Aussetzungsantrag entscheidet das mit der Sache befaßte Gericht (§ 228 Abs. 1 S. 1 StPO) durch Beschluß (*Kleinknecht/Meyer* § 217 Rdnr. 9). Der Beschluß, durch den die Aussetzung abgelehnt wird, ist nach § 305 S. 1 StPO unanfechtbar (LR/*Gollwitzer* § 217 Rdnr. 15). Der Aussetzungsantrag wegen Nichteinhaltung der Ladungsfristen kommt nur für den 1. Termin im erstinstanzlichen Verfahren in Betracht, nicht für die Berufungsverhandlung, § 329 StPO (vgl. auch Anm. 7).

2. Der Antrag kann nur von dem Angeklagten persönlich oder für ihn von dem dazu bevollmächtigten Verteidiger gestellt werden.
Aus eigenem Recht ist der Verteidiger nicht antragsberechtigt (*Kleinknecht/Meyer* § 217 Rdnr. 7).

3. Der Antrag kann auch schon schriftlich vor Beginn der Hauptverhandlung gestellt werden (BGHSt 24, 143, 151). Dies empfiehlt sich insbesondere dann, wenn der Verteidiger den Termin nicht wahrnehmen kann. Ist über den Antrag noch nicht entschieden, so ist streitig, ob der Angeklagte trotz des Aussetzungsantrages verpflichtet ist, zum Termin zu erscheinen (verneinend: BGHSt 24, 143, 151; *Roxin*, Strafverfahrensrecht, § 41 A S. 262; LR/*Gollwitzer* § 217 Rdnr. 8 m. w. N.; bejahend: *Kleinknecht/Meyer* § 217 Rdnr. 11 unter fälschlicher Berufung auf BGHSt 24, 143 ff.; OLG Köln NJW 1955, 1243).
Diese Frage ist von **erheblicher** praktischer Bedeutung, da zum Teil angenommen wird, daß bei Ausbleiben des Angeklagten Maßnahmen nach § 230 Abs. 2 StPO ergehen können (*Kleinknecht/Meyer* § 217 Rdnr. 11; *Ordemann* MDR 1960, 190 ff.). Jedoch ist, wenn man von einer Pflicht zum Erscheinen des Angeklagten ausgeht, der Angeklagte zumindest als hinreichend entschuldigt im Sinne der o. g. Vorschriften anzusehen (so auch LR/*Gollwitzer* § 217 Rdnr. 13 f. m. w. N.).
Der Aussetzungsantrag muß spätestens bis zur Vernehmung des Angeklagten zur Sache gestellt werden (§ 217 Abs. 2 StPO). Er ist formal zugleich ein Antrag auf Terminsverlegung (LR/*Gollwitzer* § 217 Rdnr. 8).

4. Eine formlose Mitteilung genügt nicht, um den Lauf der Ladungsfrist des § 217 Abs. 1 StPO in Gang zu setzen (vgl. auch Nr. 117 Abs. 1 S. 1 RiStBV), es sei denn, die Ladungsfrist muß nicht beachtet werden, z. B. bei erneuter Ladung zur Hauptverhandlung (*Kleinknecht/Meyer* § 216 Rdnr. 2 m. w. N.).

5. Aus dem Wortlaut des § 217 Abs. 1 StPO (zwischen) folgt, daß bei der Fristberechnung der Tag der Zustellung und der Tag, an dem die Hauptverhandlung stattfinden soll, nicht mitzurechnen sind (*Kleinknecht/Meyer* § 217 Rdnr. 2). Zu beachten ist, daß § 43 Abs. 2 StPO nicht gilt (*Kleinknecht/Meyer* § 217 Rdnr. 2).

6. Der Grundsatz der „Waffengleichheit" (BVerfG 63, 45, 61) gebietet, dem Angeklagten ausreichend Gelegenheit zur Vorbereitung auf die Hauptverhandlung zu geben. Dies ist der Sinn der Ladungsfrist. Da sie dem Schutz des Angeklagten dient, kann er – auch gegen den Widerspruch seines Verteidigers (KK/*Treier* § 217 Rdnr. 8; a. A. *Rieß* NJW 1977, 881, 883) – auf die Einhaltung der Ladungsfrist verzichten.

7. Zu beachten ist, daß die Ladungsfrist nur für die Ladung **zum ersten** Hauptverhandlungstermin gilt (LR/*Gollwitzer* § 217 Rdnr. 5). Auch der erste Termin nach Unterbrechung bzw. Aussetzung der Hauptverhandlung erfordert nicht erneut die Einhaltung der Ladungsfrist (BGH NJW 1982, 248 m. w. N.; *Kleinknecht/Meyer* § 229 Rdnr. 14; a. A. für den Fall der Aussetzung BayObLG MDR 1979, 159).

8. Die Revision kann nach h. M. auf die Nichteinhaltung der Ladungsfrist allein nicht gestützt werden. Nur die Ablehnung eines Aussetzungsantrags durch Gerichtsbeschluß ist mit der Revision nachprüfbar (§ 338 Nr. 8), wobei anzunehmen ist, daß das Urteil meist auf diesem Verstoß als Verteidigungsmöglichkeiten einschränkend beruhen wird (*Kleinknecht/Meyer* § 217 Rdnr. 12; BayObLG NStZ 1982, 172).

b) Ladung des (jedes einzelnen) Verteidigers

An das
Amtsgericht/Landgericht
......

In der Strafsache
gegen ......
Az.: ...

habe ich dem Gericht mit Schriftsatz vom ...... unter Vollmachtsvorlage angezeigt, daß ich als weiterer Verteidiger den Angeklagten vertrete.[1]
Ich habe heute von dem Mitverteidiger RA ......[2] erfahren, daß das Gericht mit Schreiben vom ...... Termin zur heutigen Hauptverhandlung anberaumt und die anderen Verteidiger zur Hauptverhandlung geladen hat. Ich habe mithin erst heute von diesem Termin Kenntnis erlangt.[3] Diese kurzfristige Kenntnisnahme von der heutigen Hauptverhandlung macht es mir unmöglich, das Verfahren ausreichend durch Besprechung mit meinem Mandanten und in Absprache mit den Mitverteidigern vorzubereiten. Es ist ferner nicht möglich, andere Termine, die bereits seit längerer Zeit auf den heutigen Tag angesetzt worden sind, zu verlegen.
Ich beantrage deshalb,
> die Verhandlung wegen Nichteinhaltung der Ladungsfrist nach §§ 228 S. 2, 217 Abs. 1 StPO auszusetzen.[4]

Rechtsanwalt

Anmerkungen

1. Wenn der Angeklagte mehrere Verteidiger hat, so muß die Wochenfrist des § 217 Abs. 1 StPO bei jedem Verteidiger, der seine Wahl dem Gericht bzw. – bei Hinzuziehung im Ermittlungsverfahren – der Staatsanwaltschaft angezeigt hat, gewahrt werden (BGH NStZ 1985, 229). Sind mehrere Anwälte einer Sozietät bestellt, so genügt jedoch die Ladung des Verteidigers der Sozietät, der seine Wahl angezeigt hat (h.M. LR/*Gollwitzer* § 218 Rdnr. 10).

2. Fraglich ist, ob die zwingend vorgeschriebene förmliche Ladung des Verteidigers entbehrlich sein kann, wenn dem Verteidiger der Termin formlos bekannt gegeben wird oder aus dem Akteninhalt z.B. zu entnehmen ist, daß der Verteidiger oder sein Büro Kenntnis von dem Termin haben. Zutreffend weist *Gollwitzer* darauf hin, daß eine derartige Auslegung im Wortlaut des § 218 StPO keine Stütze finde und gesetzlich vorgeschriebene Formvorschriften nicht durch formlose Mitteilungen wirksam ersetzt werden können (so zunächst auch BGH NStZ 1985, 229). Die weitere Frage ist dann aber, ob in diesen Fällen die Revision auf den Verstoß gegen § 218 StPO gestützt werden kann. Der BGH (a.a.O) hat in Erwägung gezogen, daß ein auf das Unterbleiben der Ladung gestützter Aussetzungsantrag im Ergebnis zu Recht hätte abgelehnt werden können, wenn feststände, daß der Verteidiger zuverlässige Kenntnis vom Termin bereits zu einem Zeitpunkt erlangt hatte, in dem eine Ladung, hätte sie stattgefunden, noch rechtzeitig gewesen wäre (so im Ergebnis auch LR/*Gollwitzer* § 218 Rdnr. 32).
Gegen diese Auffassung spricht, daß Beruhensfragen mit Fragen der Förmlichkeit bei Einhaltung der Ladungsfrist miteinander verquickt werden, was wegen der Formstrenge des Gesetzes in diesem Punkt unzulässig sein dürfte.

Zu beachten ist ferner, daß die Auffassung vertreten wird, daß der Verteidiger auf eine förmliche Ladung und die Einhaltung der Ladungsfrist ausdrücklich oder stillschweigend verzichten könnte. Ein solcher Verzicht könnte darin liegen, daß er dem Gericht bei Anzeige seiner Bestellung mitteilt, er habe von dem Termin Kenntnis, sofern offensichtlich ist, daß er eine besondere Ladung nicht mehr erwartet.

3. Dieser Hinweis dürfte sich im Hinblick auf die bei Anm. 2 dargestellte Überlegung des BGH empfehlen, jedenfalls dann, wenn der nicht geladene Verteidiger selbst oder von dritter Seite erst so spät von dem Termin Kenntnis erlangt hat, daß die Wochenfrist nach §§ 218 S. 2, 217 Abs. 1 StPO nicht eingehalten werden kann.

4. Ausnahmsweise genügt die spätere Antragstellung, wenn der Verteidiger nach Beginn der Vernehmung des Angeklagten zur Sache erschienen ist und die Aussetzung unverzüglich nach seinem Erscheinen beantragt (OLG Celle MDR 1966, 256 f.; *Kleinknecht/Meyer* § 218 Rdnr. 14 m.w.N.). Sollte ein Aussetzungsantrag bis zum Beginn der Hauptverhandlung nicht mehr gestellt werden können, und kann der Verteidiger in der Hauptverhandlung nicht erscheinen, dann sollte dem Angeklagten ein vorformulierter Antrag mitgegeben werden.

Ein die Aussetzung ablehnender Beschluß ist nicht beschwerdefähig. Für die Revision gelten im wesentlichen die gleichen Grundsätze wie bei § 217 StPO (LR/*Gollwitzer* § 218 Rdnr. 27 ff. m.w.N.).

6. Zuständigkeitsrügen*

Die nachfolgenden Rügen der Zuständigkeit betreffen den Bereich der Verfahrenshindernisse bzw. Verfahrensvoraussetzungen (zu den Begriffen LR/*Rieß* § 206a Rdnr. 22). Aber nur die rechtzeitige Rüge der örtlichen Zuständigkeit führt zur Einstellung nach §§ 260 Abs. 3 bzw. 206a StPO (*Kleinknecht/Meyer* § 16 Rdnr. 4). Die Rüge der sachlichen Zuständigkeit zieht die Verweisung bzw. Vorlage an das zuständige höhere Gericht nach sich, die Rüge der funktionellen Zuständigkeit führt in erster Linie zur formlosen Abgabe und Übernahme durch den zuständigen Spruchkörper (LR/*Rieß* § 206a Rdnr. 38ff.). Der BGH hält eine Einstellung des Verfahrens ausnahmsweise für zulässig, wenn bei der sachlichen Zuständigkeit eine Verweisungsmöglichkeit nicht besteht bzw. bei der funktionellen Zuständigkeit, wenn die Zuständigkeit nicht, auch nicht durch das Präsidium, entschieden werden kann (BGHSt 18, 75 und 26, 201). Bei den Zuständigkeitsrügen ist zu beachten, daß es die Rüge der sachlichen Zuständigkeit mit der Verweisung an ein Gericht niederer Ordnung nach Eröffnung des Hauptverfahrens nicht gibt (§§ 209, 269 StPO). Wir haben deshalb in diesem Abschnitt, Tätigkeit in der Hauptverhandlung, auf ein entsprechendes Formular verzichtet (i.ü. vgl. *Tondorf* in der 1. Aufl., VII.B.1.C).

Für die Zuständigkeitsrügen können keine allgemeinen Grundsätze aufgestellt werden. Sie müssen weitgehend taktisch erwogen werden (*Schlothauer*, Hauptverhandlung, Rdnr. 235). So wird der Verteidiger stets abwägen müssen, ob die Verweisung des Verfahrens an die Spezialstrafkammer tatsächlich seinem Mandanten dient, oder ob dieser nicht vielleicht bei der allgemeinen Strafkammer letztlich doch „besser aufgehoben" ist (*Dahs*, Handbuch, Rdnr. 372). Eine Spezialkammer ist andererseits sehr hohe Schadenssummen gewohnt, während dies bei einer allgemeinen Strafkammer nicht unbedingt der Fall sein muß. Auch gibt es Fälle, in denen die eine Strafkammer für Milde, die andere Strafkammer für Härte beim Strafmaß bekannt ist. Es kommt immer wieder vor, daß ein Gericht gegenüber einem Angeklagten voreingenommen ist, ohne konkrete Ablehnungsgründe zu bieten. Hier ist die Rüge ebenfalls hilfreich.

---

* Der zweite Teil der Einleitung stützt sich weitgehend auf die Ausführungen von *Tondorf* in der 1. Auflage, VII.B.1.

Sehr unterschiedlich sind die Erfolgsaussichten einer Revision im Hinblick auf die einzelnen Zuständigkeitsrügen. Auf einzelne Zuständigkeitskriterien, wie z.B. auf das Fehlen „besonderer Kenntnisse des Wirtschaftslebens" kann die Revisionsrüge nicht gestützt werden (BGH NStZ 1985, 464). Mit der Rüge der örtlichen Unzuständigkeit kann nur die Verletzung der Gerichtsstandsbestimmungen (§§ 7 ff. StPO) geltend gemacht werden. Die unzutreffende Beurteilung der „besonderen Bedeutung der Sache" (§§ 24 Abs. 2 Nr. 3, 74 Abs. 1 S. 1 GVG) ist nur bei Willkür revisibel (*Kleinknecht/Meyer* § 338 Rdnr. 32). Die Unzuständigkeit der Erwachsenengerichte in Jugendsachen kann von allen Beteiligten uneingeschränkt und ohne vorherigen Unzuständigkeitseinwand mit der Revision nach § 338 Nr. 4 StPO geltend gemacht werden, da § 6a StPO in diesem Fall nicht gilt. Sie wird vom Revisionsgericht nur auf ordnungsgemäße Rüge und nicht von Amts wegen berücksichtigt (LR/*Rieß* § 209a Rdnr. 46).

Für die Gefahr des „Rügeverlustes" vgl. die Checkliste bei VII. A. Teil 2, VI.

a) Örtliche Zuständigkeit gemäß § 16 StPO*

An das
Landgericht
……

In der Strafsache
gegen ……

Az.: …

rüge ich namens und in Vollmacht des Angeklagten

die örtliche Zuständigkeit des Landgerichts[1] und

beantrage,

das Verfahren gemäß § 260 Abs. 3 StPO durch Urteil[2] einzustellen.

Der Angeklagte, Verleger der Zeitschrift „Neues Leben", ist angeklagt, in seiner Zeitschrift zu strafbaren Handlungen aufgefordert zu haben.
Auch wenn in der Druckschrift als Erscheinungsort „München" angegeben ist, wird die Zeitschrift in Würzburg gedruckt und zur Post gegeben.
Gerichtsstand ist nur der Erscheinungsort (§ 7 Abs. 2 StPO mit zwei Ausnahmen, die hier nicht vorliegen). Eine Druckschrift erscheint dort, wo sie „mit dem Willen des Verfügungsberechtigten die Stätte der ihre Verbreitung vorbereitenden Handlung zum Zweck der Verbreitung verläßt (wo sie zur Ausgabe gelangt)", RGSt 64, 292. Das ist hier Würzburg, dessen Amtsgericht mithin zuständig ist.[3]

Rechtsanwalt

Anmerkung

1. Der Angeklagte – für die Einwandsbefugnis gelten die gleichen Grundsätze wie bei § 6a StPO – kann nach § 16 Abs. 3 StPO den Einwand der örtlichen Unzuständigkeit nur bis zum Beginn seiner Vernehmung zur Sache in der Hauptverhandlung geltend machen, und zwar spätestens im Anschluß an die Erklärung zu seiner Aussagebereitschaft (BGH NStZ 1984, 128; siehe auch *Schlothauer*, Hauptverhandlung, Rdnr. 224 ff.).

---

* Dieses Muster ist im wesentlichen unverändert aus der insoweit von Tondorf bearbeiteten 1. Auflage übernommen.

2. Bei irrtümlicher Annahme der örtlichen Zuständigkeit im Eröffnungsbeschluß liegt ein Verfahrenshindernis vor, weshalb das Verfahren durch Urteil nach § 260 Abs. 3 StPO in der Hauptverhandlung einzustellen ist. Eine Abgabe oder Verweisung an das örtlich zuständig gehaltene Gericht ist nicht zulässig (*Kleinknecht/Meyer* § 16 Rdnr. 4 und 5).

3. Das Revisionsgericht darf auf entsprechende Rüge lediglich prüfen, ob der Einwand rechtzeitig erhoben worden ist und ob ihn der Tatrichter zu Unrecht verworfen, die Vorschriften der §§ 7 ff. StPO also unrichtig angewendet hat. Nur in diesem Rahmen fällt der Einwand der örtlichen Unzuständigkeit unter § 338 Nr. 4 StPO. Das Revisionsgericht prüft die örtliche Zuständigkeit nur nach den Tatsachen, die dem Eröffnungsbeschluß zugrundeliegen (LR/*Hanack* § 338 Rdnr. 67).

b) Funktionelle Zuständigkeit gemäß § 6 a StPO*

An das
Landgericht
......

In der Strafsache
gegen ......
Az.: ...

rüge ich gemäß § 6 a StPO namens und in Vollmacht des Angeklagten[1] die funktionelle Zuständigkeit[2] der allgemeinen Strafkammer und beantrage die Verweisung an eine Schwurgerichtskammer (§ 270 Abs. 1 S. 2 StPO).[3]
Mit Beschluß vom ...... ist in der o. b. Strafsache das Hauptverfahren wegen des Vorwurfs der gemeinschaftlichen schweren Körperverletzung in Tateinheit mit Beteiligung an einer Schlägerei (§§ 224, 227 StGB) eröffnet worden. Durch erneute Akteneinsicht am heutigen Tage habe ich die Mitteilung des städtischen Krankenhauses Johannesstift zur Kenntnis genommen, daß der Geschädigte X am ...... gestorben ist. Auf dem Schreiben befindet sich ein Vermerk des Vorsitzenden, wonach beabsichtigt ist, am ersten Tag der Hauptverhandlung einen rechtlichen Hinweis auf § 226 StGB zu erteilen.
Für Strafverfahren mit dem Vorwurf einer Körperverletzung mit Todesfolge ist gemäß § 74 Abs. 2 Nr. 8 GVG die Schwurgerichtskammer funktionell zuständig. Die Spezialzuständigkeit geht gemäß § 74 e GVG der Zuständigkeit der allgemeinen großen Strafkammer vor.[4]

Rechtsanwalt

Schrifttum: Krekeler, Das Zwischenverfahren in Wirtschaftsstrafsachen aus der Sicht der Verteidigung, wistra 1985, 54/57; *Meyer-Goßner,* Die Behandlung von Zuständigkeitsstreitigkeiten zwischen allgemeinen und Spezialstrafkammern beim Landgericht, NStZ 1981, 168; *Rieß,* Zur Zuständigkeit der allgemeinen und besonderen Strafkammern, NJW 1979, 1536; *Schlüchter,* Anm. zu BGH Urteil v. 11. 8. 1981, JR 1982, 511

Anmerkungen

1. Der Einwand der Unzuständigkeit kann nur von dem Angeklagten selbst oder dessen Erziehungsberechtigten bzw. gesetzlichen Vertreter erhoben werden. Der Verteidiger kann für den Angeklagten den Einwand vorbringen, jedoch nicht kraft eigenen Rechts (*Klein-*

---

* Das Muster ist im wesentlichen unverändert aus der 1. Auflage übernommen.

knecht/Meyer § 6a Rdnr. 5; KK/*Pfeiffer* § 6a Rdnr. 7). Der Einwand muß spätestens bis zum Beginn der Vernehmung des Angeklagten zur Sache in der Hauptverhandlung geltend gemacht werden.

2. Bei der funktionellen Zuständigkeit geht es um die Frage, ob auf der Landgerichtsebene eine allgemeine oder besondere Strafkammer zuständig ist. § 74e GVG stellt unter den besonderen Strafkammern eine Rangfolge auf für den Fall, daß die Anklagevorwürfe die Zuständigkeit mehrerer Kammern begründen. Der Vorrang kommt in erster Linie der Schwurgerichtskammer (§§ 74 Abs. 2, 74d GVG), in zweiter Linie der Wirtschaftskammer (§ 74c GVG), in dritter Linie der Staatsschutzkammer (§ 74a GVG) zu, und sodann folgt die allgemeine Große Strafkammer (*Schlothauer*, Hauptverhandlung, Rdnr. 229 ff.).

3. Hält ein Gericht nach Beginn der Hauptverhandlung ein Gericht höherer Ordnung für **sachlich** zuständig, muß es die Sache durch Beschluß an das zuständige Gericht verweisen (§ 270 Abs. 1 StPO). Ebenso muß es verfahren, wenn es einen nach § 6a StPO **rechtzeitig** vorgebrachten Einwand des Angeklagten für begründet erachtet (§ 270 Abs. 1 S. 3 StPO). Der Einwand des Angeklagten kann sowohl die Zuständigkeit einer allgemeinen oder einer nach § 74e GVG vor- oder nachrangigen Strafkammer geltend machen (*Kleinknecht/Meyer* § 6a Rdnr. 4).

4. Grundsätzlich hat das Gericht seine **funktionelle** Zuständigkeit von Amts wegen nur bis zur Eröffnung des Hauptverfahrens zu prüfen. Maßgebend ist der Verfahrensstand zur Zeit der Eröffnung (*Kleinknecht/Meyer* § 6a Rdnr. 1). Treten – wie im Beispielsfall – nach diesem Zeitpunkt Umstände ein, die zur Unzuständigkeit der zunächst zurecht mit der Sache befaßten Strafkammer führen, muß die Strafkammer dies nur auf einen rechtzeitigen Einwand des Angeklagten nach § 6a StPO beachten (BGHSt 30, 187).

7. Aussetzung der Hauptverhandlung

a) Wegen fehlender Akteneinsicht[1]

An das
Amtsgericht/Landgericht
......

In der Strafsache
gegen ......

Az.: ...

beantrage ich,

    die Hauptverhandlung auszusetzen.

Ich habe mit Schriftsatz vom ...... die Verteidigung des Angeklagten angezeigt und Akteneinsicht beantragt, die bisher nicht gewährt worden ist.
Eine ordnungsgemäße Vorbereitung auf das Verfahren, insbesondere auf den heutigen Termin zur Hauptverhandlung, erfordert neben der Akteneinsicht auch eine Erörterung des Akteninhalts mit dem Angeklagten. Beides konnte hier nicht erfolgen, so daß bei Durchführung des heutigen Hauptverhandlungstermins die Verteidigung des Angeklagten unzulässig beschränkt wäre.[2]
Da der Unterzeichner erst am ...... vom Angeklagten mit der Verteidigung beauftragt worden ist, konnte der Antrag auf Akteneinsicht nicht zu einem früheren Zeitpunkt gestellt werden.

7. Aussetzung der Hauptverhandlung   VII. B. 7

Ich beantrage nochmals

Akteneinsicht

und bitte, mir die Mitnahme der Akten in meine Kanzlei zu gestatten.

Rechtsanwalt

Anmerkungen

1. Vgl. im einzelnen Formular VII. A. 3
2. Grundsätzlich hat das Gericht bei der im Hinblick auf eine beantragte Aussetzung zu treffende Ermessensentscheidung dem Gebot der Verfahrensbeschleunigung Rechnung zu tragen. Andererseits hat sich die Entscheidung auch an der aktuellen Verfahrenssituation zu orientieren, u. U. ist – wie im Beispielsfall – eine Aussetzung des Verfahrens wegen nicht genügender Vorbereitung der Verteidigung notwendig (vgl. LR/*Gollwitzer* § 228 Rdnr. 9 und speziell KG StV 1982, 10).
Erfolgt die Ablehnung des Aussetzungsantrages zu Unrecht, liegt darin eine unzulässige Beschränkung der Verteidigung im Sinne des § 338 Nr. 8 StPO (KG StV 1982, 10; vgl. auch die Anm. zum folgenden Formular). Die Rüge begründet die Revision nur unter der Voraussetzung, daß ein Gerichtsbeschluß nach § 238 Abs. 2 StPO herbeigeführt worden ist (*Kleinknecht/Meyer* § 228 Rdnr. 17).

b) Wegen abgelehnter Akteneinsicht[1]

An das
Amtsgericht/Landgericht
......

In der Strafsache
gegen ......

Az.: ...

beantrage ich,
    die Hauptverhandlung auszusetzen.[2]

Ich habe mit Schriftsatz vom ...... als Verteidiger des Angeklagten die nochmalige Gewährung von Akteneinsicht beantragt. Dieser Antrag ist mit Verfügung des Vorsitzenden Richters des ...... vom ...... abgelehnt worden. Zur Begründung ist angeführt worden, daß nach der Verteidigungsschrift des Angeklagten vom ...... und der Anberaumung des Termins zur Hauptverhandlung nur noch die Ladungen des Angeklagten, des Verteidigers und der Zeugen sowie die jeweiligen Ladungsnachweise zu den Akten gelangt seien. Eine nochmalige Akteneinsicht erscheine daher entbehrlich. Ferner benötige das Gericht die Akten zur Vorbereitung auf den Termin zur Hauptverhandlung.
Nunmehr ist eine weitere und ergänzende schriftliche Stellungnahme des Sachverständigen Dr. S mit Datum vom ...... zu den Gerichtsakten gelangt.[3]
Für eine ordnungsgemäße Vorbereitung auf die heutige Hauptverhandlung ist die Kenntnis dieser Stellungnahme und deren Erörterung mit dem Angeklagten notwendig. Daneben muß es der Verteidigung ermöglicht werden, diese ergänzende Stellungnahme durch einen anderen Sachverständigen überprüfen zu lassen.[4]
Da eine solche ausreichende Vorbereitung im Hinblick auf den bereits am ...... anberaumten Termin zur Hauptverhandlung nicht mehr möglich ist – auch nicht, wenn die

Akte noch kurzfristig vor dem Termin zur Hauptverhandlung zur Einsicht überlassen würde –,
beantrage ich,[5]

    die Verhandlung auszusetzen und den Termin aufzuheben.

Ferner beantrage ich nochmals

                  Akteneinsicht.

                                    Rechtsanwalt

Anmerkungen

1. Vgl. im einzelnen Formular VII. A. 4.

2. Wird der Antrag auf Aussetzung wegen nicht gewährter Akteneinsicht abgelehnt, findet dagegen keine Beschwerde statt, da die Ablehnung des Aussetzungsantrages eine der Urteilsfällung vorausgehende Entscheidung im Sinne des § 305 S. 1 StPO ist (OLG Hamm NJW 1978, 283 m.w.N.). Anders verhält es sich, wenn unmittelbar gegen die Nichtgewährung der Akteneinsicht vorgegangen werden soll (vgl. Formular VII. A. 4).
Erfolgt die Ablehnung des Aussetzungsantrags zu Unrecht, liegt darin eine unzulässige Beschränkung der Verteidigung im Sinne des § 338 Nr. 8 StPO (KG StV 1982, 10, sowie Anm. 2 zum vorhergehenden Formular).

3. Die Einsichtnahme in ein Gutachten des Sachverständigen darf dem Verteidiger ohnehin in keinem Stadium des Verfahrens verwehrt werden, vgl. § 147 Abs. 3 StPO sowie im einzelnen Formular VII. A. 3.

4. Vgl. Anmerkungen zu Formular VII. A. 3. Selbst wenn man annimmt, daß bei einer weiteren Akteneinsicht der Grundsatz des beschleunigten Verfahrens vorgehen könne, gilt dies auf keinen Fall, wenn der Inhalt der Akten seit der letzten Verhandlung zugenommen hat, LR/*Lüderssen* § 147 Rdnr. 99 m.w.N. Fn. 121.

5. Der Aussetzungsantrag kann auch vor der Hauptverhandlung gestellt werden. Er muß spätestens bis zur Vernehmung des Angeklagten zur Sache gestellt werden.

8. Stellen von angekündigten Beweisanträgen

An das
Amtsgericht/Landgericht
……

In der Strafsache
gegen ……
Az.: …

stelle ich nunmehr den bereits mit Schriftsatz vom …… angekündigten Beweisantrag, der folgenden Wortlaut hat:
……
……

                                      Rechtsanwalt

Anmerkung

Zu den Überlegungen bzgl. des Ankündigen von Anträgen vgl. die Einleitung zu A Teil 2 sowie die Anm. zum Formular A. Teil 2 II.

Im übrigen ist auf jeden Fall zu beachten, daß die Stellung von Beweisanträgen in der Hauptverhandlung aus revisionsrechtlichen Gründen erforderlich ist. Nur wenn der Antrag in der Hauptverhandlung gestellt ist, muß über ihn durch Beschluß (§ 244 Abs. 6 StPO) entschieden werden, und nur dann kann die Ablehnung in der Revision gerügt werden (vgl. *Kleinknecht/Meyer* § 244 Rdnr. 84 ff.). Zu den Einzelheiten des Beweisantrages vgl. im übrigen unbedingt Abschnitt VII. D.

9. Zulassung von anwaltlichen Mitarbeitern

An den
Vorsitzenden[1]
der ...... Strafkammer
des Landgerichts ......

In der Strafsache
gegen ......

Az.: ...

beantrage ich,

mir zu gestatten, mich während der heute beginnenden Hauptverhandlung – insbesondere am 2. Sitzungstag – der sachverständigen Hilfe des schon im Vorverfahren für mich tätigen Sachverständigen Dr. med. S. zu bedienen,[2] und diesem zu gestatten, neben mir auf der Verteidigerbank Platz zu nehmen.[3]

In der Sitzung am 2. Hauptverhandlungstag soll der gerichtlich bestellte Sachverständige Dr. X gehört werden. Er wird ein medizinisch-psychologisches Gutachten über den seelischen Zustand meines Mandanten am Tattage erstatten.

Wie sich aus den in den Ermittlungsakten Bd. II, Bl. 100 ff. befindlichen schriftlichen Ausführungen des Gutachters ergibt, sind insbesondere seine Darlegungen hinsichtlich der von ihm angewandten Untersuchungsmethoden und der daraus gewonnenen Erkenntnisse für einen medizinischen Laien kaum verständlich und nachvollziehbar.[4] Um den mündlichen Ausführungen des Gutachters wirklich folgen und sachdienliche Fragen an ihn richten zu können, benötige ich die Anwesenheit des im Antrag genannten Sachverständigen.[5] Aus den erwähnten Gründen sollte es ermöglicht werden, Dr. med. S neben mir auf der Verteidigerbank Platz nehmen zu lassen.

Rechtsanwalt

Anmerkungen

1. Die Entscheidungszuständigkeit für diesen Antrag gehört zur Verhandlungsleitung nach § 238 StPO; Beanstandungen sind mit dem Zwischenrechtsbehelf nach Abs. 2 – Antrag auf einen Gerichtsbeschluß – vorzunehmen.

2. Nicht gesetzlich normiert, jedoch im Schrifttum anerkannt, ist das Recht des Verteidigers auf eigene Ermittlungstätigkeit. Indirekt ergibt sich dieses Recht aus §§ 222, 246

StPO und insbesondere § 364b Abs. 1 Nr. 1 StPO, die einen selbstermittelnden Verteidiger voraussetzen (*Jungfer,* StV 1981, 100f.). Im übrigen läßt es sich aus dem Anspruch auf ein faires Verhalten, dem Grundsatz der Waffengleichheit sowie aus der Stellung des Verteidigers als unabhängiges Organ der Rechtspflege herleiten (*Jungfer* a.a.O.; *Krause/Nehring,* Strafverfahrensrecht in der Polizeipraxis, 1978, Rdnr. 90).

Eigene Ermittlungen können über die Befragung von Zeugen, Mitbeschuldigten und sonstige Ermittlungshandlungen (z.B. Tatortbesichtigung) hinaus auch in der Einschaltung von ständig in der Kanzlei mitarbeitenden Referendaren, wissenschaftlichen Hilfskräften und sonstigen Mitarbeitern oder/und in der Beauftragung von Sachverständigen bestehen (zum Einsatz von Detektiven als Helfer des Strafverteidigers, *Jungfer* StV 1989, 495). Dabei wird es in aller Regel unproblematisch sein durchzusetzen, daß ein solcher anwaltlicher Mitarbeiter in der Hauptverhandlung neben dem Verteidiger sitzt und diesem aktiv zur Seite steht. Lehnt der Vorsitzende die Mithilfe an der Seite des Verteidigers ab, muß ein Gerichtsbeschluß nach § 238 Abs. 2 StPO erwirkt werden, da nur dann die Möglichkeit besteht, in der Revision eine Behinderung der Verteidigung zu rügen, § 338 Nr. 8 StPO. Die Unterstützung durch den Gehilfen der Verteidigung (§ 53a Abs. 1 StPO) läßt sich, ebenso wie das Recht auf eigene Ermittlungstätigkeiten des Verteidigers, aus den oben genannten Grundprinzipien der Verfahrensordnung ableiten.

3. In öffentlichen Verhandlungen – also regelmäßig – handelt es sich (rein äußerlich) lediglich um die Ermöglichung einer abweichenden Sitzordnung; zuständig ist der Vorsitzende des Spruchkörpers (vgl. Anm. 1).

Bei Entfernung des Verteidigungsgehilfen (z.B. wegen Ausschlusses der Öffentlichkeit) sollte ein Gerichtsbeschluß über den Ausschluß des Verteidigungsgehilfen herbeigeführt werden, um diesen Vorgang gemäß § 338 Nr. 8 StPO als unzulässige Beschränkung der Verteidigung rügen zu können (einziger ähnlicher Fall, vom BGH jedoch als Verstoß gegen den Grundsatz der Öffentlichkeit des Verfahrens gewertet: BGHSt 18, 179ff.; s.a. *Peters;* Strafprozeß, S. 239 und die Kommentierung zu § 175 GVG und § 53a StPO; ferner allgemein zur Zulässigkeit der Revision im Zusammenhang mit § 238 Abs. 2 StPO, *Kleinknecht/Meyer* § 238 Rdnr. 22/23).

4. Die Mitwirkung eines eigenen Sachverständigen verschafft der Verteidigung nicht nur zusätzliche Sachkunde und darauf beruhend bessere Fragemöglichkeiten. Der gerichtlich bestellte Sachverständige wird auch bemüht sein, gewissenhafter zu agieren als ohne eine derartige Kontrolle.

5. Die Beauftragung eines eigenen Sachverständigen kommt insbesondere in Betracht bei:
– schwierigen Steuer-/Wirtschafts-/Computerstrafsachen etc.
– medizinisch-psychiatrischen Sachverhalten, wie z.B. zur Zeugenglaubwürdigkeit, Schuldfähigkeit, Altersreife im Sinne des § 3 JGG.

10. Zulassung von Tonbandaufzeichnungen*

An das
Landgericht
......

In der Strafsache
gegen ......

Az.: ...

beantrage ich,

1. vorbehaltlich der Zustimmung der Prozeßbeteiligten, eventueller Zeugen und Sachverständigen zum Zwecke der Verteidigung die Hauptverhandlung auf Tonträger aufzunehmen;[1]
2. hilfsweise der Verteidigung zu gestatten, von der Hauptverhandlung eigene Tonbandaufzeichnungen herzustellen.[2]

Die Hauptverhandlung ist zunächst auf 15 Tage terminiert. Es werden zahlreiche Zeugen und Sachverständige vernommen werden. Zur Vorbereitung u.a. von Anträgen sowie des Plädoyers wird seitens der Verteidigung auf den genauen Wortlaut der Zeugenaussagen Wert gelegt. Diese müssen in allen Schattierungen nachvollzogen werden können.

Sollte das Gericht nicht bereit sein, die Beweisaufnahme auf Tonband aufzunehmen, hat es dem Verteidiger zu gestatten, eigene Tonbandaufnahmen von der Beweisaufnahme während der Hauptverhandlung herzustellen. Die Zulässigkeit dieser Vorgehensweise ist inzwischen einhellig Meinung (KMR/Paulus § 169 GVG Rdnr. 16; Schmidt-Leichner NJW 1965, 1309, 1313; Katholnigg, GVG, § 169 Rdnr. 8). Die Verteidigung versichert, daß sie diese Tonbandaufnahmen nur für Verfahrenszwecke verwenden wird.

Rechtsanwalt

Schrifttum: Marxen, Tonbandaufnahmen während der Hauptverhandlung für Zwecke der Verteidigung, NJW 1977, 2188 ff.; *Roggemann,* Tonbandaufnahmen während der Hauptverhandlung, JR 1966, 47 ff.

Anmerkungen

1. Leider meint die Rechtsprechung, es liege im pflichtgemäßen Ermessen des Tatrichters, auf entsprechenden Antrag des Verteidigers gerichtliche Tonbandaufnahmen anzufertigen. Bestrebungen, ein Tonbandprotokoll einzuführen, das das Schriftprotokoll ersetzen oder ergänzen sollte, sind gescheitert (vgl. Verh. d. 41. DJT Berlin 1955, II. Teil G; Empfehlung des 50. DJT 1974, Sitzungsbericht K, S. 272; *Roggemann* JR 1966, 48). Der Verteidiger hat keinen Anspruch darauf, daß das Gericht bestimmte Ausführungen auf Tonband aufnimmt und dann schreiben läßt (*Kleinknecht/Meyer* § 169 GVG Rdnr. 12).

Soweit das Gericht Erklärungen selbst auf Tonträger aufzeichnet, sind diese im Regelfall Bestandteil der Akten, zu denen der Verteidiger uneingeschränkt Zugang haben muß (*Kissel* GVG § 169 Rdnr. 76; LR/*Gollwitzer* § 261 Rdnr. 39; LR/*Schäfer* § 169 GVG Rdnr. 27; *Marxen* NJW 1977, 2190; a.A. OLG Koblenz NStZ 1988, 42).

---

* Das Muster ist im wesentlichen aus der insoweit von Tondorf bearbeiteten 1. Auflage übernommen.

2. Eine ganz andere Frage stellt sich, wenn der Verteidiger eigene Tonbandaufnahmen während der Hauptverhandlung herstellen will. Im Schrifttum wird mit guten Gründen die Auffassung vertreten, daß das Gericht dem Verteidiger eigene Tonbandaufnahmen grundsätzlich nicht untersagen darf (*Marxen* NJW 1977, 2190; KMR/*Paulus* § 169 Rdnr. 16). Da der Staat über ein ungleich größeres Machtpotential verfüge, müsse dem Verteidiger weitgehend Freiheit bei der Ausübung seines Berufs zugebilligt werden, wenn er seiner Aufgabe gerecht werden solle. Eine detaillierte staatliche Reglementierung der Verteidigertätigkeit stünde im krassen Widerspruch zum Grundgedanken der Strafverteidigung. Grundsätzlich bedürfen daher die Maßnahmen des Verteidigers, also auch Tonbandaufnahmen während der Hauptverhandlung, keiner Legitimation durch eine Rechtsnorm (*Marxen* NJW 1977, 2188/2190; z. T. wird auch vertreten, daß dies ohne Einwilligung des Sprechenden zulässig sei, *Kissel* GVG § 169 Rdnr. 77; *Schmidt-Leichner* NJW 1965, 1305, 1313. Dafür spricht, daß stenographische Aufzeichnungen stets als zulässig angesehen worden sind – LR/*Schäfer* § 169 GVG Rdnr. 27 – und schwer einzusehen ist, worin der Unterschied zur akustischen Aufzeichnung liegen soll, wenn der Erklärende nicht gezwungen wird, in ein Mikrophon zu sprechen).

Üblicherweise werden folgende Einwände gegen Tonbandaufnahmen vorgebracht:
– Man könne keinen Zeugen zwingen, in ein Mikrophon zu sprechen,
– Zeugen lehnten Tonbandaufnahmen innerlich ab,
– Aufnahmegeräte müßten vom Vorsitzenden auf ihre Aufnahmebereitschaft und tatsächliche Aufnahme überwacht werden, um Pannen zu vermeiden; das sei zu zeitraubend,
– vor jeder Tonbandaufnahme müsse der Zeuge erst um sein Einverständnis gebeten werden,
– eine Beeinflussung eines Zeugen sei nicht auszuschließen,
– die Aufnahme könne mißbraucht werden.

Da der Zeuge vor der Vernehmung sein Einverständnis erklären muß, kann man sicherlich davon ausgehen, daß bei Zustimmung auch in das Gerät hineingesprochen wird. Die Aufgabe der Überwachung von Aufnahmegeräten kann ohne weiteres vom Gerichtswachtmeister oder Protokollführer mit übernommen werden. Die Tatsache, daß ein Zeuge vor der Tonbandaufnahme sein Einverständnis erklären muß, ist kein Grund, Tonbandaufnahmen abzulehnen. Es ist unproblematisch, jeden Zeugen vor seiner Aussage kurz zu fragen, ob er mit Aufnahme seiner Aussage auf ein Tonband einverstanden ist. Schließlich wird ein Zeuge, der sich durch ein Tonbandprotokoll beeinflussen läßt, seine Zustimmung zur Anfertigung eines solchen verweigern.

Schranken ergeben sich nur:
1. bei heimlichen Tonbandaufnahmen: Strafbarkeit gemäß § 201 Abs. 1 Nr. 1 StGB.
2. bei konkreter Gefahr für die Wahrheitsfindung: Ein Belastungszeuge hat – trotz eingehender richterlicher Belehrung über den begrenzten Zweck der Aufnahme und die rechtlichen Schranken bei der Verwertung – erkennbar Furcht vor deren Mißbrauch.
3. bei fehlendem Einverständnis des Aussagenden (BGHSt 19, 193; MDR 1968, 729): Diese Rechtsprechung des BGH wird von einem Teil der Literatur nicht gebilligt (KMR/*Paulus* § 169 GVG Rdnr. 16; *Kleinknecht*/*Meyer* § 169 Rdnr. 13 m. w. N.).
4. bei Mißbrauchsgefahr: Die Tonbandaufnahme darf verboten werden, wenn der konkrete Verfahrenszusammenhang eine Gefährdung bedeutender Rechtsgüter befürchten läßt (z.B. wichtige Geheimnisse in einer Staatsschutzsache), oder wenn objektiv nachprüfbare Anzeichen vorhanden sind, daß mit der Aufnahme die Wahrheitsfindung behindert werden soll, z.B. durch Präparieren eines Zeugen (*Marxen* NJW 1977, 2188/2192).

Insgesamt ist mit KMR/*Paulus* § 169 GVG Rdnr. 16 festzuhalten:
Der Verteidiger kann mit Zustimmung des Gerichts die technische Aufnahme selbst vornehmen. Der Vorsitzende muß als Verhandlungsleiter diesem Antrag entsprechen, wenn er sachgemäß ist, und übt mit seiner Entscheidung die Sachleitung aus (§ 238 StPO). Lehnt der Vorsitzende den Antrag des Verteidigers ab, ist darüber ein Gerichtsbeschluß herbeizuführen. Mit der Revision kann die Verletzung des § 338 Nr. 8 StPO

gerügt werden, weil die Verteidigung in einem wesentlichen Punkt durch den Beschluß des Gerichts, Tonbandaufnahmen nicht zuzulassen, beschränkt war. Für eine mögliche Revision muß die Frage des Beruhens sicher sehr sorgfältig begründet werden.
Hinweis: Wird dem Verteidiger gestattet, Teile der Hauptverhandlung auf Tonbandträger aufzunehmen, dann muß er wissen, welchen immensen Arbeitsaufwand es bedeutet, diese Tonbandaufzeichnungen in die Schriftform zu übertragen.

II. Anträge aus dem Verlauf der Hauptverhandlung

Vorbemerkung

Die Formulare sind konzipiert nach ihrem äußeren Erscheinungsbild als schriftlich eingereichte oder einzureichende Anträge. Wir haben den Kopf der Anträge für diesen Abschnitt so beibehalten: es handelt sich der Sache nach um mündliche, in der Hauptverhandlung vorgetragene Anträge.

11. Einstellung des Verfahrens durch Urteil

An das
Amtsgericht/Landgericht
......

In der Strafsache
gegen ......

Az.: ...

beantrage ich,
> das Verfahren durch Urteil gemäß § 260 Abs. 3 StPO wegen Fehlens einer Verfahrensvoraussetzung einzustellen.[1]

Dem Angeklagten wird in der Anklageschrift vorgeworfen, über einen Zeitraum von 3 Jahren, konkret in der Zeit von ...... bis ......, verschreibungspflichtige Arzneimittel an die Zeugen A. und B. verkauft zu haben, ohne daß dafür ein Rezept ausgestellt wurde.
Der bisherige Verlauf der Hauptverhandlung, insbesondere die Vernehmung der beiden Zeugen, haben nicht klären können, wann genau der Verkauf erfolgt ist. Die Zeugen haben übereinstimmend erklärt, daß der dem Angeklagten vorgeworfene Verkauf auch vor dem ...... erfolgt sein könnte. Weitere Beweismittel hierzu stehen nicht zur Verfügung.[2]
Nach dem Grundsatz in dubio pro reo[3] ist deshalb davon auszugehen, daß der dem Angeklagten vorgeworfene Verkauf bereits vor dem ...... erfolgt ist. Damit ist Verfolgungsverjährung eingetreten und das Verfahren einzustellen.[4]

Rechtsanwalt

Schrifttum: Bloy, Zur Systematik der Einstellungsgründe im Strafverfahren, GA 1980, 161

Anmerkungen

1. Die Einstellung nach § 260 Abs. 3 StPO ist die „Fortsetzung" der Wirkung von Verfahrenshindernissen in der Hauptverhandlung bzw. deren Erkennen in der Hauptverhandlung (*Kleinknecht/Meyer* § 206 Rdnr. 1; LR/*Rieß* § 206a Rdnr. 9). Vgl. deshalb im einzelnen die Formulare bei VII.A. Der Strafverteidiger sollte in geeigneten Fällen die Verfahrensbeendigung nach § 260 Abs. 3 StPO in den Mittelpunkt seiner Aktivitäten stellen. Kann das erkennende Gericht eine Sachentscheidung vermeiden, wird es diesen Weg gehen. Das Formular hier knüpft an den Fall an, daß das Verfahrenshindernis sich erst in der Hauptverhandlung herausstellt.

2. Bei in absehbarer Zeit behebbaren Verfahrenshindernissen kann das Verfahren aus Gründen der Prozeßökonomie lediglich unterbrochen oder ausgesetzt werden, um deren Beseitigung zu ermöglichen (*Kleinknecht/Meyer* § 260 Rdnr. 43; LR/*Gollwitzer* § 260 Rdnr. 97 u. 102 je m.w.N.).

3. Ein zur Einstellung führendes Verfahrenshindernis besteht bei Verjährung der Straftat. Für die Feststellung, ob die Tat verjährt ist, gilt der Grundsatz in dubio pro reo, so daß im Zweifel von Verjährung auszugehen ist (BGHSt 18, 274; LR/*Rieß* § 206a Rdnr. 47; zu anderen Verfahrenshindernissen: LR/*Rieß* § 206a Rdnr. 28ff. m.w.N.). Ob eine ungewöhnlich lange Verfahrensdauer oder ein Verstoß gegen das Beschleunigungsverbot zur Einstellung nach § 260 Abs. 3 StPO führen, wird von der Rechtsprechung unterschiedlich beurteilt (BGH NStZ 1988, 283; StV 1989, 187; OLG Zweibrücken StV 1989, 51).

4. Steht allerdings in der Hauptverhandlung bereits fest, daß der Angeklagte aus tatsächlichen oder rechtlichen Gründen freizusprechen wäre, gebührt der freisprechenden Sachentscheidung der Vorrang (*Kleinknecht/Meyer* § 260 Rdnr. 44ff.; KMR/*Paulus* § 260 Rdnr. 67; KK/*Hürxthal* § 260 Rdnr. 50 sowie zu der Frage der Einheitlichkeit einer Entscheidung: LR/*Gollwitzer* § 260 Rdnr. 101ff. je m.w.N.).

12. Unterbrechung der Hauptverhandlung

An den
Vorsitzenden[1]
der ...... Strafkammer
des Landgerichts
......

In der Strafsache
gegen ......

Az.: ...

beantrage ich,

die Hauptverhandlung für die Dauer von mindestens zwei Stunden zu unterbrechen.[2]

In der heutigen Sitzung der Hauptverhandlung hat das Gericht eine Beschränkung des Verfahrens auf die Anklagepunkte 1 und 2 nach § 154a Abs. 2 StPO vorgenommen. Wie dem Gericht aus dem bisherigen Verlauf des Verfahrens bekannt ist, bestreitet mein Mandant die ihm vorgeworfenen Taten insgesamt.

Die Beschränkung auf zwei von zuvor acht Anklagepunkten bedeutet, daß das Gericht zum gegenwärtigen Zeitpunkt insoweit einen Schuldspruch für wahrscheinlich hält. Dieses macht eine Besprechung mit meinem Mandanten erforderlich, die voraussichtlich zwei Stunden in Anspruch nehmen wird.

Rechtsanwalt

Anmerkungen

1. Eine Unterbrechung der Hauptverhandlung zu beantragen, kann in vielen verschiedenen (wegen der Vielfalt nicht abschließbar aufzählbaren) Verfahrenssituationen erforderlich oder empfehlenswert sein. Bei Unterbrechungen gemäß § 229 Abs. 1 StPO ist der Vorsitzende für die Anordnungen zuständig; dieser entscheidet nach pflichtgemäßem Ermessen; sonst entscheidet das Gericht, § 228 Abs. 1 StPO (*Kleinknecht/Meyer* § 228 Rdnr. 9).

2. Außer in den im Gesetz ausdrücklich genannten Fällen eines Rechtsanspruchs auf Unterbrechung der Hauptverhandlung (§§ 222a Abs. 2, 145 Abs. 3, 266 Abs. 3 StPO) sind Unterbrechungen aus Verteidigersicht vielfach notwendig bzw. angebracht, z.B.:
– zur Vorbereitung eines Ablehnungsgesuchs wegen Besorgnis der Befangenheit (wegen Unverzüglichkeitsgebots des § 25 Abs. 2 Nr. 2 StPO ist die Unterbrechung sofort zu beantragen),
– zur Erholung bei Müdigkeit oder Erschöpfung der Prozeßbeteiligten,
– zur Herbeiführung von Beweismitteln,
– zur Vorbereitung von Beweisanträgen, die sich erst aus einer zuvor gehörten Zeugenvernehmung aufdrängen,
– zur Vorbereitung des Plädoyers (KG NStZ 1984, 523; *Kleinknecht/Meyer* § 258 Rdnr. 33; KK/*Hürxthal* § 258 Rdnr. 5),
– zur Vorbereitung einer Prozeßerklärung (§ 257 Abs. 2 StPO),
– zur Besprechung mit dem Mandanten in entsprechenden Verfahrenssituationen (z.B. beim richterlichen Angebot, das Verfahren nach § 153a StPO einzustellen; bei dem richterlichen Hinweis auf eine Verschlechterung im Falle der Nichtrücknahme des Einspruchs bei Strafbefehl (§ 411 StPO) oder nach überraschenden Beweisergebnissen.

13. Aussetzung der Hauptverhandlung

a) Verspätete Namhaftmachung/verspätetes Vorbringen einer zu beweisenden Tatsache (§ 246 Abs. 2 StPO)[1]

An das
Amtsgericht/Landgericht
......

In der Strafsache
gegen ......

Az.: ...

beantrage ich,
    die Hauptverhandlung gemäß § 246 Abs. 2 StPO auszusetzen.[1]

In der heutigen Sitzung der Hauptverhandlung hat die Vernehmung des Zeugen D. stattgefunden. Noch während der Zeugenvernehmung hat die Staatsanwaltschaft überraschend eine Ermittlungsakte ......, Az.: – ... – vorgelegt, deren Gegenstand ein gegen den Zeugen D. gerichtetes Strafverfahren ist.
Diese Akte ist bisher nicht Gegenstand des Verfahrens und weder dem Gericht noch der Verteidigung bekannt gewesen.[2]
Auf Blatt 12, Band 1 dieser Akten befindet sich ein Vermerk des KHK ......, der im hiesigen Strafverfahren offensichtlich von erheblicher Bedeutung ist. Dieser Vermerk fehlt in den vorliegenden Verfahrensakten.

Aus dem Vermerk geht hervor, daß der Zeuge D. den hier zur Verfügung stehenden Sachverhalt zu einem früheren Zeitpunkt gänzlich anders dargestellt hat als in seinen späteren Vernehmungen. Insbesondere ist nach dem Inhalt der Akten bisher davon auszugehen gewesen, daß der Zeuge D. nicht unmittelbar über das Tatgeschehen berichten kann, sondern lediglich über die Bekundungen der Zeugin F. ihm gegenüber aussagen könnte. Nunmehr ist aber davon auszugehen, daß er selbst unmittelbarer Zeuge der Tat ist.[3]

Auf Antrag der Verteidigung ist die Hauptverhandlung zunächst für zwei Stunden unterbrochen worden, um der Verteidigung Gelegenheit zu geben, vom Inhalt der gesamten, neu vorgelegten Ermittlungsakten Kenntnis zu nehmen. Schon eine kurze Durchsicht dieser Akte hat ergeben, daß eine Unterbrechung der Hauptverhandlung nicht ausreicht, um die Verteidigung in die Lage zu versetzen, die Befragung des Zeugen umfassend vorzubereiten, und zwar u. a. durch Erkundigungen über den Zeugen.[4]

Die Akten enthalten über die oben angegebene Tatsache hinaus im bisherigen Verfahren unbekannte, jedoch relevante Informationen über tatsächliche Umstände, die möglicherweise zu Beweisanträgen führen werden.

Der Verteidigung muß daher ausreichend Zeit für das Studium des neuen Beweismaterials gewährt werden; eine Aussetzung der Hauptverhandlung gemäß § 246 Abs. 2 StPO ist bei dieser Sachlage gerechtfertigt und erforderlich.[5]

Rechtsanwalt

Schrifttum: Odenthal, Die Vernehmung von Zeugen an hierfür nicht vorgesehenen Terminstagen, NStZ 1988, 540

Anmerkungen

1. Diese Aussetzungsmöglichkeit wird häufig übersehen. Sie muß neben der des § 265 Abs. 4 StPO gesehen werden (vgl. Form. III. B. II. 3. c). Ein solcher Antrag kann das erkennende Gericht in eine unangenehme Lage bringen, weil die Hauptverhandlung anders als geplant verläuft.

Der Aussetzungsantrag kann noch bis zum Schluß der Beweisaufnahme gestellt werden. Kein wirksamer Antrag nach § 246 Abs. 2 StPO liegt vor, wenn der Verteidiger nur gegen die Verwendung des neuen Beweismittels protestiert (*Kleinknecht/Meyer* § 246 Rdnr. 3; KMR/*Paulus* § 246 Rdnr. 6).

2. Sachlich setzt der Aussetzungsantrag nach § 246 Abs. 2 StPO voraus, daß Zeugen oder Sachverständige nicht rechtzeitig (§ 222 StPO) **vor** der Hauptverhandlung namhaft gemacht worden sind, oder daß eine zu beweisende Tatsache **zu spät** (§ 222 StPO) vorgebracht wird. Wenn die Personalien eines Zeugen durch Decknamen ersetzt oder sonst geheim gehalten worden sind, ist der Zeuge nicht namhaft gemacht worden (BGHSt 23, 244). Die Vorschrift gilt entsprechend für sachliche Beweismittel, deren Vorhandensein nicht rechtzeitig zur Kenntnis gebracht worden ist (*Kleinknecht/Meyer,* a. a. O.; OLG Hamm VRS 49, 113)

3. Wenn eine zu beweisende Tatsache so spät vorgebracht wird, daß Erkundigungen nicht mehr einzuziehen sind, kann ebenfalls ein Antrag nach § 246 Abs. 2 StPO gestellt werden. Zu spät vorgebracht ist sie auch, wenn die Erheblichkeit der Tatsachen für das Verfahren erst nachträglich ersichtlich wird. Ergibt sich die Bedeutung bereits aus dem Akteninhalt, kann ein Aussetzungsantrag nicht gestellt werden; anders, wenn der Verteidigung eine Akteneinsicht verweigert worden ist (OLG Hamm VRS 49, 113).

4. Einem Aussetzungsantrag der Verteidigung beugt das Gericht nicht selten mit Unterbrechung der Hauptverhandlung nach § 228 Abs. 1 S. 2 StPO vor, und gewährt so der

13. Aussetzung der Hauptverhandlung VII. B. 13

Verteidigung die nach Ansicht des Gerichts zur Einholung von Erkundigungen oder zur Kenntnisnahme des neuen Beweismaterials nötige Zeit. Eine Aussetzung kann jedoch dennoch gerechtfertigt sein, wenn die Unterbrechung im Einzelfall hierfür nicht ausreicht. Gegen die Anordnung lediglich einer Unterbrechung auf einen Aussetzungsantrag hin, ist in einem solchen Fall im Hinblick auf die Revision (§ 338 Nr. 8 StPO) ein Gerichtsbeschluß gem. § 238 Abs. 2 StPO herbeizuführen. Im Antrag ist im einzelnen zu begründen, warum Unterbrechung der Hauptverhandlung nicht ausreicht.

5. Gemäß § 246 Abs. 4 StPO entscheidet das Gericht über den Antrag nach pflichtgemäßem Ermessen (BGH bei *Holtz*, MDR 1984, 278). Das Gericht hat seine Entscheidung an der Aufklärungspflicht und an den berechtigten Interessen des Antragstellers, der von dem neuen Beweismittel überrascht ist, auszurichten (LR/*Gollwitzer* § 246 Rdnr. 14). Das Revisionsgericht prüft, ob die Ablehnung des Antrags auf einem Rechtsirrtum beruht oder ein Ermessensfehler vorliegt (BGH StV 1982, 457). Die unberechtigte Ablehnung eines Aussetzungsantrags nach § 246 Abs. 2 und 3 StPO begründet die Revision, wenn das Urteil darauf beruht (LR/*Gollwitzer* § 246 Rdnr. 23). Die nicht rechtzeitige Namhaftmachung allein kann demgegenüber nicht mit der Revision gerügt werden (*Kleinknecht/ Meyer* § 222 Rdnr. 10 m.w.N.).

b) Veränderte Sach- und Rechtslage (§ 265 Abs. 3 StPO)

aa) Anwendung eines schwereren Strafgesetzes[1*]

An das
Landgericht
......

In Sachen
gegen ......

Az.: ...

beantrage ich,

die Hauptverhandlung gemäß § 265 Abs. 3 StPO auszusetzen.

Der Angeklagte bestreitet neu hervorgetretene Umstände, welche die Anwendung eines schwereren Strafgesetzes gegen ihn zulassen.
Er ist insoweit auf die Verteidigung nicht genügend vorbereitet. Der Angeklagte solle anstelle der bisher angeklagten versuchten Tötung durch von ihm ausgeführte Fausthiebe dieselbe durch das anschließende Unterlassen von Hilfsmaßnahmen begangen haben.[2]
Dabei soll er in Mittäterschaft mit seiner Freundin gehandelt haben.[3]
Soweit er bei der anschließenden Fahrt den Polizeibeamten überfahren hat und dieser danach gestorben ist, soll er statt der angeklagten fahrlässigen Tötung einen Totschlag bzw. räuberischen Eingriff in den Straßenverkehr begangen haben.[4]
Der Angeklagte wird in seiner neuen Hauptverhandlung Zeugen zum Beweis der Tatsache aufbieten, daß weder er noch seine Bekannte den lebensgefährlichen Zustand des Taxifahrers nach Versetzen der Fausthiebe erkannt haben und auch nicht erkennen konnten.
Ein neues Sachverständigengutachten wird ergeben, daß sich der Angeklagte sowohl hinsichtlich des Unterlassungskomplexes als auch hinsichtlich der Flucht in einem seelischen Ausnahmezustand befand, der es ihm infolge einer Bewußtseinseinengung nicht ermög-

---

[*] Das Muster ist im wesentlichen unverändert aus der insoweit von Tondorf bearbeiteten 1. Auflage übernommen.

lichte, den lebensgefährlichen Zustand des Opfers zu erkennen und bei der anschließenden Fahrt den Polizeibeamten überhaupt wahrzunehmen.
Damit er sein Bestreiten durch Gegenbeweise untermauern kann, ist dem Angeklagten eine angemessene Vorbereitungszeit durch Aussetzung der Hauptverhandlung einzuräumen.[5]

Rechtsanwalt

Schrifttum: Küpper, Die Hinweispflicht des § 265 StPO bei verschiedenen Begehungsformen desselben Strafgesetzes, NStZ 1986, 249; *Meyer,* Entsprechende Anwendung des § 265 Abs. 1 StPO bei veränderter Sachlage, GA 1965, 257; *Schlothauer,* Gerichtliche Hinweispflichten in der Hauptverhandlung, StV 1986, 213

Anmerkungen

1. In § 265 StPO ist die Pflicht des Vorsitzenden zum Hinweis auf die Änderung des rechtlichen Gesichtspunkts geregelt. *Schlothauer* (StV 1986, 213 ff.) hat typische Fallkonstellationen sowie das entsprechende Schrifttum und die Rechtsprechung hierzu zusammengestellt. In dem vorstehenden Muster sind typische Beispiele zu § 265 Abs. 1 StPO aufgeführt.

2. Änderungen der strafrechtlich wesentlichen Handlungsform: z.B. wenn eine Verurteilung wegen pflichtwidrigem Unterlassen anstelle des angeklagten positiven Tuns bzw. umgekehrt in Betracht kommt.

3. Änderungen im Bereich der Täterschaft und Teilnahme (Wechsel vom Vorwurf der Alleintäterschaft zu dem der Mittäterschaft bzw. umgekehrt); Möglichkeit der Verurteilung als Anstifter oder Gehilfe statt als Täter oder umgekehrt.

4. Änderung der Schuldform, also beim Wechsel vom Vorwurf fahrlässiger Begehung einer Tat zum Vorwurf vorsätzlichen Handelns bzw. umgekehrt. Hinzu kommt auch der Wechsel von Versuch zu Vollendung und umgekehrt, Änderungen im Zusammenhang mit Fragen der Konkurrenz sowie bei wahlweiser Verurteilung.

Schlothauer (StV 1986, 213) führt weitere Hinweispflichten bei Änderungen im Bereich des Besonderen Teils des Strafrechts nicht nur in Fällen an, in denen eine Verurteilung aufgrund eines anderen Straftatbestandes als des in der gerichtlich zugelassenen Anklage angeführten erfolgt, sondern auch, wenn die Verurteilung auf einem Straftatbestand beruht, der eine geringere Strafe androht als der in der gerichtlich zugelassenen Anklage bezeichnete. Die Hinweispflicht besteht auch dann, wenn die angeklagte Handlung den Tatbestand mehrerer Gesetze erfüllt, die aber nicht alle in der zugelassenen Anklage aufgeführt waren.

Von einer Verurteilung aufgrund eines anderen Strafgesetzes muß auch dann gesprochen werden, wenn eine Verurteilung aufgrund einer andersartigen Begehungsform desselben Strafgesetzes erfolgt.

Beispiele:
– Will das Gericht den Angeklagten abweichend vom Anklagevorwurf nicht aus dem niedrigen Beweggrund des Hasses, sondern wegen Mordes verurteilen, weil er „zur Befriedigung des Geschlechtstriebes" getötet habe, so muß es ihn zuvor auf diese Veränderung des rechtlichen Gesichtspunktes förmlich hinweisen (BGHSt 23, 95/96).
– Will das Gericht den Angeklagten abweichend vom Anklagevorwurf nicht aus dem Gesichtspunkt der Heimtücke, sondern dem der niedrigen Beweggründe wegen Mordes verurteilen, so muß es ihn zuvor hierauf hinweisen; dasselbe gilt beim Übergang vom Vorwurf des Tötens in Verdeckungsabsicht zum Vorwurf des Tötens aus Wut, Verärgerung und Rachsucht (BGHSt 25, 287/289).

13. Aussetzung der Hauptverhandlung VII. B. 13

5. Bestreitet der Angeklagte die neu hervorgetretenen Umstände und trägt er vor, insoweit auf die Verteidigung nicht genügend vorbereitet zu sein, so kann er die Aussetzung der Hauptverhandlung beantragen. Der Ratschlag geht generell dahin, einen solchen Antrag nicht zu unterlassen. Die unrechtmäßige Ablehnung eines Aussetzungsantrags nach § 265 Abs. 3 StPO prüft das Revisionsgericht unter dem Gesichtspunkt des § 338 Nr. 8 StPO. Das Urteil beruht regelmäßig auf dem Verstoß gegen § 265 Abs. 1, 2 StPO; ausnahmsweise kann das Beruhen ausgeschlossen sein, wenn nicht festgestellt werden kann, daß auch nach entsprechendem rechtlichem Hinweis eine andere Verteidigungsmöglichkeit nicht bestanden hätte (BGH StV 1988, 329; *Kleinknecht/Meyer* § 265 Rdnr. 48).

bb) Rechtsfolgenausspruch, Maßregeln der Besserung und Sicherung*

An das
Landgericht
......

In der Strafsache
gegen ......

Az: ...

beantrage ich

die Aussetzung der Hauptverhandlung gemäß § 265 Abs. 3 StPO.

Die Kammer hat darauf hingewiesen, daß der Angeklagte die Tötung aufgrund der Begutachtung durch den Sachverständigen im Zustand erheblich verminderter Schuldfähigkeit begangen haben kann und infolge des Zustandes bzw. des Hanges des Angeklagten weitere erhebliche rechtswidrige Taten von ihm erwartet werden müssen. Deshalb komme neben einer Strafe die Unterbringung in einem psychiatrischen Krankenhaus (§ 63 StGB) in Betracht.
Dieser Hinweis kommt für die Verteidigung völlig überraschend. Der Gutachter wurde erstmals in der Hauptverhandlung gehört. Er hatte zuvor kein schriftliches Gutachten erstattet. Soweit der Gutachter die Tat in Zusammenhang mit einer Sexualproblematik gebracht hat, wird ein psychiatrisches und psychologisches Gutachten von Sachverständigen mit besonderen Kenntnissen auf dem Gebiet der Sexualforschung ergeben, daß sich bei dem Angeklagten keine durchgängig ausgestaltete sexuelle Deviation findet und die Voraussetzungen der §§ 20, 21 StGB deshalb nicht vorliegen.
Der Angeklagte bestreitet insoweit die tatsächlichen Voraussetzungen einer Unterbringung in einem psychiatrischen Krankenhaus nach § 63 StGB. Er ist auf eine entsprechende Verteidigung nicht vorbereitet.

Rechtsanwalt

Anmerkung

Aussetzungsanträge kommen auch in Betracht bei Änderungen im Bereich des Rechtsfolgenausspruchs, insbesondere im Zusammenhang mit der Anordnung von Maßregeln der Besserung und Sicherung. Soweit § 265 Abs. 2 StPO von der Anordnung einer Maßregel der Besserung und Sicherung spricht, bezieht er sich auf die abschließend in § 61 StGB

---

* Das Muster ist im wesentlichen unverändert aus der insoweit von Tondorf bearbeiteten 1. Auflage übernommen.

erwähnten Maßnahmen der Unterbringung in einem psychiatrischen Krankenhaus – die in dem Formular erwähnt sind –; außerdem auf die Unterbringung in einer Entziehungsanstalt, der Unterbringung in der Sicherungsverwahrung, der Führungsaufsicht, der Entziehung der Fahrerlaubnis und des Berufsverbots.

Hinweispflichten nach § 265 Abs. 2 StPO können sich – abgesehen von der hier vorgestellten Fallgestaltung einer erst im Laufe der Hauptverhandlung in Betracht gezogenen Anordnung einer Maßregel – auch in folgenden Fällen ergeben:

Zum einen geht es um die Strafschärfung der vom Gericht zu verhängenden Hauptstrafe. Hier bedarf es eines Hinweises nach § 265 Abs. 1 StPO bei den benannten Strafschärfungsgründen (z.B. §§ 224, 250 Abs. 1 StGB), die einen neuen Tatbestand oder die Anwendung einer anderen gesetzlichen Regelung begründen (BGH NJW 1959, 996). Eines Hinweises gemäß § 265 Abs. 2 StPO bedarf es aber auch bei Regelbeispielen (z.B. §§ 125, 235 Abs. 2, 243, 311 Abs. 3, 311a Abs. 3 StGB) bzw. unbenannten Strafschärfungsgründen (z.B. §§ 263 Abs. 3, 266 Abs. 2 StGB) für besonders schwere Fälle (BGH NJW 1980, 714 zu § 11 Abs. 4 Ziff. 4 BtMG). Sinn und Zweck der Vorschrift des § 265 Abs. 2 StPO, die den Angeklagten vor Überraschungen schützen und ihm Gelegenheit zu umfassender Verteidigung geben will, sprechen auch bei den letztgenannten Fällen für eine Hinweispflicht (KMR/*Paulus* § 265 Rdnr. 28).

Zum anderen geht es um die Hinweispflicht bei Verhängung von Nebenstrafen und Nebenfolgen: Droht die Verhängung eines Fahrverbots nach § 25 StVG, muß dem Betroffenen durch einen entsprechenden Hinweis die Möglichkeit zur Äußerung gegeben werden (BGHSt 29, 274). Demgegenüber hat der BGH eine Hinweispflicht vor der Verhängung eines Fahrverbots im Sinne des § 44 StGB abgelehnt, weil diese Vorschrift lediglich voraussetze, „daß der Täter eine Straftat bei oder im Zusammenhang mit dem Führen eines Kraftfahrzeugs oder unter Verletzung der Pflichten eines Kraftfahrzeugführers begangen hat und deshalb zu Freiheits- oder Geldstrafe verurteilt wird", also keine weiteren tatsächlichen Voraussetzungen erforderlich seien (BGHSt 29, 274/280).

Einen weiteren Fall einer fakultativ verhängbaren Nebenfolge sieht § 45 Abs. 2 StGB vor, wonach in bestimmten, vom Gesetz aufgezählten Fällen (z.B. §§ 92a oder 109e StGB) dem Verurteilten die Amtsfähigkeit und/oder -wählbarkeit für eine bestimmte Dauer aberkannt werden kann. Zu § 32 StGB a.F., auf den der heutige § 45 StGB zurückgeht, hat der BGH allerdings eine Hinweispflicht verneint. § 74 StGB sieht die Möglichkeit der Einziehung vor, wenn es sich um Gegenstände handelt, die durch eine Straftat hervorgebracht oder zu ihrer Begehung oder Vorbereitung gebraucht und bestimmt gewesen sind. Zu § 40 a.F., auf den die Vorschrift zurückgeht, hatte der BGH eine förmliche Hinweispflicht verneint (BGHSt 16, 47). In der Literatur wird auch bei den vorgenannten Sanktionen, die fakultativ verhängt werden können, ohne daß zusätzliche Tatsachen vorliegen müssen, bei denen das Gericht eine Ermessensentscheidung zu treffen hat, ein rechtlicher Hinweis für erforderlich gehalten (*Schlothauer* StV 1986, 213/221/222). In den vorgenannten Fällen ist die Verhängung einer Sanktion in das pflichtgemäße Ermessen des Gerichts gestellt. Der Angeklagte ist auch insoweit vor Überraschungen zu schützen, also durch einen entsprechenden Hinweis in die Lage zu versetzen, seine Verteidigung auf den neuen rechtlichen Gesichtspunkt einzustellen. Er kann dann versuchen, darauf hinzuwirken, daß das Gericht bei seiner Entscheidung einen zutreffenden Sachverhalt zugrundelegt, in seine Entscheidung keine ermessensfremden Überlegungen eingehen und auch insoweit dem Grundsatz der Verhältnismäßigkeit Rechnung getragen wird (so auch *Hanack* JZ 1972, 433).

c) Veränderte Sachlage (§ 265 Abs. 4 StPO)

aa) Veränderung des Sachverhalts*

An das
Amtsgericht/Landgericht
......

In der Strafsache
gegen ......

Az.: ...

beantrage ich,

die Hauptverhandlung gemäß § 265 Abs. 4 StPO auszusetzen.

Die Anklage stützt den Vorwurf der fahrlässigen Tötung darauf, daß der Angeklagte die mangelnde Funktionstüchtigkeit und Sicherheit seiner Maschine hätte erkennen müssen und den Arbeiter A. nicht daran arbeiten lassen dürfen.

Das Gutachten des Sachverständigen S. ergibt demgegenüber, daß der Angeklagte die Gefährlichkeit seiner Maschine gar nicht hat erkennen können. Diese hätte sich nur bei der Überprüfung des Geräts durch einen Fachmann herausstellen können.

Das Gericht hat daraufhin den Hinweis gegeben, daß der Vorwurf der Fahrlässigkeit nunmehr darauf gestützt wird, daß der Angeklagte keine Überprüfung durch einen Fachmann hat vornehmen lassen. Damit ist eine Veränderung der Sachlage eingetreten, auf die der Angeklagte seine Verteidigung einstellen muß. Ihm muß daher Gelegenheit gegeben werden, die entsprechenden Arbeitsschutzbestimmungen zu überprüfen und erforderlichenfalls die Erstattung eines weiteren Sachverständigengutachtens zu beantragen. Zur genügenden Vorbereitung auf die Verteidigung ist angesichts dieser neuen Sachlage die Hauptverhandlung auszusetzen.

Rechtsanwalt

Anmerkung

Das Gericht hat auf Antrag der Verteidigung die Hauptverhandlung auszusetzen, wenn dies infolge der veränderten Sachlage zur genügenden Vorbereitung der Verteidigung angemessen erscheint (§ 265 Abs. 4 StPO). Die Vorschrift darf nicht eng ausgelegt werden. Sie ist im Zusammenhang zu lesen mit den Vorschriften der §§ 243 Abs. 4 S. 2 und 136 Abs. 2 StPO (*Meyer* GA 1965, 257). In Betracht kommen neben der im Formular bereits erwähnten Änderung der Sachlage ohne Auswirkung auf den Schuldspruch folgende weitere Sachverhalte (vgl. *Schlothauer* StV 1986, 213):

- Änderungen der Tatzeit (ohne Hinweis und ohne die beantragte Aussetzung kann ein Alibibeweis ins Leere gehen oder scheitern, weil für eigene Ermittlungen die Zeit fehlte, BGHSt 19, 88; NStZ 1984, 422);
- Änderung der Sachlage durch Austausch des Tatopfers: z.B. dem Angeklagten wird durch die Zulassung der Anklage Betrug zum Nachteil von Geschäftspartnern vorgeworfen, dann darf das Urteil ihn nicht ohne Hinweis des Betruges zum Nachteil der das fragliche Geschäft finanzierenden Banken für schuldig befinden (vgl. hierzu BGHSt 19, 141; *Schlothauer* StV 1986, 224; KK/*Hürxthal* § 265 Rdnr. 11);

---

* Das Muster ist im wesentlichen unverändert aus der insoweit von Tondorf bearbeiteten 1. Auflage übernommen.

- Änderung der Sachlage durch Auswechslung der Tatbeteiligten: z.B. statt Raub in Alleintäterschaft Verurteilung aufgrund mehrdeutiger Tatsachenfeststellungen wegen Raubes in Alleintäterschaft oder in Mittäterschaft mit einem unbekannt gebliebenen Dritten;
- Veränderung der Sachlage bei Änderung der die Verurteilung tragenden tatsächlichen Indizien: z.B. das Gericht stützt die Bösgläubigkeit des Angeklagten im Zusammenhang mit einem Beihilfevorwurf auf andere Indizien, als sie in der Anklageschrift und im Ermittlungsverfahren dem Angeklagten zur Last gelegt waren;
- Veränderung der Sachlage im Zusammenhang mit Änderungen des Schuldumfanges der vorgeworfenen Tat: z.B. bei Fortsetzungs- und Dauerstraftaten wird erst in der Hauptverhandlung bekannt, daß gegenüber der zunächst zugelassenen Anklage der Tatzeitraum größer ist oder weitere Einzelakte der angeklagten fortgesetzten Tat vorliegen.

bb) Veränderung der Verfahrenslage

α) Verwertung von Tatsachen aus eingestellten Verfahrenskomplexen/ Vereidigungsverbot*

An das
Landgericht
......

In der Strafsache
gegen ......

Az.: ...

beantrage ich,
> wegen Veränderung der Verfahrenslage die Hauptverhandlung nach § 265 Abs. 4 StPO auszusetzen.

Die Strafkammer hat am Ende des letzten Hauptverhandlungstages mehrere Hinweise wegen veränderter Verfahrenslage erteilt. Da der Angeklagte auf diese neue Verfahrenslage nicht genügend vorbereitet ist, ist eine Aussetzung geboten.

1. Die Strafkammer hat zu Beginn der Hauptverhandlung mit Zustimmung der Staatsanwaltschaft die Strafverfolgung im Fall 1 der Anklage auf vier Handlungen der Vergewaltigung gemäß § 154a StPO beschränkt.[1]
Die Kammer hat nunmehr darauf hingewiesen, daß die ausgeschiedenen Handlungen strafschärfend verwertet werden könnten. Die Verteidigung beabsichtigt hinsichtlich der ausgeschiedenen Taten aufgrund noch durchzuführender Ermittlungen Alibizeugen zu benennen.
2. Die Strafkammer, die den Zeugen X. zunächst vereidigt hatte, erteilte den Hinweis, daß sie die Aussage dieses Zeugen im Rahmen der Beweiswürdigung als uneidliche werten wolle, da nach Auffassung des Gerichts ein Verteidigungsverbot gemäß § 60 Nr. 2 vorgelegen habe.[2]
Die Verteidigung beabsichtigt, eigene Ermittlungen zur Glaubwürdigkeit des Zeugen anzustellen und weitere Beweisanträge in Bezug auf das Beweisthema zu stellen, zu dem der Zeuge X. ausgesagt hat.

Rechtsanwalt

---

* Das Muster ist im wesentlichen unverändert aus der insoweit von Tondorf bearbeiteten 1. Aufl. übernommen.

Anmerkungen

1. Das Gericht hat entsprechende Hinweispflichten bei Veränderung der Verfahrenslage (vgl. *Schlothauer* StV 1986, 213), damit sich der Angeklagte auf eine sein Verteidigungsinteresse berührende neue prozessuale Situation einstellen kann. Dazu gehören:

Hinweispflicht bei der Verwertung von Tatsachen aus nach §§ 154, 154a StPO eingestellten Verfahrenskomplexen bzw. ausgeschiedenen Tatteilen. Das Gericht kann nach § 154 Abs. 2 StPO vorläufig das Verfahren wegen einer ursprünglich ebenfalls angeklagten, im prozeßrechtlichen Sinne selbständigen Tat einstellen oder gemäß § 154a Abs. 2 StPO nach Einreichung der Anklageschrift einzelne abtrennbare Teile einer Tat oder einzelne von mehreren Gesetzesverletzungen ausscheiden, die durch dieselbe Tat begangen worden sind. Es kann die weitere Verfolgung auf die übrigen Tatteile bzw. übrigen Gesetzesverletzungen beschränken. Die Staatsanwaltschaft kann nach § 154a Abs. 1 StPO Tatteile oder einzelne Gesetzesverletzungen ausscheiden. Das Gericht kann durch die veränderte Zulassung der Anklage zur Hauptverhandlung diese Beschränkung der Verfolgung übernehmen und von der Möglichkeit des § 154a Abs. 3 StPO keinen Gebrauch machen.

Für den Angeklagten wird damit ein Vertrauenstatbestand geschaffen. Er wird davon ausgehen, daß die ausgeschiedenen Taten oder Tatteile bzw. Gesetzesverletzungen in dem weiteren Verfahren nicht zu seinem Nachteil verwertet werden, sei es bei der Beweiswürdigung oder sei es bei der Strafzumessung. Er wird sich deshalb insoweit regelmäßig nicht mehr verteidigen. Bisher nahm die Rechtsprechung des BGH eine ausdrückliche Hinweispflicht des Gerichts an, wenn gleichwohl für das verbleibende Verfahren den Angeklagten belastende Folgen aus den eingestellten Tatkomplexen bzw. ausgeschiedenen Tatteilen gezogen werden sollen (BGH StV 1984, 304 (für § 154 Abs. 2 StPO); StV 1983, 184 (für § 154a Abs. 2 StPO); StV 1982, 523 (für § 154a Abs. 1 StPO); StV 1983, 184 (für § 154a Abs. 2 StPO). Demgegenüber hat der BGH in einer neueren Entscheidung (StV 1985, 221) die Frage einer ausdrücklichen Hinweispflicht offen gelassen: im Einzelfalle könne sich ein Hinweis durch den Gang des Verfahrens erübrigen. Schließlich wird die Hinweispflicht bei Verwertbarkeit von Tatsachen aus nach § 154 Abs. 1 StPO von der Staatsanwaltschaft eingestellten, im prozeßrechtlichen Sinne selbständigen Taten unterschiedlich in der Rechtsprechung beurteilt: Der 3. Strafsenat des BGH verneint hier eine Hinweispflicht (BGH StV 1982, 17). Der 2. Strafsenat bejaht sie zumindest, wenn ein enger mittelbarer Zusammenhang zwischen der eingestellten und der weiterverfolgten Tat besteht (StV 1982, 523; zum Ganzen vgl. *Sarstedt/Hamm*, Revision, 5. Aufl. Rdnr. 427ff.; *Schlothauer* StV 1986, 226).

2. Hinweispflicht bei unzulässiger Vereidigung (§ 60 Nr. 2 StPO). Hat das Gericht einen Zeugen vereidigt und stellt es nachträglich fest, daß ein Vereidigungsverbot gemäß § 60 StPO vorlag, hat es die Aussage dieses Zeugen im Rahmen der Beweiswürdigung nicht nur als uneidliche zu werten, sondern es muß die Prozeßbeteiligten auf diese Veränderung der Verfahrenslage hinweisen. Gibt das Gericht dem Angeklagten die Tatsachen bekannt, die dem Vereidigungsverbot aus seiner Sicht zugrundeliegen, ist es dem Angeklagten möglich, nunmehr eigene Überlegungen zur Glaubwürdigkeit des Zeugen anzustellen und ggf. zum Beweisthema weitere Beweisanträge zu stellen (so schon RGSt 72, 219; BGHSt 4, 130; StV 1981, 329; StV 1986, 89 (2. Senat); hiervon weicht neuerdings der 1. Senat des BGH ab: vgl. BGH StV 1986, 89 mit abl. Anm. *Schlothauer*).

β) Neue Beweismittel

An das
Amtsgericht
……

In dem Bußgeldverfahren
gegen ……
Az.: …

beantrage ich,
1. die Hauptverhandlung gemäß § 265 Abs. 4 StPO auszusetzen;
2. hilfsweise die Hauptverhandlung für einen angemessenen Zeitraum zu unterbrechen.

In der heutigen Hauptverhandlung gegen meinen Mandanten hat der Zeuge POM …… drei Lichtbilder vorgelegt, die er am …… im Zuge des Nachfahrens hinter dem PKW meines Mandanten in dem von dem Zeugen PHM …… gesteuerten Funkstreifenwagen angefertigt haben will. Die Fotos sollen als Beweisstücke den Verkehrsverstoß meines Mandanten belegen.

In der Verfahrensakte Blatt 7 befindet sich in dem polizeilichen Bericht der Hinweis, daß die aufgenommenen Lichtbilder nicht auswertbar gewesen seien. Die drei heute von dem Zeugen vorgelegten Lichtbilder sind in Augenschein genommen und zu den Akten gebracht worden.

Hierdurch ist für den Betroffenen eine veränderte Verfahrenslage im Sinne des § 265 Abs. 4 StPO eingetreten, die eine Aussetzung der Hauptverhandlung rechtfertigt.[1] Das Hauptverfahren findet in Abwesenheit des Betroffenen statt. Die Verteidigung hatte daher keine Gelegenheit, die erst in der heutigen Sitzung der Hauptverhandlung vorgelegten neuen Beweisstücke mit dem Betroffenen gemeinsam in Augenschein zu nehmen und das weitere Vorgehen zu beraten. Ohne eine solche Rücksprache mit meinem Mandanten kann ich die Verteidigung nicht sachgerecht führen.[2]

Rechtsanwalt

Anmerkungen

1. Typische Veränderung der Verfahrenslage i.S.v. § 265 Abs. 4 StPO ist z.B. das Nachschieben bisher von der Verfolgungsbehörde zurückgehaltener Beweismittel (*Kleinknecht/Meyer* § 265 Rdnr. 42 m.w.N.), so auch Lichtbilder (LG Duisburg StV 1984, 19). Der Verteidiger sollte sich auch in diesen Bagatellverfahren nicht scheuen, einen Aussetzungsantrag zu stellen.

2. Mit der Revision bzw. hier dem Antrag auf Zulassung der Rechtsbeschwerde gemäß §§ 79, 80 OWiG kann nur geltend gemacht werden, daß das Gericht die Rechtsbegriffe (*Kleinknecht/Meyer* § 265 Rdnr. 45 ff. m.w.N.) verkannt oder sein Ermessen fehlerhaft ausgeübt hat.

γ) Verhinderung des Verteidigers

An das
Amtsgericht/Landgericht
......

In der Strafsache
gegen ......
Az.: ...
beantrage ich,
    die Hauptverhandlung gemäß § 265 Abs. 4 StPO auszusetzen.
Der bisher für meinen Mandanten im oben genannten Strafverfahren tätige Verteidiger Rechtsanwalt R. ist vor einigen Tagen so schwer erkrankt, daß er den heutigen ersten Verhandlungstermin nicht wahrnehmen kann. Dies hat der Kollege dem Gericht bereits schriftlich mitgeteilt und zugleich um eine Terminsverlegung von mindestens vier Wochen gebeten.[1]
Nachdem das Gericht dem Verlegungswunsch nicht entsprochen hat, wurde der Unterzeichner als weiterer Verteidiger von Herrn ...... gewählt und mit seiner Verteidigung in der Hauptverhandlung beauftragt. Der Unterzeichner konnte sich jedoch nicht so kurzfristig in die in tatsächlicher Hinsicht schwierige Sachlage ausreichend einarbeiten. Am ersten Tag der Hauptverhandlung sollen allein sechs Zeugen gehört werden, die sämtlich auch Angaben vor den Ermittlungsbehörden gemacht haben. Eine aus Verteidigersicht angemessene Befragung der Zeugen, insbesondere die Möglichkeit von sachdienlichen Vorhalten aus den polizeilichen Vernehmungsprotokollen, setzt eine genaue Aktenkenntnis voraus, die sich der Unterzeichner in der Kürze der Zeit nicht aneignen konnte. Wegen des krankheitsbedingten Ausfalles des in den Verfahrensstoff eingearbeiteten Kollegen Rechtsanwalt R. und der aus den genannten Gründen nicht genügenden Vorbereitung des Unterzeichners besteht eine veränderte Verfahrenslage, die eine Aussetzung der Hauptverhandlung gemäß § 265 Abs. 4 StPO erfordert.[2]
Zur Vorbereitung benötige ich eine Zeit von zumindest ....[3]

                                                  Rechtsanwalt

Schrifttum: Heldmann, Der verhinderte Verteidiger, StV 1981, 82; *Heubel,* Die Verschiebung der Hauptverhandlung wegen Verspätung des Verteidigers, NJW 1981, 2678

Anmerkungen

1. Grundsätzlich hat der Angeklagte nur bei notwendiger Verteidigung (§ 140 Abs. 1 und 2 StPO) einen Rechtsanspruch auf Aussetzung der Hauptverhandlung, wenn der Verteidiger nicht erscheint (§ 228 Abs. 2 StPO). Unter Umständen ist jedoch auch sonst in einer für den Angeklagten überraschenden, unverschuldeten Verhinderung des Verteidigers eine Änderung der Verfahrenslage im Sinne des § 265 Abs. 4 StPO zu sehen, die eine Aussetzung der Verhandlung erfordert. Ein solcher Fall kann insbesondere vorliegen bei Sachen von besonderer Bedeutung, bei schwieriger Sach- und Rechtslage, bei offensichtlich nicht zur selbständigen Verteidigung fähigen Angeklagten, bei Unmöglichkeit rechtzeitiger Bestellung eines neuen Verteidigers (*Kleinknecht/Meyer* § 265 Rdnr. 43, 44). Oft ist hier ein Fall von notwendiger Verteidigung nach § 140 Abs. 2 StPO gegeben.

2. Das gleiche gilt bei notwendiger Verteidigung über § 145 Abs. 3 StPO hinaus, wenn der bisherige Verteidiger verhindert und der vom Gericht bestellte neue Pflichtverteidiger

nicht genügend auf die Verteidigung vorbereitet ist. In folgenden Fällen wurde z.B. das mit der Revision angefochtene Urteil wegen Nichtaussetzung der Hauptverhandlung aufgehoben, weil das Revisionsgericht die Verhandlung gegen den Angeklagten ohne Beistand seines (vorbereiteten, jedoch verhinderten) Verteidigers für unzumutbar erachtet hat:
- plötzlicher Tod des Verteidigers kurz vor der Hauptverhandlung (BayObLG StV 1983, 270);
- unvorhersehbare Erkrankung des gewählten Verteidigers bei schwieriger Sachlage (OLG Celle NJW 1965, 2264f.);
- unangemessen kurze Unterbrechung der Hauptverhandlung nach einem Aussetzungsantrag des nicht genügend vorbereiteten Pflichtverteidigers (BGH NStZ 1983, 281; NJW 1965, 2164f.);
- Ablehnung des Aussetzungsantrags eines während der Hauptverhandlung neu gewählten Verteidigers mit der Begründung, der inzwischen gerichtlich bestellte Pflichtverteidiger sei in den Verfahrensstoff eingearbeitet; daher seien die Rechte des Angeklagten hinreichend gewahrt (BGH VRS 31, 188);
- Wechsel des Pflichtverteidigers während der Hauptverhandlung bei schwieriger Beweislage (BGH VRS 26, 46).

Das Gericht entscheidet über den Antrag nach pflichtgemäßem Ermessen. Bei Vorliegen einer der zuvor genannten Situationen hat das Gericht (insbesondere wenn der Verteidiger für den Angeklagten überraschend nicht erscheint) aus dem Gesichtspunkt der richterlichen Fürsorgepflicht die Hauptverhandlung auch ohne Antrag von Amts wegen nach § 265 Abs. 4 StPO auszusetzen (OLG Düsseldorf StV 1982, 556). In diesen Fällen kann mit der Revision die Nichtaussetzung beanstandet werden (§§ 338 Nr. 8 und 265 Abs. 4 StPO), ohne daß ein ablehnender Gerichtsbeschluß über eine Aussetzung vorliegt (BGH NJW 1965, 2164).

Im übrigen ist ein Gerichtsbeschluß über den Aussetzungsantrag herbeizuführen, der in der Hauptverhandlung ergehen muß. Die Ablehnung des Antrags erst in den Urteilsgründen ist unzulässig (LR/*Gollwitzer* § 265 Rdnr. 107).

3. Der Verteidiger darf sich nicht mit einer zu kurzen Aussetzung oder Unterbrechung zufrieden geben. Primäre Rechtspflicht ist für ihn, nur dann aufzutreten, wenn er die Sache hinreichend kennt und ausreichend vorbereitet ist. Aus § 145 Abs. 3 StPO folgt, daß der neue Verteidiger in diesem Rahmen selbst die notwendige Zeit angibt, die er zur Vorbereitung braucht.

14. Beanstandung von prozessualen Handlungen

a) Ungeeignete Fragen

An den
Vorsitzenden
......

In der Strafsache
gegen ......

Az.: ...

beantrage ich,

die Frage des Sitzungsvertreters der Staatsanwaltschaft an den Zeugen Z., „ob er den Angeklagten für religiös halte", zurückzuweisen.[1]

1. Die Frage ist ungeeignet im Sinne von § 241 Abs. 2 1. Alt. StPO.[2] Sie ist nicht auf Tatsachenbekundungen, sondern auf ein reines Werturteil des Zeugen Z. über den

Angeklagten gerichtet. Werturteile können jedoch nicht Gegenstand des Zeugenbeweises sein.
2. Die Frage gehört nicht zur Sache, § 241 Abs. 2 2. Alt. StPO.[3] Die Beantwortung der Frage kann nicht zur Aufklärung des Tatvorwurfs der Untreue zum Nachteil des Diakonischen Werkes beitragen. Der Angeklagte war zwar Geschäftsführer dieser kirchlichen Einrichtung. Seine innere Einstellung zum christlichen Glauben spielt für die Sachaufklärung aber keine Rolle.

Rechtsanwalt

Schrifttum: Dahs/Dahs, Die Revision im Strafprozeß, 4. Aufl., Rdnr. 249; *Eisenberg,* Vernehmung und Aussage (insbesondere) im Strafverfahren aus empirischer Sicht, Teil 1, JZ 1984, 912 und Teil 2, JZ 1984, 961

Anmerkungen

1. Die Erteilung/Entziehung des Fragerechts, sowie die Entscheidung über die Zulassung von einzelnen Fragen (§§ 240, 241 StPO) obliegt dem Vorsitzenden im Rahmen seiner Sachleitungskompetenz (§ 238 Abs. 1 StPO; LR/*Gollwitzer* § 241 Rdnr. 24 u. 29; § 242 Rdnr. 8; *Kleinknecht/Meyer* § 241 Rdnr. 20).
Bei Zweifeln über die Zulässigkeit einer Frage kann auch eine Gerichtsentscheidung nach § 242 StPO ergehen. Die Vorschrift greift nur ein, wenn das Gericht nicht nach § 238 Abs. 2 StPO entscheiden kann (z.B. bei Fragen der beisitzenden Richter, die der Vorsitzende für bedenklich hält und bei von einem Verfahrensbeteiligten geäußerten Zweifeln an der Zulässigkeit einer Frage des Vorsitzenden selbst; *Kleinknecht/Meyer* § 241 Rdnr. 9; § 242 Rdnr. 1).
Gegen die Anordnung des Vorsitzenden kann ein Gerichtsbeschluß nach § 238 Abs. 2 StPO beantragt werden. Ein auf diesen Antrag ergehender, die Entscheidung des Vorsitzenden bestätigender Beschluß muß begründet werden. Hierfür gelten die Grundsätze für die Begründung eines den Beweisantrag ablehnenden Beschlusses entsprechend (*Kleinknecht/Meyer* § 241 Rdnr. 21 m.w.N.). Dem betroffenen Zeugen/Sachverständigen steht gegen die Entscheidung des Gerichts, durch welche eine beanstandete Frage zugelassen wird, die Beschwerde nach § 305 S. 2 StPO zu (*Kleinknecht/Meyer* § 241 Rdnr. 22). Der Angeklagte kann eine unberechtigte Entziehung des Fragerechts oder unberechtigte Zurückweisung einer einzelnen Frage mit der Revision nur rügen, wenn er einen Gerichtsbeschluß nach § 238 Abs. 2 StPO bzw. § 242 StPO herbeigeführt hat (*Kleinknecht/Meyer* § 241 Rdnr. 23).
2. Ungeeignet sind Fragen, die die Sachaufklärung nicht fördern, oder die aus rechtlichen Gründen nicht gestellt werden dürfen (BGHSt 21, 334, 360). Hierzu gehören Fragen:
– die von der Beweisperson schon klar und widerspruchsfrei beantwortet wurden (BGHSt 2, 284, 289);
– Fang- und Suggestivfragen (KK/*Treier* § 241 Rdnr. 4);
– Fragen, die nach §§ 68a, 136a StPO unzulässig sind (BGHSt 13, 252);
– Fragen an Zeugen, die auf reine Werturteile gerichtet sind (*Kleinknecht/Meyer* vor § 48 Rdnr. 3);
– Fragen an Sachverständige nach der rechtlichen Qualifikation eines Sachverhalts oder zu einem Beweisthema, das nicht Gegenstand des Gutachtenauftrags ist (*Pfeiffer/Miebach* NStZ 1984, 16).
3. Nicht zur Sache gehörende Fragen sind solche, die weder unmittelbar noch mittelbar im Zusammenhang mit dem Anklagevorwurf stehen (BGHSt 2, 284, 287). Eine auch nur mittelbare Beziehung der Frage zur angeklagten Tat schließt die Zurückweisung aus (KK/

Treier § 241 Rdnr. 3 a). Eine Frage kann folglich nicht als nicht zur Sache gehörend zurückgewiesen werden, weil sie dem Gericht als für die Entscheidung unerheblich erscheint. Dieses Kriterium, mit dem das Gericht nach § 244 Abs. 3 StPO einen Beweisantrag ablehnen kann, ist für die Zurückweisung von Fragen nicht maßgeblich, denn es handelt sich nicht um die Herbeischaffung von Beweismitteln, sondern um das Recht, präsente Beweismittel auszuschöpfen. Im übrigen soll das Gericht auch erst nach Beantwortung einer Frage beurteilen, ob die Antwort für die Entscheidung erheblich ist (BGH a. a. O.; *Kleinknecht/Meyer* § 241 Rdnr. 13 m. w. N.).

b) Verlesung einer Eintragung im Erziehungsregister

An das
Landgericht
......

In der Strafsache
gegen ......

Az.: ...

1. beanstande ich die Anordnung des Vorsitzenden, die Eintragung des Angeklagten in das Erziehungsregister in der Hauptverhandlung zu verlesen und
2. beantrage ich eine Entscheidung des Gerichts durch Beschluß nach § 238 Abs. 2 StPO.[1]

Die Verlesung verstößt gegen das gesetzliche Verwertungsverbot nach § 63 Abs. 1 und 4 iVm § 51 Abs. 1 BZRG. Die Voraussetzungen des § 63 Abs. 2 BZRG liegen nicht vor. Der Angeklagte hat am 4. 9. 1990 das 24. Lebensjahr vollendet. Die Eintragung ist folglich tilgungsreif und darf nach § 51 Abs. 1 BZRG nicht verwertet werden.[2]

Rechtsanwalt

Schrifttum: Rebmann/Uhlig/Pieper, Bundeszentralregister, München 1985; *Schwarz,* Das Verwertungsverbot des § 49 BZRG in der Verwaltungspraxis, NJW 1974, 209

Anmerkungen

1. Gemäß § 238 Abs. 1 StPO obliegt dem Vorsitzenden die Sachleitung der Hauptverhandlung. Gegen seine Anordnungen oder Maßnahmen steht den betroffenen Prozeßbeteiligten der besondere Rechtsbehelf des § 238 Abs. 2 StPO zu. Es muß die Unzulässigkeit der Anordnung geltend gemacht werden — Unzweckmäßigkeit genügt nicht — (KK/*Treier* § 238 Rdnr. 12). Im Hinblick auf die Revision (§ 338 Nr. 8 StPO) ist unbedingt zu empfehlen, bei zu beanstandenden Anordnungen gemäß § 238 Abs. 2 vorzugehen. Nach ständiger Rechtsprechung des BGH haben Verfahrensrügen, die eine Sachleitungsordnung betreffen, keinen Erfolg, wenn über sie nicht in der Hauptverhandlung ein Gerichtsbeschluß nach § 238 Abs. 2 StPO herbeigeführt worden ist (KK/*Treier* § 238 Rdnr. 17 m. w. N.; *Kleinknecht/Meyer* § 338 Rdnr. 60).

2. Ein ausdrücklich normiertes Verbot der Verwertung früherer Urteile enthält die Vorschrift § 51 BZRG. Bei Vorliegen der Voraussetzungen dürfen entsprechende Eintragungen auch nicht in der Hauptverhandlung verlesen werden (Umkehrschluß aus BGHSt 27, 108 zum Verwertungsverbot in § 49 BZRG, heute § 51 BZRG). In der Revision sind Verstöße gegen dieses Verwertungsverbot mit der Sachrüge zu beanstanden (BGHSt 25, 100).

15. Protokollierung einer Aussage

An das
Amtsgericht/Landgericht
......

In der Strafsache
gegen ......

Az.: ...

beantrage ich,[1]

die Aussage des Zeugen Z.[2] gemäß § 273 Abs. 3 S. 1 StPO vollständig zu protokollieren.[3]

Dem Angeklagten wird Betrug zum Nachteil des Zeugen Z. vorgeworfen. Er soll diesen trotz Kenntnis seiner Zahlungsunfähigkeit dazu bewogen haben, die Zwangsvollstreckung gegen ihn aus dem Urteil des AG ...... vom ...... nicht einzuleiten. Dabei soll der Angeklagte dem Zeugen Z. in einem Telefonat vom ......[4] mitgeteilt haben, daß er etwa zwei Monate später eine ausreichend große Zahlung erwarte, aufgrund derer er die Forderung des Zeugen ausgleichen könne.

Es kommt vorliegend auf den genauen Wortlaut der Aussage des Zeugen Z. zu diesem Telefongespräch an. Der Angeklagte hat sich in seiner Vernehmung vom ...... dahin eingelassen, daß er dem Zeugen in diesem Telefonat deutlich gemacht habe, daß er zur Zeit zahlungsunfähig sei und höchstens in den nächsten Monaten die Chance bestehe, daß der Zeuge sein Geld bekäme, wenn er eine unsichere Forderung gegen seinen Schuldner S. realisieren könnte. Der Zeuge habe ihn auch so verstanden, daß er nicht die Zahlung zu einem bestimmten Zeitpunkt zusichere.[5]

Die Aussage ist deshalb – wie beantragt – vollständig zu protokollieren.[6]

Rechtsanwalt

Schrifttum: Müller, Bemerkungen zum Anspruch auf Protokollierung gem. § 273 Abs. 3 StPO, Schriftenreihe der AG StrafR des DAV, 1984, S. 75 ff.; *Krekeler*, Wehret auch den „kleinen" Anfängen oder § 273 Abs. 3 S. 2 StPO muß bleiben, AnwBl. 1984, 417; *Schmidt*, Die wörtliche Protokollierung einer Aussage in der Hauptverhandlung, NJW 1981, 1353; *Ulsenheimer*, Die Verletzung der Protokollierungspflicht im Strafprozeß und ihre revisionsrechtliche Bedeutung, NJW 1980, 2273; *Sieß*, Protokollierungspflicht und freie Beweiswürdigung im Strafprozeß, NJW 1982, 1625

Anmerkungen

1. Der Strafverteidiger muß wissen, daß dieser Antrag zwar sehr „beliebt", aber auch sehr problematisch ist. Über die verfahrensrechtliche Problematik – Antragstellung/Reaktion des Gerichts/revisionsrechtliche Konsequenzen – muß er seinen Mandanten umgehend informieren. Zur Antragsberechtigung – Prozeßbeteiligte außer Nebenkläger, Berufsrichter und Schöffen – (*Kleinknecht/Meyer* § 273 Rdnr. 24 ff. m.w.N.; die Entscheidung BGHSt 28, 272, 274 zum Nebenkläger ist durch die Neufassung des § 397 StPO überholt; *Kleinknecht/Meyer* § 397 Rdnr. 11).

2. § 273 Abs. 3 StPO erfaßt die Einlassung des Angeklagten, die Aussagen von Zeugen und Sachverständigen sowie Äußerungen von anderen Personen, die sich im Sitzungssaal befinden.

3. Zur Feststellung von Vorgängen in der Hauptverhandlung, *Kleinknecht/Meyer* § 273 Rdnr. 19f.

4. Ob die wörtliche Protokollierung auf einen bestimmten Teil der Aussage beschränkt werden sollte, hängt vom Einzelfall ab und davon, ob es auf diesen Fall „ankommt".

5. Die vollständige Niederschreibung wird angeordnet, wenn es für das laufende oder ein anderes (auch künftiges) Verfahren darauf ankommt. Hierbei ist nicht auf den Inhalt einer Aussage abzustellen. Das Protokollierungsbedürfnis besteht anerkanntermaßen nur dann, wenn es aus Sach- oder Rechtsgründen auf den genauen Wortlaut ankommt (vgl. *Kleinknecht/Meyer* § 273 Rdnr. 22/23; LR/*Gollwitzer* § 273, Rdnr. 42f. je m.w.N.; LR/ *Gollwitzer* § 273 Rdnr. 51 zu der Frage, ob eine wörtliche Protokollierung auch zu dem Zweck gefordert werden kann, durch ihre Fixierung die Beweiswürdigung des erkennenden Gerichts selbst zu beeinflussen).

6. Zum Protokollierungsvorgang, LR/*Gollwitzer* § 273 Rdnr. 45 ff.

Lehnt der Vorsitzende die Anordnung der Protokollierung ab, kann nach Abs. 3 S. 2 gerichtliche Entscheidung beantragt werden. Das Gericht entscheidet durch Beschluß, der alsbald bekanntzumachen ist (*Kleinknecht/Meyer* § 273 Rdnr. 30). Revisionsrechtlich wird ein rechtsfehlerhaftes Verfahren nach § 273 StPO als unerheblich angesehen, da das Urteil darauf nicht beruhen könne (*Kleinknecht/Meyer* § 273 Rdnr. 36 m.w.N.).

16. Aufhebung einer Sperrerklärung (§ 96 StPO)[1]

An das
Oberlandesgericht
......

In der Strafsache
gegen ......

Az.: ...

beantrage ich gemäß §§ 96[2] i.V.m. 244 Abs. 2 StPO,

    daß das Gericht im Rahmen der ihm obliegenden Aufklärungspflicht auf die Vorlegung folgender Akten ......[3] der Behörde ......[4] bei der Obersten Dienstbehörde, dem ......[5], hinwirkt.

Die genannten Akten sind für die ordnungsgemäße Verteidigung des Angeklagten und zur Erforschung der Wahrheit unerläßlich. Ohne deren Vorlage ist für die Verteidigung nicht rekonstruierbar, auf welche Grundlage der Vorwurf gestützt wird, der Angeklagte habe eine geheimdienstliche Tätigkeit durch Treffs auf Parkplätzen entlang der Autobahn ...... vorbereitet. Der Angeklagte bestreitet dies.

Im übrigen enthält die Sperrerklärung des ...... vom ...... keine nach § 96 StPO ausreichende Begründung, die dem Gericht die Gründe der Sperre verständlich macht. Eine Bindung des Gerichts an die vorliegende Sperrerklärung vom ...... ist deshalb nicht eingetreten[6].

                                                                     Rechtsanwalt

Schrifttum: Kramer, Die Beschlagnahmefähigkeit von Behördenakten im Strafverfahren, NJW 1984, 1502; *Taschke*, Anm. zu Hess. VGH, Urteil vom 25. 9. 1984, StV 1986, 54; *ders.*, Anm. zu BGH, Beschluß vom 3. 11. 1987, StV 1988, 137

17. Antrag auf Erteilung einer (unbeschränkten) Aussagegenehmigung   VII. B. 17

Anmerkungen

1. Häufig wird sich schon bei der Durcharbeitung der Akten zur Vorbereitung auf die Hauptverhandlung die Notwendigkeit ergeben, auf die Aufhebung einer Sperrerklärung zu drängen, falls der Verteidiger diese nicht schon nach § 23 EGGVG oder vor dem Verwaltungsgericht angefochten hat (*Kleinknecht/Meyer* § 96 Rdnr. 14 m.w.N. und VG Frankfurt NJW 1991, 120, 122; OLG Celle NStZ 1991, 145; VGH Mannheim NJW 1991, 2097). Stellt sich die Notwendigkeit erst im Verlauf der Hautverhandlung heraus, wird regelmäßig die Hauptverhandlung auszusetzen oder zu unterbrechen sein, d. h. ein entsprechender Antrag vom Verteidiger zu stellen sein.

2. Die Vorschrift ergänzt § 54 StPO (*Kleinknecht/Meyer* § 96 Rdnr. 1).
Mit § 96 StPO wird grundsätzlich für das Strafverfahren ein Beweisverbot aufgestellt (KK/*Laufhütte* § 96 Rdnr. 2) und die Beschlagnahme von Behördenakten grundsätzlich ausgeschlossen (*Kleinknecht/Meyer* § 96 Rdnr. 2, zu Ausnahmen siehe Anm. 6).

3. Die Akten sind genau zu bezeichnen. Zum Begriff der in amtlicher Verwahrung befindlichen Schriftstücke (*Kleinknecht/Meyer* § 96 Rndr. 3; KK/*Laufhütte* § 96 Rdnr. 5 je m.w.N.).

4., 5. Zum Behörden- und Beamtenbegriff sowie zur Zuständigkeit der obersten Dienstbehörde (*Kleinknecht/Meyer* § 96 Rdnr. 5, 6 und 8 m.w.N.).

6. Die nach § 96 StPO zuständige Behörde hat dem Gericht vor Erlaß des tatrichterlichen Urteils die Gründe ihrer Weigerung verständlich zu machen, um u. a. das Gericht in die Lage zu versetzen, auf die Beseitigung etwaiger Hindernisse hinzuwirken und auf die Bereitstellung der Beweismittel zu drängen. Dem Gericht muß es möglich sein zu prüfen, ob die behördliche Weigerung aus rechtsstaatlichen Gründen hingenommen werden kann (KK/*Laufhütte* § 96 Rdnr. 2; BVerwG StV 1986, 523, 526). Erforderlich ist die Darlegung unabweisbarer, zwingender Sachgründe. Bloße Vermutungen mit leerformelhaften Begründungen reichen nicht (VG Frankfurt NJW 1991, 120, 124; OLG Celle NStZ 1991, 145). Fehlt eine solche oder liegt eine offensichtlich willkürliche Begründung vor, so ist das Strafgericht zu Gegenvorstellungen verpflichtet (BGHSt 32, 115, 125 ff. – GSSt –; 33, 178, 180). Gegenüber dem Gericht tritt in diesem Fall aber keine Bindungswirkung der Sperrerklärung ein (BGHSt 31, 148; 29, 341; StV 1982, 206, 207; NJW 1978, 1425, 1426; BVerwG StV 1986, 523, 525; *Kleinknecht/Meyer* § 96 Rdnr. 9, 10). Auch besteht dann kein Beschlagnahmeverbot (KK/*Laufhütte* § 96 Rdnr. 3, 4).
In der Revision ist mit der Aufklärungsrüge (vgl. Formular VIII. C. 7) geltend zu machen, daß das Gericht versäumt hat, auf die Vorlegung von Akten hinzuwirken (*Kleinknecht/Meyer* § 96 Rdnr. 15; *Dahs/Dahs*, Revision, 4. Aufl., Rdnr. 252 ff.).

17. Antrag auf Erteilung einer (unbeschränkten) Aussagegenehmigung

An das
Amtsgericht/Landgericht
......

In der Strafsache
gegen ......

Az.: ...

beantrage ich,

1. daß das Gericht im Rahmen seiner Aufklärungspflicht auf die Erteilung einer unbeschränkten Aussagegenehmigung für den Zeugen KHK X durch die dienstvorgesetzte Behörde hinwirkt,

2. die Hauptverhandlung bis zur Entscheidung der Behörde über die Erteilung der Aussagegenehmigung auszusetzen.[1]

Dem Angeklagten wird vorgeworfen, am 5. 5. 1990 gegen 19.30 Uhr gemeinsam mit einem Mittäter unter Mitführung eines Messers einen Überfall in dem Selbstbedienungsladen der Firma ...... begangen und dabei ca. 25,– DM Bargeld weggenommen zu haben. Ein Zeuge sei hierbei durch Schläge mit einer Kette verletzt worden.[2]

Der Angeklagte bestreitet, die Tat begangen zu haben. Er ist zur Tatzeit nicht in Hamburg gewesen.

Neben anderen Zeugen wurde der Zeuge Kriminalkommissar ...... vernommen, der bekundet hat, daß er mehrfach einen Informanten gehört habe. Allein dessen Hinweise sollen zur Strafverfolgung meines Mandanten geführt haben.

Der Zeuge hat aber alle Angaben verweigert, die sich auf die Person oder auch nur auf entfernte Identitätsmerkmale des Informanten beziehen[3] und sich darauf berufen, daß seine Aussagegenehmigung solche Angaben nicht decken würde.[4] Die Angaben dieses Informanten sind falsch.

Da allein dessen Angaben den Angeklagten belasten, ist seine Namhaftmachung und zeugenschaftliche Vernehmung unverzichtbar.

Der Zeuge hat bisher nicht verständlich machen können, warum von seiner Aussagegenehmigung Angaben zur Person des Informanten ausgenommen worden sind.[5]

Rechtsanwalt

Schrifttum: Arloth, Geheimhaltung von V-Personen und Wahrheitsfindung im Strafprozeß, München 1987; *Hilger*, Zum Rechtsweg gegen Sperrerklärung und Verweigerung der Aussagegenehmigung in V-Mann-Prozessen, NStZ 1984, 145, 147; ferner *Körner*, BTMG, 3. Aufl. Komm. zu § 31

Anmerkungen

1. Bei Auskünften über Namen und Anschrift behördlich geheimgehaltener Zeugen, z.B. bei V-Leuten, gilt die Vorschrift des § 96 StPO entsprechend (KMR/*Paulus* § 54 Rdnr. 36; *Kleinknecht/Meyer* § 96 Rdnr. 12). Der Antrag ist an die dienstvorgesetzte Behörde zu richten. Eine ganz oder teilweise ablehnende Entscheidung kann von jedem Beteiligten, der ein subjektives Recht im Sinne des § 42 VwGO hat, im Verwaltungsrechtsweg angefochten werden (vgl. LR/*Dahs* § 54 Rdnr. 24; *Kleinknecht/Meyer* § 54 Rdnr. 28; KMR/*Paulus* § 54 Rdnr. 42).

Der Verteidiger kann aber auch das Gericht auffordern, einen Antrag an die vorgesetzte Dienstbehörde zu richten. Das ist insofern bedeutsam, da mit der Revision ein Verstoß gegen § 54 StPO nicht gerügt werden kann (vgl. im einzelnen *Kleinknecht/Meyer* § 54 Rdnr. 32; a.A: KMR/*Paulus* § 54 Rdnr. 48, 49 m.w.N.; § 337 Rdnr. 21 m.w.N.). Zulässig ist nur die Aufklärungsrüge nach § 244 StPO (vgl. im einzelnen KK/*Pelchen* § 54 Rdnr. 26; *Kleinknecht/Meyer* § 54 Rdnr. 32; BGH NStZ 1981, 70).

Regelmäßig geht mit dem Antrag an das Gericht ein Antrag auf Aussetzung oder Unterbrechung der Hauptverhandlung einher. Davon zu unterscheiden ist die Frage, ob ein Anspruch auf Aussetzung besteht bis zur Entscheidung von Anträgen an die Behörde oder Klagen gegen diese (vgl. *Kleinknecht/Meyer* § 54 Rz. 29; KK/*Pelchen* § 54 Rz. 2). Der BGH (NStZ 1985, 466) verneint dies, wenn die Klage aussichtslos erscheint.

2. Der Antrag muß Vorgänge, über die der Zeuge vernommen werden soll, kurz aber erschöpfend angeben, damit der Dienstvorgesetzte beurteilen kann, ob Versagungsgründe (vgl. z.B. §§ 39 III 1 BRRG; 62 I BBG) vorliegen (vgl. dazu Nr. 66 Abs. 3 Satz 1 RiStBV). Die allgemeine Bezeichnung des Beweisthemas genügt jedoch auch (LR/*Dahs* § 54 Rdnr. 13; *Kleinknecht/Meyer* § 54 Rdnr. 18).

3. Die Aussagegenehmigung kann von der vorgesetzten Dienstbehörde beschränkt werden (z.B. keine Bekanntgabe der Personalien eines V-Mannes, nur Bekanntgabe des Inhalts seiner Aussage). Der Zeuge vom Hörensagen ist als eine Form des „mittelbaren Beweises" zwar ein nach der StPO zulässiges Beweismittel; dessen Heranziehung und Bewertung ist jedoch nach den §§ 244 Abs. 2, 261 StPO sorgfältig zu beurteilen (KMR/*Paulus* § 54 Rdnr. 35; KK/*Pelchen* § 54 Rdnr. 17; siehe insbes. BVerfG NStZ 1981, 357, 360; sowie insgesamt *Körner*, § 31 BtMG Rdnr. 103).

4. Ob das Beweisthema Umstände betrifft, auf die sich die Pflicht zur Amtsverschwiegenheit (vgl. z.B. §§ 61 I BBG; 39 I BRRG) bezieht, hat der Zeuge zunächst selbst zu entscheiden. In Zweifelsfällen ist er berechtigt und verpflichtet, zunächst das Zeugnis zu verweigern (KK/*Pelchen* § 54 Rdnr. 12; *Kleinknecht/Meyer* § 54 Rdnr. 15).

5. Grundsätzlich genügen allgemeine Angaben über die Versagungsgründe einer Aussagegenehmigung bzw. für deren Beschränkung – für den vorliegenden Fall i.d.R. Lebens- oder Leibesgefahr für den Informanten. Die Behörde muß aber die Gründe für eine Verweigerung insoweit verständlich machen, daß das Gericht auf die Beseitigung von Aussagehindernissen hinwirken kann, um so für die Erlangung des bestmöglichen Beweises Sorge zu tragen (vgl. *Kleinknecht/Meyer* § 54 Rdnr. 21 sowie Anm. 6 zum Formular VII.B.16.).

18. Ausschließung der Öffentlichkeit

a) Während der Vernehmung des Angeklagten

An das
Landgericht
......

In der Strafsache
gegen ......

Az.: ...

beantrage ich,

1. die Öffentlichkeit für die Dauer der Vernehmung meines Mandanten in der Hauptverhandlung gemäß § 171 b GVG auszuschließen,[1]
2. die Verhandlung über die Ausschließung in nichtöffentlicher Sitzung durchzuführen, § 174 Abs. 1 Satz 1 GVG.[2]

1. Angesichts des hier angeklagten Tatvorwurfs ist zu erwarten, daß bei der Vernehmung meines Mandanten Umstände zur Sprache kommen, deren öffentliche Erörterung seine schutzwürdigen Interessen verletzen würde.[3] Gegenstand der Vernehmung werden sowohl die wechselseitigen persönlichen Bindungen innerhalb der Familie meines Mandanten sein, sowie insbesondere sein Verhältnis zu seiner ehemaligen Ehefrau und sein Sexualleben.
Solche Tatsachen aus dem engsten Persönlichkeitsbereich verdienen den Schutz vor dem Einblick Außenstehender und rechtfertigen es, den Öffentlichkeitsgrundsatz zugunsten des überwiegenden Persönlichkeitsschutzes meines Mandanten – wie beantragt – einzuschränken.[4]
2. Aus den genannten Gründen ist die Verhandlung über den beantragten Ausschluß der Öffentlichkeit in nichtöffentlicher Sitzung durchzuführen. Anderenfalls wäre die Gefahr

gegeben, daß gerade diejenigen Umstände offenbart werden müßten, die der öffentlichen Erörterung durch die Ausschließung entzogen werden sollen.[5]

Rechtsanwalt

Schrifttum: Rieß/Hilger, Das neue Strafverfahrensrecht, NStZ 1987, 204, 207; *Wente,* Persönlichkeitsschutz und Informationsrecht der Öffentlichkeit im Strafverfahren, StV 1988, 216

Anmerkungen

1. § 171 b GVG im Verhältnis zu § 172 Nr. 2 GVG a. F. erweitert die Möglichkeit des Öffentlichkeitsausschusses bei der Erörterung von Umständen aus dem persönlichen Lebensbereich, soweit die Persönlichkeitssphäre von Prozeßbeteiligten, Zeugen und von nicht am Verfahren beteiligten Verletzten der Tat betroffen ist.
Entgegen der Systematik des § 172 Nr. 2 GVG a. F. soll nunmehr der Persönlichkeitsschutz grundsätzlich dem Prinzip der Öffentlichkeit vorrangig sein (*Rieß/Hilger* NStZ 1987, 207 f.).
§ 171 b Abs. 2 GVG gewährt dem Betroffenen bei Vorliegen der Voraussetzungen des Abs. 1 Satz 1 einen Rechtsanspruch auf die Ausschließung der Öffentlichkeit für die Dauer der Erörterung der entsprechenden Umstände, sofern er dies beantragt. Darüber entscheidet das Gericht nach pflichtgemäßem Ermessen, vgl. Anm. 4.

2. Über den Ausschluß muß in jedem Falle verhandelt werden, da den Beteiligten insoweit rechtliches Gehör zu gewähren ist. Grundsätzlich findet diese Inzidentverhandlung in öffentlicher Sitzung statt. Jedoch können die unmittelbaren Verfahrensbeteiligten beantragen, daß auch über die Ausschließung in nichtöffentlicher Sitzung verhandelt wird. Auch in diesem Fall ist der Beschluß über den Ausschluß und dessen Begründung öffentlich zu verkünden (§ 174 Abs. 1 GVG; *Kleinknecht/Meyer* § 174 GVG Rdnr. 8). Die Ausschließung der Öffentlichkeit ohne eine Verhandlung hierüber begründet einen revisiblen Verfahrensfehler (Verletzung rechtlichen Gehörs). Eine solche Rüge kann jedoch nur von dem betroffenen Beteiligten geltend gemacht werden, dessen Anspruch auf rechtliches Gehör durch diesen Verfahrensfehler verletzt ist (KK/*Mayr* § 174 GVG Rdnr. 1).

3. Zu den Voraussetzungen des Ausschlusses im einzelnen *Kleinknecht/Meyer* § 171 b GVG Rdnr. 2 ff.; zum schützenswerten privaten Bereich gehört insbesondere die Sexualsphäre (*Kissel* § 172 GVG Rdnr. 35).

4. Die Abwägung erfolgt nach objektiven Kriterien, nicht nach den Wertvorstellungen des Betroffenen (*Kleinknecht/Meyer* § 171 GVG Rdnr. 4).

5. Die Ermessensentscheidungen des Gerichts nach § 171 b Abs. 1 und 2 GVG sind unanfechtbar. Gegen die Ablehnung des Ausschließungsantrags ist daher keine Beschwerde gegeben. Auch die Revision kann nicht darauf gestützt werden, das Gericht habe den Antrag auf Ausschließung der Öffentlichkeit zu Unrecht abgelehnt. Zu den Revisionsmöglichkeiten wegen eines Verstoßes gegen den Grundsatz der Öffentlichkeit vgl. Formular VII.C.6.

b) Während der Urteilsverkündung

An das
Amtsgericht/Landgericht
......

In der Strafsache
gegen ......
Az.: ...

beantrage ich,
> die Öffentlichkeit auch während der Verkündung der Urteilsgründe gemäß § 173 Abs. 2 GVG auszuschließen.[1]

In der Hauptverhandlung gegen meinen Mandanten wurde auf Antrag der Verteidigung sowohl für die Dauer der Vernehmung der Zeugin A., der früheren Lebensgefährtin meines Mandanten, als auch während der Vernehmung der beiden minderjährigen Töchter B. und C. der Zeugin A. als Zeuginnen, die Öffentlichkeit gemäß § 171 b GVG im Interesse meines Mandanten ausgeschlossen.
Das Gericht hat durch Beschluß vom ...... den Ausschluß der Öffentlichkeit aus den im Antrag genannten Gründen angeordnet. Bei der Vernehmung der Zeuginnen sind wie erwartet Umstände aus dem engsten persönlichen Lebensbereich meines Mandanten zur Sprache gekommen. Insbesondere sind die persönlichen gegenseitigen Abhängigkeiten innerhalb der früheren Lebensgemeinschaft als zentraler Verfahrensgegenstand erörtert worden.[2]
Es ist deshalb zu erwarten, daß in den Urteilsgründen im Rahmen der Beurteilung einer seelischen Zwangslage meines Mandanten zur Tatzeit diese Umstände ausführlich gewürdigt werden. Die öffentliche Verkündung der Urteilsgründe würde wie die öffentliche Vernehmung der Zeuginnen das schutzwürdige Interesse meines Mandanten vor dem Einblick Außenstehender in seinen engsten Persönlichkeitsbereich verletzen.
Folglich müssen auch die Urteilsgründe in nichtöffentlicher Sitzung verkündet werden.[3]

Rechtsanwalt

Anmerkungen

1. Durch besonderen Beschluß kann das Gericht unter den Voraussetzungen der §§ 171b oder 172 GVG während der Verkündung der Urteilsgründe die Öffentlichkeit ausschließen. Die Urteilsformel muß dagegen immer öffentlich verkündet werden.

2. Zu den Voraussetzungen der Ausschließung nach § 171b, vgl. das vorhergehende Formular.

3. Zur unzulässigen Beschränkung i.S.v. § 338 Nr. 6 StPO, *Kleinknecht/Meyer* § 338 Rdnr. 48.

19. Ablehnung von Verfahrensbeteiligten wegen Besorgnis der Befangenheit

a) Richter

aa) Berufsrichter[1]

An das
Landgericht[2]
......

In der Strafsache
gegen ......

Az.: ...

lehne ich namens und in Vollmacht des Angeklagten[3]

den Vorsitzenden Richter am Landgericht V. wegen Besorgnis[4] der Befangenheit ab.

Der Vorsitzende Richter am Landgericht V. hat auf den vom Unterzeichner in der heutigen Hauptverhandlung gestellten Beweisantrag bezüglich der Vernehmung des Zeugen Z. mit der folgenden Bemerkung reagiert:[5]

„Sie machen die Kammer nicht fertig; wir haben den längeren Atem. Meinen Sie, daß Sie im Interesse Ihres Mandanten handeln?"

Als der Unterzeichner sich diese Äußerungen verbat, hat der Vorsitzende Richter V. geantwortet:

„Sie werden schon sehen, was Sie davon haben. Der Schuß geht nach hinten los."

Glaubhaftmachung:[6] 1. Anwaltliche Versicherung des Unterzeichners;
                     2. Dienstliche Äußerung des abgelehnten Vorsitzenden Richters V.;[7]
                     3. Schriftliche Erklärung[8] des Zeugen Z.

Diese Äußerungen des Vorsitzenden Richters V. sind grob unsachlich und erwecken den Eindruck, dieser habe sich schon vor Abschluß der Beweisaufnahme endgültig festgelegt. Das Vertrauen des Angeklagten in die Unvoreingenommenheit des Richters V ist durch diese Äußerungen zerstört.[9]

Ich beantrage ferner,

1. meinen Mandanten die zur Mitwirkung bei der Entscheidung über den Ablehnungsgrund berufenen Gerichtspersonen namhaft zu machen, § 24 Abs. 3. S. 2 StPO,[10]
2. die dienstliche Äußerung des abgelehnten Vorsitzenden Richters V. vor einer Entscheidung über das Ablehnungsgesuch mir zugänglich zu machen,[11]
3. meinem Mandanten die Gelegenheit zu geben, hierzu Stellung zu nehmen.[12]

Rechtsanwalt

Schrifttum: Krekeler, Der befangene Richter, NJW 1981, 1633; *Rabe,* Der befangene Richter, AnwBl. 1981, 331

Anmerkungen

1. Das Formular behandelt einen Fall der Ablehnung nach § 25 Abs. 2 StPO aufgrund von Umständen, die erst nach dem grundsätzlich geltenden Ausschlußzeitpunkt des § 25 Abs. 1 S. 1 StPO eingetreten sind. Da die Ablehnung in diesen Fällen unverzüglich nach

Bekanntwerden des Ablehnungsgrundes zu erfolgen hat (§ 25 Abs. 2 S. 2 StPO), muß der Verteidiger das Ablehnungsverfahren sicher beherrschen, will er nicht Gefahr laufen, daß sein Antrag als unzulässig verworfen wird. Der Strafverteidiger muß aber sofort um eine Unterbrechung für eine unaufschiebbare Prozeßhandlung nachsuchen. Es empfiehlt sich, einen Antrag auf Unterbrechung der Hauptverhandlung zur Fertigung des Ablehnungsantrags zu stellen. In jedem Falle sollte der Antrag nach eingehender Beratung des Mandanten schriftlich formuliert werden (*Dahs*, Handbuch, Rdnr. 156). Die Zeit, die für eine solche – auch ausführliche – Beratung benötigt wird, darf sich nicht negativ auf die Frage nach der Rechtzeitigkeit des Ablehnungsgrundes auswirken (vgl. BGH bei *Hamm* StV 1981, 318; BGH bei *Miebach/Kusch* NStZ 1991, 227). Wird hingegen außerhalb einer Hauptverhandlung entschieden, ist die Ablehnung ohne zeitliche Beschränkung zulässig (vgl. *Kleinknecht/Meyer* § 25 Rdnr. 10; KG NStZ 1991, 401).

2. Der Antrag kann auch in der Berufungs- und Revisionsinstanz gestellt werden. Er ist an das Gericht zu richten, dem der von dem Antrag betroffene Richter angehört (§ 26 Abs. 1 StPO). Über die **Zulässigkeit** des Antrags entscheidet das Gericht unter Mitwirkung des abgelehnten Richters (§ 26 Abs. 2 S. 1 StPO). Für die Entscheidung über die **Begründetheit**, an der der abgelehnte Richter nicht beteiligt ist, gilt § 27 StPO.

3. Dem Verteidiger steht kein eigenes Ablehnungsrecht zu (§ 24 Abs. 3 S. 1 StPO). Auch ohne ausdrücklichen Hinweis auf die Vertreterstellung wird in der Regel aber anzunehmen sein, daß das Ablehnungsgesuch im Namen des Angeklagten gestellt wird (KK/*Pfeiffer* § 24 Rdnr. 11).

4. Ob der abgelehnte Richter tatsächlich befangen ist, ist unerheblich. Ein Ablehnungsgrund ist vielmehr bereits gegeben, wenn aus der veobjektivierten Sicht des Ablehnenden Zweifel an der Unparteilichkeit des abgelehnten Richters bestehen (*Krey* JA 1984, 573; *Kleinknecht/Meyer* § 24 Rdnr. 6 ff. sowie die in anderen StPO-Kommentaren nachgewiesene umfangreiche Rechtsprechung; zu Absprachen über die Strafzumessung zwischen Verteidiger und Vorsitzendem als Ablehnungsgrund vgl. BGHSt 37, 298/302 f.).

5. Es müssen die Umstände dargelegt werden, auf die die Ablehnung gestützt wird (§ 25 Abs. 2 Nr. 1 StPO). Nicht ausreichend wäre etwa die Behauptung, der Richter habe sich grob unsachlich geäußert, ohne die Äußerungen im einzelnen darzulegen. Der Verteidiger sollte hier so gewissenhaft und detailliert wie möglich den Sachverhalt darstellen.

6. Erforderlich ist, daß das Gericht die behaupteten Tatsachen aufgrund der Glaubhaftmachung für wahrscheinlich hält (OLG Düsseldorf NJW 1985, 2207). Der Grundsatz in dubio pro reo gilt nicht (BGHSt 21, 344, 352). Bei nicht ausreichender Glaubhaftmachung wird der Antrag als unzulässig zurückgewiesen (§ 26a Abs. 1 Nr. 2 StPO).

7. Nach h. M. muß die Bezugnahme auf das Zeugnis des Richters als Mittel zur Glaubhaftmachung ausdrücklich erklärt werden, während sie nach anderer Meinung für entbehrlich gehalten wird, da er sich nach § 26 Abs. 3 StPO ohnehin dienstlich zu äußern hat (*Kleinknecht/Meyer* § 26 Rdnr. 12 m. w. N.).

8. Grundsätzlich reicht die bloße Benennung von Zeugen zur Glaubhaftmachung nicht aus (OLG Düsseldorf StV 1987, 428).

9. Zum vorliegenden Fall, vgl. BGH NStZ 1988, 37.

10. Gemäß § 24 Abs. 3 S. 2 StPO hat jeder Ablehnungsberechtigte einen Anspruch auf Namhaftmachung der Gerichtsperson, die an der Bearbeitung eines Falles beteiligt sind, um prüfen zu können, ob Anlaß zu einer Ablehnung besteht. Die Namhaftmachung kann für gerichtliche Amtshandlungen jeder Art gefordert werden (OLG Koblenz NStZ 1983, 470; s. auch BVerfG NJW 1991, 2758).

Auch diejenigen Richter, die zur Entscheidung über ein Ablehnungsgesuch berufen sind, müssen gemäß § 24 Abs. 3 S. 2 StPO auf Verlangen vorher namhaft gemacht werden.

Wird dem Antrag nicht entsprochen, kann dieser Umstand einen neuen selbständigen Befangenheitsantrag begründen.

11. Die dienstliche Äußerung des abgelehnten Richters muß dem Antragsteller vor der Entscheidung über sein Ablehnungsgesuch zugänglich gemacht werden, um ihm Gelegenheit zur Äußerung zu geben (Gewährung rechtlichen Gehörs § 33 Abs. 3 StPO; Art. 103 Abs. 1 GG; vgl. hierzu BVerfG 24, 56, 62; s. auch BVerfG NJW 1991, 2758). Die Rüge der Nichtbeachtung dieser Verpflichtung führt in der Revision zwar regelmäßig nicht zum Erfolg – mit der Begründung, daß der Antragsteller nach Kenntnisnahme der dienstlichen Erklärung (durch den ablehnenden Beschluß) das Ablehnungsgesuch erneuern könne (BGHSt 21, 85; BGH StV 1982, 457).

Der Antrag ist dennoch unbedingt zu stellen, denn aus dem Inhalt der dienstlichen Erklärung ergibt sich möglicherweise ein neuer Ablehnungsgrund (s. auch Anm. 12).

12. Eine Stellungnahme ist insbesondere angezeigt, wenn der abgelehnte Richter die dem Ablehnungsgesuch zugrundeliegenden Tatsachen bestreitet. Auf diesen Umstand kann im übrigen ein erneuter Befangenheitsantrag gestützt werden.

bb) Schöffen[1]

An das
Amtsgericht/Landgericht
……

In der Strafsache
gegen ……

Az.: …

lehne ich namens und in Vollmacht des Angeklagten

    die Schöffin B. wegen Besorgnis der Befangenheit ab.

Die Schöffin B. hat in der soeben unterbrochenen[2] Hauptverhandlung auf die Frage des Verteidigers an den Zeugen E., ob er bereit sei, sich einer Urinkontrolle zwecks Feststellung von Heroin zu unterziehen – und, nachdem der Zeuge E. die Frage verneint hatte, „Recht so!", möglicherweise auch „Richtig so!" geäußert.

Glaubhaftmachung: 1. Dienstliche Erklärung der abgelehnten Schöffin B. vom ……
                      2. Dienstliche Erklärung des
                          a) Vorsitzenden Richters am Landgericht V. vom ……
                          b) des Berichterstatters, Richter am Landgericht R. vom ……
                          c) des Stizungsvertreters der Staatsanwaltschaft, Staatsanwalt J.
                              vom ……

Der Zeuge E. – als einziger „Belastungszeuge" – hat in der laufenden Hauptverhandlung wiederholt zugesagt, sich einer Urinkontrolle zu unterziehen. Seine Zusage hat er nie eingehalten.

Die abgelehnte Schöffin B. ist – aus der Sicht auch eines verständigen Angeklagten – befangen, da sie durch ihre Äußerung ihre Zustimmung zu der eine Urinkontrolle ablehnenden Antwort des Zeugen E. in dessen heutiger Vernehmung in der Hauptverhandlung zum Ausdruck gebracht hat.

                                                                      Rechtsanwalt

Anmerkungen

1. Vgl. zunächst die Anmerkung zu dem vorhergehenden Formular sowie § 31 StPO. Wenn schon von dem Institut der Richterablehnung wegen Besorgnis der Befangenheit nur in eindeutigen Fällen Gebrauch gemacht werden sollte, da die unmittelbar Betroffenen in einem solchen Antrag bedauerlicherweise einen Affront gegen sich selbst und – die Berufsrichter – manchmal sogar gegen ihren Berufsstand sehen, ist umso mehr zu bedenken, daß die Laienrichter eine Ablehnung wegen der Besorgnis der Befangenheit noch eher als die Berufsrichter als diskriminierend empfinden können.

Schöffen erleben eine Hauptverhandlung nicht mit der gleichen Gelassenheit, wie es von Berufsrichtern erwartet wird. Diese sind von ihrem Berufsverständnis her eher in der Lage nachzuvollziehen, daß ein Ablehnungsgesuch kein persönlicher Angriff gegen den Richter ist, sondern eine zulässige Verteidigungsmaßnahme, zu der ein sorgfältig arbeitender Verteidiger je nach Lage des Falles greifen muß. Schöffen könnten leichter geneigt sein, eine Ablehnung als persönlichen Angriff gegen ihre Person zu empfinden. Die Bedeutung der Stimmen der Schöffen ergibt sich aus § 263 StPO, und zwar sowohl bei einem Schöffengericht als auch bei einer kleinen und großen Strafkammer. Ein behutsamer Umgang mit einem Ablehnungsgesuch ist deshalb empfehlenswert.

2. Gemäß § 25 Abs. 2 Nr. 2 StPO muß die Ablehnung „unverzüglich" geltend gemacht werden; d.h. der Verteidiger müßte (im Beispielsfall) sofort nach der Äußerung der Schöffin eine Unterbrechung der Hauptverhandlung zum Zwecke der Erörterung mit dem Mandanten beantragen (vgl. oben Formular VII. B. II. 12 Anm. 2).

cc) Aller Mitglieder des Spruchkörpers[1]

An das
Landgericht
......

In der Strafsache
gegen ......

Az.: ...

lehne ich namens und in Vollmacht des Angeklagten

den Vorsitzenden Richter V., die Richterin am Landgericht R., den Richter T. sowie die Schöffen A. und B. wegen Besorgnis[2] der Befangenheit ab.

In der heutigen Hauptverhandlung ist unmittelbar vor den Schlußausführungen der Verteidigung und dem letzten Wort des Angeklagten[3] ein Beschluß des Gerichts verkündet worden, durch den die dem Angeklagten gewährte Haftverschonung widerrufen wurde. Dieser Beschluß ist damit begründet worden, daß der Angeklagte nach dem Ergebnis der Hauptverhandlung mit einer empfindlichen Freiheitsstrafe rechnen müsse. Zudem sei der Angeklagte nach dem Gutachten des Sachverständigen Dr. S. außergewöhnlich labil und neige dazu, sich einer unangenehmen Lebenssituation durch Verlassen seines Lebenskreises zu entziehen.

Mit der Behauptung, der Angeklagte müsse nach dem Ergebnis der zweitägigen Hauptverhandlung mit einer empfindlichen Freiheitsstrafe rechnen, erweckt das Gericht den Eindruck, es habe über die Schuld und den Rechtsfolgenausspruch bereits vorab entschieden.[4] Im übrigen hat der Sachverständige Dr. S. den Angeklagten auch nicht als außergewöhnlich labil bezeichnet.

Zur Glaubhaftmachung wird auf die dienstlichen Erklärungen der abgelehnten Richter und Schöffen Bezug genommen.

Die dargelegten Umstände begründen die Besorgnis, daß die abgelehnten Richter, die an dem Beschluß über die Aufhebung der Haftverschonung beteiligt waren, befangen sind. Dem steht nicht entgegen, daß möglicherweise einer der abgelehnten Richter für eine Haftverschonung gestimmt hat. Zwar ist grundsätzlich erforderlich, den „judex suspectus" konkret zu benennen.[5] Aufgrund des Beratungsgeheimnisses kann der Ablehnende aber nicht sagen, welcher Richter gegen den die Besorgnis der Befangenheit begründenden Beschluß gestimmt hat. Dies rechtfertigt den Befangenheitsantrag gegen alle Richter, die an der Entscheidung mitgewirkt haben.[6]

Rechtsanwalt

Anmerkungen

1. Dieser Antrag ist nicht zu verwechseln mit dem unzulässigen Antrag auf Ablehnung eines Kollegialgerichts (*Kleinknecht/Meyer* § 24 Rdnr. 3). Der Befangenheitsantrag kann sich auch gegen die Schöffen richten, da diese nach § 126 Abs. 2 StPO i.V.m. § 30 GVG an der Entscheidung über die Haftfrage mitwirken (OLG Düsseldorf StV 1984, 159).

2. Vgl. Anmerkung 4 zum Formular VII. B. 9. a) aa).

3. Zum Zeitpunkt der Anbringung bei Unterbrechung der Hauptverhandlung (*Kleinknecht/Meyer* § 25 Rdnr. 8/9 m.w.N.). Nach dem letzten Wort des Angeklagten ist eine Ablehnung nicht mehr möglich, § 25 Abs. 2 S. 2 StPO (BVerfG – *Kammer* – NStZ 1988, 34).

4. Zum Problem des vorverurteilenden Verhaltens (*Kleinknecht/Meyer* § 24 Rdnr. 14 ff.; SK/*Rudolphi* § 24 Rdnr. 21 ff.; zu tatsächlichen Irrtümern BGH bei *Miebach/Kusch* NStZ 1991, 27).

5. Vgl. *Günther* NJW 1986, 281, 282.

6. Nicht ausreichend ist allein die Tatsache, daß zum Nachteil des Angeklagten entschieden wurde. Vielmehr müssen konkret die Umstände, auf die sich die Zweifel stützen, benannt werden (*Günther* NJW 1986, 282, 283).

b) Protokollführer

An das
Landgericht
......

In der Strafsache
gegen ......
Az.: ...

lehne ich namens und in Vollmacht des Angeklagten

die Protokollführerin Frau P.[1] wegen Besorgnis der Befangenheit ab.

Die abgelehnte Protokollführerin hat auf die durch den Verteidiger vermittelte Bitte des Angeklagten, die Aussage des Zeugen Z. wortgetreu zu protokollieren, erklärt: „Für den mache ich hier gar nichts".

Glaubhaftmachung: Dienstliche Erklärung des Vorsitzenden Richters am Landgericht V. vom ......

19. Ablehnung von Verfahrensbeteiligten wegen Besorgnis der Befangenheit **VII. B. 19**

Durch die vorstehend wiedergegebene Äußerung muß sich aus der Sicht auch eines verständigen Angeklagten die Besorgnis aufdrängen, die abgelehnte Protokollführerin sei nicht mehr unbefangen.

Rechtsanwalt

Anmerkungen

1. Gemäß § 31 StPO kann auch ein Protokollführer – wie ein Richter – wegen Besorgnis der Befangenheit abgelehnt werden. Diese Gleichbehandlung der Urkundsbeamten beruht hauptsächlich auf der erheblichen Bedeutung der Hauptverhandlungsprotokolle (§ 274 StPO).
Hieraus wird z. T. geschlossen, daß sich das Ablehnungsrecht nur auf Urkundspersonen bezieht, soweit sie richterliche Handlungen beurkunden (LR/*Wendisch* § 31 Rdnr. 4), aber nicht sofern sie sonst Erklärungen zu Protokoll der Geschäftsstelle entgegen nehmen.
Verfahrenssituationen, in denen die Ablehnung eines Protokollführers angezeigt erscheinen, sind – auch abgesehen von dieser Beschränkung – äußerst selten (*Kleinknecht/Meyer* § 31 Rdnr. 3). Das Formular ist wegen der Vollständigkeit der Ablehnungsberechtigung nach den §§ 22 ff. StPO dennoch aufgenommen worden.

c) Sachverständigen

An das
Amtsgericht/Landgericht
......

In der Strafsache
gegen ......

Az.: ...

lehne ich namens und in Vollmacht des Angeklagten[1]

den Sachverständigen Dr. S. wegen Besorgnis der Befangenheit[2] ab.[3]

Der Sachverständige Dr. S. ist von dem Nebenkläger schon vor Beginn der Hauptverhandlung mit der Erstellung eines Privatgutachtens über die Verkehrssicherheit des Personenkraftwagens des Angeklagten beauftragt worden. Dieses Gutachten hat er am ...... angefertigt und ist dafür von dem Nebenkläger honoriert worden.
Zur Glaubhaftmachung[4] wird auf das uneidliche Zeugnis des Sachverständigen Dr. S. und das in der Anlage beigefügte Gutachten vom ...... Bezug genommen.[5]
Der Sachverständige Dr. S. soll nun auch für die hiesige Hauptverhandlung ein Gutachten zu derselben Fragestellung anfertigen. Es besteht die Besorgnis, daß sich dieser Sachverständige in seinem schriftlichen Privatgutachten vom ...... bereits festgelegt hat und für das im Rahmen der Hauptverhandlung zu erstattende Gutachten nicht mehr die erforderliche Unparteilichkeit besitzt. Dem Ablehnungsantrag ist deshalb stattzugeben.[6]

Rechtsanwalt

Anmerkungen

1. Der Verteidiger hat auch hier kein eigenes Ablehnungsrecht (§ 74 Abs. 2 S. 1 StPO).
2. Unerheblich ist, ob der Sachverständige sich befangen fühlt oder ob er objektiv befangen ist. Dem Ablehnungsantrag ist schon dann stattzugeben, wenn sich bei verständiger

Würdigung der geltend gemachten Ablehnungsgründe aus der Sicht des Ablehnenden die Besorgnis ergibt, daß der Sachverständige befangen sein könnte (*Kleinknecht/Meyer* § 74 Rdnr. 4; BGH bei *Miebach/Kusch* NStZ 1991, 28).

3. Das Ablehnungsgesuch ist erst zulässig, wenn die Sache bei Gericht anhängig ist und das Gericht durch Benennung des Sachverständigen zu erkennen gibt, daß es sich dieses Gutachten bedienen will. Ein bereits früher gestellter Antrag muß wiederholt werden (*Kleinknecht/Meyer* § 74 Rdnr. 11 und 21). Wie aus § 83 Abs. 2 StPO folgt, ist die Ablehnung des Sachverständigen auch noch nach Erstattung des Gutachtens möglich. Die Einschränkungen des § 25 Abs. 2 StPO gelten nicht. Letzter möglicher Ablehnungszeitpunkt ist der Schluß der Hauptverhandlung (LR/*Dahs* § 74 Rdnr. 21; nach KK/*Pelchen* § 74 Rdnr. 7 der Schluß der Beweisaufnahme). Für einen Befangenheitsantrag schon **vor** der Hauptverhandlung kann im Einzelfall sprechen, daß das Gericht nicht unter dem Druck einer Aussetzung oder Unterbrechung der Hauptverhandlung bei einem begründeten Antrag steht. Ferner kann es so in einem frühen Stadium zu einer Verständigung über die Zuziehung eines anderen Sachverständigen zur Hauptverhandlung kommen.

4. Vgl. Anm. 6 zum Formular VII. B. II. 9. a) aa).

5. Entsprechend § 26 Abs. 2 S. 3 StPO kann sich der Antragsteller auf das uneidliche Zeugnis des Sachverständigen berufen (LR/*Dahs* § 74 Rdnr. 23; *Kleinknecht/Meyer* § 74 Rdnr. 13 m. w. N.). Ob das zu beanstandene Gutachten vorgelegt werden soll, wenn das Gericht es noch nicht kennt, muß im Einzelfall entschieden werden.

6. Dies gilt selbst dann, wenn außer diesem Sachverständigen niemand die erforderliche Sachkunde besitzt oder die Befundtatsachen durch einen anderen Sachverständigen nicht mehr festgestellt werden können. Im letzteren Fall kann der Sachverständige allerdings nach § 85 StPO als sachverständiger Zeuge zu den ermittelnden Befundtatsachen gehört werden (BGHSt 20, 222). Zu den Schlußfolgerungen aus diesen Befundtatsachen darf er jedoch nicht vernommen werden. Ist das Gericht nicht selbst in der Lage, aufgrund eigener Sachkunde entsprechende Schlußfolgerungen zu ziehen, muß es einen anderen Sachverständigen bestellen, der die Zeugenaussage des abgelehnten Sachverständigen zur Grundlage seines Gutachtens machen kann (*Kleinknecht/Meyer* § 74 Rdnr. 5). Zur Beschwerdemöglichkeit und zur Revision (*Kleinknecht/Meyer* § 74 Rdnr. 20 und 21).

d) Auswechselung des Staatsanwalts[1]

An das
Landgericht
......

In der Strafsache
gegen ......

Az.: ...

beantrage ich,

die Hauptverhandlung auszusetzen.

Ich beantrage ferner,

daß das Gericht darauf hinwirkt, daß Oberstaatsanwalt O. von seiner Tätigkeit als Vertreter der Staatsanwaltschaft in der Hauptverhandlung gegen den Angeklagten abgelöst und durch einen anderen Beamten der Staatsanwaltschaft ersetzt wird.[2]

19. Ablehnung von Verfahrensbeteiligten wegen Besorgnis der Befangenheit **VII. B. 19**

Die Verteidigung hat mit Schriftsatz vom ...... dargelegt, daß Oberstaatsanwalt O. die ihm nach § 160 Abs. 2 StPO obliegende Pflicht zur Objektivität und Berücksichtigung auch aller den Angeklagten entlastenden Umständen verletzt hat.
Die Verteidigung hat im einzelnen dargelegt, auf Grund welcher Tatsachen dieser Vorwurf berechtigt erscheint.
Oberstaatsanwalt O. hat im bisherigen Verlauf der Ermittlungen und in der Hauptverhandlung vom ...... in keiner Weise gezeigt, daß er bereit ist, sich mit diesen Umständen, die einen Freispruch des Angeklagten gerechtfertigt erscheinen lassen, auseinanderzusetzen. Er verfolgt einseitig lediglich das Ziel weiter, eine Verurteilung des Angeklagten zu erreichen.
Es ist für den Angeklagten deshalb unzumutbar, die Hauptverhandlung mit Oberstaatsanwalt O. fortzusetzen.
Eine weiter andauernde Vertretung der Anklage durch Oberstaatsanwalt O. verletzt den Anspruch des Angeklagten auf ein faires Verfahren.[3]

Rechtsanwalt

Schrifttum: Arloth, Zur Ausschließung und Ablehnung des Staatsanwalts, NJW 1983, 207; *Bottke* StV 1986, 120; *Bruns*, Anm. zu LG Mönchengladbach, Beschl. vom 27. 3. 1987, JR 1987, 305; *Joos*, Ablehnung des Staatsanwalts wegen Befangenheit?, NJW 1981, 100; *Wendisch*, FS für Schäfer, S. 243 ff.

Anmerkungen

1. Der Angeklagte hat nach h. M. keinen Anspruch auf Auswechslung eines „befangenen" voreingenommenen Staatsanwalts (BGH NJW 1984, 1907, 1908 und zuletzt wieder BGH, Urteil vom 14. 6. 1988, zit. *Miebach* NStZ 1989, 13 f.). Dem Angeklagten bleibt deshalb nur die Möglichkeit, bei dem Dienstvorgesetzten des für voreingenommen gehaltenen Staatsanwalts nach § 145 GVG um dessen Auswechslung (Devolution und Substitution) zu bitten (*Kleinknecht/Meyer* vor § 22 Rdnr. 3) und bis dessen Entscheidung die Aussetzung des gerichtlichen Verfahrens zu beantragen.
Auch das Gericht kann nur auf die Ablösung des für „befangen" erachteten Staatsanwalts hinwirken, nicht aber dessen Auswechslung gegen den Willen des leitenden Staatsanwalts durchsetzen (LR/*Wendisch* vor § 22 Rdnr. 13). Da die Mitwirkung eines „befangenen" Staatsanwalts ein Revisionsgrund sein kann (BGH StV 1989, 240; SK/*Rudolphi* vor § 22 Rdnr. 41), führt diese Auffassung zu der Konsequenz, daß das Gericht gezwungen werden kann, in Kenntnis eines absoluten Revisionsgrundes ein Urteil zu erlassen. Dies wird jedoch hingenommen (LR/*Wendisch*, a. a. O.).
Hiergegen wendet sich eine Mindermeinung (vgl. *Bottke* StV 1986, 120, 123; *Arloth* NJW 1983, 207 ff.), die die §§ 22 ff. StPO auf die Ausschließung oder Ablehnung des Staatsanwalts analog anwenden wollen (dagegen ausführlich LG Mönchengladbach JR 1987, 303 ff.).

2. Das LG Mönchengladbach JR 1987, 303, 304 befürwortet überzeugend sogar eine Verpflichtung des Gerichts, selbst auf die Ablösung des „befangenen" Staatsanwalts hinzuwirken (Prozessuale Fürsorgepflicht, Grundsatz des „fair trial", ähnlich auch LR/*Wendisch* vor § 22 Rdnr. 9; SK/*Rudolphi* vor § 22 Rdnr. 33 m. w. N.).

3. Als sorgfältig zu prüfendes Gegenmittel kann ein Beweisantrag auf Vernehmung des („befangenen") Staatsanwalts als Zeuge (z. B über Vernehmungen und/oder eigene Äußerungen während des Ermittlungsverfahrens) in Betracht kommen. Wird dem Antrag auf Vernehmung des Staatsanwalts entsprochen, ist dieser grundsätzlich von der weiteren Sitzungsvertretung in der Hauptverhandlung ausgeschlossen (KK/*Pfeiffer* Einl. Rdnr. 99).

20. Anträge zum Verteidigungsverhältnis

a) Bestellung des Wahlverteidigers zum Pflichtverteidiger

An das
Amtsgericht/Landgericht
......

In der Strafsache
gegen ......

Az.: ...

beantrage ich, namens und in Vollmacht des Angeklagten,

mich dem Angeklagten als Pflichtverteidiger beizuordnen.[1]

Die durch gerichtlichen Beschluß vom ...... zugelassene Anklage wirft meinem Mandanten die Begehung eines Diebstahls gemäß § 242 StGB in Tateinheit mit Nötigung gemäß § 240 StGB vor. In der heutigen Sitzung der Hauptverhandlung hat der Vorsitzende Richter einen rechtlichen Hinweis nach § 265 Abs. 1 StPO erteilt, wonach die Tat i.S.v. § 264 StPO auch als räuberischer Diebstahl im Sinne des § 252 StGB bewertet werden kann. Hierdurch ist ein Fall der notwendigen Verteidigung gemäß § 140 Abs. 1 Nr. 2 StPO eingetreten.[2]

Der Angeklagte beantragt ausdrücklich, mich ihm als Pflichtverteidiger beizuordnen; entgegenstehende „wichtige" Gründe i.S.v. § 142 Abs. 1 S. 3 StPO sind nicht ersichtlich.[3] Für den Fall meiner Bestellung zum Pflichtverteidiger lege ich das Wahlmandat nieder.[4]

Sollte dem Antrag meines Mandanten nicht entsprochen werden, lege ich namens und in Vollmacht des Angeklagten gegen die ablehnende Entscheidung Beschwerde[5] ein.

Rechtsanwalt

Anmerkungen

1. Der Verteidiger selbst hat keinen Anspruch auf Beiordnung; der Antrag ist daher namens und in Vollmacht des Angeklagten zu stellen. Zuständig für die Bestellung ist der Vorsitzende des Gerichts, bei dem die Sache anhängig ist, bzw. des Gerichts der Hauptverhandlung (§ 142 Abs. 1 StPO; *Kleinknecht/Meyer* § 142 Rdnr. 9 m.w.N.).

2. Ergibt sich erst im Laufe der Hauptverhandlung ein Fall der notwendigen Verteidigung gemäß § 140 StPO, so ist dem Angeklagten sofort ein Verteidiger zu bestellen (§ 141 Abs. 2 StPO). Wird der Angeklagte bereits durch einen gewählten Verteidiger vertreten, kann er den Antrag stellen, den bisherigen Wahlverteidiger gerichtlich beiordnen zu lassen. Aus den Gründen des § 142 Abs. 1 S. 2 StPO ist dem Antrag grundsätzlich zu entsprechen. Eines Hinweises auf das bestehende Vertrauensverhältnis bedarf es daher nicht; dieser Zusatz ist aber unschädlich.

3. Das Vertrauensverhältnis zwischen dem Angeklagten und dem in Aussicht genommenen Pflichtverteidiger war schon immer eine wesentliche Voraussetzung für eine wirksame Verteidigung. Durch das StVÄG 1987 ist mit der Einfügung von § 142 Abs. 1 S. 2 und 3 StPO der verfassungsrechtlichen Lage Rechnung getragen worden (*Kleinknecht/Meyer* § 142 Rdnr. 9).

Nur in Ausnahmefällen kann der Vorsitzende sich über den Vorschlag des Angeklagten hinwegsetzen.

20. Anträge zum Verteidigungsverhältnis VII. B. 20

4. Im Antrag auf Beiordnung sollte ausdrücklich die – zumindest bedingte – Niederlegung des Wahlmandats erklärt werden. Der Antrag kann sonst mit der Begründung abgelehnt werden, daß der Angeklagte bereits den Beistand eines Verteidigers habe und eine Verteidigerbestellung daher nicht notwendig sei (siehe hierzu auch Anm. 1 und 4 zum Formular II. 13).

5. Gegen die Ablehnung der Beiordnung zum Pflichtverteidiger ist grundsätzlich die Beschwerde nach § 304 StPO gegeben (vgl. insoweit die Anm. zum Formular II. 16).
Ergeht die Entscheidung jedoch erst in der Hauptverhandlung (wie im Beispielfall), ist die Zulässigkeit der Beschwerde im Hinblick auf § 305 S. 1 StPO streitig (*Kleinknecht/ Meyer* § 141 Rdnr. 10; Übersicht bei *Paulus* NStZ 1985, 520).
Die Möglichkeit, eine gerichtliche Entscheidung gemäß § 238 Abs. 2 StPO herbeizuführen, ist ausgeschlossen (*Kleinknecht/Meyer* § 141 Rdnr. 10), da die Bestellung des Pflichtverteidigers keine Sachleitungsordnung nach § 238 Abs. 1 StPO ist. Die Zuständigkeit des Vorsitzenden beruht vielmehr selbständig auf § 140 StPO (KK/*Laufhütte* § 140 Rdnr. 28; *Kleinknecht/Meyer* § 141 Rdnr. 10). Nach richtiger Ansicht ist die Beschwerde nach § 304 StPO statthaft. Bei der Bestellung eines Pflichtverteidigers handelt es sich nicht um eine die Urteilsfindung vorausgehende Entscheidung, so daß § 305 S. 1 StPO nicht anwendbar ist (*Wagner* JR 1986, 257; *Kleinknecht/Meyer* § 141 Rdnr. 10; LR/*Lüderssen* § 141 Rdnr. 48; OLG Celle NStZ 1985, 519; OLG Köln NStZ 1991, 248; a.A. OLG Hamm NStZ 1985, 518; OLG Karlsruhe NStZ 1988, 287; Übersicht bei *Paulus* NStZ 1985, 520).
Die Beschwerdemöglichkeit schließt nicht aus, die Entscheidung des Vorsitzenden mit der Revision zu beanstanden. Gemäß § 336 StPO erstreckt sich die Prüfung im Revisionsverfahren auf alle Entscheidungen, die dem Urteil vorausgehen und nicht ausdrücklich für unanfechtbar oder mit der sofortigen Beschwerde anfechtbar sind (BGH NJW 1957, 271).
Eine entsprechende Revisionsrüge ist selbstverständlich nur dann sinnvoll, wenn (abweichend von dem hier vorgestellten Beispiel) der Verteidiger nach Ablehnung seiner Beiordnung auch nicht mehr als Wahlverteidiger für den Angeklagten in der Hauptverhandlung tätig geworden ist.

b) Bestellung eines Pflichtverteidigers neben dem Wahlverteidiger

An den
Vorsitzenden
der ...... Strafkammer
des Landgerichts ......

In der Strafsache
gegen ......
Az: ...

beantrage ich, namens und in Vollmacht des Angeklagten,

Herrn Rechtsanwalt ...... als Pflichtverteidiger neben dem Unterzeichner als Wahlverteidiger beizuordnen.[1] Rechtsanwalt ...... hat sich mir gegenüber bereit erklärt, die Pflichtverteidigung zu übernehmen.

In der oben genannten Strafsache zeichnet sich ab, daß die Hauptverhandlung an jeweils 3 Sitzungstagen in der Woche stattfinden und insgesamt mehrere Wochen in Anspruch nehmen wird.

Ich werde voraussichtlich wegen anderer beruflichen Verpflichtungen nicht an allen Sitzungstagen anwesend sein können. Aus diesem Grund ist die Teilnahme eines Pflichtverteidigers im Interesse des Angeklagten geboten.[2]

Rechtsanwalt

Anmerkungen

1. Wie Anm. 1 Formular VII. B. II. 20a
2. In Fällen, in denen die Mitarbeit eines weiteren Verteidigers geboten erscheint (z.B., wenn sich das Gericht der Hauptverhandlung nicht am Ort des Kanzleisitzes befindet, wenn eine lange Verhandlungsdauer voraussehbar ist oder die Sache sonst umfangreich und schwierig ist) kann (im Hinblick auf die Kosten eines weiteren Wahlverteidigers) der Beschuldigte/Angeklagte einen Antrag auf Beiordnung eines Pflichtverteidigers neben dem Wahlverteidiger stellen.

Einen Rechtsanspruch auf diese zusätzliche Pflichtverteidigung besteht jedoch grundsätzlich nicht. Wird ein bestimmter Verteidiger genannt, muß der Vorsitzende die Regelung des § 142 Abs. 1 S. 3 StPO beachten und darf nicht ohne Grund einen anderen Verteidiger beiordnen.

Dies gilt auch für den Fall eines Antrages auf Beiordnung eines Pflichtverteidigers neben dem schon tätigen Wahlverteidiger (BGH StV 1988, 97 ff.). Mit dem in Aussicht genommenen Rechtsanwalt ist zweckmäßigerweise vor der Antragstellung Kontakt aufzunehmen, um zu klären, ob der Kollege zur Übernahme der Pflichtverteidigung bereit ist.

Wird gegen den Willen des Angeklagten ein Pflichtverteidiger beigeordnet, obwohl der Angeklagte einen gewählten Verteidiger hat, ist diese Anordnung für den Angeklagten mit der Beschwerde nach § 304 StPO anfechtbar (streitig, wenn Anordnung erst in der Hauptverhandlung ergeht; s. insoweit Anm. 5 Formular VII. B. II. 20a).

c) Zurücknahme der Bestellung zum Pflichtverteidiger[1]

An den Vorsitzenden
der ...... Strafkammer
des Landgerichts
......

In der Strafsache
gegen ......

Az.: ...

beantrage ich,

meine Bestellung zum Pflichtverteidiger des Angeklagten zurückzunehmen.[2]

Der Angeklagte hat Herrn Rechtsanwalt ...... mit seiner Verteidigung in oben angegebener Strafsache beauftragt. Dies wurde mir heute durch den Kollegen schriftlich mitgeteilt.

Rechtsanwalt

Alternativ:

Das Vertrauensverhältnis zwischen dem Angeklagten und dem Unterzeichner ist ernsthaft gestört.[3] Der Angeklagte hält die aus meiner Sicht sachgerechte und gebotene Verteidigungslinie für unvertretbar. Eine konkretere Darlegung des Vertrauenskonflikts ist mir nicht möglich. Ich müßte dafür Tatsachen benennen, deren Offenbarung meine Schweigepflicht aus dem Mandat verletzen und dem Angeklagten möglicherweise schaden könnte. Ich versichere jedoch, daß es sich um grundsätzliche Meinungsverschiedenheiten im Hinblick auf das Verteidigungskonzept handelt, und daß ich mich aus diesem Grunde nicht in der Lage sehe, die Verteidigung des Angeklagten weiter zu führen. Ich verweise im übrigen auf das Schreiben des Angeklagten vom heutigen Tage an das Gericht, indem er die Aufhebung der Beiordnung beantragt und seinen Antrag ausführlich begründet.

Rechtsanwalt

Alternativ:

Wegen einer schweren Bronchitis[4] muß ich auf ärztliche Anordnung hin seit dem ...... zu Hause bleiben. Meine Genesung wird voraussichtlich mindestens drei Wochen in Anspruch nehmen. Aus diesem Grunde bitte ich, mich von der Verteidigung in oben angegebener Strafsache zu entpflichten.

Rechtsanwalt

Anmerkungen

1. Liegen die Voraussetzungen für die Beiordnung eines Pflichtverteidigers nicht mehr vor, weil der Beschuldigte/Angeklagte einen Verteidiger gewählt hat, muß die Bestellung grundsätzlich zurückgenommen werden (§ 143 StPO). Zuständig ist der Vorsitzende des Gerichts der Hauptverhandlung. Die Vorschrift bezieht über den Wortlaut hinaus den Fall ein, daß der Beschuldigte/Angeklagte nicht einen „anderen", sondern den bisherigen Pflichtverteidiger als Wahlverteidiger benennt (LR/*Lüderssen* § 143 Rdnr. 3).
Ist die Beiordnung des Pflichtverteidigers neben dem Wahlverteidiger im Einzelfall im Interesse des Beschuldigten/Angeklagten geboten (s. hierzu das Formular 20b) und entspricht die Aufrechterhaltung dem Wunsch des Beschuldigten/Angeklagten, zwingt § 143 StPO aber nicht zur Rücknahme der Bestellung (*Kleinknecht/Meyer* § 143 Rdnr. 1).
Umstritten und aus Verteidigersicht scharf zu kritisieren ist die Praxis einiger Gerichte, auch entgegen dem ausdrücklichen Willen des Beschuldigten/Angeklagten, die Pflichtverteidigung aufrechtzuerhalten, obwohl er den Beistand eines gewählten Verteidigers hat (OLG Zweibrücken NJW 1982, 2010; OLG Düsseldorf AnwBl. 1984, 154; NStZ 1986, 137).
Die Zurücknahme der Bestellung sowie die Ablehnung der Zurücknahme der Bestellung ist für den Angeklagten mit der Beschwerde nach § 304 StPO anfechtbar (streitig, wenn es sich um eine Entscheidung handelt, die der Vorsitzende im Laufe der Hauptverhandlung trifft, s. insoweit Anm. 5 zu Formular VII. B. 20 a).

2. Die Beiordnung kann nach allgemeiner Ansicht auch aus wichtigem Grunde zurückgenommen werden. Als wichtiger Grund ist die ernsthafte Störung des Vertrauensverhältnisses zwischen Pflichtverteidiger und Beschuldigtem/Angeklagten anerkannt (OLG Hamm StV 1982, 510; OLG Karlsruhe NStZ 1988, 239). In einem solchen Fall kann sowohl der Pflichtverteidiger als auch der Angeklagte den Antrag auf Rücknahme der Beiordnung stellen. Ein Rechtsanspruch auf die Rücknahme der Beiordnung aus wichtigem Grunde besteht aber weder für den Pflichtverteidiger noch für den Beschuldigten/Angeklagten.

3. An die Darlegung einer Vertrauenskrise werden hohe Anforderungen gestellt; es müssen die tatsächlichen Gründe der Störung mitgeteilt werden (OLG Hamm StV 1982, 510; OLG Bamberg StV 1984, 234).
Wird die Zurücknahme der Beiordnung vom Verteidiger betrieben, liegt hierin die Gefahr, Tatsachen offenbaren zu müssen, die er aufgrund seiner Schweigepflicht nicht

nennen darf und/oder die dem Mandanten schaden würden. Deshalb muß in einem solchen Fall sehr vorsichtig vorgegangen werden; der Antrag auf Rücknahme der Beiordnung sollte nur in echten Notfällen in Betracht gezogen werden – dies gilt um so mehr, wenn die Vertrauenskrise erst während der Hauptverhandlung auftritt. Es darf nicht nur eine einseitige Behauptung des Verteidigers oder des Angeklagten sein (OLG Hamm a. a. O.).

4. Als wichtige Gründe sind ferner auch Krankheit und sonstige Verhinderungen des Verteidigers anerkannt (*Kleinknecht/Meyer* § 143 Rdnr. 3, 4). Bei entsprechender Interessenlage ist aber ein Antrag auf Aussetzung oder Unterbrechung der Hauptverhandlung vorzuziehen (*Kleinknecht/Meyer* § 145 Rdnr. 9).

d) Aussetzung der Hauptverhandlung gemäß § 145 Abs. 3 StPO

An das
Landgericht
......

In der Strafsache
gegen ......

Az.: ...

beantrage ich,

die Hauptverhandlung gemäß § 145 Abs. 3 StPO auszusetzen.[1]

Wegen der krankheitsbedingten Niederlegung des Wahlmandats durch Herrn Rechtsanwalt ...... wurde ich heute von dem Vorsitzenden Richter ...... zum Pflichtverteidiger des Angeklagten bestellt. Die Einarbeitung in die Verfahrensakten und die Gespräche mit dem Mandanten über das Verteidigungskonzept erfordern die Aussetzung der Hauptverhandlung.[2]

Rechtsanwalt

Anmerkungen

1. Wird erst im Laufe der Hauptverhandlung ein Pflichtverteidiger bestellt, kann er nach § 145 Abs. 3 StPO die Aussetzung oder Unterbrechung der Hauptverhandlung verlangen. Der Antrag muß die Erklärung enthalten, daß im Interesse der Vorbereitung einer sachdienlichen Verteidigung die Aussetzung oder Unterbrechung notwendig ist.

Der Antrag ist sogleich bei der Übernahme der Verteidigung zu stellen – nicht erst zu einem späteren Zeitpunkt (BGHSt 13, 337, 339).

Der in § 145 Abs. 3 StPO geregelte Fall stellt regelmäßig auch eine gemäß § 265 Abs. 4 StPO veränderte Sachlage dar. Unter Umständen muß das Gericht auch unabhängig von einem Antrag der Verteidigung die Hauptverhandlung von Amts wegen aussetzen, wenn es aus der allgemeinen Fürsorgepflicht im Interesse einer sachgerechten Verteidigung geboten ist (BGH NJW 1965, 2164; JR 1974, 247 mit Anm. *Peters;* NStZ 1981, 231; s. auch das Formular VII B. II. 13 c bb γ – Verhinderung des Verteidigers – Anm. 3)

2. § 145 Abs. 3 StPO gewährt bei Vorliegen der tatbestandlichen Voraussetzungen einen Rechtsanspruch entweder auf Aussetzung oder auf Unterbrechung der Hauptverhandlung (LR/*Lüderssen* § 145 Rdnr. 25). Ob die Hauptverhandlung ausgesetzt oder nur unterbro-

chen wird, steht im pflichtgemäßen Ermessen des Gerichts (BGHSt 13, 337 ff.; siehe auch das Formular VII B. II. 13 c bb γ).

3. Gegen die Ablehnung der Aussetzung oder Unterbrechung ist die Beschwerde aus den Gründen des § 305 S. 1 StPO nicht statthaft. Ist der Antrag in der Hauptverhandlung zu Unrecht abgelehnt oder statt einer Aussetzung zu Unrecht nur eine (zu kurze) Unterbrechung beschlossen worden, ist die Revision wegen der Verletzung des § 145 Abs. 3, § 338 Nr. 8 StPO begründet, wenn das Urteil auf diesem Verfahrensverstoß beruhen kann (BGH NStZ 1983, 281).

III. Fragerecht und Vernehmungstechnik, Plädoyer und Strafzumessung

21. Das Fragerecht des Verteidigers und Vernehmungstechnik (Checkliste)

Der Verteidiger hat bei Ausübung des Fragerechts folgendes zu beachten:

1. Der Vorsitzende hat dem Verteidiger zu gestatten, Fragen an die Zeugen und Sachverständigen zu stellen (§ 240 Abs. 2 StPO). Er kann ungeeignete oder nicht zur Sache gehörende – damit untaugliche – kurzum unzulässige Fragen zurückweisen (§ 241 Abs. 2 StPO). Ungeeignet sind Fragen, die in tatsächlicher Hinsicht nicht zur Wahrheitserforschung beitragen können oder aus rechtlichen Gründen zu diesem Zweck nicht gestellt werden können, die StPO und das GG also verbieten. Untauglich zur Sachverhaltsaufklärung sind Fragen über offenkundige und schon erwiesene Tatsachen, zu eventuellen Falschaussagen führende Suggestiv- oder Fangfragen, schließlich auch Wiederholungsfragen zu Umständen, über die der Befragte sich bereits klar, erschöpfend und widerspruchsfrei geäußert hat (KMR *Paulus* Rdnr. 8–10 zu § 241 StPO). Das gilt nicht für sog. Anknüpfungsfragen, die sich klarstellend auf bereits beantwortete Fragen beziehen sollen. Die Wiederholung einer Frage ist in diesem Rahmen zulässig und kann geeignet sein, den Zeugen zu testen (*Dahs* Handbuch Rdnr. 433).

2. Der Verteidiger darf das Fragerecht erst beanspruchen, nachdem der Richter die Beweisperson vernommen hat. Der Vorsitzende ist bei der Gestattung von Fragen an keine bestimmte Reihenfolge gebunden. Insbesondere braucht er sich nicht an die Aufzählung der an der Verhandlung beteiligten Personen im Wortlaut des § 240 StPO zu halten. In § 240 StPO ist nämlich für die Ausübung des Fragerechts keine bindende Ordnung aufgestellt. Dagegen spricht bereits der Umstand, daß die Aufzählung der Verhandlungsbeteiligten, denen die Gelegenheit zur Fragestellung gegeben werden muß, offensichtlich nicht erschöpfend ist (BGH NJW 1969, 437/438). In der Praxis hat sich folgende Übung eingebürgert: Regelmäßig ist das Fragerecht des Verteidigers „tertiär": Der Verteidiger fragt nach den Richtern und nach dem Staatsanwalt. Ein „sekundäres" wird ihm zugebilligt, wenn eine Berufungsverhandlung stattfindet, in der die Verteidigung die Berufung eingelegt hat. Hier darf der Verteidiger als Berufungsführer vor dem Staatsanwalt das Fragerecht beanspruchen.

3. Hat der Vorsitzende dem Verteidiger das Wort erteilt zur Ausübung seines Fragerechts, so darf er nur dann unterbrochen werden, wenn er unzulässige Fragen stellt. Der verbreiteten Neigung vieler Richter, das Fragerecht wieder an sich zu ziehen, kann der

Verteidiger ebenso höflich wie bestimmend entgegentreten. *Schmidt-Leichner* empfahl auf den Lehrgängen des DAV, die er zusammen mit *Sarstedt* gestaltete, folgende Formulierung:

„Sie haben mir eben das Fragerecht erteilt. Ich bitte darum, mich jetzt nicht in der Befragung zu unterbrechen und mich mein Fragerecht im Zusammenhang ausüben zu lassen."

4. Sollte der Vorsitzende eine Frage des Verteidigers beanstanden und den Verteidiger auffordern, den Sinn der Frage zu erklären, kann es oft unzweckmäßig sein, die Gründe für die Frage mitzuteilen, solange die Beweisperson im Gerichtssaal ist; denn dann hört sie die Begründung und kann sich darauf einrichten. In solchen Fällen sollte der Verteidiger darauf hinwirken, daß der Zeuge oder Sachverständige vor der Erläuterung der Frage den Saal verläßt. Geht das Gericht auf diese Bitte des Verteidigers nicht ein, kann er sich weigern, die Gründe für die Frage dem Gericht zu erläutern. Dann muß er auf seinem Fragerecht bestehen.

5. Fragen können auch gefährlich sein. Dies sollte sich der Verteidiger immer wieder vergegenwärtigen. *Sarstedt* brachte auf den Kursen des DAV zum Strafrecht immer das berühmte Beispiel aus dem englischen Strafprozeß, bei dem der Verteidiger den Zeugen wie folgt befragte:

„Haben Sie gesehen, daß der Angeklagte dem Verletzten das Ohr abgebissen hat?"
Antwort: „Nein."

Statt an dieser Stelle mit den Fragen aufzuhören, stellte der Verteidiger die „tödliche" weitere Frage:

„Was haben Sie denn überhaupt gesehen?"
Antwort des Zeugen: „Daß der Angeklagte das Ohr ausgespuckt hat."

Der Verteidiger sollte den Beschuldigten und eventuelle Entlastungszeugen dahingehend aufklären, daß sie in seinen Fragen niemals irgendwelche Fallstricke zu vermuten brauchen, daß sie die Fragen vielmehr völlig unbefangen beantworten können.

6. Der Verteidiger muß nach alledem nicht nur die Grenzen beachten, die dem Fragerecht gesetzt sind, er muß vor allem die vielfältigen Arten der Befragung beherrschen (vgl. dazu die im Anhang wiedergegebenen Musterfragen, die *Bender/Röder/Nack* nachgebildet sind.)

Der Verteidiger „vernimmt" in aller Regel nicht, sondern er stellt Zusatzfragen. Gelingt es ihm dabei, den Zeugen auf ein völlig neues, vom Richter übersehenes Beweisthema zu führen, dann gelten die Regeln der Vernehmungslehre. Dies bedeutet im einzelnen:

Sämtliche Fragen sind so zu formulieren, daß auch Prozeßbeteiligte von niedrigstem intellektuellen Niveau sie verstehen können. Dies erreicht man dadurch, daß man jede Frage immer nur auf einen Punkt aus dem Verhandlungsgegenstand bezieht oder sie so formuliert, daß sie eine kurze und eindeutige Antwort zuläßt. Der Befragte soll in der Regel auf ein konkretes Ziel hingeführt werden. Die Vernehmungslehre unterscheidet acht Fragetypen, die sich wiederum in drei Kategorien Eröffnungs-, Lenkungs- und Suggestivfragen zuordnen lassen (vgl. *Bender/Röder/Nack*). Entsprechende Fragetypen sind im Anhang zu diesem Kapitel dargestellt. Auch der Verteidiger sollte bei seiner Befragung auf ein sachliches Vernehmungsklima hinwirken. Er muß möglichst ruhig, geduldig und sachlich fragen. Er soll versuchen, bei dem zu Befragenden Verständnis für die zusätzlichen Fragen zu wecken. Dies gilt unabhängig davon, ob die Bemühungen des Verteidigers darauf gerichtet sind, eine bis dahin entlastende Aussage des Zeugen in ihrer Wirkung zu verstärken oder darauf, eine bis dahin belastende Aussage abzuschwächen.

Machen mehrere Zeugen einander widersprechende Angaben, kann sich eine Gegenüberstellung empfehlen. Ob ein Zeuge, bei dem eine Gegenüberstellung noch in Betracht kommt, nach seiner Vernehmung als Teil der „Öffentlichkeit" im Saal bleiben soll, ist Frage des Einzelfalles.

7. Rügt der Vorsitzende eine Frage des Verteidigers, die nach dessen Auffassung für die Entscheidung wesentlich ist, darf er dies nicht hinnehmen. Bleibt der Vorsitzende bei seiner Beanstandung, muß der Verteidiger den Wortlaut der Frage zu Protokoll geben und alsdann gegen die Entscheidung des Vorsitzenden eine Entscheidung des Gerichts nach § 242 StPO herbeiführen. In gleicher Weise hat der Verteidiger vorzugehen, wenn er eine Frage des Vorsitzenden beanstandet.

Der Fragesteller hat, wird eine Frage nach § 241 Abs. 2 StPO zurückgewiesen, einen Anspruch darauf zu erfahren, auf welche maßgebenden tatsächlichen oder rechtlichen Erwägungen die Zurückweisung der Frage gestützt wird (*Kleinknecht/Meyer* § 241 Rdnr. 6). Geschieht dies nicht, sollte man auch darüber einen Gerichtbeschluß herbeiführen.

Nur ein Gerichtsbeschluß, der nach § 242 StPO ergangen ist, kann in der Revision vor allem mit der Begründung beanstandet werden, der Angeklagte sei unzulässigerweise in seiner Verteidigung beschränkt worden (§ 338 Nr. 8 StPO). Die Entscheidung des Vorsitzenden reicht dafür nicht (vgl. *Sarstedt/Hamm* Rdnr. 229).

Schrifttum: *Bender/Röder/Nack,* Tatsachenfeststellung vor Gericht, Band II Vernehmungslehre, 1981; *ter Veen,* Die Beschneidung des Fragerechts und die Beschränkung der Verteidigung als absoluter Revisionsgrund, StV 1983, 167.

Ausgewählte Fragetypen

1. Eröffnungsfragen

Offene Fragen:
Sie bezwecken, dem Befragten den Einstieg in das ihm bevorstehende Gespräch zu erleichtern. Ihm soll Gelegenheit gegeben werden, durch eine völlig frei von ihm bestimmte Antwort den Grundstock für das weitere Gespräch zu legen. Er soll die Möglichkeit haben, den Verhandlungsgegenstand möglichst umfassend zu schildern. Folglich leitet man diese Fragen mit den klassischen mit „w" beginnenden Fragewörtern ein (wer, was, wie ...).

Wie lief der Vorfall ab?
Was konnten Sie sehen?
Wer war daran beteiligt?

Leerfragen:
Sie halten den durch offene Fragen geschaffenen Freiraum aufrecht und lassen den Befragten unbeeinflußt seine Wahrnehmungen schildern.

Was haben Sie sonst noch gesehen?
Ist Ihnen vor dem Einbruch etwas aufgefallen?
Wie ging es weiter?

Anstoßfragen:
Ist der Erzählfluß des Antwortenden beendet, greift man mit ihr ein von ihm gesprochenes Stichwort auf, zu dem er weiter frei erzählen kann.

Sie sahen eine Person in der Nähe des Tatorts?
Können Sie diese beschreiben?

Sondierungsfragen:
Mit ihr wird eine unbestimmte und unvollständige Antwort durch Erfragen von Details konkretisiert.

Sie sagten, es sei am Unfalltag regnerisch gewesen. Regnete es bereits zum Unfallzeitpunkt oder setzte der Regen erst später ein?

2. Die geschlossenen Fragen

Ja/Nein–Frage:
Sie ist ein Prototyp der geschlossenen Fragen. Diese werden mit dem Ziel gestellt, die Antwortmöglichkeit des Befragten weitestgehend einzuschränken. Wegen dieses notwendigerweise hohen Anteils an suggestiven Elementen sollte diese Fragetechnik nur zur Anwendung gelangen, wenn die offenen Fragen den Sachverhalt keiner Klärung zugeführt haben. Den geringsten Beantwortungsspielraum läßt die Ja/Nein–Frage, die deshalb auch erst am Ende jeder Vernehmung stehen sollte, mit dem Ziel, bereits erhaltene Informationen nochmals klarzustellen oder den relevanten Bereich zusammenfassend bestätigt zu erhalten.

Sie haben also trotz tagelanger Vertragsverhandlungen den Vertrag nicht unterschrieben?
Haben Sie das Geld an ihn ausgezahlt?

Gegensatzfrage:
Sie provoziert durch die Darstellung des Gegenteils des vermuteten Geschehensablaufes die Antwort des Befragten. Sie wird angewandt, wenn die Auskunftsperson unwillig ist.

Der Angeklagte schlug also auf den Mann ein, ohne daß irgendein Streit diesem Schlag vorausgegangen war?

Herausforderungsfrage:
Sie bezweckt, den Befragten zu provozieren. Er soll sich spontan gegen den ihm vorgeworfenen Inhalt zur Wehr setzen und möglicherweise bewußt zurückgehaltenes Wissen preisgeben.

Warum ist Ihnen an dem Zeugen kein besonderes Kennzeichen aufgefallen? Der Zeuge schielte doch, trug – wie wir von anderen wissen – eine Hornbrille, hinkte, sah fremdartig aus und war auch noch tätowiert.

Auswahlfrage:
Sie wird so gestellt, daß dem Befragten zwar mehrere Antwortmöglichkeiten vorgegeben werden, man die als richtig vermutete Antwort jedoch dabei bewußt ausspart.

Trug die Frau ein rotes, gelbes, grünes oder weißes Kleid (in Wirklichkeit trug sie ein blaues Kleid!)?

3. Die Lenkungsfragen

Einengungsfrage:
Hier wird weitschweifigen Äußerungen eines Zeugen ein Ende gesetzt. Man versucht, unwichtige Ausführungen des Zeugen dadurch zu übergehen, daß man ihn mit dem vermuteten Ende seiner Aussage in Frageform konfrontiert.

Und schließlich sahen Sie den Mann fortlaufen?

Rangierfrage:
Die Aufmerksamkeit des Zeugen wird in eine bestimmte Richtung gelenkt, ohne daß man die vermutete Antwort vorwegnimmt.

Können Sie Näheres über die Kleidung des Mannes sagen, von dem Sie bisher nur das Gesicht beschrieben haben?
Wie war seine Jacke (Es kommt auf die Farbe der Hose an.)

4. Kontrollfragen

Situationsfrage:
Die Situationsfrage ist ein Untertyp der Kontrollfragen, die der Schaffung einer Grundlage für eine umfassende Beweiswürdigung der Zeugenaussage dienen. Sie ist wichtig für die Glaubwürdigkeit. Falls die bisherige Situationsschilderung des Zeugen der Wirklichkeit entsprach, so wird es ihm nicht schwer fallen, ebenso sicher Randdetails zu schildern, was kurz vorher oder kurz nach dem relevanten Ereignis passierte. Er wird Detailwissen über die äußeren Begleitumstände haben, ohne über derartige Fragen länger nachdenken zu müssen, als über Fragen, die den Verhandlungsgegenstand betreffen.

Was geschah unmittelbar davor?
Was geschah direkt danach?
Welches Wetter herrschte?
Wie war die Witterung?
Zu welcher Tageszeit geschah es?
Gab es am Tatort etwas Besonderes?
Was ist mit dem Kleid geschehen, nachdem es der Angeklagte zerrissen hatte?

Testfrage:
Es soll getestet werden, ob der Zeuge die Wahrheit sagt. Hierzu fragt man objektivierbare Tatsachen, die wegen ihrer Auffälligkeit auch dem Zeugen bekannt sein müssen.

Hat Ihr Lebensgefährte früher schon Betäubungsmittel eingenommen?
(Der Frager weiß aus der Vorstrafenliste, daß dies der Fall war).
Welches Wetter herrschte zu diesem Zeitpunkt?
(Aus den Auskünften des Wetteramtes oder von anderen Zeugen weiß der Frager, daß sintflutartige Wolkenbrüche heruntergingen).

5. Suggestivfragen

Erwartungsfrage:
Erwartungsfragen, die meist Worte wie „sicherlich", „auch", „wohl" enthalten, geben in der Frage die Antwort bereits vor.

Sind Sie immer noch heroinabhängig?
Sie haben sicherlich auch gesehen, daß der Angeklagte auf das Opfer zugefahren ist?
War es nicht so, daß ......?

Voraussetzungsfrage:
Sie geht auf einen Überraschungseffekt hinaus, indem sie nach dem Besonderen fragt ohne Rücksicht darauf, ob das Allgemeine überhaupt bewiesen ist.

Trinken Sie immer noch so viel Alkohol?

Fangfrage:
Sie lenkt die Aufmerksamkeit der Zeugen vordergründig auf eine Nebensächlichkeit, die er glaubt „gefahrlos" beantworten zu können, bevor er merkt, daß er damit andere und vielleicht wichtigere gleich mitbeantwortet hat.

Beispiel:
Wieviel Gewerbesteuer zahlen Sie?
(Mit der Beantwortung der Frage weiß man, ob der Befragte ein Gewerbe betreibt. Außerdem läßt sich daraus schließen, welches Einkommen er hat.)

Tondorf

22. Plädoyer und Strafzumessung

A. Die für den Angeklagten sprechenden Strafzumessungsgründe

I. Grundsätze

Als Ausfluß des Schuldprinzips wird der Strafe die Aufgabe eines *gerechten Schuldausgleichs* zuerkannt. Daraus folgt u. a.: Das Gericht hat bereits bei der Prüfung, „welche Strafe geeignet ist, einen gerechten Schuldausgleich herbeizuführen," mit zu berücksichtigen, „welche besonderen Nachteile der Vollzug der Strafe mit sich bringen wird. Ein besonderer Nachteil kann auch darin liegen, daß der Angeklagte infolge des Strafvollzugs die Fähigkeit verliert, sich wieder dem Leben in Freiheit anzupassen, oder ihm die Wiedereingliederung in die Gesellschaft unangemessen erschwert wird." (BGH Urteil vom 2. 9. 1981, 2 StR 239/81, zitiert bei *Theune* StV 1985, 162).

Der Schutz der Allgemeinheit durch Abschreckung Anderer negative *(Generalprävention)* rechtfertigt eine schwerere Strafe nur dann, wenn hierfür ein konkretes Bedürfnis dargetan wird. Das trifft nur dort zu, wo bereits eine für die Allgemeinheit gefährliche Zunahme solcher oder ähnlicher Taten, die zur Aburteilung stehen, festgestellt ist. Der Grundsatz gilt demnach nicht, wenn die Statistiken des Bundeskriminalamtes oder der Landeskriminalämter eine gegenläufige Entwicklung verzeichnen. Der Präventionsgedanke darf niemals dazu führen, daß die schuldangemessene Strafe überschritten wird.

Die neuere Lehre hebt auf den positiven Aspekt der Generalprävention ab, nähmlich die Verteidigung der Rechtsordnung durch Bewahrung und Stärkung des Vertrauens der Bevölkerung in das Recht und in die Durchsetzung des Rechtes (Integrationsprävention). Der Gedanke der Integrationsprävention kann – darauf weist *Schäfer* (S. 131) hin – erheblich strafmildernd wirken, wenn nämlich die an sich nach dem Maß der Vorwerfbarkeit auszuwerfende Strafe angesichts besonderer Umstände nicht mehr gerecht erscheinen und deshalb von der Bevölkerung nicht mehr verstanden würde.

Dem Grundsatz der Generalprävention kann oft der der *Spezialprävention* entgegengesetzt werden: Es ist bei der Zumessung der Strafe darauf zu achten, „daß sie nicht ohne Not einen bereits angepaßten Angeklagten aus der sozialen Ordnung herausreißt" (*Bruns* S. 75).

II. Die einzelnen Strafzumessungskriterien des § 46 Abs. 2 StGB

1. Was ist geschehen?
   Oder: Die Tat und ihre Folgen
   Die Art und Weise der Ausführung der Tat:
   Der Angriff kann stärker oder schwächer sein:
   – Der Angeklagte begeht die Tat zaghaft, von Anderen verführt, als Mitläufer oder gar nur durch Unterlassung (§ 13 Abs. 2 StGB).
   Der Grad der Gefährlichkeit des Werkzeuges kann höher oder niedriger sein:
   – Der Angeklagte benutzt ein nicht so gefährliches Werkzeug bei der Körperverletzung und der Körperverletzung mit tödlichem Ausgang, der Angeklagte benutzt beim Raub ein untaugliches Mittel, z. B. eine Spielzeugpistole, der Angeklagte täuscht nicht raffiniert, sondern es handelt sich nur um eine übertriebene Anpreisung, die kaum die Grenze großsprecherischer Werbung überschreitet, die Beschimpfung bei § 185 hält sich in Grenzen, die Pflichtverletzung der Untreue ist bei einer niedrigeren Grenze anzusiedeln.
   Die Schuld kann größer oder geringer sein:
   – Absichtliche Erfolgsherbeiführung – unbedingter Vorsatz – bedingter Vorsatz – grobe Fahrlässigkeit – leichte Fahrlässigkeit

22. Plädoyer und Strafzumessung

— Der Angeklagte kann bewußt verbotswidrig handeln oder in einem unentschuldbaren Verbotsirrtum.
— Wurde das Tatgeschehen von einem polizeilichen Lockspitzel in Gang gesetzt und während des gesamten Tatablaufs beobachtet?
— Wurde das angegriffene Rechtsgut verletzt oder bloß gefährdet?
— War das Ausmaß des angerichteten Schadens gering?
(Menge des gestohlenen Gutes, Höhe des Vermögensschadens und erstrebten Vermögensvorteils beim Betrug, Dauer und Schwere des zugefügten Schadens bei der Mißhandlung.)
— Sind die schädlichen Folgen in der Person des Angeklagten selbst eingetreten und haben sie ihn unmittelbar oder mittelbar schwer getroffen? Ist der Täter vom Schicksal genügend bestraft worden?
— Treffen die Nachteile der Bestrafung die Familienangehörigen besonders hart?
— Treffen den Angeklagten besonders schwere wirtschaftliche Einbußen, z.B. der mit einer Freiheitsstrafe von einem Jahr und darüberhinaus verbundene automatische Verlust der Beamtenstellung?

2. Warum ist es geschehen?
Oder: Die „seelischen Wurzeln" der Tat und die Verhältnisse des Angeklagten zur Zeit der Tat

— Waren die Motive des Angeklagten anständig oder beruhten sie auf einem Anlaß, der sie begreiflich erscheinen ließ?
(Rücksicht auf Dritte; Meineid, um die Ehre der Frau zu retten; notstandsähnliche Lage: Trunkenheitsfahrt, um verunglücktem Bekannten zu helfen; Handeln aus Zwangslage, um frühere Straftat geheim zu halten; der Angeklagte wurde z.B. im Verfahren auf Abgabe der eidesstattlichen Versicherung gesetzlich zu Angaben und zu einer eidesstattlichen Versicherung gezwungen; die Fälschungen wurden ohne sonstige Schädigungsabsicht nur zur Verdeckung der Identität in Selbstbegünstigungsabsicht begangen.)
— War der Angeklagte seelisch überlastet?
Die Schuld sinkt bei seelischer Überlastung, wenn der Täter den Anforderungen der Sachlagen nicht gewachsen ist.
— Welchen Einfluß auf den Tatentschluß hatten die Beweggründe des Angeklagten?
— Haben Selbsterhaltungstrieb, Furcht, Verwirrung, Schrecken, Gewissenszwang, Zwang zum Gehorsam, Angst um eine Sympathieperson einen solchen Motivationsschub auf den Angeklagten bewirkt, daß er seine sonst vorhandene Widerstandskraft nicht aufbringen konnte?
— Wie stark waren die auf den Angeklagten eindringenden Impulse? (schwach/unwiderstehlich)
— War der Angeklagte zum Zorne gereizt, handelte er unter erpresserischem Druck, war er schlecht besoldet? Waren bei der Nötigung eines Beamten die Verfügungen, denen sich der Angeklagte widersetzt hat, grob fehlerhaft?
— Wurde der Angeklagte durch äußere, von seinem Willen unabhängige Umstände zur Tat veranlaßt?
Überschritten die äußeren Anreize ihrer Art und Intensität nach das Normalmaß, dem zu widerstehen die Rechtsordnung vom durchschnittlichen Bürger ohne weiteres erwartet?
(Schwierige häusliche Verhältnisse, bedrängte wirtschaftliche Lage, gesellschaftliche Unsitten, ein eingerissener Schlendrian, Verführung, Verlockung durch günstige Gelegenheit, erpresserischer Druck, Provokation, Haß, Eifersucht, Verzweiflung, Pfändung des **gesamten** Vermögens durch den Gerichtsvollzieher, ungeschicktes psychologisches Vorgehen von Amtspersonen.)

Tondorf

- Wie ist die Gesinnung des Angeklagten zu bewerten, das in der Tat zum Ausdruck kommende sittlich-geistige Verhalten? Positiv sind Mitleid, Rücksichtnahme, Gnade.
- Handelte der Angeklagte uneigennützig?
- Wie hoch war der bei der Tat aufgewandte Wille, die kriminelle Intensität? Welche Hindernisse mußte der Angeklagte zur Erreichung der Rechtsgutverletzung bzw. des Rechtsgutgefährdungserfolges überwinden? Je geringer die Hindernisse, desto geringer die Schuld.
- Wie sind die persönlichen Verhältnisse des Angeklagten, ist er besonders jung oder alt? Wie hoch ist seine Intelligenz? Wie steht es um seinen Gesundheitszustand? Wie steht es um die **Strafempfindlichkeit** des Angeklagten, die für die Beurteilung der Strafwirkungen wesentlich und prognostisch ausgerichtet ist? „Ohne Einbeziehung einer Leidempfindlichkeit läßt sich die zukünftige Wirkung der Strafe nicht abschätzen und deshalb ihre Höhe nicht bestimmen." (*Bruns*, S. 197).
  Liegen bei ihm sonst Sozialisationsschäden vor?
- Lagen Bewußtseinsstörungen oder andere seelische Abartigkeiten vor, die nicht das Gewicht der §§ 20, 21 hatten, z.B. neurotische Fehlentwicklungen? Stand der Angeklagte unter Alkoholeinfluß oder hatte er Rauschgift genommen?
- Handelte es sich um eine – durch eine vorübergehende Lage hervorgerufene – Situationstat oder eine aus prekärer Lage begangene Gelegenheitstat, eine Augenblickstat, bei der der Angeklagte nur einer plötzlichen Versuchung unterlag?

3. Was geschah davor?
   Oder: Das Vorleben des Angeklagten
   - Bisherige Straflosigkeit – besonders, wenn dahinter eine tadellose, verdienstvolle Lebensführung und Berufsausbildung steht? hat der Angeklagte früher einmal ein „Sonderopfer" zugunsten der Allgemeinheit erbracht?
   Bei Vorstrafen gilt im übrigen:
   Nicht einschlägige Vorstrafen sind als nicht relevant zu behandeln.
   Weiter zurückliegende Vorstrafen verlieren mit Zeitablauf an Einfluß.
   - Handelt es sich bei dem Angeklagten um einen Ausländer, so können die besonderen Anschauungen und Wertvorstellungen, denen er wegen seiner Bindung an eine fremde Kultur verhaftet ist, zu seinen Gunsten berücksichtigt werden.

4. Was geschah danach?
   Oder: das sogenannte Nachverhalten
   - Liegt ein Geständnis vor, das aus Wahrhaftigkeit, Reue und Schuldeinsicht zur Gewissensentlastung und Sühne abgelegt worden ist?
   - Hat sich der Angeklagte bemüht, den Schaden wiedergutzumachen, z.B. durch Abbitte und Entschuldigung, Widerruf einer Ehrverletzung, materielle Schadensersatzleistung?
   - Hat das Opfer die Entschuldigung angenommen und die Tat verziehen?
   - Hat der Angeklagte sonstwie dem Opfer geholfen?
   - Lebt der Angeklagte inzwischen in veränderten Lebensverhältnissen? Hat er eine Familie gegründet, die ihm neuen Halt bietet, einen neuen Bekannten- und Freundeskreis? Hat er sich in seiner Freizeitgestaltung umorientiert? Hat er eine Arbeit bzw. einen neuen Arbeitsplatz gefunden?
   - Hat der Angeklagte zur Entlastung seines Gewissens die Tat selber angezeigt? Hat er sich aus freien Stücken bei der Polizei gestellt? Hat er die Polizei herbeigerufen?
   - Hat er nach einem Sexualdelikt freiwillig eine Kastration vornehmen lassen oder sonstwie Therapiebemühungen gezeigt?
   - Hat sich der Angeklagte – wenn auch vergebens – um einen Rücktritt von der Tat bemüht?

5. Weitere ungeschriebene Strafmilderungsgründe
- Zeitablauf: Sind zwischen den Taten und ihrer Aburteilung mehrere Jahre verstrichen, so kann sich dies wie folgt zugunsten des Angeklagten auswirken:
- Inwieweit hat er sich in dieser Zeit straffrei geführt?
- Hat die von dem Angeklagten nicht zu vertretende Verfahrensverzögerung ihn bereits dadurch belastet, daß er längere Zeit unter dem Druck der drohenden Verurteilung stand?
- Hat sich das Sühnebedürfnis nicht im Laufe der langen Zeit verringert?

Mitwirkendes Verschulden oder bloße Mitverursachung
Wurde der Täter durch das Verhalten des Opfers bzw. Dritter zu der Tat zumindest mit veranlaßt, so mindert das den Grad der Schuld.
- War der Verletzte – bei an sich fehlender Dispositionsbefugnis – im Grunde mit der Tat einverstanden?
- Lag sonst ein einwilligungsähnlicher oder -naher Fall vor – wegen seiner Nähe zum zustimmenden Verhalten eine gegenüber dem Normalfall minderschwere Konstellation?

Beispiele:
Die Einwilligung ist unwirksam, weil bei mehreren geschützten Rechtsgütern nur eines der Disposition des Einwilligenden unterliegt.
Die Einwilligung wurde vor Vollendung zurückgenommen oder erst nach der Tat erklärt.
Das Opfer war nicht imstande, die Bedeutung und Tragweite des Rechtsgutsverzichts zu erkennen.
- Handelte der Angeklagte in sog. „projektiver Verkennung" der Situation, die ihn ein Einverständnis des Opfers irrig annehmen ließ?
- Hat das Opfer sich so verhalten, daß es sich möglichst vor Schaden bewahrt hat und ein Verhalten unterlassen hat, das andere in Versuchung führen mußte?

Beispiele:
War der Bestohlene im Umgang mit seinem Eigentum besonders nachlässig (leichtsinnige Verwahrung, günstige Gelegenheit, unzureichende Sicherung)?
Hat das Warenhaus durch werbepsychologisch abgesicherte Präsentation der Waren zum Diebstahl angereizt oder verlockt?
Hat das Opfer durch seine Sorglosigkeit, Leichtgläubigkeit, Torheit, Bequemlichkeit, Gedankenlosigkeit, durch seine Gewinn- und Genußsucht, übertriebene Neugier, Selbstüberheblichkeit, Aberglauben oder durch Organisationsverschulden das betrügerische Vorgehen erleichtert? „Man" prüft Geschäftsangebote auf ihre Seriösität, „man" verleiht nicht Geld ohne Aussicht, es wieder zurückzuerlangen.
Lagen beim Bankraub unzureichende Sicherheitsvorkehrungen vor (Offenlassen des Tresors oder Nebeneingänge, Unkenntnis der Funktionsweise der Alarmanlage, unüberlegte, die Gesamtsituation noch verschärfende Gegenwehr)? „Man" prahlt nicht in der Gaststätte mit gefüllter Brieftasche.
Ging der Tötung oder Körperverletzung oder Ehrverletzung eine agressive Handlung oder Äußerung des Opfers voraus? Hat der Verletzte durch unsachgemäßes Verhalten bei Ausheilung körperlicher Schäden deren Folgen gesteigert, z.B. durch Vernachlässigung der Wunde?
Hat der Beamte durch zwar rechtmäßiges, aber unrichtiges Vorgehen, arroganten Ton, Kränkung die Tat provoziert?
Hätte der vernehmende Richter den Meineid durch die vorgeschriebene Belehrung über das Zeugnis- und Eidesverweigerungsrecht verhindern können und müssen?
Verhielt sich beim sexuellen Mißbrauch von Minderjährigen das Opfer tatinitiativ, d.h. verführte, nötigte oder nützte es die Schwächen des Angeklagten aus, wirkte es aktiv mit oder duldete es passiv?

Tondorf

Irrtum über Strafzumessungstatsachen
– Handelt es sich um Fälle, in denen der Angeklagte die Tatsache nicht kannte, die erst die Schwere des Falles, die Größe der Gefahr begründete?
  Beispiele:
  Der Angeklagte hatte einen schwer Kriegsbeschädigten körperlich verletzt, dabei aber dessen Schwerbeschädigteneigenschaft nicht gekannt,
  er beging Hehlerei an Edelsteinen, die er als billige Imitationen ansah,
  er stahl – ohne den Wert zu erkennen – ein wertvolles Gemälde.

Vergleichende Strafzumessung
Der BGH hat vielfach Urteile aufgehoben, weil die Strafe das für vergleichbare Fälle übliche Maß überschreite, ohne daß dies besonders begründet worden sei. Deshalb ist es durchaus hilfreich, den anstehenden Fall mit anderen tatsächlich entschiedenen Fällen zu vergleichen. Insoweit bietet die jährlich erscheinende Strafverfolgungsstatistik des Bundesamtes in Wiesbaden einen groben Überblick über die Höhe der verhängten Strafen. Dabei liegt z.B. der statistische Durchschnitt der Strafe für den Tötungsversuch bei drei bis vier Jahren, der für vollendeten Totschlag bei acht bis neun Jahren (siehe auch *Pracejus*, Mord- und Totschlagsstatistik der im Jahre 1980 in Nordrhein-Westfalen Verurteilten, NStZ 1986, 22).

III. Zugunsten des Angeklagten sprechende Strafzumessungserwägungen im Verkehrsrecht

Trunkenheitsfahrten
– Ging von der Trunkenheitsfahrt eine vergleichsweise geringe Gefahr aus:
  • Länge der gefahrenen Strecke, ist der Täter viele Kilometer oder nur wenige Meter gefahren?
  • Die Strecke war nicht schwierig (etwa kurvenreich, Gefälle, Absperrungen, schlechte Sichtverhältnisse
  • Art der Straße (Bundesautobahn, Kraftfahrstraße, Bundesstraße, Landstraße oder einsamer Weg)
  • geringes Verkehrsaufkommen (Trunkenheitsfahrt ereignete sich beispielsweise zur Nachtzeit, als die Straße menschenleer war)
  • günstige Witterungsverhältnisse (kein Eis, Schnee, Regen oder Nebel)
  • vorsichtige Fahrweise des Täters (statt einer rücksichtslosen verkehrswidrigen Fahrweise)
  • Fuhr der Täter allein oder hatte er noch Insassen mitgenommen? (Nahm der Verunglückte allerdings bewußt an der gefährlichen Trunkenheitsfahrt teil, verringert sich das Sühneinteresse)
  • Liegt ein Mitverschulden anderer Verkehrsteilnehmer vor?
  • War der Blutalkoholgehalt relativ gering?
– Tatmotiv
  • Handelte es sich um einen ungeplanten, überraschenden Gelegenheitstrunk oder um eine bewußte, gewollte Zechtour mit dem eigenen PKW?
  • Lag eine Not- oder Konfliktsituation vor, wurde die Trunkenheitsfahrt beispielsweise begangen, um einem verunglückten Bekannten oder einer kranken Person Hilfe zu leisten?
  • War der Angeklagte alkoholungewohnt und konnte deshalb die Folgen nicht voraussehen?
  • Rechnete der Angeklagte während des Trinkens überhaupt mit der späteren Fahrt oder hatte er Vorkehrungen getroffen, um eine solche zu verhindern und es kam infolge überraschender Ereignisse erst in trunkenem Zustand zu der Fahrt?
– Hat sich der Angeklagte nach der Tat unauffällig verhalten und den Führerschein freiwillig herausgegeben?

- Hat sich der Angeklagte um einen möglicherweise Verletzten gekümmert? Hat er auf eine schnelle Regulierung der verursachten Fremdschäden bei der Versicherung gedrängt?
- Hat der Angeklagte die Tat ohne Verschleierungstendenzen eingeräumt?
  • Hat sich der Angeklagte mit der Alkoholfahrt selbstkritisch auseinandergesetzt? Dazu gehört ein schonungsloses Eingehen auf die Schwachstellen im eigenen Charakter.
  • Ist der Angeklagte betroffen davon, daß er durch die Alkoholfahrt die Gesundheit und das Leben von Menschen in Gefahr gebracht hat.
- Hat der Angeklagte aus der Tat die Konsequenzen gezogen?
  • Hat er eine realistische, auf seine persönliche Lebenssituation bezogene Rückfallvermeidungsstrategie entwickelt?
  • Wird eine wirkliche und dauerhafte Veränderung der Alkoholkonsumgewohnheiten glaubhaft angestrebt?
  • Hat der Angeklagte „schlechten Umgang" aufgegeben? Hat er einen neuen Freundeskreis?
  • Ist er beruflich stabilisiert?
  • Verlaufen Partnerschaft bzw. Ehe harmonischer als früher?
  • Bewältigt der Angeklagte seine Freizeit jetzt sinnvoller?
- Lag vor der Trunkenheitsfahrt eine längere verkehrsrechtlich unauffällige Fahrpraxis vor?
- Treffen den Angeklagten durch den Entzug der Fahrerlaubnis besondere wirtschaftliche oder berufliche Nachteile?

Verkehrsunfallflucht
- Waren bei der Unfallflucht die Unfallfolgen gering? (tödliche Verletzung – Körperverletzung – Sachbeschädigung)
- Ging der Angeklagte von einem geringeren Schaden aus?
- In welchem Maße haben die Beteiligten den Unfall verschuldet?
  Der Schuldgehalt der Flucht ist verschieden, das Feststellungsinteresse umso geringer, je bedeutungsloser sich der Unfall darstellt.
- Hatte der Angeklagte die gegebene Situation falsch eingeschätzt, weil Mängel der Straßenführung, der Beschilderung, der optischen und meteorologischen Gegebenheiten vorlagen?
- War die Zahl der Verkehrsopfer als Folge der vorschriftswidrigen Fahrweise des Angeklagten wesentlich vom Zufall bestimmt?
- Hat sich der Angeklagte um das Unfallopfer oder die Hinterbliebenen gekümmert?
- Hat er die Polizei herbeigerufen?
- Lag ein Mitverschulden oder eine Mitverursachung in dem Verhalten des Verletzten oder sonstiger dritter Personen, z.B. bei Verkehrsunfällen von Kindern durch deren Aufsichtspersonen, vor?
- Hat die Verkehrspolizei das Unglück durch Unterlassung der vorgeschriebenen Sicherung mit verursacht?
  Schon die mitwirkende objektive Verkehrswidrigkeit des Unfallopfers oder Dritter sind geeignet, das Strafmaß zugunsten des Angeklagten zu mildern. Für die Feststellung des Mitverschuldens gewinnt der Grundsatz in dubio pro reo erhöhte Bedeutung. Es kommt nur darauf an, ob ein solches Mitverschulden ausgeschlossen werden kann. Zweifel wirken sich zugunsten des Angeklagten aus.
- Ist eine längere Dauer der Fahrerlaubnisentziehung zu erwarten? – Eine mit der Strafe verbundene Nebenfolge kann die Sanktion empfindlicher machen und Anlaß zu einer Strafmilderung sein.
- Zum Zwecke der Information und gleichzeitig vergleichender Strafzumessung wird auf den Überblick über die Strafantragspraxis der Staatsanwaltschaft in den einzelnen OLG-Bezirken von *Schultz* verwiesen (BAVol. 14, 307 ff.).

Insonderheit zur Entziehung der Fahrerlaubnis

Als Maßregel der Besserung und Sicherung soll die Maßnahme dem Schutz der Allgemeinheit vor einem ungeeigneten Fahrer dienen. Die Sperre richtet sich allein nach der voraussichtlichen Ungeeignetheit. Generalpräventive Gesichtspunkte haben daher hier auszuscheiden. Der Richter muß zum Zeitpunkt der Entscheidung, also des Urteils, prüfen, ob der Eignungsmangel noch besteht. Es sind Ausnahmefälle von der Regel des § 69 Abs. 2 denkbar, im übrigen sprechen die nachstehenden Überlegungen in jedem Fall für die Abkürzung der Sperrfrist:

– Befand sich der Täter in einer notstandsähnlichen Situation?
– Bestand die Trunkenheitsfahrt lediglich darin, daß der Angeklagte mit seinem zuvor verkehrswidrig oder verkehrsstörend abgestellten Fahrzeug nur wenige Meter vor- oder zurückfuhr, um ordnungsgemäß in eine Parkbucht einzurangieren?
– Hat der Kraftfahrer erfolgreich an einer sog. Nachschulung teilgenommen?
– Handelt es sich um einen sog. bewährten Kraftfahrer. Nach einer Mindermeinung (*Müller* Rdnr. 42; *Zabel* BA 20, 477 ff.) gilt die Regelvermutung des § 69 StGB als widerlegt, wenn folgende Voraussetzungen vorliegen:
  1. Der Beschuldigte muß Ersttäter sein,
  2. er muß sich mindestens 25 Jahre im Straßenverkehr bewährt haben,
  3. die festgestellte Blutalkoholkonzentration darf nicht über 1,7‰ liegen,
  4. der Charakter der Straftat oder sonstige besondere Umstände (Wetttrinken, Sauftour, massive Ausfallerscheinungen) dürfen nicht für die Ungeeignetheit sprechen.
– Kann der Zweck der Maßregel als bereits durch vorläufige Maßnahmen erreicht angesehen werden?
– Wie hoch waren die persönlichen Belastungen und Ängste, die der Angeklagte wegen der Beschlagnahme der Fahrerlaubnis zu erleiden hatte?
– Führte nicht die zeitliche Mehrbelastung durch Inanspruchnahme öffentlicher Verkehrsmittel dem Angeklagten Tag für Tag vor Augen, welche Konsequenzen sein Verhalten nach sich zog?
– Hatte der Angeklagte nicht ständig Angst, wegen der Beschlagnahme und der möglichen Verhängung einer weiteren Sperrfrist den Arbeitsplatz zu verlieren, wie dies bei einem Kundendienstarbeiter der Fall ist? Die wirtschaftlichen Folgen sind für die Bemessung der Sperrfrist wegen ihrer nachhaltigen Wirkung mittelbar von Bedeutung. Schwere wirtschaftliche Nachteile werden in besonders nachdrücklicher Weise die erstrebte bessernde Wirkung auf den Angeklagten erzielen. Der Wegfall eines in einer Straftat zum Ausdruck gekommenen charakterlichen Eignungsmangels durch Führerscheinsperre wird desto früher zu erwarten sein, je stärker sich die Sperre im wirtschaftlichen Bereich auf den Angeklagten auswirkt. Durch Fahrerlaubnisentzug verursachte wirtschaftliche Härten sind geeignet, den Täter rascher positiv zu beeinflussen.

Zusätzliche Strafzumessungserwägungen bei Jugenddelikten (vgl. Form. XII. A. 7).

B. Zusätzliche Erwägungen bei BtM-Tätern

I. Spezielle Strafzumessungserwägungen

1. Das Anbauen von BtM (§ 29 Abs. 1 Ziff. 1):
– Zu welchen Zwecken erfolgte der Anbau? Aus biologischem Interesse? Zur illegalen Morphingewinnung oder zu illegalen BtM-Geschäften, zum BtM-Konsum?
– Wie groß war der Umfang des Anbaus? Blumentopf? Kleinkultur? Felderwirtschaft?
– Wie weit war die Reife und wie stand es um die Erntemöglichkeiten und damit um die Gefährlichkeit der BtM-Pflanzen?
– Bestand die Gefahr, daß über die eigene Erntemöglichkeit hinaus Dritte an die Mohnkapseln herankamen?

22. Plädoyer und Strafzumessung

2. Das Herstellen von BtM, (§ 29 Abs. 1 Ziff. 1 BtMG):
– Erfolgte die Herstellung nicht zum Gelderwerb, sondern nur zur Befriedigung eigener Sucht oder nur aus biologisch-chemischer Liebhaberei?
– Handelte es sich nur um eine kleine Produktionsstätte mit wenigen chemischen Grundstoffen, wurden lediglich kleine harmlose Mengen produziert?
– Wurde die Produktion nur kurze Zeit unterhalten?
– Handelte es sich bei den hergestellten Stoffen bereits um BtM oder erst um Zwischenprodukte?
– War der Wirkstoffgehalt des BtM niedrig?
– Wieviele Produkte wurden in den Verkehr gebracht?
– Welches Gewicht kommt der einzelnen Begehungsweise zu? Können die einzelnen Akte unabhängig von dem gesamten Herstellungsprozeß beurteilt werden? Können sie unterschiedlich gewichtet werden? So ist z. B. das Reinigen, Zubereiten und Verarbeiten weniger gefährlich als die Anfertigung und Umwandlung.

3. Das Handeltreiben (§ 29 Abs. 1 Ziff. 1):
– In welcher Handelsstufe bewegte sich der Angeklagte? Großhändler, Zwischenhändler, Händler, Einzelhändler, heroinverkaufender Drogenkonsument, Drahtzieher oder Laufbursche?
– Wurde nur über einen kurzen Zeitraum gehandelt?
– Welches Ausmaß hatte der Heroinhandel, war es ein reiner Nebenerwerb, wurden wenige sächliche und persönliche Mittel eingesetzt?
– Hat der Angeklagte freiwillig die Lieferung unterlassen, z. B. aus Gewissensbissen wegen des Alters oder der Gesundheit des Kunden?

4. Einfuhr (§ 29 Abs. 1 Ziff. 1)?
– Erfolgte die Einfuhr mit Weiterverkaufsabsicht oder in Eigenkonsumabsicht? Die Begehungsweise des § 30 I 4 BtMG erfaßt eine Fülle von Fällen, die keinen hohen Unrechtsgehalt haben, wie die Einfuhr von zum Eigenverbrauch bestimmter BtM in nicht besonders großen Mengen!
– Sollten die in die Bundesrepublik Deutschland eingeführten Betäubungsmittel nicht hier, sondern erst nach einem Weitertransport im Ausland verbraucht werden? Hat der Täter die Bundesrepublik Deutschland nur zur Durchreise ins Ausland benutzen wollen?
Die mit der Schaffung des Verbrechenstatbestandes des § 30 Abs. 1 Nr. 4 BtMG bekämpfte Gefahr einer Überschwemmung der Bundesrepublik Deutschland mit Rauschgift wäre in diesem Falle nicht groß.
– Handelte es sich um einen Gelegenheitskurier oder um eine berufsmäßig Handelnden?

II. Generelle zugunsten der BtM-Täter sprechende Strafzumessungserwägungen

– Ging der Angeklagte amateurhaft, laienhaft, ängstlich oder gar tölpelhaft vor?
– Handelte es sich um eine harte oder weiche Droge?
– Liegt die eingeführte Menge im unteren Bereich einer „nicht geringen Menge"? oder umgekehrt: Überschritt die Menge die „nicht geringe Menge" nur knapp? War sie auch nicht besonders groß?
– Wie gefährlich war das Rauschgift?
Je höher die Qualität, desto größer die Gefahr.
– Hat der Täter das Rauschgift nur zum Eigenverbrauch besessen und keine Abgabe an andere geplant, hat er sich nur selbst gefährdet?
– Sollte das BtM nur dem Eigenverbrauch von Freunden des Angeklagten dienen, wobei der mittellose Angeklagte hoffte, einige Gramm abzubekommen?
– War möglicherweise durch die beabsichtigte Aufteilung des Rauschgiftes unter den Mitangeklagten die Gefahr einer Weitergabe erheblich herabgesetzt?

- Wurde der Entschluß zur Tat auf Veranlassung eines Lockspitzels der Polizei gefaßt?
  - Welcher Anreiz ging von dem Lockspitzel zu der Tat aus?
  - Hatte der Täter starke Bedenken gegen das ihm angesonnene strafbare Tun und war er nicht von vornherein tatbereit?
  - Versprach der Lockspitzel, Mengen zu liefern, die er selbst nicht hatte und im Ergebnis nie hätte besorgen können?
  - Wurden mit Hilfe des Lockspitzels provozierte Handlungen so überwacht, daß eine erhebliche Gefährdung des angegriffenen Rechtsgutes ausgeschlossen war?
- War der Täter selbst süchtig und wurde er durch seine Sucht zur Tat getrieben?
- War die Drogenabhängigkeit auf eine unverschuldete Problemsituation zurückzuführen?
- Wurde sonstwie beispielsweise aus wirtschaftlicher Notlage gegen das BtMG verstoßen und ist der Täter aus diesem Grunde einer an ihn herangetragenen Versuchung unterlegen?
- Handelte es sich um eine Gelegenheitstat, beispielsweise anläßlich einer Urlaubssituation?
- War die Hemmschwelle des Täters durch den Umgang mit Personen anläßlich eines Aufenthalts im Ausland herabgesetzt, die ständig Rauschgift konsumieren?
- Handelte es sich um einen Gelegenheitskonsumenten von BtM, der erstmals auf einer Auslandsreise zu intensiver Berührung mit BtM kam, die es ihm ermöglichte, an BtM von bis dahin nicht gekannter Qualität zu gelangen? Ließ dieser Umstand in ihm den Entschluß reifen, sich mit einem Vorrat an BtM zu versorgen?
- Hat der Täter den Plan, das BtM besonders gut zu verstecken, selbst entworfen oder kam der Anstoß hierzu von außen?
- Hat sich der Angeklagte zwischenzeitlich von dem Rauschgiftkonsum gelöst?
- War der Angeklagte bereit, bei der Überführung der Hinterleute und Komplizen und der Auffindung des Rauschgiftverstecks mitzuwirken?
- War der Angeklagte therapiewillig und hatte er sich bereits um eine Therapieplatz bemüht?
- Hat der Angeklagte das Rauschgiftlager vernichtet?
- Liegt eine besondere Strafempfindlichkeit des Angeklagten vor, etwa weil
  - der ausländische Strafgefangene häufig nicht nur auf Familienbesuch und Heimatzeitung, Heimatbräuche und Speisen der Heimat verzichten muß, sondern sich mit Mitgefangenen und Bediensteten der JVA nur schwer verständigen kann,
  - die überlange Verfahrensdauer zu einer depressiven Verstimmung bis hin zur Haftpsychose geführt hat,
  - der Angeklagte unter härtesten Bedingungen eine längere Haftzeit bzw. eine besondere Auslieferungshaft in ausländischen Gefängnissen hinter sich gebracht hat,
  - eine rechtliche zulässige Mehrfachverfolgung und Doppelbestrafung eine zusätzliche Härte für den Angeklagten bedeutet, die ihn wegen seiner familiären Verhältnisse besonders belastet.
- Bei Vorstrafen gilt: Der Rückfall eines drogenabhängigen Dealers ist grundsätzlich milder zu beurteilen als der eines drogenfreien Dealers.
- Haben den Angeklagten weder zahlreiche Verurteilungen wegen Verstoßes gegen das BtMG noch eine Unterbringung in eine Entziehungsanstalt jeweils von einem alsbaldigen Rückfall abhalten können, ist zu prüfen, ob der Angeklagte aufgrund der bei ihm seit langen bestehenden Rauschmittelabhängigkeit und seiner dadurch hervorgerufenen Persönlichkeitsveränderung in der Lage war, die Warnfunktion der Vorstrafen und Vorverurteilungen in ihrer Bedeutung und Tragweite zu erkennen und sich entsprechend zu verhalten.
  Hatte der Täter nach seiner Festnahme vor der Polizei und dem Richter als erster das objektive Tatgeschehen auch hinsichtlich der Mittäter offenbart, hat er unter Umständen

zur Aufklärung von solchen Taten beigetragen, an denen er nicht selbst beteiligt war, beabsichtigt der Täter entsprechende Erklärungen in einem Geständnis in der Hauptverhandlung abzugeben (§ 31 Nr. 1 BtMG)?

C. Strafzumessungserwägungen bei der Steuerhinterziehung

I. Grundsätze

Nach Meinung von Kennern kommt im Steuerstrafrecht als wirklich tragfähiger, verschiedensten Taten und Täterpersönlichkeiten angemessener Strafzweck nur der Schuldausgleich in Frage (*Meine* S. 3). Deshalb kann der Gedanke der Generalprävention die Bestrafung einer Steuerhinterziehung auf Zeit ebenso, also mit dem gleichen Strafmaß wie eine Hinterziehung auf Dauer, nicht rechtfertigen. Das Schuldmaß darf weder aus general- noch aus spezialpräventiven Erwägungen überschritten werden.

Nach Meinung von *Blumers* (wistra 1987, S. 5 ff.) ist mehr als zweifelhaft, ob die härtere Strafe im Steuerstrafrecht ein brauchbares Mittel ist, der Steuerkriminalität Herr zu werden oder sie auch nur zu mindern. Die wesentliche Ursache für den Umfang, zu einem erheblichen Teil gar nicht ans Tageslicht kommender Steuerstraftaten und -ordnungswidrigkeiten sei nicht auf die zunehmende kriminelle Energie der Steuerpflichtigen zurückzuführen. Deren zunehmende Kriminalität sei vielmehr nur Folge; die Ursache sei die zunehmende Komplexität des Steuerrechtes. Dessen Kompliziertheit und die damit verbundene Unbestimmtheit der Regelungen in vielen Fällen führe nicht nur dazu, daß eine Steuerhinterziehung häufig nicht mit der erforderlichen Sicherheit angenommen und bestraft werden könne. Sie führe vielmehr auch zu einer für den Steuerbürger nicht mehr zumutbaren Unsicherheit und Vorausschaubarkeit der Rechtslage im Einzelfall. Aber nicht nur die Rechtssicherheit sei beinträchtigt, sondern durch die Vielzahl der Spezialregeln in zunehmendem Maße auch die Einzelfallgerechtigkeit. Der Steuerpflichtige sei oft in der Erfüllung seiner steuerlichen Pflichten überfordert und häufig nicht mehr selbständig in der Lage, seine Steuererklärung abzugeben und dabei die richtige Anwendung der steuerrechtlichen Regeln nachzuvollziehen.

II. Einzelne Strafzumessungskriterien

- Wurde die Steuerhinterziehung durch Unterlassen begangen, ist es möglich, sie milder zu bewerten als eine Steuerhinterziehung durch aktives Handeln (BGH StV 1988, 60).
- Wurde die Steuer auf Dauer oder nur auf Zeit hin hintergezogen? Während sich bei der Hinterziehung auf Dauer die Höhe der Steuerverkürzung aus dem nicht oder zu niedrig festgesetzten Steuerbetrag ergibt, ist für die nur auf eine Verzögerung der Festsetzung ausgerichtete Hinterziehung auf Zeit der Verspätungsschaden (das sind praktisch die Zinsen) des Steuerberechtigten maßgebend (*Meine* S. 15). Hierher gehören (Beispiele *Schäfer* S. 284):
- Nichtabgabe von Voranmeldungen, aber Abgabe der Jahreserklärungen (u. U. liegt dann sogar § 371 AO vor!).
- Bei Einkommen-, Gewerbe- und Körperschaftsteuer solche falschen Angaben (z. B. überhöhter Aufwand, zu geringe Aktivierung), die bei gleichbleibendem Ertrag nur zu einer Verlagerung des Gewinnes und damit der Steuerpflicht in andere Wirtschaftsjahre führen
- Höhe der Steuerverkürzung:
- Wurden die Steuern lediglich in geringer Höhe verkürzt?
- Der herausgehobenen Bedeutung der Schadenhöhe bei Vermögensdelikten entspricht zwangsläufig ein höheres Gewicht der Schadenwiedergutmachung. Bei der Bewertung des Bemühens um Schadenswiedergutmachung müssen die auf „Altsteuern" nach der Tatentdeckung insgesamt erbrachten Leistungen berücksichtigt werden (Einzelheiten

siehe bei *Meine* S. 24). Die Schadenswiedergutmachung geschieht – auch unter dem Druck des Strafverfahrens – nicht von leichter Hand. Der Täter verwendet oft einen beträchtlichen Teil seines Privatvermögens für die Steuernachzahlung. Ein nur geringfügiger Einfluß auf die Bestimmung der Rechtsfolgen wird dem nicht gerecht. Die Wiedergutmachung hat ein großes Gewicht bei der Strafzumessung (*Schäfer* S. 284: Selbst bei Hinterziehung bis zur Höhe von bis zu 1 Mio. kann noch eine Freiheitsstrafe bis zu 2 Jahren gerechtfertigt sein). Die Wiedergutmachung ist in hohem Maße geeignet, die durch die Tat bewirkte Schädigung des Rechtsfriedens zu beheben. Auch für den Rechtsfrieden ist es nicht gut, wenn dem Verurteilten das Gefühl bleibt, seinem Anteil an dessen Wiederherstellung sei ein zu geringer Wert beigemessen worden (*Meine* S. 100).

– Wenn in den Vorteilsausgleichsfällen § 370 Abs. 4 Satz 3 AO den Ausgleich des Verkürzungsschadens mit anderen Steuerminderungsgründen verbietet, so verlangt der BGH (wistra 1988, 109) immer eine mildernde Berücksichtigung der anderen Gründe bei der Strafzumessung.
– Mitverschulden: Grobe Nachlässigkeit des Finanzamtes (BGH StV 83, 326).
– Der Täter handelt in wirtschaftlich schwieriger Lage, um seinem Betrieb Liquidität zu erhalten.
– Die Steuerverkürzung wurde nicht eigennützig, sondern fremdnützig bewirkt (Parteispenden; „Handeln für die Firma"). Hier wird auch die Höhe der hinterzogenen Steuern im Verhältnis zu den gezahlten eine Rolle spielen müssen (dazu *Blumers,* wistra 1987, S. 5).
– Von beträchtlicher krimineller Energie kann man nicht sprechen, wenn es sich bei der Steuerhinterziehung um eine Tat handelte, wie sie häufig den Niedergang eines Unternehmens begleitet. In einer solchen Situation ist die Finanzbehörde „ein angenehmer Gläubiger", weil sie sich in Unkenntnis ihrer Forderung ruhig verhält, während die Lieferanten zunehmend Vorkasse fordern und damit noch die vorhandene Liquidität beanpruchen (*Meine* S. 50).
– Ein schnelles rechtzeitig abgelegtes Geständnis ist wesentlich strafmildernd zu berücksichtigen. Es kürzt die Hauptverhandlung nicht unerheblich ab und erleichtert die Beweisführung entscheidend.

Schrifttum: Blumers: Strafen wegen Steuerhinterziehung, wistra 1987, 1; *Bruns:* Leitfaden des Strafzumessungsrechts, 2. Aufl., 1985; *Dahs,* Handbuch des Strafverteidigers, 5. Auflage, Rdnr. 598 ff.; *ders.,* Apokryphe Haftgründe; Erwartung einer hohen Strafe = Fluchtgefahr, Charakter der Straftat = Verdunklungsgefahr, Festschrift für Dünnebier 1982; *Hassemer, Winfried,* Die Voraussetzungen der Untersuchungshaft, StV 1984, 38; *Hentschel/Born,* Trunkenheit im Straßenverkehr, 3. Auflage; *Hillenkamp,* Vorsatztat und Opferverhalten 1981; *Himmelreich/Hentschel,* Fahrverbot, Führerscheinentzug, 4. Auflage; *Himmelreich/Höcher,* Die Untersuchung an den MPU nach Trunkenheitsfahrten, DAR 1986, 343; *Horn,* Systematischer Leitsatzkommentar zum Sanktionenrecht, 1983; *Körner,* Betäubungsmittelgesetz, 2. Auflage, 1985; *Maek,* Opferschutz und Strafzumessung, 1983; *Meine:* Die Strafzumessung bei der Steuerhinterziehung 1990; *Meurer/Grasnik,* Einführung in die Kriminalwissenschaften, 1982; *Mindorf,* Entziehung der Fahrerlaubnis durch Gerichte, Die Polizei 1986, 150; *Müller,* Verteidigung in Strafsachen, 2. Aufl., 1984; *Plähn,* Anmerkung zu OLG Oldenburg, StV 1983, 114; *Sarstedt/Hamm,* Die Revision in Strafsachen, 5. Auflage, Rdnr. 486; *Schäfer:* Praxis der Strafzumessung, NJW-Schriften 51, 1990; *Schwenn,* Straferwartung – ein Haftgrund? StV1984, 132; *Theune,* Grundsätze und Einzelfragen der Strafzumessung StV 1985, 162 ff. und 205 ff.; *Weider,* Die neue Rechtsprechung zum Aufklärungsgehilfen nach § 31 BtMG; *Zabel,* Ausnahmegenehmigungen für Trunkenheitstäter, BA Bd. 20, 477 ff.

Anmerkungen

1. Wir verteidigen nicht nur unschuldige Angeklagte. Deshalb wird in den meisten Plädoyers die Strafzumessung im Mittelpunkt stehen. Darauf kann man sich bereits vor der Hauptverhandlung anhand der vorstehenden Checklisten vorbereiten. Diese können nur ein Versuch sein, möglichst viele zugunsten des Angeklagten sprechende Argumente zusammenzustellen. Die Checkliste will und kann keine Vollständigkeit für sich beanspruchen. Die grundsätzlichen Erwägungen zur Strafzumessung finden sich nach wie vor in dem – allerdings nicht leicht zugänglichen – Standardwerk von *Bruns*. Daneben ist heute das Buch von *Schäfer* getreten, das für die Praxis unentbehrlich ist. Die einzelnen Gesichtspunkte sind aus den einschlägigen Kommentaren, Lehrbüchern und Aufsätzen zu § 46 StGB zusammengetragen worden. Fundstellen zu allgemeinen Grundsätzen finden sich bei *Theune* StV 1985, 162, die plastischen Überschriften zu den einzelnen Strafzumessungserwägungen bei *Meurer/Grasnick*, die Fundstellen zum einwilligungsnahen Fall als realem Strafzumessungsgrund bei *Hillenkamp*, die Beispiele zum Opferschutz bei *Maek*. Die zusätzlichen Strafzumessungsargumente im Straßenverkehrsrecht sind zu den Trunkenheitsdelikten *Hentschel/Born* (Rdnr. 443), *Himmelreich/Hentschel* (Rdnr. 40), *Himmelreich/ Höcher* (DAR 1986, 343) und *Mindorf* (Die Polizei 1986, 343) entnommen, zu § 142 StGB den Ausführungen von *Schild* in AK-StGB (§ 142 Rdnr. 20ff.). Die Strafzumessungserwägungen bei BTM-Tätern sind kommentiert bei *Körner* (1985). Außerdem seien dazu folgende Entscheidungen erwähnt: BGH StV 1982, 225 (niedrige Qualität). BGH StV 1983, 201 und 1983, 382 (Rauschgift im unteren Bereich der nicht geringen Menge). LG Hamburg StV 1983, 153 (weiche Droge). BGH NJW 1983, 692 und StV 1983, 202 (Eigenbedarf); OLG Koblenz StV 1983, 335 (Loslösen vom Rauschgiftkonsum); BGH StV 1986, 100 (Anstiftung durch Lockspitzel), LG Krefeld StV 1986, 21 (Einfuhr zum Zwecke des Weitertransports ins Ausland).

Desweiteren soll in diesen Anmerkungen nicht zu rhetorischen Fragen Stellung genommen werden. Insoweit ist auf die Literatur bei *Dahs* (Handbuch Rdnr. 598) zu verweisen. Hier seien nur einige taktische Hinweise gestattet:

2. Bei einem länger dauernden Plädoyer sollte der Verteidiger dem Gericht die Gliederung mitteilen und im übrigen angeben, wie lange er ungefähr zu den einzelnen Abschnitten zu reden gedenkt. Dies erleichtert es dem Gericht, dem Vortrag des Verteidigers aufmerksam zu folgen.

3. Beantragt die Staatsanwaltschaft einen Freispruch, kann sich der Verteidiger kurz fassen, wenn ihm das Gericht – gegebenenfalls auf entsprechende Frage – einen entsprechenden Hinweis gibt.

Beantragt die Staatsanwaltschaft Verurteilung des Angeklagten, ist der Verteidiger der Auffassung, der Angeklagte müsse freigesprochen werden, sollte sich der Verteidiger zunächst mit den Argumenten der Staatsanwaltschaft auseinandersetzen, um anschließend auf Freispruch zu plädieren.

Bestreitet der überführte Angeklagte hartnäckig bis zuletzt, empfiehlt *Dahs* (Rdnr. 618) folgenden Mittelweg: Der Verteidiger argumentiert zunächst „aus der Sicht des Angeklagten" für einen Freispruch und schließt „Wenn das Gericht diesen Bedenken folgt, muß es den Angeklagten freisprechen, was hiermit beantragt wird". Danach folgen „aus der Sicht des Verteidigers" die Ausführungen zur Strafzumessung.

Haben die Gerichtsbeschlüsse im Laufe der Hauptverhandlung gezeigt, daß das Gericht den Angeklagten für schuldig hält, ist der Verteidiger darin jedoch anderer Meinung, weil er z.B. den Angeklagten entgegen den Ausführungen des Sachverständigen nach wie vor für nicht schuldig hält, muß er diesen Standpunkt auch im Plädoyer vertreten.

Der Verteidiger ist zwar nicht zur Stellung eines Antrages verpflichtet, er sollte jedoch in der Regel das Plädoyer abschließen mit den Hauptanträgen „Freispruch" oder „mildes Urteil". Nicht empfehlenswert erscheint die Übung, für den Fall der Verurteilung seitens des Verteidigers eine bestimmte Mindeststrafe zu nennen. Man stelle sich vor, daß diese Mindeststrafe einmal durch das Gericht unterschritten würde!

4. Steht die Frage der Strafaussetzung zur Bewährung zur Diskussion, sollte der Verteidiger auf jeden Fall den Antrag stellen, die Strafe zur Bewährung auszusetzen. Die Urteilsgründe müssen sich mit diesem Antrag auseinandersetzen, § 267 Abs. 3 Satz 4 StPO. Das gleiche gilt übrigens entsprechend für die Verwarnung mit Strafvorbehalt und das Absehen von Strafe.

5. Kommt eine Strafaussetzung zur Bewährung nicht mehr in Betracht, wird der Verteidiger – wenn möglich – bereits im Plädoyer darauf hinwirken müssen, daß das Gericht eine spätere Entscheidung nach § 57 Abs. 2 StGB zumindest im Urteil in Aussicht stellt bzw. nicht ausschließt (*Plähn* StV 1983, 114/115). Leider stellen die Vollstreckungskammern immer noch allzu oft auf das ursprüngliche Urteil ab und prüfen, ob danach besondere Umstände in der Tat und in der Persönlichkeit des Angeklagten vorlagen. Das Verhalten im Vollzug wird nicht hinreichend berücksichtigt. Deshalb gilt es, im Plädoyer die besonderen Umstände herauszuarbeiten. Nicht selten dürfte es gelingen, (im Wege des bargaining) durch Rechtsmittelverzicht eine Urteilsbegründung zu erreichen, die für einen späteren Halbstrafeantrag hilfreich ist.

6. Ist eine Geldstrafe zu erwarten, sollte ggf. Ratenzahlung beantragt werden, § 42 StGB. Hilfreich kann der Hinweis an das Gericht sein, daß bei einer Erstverurteilung zu einer Geldstrafe von nicht mehr als 90 Tagessätzen (und zu einer Freiheitsstrafe von nicht mehr als drei Monaten) diese nicht in das polizeiliche Führungszeugnis aufgenommen werden und der Verurteilte sich insoweit als unbestraft bezeichnen darf.
Bei dem verbeamteten Angeklagten darf der Hinweis nicht fehlen, daß die Strafe unter einem Jahr liegen muß, damit der Beamte dieser Eigenschaft nicht automatisch verlustig geht.

7. Sind höhere Strafen zu erwarten, kann die Bezugnahme auf den Vollstreckungsplan bedeutsam sein. Die jeweiligen Pläne sollte der Verteidiger unbedingt zur Hand haben. So ist z.B. bedeutsam, daß männliche zur Freiheitsstrafe verurteilte Personen in Nordrhein-Westfalen bei einer Strafe von nicht mehr als 18 Monaten mit dem offenen Vollzug rechnen können.
Vor der Hauptverhandlung sollte mit dem Angeklagten das sog. „letzte Wort" durchgesprochen werden. Hat sich der Angeklagte zum Schweigen entschlossen, soll er auch konsequent beim letzten Wort erklären, er werde sich nicht äußern. Hat der Angeklagte in der Hauptverhandlung ausgesagt, soll er in aller Regel beim letzten Wort dem Gericht mitteilen, daß er sich den Worten seines Verteidigers anschließt. Weitschweifiges Reden beim letzten Wort hat nicht selten ein wirksames Plädoyer des Verteidigers zunichte gemacht. Nicht selten finden sich Bekundungen des Angeklagten aus seinem letzten Wort in der Urteilsverkündung wieder, überwiegend nicht zu seinem Vorteil. Für die große Zahl der Fälle dürfte der Hinweis von *Bender/Röder* (Tatsachenfeststellung vor Gericht, Band II S. 39) nicht zutreffen, wenn sie meinen, es sei aus aussagepsychologischen Gründen ganz falsch, wenn der Angeklagte auf das letzte Wort verzichte. Das letzte Wort könne das entscheidende sein! Wenn böse Zungen meinen: „Nicht selten hat der Verteidiger, und sei er der schönste, Mist geredet. Manchmal haben schon die letzten Tränen des Angeklagten mehr bewirkt, als das ganze Lamento des wohlbezahlten, aber dummen Herrn im schwarzen Rock!", so dürfte es sich um Ausnahmefälle handeln.

8. Die Reihenfolge der Schlußvorträge ist nicht zwingend vorgeschrieben. Die §§ 258 Abs. 1, 328 Abs. 1 (Berufungshauptverhandlung) und 351 Abs. 1 StPO (Revisionsverhandlung) sind nur Ordnungsvorschriften. Der Vorsitzende darf aus Sachgründen davon abweichen. Der Verteidiger kann also in der ersten Tatsacheninstanz den Vorsitzenden bitten, ausnahmsweise mit dem Plädoyer beginnen zu dürfen, sofern er hierfür triftige Gründe hat.

Hat im Berufungsverfahren nur der Verteidiger Berufung eingelegt, hat er in der Regel als erster zu plädieren. Er kann sich allerdings damit begnügen, einen Antrag zu stellen, etwa Aufhebung des Urteils und Freispruch, und sich alle weiteren Ausführungen für die Erwiderung vorbehalten. Das gleiche gilt für das Revisionsverfahren. Dort erhält zunächst der Beschwerdeführer das Wort, also bei Revisionen des Angeklagten der Verteidiger. Dieser kann zunächst lediglich beantragen, das Urteil aufzuheben und zurückzuverweisen und sich weiteren Vortrag für die Erwiderung vorbehalten (*Sarstedt*/Hamm Rdnr. 486).

9. Besondere Probleme ergeben sich, wenn der Staatsanwalt in seinem Schlußantrag den Nebenantrag stellt:
– den Vollzug eines ausgesetzten Haftbefehls wieder anzuordnen bzw.
– plötzlich einen Haftbefehl beantragt.
Ist der Haftbefehl einmal ausgesetzt worden, so kann er nur unter den Voraussetzungen des § 116 Abs. 4 Zif. 3 in Vollzug gesetzt werden:
„Neu hervorgetretene Umstände" müssen die Verhaftung erforderlich machen. Für die Anwendung der Nr. 3 kommt es darauf an, ob die neuen Umstände die Gründe des Haftverschonungsbeschlusses in einem wesentlichen Punkt erschüttern und sie den Richter bewogen hätten, keine Aussetzung zu bewilligen, wenn er sie bei seiner Entscheidung schon gekannt hätte. Keinen zureichenden Grund, die Haftverschonung wieder aufzuheben, bildet der Umstand, daß die weiteren Ermittlungen den dringenden Tatverdacht noch erhärtet haben (OLG München NJW 1978, 171). Auch die Verurteilung des Mandanten ist kein „neu hervorgetretener" Umstand. Wird in dem Schlußplädoyer der Erlaß des Haftbefehls beantragt, sollte der Verteidiger auf die Richtlinien der Staatsanwaltschaft Nr. 138 Abs. 7 verweisen, wonach der Haftbefehl wegen Verdunklungsgefahr nur ausnahmsweise erlassen werden kann, weil der Sachverhalt festgestellt und im allgemeinen nicht mehr zu verdunkeln ist. Sollte der Haftbefehl mit Fluchtgefahr wegen der Höhe der zu verhängenden, aber noch nicht rechtskräftigen Strafe beantragt werden, so ist darauf hinzuweisen, daß eine zu erwartende hohe Strafe allein die Fluchtgefahr nicht zu rechtfertigen vermag.

C. Besetzungsfragen

Checkliste

I. Unterbrechungsantrag (Formular 1)

II. Verteidigeraktivitäten zur Vorbereitung der Besetzungsrüge (Materialsammlung)
  1. Berufsrichter
     a) Antrag auf Einsicht in den Geschäftsverteilungsplan des Landgerichts/Oberlandesgerichts (Formular 2)
     b) Antrag auf Mitteilung der danach ergangenen Präsidialbeschlüsse (Formular 3)
  2. Schöffen
     a) Anträge auf Einsicht in die Unterlagen betreffend die Schöffenwahl bei den Amtsgerichten (Formular 4)
        – Vorschlagslisten der Gemeindevertretungen
        – Beschlußfassung über Vorschlagslisten
        – öffentliche Auslegung der Vorschlagslisten
        – Geschäftsplan des Amtsgerichts
        – Wahl der Vertrauenspersonen
        – Bestimmung des Verwaltungsbeamten
        – Protokoll über die Schöffenwahl
     b) Antrag auf Einsicht in das Protokoll der Schöffenauslosung beim AG und LG (Formular 5)
     c) Antrag auf Einsicht in Hilfsschöffenlisten bei AG und LG (Formular 6)

III. Rüge der nichtvorschriftsmäßigen Besetzung des erkennenden Gerichts hinsichtlich
  der Berufsrichter (Formular 7)
  der Hauptschöffen (Formular 8)
  der Hilfs- und Ergänzungsschöffen (Formular 9)
  der Ergänzungsrichter (Formular 10)

1. Unterbrechungsantrag

An das
Landgericht/Oberlandesgericht

In der Strafsache
gegen A

ist dem Verteidiger für die morgen beginnende Hauptverhandlung die Gerichtsbesetzung erst heute mitgeteilt worden.[1]
Ich kündige hiermit den Antrag auf Unterbrechung der Hauptverhandlung für die Dauer von 6 Tagen[2] an.

Alternativ:
beantrage ich im Hinblick auf die mir heute zu Beginn der Hauptverhandlung mitgeteilten Gerichtsbesetzung die Unterbrechung für die Dauer einer Woche.[3]

Begründung:

Ich beabsichtige, die Gerichtsbesetzung zu überprüfen.[4] Die Materialbeschaffung[5] und die Ausarbeitung[6] nehmen eine Woche in Anspruch.

Rechtsanwalt

Anmerkungen

1. Dem gewählten Verteidiger und dem Pflichtverteidiger ist bei erstinstanzlichem Verfahren beim Landgericht oder Oberlandesgericht die vollständige Gerichtsbesetzung mitzuteilen, § 222a Abs. 1 StPO. Die Mitteilung an den Verteidiger erfolgt regelmäßig mit Empfangsbekenntnis. Wird die Frist zur Mitteilung der Besetzung oder Besetzungsänderung nach § 222a Abs. 2 StPO von einer Woche nicht eingehalten, kommt ein Antrag auf Unterbrechung der Hauptverhandlung in Betracht. Im Hinblick auf § 222a Abs. 2 StPO sollte der Verteidiger dem Gericht vorab mitteilen, daß er eine Unterbrechung beantragen wird. Nur aus zwingenden taktischen Gründen sollte von der Ankündigung des Unterbrechungsantrages abgesehen werden. Ein Vertagungsantrag ist nicht sinnvoll (*Kleinknecht/Meyer* § 222a Rdnr. 19).

2. Aus der gesetzlichen Vorschrift (§ 222a Abs. 2 StPO) folgt, daß die Prüfungszeit eine Woche beträgt. Die Frist wird nach § 43 StPO berechnet. Diese Frist sollte ausgeschöpft werden, wenn dies auch mit der Interessenlage des Mandanten zu vereinbaren ist und der Verteidigungskonzeption entspricht. Ist eine Revision ausgeschlossen – weil das Verfahrensziel nach „informeller Verständigung" abgestimmt ist –, kann auf den Unterbrechungsantrag und die Erhebung des Besetzungseinwands verzichtet werden.

3. Der Antrag auf Unterbrechung muß in der Hauptverhandlung gestellt werden und zwar bis zur Vernehmung des 1. Angeklagten zur Sache – am besten so früh wie möglich, damit die Antragstellung nicht vergessen wird –. Wird die Besetzung des Gerichts erst in der Hauptverhandlung mitgeteilt, dann muß die Unterbrechung für die Dauer einer Woche (§ 222a Abs. 2 StPO) beantragt werden. Der Verteidiger muß sich auf kürzere Unterbrechungen nicht einlassen (BGH StV 1981, 6f = BGHSt 29, 283/285). Eine zeitlich nicht ausreichende Unterbrechung steht ihrer Ablehnung gleich (BGHSt 29, 283/284), so daß die erhobene Besetzungsrüge erhalten bleibt. Dieses gilt auch für den Fall, daß der Verteidiger trotz unzureichender Unterbrechung weiterverhandelt, weil ihm die zur Prüfung der Besetzung der Strafkammer erforderliche Zeitspanne nicht eingeräumt worden ist (BGH NStZ 1988, 36f. = MDR 1988, 68/69).

4. Es gehört zu den Pflichtaufgaben eines Strafverteidigers am Beginn eines erstinstanzlichen Verfahrens (LG oder OLG), bei dem das Ergebnis offen ist, die Gerichtsbesetzung nachzuprüfen. Die Besetzung des Gerichts muß in jeder Hinsicht überprüft werden, damit nicht die Rügepräklusion nach § 338 Nr. 1 StPO eintritt. Die Prüfung bedeutet oft einen erheblichen Zeitaufwand, zumal regelmäßig Fehler der Besetzung nicht auf der Hand liegen, sich jedenfalls dem Verteidiger, der keine Routine besitzt, nicht sofort erschließen.

5. Die Materialbeschaffung erstreckt sich auf Geschäftsplan mit Ergänzungen (diese sind oft sehr zahlreich) durch Präsidialbeschlüsse, Schöffenlisten, Unterlagen über die Heranziehung von Hilfsschöffen aus Hilfsschöffenlisten sowie auf die Einzelheiten der Schöffenwahl. Hier hat der Strafverteidiger erhebliche Arbeit zu leisten. Im Normalfall können ihn weder Auskünfte von Kollegen, geschweige denn Erklärungen des erkennenden Gerichts zufriedenstellen.

6. Auch die Anfertigung und Ausarbeitung der eigentlichen Besetzungsrüge nimmt erhebliche Zeit in Anspruch, da sie in revisionsmäßiger Form vorgetragen werden muß. Die den Besetzungsmangel begründenden Tatsachen sind gleichzeitig vorzubringen (*Kleinknecht/Meyer* § 222b Rdnr. 7).

2. Antrag auf Einsicht in den Geschäftsplan des Landgerichts/Oberlandesgerichts

Herrn Präsidenten des Landgerichts[1]/Oberlandesgericht

In der Strafsache
gegen A

beantrage ich Einsicht in den Geschäftsverteilungsplan[2] und bitte, mir ein vollständiges Exemplar des Geschäftsverteilungsplans für das laufende/kommende Geschäftsjahr auf meine Kosten[3] zu übersenden.

Rechtsanwalt

Anmerkungen

1. Nach § 21e Abs. 8 GVG ist der Geschäftsplan des Gerichts auf einer Geschäftsstelle des Landgerichts zur Einsichtnahme aufzulegen. Deshalb ist der Adressat für den Antrag auf Einsicht der jeweilige Landgerichtspräsident oder Oberlandesgerichtspräsident.

2. Die Einsicht in den Geschäftsverteilungsplan (auch Geschäftsplan genannt) des Gerichts ist gesetzlich geregelt. Der Antrag auf Einsicht in diese Unterlagen ist völlig unproblematisch. Die Geschäftspläne für die kommenden Geschäftsjahre werden jeweils im November/Dezember des abgelaufenen Geschäftsjahres beschlossen. Sie stehen auch dem Anwalt, der die Gerichtsbesetzung prüft, insgesamt zum Zwecke der Einsicht zur Verfügung.

3. Es besteht kein Anspruch auf Übersendung eines vollständigen Exemplars des Geschäftsplans. Es entspricht aber einer ständigen Übung aller Landgerichte und Oberlandesgerichte – sofern ausreichend Exemplare vorhanden sind – dem Verteidiger auf seinen Antrag hin und gegen Erstattung der Kosten ein Exemplar des gesamten Geschäftsplans zur Verfügung zu stellen. Hierum sollte sich der Anwalt zu Beginn des laufenden Geschäftsjahres bemühen, da er wegen der Zuständigkeiten immer wieder den Geschäftsplan zur Hand nehmen muß.

3. Antrag auf Mitteilung der nach Fertigung des Geschäftsplans ergangenen neuen Präsidialbeschlüsse

Herrn Präsidenten des Landgerichts[1]/Oberlandesgericht

In der Strafsache
gegen A

beantrage ich,

    mir diejenigen Präsidialbeschlüsse mitzuteilen/zugänglich zu machen, die nach Fertigstellung des Geschäftsverteilungsplanes für das laufende Geschäftsjahr beschlossen worden sind[2].

Alternativ:

Ich bitte, mir auf meine Kosten Ablichtungen sämtlicher Präsidialbeschlüsse zuzuleiten, die sich mit Änderungen des Geschäftsverteilungsplans[3] für das laufende Geschäftsjahr befassen.

Rechtsanwalt

Anmerkungen

1. Der Antrag auf Einsicht in den geänderten oder ergänzten Geschäftsplan ist ebenfalls an den Präsidenten des Landgerichts zu richten. Zu dem Geschäftsverteilungsplan des Gerichts im Sinne von § 21e Abs. 8 GVG gehören alle im Laufe eines Geschäftsjahres beschlossenen Änderungen und Ergänzungen. Der Anspruch auf Einsicht erstreckt sich deshalb auch auf diese Präsidialbeschlüsse.

2. Die Besetzungsprüfung erstreckt sich nicht nur auf den Geschäftsplan, sondern auch auf alle im Laufe eines Geschäftsjahres beschlossenen Änderungen und Ergänzungen. Eine Prüfung, die sich ausschließlich am Geschäftsplan orientiert, ist notwendigerweise unvollständig. Die gesetzliche Grundlage für Änderungen und Ergänzungen ergibt sich aus § 21e Abs. 3 GVG. Im Einzelfall kann die durch das Präsidium beschlossene Änderung der Geschäftsverteilung unwirksam sein (BGHSt 26, 382/383; 27, 397/398; 21, 250/252).

3. Der Anwalt sollte im Rahmen der Vorbereitung zur Prüfung der Besetzung sich einen vollständigen Überblick hinsichtlich der im Laufe eines Geschäftsjahres beschlossenen Änderungen und Ergänzungen verschaffen. Die Gesamtschau ist wichtig, weil sich aus ihr ergeben kann, daß der Geschäftsplan von Anfang an undurchführbar war. Der Geschäftsplan muß insbesondere die Vertretung der Richter im Verhinderungsfalle regeln. Ein Vertretungsfall liegt vor, wenn der Richter aus tatsächlichen oder rechtlichen (Ablehnung wegen Befangenheit) Gründen an der Mitwirkung gehindert ist (OLGSt neu § 21e GVG Nr. 1). Die Feststellung der vorübergehenden Verhinderung eines Richters trifft regelmäßig der Präsident. Die Ermessensentscheidung sollte aktenkundig gemacht werden (BGH NJW 1974, 870). Liegt eine Feststellung der Verhinderung nicht vor, kann ein Besetzungsmangel gegeben sein.

Aus § 222a Abs. 3 StPO folgt, daß auch in diesen Teil des Geschäftsplanes (z.B. Aktenvermerke über Verhinderungsgründe) ein Rechtsanspruch auf Einsicht besteht.

4. Antrag auf Einsicht in die Unterlagen betreffend die Schöffenwahl

An das
Landgericht

In der Strafsache
gegen A

beantrage ich zum Zwecke der Prüfung der Besetzung (§§ 222a, 222b StPO) im Hinblick auf die am ...... beginnende Hauptverhandlung

Akteneinsicht

in alle Unterlagen:[1]
a) Insbesondere beantrage ich Einsicht in
  aa) die Vorschlagsliste[2] der Gemeindevertretungen,
  bb) das Protokoll der Sitzung(en) der Gemeindeverwaltung(en), in welcher die Vorschlagsliste(n) aufgestellt wurde(n),[3]
  cc) die Unterlagen über die öffentliche Auflegung der Vorschlagsliste(n),[4]
  dd) den Geschäftsverteilungsplan des (der) Amtsgerichte(s), bei dem (denen) die Schöffenwahl stattgefunden hat,[5]
  ee) das Protokoll der Sitzung(en) der unteren Vertretung(en) des (der) Verwaltungsbezirks(e), in der die Vertrauenspersonen gewählt worden sind,[6]
  ff) die Unterlagen, aus denen sich die Bestellung/Bestimmung der Landesregierung betreffend den Verwaltungsbeamten ergibt,

gg) das Schöffenwahlprotokoll des Amtsgerichts nebst allen Anlagen, z. B. Schöffen- und Hilfsschöffenlisten,[7,8]
b) ferner beantrage ich Einsicht in ...... (s. Form. VII. C. 5 und 6)

Rechtsanwalt

Anmerkungen

1. Die Überprüfung der Schöffenwahl ist insbesondere in den Landgerichtsbezirken, die mehrere Amtsgerichte umfassen, sehr zeitaufwendig. Die Schöffenwahlen werden bei allen Amtsgerichten vorgenommen, die zum Bezirk eines Landgerichts gehören. Dieser Prüfungsvorgang ist oft so zeitaufwendig, daß die Wochenfrist zur Überprüfung der Besetzung nicht ausreicht. Es empfiehlt sich, den Antrag auf Beschaffung dieser Unterlagen bei dem Vorsitzenden der erkennenden Strafkammer schon sehr frühzeitig vor Beginn der Hauptverhandlung zu stellen, um nicht dann bei der gründlichen Überprüfung in Zeitdruck zu geraten. Die Grundprüfung für die vierjährige Schöffenwahlperiode muß nur einmal erfolgen. Der Verteidiger muß sich die für die Gerichtsbesetzung maßgebenden Unterlagen u. U. selbst bei der Justizverwaltung beschaffen (*Kleinknecht/Meyer* § 222a Rdnr. 23). Er hat einen Rechtsanspruch auf Einsicht in die Unterlagen (BGHSt 33, 126/130).

2. Die Vorschlagslisten werden sich häufig bei den Schöffenwahlunterlagen finden. Die Protokolle der Sitzungen der Gemeindevertretungen, in denen diese Vorschlagslisten mit 2/3 Mehrheit aufgestellt werden und die Unterlagen über die öffentliche Auslegung der Vorschlagslisten, die ebenfalls nachzuprüfen sind, fehlen oft. Hier muß gegebenenfalls der Antrag bei der Gemeindevertretung gestellt werden, um in diese Unterlagen Einsicht zu erhalten.

3. Mängel der Vorschlagslisten sind nach der Rechtsprechung keine Fehler, die die Besetzung des Gerichts unrichtig machen (BGH NJW 1968, 1436; BGH NJW 1982, 293). Der Vorsitzende des Schöffenwahlausschusses prüft nur die Auflegung der Vorschlagslisten (§ 39 Satz 2 GVG). Allerdings kann in der wiederholten Verletzung der Sollvorschrift des § 36 Abs. 2 GVG ein zu beachtender Mangel liegen (*Katholnigg* StV 1982, 7/8).

4. Wenn aus den allgemeinen Vorschlagslisten auch die Jugendschöffen gewählt werden, liegt ein zu rügender Mangel vor. Die Jugendschöffen werden aus besonderen Vorschlagslisten (§ 35 JGG) in einem gesonderten Wahlverfahren bestimmt (BGHSt 26, 393).

5. Der Vorsitzende des Schöffenwahlausschusses ist ein Richter des Amtsgerichts, der richterliche Tätigkeit wahrnimmt und dessen Aufgabe daher im Geschäftsverteilungsplan ausgewiesen werden muß (BGH NJW 1980, 2364/2365). Sieht der Geschäftsverteilungsplan eine Zuweisung für einen bestimmten Richter nicht vor, dann handelt es sich erst bei einem Verstoß in Kenntnis der Rechtsprechung um eine willkürliche Abweichung, die gerügt werden kann (BGH NJW 1980, 2364). Umstritten ist, wie Fehler bei der Bestellung der Ausschußmitglieder auf den gesetzlichen Richter wirken. Die Tendenz geht dahin, nur bei wesentlichen und groben Fehlern (z. B. bei Manipulationen) anzunehmen, daß auch die Schöffen, die durch den fehlerhaft besetzten Ausschuß gewählt worden sind, als nicht gesetzliche Richter anzusehen (BVerfG Vorprüfungsausschuß NJW 1982, 2368/2369).

6. Der Verteidiger hat auch die ordnungsgemäße Bestellung der Vertrauenspersonen zu überprüfen. Die Nichtigkeit der Bestellung von Vertrauenspersonen führt dazu, daß der Schöffenwahlausschuß nicht ordnungsgemäß besetzt ist. Dies hat zur Folge, daß die von einem nicht ordnungsgemäß besetzten Schöffenwahlausschuß durchgeführte Schöffenwahl unwirksam ist (BayObLG StV 1988, 11/12). Der Verteidiger hat auch nachzuprüfen, ob für die Wahl der Vertrauenspersonen besondere landesrechtliche Bestimmungen vorgesehen sind (vgl. z. B. § 5 NdsAGGVG; siehe auch BayAGGVG). Die Bestellung der Vertrauenspersonen muß durch das nach dem Gesetz dazu berufene Gremium erfolgen. In einzelnen Fällen sind nach den landesrechtlichen Bestimmungen auch bestimmte Wahlverfahren einzuhalten. Fehler bei der Wahl der Vertrauensperson führen dann zur Nichtigkeit der Wahl. Fehler beim Schöffenwahlvorgang selbst sind grundsätzlich zu rügen, da hier auch nicht so gravierende Mängel schon dazu führen, den Schöffen, der aus diesem Wahlvorgang hervorgegangen ist, nicht als den gesetzlichen Richter zu betrachten (BGHSt 29, 144; LG Frankfurt StV 1983, 413; BGHSt 33, 41).

7. Da die Schöffenauslosung (siehe Form. VII. C. 5), d.h., die Zulosung der Schöffen zu den einzelnen Spruchkörpern, jährlich vorzunehmen ist, sind diese Protokolle nach jeder Auslosung zu überprüfen. Wesentliche Fehler beim Auslosungsverfahren durch den im Gesetz vorgesehenen Richter (§§ 45, 77 GVG) führen zur nichtordnungsgemäßen Besetzung des Gerichts, so etwa, wenn lediglich ein Teil der gewählten Hauptschöffen ordentlichen Sitzungstagen zugelost wurden (LG Hannover NStZ 1990, 503). Auch die fehlende Öffentlichkeit beim Auslosungsverfahren stellt einen schwerwiegenden Mangel dar, der die Kontrollmöglichkeiten der Schöffenauslosung beeinträchtigt (BGH StV 1983, 446). Auch dieser Umstand kann zur fehlerhaften Besetzung des Gerichts (einschließlich der Haupt- und Hilfsschöffen) führen.

8. Wenn Hilfsschöffen und Ergänzungsschöffen im Verfahren mitwirken, dann müssen auch die sie betreffenden Unterlagen vom Verteidiger geprüft werden. Legt der Vorsitzende Richter dem Verteidiger diese Unterlagen auf seinen Antrag nicht vor, muß der Verteidiger bei der Schöffengeschäftsstelle diese Unterlagen einsehen und prüfen (s. Anm. 1).

5. Protokoll über Schöffenauslosung

An das Landgericht/Amtsgericht
oder
Präsidenten des
Landgerichts/Amtsgerichts

In der Strafsache
gegen A.

beantrage ich ferner – zum Zwecke der Prüfung der Besetzung (§§ 222 a, 222 b StPO) – Einsicht in das Protokoll der Schöffenauslosung beim Landgericht/Amtsgericht für das laufende Geschäftsjahr.[1]

Rechtsanwalt

Anmerkungen

1. Wenn der Vorsitzende Richter der Strafkammer zu erkennen gibt, daß er die hier angesprochenen Unterlagen betreffend die Schöffenauslosung nicht beschaffen und den Antrag deshalb ablehnen wird, müssen Anträge bei der Verwaltung des Landgerichts- oder Amtsgerichtspräsidenten gestellt werden (OLG Düsseldorf MDR 1979, 1043). Es muß dann der Antrag gestellt werden, die Protokolle über die Schöffenauslosung einsehen zu können.

6. Antrag auf Einsicht in die Hilfsschöffenliste

Landgericht/Amtsgericht
– Schöffengeschäftsstelle[1] –

In der Strafsache
gegen A.

beantrage ich ferner – zum Zwecke der Prüfung der Besetzung (§§ 222a, 222b StPO) – Einsicht in die Akten, aus denen sich die Heranziehung des (der) Hilfsschöffen/Ergänzungsschöffen ergibt (ergeben).[2]

Rechtsanwalt

Anmerkungen

1. Die Unterlagen über die Hilfsschöffen sind auf der Schöffengeschäftsstelle des Landgerichts (§§ 77, 45 Abs. 4, 44 GVG) und Amtsgerichts (§ 45 GVG) einzusehen.

2. Der Hilfsschöffe tritt entweder an einzelnen Sitzungen an die Stelle des Hauptschöffen oder bei Streichung eines Hauptschöffen an seine Stelle (§ 49 GVG). Ergänzungsschöffen sind Hilfsschöffen, die bei Verhandlungen von längerer Dauer auf Anordnung des Vorsitzenden von Anfang an an der Hauptverhandlung, nicht jedoch an den Beratungen des Spruchkörpers teilnehmen (§§ 192, 48 GVG). Entsprechendes gilt auch für den Ergänzungsrichter (§ 192 Abs. 2 GVG).

7. Rüge der nichtvorschriftsmäßigen Besetzung des erkennenden Gerichts hinsichtlich der Berufsrichter

An das
Landgericht

In der Strafsache
gegen A

wird die vorschriftswidrige Besetzung des Gerichts gerügt (§§ 222a, 222b StPO) hinsichtlich

   I. der Berufsrichter VorsRi LG Y und Ri W,
  II. der Hauptschöffen (siehe Form. VII.C. 8),
 III. der Hilfsschöffen als Ergänzungsschöffen (siehe Form. VII.C. 9),
 IV. der Ergänzungsrichter (siehe Form. VII.C. 10).

Der Besetzungseinwand ist rechtzeitig, da die Vernehmung des ersten Angeklagten zur Sache noch nicht erfolgt ist.
Die den Besetzungsmangel begründenden Tatsachen:[1]
An der Sitzung der 1. gr. Strafkammer sollen gemäß der Besetzungsmitteilung vom 12. August 1990 der VorsRi LG Y und der Richter W teilnehmen.

1.

Der Vors.Ri LG Y ist nicht der gesetzliche Richter.

Dies ergibt sich aus folgenden Tatsachen:
Den Vorsitz in der Hauptverhandlung soll der Vors.Ri LG Y führen. Dieser ist der unmittelbare Nachfolger des am 1. September 1990 in den Ruhestand getretenen Vors.Ri LG B

7. Rüge der nichtvorschriftsmäßigen Besetzung hinsichtlich Berufsrichter VII. C. 7

auf dessen Planstelle. Als Vorsitzender der in der vorliegenden Sache zur Verhandlung und Entscheidung berufenen 1. Strafkammer wurde er aufgrund der für das Jahr 1990 beschlossenen Geschäftsverteilungsplanes tätig.
Im Geschäftsverteilungsplan heißt es auf Seite 37 wie folgt:[2]
„1. Str.K. Vors.Ri LG C und ab 1. 9. 1990 der auf der Planstelle des Vors.Ri LG B zu erwartende neue Vors.Ri LG."
Der Vors.Ri LG Y war z. Z. der Beschlußfassung über den Geschäftsverteilungsplan nicht ernannt.
Somit ist der Vors.Ri LG Y nicht der gesetzliche Richter (BGH NJW 1964, 167).

2.

Hinsichtlich des Richters W. lautet der Geschäftsplan des Landgerichts vom 24. November 1985 für das Geschäftsjahr wie folgt:
1. Vors.Ri LG C
2. RiLG Dr. C
3. Ri T oder der an seiner Stelle zugewiesene Richter
Ferner hat das Präsidium am 1. 10. 1990 – einen Tag vor Beginn der Hauptverhandlung – folgenden Beschluß gefaßt:
„Das Präsidium stellt fest, daß Ri W seit dem 1. Januar 1990 Mitglied der 1. großen Strafkammer ist. Bei ihm handelt es sich um den Richter, der dem Landgericht anstelle des am 31. 12. 1989 ausgeschiedenen Ri T zugewiesen ist."
Die Mitwirkung von Ri W in der Hauptverhandlung entspricht nicht dem Gesetz.[3]

Rechtsanwalt

Anmerkungen

1. Die Form des Besetzungseinwandes (§§ 222a, 222b StPO) muß der einer Revisionsbegründung entsprechen, d. h., alle Tatsachen, die die vorschriftswidrige Besetzung belegen, müssen gleichzeitig und vollständig vorgetragen werden (*Kleinknecht/Meyer* § 222b Rdnr. 6). Wie bei einer ordnungsgemäßen Revisionsbegründung ist die Bezugnahme auf Vorgänge außerhalb der Besetzungsrüge, wie z. B. auf den Geschäftsverteilungsplan, nicht möglich. Der Besetzungseinwand wird dadurch unzulässig. Die Bezugnahme auf einen von einem Mitverteidiger erhobenen Besetzungseinwand oder eine Anschlußerklärung sind in der Hauptverhandlung wohl zulässig (*Kleinknecht/Meyer* § 222b Rdnr. 5).
Fehlen Tatsachen im Vortrag des Besetzungseinwandes, so können diese nicht mehr in der Revisionsbegründungsschrift nachgeschoben werden (*Kleinknecht/Meyer* § 222b Rdnr. 7). Der Geschäftsverteilungsplan muß darüberhinaus eine ausreichende Vertreterregelung enthalten. Nur 4 Vertreter bedeuten eine Unzulänglichkeit des Geschäftsverteilungsplans, die gerügt werden kann (BGH NStZ 1988, 36f.). Etwas anders gilt, wenn bei der Hauptverhandlung ein blinder Richter mitgewirkt hat. In diesem Fall wird die Kammer als nicht ordnungsgemäß besetzt angesehen. Diese Verfahrensrüge (§ 338 Nr. 1 StPO) kann noch in der Revisionsinstanz erhoben werden, auch wenn die Besetzung des Gerichts durch einen blinden Richter nicht zu Beginn der Hauptverhandlung förmlich gerügt wurde. Eine Präklusion kommt hier nicht in Betracht, da die §§ 222a, 222b StPO den Fall, daß sich der Fehler in der Besetzung des Gerichts aus Mängeln in der Person des Richters ergibt, weder erfassen sollen, noch erfassen können (vgl. BGHSt 34, 236 = NStZ 1987, 335; KK/*Pickart*, § 338 Rdnr. 9; BGHSt 35, 164 = NStZ 1988, 374).
Die Bedeutung der Besetzungsrüge liegt darin, daß die Revisionsrüge gemäß § 338 Nr. 1 StPO – der nicht vorschriftsmäßigen Besetzung des erkennenden Gerichts –, in der Revision ausgeschlossen ist, wenn die Mitteilung der Besetzung ordnungsgemäß erfolgt ist

(§ 222a Abs. 1 StPO) und die den Besetzungsmangel begründenden Tatsachen nicht oder nicht vollständig vorgetragen worden sind (§ 222b StPO); d.h., aus der Revisionsrechtfertigung muß hervorgehen, daß der Einwand der vorschriftsmäßigen Besetzung in der Hauptverhandlung vor dem Landgericht rechtzeitig, nämlich vor Beginn der Vernehmung des Angeklagten zur Sache, geltend gemacht worden ist (BGH StV 1986, 516).

1a. Die Rüge der nichtvorschriftsmäßigen Besetzung muß vor Vernehmung des ersten Angeklagten zur Sache erhoben werden. Wie der Gesetzeswortlaut eindeutig ergibt, kommt es nicht auf die Vernehmung (des eigenen) Angeklagten zur Sache an. Es ist zweckmäßig, den Hinweis auf den Zeitpunkt der Verlesung des Besetzungseinwandes mit in die Besetzungsrüge aufzunehmen, da auf diese Weise mögliche Fehler in einer späteren Revision vermieden werden können. Die Revisionsrüge der vorschriftswidrigen Besetzung des Gerichts nach § 338 Nr. 1 StPO ist im Sinne von §§ 344 Abs. 2, 222b Abs. 1 StPO nur ordnungsgemäß erhoben worden, wenn aus der Revisionsrechtfertigung eindeutig hervorgeht, daß der Einwand der vorschriftswidrigen Besetzung in der Hauptverhandlung bei dem Landgericht rechtzeitig, nämlich vor Beginn der Vernehmung des ersten Angeklagten zur Sache, erhoben worden ist (BGH StV 1986, 516). Nicht wenige Revisionen scheitern schlicht an dem Umstand, daß der Revisionsführer nicht vorgetragen hat, daß der Besetzungseinwand **vor** Vernehmung des ersten Angeklagten zur Sache geltend gemacht worden ist.

2. Wie bei Verfahrensrügen im Revisionsrecht sind nicht die Ergebnisse einer rechtlichen Prüfung vorzutragen, sondern die Tatsachen, die den Mangel belegen, sind mitzuteilen (BayObLG StV 1984, 414).

Der gesetzliche Richter des Art. 101 Abs. 1 Satz 2 GG muß sich im Einzelfall möglichst eindeutig aus dem Gesetz und dem Geschäftsverteilungsplan ergeben (BVerfG NJW 1964, 1020/1021). Jede Manipulationsmöglichkeit soll ausgeschlossen werden. Der gesetzliche Richter ist nicht „so genau wie möglich" bestimmt, wenn die Justizverwaltung Einfluß auf die Gerichtsbesetzung ausüben kann oder wenn eine Überbesetzung eines einzelnen Spruchkörpers gegeben ist (BVerfG NJW 1964, 1020).

3. Der Geschäftsplan kann auch in Teilen fehlerhaft sein. Das ist insbesondere dann der Fall, wenn das Präsidium über die Verwendung eines dem Namen nach noch unbekannten Richters (N.N.) beschließt (BGHSt 19, 116 ff.).

Die vorübergehende Verhinderung des Vorsitzenden durch die Vorbereitung einer außergewöhnlich umfangreichen Strafsache berechtigt nicht zu einer Änderung der Besetzung des Spruchkörpers während des laufenden Geschäftsjahres (BGH StV 1986, 236). Der Verteidiger muß nicht nur die entsprechenden Teile des Geschäftsplanes vortragen, sondern auch evtl. Ergänzungen durch danach ergangene Präsidialbeschlüsse.

8. Rüge der nichtvorschriftsmäßigen Besetzung des erkennenden Gerichts hinsichtlich der Hauptschöffen

An das
Landgericht

In der Strafsache
gegen A

wird die vorschriftswidrige Besetzung des Gerichts gerügt (§§ 222a, 222b StPO) hinsichtlich[1]

   I. der Berufsrichter (s. Form. VII.C. 7)
  II. der Schöffen X und Y
 III. der Hilfsschöffen als Ergänzungsschöffen (siehe Form. VII.C. 9)
 IV. der Ergänzungsrichter (s. Form. VII.C. 10)

8. Rüge der nichtvorschriftsmäßigen Besetzung hinsichtlich Hauptschöffen VII. C. 8

Die den Besetzungsmangel begründenden Tatsachen:
An der Sitzung der 1. gr. Strafkammer sollen gemäß der Besetzungsmitteilung vom ......
die Schöffen X und Y teilnehmen.
Die vorgenannten Schöffen sind nicht die gesetzlichen Richter. Dies ergibt sich aus folgenden Tatsachen:
Die Schöffen sind aus einer fehlerhaften Schöffenwahl hervorgegangen.[2] Im Protokoll des Schöffenwahlausschusses über die Schöffenwahl vom 8. 9. 1990 beim Amtsgericht F heißt es wie folgt:
„Der Richter am Amtsgericht F schlägt vor, die Schöffen und die Hilfsschöffen in der Weise zu bestimmen, daß sie aus der Vorschlagsliste, die vorliegt, ausgelost werden. Der Schöffenwahlausschuß bestimmt einstimmig, die Schöffen sollen ausgelost werden. Die folgenden Schöffen und Hilfsschöffen werden daraufhin ausgelost und als gewählt in die Schöffenliste bzw. Hilfsschöffenliste übertragen:
Unter Nummer 333 ist eingetragen Herr X, unter Nummer 105 Herr Y."
Die Schöffen X und Y sind nicht die gesetzlichen Richter, da sie nicht gewählt worden sind.[3]

Rechtsanwalt

Anmerkungen

1. Die Grundsätze über die Erhebung des Besetzungseinwandes gelten sowohl für die Berufsrichter wie für die Schöffen (einschließlich der Hilfs- und Ergänzungsschöffen). Wenn sich bei der Prüfung sowohl Besetzungsfehler bei den Berufsrichtern als auch bei den Schöffen ergeben, so sind alle Mängel einheitlich vorzutragen. Nur aus Gründen der besseren Übersicht werden hier die einzelnen Rügen getrennt dargestellt. Es wird deshalb auf Form. VII. C. 7 Anm. 1 verwiesen.

2. Der in diesem Formular dargestellte Sachverhalt der Schöffenwahl war im betreffenden Landgerichtsbezirk seit vielen Jahren bekannt, ohne daß er zum Gegenstand einer Besetzungsrüge gemacht worden wäre. Der Verteidiger kann sich demzufolge nicht einfach darauf verlassen, daß bereits vor ihm andere (erfahrenere) Strafverteidiger eine eingehende Prüfung vorgenommen haben. Eine eingehende selbständige Überprüfung der Besetzung erweist sich als unerläßlich. Erst durch die Entscheidung des BGH (BGHSt 33, 41 ff, a. A. LG Frankfurt StV 1983, 411 mit abl. Anm. *Danckert*) ist ein klares Wort gesprochen worden (BGHSt 33, 41 = JR 1985, 80/81 mit Anm. *Katholnigg*).

3. Eine Schöffenwahl i. S. d. § 42 Abs. 1 GVG liegt auch dann nicht vor, wenn Gremien (z.B. Fraktionen politischer Parteien) außerhalb des Schöffenwahlausschusses eine verbindliche Entscheidung hinsichtlich derjenigen Personen treffen, die als Schöffen in Betracht kommen (BGHSt 35, 190 ff.; zu Fehlern beim Zustandekommen des Schöffenwahlausschusses siehe auch die Anm. von *Katholnigg* JR 1990, 82 ff.).

9. Rüge der nichtvorschriftsmäßigen Besetzung des erkennenden Gerichts hinsichtlich der Hilfs- und Ergänzungsschöffen

An das
Landgericht

In der Strafsache
gegen A

wird die vorschriftswidrige Besetzung des Gerichts gerügt (§§ 222a, 222b StPO) hinsichtlich

  I. der Berufsrichter (s. Form. VII.C. 7)
 II. der Hauptschöffen (s. Form. VII.C. 8)
III. der Hilfsschöffen E und F als Ergänzungsschöffen
IV. der Ergänzungsrichter (s. Form. VII.C. 10)

Die den Besetzungsmangel begründenden Tatsachen:[1]
An der Sitzung der 1. gr. Strafkammer am 2. 10. 1990 sollen gemäß Besetzungsmitteilung vom 12. 8. 1990 die Hilfsschöffen E und F als Ergänzungsschöffen teilnehmen.
Die vorgenannten Ergänzungsschöffen E und F sind nicht die gesetzlichen Richter. Dies ergibt sich aus folgenden Tatsachen:
Die Schöffen E und F sind Hilfsschöffen. Die Hilfsschöffenliste lautet wie folgt:

Nr. 21   Schöffe E
Nr. 28   Schöffe F

Die Reihenfolge für die Heranziehung ist am 16. 12. 1989 durch Auslosung, die der Präsident des LG vorgenommen hat, festgelegt worden.
Im Protokoll über die Auslosung heißt es u. a. wie folgt:
„Protokoll über die Auslosung der Schöffen und Hilfsschöffen für das Geschäftsjahr 1990. An der Sitzung haben teilgenommen als Richter der LG Präsident B, als Protokollführer die Urkundsbeamtin der Schöffengeschäftsstelle, Frau Z.
Die ausgeloste Reihenfolge ergibt sich aus der nachfolgenden Liste (Hilfsschöffenliste):

„1) Frau X
21) Herr E
22) Frau Y
28) Herr F"

Eine Bekanntmachung der öffentlichen Sitzung über die Schöffenauslosung durch Aushang war jedoch zu keiner Zeit und an keiner Stelle erfolgt. Die Wachtmeister in der Pförtnerloge des Landgerichtsgebäudes waren über diese Sitzung nicht informiert. Zwar wurde der Auslosungstermin zu Beginn der Sitzung auf dem vor dem Zimmer gelegenen Flur ausgerufen. Diese Handhabung entspricht jedoch nicht der Anforderung, die an eine öffentliche Sitzung zu stellen ist.
Da die Auslosung nicht in öffentlicher Sitzung (§§ 45 Abs. 2, 77 GVG) stattgefunden hat, sind die Schöffen E und F nicht die gesetzlichen Richter. Das Gericht ist nicht vorschriftsmäßig besetzt (BGH StV 1983, 446).

Rechtsanwalt

Anmerkungen

1. Grundsätzlich zur Art und Weise der Erhebung des Besetzungseinwandes siehe oben Form. VII.C. 7 Anm. 1.
Die Schöffenlisten sind beim Urkundsbeamten der Schöffengeschäftsstelle einzusehen (§ 45 Abs. 4 GVG). Da der Besetzungseinwand Schöffen und Hilfsschöffen betrifft, die

beim Landgericht tätig werden, sind die Schöffenlisten zusammen mit dem Protokoll der Schöffenauslosung beim Präsidenten des Landgerichts vorhanden und müssen dort eingesehen werden (§ 77 GVG).

10. Rüge der nichtvorschriftsmäßigen Besetzung des erkennenden Gerichts hinsichtlich der Ergänzungsrichter

An das
Landgericht

In der Strafsache
gegen A

wird die vorschriftswidrige Besetzung des Gerichts gerügt (§§ 222a, 222b StPO) hinsichtlich

   I. der Berufsrichter (s. Form. VII.C. 7)
  II. der Hauptschöffen (s. Form. VII.C. 8)
 III. der Hilfsschöffen (s. Form. VII.C. 9)
 IV. der Ergänzungsrichter

Die den Besetzungsmangel begründenden Tatsachen:[1]
An der Sitzung der 1. gr. Strafkammer sollen gemäß der Besetzungsmitteilung vom 12. 8. 1990 teilnehmen:

1) Vors.Ri LG C
2) RiLG R
3) Richter auf Probe W sowie
4) der Ergänzungsrichter Z

Der Richter Z ist nicht der gesetzliche Richter. Dies ergibt sich aus folgenden Tatsachen:
Der Richter Z ist durch Verfügung der Justizverwaltung am 1. 8. 1990 dem Landgericht zugewiesen worden.
Durch den Präsidialbeschluß vom 2. 8. 1990 ist Richter Z der 1. gr. Strafkammer beigeordnet worden.
Mit Verfügung vom 6. 8. 1990 hat der Vors.RiLG C die Zuziehung des Richters Z als Ergänzungsrichter für die am 2. 10. 1990 beginnende Hauptverhandlung angeordnet.
Für den Fall, daß eine tatsächliche oder rechtliche Verhinderung der Richter

a) Vors.Ri LG C oder
b) des Ri LG R

eintreten sollte, würde die Kammer mit einem Richter auf Probe (Richter auf Probe W) und einem abgeordneten Richter besetzt sein.
Diese Besetzung wäre nicht vorschriftsmäßig (KG StV 1982, 9).[2]

Rechtsanwalt

Anmerkungen

1. Auch hinsichtlich der Ergänzungsrichter muß der Einwand der vorschriftswidrigen Besetzung form – und fristgerecht (siehe Form. VII.C.7 Anm. 1), gleichzeitig erhoben werden (LR/*Gollwitzer* § 222b Rdnr. 19).

2. Die Entscheidung des Kammergerichts Berlin belegt, daß auch bei ganz eindeutiger gesetzlicher Regelung (z.B. § 29 DRiG) Besetzungsmängel im Einzelfall gegeben sein können.

D. Beweisanträge

1. Beweisantrag auf Vernehmung des nicht-präsenten Zeugen in der Hauptverhandlung

An das
Landgericht
Frankfurt am Main
– 1. Große Strafkammer[1] –
6000 Frankfurt am Main   2. 3. 1985

Beweisantrag[2]

In der Strafsache
gegen
Herrn A.
– Az.: ... –

wird beantragt,
    Herrn K.[3]
    Schlosserstraße 19
    6000 Frankfurt am Main

als Zeugen zu vernehmen zum Beweis der Tatsache,
daß[4] Herr B auf Herrn A mit einem Messer in der Hand zustürzte, bevor Herr A zu seiner Pistole griff und auf Herrn B schoß.

Begründung:[5]

Durch die Aussage dieses Zeugen wird die Einlassung des Herrn A bestätigt, daß er in Notwehr handelte.

                                                                        Rechtsanwältin

Anmerkungen

1. Adressat des Beweisantrages in der Hauptverhandlung ist das erkennende Gericht (Strafrichter, Schöffengericht, Strafkammer, Strafsenat als erstinstanzliches Gericht), vor dem verhandelt wird und vor dem die Beweisaufnahme stattfindet.

Zum Beweisantrag im Zwischen-, bzw. Ermittlungsverfahren s. Form. VII. D. 13 und 14.

Der Beweisantrag in der Hauptverhandlung ist durch den Verteidiger oder den Angeklagten (a. A. (!) BGH, Urt. v. 7. 11. 1991, 4 StR 252/91, für den Fall der mißbräuchlichen Handhabung des Antragsrechts durch den Angeklagten) mündlich zu stellen. Die Vorlegung schriftlicher Anträge in oder außerhalb der Hauptverhandlung kann die Mündlichkeit nicht ersetzen (*Alsberg/Nüse/Meyer* S. 380; *Sarstedt/Hamm* Rdnr. 277, jeweils m. w. Nachw.). Dies bedeutet, daß der Beweisantrag in der Hauptverhandlung verlesen (wenn er zuvor schriftlich vorbereitet wurde) oder zur Aufnahme in das Protokoll der Hauptverhandlung diktiert werden muß. Der Beweisantrag gehört zu den wesentlichen Förmlichkeiten des Verfahrens, über das das Protokoll der Hauptverhandlung Beweis erbringt (vgl. KK/*Engelhard*, Rdnr. 8 zu § 273; *Alsberg/Nüse/Meyer* S. 400). Dem Revisionsgericht wird hierdurch die Prüfung der Rechtmäßigkeit der Zurückweisung des Beweisantrages ermöglicht. Mit der Begründung, der Beweisantrag sei unzulässig gestellt, kann die Aufnahme in

1. Beweisantrag auf Vernehmung des nichtpräsenten Zeugen   VII. D. 1

das Protokoll nicht verwehrt werden (LR/*Gollwitzer,* 24. Aufl., Rdnr. 23 zu § 273). Lehnt der Vorsitzende die Protokollierung dennoch ab, kann die Entscheidung des Gerichts beantragt werden (KK/*Engelhard* Rdnr. 26f zu § 273).

Das Gericht hat die Pflicht, Beweisanträge bis zum Schluß der mündlichen Verhandlung, also bis zum Beginn der Urteilsverkündung entgegenzunehmen (BGHSt 16, 389/391 mit Hinweis auf die Entscheidung bereits des RGSt 68, 88f; BGHSt 21, 118/123f. auch zur Unzulässigkeit der Ablehnung eines Beweisantrages wegen „Verschleppungsabsicht" nur weil der Verteidiger den Beweisantrag erst im Plädoyer gestellt hatte; LR/*Gollwitzer* Rdnr. 81 zu § 244 m.w. Nachw.). Wurde mit der **Urteilsverkündung** bereits **begonnen**, besteht kein Recht mehr zur Stellung von Beweisanträgen. Es steht dann im Ermessen des Gerichts, ob es den Prozeßbeteiligten zu weiteren Anträgen das Wort erteilt (BGH VRS 36, 368; BGH MDR (b.D.) 1975, 24; *Alsberg/Nüse/Meyer* S. 378). Erteilt der Vorsitzende dem Antragsteller während der Urteilsverkündung nicht das Wort, ist hiergegen der Antrag auf gerichtliche Entscheidung gem. § 238 Abs. 2 StPO nicht möglich (BGH MDR (b.D.) 1975, 24). Läßt es das Gericht allerdings zu, daß nach Beginn der Urteilsverkündung weitere Anträge gestellt werden, sind diese zulässig, solange die mündliche Urteilsbegründung andauert (BGHSt 25, 333/335f.).

2. „Der **Beweisantrag** ist das ernsthafte, unbedingte oder an eine Bedingung geknüpfte (vgl. Form. VII. D. 15) Verlangen eines Prozeßbeteiligten, über eine die Schuld oder Rechtsfolgenfrage betreffende Behauptung durch bestimmte, nach der StPO zulässige Beweismittel, Beweis zu erheben" (BGHSt 1, 29ff). Der Beweisantrag ist zu unterscheiden von dem Beweisermittlungsantrag (s. Form. VII. D. 12) und der Beweisanregung (s. Form. VII. D. 11), die beide im Rahmen der Aufklärungspflicht des Gerichts Bedeutung gewinnen können, die aber das Gericht grundsätzlich (vgl. nämlich OLG Frankfurt a.M. StV 88, 243f. mit Anm. *Michalke;* näheres Form. VII. D. 12) nicht verpflichten, die Anträge zu bescheiden, d.h. dem Antragsteller den Grund für die Ablehnung der Beweiserhebung zu eröffnen (*Sarstedt/Hamm* Rdnr. 277).

Diese Verpflichtung zur Bescheidung, die zur Folge hat, daß das Revisionsgericht die Ablehnung überprüfen kann, entsteht nur dann, wenn in dem Beweisantrag zum Ausdruck kommt, daß die Beweiserhebung **verlangt** und nicht nur in das Ermessen des Gerichts gestellt wird. Die Benutzung des Wortes „Beweisantrag" ist zwar meist ein Indiz für das ausdrückliche Verlangen, die bloße Bezeichnung als „Antrag" nutzt jedoch dann nichts, wenn sich aus dem Inhalt ergibt, daß die Beweisaufnahme nur angeregt wird.

Ist der Beweisantrag gestellt und wird die Beweiserhebung zurückgewiesen, so kann dies nur mit den hierfür vorgesehenen gesetzlichen Gründen des § 244 Abs. 3–5 StPO (and. beim Ordnungswidrigkeitenverfahren, vgl. § 77 OWiG!) und durch Beschluß (§ 244 Abs. 6 StPO; vgl. auch *Sarstedt/Hamm* Rdnr. 278) erfolgen (and. bei den präsenten Beweismitteln, s. hierzu Anmerkungen zu Form. VII. D. 2; vgl. weiterhin Form. VIII. C.).

3. In dem Beweisantrag muß das **Beweismittel** bezeichnet werden. Zeugen brauchen im allgemeinen nur individualisiert werden, im übrigen reicht es, wenn aufgrund der Hinweise des Antragstellers der Name und die Anschrift ermittelt werden können (BGH StV 89, 379; KK/*Herdegen* Rdnr. 47 zu § 244 m.w. Nachw.). So hat es die Rechtsprechung z.B. für ausreichend erachtet, daß als Zeugen benannt wurden die Beamten, die zu einer bestimmten Zeit an einem bestimmten Ort dienstlich tätig waren (RG LZ 1921 Sp. 660), der Zeuge, der zu einer bestimmten Zeit ein Kraftfahrzeug mit einem bestimmten polizeilichen Kennzeichen geführt hat (BayObLG bei *Rüth* DAR 1965, 285) der zuständige Sachbearbeiter für Führerscheinsachen (BayObLG bei *Rüth* DAR 1980, 269 – Zitate dieser Beispiele aus *Alsberg/Nüse/Meyer* S. 49, dort weit. Beisp.).

Die Anforderungen an die Angabe des Beweismittels sind nur deshalb (oder gerade in denjenigen Fällen) herabgesetzt, in denen das Gericht aufgrund der ihm obliegenden Amtsaufklärungspflicht ohnehin Nachforschungen nach einem Zeugen anzustellen hat. Diese Sachaufklärungspflicht des Gerichts ist gem. § 244 Abs. 2 StPO von den Anträgen der

Prozeßbeteiligten unabhängig (RG GA 38, S. 60/62; *Alsberg/Nüse/Meyer* S. 48; *Sarstedt/ Hamm* Rdnr. 243 ff). (Hinsichtlich der Angabe des Beweismittels bei Urkunden s. Form. VII. D. 8, bei Sachverständigen s. Form. VII. D. 5). Es empfiehlt sich jedoch, stets das Beweismittels so genau wie möglich zu bezeichnen. Die Verknüpfung des Beweismittels mit der Beweisbehauptung darf keinen Zweifel über die Bestimmtheit der Beweisbehauptung zulassen.

4. Der Antragsteller muß behaupten, daß eine bestimmte Tatsache so wie unter Beweis gestellt geschehen ist. Ein Antrag mit der Formulierung, es werde durch einen Zeugen bewiesen, **ob** ein bestimmter Vorgang sich ereignet hat, enthält diese bestimmte Behauptung nicht. Er ist regelmäßig als ein Beweisermittlungsantrag (s. Form.VII. D. 12) anzusehen, der das Gericht zur förmlichen Bescheidung grundsätzlich nicht verpflichtet (vgl. KK/ *Herdegen*, 1. Aufl., Rdnr. 49 zu § 244 m.w. Nachw.; *Sarstedt/Hamm* Rdnr. 277; *Alsberg/ Nüse/Meyer* S. 39 ff.; a.A.: OLG Frankfurt a.M. StV 88, 243 f. mit Anm. *Michalke*).

Der Antragsteller braucht von der Richtigkeit der Beweisbehauptung nicht überzeugt zu sein. Er darf auch behaupten, was er lediglich vermutet oder nur für möglich hält (BGH JZ 87, 367; BGHSt 21, 118, 125 = NJW 1966, 2174; KK/*Herdegen* Rdnr. 43 zu § 244 StPO; BGH StV 1989, 237; *Gollwitzer* StV 1990, 420 ff.; zum gegenwärtigen Stand der Rspr. der Senate des BGH, vgl. *Michalke*, Anmerkung zu BGH StV 89, 235 ff.). Der Beweisantrag erfordert nicht die Erklärung eigenen Wissens (*Alsberg/Nüse/Meyer* S. 43). Es ist deshalb nicht zulässig, einen Beweisantrag mit der Begründung zurückzuweisen, daß der Antragsteller die behauptete Tatsache nicht aus eigenem Wissen kennt oder sich des Erfolgs der beantragten Beweiserhebung nicht sicher ist (BGHSt 21, 118/125; BGH StV 1981, 166 = NStZ 1981, 309; BGH NStZ 1987, 181; BGH NJW 1983, 126; einen speziellen Fall stellt BGH, StV 1989, 234 f. mit Anm. *Michalke,* dar, der jedoch nur scheinbar im Widerspruch zu dieser Rspr. steht; auch der Umstand, daß es zweifelhaft ist, ob sich ein Zeuge noch erinnern kann, macht einen Antrag allein noch nicht zum Beweisermittlungsantrag, BGH NJW 1988, 1859 = BGH StV 1988, 185).

Das Recht des Antragstellers, eine bestimmte Beweisbehauptung aufgrund einer Vermutung aufzustellen, hat auch nicht zur Voraussetzung, daß sich im bisherigen Beweisergebnis Hinweise oder Anknüpfungstatsachen für die Vermutung finden, oder daß der Antragsteller bereit oder im Stande wäre, eine Informationsquelle zu nennen (BGH StV 1983, 4 f.; a.A. *Alsberg/Nüse/Meyer* S. 45 f., die die Auffassung vertreten, daß das Gericht nicht gezwungen ist, Anträge bei denen die „Beweisbehauptung offensichtlich aus der Luft gegriffen ist", als Beweisanträge zu behandeln. Dem Gericht soll es danach gestattet sein, den Antragsteller nach seiner Wissensquelle und den Grundlagen für seine Vermutung zu befragen. Kann, will oder darf er sie nicht benennen, soll das Gericht nach dieser Auffassung die Möglichkeit haben, den Antrag als Beweisermittlungsantrag zu behandeln. Dies dürfte allerdings dann unzulässig sein, wenn der Angeklagte schweigt; denn hieraus können – auch im Hinblick auf Fragen des Gerichts – keine negativen Schlüsse gezogen werden).

Hinsichtlich der **Substantiierung** der einzelnen Beweistatsachen ist der Antragsteller weitgehend frei, solange die bestimmte Beweistatsache **in ihrem Kern** erkennbar ist (vgl. BGH StV 1981, 330). Beim Zeugenbeweis muß es sich dabei um **Wahrnehmungstatsachen** handeln. Die bloße Angabe von Meinungen oder Bewertungen reicht im allgemeinen nicht aus (*Alsberg/Nüse/Meyer* S. 200). Wird allerdings im Zusammenhang mit der Angabe einer bestimmten persönlichen Bewertung eines Zeugen innerhalb des Beweisthemas angedeutet, daß der Beurteilung eine bestimmte Beobachtung („Wahrnehmungsbasis") des Zeugen zugrunde liegt, so z.B. wenn ein Zeuge dazu benannt wird, daß aufgrund der von ihm gesammelten Erfahrungen eine andere Person als glaubwürdig anzusehen ist, ist den Anforderungen an die Bestimmtheit des Beweisthemas grundsätzlich Genüge getan (*Alsberg/Nüse/Meyer* S. 201 m.d. entsp. Nachw. aus der Rspr. und weiteren Einzelheiten zu den Anforderungen an die Bestimmtheit der Beweistatsache beim Zeugenantrag; KK/

Herdegen Rdnr. 45 zu § 244; zur Angabe der Beweistatsache beim Sachverständigenantrag s. Form. VII. D. 5 Anm. 3). Zu beachten ist allerdings die jüngste Entscheidung des BGH (BGHSt 37, 162 ff.), der in der Beweisbehauptung, „daß der Zeuge nicht glaubwürdig ist", keine bestimmte Beweistatsache gesehen hat.

5. Der Beweisantrag muß nicht mit einer **Begründung** versehen werden. Diese kann aber der Verdeutlichung vor allem der Erheblichkeit einer Tatsachenbehauptung dienen. Ist ihre Bedeutung so offensichtlich wie im hier vorgestellten Musterfall kann sie – wie vorgeschlagen – aus einem Satz bestehen oder auch ganz unterbleiben. In Fällen, in denen die Verknüpfung des Beweisthemas mit dem zu entscheidenden Fall nicht eindeutig zu erkennen ist, empfiehlt es sich, dies in einer zusätzlichen Begründung klarzustellen (s. hierzu auch Form. VII. D. 5). Das Gericht ist allerdings nicht gehindert, andere als in der Begründung angeführte Schlußfolgerungen – sofern sie nur möglich sind – zu ziehen (BGHSt 29, 18/20 = NJW 1979, 2318; KK/*Hürxthal* Rdnr. 51 zu § 261 StPO).
Die Begründung des Beweisantrages gehört nicht zu den wesentlichen Förmlichkeiten, die im Rahmen des § 273 StPO die Protokollierung erforderlich machen (vgl. KK/*Engelhard* Rdnr. 10 zu § 273; RGSt 32, 239/241). Deshalb empfiehlt es sich insoweit besonders, den Beweisantrag schriftlich vorzubereiten und nach der Verlesung als Anlage zum Protokoll zu geben.

2. Beweisantrag auf Vernehmung des präsenten Zeugen[1] (§ 245 Abs. 2 StPO) in der Hauptverhandlung

An das
Amtsgericht[2]
5000 Köln   5. 4. 1985

Beweisantrag[3]

In der Strafsache
gegen
Frau A.
– Az.: ... –

wird beantragt,
> den von der Verteidigung geladenen[4] (Ladungsnachweis[5] s. Anl.) und erschienenen[6] Zeugen M. F.

als Zeugen zu vernehmen zum Beweis der folgenden Tatsache:
Der Zeuge M. F. war zum Tatzeitpunkt Mitfahrer im Pkw der Frau A. Er hat beim Einparkvorgang der Frau A. vor deren Wohnung in der Siegfriedstraße weder einen Anstoß an ein anderes Fahrzeug bemerkt, noch ein Anstoßgeräusch wahrgenommen.

Rechtsanwältin

3. (Selbst-) Ladungsschreiben an den Zeugen

An Herrn
M. F.
Rademacherstraße 5
5000 Köln

1. 4. 1985

Betr.: Ladung[7] zum Hauptverhandlungstermin des AG Köln am 5. 4. 1985 in der Strafsache gegen Frau A.

Sehr geehrter Herr F.,
in der Strafsache gegen Frau A. (Amtsgericht Köln, Az.: ......) lade ich Sie hiermit in meiner Eigenschaft als Verteidigerin der Frau A. als Zeugen zu der

am 5. 4. 1985, 9.00 Uhr,

stattfindenden Hauptverhandlung des Amtsgerichts in Köln, Luxemburger Straße 101, Saal 143 Altbau.
Hinsichtlich der Ihnen gesetzlich zustehenden Entschädigung als Zeuge sowie hinsichtlich der Reisekosten werden Ihnen DM 50,– über den Gerichtsvollzieher bar dargeboten.[8]
Ich weise Sie darauf hin, daß Ihnen im Falle Ihres Nichterscheinens die durch Ihr Ausbleiben verursachten Kosten auferlegt werden können. Zugleich kann gegen Sie ein Ordnungsgeld und für den Fall, daß dieses nicht beigetrieben werden kann, Ordnungshaft festgesetzt werden. Es kann weiterhin die zwangsweise Vorführung angeordnet werden. Diese Maßnahmen unterbleiben, wenn Sie im Falle Ihrer Verhinderung dies dem Gericht mitteilen.[9]

Rechtsanwältin

4. Ladungsauftrag an den Gerichtsvollzieher[10]

Gerichtsvollzieher-
Verteilungsstelle b. d.
Amtsgericht Köln
Luxemburger Str. 101
5000 Köln

1. 4. 1985

Betr.: Ladung eines Zeugen gemäß §§ 38, 220 StPO

Sehr geehrter Herr Gerichtsvollzieher,
in der Anlage übersenden wir eine vorgefertigte Ladung an Herrn M. F., Rademacherstraße 5, 5000 Köln, zum Hauptverhandlungstermin des Amtsgerichts Köln am 5. 4. 1985 in der Strafsache gegen Frau A. mit der Bitte, diese Ladung zuzustellen und uns schnellstmöglich die beglaubigte Abschrift der Ladung nebst Zustellungsurkunde zurückzusenden.
Gleichzeitig werden 50,– DM übergeben, damit diese dem Zeugen bar dargeboten werden können als Entschädigung für die Reisekosten und den Verdienstausfall.

Hochachtungsvoll

Rechtsanwältin

Anmerkungen

1. Die Möglichkeit des Angeklagten, Zeugen und Sachverständige selbst zu laden (§ 220 StPO) und mittels eines entsprechenden Beweisantrages das Gericht zu veranlassen, die Beweisaufnahme auf die geladenen Personen sowie auf die sonstigen herbeigeschafften

4. Ladungsauftrag an den Gerichtsvollzieher VII. D. 4

(sächlichen) Beweismittel zu erstrecken, kann für den Angeklagten vor allem deshalb von Vorteil sein, weil der Katalog der Zurückweisungsgründe bei Beweisanträgen auf Erhebung präsenter Beweismitteln wesentlich enger gefaßt ist, als bei Anträgen auf Erhebung nicht-präsenter Beweismittel. Die Zurückweisungsmöglichkeiten bezüglich dieser Anträge ergeben sich nämlich nicht aus § 244 Abs. 3–5 StPO, sondern ausschließlich aus § 245 Abs. 2 StPO. Danach entfällt die Ablehnung wegen Unerreichbarkeit, Unerheblichkeit (die allerdings „ersetzt" wird durch den wesentlich engeren Ablehnungsgrund der „fehlenden objektiven Sachbezogenheit"), Offenkundigkeit oder Wahrunterstellung (§ 244 Abs. 3 Satz 2 StPO), sowie wegen eigener Sachkunde des Gerichts (§ 244 Abs. 4 Satz 1 StPO; vgl. *Sarstedt/Hamm* Rdnr. 291 ff.). Letzteres ist vor allem deshalb von Bedeutung, weil hierdurch die Möglichkeit besteht, bei Präsenz des Sachverständigen einen Beweisantrag zu wiederholen, dem das Gericht in Abwesenheit des Sachverständigen gemäß § 244 Abs. 4 StPO unter Berufung auf die eigene Sachkunde nicht entsprochen hat (vgl. im einzelnen unten Anm. 3). Der präsente weitere Sachverständige kann darüber hinaus auch nicht deshalb zurückgewiesen werden, weil nach der Auffassung des Gerichts das Gegenteil der Beweisbehauptung aufgrund eines erstatteten Gutachtens bereits bewiesen ist (so wie dies beim nicht-präsenten Sachverständigen gem. § 244 Abs. 4 Satz 2 StPO geschehen könnte; vgl. zu den Einzelheiten KK/*Herdegen* Rdnr. 14 f. zu § 245 StPO; *Alsberg/Nüse/Meyer* S. 777 ff.; LR/*Gollwitzer* Rdnr. 58 ff. zu § 245 StPO jeweils m. w. Nachw.). Die Stellung eines präsenten Sachverständigen ermöglicht es schließlich dem Antragsteller, die Auswahl des Sachverständigen zu treffen, die ansonsten ausschließlich dem Gericht obliegt (§ 73 StPO, vgl. im einzelnen Form. VII. D. 5 Anm. 2).

2. Der **Adressat** des Beweisantrages auf Vernehmung des **präsenten Zeugen** ist das erkennende Gericht, vor dem verhandelt wird und vor dem der vom Antragsteller geladene Zeuge erschienen ist. Der Beweisantrag ist – wie der auf Vernehmung des nicht-präsenten Zeugen – mündlich zu stellen (vgl. Form. VII. D. 1 Anm. 1).

3. Das Gericht ist gem. § 245 Abs. 2 StPO nur dann verpflichtet, die Beweisaufnahme auf einen vom Angeklagten selbst gem. § 220 StPO geladenen und erschienenen Zeugen oder Sachverständigen (sowie auf die sonstigen herbeigeschafften Beweismittel) zu erstrecken, wenn ein **Beweisantrag** gestellt wird (vgl. *Sarstedt/Hamm* Rdnr. 290 ff.). Dies gilt in gleichem Maße für die von der Staatsanwaltschaft vorgeladenen, bzw. sonstigen herbeigeschafften Beweismittel. Die vom Gericht geladenen Personen und die nach § 214 Abs. 4 StPO (auch durch die Staatsanwaltschaft) herbeigeschafften Beweisgegenstände („sächliche Beweismittel") müssen dagegen gem. § 245 Abs. 1 StPO auch unabhängig von einem diesbezüglichen Antrag verwendet werden (vgl. LR/*Gollwitzer* Rdnr. 4 zu § 245; aber unbedingt beachten: BGH NJW 1991, 1622 ff., vgl. auch Form VII. D. 8, Anm. 1; zu den „sächlichen Beweismitteln" LR/*Gollwitzer* Rdnr. 22 zu § 245 StPO; KK/*Herdegen* Rdnr. 5 zu § 245 StPO).

Im übrigen gilt hinsichtlich der Angabe des Beweismittels sowie der Beweisbehauptung Anm. 1–5 zu Form. VII. D. 1.

Da der Antrag auf Verwendung eines präsenten Beweismittels nur unter wesentlich eingeschränkteren Voraussetzungen zurückgewiesen werden kann als dies bei dem nicht-präsenten Beweismittel der Fall ist (vgl. Anm. 1), ist der Beweisantrag gem. § 245 Abs. 2 StPO bei Präsenz des Beweismittels auch dann noch möglich, wenn das Gericht einem gleichlautenden Beweisantrag (ohne Präsenz des Beweismittels) nach § 244 StPO nicht entsprochen hat (vgl. Anm. 1). Es handelt sich insoweit nicht um die Wiederholung des bereits vom Gericht abgelehnten früheren Beweisantrages, sondern um ein neues Beweisbegehren, über das nach den Grundsätzen des § 245 Abs. 2 StPO – und damit anders als bei Anwendung des § 244 StPO – zu befinden ist (*Alsberg/Nüse/Meyer* S. 821; LR/*Gollwitzer* Rdnr. 58 zu § 245 StPO).

4. Während die Staatsanwaltschaft im Rahmen des § 245 Abs. 2 StPO formlos laden kann, muß der Angeklagte die von ihm veranlaßte Vorladung (von Zeugen oder Sachverständigen) auf dem in § 220 StPO i.V.m. § 38 StPO vorgeschriebenen Weg mit Hilfe des Gerichtsvollziehers bewirken. Zeugen und Sachverständige, die er nicht auf diesem Weg zum Erscheinen in der Hauptverhandlung veranlaßt, sind keine geladenen, sondern nur „gestellte" Beweispersonen, mit der Folge, daß § 245 Abs. 2 StPO für sie nicht gilt (RGSt 23, 400, 401; BGH NJW 1952, 836; LR/*Gollwitzer* Rdnr. 12 zu § 245 StPO; KK/*Herdegen* Rdnr. 11 zu § 245 StPO; *Sarstedt/Hamm* Rdnr. 290f.). Der Angeklagte muß in der Hauptverhandlung die ordnungsgemäße Ladung nachweisen, sofern sie nicht bereits aktenkundig ist (KK/*Herdegen* Rdnr. 11 zu § 245 StPO; *Alsberg/Nüse/Meyer* S. 817). (Zum Nachweis der Ladung s. Anm. 5). Kann (oder soll nach dem Willen des Gerichts) ein Zeuge oder Sachverständiger an dem Tag, für den er gemäß § 220 StPO geladen wurde, nicht mehr gehört werden, muß er erneut förmlich vom Verteidiger geladen werden. Es soll nicht gegen § 245 Abs. 1 StPO verstoßen, wenn das Gericht ihn zum nächsten Verhandlungstag nicht lädt (so jedenfalls OLG Düsseldorf MDR 1981, 161; kritisch und lesenswert hierzu: *Widmaier*, Zur Rechtsstellung des nach § 220, 38 StPO vom Verteidiger geladenen Sachverständigen, StV 1985, 526ff.). Im Hinblick darauf, daß die präsenten Zeugen und Sachverständigen ohnehin dem Gericht und der Staatsanwaltschaft rechtzeitig namhaft gemacht werden müssen (§ 222 Abs. 2 StPO, s. unten, zwei Absätze weiter), kann es unter Umständen zur Vermeidung einer erneut vorzunehmenden Selbstladung angebracht sein, gleichzeitig mit der Namhaftmachung mit dem Vorsitzenden des Gerichts eine Terminsabsprache vorzunehmen.

Neben dem Angeklagten steht das Recht zur unmittelbaren förmlichen Ladung auch dem Nebenkläger zu (§§ 397 Abs. 1, 386 Abs. 2 StPO), dem Privatkläger (§ 386 Abs. 2 StPO), den Einziehungs- und Verfallsbeteiligten und der juristischen Person oder einer Personenvereinigung, denen als Nebenfolge der Tat des Angeklagten eine Geldbuße droht (§§ 433 Abs. 1, 442 Abs. 1, 444 Abs. 2 StPO).

Der Angeklagte hat gemäß § 222 Abs. 2 StPO ebenso wie die Staatsanwaltschaft und das Gericht die Verpflichtung, die von ihm unmittelbar geladenen und zur Hauptverhandlung zu präsentierenden Zeugen und Sachverständigen rechtzeitig dem Gericht und der Staatsanwaltschaft **namhaft** zu machen und ihren Wohn- und Aufenthaltsort anzugeben. Rechtzeitig ist die Namhaftmachung, wenn den anderen Verfahrensbeteiligten ausreichend Zeit zur Einholung von Erkundigungen und ggf. der Stellung von Gegenbeweisanträgen mit Ladung von Gegenzeugen bleibt (vgl. BGHSt 23, 244 = NJW 1970, 1197; KK/*Treier* Rdnr. 5 zu § 222 StPO). Ist ein zu vernehmender Zeuge oder Sachverständige zu spät oder gar nicht den übrigen Verfahrensbeteiligten namhaft gemacht worden, so haben diese das Recht zum Zwecke der Einholung von Erkundigungen die Aussetzung des Verfahrens zu beantragen (§ 246 Abs. 2 und 3 StPO).

Die Angabe des Beweisthemas gehört nicht zur Namhaftmachung (RGSt 67, 180, 182; KK/*Treier* Rdnr. 8 zu § 222 StPO).

Ergibt sich in der Hauptverhandlung, daß die Vernehmung einer unmittelbar geladenen Person zur Aufklärung der Sache dienlich war, hat das Gericht auf einen entsprechenden Antrag hin anzuordnen, daß dem Zeugen die gesetzliche Entschädigung aus der Staatskasse zu gewähren ist (§ 220 Abs. 3 StPO). Der hierauf gerichtete Antrag kann folgenden Text haben:

In der Strafsache
gegen
Herrn A.
    hat die Hauptverhandlung ergeben, daß die Vernehmung des von Herrn A. geladenen Zeugen M. F. zur Aufklärung der Sache dienlich war. Es wird deshalb beantragt,
    dem Zeugen M. F. die gesetzliche Entschädigung zu gewähren.

                                                            Rechtsanwältin

4. Ladungsauftrag an den Gerichtsvollzieher VII. D. 4

Ein Anspruch auf Entschädigung gem. § 220 Abs. 3 StPO besteht aber dann **nicht** mehr, wenn die Forderung der Beweisperson bereits durch den Gerichtsvollzieher bezahlt wurde; denn damit ist der Entschädigungsanspruch erloschen (KK/*Treier* Rdnr. 15 zu § 220 StPO). Die **Hinterlegung** des Entschädigungsbetrages hindert dagegen die Anordnung nach § 220 Abs. 3 StPO nicht.

5. Da der Angeklagte die Ladung eines Zeugen oder Sachverständigen im Rahmen seines Antrags auf Beweiserhebung gem. § 245 Abs. 2 StPO ausschließlich mittels des Gerichtsvollziehers durchführen muß, kann der Ladungs**nachweis** nur in der Zustellungsurkunde des Gerichtsvollziehers bestehen. Diese Zustellungsurkunde wird dem Auftraggeber vom Gerichtsvollzieher nach Ausführung der Ladung übergeben und ist dem Gericht mit der Antragstellung auszuhändigen. Fehlt der Ladungsnachweis, besteht für das Gericht keine Verpflichtung, den im Gerichtssaal anwesenden Zeugen oder Sachverständigen zu vernehmen (KK/*Herdegen* Rdnr. 11 zu § 245 unter Hinweis auf BGH NJW 1952, 836).

6. Präsent im Sinne der Bestimmung des § 245 Abs. 2 StPO ist der Zeuge oder Sachverständige nur, wenn er aufgrund der Ladung des Angeklagten in der Hauptverhandlung **anwesend** ist. Der Zeuge oder Sachverständige muß aufgrund der Vorladung zwar nicht zu Beginn der Hauptverhandlung, spätestens aber bis zum Schluß der Beweisaufnahme erschienen sein (*Alsberg/Nüse/Meyer* S. 818). Erscheint der geladene Zeuge oder Sachverständige nicht, besteht nicht ohne weiteres ein Anspruch der Prozeßbeteiligten auf Aussetzung bzw. Unterbrechung der Verhandlung. Sie kann allerdings durch die Amtsaufklärungspflicht des Gerichts geboten sein (LR/*Gollwitzer* Rdnr. 13 zu § 245 StPO; *Alsberg/Nüse/Meyer* S. 783).

7. Die Ladung des Zeugen oder Sachverständigen wird durch den Gerichtsvollzieher gemäß § 220, 38 StPO durch die Zustellung einer vom Auftraggeber oder dem Verteidiger unterschriebenen Ladungsschrift ausgeführt. Die Ladung ist an den Wohnort der Auskunftsperson zu richten. Aus ihr muß hervorgehen, wo und wann sich der Zeuge oder Sachverständige bei Gericht einzufinden hat.

8. Der unmittelbar geladene Zeuge oder Sachverständige ist zum Erscheinen nur verpflichtet, wenn ihm bei der Ladung die gesetzliche **Entschädigung** für Reisekosten und seine Zeitversäumnis bar dargeboten oder deren Hinterlegung bei der Geschäftsstelle (Gerichtskasse) nachgewiesen wird (§ 220 Abs. 2 StPO; letzteres ist besser wegen § 220 Abs. 3 StPO, vgl. Anm. 4 am Ende). Das Angebot erfolgt durch den zustellenden Gerichtsvollzieher, dem der Auftraggeber den erforderlichen Geldbetrag zu übergeben hat. Ist die Entschädigung bei der Geschäftsstelle (bzw. Gerichtskasse) hinterlegt, ist dem Zeugen oder Sachverständigen durch den Gerichtsvollzieher die über die Hinterlegung ausgestellte Bescheinigung auszuhändigen.

Die Höhe der Entschädigung bestimmt sich nach dem Gesetz über die Entschädigung von Zeugen und Sachverständigen und ist vom Angeklagten bzw. seinem Verteidiger zu berechnen. Es ist derjenige Betrag anzubieten, durch den die Reisekosten und die voraussichtliche Zeitversäumnis abgegolten wird (für den Sachverständigen vgl. auch *Jessnitzer* NJW 1974, 1311). Bietet der Angeklagte zu wenig an, muß die Auskunftsperson nicht erscheinen. Nimmt der Zeuge oder der Sachverständige jedoch den gebotenen Betrag an (auch den zu geringen), ist er in jedem Fall verpflichtet, zu erscheinen (KK/*Treier* Rdnr. 9 zu § 220 StPO).

Der Gerichtsvollzieher muß die Zustellung auch dann ausführen, wenn ihm der Auftraggeber die Entschädigung weder übergeben noch sie hinterlegt hat (LR/*Wendisch* Rdnr. 4 zu § 38 StPO). (Zum Hinweis auf die gesetzlichen Folgen des Ausbleibens in einem solchen Fall, siehe Anm. 9).

9. Die Folgen des Ausbleibens des Zeugens bestimmen sich nach § 51 StPO, die für den Sachverständigen nach § 77 StPO (der die Festsetzung von Ordnungshaft im Gegensatz

zum Zeugen nicht vorsieht). Am zweckmäßigsten ist es, in der Ladung möglichst wortgetreu den Gesetzeswortlaut mitzuteilen.

10. Die unmittelbare Ladung kann der Angeklagte (bzw. in seinem Namen der Verteidiger) gemäß § 220 StPO nur durch den Gerichtsvollzieher bewirken (§ 38 StPO). Eine Ladung durch Vermittlung der Geschäftsstelle oder unmittelbar durch die Post ist nicht möglich (BGH NJW 1952, 836; KK/*Maul* Rdnr. 2 zu § 38 StPO). Der Gerichtsvollzieher dagegen kann seinerseits die Zustellung der Ladung durch die Post ausführen lassen (§§ 193–195 ZPO). Hierzu kann ihn der Auftraggeber anweisen, um sich vor unnötigen Kosten zu schützen (LR/*Wendisch* Rdnr. 2 zu § 38). Gemäß § 160 GVG können die Beteiligten eine durch die Post auszuführende Zustellung jedem in der Bundesrepublik Deutschland ansässigen Gerichtsvollzieher übertragen. Nur wenn die Zustellung ohne Mitwirkung der Post stattfinden soll, muß ein Gerichtsvollzieher beauftragt werden, zu dessen Amtsbezirk der Bestimmungsort, d. h. das Gericht, vor dem die Vernehmung erfolgen soll, gehört (LR/*Wendisch* Rdnr. 2 zu § 38 StPO).

5. Beweisantrag auf Einholung eines Sachverständigengutachtens in der Hauptverhandlung

An das
Landgericht Wiesbaden
– 4. Strafkammer –
6200 Wiesbaden
2. 3. 1985

Beweisantrag

In der Strafsache
gegen
Herrn A.
– Az.: ... –

wird beantragt,

ein psychoanalytisches Sachverständigengutachten[1] durch den Sachverständigen Prof. Dr. med. S.,[2] Universität in Freiburg, einzuholen,

zum Beweis der Tatsache,[3]

daß Herr A. die ihm vorgeworfenen Straftaten im Zustand (und aufgrund) einer schweren krankhaften seelischen Störung begangen hat, die seine Fähigkeit, sein Handeln aus Einsicht in das Unerlaubte zu steuern, aufgehoben hat (§ 20 StGB).

Begründung:

Wie das in den Akten befindliche Vorstrafenregister zeigt, wurde der 60jährige A. bislang in 25 Fällen wegen Diebstahls verurteilt. Von wenigen Ausnahmen abgesehen handelte es sich dabei stets um die Wegnahme von Sachen, die einen vergleichsweise geringen Wert hatten. Es ist auch nicht das erste Mal, daß Herr A. gerade zwei Flaschen Weinbrand derselben Marke (Asbach Uralt) gestohlen hat. Wie stets hat er auch dieses Mal wieder unmittelbar im Anschluß an den Diebstahl die Tat sofort zugegeben und er trug auch wieder seine gesamten Ersparnisse (19 845,– DM; in einem früheren Fall waren es einmal über 42 000,– DM) bei sich, während er eine Ware ansichnahm, die für ihn keinen Sinn hatte. Er trinkt keinen Alkohol. Wieso er sich immer wieder von Alkoholika angezogen fühlt, ist ihm und jedem, der ihn kennt, ein Rätsel.

Trotz seiner mehrfachen Beteuerungen in jedem Verfahren, er werde niemals mehr einen

5. Beweisantrag auf Einholung eines Sachverständigengutachtens VII. D. 5

Diebstahl begehen, ist Herr A. stets erneut – wie im vorliegenden Fall – straffällig geworden. Dies wird auch in Zukunft geschehen, da Herr A. trotz seines im übrigen völlig unauffälligen Lebens außerstande ist, sich zu steuern, wenn er in einem Selbstbedienungsladen vor einer Flasche Weinbrand steht. Der Sachverständige Prof. Dr. S. wird diese Tatsache durch sein Gutachten belegen. Die Einholung eines psychoanalytischen Gutachtens ist deshalb erforderlich, weil aufgrund einer vor zwei Jahren stattfindenden psychiatrischen Untersuchung, ein hirnorganischer krankhafter Befund nicht festgestellt wurde, Herr A. dessen ungeachtet aber weiterhin Ladendiebstähle begeht.
Professor S., mit dem die Verteidigung ein Vorgespräch geführt hat, ist bereits und auch zeitlich in der Lage, die Begutachtung unverzüglich vorzunehmen.

Rechtsanwältin

Anmerkungen

1. Sachverständige sind Beweispersonen, die Auskunft über allgemeingültige (wissenschaftliche) Erfahrungssätze und deren Anwendung auf einen bestimmten Lebenssachverhalt geben. Ihre Aufgabe ist es, ihr Wissen und ihre Erkenntnis dem Gericht zu vermitteln. Das Gericht muß von Amts wegen einen Sachverständigen zuziehen bzw. dem entsprechenden Antrag des Angeklagten stattgeben, wenn es selbst zur Beurteilung des Sachverhalts keine ausreichende Sachkunde besitzt. Wann dies sein kann, hängt vom Einzelfall ab. Zunächst entscheidet der Richter jedoch selbst, ob seine Sachkunde ausreicht (KK/*Herdegen* Rdnr. 26 zu § 244; LR/*Gollwitzer* Rdnr. 71 zu § 244; *Sarstedt/Hamm* Rdnr. 267 ff.). Erst den Ausführungen im Urteil ist zu entnehmen, ob er sie zu Recht in Anspruch genommen oder sich zuviel zugemutet hat. Die entsprechenden Darlegungen im Urteil, die den Nachweis der Sachkenntnis des Gerichts enthalten müssen, sind revisionsrechtlich überprüfbar (KK/*Herdegen* Rdnr. 27 zu § 244; *Sarstedt/Hamm* Rdnr. 264 ff.). Hält der Verteidiger die Zuziehung eines Sachverständigen für erforderlich, darf er sich von der Stellung eines entsprechenden Beweisantrages auch dadurch nicht abbringen lassen, daß das Gericht zu erkennen gibt, es traue sich die eigene Sachkunde zu. Die bloße Berufung auf die Sachkunde ist dann unbeachtlich, wenn sich mit den Urteilsgründen herausstellt, daß die Sachkunde zu Unrecht angenommen wurde. (*Sarstedt/Hamm* Rdnr. 265 ff. Mit der Bekanntgabe dieses Ablehnungsgrund („eigene Sachkunde") im Gerichtsbeschluß stellt sich für den Verteidiger die Frage, ob er von §§ 245 Abs. 2, 220 StPO Gebrauch macht, vgl. Form. VII. D. 2–4).
Im Rahmen der Beurteilung der **Schuldfähigkeit** (§§ 20, 21 StGB) wird die Zuziehung in aller Regel dann notwendig sein, wenn Anzeichen vorliegen, die geeignet sind, Zweifel hinsichtlich der vollen Schuldfähigkeit zu wecken. Diese Anzeichen können einmal das Vorliegen von Krankheiten sein (BGH, 2. u. 3. Strafsenat, StV 1986, 285; LR/*Gollwitzer* Rdnr. 77 zu § 244 StPO m. w. Nachw. und Beispielen), ein Gutachten wird aber auch dann einzuholen sein, wenn etwa ein Widerspruch zwischen der Tat und der Täterpersönlichkeit oder ein völlig unübliches Verhalten vorliegt (*Alsberg/Nüse/Meyer* S. 706 m. w. Nachw.; LR/*Gollwitzer* Rdnr. 76 zu § 244 StPO m. w. Nachw.).

2. Gemäß § 73 Abs. 1 Satz 1 StPO wählt das Gericht den Sachverständigen aus. Der Antragsteller hat – abgesehen vom präsenten Sachverständigen i. S. d. § 245 Abs. 2 StPO – grundsätzlich keinen Anspruch auf Anhörung eines bestimmten Sachverständigen. Auch wenn seinem Beweisantrag stattgegeben wird, kann das Gericht statt des vorgeschlagenen Sachverständigen einen anderen bestellen (*Alsberg/Nüse/Meyer* S. 208; KK/*Pelchen* Rdnr. 3 zu § 73 StPO). Ein Beweisantrag auf Vernehmung eines Sachverständigen ist deshalb auch dann nicht unzulässig, wenn weder ein bestimmter Sachverständiger benannt noch das Fachgebiet angegeben ist, dem der Sachverständige angehören soll (KK/*Pelchen* Rdnr. 3 zu § 73 m. w. Nachw.). Es gibt jedoch Fälle, in denen es die Aufklärungspflicht des

Gerichts gebieten kann, einen bestimmten Gutachter anzuhören, insbesondere wenn z.B. der Angeklagte erklärt, er werde nur einem bestimmten Sachverständigen gegenüber Angaben machen und gleichzeitig offensichtlich ist, daß dem Gericht die Sachkunde zur Beurteilung des Sachverhalts ohne Gutachter fehlt (den Gesichtspunkt der Aufklärungspflicht zu dieser Frage offengelassen hat BGH MDR b. *Dall* 1956, 527, der im übrigen aber hier die Auffassung vertritt, daß die Zuziehung eines i.S.d. § 244 Abs. 4 StPO „weiteren" Sachverständigen nicht darüber erzwungen werden könne, daß dem Erstgutachter die Einsicht in die Krankenunterlagen verwehrt wird; zum „weiteren" Sachverständigen vgl. Form. VII. D. 17), oder wenn der Verteidiger ein schriftliches Gutachten dieses Sachverständigen vorlegt, dessen Verwertung die Sachaufklärung fördern kann (vgl. zu letzterem *Alsberg/Nüse/Meyer* S. 208).

3. Beim Antrag auf Einholung eines Sachverständigengutachtens muß der Antragsteller – wie beim Zeugenantrag – die Beweistatsache **bestimmt** behaupten. Auch hier ist es aber ausreichend, daß er es für möglich hält, daß die Beweiserhebung die im Antrag bezeichnete Beweistatsache ergibt (vgl. Anm. 4 zu Form. VII. D. 1). Mehr noch als beim Zeugenantrag wird der Verteidiger ohnehin bei der Angabe der Beweistatsache im Sachverständigenantrag auf Vermutungen angewiesen sein. Während nämlich die Angaben eines Zeugen aufgrund eigener Ermittlungen des Verteidigers weitgehend bereits vor der Antragstellung festzustellen sind, fehlt beim Sachverständigen in der Regel diese Möglichkeit; denn eine sichere Angabe z.B. über die Schuldfähigkeit des Angeklagten setzt im allgemeinen die (erst) beantragte Begutachtung durch den Sachverständigen voraus. Der Verteidiger sollte sich deshalb beim Antrag auf Einholung eines Sachverständigengutachtens darüber im klaren sein, daß ein solcher Antrag auch der Aktualisierung der Aufklärungspflicht des Gerichts dient. Diese Aktualisierung kann sich aufgrund der unterschiedlichsten Umstände ergeben, die jedoch eines gemeinsam haben sollten, daß sie nämlich dem (Tat- und Revisions(!)-) Gericht aufzeigen, daß die (letztendliche) Vermutung, der Sachverständige werde die behauptete Beweistatsache bestätigen, auf tatsächlichen Grundlagen (Anhaltspunkten) aufbaut.

Im vorliegenden Fall ist die Beweistatsache relativ kurz dadurch angegeben, daß behauptet wird, die Einholung eines psychoanalytischen Sachverständigengutachtens werde ergeben, daß Herr A. die Tat im Zustand (aufgrund) einer schweren krankhaften seelischen Störung begangen hat. (Nur zu behaupten, daß Herr A. „schuldunfähig" i.S.d. § 20 StGB ist, wäre keine Tatsachenbehauptung, sondern schon die rechtliche Schlußfolgerung (vgl. BGH GA 1981, 228 f.).) Anhaltspunkte, aus denen sich für das Gericht ergibt, daß diese Beweistatsache ihre Berechtigung hat, sind ausführlich in der schriftlichen Begründung dargetan. Sie dort anzugeben, ist ausreichend, obgleich der Beweisantrag keiner Begründung bedarf und diese auch nicht zu den wesentlichen Förmlichkeiten des Protokolls über die Hauptverhandlung gehört (KK/*Engelhardt* Rdnr. 10 zu § 273; s. auch Anm. 5 zu Form. VII. D. 1). Im Falle der Zurückweisung des Beweisantrages ist dem Angeklagten nämlich in jedem Fall die Aufklärungsrüge eröffnet, was bedeutet, daß das Revisionsgericht bei der Entscheidung über die Frage, ob die Ablehnung berechtigt war, alles verwerten muß, was ihm aus den Akten – und somit auch aus der Begründung des Beweisantrages – ersichtlich ist (zur Aufklärungsrüge vgl. *Sarstedt/Hamm* Rdnr. 243 ff.; vgl. auch Form. VIII. C.).

6. Beweisantrag auf Ladung eines Sachverständigen zur Vorbereitung auf die Hauptverhandlung gemäß § 219 StPO[1]

An den Vorsitzenden[2]
der 2. Großen Strafkammer
bei dem Landgericht Mainz
6500 Mainz   12. 2. 1986

In der Strafsache
gegen
Herrn A.
–Az.: ... –

wird hiermit zur Kenntnis gegeben, daß die Verteidigung des Herrn A. das Ergebnis des in den Akten befindlichen Gutachtens des Dipl.-Physikers Dr. M. vom Hessischen Landeskriminalamt durch einen ballistischen Sachverständigen, Herrn Prof. Dr. S. vom Rechtsmedizinischen Institut in Bonn, hat überprüfen lassen. Dem Sachverständigen wurde zu diesem Zwecke das bereits vorliegende o. a. Gutachten des Hessischen Landeskriminalamtes sowie der Obduktionsbericht und der Bild-Sonderband bzw. Fotokopien hieraus, zur Verfügung gestellt. Eine Besichtigung des Tatorts wurde ebenfalls vorgenommen. Herr Prof. Dr. S. hat bislang, abgesehen von den zwangsläufig in den Abbildungen der versuchten nachträglichen Rekonstruktion zum Ausdruck kommenden Angaben des Herrn A. keine weiteren Informationen über den Inhalt der Ermittlungsakten erhalten. Er hat deshalb auch davon abgesehen, vor dem Beginn der Hauptverhandlung eine schriftliche sachverständige Äußerung über einen möglichen Tatverlauf abzugeben. Für einer abschließenden Stellungnahme hält er die Mitwirkung an der Hauptverhandlung, insbesondere die Anhörung der Zeugen für unumgänglich.
Dessen ungeachtet sieht sich Herr Prof. Dr. S. allerdings bereits zum gegenwärtigen Zeitpunkt sehr wohl in der Lage, es auszuschließen, daß aus den sichergestellten Spuren und Beweismitteln sowie anhand des Inhalts des Obduktionsergebnisses Schlußfolgerungen im Hinblick auf mögliche Standorte sowohl des Schützen als auch des Opfers gezogen werden können.
Die Verteidigung beantragt deshalb im Hinblick auf dieses letztgenannte Beweisthema,[3]

    Herrn Prof. Dr. S.,[4]
    Institut für Rechtsmedizin,
    5300 Bonn,

für die am 2. 3. 1986 beginnende Hauptverhandlung zu laden. Der Sachverständige hat der Verteidigung sein Erscheinen bereits für die ersten fünf Verhandlungstermine zugesagt, wobei sich lediglich für den auf den 4. 4. 1986 angesetzten Verhandlungstag eine Verhinderung ergeben könnte.
Sollte dem vorliegenden Beweisantrag nicht stattgegeben werden,[5] so ist die Ladung des Sachverständigen gemäß § 220 StPO beabsichtigt. Ich bitte deshalb darum, rechtzeitig vor Verhandlungsbeginn mitzuteilen, ob das Gericht die Ladung vornimmt.[6]

                                                                                 Rechtsanwältin

7. Beweisantrag auf Vernehmung des präsenten Sachverständigen in der Hauptverhandlung nach Zurückweisung des Beweisantrages gemäß § 219 StPO

An das
Landgericht Mainz
– 2. Strafkammer –
6500 Mainz 2. 3. 1986

In der Strafsache
gegen
Herrn A.
– Az.: ... –

hat der Vorsitzende unserem Antrag, Herrn Prof. Dr. S. gemäß § 219 StPO zu der heutigen Hauptverhandlung zu laden, nicht stattgegeben.
Es wird deshalb nunmehr beantragt,[7]

> den durch Herrn A. geladenen[8] (Ladungsnachweis anliegend) und an Gerichtsstelle anwesenden Prof. Dr. S. als Sachverständigen zu vernehmen

zum Beweis der Tatsache,

> daß anhand der bislang sichergestellten Spuren und Beweismittel am Tatort sowie des Ergebnisses der durchgeführten Obduktion keine wissenschaftlich haltbare und damit gesicherte Standortbestimmung sowohl des Schützen als auch des Opfers vorgenommen werden kann.

Rechtsanwältin

Anmerkungen

1. Die Stellung des Beweisantrages gemäß § 219 StPO ist zulässig, sobald das Hauptverfahren eröffnet und die Anklage zugelassen ist. Zielsetzung des § 219 StPO ist es, dem Angeklagten zu ermöglichen, bereits vor der Hauptverhandlung auf den Umfang der Beweisaufnahme Einfluß zu nehmen. Mit dem Antrag kann zwar unmittelbar nur die Herbeischaffung der Beweismittel für die Hauptverhandlung erreicht werden, wird dem Antrag jedoch stattgegeben, hat dies die Wirkung, daß dem Angeklagten die Selbstladung der Zeugen und Sachverständigen gemäß § 220 StPO erspart bleibt.

2. Der Beweisantrag ist in schriftlicher Form oder zu Protokoll der Geschäftsstelle bei dem Vorsitzenden des erkennenden Gerichts zu stellen (LR/*Gollwitzer* Rdnr. 4 zu § 219 StPO; *Alsberg/Nüse/Meyer* S. 354). Die Zuständigkeit des Vorsitzenden zur Entscheidung über Beweisanträge, die vor der Hauptverhandlung gestellt werden, entspricht dem notwendigerweise vorläufigen Charakter seiner Entscheidung ohne die übrigen Mitglieder des erkennenden Gerichts. Die Entscheidung durch Beschluß des Gerichts ist unzulässig (OLG Celle NJW 1957, 1812; LR/*Gollwitzer* Rdnr. 6 zu § 219 StPO).

3. Der Antragsteller muß wie beim Beweisantrag in der Hauptverhandlung das Beweismittel benennen und die Tatsachen angeben, über die Beweis erhoben werden soll (vgl. unten Anm. 5).

4. Entspricht das Begehren nicht den Erfordernissen eines Beweisantrages, so hat der Vorsitzende in Erfüllung seiner Aufklärungs- und Fürsorgepflicht auf eine Klärung bzw.

Vervollständigung hinzuwirken, so daß der Antragsteller Verbesserungen vornehmen kann (LR/*Gollwitzer* Rdnr. 5 zu § 219 StPO).

5. Der Vorsitzende muß über den Beweisantrag durch Verfügung vor der Hauptverhandlung entscheiden. Er darf nicht etwa die Entscheidung an das erkennende Gericht in der Hauptverhandlung verweisen (BGHSt 1, 286/287). Dem Antragsteller muß – ebenfalls noch vor der Hauptverhandlung – die Entscheidung auch bekanntgemacht werden, damit er sich gegebenenfalls auf eine Selbstladung einrichten kann. Wird hiergegen verstoßen, entbindet dies den Verteidiger allerdings nicht von der Pflicht, den Antrag in der Hauptverhandlung zu wiederholen, wenn er daraus revisionsrechtliche Einwände herleiten will (hierzu BayObLG 1964, 25 f. = GA 1964, 334).

Die Entscheidung des Vorsitzenden hat sich an den Kriterien des § 244 Abs. 3 und 4 StPO auszurichten, mit der Einschränkung, daß die Entscheidung nur vorläufig ist und demzufolge das Ergebnis der Beweisaufnahme nicht vorwegnehmen darf (KK/*Treier* Rdnr. 6 zu § 219 StPO). So kann z. B. der Antrag auf Zuziehung eines weiteren Sachverständigen nicht nach § 244 Abs. 4 Satz 2, 1. Halbs. StPO mit der Begründung abgelehnt werden, daß das Gegenteil der Beweistatsache schon bewiesen ist. Der Vorsitzende muß sich vielmehr auf die Begründung beschränken, daß, soweit das bisher erkennbar sei, die Voraussetzungen des § 244 Abs. 4 Satz 2, 2. Halbs. StPO nicht vorliegen. Er kann allerdings seine Ansicht zum Ausdruck bringen, daß das Gericht voraussichtlich aufgrund der bereits vorliegenden Gutachten das Gegenteil der Beweistatsache für schon bewiesen halten werde (*Alsberg/Nüse/Meyer* S. 336 m. w. Nachw.). Weiterhin ist ausgeschlossen, daß der Vorsitzende den Beweisantrag mit der Begründung zurückweist, die behauptete Tatsache könne als wahr unterstellt werden (BGHSt 1, 51 m. w. Nachw.). Auch hierin läge eine unzulässige Vorwegnahme eines Beweisergebnisses, das bis in die Hauptverhandlung hinein wirkte, jedoch ohne die Mitwirkung sämtlicher Richter des erkennenden Gerichts zustande gekommen wäre.

6. Gemäß § 219 Abs. 1 Satz 2 StPO muß die Entscheidung über den Antrag dem Angeklagten in jedem Fall mitgeteilt werden, unabhängig davon, ob seinem Antrag stattgegeben oder ob er abgelehnt wird. Die formlose Mitteilung gem. § 35 Abs. 2 Satz 2 StPO genügt (KK/*Treier* Rdnr. 7 zu § 219 StPO).

7. Abgelehnte Anträge gemäß § 219 StPO können in der Hauptverhandlung erneut gestellt werden. Sie müssen grundsätzlich neu gestellt werden, wenn aus der Ablehnung revisionsrechtliche Einwände geltend gemacht werden sollen (vgl. Anm. 5). Das Gericht ist grundsätzlich nicht verpflichtet, den Antragsteller in der Hauptverhandlung zu befragen, ob er seinen Antrag wiederholen wolle (RGGR 65, 365/366; *Alsberg/Nüse/Meyer* S. 360).

Etwas anderes gilt, wenn der Vorsitzende den Beweisantrag vor der Hauptverhandlung nicht beschieden hat. Gibt er dann dem Angeklagten auch keinen Hinweis bezüglich der erneuten Antragstellung, so kann dies die Revision begründen – auch ohne erneute Antragstellung – (LR/*Gollwitzer* Rdnr. 35 zu § 219 StPO).

8. § 220 StPO sieht vor, daß bei Ablehnung des Beweisantrages durch den Vorsitzenden dem Angeklagten das Recht zusteht, die gewünschte Auskunftsperson unmittelbar laden zu lassen (Abs. 1). § 220 StPO stellt allerdings klar, daß dieses Recht auf Selbstladung dem Angeklagten auch ohne vorherigen Antrag gemäß § 219 StPO zusteht.

Die Selbstladungsvoraussetzungen für den Sachverständigen entsprechen denen des Zeugen (vgl. hierzu, insb. auch zur Untersuchung des inhaftierten Beschuldigten durch einen Sachverständigen, *Widmaier*, Zur Rechtsstellung des nach §§ 220, 38 StPO vom Verteidiger geladenen Sachverständigen, StV 1985, 526 ff). Insoweit wird auf Form. VII. D. 2–4 verwiesen. Einzig die gesetzliche **Entschädigung** für Reisekosten und Versäumnis, die gemäß § 220 StPO mit der Ladung dem Sachverständigen anzubieten ist, wird regelmäßig höher als beim Zeugen anzusetzen sein (vgl. § 3 ZSEG; *Jessnitzer*, Reformbedürftigkeit des § 220 Abs. 2 StPO, NJW 1974, 1311 f.).

8. Beweisantrag auf Verlesung einer (präsenten) Urkunde (§ 245 StPO) in der Hauptverhandlung

An das
Amtsgericht Frankfurt
6000 Frankfurt am Main   11. 7. 1986

Beweisantrag

In der Strafsache
gegen
Herrn A.
– Az.: ... –

wird beantragt,

>   das hiermit dem Gericht übergebene[1] Schreiben des Herrn A. an Frau S. M. vom 9. 12. 1985 als Urkunde[2] zu verlesen[3]

zum Beweis der Tatsache, daß die Behauptung der Zeugin S. M., Herr A. habe ihr nicht mitgeteilt, daß er am 10. 12. 1985 nach Wien gereist ist, unrichtig ist.

Begründung:

Es heißt in dem Brief:

>   „Wie ich Dir schon gestern am Telefon mitgeteilt habe, bleibt es dabei, daß ich morgen früh nach Wien fliege."

Rechtsanwältin

Anmerkungen

1. Will der Verteidiger, daß das Gericht im Rahmen des § 245 Abs. 2 StPO über ein sächliches Beweismittel (Urkunden oder Augenscheinsobjekte) Beweis erhebt, muß er dieses dem Gericht gleichzeitig mit der Antragstellung vorlegen. Im Gegensatz zu den persönlichen Beweismitteln enthält die Strafprozeßordnung keine Bestimmung darüber, in welcher Weise die Prozeßbeteiligten die sächlichen Beweismittel zu präsentieren haben. Es reicht deshalb aus, daß der Beweisgegenstand in der Hauptverhandlung formlos, aber gebrauchsfähig vorgelegt wird (KK/*Herdegen* Rdnr. 12 zu § 245 StPO; *Alsberg/Nüse/Meyer* S. 819).

Die in den Strafakten befindlichen Schriftstücke, deren Verlesung der Verteidiger zu Beweiszwecken durchgeführt wissen will, sind präsente Beweismittel. Als solche unterfallen sie jedoch nicht der Regelung des § 245 Abs. 2, sondern des Abs. 1 StPO. Nach § 245 Abs. 1 StPO erstreckt sich die Beweiserhebungspflicht auf alle Urkunden und Beweisstücke, die bei Beginn der Hauptverhandlung vorliegen, mithin also auch auf den Inhalt der Gerichts- und Beiakten (*Alsberg/Nüse/Meyer* S. 790), sofern das Gericht zu erkennen gegeben hat, daß es von ihnen Gebrauch machen will (BGH NJW 1991, 1622 ff. – unbedingt lesen!). Der Verteidiger muß dann also keinen Beweisantrag stellen, um zu erreichen, daß eine Urkunde aus den Akten verlesen wird. Allerdings muß er kundtun, daß er die Beweisaufnahme auf die Verwertung einer bestimmten Urkunde aus den Akten ausgedehnt wissen will (KK/*Herdegen* Rdnr. 5 f. zu § 245; *Sarstedt/Hamm* Rdnr. 294). Hierzu ist ein Antrag erforderlich, der die genaue Fundstelle der Urkunde bezeichnen muß. Die Angabe eines Beweisthemas ist in diesen Fällen nicht erforderlich (vgl. *Alsberg/Nüse/Meyer*

9. Beweisantrag auf Augenscheinseinnahme in der Hauptverhandlung

S. 792 ff.; *Kleinknecht/Meyer* Rdnr. 5 zu § 245). Befindet sich dagegen die betreffende Urkunde z.B. in einem Beweismittelordner, den das Gericht als Beweismittel nicht benutzen will, muß ein vollständiger Beweisantrag (mit Angabe des Fundortes und des Beweisthemas) gestellt werden (so jetzt jedenfalls BGH NJW 1991, 1622 ff., m. Anm. *Fezer* in JR 1992, 36).

2. Das Beweismittel im Urkundenbeweis ist die Urkunde (und nicht etwa die Verlesung). Der Urkundenbegriff im prozeßualen Sinne deckt sich nicht mit dem des materiellen Strafrechts. Zu Beweiszwecken kommen nur Schriftstücke in Betracht, die nicht nur einen Gedankeninhalt verkörpern, sondern auch verlesbar sein müssen. Dies ergibt sich eindeutig aus § 249 Abs. 1 Satz 1 StPO, der im übrigen die Form dieses Beweises regelt (BGHSt 27, 135/136; zum Urkundenbeweis *Sarstedt/Hamm* Rdnr. 295 ff.; *Alsberg/Nüse/Meyer* S. 241 ff. m.w. Nachw.; KK/*Mayr* Rdnr. 8 ff. zu § 249 StPO m.w. Nachw.; *Kleinknecht/Meyer* Rdnr. 3 zu § 249 m.w. Nachw.).

3. Der Urkundenbeweis wird gem. § 249 Abs. 1 StPO regelmäßig dadurch erhoben, daß eine Urkunde oder ein anderes als Beweismittel dienendes Schriftstück (wobei zwischen Urkunde und Schriftstück i.S.d. § 249 StPO kein Unterschied besteht) verlesen wird (*Sarstedt/Hamm* Rdnr. 303). Eine besondere Form des Urkundenbeweises ist in § 249 Abs. 2 StPO geregelt. Danach kann bei allseitigem Einverständnis von einer Verlesung abgesehen werden, wenn die Richter vom Wortlaut des Schriftstückes Kenntnis genommen haben und den Prozeßbeteiligten dazu ebenfalls Gelegenheit gegeben worden ist (§ 249 Abs. 2 StPO; kritisch hierzu *Sarstedt/Hamm* Rdnr. 304).

9. Beweisantrag auf Augenscheinseinnahme in der Hauptverhandlung

An das
Landgericht Frankfurt
– 7. Strafkammer –
6000 Frankfurt 30. 11. 1985

Beweisantrag

In der Strafsache
gegen
Frau A.
– Az.: ... –

wird der nachfolgende Beweisantrag gestellt:

Zum Beweis der Tatsache, daß die Kreuzung Oberurseler-Weg/Spielsgasse in Frankfurt am Main, morgens um 10.00 Uhr an einem normalen Werktag durch die im Kreuzungsbereich parkenden Fahrzeuge nur dann für einen PKW-Fahrer einsehbar ist, wenn dieser mit seinem Fahrzeug ca. 2 m in den Kreuzungsbereich hineinfährt,

wird beantragt,

> die Inaugenscheinseinnahme[1] des Kreuzungsbereichs[2] Oberurseler Weg/Spielsgasse in Frankfurt am Main an einem Werktag um 10.00 Uhr vormittags.

Rechtsanwältin

Anmerkungen

1. Die Augenscheinseinnahme ist eine Beweiserhebung durch sinnliche Wahrnehmungen. Sie umfaßt nicht nur Wahrnehmungen mittels des Sehvermögens, sondern sinnliche Wahrnehmungen jeder Art, so auch Sehen, Hören, Riechen, Schmecken oder Fühlen (*Alsberg/Nüse/Meyer* S. 221).

Der Augenscheinbeweis kann wie jeder andere Beweis der Feststellung von unmittelbar beweiserheblichen Tatsachen oder Beweisanzeichen dienen. Er besteht darin, daß sich das Gericht durch sinnliche Wahrnehmung einen Eindruck von der Existenz oder der äußeren Beschaffenheit eines Menschen (handelt es sich hierbei um den Beschuldigten, gehört dies zur Beschuldigtenvernehmung, vgl. KK/*Pelchen* Rdnr. 1 zu § 86 m.w.Nachw.), eines Körpers oder einer Sache verschafft, daß es die Lage von Örtlichkeiten und Gegenständen feststellt oder eine Verhaltensweise oder einen vergleichbaren, sich wiederholenden Vorgang beobachtet (*Alsberg/Nüse/Meyer* S. 222).

Das Gericht kann den Augenscheinsbeweis im Gerichtssaal oder außerhalb des Gerichtsgebäudes erheben. Die Verfahrensbeteiligten haben auch hier – wie bei den übrigen Beweismitteln – die Möglichkeit, sich präsenter Beweisobjekte gem. § 245 Abs. 2 StPO zu bedienen. Der Begriff „sonstige herbeigeschaffte Beweismittel" in § 245 Abs. 2 StPO bezieht sich auch auf Augenscheinsobjekte. Wenn diese dem Gericht in der Hauptverhandlung vom Angeklagten oder seinem Verteidiger unter gleichzeitiger Stellung eines Beweisantrages präsentiert werden, muß es die Beweisaufnahme hierauf erstrecken (zum präsentem Beweismittel im einzelnen Form. VII. D. 2 Anm. 3). Bei den nichtpräsenten Augenscheinsobjekten liegt es selbst bei Vorliegen eines Beweisantrages im Ermessen des Gerichts, ob es den Beweis erhebt. Dies stellt § 244 Abs. 5 StPO klar. Danach kann der Beweisantrag auf Einnahme eines Augenscheins abgelehnt werden, wenn der Augenschein nach dem pflichtgemäßen Ermessen des Gerichts „zur Erforschung der Wahrheit" nicht erforderlich ist (im einzelnen hierzu LR/*Gollwitzer* Rdnr. 324 ff. zu § 244 StPO mit näherer Erläuterung und w. Nachw.).

2. Der Kreis der Augenscheinsgegenstände ist nicht beschränkt. Augenscheinsobjekte können deshalb Sachen aller Art, Gebäude, Örtlichkeiten, aber auch Abbildungen, Filme, Skizzen, technische Aufzeichnungen, Experimente sein, sowie Schallplatten oder Tonbandaufnahmen (*Alsberg/Nüse/Meyer* S. 229 ff. mit ausführlichen Beispielen; KK/*Pelchen* Rdnr. 6 zu § 86 StPO; LR/*Gollwitzer* Rdnr. 327 ff. zu § 244 StPO). Im einzelnen sei hier nur auf folgendes hingewiesen:

Auch Urkunden können Objekte des Augenscheins sein, wenn ihre Verlesung nicht möglich ist, wie dies z. B. der Fall ist, wenn sich auf einem Blatt Papier nur eine Aufstellung von Zahlen, Buchstaben oder zusammenhanglosen Worten befindet. Weiterhin kann ein Schriftstück in Augenschein genommen werden, wenn nicht sein Inhalt, sondern seine Beschaffenheit oder die auf ihm angebrachten Schriftzüge als solche von Bedeutung sind. Die Inaugenscheinseinnahme kann z. B. dann zur Grundlage einer richterlichen Schriftvergleichung gemacht werden (RGSt 65, 295; LR/*Meyer* Rdnr. 32 zu § 86; *Alsberg/Nüse/Meyer* S. 235). Bei Ton- und Bildträgern ist nicht nur die äußere Beschaffenheit, sondern auch der Inhalt durch Abspielen nach den Grundsätzen des Beweises durch Augenscheinseinnahme festzustellen (BGHSt 14, 341; 27, 136; LR/*Gollwitzer* Rdnr. 33 zu § 244).

Skizzen vom Tat- oder Unfallort dürfen nur dann in Augenschein genommen werden, wenn sie bei einer richterlichen Augenscheinseinnahme hergestellt und dem Augenscheinsprotokoll als Anlage beigefügt sind (RGSt 36, 55 (56); KK/*Pelchen* Rdnr. 6 zu § 86; LR/*Meyer* Rdnr. 38 zu § 86; *Alsberg/Nüse/Meyer* S. 232). Weiterhin ist ihre Verwendung auch dann zu Zwecken des Augenscheins zulässig, wenn lediglich dadurch ihre Existenz bewiesen werden soll (OLG Celle VRS 33, 43). Im übrigen sind Skizzen und Zeichnungen keine zulässigen Augenscheinsobjekte, wenn es auf ihren gedanklichen Inhalt ankommt; denn sie geben Auskunft über die Wahrnehmung ihres Herstellers und dessen Vernehmung

10. Beweisantrag auf Augenscheinseinnahme außerhalb des Gerichtssaals   VII. D. 10

darf nach § 250 StPO nicht durch andere Beweismittel ersetzt werden (LR/*Gollwitzer* Rdnr. 9 zu § 250; *Sarstedt/Hamm* Rdnr. 294). Für amtliche Tatort- oder Unfallskizzen gilt das gleiche (so jedenfalls *Alsberg/Nüse/Meyer* S. 233 mit Zitaten auch über die gegenteilige Auffassung in der Rechtsprechung; die Frage ausdrücklich offengelassen hat BGHSt 18, 51/53). Derartige Skizzen können jedoch als Vernehmungsbehelf dienen.

Technische Aufzeichnungen sind Augenscheinsgegenstände (LR/*Meyer* Rdnr. 28 zu § 86). Hierunter zählen Aufzeichnungen über Daten, Lochstreifen, Papierstreifen aus einer Registrierkasse (RGSt 55, 107), aus einer Kontrolluhr (RGSt 34, 435; 64, 17), Messdiagramme und Phasenpläne über Signalzeichen einer Wechsellichtanlage sowie Fahrtschreiberdiagramme, Software etc. (näheres zu den Fragen auch der Möglichkeiten der entspr. Auswertung durch das Gericht *Alsberg/Nüse/Meyer* S. 234).

Augenscheinsobjekte können schließlich auch Experimente und Versuche sein (s. hierzu Form. VII. D. 10).

10. Beweisantrag auf Augenscheinseinnahme außerhalb des Gerichtssaals (Durchführung eines Fahrversuchs)

An das
Amtsgericht Frankfurt
6000 Frankfurt am Main   19. 11. 1984

In der Strafsache
gegen
Herrn A.
– Az.: ...... –

wird der nachfolgende Beweisantrag gestellt:

Zum Beweis der Tatsache, daß der (nur) knapp 700 m lange Abschnitt zwischen dem Autobahnende (BAB 66) und der Kreuzung Miquel-Allee/Hansaallee in Frankfurt am Main an einem gewöhnlichen Freitag Nachmittag (zwischen 16.00–18.00 Uhr) mit einem PKW infolge des dort regelmäßig anzutreffenden Verkehrsstaus nicht unter einer Fahrtzeit von 10 Min. bewältigt werden kann,
wird beantragt,

> eine Inaugenscheinseinnahme der Fahrtstrecke und Fahrtzeit auf diesem Streckenabschnitt mittels eines PKW's[1] an einem gewöhnlichen Freitag Nachmittag in der Zeit zwischen 16.00 und 18.00 Uhr durchzuführen.

Rechtsanwältin

Anmerkungen

1. Augenscheinsobjekte können vor allem auch Experimente und Versuche sein. In Betracht kommen insbesondere Fahrversuche (BGH VRS 16, 270, 273; OLG Koblenz MDR 1971, 507), Bremsversuche, Schießversuche (RG GA 59, 133), Experimente zur Prüfung der Glaubwürdigkeit von Zeugen, Versuche zur Prüfung der Merkfähigkeit und Geschicklichkeit (eines einarmigen Zeugen vgl. RG JW 1927, 2044), der Fähigkeit eines Zeugen zur genauen Schätzung (OLG Braunschweig GA 1965, 376/377; weitere Beispiele *Alsberg/Nüse/Meyer* S. 235; LR/*Meyer* Rdnr. 33 zu § 86). Auch die Rekonstruktion des Tatverlaufs ist Augenscheinseinnahme (BGH NJW 1961, 1486). Dies gilt jedoch nicht für die Gegenüberstellung zwecks Wiedererkennung des Angeklagten durch einen Zeugen. Es handelt sich hierbei um eine Zeugenvernehmung (KK/*Herdegen* Rdnr. 14 zu § 244 StPO).

11. Beweisanregung in der Hauptverhandlung

An das
Amtsgericht Frankfurt
6000 Frankfurt am Main   20. 8. 1985

In der Strafsache
gegen
Herrn A.
– Az.: ... –

regt[1] die Verteidigung an,

die im Gerichtssaal anwesende Zeugin S. M. zu vernehmen.

1. Ebenso wie der in der Hauptverhandlung bereits vernommene Zeuge P. K. wird auch die Zeugin S. M. bestätigen,[2] daß Herr A an der Besprechung vom 3. 7. 1984 im Hotel „Frankfurter Hof" nicht teilgenommen hat.
2. Die Zeugin S. M., die von Anfang an an der Besprechung teilgenommen hat, wird weiterhin darüber Auskunft geben können, ob das Fehlen des Herrn A. im Besprechungsprotokoll vermerkt wurde.

Rechtsanwältin

Anmerkungen

1. Mit der Beweisanregung wird vom Gericht die Beweisaufnahme nicht gefordert, es wird ihm lediglich nahegelegt, über bestimmte Tatsachen Beweis zu erheben. Die Beweisanregung ist weder ein Beweisantrag, noch überhaupt ein Antrag (letzteres unterscheidet ihn von dem Beweisermittlungsantrag vgl. Form. VII. D. 12. Dies hat zur Konsequenz, daß das Gericht bei seiner Entscheidung über die Anregung nicht an die Einhaltung der §§ 244 Abs. 3–6 oder 245 Abs. 2 StPO gebunden ist (*Sarstedt/Hamm* Rdnr. 277). Es braucht ihr grundsätzlich nur zu entsprechen, wenn die Aufklärungspflicht es dazu drängt, die aufgezeigte Beweismöglichkeit zu nutzen (BGH VRS 41, 206; KK/*Herdegen* Rdnr. 62 zu § 244; LR/*Gollwitzer* Rdnr. 123 ff. zu § 244; *Alsberg/Nüse/Meyer* S. 65 ff.; a. A. OLG Frankfurt/M., StV 1988, 243 f. (m. Anm. *Michalke*), das die Auffassung vertritt, die Fürsorgepflicht des Gerichts könne es gebieten, dem Antragsteller in der Hauptverhandlung die Gründe bekannt zu geben, die für die Ablehnung der Beweisanregung ausschlaggebend sind). Verkennt allerdings das Gericht die ihm aus einer Beweisanregung erwachsende Aufklärungspflicht, kann der Angeklagte die Tatsache der Beweisanregung zur Grundlage einer Aufklärungsrüge machen (*Sarstedt/Hamm* Rdnr. 255). Hierbei kann er unter Hinweis auf die Anregung jederzeit behaupten, daß die Umstände, die das Gericht zur Beweiserhebung hätten drängen müssen, bekannt waren.

Es empfiehlt sich in Anbetracht der revisionsrechtlichen Relevanz auch der Beweisanregung, stets zu beantragen, daß die Anregung in das Protokoll der Hauptverhandlung aufgenommen wird. Der Vorsitzende kann dies anordnen, obwohl er es nach der Strafprozeßordnung nicht muß, da nur Anträge protokollierungspflichtig sind (§ 273 StPO).

Die Beweisanregung kann sich insbesondere dann empfehlen, wenn der Verteidiger nicht sicher ist, ob ein bestimmter Umstand für das Gericht noch Bedeutung hat oder als bereits erwiesen erachtet wird, er aber vermeiden will, daß durch die ausdrückliche Forderung einer Beweiserhebung (durch Beweisantrag) beim Gericht der (falsche) Anschein erweckt wird, seitens der Verteidigung bestünden diesbezüglich noch Zweifel. Regt er in solchen Fällen die Beweisaufnahme nur an und verbindet er sie dann noch mit dem Zusatz: „Wenn das Gericht überhaupt dieser Tatsache Bedeutung beimißt" oder: „wenn das Gericht nicht bereits aufgrund der durchgeführten Hauptverhandlung die Tatsache für erwiesen ansieht", dann macht er damit hinreichend deutlich, daß es sich um eine reine Vorsorgemaßnahme handelt und die Beweiserhebung in den Augen der Verteidigung als entbehrlich angesehen wird. (Zu den Hilfsanträgen unter der Voraussetzung von Hilfserwägungen vgl. Form. VII.D. 15 und 16). Inwieweit von der Beweisanregung auch dann Gebrauch zu machen ist, wenn sich der Verteidiger über das Ergebnis der Beweiserhebung nicht vollständig im klaren ist, hängt davon ab, inwieweit er glaubt, riskieren zu können, daß der Beweis im Falle seiner Erhebung zu Ungunsten des Mandanten ausfällt. Zwar wird die Gefahr, daß sich durch ein einziges ungünstiges Beweisergebnis die Gesamtsituation für den Angeklagten nachteilig verändert, generell dann gering sein, wenn sich das Thema der Beweisanregung ersichtlich mit dem Randgeschehen oder mit Nebenindizien befaßt. Dennoch ist auch hier, wie in allen denjenigen Fällen, in denen der Verteidiger das Beweisergebnis vor Stellung seines Beweisantrages nicht kennt, im allgemeinen eher Zurückhaltung auch bei dem (bloßen) Anregen einer Beweiserhebung geboten. Nicht in jedem Fall kann in einem laufenden Verfahren stets abgeschätzt werden, was in den Augen des Gerichts wesentlich oder unwesentlich ist, und bei der abschließenden Beweiswürdigung spielt es keine Rolle, ob der (dann plötzlich doch erhebliche und damit belastende) Beweis aufgrund einer Beweisanregung oder eines Beweisantrags der Verteidigung erhoben wurde.

2. Die Beweisanregung kann in den unterschiedlichsten Formen erfolgen. Sie kann in Gestalt eines vollständig ausformulierten „Beweisantrages", also mit genauer Angabe der Beweistatsache und der Beweisperson, erklärt werden (wie im vorliegenden Fall, 1. Beweisbehauptung). Möglich ist aber auch als Hinweis auf noch durchzuführende Ermittlungen, gleichsam also als ein Beweisermittlungs„antrag" (wie im vorliegenden Fall Ziff. 2 des Beweisersuchens und der Fall, der der Entscheidung des OLG Frankfurt/M., StV 1988, 243 (m. Anm. *Michalke*) zugrunde liegt). Angeregt werden kann weiterhin, daß eine bereits durchgeführte Beweisaufnahme wiederholt wird oder daß bereits vorhandene Beweismittel in einer bestimmten Art und Weise genutzt werden, z.B. in Form einer Gegenüberstellung oder durch die Vornahme von Experimenten mit diesen (*Alsberg/Nüse/Meyer* S. 68).

12. Beweisermittlungsantrag in der Hauptverhandlung

An das
Amtsgericht Darmstadt
Mathildenplatz 14
6100 Darmstadt   23.9.1985

In dem Strafverfahren
gegen
Herrn A

– Az.: ... –

wegen des Verdachts der Gewässerverunreinigung

wird beantragt,
    zur weiteren Aufklärung des Sachverhalts die Behördenakte[1] des Regierungspräsidenten in Darmstadt – Obere Wasserbehörde – zum Aktenzeichen – 1 Behörde – 3/ 84 – beizuziehen.

Begründung:

Zur Begründung wird auf die verwaltungsrechtliche Bedeutung für die Beurteilung der strafrechtlichen Relevanz der Verunreinigung eines Gewässers verwiesen. § 324 StGB spricht von Verunreinigung nur im Zusammenhang mit der fehlenden auf dem Gebiet des Verwaltungsrechts zu regelnden wasserrechtlichen Genehmigung.

Die Verteidigung ist sich bewußt, daß es sich bei dem Antrag auf Beiziehung der Behördenakten um einen Beweisermittlungsantrag handelt. In diesem Zusammenhang wird jedoch darauf hingewiesen, daß die bisherige Hauptverhandlung keine hinreichende Klarheit über den Umfang der in Rede stehenden Einleiteerlaubnis erbracht hat, diese Frage sich aber nach den Angaben des Zeugen Oberregierungsrat Dr. P durch die Einsichtnahme in die Behördenakten eindeutig klären läßt.

Rechtsanwältin

Anmerkungen

1. Der Beweisermittlungsantrag ist im Gegensatz zur Beweisanregung ein Antrag und damit protokollierungsbedürftig i. S. d. § 273 StPO. Ihm fehlt jedoch im Gegensatz zum Beweisantrag i.e.S. die konkrete Angabe der Beweistatsache oder des Beweismittels. Der Beweisermittlungsantrag dient dazu, die Fakten erst auszuforschen (*Alsberg/Nüse/Meyer* S. 75 ff.; LR/*Gollwitzer* Rdnr. 115 ff. zu § 244 StPO). Die charakteristische Formulierung, durch die sich der Beweisermittlungsantrag vom Beweisantrag unterscheidet, ist, daß im allgemeinen beantragt wird, entsprechende Erkundigungen einzuholen, **ob** eine bestimmte Vermutung zutrifft (also wie bei Form. VII.D. 11 Ziff. 2 des Beweisersuchens), während der Beweisantrag darauf gerichtet ist, **daß** eine bestimmte Tatsache vorliegt (grundlegend hierzu *Schlothauer* StV 1988, 542 ff.; vgl. auch *Michalke* StV 1990, 184 ff.; KK/*Herdegen* Rdnr. 52 ff. zu § 244; *Sarstedt/Hamm* Rdnr. 277).

Im vorliegenden Fall ergibt sich der Beweisermittlungsantrag aus der Tatsache, daß die Beiziehung von Akten in ihrer Gesamtheit beantragt wurde und (mangels Kenntnis des Verteidigers) auf ein konkretes Beweismittel, d.h. eine einzelne Urkunde, einen einzelnen Aktenvorgang oder eine einzelne Eintragung nicht hingewiesen wurde. Der Verweis auf **die** Akten als Beweismittel erfüllt regelmäßig nicht die Anforderungen, die an die Konkretisierung des Beweismittels innerhalb eines Beweisantrags i.e.S. zu stellen sind (KK/*Herdegen* Rdnr. 51 zu § 244. Zur Ausnahme von Akten „kleineren Umfangs" vgl. RG JW 1927, 2468 Nr. 21).

Ebenso wie die Beweisanregung verpflichtet der Beweisermittlungsantrag das Gericht grundsätzlich nicht zu einer förmlichen Bescheidung gem. § 244 Abs. 6 StPO. Es mehren sich jedoch die Stimmen in Literatur und Rechtsprechung, die es durch die Fürsorgepflicht des Gericht als geboten ansehen, daß der Vorsitzende dem Antragsteller eröffnet, ob das Gericht der Anregung stattgeben werde oder warum es davon absehen wolle (KK/*Herdegen* Rdnr. 54 zu § 244 m.w. Nachw.; *Kleinknecht/Meyer* Rdnr. 27 zu § 244; LR/*Gollwitzer* Rdnr. 121 zu § 244 StPO; BGHSt 30, 131/143; BGH NStZ 1985, 229; OLG Frankfurt/M. StV 88, 243 ff. m. Anm. *Michalke*: Mitteilung der Ablehnungsgründe durch das Gericht). Gegen die ablehnende Entscheidung des Vorsitzenden soll danach auch das Verlangen nach einem Gerichtsbeschluß gemäß § 238 Abs. 2 StPO zulässig sein (LR/*Gollwitzer* Rdnr. 121 zu § 244 m.w. Nachw.; *Alsberg/Nüse* 4. Aufl., S. 60; a. A. *Kleinknecht/Meyer* Rdnr. 27 zu § 244; *Alsberg/Nüse/Meyer* S. 90).

Ob es zweckdienlich ist, den Beweisermittlungsantrag nach seiner Zurückweisung in Form eines Beweisantrages zu stellen, muß dem Einzelfall vorbehalten bleiben. Wenn der Verteidiger jedoch erkennbar lediglich die sprachliche Formulierung umstellt (aus „ob" ein „daß" macht), wird er sich unter Umständen auf die Frage des Gerichts gefaßt machen müssen, aufgrund welcher Anhaltspunkte sich sein ursprüngliches Ausforschungsersuchen in eine bestimmte Tatsachenbehauptung verwandelt hat (vgl. hierzu dann allerdings wieder Anm. 4 zu Form. VII.D. 1).

Unabhängig hiervon dient aber auch der Beweisermittlungsantrag – ebenso wie die Beweisanregung – vornehmlich der Aktualisierung der richterlichen Aufklärungspflicht (KK/*Herdegen,* Rdnr. 54 zu § 244), was für den Fall, daß das Gericht die beantragten Ermittlungen nicht durchführt, unter revisionsrechtlichen Gesichtspunkten von Bedeutung sein kann (vgl. hierzu die Literatur und Rechtsprechungsnachweise bei Form. VII.D. 11 Anm. 1).

13. Beweisantrag im Zwischenverfahren gem. § 201 StPO

An das
Amtsgericht[1]
– Schöffengericht –
6000 Frankfurt   1. 2. 1986

In dem Strafverfahren
gegen
Herrn A.
– Az.: ... –

wird gem. § 201 StPO[2] beantragt,[3]

noch vor der Entscheidung über die Eröffnung des Hauptverfahrens Frau H. M., Lersnerstraße 5, Frankfurt am Main als Zeugin zu vernehmen

zum Beweis der Tatsache,

daß Herr A. von ihr ausdrücklich ermächtigt wurde, den in der Anklageschrift bezeichneten Quittungsbeleg mit ihrem Namen (H. M.) zu unterzeichnen.

Begründung:

Die Vernehmung der Zeugin wird ergeben, daß der Vorwurf der Anklage, Herr A. habe eine Urkundenfälschung gem. § 267 StGB begangen, nicht haltbar ist. War die Zeugin H. M. damit einverstanden, daß Herr A. mit ihrem Namen unterzeichnet und hat sie ihn hierzu gerade ausdrücklich aufgefordert, dann entfällt das Tatbestandsmerkmal des Herstellens einer unechten Urkunde i. S. d. § 267 StGB und damit gleichzeitig die Voraussetzung für die Eröffnung des Hauptverfahrens gegen Herrn A.

Rechtsanwältin

Anmerkungen

1. Gemäß § 201 Abs. 2 StPO beschließt das für die Eröffnung des Hauptverfahrens zuständige Gericht über die Anträge des Angeschuldigten, die dieser auf die Mitteilung über die Anklageerhebung (§ 201 Abs. 1 StPO) hin stellt. Die Beweisanträge sind somit an das Gericht und nicht etwa wie im Falle des § 219 StPO (Anträge zur Vorbereitung der Hauptverhandlung, vgl. Form. VII. D. 6) an den Vorsitzenden zu richten.

2. Nachdem der Vorsitzende des für die Eröffnung zuständigen Gerichts dem Angeschuldigten die Anklageschrift zugestellt hat, ist dieser berechtigt, auch in Form von Beweisanträgen seine Einwendungen gegen die Eröffnung des Hauptverfahrens (mithin also gegen die Anklageschrift) vorzubringen. Er muß dies innerhalb einer bestimmten Frist tun, die ihm mit der Zustellung der Anklageschrift durch den Vorsitzenden gesetzt wird. Ob der Beweisantrag, der nach Fristablauf eingeht, vom Gericht beschieden werden muß, ist strittig (dafür LR/*Rieß* Rdnr. 18 zu § 201; dagegen: KK/*Treier* Rdnr. 11 zu § 201). Jedenfalls ist das Vorbringen des Angeschuldigten aber bei der Entscheidung über die Eröffnung des Hauptverfahrens zu berücksichtigen (KK/*Treier* Rdnr. 11 zu § 201; zur Möglichkeit der Fristverlängerung zur Stellungnahme auf die Anklage, vgl. Form. VI. Vorbemerkung).

3. Der **Beweisantrag** des Angeschuldigten gem. § 201 StPO sollte möglichst die Angabe enthalten, welches Beweismittel zu benutzen ist und welche konkrete Tatsache dadurch bewiesen werden kann. Da er zwingend aber nicht den inhaltlichen Anforderungen von Beweisanträgen i.S. des § 244 StPO entsprechen muß, kann er auch in Form eines Beweisermittlungsantrages gestellt werden (LR/*Rieß* Rdnr. 22 zu § 201; a.A. *Alsberg/Nüse/Meyer* S. 344; *Kleinknecht/Meyer* Rdnr. 6 zu § 201). Der Beweisantrag oder die sonstigen Anträge auf Vornahme einzelner Beweiserhebungen im Rahmen des § 201 StPO dienen dem Zweck, den hinreichenden Tatverdacht zu entkräften und damit die Eröffnung des Hauptverfahrens zu verhindern. Ihnen ist nachzugehen, wenn die Beweiserhebung die Art und den Umfang der Eröffnungsentscheidung beeinflussen kann. Zur Klärung der Frage, wann dies der Fall ist, kann das Gericht die Maßstäbe des § 244 Abs. 3 StPO heranziehen (LR/*Rieß* Rdnr. 30 zu § 201; a.A. KK/*Treier* Rdnr. 19 zu § 201; *Kleinknecht/Meyer* Rdnr. 8 zu § 201). Unzulässig ist jedoch die Zusage, die Beweistatsache werde in der Hauptverhandlung als wahr unterstellt (*Alsberg/Nüse/Meyer* S. 345). Zulässig ist die Wahrunterstellung zu Gunsten des Angeschuldigten dann, wenn sie eindeutig nur auf die Eröffnungsentscheidung ausgerichtet ist (LR/*Rieß* Rdnr. 30 zu § 201).

Über den Beweisantrag muß im Falle seiner Ablehnung ausdrücklich entschieden werden. Eine stillschweigende Ablehnung der Beweiserhebung durch die Eröffnung des Hauptverfahrens reicht nicht aus (RGSt 44, 380, 381; KK/*Treier* Rdnr. 14 zu § 201). Ergeht der Eröffnungsbeschluß und wurde bei seiner Entscheidung ein Beweisantrag versehentlich übergangen, richtet sich die weitere Verfahrensweise nach § 33a StPO (sofern der Beweisantrag eine Stellungnahme zu „Tatsachen oder Beweisergebnissen" (§ 33a StPO) enthält), was unter Umständen dazu führen kann, daß über den Erlaß des Eröffnungsbeschlusses neu zu entscheiden ist (OLG Hamburg NJW 1965, 2417; vgl. aber auch BGH NStZ 1982, 125).

Ist der Beweisantrag zurückgewiesen worden, ist die endgültige Entscheidung des Gerichts getroffen. Sie ist unanfechtbar (§ 201 Abs. 2 Satz 2 StPO). Daraus ergibt sich insbesondere, daß die Wiederholung der Antragstellung im Hauptverfahren erforderlich ist, wenn der Angeklagte auf die Beweiserhebung – dieses Mal mit Blick auf die endgültige Entscheidung des Gerichts – Wert legt.

14. Beweisantrag im Ermittlungsverfahren (§ 163 a Abs. 2 StPO)

An die
Staatsanwaltschaft[1] b. d.
Landgericht Koblenz
Karmeliterstraße 14
5400 Koblenz 27. 6. 1985

In dem Ermittlungsverfahren
gegen
Herrn A.
– Az.: ... –

wird beantragt,[2] im Rahmen ergänzender Ermittlungen

Herrn K. M.,
Stauffenstraße 1,
5400 Koblenz,

als Zeugen zu vernehmen. Herr K. M. hat der Verteidigung gegenüber erklärt, er wisse, – und könne dies auch belegen –, daß Herr A. die in Rede stehenden Zeichnungen aus dem Nachlaß des Herrn X. aufgekauft hat.
Diese Beweistatsache ist für das vorliegende Ermittlungsverfahren von Bedeutung, denn hierdurch wird der Verdacht ausgeräumt, Herr A. habe die Zeichnungen gestohlen.
Für den Fall, daß Herr K. M. zu einem Vernehmungstermin vorgeladen wird, bitte ich um Nachricht.[3]

Rechtsanwältin

Anmerkungen

1. Bereits im Stadium des Ermittlungsverfahrens kann der Beschuldigte gegenüber der Staatsanwaltschaft und der Polizei Beweisanträge stellen. Hierüber ist der Beschuldigte bei seiner ersten Vernehmung vor dem Richter (§ 136 Abs. 1 Satz 3 StPO), der Staatsanwaltschaft (§ 163 a Abs. 3 Satz 2 StPO) oder der Polizei (§ 163 a Abs. 4 Satz 2 StPO) zu belehren. Beweisanträge im Ermittlungsverfahren gelten grundsätzlich als an die Ermittlungsbehörde (Staatsanwaltschaft) gerichtet. Dies gilt auch bei Anträgen auf richterliche Vernehmung im Ermittlungsverfahren (LR/*Meyer-Goßner* Rdnr. 21 zu § 163a; *Alsberg/Nüse/Meyer* S. 338). Der Ausnahmefall ist in § 166 StPO geregelt: Vernimmt der Richter am Amtsgericht den Beschuldigten und stellt dieser Beweisanträge, so hat er die Beweise zu erheben, wenn er sie für erheblich erachtet und „wenn der Verlust der Beweise zu besorgen ist oder die Beweiserhebung die Freilassung des Beschuldigten begründen kann" (§ 166 Abs. 1 StPO).
Die Stellung von Beweisanträgen ist auch im **Haftprüfungstermin** möglich. Sie werden dann vom Gericht entgegengenommen und entschieden (vgl. hierzu auch Form. V. 4. Anm. 10).

2. Die Beweisanträge des Beschuldigten im Ermittlungsverfahren bedürfen keiner besonderen Form. Die Staatsanwaltschaft muß gem. § 160 Abs. 2 und 3 StPO alles erforschen, was für die Sache von Bedeutung ist, weshalb sie nicht nur den entsprechenden Beweisanträgen, sondern auch den Beweisermittlungsanträgen, bzw. den Beweisanregungen des Beschuldigten nachgehen muß (LR/*Meyer-Goßner* Rdnr. 20 zu § 163a StPO; grundlegend: *Krekeler* NStZ 1991, 367ff.). Entsprechend gering sind auch die Anforderungen an Form und Inhalt. Der Antrag kann schriftlich oder mündlich, insbesondere auch bei den jeweiligen Vernehmungen gestellt werden.

Die Ermittlungsbehörde (und im Fall seiner Zuständigkeit der Richter, vgl. §§ 166, 118a Abs. 3 StPO) entscheidet über die Frage, ob eine bestimmte Beweistatsache von Bedeutung ist, nach eigenem Ermessen. Eine Bindung an die strengen Regeln des § 244 Abs. 3–5 StPO besteht nicht. Die Entscheidung über die Beweisanträge des Beschuldigten sollen sich allerdings an den zu § 244 Abs. 3–5 StPO entwickelten Kriterien orientieren (LR/*Meyer-Goßner* 23. Aufl. Rdnr. 21 zu § 163a StPO). Kommt die Staatsanwaltschaft dem Antrag nicht nach, besteht (bedauerlicherweise) keine Möglichkeit, die ablehnende Entscheidung einem Gericht zur Überprüfung vorzulegen. Auch ein Antrag auf gerichtliche Entscheidung in dem Verfahren nach den §§ 23 ff. EGGVG ist nicht zulässig (LR/*Schäfer* § 23 EGGVG Rdnr. 38 ff. m.w. Nachw.). Allenfalls kommt die Dienstaufsichtsbeschwerde an die der Staatsanwaltschaft vorgesetzte Behörde in Betracht (LR/*Meyer-Goßner* § 163a Rdnr. 22).

3. Gibt die Ermittlungsbehörde einem Beweisantrag des Beschuldigten statt, muß sie ihm dies nicht bekanntmachen. Es besteht kein Anwesenheitsrecht des Beschuldigten oder seines Verteidigers bei Zeugenvernehmungen der Staatsanwaltschaft oder der Polizei. Ihnen kann jedoch die Anwesenheit gestattet werden (LR/*Müller* Rdnr. 31 zu § 163a StPO). Man sollte deshalb als Verteidiger bei der Antragstellung ein entsprechendes Interesse erkennen lassen.

Bei richterlichen Vernehmungen von Zeugen und Sachverständigen ist die Benachrichtigung des Verteidigers und des Beschuldigten zwingend (§ 168c Abs. 2 und 5 StPO). Eine Ausnahme hiervon ergibt sich für den Beschuldigten und seinen Verteidiger nur dann, wenn durch ihre Benachrichtigung der Untersuchungserfolg gefährdet würde (§ 168c Abs. 5 StPO). Zu beachten ist dabei jedoch, daß der Verteidiger (nicht der Beschuldigte) in diesen Fällen sein Anwesenheitsrecht behält, wenn er anderweitig von dem Vernehmungstermin, bzw. -ort erfahren hat und dann erscheint. Er kann dann nicht ausgeschlossen werden (BGHSt 29, 1 ff., 5).

Wird gegen diese Benachrichtigungspflicht verstoßen, so ist die Verlesung und Verwertung des richterlichen Protokolles in der Hauptverhandlung als Beweismittel gem. § 251 Abs. 1 StPO ausgeschlossen, wenn der nicht benachrichtigte Prozeßbeteiligte der Verwertung der Niederschrift zu Beweiszwecken widerspricht (LR/*Meyer-Goßner* Rdnr. 30 zu § 168c m.w. Nachw.).

15. Der bedingte Beweisantrag (unechter Hilfsbeweisantrag)[1]

An das
Landgericht München
– 4. Große Strafkammer –[2]
8000 München   26. 2. 1986

In dem Strafverfahren
gegen
Herrn A.
– Az.: ... –

wird für den Fall,[3] daß das Gericht die Angaben des in der Hauptverhandlung bereits abschließend vernommenen Alibizeugen Y nicht für glaubwürdig ansehen sollte, beantragt,

Herr P. T., 3000 Hannover, Stegmattweg 25

als Zeugen zu vernehmen zum Beweis der folgenden Tatsache:[4]

Herr P. T. ist der Nachtportier im Hotel „Königshof" in Hannover. Herr A. hat das Hotel am Tatabend in der Zeit zwischen 19.00 und 23.00 Uhr nicht verlassen.

15. Der bedingte Beweisantrag (unechter Hilfsbeweisantrag)   VII. D. 15

Zur Vermeidung von Mißverständnissen wird darauf hingewiesen, daß auf eine Entscheidung über den vorstehenden Antrag vor Abschluß der endgültigen Urteilsberatung durch Beschluß nicht verzichtet wird. Ohne die entsprechende Mitteilung vor der Urteilsverkündung geht die Verteidigung davon aus, daß das Gericht den Eintritt der Bedingung auch in der Urteilsberatung nicht annimmt.[5]

Rechtsanwältin

Anmerkungen

1. Der bedingte Beweisantrag (oft auch als Hilfsbeweisantrag bezeichnet) führt in der Praxis ein Schattendasein, das unverständlich ist angesichts der Tatsache, daß dem Verteidiger hiermit ein wichtiges Instrument bei seinen Bemühungen um die „Früherkennung" richterlicher Beweiswürdigung in die Hand gegeben ist (zu den Möglichkeiten der „Früherkennung" vgl. *Hamm,* Festschrift für Karl Peters S. 169 ff.). Die gleichzeitige Verknüpfung des Beweisersuchens mit einer für den Antragsteller ungewissen Sach- oder Prozeßlage („für den Fall, daß das Gericht die Angaben des Alibizeugen Y nicht für glaubwürdig ansehen sollte"), bietet dem Verteidiger die Möglichkeit, aus der Art und Weise der Entscheidung über seinen Antrag Rückschlüsse zu ziehen (vgl. *Schothauer* StV 1988, 542 ff./546, der den bedingten Beweisantrag – ebenso wie BGH StV 1990, 149 – untypisch als „Eventualbeweisantrag" bezeichnet; *Michalke* StV 1990, 184 ff.). Geht das Gericht dem beantragten Beweis nach, ist in aller Regel davon auszugehen, daß das Gericht vom Eintritt der Bedingung (also hier der Unglaubwürdigkeit des Alibizeugen Y) ausgeht. Zwar ist das Gericht nicht gezwungen, auf die vom Antragsteller gesetzte Bedingung einzugehen. Es kann seinen Antrg auch als unbedingt gestellten behandeln und den Beweis erheben (BGH StV 1990, 149; *Alsberg/Nüse/Meyer* S. 59). Aber auch in diesem Fall wird die Erhebung des Beweises für den Verteidiger ein deutliches (Warn-)Zeichen dafür sein, daß das Gericht das „Alibi" seines Mandanten zumindest noch für aufklärungsbedürftig hält. Er wird sich dann vor allem überlegen müssen, ob noch weitere Beweisanträge zu stellen sind.

Aber auch bei Ablehnung des bedingt gestellten Beweisantrages besteht für den Verteidiger die Möglichkeit, durch geeignete Maßnahmen auf den weiteren Fortgang des Verfahrens einzuwirken. Anders als beim „echten" Hilfsbeweisantrag (vgl. Form. VII. D. 16) darf das Gericht die Gründe der Ablehnung des bedingten Beweisantrages nicht erst mit den schriftlichen Urteilsgründen bekanntgeben (*Alsberg/Nüse/Meyer* S. 57 ff.; *Michalke* StV 1990, 184 ff. – zugleich Anm. zu BGH StV 1990, 149; *Schlothauer* StV 1988, 542 ff./546; auch noch *Herdegen* in der 1. Aufl. KK Rdnr. 54 zu § 244, jetzt mit modifizierter Auffassung in der 2. Auflage, Rdnr. 49 zu § 244). Beachtet werden muß allerdings die Entscheidung des BGH (StV 1990, 149 ff.), wonach das Gericht die Ablehnung immer dann (erst) in den Urteilsgründen bekanntgeben kann, wenn über den Eintritt der Bedingung „nur im Zusammenhang mit der Urteilsberatung" entschieden werden kann. Es empfiehlt sich deshalb stets der Zusatz, daß „auf eine Entscheidung über den gestellten (bedingten) Beweisantrag vor Abschluß der Urteilsberatung nicht verzichtet" und ohne eine derartige Mitteilung vom Eintritt der Bedingung in der Urteilsberatung nicht ausgegangen wird (vgl. hierzu unten Anm. 5 zu diesem Formular). Es muß ihn dann – ebensowie den unbedingten Beweisantrag – im Rahmen der Beweisaufnahme förmlich durch Beschluß bescheiden (§ 244 Abs. 6 StPO), wenn es vom Eintritt der Bedingung ausgeht. Für die Zurückweisung sind die Gründe des § 244 Abs. 3–5 StPO maßgebend.

2. Der bedingte Beweisantrag kann wie der unbedingte in jedem Verfahrensstadium gestellt werden, in dem dem Verteidiger und dem Angeklagten das Recht zum Antrag auf Beweiserhebung zusteht, also in der Hauptverhandlung, im Ermittlungs- und im Zwischenverfahren. Adressat ist wie beim unbedingten Beweisantrag grundsätzlich das Ge-

richt. Lediglich im Ermittlungsverfahren ist er an die Staatsanwaltschaft (vgl. Form. VII. D. 14 Anm. 1) und im Falle der Antragstellung gem. § 219 StPO unmittelbar an den Vorsitzenden des Gerichts (Form. VII. D. 6 Anm. 2) zu richten.

3. Bei dem bedingten Beweisantrag macht der Antragsteller sein Beweisbegehren von einer für ihn (noch) ungewissen Sach- oder Prozeßlage abhängig (KK/*Herdegen* Rdnr. 49 zu § 244; LR/*Gollwitzer* Rdnr. 164 zu § 244; *Alsberg/Nüse/Meyer* S. 57 ff.). Die Bedingung, von der die Beweiserhebung abhängig gemacht wird, kann beliebig gewählt werden. Im vorliegenden Fall ist der Antrag von einer bestimmten Auffassung des Gerichts („Unglaubwürdigkeit des Y") abhängig. Das Gericht muß den Zeugen P. T. nur dann vernehmen, wenn es dem bereits vernommenen Zeugen Y nicht glaubt. Die Verknüpfung mit einer solchen Bedingung ist zulässig (BGHSt 29, 396/397 unter Hinweis auf RG JW 1929, 261).

Daß das Gericht durch die Stellung solcher (oder ähnlicher) Beweisanträge gezwungen werden kann, seine Beurteilung von der Beweislage schon vor dem Urteil bekanntzugeben, ist kein Grund für die Unzulässigkeit des bedingten Beweisantrages. Das Gericht ist auch bei den unbedingt gestellten Beweisanträgen mitunter gezwungen, die Beweiswürdigung vorwegzunehmen und sich dazu zu äußern, ob es von bestimmten Umständen überzeugt ist (*Alsberg/Nüse/Meyer* S. 59).

Als weitere Bedingungen kommen infrage, daß ein bestimmter Umstand für das Gericht von Bedeutung, offenkundig, unerheblich oder noch nicht erwiesen ist, daß das Gericht einen anderen, unbedingt gestellten Antrag ablehnt, einen bestimmten Zeugen vereidigt oder die Einlassung des Angeklagten für unwahr hält. Die Bedingung kann ferner im Eintritt einer bestimmten Prozeßlage oder im Verhalten eines anderen Verfahrensbeteiligten bestehen, so z.B. wenn ein Zeuge noch für den Fall benannt wird, daß ein anderer Zeuge eine bestimmte Aussage macht oder der Antrag davon abhängig ist, daß der Staatsanwalt eine bestimmte, dem Antragsteller ungünstige Auffassung vertritt (vgl. *Alsberg/ Nüse/Meyer* S. 58 m. w. Beisp.; LR/*Gollwitzer* Rdnr. 164 zu § 244; KK/*Herdegen* Rdnr. 49 zu § 244).

4. Der bedingte Beweisantrag muß im Hinblick auf die Angabe des Beweismittels und der Beweistatsachen den Anforderungen entsprechen, die an den unbedingten Beweisantrag gestellt werden. Vgl. hierzu Form. VII. D. 1. Anm. 3 und 4.

5. Will das Gericht in der Hauptverhandlung den bedingten Beweisantrag zurückweisen, obgleich es von dem Eintritt der Bedingung ausgeht, kann dies grundsätzlich nur aus den gesetzlich vorgegebenen Gründen des § 244 Abs. 3–5 StPO und in der Form des § 244 Abs. 6 StPO geschehen. Es kann den bedingten Beweisantrag nicht wie den Hilfsbeweisantrag (vgl. Form. VII. D. 16) erst in den Urteilsgründen zurückweisen (Revisionsgrund!). Der in dem vorliegenden Formular enthaltene letzte Absatz (Nicht-Verzicht auf rechtliches Gehör, Ausgehen vom Nicht-Eintritt der Bedingung) ist deshalb an sich überflüssig. Im Hinblick auf die Entscheidung des BGH in StV 1990, 149 (m. abl. Anm. *Michalke* StV 1990, 184 ff.) und die nunmehr von *Herdegen* in KK 2. Auflage, Rdnr. 49 zu § 244 vertretene Auffassung muß einstweilen aber empfohlen werden, diesen Zusatz stets zur Klarstellung anzubringen. Das Gericht kann dann nicht einfach vom Eintritt der Bedingung ausgehen, ohne dies dem Angeklagten mitzuteilen. Erfolgt die Mitteilung, sollte vorsichtshalber ein unbedingter Beweisantrag gestellt werden.

16. Hilfsbeweisantrag

An das
Amtsgericht[1]
5400 Koblenz 1. 4. 1985

In der Strafsache
gegen
Herrn A.
– Az. ... –

wird hilfsweise[2] für den Fall, daß das Gericht davon ausgehen sollte, Herr A habe eine echte Urkunde verfälscht und damit eine Urkundenfälschung i. S. d. § 267 StGB begangen, beantragt,

ein graphologisches Sachverständigengutachten einzuholen,

zum Beweis der Tatsache,[3] daß es sich bei den Schriftzügen auf der Kontrollkarte (Vorderseite) nicht um diejenigen des Herrn A handelt.
Auf eine Entscheidung über diesen Antrag vor Abschluß der endgültigen Urteilsberatung durch Beschluß wird nicht verzichtet. Ohne eine derartige Mitteilung vor der Urteilsverkündung gehen der Verteidiger und der Angeklagte davon aus, daß das Gericht den Eintritt des Hilfsfalls auch in der Urteilsberatung nicht annimmt.[4]

Rechtsanwältin

Anmerkungen

1. Der Hilfsbeweisantrag ist stets mit einem Hauptantrag, z.B. dem auf Freisprechung verknüpft und wird deshalb üblicherweise (aber nicht notwendigerweise) im Rahmen des Schlußvortrages gestellt (KK/*Herdegen* Rdnr. 49 zu § 244; *Schlothauer* StV 1988, 542 ff.; *Michalke* StV 1990, 184 ff.). Ein Beweisantrag, den der Verteidiger während des Plädoyers in unmittelbarem Zusammenhang mit dem Antrag auf Freisprechung stellt, wird im Zweifel als Hilfsbeweisantrag verstanden. Der Antrag wird dahingehend ausgelegt, daß der Antragsteller eine Entscheidung (über den Antrag) nur zugleich mit der über den Hauptantrag wünscht (*Alsberg/Nüse/Meyer* S. 61; BGH bei *Dallinger* MDR 1951, 275; *Sarstedt/Hamm* Rdnr. 279 ff.).

2. Der Hilfsbeweisantrag ist eine Unterart des bedingten Beweisantrages. Die Verknüpfung mit dem Hauptantrag im Schlußvortrag stellt gleichzeitig das Charakteristikum des Hilfsbeweisantrages dar mit der Folge, daß vermutet wird, daß der Antragsteller für die Zeit vor der Urteilsverkündung auf die Bekanntgabe der Gründe, aus denen das Gericht ggf. den Beweisantrag ablehnt, **verzichtet** (KK/*Herdegen* Rdnr. 49 zu § 244; *Alsberg/Nüse/Meyer* S. 59 f.). Durch diesen Verzicht auf den gesonderten Beschluß gem. § 244 Abs. 6 StPO ist es dem Gericht gestattet, die ablehnende Entscheidung über den Hilfsbeweisantrag erst mit den Urteilsgründen bekanntzugeben. Dies gilt allerdings nicht für den Ablehnungsgrund der Verschleppungsabsicht. Geht das Gericht von einer solchen Absicht aus, muß es auch bei einem Hilfsbeweisantrag seine Entscheidung durch Beschluß in der Hauptverhandlung bekanntgeben, um so dem Antragsteller zu ermöglichen, diese Annahme zu widerlegen (BGH NStZ 1986, 372; BGH StV 1990, 394; LR/*Gollwitzer* Rdnr. 167 zu § 244 m.w. Nachw.).

Zur Widerlegbarkeit der Annahme des Verzichts auf die Bekanntgabe der Ablehnungsgründe siehe Anm. 4.

Der Hilfsbeweisantrag kann nicht etwa nur in Verbindung mit dem Hauptantrag auf Freisprechung gestellt werden. Er kann auch an einen Antrag, der nur einen teilweisen Freispruch fordert, gebunden sein, bzw. davon abhängig gemacht werden, daß das Gericht in der Urteilsberatung einzelne Tatbestandsmerkmale oder die Merkmale eines qualifizierten Tatbestandes für erwiesen ansieht (*Schlothauer* StV 1988, 542ff. m.w. Nachw.; *Alsberg/Nüse/Meyer* S. 62 f. m.w. Beisp., so z.B. für den Fall, daß das Gericht beabsichtigt, die Entziehung der Fahrerlaubnis anzuordnen, die Rückfallvoraussetzungen zu bejahen oder die Vollstreckung der Strafe nicht zur Bewährung auszusetzen). Bedenklich dürfte allerdings der – hin und wieder gestellte – Antrag sein, zum Beweis der Unschuld des Angeklagten einen Zeugen zu vernehmen, für den Fall, daß das Gericht auf Freiheitsstrafe und nicht auf Geldstrafe erkennt. Über die Zulässigkeit eines derartigen Antrags und vor allem über die Möglichkeit seiner (zulässigen) Zurückweisung in den Urteilsgründen ist bislang noch nicht entschieden worden.

3. Auch der Hilfsbeweisantrag muß wie der normale Beweisantrag den Anforderungen an die Bezeichnung des Beweismittels sowie an die Bestimmtheit der Angabe der Beweistatsache genügen, da bei Eintritt des Hilfsfalles alle Voraussetzungen vorliegen müssen, die das Gericht zur Beweiserhebung zwingen. Insoweit vgl. Form. VII. D. 1 Anm. 3 und 4.

4. Der Verzicht auf die Bekanntgabe der Ablehnungsgründe eines Hilfsbeweisantrages vor der Urteilsverkündung ist eine widerlegbare Vermutung, die grundsätzlich dann nicht gilt, wenn der Antragsteller ausdrücklich erklärt, daß er auf eine Bekanntgabe vor Erlaß des Urteils nicht verzichtet (*Alsberg/Nüse/Meyer* S. 769; BGH NStZ 1989, 191; BGH b. *Dallinger* MDR 1951, 275; OLG Celle MDR 1966, 605). Zu beachten sein wird in diesem Zusammenhang allerdings, daß der BGH jüngst (StV 1991, 349 m. abl. Anm. Schlothauer; NStZ 1991, 348 m. abl. Anm. *Scheffler*) in einem obiter dictum die Frage aufgeworfen hat, ob ein Hilfsbeweisantrag, auch wenn er eine solche Erklärung enthält, nicht erst in den Urteilsgründen zurückgewiesen werden kann. Im Hinblick auf diese Entscheidung muß einstweilen empfohlen werden, den Zusatz des Nicht-Verzichts – ebenso wie beim bedingten Beweisantrag (vgl. Form. VII. D. 15, Anm. 5) – um den Hinweis zu ergänzen, daß ohne eine entsprechende Mitteilung vom Nicht-Eintritt des Hilfsfalls ausgegangen wird. Der Antragsteller erhält dann jedenfalls entweder ausdrücklich oder mittelbar die Information, ob der Hilfsfall angenommen wurde oder nicht und kann sich entsprechend einrichten. Der Hilfsbeweisantrag, der eine solche Erklärung nicht enthält, ist ein in seiner Wirkungsweise häufig überschätztes Instrument. Der Antragsteller verzichtet nämlich meist ohne Grund (oder Vorteil) auf rechtliches Gehör im Falle der Ablehnung seines Antrages. Wer mit dem Hilfsbeweisantrag die Intention verfolgen wollte, das Gericht werde aus Gründen der Bequemlichkeit lieber freisprechen als den Beweis erheben, verkennt die Rechtswirklichkeit (vgl. zu diesem Thema auch *Sarstedt/Hamm* Rdnr. 279ff.). Eine solche vage Hoffnung dürfte sich in den meisten Fällen mit der Urteilsverkündung zerschlagen. Dann ist es jedoch für wirksame prozessuale Gegenmaßnahmen – jedenfalls für die betreffende Instanz – zu spät. Kennt der Verteidiger dagegen noch vor der Urteilsverkündung die Gründe, mit denen das Gericht seinen Antrag zurückweist, kann er weitere Beweisanträge stellen. Die revisionsrechtliche Überprüfung der im Urteil notwendigerweise aufgeführten Ablehnungsgründe, auf die viele Verteidiger gerade bei Hilfsbeweisanträgen hoffen, bleibt ihm erhalten. Es spielt hierbei nämlich keine Rolle, ob die Gründe für die Zurückweisung des Hilfsbeweisantrages in einem Urteil oder in einem Beschluß stehen (lesenswert: Anm. *Nestler-Tremel* zu LG Berlin StV 1989, 109ff.).

17. Hilfsbeweisantrag auf Zuziehung eines i. S. d. § 244 Abs. 4 S. 2 StPO „weiteren Sachverständigen"

An das
Landgericht
— 1. Strafkammer —
5300 Bonn

1. 3. 1985

In der Strafsache
gegen
Herrn A.
— Az.: ...... —

wird hilfsweise für den Fall, daß die Strafkammer eine Überschreitung der erforderlichen Notwehr annehmen sollte, die nicht nach § 33 StGB straflos[1] wäre,

beantragt,

    durch einen „weiteren"[2] psychiatrischen Sachverständigen[3] ein Gutachten erstatten zu lassen,

zum Beweis der folgenden Tatsachen:[4]
Die Annahme des in der Hauptverhandlung gehörten kriminologischen Sachverständigen Dr. iur. P., Herr A. handele auch in Ausnahmesituationen kühl kalkulierend, weil er überhaupt unfähig wäre, aus Verwirrung, Furcht oder Schrecken zu reagieren, ist mit wissenschaftlich gesicherten Erfahrungssätzen unvereinbar. Eine psychiatrische Untersuchung des Herrn A., die der Kriminologe Dr. P. als Jurist mangels der erforderlichen Fachkenntnisse und der entsprechenden Forschungsmittel nicht vornehmen konnte, wird ergeben, daß Herr A. sehr wohl in der hier relevanten Tatsituation, in der sich für ihn überraschend eine Gefahr aktualisiert hatte, aus Verwirrung, Furcht und Schrecken infolge eines Affektstaus impulsiv und unüberlegt reagierte.

Begründung:[5]

Die Zuziehung eines weiteren Sachverständigen ist deshalb erforderlich, weil der Sachverständige Dr. P. zur Beantwortung der Frage, ob die Voraussetzungen des § 33 StGB auf Herrn A. Anwendung finden, nicht kompetent ist. Seine mangelnde Sachkunde ergibt sich vor allem daraus, daß Herr Dr. P. in seiner mündlichen Gutachtenerstattung vor dem erkennenden Gericht erklärte, aufgrund seines 1stündigen „lockeren" Gesprächs mit Herrn A. stünde für ihn fest, daß Herr A. „stets und in jedem Fall Herr der Situation" sei, daß ihn „nichts und niemand aus der Fassung bringen" könne. Seine Behauptungen konnte der Sachverständige durch nichts belegen. Auf entsprechende Fragen der Verteidigung erklärte Dr. P. lediglich, er berufe sich — als der Basis seines Gutachtens — auf den „gesicherten Erfahrungssatz", daß es „Menschen, die wie Herr A. überhaupt unfähig sind, aus Verwirrung, Furcht oder Schrecken zu handeln, in einer größeren Anzahl" gäbe „als sich dies der Normalbürger vorstellen" könne. Dr. P. hat dabei ausdrücklich ausgeschlossen, daß diese Unfähigkeit des Herrn A. etwa auf eine körperliche oder seelische Erkrankung zurückzuführen sei.

Ein wissenschaftlicher Erfahrungssatz des Inhalts, wie er von dem Sachverständigen in der Hauptverhandlung vorgetragen wurde, existiert nicht. Die Behauptung, Herr A. sei wie viele Menschen „überhaupt unfähig", aus Verwirrung, Furcht oder Schrecken zu handeln, ist eine durch nichts bewiesene schlichte Vermutung. Es widerspricht jeglichen medizinisch-psychiatrischen Erkenntnissen, daß ein körperlich und seelisch gesunder Mensch zu derartigen Reaktionen, zumal in affektiven Ausnahmesituationen, nicht fähig sein soll.

Die Sachkunde des Dr. P. ist aber bereits deshalb in hohem Maße zweifelhaft, weil der Gutachter über die zur Klärung der Frage nach dem tatauslösenden Moment bei Herrn A. notwendigen psychiatrisch-medizinischen Untersuchungsverfahren, bzw. -methoden nicht verfügt und sie mithin deshalb auch nicht anwenden konnte. Der Sachverständige ist Kriminologe und in dieser Eigenschaft am juristischen Lehrstuhl für Kriminologie in M. tätig. Dr. P. befaßt sich zwar nach seinen eigenen Angaben „seit Jahrzehnten mit der Wissenschaft vom Verbrechen", er ist dabei aber überwiegend mit der juristischen Auswertung statistischer Erhebungen befaßt. Die Forschungsmittel auf dem Gebiet der Psychiatrie, insbesondere die medizinischen Untersuchungsmethoden dieser Wissenschaft, sind denjenigen, die dem Sachverständigen Dr. P. im vorliegenden Fall zur Verfügung standen (1stündiges „lockeres" Gespräch ohne jegliche psychiatrische Erfahrung) bei weitem überlegen.

Da der in der Hauptverhandlung gehörte Sachverständige Dr. P. über die zur Klärung der Frage der Anwendbarkeit des § 33 StGB erforderliche Sachkunde nicht verfügt, ist die Möglichkeit der Ablehnung dieses Beweisantrages wegen des Erwiesenseins des Gegenteils der behaupteten Tatsachen (§ 244 Abs. 4 S. 2 StPO) oder der durch den Sachverständigen dem Gericht vermittelten eigenen Sachkunde (§ 244 Abs. 4 S. 1 StPO) ausgeschlossen. Der Umstand, daß der „weitere" Sachverständige über Forschungsmittel verfügt, die denen des Gutachters Dr. P. überlegen sind, gebieten es weiterhin bereits aus der richterlichen Amtsaufklärungspflicht, daß der beantragte Beweis erhoben wird.

Auf eine Entscheidung über diesen Antrag vor Abschluß der endgültigen Urteilsberatung durch Beschluß wird nicht verzichtet.[6]

Rechtsanwältin

Anmerkungen

1. Der vorliegende Antrag ist ein Hilfsbeweisantrag (und nicht etwa ein bedingter Beweisantrag, vgl. Form. VII. D. 15), weil er, was aus dem Hilfsfall ersichtlich ist, mit einem Hauptantrag, nämlich dem auf Straffreiheit verknüpft ist. Verneint das Gericht die Voraussetzungen des § 33 StGB, also die Verwirrung, die Furcht oder den Schrecken als auslösende Momente für die Tatausführung, und besteht damit die Gefahr einer Verurteilung des Herrn A. wird die Zuziehung eines i. S. d. § 244 Abs. 4 StPO „weiteren Sachverständigen" beantragt, der zu dem Ergebnis kommen wird, daß die Voraussetzungen des § 33 StGB – und somit der Straffreiheit – vorliegen.

2. Hat das Gericht zu einer beweiserheblichen Frage bereits ein Sachverständigen-Gutachten eingeholt (wie in dem hier gebildeten Fall ein juristisch-kriminologisches), ist es zur Zuziehung des „weiteren" Sachverständigen nur nach Maßgabe der Bestimmung des § 244 Abs. 4 StPO verpflichtet. Dies bedeutet zunächst einmal, daß die allgemeinen Ablehnungsgründe des § 244 Abs. 3 StPO, nach denen das Gericht einen Beweisantrag zurückweisen kann, auch für den Antrag auf Zuziehung eines „weiteren" Sachverständigen gelten (LR/*Gollwitzer* Rdnr. 298 zu § 244; KK/*Herdegen* Rdnr. 95 zu § 244). Der § 244 Abs. 4 StPO enthält darüberhinaus zusätzliche Ablehnungsgründe. Das Gericht kann danach selbst einen Beweisantrag, in dem behauptet wird, ein „weiterer" Sachverständiger komme zu einem anderen Ergebnis als der Erstgutachter, im Wege der hier ausnahmsweise zulässigen Beweisantizipation mit der Begründung zurückweisen, daß das Gegenteil der behaupteten Tatsache bereits erwiesen sei (§ 244 Abs. 4 Satz 2 StPO). Ferner ist das Gericht berechtigt, von der Anhörung „weiterer" Sachverständiger abzusehen, wenn es selbst die eigene Sachkunde besitzt (§ 244 Abs. 4 Satz 1 StPO). Dabei reicht es aus, daß ihm die Sachkunde (erst) durch die Anhörung eines bereits vernommenen Sachverständigen vermittelt wurde (*Kleinknecht*/*Meyer* Rdnr. 75 zu § 244; LR/*Gollwitzer* Rdnr. 306 zu § 244 m.w. Nachw.).

Weder vom Ablehnungsgrund der durch den Erstgutachter erworbenen eigenen Sachkunde, noch von dem des Erwiesenseins des Gegenteils der behaupteten Tatsache kann das

17. Hilfsbeweisantrag auf Zuziehung eines „weiteren Sachverständigen" VII. D. 17

Gericht jedoch dann Gebrauch machen, wenn Anhaltspunkte dafür bestehen, daß die Sachkunde des früheren Gutachters **zweifelhaft** ist, daß sein Gutachten von unzutreffenden tatsächlichen Voraussetzungen ausgeht, Widersprüche enthält oder der neue Sachverständige über Forschungsmittel verfügt, die denen des früheren Gutachters überlegen sind (§ 244 Abs. 4 Satz 2 StPO). Die Frage, wann die Sachkunde des Erstgutachters zweifelhaft ist und wann die Widersprüchlichkeit seiner Ausführung anzunehmen ist, kann nur am Einzelfall entschieden werden. Die Kommentare enthalten eine umfangreiche Kasuistik, auf die hier verwiesen werden muß (zu Zweifeln an der Sachkunde: *Kleinknecht/Meyer* Rdnr. 76 zu § 244; LR/*Gollwitzer* Rdnr. 310 ff. zu § 244; KK/*Herdegen* Rdnr. 32 zu § 244; *Alsberg/Nüse/Meyer* S. 729 ff. Zur Fehlerhaftigkeit des Gutachtens: *Kleinknecht/Meyer* Rdnr. 76 zu § 244; LR/*Gollwitzer* Rdnr. 313 ff.; KK/*Herdegen* Rdnr. 98 f. zu § 244; *Alsberg/Nüse/Meyer* S. 732 jeweils m.w. Nachw.).

Auch die überlegenen Forschungsmittel eines „weiteren" Sachverständigen können das Gericht verpflichten, dem Beweisantrag zu entsprechen. Als Forschungsmittel gelten die Hilfsmittel (apparative Ausstattung) und Verfahren (Untersuchungsmethoden, Tests, vgl. *Sarstedt/Hamm* Rdnr. 269), die der Sachverständige für seine wissenschaftlichen Untersuchungen verwendet. Seine persönlichen Kenntnisse, vor allem sein Ansehen in der wissenschaftlichen Welt spielen keine Rolle (LR/*Gollwitzer* Rdnr. 319 zu § 244; KK/*Herdegen* Rdnr. 99 zu § 244). Ein Sachverständiger verfügt demnach noch nicht über überlegene Forschungsmittel, wenn er älter ist oder eine längere berufliche Erfahrung hat (BGH bei *Dallinger* 1956, 398). Dies muß allerdings nicht bedeuten, daß es unter dem Gesichtspunkt der Amtsaufklärungspflicht (§ 244 Abs. 2 StPO) nicht geboten sein kann, über § 244 Abs. 4 StPO hinausgehend einen kenntnisreicheren Sachverständigen zuzuziehen (BGHSt 10, 116/119). Unter ausdrücklichem Hinweis auf § 244 Abs. 2 StPO (nicht Abs. 4) hat der BGH (BGHSt 23, 176/193 – Fall Jürgen Bartsch) die Heranziehung eines Gutachters mit besonderen Erfahrungen auf dem Gebiet der Psychopathologie des Sexuallebens neben den darauf nicht spezialisierten Psychiatern und Neurologen für erforderlich gehalten. Unter Berufung auf § 244 Abs. 2 und 4 StPO hat der BGH in einem anderen Fall entschieden, daß ein erfahrener Gynäkologe einem 29jährigen Allgemeinmediziner vorzuziehen ist (BGH NJW 1951, 412; vgl. in diesem Zusammenhang auch zur Frage, wann es gemäß § 244 Abs. 2 StPO bei besonderer Schwierigkeit der Begutachung geboten sein kann, mehrere Sachverständige anzuhören *Alsberg/Nüse/Meyer* S. 737 f.). Bei alledem sollte man jedoch nicht verkennen, daß es sich bei den beiden dargelegten Entscheidungen (bedauerlicherweise) um Ausnahmefälle handelt. Bei der Prüfung, ob dem Beweisantrag unter den Voraussetzungen des § 244 Abs. 4 StPO nachzugehen ist, hält sich die Rechtsprechung im übrigen streng an den Gesetzestext und verlangt im wahrsten Sinne des Wortes überlegene Forschungsmittel: der Sachverständige, der sein Gutachten unter Benutzung des Rasterelektronenmikroskops erstellt, ist jedem anderen, der über dieses Gerät nicht verfügen kann, überlegen (BGH VRS 50, 47/48 f.); die Tatsache allein, daß ein psychiatrischer Sachverständiger eine Anstaltsbeobachtung durchführen kann, macht ihn dem gewöhnlichen Gerichtsmediziner gegenüber noch nicht überlegen. Daß und weshalb das Krankenhaus tatsächlich über überlegene Forschungsmittel verfügt, muß im Beweisantrag dargelegt werden (BGHSt 8, 76/77; KK/*Herdegen* Rdnr. 99 zu § 244); der Psychologe verfügt über keine besseren Forschungsmethoden als der bereits gehörte Psychiater, weil nach Ansicht des BGH psychologische Kenntnisse zum Rüstzeug eines Psychiaters gehören (BGH Urt. v. 22. 11. 1979 – 4 StR 513/79; BGH bei *Spiegel* DAR 1980, 205/206). Hinsichtlich anderer Beispielsfälle aus der Rechtsprechung wird auf die weiterführende Kommentarliteratur verwiesen (LR/*Gollwitzer* Rdnr. 318 ff. zu § 244; KK/*Herdegen* Rdnr. 99 zu § 244; *Kleinknecht/Meyer* Rdnr. 76 zu § 244; *Alsberg/Nüse/Meyer* S. 733 ff. jeweils m.w. Nachw.).

3. Zur Bezeichnung des Beweismittels beim „weiteren" Sachverständigen vgl. Anm. 2 zu Form. VII. D. 5 und Anm. 3 zu Form. VII. D. 1.

4. Zur Bestimmtheit der Beweisbehauptung im Falle des Antrags auf Zuziehung eines „weiteren" Sachverständigen vgl. Form. VII. D. 5 Anm. 3. Zur Frage, inwieweit es ratsam ist, in der Beweisbehauptung Anknüpfungstatsachen für die (prozessualen) Voraussetzungen der Zuziehung nach Maßgabe des § 244 Abs. 4 StPO aufzunehmen, vgl. Anm. 5.

5. Obwohl es nicht zu den Anforderungen an die Bestimmtheit der Beweisbehauptung im Rahmen des Beweisantrages auf Vernehmung eines „weiteren" Sachverständigen gehört, daß die Voraussetzungen der Zuziehung nach Maßgabe des § 244 Abs. 4 S. 2 StPO vorliegen, empfiehlt es sich, die Anknüpfungstatsachen für die in § 244 Abs. 4 S. 2, zweiter Halbs. aufgeführten Umstände (Widersprüchlichkeit des Gutachtens, überlegene Forschungsmittel etc.) im Beweisantrag mitaufzuführen. Es wird in der Literatur teilweise die Auffassung vertreten, das Gericht könne sich zur Begründung seiner ablehnenden Entscheidung auf die Wiederholung des Gesetzeswortlauts des § 244 Abs. 4 S. 2 StPO beschränken, wenn lediglich beantragt wird, einen „weiteren" Sachverständigen zuzuziehen, ohne daß sich der Antragsteller auf das Vorliegen eines der in § 244 Abs. 4 S. 2, 2. Halbs. StPO aufgeführten Umstände beruft (*Alsberg/Nüse/Meyer* S. 763 mit Erwähnung anderslautender Rechtspr.; wohl jetzt auch LR/*Gollwitzer* Rdnr. 321 zu § 244 – eindeutig anders noch die Vorauflage Rdnr. 268 zu § 244; a. A. KK/*Herdegen* Rdnr. 100 zu § 244). Es soll danach für die Zurückweisung im Beschluß z. B. der Satz ausreichen, daß das Gegenteil der behaupteten Tatsache bereits erwiesen ist (*Alsberg/Nüse/Meyer* S. 763). Legt der Antragsteller im Beweisantrag dagegen dar, daß und in welchen Punkten er das Gutachten und die Forschungsmittel für unzureichend hält, ist das Gericht in jedem Fall verpflichtet, sich mit diesen Behauptungen sachlich auseinanderzusetzen. Der Beschluß muß dann ergeben, weshalb z.B. das Gutachten dennoch keine Mängel aufweist oder der „weitere" Sachverständige doch nicht über überlegene Forschungsmittel verfügt (KK/*Herdegen* Rdnr. 100 zu § 244; LR/*Gollwitzer* Rdnr. 321 zu § 244; *Alsberg/Nüse/Meyer* S. 764).

Unter dem Gesichtspunkt, daß der § 244 Abs. 4 StPO (nicht abschließend, vgl. BGHSt 10, 116/118) den Umfang der richterlichen Amtsaufklärungspflicht beschreibt, ist es ausreichend, daß die Anknüpfungstatsachen für die in § 244 Abs. 4 S. 2, 2. Halbs. StPO bezeichneten Umstände in der schriftlichen (nicht mündlichen (!), vgl. Form. VII. D. 1 Anm. 5) Begründung des Beweisantrages aufgeführt sind. Im Rahmen des § 244 Abs. 2 StPO ist das Gericht gehalten, alles an Erkenntnissen zu verwerten, was für die Entscheidung von Bedeutung ist. Ob demnach im einzelnen als Beweistatsache behauptet wird, der weitere Sachverständige verfüge über überlegene Forschungsmittel, oder ob dies in der schriftlichen Begründung des Antrags dargetan ist, ist für das erkennende (und Revisions-) Gericht zur Entscheidung der Frage, ob unter dem Gesichtspunkt der Aufklärungspflicht dem Beweisantrag nachgegangen werden muß, ohne Belang.

Die Aufnahme von Anknüpfungstatsachen der in § 244 Abs. 4 S. 2, 2. Halbs. StPO genannten Umstände ist jedoch immer dann angebracht, wenn man den Beweisantrag nicht näher begründen will oder – in komplizierteren Fällen – der „weitere" Sachverständige überhaupt erst die hervorragende Sachkunde hat, dem Gericht darzulegen, daß das Gutachten des Erstgutachters widersprüchlich ist oder, daß er über Forschungsmittel verfügt, die denen des bereits gehörten Sachverständigen überlegen sind. So im vorliegenden Fall. Neben der Beweisbehauptung im eigentlichen Sinne (der Tatsache, daß Herr A. aus Verwirrung, Furcht oder Schrecken handelte) ist weiter unter Beweis gestellt (und erläutert), daß das Gutachten des Sachverständigen Dr. P. mit wissenschaftlich gesicherten Erfahrungssätzen nicht in Einklang zu bringen ist, und daß zudem die Forschungsmittel des Erstgutachters – was hier evident ist – mangelhaft waren. Auf die beiden letztgenannten Punkte wird sodann in der schriftlichen Begründung des Beweisantrages nochmals näher eingegangen. Zur besseren Veranschaulichung (nicht zuletzt für das Revisionsgericht) und um dem Gesuch zusätzlich Nachdruck zu verleihen, sind in diesem Zusammenhang dann noch Einzelheiten aus dem Verlauf der Beweisaufnahme dargelegt, aus denen sich ebenfalls die Notwendigkeit zur Zuziehung eines „weiteren" Sachverständigen ergibt.

6. Vgl. hierzu Form. VII. D. 16 Anm. 4.

VIII. Rechtsmittel und Rechtsbehelfe

Schrifttum: Bloy, Die Ausgestaltung der Rechtsmittel im deutschen Strafprozeßrecht, JuS 1986, 585; *Bruns,* Zur Feststellungswirkung des rechtskräftigen Strafurteils, in: FS für Eb. Schmidt, 1961; *Dahs,* Zur Rechtswirksamkeit des nach der Urteilsverkündung „herausgefragten" Rechtsmittelverzichts, in: FS für Schmidt-Leichner, 1977, S. 17; *ders.,* Handbuch des Strafverteidigers, 5. Aufl., 1983, S. 428; *Dencker,* Willensfehler bei Rechtsmittelverzicht und Rechtsmittelrücknahme im Strafprozeß, 1972; *ders.,* Denkschrift zur Reform des Rechtsmittelrechts und der Wiederaufnahme des Verfahrens im Strafprozeß, erarbeitet und vorgelegt vom Strafrechtsausschuß der Bundesrechtsanwaltskammer, 1971; *ders.,* Diskussionsentwurf für ein Gesetz über die Rechtsmittel in Strafsachen, 1975; *Grünwald,* Die Teilrechtskraft im Strafverfahren, 1964; *Kleinknecht,* Das Fehlurteil im Strafprozeß, GA 1961, 47; *Koch,* Probleme des Rechtsmittelverzichts, JR 1964, 255; *Kohlhaas,* Mehrfache Zustellungen nach § 37 StPO, NJW 1967, 24; *Müller,* Rechtsmittelbelehrung als Voraussetzung für die Wirksamkeit eines Rechtsmittelverzichts?, NJW 1957, 1347; *Niese,* Rechtskrafteintritt bei zurückgenommenen und unzulässigen Rechtsmitteln, JZ 1957, 76; *Peters,* Untersuchungen zum Fehlurteil im Strafprozeß; *Rieß,* Die Neugestaltung der Rechtsmittel in Strafsachen DRiZ 1976, 3; *Eb. Schmidt,* Berufung oder Revision im Strafprozeß, NJW 1960, 1651; *Sieveking,* Neue Wege zur Lösung der mit der Teilanfechtung von Strafurteilen verbundenen Probleme, Schriftenreihe Strafrecht, Strafverfahren und Kriminologie Bd. 19, 1967; *Stephan,* Rechtsschutzbedürfnis auch im Strafprozeß?, NJW 1966, 2394; *Tröndle,* Zur Reform des Rechtsmittelsystems im Strafverfahren, in: Probleme der Strafprozeßreform 1975, 73.

Allgemeine Grundsätze

Rechtsmittel nennt die Strafprozeßordnung die Anfechtungen gerichtlicher Entscheidungen, über die eine höhere Instanz zu entscheiden hat, wobei auch eine Abhilfemöglichkeit vom Gesetz eingeräumt sein kann: Beschwerde (§§ 304 ff. StPO), Berufung (§§ 312 ff. StPO) und Revision (§§ 333 ff. StPO). Die Möglichkeit einer Abhilfeentscheidung besteht nur bei der einfachen (§ 304 StPO) und bei der weiteren (§ 310 StPO) Beschwerde. Das bedeutet, daß (nur) dort das Gericht, dessen Entscheidung angefochten ist, selbst dem Begehren des Beschwerdeführers stattgeben darf, statt die Akten an das Rechtsmittelgericht weiterzuleiten. Bei der sofortigen (§ 311 StPO) Beschwerde, bei der Berufung und bei der Revision muß das höhere Gericht auch dann entscheiden, wenn das untere Gericht sich selbst von der Unhaltbarkeit seiner Entscheidung überzeugt.

Die Rechtsmittel sind im Prüfungsgegenstand und hinsichtlich der Eingriffskompetenz des Rechtsmittelgerichts so unterschiedlich, daß die Strafprozeßordnung die für alle gemeinsam geltenden allgemeinen Regelungen in einem (häufig übersehenen) Abschnitt mit nur acht kurzen Paragraphen treffen kann (§§ 296–303 StPO). Sie enthalten für die Praxis des Strafverteidigers folgende wichtigen Besonderheiten und Konkretisierungen allgemeiner Rechtsgrundsätze:

1. Eine Besonderheit für das Verhältnis zwischen Verteidigung und Mandant liegt in der *eingeschränkten Weisungsunabhängigkeit* des Verteidigers im Rechtsmittelrecht:
a) Nach § 297 2. Hs StPO darf der Verteidiger für seinen Mandanten ein Rechtsmittel gegen dessen ausdrücklichen Willen nicht einlegen. Tut er es trotzdem, so macht die spätere Erklärung des Mandanten, er verzichte auf das Rechtsmittel oder er widerspreche seiner bereits erfolgten Einlegung, dieses unwirksam (vgl. BGH GA 1973, 46; OLG

Düsseldorf MDR 1983, 512). Prozeßrechtlich behandelt wird diese Erklärung wie eine Rechtsmittelrücknahme (KK/*Ruß* Rdnr. 3 zu § 297; *Kleinknecht/Meyer* Rdnr. 5 zu § 397; *Sarstedt/Hamm* Rdnr. 23).
b) § 302 Abs. 2 StPO verbietet dem Verteidiger die Rücknahme eines Rechtsmittels allein aufgrund der Verteidigervollmacht. Die Wirksamkeit der Rücknahmeerklärung setzt vielmehr eine besondere Ermächtigung voraus. Das gilt nach absolut h. M. auch für den (vor Ablauf der Rechtsmittelfrist vom Verteidiger erklärten) Rechtsmittelverzicht (*Kleinknecht/Meyer*, 38. Aufl., § 302 Rdnr. 30). Gleiches gilt für eine Teilrücknahme eines Rechtsmittels, nicht jedoch für die Teilanfechtung, weil der Verteidiger auch ohne besondere Ermächtigung von der Einlegung eines Rechtsmittels vollständig absehen kann (*Kleinknecht/Meyer* § 302 Rdnr. 31; LR/*Hanack* § 344 Rdnr. 11; *Sarstedt/Hamm* Rdnr. 34 Fußn. 43). In den fachhandelsüblichen Vollmachtsformularen ist die besondere Ermächtigung zur Rücknahme und zum Verzicht vorgedruckt.
Unabhängig davon sollte jedoch der Verteidiger seinen Mandanten niemals mit der Entscheidung, ob ein Rechtsmittel eingelegt, zurückgenommen oder gar durch vorzeitigen Verzicht unmöglich gemacht wird, überraschen. Zur eigenen Absicherung sollte man auch eine eindeutige Klärung des anwaltlichen Rates und des Mandantenwillens schriftlich fixieren. Das kann auch durch ein Schreiben erfolgen, in dem man rechtzeitig vor Ablauf der Frist die Empfehlung mehr oder weniger dringlich mitteilt und die eigenen Absichten ankündigt.
Besteht der Mandant auf der Durchführung eines Rechtsmittels, das der Verteidiger für völlig aussichtslos hält, so sollte er damit die Vertrauensfrage verbinden und die Niederlegung des Mandates für einen Zeitpunkt ankündigen, der es dem Mandanten noch erlaubt, rechtzeitig vor Ablauf der Rechtsmittelfrist einen anderen Anwalt zu konsultieren und ggf. zu beauftragen.
2. Auch im Rechtsmittelverfahren ist die Staatsanwaltschaft nicht „Partei" in dem Sinne, daß sie nur mit dem Ziel einer für den Beschuldigten nachteiligen Abänderung der angefochtenen Entscheidung das höhere Gericht anrufen könnte. Das kommt in folgenden Bestimmungen zum Ausdruck:
a) Die Staatsanwaltschaft kann ausdrücklich das Rechtsmittel auch zugunsten des Beschuldigten einlegen (§ 296 Abs. 2 StPO). Nach Ziff. 147 Abs. 3 RiStBV ist sie in diesen Fällen gehalten, diese (in der Praxis seltene) Zielrichtung deutlich zum Ausdruck zu bringen. Mangels Beschwer steht diese Möglichkeit dem Nebenkläger nicht zu (BGH MDR 1990, 938).
b) Auch wenn die Staatsanwaltschaft ein Rechtsmittel zuungunsten des Beschuldigten führt, „riskiert" sie, daß die Entscheidung zugunsten des Beschuldigten abgeändert oder aufgehoben wird (§ 301 StPO).
c) Hat die Staatsanwaltschaft ein Rechtsmittel zugunsten des Beschuldigten eingelegt, darf es ohne dessen Zustimmung nicht zurückgenommen werden (§ 302 Abs. 1 Satz 2 StPO).
3. Rechtsmittel, über die aufgrund einer Hauptverhandlung zu entscheiden ist, dürfen nach deren Beginn nur mit Zustimmung des „Gegners" zurückgenommen werden (§ 303 Satz 1 StPO). Diese Einschränkung bleibt nach Beginn der Hauptverhandlung auch dann bestehen, wenn sie unterbrochen oder ausgesetzt worden ist (BGHSt 23, 277; Rieß JR 1986, 441; *Kleinknecht/Meyer* § 303 Rdnr. 2; LR/*Gollwitzer* § 303 Rdnr. 6).
4. In § 300 StPO ist ausdrücklich klargestellt, daß die falsche Bezeichnung eines Rechtsmittels unschädlich ist. Daraus folgt, daß auch das Rechtsmittel unbestimmt bezeichnet werden darf, eine Möglichkeit, die vom Verteidiger gelegentlich gezielt eingesetzt wird, um eine Zeitlang offenzuhalten, welches Rechtsmittel er durchführen will (z.B. die aufgeschobene Wahl zwischen Berufung und Revision s. unten Form. VIII. C. 1. Anm. 1, 4). Im übrigen sollte sich der Verteidiger jedoch bemühen, die zur Optimierung des Rechtsschutzes von Laien geschaffene Bestimmung des § 300 StPO nicht in Anspruch nehmen zu müssen.

Allgemeine Grundsätze VIII.

Rechtsbehelfe werden zum einen solche Anfechtungen noch nicht rechtskräftiger Entscheidungen genannt, bei denen nicht ein höheres, sondern dasjenige Gericht entscheidet, das die beanstandete Entscheidung getroffen hat; zum anderen werden aber auch die verfahrensrechtlich gegebenen Möglichkeiten, sich gegen bereits rechtskräftige Entscheidungen zu wenden, als „Rechtsbehelfe" bezeichnet (*Peters,* 4. Aufl., S. 608 f.). Von den letzteren behandelt dieses Formularbuch die Wiederaufnahme des Verfahrens nach den §§ 359 ff. und die Verfassungsbeschwerde jeweils in einem gesonderten Abschnitt (Wiederaufnahmerecht Form. IX. 1–9 und Verfassungsbeschwerde Form. XV. 1–9). Der außerordentliche Rechtsbehelf der Wiedereinsetzung in den vorigen Stand wird wegen des weitgehenden Sachzusammenhangs im vorliegenden Abschnitt behandelt (Form. VIII. D. 1–7). Auch außerordentliche Rechtsbehelfe wie die Nachholung des rechtlichen Gehörs und die Gegenvorstellung werden hier (VIII E) mit je einem Mustertext vorgestellt. Zu beachten ist jedoch, daß der Sprachgebrauch nicht einheitlich ist. Teilweise wird „Rechtsbehelfe" auch als Oberbegriff gebraucht, wobei die rechtskraftdurchbrechenden als die außerordentlichen und die eigentlichen Rechtsmittel als die ordentlichen Rechtsbehelfe bezeichnet werden (so etwa *Roxin,* Strafverfahrensrecht, 21. Aufl., S. 335 ff.).

Allen förmlichen Rechtsmitteln und Rechtsbehelfen gemeinsam ist die *Beschwer* als Voraussetzung der Zulässigkeit. Sie liegt in der Behauptung des Rechtsmittelführers, durch die angefochtene Entscheidung in seinen Rechten oder berechtigten Belangen unmittelbar beeinträchtigt zu sein (*Kleinknecht/Meyer* vor § 296 Rdnr. 9). Dabei genügt es nicht, wenn die Beeinträchtigung allein von den Gründen der Entscheidung ausgeht. So hat beispielsweise der Arzt keine Möglichkeit, sich dagegen zu wehren, wenn er vom Vorwurf der fahrlässigen Tötung eines Patienten mit der Begründung freigesprochen wird, er habe sich zwar in höchstem Maße pflichtwidrig verhalten, indem er die einfachsten Sorgfaltsregeln außer acht gelassen habe, jedoch sei nicht mit letzter Sicherheit auszuschließen, daß der Patient auch bei ordnungsgemäßer Behandlung gestorben wäre. Die Beschwer muß vielmehr vom Entscheidungsausspruch, also vom Tenor ausgehen (BGHSt 7, 153; 16, 354; KK/*Ruß* vor § 296 Rdnr. 5; LR/*Hanack* § 333 Rdnr. 22; vgl. im einzelnen zur Beschwer *Sarstedt/Hamm* Rdnr. 39 ff. Weitere Beispiele aus der neueren Rechtsprechung für fehlende Beschwer: BGH NJW 1989, 2636 (Datenspeicherung anläßlich Personenkontrolle); BGH NJW 1989, 114 (durch Kontrollstellenanordnung gemäß § 111 StPO nur der davon Betroffene beschwert); BGH MDR 1990, 938 (Nebenkläger darf kein Rechtsmittel zugunsten des Angeklagten führen)).

Zu den Rechtsmitteln und Rechtsbehelfen im weiteren Sinne lassen sich auch noch die sogenannten „formlosen Rechtsbehelfe" zählen (*Kleinknecht/Meyer,* 38. Aufl., vor § 296 Rdnr. 21 ff.): Die **Dienstaufsichtsbeschwerde** und die **Gegenvorstellung.**

Erstere kann sich nicht gegen richterliche Entscheidungen richten (§ 26 Abs. 1 DRiG). Dienstaufsichtsbeschwerden gegen staatsanwaltschaftliches Verhalten werden in dem betreffenden Sachzusammenhang an anderer Stelle in diesem Buch vorgestellt (vgl. z.B. Form. III. 21).

Der formlose Rechtsbehelf der **Gegenvorstellung** hat dadurch an Bedeutung gewonnen, daß in bestimmten Fallkonstellationen neuerdings das Bundesverfassungsgericht ihn zu dem Rechtsweg rechnet, der nach § 90 Abs. 2 BVerfGG „erschöpft" werden muß, bevor Verfassungsbeschwerde zulässig ist (BVerfGE 63, 77 ff., 79; vgl. jedoch auch BVerfG MDR 1987, 205). Eine Gegenvorstellung wird stets dann angebracht sein, wenn man erkennt, daß eine sonst nicht mehr anfechtbare Entscheidung von unzutreffenden tatsächlichen Voraussetzungen ausgegangen ist (in Ausnahmefällen auch einmal von unzutreffenden rechtlichen Erwägungen, z.B. wenn eine grundsätzliche höchstrichterliche Entscheidung übersehen worden ist) und wenn das zuletzt mit der Sache befaßte Gericht berechtigt ist, seine Entscheidung selbst wieder aufzuheben (*Kleinknecht/Meyer* vor § 296 Rdnr. 24). Zum Formular einer Gegenvorstellung vgl. Form. VIII. E. 2.

A. Beschwerde, sofortige Beschwerde

Vorbemerkung

Die Beschwerde ist das gegebene Rechtsmittel gegen alle von den Gerichten im ersten Rechtszug oder im Berufungsverfahren erlassenen Beschlüsse und gegen die Verfügung des Vorsitzenden, des Richters im Vorverfahren oder eines Beauftragten oder ersuchten Richters, soweit nicht ausdrücklich gesetzlich geregelt ist, daß sie nicht anfechtbar sind (§ 304 Abs. 1 StPO). Die Beschwerde ist nicht fristgebunden, es sei denn, zu der anzufechtenden Entscheidung sei wiederum ausdrücklich gesetzlich geregelt, daß dagegen nur die sofortige Beschwerde (§ 311 StPO) zulässig ist. Das Beschwerdegericht überprüft die angefochtene Entscheidung in vollem Umfang, also sowohl in tatsächlicher als auch in rechtlicher Hinsicht. Soweit die angefochtene Entscheidung im Wege des richterlichen Ermessens getroffen worden ist, darf und muß das Beschwerdegericht sein eigenes Ermessen ausüben und an die Stelle der Ermessensentscheidung des Erstrichters setzen (*Kleinknecht/Meyer* § 309 Rdnr. 4 m.w. Nachw.).

Die Frage, ob eine Entscheidung durch die Beschwerde und ggf. ob sie durch die „einfache" oder durch die sofortige Beschwerde anfechtbar ist, läßt sich den §§ 304–311a StPO nicht entnehmen, sondern ist jeweils im Zusammenhang mit der betreffenden Entscheidung geregelt (Beispiele für Nichtanfechtbarkeit: §§ 54 Abs. 3; 171b Abs. 3 GVG, 28 Abs. 1 StPO, 153a Abs. 2, 210 Abs. 1, 2 StPO weitere Beispiele bei *Kleinknecht/Meyer* § 304 Rdnr. 5). Das System, das hinter der Unterscheidungen zwischen den durch die einfache Beschwerde und den durch die sofortige Beschwerde anfechtbaren Beschlüssen steckt, ist einfach und – von Ausnahmen abgesehen – so einsichtig, daß sich die Antwort auch meist ohne Nachschlagen im Gesetz finden läßt: Entscheidung, die im Interesse der Verfahrensbeschleunigung und/oder der Gewinnung von Rechtsklarheit in ihrer Gültigkeit nicht in der Schwebe bleiben dürfen, sind stets nur mit der sofortigen Beschwerde anfechtbar. Das gilt z.B. für die Zurückweisung einer Richterablehnung (wenn es sich nicht um einen Richter der Hauptverhandlung handelt: § 28 Abs. 2 Satz 1 StPO), den Beschluß zur Unterbringung eines Beschuldigten zum Zwecke der Begutachtung (§ 81 Abs. 4 Satz 1 StPO), die Entscheidung über die Durchführung der Hauptverhandlung in Abwesenheit des Angeklagten wegen selbst „herbeigeführter Verhandlungsunfähigkeit" (§ 231a Abs. 3 Satz 2 StPO) oder auch die im Urteil ausgesprochene Entscheidung über die Kosten und Auslagen (§ 464 Abs. 3 Satz 1 StPO. Besonderheit dieser sofortigen Beschwerde: Bindung des Beschwerdegerichts an die tatsächlichen Feststellungen des Urteils, § 464 Abs. 3 Satz 3 StPO bei isolierter Anfechtung).

Für einige Entscheidungsgruppen gibt es auch einen generellen Ausschluß der Beschwerdemöglichkeit:
- die Beschwerde gegen Entscheidungen über Kosten und notwendige Auslagen bis zu einem Beschwerdegegenstand von 100,– DM ist nicht zulässig (§ 304 Abs. 3 StPO)
- alle Beschlüsse und Verfügungen des Bundesgerichtshofs (§ 304 Abs. 4 Satz 1 StPO)
- alle Beschlüsse und Verfügungen der Oberlandesgerichte (§ 304 Abs. 4 Satz 2 1. Hs), soweit nicht in erstinstanzlichen OLG-Sachen eine der Ausnahmen des §§ 304 Abs. 4 Satz 2, 2. Hs Ziff. 1–5 StPO vorliegt.
- alle Entscheidungen des zur Durchführung der Hauptverhandlung berufenen Gerichts („erkennendes Gericht"), die der Urteilsfällung zeitlich und sachlich vorausgehen und die nicht Verhaftungen, einstweilige Unterbringungen, Beschlagnahmen, einen vorläufigen Entzug der Fahrerlaubnis, ein vorläufiges Berufsverbot oder die Festsetzung von Ordnungs- oder Zwangsmitteln betreffen. Der Ausschluß der Beschwerde für die „der

1. Beschwerde gegen Durchsuchung und Beschlagnahme   VIII. A. 1

Urteilsfällung vorausgehenden" Entscheidungen gilt ferner nicht, soweit als Beschwerdeführer Zeugen, Sachverständige oder andere Personen, die durch die Entscheidung betroffen sind, von ihrem Beschwerderecht gem. § 304 Abs. 2 StPO Gebrauch machen (§ 305 Abs. 2 a. E. StPO).

Die Einschränkung, daß die Entscheidungen des erkennenden Gerichts nur dann der Beschwerde entzogen sind, wenn sie der Urteilsfällung zeitlich **und** sachlich vorausgehen (*Kleinknecht/Meyer* § 305 Rdnr. 4), bedeutet, daß die Beschwerdemöglichkeit erhalten bleibt bei solchen Entscheidungen, die auch oder ausschließlich prozessuale Bedeutung in anderer Richtung haben (*Kleinknecht/Meyer* § 305 Rdnr. 4). Dies gilt z. B. für die Verfügungen des Vorsitzenden im Zusammenhang mit der Bestellung von Pflichtverteidigern (vgl. dazu oben Form. II. 16 und 17) oder die Nichtzulassung des Nebenklägers (vgl. dazu unten Form. XIII. C. 2 und 3).

Der Grundsatz, daß das Beschwerdegericht umfassend unter eigener Würdigung sämtlicher ihm zugänglicher Tatsachen entscheidet, bedeutet für den Beschwerdeführer, daß die Abgabe einer Beschwerdebegründung nicht zwingend notwendig ist. In der Praxis wird der Fall jedoch selten vorkommen, daß man eine Beschwerde nur einlegt und darauf vertraut, das zuständige Gericht werde die Fehler der angefochtenen Entscheidung schon selbst erkennen. Auch bei mit ausführlichen Gründen versehenen Beschwerdeschriften kommt es gelegentlich vor, daß das Beschwerdegericht die Zurückweisung mit einer nichtssagenden oder formelhaften Wendung begründet („...... aus den zutreffenden Gründen der angefochtenen Entscheidung ......"). So etwas ist verständlich, wenn der Beschwerdeführer selbst versäumt hat, dem Gericht mitzuteilen, was er an der angefochtenen Entscheidung auszusetzen hat.

Wegen der systematisch und sachlich weiten Streuung der unterschiedlichsten mit der Beschwerde anfechtbaren Entscheidungen kann die Vielfalt der in der Praxis vorkommenden Begründungsmuster in einem Formularbuch auch nicht annähernd erschöpfend dargestellt werden. Dies erscheint aber auch deshalb entbehrlich, weil im jeweiligen speziellen Zusammenhang auch an anderer Stelle dieses Buches Muster für Beschwerdeschriften vorgestellt werden (Form. II. 16 und 17, Form. XIII. C. 2 und 3, Form. V. 6, 7, 8 und 10), auf die hiermit verwiesen werden kann.

1. Beschwerde gegen Durchsuchung und Beschlagnahme

Amtsgericht[1]
– Abt. 932 –
6000 Frankfurt am Main   21. 8. 19..[2,3]
In dem Ermittlungsverfahren
gegen
die Verantwortlichen der X...... GmbH
wegen des Verdachts des Betrugs und des Verstoßes gegen das Aktiengesetz
– 932 GS ....../87 –

zeige ich an, daß ich die Verteidigung des Herrn F...... übernommen habe. Strafprozeßvollmacht ist anliegend beigefügt.
Gegen den Durchsuchungsbeschluß vom 14. 8 1987[4] sowie die bereits erfolgte Beschlagnahme der Geschäftsunterlagen wird hiermit

Beschwerde

eingelegt mit dem Antrag,
den Durchsuchungs- und Beschlagnahmebeschluß vom 14. 8. 1987 aufzuheben.

Begründung[5]

In dem angefochtenen Beschluß hat das Amtsgericht „die Durchsuchung der Wohn- und Geschäftsräume der X-GmbH sowie der für den Einkauf zuständigen Mitarbeiter und Geschäftsführer zur Auffindung von Beweismitteln sowie deren Beschlagnahme angeordnet".

Aufgrund dieses Beschlusses erschien am Freitag der vergangenen Woche[2] der sachbearbeitende und ein weiterer Staatsanwalt in Begleitung von 20 Polizeibeamten in den Geschäftsräumen der X-GmbH, luden sämtliche dort vorgefundenen Geschäftsunterlagen in einen eigens dafür mitgebrachten Möbelwagen und transportierten diese in die Räumlichkeiten des Landeskriminalamtes, wo seit den frühen Vormittagsstunden des heutigen Montags drei Kriminalbeamte damit beschäftigt sind, die Unterlagen auszuwerten. Keine der von der Durchsuchung betroffenen Personen hat dies genehmigt (§ 110 Abs. 2 Satz 1 StPO).

Gleichzeitig mit der Aktion in der X-GmbH erschienen in den Privathäusern bzw. Wohnungen der beiden Geschäftsführer, dreier Prokuristen und dem Einkaufsleiter des Unternehmens je ein Staatsanwalt und ein Kriminalbeamter und durchsuchten minutiös genau alle Wohnräume und nahmen auch von dort recht undifferenziert jeweils mehrere Leitz-Ordner und Schnellhefter mit, ohne noch an Ort und Stelle geprüft zu haben, ob ihr Inhalt privater oder geschäftlicher Natur war. Auch diese Ordner und Hefter befinden sich jetzt beim Landeskriminalamt, wo sie zusammen mit den übrigen Unterlagen von Polizeibeamten durchgesehen werden.

Die Beschwerde ist zulässig. Sie ist insbesondere nicht durch Beendigung der angeordneten Maßnahmen erledigt. Die Durchsuchung dauert nämlich noch an, solange die Durchsicht der Papiere i.S.d. § 110 StPO nicht abgeschlossen ist. Daran ändert sich auch nichts dadurch, daß sogleich mit dem Durchsuchungsbeschluß die Beschlagnahme der vorgefundenen Beweismittel angeordnet worden ist (BGH StV 1988, 90; LG Oldenburg wistra 1987, 38).[3]

Die Beschwerde ist auch begründet, weil der angefochtene Beschluß schon bezüglich der Durchsuchung zu unbestimmt ist. Weder werden die zu durchsuchenden Räumlichkeiten noch die zu suchenden Beweismittel konkret begrenzt. Dadurch, daß nicht einmal die Personen, deren Wohnung zu durchsuchen ist, aber auch keine Merkmale der zu suchenden Beweismittel genannt werden, delegiert das Gericht seine Aufgabe praktisch auf die Ermittlungsbeamten.

Durch die Art der Durchsuchung ist auch § 110 StPO verletzt,[6] weil die Staatsanwaltschaft die erste Durchsicht der mitgenommenen Unterlagen Polizeibeamten überlassen hat. Hierfür ist der Staatsanwalt selbst zuständig, der seinerseits diese Aufgabe nicht auf andere Beamten übertragen darf (*Kleinknecht/Meyer*, § 110 Rdnr. 3). Die Beschwerde gegen die Beschlagnahme ist schon deshalb gerechtfertigt, weil diese die vorherige Durchsicht der durchsuchten Unterlagen voraussetzt (LG Oldenburg a.a.O.; *Kleinknecht/Meyer* § 110 Rdnr. 6). Die Verbindung einer Beschlagnahmeanordnung mit dem Durchsuchungsbeschluß für eine noch bevorstehende Durchsuchung ist nur zulässig, wenn ganz konkrete Gegenstände (z.B. im Verfahren um ein Tötungsdelikt eine Schußwaffe) gesucht werden und diese schon im richterlichen Beschluß genau bezeichnet werden (LG Lüneburg JZ 1984, 343 = MDR 1984, 303; *Kleinknecht/Meyer* § 105 Rdnr. 7). Davon kann angesichts der oben zitierten Formulierung des Durchsuchungsbeschlusses hier keine Rede sein.

Nach allem ist der Beschluß also aufzuheben.

Wegen der Eilbedürftigkeit wird um eine sofortige Entscheidung gebeten.[7]

Rechtsanwalt

Anmerkungen

1. Die Beschwerde ist bei dem Gericht einzulegen, dessen Entscheidung angefochten wird (§ 306 Abs. 1 StPO), mit Wirkung vom 1. 4. 1987 an ist aufgrund des Art. 4 Nr. 1 des Gesetzes vom 7. 7. 1986 (BGBl. I S. 982) § 306 Abs. 1 Satz 2 gestrichen worden und damit die Möglichkeit entfallen, die Beschwerde in dringenden Fällen auch beim Beschwerdegericht unmittelbar einzulegen.

2. Die einfache Beschwerde ist nicht fristgebunden, kann jedoch faktisch überholt werden durch den Fortgang des Verfahrens (*Kleinknecht/Meyer* § 306 Rdnr. 4).

3. Wegen der Gefahr des schnellen Verlustes eines Rechtsschutzbedürfnisses durch Beendigung der Durchsuchungshandlungen findet weitgehend ein wirksamer Rechtsschutz gegen die damit verbundenen Grundrechtseingriffe nicht statt (vgl. *Amelung*, Rechtsschutz gegen strafprozessuale Grundrechtseingriffe, 1976, 55 und *Amelung* NJW 1979, 1691; *Dörr* NJW 1984, 261, die auch für die Zeit nach Abschluß der Durchsuchung die Bejahung eines berechtigten Feststellungsinteresses fordern; vgl. jedoch BGHSt 28, 57; *Kleinknecht/Meyer* vor § 296 Rdnr. 15 ff. und die dortigen weiteren Nachw.). Ausreichend Zeit und Gelegenheit, noch rechtzeitig eine Durchsuchungsanordnung mit der Beschwerde anzufechten, hat der Verteidiger dann, wenn er ausnahmsweise schon vor ihrem Vollzug davon erfährt oder wenn die Durchsuchung lange genug dauert. Hierbei kann ihm zugute kommen, daß häufig undifferenziert Unterlagen mitgenommen werden und die „Durchsicht der Papiere" i. S. d. § 110 StPO erst in den Diensträumen stattfindet. Diese Durchsicht gehört auch dann nämlich noch zur Durchsuchung, so daß die Beschwerde zulässig bleibt, solange sie nicht abgeschlossen ist (*Kleinknecht/Meyer* § 105 Rdnr. 15 sowie die Nachw. oben im Formular).

4. Der Durchsuchungsbeschluß ergeht häufig relativ lange Zeit vor ihrer Ausführung. Dies hängt damit zusammen, daß die Staatsanwaltschaft nach h. M. nicht verpflichtet ist, von einem Durchsuchungsbeschluß alsbald oder auch überhaupt Gebrauch zu machen (KK/*Laufhütte* § 105 Rdnr. 5; *Kleinknecht/Meyer*, § 105 Rdnr. 8). Daraus leiten manche Staatsanwälte sogar das Recht her, sich in einem frühen Stadium des Ermittlungsverfahrens mit Durchsuchungsbeschlüssen „auf Vorrat" einzudecken, um sie teilweise erst Monate später je nach Bedarf auszuführen. Dies dürfte als Mißbrauch zu werten sein, dem die Rechtsprechung oder auch der Gesetzgeber in geeigneter Form begegnen sollte. Für den Verteidiger bedeutet diese Verfahrensweise zumindest insoweit eine Beschneidung der eigenen Rechte, als naturgemäß in dem Zeitraum zwischen Erlaß eines Durchsuchungsbefehls und seinem Vollzug nach § 147 Abs. 2 StPO die Akteneinsicht wegen „Gefährdung des Untersuchungszwecks" verweigert wird. Hier ist aber auch manchmal der Umkehrschluß möglich: Die auffallend lange Verweigerung der Akteneinsicht kann je nach Sachlage zumindest die Vermutung begründen, der Staatsanwalt bereite eine bereits beschlossene Hausdurchsuchung vor. Eine solche Vermutung wird man ebenso wie ein ausnahmsweise vorkommendes positives Wissen über eine bevorstehende Durchsuchung auch dem Mandanten gegenüber äußern dürfen, ohne daß dem Verteidiger daraus ein Vorwurf gemacht werden darf (*Krekeler* wistra 1983, 47; *Dahs*, Handbuch des Strafverteidigers, seit der 5. Aufl. Rdnr. 50 und Anm. zu OLG Hamburg BRAK-Mitt. 1987, 163; jedoch sehr streitig! vgl. oben *Hassemer* I B 1c und I C 1c sowie die dortigen Nachw. zum Meinungsstand).

5. Zur Notwendigkeit einer Beschwerdebegründung s. oben Vorbemerkung.

6. Wäre nur dieser Verstoß gegen § 110 Abs. 1 StPO, der zu einem Verwertungsverbot führen kann (LR/*Schäfer* § 110 Rdnr. 19), zu beanstanden, so wäre hiergegen allein die Beschwerde nicht zulässig. Da es sich nämlich um die Art und Weise der Durchsuchung handelt, müßte diese wiederum zunächst einer richterlichen Kontrolle unterzogen werden,

wofür die h. M. in entsprechender Anwendung des § 98 Abs. 2 Satz 2 StPO den Antrag auf gerichtliche Entscheidung für gegeben hält (KK/*Laufhütte* § 110 Rdnr. 9).

Wird jedoch – wie hier – innerhalb einer Beschwerde ein weitergehendes Ziel angestrebt, nämlich die Aufhebung der Durchsuchungsanordnung überhaupt, so tritt demgegenüber die zusätzliche Beanstandung der Art und Weise ihrer Durchführung zurück in die Aufgabe, die Dringlichkeit einer schnellen Entscheidung darzulegen.

7. Anstelle dieser formlosen Bitte um eine eilige Entscheidung wäre auch an einen Antrag auf Aussetzung der Vollziehung gem. § 307 Abs. 2 StPO zu denken gewesen. Von einem solchen Antrag ist jedoch dann abzuraten, wenn das Beschwerdeverfahren selbst kurzfristig überholt zu werden droht. Zwar müßte nach einem Beschluß gem. § 307 Abs. 2 StPO mit der Durchsicht der Papiere innegehalten werden, und es mag auch manchmal die Erwartung gerechtfertigt sein, daß der Eilantrag gem. § 307 Abs. 2 StPO das Beschwerdegericht auch insgesamt zu einer beschleunigten Bearbeitung veranlassen könnte, jedoch ist bei einer Fallkonstellation wie sie dem Formular zugrundeliegt, der Prüfungsaufwand zwischen der Entscheidung über den „Stop-Antrag" und der Entscheidung über die Beschwerde selbst so wenig unterschiedlich, daß der Verteidiger einen größeren Beschleunigungseffekt erzielt, indem er sich selbst um die verfahrenstechnischen Abläufe kümmert, etwa durch persönliche Vorsprache bei den mit der Sache befaßten Richtern. Dabei kann es sogar zweckmäßig sein, den Ermittlungsrichter zu bitten, die Nichtabhilfeentscheidung sogleich handschriftlich auf der Beschwerdeschrift zu vermerken, damit diese sodann mit den Akten dem Vorsitzenden des Beschwerdegerichts selbst überbracht werden kann.

2. Beschwerde gegen Beschlagnahme von Verteidigerpost

An das
Amtsgericht[1]
6500 Mainz ...... 19..

In der Strafsache
gegen
... P ...
– Az.: .... –

wird gegen den Beschlagnahmebeschluß[2] ......

Beschwerde

eingelegt mit dem Antrag,

die Beschlagnahme insoweit aufzuheben, als sie sich auf den in der Wohnung des Herrn P von der Staatsanwaltschaft sichergestellten Leitz-Ordner mit der Aufschrift: „Korrespondenz mit RA Dr. H ...... – Strafsache" bezieht.

Begründung

Bei der Hausdurchsuchung in der Wohnung des Herrn P, bei der die Staatsanwaltschaft dem unterzeichneten Verteidiger dankenswerterweise die Anwesenheit gestattet hat, wurde unter anderem ein Leitz-Ordner sichergestellt, auf dem die im Antrag wiedergegebene Aufschrift angebracht ist. Nachdem sowohl Herr P als auch der unterzeichnete Verteidiger der Sicherstellung dieses Ordners sofort widersprochen hatten, vertrat Herr Staatsanwalt H, der sich durch einen flüchtigen Blick in den Ordner davon überzeugen konnte, daß er nur den Schriftwechsel zwischen dem unterzeichneten Verteidiger und seinem Mandanten enthielt, die Auffassung, diese Schriftstücke unterlägen der uneingeschränkten Beschlag-

3. Weitere Beschwerde VIII. A. 3

nahme, da sie sich nicht im Gewahrsam des Verteidigers, sondern in dem des Mandanten (§ 97 Abs. 2 Satz 1 StPO) befanden. Der unterzeichnete Verteidiger hielt den Widerspruch jedoch aufrecht, so daß vereinbart[3] wurde, den Ordner zunächst in einem geschlossenen und versiegelten Briefumschlag dem Amtsgericht Mainz vorzulegen, um eine Entscheidung nach § 98 Abs. 2 Satz 1 StPO herbeizuführen.
Nachdem nunmehr das Amtsgericht Mainz wiederum unter Hinweis auf § 97 Abs. 2 Satz 1 StPO die Beschlagnahme bestätigt hat, ist die Beschwerde geboten, die deshalb begründet ist, weil Staatsanwaltschaft und Amtsgericht den Vorrang des in § 148 StPO sogar für den nicht auf freiem Fuß befindlichen Beschuldigten niedergelegten Rechtsgedankens der freien und unzensierten Kommunikation zwischen dem Beschuldigten und seinem Verteidiger verkannt haben. Die insoweit mißverständliche Formulierung des § 97 Abs. 2 Satz 1 StPO bezieht sich allgemein auf die in § 97 Abs. 1 StPO genannten Berufsgruppen, denen ein Zeugnisverweigerungsrecht zusteht. Dieser allgemeinen Regel geht der spezielle Rechtsgrundsatz, der dem besonderen Vertrauensschutz des Verteidiger-Mandant-Verhältnisses in Strafsachen dient, vor. Dies hat gerade auch das Landgericht Mainz bereits entschieden (LG Mainz NStZ 1986, 473; vgl. aber auch zu einem Fall der Telefonüberwachung BGHSt 33, 347, 352; *Kleinknecht/Meyer*, 38. Aufl., § 148 Rdnr. 2)[4].

Rechtsanwalt

Anmerkungen

1. Zum Adressaten der einfachen Beschwerde vgl. oben Anm. 1 zu Form. VIII. A. 1.

2. Die Beschwerde gegen die Beschlagnahme bleibt so lange zulässig, als diese fortwirkt. Zu den Einzelheiten der Praxis des Rechtsschutzes gegen Beschlagnahme vgl. auch *Weihrauch*, Verteidigung im Ermittlungsverfahren, 2. Aufl., 1985, Rdnr. 207 ff., 213.

3. Die Vereinbarung mit dem durchsuchenden Staatsanwalt, strittige Teile der von ihm sichergestellten Unterlagen zunächst in einem geschlossenen Umschlag zu versiegeln, lehnt sich an § 110 Abs. 2 Satz 2 StPO an und stellt häufig einen praktikablen Weg dar, dem Mandanten den vollen Rechtschutz zu sichern, ohne daß durch vollendete Tatsachen rechtlich oder faktisch sein Interesse überholt wird. Die Verfahrensweise setzt jedoch gewöhnlich voraus, daß der Verteidiger bei der Durchsuchung anwesend ist. Wenn es technisch zu ermöglichen ist, von Anfang an dabei zu sein, so hat der Verteidiger auch ein Recht auf Anwesenheit, wenn sein Mandant als Hausrechtsinhaber dies wünscht. Freilich brauchen die Durchsuchungsbeamten nicht auf das Erscheinen des Beschuldigten und schon gar nicht auf das des Verteidigers zu warten (vgl. *Weihrauch* Rdnr. 21).

4. Wenn schon der Durchsuchungsbeschluß eine „Beschlagnahme" nicht konkret bezeichneter Gegenstände („aufzufindender Beweismittel") enthält und die Beamten u.a. auch Ordner mit Verteidigerpost mitnehmen, ist dagegen nicht die Beschwerde, sondern die Beantragung der richterlichen Entscheidung gemäß § 98 Abs. 2 S. 2 StPO das gegebene Mittel. In diesen Fällen ist es Sache des Richters und nicht des Staatsanwalts, das strittige Material daraufhin anzusehen, ob es tatsächlich dem Schutz des § 148 StPO unterliegendes Verteidigungsmaterial ist. Vgl. AG Hanau NJW 1989, 1493; zur Problematik allgemein: *Dahs* in Gedächtnisschrift für Karlheinz Meyer 1990, S. 61 ff.

3. Weitere Beschwerde

Die weitere Beschwerde ist nach § 310 StPO nur zulässig gegen Beschwerdeentscheidungen des Landgerichts oder im Rahmen des § 120 Abs. 3 GVG des Oberlandesgerichts, die sich auf Freiheitsentziehungen (Verhaftungen oder einstweilige Unterbringungen) beziehen. Vgl. dazu oben Form. V. 8.

4. Sofortige Beschwerde (§ 311 StPO)

1. Die sofortige Beschwerde unterscheidet sich von der einfachen Beschwerde durch die Einlegungsfrist (§ 311 Abs. 2 StPO) und das Abhilfeverbot (§ 311 Abs. 3 Satz 1 StPO).
2. Vgl. dazu Form. X. A. 3 und X. A. 6.

5. Beschwerde gemäß § 181 GVG mit Antrag auf Aussetzung der Vollziehung gem. § 307 Abs. 2 StPO[1]

An das
Oberlandesgericht[2]
– Strafsenat –
8600 Bamberg

durch das

Amtsgericht
– Schöffengericht –
8... ......   1. 3. 19..

Beschwerde und Antrag auf Aussetzung[3] der Vollziehung

In dem Strafverfahren
gegen
Herrn A
Az.: ......

wird gegen den Beschluß des Schöffengerichts vom 1. 3. 1987, durch den gegen Herrn A „wegen Ungebühr" nach § 178 GVG eine Ordnungshaft von 3 Tagen verhängt wurde, hiermit

Beschwerde

eingelegt mit dem Antrag,
    den angefochtenen Beschluß aufzuheben.
Gleichzeitig wird beantragt,
    die Vollziehung der Ordnungshaft gemäß § 307 Abs. 2 StPO bis zur Entscheidung des Oberlandesgerichts über die Beschwerde auszusetzen.[3]

Begründung

1. Beschwerde

Der Anordnung der dreitägigen Ordnungshaft gegen Herrn A ging folgendes voraus:
Es handelt sich vorliegend um eine Strafsache, in der am heutigen Tage die für ein Schöffengericht ungewöhnlich umfangreiche Hauptverhandlung begonnen hat. Es sind mindestens 10 Verhandlungstage vorgesehen.
Herr A hat sich vor und zu Beginn der Hauptverhandlung bereiterklärt, sich zur Sache zu äußern. In Anbetracht des umfangreichen Prozeßstoffes war mit dem Vorsitzenden des Schöffengerichts bereits vor Prozeßbeginn vereinbart worden, daß Herr A hierfür am

5. Beschwerde gemäß § 181 GVG mit Antrag auf Aussetzung VIII. A. 5

gesamten ersten Verhandlungstag Gelegenheit erhält. Die ersten Zeugen sind für den dritten Verhandlungstag geladen.

Herr A hat sich mit seinem Verteidiger intensiv auf seine Einlassung vorbereitet. Dabei hat sich herausgestellt, daß der komplexe Sachverhalt ohne den ständigen Rückgriff auf die in den Verteidigungsakten befindlichen Unterlagen nicht verständlich dargestellt werden kann. Nach der internen Absprache zwischen Herrn A und seinem Verteidiger war deshalb vorgesehen, daß Herr A den Sachverhalt chronologisch schildert und daß sein Verteidiger ihm jeweils dazu die maßgeblichen Schriftstücke aus den Ermittlungsakten reicht, deren wesentlichen Inhalt Herr A dann in seiner Stellungnahme mit vorträgt und erklärt.

Es bedarf keiner näheren Erläuterung, daß es angesichts dieser prozeßförderlichen Verteidigungskonzeption unumgänglich ist, daß Herr A neben seinem Verteidiger und zwar in dessen unmittelbarer Nähe Platz nehmen kann.

Nach Eröffnung der Sitzung forderte der Vorsitzende Herrn A auf, der neben seinem Verteidiger Platz genommen hatte, sich zu dem in der Mitte des Gerichtssaals befindlichen Stuhl zu begeben, der nach seinen Worten, „für den Angeklagten vorgesehen" sei. Dieser Stuhl, der am Fußboden festgeschraubt ist, befindet sich in ca. 5 Meter Entfernung zu dem Sitz der Verteidigung.

Als sich Herr A weigerte, diesen Platz einzunehmen und dies damit begründete, daß er angesichts der Fülle des Prozeßstoffes eine umfassende Erklärung zur Sache nur unter Einbeziehung der Ermittlungsakten und unter Mithilfe seines Verteidigers abgeben könne, bestand der Vorsitzende auf der Befolgung seiner Weisung. Er ließ sich auch nicht auf den Vermittlungsvorschlag des Verteidigers ein, der sich bereit erklärte, seinerseits neben dem Mandanten bei dem „für den Angeklagten vorgesehenen Stuhl" Platz zu nehmen, wenn Vorsorge getroffen werde, daß ihm dort auch für seine Akten ein ausreichend großer Tisch zur Verfügung stehe.

Der Verteidiger stellte sodann den förmlichen Antrag, Herrn A zu gestatten, während der gesamten Hauptverhandlung und jedenfalls während seiner Einlassung zur Sache neben seinem Verteidiger sitzen zu dürfen. Der Vorsitzende kündigte daraufhin an, über diesen Antrag mit den Schöffen zu beraten, gab jedoch zuvor Gelegenheit zu einer Erklärung des Herrn A, ob er im Falle der Ablehnung des Antrages bereit sei, auf dem der „Ordnung dieses Hauses entsprechenden Stuhl Platz zu nehmen und dann zur Sache auszusagen". Dies beantwortete Herr A mit einem klaren „Nein", woraufhin der Vorsitzende ankündigte, daß dann das Gericht gleich über eine Strafe wegen ungebührlichen Verhaltens nach § 178 GVG mitberaten werde. An den Verteidiger gewandt fügte er wörtlich hinzu: „Sie haben hierzu jetzt rechtliches Gehör – sagen Sie Ihrem Mandanten, er solle es nicht auf die Spitze treiben. Ich weiß, Sie kommen aus Hessen, aber in Bayern ist die Würde des Gerichts noch etwas wert!"

Nach einem daraufhin einsetzenden Austausch von gegenseitigen Erklärungen, aber auch Anträgen und Beschlüssen, deren Überprüfung Sache des Rechtszuges nach Anfechtung eines etwa am Ende der noch laufenden Verhandlung ergehenden Urteils sein wird, verkündete das Gericht folgenden in der Sitzungsniederschrift[4] festgehaltenen

Beschluß:

„Gegen Herrn A wird eine Ordnungshaft gemäß § 178 GVG von 3 Tagen verhängt. Diese ist erforderlich, da sich Herr A dadurch ungebührlich verhalten hat, daß er den ihm vom Gericht zugewiesenen Sitzplatz nicht eingenommen hat. Die Begründung des Herrn A, daß er eine umfassende Sachdarstellung nur abgeben könne, wenn er entsprechend seiner Vorbereitung hierin von seinem Verteidiger unterstützt würde, ist nicht stichhaltig. Das Gericht vertritt die Auffassung, daß ein Angeklagter auch ohne seinen Verteidiger in der Lage sein muß, zur Sache Stellung zu nehmen. Schließlich hat er in den meisten Fällen auch die Tat alleine begangen. Da Herr A auf zwei Abmahnungen des Vorsitzenden nicht reagiert hat, war eine Ordnungshaft von drei Tagen angemessen."

Die Haft wird seit heute Vormittag 10.00 Uhr in der JVA ...... vollstreckt.

Die getroffene Entscheidung entbehrt jeder Rechtsgrundlage und ist jedenfalls unverhältnismäßig. Sie verletzt Herrn A in seinem Recht auf ein faires Verfahren und auf eine ausreichende Gelegenheit zur sachgerechten Verteidigung. Nach § 137 Abs. 1 StPO kann der Beschuldigte sich in jedem Stadium des Verfahrens des Beistands eines Verteidigers bedienen. Der Verteidiger kann für seinen Mandanten Erklärungen zur Sache abgeben, und er kann bei einer eigenen Einlassung des Mandanten diesem auch mit schriftlichen Unterlagen, die als Gedächtnisstützen oder auch zur Veranschaulichung der Aussageinhalte dienen, zur Hand gehen. Dies kann zudem eine gestraffte und übersichtliche Darstellungsweise fördern. In einem Fall wie dem vorliegenden kann ein Angeklagter auch auf dieses Hilfsmittel angewiesen sein.

Keinesfalls liegt in dem Beharren eines Angeklagten auf seinem Recht, sich in der selbst gewählten Weise gegen die komplexen Anklagevorwürfe zu verteidigen, eine Ungebühr i. S. des § 178 GVG. Auch im allerweitesten Sinne, in dem der Begriff der Ungebühr[5] von einem Teil der Literatur verstanden wird, nämlich als „Verhalten, das geeignet ist, die Würde des Gerichts erheblich zu verletzen oder die Ruhe und Ordnung einer gerichtlichen Verhandlung gröblich zu stören (LR/*Schäfer*, 23. Aufl. § 178 GVG Rdnr. 1 m. w. Nachw.), können die Voraussetzungen für ein Ordnungsmittel i. S. d. § 178 GVG nicht schon dadurch als erfüllt angesehen werden, daß der Angeklagte seine Bereitschaft zu einer Aussage zur Sache von einer ihm geeignet erscheinenden Sitzgelegenheit abhängig macht. Nichts anderes ist vorliegend geschehen. Weder hat Herr A durch ein unangemessenes Benehmen versucht, sein Anliegen zu unterstreichen, noch hat er etwa in ungebührlicher Form die unverständliche Weigerung des Gerichts, seinem berechtigten Verlangen nachzukommen, kommentiert.

Wenn das Gericht glaubt, der Angeklagte habe keinen Rechtsanspruch darauf, neben seinem Verteidiger zu sitzen, so mag es auf die Entgegennahme seiner Einlassung verzichten. Es wäre ggf. dann Sache des Rechtsmittelweges (Sprungrevision?) nach einem Urteil zu klären, ob ein Verfahrensfehler vorläge.

Durch die Verhängung und den sofortigen Vollzug der Ordnungshaft ist der sonst der Beschwerde unzugängliche Streit über eine Verfahrensfrage in der Hauptverhandlung zu einem dringlichen Rechtsschutzbedürfnis des zu Unrecht seiner Freiheit entzogenen Angeklagten geworden.

2. Aussetzung der sofortigen Vollziehung

Die Aussetzung der Vollziehung der angefochtenen Entscheidung ist deshalb geboten, weil Herr A die Ordnungshaft sogleich antreten mußte und zu befürchten ist, daß er ohne den vorläufigen Rechtsschutz gemäß § 307 Abs. 2 StPO den empfindlichen Eingriff in sein Grundrecht auf Freiheit bereits in vollem Umfang erdulden muß, bevor das Beschwerdegericht über das Rechtsmittel selbst entscheiden kann.

Rechtsanwalt

Anmerkungen

1. Bei der hier vorgestellten Beschwerde nach § 181 GVG handelt es sich nach h. M. um nichts anderes als um eine sofortige Beschwerde i. S. d. § 311 StPO (*Kleinknecht/Meyer*, § 181 GVG Rdnr. 1; *Kissel* GVG § 181 Rdnr. 2; LR/*Schäfer*, 23. Aufl., § 181 GVG Rdnr. 2 jeweils m. w. Nachw.). Die Gegenmeinung hält diese Beschwerde für ein Rechtsmittel eigener Art, auf das die Vorschriften der Strafprozeßordnung keine Anwendung finden (vgl. die Nachw. bei LR/*Schäfer* § 181 GVG Rdnr. 2). Der Meinungsstreit ist nicht nur von theoretischem Interesse, weil davon auch abhängt, ob sich das Abhilfeverbot (§ 311 Abs. 3 S. 1 StPO) auf diese Beschwerde bezieht. Außerdem dürfte neuerdings der

5. Beschwerde gemäß § 181 GVG mit Antrag auf Aussetzung VIII. A. 5

beschriebene Meinungsstreit über die Rechtsnatur der Beschwerde nach § 181 GVG auch darüber entscheiden, wie die unten in Anm. 2 behandelte Gesetzesinkonkordanz zwischen der ZPO und der StPO zu bereinigen ist.

Das Beispiel des Formulartextes ist bewußt sehr drastisch gebildet und in eine Region verlegt, wo unter Umständen allein durch die Überwindung weiter Entfernungen zwischen dem Erstgericht und dem Beschwerdegericht sehr viel kostbare Zeit vergehen kann. Es ist kaum einzusehen, aus welcher rechtspolitischen Zielsetzung heraus eine sofort vollstreckte Ordnungsstrafe nicht auch von dem Gericht, das die Sache kennt und die Akten vorliegen hat, alsbald wieder durch eine Abhilfeentscheidung korrigiert werden können soll, auch wenn die Voraussetzungen des § 311 Abs. 3 S. 2 StPO nicht vorliegen. Deshalb dürfte durchaus der Mindermeinung, wonach es sich um ein Rechtsmittel besonderer Art handelt, der Vorzug zu geben sein. Die Rechtsprechung hat sich jedoch weitgehend der h. M. verschrieben, ohne sich bisher eindeutig festgelegt zu haben in der Frage, ob nicht doch der judex a quo in der Lage sein sollte, seine eigene Entscheidung, wenn er sich vom Beschwerdevorbringen überzeugt, wieder aufzuheben.

Zu den gesetzlich geregelten Besonderheiten der Beschwerde nach § 181 GVG gehört zum einen die Zuständigkeit des Oberlandesgerichts (auch in Bayern die OLG'e und nicht das BayObLG, Art. 22 BayAGGVG) unabhängig davon, ob die angefochtene Entscheidung vom Amts- oder vom Landgericht getroffen worden ist (§ 181 Abs. 3 GVG), und die in folgender Weise differenzierte Regelung der aufschiebenden Wirkung: handelt es sich um ein Ordnungsmittel gem. § 178 GVG, so wird die Vollziehbarkeit der Entscheidung durch die Einlegung der Beschwerde nicht gehemmt, während im Falle des § 180 GVG (Anordnung von Ordnungsmitteln und ihrer Vollstreckung durch den Einzelrichter außerhalb der Hauptverhandlung) die Beschwerde aufschiebende Wirkung hat (§ 181 Abs. 2 GVG).

2. Fraglich ist, bei welchem Gericht die Beschwerde einzureichen ist. Bis zum 1. April 1987 war diese Frage in § 306 Abs. 1 StPO ebenso geregelt wie für den Bereich des Zivilprozesses in § 569 Abs. 1 ZPO: Im Normalfall wird die Beschwerde bei dem Gericht eingelegt, von dem oder von dessen Vorsitzenden die angefochtene Entscheidung erlassen worden ist; „sie kann in dringenden Fällen auch bei dem Beschwerdegericht eingelegt werden". Die zuletzt genannte Möglichkeit hat jedoch der Gesetzgeber für den Bereich des Strafprozesses jetzt gestrichen (mit Wirkung vom 1. April 1987, Ges. v. 7. Juli 1986, BGBl. I S. 977), während sie für den Zivilprozeß erhalten geblieben ist. Da andererseits das GVG sowohl für den Strafprozeß als auch für den Zivilprozeß gilt, aber selbst darüber keine Regelung enthält, stellt sich die Frage, ob die Beschwerde nach § 181 GVG in Strafsachen weiterhin zur Verfahrensbeschleunigung auch beim Beschwerdegericht eingereicht werden kann. Für diese Möglichkeit spricht die Abkopplung des Beschwerderechtszuges des § 181 GVG von dem der Strafprozeßordnung durch die alleinige Zuständigkeit des Oberlandesgerichts, wodurch gerade in Eilfällen ein zusätzliches Bedürfnis geschaffen wurde, den „Rechtsweg" im geographisch-räumlichen Sinne zu verkürzen.

3. Unstreitig anwendbar auf die Beschwerde nach § 181 GVG ist die Möglichkeit einer Aussetzung der Vollziehung nach § 307 Abs. 2 StPO (*Kleinknecht/Meyer* § 181 GVG Rdnr. 1). Da dort jedoch wiederum die Möglichkeit, eine solche Eilentscheidung zu treffen, sowohl dem judex a quo als auch dem Beschwerdegericht eingeräumt wird, dürfte es ohne weiteres zulässig sein, jedenfalls zur Entscheidung über diesen Stop-Antrag sofort das Oberlandesgericht anzurufen. Um nach der begonnenen Vollstreckung der Ordnungshaft unter keinen Umständen auch nur eine Minute Zeit zu verlieren, wird vorliegend empfohlen, den Antrag bei beiden Gerichten gleichzeitig zu stellen. Dadurch wird gegenüber der alleinigen Anrufung des Oberlandesgerichts der Zeitverlust der Aktenanforderung und Aktenübersendung teilweise eingeholt (das Oberlandesgericht kann sich mit der Sache schon befassen, bevor die Akten da sind), während andererseits auch die Chance einer Abhilfeentscheidung gewahrt bleibt und man dem oben in Anm. 2 beschriebenen Streit

über die Gesetzeslücke des GVG zur Frage der Zulässigkeit der Beschwerdeeinreichung unmittelbar beim Oberlandesgericht aus dem Wege geht.

4. Im Sitzungsprotokoll der Hauptverhandlung muß nicht nur der Beschluß, mit dem ein Ordnungsmittel nach § 178 GVG verhängt worden ist, festgehalten werden, sondern auch im einzelnen diejenigen Vorgänge, die den Beschluß begründen sollen (§ 182 GVG). Diese müssen so deutlich sein, daß das Beschwerdegericht den Grund und die Höhe der Sanktion ohne eigene Erhebungen durch Ausübung des eigenen Ermessens überprüfen kann (OLG Düsseldorf StV 1983, 274). Fehlt es an einer solchen Eintragung und enthalten auch die Gründe des Beschlusses die Vorgänge, die ihn veranlaßt haben, nicht mit der gebotenen Deutlichkeit, so ist der Beschluß schon deshalb aufzuheben (vgl. auch *Kleinknecht/Meyer* § 183 Rdnr. 3 und 4).

5. Da es in dem hier gedachten Fall auf die unterschiedlichen Meinungen über die Begriffsbestimmung der „Ungebühr" nicht ankommt, braucht auf den Meinungsstreit in der Beschwerdeschrift nicht näher eingegangen zu werden. In Grenzfällen ist es jedoch für den Verteidiger hilfreich, die Kasuistik, aber auch die mehr grundsätzlich geführte Auseinandersetzung darüber, ob die „Würde des Gerichts" in der heutigen Zeit noch ein taugliches Kriterium ist, zu kennen und zu verarbeiten. Als Ende der 60er Jahre das tradierte, eher rituell-autoritär geprägte Verständnis vom „Gerichtsfrieden" (*Kleinknecht/Meyer* § 178 GVG Rdnr. 2) durch provokatives Auftreten politisierter und gesellschaftskritischer Angeklagter gestört wurde, reagierte die Rechtsprechung durch eine unterschiedlich weite Auslegung des Begriffs der „Ungebühr". Während vereinzelt versucht wurde, durch Ordnungsstrafen den zeremoniellen Charakter der Gerichtsverhandlung durchzusetzen (z.B. OLG Nürnberg JZ 1969, 152 mit krit. Anm. *Sarstedt*), befolgten viele Untergerichte, wenn auch regional unterschiedlich, den Ratschlag *Sarstedts,* sich bewußt zu machen, daß nicht der Richter, sondern der Angeklagte die Hauptperson des Strafprozesses ist und daß ihm deshalb in gewissen Grenzen auch die Freiheit eingeräumt werden sollte, seine gegenüber dem Gericht ablehnende Haltung zur Schau zu tragen. In jüngster Zeit ist jedoch – zumindest in veröffentlichten Entscheidungen – zunehmend wieder eine Rückbesinnung auf den weniger toleranten Verhandlungsstil feststellbar, wie er bis in die Mitte der 60er Jahre unangefochten gepflegt wurde (vgl. z.B. OLG Koblenz NStZ 1984, 234; GA 1985, 328; OLG Köln NJW 1985, 446). Damit hat auch die „Würde des Gerichts" beim Begriff der Ungebühr wieder an Bedeutung gewonnen. Unabhängig davon sollte es sich für den Verteidiger aber von selbst verstehen, daß er seinen Mandanten nicht zum Ausreizen der Grenze rät. Es ist zweierlei, ob man rechtstheoretisch oder rechtspolitisch Entscheidungen wie die des OLG Düsseldorf in NJW 1986, 1505 (Erscheinen des Angeklagten in schmutziger Kleidung) oder die des OLG Koblenz in NStZ 1984, 234 (Ungebühr bei Weigerung des Angeklagten, sich beim Eintreten des Gerichts vom Platz zu erheben) kritisiert oder ob man in der Verteidigungspraxis dem Mandanten die psychologische Wirkung seines äußeren Auftretens vor Augen führt (ähnlich auch *Dahs* Handbuch Rdnr. 395). Um so mehr kann sich der Verteidiger ein unnachgiebiges Eintreten für die Rechte seines Mandanten leisten, wo das Beharren des Gerichts auf Äußerlichkeiten geeignet ist, substantiell seine Rechte zu beschneiden.

B. Berufung

Vorbemerkung

Durch die Einlegung der Berufung wird die *Rechtskraft* des erstinstanzlichen Urteils *gehemmt* (§ 316 Abs. 1 StPO). Die Berufung führt zu einer nochmaligen Verhandlung des angeklagten Geschehens vor dem Berufungsgericht oder im (selten) Falle des § 328 Abs. 2 StPO zur Zurückverweisung an das zuständige Gericht des ersten Rechtszuges. Hat das Amtsgericht den Einspruch gegen einen Strafbefehl zu Unrecht gemäß § 412 StPO verworfen, so kann das Berufungsgericht die Sache (unter Aufhebung des Urteils) zur neuen Verhandlung und Entscheidung an die Vorinstanz zurückverweisen (BGHSt 36, 139). Abgesehen von den Fällen der Zurückverweisung findet in der Berufungsinstanz eine zweite Tatsacheninstanz statt, in deren Verlauf das Tatgeschehen nochmals umfassend in tatsächlicher und rechtlicher Hinsicht neu verhandelt wird. Das Berufungsgericht ist an die Überzeugungsbildung des erstinstanzlichen Gerichts nicht gebunden. Anders als im Revisionsverfahren darf das Berufungsgericht sich nicht darauf beschränken, Fehler des erstinstanzlichen Gerichts aufzudecken. (Weshalb es aber dennoch sachdienlich sein kann, in einer Berufungsbegründungsschrift auf die – rechtlich wie tatsächlich – unzutreffenden Urteilsgründe hinzuweisen, vgl. Form. VIII. B. 6 Anm. 3.) Vom Prüfungsumfang her unterscheidet sich die Berufungsinstanz also grundsätzlich nicht vom ersten Rechtszug.

Hat lediglich der Angeklagte, zu seinen Gunsten die Staatsanwaltschaft oder sein gesetzlicher Vertreter Berufung eingelegt, darf das Urteil in Art und Höhe der Rechtsfolgen der Tat nicht zu seinem Nachteil geändert werden (**"reformatio in peius"** § 331 Abs. 1 StPO). Wann eine Änderung zum Nachteil vorliegt, beurteilt sich in Zweifelsfällen nach der "ganzheitlichen Betrachtung" (KK/*Ruß* Rdnr. 4 zu § 331), d.h. nach einem Gesamtvergleich des früheren mit dem neuen Rechtsfolgenausspruch. So kann z.B. die auf den ersten Blick nachhaltige Veränderung durch die Streichung der Möglichkeit, eine Geldstrafe in monatlichen Raten zu zahlen, durch eine spürbare Ermäßigung der Geldstrafe wieder aufgehoben werden (vgl. im einzelnen hierzu KK/*Ruß* Rdnr. 4 zu § 331 m.w.Nachw.). Das Verschlechterungsverbot bezieht sich nur auf die verhängte Strafe, einer Verschärfung des Schuldspruchs steht es nicht entgegen. Ebenso kann die Kostenentscheidung, der Bewährungszeit- und der Pflichtenbeschluß gem. § 268a StPO verschärft werden (vgl. im einzelnen hierzu KK/*Ruß* Rdnr. 2ff. zu § 331). Ausdrücklich gesetzlich geregelt ist in § 331 Abs. 2 StPO die *Aufhebung* des Verschlechterungsverbotes insoweit, als das Berufungsgericht die Unterbringung in einem psychiatrischen Krankenhaus oder in einer Erziehungsanstalt anordnen kann, auch wenn nur der Angeklagte Berufung eingelegt hat (vgl. aber hierzu die Entscheidung des BayObLG JR 1987, 172f., nach der die Unterbringung dann entgegen § 331 Abs. 2 StPO nicht angeordnet werden kann, wenn der Angeklagte die Berufung auf die Strafaussetzung zur Bewährung beschränkt hat, sowie die kritische Anmerkung hierzu von *Meyer-Goßner* im Anschluß an die Entscheidung).

Für die Berufungs*hauptverhandlung* gelten grundsätzlich die Bestimmungen der Strafprozeßordnung über den Gang der (erstinstanzlichen) Hauptverhandlung (§ 332 StPO; vgl. auch zur Vorbereitung der Hauptverhandlung § 323 StPO). Eine Verlesung der Anklage findet aber regelmäßig nicht statt. Vielmehr wird der Verhandlungsgegenstand zu Beginn durch eine Berichterstattung „über die Ergebnisse des bisherigen Verfahrens" vorgetragen (§ 324 Abs. 1 Satz 1 StPO). Der Verteidiger sollte sich rechtzeitig vor der Hauptverhandlung darüber klar werden, inwieweit er auf die Verlesung des angefochtenen Urteils Wert legt und bei welchen Teilen er lieber verzichtet (§ 324 Abs. 1 Satz 3 StPO). Manchmal empfiehlt es sich, hierüber eine informelle Verständigung vor der Hauptverhandlung mit Gericht und Staatsanwaltschaft anzustreben, z.B. wenn bestimmte Passagen im Urteil geeignet sein könnten, die Unbefangenheit der Schöffen zu beeinträchtigen.

VIII. B. 1   VIII. Rechtsmittel und Rechtsbehelfe. B. Berufung

Nach §§ 323 Abs. 3, 325 StPO ist insoweit eine Einschränkung des Grundsatzes der Unmittelbarkeit der Beweisaufnahme zulässig, als hierdurch ermöglicht wird, statt der erneuten Vernehmung von Beweispersonen, deren *erstinstanzlich protokollierte Aussage* zu verlesen. Die Verlesung einer protokollierten Aussage darf die nochmalige Vernehmung aber nur dann ersetzen, wenn dadurch die Beweisqualität nicht beeinträchtigt wird, wenn also die Richtigkeit der früheren Aussage nicht zu bezweifeln ist (vgl. im einzelnen hierzu KK/*Ruß* Rdnr. 1 ff. zu § 325 StPO sowie Anm. 3 und 4 zu Form. VIII. B. 1).

Weiterhin gilt, daß der Beschwerdeführer – unter Abweichung von § 258 StPO – seinen **Schlußvortrag** zuerst hält (§ 326 StPO). Dann folgt der Beschwerdegegner. Haben sowohl die Staatsanwaltschaft als auch der Angeklagte Berufung eingelegt, ohne daß die Berufung einer Seite ein weitergehenderes Begehren verfolgt, bleibt es bei der Reihenfolge, die § 258 StPO vorsieht. Ohne daß dies ausdrücklich gesetzlich geregelt wäre, ist es Übung, daß der Beschwerdeführer auch den Vorrang in der Reihenfolge bei Fragen an Zeugen und Sachverständige erhält.

1. Einlegung der Berufung

Amtsgericht[1]
– Schöffengericht –
6000 Frankfurt am Main   5. 9. 1985[2]

In der Strafsache
gegen
Herrn A
– Az.: ... –

wird gegen das am 1. September 1985 verkündete[2] Urteil des Schöffengerichts Frankfurt am Main hiermit

Berufung

eingelegt.
Ich bitte darum, mir das Protokoll der Hauptverhandlung[3] vom 1. September 1985 zur Einsichtnahme zuzuleiten.
Es wird schon jetzt gem. § 325 Abs. 1, 2. Hs. StPO beantragt, alle vor dem Schöffengericht vernommenen Zeugen zur Berufungshauptverhandlung erneut zu laden.[4]

Rechtsanwältin

Anmerkungen

1. Die Berufung ist *zulässig* gegen die Urteile des Amtsgerichts (Strafrichter und Schöffengericht § 318 StPO). Soweit die Urteile des Strafrichters ausschließlich Ordnungswidrigkeiten nach dem OWiG zum Gegenstand haben, gelten die §§ 79, 80 OWiG mit der Folge, daß hiergegen die Rechtsbeschwerde zulässig ist (im einzelnen hierzu KK/*Ruß* Rdnr. 4 zu § 312; *Kleinknecht*/*Meyer* Rdnr. 2 zu § 312; LR/*Gollwitzer* Rdnr. 2 zu § 312). Die Berufung muß bei dem *Gericht des ersten Rechtszuges,* also dem Amtsgericht eingelegt werden (§ 314 Abs. 1 StPO). Die Einlegung bei dem Berufungsgericht begründet keine wirksame Berufungseinlegung, es sei denn, daß der entsprechende Schriftsatz noch innerhalb der Frist bei dem Amtsgericht eingeht (OLG Düsseldorf NStZ 1984, 184; *Kleinknecht*/*Meyer* Rdnr. 2 zu § 314 StPO).

1. Einlegung der Berufung VIII. B. 1

Berufungsgericht ist bei Urteilen des Strafrichters die kleine Strafkammer am Landgericht (§§ 74 Abs. 3, 76 Abs. 2 GVG), bei Urteilen des Schöffengerichts die große Strafkammer des Landgerichts (§§ 24, 28 GVG), bei Urteilen des Jugendrichters (§ 39 JGG) und des Jugendschöffengerichts (§ 40 JGG) die Jugendkammer des Landgerichts (§ 41 Abs. 2 JGG).

Die Berufung kann *schriftlich* oder auch zu *Protokoll der Geschäftsstelle* eingelegt werden. Der Beschwerdeführer kann sich bei der Erklärung zu Protokoll der Geschäftsstelle durch seinen Verteidiger vertreten lassen (LR/*Gollwitzer* Rdnr. 6 zu § 314; KK/*Ruß* Rdnr. 7 f. zu § 314). Die Niederschrift in das Sitzungsprotokoll durch den Urkundsbeamten nach der Urteilsverkündung noch in der Hauptverhandlung ist ebenso wirksam. Zu beachten ist jedoch, daß der Urkundsbeamte in der Hauptverhandlung zur Entgegennahme der Erklärung nicht verpflichtet ist und die Beweiskraft des Protokolls (§ 274 StPO) für eine solche Niederschrift nicht gilt (LR/*Gollwitzer* Rdnr. 5 zu § 314; KK/*Ruß* Rdnr. 8 zu § 314).

Die Berufungseinlegung ist ab dem Zeitpunkt der Verkündung des Urteils, also *nach* Abschluß der Mitteilung der Urteils*gründe* (nicht des Urteils*tenors*) möglich. Eine *vor* der Urteilsverkündung eingelegte Berufung ist unwirksam (KK/*Ruß* Rdnr. 3 zu § 314).

Die Berufungseinlegung durch schriftliche Erklärung muß zweifelsfrei den *Urheber* der Erklärung erkennen lassen (BGHSt 12, 317; KK/*Ruß* Rdnr. 10 zu § 314; LR/*Gollwitzer* Rdnr. 13 ff. zu § 314 m.w. Nachw.). Bei der nur *fernmündlichen* Erklärung gilt die Schriftform als nicht gewahrt (KK/*Ruß* Rdnr. 11 zu § 314 m.w. Nachw.). Dagegen ist die *telegrafische* Berufungseinlegung, bzw. die mittels *Fernschreiber* vorgenommene, grundsätzlich zulässig. Bei der telegrafischen Einlegung ist jedenfalls unbestritten, daß diese zulässig ist, wenn das Ankunftstelegramm rechtzeitig bei dem Gericht des ersten Rechtszuges eingeht und alle wesentlichen Angaben enthält (BGHSt 8, 174; zu weiteren Fragen, insbesondere bei fernmündlicher Durchsage des Ankunftstelegramms durch das Postamt gegenüber der Geschäftsstelle vgl. KK/*Ruß* Rdnr. 12 zu § 314 m.w. Nachw.; zur Berufungseinlegung mittels Fernschreiber oder Telebrief (Telefax), für die die gleichen Grundsätze gelten, vgl. KK/*Ruß* Rdnr. 13 zu § 314).

2. Die Berufung muß bei dem Gericht des ersten Rechtszuges *binnen einer Woche* nach Verkündung des Urteils *eingelegt* werden (§ 314 Abs. 1 StPO). Eine Fristverlängerung ist ausgeschlossen. Gegen die Fristversäumnis ist nur die Wiedereinsetzung in den vorigen Stand möglich. Hat die Verkündung des Urteils *nicht in Anwesenheit* des Angeklagten stattgefunden, so beginnt für diesen die Frist erst mit der Zustellung (§ 314 Abs. 2 StPO; vgl. hierzu auch Form. VIII. B. 4), auch dann, wenn der Angeklagte durch seinen Verteidiger bei der Urteilsverkündung vertreten war (BGHSt 25, 234). § 314 Abs. 2 StPO gilt gleichermaßen für die anderen Verfahrensbeteiligten, die selbständig Berufung einlegen können, wenn sie bei der Urteilsverkündung abwesend waren (LR/*Gollwitzer* Rdnr. 27 zu § 314). Als Urteilsverkündung gilt die Verlesung des Urteils*tenors sowie* die Mitteilung der Urteilsgründe. Dies bedeutet, daß auch für den Angeklagten, der sich nach beendeter Verlesung der Urteilsformel und noch während der Bekanntgabe der Urteilsgründe eigenmächtig entfernt, § 314 Abs. 2 StPO Anwendung findet (OLG Stuttgart NStZ 1986, 520).

3. Die Anforderung des *Protokolls der Hauptverhandlung* ist aus zwei Gründen zu empfehlen. Zunächst sind hierin *die Aussagen* der erstinstanzlich vernommenen Zeugen *protokolliert*. Anhand dieser Niederschriften ist zu prüfen, ob zur Vermeidung einer Anwendung des § 325 Abs. 1, 2. Hs. StPO (Verlesung des Protokolls über die Aussage eines Zeugen oder Sachverständigen erster Instanz statt einer nochmaligen Vernehmung) rechtzeitig vor der Berufungshauptverhandlung Anträge auf erneute Ladungen angebracht sind (s. dazu u. Anm. 4).

Weiterhin ergibt sich aus dem Protokoll, ob die Hauptverhandlung im Hinblick auf die *Einhaltung der Verfahrensvorschriften* ordnungsgemäß durchgeführt wurde. Bei einem verfahrensrechtlichen Verstoß wäre an eine *Sprungrevision* zu denken (§ 335 Abs. 1 StPO), die bei Aufhebung des amtsgerichtlichen Urteils zu einer erneuten Verhandlung im ersten Rechtszug führt (siehe hierzu auch Anm. 1 zu Form. VIII. B. 2).

4. Der Antrag gem. § 325 Abs. 1, 2. Hs. StPO braucht kein Beweisantrag zu sein. Es genügt vielmehr jede Eingabe, durch die unmißverständlich das Verlangen auf Vorladung der Beweisperson kenntlich gemacht wird (*Kleinknecht/Meyer* Rdnr. 9 zu § 325 StPO). „Rechtzeitig" i. S. der Vorschrift ist der Antrag zwar auch dann, wenn die entspechende Ladung vor der Berufungshauptverhandlung noch im normalen Geschäftsbetrieb bewirkt werden kann (KK/*Ruß* Rdnr. 5 zu § 325), jedoch empfiehlt sich die hier vorgeschlagene Aufnahme schon in der Berufungsschrift in allen Fällen, in denen zu erwarten ist, daß die vollständige Wiederholung der Beweisaufnahme die Chancen, zu einer günstigeren Beweiswürdigung zu gelangen, erhöht. Der einmal gestellte Antrag wird dann nicht mehr vergessen. Da er insgesamt oder bezogen auf einzelne Beweispersonen bei der weiteren Bearbeitung (insbes. der Berufungsbegründung) wieder zurückgenommen werden kann, bedeutet der hier empfohlene Weg praktisch kein Risiko.

2. Einlegung eines (noch unbestimmten) „Rechtsmittels"

Amtsgericht
– Schöffengericht –
6000 Frankfurt am Main   5. 9. 1985

In der Strafsache
gegen
Herrn A
– Az.: ... –

wird gegen das am 1. September 1985 verkündete Urteil des Schöffengerichts Frankfurt am Main hiermit

Rechtsmittel[1]

eingelegt.
Ich bitte darum, mir das Protokoll der Hauptverhandlung vom 1. September 1985 zur Einsichtnahme zuzuleiten.[2]

Rechtsanwältin

Anmerkungen

1. Urteile des Strafrichters und des Schöffengerichts können sowohl mit der *Berufung* (§ 312 StPO), als auch mit der *Revision* (§ 335 Abs. 1 StPO) angefochten werden. In letzterem Fall handelt es sich um die sogenannte *Sprungrevision,* bei der das Urteil auf Verstöße gegen das Verfahrensrecht oder auf die fehlerhafte Anwendung des sachlichen Rechts hin überprüft wird (vgl. hierzu *Sarstedt/Hamm* Rdnr. 15, 67, 192/Fn. 278). Anders als bei der Berufung verzichtet der Rechtsmittelführer bei Einlegung der Sprungrevision auf eine zweite Tatsacheninstanz.

Die Frage, welches der beiden *Rechtsmittel* zu wählen ist, dürfte in aller Regel erst anhand der schriftlichen Urteilsgründe zu entscheiden sein. Im allgemeinen wird auch das Protokoll der Hauptverhandlung, aus dem die für das Revisionsverfahren bedeutsamen verfahrensrechtlichen Fehler zu entnehmen sind, nicht innerhalb der einwöchigen Rechts-

3. Nachträgliche Bezeichnung des Rechtsmittels als Berufung

mitteleinlegefrist zur Verfügung gestellt. Es empfiehlt sich deshalb die unbestimmte Anfechtung des Urteils, die durch die Verwendung des Wortes „Rechtsmittel" gekennzeichnet ist (so auch *Sarstedt/Hamm* Rdnr. 67). Durch die Einlegung eines Rechtsmittels wird ebenso wie durch die Einlegung der Berufung oder der Revision die Rechtskraft gehemmt. Die endgültige *Wahl* kann bis zum Ablauf der Revisionsbegründungsfrist (§ 345 Abs. 1 StPO), also innerhalb eines Monats nach Zustellung des Urteils getroffen werden (Wahlmöglichkeit unter Ausschöpfung der vollständigen Frist, vgl. BGH NStZ 1991, 506 f.). Das Rechtsmittel kann innerhalb dieser Frist als *Berufung* (vgl. Form. VIII. B. 3) oder als *Revision* bezeichnet werden (vgl. zu den taktischen Überlegungen bezüglich der Wahl des Rechtsmittels Form. VIII. C. 1 Anm. 1 und 4). Wird keine Wahl getroffen, wird das Rechtsmittel automatisch als Berufung durchgeführt. Das gleiche gilt bei Abgabe einer nicht eindeutigen Erklärung zur Bezeichnung des Rechtsmittels (OLG Hamm VRS Bd. 67, 456; *Kleinknecht/Meyer* Rdnr. 2 zu § 335; KK/*Pickart* Rdn. 6 zu § 335; LR/*Meyer* Rdnr. 9 zu § 335, jeweils m.w.Nachw.).

In derselben Weise, in der das Rechtsmittel innerhalb der einmonatigen Revisionsbegründungsfrist entweder als Revision oder als Berufung bezeichnet werden kann, ist es auch möglich, *nach* der bereits erfolgten *Berufungseinlegung zur Revision* überzugehen (BGHSt 5, 338; 25, 321/324), bzw. die *eingelegte Revision als Berufung* zu bezeichnen (BGHSt 17, 44; 25, 321/324). Ein danach nochmaliger Wechsel des Rechtsmittel soll allerdings ausgeschlossen sein (*Kleinknecht/Meyer* Rdnr. 12 zu § 335), dagegen nicht die Wiedereinsetzung in den vorigen Stand, um den Übergang zur Berufung zu ermöglichen (OLG Schleswig MDR 1981, 251).

2. Vgl. Anm. 3 zu Form. VIII. B. 1. Enthalten die Akten nur einen Band, so tritt an die Stelle des Antrags auf Zuleitung „des Protokolls" der Antrag auf Akteneinsicht durch Mitgabe oder Übersendung in die Kanzlei des Verteidigers (§ 147 Abs. 4 StPO).

3. Nachträgliche Bezeichnung des Rechtsmittels als Berufung

Amtsgericht
– Schöffengericht –
6000 Frankfurt am Main   22. 9. 1985

In der Strafsache
gegen
Herrn A
– Az.: ... –

wird das mit Schriftsatz vom 5. September 1985 gegen das Urteil des Amtsgerichts vom 1. September 1985 (zugestellt am 20. September 1985) eingelegte Rechtsmittel hiermit als

Berufung

bezeichnet.[1]
Die Berufungsbegründung bleibt einem gesonderten Schriftsatz vorbehalten.[2]

Rechtsanwältin

Anmerkungen

1. Siehe hierzu Anm. 1 zu Form. VIII. B. 2.
2. Eine *Berufungsbegründung* ist für den Beschwerdeführer nicht obligatorisch („Die Berufung kann ... gerechtfertigt werden" § 317 StPO). Dies gilt auch soweit die Staatsan-

waltschaft Berufung eingelegt hat. Diese ist zwar gehalten nach Nr. 156 der RiStBV die Berufung zu begründen. Kommt sie dieser innerdienstlichen Verpflichtung jedoch nicht nach, hat dies keine Wirkung auf die Zulässigkeit des Rechtsmittels (KK/*Ruß* Rdnr. 1 zu § 317).

Da die Berufungsbegründung nicht vorgeschrieben ist, hat auch die Überschreitung der in § 317 StPO bezeichneten *einwöchigen Berufungsbegründungsfrist* (beginnend mit der Rechtsmitteleinlegung, bzw. der Zustellung des Urteils) keine nachteiligen Folgen. Auch Ausführungen, die nach Ablauf der Frist bei Gericht eingehen oder erst in der Berufungshauptverhandlung vorgetragen werden, müssen beachtet werden (*Kleinknecht/Meyer* Rdnr. 2 zu § 317 StPO).

Zu dem, was mit der Berufungsbegründung vorgetragen werden kann vgl. Form. VIII. B. 6–9.

4. Antrag auf Wiedereinsetzung gegen ein auf das Ausbleiben des Angeklagten hin ergangenes erstinstanzliches Urteil mit gleichzeitiger Berufungseinlegung (§ 315 StPO)

Amtsgericht[1]
– Schöffengericht –
6000 Frankfurt am Main   30. 3. 1986[2]

In der Strafsache
gegen
Herrn A
– Az.: ... –

wird gegen das auf das Ausbleiben des Herrn A am 27. März 1986 ergangene Urteil des Schöffengerichts Frankfurt am Main, zugestellt am 28. März 1986,[2] beantragt,

Herrn A Wiedereinsetzung in den vorigen Stand[3] zu gewähren und einen neuen Hauptverhandlungstermin vor dem Schöffengericht anzuberaumen.

Für den Fall der Verwerfung des Antrags auf Wiedereinsetzung wird hiermit gleichzeitig

Berufung[4]

gegen das am 27. Februar 1986 verkündete Urteil des Schöffengerichts eingelegt.

Begründung[5]

Herr A konnte an der in seiner Sache angesetzten eintägigen Hauptverhandlung am 27. Februar 1986 vor dem Schöffengericht nicht teilnehmen, weil er am Morgen dieses Tages so unglücklich stürzte, daß er mit einer schweren Gehirnerschütterung, verbunden mit zeitweiliger Bewußtlosigkeit, in das Marienkrankenhaus in Frankfurt am Main eingeliefert werden mußte. Vom Krankenhaus aus eine Nachricht an das Gericht zu übermitteln und um eine Terminsverlegung zu bitten, war Herr A nicht in der Lage. Er wurde erst in der vergangenen Woche wieder nach Hause entlassen.

Zum Zwecke der Glaubhaftmachung[6] wird auf das anliegende ärztliche Attest des Leiters des Marienkrankenhauses Prof. Dr. X Bezug genommen. Es ist hierin die Dauer des Klinikaufenthaltes und die ärztliche Diagnose im einzelnen aufgeführt.

Aus den dargelegten Umständen ergibt sich, daß Herr A sein Ausbleiben am 27. Februar 1986 nicht verschuldet hat. Dem Antrag auf Wiedereinsetzung ist demnach stattzugeben.

Rechtsanwältin

4. Antrag auf Wiedereinsetzung VIII. B. 4

Anmerkungen

1. Für die Entscheidung über einen mit der *Berufungseinlegung kombinierten Wiedereinsetzungsantrag* gem. § 315 StPO gegen ein auf das Ausbleiben des Angeklagten ergangenes erstinstanzliches Urteil – gemeint sind hierbei die Fälle der §§ 232, 412 StPO – ist der *iudex a quo*, d.h. das erstinstanzliche Gericht zuständig (anders als im Fall des § 319 StPO, s. Form. VIII. B. 5). Dieses Gericht entscheidet zunächst nur über den Wiedereinsetzungsantrag. Hat er Erfolg, wird die gleichzeitig eingelegte Berufung gegenstandslos. Wird der Wiedereinsetzungsantrag verworfen, ist das erstinstanzliche Gericht – wie in den übrigen Fällen auch – mit der Prüfung der Zulässigkeit der Berufung befaßt.

2. Bei Verkündung des erstinstanzlichen Urteils in Abwesenheit des Angeklagten beginnt die *Frist* für die einwöchige *Berufungseinlegung* erst mit der Zustellung des Urteils (§ 314 Abs. 2 StPO). Auch der Rechtsbehelf des Wiedereinsetzungsgesuchs ist gem. §§ 235 Abs. 1, 412, 329 Abs. 3 StPO innerhalb einer Woche nach der Urteilszustellung anzubringen. Beide Fristen fallen damit hier zusammen. Der Sinn und Zweck des § 315 Abs. 1 StPO ist es klarzustellen, daß die Frist zur Berufungseinlegung nicht etwa solange aufgeschoben wird, bis über die Wiedereinsetzung entschieden ist.

3. Das erste Ziel des kombinierten Antrags gem. § 315 StPO ist es, eine *neue Hauptverhandlung* vor dem erstinstanzlichen Gericht zu erreichen. Hierfür ist es erforderlich, daß dem Wiedereinsetzungsantrag entsprochen wird. Wird der Wiedereinsetzungsantrag nur gem. § 235 StPO allein, d.h. ohne die gleichzeitige Verbindung mit der Berufungseinlegung gestellt, geht der Angeklagte das Risiko ein, daß das Urteil mit der Zurückweisung des Wiedereinsetzungsantrages rechtskräftig wird. Ist dagegen gleichzeitig Berufung eingelegt, nimmt das Berufungsverfahren seinen Fortgang, auch wenn das Wiedereinsetzungsgesuch verworfen wird.

4. Die zusammen mit dem Wiedereinsetzungsantrag eingelegte Berufung gilt *nur für den Fall* der Verwerfung des Wiedereinsetzungsgesuchs als eingelegt. Dies stellt § 315 Abs. 2 StPO klar. Hat der Angeklagte dagegen Berufung eingelegt, ohne gleichzeitig einen Antrag auf Wiedereinsetzung zu stellen, bedeutet dies gem. § 315 Abs. 3 StPO den endgültigen *Verzicht* auf die Wiedereinsetzung. Selbst wenn zeitlich *nach* der Berufungseinlegung, aber noch fristgerecht, isoliert Wiedereinsetzung beantragt wird, kann der Verlust des Rechtsbehelfs Wiedereinsetzung nicht wieder rückgängig gemacht werden. Ist dagegen zunächst das Wiedereinsetzungsgesuch gestellt und wird sodann einige Tage später, aber noch innerhalb der einwöchigen Frist, Berufung eingelegt, entfaltet dies keine Verzichtswirkung (im einzelnen hierzu KK/*Ruß* Rdnr. 2 f. zu § 315).

5. Jeder Antrag auf Wiedereinsetzung in den vorigen Stand muß gem. §§ 44, 45 StPO *begründet* werden. Diese Begründung erfordert eine genaue Darlegung aller Umstände, die für die Fristversäumnis bedeutsam sind und durch die die Vermutung eines Verschuldens des Antragstellers beseitigt wird (vgl. im einzelnen hierzu Form. VIII. D. 1 Anm. 5).

6. Zur Begründung des Antrags auf Wiedereinsetzung ist zwingend erforderlich, daß der Antragsteller die Tatsachen *glaubhaft* macht. Dabei kommen alle Mittel in Betracht, die generell geeignet sind, die Wahrscheinlichkeit des Vorbringens zu begründen (BVerfGE NJW 1974, 1903), also Urkunden, Atteste, eidesstattliche Versicherungen etc. (vgl. auch hierzu im einzelnen Form. VIII. D. 1 Anm. 6).

5. Antrag gem. § 319 Abs. 2 StPO gegen den Beschluß des erstinstanzlichen Gerichts, der die Unzulässigkeit der Berufung wegen Verspätung der Berufungseinlegung gem. § 319 Abs. 1 StPO ausspricht

Amtsgericht[1]
– Schöffengericht –
6000 Frankfurt am Main   1. 6. 1987[2]

In der Strafsache
gegen
Herrn A
– Az.: ... –

wird beantragt,

1. die Entscheidung des Berufungsgerichts gem. § 319 Abs. 2 StPO[3] über die Zulässigkeit der Berufung des Herrn A
2. die Aufhebung des Beschlusses des Amtsgerichts-Schöffengericht vom 20. Mai 1987, zugestellt am 28. Mai 1987, mit dem die Berufung wegen verspäteter Einlegung als unzulässig verworfen wird.

Begründung:

Die Einlegung der Berufung gegen das Urteil des Amtsgerichts vom 10. April 1987 ist nicht verspätet. Das Urteil gegen Herrn A wurde am Freitag, dem 10. April 1987, verkündet. Entgegen der in dem Verwerfungsbeschluß des Amtsgerichts vom 20. Mai 1987 niedergelegten Auffassung endete die einwöchige Berufungseinlegungsfrist nicht mit dem Ablauf des nächstfolgenden Freitags, dem 17. April 1987, da dieser Tag ein gesetzlicher Feiertag war (Karfreitag). Fällt das Ende einer Frist auf einen allgemeinen Feiertag oder einen Sonnabend, endet gemäß § 43 Abs. 2 StPO die Frist erst mit Ablauf des nächsten Werktages. Dieser nächste Werktag war im vorliegenden Fall wegen eines weiteren Feiertages am Montag, dem 20. April 1987 (Ostermontag), erst Dienstag, der 21. April 1987. Da Herr A an diesem Tag durch einen von ihm bevollmächtigten Rechtsanwalt Berufung einlegen ließ und diese beim Amtsgericht auch an diesem Tage einging (siehe den Eingangsstempel des Amtsgerichts Bl. 74 d. A.), ist die Berufung nicht verspätet. Der Beschluß des Amtsgerichts vom 20. Mai 1987 ist deshalb rechtsfehlerhaft. Er ist aufzuheben.

Rechtsanwältin

Anmerkungen

1. Der Antrag gem. § 319 Abs. 2 StPO ist **beim Amtsgericht** anzubringen (*Kleinknecht/Meyer* Rdnr. 3 zu § 319; KK/*Ruß* Rdnr. 7 zu § 319; a. A. LR/*Gollwitzer* Rdnr. 8 zu § 319, der die Auffassung vertritt, der Antrag könne auch beim Berufungsgericht eingelegt werden). Über den Antrag selbst entscheidet nicht das Amtsgericht, sondern das Berufungsgericht. Der Amtsrichter kann dem Antrag auch nicht abhelfen.

Das Berufungsgericht ist auch dann für die Entscheidung zuständig, wenn das *Rechtsmittel,* das als verspätet verworfen worden ist, noch *nicht bezeichnet* wurde. Es ist zunächst wie eine Berufung zu behandeln, ohne daß damit dem Angeklagten die Wahlmöglichkeit genommen wäre, wenn der Verwerfungsbeschluß des Amtsgerichts aufgehoben wird (LR/*Gollwitzer* Rdnr. 13 zu § 319).

6. Berufungsbegründung bei Anfechtung des Urteils in vollem Umfang

2. Die *Frist* zur Antragstellung beginnt mit der Zustellung des Beschlusses des Amtsgerichts, mit dem das Rechtsmittel wegen verspäteter Einlegung als unzulässig verworfen wird (§ 319 Abs. 2 StPO).

3. Bei dem Antrag gem. § 319 Abs. 2 StPO handelt es sich um einen Rechtsbehelf „eigener Art" (KK/*Ruß* Rdnr. 5 zu § 319) gegen den Verwerfungsbeschluß des Amtsgerichts wegen der verspäteten Berufungseinlegung gem. § 319 Abs. 1 StPO. Der Antrag führt zur Entscheidung des Berufungsgerichts über die Zulässigkeit der Berufung in umfassender Weise, also über den dem erstinstanzlichen Richter zugewiesenen Rahmen des Abs. 1 hinaus (BGHSt 11, 152/155). Er ist hier der einzige gegebene Rechtsbehelf; eine Beschwerde gem. § 304 StPO ist gegen den Verwerfungsbeschluß des Amtsgerichts nicht zulässig. Hebt das Berufungsgericht den Beschluß der Vorinstanz auf, werden die Akten an das Amtsgericht zurückgegeben und das Verfahren nimmt seinen Fortgang. Verwirft das Berufungsgericht den Antrag als unzulässig oder bestätigt es die Entscheidung des Amtsgerichts, ist das erstinstanzliche Urteil rechtskräftig. Die Entscheidung des Berufungsgerichts über den Antrag gem. § 319 Abs. 2 StPO ist *unanfechtbar*. War die Berufung verspätet eingelegt, tritt die Rechtskraft mit dem Ablauf der Einlegungsfrist ein. War das Rechtsmittel aus anderen Gründen unzulässig, dann ist der Zeitpunkt der Entscheidung des Berufungsgerichts maßgebend (KK/*Ruß* Rdnr. 9 zu § 319).

In Fällen, in denen anders als im Musterbeispiel davon auszugehen ist, daß die Berufungseinlegung tatsächlich verspätet erfolgt ist, empfiehlt es sich, statt des Antrags gem. § 319 Abs. 2 StPO oder auch i.V.m. diesem Antrag ein *Wiedereinsetzungsgesuch* beim Berufungsgericht anzubringen. Das Gericht prüft zunächst, ob die Frist versäumt ist. Ist dies der Fall, befaßt es sich sodann mit der Frage, ob Wiedereinsetzung zu gewähren ist. Erst wenn diese Möglichkeit ausscheidet, werden der Wiedereinsetzungsantrag und der damit verknüpfte Antrag gem. § 319 Abs. 2 StPO verworfen. Ist kein Wiedereinsetzungsgesuch gestellt, kann der Verwerfungsbeschluß des Amtsgerichts nach § 319 Abs. 1 StPO bereits mit der bloßen Feststellung der verspäteten Einlegung durch das Berufungsgericht bestätigt werden.

Zu den formalen Voraussetzungen eines Wiedereinsetzungsgesuchs vgl. Form. VIII. D. 1 Anm. 1–9.

6. Berufungsbegründung bei Anfechtung des Urteils in vollem Umfang

(Fall aus dem Umweltstrafrecht)

Landgericht[1] **Frankfurt**
– 2. Strafkammer –
6000 Frankfurt am Main   1. 4. 1986

In der Strafsache
gegen Herrn A
– Az. ... –

wird die Berufung des Herrn A wie folgt begründet:

Das Urteil des Schöffengerichts Frankfurt vom 1. September 1985 wird in vollem Umfang angefochten.[2] Das Urteil ist sowohl aus tatsächlichen als auch aus rechtlichen Gründen fehlerhaft.[3] Im einzelnen ergibt sich dies aus folgendem:

1. **Mängel des Urteils bei den Sachverhaltsfeststellungen und der Beweiswürdigung**

   Das Amtsgericht sieht den Tatbestand der Gewässerverunreinigung gem. § 342 StGB u.a. dadurch als erfüllt an, daß Herr A sich als Betriebsleiter nicht an die Auflagen gehalten hat, die der Firma X für die Vorklärung des Betriebsabwassers anläßlich einer Besprechung am 5. Juni 1970 durch die Vertreter der Unteren Wasserbehörde aufgegeben wurden. Aus der Beweisaufnahme, insbesondere dem Gutachten des Sachverständigen Dr. R., gehe – so das Gericht – einwandfrei hervor, daß sich infolge einer fehlerhaften Vorklärung durch die Verantwortlichen der Firma X in der Tatzeit Schwefel im Abwasser befunden habe. Im Urteil heißt es im Anschluß hierzu weiter:

„Daß Schwefel sich im Abwasser befunden hat, zeigen insbesondere die im Anklagezeitraum aufgetretenen, festgestellten und durch Zeugen belegten Geruchsbelästigungen entlang des außerhalb des Firmengeländes befindlichen Kanalisationssystems." (UA. S. 14, 15)

Diese Schlußfolgerung im Rahmen der Beweiswürdigung ist fehlerhaft:

- Das am 5. Juni 1970 der Firma X aufgegebene Vorklärungsverfahren ist selbst bei einer ordnungsgemäßen Handhabung nicht geeignet, restlos den Schwefel aus dem Abwasser zu entfernen.
- Soweit von den Anwohnern über den Geruch von Schwefel aus der Kanalisation geklagt wurde, gibt es hierfür genügend andere Quellen, die nicht mit dem Betrieb der Firma X in Verbindung stehen. In der Urteilsbegründung (S. 10 UA) wird ein Sanatorium auf einem Nachbargelände erwähnt, in dem Patienten mit Schwefelbädern behandelt werden. Von diesem Sanatorium aus besteht eine Verbindung zum Abwasserkanal der Firma X. Über eine weite Strecke wird dieses (Schwefel-) Wasser vermischt mit dem Abwasser aus der Fa. X zusammen durch die Kanalisation geleitet.

Der Sachverständige Dr. R. hat weder diese andere Ursächlichkeit berücksichtigt noch entdeckt, daß das Vorklärungsverfahren als solches unzulänglich ist. Sein Gutachten ist deshalb für eine Entscheidungsfindung im vorliegenden Fall ungeeignet. Dies gilt unabhängig davon, daß sein Gutachten, insbesondere was die Probeanalyse und die hieraus gezogenen Schlußfolgerungen anbelangt, in sich widersprüchlich ist.

Zum Beweis für die vorstehend bezeichneten Tatsachen wird in der Hauptverhandlung beantragt werden, durch den Sachverständigen

Herrn Prof. Dr. F.,
Fachbereich Chemie an der
Universität Tübingen,
Karlstraße 3

ein Gutachten erstatten zu lassen. Dies gilt nur für den Fall, daß das Gericht sich nicht aufgrund der vorstehenden Ausführungen von Amts wegen zur Ladung des Sachverständigen veranlaßt sieht.

Der Sachverständige steht kurzfristig zur Gutachtenerstattung zur Verfügung. Auf Anregung der Verteidigung des Herrn A hat Prof. Dr. F bereits eine eingehende Besichtigung der Örtlichkeiten auf dem Betriebsgelände der Fa. X sowie der Kanalisationsanlagen vorgenommen. Es ist ihm auch grundsätzlich möglich, an den terminierten Hauptverhandlungstagen anwesend zu sein.[4]

Wenn das Gericht den Sachverständigen nicht laden sollte, wird darum gebeten, die Verteidigung noch vor Beginn der Hauptverhandlung zu benachrichtigen. Für diesen Fall ist vorgesehen, dem Sachverständigen die Teilnahme an der Hauptverhandlung über § 245 StPO zu ermöglichen.

2. Materiell-rechtlicher Fehler des Urteils

Das Urteil des Amtsgerichts würdigt weiterhin nicht die – auf der Grundlage der im Urteil festgestellten nicht genehmigten Einleitung – rechtserhebliche Tatsache, daß Herr A zu einem frühen Zeitpunkt, nämlich am 23. November 1981 vom Vorwurf der Gewässerverunreinigung (damals § 38 WHG, der dem § 324 StGB entspricht) durch

6. Berufungsbegründung bei Anfechtung des Urteils in vollem Umfang VIII. B. 6

das Amtsgericht Frankfurt am Main rechtskräftig freigesprochen wurde. Dieser Umstand wird im Urteil im Sachverhalt lediglich erwähnt (UA. S. 11). Der Freispruch hätte aber im Rahmen der Erwägungen zum Schuldspruch deshalb berücksichtigt werden müssen, weil er auf der Grundlage der getroffenen Urteilsfeststellungen einen geradezu klassischen Verbotsirrtum begründet. Dem rechtskräftigen Freispruch aus dem Jahre 1981 lag nämlich nicht nur derselbe strafrechtliche, sondern auch derselbe tatsächliche (nur eine früher liegende Zeitspanne betreffende) Vorwurf gegen Herrn A zugrunde, der ihm auch nunmehr vom Amtsgericht Frankfurt am Main gemacht wird. Herr A hat aber stets bekundet, daß er, sollte die Verwaltungsbehörde tatsächlich die Abwasserableitung in der von ihm vorgenommenen Form nicht genehmigt haben, dies nicht wußte und jedenfalls aufgrund der Tatsache seines Freispruchs im Jahre 1981 nicht davon ausging, daß die Abwasserableitung unter der am 5. Juni 1970 erteilten Auflage verboten sei. Etwas anderes könnte nur dann gelten, wenn der Freispruch bereits mit der Annahme eines (damals) unvermeidbaren Verbotsirrtums begründet worden wäre. Dies ist jedoch gerade nicht der Fall. Mit dem freisprechenden Urteil wurde Herrn A vielmehr bestätigt, daß die Abwassereinleitung mit förmlicher Billigung der Verwaltungsbehörde, mithin also „befugt" i. S. d. § 324 StGB erfolgt. Darauf durfte er auch in der Folgezeit vertrauen.

Weitere Erklärungen und Anträge bleiben der Berufungshauptverhandlung vorbehalten.[5]

Rechtsanwältin

Anmerkungen

1. Wird, wie in diesem Formular, die Berufung erst mehrere Monate nach der Berufungseinlegung begründet, ist es zweckmäßig, die Berufungsbegründung unmittelbar dem *Berufungsgericht* zuzuleiten. Diesem werden vom Amtsgericht in aller Regel unverzüglich nach Ablauf der einwöchigen (aber nicht obligatorischen, vgl. hierzu Anm. 2 zu Form. VIII. B. 3) Berufungsbegründungsfrist die Akten zugeleitet. Bei Zweifeln, ob sie dort schon vorliegen, empfiehlt sich ein Anruf bei den beteiligten Geschäftsstellen.

2. Durch die Berufung kann das Urteil *beschränkt* (vgl. hierzu Form. VIII. B. 7–9) oder aber **voll umfänglich** angefochten werden. Eine unbeschränkte Anfechtung liegt immer dann vor, wenn weder bei der Rechtsmitteleinlegung noch im Rahmen der Berufungsbegründung eine Beschränkung auf bestimmte Beschwerdepunkte vorgenommen wird – oder wenn dies, wie vorliegend, ausdrücklich erklärt wird. Der Prüfung des Gerichts unterliegt das Urteil nur, soweit es angefochten ist (§ 327 StPO).

3. Durch die Berufungsbegründung soll das Berufungsgericht über das Ziel und den Umfang der Berufung vorläufig unterrichtet werden, so z.B. über die Frage, ob *rechtliche* oder *tatsächliche* (oder beide) Gründe für die Berufung ausschlaggebend sind. Liegt die Fehlerhaftigkeit des Urteils in einer mangelhaften Beweisaufnahme, kann, wie im Formular, die Berufungsrechtfertigung dazu benutzt werden, die Zuziehung eines i. S. d. § 244 Abs. 3 StPO „weiteren" Sachverständigen von Amts wegen anzuregen, um hierdurch die sonst erforderliche Selbstladung des Gutachters gem. § 220 StPO zu ersparen (vgl. hierzu Form. VII. D. 2–4, 7, 17).

Enthält das angegriffene Urteil rechtliche Mängel – wie im Formular die unterlassene Berücksichtigung eines sich aufdrängenden Verbotsirrtums – kann es sich empfehlen, im Rahmen der Berufungsbegründungsschrift hierzu Ausführungen zu machen. Die Erörterung von Rechtsfragen ist ansonsten weitgehend erst dem Plädoyer vorbehalten. Die Verteidigung hat durch die frühzeitige Kundgabe ihres Rechtsstandpunktes die Möglichkeit, das Gericht mit ihrer Sicht der Dinge vertraut zu machen und auf eine themenzentrierte Beweisaufnahme hinzuwirken.

4. Bei solchen Vorkontakten mit einem potentiellen Sachverständigen muß stets darauf geachtet werden, daß nicht die Voraussetzungen für seine Ablehnung durch die Staatsanwaltschaft geschaffen werden (§ 74 StPO). Dazu gehört in erster Linie, daß die Gespräche bzw. Korrespondenz mit dem Sachverständigen nicht dem Mandanten selbst überlassen werden und daß man mit dem Sachverständigen frühzeitig und offen über die Frage seiner Honorierung spricht: Vor der Entscheidung des Gerichts, ob der Sachverständige – wie im Formular primär beantragt – von Amts wegen geladen wird, sollte er für seine Vorprüfungen keine Liquidation stellen, die den Anschein eines in sich abgeschlossenen Privatgutachtenauftrages für den Beschuldigten erzeugen könnte (s. hierzu BGHSt 20, 245: Bezahlung des Sachverständigen als Ablehnungsgrund; a. A. OLG Koblenz VRS Bd. 71, 200).

5. Die Berufungsbegründung muß – anders als die Revision – keinen konkreten Antrag enthalten. Dieser ist ohnehin Bestandteil der mündlichen (Berufungs-) Hauptverhandlung. Zur Verdeutlichung des Petitums kann jedoch in der schriftlichen Berufungsrechtfertigung bereits die Zielsetzung formuliert werden (vgl. hierzu und zu den möglichen kostenrechtlichen Folgen Form. VIII. B. 7 Anm. 3).

7. Antrag und Begründung einer auf das Strafmaß beschränkten Berufung

Amtsgericht
– Schöffengericht –
6000 Frankfurt am Main   1. 3. 1987

In der Strafsache
gegen
Herrn A
– Az.: ... –

wird unter Hinweis auf die in der Verteidigervollmacht enthaltene besondere Ermächtigung[1] (§ 302 Abs. 2 StPO) die gegen das Urteil des Amtsgerichts vom 1. Dezember 1986 eingelegte Berufung vom 2. Dezember 1986

auf das Strafmaß beschränkt.[2]

Es wird folgende Berufungsbegründung abgegeben:

Das Amtsgericht hat Herrn A wegen fahrlässiger Tötung in Tateinheit mit fahrlässiger Gefährdung des Straßenverkehrs durch Trunkenheit zu einer Freiheitsstrafe von einem Jahr und acht Monaten verurteilt. Die Strafe wurde nicht zur Bewährung ausgesetzt.
Ziel[3] des Rechtsmittels ist ein Urteil, durch das die vom Amtsgericht verhängte Freiheitsstrafe auf ein zur Bewährung auszusetzendes Maß herabgesetzt wird.
In Anbetracht seiner beruflichen und familiären Einbindung sowie der Tatsache, daß Herr A nicht vorbestraft ist, muß die erkannte Freiheitsstrafe und insbesondere die Nichtaussetzung zur Bewährung als unangemessen überhöht angesehen werden. Dies gilt auch dann, wenn man wie das Amtsgericht die Auffassung vertritt, im Hinblick auf die Schwere der Schuld müsse die Strafe für Herrn A nachhaltig fühlbar sein. Gemäß § 46 Abs. 1 StGB sind bei der Strafzumessung sämtliche Wirkungen zu beachten, die von der Strafe für das künftige Leben des Täters in der Gesellschaft zu erwarten sind. Insbesondere berufliche Nachteile müssen bei der Frage, ob besondere Umstände i. S. von § 56 Abs. 2 StGB vorliegen, Berücksichtigung finden (BGH NStZ 1987, 172 f.). Gegen diese Grundsätze verstößt das Urteil, wenn es (im Sachverhalt) zwar feststellt, Herr A habe es „trotz des innerbetrieblichen Personalabbaus bislang geschafft, seinen Arbeitsplatz zu verteidigen und damit sich und seiner fünfköpfigen Familie die Existenzgrundlage zu erhalten" (UA S. 3), bei der

7. Antrag und Begründung einer auf das Strafmaß beschränkten Berufung — VIII. B. 7

Strafzumessung jedoch vollkommen außer Acht läßt, daß Herr A bei Verbüßen der Freiheitsstrafe eben diese Arbeitsstelle mit Gewißheit verlöre. Damit wäre Herr A (und seine Familie) wirtschaftlich und finanziell auf eine nicht absehbare Zeit zugrunde gerichtet. Diese als sicher geltende Tatsache wiegt um so schwerer, als im Urteil auch ausgeführt ist, daß „Herr A die Folgen seiner Tat bis heute innerlich nicht überwunden hat und ihn allein die Sorge um die finanzielle Sicherung seiner Familie aufrecht erhält" (UA S. 3). Daß das Gericht trotz dieser Umstände und der hierin zum Ausdruck kommenden außerordentlichen Strafempfänglichkeit bei der Rechtsfolgenbestimmung dennoch „wegen der Tatschwere" (UA S. 7) ausschließlich generalpräventiven Gesichtspunkten den Vorrang gegeben hat, ist rechtsfehlerhaft.

Das Urteil berücksichtigt bei der Strafzumessung weiterhin nicht, daß sich die Tat des Herrn A aus einer Konfliktsituation heraus entwickelt hat. Es ist zwar im Rahmen der Urteilsausführungen zum Sachverhalt davon die Rede, daß sich der „Alkohol nicht gewohnte Herr A am Tatabend nur deshalb betrank, weil er von dem überraschenden Tod seines Bruders erfahren hatte" (UA S. 2). Innerhalb der Strafzumessungserwägungen wird dieser (wesentliche) Gesichtspunkt jedoch nicht wieder aufgegriffen, obwohl er im Rahmen der Gesamtwürdigung von Tat und Persönlichkeit des Herrn A – neben den schwerwiegenden beruflichen Nachteilen ebenfalls – als ein i. S. d. § 56 Abs. 2 StGB „besonderer Umstand" anzusehen ist, der die Aussetzung auch einer 1 Jahr übersteigenden Freiheitsstrafe zur Bewährung begründen kann.

Rechtsanwältin

Anmerkungen

1. Da es sich bei jeder Berufungsbeschränkung um eine Teilrücknahme des Rechtsmittels handelt, gilt § 302 StPO entsprechend, d. h. es ist wie bei jeder (Teil-)Rücknahme eines Rechtsmittels auch hier eine besondere Bevollmächtigung notwendig (§ 302 Abs. 2 StPO, vgl. z. B. BGHSt 10, 320; wohl auch für die Berufung zu beachten: BGH AnwBl. 1991, 599 f., wonach die Beschränkung des Rechtsmittels in der Revisionsbegründung lediglich eine Konkretisierung und keine (Teil-)Rücknahme darstellt).

2. Die Berufung kann *beschränkt* oder unbeschränkt eingelegt werden. Wird sie von verschiedenen Verfahrensbeteiligten eingelegt (Angeklagter und Staatsanwaltschaft) und ist *eines* der Rechtsmittel *unbeschränkt,* ergreift die Berufung das gesamte Urteil. Wird das unbeschränkte Rechtsmittel zurückgenommen oder erledigt es sich auf andere Weise, wirkt sich die Beschränkung wieder aus (LR/*Gollwitzer* Rdnr. 57 zu § 318).

Wird eine Beschränkung vor der Berufungshauptverhandlung vorgenommen, so wird sie *wirksam* mit ihrem Eingang bei Gericht. Hat die Berufungsverhandlung begonnen, kann die Berufungsbeschränkung (ebenso wie die Rücknahme des Rechtsmittels) nur mit Zustimmung des Gegners erfolgen (§ 303 StPO).

Eine Berufungsbeschränkung kann immer nur bezogen auf *bestimmte Beschwerdepunkte* vorgenommen werden, die losgelöst vom übrigen Urteilsinhalt selbständig geprüft und beurteilt werden können (KK/*Ruß* Rdnr. 4 zu § 318 StPO). Erfolgt die Beschränkung auf einen nicht abtrennbaren Urteilsteil hin, hat dies zur Folge, daß die Berufungs*beschränkung* unwirksam ist. Das Rechtsmittel als solches wird von der Unwirksamkeit nicht berührt, die Berufung besteht als unbeschränkt eingelegt fort (LR/*Gollwitzer* Rdnr. 8 zu § 318; KK/*Ruß* Rdnr. 10 zu § 318).

Zur Beschränkung auf einen Beschwerdepunkt innerhalb des *Schuldspruchs* vgl. Form. VIII. B. 9.

Der in der Praxis häufigste Fall der Berufungsbeschränkung ist der auf den *Strafausspruch*. Diese Beschränkung hat zur Folge, daß die Urteilsfeststellungen zum Schuldspruch rechtskräftig werden und in der Berufungsinstanz nur noch über die Höhe der Strafe verhandelt wird (vgl. im einzelnen hierzu KK/*Ruß* Rdnr. 7 zu § 318 StPO m.w. Nachw.).

Problematisch ist die Beschränkung auf den Rechtsfolgenausspruch allerdings immer dann, wenn zwischen den Erörterungen zur Schuld- und Straffrage eine so enge Verbindung besteht, daß eine getrennte Überprüfung ausgeschlossen ist. Dies ist vor allem dann der Fall, wenn es sich um die sog. doppel-relevanten Tatsachen handelt. Dies sind Merkmale eines Straftatbestandes, die sich – wie z.B. die Regelbeispiele des § 243 Abs. 1 Satz 2 Nr. 1, 2 und 4 StGB – sowohl auf den Schuldspruch, als auch auf die Strafzumessung auswirken können. Eine Beschränkung der Berufung auf den Strafausspruch ist deshalb hier in der Regel unwirksam (BGHSt 29, 359ff = NJW 1981, 590 am Beispiel des § 243 Abs. 1 Satz 2 Nr. 1, 2 und 4 StGB). Das gleiche dürfte gelten, wenn der Grad der Schuldfähigkeit zu beurteilen ist (BGHSt 7, 283) oder die Feststellungen zum Schuldspruch im Urteil so lückenhaft ausgeführt sind, daß sie dem Berufungsgericht keine Entscheidungsgrundlage für die Straffrage bieten (OLG Zweibrücken MDR 1973, 1039; weitere Beispielfälle bei *Hettinger*, Ist eine horizontale Berufungsbeschränkung auf das Strafmaß möglich und kann auch § 21 StGB ihr Gegenstand sein?, JZ 1987, 386ff). Letztendlich wird sich die Frage der Wirksamkeit einer Berufungsbeschränkung nur anhand des konkreten Einzelfalls beurteilen lassen (KK/*Ruß* Rdnr. 7 zu § 318).

Die im Formular vorgenommene Beschränkung auf den Strafausspruch ist unproblematisch. Zwischen Schuldspruch und Rechtsfolgenausspruch ergeben sich keine Überschneidungen. Eine hier auch denkbare – und grundsätzlich auch zulässige – Beschränkung der Berufung *innerhalb des Rechtsfolgenausspruchs* auf die Strafaussetzung zur Bewährung (näheres hierzu Form. VIII. B. 8 Anm. 1) wurde im Formular deshalb nicht vorgenommen, weil die hier für die Entscheidung nach § 56 StGB maßgeblichen Gesichtspunkte (berufliche Nachteile, Anlaß der Tat) auch Umstände sind, die nach § 46 StGB allgemein bei der Strafzumessung zu berücksichtigen sind und infolgedessen auch eine Herabsetzung der Dauer der Freiheitsstrafe bewirken können.

Zur möglichen Problematik der (auf das Strafmaß beschränkten) Berufungseinlegung in einem Fall, in dem das erstinstanzliche Gericht trotz bestehender rechtlicher Möglichkeit von einem Entzug der Fahrerlaubnis abgesehen hat, vgl. Form. VIII. B. 8 Anm. 1, Stichwort: Entziehung der Fahrerlaubnis.

3. Die rechtzeitige Beschränkung der Berufung und die Kenntlichmachung des Ziels hat auch erhebliche kostenrechtliche Folgen. Wird im hier angenommenen Fall aufgrund der Berufungshauptverhandlung die Freiheitsstrafe von 1 Jahr und 8 Monaten zur Bewährung ausgesetzt, so trägt gem. § 473 Abs. 3 StPO die Staatskasse die gesamten Kosten und notwendigen Auslagen der Berufungsinstanz. Näheres dazu in Form. XIV.

8. Berufungsbeschränkung innerhalb des Rechtsfolgenausspruchs

Amtsgericht Wiesbaden
6200 Wiesbaden   3. 3. 1986

In dem Berufungsverfahren
gegen
Herrn A
– Az. ... –

wird die mit Schriftsatz vom 1. März 1986 eingelegte Berufung gegen das Urteil des Amtsgerichts vom 25. Februar 1986 auf die Bemessung der Tagessatzhöhe[1] innerhalb der gegen Herrn A verhängten Geldstrafe beschränkt.

8. Berufungsbeschränkung innerhalb des Rechtsfolgenausspruchs VIII. B. 8

Begründung:

Das Amtsgericht hat Herrn A wegen Verleumdung zu einer Geldstrafe von 40 Tagessätzen à 100,– DM verurteilt. Allein gegen die Bemessung der Tagessatzhöhe richtet sich die Berufung. Aufgrund der Angaben des Herrn A in der erstinstanzlichen Hauptverhandlung, sein Einkommen als freischaffender Künstler sei „geregelt", ist das Gericht, wie der im Urteil festgesetzten Tagessatzhöhe zu entnehmen ist, von einem monatlichen Nettoeinkommen des Herrn A von 3.000,– DM ausgegangen. Dies ist jedoch bei weitem überhöht angesetzt. Herr A hat ein durchschnittliches monatliches Nettoeinkommen von ca. 1.100,– DM. Davon zahlt er monatlich für seine Tochter, die nicht bei ihm lebt, 200,– DM an Unterhalt. Gemessen an den Vermögensverhältnissen des Herrn A ist demnach auf eine Tagessatzhöhe zu erkennen, die 30,– DM nicht übersteigt.

Rechtsanwältin

Anmerkungen

1. Die Berufung ist auch *innerhalb* des *Rechtsfolgenausspruches* beschränkbar, wenn der Beschwerdepunkt losgelöst vom übrigen Teil des Rechtsfolgenausspruches beurteilt werden kann. Bei einer *Geldstrafe* kann die Anfechtung grundsätzlich auf die *Anzahl* der *Tagessätze* oder auf die *Tagessatzhöhe* beschränkt werden (BGHSt 27, 70, 73 = NJW 1977, 442; gegen die gesonderte Anfechtung der Entscheidung zur Anzahl der Tagessatzhöhe LK/*Tröndle* Rdnr. 77 zu § 40 StGB). Das gleiche gilt für die Beschränkung auf die Anordnung einer *Maßregel der Besserung und Sicherung*, z.B. auf die Anordnung der Sicherungsverwahrung (BGHSt 7, 101). Häufig wird jedoch zwischen der Unterbringung zur Sicherungsverwahrung und dem Strafausspruch ein untrennbarer Zusammenhang bestehen, so daß im Einzelfall eine Rechtsmittelbeschränkung ausgeschlossen sein kann (vgl. hierzu KK/*Ruß* Rdnr. 8 zu § 318 m.w. Nachw.). Auch ein verhängtes **Berufsverbot** dürfte theoretisch isoliert anfechtbar sein, wird sich aber in der Praxis nur in den seltensten Fällen vom Gesamtstrafausspruch getrennt beurteilen lassen (KK/*Ruß* Rdnr. 7 zu § 318 und LR/*Gollwitzer* Rdnr. 107 zu § 318 jeweils m.w. Nachw.).

Für die *Entziehung der Fahrerlaubnis* (vgl. hierzu auch Form. VIII. B. 9) gilt, daß sie *ausnahmsweise* dann unabhängig vom übrigen Strafausspruch angefochten werden kann, wenn auf diese Nebenstrafe nicht wegen des Vorliegens eines Charakterfehlers erkannt wurde, sondern z.B. wegen fahrtechnischer Mängel (BGHSt 10, 379). Auch hier gilt der Grundsatz, daß sich die Wirksamkeit einer isolierten Anfechtung danach entscheidet, ob die Nachprüfung des Beschwerdepunktes gleichzeitig die Überprüfung der übrigen Strafzumessungstatsachen notwendig macht (im einzelnen *Dreher/Tröndle* Rdnr. 18 zu § 69 StGB). Entsprechend ist auch die *Dauer der Sperrfrist* nur dann selbständig anfechtbar, wenn die Gründe für die Bemessung der Sperrfrist von denen trennbar sind, die für die *Anordnung der Entziehung* der Fahrerlaubnis maßgebend sind (LR/*Gollwitzer* Rdnr. 105 zu § 318).

In Fällen, in denen das *erstinstanzliche* Gericht trotz der bestehenden Möglichkeit *von einer Entziehung* der Fahrerlaubnis *abgesehen* hat, ist bezüglich einer (auf das Strafmaß beschränkten) Berufungseinlegung auf folgende Besonderheit hinzuweisen: Legt nur der Angeklagte – beschränkt oder unbeschränkt – Berufung ein, kann sich selbst im Falle der Verwerfung der Berufung aus dem Prinzip der *reformatio in peius* (§ 331 Abs. 1 StPO) die Strafe nicht erhöhen. Insbesondere kann in der zweiten Instanz auch keine Führerscheinsperre mehr verhängt werden. Hat dagegen neben dem Angeklagten auch die Staatsanwaltschaft Berufung eingelegt, soll selbst, wenn die Berufung auf das Strafmaß beschränkt ist, eine Anordnung gem. § 69 StGB auch dann zulässig sein, wenn die Vorinstanz hierzu keinen Anlaß gesehen hat (so OLG Stuttgart MDR 1964, 615; OLG Hamburg VRS 44,

187; *Dreher/Tröndle* § 69 Rdnr. 18 m.w. Nachw.). Dies wird im wesentlichen damit begründet, daß die Frage des Entzugs des Führerscheins in den seltensten Fällen einer isolierten Betrachtung (und Anfechtung) zugänglich ist und deshalb die Beurteilung der Verhängung einer Führerscheinsperre den Strafausspruch insgesamt betrifft. In Fällen, in denen das erstinstanzliche Gericht von der Entziehung der Fahrerlaubnis abgesehen hat, diese aber grundsätzlich möglich ist, kann deshalb dem Mandanten – auch unter dem Gesichtspunkt der Beschränkung auf das Strafmaß – die Berufungseinlegung risikolos nur dann empfohlen werden, wenn sichergestellt ist, daß nicht auch die Staatsanwaltschaft Berufung einlegt (die Staatsanwaltschaft kann ihre Berufung allerdings nicht wirksam auf die Entscheidung über die Entziehung der Fahrerlaubnis beschränken, vgl. BayObLG MDR 1990, 89).

Die Berufung kann grundsätzlich auch auf die *Strafaussetzung zur Bewährung* beschränkt werden. Nachdem ursprünglich der Bundesgerichtshof (BGH VRS 18, 347; 25, 256) die Trennbarkeit uneingeschränkt bejaht hatte, stellt die neuere Rechtsprechung auf den Einzelfall ab (BGH NJW 1972, 834). Die Grenzen der Beschränkung ergeben sich insbesondere dann, wenn die für die Entscheidung gem. § 56 StGB maßgeblichen Gesichtspunkte gleichzeitig auch Umstände sind, die nach § 46 StGB allgemein bei der Strafzumessung zu berücksichtigen sind (LR/*Gollwitzer* Rdnr. 89 m.w. Nachw.). Vgl. in diesem Zusammenhang auch Form. VIII. B. 7: hier konnte wegen der engen Verknüpfung der Gesichtspunkte des § 56 StGB mit denen des § 46 StGB die Beschränkung innerhalb des Rechtsfolgenausspruches auf die Strafaussetzung zur Bewährung nicht vorgenommen werden. (Zur Beschränkung der Berufung auf die Strafaussetzung zur Bewährung und eine danach nicht mehr mögliche Anordnung gem. § 63f StGB, vgl. BayObLG JR 1987, 172f m. Anm. *Meyer* und oben Vorbemerkung vor Form. VIII. B. 1.)

Hinsichtlich weiterer Möglichkeiten der Beschränkung innerhalb des Strafausspruchs (z.B. Gesamtstrafe, Anrechnung der Untersuchungshaft, Verfall, Einziehung, Entschädigung des Verletzten etc.) sei auf die zahlreichen Hinweise in den Kommentaren zu § 318 StPO verwiesen.

9. Berufungsbeschränkung innerhalb des Schuldspruchs

Amtsgericht Bad Neuenahr-Ahrweiler
5483 Bad Neuenahr   1.4. 1987

In dem Berufungsverfahren
gegen
Herrn A
– Az.: ... –

wird die mit Schriftsatz vom 28. März 1987 eingelegte Berufung des Herrn A auf die Verurteilung wegen unerlaubten Entfernens vom Unfallort (§ 142 StGB) und die hierfür angeordnete Führerscheinsperre (§ 69 StGB) beschränkt.[1] Im übrigen wird die Berufung unter Hinweis auf die in der Verteidigervollmacht enthaltene besondere Ermächtigung zurückgenommen.

Begründung:

Herr A ist vom Amtsgericht Bad Neuenahr-Ahrweiler wegen fahrlässiger Verkehrsgefährdung in Tateinheit mit fahrlässiger Körperverletzung (§§ 230, 315c Abs. 1 Ziff. 2a StGB) zu einer Freiheitsstrafe von sechs Monaten und wegen unerlaubten Entfernens vom Unfallort (§ 142 StGB) zu einer Freiheitsstrafe von neun Monaten und einer Führerscheinsperre von sieben Monaten verurteilt worden. Das Gericht hat auf eine Gesamtfreiheitsstrafe von

9. Berufungsbeschränkung innerhalb des Schuldspruchs VIII. B. 9

einem Jahr und zwei Monaten erkannt, die es zur Bewährung ausgesetzt hat, sowie eine Führerscheinsperre von sieben Monaten (§ 69 StGB).

Die Berufung richtet sich nicht gegen die Verurteilung nach §§ 230, 315 c StGB, sondern ausschließlich gegen den Schuldspruch wegen unerlaubten Entfernens vom Unfallort und der deswegen verhängten Führerscheinsperre. Die isolierte Anfechtung des Urteils im Hinblick auf den Schuldspruch gem. §§ 142, 69 StGB ist deshalb wirksam, weil das Urteil die Unfallflucht als selbständige Tat behandelt und nur im Hinblick auf diese Deliktsverwirklichung die Führerscheinsperre verhängt hat.

Die Voraussetzung für eine Verurteilung gem. den §§ 142, 69 StGB sind nicht gegeben. Das Amtsgericht wirft Herrn A vor, den Tatbestand des § 142 StGB dadurch verwirklicht zu haben, daß er den Unfallort nach einer Stunde verlassen hat, ohne dem ebenfalls über diesen Zeitraum anwesenden Unfallopfer neben den üblichen Personalien „auch mitgeteilt zu haben, daß er (A) den Unfall allein verschuldet" habe. Darin liege – so das Amtsgericht – eine „beharrliche und von der Rechtsordnung nicht zu billigende Verweigerung der Angaben über die Art der Beteiligung am Unfallgeschehen" (UA.S. 3).

Diese Auffassung ist unzutreffend, da § 142 StGB dem Unfallbeteiligten nicht die Pflicht auferlegt, die Aufklärung des Unfalls in dem Sinne zu fördern, daß er noch an der Unfallstelle ein Schuldanerkenntnis abgibt. Er muß lediglich dem Feststellungsberechtigten gegenüber angeben, an dem Unfall beteiligt zu sein (sogenannte „Vorstellungspflicht", *Schönke/Schröder/Cramer* Rdnr. 24 zu § 142 StGB). Daß A dieser Pflicht zuwider gehandelt hätte, hat das Gericht nicht festgestellt. Es hebt im Urteil vielmehr ausdrücklich hervor, daß Herr A gegenüber dem Unfallopfer Z sowie den beiden Polizeibeamten P und B „sogleich eingeräumt hat, daß er am Steuer des PKWs gesessen" habe (UA.S. 3). Mehr über die „Art der Beteiligung" anzugeben, verlangt § 142 StGB in keinem Fall (so soll es bereits nicht notwendig sein, überhaupt anzugeben, ob man Beifahrer oder Fahrer war, *Schönke/Schröder/Cramer* Rdnr. 24 zu § 142 StGB).

Eine Straftatbestandsverwirklichung des § 142 StGB scheidet demnach aus und infolgedessen auch die Verhängung einer Führerscheinsperre wegen dieses Delikts.

Für die neue Berufungshauptverhandlung wird schon jetzt darauf hingewiesen, daß Herr A sein Einverständnis dazu erteilen wird, daß die in der erstinstanzlichen Hauptverhandlung protokollierten Zeugenaussagen der Polizeibeamten P und B gem. § 325 StPO verlesen werden.[2] Diese beiden Zeugen haben vor dem Amtsgericht die Aussagen des Unfallopfers voll und ganz bestätigt und im übrigen keine darüber hinausgehenden Angaben machen können. Der Verteidigung erscheint es deshalb als ausreichend, zu dem in der Berufung maßgeblichen Verhalten des Herrn A nach dem Unfall, nur den Geschädigten Z zu hören.

Rechtsanwältin

Anmerkungen

1. Eine Beschränkung der Berufung kann auch *innerhalb des Schuldspruchs* vorgenommen werden, wenn das erstinstanzliche Gericht über mehrere verfahrensrechtlich selbständige Taten entschieden hat. Dies gilt auch innerhalb einer Tat im prozessualen Sinn, soweit es sich um eine tatmehrheitlich begangene Tat (§ 53 StGB) handelt (BGHSt 6, 229 f.; KK/*Ruß* Rdnr. 5 zu § 318 m.w. Nachw.).

Im Beispielsfall hat das erstinstanzliche Gericht A wegen Gefährdung des Straßenverkehrs in Tateinheit mit fahrlässiger Körperverletzung (§§ 315 c, 230 StGB) und als einer weiteren selbständigen Tat wegen unerlaubten Entfernens vom Unfallort (§ 142 StGB) verurteilt. Wegen der damit gegebenen rechtlichen Trennbarkeit der beiden Taten ist eine isolierte Anfechtung des Schuldspruchs lediglich im Hinblick auf die Unfallflucht zulässig. Die Berufungsbeschränkung hat zur Folge, daß die Verurteilung wegen der §§ 230, 315 c StGB mit der hierfür verhängten Einzelstrafe (Freiheitsstrafe von sechs Monaten) rechtskräftig wird. In der Berufungsinstanz wird über den Vorwurf der Verkehrsunfallflucht, die hieran geknüpfte Einzelstrafe (neunmonatige Freiheitsstrafe und siebenmonatige Führerscheinsperre) sowie über die Gesamtstrafenbildung neu verhandelt.

Es ist bei der vorliegenden Fallkonstellation – auch wenn neben dem Angeklagten die Staatsanwaltschaft (in derselben Weise beschränkt) Berufung eingelegt hat – nicht möglich, daß das Berufungsgericht trotz der Stattgabe der Berufung (Wegfall von § 142 StGB und *Führerscheinentzug*) nachträglich den Führerscheinentzug wegen der unstreitig vorliegenden Straßenverkehrsgefährdung (§ 315c StGB) anordnet. Den Angeklagten schützt hiervor die durch die wirksame Berufungsbeschränkung eingetretene *Rechtskraft* der rechtlich selbständigen Verurteilung gemäß §§ 315c, 230 StGB.

Vom Ergebnis nicht anders stellt sich im übrigen die Situation dann dar, wenn (nur) *der Angeklagte* das dem Musterfall zugrundeliegende Urteil *insgesamt* angefochten hätte mit der Folge, daß dies zum Wegfall des rechtlich *selbständigen* Schuldspruchs wegen § 142 und § 69 StGB geführt hätte. Da die für jede rechtlich *selbständige* Handlung festgesetzten *Rechtsfolgen* auch selbständig Bestand haben, liefe es dem Verschlechterungsverbot des § 331 Abs. 1 StPO zuwider, wenn die *allein* im Hinblick auf die eine Tat (§ 142 StGB) verhängte Führerscheinsperre nach deren Wegfall vom Berufungsgericht mit dem sachlich damit nicht zusammentreffenden (weil selbständigen) Schuldspruch gem. § 315c StGB verbunden würde. Das Verschlechterungsverbot schließt es auch aus, daß für jede *einzelne* durch Ansatz einer eigenen Rechtsfolge abzuurteilende strafbare Handlung i.S.d. § 53 StGB, schwerere Rechtsfolgen verhängt werden als dies im Ersturteil geschehen ist (vgl. hierzu LR/*Gollwitzer* Rdnr. 11ff., 60 zu § 331 StPO m.w. Nachw.; KK/*Ruß* Rdnr. 4 zu § 331).

Sind dagegen wegen *derselben* strafbaren Handlung mehrere Strafen oder sonstige Rechtsfolgen festgesetzt worden, dann darf die eine verringert und die andere erhöht werden, wenn nur das Gesamtergebnis den Angeklagten nicht stärker belastet als die ursprüngliche Verurteilung (OLG Oldenburg MDR 1976, 162; LR/*Gollwitzer* Rdnr. 58 zu § 331).

Eine Beschränkung der Berufung auf die Nachprüfung einzelner Tatbestandsmerkmale oder einzelne rechtliche Erwägungen (Tat- oder Beweisfrage) ist nicht zulässig. Das gleiche gilt für die Frage, ob ein Rechtfertigungsgrund oder ein Schuld- oder Strafausschließungsgrund vorliegt (LR/*Gollwitzer* Rdnr. 56 zu § 318). Ob die Berufung bezogen auf ein oder mehrere Teilakte einer fortgesetzten Handlung möglich ist, ist umstritten (KK/*Ruß* Rdnr. 6 zu § 318 m.w. Nachw.). Die vorherrschende Meinung verneint dies auch für den Fall, daß das erste Gericht zu Unrecht von Tatmehrheit statt von Tateinheit oder Gesetzeskonkurrenz, bzw. einer Fortsetzungstat ausgegangen ist (BGH 21, 256; desweiteren LR/*Gollwitzer* Rdnr. 61 zu § 318; KK/*Ruß* Rdnr. 6 zu § 318).

2. Vgl. Anm. 3 zu Form. VIII. B. 1.

C. Revision

Schrifttum: Alberts, Martin, Die Feststellung doppelt relevanter Tatsachen in der strafprozessualen Revisionsinstanz, 1990; *Albrecht,* Überzeugungsbildung und Sachverständigenbeweis in der neueren strafrechtlichen Judikatur zur freien Beweiswürdigung, NStZ 1983, 486; *Alsberg,* Die Nachprüfung strafprozessualer Revisionsrügen auf ihre tatsächliche Grundlage, JW 1915, 306; *Amelunxen,* Die Revision der Staatsanwaltschaft, 1980; *Blaese/Wielop,* Die Förmlichkeiten der Revision in Strafsachen, 2. Aufl., 1983; *Blomeyer,* Revisibilität von Verfahrensfehlern im Strafprozeß, JR 1971, 142; *Bohnert,* Ordnungsvorschriften im Strafverfahren, NStZ 1982, 5; *Bohnert,* Die Behandlung des Verzichts im Strafprozeß, NStZ 1983, 344; *Bohnert,* Beschränkungen der strafprozessualen Revision durch Zwischenverfahren, 1983; *Bruns,* Zum Revisionsgrund der – ohne sonstige Rechtsfehler – „ungerecht" bemessenen Strafe, FS Engisch, 708; *Bruns,* Zum „Toleranzbereich" bei der richterlichen Kontrolle des Strafmaßes, FS Henkel, 287; *Cuypers,* Die Revisibilität der strafrichterlichen Beweiswürdigung, Diss. Bochum 1975; *Dahs,* Revisionsrechtliche Probleme der Strafzumessung, NZWehrR 1973, 95; *ders.,* Handbuch des Strafverteidigers, 5. Aufl. (1983), Rdn. 773 ff; *ders.,* Die Urteilsrüge – ein Irrweg, NJW 1978, 1551; *Dahs/Dahs,* Die Revision im Strafprozeß, 4. Aufl. (1987); *Doller,* Der schweigende Angeklagte und das Revisionsgericht, MDR 1974, 979; *Dreher,* Zur Spielraumtheorie als der Grundlage der Strafzumessungslehre des Bundesgerichtshofs, JZ 1968, 209; *ders.,* Über Strafrahmen, FS Bruns, 141; *Fezer,* Möglichkeiten einer Reform der Revision in Strafsachen, 1975; *Fischer,* Zur Entwicklung des Revisionsrechts seit dem Bestehen des BGH, DRiZ 1978, 2; *Frisch,* Revisionsrechtliche Probleme der Strafzumessung, 1971; *Fuhrmann,* Verwirkung des Rügerechts bei nicht beanstandeten Verfahrensverletzungen des Vorsitzenden (§ 238 Abs. 2 StPO), NJW 1963, 1230; *Geerds,* Revision bei Verstoß gegen Denkgesetze oder Erfahrungssätze? FS Peters, 267; *Gössel,* Die Nachprüfung von Tatsachenfeststellungen in der Revisionsinstanz in Strafsachen, in: Schlosser u. a. (Hrsg.), Tatsachenfeststellungen in der Revisionsinstanz, 1982, 117; *Gottwald,* Die Revisionsinstanz als Tatsacheninstanz, 1975; *Grave-Mühle,* Denkgesetze und Erfahrungssätze als Prüfungsmaßstab im Revisionsverfahren, MDR 1975, 274; *Gribbohm,* Aufhebung angemessener Strafen in der Revisionsinstanz? NJW 1980, 1440; *Grünwald,* Tatrichterliches Ermessen bei der Strafzumessung, MDR 1959, 713, 809; *Haddenhorst,* Die Einwirkung der Verfahrensrüge auf die tatsächlichen Feststellungen im Strafverfahren, 1971; *Hamm,* Tendenzen der revisionsgerichtlichen Rechtsprechung aus anwaltlicher Sicht, in: Die revisionsgerichtliche Rechtsprechung der Strafsenat des BGH, Bd. 3 der Schriftenreihe der Arbeitsgemeinschaften des DAV, 1987, S. 19 ff, StV 1987, 262; *Hanack,* Der Ausgleich divergierender Entscheidungen in der oberen Gerichtsbarkeit, 1962; *ders.,* Die Verteidigung vor dem Revisionsgericht, FS Dünnebier, 301; *ders.,* Maßstäbe und Grenzen richterlicher Überzeugungsbildung im Strafprozeß – OLG Celle, NJW 1976, 2030, JuS 1977, 727; *Hanack* in Löwe-Rosenberg, 24. Aufl., 8. Lieferung, §§ 333–358; *Hanack,* Zum Verfahrensausgang nach erfolgreicher Revision, FS für Tröndle 1989, 495; *Hartung,* Zur Frage der Revisibilität der Beweiswürdigung, SJZ 1958, 579; *Henke,* Die Tatfrage, 1966; *Herdegen,* Grundfragen der Beweiswürdigung, in: Die revisionsgerichtliche Rechtsprechung der Strafsenate des BGH, Bd. 3 der Schriftenreihe der Arbeitsgemeinschaft des DAV, 1987, S. 106 ff; *Herdegen,* Aufklärungspflicht, Beweisantragsrecht, Beweisantrag, Beweisermittlungsantrag, Gedächtnisschrift f. Karlheinz Meyer 1990, 187; *Herdegen,* Die Beruhensfrage im strafprozessualen Revisionsrecht, NStZ 1990, 513; *Hüsmann,* Zur Revision in Strafsachen. Die Rüge der fehlenden Übereinstimmung des „festgestellten" Sachverhalts mit dem Inbegriff der Hauptverhandlung, MDR 1977, 894; *Jescheck,* Die Verwirkung von Verfahrensrügen im Strafprozeß, JZ 1952, 400; *Jungfer,* Grundfragen der vergleichenden Strafzumessung, Anwalt und Revision, in: Die revisionsgerichtliche Rechtsprechung der Strafsenate des BGH, Bd. 3 der Schriftenreihe der Arbeitsgemeinschaft des DAV, 1987, S. 155 ff; *Kaiser,* Beschleunigung des Revisionsverfahrens ohne Gesetzesänderung, NJW 1977, 95; *Kindhäuser,* Rügepräklusion durch Schweigen im Strafverfahren, NStZ 1987, 529; *P. W. Kleinknecht,* Einige Gedanken über die Revision in Strafsachen, insbesondere über die Revisibilität der Strafzumessung; JR 1950, 716; *Klug,* Die Verletzung von Denkgesetzen als Revisionsgrund, FS Möhring, 1965, 363; *Krause,* Die Revision in Strafsachen. Grundzüge für Ausbildung und Praxis, 1983; *Krause,* Einzelfragen zur Revisionsbegründung nach § 344 II StPO, StV 1984, 483; *Krause,* Grenzen richterlicher Beweiswürdigung im Strafprozeß, FS Peters, 323; *Krehl,* Die Begründung des Revisionsverwerfungsbeschlusses nach § 349 II StPO, GA 1987, 162; *Kuchinke,* Grenzen der Nachprüfbarkeit tatrichterlicher Würdigung und Feststellungen in der Revisionsinstanz, 1964; *Küper,* Revisionsgerichtliche Sachprüfung ohne Sachrüge, FS für Pfeiffer 1988, S. 425 ff.; *Lackner,* Über neue Entwicklungen in der Strafzumessungslehre und ihre Bedeutung für die richterliche Praxis, 1978; *Lehmann,* Die Behandlung des zweifelhaften Verfahrensverstoßes im Strafprozeß (1983); *Maul,* Die Überprüfung tatsächlicher Feststellungen durch das Revisionsgericht in der neueren Rechtsprechung des BGH, FS für G. Pfeiffer 1988, S. 409; *May,* Auslegung individueller Willenserklärungen durch das Revisionsgericht? NJW 1983, 980; *Mehle,* Anmerkungen zur Unerreichbarkeit von Zeugen, in: Die revisionsgerichtliche Rechtsprechung der Strafsenate des BGH, Bd. 3 der Schriftenreihe der Arbeitsgemeinschaft des DAV, S. 133 ff; *Meurer,* Beweiswürdigung und Strafurteil, FS Kirchner (1985), 249 ff; *Meyer-Goßner,* Fehlerhaft beschiedene Beweisanträge, Erfolgschancen von Aufklärungsrügen – Aufklärungspflicht des Gerichts, Aufklärungsbereitschaft der Verteidigung, in: Die revisionsgerichtliche Rechtsprechung des BGH, Bd. 3 der Schriftenreihe der Arbeitsgemeinschaft des DAV, 1987, S. 122 ff; *ders.,* Über die „Gerichtskundigkeit", FS-Tröndle 1989, 551; *Mösl,* Zum Strafzumessungsrecht, DRiZ 1979, 165; NStZ 1981, 131 ff; *H. Müller,* Zum Problem der Verzichtbarkeit und Unverzichtbarkeit von Verfahrensnormen im Strafprozeß, 1984; *Neumann,* Zur Abgrenzung von Tatfrage und Rechtsfrage und das Problem des revisionsgerichtlichen Augenscheinsbeweises, GA 1988, 387; *Niemöller,* Die strafrichterliche Beweiswürdigung in der neueren Rechtsprechung des Bundesgerichtshofs, StV 1984, 431; *Niemöller,* Besetzungsrüge und „Willkürformel", in: Die revisionsgerichtliche Rechtsprechung der Strafsenate des BGH, Bd. 3 der Schriftenreihe der Arbeitsgemeinschaft des DAV, 1987, S. 78 ff, STV 1987, 311; *Noack,* Die Verwirkung von Verfahrensrügen im Strafprozeß, Diss. Heidelberg, 1958; *Oellrich,* Zur Revisibilität der Beweiswürdigung, NJW 1954, 532; *Otto,* Möglichkeiten und Grenzen der Revision in Strafsachen, NJW 1978, 1; *Paeffgen,* „Ermessen" und Kontrolle. Probleme einer Begriffsanleihe in Bezug auf die Revisibilität von Tatsachen, FS II Peters 61; *Peters,* Tat-, Rechts- und Ermessensfragen in der Revisionsinstanz, ZStW 57 (1983), 53; *ders.,* Der Wandel im Revisionsrecht, FS Schäfer, 137; *Pfeiffer,* Die Bedeutung der Revision aus der Sicht des Bundesgerichtshofes, in: Die revisionsgerichtliche Rechtsprechung der Strafsenate des BGH, Bd. 3 der Schriftenreihe der Arbeitsgemeinschaft des DAV, 1987, S. 7 ff.; *Philipps,* Wann beruht ein Strafurteil auf einem Verfahrensmangel? FS Bockelmann 830; *Richter II/ Thomas,* „Richterliche Willkür unter revisionsrichterlicher Überprüfung". Erörterung am Beispiel der Besetzungsrüge und des Ablehnungsrechts, in: Die revisionsgerichtliche Rechtsprechung der Strafsenate des BGH, Bd. 3 der Schriftenreihe der Arbeitsgemeinschaft des DAV, 1987, S. 7 ff.; *Rieß,* Die Bestimmung und Prüfung der sachlichen Zuständigkeit und verwandter Erscheinungen im Strafverfahren, GA 1976, 1; *ders.,* Zur Revisibilität der freien tatrichterlichen Überzeugung, Ga 1978, 257; *ders.,* Über Aufhebungsgründe in Entscheidungen des Bundesgerichtshofs, NStZ 1982, 49; *ders.,* Einige statistische Bemerkungen und Hinweise zur Revisionstätigkeit des Bundesgerichtshofs in Strafsachen, in: Die revisionsgerichtliche Rechtsprechung der Strafsenate des BGH, Bd. 3 der Schriftenreihe der Arbeitsgemeinschaft des DAV, 1987, S. 40 ff; *Rudolphi,* Die Revisibilität von Verfahrensmängeln im Strafprozeß, MDR 1970, 93; *Salger,* Das Indizienurteil des Strafrichters in der Revisionsinstanz, NJW 1957, 734; *Salger,* Zur Bedeutung der Teilrechtskraft eines Freispruchs bei der Revision gegen eine Unterbringungsanordnung, Gedächtnisschr. für Karlheinz Meyer 1990, 413; *Sarstedt/Hamm,* Die Revision in Strafsachen, 5. Aufl., 1983; *Sarstedt,* Das Verhandeln des Verteidigers vor dem Tatrichter und dem Revisionsgericht (1952, in: *Sarstedt,* Rechtsstaat als Aufgabe, 1987); *ders.,* Die Entscheidungsbegründung im deutschen strafgerichtlichen Verfahren, in: Sprung/König (Hrsg.), Die Entscheidungsbegründung in europäischen Verfahrensrechten und im Verfahren vor internationalen Gerichten, 1974, 83; *Scheuerle,* Beiträge zum Problem der Trennung von Tat- und Rechtsfrage, AcP 157 (1958), 1; *Schlothauer,* Abwesenheitsverhandlung wegen Beurlaubung oder vorübergehende Verfahrenstrennung und Revision, in: Strafverteidigung und Strafprozeß. Festgabe für L. Koch 1989, 241; *W. Schmid,* Die „Verwirkung" von Verfahrensrügen im Strafprozeß, 1967; *ders.,* Zur Heilung gerichtlicher Verfahrensfehler durch den Instanzrichter, JZ 1969, 757; *ders.,* Zur Korrektur von Vereidigungsfehlern im Strafprozeß, FS Maurach, 535; *ders.,* Der Revisionsrichter als Tatrichter, ZStW 85 (1973), 360; *ders.,* Der revisionsgerichtliche Augenscheinsbeweis, ZStW 85 (1973), 893; *ders.,* Über den Aktenverlust im Strafprozeß, FS Lange, 781; *Eb. Schmidt,* Die Verletzung der Belehrungspflicht gemäß § 55 II StPO als Revisionsgrund, JZ 1968, 596; *Schneider,* Über Denkfehler, MDR 1962, 868, 951; *Schöneborn,* Die strafprozessuale Beweisverwertungsproblematik aus revisionsrechtlicher Sicht, GA 1975, 33; *Schoreit,* Die Beschlußverwerfung der Revision gem. § 349 Abs. 2 StPO und die Staatsanwaltschaft, FS für G. Pfeiffer 1988, 397; *Schünemann,* Grundfragen der Revision im Strafprozeß, JA 1982, 71, 123; *Schweling,* Der Verteidiger und die Revision, MDR 1967, 441; *ders.,* Die Revisibilität der Erfahrung, ZStW 83 (1971), 435; *Schwinge,* Grundlagen des Revisionsrechts, 2. Aufl., 1960; *Seibert,* Revisionsrichter und Tatrichter in Strafsachen, NJW 1958, 132; *Sieg,* Eigene Beweiserhebung durch das Revisionsgericht, NJW 1983, 2014; *Stree,* In dubio pro reo, 1962, 53ff; *Streng,* Strafzumessung und relative Gerechtigkeit (1984); *Sulanke,* Die Entscheidung bei Zweifeln über das Vorhandensein von Prozeßvoraussetzungen und Prozeßhindernissen im Strafverfahren, 1974; *Theune,* Grundfragen der vergleichenden Strafzumessung – Revisibilität von Strafzumessungserwägungen, in: Die revisionsgerichtliche Rechtsprechung der Strafsenate des BGH, Bd. 3 der Schriftenreihe der Arbeitsgemeinschaft des DAV, 1987, S. 145 ff; *Theune,* Gerechte Strafe, FS f. G. Pfeiffer 1988, S. 449; *Warda,* Dogmatische Grundlagen des richterlichen Ermessens im Strafrecht (1962); *von Weber,* Zur Revisibilität der Strafzumessung, MDR 1949, 389; *Wenzel,* Das Fehlen der Beweisgründe im Strafurteil als Revisionsgrund, NJW 1966, 577; *Wielop,* Die Übersendung der Strafakten an den BGH, NStZ 1986, 449; *Wimmer,* Bemerkungen zur Revisibilität der Strafzumessung, NJW 1947/48, 315; *Wimmer,* Strafgrenzen und Revisibilität, SJZ 1948, 64; *Zillmer;* Lückenhafte Beweiswürdigung im Strafprozeß als Revisionsgrund, NJW 1961, 720; *Zipf,* Die Strafmaßrevision, 1969.

1. Revisionseinlegung

An das
Landgericht[1]
21. Strafkammer[2]
– Schwurgericht[2] –

6000 Frankfurt 5. 2. 1986[3]

In der Strafsache
gegen
J... S...
Az.:... Js ...... – KLs –

wird hiermit gegen das am 3. 2. 1986[3] verkündete Urteil

Revision[4]

eingelegt.[5]

Ich bitte mir den Band[6] der Akten, in dem sich die Sitzungsniederschrift befindet, noch vor der Urteilszustellung[7] zur Einsichtnahme zuzuleiten.

Rechtsanwalt

Anmerkungen

1. Die Revision ist bei dem Gericht einzulegen, dessen Urteil angefochten wird (§ 341 Abs. 1 StPO). Das ist im Regelfall das Landgericht, bei erstinstanzlichen OLG-Sachen (§ 120 GVG) das Oberlandesgericht (§ 333 StPO). Gegen die Urteile des Strafrichters beim Amtsgericht und des Schöffengerichts, gegen die primär die Berufung stattfindet (§ 312 StPO), kann statt ihrer wahlweise auch die (Sprung-)Revision geführt werden (§ 335 Abs. 1 StPO). Der Verteidiger kann dem Mandanten in diesen Fällen die Wahl, ob er die Berufung oder die Revision durchführt, noch bis zum Ablauf der Revisionsbegründungsfrist offenhalten (BGHSt 25, 321, 324; OLG Düsseldorf NStZ 1983, 471; *Kleinknecht/ Meyer* § 335 Rdnr. 2 f.). In diesem Zeitraum ist sowohl der Übergang von der Berufung zur Revision, als auch von der Revision zur Berufung einmal (nicht öfter! KK/*Pikart* § 335 Rdnr. 5; a. A. LR/*Hanack* § 335 Rdnr. 18) möglich (*Kleinknecht/Meyer* § 335 Rdnr. 9–11 m. w. N.).

Wenn der Verteidiger von vornherein kenntlich machen möchte, daß er erst nach der Lektüre der Urteilsgründe entscheiden wird, von welchem Rechtsmittel er Gebrauch macht, so sollte er das Urteil unbestimmt anfechten (vgl. unten Anm. 4). Dies empfiehlt sich unter Umständen dann nicht, wenn zu befürchten ist, daß die Staatsanwaltschaft sich darauf einstellt. Ist es beispielsweise – was seit der Streichung des § 328 Abs. 2 StPO a. F. häufiger vorkommt – beim Amtsgericht mit dem Verfahrensrecht nicht so genau genommen worden, muß also für den Verteidiger erkennbar der Staatsanwalt befürchten, daß aufgrund eines „bloßen Formfehlers" das Oberlandesgericht das Schöffengerichtsurteil wieder aufhebt, so kann die Revision oder die unbestimmte Anfechtung durch den Verteidiger den Staatsanwalt veranlassen, seinerseits Berufung gegen das Urteil, das er sonst nicht angefochten hätte, einzulegen. Er löst in diesem Falle die Rechtsfolge des § 335 Abs. 3 Satz 1 aus: Auch die Sprungrevision des Angeklagten wird als Berufung behandelt. Dadurch vermeidet der Staatsanwalt die Aufhebung eines von ihm für richtig gehaltenen Urteils durch das Revisionsgericht und die Zurückverweisung auf die Ebene des Amtsge-

1. Revisionseinlegung

richts mit der nochmaligen Wahlmöglichkeit des Verteidigers zwischen Berufung und Revision. Ist im Einzelfall mit einer solchen Verfahrensweise der Staatsanwaltschaft zu rechnen, so läßt sie sich oft dadurch vermeiden, daß man das amtsgerichtliche Urteil durch die Berufung anficht und erst nach Ablauf der Rechtsmittelfrist der Staatsanwaltschaft auf die Revision übergeht.

2. Die Angabe des Spruchkörpers ist entbehrlich. Die Zulässigkeit des Rechtsmittels hängt davon nicht ab. Sie hat sich jedoch eingebürgert und ist überall zweckmäßig, wo dem Verteidiger an einer Beschleunigung gelegen ist.

3. Die Revisionseinlegungsfrist beträgt 1 Woche ab Verkündung des Urteils (§ 341 Abs. 1). Hat die Verkündung des Urteils nicht in Anwesenheit des Angeklagten stattgefunden, so beginnt die Wochenfrist mit der Zustellung des Urteils (§ 341 Abs. 2 StPO).

4. Im Falle der unbestimmten Anfechtung wird an dieser Stelle statt des Wortes „Revision" das Wort „Rechtsmittel" verwendet. Vgl. zu den taktischen Varianten oben Anm. 1.

5. Entgegen einer weit verbreiteten Übung und auch entgegen anderslautenden Empfehlungen (z.B. *Günther* Strafverteidigung, 2. Aufl. 1990, S. 157) empfehlen wir nicht, schon mit der Revisionseinlegung den Revisionsantrag und den formelhaften Satz zu verbinden: „Gerügt wird die Verletzung formellen und materiellen Rechts."
Der Revisionsantrag gehört sachlogisch zur Revisionsbegründung. Die Sorge, daß man ihn dort „im Begründungseifer ...... vergessen" könnte (*Günther* a.a.O.) ist kein Grund, ihn im falschen Schriftsatz anzubringen.
Der Satz „Gerügt wird die Verletzung formellen und materiellen Rechts" enthält als Sachrüge eine vollständige Revisionsbegründung. Die Rüge der „Verletzung des formellen Rechts" ist überhaupt nichts wert. Führt man sie nicht später innerhalb der Revisionsbegründungsfrist näher aus, und zwar unter Beachtung des § 344 Abs. 2 Satz 2 StPO, so wird sie als unzulässig verworfen. Geht jedoch der Schriftsatz mit der Ausführung der Verfahrensrügen nach Ablauf der Revisionsbegründungsfrist ein, so kann selbst bei fehlendem Verschulden des Mandanten grundsätzlich keine Wiedereinsetzung in den vorigen Stand gewährt werden, da diese eine Fristversäumung voraussetzt und wegen der bereits mit der Revisionseinlegung abgegebenen vollständigen Revisionsbegründung (Sachrüge) die Frist gewahrt ist. Zwar hat die Rechtsprechung gelegentlich unter besonderen Voraussetzungen eine Wiedereinsetzung auch für die Anbringung einzelner Rügen zugelassen (vgl. z.B. BGH Strafverteidiger 1983, 225 und BGH NStZ 1983, 132; dagegen: BGH 2 StR 255/87 v. 26. 6. 87 = NStE Nr. 8 zu § 44; 5 StR 488/88 v. 1. 11. 88 = BGHR § 44 StPO Verfahrensrüge, s. auch *Dahs/Dahs* Rdnr. 432 ff. m.w. Nachw.), doch sollte sich der Verteidiger hierauf nicht verlassen und zwischen dem Revisionseinlegungsschriftsatz und der Revisionsbegründungsschrift sorgfältig trennen.

6. Die Beschränkung des Akteneinsichtsgesuchs auf den Teil der Akten, in dem sich das Hauptverhandlungsprotokoll befindet, ist in den Fällen ausreichend, in denen der Verteidiger bereits in erster Instanz tätig war und einen vollständigen Ablichtungssatz der Ermittlungsakten bis zu Beginn der Hauptverhandlung bereits in Händen hält. In allen anderen Fällen empfiehlt es sich, die vollständigen Akten noch einmal anzufordern. Die Erfahrung lehrt, daß die Gerichte während der Abfassung der Urteilsgründe die Akten nicht gerne aus der Hand geben. Hier empfiehlt sich zuweilen ein Hinweis auf das Mißverhältnis, das in Großverfahren zwischen der Urteilsabsetzungsfrist (§ 275 StPO) und der von der Hauptverhandlungsdauer unabhängigen und auch nicht verlängerbaren Revisionsbegründungsfrist besteht. Auch kann die außerhalb der Revisionseinlegungsfrist informell gegebene Zusicherung, das Protokoll nach der sofortigen Herstellung von Fotokopien wieder zurückzugeben, die Bereitschaft des Gerichts erhöhen, den Verteidiger frühzeitig in die Lage zu versetzen, mit der Bearbeitung von Verfahrensrügen, und zwar schon vor der Urteilszustellung zu beginnen.

7. Ist das Gericht nicht bereit, vor der endgültigen Fertigstellung des Urteils das Sitzungsprotokoll dem Verteidiger zur Verfügung zu stellen, so ist dem mit dem vorgeschlagenen Text verfolgten Anliegen (vgl. oben Anm. 6) manchmal auch dadurch Rechnung zu tragen, daß wenigstens sofort nach der endgültigen Fertigstellung des Urteils das Protokoll herausgegeben wird, während der Verteidiger sich mit dem Vorsitzenden über die Zustellung des Urteils auf einen Zeitpunkt einigt, der eine vollständige Ausschöpfung der Revisionsbegründungsfrist nach vorheriger Durcharbeitung des Protokolls und der Akten erlaubt. Dies alles kann informell geschehen, da ein Rechtsanspruch (leider) nicht besteht.

Befürchtet der Verteidiger, daß das Urteil zu Beginn seines Urlaubs zugestellt wird, so empfiehlt es sich dem obigen Schriftsatz noch den Satz anzufügen:

„Wegen meines vom ...... bis zum ...... dauernden Urlaubs bitte ich das Urteil erst danach zuzustellen."

2. Checkliste zur Prüfung von Verfahrensfehlern

Die folgende Checkliste soll die Suche nach revisiblen Verfahrensfehlern erleichtern. Sie kann nicht alle denkbaren und in der Praxis vorkommenden Verfahrensfehler erfassen. Um die Checkliste für den Benutzer anwendbar zu machen, mußte ein Kompromiß gefunden werden. Eine Beschränkung auf häufig vorkommende Rügen wäre unzureichend gewesen, weil sie die Suche nach seltener vorkommenden, aber eben gerade darum aussichtsreichen Verfahrensfehlern erschwert hätte. Eine Ausdifferenzierung in alle möglichen Prozeßsituationen hätte die Liste dagegen zu unübersichtlich und damit wenig praktikabel werden lassen.

Die Orientierung an der Praxis bei der Bearbeitung von Revisionsbegründungen bestimmte auch die Reihenfolge der Checkliste. Dabei ist folgendes zu beachten: Um eine Revisionsbegründung zu verfassen, benötigt der Verteidiger (in dieser Prioritätenfolge:) das Urteil, die Sitzungsniederschrift der Hauptverhandlung, an deren Ende das Urteil verkündet wurde und die gesamten Ermittlungsakten. Da das Urteil erst einen Monat vor Ablauf der Revisionsbegründungsfrist zur Verfügung steht, müssen in umfangreichen Strafsachen die Vorarbeiten für die Revisionsbegründung bereits zu einem Zeitpunkt beginnen, zu dem die schriftlichen Urteilsgründe noch nicht bekannt sind. Dennoch empfiehlt es sich, mit der redaktionellen Bearbeitung der Revisionsbegründung erst zu beginnen, nachdem man Gelegenheit hatte, das Urteil sorgfältig zu lesen. Die Gründe und Zwecke dieser Urteilslektüre bezogen auf die Verfahrensrügen werden im folgenden unter A behandelt. Das Schwergewicht der Prüfung des Verfahrens auf revisible Fehler hin liegt in der Arbeit am Hauptverhandlungsprotokoll. Nur diese Prüfung kann im eigentlichen Sinne des Wortes anhand einer Checkliste vorgenommen werden. Sie findet sich unten unter B. Schließlich sind unter C noch einige Gründe aufgezählt, unter denen vielfach auch für den Verteidiger, der bereits in erster Instanz verteidigt hat, die nochmalige Durcharbeitung der Akten für die Bearbeitung der Revision unverzichtbar ist.

Die Checkliste verzichtet bewußt auf eine Abstufung der „Wertigkeit" einzelner Verfahrensrügen. Da die Rechtsprechung der Revisionsgerichte zum Verfahrensrecht zwar in vielen Fragen weitgehend gefestigt ist, aber stets auch einem ständigen Wandel unterliegt, der seinerseits davon abhängig ist, daß immer wieder „geeignete" Fälle mit gut begründeten Rügen unter Hervorhebung der Besonderheiten des Einzelfalles zur Entscheidung gelangen, mögen manche „Checkpunkte" auch als Ermunterung verstanden werden, mit einem entsprechenden Revisionsvortrag die Revisionsgerichte immer wieder auch zu veranlassen, ihre bisherige Rechtsprechung zu überdenken.

A. Urteilslektüre

Das schriftliche Urteil ist primär der Prüfungsgegenstand für die materiell-rechtliche Rüge. Im Hinblick auf mögliche Verfahrensrügen dient die sorgfältige Urteilslektüre z.B. folgenden Zwecken:
1. Auflisten der verwerteten Beweismittel – vgl. dazu u. B I 14.
2. Kennenlernen der „handelnden Personen": Neben dem Revisionsführer: weitere Beschuldigte, mögliche weitere Verdächtige, Verletzte, mehr oder weniger wichtige Zeugen, Verwandschaftsverhältnisse usw.
3. Unterscheidung zwischen zentralen und peripheren Tatsachen.
4. Unterscheidung zwischen zentralen und peripheren Beweismitteln und ihre jeweilige Zuordnung zu Beweistatsachen.
5. Aufbau der Beweiswürdigung (wichtig insbesondere für Beruhensfragen). Im Zusammenhang mit der Beweiswürdigung ergeben sich gelegentlich aus der Urteilsbegründung die wesentlichen den Mangel enthaltenden Tatsachen für einen Verstoß gegen § 261 StPO, Instruktive Beispiele: BGH MDR 1986, 159; StV 1988, 8; StV 1988, 239; vgl. auch die Beispiele bei *Maul* in FS für Pfeiffer S. 409ff.; *Niemöller* StV 1984, 431.
6. Grobinformation über in der Verhandlung erörterte Verfahrensfragen, z.B.
    a) Prozeßvoraussetzungen bzw. Verfahrenhindernisse (Verhandlungsfähigkeit, Verjährung, Strafklageverbrauch u.a.)
    b) Bescheidung von Hilfsbeweisanträgen
7. Aus verfahrensrechtlichen Gründen unzulässige Argumentationen, z.B. Verbot, Schlüsse aus befugter Zeugnisverweigerung zu ziehen: BGH NStZ 1985, 36, 205 (Nr. 5 a.E.); Verwertung einer Aussage trotz Zeugnisverweigerung: BGH NStZ 1985, 205 (Nr. 6)
8. Notwendigkeit von Ausführungen in Verfahrensrügen zu Anrechnungsfragen bei der Strafzumessung. Beispiel: Berücksichtigung von bereits erbrachten Bewährungsauflagen (§ 58 II 2 StGB) bei der Gesamtstrafe (BGH NJW 1988, 3161).

B. Durchsicht und Prüfung des Hauptverhandlungsprotokolls

I. Überprüfung des Mindestinhalts eines „glatten Protokolls" (Protokoll ohne Erwähnung von Verteidigungsaktivitäten) in der Reihenfolge der Protokolleintragungen:
1. **Öffentliche oder nichtöffentliche Sitzung?** (§ 169 ff. GVG) – Ggfls. absoluter Revisionsgrund gem. § 338 Nr. 6 StPO[1]
2. **Daten der Sitzungstage** – Einhaltung der Unterbrechungsfristen der §§ 229, 268 Abs. 3, S. 2 StPO.[2]
3. **Bezeichnung des Gerichts und Namen der mitwirkenden Richter** (Besetzungseinwand vgl. u. II 1. und Form. VIII. C. 5) – Ggfls. absoluter Revisionsgrund gem. § 338 Nr. 1 StPO.[3]
4. Ununterbrochene **Anwesenheit** (§ 338 Ziff. 5 StPO[4])
    a) der zur Urteilsfindung berufenen Personen (Richter) – § 226 StPO
    b) eines Vertreters der **Staatsanwaltschaft** – § 226 StPO[5]
    c) eines **Urkundsbeamten** der Geschäftsstelle – § 226 StPO
    d) des **Angeklagten** – §§ 230, 231 Abs. 1 StPO (Ausnahmen §§ 231 Abs. 2, 231a, 231b, 231c, 232 StPO)[6]
    e) des **Verteidigers im Falle der notwendigen Verteidigung** (Ausnahme § 232 StPO).[7]
Bei vorübergehender Abwesenheit einer Person gemäß a–e: Prüfung, ob in dieser Zeit „wesentliche" Sachverhandlung stattgefunden hat.[8] Für den Verteidiger empfiehlt es sich, da es sich dabei um eine Wertungsfrage handelt, im Zweifel davon auszugehen, daß es sich um einen wesentlichen Teil der Sachverhandlungen gehandelt hat, solange dies begründbar ist.[9]

5. **Verlesung des Anklagesatzes**[10] – in Berufungsinstanz: Verlesung des angefochtenen Urteils[11]
6. **Belehrung des Angeklagten**[12]
7. Bei jedem einzelnen **Zeugen**
   a) Personalien und Eintrag über Verwandtschaftsverhältnis bzw. „m.d.A.n.v.o.v."
   b) Belehrung gem. § 57 StPO[13]
   c) Belehrung gem. § 52 StPO[14]
   d) Belehrung gem. § 53 StPO[15]
   e) Belehrung gem. § 55 StPO[16]
   f) Belehrung gem. § 63 StPO[17]
   g) „Der Zeuge sagte zur Sache aus" o. ä.
   Fehlt im Protokoll ein Hinweis darauf, daß der Zeuge ausgesagt hat, so kann gerügt werden, daß der Zeuge als präsentes Beweismittel nicht zur Sache vernommen worden ist (Verstoß gegen § 245 StPO) und falls seine Aussage im Urteil erwähnt oder sogar ausführlich gewürdigt wird, kann darin ein Verstoß gegen § 261 StPO liegen.
   h) Vereidigung (§§ 59 bis 61 StPO)
   – Grundsatz: Jeder Zeuge muß vereidigt werden (§ 59 StPO).[18]
   – Strikte Ausnahmen: Eidesunmündige und eidesunfähige Zeugen (§ 60 Ziff. 1 StPO), teilnahmeverdächtige Zeugen i.S.d. § 60 Ziff. 2 StPO[19]
   – Absehen von Vereidigung in den Fällen des § 61 StPO.[20]
8. Bei jedem **Sachverständigen**
   a) Gutachten mündlich erstattet (vergleichbar mit oben 7.g).
   b) Vereidigung, falls beantragt (§ 79 StPO)[21]
9. **Urkundenbeweis**
   a) Urkunden i.S.d. § 249 StPO: bei laut Urteil bedeutsamen Urkunden förmliche Verlesung[22]
   b) Verlesung früherer Urteile i.S.d. § 249 Abs. 1 Satz 2 StPO[23]
   c) Verlesung von Surrogaturkunden, insbesondere Vernehmungsprotokollen (Zulässigkeitsvoraussetzungen in §§ 251, 253, 254 StPO)[24]
10. **Augenscheinsbeweis**
    Sind Gegenstände des Augenscheinsbeweises (z.B. Lichtbilder) im Urteil erwähnt, stets prüfen: ist der Augenscheinsbeweis erhoben?[25]
    Bei Augenscheinseinnahmen außerhalb des Gerichtssaales, aber innerhalb der Hauptverhandlung jeweils gesonderte Prüfung:
    a) Anwesenheiten (vgl. o. B 14)
    b) Öffentlichkeit[26]
11. **Erteilung des letzten Wortes** und insbesondere wichtig: nach Wiedereintritt in die Beweisaufnahme erneute Erteilung des letzten Wortes[27]
12. **Rechtlicher Hinweis** gem. § 265 StPO bei fehlender Übereinstimmung zwischen Schuldspruch und Anklagevorwurf.[28]
13. **Urteilsverkündung** – Übereinstimmung des protokollierten Urteilstenors mit Tenor des schriftlichen Urteils.
14. **Gegenkontrolle** zu A 1: sind alle aufgelisteten Beweismittel im Protokoll erwähnt?[29]

II. Sitzungsprotokoll, das auch Verteidigungsaktivitäten dokumentiert.

1. **Besetzungsrügen**[30]
   a) Wurde Unterbrechungsantrag gem. § 222a Abs. 2 StPO gestellt?
   b) Wurde Besetzungseinwand gemäß § 222b StPO erhoben?
   – falls beschieden: Ist Zurückweisung des Antrags rechtlich angreifbar?
   – falls nicht beschieden: Besetzungseinwand wird zur Besetzungsrüge in der Revision.

2. Checkliste zur Prüfung von Verfahrensfehlern   VIII. C. 2

2. **Befangenheitsanträge** gegen Richter oder Sachverständige – falls zurückgewiesen: sind Begründungen rechtlich haltbar?[31]
3. Zu jedem **Beweisantrag:**[32]
   a) Bescheidung (ablehnend) durch Beschluß? (§ 244 Abs. 6 StPO)
   b) Bei ablehnenden Beschlüssen
      – ist die Begründung durch § 244 Abs. 3, 4 oder 5 StPO gedeckt?
      – steht die Beschlußbegründung im Einklang mit den Urteilsgründen? z.B. bei Wahrunterstellung
4. Verteidigungsanträge zur **Öffentlichkeit der Hauptverhandlung** (§§ 169 ff. GVG) Nichtöffentliche Ausschließungsverhandlung (§ 174 Abs. 1 S. 1 GVG)? Verkündung des Ausschließungsbeschlusses (§ 174 Abs. 1 S. 2 GVG) und des Urteils (§ 173 Abs. 1 GVG) stets in öffentlicher Verhandlung!
5. Auf **Verbesserung der Verteidigungsposition** gerichtete Anträge
   a) Beratungsmöglichkeit zwischen Verteidigung und Mandant während der Hauptverhandlung (Sitzordnung; Einlegung von beantragten Beratungspausen)[33]
   b) Unterbrechungs- oder Aussetzungsanträge (z.B. bei §§ 246 Abs. 2, 265 StPO oder bei unterbliebener Ladung eines Verteidigers[34],
   c) Anträge auf Konkretisierung des Tatvorwurfs (außerhalb der Fälle, in denen Antrag auf Einstellung des Verfahrens wegen Verletzung des § 200 StPO gerechtfertigt ist)
   d) Anträge auf sachgerechte Gestaltung der Beweisaufnahme (z.B. Reihenfolge der Zeugenvernehmungen (nur ausnahmsweise im Rahmen der Aufklärungspflicht revisibel)
   e) Anträge im Zusammenhang mit Verwertungsverboten (z.B. § 136a Abs. 3 StPO)
   f) Vorbereitungszeit für Plädoyer[35]
6. **Anträge zu einzelnen Beweiserhebungen** z.B. Vereidigung von Zeugen und Sachverständigen
7. **Anträge** im Plädoyer, die besondere Begründungspflichten für das Urteil auslösen. Beispiel: Bewährungsstrafe (§ 267 Abs. 3 Satz 2 und 4 StPO)

C. Studium der gesamten Gerichtsakten ist notwendig im Hinblick auf

I. Urteilsabsetzungsfrist § 275 StPO
II. die Prüfung von Prozeßvoraussetzungen bzw. Prozeßhindernissen
   1. **Verjährung** (Unterbrechungshandlungen)
   2. **Ne bis in idem**
      a) Strafklageverbrauch[36]
      b) anderweitige Rechtshängigkeit
   3. Vorhandensein eines wirksamen Eröffnungsbeschlusses[37]
III. **Außerhalb der Hauptverhandlung** gestellte und beschiedene Ablehnungsanträge gegen Mitglieder des erkennenden Gerichts oder gegen Sachverständige
IV. **Aufklärungsrüge:**
   In den Akten befindliche Hinweise auf weitere Beweismöglichkeiten, die in der Hauptverhandlung nicht ausgeschöpft wurden.

Anmerkungen:

Im folgenden werden unter Auswertung der NJW-Leitsatzkartei Rechtsprechungsbeispiele aus den letzten Jahren angeführt.

1. Die Grundsätze der Öffentlichkeit der Hauptverhandlung sind der Disposition der Prozeßbeteiligten entzogen. Auf die Revisionsrüge des § 338 Nr. 6 StPO kann nicht ver-

zichtet werden. Auch der Verwirkung ist sie entzogen. OLG Frankfurt mit Anm. *Schlüchter,* JR 87, 81

Ausnahmefall zum Öffentlichkeitsgrundsatz. BGH NJW 85, 1848 Anm. *Fezer,* StV 85, 403, Anm. *Schöch,* NStZ 85, 422

Wird der Beschluß über den Ausschluß der Öffentlichkeit für die Dauer der Vernehmung eines Zeugen in nichtöffentlicher Sitzung verkündet, begründet dies den absoluten Revisionsgrund des § 338 Nr. 6 StPO. BGH StV 85, 223

Ein Verstoß gegen § 169 S. 2 GVG bildet keinen absoluten, sondern nur einen relativen Revisionsgrund i. S. § 337 I StPO. BGH NJW 89, 1741 Anm. *Fezer,* StV 89, 290

Im Regelfall ist der Verfahrensabschnitt, für den gem. § 171b I 1 GVG die Öffentlichkeit ausgeschlossen werden soll, von vornherein genau zu bezeichnen. BGH NStZ 89, 483.

2. Bei Unterbrechung für nur maximal 11 Tage (§ 229 Abs. 1 StPO) und tatsächlichem Abstand zwischen zwei Verhandlungstagen von 12 bis 30 Tagen kann auch während der Pause von § 229 Abs. 2 StPO Gebrauch gemacht worden sein, BGH NStZ 1987, 35.

3. *Literatur: Hamm,* Die Besetzungsrüge nach dem StVÄG 1979. NJW 1979, 135. *Niemöller,* Besetzungsrüge und ‚Willkürformel', StV 87, 311

Beispiele aus der Rechtsprechung:
Berufsrichter:
Ordnungswidrige Gerichtsbesetzung als Folge unzulänglicher Vertreterregelung im Geschäftsverteilungsplan. BGH NJW 88, 1921

Der zur Vertretung berufene Richter kann seine Verhinderung nicht selbst feststellen. Zuständig hierfür ist der Präsident des LG, der grundsätzlich vor Inangriffnahme der richterlichen Tätigkeit, spätestens aber im Verfahren nach §§ 222a, 222b StPO, in einer für das Revisionsgericht nachprüfbaren Weise die Feststellung treffen muß, daß der Richter an der Mitwirkung verhindert ist. BGH NStZ 88, 325

Das Recht auf den gesetzlichen Richter ist verletzt, wenn der Richter bei einem eindeutigen Geschäftsverteilungsplan (Zuständigkeitsverteilung nach den Anfangsbuchstaben des Namens des Betroffenen) fälschlich seine Zuständigkeit bejaht. OLG Köln VRS 86, Bd. 70, 437

Eine vorübergehende Verhinderung des Vorsitzenden einer Strafkammer liegt nicht vor, wenn die Stelle des Vorsitzenden Richters am LG aufgrund haushaltsrechtlicher Sparmaßnahmen erst mit zeitlicher Verzögerung wieder besetzt wird. OLG Hamburg NStZ 84, 570 Anm. *Katholnigg,* JR 85, 38

Ein blinder Richter kann nicht den Vorsitz in einer erstinstanzlichen Hauptverhandlung in Strafsachen führen. BGH wistra 89, 152. Zur Mitwirkung eines blinden Richters in der tatrichterlichen Hauptverhandlung in Strafsachen vgl. auch BGH NJW 87, 1210 Anm. *Fezer,* NStZ 87, 335

Eine bewegliche Zuständigkeitsregelung ist zulässig, soweit sie unter justizgemäßen Gesichtspunkten generalisiert und sachfremden Einflüssen auf das Verfahren vorbeugt. Die abstrakte Möglichkeit eines Mißbrauchs macht eine Geschäftsverteilung weder verfassungswidrig noch gesetzeswidrig. BGH, 2. 11. 1989, 1 StR 354/89 NStZ 90, 138

Schöffen:
Die Schöffenwahl ist unwirksam, wenn der Wahlausschuß sich darauf beschränkt, die von anderen Gremien getroffene Auswahl zu übernehmen und nur formal nachzuvollziehen. BGH NJW 88, 3164

Hat der Kreistag die Vertrauenspersonen für den Schöffenwahlausschuß in offener Abstimmung durch einstimmigen Beschluß (Art. 45 I LKO Bay) und nicht durch geheime Wahl gemäß Art. 45 III LKO Bay bestimmt, so begründet dies nicht die Rüge der vorschriftswidrigen Besetzung des Spruchkörpers. BayObLG, 27. 2. 1989, RReg. 1 St 205/88 Anm. *Katholnigg,* JR 90, 81

Nur anfechtbar ist ein Urteil, an dem als Schöffen Personen mitgewirkt haben, deren Berufung in dieses Amt infolge eines gesetzwidrigen Auswahlverfahrens unwirksam war.

2. Checkliste zur Prüfung von Verfahrensfehlern VIII. C. 2

Das Revisionsgericht hat den Besetzungsfehler nur auf Rüge hin zu beachten. Für die Beurteilung der Zulassung einer solchen Rüge gelten keine Besonderheiten. Anwendung finden insbesondere auch die Vorschriften über die Präklusion der Besetzungsrüge. BGH NJW 85, 926 Anm. *Katholnigg*, JR 85, 346.

4. Der absolute Revisionsgrund der vorschriftswidrigen Abwesenheit gestattet keine Prüfung der Beruhensfrage, wenn der Verfahrensverstoß einen wesentlichen Teil der Hauptverhandlung betrifft. BGH StV 86, 465. Die Verlesung des erstinstanzlichen Urteils im Berufungsverfahren ist ein wesentlicher Teil der Hauptverhandlung. OLG Zweibrücken StV 86, 240.

5. Der Sitzungsvertreter der Staatsanwaltschaft muß nicht während der ganzen Verhandlung derselbe sein. Verschiedene einander ablösende Vertreter können sukzessive sicherstellen, daß die Behörde ununterbrochen präsent ist (BGHSt 21, 85, 90 = JR 67, 228 mit kritischer Anm. *Hanack*). Der Sitzungsvertreter muß aber auch dann ersetzt werden, wenn er im Saal bleibt und (förmlich) als Zeuge vernommen wird (BGHSt 14, 265). Dies gilt dann nicht, wenn er auf Fragen eines Beteiligten Erklärungen abgibt, auch wenn diese sachbezogen sind (BGH bei Holtz MDR 1986, 99; NStZ 1986, 133). Beispiel für Abwesenheit des Staatsanwalts bei der Vernehmung eines Zeugen während des Ortstermins OLG Köln VRS Bd. 72, 371

Vertritt ein Amtsanwalt die Anklage vor dem Jugendschöffengericht, so begründet dies die Revision weder nach § 338 Nr. 5 StPO noch nach § 337 StPO. OLG Karlsruhe NStZ 88, 241.

6. Beispiele aus der Rechtsprechung:

Wird ein Zeuge zunächst in Abwesenheit aller Angeklagten zu einem Anklagepunkt vernommen, ein Angeklagter und sein Verteidiger während der Vernehmung des Zeugen zu einem weiteren Anklagepunkt beurlaubt, verstößt es gegen § 338 Nr. 5 StPO, wenn eine Entscheidung über die Vereidigung und Entlassung des Zeugen in Abwesenheit des beurlaubten Angeklagten und seines Verteidigers stattfindet. BGH StV 88, 370

Findet ein wesentlicher Teil der Hauptverhandlung statt, während der Angeklagte – ohne sein Verschulden – verhandlungsunfähig war, liegt der absolute Revisionsgrund des § 338 Nr. 5 StPO vor. Zwar ist die Frage der Verhandlungsfähigkeit in erster Linie vom Tatrichter zu prüfen; sie ist der Beurteilung durch das Revisionsgericht jedoch zugänglich. BGH StV 88, 511

Bei dem Vortrag des Berichterstatters, der Verlesung der Urteilsformel des erstinstanzlichen Urteils und der Vernehmung des Angeklagten mit der Erörterung von Verfahrensfragen handelt es sich um wesentliche Teile der Berufshauptverhandlung, die nicht in Abwesenheit des (notwendigen) Verteidigers durchgeführt werden dürfen. OLG Hamm NZV 89, 244.

Abwesenheit des Angeklagten durch fehlerhafte Abtrennung:

Eine vorübergehende Abtrennung des Verfahrens gegen Mitangeklagte stellt dann eine unzulässige prozessuale Manipulation dar, wenn sie lediglich dazu dienen soll, einem Mitangeklagten vorübergehend die Zeugenstellung zwecks Vernehmung in eigener Sache zu verschaffen. LG Frankfurt StV 86, 470

Die vorübergehende Abtrennung des Verfahrens gegen einen Angeklagten ist dann unzulässig, wenn die in seiner Abwesenheit durchgeführte Verhandlung Vorgänge zum Gegenstand hat, die die gegen ihn erhobenen Vorwürfe berühren. BGH StV 86, 465

Wird das Verfahren gegen einen Angeklagten abgetrennt, weil das Verfahren gegen einen Mitangeklagten entscheidungsreif ist und durch Urteil beendet werden soll, so liegt eine „vorübergehende Abtrennung" i.S. von BGHSt 24, 257 = NJW 1972, 545 auch dann nicht vor, wenn die getrennten Verfahren wieder verbunden werden, weil das Verfahren gegen den Mitangeklagten entgegen vorheriger Erwartung nicht beendet werden kann. BGH NJW 85, 1175.

Verkennung des Begriffs der „Eigenmacht" in § 230 II StPO.
BGH NJW 87, 2592 Anm. *Meurer,* NStZ 88, 421;

Fernbleiben des Angeklagten von der Hauptverhandlung nicht eigenmächtig, wenn ihm das Gericht freigestellt hat, ob er erscheinen wolle; BGH StV 87, 189

Vom versehentlich aus der Haft nicht vorgeführten Angekl. kann nicht erwartet werden, daß er dem Gericht über seine Verhaftung in anderer Sache und seinen Aufenthalt in einer bestimmten Justizvollzugsanstalt Nachricht gibt. OLG Frankfurt StV 87, 380

Keine Eigenmacht bei Verschlafen. BGH StV 88, 185; BGH NJW 1991, 1367

Teilnahme an einer wichtigen, unaufschiebbaren und seit langem feststehenden Sitzung des Gesamtbetriebsrats entschuldigt. OLG Köln VRS 86 Bd. 70, 16

Erstreckt sich die Hauptverhandlung über mehrere Sitzungstage, so rechtfertigt die eigenmächtige Abwesenheit des Angeklagten an nur einem Verhandlungstag die Fortsetzung der Hauptverhandlung ohne ihn zu den folgenden Sitzungstagen nicht, wenn er dem Fortsetzungstermin nicht eigenmächtig fernbleibt, sondern sein Versuch, zur Hauptverhandlung zu erscheinen, aus anderen Gründen mißlingt. BGH NStZ 86, 422, vgl. dazu auch OLG Karlsruhe JR 85, 31 (Anm. *Meyer*)

Kein eigenmächtiges Fernbleiben von der Hauptverhandlung, wenn das Gericht zuvor die Aufforderung der Staatsanwaltschaft, dem Angeklagten aufzugeben, bis zum Ende der Hauptverhandlung anwesend zu bleiben, nicht nachkommt, sondern dem Angeklagten statt dessen eröffnet hatte, es sehe seine weitere Anwesenheit nicht mehr für erforderlich an. KG StV 85, 52

Eigenmächtige Abwesenheit scheidet nicht nur dann aus, wenn ein Angeklagter mit dem Einverständnis des Gerichts in der Hauptverhandlung ausgeblieben ist oder sich aus ihr entfernt; es genügt auch, daß ein Angeklagter dem Verhalten des Gerichts ein derartiges Einverständnis entnehmen kann. BGH StV 89, 187 = NStZ 89, 283

Andererseits ist nicht erforderlich für die Annahme der Eigenmacht, daß der Angeklagte sich von seinem Fernbleiben eine Verfahrenssabotage verspricht. BGH NJW 1991, 1364

Zu den Voraussetzungen für den Erlaß eines Haftbefehls nach § 230 II StPO und zur Abgrenzung zwischen § 230 II und § 231 a StPO vgl. auch OLG Düsseldorf NStZ 90, 295.

Entfernung und anschließende Unterrichtung des Angeklagten gem. § 247 StPO.

Der Umstand, daß der Eigentümer eines Privathauses, in dessen Räumlichkeit eine gerichtliche Augenscheinseinnahme stattfinden soll, nicht bereit ist, dem Angeklagten hierbei uneingeschränkten Zutritt zu gestatten, erlaubt es nicht, die Ortsbesichtigung in Abwesenheit des Angeklagten durchzuführen. OLG Hamburg NStZ 86, 569 Anm. *Foth,* JR 87, 79

Werden während des Ausschlusses des Angeklagten nach § 247 StPO Lichtbilder in Augenschein genommen, muß dieser Verfahrensvorgang in Gegenwart des Angeklagten vollständig wiederholt werden. BGH StV 86, 418

Wird ein während seiner Abwesenheit durchgeführter Augenschein nicht wiederholt, so führt dieser Verfahrensfehler grundsätzlich zur Aufhebung des Urteils. BGH NStZ 86, 564

Das Anwesenheitsrecht des Angeklagten in der Hauptverhandlung wird verletzt, wenn nach seiner Entfernung aus dem Verhandlungssaal ein Beweisantrag durch seinen Verteidiger zurückgenommen wird und er darüber nicht nach seiner Rückkehr durch das Gericht unterrichtet wird. OLG Frankfurt StV 87, 9

Auch der Umstand, daß die Vereidigung eines Zeugen kraft Gesetzes ausgeschlossen ist, entbindet nicht von der Pflicht, den entfernten Angeklagten vor der Verhandlung über die Entlassung des Zeugen wieder vorzulassen. BGH NStZ 87, 335

Zur Unterrichtung des Angeklagten über den Inhalt einer Zeugenaussage und zur Wiederholung einer Augenscheinseinnahme, wenn beide Beweiserhebungen im Zusammenhang und in Abwesenheit des Angeklagten (§ 247 StPO) vorgenommen wurden. BGH NStZ 87, 471

Zwischen Vernehmung und Vereidigung des Zeugen liegt eine verfahrensrechtliche Zäsur, nämlich die Verhandlung über die Vereidigung des Zeugen als selbständiger Verfahrensabschnitt. Den Angeklagten auch von diesem auszuschließen, läßt § 247 StPO nicht zu. BGH NStZ 87, 519

Zur Unterrichtung des Angeklagten über den Inhalt einer Zeugenaussage und zur Wiederholung einer Augenscheinseinnahme, wenn beide Beweiserhebungen im Zusammenhang und in Abwesenheit des Angeklagten (§ 247 StPO) vorgenommen wurden. BGH NJW 88, 429

Die Verhandlung über die Entfernung des Angeklagten nach § 247 StPO sowie die Verhandlung nach Entfernung des Angeklagten über einen Antrag auf Begutachtung eines Zeugen durch einen Sachverständigen vor dessen Vernehmung in Abwesenheit des Angeklagten gehören nicht zur „Vernehmung" des Zeugen, so daß der Angeklagte während dieser Teile der Verhandlung nicht entfernt werden darf. BGH StV 87, 377

Der gem. § 247 StPO aus dem Sitzungszimmer entfernte Angeklagte muß vor der Entlassung des in seiner Abwesenheit vernommenen Zeugen wieder vorgelassen und gem. § 247 S. 4 StPO unterrichtet werden. Das gilt auch dann, wenn eine Vereidigung des (jugendlichen) Zeugen gem. § 60 Nr. 1 StPO ausgeschlossen ist. Zur Vereidigung eines Zeugen in Abwesenheit des Angeklagten. BGH NJW 86, 267

Eine förmliche Augenscheinseinnahme, bei der erforderlich ist, daß alle Mitglieder des Gerichts in der Hauptverhandlung den Beweisgegenstand in Augenschein nehmen und daß allen Prozeßbeteiligten Gelegenheit gegeben wird, diesen zu besichtigen, liegt nicht vor, wenn ein Zeuge dem Gericht eine Skizze übergibt und anhand dieser die dort beschriebene Örtlichkeit erläutert. Hat in Abwesenheit des Angeklagten eine durch § 247 StPO nicht gedeckte richterliche Augenscheinseinnahme stattgefunden, muß diese in Gegenwart des Angeklagten vollständig wiederholt werden. BGH StV 89, 192

Ist der Angeklagte während einer Zeugenvernehmung ausgeschlossen, so ist er danach über den wesentlichen Inhalt der Vernehmung zu unterrichten. Es ist rechtsfehlerhaft, ihn erst nach weiteren in seiner Anwesenheit stattfindenden Zeugenvernehmungen zu unterrichten. BGH StV 90, 52.

7. Belegt das Protokoll, daß der Angeklagte im Falle der notwendigen Verteidigung in einem Abschnitt der Hauptverhandlung nicht verteidigt war, genügt dies für die Zulässigkeit der Revision. Bei insoweit eindeutigem Protokollinhalt sind entgegenstehende dienstliche Erklärungen von Mitgliedern der Strafkammer nicht geeignet, die formelle Beweiskraft zu entkräften. BGH StV 86, 287.

8. Vgl. dazu *Kleinknecht/Meyer* § 338 Rdnr. 36 ff.

9. Um den Unterschied zwischen den absoluten und den relativen Revisionsgründen nicht zu verwischen, muß beachtet werden, daß die von der Rechtsprechung entwickelte Ausnahme bei der Abwesenheit eines Verfahrensbeteiligten während „unwesentlicher" Verhandlungsteile nur unter noch engeren Voraussetzungen gerechtfertigt ist als die Verneinung des Beruhens gem. § 337 Abs. 1 StPO. Da schon das Beruhen nur voraussetzt, daß ein Einfluß des Verfahrensfehlers auf das Urteil nicht auszuschließen ist (vgl. *Sarstedt/Hamm*, Die Revision in Strafsachen, Rdnr. 184 ff.), sollte der absolute Revisionsgrund wirklich nur dann entfallen, wenn während der Abwesenheit „so gut wie nicht" verhandelt wurde.

10. Vgl. dazu z.B. BGH NStZ 1984, 521 und NStZ 1986, 39.

11. BGH NStZ 1984, 379.

12. § 243 Abs. 4 StPO. BGHSt 25, 325 ff.; BGH bei *Pfeiffer/Miebach* NStZ 1983, 210; zur nachfolgenden Erklärung des Angeklagten, er sage nicht zur Sache aus vgl. BGH StV 1981, 56 (mit Anm. *Schlothauer*); vgl. auch *Schlothauer* StV 1986, 213.

13. Unterlassen nach h.M. kein Revisionsgrund, KK/*Pelchen* § 57 Rdnr. 7; BGH bei *Pfeiffer/Miebach* NStZ 1983, 354; a.A. KMR/*Paulus* Anm. 2, 8 zu § 57 StPO. Aber: Stets prüfen, ob Einzelfall zu anderer Beurteilung zwingt, z.B.: Im Urteil wird Glaubwürdigkeit unter Hinweis auf intensive Belehrung begründet, laut Protokoll wurde aber nicht belehrt.

14. Fehlende und falsche Belehrung sind revisibel, KK/*Pelchen* § 52 Rdnr. 46ff.; vgl. auch BGH NJW 1984, 136; Beruhen kann aber fraglich sein BGH StV 1990, 145.

15. Nichtaussage wegen fehlender Befreiung von der beruflichen Schweigepflicht: Befragung, ob der Zeuge dennoch aussagebereit ist, gehört zur Aufklärungspflicht. Unterbleibt die Frage, ist bei einem ohne weiteres entlassenen Zeugen § 245 StPO verletzt (vgl. OLG Frankfurt StV 1982, 414).

16. Fehlende Belehrung nach h. M. kein Revisionsgrund (BGHSt 11, 213; a. A. *Peters* Lehrbuch S. 330). Unrichtige Belehrung, die zur Aussageverweigerung führt, begründet die Rüge der Verletzung des § 245 StGB (BGH bei *Dallinger* MDR 1974, 16).

17. Vereidigung ohne Belehrung über Eidesverweigerungsrecht (BGH bei *Dallinger* MDR 1969, 194; BGH NStE Nr. 1 zu § 63 StPO) BGH NStZ 1987, 84; 1989, 84.

18. Wird ein Zeuge unvereidigt entlassen, ohne daß eine Entscheidung über die Vereidigung getroffen worden war, so liegt hierin ein Verstoß gegen § 59 StPO, der die Revision begründen kann. BGH NStZ 87, 347

Widerruft ein Zeuge während der Vernehmung zu ein und demselben Tatgeschehen den Verzicht auf sein Zeugnisverweigerungsrecht nach § 52 III 2 StPO, so kommt eine Beeidigung der vor der Zeugenverweigerung gemachten Teilaussage nicht in Betracht. BGH NJW 88, 716 = NStZ 88, 35 = StV 88, 4

Ist ein Sachverständiger zugleich als Zeuge vernommen worden, so muß er insoweit auch als Zeuge vereidigt werden, falls seiner Vereidigung nicht irgendwelche Hinderungsgründe entgegenstehen. BGH NStZ 86, 323

Maßgebend dafür, ob bei der Bekundung eines Sachverständigen der Sache nach Zeugenaussage oder ein Sachverständigengutachten vorliegt, ist der Inhalt der Bekundung. BGH NStZ 85, 182

Auch die lediglich „informatorische" Befragung eines Zeugen zur Sache ist eine Vernehmung, die den Regeln der §§ 59 ff. StPO unterliegt. Wird die „informatorische" Anhörung eines Zeugen zu Unrecht nicht als Vernehmung gewertet und wird deshalb keine Entscheidung über die Vereidigung getroffen, so läßt sich das Beruhen in der Regel selbst dann nicht ausschließen, wenn etwa die Voraussetzungen für eine Nichtvereidigung nach § 61 Nr. 5 StPO angenommen werden konnten. OLG Köln StV 88, 289

Macht ein zunächst als Zeuge gehörter Nebenkläger nach späteren einzelnen Beweiserhebungen nicht nur von seinem Recht Gebrauch, Erklärungen abzugeben, sondern macht er darüber hinaus Ausführungen zur Sache selbst, kommt ihm insoweit die Rolle eines Zeugen mit der Folge zu, daß das Gericht erneut über die Frage der Vereidigung eine Entscheidung zu treffen hat. OLG Hamburg StV 90, 153.

19. Die in der – beeideten – Falschaussage selbst liegende Vereitelungshandlung führt nicht zur Anwendung des Vereidigungsverbotes nach § 60 Nr. 2 StPO. BGH NJW 1982, 1601; OLG Düsseldorf NJW 88, 84. Ein Vereidigungsverbot besteht nicht, wenn der Zeuge dem Angeklagten (unmittelbar) vor der Hauptverhandlung zugesichert hat, in dieser zu seinen Gunsten (eidlich) falsch auszusagen, um ihn der Bestrafung zu entziehen. BayObLG, NJW 86, 202 Anm. *Krümpelmann, Heusel,* JR 87, 37

Hat der Zeuge zu mehreren Taten der Anklage ausgesagt und steht er nur hinsichtlich einzelner von ihnen im Verdacht der Beteiligung, so ist er zwar insoweit unvereidigt zu lassen, muß jedoch auf seine Aussage zu denjenigen Taten, hinsichtlich derer er nicht beteiligungsverdächtig ist, vereidigt werden (Teilvereidigung). BGH NStZ 87, 516 (Anm. *Dahs*). Die gem. § 60 Nr. 2 StPO einer Zeugenvereidigung entgegenstehende (versuchte) Strafvereitelung kann auch in einer in derselben Hauptverhandlung früher erstatteten Falschaussage zu sehen sein. BGH, 21. 4. 1986, 2 StR 731/85, NJW 86, 2121

Wird ein Zeuge vereidigt, obwohl dies einen Verstoß gegen § 60 Nr. 2 StPO bedeutet, kann dieser Fehler nur dadurch geheilt werden, daß nach entsprechender Ankündigung gegenüber den Verfahrensbeteiligten, die protokollierungsbedürftig ist, die Aussage nur als uneidliche verwertet wird. BGH StV 86, 89, NStZ 86, 230

In dem Strafverfahren gegen den Fahrzeughalter wegen Zulassens des Fahrens ohne Fahrerlaubnis darf der als Zeuge vernommene Fahrer nach § 60 Nr. 2 StPO nicht vereidigt werden. OLG Düsseldorf StV 86, 95

Die Frage, ob gegen einen Zeugen ein Verdacht im Sinne des § 60 Nr. 2 StPO besteht, gehört nicht zum Tatgeschehen und damit nicht zu den Feststellungen, die nach einer Teilaufhebung des Urteils das nunmehr zuständige Gericht im Rahmen der ihm obliegenden eigenen Tatsachenfeststellung binden. BGH NJW 85, 638

Die Vereidigung eines Zeugen ist fehlerhaft wenn sich der Tatrichter die Frage eines Vereidigungsverbots nicht gestellt hat, obgleich nach den Umständen die Annahme nahelag, daß der Zeuge verdächtig war, zugunsten des Angeklagten eine versuchte Strafvereitelung begangen zu haben. BGH, 2. 3. 1988, 2 StR 522/87, StV 88, 325

Hat sich ein Zeuge in strafbarer Weise an der Tat beteiligt, die Gegenstand des anhängigen Verfahrens ist, schließt § 60 Nr. 2 StPO jede Vereidigung des Zeugen wegen einer damit zusammenhängenden Aussage aus, selbst wenn die Beteiligung während eines bestimmten Tatabschnittes für sich gesehen straflos wäre. BGH, 2. 8. 1988, 1 StR 246/88, StV 88, 419

Ob eine Vereidigung in Hinsicht auf das Vereidigungsverbot des § 60 Nr. 2 StPO rechtsfehlerhaft ist, ist in einem Fall, in dem weder die Urteilsgründe noch die Sitzungsniederschrift diesbezügliche Erwägungen erkennen lassen, davon abhängig, ob eine Erörterung nach den Gesamtumständen nahelag. BGH, 6. 9. 1988, 5 StR 389/88, StV 88, 510

Zur Anwendung des Vereidigungsverbots des § 60 Nr. 2 StPO, wenn der Zeuge vor Abschluß seiner Vernehmung außerhalb der Hauptverhandlung als Beschuldigter vernommen wird. BGH, 25. 4. 1989, 1 StR 97/89, NStZ 89, 583.

Wer von Anfang an in der Absicht handelt, das ihm angebotene Rauschgift aus dem Verkehr zu ziehen und der Polizei zu bringen, beteiligt sich nicht in strafbarer Weise an der Tat. In diesem Fall liegt kein Teilnahmeverdacht i. S. des § 60 Nr. 2 StPO vor, so daß eine Vereidigung zu erfolgen hat. BGH, 24. 1. 1990, 2 StR 507/89, StV 90, 193.

Zur Beruhensprüfung bei Verletzung des § 60 Nr. 2 StPO BGH NJW 86, 266; Anm. *Schlothauer*, StV 86, 89, 90.

20. Zu § 61 Nr. 2:

§ 61 Nr. 2 soll in erster Linie der möglichen Voreingenommenheit Rechnung tragen, die nach der Lebenserfahrung bei einem Zeugen zu besorgen ist, der durch das Verhalten des Beschuldigten Nachteile erlitten hat. Was in diesem Sinne unter Verhalten des Beschuldigten zu verstehen ist, richtet sich nicht allein nach dem zum Anklagevorwurf im Urteil geführten Ergebnis, sondern nach dem gesamten dem Gericht unterbreiteten geschichtlichen Vorgang. (BGH, 5. 11. 1985, 1 StR 464/85 StV 86, 283). Der Vereidigungszwang kann nach § 61 Nr. 2 StPO nur für Aussagen entfallen, die sich gerade auf diejenige Tat beziehen, durch die ihr Zeuge verletzt worden ist. Die Verletzung durch eine andere Tat reicht nicht aus. (BGH, 27. 11. 1985, 3 StR 220/85, NStZ 86, 181). Die maßgebenden Erwägungen für Ausübung des Ermessens nach § 61 Nr. 2 StPO brauchen in der Entscheidung, mit der von der Vereidigung eines Zeugen abgesehen wird, nur in der Weise dargelegt werden, daß erkennbar wird, von welcher der drei in § 61 Nr. 2 StPO genannten Alternativen (Verletzter, Angehöriger des Verletzten, Angehöriger des Beschuldigten) ausgegangen wird. Verletzter i. S. des § 61 Nr. 2 StPO ist auch derjenige Zeuge, der durch die Tat des Angeklagten in die Gefahr gebracht wird, als Teilnehmer an seiner Tat verdächtigt zu werden (BGHSt 17, 248, 252; BGH, 9. 9. 1987, 3 StR 397/87, StV 88, 4).

Zu § 61 Nr. 5:

Da nach st. Rspr. des BGH der Verzicht auf die Vereidigung auch durch schlüssiges Handeln „erklärt" werden kann (BGH NStZ 1984, 209 bei *Pfeiffer/Miebach*), bedeutet auch das Schweigen des Protokolls noch nicht, daß keine Verzichte vorlagen (BGH MDR 1976, 634 bei *Holtz*; *Kleinknecht/Meyer* § 61 Rdnr. 33).

21. *Kleinknecht/Meyer* Rdnr. 13 zu § 79 StPO.

22. Schriftsätze des Verteidigers, die eine Sachdarstellung enthalten, sind nicht ohne weiteres als Urkunden verlesbar (OLG Celle NStZ 1988, 426 = NJW 1989, 992).

23. vgl. dazu *Fömpner* NStZ 1984, 481 ff.

24. Sonderproblematik: V-Mann als verdeckt vernommener Zeuge (BGHSt 32, 115 ff. = NStZ 1984, 36, m. Anm. *Frenzel* = StV 1983, 314; m. Anm. *Grünwald* in StV 1984, 56, sowie BGHSt 33, 83).

25. vgl. z. B. BGH bei *Holtz* MDR 1986, 99.

26. BGH NStZ 1981, 311; OLG Düsseldorf NJW 1983, 2514; werden durch Kameraleute der Fernsehanstalten bei einem Ortstermin entgegen § 169 Abs. 2 GVG Aufnahmen gemacht, so liegt darin nach BGH NJW 1989, 1741 (dazu Anm. *Roxin* 1989, 375; *Fezer* StV 1989, 290) nur ein relativer Revisionsgrund.

27. vgl. BGH NStZ 1984, 521; BGH NStE Nr. 2 zu § 258 StPO.

28. *Schrifttum: Niemöller*, Die Hinweispflicht des Strafrichters, 1988; *Küpper*, Die Hinweispflicht nach § 265 StPO bei verschiedenen Begehungsformen desselben Strafgesetzes. NStZ 86, 249. *Schlothauer*, Gerichtliche Hinweispflicht in der Hauptverhandlung. StV 86, 213; *Odenthal*, Die Vernehmung von Zeugen an hierfür nicht vorgesehenen Terminstagen. NStZ 88, 540; *Scheffler*, Rückkehr zur bisherigen Rechtsauffassung nach einem rechtlichen Hinweis gem. § 265 I StPO ohne erneuten Hinweis? JR 89, 232.

Neuere Rechtsprechung:
Zu den Anforderungen an die Bestimmtheit eines Hinweises nach § 265 StPO. BGH, 9. 8. 1985, 3 StR 301/85, NStZ 85, 563;
Hinweispflicht bei Verwertung eingestellter Tatkomplexe bei der Beweiswürdigung. BGH, 8. 12. 1987, 4 StR 621/87, StV 88, 191. Eine Verletzung des § 265 StPO führt nicht zur Aufhebung des Urteils, wenn zweifelsfrei festgestellt werden kann, daß der Angeklagte auch bei gehöriger Unterrichtung sich nicht anders und erfolgreicher als geschehen hätte verteidigen können. BGH, 8. 3. 1988, 1 StR 14/88, wistra 88, 198.

Hinweis auf Änderungen in tatsächlicher Hinsicht:
Zur Hinweispflicht bei anderer Tatzeit. BGH, 1. 12. 1987, 5 StR 458/87, NJW 88, 571. Will das Gericht der Verurteilung eine gegenüber der Anklage geänderte Tatzeit zugrundelegen, so hat es den Angeklagten hierauf förmlich hinzuweisen. Dies gilt auch bei Übergang zur actio libera in causa. OLG Köln, 7. 6. 1984, 3 Ss 295/84 (125), StV 84, 414

Wird in dem Urteil die Einlassung eines Angeklagten für widerlegt erachtet, besteht eine entsprechende Hinweispflicht des Gerichts in der Hauptverhandlung nur dann, wenn durch die Ablehnung eines im Zusammenhang mit der Einlassung stehenden Beweisantrages des Angeklagten ein Vertrauenstatbestand geschaffen worden ist. BGH, 30. 1. 1986, 2 StR 485/85, StV 86, 191

Ein Angeklagter ist über die Veränderung für die Verurteilung wesentlicher tatsächlicher Gesichtspunkte (hier: Abweichung von der im Bußgeldbescheid angegebenen Tatzeit) gem. § 265 IV StPO zu unterrichten. Allerdings ist ein förmlicher, protokollpflichtiger Hinweis i. S. des § 265 IV StPO nicht erforderlich. OLG Frankfurt, 25. 1. 1985, 2 Ws (B) 3/85 OWiG, StV 85, 224

Veränderungen des tatsächlichen Gesichtspunktes lösen dann eine gerichtliche Hinweispflicht aus, wenn die Abweichung Tatsachen betrifft, in denen die Merkmale des gesetzlichen Straftatbestandes gefunden werden. Abweichungen, die außerhalb der tatbestandsmäßigen Handlung liegen sind – jedenfalls im Grundsatz – nicht hinweispflichtig. BGH, 1. 7. 1988, 2 StR 311/88, StV 88, 472.

2. Checkliste zur Prüfung von Verfahrensfehlern

Hinweis auf Änderungen in der rechtlichen Beurteilung:
Ist die gerichtlich zugelassene Anklage davon ausgegangen, daß die Schuldfähigkeit des Angeklagten erheblich vermindert sei, so bedarf es grundsätzlich keines Hinweises, wenn das Gericht aufgrund des Ergebnisses der Beweisaufnahme die Voraussetzungen des § 21 StGB verneinen will. BGH, 30. 6. 1987, 1 StR 242/87, NJW 88, 501 Anm. *Hilgendorf-Schmidt*, NStZ 88, 191

In der Frage, ob es eines Hinweises nach § 265 I StPO bedarf, wenn der wegen der Verwirklichung eines qualifizierten Tatbestandes in Mittäterschaft Angeklagte insoweit allein verurteilt wird, während die mitangeklagten Beteiligten nur wegen des Grundtatbestandes verurteilt werden. BGH, 15. 5. 1985, 2 StR 83/85 Anm. *Berz*, NStZ 86, 85

Ist der Angeklagte wegen Untreue in der Form des Mißbrauchstatbestandes angeklagt, jedoch bei unveränderter Sachlage zusätzlich auch wegen Verletzung des Treubruchtatbestandes zu verurteilen, so ist ein Hinweis nach § 265 I StPO nicht in jedem Fall erforderlich. BGH, 5. 7. 1984, 4 StR 255/84, 2539 Anm. *Otto*, JR 85, 29

Ist der Angeklagte als Alleintäter angeklagt worden, deckt ein Hinweis auf die Möglichkeit einer Verurteilung wegen Beihilfe nicht den Schuldspruch wegen Mittäterschaft ab. BGH, 14. 5. 1985, 1 StR 196/85, NJW 85, 2488

Wenn in Abweichung von Anklage und Eröffnungsbeschluß eine Verurteilung auf § 142 II Nr. 2, 2. Alt. StGB statt auf § 142 I Nr. 1 StGB gestützt wird, muß der Angeklagte gem. § 265 I StPO auf diese Veränderung des rechtlichen Gesichtspunktes hingewiesen werden. OLG Frankfurt, 26. 7. 1988, 3 Ss 337/88, NZV 89, 40

Will der Tatrichter von der rechtlichen Beurteilung der Tat im Bußgeldbescheid als falsches Überholen durch Behinderung des Gegenverkehrs (§ 5 II 1 StVO) abweichen und den Betroffenen des falschen Überholens durch Behinderung des Überholten (§ 5 IV 3 und 4 StVO) schuldig erachten, muß er diesen zuvor auf die Veränderung des rechtlichen Gesichtspunktes hinweisen. OLG Stuttgart, 6. 6. 1989, 3 Ss 341/89, NZV 90, 42 L

Wird dem Angeklagten in der zugelassenen Anklageschrift eine Anstiftung zu einem Verbrechen nach § 308 I. 1. Alt. StGB vorgeworfen, muß er in der Hauptverhandlung auf die Möglichkeit einer Verurteilung nach der 2. Tatbestandsalternative des § 308 I StGB hingewiesen werden. BGH, 22. 11. 1988, 5 StR 522/88, StV 89, 468

Will das Gericht den Angeklagten trotz Anklage wegen gemeinschaftlicher Begehungsweise als Alleintäter verurteilen, ist ein Hinweis gem. § 265 I StPO erforderlich. BGH, 16. 2. 1989, 1 StR 24/89 StrVert. 90, 54; zu geänderter Beurteilung der Teilnahmeform vgl. auch BGH StV 1990, 449.

Hinweis bei geändertem Schuldumfang:
Rechtlicher Hinweis bei Verurteilung wegen nicht angeklagter Einzelakte einer fortgesetzten Handlung. BGH, 15. 1. 1985, 1 StR 702/84, StV 85, 134

Ist Gegenstand des Verfahrens eine fortgesetzte Tat, darf der Tatrichter den Angeklagten nicht im unklaren lassen, wenn er die Verurteilung auf weitere Einzelakte stützen will, die in der zugelassenen Anklage nicht aufgeführt sind. BGH, 15. 1. 1985, 1 StR 707/84, NStZ 85, 325.

Hinweis auf Änderung in der Sanktionsdrohung:
Der Tatrichter muß den Betroffenen in der Hauptverhandlung gemäß den §§ 265 StPO, 71 OWiG darauf hinweisen, daß gegen ihn neben der Verhängung einer Geldbuße auch auf ein Fahrverbot erkannt werden kann, wenn im Bußgeldbescheid nur eine Geldbuße festgesetzt wurde. OLG Koblenz, 14. 5. 1986, 1 Ss 125/86, VRS 86 Bd. 71, 209

Ordnet das Gericht im Urteil die Unterbringung in einer Entziehungsanstalt nach § 64 StGB an, muß der Angeklagte nach § 265 II StPO darauf hingewiesen werden, daß die Unterbringung in Betracht kommt, wenn weder die Anklageschrift noch der Eröffnungsbeschluß einen Hinweis auf die Möglichkeit einer solchen Anordnung enthielt. BGH, 30. 3. 1988, 4 StR 78/88, StV 88, 329

Vor Ausspruch eines Fahrverbots nach § 25 StVG im Urteil bedarf es des Hinweises, daß eine solche Maßnahme in Betracht kommt. OLG Düsseldorf, 24. 7. 1989, 2 Ss 16/89–96/89 II, NZV 90, 38

Hat der Vorsitzende dem Verteidiger zugesichert, das Urteil werde im Strafmaß nicht über den Antrag des Staatsanwaltes hinausgehen, so erwächst ihm, wenn das Gericht eine höhere Strafe verhängen will, aus dem Gebot des fairen Verfahrens die Pflicht, den Verteidiger auf diese Möglichkeit hinzuweisen. BGHSt 36, 207 = NJW 89, 2270 Anm. *Strate*, NStZ 89, 439 Anm. *Greeven*, StV 90, 53.

29. Beispiele für **Verletzungen** des § 261 StPO:

a) Urteil verwertet eine „verlesene Aussage", die nach dem Protokoll nicht verlesen worden ist. BGH bei *Pfeiffer/Miebach* NStZ 1985, 495 (Nr. 20)

Ein Urkundentext (hier Text der Strafanzeige eines Warenhausdetektives) kann als Beweisgrundlage nur verwertet werden, wenn er in der Hauptverhandlung verlesen wurde. Wird die Urkunde dem Zeugen vorgehalten, so kann dies die ausdrückliche Verlesung nicht ersetzen, wenn der Zeuge aus eigener Erinnerung zum Urkundeninhalt trotz Vorhalts nichts bekunden kann. OLG Düsseldorf VRS 87 Bd. 73, 465

Es verstößt gegen § 261 StPO und den Grundsatz, daß das Gericht seine Überzeugung ausschließlich aus dem Inbegriff der Verhandlung schöpfen darf, wenn es zur Aufklärung des Sachverhalts auf den Akteninhalt zurückgreift, ohne daß dieser in zulässiger Weise in die Hauptverhandlung eingeführt worden wäre (hier: Verwertung einer entgegen dem Protokoll nicht verlesenen Aussage). BGH, 20. 2. 1985, 2 StR 746/84, StV 85, 401.

b) Nicht in Augenschein genommene Lichtbilder, BGH bei *Pfeiffer/Miebach* NStZ 1985, 495 (Nr. 21).

30. Rügebeispiel u. Form. VIII. C. 5.

31. Formulierungsbeispiele für Ablehnungsgesuche o. Form. VIII. B. 19.

32. Rügebeispiele s. u. Form. VIII C.4.

33. Fallbeispiel s.o. Form. VIII. A. 5.

34. vgl. z.B. BGH StV 1985, 133.

35. vgl. z.B. KG StV 1984, 413 = NStZ 1984, 521 = JR 1985, 170.

36. Krasses Beispiel: BGH StV 1985, 181, bei Fortsetzungszusammenhang BGH MDR 1985, 424 = StV 1985, 182.

37. vgl. dazu BGH NStZ 1984, 520.

3. Revisionsbegründungsschrift

(Grundmuster einer Revisionsbegründung mit allgemeiner Sachrüge und zwei Verfahrensrügen betr. Vereidigung von Zeugen)

An das
Landgericht[1]
– 1. Strafkammer –
6000 Frankfurt am Main   18. 6. 1991[2]

In der Strafsache
gegen
H... A...
Az.:... Js ...... /86 KLs

wird zu der mit Schriftsatz vom 1. Februar 1991 gegen das am 31. Januar 1991 verkündete und am 20. Mai 1991[2] zugestellte Urteil eingelegten

Revision

die nachfolgende

Revisionsbegründung

abgegeben mit dem Antrag,

das angefochtene Urteil mit den Feststellungen aufzuheben und die Sache zur erneuten Verhandlung und Entscheidung an eine andere Strafkammer zurückzuverweisen.[3]
Gerügt wird die Verletzung formellen und materiellen Rechts.[4]

I. Sachrüge[4]

Die Sachrüge wird zunächst nur in allgemeiner Form erhoben.[5] Weitere Ausführungen dazu bleiben einem gesonderten Schriftsatz vorbehalten.[5]

II. Verfahrensrügen[6]

1. Gerügt wird die Verletzung des § 59 StPO.[7]

a) Verfahrenstatsachen[6]

Der Zeuge Z. hat in der Hauptverhandlung eine Herrn A. belastende Aussage gemacht. Ausweislich der Urteilsgründe (UA. S. ... ff.) hat die Strafkammer diese Aussage geglaubt und darauf ihre Überzeugung von der Schuld des Herrn A. gestützt.
Der Zeuge Z. wurde nicht vereidigt. Eine ausdrückliche Entscheidung über seine Vereidigung ist nicht getroffen worden. Gründe für das Unterbleiben der Vereidigung wurden nicht bekanntgegeben.

b) Rechtliche Würdigung[7]

Die Nichtvereidigung des Zeugen Z. ist ein Verstoß gegen § 59 StPO. Es bestand kein Vereidigungsverbot (§ 60 StPO). Die Voraussetzungen für ein Absehen von einer Vereidigung (§ 61 StPO) lagen nicht vor. Z. hätte also vereidigt werden müssen.
Das Urteil beruht auf dem Verfahrensfehler, weil nicht auszuschließen ist, daß der Zeuge Z. unter dem Eindruck des bevorstehenden Eides seine Aussage noch berichtigt hätte und daß damit auch das Gericht bei seiner Beweiswürdigung zu einem für Herrn A. günstigeren Ergebnis gelangt wäre.[8]

2. Gerügt wird die Verletzung des § 60 Ziff. 2 StPO.⁷

a) Verfahrenstatsachen⁶

In der Hauptverhandlung hat der Zeuge Ze. eine für Herrn A. teils be-, teils entlastende Aussage gemacht. Ausweislich der Urteilsgründe hat die Strafkammer den Zeugen als glaubwürdig behandelt, soweit er ausgesagt hat, Herrn A. habe früher schon einmal geäußert, er bewundere Leute, die den Mut zu derartigen Taten haben. Dagegen hat die Strafkammer dem Zeugen nicht geglaubt, daß Herr A. sich am Tattag mit ihm weit entfernt vom Tatort aufgehalten habe. Insoweit führt das Urteil aus, mit diesem schon in seiner polizeilichen Aussage unternommenen Versuch, Herrn A. der gerechten Strafe zu entziehen, habe Ze. keinen Erfolg. Ein Alibi sei damit nicht erwiesen.

Im Urteil wird die Aussage Ze's. insgesamt als eidliche gewürdigt, nachdem Herr Ze. in der Hauptverhandlung seine Aussage beschworen hat.

b) Rechtliche Würdigung⁷

Der Zeuge Z. hätte nicht vereidigt werden dürfen. Es bestand das Vereidigungsverbot des § 60 Ziff. 2 StPO, weil er nach Auffassung der Strafkammer in dem Verdacht steht, zugunsten des Herrn A. eine Strafvereitelung begangen zu haben. Wenn nämlich – wovon das Urteil ausgeht – Ze. schon seine polizeiliche Aussage nur gemacht hätte, um Herrn A. ein falsches Alibi zu geben, dann hätte er sich dort nach § 258 StPO strafbar gemacht.

Auf dem Verfahrensfehler beruht das Urteil⁸, weil nicht auszuschließen ist, daß die Strafkammer dem belastenden Teil der Aussage Zes. dann nicht gefolgt wäre, wenn der Zeuge unvereidigt geblieben wäre.

Nach allem kann das Urteil keinen Bestand haben.

Rechtsanwalt/Rechtsanwältin⁹

Schrifttum: Vgl. vor Form. VIII. C.1.

Anmerkungen

1. Wie die Revisionseinlegungsschrift ist auch die Revisionsbegründung an das Gericht zu richten, dessen Urteil angefochten wird (§ 345 Abs. 1 StPO).

2. Die Revisionsbegründungsfrist beträgt einen Monat nach Zustellung des Urteils, wenn das Urteil nach Ablauf der Revisionseinlegungsfrist zugestellt wird (§ 345 Abs. 1 Satz 2 StPO). Das Gesetz behandelt den in der Praxis nur noch selten vorkommenden Fall freilich als Regelfall, daß nämlich das Urteil schon zugestellt wird, bevor die Revisionseinlegungsfrist abläuft, und läßt dann die Frist von einem Monat erst nach Ablauf der Wochenfrist zur Einlegung der Revision beginnen (§ 345 Abs. 1 Satz 1 StPO). Bedeutung erlangt dies praktisch nur noch dann, wenn das Urteil in Abwesenheit des Angeklagten verkündet worden ist, so daß die Wochenfrist zur Einlegung der Revision erst mit der Zustellung des Urteils beginnt (§ 341 Abs. 2 StPO). Erfolgt die (förmliche!) Zustellung an mehrere Empfangsberechtigte (z.B. zwei Verteidiger) zu unterschiedlichen Zeitpunkten, so beginnt die Frist erst mit der zuletzt bewirkten Zustellung (§ 37 Abs. 2 StPO). Dies gilt jedoch nur dann, wenn nach der ersten Zustellung die Frist nicht bereits abgelaufen ist (BGH bei *Pfeiffer/Miebach* NStZ 1985, 17; h.M. *Kleinknecht/Meyer* § 37 Rdnr. 29). Auch wenn wegen des Unterbleibens der Zustellung an den zweiten Verteidiger Wiedereinsetzung gewährt wird, lebt dadurch die Frist, die nach der ersten Zustellung abgelaufen war, nicht wieder auf (BGH StV 1987, 513).

Manchmal läßt sich mit dem Vorsitzenden eine zeitverschiebende Doppelzustellung zur „Fristverlängerung" vereinbaren.

3. Revisionsbegründungsschrift

3. Der Revisionsantrag soll zum Ausdruck bringen, welches Ziel der Revisionsführer verfolgt. Darin hat der Beschwerdeführer die Erklärung abzugeben, inwieweit er das Urteil anfechte und dessen Aufhebung beantrage (§ 344 Abs. 1 StPO). Den hier vorgeschlagenen Antragswortlaut wird man in den meisten Fällen wählen. Er bringt zum Ausdruck, daß das Urteil in vollem Umfang angefochten wird und daß der Verfasser der Revisionsbegründungsschrift eine vollständige Neuverhandlung auf der Ebene der (letzten) Tatsacheninstanz im Wege der Aufhebung und Zurückverweisung gem. § 354 Abs. 2 StPO anstrebt.

Hält man dagegen die Sachrüge für so aussichtsreich, daß man die Voraussetzungen für ein „Durchentscheiden" des Revisionsgerichts für gegeben erachtet, so kann der Antrag auf Freisprechung durch das Revisionsgericht lauten. Dies setzt jedoch voraus, daß sich die Meinung vertreten läßt, auch nach einer Aufhebung und Zurückverweisung könnten andere tatsächliche Feststellungen, die eine Strafbarkeit begründen, nicht getroffen werden, während bei den vom Tatgericht getroffenen Feststellungen aus Rechtsgründen eine Strafbarkeit zu verneinen ist (§ 354 Abs. 1 StPO). Der Antrag auf Freisprechung ist also nur dann angebracht, wenn sich die Sachrüge in der Form begründen läßt, daß das festgestellte Verhalten nicht strafbar ist. Der Bundesgerichtshof hebt im Zweifel auf und verweist zurück, solange er nur die Möglichkeit sieht, daß in der neuen Verhandlung weitere Feststellungen getroffen werden können (BGHSt 28, 162/164; BGH NJW 1978, 2105/2107). Ein Risiko für den Verteidiger bei der Formulierung des Revisionsantrages besteht solange nicht, als er unmißverständlich kenntlich macht, inwieweit das Urteil angefochten wird. Ein Antrag auf Freisprechung hindert das Revisionsgericht ebensowenig aufzuheben und zurückzuverweisen, wie ein Antrag auf Zurückverweisung einer Durchentscheidung i.S. eines Freispruchs entgegenstünde. Selbst das Fehlen eines Antrages ist unschädlich, wenn das Ziel der Revision aus dem Inhalt der Revisionsschrift im übrigen erkennbar wird (*Sarstedt/Hamm* Rdnr. 147; *Gribbohm* NStZ 1983, 98; BGH NStZ 1990, 96). Streitig ist lediglich, welches Risiko der Mandant läuft, wenn der Verteidiger Zweifel am Umfang der Anfechtung läßt. Bei Verurteilung wegen mehrerer selbständiger Handlungen wird die Auffassung vertreten, daß derartige Zweifel zur Verwerfung der Revision wegen Unzulässigkeit führen (*Kleinknecht/Meyer* § 344 Rdnr. 3; OLG Hamm NJW 1976, 68 mit ablehnender Anmerkung *Sarstedt;* OLG Koblenz VRS 50, 447). Auch wenn diese Auffassung Widerspruch erfahren hat (KK/*Pikart* § 344 Rdnr. 3; *Sarstedt/Hamm* Rdnr. 147), sollte sie der Verteidiger zum Anlaß nehmen, eindeutig zu erklären, welche Teile des Urteils er anfechten möchte. Soweit wirklich eine Beschränkung der Revision auf bestimmte Verurteilungspunkte gewollt ist, sollte dies deutlich zum Ausdruck gebracht werden, etwa durch die Formulierung: „Die Revision wird auf die Verurteilung wegen Einbruchsdiebstahls zum Nachteil des Autohauses X beschränkt und bezüglich der Verurteilung wegen Urkundenfälschung hiermit zurückgenommen."

4. Die Sachrüge sollte in jedem Fall erhoben werden und zwar auch dann, wenn der Verfasser der Revisionsbegründungsschrift selbst einen sachlich-rechtlichen Fehler im Urteil nicht gefunden hat. Diese Empfehlung hat zwei Gründe: Zum einen ist so gut wie niemals vorhersehbar, ob nicht das Revisionsgericht bei der Überprüfung des Urteils von Amts wegen einen sachlich-rechtlichen Fehler findet, den der Revisionsführer nicht gesehen hat. Zum anderen darf der Revisionsführer bei der Formulierung der Verfahrensrügen (nur) dann das angefochtene Urteil mit seinen Gründen beim Revisionsgericht als bekannt voraussetzen, wenn die Sachrüge erhoben ist (*Sarstedt/Hamm* Rdnr. 122; BGHSt 36, 384 = NStZ 1990, 349).

5. In umfangreichen Sachen, in denen die Revisionsbegründungsfrist voll benötigt wird zur Prüfung und Formulierung der Verfahrensrügen empfiehlt es sich, die Sachrüge in dieser hier vorgeschlagenen Form zu erheben. Eine Ergänzung der Sachrüge durch weitere Rechtsausführungen ist bis zur Entscheidung des Revisionsgerichts möglich. Es empfiehlt sich jedoch, diese Ergänzungen der Sachrüge jedenfalls so rechtzeitig anzubringen, daß sie noch vom Sachbearbeiter der Revisionsstaatsanwaltschaft bei der Entscheidung, welchen

Antrag er stellt (vgl. unten Form. VIII. C. 9: Gegenerklärung zum Antrag auf Beschlußverwerfung der Revisionsstaatsanwaltschaft) berücksichtigt werden kann. Gerade bei der Sachrüge, bei der das Revisionsgericht und damit auch die Revisionsstaatsanwaltschaft auf die allgemeine Sachrüge hin von Amts wegen das angefochtene Urteil auf revisible Fehler zu untersuchen hat, fällt es erfahrungsgemäß dem Revisionsstaatsanwalt, nachdem er sich einmal für den Antrag auf Beschlußverwerfung entschieden hat, auch nach noch so guten ergänzenden Ausführungen zur Begründung der Revision schwer, seinen einmal eingenommenen Standpunkt wieder aufzugeben; und steht eine Rechtsfrage „auf der Kippe", so können die Erfolgsaussichten der Revision durchaus dadurch erhöht werden, daß man die Revisionsstaatsanwaltschaft überzeugt und als Verbündete gewonnen hat.

6. Eine Verfahrensrüge ist nur dann in zulässiger Form erhoben, wenn zu Ihrer Begründung die den Mangel enthaltenen Tatsachen vollständig angegeben werden. Das sind die Verfahrenstatsachen, die das Revisionsgericht kennen muß, um beurteilen zu können, ob der behauptete Verfahrensfehler vorliegt oder nicht (vgl. dazu LR/*Hanack* § 344 Rdnr. 78). Die Verfahrenstatsachen müssen bestimmt behauptet werden (BGHSt 25, 272, 274; BGH StV 1984, 454; OLG Saarbrücken MDR 1986, 1050). Bedenken gegen eine solche bestimmte Behauptung „gegen eigenes Wissen" bestehen nicht (vgl. o. *Hassemer/Pitsounis* S. 27; *Sarstedt/Hamm* Rdnr. 177; *Pfeiffer* DRiZ 1984, 347). Die Rüge gilt als nicht in zulässiger Form erhoben, wenn der Verfahrensverstoß lediglich als möglich dargestellt wird (BGHSt 19, 273, 276), wenn der Verfasser einer Revisionsbegründungsschrift lediglich eine Vermutung äußert, es könne in der beanstandeten Weise verfahren worden sein oder wenn er selbst nur Zweifel an der Ordnungsmäßigkeit des Verfahrens äußert (BGHSt 19, 273, 276; *Kleinknecht/Meyer* Rdnr. 25 zu § 344; LR/*Hanack* Rdnr. 87 zu § 344). Dabei muß unterschieden werden zwischen einer unbestimmten Behauptung einer Tatsache und einer nur unklaren Äußerung der Rechtsansicht. Wir halten es deshalb für eine zu weitgehende Einschränkung, wenn *Kleinknecht/Meyer* die Zulässigkeit der Verfahrensrüge schon dann verneinen, wenn das Revisionsgericht lediglich um Nachprüfung der Rechtmäßigkeit gebeten wird (*Kleinknecht/Meyer* a. a. O. unter Hinweis auf u. a. BGHSt 12, 33; 19, 273/276; *Gribbohm* NStZ 1983, 101). Das Gesetz schreibt nur die bestimmte Behauptung der Tatsachen vor. „Jura novit curia" sollte auch im Revisionsrecht gelten. Aber der Verteidiger sollte, um sicherzugehen, daß die Revision nicht an den Zulässigkeitsvoraussetzungen seiner Rüge scheitert, sowohl die Tatsachen als auch den Gesetzesverstoß bestimmt „behaupten".

Wir empfehlen eine Trennung von Verfahrenstatsachen und rechtlicher Würdigung, um auch insoweit im weiteren Revisionsverfahren unterscheiden zu können zwischen denjenigen Ausführungen, die erschöpfend innerhalb der Revisionsbegründungsfrist vorgetragen werden müssen (die Verfahrenstatsachen), und solchen Erwägungen (die rechtliche Würdigung), die bis zur Entscheidung des Revisionsgerichts noch ergänzt werden können.

7. Die Bezeichnung der Vorschrift, die verletzt ist, gehört nicht zu den unabdingbaren Zulässigkeitsvoraussetzungen der Rüge. Sie empfiehlt sich jedoch dann, wenn auf diese Weise die Beanstandung verdeutlicht werden kann. Das Revisionsgericht ist an die rechtliche Einordnung nicht gebunden und kann die Rüge auch unter anderen rechtlichen Gesichtspunkten als begründet erachten.

8. Ausführungen zur Beruhensfrage (§ 337 StPO) gehören ebenfalls nicht zur unabdingbaren Voraussetzung für die Zulässigkeit einer Verfahrensrüge (*Dahs/Dahs* Rdnr. 395; *Kleinknecht/Meyer* Rdnr. 27 zu § 344; LR/*Hanack* Rdnr. 87 zu § 344). Man sollte darauf jedoch dann nicht verzichten, wenn Zweifel am Beruhen des Urteils auf dem dargestellten Verfahrensfehler bestehen.

9. Begründet der Angeklagte nicht die Revision zu Protokoll der Geschäftsstelle selbst (dies geschieht selten), so ist die Revision nur dann in zulässiger Form begründet, wenn sie „von dem Verteidiger oder einem Rechtsanwalt unterzeichnet" ist (§ 345 Abs. 2 StPO).

4. Verfahrensrügen auf unrichtige Behandlung von Beweisanträgen

Die Unterscheidung zwischen Verteidiger und Rechtsanwalt erscheint in der Strafprozeßordnung etwas unsystematisch, löst sich jedoch auf, wenn man berücksichtigt, daß auch für den Rechtsanwalt der nicht Verteidiger ist, eine auf die Abgabe der Revisionsbegründung bezogene Vollmacht bestehen muß (BayObLG StV 1983, 55, Leitsatz). Die Unterscheidung ergibt aber auch nur dann einen Sinn, wenn man beim Bestehen von drei Verteidigervollmachten es zuläßt, daß ein vierter Rechtsanwalt (der eben keine Verteidigervollmacht hat), die Revision begründet. § 137 Abs. 1 Satz 2 StPO steht dem nicht entgegen, weil diese Vorschrift sich nur auf Verteidiger im eigentlichen Sinne bezieht.

Die Revisionsbegründung muß von einem Rechtsanwalt nur unterzeichnet sein. Er braucht sie nicht selbst verfaßt zu haben (*Sarstedt/Hamm* Rdnr. 138; *Kleinknecht/Meyer* Rdnr. 14 zu § 345 StPO), er muß jedoch jedenfalls insoweit gestaltend an ihrer Entstehung mitgewirkt haben (BGHSt 25, 272 f. und BGH NStZ 1984, 563; 1987, 336; vgl. auch BGH wistra 1989, 68), als er für ihren Inhalt die volle Verantwortung übernehmen kann. Bestehen Zweifel daran, ob der unterzeichnende Rechtsanwalt den Inhalt verantworten will, muß mit einer Verwerfung als unzulässig gerechnet werden (BGH a.a.O. und BGH NJW 1984, 2480; vgl. auch BVerfGE 64, 135 (152) = NJW 1983, 2762, 2764; KG JZ 1987, 217; *Kleinknecht/Meyer* Rdnr. 16 zu § 345). Keinesfalls darf der Verteidiger sich vom Inhalt der Revisionsbegründungsschrift distanzieren (BGHSt 25, 272, 274 ff.). Es müssen also unter allen Umständen Formulierungen vermieden werden, wie sie gelegentlich im zivilrechtl. Verfahren vorkommen; wie z. B. „Auf ausdrückliche Bitte des Mandant wird auch noch folgendes gerügt: ......"

4. Verfahrensrügen auf unrichtige Behandlung von Beweisanträgen

Vorbemerkung

Die folgende fiktive Revisionsbegründung enthält eine Reihe von Verfahrensrügen, die sicherlich in dieser Anhäufung und in dieser Zusammenstellung innerhalb eines Falles in der Praxis nicht vorkommen, von denen jedoch jede für sich einem Begründungstyp entspricht, wie er immer wieder notwendig und anwendbar ist.

Der besseren Übersichtlichkeit wegen seien in dem Folgenden die unter II. der Revisionsbegründung aneinandergereihten Verfahrensrügen stichwortartig gekennzeichnet:
1. nicht beschiedener Beweisantrag
2. nicht eingehaltene Wahrunterstellung
3. Beweistatsache zu Unrecht als schon erwiesen behandelt
4. fehlerhafte Annahme der Unerheblichkeit der Beweistatsache
5. fehlerhafte Annahme der Offenkundigkeit
6. (Un)Erreichbarkeit des Beweismittels
7. (Un)Geeignetheit des Beweismittels
8. fehlerhafte Annahme der Verschleppungsabsicht
9. Hilfsbeweisantrag auf Vernehmung eines Sachverständigen – „eigene Sachkunde" des Gerichts
10. Beweisantrag auf Vernehmung eines weiteren Sachverständigen
11. Beweisantrag gem. § 245 StPO (präsentes Beweismittel)

Auf Anmerkungen zu Adressat, Frist und Form der Revisionsbegründung, zur Notwendigkeit und dem Sinn der allgemeinen Sachrüge und zum Mindestumfang der jeweiligen rechtlichen Würdigung wurde hier verzichtet. Insoweit wird auf die obigen Ausführungen (unter 1. Grundmuster einer Revisionsbegründung) und die dortigen Anmerkungen verwiesen. Anmerkungen mit Literatur- und Rechtsprechungshinweisen zu dem jeweiligen Begründungstyp wurden hier ersetzt durch die teilweise für die praktische Arbeit übernehmbaren Zitate in den jeweiligen Rügeabschnitten „rechtliche Würdigung" (jeweils unter Buchstabe b).

An das
Landgericht
......

In der Strafsache

......
......wird...... die nachfolgende

Revisionsbegründung

abgegeben mit dem Antrag,
das angefochtene Urteil insgesamt aufzuheben und die Sache an eine andere Strafkammer des Landgerichts zur erneuten Verhandlung und Entscheidung zurückzuverweisen.

Gerügt wird die Verletzung formellen und materiellen Rechts.

I. Sachrüge

Die Sachrüge wird nur in allgemeiner Form erhoben.

II. Verfahrensrügen

1. Gerügt wird die Verletzung des § 244 Abs. 3 und 6 StPO.

a) Verfahrenstatsachen

Die Verteidigung hat in der Hauptverhandlung folgenden Beweisantrag gestellt:
„Es wird beantragt, Herrn
F...... N......
Gartenstraße 1
8000 München 34
als Zeugen zu vernehmen zum Beweis der Tatsache,
daß Herr A. im Beisein des Zeugen dem Nebenkläger ein Schmerzensgeld angeboten hat und daß dieser daraufhin erklärte, ihm komme es nicht auf Geld, sondern auf die Genugtuung an, daß „Kerle wie A. ins Gefängnis gesteckt werden"."

Der Strafkammervorsitzende erklärte zu diesem Beweisantrag, das vergebliche Bemühen des Angeklagten um Wiedergutmachung werde bei der Strafzumessung berücksichtigt. Ein Gerichtsbeschluß zu dem Beweisantrag ist nicht ergangen. Der darin angebotene Zeuge wurde in der Hauptverhandlung nicht vernommen.
Das Urteil würdigt das Angebot des Herrn A. an den Nebenkläger mit keinem Wort.

b) Rechtliche Würdigung

Schon dadurch, daß über den Beweisantrag, ohne daß der Zeuge vernommen worden wäre, nicht durch einen Gerichtsbeschluß entschieden wurde, ist das Gesetz verletzt. § 244 Abs. 6 StPO schreibt zwingend für die Ablehnung eines Beweisantrages einen Gerichtsbeschluß vor. Damit kommt es für die Begründetheit der Revision nicht mehr darauf an, ob der Beweisantrag aus einem der in § 244 Abs. 3 genannten Gründe hätte zurückgewiesen werden können. Insbesondere liegt in der Äußerung des Vorsitzenden nicht die mit der Bindungswirkung eines entsprechenden Gerichtsbeschlusses versehene Zusage der Wahrunterstellung.
Zumindest die Strafzumessung des angefochtenen Urteils beruht auf dem gerügten Verfahrensfehler, wie schon das Schweigen der Urteilsgründe zu dem Strafmilderungsgrund (§ 46 Abs. 2 a. E. StGB) zeigt.

4. Verfahrensrügen auf unrichtige Behandlung von Beweisanträgen

2. Gerügt wird die Verletzung des § 244 Abs. 3 StPO.
Das Gericht hat eine zugesagte Wahrunterstellung nicht eingehalten.

a) Verfahrenstatsachen
Die Verteidigung hat in der Hauptverhandlung folgenden Beweisantrag gestellt:
„Es wird beantragt, Herrn
G...... O......
......
......
als Zeugen zu vernehmen zum Beweis der Tatsache,
daß Herr A. Linkshänder ist."
Das Gericht entschied über diesen Beweisantrag durch folgenden Beschluß:
„Der Beweisantrag auf Vernehmung des Zeugen O. wird zurückgewiesen.
Die Aussage des Zeugen, daß der Angeklagte Linkshänder sei, wird als wahr unterstellt."
Das angefochtene Urteil führt hierzu folgendes aus:
„Nach der Überzeugung des Gerichts hat der Angeklagte sein Opfer mit zahlreichen Messerstichen verletzt. Bei den von dem Zeugen X. aus der Ferne beobachteten Tatgeschehen stand der Angeklagte seinem Opfer frontal gegenüber und führte mit der rechten Hand ein dolchartiges Messer mehrfach gegen den Oberkörper seines Opfers. Auf diese Weise hat er die von dem Sachverständigen Prof. Dr. med. G. bekundeten Verletzungen im linken Brustbereich des Getöteten verursacht.
Zwar hat die Kammer aufgrund eines Beweisantrages der Verteidigung als wahr unterstellt, daß der Zeuge O. aussagen werde, der Angeklagte sei Linkshänder. Diese Aussage hätte das Gericht dem Zeugen jedoch nicht geglaubt, weil es aufgrund eigener Beobachtungen in der Hauptverhandlung (der Angeklagte hat seinem Verteidiger mehrmals zum Gruß die rechte Hand gereicht) sich hat vom Gegenteil überzeugen können."

b) Rechtliche Würdigung
Die Wahrunterstellung ist nur dann ein Grund für die Zurückweisung eines Beweisantrages, wenn sie sich auf die Beweistatsache selbst und nicht nur darauf bezieht, daß das Beweismittel sie bekunden werde (BGH NStZ 1984, 210 bei *Pfeiffer/Miebach; Alsberg/Nüse/Meyer* S. 677 m.w.N.). Der Tatrichter muß in seinem Urteil die unter Beweis gestellte Tatsache unter Auslegung des Beweisantrages und Ausschöpfung seines vollen Sinns (BGH GA 1984, 21; BGH NJW 1989, 1045 mit Anm. *Volk* NStZ 1989, 129) einhalten und darf keine davon abweichenden Feststellungen treffen (BGHSt 32, 44 ff.; BGH StV 1990, 149).
Im vorliegenden Fall hat die Strafkammer das Gegenteil der als wahr unterstellten Tatsachen seinem Urteil zugrundegelegt und festgestellt. Damit ist § 244 Abs. 3 StPO verletzt.

3. Gerügt wird die Verletzung des § 244 Abs. 3 StPO.
Das Gericht hat einen Beweisantrag der Verteidigung zu Unrecht mit der Begründung zurückgewiesen, die unter Beweis gestellte Tatsache sei schon erwiesen.

a) Verfahrenstatsachen
Die Verteidigung hat in der Hauptverhandlung die an Gerichtsstelle anwesende Ehefrau des Herrn A. als Zeugin dafür benannt,
„daß der Nebenkläger in einer Verhandlungspause auf dem Gerichtsflur ihr gegenüber geäußert habe, er (der Nebenkläger) verstehe nicht, daß die Zeugin immer noch zu dem Angeklagten halte. Er hoffe, daß das Gericht ihm eine solche Strafe gebe, daß auch ihr noch die Augen aufgingen."

Das Gericht hat durch einen in der Hauptverhandlung verkündeten Beschluß über diesen Beweisantrag wie folgt entschieden:
„Der Beweisantrag wird zurückgewiesen. Nachdem zwei Mitglieder der Strafkammer in der Verhandlungspause auf dem Gerichtsflur die Äußerung des Nebenklägervertreters ebenfalls deutlich wahrgenommen haben (sie haben in schriftlichen dienstlichen Erklärungen während der Beratung die übrigen Mitglieder der Strafkammer hiervon unterrichtet), ist die unter Beweis gestellte Tatsache schon erwiesen."

Das angefochtene Urteil erwähnt die unter Beweis gestellte Tatsache nicht.

b) Rechtliche Würdigung

Mit dieser Begründung durfte der Beweisantrag nicht zurückgewiesen werden, da nur solche Tatsachen als erwiesen gelten dürfen, die in den gesetzlich dafür vorgeschriebenen Formen Gegenstand der Hauptverhandlung waren.

4. Gerügt wird die Verletzung des § 244 Abs. 3 StPO.

Das Gericht hat zu Unrecht einen Beweisantrag mit der Begründung zurückgewiesen, die unter Beweis gestellte Tatsache sei für die Entscheidung ohne Bedeutung.

a) Verfahrenstatsachen

Die Verteidigung stellte in der Hauptverhandlung folgenden Beweisantrag:
„Es wird beantragt
ein Sachverständigen-Gutachten erstatten zu lassen
zum Beweis der Tatsache,
daß die im Tathaus sichergestellten Textilfaserspuren keinem der bei Herrn A. beschlagnahmten Kleidungsstücke zuzuordnen sind."

Das Gericht hat diesen Beweisantrag zurückgewiesen durch folgenden Beschluß:
„Der Beweisantrag wird zurückgewiesen, da die unter Beweis gestellte Tatsache ohne Bedeutung ist. Angesichts der für die Täterschaft des Angeklagten sprechenden Indizien würde die Tatsache, daß er am Tatort keine Textilfaserspuren zurückgelassen hat, der Annahme seiner Täterschaft nicht zwingend entgegenstehen."

Im Urteil wird die Überzeugung der Strafkammer von der Täterschaft des Angeklagten damit begründet, es bestünde „ein dichter Indizienring", der vernünftige Zweifel an seiner Täterschaft nicht zuließe.

b) Rechtliche Würdigung

Die Begründung, mit der die Strafkammer den Beweisantrag zurückgewiesen hat, enthält eine unzulässige Beweisantizipation. Der Hinweis auf „die für die Täterschaft des Angeklagten sprechenden Indizien" hätte allenfalls als Grund für und nicht gegen die Beweiserhebung angeführt werden dürfen, da das Gericht sich seine endgültige Überzeugung nur im Wege der Gesamtschau aller für und gegen die Täterschaft des Angeklagten sprechenden Indizien bilden durfte. Dabei wäre es gerade der Sinn der beantragten Beweiserhebung gewesen, ein möglicherweise gewichtiges, Herrn A. entlastendes Beweisanzeichen mit zum Gegenstand des vom Gericht zu würdigenden „Inbegriffs der Verhandlung" (§ 261 StPO) werden zu lassen.

5. Gerügt wird die Verletzung des § 244 Abs. 3 StPO

Das Gericht hat einen Beweisantrag der Verteidigung zu Unrecht wegen Offenkundigkeit der unter Beweis gestellten Tatsache zurückgewiesen.

a) Verfahrenstatsachen

Die Verteidigung hat in der Hauptverhandlung folgenden Beweisantrag gestellt:
„Es wird beantragt,
durch einen meteorologischen Sachverständigen ein Gutachten erstatten zu lassen
zum Beweis der Tatsache,

4. Verfahrensrügen auf unrichtige Behandlung von Beweisanträgen VIII. C. 4

daß am 5. April 1984 (Tattag) im gesamten Großraum um das Haus ...... (Tatort) bis in die späten Vormittagsstunden hinein dichter Nebel herrschte mit einer Sichtweite von nicht mehr als 5 m.
Begründung
Der Zeuge X. hat ausgesagt, daß er aus 50 m Entfernung Herrn A. erkannt habe, als dieser angeblich auf den Getöteten einstach. Durch das beantragte Gutachten wird bewiesen werden, daß dies nicht möglich war. Damit wird die Glaubwürdigkeit des Zeugen X. erschüttert werden."
Die Strafkammer hat über diesen Beweisantrag durch folgenden Beschluß entschieden:
„Der Beweisantrag wird wegen Offenkundigkeit zurückgewiesen."
Das angefochtene Urteil führt aus, die Berufsrichter der Strafkammer hätten an dem betreffenden Tag am Betriebsausflug des Landgerichts teilgenommen und erinnerten sich deshalb noch sehr genau, daß von den frühen Morgenstunden an auch im Umkreis des Tatortes, an dem man mit dem Omnibus vorbeigefahren sei, strahlender Sonnenschein geherrscht habe. Eine Beweiserhebung über die damit offenkundig falsche Behauptung, es habe dichter Nebel bestanden, sei deshalb völlig überflüssig.

b) Rechtliche Würdigung

Mit dem Beschluß, durch den die Strafkammer den Beweisantrag zurückwies, hat sie beim Antragsteller den Anschein erweckt, als ob sie die Beweiserhebung deshalb für überflüssig ansähe, weil sie die unter Beweis gestellte Tatsache selbst als offenkundig behandeln wollte. Zwar läßt die Rechtsprechung den Zurückweisungsgrund der Offenkundigkeit auch dann zu, wenn das Gericht das Gegenteil der unter Beweis gestellten Tatsache als offensichtlich ansieht (BGHSt 6, 292, 296; OLG Düsseldorf MDR 1980, 868; LR/*Gollwitzer* § 244 Rdnr. 227 m.w.N.), doch entspricht es dem Gebot des fairen Verfahrens, daß in diesen Fällen das Gericht diese von der Beweisbehauptung abweichende Beurteilung als solche kenntlich macht.
Im übrigen unterliegt es auch durchgreifenden Bedenken, daß die Strafkammer geglaubt hat, aus persönlichen Beobachtungen ihrer berufsrichterlichen Mitglieder außerhalb der Hauptverhandlung eine Offenkundigkeit herleiten zu können. Der Rechtsbegriff der Offenkundigkeit, der mangels Kenntlichmachung als sogenannte „Gerichtskundigkeit" im Sinne der Allgemeinkundigkeit zu verstehen ist (vgl. dazu *Alsberg/Nüse/Meyer* S. 534 ff.), setzt nämlich voraus, daß sich jedermann über allgemein zugängliche Quellen über die Tatsache unterrichten kann. Das ist bezogen auf den zum Zeitpunkt der Hauptverhandlung annähernd zwei Jahre zurückliegenden Tag und bezogen auf eine bestimmte Örtlichkeit hinsichtlich der Wetterverhältnisse nicht der Fall.

6. Gerügt wird die Verletzung des § 244 Abs. 3 StPO

Das Gericht hat zu Unrecht einen Zeugen, dessen Vernehmung die Verteidigung beantragt hatte, als unerreichbar erachtet.
Die Verteidigung hat in der Hauptverhandlung zum Beweis der Tatsache, daß nicht Herr A., sondern der Zeuge R.. P.., dessen exakte ladungsfähige Anschrift in Paris im Beweisantrag angegeben wurde, die Tat begangen hat, seine Vernehmung beantragt.
Das Gericht hatte bereits zuvor diesen Zeugen geladen, durch einfachen an den Zeugen selbst gerichteten Brief, der keinen Hinweis auf die Möglichkeit eines sicheren Geleits enthielt. Er hatte ohne Angabe von Gründen schriftlich mitgeteilt, daß er nicht bereit ist, sich vor oder von oder auch nur im Beisein eines deutschen Gerichts vernehmen zu lassen.
Das Gericht wies den Beweisantrag durch Beschluß, der folgende Gründe enthält, zurück:
„Der Zeuge ist unerreichbar. Eine gesetzliche Handhabe ihn zu zwingen, vor einem deutschen Gericht zu erscheinen, gibt es nicht. Angesichts der von ihm angegebenen Erklärung ist auch nicht damit zu rechnen, daß der Zeuge vor einem französischen

Gericht im Beisein von Mitgliedern der erkennenden Kammer eine Aussage zur Sache machen werde. Im übrigen würde die Kammer angesichts der Bedeutung seiner Aussage eine Vernehmung des Zeugen nur dann als sinnvoll ansehen, wenn das gesamte Gericht sich in der Hauptverhandlung einen unmittelbaren Eindruck von der Glaubwürdigkeit des Zeugen verschaffen könnte."

b) Rechtliche Würdigung

Mit dieser Begründung durfte der Beweisantrag nicht zurückgewiesen werden. Das Gericht hat nicht alles ihm Zumutbare versucht, um den Zeugen als Beweismittel zu erreichen. So ist es schon unterblieben, den Zeugen förmlich durch den französischen Staat im Rechtshilfeweg laden zu lassen. Dies wäre jedoch erforderlich gewesen (vgl. BGH NJW 1983, 527; NStZ 1984, 375; StV 1982, 57; 1984, 408; BGH wistra 1990, 156; *Herdegen* NStZ 1984, 339). Auch hätte der Zeuge auf das durch Art. 12 des Europäischen Rechtshilfeübereinkommens gewährte sichere Geleit hingewiesen werden müssen (BGHSt 32, 68, 74; NJW 1983, 528; NStZ 1982, 171; 1984, 16 (*Pfeiffer/Miebach*); StV 1984, 408/409; KK/*Herdegen* § 244 Rdnr. 80).

Da dies nicht geschehen ist, ist der Beweisantrag zu Unrecht zurückgewiesen worden. Hätte das Gericht nicht in der beschriebenen Weise den Rechtsbegriff der Unerreichbarkeit verkannt, wäre möglicherweise ein Weg eröffnet worden, den Zeugen von der gesamten Kammer in der Hauptverhandlung vernehmen zu lassen. Dadurch wären auch die Bedenken des Gerichts zur Beurteilung der Glaubwürdigkeit hinfällig, die offenbar an die Rechtsprechung anknüpfen sollten, wonach ein Zeuge, bei dem nur die Möglichkeit einer kommissarischen Vernehmung besteht, unter besonderen Umständen als unerreichbar behandelt werden darf (BGHSt 22, 118; NJW 1983, 527; BGH NJW 2396, JR 1984, 128 m. Anm. *Meyer*). Diese Rechtsprechung kann jedoch nicht schon Anwendung finden, bevor alle Möglichkeiten ausgeschöpft sind, den Zeugen in der Hauptverhandlung zu vernehmen.

7. Gerügt wird die Verletzung des § 244 Abs. 3 StPO.

Das Gericht hat zu Unrecht einen Beweisantrag mit der Begründung abgelehnt, das benannte Beweismittel sei ungeeignet.

a) Verfahrenstatsachen

Die Verteidigung hat in der Hauptverhandlung folgenden Beweisantrag gestellt:
„Es wird beantragt,
Herrn ...... ZY ......
als Zeugen zu vernehmen zum Beweis der Tatsache,
daß Herr A. sich zur Tatzeit in der Wohnung des Zeugen aufgehalten hat, die etwa 200 km vom Tatort entfernt gelegen ist."

Das Gericht hat diesen Beweisantrag durch Beschluß mit folgender Begründung zurückgewiesen:
„Das benannte Beweismittel ist völlig ungeeignet. Zum einen handelt es sich bei dem benannten Zeugen um den Schwager des Angeklagten, der mit ihm zusammen schon mehrere Straftaten begangen hat. Er ist, wenn er die in sein Wissen gestellte Aussage bestätigen sollte, völlig unglaubwürdig, weil er bereit ist, für den Angeklagten alles zu tun."

b) Rechtliche Würdigung

Mit dieser Begründung durfte der Beweisantrag nicht zurückgewiesen werden, da weder die verwandtschaftliche Beziehung zu dem Angeklagten (Alsberg-Nüse-Meyer S. 611 m.w.N.) noch die Annahme des Gerichts, der Zeuge habe mit dem Angeklagten zusammen andere Straftaten begangen, ihn zu einem ungeeigneten Beweismittel machen (vgl. *Kleinknecht/Meyer* § 244 Rdnr. 61).

4. Verfahrensrügen auf unrichtige Behandlung von Beweisanträgen VIII. C. 4

8. Gerügt wird die Verletzung des § 244 Abs. 3 StPO.

Das Gericht hat zu Unrecht einen Beweisantrag mit der Begründung abgelehnt, er sei lediglich aus Verschleppungsabsicht gestellt.

a) Verfahrenstatsachen

Herr A. selbst hat im Rahmen seines letzten Wortes folgendes erklärt:
„Ich erwarte vom Gericht, daß es vor dem Urteil noch meine Großmutter väterlicherseits zu Wort kommen läßt, die mit bei mir zu Hause seit vielen Jahren wohnt und die dem Gericht genau erzählen wird, daß und warum ich zu einer solchen Tat niemals fähig wäre."
Der Vorsitzende fragte daraufhin den Verteidiger, ob diese Erklärung des Angeklagten als Beweisantrag zu verstehen sei. Der Verteidiger gab dazu keine Erklärung ab.
Das Gericht zog sich sodann zur Beratung zurück und verkündete noch vor der endgültigen Urteilsberatung folgenden Beschluß:
„Das Verlangen des Angeklagten, seine mit ihm in häuslicher Gemeinschaft lebende Großmutter „zu Wort kommen zu lassen", wird vom Gericht als Beweisantrag auf Vernehmung dieser Person als Zeugin, deren ladungsfähige Anschrift aktenkundig ist, gewertet.
Der Beweisantrag wird zurückgewiesen, da er erkennbar nur zum Zwecke der Prozeßverschleppung gestellt worden ist. Dies ergibt sich schon daraus, daß der Verteidiger sich zu dem Beweisantrag nicht erklärt hat und daß der Angeklagte die ihm ja bekannte Zeugin nicht früher benannt hat. Er weiß, daß angesichts der vorgerückten Stunde im Falle der Vernehmung der Zeugin am heutigen Verhandlungstag ein Urteil nicht mehr ergehen kann. Die Strafkammer ist davon überzeugt, daß dies die mit dem Beweisantrag verfolgte Absicht ist."

b) Rechtliche Würdigung

Die Möglichkeit, einen Beweisantrag wegen Verschleppungsabsicht zurückzuweisen, besteht nicht schon dann, wenn der Beweisantrag „verspätet" gestellt worden ist (BGH NStZ 1982, 81; 1984, 230; KK/*Herdegen* § 244 Rdnr. 86). Dies folgt zwingend aus § 246 StPO. Da das Gesetz dem Angeklagten ein eigenes Beweisantragsrecht einräumt, dürfen auch aus der Tatsache, daß der Verteidiger sich den Beweisantrag nicht zu eigen gemacht hat, keine Schlüsse darauf gezogen werden, welche Absichten der Angeklagte damit verfolgt. Das Verhalten des Verteidigers ist allenfalls dann für die Frage der Verschleppungsabsicht von Belang, wenn er selbst den Beweisantrag gestellt hat und er etwa ausdrücklich erklärt, daß er eine Verantwortung für dessen Inhalt ablehnt (BGH GA 1968, 19; OLG Karlsruhe Justiz 1976, 440). Das bloße Schweigen des Verteidigers zu einem von seinem Mandanten gestellten Beweisantrag besagt über die Ernsthaftigkeit des Beweisanliegens dagegen nichts.
Auf dem Verfahrensfehler beruht das Urteil. Hiergegen läßt sich nicht einwenden, angesichts der etwas offenen Formulierung des Beweisthemas habe es sich in Wahrheit um einen Beweisermittlungsantrag gehandelt und deshalb hätte er auch aus anderen Gründen abgelehnt werden können. Es liegt nämlich durchaus nahe, daß der Angeklagte und/oder sein Verteidiger das Beweisthema noch präzisiert hätten, wenn das Gericht statt des Vorwurfs, es handele sich in Wahrheit um einen Scheinantrag, der nur auf Verfahrensverzögerung abziele, die Unbestimmtheit der Beweisbehauptung als Begründung für die Zurückweisung gewählt hätte.
Die Revision behauptet ausdrücklich, daß in diesem Falle Herr A. die Beweisbehauptung wie folgt neu gefaßt haben würde:
„...... zum Beweis der Tatsache, daß in meiner Familie niemals durch mich begangene körperliche Gewalt gegen andere Personen, kleinere oder größere Handgreiflich-

keiten oder sonstige äußerliche Aggressionen bekannt geworden sind und daß meine Großmutter mich immer nur als friedliebenden Menschen kennengelernt hat."
Wäre dies bewiesen worden, so hätte diese Beschreibung der Charaktereigenschaften des Herrn A. bei der Beweiswürdigung zur Frage, ob er der Täter der angeklagten Tat war, mitberücksichtigt werden müssen, und es ist in keiner Weise ausgeschlossen, daß das Gericht die Schuld dann verneint hätte.

9. Gerügt wird die Verletzung des § 244 Abs. 2–4 StPO.

Das Gericht hat seine Aufklärungspflicht dadurch verletzt, daß es einen Hilfssbeweisantrag auf Vernehmung eines Sachverständigen zu Unrecht mit der Begründung zurückgewiesen hat, es besitze die erforderliche eigene Sachkunde.

a) Verfahrenstatsachen

Der Verteidiger stellte in der Hauptverhandlung am Ende seines Schlußvortrages nach dem Antrag auf Freisprechung folgenden

„Hilfsbeweisantrag:
Hilfsweise für den Fall, daß das Gericht die Täterschaft des Herrn A. als erwiesen ansehen sollte, wird beantragt,
durch einen oder mehrere Sachverständige ein neurologisch-psychiatrisches Gutachten erstatten zu lassen
zum Beweis der Tatsache,
daß der zur Tatzeit 30jährige Herr A. infolge eines im 19. Lebensjahr erlittenen schweren Motorradunfalles unter einer hirnorganischen Schädigung leidet, die nicht nur die Ursache für gelegentlich auftretende Kopfschmerzen sondern auch für eine hochgradig affektive Erregbarkeit ist, die ihn bei als bedrohlich empfundenen körperlichen Konfliktsituationen in einen Zustand versetzt, bei dem er das Unerlaubte seiner affektbedingten Reaktionen nicht mehr erkennt und/oder seine Handlungsweisen nicht mehr steuern kann."

Das Gericht hat im Urteil zu diesem Beweisantrag lediglich folgendes ausgeführt:
„Der Einholung eines hilfsweise von der Verteidigung beantragten Sachverständigengutachtens zu den Folgen eines zum Zeitpunkt der Verhandlung 15 Jahre zurückliegenden Motorradunfalls bedurfte es nicht, da das Gericht die eigene Sachkunde besitzt. Aus langjähriger Strafkammererfahrung haben zumindest die berufsrichterlichen Mitglieder einen durch zahlreiche Sachverständigen-Gutachten in anderen Sachen geschärften Blick für die Folgen derartiger hirnorganischer Schädigungen, die nach so langer Zeit sich noch auswirken sollen."
(UA.S...)

b) Rechtliche Würdigung

Die Strafkammer ist zu Unrecht davon ausgegangen, daß sie die erforderliche eigene Sachkunde besitze, um die Beweisfrage zu entscheiden. Es kann dahinstehen, ob es noch den Geboten des fairen Verfahrens entspricht, daß die Strafkammer eine solch überraschende Begründung (die Berufsrichter könnten hirnorganische Besonderheiten des Angeklagten selbst feststellen) erst in den Urteilsgründen mitgeteilt hat. Die Urteilsgründe müßten, da die betreffenden Fachfragen das Allgemeinwissen eines Gerichts eindeutig überschreiten, ausweisen, daß das Gericht zu Recht seine eigene Sachkunde für sich in Anspruch genommen hat (LR/*Gollwitzer* § 244 Rdnr. 303 m. zahlreichen Nachw. dort in Fußnote 910).

Bei der Hirnneurologie und bei der forensischen Psychiatrie handelt es sich um Spezialgebiete, deren Beherrschung eine langjährige Spezialausbildung voraussetzen und bei der es schon näherer Darlegungen bedurfte, wenn das Gericht eine eigene Sachkunde mit Recht für sich in Anspruch nehmen könnte. Keineswegs reicht für die zur Beurteilung der Beweisfrage erforderliche Sachkunde die strafrichterliche Alltagserfahrung im Umgang mit

verschiedenen Angeklagten und Sachverständigen aus, um im konkreten Fall beurteilen zu können, ob und mit welchen Auswirkungen bei Herrn A. eine im Beweisantrag und hiermit auch von der Revision behauptete hirnorganische Schädigung vorliegt. Der „geschärfte Blick" dürfte nichts anderes als die Beschreibung einer laienhaften Sichtweise sein.
Die Beauftragung des Sachverständigen hätte angesichts der dem Gericht bekannten Tatsachen (Motorradunfall und Kopfschmerzen) schon aufgrund der allgemeinen Aufklärungspflicht (§ 244 Abs. 2 StPO) vorgenommen werden müssen. Erst recht hätte das Gericht sich gedrängt sehen müssen, diesen Beweis zu erheben, nachdem ein (Hilfs-)Beweisantrag gestellt war. Die Zurückweisung ist jedenfalls durch § 244 Abs. 3 und 4 StPO nicht gedeckt.

10. Gerügt wird die Verletzung des § 244 Abs. 4 StPO

Das Gericht hat es zu Unrecht abgelehnt, neben dem in der Hauptverhandlung vernommenen Obduzenten einen weiteren Sachverständigen zu vernehmen.

a) Beweistatsachen

Der gerichtsmedizinische Sachverständige Prof. G., der die Obduktion der Leiche des Tatopfers vorgenommen hatte, führte in seinem Gutachten aus, es sei nicht mehr mit letzter Sicherheit medizinisch feststellbar, welche der das Opfer getroffenen Stichverletzungen tödlich gewirkt haben; angesichts der vom Tatopfer in seinen beiden letzten Lebensjahren erlittenen Herzinfarkte sei es „theoretisch" nicht einmal ganz auszuschließen, daß der Tod schon vor dem erstmaligen Eindringen des Tatmessers in den Körper infolge der mit der Auseinandersetzung verbundenen Aufregung eingetreten sei. Zu einer etwas präziseren Aussage über den Wahrscheinlichkeitsgrad dieser zuletzt genannten Möglichkeit und zu einer Erläuterung dieser seiner Aussage erkärte sich der Sachverständige trotz wiederholter Fragen des Gerichts, der Staatsanwaltschaft und der Verteidigung, was er unter „theoretisch" verstehe, unter Hinweis auf die Grenzen seiner Wissenschaft nicht bereit.
Die Verteidigung stellte sodann folgenden
„Beweisantrag:
Es wird beantragt, einen Kardiologen als
weiteren Sachverständigen
zu vernehmen zum Beweis der Tatsache,
daß bei dem aus den Akten und insbesondere aus dem Obduktionsprotokoll ersichtlichen Krankheitsbild des Getöteten (Zustand nach mehreren Herzinfarkten) der Todeseintritt schon infolge eines hohen Erregungszustandes, wie er beispielsweise aus einer im Entstehen begriffenen Streitsituation resultieren kann, jedenfalls so wahrscheinlich ist, daß die Möglichkeit, daß die vom Täter seinem Opfer versetzten Stiche nur noch einen Toten getroffen haben, aus medizinischer Sicht durchaus realistisch ist."
Das Gericht entschied über diesen Beweisantrag durch folgenden
„Beschluß:
Der Beweisantrag wird abgelehnt, weil das Gegenteil der unter Beweis gestellten Tatsache bereits durch das Gutachten des in der Hauptverhandlung vernommenen Sachverständigen Prof. Dr. med. G. erwiesen ist."
In den Urteilsgründen ist ausgeführt, der Sachverständige Prof. G. habe bezogen auf den Todeseintritt vor dem 1. Messerstich zu Recht nur von einer „theoretischen" Möglichkeit gesprochen. Eine solche sei jedoch nicht geeignet, in dem Gericht vernünftige Zweifel daran entstehen zu lassen, daß die wahre Todesursache die vom Angeklagten seinem Opfer versetzten Messerstiche gewesen seien.

b) Rechtliche Würdigung

Gem. § 244 Abs. 4 StPO durfte mit dieser Begründung der Beweisantrag nicht zurückgewiesen werden. Die Revision ist der Auffassung, daß ein auf Herzerkrankungen spezialisierter Internist (ein Kardiologe) gegenüber einem Gerichtsmediziner überlegene Forschungsmittel besitzt. Aber selbst wenn insoweit das Revisionsgericht anderer Auffassung sein sollte, so würde eine andere Voraussetzung für das Verbot bestehen, aufgrund der Aussage des früher vernommenen Sachverständigen das Gegenteil der unter Beweis gestellten Behauptung als erwiesen anzusehen: Die Zweifel an der Sachkunde des Sachverständigen Prof. G. Dieser hat nämlich selbst unter Hinweis auf die „Grenzen seiner Wissenschaft" (damit kann er nicht die Medizin allgemein, sondern nur die Pathologie gemeint haben) sich geweigert, eine Wahrscheinlichkeitsaussage über den unter Beweis gestellten wissenschaftlichen Erfahrungssatz zu treffen.

Aufgrund der Aufklärungspflicht ist das Gericht jedoch verpflichtet, alle verfügbaren Beweismittel auszuschöpfen. Es darf sich nicht ohne Not auf die begrenzten Erkenntnismöglichkeiten eines Sachverständigen zurückziehen, wenn weitergehende Erkenntnisse aufgrund der speziellen Sachkunde eines zur Verfügung stehenden anderen Gutachters möglich erscheinen (vgl. *Alsberg/Nüse/Meyer* S. 729 m. zahlreichen Nachw.).

11. Gerügt wird die Verletzung des § 245 StPO.

Das Gericht hat zu Unrecht einen von der Verteidigung präsentierten Zeugen trotz eines entsprechenden Beweisantrages nicht vernommen.

a) Verfahrenstatsachen

Die Verteidigung hat in der Hauptverhandlung folgenden Beweisantrag gestellt:
„Es wird beantragt, den an Gerichtsstelle anwesenden Zeugen
F... M...
zu vernehmen zum Beweis der Tatsache,
daß Herr A. unter seinen Arbeitskollegen, die ihn auch in der Freizeit kennen und zu denen der Zeuge M. gehört, bekannt dafür ist, daß er „keiner Fliege etwas zu Leide tun kann". Dieser Ruf führte bei der letzten Betriebsweihnachtsfeier sogar zu einer vom stellvertretenden Betriebsratsvorsitzenden vorgetragenen parodistischen Einlage, in der unter dem zustimmenden Beifall der gesamten Belegschaft ein erfundenes Streitgespräch zwischen Herrn A. und einem Arbeitskollegen darin gipfelt, daß A. die an ihn gerichteten gröblichsten Beleidigungen mit dem Vorschlag beantwortete, gemeinsam ein Weihnachtslied zu singen.
Der Zeuge M. ist vor der Tür des Gerichtssaales anwesend und kann sofort vernommen werden. Er wurde von der Verteidigung durch das in Kopie mit Zustellungsurkunde hiermit übergebene Schreiben zum heutigen Termin geladen."

Das von der Verteidigung übergebene Schreiben wies aus, daß der Zeuge unter Darbietung seiner Auslagen durch Gerichtsvollzieher geladen worden war.
Das Gericht vernahm den Zeugen jedoch nicht, sondern lehnte den Beweisantrag durch Beschluß mit folgender Begründung ab:
„Die in das Wissen des Zeugen gestellten Behauptungen werden als wahr unterstellt."

b) Rechtliche Würdigung

Da es sich um einen präsenten Zeugen handelt, galten die Grundsätze des § 245 StPO. Danach darf ein Beweisantrag nicht im Wege der Wahrunterstellung zurückgewiesen werden.
Auf diesem Verfahrensfehler beruht das angefochtene Urteil, weil zumindest nicht ausgeschlossen werden kann, daß das Gericht sich durch die überzeugende Art und Weise, mit der der Zeuge M. die Friedfertigkeit des Herrn A. geschildert hätte, ein anderes Bild von

seiner Persönlichkeit gemacht hätte, so daß dadurch die entscheidenden Zweifel an der Täterschaft hinsichtlich eines solchen brutalen Tötungsdeliktes entstanden wären, die den Ausschlag für einen Freispruch hätten geben können.

Rechtsanwalt/Rechtsanwältin

Schrifttum: Vgl. vor Form. VIII. C. 1.

5. Revisionsbegründung mit allgemeiner Sachrüge, Besetzungsrüge und Rüge der Verletzung des § 252 StPO

Landgericht
– 10. Strafkammer –
Karmeliterstraße 14

5400 Koblenz 8. 12. 1991

In der Strafsache
gegen
E... K...

Az.: – 102 Js – 10 Ns –

wird zu der mit Schriftsatz vom 7. 10. 1991 eingelegten Revision gegen das am 6. 10. 1991 verkündete und am 9. 11. 1991 zugestellte Urteil die nachfolgende

Revisionsbegründung

abgegeben mit dem Antrag,

> das angefochtene Urteil aufzuheben und die Sache zur erneuten Verhandlung und Entscheidung an eine andere Strafkammer zurückzuverweisen.

Gerügt wird die Verletzung formellen und materiellen Rechts.

I. Sachrüge

Die Sachrüge wird zunächst nur in allgemeiner Form erhoben. Nähere Ausführungen dazu bleiben erforderlichenfalls einem gesonderten Schriftsatz vorbehalten.

II. Verfahrensrügen

1. Besetzungsrüge (§ 338 Ziff. 1 StPO)

Das Gericht war unvorschriftsmäßig besetzt. Das Verfahren, durch das die berufsrichterlichen Beisitzer, Richter am Landgericht L und Richter V zur Mitwirkung an der Hauptverhandlung in der vorliegenden Sache bestimmt worden sind, entsprach nicht dem Gesetz. Gerügt wird die Verletzung des § 21 e Abs. 1 und 3 GVG.

a) Verfahrenstatsachen

Zu der Mitwirkung der genannten berufsrichterlichen Beisitzer ist es wie folgt gekommen:

Ursprünglich war durch Präsidialbeschluß vom 12. 12. 1990, nach dem die 10. große Strafkammer für die Berufungssachen, die aus dem Schöffengerichtsbezirk Neuwied kommen, zuständig ist, diese wie folgt besetzt:

Vorsitzender: VorsRiLG N
Beisitzer: RiLG A
                 Ri H

Durch Beschluß vom 13. 5. 1991, der aus Anlaß des Eintritts mehrerer Richterinnen und Richter (darunter der Richter V) in die Dienste des Landgerichts Koblenz gefaßt wurde, änderte das Präsidium den ursprünglichen Geschäftsverteilungsplan unter anderem wie folgt:

„Richter V, der mit der Hälfte seiner Arbeitskraft an das Amtsgericht Andernach abgeordnet ist, wird mit der Hälfte seiner Arbeitskraft Mitglied der 10. (gr.) Strafkammer."

Da somit die 10. Strafkammer überbesetzt war, regelte der Vorsitzende gem. § 21g GVG die kammerinterne Geschäftsverteilung durch Verfügung vom 17. 5. 1991 wie folgt:

„Die Wirtsstrafsachen erster Instanz werden durch die Beisitzer A und H bearbeitet. Die Berufungs- und Beschwerdesachen werden dem Beisitzer, Richter V, als Berichterstatter übertragen."

Durch Beschluß des Präsidiums vom 14. 7. 1991, der aus Anlaß des Ausscheidens einer Richterin und des Eintritts dreier Richter (darunter der Richter am Landgericht L nach Beendigung seiner Abordnung zum OLG) gefaßt wurde, bestimmt mit Wirkung vom 15. 7. 1991 unter anderem folgendes:

„Richter am Landgericht L wird Mitglied der 10. (großen) Ferienstrafkammer."

Schließlich war die 10. Strafkammer noch betroffen durch die Beschlüsse des Präsidiums vom 14. 9. 1991 und 1. 10. 1991.

Der Beschluß vom 14. 9. 1991 hat (auszugsweise) folgenden Wortlaut:

„Mit Ablauf des 15. 9. 1991 scheiden die Richterin …… sowie die Richter ……, mit Ablauf des 31. 10. 1991 der Richter V bei dem Landgericht Koblenz aus.
……
II. Aus den vorbezeichneten Gründen wird die Geschäftsverteilung wie folgt geändert:
1. ……
1.a. ……
……
f. Richter V wird mit Wirkung vom 16. 9. 1991 mit ganzer Arbeitskraft Mitglied der 10. (gr.) Strafkammer und scheidet aus dieser mit Wirkung vom 31. 10. 1991 aus (Dienstleistungsauftrag beim Amtsgericht Koblenz).
……"

Der Beschluß vom 1. 10. 1991 erwähnt die 10. Strafkammer nicht ausdrücklich, trifft jedoch eine Regelung hinsichtlich des seit dem Jahresgeschäftsverteilungsplan ordentlichen beisitzenden Kammermitglieds, des Richters am Landgericht A:

„Die 9. (gr.) Strafkammer ist im Hinblick auf die Abordnung des Richters am Landgericht Z zum Abschlußlehrgang II/86 für Rechtsreferendare in Bad Münster am Stein-Ebernburg (ab. 1. 10. 1991) überlastet. Dieser Überlastung kann auch nicht durch die allgemeine Vertretungsregelung abgeholfen werden. Der Geschäftsverteilungsplan wird aus dem vorgenannten Grund dahingehend abgeändert, daß Richter am Landgericht A zugleich Mitglied der 9. (gr.) Strafkammer wird und deren stellvertretenden Vorsitz übernimmt: Bei gleichzeitiger Inanspruchnahme geht die in der 9. (gr.) Strafkammer vor."

Am 4. 10. 1991 faßte der Vorsitzende der 10. Strafkammer folgende neue Verfügung über die interne Geschäftsverteilung der Kammer gem. § 21g GVG:

„Nach dem Ausscheiden des Richters H aus der Kammer und dem Eintritt des Richters V in die Kammer, sowie unter Berücksichtigung der gleichzeitigen Mitgliedschaft des Richters am Landgericht A für den Monat Oktober bei der 9. Strafkammer wird die Geschäftsverteilung wie folgt geregelt:
Die Wirtschaftsstrafsachen erster Instanz werden von dem Richter am Landgericht L bearbeitet, die Berufungssachen von Richter V.
Die Beschwerdesachen werden zu gleichen Teilen von Richter am Landgericht A und Richter V bearbeitet.

Richter am Landgericht A nimmt am Sitzungsdienst während der angegebenen Zeit nicht teil."
In der vorliegenden Sache hatte die Hauptverhandlung schon einmal am 16. 6. 1991 unter Mitwirkung des Vorsitzenden Richters am Landgericht N, des Richters am Landgericht A und des Richters V begonnen. Sie mußte an diesem Tag ausgesetzt werden, weil sich herausgestellt hatte, daß der Verteidigung trotz eines entsprechenden Antrages versehentlich keine Einsichtnahme in wichtige Aktenteile erteilt worden war.
Beim Neubeginn der Verhandlung am 6. 10. 1991 war anstelle des Richters am Landgericht A der Richter am Landgericht L in das erkennende Gericht eingetreten. [Die Besetzung wurde dem Angeklagten und seiner Verteidigung erst zu Beginn der Hauptverhandlung, nach Aufruf der Sache bekannt gemacht. Der Verteidiger beantragte unter Hinweis auf BGHSt 29, 283 und BGH NStZ 1988, 36 daraufhin eine Unterbrechung für eine Woche. Über diesen Antrag wurde nicht entschieden. Die Hauptverhandlung wurde vielmehr ohne Unterbrechung fortgesetzt.][1]

b) Rechtliche Beurteilung

Die Geschäftsverteilung, wie sie im Oktober 1991 galt, entsprach aus mehreren Gründen nicht dem Gesetz:
(aa) Dadurch, daß im Präsidialbeschluß vom 14. 7. 1991 der Richter am Landgericht L der 10. (gr.) Ferienstrafkammer zugewiesen wurde, hatte das Präsidium eine Regelung nach § 201 GVG getroffen, die mit dem Ende der Gerichtsferien, also mit dem 15. 9. 1991 (§ 199 GVG) ihre Wirkung verloren hatte (*Kissel* GVG, 1981, § 201 Rdnr. 7).
Richter am Landgericht L war also von dieser Zeit an nicht mehr Mitglied der 10. Strafkammer. Einen Beschluß, wonach er auch nach Ablauf der Gerichtsferien noch der 10. Strafkammer angehört, hat das Präsidium nicht getroffen.
(bb) Der Beschluß vom 1. 10. 1991, mit dem das Präsidium den Richter am Landgericht A für den Oktober (das waren noch ganze 20 Arbeitstage bis zum 29. 10.) mit einem unbestimmten aber wesentlichen Teil seiner Arbeitskraft gleichzeitig zum Mitglied und zum stellvertretenden Vorsitzenden der 9. Strafkammer gemacht hat, stellt in Verbindung mit der Anordnung des Vorsitzenden der 10. Strafkammer vom 4. 10. 1991 eine Verletzung des § 21e Abs. 3 GVG dar.
Die Änderungen sind ausschließlich damit begründet worden, daß das ordentliche Mitglied der 9. Strafkammer, der Richter am Landgericht Z „für den Monat Oktober" zu einem Abschlußlehrgang für Rechtsreferendare abgeordnet war und daß damit die übrigen Mitglieder der 9. Strafkammer überlastet gewesen seien, wobei es sich um eine Überlastung gehandelt habe, der nicht durch die allgemeine Vertretungsregelung abgeholfen werden könne.
Der Sache nach hat es sich hier nicht um einen Fall der Überlastung, sondern um einen Fall der vorübergehenden Verhinderung eines Richters (Richter am Landgericht Z) gehandelt. Mit jeder Verhinderung eines Spruchkörpermitgliedes ist eine Mehrbelastung der übrigen Mitglieder verbunden, die auch zu einer vorübergehenden Überlastung führen kann. Für diese Fälle ist jedoch nicht die Möglichkeit eines Änderungsbeschlusses nach § 21e Abs. 3 GVG, sondern die in jedem Geschäftsverteilungsplan enthaltene Vertretungsregelung vorgesehen.
Sowohl die Überlastung einzelner Richter oder Spruchkörper, als auch die Verhinderung eines Richters müssen „eine gewisse Dauer haben, bevor sie eine Änderung der Geschäftsverteilung rechtfertigen" (*Kissel* § 21e Rdnr. 102). Kissel (a.a.O.) hält dabei eine Dauer von zwei Monaten für die Mindestvoraussetzung. *Schorn/Stanicki* (Die Präsidialverfassung der Gerichte aller Rechtswege, 2. Aufl., 1975, S. 138) gehen von einer Mindestzeit von drei Monaten aus. Daß auch eine Zeit von vier Wochen ausreichen könnte, wie sie auch beim gewöhnlichen Jahresurlaub mit der allgemeinen Vertretungsregelung überbrückt werden muß, wird in der Literatur und Rechtsprechung bisher von niemandem vertreten.

Daß der Richter am Landgericht Z bei der 9. Strafkammer für den Monat Oktober ebenso wie in seinem Jahresurlaub von seinem ordentlichen Vertreter und bei dessen Verhinderung von dessen Vertreter hätte vertreten werden können, folgt auch daraus, daß er bei dem gewählten Verfahren auch nur von einem Richter (Richter am Landgericht A) vertreten wurde. Geschäftsplanmäßig unterschied er sich nur dadurch von dem ordentlichen Vertreter des Richters am Landgericht Z, daß er eben nicht für diese Aufgabe bestimmt war. Es würde auf eine Überdehnung der als Ausnahmeregelung eng auszulegenden Bestimmung des § 21e Abs. 3 GVG hinauslaufen, wollte man das hier gewählte Verfahren zulassen.

Die Bedenken gegen die Regelung des Präsidiums werden noch verstärkt durch die Anordnung des Vorsitzenden, wonach der Richter am Landgericht A mit der für die 10. Strafkammer verbleibenden Arbeitskraft annähernd vollständig freigestellt wurde. Am Sitzungsdienst sollte er für die Dauer seiner gleichzeitigen Mitgliedschaft bei der 9. Strafkammer überhaupt nicht mehr teilnehmen. Als Berichterstattertätigkeiten verbleiben ihm die Beschwerdesachen, die er sich „zu gleichen Teilen" mit Richter V aufteilen sollte, ohne daß geregelt war, nach welchen Kriterien die einzelnen Sachen auf diese beiden Richter verteilt werden sollten. Die Frage, wer an Beratungen über Entscheidungen, die außerhalb von Hauptverhandlungen zu ergehen haben (z. B. über Beschwerdesachen), teilzunehmen hatte, blieb in der Anordnung völlig ungeregelt. Damit ist gegen den Grundsatz verstoßen, daß für jede Sache, die bei den Spruchkörpern anhängig wird, bereits von vornherein feststehen muß, in welcher Besetzung sie bearbeitet wird (*Kissel* § 21g GVG Rdnr. 12).

Aber auch die Herausnahme des Richters am Landgericht A für den beschriebenen Zeitraum aus dem Sitzungsdienst, und damit seine generelle Entfernung aus der Hauptverhandlungs- und Urteilstätigkeit der Strafkammer begegnet durchgreifenden Bedenken, weil dieser Richter damit aus dem wesentlichen Teil der Rechtsprechungstätigkeit der Kammer ausgeschlossen wurde. Es blieb ihm praktisch nur noch die Rolle eines Zuarbeiters für wenige Beschlußverfahren. Damit wird seine konkrete Richterfunktion als Teil dieses Spruchkörpers in einem Maße ausgehöhlt, wie es im Gesetz nicht vorgesehen und der Richterfunktion inadäquat ist.

Freilich hängt dieser Mangel der internen Geschäftsverteilung mit der Unbestimmtheit zusammen, mit der das Präsidium die Aufteilung der Arbeitskraft des Richters A auf die beiden Strafkammern angeordnet hatte. Aber eben auch dies ist ein Rechtsfehler, weil es Sache des Präsidiums ist, bei der Bestimmung einer Doppelzugehörigkeit eines Richters zu verschiedenen Spruchkörpern eine generelle Regelung zu treffen, welchen Anteil seiner Arbeitskraft der Richter dem einen und welchen er dem anderen Spruchkörper zur Verfügung zu stellen hat. Dies kann nicht der Nachgiebigkeit einer internen richterlichen Anordnung nach § 21g GVG überlassen bleiben.

c) Ergebnis:

Aus den beschriebenen Gründen ist Herr K seinem gesetzlichen Richter entzogen worden. Da es sich hierbei um einen absoluten Revisionsgrund handelt, kann schon deshalb das Urteil keinen Bestand haben.

2. Gerügt wird die Verletzung des § 252 StPO[2]

Die Einführung der Aussage der Zeugin Carmen K vor dem Ermittlungsrichter vom 15. 10. 1989 durch dessen Vernehmung in der Hauptverhandlung als Zeuge war auch dann unzulässig, wenn die Zeugin Carmen K am 15. 10. 1989 ordnungsgemäß belehrt worden sein sollte, was die Revision jedoch bestreitet.

a) Verfahrenstatsachen

Die zu dieser Verfahrensrüge vorzutragenden Tatsachen sind weitgehend im angefochtenen Urteil mitgeteilt. Dennoch sollen die den Mangel enthaltenden Tatsachen hier noch einmal angegeben werden:

5. Revisionsbegründung mit allgemeiner Sachrüge

Carmen K ist die leibliche Tochter des Angeklagten. Sie hat in der Hauptverhandlung von ihrem Zeugnisverweigerungsrecht gem. § 52 Abs. 1 Nr. 3 StPO Gebrauch gemacht. Das Ermittlungsverfahren hatte zunächst damit begonnen, daß nicht der Angeklagte, sondern seine Tochter Carmen Beschuldigte war. Ihr wurde vorgeworfen, versucht zu haben, ihren Vater durch Giftbeibringung zu ermorden. Sie verteidigte sich bei ihrer richterlichen Aussage vor dem Ermittlungsrichter am 15. 10. 1989 im wesentlichen damit, es träfe zwar zu, daß sie ihrem Vater Gift (Zyankali) beigebracht habe, diese Tat sei jedoch gerechtfertigt, da sie sich in einer Notwehrlage befunden habe. Hierzu behauptete sie, ihr Vater habe versucht, sie zu vergewaltigen.

Die Vernehmung war von Anfang bis Ende immer nur eine Beschuldigtenvernehmung. Über den Inhalt der vorausgegangenen Belehrung erinnerte sich der damalige Ermittlungsrichter in der Hauptverhandlung am 6. 10. 1991 vor der Strafkammer zunächst mit großer Sicherheit daran, daß er in doppelter Weise belehrt habe und daß dies auch im Protokoll vermerkt worden sei.

Erst als ihm das Protokoll vorgehalten wurde, das über eine solche Belehrung schweigt, mußte der Zeuge einräumen, daß er insoweit geirrt hat. Er blieb jedoch dabei, daß er nicht irre, soweit er eine doppelte Belehrung in Erinnerung habe.

Auf die Frage der Verteidigung, was der Zeuge unter einer doppelten Belehrung verstehe, ob er neben der Beschuldigtenbelehrung auch nach § 55 oder stattdessen auch nach § 52 belehrt habe, obwohl er doch keine Zeugin sondern eine Beschuldigte vor sich hatte, vermochte der Ermittlungsrichter als Zeuge sich nicht daran zu erinnern, ob er lediglich gesagt habe, die damalige Beschuldigte Carmen K könne auch auf solche Fragen die Auskunft verweigern, bei deren wahrheitsgemäßer Beantwortung sie einen nahen Angehörigen (ihren Vater) belasten müßte, oder ob er sie auch auf das generelle Aussageverweigerungsrecht eines Zeugen als Angehörigen hingewiesen hat.

Die Verteidigung hat sodann in der Hauptverhandlung näher begründet, weshalb sie der Auffassung ist, daß es auf die Belehrung letztlich nicht ankomme, weil in jedem Falle die Vernehmung des damaligen Ermittlungsrichters über den Inhalt der Aussage der Zeugin Carmen K unzulässig sei. Die Strafkammer hat sodann nach einer Beratungspause unter Hinweis auf eine nicht einschlägige Stelle in der Kommentierung bei Löwe-Rosenberg (LR-*Gollwitzer* 24. Aufl., § 252 Rdnr. 9; das zutreffende Zitat LR/*Gollwitzer* § 252 Rdnr. 21 erwähnt die Kammer nicht) beschlossen:

„Zur Gedächnisstütze soll dem Zeugen die Aussage der Zeugin K Bl. 77, 79 und 88 d. A. vorgehalten werden."

Der Beschluß wurde ausgeführt. Die abschnittweise vorgenommenen Vorhalte des Vernehmungsprotokolls vom 15. 10. 1989 und die Bekundungen des Zeugen wurden dann – wie aus der Urteilsausfertigung ersichtlich – bei der Entscheidungsfindung verwertet.

b) Rechtliche Beurteilung

Nach § 252 StPO darf die Aussage eines vor der Hauptverhandlung vernommenen Zeugen, der in der Hauptverhandlung von seinem Recht, das Zeugnis zu verweigern, Gebrauch gemacht hat, nicht verlesen werden.

Nach der ständigen Rechtsprechung des Bundesgerichtshofs und der Oberlandesgerichte bedeutet dies über das Verlesungsverbot hinaus ein allgemeines Beweiserhebungsverbot (BGH NJW 1990, 1859) mit der Folge, daß auch eine sonstige Einführung der früheren Aussage in der Hauptverhandlung verboten ist, sei es durch Vorhalt (BGH NJW 1956, 1886; 1980, 67, 68), sei es durch die Vernehmung der nichtrichterlichen Verhörsperson (BGHSt 2, 105; BGH NJW 1967, 1094), sei es in Form der Verlesung von in früheren Vernehmungen überreichten Schriftstücken (BGH NJW 1968, 2018).

Dieses grundsätzliche Verbot gilt unabhängig davon, ob die frühere Vernehmung eine Zeugenvernehmung oder eine Beschuldigtenvernehmung war. Dies und nichts weiter steht an der vom Landgericht im hier angefochtenen Urteil zitierten Stelle bei LR/*Gollwitzer* StPO Rdnr. 9 zu § 252.

Nun hat die Rechtsprechung eine Ausnahme von dem Beweiserhebungs- und Verwertungsverbot für den Fall zugelassen, daß der Zeuge, der sich in der Hauptverhandlung erstmals auf sein Zeugnisverweigerungsrecht beruft, früher schon einmal richterlich vernommen worden ist. In diesen Fällen darf der damalige Vernehmungsrichter über den Inhalt der Aussage des Zeugen dann vernommen werden,
    „wenn der Zeuge schon damals ein Zeugnisverweigerungsrecht gehabt und nach Belehrung hierauf verzichtet hatte (BGHSt 2, 99 – NJW 1952, 356)". (BGH NJW 1977, 2365; kritisch zu dieser Rspr. *Eisenberg* NStZ 1988, 488)
Die Frage, ob diese von der Rechtsprechung zugelassene Ausnahme von der Gesetzesregel ebenfalls unabhängig davon gilt, ob die frühere (richterliche) Vernehmung des in der Hauptverhandlung das Zeugnis Verweigernden eine Zeugenvernehmung oder eine Beschuldigtenvernehmung war, wird in Rdnr. 21 zu § 252 bei Löwe-Rosenberg behandelt und zutreffend verneint.
In überzeugender Weise beantwortet diese Frage das Bayerische Oberste Landesgericht. In BayObLGSt 1977, 127 ff. heißt es:
„Die Belehrungen eines Beschuldigten nach den §§ 136, 163a StPO und die eines Zeugen nach § 52 schließen sich ...... aus (vgl. *Löwe/Rosenberg* StPO, 13. Aufl., § 136 Rdnr. 9 und 10); für ein Zeugnisverweigerungsrecht des Beschuldigten nach § 52 StPO ist kein Raum. Wenn die Schwester des Angeklagten gleichwohl auf ein solches Recht hingewiesen wurde, vermochte das weder den Charakter der Vernehmung der damaligen Beschuldigten noch deren Rechte und Pflichten zu ändern. Die nach § 52 Abs. 3 StPO erfolgte Belehrung war ohne rechtliche Bedeutung; sie hatte nicht die Kraft und die Wirkung, die spätere Vernehmung der richterlichen Verhörsperson als Zeugen im Strafverfahren gegen den angeblichen Mittäter über das von der früher Beschuldigten Bekundete zu rechtfertigen. Zu einem anderen Ergebnis führt auch nicht die Erwägung, daß die Schwester des Angeklagten anläßlich ihrer seinerzeitigen Vernehmung nach entsprechender Belehrung auf den Schutz der §§ 52, 252 StPO verzichtet haben könnte. Die Konfliktlage, in der sich die nunmehrige Zeugin in dem gegen sie gerichteten Strafverfahren befand, unterschied sich nämlich sachlich und psychologisch grundlegend vom vorliegenden Verfahren. Nur wenn das nicht der Fall wäre, könnte davon gesprochen werden, daß die Zeugin seinerzeit die Folgen, die ihr das Gesetz durch die Zubilligung des Zeugnisverweigerungsrechts ersparen will, freiwillig im Bewußtsein ihrer Bedeutung auf sich genommen hätte (......). Da es daran fehlt, besteht kein Grund, der es rechtfertigen könnte, die schutzwürdigen Belange der weigerungsberechtigten Zeugen hinter den Grundsatz der Wahrheitserforschung zurücktreten zu lassen und ihre Aussage durch Vernehmung der Verhörsperson zu verwerten (......). Deshalb durfte die seinerzeitige Einlassung der Schwester des Angeklagten in diesem Verfahren nicht verwertet werden, auch wenn die damalige Beschuldigte über ihr Zeugnisverweigerungsrecht nach § 52 I Nr. 3 StPO belehrt worden war."
Dem ist nichts hinzuzufügen, außer dem Hinweis, daß übertragen auf den vorliegenden Fall das Wort „Schwester" durch das Wort „Tochter" zu ersetzen ist.
Nach allem kann das Urteil also keinen Bestand haben.

Rechtsanwalt

Schrifttum: Vgl. vor Form. VIII. C. 1.

Anmerkungen

1. Der eingeklammerte Text wäre im Beispielfall einer Revision gegen ein **Berufungs**urteil entbehrlich, weil insoweit keine Präklusion möglich ist (§ 338 Nr. 1 i.V.m. § 222a Abs. 1, S. 1 StPO). Bei Revisionen gegen **erstinstanzliche** Strafkammerurteile dürfen die

6. Öffentlichkeitsrüge   VIII. C. 6

Verfahrenstatsachen nicht fehlen, aus denen das Revisionsgericht ersehen kann, daß keine Präklusion eingetreten ist (BGH StV 1986, 516).

2. Die hier abgedruckte (und aktualisierte) Rüge führte zu der Entscheidung OLG Koblenz NJW 1983, 2342; vgl. jetzt auch *Kleinknecht/Meyer* 38. Aufl., § 252 Rdnr. 11.

6. Öffentlichkeitsrüge[1]

Gerügt wird die Verletzung der Vorschriften über die Öffentlichkeit der Hauptverhandlung (§ 338 Ziff. 6 StPO)
Das Gericht hat am 31. 7. 1985 in der Zeit von 18.00 bis 19.15 Uhr unter Ausschluß der Öffentlichkeit verhandelt, obgleich die gesetzlichen Voraussetzungen hierfür nicht vorlagen.
Der Gerichtseingang war ab 18.00 Uhr verschlossen, so daß niemand mehr Zutritt hatte. Insbesondere die Urteilsverkündung erfolgte deshalb unter Ausschluß der Öffentlichkeit.
Dem Gericht war dieser Vorgang bekannt, denn er wurde im Protokoll vermerkt. Es heißt dort:
„Die Angeklagten, ihre Verteidiger, der Vertreter der Nebenklage, der Nebenkläger selbst und der Vertreter der Staatsanwaltschaft erklären, daß sie keine revisionsrechtlichen Einwendungen aus der Tatsache erheben werden, daß das Gerichtsgebäude ab 18.00 Uhr von außen von der Öffentlichkeit nicht mehr betreten werden kann, weil zu dieser Zeit der Gerichtseingang verschlossen wird."
Keiner der Verfahrensbeteiligten – auch nicht der Angeklagte – kann wirksam auf die Öffentlichkeit der Verhandlung verzichten, wenn die gesetzlichen Voraussetzungen dafür nicht vorliegen. Daher ist auch der Verzicht auf revisionsrechtliche Einwendungen unbeachtlich.
Da es sich um einen absoluten Revisionsgrund handelt, kommt es nicht darauf an, ob das Urteil auf diesem Verfahrensverstoß beruht.

                                                                                      Rechtsanwalt

Schrifttum: Vgl. vor Form. VIII. C. 1.

Anmerkungen

1. Die hier wiedergegebene Rüge führte zu der Entscheidung OLG Frankfurt StV 1986, 291.
Es wird hier auf die Wiedergabe der übrigen Teile der Revisionsbegründungsschrift verzichtet. Zum Revisionsantrag und dem notwendigen Inhalt im übrigen vgl. Form. VIII. C. 3.

VIII. C. 7   VIII. Rechtsmittel und Rechtsbehelfe. C. Revision

7. Aufklärungsrügen
(unterlassene Zeugenvernehmung und Glaubwürdigkeitsbegutachtung)

Landgericht
– 1. große Strafkammer –
8750 Aschaffenburg   2. 5. 1991

In der Strafsache
gegen
J... A...
Az.: – Ls 10 Js ..../85 – Ns –

zeige ich an, daß wir die Verteidigung des Herrn A übernommen haben. Auf uns lautende Strafprozeßvollmacht wird anliegend beigefügt.
Zu der am 20. 2. 1991 eingelegten Revision gegen das am 18. 2. 1991 verkündete und am 12. 4. 1991 zugestellte Urteil wird die nachfolgende

Revisionsbegründung

abgegeben mit dem Antrag,

das angefochtene Urteil, soweit es nicht durch die Berufungsrücknahme vom 15. 2. 1991 rechtskräftig geworden ist, mit den Feststellungen aufzuheben und die Sache zur erneuten Verhandlung und Entscheidung an ein anderes Landgericht zurückzuverweisen.
Gerügt wird die Verletzung formellen und materiellen Rechts.
Die Revision richtet sich gegen Schuld- und Strafausspruch hinsichtlich der laut Anklage angeblich zum Nachteil der Angelika M begangenen Taten.
Diese Zeugin hat – wie im angefochtenen Urteil zutreffend wiedergegeben – in den Hauptverhandlungen erster und zweiter Instanz übereinstimmende Aussagen gemacht, die mit den Urteilsfeststellungen in Widerspruch stehen. Dennoch hat das Berufungsgericht die für den Schuldspruch der Zuhälterei, der Nötigung und der leichten Körperverletzung entscheidenden Feststellungen allein auf diese Zeugin gestützt, weil sie zu Beginn des Ermittlungsverfahrens (am 15. 9. 1989) gegenüber dem Ermittlungsrichter die im wesentlichen mit den Urteilsfeststellungen übereinstimmenden Angaben gemacht hat. Obwohl die Zeugin den Widerruf dieser ihrer früheren Aussagen schon vor dem Schöffengericht damit erklärt hatte – eine durchaus nicht milieufremde Reaktion einer Prostituierten – hielt das Berufungsgericht die Aussage vom 15. 9. 1989 für so zuverlässig, daß es geglaubt hat, darauf sogar einen Schuldspruch gründen zu können. Diese Auffälligkeit mag als solche noch dem Bereich der freien tatrichterlichen Beweiswürdigung angehören. Mit ihr hängen aber auch eine Reihe revisibler, sowohl sachlichrechtlicher als auch verfahrensrechtlicher Fehler zusammen, die zur Aufhebung des Urteils führen müssen.

I. Verfahrensrügen (Aufklärungsrügen)

1. Gerügt wird die Verletzung des § 244 Abs. 2 StPO.

Das Gericht hat seine Aufklärungspflicht (§ 244 Abs. 2 StPO) dadurch verletzt, daß es von Beweiserhebungen abgesehen hat, die sich nach Lage der Sache aufdrängten.

a) Verfahrenstatsachen

Der Vorfall, der zur Verurteilung wegen Nötigung und wegen vorsätzlicher leichter Körperverletzung geführt hat, wurde von der Zeugin M in der Aussage vom 15. 9. 1989 bei

7. Aufklärungsrügen

dem Ermittlungsrichter M etwa so geschildert, wie er vom Berufungsgericht festgestellt worden ist. Ergänzend war von der Zeugin damals erklärt worden:

„Dabei waren der Dieter R, Frankfurt, H Str. 83, Jürgen B und eine Thailänderin mit Nachnamen J, die in Neu-Isenburg wohnhaft ist."
(Bl. 12 d. A.)

Keine dieser drei Personen wurde in der Berufungsverhandlung oder auch sonst im Laufe des Verfahrens als Zeuge gehört.

b) Rechtliche Würdigung

Die allgemeine Aufklärungspflicht des Gerichts gebietet es, von allen zu Gebote stehenden Beweismitteln Gebrauch zu machen, die der Wahrheitsfindung dienen können. An diese Pflicht sind umso höhere Anforderungen zu stellen, je mehr voneinander abweichende Aussagen verschiedener Zeugen vorliegen. Erst recht dürfen keine Aufklärungsmöglichkeiten außer Betracht gelassen werden, die geeignet sein können, Widersprüche aufzuklären, die in verschiedenen Aussagen derselben Zeugin auftreten. Dabei ist noch besondere Vorsicht geboten, wenn das Gericht beachsichtigt, zum Nachteil des Angeklagten einer unmittelbar vernommenen Zeugin insoweit keinen Glauben zu schenken, um von ihr früher gegenüber anderen Vernehmungspersonen gemachten Angaben den Vorzug zu geben. Hier sollten jedenfalls Hinweise überprüft werden, die in der damaligen Aussage die betreffende Zeugin selbst gegeben hat, um den angeblichen Wahrheitsgehalt ihrer Aussagen zu unterstreichen.

Die Zeugin M hatte in ihrer Aussage am 15. 9. 1989 sich gleichsam ihrerseits auf Zeugen berufen, um ihre Behauptungen „unter Beweis zu stellen". Dabei hat sie einen der drei genannten Zeugen, die sich alle drei ohne weiteres hätten ermitteln lassen, sogar mit „ladungsfähiger Anschrift" benannt. Es handelt sich um den Zeugen Dieter R.

Es ist schon unverständlich, daß die Staatsanwaltschaft diesem Hinweis nicht nachgegangen ist. Umso mehr hätte es jedoch einer entsprechenden Aufklärung durch das Berufungsgericht als letzter Tatsacheninstanz bedurft.

Auf diesem Verfahrensfehler beruht das angefochtene Urteil, denn sowohl der Zeuge Dieter R, als auch der Zeuge Jürgen B., als auch die Thailänderin mit Nachnamen J hätten – wären sie als Zeugen vernommen worden – in glaubhafter Weise die Darstellung des Herrn A bestätigt, wonach es nicht zutrifft, daß er die Zeugin M in Frankfurt aufgesucht und von ihr Schadensersatz verlangt habe, um sie dann durch Schläge zu zwingen, Wechsel zu unterschreiben. Es erscheint ausgeschlossen, daß nach einer so klaren Widerlegung von unmittelbar in der Hauptverhandlung vernommenen Zeugen das Gericht noch den nur mittelbar in die Hauptverhandlung eingeführten und inzwischen widerrufenen früheren Angaben der Zeugin M Glauben geschenkt hätte.

Aufgrund dieses schwerwiegenden Verfahrensmangels kann das Urteil keinen Bestand haben.

2. Gerügt wird weiterhin die Verletzung des § 244 Abs. 2, 3 und 4 StPO.

a) Verfahrenstatsachen

In der Hauptverhandlung vor dem Berufungsgericht stellte der Verteidiger des Herrn A den

„Beweisantrag,
über die Glaubwürdigkeit der Zeugin M einen Sachverständigen zu vernehmen. Als Sachverständigen schlage ich Herrn Prof. S, Würzburg, vor."
(Bl. 223 d. A.)

Bis dahin waren dem Gericht aufgrund der Aktenlage und den bisherigen Zeugenaussagen folgende besondere Tatsachen über die Persönlichkeit der Zeugin M bekannt:

1. Der Zeuge Josef S hatte ausgesagt, daß ihn die Zeugin M etwa im Januar 1985 nachts um 3.00 Uhr angerufen und gesagt habe: „Hilfe, Josef ich verblute, ich habe mich mit Rasierklingen aufgeschnitten". (Vgl. Bl. 153 d. A.)

2. Die Zeugin Maria H hatte berichtet, daß die Zeugin M wiederholt Selbstmordversuche gemacht hat und daß sie Betäubungsmittel- und alkoholabhängig sei.

3. Die Zeugin T hatte erklärt, die Zeugin M habe allenfalls an einem Abend 50,– DM (und nicht 300,– DM bis 350,– DM) verdient, und dieses Geld habe sie in einer Bierbar in Alkohol umgesetzt.

Dennoch lehnte das Gericht den Antrag der Verteidigung durch folgenden Beschluß ab:
„Beschluß
Der Antrag des Angeklagten, über die Glaubwürdigkeit der Zeugin M einen Sachverständigen zu vernehmen, wird abgelehnt.

Gründe:
Das Gericht besitzt selbst die erforderliche Sachkunde, um diese Frage im Zusammenhalt mit der Einlassung des Angeklagten und den Bekundungen der übrigen Zeugen beurteilen zu können. (§ 244 Abs. 4 Satz 1 StPO)"

b) Rechtliche Würdigung

Es mag dahinstehen, ob der im Namen des Angeklagten gestellte Antrag des Verteidigers als ein förmlicher Beweisantrag i. S. d. § 244 Abs. 3 StPO anzusehen ist.
Jedenfalls hätte es auch hier die Aufklärungspflicht des Gerichts verlangt, einen Sachverständigen hinzuziehen, da das Gericht offenkundig bei der Beurteilung der Glaubwürdigkeit dieser auffallenden Persönlichkeit einer Zeugin überfordert war. Eine Zeugin, die – 19 Jahre alt – bereits mit 15 Jahren zur Prostituierten geworden – als rauschgift- und alkoholsüchtig anzusehen ist, die sich in masochistischer Weise selbst Verletzungen mit der Rasierklinge beibringt und offensichtlich zur Hysterie neigt, fällt so sehr aus dem Rahmen der normalen psychologischen Schwankungsbreite, daß der Vergleich mit kindlichen oder geisteskranken Zeugen berechtigt ist, bei denen die Rechtsprechung die Hinzuziehung von Glaubwürdigkeitsgutachtern verlangt.
Bei kindlichen Zeugen ist es längst anerkannt, daß die an sich dem Tatrichter obliegende Beurteilung der Glaubwürdigkeit häufig nur durch Hinzuziehung von Sachverständigen ohne Verletzung der Aufklärungspflicht möglich ist (BGHSt 7, 82; BGHSt 23, 8). Bei erwachsenen Zeugen wird zu Recht die Anhörung eines Sachverständigen bei der Beurteilung der Glaubwürdigkeit nur ausnahmsweise als geboten angesehen, wenn nämlich besondere Umstände zu erhöhter Vorsicht bei der Bewertung der Aussagetüchtigkeit einer solchen Zeugin mahnen (BGHSt 8, 130).
Solche besonderen Umstände liegen hier vor. Sie sind nicht nur in der oben skizzenhaft beschriebenen schillernden Persönlichkeit der Zeugin selbst begründet. Vielmehr liegen auch die weiteren von der Rechtsprechung angenommenen Voraussetzungen vor, wonach die Beurteilung der Glaubwürdigkeit eines erwachsenen Zeugen auch dann ausnahmsweise nicht dem Gericht allein überlassen bleiben kann, wenn die Beweislage wegen unaufklärbarer Widersprüche besonders schwierig ist (vgl. BGHSt 12, 18; BGH 1 StR 135/71, Urteil vom 6. 7. 1976; 1 StR 97/75, Urteil vom 13. 5. 1975 und 1 StR 309/75, Urteil vom 23. 9. 1975). Die Aussage der Zeugin M ist schon in sich widersprüchlich und steht zudem, wie die Urteilsgründe zeigen, in unlösbarem Widerspruch auch zu einer Reihe anderer Zeugenaussagen. Wenn das Gericht dennoch seine Urteilsfeststellungen auf eine vereinzelte frühere Sachdarstellung dieser Zeugin stützen will, eine Darstellung, die sie kein zweites Mal wiederholt oder aufrechterhalten hat, so hätte es hierzu – um diese Beweiswürdigung für das Revisionsgericht nachprüfbar zu machen – darüberhinaus auch einer näheren Begründung bedurft, als sie in dem bloßen Hinweis auf den „persönlichen Eindruck" enthalten ist, den die Kammer sich von der Zeugin M gebildet hat (vgl. auch BGH NStZ 1991, 47).

Weiterhin ist in diesem Zusammenhang zu rügen, daß das Gericht ausgeführt hat:
„Ergänzend ist noch zu erwähnen, daß die Kammer den Angaben des Zeugen G nicht glaubt, soweit dieser erklärt hat, M sei nicht normal, sie gehöre in eine „Klappsmühle". Der Zeuge Sch hat hierzu bekundet, diese Aussage des G sei nicht zutreffend."
(u. A. S. 28)
Diese Ausführungen zeigen, daß das Gericht sogar die Sachverständigenfrage, ob die Zeugin M nicht überhaupt geisteskrank ist, der Beurteilung durch laienhafte Zeugen überlassen hat. Auch hierin wird deutlich, daß das Gericht offenbar gewillt war, die psychologischen oder gar psychiatrischen Vorfragen der Glaubwürdigkeitsprüfung dieser wichtigen Zeugin dahingestellt sein zu lassen.
Auf diesem Verfahrensfehler beruht das angefochtene Urteil. Hätte das Gericht sich eines Sachverständigen bedient, so wäre dieser in Übereinstimmung mit dem Urteil 1. Instanz zu der Beurteilung gekommen, daß die Zeugin M ebenso unglaubwürdig wie unzuverlässig ist, so daß es in dem Umfang, in dem die Berufung der Staatsanwaltschaft und die Revision des Angeklagten durchgeführt wurde bzw. wird, nicht zur Verurteilung hätte kommen können.

II. Sachrüge

Die Sachrüge wird zunächst nur allgemein erhoben und erforderlichenfalls später ausgeführt.

Rechtsanwalt

Schrifttum: Vgl. vor Form. VIII. C. 1.

8. Ausgeführte Sachrüge[1]
(Angriffe gegen die Beweiswürdigung[2] in einem Indizienprozeß)

An die
Generalbundesanwaltschaft[3]
beim Bundesgerichtshof
7500 Karlsruhe

In der Strafsache
gegen
Dr. ... T ...
Az.: 3 StR 547/83[4]

wird die bisher nur allgemein erhobene Sachrüge[5] wie folgt weiter ausgeführt:

I.

Das Landgericht hat die Überzeugung, Herr Dr. T habe am 8. 5. 1982 zwischen 7.45 und 9.30 Uhr
„aufgrund plötzlichen Entschlusses seiner Ehefrau Annette T mit einem Messer 5 Stiche in die Herzgegend, um sie zu töten," versetzt (UA. S. 16)
im Wege des Indizienbeweises gewonnen. Für diese Fälle verlangt der Bundesgerichtshof eine besonders sorgfältige, in sich geschlossene, von Denkfehlern und insbesondere inneren Widersprüchen freie und wenn auch nicht in allen Schlußfolgerungen zwingende, so doch nachvollziehbare und durch das Revisionsgericht nachprüfbare Beweiswürdigung. Dabei ist zu unterscheiden zwischen den Anforderungen an die Feststellung der einzelnen Beweisanzeichen und ihrer Aussagekraft. Zwar gelten selbstverständlich auch für den Indizienbeweis die Grundsätze der freien richterlichen Beweiswürdigung (BGH LM Nr. 19

zu § 261 StPO), aber dies bedeutet auch, daß Schlüsse nicht aus unbewiesenen Tatsachen gezogen werden dürfen (BGH StV 1990, 247). Die Beweisanzeichen selbst müssen mit Gewißheit feststehen (BGH JR 1954, 468; KK/*Hürxthal* § 261 Rdnr. 64 und *Kleinknecht/ Meyer* § 261 Rdnr. 25). Die im Wege der Schlußfolgerung aus jedem einzelnen Beweisanzeichen oder auch aus der Gesamtheit der im Urteil aufgezeigten Indizien hergeleiteten Feststellungen können dann erfolgreich mit der Sachbeschwerde angefochten werden, wenn sie auf Erwägungen beruhen, die mit den Denkgesetzen nicht übereinstimmen, wenn sie widersprüchlich sind oder gesicherter Lebenserfahrung zuwiderlaufen und schließlich auch dann, wenn naheliegende Möglichkeiten, die Beweise zu würdigen, außer Acht bleiben (vgl. dazu *Niemöller* in StV 1984, 431 ff). Handelt es sich um eine Indizienkette, so müssen die Beweisanzeichen in der Weise aufeinander aufbauen, daß von einem Indiz auf ein zweites, von dem zweiten auf ein drittes und am Ende auf die beweiserhebliche Tatsache geschlossen wird. Dabei ist zu beachten, daß der Wert der Indizienkette von dem „schwächsten Glied" abhängt (*Kleinknecht/Meyer* a.a.O.). Sind zwischen einem Indiz und der entscheidungserheblichen Tatsache mehrere Schlußfolgerungen notwendig, so muß die Beweiskette lückenlos sein (*Kleinknecht/Meyer* a.a.O.). Beweisanzeichen, die ihrerseits wiederum durch eine Indizienkette festgestellt wurden, dürfen sich auch nicht etwa gegenseitig als Indizien dienen. Eine Schlußfolgerung darf nicht dann als zwingend hingestellt werden, wenn sie schon als Voraussetzung für ihre eigene Anknüpfungstatsache herangezogen wurde.

II.

Gegen diese Grundsätze hat die Strafkammer in der vorliegenden Sache in mehrfacher Hinsicht verstoßen.
Die Beweiskette, auf die die Strafkammer ihre Annahme von der Täterschaft des Herrn Dr. T gründet, sieht kurzgefaßt wie folgt aus:
1. Annette T ist tot und die im Rhein an verschiedenen Stellen gefundenen Teile eines menschlichen Körpers gehören zu ihrer Leiche (festgestellt durch die Indizien a–f UA. S. 25–28).
2. Annette T wurde erstochen (festgestellt durch die Indizien a–b UA. S. 29–31).
3. Annette T hat am 8. 5. 1982 die Wohnung nicht (lebend) verlassen (festgestellt durch die Indizien a–c UA. S. 31–42).
4. „Alles" deutet auf den Angeklagten als Täter hin, nämlich
   a) er hatte Gelegenheit zur Tat, da er durch die in der Wohnung anwesende Zeugin H nicht gestört wurde,
   b) er hatte Zeit zu der Tat,
   c) er hatte auch Gelegenheit zur Zerstückelung der Leiche, weil die Zeugin H wegen des im Flur laufenden Staubsaugers nichts hören mußte,
   d) er verfügte über anatomische und chirurgische Fähigkeiten, um die Leiche „fachmännisch" zu zerlegen,
   e) im Badezimmer wurden an sechs verschiedenen Stellen Blutspuren gesichert, von denen zwar die Blutgruppe nicht feststellbar war, die jedoch trotz gegenteiliger Zeugenbekundungen nicht in anderer Weise entstanden sein können,
   f) mit Hilfe eines seit dem Verschwinden der Annette T in der Wohnung fehlenden grünen Koffers hatte er auch die Möglichkeit, die Leichenteile zu transportieren. Seine teilweise von Zeugen gestützte Einlassung, er habe in diesem Koffer arabische Bücher nach Neuwied transportiert, wird als widerlegt angesehen, weil eine Unstimmigkeit („innerer Widerspruch") hinsichtlich des beabsichtigten Empfängers der Bücher aufgetreten ist,
   g) die Fundorte der Leichenteile passen zu seiner Fahrstrecke am Nachmittag des 8. 5. 1982 von Mannheim nach Neuwied.
   (a bis g UA. S. 42 bis 52).

8. Ausgeführte Sachrüge VIII. C. 8

5. Andere Täter sind auszuschließen, denn:
a) die Mutter und Kinder des Opfers scheiden wegen ihres Lebensalters, wegen der engen persönlichen Bindung und wegen der fehlenden anatomisch-chirurgischen Fähigkeiten aus,
b) der in Berlin wohnhafte Zeuge Dagobert F hätte zwar ein Motiv gehabt, befand sich jedoch nach seiner eigenen Aussage am 8. 5. 1982 in Berlin. Außerdem traue die Kammer ihm „aufgrund des persönlichen günstigen Eindrucks in der Hauptverhandlung die Tat nicht zu";
c) aus demselben Grund scheidet der Zeuge N aus, der zwar Mediziner sei, der jedoch wegen des Zeitablaufs seit seiner intimen Beziehung zu Annette T kein Motiv gehabt habe. Im übrigen sei auch er nach eigenen Angaben am Tattage nicht in Mannheim, sondern in Hannover gewesen,
d) alle anderen in Betracht kommenden Personen (Liebhaber, Raubmörder, Triebtäter) schließt die Kammer deshalb aus, weil Annette T in der Wohnung getötet und die Leiche in den Rhein gebracht wurde.
e) Ein am 19. 5. 1982 (also am Tage der Auffindung des ersten Leichenteils) in Kassel aufgegebenes anonymes Schreiben, in dem von einem Unbekannten die bereits vollzogene oder beabsichtigte Tötung der Ehefrau mitgeteilt wurde, stehe dem Beweisergebnis nicht entgegen, weil es sich entweder um einen üblen Scherz oder um den Versuch gehandelt hat, den Tatverdacht vom Angeklagten abzulenken.
(a bis e UA. S. 53–55).

III.

Diese von der Strafkammer angestellten Beweiswürdigungserwägungen sind aus folgenden Gründen rechtsfehlerhaft:
Die scheinbar große Zahl von den Angeklagten belastenden Indizien besteht zu einem nicht unerheblichen Teil aus der bloßen Negation von Entlastungstatsachen, von Umständen nämlich, die als Beweisanzeichen gegen die Täterschaft des Herrn Dr. T sprechen. Bevor, oder spätestens nachdem die Strafkammer eine Gesamtwürdigung der belastenden Umstände vorgenommen hat, hätte sie bei der auffälligen Anhäufung von Entlastungsindizien, wie sie im vorliegenden Fall gegeben ist, auch eine Gesamtwürdigung dieser gegen die Täterschaft des Angeklagten sprechenden Indizien vornehmen müssen. Hier hat nämlich der Tatrichter hinsichtlich der Entlastungsindizien den Fehler gemacht, der schon gelegentlich zu Aufhebungen von freisprechenden Urteilen durch das Revisionsgericht geführt hat, wenn der Tatrichter die belastenden Umstände zwar jeden für sich in seinem Aussagewert gewürdigt hat, ohne eine Gesamtwürdigung vorzunehmen (BGH 4 StR 564/82 Urteil vom 25. 11. 1982, NStZ 1983, 133).
In der vorliegenden Sache hat die Strafkammer zwar eine Reihe von entlastenden Indizien einzeln abgehandelt, um jeweils zu begründen, weshalb sie den getroffenen Feststellungen nicht entgegenstehen müssen. Das Urteil läßt jedoch eine Auseinandersetzung mit der Frage vermissen, ob nicht eine Gesamtschau der entlastenden Indizien und ihre Gegenüberstellung mit den für die Täterschaft des Angeklagten sprechenden Beweisanzeichen die Zweifel an der Schuld des Angeklagten so verstärkt hätten, daß nach dem Grundsatz in dubio pro reo seine Freisprechung hätte erfolgen müssen (vgl. BGH StV 1987, 238).
Es kann hier dahingestellt bleiben, ob eine solche ausdrückliche Gesamtwürdigung der den Belastungsmomenten entgegenstehenden Entlastungstatsachen in jedem Falle oder auch nur in jedem „Indizienprozeß" vom Tatrichter zu verlangen ist. Jedenfalls aber darf die Befassung mit dieser Frage in den Urteilsgründen dann nicht fehlen, wenn – wie hier – die Zahl der gegen die Täterschaft des Angeklagten sprechenden Indizien so groß ist, daß ihre Gesamtbetrachtung – gäbe es nicht die belastenden Indizien – sogar geeignet sein könnte, den Angeklagten als Täter auszuschließen.

Gegen die Täterschaft des Herrn Dr. T sprechen folgende teils ausdrücklich festgestellte, teils mangels gegenteiliger Feststellungen dem Urteil zu entnehmende Umstände:

1. Herr Dr. T neigte offenbar in keiner Weise dazu, Konflikte durch körperliche Aggressionen zu „lösen". In dem fraglichen Zeitraum verlief die Ehe T zumindest äußerlich recht gut (UA. S. 14). Zwar litt Herr Dr. T sichtlich darunter, daß sich innerhalb der Familie die Lebensplanung der Ehefrau voll durchgesetzt hatte und daß vor allem die Kinder dem arabisch-moslemischen Einfluß entzogen waren. Die dadurch erzeugte gedrückte Gemütsverfassung führte jedoch nur dazu, daß sich Herr Dr. T mehr und mehr in sich selbst zurückzog, daß er still in sich gekehrt teilweise tagelang schwieg, nach Möglichkeit nur noch arabisch sprach und stundenlang arabische Musik hörte (UA. S. 14). Nachdem jedoch seine Ehefrau ihm deswegen Vorhalte gemacht hatte, wurde er wieder zugänglicher und den deutschen Sitten angepaßter (UA. S. 14). Die Umgangsformen beider Eheleute waren „in aller Regel von beiden Seiten höflich und freundlich". Allein aufgrund dieser beiderseitigen Umgangsformen hat es die Strafkammer sogar für ausgeschlossen angesehen, daß es am Vormittag des 8. 5. 1982 von Seiten der Frau T eine verletzende Äußerung oder gar eine Tätlichkeit gegenüber ihrem Ehemann gegeben hat (UA. S. 60). Wenn jedoch die beiderseits (!) höflichen und freundlichen Umgangsformen ausreichen, um auch nur verletzende Äußerungen als ausgeschlossen anzusehen, so müßte erst recht ein sozusagen aus heiterem Himmel entstandener „plötzlicher Entschluß, seiner Ehefrau Annette T mit einem Messer 5 Stiche in die Herzgegend" zu versetzen, „um sie zu töten", mehr als nur unwahrscheinlich sein.

2. Unmittelbar vor Beginn jenes Zeitraums von 1 und einer ¾ Stunde, in dem der Angeklagte die Tat hätte begangen haben müssen (7.45 bis 9.30 Uhr) haben die als „neutrale Zeugen" (UA. S. 31) bewerteten Kinder des Ehepaars T nach ihren glaubhaften Bekundungen „keinerlei Spannung zwischen den Eltern" wahrgenommen (UA. S. 61). Auch die Zeugin H hat „an jenem Vormittag nichts auf einen Streit zwischen den Ehegatten Hindeutendes gehört" (UA. S. 61).

3. Obwohl die Zeugin H die Gewohnheit hatte, „vormittags in der Wohnung umherzugehen" (UA. S. 17) hat sie keinerlei auf ein Tatgeschehen und auf die Zerstückelung der Leiche hindeutende Wahrnehmungen gemacht.

4. Dies wäre – bei unterstellter Tat – um so auffälliger, als die Wohnung ausgesprochen hellhörig ist und selbst vom Durchschnittsbeobachter als leise eingestufte Geräusche, die im Bad erzeugt werden, in der ganzen Wohnung gehört werden können (UA. S. 18). Der Indizwert dieses Umstandes gegen die Täterschaft des Angeklagten kann auch nicht durch die Feststellung relativiert werden, der Angeklagte habe während er im Bad die Leiche seiner Ehefrau zerstückelt habe, im Flur den Staubsauger laufen lassen (UA. S. 18 und 43). Denn angesichts der Gewohnheit der Zeugin, „vormittags in der Wohnung umherzugehen" (UA. S. 17) hätte Herr Dr. T dadurch, daß er 20 bis 30 Minuten lang (so lange soll bei „entschlossener Durchführung" allein das Zerstückeln der Leiche dauern – UA. S. 43) den Staubsauger im Flur sozusagen „unbemannt" laufen ließ, die Gefahr der Tatentdeckung eher erhöht als herabgesetzt, womit sich die Strafkammer überhaupt nicht auseinandergesetzt hat. Dabei ist auch zu beachten, daß sich in der Tür zwischen dem Flur und dem Zimmer der Zeugin H eine Glasscheibe befand (UA. S. 18 oben), so daß sie auch dadurch mitbekommen haben müßte, daß der Staubsauger unbedient im Flur stand und dennoch lief.

5. Dem Zeugen H, der sich von 9.30 bis 9.40 Uhr in der Wohnung aufhielt und dabei auch mit Herrn Dr. T Kontakt hatte, ist offensichtlich nichts ungewöhnliches aufgefallen. Angesichts der Tatsache, daß es sich um eine ungeplante Tat gehandelt haben soll, bei der das Opfer mit 5 Messerstichen getötet wurde, wäre die Fähigkeit des Angeklagten, kurze Zeit danach sowohl gegenüber der Zeugin H (beim Kaffeebringen und dann wieder beim Staubsaugerholen) als auch gegenüber dem Zeugen H die mit einem solchen Ereignis notwendigerweise verbundene Erregung äußerlich zu unterdrücken, so ungewöhnlich, daß auch darüber im Urteil Ausführungen nicht fehlen dürften.

8. Ausgeführte Sachrüge   VIII. C. 8

6. Die Zeugin H hat mitbekommen, daß Herr Dr. T in seiner arabischen Dschellabah an der Abschlußtüre stand und sich nach draußen (wie die Strafkammer meint: scheinbar) von seiner Ehefrau verabschiedete. Dadurch gewann die Zeugin H die „Überzeugung, ihre Tochter habe soeben die Wohnung verlassen" (UA. S. 18).
7. Das Urteil teilt nicht mit, in welchem Raum der Wohnung die Tötungshandlungen stattgefunden haben sollen. Bei 5 Stichverletzungen, die erst nach ca. 1 Minute zur Ohnmacht des Opfers führen (UA. S. 16) entstehen notwendigerweise am unmittelbaren Tatort Blutspuren. Wären solche außerhalb des Bades festgestellt worden, so hätte die Strafkammer daraus Schlüsse gezogen, an welchem engeren Tatort die Tötung stattgefunden habe. Sind solche Spuren dagegen nicht gefunden worden (was das Schweigen des Urteils zu diesem Punkt nahelegt), so hätte es näherer Darlegungen bedurft, wie der Angeklagte das Entstehen solcher Blutspuren vermieden hat, wenn man von der fernliegenden (und auch nicht festgestellten) Möglichkeit absieht, der Ärger des Angeklagten „darüber, daß das gesamte Leben der Familie, namentlich die Kindererziehung entsprechend den Plänen seiner Frau auf deutsche und religiös neutrale Weise verlief" habe sich ausgerechnet anläßlich eines gemeinsamen Aufenthaltes beider Eheleute im Bad bis zum Tötungsentschluß gesteigert (vgl. UA. S. 16).
8. Auch daß an irgendwelchen Kleidungsstücken des Herrn Dr. T selbst Blutspuren hätten gesichert werden können, stellt das Urteil nicht fest. Dies spricht wiederum mit so hoher Wahrscheinlichkeit gegen eine Täterschaft, daß auch Ausführungen dazu im Urteil nicht fehlen dürfen. Das gilt um so mehr, als in der ungewöhnlich hellhörigen Wohnung die Tat (zu dem Zeitpunkt, als der Staubsauger ja noch nicht lief!) auch der Strafkammer nur unter folgender Voraussetzung möglich erschien:
„Das Schreien und/oder Stöhnen, das Annette T beim Empfang der Stiche und nach diesem Zeitpunkt bis zum Eintreffen der Ohnmacht hervorgebracht hat, hat der Angeklagte durch Zuhalten ihres Mundes erstickt, ebenso hat er ihren Körper, als sie spätestens unmittelbar nach Eintreten der Ohnmacht hinstürzte, aufgefangen und so verhindert, daß der Fall ein Geräusch erzeugte."
(UA. S. 17)
Daß der hierbei notwendige enge körperliche Kontakt bei der Schwere der festgestellten Verletzungen stattfinden könnte, ohne daß das aus den fünf Wunden austretende Blut an den Kleidungsstücken des Täters entsprechende Anhaftungen verursacht, erscheint in so hohem Maße lebensfremd, daß sich schon deshalb der Strafkammer hätten erhebliche Zweifel an ihrer Feststellung aufdrängen müssen. Das Schweigen des Urteils zu dieser Frage nötigt zu dem Schluß, daß die Strafkammer den Indizienwert des Fehlens solcher Blutspuren nicht erkannt und damit bei ihrer Beweiswürdigung auch nicht in Rechnung gestellt hat.
9. Zu dem grünen Koffer, der seit dem Verschwinden von Annette T sowohl nach den Angaben des Herrn Dr. T als auch nach den Aussagen der beiden Kinder Rahman und Asila T seit dem Verschwinden der Mutter fehlte (UA. S. 47, 48), hat Asila T gegenüber dem Zeugen Dr. H angegeben, sie habe die Koffer entweder kurz vor dem 8. 5. 1982 oder an diesem Tage – auf jeden Fall vor Antritt der Fahrt des Angeklagten nach Wiesbaden und Neuwied – im PKW der Familie gesehen und dabei von dem Angeklagten erfahren, daß sich darin arabische Bücher befänden (UA. S. 50).
10. Am 25. 5. 1982 ging in der Wohnung des Angeklagten ein anonymes Schreiben ein, das postalisch am 19. 5. 1982 in Kassel abgestempelt war, wobei die Worte des folgenden Textes aus verschiedenen Zeitungen herausgeschnitten waren:
„Rache:
Sie werden Ihre Frau nie wieder lebend wiedersehen.
Ich habe meine Frau ihretwegen verloren.
Scheiß Ärzte."
(UA. S. 55).

Wie bereits ausgeführt, hat die Strafkammer in den Urteilsgründen diese entlastenden Indizien teilweise je einzeln gewürdigt, teilweise jedoch völlig übergangen und auch als einzelne Beweisanzeichen unerörtert gelassen. Erst recht hätte die Strafkammer nicht unterlassen dürfen, eine Gesamtschau aller dieser gegen die Täterschaft des Angeklagten sprechenden Indizien vorzunehmen und gerade die Tatsache der Anhäufung solcher Entlastungsindizien im Rahmen der Gesamtwürdigung aller Beweise den für die Täterschaft sprechenden Beweisanzeichen gegenüberzustellen. Ebenso wie für ein freisprechendes Urteil gilt, daß der Tatrichter sich nicht darauf beschränken darf, von jedem einzelnen Beweisanzeichen zu überprüfen, ob es für sich allein schon den Schluß auf die Täterschaft des Angeklagten zuläßt, ohne auch eine Gesamtwürdigung vorzunehmen (BGH NStZ 1983, 134 m w. H.), so sind auch entlastende Indizien vom Tatrichter nicht ausreichend gewürdigt, wenn ohne Rücksicht auf ihre Summierung der Tatrichter einzelne je isoliert daraufhin überprüft, ob sie geeignet sind, die aus den belastenden Indizien geschöpfte Überzeugung wieder zu erschüttern. Nur so ist jedoch die Strafkammer in der vorliegenden Sache vorgegangen.

IV.

Aber auch bei Gegenüberstellung einzelner entlastender Indizien und der jeweils entgegenstehenden Feststellung ist die Beweiswürdigung der Strafkammer nicht rechtsfehlerfrei, wie sich aus folgendem ergibt:

1. Die im Bad der Wohnung festgestellten Blutspuren, die sich an sechs Stellen befunden haben, waren so geringfügig, daß weder die Blutgruppe feststellbar war, noch bei mehr als zwei Spuren „für den Sachverständigen das Vorhandensein von Menschenblut ...... beweisbar war" (UA. S. 45). Das Urteil fährt an dieser Stelle fort:

> „die Kammer ist jedoch der Überzeugung, daß auch diese vier Spuren von einem Menschen herrühren, da ein Tier sich nicht in der Wohnung befunden hat und daher als Spurengeber ausfällt."
> (UA. S. 45).

Hier wird in besonders eindrucksvoller Weise deutlich, wie sich die Formel von der tatrichterlichen „Überzeugung" von der Frage der Beweisbarkeit einer Tatsache losgelöst hat; als ob nicht der Beweis gerade der Inhalt der tatrichterlicher Überzeugung sein müßte. *Peters* hat in der 3. Auflage seines Strafprozeßlehrbuchs (1981) aufgrund seiner umfangreichen Aktenauswertung aus zahlreichen Strafprozessen geglaubt Anlaß zu haben, daran zu erinnern, daß das Wort „frei" bei der Beweiswürdigung in § 261 StPO nur bedeutete: „nicht gebunden an gesetzliche Beweisregeln". Und es heißt dann bei *Peters* (S. 283) weiter:

> Es bedeutet aber nicht Freistellung von kriminalistischen Erkenntnissen und Erfahrungen, von rechtstatsächlicher Absicherung. Das ergibt sich aus dem Wesen richterlicher Aufgabe: Gewährleistung der Wahrheitsfindung und der Rechtssicherheit sowie aus dem durch das Grundgesetz und die Menschenrechtskonvention gewährleisteten Freiheitsraum. ......
> Ob es bei der jetzigen Fassung des § 261 bleibt, oder ob es zu einer die objektive Richtung klarer bezeichnenden Neuformulierung kommt, ist eine Frage von zweitrangiger Bedeutung. Entscheidend ist, daß die Objektivierung der Überzeugungsbildung der Entwicklung unseres Rechts entspricht. Objektivierung setzt voraus, daß der Richter um die objektive Notwendigkeit und Maßstäbe Bescheid weiß. Das heißt, er muß über die sich aus der Kriminalistik ergebenden Erkenntnisse und Erfahrungen Bescheid wissen. Er muß auch die empirischen Untersuchungen zur Beweisführung und Beweiswürdigung zur Kenntnis nehmen. Geschieht das nicht, so ist der Angeklagte dem richterlichen Eindruck und Empfinden schutzlos ausgeliefert."

8. Ausgeführte Sachrüge

Der Satz in den Urteilsgründen, etwas sei zwar nicht beweisbar, es entspreche aber der richterlichen Überzeugung, sollte somit in der strafprozessualen Praxis sich selbst verbieten, wenn man Willkür auf dem sensibelsten Gebiet der Rechtsfindung überhaupt, nämlich dem der „gesicherten Sachverhaltsfeststellung" (vgl. *Peters* a. a. O.) ausschließen will.
Die Begründung, mit der die Strafkammer vorliegend geglaubt hat, sich über die Grenzen der kriminalistischen Erfahrung des Sachverständigen, der das Vorhandensein von Menschenblut bei vier der aufgefundenen Spuren als „nicht beweisbar" (UA. S. 45) bezeichnete, hinwegsetzen zu können, ist nicht nur nicht überzeugend, sie läßt auch eine Auseinandersetzung mit mehreren naheliegenden Möglichkeiten, die gefundenen Beweise zu würdigen, vermissen:
Bei den Spuren handelt es sich um Anhaftungen im Bad, die offensichtlich mit dem bloßen Auge nicht erkennbar waren, denn sie waren überhaupt nur durch den „Sangurblutvortest" kriminalistisch zu orten und mußten sodann mikrochemisch auf Blut untersucht werden,

> „wobei nur die sechs eingangs genannten wiederum blutpositiv reagierten, so daß die Kammer ...... davon überzeugt ist, daß sich jedenfalls an diesen sechs Stellen Blutspuren befunden haben."

Die Familie T war erst Anfang 1981 im Haus R-Straße 25 in Mannheim in die Vier-Zimmer-Wohnung eingezogen. Wer darin vorher gewohnt hat und ob diese Bewohner Haustiere hielten, ist ebensowenig festgestellt, wie die Häufigkeit, mit der bei der Familie T in der Wohnung Besuche etwa von Freunden abgestattet wurden, die beispielsweise ein Haustier (Hund) mitbrachten. Dabei dürften diese jedenfalls nicht nur theoretischen Möglichkeiten, wie mit dem bloßen Auge nicht wahrnehmbare Tierblutanhaftungen an die Wände des Bades gelangt sein können, noch relativ fernliegen, auch wenn die Strafkammer sie nicht vollständig hätte außer Betracht lassen dürfen.
Der nächstliegende und geradezu als alltäglich zu bezeichnende Weg, wie Tierblutanhaftungen gerade in den Naßzellen einer Wohnung vorkommen können, durfte keinesfalls von der Strafkammer außer Betracht gelassen werden: Wenn man einmal von der fernliegenden Möglichkeit absieht, daß die Familie T nur aus Vegetariern bestand, so dürfte es annähernd täglich vorkommen, daß dasjenige Familienmitglied, das sich mit der Essenszubereitung befaßt, tierisches Fleisch mit den Händen anfaßt, um die dabei notwendigerweise entstehenden Blutanhaftungen dann in der Küche oder im Bad wieder abzuwaschen. Jedes rohe oder sogar noch englisch gebratene Rindersteak sondert fließendes Blut ab und kann zu blutigen Händen führen, die nicht jede Hausfrau gerne in der Küche wäscht. Man denkt aber auch an das „Blutbad", das die Zubereitung eines Gerichts aus Rinder- oder Schweineleber erzeugt, und in manchen Familien ist es auch durchaus nicht ungewöhnlich, etwa das Ausnehmen eines Speisefisches im Bad zu bewerkstelligen.
Ohne an diese naheliegenden Möglichkeiten auch nur zu denken und allein aus der Tatsache, daß „ein Tier sich nicht in der Wohnung befunden hat" (gemeint ist wohl nur ein lebendes Haustier) den Schluß zu ziehen, bei den gefundenen Spuren müsse es sich um Menschenblut handeln, diese Art der richterlichen Überzeugungsbildung ersetzt die Beweisführung durch einen Kurzschluß.
Auch hat die Strafkammer nicht die Möglichkeit in Erwägung gezogen, daß etwa durch das Töten von Insekten, z.B. durch das Erschlagen von Stechmücken und Rheinschnaken selbst Menschenblutanhaftungen an den Wänden einer Wohnung entstehen können, ohne daß diese dann irgendeinen Beweiswert bezogen auf ein strafbares blutiges Geschehen hätten.
Aber auch soweit die Strafkammer ausdrücklich verschiedene weitere möglichen Ursachen für die Blutanhaftungen erörtert, sind die Erwägungen nicht rechtsfehlerfrei:
a) Nach der Aussage der Zeugin Sp litt Annette T gelegentlich unter Nasenbluten.
b) Nach der Aussage des Zeugen Bi litt der Angeklagte vor dem Verschwinden der Annette T unter einer Magenreizung und erbrach in die Badewanne, wobei sich auch Blut im Erbrochenen befunden habe, und

c) ebenfalls vor dem Verschwinden der Mutter hatte sich Rahman T eine Schnittverletzung am Finger zugezogen.
(UA. S. 46)
Alle drei möglichen Quellen für die im Bad gesicherten Blutspuren scheidet die Strafkammer mit der Erwägung aus, sie könnten allenfalls für einzelne Blutanhaftungen, wegen der großen Streubreite der sechs von der Strafkammer für Menschenblut gehaltenen Blutanhaftungen keinesfalls jedoch für alle gefundenen Blutspuren in Betracht kommen.
Dies prüft die Strafkammer jedoch nur bezogen auf jede der drei genannten möglichen Blutquellen je für sich. Dabei ist sicherlich richtig, daß weder das Nasenbluten der Annette T, noch das mögliche Blutbrechen des Angeklagten, noch der Blutaustritt aus der Schnittwunde am Finger des Sohnes Rahman T für sich allein mit ausreichender Wahrscheinlichkeit alle sechs Spuren verursacht hat.
Die Strafkammer ist jedoch fälschlicherweise ohne weiteres davon ausgegangen, daß alle sechs Spuren dieselbe Herkunft haben müssen. Es fehlt nämlich eine Auseinandersetzung mit der Möglichkeit, daß die oben unter a), b) und c) genannten möglichen Blutquellen alle und zwar jeweils nur für einen Teil der aufgefundenen Spuren ursächlich waren. So wäre es naheliegend, daß beispielsweise das Blut im Erbrochenen des Angeklagten die Spur im Siphon des Badewannenabflusses erklärt, während die beim Nasenbluten der Annette T austretenden Tropfen an der gegenüberliegenden Wand anhafteten und nur unvollkommen beseitigt wurden und daß beispielsweise das aus der Schnittwunde des Rahman T austretende Blut beim Hantieren an der Unterseite des Boilers übertragen wurde.
Neben den bereits erörterten weiteren naheliegenden Möglichkeiten einer „legalen" unbewußten Anbringung der Blutspuren im Bad hätte jedenfalls auch diese Erwägung von der Strafkammer nicht einfach übergangen werden dürfen.
So ist jedoch dem Revisionsgericht die Möglichkeit entzogen, zu überprüfen, ob der Tatrichter diese Alternativen überhaupt gesehen und in seine Überzeugungsbildung mit einbezogen hat.

2. Im Zusammenhang mit der Überlegung der Strafkammer, Herr Dr. T habe auch die Möglichkeit gehabt, die Leichenteile von anderen unbemerkt aus der Wohnung wegzubefördern, da er den grünen Koffer bei seiner Nachmittagsfahrt in Richtung Neuwied mit sich geführt habe, in welchem sich von den Ausmaßen her sämtliche Leichenteile unterbringen ließen, setzt sich das Urteil mit der eigenen Einlassung des Angeklagten auseinander, er habe den Koffer mit sich geführt, um arabische Bücher zu einem Freund zu transportieren. In diesem Zusammenhang heißt es dann:
„Wenn Asila T gegenüber dem Zeugen Dr. H angegeben hat, entweder kurz vor dem 8. 5. 1982 oder an diesem Tag – auf jeden Fall vor Antritt der Fahrt des Angeklagten nach Wiesbaden und Neuwied – im PKW der Familie den grünen Koffer gesehen und vom Angeklagten erfahren zu haben, daß sich darin arabische Bücher befänden, so vermag auch dies den inneren Widerspruch in der Einlassung des Angeklagten nicht aufzulösen, der die Bücher für den Zeugen El Ch bestimmt haben will, der danach keinen Bedarf hatte, und sie dem Zeugen Dr. S nicht gegeben haben will, obwohl dieser um Bücher gebeten hatte."
(UA. S. 50).
Zwar trifft es zu, daß die Aussage Asila T gegenüber dem Zeugen Dr. H diesen „inneren Widerspruch" (?) nicht aufzulösen vermag. Aber indem die Strafkammer die Aussage der Tochter, sie habe jedenfalls vor Antritt der Fahrt des Angeklagten nach Wiesbaden und Neuwied den Koffer in dem PKW selbst gesehen, nicht etwa als widerlegt ansieht, erzeugt sie einen eigenen „inneren Widerspruch" in den Urteilsgründen:
Die Zeugin Asila T hatte nämlich zwischen 12.00 und 13.00 Uhr die Wohnung verlassen, um an einem Schwimmwettbewerb teilzunehmen (UA. S. 20), so daß ihre Wahrnehmung also vor dieser Zeit gelegen haben muß, während die Strafkammer andererseits feststellt, der Angeklagte habe den Koffer mit den Leichenteilen darin erst „gegen 16.00 Uhr ......

8. Ausgeführte Sachrüge VIII. C. 8

in den schon erwähnten PKW" gelegt, um unmittelbar danach seine Fahrt nach Neuwied über Wiesbaden anzutreten. Lag aber der grüne Koffer schon vor dem Sich-entfernen der Asila T um die Mittagszeit des 8. 5. 1982 in dem PKW, so war, ungeachtet der Unstimmigkeit in seiner Aussage bezüglich des Adressaten der arabischen Bücher, dieser Umstand eher geeignet, die Darstellung des Herrn Dr. T zu stützen als die Annahme der Strafkammer, er habe am Vormittag die Ehefrau getötet und die Leichenteile spätestens bis 10.30 Uhr in den Koffer verpackt (UA. S. 18 und 19), um diesen dann (ohne daß gesagt wäre, wo sich der Koffer in der Zwischenzeit befunden hat, während der Angeklagte unter anderem mit dem PKW zur Esso-Station gefahren war, um dort das Fahrzeug aufzutanken und zu waschen!) erst gegen 16.00 Uhr in das Fahrzeug zu legen.
Auch mit dieser Folge für die Beweiswürdigung aus der Aussage der Zeugin Asila T über ihre Wahrnehmung hätte die Strafkammer sich auseinandersetzen müssen, was sie nicht getan hat.

3. Einem Denkfehler ist die Strafkammer offensichtlich erlegen bei dem Versuch, die Angaben des Herrn Dr. T zu widerlegen, seine Ehefrau habe sich am Morgen des 8. 5. 1982 von ihm zwischen 9.00 und 10.00 Uhr, als er gerade geduscht habe, mit den Worten verabschiedet: „Tschüß, ich gehe zum schwimmen!" und habe die Wohnung verlassen (UA. S. 24).
Ganz so, als habe der Angeklagte nicht dieses, sondern ausgesagt, er habe mit eigenen Augen gesehen, wie seine Ehefrau im „Herschelbad" (UA. S. 39) geschwommen habe, ergehen sich die Urteilsgründe über mehrere Seiten hinweg in Ausführungen darüber, mit denen indiziell widerlegt werden soll, daß Annette T in diesem oder einem anderen Bad geschwommen habe. Da heißt es z. B.:
„Da nun jeder Anlaß für die Annahme fehlt, Annette T habe gerade am 8. 5. 1982 auf den alten Badeanzug zurückgegriffen, müßte sie, wäre sie an diesem Tag tatsächlich zum Schwimmen gegangen, dies ohne Badetasche und Badeanzug getan haben, was die Kammer zu ihrer Überzeugung ausschließt.
Zusätzlich spricht auch noch folgendes gegen die Annahme, Annette T habe sich damals zum Schwimmen begeben: ......"
(UA. S. 39)
Dabei läßt die Strafkammer zunächst völlig die Möglichkeit außer Betracht, daß Annette T ihrem Ehemann lediglich angegeben hat, sie gehe zum Schwimmen, während sie in Wahrheit ein anderes Ziel hatte, von dem ihr Ehemann nichts wissen sollte. Dies würde es übrigens zwanglos erklären, daß es Frau T nicht allzu wichtig war, welchen Badeanzug sie einpackte, ob den einteiligen schwarzen mit weißen Punkten, den sie in dem fraglichen Zeitraum beim Schwimmen zu tragen pflegte (UA. S. 38) oder den gleichzeitig mit Annette T verschwundenen rückenfreien orangefarbenen mit Muster, den sie seit 1975 nicht mehr getragen hat (UA. S. 39).
Die Möglichkeit, daß Annette T ihrem Ehemann gegenüber nur vorgegeben hat, zum Schwimmen gehen zu wollen, etwa um sich mit einem bisher unbekannten Liebhaber zu treffen (um nur ein Beispiel zu nennen), bleibt im gesamten Urteil unerörtert. Dabei wären angesichts der festgestellten Seitensprünge der Annette T während der Ehe solche Erwägungen gerade dann nicht entbehrlich gewesen, wenn die Strafkammer bewiesen zu haben glaubte, daß sie nicht wirklich eine Badeanstalt aufgesucht hatte.
In die Nähe der hier vermißten Erörterung begibt sich die Strafkammer mit folgender Erwägung:
„Völlig auszuschließen ist in diesem Zusammenhang die Möglichkeit, Annette T habe an jenem Vormittag ihre Familie verlassen und habe dem Angeklagten nur vorgespielt, sie gehe schwimmen. Sämtliche unter B genannten Bekannten und Verwandten schilderten sie als überaus liebevolle und engagierte Mutter ...... Bedenkt man hierzu, welche Mühe die Frau bereits in früheren Jahren um des Zusammenlebens mit ihren Kinder willen auf sich genommen hatte, dann vermag sich die Kammer nicht

vorzustellen, daß sie bereit war, unter Zurücklassung ihrer Kinder für immer die eheliche Wohnung zu verlassen ......"
(UA. S. 42)

Warum eigentlich „für immer"? Hier hat die Strafkammer offenbar den Denkfehler begangen, allein aus der Tatsache, daß Annette T nicht zurückgekehrt ist (sie wurde ja schließlich von jemanden gewaltsam getötet), den Schluß zu ziehen, sie habe, wenn sie schon nicht die Wahrheit sagte, als sie sich zum Schwimmen verabredete, „für immer" die Wohnung verlassen wollen. Die vierte naheliegende Möglichkeit, neben den Versionen

 a) Annette T sei tatsächlich schwimmen gewesen

 b) Annette T habe nur vorgetäuscht zum schwimmen zu gehen, um für immer ihre Familie zu verlassen und

 c) Der Angeklagte Dr. T habe die Unwahrheit gesagt,

nämlich:

 d) Annette T habe nur vorgespielt, sie gehe schwimmen, während sie in Wahrheit nur den Vormittag woanders verbringen wollte, um am Nachmittag wieder zu Hause zu sein,

wird von der Strafkammer gar nicht in Erwägung gezogen.
Auch darin liegt ein sachlich-rechtlicher Fehler.

4. Gegen den Grundsatz, daß Indizien nicht in der Weise aufeinander aufbauen dürfen, daß das eine Beweisanzeichen aus dem anderen abgeleitet wird, um dann wiederum als Prämisse für das andere zu dienen, verstößt die Strafkammer in folgender Erwägung im Zusammenhang mit dem Ausschluß anderer möglicher Täter:

„Alle anderen noch bei abstrakter Betrachtungsweise für die Tat in Betracht kommenden Personen (frühere oder eventuelle gegenwärtige Liebhaber, Raubmörder, Triebtäter) entfallen zur Überzeugung der Kammer aufgrund der Tatsache, daß Annette in der Wohnung getötet und die Leiche in den Rhein verbracht worden ist."
(UA. S. 54)

Daß Annette T in der Wohnung und nicht außerhalb der Wohnung getötet wurde, hat die Strafkammer unter anderem gerade daraus geschlossen, daß seit dem 8. 5. 1982 „niemand" mehr Annette T außerhalb der Wohnung gesehen habe (UA. S. 33). Mit „niemand" können in dem bestehenden Sachzusammenhang nur die von der Strafkammer vernommenen Zeugen gemeint sein. „Alle anderen noch bei abstrakter Betrachtungsweise für die Tat in Betracht kommenden Personen (frühere oder eventuelle gegenwärtige Liebhaber, Raubmörder, Triebtäter)" können naturgemäß von der Strafkammer nicht befragt worden sein. Somit können die Urteilsgründe also auch nicht ausschließen, daß derartige Personen Annette T noch nach dem 8. 5. 1982 außerhalb der Wohnung gesehen haben. Somit ist es also denkgesetzlich unzulässig, auf der in der beschriebenen Weise getroffenen Feststellung, Annette T habe am 8. 5. 1982 die Wohnung nicht lebend verlassen, den Beweis des weiteren Indizes aufzubauen, alle anderen noch bei abstrakter Betrachtungsweise für die Tat in Betracht kommenden Personen schieden schon deshalb aus, weil die Tat in der Wohnung verübt worden sei.

5. Zum Tatmotiv stellt das Urteil folgendes fest:

„Annette T ...... erklärte ihm in den ersten Monaten des Jahres 1982, sie werde sich scheiden lassen, wenn er sich nicht ändere. Daraufhin wurde der Angeklagte in seinem äußeren Verhalten zugänglicher und den deutschen Sitten angepaßter, *während im Stillen nach wie vor der Groll über die nichtarabische Gestaltung des Familienlebens an ihm nagte.*"
(UA. S. 14, Hervorhebungen durch die Revision)

„Der Angeklagte handelte aus Verbitterung und Ärger darüber, daß das gesamte Leben der Familie, namentlich die Kindererziehung, entsprechend den Plänen seiner

Frau auf deutsche und religiös neutrale und nicht auf arabisch-islamische Weise verlief."
(UA. S. 16).
Diese Feststellungen wirken willkürlich. Sie stellen ersichtlich eine tatsächliche Schlußfolgerung dar, die an sich möglich erscheint, aber die tatsächlichen Umstände, auf denen sie beruht, nicht erkennen läßt und daher nicht nachvollzogen und vom Revisionsgericht nicht auf Widersprüche oder Verstöße gegen Denkgesetze oder Erfahrungssätze überprüft werden kann.
Eine Beantwortung der im Urteil offengelassenen Frage, woher die Strafkammer weiß, daß vor der Tat im tiefsten Inneren der Person des Herrn Dr. T „der Groll über die nicht arabische Gestaltung des Familienlebens an ihm nagte", wäre um so dringender gewesen, als über das äußere Erscheinungsbild gerade das Gegenteil festgestellt wird, nämlich daß Herr Dr. T nach der Aussprache mit seiner Ehefrau Anfang des Jahres 1982 damit aufgehört hatte, in sich selbst zurückgezogen zu leben. Gewiß ist es nicht denk- oder naturgesetzlich ausgeschlossen, daß jemand in seinem äußeren Verhalten zugänglich, den deutschen Sitten angepaßt und gegenüber seiner Ehefrau auch stets höflich und freundlich (UA. S. 60) ist, während sich in seinem Inneren ein äußerlich nicht erkennbarer Groll aufstaut. Aber wenn solche inneren Tatsachen als Tötungsmotiv zur Grundlage eines strafrechtlichen Urteils gemacht werden sollen, so müßte der Tatrichter mitteilen, aus welchen Umständen er derartige Erkenntnisse gewonnen hat. Dabei kämen namentlich mündliche oder schriftliche Äußerungen gegenüber Freunden oder auch Tagebucheintragungen in Betracht. Nichts dergleichen ist jedoch im Urteil erwähnt. Die entsprechenden Ausführungen erwecken vielmehr den Eindruck, als habe die Strafkammer aus ihrer „Überzeugung", wonach Herr Dr. T seine Frau vorsätzlich getötet hat und aus dem Fehlen sonstiger erkennbarer Motive allein schon den Schluß gezogen, nur die Verbitterung über die deutschen Lebensverhältnisse in der Familie könnten als Motiv in Betracht kommen. Diese (ausdrücklich gar nicht angestellte) Erwägung wäre jedoch schon deshalb unzureichend, weil über das eigentliche Tatgeschehen und den äußeren Anlaß für die Tat nichts festgestellt werden konnte, mit Ausnahme der Tatsache, daß die Strafkammer es für ausgeschlossen ansieht, Annette T habe im Sinne der ersten Alternative des § 213 StPO durch eine beleidigende Äußerung zur Tat provoziert. Dies wiederum leitet die Strafkammer daraus her, daß
„sämtliche unter B als Zeugen benannten Bekannten und Verwandten bestätigten......, daß der Umgangston zwischen den Ehegatten in aller Regel von beiden Seiten höflich und freundlich war......" (UA. S. 60)
Also hat Herr Dr. T seine Ehefrau auch nicht getötet?!

Rechtsanwalt

Anmerkungen

1. Unter einer „ausgeführten" Sachrüge wird jener Teil der Revisionsbegründung verstanden, der die Angriffe gegen das tatricherliche Urteil in materiell-rechtlicher Hinsicht enthält. Wie oben (Form. VIII. C. 3 Anm. 5) dargelegt, löst schon die allgemeine Sachrüge („Gerügt wird die Verletzung materiellen Rechts") die uneingeschränkte Verpflichtung des Revisionsgerichts aus, das angefochtene Urteil von Amts wegen umfassend auf sachlich-rechtliche Fehler hin zu überprüfen. Die Frage, ob man als Revisionsführer über die allgemeine Sachrüge hinaus Ausführungen macht, sollte streng genommen („rechtlich") ohne Auswirkungen auf die Entscheidung des Revisiongerichts sein. Aber ebenso wie der Verteidiger in der Hauptverhandlung nicht deshalb auf Beweisanträge oder auf sein Plädoyer verzichtet, weil das Gericht die Amtsaufklärungspflicht und die Pflicht zur objektiven Würdigung der entscheidenden Beweis- und Rechtsfragen hat, sollte man in der Revi-

sion nicht verschweigen, was man selbst am Urteil auszusetzen hat. Dabei muß darauf geachtet werden, daß die Angriffe sich auf revisible Fehler beschränken.

Grundsätzlich *nicht* revisibel sind insbesondere
a) die tatrichterlichen Feststellungen als solche („wie es gewesen ist"), also die Ergebnisse der Beweiswürdigung,
b) die Wertung der einzelnen Beweismittel (ob der Tatrichter einem Zeugen geglaubt hat oder nicht),
c) die Wiedergabe der Inhalte der Beweisaufnahme in der Hauptverhandlung (ob der Zeuge die im Urteil wiedergegebene Aussage wirklich so gemacht hat)
d) die Ergebnisse der Strafzumessung, solange sie innerhalb des gesetzlichen Strafrahmens liegen.

Uneingeschränkt revisibel sind
a) die rechtliche Subsumtion des festgestellten Sachverhalts unter die Vorschriften des Allgemeinen und des Besonderen Teils des Strafgesetzbuchs bzw. des Nebenstrafrechts
b) die Mehrdeutigkeit der getroffenen Feststellungen, wenn eine der Deutungsmöglichkeiten die rechtlichen Folgerungen nicht zu tragen geeignet ist
c) die erkennbare Unvollständigkeit (Lückenhaftigkeit) des festgestellten Sachverhalts
d) Verstöße gegen Denk- und Erfahrungssätze insbesondere in den Ausführungen zur Beweiswürdigung
e) das Fehlen einer Beweiswürdigung zu wesentlichen Feststellungen
f) die Nichterörtertung naheliegender Sachverhaltsvarianten
g) die Begründung der Strafzumessung.

Die Sachrüge kann – wie in den unter A bis E vorgestellten Revisionsbegründungsschriften – auf eine allgemein gehaltene Wendung („gerügt wird die Verletzung sachlichen Rechts") beschränkt werden. Da eine solche „unausgeführte" allgemeine Sachrüge (vgl. BGHSt 25, 272 *Gribbohm* NStZ 1983, 100) die uneingeschränkte Pflicht des Revisionsgerichts auslöst, von Amts wegen das Urteil auf sachlich-rechtliche Fehler hin zu überprüfen, wären an sich nähere Ausführungen dazu nicht erforderlich, und in den Fällen, in denen das Schwergewicht der Revisionsbegründung in den Verfahrensrügen liegt, wird der Verteidiger es auch häufig bei dieser unausgeführten Sachrüge belassen. Wird dagegen nur die Sachrüge erhoben, so sollte auch für den Verteidiger gelten, was Nr. 156 Abs. 2 RiStBV der Staatanwaltschaft nahelegt: „Eine Revisionsbegründung, die sich – abgesehen von den Anträgen – darauf beschränkt, die Verletzung sachlichen Rechts zu rügen, genügt zwar den gesetzlichen Erfordernissen; der Staatsanwalt soll aber seine Revision stets so rechtfertigen, daß klar ersichtlich ist, in welchen Ausführungen des angefochtenen Urteils er eine Rechtsverletzung erblickt und auf welche Gründe er seine Rechtsauffassung stützt."

Bei solchen Einzelausführungen muß darauf geachtet werden, daß sie nicht als eine Beschränkung der Revision auf bestimmte Beschwerdepunkte ausgelegt wird (LR/*Hanack* § 344 Rdn. 98 und Rdn. 9).

2. Die „klassische" Sachrüge, wie sie auch ursprünglich von § 344 Abs. 2 („Verletzung einer anderen Rechtsnorm") gemeint war, enthielt die Beanstandung, daß das angefochtene Urteil das Strafrecht (insbesondere also das StGB) aber auch das ihm übergeordnete Verfassungsrecht (vgl. BGHSt 19, 273; OLG Celle 1969, 1075) verletzt, daß also beispielsweise ein Sachverhalt festgestellt worden ist, der vom Tatgericht zu Unrecht für strafbar gehalten wurde. Einen Musterschriftsatz für einen derartigen Fall hier vorzustellen, erschien entbehrlich, da Subsumtionsfragen des materiellen Rechts auch in der Darstellungsform jedem Juristen geläufig sind.

Anders ist das bei der zunehmenden Bereitschaft der Revisionsgerichte auf die Sachrüge hin auch die Frage zu prüfen, ob der vom Tatrichter festgestellte Sachverhalt so beschaffen ist, daß er eine rechtliche Überprüfung überhaupt ermöglicht (vgl. LR/*Hanack* vor § 333 Rdnr. 4 und zu § 337 Rdnr. 121 ff.).

8. Ausgeführte Sachrüge VIII. C. 8

Zwar gilt nach wie vor, daß die Ergebnisse der tatrichterlichen Beweiswürdigung als solche in der Revision unanfechtbar sind, dies bedeutet aber nur noch, daß das Revisionsgericht keine eigene Beweiswürdigung vornehmen darf, daß mithin der Revisionsführer mit solchen Ausführungen beim Revisionsgericht kein Gehör finden kann, die dazu dienen sollen, seine eigene Beweiswürdigung an die Stelle derer des Tatrichters zu setzen.

Die Verletzung der Verfahrensvorschrift des § 267 StPO, in der die gesetzlichen Mindestanforderungen an ein tatrichterliches Urteil geregelt werden, wird nach heutigem Verständnis nicht als Verfahrensrüge, sondern als Sachrüge behandelt, und zwar auch und erst recht, wenn es um die weit über diese gesetzliche Vorschrift hinausgehenden, von den Revisionsgerichten entwickelten Anforderungen an die Darlegung des tatricherlich festgestellten Sachverhaltes und seiner Beweiswürdigungsgrundlagen geht (vgl. dazu *Hamm StV* 1987, 262ff. *Sarstedt/Hamm* S. 330ff.). Diese Prüfungsmethode wird teilweise als „Darstellungsrüge" (*Fezer*, Die erweiterte Revision, S. 9/41; *Dahs/Dahs* Rdnr. 323; *Schünemann* JA 1982, 126; LR/*Hanack* § 337 Rdnr. 120ff.), teilweise als „Feststellungsrüge" (*Rieß* GA 1978, 277), teilweise als „Inhaltsrüge (*Peters*, Lehrbuch, S. 615) bezeichnet.

Die Revisionsgerichte prüfen also nach wie vor nicht die „Wahrheit" des festgestellten Sachverhaltes, sondern die Plausibilität der Feststellung und ihre Begründung durch den Tatrichter (vgl. *Herdegen*, FS für Kleinknecht 1985, 173ff.; *Meurer*, FS für Tröndle 1989, 533ff. und FS für Kirchner 1985, 249ff.; *Hamm* a.a.O. und insbesondere *Niemöller* StV 1984, 431ff.).

An diese, nicht immer leichte Unterscheidung muß sich auch der Revisionsführer bei der Formulierung seiner Angriffe gegen das tatrichterliche Urteil in der Sachrüge halten. Dafür soll hier der vorgestellte Schriftsatz als Beispiel dienen, der sich zwar notwendigerweise mit den Details eines Einzelfalls befaßt, die als solche nicht generalisierbar sind, der jedoch in der Art der Formulierung und Einzelangriffe bei gleichzeitig strikter Vermeidung eigener Beweiswürdigungsaussagen exemplarisch sein soll.

3. Bei dem der eigentlichen Revisionsbegründungs nachgeschobenen Schriftsatz zur näheren Ausführung der innerhalb der Frist allgemein erhobenen Sachrüge ist der zutreffende Adressat diejenige Stelle, bei der sich zum Zeitpunkt der Einreichung die Akte befindet. Bei Revisionen gegen erstinstanzliche Urteile der Strafkammern des Landgerichts kommen dabei in Betracht:
– noch das Landgericht, das über die Rechtzeitigkeit der Revisionseinlegung, der Revisionsbegründung und deren Formgültigkeit zu entscheiden hat (§ 346 Abs. 1 StPO).
– die örtliche Staatsanwaltschaft, die eine Gegenerklärung abgeben kann (§ 347 Abs. 1 Satz 2); die Wochenfrist, die keine Ausschlußfrist ist (*Kleinknecht/Meyer* § 347 Rdnr. 2), wird in der Praxis so gut wie niemals eingehalten (vgl. *Wielop* NStZ 1986, 449, sowie den Extremfall bei BGH NJW 1988, 2188).
– die Generalstaatsanwaltschaft des betreffenden OLG-Bezirks, wenn auch die Staatsanwaltschaft Revision betreibt (Nr. 163 Abs. 1 und 168 Abs. 1 RiStBV).
– die Revisionsstaatsanwaltschaft, die die Zulässigkeit und Begründetheit der Revision prüft, um einen Antrag auf Anberaumung eines Hauptverhandlungstermins oder auf Entscheidung durch Beschluß gem. § 349 Abs. 2 (Verwerfung) oder Abs. 4 (Urteilsaufhebung) zu stellen (beim BGH die Generalbundesanwaltschaft, bei den OLG's die Generalstaatsanwaltschaft).
– das Revisionsgericht.

Um den Schriftsatz auf dem kürzesten Wege in die Akten und damit auf den Schreibtisch dessen zu bringen, der mit der Sache befaßt ist, empfiehlt es sich, bei den Geschäftsstellen telefonisch zu erfragen, wo die Akten sind.

4. Das Aktenzeichen ist in diesem Falle authentisch. Der 3. Strafsenat hat in der Sache 3 StR 547/83 durch Urteil vom 7. März 1984 aus einer Reihe der in dem hier vorgestellten Schriftsatz enthaltenen Gründe das Urteil des Schwurgerichts Mannheim aufgehoben; Teilabdruck bei *Hamm* StV 1987, 262ff. (263f.).

5. Ergänzende Ausführungen zur Sachrüge sind nach Ablauf der Revisionsbegründungsfrist nur zulässig, wenn die Sachrüge fristgerecht in allgemeiner Form erhoben ist, vgl. dazu oben Anm. 1.

9. Gegenerklärung zum Antrag der Revisionsstaatsanwaltschaft auf Beschlußverwerfung (§ 349 Abs. 2, 3 StPO)[1]

An den
Bundesgerichtshof[2]
4. Strafsenat
Herrenstraße 45 a
7500 Karlsruhe   17. 8. 19. .[3]

In der Strafsache
gegen
R...... M......
– 4 StR ...... /87 –

wird zum Antrag der Bundesanwaltschaft vom 24. 7. 19. . – zugestellt am 10. 8. 19. .[3] – wie folgt Stellung genommen:

Die Bundesanwaltschaft geht in ihrer Antragsschrift auf die Sachrüge zum Rechtsfolgenausspruch nicht im einzelnen, sondern nur mit dem vorliegenden Fall nicht gerecht werdenden allgemeinen Wendungen[4] ein.

Die Revision hat beanstandet, daß der Tatrichter weder das Vorliegen eines Vereidigungsverbotes gemäß § 60 Nr. 2 StPO, noch die Verletzung der Belehrungspflicht gemäß § 55 StPO bei der Strafzumessung wegen Meineides zu Gunsten des Herrn M. berücksichtigt hat.

Die Bundesanwaltschaft meint demgegenüber, dies könne das Urteil in seinem Bestand nicht gefährden, weil § 267 Abs. 3 S. 1 StPO nur dazu zwinge, die „bestimmenden" Strafzumessungserwägungen im schriftlichen Urteil darzulegen.

Bei einer Bestrafung wegen Meineides ist der Umstand, daß zum Zeitpunkt der Tatbegehung die Voraussetzungen des § 60 Ziff. 2 StPO vorgelegen haben und vom vernehmenden Richter nicht beachtet wurden, schon bei der Strafrahmenbestimmung ausdrücklich (und zwar mildernd) in Erwägung zu ziehen (BGH StV 1988, 427 und NStZ 1989, 216 bei Theune; *Dreher/Tröndle* 45. Aufl. 1991, § 154 Rdnr. 27 m. zahlr. Nachw.). Vereinzelt hat der Bundesgerichtshof auch schon angenommen, daß nach einer Vereidigung trotz Verdachts der Tatbeteiligung stets ein minder schwerer Fall i. S. d. § 154 Abs. 2 StGB angenommen werden muß (BGH JR 1981, 248 mit Anm. Bruns).

Angesichts dieser Rechtsprechung gehört die Frage, ob der Tatrichter die Strafmilderungsgründe gesehen und berücksichtigt hat, zu jenen „bestimmenden" Faktoren, über die das Urteil nicht schweigen darf (vgl. auch die bereits in der Revisionsbegründung zitierten Entscheidungen BGHSt 23, 30; BGH StV 1982, 521 zur Strafmilderung bei Vereidigungsverbot und zur unterlassenen Belehrung BGH NStZ 1984, 134; StV 1986, 341).

Da im vorliegenden Fall das Urteil aber nicht zu erkennen gibt, ob die Strafkammer dies bedacht hat, kann der Strafausspruch keinen Bestand haben.

Daran ändert sich auch nichts dadurch, daß der Tatrichter jeweils auf die Mindeststrafe erkannt hat. Die Bundesanwaltschaft übersieht hierbei nämlich, daß die ausgeworfenen Einzelstrafen nur wegen der fehlerhaften Anwendung des § 154 Abs. 1 StGB die dort bestimmten Mindestmaße darstellen. Wären die genannten Milderungsgründe berücksichtigt worden, hätte dies zur Annahme eines minder schweren Falles geführt, so daß nach

9. Gegenerklärung zum Antrag der Revisionsstaatsanwaltschaft   VIII. C. 9

§ 154 Abs. 2 die Einzelstrafen und die Gesamtstrafe deutlich niedriger hätten ausfallen können.
Die auf den Strafausspruch beschränkte Revision ist also nicht (offensichtlich[5]) unbegründet. Es wird gebeten, Termin zur Hauptverhandlung anzuberaumen, falls nicht nach § 349 Abs. 4 StPO verfahren werden kann.

Rechtsanwalt/Rechtsanwältin

Schrifttum: Vgl. vor Form. VIII. C. 1.

Anmerkungen

1. Beim Bundesgerichtshof werden von allen in Strafsachen erledigten Revisionssachen nur etwa 10% durch Urteil, also nach einer Hauptverhandlung vor dem Senat entschieden. In etwa 2% wird die Revision zurückgenommen, bei rund 86% entscheiden die 5 Strafsenate durch Beschluß, zu einem vernachlässigbaren kleinen Anteil nach § 349 Abs. 1 StPO oder durch Einstellung. Über 87,47% aller erledigten Revisionen entscheidet der Bundesgerichtshof durch Beschluß nach § 349 Abs. 2 bis 4 StPO. Nimmt man die Gesamtmenge dieses Teils wiederum als 100%, so sind hiervon nur 3,77% Entscheidungen, die zu einer vollen Aufhebung des angefochtenen Urteils zugunsten des Angeklagten führen. 8,58% der BGH-Beschlüsse bei der Erledigung von Revisionen bedeuten eine Teilaufhebung zugunsten der Angeklagten bei Zurückweisung der Revision im übrigen gem. § 349 Abs. 2 und Abs. 4 StPO. Alle übrigen, das Verfahren abschließenden Beschlüsse (also 87,65%) lauten auf Zurückweisung in vollem Umfang als „offensichtlich unbegründet" gem. § 349 Abs. 2 StPO (*Rieß* StV 1987, 269 ff).

Der extrem hohe Anteil der Beschlußverwerfungen gehört zum permanenten Berufsärgernis des Strafverteidigers (vgl. *Kreuzer* StV 1982, 444 ff; *Krehl* GA 1987, 162; *Peters* Lehrbuch S. 655 ff; JR 1977, 477 und in FS Dünnebier, S. 67 ff; *von Stackelberg*, FS Dünnebier, S. 365; *Dahs*, Handbuch Rdnr. 866).

Voraussetzung der Beschlußverwerfung ist seit dem StPÄG vom 19. 12. 1964, daß die Staatsanwaltschaft beim Revisionsgericht – beim Bundesgerichtshof der Generalbundesanwalt – sie beantragt hat (fehlt es an einem Antrag und wird dennoch verworfen, so liegt darin im verfassungsrechtlichen Sinne Willkür, BVerfGE 59, 98). Der Antrag muß begründet werden. Durch dieses Erfordernis soll sichergestellt werden, daß die Anwendung des § 349 Abs. 2 StPO auf Fälle beschränkt wird, in denen sie „aus dem praktischen Bedürfnis einer zügigen und effektiven Rechtspflege nicht zu entbehren" ist (*Dahs/Dahs* Rdnr. 456). Jeder Strafverteidiger mag aus seiner eigenen Praxiserfahrung beurteilen, ob diese „Sicherstellung" mehr oder weniger vollkommen erreicht wird. Bei der wohlfeilen Klage über den vermeintlichen oder wirklichen Mißbrauch der Bestimmung des § 349 Abs. 2 StPO sollten jedoch solche Beispielsfälle außer Betracht bleiben, bei denen der Verteidiger den Verwerfungsantrag der Revisionsstaatsanwaltschaft lediglich zu seinen Handakten genommen hat, ohne darauf zu erwidern. Uns ist eine veröffentlichte Statistik darüber, wie häufig so etwas vorkommt, nicht bekannt. Mündliche Berichte von Revisionsrichtern deuten jedoch darauf hin, daß in einem erschreckend großen Anteil die Anträge der Revisionsstaatsanwaltschaften ohne jede Erwiderung bleiben. Das untätige Verstreichenlassen der Frist des § 349 Abs. 3 Satz 2 StPO (vgl. dazu Anm. 3) dürfte jedoch bei den Revisionsrichtern eine ähnliche Wirkung auslösen wie die Mitteilung, man fände die Begründung, mit der die Revision als offensichtlich unbegründet verworfen werden soll, ganz überzeugend. Es fehlt dann nur noch die Rücknahme der Revision.

Ein Verteidiger, der ernstgenommen werden will und in dieser Lage die Revision nicht zurücknimmt, *muß* den Senat in einer Gegenerklärung wissen lassen, was er dem Vorbringen der Revisionsstaatsanwaltschaft entgegenzusetzen hat. Dies können keine neuen Verfahrenstatsachen sein, weil diese vollständig bereits in der Revisionsbegründung fristgerecht vorgetragen sein müssen (§ 344 Abs. 2 Satz 2, § 345 Abs. 1 StPO).

Die Gegenerklärung kann jedoch dazu dienen, die Deutung der vorgetragenen Verfahrenstatsachen durch die Revisionsstaatsanwaltschaft zu korrigieren und insbesondere dazu, ihrer Rechtsmeinung die eigene noch einmal mit zusätzlichen Argumenten entgegenzuhalten. Dies kann auch zum Anlaß genommen werden, in rechtlicher Hinsicht noch einmal völlig neue Aspekte vorzutragen (LR/*Hanack* § 349 Rdnr. 20).

2. Adressat der Gegenerklärung ist das Revisionsgericht, weil zu diesem Zeitpunkt bereits ihm die Akten vorliegen. Zwar wird die Mitteilung nicht durch das Revisionsgericht, sondern durch die Staatsanwaltschaft bewirkt (*Kleinknecht/Meyer* Rdnr. 15 zu § 349; LR/ *Hanack* Rdnr. 18 zu § 349), doch geschieht dies regelmäßig gleichzeitig mit der Übersendung der Akte an den zuständigen Senat. Der nach der Kommentarliteratur als nicht zwingend vorgeschriebene, aber doch im Sinne der Fürsorgepflicht als geboten (KK/*Pikart*; *Kleinknecht/Meyer* Rdnr. 15; LR/*Hanack* a. a. O.) bezeichnete Hinweis auf die Möglichkeit der Gegenerklärung und auf die dafür geltende Frist dürfte inzwischen bei allen Revisionsstaatsanwaltschaften gängige Praxis sein.

3. Die gesetzliche Frist zur Abgabe der Gegenerklärung beträgt zwei Wochen ab der Zustellung des Antrags der Revisionsstaatsanwaltschaft (§ 349 Abs. 3 Satz 2 StPO). Die Frist kann nicht verlängert werden, ist andererseits aber auch keine Ausschlußfrist. Es muß jedoch dringend davor gewarnt werden, sich auf die Möglichkeit der Fristüberschreitung zu verlassen. Zum einen gibt es Senate, die über Beschlußverwerfungsanträge in der allerersten Beschlußsitzung nach Ablauf der 2-Wochen-Frist beraten. Zum anderen ist es weder verboten, noch dürfte es ungewöhnlich sein, daß zumindest der Berichterstatter im Senat an seinem Votum auch vor Ablauf der Frist bereits arbeitet, so daß seine Meinungsbildung schon weit fortgeschritten sein kann, wenn der Schriftsatz eingeht.

Auch von einer „ratenweise" vorgebrachten Gegenerklärung kann nur abgeraten werden. Eine erste kurze spontane Erwiderung auf den Antrag der Bundesanwaltschaft mit der Ankündigung einer ausführlicheren Gegenerklärung kann dazu führen, daß vor deren Eingang das Revisionsgericht entscheidet. Eine solche in Aussicht gestellte Ergänzung braucht das Revisionsgericht nämlich nicht abzuwarten, sobald die Frist abgelaufen ist (BGHSt 23, 102; LR/*Hanack* § 349 Rdnr. 20). Nach Erlaß des Verwerfungsbeschlusses eingehende Gegenerklärungen dürfen wegen der Rechtskraft nicht mehr zu einer Korrektur führen (BGH GA 1988, 471; *Dahs/Dahs* Rdnr. 459 m. w. Nachw.).

Nur in extremen Ausnahmefällen kann es geboten sein, sich die Tatsache, daß die 2-Wochen-Frist keine Ausschlußfrist ist, dadurch nutzbar zu machen, daß man den Vorsitzenden des Senates (rechtzeitig vor Ablauf) bittet, die Beratung für die Sache so lange zurückzustellen, bis man die Möglichkeit hatte, die Gegenerklärung zu bearbeiten. Anlaß für ein solches ungewöhnliches Vorgehen kann eine Urlaubsreise des Verteidigers sein. Auch können die Gründe für eine solche „informelle Fristverlängerung" auch einmal in der Sache selbst liegen. Dies ist dann der Fall, wenn die Bundesanwaltschaft ihre Meinung auf Rechtsprechung stützt, die nicht veröffentlicht ist und die sie nur mit Aktenzeichen und Entscheidungsdatum angibt. Um auf dem gleichen Informationsstand argumentieren zu können, wird der Verteidiger dies noch am Tage des Eingangs des Verwerfungsantrages zum Anlaß nehmen, bei dem betreffenden Gericht die Entscheidung anzufordern. Handelt es sich um den Bundesgerichtshof, so können solche Anforderungsschreiben unmittelbar an den Bibliothekar des Bundesgerichtshofs gerichtet werden. Da es unterschiedlich lange dauert, bis man solche unveröffentlichten Entscheidungen dann in Händen hält, kann die Bitte an den Vorsitzenden des betreffenden Senats darauf gerichtet werden, die Beratung und Entscheidung über die Revision bis zum Ablauf von zwei Wochen nach Eingang der Entscheidungen, den man unverzüglich mitteilen wird, zurückzustellen.

9. Gegenerklärung zum Antrag der Revisionsstaatsanwaltschaft VIII. C. 9

4. Mehr als die hochspezialisierten Sachbearbeiter der Bundesanwaltschaft tendieren die Generalstaatsanwaltschaften bei den Oberlandesgerichten häufig dazu, mit mehr oder weniger standardisierten Textbausteinen dem Revisionsvorbringen entgegenzutreten. Solche Antragsschriften haben manchmal nur einen losen Bezug zu dem konkreten Revisionsvorbringen. Hierdurch eröffnet sich für den Revisionsführer die Chance, noch einmal mit aller Deutlichkeit die tragenden Aspekte seines Vorbringens hervorzuheben.

5. Weitgehend scheint in Vergessenheit geraten zu sein, daß zu den Voraussetzungen einer Beschlußverwerfung nach § 349 Abs. 2 StPO (anders als zur Beschlußaufhebung nach § 349 Abs. 4 StPO) immer noch das Merkmal der *Offensichtlichkeit* gehört. Auch konnte sich beim Bundesgerichtshof die Meinung, daß wegen des Anspruchs auf rechtliches Gehör neben dem von der Staatsanwaltschaft vorgeschlagenen Entscheidungs*tenor* auch die Antrags*begründung* vom Senat als „offensichtlich richtig" akzeptiert werden muß, wenn die Revision durch Beschluß verworfen werden soll, (so *Hamm* StV 1981, 249, 327; ebenso *Peters,* FS Dünnebier, S. 68 Fußn. 42 und *Sarstedt/Hamm* Rdnr. 460; vgl. auch *Schoreit* in FS für G. Pfeiffer, 1988, S. 403) nicht durchsetzen (Keine Bedenken gegen den Begründungsaustausch ohne Gelegenheit zur Stellungnahme zu dem u. U. völlig neuen rechtlichen Gesichtspunkt haben *Dahs/Dahs* Rdnr. 460; LR/*Hanack* § 349 Rdnr. 17; *Kleinknecht/Meyer,* § 349 Rdnr. 14; *Gribbohm* NStZ 1983, 97; *F. Meyer* StV 1984, 225; vgl. auch BVerfG NJW 1987, 2219 = NStZ 1987, 334).

Der Verteidiger sollte sich auch nicht zu viel davon versprechen, in der Gegenerklärung noch so kluge theoretische Ausführungen darüber zu machen, weshalb seine Revision „jedenfalls nicht offensichtlich" unbegründet sei. Die Revisionsrichter, aus deren Reihen immer wieder einmal die Streichung des Wortes „offensichtlich" in § 349 Abs. 2 StPO vorgeschlagen wird (vgl. z. B. *Meyer-Goßner* in: FS Sarstedt, 1981, S. 225 und *Meyer-Goßner* in: Die revisionsgerichtliche Rechtsprechung der Strafsenate des Bundesgerichtshofs, Bd. 3 der Schriftenreihe der Arbeitsgemeinschaft Strafrecht im DAV, S. 186 sowie in demselben Band *Salger,* S. 166), sind in der Praxis weitgehend von dem einschränkenden Charakter dieses Merkmals abgekommen und machen von der Beschlußverwerfungsmöglichkeit schon dann Gebrauch, wenn sich der Senat einstimmig dafür ausspricht.

Der Verteidiger tut deshalb gut daran, schon im „schriftlichen Verfahren" in der Sache selbst zu argumentieren, statt in spitzfindiger Begriffsakribie einen Rechtsanspruch auf Durchführung einer mündlichen Hauptverhandlung zu reklamieren.

D. Wiedereinsetzung in den vorigen Stand

Vorbemerkung

Die Wiedereinsetzung in den vorigen Stand ist ein außerordentlicher Rechtsbehelf und kein Rechtsmittel. Mit ihm wird weder durch ein höherrangiges Gericht eine Entscheidung überprüft, noch hindert die eingetretene Rechtskraft die Wiedereinsetzung, diese soll gerade beseitigt werden. Der Rechtsbehelf führt das Verfahren in das Stadium zurück, das bestanden hätte, wenn ein verspätetes Rechtsmittel oder ein verspäteter Rechtsbehelf (z. B. der Einspruch gegen den Strafbefehl, vgl. Form. VIII. D. 1) fristgemäß eingelegt worden wäre (*Kleinknecht/Meyer* Rdnr. 1 zu § 44; KK/*Maul* Rdnr. 1 zu § 44).

Die Wiedereinsetzung soll demjenigen gewährt werden, der ohne sein Verschulden gehindert war, eine Frist, bzw. die vorgeschriebene Form (BGHSt 26, 335) einzuhalten (§ 44 StPO). Die Frage, wann von einem schuldhaften Handeln auszugehen ist, beurteilt sich nach den subjektiven Verhältnissen und Gegebenheiten des Säumigen, wobei geprüft wird, ob dieser bei Anwendung der ihm billigerweise zuzumutenden Sorgfalt die Säumnis hätte abwenden können (LR/*Wendisch* Rdnr. 23 zu § 44). Eine umfangreiche Kasuistik in Literatur und Rechtsprechung gibt darüber Auskunft, wann ein Verschulden i. S. d. § 44 StPO vorliegen kann (vgl. die Kommentare zu § 44 StPO). Die Rechtsprechung, die wegen des subjektiven Schuldelements stets an einen besonderen Einzelfall anknüpft, dürfte jedoch nur vergleichsweise selten uneingeschränkt übertragbar sein.

Hat der Beschuldigte einen **Verteidiger** und führt dessen Handeln (oder das seiner Angestellten) zur Fristversäumung, rechtfertigt dies die Wiedereinsetzung. Der Beschuldigte, bzw. Angeklagte muß sich das Verschulden seines Verteidigers nicht zurechnen lassen (KK/*Maul* Rdnr. 30 zu § 44; LR/*Wendisch* Rdnr. 48ff. zu § 44; vgl. auch Form. VIII.D.7). Dieser Grundsatz gilt allerdings nur, solange der Antragsteller nicht durch eigenes Verschulden zur Versäumung der Frist beigetragen hat (BGHSt 14, 306/308). Dies wird im allgemeinen angenommen, wenn er einen als unzuverlässig bekannten Anwalt beauftragt oder z. B. seinem Verteidiger den Tag der Zustellung nicht mitgeteilt hat und deshalb eine Frist versäumt wird (Fundstellennachw. und weitere Beispielsfälle bei LR/*Wendisch* Rdnr. 50ff. zu § 44; KK/*Maul* Rdnr. 30ff. zu § 44).

Das Prinzip, daß sich der Mandant das Verschulden seines Rechtsanwaltes nicht zurechnen lassen muß, gilt nur dann, wenn dieser in seiner Eigenschaft als Verteidiger tätig wurde. Hat er andere Ziele seines Mandanten verfolgt („ideelle oder finanzielle", KK/*Maul* Rdnr. 34 zu § 44), haftet der Betroffene für das Verschulden seines Prozeßbevollmächtigten. Typischerweise gilt dies für die Fristversäumung im Zivilverfahren, aber nach der Auffassung von Literatur und Rechtsprechung auch dann im Strafprozeß, wenn der Rechtsanwalt einen Privatkläger, Nebenkläger, den Antragsteller im Klageerzwingungsverfahren (KK/*Maul* Rdnr. 34 zu § 44 m.w.Nachw.; OLG Düsseldorf wistra 1989, 79) oder (als Verteidiger!) den Angeklagten im Verfahren der sofortigen Beschwerde gegen die Kosten- und Auslagenentscheidung vertritt (BGHSt 26, 126; OLG Düsseldorf OLGSt Nr. 87 zu § 44 StPO und NstZ 1989, 242; KK/*Maul* Rdnr. 34 zu § 44 m.w.Nachw.). Auch im Verfahren gemäß § 23ff. EGGVG haftet nach der h.M. in Literatur und Rechtsprechung der Antragsteller für das Verschulden seines Prozeßbevollmächtigten (vgl. *Kissel* Rdnr. 15 zu § 26 EGGVG m.w.Nachw.). Erfreulicherweise macht das OLG Hamm (NStZ 1982, 483) hiervon für die Fälle eine Ausnahme, in denen dem erhöhten Schutzbedürfnis des Beschuldigten im Strafverfahren Rechnung zu tragen ist: einem Verurteilten im Antragsverfahren gemäß § 23ff. EGGVG gegen einen Justizverwaltungsakt auf dem Gebiet des Strafrechts (Strafvollstreckung) wird danach die schuldhafte Fristversäumung seines Verteidigers nicht zugerechnet.

Vorbemerkung VIII. D

Beim Strafantrag und bei der Beschwerde im Klageerzwingungsverfahren gem. § 172 Abs. 1 Satz 1 StPO gilt die Besonderheit, daß die §§ 44 ff. StPO nur analog anwendbar sind, da gem. § 45 StPO der Wiedereinsetzungsantrag bei Gericht einzureichen ist, für die Beschwerde des § 172 Abs. 1 StPO und grundsätzlich auch für den Strafantrag (der allerdings sowohl bei der Staatsanwaltschaft als auch bei Gericht gestellt werden kann, § 158 Abs. 2 StPO) aber ein gerichtliches Verfahren nicht vorgesehen ist. Da dies vom Ergebnis her als unbefriedigend erachtet wurde, hat die Rechtsprechung insoweit eine Korrektur vorgenommen. Die unverschuldete Fristversäumnis ist sowohl bei Stellung des Strafantrages als auch bei der Beschwerde im Klageerzwingverfahren (vgl. hierzu im einzelnen Form. VIII.D.4) zu berücksichtigen (LR/*Wendisch* Rdnr. 11 ff. zu § 44; KK/*Maul* Rdnr. 10 ff. zu § 44 StPO jeweils m. w. Nachw.).

Die Wiedereinsetzung zur Nachholung von Verfahrensrügen nach rechtzeitig begründeter Revision wird von der Rechtsprechung im übrigen grundsätzlich dann für unzulässig erachtet, wenn der Verteidiger in der Hauptverhandlung anwesend war (BGH NStZ 1981, 110; weit. Nachw. bei *Kleinknecht/Meyer*, § 44 Rdnr. 7). Dies gilt auch dann, wenn die Verfahrensrüge zwar rechtzeitig erhoben wurde, aber den Voraussetzungen des § 344 StPO nicht entsprach (BGH 1 StR 30/77 vom 15. 11. 1977, zitiert aus KK/*Maul* Rdnr. 13 zu § 44; *Sarstedt/Hamm* Rdnr. 125). Hiervon sind aber zwischenzeitlich in zahlreichen Fällen Ausnahmen gemacht worden, ohne daß sich jedoch hieraus ein einheitliches Prinzip herleiten ließe. So wurde die Wiedereinsetzung gewährt in einem Falle, in dem der Verteidiger mit der wirksam erhobenen allgemeinen Sachrüge eine besondere Verfahrensrüge angekündigt, diese aber während der vierwöchigen Frist infolge seiner Erkrankung nicht begründet hatte (BGH bei *Dallinger* MDR 1966, 25; BGH *(Pfeiffer)* NStZ 1985, 204), wenn dem Verteidiger die zur Begründung einer Verfahrensrüge erforderliche Akteneinsicht zu spät gewährt wurde (BGH NStZ 1984, 418; BGH 3 StR 186/90 v. 8. 8. 1990; OLG Frankfurt NJW 1963, 1792), bei mangelhafter Aufnahme der Revision durch den Urkundsbeamten der Geschäftsstelle (OLG Celle GA 1968, 153; weitere Beispiele bei LR/*Wendisch* Rdnr. 15 zu § 44; KK/*Maul* Rdnr. 13 ff. zu § 44; *Kleinknecht/Meyer* Rdnr. 7 zu § 44; vgl. auch *Sarstedt/Hamm* Rdnr. 123, 124 zu der umstrittenen Frage, ob der Verteidiger in extremen Ausnahmefällen die Frist des § 345 Abs. 1 StPO im Vertrauen auf die Wiedereinsetzung bewußt verstreichen lassen kann – aber Vorsicht (!), vgl. BGH NJW 1973, 1138 = JR 1973, 471 m. Anm. *Peters*). Ausgeschlossen sein soll die Wiedereinsetzung aber immer dann, wenn sie der Ergänzung oder Berichtigung einer bereits erhobenen Verfahrensrüge dienen soll (BGH NStZ 1985, 181), oder wenn das Verfahren durch eine vom Revisionsgericht erlassene Sachentscheidung zum Abschluß gekommen ist (BGH *(Miebach)* NStZ 1989, 218; BGHSt 17, 94, hier soll jedoch Nachholung des rechtlichen Gehörs nach § 33a StPO in Frage kommen, vgl. BGH Beschluß vom 12. 8. 1975, 1 StR 680/74, zitiert aus KK/*Maul* Rdnr. 15 zu § 44; a. A. zur Zulässigkeit der Wiedereinsetzung bei erlassener Sachentscheidung im übrigen LR/*Wendisch* Rdnr. 16 zu § 44 StPO).

Zur Frage der Wiedereinsetzung, bzw. der Verfahrensweise bei Versäumung der Frist des § 350 Abs. 3 StPO (Verteidigerbestellung für die Revisionshauptverhandlung) vgl. Form. VIII. E. 2, insbesondere Anm. 3.

1. Wiedereinsetzung wegen Versäumung der Einspruchsfrist gegen einen Strafbefehl

Amtsgericht[1] Frankfurt
„Stufe" gesondert. 17. 2. 1987[2]

In der Strafsache
gegen
Herrn A
– Az.: ... –
wird beantragt,
Herrn A Wiedereinsetzung in den vorigen Stand zu gewähren.[3]
Gleichzeitig wird hiermit gegen den Strafbefehl des Amtsgerichts vom 12. 12. 1986 – zugestellt am 24. 12. 1986, –

Einspruch[4]

eingelegt.

Begründung[5]

Herrn A trifft im Sinne des § 44 StPO kein Verschulden daran, daß der Schriftsatz der von ihm rechtzeitig bevollmächtigten unterzeichnenden Rechtsanwältin X vom 29. 12. 1986, mit dem der Einspruch gegen den Strafbefehl vom 12. 12. 1986 eingelegt wurde, nicht beim Amtsgericht in Frankfurt am Main eingetroffen ist.
Herr A hat nach der an ihn am 24. 12. 1986 erfolgten Zustellung die unterzeichnende Rechtsanwältin rechtzeitig am 29. 12. 1986 über den erlassenen Strafbefehl des Amtsgerichts Frankfurt informiert und ihr den Auftrag und die Vollmacht zur Einspruchseinlegung erteilt. Der noch an demselben Tag geschriebene Einspruchs-Schriftsatz wurde sodann (ebenfalls noch am 29. 12. 1986) von der Anwaltsgehilfin, Frau D, auf den Postweg gebracht. Dieser Vorgang wird durch die anliegende eidesstattliche Versicherung der Anwaltsgehilfin Frau D glaubhaft[6] gemacht. Da sich die Praxis der unterzeichnenden Rechtsanwältin in Frankfurt am Main befindet, konnte damit gerechnet werden, daß der Schriftsatz am darauffolgenden Tag, dem 30. 12. 1986, spätestens aber am 31. 12. 1986 beim Amtsgericht in Frankfurt am Main eingeht.
Der Schriftsatz mit dem Einspruch ist aber tatsächlich bis zum heutigen Tag nicht beim Amtsgericht angekommen, was sich aus dem Inhalt der Strafakten ergibt.[7]
Herr A selbst hat erst am heutigen Tag (dem 17. 2. 1987) durch die Übersendung der Aufforderung des Amtsgerichts zur Zahlung der im Strafbefehl ausgewiesenen „rechtskräftigen" Geldstrafe sowie der Gerichtskosten Kenntnis[8] davon erhalten, daß der Einspruch dem Gericht nicht vorliegt.
Dem Antrag auf Wiedereinsetzung ist stattzugeben, da Herr A alles Erforderliche veranlaßte und er es nicht zu vertreten hat, daß der Schriftsatz auf dem Postweg verloren ging.

Rechtsanwältin

Eidesstattliche Versicherung[9]

Ich, F.D., Eschersheimer Landstraße 34, 6000 Frankfurt am Main, erkläre hiermit in Kenntnis der Strafbarkeit der Abgabe einer falschen eidesstattlichen Versicherung zur Vorlage bei Gericht an Eides Statt:

1. Wiedereinsetzung wegen Versäumung der Einspruchsfrist **VIII. D. 1**

Ich bestätige hiermit, daß ich am Nachmittag des 29. 12. 1986 nach Diktat durch Frau Rechtsanwältin X in der Strafsache gegen Herrn A die Mandatsanzeige sowie den Einspruch gegen den Herrn A betreffenden Strafbefehl niedergeschrieben habe und daß ich diesen Schriftsatz nach der Unterzeichnung durch Rechtsanwältin X zusammen mit der von Herrn A unterzeichneten Strafprozeßvollmacht unmittelbar nach Dienstschluß um 18.00 Uhr in den Briefkasten an der Kreuzung Eschersheimer Landstraße/Grüneburgweg eingeworfen habe. Der Briefkasten wird an Werktagen abends um 19.30 Uhr und um 22.00 Uhr geleert.

Frankfurt am Main, den 17. 2. 1987

......
F. D.

Anmerkungen

1. Der Antrag auf Wiedereinsetzung kann bei demjenigen Gericht eingelegt werden, bei dem die Frist hätte wahrgenommen werden müssen. Im Falle des erlassenen Strafbefehls und der versäumten Einspruchsfrist ist dies das Amtsgericht. Erfolgt die Einlegung oder die Begründung der Berufung oder Revision verspätet, ist der Antrag an das jeweilige Gericht der 1. Instanz zu richten (§ 45 Abs. 1 StPO). Die Entscheidung über den Antrag fällt das Gericht, das bei rechtzeitiger Handlung zur Entscheidung in der Sache selbst berufen gewesen wäre (§ 46 Abs. 1 StPO). Gem. § 45 Abs. 1 Satz 2 StPO kann der Wiedereinsetzungsantrag zulässig auch bei diesem Gericht gestellt werden. Im Strafbefehlsverfahren ist das gem. § 46 Abs. 1 StPO für die Entscheidung über den Wiedereinsetzungsantrag zuständige Gericht ebenfalls das Amtsgericht. Im Berufungsverfahren entscheidet das Gericht der 2. Instanz (Berufungsgericht), im Revisionsverfahren das Revisionsgericht.

2. Die Frist zur Antragstellung beträgt eine Woche (§ 45 Abs. 1 Satz 1 StPO). Sie beginnt mit der Beseitigung des Hindernisses, z. B. der Unkenntnis, auf der die Säumnis beruht (*Kleinknecht/Meyer* Rdnr. 3 zu § 45 StPO). Die Mitteilung dieses Zeitpunkts ist Zulässigkeitsvoraussetzung des Antrags gem. § 44 StPO (vgl. hierzu Anm. 5 und 8). Geht, wie im obigen Beispiel, ein rechtzeitig aufgegebener Brief verloren, ist das Hindernis weggefallen, wenn dem Betroffenen der Verlust bekannt wird. Dies ist im Beispielsfall durch die Mitteilung über die Rechtskraft der Entscheidung des Amtsgerichts Frankfurt geschehen. Es kommt bei der Frage, wann das Hindernis weggefallen ist, stets auf die persönliche Kenntnis des Betroffenen an (*Kleinknecht/Meyer* Rdnr. 3 zu § 45; LR/*Wendisch* Rdnr. 8 zu § 45 StPO). Unberücksichtigt bleibt, ob sein Rechtsanwalt früher oder später von dem Umstand Kenntnis erhalten hat (LR/*Wendisch* Rdnr. 8 zu § 45 StPO; BGH 3 StR 26/90 v. 16. 5. 1990).

Im Gegensatz zu anderen Verfahrensordnungen ist die Frist des § 45 Abs. 1 S. 1 StPO keine Ausschlußfrist (LR/*Wendisch* § 45 Rdnr. 4; OLG Düsseldorf NJW 1982, 60), so daß auch bei einem unverschuldeten Versäumnis insoweit wiederum eine (zweistufige) Wiedereinsetzung nach § 44 möglich ist (*Kleinknecht/Meyer* Rdnr. 3 zu § 45).

Der **Antrag** lautet dann, „Herrn A. Wiedereinsetzung in den vorigen Stand zu gewähren wegen der Versäumung der Frist des § 45 Abs. 1 S. 1 StPO zur Stellung eines Wiedereinsetzungsantrages wegen Versäumung der Frist ......"

Die Anforderungen an die Begründung eines solchen Antrages bestehen dann für jede „Stufe" gesondert.

3. Im vorliegenden Musterfall ist ein Verschulden des A bereits deshalb ausgeschlossen, weil dieser rechtzeitig vor Fristablauf einen Rechtsanwalt mit seiner Verteidigung und der Einspruchseinlegung beauftragt hat. Damit hat er alles ihm Zumutbare unternommen, damit die Frist eingehalten wird. Selbst wenn der Verteidiger seinerseits nun schuldhaft die

VIII. D. 1 VIII. Rechtsmittel u. Rechtsbehelfe. D. Wiedereinsetzung i. d. vorigen Stand

Frist versäumt hat (ist im Musterbeispiel nicht geschehen), wäre dies dem A in der Regel nicht zuzurechnen (BGHSt 14, 306/308; KK/*Maul* Rdnr. 30 zu § 44). Der Mandant ist grundsätzlich zur Überwachung des Verteidigers nicht verpflichtet (*Kleinknecht/Meyer* Rdnr. 18 zu § 44). Ein Verschulden des Beschuldigten wird nur dann angenommen, wenn ihm die Unzuverlässigkeit, bzw. die Untätigkeit seines Verteidigers bekannt ist (BGHSt 25, 89/93; *Kleinknecht/Meyer* Rdnr. 18 zu § 44, vgl. hierzu auch die Vorbemerkung vor Form. VIII.D.1.

Im Musterfall trifft auch die Verteidigerin kein Verschulden, weil nachweislich der Schriftsatz ordnungsgemäß der Post zur Beförderung übergeben wurde (vgl. hierzu Anm. 5). Treten im postalischen Bereich Unregelmäßigkeiten auf, kann dies für den Antragsteller keinen Nachteil bringen, weil er hierauf keinen Einfluß hat (LR/*Wendisch* Rdnr. 39 zu § 44; BVerfGE 62, 334 = NJW 1983, 1479; zur Störung des Telefaxgerätes des Gerichts, vgl. BGH NJW 1992, 244f.).

4. Ist die versäumte Handlung noch nicht vorgenommen, muß sie – ebenfalls innerhalb der einwöchigen Antragsfrist für die Wiedereinsetzung – nachgeholt werden. War sie bereits – wenn auch verspätet – erfolgt, ist ihre Wiederholung nicht erforderlich. Es genügt die (stillschweigende) Bezugnahme (LR/*Wendisch* Rdnr. 28 zu § 45; *Kleinknecht/Meyer* Rdnr. 11 zu § 45). Im Beispielsfall wurde nochmals Einspruch eingelegt, weil dieser nicht zu den Akten gelangt war.

5. Der Antrag auf Wiedereinsetzung muß in der Weise begründet werden, daß aus ihm in ihrer gesamten Ursächlichkeit (OLG Düsseldorf NStZ 1986, 233 f. m. Anm. *Wendisch*) die Umstände der Fristversäumnis, der Hinderungsgrund und der Zeitpunkt des Wegfalls des Hindernisses ersichtlich sind. Diese Angaben sind Zulässigkeitsvoraussetzungen und müssen innerhalb der Wochenfrist vorgetragen werden (nach Ansicht des KG JR 1975, 380 können sie allerdings später noch ergänzt und verdeutlicht werden, vgl. hierzu aber auch OLG Braunschweig NJW 1967, 1432, wonach dies nur sehr eingeschränkt möglich sein soll). Es muß insbesondere dargelegt werden, daß den Antragsteller kein Verschulden trifft. Wird – wie im vorliegenden Fall – geltend gemacht, daß die Frist wegen einer unvorhersehbaren Verzögerung bei der Postzustellung eingetreten ist, müssen die näheren Umstände der Einlieferung der Sendung nach Zeit und Ort so genau bezeichnet werden, daß das Gericht in der Lage ist, die Frage des Verschuldens eindeutig zu beurteilen (*Kleinknecht/Meyer* Rdnr. 5 zu § 45 m.w.Nachw.).

Im vorliegenden Fall hätte es grundsätzlich ausgereicht, daß der Antragsteller vortragen läßt, er habe einen Verteidiger, der ihm als zuverlässig bekannt ist, rechtzeitig mit der Einlegung des Einspruchs beauftragt. Insoweit hätte bereits für das Gericht nachvollziehbar der Nachweis erbracht werden können, daß jedenfalls der Antragsteller alles ihm Zuzumutende getan hat, um sicherzustellen, daß die Frist wahrgenommen wird. Sicherheitshalber wurde aber der gesamte Sachverhalt vorgetragen, um dem Gericht durch die Nennung des tatsächlich für die Fristversäumung Verantwortlichen um so mehr zu verdeutlichen, daß den Antragsteller kein Verschulden traf.

6. Die Tatsachen zur Begründung des Antrags sind bei der Antragstellung oder im Verfahren über den Antrag glaubhaft zu machen (§ 45 Abs. 2 StPO). Als Mittel der Glaubhaftmachung kommen in Betracht: schriftliche Erklärungen, insbesondere eidesstattliche Versicherungen von Zeugen (die eidesstattliche Versicherungen des beschuldigten Antragstellers ist ausgeschlossen, LR/*Wendisch* Rdnr. 22 zu § 45; KK/*Maul* Rdnr. 13 zu § 45 StPO; vgl. auch BayObLG StV 1991, 467f.), anwaltliche Versicherungen (der Verteidiger versichert „anwaltlich", OLG Köln NJW 1964, 1038; vgl. auch Anm. 7 zu Form VIII.D.2), Urkunden, Bescheinigungen, Unterlagen, ärztliche Zeugnisse etc. (vgl. KK/*Pfeiffer* Rdnr. 5 zu § 26; *Kleinknecht/Meyer* Rdnr. 8 ff. zu § 26). Die bloße Bezeichnung eines Beweismittels wie z.B. die Benennung eines Zeugen reicht in der Regel zur Glaubhaftmachung nicht aus. Dies gilt nur ausnahmsweise dann nicht, wenn der Zeuge die schriftliche Bestätigung z.B. verweigert oder unerreichbar ist. Es müssen in einem solchen Fall dann

1. Wiedereinsetzung wegen Versäumung der Einspruchsfrist VIII. D. 1

aber wieder die Hinderungsgründe als solche glaubhaft gemacht werden (BGHSt 21, 334/ 347; falls der Rechtsanwalt z.B. über die Aussageverweigerung eines Zeugen eigene Wahrnehmungen gemacht hat, kann er dies in Form einer „anwaltlichen" Versicherung glaubhaft machen). Die eigene Erklärung des Antragstellers als Mittel der Glaubhaftmachung reicht grundsätzlich nicht aus (BGH NStZ 1985, 493; BayObLG StV 1991, 467f.). Etwas anderes gilt nur dann, wenn er außerstande ist, Beweismittel beizubringen (KK/*Maul* Rdnr. 12 zu § 45; KG NJW 1974, 657; *Kleinknecht/Meyer* Rdnr. 9 zu § 45). Das Bundesverfassungsgericht hatte früher die eigene Erklärung des Antragstellers ausreichen lassen (BVerfGE 40, 182, 185ff.), änderte seine Rechtsprechung dazu jedoch, nachdem der Gesetzgeber in der Neufassung des § 45 StPO die Möglichkeit eingeräumt hatte, die Mittel der Glaubhaftmachung auch noch nach Ablauf der Wochenfrist nachzuschieben oder zu ergänzen (BVerfGE 41 332, 337 = NJW 1976, 1537; vgl. auch BVerfGE 43, 95 ff.).

Als „schlichte Erklärung" wird auch der Versuch des Beschuldigten gewertet, durch seinen eigenen Eid oder eine eigene eidesstattliche Versicherung sein Vorbringen glaubhaft zu machen (LR/*Wendisch* Rdnr. 21 zu § 45).

Einer Glaubhaftmachung bedarf es dann nicht, wenn es sich um gerichtsbekannte Tatsachen handelt (LR/*Wendisch* Rdnr. 17 zu § 45), z.B. weil sich die Richtigkeit des Vorbringens aus den Akten ergibt (vgl. Anm. 7).

Dem Antragsteller ist nach § 45 Abs. 2 StPO die Möglichkeit eingeräumt, die Tatsachen zur Begründung seines Wiedereinsetzungsantrages entweder bei der Antragstellung oder im Verfahren über den Antrag glaubhaft zu machen. Nach der oben bereits zitierten Entscheidung des Bundesverfassungsgerichts (NJW 1976, 1537f.) ist die Glaubhaftmachung bis zum rechtskräftigen Abschluß des Wiedereinsetzungsverfahrens zulässig (so auch LR/*Wendisch* Rdnr. 23f. zu § 45; KK/*Maul* Rdnr. 15 zu § 46; a.A. aber *Kleinknecht/ Meyer* Rdnr. 7 zu § 45).

7. Der nicht erfolgte Eingang des Einspruchs bei Gericht ergibt sich auch für das Gericht offenkundig aus dem Inhalt der Strafakten. Insoweit bedarf es keiner Glaubhaftmachung (vgl. Anm. 6 am Ende).

8. Zulässigkeitsvoraussetzung ist auch die Angabe über den Zeitpunkt des Wegfalls des Hindernisses (BGH bei *Dallinger* MDR 1972, 925; OLG Düsseldorf VRS 64, 271; LR/ *Wendisch* Rdnr. 15 zu § 45).

9. Die eidesstattliche Versicherung muß die Angaben des Zeugen so exakt wie möglich wiedergeben. Es empfiehlt sich insbesondere, die Formulierung der eidesstattlichen Versicherung, die im Regelfall der Verteidiger selbst vornimmt, im einzelnen mit dem Zeugen selbst zu besprechen. Dabei sollte der Verteidiger jeden Anschein vermeiden, daß der Zeuge etwa verpflichtet wäre, vor ihm Angaben zu machen. Wenn dieser seine Bereitschaft zur Aussage erklärt, ist er darauf hinzuweisen, daß die eidesstattliche Versicherung der Vorlage bei einem Gericht dient und daß er sich deshalb nach § 156 StGB strafbar macht, wenn die in der von ihm unterzeichneten eidesstattlichen Versicherung niedergelegten Angaben nicht den Tatsachen entsprechen (vgl. hierzu *Dahs* Rdnr. 168, 970, sowie die dortigen Ausführungen zum Umgang des Verteidigers ganz allgemein mit Zeugen).

2. Wiedereinsetzung wegen Versäumung der Einspruchsfrist gegen einen Bußgeldbescheid gem. § 52 OWiG[1]

An den
Regierungspräsidenten[2]
Obere Königsstraße 3
3500 Kassel   21. 12. 1986[3]

In dem Ordnungswidrigkeitenverfahren
gegen
Herrn A
– Az.: ... –

wird beantragt,

Herrn A Wiedereinsetzung in den vorigen Stand zu gewähren.[4]

Gleichzeitig wird hiermit gegen den Bußgeldbescheid vom 6. 11. 1986, zugestellt am 26. 11. 1986,

Einspruch[5]

Eingelegt.

Begründung[6]

Herr A war im Sinne des § 44 StPO ohne Verschulden gehindert, die Frist zur Einlegung des Einspruchs gegen den Bußgeldbescheid vom 6. 11. 1986 einzuhalten. Die Tatsache, daß der Schriftsatz der Verteidigung vom 3. 12. 1986 den Eingangsstempel:

„Regierung Kassel
Eing.: 4. Dez. 1986"

trägt, demzufolge also erst einen Tag nach dem Ablauf der Einspruchsfrist (am 3. 12. 1986) bei der Verwaltungsbehörde einging, hat Herr A aus folgenden Gründen nicht zu vertreten:

Herr A hatte sich – was hiermit anwaltlich versichert[7] wird – am Vormittag des 3. 12. 1986 gegenüber der unterzeichneten Verteidigerin, die den Einspruchsschriftsatz gefertigt hatte, erboten, diesen Brief noch am gleichen Tag dem Regierungspräsidenten in Kassel zu überbringen. Herr A, der als Kraftfahrzeughändler an diesem Nachmittag jedoch unvorhergesehen stark beschäftigt wurde, beauftragte den in seinem Betrieb tätigen und ihm als äußerst korrekt und zuverlässig bekannten Angestellten F.L., den Schriftsatz mit dem Einspruch gegen den Ordnungswidrigkeitenbescheid nach Kassel zu bringen und in den dortigen Fristenkasten des Regierungspräsidenten in Kassel, Obere Königsstraße 3, einzuwerfen. Wie aus der Ermittlungsakte ersichtlich ist, war der Schriftsatz auch tatsächlich an diese Anschrift adressiert.

Herr F.L., dessen eidesstattliche Versicherung[8] zwecks Glaubhaftmachung anliegend beigefügt ist, kam in Kassel gegen 21.15 Uhr in der Oberen Königsstraße an und suchte das Dienstgebäude des Regierungspräsidenten. Da er das Haus nicht sogleich finden konnte, erkundigte er sich bei Passanten. Diese wiesen ihn auf ein Amtsgebäude an der Ecke Obere Königsstraße/Brüder-Grimm-Platz hin. Da sich an diesem Eckgebäude tatsächlich ein Fristbriefkasten befand, warf Herr L den Schriftsatz dort ein, in dem Glauben, es handele sich um den Briefkasten des Regierungspräsidenten in Kassel. In Wahrheit dürfte Herr L jedoch das Gebäude des Regierungspräsidenten mit dem des Verwaltungsgerichtshofs in der Brüder-Grimm-Straße 1 verwechselt haben. Das Gebäude des Gerichtshofs befindet sich tatsächlich an der Ecke Obere Königsstraße/Brüder-Grimm-Straße.

2. Wiedereinsetzung wegen Versäumung der Einspruchsfrist VIII. D. 2

Wenn Herrn L diesbezüglich ein Versehen unterlaufen ist, dann ist dieser Fehler Herrn A nicht anzurechnen, da er jedenfalls aufgrund seiner Erfahrung mit Herrn L als einem zuverlässigen Arbeitnehmer davon ausgehen konnte, daß dieser den Auftrag ordnungsgemäß erledigt und den Schriftsatz der richtigen Behörde, an die er auch adressiert war, überbringt.
Hinsichtlich der Glaubhaftmachung wird auf die eidesstattliche Versicherung des Herrn L verwiesen.
Die unterzeichnete Verteidigerin hat am 18. 12. 1986 durch die Mitteilung des Regierungspräsidenten (Bl. 27 d. Ermittlungsakte) Kenntnis davon erlangt, daß der Einspruch verspätet eingegangen ist. Dieses wurde Herrn A an demselben Tag schriftlich und telefonisch zur Kenntnis[9] gegeben.

Rechtsanwältin

Eidesstattliche Versicherung

Ich, F. L., Hügelstraße 7 in 6000 Frankfurt am Main, erkläre hiermit in Kenntnis der Strafbarkeit der Abgabe einer falschen eidesstattlichen Versicherung zur Vorlage bei Gericht an Eides Statt:
Ich bestätige hiermit, daß mich mein Arbeitgeber, Herr A, am Nachmittag des 3. 12. 1986 damit beauftragt hat, den Schriftsatz der Rechtsanwältin X vom 3. 12. 1986 zum Regierungspräsidenten, Obere Königsstraße 3 in Kassel, zu bringen und ihn in den Fristbriefkasten dieser Behörde einzuwerfen.
Ich kam in Kassel gegen 21.15 Uhr in der Oberen Königsstraße an und suchte das Dienstgebäude der Behörde. Da ich das Gebäude nicht sogleich finden konnte, erkundigte ich mich bei Passanten. Diesen zeigte ich die auf dem Schreiben befindliche Anschrift, woraufhin mir ein Dienstgebäude gezeigt wurde mit einem Fristbriefkasten. Dieses befand sich an der Oberen Königsstraße/Brüder-Grimm-Platz. Da ich davon ausging, daß dieser Fristbriefkasten, auf den ich von – meiner Auffassung nach ortskundigen – Passanten hingewiesen wurde, der richtige sei, warf ich gegen 21.30 Uhr den Brief dort ein.
Frankfurt am Main, den 21. 12. 1986

……
(F. L.)

Anmerkungen

1. Gem. § 52 OWiG gelten die §§ 44 bis 47 (ausgenommen § 46 Abs. 1) StPO auch im Ordnungswidrigkeitenverfahren für den befristeten Rechtsbehelf gegen den Bescheid der Verwaltungsbehörde, d. h. auch den Bußgeldbescheid. Da die §§ 44 bis 47 StPO ausdrücklich für anwendbar erklärt werden, kann hier in vollem Umfang auf die Ausführungen zu Form. VIII.D.1 verwiesen werden. Etwas anderes ergibt sich lediglich für den Adressaten des Wiedereinsetzungsantrags, vgl. hierzu Anm. 2.

2. Der Wiedereinsetzungsantrag bei Versäumung der Frist zur Einspruchseinlegung in Ordnungswidrigkeitenverfahren ist grundsätzlich an diejenige Verwaltungsbehörde zu richten, bei welcher der Rechtsbehelf hätte eingelegt werden müssen, also die Verwaltungsbehörde, die den Bescheid erlassen hat. In entsprechender Anwendung des § 45 Abs. 1 Satz 2 StPO kann der Antrag aber auch bei dem Gericht eingereicht werden, das bei rechtzeitigem Rechtsbehelf zur Entscheidung in der Sache selbst zuständig gewesen wäre, jedoch nur, wenn es zwischenzeitlich mit dem Rechtsbehelf befaßt ist. Da es aber erst dann mit der Sache befaßt ist, wenn das Verfahren zur Entscheidung über den Rechtsbehelf bei ihm anhängig gemacht wurde, ist die Zuständigkeit des Gerichts in der Regel erst dann gegeben, wenn die Verwaltungsbehörde die Fristversäumung übersehen hat und dies erst

nach Zuleitung der Akten vom Gericht selbst entdeckt wird (*Göhler* OWiG, 8. Aufl., Rdnr. 38 zu § 52). Das Gericht entscheidet nach der Neufassung des § 52 OWiG demnach nur noch ausnahmsweise über den Wiedereinsetzungsantrag.

Für die Entscheidung über den Antrag ist sachlich ausschließlich zuständig das Gericht, das bei rechtzeitiger Einlegung des Rechtsbehelfs in der Sache selbst für die Entscheidung zuständig gewesen wäre. Im vorliegenden Fall also das nach § 68 OWiG zuständige Amtsgericht.

3. Vgl. hierzu Anm. 2 zu Form. VIII.D.1. Es gilt auch im Ordnungswidrigkeitenverfahren die 1-Wochen-Frist und § 45 Abs. 1 StPO. Hier hat A am 18. 12. 1986 Kenntnis von der Säumnis über seine Verteidigerin erlangt. Dieser Zeitpunkt ist maßgeblich, nicht etwa der Zeitpunkt, in dem die Verteidigung von der Fristversäumung erfahren hat.

4. Vgl. hierzu Anm. 3 zu Form. VIII.D.1.

5. Gegen den Bußgeldbescheid ist der Einspruch der zulässige Rechtsbehelf (§ 67 OWiG).

6. Vgl. Anm. 5 zu Form. VIII.D.1.

7. Das Mittel der Glaubhaftmachung für eigene Wahrnehmungen des Verteidigers erfolgt über die „anwaltliche" Versicherung. Hierzu bedarf es keiner besonderen Darstellung. Es reicht aus, wenn die Versicherung im Schriftsatz an den entsprechenden Stellen kenntlich gemacht wird.

8. Vgl. Anm. 7 zu Form. VIII.D.1.

9. Vgl. Anm. 8 zu Form. VIII.D.1.

3. Antrag auf Wiedereinsetzung wegen Versäumung der Frist zur Berufungseinlegung aufgrund unterbliebener Rechtsmittelbelehrung[1] mit gleichzeitiger Berufungseinlegung

Amtsgericht Darmstadt
6100 Darmstadt   19. 12. 1986

In dem Strafverfahren
gegen
Herrn A ...
– Az.: ... –

wird beantragt,

Herrn A Wiedereinsetzung in den vorigen Stand zu gewähren.

Gleichzeitig wird hiermit gegen das Urteil des Amtsgerichts vom 22. Oktober 1986, das dem Angeklagten mit dem Vermerk „rechtskräftig" am 18. Dezember 1986 zugestellt wurde,

Berufung[2]

eingelegt.

Begründung

Herrn A trifft i. S. d. § 44 StPO kein Verschulden daran, daß er die Frist zur Berufungseinlegung gegen das Urteil des Amtsgerichts Darmstadt vom 22. 10. 1986 versäumt hat. Er kannte nicht die Fristen für die Berufungseinlegung und er ist in der Hauptverhandlung

3. Versäumung der Frist zur Berufungseinlegung VIII. D. 3

vor dem Amtsgericht Darmstadt auch nicht hierüber belehrt worden. Dies beweist die Sitzungsniederschrift über das Verfahren vor dem Amtsgericht, das einen Eintrag darüber, daß eine Rechtsmittelbelehrung an Herrn A erfolgte, nicht enthält. Die Rechtsmittelbelehrung ist eine wesentliche Förmlichkeit i.S.d. § 273 StPO. Das Fehlen im Protokoll der Hauptverhandlung beweist, daß sie unterlassen wurde (*Kleinknecht/Meyer* Rdnr. 13 zu § 274 StPO).

Herr A war in der Verhandlung vor dem Amtsgericht ohne Verteidiger. Er hat nach Zustellung des „rechtskräftigen" Urteils des Amtsgerichts am 18. 12. 1986 mit der unterzeichneten Rechtsanwältin am 19. 12. 1986 ein erstes Gespräch geführt und dieser gegenüber erklärt, er wolle jetzt, nachdem er das Urteil des Amtsgerichts in Händen halte, Rechtsmittel hiergegen einlegen. Auf die Erwiderung der unterzeichneten Rechtsanwältin, für die Berufungseinlegung sei die Frist bereits verstrichen, erklärte Herr A, daß er dies bislang nicht gewußt[3] habe. Hierüber sei er von niemandem, auch dem Amtsgericht nicht, aufgeklärt worden.

Die Richtigkeit der vorstehend aufgeführten Tatsachen, die die unterzeichnete Rechtsanwältin in der dargelegten Art und Weise wahrgenommen hat, wird hiermit anwaltlich zum Zwecke der Glaubhaftmachung versichert.

Dem Antrag ist demnach stattzugeben.

Rechtsanwältin

Anmerkungen

1. Gem. § 44 Satz 2 StPO ist die Versäumung einer *Rechtsmittelfrist* (gilt nicht für den Rechtsbehelf, LR/*Wendisch* Rdnr. 63 zu § 44) als unverschuldet anzusehen, wenn die entsprechende Belehrung unterblieben ist (*Sarstedt/Hamm* Rdnr. 126; zur unterbliebenen Belehrung im Fall des § 350 Abs. 3 StPO vgl. Form. VIII. E. 2 Anm. 3). Dies ist eine unwiderlegliche gesetzliche Vermutung. Dennoch befreit es den Antragsteller nicht von der Pflicht zur Darlegung des Ursachenzusammenhangs zwischen unterbliebener Rechtsmittelbelehrung und Fristversäumung. Die gesetzliche Vermutung bezieht sich nämlich nur auf das Fehlen des Verschuldens an der Fristversäumung (OLG Düsseldorf NStZ 1986, 233 mit zustimmender Anm. *Wendisch;* KK/*Maul* Rdnr. 36 zu § 44).

Daraus folgt, daß der Wiedereinsetzungsantrag die Behauptung enthalten muß, daß der Antragsteller gerade durch die unterbliebene Rechtsmittelbelehrung an der Fristwahrung verhindert worden ist. Dies ist immer dann der Fall, wenn er die Rechtsmittelfrist, über die er nicht belehrt wurde, *nicht gekannt hat.*

Im Falle einer schriftlichen Rechtsmittelbelehrung, die üblicherweise den Beschlüssen des Gerichts beigefügt ist, kann der Nachweis der unterbliebenen Belehrung dadurch erbracht werden, daß darauf hingewiesen wird, daß in der in der Akte befindlichen Zustellungsurkunde die *Umdrucknummer* des Merkblatts für die Belehrung gem. der Richtlinien für das Straf- und Bußgeldverfahren Nr. 142 III 1 fehlt (vgl. hierzu im einzelnen OLG Düsseldorf NStZ 1986, 233; KK/*Maul* Rdnr. 12 zu § 35a StPO).

Im Musterfall mußte die unterlassene mündliche Rechtsmittelbelehrung nicht glaubhaft gemacht werden, da sie sich aus dem in den Akten befindlichen Protokoll der Hauptverhandlung ergibt (vgl. auch Anm. 7 zu Form. VIII.D.1). Glaubhaft gemacht wurde aber die mangelnde Kenntnis des Antragstellers von der Berufungseinlegungsfrist, sowie die Umstände, aus denen sich ergibt, daß es allein die unterbliebene Rechtsmittelbelehrung war, die ihn von der fristgerechten Einlegung des Rechtsmittels abhielten. Damit ist der von der Rechtsprechung geforderte Ursachenzusammenhang zwischen unterbliebener Rechtsmittelbelehrung und Fristversäumung in ausreichender Weise dargetan.

2. Die versäumte Handlung lag in der Berufungseinlegung. Diese ist mit dem Wiedereinsetzungsantrag also noch innerhalb der einwöchigen Frist (vgl. hierzu Anm. 3) entsprechend § 45 Abs. 2 Satz 2 StPO nachgeholt worden (vgl. Anm. 4 zu Form. VIII.D.1).

VIII. D. 4   VIII. Rechtsmittel u. Rechtsbehelfe. D. Wiedereinsetzung i. d. vorigen Stand

Zum Antrag auf Wiedereinsetzung gegen ein auf das Ausbleiben des Angeklagten hin ergangenes erstinstanzliches Urteil mit gleichzeitiger Berufungseinlegung gem. § 315 StPO wird auf Form. VIII.B.4 verwiesen. Die in diesem Beispielsfall dargestellte Verknüpfung der Berufungseinlegung mit dem Wiedereinsetzungsantrag (wegen eines in Abwesenheit des Angeklagten ergangenen Urteils) unterscheidet sich von dem vorliegenden Fall dadurch, daß dort der Wiedereinsetzungsantrag zur erneuten erstinstanzlichen Hauptverhandlung führt, während im hier dargestellten Musterfall die Wiedereinsetzung die formal eingetretene Rechtskraft der erstinstanzlichen Entscheidung beseitigt und das Berufungsverfahren in Gang setzt.

3. Wie sich aus der Begründung des Antrags auf Wiedereinsetzung im Musterbeispiel ergibt, wurde A das „rechtskräftige" Urteil des Amtsgerichts bereits am 18. 12. 1986 zugestellt. Dieser Tag hat aber die einwöchige Antragsfrist deshalb nicht in Gang gesetzt, weil A zu diesem Zeitpunkt noch davon ausging, ungeachtet der Rechtskraft, könne gegen das Urteil noch ein Rechtsmittel eingelegt werden. Erst die ihm im Gespräch mit seiner Verteidigerin am 19. 12. 1986 erteilte Belehrung über die Berufungseinlegungsfrist hat bewirkt, daß das Hindernis (Unkenntnis des A), das bis zu diesem Zeitpunkt für die Fristversäumung ursächlich war, beseitigt wurde. Hiermit beginnt die einwöchige Antragsfrist (vgl. Anm. 8 zu Form. VIII.D.1).

4. Wiedereinsetzungsantrag bei Versäumung der Beschwerdefrist des § 172 Abs. 1 StPO[1]

Generalstaatsanwalt
bei dem Oberlandesgericht
6000 Frankfurt am Main   24. 3. 1987

In dem Strafverfahren
gegen
Herrn A
– Az.: ... –

zeige ich an, daß uns der Anzeigeerstatter und gleichzeitige Verletzte Herr B mit der Wahrnehmung seiner Interessen beauftragt hat. Eine entsprechende Strafprozeßvollmacht ist anliegend beigefügt.

Es wird beantragt,

> Herrn B Wiedereinsetzung in den vorigen Stand gegen die Versäumung der Frist zur Einlegung der Beschwerde gem. § 172 Abs. 1 StPO zu gewähren.

Gleichzeitig wird hiermit gegen die Einstellungsverfügung der Staatsanwaltschaft gem. § 170 Abs. 2 StPO vom 1. 3. 1987 gem. § 172 Abs. 1 StPO

Beschwerde

eingelegt.

Begründung

Der Antragsteller hat ohne eigenes Verschulden[2] die Frist zur Einlegung der Beschwerde gegen den Einstellungsbescheid der Staatsanwaltschaft Frankfurt am Main vom 1. 3. 1987 versäumt. Die schriftliche Einstellungsverfügung ist ihm als dem Verletzten am 5. 3. 1987 durch Niederlegung zugestellt worden (Bl. 67 d. A.). Die an diesem Tag beginnende zwei-

4. Wiedereinsetzung bei Versäumung der Beschwerdefrist **VIII. D. 4**

wöchige Frist zur Beschwerdeeinlegung gem. § 172 Abs. 1 StPO konnte Herr B nicht wahrnehmen, weil er sich in der Zeit vom 5. bis 22. 3. 1987 auf einer Urlaubsreise befand. Erst nach seiner Rückkehr am 22. 3. 1987 hat Herr B von der Einstellungsverfügung Kenntnis erlangt und die unterzeichnete Rechtsanwältin mit der Beschwerdeeinlegung gegen die Einstellungsverfügung beauftragt.
Da die Beschwerdefrist nach § 172 Abs. 1 StPO unabhängig von der tatsächlichen Kenntnisnahme des Betroffenen mit dem Zugang, bzw. der Zustellung der Einstellungsverfügung beginnt (KK/*Müller* Rdnr. 8 zu § 172 m. w. Nachw.), war im vorliegenden Fall am 22. 3. 1987, dem Tag der Rückkehr des Herrn B, die Fristversäumnis eingetreten. Da Herr B jedoch nicht damit rechnen konnte, daß das Verfahren gegen Herrn A eingestellt und ihm die entsprechende Einstellungsverfügung gerade innerhalb seines zweieinhalbwöchigen Jahresurlaubs zugehen würde, hat er für diese Fristversäumnis nicht einzustehen. Dem Antrag ist deshalb stattzugeben.

Rechtsanwältin

Anmerkungen

1. Der Verletzte einer Straftat hat gem. § 172 Abs. 2 StPO die Möglichkeit, die staatsanwaltschaftliche Verfahrenseinstellung (§ 170 Abs. 2 StPO) im gerichtlichen Klageerzwingungsverfahren vor dem Oberlandesgericht anzugreifen. Er muß zuvor innerhalb von zwei Wochen nach Bekanntgabe der Einstellungsverfügung eine Beschwerde gegen den vorgesetzten Beamten der Staatsanwaltschaft, also den Generalstaatsanwalt, eingelegt haben (§ 172 Abs. 1 StPO). Versäumt er diese Frist, besteht (zwischenzeitlich) in Literatur und Rechtsprechung Einigkeit darüber, daß ihm bei unverschuldeter Säumnis Wiedereinsetzung zwar nicht unmittelbar gem. §§ 44ff StPO, aber analog hierzu zu gewähren ist (vgl. die Vorbemerkung vor Form. VIII. D. 1; KK/*Maul* Rdnr. 11 zu § 44; LR/*Wendisch* Rdnr. 11ff zu § 44). Es gelten insoweit die gleichen Voraussetzungen wie bei der unmittelbaren Anwendung der §§ 44ff StPO.
Umstritten ist, in wessen Zuständigkeit die Entscheidung über das Wiedereinsetzungsgesuch fällt. Ein Teil der Rechtsprechung hält den Generalstaatsanwalt für zuständig (OLG Oldenburg NJW 1967, 1814; OLG Celle NJW 1971, 1374), ein anderer Teil erklärt das für das Klageerzwingungsverfahren zuständige Oberlandesgericht (§ 172 Abs. 2 StPO) für entscheidungsbefugt (OLG Celle MDR 1980, 335; OLG Köln MDR 1972, 623).
Dieser Streit hat für den Antragsteller im Wiedereinsetzungsverfahren insoweit wenig praktische Bedeutung, weil dieser den Antrag zulässigerweise analog § 45 Abs. 1 Satz 1 StPO – neben der zur Entscheidung gerufenen Behörde, analog § 46 StPO – jedenfalls auch bei derjenigen Behörde stellen kann, bei der gem. § 172 Abs. 1 StPO die Beschwerde gegen die Einstellungsverfügung anzubringen ist. Dies ist die Generalstaatsanwaltschaft. Die Frage, wer sodann befugtermaßen entscheidet, muß den Antragsteller, jedenfalls bei der Anbringung des Gesuchs, nicht weiter interessieren.
Hat die Generalstaatsanwaltschaft über den Antrag entschieden und diesen abgelehnt, ist dies unanfechtbar (OLG Hamm NJW 1973, 1055; LR/*Wendisch* Rdnr. 13 zu § 44 m. näherer Erläuterung und Begründung). Die Entscheidung der Generalstaatsanwaltschaft ist dann auch für das Oberlandesgericht bindend (LR/*Wendisch* Rdnr. 14 zu § 44).
2. Die wichtigste Besonderheit eines Wiedereinsetzungsantrags für den Verletzten besteht darin, daß hier – wie im Zivilprozeß – das Anwaltsverschulden dem Mandanten zugerechnet wird (h. M. vgl. die Nachw. bei LR/*Wendisch* Rdnr. 55 Fn. 22 zu § 44, sowie Rdnr. 61 zu § 44).

5. Wiedereinsetzungsantrag wegen Ausbleibens des Angeklagten in der Hauptverhandlung gem. § 235 StPO

Amtsgericht Karlsruhe
7500 Karlsruhe   22. 11. 1991

In dem Strafverfahren
gegen
Herrn A
– Az.: ... –

wird gegen das auf das Ausbleiben des Herrn A im Termin zur Hauptverhandlung ergangene Urteil vom 10. 10. 1991, zugestellt am 20. 11. 1991, gem. § 235 StPO[1] beantragt,

1. Herrn A Wiedereinsetzung in den vorigen Stand zu gewähren,
2. das ergangene Urteil des Amtsgerichts als gegenstandslos zu erklären und die Hauptverhandlung erneut durchzuführen.

Begründung:

Herrn A hat an der Hauptverhandlung des Amtsgerichts am 10. 10. 1991 deshalb nicht teilgenommen, weil er keine Kenntnis von dem Termin hatte.[2]
Zwar ist das Ladungsschreiben im Wege der Ersatzzustellung am 1. 10. 1991 der Ehefrau des Herrn A. ausgehändigt worden. Diese hat den Briefumschlag jedoch samt Inhalt im Beisein des Herrn A. ungeöffnet verbrannt, weil beide irrtümlich davon ausgingen, es handele sich um ein Schreiben des Amtsgerichts als Familiengericht in der durch Rücknahme des Scheidungsantrages erledigten Ehesache.
Bei diesem Vorgang war der 23-jährige Sohn der Eheleute A. zugegen, dessen eidesstattliche Erklärung[3] diesem Antrag zur Glaubhaftmachung beigefügt ist.
Vorsorglich wird gleichzeitig mit dem obigen Antrag hiermit gegen das Urteil vom 10. 10. 1991

Berufung[4]

eingelegt.

Rechtsanwältin

Anmerkungen

1. Für den Fall, daß gem. § 232 StPO die Hauptverhandlung ohne den Angeklagten stattgefunden hat, kann gem. § 235 StPO die Wiedereinsetzung beantragt werden. Es ist dabei das Ziel, eine erneute Hauptverhandlung zu erreichen. Eine solche Möglichkeit besteht nicht in den Fällen des § 231 Abs. 2 (Weiterverhandeln in Abwesenheit nach eigenmächtigem Ausbleiben des Angeklagten), des § 231a (selbst herbeigeführte Verhandlungsunfähigkeit), des § 231b (Abwesenheit wegen ordnungswidrigen Benehmens) und des § 233 (Entbindung vom Erscheinen), weil in diesen Fällen das eigene Verschulden des Angeklagten schon die Voraussetzung für das Verhandeln in seiner Abwesenheit ist und deshalb in Widerspruch zur Annahme eines fehlenden Verschuldens gem. § 44 StPO treten müßte (LR/*Gollwitzer* Rdnr. 1 zu § 235).

2. Über die Wiedereinsetzungsgründe des § 44 StPO hinaus bestimmt § 235 Satz 1, 2. Hs. StPO daß die Wiedereinsetzung „stets" schon dann zu gewähren ist, wenn dargelegt (und glaubhaft gemacht) ist, daß der Angeklagte keine Kenntnis von der Ladung zur

6. Ausbleiben des Beklagten in der Berufungshauptverhandlung   VIII. D. 6

Hauptverhandlung hatte. Ist dies der Fall, so darf dem Antragsteller nicht entgegengehalten werden, er habe diese Unkenntnis verschuldet (*Kleinknecht/Meyer* Rdnr. 4 zu § 235). So darf hier (anders als bei § 44 StPO nach einer Fristversäumnis) die Wiedereinsetzung nicht mit der Begründung versagt werden, der Angeklagte habe mit dem Eingang der Ladung rechnen und deshalb Vorsorge treffen müssen, daß sie ihn auch dann erreicht, wenn sie im Wege der Ersatzzustellung einer anderen Person ausgehändigt wird (LR/*Gollwitzer* Rdnr. 6 zu § 235; KMR/*Müller* Rdnr. 6 zu § 235). Dies darf der Angeklagte aber nicht etwa gezielt ausnutzen, indem er absichtlich und aktiv verhindert, daß ihn die Ladung erreicht, etwa durch Angabe einer falschen Urlaubsanschrift. In diesen Fällen wird nämlich eine Verwirkung des Rechts auf Wiedereinsetzung angenommen LR/*Gollwitzer* Rdnr. 7 zu § 235 m. w. Nachw.). In dem hier angenommenen Fall dürfte zwar ein erhöhtes Maß an Fahrlässigkeit vorzuwerfen sein, es wäre jedoch noch nicht gerechtfertigt, den Verwirkungsgedanken zum Tragen kommen zu lassen, weil der Vorwurf, man dürfe Behördenpost überhaupt nicht ungeöffnet vernichten (?), noch nicht die Annahme rechtfertigt, das Recht des § 235 StPO sei arglistig herbeigeführt worden.

3. Vom Abdruck der eidesstattlichen Erklärung wird hier abgesehen, vgl. dazu Form. VIII. D. 1.

4. Auch wenn der Verteidiger glaubt, einen „totsicheren" Wiedereinsetzungsgrund zu haben, sollte wegen der Tücke des § 315 Abs. 1 StPO auf die gleichzeitige Berufung für den Fall der Zurückweisung des Wiedereinsetzungsgesuchs nicht verzichtet werden. Zu beachten ist jedoch auch, daß nicht etwa die Berufung in einem gesonderten Schreiben vor dem Wiedereinsetzungsgesuch bei Gericht eingehen darf, weil dann nach § 315 Abs. 3 StPO eine Wiedereinsetzung nicht mehr möglich ist (im einzelnen dazu Form. VIII. B. 4).

6. Wiedereinsetzungsantrag wegen Ausbleibens des Angeklagten in der Berufungshauptverhandlung gem. § 329 Abs. 3 mit gleichzeitiger Revisionseinlegung gem. § 342 Abs. 2 StPO

Landgericht Hamburg
– Kleine Strafkammer –
2000 Hamburg   2. 4. 1987

In dem Berufungsverfahren
gegen Herrn A
– Az.: ... –

wird gegen das auf das Ausbleiben des Herrn A in der Berufungshauptverhandlung ergangene Verwerfungsurteil gem. § 329 Abs. 1 StPO[1] vom 17. 2. 1987, zugestellt am 1. 4. 1987, beantragt,

> Herrn A Wiedereinsetzung in den vorigen Stand zu gewähren und die Berufungshauptverhandlung erneut durchzuführen.

Für den Fall der Verwerfung des Antrags auf Wiedereinsetzung wird hiermit gleichzeitig

Revision

gegen das am 17. 2. 1987 verkündete Urteil des Landgerichts eingelegt.

Begründung

Weder Herrn A noch seiner Verteidigung ist eine schriftliche Ladung über den für den 17. 2. 1987 angesetzten Hauptverhandlungstermin im Berufungsverfahren zugegangen. Es erfolgte auch keine sonstige Benachrichtigung. Etwas anderes ergibt sich auch nicht aus den Verfahrensakten, auf deren Inhalt hiermit zum Zwecke der Glaubhaftmachung Bezug genommen wird.

Neben dem (unverschuldet) tatsächlich Säumigen ist die Wiedereinsetzung gem. § 329 Abs. 3 StPO auch demjenigen zu gewähren, der nicht oder nicht ordnungsgemäß zur Berufungsverhandlung geladen und deshalb zu Unrecht als säumig behandelt worden ist[2] (OLG Hamm NStZ 1982, 521 ff; OLG Hamburg MDR 1982, 250; LR/*Wendisch* Rdnr. 34 zu § 44 und LR/*Gollwitzer* Rdnr. 116 zu § 329). Auf ein Verschulden des Antragstellers kommt es dabei nicht an (KK/*Maul* Rdnr. 22 zu § 44; OLG Frankfurt MDR 1980, 513). Soweit ein Teil der Literatur (*Kleinknecht/Meyer* Rdnr. 21 ff. zu § 329) und das Kammergericht (JR 1976, 425 f mit allerdings kritischer Anmerkung von *Wendisch*) die Auffassung vertreten, daß Ladungsfehler nur mit der Revision geltend zu machen seien, ist eine solche Differenzierung dem Gesetzeswortlaut des § 329 Abs. 3 StPO nicht zu entnehmen. § 329 Abs. 3 StPO sieht vor, daß die Wiedereinsetzung gegen das Verwerfungsurteil gem. § 329 Abs. 1 StPO unabhängig von ihrer Begründung zulässig ist.

Der von dieser grundlegenden Überlegung isoliert zu betrachtende Fall eines möglicherweise unzulässigen Wiedereinsetzungsgesuchs, das auf Tatsachen gestützt wird, die das Berufungsgericht bereits in seiner Entscheidung – als zur Entschuldigung nicht ausreichend – gewürdigt hat (LR/*Gollwitzer* Rdnr. 118 zu § 329 m.w.Nachw.), muß im vorliegenden Fall nicht diskutiert werden, da das Berufungsurteil die Frage der Ladung gänzlich unerwähnt läßt und insoweit das vorliegende Wiedereinsetzungsgesuch mit der Behauptung der unterlassenen Benachrichtigung zum Hauptverhandlungstermin eine neue Tatsache vorträgt.

Die mit dem Wiedereinsetzungsgesuch gleichzeitig eingelegte Revision gegen das Urteil des Landgerichts gilt für den Fall der Verwerfung des Wiedereinsetzungsantrags.

Rechtsanwältin

Anmerkungen

1. Der vorliegende Fall stellt einen mit der Revisionseinlegung kombinierten Wiedereinsetzungsantrag gem. § 329 Abs. 3 i.V.m. § 342 Abs. 2 StPO dar. Ziel ist es, über die Wiedereinsetzung eine erneute Durchführung der Berufungshauptverhandlung zu erreichen, an der der Angeklagte teilnehmen kann. Das Gericht entscheidet zunächst nur über den Wiedereinsetzungsantrag. Hat dieser Erfolg, wird die gleichzeitig eingelegte Revision gegenstandslos. Wird der Wiedereinsetzungsantrag verworfen, ist das Berufungsgericht – wie in den übrigen Fällen auch – mit der Prüfung der Zulässigkeit der Revision befaßt.

Bei Verkündung des Urteils in der Berufungsinstanz in Abwesenheit des Angeklagten beginnt die Frist für die einwöchige Revisionseinlegung erst mit der Zustellung des Urteils (§ 341 Abs. 2 StPO). Auch der Rechtsbehelf des Wiedereinsetzungsgesuchs ist gem. § 329 Abs. 3 StPO innerhalb einer Woche nach der Urteilszustellung anzubringen. Beide Fristen fallen hier zusammen. Der Sinn und Zweck des § 329 Abs. 3 StPO ist es, klarzustellen, daß die Frist zur Revisionseinlegung nicht etwa solange aufgeschoben wird, bis über den Wiedereinsetzungsantrag entschieden ist.

Ebenso wie bei § 315 StPO gilt das eingelegte Rechtsmittel nur für den Fall der Verwerfung des Wiedereinsetzungsgesuchs als eingelegt. Dies ergibt sich aus § 342 Abs. 2 StPO. Hat der Angeklagte dagegen Revision eingelegt, ohne gleichzeitig einen Antrag auf Wiedereinsetzung zu stellen, dann bedeutet dies gem. § 342 Abs. 3 StPO den endgültigen Verzicht auf die Wiedereinsetzung. Selbst wenn zeitlich nach der Revisionseinlegung, aber noch fristgerecht, isoliert Wiedereinsetzung beantragt wird, kann der Verlust des Rechtsbehelfs Wiedereinsetzung nicht mehr rückgängig gemacht werden. Wenn zunächst der Wiedereinsetzungsantrag gestellt und sodann einige Tage später, aber noch innerhalb der

7. Versäumung der Frist zur Revisionsbegründung **VIII. D. 7**

einwöchigen Frist, Revision eingelegt wird, entfaltet dies keine Verzichtswirkung (KK/ *Pikart* Rdnr. 7f zu § 342).

Im übrigen sind die Voraussetzungen der Wiedereinsetzung dieselben wie die der §§ 44ff StPO.

2. Der im Musterfall dargestellte Fall der unverschuldeten Säumnis betrifft die nicht vorgenommene oder nicht ordnungsgemäße Ladung zur Berufungsverhandlung. Die Begründung im einzelnen ist mit den entsprechenden Hinweisen auf Literatur und Rechtsprechung im Formulartext dargelegt.

7. Wiedereinsetzung wegen Versäumung der Frist zur Revisionsbegründung nach Verwerfung der Revision durch das Tatgericht (§ 346 StPO)

Landgericht
– 10. Strafkammer –
6000 Frankfurt am Main   12. 6. 1987

In der Strafsache
gegen
Herrn A
– Az.: ... –

wird beantragt,

1. Wiedereinsetzung in den vorigen Stand wegen Versäumung der Frist zur Revisionsbegründung,
2. die Entscheidung des Revisionsgerichts gem. § 346 Abs. 2 StPO und die Aufhebung des Beschlusses vom 9. 6. 1987, zugestellt am 12. 6. 1987, mit dem die Revision gem. § 346 Abs. 1 StPO als unzulässig verworfen wurde.[1]

Begründung:

Die Frist zur Begründung der Revision wurde durch Umstände versäumt, die Herrn A nicht zuzurechnen sind, was sich aus folgendem ergibt:
Herr A übertrug am 30. 4. 1987 die Verteidigung für die Revisionsinstanz Herrn Kollegen Y und der unterzeichneten Rechtsanwältin. Die bis dahin tätige Rechtsanwältin X legte an diesem Tag das Mandat nieder. Bei der Besprechung am 30. 4. 1987 in der Justizvollzugsanstalt Frankfurt wurde Herrn A zugesichert, daß die Revisionsbegründungsfrist hier im Büro überwacht und eingehalten wird.
Vorausgegangen war ein Gespräch der unterzeichneten Rechtsanwältin mit dem sachbearbeitenden Staatsanwalt, der zu jenem Zeitpunkt nicht feststellen konnte, wann das Urteil zugestellt wurde, desweiteren ein Telefongespräch mit dem Büro der Kollegin X, die der Unterzeichneten eine Fotokopie der Urteilsausfertigung zur Verfügung gestellt hatte. Während des Telefongesprächs mit dem Büro der Rechtsanwältin X notierte die Unterzeichnete eigenhändig auf der ersten Seite dieser Urteilskopie mit rotem Tintenstift:

„Abl. Rev. begr. fr. 28. 5. 1987"

Dieser Vermerk beruhte entweder auf einem Versehen seitens des Büros der Kollegin X oder auf einem Hörfehler seitens der Unterzeichneten; denn der tatsächliche Fristablauf für die Revisionsbegründungsfrist des am 24. 4. 1987 zugestellten Urteils war der 24. 5. 1987. Die Notiz führte dazu, daß im Fristenkalender der 29. 5. 1987 (28. 5. war ein Feiertag) als Tag des Fristablaufs, bei entsprechenden Vorfristen, notiert und zur Grundlage der Fristüberwachung gemacht wurde.

VIII. D. 7   VIII. Rechtsmittel u. Rechtsbehelfe. D. Wiedereinsetzung i. d. vorigen Stand

Die Zeit zwischen dem Schriftsatz vom 2. 5. 1987, mit dem wir unsere Beauftragung als Verteidiger für die Revisionsinstanz angezeigt und Akteneinsicht beantragt haben, bis zum 21. 5. 1987 verging mit annähernd täglichen Erinnerungen gegenüber der Staatsanwaltschaft wegen der Akteneinsicht, um anhand der Sitzungsniederschrift die Frage zu prüfen, ob und ggfs. welche Verfahrensrügen neben der Sachrüge erhoben werden könnten.
Nachdem drei Wochen lang die Akten stets zwischen der Staatsanwaltschaft und dem Landgericht „unterwegs" waren, ohne daß sie von den jeweiligen Geschäftsstellen oder auch den Wachtmeistereien aufgefunden werden konnten, gelang es der unterzeichneten Rechtsanwältin dann schließlich am 22. 5. unter Einschaltung des stellvertretendem Behördenleiters der Staatsanwaltschaft, die Akten zur Einsichtnahme zu erhalten. Herr Kollege Y als federführender Sachbearbeiter fand die Akten am Montag, dem 25. 5. 1987, vor und bearbeitete sie auf eventuelle Verfahrensrügen hin bis zum Freitag, dem 29. 5. 1987, dem Zeitpunkt des vermeintlichen Fristablaufs. Um 13.30 Uhr am 29. 5. 1987 quittierte sodann die Geschäftsstelle der 10. Strafkammer den Eingang der Revisionsbegründung und der Akten.
Daß das Urteil der Strafkammer vom 2. 4. 1987 bereits am 24. 4. der früheren Verteidigerin zugestellt worden war, erfuhren Herr A. und seine jetzigen Verteidiger erstmals durch den Beschluß vom 9. 6. 1987 mit dessen Zustellung am 12. 6. 1987.
Die Richtigkeit des vorstehend geschilderten Ablaufs wird hiermit anwaltlich versichert.
Er zeigt, daß Herr A selbst ohne Verschulden gehindert war, die Frist einzuhalten. Er hatte seine Verteidiger rechtzeitig mit der Fristenkontrolle und der Ausfertigung der Revisionsbegründung beauftragt. Damit oblag es seiner Verteidigung, den Zeitpunkt der Zustellung des Urteils festzustellen und die Frist zu wahren. Herr A hatte auch keinen Grund zu der Annahme, daß dies etwa nicht zuverlässig geschehen würde. Es ist innerhalb der Praxis noch nicht ein einziges Mal vorgekommen, daß eine Revisionsbegründungsfrist versäumt wurde.[2] Daß es dieses Mal geschehen ist, lag wiederum nicht an einer unzuverlässigen Fristenkontrolle, sondern ausschließlich an dem Informationsfehler zu Beginn der laufenden Frist, der in der Folgezeit nicht korrigiert worden ist.
Zur weiteren Glaubhaftmachung, daß hier vom Zustellungsdatum 28. 4. 1987 ausgegangen wurde, wird anliegend die erste Seite der Urteilsausfertigung beigefügt, die diesen Originalvermerk in roter Schrift trägt.
Da nach Gewährung der Wiedereinsetzung dem Beschluß vom 9. 6. 1987 die Grundlage entzogen sein wird, wird gem. § 346 Abs. 2 StPO gebeten, die Akten an das Revisionsgericht zu übersenden.

Rechtsanwältin

Anmerkungen

1. Erfolgt die Revisionseinlegung verspätet oder sind die Revisionsanträge nicht rechtzeitig oder nicht in der nach § 345 Abs. 2 StPO vorgeschriebenen Form angebracht worden, verwirft das Gericht, dessen Urteil angefochten wird, das Rechtsmittel durch Beschluß nach § 346 Abs. 1 StPO als unzulässig. Gem. § 346 Abs. 2 StPO kann gegen diesen Beschluß die Entscheidung des Revisionsgerichts herbeigeführt werden. Hiermit kann der Wiedereinsetzungsantrag gegen die Versäumung der Frist zur Begründung der Revision verbunden werden, was im vorliegenden Mustertext geschehen ist.
In einem solchen Fall entscheidet über beide Anträge das Revisionsgericht (§§ 46 Abs. 1, 346 Abs. 2 StPO), wobei der Antrag nach § 346 Abs. 2 StPO ausschließlich beim Tatgericht anzubringen ist (*Kleinknecht/Meyer* Rdnr. 8 zu § 346 StPO), das Wiedereinsetzungsgesuch bei Versäumung der Revisionsbegründungsfrist dagegen wahlweise beim Revisionsgericht (§ 46 StPO) oder beim erkennenden Gericht (§ 45 StPO) eingereicht werden kann. Werden beide Anträge miteinander verknüpft, sind sie tunlichst zusammen beim

7. Versäumung der Frist zur Revisionsbegründung VIII. D. 7

erkennenden Gericht anzubringen, auch wenn der Wiedereinsetzungsantrag sogar dann noch gestellt werden kann, wenn der nach § 346 Abs. 1 ergangene Beschluß rechtskräftig geworden ist (BGHSt 25, 91; LR/*Hanack* Rdnr. 38 zu § 346 m.w. Nachw., h. M.). Werden beide Anträge miteinander verbunden, ist vom Revisionsgericht über die Wiedereinsetzung zuerst zu entscheiden, weil sich damit der Antrag nach § 346 Abs. 2 StPO von selbst erledigt (LR/*Hanack* Rdnr. 38 zu § 346).

Ein Antrag nach § 346 Abs. 2 StPO ohne Wiedereinsetzungsantrag stellt man dann, wenn das Tatgericht nur deshalb Verspätung angenommen hat, weil es die Frist falsch berechnete oder wenn zu Unrecht Formungültigkeit angenommen wurde.

In der Praxis werden die beiden Rechtsbehelfe häufig verwechselt, so daß die Revisionsgerichte großzügig von § 300 StPO Gebrauch machen müssen (LR/*Hanack* Rdnr. 27 zu § 346 StPO). Ein Anwalt sollte jedoch den Ehrgeiz haben, diese auf Laien zugeschnittene Bestimmung so wenig wie möglich beanspruchen zu müssen. Deshalb sollte man das Unterscheidungskriterium kennen: Bestreitet der Beschwerdeführer die Tatsachen, mit denen die Unzulässigkeit der Revision begründet worden ist, ist der befristete Rechtsbehelf des § 346 StPO gegeben, macht er dagegen Gründe geltend, die ihn gehindert haben, die Revision frist und formgerecht einzulegen, muß er seine Eingabe Wiedereinsetzungsantrag nennen (*Sarstedt/Hamm* Rdnr. 449; LR/*Hanack* Rdnr. 27 zu § 346).

2. Dieser Hinweis sollte aus Rechtsgründen eigentlich überflüssig sein, auch wenn der Bundesgerichtshof dann ein Verschulden des Angeklagten annimmt, wenn er einen als unzuverlässig bekannten Anwalt beauftragt hat (BGH NJW 1973, 1138). Es braucht auch niemand zu befürchten, daß ihm diese Rechtsprechung entgegengehalten wird, auch wenn es in einer mehrjährigen Berufspraxis gelegentlich schon vorgekommen ist, daß wegen des eigenen Organisationsverschuldens eine Wiedereinsetzung beantragt werden mußte. Solange es jedoch zutrifft, daß dies noch niemals der Fall war, kann diese Tatsache zur Minderung der Peinlichkeit durchaus erwähnt werden. Überhaupt sollte sich jeder Verteidiger davor hüten, den Satz, daß (nur) in Strafsachen das Anwaltsverschulden dem Mandanten nicht (immer) zugerechnet wird, zu einem Topos seiner Berufsausübung oder gar zu einer Art „Joker" im strategischen Verteidigerarsenal werden zu lassen.

E. Rechtsmittel gegen erkennungsdienstliche Maßnahmen

Vorbemerkung

1. Die häufigsten erkennungsdienstlichen Maßnahmen, wie z.B. das Herstellen von Lichtbildern und Fingerabdrücken des Beschuldigten finden ihre gesetzliche Grundlage in § 81 b StPO.

Nach dieser Vorschrift dürfen diese Maßnahmen, soweit es für die Zwecke des Strafverfahrens oder des Erkennungsdienstes notwendig ist, auch gegen den Willen des Beschuldigten angeordnet werden.

Daneben geben die §§ 163 b, c StPO die Möglichkeit, für Zwecke der Strafverfolgung in jedem Stadium des Strafverfahrens Maßnahmen verschiedenster Art zur Identitätsfeststellung durchzuführen. Hierbei braucht der Tatverdächtige noch nicht die Stellung eines Beschuldigten erlangt zu haben. Ob jemand lediglich Tatverdächtiger oder schon Beschuldigter ist, richtet sich nach der Stärke des Tatverdachts. Die Verfolgungsbehörde beurteilt nach pflichtgemäßem Ermessen, ob Tatsachen vorliegen, die auf eine naheliegende Möglichkeit der Täterschaft oder Teilnahme schließen lassen (BGHSt 10, 8, 12). Die Beschuldigteneigenschaft wird somit durch einen Willensakt der zuständigen Strafverfolgungsbehörde begründet, der in der Regel in der förmlichen Einleitung des Ermittlungsverfahrens besteht *(Kleinknecht/Meyer,* Einl. Rdnr. 76). Maßnahmen zur Identitätsfeststellung dürfen unter den Voraussetzungen des § 163 b StPO sogar gegen Unverdächtige durchgeführt werden.

Erkennungsdienstliche Behandlungen werden weiterhin u.a. durch § 86 StVollzG (zur Sicherung des Strafvollzugs) und § 3 Abs. 1 S. 3 AuslG (bei bestehenden Zweifel über die Person oder die Staatsangehörigkeit des Ausländers) ermöglicht.

2. Erkennungsdienstliche Maßnahmen beeinträchtigen, insbesondere, wenn sie zwangsweise durchgeführt werden, elementare Persönlichkeitsrechte (Art. 2 Abs. 1 GG) des Betroffenen.

Die grundsätzliche verfassungsrechtliche Unbedenklichkeit solcher Eingriffe hat das Bundesverfassungsgericht (BVerfGE 47, 239, 252 = NJW 1978, 1149 f.) mit der „rechtsstaatlich gebotenen Aufklärung von Straftaten und Ermittlung von Straftätern" begründet (vgl. auch BGHSt 34, 39, 44).

3. Die erkennungsdienstlichen Unterlagen werden in sog. kriminalpolizeilichen personenbezogenen Sammlungen (KpS) geführt. Diese Sammlungen können in Form von Akten, aber auch in automatisierten Karteien geführt werden.

Insbesondere derjenige Mandant, dessen Verfahren gem. § 170 Abs. 2 StPO eingestellt oder der rechtskräftig freigesprochen wurde, erwartet die schnellstmögliche Vernichtung bzw. Löschung der ihn betreffenden erkennungsdienstlichen Unterlagen.

Da es sich bei dieser Maßnahme um eine Ermessensentscheidung der zuständigen, zur Vernichtung befugten Behörde (in der Regel das Landeskriminalamt; vgl. dazu Anm. 1 zu Formular 1) handelt, können die Erfolgschancen nicht immer zuverlässig abgeschätzt werden.

Selbst bei einem Freispruch erfolgt die sofortige Vernichtung der ED-Unterlagen nicht zwangsläufig. Dies resultiert aus der unterschiedlichen Zweckbestimmung der beiden in § 81 b StPO beschriebenen Alternativen: Die erkennungsdienstliche Behandlung kann einerseits der Durchführung des Strafverfahrens (1. Alternative) oder polizeilichen Präventivmaßnahmen (2. Alternative) dienen. Es ist also der Behörde möglich, die Unterlagen trotz Freispruchs aufzubewahren, wenn dies für mögliche zukünftige Strafverfahren aus polizeilich-erkennungsdienstlichen Gründen notwendig erscheint. Der Verteidiger wird in

1. Antrag auf Vernichtung angefertigter erkennungsdienstl. Unterlagen   VIII. E. 1

solchen Fällen oft mit dem Argument konfrontiert, daß sein Mandant wegen der Art und Weise des bisherigen Verfahrens künftig in den Kreis potentieller Verdächtiger einer noch aufzuklärenden strafbaren Handlung einbezogen werden könnte. Die zuständigen Behörden begründen die weitere Aufbewahrung der ED-Unterlagen häufig damit, daß sich diese bei der Ermittlung künftiger Straftaten auch entlastend für den Betroffenen auswirken können (vgl. BVerwGE 66, 192, 199). Insbesondere das zuletzt genannte Argument in Verbindung mit dem Hinweis, durch das weitere Aufbewahren der ED-Unterlagen könne der Mandant bei zukünftigen Ermittlungen sogar als Täter ausgeschlossen werden, wird kaum auf das Verständnis desjenigen stoßen, der gerade offiziell erfahren hat, daß er unschuldig ist.

Es gilt somit, den Antrag auf Vernichtung erkennungsdienstlicher Unterlagen so zu begründen, daß eine Interessenabwägung zwischen der Aufbewahrung aus polizeipräventiven Gründen und der Vernichtung wegen der durch den Zeitablauf gravierender werdenden Beeinträchtigung in das allgemeine Persönlichkeitsrecht zur Unzulässigkeit einer weiteren Aufbewahrung führt. Dabei ist eine auf einer generalisierenden Interessenabwägung beruhende Aufbewahrungsfrist von 10 Jahren für den Regelfall in Nr. 5.2.1. der Richtlinien des Innenministeriums für die von Polizeidienststellen des Landes geführten kriminalpolizeilichen personenbezogenen Sammlungen (KpS-RL) vom 13. 3. 1981 (DABl. S. 337) vorgesehen.

Ist das Verfahren jedoch nach § 170 Abs. 2 StPO eingestellt oder der Mandant freigesprochen worden, empfiehlt es sich in den Fällen, in denen nach Akteninhalt oder Urteil kein Restverdacht gegen den Betroffenen mehr besteht, den Antrag auf Vernichtung der Unterlagen zu einem früheren Zeitpunkt, möglicherweise unmittelbar nach Erhalt des Einstellungsbescheides bzw. des Urteils zu stellen.

1. Antrag auf Vernichtung angefertigter, erkennungsdienstlicher Unterlagen (§ 81 b, 2. Alt. StPO)

An das
Bayer. Landeskriminalamt[1]
Postfach 190262
8000 München 19   München, den 17. 1. 1990

Betr.. Herrn A ...... B ......, geb. ......[2]
      Vernichtung von erkennungsdienstlichen Unterlagen
Sehr geehrte Damen und Herren,

hiermit zeige ich unter Vollmachtsvorlage[3] die anwaltschaftliche Vertretung von Herrn B. an. Namens und im Auftrag meines Mandanten stelle ich den

Antrag,

sämtliche aufgrund des Ermittlungsverfahrens ...... Js ....../89 gegen Herrn B. gefertigten erkennungsdienstlichen Unterlagen[4] bei allen mit der Sache befaßten Polizeidienststellen[5] zu vernichten.

Begründung

Die weitere Aufbewahrung der am 1. 5. 1989 gefertigten erkennungsdienstlichen Unterlagen ist unzulässig und nicht länger durch § 81b, 2. Alt. StPO gedeckt[6]. Es liegen keine Anhaltspunkte mehr dafür vor, daß Herr B. künftig als Verdächtiger in den Kreis potentieller Beteiligter an einer noch aufzuklärenden strafbaren Handlung einbezogen werden könnte. Daher ist eine weitere Aufbewahrung der Unterlagen nicht mehr notwendig und damit unzulässig[7].

Das Verfahren ...... Js ....../89 wegen des Verdachts der Hehlerei wurde am 8. 1. 1990 gem. § 170 Abs. 2 StPO eingestellt, da nach Durchführung der Ermittlungen kein hinreichender Tatverdacht gegeben war[8].
Aus dem Einstellungsbescheid der Staatsanwaltschaft vom 8. 1. 1990 geht hervor, daß keiner der vier im Ermittlungsverfahren gehörten Zeugen Herrn B. als Aufkäufer der Schmuckgegenstände identifiziert hat. Die abgegebenen Personenbeschreibungen treffen allesamt auf eine andere der Staatsanwaltschaft bekannte Person zu.
Der Umstand, daß eines von 35 bei dem Einbruch in das Juweliergeschäft entwendeten Schmuckstücke in der Wohnung von Herrn B. gefunden wurde, führte nicht zur Annahme eines hinreichenden Tatverdachts. Herr B. hat hierzu unwiderlegt und für die Staatsanwaltschaft glaubhaft angegeben, daß ihm die Herkunft und Existenz dieser Uhr nicht bekannt war. Er hatte seine Wohnung zur fraglichen Zeit einem Arbeitskollegen überlassen, gegen den im obigen Zusammenhang Ermittlungen geführt werden[9].
Ob die weitere Aufbewahrung für die Zwecke des Erkennungsdienstes „notwendig" ist, hängt von einer Prognose ab, die auf der Basis des bislang von dem Betroffenen gezeigten Verhaltens zu stellen ist[10].
Herr B. ist bisher erst einmal wegen Diebstahls geringwertiger Sachen strafrechtlich in Erscheinung getreten. Er wurde deswegen vor etwa 10 Jahren zu einer geringen Geldstrafe verurteilt.
Es ist nicht ersichtlich, daß nach kriminalistischen Erfahrungsgrundsätzen[11] Herr B. Anhaltspunkte dafür gegeben hat, er werde künftig in Ermittlungsverfahren verwickelt werden.
Art und Schwere der Straftat, deren Herr B. zu Anfang der Ermittlungen verdächtig war, lassen keine andere Beurteilung zu. So stand er nicht im Verdacht der gewerbsmäßigen Hehlerei, die u. U. eine Wiederholungsgefahr wahrscheinlicher machen könnte.
Auch die oben erwähnte Vorverurteilung, die etwa 10 Jahre zurückliegt, ist nach ihrer Art und Schwere aus kriminalistischer Sicht nicht bedeutend. Sie kann keinen Anhaltspunkt dafür geben, daß Herr B. in Zukunft straffällig werden könnte[12].
Seit Erstellen der erkennungsdienstlichen Unterlagen am 1. 5. 1989 sind mittlerweile über 8 Monate vergangen. Während dieser Zeit und in den 10 Jahren davor ist Herr B. nicht straffällig geworden, es wurden sonst keine Ermittlungsverfahren gegen ihn eingeleitet[13].
Die Prognoseprüfung bezüglich eines möglichen zukünftigen Straffälligwerdens muß damit zum jetzigen Zeitpunkt positiv zugunsten meines Mandanten ausfallen[14].
Der Einstellungsbescheid der Staatsanwaltschaft enthält auch keinen Hinweis, daß weiterhin ein „Restverdacht"[15] gegen Herrn B. besteht. Seine Einlassung war glaubhaft und ist durch die weiteren Ermittlungen bestätigt worden[16].

Rechtsanwalt

Anmerkungen

1. Das Aufbewahrungsrecht bezüglich der erkennungsdienstlichen Unterlagen nach § 81b, 2. Alt. StPO (d.h. für Zwecke des Erkennungsdienstes) wird dem materiellen Polizeirecht zugeordnet. Zuständig für die Aufbewahrung selbst ist die Kriminalpolizei (BVerwGE 26, 170 = NJW 1967, 1192).
Die Zuständigkeit des Landeskriminalamtes ergibt sich für Bayern aus Art. 7 POG. Nach Art. 7 Abs. S. 1 POG ist das Bayerische Landeskriminalamt die zentrale Dienststelle für kriminalpolizeiliche Aufgaben.
Art. 7 Abs. 2 Nr. 1 POG bestimmt ausdrücklich, daß das Landeskriminalamt über die Aufbewahrung von Nachrichten und Unterlagen für die Verhütung und polizeiliche Verfolgung von Straftaten bei der Polzei für den Einzelfall entscheidet.

1. Antrag auf Vernichtung angefertigter erkennungsdienstl. Unterlagen **VIII. E. 1**

2. Die Angabe des Geburtsdatums ist zur Sicherung der Personenidentifizierung unerläßlich.

3. Die für das Haupt- und Vollstreckungsverfahren gültige Vollmacht des Wahlverteidigers hat für den hier erörterten Antrag keine Gültigkeit. Da der Betroffene keine strafprozessuale, sondern eine Amtshandlung der Kriminalpolizei auf dem Gebiet des Verwaltungsrechts erstrebt, ist gem. § 40 VwGO insgesamt der Verwaltungsrechtsweg gegeben (BVerwG JZ 1967, 532 f.; BVerwGE 16, 89, 94). Deswegen ist eine gesonderte Vollmacht für diesen Antrag erforderlich.

4. § 81 b, 2. Alt. StPO berechtigt nicht zur Aufbewahrung ganzer Kriminalakten einschl. Nebenakten eines abgeschlossenen Ermittlungsverfahrens sondern allein der erkennungsdienstlichen Unterlagen (Lichtbilder, Fingerabdrücke usw.) und solcher Aktenteile, die für die Erklärung der erkennungsdienstlichen Unterlagen notwendig sind (VG Frankfurt, StV 1987, 58).

5. Hiermit soll sichergestellt werden, daß nicht nur die beim Landeskriminalamt einliegenden Unterlagen, sondern auch diejenigen, die sich im Polizeipräsidium oder Bundeskriminalamt befinden, in die Entscheidung mit einbezogen werden.

Die für Zwecke des Erkennungsdienstes (2. Alt.) angefertigten Unterlagen gelangen nicht in die Ermittlungsakten, sondern werden in örtliche und zentrale polizeiliche Materialsammlungen aufgenommen (KK/*Pelchen* § 81 Rdnr. 1; *Kleinknecht*/*Meyer* § 81 b Rdnr. 3). Zwar würde das BKA in eigener Kompetenz entscheiden, falls es ED-Unterlagen besitzt, jedoch ist durch den so formulierten Antrag das LKA gehalten, zumindest beim BKA anzufragen. Lehnt das BKA die Vernichtung der Unterlagen im Gegensatz zum LKA ab, so wird dies dem Betroffenen mitgeteilt, der dann zumindest weiß, daß auch das BKA ihn betreffende ED-Unterlagen aufbewahrt. Er kann dann dorthin einen gesonderten Antrag stellen. Denkbar ist auch die Aufbewahrung der Unterlagen bei örtlich anderen Polizeidienststellen, die ebenfalls mit den Ermittlungen oder einer etwaigen Festnahme befaßt waren. Ergibt sich aus dem Akteninhalt die genaue Bezeichnung der Polizeidienststellen, so sollte zweckmäßigerweise in den Antrag aufgenommen werden, welche namentlich bekannte Polizeidienststelle möglicherweise ED-Unterlagen angefertigt und aufbewahrt hat.

6. Nach ständiger Rechtsprechung des Bundesverwaltungsgerichts ergeben sich aus der Regelung des § 81 b, 2. Alt. StPO nicht nur die rechtlichen Voraussetzungen für die Aufnahme der Unterlagen (auch gegen den Willen des Beschuldigten), sondern auch Grund und Grenzen für die Berechtigung der Behörde, einmal aufgenommene Unterlagen aufzubewahren (BVerwGE 26, 169 = NJW 1967, 1192; BVerwGE 66, 202 = NJW 1983, 1338; BVerwG NJW 1989, 2640).

7. Nach dem Wortlaut des § 81 b StPO muß die Vornahme von ED-Maßnahmen für die Durchführung des Strafverfahrens oder die Zwecke des Erkennungsdienstes „notwendig" sein (zum Begriff der „Notwendigkeit" vgl. Anm. 10 und 13). Nicht nur bei der Vornahme einzelner ED-Maßnahmen muß nach den in Anm. 6 zitierten Entscheidungen die Frage der „Notwendigkeit" überprüft werden, auch die Zulässigkeit einer weiteren Aufbewahrung der gefertigten Unterlagen hängt entscheidend von der Frage ab, ob dies „notwendig" ist.

Das Bundesverfassungsgericht (BVerfGE 65, 1 = NJW 1984, 419) hat hierzu grundsätzlich festgestellt, daß mit diesem Inhalt § 81 b StPO den rechtsstaatlichen Anforderungen an die Bestimmtheit einer Norm genügt, die zur Vornahme belastender Maßnahmen (wozu auch die Aufbewahrung der ED-Unterlagen gehört) berechtigt.

8. Nicht erfolgversprechend ist es, in diesem Zusammenhang die im Rechtsstaatsprinzip und in Art. 6 Abs. 2 MRK begründete Unschuldsvermutung als Argument heranzuziehen. Die Unschuldsvermutung gebietet die unvoreingenommene Behandlung des Beschuldigten im Strafverfahren. Bei der Frage nach der Zulässigkeit weiterer Aufbewahrung von erkennungsdienstlichen Unterlagen durch die Polizei geht es jedoch nicht um die Frage, ob der

einmal Verdächtige die ihm zur Last gelegte Tat begangen hat oder nicht, sondern darum, ob aus kriminal-erkennungsdienstlichen Erwägungen heraus eine weitere Aufbewahrung notwendig ist oder nicht. Die Unschuldsvermutung berührt die polizeiliche Ermittlungstätigkeit bei konkreten Verdachtsmomenten nicht (BVerwGE 11, 183 = NJW 1961, 572; VGH Mannheim NJW 1987, 2764 f.; LR/*Dahs* § 81b Rdnr. 18).

9. Die Einstellungsverfügung braucht nur in den entscheidenden Passagen wiedergegeben werden, sofern sie mit Gründen versehen ist (vgl. RiStBV Nr. 88). Es ist davon auszugehen, daß der Sachbearbeiter des Landeskriminalamtes die Ermittlungsakte anfordert und von dem gesamten Akteninhalt vor einer Entscheidung über den Antrag Kenntnis nimmt.

10. Der unbestimmte Begriff der „Notwendigkeit" ist zunächst von der Feststellung her auszufüllen, daß nicht jedermann von der Polizei als potentieller Verdächtiger betrachtet werden darf, der angezeigt wurde oder in sonstiger Weise einen Tatverdacht auf sich gezogen hat (VG Bremen StV 1981, 189 f.). Eine derart weitgehende Erfassung der Bürger aus dem Bestreben größtmöglicher Effektivität der Polizeigewalt und nach Erleichterung der polizeilichen Überwachung der Bevölkerung widerspricht den Prinzipien des Rechtsstaats (BVerwGE 26, 169). Zum Begriff der „Notwendigkeit" vgl. *Kleinknecht/Meyer* § 81b Rdnr. 12 m.w.N.

11. Es können hier keine allgemein gültigen Muster für kriminalistische Erfahrungsgrundsätze dargestellt werden. Diese Grundsätze sind deliktsspezifisch unterschiedlich und hängen von einer Würdigung der gesamten Umstände des Einzelfalles ab (vgl. *Kleinknecht/Meyer* § 81b Rdnr. 18; KK/*Pelcher* § 81b Rdnr. 7; BVerfGE 66, 202, 205 f. = NJW 1983, 1338).
Im Bereich der sexuell motivierten Straftaten, wie z.B. der exhibitionistischen Handlungen (§ 183 StGB) oder einer schweren Brandstiftung (§ 306 StGB) mit sexueller Motivationslage wird von den Polizeibehörden die Ablehnung der Vernichtung von erkennungsdienstlichen Unterlagen bisweilen damit begründet, daß die Ermittlungen und Beweisführungen bei sexuell motivierten Straftaten wegen der Vorgehensweise der Täter typischerweise erschwert seien. Damit sei nach kriminalistischer Erfahrung im allgemeinen die Annahme einer Wiederholungsgefahr gegeben. Demgemäß seien die erkennungsdienstlichen Unterlagen über ehemalige Beschuldigte in solchen Fällen in erhöhtem Maß geeignet, die Ermittlungsarbeit der Polizei auf diesem Gebiet zu fördern.
Zum möglichen Gegenargument, der Vorwurf beispielsweise exhibitionistischer Handlungen sei kein Delikt von so hoher Gemeinschädlichkeit, das eine Aufbewahrung der erkennungsdienstlichen Unterlagen erforderlich mache, hat das Bundesverwaltungsgericht ausgeführt, daß solange exhibitionistische Handlungen nach § 183 StGB unter Strafe stünden die Auswirkungen eines Anschauungswandels im Zusammenhang mit der Liberalisierung auch im Bereich des Sexualschutzes nicht von grundsätzlicher Bedeutung für die Anwendbarkeit des § 81b StPO seien (BVerwG NJW 1989, 2640 f. unter Einbeziehung von BVerwGE 11, 181, 183 = NJW 1961, 571).

12. Selbstverständlich kann die Möglichkeit eines weiteren Ermittlungsverfahrens niemals ausgeschlossen werden. Dies reicht allerdings als Voraussetzung für die weitere Aufbewahrung nicht aus (vgl. VG Hamburg StV 1981, 351 f.).

13. Für die Ausfüllung des unter Anmerkung 10 erörterten unbestimmten Begriffs der „Notwendigkeit" ist nach der Rechtsprechung erheblich, daß ein längerer Zeitablauf seit dem Ereignis, daß zur Aufnahme der Unterlagen führte, deren weitere Aufbewahrung dann nicht entgegen stehen kann, wenn der Betroffene nicht erneut straffällig in Erscheinung getreten ist (BVerwG NJW 1987, 416 f.; OVG Hamburg MDR 1977, 30; VG Bremen StV 1981, 189 f.; vgl. hierzu auch *Kleinknecht/Meyer* § 81b Rdnr. 18 m.w.N. zur Rspr.).

1. Antrag auf Vernichtung angefertigter erkennungsdienstl. Unterlagen **VIII. E. 1**

Dabei richtet sich die Dauer des Zeitablaufs wiederum nach Art und Schwere des Delikts. In den kriminalpolizeilich personenbezogenen Richtlinien des Bundes vom 26. 2. 1981 (gemeinsames Ministerialblatt (GMBl) 1981, S. 119) werden unter Nr. 7 folgende grundsätzlichen Aufbewahrungsfristen für erkennungsdienstliche Unterlagen festgesetzt:

Erwachsene: 10 Jahre
(in Fällen „geringerer Bedeutung" soll die Löschung nach einer „kürzeren Frist" erfolgen)
Jugendliche: 5 Jahre
Kinder: 2 Jahre

Die Unterlagen von Personen, die das 70. Lebensjahr erreicht haben und die in den letzten 5 Jahren keinen Anlaß zur Aufnahme neuer Unterlagen gegeben haben, werden sofort vernichtet. Die Unterlagen von Verstorbenen nach 2 Jahren.

Zu beachten ist, daß Beschuldigte i. S. d. 1. Alt. (Maßnahmen im Strafverfahren) nicht Kinder sein können (vgl. KK/*Pelchen* § 81b Rdnr. 3), daß jedoch erkennungsdienstliche Maßnahmen nach dem Polizeirecht (2. Alt.) auch an Kindern und Schuldunfähigen vorgenommen werden können (*Kleinknecht/Meyer* § 81b Rdnr. 7; VG Freiburg NJW 1980, 901; a. A. LR/*Dahs* § 81b Rdnr. 7).

Die einzelnen KpS-Richtlinien der Länder entsprechen im wesentlichen denen des Bundes.

Von sich aus prüfen die Polizeibehörden erfahrungsgemäß meist bereits nach 5 Jahren seit Erstellung der Unterlagen erstmals, ob eine vorzeitige Vernichtung bei Erwachsenen angezeigt ist.

Bei dem hier dargestellten Fall bietet sich die Antragstellung schon wenige Tage nach Erhalt der Einstellungsverfügung an. Die vorliegende Konstellation mit einer lediglich minimalen Vorverurteilung vor 10 Jahren und einer Einstellung des Verfahrens nach § 170 Abs. 2 StPO begründet günstige Voraussetzungen für eine zügige Vernichtung der Unterlagen. Anders liegt der Fall der vom VGH Mannheim (NJW 1987, 2764f.) entschieden wurde. Trotz einer Einstellung wegen Verdachts der Hehlerei nach § 170 Abs. 2 StPO hat das Gericht einer Vernichtung der Unterlagen nach Ablauf von 4 Jahren nicht zugestimmt, weil eine Vorverurteilung wegen gewerbsmäßiger Hehlerei vorgelegen hatte.

14. Das VG Hamburg (StV 1981, 351 f.) hat die Einleitung eines Ermittlungsverfahrens, das nach § 170 Abs. 2 StPO eingestellt wurde, bei Prüfung der Frage, ob der Beschuldigte zukünftig Straftaten begehen oder in den Verdacht geraten wird überhaupt nicht mitberücksichtigt.

15. Zum „Restverdacht" trotz Einstellung des Ermittlungsverfahrens gem. § 170 Abs. 2 StPO vgl. VGH Mannheim NJW 1987, 2764f..

16. Problematischer wäre die Sachlage, wenn es in der Einstellungsverfügung etwa hieße: „die Einlassung des Beschuldigten erscheint wenig glaubhaft, ist aber mit der für eine Anklageerhebung erforderlichen Sicherheit nicht zu widerlegen".

2. Antrag auf gerichtliche Entscheidung (§ 98 Abs. 2 S. 2 StPO analog)[1] gegen von der Polizei angeordnete erkennungsdienstliche Maßnahmen (§ 81b 1. Alt. StPO)

An das
Amtsgericht München[2]   München, den 20. 3. 1990

In der Strafsache
gegen
Herrn A ...... B ......, geb. ......
wegen
Verdachts des Diebstahls

Az.: ER VI Gs ....../90

beantrage ich,
1. die richterliche Entscheidung[3] die Anordnung, Lichtbilder und Fingerabdrücke des Herrn B. zu erstellen aufzuheben.
2. Für den Fall, daß erkennungsdienstliche Maßnahmen bereits erfolgt sind, deren Vernichtung anzuordnen.[4]

Begründung:

Gegen Hern B. liegt kein Anfangsverdacht[5] vor. Nach seiner vorläufigen Festnahme in der Nähe des Tatortes wurde er der geschädigten Frau D. gegenübergestellt. Die Zeugin konnte mit Sicherheit ausschließen, daß es sich bei Herrn B. um den Täter handelt, der ihr die Geldbörse entwendet hat. Es lagen auch keine Anhaltspunkte für eine Mittäterschaft oder Beihilfehandlung vor. Herr B. wurde daraufhin durch die Polizei entlassen.[6]
Die Durchführung eines Strafverfahrens gegen Herrn B. scheidet daher aus,[7] so daß erkennungsdienstliche Maßnahmen nach § 81b StPO nicht in Betracht kommen.

Rechtsanwalt

Anmerkungen

1. Umstritten ist, ob gegen erkennungsdienstliche Maßnahmen der Staatsanwaltschaft und der Polizei zum Zwecke der Strafverfolgung gem. § 81b 1. Alt. StPO der Rechtsschutz über § 23ff. EGGVG (so BVerwGE 47, 255 = NJW 1975, 893; KK/*Pelchen* § 81b Rdnr. 9 (nur für die bereits durchgeführte erkennungsdienstliche Maßnahme)) oder in entsprechender Anwendung des § 98 Abs. 2 S. 2 StPO (so OLG Hamburg MDR 1977, 68; OLG Stuttgart MDR 1986, 689; LG Flensburg StV 1987, 46; OLG Oldenburg NStZ 90, 504 mit Anm. Katholnigg, KMR/*Paulus* § 81b Rdnr. 22; LR/*Dahs* § 81b Rdnr. 23).

Für den hier gewählten Lösungsweg der analogen Anwendung des § 98 Abs. 2 S. 2 StPO spricht die formelle Unkompliziertheit sowie die der Verfahrensbeschleunigung dienende Orts- und Sachnähe des zuständigen Amtsgerichts (der Antrag nach § 23ff. EGGVG wäre beim OLG bzw. Obersten Landesgericht zu stellen (§ 25 EGGVG).

2. Solange die öffentliche Klage noch nicht erhoben ist, entscheidet das Amtsgericht, in dessen Bezirk die erkennungsdienstliche Maßnahme stattgefunden hat (§ 98 Abs. 2 S. 3 StPO).

3. Eine Beschwerde gegen die angeordnete erkennungsdienstliche Maßnahme ist in einen Antrag auf richterliche Entscheidung umzudeuten (vgl. LG Lüneburg JZ 84, 343).

2. Antrag auf gerichtliche Entscheidung VIII. E. 2

4. Ist die Maßnahme bereits erfolgt, kann der Verteidiger ebenfalls durch gerichtliche Entscheidung nachträglich deren Rechtmäßigkeit überprüfen lassen (vgl. LR/*Dahs* § 81 b Rdnr. 22; einschränkend KK/*Pelchen* § 81 b Rdnr. 8; BGHSt 28, 57 f. = NJW 1978, 1815; BVerfGE 49, 329, 338 = NJW 1979, 154).

5. Die Maßnahmen des § 81 b StPO sind nur gegen Beschuldigte zulässig. Die Beschuldigteneigenschaft erlangt eine Person bei Vorliegen eines konkreten Anfangsverdachts i. S. d. § 152 Abs. 2 StPO. Der Tatverdacht braucht also weder dringend noch so erheblich zu sein, daß es zur Anklageerhebung ausreicht (vgl. zur Beschuldigteneigenschaft im einzelnen *Kleinknecht/Meyer* Einl. Rdnr. 76 ff.).

6. Oft wird der Verteidiger mit der Tatsache konfrontiert werden, daß Fingerabdrücke und Lichtbilder erstellt wurden, bevor er dem Mandanten das erste Mal gegenübersteht. Es bleibt dann nur noch die Möglichkeit, nachträglich die Rechtswidrigkeit dieser Maßnahme feststellen zu lassen (vgl. Anm. 4) und die sofortige Vernichtung zu beantragen.

7. Unzulässig wäre die erkennungsdienstliche Behandlung für Zwecke des Strafverfahrens auch bei Schuldunfähigen und Strafunmündigen, da sie eine Beschuldigteneigenschaft nicht erlangen können, die Durchführung eines Strafverfahrens scheidet gegen sie von vornherein aus. Eine Ausnahme liegt lediglich dann vor, wenn erkennungsdienstliche Maßnahmen erfoderlich sind, um die Identität einer Person festzustellen (§ 163 b StPO) oder ein Fall des § 81 b 2. Alt. StPO vorliegt (vgl. Anm. 13 zu Formular 1). In einem solchen Fall dürfen erkennungsdienstliche Maßnahmen auch bei Kindern und Schuldunfähigen vorgenommen werden (vgl. hierzu *Kleinknecht/Meyer* § 163 b Rdnr. 4).

F. Sonstige Rechtsbehelfe

1. Antrag auf nachträgliche Gewährung rechtlichen Gehörs (§ 33 a StPO)

Amtsgericht
– Schöffengericht –
6000 Frankfurt am Main   20. 12. 1986

In dem Ermittlungsverfahren
gegen
Herrn A
– Az.: .. –

wird beantragt,
1. Herrn A (nachträglich) gem. § 33 a StPO[1] rechtliches Gehör zu gewähren,
2. den Eröffnungsbeschluß des Amtsgerichts vom 1. 12. 1986 aufzuheben und die Nichteröffnung zu beschließen.[2]

Begründung:

Am 12. 12. 1986 wurde Herrn A gleichzeitig mit der Übersendung der Anklageschrift der Staatsanwaltschaft vom 19. 9. 1986 der Eröffnungsbeschluß des Schöffengerichts vom 1. 12. 1986 zugestellt. Damit erfuhr Herr A erstmals, daß er in dem Verdacht steht, eine schwere Körperverletzung gem. § 224 StGB begangen zu haben. Ausweislich der Verfahrensakten war auch zu keinem früheren Zeitpunkt eine Benachrichtigung über die Einleitung von Ermittlungen gegen Herrn A erfolgt.
Daß Herr A nicht spätestens auf die Anklageschrift hat erwidern können, verletzt § 200 StPO und den verfassungsrechtlich geschützten Anspruch des Herrn A auf rechtliches Gehör. Da der Eröffnungsbeschluß zum Nachteil des Herrn A den Inhalt der Anklageschrift verwertet hat, ist der Antrag auf Nachholung des rechtlichen Gehörs gem. § 33 a StPO begründet.
Die Notwendigkeit der Aufhebung des Eröffnungsbeschlusses des Schöffengerichts ergibt sich aus folgendem:
Herr A kann am 24. 2. 1986 Herrn B nicht „krankenhausreif" geschlagen haben, da er sich zu dieser Zeit selbst im Bürgerhospital in Frankfurt am Main befand. Er wurde dort wegen seines gebrochenen Beines stationär behandelt. Die Verletzung hatte er sich am 20. 2. 1986 beim Fußballspielen zugezogen.
Diesem Schriftsatz ist beigefügt eine Bescheinigung des Bürgerhospitals, wonach sich Herr A in der Zeit vom 20. 2 bis 25. 3. 1986 im Krankenhaus aufgehalten hat. Weiterhin wird auf das ebenfalls anliegende ärztliche Attest des Prof. Dr. med. L. verwiesen, aus dem sich ergibt, daß dieser Herrn A behandelt hat und daß sein Patient in der Zeit des Krankenhausaufenthalts nicht gehfähig war.
Damit ist ausgeschlossen, daß sich Herr A am 24. 2. 1986 in eine Gaststätte begeben konnte, und erst recht, daß er dort den B verprügelt hat. Es muß also eine Verwechslung vorliegen.
Der Eröffnungsbeschluß des Schöffengerichts ist demnach aufzuheben und statt dessen die Nichteröffnung des Verfahrens zu beschließen.

Rechtsanwältin

Anmerkungen

1. § 33a StPO findet Anwendung, wenn im Beschlußverfahren eine für einen Beteiligten nachteilige Entscheidung getroffen wurde, zu der er nicht gehört wurde. Zweck der Bestimmung ist die Korrektur von Beschlüssen, die unter Verletzung des Art. 103 Abs. 1 GG ergangen sind. Insoweit gründet sich § 33a StPO auf das Verfassungsprinzip des Art. 103 Abs. 1 GG, dessen Auslegung durch das Bundesverfassungsgericht uneingeschränkt für das einfache Recht übernommen wird (LR/*Wendisch* Rdnr. 2 zu § 33a StPO). § 33a StPO gilt nicht für Urteile, sondern ausschließlich für Beschlüsse, die nicht (mehr) durch Rechtsbehelfe oder Rechtsmittel angreifbar sind. Ob die Vorschrift auch dann anwendbar ist, wenn der Beteiligte das an sich mögliche Rechtsmittel versäumt hat, ist umstritten (in Ausnahmefällen dafür: BGH NJW 1975, 2211f; *Kleinknecht/Meyer* Rdnr. 4 zu § 33a StPO; KK/*Maul* Rdnr. 6 zu § 33a StPO; dagegen: OLG Stuttgart NJW 1974, 284; wohl auch LR/*Wendisch* Rdnr. 9 zu § 33a StPO).

§ 33a StPO findet zunächst auf Beschlüsse Anwendung, die der Anfechtung überhaupt entzogen oder nur aus bestimmten Gründen zugänglich sind. Dies ist z.B. die Entscheidung über die Eröffnung des Hauptverfahrens gem. § 210 StPO. Der Eröffnungsbeschluß kann vom Angeklagten nicht angefochten werden (§ 210 Abs. 1 StPO). Es ist aber unstreitig, daß der Antrag nach § 33a StPO (und damit die Anfechtung des Eröffnungsbeschlusses) dann zulässig ist, wenn die Mitteilung der Anklageschrift an den Angeklagten – wie im Musterfall – unterblieben ist (LR/*Wendisch* Rdnr. 10f zu § 33a StPO; OLG Hamburg NJW 1965, 2417; so wohl auch *Rieß* in NStZ 1983, 247/249). Ob über die (analoge) Anwendung des § 33a StPO auch bewirkt werden kann, daß bei unvollständiger Aktenvorlage ein Eröffnungsbeschluß nachträglich, d.h. nach einer stattgefundenen aber zwischenzeitlich ausgesetzten Hauptverhandlung aufgehoben wird, ist heftig umstritten (dies hat bejaht: LG Nürnberg-Fürth NStZ 1983, 136, heftig kritisiert von *Meyer* JR 1983, 258, sowie *Rieß* NStZ 1983, 247).

Weitere Beschlüsse, die unanfechtbar sind und für die § 33a StPO gilt: Kosten- und Auslagenbeschluß unter 100,– DM (§ 304 Abs. 3 StPO), Nachtragsentscheidung über die Strafaussetzung (§ 453 Abs. 1 StPO), die nicht den Fall des § 453 Abs. 2 StPO betrifft. Weitere Fälle, auch für die Nebenklage bei LR/*Wendisch* (Rdnr. 10 zu § 33a StPO). Auch der Beschluß des Revisionsgerichts gemäß § 349 Abs. 2 StPO kann mit § 33a StPO überprüft werden, wenn im Hinblick auf den Vortrag von Verfahrensrügen das rechtliche Gehör verletzt wurde (BGH MDR (H) 1976, 634; KK/*Maul* Rdnr. 2 zu § 33a StPO). Dies gilt nicht für den Fall, in dem der Revisionsführer geltend macht, ihm sei keine Gelegenheit gegeben worden, weitere Ausführungen zur Sachrüge zu machen (BGHSt 23, 102).

§ 33a StPO findet daneben Anwendung auf Beschlüsse des erkennenden Gerichts, die dem Urteil vorausgehen (§ 305 Abs. 1 StPO) und auf die einen erkennenden Richter betreffenden Ablehnungsentscheidungen (§ 28 Abs. 2 Satz 2 StPO; KK/*Maul* Rdnr. 2 zu § 33a; zweifelnd, jedoch im Ergebnis zustimmend: LR/*Wendisch* Rdnr. 12 zu § 33a). Durch die Versagung des rechtlichen Gehörs muß ein Nachteil für den Beteiligten entstanden sein, der noch fortwirkt. Ziel der Nachholung ist (im Gegensatz zur Verfassungsbeschwerde wegen des Verstoßes gegen Art. 103 Abs. 1 GG) nicht die Feststellung der Verfassungswidrigkeit eines Beschlusses, sondern die Beseitigung des durch ihn hervorgerufenen prozessualen Nachteils. Das Verfahren nach § 33a StPO ist infolgedessen nicht mehr zulässig, wenn der Nachteil nicht mehr andauert oder nicht mehr zu beseitigen ist (die Untersuchungshaft ist verbüßt, ein Vorführungsbefehl gem. § 134 Abs. 1 StPO vollzogen etc., weitere Beispiele bei LR/*Wendisch* Rdnr. 14 zu § 33a StPO). Die „prozessuale Überholung" (vgl. LR/*Wendisch* Rdnr. 14 zu § 33a StPO) ist nicht zu verwechseln mit der eingetretenen Rechtskraft eines Beschlusses. Letztere hindert gerade nicht die Antragszulässigkeit des § 33a StPO (LR/*Wendisch* Rdnr. 15 zu § 33a StPO).

Der Antrag gemäß § 33a StPO ist an keine Frist gebunden. Er muß die Voraussetzungen des § 33a StPO darlegen, insbesondere also angeben, welche Tatsachen oder Beweisergebnisse das Gericht verwertet hat, zu denen der Beteiligte nicht gehört wurde. Fehlen diese Angaben oder wird lediglich beanstandet, daß rechtliche Erörterungen unterlassen wurden, kann der Antrag als unzulässig verworfen werden (zu letzterem a.A. *Goerlich* JZ 1977, 24). Unerheblich ist dagegen, aus welchem Grund es zur Nichtbeachtung des rechtlichen Gehörs gekommen ist. Erklärungen hierzu sind deshalb entbehrlich. Selbst das schuldhafte Verhalten des Beteiligten, der sich z.B. durch Flucht dem Verfahren entzogen hat, hindert nicht die Zulässigkeit des Antrags bei Vorliegen der übrigen Voraussetzungen (KK/*Maul* Rdnr. 5 zu § 33a StPO).

2. Es empfiehlt sich, das Gesuch gem. § 33a StPO mit dem Antrag auf Abänderung der Entscheidung zu verbinden. Aber auch wenn dies unterlassen wird, muß das Gericht bei Vorliegen der sonstigen Voraussetzungen, insbesondere, wenn die frühere Entscheidung auf der Verletzung des rechtlichen Gehörs **beruht** (OLG Karlsruhe Justiz 1985, 319), eine neue Entscheidung treffen. Es gilt das Verschlechterungsverbot (KK/*Maul* Rdnr. 10 zu § 33a StPO).

Lehnt das Gericht die nachträgliche Gewährung des rechtlichen Gehörs ab, ist hiergegen die Beschwerde nach § 304 Abs. 1 StPO zulässig. Die sachliche Überprüfungsentscheidung, d.h. die neue Entscheidung, die nach der nachträglichen Anhörung des Beteiligten, bzw. nach neuer Würdigung der Beweise ergangen ist, ist dagegen nicht anfechtbar (LR/ *Wendisch* Rdnr. 20 zu § 33a StPO).

2. Gegenvorstellung[1]

An das Oberlandesgericht
– Strafsenat –
6000 Frankfurt am Main   28. 8. 1987

In der Strafsache – Revisionssache –
gegen
B ......
– Az.: ...... Ss ....../87 –

wird hiermit für Herrn B, der uns eine auf diesen Zweck beschränkte[2] Vollmacht erteilt hat (Anlage), gegen die Verfügung des Vorsitzenden des Strafsenats vom 21. August 1987

Gegenvorstellung

erhoben mit dem Antrag,
Herrn B für die Revisionshauptverhandlung am 25. September 1987 den Unterzeichneten als Pflichtverteidiger zu bestellen.[3]

Begründung

Der frühere Verteidiger X des Herrn B hat gegen das umfangreiche Berufungsurteil des Landgerichts Gießen rechtzeitig Revision eingelegt und diese innerhalb der Revisionsbegründungsfrist in zulässiger Form, jedoch nur mit der allgemeinen Sachrüge begründet. Alsbald danach hatte Herr Rechtsanwalt X das Mandat niedergelegt, so daß seitdem Herr B nicht mehr verteidigt ist.[4] Am 31. Juli 1987 wurde zu Händen eines zur Postannahme bevollmächtigten Beamten der Justizvollzugsanstalt Kassel Herrn B die Mitteilung des Senats über den Hauptverhandlungstermin am 25. September 1987 zugestellt. Da Herr B sich zu diesem Zeitpunkt in der Krankenabteilung der Justizvollzugsanstalt befand, weil er an einer fiebrigen Infektion litt, las er den Inhalt der Mitteilung erst etwa 10 Tage später. Den Hinweis auf sein Recht, die Bestellung eines Verteidigers zu beantragen, nahm er (wenn auch erst nach Ablauf der darin erwähnten Wochenfrist des § 350 Abs. 3 Satz 2 StPO) zum Anlaß, an den Strafsenat zu schreiben und einen solchen Antrag – ohne Benennung eines bestimmten Anwaltes – zu stellen. Hierauf erhielt er nun am 25. August 1987 den Bescheid des Herrn Vorsitzenden, wonach sein Antrag abgelehnt werde, weil die Frist von einer Woche verstrichen sei.

Ungeachtet der in der strafprozessualen Literatur streitigen Rechtsfrage[5], ob eine Wiedereinsetzung gegen die Fristversäumung des § 350 Abs. 3 Satz 2 StPO möglich ist, bitte ich den ablehnenden Bescheid noch einmal zu überprüfen und dabei folgende Tatsachen und Erwägungen zu berücksichtigen:

Das angefochtene Urteil enthält über weite Passagen (UA. S. 30–45) für den Laien nur schwer verständliche Rechtsausführungen. Allein die Ausführungen des Landgerichts, mit denen eine angeblich über 10 Jahre sich erstreckende fortgesetzte Handlung bejaht wurde mit der Folge, daß sich die Strafkammer von dem Eintritt der Verfolgungsverjährung des weitaus größten Teils der vorgeworfenen strafbaren Handlungen nicht überzeugen konnte, sind rechtlich so komplex, daß unabhängig von § 350 Abs. 3 StPO[6] die Voraussetzungen des § 140 Abs. 2 StPO vorliegen dürften.

Die Notwendigkeit für Herrn B, in der Revisionshauptverhandlung, an der er selbst im Hinblick auf § 350 Abs. 2 Satz 2 StPO nicht teilnehmen kann, durch einen Verteidiger vertreten zu sein, ist nicht etwa dadurch gemindert, daß allein schon die allgemeine Sachrüge dem Senat ausgereicht hat, einen Termin zur Hauptverhandlung anzuberaumen. Bekanntlich dient die Hauptverhandlung in Revisionssachen dazu, die rechtlichen Erwägungen, die geeignet sein können, der Revision zum Erfolg zu verhelfen, mündlich in wechselseitigen Vorträgen, aber auch in einem offenen Rechtsgespräch zu erörtern, wobei sich dem Verteidiger die Chance eröffnet, die vorläufige rechtliche Sicht der Senatsmitglieder kennenzulernen und sich an einem Stück der Beratung des Senats zu beteiligen (Sarstedt/Hamm Rdn. 509). Gerade in Fällen, in denen sich offenbar weder Einstimmigkeit für eine Verwerfung der Revision nach § 349 Abs. 2 StPO noch für einen Erfolg der Revision nach § 349 Abs. 4 StPO bei der Vorbereitung herstellen ließ, kann es die allein schon dadurch indizierte Schwierigkeit der Rechtslage unumgänglich machen, daß sein Verteidiger die Interessen des Revisionsführers in der mündlichen Verhandlung wahrnimmt.

Rechtsanwalt

Anmerkungen

1. Die Gegenvorstellung ist in der Praxis des Strafverfahrens verbreiteter als es das Interesse der Rechtslehre und der veröffentlichten Rechtsprechung an ihr vermuten ließen. *Woesner* hat in seinem immer noch lesenswerten Aufsatz „Die Gegenvorstellung im Strafverfahren" (NJW 1960, 2129 ff) deshalb zu Recht die Gegenvorstellung als „das Stiefkind unter den Rechtsbehelfen" bezeichnet, die dessen ungeachtet im Strafverfahren „festen Fuß gefaßt hat". *Dahs* (Handbuch Rdnr. 985) weist daraufhin, daß auch bei vielen Verteidigern eine große Unsicherheit im Umgang mit der Gegenvorstellung besteht. Neuerlich raten *Werner*, NJW 1991, 19 ff. und *Hohmann*, JR 1991, 10 ff., zum Gebrauch der Gegenvorstellung.

Der formlose Rechtsbehelf der **Gegenvorstellung** ist gegen jede Entscheidung zulässig, die von demselben Gericht aufgrund nachträglich gewonnener besserer (tatsächlicher oder rechtlicher) Erkenntnis wieder aufgehoben oder geändert werden darf. Diese Frage ist unabhängig von der Rechtskraft zu entscheiden. So wie es unanfechtbar gewordene richterliche Entscheidungen gibt, die von demselben Gericht revidiert werden dürfen (z.B. Beschlüsse, die auf die weitere Beschwerde in Haftsachen ergangen sind), gibt es auch nichtrechtskräftige Entscheidungen, die einer nochmaligen Überprüfung durch den iudex a quo entzogen sind, wie z.B. Urteile sowie Beschlüsse und Verfügungen, die der sofortigen Beschwerde unterliegen. Im Unterschied zu dem bei dem vorigen Formular behandelten Instrument der nachträglichen Inanspruchnahme rechtlichen Gehörs gem. § 33a StPO, bei dem das Schwergewicht auf der Stellungnahme zu Tatsachen liegt, die in der Entscheidung bereits verwertet worden sind, jedoch dem Angeklagten unbekannt waren, liegt der Sinn der formlosen Gegenvorstellung darin, das Gericht unter Hinweis auf neue Tatsachen oder unter Hervorhebung bis dahin nicht ausreichend gewürdigter bekannter Tatsachen oder rechtlicher Gesichtspunkte zu bitten, erneut zu beraten und zu entscheiden. *Dahs* (Handbuch Rdnr. 985) weist mit Recht darauf hin, daß sich in der Praxis die Gegenvorstellung weitgehend beschränkt auf die „Anfechtung" von Beschlüssen und Verfügungen, die bereits rechtskräftig sind, insbesondere also diejenigen des Bundesgerichtshofs und der Oberlandesgerichte. Es würde jedoch rechtsdogmatisch keinen Sinn machen, sie als von vornherein unzulässig anzusehen gegenüber Entscheidungen, die noch mit der einfachen Beschwerde anfechtbar sind. Da sie nämlich von dem iudex a quo sogar nach eingelegter Beschwerde revidiert werden dürfen (Abhilfeentscheidung), muß diese Möglichkeit erst recht bestehen, wenn ausnahmsweise der Beschwerdeberechtigte sich auf den Antrag beschränkt, unter im einzelnen von ihm vorgetragenen, seiner Meinung nach noch nicht oder nicht genügend berücksichtigten zusätzlichen Aspekten die Entscheidung wieder aufzuheben oder zu ändern. Dafür kann es sogar verteidigungsstrategische Gründe geben. Man denke beispielsweise an Haftsachen, in denen man in einem frühen Stadium des Ermittlungsverfahrens der Beschwerdeentscheidung des Landgerichts glaubt, einiges entgegensetzen zu können, aber dennoch eine Entscheidung des Oberlandesgerichts wegen der zu befürchtenden Präjudizwirkung auf die spätere Beurteilung des dringenden bzw. hinreichenden Tatverdachts vermeiden möchte. Freilich wird man in diesen Fällen ausdrücklich kenntlich machen müssen, daß die als „Gegenvorstellung" bezeichnete Eingabe auch nur als solche und nicht als weitere Beschwerde verstanden werden soll, um die Umdeutung gem. § 300 StPO zu vermeiden.

2. Zu der auf bestimmte Prozeßhandlungen beschränkten Strafprozeßvollmacht vgl. oben Form. II, 16.

3. Die Bestellung des Pflichtverteidigers für die Revisionshauptverhandlung kann unter zwei Aspekten geschehen: Hat der nicht auf freiem Fuß befindliche Angeklagte innerhalb der Frist des § 350 Abs. 3 Satz 1 StPO (eine Woche) einen entsprechenden Antrag gestellt, so **muß** ihm vom Vorsitzenden des Revisionssenats ein Verteidiger bestellt werden. Diese Frist ist gerade für verhaftete Angeklagte empfindlich kurz. In Anbetracht der bürokratischen Hemmnisse für einen reibungslosen Postverkehr durch die Pforten der Justizvollzugsanstalten und der auch nicht immer berechenbaren Transportzeiten der Deutschen Bundespost ist absolut nicht verständlich, weshalb die in der Praxis wohl am häufigsten verwendeten StPO-Kommentare ohne jede Begründung selbst dann eine Wiedereinsetzungsmöglichkeit verneinen, wenn entgegen § 350 Abs. 3 Satz 2 StPO der Angeklagte nicht einmal auf sein Recht und damit also auch nicht auf die Frist hingewiesen worden ist (*Kleinknecht/Meyer* § 350 Rdnr. 11; *LR/Meyer*, 23. Aufl., § 350 Rdnr. 9; *KK/Pikart* § 350 Rdnr. 10). Es ist kein Grund ersichtlich, weshalb die Frist des § 350 Abs. 3 Satz 2 StPO nicht als Frist i.S.d. § 44 StPO angesehen werden sollte. Möglicherweise hängt die ablehnende Haltung der zitierten Kommentatoren mit der Befürchtung zusammen, die Zubilligung eines Wiedereinsetzungsrechts in dieser Endspurtphase des Strafverfahrens könnte als Argument für weitergehende Forderungen der Vertreter der Gegenmeinung gebraucht werden: Für die Aufrechterhaltung des Wiedereinsetzungsrechts über den Zeitpunkt der Entscheidung des Revisionsgerichts hinaus, so daß sich dann auch gegen die analoge Anwendung der Wiedereinsetzungsbestimmungen auf das unverschuldete Nichterscheinen des Verteidigers in der Revisionshauptverhandlung nichts mehr einwenden ließe. In der Tat sind es die Gegner einer Wiedereinsetzung in den vorigen Stand gegen die Versäumnis

2. Gegenvorstellung   VIII. F. 2

der Frist des § 350 Abs. 3 StPO, die an anderer Stelle die Wiedereinsetzung wegen einer unverschuldeten Verhinderung zur Terminswahrnehmung nur auf die Fälle beschränkt sehen wollen, in denen dies, wie z. B. bei § 329 Abs. 3 StPO vom Gesetz ausdrücklich vorgesehen wird (*Kleinknecht/Meyer* Rdnr. 8 zu § 44; KK/*Maul* Rdnr. 8 zu § 44). Demgegenüber fordert *Hanack* (in: LR, 24. Aufl., Rdnr. 15 zu § 350) ein grundsätzliches Umdenken in der Frage der Bedeutung der Präsenz eines Verteidigers in der Revisionshauptverhandlung insbesondere unter dem Gesichtspunkt des rechtlichen Gehörs und des „fair trial" (vgl. auch BVerfG NStZ 1984, 82). Daraus leitet Hanack zu Recht nicht nur die Pflicht des Revisionsgerichts ab, auf eine vorher angezeigte überraschende Verhinderung des Angeklagten oder seines Verteidigers Rücksicht zu nehmen, sondern auch die Notwendigkeit zur analogen Anwendung der §§ 44, 45 StPO für eine Wiedereinsetzung in den vorigen Stand bei unverschuldeter Verhinderung zur Teilnahme an der Revisionshauptverhandlung, auch wenn sie erst nach der Entscheidung mit Gründen, die den Grundsätzen des § 45 StPO entsprechen, beantragt wird. Jedenfalls aber sollte sich die Wiedereinsetzung wegen Versäumnis der Frist zur Beantragung der Bestellung eines Pflichtverteidigers nach § 350 Abs. 3 StPO von selbst verstehen, wenn der Antrag unverschuldet oder sogar wegen der fehlenden Belehrung unterblieben ist (so LR/*Hanack* a. a. O. Rdnr. 9; *Sarstedt/Hamm* Rdnr. 477; nur für den Fall der fehlenden Belehrung KMR/*Paulus* § 350 Rdn. 8; für diesen Fall aber auch Wiedereinsetzung wegen der unverschuldeten Nichtteilnahme an der Hauptverhandlung: *Eb. Schmidt*, Lehrkommentar Nachträge I § 350 Rdnr. 11, wobei sich der Sinn dieses Zitates erst erschließt bei Beachtung eines Druckfehlers: es muß dort heißen: „wenn das **Nicht**erscheinen des Angeklagten ......" statt: „wenn das Erscheinen ...").

In dem diesem Formular zugrundegelegten Fall wird davon ausgegangen, daß es letztlich auf diesen Meinungsstreit nicht ankommt, weil die strengen Voraussetzungen einer Wiedereinsetzung nicht vorliegen (der Angeklagte hätte trotz seiner Krankheit Gelegenheit gehabt, den korrekten Hinweis in der ihm zugestellten Mitteilung zur Kenntnis zu nehmen), daß es jedoch andere, nämlich aus § 140 Abs. 2 StPO herrührende Gründe gibt, ihm einen Pflichtverteidiger zu bestellen, die unabhängig von der Einhaltung von Fristen sind. Der Nachteil des Versuchs, über § 140 Abs. 2 StPO für die Revisionshauptverhandlung einen Pflichtverteidiger bestellen zu lassen, bleibt jedoch stets der, daß die Beurteilung der Schwierigkeit der Sach- und Rechtslage eine Ermessensentscheidung ist, während bei rechtzeitigem Eingang des Antrags nach § 350 Abs. 3 StPO der Vorsitzende des Revisionssenats einen Pflichtverteidiger bestellen **muß**.

4. Nicht nur, wenn der Wahlverteidiger vor der Revisionshauptverhandlung das Mandat niederlegt, sondern auch, wenn dem Angeklagten in der Tatsacheninstanz ein Pflichtverteidiger zur Seite stand, stellt sich die Frage der erneuten Bestellung eines Pflichtverteidigers für die Revisionshauptverhandlung, da die Pflichtverteidigerbestellung erster Instanz zwar noch die schriftliche Bearbeitung der Revision mit umfaßt (OLG Düsseldorf StV 1984, 327; LR/*Hanack* § 350 Rdnr. 8; einhellige Meinung in Literatur und Rechtsprechung), nicht jedoch auch die Wahrnehmung der Hauptverhandlung vor dem Revisionsgericht (absolut herrschende, wenn auch nicht völlig unbestrittene Meinung in Literatur und Rechtsprechung, vgl. die zahlreichen Nachweise bei LR/*Hanack* § 350 Rdnr. 8 Fußn. 15).

5. Zu dem Streitstand zur Frage der Wiedereinsetzung s. Anm. 3. zu diesem Formular.

6. Die sprachlich und gesetzestechnisch verunglückte Bestimmung des § 350 Abs. 3 StPO könnte zu der Mißdeutung verleiten, daß darin die Möglichkeiten einer Pflichtverteidigung für die Revisionshauptverhandlung abschließend geregelt seien. Dies würde zum einen bedeuten, daß ein auf freiem Fuß befindlicher Angeklagter überhaupt niemals eine Chance hätte, für die Revisionshauptverhandlung einen Pflichtverteidiger beigeordnet zu bekommen, während der Inhaftierte innerhalb der Wochenfrist einen unabdingbaren Anspruch auf Beiordnung eines Pflichtverteidigers begründen könnte, danach jedoch wiederum keine Möglichkeit mehr hätte, durch einen Verteidiger in der Hauptverhandlung ver-

treten zu sein, es sei denn, er habe die finanziellen Mittel, einen Wahlverteidiger zu beauftragen. Die Rechtsprechung hat jedoch völlig unabhängig von § 350 Abs. 3 StPO eine Anwendbarkeit des § 140 Abs. 2 StPO auch für die Revisionshauptverhandlung anerkannt (BGHSt 19, 259; OLG Hamm StV 1984, 66; BVerfGE 46, 202 = NJW 1978, 151; BVerfG NStZ 1983, 82; LR/*Hanack* § 350 Rdnr. 11; *Kleinknecht/Meyer* § 350 Rdnr. 7).

Das Bundesverfassungsgericht hat sogar eine Pflicht zur Bestellung eines Pflichtverteidigers für die Hauptverhandlung in der Revisionsinstanz für solche Fälle bejaht, in denen gemessen an der Interessenlage des Beschuldigten der Ausgang des Revisionsverfahrens zu schwerwiegenden Auswirkungen führen kann. Groß ist jedoch der Zugewinn an Klarheit nicht, den das Bundesverfassungsgericht damit geschaffen hat, zumal es auch noch Ausnahmen zulassen will für solche Fälle, in denen „die Entscheidung des Revisionsgerichts auf der Hand liegt" (?) oder die Rechtsansicht des Beschwerdeführers unvertretbar oder von vornherein abwegig ist. Dies alles zeugt von praxisfernen Vorstellungen der Verfassungsrichter über die Realität der Revision in Strafsachen: Ist schon der Vorsitzende des Revisionssenats der Meinung, daß die Rechtsansicht des Beschwerdeführers unvertretbar oder von vornherein abwegig sei, so findet schon deshalb keine Hauptverhandlung statt, weil dann ohnehin von der Möglichkeit der Beschlußverwerfung nach § 349 Abs. 2 StPO Gebrauch gemacht wird (*Dahs* NJW 1978, 141; vgl. auch LR/*Hanack* a.a.O. m.w. Nachw.). Aber auch schon das Kriterium der „schwerwiegenden Auswirkungen" hat berechtigte Kritik erfahren (LR/*Hanack* a.a.O.), weil es analog der Anwendung des § 140 Abs. 2 StPO beim Tatgericht auf die Schwierigkeit der Rechtslage unter Berücksichtigung der spezifischen revisionsrechtlichen Kriterien ankommen muß. Nicht einsichtig ist, weshalb nicht wenigstens bei solchen Angeklagten, denen aus finanziellen Gründen die Beauftragung eines Wahlverteidigers unmöglich ist, stets eine Pflichtverteidigerbestellung erfolgt, wenn der Senat die Sache wert findet, überhaupt in einer Hauptverhandlung erörtert zu werden (vgl. EuGMR NStZ 1983, 343 m.Anm. *Stöcker* und LR/*Hanack* a.a.O.).

3. Antrag auf gerichtliche Entscheidung gem. §§ 23 ff EGGVG[1]

Oberlandesgericht Hamm[2]
Heßlerstraße 53
4700 Hamm 1 25. 8. 1987[3]

Antrag auf gerichtliche Entscheidung gem. § 23 EGGVG

des Herrn A, Anschrift ......
Prozeßbevollmächtigter: ......

gegen

die Entscheidung des Generalbundesanwalts vom 28. Mai 1987 (Az.: ......) in der Form des Beschwerdebescheids des Bundesministers der Justiz[4] vom 1. August 1987 (Az.: ......), zugestellt am 14. August 1987.
Hiermit zeige ich an, daß uns Herr A mit seiner Verteidigung beauftragt hat, Strafprozeßvollmacht ist anliegend beigefügt.
Es wird gem. § 23 EGGVG beantragt,

1. den Bescheid des Bundesministers der Justiz vom 1. August 1987, mit dem dieser die (vorzeitige) Nichtaufnahme der Verurteilung des Herrn A aus dem Urteil des Landgerichts Wiesbaden vom 5. Februar 1984 (Az.: ......) in das Führungszeugnis gemäß § 39 BZRG abgelehnt hat, aufzuheben.
2. die (vorzeitige) Nichtaufnahme der Verurteilung des Herrn A gem. § 39 BZRG anzuordnen.

3. Antrag auf gerichtliche Entscheidung VIII. F. 3

Begründung:[5]

Herr A wurde am 5. Februar 1984 vom Landgericht Wiesbaden wegen des Besitzes von 400 gr Haschisch zu einer Freiheitsstrafe von 1 Jahr und 1 Monat verurteilt. Die Strafe wurde zur Bewährung ausgesetzt und die Bewährungsfrist auf 3 Jahre festgesetzt. Herr A hat unmittelbar im Anschluß an die Urteilsverkündung auf Rechtsmittel verzichtet, so daß das Urteil am 5. Februar 1984 rechtskräftig wurde.

Bei Herrn A bestand zum Zeitpunkt der Tatbegehung keine Betäubungsmittelabhängigkeit, weshalb die Strafaussetzung zur Bewährung nicht auf § 36 BtMG, sondern ausschließlich auf § 57 StGB gestützt wurde. Somit hindert § 32 Abs. 2 Ziff. 6 BZRG nicht überhaupt die Aufnahme der Verurteilung des Herrn A in das polizeiliche Führungszeugnis. Gem. § 34 Abs. 1 Ziff. 2 BZRG beträgt die Frist, nach deren Ablauf eine im Bundeszentralregister befindliche strafrechtliche Verurteilung zu 1 Jahr und 1 Monat Freiheitsstrafe nicht mehr in ein polizeiliches Führungszeugnis aufgenommen wird, 5 Jahre. Die Frist beginnt mit dem Erlaß des ersten Urteils, im Falle des Herrn A also am 5. Februar 1984. Sie endet am 5. Februar 1989.

Herr A hat am 5. Mai 1987 gegenüber dem Generalbundesanwalt den Antrag auf die Nichtaufnahme seiner Verurteilung in das polizeiliche Führungszeugnis (privates Führungszeugnis) gem. § 39 Abs. 1 BZRG gestellt. Der Antrag hatte den folgenden Wortlaut:

„An den Generalbundesanwalt
bei dem Bundesgerichtshof in Berlin
– Dienststelle Bundeszentralregister –
Neuenburger Straße 15
1000 Berlin 61

Sehr geehrte Damen und Herren,

gem. § 39 Abs. 1 BZRG beantrage ich,

die Nichtaufnahme meiner Verurteilung in das polizeiliche Führungszeugnis anzuordnen.

Begründung:

Im Dezember 1987 werde ich meine Fachausbildung als Glaser bei der Glasbaufirma X in Frankfurt am Main abgeschlossen haben. Da ich bislang sämtliche Prüfungen mit „gut" bestanden habe und auch im übrigen zu keinem Zeitpunkt Anlaß zu Beanstandungen gegeben habe, hat mir die Firma X mit Schreiben vom 30. April 1987 (Anlage) angeboten, mich ab dem 1. Januar 1988 in ein festes Arbeitsverhältnis zu übernehmen. Wie sich ebenfalls aus dem Schreiben vom 30. April 1987 ergibt, verlangt die Glasbaufirma für die Übernahme in das Beschäftigungsverhältnis die Vorlage eines polizeilichen Führungszeugnisses und kündigt an, daß eine Anstellung dann nicht erfolgt, wenn sich hierin eine Eintragung über eine Verurteilung befindet.

Sollte ich ab Januar 1988 bei der X-Firma keine Beschäftigung erhalten, muß ich wegen des derzeit bestehenden Überangebots an ausgebildeten Glasern damit rechnen, längere Zeit ohne Beschäftigung zu bleiben. Deshalb ist für mich dringend erforderlich, daß mein Führungszeugnis keine Eintragungen enthält.

Wie man mir auf meinen Anruf beim Bundeszentralregister in Berlin mitgeteilt hat, beträgt die Tilgungsfrist in meinem Fall fünf Jahre, so daß theoretisch bis zum 5. Februar 1989 die Eintragung in das polizeiliche Führungszeugnis aufgenommen werden kann. Man sagte mir dort auch, daß ich die dreijährige Tilgungsfrist des § 34 Abs. 1 Ziff. 1 BZRG nur „knapp verfehlt" hätte, da diese für eine Verurteilung zu einer Freiheitsstrafe von einem Jahr mit Bewährung gilt, ich jedoch mit der mir gegenüber verhängten Freiheitsstrafe von 1 Jahr und 1 Monat diese Grenze gerade um 1 Monat überschritten habe.

In diesem Zusammenhang will ich auch noch darauf hinweisen, daß ich im Jahr 1984 wegen einer Tat verurteilt wurde, die ich bereits im Jahr 1980 begangen hatte. Wie aus den Urteilsgründen des Landgerichts Wiesbaden (Anlage) ersichtlich ist, wird mir bescheinigt, daß ich die „überlange Dauer des Verfahrens nicht zu vertreten" habe, sondern daß die Umstände, die hierzu geführt haben „letztlich nicht ganz geklärt werden konnten, aber jedenfalls im Bereich der Justiz zu suchen sind" (UA. S. 7). Wäre ich bereits im Jahre 1980 oder im Jahre 1981 oder (sogar erst) im Jahre 1982 verurteilt worden, wäre die Verurteilung zwischenzeitlich auch unter Berücksichtigung der regulären 5-Jahres-Frist längst getilgt worden, weil ich mir bis zum heutigen Tag niemals mehr etwas habe zuschulden kommen lassen.
Ich meine, daß dies alles Gründe sind, die es ausnahmsweise rechtfertigen, die vorzeitige Nichtaufnahme meiner Verurteilung in das polizeiliche Führungszeugnis anzuordnen und bitte darum, antragsgemäß zu entscheiden.

Mit freundlichen Grüßen
gez. A"

Der Generalbundesanwalt hat mit Schreiben vom 28. Mai 1987 den Antrag des Herrn A zurückgewiesen und dies wie folgt begründet:

„Dem Antrag kann nicht stattgegeben werden, weil es das öffentliche Interesse gebietet, die Fristen des § 34 BZRG streng einzuhalten."

Die hiergegen am 5. Juli 1987 von Herrn A gem. § 39 Abs. 3 BZRG eingelegte Beschwerde wurde vom Bundesminister der Justiz am 1. August 1987 mit nur einem Satz der Begründung („unter Bezugnahme auf die zutreffende Begründung im Bescheid des Generalbundesanwalts") ebenfalls zurückgewiesen (Anlage).
Der vorliegende Antrag gem. § 23 EGGVG wird damit begründet, daß die (Ermessens-) Entscheidung der Registerbehörde nicht frei von Rechtsfehlern ist und die Ablehnung der Nichtaufnahme der Verurteilung den Antragsteller somit in seinen Rechten verletzt. Die Nichtanordnung der vorzeitigen Nichtaufnahme nach § 39 BZRG stellt einen Justizverwaltungsakt dar (Rebmann/Uhlig, Kommentar zum BZRG Rdnr. 41 zu § 39). Der Betroffene hat zwar keinen Rechtsanspruch auf die Nichtaufnahme seiner Verurteilung in das Führungszeugnis, jedoch ein subjektiv-öffentliches Recht auf eine ermessensfehlerfreie Entscheidung (Rebmann/Uhlig a.a.O. Rdn. 42 zu § 39), was auch bedeutet, daß er beanspruchen kann, daß überhaupt von dem Ermessen Gebrauch gemacht wird (BVerwG DÖV 1979, 334; Kissel, Kommentar zum GVG Rdnr. 3 zu § 28 EGGVG). Dieses Recht des Herrn A ist im vorliegenden Fall dadurch verletzt, daß sowohl bei der Entscheidung des Bundesministers der Justiz als auch bei der des Generalbundesanwalts eine Abwägung zwischen dem öffentlichen Interesse am Fortbestand der Aufnahme der Verurteilung in das Führungszeugnis und dem Interesse des Betroffenen Herrn A an der Nichtaufnahme erkennbar nicht stattgefunden hat. Die angefochtene Entscheidung läßt jegliche Befassung mit den vom Antragsteller dargelegten Gründen für eine vorzeitige Nichtaufnahme, und damit auch die erforderlichen Ermessenserwägungen, vermissen. Sie macht darüber hinaus auch sprachlich deutlich (....... „kann nicht stattgegeben werden, weil ...... streng einzuhalten sind"), daß man offenbar geglaubt hat, es stünde den entscheidenden Behörden überhaupt kein Ermessensspielraum zur Verfügung.
Eine Berücksichtigung des Vorbringens des Antragstellers ergibt, daß im vorliegenden Fall seinem Interesse an einer Nichtaufnahme der Verurteilung in das Führungszeugnis eine vorrangige Bedeutung beizumessen ist. Aus § 39 BZRG wird bereits deutlich, daß der Gesetzgeber in Ausnahmefällen ein Abgehen von den Fristen des § 34 BZRG vorgesehen hat. Dies muß insbesondere dann gelten, wenn dem Resozialisierungsinteresse des Betroffenen im Einzelfall Vorrang vor der uneingeschränkten Aussagekraft des Führungszeugnis-

ses einzuräumen ist. Vorliegend ist ein solcher Fall gegeben. Herrn A geht es um den Erhalt seines Arbeitsplatzes bzw. den Eintritt in ein festes Beschäftigungsverhältnis. Die Tat, um deren Eintragung es geht und die nur um 1 Monat die 3-Jahresfrist des § 34 Abs. 1 Ziff. 1 BZRG überschreitet, liegt bereits sieben Jahre zurück, zwischenzeitlich hat sich Herr A nichts zuschulden kommen lassen. Selbst die reguläre fünfjährige Tilgungsfrist wäre längst verstrichen, wenn das Urteil nicht aus dem Jahre 1984, sondern nach angemessener Verfahrensdauer bereits zu einem früheren Zeitpunkt ergangen wäre. Dafür, daß es das öffentliche Interesse gebietet, im Falle des Herrn A länger als in vergleichbaren Fällen den Betroffenen mit dem Makel der Verurteilung zu konfrontieren, sind keine Gründe ersichtlich. Ein starres Festhalten an der Regelung des § 34 BZRG hätte vielmehr für Herrn A Konsequenzen, die vom Sinn und Zweck des Bundeszentralregisters nicht gewollt sind und zudem außer Verhältnis zu dem mit der Strafe verfolgten Zweck stünden.

Rechtsanwältin

Anmerkungen

1. Die Anrufung eines Oberlandesgerichts nach den §§ 23 bis 30 EGGVG betrifft die Justiz im weitesten Sinne, soweit sie nicht in richterlicher Unabhängigkeit Rechtsprechungstätigkeit ausübt, aber dennoch mit Außenwirkung in die Rechte der Bürger eingreift. Dem Sachzusammenhang nach handelt es sich also hier um eine Art von Verwaltungsgerichtsbarkeit, um die Regelung einer Sonderzuständigkeit als Ausnahme von § 40 VwGO. Der Gesetzgeber hat es als sachgerecht angesehen, daß die ordentliche Justiz ihre eigenen Verwaltungsstreite durch ein möglichst hoch angesiedeltes Kollegialgericht (OLG-Senat) selbst entscheiden läßt, wobei noch jeweils der dem Ausgangsverfahren sachnächste Spruchkörper des Oberlandesgerichts mit der Sache befaßt werden soll: Über Angelegenheiten der Strafrechtspflege und des Strafvollzugs ein Strafsenat, über Angelegenheiten der Ziviljustiz einschließlich des Handelsrechts und der freiwilligen Gerichtsbarkeit ein Zivilsenat (§ 25 Abs. 1 EGGVG).

Der Strafverteidiger wird es also regelmäßig nur mit dem Strafsenat zu tun haben.

Die Justizbehörden, gegen deren Entscheidungen der Antrag nach den §§ 23 ff EGGVG zulässig ist, sind dabei alle mit Strafverfolgung im weitesten Sinne befaßten Behörden, soweit sie nach einer funktionalen Betrachtungsweise (BGHSt 28, 206 ff; BVerwGE 47, 255, 262 = NJW 1975, 893; *Kleinknecht/Meyer* § 23 EGGVG Rdnr. 2) Aufgaben wahrnehmen, die unmittelbar der Strafrechtspflege dienen. Dies wird für folgende Behörden angenommen:
– Strafgerichte, soweit sie nicht in richterlicher Unabhängigkeit also rechtsprechend tätig werden (OLG Hamm MDR 1983, 75 und NStZ 1983, 232; OLG Stuttgart NJW 1985, 2343; *Kleinknecht/Meyer* a. a. O.)
– der Justizminister des Bundes und die Justizminister der Länder (OLG Hamburg MDR 1982, 602; OLG Hamm NStZ 1982, 215; OVG Münster NJW 1977, 1790)
– die Staatsanwaltschaft in ihrer Eigenschaft als
  – Strafverfolgungsbehörde
  – Strafvollstreckungsbehörde
  – Strafregisterbehörde
– die Polizeibehörden, soweit in dem betreffenden Fall die Bediensteten überwiegend zur Strafverfolgung tätig werden (BVerwGE a. a. O.; OLG Hamm NJW 1973, 1089; OVG Münster NJW 1980, 855; LR/*Schäfer*, 23. Aufl., § 23 EGGVG Rdn. 9; streitig, soweit es sich nicht um Hilfsbeamte der Staatsanwaltschaft handelt, vgl. *Kleinknecht/Meyer* a. a. O. m. w. Nachw.)
– die Finanzbehörden, soweit sie anstelle der Staatsanwaltschaft strafverfolgend tätig werden (§§ 386 Abs. 2, 399 Abs. 1 AO; OLG Stuttgart NJW 1972, 2146; OLG Karlsruhe NJW 1978, 1338)

– die Finanzbehörden, soweit sie Aufgaben der Polizei wahrnehmen (§§ 402 Abs. 1, 404 Abs. 1 AO; OLG Karlsruhe NStZ 1986, 567; BFHE 138, 164).

Die Maßnahmen dieser Behörden, gegen die sich der Antrag richten kann, sind trotz der Verwendung dieses Begriffes in § 23 Abs. 2 EGGVG nicht völlig identisch mit dem Verwaltungsakt, wie er in § 35 Satz 1 VwVfG umschrieben wird (*Kleinknecht/Meyer* § 23 EGGVG Rdnr. 6 m. w. Nachw.). Auch sogenanntes schlichtes Verwaltungshandeln mit Außenwirkung reicht aus (OLG Hamm NStZ 1984, 136; StV 1982, 125; *Kleinknecht/Meyer* a. a. O.). Dennoch konnte sich die Rechtsprechung bisher noch nicht entschließen, auch solche Maßnahmen der Staatsanwaltschaft im Ermittlungsverfahren, die zur Ermittlungstätigkeit selbst gehören, der richterlichen Anfechtbarkeit zu unterziehen. Das gilt leider auch für Verhaltensweisen der Staatsanwaltschaft, die tief in die schützenswerten Belange eines Beschuldigten eingreifen und teilweise jahrelang fortwirken, wie die unberechtigte Einleitung und Aufrechterhaltung eines Ermittlungsverfahrens. Da erst die Entscheidung über die öffentliche Klage eine verwaltungsähnliche Außen- und Eingriffswirkung haben soll, findet es auch das Bundesverfassungsgericht verfassungsrechtlich unbedenklich, daß hier partiell Art. 19 Abs. 4 GG außer Kraft gesetzt sein soll (BVerfG NJW 1984, 1451; 1985, 1019; NStZ 1984, 228; vgl. auch KG GA 1984, 24; OLG Hamburg NStZ 1984, 566; OLG Hamm NStZ 1984, 280; OLG Karlsruhe NStZ 1982, 434 m. Anm. *Rieß*; OLG Nürnberg NStZ 1986, 575; OLG Sttugart NJW 1972, 2146f; vgl. zu dieser Frage auch *Hamm* AnwBl. 1986, 66ff). Umstritten ist die Frage, ob dies auch dann gilt, wenn Grundrechte tangiert sind. Hier bejaht eine im Vordringen begriffene Meinung die Anfechtbarkeit (*Kleinknecht/Meyer* § 23 EGGVG Rdnr. 10; *Bottke*, StV 1986, 120; vgl. auch BGHSt 28, 57f).

Aus Gründen der **Subsidiarität** (§ 23 Abs. 3 EGGVG) ist der Weg der Anfechtung über die §§ 23ff EGGVG auch dann nicht gegeben, wenn ein spezielleres Gesetz (z. B. die StPO in den §§ 161a Abs. 3, 163a Abs. 3 Satz 3 StPO) einen anderen Rechtsbehelf vorsieht.

Zur Fülle der Kasuistik in der Rechtsprechung zu anfechtbaren Maßnahmen der Gerichte, der Staatsanwaltschaft im Strafverfahren und bei der Vollstreckung sei auf die Kommentierungen, insbesondere bei *Kleinknecht/Meyer*, § 23 EGGVG Rdnr. 13ff verwiesen.

Gnadenentscheidungen sind stets unanfechtbar (vgl. *Kleinknecht/Meyer* a. a. O. Rdnr. 17 mit zahlr. Nachw.), jedoch ist der Widerruf einer Gnadengewährung ein nach § 23 Abs. 1 EGGVG anfechtbarer Verwaltungsakt (*Kleinknecht/Meyer* a. a. O.; OLG Karlsruhe, Die Justiz, 1982, 341).

Die Führung des Bundeszentralregisters stellt eine Angelegenheit der Justizverwaltung dar. Die Entscheidungen der Registerbehörde sind Justizverwaltungsakte i. S. d. §§ 23 ff EGGVG (*Rebmann/Uhlig*, Kommentar zum Bundeszentralregistergesetz Rdnr. 22 zu § 1 BZRG). Diese können von dem Betroffenen angegriffen werden, wenn er darlegt, daß er in seinen Rechten verletzt ist. Die Entscheidungen können grundsätzlich mit der Beschwerde, mit der Dienstaufsichtsbeschwerde oder mit dem Antrag auf gerichtliche Entscheidung überprüft werden. Im einzelnen ergibt sich dies aus den Bestimmungen des Bundeszentralregistergesetzes, auf die hier verwiesen wird.

Der Musterfall befaßt sich mit der vorzeitigen Nichtaufnahme von Eintragungen aus dem Bundeszentralregister in ein privates Führungszeugnis, wie es zur Vorlage beim Arbeitgeber benötigt wird. Im Beispielsfall beträgt die Zeit, während derer die Verurteilung des A in das Führungszeugnis aufgenommen wird gem. § 34 Abs. 1 Ziff. 2 BZRG 5 Jahre, da kein Fall des § 32 BZRG gegeben ist, wonach die Aufnahme prinzipiell ausgeschlossen ist.

§ 39 BZRG beschreibt die Voraussetzung, unter denen beantragt werden kann, vor Ablauf der in § 34 BZRG bestimmten Fristen die Nichtaufnahme in das Führungszeugnis zu erreichen. Gem. § 39 Abs. 1 BZRG ist ein entsprechender Antrag an den Generalbundesanwalt zu richten. Das Bundeszentralregister wird durch den Generalbundesanwalt beim Bundesgerichtshof geführt. Die Anschrift lautet: Generalbundesanwalt beim Bundesgerichtshof – Dienststelle Bundeszentralregister –, Neuenburger Straße 15 in 1000 Ber-

3. Antrag auf gerichtliche Entscheidung   VIII. F. 3

lin 61. Gegen die ablehnende Entscheidung des Generalbundesanwaltes ist gem. § 39 Abs. 3 BZRG die Beschwerde möglich. Diese ist ebenfalls an den Generalbundesanwalt zu richten. Hilft dieser der Beschwerde nicht ab, entscheidet der Bundesminister der Justiz. Gegen dessen ablehnende Entscheidung – dies steht nicht im Gesetz – ist der Antrag auf gerichtliche Entscheidung zulässig (*Rebmann/Uhlig* Rdnr. 47 zu § 39 BZRG). Der Antrag nach den §§ 23 EGGVG ist in Angelegenheiten des Bundeszentralregisters prinzipiell dann möglich, wenn entweder eine förmliche Beschwerde im BZRG nicht vorgesehen ist (z.B. im Fall des § 48 BZRG), oder ein förmliches Beschwerdeverfahren zum Bundesminister der Justiz vorausgeht (§§ 25 Abs. 2, 39 Abs. 3, 49 Abs. 3, 63 Abs. 3 BZRG; im einzelnen *Rebmann/Uhlig* Rdnr. 30 f zu § 1 BZRG).

Die Nachprüfung der von der Registerbehörde und dem Bundesminister der Justiz getroffenen Ermessensentscheidung im Wege der §§ 23 ff EGGVG ist auf die Prüfung beschränkt, ob durch die Ablehnung der beantragten Entscheidung „die gesetzlichen Grenzen des Ermessens überschritten sind" (Ermessenswillkür) oder ob „von dem Ermessen in einer dem Zweck der Ermächtigung nicht entsprechenden Weise Gebrauch gemacht ist" (Ermessensmißbrauch, § 28 Abs. 3 EGGVG).

2. Der Antrag nach §§ 23 ff EGGVG kann schriftlich bei dem nach § 25 EGGVG zuständigen Oberlandesgericht oder mündlich und zwar zur Niederschrift der Geschäftsstelle des zuständigen Oberlandesgerichts oder eines jeden Amtsgerichts eingelegt werden (§ 26 Abs. 1 EGGVG).

Örtlich zuständig ist das Oberlandesgericht, in dessen Bezirk die Behörde ihren Sitz hat, die den Justizverwaltungsakt erlassen hat (§ 25 Abs. 1 Satz 1 EGGVG). War ein Verfahren nach § 24 Abs. 2 EGGVG vorgeschaltet, bestimmt sich die Zuständigkeit nach dem Sitz der Beschwerdebehörde (§ 25 Abs. 1 Satz 2 EGGVG).

Für Anträge auf dem Gebiet des Bundeszentralregisters besteht die Besonderheit, daß hier das Oberlandesgericht Karlsruhe zuständig ist, wenn gegen Justizverwaltungsakte nach dem BZRG unmittelbar der Antrag auf gerichtliche Entscheidung gestellt wird (*Rebmann/Uhlig* Rdnr. 30 zu § 1 BZRG; *Kissel* Rdnr. 2 zu § 25 EGGVG). Ist dagegen ein förmliches Beschwerdeverfahren zum Bundesminister der Justiz vorausgegangen – wie im Musterfall – so ist das Oberlandesgericht Hamm zuständig. Dies hat Nordrhein-Westfalen aufgrund der Ermächtigung des § 25 Abs. 2 EGGVG durch Gesetz vom 8. 11. 1960 (GV NW S. 352; SGV NW S. 311) festgelegt (*Rebmann/Uhlig* Rdnr. 30 f zu § 1 BZRG; *Kissel* Rdnr. 2 f zu § 25 EGGVG).

3. Die Frist zur Stellung des Antrags bestimmt sich nach § 26 EGGVG. Danach muß der Antrag innerhalb eines Monats nach Zustellung oder schriftlicher Bekanntgabe des Bescheids (bzw. des Beschwerdebescheids) gestellt werden. Innerhalb dieses Zeitraumes ist der Antrag auch zu begründen (*Kleinknecht/Meyer* Rdnr. 3 zu § 26 EGGVG; vgl. hierzu auch Anm. 5 zu diesem Formular).

Die mündliche Bekanntgabe des Justizverwaltungsaktes setzt die Frist nicht in Lauf (BGH NJW 1963, 1789). Dagegen ist der Fristbeginn nicht davon abhängig, daß der Bescheid mit einer Rechtsmittelbelehrung versehen ist. Als Begründung hierfür wird angeführt, daß die Belehrung bei der Bekanntmachung der nach § 23 Abs. 1 EGGVG anfechtbaren Maßnahme gesetzlich nicht vorgeschrieben ist (*Kleinknecht/Meyer* Rdnr. 5 zu § 26 EGGVG m. w. Nachw.). Ihr Fehlen wird jedoch in aller Regel als Wiedereinsetzungsgrund angesehen (*Kissel* Rdnr. 9 zu § 26 EGGVG; bezüglich der Wiedereinsetzung vgl. *Kleinknecht/Meyer* Rdnr. 6 zu § 26: abweichend von § 45 Abs. 1 Satz 1 StPO beträgt die Antragsfrist zwei Wochen, auch im übrigen orientiert sich hier die Wiedereinsetzung eher an § 60 VwGO als nach den §§ 44, 45 StPO).

4. Der Antrag richtet sich gegen den Justizverwaltungsakt als solchen oder, wenn ein Vorschaltverfahren gem. § 24 Abs. 2 EGGVG stattgefunden hat, gegen den ursprünglichen Justizverwaltungsakt in der Gestalt, die er im Vorschaltverfahren angenommen hat (*Kleinknecht/Meyer* Rdnr. 6 zu § 24 EGGVG). Dies gilt nur dann nicht, wenn der Be-

schwerdebescheid für den Antragsteller über die Beschwer aus dem ursprünglichen Justizverwaltungsakt hinaus eine zusätzliche selbständige Beschwer enthält (LR/*Schäfer* Rdnr. 41 zu § 23 EGGVG; zum „Zweitbescheid" und zur „Gegenvorstellung" in diesem Zusammenhang vgl. LR/*Schäfer* Rdnr. 42 zu § 23 EGGVG).

Im Musterbeispiel lag das Vorschaltverfahren des § 24 Abs. 2 EGGVG in der Beschwerde des § 39 Abs. 3 BZRG an den Bundesminister der Justiz. Dieses ist gesetzlich vorgesehen und der Antrag gem. § 23 EGGVG ohne dieses Vorverfahren nicht zulässig (LR/*Schäfer* Rdnr. 16 zu § 24 EGGVG).

5. Der Antrag gem. § 23 EGGVG ist nur zulässig, wenn der Antragsteller eine Verletzung seiner Rechte geltend macht (§ 24 Abs. 1 EGGVG). Hierzu muß er einen Sachverhalt bzw. Tatsachen vortragen, die, wenn sie zutreffen, die Rechtsverletzung ergeben. Dies ist generell immer dann der Fall, wenn eine unrichtige Anwendung der gesetzlichen Bestimmungen vorgetragen wird oder – wie im Musterfall – im Rahmen einer Ermessensentscheidung ein Ermessenmißbrauch oder Fehlgebrauch geltend gemacht wird (im einzelnen hierzu die Kommentare zu § 24 EGGVG).

Zum notwendigen Antragsvorbringen gehört außerdem die aus sich heraus verständliche Sachdarstellung, aus der Art und Datum der angefochtenen Maßnahme hervorgehen und der Grund ersichtlich ist, aus dem sich der Antragsteller gegen den Justizverwaltungsakt wendet (im einzelnen hierzu *Kleinknecht/Meyer* Rdnr. 3 Vorbemerkungen zu §§ 23 ff EGGVG).

Wie im Formular dargestellt, dürfte es am zweckmäßigsten sein, im einzelnen darzustellen, welche Verfahrensschritte (mit welcher Begründung) dem Antrag vorausgegangen sind (hier: Antrag an den Generalbundesanwalt, Beschwerde an den Bundesminister der Justiz), um sodann im einzelnen die Rechtsverletzung des Antragstellers darzulegen (hier: Verletzung des Rechts auf fehlerfreie Ermessensausübung).

IX. Wiederaufnahme des Verfahrens

Vorbemerkung

Die nachstehenden Ausführungen haben nur die in der StPO (§§ 359 ff) geregelte Wiederaufnahme zum Gegenstand. Dabei ist die gesetzliche Aufzählung der Wiederaufnahmegründe (§§ 359, 362) abschließend.
Darüber hinaus gibt es noch zwei Spezialfälle:
Während die Aufhebung von Urteilen aus **Wiedergutmachungsgründen,** d. h. Aufhebung von Verurteilungen, die unter dem NS-Regime aus politischen, rassischen oder religiösen Gründen erfolgt sind, in der Praxis kaum mehr vorkommt (vgl. LR/*Gössel* Rdnr. 163 ff. vor § 359), gewinnt die Wiederaufnahme durch § 79 **BVerfGG** immer mehr an Bedeutung (vgl. LR/*Gössel* Rdnr. 137 ff.; *Kleinknecht/Meyer* Rdnr. 7 jeweils vor § 359; *Wasserburg* StV 1982, 237). Dabei ist insbesondere die dritte Alternative (ein Strafurteil beruht auf der Auslegung einer Norm, das BVerfG erklärt diese Auslegung für unvereinbar mit dem GG) vom Verteidiger zu beachten (vgl. IX 4 (5) c).
Der Stellung des Antrages hat eine intensive Vorbereitung vorauszugehen. Der in der Praxis entscheidende Wiederaufnahmegrund der Nr. 5 des § 359 verlangt das Beibringen neuer und geeigneter Tatsachen oder Beweismittel, um die Urteilsgrundlagen zu erschüttern. Um beurteilen zu können, an welcher Stelle des Urteils der Hebel angesetzt werden kann, ist zunächst ein gründliches Aktenstudium einschließlich der Beiakten unerläßlich. Sodann sind unter Umständen anwaltliche Ermittlungen erforderlich, etwa die Kontaktaufnahme mit Sachverständigen oder Zeugen sowie das Aufspüren von entlastenden Urkunden. Diese vorbereitende, aber nicht minder wesentliche Tätigkeit des Verteidigers kann hier nicht erörtert werden. Sie entzieht sich einer systematischen bzw. formularhaften Darstellung. Insoweit wird auf die bereits vorhandenen Standardwerke verwiesen (*Dahs,* Handbuch des Strafverteidigers; *Wasserburg,* Die Wiederaufnahme des Strafverfahrens).
Die nachstehenden Ausführungen befassen sich in erster Linie mit den formellen und inhaltlichen Anforderungen, die an einen Wiederaufnahmeantrag gestellt werden, wobei die Darstellung unter IX.1–7 als eine Art Checkliste für diese Erfordernisse verwendet werden kann. IX.8 und IX.9 enthalten je ein Formular für einen Wiederaufnahmeantrag nach § 359 Nr. 5 StPO mit neuen Beweismitteln und neuen Tatsachen.

Schrifttum: Alsberg, Justizirrtum und Wiederaufnahme; *Arndt,* Zulässigkeit der WA mit dem Ziel des Wegfalls einer milderen ideell konkurrierenden Strafbestimmung? GA 73, 166; *Bauer,* Die WA teilweise abgeschlossener Strafverfahren, JZ 1952, 209; *Bottke,* Wiederaufnahmeverfahren, NStZ 1981, 135; *Creifelds,* Die WA des Verfahrens bei teilweise rechtskräftigen Strafurteilen, GA 1965, 193; *Dahs,* Handbuch des Strafverteidigers, S. 504 ff; *Deml,* Zur Reform der Wiederaufnahme des Strafverfahrens (1979); *Dippel,* Zur Reform des Rechts der Wiederaufnahme des Verfahrens im Strafprozeß, GA 1972, 97; *Dippel,* Das geltende deutsche Wiederaufnahmerecht und seine Erneuerung, in: Jeschek/Meyer. *Ditzen,* Über die WA des Verfahrens aufgrund neuen Zeugenbeweises, GS 47, 126; *Dünnebier,* Die Berechtigten zum Wiederaufnahmeantrag, Festgabe für Karl Peters, 1984 S. 333; *Eckstein,* Die WA des Strafverfahrens wegen Anwendbarkeit eines milderen Strafgesetzes, GS 85, 107; *Fuchs,* Wiederaufnahme und in dubio pro reo, JuS 1969, 516; *Gössel,* Über die Zulässigkeit der Wiederaufnahme gegen teilrechtskräftige Urteile, NStZ 1983, 391; *Günther,* Verbot der antizipierten Beweiswürdigung in strafprozessualen Wiederaufnahmeverfahren? MDR 1974, 93; *Hanack,* Zur Reform des Rechts der Wiederaufnahme des Verfahrens im Strafprozeß, JZ 1973, 393; *Hirschberg,* Das Fehlurteil im Strafprozeß (1960); *Jeschek/Meyer,* Die WA des Strafverfahrens im dt. und ausländischen Recht, (1974); *Kaut,* Die Prüfung der Erheblichkeit bisher zurückgehaltener Tatsachen und Beweismittel im Wiederaufnahmeverfahren nach § 359 Nr. 5 StPO, JR 1989, 137; *Klee,* Sachverständigengutachten als WA-Grund, DStR 1938, 423; *Kleinknecht,* Das Fehlurteil im Strafprozeß, GA 1961, 45; *ders.,* Das Legalitätsprinzip nach Abschluß des gerichtlichen Strafverfahrens, Festschrift für Hans-Jürgen Bruns, 1978, S. 475; *Krägeloh,* Verbesserungen im WA-Recht durch das 1. StVÄG, NJW 1975, 137; *Lampe,* Die Durchbrechung der materiellen Rechtskraft bei Strafurteilen, GA 1968, 33; *Lantzke,* Materielle Rechtsfehler als Wiederaufnahmegrund? ZRP 1970, 201; *Lemke,* Gegenvorstellungen gegen rechtskräftige, die Strafaussetzung widerrufende Beschlüsse, ZRP 1978, 281; *J. Meyer,* Zum Begriff der Neuheit von Tatsachen oder Beweismitteln im WA-Verfahren, JZ 1968, 7; *J. Meyer,* Aktuelle Probleme der Wiederaufnahme des Strafverfahrens, ZStW 84 (1972) 909; *ders.,* Wiederaufnahme bei Teilrechtskraft, FS II Peters (1984) S. 375; *K. Meyer,* Wiederaufnahmeanträge mit bisher zurückgehaltenen Tatsachenvertrag, FS II Peters (1984) S. 387; *Peters,* Fehlerquellen im Strafprozeß, Bd. I–III, (1979); *ders.,* Gescheiterte WA-Verfahren, FS Gallas S. 441; *ders.,* Freie Beweiswürdigung und Justizirrtum, FS Olivecrom (1964) S. 532; *ders.,* Beiträge zum Wiederaufnahmerecht, Zulässigkeitsprobleme, FS Kern S. 35; *ders.,* Die Schwierigkeiten bei der Feststellung abnormer Zustände im Strafverfahren. Ein Beitrag zum Wiederaufnahmeverfahren, Erinnerungsgabe für Grünhut (1965) S. 129; *Rieß,* Nebenkäger und Wiederaufnahme nach neuem Recht, NStZ 1988, 15; *Schmidt,* Die „Beibringung" neuer Tatsachen oder Beweismittel als WA-Grund nach § 359 Ziff. 5 StPO, NJW 1958, 1332; *Schneidewin,* Konkurrierende WA-Gründe, JZ 1957, 537; *Schöneborn,* Strafprozessuale WA-Problematik, (1980); *ders.,* Verfassungsrechtliche Aspekte des strafprozessualen Wiederaufnahmeverfahrens, MDR 1975, 441; *Schorn,* Bemerkungen zum WA-Grund des § 359 Ziff. 5 StPO, MDR 1965, 869; *Schünemann,* Das strafprozessuale WA-Verfahren propter Nova und der Grundsatz „in dubio pro reo", ZStW 84 (1972) 870; *Schünemann,* Menschenrechtskonvention und Wiedcraufnahme des Verfahrens, NJW 1964, 753; *von Spindler,* zu § 359 Ziff. 5 StPO, GA 53, 433; *von Stackelberg,* Beweisprobleme im strafprozessualen Wiederaufnahmeverfahren, FS II Peters S. 453, *Vogler,* Die WA des Strafverfahrens bei Verstößen gegen die MRK, in Jeschek/Meyer a. a. O. S. 713 ff; *Wagner,* WA-Verfahren bei rechtskräftiger Zweitverurteilung von Ersatzdienstverweigerern? JuS 1970, 380; *Wasserburg,* Die Funktion des Grundsatzes „in dubio pro reo" im Aditions- und Probationsverfahren, ZStW 94 (1982) S. 914; *Wasserburg,* Die Wiederaufnahme des Strafverfahrens, Handbuch (1983); *ders.* § 79 Abs. 1 BVerfGG im Spannungsverhältnis zwischen Rechtssicherheit und materieller Gerechtigkeit, StV 1982, 237.

1. Ziele eines Wiederaufnahmeverfahrens

Die Frage nach der Zulässigkeit der in einem Wiederaufnahmeverfahren zu verfolgenden Ziele spielt bei mehreren Zulässigkeitsvoraussetzungen eine entscheidende Rolle. An ihr orientieren sich u. a. die Beschwer[1], die Frage, was unter „Tatsache"[2] i. S. d. § 359 Nr. 5 zu verstehen ist sowie die Geeignetheit[3] der Nova.

(1) Wiederaufnahme zugunsten eines Verurteilten

Die Ziele, die bei einer Wiederaufnahme zugunsten des Verurteilten zulässigerweise verfolgt werden können, sind zwar nur in der Nr. 5 des § 359 ausdrücklich genannt,[4] wobei von der Rechtsprechung über die expressis verbis erwähnten drei möglichen Ziele (*Freispruch, mildere Strafe, günstigere Maßregelentscheidung*) hinaus die *Einstellung* des

1. Ziele eines Wiederaufnahmeverfahrens

Verfahrens wegen Fehlens bestimmter Prozeßvoraussetzungen als weiteres zulässiges Ziel anerkannt wurde.[5]

Aber auch mit den in den Nr. 1–4 des § 359 genannten Gründen können nur dieselben Ziele zulässigerweise angestrebt werden.[6] Demgemäß kann die Wiederaufnahme zugunsten eines Verurteilten nur zur Erreichung folgender **vier Ziele** betrieben werden, wobei jedes dieser Ziele auf jeden der in § 359 Nr. 1–5 genannten Wiederaufnahmegründe gestützt werden kann:
- Freispruch
  Es muß sich um einen vollständigen Freispruch handeln. Ein teilweiser Freispruch ist nur dann ein zulässiges Ziel, wenn sich die Wiederaufnahme gegen einen oder mehrere Schuldsprüche bei tatmehrheitlicher Verurteilung richtet.[7] Bestritten ist, inwieweit bei Verurteilung wegen einer fortgesetzten Handlung eine Wiederaufnahme wegen Wegfall einzelner Teilakte möglich ist.[8]
- Einstellung des Verfahrens wegen eines Prozeßhindernisses, das dem Erlaß des angefochtenen Urteils schon entgegenstand.[9]
- Mildere Strafe aus einem anderen, milderen Gesetz.
- Wesentlich günstigere Entscheidung über eine Maßregel der Besserung und Sicherung.

Keine zulässigen Ziele einer Wiederaufnahme sind demgemäß:
- Strafmilderung aufgrund **desselben** Strafgesetzes[10]
- Strafmilderung nach § 21 StGB[11]
- Aussetzung der Vollstreckung der Freiheitsstrafe zur Bewährung nach § 56 StGB[12]
- Einstellung nach §§ 153 ff StPO[13]
- Beseitigung von Nebenstrafen und Nebenfolgen.[14]

Ist der Verurteilte bereits **verstorben,** so darf ein Wiederaufnahmeantrag nur folgende Ziele verfolgen:
- Freispruch bzw. teilweiser Freispruch[15]
- Einstellung des Verfahrens wegen eines Prozeßhindernisses[16]

Unzulässig ist hier also eine Wiederaufnahme, mit der eine mildere Strafe aus einem milderen Gesetz oder eine wesentlich günstigere Entscheidung über eine Sicherungsmaßregel begehrt wird.[17] Die in § 361 Abs. 2 genannten Verwandten können also nicht zur Rehabilitierung des wegen eines vorsätzlichen Tötungsdeliktes verurteilten Verstorbenen die Wiederaufnahme mit dem Ziel betreiben, er habe sich nur einer fahrlässigen Tötung schuldig gemacht. Zu prüfen ist allerdings, ob diese geringere Straftat zum Zeitpunkt der Verurteilung nicht schon verjährt war und somit die Wiederaufnahme mit dem Ziel der Einstellung des Verfahrens in Frage kommt.[18]

(2) Wiederaufnahme zuungunsten eines Angeklagten

Gegen den **Freigesprochenen** kann die Wiederaufnahme mit dem Ziel betrieben werden, eine Verurteilung zu erreichen. Dieses Begehren kann auf alle der in § 362 Nr. 1–4 genannten Wiederaufnahmegründe gestützt werden.[19] Entsprechendes gilt, wenn der Beschuldigte, der wegen mehrerer in Tatmehrheit stehender Taten angeklagt war, teilweise freigesprochen worden war.[20] Anderes gilt bei Anklage wegen einer fortgesetzten Tat.[21]

Die Wiederaufnahme zuungunsten eines **Verurteilten** ist mit dem Ziel zulässig, daß ein anderes Strafgesetz angewandt und die Tat somit schwerer eingestuft wird.[22] Dieses Wiederaufnahmebegehren kann aber nur auf die in § 362 Nr. 1–3 genannten Gründe gestützt werden, nicht jedoch auf die Nr. 4, da nach dem Wortlaut der Nr. 4 das Geständnis nur gegen den Freigesprochenen, nicht auch gegen einen Verurteilten einen Wiederaufnahmegrund zu seinen ungunsten hergibt.

Die Wiederaufnahme zuungunsten eines **Verstorbenen** ist unzulässig.[23]

Anmerkungen

1. Vgl. unten IX. 2 (4).

2. Vgl. unten IX. 4 (5)–(8).

3. Vgl. unten IX. 4 (9).

4. LR/*Gössel* Rdnr. 11f, 54, 113; KMR/*Paulus* Rdnr. 42ff jeweils zu § 359.

5. *Kleinknecht/Meyer* Rdnr. 2, 39; KMR/*Paulus* Rdnr. 44; LR/*Gössel* Rdnr. 55, 58ff, 124ff; KK/*Meyer-Goßner* Rdnr. 1 jeweils zu § 359.

6. LR/*Gössel* § 359 Rdnr. 113.

7. Vgl. unten IX. 2 (1) d).

8. Vgl. unten IX. 2 (1) e).

9. Grundlegend OLG Bamberg NJW 1955, 1121; vgl. unten IX. 4 (6).

10. § 363 Abs. 1. Vgl. *Kleinknecht/Meyer* § 359 Rdnr. 41 und IX. 4 (7). Das gilt auch, wenn bei einer Verurteilung wegen Mordes außergewöhnliche Umstände außer Acht gelassen wurden, durch die nach der Entscheidung des Großen Senats für Strafsachen (NStZ 1981, 344 mit Anm. *Lackner*) die absolute Strafandrohung des § 211 StGB nach § 49 Abs. 1 StGB gemildert werden kann. Vgl. OLG Bamberg NJW 1982, 1714.

11. § 363 Abs. 2. Vgl. unten IX. 4 (7) und dortige Anm. 24, 45.

12. *Kleinknecht/Meyer* Rdnr. 41; KMR/*Paulus* Rdnr. 49; LR/*Gössel* Rdnr. 133 jeweils zu § 359; a. A. *Peters* Fehlerquellen III S. 92. Gemeint ist hier das Begehren um Strafaussetzung zur Bewährung bei Bestehenbleiben des Schuldspruches. Dieses Ziel kann nach geltendem Recht nicht erreicht werden. Möglich ist aber die Wiederaufnahme zur Herbeiführung einer milderen Strafe und damit einer Strafaussetzung zur Bewährung, wenn ein anderes, milderes Strafgesetz zur Anwendung gelangt. Vgl. IX. 4 (7).

13. *Kleinknecht/Meyer* Rdnr. 2; KMR/*Paulus* Rdnr. 49; LR/*Gössel* Rdnr. 11 jeweils zu § 359. Möglich ist aber, die Wiederaufnahme mit dem Ziel einer milderen Strafe nach einem milderen Gesetz zu betreiben, um dann in der neuen Hauptverhandlung zu versuchen, eine Einstellung nach §§ 153 ff zu erreichen (*Kleinknecht/Meyer* § 373 Rdnr. 4).

14. Z.B. Wegfall des Fahrverbots. Vgl. OLG Hamm NJW 1980, 717; *Kleinknecht/Meyer* Rdnr. 40; LR/*Gössel* Rdnr. 129 jeweils zu § 359.

15. *Kleinknecht/Meyer* § 371 Rdnr. 3; LR/*Gössel* § 361 Rdnr. 6; § 371 Rdnr. 8.

16. *Kleinknecht/Meyer* Rdnr. 3; KMR/*Paulus* Rdnr. 4; LR/*Gössel* Rdnr. 11 jeweils zu § 371.

17. *Peters* Fehlerquellen III S. 158; KMR/*Paulus* § 371 Rdnr. 4.

18. Vgl. dazu unten IX. 4 (6).

19. LR/*Gössel* § 362 Rdnr. 2, 8.

20. LR/*Gössel* Rdnr. 9; KMR/*Paulus* Rdnr. 10 jeweils zu § 362.

21. Ist der Angeklagte in vollem Umfang freigesprochen worden, kann die Wiederaufnahme nach § 362 gegen ihn betrieben werden. Ist er wegen einer fortgesetzten Tat verurteilt worden, so kann eine Wiederaufnahme zu seinen ungunsten nicht mit dem Ziel betrieben werden, weitere Einzelakte, die seinerzeit noch nicht bekannt waren, in die Verurteilung mit einzubeziehen (*Kleinknecht/Meyer* Rdnr. 4; LR/*Gössel* Rdnr. 9 jeweils zu § 362; *Wasserburg* S. 287); denn die Verurteilung wegen einer fortgesetzten Handlung verbraucht alle vor der letzten Tatsacheninstanz liegenden Einzelakte, gleichgültig, ob sie dem erkennenden Gericht bekannt waren oder nicht (*Kleinknecht/Meyer* Einl. 175; § 260 Rdnr. 14; § 264 Rdnr. 9).

Ging dagegen nur die Anklage von einer fortgesetzten Tat aus, während das Urteil Tatmehrheit annahm, so kann die Wiederaufnahme nach § 362 hinsichtlich der Einzeltaten erfolgen, hinsichtlich deren Freispruch erfolgt war (LR/*Gössel* § 362 Rdnr. 9; *Wasserburg* S. 287).

Hinsichtlich bisher nicht bekannter und deshalb in der ersten Anklage nicht angeführter Einzeltaten kann bei dieser Konstellation eine weitere Anklage erhoben werden, weil ein auf Tatmehrheit lautendes Urteil insoweit die Strafklage nicht verbraucht.

22. *Kleinknecht/Meyer* Rdnr. 3; LR/*Gössel* Rdnr. 5; KK/*Meyer/Goßner* Rdnr. 6 jeweils zu § 362.

23. LR/*Gössel* § 361 Rdnr. 1 § 362 Rdnr. 1; *Kleinknecht/Meyer* § 361 Rdnr. 2.

2. Allgemeine Zulässigkeitsvoraussetzungen

(1) Statthaftigkeit: Anfechtungsgegenstand

Nach dem Wortlaut der §§ 359, 362 richtet sich die Wiederaufnahme gegen ein „rechtskräftiges Urteil". Weil rechtskräftige Strafbefehle einem Urteil im wesentlichen gleichstehen,[1] nennt § 373a als tauglichen Anfechtungsgegenstand einer Wiederaufnahme auch den rechtskräftigen Strafbefehl.

Hinsichtlich der Statthaftigkeit[2] des Rechtsbehelfs der Wiederaufnahme bestehen bei fünf Fragen besondere Probleme, nämlich

– ist unter „Urteil" i.S. d. §§ 359, 362 nur ein **Sachurteil** oder auch ein Prozeßurteil zu verstehen?
– sind die Vorschriften über die Wiederaufnahme auch bei **Beschlüssen** anwendbar?
– ist die Wiederaufnahme auch schon bei **teilrechtskräftigen** Urteilen möglich?
– kann die Wiederaufnahme auf einzelne Urteilsteile **beschränkt** werden?
– inwieweit ist bei Verurteilung wegen einer **fortgesetzten Handlung** eine Wiederaufnahme möglich?

Viele Fragen sind dabei bestritten bzw. ungeklärt. Wegen der Einzelheiten muß deshalb auf die einschlägigen Kommentierungen verwiesen werden. Die nachfolgenden Ausführungen skizzieren die jeweils h.M.

a) Sachurteile – Prozeßurteile

Nach h.M. ist die Wiederaufnahme nur gegen materiell rechtskräftige, die Strafklage verbrauchende Entscheidungen (sog. **Sachurteile**) statthaft.[3] Solche Entscheidungen sind auch die Urteile im Sicherungsverfahren (§ 413), im selbständigen Einziehungsverfahren (§ 440), im Privatklageverfahren und im Jugendstrafverfahren.

Ausschlaggebend ist nur, daß eine Entscheidung in der Sache, d.h. hinsichtlich der in der zugelassenen Anklage bezeichneten Taten und Personen (§§ 155 Abs. 1, 264 Abs.1) getroffen worden ist, unabhängig davon, ob auch eine Sanktion verhängt wurde.[4]

Gegen **Prozeßurteile** ist deshalb die Wiederaufnahme grundsätzlich nicht statthaft.[5] Es handelt sich insbesondere um Urteile, die nach folgenden Vorschriften erlassen wurden:

§ 322 Abs. 1: Urteil des Berufungsgerichts, mit dem erst in der Hauptverhandlung[6] das Rechtsmittel als unzulässig verworfen wird. Die Wiederaufnahme ist aber hier gegen das sachentscheidende Urteil des AG, das durch das Verwerfungsurteil des LG rechtskräftig wurde, statthaft.[6a]

§ 328 Abs. 2: Urteil des Berufungsgerichts, durch das die Sache wegen erheblichen Verfahrensverstoßes an den Tatrichter zurückverwiesen wurde.

§ 328 Abs.3: Urteil des Berufungsgerichts, durch das die Sache an das zuständige Gericht zurückverwiesen wird.

§ 329 Abs. 1: Urteil des Berufungsgerichts, durch das wegen Ausbleibens des Angeklagten dessen Berufung verworfen wird. Die Wiederaufnahme ist hier gegen das sachentscheidende Urteil des AG, das durch die Verwerfung der Berufung rechtskräftig wurde, statthaft.[6a]

§ 349 Abs. 1: Urteil des Revisionsgerichts, mit dem erst in der Hauptverhandlung das Rechtsmittel als unzulässig verworfen wird. Tauglicher Anfechtungsgegenstand einer Wiederaufnahme ist auch hier das durch das Verwerfungsurteil in Rechtskraft erwachsene Sachurteil der Vorinstanz.[7]

§ 354 Abs. 1: Urteil des Revisionsgerichts, durch das die Sache an die Vorinstanz zurückverwiesen wurde.

§ 355: Urteil des Revisionsgerichts, durch das die Sache an das zuständige Gericht verwiesen wird.

§ 412: Urteil des AG, durch das der Einspruch gegen einen Strafbefehl wegen Ausbleibens des Angeklagten verworfen wird. Die Wiederaufnahme ist hier gegen den so in Rechtskraft erwachsenen Strafbefehl gem. § 373a statthaft.

Zu den Prozeßurteilen gehören auch die **Einstellungsurteile** gem. § 260 Abs. 3 wegen Bestehens eines Verfahrenshindernisses. Hier gilt folgendes:

Der Angeklagte kann ein solches Urteil nicht mit der Wiederaufnahme anfechten, weil er nicht beschwert ist.[8]

Umgekehrt ist gegen den Angeklagten die Fortführung des Strafverfahrens ohne Rückgriff auf die Wiederaufnahmevorschriften (§ 362) ohne weiteres möglich, wenn das Verfahrenshindernis wegfällt oder sich später herausstellt, daß es gar nicht besteht. Die lediglich formelle Rechtskraft des Einstellungsurteils steht hier einer neuen Anklageerhebung und Fortführung des Strafverfahrens nicht entgegen.[9]

b) Beschlüsse

Obwohl in den §§ 359, 362 nur „Urteile" als tauglicher Anfechtungsgegenstand des Wiederaufnahmeverfahrens genannt werden und der Gesetzgeber hinsichtlich des Strafbefehls sich trotz § 410 zu einer gesonderten Vorschrift (§ 373a) veranlaßt sah, wird auch gegen **Beschlüsse** die Wiederaufnahme nach den §§ 359 ff für möglich gehalten. Einzelheiten sind auch hier umstritten, so daß auf die einschlägigen Kommentierungen zu verweisen ist.[10]

Die h. M. kann folgendermaßen skizziert werden:

Grundsätzlich sind die §§ 359 ff nicht auf Beschlüsse anwendbar. Eine Wiederaufnahme gegen Beschlüsse gibt es ausnahmsweise, wenn diese ihrem Inhalt nach anstelle eines Urteils treten,[11] nämlich im Falle von § 349 Abs. 4 (freisprechender Beschluß des Revisionsgerichts) und § 371 Abs. 1, 2 (freisprechender Beschluß des Wiederaufnahmegerichts).

Wenn die h. M. ansonsten die Wiederaufnahme nach den Vorschriften der §§ 359 ff gegen Beschlüsse nicht zuläßt, so bedeutet das nicht, daß diese Entscheidungen nach Eintritt ihrer formellen Rechtskraft stets als unabänderbar angesehen werden. Hinsichtlich von Einstellungsbeschlüssen eröffnet das Gesetz nämlich in mehreren Fällen eine „Wiederaufnahme zuungunsten des Angeklagten", genauer eine Fortführung des Verfahrens, z.B. §§ 154 Abs. 3; 174 Abs. 2; 211 sowie 153a Abs. 1 S. 4 (Fortführung des Verfahrens wegen eines Verbrechens).[12]

Für den Verteidiger von Bedeutung ist besonders, daß auch rechtskräftige Beschlüsse, durch die der **Widerruf der Strafaussetzung** zur Bewährung (§ 56f StGB) oder der Aussetzung einer Unterbringung (§ 67g StGB) ausgesprochen sowie durch die jugendrechtliche Sanktionen nachträglich getroffen werden (§ 65 JGG), anfechtbar sind. Bestritten ist lediglich der Weg, wie diese Entscheidungen beseitigt werden können, nämlich nach den Wiederaufnahmevorschriften oder in einem formlosen Verfahren durch Zurücknahme bzw. Abänderung des Beschlusses.[13]

2. Allgemeine Zulässigkeitsvoraussetzungen

c) Rechtskraft – Teilrechtskraft

(aa) Nach den §§ 359, 362 ist Zulässigkeitsvoraussetzung für eine Wiederaufnahme, daß das Urteil rechtskräftig ist. Diese **Rechtskraft muß vor Antragstellung** eingetreten sein. Ein vorher eingebrachter Antrag wird deshalb als unzulässig angesehen, auch wenn er nur vorsorglich für den Fall des Eintritts der Rechtskraft gestellt ist.[14]

Einer Wiederaufnahme steht nicht entgegen, daß der Antragsteller für die Einlegung der Berufung oder der Revision oder für die Revisionsbegründung die **Wiedereinsetzung in den vorigen Stand** beanspruchen und schon dadurch die Rechtskraft des Urteils beseitigen könnte.[15] Das enthebt freilich den Verteidiger nicht von der Prüfungspflicht, ob nicht auf diesem, gegenüber der Wiederaufnahme wesentlich einfacheren Weg dem Beschuldigten geholfen werden kann.

(bb) Streitig ist, ob die Wiederaufnahme gegen ein Urteil zulässig ist, das lediglich **teilweise** Rechtskraft erlangt hat.

Eine Teilrechtskraft kann in drei Fällen gegeben sein:
– Von mehreren wegen einer Tat verurteilten Mittätern ficht der eine das Urteil in vollem Umfang mit der Revision an, während der andere durch Ablauf der Rechtsmittelfrist das Urteil rechtskräftig werden läßt, um anschließend sogleich die Wiederaufnahme zu betreiben (sog. **subjektiv-vertikale Teilrechtskraft**).
– Der wegen zweier oder mehrerer Taten Verurteilte legt wegen der ersten Tat Revision ein, nicht jedoch hinsichtlich der zweiten Tat, bei der er aber die Wiederaufnahme durchführen will (sog. **objektiv-vertikale Teilrechtskraft**).
– Das Urteil ist hinsichtlich des Schuldspruches bereits rechtskräftig, nicht jedoch im Strafausspruch (sog. **horizontale Teilrechtskraft**).

In allen drei Fällen stellt sich die Frage, ob das Revisions- und das Wiederaufnahmeverfahren nebeneinander betrieben werden können oder ob die Wiederaufnahme erst zulässig ist, wenn das Urteil in jeder Hinsicht rechtskräftig ist. Während die h. M. bei der sog. vertikalen Teilrechtskraft, insbesondere bei der Rechtskraft von Einzelstrafaussprüchen die Zulässigkeit der Wiederaufnahme bejaht,[16] ist bei der horizontalen Teilrechtskraft keine einheitliche Auffassung festzustellen, wenn gleich die neuere Rechtsprechung die Wiederaufnahme gegen den teilrechtskräftigen Schuldspruch zuläßt.[17] Sollte ein Wiederaufnahmeantrag mit der Begründung als unzulässig verworfen werden, bei einem teilrechtskräftigen Urteil sei die Wiederaufnahme (noch) nicht zulässig, so muß der Verteidiger jedenfalls um die Möglichkeit wissen, den Antrag nach Eintritt der vollen Rechtskraft erneut anbringen zu können.[18]

d) Teilanfechtung

Im Wiederaufnahmeverfahren muß nicht das gesamte Urteil angefochten werden; zulässig ist vielmehr auch eine Beschränkung auf selbständige Urteilsteile nach den zur Teilanfechtung der Berufung und der Revision entwickelten Grundsätzen.[19] Hat das Urteil mehrere Taten (sowohl i. S. d. § 264 StPO wie des § 53 StGB) zum Gegenstand, so kann die Wiederaufnahme auf eine oder mehrere Verurteilungen beschränkt werden.[20] In der Regel wird diese Wiederaufnahme das Ziel des Freispruches hinsichtlich dieser Einzeltaten haben. Eine Anfechtung des Rechtsfolgenausspruches ist nur nach Maßgabe des § 363 möglich.

e) Anfechtung bei Verurteilung wegen fortgesetzter Handlung

Ein besonderes Problem stellt die Frage der Zulässigkeit einer Wiederaufnahme bei Verurteilung wegen einer fortgesetzten Handlung dar.

Die (noch) h. M. geht dahin, daß hier die Wiederaufnahme nur in folgenden zwei Fällen zulässig sei:[21]

- wenn sich die Wiederaufnahme gegen **alle** Teilakte der Fortsetzungstat richtet, also ein Freispruch in vollem Umfang Ziel des Wiederaufnahmeantrages ist.
- wenn die Wiederaufnahme den Wegfall aller Teilakte bis auf **einen** erstrebt. Bei Bestehenbleiben lediglich eines Handlungsaktes liegt dann keine fortgesetzte Handlung mehr vor, weshalb wegen der übrigen (mit der Wiederaufnahme angegriffenen) Teilakte Freispruch erfolgen müsse und folglich die Wiederaufnahme zulässig ist.
- Dagegen soll die Wiederaufnahme nicht zulässig sein, wenn der Wiederaufnahmeführer (mindestens) zwei Teilakte nicht anfechten kann, jedoch alle übrigen zu beseitigen in der Lage ist. Trotz des Wegfalles aller übrigen Tatteile bleibe hier infolge Bestehens von zwei Teilakten der Fortsetzungszusammenhang bewahrt, weshalb sich am Urteilsausspruch (Verurteilung wegen einer fortgesetzten Tat) nichts ändere, sondern nur die Straffrage berührt werde. Hier richte sich der Angriff also in Wahrheit nur gegen die Strafzumessung aufgrund desselben Strafgesetzes, weshalb ein solches Wiederaufnahmebegehren gem. § 363 Abs. 1 unzulässig sei,[22] selbst wenn nach dem Wiederaufnahmevorbringen wegen Wegfalls einer Vielzahl von Teilakten im Rechtsfolgeausspruch eine wesentliche andere Entscheidung begründet wäre.[23]

Von Bedeutung ist dies vor allem, wenn nach Wegfall der angegriffenen Tatteile die (neu festzusetzende) Strafe für die übrig gebliebenen Teilakte in einen Strafbereich gerät, wo eine Strafaussetzung zur Bewährung (§ 56 StGB) möglich ist, z.B. wenn der wegen fortgesetzten Diebstahls in 25 Fällen zu drei Jahren Freiheitsstrafe Verurteilte im Wiederaufnahmeverfahren nachweisen kann, an 20 Fällen nicht beteiligt gewesen zu sein,[24] für die übrig gebliebenen fünf Teilakte aber nur eine Freiheitsstrafe von allenfalls bis zu zwei Jahren in Betracht kommt.

Seit langem hat sich deshalb zur bisherigen Position der sog. h.M. eine beachtliche Gegenmeinung[26] unter Führung von Peters[25] gebildet. Ihr ist jüngst das LG Bielefeld gefolgt.[27] Es hat einen Antrag, mit dem hinsichtlich eines Teiles der zur fortgesetzten Tat zusammengefaßten Einzelakte die Wiederaufnahme begehrt wurde, unter folgendem Gesichtspunkt für zulässig erklärt:

„Handelt es sich um Teilakte, die von so wesentlicher Bedeutung sind, daß im Falle ihrer Nichtberücksichtigung eine spürbar andere Entscheidung im Rechtsfolgenausspruch hätte gefällt werden müssen, so ist der Antrag – unter diesem Aspekt – für zulässig anzusehen".

Mit *Peters*[27] bleibt zu hoffen, daß die Entscheidung des LG Bielefeld zu einem Wandel der Rechtsprechung führt.[28]

(2) Antrag

Ein Wiederaufnahmeverfahren setzt stets einen Antrag[29] eines dazu Berechtigten[30] voraus, findet also nicht von Amts wegen[31] statt. Für diesen Antrag gelten gem. § 365 die allgemeinen Rechtsmittelvorschriften der §§ 296 ff, soweit dies dem Wesen der Wiederaufnahme entspricht.[32] So ist z.B. § 302 nur mit Einschränkungen anwendbar: Während ein **Verzicht** nicht möglich, d.h. eine entsprechende Verzichtserklärung unwirksam ist,[33] kann der Antrag bis zum Erlaß des Beschlusses über die Begründetheit jederzeit **zurückgenommen** und anschließend wieder **neu gestellt** werden.[34] Anlaß für eine Zurücknahme kann sein, daß der Antragsteller eine Änderung der von ihm für ungünstig gehaltenen Gerichtsbesetzung oder einen Wandel in Gesetzgebung oder Rechtsprechung erwartet oder weil er den Ausgang eines Gnadenverfahrens abwarten will.

Bei der **Wiederholung** eines Antrags sind einige Besonderheiten zu beachten, die unten[35] näher dargestellt werden.

(3) Antragsberechtigung

Der Kreis der Antragsberechtigten ergibt sich aus den §§ 365, 296 bis 298, 301, 361, 390. Im Hinblick auf § 361 Abs. 2 ist jedoch zu unterscheiden, ob der Antrag zu Lebzeiten des Verurteilten bzw. Freigesprochenen oder nach dessen Tod gestellt wird.

2. Allgemeine Zulässigkeitsvoraussetzungen IX. 2

a) **Antragsberechtigt** für die Wiederaufnahme zugunsten eines lebenden Verurteilten sind:
- der Verurteilte (§§ 365, 296 Abs. 1); auch wenn er geisteskrank[36] ist. Bestritten ist, ob er verhandlungsfähig sein muß.[37] Ein Freigesprochener kann mangels Beschwer keinen Antrag stellen.[38]
- der gesetzliche Vertreter des Verurteilten (§§ 365, 298 Abs. 1), auch gegen dessen Willen;[39]
- der Erziehungsberechtigte (§ 67 Abs. 3 JGG), solange der Verurteilte noch nicht volljährig ist;[40]
- der Verteidiger (§§ 365, 297);[41]
- die Staatsanwaltschaft (§§ 365, 296 Abs. 2, 301).[42]

Privat- und Nebenkläger[43] sind nicht berechtigt, eine Wiederaufnahme zugunsten eines Verurteilten zu beantragen. Bestritten ist, ob sich der Nebenkläger dem Antrag eines anderen antragsberechtigten Prozeßbeteiligten anschließen kann.[43a]

b) **Antragsberechtigt** für die Wiederaufnahme zugunsten eines verstorbenen Verurteilten sind:
- die in § 361 Abs. 2 aufgezählten Angehörigen;[44]
- die gesetzlichen Vertreter der in § 361 Abs. 2 genannten Angehörigen;[45]
- die Staatsanwaltschaft.[46]

Nach dem Tode eines Verurteilten sind also nicht (mehr) antragsberechtigt:
- der Verteidiger;[47]
- der gesetzliche Vertreter und der Erziehungsberechtigte, es sei denn, er gehört zum Personenkreis des § 361 Abs. 2.[48]

Zu beachten ist, daß die Antragsberechtigten hier die Wiederaufnahme nur mit dem Ziel der Freisprechung[49] sowie der Einstellung wegen eines Verfahrenshindernisses[50] betreiben können. Ein auf ein anderes Ziel gerichteter Antrag ist nicht (mehr) zulässig.[51]

Bestritten ist, ob die Wiederaufnahme zugunsten des verstorbenen Verurteilten nur möglich ist, wenn er erst nach Eintritt der Rechtskraft des Urteils verstorben ist (so die h.M.) oder ob § 361 Abs. 2 analog anwendbar ist, wenn der Tod vor der Rechtskraft eingetreten ist.[52]

Tritt der Tod des Verurteilten erst nach Antragstellung ein, so wird das Wiederaufnahmeverfahren fortgesetzt, sofern die nach § 361 Abs. 2 Antragsberechtigten in das Verfahren durch ausdrückliche Erklärung **eintreten**.[58]

c) **Antragsberechtigt** für die Wiederaufnahme zuungunsten eines Freigesprochenen bzw. Verurteilten sind:
- die Staatsanwaltschaft (§§ 365, 296 Abs. 1);
- der Privatkläger (§ 390 Abs. 1 S. 2);[53]

Bestritten ist das Antragsrecht des Nebenklägers.[54] Fraglich ist auch, ob er sich der von einem anderen betriebenen Wiederaufnahme anschließen kann.[55]

Die Frage nach dem Antragsrecht für eine Wiederaufnahme zuungunsten stellt sich nur, wenn der Verurteilte bzw. Freigesprochene noch lebt. Nach dessen Tod ist eine Wiederaufnahme zu seinen Ungunsten unzulässig.[56] Tritt der Tod des Angeklagten nach Antragstellung ein, so wird das Wiederaufnahmeverfahren eingestellt.[57]

(4) Beschwer

Gem. § 365 gelten die allgemeinen Vorschriften über Rechtsmittel (§ 296 ff) auch für die Wiederaufnahme. Voraussetzung eines jeden Rechtsmittels ist die sog. Beschwer.[59] Folglich muß auch der Wiederaufnahmeführer eine derartige Beschwer darlegen.[60]

Diese Beschwer muß sich jedoch aus dem anzufechtenden Urteils**ausspruch** ergeben, aus den Urteils**gründen** allein kann sie nicht abgeleitet werden.[61]

Im Grunde genommen ist damit die Frage nach der Beschwer identisch mit der Frage nach der Zulässigkeit der Wiederaufnahmeziele.[62] Nur derjenige ist beschwert, der auf-

grund der Umstände, auf die er den Wiederaufnahmeantrag stützen will, geltend machen kann,
- er sei aus tatsächlichen Gründen zu Unrecht verurteilt worden (Ziel: Freispruch)
- er sei aus rechtlichen Gründen zu Unrecht verurteilt worden, weil dem Erlaß des Urteils ein Verfahrenshindernis entgegenstand (Ziel: Einstellung)
- er hätte nach einem milderen Strafgesetz abgeurteilt werden müssen (Ziel: geringere Strafe aufgrund eines anderen Strafgesetzes)
- es hätte eine wesentlich andere Maßregel der Besserung verhängt werden müssen (Ziel: günstigere Entscheidung über eine Maßregel).

Nur eine solche Beschwer kann aus dem Urteilsausspruch, setzt man diesen in Relation zum Wiederaufnahmevorbringen, abgeleitet werden.

Demgemäß liegt in folgenden Fällen **keine** für eine Wiederaufnahme ausreichende Beschwer vor:
- der Angeklagte ist lediglich mangels Beweises freigesprochen worden; er kann eine Wiederaufnahme nicht mit dem Ziel betreiben, wegen erwiesener Unschuld freigesprochen zu werden;[63]
- der Angeklagte ist wegen Schuldunfähigkeit (§ 20) freigesprochen worden: die Wiederaufnahme mit dem Ziel, er sei nicht der Täter gewesen, ist unzulässig;[64]
- das Verfahren ist wegen eines Prozeßhindernisses (z.B. Verjährung) eingestellt worden: die Wiederaufnahme kann nicht mit dem Ziel beantragt werden, das einstellende Urteil durch ein freisprechendes zu ersetzen;[65]
- der Angeklagte ist nicht beschwert, wenn im (freisprechenden oder verurteilenden) Urteil Gründe angeführt sind, die eindeutig eine das Ansehen und die Ehre des Angeklagten belastende Feststellung enthalten; er kann diese Gründe nicht durch eine Wiederaufnahme beseitigen.[66]

Dagegen ist die Beschwer auch (noch) in folgenden Fällen gegeben:
- wenn die Vollstreckung der Strafe bereits erledigt ist[67]
- die Strafe aufgrund eines Straffreiheitsgesetzes oder Gnadenerweises gar nicht vollstreckt ist[68]
- wenn nach § 60 StGB oder einer Bestimmung, die das gestattet, von Strafe abgesehen worden ist oder der Angeklagte z.B. nach §§ 199, 233 StGB für straffrei erklärt oder eine Verwarnung mit Strafvorbehalt (§ 59 StGB) ausgesprochen worden ist.[69]
- Im Jugendrecht ist der Beschuldigte auch durch die Anordnung von Zuchtmittel und Erziehungsmaßregeln (§§ 9 ff, 13 ff JGG) beschwert.[70]

(5) Antragsadressat: zuständiges Gericht (§ 367 Abs. 1)

a) Allgemeines

Hinsichtlich der Zuständigkeit verweist § 367 Abs. 1 auf das GVG und damit für die sachliche Zuständigkeit auf § 140a Abs. 1 GVG und für die örtliche Zuständigkeit auf § 140a Abs. 2 GVG.

Ein „anderes Gericht" i.S.d. § 140a GVG ist nicht ein anderer Spruchkörper des Gerichts, dessen Entscheidung mit der Wiederaufnahme angefochten wird, sondern ein anderes Gericht im administrativ-organisatorischen Sinn, also ein anderes Amts- oder Landgericht im Bezirk des Oberlandesgerichts.[71]

Während es für die Frage der Zuständigkeit des Wiederaufnahmegerichts ohne Bedeutung ist, ob gegen das Urteil Revision eingelegt war,[72] ist die (sachliche) Zuständigkeit des Wiederaufnahmegerichts jeweils verschieden zu beurteilen, je nach dem in welchem Umfang ein Berufungsverfahren durchgeführt worden ist. Demgemäß gilt folgendes:[73]
- Das LG ist zuständiges Wiederaufnahmegericht, wenn ein Urteil im Wiederaufnahmeverfahren angefochten wird, das in erster Instanz von einem LG gefällt worden war.[74]
- Das AG ist zuständig, wenn das Urteil eines AG entweder nicht mit der Berufung angefochten[75] oder die Berufung zurückgenommen oder die Berufung nach §§ 322

2. Allgemeine Zulässigkeitsvoraussetzungen

Abs. 1, 329 Abs. 1 verworfen wurde oder die Berufung auf das Strafmaß beschränkt war. In all diesen Fällen hat ein Berufungsgericht nicht über die Schuldfrage entschieden; hier sind die tatsächlichen Feststellungen, die den Schuldspruch tragen, vom AG getroffen worden.

– Das LG ist zuständig, wenn über eine in vollem Umfang eingelegte Berufung gegen ein Urteil des AG sachlich entschieden worden ist, weil also ein LG als Berufungsgericht (§ 74 Abs. 3 GVG) über die Schuldfrage entschieden hat.[76]

Der Umstand, daß ein Berufungsgericht über die Schuldfrage geurteilt hat, ist nicht nur für die Zuständigkeit des Wiederaufnahmegerichts von Bedeutung, sondern auch für den Inhalt[77] des Wiederaufnahmeantrags.

Schwierige Fragen bestehen bei einer Wiederaufnahme gegen Urteile von **Spezialkammern** (§§ 74a, c GVG), wenn bei dem „anderen" Gericht kein entsprechender Spruchkörper existiert.[78]

b) Antragsanbringung (§ 367 Abs. 1 S. 2)

Wegen dieser Schwierigkeiten in den Zuständigkeitsfragen und weil die vom Präsidium des OLG getroffene Regelung über die örtliche Zuständigkeit nicht allgemein bekannt ist, eröffnet § 367 Abs. 1 S. 2 für den Verurteilten und damit für den Verteidiger[79] die Möglichkeit, den Wiederaufnahmeantrag bei dem Gericht einzureichen, dessen Urteil angefochten wird. Dieses leitet dann das Gesuch dem zuständigen Gericht zu.

Es empfiehlt sich, stets nach § 367 Abs. 1 S. 2 zu verfahren, weil dann kein Fehler unterlaufen kann.[80]

§ 367 Abs. 1 S. 2 gilt auch für alle anderen Antragsberechtigten, die den Antrag zugunsten[81] eines Verurteilten stellen können sowie für die nach § 361 Abs. 2 Befugten.[82] Dagegen besteht diese Möglichkeit nicht für den Privat- und Nebenkläger.[83] Der Rechtsanwalt also, der für diese Personen die Wiederaufnahme zuungunsten eines Angeklagten betreiben will,[84] muß vor Einreichung des Antrags die Zuständigkeit des Gerichts, an das das Gesuch zu richten ist, klären.

(6) Frist

Die Anbringung des Wiederaufnahmeantrags ist an **keine** Frist gebunden.[85] Anders als im Zivilprozeß (§ 586 ZPO) ist der Verurteilte also nicht gehalten, unverzüglich nach Bekanntwerden der Umstände, auf die er eine Wiederaufnahme stützen kann (§ 359), den Antrag zu stellen.

Eine **Verwirkung** durch Zeitablauf ist nicht zu befürchten.[86] Ist zwischen dem Bekanntwerden des Wiederaufnahmegrundes und der Anbringung des Antrags aber ein längerer Zeitraum verstrichen, so sollte jedoch erklärt werden, warum der Antrag erst jetzt gestellt wird.[87]

(7) Antragsform: § 366 Abs. 2

Der Angeklagte und im Falle seines Todes die in § 361 Abs. 2 genannten Angehörigen können den Antrag nur mittels einer vom Verteidiger[88] oder einem Rechtsanwalt unterzeichneten Schrift oder zu Protokoll der Geschäftsstelle des Gerichts anbringen. § 366 Abs. 2 gilt auch für die übrigen Berechtigten,[89] die zugunsten eines Verurteilten zur Antragstellung befugt sind, nämlich den gesetzlichen Vertreter (§ 298) und den Erziehungsberechtigten (§ 67 JGG).[90]

Für den Antrag des Privatklägers gilt § 390 Abs. 2. Sofern ein Antragsrecht des Nebenklägers bejaht wird,[91] ist für den Antrag wohl § 390 Abs. 2 analog anzuwenden.

Der Rechtsanwalt oder Verteidiger, der den Antrag fertigt, hat hinsichtlich der Form vor allem drei Gesichtspunkte zu beachten:

Der Antrag muß vom Rechtsanwalt oder Verteidiger selbst **unterzeichnet** sein; eine Vertretung in der Unterschrift ist nicht statthaft.[92] Dabei muß die Unterschrift aus Schriftzügen bestehen, die die Identität des Unterschreibenden ausreichend kennzeichnet.[93]

Der Unterzeichnete muß die **Verantwortung** für den Inhalt der Antragsschrift übernehmen.[94] Bestehen hier auch nur Zweifel, wird der Antrag als unzulässig angesehen.[95] Diese Gefahr besteht vor allem, wenn der Anwalt einen vom Verurteilten vorformulierten Antrag ungeprüft unterzeichnet, der Schriftsatz aber aus einem unsinnigen oder grob laienhaften Vortrag des rechtsunkundigen Angeklagten besteht.[96] Die Nichtübernahme der Verantwortung wird insbesondere auch angenommen, wenn der Rechtsanwalt die Antragsschrift zwar selbst fertigt, jedoch zum Ausdruck bringt, er trage bestimmte Umstände nur „auf Wunsch" oder „auf ausdrückliches Verlangen" des Angeklagten vor.[97]

Andererseits ist aber auch nicht ausreichend, wenn der Rechtsanwalt lediglich erklärt, er wolle die Verantwortung für den gesamten Inhalt der Antragsschrift übernehmen; erforderlich ist vielmehr, daß er gestaltend an dem Inhalt der Darlegungen des Wiederaufnahmegesuches mitwirkt.[97a]

Will der Anwalt den Inhalt eines Antrages nicht verantworten, so kann er nur vom Wiederaufnahmeverfahren abraten, das Mandat ablehnen oder den Verurteilten auf die Möglichkeit verweisen, den Antrag zu Protokoll der Geschäftsstelle anzubringen.[98]

Der Antrag muß eine in sich geschlossene und aus sich heraus verständliche Darstellung des Wiederaufnahmegrundes enthalten.[99] Im Hinblick auf die Form[100] des Antrags bedeutet dies, daß eine **Bezugnahme** auf Anlagen und andere Schriftstücke grundsätzlich **ausgeschlossen** ist.[101] Damit werden die von der Rechtsprechung zum Klageerzwingungsantrag (§ 172 Abs. 3) entwickelten strengen Anforderungen auf das Wiederaufnahmegesuch übertragen, was zwar gelegentlich als übertriebener Formalismus angeprangert wird,[102] dem sich aber der Anwalt notgedrungen anpassen muß, um keinerlei Risiko einzugehen. Eine gewisse Tendenz zur Lockerung ist in der Rechtsprechung allerdings erkennbar.[103]

(8) Antragsinhalt: § 366 Abs. 1

Zunächst ist vor einem Mißverständnis zu warnen: § 366 Abs. 1 regelt nicht alle inhaltlichen Voraussetzungen eines Wiederaufnahmegesuches, die für dessen Zulässigkeit erforderlich sind. Die Vorschrift nennt vielmehr nur – gleichsam für alle Wiederaufnahmegründe vor die Klammer gezogen – zwei Faktoren: die Geltendmachung eines gesetzlichen Wiederaufnahmegrundes und die Angabe der dafür erforderlichen Beweismittel (vgl. auch § 368 Abs. 1).

Die jeweiligen Wiederaufnahmegründe der Nr. 1–5 des § 359 bzw. der Nr. 1–4 des § 362 verlangen weitere Zulässigkeitskriterien. Diese werden bei der Erörterung der beiden wichtigsten Wiederaufnahmegründe – § 359 Nr. 2 und 5 – dargestellt werden.[104]

Gem. § 366 Abs. 1 i.V.m. § 368 Abs. 1 muß ein Wiederaufnahmeantrag zu folgenden Umständen Stellung nehmen:[105]

a) Es muß ersichtlich sein, **welches Urteil** der Wiederaufnahmeführer angreifen und beseitigen haben will.

Klarheit muß hier schon deshalb bestehen, weil sich der sachliche Inhalt des Wiederaufnahmegesuchs mit den tatsächlichen Feststellungen gerade des Urteils befassen muß, dessen Fortbestand im Wiederaufnahmeverfahren überprüft werden soll. Von Bedeutung ist dies inbesondere, wenn ein Berufungsurteil ergangen ist. Wie oben dargestellt ist,[106] ist Gegenstand eines Wiederaufnahmeverfahrens das Berufungsurteil, nicht etwa das Grundurteil des AG,[107] wenn eine Berufung in vollem Umfang durchgeführt worden ist. Hier mußte ja das Berufungsgericht die Schuldfrage selbständig und unabhängig von den Feststellungen des ersten Richters beurteilen. Diese Feststellungen des Berufungsgerichts sind in Rechtskraft erwachsen. Das bedeutet, daß die Wiederaufnahmegründe und damit der materielle Inhalt des Wiederaufnahmegesuchs sich gerade gegen die tatsächlichen Feststellungen dieses Berufungsurteils richten müssen.

2. Allgemeine Zulässigkeitsvoraussetzungen

b) Es ist klarzustellen, **in welchem Umfang** das Urteil aufgehoben werden soll. Dies ist aus zwei Gründen erforderlich: Einmal soll damit die Prüfung ermöglicht werden, ob mit dem Antrag überhaupt ein zulässiges Wiederaufnahmeziel verfolgt wird.[108] Zum anderen ist die Angabe, inwieweit das Urteil angegriffen wird, deshalb erforderlich, weil nicht unbedingt das gesamte Urteil angefochten werden muß. Sofern also das Urteil nicht im gesamten Umfang angegriffen wird, ist deutlich zu machen, gegen welche Einzeltatverurteilung bei tatmehrheitlicher Verurteilung sich die Wiederaufnahme richtet,[109] welche Einzelakte bei Verurteilungen wegen fortgesetzter Handlung[110] angegriffen werden oder ob das Urteil nur im Rechtsfolgeausspruch, soweit nach § 363 zulässig, beseitigt werden soll.

c) Der Antrag muß ferner den **gesetzlichen Grund** der Wiederaufnahme angeben und geltend machen (§§ 366 Abs. 1, 368 Abs. 1). In der Regel wird nur einer der gesetzlichen Gründe (§ 359 Nr. 1–5; § 362 Nr. 1–4) vorliegen und geltend gemacht werden können. Möglich ist aber auch, das Wiederaufnahmebegehren auf mehrere Gründe zu stützen, was insbesondere bei gleichzeitigem Vorliegen der Voraussetzungen der Nr. 2 und 5 des § 359 zutreffen kann.[111] Diese Geltendmachung ist deshalb erforderlich, weil sich das Gericht nur mit den im Gesuch bezeichneten Wiederaufnahmegründen befassen darf; es darf die Wiederaufnahme nicht aus anderen tatsächlichen Gründen anordnen, auf die sich der Antragsteller nicht berufen hat.[112]

Hinsichtlich der von §§ 366 Abs. 1, 368 Abs. 1 geforderten Angabe und Geltendmachung des gesetzlichen Grundes der Wiederaufnahme darf sich der Antragsteller nicht mit der Zitierung der für den Fall einschlägigen Ziffer der §§ 359, 362 mit ihrem abstrakten Inhalt begnügen. Vielmehr müssen die **Tatsachen** mitgeteilt werden, mit denen die gesetzlichen Voraussetzungen des einzelnen Wiederaufnahmegrundes der Nr. 1–5 des § 359 bzw. der Nr. 1–4 des § 362 erfüllt werden sollen.[113] Nur wenn der Antrag auf diese Weise ausreichend konkretisiert und, bezogen auf das Antragsziel, schlüssig gemacht wird, kann das Gericht eine Subsumtion vornehmen.[113a]

Die Rechtsprechung legt hier dieselben äußerst strengen Maßstäbe wie beim Klageerzwingungsantrag (§ 172 Abs. 3) an und fordert eine in sich geschlossene und aus sich heraus verständliche, schlüssige Sachdarstellung.[114] Das bedeutet, daß **Bezugnahmen** und Verweisungen auf andere Schriftstücke (auch wenn sie sich in der Akte befinden), insbesondere auf Urteile[115] oder auf frühere Wiederaufnahmeanträge[116] **unzulässig** und unbeachtlich sind.[117] Sogar Bezugnahmen auf Anlagen, die dem Wiederaufnahmeantrag beigefügt sind, sollen grundsätzlich unzulässig sein.[118]

d) Weil sich das Gericht nur mit den im Antrag geltend gemachten Wiederaufnahmegründen, d.h. vorgetragenen Tatsachen im soeben aufgezeigten Sinn[113] befassen darf, ist mit Dahs[119] zu empfehlen, stets alle Tatsachen sogleich vorzubringen und nicht bestimmte Umstände zunächst zurückzuhalten, um sie evtl. erst im Beschwerdeverfahren nachzuschieben. Ein solches **Nachschieben** im Beschwerdeverfahren ist nämlich grundsätzlich unzulässig.[120] Es bleibt dann nur die Möglichkeit der Wiederholung[121] des Antrags unter Einbeziehung dieser bisher nicht vorgetragenen Tatsachen.

e) Gem. §§ 366 Abs. 1, 368 Abs. 1 muß der Antragsteller die geeigneten **Beweismittel** anführen, mit denen der geltend gemachte Wiederaufnahmegrund bewiesen werden soll. Ein Wiederaufnahmeantrag, der nur eine neue Sachverhaltsdarstellung enthält, aber nicht angibt, wie sie bewiesen werden soll, ist daher unzulässig.[122]

Es muß sich um „geeignete" Beweismittel handeln (§ 368 Abs. 1). Das bedeutet zum einen, daß der Antrag nur auf die vom Gesetz vorgesehenen Beweismittel gestützt werden kann.[123] Zum anderen: die hier geforderte „Geeignetheit" des gesetzlichen Beweismittel ist dann nicht gegeben,[124] wenn seine Benutzung unzulässig,[125] wenn es unerreichbar[126] oder völlig ungeeignet ist. Für die Auslegung dieser Begriffe gelten die zu § 244 Abs. 3 entwickelten Grundsätze. Ungeeignet ist auch eine rechtsmißbräuchlich beantragte Beweiserhebung, d.h. ein eindeutig unhaltbares, willkürliches oder nach Sachlage unmögliches[127] Vorbringen.

Bereits an dieser Stelle sei darauf hingewiesen, daß es zwei verschiedene „Geeignetheits"-begriffe gibt. Während die soeben beschriebene Geeignetheit i. S. des § 368 Abs. 1 die generelle Eignung[128] eines Beweismittels meint, also die Frage betrifft, ob das Beweismittel überhaupt so beschaffen ist, daß das Antragsvorbringen mit ihm bewiesen werden kann, geht es bei der Geeignetheit i. S. d. § 359 Nr. 5 um die Frage, ob die vorgetragenen Nova und die (generell geeigneten) Beweismittel auch in dem Sinn geeignet sind, eines der zulässigen Wiederaufnahmeziele herbeizuführen.[129]

Dabei ist insbesondere umstritten, ob bereits im Zulässigkeitsverfahren die **Glaubwürdigkeit** der im Wiederaufnahmeantrag geschilderten Angaben eines Zeugen geprüft werden darf mit der Folge, daß bei dem Ergebnis der Unglaubwürdigkeit dieser Zeuge als nicht „geeignetes Beweismittel" i. S. der §§ 359 Nr. 5, 368 Abs. 1 anzusehen und damit der Wiederaufnahmeantrag als unzulässig zu verwerfen ist, oder ob die Glaubwürdigkeitsprüfung dem Begründetheitsverfahren (§ 369) vorbehalten ist.[130] Dies hat Auswirkungen auf den Inhalt der Wiederaufnahmeschrift: wenn die Frage der Glaubwürdigkeit der Angaben des Zeugen bereits im Zulässigkeitsverfahren zu prüfen ist, sind u. U. dazu bereits im Wiederaufnahmeantrag Ausführungen erforderlich.[131]

Anmerkungen

1. § 410 Abs. 3. Das StVÄG 1987 vom 27. 1. 1987 (BGBl. I S. 475) hat durch die Neufassung der §§ 373a, 410 Abs. 3 die umstrittene Frage der beschränkten Rechtskraft eines Strafbefehls nun endgültig geklärt. Vgl. dazu unten IX, 5.

2. LR/*Gössel* Rdnr. 105 vor § 359.

3. KMR/*Paulus* § 359 Rdnr. 2, 3; *Kleinknecht*/*Meyer* Rdnr. 4 vor § 359; ausführlich LR/*Gössel* Rdnr. 36 ff. vor § 359.

4. Ein Sachurteil ist auch ein Urteil, in dem auf Absehen von Strafe (§ 60 StGB), auf Straffreierklärung (§§ 199, 233 StGB) oder auf eine Verwarnung mit Strafvorbehalt (§ 59 StGB) erkannt wurde, vgl. ergänzend unten IX. 2 (4).

5. Wie Anm. 3 und LR/*Gössel* Rdnr. 40 ff. vor § 359.

6. Verwirft das Gericht die Berufung nach § 322 Abs. 1 erst in der Hauptverhandlung, so muß dies durch ein Urteil geschehen (*Kleinknecht*/*Meyer* § 322 Rdnr. 3).

6 a. *Wasserburg* S. 330 will in Ausnahmefällen die Wiederaufnahme gegen ein Verwerfungsurteil der Rechtsmittelinstanz zulassen.

7. Gegenstand der Wiederaufnahme ist dann entweder das Berufungsurteil des Landgerichts, sofern es aufgrund einer voll eingelegten Berufung in der Sache selbst entschieden hat, oder das Urteil des Amtsgerichts, wenn das Berufungsgericht über die Schuldfrage nicht mehr befunden hat (vgl. IX. 2 (5)). Vgl. auch Anm. 6 a.

8. Vgl. IX. 2 (4). Ist das Verfahren z. B. wegen Verjährung nach § 260 Abs. 3 eingestellt worden, so kann der Angeklagte, der beweisen kann, daß er nicht der Täter der ihm angelasteten, verjährten Straftat war, die Wiederaufnahme nicht mit dem Ziel betreiben, das einstellende Urteil durch ein freisprechendes zu ersetzen. Zur Beschwer durch ein Einstellungsurteil vgl. LR/*Gössel* Rdnr. 40 ff.; KK/*Meyer-Goßner,* Rdnr. 13 jeweils vor § 359.

9. LR/*Gössel* Rdnr. 40 ff. vor § 359; KMR/*Paulus* Rdnr. 66; *Kleinknecht*/*Meyer* Rdnr. 47 f.; KK/*Hürxthal* Rdnr. 48 jeweils zu § 260.

10. Ausführliche Darstellungen enthalten bei LR/*Gössel* Rdnr. 46 ff.; KK/*Meyer-Goßner* Rdnr. 11; *Kleinknecht-Meyer* Rdnr. 5; KMR/*Paulus* Rdnr. 11 jeweils vor § 359; *Wasserburg* S. 226.

2. Allgemeine Zulässigkeitsvoraussetzungen IX. 2

11. *Kleinknecht/Meyer* Rdnr. 5; LR/*Gössel* Rdnr. 62 jeweils vor § 359; *Peters* Lehrbuch S. 679.

12. Auch anderen Einstellungen z.B. nach den §§ 153, 206a, 383 Abs. 2 wird nur ein beschränkter Strafklageverbrauch zuerkannt und deshalb eine Fortführung des Verfahrens zugelassen, wenn neue Tatsachen oder Beweismittel bekannt werden, die dem Einstellungsbeschluß die Grundlage entziehen (LR/*Gössel* Rdnr. 51ff. vor § 359; *Kleinknecht/ Meyer* § 153 Rdnr. 38; § 206a Rdnr. 11).

13. KMR/*Paulus* § 359 Rdnr. 11; LR/*Gössel* Rdnr. 63, 64 vor § 359 jeweils m.w.N; KK/*Meyer-Goßner* § 359 Rdnr. 11; *Groth* ZRP 1979, 208.

14. OLG Stuttgart NJW 1965, 1239; KMR/*Paulus* § 359 Rdnr. 5; a.A. *Peters* Fehlerquellen III S. 111f., 123. Die h.M., nach der ein solch verfrühter Antrag als unzulässig zu verwerfen ist, stellt einen übertriebenen Formalismus dar, weil der Antrag nach Eintritt der Rechtskraft des Urteils sofort wiederholt werden kann, (vgl. *Peters* Fehlerquellen III S. 112). Allerdings genügt für die Wiederholung nicht die bloße Bezugnahme auf den verfrüht gestellten Antrag (vgl. OLG Stuttgart NJW 1965, 1239). Vgl. auch unten bei Wiederholung des Wiederaufnahmeantrages IX. 6.

15. *Ditzen* GA 53, 62; LR/*Meyer* (23. Aufl.) Rdnr. 7 vor § 359. Nach *Gössel* NStZ 1983, 391/393 schließen sich beide Verfahren gegenseitig aus. Deshalb müsse, wenn beide Anträge gestellt sind, zuerst über den Wiedereinsetzungsantrag entschieden werden. Wird die Wiedereinsetzung gewährt, entfällt die Rechtskraft des Urteils und damit eine wesentliche Voraussetzung des Wiederaufnahmeverfahrens mit der Folge, daß das Wiederaufnahmeverfahren im ganzen unstatthaft wird.

16. Vgl. zum Ganzen: *Bauer* JZ 1952, 209 ff.; *Gössel* NStZ 1983, 394 ff.; LR/*Gössel* Rdnr. 66 ff.; KK/*Meyer-Goßner* Rdnr. 8; *Kleinknecht/Meyer* Rdnr. 4; *Eb. Schmidt*, Lehrkomm. Rdnr. 6 jeweils vor § 359; KMR/*Paulus* § 359 Rdnr. 6 ff.; *Wasserburg* S. 332 f.; OLG Frankfurt NStZ 1983, 426; OLGSt (alt) § 359 S. 11. Vgl. ergänzend OLG Bamberg StV 1982, 259 zur Frage, ob der Entscheidung über einen Wiederaufnahmeantrag der Vorrang vor der Fortführung eines wegen weiteren Taten anhängigen Strafverfahrens gebührt, wenn der Verurteilte mit dem Wiedeaufnahmeantrag dieselbe Beweisgrundlge erschüttern will, die auch für das noch abhängige Strafverfahren in Betracht kommt (Glaubwürdigkeit desselben Zeugen).

17. *Für Zulässigkeit:* OLG München NJW 1981, 593; OLG Stuttgart MDR 1980, 955; OLG Hamburg OLGSt (alt) § 395 S. 27; OLG Frankfurt NStZ 1983, 426; KMR/*Paulus* § 359 Rdnr. 6; KK/*von Stackelberg* Rdnr. 5 vor § 359; *Wasserburg* S. 232.
Für Unzulässigkeit: Kleinknecht/Meyer Rdnr. 4; KK/*Meyer-Goßner* Rdnr. 9; LR/*Meyer*, 23. Aufl. Rdnr. 11; LR/*Gössel* Rdnr. 71 f. jeweils vor § 359; *Peters* Lehrbuch S. 679; *Gössel* NStZ 1983, 391/396.

18. Vgl. dazu unten bei Wiederholung des Antrags IX. 6.

19. KMR/*Paulus* § 359 Rdnr. 12. Stets ist zu prüfen, ob die Anfechtung eine selbständige Tat oder nur einen unselbständigen Teil von ihr erfaßt. Vgl. BGH wistra 1988, 358.

20. KMR/*Paulus* a.a.O.; *Kleinknecht/Meyer* Rdnr. 3; LR/*Gössel* Rdnr. 12 jeweils zu § 359.

21. *Kleinknecht/Meyer* Rdnr. 38; KMR/*Paulus* Rdnr. 43; LR/*Gössel* Rdnr. 122; *Eb. Schmidt* Lehrkommentar Rdnr. 29 jeweils zu § 359. So jetzt auch KK/*Meyer-Goßner* § 359 Rdnr. 33; anders dagegen noch die Vorauflage von KK/*v. Stackelberg* § 359 Rdnr. 32.

22. Vgl. außer den in vorherigen Anm. Genannten auch *Roxin*, Strafprozeßrecht (Prüfe Dein Wissen), Fall Nr. 479d; OLG Oldenburg NJW 1952, 1029; OLG Schleswig SchlHA 1950, 198 und 1978, 198.

23. So zuletzt OLG München MDR 1982, 250 = NStZ 1982, 131 (LS 2).

24. Beispiel von *Peters* Fehlerquellen III S. 10.

25. *Peters,* FS. für Kern (1968) S. 340 ff.; FS. für Gallas (1973) S. 447 ff.; Fehlerquellen III S. 9 f., 93 f.; Lehrbuch S. 677.

26. KK/*von Stackelberg* (1. Aufl.) § 359 Rdnr. 32; *Kleinknecht* StPO, 35 Aufl. § 359 Rdnr. 15; *Wasserburg* S. 331 f.; Denkschrift des Strafrechtsausschusses LS 44, S. 88.

27. NStZ 1986, 282.

28. Andernfalls bliebe nur in den Fällen, in denen eine **Vielzahl** der Einzelakte angreifbar ist, aber immer noch wenigstens zwei Teilakte und damit eine fortgesetzte Handlung verbleiben, der Gnadenweg, um eine Herabsetzung der Strafe zu erreichen. Vgl. dazu Form. X A 14 bei 12 c (4).

29. Dieser Antrag ist im Gesetz mehrmals erwähnt. Vgl. etwa §§ 360 Abs. 1; 361 Abs. 1, 2; 364; 365; 366 Abs. 1, 2.

30. Vgl. unten IX. 2 (3).

31. Der Antrag kann aber von der Staatsanwaltschaft auch zugunsten eines Verurteilten, selbst gegen dessen Willen, gestellt werden (*Kleinknecht/Meyer* § 365 Rdnr. 2; vgl. auch unten bei Antragsberechtigung); insofern findet das Wiederaufnahmeverfahren dann „von Amts wegen" statt.

32. In den einschlägigen Kommentierungen zu § 365 StPO ist jeweils dargestellt, welche der Vorschriften der §§ 296 ff ganz, teilweise oder gar nicht anwendbar sind. Diese Auswirkungen werden in den nachfolgenden Ausführungen jeweils an geeigneter Stelle, z.B. bei der Frage der Antragsberechtigung aufgezeigt.

33. *Kleinknecht/Meyer* Rdnr. 6; KK/*Meyer-Goßner* Rdnr. 1; LR/*Gössel* Rdnr. 10 jeweils zu § 365.

34. *Kleinknecht/Meyer* Rdnr. 6; KK/*Meyer-Goßner* Rdnr. 1; LR/*Gössel* Rdnr. 10 jeweils zu § 365; *Peters* Fehlerquellen III S. 127.

35. Vgl. unten IX. 6.

36. *Kleinknecht/Meyer* Rdnr. 2; LR/*Gössel* Rdnr. 3 jeweils zu § 365; *Wasserburg* S. 235; *Peters* Fehlerquellen III S. 119. An einer Beschwer fehlt es, wenn Freispruch wegen Schuldunfähigkeit (§ 20 StGB) erfolgt war (vgl. unten bei Beschwer). Demnach kommt eine Wiederaufnahme eines Geisteskranken in Betracht, wenn die Krankheit erst nach der abgeurteilten Tat eintrat oder die Krankheit im Hauptverfahren nicht erkannt und folglich im Urteil nicht berücksichtigt wurde. In beiden Fällen kann der Geisteskranke die Wiederaufnahme mit dem Ziel des Freispruchs betreiben unter dem Sachvortrag, er habe die Straftat nicht begangen; in der zweiten Variante auch mit dem Ziel des Freispruchs wegen Schuldunfähigkeit. Schließlich kann ein Geisteskranker die Wiederaufnahme betreiben mit dem Ziel einer milderen Strafe nach einem milderem Gesetz sowie zur Herbeiführung einer wesentlich anderen Maßregelentscheidung.

37. LR/*Gössel* Rdnr. 94 f. vor § 359; § 361 Rdnr. 7; § 371 Rdnr. 3 a. Bei Verhandlungsunfähigkeit des Verurteilten wird § 361 analog angewendet, weil anders eine Rehabilitierung zu Lebzeiten nicht mehr möglich wäre. Vgl. auch *Kleinknecht/Meyer* § 371 Rdnr. 6; *Hassemer* NJW 1983, 2353; a.A. OLG Frankfurt NJW 1983, 2398.

38. Vgl. IX. 2 (4).

39. *Kleinknecht/Meyer* Rdnr. 4; LR/*Gössel* Rdnr. 6 jeweils zu § 365; *Wasserburg* S. 235. Zum Begriff des gesetzlichen Vertreters: *Kleinknecht/Meyer* § 52 Rdnr. 19. Der gesetzliche Vertreter hat ein eigenes, selbständiges Antragsrecht (*Kleinknecht/Meyer* § 298 Rdnr. 1). Endet die gesetzliche Vertretung vor der Entscheidung über den Wiederaufnahmeantrag, so muß der Verurteilte selbst als Antragsteller eintreten.

2. Allgemeine Zulässigkeitsvoraussetzungen IX. 2

40. *Kleinknecht/Meyer* Rdnr. 4; LR/*Gössel* Rdnr. 6 jeweils zu § 365; *Wasserburg* S. 235. Bei Eintritt der Volljährigkeit vor Entscheidung über den Wiederaufnahmeantrag muß der Verurteilte selbst entscheiden.

41. *Kleinknecht/Meyer* Rdnr. 3; LR/*Gössel* Rdnr. 5 jeweils zu § 365. Verteidiger ist, wer für das Wiederaufnahmeverfahren mandiert oder wer nach den §§ 364a, b bestellt wurde und außerdem der bereits für das Hauptverfahren (nach § 138) gewählte oder (nach § 141) bestellte Verteidiger, weil sowohl Vollmacht wie Beiordnung nach Eintritt der Rechtskraft des Urteils für ein Wiederaufnahmeverfahren fortgelten: LR/*Gössel* § 364a Rdnr. 3; *Kleinknecht/Meyer* § 364a Rdnr. 2; Rdnr. 5 vor § 137; KMR/*Paulus* § 364a Rdnr. 3; § 138 Rdnr. 20; § 140 Rdnr. 6; KK/*Meyer-Goßner* § 366 Rdnr. 4; § 364a Rdnr. 2.

Da der Verteidiger den Wiederaufnahmeantrag nicht gegen den Willen des Verurteilten stellen kann (§ 297) bzw. der Verurteilte einen vom Verteidiger gestellten Antrag jederzeit zurücknehmen kann (*Kleinknecht/Meyer* Rdnr. 3; LR/*Gössel* Rdnr. 5 jeweils zu § 365) ist die Frage, ob der Verteidiger zur Stellung des Antrags aus eigenem Recht und im eigenen Namen befugt ist, ohne praktische Bedeutung. Vgl. dazu *Wasserburg* S. 235f.; *Peters* Fehlerquellen III S. 119f.

42. Daß die Staatsanwaltschaft einen Antrag auch zugunsten des Verurteilten stellen kann, ergibt sich außer aus § 296 Abs. 2 auch aus § 373 Abs. 2. Dieser Antrag kann von der Staatsanwaltschaft sogar gegen den Willen des Verurteilten gestellt werden (*Kleinknecht/Meyer* Rdnr. 2; LR/*Gössel* Rdnr. 4; KMR/*Paulus* Rdnr. 2 jeweils zu § 365).

43. LR/*Gössel* Rdnr. 12ff.; KMR/*Paulus* Rdnr. 4ff.; KK/*Meyer-Goßner* Rdnr. 6ff.; *Kleinknecht/Meyer* Rdnr. 7f. jeweils zu § 365; *Wasserburg* S. 236; *Peters* Fehlerquellen III S. 118.

43a. Verneinend *Kleinknecht/Meyer* Rdnr. 8; KK/*Meyer-Goßner* Rdnr. 7 jeweils zu 3 365. Ausführlich *Rieß* NStZ 1988, 15; OLG Stuttgart NStZ 1988, 42.

44. § 361 Abs. 2 ist eine Sondervorschrift gegenüber § 365 zum Antragsrecht (LR/*Gössel* § 361 Rdnr. 3).

45. LR/*Gössel* Rdnr. 4; KMR/*Paulus* Rdnr. 2 jeweils zu § 361. Nicht zu verwechseln mit dem gesetzlichen Vertreter des Verurteilten. Dieser hat kein Antragsrecht, es sei denn, er gehört zum Personenkreis des § 361 Abs. 2.
Anders als in § 52 Abs. 1 Nr. 2 ist der geschiedene Ehegatte in § 361 Abs. 2 nicht genannt, also nicht antragsberechtigt.

46. Zur Antragsberechtigung der Staatsanwaltschaft zugunsten eines Verurteilten vgl. Anm. 42. Dieses Recht wird durch § 361 Abs. 2 nicht berührt (LR/*Gössel* § 361 Rdnr. 5 m.w.N.).

47. *Kleinknecht/Meyer* Rdnr. 3; LR/*Gössel* Rdnr. 5 jeweils zu § 365; *Peters* Fehlerquellen III S. 117; vgl. auch *Kleinknecht/Meyer* Rdnr. 7 vor § 137.

48. LR/*Gössel* Rdnr. 6; KMR/*Paulus* Rdnr. 2 jeweils zu § 365; *Peters* Fehlerquellen III S. 117; *Wasserburg* S. 235.

49. Bei Verurteilung mehrerer in Tatmehrheit stehender Straftaten kann auch die teilweise Freisprechung begehrt werden (LR/*Gössel* § 371 Rdnr. 8). Vgl. auch IX. 2 (1) d.

50. LR/*Gössel* Rdnr. 11; *Kleinknecht/Meyer* (Rdnr. 3 jeweils zu § 371.

51. Vgl. IX. 1 (1).

52. LR/*Gössel* Rdnr. 60 vor § 359; § 361 Rdnr. 9; *Kleinknecht/Meyer* § 361 Rdnr. 3; *Pflüger* NJW 1983, 1895. Zur Frage der Durchbrechung der Teilrechtskraft durch den Tod des Beschuldigten vgl. *Gössel* NStZ 1983, 391/396.

53. Weitere Einzelheiten bei LR/*Gössel* Rdnr. 12; *Kleinknecht/Meyer* Rdnr. 2 KK/*Meyer-Goßner* Rdnr. 6 jeweils zu § 365.

54. Das Antragsrecht des Nebenklägers bejaht KK/*Meyer-Goßner* § 365 Rdnr. 7; verneinend: *Kleinknecht/Meyer* § 365 Rdnr. 8 m. w. N.; *Wasserburg* S. 236. Ausführlich dazu *Rieß* NStZ 1988, 15; LR/*Hilger* § 395 (Nachtr.) Rdnr. 14. Überholt ist LR/*Gössel* § 365 Rdnr. 13; diese Kommentierung bezieht sich noch auf § 397 a. F.

55. *Kleinknecht/Meyer* Rdnr. 8; KK/*Meyer-Goßner* Rdnr. 7 jeweils zu § 365; LR/*Hilger* § 397 (Nachtr.) Rdnr. 7; *Peters* Fehlerquellen III S. 125 f. Ausführlich *Rieß* NStZ 1988, 15, OLG Stuttgart NStZ 1988, 42.

56. LR/*Gössel* Rdnr. 1; *Kleinknecht/Meyer* Rdnr. 2; KMR/*Paulus* Rdnr. 1 jeweils zu § 361; BGH 21, 371, 375.

57. *Kleinknecht/Meyer* § 371 Rdnr. 5.

58. *Kleinknecht/Meyer* § 371 Rdnr. 5. Allerdings können die in § 361 Abs. 2 genannten Angehörigen in das noch vom Verurteilten (oder der Staatsanwaltschaft) in Gang gesetzte Verfahren nur eintreten, wenn die Wiederaufnahme das Ziel der Freisprechung verfolgt (BGH 21, 373, 376). Bestritten ist, ob dieser Eintritt auch noch möglich ist, wenn der Verurteilte erst nach Erlaß des Begründetheitsbeschlusses (§ 370 Abs. 2) verstirbt, vgl. dazu LR/*Gössel* § 371 Rdnr. 14; *Peters* Lehrbuch S. 679.

59. *Kleinknecht/Meyer* Rdnr. 8 ff. vor § 296.

60. Das gilt nicht für die Staatsanwaltschaft. Aufgrund ihrer Stellung ist sie gleichsam durch jede unrichtige Entscheidung beschwert, weshalb sie auch einen Wiederaufnahmeantrag zugunsten eines Verurteilten stellen kann. Vgl. LR/*Gössel* Rdnr. 7; *Kleinknecht/Meyer* Rdnr. 6 jeweils vor § 359; *Wasserburg* S. 237, 331.

61. *Kleinknecht/Meyer* Rdnr. 11 vor § 296; Rdnr. 6 vor § 359; KK/*Meyer-Goßner* Rdnr. 13; LR/*Gössel* Rdnr. 108 vor § 359; *Wasserburg* S. 237, 331.

62. Vgl. oben IX. 1.

63. *Kleinknecht/Meyer* Rdnr. 13 vor § 296; LR/*Gössel* Rdnr. 108; KMR/*Paulus* Rdnr. 15 jeweils vor § 359; *Peters* Fehlerquellen III S. 126. Neuerdings wird aber schon gelegentlich anerkannt, daß hier eine Beschwer vorliegt. Vgl. *Wasserburg* S. 331 m. w. N. Vgl. auch LR/*Hanack* § 333 Rdnr. 25.

64. *Kleinknecht/Meyer* Rdnr. 13 vor § 296. Es sind allerdings Bestrebungen im Gange, hier die Wiederaufnahme zuzulassen. Vgl. dazu *Wasserburg* S. 237; Denkschrift des Strafrechtsausschusses LS 38, S. 78 f.; LR/*Hanack* § 333 Rdnr. 25 m. w. N.

65. *Kleinknecht/Meyer* Rdnr. 6; LR/*Gössel* Rdnr. 110 vor § 359.

66. *Kleinknecht/Meyer* Rdnr. 11; LR/*Gollwitzer* Rdnr. 20 jeweils vor § 296; *Wasserburg* S. 237; vgl. auch Anm. 64. Eine Ausnahme soll danach gelten, wenn die Art der Entscheidungsbegründung Grundrechte, insbes. die Würde des Menschen verletzt.

67. § 361. Vgl. KMR/*Paulus* Rdnr. 15 vor § 359.

68. *Kleinknecht/Meyer* § 361 Rdnr. 1; KMR/*Paulus* Rdnr. 15; LR/*Gössel* Rdnr. 96 jeweils vor § 359.

69. *Kleinknecht/Meyer* Rdnr. 6; LR/*Gössel* Rdnr. 109 jeweils vor § 359.

70. *Kleinknecht/Meyer* Rdnr. 6 vor § 359.

71. *Kleinknecht/Meyer* Rdnr. 3; LR/*Schäfer* Rdnr. 4 jeweils zu § 140a GVG.

72. LR/*Gössel* § 367 Rdnr. 6.

73. LR/*Gössel* Rdnr. 6 ff.; KMR/*Paulus* Rdnr. 6 ff. jeweils zu § 367; *Kleinknecht/Meyer* Rdnr. 4 ff.; KK/*Meyer-Goßner* Rdnr. 5 jeweils zu § 140a GVG; *Wasserburg* S. 228 ff.

74. Wenn also das LG gem. §§ 74 Abs. 1, 2; 74a, b, c GVG als große Strafkammer (§ 76 Abs. 2 GVG) in erster Instanz entschieden hat. Gegen solche Urteile gibt es keine Berufung (§ 312), sondern nur die Revision (§ 333).

2. Allgemeine Zulässigkeitsvoraussetzungen IX. 2

75. Das ist der Fall, wenn gegen das Urteil des AG entweder überhaupt kein Rechtsmittel oder lediglich Revision (Sprungsrevision: § 335 Abs. 2) eingelegt worden war.

76. Dabei ist es für das Zulässigkeitsverfahren ohne Bedeutung, ob das LG im Berufungsverfahren als große oder kleine Strafkammer entschieden hat (§ 76 Abs. 2 GVG), weil die Entscheidungen im Zulässigkeitsverfahren außerhalb der Hauptverhandlung ergehen und somit § 76 Abs. 1 GVG einschlägig ist. Zur Frage, ob in der erneuten Hautpverhandlung dann die kleine oder die große Strafkammer zu entscheiden hat, vgl. KK/*Meyer-Goßner* § 140a GVG Rdnr. 5.

77. Vgl. IX. 2 (8).

78. Vgl. zur Frage der Zuständigkeit in Wirtschaftsstrafsachen (§ 74c GVG) BGH NJW 1980, 131 mit Anm. *Katholnigg*; hinsichtlich der Zuständigkeit in Staatsschutzsachen (§ 74a GVG) LR/*Schäfer* § 140a GVG Rdnr. 8. Vgl. im übrigen: *Kleinknecht/Meyer* Rdnr. 3; KK/*Meyer-Goßner* Rdnr. 4 jeweils zu § 140a GVG; LR/*Gössel* § 367 Rdnr. 18.

79. *Wasserburg* S. 228 meint, der Verteidiger müsse die Zuständigkeit selbst nachprüfen und könne sich nicht darauf verlassen, daß der beim judex a quo eingereichte Antrag weitergeleitet werde. Er beruft sich dabei auf eine BGH-Entscheidung, in der dies aber mit keinem Wort zum Ausdruck kommt. Da der Verurteilte den Antrag nicht selbst anbringen kann (§ 366 Abs. 2), sondern sich eines Rechtsanwalts bedienen muß, kann § 367 Abs. 1 S. 2 nur so vestanden werden, daß auch der für den Verurteilten handelnde Anwalt die Vorschrift in Anspruch nehmen kann.

80. Im übrigen ist dies auch deshalb angebracht, weil die Strafakte, die ja zur Entscheidung über den Wiederaufnahmeantrag benötigt wird, sich ab Rechtskraft bei der Staatsanwaltschaft als Vollstreckungsbehörde (§ 451) befindet, und zwar bei der Staatsanwaltschaft des ersten Rechtszuges (§§ 141, 143 GVG i. V. m. § 7 Abs. 2 StrVollStrO).

81. Vgl. IX. 2 (3).

82. LR/*Gössel* § 367 Rdnr. 29.

83. *Kleinknecht/Meyer* Rdnr. 3; LR/*Gössel* Rdnr. 29 jeweils zu § 367. Zur bestr. Frage des Antragsrechts des Nebenklägers vgl. oben IX 2 (3) mit Anm. 54

84. §§ 390 Abs. 2, 391; vgl. IX. 2 (7).

85. *Kleinknecht/Meyer* § 365 Rdnr. 1; KK/*Meyer-Goßner* § 365 Rdnr. 1; KMR/*Paulus* Rdnr. 14 vor § 359; LR/*Gössel* Rdnr. 111 vor § 359; § 365 Rdnr. 2.
Das gilt sowohl für den Antrag nach § 359 wie auch für den nach § 362. Die Möglichkeit, einen Antrag nach § 362 zu stellen, endet jedoch mit dem Tod des Angeklagten, während ein Antrag zugunsten auch noch nach erfolgter Vollstreckung und nach dem Tode des Verurteilten möglich ist (§ 361; vgl. auch IX. 2 (3)).

86. *Kleinknecht/Meyer* Rdnr. 6; KK/*Meyer-Goßner* Rdnr. 1; KMR/*Paulus* Rdnr. 1; LR/*Gössel* Rdnr. 10 jeweils zu § 365; *Peters* Fehlerquellen III S. 127.

87. Es besteht bisher keine Rechtsprechung darüber, ob hier eine besondere Erklärungspflicht besteht.
Jedoch besteht eine erweiterte Darlegungspflicht für den Fall, daß die geltend gemachten Nova dem WA-Führer bereits im Grundverfahren bekannt waren (vgl. dazu unten IX. 4 D 20 (1). Auch bei Widerruf eines Geständnisses muß u. a. begründet werden, wieso der Widerruf erst jetzt erfolgt (vgl. dazu unten a.a.O.). Im Hinblick auf die Rechtsprechung für solch vergleichbare Situationen sollte daher auch hier eine Begründung vorgetragen werden.
Mögliche Gründe für eine späte Antragstellung können darin liegen, daß der Verurteilte bei Bekanntwerden der Umstände infolge seiner Rechtsunkundigkeit nicht erkannte, daß er damit bzw. daß er überhaupt das rechtskräftige Urteil durch eine Wiederaufnahme beseitigen kann; weiter, daß die Umstände zwar schon im Erkenntnisverfahren bekannt

waren, aber infolge Verkennung ihrer Bedeutung nicht vorgetragen wurden und dies erst in einem weiteren (späteren) Strafverfahren vom Verteidiger bei Erörterung dieser „Vorstrafe" bemerkt wurde.

88. Zur Frage der Fortgeltung der im Hauptverfahren erteilten Vollmacht (§ 138) bzw. der dort vorgenommenen Beiordnung (§ 141) für das Wiederaufnahmeverfahren vgl. Anm. 41.

89. *Kleinknecht/Meyer* Rdnr. 4; KMR/*Paulus* Rdnr. 16; KK/*Meyer-Goßner* Rdnr. 4; LR/*Gössel* Rdnr. 4 jeweils zu § 366. Lediglich die Staatsanwaltschaft kann ihren Wiederaufnahmeantrag in einfacher Schriftform einreichen.

90. Vgl. IX. 2 (3).

91. Zur bestr. Frage des Antragsrechts des Nebenklägers vgl. oben IX 2 (3) mit Anm. 54, 55.

92. LR/*Gössel* § 366 Rdnr. 11; *Kleinknecht/Meyer* Einl. Rdnr. 129; *Wasserburg* S. 238.

93. *Kleinknecht/Meyer* Einl. Rdnr. 129 m.w.N.; *Wasserburg* S. 237 f. Da § 366 Abs. 2 mit § 345 Abs. 2 identisch ist, gilt die dazu entwickelte Rechtsprechung auch für § 366 Abs. 2. (KK/*Meyer-Goßner* § 366 Rdnr. 4).

94. LR/*Gössel* Rdnr. 13; KK/*Meyer-Goßner* Rdnr. 6; *Kleinknecht/Meyer* Rdnr. 4 jeweils zu § 366; *Peters* Fehlerquellen III S. 123.

95. LR/*Gössel* Rdnr. 13; KK/*Meyer-Goßner* Rdnr. 6 jeweils zu § 366; *Kleinknecht/ Meyer* § 345 Rdnr. 16.

96. *Kleinknecht/Meyer* § 345 Rdnr. 16 m.w.N.

97. Wie Anm. 96.

97a. OLG Hamm NStZ 1988, 571.

98. *Wasserburg* S. 238 und S. 240: Der Urkundsbeamte ist nicht befugt, dem Antragsteller den Zugang zu Gericht zu verschließen, in dem er es ablehnt, ihm ungeeignet, abwegig oder unbegründet erscheinende Anträge entgegenzunehmen. Er hat nicht die Funktion, durch eine Vorprüfung offensichtlich unzulässige Anträge von vorneherein auszuscheiden. Vgl. OLG Bremen OLGSt (alt), § 366 StPO S. 5; OLG Köln OLGSt § 366 StPO S. 13; OLG Düsseldorf NStE Nr. 1 zu § 366 StPO, LR/*Gössel* RdNr. 17; KK/*Meyer-Goßner* Rdnr. 7 jeweils zu § 366.

99. LR/*Gössel* Rdnr. 2; *Kleinknecht/Meyer* Rdnr. 1; KK/*Meyer-Goßner* Rdnr. 1 jeweils zu § 366; *Wasserburg* S. 239; OLG Stuttgart NJW 1965, 1239.

100. Zu den Auswirkungen auf den Inhalt des Antrags vgl. unten bei IX. 2 (8).

101. LR/*Gössel* Rdnr. 2 und 10; KMR/*Paulus* Rdnr. 3; *Kleinknecht/Meyer* Rdnr. 1 jeweils zu § 366; *Wasserburg* S. 240; OLG Stuttgart NJW 1965, 1239. Vgl. auch IX. 2 (8) d.

102. *Peters* Fehlerquellen III S. 123 f; *Wasserburg* S. 240. Überflüssig ist dieser Formalismus deswegen, weil ein wegen Verstosses gegen die Form des § 366 Abs. 2 als unzulässig verworfener Antrag in zulässiger Form sofort wiederholt werden kann. Vgl. KK/*Meyer-Goßner* § 366 Rdnr. 9; OLG Stuttgart NJW 1965, 1239 und unten bei Wiederholung IX. 6.

103. Nach OLG Hamm NJW 1980, 717 gebietet es „in Ausnahmefällen" die prozessuale Fürsorgepflicht, den Verteidiger auf ein derartiges formelles Manko hinzuweisen und ihm Gelegenheit zu geben, den Antrag zu vervollständigen. Vgl. arg. *Kleinknecht/Meyer* Rdnr. 3; KK/*Meyer-Goßner* Rdnr. 1 jeweils zu § 366. Das OLG Schleswig NJW 1953, 1445 läßt eine Bezugnahme auf Anlagen zu, sofern diese vom Anwalt unterzeichnet sind.

2. Allgemeine Zulässigkeitsvoraussetzungen

Vgl. dazu *Peters* Fehlerquellen III S. 123 und *Wasserburg* S. 240. Das OLG Düsseldorf GA 1980, 393 hält eine Bezugnahme auf einen inhaltsgleichen früheren Antrag, der wegen § 364 S. 1 als unzulässig verworfen wurde, für zulässig.

104. Vgl. IX. 3, 4.

105. *Kleinknecht/Meyer* Rdnr. 1; KK/*Meyer-Goßner* Rdnr. 1; KMR/*Paulus* Rdnr. 1; LR/*Gössel* Rdnr. 1 jeweils zu § 366.

106. Vgl. IX. 2 (5) a.

107. *Kleinknecht/Meyer* § 140a GVG Rdnr. 6; LR/*Gössel* § 367 Rdnr. 8; *Wasserburg* S. 230.

108. KK/*Meyer-Goßner* § 366 Rdnr. 1; OLG Bremen OLGSt § 359 Nr. 3; *Wasserburg* S. 239; vgl. auch IX 1. Im Fall des OLG Bremen a. a. O. war geltend gemacht worden, der Verurteilte habe in einem affektiven Ausnahmezustand nicht planvoll, sondern in einer Notwehrsituation getötet; die Auslegung des Gesamtvorbringens ergab aber als Wiederaufnahmeziel die Freisprechung wegen Schuldunfähigkeit.

109. Vgl. IX. 2 (1).

110. Vgl. IX. 2 (1).

111. LR/*Gössel* § 359 Rdnr. 8f.; § 364 Rdnr. 6; *Kleinknecht/Meyer* § 359 Rdnr. 1. Vgl. auch IX 3 (3). Allg. zur Konkurrenz von Wiederaufnahmegründen Schneidewin JZ 1957, 537.

112. LR/*Gössel* Rdnr. 5; KK/*Meyer-Goßner* Rdnr. 3 jeweils zu § 368; KMR/*Paulus* § 366 Rdnr. 2; § 368 Rdnr. 1; § 370 Rdnr. 5.
Davon zu unterscheiden ist die Frage, ob das Wiederaufnahmegericht in rechtlicher Hinsicht bei der Wertung des gesamten tatsächlichen Wiederaufnahmevorbringens auf die vom Antragsteller angezogene Nr. des § 359 beschränkt ist. Das ist nicht der Fall. Vgl. dazu LR/*Gössel* § 364 Rdnr. 7 und bei IX 3 (3) b.

113. KMR/*Paulus* Rdnr. 2; KK/*Meyer-Goßner* Rdnr. 2; LR/*Gössel* Rdnr. 2 jeweils zu § 366; *Wasserburg* S. 239.

113a. KK/*Meyer-Goßner* § 366 Rdnr. 1.

114. *Kleinknecht/Meyer* Rdnr. 1; LR/*Gössel* Rdnr. 2 jeweils zu § 366; *Wasserburg* S. 239; OLG Stuttgart NJW 1965, 1239.

115. Eine Ausnahme besteht lediglich bei § 359 Nr. 2: Wenn wegen des behaupteten Aussagedelikts bereits ein Urteil gegen den früheren Zeugen ergangen ist, genügt es, wenn dies im Antrag vorgetragen wird. Eine Abschrift des Urteils braucht nicht beigefügt werden. Vgl. LR/*Gössel* § 364 Rdnr. 4; KMR/*Paulus* § 366 Rdnr. 13; *Kleinknecht/Meyer* § 364 Rdnr. 4; vgl. auch unten bei IX. 3 und dortige Anm. 3.

116. LR/*Gössel* Rdnr. 2; *Kleinknecht/Meyer* Rdnr. 1 jeweils zu § 366; OLG Hamm NJW 1980, 717; OLG Stuttgart NJW 1965, 1239. Das OLG Düsseldorf GA 1980, 393 läßt eine Bezugnahme auf einen inhaltsgleichen früheren Antrag, der wegen § 364 S. 1 als unzulässig verworfen worden war, zu. Vgl. dazu unten bei Wiederholung eines Antrags IX. 6.

117. Das wurde oben (IX. 2 (7)) im Rahmen der Ausführungen zur Form des Antrags bereits erwähnt. In der entsprechenden Anm. 102 ist auch die Kritik enthalten.

118. *Kleinknecht/Meyer* Rdnr. 4; LR/*Gössel* Rdnr. 10 jeweils zu § 366. Eine Ausnahme gilt nur, wenn der Antragsschrift Originalurkunden beigefügt werden.

119. *Dahs* Handbuch Rdnr. 899; ebenso LR/*Gössel* § 359 Rdnr. 9 und *Wasserburg* S. 239.

120. *Kleinknecht/Meyer* Rdnr. 7; LR/*Gössel* Rdnr. 15 ff. jeweils zu § 372; BGH NStZ 1985, 496 (Nr. 29).

121. Vgl. IX. 6.

122. LR/*Gössel* § 366 Rdnr. 3.

123. *Kleinknecht/Meyer* § 368 Rdnr. 7 i.V.m. § 359 Rdnr. 26; KMR/*Paulus* § 368 Rdnr. 5 i.V.m. § 359 Rdnr. 57 und § 244 Rdnr. 57–59. Zumindest mißverständlich ist der Hinweis von KMR/*Paulus* bei § 368 Rdnr. 5, **eidesstattliche Versicherungen** von Zeugen über den Wiederaufnahmegrund seien kein gesetzlich vorgesehenes Beweismittel. Die von KMR/*Paulus* zitierte Entscheidungen BGH 17, 303 betrifft nur die Frage, wie die Beweiserhebung nach § 369 zu erfolgen hat, nämlich nach denselben Regeln wie in einer Hauptverhandlung. Nach diesen Vorschriften ist aber eine eidesstattliche Versicherung kein gesetzliches Beweismittel. Davon zu trennen ist jedoch die für §§ 366 Abs. 1, 368 Abs. 1 bedeutsame Frage, wie der Wiederaufnahmegrund geltend zu machen ist. Hierfür führt der BGH auf S. 304 lediglich aus, daß die neue Tatsache, mit der der Verurteilte die Wiederaufnahme anstrebt, nicht dadurch gewichtiger wird, daß der Verurteilte dieses Novum nicht – wie üblich – durch **Benennung** eines Zeugen geltend macht, sondern durch Vorlage einer eidesstattlichen Versicherung dieses Zeugen. Der BGH hat nicht zum Ausdruck gebracht, daß durch die Vorlage einer eidesstattlichen Versicherung den Erfordernissen der §§ 366 Abs. 1, 368 Abs. 1 nicht genügt werde. Freilich muß vom Verteidiger beachtet werden, daß er zwar zur Abklärung eines Wiederaufnahmegrundes eigene Ermittlungen anstellen kann (vgl. dazu *Wasserburg* S. 81 ff.) und deshalb Zeugenbefragungen durchführen kann; er hat aber außer dem Standesrecht (vgl. bisherigen § 6 Abs. IV der Standesrichtlinien) auch die grundsätzliche Skepsis zu beachten, die von der Justiz solchen Zeugen entgegen gebracht wird. Diese Skepsis wird verstärkt, wenn der Zeuge sich in den Augen der Justiz durch eine eidesstattliche Versicherung schon weitgehend festgelegt hat, (vgl. auch BGH 17, 303, 305). Nachdem für die Zulässigkeit der Angabe der Beweismittel i.S. d. §§ 366 Abs. 1, 368 Abs. 1 allein die **Benennung des** Zeugen genügt, sollte deshalb von der Vorlage einer eidesstattlichen Versicherung des Zeugen grundsätzlich abgesehen werden.

124. *Kleinknecht/Meyer* Rdnr. 7; KK/*Meyer-Goßner* Rdnr. 5 ff.; KMR/*Paulus* Rdnr. 5 jeweils zu § 368; *Wasserburg* S. 195; OLG Köln NJW 1963, 967.

125. Z.B. wegen eines Beweisverbotes.

126. OLG Hamm NJW 1956, 803 L.

127. *Kleinknecht/Meyer* § 368 Rdnr. 8; *Wasserburg* S. 195; *Peters* Fehlerquellen III S. 137.

128. *Kleinknecht/Meyer* Rdnr. 7; KMR/*Paulus* Rdnr. 5 jeweils zu § 368; LR/*Gössel* § 359 Rdnr. 116 ff.; *Wasserburg* S. 302.

129. Vgl. dazu unten bei IX. 4 (4) und IX. 4 (15).

130. Während die Rspr. eine Vorwegnahme der Beweiswürdigung stets vornimmt, wird dies in der Literatur weitgehend für unzulässig gehalten. Vgl. KK/*Meyer-Goßner* Rdnr. 5 ff.; *Kleinknecht/Meyer* Rdnr. 8 ff. jeweils zu § 368; BGH NStZ 1985, 496 (Nr. 29). Das OLG Düsseldorf OLGSt § 359 Nr. 4 weist zu Recht darauf hin, daß für die Beurteilung der Glaubwürdigkeit Zurückhaltung geboten ist, weil eine abschließende Beurteilung naturgemäß erst im Probationsverfahren erfolgen kann. Vgl. erg. IX 4 (19) d.

131. Näheres dazu unten IX 4 (19) e.

3. Antrag nach § 359 Nr. 2 StPO

Der Inhalt dieses Antrages ergibt sich aus den §§ 359 Nr. 2, 364 S. 1, 366 Abs. 1, 368 Abs. 1 und 370 Abs. 1.

Wegen der in § 364 S. 1 genannten zwei Alternativen ist zu unterscheiden, ob gegen die Beweisperson bereits ein Urteil wegen eines Aussagedelikts vorliegt oder nicht.

(1) Bei Vorliegen eines Urteils: § 364 S. 1, 1. Alt.

Ein derartiger Antrag muß folgende Umstände geltend machen bzw. dazu Stellung nehmen:

(a) Es muß zunächst vorgetragen werden, daß sich die Beweisperson wegen eines Aussagedelikts schuldig gemacht (§ 359 Nr. 2) und deswegen bereits rechtskräftig verurteilt worden ist (§ 364 S. 1).

Obwohl in den einschlägigen Kommentierungen jeweils darauf hingewiesen wird, daß alle Merkmale des objektiven und subjektiven Tatbestandes der §§ 153, 154, 163 StGB erfüllt und auch alle sonstigen nach dem materiellen Recht erforderlichen Strafbarkeitselemente (Rechtswidrigkeit, Schuld) vorliegen müssen,[1] brauchen diese Voraussetzungen im Wiederaufnahmegesuch nicht im einzelnen dargelegt werden; denn sie werden durch das rechtskräftige Urteil, das gegen die Beweisperson ergangen ist, bereits erwiesen.

Entgegen den oben zu § 366 gemachten Ausführungen,[2] wonach Bezugnahmen auf andere Schriftstücke grundsätzlich unzulässig sind, genügt es hier, daß der Antragsteller auf das gegen die Beweisperson ergangene rechtkräftige Urteil verweist; er braucht keine Urteilsabschrift beifügen.[3]

(b) Der Antragsteller muß desweiteren darlegen, daß diese (rechtskräftig abgeurteilte) Falschaussage des Zeugen (oder Sachverständigen) auf die Entscheidung, gegen die sich die Wiederaufnahme wendet, einen ihm ungünstigen Einfluß gehabt hat.[4] Das setzt zunächst voraus, daß die Aussage der Beweisperson in der Hauptverhandlung, in welcher das anzufechtende Urteil erging, verwendet worden ist.[5] Das ist einmal der Fall, wenn die Aussage in der Hauptverhandlung selbst gemacht wurde, aber auch dann, wenn eine außerhalb der Hauptverhandlung erfolgte Aussage (z.B. eine kommissarische Vernehmung) in der Hauptverhandlung gem. § 251 verlesen[6] worden ist.

Die bloße Tatsache, daß die Aussage des Zeugen überhaupt als Beweismittel benutzt worden ist, reicht aber nicht aus; gem. § 359 Nr. 2 muß das Zeugnis „zu Ungunsten des Verurteilten" abgelegt worden sein. Die Bedeutung dieser Voraussetzung wird nur ersichtlich, wenn gleichzeitig § 370 Abs. 1 berücksichtigt wird.[7] Danach wird der ursächliche Zusammenhang zwischen der (durch rechtskräftiges Urteil festgestellten) Falschaussage und dem (mit der Wiederaufnahme anzufechtenden) Urteil vermutet.[8] Nur dann, wenn nach den Urteilsgründen[9] die Annahme ausgeschlossen werden kann, daß die Aussage des Zeugen auf die Entscheidung Einfluß gehabt hat, ist diese gesetzliche Vermutung widerlegt. Daraus folgt, daß der Wiederaufnahmeführer einen Einfluß der Falschaussage auf das Urteil keinesfalls nachweisen muß.[10] Er muß nur im Antrag aufzeigen, daß die Zeugenaussage Grundlage der Beweiswürdigung[11] gewesen ist und die Möglichkeit bestand, daß das Beweismittel irgendeinen den Antragsteller ungünstigen Einfluß auf das anzufechtende Urteil gehabt hat.[12] Es genügt also, wenn sich die Falschaussage in ihrer Gesamtheit objektiv zuungunsten des Verurteilten im Urteil irgendwie ausgewirkt hat. Das muß dargelegt werden.[13] Bei einer umfangreicheren Aussage ist ausreichend, wenn irgend ein Teil der Bekundungen des Zeugen das Urteil zuungunsten des Verurteilten beeinflußt hat; es ist nicht erforderlich, daß das Urteil gerade auf dem Teil der Zeugenaussage beruht, dessen objektive Unrichtigkeit im Meineidsverfahren gegen den Zeugen festgestellt wurde.[14] Gleichgültig ist auch, ob die Unwahrheit der Zeugenaussage in der Angabe unwahrer oder im Verschweigen wahrer Tatsachen bestand.[15] Es genügt deshalb auch, wenn die allgemeine Glaubwürdigkeit der Beweisperson erschüttert ist.[16]

(c) Obwohl der Wiederaufnahmeführer zur Frage der Widerlegung der gesetzlichen Vermutung des ursächlichen Zusammenhanges zwischen Falschaussage und Urteil keine Stellungnahme abzugeben braucht, sollte der Verteidiger für die Frage, wann dieser Ausschluß vorliegen kann, die Ausführungen des BGH hierzu in Bd. 19, 365 beachten.

Unbestritten ist in folgenden Fällen dieser Ausschluß anzunehmen: Das anzufechtende Urteil erklärt hinsichtlich der als unwahr erwiesenen Zeugenaussagen, sie sei wegen ihrer Unglaubwürdigkeit vom Gericht nicht beachtet worden,[17] wenn das Beweismittel im Urteil ausdrücklich als bedeutungslos bezeichnet worden ist, wenn es sich nur zugunsten des Angeklagten ausgewirkt hat oder nur die Strafzumessung beeinflußt haben kann.[18]

Der BGH 19, 365 hat aber auch dann die Widerlegung der gesetzlichen Vermutung des Ursachenzusammenhanges angenommen, wenn „bei zusammenfassender Betrachtung aller vom Urteil verwerteten Glieder der Beweiskette sich mit Sicherheit ergibt, daß die Aussage des Zeugen im Rahmen der Gesamtbeweiswürdigung hätte fehlen können, ohne daß das Ergebnis der Würdigung erschüttert worden wäre". Damit läßt es der BGH[18a] zu, daß das Wiederaufnahmegericht prüft, ob der Beweisrest noch die Verurteilung trägt. Mit Recht weist Peters[19] darauf hin, daß damit die gesetzliche Vermutung ausgehöhlt werde; man kann eben nachträglich nicht sagen, daß das Gericht bei Wegfall eines Beweismittels die übrigen Beweise genauso gewürdigt hätte, wie im Urteil geschehen. Bei Änderungen **eines** Gliedes in der Beweiskette läßt sich eben nicht ausschließen, daß nicht die ganze Kette in Frage gestellt worden wäre.[20] Der Wiederaufnahmeführer muß jedenfalls wegen dieser BGH-Entscheidung in ähnlich gelagerten Fällen entsprechende Ausführungen machen.

(2) Bei 2. Alt. des § 364 S. 1:

Der Antragsteller muß die Begehung einer strafbaren Handlung nach den §§ 153, 154, 163 StGB geltend bzw. den Tatverdacht insoweit deutlich machen und aufzeigen, aus welchen prozessualen Gründen das Verfahren gegen den Zeugen nicht durchführbar[21] ist.

(a) Aufzuzeigen ist also im Antrag zunächst, daß die Aussage des Zeugen ganz oder teilweise[22] objektiv unwahr gewesen ist **und** daß die Beweisperson bei Abgabe der Aussage auch die subjektiven Voraussetzungen der Strafbarkeit (Vorsatz bei §§ 153, 154 StGB bzw. Fahrlässigkeit bei § 163 StGB) sowie auch alle übrigen Strafbarkeitselemente (Schuld) erfüllt hat.[23] Das bedeutet, daß § 359 Nr. 2 als Wiederaufnahmegrund ausscheidet, wenn nach dem Sachvortrag ein strafunmündiger Zeuge falsch ausgesagt hat, weil hier nicht prozessuale Gründe die strafrechtliche Verfolgung des Zeugen hindern, sondern es bereits an den materiellen Voraussetzungen der Strafbarkeit – nämlich der Schuldunfähigkeit nach § 19 StGB – mangelt.[24] Hier muß dann der Weg über § 359 Nr. 5 beschritten werden.[25]

Anders als bei der 1. Alternative des § 364 S. 1, bei der die Voraussetzungen der Strafbarkeit des Zeugen durch das gegen ihn ergangene rechtskräftige Urteil nachgewiesen sind, muß also bei der 2. Alternative die Antragsschrift den **Tatverdacht** einer strafbaren Handlung nach den §§ 153, 154, 163 StGB aufzeigen.[26] Bestritten ist, ob hier der Verdachtsgrad des § 152 Abs. 2[27] ausreicht oder ob ein sog. hinreichender Tatverdacht[28] erforderlich ist. Ob der Zeuge sich wegen des behaupteten Aussagedelikts tatsächlich strafbar gemacht hat, wird aber nicht mehr im Zulässigkeits-, sondern erst im Begründetheitsverfahren nach § 369 geprüft.[29]

(b) Auch hier muß der Wiederaufnahmeführer aufzeigen, daß die behauptete Falschaussage des Zeugen (oder ein in strafbarer Weise erstattetes Gutachten) sich irgendwie in der Beweiswürdigung des anzugreifenden Urteils zu seinem Nachteil ausgewirkt hat, wobei auch hier nach § 370 Abs. 1 die (widerlegbare) gesetzliche Vermutung des Kausalzusammenhanges gilt. Es wird auf die Ausführungen oben[30] verwiesen.

3. Antrag nach § 359 Nr. 2 StPO

(c) In der Antragsschrift muß schließlich dargestellt[31] werden, welche **prozessualen** Gründe der Einleitung oder Durchführung des Strafverfahrens wegen des behaupteten Aussagedelikts gegen den Zeugen oder Sachverständigen entgegen stehen.[32] Es muß sich um tatsächliche[33] oder rechtliche[34] Hindernisse handeln, nämlich Tod, Verhandlungsunfähigkeit oder Unerreichbarkeit des Zeugen, Verjährung des Aussagedelikts,[35] Geisteskrankheit nach der Tat,[36] Amnestie, Nichtbestehen deutscher Gerichtsbarkeit. Ein solches Verfahrenshindernis besteht auch, wenn das gegen den Zeugen wegen des Aussagedelikts zunächst eingeleitete Verfahren später nach § 154 StPO eingestellt wurde.[37]

Anderes gilt, wenn gegen den Zeugen das Strafverfahren durchgeführt worden war und er entweder freigesprochen oder das Hauptverfahren nicht eröffnet (§ 203) wurde.[38]

(3) Verhältnis von Nr. 2 zu Nr. 5 des § 359

(a) Bedeutung des § 364 S. 2; Wahlrecht

Durch den Satz 2 des § 364 wird klargestellt, daß ein Wiederaufnahmeführer, wenn er substantiiert behaupten kann, ein Zeuge, auf dessen Aussage die Verurteilung des Wiederaufnahmeführers u. a. gestützt ist, habe sich bei der Abgabe dieser Aussage nach den §§ 153, 154, 163 StGB schuldig gemacht, die **Wahl** hat, die Wiederaufnahme entweder nach Nr. 2 oder nach Nr. 5 des § 359 zu betreiben.[39]

Er kann den Weg nach § 359 Nr. 2 beschreiten. Wegen des dann einschlägigen § 364 S. 1 muß er zunächst darauf hinwirken, daß gegen den Zeugen ein Ermittlungsverfahren wegen des behaupteten Aussagedelikts eingeleitet wird mit dem Ziel der Verurteilung dieses Zeugen. Die Einleitung dieses Strafverfahrens setzt nun mehr voraus als die bloße Behauptung, der Zeuge habe in der Hauptverhandlung die Unwahrheit gesagt. Vielmehr wird erforderlich sein, daß der Verurteilte in seiner Strafanzeige neue Tatsachen und neue Beweismittel substantiiert vorträgt, aus denen sich die (vorsätzliche oder fahrlässige) Unwahrheit der Aussage des Zeugen ergibt. Nur wenn solche neuen Erkenntnisquellen aufgezeigt werden, die dem Gericht in der Hauptverhandlung gegen den Wiederaufnahmeführer seinerzeit verschlossen waren, wird es schließlich zu der von § 364 S. 1 geforderten Verurteilung des Zeugen kommen können.[40]

Da diese Vorschrift zudem die Rechtskraft dieser Verurteilung verlangt, ist der Weg über § 359 Nr. 2 zumindest zeitlich sehr langwierig: von der Strafanzeige gegen den Zeugen, gestützt auf die neuen Tatsachen und Beweismittel, über das Ermittlungsverfahren zur Hauptverhandlung, in dem das Urteil gegen den Zeugen ergeht, über mehrere Instanzen hinweg bis zum schließlichen Eintritt der Rechtskraft.

Die Wiederaufnahme kann aber bei dieser Konstellation auch auf § 359 Nr. 5 gegründet werden; denn die neuen Erkenntnismittel, mit Hilfe deren bei § 359 Nr. 2 die Unwahrheit der Zeugenaussage erwiesen wird, sind gleichzeitig neue Tatsachen und Beweismittel i. S. d. Nr. 5 des § 359. Die von § 359 Nr. 5 geforderte Geeignetheit dieser Nova ist dann darin zu sehen, daß durch sie **die Unglaubwürdigkeit** des Zeugen nachgewiesen wird und damit die Beweiswürdigung, die zur Verurteilung des Wiederaufnahmeberechtigten geführt hat, erschüttert ist.[41]

Jede dieser beiden Möglichkeiten hat Vor- und Nachteile. Der Weg nach § 359 Nr. 2 ist langwierig, weil er nach § 364 S. 1 erst beschritten werden kann, wenn der Zeuge rechtskräftig verurteilt ist. Er bietet aber den Vorteil des § 370 Abs. 1: es braucht die Geeignetheit der Nova, durch welche die Unglaubwürdigkeit des Zeugen erwiesen wurde, i. S. d. Nr. 5 nicht nachgewiesen werden; vielmehr wird gesetzlich vermutet, daß das Urteil auf der Falschaussage beruht.[42] Das kann für die Erfolgsaussichten eines Strafunterbrechungsantrages nach § 360 Abs. 2 von Bedeutung sein.[42a]

Der Weg über § 359 Nr. 5 hat den Vorzug, daß die Wiederaufnahme sogleich mit den neuen Tatsachen, die gegen die Glaubwürdigkeit des Zeugen vorgebracht werden können, betrieben werden kann; es braucht also nicht abgewartet werden, bis der (frühere) Zeuge wegen des von ihm begangenen Aussagedelikts rechtskräftig bestraft ist (§ 364 S. 2). Gegenüber der Nr. 2 des § 359 besteht aber der Nachteil, daß § 370 Abs. 1 nicht einschlägig ist; der Wiederaufnahmeführer muß hier die „Geeignetheit" der Nova i.S. d Nr. 5 dartun, was im Hinblick auf die strengen Maßstäbe der Rechtsprechung häufig auf Schwierigkeiten stößt.[43]

Generell läßt sich folgendes empfehlen:

Ist zu dem Zeitpunkt, zu dem ein Rechtsanwalt mit der Durchführung eines Wiederaufnahmeverfahrens befaßt wird, bereits ein rechtskräftiges Urteil gegen den Zeugen ergangen, so ist es i.d.R. zweckmäßiger, den Antrag nur mit § 359 Nr. 2 zu begründen,[44] da die gesetzliche Vermutung des Ursachenzusammenhangs zwischen Falschaussage und Urteil nach § 370 Abs. 1 existiert.

Ist dagegen zu diesem Zeitpunkt noch kein rechtskräftiges Urteil gegen den Zeugen vorhanden, ja noch nicht einmal ein Ermittlungsverfahren gegen ihn eingeleitet,[45] so wird sich eher der Weg über § 359 Nr. 5 anbieten. Dennoch sollte der Verteidiger auch hier die Möglichkeit nach § 359 Nr. 2, d.h. zuerst die Anbringung einer Strafanzeige prüfen. Ist nämlich der Nachweis der Falschaussage relativ leicht zu führen und steht deshalb eine baldige Aburteilung des (früheren) Zeugen zu erwarten, so kann es sich wegen des Vorteils des § 370 Abs. 1 empfehlen, die Rechtskraft dieser Verurteilung abzuwarten, um sodann die Wiederaufnahme nach § 359 Nr. 2 betreiben zu können.

(b) Prüfungspflicht des Gerichts

Bei gleichzeitigem Vorliegen der Voraussetzungen der Nr. 2 und der Nr. 5 des § 359, d.h. wenn nach dem Sachvortrag in der Antragsschrift erkennbar ist, daß sowohl geeignete Nova gegen die Glaubwürdigkeit eines Zeugen vorliegen (§ 359 Nr. 5), aber auch, daß sich der Zeuge eines Aussagedelikts schuldig gemacht hat und er deswegen schon rechtskräftig verurteilt ist oder das Strafverfahren gegen ihn z.B. wegen seines Ablebens nicht fortgeführt werden kann (§§ 359 Nr. 2, 364 S. 1), so ist das Wiederaufnahmegericht nicht gehalten, die Prüfung nur auf den expressiv verbis geltend gemachten Wiederaufnahmegrund zu erstrecken. Es ist vielmehr der gesamte Inhalt zu werten und die dem Antragsteller jeweils günstigere Vorschrift anzuwenden.[46] Stützt deshalb bei der geschilderten Konstellation der Wiederaufnahmeführer den Antrag auf Nr. 5, so darf das Gericht dennoch die Wiederaufnahme nach Nr. 2 zulassen, weil dessen Voraussetzungen ja ebenfalls vorliegen. Der Antragsteller wird dadurch nicht benachteiligt; denn die Zulassung nach § 359 Nr. 2 bedeutet, daß die Wiederaufnahme in vollem Umfang für zulässig erklärt wird; mehr kann ohnehin nicht erreicht werden.[47] Eine Beschränkung des weiteren Verfahrens auf einzelne Wiederaufnahmegründe wäre unzulässig.

Umgekehrt: Bei einem auf § 359 Nr. 2 gestützten Antrag kann die Wiederaufnahme nach Nr. 5 angeordnet werden, wenn nach dem Sachvortrag jedenfalls die Voraussetzungen dieses Wiederaufnahmegrundes gegeben sind.[48]

(c) Nr. 5 als Ersatztatbestand

Gegenüber der Nr. 2 erfüllt die Nr. 5 des § 359 die Funktion eines Auffangtatbestandes. Dies bedeutet, daß Nr. 5 immer dann eingreift, wenn nicht alle Voraussetzungen der Nr. 2 und des § 364 S. 1 erfüllt sind, aber jedenfalls geeignete Nova dargelegt werden können. Von Bedeutung ist dies für die Fälle, wo mit den neuen Tatsachen und Beweismitteln lediglich die **objektive** Unrichtigkeit der Zeugenaussage nachgewiesen werden kann, für den Nachweis der subjektiven Voraussetzungen der Strafbarkeit (Vorsatz bei §§ 153, 154 StGB oder Fahrlässigkeit bei § 163 StGB) die Nova aber nicht ausreichen oder wenn ein strafunmündiger Zeuge (§ 19 StGB) eine Falschaussage gemacht hat.[49]

3. Antrag nach § 359 Nr. 2 StPO   IX. 3

Anmerkungen

1. *Kleinknecht/Meyer* Rdnr. 11; LR/*Gössel* Rdnr. 30; KMR/*Paulus* Rdnr. 27; KK/*Meyer-Goßner* Rdnr. 12 jeweils zu § 359; OLG Hamburg NJW 1969, 2159.

2. Vgl. IX.2 (8) und IX. 2 (7).

3. *Kleinknecht/Meyer* Rdnr. 4; LR/*Gössel* Rdnr. 4 jeweils zu § 364; KMR/*Paulus* § 366 Rdnr. 13.

4. LR/*Gössel* Rdnr. 33; *Kleinknecht/Meyer* Rdnr. 13; KMR/*Paulus* Rdnr. 28; KK/*Meyer-Goßner* Rdnr. 12 jeweils zu § 359; BGHSt 31, 365, 371.

5. LR/*Gössel* § 359 Rdnr. 28.

6. Unerheblich ist dabei, ob die Verlesung nach § 251 zulässig war. Vgl. LR/*Gössel* Rdnr. 28; KMR/*Paulus* Rdnr. 27 jeweils zu § 359. Auch die Verlesung einer Aussage, die in einem anderen, nicht gegen den Verurteilten gerichteten Verfahren abgegeben wurde, kommt in Betracht. Vgl. *Wasserburg* S. 280.

7. Obwohl sich § 370 auf das Begründetheitsverfahren bezieht, gehört die Frage der vorgreiflichen Bestrafung des Zeugen schon in die **Zu**lässigkeitsprüfung (vgl. KK/*Meyer-Goßner* § 370 Rdnr. 3).

8. BGH 19, 365; LR/*Gössel* (Rdnr. 25; *Kleinknecht/Meyer* Rdnr. 5; KK/*Meyer-Goßner* Rdnr. 6; KMR/*Paulus* Rdnr. 14 jeweils zu § 370.

9. BGH 19, 365: Prüfungsgrundlage ist **allein** das Urteil. Läßt sich an Hand dieser Grundlage nicht feststellen, daß die vermutete Annahme des Kausalzusammenhanges zwischen Falschaussage und Urteil ausgeschlossen ist, so darf eine weitere Klärung, etwa durch Vernehmung der damaligen Richter, nicht erfolgen; vielmehr ist dann davon auszugehen, daß die Vermutung nicht widerlegt ist mit der Folge, daß die neue Hauptverhandlung anzuordnen ist. Vgl. KK/*Meyer-Goßner* § 370 Rdnr. 6.

10. BGH 19, 365.

11. BGH 31, 365, 371; *Kleinknecht/Meyer* § 359 Rdnr. 12; LR/*Gössel* § 359 Rdnr. 32; § 370 Rdnr. 25.

12. LR/*Gössel* § 370 Rdnr. 25; § 359 Rdnr. 32; *Peters* Fehlerquellen III, S. 50; *Wasserburg* S. 280.
Ein abgekürztes Urteil (§ 267 Abs. 4) enthält i. d. R. keine Beweiswürdigung. Hier muß genügen, wenn im Antrag aufgezeigt wird, daß die Aussage der Beweisperson in der Hauptverhandlung verwendet wurde, was nach § 274 leicht nachzuweisen ist, und sofern möglich, daß der Inhalt ihrer Aussage für den Verurteilten ungünstig war. Hier kann bei Aussagen vor dem AG auf das Protokoll zurückgegriffen werden (§ 273 Abs. 2) oder auf sonst in den Akten befindliche Aussagen dieser Beweisperson. Jedenfalls wird das Gericht hier den Einfluß dieses Beweismittels kaum ausschließen können.

13. LR/*Gössel* § 359 Rdnr. 33; OLG/Düsseldorf NJW 1950, 616; *Wasserburg* S. 280.

14. OLG Düsseldorf NJW 1950, 616; *Kleinknecht/Meyer* Rdnr. 12; LR/*Gössel* Rdnr. 32; KMR/*Paulus* Rdnr. 27 jeweils zu § 359; *Eb. Schmidt*, Lehrkommentar § 370 Rdnr. 5; *Wasserburg* S. 280.

15. KMR/*Paulus* § 359 Rdnr. 27.

16. KMR-*Paulus* Rdnr. 14; LR/*Gössel* Rdnr. 25; *Kleinknecht/Meyer* Rdnr. 5 jeweils zu § 370; *Strate*, StV 1984, 44.

17. *Eb. Schmidt*, Lehrkommentar § 370 Rdnr. 5.

18. LR/*Gössel* § 359 Rdnr. 32 i. V. m. Rdnr. 25.

18a. Vgl. auch OLG Stuttgart NStE Nr. 1 zu § 364b StPO für den Fall des § 359 Nr. 5.

19. *Peters* Fehlerquellen III S. 50, 88 f.

20. Wie Anm. 19.

21. *Kleinknecht/Meyer* Rdnr. 4; LR/*Gössel* Rdnr. 4; *Eb. Schmidt* Lehrkommentar Rdnr. 4 jeweils zu § 364; KMR/*Paulus* § 366 Rdnr. 13.

22. Wie oben ausgeführt ist bei einer umfangreichen Aussage ausreichend, wenn irgendein Teil der Bekundungen des Zeugen das Urteil zuungunsten des Verurteilten beeinflußt hat; es kommt nicht darauf an, daß das mit dem Wiederaufnahmeantrag angefochtene Urteil auf demjenigen Teil der Zeugenaussage beruht, auf dessen objektiver Unrichtigkeit das gegen den Zeugen wegen Aussageverletzung ergangene Urteil gegründet ist. Vgl. Anm. 14. Dieser für die 1. Alternative des § 364 S. 1 ausgesprochene Grundsatz gilt natürlich auch für die hier behandelte 2. Alternative.

23. LR-*Gössel* Rdnr. 30; *Kleinknecht/Meyer* Rdnr. 11; KMR/*Paulus* Rdnr. 37; KK/*Meyer-Goßner* Rdnr. 12 jeweils zu § 359.

24. OLG Hamburg NJW 1969, 2159; LR/*Gössel* Rdnr. 30; *Kleinknecht/Meyer* Rdnr. 11; KK/*Meyer-Goßner* Rdnr. 12; KMR/*Paulus* Rdnr. 27 jeweils zu § 359.

25. Vgl. unten bei (3) (Verhältnis der Nr. 2 zu Nr. 5 des § 359).

26. KMR/*Paulus* Rdnr. 2; *Kleinknecht/Meyer* Rdnr. 1; LR/*Gössel* Rdnr. 2 jeweils zu § 364; OLG Düsseldorf GA 1980, 393/396.

27. *Kleinknecht/Meyer* § 364 Rdnr. 1.

28. KMR/*Paulus* § 364 Rdnr. 2. Das OLG Düsseldorf GA 1980, 393, 396, *Wasserburg* S. 274, KK/*Meyer-Goßner* § 366 Rdnr. 6 und LR/*Gössel* § 364 Rdnr. 2 verlangen einen „konkreten" Tatverdacht.

29. LR-*Gössel* Rdnr. 7; KK/*Meyer-Goßner* Rdnr. 6; *Eb. Schmidt,* Lehrkommentar Rdnr. 4 jeweils zu § 364; *Wasserburg* S. 274.

30. Vgl. oben bei IX. 3 (1).

31. LR/-*Gössel* § 364 Rdnr. 4.

32. *Kleinknecht/Meyer* Rdnr. 1; LR/*Gössel* Rdnr. 2; KK/*Meyer-Goßner* Rdnr. 6 jeweils zu § 364; *Wasserburg* S. 274.

33. Aus dem Wortlaut des § 364 S. 1 ergibt sich, daß es sich bei den tatsächlichen Gründen nicht um solche „mangels an Beweis" handeln darf.

34. Wie Anm. 32.

35. Daß der Wiederaufnahmegrund des § 359 Nr. 2 greift, selbst wenn die Straftat des Zeugen wegen Verjährung nicht mehr verfolgt werden kann, ergibt sich daraus, daß alle Wiederaufnahmegründe unbefristet sind. (Vgl. oben bei Frist IX. 2 (6) und *Peters,* Fehlerquellen III S. 51). War vor Ablauf der Verjährung ein staatsanwaltschaftliches Ermittlungsverfahren gegen den Zeugen mangels Beweises eingestellt, aber nach dem Eintritt der Verjährung neue Umstände bekannt geworden, aus denen sich nun der konkrete Tatverdacht gegen den Zeugen ergibt, so ist die Wiederaufnahme nach § 359 Nr. 2 zulässig (*Wasserburg* S. 274; KK/*Meyer-Goßner* § 364 Rdnr. 7).

36. War der Zeuge zum Zeitpunkt der Falschaussage bereits geisteskrank, so kann § 359 Nr. 2 nicht geltend gemacht werden, weil der Zeuge sich wegen § 20 StGB nicht „schuldig" gemacht hat, vgl. oben IX. 3 (1) a. Jedoch ist die Behauptung, die Beweisperson sei zur Tatzeit geisteskrank gewesen, eine neue Tatsache, so daß die Wiederaufnahme dann über § 359 Nr. 5 begründet werden kann (LR/*Gössel* Rdnr. 3; KK/*Meyer-Goßner* Rdnr. 8 jeweils zu § 364).

3. Antrag nach § 359 Nr. 2 StPO **IX. 3**

37. OLG Düsseldorf GA 1980, 393: das gilt nicht nur für die vom Gericht nach § 154 Abs. 2 vorgenommene Einstellung, die ein Verfahrenhindernis begründet (LR/*Rieß* § 154 Rdnr. 50), sondern auch, wenn die Staatsanwaltschaft von der Erhebung der öffentlichen Klage nach § 154 Abs. 1 abgesehen hat. Zwar kann die Staatsanwaltschaft das von ihr eingestellte Verfahren jederzeit bis zur Verjährung wieder aufnehmen; jedoch hat der durch das nicht mehr weiter verfolgte Aussagedelikt Betroffene keine rechtliche Möglichkeit, die Staatsanwaltschaft zur Fortsetzung des eingestellten Verfahrens zu veranlassen. Für ihn wirkt also eine nach § 154 Abs. 1 vorgenomme Sachentscheidung wie ein tatsächliches Hindernis der Strafverfolgung (KK/*Meyer-Goßner* § 364 Rdnr. 6).

38. LR/*Gössel* Rdnr. 1; KK/*Meyer-Goßner* Rdnr. 6 jeweils zu § 364. Im Falle des Freispruches bleibt dann nur der Weg über § 359 Nr. 5, wenn nach dem Freispruch Umstände bekannt werden, die die Schuld des Zeugen hinsichtlich des Aussagedelikts erweisen. Vgl. dazu unten bei Verhältnis von Nr. 2 zu Nr. 5 des § 359.

War die Eröffnung des Hauptverfahrens gegen den Zeugen abgelehnt worden, so muß der Wiederaufnahmeführer für einen Antrag nach § 359 Nr. 2 i.V.m. § 364 S. 1, 2. Alternative die neuen Tatsachen und Beweismittel vorbringen, die nach § 211 eine Fortsetzung des Verfahrens gegen den Zeugen ermöglichen (KK/*Meyer-Goßner* Rdnr. 7; KMR/*Paulus* Rdnr. 3 jeweils zu § 364; *Peters* Fehlerquellen III S. 51).

39. H.M. vgl. LR/*Gössel* § 364 Rdnr. 6; § 359 Rdnr. 7; *Kleinknecht/Meyer* § 364 Rdnr. 3; KMR/*Paulus* § 359 Rdnr. 29; § 364 Rdnr. 5; KK/*Meyer-Goßner* § 364 Rdnr. 3; *Wasserburg* S. 272 f, 275; OLG Hamburg NJW 1957, 601 und NJW 1969, 2159, 2160; OLG Celle NJW 1967, 216; OLG Düsseldorf GA 1980, 393, 396. Vgl. auch oben IX 2 (8) c. Allg. zur Konkurrenz von Wiederaufnahmegründen *Schneidewin* JZ 1957, 537. Die str. Frage, ob dann, wenn der Zeuge bereits rechtskräftig wegen des Aussagedelikts verurteilt ist, nur mehr der Weg nach § 359 Nr. 2 möglich ist oder auch hier das Wahlrecht noch besteht (vgl. einerseits KK/*Meyer-Goßner* Rdnr. 3, andererseits LR/*Gössel* Rdnr. 6 jeweils zu § 364), ist ohne praktische Bedeutung. Denn die Prüfung des Antrags richtet sich nach dem gesamten Antragsvorbringen (LR/*Gössel* § 364 Rdnr. 7): ein auf § 359 Nr. 5 „gestützter" Antrag kann daher vom Gericht auch nach § 359 Nr. 2 geprüft und die Wiederaufnahme danach zugelassen werden. Vgl. IX 3 (3) b.

40. Oder, wenn eine Verurteilung nicht erfolgte bzw. erfolgen konnte, zu der 2. Alternative des § 364 S. 1, nach der der konkrete Tatverdacht der Falschaussage aufgezeigt werden muß und die prozessualen Gründe, die dem Abschluß des Verfahrens i.S. einer Verurteilung entgegenstehen, vgl. dazu oben bei IX. 3 (2) c.

41. LR/*Gössel* Rdnr. 5; KMR/*Paulus* Rdnr. 5; KK/*Meyer-Goßner* Rdnr. 1 jeweils zu § 364; *Kleinknecht/Meyer* § 359 Rdnr. 23; § 364 Rdnr. 2. Vgl. dazu unten IX. 4 (5).

42. Vgl. oben bei IX. 3 (1).

42a. Vgl. auch Anm. 45 und unten IX 7 (4).

43. *Peters* Fehlerquellen III S. 101.

Relativ einfach ist es, die Geeignetheit der Nova darzulegen, wenn die Verurteilung allein oder überwiegend auf die Aussage eines Zeugen gestützt ist, gegen dessen Glaubwürdigkeit die Nova vorgebracht werden. Problematisch wird es aber, wenn das Urteil auf weiteren Indizien und Beweisen basiert, also nur ein Glied aus der Beweiskette mit dem Wegfall der Glaubwürdigkeit dieses Zeugen herausgebrochen wird. Auf die Ausführungen oben IX 3 (1) c wird verwiesen.

44. LR/*Gössel* § 364 Rdnr. 6; *Peters* Fehlerquellen III S. 101. Vgl. noch Anm. 39 zur str. Frage, ob hier überhaupt ein Wahlrecht besteht oder nur die Geltendmachung des § 359 Nr. 2 zulässig ist.

45. Ist bereits ein erstinstanzielles Urteil gegen den Zeugen ergangen, so muß der Verteidiger entscheiden, ob er bis zum Eintritt der Rechtskraft zuwarten soll, um sodann den

leichteren Weg nach § 359 Nr. 2 einschlagen zu können oder ob er schon vorher die Wiederaufnahme nach § 359 Nr. 5 betreibt. Anlaß der letzteren Lösung kann die Inhaftierung des Verurteilten sein; mit der sofortigen Anbringung des Wiederaufnahmegesuches kann hier nämlich ein Antrag nach § 360 Abs. 2 auf Strafunterbrechung gestellt werden, welcher wegen der bereits erfolgten erstinstanziellen Verurteilung des Zeugen aussichtsreich sein kann (*Wasserburg* S. 272).

46. LG/*Gössel* Rdnr. 7; *Kleinknecht/Meyer* Rdnr. 4 jeweils zu § 364; OLG Düsseldorf GA 1980, 393/397. Davon zu unterscheiden ist die oben IX 2 (8) c und dort. Anm. 112 erörterte Frage, ob das Gericht aus anderen – tatsächlichen – Gründen die Wiederaufnahme anordnen darf, auf die sich der Antragsteller nicht berufen hat.

47. KMR/*Paulus* Rdnr. 19; *Kleinknecht/Meyer* Rdnr. 12; LR/*Gössel* Rdnr. 30; E. *Schmidt*, Lehrkommentar, Rdnr. 7 jeweils zu § 368; OLG Frankfurt NJW 1955, 73; *Peters* Fehlerquellen III S. 138.

Das gleiche gilt, wenn ein Wiederaufnahmeantrag nach § 359 Nr. 5 auf mehrere Nova gestützt wird. Erfüllt dabei wenigstens einer der geltend gemachten neuen Umstände die Voraussetzungen der Nr. 5, so ist die Wiederaufnahme im ganzen zuzulassen; das Wiederaufnahmegericht kann die Zulassung des Antrags nicht auf die Erhebung einzelner, auf das eine Novum bezogener Beweise beschränken (OLG Frankfurt NJW 1955, 73; BGH NJW 1966, 2177; OLG Düsseldorf NJW 1987, 2030; LR/*Gössel* § 368 Rdnr. 30).

48. Wie Anm. 46.

49. Vgl. oben bei IX. 3 (2).

4. Antrag nach § 359 Nr. 5 StPO

Übersicht

A. Beweismittel
(1) Erkenntnismittel
(2) Aussage des Verurteilten
(3) Personalbeweis
(4) Benennung der Beweismittel

B. Tatsachen
(5) Tatsachen zum Schuldspruch
(6) Tatsachen zur Einstellung
(7) Tatsachen zur milderen Bestrafung
(8) Tatsachen für andere Maßregelentscheidung

C. Neuheit
(9) Zulässigkeitsvoraussetzung
(10) Kumulatives und alternatives Vorgehen
(11) Maßgeblicher Zeitpunkt
(12) Kenntnis des Gerichts
(13) Kenntnis des Verurteilten
(14) Neuheit von Beweismitteln
   a) von Urkunden
   b) von Zeugen
   c) von Sachverständigen
     – erstmalige Hinzuziehung eines Sachverständigen
     – erneute Anhörung desselben Sachverständigen
     – weiterer Sachverständiger
     – Antragserfordernisse
   d) von Augenschein

D. Geeignetheit der Nova
(15) Wiederaufnahmeziele
(16) Ziel: Freisprechung
(17) Wahrscheinlichkeitsprognose
(18) Prognosestandpunkt
(19) Einzelprobleme
(20) Fälle gesteigerter Darlegungspflicht
   a) Widerruf des Geständnisses
   b) Wechsel der Einlassung
   c) Angaben des Mitbeschuldigten
   d) Zeugen
     – Widerruf einer Belastung
     – Erinnerungsvermögen
     – langer Zeitraum
     – Verleitung zum Meineid

4. Antrag nach § 359 Nr. 5 StPO

Dieser Wiederaufnahmegrund beansprucht in der Praxis die größte Bedeutung. Er wird deshalb hier ausführlicher dargestellt.

Methodisch ist es wichtig, sich klar zu machen, daß die in dieser Bestimmung enthaltenen Elemente (Tatsachen oder Beweismittel; deren Neuheit; ihre Geeignetheit zur Erreichung eines der zulässigen Wiederaufnahmeziele) begrifflich zwar selbständiger Natur sind, also nicht miteinander verwechselt werden dürfen, andererseits aber ineinander greifen, also gegenseitig bezogen sind.[1]

A. Beweismittel

(1) Erkenntnismittel

Beweismittel sind die im Gesetz zur Sachverhaltsfeststellung zugelassenen und vorgesehenen Erkenntnismittel: Zeugen, Sachverständige, Urkunden, Augenschein.[2] Zwar wird in allen einschlägigen Kommentierungen ausgeführt, Beweismittel i. S. d. Nr. 5 d. § 359 seien nur die soeben genannten, förmlichen Beweismittel der StPO. Jedoch müssen auch Versuche und Experimente[3] dazu gezählt werden;[4] denn sie können durchaus geeignet sein, eine das Urteil tragende Feststellung, die z. B. auf der Aussage eines Zeugen beruht, als unrichtig zu erweisen.

(2) Aussage des Verurteilten

Ohne praktische Bedeutung ist die Streitfrage, ob die Aussage des Verurteilten ein Beweismittel i. S. d. Nr. 5 ist.[5] Denn die Frage tritt nur auf bei einer **Änderung** der ursprünglichen **Einlassung des Beschuldigten** oder beim **Widerruf eines Geständnisses**.[6] In beiden Fällen wird jedenfalls darin eine neue Tatsache i. S. d. Nr. 5 gesehen.[7] Das Problem liegt hier in der Glaubhaftigkeit dieser neuen Aussage.[8] Gleiches gilt für die Änderung, insbesondere den **Widerruf belastender Angaben eines Zeugen oder des** (ehemaligen) **Mitangeklagten**.[9]

(3) Personalbeweis

Beim sog. Personalbeweis (Zeugen, Sachverständige) ist des weiteren strittig, ob die Person selbst oder aber ihre Erklärung das „Beweismittel" i. S. d. Nr. 5 ist.[10] Man lasse sich auch von diesem Streit nicht verwirren. Denn: beim Zeugenbeweis ist die Änderung der Zeugenaussage, wie soeben dargelegt, jedenfalls eine neue Tatsache i. S. d. Nr. 5. Beim Sachverständigenbeweis wird zwar vordergründig gelegentlich auf diese Streitfrage abgestellt. Wie aber Gössel[11] in einer Analyse der Rechtsprechung überzeugend darstellt, liegt bei der Frage, inwieweit die Wiederaufnahme auf ein neues Sachverständigengutachten gestützt werden kann, die Schwierigkeit nicht darin, ob „Beweismittel" das Gutachten oder der Sachverständige ist; problematisch ist vielmehr auch hier die Neuheit und Geeignetheit des Beweismittels, sei es nun des Gutachtens oder des Sachverständigen. Einzelheiten sind deshalb erst unten bei der Erörterung dieser Begriffe aufzuzeigen.[11a]

(4) Benennung von Beweismitteln

Bei der Benennung von Beweismitteln ist zu beachten, daß sie i. S. d. § 368 Abs. 1 „geeignet" sein müssen,[12] d. h. es muß sich um Beweismittel handeln, die generell so beschaffen sind, daß mit ihnen der neue Sachvortrag überhaupt bewiesen werden kann. Dieser Begriff der „Geeignetheit" i. S. d. § 368 Abs. 1 ist zu unterscheiden von der „Geeignetheit", die in § 359 Nr. 5 genannt und oft als „Erheblichkeit" bezeichnet wird.[13] Bei der Geeignetheit i. S. d. Nr. 5 des § 359 ist die Relation zwischen dem (nach § 368 Abs. 1 mit geeigneten Beweismitteln zu beweisenden) Wiederaufnahmevorbringen und den zulässigen Wiederaufnahmezielen gemeint. Es muß sich um Nova handeln, die geeignet sind, eines der vier zulässigen Wiederaufnahmeziele zu erreichen.[14]

B. Tatsachen

Die gegenseitige Bezogenheit der verschiedenen in § 359 Nr. 5 genannten Elemente (Tatsachen oder Beweismittel, ihre Neuheit, ihre Geeignetheit hinsichtlich eines zulässigen Wiederaufnahmezieles) zeitigt Auswirkungen auf die Frage, was unter „Tatsache" i. S. d. Nr. 5 zu verstehen ist. Was eine solche Tatsache ist, kann nur aus dem Sinn und Zweck der Wiederaufnahme bestimmt werden.[15] Es kommen Tatsachen jeder Art in Betracht, sofern mit ihnen die Wiederaufnahmeziele[15a] erreicht werden können,[16] also Tatsachen, die den Schuldspruch betreffen (Ziel: Freispruch), die Auswirkungen auf den Rechtsfolgenausspruch haben können (Ziel: mildere Strafe nach einem milderen Gesetz oder günstigere Maßregel) sowie Tatsachen, welche die Einstellung des Verfahrens wegen eines Verfahrenshindernisses begründen können.

(5) Tatsachen zum Schuldspruch

a) Berücksichtigungsfähige Tatsachen sind zunächst alle Umstände, die **unmittelbar** den im Urteil festgestellten Sachverhalt betreffen,[17] die also unmittelbar aufzeigen, daß bestimmte (oder alle) getroffenen tatsächlichen Feststellungen des Urteils nicht mit dem wahren historischen Geschehen übereinstimmen. Als Beispiel sei genannt, daß der Verurteilte Fakten vorträgt, aus denen sich das Alibi zur Tatzeit für ihn ergibt.

Sehr häufig beruhen die unmittelbar die Straftat (Geschehensablauf und Täterschaft) umfassenden Umstände auf Schlüssen, die der erkennende Richter aus anderen Umständen, den sog. **Indizien** hergeleitet hat. Folglich sind im Wiederaufnahmeverfahren auch solche Tatsachen berücksichtigungsfähig, durch die diese Indizien beseitigt werden können. Es handelt sich hier also um Tatsachen, die nur **mittelbar** die Sachverhaltsfeststellung betreffen.[18]

Desweiteren spielen auch die Umstände eine Rolle, die sich nicht auf die Tat und den Täter beziehen, sondern auf die zur Tataufklärung beigezogenen Beweismittel. Berücksichtigungsfähig im Wiederaufnahmeverfahren sind also alle Tatsachen, durch welche die Zuverlässigkeit der benutzten Beweismittel (aufgrund deren Angaben das erkennende Gericht die tatsächlichen Feststellungen getroffen hat), insbesondere die **Glaubwürdigkeit** von Zeugen und die **Richtigkeit eines Gutachtens** infrage gestellt werden können.[19] Gleiches gilt für Tatsachen, mit denen das **Erinnerungsbild** eines in der Hauptverhandlung vernommenen Zeugen, der damals keine Angaben machen konnte, aufgefrischt werden soll.[20]

Als Tatsache i. S. d. Nr. 5 wird schließlich anerkannt, wenn ein Erkenntnismittel, auf dem das angefochtene Urteil beruht, wegfällt. Das ist insbesondere der Fall beim **Widerruf**[21] des Geständnisses des Verurteilten, von belastenden Angaben eines Zeugen oder eines Mitangeklagten.[22]

b) Gleichgültig ist, auf welcher Ebene des Deliktsaufbaues (Tatbestand, Rechtswidrigkeit, Schuld) sich diese Tatsachen auswirken. Deshalb können auch solche Tatsachen beigebracht werden, die sich auf das Vorliegen von **Rechtfertigungs-** oder **Schuldausschließungsgründen** beziehen.[23] Zu berücksichtigen sind also Umstände, aus denen sich z.B. ergibt, daß der Verurteilte die Tathandlung in einer Notwehrsituation, zu einem unvermeidbaren Verbotsirrtum,[23a] zu einer Notstandslage[23b] oder als Schuldunfähiger[24] begangen hat.

c) Dagegen scheiden aus dem Kreis der nach § 359 Nr. 5 berücksichtigungsfähigen Tatsachen diejenigen Tatsachen aus, die allein die **rechtliche Bewertung** des Sachverhalts betreffen.[25] Es stellt also keine (neue) Tatsache dar, wenn aufgezeigt wird, daß das Urteil grobe materiell-rechtliche Fehler aufweist.[25a] Auch Verstöße gegen die MRK sind nicht geeignet, eine Wiederaufnahme nach § 359 Nr. 5 zu begründen.[25b] Lediglich im Rahmen

4. Antrag nach § 359 Nr. 5 StPO

der Wiederaufnahmemöglichkeiten nach § 79 BVerfGG sind rechtliche Gesichtspunkte von Bedeutung, so z. B. wenn das BVerfG eine Norm nur bei restriktiver Auslegung als mit dem GG vereinbar erklärt[25c] und eine strafrechtliche Verurteilung auf Feststellungen beruht, die unter Verstoß gegen diese verfassungsrechtlich gebotenen restriktiven Auslegungsgrundsätze getroffen wurden (Auslegung des Mordmerkmales der Heimtücke).[25d]

Berücksichtigungsfähig sind also nur Umstände, welche die **tatsächliche** Basis des rechtskräftigen Urteils ins Wanken bringen.[26]

Keine Tatsachen i. S. d. § 359 Nr. 5 sind demgemäß:[27]
- die nachträgliche Änderung der Rechtslage: z. B. Wegfall oder Änderung des Strafgesetzes, auf das das Urteil gestützt ist;[28]
- Änderung der zur Auslegung der angewandten Strafvorschrift entwickelten Rechtsprechung;[29]
- nachträglicher Wegfall eines Verwaltungsaktes[30]
- ein späteres Urteil eines anderen Gerichts gegen den Mittäter, in dem die Beweise anders gewürdigt sind oder der Fall rechtlich anders beurteilt ist.[31]

Soweit in diesen Fällen eine Wiederaufnahme nicht zulässig ist, kann nur im Gnadenweg Abhilfe erreicht werden.[31a]

(6) Tatsachen zur Einstellung

Obwohl in § 359 Nr. 5 die Einstellung des Verfahrens nicht als mögliches Ziel einer Wiederaufnahme genannt ist, hat die Rechtsprechung die Zulässigkeit eines derartigen Zieles anerkannt.[32] Gemeint ist allerdings nur eine Einstellung mit strafklageverbrauchender Wirkung.[33]

a) Berücksichtigungsfähig sind deshalb nur Tatsachen, die eine solche Wirkung zeitigen.[34] Das ist der Fall bei:
- nachträglichem Vorbringen, daß die Tat zur Zeit der Aburteilung bereits **verjährt** gewesen ist[35]
- nachträgliche Feststellung, daß der **Strafantrag** fehlte oder vor dem Urteil zurückgenommen worden war[34]
- nachträgliches Vorbringen zum Lebensalter des Verurteilten, wonach dieser bei Tatbegehung **strafunmündig** (§ 19 StGB) gewesen ist.[36]

Bestritten ist, ob im Falle der **Doppelbestrafung**[37] der im zweiten Urteil liegende Verstoß gegen Art. 103 Abs. 3 GG eine Tatsache i. S. d. § 359 Nr. 5 darstellt.[38]

b) Alle Tatsachen, die nicht zur Einstellung mit strafklageverbrauchender Wirkung führen können, sind nicht berücksichtigungsfähig, selbst wenn sie sich auf Verfahrensvoraussetzung beziehen.[39] Dazu gehören Umstände, aus denen sich die **Verhandlungsunfähigkeit**[40] des Verurteilten in der Hauptverhandlung ergeben würde, oder das Fehlen des Eröffnungsbeschlusses. Auch der (erst nachträglich erkannte) Verstoß gegen **Beweisverwertungsverbote**[41] ist keine Tatsache i. S. d. Nr. 5.

(7) Tatsachen zur minderschweren Bestrafung

a) Es sind nur solche Tatsachen berücksichtigungsfähig, durch welche ein anderes (§ 363) und milderes Strafgesetz zur Anwendung und **dadurch** eine mildere Bestrafung in Betracht kommt.[42] Eine Wiederaufnahme (mit dem Ziel einer geringeren Bestrafung) kann also nicht mit Tatsachen betrieben werden, bei deren Nachweis die Verurteilung wegen **desselben** Strafgesetzes bestehen bliebe, durch die also lediglich erreicht werden könnte, daß bestimmte im Urteil angenommene Strafschärfungsgründe wegfallen oder bestimmte, im Urteil nicht verwertete Strafmilderungsgründe vorhanden sein würden und **damit** eine andere, günstigere Strafzumessung erreicht werden könnte. Eine (nur) so zu erreichende Strafmilderung ist kein zulässiges Wiederaufnahmeziel.[43] Demgemäß wird auch eine Wiederaufnahme für unzulässig angesehen, wenn geltend gemacht wird, bei der Verurteilung zu lebenslänglicher Freiheitsstrafe seien vom erkennenden Gericht außergewöhnliche Umstände i. S. des Beschlusses des großen Senats für Strafsachen,[43a] die eine Strafmilderung nach § 49 StGB ermöglichen, außeracht gelassen worden.[43b]

Das gilt auch für das Bestreben, eine Strafaussetzung zur Bewährung zu erlangen.[44] Das ist nicht möglich z.B. durch einen neuen Tatsachenvortrag, der lediglich die vom Gericht angenommene ungünstige Prognose i.S. d. § 56 Abs. 1 StGB beseitigen würde, sofern der Schuldspruch aufgrund des angenommenen Strafgesetzes bestehen bliebe.

Schließlich sind auch diejenigen Tatsachen nicht tauglich, die lediglich die Anwendung des § 21 StGB zur Folge haben würden (§ 363 Abs. 2). Möglich ist aber, die Wiederaufnahme auf Tatsachen zu stützen, welche die Schuldunfähigkeit zur Tatzeit begründen würden, auch wenn in der späteren Hauptverhandlung das Gericht dann nur zur Anwendung des § 21 gelangt. Denn § 363 gilt nur für das Zulässigkeits- und Begründetheitsverfahren, nicht mehr aber für die erneuerte Hauptverhandlung.[45]

b) Welche Tatsachen zu einer minderschweren Bestrafung führen können, ist deshalb abhängig davon, was unter einem anderen und milderen Gesetz zu verstehen ist, das anstelle der dem Urteil zugrundeliegenden Strafnorm bei Berücksichtigung dieser Tatsachen zur Anwendung kommen würde. Es sind also Tatsachen gemeint, aus denen sich z.B. ergibt,

– daß der Verurteilte lediglich einen Diebstahl begangen hat anstelle des im Urteil angenommenen Raubes
– daß er den Tatbestand lediglich fahrlässig, nicht vorsätzlich wie im Urteil angenommen, verwirklicht hat
– daß er sich lediglich wegen Versuchs oder Beihilfe statt wegen Vollendung bzw. Mittäterschaft schuldig gemacht hat.

Wegen weiterer Fallgestaltungen wird auf die einschlägige Kommentierung verwiesen.[46] Entscheidend ist, daß ein anderer Tatbestand mit einer milderen Strafandrohung oder eine andere mildere Erscheinungsform der Tat (Versuch) oder eine andere Persönlichkeitsform (Jugend) infolge der Nova zur Anwendung kommt.

(8) Tatsachen für andere Maßregelentscheidung

Wichtig ist zunächst, daß dieses Wiederaufnahmeziel nicht die Anwendung eines anderen (§ 363) und milderen Strafgesetzes voraussetzt.[47]

Berücksichtigungsfähig sind alle Tatsachen, die eine wesentlich günstigere Entscheidung der Maßregel herbeiführen können, nämlich den Wegfall, die erhebliche Verkürzung oder die Ersetzung durch eine objektiv mildere.[48] Zielt der Tatsachenvortrag auf den Wegfall der Maßregel, weil die Gefahr, der Verurteilte werde weitere erhebliche Straftaten begehen,[49] aufgrund der neuen Tatsachen nicht mehr bestehe, so ist zu prüfen, ob nicht über § 67e StGB das Ziel einfacher erreicht werden kann.

C. Neuheit der Tatsachen oder Beweismittel

(9) Zulässigkeitsvoraussetzung

Die Neuheit ist Zulässigkeitsvoraussetzung[49a] eines Antrags nach § 359 Nr. 5. Der Grundsatz in dubio pro reo gilt zwar nicht,[50] andererseits muß die Neuheit aber nicht mit völliger Sicherheit feststehen.[51] Es genügt, daß keine ernsthaften Zweifel bestehen.[51a] Bleibt die Neuheit unklärbar zweifelhaft, ist die Wiederaufnahme unzulässig.[52] Deshalb ist auf die Darlegung der Neuheit im Antrag besondere Sorgfalt zu verwenden. Man darf sich nicht darauf verlassen, die Neuheit nachträglich mit weiteren Fakten begründen zu können.[53]

4. Antrag nach § 359 Nr. 5 StPO

(10) Kumulatives und alternatives Vorgehen

Es genügt nach dem Wortlaut der Nr. 5, daß entweder die Tatsachen **oder** die Beweismittel neu sind. Deshalb ist es möglich, daß neue Tatsachen mit alten (d. h. im Erkenntnisverfahren bereits benutzten) Beweismitteln nachgewiesen werden[54] bzw. daß für bereits bekannte Tatsachen, d. h. für in der Hauptverhandlung behauptete Tatsachen[55] neue Beweismittel beigebracht werden.

Aus dem Verbindungswort „oder" folgt auch, daß zwischen Tatsachen und Beweismitteln kein Subsidiaritätsverhältnis besteht, sondern daß die Nova gleichwertig sind und deshalb kumulativ oder alternativ vorgebracht werden können.[56]

Festzustellen ist allerdings, daß mit neuen Beweismitteln eher das Ziel erreicht werden kann. Es ist leichter, durch neue Beweismittel alte Tatsachen, die im Urteil festgestellt sind, als unrichtig aufzuzeigen oder alte Tatsachenbehauptungen, die das Urteil als in Wirklichkeit nicht gegeben erachtete, als zutreffend zu beweisen, als umgekehrt: durch neue Tatsachen ein altes Beweismittel, d. h. dessen Zuverlässigkeit (z. B. Glaubwürdigkeit eines Zeugen, auf dessen Aussage wesentliche Tatsachenfeststellungen gegründet sind) zu erschüttern.[57]

Der Antrag kann natürlich auch auf **mehrere** Nova gestützt werden. Erfüllt dabei wenigstens einer der geltend gemachten neuen tatsächlichen Umstände die Voraussetzungen der Nr. 5, so ist der Antrag im ganzen für zulässig zu erklären; das Gericht kann die Zulassung des Antrags nicht auf die Erhebung einzelner, sich lediglich auf ein Novum bezogener Beweise beschränken.[57a]

(11) Maßgeblicher Zeitpunkt

Maßgeblicher **Zeitpunkt** für die Frage der Neuheit ist der Abschluß der Beweisaufnahme der Instanz, dessen Urteil Anfechtungsgegenstand[58] des Wiederaufnahmeantrages ist.[59]

(12) Kenntnis des Gerichts

Alles, was dem erkennenden Gericht zu diesem Zeitpunkt aufgrund der Hauptverhandlung nicht bekannt war,[59a] ist neu.

a) Daraus folgt zum einen, daß es auf die Kenntnis des jeweiligen **gesamten** Spruchkörpers (also einschl. der Schöffen) ankommt, nicht auf den Kenntnisstand einzelner Mitglieder des Gerichts.[60]

b) Andererseits ergibt sich daraus, daß Neuheit auch dann gegeben ist, wenn der Umstand bereits **aktenkundig** war, jedoch in der Hauptverhandlung nicht erörtert worden ist.[61] Hier hätten zwar die in den Akten enthaltenen Fakten und Beweismittel der Überzeugungsbildung des erkennenden Gerichts zugrunde gelegt werden können, sind aber tatsächlich nicht verwertet worden.

Zu beachten ist aber, daß die Erwähnung einer Tatsache in den Akten ein Indiz dafür ist, daß es dem erkennenden Gericht bekannt war.[62] Folglich müssen im Wiederaufnahmetrag Gründe angeführt werden, aus denen sich die Widerlegung dieser Vermutung ergibt.

Bestritten ist die Frage der Neuheit im umgekehrten Fall, wenn Umstände, die in den Akten enthalten sind, nicht zum Gegenstand der Hauptverhandlung gemacht wurden, jedoch vom Gericht unter Verstoß gegen § 261 im Urteil **in unzulässiger Weise** verwertet worden sind.[63]

Bestritten ist des weiteren, ob auch solche Tatsachen als neu gelten, die in der Hauptverhandlung erörtert wurden, also dem Gericht bekannt waren, jedoch unter Verstoß gegen § 261 der Entscheidung nicht zugrunde gelegt wurden.[63a]

c) Bestritten ist auch die Neuheit bei der Konstellation, wenn das Gericht im Urteil eine Tatsache anders feststellt, als sie in der Hauptverhandlung zutage getreten ist. Das ist insbesondere der Fall, wenn eine Tatsachenbekundung einer Beweisperson (Inhalt einer

Zeugenaussage oder eines Gutachtens) **mißversanden,** überhört, sonst **nicht zur Kenntnis genommen** wurde oder infolge eines Erinnerungsfehlers wieder aus dem Gedächtnis verloren ging. In all diesen Fällen hat die richtige Tatsachenbehauptung im Urteil entweder überhaupt keine Berücksichtigung gefunden oder sie hat – im Falle des Mißverständnisses – im Urteil eine andere Beschreibung gefunden als sie der Wirklichkeit entspricht.[64]

Zu prüfen ist hier jedoch zunächst, ob es sich wirklich um eine fehlende oder fehlerhafte **Wahrnehmung** einer Tatsache durch das Gericht handelt; denn davon zu unterscheiden ist die bloß fehlerhafte **Würdigung**[65] eines zutreffend wahrgenommenen Umstandes.[66] Ergibt die Analyse des Urteils,[67] daß tatsächlich eine fehlerhafte Wahrnehmung, nicht lediglich eine unzutreffende Würdigung der Tatsache vorliegt, so hängt die Zulässigkeit der Wiederaufnahme noch davon ab, daß das dem Gericht unterlaufene Mißverständnis hinsichtlich der Bekundung einer Beweisperson bzw. die Behauptung, daß das Gericht eine in der Hauptverhandlung eingeführte Tatsache nicht zur Kenntnis genommen oder wieder aus dem Gedächtnis verloren hat, auch nachgewiesen ist. Die bloße Behauptung, das Gericht habe einen Zeugen oder Sachverständigen falsch verstanden, ist jedenfalls nicht ausreichend.[68] Erforderlich ist vielmehr der Nachweis dafür, z.B. durch Benennung von Prozeßbeteiligten,[69] daß die Beweisperson etwas anderes bekundet hat als im Urteil niedergelegt ist. Daß damit eine Beweisaufnahme über die Beweisaufnahme notwendig werden kann, um die Neuheit des Tatsachenvortrages zu klären, steht der Zulässigkeit eines solchen Wiederaufnahmevorbringens nicht entgegen.[70]

d) Zweifelhaft ist schließlich die Beurteilung der Neuheit in dem Fall, wenn im Wiederaufnahmeantrag das **Gegenteil** der im Urteil festgestellten Tatsachen (z.B. Geltendmachen der Schuldunfähigkeit zur Tatzeit als Gegenteil zu der im Urteil für diesen Zeitpunkt festgestellten Schuldfähigkeit[70a]) dargelegt wird.

Kein Problem hinsichtlich der Zulässigkeit besteht hier dann, wenn das Gegenteil einer im angefochtenen Urteil festgestellten Tatsache durch ein neues Beweismittel[71] begründet wird. Streit besteht dagegen, ob das Gegenteil einer festgestellten Tatsache eine „neue Tatsache"[72] sein kann. Denn die Bekanntheit einer Tatsache bedingt regelmäßig die Bekanntheit auch ihres Gegenteils, soweit sich das Gericht denknotwendig mit dem Gegenteil befaßt.[72a]

Hier gilt folgendes:[73] die bloße Behauptung des Gegenteils durch den Wiederaufnahmeführer ist noch keine neue Tatsache. Wird aber das Gegenteil der festgestellten Tatsache durch bisher nicht berücksichtigte Tatsachen substantiiert vorgetragen, so ist ein solch substantiierter, mit konkreten Einzelheiten belegter Sachverhalt eine neue Tatsache i. S. d. Nr. 5.

(13) Kenntnis des Verurteilten

Nachdem für die Bewertung der Neuheit allein entscheidend ist, ob das erkennende Gericht eine Tatsache bereits kannte und verwertete, ist unerheblich, ob der **Verurteilte** bzw. sein Verteidiger im Grundverfahren den Umstand (bzw. das Beweismittel) **bereits gekannt** hat, ihn aber dort nicht vorgetragen hat.[74] Folglich dürfte auch der Grund, warum der Verurteilte seinerzeit die Tatsache nicht geltend gemacht bzw. das Beweismittel nicht benannt hat, für die Frage der Neuheit an sich keine Rolle spielen. Selbst wenn der Verurteilte die Tatsache in der Hauptverhandlung **bewußt zurückgehalten** hat, kann er sie nach unbestrittener Meinung als Novum in einem Wiederaufnahmeantrag anführen.[75]

Zu beachten ist jedoch folgendes:

Es wird zum Teil die Auffassung vertreten, es bestehe eine Vermutung[76] dafür, daß der Wiederaufnahmeführer die Tatsache, die er nach seinem Wiederaufnahmevorbringen zum Zeitpunkt der Hauptverhandlung bereits kannte, dort auch geltend gemacht habe. Demgemäß müßte der Antragsteller auch die Umstände vortragen, aus denen sich die Widerlegung dieser Vermutung ergibt; so müßte er etwa die Prozeßbeteiligten als Zeugen genennen zum Beweis, daß er diese Umstände in der Hauptverhandlung nicht erwähnt hat. In Fällen, in denen diese Nova in diametralem Gegensatz zum gesamten Urteil stehen, kann unter Umständen aus der Tatsache, daß sich das Gericht mit diesen Argumenten an keiner Stelle des Urteils auseinandergesetzt hat, der Schluß gezogen werden, daß der Beschuldigte diese Umstände seinerzeit tatsächlich nicht zum Inhalt seiner Verteidigung gemacht hatte.[76a]

Nach einer anderen Meinung[77] besteht zwar keine Vermutung, der Beschuldigte habe in der Hauptverhandlung auch alle ihm damals bekannten Gesichtspunkte geltend gemacht; es wird jedoch verlangt, im Wiederaufnahmeantrag die Gründe anzugeben, wieso er nicht schon im Grundverfahren diese „neuen" Tatsachen vorgebracht hat. Peters[78] hat die Motive für ein derartiges Prozeßverhalten eruiert. Ergänzend ist auf die Ausführungen zur Änderung der Einlassung eines Beschuldigten zu verweisen.[79]

(14) Neuheit von Beweismitteln

Die vorstehenden Ausführungen zur Neuheit von Tatsachen gelten grundsätzlich auch für die Frage der Neuheit von Beweismitteln.[80] Entscheidend ist, ob das Beweismittel vom erkennenden Gericht in der Hauptverhandlung gebraucht und verwertet worden ist. Unbeachtlich ist also, ob der Verurteilte das Beweismittel seinerzeit bereits kannte. Die fehlende bzw. fehlerhafte Wahrnehmung des Beweisinhaltes eines Beweismittels kann auch hier zu dessen Nichtberücksichtigung durch das Gericht führen.

Die Feststellung der Neuheit geht hier einfacher vonstatten: neu sind alle Beweismittel, die nach dem Sitzungsprotokoll der Instanz, dessen Urteil im Wiederaufnahmeverfahren angefochten wird,[81] nicht gebraucht wurden, wobei die Beweisvermutung des § 274 auch für das Wiederaufnahmeverfahren gilt.[82]

Soweit die Beweiskraftwirkung des Protokolls oder des Urteils nicht in Betracht kommt, ist die Verwendung oder Nichtverwendung eines Beweismittels im Freibeweis festzustellen.[83]

Im übrigen gilt für die Neuheit der einzelnen Beweismittel folgendes:

a) Neuheit von Urkunden

Zunächst ist immer zu prüfen, ob Gegenstand des Beweises in der Hauptverhandlung lediglich die äußere Beschaffenheit der Urkunde war oder ihr gedanklicher Inhalt.[84] Im ersteren Fall ist ein Augenscheinbeweis vorgenommen worden, im letzteren Fall war der Urkundenbeweis nach § 249 zu führen. Welcher Beweis geführt wurde, ergibt sich aus dem Protokoll (§ 274).

Neu ist auch eine Urkunde, die in der Hauptverhandlung nicht beweisförmig verlesen (§§ 249, 251, 253, 254, 256), sondern nur **vorgehalten** wurde.[85]

Eine in der Hauptverhandlung förmlich eingeführte Urkunde kann dennoch ein neues Beweismittel sein, wenn ihr Inhalt fehlerhaft wahrgenommen wurde,[86] das ist insbesondere der Fall, wenn das Gegenteil ihres Inhalts im Urteil festgestellt wurde, z.B. wenn das Wort „nicht" übersehen wurde.

Ist eine Urkunde laut Protokoll (§ 274) in der Hauptverhandlung nicht zum Gegenstand des Beweises gemacht worden, dennoch aber im Urteil verwertet, so ist diese unter Verstoß gegen § 261 gebrauchte Urkunde nicht mehr neu. (str.).[87]

Ein zum gleichen Sachverhalt (später) ergangenes **Urteil eines anderen Gerichts** (z.B. eines Zivilgerichts oder ein gegen den Mittäter ergangenes Strafurteil) ist auch dann kein neues Beweismittel, wenn es zu einer völlig abweichenden Beurteilung des Sachverhalts gelangt.[88] In der Regel sind lediglich die gleichen Beweise anders gewürdigt worden.[89] Beruht jedoch die abweichende Beweiswürdigung auf neuen Erkenntnissen des anderen Gerichts (z.B. anders lautende Zeugenaussagen, anderes Gutachten eines neuen Sachverständigen), so kann die Wiederaufnahme auf diese Nova gestützt werden. Ein die Unehelichkeit feststellendes Zivilurteil ist ein neues Beweismittel für den Ehemann, der nach § 170b StGB verurteilt wurde.[90]

Wird mit der Wiederaufnahme geltend gemacht, daß die vom Gericht für unverfälscht gehaltene Urkunde verfälscht war oder umgekehrt, so hat dies durch einen (neuen) Sachverständigen zu geschehen.[91]

b) Neuheit von Zeugen

Neu sind alle Zeugen, die in der Instanz, dessen Urteil Anfechtungsgegenstand[92] des Wiederaufnahmeantrages ist, nicht vernommen bzw. deren Aussage nicht verlesen[93] wurde (§§ 251, 253, 325). Für die Beurteilung der Neuheit ist dabei ohne Bedeutung, aus welchem Grunde es nicht zur Benutzung des Beweismittels gekommen ist. Neu sind daher Zeugen, die im Erkenntnisverfahren den Verfahrensbeteiligten unbekannt waren, die nicht erreichbar[94] waren, deren beantragte Vernehmung nach § 244 Abs. 3 abgelehnt[95] wurde, die früher die Aussage verweigert haben, jetzt aber aussagebereit[96] sind, auf deren Vernehmung sogar ausdrücklich verzichtet[97] wurde, deren Benennung in der Tatsacheninstanz bewußt unterblieben[98] ist.

Bei der Frage, ob ein bereits in der Hauptverhandlung **vernommener Zeuge** ein neues Beweismittel sein kann, ist zu unterscheiden: wird geltend gemacht, die Aussage des Zeugen sei nicht oder fehlerhaft wahrgenommen worden, so gilt das oben[99] angeführte entsprechend.[100] Soll der Zeuge zu einer bisher von ihm noch nicht erörterten Beweisfrage vernommen werden, so ist er insoweit ein neues Beweismittel.[101] Wird der frühere Zeuge dafür benannt, daß er seine damalige Aussage **ergänzen, berichtigen** oder gar **widerrufen** werde, so handelt es sich zwar nicht um die Beibringung eines neuen Beweismittels; wohl aber wird in der neuen Aussage eine neue Tatsache i.S. d. Nr. 5 des § 359[102] gesehen. Jedoch werden an die Darlegung der Geeignetheit dieser neuen Tatsache besondere Anforderungen gestellt.[103]

Bestritten ist, inwieweit der frühere **Mitangeklagte,** der sich zur Sache eingelassen[104] hatte und dessen Angaben also vom erkennenden Gericht verwertet wurden, ein neues Beweismittel sein kann, wenn er nun im Wiederaufnahmeverfahren als Zeuge benannt wird. Soweit auch hier die Neuheit als Beweismittel oder als Tatsache anerkannt wird, besteht jedenfalls eine besondere Darlegungspflicht hinsichtlich der Geeignetheit.[105]

Drei Konstellationen sind zu unterscheiden:

Sofern im Wiederaufnahmeverfahren geltend gemacht wird, der frühere Mitbeschuldigte werde nunmehr als Zeuge eine andere Sachverhaltsschilderung abgeben, insbesondere die frühere, den Wiederaufnahmeführer belastende Aussage widerrufen, ist anerkannt, daß in der neuen Aussage jedenfalls eine neue Tatsache i.S. d. Nr. 5 zu sehen ist,[106] so daß es belanglos ist, ob die Beweisperson auch als neues Beweismittel i.S. d. Nr. 5 gilt.[107]

Hat der frühere Mitangeklagte die Vorwürfe lediglich pauschal bestritten und wird die Wiederaufnahme darauf gestützt, daß er nun als Zeuge substantiierte, den Antragsteller entlastende Angaben machen werde, so besteht eine besondere Darlegungspflicht.[107a]

Die Frage, ob der frühere Mitbeschuldigte im Wiederaufnahmeverfahren ein neues Beweismittel ist, wird aber dann akut, wenn seine früheren, den Verurteilten entlastenden Bekundungen vom erkennenden Gericht nicht geglaubt wurden und das Bestreben des Verurteilten nun dahin geht, im Wiederaufnahmeverfahren **dieselbe** frühere (entlastende) Aussage mit Hilfe des ehemaligen Mitbeschuldigten in seiner jetzigen Rolle als Zeuge als richtig nachzuweisen. Da diese Aussage dem erkennenden Gericht bereits bekannt war, im Urteil lediglich nicht geglaubt wurde, kann sie keine neue Tatsache i.S. d. Nr. 5 sein. Hier ist also eine Wiederaufnahme nur möglich, wenn der frühere Mitbeschuldigte in seiner jetzigen Zeugenrolle als neues Beweismittel angesehen wird. Die wohl h.M. verneint hier die Neuheit des Beweismittels.[108]

Die h.M. verneint schließlich auch in dem Fall die Neuheit als Beweismittel, bei dem ein zum Zeitpunkt der Hauptverhandlung eidesunmündiger Zeuge inzwischen **eidesmündig geworden ist.**[109]

c) Neuheit von Sachverständigen

Es handelt sich hier um eine der umstrittensten Fragen des Wiederaufnahmerechts.[110] Es muß deshalb dringend empfohlen werden, bei einer Antragstellung mit diesem Beweismittel die einschlägigen Kommentierungen genau zu beachten. Die anschließende Skizzierung kann nur ein Leitfaden sein. Hinzuweisen ist noch auf den Umstand, daß wegen der genannten Schwierigkeiten in Literatur und Rechtsprechung nicht immer die Frage der Neuheit von der Geeignetheit des Beweismittels i. S. d. Nr. 5 strikt getrennt wird.

Zwei Konstellationen sind grundsätzlich zu unterscheiden: nämlich die Situation, daß zu einer Beweisfrage im Wiederaufnahmeverfahren **erstmals** ein Sachverständiger als Beweismittel gehört werden soll und diejenige, daß bereits in der Hauptverhandlung (zumindest) ein Sachverständiger vernommen wurde und im Wiederaufnahmeverfahren nun ein **weiterer** Sachverständiger als neues Beweismittel hinzugezogen werden soll.

Als Grundregel kann dabei gelten: könnte der im Wiederaufnahmeverfahren gestellte Antrag auf Erhebung eines Sachverständigenbeweises im Erkenntnisverfahren nach § 244 Abs. 3 und 4 abgelehnt werden (bei Antrag auf erstmalige Hinzuziehung: Ablehnungsgründe des § 244 Abs. 3 und Abs. 4, S. 1; bei Antrag auf weiteren Sachverständigen: Ablehnungsgründe des § 244 Abs. 3, des Abs. 4 S. 1 und S. 2), so ist dieser Antrag auch ungeeignet, die nach § 359 Nr. 5 zulässigen Wiederaufnahmeziele[110a] zu erreichen.[110b]

Erstmalige Hinzuziehung eines Sachverständigen

Ergibt sich erst nach Urteilserlaß die Erkenntnis, daß eine Beweisfrage einer Sachverständigenbegutachtung bedurft hätte, so ist die Benennung eines Sachverständigen hierfür die Beibringung eines neuen Beweismittels.[111] Das kann z. B. der Fall sein, wenn durch ein Gutachten zu einer bestimmten Beweisfrage die Glaubwürdigkeit eines Belastungszeugen, auf dessen Aussage das Urteil entscheidend beruht, erschüttert werden kann.[112] Im Antrag ist aufzuzeigen, auf welchen Umständen diese (nachträgliche) Erkenntnis beruht und zu welchem Ergebnis der Sachverständige bei der Beurteilung der Beweisfrage gelangen wird.

War dagegen dem erkennenden Gericht in der Instanz bewußt, daß die Beweisfrage sachverständiger Beurteilung bedarf, hat es aber ohne Anhörung eines Gutachters aus eigener Sachkunde entschieden, so ist ein Sachverständiger, der nun erstmals ein Gutachten zur Beweisfrage abgeben soll, ein neues Beweismittel.[113] Jedoch muß der Wiederaufnahmeführer darlegen, wieso die Sachkunde des Gerichts nicht bestanden bzw. nicht ausgereicht hat.[114] Ferner ist der voraussichtliche Inhalt des Gutachtens anzugeben, zumindest sind die Umstände zu bezeichnen, welche die Einholung eines Gutachtens aufdrängen. Die Vorlage eines Gutachtens wird in der Regel gefordert.[115] Kann das Gutachten mit dem Antrag noch nicht vorgelegt werden, so empfiehlt es sich, im Zusammenhang mit der Angabe des voraussichtlichen Gutachtensinhalts vorzutragen, daß sich der für die Wiederaufnahme vorgeschlagene Sachverständige bereits mit der entscheidenden Beweisfrage beschäftigt hat.[116]

Häufig können mit der Benennung eines (erstmals zu hörenden) Sachverständigen auch neue Anknüpfungspunkte und sonstige Erkenntnisse, die für die Begutachtung wesentlich sind, angeführt werden.[117] In diesen Fällen kann die Wiederaufnahme zugleich auf das Vorliegen dieser neuen Fakten sowie auf den Sachverständigen als neues Beweismittel gegründet werden.[118] Möglich ist natürlich auch, daß der vom Wiederaufnahmeführer zur Vorbereitung des Wiederaufnahmeverfahrens eingeschaltete Sachverständige selbst neue Anknüpfungstatsachen eruiert hat, die dem bisherigen Beweisergebnis den Boden entziehen könnten.[118a]

Erneute Anhörung desselben Sachverständigen

Die Wiederaufnahme kann zum einen auf die erneute Anhörung desselben Sachverständigen als neues Beweismittel gestützt werden, wenn das erkennende Gericht die Ausführungen dieses Sachverständigen mißverstanden und deshalb nicht oder falsch zur Kenntnis und folglich nicht oder falsch berücksichtigt hat.[119]

Ein bereits in der Instanz vernommener Sachverständiger kann zum anderen deswegen neues Beweismittel sein, weil sich das Erfahrungswissen seines Fachgebietes seit seiner Vernehmung durch neue wissenschaftliche Erkenntnisse verändert bzw. vergrößert hat und deswegen eine abweichende Beurteilung des früheren Sachverhalts zu erwarten steht bzw. das frühere Gutachten hinfällig wird.[120] Auch hier sollte angeführt werden, daß sich der Sachverständige inzwischen mit dem zu begutachtenden Sachverhalt unter Berücksichtigung der neuen wissenschaftlichen Erkenntnisse nochmals befaßt hat und zu welchen abweichenden Ergebnissen er nunmehr gelangen wird.[120a]

Weiterer Sachverständiger

Die Frage, ob und wann ein weiterer Sachverständiger ein neues (und geeignetes) Beweismittel i. S. d. Nr. 5 ist, wird äußerst kontrovers diskutiert. Gerade hier ist deswegen ein Studium der einschlägigen Literatur vor Anbringung eines solchen Antrags unerläßlich. Die typischen Situationen, zu denen bisher in der Rechtsprechung und Literatur Äußerungen vorliegen, sind folgende:

aa) Ein Gegengutachter, der aufgrund der gleichen Anknüpfungstatsachen und des gleichen Erfahrungswissens lediglich zu anderen Schlußfolgerungen kommt, soll kein neues Beweismittel sein,[121] darin sei lediglich ein unzulässiger Angriff gegen die Würdigung des Tatgerichts zu sehen.[122]

Selbst die größere Sachkunde des neu benannten Sachverständigen soll kein ausreichender Umstand sein,[123] sofern die Anknüpfungstatsachen sich nicht geändert haben. Anderes soll gelten, wenn sich die Sachkunde des früheren Gutachters als „unzureichend" herausgestellt hat.[123a]

bb) Ein weiteres Sachverständigengutachten wird dann als ein neues (und geeignetes) Beweismittel[124] angesehen, wenn dargetan wird, daß
- der im Grundverfahren gehörte Sachverständige von **falschen** tatsächlichen Voraussetzungen ausgegangen ist,[125]
- einige der angenommenen Anknüpfungstatsachen entfallen sind[126]
- die Tatsachengrundlage des früheren Gutachtens **unvollständig** war,[127] also neue Anknüpfungstatsachen hinzugekommen sind, z.B. eine bereits früher latent vorhandene, aber deswegen nicht erkannte Geisteskrankheit inzwischen akut zu Tage getreten ist[127a]
- der vom früheren Gutachter vertretene Standpunkt aufgrund der Fortentwicklung der Wissenschaft inzwischen **überholt**[128] ist, sich also das Erfahrungswissen dieses Fachgebietes inzwischen verändert bzw. vergrößert hat[129]
- der neue Sachverständige über andersartige **überlegene Forschungsmittel**,[130] insbesondere über neue Erfahrungen und Methoden verfügt.[131]

Im Wesentlichen wird dabei also auf die Regelung des § 244 Abs. 4, S. 2 abgestellt.[132] Peters[133] weist daraufhin, daß über die in § 244 Abs. 4 genannten Fälle hinaus auch dann die Eignung eines neuen Gutachtens gegeben ist, wenn das frühere Gutachten von unzureichenden[134] Voraussetzungen ausgegangen ist oder wenn es wissenschaftlich nicht hinreichend gestützte Folgerungen enthält. Dazu gehört auch der Fall, daß eine vom früheren Gutachter gezogene **Schlußfolgerung** zwar möglich, aber – entgegen seiner Auffassung – **nicht zwingend war**.[134a]

Wird behauptet, das frühere Gutachten sei deswegen unrichtig, weil der Sachverständige **oberflächlich gearbeitet** habe, so muß dargelegt werden, daß der neue, sorgfältig arbeitende Gutachter zu einem anderen Ergebnis kommt.[135]

cc) Unklar ist auch, wann der Umstand, daß der neue Sachverständige einem **anderen Fachgebiet** angehört als der frühere Gutachter, die Geeignetheit des neuen Beweismittels begründet.[136]

Sind für eine Beweisfrage mehrere Fachrichtungen (z.B. Psychiatrie und Psychologie für die Frage der Schuldfähigkeit) kompetent und ist in der Instanz nur ein Sachverständiger der einen Fachrichtung gehört worden, so kann eine Wiederaufnahme nur in ganz engen Grenzen auf die Beibringung eines Gutachtens der anderen Fachrichtung gestützt werden,[137] etwa wenn die Sachlage auf eine Anhörung von Gutachtern aus beiden Wissenschaften drängte.[138]

dd) Hat das früher erkennende Gericht sich mit dem Gutachten eines **Nichtspezialisten** begnügt, so ist in dem Antrag auf Einholung eines Spezialgutachtens nur dann die Beibringung eines neuen geeigneten Beweismittels zu sehen, wenn Umstände beigebracht werden, deren Kenntnis das frühere Gericht zur Einholung des angebotenen Spezialgutachtens veranlaßt hätte.[139]

ee) Die Grundlage für ein neues Sachverständigengutachten kann auch dadurch geschaffen werden, daß als neues Beweismittel ein Augenscheinsbeweis angeführt wird, dessen Ergebnis dem früheren Gutachten die Basis entzieht.[140] Es handelt sich hierbei um einen Unterfall von oben bb).

Antragserfordernisse

Nicht einheitlich behandelt wird in Rechtsprechung und Literatur die Frage, ob dem Wiederaufnahmegesuch auch das Gutachten des neuen Sachverständigen bereits beizufügen ist.

Es wird die Auffassung vertreten, daß der Antragsteller lediglich die Beweistatsachen anführen und die Begründung dafür liefern müsse, weshalb der Sachverständige ein neues Beweismittel sei.[141] Teilweise wird lediglich gefordert, daß der Wiederaufnahmeführer auf wissenschaftliche Veröffentlichungen des Sachverständigen verweist und unter Berufung auf eine vorläufige summarische Äußerung des Sachverständigen glaubhaft dartut, daß aufgrund neuer wissenschaftlicher Erkenntnisse und Methoden Beweismittel vorhanden sind, die die Urteilsgrundlage erschüttern.[142] Eine andere Meinung geht dahin, daß zwar nicht das (neue) Gutachten vorzulegen ist, aber die Umstände darzulegen sind, welche die Erholung eines (weiteren) Gutachtens aufdrängen.[143] Nach anderer Auffassung ist ausreichend, wenn im Wiederaufnahmegesuch der voraussichtliche Gutachteninhalt angegeben wird und die Umstände dargestellt werden, welche die Geeignetheit des Gutachtens zur Erreichung des Wiederaufnahmezieles ergeben.[143a] Soweit die Wiederaufnahme auf einen weiteren Sachverständigen gestützt werden soll, ist jedenfalls unbestritten, daß die bloße Ankündigung eines weiteren Gutachtens kein „Beibringen" eines Beweismittels i.S.d. § 359 Nr. 5 darstellt.[143b] Zumindestens für den Fall des weiteren Sachverständigen geht die Tendenz dahin, die Vorlage eines Gutachtens zu verlangen.[143c]

Es wird sich deshalb stets empfehlen, den Wiederaufnahmeantrag erst dann zu stellen, wenn ein fundiertes Gutachten vorgelegt werden kann. Denn auch die Auffassungen, die eine Vorlage des Gutachtens nicht für erforderlich halten, verlangen überwiegend die Darlegung des voraussichtlichen Gutachteninhalts sowie Ausführungen zur Geeignetheit; diesen Anforderungen ohne Vorlage eines Gutachtens zu genügen, wird sehr schwierig sein.

d) Neuheit des Augenscheins

Auch hinsichtlich der Neuheit des Augenscheinbeweises hat sich noch keine gefestigte Meinung herausgebildet.

Vorweg ist stets zu prüfen, ob ein Augenscheinbeweis im Grundverfahren geführt wurde. Er muß nicht durch das Gericht selbst erledigt worden sein; das Gericht kann sich auch eines sog. Beweismittlers (Augenscheinsgehilfe) bedient haben.[144]

Überholt ist eine Rechtsprechung, die die Neuheit dieses Beweismittels mit dem Argument verneinen wollte, das erkennende Gericht habe ja die Möglichkeit gehabt, dieses Erkenntnismittel zu benutzen.[145] Nicht ausreichend ist jedenfalls der Vortrag, das erkennende Gericht habe von diesem Beweismittel keinen Gebrauch gemacht.[146] Vielmehr muß dargelegt werden, daß die beantragte Ortsbesichtigung bzw. der Augenschein bestimmte, im Antrag zu bezeichnende neue Tatsachen zutage fördern werde oder aber die Zuverlässigkeit eines Sachverständigengutachtens oder die Glaubwürdigkeit eines Belastungszeugen erschüttern werde.[147]

Ist in der Hauptverhandlung eine Augenscheinseinnahme (durch das Gericht selbst oder durch einen Augenscheinsgehilfen) durchgeführt worden und wird in der Wiederaufnahme behauptet, sie habe zu einer falschen Feststellung geführt, so wird darin eine neue Tatsache geltend gemacht.[148]

D. Geeignetheit der Nova

Die Neuheit von Tatsachen und Beweismitteln genügt nach § 359 Nr. 5 allein noch nicht zur Wiederaufnahme. Die Nova müssen auch – allein oder in Verbindung mit den früheren Beweisen – geeignet sein, eines der vier zulässigen Wiederaufnahmeziele zu erreichen. Neben den unter den nachfolgenden Absätzen (vgl. (15)–(18)) dargestellten Problemen ist bei der Erheblichkeitsprüfung insbesondere umstritten, ob und inwieweit dabei schon im Zulässigkeitsverfahren eine Vorwegnahme der Beweiswürdigung zulässig ist, z.B. also eine Zeugenaussage auf ihre Glaubwürdigkeit überprüft werden kann.[148a]

(15) Wiederaufnahmeziel

Welche Ziele zulässigerweise mit einer Wiederaufnahme verfolgt werden können – nämlich: Freispruch (Teilfreispruch), Verfahrenseinstellung, geringere Strafe aufgrund eines **anderen,** milderen Gesetzes, günstigere Maßregel –, ist oben[149] schon näher dargestellt worden.

Auch ist bereits bei der Erörterung des Tatsachenbegriffes[150] berücksichtigt worden, welchen Tatsachen generell diese Eignung zukommt.

(16) Ziel: Freisprechung

Für das in der Praxis am häufigsten angestrebte Wiederaufnahmeziel der Freisprechung ist folgendes zu beachten:

a) Die Eignung zur Freisprechung kommt allen neuen Tatsachen und Beweismitteln zu, wenn sich aus ihnen ein anderer als der im Urteil festgestellte Geschehensablauf[151] ergibt, bei dessen Annahme der Wiederaufnahmeführer nicht strafbar ist. Der Verteidiger hat also zunächst zu prüfen, ob der Wiederaufnahmeführer bei Zugrundelegung des neuen Sachverhalts tatsächlich freizusprechen ist. Behauptet der Antragsteller z.B. in seinem Antrag, er sei zwar der Täter, habe aber in Notwehr gehandelt, so ist ein Freispruch nur möglich, wenn nach dem neuen Sachverhalt die Grenzen der Notwehr[152] nicht überschritten sind. Beruft er sich aufgrund der Nova auf das Vorhandensein eines Verbotsirrtums,[153] so muß auch die Unvermeidbarkeit[154] des Irrtums gegeben sein. Trägt der (wegen Alleintäterschaft) Verurteilte vor, die Tat habe ein anderer begangen, so ist eine Freisprechung nicht möglich, wenn nach dem Wiederaufnahmevorbringen eine Strafbarkeit als Mittäter[155] oder Gehilfe[156] infrage kommt.

b) Bestritten ist, ob eine Wiederaufnahme mit dem Ziel der Freisprechung möglich ist, wenn der Verurteilte die **Schuld für einen Anderen auf sich genommen** hat; denn hier wird eine Verurteilung nach §§ 145 d, 258 StGB nachfolgen müssen, sofern diese Delikte noch nicht verjährt sind.[157]

Bei **wahlweiser** Verurteilung ist die Wiederaufnahme auch dann möglich, wenn durch die Nova nur eines der beiden Delikte beseitigt wird; es ist nicht erforderlich, beide Delikte auszuschalten.[158]

Die Möglichkeit einer Wiederaufnahme bei Verurteilung wegen einer **fortgesetzten Handlung** ist bestritten.[159]

4. Antrag nach § 359 Nr. 5 StPO   IX. 4

Bei **tatmehrheitlicher** Verurteilung ist eine Wiederaufnahme auch zulässig, wenn nur ein **teilweiser Freispruch** begehrt wird.[160]

In der Praxis liegen die Schwierigkeiten bei der Beurteilung der Geeignetheit der Nova nicht so sehr in diesen soeben geschilderten rechtlichen Problemen. Viel bedeutsamer für die Frage, mit welchen Argumenten die Geeignetheit im Wiederaufnahmeantrag darzulegen ist, sind vielmehr die inhaltlichen Kriterien, denen die neuen Tatsachen und Beweismittel genügen müssen. Diese sind abhängig davon, ob die Entscheidung über die Geeignetheit (Prognose) sich am Maßstab der Sicherheit, Wahrscheinlichkeit oder bloßen Möglichkeit zu orientieren hat, ob dabei eine Vorwegnahme der Beweiswürdigung zulässig ist, und davon, von welchem Standpunkt aus diese Prognose zu treffen ist. Dazu ist nun im folgenden Stellung zu nehmen:

(17) **Wahrscheinlichkeitsprognose**

Die vom Wiederaufnahmegericht zu treffende Prognoseentscheidung über die Frage, ob die Nova geeignet sind, ein zulässiges Wiederaufnahmeziel herbeizuführen, besteht in einem **Wahrscheinlichkeitsurteil**.[161]

Wahrscheinlich bedeutet dabei, daß „ernste Gründe"[162] für die Beseitigung des Urteils sprechen müssen oder, anders ausgedrückt, daß eine „vernünftige Aussicht"[163] bestehen muß, durch die Nova die den Schuldspruch tragenden tatsächlichen Feststellungen zu erschüttern. Da es sich um ein Wahrscheinlichkeitsurteil handelt, ist für die Anwendung des Satzes „in dubio pro reo" kein Raum.[164] Läßt sich der Wahrscheinlichkeitsgrad nicht feststellen, wird der Wiederaufnahmeantrag als unzulässig verworfen.[165]

Mit diesen Formulierungen („ernste Gründe", „vernünftige Aussicht") und dem Ausschluß des Satzes „in dubio pro reo" besteht natürlich die Gefahr, daß die Wiederaufnahmegerichte in konkreto die Anforderungen überdehnen und defacto eine nahezu völlige Gewißheit verlangen.[166] Der Antragsteller muß deshalb bemüht sein, sich mit allen denkbaren Einwendungen gegen die Geeignetheit des neuen Vorbringens auseinanderzusetzen, um von vorneherein irgendwelchen Zweifeln des Wiederaufnahmegerichts vorzubeugen.

(18) **Prognosestandpunkt**

Bei der Darlegung der Geeignetheit der Nova zur Erreichung eines der Wiederaufnahmeziele muß sich der Verfasser des Antrages darüber klar sein, von welchem Standpunkt aus das Wiederaufnahmegericht den Sachverhalt inform eines Wahrscheinlichkeitsurteils zu bewerten hat: vom Standpunkt des früheren erkennenden Gerichts oder vom eigenen Standpunkt aus. Je nach dem, von welcher Sicht die Prognoseentscheidung zu treffen ist, wird der Inhalt des Wiederaufnahmeantrags gestaltet werden müssen.

Nach der bisher h. M.[167] war vom Standpunkt des erkennenden Gerichts aus die Geeignetheit der Nova zu beurteilen: Das Wiederaufnahmegericht hat zu prüfen, ob nach seiner Auffassung[168] das erkennende Gericht anders entschieden hätte, wenn ihm die Nova bekannt gewesen wären. Dabei konnte sich die h. M. auf eine Rechtsprechung des BGH[169] berufen, der auch einige Obergerichte[170] gefolgt waren.

Peters[171] hat aufgezeigt, daß die Berufung auf die BGH-Entscheidungen nicht mehr tragfähig ist. Die Entscheidungen BGHSt 17, 303; 18, 226 und 19, 365 sind nämlich vor dem StPÄG 1964 ergangen.[172] In diesem Gesetz war durch die Neufassung des § 23 zum einen der Ausschluß des früheren Richters für das Wiederaufnahmeverfahren eingeführt worden; zum anderen wurde durch den neuen § 140a GVG die Zuständigkeit eines anderen Gerichts begründet. Sinn dieser Änderungen war, daß die Entscheidung des Wiederaufnahmegerichts losgelöst vom ersten Gericht in eigener Verantwortung getroffen werden sollte.[173] Dem heutigen Wiederaufnahmerichter ist es aber, da er weder an der früheren Hauptverhandlung noch an der Urteilsberatung teilgenommen hat, unmöglich, die neuen Erkenntnisse mit den alten Wertungen zu verknüpfen.[174] Zu Recht forderte daher Peters ein neues Durchdenken des Problems.

Dies hat inzwischen zu einem Wandel der Auffassung in der Literatur geführt. Nach überwiegender Meinung ist danach die Prognoseentscheidung vom Standpunkt des Wiederaufnahmegerichts zu treffen.[175] Freilich ist dabei eine Reihe von Fragen noch ungeklärt: Ist das Wiederaufnahmegericht an eine **falsche Rechtsauffassung**[176] des erkennenden Gerichts gebunden, wenn die Nova bei Zugrundelegung der richtigen materiell-rechtlichen Wertung geeignet wären, eines der zulässigen Wiederaufnahmeziele zu erreichen? Darf das Wiederaufnahmegericht, wenn es nach richtiger Meinung allein auf seine Sicht ankommt, dennoch Beweisanzeichen, die vom erkennenden Gericht nicht zu Lasten des Verurteilten gewertet wurden, jetzt aus seiner Sicht zum Nachteil des Wiederaufnahmeführers werten?[177]

Die Fragen brauchen im Rahmen dieser Ausführungen, die in erster Linie einen Leitfaden für die Anfertigung eines Wiederaufnahmeantrags darstellen sollen, nicht vertieft werden. Denn regelmäßig wird erst in einer ablehnenden Entscheidung des Wiederaufnahmegerichts ersichtlich werden, ob es Beweisanzeichen zu Lasten des Antragstellers verwertet hat bzw. von welcher Rechtsauffassung es ausgegangen ist. Die Frage, aus welcher Sicht die Prognoseentscheidung zu treffen ist, wird also häufig für den Wiederaufnahmeführer erst in der Beschwerde (§ 372) aktuell werden. In Fällen aber, in denen nach der Aktenlage voraussehbar ist, daß bestimmte Beweisanzeichen nun möglicherweise zu Lasten des Antragstellers gewürdigt werden könnten, hat der Antragsteller zu überlegen,[178] ob er nicht vorsorglich gegen eine mögliche negative Wertung Stellung nehmen sollte.

(19) Einzelprobleme

In der Praxis zeigt sich, daß die Beurteilung der Geeignetheit mit folgenden Schwierigkeiten zu rechnen hat:

a) Zur Erheblichkeitsprüfung sind die Urteilsfeststellungen und der gesamte Akteninhalt heranzuziehen,[179] die Nova müssen mit dem gesamten Inhalt der Akten und dem früheren Beweisergebnis in Beziehung gesetzt werden.[180]

Vor diesem Hintergrund besteht die Gefahr, daß das Wiederaufnahmegericht das Wiederaufnahmevorbringen nicht lediglich als (sehr) unwahrscheinlich,[181] sondern als offensichtlich unwahr ansieht.[182] Daraus folgt die Verpflichtung des Verteidigers, in solchen Fällen, bei denen eine derartige negative Wertung zu erwarten steht, besonders sorgfältig die Geeignetheit der Nova zu begründen und mit allen möglichen, aus dem Akteninhalt sich ergebenden Einwänden gegen den neuen Sachverhalt sich auseinanderzusetzen.

b) Eine ähnliche Gefahr besteht auch bei der Konstellation, daß die Urteilsfeststellungen auf den Aussagen zahlreicher Zeugen oder auf einer Vielzahl (vermeintlich) überzeugender Beweisanzeichen beruht und im Wiederaufnahmeantrag nun lediglich **ein** neuer Zeuge für ein entscheidendes Faktum z.B. Alibi beigebracht wird. Hier empfiehlt sich dringend, das Wissen und Erinnerungsvermögen dieses Zeugen, auch die Erinnerungsstützen,[183] genauestens darzulegen, um nicht Gefahr zu laufen, daß der Beweiswert des neuen Zeugen von vornherein so gering veranschlagt wird, daß seine Aussage nicht geeignet erscheint, das Wiederaufnahmevorbringen zu beweisen.[184] Sofern möglich ist desweiteren aufzuzeigen, daß den sonstigen Beweisanzeichen, auf die das Gericht hier seine Überzeugung gestützt hat, doch nicht der Beweiswert zukommt, der ihnen beigemessen wurde.

c) Wird mit dem Wiederaufnahmevorbringen nur **eine** wesentliche von mehreren Stützen (Indizien, Zeugenaussagen u.a.), auf denen das Urteil beruht, infrage gestellt, so ist zu begründen, daß der Wegfall dieser einen Stütze das gesamte Urteil hinfällig macht, daß also der Beweisrest die Verurteilung nicht (mehr) trägt.[185] Dabei kommt es entscheidend darauf an, welches Gewicht das Gericht den nun infrage gestellten Beweisgrund beigemessen hat.[186] Das wiederum läßt sich möglicherweise nur aufgrund des gesamten Akteninhalts beurteilen. Dabei ist auch zu prüfen, ob dieser angefochtene Gesichtspunkt isoliert betrachtet werden kann oder ob er nicht auch die anderen Indizien tangiert.

d) Die Erheblichkeit der Nova wird manchmal von den Gerichten dadurch verneint, indem auf einen **anderen Sachverhalt übergegangen wird**,[187] weil sich aus dem Wiederaufnahmevorbringen die Möglichkeit eines anderen strafbaren Tatherganges ergibt. In der Regel wird dieses Ausweichen auf einen anderen Sachverhalt für den Antragsteller erst durch eine negative Entscheidung des Wiederaufnahmegerichts ersichtlich werden, so daß dieses Problem meist erst für das Beschwerdeverfahren aktuell wird.

e) Eines der umstrittensten Probleme ist die Frage, ob und inwieweit im Rahmen der Wahrscheinlichkeitsprognose eine **Vorwegnahme der Beweiswürdigung** zulässig ist, insbesondere, ob die Aussage eines neuen Zeugen, auf den der Wiederaufnahmeantrag gestützt wird, auf ihre Glaubwürdigkeit bereits im Zulässigkeitsverfahren geprüft werden darf. Während die Literatur[187a] eine Vorwegnahme der Beweiswürdigung grundsätzlich für unzulässig hält, läßt die Rechtsprechung[187b] die Prüfung des benannten Beweismittels auf seinen Beweiswert bereits in diesem Verfahrensstadium zu.

Dabei heben die Gerichte[187c] zwar immer als Grundsatz hervor, daß die Geeignetheitsprüfung auf eine Art hypothetischer Schlüssigkeitsprüfung beschränkt sei: das Wiederaufnahmegericht müsse davon ausgehen, daß die vom verurteilten Wiederaufnahmeführer behaupteten neuen Tatsachen richtig sind bzw. daß die benannten Beweismittel die behauptete Aussage machen werden; die Richtigkeit des Wiederaufnahmevorbringens werde also im Zulässigkeitsverfahren nicht durch eine Beweisaufnahme geprüft, sondern als richtig unterstellt. Dies gelte aber nur für den Regelfall. Von dem Grundsatz, daß im Additionsverfahren eine Vorwegnahme der Beweiswürdigung unzulässig sei, müßten aber Ausnahmen möglich sein, da sonst ein Verurteilter durch geschickt erdachtes Vorbringen ohne Rücksicht auf dessen Wahrheitsgehalt in jedem Fall die Zulassung eines offensichtlich unbegründeten Wiederaufnahmeantrages erzwingen könnte.[187d] Es wird deshalb eine Würdigung des Wiederaufnahmevorbringens hinsichtlich seines Wahrheitsgehaltes in gewissem Umfang für möglich gehalten. Hinsichtlich der Bewertung der Beweiskraft eines neuen Beweismittels bedeutet dies, daß zwar davon ausgegangen wird, der neue Zeuge werde so aussagen, wie es der Antragsteller behauptet; es wird aber darüber hinaus nicht unterstellt, daß die Bekundungen des Zeugen auch der Wahrheit entsprechen.[187e] Damit kann die Glaubwürdigkeit eines Zeugen schon im Zulässigkeitsverfahren bewertet werden. Es wird lediglich die Einschränkung gemacht, daß diese Bewertung nur dann zulässig sei, soweit sie ohne förmliche Beweisaufnahme möglich ist.[187f] Für den Umfang der danach vorzunehmenden Würdigung des Beweiswertes ließen sich aber nur schwerlich verbindliche Grundsätze aufstellen.[187g] In folgenden Fällen ist von der Rechtsprechung die Ungeeignetheit des Wiederaufnahmevorbringens nach Vornahme einer solchen Würdigung des Beweiswertes angenommen worden:
– wenn das Wiederaufnahmevorbringen offensichtlich unwahr oder aus der Luft gegriffen ist[187h]
– wenn der neu vorgetragene Sachverhalt nach den ganzen Umständen des Falles denkgesetzlich unmöglich ist[187i]
– wenn die erstrebte Beweiserhebung nach dem bisherigen Erkenntnisstand als nicht erfolgversprechend oder nutzlos erscheint.[187j]

Wenn auch die beiden erstgenannten Fälle Zustimmung finden können, so begegnet die dritte Konstellation schon Bedenken, weil unter „bisherigem Erkenntnisstand" natürlich der Akteninhalt gemeint ist und damit die oben[187k] aufgezeigte Gefahr besonders akut werden kann.

Darüber hinaus ist immer wieder festzustellen, zu welch „phantasievollen Interpretationen" die Gerichte bei der Würdigung einer Zeugenaussage gelangen, die „selbst vom wohlwollensten Betrachter nur noch als unbegreiflich beurteilt" werden[187l] und deshalb einen Verstoß gegen das Willkürverbot[187m] darstellen können.

Meist wird der Antragsteller freilich erst im Verwerfungsbeschluß erfahren, daß und warum die Aussage des benannten Zeugen als nicht glaubwürdig angesehen wurde. Er hat dann zu entscheiden, ob dieser fehlerhaften Beweiswürdigung im Beschwerdeverfahren (§ 372) entgegenzutreten oder ob eine Wiederholung des Antrages[187n] vorzunehmen ist. Letzterer Weg ist dann zu beschreiten, wenn durch eine Klarstellung des Inhalts der Aussage des Zeugen der Beweiswürdigung des Wiederaufnahmegerichts der Boden entzogen werden kann oder wenn einem Teil der im Rahmen der Beweiswürdigung angestellten Überlegungen neue Tatsachen entgegengesetzt werden können.

Drängt sich bereits bei den Vorarbeiten zur Erstellung des Wiederaufnahmeantrages auf, daß das Gericht die behauptete Kenntnis des neuen Zeugen als höchst unwahrscheinlich[187o] bewerten wird, so muß im Antrag bereits dargelegt werden, warum der Zeuge dennoch die behaupteten Angaben machen kann.

Bestritten ist auch, auf welche Erkenntnisquellen neben dem bisherigen Akteninhalt das Wiederaufnahmegericht für die Bewertung der Beweiskraft eines neuen Beweismittels zurückgreifen darf, ob z.B. eine im Rahmen des Zulassungsverfahrens durch die Staatsanwaltschft vorgenommene Vernehmung[187p] des neuen Zeugen verwertet werden darf bzw. ob auch richterliche Vernehmungen des neuen Zeugen, die in einem anderen[187q] Strafverfahren erfolgten, vom Wiederaufnahmegericht berücksichtigt werden dürfen.

f) Weitere Fragen der Erheblichkeit bei bestimmten Beweismitteln (z.B. weiterer Sachverständigen, Augenschein u.a.) sind bereits oben[188] erörtert worden. Hinzuweisen ist ergänzend auf die nachstehend geschilderten Fälle der sog. gesteigerten Darlegungspflicht.

(20) Fälle erweiterter Darlegungspflicht

a) Widerruf des Geständnisses

Der Widerruf des vom Verurteilten im Grundverfahren abgelegten Geständnisses stellt eine neue Tatsache i. S. d. Nr. 5 dar,[189] weshalb darauf grundsätzlich eine Wiederaufnahme gestützt werden kann. Es versteht sich, daß der bloße Widerruf aber keine ausreichende Tatsache für ein Wiederaufnahmeverfahren sein kann. Sonst hätte es ein Angeklagter in der Hand, durch ein gespielt reumütiges Geständnis in der Hauptverhandlung zunächst einmal ein günstiges Ergebnis zu erlangen, um sodann, geschützt durch das Verbot der reformatio in pejus, durch einen Widerruf die durch das Geständnis geschaffene Urteilsgrundlage wieder zu erschüttern.[190] Deshalb wird der Widerruf nur dann als **taugliche** neue Tatsache angesehen, wenn der Verurteilte darlegen kann, weshalb er in der Hauptverhandlung wahrheitswidrig die Tat eingeräumt hat und warum er das Geständnis (erst) jetzt widerruft bzw. warum seine jetzige Sachdarstellung eher der Wahrheit entspricht.[191] Im Hinblick auf die Plausibilität der Gründe für das falsche Geständnis und der Nachvollziehbarkeit der Umstände, warum erst jetzt widerrufen wird, ist folgendes zu bedenken:

Im Widerruf eines Geständnisses kommt inzidenter zum Ausdruck, daß der Tathergang sich anders zugetragen hat als im Urteil (aufgrund des Geständnisses) angenommen. Der Verurteilte kennt also den wahren, d.h. den seine Person betreffenden Sachverhalt; er muß ihn deshalb im Wiederaufnahmeantrag auch darlegen können.

Sofern nun der Wiederaufnahmeführer auch in der Lage ist, diese neue Sachdarstellung mit neuen Beweismitteln zu belegen, kann er die Unrichtigkeit des im Urteil angenommenen Sachverhalts und damit die Unwahrheit des früheren Geständnisses beweisen.[192] Die praktische Schwierigkeit liegt hier nur darin, das Wiederaufnahmegericht angesichts der grundsätzlichen Skepsis der Justiz gegenüber Wiederaufnahmeverfahren, die beim Widerruf eines Geständnisses besonders groß ist, von der Wahrscheinlichkeit des neuen Sachverhalts zu überzeugen.[193] Das Wiederaufnahmegericht prüft hier, ob der neu vorgetragene Sachverhalt nach den Umständen des Falles, d.h. nach dem gesamten Akteninhalt denkgesetzlich möglich,[194] offensichtlich unwahr[195] oder der Nachweis des neuen Sachverhalts völlig aussichtslos ist. Deshalb muß hier die neue Darstellung (Widerruf) mit der früheren (Geständnis) unter Berücksichtigung des gesamten Akteninhalts dergestalt in Beziehung gesetzt werden, daß der neue Sachverhalt wahrscheinlich und damit der Widerruf glaubhaft wird.[196] Je fragwürdiger im Einzelfall die Erläuterung des Motivs für das falsche Geständnis ist, um so kritischer begegnet man dem Widerrufsvorbringen und den dazu benannten Beweisen.[197] Gelingt es aber, z.B. durch einen Sachverständigen wenigstens einige wichtige Feststellungen des Urteils, die auf dem Geständnis basieren, als unrichtig aufzuzeigen, dann wird auch das Motiv für die Abgabe des falschen Geständnisses, mag es auf den ersten Blick nicht sehr überzeugend sein,[198] eher akzeptiert werden.[199]

Zu beachten ist auch, daß hinsichtlich des neuen Beweismittels anzugeben ist, seit wann man es kennt.[200] Denn die Rechtsprechung verlangt eine Begründung dafür, warum **erst jetzt** der Widerruf erfolgt. Sofern die Nova erst nach Rechtskraft bekannt geworden sind und der Wiederaufnahmeantrag alsbald angebracht wird, gibt es keine Begründungsschwierigkeiten. Waren jedoch die Beweismittel oder die Tatsachen, die nach dem Widerrufsvorbringen den wahren Sachverhalt ergeben, in der Instanz schon bekannt, so besteht eine gesteigerte Darlegungspflicht: warum trotz Kenntnis der Entlastungsbeweise ein falsches Geständnis abgelegt bzw. wieso die Tatsache und die Beweismittel nicht im Grundverfahren vorgebracht wurden.[201]

In den Fällen aber, in denen vom Verurteilten der wahre Sachverhalt nicht mit neuen Beweismitteln belegt werden kann, in denen also der Widerruf im wesentlichen darin besteht, daß der Verurteilte nunmehr behauptet, er sei nicht der Täter gewesen, ohne diese Behauptung durch zusätzliche Nachweise als wahrscheinlich aufzeigen zu können, kommt es auf eine eingehende Darlegung der Gründe für die Ablegung des falschen Geständnisses an. Peters[202] hat die typischen Motivationslagen für falsche Geständnisse aufgezeigt. Sofern möglich, ist gegen das falsche Geständnis von verschiedenen Ausgangspunkten (persönlich, psychologisch, kriminalistisch, strafprozessual) anzugehen.[203] Auseinanderzusetzen hat sich der Wiederaufnahmeführer dabei auch mit dem Argument – sofern es aus den Akten oder den Urteilsgründen ersichtlich ist –, für die Glaubhaftigkeit des Geständnisses spräche der Umstand, der Gestehende habe Dinge angegeben, die nur der Täter wissen könne.[204]

Ist das Geständnis im Zuge einer sog. Absprache abgelegt worden, so werden ganz besondere Anforderungen an das Wiederaufnahmevorbringen gestellt, insbesondere wenn der Widerruf erst lange Zeit nach dem Eintritt der Rechtskraft erklärt wird.[204a]

Die aufgezeigten Grundsätze für den Widerruf gelten entsprechend für den Fall der **Einschränkung** eines in der Hauptverhandlung abgelegten Geständnisses.

b) Wechsel der Einlassung

Ausführungen zur Geeignetheit sind dann nicht erforderlich, wenn der Verurteilte in der Hauptverhandlung geschwiegen hat und erstmals im Wiederaufnahmegesuch eine Einlassung, gestützt[205] auf neue Tatsachen oder Beweismittel, vorträgt.[206] Eine erweiterte Darlegungspflicht kann sich hier dann ergeben, wenn die Nova dem Verurteilten zum Zeitpunkt der Hauptverhandlung bereits bekannt waren.[207]

Hat der Verurteilte im Ursprungsverfahren keine Erklärungen zum Tatgeschehen abgegeben, weil er eine (in Wahrheit nicht vorhandene) **Erinnerungslücke** geltend machte, so setzt die Zulässigkeit des Wiederaufnahmevorbringens, mit dem nun Einzelheiten der Tat behauptet werden, eine überzeugende Erklärung für dieses frühere prozessuale Verhalten voraus.[208]

Erst recht fordert die Rechtsprechung[209] eine nähere Erklärung, wenn der Verurteilte im Grundverfahren eine unwahre Sachverhaltsschilderung abgegeben hat, der das erkennende Gericht nicht geglaubt hat und nun im Wiederaufnahmeverfahren eine Einlassung gebracht wird, die zur früheren Sachverhaltsdarstellung im Widerspruch steht.

c) Angaben eines Mitbeschuldigten

Wird die Wiederaufnahme auf die neue Tatsache[210] gestützt, daß der (frühere) Mitangeklagte nun seine, den Verurteilten belastende[211] Einlassung **widerruft,** so müssen – wie beim Widerruf eines Geständnisses – die Motive angegeben werden,[212] warum der Mitangeklagte in der Hauptverhandlung den damaligen Angeklagten und jetzigen Wiederaufnahmeführer zu Unrecht belastet hat und ferner die Gründe, aus denen er jetzt seine Erklärung widerruft.[213]

Hat der Mitbeschuldigte die Vorwürfe lediglich pauschal bestritten, während er nun im Wiederaufnahmeverfahren als Zeuge substantiierte, den Antragsteller entlastende Angaben machen soll, so besteht ebenfalls eine besondere Darlegungspflicht.[213a]

Hat der Mitbeschuldigte im Hauptverfahren **geschwiegen,** so sind drei Situationen zu unterscheiden.

Eine Entscheidung liegt für den Fall vor, daß dieser Mitbeschuldigte nicht, anders als der Wiederaufnahmeführer, verurteilt worden ist; das Verfahren war vielmehr gegen den bis dahin schweigenden Mittäter wegen dessen Verhandlungsunfähigkeit **abgetrennt** und vorläufig eingestellt worden. Wird nun die Wiederaufnahme auf die Aussage dieses ehemaligen Mitangeklagten in seinem jetzigen Status als Zeuge gestützt, so fordert die Rechtsprechung[214] die besondere Darlegung darüber, warum die bis dahin schweigende Beweisperson nunmehr bereit sein soll, i. S. d. Wiederaufnahmevorbringens auszusagen. Das Verlangen der Rechtsprechung nach einer derartigen Erklärung erscheint verständlich, denn in diesem Fall liegt die Aussagebereitschaft des ehemaligen Mitbeschuldigten nicht auf der Hand, weil ihm auch in seiner jetzigen Zeugenrolle das Recht nach § 55 StPO zur Seite steht, solange das Verfahren gegen ihn nur vorläufig eingestellt ist.[215] Die Entscheidung des OLG Hamm stellt allerdings insoweit eine übertriebene Anforderung an die Darlegung, als die Mitteilung des Verteidigers dieses früheren Mitangeklagten über dessen jetzige Aussagebereitschaft nicht ausreichend sein soll.[216]

Weder in der Rechtsprechung noch in der Literatur[217] ist der Fall behandelt, wenn der Mitangeklagte in der Hauptverhandlung geschwiegen hat und er, wie der Wiederaufnahmeführer, **verurteilt** wurde. Wenn nun die Wiederaufnahme auf die den Antragsteller entlastende Einlassung des Mitbeschuldigten gestützt wird, so fragt sich, ob auch hier eine besondere Darlegungspflicht besteht.

Ein besonderer Nachweis für seine Aussagewilligkeit wie im vorigen Fall kann nicht gefordert werden, denn dem verurteilten Mitangeklagten steht nach Eintritt der Rechtskraft § 55 nicht mehr zu.[218] Er ist deshalb zur Zeugenaussage im Wiederaufnahmeverfahren verpflichtet. Folglich braucht vom Wiederaufnahmeführer nicht gesondert dargetan werden, daß der ehemalige Mitangeklagte zur Zeugenaussage bereit ist. Fraglich ist aber, ob hier die Motive unterbreitet werden müssen, warum der Mitangeklagte in der Hauptverhandlung bzw. im ganzen Strafverfahren bisher geschwiegen hat, obwohl seine Einlassung, wie sie jetzt zum Gegenstand des Wiederaufnahmeantrags gemacht wird, (zumindest) den Wiederaufnahmeführer entlastet. Angesichts der grundsätzlichen Tendenz der Rechtsprechung, hohe Anforderungen an die Begründung eines Wiederaufnahmegesuches zu stellen, muß deshalb empfohlen werden, auch hier, höchst vorsorglich, die Gründe des Schweigens darzulegen.[219]

Ist dagegen der frühere Mitangeklagte, der in der Hauptverhandlung geschwiegen hat, **freigesprochen** worden, so sind im wesentlichen zwei Konstellationen denkbar. Er kann deswegen geschwiegen haben, weil er schuldig war. Würde er nun als Zeuge im Wiederaufnahmeverfahren den wahren Sachverhalt offenbaren, um die Unschuld des verurteilten Wiederaufnahmeführers zu beweisen, so setzt der Zeuge mit seinem Geständnis einen Wiederaufnahmegrund zu seinen Lasten (§ 362 Nr. 4). Deshalb muß der Wiederaufnahmeführer darlegen, warum der frühere Mitangeklagte nun dennoch bereit ist, als Zeuge wahrheitsgemäß sich zu belasten mit der Folge einer Wiederaufnahme zuungunsten seiner Person.

Der freigesprochene Mitangeklagte kann aber auch im Erkenntnisverfahren geschwiegen haben, obwohl er – wie auch der Wiederaufnahmeführer – unschuldig war. Hier muß im Wiederaufnahmegesuch dargelegt werden, warum der jetzige Zeuge und frühere Mitangeklagte im Ermittlungsverfahren und in der Hauptverhandlung geschwiegen hat. Dessen früheres Prozeßverhalten wird in der Regel auf dem Rat seines Verteidigers beruhen.

d) Zeugen

Zunächst ist darauf hinzuweisen, daß es nach der Rechtsprechung[219a] zulässig ist, die Glaubwürdigkeit der Aussage, auf die das Wiederaufnahmegesuch gestützt wird, schon im Zulässigkeitsverfahren zu prüfen. Schon daraus kann sich im Einzelfall eine gesteigerte Darlegungspflicht ergeben. Im übrigen hat die Rechtsprechung in folgenden Fällen eine besondere Darlegungspflicht gefordert:

– Widerruf einer belastenden Aussage –

Der Widerruf einer belastenden Zeugenaussage stellt eine neue Tatsache dar.[220] Wie beim Widerruf eines Geständnisses[221] oder dem Widerruf belastender Angaben eines Mitbeschuldigten[222] muß der Wiederaufnahmeführer hier darlegen, warum und unter welchen Umständen der Zeuge seine frühere Aussage für unrichtig erklärt hat bzw. warum er früher der Wahrheit zuwider den Verurteilten belastet hat.[223]

Das gleiche gilt, wenn die neue Aussage eines in der Hauptverhandlung vernommenen Zeugen in unüberbrückbarem Widerspruch zu dessen früherer Aussage steht.[224]

– Auffrischung der Erinnerung –

Wird die Wiederaufnahme darauf gestützt, daß der bereits in der Hauptverhandlung vernommene Zeuge nunmehr eine andere, dem Wiederaufnahmeführer günstige Bekundung machen könne, weil er sich jetzt **anders erinnere**, so gilt folgendes:
Konnte der Zeuge in der Hauptverhandlung mangels Erinnerung keine (wesentlichen) Angaben z. B. zu einem Alibi machen, so stellen die Umstände, mit denen das Erinnerungsbild des Zeugen aufgefrischt werden kann, neue Tatsachen i. S. d. § 359 Nr. 5 dar.[225] Hier sind aber dann diese besonderen Umstände, die das beim Zeugen Vergessene wieder ins Gedächtnis zurückrufen, darzulegen und auch die Folge, daß sich der Zeuge deshalb an das Geschehen nun wieder erinnern könne.[226] Hat dagegen der Zeuge in der Hauptverhandlung aufgrund Irrtums und falscher Erinnerung objektiv unrichtige Angaben zur Tat gemacht, so reicht die Behauptung, der Zeuge erinnere sich nun anders, für eine Wiederaufnahme nicht aus.[227] Erforderlich ist auch hier die überzeugende Erklärung für diesen Erinnerungswandel, was in der Regel die Darlegung markanter Umstände verlangt, durch deren Vorhalt der Zeuge seinen früheren Irrtum erkannt **und** sich nun an das tatsächliche Geschehen wieder erinnert. Dabei muß der Wiederaufnahmeführer sich auch mit dem Einwand befassen, daß die Erinnerung eines Zeugen mit dem Zeitablauf schwächer wird.[228]

– Langer Zeitraum –

Bestehen gegen die Erinnerungsfähigkeit eines Zeugen, der die Wiederaufnahmetatsachen bestätigen soll, wegen großen zeitlichen Abstandes und relativer Belanglosigkeit des Erlebten von vorneherein Bedenken, so muß der Wiederaufnahmeführer schlüssig dartun, aus welchen Gründen sich der Zeuge dennoch erinnern kann.[229]

– Meineid –

Schließlich ist eine besondere Darlegungspflicht angenommen worden, wenn der Verurteilte im Wiederaufnahmeverfahren einen Zeugen benennt, den er zur Leistung eines Meineids veranlaßt hat. Hier bestehe die Vermutung, daß auch die übrigen Zeugen, auf die das Wiederaufnahmevorbringen gestützt wird, von der Wahrheit abweichen werden. Diese Vermutung müsse der Verurteilte entkräften.[230]

– Wiederholung –

Entspricht in allen Fällen gesteigerter Darlegungspflicht das Wiederaufnahmegesuch nicht diesen Anforderungen und wird deshalb der Antrag als unzulässig verworfen, so kann der Antrag unter Nachholung des Versäumten wiederholt werden.[231]

Anmerkungen

1. LR/*Gössel* Rdnr. 57; *Eb. Schmidt* Lehrkommentar Rdnr. 17 jeweils zu § 359; *Wasserburg* S. 302.

   Peters Fehlerquellen III S. 56 meint, daß in der Praxis häufig nicht ausreichend zwischen den einzelnen Begriffen unterschieden werde und sich daraus eine zu eingeengte Handhabung des Gesetzes ergebe. Aber schon bei der Definition des ersten Begriffes „Tatsache" folgt er der von der h.M. angewandten Methode der gegenseitigen Bezogenheit, wenn er vorgibt: „Was Tatsache ist, ist aus dem Sinn und Zweck der Wiederaufnahme zu bestimmen".

2. *Kleinknecht/Meyer* Rdnr. 26; KMR/*Paulus* Rdnr. 57; KK/*Meyer-Goßner* Rdnr. 23; LR/*Gössel* Rdnr. 74 jeweils zu § 359; *Wasserburg* S. 309; *Peters* Fehlerquellen III S. 70f. Allgemein zum Begriff Beweismittel vgl. *Kleinknecht/Meyer* Einl. 49 und § 244 Rdnr. 1; *Peters* Fehlerquellen III S. 72.

3. *Kleinknecht/Meyer* § 244 Rdnr. 26; *Alsberg/Nüse/Meyer*, Der Beweisantrag im Strafprozeß S. 97ff., 235f., 607; BGH StV 1987, 5; vgl. auch Form. VII. D zum Beweisantrag.

   In Betracht kommen Fahr-, Brems-, Schießversuche, Versuche zur Prüfung der Stimmstärke, Experimente zur Prüfung der Glaubwürdigkeit von Zeugen.

4. Wenn man sie nicht schon unter dem Begriff des Augenscheins erfassen will. Zu prüfen ist, ob nicht das, was durch das Experiment bewiesen werden soll, durch einen Sachverständigen eingebracht werden kann. Vgl. dazu *Peters* Fehlerquellen III S. 65f. Denkbar ist auch eine Kombination von Sachverständigen – und Augenscheinsbeweis. Vgl. dazu *Peters* Fehlerquellen II S. 193f. Erg. *Alsberg/Nüse/Meyer* a.a.O. S. 97ff., 235f.

5. Nach h.M. ist die Aussage des Verurteilten kein Beweismittel; vgl. *Kleinknecht/Meyer* Rdnr. 26; LR/*Gössel* Rdnr. 74; KK/*Meyer-Goßner* Rdnr. 23 jeweils zu § 359; *Peters* Fehlerquellen III S. 73; OLG Karlsruhe NJW 1958, 1274; KG JR 1975, 166 mit Anm. *Peters*; KG JR 1976, 76 mit Anm. *Peters*; OLG Düsseldorf OLGSt § 359 Nr. 4, 7. Die Eigenschaft als Beweismittel bejahen: *Eb. Schmidt* Lehrkommentar Rdnr. 24 zu § 359; *Wasserburg* S. 316.

6. Hat sich der Verurteilte in der Tatsacheninstanz nicht geäußert, so mag zwar die im Wiederaufnahmeantrag erstmals gegebene Einlassung eine neue Tatsache oder ein neues Beweismittel sein; diese neue Einlassung ist, wenn sich der Wiederaufnahmeantrag darin erschöpfen würde, aber jedenfalls nicht geeignet, das Urteil zu erschüttern. Nur dann, wenn es auf neue Beweismittel gestützt ist, die diese Einlassung bestätigen, kann der Antrag erfolgreich sein. Dann sind aber diese neuen Beweise die Nova i.S.d. Nr. 5 des § 359.

7. *Kleinknecht/Meyer* Rdnr. 23; KMR/*Paulus* Rdnr. 57; KK/*Meyer-Goßner* Rdnr. 20, 23; LR/*Gössel* Rdnr. 65, 74 jeweils zu § 359; OLG Nürnberg OLGSt § 359 Nr. 6; *Peters* Fehlerquellen III S. 73. Vgl. auch Anm. 21.

8. Vgl. dazu unten IX. 4 (20).

9. *Kleinknecht/Meyer* Rdnr. 23; KMR/*Paulus* Rdnr. 57; KK/*Meyer-Goßner* Rdnr. 20, 23; LR/*Gössel* Rdnr. 65, 74, 76; *Eb. Schmidt*, Lehrkommentar Rdnr. 24 jeweils zu § 359. Vgl. auch Anm. 22.

10. Nach der h.M. ist die Person, nicht ihre Erklärung das Beweismittel: *Kleinknecht/Meyer* Rdnr. 26; KK/*Meyer-Goßner* Rdnr. 23 jeweils zu § 359; *Peters* Lehrbuch S. 675. LR/*Gössel* § 359 Rdnr. 76 hält diese Unterscheidung für unbrauchbar, da das Beweismittel „eine aufeinander bezogene Einheit von Beweisträger und Beweisinhalt" sei. Zustimmend OLG Bremen OLGSt § 359 Nr. 3.

4. Antrag nach § 359 Nr. 5 StPO IX. 4

11. LR/*Gössel* § 359 Rdnr. 75, 104 ff., 154 ff.

11 a. Vgl. unten bei IX. 4 (14).

12. Vgl. dazu IX. 2 (8).

13. *Peters* Fehlerquellen III S. 82.

14. Allgemein zum jeweils verschiedenen Begriff der „Geeignetheit" i. S. des § 368 und des § 359 Nr. 5: *Kleinknecht/Meyer* § 368 Rdnr. 7; LR/*Gössel* § 359 Rdnr. 114 ff.; § 368 Rdnr. 17 ff.; KMR/*Paulus* § 368 Rdnr. 5; *Wasserburg* S. 302, 323; *Peters* Fehlerquellen III S. 135 f. Vgl. erg. oben IX 2 (8) e.

15. *Peters* Fehlerquellen III S. 56; *Wasserburg* S. 302 ff.

15 a. Vgl. dazu IX 1.

16. *Kleichknecht/Meyer* Rdnr. 22; LR/*Gössel* Rdnr. 59 f. jeweils zu § 359; *Peters* Lehrbuch S. 673 f.

17. Wie Anm. 15, 16.

18. *Kleinknecht/Meyer* Rdnr. 23; KMR/*Paulus* Rdnr. 53; KK/*Meyer-Goßner* Rdnr. 18; LR/*Gössel* Rdnr. 64 jeweils zu § 359.

19. Wie Anm. 18. OLG Hamburg NJW 1957, 601; OLG Celle NJW 1967, 216; erg. OLG Frankfurt NJW 1966, 2423. Meist wird es sich um den Vortrag handeln, der Zeuge habe in der Hauptverhandlung die Unwahrheit gesagt, sich also eines Aussagedelikts schuldig gemacht. Hier besteht u. U. die Möglichkeit der Wahl nach § 359 Nr. 2 und Nr. 5. Bei dem Weg nach § 359 Nr. 2 ist § 364 S. 1 zu beachten. Vgl. dazu oben IX 3 (3) und dort. Anm. 41.

20. Wie Anm. 18. OLG Celle NdsRpfl. 1966, 19. = OLGSt (alt) § 359 S. 15.

21. *Kleinknecht/Meyer* Rdnr. 23; KMR/*Paulus* Rdnr. 27; KK/*Meyer-Goßner* Rdnr. 20; *Eb. Schmidt,* Lehrkommentar Rdnr. 24; LR/*Gössel* Rdnr. 65 jeweils zu § 359; *Wasserburg* S. 303; *Peters* Fehlerquellen III S. 73. Vgl. erg. Anm. 7. In all diesen Fällen muß jedoch die erweiterte Darlegungspflicht beachtet werden. Vgl. dazu unten IX. 4 (20).

22. Wie Anm. 21. BGH NJW 1977, 59 = JR 1977, 217 mit Anm. *Peters;* OLG Schleswig NJW 1974, 714 mit Anm. *Peters;* OLG Köln NJW 1963, 667 f.; OLG Stuttgart NStE Nr. 1 zu § 364 b StPO. LR/*Gössel* § 359 Rdnr. 76 sieht im Widerruf einer Zeugenaussage nicht nur eine neue Tatsache, sondern auch ein neues Beweismittel.

23. LR/*Gössel* § 359 Rdnr. 62, 94; *Wasserburg* S. 308, 323, 329 f; *Peters* Fehlerquellen III S. 81. Widersprüchlich LR/*Meyer* 23. Aufl., einerseits Rdnr. 43, andererseits Rdnr. 30 zu § 359. Widersprüchlich ebenfalls *Kleinknecht/Meyer* (39. Aufl.) Rdnr. 22 einerseits: die neuen Tatsachen können sich auf Rechtfertigungsgründe beziehen; andererseits Rdnr. 31: keine neue Tatsache sei das nachträgliche Offenkundigwerden von Umständen, die die Tat rechtfertigen können; anders dagegen jetzt 40. Aufl. § 359 RdNr. 31.

23 a. Vgl. OLG Köln DRiZ 1989, 181; StV 1989, 98.

23 b. Vgl. OLG Braunschweig NStZ 1987, 377 mit Anm. *Gössel.*

24. Tatsachen, die lediglich eine verminderte Schuldfähigkeit (§ 21 StGB) begründen, reichen nicht aus. Das ergibt sich daraus, daß dann nicht ein Freispruch Ziel des Wiederaufnahmebegehrens ist, sondern lediglich eine geringere Strafe aufgrund **desselben** Strafgesetzes. Im übrigen ergibt sich das aus § 363 Abs. 2, der jedoch bei § 359 Nr. 5 keine selbständige Bedeutung hat (LR/*Gössel* § 359 Rdnr. 54; § 363 Rdnr. 2; *Kleinknecht/Meyer* § 363 Rdnr. 1). Zu beachten ist aber: zulässig ist ein Wiederaufnahmeverfahren, das (zunächst) wegen voller Schuldunfähigkeit betrieben wird, dann jedoch in der neuen Hauptverhandlung mit der Annahme verminderter Schuldfähigkeit endet. Denn das Verbot des § 363 Abs. 2 gilt nicht mehr für die neue Hauptverhandlung *Kleinknecht/Meyer* § 363 Rdnr. 1; LR/*Gössel* § 363 Rdnr. 15; *Peters* Fehlerquellen III S. 91.

Im übrigen ist bereits mehrfach an den Gesetzgeber appelliert worden (KK/*von Stackelberg* (1. Aufl.) § 363 Rdnr. 8; *Peters* Fehlerquellen III S. 90 f.), hier Abhilfe zu schaffen, insbesondere für die Fälle, in denen über § 21 StGB eine Bewährungsstrafe oder bei Verurteilung nach § 211 StGB eine zeitige Freiheitsstrafe in einem Wiederaufnahmeverfahren erreicht werden könnte. KK/*Meyer-Goßner* § 363 Rdnr. 11 befürchtet ein erhebliches Ansteigen von Wiederaufnahmeanträgen, da die Behauptung der Voraussetzungen des § 21 StGB leicht möglich sei; grobe Fehler bei der Nichtanwendung des § 21 StGB seien nur im Gnadenwege korrigierbar. Vgl. dazu unter X A 14 Anm. 12 c (3).

25. *Kleinknecht/Meyer* Rdnr. 24; KMR/*Paulus* Rdnr. 56, LR/*Gössel* Rdnr. 66 jeweils zu § 359; *Wasserburg* S. 303.

25 a. *Kleinknecht/Meyer* Rdnr. 25; LR/*Gössel* Rdnr. 67 jeweils zu § 359. Einschränkend *Peters* Fehlerquellen III S. 55 ff., *Hanack* JZ 1973, 401.

25 b. BVerfG StV 1987, 187 mit Anm. *Trechsel;* OLG Stuttgart MDR 1985, 605, OLG Koblenz OLGSt § 359 Nr. 2.

25 c. BVerfG NJW 1977, 1525.

25 d. LG Dortmund StV 1981, 173 und Anm. 28 a. e.

26. LR/*Gössel* § 359 Rdnr. 56; KK/*Meyer-Goßner* § 359 Rdnr. 18.

27. *Kleinknecht/Meyer* Rdnr. 24; KK/*Meyer-Goßner* Rdnr. 18; LR/*Gössel* Rdnr. 66; KMR/*Paulus* Rdnr. 56, 37 jeweils zu § 359; *Wasserburg* S. 304; *Peters* Fehlerquellen III S. 66. In all diesen Fällen würde der im Urteil festgestellte Sachverhalt nicht (mehr) strafbar sein, also ein Freispruch erfolgen müssen. Da aber die genannten Umstände nicht den Sachverhalt berühren, sondern lediglich die rechtliche Bewertung dieses Sachverhalts, werden sie nicht als „Tatsachen" i. S. d. § 359 Nr. 5 angesehen.

28. Ist dem Urteil eine Strafvorschrift zugrundegelegt worden, die zur Tatzeit oder bei Urteilserlaß (§ 2 Abs. 1, 3 StGB) bereits ersatzlos aufgehoben war, so hätte diese Änderung der Rechtslage zwar im Rechtsmittelverfahren (§ 354 a) berücksichtigt werden können; es wäre sogar die Verfassungsbeschwerde wegen Verstosses gegen Art. 103 Abs. 2 GG begründet gewesen. Hatte jedoch der Verurteilte die Entscheidung hingenommen, so ist nach h. M. eine Wiederaufnahme nicht möglich, sondern lediglich über den Gnadenweg die Folge des Urteils zu beseitigen (vgl. dazu unten X A 14 Anm. 12 c (3)). *Lantzke* ZRP 1970, 201/204 zeigt auf, daß der Weg über § 371 der richtige wäre.

Dagegen will *Lantzke* a. a. O. S. 206 diese Lösung nicht für den Fall gelten lassen, daß sich die Rechtsprechung zur Auslegung einer Strafnorm, auf die das Urteil gestützt ist, schon vor Erlaß des Urteils geändert hat, was dem Richter nicht bekannt war, so daß der Angeklagte bei Anwendung dieser neuen Rechtsauffassung hätte freigesprochen werden müssen.

29. Vgl. etwa den Wandel in der Rechtsprechung zur Auslegung des Tatbestandsmerkmals „Heimtücke" i. S. d. § 211 StGB nach dem Urteil des Bundesverfassungsgerichts NJW 1977, 1525. Hat das BVerfG eine bestimmte extensive Auslegung einer Strafnorm für verfassungswidrig erklärt, so ist die Wiederaufnahme nach § 79 BVerfGG zu prüfen; vgl. etwa LG Dortmund StV 1981, 173. Die Außerachtlassung außergewöhnlicher Umstände, die nach der Entscheidung des Großen Senats für Strafsachen (NStZ 1981, 344) bei Mord eine Strafmilderung nach § 49 StGB ermöglichen, ist keine neue Tatsache i. S. d. § 359 Nr. 5 vgl. OLG Bamberg NJW 1982, 1714.

30. LR/*Gössel* § 359 Rdnr. 66, 47; *Peters* Fehlerquellen III S. 68.

31. *Kleinknecht/Meyer* Rdnr. 25; KMR/*Paulus* Rdnr. 56, 37; LR/*Gössel* Rdnr. 67 jeweils zu § 359. Zu prüfen ist jedoch, weshalb die Beweise anders gewürdigt wurden. Hat dies seinen Grund darin, daß dem anderen Gericht zusätzliche Erkenntnisquellen zur Verfügung standen, aufgrund deren z. B. die Glaubwürdigkeit eines Belastungszeugen an-

4. Antrag nach § 359 Nr. 5 StPO   IX. 4

ders beurteilt wurde, so können diese zusätzlichen Erkenntnisse neue Tatsachen i. S. d. § 359 Nr. 5 sein. Vgl. *Peters* Fehlerquellen III S. 68 und oben bei (5 a) und Anm. 19 sowie unten bei IX. 4 (14) u. Anm. 89 f.

31 a. Vgl. dazu X A 14 Anm. 12 c (3).

32. *Kleinknecht/Meyer* Rdnr. 39, KMR/*Paulus* Rdnr. 44; KK/*Meyer-Goßner* Rdnr. 34; LR/*Gössel* Rdnr. 68 ff., 124 ff. jeweils zu § 359. *Eb. Schmidt* Lehrkommentar § 359 Rdnr. 30; *Peters* Fehlerquellen III S. 58 ff. und Lehrbuch S. 676; grundlegend OLG Bamberg NJW 1955, 1122.

33. LR/*Gössel* § 359 Rdnr. 69.

34. Näheres bei LR/*Gössel* Rdnr. 69, 127; KK/*Meyer-Goßner* Rdnr. 34; *Kleinknecht/ Meyer* Rdnr. 22, 39 jeweils zu § 359. Vgl. auch KMR/*Paulus* § 359 Rdnr. 45; *Peters* Fehlerquellen III S. 58; *Wasserburg* S. 323, 329.

35. Ist der im Urteil festgestellte Tatzeitpunkt richtig, so kommen in erster Linie solche Tatsachen in Betracht, aus denen sich ergibt, daß keine verjährungsunterbrechenden Maßnahmen getroffen wurden bzw. daß die Frage der Verjährung vom erkennenden Gericht überhaupt geprüft wurde. Möglich ist aber auch der Tatsachenvortrag, daß der Tatzeitpunkt früher lag als im Urteil festgestellt und deshalb die Tat bei Urteilserlaß bereits verjährt war. Vgl. im übrigen *Peters* Fehlerquellen III S. 58, Lehrbuch S. 674; KMR/*Paulus* § 359 Rdnr. 45; *Schöneborn* MDR 1975, 11.

36. LR/*Gössel* Rdnr. 69, 62; KMR/*Paulus* Rdnr. 45 jeweils zu § 359; *Peters* Fehlerquellen III S. 61 und Lehrbuch S. 676.

37. Insbesondere bei wiederholter Verurteilung wegen Wehrersatzdienstverweigerung aus Gewissensgründen; vgl. dazu LG Darmstadt NJW 1968, 1642; LG Hannover NJW 1970, 288 mit Anm. *Böckenförde* NJW 1970, 870; LG Krefeld NJW 1973, 1205. Vgl. auch LG Duisburg StV 1986, 99, 147; OLG Celle StV 1986, 8; OLG Düsseldorf StV 1986, 8 mit Anm. *Friedek;* AG Stade StV 1985, 143; OLG Karlsruhe NStZ 1990, 41; ausführlich *Wasserburg* StV 1982, 237, 242.

38. Die h. M. bejaht die Doppelbestrafung als eine Tatsache i. S. d. § 359 Nr. 5. Vgl. LR/ *Gössel* Rdnr. 70 ff.; KK/*Meyer/Goßner* Rdnr. 19; *Kleinknecht/Meyer* RdNr. 39 jeweils zu § 359. Die neue Tatsache liegt in der Erkenntnis, daß die Strafklage verbraucht war. Nach anderer Auffassung (KMR/*Paulus* Rdnr. 47 jeweils zu § 359) ist das zweite Urteil unwirksam und darf deshalb nicht vollstreckt werden. Vgl. ergänzend *Wasserburg* S. 306; *Peters* Fehlerquellen III S. 13, 58 ff.; *Maatz* MDR 1986, 285; BGH wistra 1990, 197 mit Anm. *Bauer*.

39. LR/*Gössel* Rdnr. 73 c, 125; KMR/*Paulus* Rdnr. 44 jeweils zu § 359.

40. *Kleinknecht/Meyer* § 359 Rdnr. 39. Hat dagegen dieser Verhandlungsunfähige in der Hauptverhandlung infolge der Verhandlungsunfähigkeit Umstände zugegeben, die sich in Wirklichkeit anders zugetragen haben, so kann er seine Einlassung widerrufen. Dieser Widerruf stellt dann eine neue Tatsache dar. Vgl. dazu oben bei IX 4 (2) und (5) u. Anm. 6 f., 21 und *Peters* Fehlerquellen III S. 61.

41. *Kleinknecht/Meyer* Rdnr. 22; LR/*Gössel* Rdnr. 73 c jeweils zu § 359; a. A. bei Verstoß gegen § 136 a: KK/*von Stackelberg* (1. Aufl.) § 359 Rdnr. 21 und *Peters* Fehlerquellen III S. 54, 61. *Peters* führt den Fall an, daß die einzige Belastungszeugin unter Verletzung der Vorschrift der §§ 136 a, 69 Abs. 3 vernommen worden war.

42. *Kleinknecht/Meyer* Rdnr. 40; KMR/*Paulus* Rdnr. 48 f.; KK/*Meyer/Goßner* Rdnr. 32; LR/*Gössel* Rdnr. 63, 128 ff. jeweils zu § 359.

43. LR/*Gössel* § 363 Rdnr. 1.

43 a. NStZ 1981, 344 mit Anm. *Lackner*.

43b. OLG Bamberg NJW 1982, 1714; vgl. erg. oben IX 4 (5) c und dort Anm. 29.

44. OLG Hamm NJW 1955, 565; OLG Stuttgart, Die Justiz 1982, 166; *Kleinknecht/ Meyer* Rdnr. 41; KMR/*Paulus* Rdnr. 49; LR/*Gössel* Rdnr. 133 jeweils zu § 359; a. A. *Peters* Fehlerquellen III S. 92.

45. *Kleinknecht/Meyer* Rdnr. 1; KMR/*Paulus* Rdnr. 1; LR/*Gössel* Rdnr. 3 jeweils zu § 363. Vgl. Anm. 24.

46. *Kleinknecht/Meyer* Rdnr. 41; KMR/*Paulus* Rdnr. 48 f., LR/*Gössel* Rdnr. 131 f. jeweils zu § 359 sowie die Kommentierung zu § 363.

47. *Kleinknecht/Meyer* Rdnr. 42; KMR/*Paulus* Rdnr. 50; LR/*Gössel* Rdnr. 134 jeweils zu § 359.

48. Wie Anm. 47. Welche Maßregel für den Beschuldigten vorteilhafter ist, kann zweifelhaft sein. Die Frage ist nach objektiven Gesichtspunkten zu entscheiden, wobei die Vorstellung des Verurteilten berücksichtigt werden kann.

49. §§ 62, 63 Abs. 1, 64 Abs. 1, 66 Abs. 1 Nr. 3 StGB.

49 a. *Kleinknecht/Meyer* Rdnr. 6; KMR/*Paulus* Rdnr. 8; LR/*Gössel* Rdnr. 16 jeweils zu § 368; KK/*Meyer-Goßner* § 359 Rdnr. 25; *Peters* Fehlerquellen III S. 82.

50. *Kleinknecht/Meyer* Rdnr. 6; LR/*Gössel* Rdnr. 16; KMR/*Paulus* Rdnr. 9 jeweils zu § 368. KK/*Meyer-Goßner* § 368 Rdnr. 8.

51. Wie Anm. 50; *Wasserburg* S. 319; a. A. KK/*Meyer-Goßner*, § 359 Rdnr. 25, der verlangt, daß die Neuheit feststehen müsse. Vgl. Anm. 51 a.

51 a. Das OLG Düsseldorf NJW 1987, 2030 hält die Wiederaufnahme für unzulässig, wenn auch nur Zweifel an der Neuheit bestehen.

52. KMR/*Paulus* § 368 Rdnr. 9; OLG Frankfurt 1978, 841. *Peters* (Fehlerquellen III S. 82) meint, die Gerichte sollten hinsichtlich der Frage der Neuheit großzügig verfahren und das Hauptgewicht auf die Erheblichkeitsprüfung legen. Ob Neuheit gegeben ist, wird im Freibeweisverfahren geklärt. Vgl. KK/*Meyer-Goßner* § 359 Rdnr. 25; *Kleinknecht/ Meyer* § 368 Rdnr. 5.

53. LR/*Gössel* § 372 Rdnr. 23; vgl. dazu auch IX. 6 (2) b und dortige Anm. 20.

54. *Kleinknecht/Meyer* Rdnr. 29; KMR/*Paulus* Rdnr. 58; LR/*Gössel* Rdnr. 79 jeweils zu § 359; *Wasserburg* S. 318.

55. Gemeint ist hier, daß das erkennende Gericht von dieser „Tatsache" nicht ausgegangen ist, weil es die „Tatsache" als nicht erwiesen oder als widerlegt angesehen hat. Dem Gericht war also die Tatsachen**behauptung** bekannt. Diese bekannte, weil behauptete Tatsache, die das Gericht dem Urteil aber nicht zugrundegelegt hat, kann im Wiederaufnahmeverfahren mit neuen Beweisen vorgetragen werden.

56. *Wasserburg* S. 318.

57. *Dippel* in: Jeschek/Meyer, Die Wiederaufnahme S. 80 ff.

57 a. OLG Frankfurt NJW 1955, 73; OLG Düsseldorf NJW 1987, 2030; BGH NJW 1966, 2177; LR/*Gössel* Rdnr. 30; *Kleinknecht/Meyer* Rdnr. 12 jeweils zu § 368. Vgl. erg. oben IX 3 (3) b und dortige Anm. 46, 47 sowie IX 2 (8) c mit dortiger Anm. 111, 112.

58. Vgl. dazu IX. 2 (5) a.

59. LR/*Gössel* § 359 Rdnr. 80 f.; *Wasserburg* S. 319. Die Frage ist bestritten. Es wird auf drei verschiedene Zeitpunkte abgestellt: Abschluß der Beweisaufnahme, Urteilsberatung, Urteilserlaß. Vgl. dazu auch *Kleinknecht/Meyer* Rdnr. 30; KK/*Meyer-Goßner* Rdnr. 24; KMR/*Paulus* Rdnr. 59 jeweils zu § 359. Bei Wiederaufnahme gegen ein Urteil, das nur im Schuldspruch rechtskräftig ist (sog. horizontale Teilrechtskraft, vgl. dazu IX. 2 (1) c), wird vom LR/*Meyer*, 23. Aufl., § 359 Rdnr. 38 ohne weitere Begründung als maß-

4. Antrag nach § 359 Nr. 5 StPO

geblicher Zeitpunkt der Eintritt der Rechtskraft dieses Urteilsbestandteils genannt. Bei Strafbefehl vgl. unten IX. 5 (2).

59 a. Ob die Tatsache auch im Urteil verwertet sein muß, um nicht mehr neu zu sein, ist bestritten. Vgl. Anm. 63 a, 64.

60. LR/*Gössel* Rdnr. 83; KMR/*Paulus* Rdnr. 59 jeweils zu § 359; *Peters* Fehlerquellen III S. 76. Offensichtlich ist dasselbe gemeint bei *Kleinknecht/Meyer* § 359 Rdnr. 30 und KK/*Meyer-Goßner* Rdnr. 24, wenn dort vom „erkennenden Gericht" die Rede ist.

61. LR/*Gössel* Rdnr. 84 f., 88; *Kleinknecht/Meyer* Rdnr. 30, KK/*Meyer-Goßner* Rdnr. 24; KMR/*Paulus* Rdnr. 60 jeweils zu § 359; *Wasserburg* S. 319; *Peters* Fehlerquellen III S. 76, Lehrbuch S. 672.

62. *Kleinknecht/Meyer* Rdnr. 5; KMR/*Paulus* Rdnr. 9; LR/*Gössel* Rdnr. 14 jeweils zu § 368; *Günther* MDR 1974, 94 Fußnote 16. Das OLG Karlsruhe OLGSt (alt) § 368 S. 1 hält aktenkundiges Beweismaterial dann nicht für neu, wenn die Hauptverhandlung vor dem Strafrichter (Einzelrichter) stattfand, da das Beweismittel dann „dem Gericht" bekannt war.

63. LR/*Gössel* Rdnr. 86; KMR/*Paulus* Rdnr. 30 jeweils zu § 359 und OLG Hamm GA 1957, 80 verneinen die Neuheit jener Tatsachen. Dagegen insbesondere *Meyer* JZ 1968, 7 ff.; *Wasserburg* S. 308, 319; *Kleinknecht/Meyer* § 359 Rdnr. 30.

63 a. Neuheit wird bejaht von LR/*Gössel* Rdnr. 85, 89; KK/*Meyer-Goßner* Rdnr. 24 jeweils zu § 359. Verneinend *Kleinknecht/Meyer* § 359 Rdnr. 30. Vgl. Anm. 69.

64. *Für Neuheit:*
LR/*Gössel* Rdnr. 89; KK/*Meyer-Goßner* Rdnr. 24; KMR/*Paulus* Rdnr. 60 jeweils zu § 359; *Wasserburg* S. 308, 320; *Peters* Fehlerquellen III S. 78 f., Lehrbuch S. 673; OLG Frankfurt NJW 1978, 841 m.w.N.; OLG Düsseldorf NJW 1987, 2030; vgl. auch *Kühne,* Strafprozeßlehre S. 396.
Gegen Neuheit: Kleinknecht/Meyer § 359 Rdnr. 30; OLG Celle NdsRpfl 1961, 231; *Schlüchter,* Das Strafverfahren Nr. 770. 2.

65. LR/*Gössel* Rdnr. 90; KMR/*Paulus* Rdnr. 60 jeweils zu § 359.

66. Relativ einfach ist die Frage einer fehlerhaften Wahrnehmung bzw. Würdigung bei Urkunden zu entscheiden; vgl. LR/*Gössel* § 359 Rdnr. 99. Dagegen ist bei Bekundungen von Zeugen und Sachverständigen genau zu analysieren, ob ihr Inhalt tatsächlich fehlerhaft wiedergegeben ist oder ob lediglich vorgetragen wird, das Gericht habe aus einer zutreffenden wiedergegebenen Tatsache nicht die vom Angeklagten gewünschten Folgerungen gezogen oder sie sonst anders gewürdigt als es naheliegt. Vgl. OLG Frankfurt NJW 1978, 841; OLG Düsseldorf NJW 1987, 2030.

67. *Peters* Fehlerquellen III S. 79 weist zutreffend daraufhin, daß hier der Inhalt des Urteils zum Maßstab der Neuheit zu nehmen ist. Der Fall des OLG Düsseldorf NJW 1987, 2030 zeigt, wie bzw. wann aus der Analyse des Urteils gefolgert werden kann, daß das erkennende Gericht den in der Hauptverhandlung vernommenen Zeugen zumindest nicht richtig verstanden hat.

68. KMR/*Paulus* Rdnr. 60; LR/*Gössel* Rdnr. 90, 162 ff jeweils zu § 359; das OLG Frankfurt NJW 1978, 841 weist daraufhin, daß dieser Nachweis in der Regel schwer zu führen ist. Vgl. aber OLG Düsseldorf NJW 1987, 2030 und Anm. 67.

69. Die sich wiederum auf ihre Prozeßaufzeichnungen stützen können. Dieser Nachweis kann aber auch aus dem Schweigen des Urteils zu der behaupteten Aussage des Zeugen abgeleitet werden, wenn die behauptete Bekundung des Zeugen zu gewichtig ist, so daß das Schweigen des Urteils dazu nur dadurch erklärlich ist, daß das Gericht diese Bekundung überhört hat. Vgl. OLG Düsseldorf NJW 1987, 2030. Ansonsten gilt aber, daß die Nichterwähnung einer Tatsache im Urteil noch kein Beweis dafür ist, daß diese Tatsache bei der Urteilsfindung unberücksichtigt geblieben ist, vgl. LR/*Gössel* § 368 Rndr. 14. Die Neuheit wird im Freibeweisverfahren geprüft, vgl. Anm. 52.

70. OLG Frankfurt NJW 1978, 841; *Peters* Fehlerquellen III S. 81 f; *Wasserburg* S. 320.

70a. Vgl. z.B. OLG Bremen OLGSt § 359 Nr. 3.

71. LR/*Gössel* § 359 Rdnr. 93.

72. Grundlegend OLG Frankfurt NJW 1978, 841.

72a. OLG Düsseldorf OLGSt § 359 Nr. 7.

73. LR/*Gössel* Rdnr. 91 ff.; KMR/*Paulus* Rdnr. 60; *Kleinknecht*/*Meyer* (40. Aufl.) Rdnr. 31; KK/*Meyer-Goßner* Rdnr. 24 jeweils zu § 359; *Peters* Fehlerquellen III S. 79; *Wasserburg* S. 320; OLG Frankfurt NJW 1978, 841; OLG Bremen OLGSt § 359 Nr. 3; a. A. noch *Kleinknecht*/*Meyer* (39. Aufl.) § 359 Rdnr. 31 unter Berufung auf OLG Karlsruhe NJW 1958, 1247. *Peters* Fehlerquellen III S. 79 stimmt dem OLG Karlsruhe nur insofern zu, daß die bloße Behauptung des Gegenteils durch den Wiederaufnahmeführer noch kein neues Vorbringen ist.

74. OLG Frankfurt JR 1984, 40 mit Anm. *Peters*; LR/*Gössel* Rdnr. 88, 96; KMR/*Paulus* Rdnr. 59; *Kleinknecht*/*Meyer* Rdnr. 30 jeweils zu § 359; *Wasserburg* S. 320; *Peters* Fehlerquellen III S. 77; ausführlich *Meyer*, Festgabe für Peters, S. 387 ff.; Kaut JR 1989, 137.

75. H.M. wie Anm. 74. Nach dem bis 12.9. 1950 geltenden S. 2 der Nr. 5 (vgl. LR/*Gössel* § 359, Entstehungsgeschichte, vor Rdnr. 1) konnten bei Verfahren, die in erster Instanz beim AG verhandelt wurden, nur solche Tatsachen oder Beweismittel beigebracht werden, welche der Verurteilte in den früheren Verfahren einschl. der Berufung nicht gekannt hatte oder ohne Verschulden nicht geltend machen konnte. Diese Rechtslage ist bei der Lektüre älterer Entscheidungen zu beachten.

76. *Kleinknecht*/*Meyer* § 368 Rdnr. 5; OLG Hamm RPfl 1963, 82.

76a. Vgl. OLG Düsseldorf NJW 1987, 2030 zur vergleichbaren Situation, wenn ein wesentlicher Teil einer Zeugenaussage im Urteil nicht erörtert ist.

77. OLG Frankfurt JR 1984, 40 mit Anm. *Peters*; LR/*Gössel* § 359 Rdnr. 163; § 368 RdNr. 14.

78. *Peters* JR 1984, 40, 41 und Lehrbuch S. 672 f.: Nachlässigkeit, Unfähigkeit des (unverteidigten) Angeklagten, Nicht-erkennen der Bedeutung der Tatsache, Nicht-fertigwerden mit der Gefahrensituation, Furcht vor Widersprüchen zu Angaben im Ermittlungsverfahren, Nicht-zu-Worte-kommen infolge unrichtigen Verhalten des Vorsitzenden, Unterschätzen der Gefahr einer Verurteilung, Überzeugtsein vom Freispruch oder geringer Strafe, Fatalismus und Resignation, Vertrauen darauf, der Richter werde schon die Wahrheit finden, Schonung anderer, bewußtes Zurückhalten.

79. Vgl. dazu unten bei IX. 4 (20).

80. LR/*Gössel* § 359 Rdnr. 96.

81. Wichtig in den Fällen, in denen die Berufung im vollen Umfang durchgeführt wurde. Vgl. IX. 2 (5) a.

82. *Kleinknecht*/*Meyer* § 359 Rdnr. 32; § 368 Rdnr. 6; KMR/*Paulus* § 359 Rdnr. 61; § 368 Rdnr. 9; LR/*Gössel* § 368 Rdnr. 14; *Peters* Fehlerquellen III S. 81. Ist ein Beweismittel lt. Protokoll nicht benutzt worden, jedoch im Urteil angeführt und verwertet, so gilt das oben IX. 4 (12) u. Anm. 63 Angeführte entsprechend.

83. LR/*Gössel* § 368 Rdnr. 15; KK/*Meyer-Goßner* § 359 Rdnr. 25; *Peters* Fehlerquellen III S. 82.

84. KMR/*Paulus* § 359 Rdnr. 23, 64.

4. Antrag nach § 359 Nr. 5 StPO IX. 4

85. LR/*Gössel* Rdnr. 100; KMR/*Paulus* Rdnr. 23, 64 jeweils zu § 359; *Wasserburg* S. 313; *Peters* Fehlerquellen III S. 81 f. Zutreffend weist aber *Gössel* in LR a.a.O. daraufhin, daß die Erklärung, die der Angeklagte oder Zeuge auf den Vorhalt abgegeben hat, Gegenstand der Urteilsfindung war und somit der Inhalt der Urkunde mittelbar für die Entscheidung von Bedeutung war. Deshalb ist eine lediglich vorgehaltene, aber nicht förmlich verlesene Urkunde zwar neu, sie wird aber i. d. R. nicht geeignet sein, die tatsächlichen Grundlagen des Urteils zu erschüttern.

86. Vgl. oben bei IX. 4 (12). Es ist die fehlerhafte Wahrnehmung von der fehlerhaften Würdigung des Inhalts einer Urkunde zu unterscheiden.

87. Vgl. Anm. 63, 82.

88. *Wasserburg* S. 314; *Peters* Fehlerquellen III S. 74 f. Vgl. erg. IX 4 (5) c u. Anm. 31.

89. Vgl. oben IX. 4 (5) u. Anm. 31. *Peters* Fehlerquellen III S. 75 weist daraufhin, daß eine andere Beweiswürdigung durch ein anderes Gericht nicht stets unerheblich ist. So kann ein entgegengesetztes Zivilurteil einen Beweis für die subjektive Gutgläubigkeit des Verurteilten ergeben.

90. Bestr.; a.A. OLG Hamm NJW 1969, 805; dagegen *Meyer* NJW 1969, 1360 und *Wasserburg* S. 314, 330.

91. *Peters* Fehlerquellen III S. 75.

92. Vgl. IX. 2 (5). Neu ist also ein Zeuge, der in der Berufungsverhandlung nicht vernommen wurde, mag er auch in der ersten Instanz gehört worden sein, sofern seine dortige Aussage nicht in der Berufung nach § 325 verlesen wurde. Vgl. LR/*Gössel* § 359 Rdnr. 101; a.A. OLG Oldenburg MDR 1985, 518 L.

93. *Kleinknecht*/*Meyer* Rdnr. 33; KMR/*Paulus* Rdnr. 61, 62; KK/*Meyer-Goßner* Rdnr. 29; LR/*Gössel* Rdnr. 101 jeweils zu § 359; *Wasserburg* S. 314; *Peters* Fehlerquellen III S. 73.

94. Wie Anm. 93. Vgl. aber OLG Oldenburg MDR 1985, 518 (LS), wonach ein Zeuge, der in der ersten Instanz vernommen und in der zweiten Instanz geladen, jedoch dort wegen Nichterscheinens nicht vernommen worden war, ohne daß der Angeklagte dagegen etwas erinnert und ohne daß die diesbezügliche Revisionsrüge Erfolg gehabt hat, kein „neues" Beweismittel sei.

95. Wie Anm. 93; a.A. OLG Celle NdsRpfl 1970, 47.

96. Wie Anm. 93; *Peters* Fehlerquellen III S. 77; *Wasserburg* S. 316.

97. Wie Anm. 93; OLG Köln NJW 1963, 968; OLG Hamm OLGSt (alt) § 359 S. 67 (4 Ws 223/80 v. 18. 8. 1980), OLG Köln NStZ 1991, 96.

98. Vgl. IX. 4 (13) und *Peters* Lehrbuch S. 673.

99. Vgl. IX. 4 (12) und Anm. 64 ff.

100. LR/*Gössel* § 359 Rdnr. 103.

101. Wie Anm. 93; *Peters* Fehlerquellen III S. 78.

102. *Kleinknecht*/*Meyer* Rdnr. 23; KMR/*Paulus* Rdnr. 57; LR/*Gössel* Rdnr. 65; KK/*Meyer-Goßner* Rdnr. 20 ff. jeweils zu § 359; *Wasserburg* S. 315; *Peters* Fehlerquellen III S. 73. Vgl. auch IX. 4 (5) und Anm. 9, 22.

103. Vgl. IX. 4 (20).

104. Hat der frühere Mitangeklagte im Erkenntnisverfahren geschwiegen, so ist seine Bekundung zum Tatgeschehen im Wiederaufnahmeverfahren sowohl eine neue Tatsache wie auch – nunmehr als Zeuge – ein neues Beweismittel. Zur besonderen Darlegungspflicht hier vgl. IX. 4 (20). Vgl. KK/*Meyer-Goßner* § 359 Rdnr. 22; OLG Hamm JR 1981, 439 mit Anm. *Peters*.

105. Vgl. IX. 4 (20); BGH wistra 1988, 358.

106. Wie Anm. 102.

107. Das OLG Hamburg JR 1951, 218 sieht im Widerruf sowohl eine neue Tatsache wie ein neues Beweismittel. Vgl. IX 4 (2) u. (3) sowie Anm. 9, 10.

107a. BGH wistra 1988, 358.

108. *Kleinknecht/Meyer* Rdnr. 33; KMR/*Paulus* Rdnr. 62 jeweils zu § 359; OLG Hamburg JR 1951, 218; OLG Düsseldorf JZ 1985, 452; a.A. LR/*Gössel* § 359 Rdnr. 102; *Wasserburg* S. 315. KK/*Meyer-Goßner* sieht nur bei einem bisher schweigenden Mitangeklagten ein neues Beweismittel, wenn dieser nun im Wiederaufnahmeverfahren erstmals (als Zeuge) Angaben macht (§ 359 Rdnr. 22 unter Hinweis auf OLG Hamm JR 1981, 439), während er ansonst kein neues Beweismittel darin sieht, daß der (bisherige) Mitangeklagte jetzt als Zeuge vernommen werden kann (§ 359 Rdnr. 29 unter Hinweis auf OLG Düsseldorf JZ 1985, 452).
Im Erkenntnisverfahren ist ein Mitangeklagter nach seinem Ausscheiden auf Antrag als Zeuge zu vernehmen, vgl. BGH StV 1982, 2; a.A. allerdings BGH StV 1982, 507. Die Aussage als Zeuge ist also ein anderes Erkenntnismittel. Demgemäß müßte im Wiederaufnahmeverfahren die Zeugenaussage eines ehemaligen Mitangeklagten als neues Beweismittel anerkannt werden.

109. *Kleinknecht/Meyer* Rdnr. 33; KMR/*Paulus* Rdnr. 62; LR/*Gössel* Rdnr. 102 jeweils zu § 359. Dagegen sieht Peters Fehlerquellen III S. 78 in dem neu erworbenen Status des Zeugen eine neue Tatsache. Zu fordern sei aber die Darlegung, daß gerade die Eidesunmündigkeit eine Falschaussage begründet habe, deren Abänderung unter Eid zu erwarten sei. Ergänzend *Wasserburg* S. 315.

110. Zur Frage, worin die Ursache dafür liegt, vgl. LR/*Gössel* § 359 Rdnr. 104; *Peters* Fehlerquellen III S. 97; *Wasserburg* S. 309 ff.

110a. Zu den zulässigen Wiederaufnahmezielen vgl. IX 1.

110b. LR/*Gössel* § 359 Rdnr. 104 a.E.; im Ergebnis ähnlich KK/*Meyer-Goßner* § 359 Rdnr. 26; OLG Bremen OLGSt § 359 Nr. 3; OLG Koblenz OLGSt § 359 Nr. 5.

111. LR/*Gössel* Rdnr. 106; *Kleinknecht/Meyer* Rdnr. 34 jeweils zu § 359.

112. OLG Frankfurt OLGSt (alt) § 359 S. 25: erbbiologisches Gutachten zur Frage der Vaterschaft, um die Unglaubwürdigkeit der Belastungszeugin in einem Verfahren nach § 176 StGB, sie habe nur mit dem Beschuldigten Geschlechtsverkehr gehabt, zu erschüttern.

113. Wie Anm. 111; *Wasserburg* S. 309 m.w.N.; *Peters* Fehlerquellen III S. 73; a.A. KMR/*Paulus* § 366 Rdnr. 10.

114. LR/*Gössel* § 359 Rdnr. 170. Es ist an den Fall zu denken, daß sich erst nach dem Urteil auf dem Gebiet, auf dem sich das Gericht bis dahin eigene Sachkunde zutrauen durfte, neue wissenschaftliche Erkenntnisse ergeben haben, aus denen sich ergibt, daß die vom Gericht aufgrund eigener Sachkunde vorgenommene Beantwortung der Beweisfrage wesentlich komplizierter ist als es zum Zeitpunkt der Entscheidung nach dem damaligen Kenntnisstand den Anschein hatte.

115. *Kleinknecht/Meyer* Rdnr. 50; LR/*Gössel* Rdnr. 170 jeweils zu § 359; *Wasserburg* S. 309. Vgl. aber noch unten bei „Antragserfordernisse" und Anm. 141–143c.

116. OLG Hamburg OLGSt (alt) § 359 S. 19; *Wasserburg* S. 309.

117. Z.B. neue, in einem anderen Strafverfahren gewonnene Erkenntnisse über den psychischen Zustand des Verurteilten.

118. LR/*Gössel* § 359 Rdnr. 106a.

4. Antrag nach § 359 Nr. 5 StPO　　　　　　　　　　　　　　　　　　　　IX. 4

118a. OLG Koblenz OLGSt § 359 Nr. 5. Allerdings sei für diesen Fall die Vorlage des Gutachtens erforderlich, vgl. dazu bei Antragserfordernisse u. dort. Anm. 141.

119. LR/*Gössel* Rdnr. 108, 97, 90, 89; KMR/*Paulus* Rdnr. 60 jeweils zu § 359; grundlegend OLG Frankfurt NJW 1978, 841, OLG Düsseldorf NJW 1987, 2030; a.A. *Kleinknecht/Meyer* § 359 Rdnr. 30. Vgl. erg. IX 4 (12) c und Anm. 64ff.

120. KMR/*Paulus* § 359 Rdnr. 63. *Peters* Fehlerquellen III S. 74 (ergänzend S. 66, 97f.) sieht in den neuen wissenschaftlichen Erkenntnissen eine neue Tatsache i.S.d. Nr. 5 des § 359.

120a. Vgl. noch Anm. 141–143c.

121. *Kleinknecht/Meyer* Rdnr. 35; KMR/*Paulus* Rdnr. 63; KK/*Meyer-Goßner* Rdnr. 26; LR/*Gössel* Rdnr. 155 jeweils zu § 359; BGHSt 31, 365, 370; OLG Hamburg GA 1967, 250; OLG Koblenz OLGSt § 359 Nr. 5. Dagegen hält *Peters* Fehlerquellen III S. 74, 98 dann, wenn der neue Sachverständige darlegen kann, daß die Schlußfolgerungen, die der frühere Sachverständige gezogen hat, nicht richtig, voreilig, nicht gesichert oder nicht, wie vom früheren Gutachter angenommen, zwingend sind, einen Wiederaufnahmegrund für gegeben. Die Erheblichkeit der neuen gutachterlichen Stellungnahme ergebe sich hier aus der Persönlichkeit des Sachverständigen. Ergänzend *Peters* Lehrbuch S. 675.

122. KMR/*Paulus* § 359 Rdnr. 63.

123. *Kleinknecht/Meyer* Rdnr. 35; KK/*Meyer-Goßner* Rdnr. 26; LR/*Gössel* Rdnr. 155 jeweils zu § 359; a.A. KK/*von Stackelberg* (1. Aufl.) § 359 Rdnr. 26; *Peters* Fehlerquellen III S. 38 und Lehrbuch S. 675; *Wasserburg* S. 312; *Roxin* Strafverfahrensrecht § 55 B III 1. Die Frage der größeren Sachkunde ist nicht immer zu unterscheiden von überlegenen Forschungsmitteln, die für die Geeignetheit ausreichend sind. Schwierig dürfte auch die bei LR/*Gössel* Rdnr. 155 getroffene Differenzierung sein: „größere Sachkunde" des neuen Sachverständigen genüge nicht, dagegen sei es ausreichend, wenn der neue Gutachter über ein „größeres Erfahrungswissen" verfüge.

123a. KK/*Meyer-Goßner* § 359 Rdnr. 26; *Günther* MDR 1974, 93, 99.

124. OLG Karlsruhe MDR 1972, 800; LR/*Gössel* Rdnr. 107a, 155; KK/*Meyer-Goßner* Rdnr. 26; *Kleinknecht/Meyer* Rdnr. 35 jeweils zu § 359; *Wasserburg* S. 312; *Peters* Fehlerquellen III S. 97f.; ergänzend OLG Frankfurt NJW 1966, 2423/2424.

125. LR/*Gössel* § 359 Rdnr. 155; OLG Frankfurt NJW 1966, 2424.

126. LR/*Gössel* § 359 Rdnr. 155; OLG Braunschweig GA 1956, 266.

127. *Kleinknecht/Meyer* Rdnr. 35; KK/*Meyer-Goßner* Rdnr. 27; LR/*Gössel* Rdnr. 155 jeweils zu § 359; OLG Koblenz OLGSt § 359 Nr. 5.

127a. OLG Düsseldorf NStZ 1987, 245.
Sehr instruktiv OLG Bremen OLGSt § 359 Nr. 3: Die vom Beschuldigten bereits für den Beginn der Tötungshandlung geltend gemachte Erinnerungslücke war im Erkenntnisverfahren vom Gutachter auf **traumatischer** Grundlage ausgeschlossen und deshalb die Schuldfähigkeit bejaht worden. Im Wiederaufnahmeantrag wurde unter Vorlage des Gutachtens eines neuen Sachverständigen die Schuldunfähigkeit inform einer tiefgreifenden Bewußtseinsstörung auf **psychogener** Grundlage infolge eines affektiven Ausnahmezustandes für das gesamte Tötungsgeschehen geltend gemacht. Dies stellt eine neue Anknüpfungstatsache dar.

128. *Peters* Fehlerquellen III S. 98.

129. KMR/*Paulus* Rdnr. 63; LR/*Gössel* Rdnr. 155 jeweils zu § 359.

130. *Kleinknecht/Meyer* Rdnr. 35; KK/*Meyer-Goßner* Rdnr. 26; LR/*Gössel* Rdnr. 155 jeweils zu § 359. Vgl. aber Anm. 123.

131. Solche neuen Erkenntnisse, die dem früheren Gutachten die tatsächliche Grundlage ganz oder teilweise entziehen oder sie verändern, werden gelegentlich auch als „neue Tatsache" i. S. d. Nr. 5 angesehen. Vgl. KMR/*Paulus* § 359 Rdnr. 63; *Peters* Fehlerquellen III S. 73. Das OLG Koblenz OLGSt § 359 Nr. 5 nennt neue Forschungsmittel, die zur Zeit des Erkenntnisverfahrens einem Sachverständigen noch nicht zur Verfügung standen.

132. KMR/*Paulus* Rdnr. 63; LR/*Gössel* Rdnr. 104, 152, 156 jeweils zu § 359; *Wasserburg* S. 312; *Peters* Fehlerquellen III S. 97f. Vgl. auch KK/*Meyer-Goßner* § 359 Rdnr. 26.

133. Fehlerquellen III S. 97f.

134. In § 244 Abs. 4 S. 2 sind nur die „unzutreffenden" Voraussetzungen genannt. Vgl. Anm. 127.

134a. Vgl. Anm. 121.

135. OLG Bremen NJW 1964, 2218; LR/*Gössel* § 359 Rdnr. 170; *Peters* Fehlerquellen III S. 98, 137.

136. *Kleinknecht/Meyer* Rdnr. 35 und LR/*Gössel* Rdnr. 155 jeweils zu § 359 lassen die Zugehörigkeit zu einem anderen Fachgebiet genügen. Vgl. dazu *Wasserburg* S. 310, der insoweit zwischen Naturwissenschaften und den „besonders stark durch Theorien gekennzeichneten Wissenschaften" differenziert.

137. OLG Karlsruhe MDR 1972, 800; vgl. dazu *Wasserburg* S. 301. Nach BGHSt 34, 355 ist auf dem Gebiet der Schuldfähigkeit (§ 20 StGB) oder hinsichtlich der für die Beurteilung der subjektiven Tatseite relevanten psychischen Störungen ein Psychologe kein weiterer Sachverständiger i. S. d. § 244 Abs. 4 S. 2, wenn dazu bereits ein Psychiater ein Gutachten erstattet hat. Die Ausführungen des BGH können nur so verstanden werden, daß bei diesen Fragen ein Psychologe gegenüber dem im Erkenntnisverfahren gehörten Psychiater kein neuer Sachverständiger auf einem anderen Fachgebiet ist.

138. *Peters* Fehlerquellen III S. 98.

139. OLG Düsseldorf MDR 1973, 932; KMR/*Paulus* Rdnr. 63; LR/*Gössel* Rdnr. 155 jeweils zu § 359; *Wasserburg* S. 309, 311.

140. OLG Frankfurt NJW 1966, 2423: Antrag auf Ortsbesichtigung um so die Unzuverlässigkeit der Angaben eines Belastungszeugen (Kind) darzutun, dessen Glaubwürdigkeit ein Sachverständiger bejaht hatte.

141. *Kleinknecht/Meyer* (39. Aufl.) § 359 Rdnr. 50; a. A. jetzt 40. Aufl. § 359 Rdnr. 50: ein neues Gutachten sei in der Regel vorzulegen.

142. *Wasserburg* S. 309 m. w. N.

143. OLG Hamm MDR 1978, 248.

143a. LR/*Gössel* § 359 Rdnr. 170.

143b. BGHSt 31/365, 370; LR/*Gössel* § 359 Rdnr. 168.

143c. OLG Koblenz OLGSt § 359 Nr. 5; KK/*Meyer-Goßner* § 359 Rdnr. 27.

144. *Kleinknecht/Meyer* Rdnr. 36; LR/*Gössel* Rdnr. 157 jeweils zu § 359.

145. LR/*Gössel* § 359 Rdnr. 109; *Wasserburg* S. 313; *Peters* Fehlerquellen III, S. 75.

146. KMR/*Paulus* Rdnr. 65; KK/*Meyer-Goßner* Rdnr. 28; LR/*Gössel* Rdnr. 157 jeweils § 359.

147. OLG Frankfurt NJW 1966, 2423; *Kleinknecht/Meyer* Rdnr. 36; KMR/*Paulus* Rdnr. 65; LR/*Gössel* Rdnr. 109ff., 157f. jeweils zu § 359; *Wasserburg* S. 313. *Peters* Fehlerquellen III S. 75f.: durch den Augenschein wird unter Beweis gestellt, daß der Hauptbelastungszeuge die von ihm behauptete Beobachtung von seiner Position aus überhaupt nicht machen konnte oder daß die Straßenführung eine andere ist, als sie der gehörte Sachverständige seinem Gutachten zugrunde gelegt hat.

4. Antrag nach § 359 Nr. 5 StPO IX. 4

148. *Peters* Fehlerquellen III S. 75f.; KK/*Meyer-Goßner* § 359 Rdnr. 28.

148a. Vgl. dazu bei IX 4 (19) e und Anm. 187a–q.

149. Vgl. IX. 1.

150. Vgl. IX. 4 (5).

151. LR/*Gössel* § 359 Rdnr. 119.

152. Vgl. IX. 4 (5).

153. Vgl. IX. 4 (5) und *Peters* Fehlerquellen III S. 92f.; OLG Köln DRiZ 1989, 181; StV 1989, 98.

154. Bei vermeidbarem Verbotsirrtum bleibt das Verhalten strafbar; jedoch kann dann die Wiederaufnahme mit dem Ziel einer geringeren Strafe betrieben werden vgl. *Kleinknecht/Meyer* § 359 Rdnr. 41. Dasselbe gilt, wenn in der Wiederaufnahme ein Tatbestandsirrtum geltend gemacht wird und die fahrlässige Begehung des Delikts unter Strafe gestellt ist. Vgl. IX 4 (7).

155. LR/*Gössel* § 359 Rdnr. 149; *Peters* Fehlerquellen III S. 88.

156. Bei Annahme von Gehilfenschaft kommt eine Wiederaufnahme zur Erreichung einer geringeren Strafe in Betracht, vgl. *Kleinknecht/Meyer* § 359 Rdnr. 41. Vgl. IX 4 (7).

157. Bejahend LR/*Gössel* § 359 Rdnr. 120; *Kleinknecht/Meyer* § 359 Rdnr. 38. Zur Frage, ob die §§ 145d, 258 StGB ein milderes Gesetz i.S.d. § 363 sind vgl. *Peters* Lehrbuch S. 678.

158. *Kleinknecht/Meyer* Rdnr. 38; LR/*Gössel* Rdnr. 123 jeweils zu § 359.

159. Vgl. IX. 2 (1) e.

160. Vgl. IX. 2 (1) d. Stets ist aber zu prüfen, ob die Anfechtung eine selbständige Tat oder nur einen unselbständigen Teil von ihr erfaßt. Vgl. BGH wistra 1988, 358.

161. *Kleinknecht/Meyer* § 368 Rdnr. 10; KMR/*Paulus* § 359 Rdnr. 67; § 368 Rdnr. 12; KK/*Meyer/Goßner* § 368 Rdnr. 8; LR/*Gössel* § 359 Rdnr. 137; *Peters* Fehlerquellen III S. 82ff, 85. Bei der Wahrscheinlichkeit werden noch Gradunterschiede gemacht, z.B. *Kleinknecht/Meyer*: „genügend wahrscheinlich", KMR/*Paulus*: „überwiegend wahrscheinlich". Die Reformbestrebungen gehen dahin, anstelle der Wahrscheinlichkeit die bloße Möglichkeit einer Besserstellung ausreichen zu lassen. Vgl. *Wasserburg* S. 323.

162. *Kleinknecht/Meyer* § 368 Rdnr. 10; *Peters* Fehlerquellen III S. 85.

163. OLG Nürnberg MDR 1964, 171; OLG Celle JR 1967, 150; OLG Karlsruhe OLGSt (alt) § 368 S. 2; *Fuchs* JuS 1969, 517; OLG Düsseldorf OLGSt § 359 Nr. 4.

164. H.M.; wie Anm. 161 und *Peters* Fehlerquellen III S. 86; ausführlich *Wasserburg* S. 185ff und *Schünemann* ZStW 84 (1972) 870.

165. *Kleinknecht/Meyer* Rdnr. 10; KMR/*Paulus* Rdnr. 11 jeweils zu § 368; LR/*Gössel* § 359 Rdnr. 140.

166. *Peters* Fehlerquellen III S. 87.

167. OLG Koblenz OLGSt § 359 Nr. 5; *Kleinknecht/Meyer* Rdnr. 9; KK/*Meyer-Goßner* Rdnr. 10; LR/*Meyer*, 23. Aufl. Rdnr. 23 jeweils zu § 368; KMR/*Paulus* § 359 Rdnr. 11; a.A. LR/*Gössel* § 359 Rdnr. 145. Das BVerfG NStZ 1990, 499 erklärt diese Rspr. für verfassungsgemäß.

168. Eine Rückfrage bei den damaligen Richtern, wie sie entschieden hätten, wenn ihnen das jetzige neue Vorbringen bekannt gewesen wäre, wird nicht für zulässig gehalten, vgl. BGH 19, 365; *Kleinknecht/Meyer* § 368 Rdnr. 9.

169. BGHSt 17, 304; 18, 226; 19, 366; JR 1977, 217 mit Anm. *Peters*.

170. OLG Celle JR 1967, 150; OLG Karlsruhe Justiz 1984, 308; OLG Hamm MDR 1974, 250; LG Hof MDR 1973, 517; OLG Koblenz OLGSt § 359 Nr. 5.

171. Fehlerquellen III S. 100 f.; Lehrbuch S. 675.

172. In der Entscheidung des BGH JR 1977, 217 (vgl. Anm. 169), die zwar nach dem StPÄG 1964 erging, kam es auf die Frage, von welchem Standpunkt aus das Wiederaufnahmevorbringen zu würdigen ist, nicht an.

173. *Peters* Lehrbuch S. 675 f.

174. Eine solche „nachträgliche Prophezeihung" des Wiederaufnahmegerichts darüber, wie (wohl) das erkennende Gericht bei Kenntnis der Nova entschieden hätte, sei eine psychologische Unmöglichkeit, vgl. LR/*Gössel* § 359 Rdnr. 145.

175. LR/*Gössel* § 359 Rdnr. 141 ff, 145; KK/*von Stackelberg* (1. Aufl.) § 368 Rdnr. 9; *Wasserburg* S. 325; *Meyer* NJW 1969, 1360; ZStW 84 (1972) 933; *Schünemann* ZStW 84 (1972) 902; *Hanack* JZ 1974, 19; *Peters* Fehlerquellen III S. 100 f, Lehrbuch S. 675; Anm. in JR 1977, 219; FS Kern S. 347; vgl. auch *Günther* MDR 1974, 94. Das BayObLG hat schon früher (*Alsberg* Entsch. II Nr. 252, zit. in *Peters* Fehlerquellen III S. 99) diese Auffassung vertreten. Die 2. Aufl. des KK/*Meyer-Goßner* § 368 Rdnr. 10 ist wiederum zur alten Rechtsauffassung (vgl. Anm. 167) zurückgekehrt. Das OLG Düsseldorf OLGSt § 359 Nr. 4 hält die Literaturmeinung für „beachtenswert" und konzediert ihr eine Übereinstimmung mit dem gesetzlichen Sinn und Zweck des abgestuften Wiederaufnahmeverfahrens sowie mit dem Wortlaut und Regelungsgehalt der §§ 359 Nr. 5, 368 Abs. 1.

176. Auch die Vertreter der modernen Meinung, daß die Sicht des Wiederaufnahmegerichts entscheidend sein müsse, halten jedenfalls die Bindung des Wiederaufnahmegerichts an die Rechtsauffassung des früher erkennenden Gerichts für geboten, vgl. LR/*Gössel* § 359 Rdnr. 143. Allerdings erkennt man, daß dies nicht ausnahmslos gelten kann: an eine „offensichtlich unhaltbare Rechtsauffassung" des erkennenden Gerichts sei das Wiederaufnahmegericht nicht gebunden, vgl. *Kleinknecht*/*Meyer* § 368 Rdnr. 9. Es geht hier um das materielle Recht, also um die Frage, ob ein bestimmter Sachverhalt strafbar ist oder nicht. Dahinter steht stets der verfassungsrechtliche Grundsatz des Art. 103 Abs. 2 GG. Vor diesem Hintergrund ist die Frage zu entscheiden, ob die Rechtsordnung um der Wahrheit und Gerechtigkeit willen verlangen kann, daß der Wiederaufnahmerichter gezwungen sein soll, den sich aus dem Wiederaufnahmevorbringen ergebenden neuen Sachverhalt, der nach der richtigen materiell rechtlichen Auffassung straflos ist, entgegen seiner eigenen (zutreffenden) Rechtsauffassung für strafbar zu erklären, nur weil er an die falsche Rechtsansicht des früheren Richters gebunden sein soll. Auch sonst empfinden es Richter doch als Zumutung, an falsche rechtliche Auffassungen anderer Richter gebunden zu sein. *Peters* (Fehlerquellen III S. 100) weist z. B. daraufhin, daß bei der Frage der Rechtskraftwirkung einer fortgesetzten Handlung der nächste Richter prüfen muß, ob der erste Richter zu Recht wegen fortgesetzter Handlung verurteilt hat (BGH 15, 270) und der spätere Richter nicht an eine unzutreffende Rechtsauffassung des früheren Richters, der fälschlicherweise Fortsetzungszusammenhang angenommen hat, gebunden ist. Niemand kann wissen, welche Auslegung der materiell-rechtlichen Strafnorm, unter die es den von ihm ermittelten Sachverhalt subsumierte, das früher erkennende Gericht vertreten hätte, wenn es den im Wiederaufnahmeantrag enthaltenen neuen Sachverhalt hätte subsumieren müssen. Deshalb darf das Wiederaufnahmegericht auch nicht an die falsche Rechtsauffassung des erkennenden Gerichts gebunden sein. Vgl. *Peters* a. a. O.; *Wasserburg* S. 325. Die Differenzierung zwischen „offensichtlich unhaltbaren" und vertretbaren falschen Rechtsauffassungen ist für das **materielle** Recht, das unter dem verfassungsrechtlichen Gebot des Art. 103 Abs. 2 GG steht, nicht möglich.

177. Aus der Sicht der bisher h. M. war dies konsequenterweise unzulässig vgl. BGH 19, 366: „Das Wiederaufnahmegericht darf nicht zu Lasten des Antragstellers Beweisanzeichen **hinzufügen**, die das damalige Gericht nicht zu seinen Lasten verwertet hat ......"

4. Antrag nach § 359 Nr. 5 StPO IX. 4

Peters Lehrbuch S. 676 hält es für selbstverständlich, daß das Wiederaufnahmegericht nicht neue, d. h. vom Erstrichter nicht berücksichtigte Indizien zu Lasten des Antragstellers einführen kann; auch darf es nicht bestimmte Beweisanzeichen, die das Erstgericht nicht zu Lasten des Beschuldigten gewertet hat, im Gegensatz dazu nun doch belastend werten. Im übrigen gilt: Soweit das erkennende Gericht die Verurteilung auf Beweisanzeichen gestützt hat, sind diese vom Wiederaufnahmegericht ebenso zu werten wie im angefochtenen Urteil, **wenn** sie nicht unmittelbar durch den Wiederaufnahmegrund betroffen sind (vgl. OLG Düsseldorf OLGSt § 359 Nr. 4). Desweiteren ist eine Bindung des Wiederaufnahmegerichts an die Beweiswürdigung dann nicht gegeben, wenn die Beweisführung des erkennenden Gerichts aufgrund einer Indizienkette so fehlerhaft ist, daß dessen Erwägungen unter keinem denkbaren Gesichtspunkt konsequent, folgerichtig und lückenlos nachvollziehbar sind (OLG Düsseldorf a. a. O.; KK/*Meyer-Goßner* § 368 Rdnr. 10; LR/*Gössel* § 359 Rdnr. 142).

178. Es hängt manchmal vom Fingerspitzengefühl ab, ob der Verteidiger hier die Frage offen anspricht und damit das Gericht erst auf die Problematik aufmerksam macht oder bewußt auf diese Schwierigkeiten nicht eingeht und evtl. erst im Beschwerdeverfahren Stellung bezieht.

179. *Kleinknecht/Meyer* Rdnr. 9; KMR/*Paulus* Rdnr. 10; LR/*Gössel* Rdnr. 23 jeweils zu § 368; *Wasserburg* S. 324. Vgl. aber Anm. 182.

180. OLG Celle JR 1967, 150; OLG Frankfurt MDR 1975, 512; KG JR 1975, 166 mit Anm. *Peters*; *Fuchs* JuS 1969, 516; *Günther* MDR 1974, 96.

181. Daß der neu vorgetragene Sachverhalt sehr unwahrscheinlich ist, genügt nicht, um die Nova als untauglich anzusehen. Vgl. LR/*Gössel* § 359 Rdnr. 148; OLG Köln GA 1957, 92.

182. BGH JR 1977, 217 mit Anm. *Peters*; OLG Hamm MDR 1974, 250; OLG Nürnberg MDR 1974, 171; *Kleinknecht/Meyer* § 368 Rdnr. 8; LR/*Gössel* § 359 Rdnr. 148. Das Problem liegt darin, daß der gesamte Inhalt der Akten, auch wenn und soweit er in den Urteilsgründen keinen Niederschlag gefunden hat, zur Beurteilung nach allgemeiner Meinung heranzuziehen ist (vgl. Anm. 179, 180). Dabei wird aber verkannt, daß die Tatsache der Nichterörterung eines bestimmten Teils des Akteninhalts im Urteil seine Erklärung darin haben kann, daß sich dieser Teil in der Beweisaufnahme nicht bestätigt und deshalb im Urteil keine Erwähnung mehr gefunden hat. Im Wiederaufnahmefall soll aber das neue Vorbringen gerade wieder an diesen Akteninhalt, der sich in der Hauptverhandlung eben nicht bestätigt hatte, gemessen werden. Da aber die Nichtbestätigung für das Wiederaufnahmegericht nicht aus den Akten ersichtlich ist, besteht die Gefahr, daß das Gericht das neue Wiederaufnahmevorbringen wegen diametralen Gegensatzes zu diesem Teil des Akteninhalts als offensichtlich unwahr ansieht.

183. OLG Celle OLGSt (alt) § 359 S. 15.

184. LR/*Gössel* § 368 Rdnr. 22; OLG Frankfurt StV 1984, 17 mit Anm. Sieg. Vgl. auch unten bei (19) e und Anm. 187 a, b.

185. *Peters* Fehlerquellen III S. 88 f., ergänzend S. 50; vgl. auch IX. 3 (1) c; vgl. auch OLG Stuttgart NStE Nr. 1 zu § 364 b StPO.

186. BGH 18, 225; 19, 365.

187. *Peters* Fehlerquellen III S. 78 f.; LR/*Gössel* § 359 Rdnr. 119, 149.

187 a. *Günther* MDR 1984, 98; *von Stackelberg* FS II Peters S. 459; *Peters* Fehlerquellen III S. 136 f.; *ders.* FS Dünnebier S. 71; *ders.* JR 1975, 167; 1977, 219.

187 b. BGH 17, 303, 304; NStZ 1985, 496 (Nr. 29); NJW 1977, 59; OLG Celle JR 1967, 150; OLG Nürnberg MDR 1964, 171; KG JR 1975, 166; OLG Bremen NJW 1981, 2827; OLG Karlsruhe OLGSt alt § 368 S. 1; OLG Frankfurt StV 1984, 17 mit Anm. *Sieg*;

OLG Braunschweig NStZ 1987, 377. Ausführlich dazu KK/*Meyer-Goßner* Rdnr. 5 ff.; LR/*Gössel* Rdnr. 21 ff. jeweils zu § 368; erg. *Kleinknecht/Meyer* § 368 Rdnr. 9.

Eine erfreuliche Entwicklung leitet das OLG Düsseldorf OLGSt § 359 Nr. 4 ein; es läßt eine Vorwegnahme der Beweiswürdigung nur im gewissen Umfang zu. Danach kann zwar geprüft werden, ob eine zu unterstellende Aussage glaubhaft erscheint. Jedoch sei hierbei Zurückhaltung geboten, weil eine abschließende Beurteilung naturgemäß erst im Probationsverfahren erfolgen könne. In jedem Fall aber müsse eine Einschätzung der Glaubwürdigkeit eines Zeugen unterbleiben, weil diese nur aufgrund eines persönlichen Eindrucks vorgenommen werden kann.

187 c. *Kleinknecht/Meyer* § 368 Rdnr. 8 m. w. N.; vgl. insbes. OLG Köln NJW 1952, 160; GA 1957, 92; NJW 1963, 967; StV 1989, 98; NStZ 1991, 96.

187 d. So insbes. OLG Köln NStZ 1991, 96.

187 e. KK/*Meyer-Goßner* Rdnr. 5; *Kleinknecht/Meyer* Rdnr. 8, 9; LR/*Gössel* Rdnr. 21 ff. jeweils zu § 368.

187 f. *Kleinknecht/Meyer* § 368 Rdnr. 9 m. w. N.

187 g. OLG Celle JR 1967, 150; OLG Köln NStZ 1991, 96.

187 h. BGH JR 1977, 217 mit Anm. *Peters; Kleinknecht/Meyer* § 368 Rdnr. 8 m. w. N.

187 i. LR/*Gössel* § 359 Rdnr. 148; *Kleinknecht/Meyer* § 368 Rdnr. 8.

187 j. KK/*Meyer-Goßner* § 368 Rdnr. 5 m. w. N.; KMR/*Paulus* § 368 Rdnr. 10; OLG Köln NJW 1973, 967.

187 k. Vgl. Anm. 182.

187 l. *Gössel* NStZ 1987, 379.

187 m. BVfG NStZ 1990, 499.

187 n. Vgl. dazu IX 6.

187 o. Vgl. BGH NStZ 1985, 496 (Nr. 29).

187 p. OLG Braunschweig NStZ 1987, 377 mit abl. Anm. *Gössel* NStZ 1987, 378.

187 q. Verneinend: OLG Stuttgart, Die Justiz 1984, 405; bejahend: OLG Braunschweig NStZ 1987, 377 mit abl. Anm. *Gössel*.

188. Vgl. IX. 4 (14).

189. *Kleinknecht/Meyer* Rdnr. 23; KMR/*Paulus* Rdnr. 57; LR/*Gössel* Rdnr. 65 jeweils zu § 359, *Wasserburg* S. 317; *Peters* Fehlerquellen III S. 78, 96. Vgl. oben IX. 4 (2) u. (5) sowie Anm. 7, 21.

190. OLG München NJW 1981, 593; OLG Nürnberg OLGSt § 359 Nr. 6.

191. *Kleinknecht/Meyer* Rdnr. 47; KK/*Meyer-Goßner* Rdnr. 21; LR/*Gössel* Rdnr. 164 jeweils zu § 359; KMR/*Paulus* § 366 Rdnr. 9; OLG Köln NJW 1963, 967; OLG Celle JR 1967, 150: OLG Schleswig NJW 1974, 714; BGH NJW 1977, 59 = JR 1977, 217 mit Anm. *Peters;* OLG München NJW 1981, 593; OLG Düsseldorf OLGSt § 359 Nr. 4; OLG Frankfurt StV 1984, 17; OLG Hamm NStZ 1981, 155; OLG Bremen NJW 1981, 2827; OLG Köln 2 Ws 140/90 vom 7. 9. 1990. Zum Widerruf eines Geständnisses das nach einer Absprache der Verfahrensbeteiligten abgelegt wurde, vgl. OLG Köln DRiZ 1989, 181; StV 1989, 89; OLG Nürnberg OLGSt § 359 Nr. 6.

192. Soweit dies geschieht, kann darin ein – mit dem Widerruf zusammenfallender – weiterer Wiederaufnahmegrund nach § 359 Nr. 5 gegeben sein. Vgl. OLG Celle JR 1967, 150/151. Ein eindrucksvolles Beispiel ist der Sachverhalt der Entscheidung des LG Hamburg NJW 1987, 3016.

4. Antrag nach § 359 Nr. 5 StPO IX. 4

193. Daß falsche Geständnisse selbst bei Beschuldigungen mit schwersten Straftaten vorkommen, wird zwar von der Rechtsprechung gesehen. Vgl. OLG Schleswig NJW 1974, 714. Dennoch weiß jeder Verteidiger um die Schwierigkeiten, im konkreten Fall die Unrichtigkeit des in der Hauptverhandlung abgelegten Geständnisses aufzuzeigen. Vgl. auch LG Hamburg NJW 1987, 3016.

194. *Schmidt* NJW 1958, 1322; LR/*Gössel* § 359 Rdnr. 148; vgl. dazu auch Anm. 182.

195. BGH NJW 1977, 59 = JR 1977, 217 mit Anm. *Peters;* OLG Hamm MDR 1974, 250; OLG Nürnberg MDR 1964, 171. Vgl. auch BGH NStZ 1985, 496 (Nr. 29).

196. *Dahs* Handbuch Rdnr. 909; OLG Nürnberg OLGSt § 359 Nr. 6.

197. OLG Celle JR 1967, 150:
„Je fragwürdiger im Einzelfall die Erläuterung für das angeblich falsche Geständnis und den Widerruf ist, um so mehr Anlaß wird bestehen, daß Widerrufsvorbringen und die dazu benannten Beweismittel hinsichtlich ihrer Eignung kritisch zu würdigen".
Auch der Fall des OLG Köln NJW 1963, 967 zeigt diesen Zusammenhang: nach Ansicht des OLG entbehrt das Motiv, das Geständnis sei nur abgelegt worden, um sich beim Gericht in ein günstiges Licht zu setzen, jeden vernünftigen Sinn. Deshalb wird sein Wiederaufnahmevorbringen, das auf ein Alibi zur Tatzeit abzielt und durch einen Zeugen, auf dessen Vernehmung der Verurteilte in der Hauptverhandlung verzichtet hatte, gestützt ist, besonders kritisch gewürdigt und als völlig nutzlos bezeichnet, weil der Zeuge nach 7 Jahren keine exakten Angaben zum Verlauf eines bestimmten Tages mehr machen könne. Vgl. dazu unten bei d) und Anm. 229. Aufschlußreich ist auch eine spätere Entscheidung des OLG Köln NStZ 1991, 96, wonach der Beschuldigte im Erkenntnisverfahren auf Anraten des Verteidigers ein Geständnis abgelegt hatte, das jedoch nicht einfach in einem Zugestehen des Anklagevorwurfes bestand, sondern in einer sehr differenzierten Aussage, die teils bestreitender Natur war, teils aber Umstände einräumte, die angesichts der Beweislage nicht mehr geleugnet werden konnten. Bei dieser Konstellation ist es sehr schwierig, den Widerruf eines solchen Geständnisses glaubhaft zu begründen.

198. *Peters* Fehlerquellen III S. 5 ff und Lehrbuch S. 673 zeigt, daß das Prozeßverhalten eines Beschuldigten und damit die Ablegung eines Geständnisses nicht immer von rationalen, d. h. jedermann sofort einleuchtenden Gründen geprägt wird. Vgl. auch LG Hamburg NJW 1987, 3016, wonach ein einzuholendes psychologisches Gutachten darüber Aufschluß geben soll, wie es zu der falschen Selbstbeschuldigung bei einem so gravierenden Verbrechen (Sexualmord) kommen konnte. Der Wiederaufnahmeführer wird zu prüfen haben, ob nicht ein solches Gutachten schon zur Glaubhaftmachung des Widerrufs des Geständnisses mit dem Wiederaufnahmeantrag vorgelegt wird. Vgl. dazu auch BGH StV 1987, 374 mit Anm. *Peters.*

199. Vgl. z. B. Fall des OLG Schleswig NJW 1974, 714.

200. Vgl. Anm. 191.

201. Vgl. dazu oben IX. 4 (13).

202. Fehlerquellen II S. 5 ff.; Anm. zu BGH StV 1987, 375; vgl. auch *Wasserburg* S. 317; *Dahs* Handbuch Rdnr. 909.
Der Fall des OLG Schleswig NJW 1974, 714 zeigt, daß auch ein Zusammentreffen mehrerer Umstände (Jugend des Beschuldigten, langwierige Vernehmungen ohne Beistand des Verteidigers, Aufforderung durch die Pflegemutter zu Geständnis) Ursache für falsche Geständnisse sein können. Im Anschluß an den Aufsatz von *Schlothauer* StV 1981, 39 findet sich eine schlagwortartige Zusammenstellung möglicher Ursachen für falsche Geständnisse. Ergänzend *Wasserburg* S. 327; *Hirschberg,* Das Fehlurteil im Strafprozeß, 1960, S. 17 ff.

203. *Peters* in Anm. zu OLG Schleswig NJW 1974, 714 f.; Anm. zu BGH StV 1987, 375.

204. *Wasserburg* S. 327: bei diesem Argument wird häufig übersehen, daß sich diese detaillierten Kenntnisse aus der Vernehmungssituation ergeben können, z.B. aus dem Inhalt von Fragen und Vorhalten an den Beschuldigten, aus denen sich ein einigermaßen intelligenter Beschuldigter einen Geschehensablauf „zusammenbastelt", der dem Erkenntnisstand des Vernehmenden entspricht und deshalb von diesem als glaubhaft empfunden wird, so daß nach dem Ablegen des Geständnisses keine weiteren Ermittlungen mehr durchgeführt werden.

204 a. OLG Nürnberg OLGSt § 359 Nr. 6; OLG Köln DRiZ 1989, 181; StV 1989, 89.

205. OLG Celle JR 1967, 150. Eine neue Einlassung allein, ohne darzulegen, wie sie bewiesen werden soll, ist kein geeignetes Novum für eine Wiederaufnahme.

206. LR/*Gössel* § 359 Rdnr. 165.

207. Vgl. dazu oben IX. 4 (13).

208. OLG Bremen NJW 1981, 2827; *Kleinknecht/Meyer* Rdnr. 47; LR/*Gössel* Rdnr. 165 jeweils zu § 359; *Wasserburg* S. 351 Anm. 292. Vgl. auch den in vieler Hinsicht instruktiven Fall des OLG Bremen OLGSt § 359 Nr. 3, bei dem das erkennende Gericht von einer vorgeschützten Erinnerungslücke ausgegangen war und im Wiederaufnahmeverfahren mit Hilfe eines weiteren Sachverständigen nachgewiesen wurde, daß die Erinnerungslücke tatsächlich vorhanden war. Vgl. dazu erg. IX 4 (14) c.

209. KG JR 1975, 166 mit Anm. *Peters*; OLG Frankfurt StV 1984, 17 mit Anm. *Sieg*, *Kleinknecht/Meyer* Rdnr. 47; LR/*Gössel* Rdnr. 165 jeweils zu § 359; KMR/*Paulus* § 366 Rdnr. 9.
Zu Recht weist Sieg daraufhin, daß die Unrichtigkeit der früheren Einlassung ihre einfache Erklärung darin finden kann, daß sich der Verurteilte geirrt hat. Peters bemerkt, daß im Vordergrund der Bewertung stehen sollte, ob die neuen Beweismittel, die zur Stützung der neuen Einlassung vorgebracht werden, glaubhaft sind. Ist dies zu bejahen, könne die Frage, warum der Verurteilte in der damaligen Hauptverhandlung eine unrichtige Einlassung abgegeben habe, keine entscheidende Rolle mehr spielen. Gegen die Ausführungen des KG JR 1975, 166 auch *Wasserburg* S. 328.

210. Vgl. oben bei IX. 4 (5) und Anm. 22.

211. Hat der Mittäter den Wiederaufnahmeführer in der Hauptverhandlung nicht belastet, sondern die Tat ebenfalls bestritten, so ist in dem Umstand, daß der Mitangeklagte nun im Wiederaufnahmeverfahren als Zeuge seine – entlastende – Angaben wiederholen kann, kein Novum zu sehen sein. Str. vgl. OLG Hamburg JR 1951, 218 und oben IX 4 (14) b. Erg. BGH JR 1977, 217; wistra 1988, 358.

212. Näheres zur Motivationslage bei *Peters* Fehlerquellen II S. 38 ff.

213. *Kleinknecht/Meyer* Rdnr. 49; KK/*Meyer-Goßner* Rdnr. 20 ff.; LR/*Gössel* Rdnr. 167 jeweils zu § 359; KMR/*Paulus* § 366 Rdnr. 9; *Wasserburg* S. 328; OLG Hamburg JR 1951, 218. Ergänzend: BGH JR 1977, 217 mit Anm. *Peters*; OLG Celle JR 1967, 150; OLG Hamm JR 1981, 439 mit Anm. *Peters*; OLG Stuttgart NStE Nr. 1 zu § 364b StPO; OLG Köln NStZ 1991, 96.

213a. BGH JR 1977, 217; wistra 1988, 358.

214. OLG Hamm NStZ 1981, 155 = JR 1981, 439 mit ablehnender Anm. *Peters*; ablehnend auch *Wasserburg* S. 315, 329; zustimmend *Kleinknecht/Meyer* Rdnr. 49; KK/*Meyer-Goßner* Rdnr. 22 jeweils zu § 359.

215. Wobei hier § 55 dem Tatbeteiligten das Recht gibt, die Aussage im vollen Umfang zu verweigern. Vgl. *Kleinknecht/Meyer* § 55 Rdnr. 2.

216. *Peters* (JR 1981, 439) ist zuzustimmen, daß sich das Gericht selbst im Freibeweis von der Aussagewilligkeit des Mitangeklagten Kenntnis verschaffen kann (vgl. auch *Was-*

4. Antrag nach § 359 Nr. 5 StPO

serburg S. 329). Um aber allen Eventualitäten hier vorzubeugen, sollte eine schriftliche Erklärung der Beweisperson dem Wiederaufnahmegesuch beigefügt werden, wonach diese Person nach Rücksprache mit ihrem Verteidiger (also in Kenntnis des Rechts nach § 55) bereit ist, als Zeuge im Wiederaufnahmeverfahren auszusagen.

217. Die Ausführungen von *Wasserburg* S. 328 f. könnten mißverständlich sein, weil dort nicht differenziert wird. Indem er in der Anm. 299 aber auf OLG Hamm JR 1981, 39 Bezug nimmt, ergibt sich, daß sich die Darstellung lediglich auf diese Fallkonstellation (bisher schweigender Mitangeklagter, der nicht verurteilt ist) bezieht.

218. *Kleinknecht/Meyer* § 55 Rdnr. 8.

219. Zwei Konstellationen sind denkbar:
Der Mittäter kann schuldig, der Wiederaufnahmeführer unschuldig sein. Hier kann das Motiv für das Schweigen des Mittäters darin bestanden habe, daß er einerseits kein Geständnis ablegen wollte, weil er hoffte, die Beweise würden gegen ihn nicht ausreichend sein, andererseits aber auch keine bestreitende Einlassung bringen wollte, z.B. weil er fürchtete, sich dabei in Widersprüche zu verwickeln und so ein zusätzliches Indiz gegen sich zu setzen. Nur durch eine wahrheitsgemäße Äußerung (Geständnis) aber, die hinsichtlich seiner Person jedoch die Verurteilung als sichere Folge nach sich gezogen hätte, hätte er den unschuldigen Wiederaufnahmeführer entlasten können. Mit dem Geständnis hätte er also seinen eigenen Interessen entgegengewirkt. Denkbar ist auch, daß er zusätzlich der Ansicht war, der (jetzige) Wiederaufnahmeführer werde ohnehin nicht verurteilt werden, so daß er ihm durch sein Schweigen letztlich nicht schade.
Die zweite Konstellation ist, daß beide unschuldig sind. In der Regel gibt es hier nachvollziehbare Gründe für das Schweigen, z.B. Rat des Verteidigers, der glaubte, die Beweise würden für eine Verurteilung nicht ausreichen. Vgl. im übrigen dazu *Peters* Fehlerquellen II S. 34 ff.

219a. Vgl. oben IX 4 (19) e u. dort Anm. 187b.

220. Vgl. IX. 4 (5) und Anm. 22.

221. Vgl. Anm. 191.

222. Vgl. Anm. 213.

223. *Kleinknecht/Meyer* Rdnr. 48, KK/*Meyer-Goßner* Rdnr. 22; LR/*Gössel* Rdnr. 166 jeweils zu § 359; KMR/*Paulus* § 366 Rdnr. 9; *Wasserburg* S. 315/328; BGH JR 1977, 217 mit Anm. *Peters*; ergänzend KG JR 1975, 166 u. OLG Köln NStZ 1991, 96. Eine besondere Begründung für die Eignung des neuen Beweismittels ist auch erforderlich, wenn der Zeuge im Ermittlungsverfahren den Beschuldigten belastet und dieser deshalb im Erkenntnisverfahren auf die Vernehmung dieses Zeugen verzichtet hatte, der Zeuge aber nun im Wiederaufnahmeverfahren entgegen den früheren Bekundungen Entlastendes aussagen soll, vgl. OLG Hamm OLGSt (alt) § 359 S. 67.

224. Wie Anm. 223; ergänzend OLG Celle JR 1967, 150; OLG Neustadt NJW 1964, 678; OLG Köln NJW 1963, 967.

225. Vgl. IX. 4 (5) und Anm. 20.

226. OLG Celle OLGSt (alt) § 359 S. 15.

227. *Dahs* Handbuch Rdnr. 906; *Wasserburg* S. 315.

228. *Wasserburg* S. 315.

229. OLG München NStZ 1984, 380. Das OLG Köln NJW 1963, 967 hält es für unmöglich, daß sich ein Zeuge nach 7 Jahren an einen bestimmten Tag, der sich durch nichts auszeichnet, erinnern können soll. Das OLG Frankfurt StV 1984, 17 = JR 1984, 40 mit Anm. *Peters* hält einen Zeugen auch nach 10 Jahren für ein geeignetes Beweismittel, wenn dargelegt wird, auf welchen Umständen das Erinnerungsvermögen des Zeugen grün-

det. Welche markanten Umstände gemeint sind, ist der Entscheidung des OLG Celle OLGSt (alt) § 359 S. 15 zu entnehmen, wobei dort allerdings nur ein Zeitraum von 3 Jahren zwischen Tat und Wiederaufnahme zu erklären war. Vgl. auch BVerfG NStZ 1990, 499, wo ein Zeuge nach 6 Jahren ein Alibi (Aufenthalt in einer Gaststätte zu bestimmter Zeit) bestätigte.

230. KG JR 1984, 393 mit ablehnender Anm. *Peters; Kleinknecht/Meyer* § 368 Rdnr. 8.

231. OLG Neustadt NJW 1964, 678 für den Fall des Widerrufs einer belastenden Zeugenaussage. Vgl. im übrigen IX. 6.

5. Wiederaufnahme gegen einen Strafbefehl (§ 373 a StPO)

Zunächst ist darauf hinzuweisen, daß die §§ 373 a, 410 Abs. 3 durch das StVÄG 1987 (BGBl. I S. 475, in Kraft getreten am 1. 4. 1987) eine wesentliche Änderung erfahren haben. Entscheidend dabei ist, daß damit der Rechtsprechung zur beschränkten Rechtskraft eines Strafbefehls der Boden entzogen wurde, womit insbesondere die Wiederaufnahme zu Ungunsten eines Angeklagten neu geregelt worden ist.

(1) Wiederaufnahme zu Ungunsten

Entgegen dem an sich eindeutigen Wortlaut des § 410 (in seiner bis 31. 3. 87 gültigen Fassung), wonach ein Strafbefehl die „Wirkung eines rechtskräftigen Urteils" erlangte, leitete die Rechtsprechung aus der sogenannten summarischen Natur des Strafbefehlsverfahrens eine Beschränkung der Rechtskraft ab: Die rechtlichen Gesichtspunkte, die der Richter in Ermangelung einer Hauptverhandlung nicht erkennen konnte, sollten auch nicht in Rechtskraft erwachsen.[1] Dies bedeutete, daß trotz Rechtskraft eines Strafbefehls eine weitere Strafverfolgung, d. h. eine neue Anklage wegen derselben Tat (§ 264) zulässig war, sofern später ein neuer rechtlicher Gesichtspunkt auftauchte, der im Strafbefehl nicht berücksichtigt war und der eine erhöhte Strafbarkeit begründete. Diese Rechtsprechung war einerseits verfassungsrechtlich[2] gebilligt, andererseits aber schon lange von der Literatur kritisiert[3] worden. Durch die Neufassung des § 410 Abs. 3 und des § 373 a im StVÄG 1987 ist dieser Streit beendet worden. Der Umfang der Rechtskraft des Strafbefehls ist nun in Anlehnung an die Regelung in § 153 a Abs. 1 S. 4 StPO und § 85 Abs. 3 S. 2 OWiG dahingehend bestimmt, daß die Rechtskraft einer neuen Strafverfolgung (nur) dann nicht entgegensteht, wenn die Tat (§ 264) aufgrund später bekannt gewordener Umstände als Verbrechen zu qualifizieren ist.[4] § 373 a Abs. 1 enthält damit über § 362 Nr. 1–3[5] hinaus einen zusätzlichen Wiederaufnahmegrund zu Ungunsten eines Verurteilten. Für die Auslegung des Begriffes „neue Tatsachen und Beweismittel" gilt die Rechtsprechung zu den §§ 174 Abs. 2, 211 u. 359 Nr. 5.

Durch die Neufassung des § 373 a ist auch klargestellt, daß die Staatsanwaltschaft nach einem rechtskräftig gewordenen Strafbefehl eine erneute Verfolgung wegen derselben Tat nur noch in einem förmlichen Wiederaufnahmeverfahren nach den §§ 359 ff betreiben kann.[6]

(2) Wiederaufnahme zu Gunsten

Bei einer Wiederaufnahme zu Gunsten eines durch einen Strafbefehl Verurteilten sind folgende Besonderheiten zu beachten:

a) Zunächst ist vom Verteidiger zu prüfen, ob der Strafbefehl tatsächlich rechtskräftig ist. Anlaß zu dieser Prüfung besteht auch dann, wenn ein Rechtskraftvermerk angebracht ist. Denn gelegentlich kommt es vor, daß die Zustellung des Strafbefehls nicht wirksam ist. Das kann insbesondere bei der sogenannten Ersatzzustellung (§ 37 StPO, § 181 ZPO) der

5. Wiederaufnahme gegen einen Strafbefehl (§ 373 a StPO)

Fall sein, z.B. weil der Beschuldigte zur Zeit der Zustellung die Wohnung, an die der Strafbefehl adressiert war, tatsächlich nicht (mehr) innehatte.[7] Ergibt diese Überprüfung, daß die Zustellung unwirksam war, dann war die Einspruchsfrist (§ 409) nicht in Gang gesetzt worden. Der Strafbefehl ist – trotz Anbringung eines Rechtskraftvermerks – nicht rechtskräftig.[8]

b) War die Zustellung des Strafbefehls wirksam, so ist desweiteren, bevor die Voraussetzungen einer Wiederaufnahme untersucht werden, zunächst die Möglichkeit einer Wiedereinsetzung in den vorigen Stand (§§ 44 ff) zu prüfen.[9]

Erst wenn feststeht, daß über diese beiden Wege dem Beschuldigten nicht geholfen werden kann, sind die Voraussetzungen einer Wiederaufnahme nach § 373 a i.V.m. § 359 zu prüfen.

c) Auch hier steht der Wiederaufnahmegrund der Nr. 5 des § 359 im Vordergund. Gelegentlich greift auch § 359 Nr. 2, wenn der Strafbefehl auf eine in den Akten befindliche richterliche[10] Aussage eines Zeugen gestützt ist.

d) Für die Beurteilung der **Neuheit** gilt:

Neu sind alle Tatsachen und Beweismittel, die zum Zeitpunkt des Erlasses des Strafbefehls[11] aus dem Akteninhalt[12] für den Richter nicht ersichtlich waren.

e) Im übrigen sind hinsichtlich der Frage des Begründungsumfanges eines Wiederaufnahmegesuches drei verschiedene Situationen zu unterscheiden.

Wenn der Beschuldigte gegen einen Strafbefehl keinen Einspruch eingelegt hatte und sich im Ermittlungsverfahren nicht zum Schuldvorwurf geäußert hatte, ist der vom Beschuldigten behauptete, andersartige Geschehensablauf den Strafverfolgungsbehörden in der Regel nicht bekannt gewesen. Sein Tatsachenvortrag ist also neu, da bisher aus dem Akteninhalt nicht ersichtlich. Jedoch kann die Wiederaufnahme nicht allein auf die (bisher nicht bekannte) Aussage des Beschuldigten gegründet werden, da nach h.M. seine Angaben kein Beweismittel im Sinne der Nr. 5 des § 359 sind.[13] Die Wiederaufnahme kann daher erfolgversprechend nur betrieben werden, wenn der Beschuldigte für seine Darstellung des Sachverhalts Zeugen oder andere geeignete Beweismittel benennen kann.

Hatte der Beschuldigte gegen den Strafbefehl zunächst Einspruch eingelegt, diesen aber vor einer Hauptverhandlung wieder zurückgenommen, so sollte im Wiederaufnahmegesuch begründet werden, warum dies geschehen ist.

Erstrecht hat dies zu gelten, wenn der Einspruch erst in der Hauptverhandlung – nach Durchführung der ganzen oder teilweisen Beweisaufnahme – zurückgenommen worden ist. In der Rücknahme des Einspruchs liegt zwar kein Geständnis; dennoch erweckt dieses prozessuale Verhalten einen entsprechenden Anschein. Es ist deshalb zu empfehlen, die Gründe für die Rücknahme darzulegen.[14]

Anmerkungen

1. BGHSt 3, 13; 6, 122; 9, 10; 18, 141; 28, 69.

2. BVerfGE 3, 248 = NJW 1954, 69. Erst in jüngster Zeit hat das BVerfG in der Entscheidung NStZ 1984, 325 einen Wandel der Rechtsprechung bewirkt. Allg. zur Gesamtunterrichtung LR/*Gössel* Bd. 5 (Nachtrag) § 373 a Rdnr. 1 ff.

3. *Kleinknecht/Meyer* (37. Aufl.) § 410 Rdnr. 6 f; *Groth* MDR 1985, 716; *Schnarr* NStZ 1984, 326.

4. KK/*Meyer-Goßner* § 373 a Rdnr. 5. Es muß eine Veränderung im tatsächlichen Bereich gegeben sein. Bei einer lediglich falschen rechtlichen Subsumtion greift § 373 a Abs. 1 nicht; wäre der im Strafbefehl enthaltene Sachverhalt von vornherein als Verbrechen zu werten gewesen, ist er aber fehlerhaft nur als Vergehen behandelt worden, findet keine Wiederaufnahme zu Ungunsten statt.

5. § 362 Nr. 4 ist nicht einschlägig, weil dieser Wiederaufnahmegrund nur gegen einen Freigesprochenen gilt, es aber einen freisprechenden Strafbefehl nicht gibt. Vgl. KK/*Meyer-Goßner* § 373a Rdnr. 2.

6. Unter der Geltung der Rechtsprechung zur beschränkten Rechtskraft des Strafbefehls konnte ja die weitere Verfolgung durch eine neue Anklage vorgenommen werden. Allg. zur früheren Rechtslage LR/*Gössel* Bd. 5 (Nachtrag) § 373a Rdnr. 1.

7. Es kommt auf die tatsächliche Wohnung an, nicht auf den Wohnsitz oder die Wohnungsanmeldung. Vgl. LR/*Wendisch* § 37 Rdnr. 32.

8. Vgl. Kommentierung zu §§ 449, 451.

9. Vgl. IX. 2 (1): z.B. der Hausgenosse, dem gegenüber nach § 181 ZPO die Zustellung erfolgte, hat den Betroffenen über die Zustellung nicht informiert oder der Betroffene kann nachweisen, daß ihm bei einer Ersatzzustellung durch Niederlegung (§ 182 ZPO) die schriftliche Mitteilung der Post nicht zur Kenntnis gelangt ist.

10. § 359 Nr. 2 setzt eine Strafbarkeit des Zeugen nach den §§ 153ff StGB voraus und damit eine Falschaussage vor einem Richter. Vgl. dazu IX. 3 (1).

11. LR/*Gössel* Rdnr. 80; KMR/*Paulus* Rdnr. 59 jeweils zu § 359.

12. *Kleinknecht/Meyer* § 359 Rdnr. 28; LR/*Gössel* § 359 Rdnr. 80, 84; § 373a Rdnr. 7 (Bd. 5 – Nachtrag).

Peters Fehlerquellen III S. 76, 81 weist darauf hin, daß Irrtümer vorkommen können: z.B. der Strafbefehl wegen Körperverletzung wird gegen den Verletzten erlassen. Die Richtigstellung des Irrtums ist eine neue Tatsache im Sinne der Nr. 5 des § 359.

13. Vgl. *Kleinknecht/Meyer* Rdnr. 26; LR/*Gössel* Rdnr. 74 jeweils zu § 359; Peters Fehlerquellen III S. 73; OLG Karlsruhe NJW 1958, 1274; KG JR 1975, 166 und JR 1976, 76 jeweils mit Anmerkung Peters. Die Eigenschaft als Beweismittel bejahen aber: KK/*von Stackelberg* (1. Aufl.) Rdnr. 23; *Eb. Schmidt* Lehrkommentar Rdnr. 24 jeweils zu § 359; *Wasserburg* S. 316.

14. Eine Rechtsprechung dazu existiert nicht. Da aber die Zurücknahme eines Einspruchs als geständnisgleiches Verhalten gewertet werden kann, können die Überlegungen zur gesteigerten Darlegungspflicht beim Widerruf eines Geständnisses hier Anlaß sein, eine Begründung für das frühere prozessuale Verhalten zu verlangen. Vgl. dazu IX 4 (20) a.

6. Wiederholung eines Antrags – erneute Antragstellung

(1) Wiederholung nach Zurücknahme

Zunächst ist darauf hinzuweisen, daß ein **zurückgenommener** Wiederaufnahmeantrag jederzeit wiederholt werden kann,[1] auch mit derselben Begründung,[2] denn die Zurücknahme bedeutet keinen Wiederaufnahmeverzicht.[3]

(2) Wiederholung nach Ablehnung

Inwieweit die Wiederholung eines **abgelehnten** Wiederaufnahmeantrages bzw. eine erneute Antragstellung zulässig ist, hängt von der Reichweite der Rechtskraft des Verwerfungsbeschlusses ab, der auf den ersten Antrag hin erging.

Zwei Fälle sind dabei zu unterscheiden.

a) Ein lediglich aus formellen Gründen verworfener Antrag kann stets mit demselben Vorbringen wiederholt werden,[4] denn mit diesem wegen Verletzung von Formvorschriften begründeten Verwerfungsbeschluß[5] tritt nach h.M. kein Verbrauch der Wiederaufnahmegründe ein, da über sie noch nicht sachlich entschieden worden ist.[6]

6. Wiederholung eines Antrags – erneute Antragstellung

Solche formellen Verwerfungsgründe sind z.B. gegeben, wenn der Antrag (vorsorglich schon) vor Eintritt der Rechtskraft des Urteils gestellt wurde,[7] wenn er an Formmängeln litt, etwa weil die Unterschrift eines Verteidigers fehlte,[8] oder der unterzeichnete Rechtsanwalt die Verantwortung für den Inhalt nicht übernommen hat[9] oder unzulässigerweise auf Schriftstücke Bezug genommen wurde;[10] auch inhaltliche Fehler gehören dazu, z.B. wenn im Antrag nicht die Tatsachen angegeben waren, auf denen der geltend gemachte Wiederaufnahmegrund beruht[11] oder wenn die Angaben der Beweismittel fehlten, mit denen der Sachvortrag bewiesen werden soll.[12] Gleiches gilt in den Fällen der erweiterten Darlegungspflicht.[13] Hat der Verurteilte z.B. beim Widerruf eines Geständnisses nicht die erforderliche Begründung geliefert, weshalb er die Tat in der Hauptverhandlung wahrheitswidrig eingeräumt hat und warum er das Geständnis erst jetzt widerruft, so kann er dieses Versäumnis nachholen.[14]

In all diesen und ähnlichen Fällen gebietet allerdings schon die Fürsorgepflicht, daß das Wiederaufnahmegericht den Antragsteller auf den Mangel hinweist, damit dieser ihn beseitigt.[15] Ist das nicht geschehen und der Antrag gem. § 368 Abs. 1 als unzulässig verworfen worden, kann er eben ohne weiteres wiederholt werden,[16] wobei der Antrag sich allerdings nicht in einer bloßen Bezugnahme auf den ersten Antrag erschöpfen darf.[17]

b) Ist dagegen über die im ersten Antrag enthaltenen Wiederaufnahmegründe eine Sachentscheidung ergangen, so ist dieses Wiederaufnahmevorbringen verbraucht.[18]

Sachlich ist in diesem Sinn stets entschieden, wenn der Antrag gem. § 370 Abs. 1 als **unbegründet** verworfen worden ist.[19]

Aber auch dann, wenn der Antrag nach § 368 Abs. 1 als **unzulässig** verworfen wurde, kann eine solche Sachentscheidung über einen Wiederaufnahmegrund gegeben sein.[20] So bedeutet die Entscheidung über die Erheblichkeit einer Tatsache oder eines Beweismittels eine Sachentscheidung, obwohl die Verwerfung des Antrags wegen Unzulässigkeit erfolgt.[21] Dasselbe gilt hinsichtlich der Entscheidung, mit der die Neuheit der Tatsache oder eines Beweismittels verneint wurde.[21a] In beiden Fällen kann der Antrag nicht zu dem Zweck wiederholt werden, nunmehr nachzuweisen, daß diese Tatsache oder dieses Beweismittel entgegen der Annahme des früheren Beschlusses doch neu oder geeignet i.S. d. § 359 Nr. 5 waren.[22] Die tatsächlichen Erwägungen des früheren Beschlusses, mit denen die Neuheit bzw. Geeignetheit verneint wurde, können also nicht mit neuen Tatsachen und Beweismittel in einem neuen Wiederaufnahmeantrag angegriffen werden.

Zu beachten ist jedoch folgendes:

Kann ein neuer Wiederaufnahmeantrag auf **weitere** neue Tatsachen oder Beweismittel gegründet werden, so darf der frühere Sachvortrag, obwohl er verbraucht ist, zur **Unterstützung** dieser neuen Wiederaufnahmegründe erneut vorgetragen und herangezogen werden.[23] Das ist insbesondere dann von Bedeutung, wenn diese weiteren neuen Tatsachen und Beweise – für sich allein gewertet – nicht ausreichen würden, die Urteilsfeststellungen zu erschüttern, der Sachvortrag jedoch dann geeignet ist, dieses Ziel zu erreichen, wenn die verbrauchten Wiederaufnahmegründe mit den neuen zusammen bewertet werden.[24]

(3) Inhalt des Wiederholungsantrags

Hinsichtlich des Inhalts eines Wiederholungsantrages ist folgendes zu beachten:

a) Zunächst ist nochmals zu betonen, daß eine Bezugnahme auf den ersten Antrag grundsätzlich unzulässig ist.[25] Das gilt auch, wenn der erste Antrag zurückgenommen oder nur aus formellen Gründen verworfen worden ist[26] und es deshalb als übertriebener Formalismus erscheinen mag, wenn im zweiten Antrag die Ausführungen des ersten übernommen, d.h. praktisch abgeschrieben werden müssen.[27]

b) Auch in den Fällen, in denen über das Wiederaufnahmevorbringen des ersten Antrages eine Sachentscheidung[28] ergangen ist und das zweite Gesuch nun auf weitere neue

Tatsachen gestützt wird, müssen die verbrauchten Gründe mitgeltend gemacht werden. Dann ist das Wiederaufnahmegericht verpflichtet, diese in einer Gesamtwertung zu berücksichtigen. Das ist insbesondere von Bedeutung, wenn nur altes und neues Wiederaufnahmevorbringen zusammen die „Geeignetheit" i. S. d. § 359 Nr. 5 ergibt. Die Tatsache, daß das Gericht den verbrauchten Sachvortrag von Amts wegen zu berücksichtigen hat,[29] darf aber den Antragsverfasser nicht dazu verleiten, die Bedeutung dieser „alten" Umstände für die gesamte Wertung nicht näher aufzuzeigen. Im Gegenteil: hier ist eine besonders sorgfältige Darlegung erforderlich, inwiefern die alten und neuen Tatsachen zusammen ausreichend sind, das Urteil zu erschüttern. Mit Recht spricht Dahs[30] von einer Art „Puzzlespiel", dem sich der Verteidiger nicht dadurch entziehen kann, daß er darauf vertraut, das Gericht werde die Zusammenhänge schon erkennen und großzügig verfahren.

(4) Nachschieben weiteren Vorbringens

Schließlich ist auf die grundsätzliche Unzulässigkeit des **Nachschiebens** neuen Vorbringens im Beschwerdeverfahren hinzuweisen.[31] Zulässig ist nur eine Ergänzung und Abrundung des bisherigen Sachvortrages,[32] wobei die Abgrenzung zum unzulässigen Nachschieben neuen Vorbringens gelegentlich schwierig ist.

Die Unzulässigkeit des Nachschiebens neuen Vorbringens in der Beschwerdeinstanz stellt jedoch keinen Nachteil für den Wiederaufnahmeführer dar: er kann nämlich diese neuen Tatsachen und Beweise in einem neuen Wiederaufnahmeantrag einbringen.[33] Die Unzulässigkeit des Nachschiebens im Beschwerdeverfahren wird ja gerade damit begründet, dem Antragsteller müsse wegen der besonderen Bedeutung der Wiederaufnahmeentscheidung unter allen Umständen zwei Rechtszüge erhalten bleiben, weshalb er den neuen Sachvortrag erst dem Wiederaufnahmegericht in einem neuen Antrag zu unterbreiten habe.

Anmerkungen

1. H.M.: *Kleinknecht/Meyer* Rdnr. 6; KK/*Meyer-Goßner* Rdnr. 1; LR/*Gössel* Rdnr. 10 jeweils zu § 365; KMR/*Paulus* § 366 Rdnr. 17; *Eb. Schmidt* Lehrkommentar Rdnr. 15 vor § 359, vgl. ergänzend IX. 2 (2).
Die Zurücknahme ist möglich, solange der Beschluß nach § 370 Abs. 1 oder 2 oder eine Entscheidung nach § 371 Abs. 1 oder 2 noch nicht ergangen ist (KG JR 1984, 393; LR/*Gössel* Rdnr. 10; *Kleinknecht/Meyer* Rdnr. 6 jeweils zu § 365).

2. *Kleinknecht/Meyer* § 365 Rdnr. 6.

3. *Peters* Fehlerquellen III S. 127. Es gibt keinen wirksamen Verzicht auf die Wiederaufnahme. Vgl. IX. 2 (2).

4. *Kleinknecht/Meyer* Rdnr. 9; KMR/*Paulus* Rdnr. 14; LR/*Gössel* Rdnr. 22 jeweils zu § 372; *Eb. Schmidt* Lehrkommentar, § 366 Rdnr. 5; § 372 Rdnr. 8; *Peters* Lehrbuch S. 682 und Fehlerquellen III S. 80, 124 f.

5. Der Antrag wird gem. § 368 Abs. 1 als unzulässig verworfen.

6. *Peters* Fehlerquellen III S. 125; KMR/*Paulus* § 366 Rdnr. 17.

7. Vgl. IX. 2 (1) c OLG Stuttgart NJW 1965, 1239; KMR/*Paulus* § 359 Rdnr. 5; *Wasserburg* S. 240; a.A. *Peters* Fehlerquellen III S. 111 f. 123.

8. Vgl. IX. 2 (7).

9. Vgl. IX. 2 (7).

10. Vgl. IX. 2 (7) und IX.2 (8).

11. Vgl. IX. 2 (8).

6. Wiederholung eines Antrags – erneute Antragstellung IX. 6

12. Vgl. IX. 2 (8).

13. Vgl. dazu IX. 4 (20).

14. OLG Neustadt NJW 1964, 678, 679; *Wasserburg* S. 327.

15. OLG Hamm NJW 1980, 717; *Kleinknecht/Meyer* Rdnr. 1; KMR/*Paulus* Rdnr. 2 jeweils zu § 368; LR/*Gössel* § 366 Rdnr. 1; § 368 Rdnr. 9; *Wasserburg* S. 326.

16. Es versteht sich, daß der zweite Antrag ohne den beanstandeten Mangel zu stellen ist.

17. Vgl. unten bei (3); OLG Stuttgart NJW 1965, 1239; *Wasserburg* S. 240.

18. *Kleinknecht/Meyer* Rdnr. 9; KK/*Meyer-Goßner* Rdnr. 8; *Eb. Schmidt* Lehrkommentar Rdnr. 8 jeweils zu § 372; KMR/*Paulus* § 366 Rdnr. 17; § 372 Rdnr. 15; LR/*Gössel* § 372 Rdnr. 22, ergänzend § 359 Rdnr. 82; § 368 Rdnr. 4.

19. *Kleinknecht/Meyer* Rdnr. 9; KMR/*Paulus* Rdnr. 15; LR/*Gössel* Rdnr. 22; *Eb. Schmidt* Lehrkommentar Rdnr. 8 jeweils zu § 372; ergänzend LR/*Gössel* § 370 Rdnr. 3, 28.

20. *Kleinknecht/Meyer* Rdnr. 9 KMR/*Paulus* Rdnr. 15; LR/*Gössel* Rdnr. 22 jeweils zu § 372; KK/*Meyer-Goßner* § 368 Rdnr. 17; § 372 Rdnr. 8; a.A. KK/*von Stackelberg* (1. Aufl.) § 372 Rdnr. 7 und § 368 Rdnr. 10; *Peters* Fehlerquellen III S. 137 f.
Jedoch ist darauf zu achten, ob der Sachvortrag im Rahmen des Verwerfungsbeschlusses überhaupt entscheidungserheblich war. Das ist z.B. nicht der Fall, wenn bei einem Antrag nach § 359 Nr. 5 die Eignung der neuen Tatsachen nur in einer Hilfserwägung verneint wurde (*Kleinknecht/Meyer* Rdnr. 9; KMR/*Paulus* Rdnr. 15; LR/*Gössel* Rdnr. 22 jeweils zu § 372). Hinzuweisen ist auch auf den Fall des OLG Düsseldorf GA 1980, 393. Dort war der erste, auf § 359 Nr. 2 gestützte Antrag nur deshalb verworfen worden, weil die Voraussetzungen des § 364 S. 1, 2. Alt. zum Zeitpunkt der Antragstellung nicht vorgelegen haben. Der Antrag konnte dann mit dem gleichen Sachvortrag wiederholt werden, als infolge Einstellung des Verfahrens gegen den meineidigen Zeugen nach § 154 StPO ein tatsächliches Hindernis i.S.d. § 364 S. 1 gegeben war. Vgl. dazu IX. 3 (2).

21. *Peters* Fehlerquellen III S. 80; *Wasserburg* S. 194 f.; Denkschrift des Strafrechtsausschusses S. 84.

21a. KK/*Meyer-Goßner* § 368 Rdnr. 16.

22. LR/*Gössel* § 372 Rdnr. 23; *Wasserburg* S. 321. Vgl. erg. LR/*Gössel* § 359 Rdnr. 82.

23. *Kleinknecht/Meyer* Rdnr. 9; KMR/*Paulus* Rdnr. 15; LR/*Gössel* Rdnr. 22 jeweils zu § 372; *Peters* Lehrbuch S. 682 f. und Fehlerquellen III S. 150; *Dahs* Handbuch Rdnr. 906; *Wasserburg* S. 321.

24. KMR/*Paulus* § 372 Rdnr. 15; bei Prüfung des neuen Antrags sind diese verbrauchten Gründe von Amts wegen zu berücksichtigen.

25. Vgl. IX. 2 (7). OLG Stuttgart NJW 1965, 1239; *Kleinknecht/Meyer* Rdnr. 1; KMR/*Paulus* Rdnr. 3; LR/*Gössel* Rdnr. 2 jeweils zu § 366; ergänzend OLG Schleswig NJW 1953, 1445; OLG Hamm NJW 1980, 717.
Das OLG Düsseldorf GA 1980, 393 hat lediglich für den Fall eine Ausnahme zugelassen, wo der erste Antrag, der auf § 359 Nr. 2 gestützt war, verworfen worden war, weil die Voraussetzungen des § 364 S. 1 nicht vorlagen. Als diese dann gegeben waren, konnte der Antrag erneut – inform der Bezugnahme auf den ersten Antrag – angebracht werden. *Peters* Fehlerquellen III S. 123 und *Wasserburg* S. 240 halten Bezugnahmen jeder Art stets für zulässig.

26. Vgl. oben bei (1) und (2).

27. Vgl. die Überlegungen des OLG Stuttgart NJW 1965, 1239.

28. Vgl. oben bei (2) b.
29. KMR/*Paulus* § 372 Rdnr. 15.
30. Handbuch Rdnr. 906.
31. Die Frage ist bestr. Vgl. *Kleinknecht/Meyer* Rdnr. 7; KK/*Meyer-Goßner* Rdnr. 6; KMR/*Paulus* Rdnr. 10; LR/*Gösserl* Rdnr. 16 jeweils zu § 372; BGH NStZ 1985, 496 (Nr. 29) m.w.N.
32. OLG Celle JZ 1967, 223 mit Anm. *Hanack; Kleinknecht/Meyer* Rdnr. 7; KMR/*Paulus* Rdnr. 10 jeweils zu § 372; *Peters* Fehlerquellen III S. 151.
33. H.M.; wie Anm. 31. Vgl. insbes. LR/*Gössel* Rdnr. 18; KK/*Meyer-Goßner* Rdnr. 6 jeweils zu § 372.

7. Haftfragen während des Wiederaufnahmeverfahrens – Bedeutung des § 360 Abs. 2 StPO

(1) Wiederaufnahme zugunsten des Verurteilten

Weder der Wiederaufnahmeantrag noch die Zulässigkeitsentscheidung nach § 368 haben einen Suspensiveffekt.[1]

Die entscheidende Zäsur bildet erst der Begründetheitsbeschluß nach § 370 Abs. 2. Sobald dieser rechtskräftig geworden ist,[2] ist die Rechtskraft der angefochtenen Entscheidung in dem Umfang beseitigt, in dem die Wiederaufnahme angeordnet worden ist.[3] Damit endet die Vollstreckbarkeit des Urteils,[4] so daß die Vollstreckung einer Freiheitsstrafe sofort beendet werden muß, ohne daß es einer Anordnung nach § 360 Abs. 2 bedarf.[5] Das bedeutet, daß sich § 360 Abs. 2 auf den Verfahrensabschnitt von der Stellung des Wiederaufnahmeantrages bis zum Eintritt der Rechtskraft des Begründetheitsbeschlusses bezieht.

Daraus ergeben sich für Haftfragen für die Verfahrensstadien vor und nach dem Begründetheitsbeschluß folgende Konsequenzen:

a) bis zum Begründetheitsbeschluß:

– Ist die Vollstreckung einer Freiheitsstrafe noch nicht eingeleitet, so kann sie nach § 360 Abs. 2 **aufgeschoben** werden. Darüber entscheidet das nach § 140a GVG zuständige Wiederaufnahmegericht.[6]
Die für den Verurteilten positive Entscheidung kann von der Staatsanwaltschaft nach § 372 S. 1 angefochten werden.[7] Ebenso kann der Wiederaufnahmeführer die für ihn negative Entscheidung mit der sofortigen Beschwerde anfechten. Gegen die Entscheidungen des Beschwerdegerichts gibt es keine weitere Beschwerde.[8]
Für die Staatsanwaltschaft als Vollstreckungsbehörde (§ 451) kann schon die bloße Antragstellung Anlaß sein, die Vollstreckung aufzuschieben.[9]
Macht die Staatsanwaltschaft von dieser Möglichkeit nicht Gebrauch, so kann für den Verurteilten auch aufgrund der §§ 455, 456 ein Strafaufschub erreicht werden. Darüber entscheidet die Staatsanwaltschaft als Vollstreckungsbehörde (§ 451), gegen deren ablehnende Entscheidung der Verurteilte Einwendungen nach § 458 Abs. 2 erheben kann, über die das Gericht des ersten Rechtszugs entscheidet (§§ 462, 462a Abs. 2).
Schließlich kann auch durch ein Gnadengesuch ein Vollstreckungsaufschub beantragt werden.[10]

– Wird das durch den Wiederaufnahmeantrag angefochtene Urteil bereits vollstreckt und befindet sich der Verurteilte schon in Haft, so kann das Wiederaufnahmegericht nach § 360 Abs. 2 die Vollstreckung **unterbrechen**.

7. Haftfragen während des Wiederaufnahmeverfahrens

Die dem Verurteilten günstige Entscheidung kann ebenfalls von der Staatsanwaltschaft gem. § 372 S. 1 angefochten werden.
Auch hier besteht daneben die Möglichkeit, bei Vollzugsuntauglichkeit des Verurteilten eine Unterbrechung gem. § 45 StVollstrO zu beantragen. Darüber entscheidet die Staatsanwaltschaft als Vollstreckungsbehörde.[11]

– Ist vom Wiederaufnahmegericht eine Anordnung nach § 360 Abs. 2 getroffen worden,[12] so gilt diese bis zum Eintritt der Rechtskraft des Beschlusses über die Begründetheit (§ 370 Abs. 2) fort, wird mit dieser Entscheidung aber auch gegenstandslos,[13] weil ab diesem Zeitpunkt die weitere Vollstreckung des Urteils ohnehin ausgeschlossen ist.[14] Jedoch ist es möglich, daß das Wiederaufnahmegericht vorher die nach § 360 Abs. 2 getroffene Anordnung wieder **aufhebt**,[15] weil die Voraussetzungen, aufgrund deren diese Anordnung erging, nachträglich weggefallen sind. Dies ist insbesondere der Fall, wenn sich die der Anordnung nach § 360 Abs. 2 zugrundeliegende Prognose über die Wahrscheinlichkeit des Erfolges des Wiederaufnahmeantrages durch die (weitere) Beweisaufnahme im Begründetheitsverfahren als nicht richtig herausstellt, z.B. wenn die beigebrachten Beweismittel verfälscht sind oder die benannten Zeugen sich als zu wenig glaubwürdig erweisen.
Gegen diesen Aufhebungsbeschluß gibt es die sofortige Beschwerde nach § 372 S. 1, sofern er vom Wiederaufnahmegericht im ersten Rechtszug erlassen wird. Ergeht der Aufhebungsbeschluß (auf die sofortige Beschwerde der Staatsanwaltschaft) erst in der Beschwerdeinstanz, so ist die Entscheidung trotz § 310 auch dann unanfechtbar, wenn das Landgericht als Beschwerdegericht tätig geworden ist.[16]
Mit Eintritt der Rechtskraft dieses Aufhebungsbeschlusses gilt dann folgendes:
Im Falle des somit zurückgenommenen Strafaufschubs kann der zu einer Freiheitsstrafe Verurteilte nun zum Strafantritt geladen (§ 27 StVollstrO) und ggf. von der Staatsanwaltschaft als Vollstreckungsbehörde (§ 451 StPO, § 4 StVollstrO) ein Vorführungs- oder ein Vollstreckungshaftbefehl nach § 457 Abs. 1 erlassen werden.
In diesem Fall kann der Aufhebungsbeschluß zunächst der Staatsanwaltschaft bekanntgemacht werden, damit diese vor Zustellung an den Betroffenen nach § 457 verfahren kann. Dem Verurteilten bleibt dann nur das Recht auf nachträgliche Anhörung gem. §§ 33 Abs. 4, 33a, 311a.[17] Gegen den Haftbefehl nach § 457 selbst gibt es nur den Rechtsweg nach § 23 EGGVG.[18]
Da im Falle der nachträglichen Aufhebung des Strafaufschubs bzw. der Strafunterbrechung im Interesse der Strafverfolgung durch die aufgezeigten Möglichkeiten (insbesondere durch § 457) ausreichend gewahrt sind, ist der Erlaß eines Haftbefehls durch das Wiederaufnahmegericht nicht zulässig.[19]

b) ab Begründetheitsbeschluß:

Da der Beschluß nach § 370 Abs. 2, durch den die Wiederaufnahme zugunsten als begründet angeordnet wird, die Rechtskraft und damit die Vollstreckbarkeit des angefochtenen Urteils beseitigt,[20] ergibt sich für das folgende Verfahrensstadium hinsichtlich der Haftfrage folgendes:

– Auch wenn die Wiederaufnahme lediglich eine mildere Strafe aufgrund eines milderen Gesetzes (§ 363 Abs. 1, 359 Nr. 5) erstrebt,[21] ist der Verurteilte, wenn er sich in Strafhaft befindet, aus dieser sofort zu entlassen, da eben wegen der Beseitigung der Rechtskraft die Vollstreckbarkeit des Urteils (§ 449) nicht mehr gegeben ist.
Jedoch kann ein **Haftbefehl** erlassen werden, wenn die Voraussetzungen der §§ 112 ff vorliegen.[22] Das kann dann der Fall sein, wenn auch bei der begehrten Strafminderung weiterhin mit einer hohen Strafe zu rechnen ist, z.B. wenn eine Verurteilung nach § 212 StGB anstelle von § 211 StGB erstrebt wird.

– Hat die Wiederaufnahme die Freisprechung des Verurteilten oder die Einstellung des Verfahrens wegen eines Prozeßhindernisses zum Ziel,[23] so gilt folgendes:

Voraussetzung eines Haftbefehls ist das Vorliegen eines dringenden Tatverdachtes (§ 112 Abs. 1 S. 1). Durch den Beschluß nach § 370 Abs. 2 wird das Verfahren in das Stadium der Rechtshängigkeit zurückversetzt,[24] d.h. in den Zustand, in dem es sich vor dem Erlaß des im Wiederaufnahmeverfahrens angefochtenen Urteils befunden hat. Für dieses Stadium ist durch den Eröffnungsbeschluß der sog. hinreichende Tatverdacht (§ 203) bestätigt worden.[25] Selbst wenn damals der stärkere Grad des dringenden Tatverdachts gegeben war, so ist nun die Situation hinsichtlich der Dringlichkeit des Verdachtes eine andere: die Zulässigkeitsentscheidung (§ 368) hat den neuen Tatsachen und Beweismitteln, auf die der Wiederaufnahmeantrag gestützt ist, die Geeignetheit bescheinigt, den Freispruch (allein oder in Verbindung mit den früher erhobenen Beweisen) zu begründen; in dem Beschluß nach § 370 Abs. 2 bringt das Gericht zum Ausdruck, daß diese den Freispruch zu begründen geeigneten Nova im Begründetheitsverfahren auch eine „genügende Bestätigung" gefunden haben. Bei dieser Sachlage kann dann aber ein dringender Tatverdacht nicht mehr bejaht werden, weshalb ein Haftbefehl nicht möglich ist.[26]

— Betrifft der Begründetheitsbeschluß bei Verurteilung wegen **mehrerer** tatmehrheitlicher Straftaten (§ 53 StGB) nur einige dieser selbständigen Taten, so wird zwar die (nach § 54 oder § 55 StGB oder nach § 460 StPO gebildete) Gesamtstrafe gegenstandslos,[27] jedoch ist die weitere Vollstreckung der nicht berührten Einzelstrafen nach denselben Grundsätzen zulässig, die für die Vollstreckung von Einzelstrafen aus einem im Gesamtstrafenausspruch noch nicht rechtskräftigen Urteil gelten.[28]

(2) **Wiederaufnahme zuungunsten des Freigesprochenen**

Auch hier ist zu unterscheiden zwischen der Situation vor und nach Eintritt der Rechtskraft des Beschlusses nach § 370 Abs. 2, durch den die Wiederaufnahme zuungunsten des Freigesprochenen angeordnet wird.

a) **bis zum Begründetheitsbeschluß:**

Bis zu diesem Zeitpunkt ist der Erlaß eines Haftbefehls unzulässig.

Voraussetzung eines Haftbefehls ist stets, daß gegen den Betroffenen wegen der im Haftbefehl genannten Tat (§ 264) eine (weitere) Strafverfolgung überhaupt möglich ist. Im Gesetz kommt dies u.a. dadurch zum Ausdruck, daß ein Haftbefehl nach §§ 112 ff nur gegen einen „Beschuldigten" möglich ist.[29] Beschuldigter kann aber nur der Tatverdächtige sein, gegen den das Verfahren als Beschuldigter betrieben wird.[30] Ist der Betroffene jedoch von dem Vorwurf rechtskräftig freigesprochen, so besteht das Verfahrenshindernis des ne bis in idem.[31] Diese Sperrwirkung des Verbrauchs der Strafklage macht, wie der Wortlaut des Art. 103 Abs. 3 GG nahelegen könnte, nicht nur eine weitere Verurteilung, sondern schon jede neue Straf**verfolgung** gegen denselben Täter wegen derselben Tat unzulässig.[32] Solange also dieses Verfahrenshindernis besteht, kann der rechtskräftig Freigesprochene nicht in die Rolle eines Beschuldigten geraten und folglich kann gegen ihn auch kein Haftbefehl erlassen werden.

b) **ab Begründetheitsbeschluß:**

Der Beschluß nach § 370 Abs. 2, durch den die Wiederaufnahme zuungunsten des Freigesprochenen angeordnet wird, beseitigt jedenfalls die Rechtskraft des freisprechenden Urteils;[33] überwiegend wird sogar die Auffassung vertreten, daß durch den Begründetheitsbeschluß das frühere Urteil überhaupt und endgültig beseitigt wird.[34] Schon mit dem Wegfall der Rechtskraft tritt die Sperrwirkung des ne bis in idem außer Kraft; das Verfahren wird durch den Begründetheitsbeschluß in den Zustand zurückversetzt, in dem es sich vor dem angefochtenen (und nun beseitigten) Urteil befunden hat.[35] Deshalb kann nun,

7. Haftfragen während des Wiederaufnahmeverfahrens IX. 7

wenn die Voraussetzungen der §§ 112 ff vorliegen, ein Haftbefehl auch gegen einen Freigesprochenen erlassen werden.[36]

(3) Wiederaufnahme zuungunsten eines Verurteilten

a) bis zum Begründetheitsbeschluß:

In den Fällen des § 362 Nr. 1–3 ist die Wiederaufnahme auch zuungunsten eines Verurteilten zulässig mit dem Ziel, auf Grund eines anderen Strafgesetzes eine höhere Strafe herbeizuführen.[37]

Auch hier gilt, daß das Verfahrenshindernis des Verbrauchs der Strafklage gegeben ist, solange die Rechtskraft des im Wiederaufnahmeverfahren angefochtenen Urteils besteht. Folglich kann bis zum Eintritt der Rechtskraft des Beschlusses, durch den diese Wiederaufnahme nach § 370 Abs. 2 als begründet angeordnet wird, kein Haftbefehl erlassen werden.[38]

b) ab Begründetheitsbeschluß:

Dagegen ist nach diesem Zeitpunkt ein Haftbefehl zulässig, wenn die Voraussetzungen der §§ 112 ff gegeben sind.[39] Dies wird insbesondere dann der Fall sein, wenn sich der Verurteilte aufgrund des angefochtenen Urteils bisher schon in Strafhaft befindet, diese aber nun durch den Wegfall der Rechtskraft des Urteils zu beenden ist.[40] In der Regel wird aber dann diese anschließende Untersuchungshaft zu beenden sein, sobald der Verurteilte ⅔ der verhängten Freiheitsstrafe verbüßt hat, die Voraussetzungen des § 57 StGB für eine Aussetzung des Strafrestes zur Bewährung gegeben sind und die erneute Hauptverhandlung, in der über die Verhängung einer höheren Strafe aufgrund eines anderen Strafgesetzes zu verhandeln ist, noch nicht durchgeführt ist.

(4) Materielle Voraussetzungen des § 360 Abs. 2

Ob eine Anordnung nach § 360 Abs. 2 getroffen wird, hängt von den Erfolgsaussichten des Wiederaufnahmeantrages ab. Dabei reicht die bloße Möglichkeit, daß er begründet ist, regelmäßig noch nicht aus; auch genügt der Beschluß nach § 368, mit dem die Wiederaufnahme für zulässig erklärt wird, für sich allein noch nicht. Entscheidend ist vielmehr, ob die behaupteten Wiederaufnahmetatsachen und die Art der Beweisantritte einen solchen Grad an innerer Wahrscheinlichkeit haben, daß die (weitere) Vollstreckung des Urteils bedenklich erscheint.[41]

Kann das Wiederaufnahmegesuch auf § 359 Nr. 2[42] gestützt werden, weil der Zeuge, auf dessen unrichtiger Aussage das angefochtene Urteil beruht, inzwischen wegen des Aussagedeliktes bestraft ist (§ 364 S. 1), so ist dieser Wahrscheinlichkeitsgrad als gegeben anzusehen.

Bei einem Antrag nach § 359 Nr. 5 kommt es u.a. darauf an, ob das Wiederaufnahmevorbringen einfach zu beweisen oder eine umfangreiche Beweisaufnahme erforderlich ist.[43] Im letzteren Fall kann das Angebot einer Sicherheitsleistung die Erfolgsaussichten eines Antrages nach § 360 Abs. 2 verbessern.[44]

Anmerkungen

1. § 360 Abs. 1; *Kleinknecht/Meyer* Rdnr. 1; LR/*Gössel* Rdnr. 1; KMR/*Paulus* Rdnr. 1 jeweils zu § 360.

2. Wobei auf § 372 S. 2 zu verweisen ist, wonach die Staatsanwaltschaft einen solchen Beschluß nicht anfechten kann.

3. *Kleinknecht/Meyer* Rdnr. 9; LR/*Gössel* Rdnr. 31; KMR/*Paulus* Rdnr. 21; KK/*Meyer-Goßner* Rdnr. 3, 18 jeweils zu § 370; BGH 21, 372, 375. Unbestritten ist inzwischen, daß der Begründetheitsbeschluß die Rechtskraft des Urteils beseitigt. Bestritten ist dagegen noch, ob durch diesen Beschluß das frühere Urteil bereits endgültig beseitigt wird, so die h. M. Der Meinungsstreit ist bei LR/*Gössel* § 370 Rdnr. 31 f. dargestellt. Zur praktischen Bedeutung dieser Streitfrage vgl. KK/*Meyer-Goßner* § 370 Rdnr. 13. Entscheidend ist jedenfalls, daß die Rechtskraft des im Wiederaufnahmeverfahren angefochtenen Urteils und damit dessen Vollstreckbarkeit (§ 449) nicht mehr gegeben ist. Aufgrund der jetzt h. M. ist die gelegentliche zitierte Entscheidung BayObLGSt 29/27 überholt.

4. *Kleinknecht/Meyer* Rdnr. 11; LR/*Gössel* Rdnr. 31 zu § 370 m. w. N.

5. LR/*Gössel* Rdnr. 36; *Kleinknecht/Meyer* Rdnr. 11; jeweils zu § 370; KMR/*Paulus* § 360 Rdnr. 1; KK/*Meyer-Goßner* § 360 Rdnr. 2; § 370 Rdnr. 18.

Die Entscheidung des BayObLGSt 29/27 ist überholt, vgl. Anm. 3.

6. *Kleinknecht/Meyer* Rdnr. 4; LR/*Gössel* Rdnr. 6 jeweils zu § 360.

7. Zur Frage der sonstigen Anfechtungsberechtigten (z. B. Nebenkläger) *Kleinknecht/Meyer* § 372 Rdnr. 3 und die einschlägigen Kommentierungen zu § 372.

8. *Kleinknecht/Meyer* Rdnr. 5; LR/*Gössel* Rdnr. 8 jeweils zu § 360.

9. LR/*Meyer* 23. Aufl. Rdnr. 1; *Kleinknecht/Meyer* Rdnr. 4; KMR/*Paulus* Rdnr. 4 jeweils zu § 360. Dagegen jetzt LR/*Gössel* § 360 Rdnr. 2.

10. Vgl. X.

11. § 451 StPO, § 4 StVollstrO.

12. Über die Voraussetzungen einer solchen Entscheidung vgl. unten (4).

13. *Kleinknecht/Meyer* § 360 Rdnr. 3.

14. Vgl. Anm. 3–5.

15. *Kleinknecht/Meyer* Rdnr. 3; LR/*Gössel* Rdnr. 5; KMR/*Paulus* Rdnr. 3; KK/*Meyer-Goßner* Rdnr. 6 jeweils zu § 360.

16. OLG Düsseldorf NJW 1958, 1248; OLG Hamm NJW 1961, 2363; *Kleinknecht/Meyer* Rdnr. 5; LR/*Gössel* Rdnr. 8 zu § 360.

17. *Peters* Fehlerquellen III S. 146.

18. *Kleinknecht/Meyer* § 457 Rdnr. 12 m. w. N.

19. *Peters* Fehlerquellen III S. 146.

20. Vgl. Anm. 3–5.

21. Vgl. IX. 4 (7).

22. LR/*Gössel* Rdnr. 46; *Peters* Fehlerquellen III S. 155; vgl. auch *Kleinknecht/Meyer* Rdnr. 15; KK/*Meyer-Goßner* Rdnr. 18; KMR/*Paulus* Rdnr. 22 jeweils zu § 370.

23. Vgl. IX. 1 und IX. 4 (5) (6).

24. LR/*Gössel* Rdnr. 35; *Kleinknecht/Meyer* Rdnr. 10; KK/*Meyer-Goßner* Rdnr. 13 jeweils zu § 370.

25. Der frühere Eröffnungsbeschluß bleibt auch für den Urteilsgegenstand der neuen Hauptverhandlung maßgebend BGH 16, 66; LR/*Gössel* Rdnr. 5; KMR/*Paulus* Rdnr. 2 jeweils zu § 373.

26. Die Äußerungen in der Literatur sind nicht eindeutig. *Eb. Schmidt,* Lehrkommentar Teil II § 369 Rdnr. 6, § 370 Rdnr. 4 und Nachtrag I § 369 Rdnr. 5 meint, daß im Probationsverfahren nur im Falle eines Wiederaufnahmeantrages nach § 362, also zuungunsten des Angeklagten, eine Verhaftung zulässig sei. Er hält also ersichtlich in der hier behandel-

7. Haftfragen während des Wiederaufnahmeverfahrens

ten Konstellation – Wiederaufnahme zugunsten mit dem Ziel des Freispruchs oder der Einstellung – den Erlaß eines Haftbefehls für unzulässig. Seine Meinung aber, bei einer Wiederaufnahme zugunsten sei im Probationsverfahren eine Verhaftung nicht zulässig, ist in dieser Ausschließlichkeit nicht zutreffend, wie die Zitate in Anm. 22 zeigen. Auch die Kommentierung bei LR/*Gössel* § 370 Rdnr. 46, daß der Erlaß eines Haftbefehls „auch zulässig" sei, wenn die Wiederaufnahme zugunsten angeordnet worden ist, jedoch nur die Verurteilung aufgrund eines milderen Gesetzes erstrebt wird, könnte den Schluß nahelegen, daß im Falle der Begründetheit eines Wiederaufnahmeantrages zugunsten eines Angeklagten mit dem Ziel des Freispruchs oder der Einstellung eine Verhaftung nicht möglich sein soll. Ähnliches gilt für *Peters*, Fehlerquellen, III S. 155. Die übrigen Kommentare differenzieren nicht, sondern meinen lediglich, daß im Probationsverfahren bzw. nach Erlaß des Begründetheitsbeschlusses Haftbefehle erlassen werden können, wenn die Voraussetzungen der §§ 112 ff. vorliegen, vgl. *Kleinknecht*/*Meyer* Rdnr. 15, KMR/*Paulus* Rdnr. 22; KK/*Meyer-Goßner* Rdnr. 18 jeweils zu § 370.

Der Hinweis bei KMR/*Paulus* a. a. O., wonach das BayObLG in Bd. 29/27 zur Frage der Untersuchungshaft eine andere Auffassung vertrete, ist irreführend. Diese Entscheidung hat den Erlaß eines Haftbefehls deshalb für unzulässig angesehen, weil es von der (inzwischen überholten, vgl. Anm. 3) Meinung ausging, daß der Beschluß nach § 370 Abs. 2 die Vollstreckung des bisherigen Urteils nicht hemme. Demgemäß hat es trotz Begründetheitsbeschluß bei einer Wiederaufnahme zugunsten des Angeklagten die weitere Vollstreckung des Urteils für zulässig gehalten, weshalb ein Haftbefehl nicht erforderlich war.

27. LR/*Gössel* Rdnr. 38; *Kleinknecht*/*Meyer* Rdnr. 12; KMR/ Paulus Rdnr. 23 jeweils zu § 370; OLG Celle OLGSt (alt) § 360 StPO S. 1.

28. LR/*Gössel* § 370 Rdnr. 30, 38; LR/*Wendisch* § 449 Rdnr. 24 ff.

29. Vgl. z. B. §§ 112 Abs. 1, Abs. 2 Nr. 1–3; 112 a Abs. 1; 113 Abs. 2; 114 Abs. 1 Nr. 1; 114 a; 115 Abs. 1–4.

30. BGH 10, 8, 12; *Kleinknecht*/*Meyer* Einl. 76.

31. *Kleinknecht*/*Meyer* Einl. 171.

32. LR/*Schäfer* Einl. Kap. 12 Rdnr. 25; KK/*Pfeiffer* Einl. 170; KMR/*Sax* Einl. XIII Rdnr. 11; *Kleinknecht*/*Meyer* Einl. 171.

33. Vgl. Anm. 3.

34. LR/*Gössel* § 370 Rdnr. 32–34; a. A. KK/*Meyer-Goßner* § 370 Rdnr. 13.

35. LR/*Gössel* Rdnr. 35; *Kleinknecht*/*Meyer* Rdnr. 10 jeweils zu § 370.

36. LR/*Gössel* § 370 Rdnr. 46 m. w. N.; *Kleinknecht*/*Meyer* Rdnr. 15 und KMR/*Paulus* Rdnr. 22 jeweils zu § 370 differenzieren nicht zwischen Wiederaufnahme nach § 359 und nach § 362, vgl. Anm. 26.

37. LR/*Gössel* § 362 Rdnr. 5.

38. Vgl. Anm. 32.

39. LR/*Gössel* § 370 Rdnr. 46.

40. § 449; vgl. oben bei (1).

41. OLG Düsseldorf OLGSt § 359 Nr. 4; LR/*Gössel* Rdnr. 4; *Kleinknecht-Meyer* Rdnr. 3 jeweils zu § 360. Nach KK/*Meyer-Goßner* ist Voraussetzung für eine Anordnung nach § 360 Abs. 2, daß der Wiederaufnahmeantrag mit einiger Sicherheit oder zumindest mit gewisser Wahrscheinlichkeit Erfolg haben wird und die Vollstreckung des Urteils bedenklich erscheint.

42. Vgl. dazu IX 3 (1) und (3) a.

43. Vgl. OLG Düsseldorf NJW 1987, 2030 (Anm. der Schriftleitung), wonach das Wiederaufnahmevorbringen – Alibi des Verurteilten – durch die eidliche Aussage eines Zeugen nachgewiesen war.

44. OLG Düsseldorf OLGSt § 359 Nr. 4, wonach § 116 Abs. 1 S. 2 Nr. 4 analog anzuwenden ist.

8. Wiederaufnahme mit neuen Beweismitteln

An das
Landgericht[1]
X ...... -Stadt[2]

In der Strafsache
gegen
A.... B....
Az.: 3 Ns 73 Js ...... /85
bestelle ich mich unter Vollmachtsvorlage[3] für den Verurteilten und beantrage:[4]
1. die Wiederaufnahme des Verfahrens gegen das Berufungsurteil[1] des LG X ...... -Stadt vom 25. 1. 1986 zuzulassen
2. die Vollstreckung, gegebenenfalls gegen eine angemessene Sicherheitsleistung[4a] aufzuschieben.[5]

Begründung:

1. Das Amtsgericht in A...-Dorf hat Herrn A... B... in der Hauptverhandlung vom ...... wegen eines Vergehens der vorsätzlichen Körperverletzung zur Freiheitsstrafe von 12 Monaten ohne Bewährung verurteilt. Die in vollem Umfang eingelegte Berufung wurde durch Urteil des LG X ...... Stadt vom 25. 1. 1986 als unbegründet verworfen. Die dagegen eingelegte Revision ist durch Beschluß des OLG ...... gem. § 349 Abs. 2 StPO vom 12. 5. 1986 verworfen worden. Das Urteil ist somit rechtskräftig.[6]
2. Maßgeblich sind bezüglich des Sachverhalts die Gründe des Berufungsurteils, weil dessen tatsächliche Feststellungen in Rechtskraft erwachsen sind.[6a]
Danach[7] wurde die Täterschaft des Verurteilten in erster Linie aufgrund der Zeugin H... angenommen. Alle sonst vernommenen Zeugen haben keine konkreten Angaben dazu gemacht, wer von den am Tatort unmittelbar anwesenden Personen den Geschädigten verletzt hat. Das Berufungsgericht weist im Urteil auf S... deshalb daraufhin, daß aufgrund der Aussagen dieser übrigen Zeugen die Täterschaft des A... B... nur als „naheliegend" hätte angenommen werden können.
3. Der Wiederaufnahmeantrag wird auf § 359 Nr. 5 StPO gestützt.[8]
Die beiden nachbenannten Zeugen können bekunden, daß Herr A... B... nicht der Täter war, der dem Geschädigten am 19. 2. 1985 die Verletzungen beigebracht hat. Es handelt sich um folgende Zeugen
– Herr N... Y ......, Gartenweg 4 A...-Dorf
– Herr P... Z ......, Hauptstraße 10...-Dorf
Die beiden Zeugen sind weder in der ersten noch in der zweiten Instanz vernommen worden; auch eine Verlesung nach § 251 StPO hat nicht stattgefunden, weil die Zeugen bisher überhaupt nicht im Strafverfahren bekannt waren. Sie sind also „neue" Beweismittel i. S. d. Nr. 5 des § 359 StPO.[9]
Herr A... B... hat erst nach der Berufungsverhandlung davon erfahren,[10] daß diese

8. Wiederaufnahme mit neuen Beweismitteln IX. 8

Zeugen am Tatort zur Tatzeit anwesend waren und den Vorfall, der Gegenstand dieses Strafverfahrens ist, beobachtet haben.

a) Der Zeuge N... Y... stand während des Tatgeschehens in unmittelbarer Nähe der Bar, vor der sich die tätliche Auseinandersetzung ereignete. Er konnte von seinem erhöhten Standplatz aus beobachten, wie der Zeuge D..., von dem hinteren Teil der Bar kommend, auf den Geschädigten zuging und diesen, als dieser sich gerade in gebeugter Haltung befand, mit gestrecktem Fuß ins Gesicht schlug, worauf der Geschädigte zu Boden fiel und blutete. Der Zeuge D... hielt sich noch einige Zeit in der Menschenmenge auf, die sich inzwischen am Tatort angesammelt hatte.

Daß der Geschädigte durch den Fußschlag so schwere Verletzungen (Kieferbruch) erlitten hatte, wußte der Zeuge N... Y... seinerzeit nicht. Er hatte angenommen, der Geschädigte sei nur leicht verletzt worden, weil dieser sogleich wieder aufstand und sich zur Toilette begab. Herr. N.. Y... war deshalb unmittelbar auf die Tanzfläche zurückgekehrt und hat deshalb auch nicht mitbekommen, daß die Polizei später an der Bar die Personalien von Zeugen und der Tatbeteiligten feststellte. Er hätte sich sonst schon damals als Zeuge gemeldet und seine Beobachtungen der Polizei mitgeteilt.[11]

b) Der Zeuge P... Z... stand zur Tatzeit ebenfalls an der Bar, vor der sich der Vorfall ereignete. Auch er kann aufgrund seiner Beobachtungen bekunden, daß sich eine Person, von der Bar kommend, auf den Geschädigten zubewegte und ihm, als er gerade nach vorn gebeugt war, mit dem Fuß in Richtung Kopf schlug. Der Zeuge P... Z... kannte zwar diese Person nicht, die den Geschädigten verletzte. Er kennt aber A... B... (den Verurteilten) seit langem und kann deshalb ausschließen, daß dieser der Täter gewesen ist.

Auch der Zeuge P... Z... war zu der Zeit, als die Polizeibeamten eintrafen, nicht mehr an der Bar. Er hat erst vor wenigen Wochen bei einem zufälligen Zusammentreffen mit Herrn A... B... davon erfahren, daß dieser wegen des Vorfalls, der Gegenstand dieses Strafverfahrens ist, bereits verurteilt worden ist.[11]

4. Diese Aussagen der beiden neuen Zeugen N... Y... und P... Z... sind geeignet, den Schuldspruch zu erschüttern.[12]

Nach den Gründen des Berufungsurteils konnte außer der Zeugin H... keiner der übrigen vernommenen Zeugen angeben, wer der Täter gewesen ist. Hätte das Gericht auch die jetzt benannten Zeugen N... Y... und P... Z... vernehmen können, dann wäre Herr A... B... nicht verurteilt worden. Das Gericht hat zwar die Zeugin H... für glaubwürdig angesehen und darauf das Urteil gestützt. Aufgrund der neuen Zeugen liegt aber klar auf der Hand, daß die Zeugin H... einem Irrtum unterlegen ist. In diesem Zusammenhang ist besonders hervorzuheben, daß diese Zeugin letztlich die Verletzungshandlung ebenfalls nicht gesehen hat. Im Urteil heißt es dazu auf S..., wo die Bekundungen der Zeugin wie folgt wiedergegeben werden:

> „Als der Geschädigte sich nach unten gebückt habe, sei der Angeklagte plötzlich und schnell zu diesem hingegangen und habe mit seinem Fuß in Richtung des Kopfes des Geschädigten getreten. Wegen des sich abspielenden Gewühles, durch das ihr kurz die Sicht auf das Gesicht des Geschädigten verdeckt gewesen sei, habe sie zwar nicht gesehen, daß der Fuß des Angeklagten den Kopf des Geschädigten getroffen habe. Der Geschädigte sei jedoch in unmittelbarem zeitlichen Zusammenhang mit der von ihr beobachteten Trittbewegung zusammengebrochen".

Die beiden Zeugen N... Y... und P... Z... haben dagegen den Vorgang der Verletzungshandlung direkt beobachtet und dabei auch den Täter gesehen.

5. Der Antrag auf Vollstreckungsaufschub (§ 360 Abs. 2 StPO)[5] stützt sich auf folgende Gründe:[13]

Zwar ist im Interesse einer wirksamen Strafrechtspflege ein Urteil möglichst rasch zu vollstrecken. Hier ist jedoch keine mehrjährige Freiheitsstrafe zu vollstrecken, sondern eine relativ kurze von 12 Monaten, wobei möglicherweise gem. § 57 Abs. 2 StGB nur die Hälfte der Strafe, also lediglich 6 Monate zu verbüßen sind. Bei einer derart kurzen Strafe hat das öffentliche Interesse an einer sofortigen Vollstreckung zurückzutreten hinter dem Interesse eines Verurteilten, der einen Wiederaufnahmeantrag stellt.

Hinzu kommt hier, daß die Dauer der beiden Verfahrensstadien der Wiederaufnahme zeitlich absehbar ist. Über die Zulässigkeit des Wiederaufnahmeantrages kann aufgrund des einfach gelagerten Sachverhalts rasch entschieden werden. Im anschließenden Begründetheitsverfahren sind lediglich die beiden neu benannten Zeugen zu hören. Auch diese Beweisaufnahme ist in Kürze zu erledigen. Wenn die neuen Zeugen im Probationsverfahren den Vortrag dieses Wiederaufnahmevorbringens bestätigen, ist die Wiederaufnahme anzuordnen (§ 370 Abs. 2 StPO), wobei dann die Vollstreckung ohnehin einzustellen ist.[14]

Auch die für § 360 Abs. 2 erforderlichen Erfolgsaussichten[13] des Wiederaufnahmeantrags sind gegeben. Die Verurteilung stützt sich auf die Aussage lediglich einer Zeugin, die zu dem entscheidenden Moment der Verletzungshandlung keine konkreten Angaben machen kann. Wenn die Beobachtungen der beiden neuen Zeugen zutreffend sind, folgt zwingend, daß die einzige Belastungszeugin einem Irrtum erlegen ist. Bei dieser Situation wäre die Vollstreckung einer verhängten Freiheitsstrafe bedenklich.

Rechtsanwalt[15]

Anmerkungen

1. Zuständig für die Wiederaufnahme ist ein Landgericht, wenn die Berufung in vollem Umfang durchgeführt worden ist. Vgl. IX. 2 (5) und IX. 2 (8).

2. Gem. § 367 Abs. 1 S. 2 kann ein Wiederaufnahmeantrag, mit dem eine Wiederaufnahme zugunsten eines Verurteilten begehrt wird, von dem Antragsberechtigten bei dem Gericht angebracht werden, dessen Urteil Anfechtungsgegenstand der Wiederaufnahme ist. Vgl. IX. 2 (5) b.

3. Eine Vollmachtsvorlage ist nur erforderlich, wenn der Verteidiger erstmals im Wiederaufnahmeverfahren tätig wird. Über die Fortgeltung der Bevollmächtigung (§ 138) und der Beiordnung (§ 141) des im Hauptverfahren bereits tätigen Verteidigers für die Wiederaufnahme vgl. IX. 2 (3) a und dortige Anmerkung 41.

4. Vgl. IX. 2 (2).

4a. Nach OLG Düsseldorf OLGSt § 359 Nr. 4 kann § 116 Abs. 1 S. 2 Nr. 4 im Rahmen des § 360 Abs. 2 analog angewendet werden.

5. Zur Bedeutung des § 360 Abs. 2 vgl. IX. 7.

6. Die Rechtskraft des Urteils ist Zulässigkeitsvoraussetzung für einen Wiederaufnahmeantrag. Vgl. IX. 2 (1) c.

6a. Vgl. IX 2 (5) a und IX 2 (8) b.

7. Es empfiehlt sich eine knappe Wiedergabe der wesentlichsten Urteilsgründe, um den gedanklichen Anknüpfungspunkt zu benennen, auf den sich das dann folgende Wiederaufnahmevorbringen bezieht. Die Rechtsprechung fordert eine aus sich heraus verständliche Sachdarstellung (vgl. IX. 2 (8) c).

Lediglich zum besseren Verständnis des hier dargestellten Antragsvorschlages soll der Sachverhalt etwas näher beschrieben werden. Der Angeklagte begab sich mit einem Bekannten am 18. 2. 1985 in X...-Stadt zu einer Faschingsveranstaltung. Gegen 3.00 Uhr kam es in der Nähe der Bar zu einer Rauferei, an der u. a. der Bekannte und der (später) Geschädigte beteiligt war. Als im Laufe der tätlichen Auseinandersetzung der Bekannte zu Boden gegangen war und der (später) Geschädigte in gebückter Haltung über diesem stand, trat eine Person von der Bar her kommend, schnell hinzu und schlug dem Geschädigten mit dem Fuß, der mit einem weißen Turnschuh mit blauen Streifen bekleidet war,

9. Wiederaufnahme mit neuen Tatsachen

ins Gesicht, wodurch dieser erhebliche Verletzungen (Kieferbruch u. a.) davon trug. In der Hauptverhandlung sind etwa 10 Zeugen vernommen worden. Mit Ausnahme der Zeugin H. ..... konnte keiner der Zeugen den Angeklagten als Täter identifizieren. Der Angeklagte, der in unmittelbarer Nähe der Kontrahenten gestanden war, hatte stets den Vorwurf bestritten und sich dahin eingelassen, der Zeuge D. ..... sei der Täter gewesen.

8. Gem. § 366 Abs. 1, 368 Abs. 1 muß im Antrag der gesetzliche Wiederaufnahmegrund angegeben werden. Erforderlich ist, die **Tatsachen** mitzuteilen, mit denen die Voraussetzungen des geltend gemachten Wiederaufnahmegrunds erfüllt werden sollen. Ferner sind die Beweismittel anzuführen, mit denen die neue Sachverhaltsdarstellung bewiesen werden soll. Vgl. IX. 2 (8) c, e.

9. Zur Neuheit der Beweismittel vgl. IX. 4 (14).

10. Hat der Wiederaufnahmeführer erst nach der Hauptverhandlung, in der zuletzt die tatsächlichen Feststellungen getroffen wurden, vom Vorhandensein weiterer Zeugen erfahren, so empfiehlt es sich, dies kurz darzustellen. Eine ausführliche Begründung ist erforderlich, wenn die Beweismittel dem Verurteilen im Hauptverfahren schon bekannt waren, aber nicht eingeführt wurden. Vgl. IX. 4 (13).

11. Sofern möglich sollte dargelegt werden, aufgrund welcher Umstände ein Augenzeuge nicht schon im Ermittlungsverfahren von der Polizei vernommen worden ist. Dadurch kann von vorne herein einem möglichen Verdacht, der Wiederaufnahmeführer „zaubere nachträglich neue Zeugen herbei", vorgebeugt werden.

12. Zur Geeignetheit der Nova vgl. IX. 4 (16) (17).

13. Ob eine Anordnung nach § 360 Abs. 2 zu treffen ist, hängt von den Erfolgsaussichten des Wiederaufnahmeantrages ab. Entscheidend dabei ist, ob die behaupteten Wiederaufnahmetatsachen und die Art der Beweise einen solchen Grad innerer Wahrscheinlichkeit haben, daß die Vollstreckung des Urteils bedenklich erscheint (LR/*Gössel* § 360 Rdnr. 4); vgl. oben IX 7 (4).

14. Vgl. IX. 7 (1).

15. Vgl. IX. 2 (7).

9. Wiederaufnahme mit neuen Tatsachen

An das
Landgericht[1]
X–Stadt[2]

In dem Strafverfahren
gegen
A. ... B. ...
Az.: KLs. ... Js. ..../85

bin ich als Verteidiger[3] mit der Wiederaufnahme des Verfahrens beauftragt.

Hierzu stelle ich folgende Anträge:

1. Die Wiederaufnahme des Verfahrens im Fall 3[4] des Urteils des LG X–Stadt vom 3. 3. 1986 für zulässig zu erklären.
2. Gem. § 360 Abs. 2[5] Herrn A. ... B. ..., gegebenenfalls gegen eine angemessene Sicherheitsleistung,[5a] Strafaufschub zu gewähren.

Begründung:

1. Herr B... wurde durch Urteil des LG X–Stadt vom 3. 3. 1986 wegen vier sachlich zusammentreffender Vergehen der Hehlerei zu einer Gesamtfreiheitsstrafe von 2 Jahren und 3 Monaten verurteilt. Der BGH hat die von Herrn A... B... eingelegte Revision verworfen. Das Urteil ist somit rechtskräftig.[6]
Nach diesem Urteil[7] haben die anderweitig Verfolgten Franz X... und Hermann Y... am späten Abend des 20. 9. 1985 in A–Dorf den BMW 316 des Geschädigten C..., amtliches Kennzeichen ...... entwendet. Sie verbrachten den Pkw sofort in eine Garage nach X–Stadt, wo sie die Fahrzeugdaten änderten. Den so geänderten Pkw übergaben sie „am nächsten Tag" (vgl. UA S. 6) an Herrn A... B... auf dessen Lagerplatz in X–Stadt, Waldweg Nr. ...
Im Rahmen der Beweiswürdigung (vgl. UA S. 13 f) wird der Übergabezeitpunkt noch näher konkretisiert, wenn aus der polizeilichen Aussage des anderweitig Verfolgten Franz X..., der in der Hauptverhandlung gegen A... B... nach § 55 die Aussage verweigerte, entnommen wurde, daß Franz X... und Hermann Y... „am nächsten Morgen gegen 8.00 Uhr" zum Lagerplatz des A... B... gefahren seien.
Da nach den Feststellungen des Urteils die Entwendung des Pkws am 20. 9. 1985 abends stattfand, hat also nach den zitierten Äußerungen die Übergabe des Pkws an den Verurteilten am 21. 9. 1985 nach 8.00 Uhr stattgefunden.

2. Für diesen Tattag – 21. 9. 1985 – hat jedoch der Verurteilte ein Alibi, welches dem erkennenden Gericht nicht bekannt war. Damit liegt der Wiederaufnahmegrund des § 359 Nr. 5 vor.
Im einzelnen sind dazu folgende neue Tatsachen und Beweismittel vorzutragen.[8]

a) Herr A... B... befand sich am 21. 9. 1985 in Begleitung seiner Ehefrau und der nachbenannten Zeugin D... auf einem Tagesausflug in Österreich. Bereits einige Tage vor dem 21. 9. 1985 waren Herr A... B..., seine Ehefrau und die Zeugin D... übereingekommen, einen Tagesausflug nach Österreich zu machen, um die für den Winterurlaub in Aussicht genommenen Quartiere zu besichtigen.
Frau Andrea B... hat kürzlich in ihrem Paß eine Benzinrechnung gefunden, die am 21. 9. 1985 im X–Dorf, Tirol, dem aufgesuchten Urlaubsort in Österreich ausgestellt war. Erst dadurch kam ihr wieder in Erinnerung,[9] daß sie an diesem Tag zusammen mit ihrem Ehemann und einer Bekannten D... einen Tagesausflug dorthin unternommen hat. Sie erkundigte sich sofort bei Frau D..., diese konnte sich ebenfalls an den Ausflug erinnern und hat im übrigen in ihrem Terminkalender[10] für den 21. 9. 1985 eingetragen „Andrea Tirol".

Beweis: Frau Andrea B...   X–Stadt, Schulstraße 13
Frau D...   X–Stadt, Schulstraße 127

Das Ehepaar A... B... stand am 21. 9. 1985 gegen 6.30 Uhr auf und frühstückte zusammen. Anschließend fuhren Herr und Frau A... B... mit ihrem Pkw von ihrer Wohnung in X–Stadt, Schulstraße 13 zur Wohnung der Zeugin D..., um diese für den gemeinsamen Ausflug abzuholen.

Beweis: Frau Andrea B..., X–Stadt, Schulstraße 13

Frau Andrea B... kann auch bekunden, daß sie und ihr Mann von der ehelichen Wohnung direkt zu der in unmittelbarer Nähe gelegenen Wohnung der Zeugin D... fuhren, daß also Herr A... B... an diesem Morgen nicht vorher an seinem Lagerplatz vorbeigefahren ist.[11] Im übrigen würde ein solcher „Umweg" mindestens einen Zeitraum von 1½ Stunden beanspruchen; denn der Lagerplatz in X–Stadt, Waldweg ist von der ehelichen Wohnung in der Schulstraße 13 mindestens 7 km entfernt. Die Fahrzeit von der Schulstraße zum Waldweg beträgt mindestens 45 Minuten.

Beweis: Entfernung und Fahrdauer sind gerichtsbekannt.[12]

9. Wiederaufnahme mit neuen Tatsachen IX. 9

b) Das Ehepaar A... B... traf gegen 7.30 Uhr bei der Wohnung der Zeugin D... ein. Anschließend fuhr man unmittelbar zur Autobahn Salzburg und von dort nach Österreich. Erst gegen 20.00 Uhr sind alle drei aus Österreich nach X–Stadt zurückgekehrt.

Beweis: Frau D...
 Frau Andrea B...

c) Auch durch einen weiteren Zeugen[13] wird das Alibi von Herrn A... B... für den Tattag (morgen oder vormittag des 21. 9. 1985) als neue Tatsache bewiesen.
Herr A... B... stand seinerzeit seit längerem in Geschäftsverbindung mit Herrn Hans P... Herr P... hat schon mehrfach von Herrn A... B... Teppiche gekauft, die dieser von seinen Verwandten aus Persien erhalten hat.
Herr Hans P... hatte mit Herrn A... B... vereinbart, daß er ihn am 21. 9. 1985 gegen Mittag in der Wohnung X–Stadt, Schulstraße 13 aufsuchen werde, um neue Teppiche zu besichtigen. Herr A... B... hat jedoch diese Vereinbarung vergessen und war am Morgen des 21. 9. 1985, wie erwähnt, bereits nach Österreich abgereist. Als Herr Hans P. nun gegen Mittag bei Herrn A... B... vorsprechen wollte, wurde ihm vom Cousin des Herrn A... B... der sich gerade auf Besuch aus Persien dort befand, erklärt, Herr A... B... sei „heute morgen" mit seiner Frau und einer Bekannten nach Österreich gefahren.

Beweis: Herr Hans P..., X–Stadt, Karlstraße 15

Herr Hans P... erinnert sich deshalb[10] an das Datum des 21. 9. 1985, weil er an diesem Tage im Anschluß an den Besuch bei Herrn A... B... das Münchner Oktoberfest besucht hat. Auch die Ehefrau von Herrn P..., Frau Else P... kann sich daran erinnern, daß ihr Ehemann verärgert von dem vereinbarten Treffpunkt in der Wohnung des Herrn A... B... zurückgekehrt sei mit der Erklärung, dieser habe offenbar die Vereinbarung für heute vergessen; Herr A... B... befinde sich auf einem Tagesausflug in Österreich. Das Ehepaar P... begab sich im Anschluß daran zum Münchner Oktoberfest, das an diesem Tag – 21. 9. 1985 – begann.

Beweis: Frau Else P... X–Stadt, Karlstraße 15

3. Die Tatsache, daß Herr A... B... für die Tatzeit ein Alibi aufweisen kann, ist neu[14] i. S. d. § 359 Nr. 5.
Der Beschuldigte hat zwar in der Hauptverhandlung in diesem Fall bestritten, den Pkw von den anderweitig Verfolgten X... und Y... angekauft und entgegen genommen zu haben. Anders als im Falle 1 der Anklage (vgl. dazu unten) konnte er in der Hauptverhandlung jedoch nicht angeben und auch nicht beweisen, daß er sich am Samstag, den 21. 9. 1985 nicht auf seinem Lagerplatz befunden hat. Das Gericht ist deshalb, wie die Urteilsgründe auf S ...... zeigen, aufgrund der Aussage der anderweitig Verfolgten X... und Y... und der eigenen Einlassung des Verurteilten, daß er sich grundsätzlich auch an Samstagen bis Mittag auf seinem Lagerplatz aufhalte, davon ausgegangen, daß er sich auch am 21. 9. 1985 morgens dort befunden hat.
Das Vorbringen eines Alibis stellt deshalb eine neue Tatsache dar.
Diese neue Tatsache wird auch durch geeignete[15] Beweismittel nachgewiesen.
Die Zeugen D..., Hans und Else P... sind selbst neue Beweismittel, weil sie bisher nicht vernommen worden sind.[16]
Die Ehefrau des Verurteilten ist zwar in der Hauptverhandlung bereits als Zeugin gehört worden; sie konnte jedoch nicht bekunden, daß sich ihr Ehemann am 21. 9. 1985 vormittags nicht auf dem Lagerplatz aufgehalten hat. Ihre jetzige Aussage stellt deshalb eine Berichtigung der früheren Aussage dar. Frau Andrea B... ist deshalb zwar kein neues Beweismittel, in ihrer neuen Aussage ist aber eine neue Tatsache i. S. d. § 359 Nr. 5 zu sehen.[17]

Lohberger

4. Der unter Beweis gestellte neue Sachverhalt ist auch geeignet,[18] die tatsächlichen Feststellungen des Urteils zu erschüttern und die Wahrscheinlichkeit[19] eines Freispruchs auch in diesem Fall 3 zu begründen.
Zunächst ist damit ein lückenloses Alibi für den Tattag, insbesondere aber für den „Morgen" des 21. 9. 1985 dargetan. Damit erweisen sich die polizeilichen Angaben der anderweitig Verfolgten Franz X… und Hermann Y…, auf die sich das Urteil stützt, als unrichtig. Unzutreffend sind dabei insbesondere die Feststellungen des Urteils, Herr A… B… habe sich am 21. 9. 1985 gegen 8.00 Uhr auf seinem Lagerplatz aufgehalten, er habe den Pkw dort von den anderweitig Verfolgten X… und Y… entgegengenommen und er habe ihnen bei dieser Gelegenheit für diesen Pkw DM 3.000.– bezahlt.
Das Urteil kann auch nicht mit der Begründung gehalten werden, daß eben dann, wenn Herr A… B… persönlich nicht zum festgestellten Übergabezeitpunkt am Lagerplatz anwesend war, ein Angestellter oder sonstiger Mitarbeiter den Pkw für A… B… von den beiden Überbringern in Empfang genommen hat. Abgesehen davon, daß damit in unzulässiger Weise auf einen anderen Sachverhalt übergegangen würde,[20] zeigt das Urteil in seiner Begründung zum Freispruch in einem anderen (Fall 1 der Anklage), welche Bedeutung das erkennende Gericht[21] dem Nachweis eines Alibis für den Tattag beigemessen hat. Im Falle 1 war Herrn A… B… vorgeworfen, ein oder zwei Tage nach dem 16. 8. 1985 von den anderweitig Verfolgten X… und Y… einen Pkw Mercedes 230 E unter hehlerischen Bedingungen angekauft zu haben. Auch dieser Vorwurf basierte auf entsprechenden Angaben der beiden anderweitig Verfolgten X… und Y… vor der Polizei. In der Hauptverhandlung konnte Herr A… B… jedoch durch seine Ehefrau und die Vorlage entsprechender Unterlagen nachweisen, daß er sich vom 10.–30. 8. 1985 in Ungarn auf Urlaub befunden hat. Das Gericht folgte diesen Bekundungen und ist deshalb davon ausgegangen, daß sich die anderweitig Verfolgten X… und Y… wahrscheinlich geirrt haben, wenn sie in ihrer polizeilichen Aussage behauptet haben, auch diesen Pkw an A… B… verkauft und übergeben zu haben. Das Gericht hat auf Freispruch erkannt, obwohl auch in diesem Fall die theoretische Möglichkeit bestanden hätte, daß die beiden anderweitig Verfolgten X… und Y… ein oder zwei Tage nach der Entwendung den Pkw an einen Angestellten des A… B… auf dessen Lagerplatz übergeben haben. Dennoch hat das Gericht diese Sachverhaltsvariante nicht in Erwägung gezogen, sondern freigesprochen. Deshalb kann auch im vorliegenden Fall davon ausgegangen werden, daß Freispruch erfolgt wäre, wenn in der Hauptverhandlung bereits die oben genannten Tatsachen, die ein Alibi für den 21. 9. 1985 vormittags 8.00 Uhr begründen, bekannt gewesen wären.
Durch diesen Alibinachweis – nun bereits für einen zweiten Fall – wird aber auch die Glaubwürdigkeit[22] der Aussagen der beiden anderweitig Verfolgten X… und Y…, auf die das Urteil in erster Linie beruht, erschüttert. Diese beiden Zeugen haben in der Hauptverhandlung gegen A… B… die Aussage nach § 55 StPO im vollen Umfang verweigert. Das Gericht und auch die übrigen Verfahrensbeteiligten hatten deshalb keine Möglichkeit, die Glaubwürdigkeit dieser beiden Belastungszeugen zu prüfen. Ihre belastenden Aussagen, auf denen die Feststellungen des Urteils beruhen, wurden durch Vernehmungen des Polizeibeamten F… dem gegenüber sie im Ermittlungsverfahren Angaben gemacht haben, eingeführt.
Die Widerlegung ihrer Angaben im Falle 1 der Anklage durch den Nachweis eines Alibis – Urlaub in Ungarn – hatte zwar nicht dazu geführt, daß das Gericht die gesamte Aussage der beiden Zeugen für unglaubwürdig wertete; es nahm vielmehr an, daß sich die beiden in diesem Falle 1 der Anklage hinsichtlich der Person des Abnehmers geirrt hatten, zumal sie auch an andere Personen gestohlene Pkws absetzten. Wenn nunmehr durch die neuen Tatsachen jedoch nachgewiesen wird, daß ihre Kernaussage – sie hätten den Pkw BMW 316 am 20. 9. abends entwendet, nach der Änderung der Fahrzeugdaten am nächsten Morgen gegen 8.00 Uhr diesen Pkw dem Verurteilten übergeben und von ihm dafür DM 3.000.– erhalten – auch in diesem Fall falsch ist, so wird

9. Wiederaufnahme mit neuen Tatsachen   IX. 9

damit die Glaubwürdigkeit ihrer Aussagen so schwer erschüttert, daß auf sie ein Urteil nicht mehr gestützt werden kann.

5. Zur Begründung des nach § 360 Abs. 2[5] gestellten Antrages, Herrn A... B... Strafaufschub zu gewähren, ist folgendes vorzutragen:[23]
Der gegen Herrn A... B... immer noch bestehende Haftbefehl ist außer Vollzug gesetzt, wobei eine hohe Sicherheitsleistung erbracht wurde. Nach der Außervollzugsetzung des Haftbefehls wurde Herrn A... B... schon zweimal sein hinterlegter Reisepaß herausgegeben. Trotzdem hat er das ihm durch die Außervollzugsetzung entgegengebrachte Vertrauen nicht mißbraucht und sich dem Verfahren nicht entzogen, obwohl er mit Hilfe des Passes leicht in sein Heimatland hätte zurückkehren können. Die familiären Beziehungen hier in Deutschland sind dem Gericht bekannt. Er ist mit einer deutschen Frau verheiratet. Aus der Ehe ist eine jetzt 10jährige Tochter hervorgegangen.
Wenn die Wiederaufnahme in dem erstrebten Umfang, nämlich Freispruch im Fall 3, begründet ist, muß eine neue Gesamtstrafe festgesetzt werden. Wie hoch diese sein wird, läßt sich jetzt noch nicht absehen. Mit großer Wahrscheinlichkeit kann aber davon ausgegangen werden, daß bei Wegfall der für diesen Fall 3 verhängten Einzelstrafe von 8 Monaten die neu festzusetzende Gesamtstrafe zwei Jahre nicht übersteigen wird. Deswegen besteht die Chance, daß die neue Gesamtstrafe zur Bewährung ausgesetzt werden kann (§ 56 Abs. 2 StGB).
Aber selbst wenn dies nicht der Fall sein sollte, kann davon ausgegangen werden, daß Herr A... B... weil er erstmals eine Freiheitsstrafe zu verbüßen hat, gem. § 57 Abs. 2 Nr. 1 StGB lediglich die Hälfte der neu festzusetzenden Freiheitsstrafe zu verbüßen haben wird. Hierauf ist die bisherige Untersuchungshaft von 3 Monaten anzurechnen (§ 51 StGB), so daß der noch zu verbüßende Strafrest von etwa 9 Monaten nicht so erheblich ist, daß daraus ein besonderes öffentliches Interesse an einer sofortigen Vollstreckung der Strafe abzuleiten wäre.
Auch die bei § 360 Abs. 2 erforderlichen Erfolgsaussichten[24] der Wiederaufnahme sind gegeben. Die Bedeutung eines Alibinachweises für die Frage der Geeignetheit des Wiederaufnahmevorbringens ist oben bereits aufgezeigt worden. Daraus folgt, daß hier, wenn das Alibi bewiesen wird, mit hoher Wahrscheinlichkeit ein Freispruch erfolgen wird.
Aber auch die Wahrscheinlichkeit des Gelingens dieses Nachweises ist gegeben: die Zeugen können sich zum Teil auf Unterlagen stützen, die ihre Erinnerung an den 21. 9. 1985 plausibel erklären. Das Alibi wird zudem von mehreren Zeugen bekundet, gegen deren Glaubwürdigkeit keine Bedenken ersichtlich sind.

Rechtsanwalt[25]

Anmerkungen

1. Sachliche Zuständigkeit: § 140a Abs. 1 GVG i. V. m. § 367 Abs. 1 StPO. Vgl. IX. 2 (5) und dortige Anm. 74.

2. Gem. § 367 Abs. 1 S. 2 kann ein Antrag, mit dem eine Wiederaufnahme zugunsten eines Verurteilten begehrt wird, von dem Antragsberechtigten bei dem Gericht angebracht werden, dessen Urteil Anfechtungsgegenstand im Wiederaufnahmeverfahren ist. Vgl. IX. 2 (5).

3. Die Bevollmächtigung (§ 138) bzw. die Beiordnung (§ 141) des im Hauptverfahren tätigen Verteidigers gilt für die Rechtskraft hinaus fort. Vgl. IX.2 (3) und dortige Anm. 41.

4. Bei Teilanfechtung (vgl. IX. 2 (1) ist klarzustellen, in welchem Umfang das Urteil aufgehoben werden soll. Vgl. IX. 2 (8).

5. Zur Bedeutung des § 360 Abs. 2 vgl. IX. 7 (1).

5a. Vgl. OLG Düsseldorf OLGSt § 359 Nr. 4, wonach § 116 Abs. 1 S. 2 Nr. 4 im Rahmen des § 360 Abs. 2 analog anwendbar ist.

6. Die Rechtskraft des Urteil ist Zulässigkeitsvoraussetzung für den Wiedernahmeantrag vgl. IX. 2 (1).

7. Es empfiehlt sich eine kurze Darstellung der wesentlichen Urteilsgründe, um den gedanklichen Anknüpfungspunkt aufzuzeigen, auf den sich das dann folgende Wiederaufnahmevorbringen bezieht. Erforderlich ist eine aus sich heraus verständliche Sachdarstellung des Wiederaufnahmeantrags. Vgl. IX. 2 (8).

8. Gem. §§ 366 Abs. 1, 368 Abs. 1 muß im Antrag der gesetzliche Wiederaufnahmegrund angegeben werden. Erforderlich ist, die Tatsachen mitzuteilen, mit denen die Voraussetzungen des geltend gemachten Wiederaufnahmegrundes erfüllt werden sollen. Ferner sind die Beweismittel anzuführen, mit denen die neue Sachverhaltsdarstellung bewiesen werden soll. Vgl. IX. 2 (8).

9. Geht es um die Auffrischung der Erinnerung eines in der Hauptverhandlung bereits vernommenen Zeugen, so trifft den Wiederaufnahmeführer die besondere Darlegungspflicht, aufgrund welcher Umstände sich der Zeuge nun doch an bestimmte Tatsachen erinnern kann. Vgl. IX. 4 (20) und dortige Anm. 225, 226 und IX. 4 (5).

10. Insbesondere wenn es auf ein Datum ankommt, ist darzulegen, aufgrund welcher Umstände der Zeuge sich an einen bestimmten Tag erinnert. Vgl. IX. 4 (20) bei d.

11. Es empfiehlt sich, zu solch möglichen Einwänden von vorneherein Stellung zu nehmen. Vgl. IX. 4 (19).

12. Sollten diese Umstände dem Wiederaufnahmegericht nicht bekannt sein, folgt aus der Fürsorgepflicht, den Wiederaufnahmeführer aufzufordern, diese Tatsachen nachzuweisen. Vgl. IX. 6 (2).

13. Alle Tatsachen und Beweismittel sollten zugleich vorgetragen werden; es empfiehlt sich nicht, bestimmte Beweismittel zunächst zurückzuhalten, um sie evtl. erst später nachzuschieben. Vgl. IX. 2 (8) und IX. 6 (4).

14. Zur Neuheit von Tatsachen vgl. IX. 4 (9).

15. Vgl. IX. 2 (8) bei e.

16. Vgl. IX. 4 (14).

17. Vgl. IX. 4 (14) bei b.

18. Vgl. IX. 4 (15) (16).

19. Vgl. IX. 4 (17).

20. Vgl. IX. 4 (19) bei d.

21. Vgl. IX. 4 (18).

22. Vgl. IX. 4 (5) bei a.

23. Vgl. auch die Begründung in IX. 8.

24. LR/*Gössel* § 360 Rdnr. 4.

25. Vgl. IX. 2 (7).

X. Strafvollstreckung, Begnadigung und Vollzug

Schrifttum: Dahs, Handbuch des Strafverteidigers, (1983) RdNr. 1027 ff.; *Litwinski/Bublies,* Strafverteidigung im Strafvollzug, *Volckart,* Verteidigung in der Strafvollstreckung und im Vollzug.

A. Strafvollstreckung und Begnadigung

1. Antrag auf Zahlungserleichterungen bei einer Geldstrafe (§ 459 a StPO)

An die   München, den 8. 7. 1990
Staatsanwaltschaft[3]
bei dem Landgericht
8000 München I

In der Strafsache
gegen
A... B...
AZ.: ... VRs ....../89

zeige ich an, daß ich Herrn A... B... weiterhin vertrete. Vollmacht habe ich bereits im Hauptverfahren vorgelegt.[1] Ich beantrage:[2]

1. Herrn A... B... hinsichtlich der durch Urteil vom 14. 4. 1990 verhängten Geldstrafe einschließlich der Kosten[4] Stundung bis 1. 10. 1990 zu gewähren.
2. Zu bewilligen, daß Geldstrafe und Kosten ab 1. 10. 1990 in monatlichen Raten von DM 200.— bezahlt werden.

Begründung:[5]

Durch die Verurteilung hat Herr A... B... seinen Arbeitsplatz verloren. Da er über keinerlei weitere finanzielle Reserven verfügt, bestreitet er derzeit seinen Lebensunterhalt ausschließlich durch das Arbeitslosengeld. Dieses beträgt lt. anliegendem Beleg derzeit monatlich DM 1.200.—. Wie sich aus den Urteilsgründen ergibt, ist er hinsichtlich seiner beiden minderjährigen Kinder, die bei seiner geschiedenen Frau leben, unterhaltspflichtig. Die monatliche Miete für das von ihm bewohnte Einzimmerappartment beträgt lt. anliegender Kopie des Mietvertrages DM 350.—.
Aufgrund der genannten Umstände ist Herr A... B... derzeit nicht in der Lage, die verhängte Geldstrafe zu bezahlen. Lt. anliegender Bestätigung der Fa. .... kann Herr A.... B... ab 1. 10. 1990 zu einem monatlichen Nettogehalt von DM 1.800.— als Kraftfahrer arbeiten. Er wird ab diesem Zeitpunkt in der Lage sein, die Geldstrafe und die Gerichtskosten in monatlichen Raten von DM 200.— zu bezahlen. Ich bitte[6] daher wie beantragt zu entscheiden.

                                                                                              Rechtsanwalt

Anmerkungen

1. Über die Fortgeltung der Legitimation des in der Hauptverhandlung bereits tätigen Verteidigers (Bevollmächtigung nach § 138, Bestellung nach § 141) für das Vollstreckungsverfahren vgl. Form. X.A.10 Anm. 1.

2. Bereits das erkennende Gericht hat bei Verhängung einer Geldstrafe von Amts wegen zu prüfen, ob Zahlungserleichterungen nach § 42 StGB zu bewilligen sind (*Dreher/Tröndle* § 42 Rdnr. 2). Zumindest in den Fällen, in denen mit einer Verurteilung zu rechnen ist, sollte der Verteidiger bereits in der Hauptverhandlung auf Zahlungserleichterungen hinwirken, weil erfahrungsgemäß hier großzügiger verfahren wird, als später im Vollstreckungsverfahren.

Die Entscheidung des erkennenden Gerichts über die Gewährung oder Versagung von Zahlungserleichterungen kann von der Vollstreckungsbehörde (Anm. 3) geändert oder aufgehoben werden; sie kann insbesondere Zahlungserleichterungen gewähren, die das Gericht im Urteil versagt hat, die festgesetzten Zahlungsfristen verlängern, die Höhe der Ratenzahlungen herabsetzen (*Kleinknecht/Meyer* § 459a Rdnr. 4).

3. Über den Antrag auf nachträgliche Gewährung von Zahlungserleichterungen entscheidet nach § 459a Abs. 1 die Vollstreckungsbehörde, also die Staatsanwaltschaft (§ 451). Innerhalb der Staatsanwaltschaft ist der Rechtspfleger zuständig (*Kleinknecht/Meyer* § 459a Rdnr. 1). Die Vollstreckung von Geldstrafen richtet sich gem. § 48 StVollstrO nach den Vorschriften der Einforderungs- und Beitreibungsordnung (EBAO). Dort sind die §§ 3 Abs. 1, 8 Abs. 3 und 23 EBAO einschlägig.

4. Ein ausdrücklicher Antrag bezüglich der Kosten ist wegen § 459a Abs. 4 S. 1 nicht erforderlich.

5. Die Voraussetzungen, unter denen nachträglich nach § 459a Zahlungserleichterungen zu bewilligen sind, ergeben sich aus dem in Bezug genommenen § 42 StGB. Danach werden Zahlungserleichterungen gewährt, wenn dem Verurteilten nach seinen persönlichen und wirtschaftlichen Verhältnissen nicht zuzumuten ist, die Geldstrafe sofort zu bezahlen. Nach § 3 Abs. 2 EBAO beträgt die normale Zahlungsfrist nur 2 Wochen. Da § 459a dem § 93 OWiG nachgebildet ist, gilt dessen Auslegung auch für die des § 459a (LR/*Wendisch* § 459a Rdnr. 1).

Neben den Voraussetzungen des § 42 StGB kann die Zahlungserleichterung auch dann gewährt werden, wenn dadurch die Möglichkeiten der Schadenswiedergutmachung verbessert werden, § 459a Abs. 1 S. 2. Hier ist an Hand eines Ausgabenplanes darzulegen, daß der Verurteilte auf Grund seiner derzeitigen wirtschaftlichen Verhältnisse nicht in der Lage ist, Strafe und gleichzeitig Wiedergutmachung zu leisten.

Befindet sich der Verurteilte in anderer Sache in Haft und soll im Anschluß an diese Strafe die Ersatzfreiheitsstrafe vollstreckt werden, so kann die Vollstreckungsbehörde auf die Vollstreckung der Ersatzfreiheitsstrafe verzichten, wenn die begründete Aussicht besteht, daß der Verurteilte die Geldstrafe doch noch zahlen wird. Das ist insbesondere dann der Fall, wenn der Verurteilte unmittelbar nach Strafende eine feste Arbeit antreten kann. Zu den Möglichkeiten eines Absehen von der Vollstreckung der Ersatzfreiheitsstrafe vgl. §§ 459d, 459e Abs. 4, 459f; dazu *Litwinski/Bublies*, Strafverteidigung im Strafvollzug S. 37, 39.

6. Sind die Voraussetzungen für die Zahlungserleichterungen gegeben (vgl. Anm. 5), so muß sie gewährt werden (LR/*Wendisch* Rdnr. 3; KMR/*Müller* Rdnr. 1 zu § 459a).

Rechtsbehelf

Lehnt der Rechtspfleger (vgl. Anm. 3) den Antrag auf Bewilligung von Zahlungserleichterungen ab, so entscheidet über die dagegen zu erhebenden Einwendungen zunächst der

Staatsanwalt, der dem Rechtspfleger Weisungen erteilen kann (§ 31 Abs. 6 RPflG). Gegen die Entscheidung des Staatsanwalts können dann Einwendungen nach § 459h erhoben werden, über die das (erkennende) Gericht des ersten Rechtszugs entscheidet (§§ 462, 462a Abs. 2; vgl. *Kleinknecht/Meyer* § 459a Rdnr. 9). Befindet sich der Verurteilte in anderer Sache in Strafhaft, so entscheidet die Vollstreckungskammer über die Zahlungserleichterungen.

2. Antrag auf Bildung einer Gesamtstrafe (§ 460 StPO)

An das München, den 8. 7. 1990
Landgericht[3]
8000 München I

In der Strafsache
gegen
A... B...
AZ.......

vertrete ich Herrn A... B... auch im Vollstreckungsverfahren.[1] Ich stelle den

Antrag,[2]

gem. § 460 StPO aus folgenden Urteilen eine Gesamtstrafe zu bilden:
1. Urteil des AG München vom 16. 7. 1989 AZ....... – Freiheitsstrafe von 1 Jahr und 6 Monaten ohne Bewährung wegen Untreue
2. Strafbefehl des AG Augsburg vom 20. 10. 1989 AZ. ...... – Geldstrafe[4] von 150 Tagessätzen à DM 80.— wegen § 315c StGB
3. Urteil des LG München I vom 12. 12. 1989, AZ. ...... – Freiheitsstrafe von 2 Jahren und 3 Monaten wegen § 283 u. a. StGB

Begründung

Die Voraussetzungen für die Bildung einer Gesamtfreiheitsstrafe nach § 55 StGB liegen vor. Sämtliche Straftaten, die den genannten Urteilen zugrundeliegen, sind vor dem ersten Urteil vom 16. 7. 1989 begangen. Die vom AG Augsburg verhängte Geldstrafe ist noch nicht voll bezahlt.[4] Bei der Bildung der Gesamtstrafe bitten wir folgende Umstände zugunsten zu bewerten ...... (wird ausgeführt).[5]
Aufgrund dieser Umstände sollte die zu bildende Gesamtfreiheitsstrafe nicht höher als auf 3 Jahre festgesetzt werden.[6]

Rechtsanwalt

Anmerkungen

1. Zur Fortgeltung der Legitimation des in der Hauptverhandlung bereits tätigen Verteidigers vgl. Form. X.A.10 Anm. 1.
2. Die nachträgliche Bildung einer Gesamtstrafe hat an sich von Amts wegen zu erfolgen, wobei in der Regel die Staatsanwaltschaft als Vollstreckungsbehörde den entsprechenden Antrag stellt (*Kleinknecht/Meyer* § 460 Rdnr. 22). Es kommt jedoch vor, daß dies übersehen oder das Vorliegen der Voraussetzungen einer Gesamtstrafenbildung zu spät

erkannt wird, z.B. wenn bei mehreren kürzeren Freiheitsstrafen die zunächst zu verbüßende Strafe bereits gänzlich vollstreckt war, ehe das Vorliegen der Voraussetzungen des § 55 StGB, § 460 StPO erkannt wurde. Hier ist es Aufgabe des Verteidigers, durch einen entsprechenden Antrag auf die rechtzeitige Bildung einer Gesamtstrafe hinzuwirken, um den Verurteilten in den Genuß der mit der Bildung einer Gesamtfreiheitsstrafe sich ergebenden Verkürzung der Haftdauer zu bringen.

Auch bei dem Zusammenzug mehrerer Geldstrafen kann die Bildung einer Gesamtstrafe zu einem „Rabatt" führen.

Nicht immer bringt jedoch die Bildung einer Gesamtstrafe dem Verurteilten einen Vorteil. Ist. z.B. gegen den Beschuldigten in zwei Urteilen eine Freiheitsstrafe von je 1 Jahr mit Bewährung verhängt worden, so kann die Bildung einer Gesamtfreiheitsstrafe zum Wegfall der Bewährung führen, weil nach § 58 Abs. 1 StGB nunmehr für die Frage der Aussetzung zur Bewährung die Höhe der zu bildenden Gesamtstrafe ausschlaggebend ist, also bei der Gesamtstrafe, die bei Vorliegen der Konstellation gem. § 54 StGB höher als ein Jahr sein muß, nun die Frage der Bewährung gem. § 56 Abs. 2 StGB von dem Vorliegen besonderer Umstände abhängig ist. Der Verteidiger hat deshalb eingehend zu prüfen, welche Folgen die Bildung einer Gesamtstrafe für den Verurteilten haben kann, ehe er auf ein Verfahren nach § 460 hinwirkt. Vgl. auch Form. X A 3.

3. Für die Gesamtstrafenbildung nach § 460 ist das Gericht des ersten Rechtszuges zuständig (§ 462a Abs. 3 S. 1); § 462a Abs. 3 S. 2 regelt den Fall, wenn die verschiedenen Urteile von verschiedenen Gerichten erlassen wurden.

4. Der Verteidiger muß bei Bildung einer Gesamtstrafe, in die eine noch nicht (voll) bezahlte Geldstrafe einzubeziehen ist, prüfen, ob der Verurteilte die Geldstrafe nicht noch vor Bildung der Gesamtstrafe voll bezahlen sollte, um ihre Einbeziehung zu verhindern. Denn mit der vollständigen Bezahlung ist die Geldstrafe „vollstreckt" (*Schönke/Schröder/Stree* § 55 Rdnr. 22) und ist dann (§ 55 StGB) nicht mehr gesamtstrafenbildungsfähig. Eine Bezahlung wird sich empfehlen, wenn ein erheblicher Teil der Geldstrafe bereits bezahlt ist oder wenn es sich um eine hohe Geldstrafe handelt, durch deren Einbeziehung die zu bildende Gesamtfreiheitsstrafe dann möglicherweise 2 Jahre übersteigen würde und damit die Möglichkeit, die Gesamtfreiheitsstrafe zur Bewährung auszusetzen (§ 58 StGB), vereitelt würde.

5. Über die Grundsätze, die bei Bemessung einer nachträglich zu bildenden Gesamtstrafe zu beachten sind vgl. LR/*Wendisch* § 460 Rdnr. 25–27.

Eine ausführliche Begründung kann dann erforderlich sein, wenn es darum geht, daß die zu bildende Gesamtstrafe zur Bewährung (§ 58 StGB) ausgesetzt werden soll. Problematisch ist dabei insbesondere die Konstellation, daß in einem Urteil Strafaussetzung gewährt, bei dem anderen abgelehnt war. Hier muß der Gesamtstrafenrichter aus einer Gesamtschau prüfen, welche Bewährungsentscheidung für die Gesamtstrafe geboten ist (BayObLG JZ 1956, 663; LG Bayreuth NJW 1970, 2122; KMR/*Müller,* Rdnr. 19; LR/ *Wendisch* Rdnr. 32 jeweils zu § 460; *Schönke/Schröder/Stree* § 56 Rdnr. 11).

6. Durch eine solche Äußerung kann signalisiert werden, welche Gesamtstrafe der Verurteilte akzeptieren würde, d.h. gegen welche Entscheidung keine sofortige Beschwerde (§ 462 Abs. 3 S. 1) eingelegt würde.

3. Sofortige Beschwerde gegen Entscheidung über nachträgliche Gesamtstrafenbildung

An das
Amtsgericht
Ebersberg[3]

In der Strafsache
gegen
A... B...
AZ.:

lege ich[1] gegen den Gesamtstrafenbeschluß des Amtsgerichts vom 15. 6. 1990

sofortige Beschwerde[2]

ein und beantrage[5]
die zu bildende Gesamtstrafe zur Bewährung auszusetzen.

Begründung[4]

Der Gesamtstrafe liegen zwei Urteile zugrunde, nämlich
– Urteil des AG Ebersberg vom 16. 2. 1989, wonach Herr A... B... wegen eines Vergehens nach dem §§ 315c Abs. 1 Nr. 1a, 142 StGB zu einer Freiheitsstrafe von 8 Monaten ohne Bewährung verurteilt wurde
– Urteil des AG München vom 13. 4. 1990, in dem wegen dreier Vergehen des Bankrotts und eines Vergehens der Untreue eine Gesamtfreiheitsstrafe von 1 Jahr mit Bewährung verhängt wurde.

Aus beiden Urteilen hat das AG Ebersberg im angefochtenen Beschluß eine Gesamtfreiheitsstrafe von 15 Monaten gebildet und diese nicht zur Bewährung ausgesetzt.
Die Entscheidung geht zwar zutreffend davon aus, daß die Voraussetzungen für die nachträgliche Bildung einer Gesamtstrafe vorliegen. Nicht beanstandet wird auch die Höhe der festgesetzten Freiheitsstrafe. Die sofortige Beschwerde richtet sich aber dagegen, daß die Gesamtfreiheitsstrafe nicht zur Bewährung ausgesetzt wurde.[6]
Rechtsfehlerhaft ist schon das an erster Stelle vom AG genannte Argument, daß die aus mehreren Einzelfreiheitsstrafen zu bildende Gesamtfreiheitsstrafe schon deshalb nicht mehr zur Bewährung ausgesetzt werden könne, weil bei einer dieser Freiheitsstrafen bereits eine Bewährung versagt worden war. Bei der hier vorliegenden Konstellation – die Strafaussetzung war bei einem Teil der Einzelstrafen gewährt, bei einem anderen abgelehnt – ist die Rechtslage vielmehr die, daß der für die Gesamtstrafenbildung zuständige Richter aus einer Gesamtschau zu prüfen hat, welche Bewährungsentscheidung für die Gesamtstrafe geboten ist.[7] Diese Gesamtbetrachtung hat das AG nicht angestellt, eben weil es sich aufgrund seiner unzutreffenden Rechtsauffassung daran gehindert sah. Es ist also rechtlich grundsätzlich möglich, hier die Gesamtfreiheitsstrafe, in die eine Einzelstrafe ohne Bewährung einbezogen wird, zur Bewährung auszusetzen.
Die Voraussetzungen für eine Strafaussetzung zur Bewährung (§§ 56, 58 StGB) liegen vor. Festzustellen ist zunächst, daß trotz der Ausführungen im Urteil des AG Ebersberg vom 16. 2. 1989 jetzt[8] eine günstige Sozialprognose i. S. d. § 56 Abs. 1 StGB bei Herrn A... B.. gegeben ist. In erster Linie ist hierbei auf die Ausführungen des AG München im Urteil vom 13. 4. 1990 zu verweisen. In diesem Verfahren hat das AG München die derzeitige persönliche, familiäre und wirtschaftliche Situation von Herrn A... B... ausführlich untersucht, eben weil wegen der Vorstrafen und der Ausführungen des AG Ebersberg, das

damals noch nicht rechtskräftig war,⁹ die Voraussetzungen für eine Bewährung einer eingehenden Untersuchung bedurften.
In Ergänzung dieser Urteilsgründe ist zusätzlich noch zur Begründung der günstigen Sozialprognose folgendes vorzutragen ...... (wird ausgeführt)
Die Versagung der Bewährung wird in der angefochtenen Entscheidung schließlich damit begründet, daß die besonderen Voraussetzungen des § 56 Abs. 2 StGB nicht vorliegen. Dieser – nur hilfsweise gegebene – Hinweis wird allerdings nicht näher erläutert. Schon deshalb kann die Entscheidung keinen Bestand haben, weil nicht überprüfbar ist, welche Erwägungen das Gericht insoweit angestellt hat.
Entscheidend ist zunächst, daß bei der Strafaussetzung einer Gesamtfreiheitsstrafe die „besonderen Umstände" des § 56 Abs. 2 StGB nicht bei jeder einzelnen Tat vorliegen müssen.¹⁰ Entscheidend ist vielmehr auch hier eine Gesamtschau des Täterverhaltens. Dabei sind folgende Umstände hervorzuheben ...... (wird ausgeführt)
Diese Gesamtschau ergibt somit, daß die besonderen Voraussetzungen des § 56 Abs. 2 StGB hier vorliegen.¹¹ Ich bitte deshalb wie beantragt zu entscheiden.

Rechtsanwalt

Anmerkungen

1. Über die Fortgeltung der Legitimation des bereits im Hauptverfahren tätigen Verteidigers vgl. Form. X.A.10 Anm. 1.

2. Der Beschluß des (nach § 462a Abs. 3) zuständigen Gerichts (§ 462 Abs. 1 S. 1) über die nachträgliche Gesamtstrafenbildung (§ 460) ist mit der sofortigen Beschwerde anfechtbar (§ 462 Abs. 3 S. 1). Diese ist innerhalb einer Woche nach Zustellung (§ 35 Abs. 2) einzulegen (§ 311 Abs. 2) und zwar beim Gericht, dessen Entscheidung angefochten wird (§ 306 Abs. 1).

3. Die Zuständigkeit des AG Ebersberg für die Bildung der Gesamtstrafe ergibt sich hier daraus, daß die höchste Einzelstrafe (8 Monate) im Urteil des AG Ebersberg vom 16. 2. 1989 enthalten ist (§ 462a Abs. 3 S. 2), während die vom AG München verhängte Gesamtfreiheitsstrafe sich aus Geldstrafen und Einzelfreiheitsstrafen unter 8 Monaten zusammensetzte.

4. Die Entscheidung über die Gesamtstrafenbildung kann aus mehreren Gründen anfechtbar sein:
a) Zunächst deshalb, weil die Voraussetzungen für die Bildung einer Gesamtstrafe (§ 55 StGB) nicht vorliegen. Insoweit gelten dieselben Grundsätze wie bei der Anfechtung einer Gesamtstrafe in der Berufung (OLG Hamburg MDR 1976, 419; KK/*Ruß* Rdnr. 8; LR/*Gollwitzer*, Rdnr. 79 jeweils zu § 318) und in der Revision (LR/*Hanack*, 24. Aufl., § 337 Rdnr. 231; *Mösl* NStZ 1981, 425). Zu beachten ist, daß eine nachträgliche Gesamtstrafenbildung, selbst wenn die Voraussetzungen des § 55 StGB vorliegen, dann nicht (mehr) möglich ist, wenn vom Gericht, das das letzte Urteil gefällt hat, die Anwendbarkeit des § 55 StGB ausdrücklich geprüft und aus Rechtsirrtum verneint wurde (*Kleinknecht/Meyer* Rdnr. 1; LR/*Wendisch*, Rdnr. 4 jeweils zu § 460).
b) Es können die Strafzumessungserwägungen und damit die Höhe der festgesetzten Gesamtstrafe beanstandet werden. Zu beachten ist allerdings, daß die Strafzumessungserwägungen der Urteile zu berücksichtigen sind (KMR/*Müller* § 460 Rdnr. 12), bei der Bewertung der Einzelstrafen der Gesamtstrafenrichter also dadurch gebunden ist (*Kleinknecht/Meyer* § 460 Rdnr. 15). Über das Maß der neu zu bildenden Gesamtstrafe muß er dagegen eigene Erwägungen anstellen und in diesem Zusammenhang Person des Täters und die einzelnen Straftaten in einer Zusammenfassung würdigen (BGH NJW 1972, 454).

c) Die Anfechtung des Gesamtstrafenbeschlusses kann auch beschränkt werden, z.B. auf die Entscheidung über die Aussetzung der Gesamtfreiheitsstrafe auf Bewährung (LR/*Wendisch* § 460 Rdnr. 33; vgl. Anm. 6) oder auf die Frage, ob zwischen einer Freiheitsstrafe und einer Geldstrafe eine Gesamtstrafe gebildet oder die Geldstrafe gesondert verhängt werden soll (§ 53 Abs. 2 S. 2 StGB; vgl. LR/*Wendisch* § 460 Rdnr. 7).

5. Die Stellung eines Antrags ist im Beschwerdeverfahren (anders etwa als bei der Revision, § 344 Abs. 1) nicht erforderlich. Dennoch sollte der Beschwerdeführer sein Ziel deutlich machen. Ob dies inform eines „Antrages", einer Bitte oder durch entsprechende Erklärungen in der Begründung geschieht, hängt vom Einzelfall ab.

a) Eine **Begründung** der sofortigen Beschwerde ist nicht vorgeschrieben (*Kleinknecht/Meyer* § 311 Rdnr. 4), jedoch stets zu empfehlen. Sofern die Beschwerde nicht beschränkt wird (vgl. Anm. 6), ist Gegenstand der Beschwerde die angefochtene Entscheidung in tatsächlicher und rechtlicher Beziehung, also die rechtliche Zulässigkeit, die Richtigkeit ihrer tatsächlichen Grundlage, die Rechtsanwendung und auch ihre Zweckmäßigkeit (LR/*Gollwitzer*, Rdnr. 7 vor § 304; *Kleinknecht/Meyer* § 309 Rdnr. 3).

b) Kann bei der Einlegung der sofortigen Beschwerde eine Begründung noch nicht abgegeben werden, etwa weil der Verteidiger noch keine Akteneinsicht nehmen konnte, so sollte im Einlegungsschriftsatz erklärt werden, daß die eingelegte sofortige Beschwerde innerhalb eines Zeitraumes von . . . . . . nach Gewährung der Akteneinsicht vom Verteidiger begründet werde. Das Beschwerdegericht ist gehalten, eine angemessene Zeit zuzuwarten (*Kleinknecht/Meyer* § 306 Rdnr. 5; vgl. Form. X. A. 6 Anm. 4)

6. Die sofortige Beschwerde kann auf selbständig anfechtbare Teile der angegriffenen Entscheidung, z.B. auf die Frage der Strafaussetzung zur Bewährung beschränkt werden (*Dreher/Tröndle* § 56 Rdnr. 10 a; *Kleinknecht/Meyer* Rdnr. 24; LR/*Wendisch* Rdnr. 33 jeweils zu § 460).

7. KMR/*Müller* Rdnr. 19; LR/*Wendisch* Rdnr. 32 jeweils zu § 460.

8. Es kommt darauf an, ob zum Zeitpunkt der Bildung der Gesamtstrafe die Voraussetzungen des § 56 StGB gegeben sind (*Schönke/Schröder/Stree* § 58 Rdnr. 8).

9. Und deshalb die Gesamtstrafenbildung in der Hauptverhandlung vom 13. 4. 1990 nicht vorgenommen werden konnte (§ 55 StGB).

10. *Dreher/Tröndle* § 56 Rdnr. 9g und 9l; BayObLG StV 1983, 66; *Schlothauer* StV 1983, 210; *Mösl* NStZ 1983, 496.

11. Auch bei Vorliegen der Voraussetzungen des § 56 Abs. 2 StGB liegt (anders als bei § 56 Abs. 1, vgl. *Dreher/Tröndle* § 56 Rdnr. 7, 8) die Gewährung oder Versagung der Bewährung im pflichtgemäßen Ermessen des Gerichts. Ob bei einer Beschwerdebegründung auch hierzu Ausführungen erforderlich sind, hängt vom Einzelfall ab. Im vorliegenden Fall erübrigt sich im Schriftsatz eine Stellungnahme, weil das Amtsgericht § 56 Abs. 2 StGB ohnehin nur hilfsweise und lediglich formelhaft erwähnt, also eigene Ermessenserwägungen gar nicht angestellt hat. Erscheinen Ausführungen zur Ausübung des Ermessens erforderlich, kann u.a. darauf hingewiesen werden, daß die Tendenz der Rechtsprechung zu § 56 Abs. 2 StGB auf eine stärkere Betonung des Resozialisierungsgedankens hinaus läuft (*Dreher/Tröndle* § 56 Rdnr. 9h) und damit auf eine häufigere Anwendung dieser Vorschrift.

4. Antrag auf Aufhebung erteilter Weisungen (§ 56 e StGB)

An das
Amtsgericht[3]
8000 München

München, den 8. 6. 1990

In der Strafsache
gegen
A... B...
AZ. ...... Ds ..../89

zeige ich unter Vollmachtsvorlage[1] an, daß ich Fräulein A... B... anwaltschaftlich vertrete. Ich stelle den

Antrag

die im Bewährungsbeschluß vom 9. 3. 1990 erteilte Weisung der Ableistung gemeinnütziger Dienste an 10 Wochenenden zu erlassen.[2]

Begründung

Fräulein A... B... hat bisher an 2 Wochenenden gem. Ziff. 2 des Bewährungsbeschlusses gemeinnützige Dienste verrichtet. Seit Mitte April traten im Frühstadium der bei ihr bestehenden Schwangerschaft erhebliche Komplikationen auf, so daß sie vorübergehend lt. anliegendem ärztlichen Attest arbeitsunfähig geschrieben wurde.
Inzwischen arbeitet sie zwar wieder, muß sich aber nun auf die im Juli stattfindende schriftliche Prüfung als Einzelhandelskaufmann vorbereiten, wodurch derzeit ihre gesamte Freizeit beansprucht wird. Die Heirat mit Herrn N... P..., dem Vater ihres erwarteten Kindes, ist für den 18. 8. 1990 bereits festgelegt. Mit der Entbindung ist Ende September zu rechnen. Danach wird Fräulein A... B... für längere Zeit keine Arbeit aufnehmen können, weil sie sich um ihr Kind kümmern muß.
Dem Gericht war bei Erlaß des Bewährungsbeschlusses nicht bekannt, daß Fräulein A... B... schwanger war. Möglicherweise wäre bei Kenntnis dieses Umstands die Weisung ohnehin nicht erteilt worden. Jedenfalls war in der Hauptverhandlung vom 9. 3. 1990 nicht absehbar, daß die aufgetretenen Schwierigkeiten einer Erfüllung der erteilten Weisung in angemessener Zeit nach dem Urteil entgegenstehen.
Die weitere Auflage, einen Geldbetrag von DM 2.500.— in monatlichen Raten von DM 150.— zu bezahlen, ist bisher von meiner Mandantin pünktlich erfüllt worden.
Ich bitte daher wie beantragt zu entscheiden.

Rechtsanwalt

Anmerkungen

1. Eine Vollmachtsvorlage ist nicht erforderlich für den Verteidiger, der den Verurteilten bereits im Hauptverfahren vertreten hat. Seine Legitimation gilt auch für das Vollstreckungsverfahren vgl. Form. X.A.10 Anm. 1.
2. § 56e StGB, § 453 StPO
Andere Beispiele für Tätigkeiten des Verteidigers in der Bewährungszeit sind etwa:
– Antrag auf Verkürzung der Bewährungszeit (§§ 56a Abs. 2 S. 2; 57 Abs. 3 S. 1 StGB iVm. §§ 453, 462a)
– Antrag auf Herabsetzung bzw. Aufhebung von Geldauflagen (§§ 56b Abs. 2, 56e, 57 Abs. 3 StGB iVm. §§ 453, 462a)

5. Stellungnahme zum Widerrufsantrag   X. A. 5

— Antrag auf Aufhebung der Bewährungshilfe (§§ 56d, 56e, 57 Abs. 3 S. 1 iVm. §§ 453, 462a).

3. Zuständig ist das Gericht des ersten Rechtszugs gem. § 462a Abs. 2 (vgl. *Kleinknecht/ Meyer* § 453 Rdnr. 2). Sollen Bewährungsmodalitäten, die im Rahmen einer Entscheidung nach § 57 StGB von der Strafvollstreckungskammer getroffen worden sind, geändert oder aufgehoben werden, so ist dieses Gericht zuständig.

5. Stellungnahme zum Widerrufsantrag (§ 56 Abs. 1 Nr. 1 StGB)

An das   München, den 15. 12. 1990
Landgericht[4]
8000 München
— Strafvollstreckungskammer —

In der Strafsache
gegen
A.... B....
AZ.:... StvK ....../89

nehme ich als Verteidiger[1] zum Antrag[2] der Staatsanwaltschaft, die Aussetzung der Reststrafe[3] zu widerrufen, wie folgt Stellung:
Die vom Landgericht München I wegen eines Vergehens des Betruges durch Urteil vom 1. 9. 1983 verhängte Freiheitsstrafe von 6 Jahren hat Herr A... B... zum Teil verbüßt. Der Strafrest von 2 Jahren ist gem. § 57 Abs. 1 StGB durch Beschluß der Strafvollstreckungskammer ab 30. 10. 1986 auf 4 Jahre zur Bewährung ausgesetzt worden.[3]
Die Staatsanwaltschaft stützt den Antrag auf Widerruf dieser Bewährungstrafe darauf, daß Herr A... B... in der Bewährungszeit zweimal straffällig geworden sei.
Nach Auffassung der Verteidigung liegen die Voraussetzungen für einen Widerruf nicht vor.
Richtig ist zwar, daß Herr A... B... inzwischen zweimal verurteilt wurde, nämlich am 16. 2. 1988 vom AG München wegen unerlaubten Entfernens vom Unfallort (§ 142 StGB) zu einer Geldstrafe von 45 Tagessätzen sowie am 21. 6. 1990 vom AG Augsburg wegen Vollrausches (§ 323a StGB) zu einer Freiheitsstrafe von 5 Monaten mit Bewährung. Bei dieser im Rausch begangenen Tat handelt es sich ebenfalls um einen Verkehrsdelikt. Diese beiden, in der Bewährungszeit begangenen Delikte stehen einer günstigen Prognose nicht entgegen.[5] Abgesehen davon, daß sie ihrer Art und Schwere nach nicht mit den früheren Straftaten (§ 263 StGB) vergleichbar[6] sind, also kein kriminologischer Zusammenhang[7] zwischen dem früheren und dem neuerlichen Fehlverhalten besteht, hat das AG Augsburg in seinem Urteil vom 21. 6. 1990 ausführlich begründet, warum es trotz erneuten Straffälligwerdens dennoch eine günstige Prognose treffen und deshalb die neue Freiheitsstrafe wiederum zur Bewährung aussetzen konnte[8] Herr A... B... ist seit seiner Haftentlassung im Oktober 1986 wieder bei der Fa. ......, wo er bereits früher tätig war, beschäftigt. Es wurde durch Vernehmung seines Bewährungshelfers festgestellt, daß er mit Fleiß seine Arbeit verrichtet und für seine Familie sorgt. Daß Herr A... B..., der nur gelegentlich Alkohol zu sich nimmt, sich am ...... betrunken hat und anschließend ein Fahrzeug führte, ist nach den Feststellungen des AG Augsburg auf besondere Umstände zurückzuführen ...... (wird ausgeführt).
Ein Widerruf der zur Bewährung nach § 57 StGB ausgesetzten Reststrafe ist daher nicht geboten. Es ist ausreichend,[9] wenn die Bewährungszeit um ein Jahr verlängert wird.

Rechtsanwalt

Lohberger

Anmerkungen

1. Zur Fortgeltung der Legitimation des im Hauptverfahren bereits tätigen Verteidigers (Bevollmächtigung nach § 138, Bestellung nach § 141) für das Vollstreckungsverfahren vgl. Form. X.A.10 Anm. 1.

2. Das Widerrufsverfahren beginnt in der Regel damit, daß die Staatsanwaltschaft einen entsprechenden Antrag bei Gericht (vgl. Anm. 4) stellt. Möglich ist aber auch, daß das Gericht von sich aus das Verfahren einleitet, sofern es von den Voraussetzungen eines Widerrufs Kenntnis erlangt.
Der Antrag der Staatsanwaltschaft wird dem Verurteilten zwecks Wahrnehmung des rechtlichen Gehörs (§ 453 Abs. 1 S. 2) zur Kenntnis gebracht (*Kleinknecht/Meyer* § 453 Rdnr. 6). Auch der Bewährungshelfer wird zu hören sein (*Kleinknecht/Meyer* § 453 Rdnr. 8); zumindest sollte der Verteidiger mit dem Bewährungshelfer Kontakt aufnehmen und ggf. auf seine Anhörung hinwirken.

3. Ein Widerruf kommt in zwei Fällen in Betracht, nämlich einmal bei Freiheitsstrafen, die nach § 56 StGB zur Bewährung ausgesetzt waren, der Verurteilte sich also wegen dieser Strafe noch nicht im Strafvollzug befunden hat (§ 56f StGB); zum anderen bei der sog. Reststrafe, die nach Verbüßung eines Teils einer Freiheitsstrafe gem. § 57 Abs. 1 oder 2 StGB zur Bewährung ausgesetzt worden war (§ 57 Abs. 3 StGB).

4. Für die nach § 453 zu betreffende Entscheidung über den Widerruf einer Bewährung (§ 56f StGB) ist das Gericht des ersten Rechtszuges zuständig (§ 462a Abs. 2), sofern sich der Verurteilte wegen dieser Strafe noch nicht im Strafvollzug befunden hat (Fall des § 56 StGB, vgl. Anm. 3). Hatte der Verurteilte einen Teil der Strafe (durch Strafhaft, nicht durch Untersuchungshaft) verbüßt und war der Rest zur Bewährung ausgesetzt worden (Fall des § 57 StGB, vgl. Anm. 3), so trifft die Strafvollstreckungskammer die Widerrufsentscheidung (§ 462a Abs. 1; vgl. *Kleinknecht/Meyer* § 453 Rdnr. 2).

5. Zur Frage, wann der Verurteilte, der in der Bewährungszeit erneut straffällig wurde, die in ihn gesetzten Erwartungen nicht erfüllt hat, vgl. die einschlägigen Kommentierungen zu § 56f StGB.

6. § 56f StGB setzt allerdings nicht voraus, daß die frühere Tat und die neue Verfehlung nach Art und Schwere vergleichbar sind (*Dreher/Tröndle* § 56f Rdnr. 3c). Der Widerruf ist auch dann möglich, wenn beide Taten nicht vergleichbar sind, die in der Bewährungszeit begangene Tat jedoch eine erhebliche ist (*Schönke/Schröder/Stree* § 56f Rdnr. 4).

7. Einen solchen kriminologischen Zusammenhang verlangt das OLG Düsseldorf StV 1983, 338; ähnlich auch SK/*Horn* § 56f Rdnr. 12, der von einem kriminellen Kontinuitätszusammenhang spricht; a.A. *Dreher/Tröndle* § 56f Rdnr. 3c.

8. Die Notwendigkeit des Widerrufs darf nicht isoliert nach der neuen Straftat beurteilt werden. Zu berücksichtigen ist auch die weitere Entwicklung des Verurteilten nach dieser Tat (*Schönke/Schröder/Stree* § 56f Rdnr. 4) und auch die Ursachen, die die neue Tat bedingt haben.

9. Der Verteidiger kann auch andere Anordnungen anregen, z.B. die Auflage, einen bestimmten Geldbetrag zugunsten einer gemeinnützigen Einrichtung zu zahlen (§ 56f Abs. 2 Nr. 1 iVm. § 56b Abs. 2 Nr. 2 StGB).

6. Sofortige Beschwerde gegen Widerruf

An das München, den 15. 7. 1990[2]
Amtsgericht München[2]
– Strafgericht
8000 München

In der Strafsache
gegen
A... B...
AZ.: ......

bestelle ich mich unter Vollmachtsvorlage zum Verteidiger. Gegen den Beschluß[1] des AG München vom 12. 7. 1990, durch den die mit Urteil des AG München vom 13. 1. 1989 ausgesprochene Strafaussetzung zur Bewährung widerrufen wurde, lege ich

sofortige Beschwerde[1]

ein.
Ich bitte um Akteneinsicht.
Eine Begründung[3] der sofortigen Beschwerde werde ich innerhalb einer Woche[4] nach Gewährung der Akteneinsicht vorlegen.

Rechtsanwalt

Anmerkungen

1. Die nach § 56f StGB zu treffende Widerrufsentscheidung ergeht durch Beschluß (§ 453 Abs. 1). Der Widerruf der Aussetzung kann mit der sofortigen Beschwerde angefochten werden (§ 453 Abs. 2 S. 2).

2. Die sofortige Beschwerde ist innerhalb einer Woche nach Zustellung (§ 35 Abs. 2) einzulegen (§ 311 Abs. 2), und zwar bei dem Gericht, dessen Entscheidung angefochten wird (§ 306 Abs. 1).

3. Eine Begründung der sofortigen Beschwerde ist nicht vorgeschrieben (*Kleinknecht/ Meyer* § 311 Rdnr. 4), jedoch stets zu empfehlen (*Kleinknecht/Meyer* § 306 Rdnr. 5). Ein möglicher Inhalt einer derartigen Begründung gegen den Widerruf einer Strafaussetzung der Bewährung kann aus dem Form. X.A.5. entnommen werden.

4. Kann bei der Einlegung der sofortigen Beschwerde eine Begründung noch nicht abgegeben werden, etwa weil der Verteidiger noch keine Akteneinsicht erhalten hat, so sollte im Einlegungsschriftsatz erklärt werden, daß die eingelegte sofortige Beschwerde innerhalb eines Zeitraums von ...... nach Gewährung der Akteneinsicht vom Verteidiger begründet werde. Das Beschwerdegericht ist gehalten, eine angemessene Frist zuzuwarten (*Kleinknecht/Meyer* § 306 Rdnr. 5).

7. Antrag auf Aufhebung eines Sicherungshaftbefehls (§ 453 c StPO)

An das
Amtsgericht
8000 München

München, den 7. 7. 1990

In der Strafsache
gegen
A... B...
AZ.: ......

zeige ich an, daß ich Herrn A. B... weiterhin vertrete.
Ich stelle den

Antrag[2]

den nach § 453 c erlassenen Haftbefehl[1] des AG München vom ...... aufzuheben.
Ich rege an, Herrn A... B... als vorläufige Maßnahme aufzuerlegen,[3] sich wöchentlich einmal bei der für seinen Wohnsitz zuständigen Polizeidienststelle zu melden.

Begründung

Durch die Ehefrau meines Mandanten bin ich darüber informiert, daß vor einigen Tagen Polizeibeamte in der Wohnung erschienen sind und erklärten, sie wollten Herrn A... B... sprechen. Meine sofortigen Erkundigungen haben ergeben, daß gegen Herrn A... B... ein Sicherungshaftbefehl besteht, weil er flüchtig sei. Der Erlaß dieses Haftbefehls beruht darauf, daß eine Mitteilung des Herrn A... B... über den Wohnsitzwechsel von München nach Traunstein nicht dem für die Überwachung der Bewährung zuständigen AG München zugegangen ist und wegen des unbekannten Aufenthalts das eingeleitete Widerrufsverfahren nicht fortgesetzt werden konnte.
In der Anlage füge ich Kopie des Ummeldeformulars bei. Daraus ergibt sich, daß die Ehefrau die Ummeldung unverzüglich nach Vornahme des Umzugs nach Traunstein vorgenommen hat. Herr A... B... übergab mir außerdem den Durchschlag eines Schreibens an das AG München, in dem er seine neue Adresse mitteilt. Kopie davon füge ich bei. Festzustellen ist allerdings, daß dabei in dem Schreiben ein nicht zutreffendes Aktenzeichen angegeben ist. Vermutlich ist deswegen dieses Schreiben nicht zum Bewährungsheft gelangt. Damit ist festzustellen, daß Herr A... B... nicht bewußt gegen die Bewährungsauflage, jeden Wohnsitzwechsel mitzuteilen, verstoßen hat. Er wohnt bei der Familie in Traunstein und ist seit ...... bei der Firma ...... als Fernfahrer tätig. Eine Fluchtgefahr, auf die der Haftbefehl nach § 453 c gestützt ist, kann daher nicht angenommen werden.
Herr A... B... steht selbstverständlich im eingeleiteten Widerrufsverfahren zur Verfügung. Die Voraussetzungen für einen Sicherungshaftbefehl sind daher nicht (mehr) gegeben; er ist aufzuheben. Nachdem nun der Wohnsitz dem Gericht bekannt ist, kann das Widerrufsverfahren fortgeführt werden, ohne daß es irgendwelcher Sicherungsmaßnahmen bedürfte. Jedenfalls ist durch die angeregte Meldeauflage die ordnungsgemäße Durchführung des Widerrufsverfahrens gesichert.
Zur Frage, ob hinreichende Gründe für die Annahme vorhanden sind, daß die Strafaussetzung zur Bewährung widerrufen werden wird, werde ich nach Akteneinsichtnahme in einem gesonderten Schriftsatz[4] Stellung nehmen.

Rechtsanwalt

Anmerkungen

1. Zur Sicherung der Durchführung eines Widerrufsverfahrens kann ein sog. Sicherungshaftbefehl unter den in § 453 c genannten Voraussetzungen erlassen werden. Zuständig ist das Gericht, das über den Widerruf zu beschließen hat (*Kleinknecht/Meyer* § 453 c Rdnr. 12; vgl. erg. Form. X A 5 Anm. 4).

2. Erfährt der Verteidiger von der Existenz eines solchen Haftbefehls, hat er sofort aktiv zu werden, weil in der Regel eine Aufhebung dieses Haftbefehls erreicht werden kann. In den Fällen allerdings, in denen der Widerrufsgrund in der Begehung einer neuen, erheblichen Straftat während der Bewährungszeit liegt, wird sehr häufig ein Haftbefehl nach § 112 ff ergehen, wobei die Fluchtgefahr u. a. damit begründet wird, daß neben der zu erwartenden neuen Strafe der Beschuldigte mit dem Widerruf der zur Bewährung ausgesetzten Freiheitsstrafe zu rechnen hat. Vgl. *Kleinknecht/Meyer* § 453 c Rdnr. 9.

Gegen einen Sicherungshaftbefehl ist das Rechtsmittel der einfachen Beschwerde zulässig; eine weitere Beschwerde dagegen ist nicht zulässig (*Kleinknecht/Meyer* § 453 c Rdnr. 17; § 310 Rdnr. 5; a. A. LR/*Wendisch* § 453 c Rdnr. 16). In der Praxis wird sich jedoch meist der hier vorgeschlagene Weg empfehlen, nämlich einen Antrag auf Aufhebung des Haftbefehls zu stellen mit dem Hinweis, daß andere vorläufige Maßnahmen unter dem Gesichtspunkt der Verhältnismäßigkeit ausreichend sind (vgl. Anm. 3). Lehnt das Gericht diesen Antrag auf Aufhebung des Sicherungshaftbefehls ab, kann dagegen einfache Beschwerde eingelegt werden.

Eine mündliche Haftprüfung soll im Sicherungsverfahren nicht möglich sein (LG Freiburg NStZ 1989, 387 mit Anm. *Fuchs*).

3. Eine Außervollzugsetzung eines Sicherungshaftbefehls ist nicht möglich, weil nach dem ausdrücklichen Wortlaut des § 453 c Abs. 2 die Vorschrift des § 116 nicht anwendbar ist (LR/*Wendisch* § 116 Rdnr. 5; *Kleinknecht/Meyer* § 453 c Rdnr. 16). Das gleiche Ergebnis kann aber dadurch erreicht werden, daß anstelle des nur „notfalls" zu erlassenden Sicherungshaftbefehls andere vorläufige Maßnahmen angeordnet werden. Als solche mildere Maßnahmen kommen z. B. die Auferlegung einer Meldepflicht oder die Hinterlegung des Reisepasses in Betracht.

4. Vgl. Form. X A 5.

8. Antrag auf Strafaufschub (§ 456 StPO)

An die   München, den 8. 7. 1990[7]
Staatsanwaltschaft[4]
bei dem
Landgericht
8000 München I
– Strafvollstreckungsabtl. –

In der Strafsache
gegen
A.... B....

AZ.: VRs....../88

stelle ich als Verteidiger[2] folgende

Anträge[1]

1. Herrn A.... B... gem. § 456 StPO Strafaufschub bis 15. 11. 1990[7] zu gewähren
2. Vor Entscheidung über den Antrag unter Ziff. 1 von Zwangsmaßnahmen Abstand zu nehmen.[3]

Begründung

Herr A... B.... ist durch Urteil des LG München I vom 3. 9. 1989 wegen Hehlerei zu einer Freiheitstrafe[5] von 2 Jahren und 4 Monaten verurteilt worden. Das Urteil ist durch Beschluß des BGH vom 22. 4. 1990 rechtskräftig[6] geworden.

Zunächst weist die Verteidigung daraufhin, daß der noch zu verbüßende Strafrest nicht so lange ist, als daß daraus ein unbedingtes Interesse der Öffentlichkeit an einer sofortigen Vollstreckung des Urteils abzuleiten ist.[8] Herr A... B.... war nicht vorbestraft, hat somit erstmals eine Freiheitstrafe zu verbüßen; er lebt in geordneten familiären Verhältnissen. Es darf deshalb davon ausgegangen werden, daß die Reststrafe gem. § 57 Abs. 1 StGB zur Bewährung ausgesetzt werden wird. Auf den zu verbüßenden Strafteil von ⅔ ist die bisher erlittene Untersuchungshaft, die 5 Monate beträgt, anzurechnen.[9] Dies bedeutet, daß die voraussichtliche Verbüßungsdauer 13 Monate betragen wird. Bei der Dauer dieser Strafverbüßung ist kein unbedingtes öffentliches Interesse an einer sofortigen Vollstreckung gegeben. Dies um so weniger, als der Haftbefehl bisher außer Vollzug gesetzt war unter Auflagen,[10] die gewährleisten, daß sich Herr A... B... nicht der Vollstreckung der Freiheitstrafe entzieht. Ich verweise insbesondere auf die erbrachte Sicherheitsleistung[11] in Höhe von DM...

Durch eine sofortige Strafvollstreckung würde Herrn A... B... unangemessen hohe wirtschaftliche Nachteile[12] erleiden. Aus den Urteilsgründen ergibt sich, daß Herr A... B.... zusammen mit seiner Ehefrau einen Handel mit Gebrauchtwagen betreibt. Er kauft gebrauchte Pkws und Lkws an, richtet sie zum Teil her, schlachtet sie aus und verkauft dann die Pkws oder die noch brauchbaren Teile. Seine Ehefrau ist für den Innendienst wie Buchhaltung, Korrespondenz und dergleichen zuständig. Dieses Geschäft betreibt das Ehepaar auf einem angemieteten Platz von etwa 1200 m² Fläche seit ca. 8 Jahren. Monatlich ist eine Miete von DM 1.500.— zu bezahlen. Die Kündigungsfrist beträgt lt. Mietvertrag 1 Jahr.

Müßte Herr A.... B.... nunmehr sofort die Strafe antreten, ohne für eine Übergangslösung sorgen zu können, so ist zunächst mit Schadensersatzansprüchen in Höhe von einer Jahresmiete zu rechnen. Außerdem stehen auf dem Lagerplatz z.Zt. ca. 50 Pkws bzw. Lkws, die einen Einkaufswert von über DM 50.000.— repräsentieren. Es ist unmöglich, innerhalb der Herrn A... B... in der Ladung zum Strafantritt gewährten Frist diese Gerätschaften auszuschlachten oder zu verkaufen. Mein Mandant wäre deshalb gezwungen, wenn er für keine Übergangslösung sorgen kann, diese Pkws kurzfristig zu verkaufen, d.h. zu verschleudern.

Das Bestreben des Ehepaares A... geht darin, das Geschäft zu erhalten, damit es nach der Strafverbüßung weiterhin die Existenzgrundlage für die Familie darstellen kann. Aus diesem Grunde hat sich Herr A... B... bereits seit Verwerfung des Revision intensiv darum bemüht,[13] eine Ersatzlösung zu finden. Zunächst hat er mit dem ihm bekannten Herrn N... P... Kontakt aufgenommen. Dieser ist jedoch nur zu einem Kauf des Geschäfts bereit, was für Herrn A... B... nur als letzte Notlösung in Betracht zu ziehen wäre; denn damit würde er seine Existenzgrundlage, auf die er nach seiner Haftentlassung zurückgreifen möchte, verlieren. Erst vor einigen Tagen hat mein Mandant mit Herrn X... Y... die Vereinbarung treffen können, daß dieser gegen ein angemessenes monatliches Entgelt den Betrieb für die Zeit der Inhaftierung des Herrn A... B... führt. Herr X... Y.... ist ebenfalls Fachmann im Gebrauchtwagenhandel und war bereits in der Zeit von 1983 bis 1985 im Betrieb meines Mandanten tätig. Herr X.... Y... ist allerdings erst ab 1. 11. 1990 in der Lage, in das Geschäft einzutreten. Er arbeitet z.Zt. noch bei der Firma ...... Das dortige Arbeitsverhältnis kann erst zum 1. 11. 1990 gekündigt werden. Mit dieser Lösung ist gewährleistet, daß die Existenzgrundlage für die Familie erhalten bleibt und auch Herr A... B... nach der Strafverbüßung sofort wieder in geordnete wirtschaftliche Verhältnisse zurückkehren kann.

Ich bitte[14] deshalb, wie beantragt zu entscheiden.

Rechtsanwalt

8. Antrag auf Strafaufschub   X. A. 8

Anmerkungen

1. Ein Strafaufschub nach § 456 darf (anders als bei § 455) nur auf *Antrag* des Verurteilten bzw. eines Bevollmächtigten gewährt werden (*Kleinknecht/Meyer* Rdnr. 4; KMR/*Müller* Rdnr. 3; KK/*Müller* Rdnr. 6 jeweils zu § 456). Nur der Verurteilte hat zu entscheiden, ob er durch den sofortigen Strafantritt die Vollstreckung der Freiheitsstrafe möglichst bald hinter sich bringen will, oder ob wegen der bei ihm mit einer sofortigen Vollstreckung verbundenen besonderen Nachteile ein vorübergehender Strafaufschub begehrt werden soll.
   Zu beachten ist, daß der Antrag keine aufschiebende Wirkung hat. Der Antrag sollte deshalb so rechtzeitig gestellt werden, daß die Entscheidung noch vor dem für den Strafantritt festgelegten Tag ergehen kann und gegebenenfalls auch noch das Gericht (§ 458 Abs. 2) angerufen werden kann. Vgl. dazu auch unten bei „Rechtsbehelf" sowie Anm. 3.

2. Über die Fortgeltung der Legitimation des im Hauptverfahren bereits tätigen Verteidigers (Bevollmächtigung nach § 138; Bestellung nach § 141) für das Vollstreckungsverfahren vgl. Form. X.A.10 Anm. 1.

3. Dieser Antrag sollte im Hinblick auf § 457 Abs. 1 und § 458 Abs. 3 S. 1 gestellt werden. Gem. § 33 Abs. 3 StVollstrO kann ein sog. Vollstreckungshaftbefehl bereits mit der Ladungsverfügung ergehen für den Fall, daß sich der Verurteilte nicht fristgemäß dem Strafantritt stellt. Der Haftbefehl darf zwar nach § 33 Abs. 3 S. 2 StVollstrO erst vollzogen werden, wenn diese Voraussetzung durch Rückfrage bei der JVA festgestellt ist. Über den Erlaß und die Vollstreckung eines Haftbefehls nach § 457 entscheidet aber der Rechtspfleger (*Kleinknecht/Meyer* § 457 Rdnr. 1; KK/*Müller* Rdnr. 1; KMR/*Müller* Rdnr. 7 jeweils zu § 457), während die Entscheidung über den Antrag nach § 456 beim Staatsanwalt liegt (vgl. Anm. 4). Deshalb ist es möglich, daß der Rechtspfleger, über die Anbringung eines Antrages nach § 456 nicht informiert, vor Entscheidung über diesen Antrag den Verurteilten verhaften läßt. Zwar ist durch den Beginn des Strafvollzuges der Aufschubantrag nicht gegenstandslos geworden (vgl. OLG Zweibrücken NJW 1974, 70; LR/*Wendisch* Rdnr. 8; KK/*Müller* Rdnr. 8; KMR/*Müller* Rdnr. 2 jeweils zu § 456; vgl. auch OLG Stuttgart NStZ 1985, 331), so daß Strafaufschub auch noch gewährt werden kann, wenn der Verurteilte bereits aufgrund eines Haftbefehls nach § 457 in Haft genommen ist (*Kleinknecht/Meyer* § 456 Rdnr. 4). Durch die Verhaftung sind aber die Chancen des Aufschubgesuches erheblich verschlechtert worden. Deshalb empfiehlt sich, nach der Stellung des Antrages mit dem (für die Durchführung der Vollstreckung und damit für § 457) zuständigen Rechtspfleger und mit dem (für die Entscheidung über den Antrag nach § 456) zuständigen Staatsanwalt persönlich Kontakt aufzunehmen.

4. Über den Antrag nach § 456 entscheidet die Staatsanwaltschaft als Vollstreckungsbehörde. Dabei ist bei einem Antrag auf Aufschub einer Freiheitsstrafe der Staatsanwalt, nicht der Rechtspfleger zuständig (*Kleinknecht/Meyer* Rdnr. 8; LR/*Wendisch* Rdnr. 9; KMR/*Müller* Rdnr. 7 jeweils zu § 456).

5. An sich gilt § 456 nicht nur für Freiheitsstrafen, sondern auch für Geldstrafen, Ersatzfreiheitsstrafen und für die Vollstreckung von Nebenstrafen und Nebenfolgen. Da jedoch für diese anderen Sanktionen besondere Regelungen vorhanden sind (für Ersatzfreiheitsstrafe § 459 f; für Geldstrafe § 459 a–d; für Berufsverbot § 456 c; für Fahrverbot § 44 Abs. 3 S. 1 StGB), liegt die Bedeutung des § 456 in der Praxis bei der Freiheitsstrafe (*Kleinknecht/Meyer* § 456 Rdnr. 2). Neben dem häufigsten Anwendungsfall des Erstantritts einer Freiheitsstrafe gilt § 456 auch, wenn eine Reststrafe zu vollstrecken ist. Dies ist einmal der Fall, wenn ein nach § 57 StGB ausgesetzter Strafrest widerrufen wird (§§ 57 Abs. 3, 56 f StGB), wie auch dann, wenn nach vorangegangener Strafunterbrechung (§§ 455 Abs. 3, 455 a StPO, §§ 45, 46, 46 a StVollstrO) der Strafrest vollstreckt werden soll. (LR/*Wendisch* Rdnr. 3; KK/*Müller* Rdnr. 4 jeweils zu § 456).

Lohberger

6. Vor Eintritt des Rechtskraft des Urteils darf die Vollstreckung nicht eingeleitet werden (§ 449).

7. Die in § 456 Abs. 2 bestimmte Höchstdauer eines Strafaufschubs von 4 Monaten beginnt ab dem Tag zu laufen, an dem sich der Verurteilte gem. der Ladung zum Strafantritt zu stellen hat (*Kleinknecht/Meyer* § 456 Rdnr. 6). Es ist also nicht das Datum der Ladung, auch nicht der Zeitpunkt des Zugangs der Ladung entscheidend (str., vgl. LR/*Wendisch* § 456 Rdnr. 10; OLG Zweibrücken NJW 1974, 70).

Es ist nicht möglich, die (gesetzliche) Viermonatsgrenze dadurch zu umgehen, daß man ein weiteres Strafaufschubsgesuch stellt (LR/*Wendisch* Rdnr. 10; *Kleinknecht/Meyer* Rdnr. 6 jeweils zu § 456).

Wird ein Strafaufschub von mehr als 4 Monaten begehrt, so kann dies nur im Wege der Gnade bewilligt werden (KK/*Müller* Rdnr. 10; LR/*Wendisch* Rdnr. 12 jeweils zu § 456; vgl. Form. X.A. 16). Möglich ist dabei, daß die Vollstreckungsbehörde bis zu 4 Monaten Strafaufschub nach § 456 gewährt und der weitergehende Teil des Antrags als Gnadengesuch behandelt wird, sofern diese Aufspaltung dem Willen des Verurteilten eher entspricht, als eine gänzliche Ablehnung (KMR/*Müller* § 456 Rdnr. 6).

8. Nach § 2 StVollstrO soll die Vollstreckung einer Freiheitsstrafe mit Nachdruck und Beschleunigung betrieben werden. In § 456 ist zwar (anders als in § 455a) nicht zum Ausdruck gebracht, daß „überwiegende Gründe für eine sofortige Durchführung der Strafvollstreckung" (vgl. § 31 GnO 1935) einen begehrten Strafaufschub entgegenstehen können. Dieser Gedanke wird jedoch bei der Ausübung des Ermessens von der Vollstreckungsbehörde berücksichtigt, wobei darauf hingewiesen wird, daß die Gründe für die sofortige Vollstreckung um so überwiegender sind, je länger die (unter Berücksichtigung der §§ 51 Abs. 1, 57 StGB) voraussichtliche Verbüßungsdauer ist.

9. § 51 Abs. 1 StGB.

10. Ein außer Vollzug gesetzter Haftbefehl und die nach § 116 angeordneten Maßnahmen bleiben auch nach Eintritt der Rechtskraft des Urteils bestehen; sie dienen nun der Sicherung der Vollstreckung der Freiheitsstrafe (*Kleinknecht/Meyer* § 123 Rdnr. 2).

11. War bisher keine Kaution gestellt, so kann nach § 456 Abs. 3 nun der begehrte Strafaufschub an eine Sicherheitsleistung oder an andere Kautelen (Paßhinterlegung, Meldeauflage u. a.) geknüpft werden.

12. Hinsichtlich der materiellen Voraussetzungen eines Strafaufschubs sind folgende vier Gesichtspunkte zu beachten:
– es müssen durch die sofortige Vollstreckung Nachteile erwachsen, die *außerhalb des Strafzwecks* liegen. Damit sind Nebenwirkungen der Strafe gemeint, die nicht begrifflich zum Wesen des Strafübels gehören (LR/*Wendisch* § 456 Rdnr. 5). Das sind Nachteile, die vermieden werden können, wenn der Vollzug der Freiheitstrafe nicht sofort, sondern erst später stattfindet; bestehen die Nachteile voraussehbar auch nach dem begehrten Strafaufschub in gleicher Art und Intensität weiter, werden sie also nicht vermieden, sondern nur hinausgeschoben, so kann Strafaufschub nach § 456 nicht gewährt werden (*Litwinski/Bublies*, Strafverteidigung im Strafvollzug, S. 28). Im Antrag ist also aufzuzeigen, daß durch den Aufschub der Verurteilte wirtschaftlich, sozial oder auch nur psychisch weniger belastet ist (KK/*Müller* § 456 Rdnr. 4). Andere als die in §§ 456, 455 aufgezählten Gründe können nur im Gnadenwege geltend gemacht werden.
– Diese Nachteile brauchen *nicht unbedingt wirtschaftlicher* Natur zu sein, es können auch sonstige Härten *persönlicher, familiärer oder ideeller* Art ausreichend sein, z.B. schwere Erkrankung der Ehefrau, die in dieser Situation nicht allein gelassen werden kann oder die nicht im Stande ist, die Kleinkinder zu versorgen; kurz bevorstehender Abschluß einer Berufsausbildung, Einbringung der Ernte (LR/*Wendisch* § 456 Rdnr. 6; OLG Zweibrücken NJW 1974, 70; BVerfG NStZ 1985, 357).

8. Antrag auf Strafaufschub
X. A. 8

— Diese Nachteile müssen *erheblich* sein. Richtlinie hierfür ist der Umstand, daß jede Vollstreckung einer Freiheitsstrafe einen empfindlichen Eingriff in die persönlichen und wirtschaftlichen Verhältnisse eines Verurteilten bedeutet. Durch das Merkmal „erheblich" wird zum Ausdruck gebracht, daß Strafaufschub nur gewährt werden kann, wenn er zur Vermeidung besonderer Härten erforderlich ist.
— Voraussetzung ist schließlich, daß diese erheblichen Nachteile den *Verurteilten und seine Familie* unmittelbar treffen. Auswirkungen der sofortigen Vollstreckung auf Dritte, z.B. auf den Arbeitgeber, der den Verurteilten für eine bevorstehende Arbeit unbedingt benötigen würde, reichen für § 456 nicht aus. Ein auf solche Gründe gestütztes Aufschubsbegehren kann nur gnadenweise geltend gemacht werden (LR/*Wendisch* Rdnr. 12; KK/*Müller* Rdnr. 10 jeweils § 456).

13. Die Vollstreckungsbehörde geht davon aus, daß ein Verurteilter nach Kenntnisnahme der Verwerfung der Revision beginnt, seine persönlichen und wirtschaftlichen Verhältnisse für den bevorstehenden Strafantritt zu ordnen. Je mehr Zeit seit der Revisionsentscheidung bis zur Ladung zum Strafantritt vertrichen ist, um so schwieriger wird es, einen längeren Strafaufschub zu erreichen. Deshalb sollte dargelegt werden, welche Anstrengungen der Verurteilte bereits bisher zur Ordnung seiner Verhältnisse unternommen hat und aus welchen Gründen nun doch noch weitere Zeit hierzu benötigt wird.

14. Es besteht *kein Rechtsanspruch* auf Strafaufschub (LR/*Wendisch* Rdnr. 9; Kleinknecht/*Meyer* Rdnr. 5 jeweils zu § 456). Liegen die Voraussetzungen des § 456 Abs. 1 vor, so ist jedoch das der Vollstreckungsbehörde eingeräumte Ermessen („Kann"-Vorschrift) soweit reduziert, daß der Aufschub zu gewähren ist.

Ein gewährter Strafaufschub kann *widerrufen* werden, wenn sich die tatsächlichen Verhältnisse, die der Entscheidung zugrunde gelegt wurden, nachträglich ändern.

Rechtsbehelf

Gegen die ablehnende Entscheidung der Vollstreckungsbehörde (§ 451) können nach § 458 Abs. 2 „Einwendungen" zum Gericht erhoben werden. Zuständig ist beim Erstantritt das Gericht des ersten Rechtszugs (§§ 462 Abs. 1, 462a Abs. 2). Wird ein Strafaufschub hinsichtlich eines nach § 57 StGB zur Bewährung ausgesetzten, dann aber widerrufenen Strafrestes abgelehnt (vgl. Anm. 5) hat die Vollstreckungskammer über die „Einwendungen" zu entscheiden (§§ 462a Abs. 1 S. 1).

Ist nach Ablehnung des Antrags durch die Vollstreckungsbehörde die sofortige Vollstreckung (z.B. § 457) zu befürchten, ehe das Gericht über die nach § 458 Abs. 2 erhobenen „Einwendungen" entschieden hat, muß ein „Eilantrag" nach § 458 Abs. 3 an das Gericht gestellt werden. Daneben kann wegen der Eilbedürftigkeit eine persönliche Kontaktaufnahme mit dem Vorsitzenden des Gerichts angezeigt sein.

Gegen die nach § 458 Abs. 2 getroffene Entscheidung des Gerichts kann die sofortige Beschwerde erhoben werden (§ 462 Abs. 3 S. 1).

9. Antrag auf Strafaufschub (§ 455 StPO)

An die München, den 8. 7. 1990
Staatsanwaltschaft[3]
bei dem
Landgericht
8000 München I
– Strafvollstreckungsabteilung –

In der Strafsache
gegen
A.... B....
AZ.: VRs ....../88

zeige ich unter Vollmachtsvorlage[1] an, daß ich Herrn A.... B... im Vollstreckungsverfahren vertrete und stelle folgende

Anträge[2]

1. Gem. § 455 Abs. 3 StPO vorerst bis ......[4] Strafaufschub zu gewähren.
2. Vor Entscheidung über den Antrag unter der Ziff. 1[5] von Zwangsmaßnahmen Abstand zu nehmen.

Begründung

Die Staatsanwaltschaft hat Herrn A... B... mit Verfügung vom ...... hinsichtlich der durch rechtskräftiges[6] Urteil des LG München I vom 3. 9. 1989 verhängten Freiheitsstrafe von 3 Jahren zum Strafantritt[7] in die JVA Landsberg geladen.
Lt. anliegendem ärztlichen Attest von Herrn Prof. Dr. med. N. X. leidet Herr A... B... an folgender Krankheit ...... (wird ausgeführt).
Dieses Krankheitsbild kann derzeit in keiner Krankenanstalt einer JVA behandelt werden.[8]
Die Verteidigung hat mit dem Leiter der Krankenabteilung der JVA Landsberg, Herrn Dr. med. N.... P... unter Vorlage des ärztlichen Attestes angefragt, ob dort eine ausreichende ärztliche Versorgung des Herrn A.... B.... möglich ist. Herr Dr. P... hat dies für dieses Krankheitsbild verneint.
Nach seinem Wissen kann auch in der Krankenanstalt der neu errichteten JVA ......, die erheblich moderner ausgerüstet ist, die Erkrankung von Herrn A.... B.... derzeit jedenfalls nicht behandelt werden. Herr A... B.... ist selbstverständlich bereit, sich beim Leiter der Krankenanstalt der JVA ...... vorzustellen, damit dieser selbst entscheiden kann, ob dort eine ausreichende ärztliche Versorgung möglich ist.
Wir bitten,[9] wie beantragt zu entscheiden.

Rechtsanwalt

Anmerkungen

1. Hat der Verteidiger den Verurteilten bereits im Hauptverfahren vertreten, gilt seine Legitimation (Bevollmächtigung nach § 138, nicht aber Bestellung nach § 141) auch für das Vollstreckungsverfahren fort. Vgl. Form. X.A.10 Anm. 1.
2. Anders als bei § 456 ist ein Strafaufschub nach § 455 nicht von einem Antrag des Verurteilten abhängig, sondern bei Vorliegen der Voraussetzungen *von Amts wegen* zu verfügen (LR/*Wendisch* § 455 Rdnr. 7). Das bedeutet aber auch, daß das Vollstreckungs-

9. Antrag auf Strafaufschub X. A. 9

verbot bei Vorliegen der in § 455 Abs. 1–3 genannten Erkrankungen auch dann besteht, wenn der Verurteilte den sofortigen Vollzug selbst wünschen sollte, z.B. um die Angelegenheit endlich hinter sich zu bringen.

3. Die Entscheidung trifft die Staatsanwaltschaft als Vollstreckungsbehörde (§ 451 StPO; §§ 45, 46 StVollstrO). Innerhalb der Staatsanwaltschaft ist nicht der Rechtspfleger, sondern der Staatsanwalt zuständig (*Kleinknecht/Meyer* Rdnr. 15; KK/*Müller* Rdnr. 4 jeweils zu § 455). Der Rechtspfleger bereitet aber die Entscheidung des Staatsanwalts vor, so daß eine Erörterung des Falles auch mit ihm angezeigt sein kann.

4. Aus der Natur der in § 455 genannten Gründe (Vollzugsuntauglichkeit infolge Krankheit) ergibt sich, daß die Dauer des Aufschubs (im Gegensatz zur Höchstdauer des § 456 Abs. 2) offen ist (*Kleinknecht/Meyer* § 455 Rdnr. 2). Der Aufschub wird aber grundsätzlich nur für bestimmte Zeit bewilligt und dann ggf. verlängert (*Kleinknecht/Meyer* Rdnr. 2; KMR/*Müller* Rdnr. 8 jeweils zu § 455).

5. Vgl. Form. X.A.8 Anm. 3.

6. Die Vollstreckung einer Freiheitsstrafe kann erst eingeleitet werden, wenn das Urteil rechtskräftig ist (§ 449). Für den Vollzug der Untersuchungshaft gilt § 455 daher nicht (KMR/*Müller* § 455 Rdnr. 9).

7. § 455 gilt nicht nur für den Erstantritt einer Freiheitsstrafe, sondern auch, wenn nach Unterbrechung einer Freiheitsstrafe die Fortsetzung ihrer Vollstreckung ansteht (*Kleinknecht/Meyer* Rdnr. 1; KK/*Müller* Rdnr. 1; LR/*Wendisch* Rdnr. 3 zu § 455).

8. Hinsichtlich der Frage, bei welchen Krankheiten bzw. bei welchem Grad einer Erkrankung die Voraussetzungen des § 455 Abs. 1–3 gegeben sind, vgl. LR/*Wendisch* Rdnr. 8–12; KK/*Müller* Rdnr. 7–11; KMR/*Müller* Rdnr. 4–6 jeweils zu § 455; *Litwinski/Bublies*, Strafverteidigung im Strafvollzug, S. 27.

9. Bei Vorliegen der in § 455 Abs. 1 und 2 genannten Voraussetzungen hat der Verurteilte ein *Recht* auf Strafaufschub, während ein Strafaufschub aus den Gründen des § 455 Abs. 3 im *Ermessen* der Vollstreckungsbehörde liegt (LR/*Wendisch* Rdnr. 5; *Kleinknecht/Meyer* Rdnr. 3 jeweils zu § 455). Das Ermessen der Behörde ist jedoch darauf beschränkt, ob sie die Vollstreckung aufschieben oder die Unverträglichkeit durch Änderung des Vollzuges beseitigen will (KMR/*Müller* Rdnr. 6).

Rechtsbehelf

Gegen die Entscheidung, durch die von der Vollstreckungsbehörde (§ 451) der begehrte Strafaufschub abgelehnt wird, können nach § 458 Abs. 2 „Einwendungen" zu Gericht erhoben werden (§§ 462, 462a). Ist nach Ablehnung eines Strafaufschubantrages zu befürchten, daß die Vollstreckungsbehörde die sofortige Vollstreckung herbeiführt (z.B. § 457), ehe das Gericht über die nach § 458 Abs. 2 erhobenen Einwendungen entschieden hat, muß ein „Eilantrag" nach § 458 Abs. 3 an das Gericht gestellt werden. Daneben kann sich wegen der Eilbedürftigkeit eine persönliche Kontaktaufnahme mit dem Vorsitzenden des Gerichts empfehlen.

Gegen die nach § 458 Abs. 2 getroffene Entscheidung des Gerichts kann die sofortige Beschwerde erhoben werden (§ 462 Abs. 3 S. 1).

10. Antrag auf Strafaussetzung einer Reststrafe (§ 57 Abs. 1 StGB)

An das   München, den 15. 7. 1990
Landgericht[4]
– Strafvollstreckungskammer –
8900 Augsburg

In der Strafsache
gegen
A. ... B. ...
AZ.: ... VRs ....../86

zeige ich an, daß ich Herrn A. ... B. ... auch im Vollstreckungsverfahren vertrete.[1]
Namens und im Auftrag[3] meines Mandanten stelle ich den

Antrag[2]

die durch Urteil des AG Augsburg vom 16. 5. 1989 verhängte Freiheitsstrafe[5] von 2 Jahren und 3 Monaten nach Verbüßung von ⅔ ab 1. 9. 1990 zur Bewährung auszusetzen.

Begründung

Am 1. 9. 1990 hat Herr A... B... ⅔ der verhängten Freiheitsstrafe verbüßt.[6]
Die nach § 57 StGB erforderliche günstige Sozialprognose ist aufgrund folgender Umstände gegeben ......[7]

                                                                                                             Rechtsanwalt

Anmerkungen

1. Hat der Wahlverteidiger den Verurteilten bereits im Hauptverfahren (vgl. *Kleinknecht/Meyer* Einl. Rdnr. 64) vertreten, so erstreckt sich das Mandat auch auf das Vollstreckungsverfahren, so daß für einen Antrag nach § 57 StGB keine erneute Vollmachtsvorlage erforderlich ist (*Kleinknecht/Meyer* Rdnr. 5 vor § 137; LR/*Dünnebier* § 138 Rdnr. 33 jeweils mit weiteren Nachweisen). Das gilt nicht, wenn die Vollmacht im Hauptverfahren auf bestimmte Prozeßhandlungen oder Verfahrensabschnitte (z.B. Revision) beschränkt war.
Beim Pflichtverteidiger dagegen endet die Beiordnung mit der Rechtskraft des Urteils (*Kleinknecht/Meyer* § 140 Rdnr. 7, 33). Er benötigt also für ein Tätigwerden im Vollstreckungsverfahren entweder eine Vollmacht oder er muß die Beiordnung auch für diesen Verfahrensabschnitt beantragen. Die Beiordnung ist nur in Ausnahmefällen analog § 140 Abs. 2 StPO möglich (vgl. *Kleinknecht/Meyer* § 140 Rdnr. 33).
2. Die Entscheidung nach § 57 Abs. 1 StGB, § 454 Abs. 1 StPO ist von Amts wegen herbeizuführen (BGH 27, 302; *Dreher/Tröndle* Rdnr. 13; *Schönke/Schröder/Stree* Rdnr. 20 jeweils zu § 57; KK/*Müller* Rdnr. 5; *Kleinknecht/Meyer* Rdnr. 5 jeweils zu § 454). Deshalb ist ein Antrag des Verurteilten bzw. des Verteidigers nicht Voraussetzung für die Einleitung des Verfahrens nach § 454 StPO.
3. Die Einwilligung des Verurteilten ist Voraussetzung für eine Entscheidung nach § 57 StGB, § 454 StPO (*Dreher/Tröndle* § 57 Rdnr. 7). Wird sie verweigert oder wieder zurückgenommen, so ist das Gericht von der Verpflichtung entbunden, von Amts wegen (vgl. Anm. 2) eine Entscheidung nach § 57 StGB herbeizuführen (KK/*Müller* § 454 Rdnr. 6). Eine zunächst verweigerte Einwilligung kann allerdings im Beschwerdeverfahren noch erklärt werden. Vgl. auch *Litwinski/Bublies*, Strafverteidigung im Strafvollzug, S. 32.

10. Antrag auf Strafaussetzung einer Reststrafe X. A. 10

4. Der Antrag kann entweder an das zuständige Gericht oder an die Staatsanwaltschaft gerichtet werden. Es empfiehlt sich in der Regel, den Antrag bei der Staatsanwaltschaft einzubringen. Vgl. Form. X. A. 12 Anm. 3. Die Zuständigkeit des Gerichts, das nach § 454 StPO die Entscheidung gem. § 57 StGB zu treffen hat, ist davon abhängig, ob gegen den Verurteilten zum Zeitpunkt der Entscheidung eine Freiheitsstrafe vollstreckt wird.
a) Verbüßt der Verurteilte gerade eine Freiheitsstrafe, ist die Vollstreckungskammer zuständig (§ 462a Abs. 1 StPO i.V.m. § 78a Abs. 1 Nr. 1 GVG). Dabei ist es ohne Bedeutung, ob sich der Verurteilte wegen der anfallenden Sache, bezüglich deren eine Entscheidung nach § 57 StGB zu treffen ist, in Haft befindet oder eine andere Freiheitsstrafe gerade gegen ihn vollstreckt wird (*Kleinknecht/Meyer* § 462a Rdnr. 2). Entscheidend ist lediglich, daß die Vollstreckung irgendeiner Freiheitsstrafe noch andauert. Das ist auch der Fall, wenn sich der Verurteilte gerade nicht in Haft befindet, etwa weil die Vollstreckung unterbrochen (§§ 455a, 461 StPO) oder wenn der Verurteilte entweicht bzw. nicht aus dem Urlaub zurückkehrt (LR/*Wendisch* § 462a Rdnr. 32).
b) In allen übrigen Fällen ist das Gericht des ersten Rechtszuges zuständig (§ 462a Abs. 2 S. 1 StPO). Das ist insbesondere der Fall, wenn bei der Aburteilung durch die erlittene Untersuchungshaft, die gem. § 51 Abs. 1, 57 Abs. 4 StGB anzurechnen ist, bereits ⅔ der erkannten Strafe verbüßt ist und sich der Verurteilte zum Zeitpunkt des Eintritts der Rechtskraft nicht mehr in Haft befindet (*Kleinknecht/Meyer* § 462a Rdnr. 6 und Form. X A 12 Anm. 6).
c) § 57 StGB betrifft die zeitige Freiheitsstrafe. Bestritten ist, ob die Vorschrift auch auf die Ersatzfreiheitsstrafe (§ 459e StPO) anwendbar ist (*Dreher/Tröndle* § 57 Rdnr. 2a).

5. Zur Frage des Zeitpunktes, wann das Gesuch anzubringen ist vgl. Form. X. A. 12 Anm. 5. Zur Frage, ob § 57 StGB auch bei der Vollstreckung einer Ersatzfreiheitsstrafe anwendbar ist, vgl. Anm. 4 bei c.

6. Zur Strafzeitberechnung vgl. Form.X.A.12 Anm. 7.

7. An die von § 57 StGB geforderte günstige Täterprognose sind keine so strengen Anforderungen zu stellen als an die im Rahmen des § 56 StGB zu treffende Sozialprognose (*Dreher/Tröndle* § 57 Rdnr. 6). Grundsätzlich ist davon auszugehen, daß sich ein Verurteilter bereits durch einen Teilvollzug der Strafe beeindrucken ließ und deshalb zu erwarten steht, daß er außerhalb des Strafvollzugs keine Straftaten mehr begehen werde. Das gilt jedenfalls für „Erstverbüßer". Da für die Frage der Aussetzung des Strafrestes das „Wohlverhalten" des Verurteilten im Vollzug die entscheidende Rolle spielt (*Dahs* Rdnr. 1036), gibt es in der Regel beim „Erstverbüßer" keine Probleme, wenn er die Strafhaft ohne Beanstandungen hinter sich gebracht hat. Außer den in § 57 Abs. 1 StGB aufgeführten Umständen sind bei der Prognoseentscheidung insbesondere von Bedeutung: Deliktsart, Familienstand, berufliche Position, Alter des Probanden, Vorstrafenbelastung.

Prognoseschwierigkeiten gibt es dagegen bei Rückfälligen. Hier muß der Verteidiger bereits vor der Antragstellung bedacht sein, die Voraussetzungen für eine positive Entscheidung zu schaffen. Zu denken ist z.B. an die Beschaffung einer Arbeitsstelle. Wichtig ist auch, daß er Kontakt mit der Leitung der JVA hält. Deren Stellungnahme (§ 454 Abs. 1 S. 2 StPO) ist gerade bei Rückfälligen von besonderer Bedeutung für die Entscheidung des Gerichts. Hat die JVA eine negative Stellungnahme abgegeben, ist zu prüfen, ob sie evtl. auf Fehlbeurteilungen untergeordneter Vollzugsbediensteter beruht (*Dahs* Rdnr. 1036), so daß ggf. durch Richtigstellung der Fakten auf eine Änderung der Stellungnahme hingewirkt werden kann.

11. Antrag auf Strafaussetzung zur Bewährung (Halbstrafe gem. § 57 Abs. 2 Nr. 1 StGB)

An das
Landgericht
– Strafvollstreckungskammer –
8900 Augsburg

München, den 17. 8. 1990

In der Strafsache
gegen
A... B...
AZ.:... VRs ....../88

zeige ich unter Vollmachtsvorlage[1] an, daß ich Herrn A... B... anwaltschaftlich vertrete. Namens und im Auftrag[2] meines Mandanten stelle ich den

Antrag[3]

die Reststrafen der mit Urteil des AG München vom 13. 4. 1989 verhängten Gesamtfreiheitsstrafe von 1 Jahr und 2 Monaten sowie von 1 Jahr und 6 Monaten nach Verbüßung der Hälfte der beiden Gesamtfreiheitsstrafen gem. § 57 Abs. 2 Nr. 1 StGB zur Bewährung auszusetzen.

Begründung

1. Herr A... B... ist durch Urteil des AG München vom 13. 4. 1989, rechtskräftig[4] seit 13. 4. 1989 zu einer Gesamtfreiheitsstrafe von 1 Jahr und 2 Monaten und zu einer weiteren Gesamtfreiheitsstrafe von 1 Jahr und 6 Monaten verurteilt worden. Die Strafen werden seit ...... vollstreckt. Nach Verbüßung der Hälfte der Gesamtfreiheitsstrafe von 1 Jahr und 2 Monaten ist die Vollstreckung unterbrochen worden,[5] im Anschluß daran wurde die Vollstreckung der Gesamtfreiheitsstrafe von 1 Jahr und 6 Monaten vollzogen. Am 20. 10. 1990 wird Herr A... B... die Hälfte dieser zweiten Gesamtfreiheitsstrafe verbüßt haben, so daß die formellen Voraussetzungen des § 57 Abs. 2 Nr. 1 StGB, nämlich die Verbüßung der Hälfte jeder der beiden Gesamtfreiheitsstrafen erfüllt sein werden.
2. Die von § 57 StGB geforderte Täterprognose ist aufgrund folgender Umstände als günstig anzusehen ......[6]
3. Die sog. „Erstverbüßerregelung" des § 57 Abs. 2 Nr. 1 StGB ist auch für den vorliegenden Fall einschlägig, in dem sich der Verurteilte erstmals in Strafhaft[7] befindet, dabei jedoch zwei[8] Freiheitsstrafen nacheinander vollstreckt werden ......
4. Generalpräventive Gesichtspunkte oder eine erhöhte Tatschuld stehen einer Strafaussetzung zur Bewährung nicht entgegen ......[9]

Rechtsanwalt

Anmerkungen

1. Zur Fortgeltung der Legitimation des im Hauptverfahren bereits tätig gewesenen Verteidigers (§§ 138, 141 StPO) vgl. Form. X. A. 10 Anm 1.
2. Zu der nach § 57 StGB erforderlichen Einwilligung des Verurteilten vgl. Form. X. A. 10 Anm. 3.

11. Antrag auf Strafaussetzung zur Bewährung X. A. 11

3. Wie bei der Frage der Strafaussetzung des letzten Drittels nach § 57 Abs. 1 wird auch bei der Halbstrafenregelung nach § 57 Abs. 2 Nr. 1 (anders als im Falle des § 57 Abs. 2 Nr. 2, vgl. Form. X.A.12) das nach § 454 StPO durchzuführende Verfahren von *Amts wegen* eingeleitet, so daß an sich ein Antrag nicht erforderlich ist (*Kleinknecht/Meyer* § 454 Rdnr. 5; *Dreher/Tröndle* § 57 Rdnr. 13). Das folgt aus der Entstehungsgeschichte dieser Vorschrift und insbesondere aus § 454b Abs. 2 S. 1 Nr. 1 StPO.

4. Vgl. Form. X.A.12 Anm. 6.

5. Vgl. § 454b Abs. 2 StPO.

6. Vgl. Form. X.A.10 Anm. 7. Der Wortlaut des § 57 Abs. 1 und 2 StGB weicht insoweit von § 56 Abs. 1 ab, als bei § 57 keine unmittelbar positive Prognose vorausgesetzt wird, die Anforderungen an die Täterprognose also abgemildert sind. Es ist die Überzeugung des Gerichts erforderlich, daß die Chance gegeben ist, der Verurteilte werde die kritische Probe bestehen (*Dreher/Tröndle* § 57 Rdnr. 6). Damit setzt diese Prognose nicht eine durch Tatsachen begründete Wahrscheinlichkeit künftig straffreier Führung voraus. Zu den mit § 57 Abs. 2 Nr. 1 StGB verbundenen Auslegungsproblemen vgl. *Eisenburg* NStZ 1987, 167.

7. Wann der Verurteilte „erstmals eine Freiheitsstrafe verbüßt", ist nicht immer klar. Problematisch wird diese Frage in folgenden Fällen:
– Es ist vom Verurteilten zuvor eine Jugendstrafe verbüßt worden. In diesem Fall sei der später zu einer Freiheitsstrafe Verurteilte hinsichtlich dieser Freiheitsstrafe nicht mehr Erstverbüßer (*Dreher/Tröndle* § 57 Rdnr. 9c, dagegen *Eisenburg* NStZ 1987, 167/169)
– Der Verurteilte hat früher im *Ausland* eine Strafhaft verbüßt.
– Er hat früher eine *Ersatzfreiheitsstrafe* verbüßt.
– Er hat früher einen Strafarrest nach dem WehrstrafG verbüßt.
– Die frühere Verbüßung einer Freiheitsstrafe ist bereits tilgungsreif, so daß das Verwertungsverbot nach § 51 BZRG besteht. Ob in all diesen Fällen die Erstverbüßerregelung greift oder nicht, muß erst von der Rechtsprechung geklärt werden (vgl. *Dreher/Tröndle* a.a.O.; *Schönke/Schröder/Stree* § 57 Rdnr. 23a).

8. Str. ist desweiteren der Fall, wenn gegen den Verurteilten erstmals *mehrere* Freiheitsstrafen *nacheinander* vollstreckt werden.
Das ist bei zwei Konstellationen möglich:
a) Der Beschuldigte war zunächst zu einer Freiheitsstrafe (bis zu 2 Jahren) mit Bewährung verurteilt worden. In der Bewährungszeit wurde er erneut straffällig und wird nun zu einer Freiheitsstrafe ohne Bewährung (bis zu 2 Jahren) verurteilt; gleichzeitig wird die Bewährung der ersten Strafe widerrufen und beide Strafen werden nacheinander vollstreckt (wobei dann nach § 454b Abs. 2 StPO zu gegebener Zeit die Vollstreckung zu unterbrechen ist).
b) Der Beschuldigte ist in einem Urteil (wie im vorliegenden Fall) zu mehreren Gesamtfreiheitsstrafen verurteilt worden, die jeweils 2 Jahre nicht übersteigen und die nacheinander vollstreckt werden.
Bei rein formaler Betrachtung ist der Verurteilte bei der im Anschluß an die Teilverbüßung (§ 454b Abs. 2 StPO) der ersten Freiheitsstrafe zu vollstreckenden zweiten Freiheitsstrafe kein „Erstverbüßer" mehr. Diese formale Betrachtung würde aber dem Sinn des § 57 Abs. 2 Nr. 1 nicht gerecht werden. Der Gesetzgeber ging bei Schaffung dieser Vorschrift davon aus, daß das *erstmalige* Erleben eines Freiheitsentzuges im besonderen Maße Auswirkungen zeitigt (*Eisenburg* NStZ 1987, 167). Werden zwei Freiheitsstrafen unmittelbar nacheinander teilvollstreckt (§ 454b Abs. 2 StPO), empfindet der Verurteilte dieses als *einen* Vollzug, er erlebt mit diesem Vollzug zweier Strafen erstmals einen Freiheitsentzug. Daher gilt der Verurteilte auch bei der Vollstreckung der zweiten Strafe als „Erstverbüßer" (str. vgl. *Maatz* MDR 1985, 797/800; OLG Zweibrücken NStZ 1986, 572 mit abl. Anm. *Greger;* OLG Zweibrücken StV 1986, 540; *Dreher/Tröndle*

§ 57 Rdnr. 9 d; *Schönke/Schröder/Stree* § 57 Rdnr. 23 a). Wird die sog. Anschlußvollstreckung zur Erstverbüßung gerechnet, so ergibt sich als weiteres Problem, ob insoweit für die Obergrenze von 2 Jahren die Summe der einzelnen, nacheinander zu vollstreckenden Strafen maßgebend ist oder ob jede Strafe für sich zu betrachten ist (so OLG Zweibrücken StV 1989, 23 gegen OLG Karlsruhe Justiz 1987, 319; vgl. *Schönke/ Schröder/Stree* § 57 Rdnr. 23 a; *Dreher/Tröndle* Rdnr. 9 d).
Bei der Vollstreckung einer Gesamtfreiheitsstrafe handelt es sich auch dann um einen Erstvollzug, wenn eine später einbezogene Einzelstrafe bereits teilweise vollstreckt und der Verurteilte dann zunächst entlassen worden war. Dagegen gilt als Erstverbüßer nicht mehr der Verurteilte, der den einen Teil einer Freiheitsstrafe verbüßt hat und dann bei Einbeziehung dieser Strafe in eine nachträglich gebildete Gesamtstrafe Strafaussetzung zur Bewährung erhielt, wenn später die Gesamtstrafe nach Widerruf der Strafaussetzung wegen erneuter Straffälligkeit vollstreckt wird (OLG Zweibrücken StV 1987, 257).

9. Anders als bei § 57 Abs. 1, bei dem Gesichtspunkte der Schuldschwere und der Generalprävention nicht berücksichtigt werden dürfen (*Dreher/Tröndle* § 57 Rdnr. 8) ist strittig, inwieweit diese Umstände bei § 57 Abs. 2 Nr. 1 zu verwerten sind (*Dreher/Tröndle* § 57 Rdnr. 9 b; a. A. *Eisenburg* NStZ 1987, 168).

12. Antrag auf Strafaussetzung zur Bewährung (Halbstrafe gem. § 57 Abs. 2 Nr. 2 StGB)

An die
Staatsanwaltschaft[3]
bei dem
Landgericht
8900 Augsburg

Augsburg, den 25. 7. 1990

In der Strafsache
gegen
A... B...
AZ.: ... VRs ....../86
stelle ich als Verteidiger[1] den

Antrag[2]

die durch Urteil des LG Augsburg vom 19. 1. 1988 verhängte Freiheitsstrafe[4] ab 10. 9. 1990[5] gem. § 57 Abs. 2 Nr. 2 StGB zur Bewährung auszusetzen.

Begründung

1. Herr A... B... ist durch Urteil des LG Augsburg vom 19. 1. 1988 wegen Steuerhinterziehung u. a. zu einer Gesamtfreiheitsstrafe von 3 Jahren und 3 Monaten verurteilt[6] worden. Unter Anrechnung[7] der erlittenen Untersuchungshaft wird er am 10. 9. 1990 die Hälfte der verhängten Freiheitsstrafe verbüßt haben.
2. Die Voraussetzungen des Abs. 1 des § 57 StGB sind gegeben.[8] Aufgrund folgender Umstände kann von einer günstigen Sozialprognose ausgegangen werden.
Herr A... B... war nicht vorbestraft und befindet sich erstmals in Haft. Er hat sich, nachdem ihm zur Regelung der persönlichen und wirtschaftlichen Angelegenheiten Strafaufschub gewährt worden war, freiwillig der Vollstreckung gestellt. Aufgrund seines tadellosen Verhaltens während des Strafvollzugs sind ihm nach den üblichen Zeiten

12. Antrag auf Strafaussetzung zur Bewährung   X. A. 12

die möglichen Vergünstigungen des Vollzugs (Ausgang, Urlaub, Freigängerstatus) gewährt worden. Er hat das in ihm gesetzte Vertrauen nicht mißbraucht und sich auch sonst in der Haft beanstandungslos geführt.

Herr A... B... kann in geordnete familiäre Verhältnisse zurückkehren. Die Familie, insbesondere seine Ehefrau steht nach wie vor zu ihm. Er ist, nachdem er Freigänger geworden war, bei der Firma D... tätig. Diese Firma ist auch bereit, Herrn A... B... nach der Haftentlassung weiterhin zu beschäftigen. Eine entsprechende Bestätigung der Fa. D..., aus der sich auch der künftige monatliche Gehalt von Herrn A... B... ergibt, ist beigefügt.

3. Aber auch die nach § 57 Abs. 2 Nr. 2 StGB erforderlichen „besonderen Umstände" sind gegeben.

Ob diese Voraussetzungen vorliegen, ist in einer Gesamtwürdigung[9] von Tat und Persönlichkeit des Verurteilten zu prüfen. Insbesondere ist dabei auch die Entwicklung eines Verurteilten im Strafvollzug in diese Gesamtwürdigung einzubeziehen. Nach der auch im Rahmen des § 57 Abs. 2 StGB zu beachtenden Rechtsprechung zu § 56 Abs. 2 StGB müssen die besonderen Umstände von Person und Tat nicht mehr Ausnahmecharakter haben und es ist nicht erforderlich, daß die Umstände dem Fall zugunsten des Täters den Stempel des außergewöhnlichen aufdrücken. Vielmehr genügen nach der Rechtsprechung des BGH Umstände, die im Vergleich zu gewöhnlichen, einfachen Milderungsgründen von besonderem Gewicht sind und eine Strafaussetzung trotz des erheblichen Unrechts- und Schuldgehalt der Tat, der sich in der Strafhöhe widerspiegelt, als nicht unangebracht und als den vom Strafrecht geschützten Interessen nicht zuwiderlaufend erscheinen lassen, wobei anerkanntermaßen eine klare Trennung zwischen Tat und Persönlichkeit des Verurteilten nicht möglich ist.[10]

Bei einer derartigen Gesamtwürdigung sind nach Auffassung der Verteidigung folgende Umstände zu bewerten.[11]

a) Die Taten, die dem Urteil zugrundeliegen, sind in der Zeit vom 1978–1985 begangen worden. Der Vorwurf des Betruges bezieht sich auf den Zeitraum von 1978 bis 31. 3. 1980. Der Vorwurf der Lohnsteuerverkürzung endet am 31. 12. 1981. Die Verurteilung wegen Nichtabführung von Arbeitnehmeranteilen betrifft die Jahre 1981/1982. Der Vorwurf der Umsatzsteuerverkürzung bezieht sich auf die Jahre 1978–1985. Mit Ausnahme des letzten Vorwurfs liegen also die Taten 10 Jahre und mehr zurück.

b) Herr A... B... war zum Zeitpunkt der Tatausführungen nicht vorbestraft und ist auch nach 1985 nicht in anderen Verfahren verurteilt worden. Er hat sich deshalb seit 1985 straffrei geführt.

c) Wie sich aus dem Urteil ergibt, hat Herr A... B... die ihm vorgeworfenen Taten im vollen Umfang eingeräumt, so daß eine komplizierte Beweisaufnahme vermieden werden konnte. Dieses Geständnis ist im Urteil bereits strafmildernd gewertet worden und darf aber auch jetzt noch im Rahmen der nach § 57 Abs. 2 vorzunehmenden Gesamtwertung erneut zu seinen Gunsten in die Waagschale geworfen werden.

d) Bereits im Urteil ist ausgeführt, daß Herr A... B... in ungewöhnlich hohen Maße bereits bis zum Urteilserlaß den Schaden wieder gutgemacht hat.

Hinsichtlich des Vorwurfes des Betruges im Zusammenhang mit dem Schlechtwettergeld war im Urteil feststellt worden, daß der Schadensbetrag zum Zeitpunkt des Urteils noch ca. 154.000.— betragen hat. Nach dem Urteil ist von Herrn A... B... mit dem Arbeitsamt ein Vergleich geschlossen worden über DM 40.000.—. Diesen Betrag hat Herr A... B... am ...... an das Arbeitsamt bezahlt. Die entsprechende Bestätigung ist beigefügt.

Hinsichtlich des Vorwurfes der Lohnsteuerverkürzung ist im Urteil angeführt, daß er während des Ermittlungsverfahrens bereits ca. DM 350.000.— an das Finanzamt zur Abdeckung der nicht abgeführten Lohnsteuer bezahlt hatte und zum Zeitpunkt des Urteils noch ein Betrag von ca. DM 90.000.— offen stand. Hierauf hat A... B... im Jahr 1988 ca. DM 15.000.— und im Jahr 1989 ca. DM 17.000.— an das Finanzamt

bezahlt. Der Ausgleich erfolgte durch eine entsprechende Verrechnung von Steuerguthaben. Die entsprechende Bestätigung des Finanzamtes ist beigefügt, so daß auch hier festzustellen ist, daß Herr A... B... nach dem Urteil einen Betrag von ca. DM 30.000.— zur Schadenswiedergutmachung gegenüber dem Fiskus aufgebracht hat. Schließlich ist im Urteil hinsichtlich des Vorwurfes der Nichtabführung von Arbeitnehmeranteilen festgestellt, daß er gleich zu Beginn des Ermittlungsverfahrens einen Betrag von DM 120.000.— sofort an die AOK bezahlt hat. Ein weiterer Betrag von ca. DM 30.000.— ist durch eine Pfändung beglichen worden. Noch während des Ermittlungsverfahrens hat sich Herr A... B... mit der AOK verglichen, wobei der Vergleichsbetrag von DM 110.000.— vermutlich höher liegt als in Wahrheit geschuldet worden war (vgl. UA S. ......). Bis zum Erlaß des Urteils hatte Herr A... B... auf diesen Betrag bereits DM 60.000.— bezahlt. Aus Mitteln, die infolge der während des Strafaufschubs durchgeführten Liquidierung zuflossen, hat er lt. anliegender Bestätigung der AOK einen weiteren Betrag von DM 30.000.— überwiesen.
Aus all dem ergibt sich, daß Herr A... B... schon während des Ermittlungsverfahrens, aber auch nach dem Urteil erhebliche Beträge für die Schadenswiedergutmachung aufgebracht hat. Betrachtet man also aus einer Gesamtschau das Verhalten von Herrn A... B... im Ermittlungsverfahren, insbesondere sein Bemühen um Schadenswiedergutmachung, sein Verhalten im Prozeß, nämlich das Geständnis und damit die Ermöglichung einer relativ kurzen Hauptverhandlung, die Tatsache, daß er nach dem Erlaß des Urteils erneut erhebliche Beträge für die Schadenswiedergutmachung bezahlt hat, die gute Führung während der Haft, die günstige Zukunftsprognose und schließlich den Umstand, daß die Taten schon lange zurückliegen, so ergeben all diese Umstände zusammen bei dem jetzt im 47. Lebensjahr stehenden Herrn A... B... das Gesamtbild, daß besondere Umstände i. S. d. § 57 Abs. 2 Nr. 2 vorliegen.

4. Im Rahmen der Prüfung des § 57 Abs. 2 dürfen auch Schuldgesichtspunkte und generalpräventive Erwägungen in Betracht gezogen werden[12]. Die Verteidigung ist jedoch der Auffassung, daß solche Umstände der beantragten Entscheidung nicht entgegenstehen. Schon aus dem Urteil ergibt sich, daß die Generalprävention bei dem Vorwurf der Steuerhinterziehung und des Betruges nicht entscheidend bei der Strafzumessung ins Gewicht fallen konnte. Folglich kann dieser Umstand auch jetzt nicht von besonderer Bedeutung sein. Der Gesichtspunkt der Schuldschwere hat dazu geführt, daß das Gericht eine Freiheitsstrafe von weit mehr als 2 Jahren ausgesprochen hat, so daß auch dieser Strafzumessungsgrund im Strafmaß bereits ausreichend berücksichtigt worden ist. Aufgrund all dieser Umstände bitten[13] wir, wie beantragt zu entscheiden.

Rechtsanwalt

Anmerkungen

1. Über die Fortgeltung der Legitimation des im Hauptverfahren bereits tätig gewesenen Verteidigers (Bevollmächtigung § 138; Bestellung § 141) für das Vollstreckungsverfahren vgl. Form. X.A.10 Anm. 1.

2. Im Gegensatz zum Fall der ⅔-Verbüßung, in dem die Prüfung von Amts wegen erfolgt, weil Abs. 1 des § 57 StGB eine Mußvorschrift ist (vgl. Form. X.A.10 Anm. 2), ergeht die Entscheidung nach § 57 Abs. 2 Ziff. 2 StGB nur auf Antrag (*Dreher/Tröndle* § 57 Rdnr. 13; *Kleinknecht/Meyer* § 454 Rdnr. 6). Antragsberechtigt ist (neben der Staatsanwaltschaft) nur der Verurteilte selbst und sein Verteidiger, nicht jedoch ein Angehöriger (*Dreher/Tröndle* a. a. O.).
Die Wiederholung eines Antrags ist zulässig. Allerdings ist eine evtl. nach § 57 Abs. 6 StGB verhängte Sperrfrist zu beachten (*Dreher/Tröndle* § 57 Rdnr. 16).

12. Antrag auf Strafaussetzung zur Bewährung   X. A. 12

3. Zuständig für die Entscheidung ist das Gericht (§§ 454, 462a StPO), also in der Regel die Strafvollstreckungskammer (§ 462a Abs. 1 StPO i.V.m. §§ 78a, b GVG), in deren Bezirk die Strafanstalt liegt, in der der Verurteilte zum Zeitpunkt der Anbringung des Antrags aufgenommen ist (*Dreher/Tröndle* § 57 Rdnr. 12a).

Dennoch empfiehlt es sich, den Antrag an die Staatsanwaltschaft zu richten, da diese die Vollstreckungsbehörde ist (§ 451 StPO). Dabei ist örtlich zuständig die Staatsanwaltschaft des ersten Rechtszuges (§§ 141, 143 GVG; § 7 Abs. 1 StVollStrO). Die Vollstreckungsbehörde, bei der sich auch die für die Entscheidung erforderlichen Akten befinden, muß im Rahmen des Verfahrens nach § 454 StPO ohnehin gehört werden. Sie veranlaßt auch, daß die Vollzugsanstalt gehört wird, und leitet dann die Akten mit dem Antrag an das nach § 462a Abs. 1, 2 StPO zuständige Gericht.

4. § 57 betrifft die *zeitige* Freiheitsstrafe; für die lebenslängliche Freiheitsstrafe und für die Jugendstrafe gelten besondere Vorschriften (§ 57a StGB, §§ 88, 89 JGG).

5. Aus § 454a StPO ergibt sich, daß die Entscheidung des Gerichts drei Monate vor dem Zeitpunkt der Entlassung getroffen werden kann. Folglich kann der Antrag vorher gestellt werden. Da ein Verfahren etwa 1–2 Monate dauert, muß der Antrag schon 5 Monate vor dem begehrten Entlassungszeitpunkt angebracht werden können. Im Hinblick auf den inzwischen eingefügten § 454a StPO ist daher die frühere Rechtsprechung, wonach ein „mehrere Monate vor Zeitablauf" gestellter Antrag als verfrüht zurückgewiesen werden kann (vgl. LK/*Ruß* Rdnr. 29; *Dreher/Tröndle* Rdnr. 13 jeweils § 57), als überholt betrachtet werden. In der Regel sollte aber der Antrag erst etwa 2 Monate vor dem angestrebten Entlassungszeitpunkt eingereicht werden.

6. Eine Entscheidung nach § 57 StGB ist erst möglich, wenn das Urteil *rechtskräftig* ist. Das ist insbesondere für den Fall von Bedeutung, daß der Beschuldigte zum Zeitpunkt des Urteils infolge der Anrechnung der Untersuchungshaft (§§ 51 Abs. 1, 57 Abs. 4 StGB) bereits die in § 57 Abs. 1 oder Abs. 2 vorgeschriebenen Mindestzeiten verbüßt hat. Das erkennende Gericht kann hier den Strafrest nicht nach § 57 StGB zur Bewährung aussetzen; eine Bewährungsentscheidung für das erkennende Gericht ist nur im Rahmen des § 56 StGB möglich. Das bedeutet, daß bei jeder Freiheitsstrafe, die über 2 Jahre liegt, vom erkennenden Gericht im Urteil der Strafrest nicht zur Bewährung ausgesetzt werden kann, auch wenn zum Zeitpunkt des Urteilserlasses die in § 57 genannten Mindestzeiten bereits durch Untersuchungshaft verbüßt sind. Die Entscheidung darüber, ob dieser Strafrest zu verbüßen ist, kann erst nach Eintritt der Rechtskraft des Urteils im Verfahren nach §§ 454, 462a StPO getroffen werden (*Dreher/Tröndle* § 57 Rdnr. 12).

7. Wann der Verurteilte die Hälfte der Strafe verbüßt hat, ergibt sich aus der von der Staatsanwaltschaft als Vollstreckungsbehörde vorzunehmenden Strafzeitberechnung (§§ 450, 458 StPO, §§ 37 ff StVollStrO). Der Verteidiger hat zu überprüfen, ob von der Vollstreckungsbehörde bei der Berechnung der Strafzeit alle im Gesetz vorgeschriebenen Anrechnungen berücksichtigt worden sind (*Dreher/Tröndle* § 57 Rdnr. 4). Nach der Neufassung des § 57 Abs. 4 StGB sind nun auch Leistungen nach § 56f Abs. 3 S. 2 StGB bei Vollstreckung einer widerrufenen Bewährungsstrafe zu berücksichtigen.

8. Die nach § 57 StGB erforderliche günstige Sozialprognose ist weniger streng als die in § 56 StGB geforderte positive Prognose (*Dreher/Tröndle* § 57 Rdnr. 6); vgl. Form. X.A.10. Anm. 7.

9. *Dreher/Tröndle* § 57 Rdnr. 9g.

10. OLG Köln NJW 1986, 2328. Vgl. im übrigen die einschlägigen Kommentierungen zu § 57 Abs. 2 StGB.

11. Zum besseren Verständnis der Antragsbegründung sei hier der Vorwurf kurz skizziert: Der Beschuldigte war Inhaber eines Bauunternehmens und hatte sich dabei vom Arbeitsamt zu Unrecht sog. Schlechtwettergeld über ca. DM 250.000.— ausbezahlen

lassen (§ 263 StGB). Außerdem hatte er durch Nichtabführung der Lohnsteuer diese Steuer um ca. DM 450.000.— hinterzogen; daneben lag eine Umsatzsteuerhinterziehung von ca. DM 400.000.— vor. Desweiteren hatte er Sozialversicherungsbeiträge nicht abgeführt. Der Beschuldigte war in der Hauptverhandlung geständig. Nach dem Urteil hatte er während eines ihm gewährten Strafaufschubs die Firma liquidiert und den Erlös zum Teil für die Schadenswiedergutmachung verwendet.

12. *Dreher/Tröndle* § 57 Rdnr. 9 g.

13. Während dem Gericht bei § 57 Abs. 1 kein Ermessensspielraum eingeräumt ist (*Dreher/Tröndle* § 57 Rdnr. 8), ist die nach § 57 Abs. 2 Nr. 2 erforderliche Gesamtwürdigung nach pflichtgemäßem Ermessen vorzunehmen; der Verurteilte hat also keinen Anspruch auf Aussetzung der Halbstrafe.

13. Sofortige Beschwerde gegen Entscheidung nach § 57 StGB

An das München, den 15. 5. 1990
Landgericht[2]
– Strafvollstreckungskammer
8400 Regensburg

In der Strafsache
gegen
A... B...
AZ.: ... VRs ....../82

begründe[3] ich die mit Schriftsatz vom 23. 4. 1990 eingelegte sofortige Beschwerde[1] gegen den Beschluß des LG Regensburg vom 20. 4. 1990, mit der die Aussetzung zur Bewährung der Restfreiheitsstrafe abgelehnt wurde, wie folgt:[4]

1. Das Gericht stützt die Ablehnung der Strafaussetzung zur Bewährung entscheidend auf das Vorleben von Herrn A... B... Nachdem im Beschluß vom 20. 4. 1990 die einzelnen Vorstrafen seit dem Urteil vom 21. 5. 1978 wiedergegeben werden, weist die Kammer daraufhin, daß aus dem letzten Urteil vom 23. 7. 1987 hervorgehe, daß es sich bei Herrn A... B... um einen „hartnäckigen unbelehrbaren Kriminellen handelt, der immer wieder auf die gleiche Weise straffällig wird".

In dem angezogenen Urteil des LG München vom 23. 7. 1987 sind zwar ebenfalls die einzelnen Vorstrafen mit Sachverhaltsschilderung wiedergegeben. Von diesem Gericht, das aufgrund einer langen Hauptverhandlung die Persönlichkeit von Herrn A... B... beurteilen konnte, ist jedoch nicht die schlußfolgernde Wertung gezogen worden, bei Herrn A... B... handele es sich um einen „hartnäckigen, unbelehrbaren Kriminellen".
Im Urteil heißt es auf S... vielmehr folgendermaßen:

> „Zuungunsten des Angeklagten fiel desweiteren ins Gewicht, daß er mehrfach einschlägig vorbestraft ist, wobei eine der Vorverurteilungen wegen gewerbsmäßiger Hehlerei erfolgte. Selbst die am 3. 2. 1980 gegen ihn verhängte erhebliche Gesamtfreiheitsstrafe von 4 Jahren und 6 Monaten hat den Angeklagten nicht abgehalten, sich erneut als Hehler zu betätigen. Dabei ist allerdings zu berücksichtigen, daß er bis dahin nur durch die Verurteilung selbst, nicht jedoch durch eine Strafverbüßung beeindruckt worden sein konnte".

Selbst wenn man aus den Vorverurteilungen die wertende Schlußfolgerung, Herr A... B... sei ein unbelehrbarer Krimineller, ziehen wollte, so kann diese Wertung nur für die damalige Zeit gegolten haben. Entscheidend ist, daß er zu den Tatzeiten, die dem Urteil

13. Sofortige Beschwerde gegen Entscheidung nach § 57 StGB

vom 23. 7. 1987 zugrunde liegen (Tatzeiten Sommer 1980 – Februar 1981) noch keinerlei Strafhaft verbüßt hatte. Folglich kann aus den Vorverurteilungen nur der Schluß gezogen werden, daß die Verurteilungen seit 1978 keine ausreichende Einwirkung auf den Beschuldigten zeitigten. Deshalb kann auch nur die Feststellung getroffen werden, daß Herr A... B... immer wieder auf die gleiche Weise bis Februar 1981 straffällig wurde.

2. Der entscheidende Gesichtspunkt, der für eine Haftentlassung gem. § 57 Abs. 1 StGB spricht, ist von der Strafvollstreckungskammer in keinster Weise gewürdigt worden. Es ist dies der Umstand, daß Herr A... B... seit März 1981 mit Ausnahme des Zeitraumes vom 21. 7. 1983 bis 3. 3. 1984 sich ununterbrochen in Haft befindet. Die Strafkammer hätte deshalb darüber befinden müssen, ob aufgrund der langen Haftzeit ein innerer Wandel beim Verurteilten eingetreten ist. Allein mit dem Hinweis auf die vorliegenden Verurteilungen, die sich auf Taten vor Februar 1981 beziehen, kann die von der Vollstreckungskammer angenommene ungünstige Zukunftsprognose nicht begründet werden. Ohne ein Wort der Begründung wird einfach davon ausgegangen, daß die lange Haftdauer keine Wirkung gezeigt habe.

Herr A... B... war am 7. 3. 1981 verhaftet worden und befand sich bis 21. 7. 1983, also ca. 2 1/2 Jahre in Haft, als er sich während eines Urlaubs der weiteren Strafvollstreckung entzog. Nach ca. 1 1/2 Jahren wurde er in Frankreich am 3. 3. 1983 festgenommen und befindet sich seitdem ununterbrochen, also über 6 Jahre in Haft. Bei einer so langen Haftdauer stellt es einen erheblichen Rechtsfehler dar, wenn sich die Strafkammer mit der Frage der Einwirkung solch langer Haft auf den Beschuldigten nicht auseinandersetzt. Dies gilt um so mehr, nachdem die Stellungnahme der JVA ebenfalls eine Entlassung befürwortet hat.

3. Der Umstand, daß Herr A... B... am 21. 7. 1983 sich der weiteren Vollstreckung durch Flucht entzogen hat, kann zwar bei der Beurteilung, ob die Voraussetzungen des § 57 StGB gegeben sind, gewertet werden. Jedoch ist hierzu noch folgendes zu bemerken: Hinzuweisen ist zunächst darauf, daß Herr A... B... u.a. deswegen geflohen ist, weil damals das Verfahren ...... Js ....../81 für ihn noch offen stand – ein Verfahren, das am 23. 7. 1987 mit der Verhängung einer Freiheitsstrafe von 5 Jahren seinen Abschluß fand. Daß Herr A... B... am 21. 7. 1983 nicht mehr aus dem Hafturlaub zurückkehrte, ist also entscheidend von diesen Selbstbegünstigungsüberlegungen beeinflußt worden. Zum anderen ist darauf hinzuweisen, daß Herr A... B... für diese Flucht schon ausreichend „bestraft" worden ist. Denn der Umstand der Flucht war bereits entscheidend dafür, daß ihm im Verfahren ...... VRs ....../77 hinsichtlich der Gesamtfreiheitsstrafe von 5 Jahren und 6 Monaten, die er seinerzeit verbüßte, die Strafaussetzung zur Bewährung versagt worden ist, er also die Strafe von 5 Jahren und 6 Monaten voll verbüßen mußte – und dies, obwohl die Führung stets einwandfrei war und er erstmals eine Strafhaft verbüßte. Die Tatsache seiner Flucht kann deshalb heute bei der Frage der Strafaussetzung zur Bewährung hinsichtlich des Urteils des LG München vom 23. 7. 1987 nicht nochmals als negativer Gesichtspunkt gegen eine günstige Prognose angeführt werden.

4. Mag jemand auch früher, wie die Vollstreckungskammer aufgrund seines damaligen Vorlebens wertet, ein „hartnäckiger, unbelehrbarer Krimineller" gewesen sein, so kann seine innere Einstellung zur Rechtsordnung, wie sie jetzt bei ihm nach Verbüßung von zunächst 2 1/2 Jahren und dann von über 6 Jahren ununterbrochener Haft gegeben ist, nur aufgrund seines Verhaltens in der Haft beurteilt werden. Anders als durch ein Wohlverhalten über einen so langen Zeitraum kann ein Mensch nicht demonstrieren, daß er durch eine Haft beeindruckt worden ist. In diesem Zusammenhang ist darauf hinzuweisen, daß Herr A... B..., seit ihm vor ca. 20 Monaten von der JVA Vollzugslockerungen gewährt werden, diese nie mißbraucht hat. Er erhielt Hafturlaub, seit September 1989 ist er Freigänger, arbeitet und wohnt außerhalb der JVA ohne Aufsicht. Ein Inhaftierter, mag auf ihn das Urteil der Vollstreckungskammer für die Zeit seines

kriminellen Tuns (1977–1981) zutreffen, beweist durch ein derartiges ordnungsgemäßes Verhalten, daß er auch ohne Aufsicht in Freiheit in Zukunft ein geordnetes Leben führen wird. Aus diesen Umständen ergibt sich somit, daß nunmehr sogar eine günstige Täterprognose gestellt werden kann. Ohnehin ist bei § 57 StGB eine positive Prognose (i.S.d. § 56 StGB) nicht erforderlich.[5] Es reicht die Überzeugung aus, daß jetzt eine Chance gegeben ist, daß der Verurteilte die kritische Probe bestehen werde.

5. Die Entlassungsverhältnisse sind geklärt und einwandfrei. Bereits jetzt hat Herr A... B... den Urlaub in der Familie verbracht. Seine Ehefrau steht nach wie vor zu ihm. Hinsichtlich der Bemerkung der Vollstreckungskammer, daß die vorgelegte Arbeitsbestätigung von einem „langjährigen Insassen der JVA ......" unterschrieben wurde, kann die Verteidigung aufgrund der von ihr eingeholten Informationen folgendes vortragen:

Herr X... Y... ist im Jahr 1978 wegen Diebstahls zu einer Freiheitsstrafe von 3 Jahren verurteilt worden. Er hat diese Strafe teilweise verbüßt. Seit seiner Haftentlassung ist er nie straffällig geworden und übt seitdem einen geordneten Beruf aus. Sein Führungszeugnis ist ohne Eintrag. Es nimmt deshalb Wunder, daß die Justiz selbst, die das Problem der Resozialisierung so sehr betont, hier ohne nähere Prüfung einen jetzt nach dem Führungszeugnis als unbescholten geltenden Menschen als „langjährigen Insassen einer JVA" bezeichnet, offenbar mit dem Unterton, daß von einem solchen Arbeitgeber nicht viel zu halten sei.

Abschließend bin ich der Auffassung, daß aufgrund der Länge der verbüßten Strafhaft, der bewiesenen guten Führung und im Hinblick auf die geklärte Entlassungssituation die Voraussetzungen des § 57 Abs. 1 StGB gegeben sind und stelle deshalb den

Antrag,[6]

auf die Beschwerde hin, den Beschluß des LG Regensburg vom 20. 4. 1990 aufzuheben und die Reststrafe zur Bewährung auszusetzen.[7]

Rechtsanwalt

Anmerkungen

1. Gegen den Beschluß, durch den die Aussetzung zur Bewährung einer Reststrafe (§ 57 StGB) abgelehnt wurde (§ 454 Abs. 1), ist die sofortige Beschwerde das zulässige Rechtsmittel (§ 454 Abs. 2).

2. Die sofortige Beschwerde ist innerhalb einer Woche nach Zustellung (§ 35 Abs. 2) einzulegen (§ 311 Abs. 2), und zwar bei dem Gericht, dessen Entscheidung angefochten wird (§ 306 Abs. 1). Das ist hier die Strafvollstreckungskammer (§ 462a Abs. 1). Vgl. Form. X.A.12 Anm. 3.

3. Eine Beschwerdebegründung ist nicht vorgeschrieben, aber zu empfehlen (*Kleinknecht/Meyer* § 306 Rdnr. 5; § 311 Rdnr. 4).

4. Zum besseren Verständnis der Beschwerdebegründung ist zum Sachverhalt folgendes anzugeben:

Der Beschuldigte war in den Jahren 1978–1980 von verschiedenen Amtsgerichten wegen Diebstahls und Hehlerei jeweils zu Freiheitsstrafen mit Bewährung verurteilt worden; allerdings waren die Voraussetzungen der §§ 53, 55 StGB gegeben. Eine Gesamtstrafe konnte aber seinerzeit nach § 55 StGB nicht gebildet werden, da der Beschuldigte gegen alle Verurteilungen die zulässigen Rechtsmittel einlegte. Erst durch Beschluß gem. § 460 StPO vom 3. 2. 1980 wurden die Einzelstrafen zu einer Gesamtfreiheitsstrafe von 5 Jahren und 6 Monaten zurückgeführt. Nach Eintritt der Rechtskraft aller Einzelstrafen beging der Beschuldigte vom Sommer 1980 ab bis Februar 1981 weitere erhebliche Straftaten. Am

14. Gnadenantrag: Strafaussetzung zur Bewährung, Rechtsgründe   X. A. 14

7. 3. 1981 wurde er zur Vollstreckung der Gesamtfreiheitsstrafe von 5 Jahren und 6 Monaten verhaftet. Während der Haft wurde wegen der Straftaten, die er ab Sommer 1980 begangen hatte, ein Ermittlungsverfahren gegen ihn eingeleitet. Als ihm dies bekannt wurde, kehrte er aus einem ihm gewährten Urlaub am 21. 7. 1983 nicht mehr in die JVA zurück und setzte sich ins Ausland ab. Dort wurde er nach ca. 1 1/2 Jahren festgenommen und ausgeliefert. Eine Aussetzung des Strafrestes zur Bewährung wurde von der Strafvollstreckungskammer hinsichtlich dieser Gesamtfreiheitsstrafe von 5 Jahren und 6 Monaten insbesondere mit dem Argument abgelehnt, daß der Verurteilte sich der weiteren Vollstreckung dieser Strafe durch Flucht entzogen habe. Er mußte diese Strafe voll verbüßen. Am 23. 7. 1987 wurde er wegen der Taten, die er ab Sommer 1980 und danach begangen hatte, zu einer weiteren Freiheitsstrafe von 5 Jahren verurteilt. Hinsichtlich dieser Strafe lehnte die Vollstreckungskammer mit Beschluß vom 20. 4. 1990 die Strafaussetzung des restlichen Drittels ab; dagegen richtet sich die sofortige Beschwerde.

5. *Dreher/Tröndle* § 57 Rdnr. 6.

6. Ein Antrag ist bei der Beschwerde nicht vorgeschrieben. Es muß sich aber aus der Begründung ergeben, welches Ziel der Beschwerdeführer erreichen will.

7. Das Beschwerdegericht entscheidet in der Sache selbst (§ 309 Abs. 2).

14. Gnadenantrag: Strafaussetzung zur Bewährung, Rechtsgründe

An die   München, den 15. 7. 1990[10]
Staatsanwaltschaft[1]
bei dem Landgericht
8900 Augsburg

In der Strafsache
gegen
A... B...
AZ.: .. VRs ...... /87

stelle ich als Verteidiger[2] namens und im Auftrag[3] von Herrn A... B... den

Antrag[4]

1. die durch Urteil des LG Augsburg vom 29. 8. 1989 verhängte Freiheitsstrafe von 1 Jahr und 3 Monaten gnadenweise[4] zur Bewährung[5] auszusetzen.
2. Vor Entscheidung über den Antrag unter der Ziff. 1 von Zwangsmaßnahmen Abstand zu nehmen.[6]

Begründung

1. Herr A... B... ist durch Urteil[7] des LG Augsburg vom 29. 8. 1989 wegen Hinterziehung von Umsatzsteuer in Tateinheit mit Hinterziehung von Gewerbesteuer zu einer Freiheitsstrafe von 1 Jahr und 3 Monaten verurteilt[8] worden. Der BGH hat die dagegen eingelegte Revision durch Beschluß vom 18. 12. 1989 gem. § 349 Abs. 2 StPO verworfen. Das Urteil ist somit rechtskräftig.[9] Die Strafvollstreckung ist eingeleitet.[10] Auf unseren Antrag hin ist Herrn A... B... gem. § 456 Abs. 1 StPO Strafaufschub bis 31. 8. 1990 bewilligt worden.[6]
2. Nach den Urteilsfeststellungen[11] betrieben die Mitbeschuldigten, Herr N... P... und dessen Ehefrau M... P... in Augsburg die Gaststätte „Zum schwarzen Bock". Herr A... B..., ein naher Verwandter des Ehepaares P..., hatte seit 1984, zunächst hilfsweise, seit 1985 als feste Nebenbeschäftigung die Buchhaltung zu erledigen.

Nachdem Herr N... P... 1985 infolge einer schweren Erkrankung für längere Zeit im Betrieb nicht mehr tätig sein konnte, mußte im Sommer 1985 Frau M... P..., die nach den Urteilsfeststellungen damit völlig überfordert war, den Betrieb fortführen. Als nach kurzer Zeit die Umsätze rückläufig waren und sich dadurch wirtschaftliche Schwierigkeiten abzeichneten, entschloß sich Frau M... P... Anfang 1986, künftig nur mehr einen Teil der tatsächlichen Umsätze in der Buchhaltung zu erfassen. Die dafür erforderlichen Manipulationen wurden von Herrn A... B... durchgeführt. Insgesamt wurden auf diese Weise im Jahr 1986 Umsätze in Höhe von DM 220.180.– nicht erfaßt. Im Jahr 1987 sind Umsätze in Höhe von DM 190.280.– nicht verbucht und damit auch nicht der Umsatzsteuer unterworfen worden. In der Gewerbesteuererklärung für das Jahr 1986 ist ein Gewerbeertrag der Gaststätte „Zum schwarzen Bock" von DM 29.534.– angegeben, der die nicht verbuchten Nettoerlöse für 1986 in Höhe von DM 220.180.– nicht umfaßt. Aufgrund dieser abgegebenen Gewerbesteuererklärung erließ das Finanzamt am 3. 5. 1988 einen Bescheid über den einheitlichen Gewerbesteuermeßbetrag, der gem. § 11 GewerbeStG (Freibetrag von DM 36.000.– pro Gewerbebetrieb) auf 0 festgesetzt wurde. Demgemäß wurde im Gewerbesteuerbescheid die Gewerbesteuer ebenfalls auf 0 festgesetzt. Bei Berücksichtigung der nicht verbuchten Nettoerlöse von DM 220.180.– ergibt sich (unter Berücksichtigung der Steuermeßzahl und der Hebesätze der Stadt Augsburg) eine Verkürzung der Gewerbesteuer für 1986 in Höhe von DM 32.456.50 (vgl. Urteil S. 17).

3. Das Gnadengesuch wird in erster Linie darauf gestützt, daß eine Gewerbesteuerschuld in Wahrheit nicht bestanden hat und nicht besteht.[12] Hintergrund dieses Problems ist die Tatsache, daß das Ehepaar N... und M... P... außer der Gaststätte „Zum schwarzen Bock" ab 1. 3. 1986 in Memmingen eine weitere Gaststätte, den sogenannten „Ratskeller" betrieb. Bei dieser Konstellation stellt sich aufgrund der gewerbesteuerlichen Rechtslage die Frage, ob diese beiden Betriebe einen sog. „einheitlichen Gewerbebetrieb" darstellen mit der Folge, daß die Gewinne bzw. Verluste aus beiden Zweigbetrieben zu saldieren sind. Bei der Gaststätte „Ratskeller" ist für das Jahr 1986 ein Verlust von DM 180.000.– nachgewiesen.[13] Würde also ein sog. einheitlicher Gewerbebetrieb anzunehmen sein, so würde der Verlust von DM 180.000.– mit dem von der Steuerfahndung im Bericht vom ...... festgestellten Gewinn der Gaststätte „Zum schwarzen Bock" in Höhe von DM 200.900.– zu saldieren sein. Dies würde bedeuten, daß der Gewerbeertrag aus beiden Zweigbetrieben DM 20.900.– betragen würde. Bei diesem Gewerbeertrag wäre aber keine Gewerbesteuerschuld gegeben (§ 11 GewerbeStG).

Die entscheidende Frage, die in der Hauptverhandlung hätte untersucht werden müssen, geht also dahin, ob hier die Voraussetzungen eines einheitlichen Gewerbebetriebes gegeben waren.

Hierzu sind von der Rechtsprechung folgende Kriterien entwickelt worden:

Bei Vereinigung mehrerer gleichartiger Betriebe in der Hand eines Unternehmens spricht bereits die Vermutung für das Vorliegen eines einheitlichen Gewerbebetriebes, insbesondere dann, wenn sie sich in derselben Gemeinde befinden. Aber auch dann, wenn die Betriebe in verschiedenen Gemeinden gelegen sind, kann ein einheitlicher Gewerbebetrieb vorliegen. Das ist dann der Fall, wenn die gleichartigen Betriebe wirtschaftlich, finanziell und organisatorisch innerlich zusammenhängen. Kriterien hierfür sind die Art der gewerblichen Betätigung, der Kunden- und Lieferantenkreis, die gemeinsame Geschäftsleitung, die (teilweise) Identität der Arbeitnehmerschaft, die Zusammensetzung und Finanzierung des Aktivvermögens und weitere Kriterien (vgl. Handbuch der Steuerveranlagungen 1985, § 2 GewStRL 19 bei (2)). Im übrigen kommt es auf das Gesamtbild der Verhältnisse an, wobei die Verkehrsauffassung entscheidend ist.

Die meisten dieser Kriterien, die nicht kumulativ vorliegen müssen, können eindeutig für die beiden genannten Zweigbetriebe nachgewiesen werden. Das Personal ist zwischen beiden Gaststätten ausgetauscht worden. Die Lieferanten sind zum größten Teil

14. Gnadenantrag: Strafaussetzung zur Bewährung, Rechtsgründe X. A. 14

identisch. Aus den Einnahmen der Gaststätten „Zum schwarzen Bock" sind die Verbindlichkeiten des anderen Betriebes bezahlt worden. Die Leitung beider Betriebe lag in der gleichen Hand, nämlich bei Frau M... P...
Die näheren Einzelheiten hierzu sind aus dem Schriftsatz des Steuerberaters des Ehepaares P..., der in der Anlage[13] beigefügt wird, zu entnehmen. Mit diesem Schriftsatz ist der aufgrund des Fahndungsberichts erlassene neue Gewerbesteuermeßbescheid für 1986 vom 17. 10. 1989 angefochten worden. Das Finanzamt hat sich nach eingehender Prüfung der Sach- und Rechtslage der Auffassung angeschlossen, daß aufgrund des Gesamtbildes beide Gaststätten als „einheitlicher Gewerbebetrieb" anzusehen sind und hat daher den Gewerbesteuerbescheid vom 17. 10. 1989 durch Bescheid vom 17. 5. 1990 aufgehoben. Demgemäß sind die Gewinne bei der Gaststätte „Zum schwarzen Bock" mit den Verlusten des „Ratskellers" zu saldieren, so daß sich ein Gewinn von DM 20.900.– für das Jahr 1986 für den einheitlichen Gewerbebetrieb ergibt. Bei diesem Gewerbeertrag besteht aber, da nach § 11 GewerbeStG ein Freibetrag von DM 36.000.– zu berücksichtigen ist, keine Gewerbesteuerschuld für 1986. Folglich konnte auch eine Gewerbesteuer für dieses Jahr nicht hinterzogen werden.

4. Dieser Gesichtspunkt konnte im Revisionsverfahren[14] nicht geltend gemacht werden. Abgesehen davon, daß der Bescheid des Finanzamtes, durch den der einheitliche Gewerbebetrieb bestätigt wurde, erst nach Verwerfung der Revision (18. 12. 1989) erlassen wurde, fanden sich im Urteil, weil keine entsprechende Einlassung in der Hauptverhandlung erfolgt war, keine tatsächlichen Feststellungen darüber, daß von dem Ehepaar P... eine zweite Gaststätte ab 1. 3. 1986 betrieben wurde. Das gesamte Urteil geht ersichtlich davon aus, daß das Ehepaar P... im Jahr 1986 nur die Gaststätte „Zum schwarzen Bock" inne hatte.
Aufgrund der revisionsrechtlichen Bestimmungen konnte in der Revisionsbegründung nicht geltend gemacht werden, das Ehepaar habe im Jahr 1986 eine zweite Gaststätte betrieben und es lägen die Voraussetzungen für die Annahme eines einheitlichen Gewerbebetriebes vor.
Auch der Versuch, über die Wiederaufnahme des Verfahrens[15] die Verurteilung wegen Hinterziehung der Gewerbesteuer zu beseitigen, ist gescheitert. Der Wiederaufnahmeantrag, der unmittelbar nach Eintritt der Rechtskraft gestellt wurde, ist verworfen worden. Das Wiederaufnahmegericht war zum einen der Meinung, daß bei tateinheitlicher Verurteilung eine Wiederaufnahme, die sich nur gegen einen der beiden der verwirklichten Tatbestände richte, unzulässig sei, wenn sie sich nicht gegen den Tatbestand mit der schwereren Strafandrohung richte.[16] Zum anderen vertrat das Wiederaufnahmegericht die (wie sich inzwischen herausgestellt hat) unzutreffende Auffassung, daß die vorgetragenen Fakten nicht die Annahme eines einheitlichen Gewerbebetriebes rechtfertigen würden. Wie erwähnt hat das Finanzamt dagegen aufgrund derselben Tatsachen die Voraussetzungen eines einheitlichen Gewerbebetriebes bejaht. Der Umstand aber, daß nun auch, nachdem der gesamte Sachverhalt hinsichtlich der beiden Gaststätten vorgetragen ist, das Finanzamt als die für die Auslegung und Anwendung der steuerlichen Vorschriften in erster Linie zuständige Behörde die rechtlich zutreffende, für den Steuerschuldner günstige Auffassung vertritt, ist nicht geeignet, einen erneuten Wiederaufnahmeantrag zu rechtfertigen.[17] Deshalb ist eine Korrektur des Urteils nur mehr im Wege der Gnade möglich.

5. Nach Auffassung der Verteidigung hat der Umstand, daß Herr A... B... neben Hinterziehung der Umsatzsteuer auch wegen Hinterziehung der Gewerbesteuer verurteilt worden ist, auf die Höhe der Strafe und damit auch auf die Frage der Bewährung entscheidenden Einfluß gehabt. Dies ergibt sich indiziell aus folgenden Umständen:
Herr A... B... ist mit dem Vorwurf der Hinterziehung der Gewerbesteuer gleichsam erst in letzter Minute konfrontiert worden. In der Anklageschrift der Staatsanwaltschaft Augsburg vom 20. 3. 1989 ist gegen ihn nur der Vorwurf der Umsatzsteuerhinterzie-

hung erhoben. Der Vorwurf der Gewerbesteuerhinterziehung ist lediglich hinsichtlich der Mitbeschuldigten, Frau M... P... in der Anklageschrift enthalten.

Die Anklage ist in unveränderter Form durch Beschluß des LG Augsburg vom 6. 7. 1989 zur Hauptverhandlung zugelassen worden. Die Hauptverhandlung fand am 21., 22., 26. und 29. 8. 1989 statt. Lt. Protokoll der Hauptverhandlung ist an dem Verhandlungstag vom 21., 22. und 26. 8. 1989 an Herrn A... B... kein rechtlicher Hinweis gem. § 265 StPO ergangen, wonach er aufgrund des angeklagten Sachverhalts außer wegen Hinterziehung von Umsatzsteuer auch wegen Hinterziehung der Gewerbesteuer verurteilt werden könnte.

Am gleichen Tag wurde die Beweisaufnahme geschlossen. Die Staatsanwaltschaft beantragte hinsichtlich Herrn A... B... eine Verurteilung wegen eines in Mittäterschaft begangenen Vergehens der fortgesetzten Umsatzsteuerhinterziehung zu einer Freiheitsstrafe von 1 Jahr mit Bewährung. Am 26. 8. 1989 stellte auch der Verteidiger seinen Schlußantrag, in dem er wegen Hinterziehung von Umsatzsteuer für die Jahre 1986 und 1987 um eine „milde Strafe" bat. Außerdem wurde am 28. 8. den beiden Angeklagten das letzte Wort erteilt. Die Hauptverhandlung wurde sodann bis zum 29. 8. 1989, 11.00 Uhr unterbrochen.

Aus all dem ergibt sich, daß bis einschl. 26. 8. 1989 der Vorwurf der Hinterziehung von Gewerbesteuer für Herrn A... B... nicht in Rede stand.

Am 29. 8. 1989 begann die Hauptverhandlung lt. Protokoll um 11.20 Uhr. Nach Verlesen der Gewerbesteuererklärung 1986, des Festsetzungsbescheides des Finanzamtes Augsburg und der Umsatzsteuerjahreserklärung 1986 erging dann ein rechtlicher Hinweis an Herrn A... B... gem. § 265 StPO, daß im Falle der Verurteilung in tatsächlicher Hinsicht neben einer Verurteilung wegen Hinterziehung der Umsatzsteuer auch eine Verurteilung wegen Hinterziehung der Gewerbesteuer und der Einkommensteuer infrage kommen kann. Gleichzeitig wurde vom Gericht angeregt, den Vorwurf auf die Hinterziehung der Gewerbesteuer zu beschränken. Anschließend erging ein entsprechender Beschluß nach § 154a StPO.

Im Anschluß daran beantragte die Staatsanwaltschaft, nunmehr unter Berücksichtigung des weiteren Vorwurfes der Hinterziehung von Gewerbesteuer für das Jahr 1986 in Höhe von DM 32.456.50, eine Freiheitsstrafe von 1 Jahr und 3 Monaten ohne Bewährung, weil die Voraussetzung des § 56 Abs. 2 StGB nach Auffassung der Staatsanwaltschaft nicht vorlägen.

Aus den unterschiedlichen Anträgen ergibt sich, welche Bedeutung die Frage der Hinterziehung der Gewerbesteuer für die Staatsanwaltschaft hatte. Während der erste Antrag auf eine Freiheitsstrafe von 1 Jahr mit Bewährung lautete, beantragte schließlich die Staatsanwaltschaft 1 Jahr und 3 Monate Freiheitsstrafe ohne Bewährung.

Aus den geschilderten prozessualen Vorgängen muß die Verteidigung aber auch den Schluß ziehen, daß die Frage der Hinterziehung der Gewerbesteuer auch für das Gericht eine besondere Rolle gespielt hat. Am 29. 8. 1989 wurde ausschließlich wegen des Vorwurfs der Gewerbesteuerhinterziehung in die Beweisaufnahme erneut eingetreten. Offensichtlich war dieser rechtliche Gesichtspunkt erst nach Schluß der Beweisaufnahme vom 26. 8. 1989 für das Gericht erkennbar geworden. Aufgrund der dem Gericht obliegenden allumfassenen Kognitionspflicht mußte deshalb am Fortsetzungstermin vom 29. 8. erneut in die Beweisaufnahme eingetreten und der rechtliche Hinweis insofern gegeben werden. Wenn nun eine Verurteilung wegen Gewerbesteuerhinterziehung für das Strafmaß völlig ohne Bedeutung gewesen wäre, dann hätte auch hinsichtlich dieses Vorwurfs nach Bekanntgabe des rechtlichen Hinweises eine Sachbehandlung nach § 154a StPO erfolgen können, wie es das Gericht hinsichtlich des Vorwurfes der Einkommensteuerhinterziehung angeregt hat und dann mit Zustimmung der Staatsanwaltschaft auch verfahren ist.

Aus dem Hinweis im Urteil, daß die Verwirklichung von zwei Straftatbeständen straferschwerend gewertet wurde und dem soeben aufgezeigten Umstand, daß hinsichtlich der

14. Gnadenantrag: Strafaussetzung zur Bewährung, Rechtsgründe   X. A. 14

Gewerbesteuerhinterziehung keine Beschränkung nach § 154a StPO vorgenommen wurde, ist zu schließen, daß auch für das Gericht die Verurteilung wegen Hinterziehung der Gewerbesteuer innerhalb der Überlegungen zum Strafmaß von erheblicher Bedeutung war.

6. Nach Anbringung des rechtlichen Hinweises hinsichtlich der Gewerbesteuer hatte Herr A... B... die Gelegenheit, sich hierzu zu äußern. Aus dem oben geschilderten Ablauf ergibt sich ohne weiteres, daß dieser rechtliche Hinweis für Herrn A... B... völlig überraschend kam. Er war daher nicht in der Lage, sich fundiert mit Sachargumenten gegen diesen Vorwurf zu verteidigen. Insbesondere ist er in dieser Situation nicht auf die Idee gekommen, seinen Verteidiger darüber zu informieren, daß das Ehepaar N. und M. P... im Jahr 1986 bereits eine weitere Gaststätte betrieben hat. Er ist auch in steuerlicher Hinsicht nicht soweit ausgebildet, daß er hätte erkennen können, daß dieser Umstand im Hinblick auf die Gewerbesteuer von Bedeutung sein könnte. Die Verteidigung hat deshalb wohl keinen begründeten Anlaß gesehen, einen Antrag gem. § 265 Abs. 3, 4 StPO zu stellen.[14] So erklärt sich, daß am 29. 8. die Beweisaufnahme bereits nach einer Stunde erneut geschlossen und das Urteil unmittelbar nach den Plädoyers um 12.30 Uhr verkündet werden konnte.

7. Zur Begründung des Gnadengesuches ist außerdem auf folgenden persönlichen Umstand hinzuweisen:
Die Ehefrau meines Mandanten ist schwer herzkrank. In der Anlage[13] überreiche ich eine ärztliche Bescheinigung vom 1. 7. 1990, in der das Ausmaß der Erkrankung näher beschrieben ist. In einem Telefonat hat der behandelnde Arzt dem Unterzeichneten erklärt, daß die Herzerkrankung von Frau N... B... soweit fortgeschritten ist, daß bei einer erheblichen psychischen Belastung ein Herzanfall auftreten kann, der auch bei sofortiger ärztlicher Behandlung nicht beherrschbar sein kann. Frau N... B... entbindet lt. anliegender Erklärung ihren Arzt gegenüber dem Staatsanwalt und dem Landgerichtsarzt von der ärztlichen Schweigepflicht. Damit kann der Landgerichtsarzt durch Rückfrage bei dem behandelnden Arzt den genauen Befund eruieren und selbst entscheiden, in welchen lebensbedrohlichen Zustand Frau N... B... geraten kann, wenn die bei einem Haftantritt ihres Mannes zu erwartende psychische Belastung einen Anginapectorisanfall verursacht.
Bei der Entscheidung über das Gnadengesuch bitten wir deshalb zu erwägen, ob die Vollstreckung der verhängten Freiheitsstrafe angesichts dieser möglichen Lebensgefahr eines nahen Angehörigen erforderlich ist. Dabei ist zu bedenken, daß nach § 57 Abs. 2 Nr. 1 StGB die Verbüßung einer Freiheitsstrafe von 7 1/2 Monaten infrage steht. Die Verteidigung will damit eine Strafverbüßung von dieser Dauer nicht bagatellisieren. Es soll damit aber zum Ausdruck gebracht werden, daß nach Auffassung der Verteidigung die Öffentlichkeit für eine gnadenweise Aussetzung einer solchen relativ kurzen Freiheitsstrafe in Anbetracht der geltend gemachten Gnadengründe Verständnis aufbringen würde.[18]

8. Die übrigen Strafmilderungsgründe sind im Urteil bereits angeführt. Wir nehmen auf diese Bezug. Hervorzuheben ist allerdings nochmals, daß Herr A... B... bereits im 53. Lebensjahr steht und bisher nicht vorbestraft war. Daß die Sozialprognose günstig ist,[19] bedarf keiner weiteren Begründung. Umstände, die gegen eine Gnadenwürdigkeit[20] sprechen würden, sind nicht ersichtlich.
Aufgrund all der dargestellten Umstände bitten wir deshalb die verhängte Freiheitsstrafe gnadenweise zur Bewährung auszusetzen, wobei evtl. Auflagen[21] in das Ermessen der Gnadenbehörde gestellt werden.

Rechtsanwalt

Schrifttum: Bachof, Über Fragwürdigkeiten der Gnadenpraxis und die Gnadenkompetenz, JZ 1983, 469; *Baltes,* Der Rechtsweg bei Gnadenentscheidungen, DVBl. 1972, 562; *Bartsch,* Gedanken zur Ausübung der Gnadenbefugnis, NdsRpfl. 1975, 2; *Brandt,* Überlegungen zur gerichtlichen Überprüfbarkeit negativer Gnadenentscheidungen, DVBl. 1974, 925; *Dahs,* Vorauswirkungen von Rechtsreformen, ZRP 1970, 3; *Dahs,* Handbuch des Strafverteidigers (1983) RdNr. 1062 ff.; *Drews,* Das deutsche Gnadenrecht, (1971); *Geerds,* Gnade, Recht und Kriminalpolitik (1960); *Gotthold,* Die gerichtliche Kontrolle von Gnadenentscheidungen NJW 1968, 1223; *Kaufmann,* Recht und Gnade in der Literatur, NJW 1984, 1062; *Knauth,* Das verfassungsgerichtliche Willkürverbot im Gnadenverfahren, StV 1981, 353; *Knemeyer,* Auf dem Weg zur Justiziabilität von Gnadenakten, DÖV 1970, 121; *Litwinski/Bublies,* Strafverteidigung im Strafvollzug, S. 20 ff.; *Löwe/Rosenberg-Schäfer* Rdnr. 9 ff. vor § 12 GVG; *Maurer,* Das Begnadigungsrecht im modernen Verfassungs- und das Kriminalrecht (1979); *Merten,* Rechtsstaatlichkeit und Gnade (1978); *Oettle,* Überlegungen zur gerichtlichen Überprüfbarkeit negativer Gnadenentscheidungen, DVBl. 1974, 927; *v. Ohlshausen,* Zur landesverfassungsrechtlichen Eröffnung des Rechtswegs gegen Gnadenentscheidungen der Länder und des Bundes, JZ 1974, 440; *v. Preuschen,* Für ein rationales Gnadenrecht, NJW 1970, 458; *Petersen,* Gnadenakt und Rechtsweggarantie, JuS 1974, 502; *Rüping,* Die Gnade im Rechtsstaat, Schaffstein-Festschrift (1975) S. 31; *Schätzler,* Gnade vor Recht NJW 1975, 1249; *Schätzler,* Handbuch des Gnadenrechts (1976); *Schorn,* Der Strafverteidiger (1966); S. 238; *Seeler,* Umfang und Grenzen des Gnadenrechts, MschrKrim 1965, 13; *Krautmann,* Geltung der Rechtsgarantie des Art. 19 Abs. 4 GG bei Gnadenentscheidungen, MDR 1971, 171; *Volckart,* Zur Verrechtlichung der Gnade in Strafvollstreckung und Vollzug, NStZ 1982, 496.

Die GnO der Länder und die dazu erlassenen Verordnungen und sonstige Bestimmungen sind abgedruckt in *Schätzler,* Handbuch S. 138 ff. Vgl. auch *Schönfelder* Anm. zu § 452 StPO.

Anmerkungen

1. Nach allen Gnadenordnungen (GnO) kann ein Gnadengesuch bei der Staatsanwaltschaft eingereicht werden (vgl. z. B. § 14 Abs. 4 bad.-württ. GnO; § 6 bay. GnO; § 5 hess. GnO).

Daneben sind in den meisten Gnadenordnungen noch zusätzliche andere Adressaten genannt. So können z. B. nach § 6 bay. GnO Gnadengesuche auch bei dem erstinstanziellen Gericht eingereicht oder auch an das Staatsministerium der Justiz oder an den Ministerpräsidenten gerichtet werden.

In einigen Gnadenordnungen findet sich die Bezeichnung „Gnadenbehörde" (z. B. § 13 Abs. 4 bad.-württ. GnO; § 3 hess. GnO; § 3 GnO von Nordrhein-Westfalen), wobei jeweils bestimmt ist, welche Behörde bzw. Amtsträger (Leiter der Staatsanwaltschaft, Generalstaatsanwaltschaft, Generalbundesanwalt, Vollstreckungsleiter (§ 82 JGG) usw.) diese Funktion der Gnadenbehörde ausübt (vgl. dazu *Schätzler* S. 94).

Bezieht sich das Gesuch auf eine Gesamtstrafe, deren Einzelstrafen von verschiedenen Gerichten ausgesprochen wurden oder wird ein Gnadengesuch für mehrere Strafen, die von verschiedenen Gerichten verhängt wurden, beantragt, so führt nach den meisten Gnadenordnungen nur eine Behörde das Gnadenverfahren, wobei sich die Zuständigkeit an den Regeln des § 462 Abs. 3 StPO orientiert (vgl. z. B. § 8, 9 bad.-württ. GnO; § 10 Abs. 2 bay. GnO; § 3, 6 hess. GnO; § 9, 10 niedersächs. GnO). Zur Frage, wem das Begnadigungsrecht zusteht, wenn die Einzelstrafen von Gerichten verschiedener Bundesländer verhängt worden sind, vgl. *Schätzler* S. 22 ff.

Im übrigen gilt, daß alle bei Gerichten, Staatsanwaltschaften, Justizvollzugsanstalten und sonstigen Stellen eingehenden Gnadengesuche unverzüglich der zuständigen „Gnadenbehörde" zuzuleiten sind (vgl. z. B. § 13 Abs. 4 bad.-württ. GnO; § 5 Abs. 3 hess. GnO).

2. Hat der Wahlverteidiger den Verurteilten bereits im Hauptverfahren (vgl. dazu *Kleinknecht/Meyer* Einl. Rdnr. 64) vertreten, so erstreckt sich das Mandat auch auf das Gnadenverfahren (*Kleinknecht/Meyer* Rdnr. 5 vor § 137; LR/*Dünnebier* § 138 Rdnr. 3), so-

14. Gnadenantrag: Strafaussetzung zur Bewährung, Rechtsgründe X. A. 14

fern es nicht auf bestimmte Verfahrensabschnitte beschränkt war. Eine erneute Vollmachtsvorlage für die Vertretung im Gnadenverfahren ist dann nicht erforderlich.

Dagegen endet die Beiordnung als Pflichtverteidiger mit der Rechtskraft des Urteils, gilt also nicht mehr für das Gnadenverfahren (LR/*Dünnebier* § 141 Rdnr. 39; *Kleinknecht/ Meyer*, § 140 Rdnr. 7, 33).

3. Es ist an sich nicht erforderlich, daß der Verurteilte einem Gnadengesuch zustimmt (*Schätzler* S. 97). Der Verteidiger eines Verurteilten muß aber sorgfältig prüfen, ob er – etwa im Auftrag eines nahen Angehörigen – ein Gnadengesuch ohne Zustimmung seines Mandanten stellen kann. Insbesondere Verurteilte, die ihre Unschuld beteuern, lehnen es oft ab, um Gnade zu bitten, weil nach ihrer Auffassung damit inzidenter ein Schuldbekenntnis abgelegt wird. Sie wollen keine Gnade, sondern fordern „Gerechtigkeit", die ihnen aber nach Eintritt der Rechtskraft nur mehr in den engen Grenzen der Wiederaufnahme des Verfahrens verschafft werden kann.

Glaubt der Verteidiger, das Gnadengesuch nicht gegen den Willen des Mandanten stellen zu können, bleibt nur die Möglichkeit, daß der Dritte das Gnadengesuch selbst oder durch einen von ihm zu beauftragenden Rechtsanwalt anbringt.

In der Regel ist der Verurteilte zu befragen, ob er sich einem von ihm nicht gestellten Gnadengesuch anschließt. Lehnt der Verurteilte einen Beitritt ab, so kann das Gnadengesuch als erledigt angesehen werden (vgl. etwa § 13 Abs. 1 bad.-württ. GnO).

Da aber die Gnadenfrage auch von Amts wegen zu prüfen ist (vgl. z. B. § 12 bad.-württ. GnO; § 7 bay. GnO; *Schätzler* S. 97), kann die Gnadenbehörde durch das Gewicht der vom Dritten vorgetragenen Gründe sich veranlaßt sehen, das Gnadenverfahren von Amts wegen einzuleiten

4. Gnadenverfahren werden in der Regel auf ein Gnadengesuch, aber auch von Amts wegen (vgl. z. B. §§ 6, 7 bay. GnO) eingeleitet. Ob ein Antrag ausdrücklich als „Gnadenantrag" oder „Gnadengesuch" bezeichnet wird, ist gleichgültig. Aus dem Inhalt muß jedoch hervorgehen, daß ein Gnadenerweis begehrt wird. Deshalb sollte dies auch klar zum Ausdruck gebracht werden.

5. Was Gegenstand der Gnade und was damit möglicher *Inhalt einer Gnadenentscheidung* sein kann, ist in den meisten GnO umschrieben (vgl. GnO von Baden-Württemberg (§ 2), Bayern (§ 4), Hessen (§ 2), Niedersachsen (§ 2).

Sie orientieren sich dabei an § 3 GnO 1935 (abgedruckt in: LR/*Schäfer* Rdnr. 41 vor § 12 GVG; *Schätzler* S. 142 ff.). Die GnO 1935 gilt heute noch für das Gnadenrecht des Bundes (vgl. dazu LR *Schäfer* Rdnr. 31 ff. vor § 12 GVG; *Schätzler* S. 15 ff., 142) sowie für Bremen (vgl. *Schätzler* S. 202), für Hamburg (vgl. *Schätzler* S. 206) und für das Saarland (vgl. *Schätzler* S. 296). Diese Umschreibungen sind jedoch nicht erschöpfend. Der mögliche Inhalt des Begnadigungsrechts kann auch aus den in GnO enthaltenen Aufzählungen von vorbehaltenen und delegierten Gnadenentscheidungen abgeleitet werden (vgl. z. B. die GnO von Baden-Württemberg (§ 3 ff.), von Bayern (§ 2 ff.), von Niedersachsen (§ 3 ff.).

Für strafgerichtliche Entscheidungen sind im wesentlichen zu nennen:
– Aussetzung zur Bewährung von Freiheitsstrafen und Restfreiheitsstrafen
– Ganzer oder teilweiser Erlaß von Freiheitsstrafen (in der Regel erst nach Ablauf einer im Gnadenweg bewilligten Bewährungszeit)
– Umwandlung einer Freiheitsstrafe in eine Geldstrafe
– Strafaufschub und Strafunterbrechung (vgl. Form. X. 16, 17)
– Zahlungserleichterungen, Ermäßigung und Erlaß von Geldstrafen (vgl. z. B. § 5 Abs. 5 bayGnO)
– Verkürzung einer nach § 69 StGB verhängten Sperrfrist (vgl. z. B. § 4 Abs. 1 Nr. 9 bad.-württ. GnO); bei Fahrverbot wird der (grundsätzlich mögliche) Gnadenerweis aber wegen der Kürze der Zeit (§ 25 StVG) praktisch kaum möglich sein.
– Hinsichtlich der Maßregeln der Besserung und Sicherung ist zwar ein Gnadenerweis grundsätzlich möglich; jedoch soll dies nach den meisten Gnadenordnungen (vgl. z. B.

§ 5 Abs. 4 bayGnO) nur ausnahmsweise geschehen, weil der Schutz der Öffentlichkeit hier vorgehen muß (vgl. z. B. § 17 Abs. 2 bad.-württ. GnO).
– Auch die im Jugendrecht zulässigen Zuchtmittel und Erziehungsmaßregeln sind der Begnadigung zugänglich. Vergünstigungen werden hier aber nur ausnahmsweise gewährt, wenn der Zweck der Maßnahme nicht vereitelt wird (vgl. z.B. § 2 Abs. 2 hess. GnO; § 4 Abs. 3 bayGnO; vgl. im einzelnen *Schätzler* S. 36 ff.). Insbesondere stellt sich das Problem beim Jugendarrest, dessen Vollstreckung nach dem Gesetz (§ 87 Abs. 1 JGG) nicht zur Bewährung ausgesetzt werden kann.
– Da bei Geldstrafen und Geldbußen bereits vom Gesetz für Härtefälle Erleichterungen vorgesehen sind (§§ 459 a, d, f StPO; §§ 91, 93 OWiG), wird hier eine Gnadenentscheidung selten erforderlich werden.
– Hauptanwendungsgebiet des Gnadenrechts ist damit die Freiheitsstrafe, wobei die Aussetzung zur Bewährung (über die Fälle der §§ 56, 57, 57a StGB hinaus) oder der sog. Strafausstand (Strafaufschub und Strafunterbrechung) im Vordergrund stehen.

6. Der Antrag auf einstweilige Einstellung der Vollstreckung bzw. das Absehen von Zwangsmaßnahmen ist insbesondere angebracht, wenn das Gnadengesuch erst nach Zugang der Ladung zum Strafantritt gestellt wird. Gnadengesuche hemmen nämlich die Vollstreckung grundsätzlich nicht. Dies ist in den meisten Gnadenordnungen ausdrücklich bestimmt (z.B. § 8 Abs. 1 bayGnO, § 15 Abs. 1 bad.-württ. GnO) und ergibt sich zudem aus § 2 Abs. 2 StVollStrO. Jedoch kann die Vollstreckung bis zur Entscheidung über das Gnadengesuch vorläufig eingestellt werden, wenn erhebliche Gnadengründe geltend gemacht und das öffentliche Interesse bzw. der Strafzweck die sofortige Vollstreckung nicht erfordern. Die Voraussetzungen hierfür sind in den verschiedenen Gnadenordnungen unterschiedlich geregelt (vgl. z.B. § 8 Abs. 2 bayGnO; § 7 Abs. 2 hess. GnO; *Schätzler* S. 98).
Über die vorläufige Einstellung und das Absehen von Zwangsmaßnahmen entscheidet die Vollstreckungsbehörde (§ 451 StPO), also die Staatsanwaltschaft (vgl. z.B. § 9 bayGnO).

7. Gnadenfähige Entscheidungen sind (strafrechtliche) Urteile, Strafbefehle und Bußgeldbescheide der Verwaltungsbehörde (vgl. *Schätzler* S. 12).
Neben den Urteilen und Bescheiden im Strafrecht und im OWi-Recht sind aber auch die Entscheidungen der Disziplinar- und der Ehrengerichte möglicher Gegenstand des Begnadigungsrechts (vgl. dazu *Schätzler* S. 44 ff.).
Ob ein gnadenfähiger Rechtsakt vorliegt, läßt sich in erster Linie aus den Vorbehalts- und Delegationsvorschriften in den Gnadenordnungen ableiten (vgl. Anm. 5 und *Baltes* DVBl. 1972, 562). Nicht gnadenfähig sind insbesondere (vgl. dazu *Schätzler* S. 28):
– Registrierung einer strafgerichtlichen Verurteilung und andere Eintragungen im Bundeszentral- und Erziehungsregister (vgl. dazu aber §§ 25, 37, 49 BZRG)
– Beseitigung eines Strafmakels eines Verurteilten zu Jugendstrafe (§ 97 JGG)
– Beugemittel und Zwangsmittel (Zwangsgeld, Zwangshaft, Ordnungsgeld, Ordnungshaft; vgl. dazu *Schätzler* S. 42, 48).
– Verfall der Sicherheit nach § 124 StPO
– Bürgerlich-rechtliche Rechtsfolgen einer strafgerichtlichen Verurteilung (z.B. Verwirkung der elterlichen Gewalt nach § 1676 BGB)
– Sonstige gesetzliche Rechtsfolgen einer strafgerichtlichen Verurteilung (z.B. Verlust der Gewerbeerlaubnis, des Jagdscheins, § 6 Abs. 2 S. 2 GmbHG)
– Öffentliche Bekanntmachung einer Verurteilung (vgl. z.B. §§ 103 Abs. 2, 165, 200 StGB; § 23 Abs. 1 UWG; vgl. dazu §§ 463c StPO, § 59 StVollStrO).
– Nicht gnadenfähig sind auch solche strafgerichtlichen Entscheidungen, die nur vorläufigen Charakter haben, z.B. die vorläufige Entziehung der Fahrerlaubnis (§ 111a StPO). Hier kann nur der Rechtsmittelweg beschritten werden, soweit er nach der jeweiligen Verfahrensordnung zugelassen wird (*Schätzler* S. 52).

14. Gnadenantrag: Strafaussetzung zur Bewährung, Rechtsgründe   X. A. 14

8. Der Betroffene muß durch die Entscheidung *beschwert* sein. Das ist in der Regel nur der Fall, wenn eine Verurteilung erfolgt und im Urteil bzw. der Entscheidung auch eine Rechtsfolge festgesetzt wurde (*Schätzler* S. 52). Daraus ergibt sich, daß bei Freispruch oder Verfahrenseinstellung eine solche Beschwer nicht vorliegt. Ein Gnadengesuch kann deshalb auch nicht zum Ziele haben, Entscheidungsgründe, die dem Betroffenen nicht gefallen, zu beseitigen (vgl. ergänzend Form. IX. 2 (4). Denn die Gnadenentscheidung darf nur die Rechtsfolge einer Verurteilung mildern oder beseitigen, es darf aber die gerichtliche Entscheidung nicht aufheben oder kassieren (*Schätzler* S. 29, 54).

Diese, den Betroffenen beschwerenden Rechtsfolgen müssen zum Zeitpunkt des Gnadenerweises noch fortwirken. Sie wirken nicht mehr fort, wenn bereits Vollstreckungsverjährung eingetreten ist. Bezüglich der Möglichkeit, die in der Eintragung im Bundeszentralregister fortwirkende Beschwer zu beseitigen vgl. Anm. 7. Zur Frage, inwieweit ein Gnadenerweis für einen Verstorbenen möglich ist, vgl. *Schätzler* S. 54.

9. Die Entscheidung muß im vollen Umfang d. h. hinsichtlich Schuld- und Strafausspruch *rechtskräftig* sein, ehe ein Gnadengesuch gestellt werden kann (vgl. *Schätzler* S. 52). Unerheblich ist, wie der Eintritt der Rechtskraft zustande kam. Es ist also nicht erforderlich, daß die Rechtskraft erst durch Ausschöpfung aller Rechtsmittelmöglichkeiten eingetreten ist.

10. Der Zeitpunkt für die Einreichung eines Gnadengesuches ist wohl zu überlegen. Gesuche, die erst wenige Tage oder gar Stunden vor dem Strafantritt gestellt werden, haben wenig Aussicht auf Erfolg, wenn nicht ganz besondere Gnadengründe vorliegen. In diesem Fall sollte auch der Umstand, warum das Gesuch erst so spät angebracht wird, ausführlich erläutert werden. Vgl. im übrigen die Hinweise von *Dahs*, Rdnr. 1064.

11. Betrifft (wie hier) der geltend gemachte Gnadengrund den Sachverhalt und seine rechtliche Wertung, so empfiehlt sich eine knappe Wiedergabe der wesentlichen Urteilsgründe, insbesondere des Sachverhalts, um den gedanklichen Anknüpfungspunkt aufzuzeigen, auf den sich das folgende Vorbringen, auf das der Gnadenantrag gestützt wird, bezieht.

12. Die Frage, aus welchen Gründen in einem Rechtsstaat Gnade gewährt werden kann, stellt das Hauptproblem des modernen Gnadenrechts dar.
a) Dabei ist zunächst zu beachten, daß der Bereich der Gnade schon durch den Gesetzgeber im Zuge der Rechtsentwicklung insbesondere der letzten 30 Jahre immer mehr eingeengt worden ist, indem Ausgleichsmaßnahmen zum Gegenstand gerichtlicher Entscheidungen erklärt und damit dem Bereich der Gnade entzogen wurden (LR/*Schäfer* Rdnr. 10 vor § 12 GVG). So ist bei Geldstrafen eine Fülle von Möglichkeiten geschaffen worden, evtl. auftretende Härten auszugleichen (§ 42 StGB, §§ 459a, d, f StPO), so daß eine Begnadigung hier nur in den seltensten Fällen denkbar ist. Bei der Freiheitsstrafe sind die Möglichkeiten der Strafaussetzung zur Bewährung sowohl im Rahmen des § 56 StGB (Bewährung bei Freiheitsstrafe bis zu 2 Jahren) wie des § 57 StGB (Halbstrafe), erweitert worden. Schließlich ist auch bei der Verurteilung zu einer lebenslangen Freiheitsstrafe – einem der früheren Hauptanwendungsfälle für die Gnade – durch den § 57a StGB die (dringend erforderlich gewesene) Verrechtlichung nun vorhanden. Dabei muß hier dahingestellt bleiben, ob eine weitere Ausdehnung des Instituts der Strafaussetzung zur Bewährung bereits geboten ist.
Diese Rechtsentwicklung hat jedenfalls dazu geführt, daß dem Begnadigungsrecht nach Auffassung der Träger dieses Recht nur noch die Funktion zukommt, Härten des Gesetzes, etwaige Irrtümer der Urteilsfindung sowie Unbilligkeiten im Einzelfall, insbesondere bei nachträglicher Veränderung der persönlichen Verhältnisse auszugleichen (LR-*Schäfer* Rdnr. 10 vor § 12 GVG).
b) Angesichts der Vielfalt des Lebens und des Rechts ist es unmöglich, die legitimen Gnadengründe in abstrakte, leicht subsumierbare Regeln niederzulegen (vgl. *Schätzler*

S. 63 ff.). In den Gnadenordnungen von Baden-Württemberg (§ 17) und Niedersachsen (§ 16) gibt es zwar solche Richtlinien. Sie sind jedoch so allgemein gehalten, daß im Einzelfall wenig damit anzufangen ist. Ähnliches gilt für die besonderen Richtlinien, die in den Gnadenordnungen von Hessen (§ 18), Niedersachsen (§ 25) und Rheinland-Pfalz (§ 27) für die gnadenweise Strafaussetzung zur Bewährung enthalten sind.

Die positiven Gnadengründe können aus verschiedenen Bereichen erwachsen: rechtliche Erwägungen, kriminalpolitische Gründe, persönliche oder extrapersonale Umstände, Billigkeitserwägungen, außerrechtliche Motive und übergeordnete Interessen (*Schätzler* S. 66f.). Für einen Gnadenantrag eines Verurteilten stehen dabei die rechtlichen Gründe sowie die aus der Person und dem Lebenskreis des Verurteilten sich ergebenden Umstände im Vordergrund. Diese werden nachstehend skizziert.

c) Die *Rechtsgründe,* mit denen ein Gnadenerweis angestrebt werden kann, sind im wesentliche folgende:

(1) Das geltende (materielle) Recht ist auf den festgestellten Sachverhalt fehlerhaft angewendet worden.

Hierbei sind verschiedene Varianten möglich.

– Dem Urteil kann eine Strafvorschrift zugrundegelegt worden sein, die es nicht gibt oder die zur Zeit der Tat bereits ersatzlos aufgehoben worden war, so daß gem. Art. 103 Abs. 2 GG und § 2 Abs. 1 StGB Freispruch hätte erfolgen müssen. Hier hätte zwar durch eine Verfassungsbeschwerde die Beseitigung dieses Fehlurteils erreicht werden können. War diese Möglichkeit aber nicht genutzt worden, etwa weil das (materiell fehlerhafte) Urteil im Vertrauen auf die Justiz akzeptiert oder weil der Fehler auch vom Verteidiger nicht bemerkt wurde, bleibt nur mehr der Gnadenweg, da die Lehre von der Nichtigkeit oder Unbeachtlichkeit solcher Urteile sich nicht durchsetzen konnte (vgl. *Lantzke* ZRP 1970, 201/203 f. und Form. IX. 4 (5) c u. dortige Anm. 28.

– Dasselbe gilt für den Fall, daß die angewandte Strafvorschrift nach der Tatbegehung, aber vor Erlaß des (letzten) Urteils ersatzlos gestrichen worden war (vgl. *Lantzke* 203 f.). Auch diese Rechtsänderung hätte nach § 2 Abs. 2 StGB (auch noch in der Revisionsinstanz) zu einem Freispruch führen müssen.

– Der Richter hat aufgrund eines Subsumtionsfehlers eine Strafnorm unzutreffend angewendet und ist deshalb zu einer Verurteilung statt eines Freispruches oder zur Verurteilung wegen eines schwereren Delikts gekommen, worin ein Verstoß gegen § 2 Abs. 2 StGB liegt (*Lantzke* ZRP 1970, 201, 203, 205). Gleiches gilt auch für den Fall, daß sich die höchstrichterliche Rechtsprechung zu einem Straftatbestand schon vor Erlaß des Urteils geändert hatte, was dem Richter nicht bekannt war, so daß der Angeklagte bei Anwendung dieser neuen Rechtsauffassung auf den festgestellten Sachverhalt hätte freigesprochen oder nach einer milderen Strafnorm hätte verurteilt werden müssen (*Lantzke* ZRP 1970, 201/203/206 und Form. IX. 4 (5) c und dortige Anm. 29).

– Der Angeklagte ist zu einer hohen Strafe verurteilt worden, obgleich schon zur Tatzeit oder bei Erlaß der letzten Entscheidung im Wege der Gesetzesänderung eine mildere Strafart oder eine niedrigere Höchststrafe eingeführt worden war.

– Das Gericht hat den gesetzlichen Strafrahmen überschritten; es hat eine im Gesetz nicht vorgesehene Strafe, Nebenstrafe oder Nebenfolge verhängt; es hat einen minderschweren Fall nicht angenommen, obgleich die festgestellten Tatsachen ihn zwingend ergeben oder dringend nahelegten. Es hat besondere gesetzliche Milderungsgründe nicht beachtet (*Schätzler* S. 68).

(2) All diese möglichen fehlerhaften Rechtsanwendungen haben ihre Ursache in erster Linie darin, daß das geltende materielle Strafrecht, insbesondere das sog. Nebenstrafrecht immer komplizierter und unüberschaubarer geworden ist und damit die Gefahr wächst, daß insbesondere die Instanzgerichte eine inzwischen eingetretene Änderung im Gesetz oder in der höchstrichterlichen Rechtsprechung übersehen.

14. Gnadenantrag: Strafaussetzung zur Bewährung, Rechtsgründe X. A. 14

Sofern ein Verfahren in der Revision entschieden worden ist, werden die aufgezeigten Fehler seltener anzutreffen sein. Bei Urteilen von Amtsgerichten aber, gegen die vom Angeklagten kein Rechtsmittel eingelegt worden ist, sollte vom Verteidiger stets geprüft werden, ob nicht einer der aufgezeigten Rechtsfehler vorhanden ist, um darauf das Gnadengesuch stützen zu können.

(3) Ist ein derartiger Rechtsverstoß festgestellt worden, muß vom Verteidiger zunächst geprüft werden, ob nicht über den Weg der Wiederaufnahme des Verfahrens nach den §§ 359 ff. StPO das erstrebte Ziel oder sogar die Beseitigung des Urteils erreicht werden kann. Auch hier gilt der Grundsatz des Vorrangs der rechtlichen Entscheidung, wonach der Rechtsweg immer den Vorrang vor dem Gnadenweg hat (vgl. Anm. 15 und *Schätzler* S. 67). In fast allen vorstehend genannten Fällen ist jedoch eine Wiederaufnahme des Verfahrens nicht zulässig (vgl. *Lantzke* a.a.O.); denn unsere StPO kennt eine Wiederaufnahme aus Rechtsgründen grundsätzlich nicht (Ausnahme: Wiederaufnahme mit dem Ziel der Einstellung des Verfahrens, weil dem Urteil ein Verfahrenshindernis entgegenstand. Vgl. Form. IX. 1 (1) und IX. 4 (6). Nach den § 359 ff. StPO kann ein Urteil im wesentlichen nur dann mit der Wiederaufnahme angegriffen werden, das im Tatsächlichen, d. h. im Sachverhalt unrichtig ist. Soweit die Höhe des Strafmaßes aus den oben angeführten Gründen zu beanstanden ist, ist bei der Prüfung, ob eine Wiederaufnahme mit dem Ziel einer milderen Strafe möglich ist, insbesondere § 363 StPO zu beachten. Soweit diese Vorschrift einer Wiederaufnahme mit dem Ziel einer milderen Strafe entgegensteht (vgl. Form. IX. 4 (7), kann der Gnadenweg beschritten werden. Insbesondere der Fall des § 363 Abs. 2 ist hier zu erwähnen, wonach eine Wiederaufnahme nicht möglich ist und damit nur im Gnadenwege ein Ausgleich geschaffen werden kann, wenn der Verurteilte zur Tatzeit vermindert schuldfähig war, dies jedoch vom Gericht nicht erkannt worden ist. (Vgl. KK/*Meyer-Goßner* § 363 Rdnr. 11, der grobe Fehler bei der Nichtanwendung des § 21 StGB als möglichen Gnadenfall nennt). Von besonderer Bedeutung ist dies bei einer Verurteilung zu lebenslänglicher Freiheitsstrafe, wenn § 21 StGB zu Unrecht verneint wurde und eine Haftentlassung deshalb vor der zeitlichen Grenze des § 57 a StGB angestrebt wird. Auch die Behauptung, bei der Tatausführung seien **außergewöhnliche Umstände** i. S. des Beschlusses des Großen Senats in Strafsachen (durch die ein Abweichen von der absoluten Strafe des § 211 StGB ermöglicht wird) gegeben gewesen, aber zu Unrecht nicht berücksichtigt worden, kann nur im Gnadenweg geltend gemacht werden, weil ein entsprechender Wiederaufnahmeantrag unzulässig wäre (OLG Bamberg NJW 1982, 1714 und unten Anm. 15).

(4) Es gibt des weiteren Fälle, in denen sich die vorzutragenden Gründe gegen die tatsächlichen Feststellungen des Urteils richten, dennoch aber die Wiederaufnahme des Verfahrens verschlossen ist. In erster Linie ist der Fall zu nennen, daß bei Verurteilung wegen einer *fortgesetzten Handlung* nur ein Teil der Einzelakte mit neuen Tatsachen oder Beweismitteln i. S. d. § 359 Nr. 5 StPO beseitigt werden könnte. Nach der (noch) h. M. soll hier eine Wiederaufnahme nicht zulässig sein, so daß nur der Gnadenweg übrig bleibt (vgl. Form. IX. 2 (1) e). Auch der im Formular hier behandelte Fall gehört dazu.

Ähnliches gilt, wenn das Urteil irrtümlich von einer **falschen Schadenshöhe** (z. B. 1 Mio DM statt 1000 DM) ausging und damit (eventuell wegen Annahme eines besonders schweren Falles) eine zu hohe Strafe verhängte. Da auch hier eine Wiederaufnahme nicht möglich ist (KK/*Meyer-Goßner* Rdnr. 33 vor § 359), ist eine Korrektur der Folgen dieses falschen Strafausspruches nur im Gnadenweg zu erreichen.

(5) Im übrigen gilt für das Gnadenverfahren aber der Grundsatz, daß von dem im Urteil festgestellten Sachverhalt auszugehen ist (*Dahs* Rdnr. 1066). Denn der Gnadenerweis darf die gerichtliche Entscheidung nicht aufheben oder kassieren, son-

dern nur die Rechtsfolge ändern (vgl. Anm. 8). Es ist deshalb stets vom Verteidiger zu beachten, daß es in der Regel ein untauglicher Versuch und damit für das Gnadenverfahren schädlich ist, die sachliche Richtigkeit des rechtskräftigen Urteils anzugreifen. Ein Abweichen von diesem Grundsatz ist nur in den seltenen Fällen möglich, daß die Beweiswürdigung offensichtliche Verstösse gegen die Denkgesetze enthält und mit einiger Sicherheit davon ausgegangen werden kann, daß es ohne diesen Verstoß nicht zur Verurteilung gekommen wäre (*Schätzler* S. 67).

(6) Ist eine Verurteilung erfolgt, obwohl die Straftat bereits *verjährt* war oder fehlte eine *Prozeßvoraussetzung* (z.B. der Strafantrag) so ist der Weg über die Wiederaufnahme eröffnet (vgl. Form. IX. 4 (6); insoweit sind die Ausführungen von *Schätzler* S. 68 unzutreffend). Zu beachten ist, daß die Wiederaufnahme aber nur bei Fehlen bestimmter Verfahrenshindernisse zulässig ist (LR/*Gössel* § 359 Rdnr. 68 ff., 124 ff. und Form. IX. 4 (6)). Soweit danach eine Wiederaufnahme nicht möglich ist, z.B. bei fehlender Verhandlungsunfähigkeit oder bei schweren Verstössen gegen Beweisverwertungsverbote (LR/*Gössel* Rdnr. 73 c; *Kleinknecht*/*Meyer* Rdnr. 39 jeweils zu § 359), kann der Gnadenweg beschritten werden.

Auch in dem Fall der *Doppelbestrafung* braucht nicht mehr auf den Gnadenweg zurückgegriffen werden, weil das zweite Urteil nicht vollstreckt werden darf (*Kleinknecht*/*Meyer* § 359 Rdnr. 39) oder die Wiederaufnahme für zulässig gehalten wird (LR/*Gössel* § 359 Rdnr. 70 ff. vgl. IX. 4 (6) und dortige Anm. 38).

(7) Im Gnadengesuch kann vorgetragen werden, daß das geltende Recht nach Eintritt der Rechtskraft mit einer dem Verurteilten günstigen Auswirkung geändert wurde oder eine Änderung der Rechtsprechung zu einer allgemein anerkannten milderen Auslegung der Strafnorm geführt hat (*Schätzler* S. 68). Allerdings ist dabei zu beachten, daß der Gesetzgeber in den Reformgesetzen meist bereits den Straferlaß oder die Strafmilderung für noch nicht vollstreckte Urteile vorsieht. Fehlt eine solche Vorschrift, ist zu prüfen, ob der Gesetzgeber diese Regelung bewußt unterlassen hat, um sie entweder der Gnade zu überlassen oder weil es sie für die zurückliegenden Fälle gerade nicht angewandt wissen will.

Bei Verurteilung aufgrund eines Zeitgesetzes wird nur in ganz seltenen Fällen der Gnadenweg möglich sein, wenn das Gesetz inzwischen außer Kraft getreten ist (*Schätzler* S. 69).

(8) Gnadengesuche können sich auch aus einer erst bevorstehenden Gesetzesänderung ergeben (*Schätzler* S. 69 f.; *Dahs* ZRP 1970, 3).

(9) Ein Gnadengesuch kann auch darauf gestützt werden, daß der Verurteilte in anderer Sache zu Unrecht Untersuchungshaft erlitten hat oder Strafhaft verbüßt hat, wenn diese Haftzeiten auf die zu vollstreckende Strafe nicht angerechnet werden können. Das ist insbesondere der Fall, wenn die Verfahrensidentität nicht gegeben war (vgl. die einschlägige Kommentierung zu § 51 StGB) oder wenn im Ausland Haft verbüßt wurde.

(10) Schließlich können sich Gnadengründe aus dem Ergebnis des Verfahrens gegen Mitbeschuldigte ergeben (*Schätzler* S. 71). Wird ein Mittäter aufgrund seines Gnadengesuches begnadigt, so erstreckt die Gnadenbehörde ihre Prüfung von Amts wegen auch auf die übrigen Mitverurteilten. Ist von mehreren Tatbeteiligten nur einer verurteilt worden, während die anderen z.B. wegen Verjährung, Verhandlungsunfähigkeit oder anderen prozessualen Gründen praktisch straffrei ausgingen, so kann dies zugunsten eines Verurteilten berücksichtigt werden. Auch der Umstand, daß ein Mittäter von einem anderen Gericht zu einer erheblich milderen Strafe verurteilt worden ist, kann einen positiven Gnadengrund darstellen, sofern die wesentlichen Strafzumessungsgründe bei beiden Beschuldigten gleichermaßen zutreffen.

(11) Besondere Überlegungen gelten für Gnadenentscheidungen bei Jugendlichen und Heranwachsenden sowie im Wehrstrafrecht (vgl. dazu *Schätzler* S. 36, 38).

d) Positive Gnadengründe sind desweiteren aus der *Person* und dem *Lebenskreis des Verurteilten* herzuleiten.
Dabei ist zunächst zu beachten, daß jede Strafe, insbesondere die Vollstreckung einer Freiheitsstrafe schwerwiegende Auswirkungen in persönlicher und familiärer Hinsicht zeitigt, die aber im allgemeinen vom Strafzweck gedeckt sind. Diese typischen Folgen der Strafe stellen deshalb grundsätzlich keinen Gnadengrund dar, selbst wenn die Strafhaft dazu führt, daß z.B. die Familie auf Sozialhilfe angewiesen ist. Erforderlich sind vielmehr Nachteile, die außerhalb der normalen Auswirkungen einer Strafvollstreckung liegen und von besonderem Gewicht sind (vgl. dazu *Schätzler* S. 72; *Dahs* Rdnr. 1063, 1066 ff.).
(1) Dazu gehören besonders hohe Strafempfindlichkeit infolge der körperlichen oder psychischen Konstitution des Verurteilten; desweiteren Tatfolgen, die erst nach dem Urteil eingetreten oder in ihrem Ausmaß nicht erkennbar waren (z.B. gesundheitliche Spätschäden des Täters oder eines nahen Angehörigen aus einem schuldhaft verursachten Verkehrsunfall, Verlust der beruflichen Stellung infolge der Verurteilung, durch Schadensersatzleistung eingetretene wirtschaftliche Notsituation).
(2) Besonders schwerwiegende Auswirkungen der Vollstreckung auf die Familie, z.B. schwere Erkrankung der Ehefrau bei Vorhandensein mehrerer minderjähriger Kinder; schwere Erkrankung des Verurteilten, die aber eine Haftunfähigkeit noch nicht begründet.
(3) Nachträgliches Verhalten des Verurteilten: neben guter Führung im Vollzug insbesondere das erhebliche Bemühen um Schadenswiedergutmachung (*Dahs*, Rdnr. 1069).
(4) Bei Gnadengesuchen, die in erster Linie auf aufgezeigten persönlichen und familiären Umstände gegründet werden, hat der Verteidiger auch den Gesichtspunkt der sog. Gnadenwürdigkeit zu beachten (vgl. dazu *Schätzler* S. 73). Um hier das Persönlichkeitsbild des Verurteilten zu beleuchten und zu vervollständigen, kann sich der Verteidiger um Leumundszeugnisse und Befürwortungen des Gesuches durch angesehene Personen (Bürgermeister, Pfarrer u.a.) bemühen (*Dahs* Rdnr. 1069).
(5) Gute Erfolgsaussichten sind gegeben, wenn nach einem Widerruf der Strafaussetzung zur Bewährung wegen Verstoßes gegen eine Bewährungsauflage die auferlegte Geldbuße doch noch bezahlt wird oder bezahlt werden kann. Sehr häufig erscheinen die Betroffenen beim Anwalt erst, wenn das Widerrufsverfahren rechtskräftig abgeschlossen und die Ladung zum Strafantritt eingetroffen ist.
(6) Chancen für einen Gnadenerweis ergeben sich auch dann, wenn sich eine Anschlußvollstreckung verzögert, der Verurteilte aus der Vorverbüßung bereits längere Zeit entlassen ist und inzwischen positive Wiedereingliederungsmaßnahmen erfolgt sind (*Litwinski/Bublies*, Strafverteidigung im Strafvollzug, S. 22).
e) Schließlich können auch übergeordnete Gesamtinteressen eine Begnadigung ermöglichen. Da diese Gründe aber außerhalb der Person des Verurteilten und des Einzelfalles liegen, wird hierauf ein Gesuch allein selten gestützt werden können. Sie können aber evtl. unterstützend herangezogen werden.

13. Für Behauptungen, die zur Stützung des Gesuches vorgetragen werden, sollen nach Möglichkeit mit Einreichung des Antrags amtliche Bestätigungen, Äußerungen glaubwürdiger Personen oder sonstige Belege und Beweismittel beigefügt werden. Dadurch können Verzögerungen bei der Behandlung eines Gesuches vermieden werden.

14. Wird ein Gnadenantrag überwiegend auf Rechtsgründe (Anm. 12 bei c) gestützt, stellt sich regelmäßig die Frage, warum diese nicht bereits mit den zulässigen Rechtsmitteln vorgebracht worden sind (*Schätzler* S. 67). Deshalb empfiehlt es sich, auf diese sich aufdrängende Frage im Gesuch einzugehen. Der Grund kann u.a. darin liegen, daß der Verteidiger im Hauptverfahren das Problem nicht erkannt hat.

15. Der Grundsatz des Vorranges der Rechtsentscheidung vor dem Gnadenweg beherrscht das gesamte Begnadigungsrecht und ist demgemäß in allen GnO enthalten (vgl. z.B. GnO von Baden-Württemberg (§ 14), Bayern (§ 5), Berlin (§ 7), Hessen (§ 6)). Er bedeutet, daß ein Gnadenerweis nur in Betracht kommt, wenn mit den gesetzlichen Möglichkeiten das erstrebte Ziel nicht erreicht werden kann (*Schätzler* S. 29 f. 53). Es ist deshalb vor Anbringung eines Gnadengesuches stets zu prüfen, ob und welche gesetzlichen Möglichkeiten vorhanden sind, den angestrebten Zweck zu erfüllen.

Sofern in erster Linie Rechtsgründe geltend gemacht werden sollen (vgl. Anm. 12 bei c) ist stets zu prüfen, ob eine Wiederaufnahme des Verfahrens (vgl. dazu Form. IX.) möglich ist.

Bei Freiheitsstrafen, die bereits vollstreckt werden bzw. zum Teil schon verbüßt sind, sind sodann die Voraussetzungen der §§ 57, 57a, b StGB zu prüfen. Sind die in diesen Vorschriften genannten Mindestzeiten schon oder fast verbüßt, so wird zuerst vom Gericht (§§ 454, 462a StPO) entschieden, wobei sich dann bei positiver Entscheidung das Gnadengesuch erledigt. Lehnt das Gericht die Aussetzung zur Bewährung ab, so wird ein Gnadenerweis nur denkbar sein, wenn neue Umstände eine abweichende Beurteilung rechtfertigen. Auch hier ist aber dann die Frage, ob nicht die erneute Antragstellung nach § 57 StGB möglich ist.

Gnadengesuche bezüglich Freiheitsstrafen werden also in erster Linie die Fälle betreffen, in denen die nicht zur Bewährung ausgesetzte Freiheitsstrafe erst zur Vollstreckung ansteht oder in denen die in §§ 57, 57a StGB genannten Mindestzeiten noch nicht verbüßt sind.

Wird bei einer Freiheitsstrafe ein sog. Strafausstand (Aufschub oder Unterbrechung) begehrt, müssen zunächst die Möglichkeiten der §§ 455, 456 StPO, §§ 45, 46 StVollStrO geprüft werden (vgl. Form. X.A. 8, 9). Bei Geldstrafen gehen die in den §§ 459a–f StPO eingeräumten Möglichkeiten dem Gnadenweg vor. Dasselbe gilt für Geldbußen (§§ 91, 93, 95 OWiG).

Bei Maßregeln der Besserung und Sicherung gehen die rechtlichen Möglichkeiten der §§ 67d Abs. 2, 67e StGB, § 463 StPO dem Gnadenweg vor.

Bei Berufsverbot sind § 70a StGB und § 456c Abs. 2 StPO zu beachten. Für die vorzeitige Aufhebung der *Sperrfrist* muß erst der Weg über § 69a Abs. 7 StGB versucht werden.

16. Die hier dem Wiederaufnahmegericht unterstellte Begründung ist rechtlich unzutreffend. Haben bei tateinheitlicher Verurteilung alle verwirklichten Tatbestände die gleiche Strafdrohung (wie hier gleichartige Tateinheit), so steht § 363 StPO der Wiederaufnahme nicht entgegen. Vgl. *Kleinknecht/Meyer* Rdnr. 3; KMR/*Paulus* Rdnr. 7; LR *Gössel* Rdnr. 7 jeweils zu § 363 StPO; ergänzend Form. IX. 4 (7).

17. Vgl. Form. IX. 4 (9) c und dortige Anm. 25 ff.

18. Soweit Richtlinien für die Ausübung des Gnadenrechts vorhanden sind (vgl. Anm. 12 bei b) ist danach stets zu berücksichtigen, ob der Gedanke der Verteidigung der Rechtsordnung (zu diesem Begriff vgl. *Dreher/Tröndle* § 56 StGB Rdnr. 8) einer Begnadigung entgegensteht. Damit wird u. a. auf das Verständnis der Bevölkerung abgestellt. Je geringer die Verbüßungsdauer ist, um so eher wird das „allgemeine Rechtsempfinden" bei Vorliegen gewichtiger Gnadengründe gegen eine Begnadigung angeführt werden können.

19. Wie sonst bei einer Strafaussetzung zur Bewährung (§§ 56, 57, 57a StGB) ist eine positive Sozialprognose „Grundvoraussetzung" für einen Gnadenerweis.

20. Vgl. Anm. 12 bei d (4) und *Schätzler* S. 73, 67.

21. Bei der Gewährung gnadenweiser Strafaussetzung können dem Verurteilten für die Dauer der Bewährungszeit Auflagen und Weisungen erteilt werden. Vgl. z.B. § 29 bad.-württ. GnO und *Schätzler* S. 57.

15. Gnadenantrag: Strafaussetzung zur Bewährung, persönliche Gründe

An die
Staatsanwaltschaft[1]
bei dem
Landgericht
8000 München

München, den 8. 7. 1990

In der Strafsache
gegen
A... B...
AZ.: ... VRs .../87
... VRs .../89

zeigen wir unter Vollmachtsvorlage[2] an, daß wir Herrn A... B... im Gnadenverfahren anwaltschaftlich vertreten. Wir stellen den

Antrag[3]

die beiden Freiheitsstrafen von 5 Monaten und 3 Monaten gnadenweise zur Bewährung[4] auszusetzen.

Begründung

1. Im Verfahren ... VRs .../89 wurde Herr A... B... durch Urteil des AG München vom 17. 4. 1989 zu einer Freiheitsstrafe von 5 Monaten ohne Bewährung verurteilt.
Im Verfahren ... VRs .../87 war die vom AG München durch Urteil vom 16. 12. 1987 verhängte Freiheitsstrafe von 3 Monaten zur Bewährung ausgesetzt worden; aufgrund der Verurteilung im Verfahren ... VRs .../89 hat das AG München durch Beschluß vom 10. 6. 89 die Strafaussetzung zur Bewährung widerrufen.
Aufgrund des gesundheitlichen Zustandes von Herrn A... B... ist bisher die Vollstreckung der beiden Freiheitsstrafen nicht erfolgt.

2. Die Verteidigung ist der Auffassung, daß die relativ kurzen Freiheitsstrafen gnadenweise zur Bewährung ausgesetzt werden können.
Beiden Verurteilungen liegt jeweils der Vorwurf der Trunkenheit im Straßenverkehr zugrunde. Weitere Eintragungen enthält das Zentralregister nicht.
Auf dem Gebiet des Straßenverkehrs wird Herr A... B... jedoch keine Straftaten mehr begehen können. Er leidet seit Jahren an der Bechterew'schen Krankheit,[5] d. h. an einer fortschreitenden Versteifung der Wirbelsäule, die dazu führt, daß Herr A... B... nicht mehr aufrecht gehen und sitzen kann. Er ist deshalb nicht mehr in der Lage, ein Fahrzeug zu führen.
Die Staatsanwaltschaft hat nach Eintritt der Rechtskraft des Urteils im Verfahren ... VRs .../89 Herrn A... B... durch den Leiter der Krankenanstalt der JVA München-Stadelheim untersuchen lassen. Herr Dr. med. L. ... führte in seiner Stellungnahme aus, es sei damit zu rechnen, daß das Krankheitsbild in diesem Fall weiter fortschreite. Es sei zweifelhaft, ob eine optimale physikalisch-therapeutische Behandlung im Strafvollzug zu realisieren sei. Die zu erwartende Verschlechterung des Leidens, die möglicherweise durch eine solche Behandlung doch noch verhindert werden könne, würde dann ggf. dem Strafvollzug zur Last gelegt werden. Herr Dr. L. ... empfahl deshalb, zumindest vorerst von einer Strafvollstreckung abzusehen, um die weitere Entwicklung des Krankheitsbildes zu beobachten.
In der Zwischenzeit ist ein Jahr verstrichen, das von Herrn A... B... dazu genutzt wurde, sich allen von den Ärzten empfohlenen Behandlungen zu unterziehen. Dadurch

konnte zwar die ursprünglich befürchtete rapide Verschlechterung des Krankheitsbildes verhindert werden, gegenüber dem Gesundheitszustand im vergangenen Jahr hat sich jedoch keine Besserung erreichen lassen.
Die Diagnose für die Zukunft geht dahin, daß bestenfalls der jetzige Zustand aufrecht erhalten werde könne. Eine Besserung des Krankheitsbildes wird ausgeschlossen. Das bedeutet aber, daß nunmehr endgültig feststeht, daß Herr A... B... niemals mehr ein Fahrzeug führen kann und damit ein erneutes Straffälligwerden auf dem Gebiet des Straßenverkehrs ausgeschlossen ist.
Ohne eine kurze Freiheitsstrafe bagatellisieren zu wollen, ist aber unter dem Gesichtspunkt des Verständnisses der Öffentlichkeit[6] für eine Begnadigung im vorliegenden Fall darauf hinzuweisen, daß eine Strafhaft von lediglich vier Monaten und 10 Tagen ansteht. Da Herr A... B... sich erstmals in Strafhaft befinden würde, kann davon ausgegangen werden, daß er allenfalls 2/3 der beiden Freiheitsstrafen zu verbüßen hätte (§ 57 Abs. 1 StGB).
Hinzu kommt, daß im Verfahren ... VRs .../87 der gem. § 56b StGB bezahlte Geldbetrag von DM 1800.– im Widerrufsbeschluß auf die Strafe angerechnet wurde (§ 56f. Abs. 3 S. 2 StGB), so daß gem. dem festgesetzten Umrechnungsbetrag von DM 60.– pro Tag Freiheitsstrafe schon 30 Tage als verbüßt gelten. In diesem Verfahren ist also lediglich im Falle der Vollstreckung eine Freiheitsstrafe von 1 Monat zu verbüßen.
Hinzuweisen ist schließlich auf die Tatsache, daß weder zum Zeitpunkt des Erlasses des zweiten Urteils noch zum Zeitpunkt des Erlasses des Widerrufsbeschlusses die weitere gesundheitliche Entwicklung absehbar war.[7] Man war seinerzeit der Auffassung, daß die Bechterew'sche Krankheit bei Herrn A... B... nicht so rasch fortschreiten werde, wie inzwischen feststellbar ist. Das AG München ging deshalb im Urteil vom 17. 4. 1989 noch davon aus, daß Herr A... B... trotz seiner damals schon bekannten Erkrankung weiterhin in der Lage sei, Pkws zu führen; es hat deshalb seinerzeit eine Sperre von noch 6 Monaten für erforderlich gehalten. Diese Zeit ist inzwischen verstrichen, Herr A... B... hat auf grund seines gesundheitlichen Zustandes keinen Antrag auf Wiedererteilung der Fahrerlaubnis gestellt.
Zu den persönlichen Verhältnissen ist noch folgendes auszuführen ......

Rechtsanwalt

Schrifttum: Vgl. Form. X. A. 14.

Anmerkungen

1. Vgl. Form. X. A. 14 Anm. 1
2. Vgl. Form. X. A. 14 Anm. 2
3. Vgl. Form. X. A. 14 Anm. 4
4. Vgl. Form. X. A. 14 Anm. 5

5. Zu den möglichen Gnadengründen, insbesondere die aus der Person und dem Lebenskreis des Verurteilten erwachsen (vgl. Form. X. A. 14 Anm. 12 bei d).

6. Vgl. Form. X. A. 14 Anm. 18

7. Gründe, die aus der Person und dem Lebenskreis des Verurteilten abgeleitet werden, sind im allgemeinen nur dann geeignet, wenn sie erst **nach** der gerichtlichen Entscheidung entstanden sind. Waren sie zu diesem Zeitpunkt bereits vorhanden, ist darzulegen, daß und warum sie bei der Urteilsfindung nicht schon berücksichtigt wurden (*Schätzler* S. 72).

16. Gnadenantrag: Strafaufschub von 1 Jahr

An die   München, den 15. 5. 1990
Staatsanwaltschaft[6]
beim
Landgericht
8900 Augsburg

In der Strafsache
gegen
A... B...
AZ.: ... VRs .../1986

stelle ich als Verteidiger[1] den

Antrag[2]

1. Herrn A... B... gnadenweise[3] Strafaufschub[4] bis 21. 5. 1991 zu gewähren
2. Vor Entscheidung über den Antrag unter Ziff. 1 von Zwangsmaßnahmen abzusehen.[5]

Begründung

1. Herr A... B... ist durch Urteil des LG Augsburg vom 19. 1. 1990 wegen Steuerhinterziehung u. a. zu einer Freiheitsstrafe von 3 Jahren verurteilt worden. Er befand sich in der Zeit vom 16. 12. 1989 bis 19. 1. 1990 in Untersuchungshaft. Nach Erlaß des Urteils wurde der Haftbefehl mit Beschluß vom 19. 1. 1990 außer Vollzug gesetzt u. a. unter der Auflage, daß eine Sicherheit in Höhe von DM ...... hinterlegt wird.
Nachdem weder die Staatsanwaltschaft noch Herr A... B... gegen das Urteil Revision eingelegt haben, ist es seit 26. 1. 1990 rechtskräftig.[7] Am 10. 5. 1990 ging Herrn A... B... die Ladung[8] zum Strafantritt für den 21. 5. 1990 zu.
2. Durch die sofortige Vollstreckung der Freiheitsstrafe würde Herrn A... B... und seiner Familie insbesondere finanzielle und sonstige wirtschaftliche Nachteile zugeführt werden, die über das übliche Maß der Nachteile weit hinausgehen, die mit einer Strafvollstreckung verbunden sind.[9] Im einzelnen ist hierzu folgendes vorzutragen:
a) Herr A... B... ist seit längerer Zeit, wie sich aus dem Urteil ergibt, Inhaber eines Baugeschäfts. Zur Zeit sind in dem Betrieb 37 Arbeiter und Poliere im Außendienst auf den Baustellen tätig; im Innendienst sind neben Herrn A... B... noch 2 weitere Personen angestellt.
b) Die Firma hat entweder als Bauunternehmer oder als Bauherr noch einige Bauobjekte zu betreuen, die bereits alle vor der Inhaftierung des Herrn A... B... am 19. 12. 1989 in Angriff genommen waren und folglich, will man nicht einen immensen wirtschaftlichen Schaden in Kauf nehmen, zu Ende geführt werden müßten. Es handelt sich dabei um folgende Bauobjekte:
– Augsburg, Dachauerstraße 117
...... (nähere Beschreibung)
– Augsburg, Maxstraße 155
...... (nähere Beschreibung)
– Augsburg, Ludwigstraße 120
...... (nähere Beschreibung)
– Augsburg, Rosengasse 17
...... (nähere Beschreibung)
– Augsburg, Kornmarkt 28
...... (nähere Beschreibung)
Während in den vorgenannten vier Objekten die Firma als Bauunternehmer tätig ist, also mit der Erstellung des Rohbaus und der Putzarbeiten der Auftrag ausgeführt ist

und damit abgerechnet werden kann, handelt es sich bei dem Objekt in Augsburg Kornmarkt 28 darum, daß hier die Firma als Bauherr das Vorhaben durchführt. Erstellt wird eine Anlage mit 13 Eigentumswohnungen. Das Grundstück ist von der Firma mit Bankkredit im Januar 1989 zum Preis von DM 940.000.– gekauft worden.

Bei der Planung des Objekts ging der Architekt zunächst von einem normalen Grundwasserstand aus und erstellte, insbesondere für die Tiefgaragen, die entsprechenden Pläne. Nach Einreichung dieser Pläne berief sich jedoch die Baubehörde darauf, daß von einem Höchstgrundwasserstand bei der Planung ausgegangen werden müsse, dies hatte zur Folge, daß hinsichtlich der Tiefgaragen eine völlige Umplanung erstellt werden mußte, für die ein neues Genehmigungsverfahren erforderlich war. Dadurch hat sich der Baubeginn um mindestens 7 Monate verschoben. Die endgültige Baugenehmigung ist deshalb erst im Oktober 1989, kurz vor der Verhaftung von Herrn A... B... erteilt worden.

Zum Zeitpunkt seiner Verhaftung im Dezember 1989 stellte sich für Herrn A... B... die Situation hinsichtlich dieses Objekts folgendermaßen dar:
Die Firma hatte das Grundstück im Januar 1989 zu einem Preis von DM 940.000.– mit Bankkredit gekauft. Infolge des hohen Zinssatzes (10%), waren bis zum Ende des Jahres 1989 bereits ca. DM 90.000.– Zinsen aufgelaufen.
Desweiteren waren bis dahin für Planung, Statik und Erschließungskosten bereits ca. DM 300.000.– verauslagt worden. Im Herbst 1989, schon vor der Verhaftung von Herrn A... B..., waren bereits 7 Eigentumswohnungen notariell verkauft. Inzwischen sind bis auf eine Wohnung sämtliche Einheiten verkauft.
Zum Zeitpunkt der Verhaftung stand deshalb Herr A... B... vor der Entscheidung, das Grundstück zu veräußern oder – im Hinblick auf die guten Verkaufserfolge und den unmittelbar bevorstehenden Baubeginn fortzuführen. Eine Veräußerung hätte unter den gegebenen Umständen, nämlich infolge der Inhaftierung von Herrn A... B..., mit Sicherheit folgende wirtschaftliche Nachteile nach sich gezogen:
Jeder Käufer hätte die Situation ausgenützt und den Preis für das Grundstück erheblich gedrückt. Die bisher angefallenen Zinsen wären selbstverständlich von einem Käufer nicht übernommen worden. Mit Ausnahme der Erschließungskosten wären von einem Käufer die bisherigen Planungskosten nicht übernommen worden. Jeder Käufer würde in einer derartigen Situation sich darauf berufen, eine eigene Planung mit seinen eigenen Architekten durchzuführen. Im Grunde genommen hätte Herr A... B... jegliches Angebot akzeptieren müssen. Der wirtschaftliche Schaden wäre also, geht man einmal davon aus, daß der Kaufpreis um ca. DM 200.000.– geringer gewesen wäre, wie folgt zu beziffern:

– DM 200.000.– Kaufpreisverlust
– DM   90.000.– Zinsverlust
– DM 200.000.– ca. verlorene Planungs- und Statikkosten
– daneben wären möglicherweise von den Käufern der zuerst verkauften Eigentumswohnungen Schadensersatzansprüche geltend gemacht worden. Die Käufer hatten zwar noch keine Anzahlung geleistet, mußten aber doch bereits zum Zeitpunkt des Kaufvertrages die Finanzierung für sich gesichert haben. Mit großer Wahrscheinlichkeit wären deshalb die Schadensersatzansprüche in Form von Bereitstellungszinsen gegen die Firma erhoben worden.

Grob geschätzt hätte also ein Verkauf des Grundstücks Ende des Jahres 1989 einen höchstwahrscheinlichen Verlust von ca. DM 500.000.– nach sich gezogen.
Aufgrund dieser Umstände hatte sich deshalb Herr A... B... entschlossen, dieses Objekt durchzuführen.
Der geplante Rohgewinn, d.h. die Differenz zwischen den Gestehungskosten für die Firma und dem Verkaufserlös beträgt ca. DM 500.000.–. Die Firma ist z. Zt. mit diesem Objekt bei der Bank in Höhe von 1,5 Mio DM verschuldet.

16. Gnadenantrag: Strafaufschub von 1 Jahr X. A. 16

c) Wie sich aus dem Urteil vom 19. 1. 1990 ergibt, war Herr A... B... der kaufmännische Leiter der Firma. Im Innendienst ist er bisher durch Herrn X... unterstützt worden. Dieser war in erster Linie für die Buchhaltung zuständig. Die gesamten Verhandlungen mit der Bank und mit den Kunden sind jedoch von Herrn A... B... persönlich geführt worden.
Im übrigen ist er auch derjenige, der die technische Oberleitung am Bau über sämtliche Objekte ausübt. Eine „rechte Hand" steht ihm weder im Innendienst noch im Außendienst zur Seite.
Bereits aus diesen Umständen ergibt sich, daß bei einer sofortigen Strafvollstreckung die Firma in Konkurs gehen müßte. Der wirtschaftliche Schaden wäre bereits aufgrund der oben genannten Auftragssummen evident.
d) Hinzu kommt, daß die wirtschaftlichen Nachteile sich auch auf die Ehefrau von Herrn A... B... auswirken würden. Diese hat bereits die ihr gehörenden Vermögenswerte mit erheblichen Grundschulden für die Bankkredite belastet. Durch die Grundpfandrechte sind auch weitere Kredite abgesichert worden, die von Herrn A... B... in den letzten Jahren dazu benutzt wurden, Zahlungen an das Finanzamt in Höhe von DM 700.000.– zu leisten. Auf die entsprechenden Ausführungen im Urteil wird Bezug genommen. Im übrigen mußte die Ehefrau von Herrn A... B... für die neuen Kredite, die zur Durchführung der oben genannten Bauvorhaben augenommen wurden, die persönliche Haftung mit übernehmen. Ein Zusammenbruch der Firma würde also unweigerlich nach sich ziehen, daß die Banken auch auf die übrigen Vermögenswerte der Ehefrau Zugriff nehmen würden. Damit würde eine sofortige Strafvollstreckung und die sich daraus ergebenden Konsequenzen auch die Ehefrau und damit die Familie unmittelbar wirtschaftlich ruinieren.
e) Eine sofortige Strafvollstreckung und die daraus mit Sicherheit sich ergebende Vernichtung der Firma hätte auch zur Folge, daß das derzeitige Betriebsvermögen verschleudert werden müßte. Das Betriebsvermögen besteht insbesondere aus mehreren Lkws, 5 Baukränen und einer Großflächenschalung. Der Wert dieser bereits in Gebrauch befindlichen Gegenstände wird auf ca. DM 700.000.– geschätzt. Im Falle einer plötzlichen Veräußerung infolge Auflösung der Firma wäre allenfalls die Hälfte dieses Betrages zu erzielen.
f) Sämtliche genannten Bauvorhaben werden entweder im Herbst 1990 oder spätestens Anfang 1991 fertiggestellt sein. Durch die Fortführung dieser Bauvorhaben wird also einerseits vermieden, daß Herr A... B... und seine Familie einen erheblichen wirtschaftlichen Nachteil erleiden; andererseits wird durch die Fertigstellung der Objekte auch noch ein Gewinn für die Firma realisiert werden können, der es ermöglicht, daß für die Dauer der Strafverbüßung die Familie wirtschaftlich abgesichert ist.[10] Außerdem wird Herr A... B... aufgrund des in dem Objekt Augsburg Kornmarkt zu erwartenden Gewinns auch in der Lage sein, weitere Zahlungen auf die bestehende Steuerschuld an das Finanzamt zu leisten.
g) Bei der Gnadenentscheidung sollte insbesondere auch berücksichtigt werden, daß, wie im Urteil ausgeführt, durch die klaren Erklärungen von Herrn A... B... zum Sachverhalt ein kompliziertes und umfangreiches Strafverfahren innerhalb von wenigen Tagen rechtskräftig zum Abschluß gebracht werden konnte. Ihm sollen nun nicht dadurch Nachteile entstehen, daß er das Urteil sofort akzeptiert hat. Durch die Ausnützung der ihm zur Verfügung stehenden Rechtsmittelmöglichkeiten hätte er sicherlich den jetzt begehrten Strafaufschub von 1 Jahr erreichen können. Ein Verurteilter, der das Urteil akzeptiert, sollte im Vollstreckungsverfahren wirtschaftlich nicht schlechter gestellt werden als ein anderer Beschuldigter, der sämtliche ihm vom Gesetz zur Verfügung gestellten Rechtsmittel bis zu Gänze ausschöpft.

Rechtsanwalt

Schrifttum: Vgl. Form. X. A. 14.

Anmerkungen

1. Vgl. Form. X. A. 14 Anm. 2.

2. Vgl. Form. X. A. 14 Anm. 4 und Form. X. A. Anm. 1.

3. Vgl. Form. X. A. 14 Anm. 4.

4. Wegen des im Gnadenrecht geltenden Grundsatzes des Vorranges der rechtlichen Entscheidungen (vgl. Form. X. A. 14 Anm. 15), ist ein Antrag auf gnadenweisen Strafaufschub erst möglich, wenn mit den gesetzlichen Möglichkeiten (§§ 455 Abs. 1, 455a, 456 StPO, § 46a StVollStrO) das angestrebte Ziel nicht erreicht werden kann. Damit kommt ein Gnadenantrag hier insbesondere in zwei Fällen in Betracht (LR/ *Wendisch* § 456 Rdnr. 12; § 455 Rdnr. 33):
einmal, wenn ein Strafaufschub von mehr als 4 Monaten begehrt wird, weil die gesetzliche Grenze des § 456 StPO nicht verlängert werden kann (vgl. Form. X. A. 8 Anm. 7). Zum anderen, wenn der Strafaufschub im Interesse eines Dritten (z.B. Arbeitgebers) erbeten wird, weil diese Belange bei § 456 StPO nicht berücksichtigt werden können.

5. Vgl. Form. X. A. 14 Anm. 6 und Form. X. A. 8 Anm. 3.

6. Die Befugnis, gnadenweise Strafaufschub bis zu einem Jahr zu gewähren, ist in einigen GnO der Staatsanwaltschaft übertragen. Vgl. z.B. § 4 Abs. 1 Nr. 2a bad.-württ. GnO; § 25 BayGnO; § 28 hess. GnO. Wird ein noch längerer Strafaufschub begehrt, legt die Vollstreckungsbehörde die Akten dem Generalstaatsanwalt zur Entscheidung vor. Vgl. z.B. § 25 Abs. 1 bayGnO.

7. Vgl. Form. X. 14. Anm. 9.

8 Während bei § 456 StPO die 4-Monatsgrenze ab dem in der Ladung genannten Tag des Strafantritts berechnet wird (vgl. Form. X. A. 8 Anm. 7), wird nach einigen GnO bei einem Strafaufschub von 1 Jahr der Beginn dieses Zeitraumes auf den Tag der Rechtskraft festgelegt. Vgl. z.B. § 4 Abs. 2 bad.-württ. GnO; § 25 Abs. 2 bayGnO; § 28 hess. GnO.

9. In den GnO von Baden-Württemberg (§§ 38, 39), Bayern (§ 28), Hessen (§ 29, 27 Abs. 2 i.V.m. § 18), Niedersachsen (§ 38) Nordrhein-Westfalen (§ 40ff.) und Rheinland-Pfalz (§ 37) sind besondere Richtlinien für die Gewährung von Strafaufschub bzw. Strafunterbrechung enthalten. Danach kann dieser Gnadenerweis nur gewährt werden, wenn er notwendig ist, um schwere, nicht zumutbare und außerhalb des Strafzwecks liegende Nachteile (persönlicher, familiärer, wirtschaftlicher Art) und sonstige Härten zu vermeiden und wenn andererseits keine überwiegenden Gründe für die sofortige Vollstreckung (oder ihre Fortsetzung) sprechen (*Schätzler* S. 64).

10. Wie bei einem Strafaufschub nach § 456 StPO (vgl. Form. X. A. 8 Anm. 12) ist auch bei einem entsprechenden Gnadengesuch ein Strafaufschub nur möglich, wenn dadurch die Nachteile vermieden werden. Es ist also aufzuzeigen, daß sie nicht lediglich hinausgeschoben werden (vgl. z.B. § 29 Abs. 1 S. 2 hess. GnO).

17. Gnadenantrag: Strafunterbrechung

An die München, den 15. 10. 90
Staatsanwaltschaft[1]
bei dem
Landgericht
8500 Nürnberg

In der Strafvollzugssache
gegen
A... B...
Az.:.. VRs.../87

zeige ich unter Vollmachtsvorlage[2] an, daß mich Herr A... B... mit der Wahrnehmung seiner Interessen beauftragt hat. Namens und im Auftrag[3] meines Mandanten stelle ich den

Antrag[4]

im Gnadenwege[5] die lfd. Vollstreckung der Freiheitsstrafe für drei Monate zu unterbrechen.[6]

Begründung

Herr A... B... verbüßt derzeit in der JVA ...... aufgrund des Urteils des LG Nürnberg vom 25. 7. 1988 seit dem 7. 11. 1989 eine 3-jährige Freiheitsstrafe. Er hat sich zum Haftantritt selbst gestellt.[7]
Ohne eine Haftunterbrechung würde Herr A... B... und seiner Familie erhebliche, außerhalb des Strafzwecks liegende Nachteile erwachsen.[6]
Herr A... B... hat sich lange vor Beginn des Strafvollzugs ein Geschäft im Holzfällergewerbe aufgebaut, in dem zu Beginn der Strafvollstreckung 17 Arbeitnehmer beschäftigt waren. Aufträge hatte Herr A... B... – u.a. von der Forstverwaltung ...... – für einen über Jahre hinausreichenden Zeitraum.
Nach Beginn des Strafvollzuges hat die Ehefrau den Betrieb weitergeführt, was ihr wegen der ungewohnten Tätigkeit jedoch nur mit erheblichen Schwierigkeiten gelang.
Eine geeignete Person, die die leitende Funktion anstelle von Herrn A... B... für die Dauer dessen Inhaftierung hätte übernehmen können, konnte nicht gefunden werden.
Bereits in der Zeit vom 15. 6.–21. 6. 1990 hat Herr A... B... Hafturlaub erhalten. Während dieses Urlaubs wurden ihm DM 20.000.– an Lohngeldern gestohlen. Das Strafverfahren gegen X... ist bei der Staatsanwaltschaft unter dem Az.:...... anhängig. Herr X... hat den Diebstahl zugegeben und erklärt, er habe das Geld inzwischen verspielt.
Aufgrund dieses Diebstahls ist es zu einer erheblichen Erschwerung der Fortführung des Geschäftes gekommen. Von den ursprünglich 17 Arbeitern haben inzwischen 7 das Arbeitsverhältnis gelöst, weil sie aufgrund des Diebstahls nicht rechtzeitig ihren Lohn erhalten haben und befürchten, die Firma würde aufgrund der Abwesenheit von Herr A... B... demnächst in Konkurs gehen.
Der Auftragsbestand ist nach wie vor sehr groß. Durch den Weggang der Arbeiter, den Ausfall der Lohngelder und den sich daraus ergebenden Schwierigkeiten, mit denen die Ehefrau allein nicht fertig wird, ist eine Haftunterbrechung für Herrn A... B... dringend erforderlich. Er muß seiner Frau in den notwendigsten Angelegenheiten (Buchhaltung, Gespräche mit Arbeitnehmern, Gespräche mit der Bank wegen weiterer Kreditgewährung, Gespräche mit Auftraggebern und Einstellung neuer Arbeitskräfte), dringend zur Seite stehen, um eine Vernichtung der mühsam für sich und seine Familie aufgebauten Existenzgrundlage noch verhindern zu können.

X. A. 18   X. A. Strafvollstreckung und Begnadigung

Der Leiter der JVA ...... hat dem Unterzeichneten in einem Telefongespräch vom ...... erklärt, daß seitens der Leitung der JVA keine Bedenken gegen eine Haftunterbrechung bestünden, vielmehr der Antrag befürwortet würde.
Wegen der Dringlichkeit der Sache wird um eine schnelle Entscheidung gebeten.

Rechtsanwalt

Schrifttum: Vgl. Form. X. A. 14.

Anmerkungen

1. Vgl. Form. X. A. 14 Anm. 1.
2. Vgl. Form. X. A. 14 Anm. 2.
3. Vgl. Form. X. A. 14 Anm. 3.
4. Vgl. Form. X. A. 14 Anm. 4.
5. Gesetzliche Möglichkeiten einer Strafunterbrechung, die Vorrang genießen (vgl. Form. X. A. 14 Anm. 15) und deshalb vorweg zu prüfen sind: §§ 360 Abs. 2, 455 Abs. 4, 455a, 456a, 458 Abs. 3 StPO; § 19, 45, 46, 46a StVollStrO.
6. Hinsichtlich der Richtlinien für die Gewährung einer gnadenweisen Strafunterbrechung vgl. Form. X. A. 16 Anm. 9.
7. Fluchtgefahr steht einer Strafunterbrechung entgegen. Beim sog. Selbststeller wird diese Gefahr in der Regel verneint.

18. Gnadenverfahren: Rechtsbehelfe

An die   München, den ......
Staatsanwaltschaft[4]
bei dem
Oberlandesgericht
8000 München

In dem Gnadenverfahren
betr.
A... B...
Az.: .. Gns.../87

erhebe ich als Verteidiger gegen den ablehnenden[1] Gnadenbescheid vom ......

Einwendungen.[2]

Gleichzeitig bitte ich, vor Entscheidung über die Einwendungen von Zwangsmaßnahmen abzusehen.[3]

Begründung:

....

Rechtsanwalt

Schrifttum: Vgl. Form. X. A. 14.

18. Gnadenverfahren: Rechtsbehelfe X. A. 18

Anmerkungen

1. Nur gegen ablehnende Gnadenbescheide gibt es Rechtsbehelfe; gewährende Gnadenentscheidungen unterliegen dagegen keiner Kontrolle. Auch der Verurteilte kann dagegen keinen Widerspruch erheben (*Schätzler* S. 78, 108). Da ein Gnadenverfahren auch von Amts wegen eingeleitet werden kann, hängt auch die positive Entscheidung z. B. über die Aussetzung zur Bewährung nicht vom Willen des Verurteilten (anders als nach § 57 Abs. 1, 2 StGB) ab (vgl. Form. X. A. 10 Anm. 3).

2. Hinsichtlich der Anfechtbarkeit von ablehnenden Gnadenentscheidungen gibt es folgende Rechtsbehelfe:

a) Gegenvorstellung
Gegen alle Ablehnungen oder Teilablehnungen sowie gegen den Widerruf eines Gnadenaktes können Gegenvorstellungen erhoben werden (*Schätzler* S. 107). Sinnvoll ist dieser Weg allerdings nur, wenn über die Begründung im Gnadengesuch hinaus neue Gesichtspunkte angeführt werden können. Ist das nicht möglich, sollte überlegt werden, ob nicht die Wiederholung des Gesuches zu einem späteren Zeitpunkt der richtigere Weg ist als etwa eine Gegenvorstellung oder eine Beschwerde (*Schätzler* S. 108).

b) Einwendungen, Beschwerde
Nach den meisten GnO kann die Entscheidung der übergeordneten Stelle (Generalstaatsanwalt, Justizminister) herbeigeführt werden. Die entsprechenden Rechtsbehelfe werden als „Einwendungen" (vgl. z. B. GnO von Bayern (§ 18), Niedersachsen (§ 43), Nordrhein-Westfalen (§ 21) oder als „Beschwerde" z. B. GnO von Baden-Württemberg (§ 42), Hessen (§§ 16 Abs. 7, 31), Rheinland-Pfalz (§ 41) bezeichnet.
Bei Entscheidungen des Justizministers kann der Träger des Gnadenrechts (Ministerpräsident oder Regierung/Senat; vgl. die einzelnen GnO) angerufen werden (*Schätzler* S. 107).

c) Petition
Nach Ausschöpfung dieser Möglichkeiten kann schließlich noch eine Petition an das Parlament (Petitionsausschuß) gerichtet werden (Art. 17 GG und die entsprechenden Vorschriften der Landesverfassungen).
Nochmals muß allerdings darauf hingewiesen werden, daß diese Schritte gründlichst zu überlegen sind. In der Regel verschlechtert man dadurch die Chancen für eine spätere Begnadigung. Der Mandant ist davor zu warnen, politische Freunde oder andere Persönlichkeiten, von denen der Verurteilte sich aufgrund ihrer Bekanntschaft mit dem Träger des Gnadenrechts eine Unterstützung seines Gnadenbegehrens erwartet, einzuschalten (*Dahs* Rdnr. 1065).

d) Gerichtliche Überprüfung?
Negative Gnadenentscheidungen unterliegen grundsätzlich (Ausnahme bei e) keiner richterlichen Nachprüfung. Die Frage ist allerdings heftig umstritten. Der Meinungsstand ist dargestellt bei *Schätzler* S. 78 ff. und LR/*Schäfer* Rdnr. 19 ff. vor § 12 GVG. Vgl. im übrigen die im Schrifttumsverzeichnis angegebene Literatur und *Kleinknecht/ Meyer* § 23 EGGVG Rdnr. 17.
Von einigen Verfassungsgerichtshöfen (BayVerfGH NJW 1966, 443; 1968, 587 und Hess. StGH NJW 1974, 791) ist die Verfassungsbeschwerde zugelassen worden (vgl. dazu LR/*Schäfer* Rdnr. 22 vor § 12 GVG; *Petersen* JuS 1974, 502). Es soll geltend gemacht werden können, daß die Gnadenbehörde unter Verletzung des Gleichheitssatzes (Art. 3 GG) den Einzelfall willkürlich von gleichgearteten Fällen anders entschieden hat (vgl. *Litwinski/Bublies*, Strafverteidigung im Strafvollzug, S. 23).

e) Rechtsweg bei Widerruf
Gegen den Widerruf eines Gnadenerweises ist nach h. M. der Rechtsweg eröffnet (BVerfG NJW 1971, 795; OLG Celle NJW 1989, 114; *Schätzler* S. 82). Überwiegend wird der Rechtsweg nach § 23 EGGVG für zulässig gehalten (*Kleinknecht/Meyer* § 23

EGGVG Rdnr. 17; *Schätzler* S. 83). Nach BayVerfGH NJW 1968, 587 ist auch die Verfassungsbeschwerde möglich. Die gerichtliche Nachprüfung ist aber darauf beschränkt, ob Ermessenswillkür oder Ermessensmißbrauch vorliegt (§ 28 Abs. 3 EGGVG). Deshalb sollte geprüft werden, ob nicht eine Gegenvorstellung das geeignete Mittel ist, den ausgesprochenen Widerruf zu beseitigen (*Schätzler* S. 83).

(3). Ebenso wie Gnadengesuche (vgl. Form. X. A. 14 Anm. 6) hemmen auch die „Einwendungen" oder „Beschwerden" nicht die Vollstreckung (vgl. z.B. § 18 Abs. 2 bayGnO; § 31 Abs. 4 hess. GnO).

(4). Der Rechtsbehelf sollte bei der Stelle eingelegt werden, die die ablehnende Gnadenentscheidungen getroffen hat. Es ist möglich, daß diese Behörde der Beschwerde abhilft und den erstrebten Gnadenerweis nun bewilligt (vgl. z.B. § 31 Abs. 1 S. 2 hess. GnO). In den GnO ist geregelt, wer über die „Einwendungen" oder „Beschwerde" entscheidet (vgl. z.B. § 18 bayGnO; § 42 bad.-württ. GnO).

19. Zurückstellung der Strafvollstreckung nach dem Betäubungsmittelgesetz

Vorbemerkung

1. Durch die Vorschrift des § 35 BtMG wird dem drogenabhängigen Verurteilten die Möglichkeit eröffnet, auch bei schlechter Prognose eine Zurückstellung der Strafvollstreckung zu erreichen, wenn er sich einer Therapiebehandlung unterzieht.
Dieses neue Rechtsinstitut der Strafvollstreckungszurückstellung wurde im Rahmen der Reform des Betäubungsmittelrechts als ein weiteres Instrument der Resozialisierung eingeführt. Es sollte auch demjenigen Verurteilten, dem wegen schlechter Prognose die Strafaussetzung zur Bewährung versagt werden mußte, eine Möglichkeit gegeben werden, mit der Bekämpfung seiner Drogensucht eine wirksame Drogenkriminalitätsprophylaxe zu erreichen. § 35 BtMG wurde eingeführt durch das neue Gesetz über den Verkehr mit Betäubungsmitteln vom 28. 7. 1981, BGBl. I 681, 1187; III, 2121 – 6–24; die Vorschrift ist am 1. 1. 1982 in Kraft getreten. Indes sollen die Gerichte auch nach Einführung dieser sog. „Vollstreckungslösung" die Frage der Aussetzung zur Bewährung vorrangig prüfen (so OLG Zweibrücken MDR 1983, 150 m.w.N.).
2. Voraussetzung für die Anwendbarkeit des § 35 BtMG ist, daß in dem rechtskräftigen Urteil eine Freiheitsstrafe ohne Bewährung verhängt wurde. Die noch zu vollstreckende Freiheitsstrafe darf 2 Jahre nicht übersteigen (vgl. § 35 Abs. 1 S. 1 BtMG i.V.m. § 35 Abs. 2 Nr. 2 BtMG). Der Mandant muß sich weiterhin „in einer seiner Rehabilitation dienenden Behandlung" befinden oder zusagen, sich einer solchen zu unterziehen. Nur wenn die Straftat aufgrund einer Betäubungsmittelabhängigkeit begangen wurde, bietet ihm § 35 BtMG die Chance, vor der Strafvollstreckung eine Drogentherapie fortzusetzen bzw. zu beginnen.
Unter den Voraussetzungen des § 36 BtMG wird ihm dann die nachgewiesene Zeit seines Aufenthalts in einer Drogentherapieeinrichtung auf die Strafe angerechnet (vgl. hierzu OLG Zweibrücken NStZ 1991, 92; KG Berlin NStZ 1991, 244).
3. Die Zurückstellung der Strafvollstreckung sowie die Möglichkeit der Anrechnung auf die Strafe setzen nicht voraus, daß die Bereitschaft zur Therapie aus innerer Überzeugung und Einsicht des Mandanten erklärt wurde (OLG Hamm, NStZ 1982, 485). Umstritten ist, ob die Therapiemotivation durch justiziellen Druck mit einem solchen Initialzwang geweckt werden soll, oder ob der soziale Druck aus dem Umfeld des Mandanten bzw.

19. Zurückstellung der Strafvollstreckung X. A. 19

eigene Beweggründe ausschlaggebend sein können (vgl. *Körner* § 35 Rdnr. 1). Man wird in diesem Zusammenhang zwischen Therapiemotivation und Therapieerfolg unterscheiden müssen. Letzterer wird nur durch die – möglicherweise später einsetzende – freiwillige Mitarbeit des Probanden möglich sein. Daher dürfen an die Motivation und Mitwirkungsbereitschaft des Verurteilten zum Zeitpunkt der Zurückstellung keine besonders hohen Anforderungen gestellt werden.

4. Aufgabe des Antragstellers ist die Darlegung aller materiellen Voraussetzungen der Zurückstellung. Diese sind
– rechtskräftige Verurteilung zu einer Freiheitsstrafe ohne Bewährung
– Straftat aufgrund einer Betäubungsmittelabhängigkeit begangen
– Freiheitsstrafe oder Strafrest von nicht mehr als 2 Jahren
– Behandlung in einer Drogentherapieeinrichtung oder Zusage, sich einer derartigen Behandlung zu unterziehen.

5. Das Zurückstellungsverfahren wird nicht von Amts wegen eingeleitet (*Körner* § 35 Rdnr. 48). Der Verteidiger muß mit seinem Mandanten eingehend erörtern, daß ein Akzeptieren des Urteils durch Rechtsmittelverzicht Voraussetzung für den Erfolg eines Zurückstellungsantrags ist. Erforderlichenfalls muß das eingelegte Rechtsmittel zurückgenommen werden.

6. Befindet sich der Mandant in Untersuchungshaft, so empfiehlt es sich zur Vorbereitung eines Antrags nach § 35 BtMG noch vor Rechtskraft des Urteils die Justizvollzugsanstalt schriftlich zu ersuchen, den Mandanten nicht in die für die Strafvollstreckung zuständige Haftanstalt zu verlegen, bevor über den Zurückstellungsantrag entschieden ist. Hiermit wird eine schnellstmögliche Überführung in die Therapieeinrichtung erreicht (*Körner* § 35 Rdnr. 12; *Adams-Eberth* NStZ 1983, 195).

Antrag auf Zurückstellung der Strafvollstreckung gem. § 35 BtMG

An die München, den 16. 10. 1990
Staatsanwaltschaft
beim Landgericht München I
– Vollstreckungsabteilung –[1]

In der Strafvollstreckungssache[2]
gegen M ...... E ......, geb. ......
z. Zt. JVA München

AZ.: VRs ....../90

stelle ich den

Antrag,[3]

die Vollstreckung der Freiheitsstrafe gem. § 35 BtMG zurückzustellen.

Begründung:

Herr E. wurde am 15. 10. 1990 vom Amtsgericht München wegen Verstoß gegen das Betäubungsmittelgesetz und Diebstahls zu einer Gesamtfreiheitsstrafe von 2 Jahren und 4 Monaten verurteilt. Er befindet sich seit 20. 5. 1990, somit seit nahezu 5 Monaten, ununterbrochen in Untersuchungshaft.[4]
Das Urteil ist rechtskräftig.[5]
Beide Taten wurden aufgrund der Betäubungsmittelabhängigkeit des Herrn E. begangen.[6] Die Betäubungsmittelabhängigkeit selbst ergibt sich aus dem in der Hauptverhandlung von Herrn Prof. Dr. W. erstatteten Sachverständigengutachten. Der Zusammenhang zwi-

schen dieser Abhängigkeit und den Straftaten wurde in der Hauptverhandlung, insbesondere der mündlichen Urteilsbegründung des Amtsgerichts vom 15. 10. 1990 festgestellt.[7] In ihr hat der Vorsitzende Richter ausgeführt, daß der Diebstahl des Geldes deshalb als sog. „Drogenbeschaffungsdelikt" anzusehen ist, weil Herr E. mit diesem Geld das Kokain zum Eigenverbrauch kaufte und dies auch von Anfang an so geplant hatte.[8]
Herr E. kann sich sofort nach Haftentlassung einer Drogentherapiebehandlung unterziehen.[9] Eine entsprechende Zusage[10] der Therapieeinrichtung C ...... in München ist diesem Antrag ebenso beigefügt, wie eine vorläufige Kostendeckungszusage.[11]

Rechtsanwalt

Anlagen:
Aufnahmebestätigung
Kostendeckungszusage

Anmerkungen

1. Zuständig ist die Vollstreckungsbehörde, d. h. im Erwachsenenrecht die Staatsanwaltschaft (§§ 451 StPO; 4 StVollStrO), bei Verurteilungen nach Jugendrecht der Jugendrichter als Vollstreckungsleiter (§§ 82, 84 Abs. 1, 85 Abs. 2 JGG).

2. Der Antrag setzt eine rechtskräftige Verurteilung sowie die Einleitung der Strafvollstreckung voraus (*Körner* § 35 Rdnr. 11, 12). Dazu muß nicht das schriftliche Urteil abgewartet werden, da der Rechtspfleger die Vollstreckung auch aufgrund einer beglaubigten Abschrift des Hauptverhandlungsprotokolls einleiten kann. Es ist gleichgültig, ob sich der Verurteilte im Augenblick der Entscheidung über den Antrag auf freiem Fuß, in U-Haft oder im Strafvollzug befindet. Maßgebend ist, daß eine Freiheitsstrafe im Sinne von § 38 StGB bzw. Jugendstrafe gem. § 19 JGG, § 38 Abs. 1 S. 2 StGB verhängt worden ist.

3. Vgl. Vorbemerkung Ziff. 5.

4. Die Zurückstellung ist nur dann möglich, wenn die noch zu vollstreckende Freiheitsstrafe nicht mehr als 2 Jahre beträgt. Es kann sich dabei um eine Verurteilung von nicht mehr als 2 Jahren handeln (§ 35 Abs. 1 und Abs. 2 Nr. 1) oder, wenn nach Teilverbüßung einer höheren Freiheitsstrafe der noch zu vollstreckende Strafrest 2 Jahre nicht übersteigt (§ 35 Abs. 2 Nr. 2). Für die Berechnung des Strafrestes ist allein die tatsächlich verhängte Strafe maßgebend, eine mögliche vorzeitige Entlassung nach § 57 StGB ist nicht zu berücksichtigen (BGH NStZ 1987, 292 = StV 1987, 301 m.w.N.). Unter Teilverbüßung ist sowohl die bereits erlittene Untersuchungs- wie auch die Strafhaft zu verstehen. Bei einer Verurteilung zu einer beispielsweise dreijährigen Haftstrafe muß der Mandant somit mindestens ein Jahr Untersuchungs- und/oder Strafhaft verbüßt haben, bevor eine Zurückstellung der restlichen Strafvollstreckung möglich ist.

Eine Zurückstellung nach § 35 Abs. 1 BtMG kann auch erfolgen, wenn eine Verurteilung zur Gesamtfreiheitsstrafe (§ 53 StGB) von nicht mehr als 2 Jahren erfolgte und das Schwergewicht der abgeurteilten Taten auf einer Betäubungsmittelabhängigkeit beruhte.

Bei mehreren drogenbedingten, nicht gesamtstrafenfähigen Freiheitsstrafen ist eine Zurückstellung der Strafvollstreckung dann möglich, wenn die Strafen zusammen bzw. der jeweils zu verbüßende Strafrest zwei Jahre nicht übersteigen (KG Berlin StV 1983, 291). Es müssen dann jedoch anders als bei der Gesamtfreiheitsstrafe die Voraussetzungen des § 35 BtMG bei jeder einzelnen Freiheitsstrafe vorliegen (*Körner* § 35 Rdnr. 27; *Ebert/Müller* Verteidigung in Betäubungsmittelsachen VII, Rdnr. 155).

Sind mehrere Freiheitsstrafen verhängt worden, aus denen keine Gesamtfreiheitsstrafe gebildet werden kann, so ist die Zurückstellung ihrer Vollstreckung nicht allein deswegen ausgeschlossen, weil aus ihnen insgesamt noch Freiheitsstrafe von mehr als zwei Jahren nicht vollstreckt ist. Die Möglichkeit, die Vollstreckung der einzelnen Freiheitsstrafen nach § 35 BtMG zurückzustellen ist unabhängig von der Gesamtdauer der einzelnen Strafen und Strafreste (§ 35 Abs. 2 Nr. 2 BtMG) möglich (BGH NStZ 1985, 126, 127 = StV 1985, 378).

5. Vgl. Vorbemerkung Ziff. 2

6. Zwischen der Betäubungsmittelabhängigkeit und der Straftat muß ein unmittelbarer Kausalzusammenhang bestehen. Dies ist bei Verstößen gegen das Betäubungsmittelgesetz selbst ebenso denkbar wie bei den sog. Drogenbeschaffungsdelikten (Apothekeneinbrüche, Diebstahl von Geld zur Beschaffung von Drogen usw.).

7. Die Begründung des Zurückstellungsantrags sollte den Nachweis der Betäubungsmittelabhängigkeit zum Zeitpunkt der Straftat enthalten. Nach § 35 Abs. 1 BtMG muß sich die Betäubungsmittelabhängigkeit und der Ursachenzusammenhang aus den Urteilsgründen ergeben oder „sonst feststehen". Ideal ist, wenn in der Hauptverhandlung die Abhängigkeit durch ein Sachverständigengutachten festgestellt wurde. Wenn beachtliche Anhaltspunkte für eine Abhängigkeit vorliegen, diese aber nicht im Urteil erwähnt sind, muß die Vollstreckungsbehörde eigene Feststellungen treffen. Denkbar sind durch Polizei oder Vollzugsbeamte beobachtete Injektionsmerkmale oder Entzugserscheinungen (vgl. zum ganzen *Körner* § 35 Rdnr. 19).

Die Behauptung eines verurteilten Heroinhändlers allein genügt zur Annahme einer Betäubungsmittelabhängigkeit nicht (BGH StV 1981, 237).

Der Hinweis auf die mündliche Urteilsbegründung reicht notfalls vorläufig für die Vollstreckungsbehörde aus, wenn der Zurückstellungsantrag rasch nach der Rechtskraft des Urteils gestellt werden soll. Denkbar ist die Benennung des jeweiligen Sitzungsstaatsanwalts als Zeugen für die mündlichen Ausführungen des Gerichts.

Im übrigen ist für eine positive Bescheidung des Antrags die Zustimmung des Gerichts des ersten Rechtszugs notwendig, die von der Vollstreckungsbehörde eingeholt werden muß (vgl. zur Mitwirkungspflicht sowie dem Rechtsbehelfsverfahren nach § 23 EGGVG Reisinger NStZ 1990, 57). Diese Mitwirkungspflicht ist deshalb sinnvoll, weil der erkennende Richter häufig positiv oder negativ entscheidungserhebliche Kriterien aus der Hauptverhandlung selbst in den Entscheidungsprozeß einbringen kann.

Auch kann der Antragsteller durch eigene Aktivitäten zum Nachweis seiner Betäubungsmittelabhängigkeit beitragen, indem er Ärzte oder Anwälte von deren Schweigepflicht entbindet. Er versetzt damit die Vollstreckungsbehörde in die Lage, die erforderlichen Auskünfte einzuholen. Angezeigt sind unter Umständen auch ein Antrag auf Beiziehung von Krankenhausakten u. ä., das Herbeischaffen eidesstattlicher Versicherungen von Bekannten die eine Betäubungsmittelabhängigkeit mindestens nahelegen usw. (vgl. *Körner* § 35 Rdnr. 20).

8. An der geforderten Kausalität der Drogenabhängigkeit fehlt es möglicherweise dann, wenn der Verurteilte aus dem Motiv des Gewinnstrebens heraus mit Drogen gehandelt hat.

Neben der hier beispielhaft erörterten Drogenbeschaffungskriminalität sind in diesem Zusammenhang solche Straftaten von praktischer Bedeutung, die im akuten Drogenrauschzustand oder anläßlich von Entzugserscheinungen begangen wurden.

9. Der verurteilte Drogenabhängige muß sich entweder in einer seiner Rehabilitation dienenden Behandlung befinden oder zusagen, sich einer derartigen Behandlung zu unterziehen (vgl. Vorbemerkung Nr. 1).

10. Das Vorliegen einer solchen Zusage ist deshalb erforderlich, weil die Vollstreckungsbehörde entscheiden muß, ob die im konkreten Fall vorgeschlagene Therapieeinrichtung für die Behandlung geeignet ist. Da die Vollstreckungsbehörde den Therapieerfolg nicht beurteilen kann, empfiehlt es sich, solche Therapieeinrichtungen zu wählen, die erfahrungsgemäß von der jeweiligen Vollstreckungsbehörde bereits in anderen Verfahren ak-

zeptiert wurden. Dabei muß es sich nicht um eine der staatlich anerkannten Einrichtungen handeln, die in Listen der einzelnen Bundesländer aufgeführt sind (vgl. *Körner* § 35 Rdnr. 46; zu den vorhandenen verschiedenen Therapieeinrichtungen vgl. derselbe § 35 Rdnr. 40).

Unter bestimmten Voraussetzungen kann sogar eine ambulante therapeutische Behandlung für eine Zurückstellung ausreichend sein (vgl. OLG Zweibrücken StV 1983, 249; 1984, 124).

11. Erfordert das Behandlungskonzept der jeweiligen Einrichtung eine Kostenübernahme, so ist die entsprechende Erklärung der Landesversicherungsanstalt oder eines sonstigen Kostenträgers der Vollstreckungsbehörde ebenfalls vorzulegen (zu den in den meisten Bundesländern bestehenden Arbeitsgemeinschaften der Kostenträger vgl. *Körner* § 35 Rdnr. 45).

B. Der Vollzug der freiheitsentziehenden Maßregeln der Besserung und Sicherung gemäß §§ 63, 64 StGB in einem Psychiatrischen Krankenhaus und in einer Entziehungsanstalt

Der Vollzug

1. Übersichtsgrafik/Begriffsbestimmungen/Rechtsbehelfsverfahren

a) Rechtsmittel gegen Maßnahmen oder Unterlassungen im Vollzug der Maßregeln nach §§ 63, 64 StGB

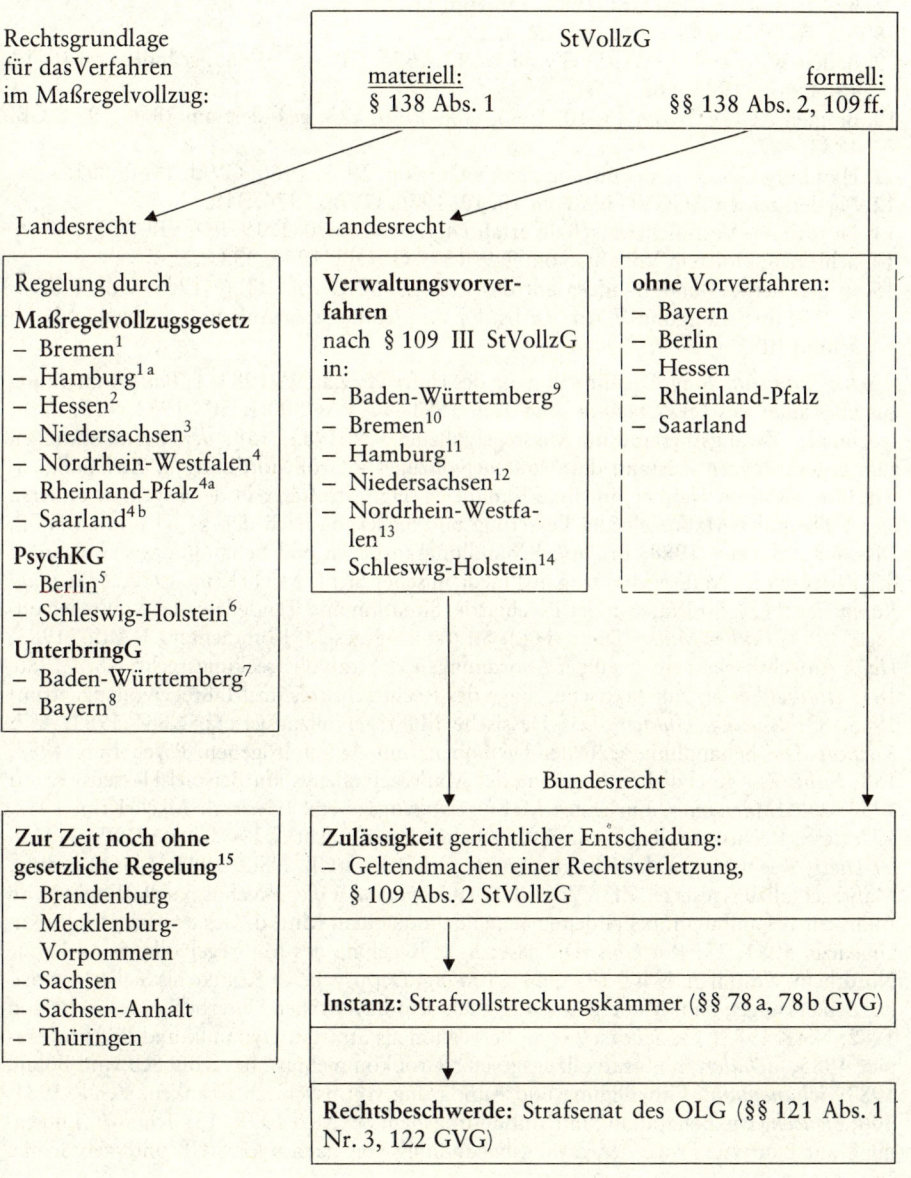

Fundstellen der Rechtsgrundlagen

1. Bremen GBl. 1983, 407 vom 11. 7. 1983.
1a. Hamburg GVBl. 1989, 99 vom 21. 6. 1989
2. Hessen GVBl. 1981, 414 vom 10. 12. 1981.
3. Niedersachsen GVBl. 1982, 131 vom 7. 6. 1982.
4. Nordrhein-Westfalen GVBl. 1985, 14 vom 16. 1. 1985.
4a. Rheinland-Pfalz GVBl. 1986, 223 vom 7. 10. 1986.
4b. Saarland AmtsBl. 1990, 81 vom 25. 1. 1990
5. Berlin GVBl. 1985, 586 vom 20. 3. 1985.
6. Schleswig-Holstein GVBl. 1979, 251 vom 26. 3. 1979.
7. Baden-Württemberg GBl. 1983, 133 vom 11. 4. 1983.
8. Bayern GVBl. 1982, 202 vom 29. 4. 1982.
9. Baden-Württemberg AGGVG vom 16. 12. 1975, GBl. 1975, 868, geändert am 10. 12. 1984, GBl. 1984, 668.
10. Bremen AGGVG vom 11. 10. 1960, GBl. 1960, 123, geändert am 28. 6. 1983, GBl. 1983, 407.
11. Hamburg Ges. zur Ausführung der VwGO vom 29. 3. 1960, GVBl. 1960, 291.
12. Niedersachsen AGGVG idF vom 10. 12. 1976, GVBl. 1976, 319.
13. Nordrhein-Westfalen Vorschaltverfahrengesetz vom 20. 2. 1979, GVBl. 1979, 40.
14. Schleswig-Holstein VollzBG vom 9. 9. 1977 GVOBl. 1977, 333.
15. In den neuen Bundesländern gilt das EinweisungsG vom 11. 6. 1968, GBl. I Nr. 13 S. 273, fort (EinigungsV Art. 9 Abs. 1 i.V.m. Anhang zu Anlage II Sachgebiet B Abschnitt III).

Schrifttum: Amelung, Die Einwilligung des Unfreien, ZStrW, 1983, 1; *Baur* Anmerkung zum Beschluß des OLG Hamm vom 7. 9. 1981 – 7 VAs 30/81, StV 1982, 125; *ders.,* Nochmals: Zwangstherapie im Maßregelvollzug, StV 1983, 158; *ders.,* Anmerkungen zum gegenwärtigen Zustand des Maßregelvollzugcs – Größenordnungen, Zuständigkeiten, Organisation, Defizite, in: Blau/Kammeier (Hg.) Straftäter in der Psychiatrie; *ders.,* Der Vollzug der Maßregeln der Besserung und Sicherung nach den §§ 63 und 64 StGB, Diss. jur., Münster 1988; *Bischof,* Behandlungsanspruch und Behandlungsverweigerung der Patienten im Maßregelvollzug aus medizinischer Sicht, MschrKrim 1987, 291; *Blau/ Kammeier* (Hg.), Straftäter in der Psychiatrie. Situation und Tendenzen des Maßregelvollzugs, 1984; *Callies/Müller-Dietz* (Hg.), Strafvollzugsgesetz. Kommentar, 3. Aufl., 1983; *Haas,* Anfechtbarkeit einstweiliger Anordnungen im Strafvollstreckungsrecht, NStZ 1986, 161; *Hohlfeld* et al, Zur faktischen Lage des Rechtsschutzes im Maßregelvollzug, KrimJ 1985, 83; *Kneuker/Hübner,* Das Hessische Maßregelvollzugsgesetz, NStZ 1982, 457; *Kockott,* Die Behandlung sexueller Delinquenz mit Antiandrogenen, Psych Prax 1983, 158; *Kohl,* Zur gesetzlichen Regelung des Maßregelvollzugs am Beispiel Hessens, KrimJ 1983, 259; *Marschner,* Ein erstes Maßregelvollzugsgesetz! (Hessen), MschrKrim 1982, 177; *ders.,* Rechtsgrundlagen zur Zwangsbehandlung, Recht & Psychiatrie 1985, 3; *Müller-Dietz,* Rechtsfragen der Unterbringung nach § 63 StGB, NStZ 1983, 145/203; *ders.,* Maßregelvollzugsgesetze, ZfStrVo 1983, 19; *Rönnau/Wille,* Psychosexuelle Effekte von Androcur bei ambulant behandelten Sexualdelinquenten, Mitt. d. Ges. f. Praktische Sexualmedizin 1981, 25; *Rotthaus,* Die gesetzliche Regelung des Maßregelvollzugs im Lande Nordrhein-Westfalen, NStZ 1985, 441; *Rüping,* Der psychisch Kranke als Sicherheitsrisiko. Bemerkungen zum Maßregelvollzug nach dem Bayerischen Unterbringungsgesetz von 1982, NStZ 1983, 13; *Schorsch* et al, Perversion als Straftat. Dynamik und Psychotherapie, 1985; *Schuler* in: Strafvollzugsgesetz. Großkommentar. hg. von Schwind/Böhm, 1983; *Schünemann,* Einwilligung und Aufklärung von psychisch Kranken, VersR 1981, 306; *Sigusch,* Die Behandlung mit Antiandrogenen, SexMed 1979, 13; *Tondorf,* Entgegnung auf Baur zur Frage der Zwangsbehandlung von nach § 63 StGB untergebrachten

1. Übersichtsgrafik/Begriffsbestimmungen/Rechtsbehelfsverfahren X. B. 1

Straftätern, StV 1982, 373; *Volckart* in: AKStVollzG, 3. Aufl., 1990, §§ 109–121, 136–138; *ders.*, Rechtsanspruch auf Vollzugslockerungen und Urlaubsanspruch im Maßregelvollzug, Recht & Psychiatrie 1984, 3; *ders.*, Rechtshilfe zwangsweise Untergebrachter gegen Maßnahmen des Krankenhauses, R & P 1984, 60; *ders.*, Anmerkung zu: KG, Beschluß vom 3. 11. 1982 – 2 VAs 20/82 (Zur gerichtlichen Kontrolle von Vollzugsmaßnahmen im Maßregelvollzug), R & P 1985, 34; *ders.*, Maßregelvollzug. Das Recht des Vollzuges der Unterbringung nach §§ 63, 64 StGB in einem psychiatrischen Krankenhaus und in einer Entziehungsanstalt, 3. Aufl. 1991; *ders.*, Verwaltungsverfahrensrecht im Krankenhaus, R & P 1987a, 104; *ders.*, Anm. zu OLG Hamm, Beschl. v. 13. 8. 1984 – 1 Vollz (Ws) 79/84, StV 1987 b, 113; *Wagner*, Effektiver Rechtsschutz im Maßregelvollzug – § 63 StGB, Godesberg 1988; *ders.*, Sind psychiatrische Therapiemethoden „gerecht"?, R & P 1989, 49; *ders.*, Zweifelhafter Rechtsschutz gegen zweifelhafte Therapiemaßnahmen, R & P 1990, 58.

b) Unterscheidung von Vollzug und Vollstreckung

Vollstreckung bedeutet die Einleitung und die generelle Überwachung der Durchführung der durch rechtskräftiges Urteil angeordneten Unterbringung in einem Psychiatrischen Krankenhaus oder in einer Entziehungsanstalt. Für Vollstreckungsmaßnahmen ist der Staatsanwalt bzw. der Jugendrichter des 1. Rechtszuges zuständig, § 451 Abs. 1 StPO, § 82 Abs. 1 S. 1 JGG, §§ 4, 7 StVollstrO. Der Rechtsweg für Vollstreckungsangelegenheiten ist in der Strafprozeßordnung geregelt. S. Form. X. A. 1–13.

Vollzug ist die Durchführung der Maßregel in ihrer Inhaltlichkeit und deren Gestaltung. Hierzu gehören die Aspekte „Besserung" (= Behandlung, Therapie) und „Sicherung" (= Freiheitsbeschränkungen, Grundrechtseingriffe). In den Bereich des Vollzugs gehören auch die sozialen Rechte (z.B. Ausbildung, Arbeit, Freizeitgestaltung) sowie weitere Rechte und Maßnahmen wie Akteneinsichtsrecht, externe Begutachtung usw., allerdings in den einzelnen Bundesländern sehr unterschiedlich geregelt.

Das gerichtliche Verfahren bei Vollzugsangelegenheiten ist formell nach Bundesrecht geregelt: §§ 109 ff. StVollzG; materiell-rechtlich gilt Landesrecht.

c) Rechtsbehelfsverfahren

(aa) Vorverfahren. Gemäß § 109 Abs. 3 StVollzG kann das *Landesrecht* vor der Zulässigkeit eines Antrages auf gerichtliche Entscheidung die Durchführung eines Verwaltungsvorverfahrens vorsehen. S. die Grafik auf S. 619.

Adressat eines Antrags im Vorverfahren ist das *Psychiatrische Krankenhaus* bzw. die *Entziehungsanstalt* als die zuständige Vollzugsbehörde. Soweit der Anwalt bereits im Vorverfahren beauftragt und tätig wird, hat er zu bedenken, daß gegenwärtig noch vielen Psychiatrischen Krankenhäusern und den in ihnen leitend und verantwortlich Tätigen – anders als in Justizvollzugsanstalten – ihr Status als Behörde bzw. als hoheitlich Handelnde noch keineswegs vertraut ist. In der Praxis werden daher viele Maßnahmen und Anordnungen in dem Bewußtsein getroffen, sie seien integrativer Bestandteil ärztlicher (psychologischer) Therapiefreiheit, nicht aber Verwaltungsmaßnahmen oder ihnen gleichstehende Realakte. Zur Geltung des Verwaltungsverfahrensrechts im Maßregelvollzug vgl. *Volckart* 1987a, 104.

(bb) Widerspruchsverfahren. In der Praxis des Maßregelvollzugs ist es noch keineswegs üblich, daß Anträge des Untergebrachten (Patienten) schriftlich beschieden werden. So steht der Anwalt häufig vor dem Dilemma, vage Andeutungen und unbestimmte, hinhaltende Äußerungen von Mitarbeitern, die nachher möglicherweise nicht zu ihren Aussagen stehen, als Antragsablehnung aufzufassen, die die Frist für den Widerspruch in Gang setzt oder die Drei-Monatsfrist bis zur Zulässigkeit einer Vornahmeklage (Untätigkeitsklage) abzuwarten, oder einen „objektiven Zeitdruck" für die Zulässigkeit eines Antrages auf

"Aussetzen einer Maßnahme" bzw. auf Erlaß einer "Einstweiligen Anordnung" ins Feld zu führen.

Adressat im Widerspruchsverfahren ist zunächst die Behörde, die den Verwaltungsakt erlassen oder den Antrag abgelehnt hat. Hilft sie dem Widerspruch ab, ist die Angelegenheit erledigt. Andernfalls legt sie die Sache der nächsthöheren Behörde zur Entscheidung vor. Dies ist in
– Baden-Württemberg: der für die Unterbringungseinrichtung zuständige Regierungspräsident
– Bremen: der zuständige Senator (= Senator für Gesundheit und Sport)
– Hamburg: die Freie und Hansestadt Hamburg, Gesundheitsbehörde, Landesbetrieb Krankenhäuser, Referatsgruppe Recht und Patienteninteressen
– Niedersachsen: die Behörde, die die unmittelbare Fachaufsicht führt (= Landessozialamt, Hildesheim)
– Nordrhein-Westfalen: der Landschaftsverband Rheinland, Köln, bzw. der Landschaftsverband Westfalen-Lippe, Münster
– Schleswig-Holstein: Ministerium für Soziales, Gesundheit und Energie, Kiel.

In Bremen, Hamburg, Nordrhein-Westfalen und Schleswig-Holstein kann der Widerspruch innerhalb der vorgesehenen Frist auch direkt bei der nächsthöheren Behörde eingelegt werden. Faktisch wird in Schleswig-Holstein auf die Durchführung eines Widerspruchsverfahrens im Bereich des Maßregelvollzuges verzichtet.

(cc) Gerichtliche Entscheidung
– Zulässigkeitsvoraussetzungen:
1. a) Antrag gegen eine Maßnahme zur Regelung einer einzelnen Angelegenheit im Maßregelvollzug, §§ 109 Abs. 1 S. 1, 138 Abs. 2 StVollzG. Allgemeine Regelungen sind von der gerichtlichen Überprüfung ausgeschlossen.

Oder:

1. b) Antrag auf Verpflichtung zum Erlaß einer abgelehnten oder unterlassenen Maßnahme, §§ 109 Abs. 1 S. 2, 138 Abs. 2 StVollzG.
2. Geltendmachung einer Rechtsverletzung durch die Maßnahme oder ihre Ablehnung oder Unterlassung, §§ 109 Abs. 2, 138 Abs. 2 StVollzG.
3. Je nach Landesrecht: Vorherige Durchführung des Verwaltungsvorverfahrens, s.o.

– Maßnahmen und Handeln im Vollzug, Verwaltungsakte und Realakte:
Mit der Bezeichnung "Maßnahme zur Regelung einzelner Angelegenheiten" sind nicht ausschließlich Verwaltungsakte im engeren Sinne gemeint (ebenso AKStVollzG/*Volckart* § 109 Rdnr. 14). Vielmehr unterliegen aus der Natur der Sache des Vollzugs in einem psychiatrischen Krankenhaus auch schlicht hoheitliches Handeln, insbesondere aber auch rein tatsächliche Handlungen (Realakte) von Ärzten, Therapeuten und Pflegern der gerichtlichen Überprüfung, sofern sie den Betroffenen in seinen Rechten verletzen. In gleicher Weise unterliegt auch das eigenmächtige und/oder eigenverantwortliche – tatsächliche – Handeln von anderen Mitarbeitern der Einrichtung, das in den Rechtskreis der Betroffenen eingreift, der rechtlichen Nachprüfung. Vgl. *Schuler* StVollzG § 109 Rdnr. 11 m.w. Nachw.; AKStVollzG/*Volckart* § 109 Rdnr. 7 (streitig). (Zur richterlichen Überprüfbarkeit ärztlichen Handelns: s. Nachweise zum Diskussionsstand in Form. X. B. 3 Anm. 9. Hinsichtlich der richterlichen Nachprüfung der Ermessensausübung einer Behörde, die sich an einem unbestimmten Rechtsbegriff zu orientieren hat, vgl. BGH Beschl. vom 22. 12. 1981 – 5 AR (Vs) 32/81 (ergangen auf Vorlagebeschl. des OLG Hamm) = NStZ 1982, 173 und OLG Hamm, Beschl. v. 13. 8. 1984 – 1 Vollz (Ws) 79/84, StV 1987b, 112 mit Anm. *Volckart* (!). Rechtsverletzungen können aber auch Außenstehende (z.B. nicht zugelassene Besucher (vgl. Form. X. B. 2 Anm. 11) geltend machen. Bei der "Maßnahme" muß es sich aber um eine Regelung handeln, die – wenigstens auch – rechtliche Wirkung entfaltet oder entfalten soll (vgl. AKStVollzG/*Volckart* § 109 Rdnr. 15).

1. Übersichtsgrafik/Begriffsbestimmungen/Rechtsbehelfsverfahren X. B. 1

— Prinzip der Amtsermittlung:
Die hier infrage kommenden Verfahrensgrundsätze sind denen des Verwaltungsprozesses (vgl. NStZ 1984, 355 m. w. Nachw.) nachgebildet. Die Beteiligten unterbreiten dem Gericht den Streitgegenstand, Anträge und Erklärungen.
Für die Entscheidungsfindung des Gerichts gilt der Untersuchungsgrundsatz; hier herrscht also das Prinzip der Amtsermittlung.
Daher empfiehlt es sich für den Anwalt, dem Gericht einen genau spezifizierten Antrag mit einem klaren Tatbestand und einer sorgfältig zusammengetragenen schlüssigen Argumentationskette vorzulegen. Das Gericht trifft dann die Pflicht, eine Gegendarstellung der Behörde daraufhin zu überprüfen, ob sie zutrifft oder nicht (vgl. AKStVollzG/ *Volckart* § 115 Rdnr. 1).
Zum Umfang der gerichtlichen Überprüfungskompetenz, insbesondere bei Ermessensentscheidungen der Behörde, kann nur auf die Kommentare und die Diskussion im Schrifttum verwiesen werden. In der neueren Rspr. verdienen Beachtung: OLG Hamm, Beschl. v. 15. 7. 1985 – 1 Vollz (Ws) 83/85, ZfStrVo 1985, 373 (betr. Zusammentreffen von unbestimmtem Rechtsbegriff mit Folgeermessen: Mischtatbestand) und OVG Berlin, Beschl. v. 7. 2. 1986 – OVG 8 M 21.85, StV 1986, 261. Die Maßregelvollzugsgesetze der Länder räumen den Behörden ein unterschiedliches Maß an Ermessensentscheidungen ein.
Dem Anwalt kann daher an dieser Stelle nur geraten werden, wegen der materiellrechtlichen Grundlage das für das Bundesland seines Mandanten geltende Gesetz unter diesem Aspekt genau anzusehen.

(dd) Rechtsbeschwerde. Sie ist zulässig, wenn sie zur Fortbildung des Rechts oder zur Sicherung einer einheitlichen Rechtssprechung geboten ist, § 116 Abs. 1 StVollzG. Begründet ist sie, wenn die angefochtene Entscheidung auf einer Verletzung des Gesetzes beruht, § 116 Abs. 2 StVollzG.

(ee) Fristen
— Widerspruchsverfahren:
  — Baden-Württemberg
  Beschwerde innerhalb von *zwei Wochen*, § 43 Abs. 2 AGGVG-BW
  — Bremen
  Beschwerde innerhalb von *zwei Wochen*, § 26 Abs. 3 AGGVG i. V. m. § 35 MRVG-Br
  — Hamburg
  Widerspruch innerhalb *eines Monats*, § 6 Abs. 1 S. 2 AGVwGO-Hbg
  — Niedersachsen
  Widerspruch innerhalb *einer Woche*, jedoch erst nach Ablauf einer Nacht (hat aufschiebende Wirkung!),
  §§ 9b, 9a, 9 Abs. 2 AGGVG-Nds
  — Nordrhein-Westfalen
  Widerspruch innerhalb *einer Woche*, § 3 Abs. 2 VorschaltverfahrenG-NW
  — Schleswig-Holstein
  Beschwerde innerhalb *einer Woche*, § 2 Abs. 1 VollzBG-SH
— Antrag auf gerichtliche Entscheidung:
zwei Wochen nach Zustellung oder schriftlicher Bekanntgabe der Maßnahme oder ihrer Ablehnung, § 112 Abs. 1 StVollzG.
Beim Vornahmeantrag nicht vor Ablauf von drei Monaten seit dem Antrag auf Vornahme der Maßnahme, § 113 Abs. 1 StVollzG.
— Rechtsbeschwerde:
innerhalb eines Monats nach Zustellung der gerichtlichen Entscheidung.

2. Anfechtungsklage gemäß § 109 Abs. 1 S. 1 StVollzG
(gegen unzulässige Grundrechtseingriffe)

An das
Landgericht[1]
– Strafvollstreckungskammer[2] –
4790 Paderborn   10. 3. 1991[3]

In der Vollzugssache[4]
gegen
Herrn A...
Az.:.. Js[4] ......

zur Zeit untergebracht gem. § 63 StGB[5] im Psychiatrischen Krankenhaus E ......[6]

bestelle ich mich unter Vollmachtsvorlage für den Patienten und beantrage[7]:

1. den Widerspruchsbescheid[8] des Landschaftsverbandes W. ......[9] vom 26. 2. 1991[10] aufzuheben;
2. Das Recht von Herrn A ......[11] auf Besuchs-, Post- und Telefonverkehr,[12] das seit dem 6. 2. 1991 eingeschränkt ist, in vollem Umfange wiederherzustellen.

Begründung:

1. Nachdem Herr A ...... am 31. 1. 1991 in einem abseits gelegenen Nebenraum der Station 72 die Krankenschwester L ...... M ...... sexuell zu nötigen versucht hatte, wurde er noch am gleichen Tag auf die feste Station 13 – „aus Sicherungsgründen", wie den Eintragungen im Krankenblatt zu entnehmen ist –, zurückverlegt. Diese Entscheidung wird als sachlich angemessen durchaus auch von Herrn A. ...... akzeptiert.
2. Nicht hingenommen werden können aber die über diese räumliche Sicherung hinausgehenden Einschränkungen. So ist ihm zusätzlich seit dem 6. 2. 1991 verboten worden, den Besuch seiner Eltern und seiner Schwester zu empfangen, Briefe an sie abzusenden oder zu empfangen bzw. mit ihnen zu telefonieren.
3. Daß der Maßnahme des Psychiatrischen Krankenhauses zugrundeliegende Verhalten von Herrn A. ...... war einschlägig. Er verlangte von der Krankenschwester, daß sie ihren Oberkörper frei mache. Daraufhin saugte er an ihrer Brust bis zum Samenerguß. „Gelernt" hat er dieses Verhalten vor ca. 18 Jahren bei seiner um einige Jahre jüngeren Schwester. Nach diesem Muster sind mehrere seiner Straftaten abgelaufen. Insgesamt weist dieses Verhalten Herrn A. ...... als eine beziehungsgestörte Persönlichkeit aus. Daß in diesem kriminellen Kontext so definierte perverse Vorgehen von Herrn A. ...... stellt nach der inzwischen allgemein anerkannten Theorie sexueller Perversionen,[13] die vor allem von Professor Schorsch aus Hamburg und seinen Mitarbeitern vertreten wird, nur eine austauschbare Symptomatik der Persönlichkeitsstörung dar. Dies bedeutet bezogen auf Herrn A. ......: Die bisherige gute Beziehung von Herrn A. ...... zu seinen Eltern und seiner inzwischen verheirateten Schwester ist nicht schädlich für ihn im Sinne ständig neuer Symptombildung, sondern sie ist für ihn im Gegenteil die beinahe einzige tragfähige und vertrauensvolle soziale Beziehung überhaupt, die er zur Zeit wahrnehmen kann. Diese Beziehungen als einzige Sozialkontakte von Herrn A. ...... zu verbieten hieße, sein Persönlichkeitsdefizit zu vergrößern statt es zu verringern.
4. Die bei Herrn A. ...... vorherrschende Symptomatik und seine entsprechenden Verhaltensweisen sind im übrigen inzwischen soweit verfestigt, daß sie sich unabhängig von den Besuchen der Schwester bei ihm verselbständigt haben. Eine wirkliche Hilfe und eine Besserung seiner Persönlichkeitsstörung kann Herr A. ...... nur durch intensive Psychotherapie und gerade auch durch die Ermöglichung von sozialen Kontakten nach

2. Anfechtungsklage gemäß § 109 Abs. 1 S. 1 StVollzG   X. B. 2

draußen erfahren. So sollten ihm eher noch mehr Kontakte als bisher und darüberhinaus mit neuen Partnern, z. B. mit „Kontaktfamilien", aber auch mit gleichaltrigen männlichen und weiblichen Bezugspersonen, ermöglicht werden. Als Ziele dieser sozialtherapeutischen Bemühungen sind anzustreben: Abbau von Unwertgefühlen, Hemmungen und Versagensängsten als den Ursachen, aus denen heraus seine delinquenten Verhaltensweisen entstehen.

5. Gerade weil Herrn A. ...... zur Zeit kein Urlaub oder Ausgang gewährt werden kann, ist es für ihn um so wichtiger, Besuche empfangen zu können. Dies dient zusätzlich der Prävention vor falscher Regression und der Verhinderung von Depressionen mit Suicidgefahr. In gleicher Weise notwendig ist auch die ungehinderte Korrespondenz und Telefonbenutzung zu den wenigen außenstehenden Bezugspersonen, die er hat. Die Einsichtnahme in seine Korrespondenz bzw. das Mithören seiner Telefonate im Sinne einer Inhaltskontrolle sind unzulässig, weil sie (– entsprechend der Gesetzeslage in NW –) keinen neuen Erkenntnisgewinn über seine Krankheit zu vermitteln vermögen.[14]

6. Am 8. 2. 1991 hat Herr A. ...... beantragt, die Beschränkung seiner Kommunikationsrechte aufzuheben. Dies wurde ihm durch mündliche Mitteilung[15] der Stationsleiterin H. ...... abgelehnt. Der dagegen eingelegte Widerspruch wurde am 26. 2. 1991 zurückgewiesen. Die im Widerspruchsbescheid genannten Gründe sind allgemein und pauschal am Sicherungsdenken orientiert und berücksichtigen nicht die individuelle Persönlichkeitsproblematik und entsprechende therapeutisch indizierte Interventionen.

Rechtsanwalt

Anmerkungen

1. Sachliche Zuständigkeit für Entscheidungen im Vollzug der freiheitsentziehenden Maßregeln nach §§ 63, 64 StGB: Das Landgericht, in dessen Bezirk das Psychiatrische Krankenhaus/die Entziehungsanstalt liegt, § 78a GVG, § 110 StVollzG.

2. Die Angabe des Spruchkörpers ist entbehrlich und ohne Auswirkung auf die Zulässigkeit. Ihre Angabe ist aber zweckmäßig zur Beschleunigung des Verfahrens. Zur Besetzung der Kammer: § 78b GVG

3. Auf das hier genannte Datum wird in allen nachfolgenden Briefmustern hinsichtlich der Fristen Bezug genommen.

4. Der hier gestellte Antrag betrifft richtigerweise eine Unterbringungssache = Vollzugssache. Bei einem ersten Brief kann dennoch die Benennung als „Strafsache" in Verbindung mit dem „Js"-Aktenzeichen, soweit bekannt, gewählt werden. Bei dem Landgericht erhält der Vorgang dann das Aktenzeichen: ...... Vollz ......, beim OLG: ...... Vollz(Ws) ......

5. Auch die Angaben von Rechtsgrundlage der Unterbringung und Vollzugseinrichtung sind entbehrlich. Aber auch sie geben zur Beschleunigung des Verfahrens Hinweise auf die örtliche und sachliche Zuständigkeit des angeschriebenen Landgerichtes (§ 110 StVollzG) und auf die nach Landesrecht bestimmte materielle Rechtsgrundlage, –in diesen Verfahren eben nicht das Strafvollzugsgesetz!

6. Dies erfordert vom Anwalt, je nach Problemlage, unter Umständen andere bzw. anders gewichtete Begründungen als bei vergleichbarer Problemstellung im Strafvollzug!

7. Da in diesen Verfahren nach §§ 109 ff. StVollzG nicht die Offizialmaxime gilt, ist das Gericht auf Anträge der Beteiligten angewiesen und an sie gebunden. Sie sollten – selbstverständlich – im Detail formuliert das Begehren des Antragstellers enthalten.

8. Zur Zulässigkeit dieses Antrages ist – soweit das betreffende Bundesland dies vorsieht – die Durchführung des Vorverfahrens bis zum Widerspruchsbescheid erforderlich (s. die Grafik auf S. 619).

9. Angabe der Behörde, die den Widerspruchsbescheid erlassen hat.

10. Der Antrag ist binnen zwei Wochen nach Zustellung oder schriftlicher Bekanntgabe der Maßnahme oder ihrer Ablehnung bzw. nach Zustellung oder schriftlicher Bekanntgabe des Widerspruchsbescheids zu stellen, § 112 Abs. 1 StVollzG.

11. Außer den Patienten selbst können auch Dritte, – Außenstehende wie Eltern, Betreuungsvereine, Rechtsanwälte o. a. –, in ihren Rechten verletzt sein. In solchen Fällen steht auch ihnen der Rechtsweg zur StVK, ggf. nach erfolglosem Vorverfahren, offen: AKStVollzG/*Joester* § 23 Rdnr. 1; *Schuler* StVollzG. Großkomm., § 109 Rdnr. 28. Einen RA betreffend: OLG Frankfurt, Beschl. v. 16. 6. 86 – 3 Ws 297/86 (StVollz), ZfStrVo 1987, 113.

12. §§ 6 Abs. 1; 7 Abs. 1 und 4 MRVG-NW. – In den Briefmustern wird beispielhaft auf das Maßregelvollzugsgesetz des Landes Nordrhein-Westfalen Bezug genommen, weil es teilweise mehr Rechte der Patienten benennt, als die Gesetze der anderen Länder und weil sich etwa 30% der in der Bundesrepublik gemäß §§ 63, 64 StGB untergebrachten Patienten in Einrichtungen in Nordrhein-Westfalen befinden.

13. Vgl. hierzu als sehr aufschlußreiches Werk, das auch Möglichkeiten ambulanter Therapie bei Sexualstraftätern aufzeigt: *Schorsch* et al, Perversion als Straftat. Dynamik und Psychotherapie, 1985.

14. § 6 Abs. 2 MRVG-NW.

15. Maßnahmen und ablehnende Entscheidungen brauchen nur mündlich bekanntgegeben zu werden; *Schuler* StVollzG. Großkomm, § 109 Rdnr. 22; OLG Koblenz Zf StrVo 1981, 62. Maßnahmen ohne unmittelbare, rechtliche Außenwirkung sind gerichtlich nicht überprüfbar: vgl. OLG Celle, Beschl. v. 15. 1. 1988 – 3 Ws 590/87 (StVollz), ZfStrVo 1988, 251. Keine schriftliche Bekanntgabe, aber die Nennung von Gründen verlangt KG, Beschl. vom 17. 5. 1983 –5 Ws 90/83 Vollz. Zum Vertrauensschutz des Betroffenen bei Entscheidungen durch nachgeordnete Bedienstete: vgl. OLG Frankfurt, Beschl. v. 26. 11. 1986 – 3 Ws 943/86 (StVollz), ZfStrVo 1987, 252.

3. Anfechtungsklage mit Übergang auf Feststellungsklage gemäß § 109 Abs. 1 S. 1 StVollzG (gegen aufgezwungene – falsche – Behandlung)

An das
Landgericht[1]
– Strafvollstreckungskammer –
4790 Paderborn   10. 3. 1991

In der Vollzugssache
gegen
Herrn B...
Az.:... Js......

zur Zeit untergebracht gem. § 63 StGB im Psychiatrischen Krankenhaus E.......
bestelle ich mich unter Vollmachtsvorlage für den Patienten und
beantrage:

1. den Widerspruchsbescheid[2] des Landschaftsverbandes W......[3] vom 26. 2. 1991[4] aufzuheben;

3. Anfechtungsklage mit Übergang auf Feststellungsklage

2. die Behandlung von Herrn B ...... mit dem triebdämpfenden Mittel Androcur unverzüglich ersatzlos einzustellen, da sie ihn in seinem Recht aus § 15 Abs. 2 MRVG-NW verletzt;[5]
3. für den Fall, daß die Behandlung nach Eingang des Antrags bei Gericht nicht mehr fortgeführt wird, festzustellen, daß die bei Herrn B ...... durchgeführte Behandlung mit dem Mittel Androcur rechtswidrig[6] war.

Begründung:

1. Nach § 15 Abs. 2 MRVG-NW bedarf die Behandlung von Herrn B ...... seiner Einwilligung. Diese Einwilligung ist von ihm nicht wirksam erteilt worden. Die Erteilung einer Einwilligung setzt eine ausführliche Aufklärung über das Therapieziel und die bei der Behandlung auftretenden Risiken voraus.
2. Gemäß § 14 Abs. 1 MRVG-NW ist für jeden Patienten ein individueller Behandlungsplan zu erstellen. Dieser ist mit ihm zu erörtern. Dazu gehört die Indikationsstellung für die Anwendung des triebdämpfenden Mittels Androcur. Nach meiner Durchsicht der Krankenakte von Herrn B ...... ist bisher ein solcher Behandlungsplan für ihn nicht erstellt worden. Es finden sich lediglich Eintragungen unterschiedlicher Therapeuten, die auf gewisse Behandlungsabsichten schließen lassen. Nach Angabe von Herrn B ...... sind diese nicht mit ihm erörtert worden.
3. In der fachwissenschaftlichen Diskussion ist der Einsatz des hormonell wirkenden triebdämpfenden Mittels Androcur umstritten.[7] Grob vereinfachend wird einerseits gesagt, die Anwendung dieses Mittels nehme dem Patienten „zunächst einmal den Wind aus den Segeln", d. h. es reduziere seinen Triebdruck. Danach erst könne wirksam mit einer Psychotherapie begonnen werden, die allerdings auch zur Behandlung unabdingbar erforderlich sei. Auf der anderen Seite wird die Meinung vertreten, die Verabreichung von Androcur sei nur in extrem seltenen Ausnahmefällen indiziert. In weitaus den meisten Fällen genüge eine auf einem psychodynamischen Verstehenskonzept von sexueller Delinquenz aufbauende Psychotherapie.
4. Dieser Diskussionsstand hätte Herrn B ...... in groben Zügen vorgetragen und erläutert werden müssen. Darüberhinaus ist wegen der bekannten Nebenwirkungen dieses Mittels (es können zum Beispiel Nieren- oder Knochenschäden sowie Brustbildung auftreten) eine eingehende somatische Untersuchung des körperlichen Zustandes sowie der relevanten Blutwerte erforderlich. Herr B ...... erklärte hierzu, er sei insoweit nicht untersucht worden. Auch in den Krankenunterlagen finden sich keine entsprechenden Eintragungen.
5. Neben diesen Defiziten erscheint auch im speziellen Fall von Herrn B ...... die therapeutische Indikation dieses Mittels zweifelhaft. Das zur Hauptverhandlung erstellte ausführliche Gutachten von Herrn Prof. N ...... beschreibt Herrn B ...... als sozialisations- und persönlichkeitsgestört. Biologisch-organische Defekte seines Hormonhaushaltes als Ursachen für eine abweichende Triebdynamik wurden nicht festgestellt. Prognostisch wurde ausgeführt, daß mit Herrn B ...... im wesentlichen in sexueller Hinsicht aufklärerisch zu arbeiten sei, verbunden mit einer pädagogischen Bemühung um seine „Nachreifung". Diesen therapeutischen Weg ist das Krankenhaus bisher mit Herrn B ...... nicht gegangen.
6. Hätte das Krankenhaus an der Fähigkeit von Herrn B ...... gezweifelt, diese Zusammenhänge in einem Aufklärungsgespräch[8] zu erfassen und mit seinen Möglichkeiten zu verarbeiten, dann hätte es einen gesetzlichen Vertreter einschalten müssen, der an seiner Statt eine wirksame Einwilligung[8a] hätte erteilen können.
7. Wenn die behandelnden Ärzte[9] unter diesen Umständen das Mittel Androcur eingesetzt haben, kann dies nur mit „sichernder" Absicht geschehen sein, gleichsam anstelle der nicht durchgeführten eigentlich indizierten Therapie. Hiergegen hat sich Herr B ...... erfolglos an das Psychiatrische Krankenhaus E ...... gewandt. Sein Widerspruch vom 31. 1. 1991 wurde ebenfalls zurückgewiesen.

8. Sollten die Ärzte die beanstandete Behandlung nach Eingang dieses Antrages einstellen, ist die Rechtswidrigkeit der angegriffenen Maßnahme festzustellen. Bei dem bekanntermaßen häufigen Wechsel der Patienten von einer Station auf die andere und wegen der hohen Fluktuation der therapeutischen Mitarbeiter im Psychiatrischen Krankenhaus E ...... kann nicht ausgeschlossen werden, daß das Mittel bei Herrn B ...... erneut eingesetzt wird. Zudem kann im Moment noch nicht gesagt werden, ob die begonnene Behandlung bei Herrn B ...... zu einem Schaden geführt hat. Sollte das der Fall sein, würde Herr B ...... Folgenbeseitigungs- bzw. Amtshaftungsansprüche gegenüber dem Psychiatrischen Krankenhaus E ...... zu prüfen haben.

Rechtsanwalt

Anmerkungen

1. Vgl. Form. X. B. 2 Anm. 1–7.

2. Vgl. Form. X. B. 2 Anm. 8.

3. Vgl. Form. X. B. 2 Anm. 9.

4. Vgl. Form. X. B. 2 Anm. 10.

5. Nach § 15 Abs. 2 MRVG-NW, Art. 21 Abs. 2 UBG-Bay, § 12 Abs. 2 MRVG – Bre und § 30 Abs. 2 PsychKG – Bln, § 26 PsychKG-SH i. V. mit den VV-Maßregelvollzug-SH vom 25. 7. 1984 bedarf die Behandlung, von definierten Ausnahmen abgesehen, der Einwilligung des Patienten bzw. seines gesetzlichen Vertreters.

6. Übergang auf Fortsetzungsfeststellungsklage, § 115 Abs. 3 StVollzG. Erforderlich sind die Zulässigkeit des zuvor gestellten Antrags, – ggf. die Durchführung des Vorverfahrens –, und ein Rechtsschutzinteresse des Antragstellers. Dies kann durch Wiederholungsgefahr oder fortdauernde Diskriminierung, (Minderung der Rehabilitationsaussichten) gegeben sein, aber auch, wenn es um mögliche Folgenbeseitigungs- oder Amtshaftungsansprüche geht (AKStVollzG/*Volckart* § 115 Rdnr. 20; *Calliess/Müller-Dietz* StVollzG. Komm, § 115 Rdnr.8 und 11). Zur Zulässigkeit eines Feststellungsantrages auch ohne – eingeleitetes oder abgeschlossenes – Vorverfahren: vgl. OLG Hamm, Beschl. v. 13. 8. 1987 – 1 Vollz (Ws) 202/87, NStZ 1987, 576.

7. Sehr zurückhaltend, sogar bei ambulanter Therapie ist *Schorsch* (*Schorsch* S. 94 f./ 159). Weitere Literatur s. im Schrifttumsverzeichnis Form. X. B. 1: *Kockott, Rönnau* und *Sigusch* mit ausführlichen Darstellungen.

8. Nach *Volckart* Maßregelvollzug 1991, 106 muß der Patient wissen, was auf ihn zukommt, ehe er wirksam in die ärztliche Behandlung einwilligen kann. Ausführlicher dazu: Amelung und Schünemann, s. Schrifttumsverzeichnis.

8 a. Die gesetzlichen Bestimmungen der Bundesländer hinsichtlich der Anforderungen an die Einwilligungsfähigkeit des Betroffenen und/oder die Einwilligung des gesetzlichen Vertreters sind sehr verschieden!

9. Das Handeln von Ärzten im Psychiatrischen Krankenhaus des Maßregelvollzugs, einer Vollzugsbehörde, ist, auch ohne daß es ausdrücklich dem Behördenleiter zugerechnet wird, gerichtlich überprüfbar. Vgl. Form. X. B. 1 c) (cc).
Zur Reichweite richterlicher Überprüfungskompetenz ärztlichen Handelns im Strafvollzug: *Schuler* StVollzG, Großkomm, § 109 Rdnr. 21. Danach sind die Anordnungen des Anstaltsarztes als Maßnahme der Vollzugsbehörde zu verstehen. Ob und ggf. welche Medikation erfolgt, ist eine pflichtgemäße Ermessensentscheidung. Sie ist nur dann gerichtlich überprüfbar, wenn die Grenzen des Ermessens erkennbar überschritten sind.
Für den Maßregelvollzug so auch OLG Hamm StV 1982, 125, Beschl. vom 7. 9. 1981 – 7VAs 30/81. Nach AKStVollzG/*Volckart* § 115 Rdnr. 55 f., sind Behandlungsmaßnahmen

4. Verpflichtungsklage gemäß §§ 109 Abs. 1 S. 2, 115 Abs. 4 S. 1 StVollzG   X. B. 4

des Anstaltsarztes „behördliche Realhandlungen hoheitlicher Art", die der gerichtlichen Überprüfung unterliegen. Allerdings will er einen Kernbereich ärztlichen Handelns („therapeutische Freiräume" entsprechend dem jeweiligen Stand der Diagnostik und Therapie) – im Gegensatz zu bloßen (ärztlichen) Verwaltungsmaßnahmen wie Unterbringung auf einer bestimmten Station oder Zuweisung von Arbeit – hiervon ausgenommen wissen. Sehr instruktiv: KG Beschl. vom 3. 11. 1982 – 2 VAs 20/82 in: Recht & Psychiatrie 1985, 34 mit Anmerkung *Volckart*! Wagner (1989) beurteilt ärztliches Handeln im Maßregelvollzug aus rechtlicher Sicht nicht anders als Verwaltungsmaßnahmen und hält deswegen eine uneingeschränkte Überprüfbarkeit für erforderlich und notwendig.

4. Verpflichtungsklage gemäß §§ 109 Abs. 1, S. 2, 115 Abs. 4 S. 1 StVollzG
(Gewährung von Urlaub und auswärtigem Wohnen)

An das
Landgericht[1]
– Strafvollstreckungskammer –
4790 Paderborn   10. 3. 1991

In der Vollzugssache
gegen
Herrn C...

Az.:... Js......

Zur Zeit untergebracht gem. § 63 StGB im Psychiatrischen Krankenhaus E......

bestelle ich mich unter Vollmachtsvorlage für den Patienten und

beantrage:

1. Den Widerspruchsbescheid[2] des Landschaftsverbandes W......[3] vom 26. 2. 1991[4] aufzuheben;
2. Herrn C...... ab sofort gemäß § 16 Abs. 1 S. 4 Ziff. 3 MRVG-NW[5] für die Dauer von zunächst 3 Monaten Urlaub zu gewähren, damit er sich außerhalb des Psychiatrischen Krankenhauses in L...... eine Wohnung nehmen kann, um die inzwischen angetretene Arbeitsstelle bei der Firma T...... erhalten zu können.

Begründung:

1. Herr C...... ist seit ca. 6 Jahren wegen gemeinschaftlich begangenen Mordversuchs in dem Psychiatrischen Krankenhaus E...... untergebracht. Während Herr C...... in der Hauptverhandlung für schuldunfähig angesehen wurde, ist sein voll schuldfähiger Bruder als Mittäter zu einer Freiheitsstrafe von 8 Jahren verurteilt worden. Er wurde inzwischen zum ⅔-Zeitpunkt entlassen.
2. Während des Aufenthaltes im Psychiatrischen Krankenhaus E...... wurden die Herrn C...... gegenüber bestehenden Sicherungen kontinuierlich zurückgenommen. Vor zwei Jahren wurde er auf die „halboffene" Station verlegt, das heißt, nur die Stationstür ist dort geschlossen. Herr C...... hat Ausgang erhalten, zunächst 1 Stunde, dann 4 Stunden pro Tag Einzelausgang. Seit einem Jahr ist Herr C...... Freigänger. Vor 9 Monaten konnte Herr C...... mit Genehmigung des Krankenhauses in eine Außenbeschäftigung bei der Firma S...... am Ort eintreten.[6] Seit 10 Wochen arbeitet er ebenfalls auf Anraten und mit Genehmigung des Krankenhauses bei der Firma T...... etwa 25 km vom Krankenhaus entfernt. Den Weg zur Arbeit hin und zurück hat er täglich mit öffentlichen Verkehrsmitteln bzw. bei guter Witterung mit dem Fahrrad

zurückgelegt. Soweit er öffentliche Verkehrsmittel benutzt, muß Herr C. ...... über ein Drittel seines Verdienstes für Fahrtkosten ausgeben. Seit einem halben Jahr befindet sich Herr C. ...... in einem Übergangsheim des Krankenhauses, das weitgehend auf Selbstversorgung und eigenverantwortliche Tagesgestaltung angelegt ist.
3. Während der bisherigen Unterbringungsdauer ist Herr C. ...... durch keine nennenswerten aggressiven Handlungen aufgefallen. Nur gelegentlich hat er geringe Mengen Alkohol zu sich genommen, aber ohne daß es dabei zu einem Kontrollverlust gekommen wäre. Insgesamt hat er keine disziplinarischen Schwierigkeiten gemacht.
4. Bis vor 9 Monaten hat Herr C. ...... an der ihm angebotenen Therapie regelmäßig teilgenommen. Seit der Aufnahme seiner Außenbeschäftigung spricht er noch mindestens einmal wöchentlich ausführlich mit dem Sozialarbeiter des Übergangsheimes. Die Kontinuität dieser wöchentlichen Gespräche hat eine vertrauensvolle Beziehung zum Sozialarbeiter entstehen lassen, die vermutlich auch über die Beurlaubung bzw. Entlassung hinaus zu tragen vermag.
5. Als Herr C. ...... vor 10 Wochen die von ihm selbst gesuchte Arbeitsstelle bei der Firma T. ...... antrat, wurde ihm vom Sozialarbeiter H. ...... des Übergangsheimes zugesagt, er könne in Kürze mit einer dreimonatigen Beurlaubung aus der stationären Unterbringung rechnen. Diese Zusage könne er, H. ......, nach seiner Rücksprache mit dem Leitenden Arzt des Psychiatrischen Krankenhauses abgeben.[7] Darüberhinaus erhielt Herr C. ...... durch den zuständigen Sozialarbeiter die Erlaubnis herumzuhören und herumzufahren, um eine geeignete Wohnung in der Nähe seiner neuen Arbeitsstätte zu finden. Als Herr C. ...... schließlich eine ihm zusagende Wohnung bei den Eltern eines ihm bekannten Krankenpflegers anmieten konnte, erhielt er darüberhinaus vom Krankenhaus die Erlaubnis, DM 1000,– von seinem angesparten Überbrückungsgeld zur Anschaffung von Einrichtungsgegenständen abzuheben. Die hier aufgezählte Chronologie kann nicht anders denn als schlüssiges Verhalten des Krankenhauses verstanden werden, Herrn C. ...... nach Antritt seiner Arbeitsstelle in eine eigene Wohnung zu beurlauben. Unverständlich ist die nunmehr auf seinen Antrag vom 2. 1. 1991 erfolgte Ablehnung der Beurlaubung durch die Einrichtung und nach seinem Widerspruch vom 16. 1. 1991 durch den Träger. Es werden keine Gründe genannt, die in der Person von Herrn C. ...... oder in seinem Verhalten liegen.
6. Die jetzt vorgebrachten allgemeinen Sicherheitsbedenken sind nicht in neu aufgetretenen oder erst jetzt bekannt gewordenen negativen Verhaltensweisen von Herrn C. ...... begründet. Sie werden auch nicht als solche neuen Fakten dargestellt. Wenn aus diesen Gründen jetzt die vorbereitete Beurlaubung nicht gewährt werden soll, dann hätten Herrn C. ...... bereits früher keine Lockerungen gewährt werden dürfen.[8] Das Verhalten des Krankenhauses läßt daher konkludent auf einen Urlaubsanspruch schließen, der zu erfüllen ist.

Rechtsanwalt

Anmerkungen

1. Vgl. Form. X. B. 2 Anm. 1–7.
2. Vgl. Form. X. B. 2 Anm. 8.
3. Vgl. Form. X. B. 2 Anm. 9.
4. Vgl. Form. X. B. 2 Anm. 10.
5. Angabe des Rechtes, auf das der Verpflichtungsantrag gestützt wird. –
Urlaub als Vorbereitung auf die bedingte Entlassung ist eine der wichtigsten soziotherapeutischen Maßnahmen zum (Wieder-)Eingewöhnen in eine selbständige Lebensführung nach oft jahrelanger vollstationärer Unterbringung mit den bekannten negativen

5. Verpflichtungsklage gemäß §§ 109 Abs. 1 S. 2, 115 Abs. 4 S. 1 StVollzG   X. B. 5

Hospitalisierungseffekten. Bei weiterbestehender therapeutischer Verantwortung des Krankenhauses kann der Patient außerhalb wohnen (bei seinen Eltern, seinem Lebenspartner, in einem Übergangsheim, einer betreuten Wohngemeinschaft oder auch allein) und – wenn möglich – auch arbeiten.

Achtung! Rechtsanspruch auf Urlaub nur in Bayern und NW; in den anderen Ländern „Kann"-Vorschriften, die der Behörde einen – weiten – Ermessensspielraum gewähren.

6. Eine Außenbeschäftigung ist ebenfalls eine die Entlassung vorbereitende Maßnahme, in der Regel ein reguläres Arbeitsverhältnis bei einem Unternehmen, – leider fast immer ohne den gesetzlich vorgesehenen sozialrechtlichen Schutz und bei untertariflicher Entlohnung.

7. Der Patient muß darauf vertrauen können, daß das von kompetenten Mitarbeitern Gesagte eine verbindliche Äußerung der Vollzugsbehörde ist, wie umgekehrt sich die Behörde Äußerungen und Handlungen ihrer Mitarbeiter zurechnen lassen muß, vgl. OLG Frankfurt, Beschl. v. 26. 11. 1986 – 3 Ws 943/86 (StVollz), ZfStrVO 1987, 252.

8. Was für den Strafvollzug gilt, nämlich daß begünstigende Verwaltungsakte nur unter den Voraussetzungen des § 14 Abs. 2 StVollzG widerrufen werden können, muß auch im Maßregelvollzug wegen der vergleichbaren Rechtsbeziehungen entsprechende Anwendung finden. Auch hier sind die im Verwaltungsrecht allgemein entwickelten Grundsätze über den Widerruf und die Rücknahme begünstigender Verwaltungsakte zu berücksichtigen, – sofern die Ländergesetze keine abweichenden Regelungen treffen (Vgl. OLG Hamm, Beschl. vom 3. 10. 1985 – 1 Vollz(Ws) 122/85 mwN, NStZ 1986, 143 und *Volckart* 1987a).

5. Verpflichtungsklage gemäß §§ 109 Abs. 1 S. 2, 115 Abs. 4 S. 1 StVollzG
(Gewährung von sonstiger Gesundheitsbehandlung)

An das
Landgericht[1]
– Strafvollstreckungskammer
4790 Paderborn   10. 3. 1991

In der Vollzugssache
gegen
Frau D...

Az.: ... Js ......

zur Zeit untergebracht gem. § 63 StGB im Psychiatrischen Krankenhaus E ......

    bestelle ich mich unter Vollmachtsvorlage für die Patientin und

    beantrage

1. den Widerspruchsbescheid[2] des Landschaftsverbandes W. ......[3] vom 26. 2. 1991,[4] mit dem das Verlangen nach einer fachärztlichen Untersuchung als unbegründet zurückgewiesen wird, aufzuheben;
2. Frau D. ...... zur eingehenden Untersuchung und ggf. zahnärztlichen/kieferorthopädischen Behandlung gemäß § 10 Abs. 1 MRVG – NW[5] in die Universitätsklinik M. ...... zu verlegen.

Begründung:

1. Am 19. 1. 1991 hatte Frau D. ...... einen Antrag auf eine eingehende zahnärztlich/kieferorthopädische Untersuchung in der Universitätsklinik[6] M. ...... gestellt. Dieser Antrag wurde durch das Psychiatrische Krankenhaus und nach erfolgtem Widerspruch durch den Landschaftsverband W. ...... abgelehnt.
2. Bereits seit Mitte September 1990 klagte Frau D. ...... wiederholt über Schmerzen im Bereich des linken Ohres, des linken Auges und des Oberkiefers. Gelegentlich konnte dieser Schmerz von ihr genauer lokalisiert werden als Kopfschmerz in der linken Kopfhälfte, andere Male als Zahnschmerzen bzw. als Schmerzen im Oberkiefer.
3. Die Untersuchungen durch den Arzt für Innere Medizin des Psychiatrischen Krankenhauses E. ...... blieben ohne Befund. (s. entsprechende Eintragungen im Krankenblatt von Frau D. ......). In den hierzu gemachten Äußerungen des stationsleitenden Therapeuten wurde Frau D. ...... als Simulantin verdächtigt. Sie wolle sich nur wichtig tun, wolle „mal heraus" aus der Station. Dieses Verlangen, etwas Besonderes zu sein bzw. eine Sonderrolle spielen zu wollen, gehöre im weiteren Sinne mit zum Krankheitsbild von Frau D. ...... Solange somatisch kein Befund vorliege, seien entsprechende Verhaltensweisen[7] von Frau D. ...... unbeachtet zu lassen.
4. Nach weiterem Drängen von Frau D. ...... wurde sie am 14. 1. 1991 doch kurz dem konsiliarisch in der Einrichtung tätigen Zahnarzt vorgestellt. Offensichtlich ist dieser Arzt mit der Vorinformation, Frau D. ...... sei eine Simulantin, an die Untersuchung herangegangen. Nach Aussage von Frau D. ...... hat er nur einen ganz kurzen Blick in ihren Mund geworfen, nur sehr flüchtig ihre Zähne abgeklopft und gespiegelt, aber kein Röntgenbild erstellt oder weitere Untersuchungen vorgenommen. Auch sein Ergebnis lautet nachweislich des Krankenblattes: ohne Befund.
5. Nachdem nunmehr erfolglos gebliebenen Widerspruchsverfahren ist das Vertrauen von Frau D. ...... in die bisher behandelnden Ärzte erloschen. Da ihre Schmerzen nach wie vor auftreten und an Heftigkeit nicht nachgelassen haben, ist eine Untersuchung durch Vertrauensärzte in der Universitätsklinik M. ...... geboten. Dort stehen auch diagnostische Hilfsmittel zur Verfügung, die das Psychiatrische Krankenhaus E. ...... nicht hat. Die Verlegung von Frau D. ...... ist auch deshalb erforderlich, weil sie von ihrer Kindheit her eine schiefe Zahnstellung mitbringt, neuerliche Veränderungen im Kieferbereich vor ihrer Einlieferung in das Psychiatrische Krankenhaus E. ...... festgestellt wurden und zusätzliche Belastungen durch das Kauen auf der linken Seite nach dem Verlust mehrerer Zähne auf der rechten Seite eingetreten sind. Sollte auch in der Universitätsklinik M. ...... kein positiver Befund erhoben werden können, kann dieser Ausschluß der Schmerzkausalität im Zahnbereich als Hinweis auf eine evtl. dann erforderliche neurologische Untersuchung genommen werden. Von daher ist – wie beantragt – zu entscheiden.

Rechtsanwalt

Anmerkungen

1. Vgl. Form. X. B. 2 Anm. 1–7.
2. Vgl. Form. X. B. 2 Anm. 8.
3. Vgl. Form. X. B. 2 Anm. 9.
4. Vgl. Form. X. B. 2 Anm. 10.
5. Angabe des Rechts, auf das der Verpflichtungsantrag gestützt wird. – Hier geht es um die ergänzende Gesundheitsvorsorge im Unterschied zur „Anlaßkrankheit", die zur Unter-

bringung geführt hat und in den meisten Ländergesetzen in eigenen Paragraphen gesondert geregelt ist.

6. Hier z. B. als Rechtsanspruch nach § 10 Abs. 3 MRVG-NW. – Da kaum ein Maßregelvollzugskrankenhaus umfassende somatische Versorgung leisten kann, ist in nicht wenigen Fällen nicht nur ein externer Facharzt hinzuzuziehen, sondern die Verlegung in ein (Spezial-) Krankenhaus erforderlich.

7. Manche Patienten neigen während der Unterbringungszeit dazu zu somatisieren, d. h. auch winzigste körperliche Veränderungen oder Symptome dramatisch überzubewerten. Gelegentlich wird auch die Notwendigkeit einer somatisch-fachärztlichen Behandlung „vorgeschoben", um wenigstens für einige Zeit der unerträglichen (oder so empfundenen) Unterbringungssituation zu entgehen. – Hierum wissend wird teilweise die somatische Versorgung in den psychiatrischen Krankenhäusern so restriktiv gehandhabt, daß dies zu einer pflichtwidrigen Vernachlässigung der „ergänzenden Gesundheitsvorsorge" führt. Die Argumentation des Anwalts sollte dies berücksichtigen.

6. Vornahmeklage gemäß § 113 StVollzG (gegen Untätigkeit)

An das
Landgericht[1]
– Strafvollstreckungskammer –
4790 Paderborn   10. 3. 1991

In der Vollzugssache
gegen
Herrn E...
Az.: .. Js ......

zur Zeit untergebracht gem. § 63 StGB im Psychiatrischen Krankenhaus E ......

bestelle ich mich unter Vollmachtsvorlage für den Patienten und

beantrage:

1. Herrn E ...... als Auszubildenden im Lehrberuf des Kochs zum 1. April 1991 in der Hauptküche des Psychiatrischen Krankenhauses E ...... mit der Ausbildungsstufe „Beginn des 3. Lehrjahres" einzustellen;[2]
2. ihm den Besuch der Berufsschule in S ...... sowie die notwendigen Vorbereitungen und die Teilnahme an der Lehrabschlußprüfung zu ermöglichen.[2]

Begründung:

1. Mit seinem Antrag vom 6. 12. 1990 begehrte Herr E ...... die Zusage, ab 1. 4. 1991 als Auszubildender im Beruf des Kochs in der Küche des Psychiatrischen Krankenhauses E ...... in die Ausbildungsstufe „drittes Lehrjahr" übernommen zu werden. Bisher ist dieser Antrag nicht beschieden worden. Herr E ...... hat vom Leiter der Küche lediglich die mündliche Andeutung erhalten, es würde noch überlegt.[3] Da inzwischen drei Monate seit seiner Antragstellung untätig vergangen sind,[4] ist der Antrag auf gerichtliche Entscheidung zulässig und im Hinblick auf den nahe bevorstehenden möglichen Einstellungstermin 1. April und den damit zusammenhängenden Vorbereitungen für die Tätigkeit und zum Besuch der Berufschule auch geboten.
2. Herr E ...... ist seit zwei Jahren im Psychiatrischen Krankenhaus untergebracht. Er ist inzwischen Freigänger. An der Therapie des Psychiatrischen Krankenhauses nimmt er nur noch einmal wöchentlich spätnachmittags teil. Nach dem für ihn erstellten Behand-

lungsplan und den zusätzlichen mündlichen Erläuterungen seines Therapeuten, kann eine Entlassung voraussichtlich in etwa einem Jahr, also zum Ende des 1. Quartals 1992, ins Auge gefaßt werden.
3. Herr E...... arbeitet zur Zeit in der Anstreicherei des Krankenhauses. Diese Tätigkeit ist für ihn berufsfremd und führt im Hinblick auf seine Wiedereingliederung nicht weiter.
4. Vor seiner Straftat und der daraus resultierenden Unterbringung hat Herr E...... die Ausbildung zum Koch begonnen. Bei seiner Festnahme hatte er bereits über zwei Jahre erfolgreich abgeschlossen. Er ist jetzt motiviert, die Ausbildung in diesem Beruf zu beenden.[5] Im Psychiatrischen Krankenhaus E...... ist die Einrichtung einer zweiten Lehrstelle in der Hauptküche zum 1. April 1991 beschlossen worden.[6] Die Übernahme von Herrn E...... auf diese Lehrstelle böte für ihn eine gute Gelegenheit, die restliche Zeit seiner voraussichtlichen Unterbringungsdauer sinnvoll zu nutzen. Die Beendigung der Ausbildung wäre nicht nur eine Förderung seiner beruflichen, sondern auch seiner sozialen Rehabilitation. Mit einer erfolgreich abgeschlossenen Ausbildung hat er größere Chancen, wieder ins soziale Leben integriert und damit vor Rückfälligkeit bewahrt zu werden. Neben der persönlichen Motivation zur Beendigung seiner Ausbildung erlaubt ihm auch sein Status als Freigänger den begleitenden Berufschulbesuch[7] in S...... Dorthin kann er mit dem Bus fahren.

Rechtsanwalt

Anmerkungen

1. Vgl. Form. X. B. 2 Anm. 1–7.

2. Benennung des Rechtsanspruches, auf den der Antrag gestützt wird, hier: § 9 Abs. 1 MRVG-NW. Aufgrund des Rechtsanspruchs hat die Einrichtung die beantragte Maßnahme durchzuführen; insofern liegt kein Ermessensspielraum vor.

Hinsichtlich des Berufsschulbesuchs besteht keine Verpflichtung für Volljährige, die ihre Berufsausbildung nicht als Minderjährige begonnen haben, §§ 9, 11 Abs. 1 und 4 SchpflG-NW.

3. Solche Verhaltensweisen von Krankenhausmitarbeitern sind weithin üblich. Sie sind therapeutisch unqualifiziert und rechtlich unakzeptabel. Der Patient/Mandant wird nicht als Partner mit Rechtsansprüchen, sondern als Bittsteller behandelt.

4. Die zur Zulässigkeit dieses Antrages erforderliche – untätig – verstrichene Frist von drei Monaten seit Antragstellung, § 113 Abs. 1 StVollzG, ist abgelaufen.

Allerdings erlauben besondere Umstände eine frühere Anrufung des Gerichts. Ein Vorverfahren ist dabei nicht erforderlich. *Schuler* StVollzG. Großkomm § 113 Rdnr. 1; OLG Celle, Beschl. vom 24. 7. 1981 – 3 Ws 189/81.

Als Zulässigkeitsvoraussetzung für einen Antrag auf gerichtliche Entscheidung vor Ablauf der Dreimonatsfrist reicht die Darlegung der Umstände, die geeignet sind, die Eilbedürftigkeit zu begründen, aus; ihr tatsächliches Vorhandensein ist nicht erforderlich, AKStVollzG *Volckart* § 113 Rdnr. 5.

Ggf. muß die StVK der Einrichtung eine (Nach-)Frist zur Entscheidung über den Antrag des Betroffenen setzen, § 113 Abs. 2 S. 1 StVollzG. „Mangelnde Dringlichkeit" kann für sich allein genommen niemals ein zureichender Grund sein, einen Antrag nicht zu bescheiden; dies gilt besonders im Hinblick auf Vollzugslockerungen. Vgl. OLG Celle, Beschl. vom 14. 6. 1985 – 3 Ws 257/85 (StVollz), NStZ 1985, 576.

5. Der Anspruch auf Berufsausbildung ist im Rahmen der Fähigkeiten des Betroffenen zu erfüllen. Deshalb empfiehlt es sich, diese Anspruchsvoraussetzung darzulegen.

6. Die Ausbildung ist im Rahmen der Organisation der Einrichtung zu ermöglichen. D.h., die Einrichtung müßte nicht einmal, wie hier im Muster 6., selbst Träger der Maßnahme sein. Sie könnte auch die Durchführung einer Lehre in einem Fremdunternehmen zulassen.

7. Hinsichtlich des ausbildungsbegleitenden Besuches der Berufsschule gilt entsprechendes wie in Anm. 2. Die Einrichtung kann den Berufsschulunterricht aber auch selbst durchführen.

7. Vornahmeklage gemäß § 113 StVollzG (gegen Untätigbleiben und gegen das Unterlassen einer Maßnahme)

An das
Landgericht[1]
– Strafvollstreckungskammer –
4790 Paderborn   10. 3. 1991

In der Vollzugssache
gegen
Herrn F...
Az.: .. Js ......
zur Zeit untergebracht gem. § 63 StGB im Psychiatrischen Krankenhaus E......

bestelle ich mich unter Vollmachtsvorlage für den Patienten und

beantrage:

1. mir[2] die Einsicht in alle Akten zu gewähren, die das Psychiatrische Krankenhaus E...... über Herrn F...... seit dessen Aufnahme am 23. 1. 1984 geführt hat (§ 18 Abs. 1 S. 3 MRVG-NW);[3]
2. für den Fall, daß meine Stellungnahme vom 8. 8. 1990 sich nicht bei den Akten befindet, das Krankenhaus zu verpflichten, diese Stellungnahme den Akten des Herrn F...... beizufügen.[4]

Begründung:

1. Mit Schreiben vom 2. 12. 1990 habe ich bei dem Psychiatrischen Krankenhaus E...... beantragt, Einsicht in die dort über Herrn F...... geführten Akten nehmen zu können. Meinem Schreiben war die schriftliche Zustimmung von Herrn F......[5] zu dieser Akteneinsichtnahme beigefügt. Sie liegt dem psychiatrischen Krankenhaus E...... vor.
2. Bis heute wurde mein Gesuch nicht beantwortet. Die Frist von drei Monaten bis zur Zulässigkeit dieses Antrages auf gerichtliche Entscheidung ist vor 8 Tagen abgelaufen.[6]
3. Die alsbaldige Einsicht in die Vollzugsunterlagen des Psychiatrischen Krankenhauses ist für mich im Hinblick auf die Überprüfung im Vollstreckungsverfahren nach den §§ 67d Abs. 2, 67e StGB Anfang Mai 1992 geboten.
4. Wegen der anstehenden Überprüfung im Vollstreckungsverfahren bestehe ich für Herrn F...... auf dem Recht,[7] seine Meinung zu den für ihn negativen Eintragungen vom Juli 1990 als Gegendarstellung in der Form meiner Stellungnahme vom 8. 8. 1990 den Krankenakten beizufügen, § 18 Abs. 1 S. 3 Halbs. 2 MRVG-NW. Insoweit besteht ein unabweisbarer sachlicher Zusammenhang zwischen den Punkten 1 und 2 meines Antrags.

Rechtsanwalt

Anmerkungen

1. Vgl. Form. X. B. 2 Anm. 1–7.

2. Hier handelt es sich um eine der Möglichkeiten, in denen ein Dritter, in diesem Fall ein Anwalt, Rechte im Verfahren nach §§ 109 ff., 138 Abs. 2 StVollzG für sich geltend machen kann.

3. Angabe der materiellen Rechtsgrundlage, auf die sich der Antrag stützt. Andere Bundesländer haben einen solchen Rechtsanspruch – leider – nicht positiv normiert; eingeschränkt und differenzierend: Hamburg.

4. Die Rechtsgrundlage hierfür ist in § 18 Abs. 1 S. 3 Halbs. 2 MRVG-NW gegeben. Sie bietet dem Patienten die Möglichkeit, über seinen Anwalt den seiner Meinung nach unwahren oder unzutreffenden Eintragungen und Beurteilungen über den Therapieverlauf und die Einschätzung der Gefährlichkeit eine eigene Gegenvorstellung hinzuzufügen. Dies dürfte vor allem im Hinblick auf Vollstreckungsentscheidungen von Bedeutung sein.

5. Die Zustimmung des Patienten ist erforderlich, § 18 Abs. 1 S. 3 Halbs. 1 MRVG-NW.

6. Zur Zulässigkeit eines Antrags bereits innerhalb der Dreimonatsfrist vgl. Form. X. B. 6 Anm. 4.

7. Anträge nach § 113 Abs. 1 StVollzG sind nur innerhalb eines Jahres nach Stellung des Antrags auf Vornahme der Maßnahme bei der Vollzugseinrichtung zulässig, § 113 Abs. 3 StVollzG.

8. Unterlassungsklage gemäß § 109 Abs. 1 S. 1 StVollzG (gegen angedrohte Maßnahme)[1]

An das
Landgericht[2]
– Strafvollstreckungskammer –
4790 Paderborn   10. 3. 1991

In der Vollzugssache
gegen
Herrn G...
Az.: ... Js ......

zur Zeit untergebracht gem. § 63 StGB im Psychiatrischen Krankenhaus E ......

    bestelle ich mich unter Vollmachtsvorlage für den Patienten und

    beantrage:

1. den Widerspruchsbescheid[3] des Landschaftsverbandes W ......[4] vom 26. 2. 1991[5] aufzuheben:
2. das Psychiatrische Krankenhaus E ...... hat es zu unterlassen, Herrn G ...... dann, wenn er lediglich leicht angetrunken vom Ausgang zurückkehrt, auf unbestimmte Zeit in die „feste Station 15" zurückzuverlegen;
3. das Psychiatrische Krankenhaus E ...... hat im genannten Fall auch die –sachlich ungerechtfertigte – Androhung einer solchen Maßnahme zu unterlassen.

8. Unterlassungklage gemäß § 109 Abs. 1 S. 1 StVollzG X. B. 8

Begründung:

1. Nachdem Herr G. ...... innerhalb von acht Monaten zum vierten Mal eine zweiwöchige Ausgangssperre nach leichtem Alkoholmißbrauch erhielt, wurde ihm angedroht, ihn beim nächsten Mal auf unbestimmte Zeit in die „feste Station 15" zurückzuverlegen. Hiergegen hat Herr G ...... sich mit einem vorbeugenden Unterlassungsantrag an das Psychiatrische Krankenhaus E ...... gewandt. Er führte dabei aus, durch die geringen Alkoholmengen, die er zu sich genommen habe, sei er nicht gefährlicher geworden; ihm dürften deshalb solche übermäßig eingreifenden Maßnahmen aufgrund des § 16 Abs. 1 S. 2 MRVG-NW[6] nicht auferlegt werden. Der Antrag wurde abgelehnt. Auch sein Widerspruch blieb erfolglos. Deshalb ist jetzt Antrag auf gerichtliche Entscheidung zu stellen.
2. Herr G. ...... ist seit etwa vier Jahren im Psychiatrischen Krankenhaus E ...... untergebracht. Seit etwa einem Jahr hat er den Status eines Freigängers mit der Möglichkeit zur Außenbeschäftigung. Solch eine Tätigkeit verrichtet er seit acht Monaten bei der Firma P. ......
3. Gelegentlich hat Herr G. ...... nach seiner regulären Arbeitszeit noch einen Teil seiner Freizeit zusammen mit Arbeitskollegen verbracht, die nicht Patienten in dem Psychiatrischen Krankenhaus sind. Bei dieser Gelegenheit hat Herr G. ...... viermal einem entsprechenden Verbot[7] des Psychiatrischen Krankenhauses zuwider gehandelt und Alkohol zu sich genommen. Nachweislich der Eintragungen im Krankenblatt wurden bei Kontrollen folgende Werte festgestellt: 0,9‰ BAK; 1,1‰ BAK; 1,0‰ BAK; 0,7‰ BAK. Nur ein einziges Mal ist er dabei unwesentlich verspätet vom Ausgang zurückgekehrt.
4. Das Delikt, aufgrund dessen bei Herrn G. ...... die Unterbringung angeordnet worden ist, hat nicht im Zusammenhang mit Alkoholgenuß oder -mißbrauch stattgefunden.[7] Herrn G. ...... befand sich damals in einer psychischen Ausnahmesituation. Bei ihm hatten sich nach dem plötzlichen Tod seiner Verlobten und einem kurz darauf erfolgten Autounfall mit einem Hirntrauma Wahnvorstellungen entwickelt.
5. Da Herr G. ...... in der gesamten Zeit seiner Unterbringung an der ihm angebotenen Therapie teilgenommen hat und sich durch die Beschäftigung bei der Firma P. ...... auf die bald zu erwartende bedingte Entlassung vorbereiten kann, ist schon die jeweils angeordnete Maßnahme einer zweiwöchigen Ausgangssperre nach Alkoholgenuß eine extreme Beeinträchtigung seiner Wiedereingliederungsbemühungen. Die jetzt angedrohte Maßnahme einer zeitlich unbefristeten Rückverlegung ins feste Haus ist unverhältnismäßig.[8] Herr G. ...... zeigt in seinem Verhalten am Arbeitsplatz und im Umgang mit seinen Arbeitskollegen ein Verhalten, das durchaus dem der meisten „Normalbürger" entspricht. Im Rückblick auf seinen bisherigen Lebensweg, soweit es den Genuß von Alkohol betrifft, kann nicht gesagt werden, daß Herr G. ...... dadurch erheblich gefährdet wäre. Die bisher vorgenommenen und nun zusätzlich angedrohten Maßnahmen sind deshalb antitherapeutisch und damit rechtswidrig. Ihre Unterlassung ist durch das Gericht anzuordnen.

Rechtsanwalt

Anmerkungen

1. Nach AKStVollzG/*Volckart* § 109 Rdnr. 26, ist die Meinung, eine vorbeugende Unterlassungsklage sei nach §§ 109 ff. StVollzG unzulässig, zurückzuweisen. Die Rechtsschutzgarantie des Art. 19 Abs. 4 GG erlaubt auch diese Antragsart, (OLG Celle, Beschl. vom 18. 4. 80 – 3 Ws 74/80 StrVollz).
Angesichts der immer noch üblichen Praxis vieler Psychiatrischer Krankenhäuser, – oft aus Personalmangel und -überforderung heraus –, den forensischen Patienten mit Maß-

nahmen zu drohen, die zwar als therapeutische deklariert werden, in Wirklichkeit aber falsch etikettierte Disziplinar- oder Strafmaßnahmen sind, behält diese Antragsart weiterhin im Interesse des vorbeugenden Rechtsschutzes ihre Bedeutung.

2. Vgl. Form. X. B. 2 Anm. 1–7.
3. Vgl. Form. X. B. 2 Anm. 8.
4. Vgl. Form. X. B. 2 Anm. 9.
5. Vgl. Form. X. B. 2 Anm. 10.
6. In diesem Beispiel wendet sich der Antragsteller gegen eine falsche Interpretation unstreitiger Tatbestände. Die daraus hervorgehende Rechtsfolge würde – käme sie zum Tragen – die ihm angedrohte Maßnahme zu einer rechtswidrigen machen, da sie zu unrecht das Maß des für ihn nach § 16 Abs. 1 S. 1 MRVG-NW vorgesehenen Freiheitsentzuges vergrößert.
7. Solch ein Verbot muß im Behandlungsplan vorgesehen sein, wenn es therapeutisch begründet wird. Gegen die Unzulässigkeit „falscher Begründungen" vgl. OLG Hamm, Beschl. v. 3. 1. 1989 – 1 Vollz (Ws) 357/88, R & P 1989, 76
   Ob allgemeine Sicherheitserwägungen für derartige Beschränkungen (hier: der Einnahme relativ geringer Alkoholmengen bei einem extern arbeitenden Freigänger) angesichts der hohen Schwelle des § 3 Abs. 2 MRVG-NW ausreichen, dürfte fraglich sein.
8. Die Anordnung und die Fortdauer der Unterbringung werden durch den Grundsatz der Verhältnismäßigkeit bestimmt, BVerfG, Beschl. vom 8. 10. 85 – 2 BvR 1150/80, 2 BvR 1504/82, NJW 1986, 767. Deshalb kommen solchen zeitlich unbefristeten Rückverlegungsmaßnahmen in „feste Häuser" erhebliche Grundrechtsrelevanz zu, da sie geeignet sind, die Unterbringungsdauer nicht unerheblich zu verlängern.

9. Unterlassungsklage gemäß § 109 Abs. 1 S. 1 StVollzG (gegen „schikanöse Behandlung")[1]

An das
Landgericht[2]
– Strafvollstreckungskammer –
4790 Paderborn   10. 3. 1991

In der Vollzugssache
gegen
Herrn H...
Az.: ... Js ......

zur Zeit untergebracht gem. § 63 StGB im Psychiatrischen Krankenhaus E. ......
    bestelle ich mich unter Vollmachtsvorlage für den Patienten und
    beantrage:
1. den Widerspruchsbescheid[3] des Landschaftsverbandes W. ......[4] vom 26. 2. 1991[5] aufzuheben;
2. die schikanöse Behandlung[6] des Herrn H. ......, die darin besteht, daß
    a. ihm jeweils unmittelbar nach Auszahlung des Taschengeldes (Barbetrag und/oder Arbeitsbelohnung) dies von Mitpatienten durch Glücks- oder Kartenspiele (vermutlich mit Falschspiel) zum größten Teil wieder abgenommen wird,
    b. ihm jeweils nach Erhalt neuer Bekleidungsstücke diese durch Mitpatienten weit unter Wert „abgekauft" werden,

9. Unterlassungsklage gemäß § 109 Abs. 1 S. 1 StVollzG   X. B. 9

c. er rechtsgrundlos bei Mitpatienten „Schulden macht", die diese dann mittels Drohungen mit körperlicher Gewalt einzutreiben versuchen,
ist künftig zu unterlassen bzw. zu unterbinden.

Begründung:

1. Herr H. ...... ist geistig leicht behindert. Er ist im Erfassen und Begreifen von Vorgängen und Zusammenhängen verlangsamt. Zudem ist er labil und nicht durchsetzungsfähig.
2. Diese Persönlichkeitsdefizite des Herrn H. ...... werden von seinen Mitpatienten auf der Station 29 ausgenutzt. Hierbei beziehe ich mich auf Aussagen von Herrn H. ...... selbst, seiner Mutter, dem Mitpatienten, Herrn Z. ......, und auf Andeutungen von einem mir persönlich bekannten Pfleger, der aus Gründen der Kollegialität (Persönlichkeitsschutz) ungenannt bleiben will.
3. Der Leiter der Station, Herr Dipl.-Psych. S. ......, ignoriert diese schikanöse Behandlung des Herrn H. ...... und/oder er sieht offensichtlich taten- und machtlos zu, wie sich rabiate Mitpatienten auf Kosten von Herrn H. ...... „bereichern".
4. Hiergegen wurde von mir mit Schreiben vom 16. 1. 1991 an das Psychiatrische Krankenhaus E. ...... Antrag auf Unterlassung gestellt. Dieser Antrag wurde durch Schreiben vom 23. 1. 1991 zurückgewiesen: Herr H. ...... sei nicht entmündigt und habe daher selbst auf sich und seine Finanzverhältnisse zu achten. Der auf meinen Widerspruch vom 28. 1. 1991 ergangene Widerspruchsbescheid brachte ebenfalls keine Änderung. Von daher ist jetzt gerichtliche Entscheidung geboten.
5. Die allgemeine Fürsorgepflicht und der Behandlungs- und Besserungsauftrag des Psychiatrischen Krankenhauses für die in ihm untergebrachten Personen gebietet hier ein Tätigwerden, damit die ungerechtfertigten Benachteiligungen von Herrn H. ...... durch seine Mitpatienten in Zukunft unterlassen werden. Im Rahmen dieser Betreuungspflicht des Krankenhauses sind auch die Herrn H. ...... schädigenden Handlungen von Mitpatienten dem Krankenhaus zuzurechnen, da es im Rahmen seiner allgemeinen Aufsichts- und Schutzpflichten dafür zu sorgen hat, einen gerechten Ausgleich zwischen schwächeren und stärkeren Mitpatienten herzustellen und zu erhalten.

Rechtsanwalt

Anmerkungen

1. Vgl. Form. X. B. 8 Anm. 1. Bei diesem Beispiel geht es nicht um die Unterlassung einer Maßnahme, die einem Verwaltungsakt entspricht. Hier wendet sich der Antragsteller gegen einen Realakt bzw. gegen tatsächliche Handlungen. Nach *Schuler* StVollzG. Großkomm, § 109 Rdnr. 18, kommt gegen solche Handlungen (wie z. B. auch gegen Durchsuchungen) am ehesten ein Feststellungs- bzw. Unterlassungsantrag infrage, da es kaum eine andere Abwehrmöglichkeit dagegen gibt.
2. Vgl. Form. X. B. 2 Anm. 1–7.
3. Vgl. Form. X. B. 2 Anm. 8.
4. Vgl. Form. X. B. 2 Anm. 9.
5. Vgl. Form. X. B. 2 Anm. 10.
6. Nicht unproblematisch ist die Erfassung von schikanöser Behandlung durch Mitarbeiter der Einrichtung direkt oder durch das Zulassen solcher subkultureller Verhaltensweisen von Mitpatienten als „Regelung einer einzelnen Angelegenheit", § 109 Abs. 1 S. 1 StVollzG. Wenn aber im Maßregelvollzug noch stärker als im Strafvollzug der Gedanke der „Behandlung und Betreuung" (beispielhaft: § 1 Abs. 1 MRVG-NW) im Vordergrund steht, dann kann eine dauernd wiederholte oder gar zum subkulturellen System verfestigte

Schikane gegen einen Mitpatienten durchaus als eine dem Behandlungs- und Betreuungsauftrag des Psychiatrischen Krankenhauses entgegenstehe „Einzelmaßnahme", die sein Lebensverhältnis – gegen seinen Willen – regelt, angesehen werden; vgl. AKStVollzG/ Volckart § 109 Rdnr. 14.

10. Feststellungsklage gemäß § 115 Abs. 3 StVollzG (gegen Rechtswidrigkeit einer Ausgangssperre)

An das
Landgericht[1]
– Strafvollstreckungskammer –
4790 Paderborn   10. 3. 1991

In der Vollzugssache
gegen
Herrn I...
Az.: .. Vollz......[4]

zur Zeit untergebracht gem. § 63 StGB im Psychiatrischen Krankenhaus E......

bestelle ich mich unter Vollmachtsvorlage für den Patienten und

beantrage

festzustellen, daß die gegen Herrn I...... in der Zeit vom 20. 12. 1990 bis 16. 2. 1991[2] verhängte Ausgangs- und Urlaubssperre rechtswidrig[3] gewesen ist.

Begründung:

1. In der obigen Angelegenheit[4] hat sich die Hauptsache durch Aufhebung der beanstandeten Maßnahme inzwischen erledigt. Herr I...... kann wieder Ausgang und Urlaub wahrnehmen. Dennoch bleibt er im Hinblick auf seine Rehabilitationschance belastet,[5] weil diese Maßnahme zu unrecht angeordnet und damit rechtswidrig war.
2. Herr I...... ist durch seinen Stationsleiter, Herrn S., beschuldigt worden, am 19. 12. 1990 am Schmuggel von Alkohol in die Station und an einer in derselben Nacht stattgefundenen „Sauferei" und Schlägerei beteiligt gewesen zu sein (Beweis: Krankenblatteintrag vom 20. 12. 1990). Dieser Vorwurf ist unzutreffend. Herr I...... hat weder etwas mit dem Hereinbringen von Alkohol in die Station zu tun, noch war er an dem abendlichen Trinkgelage und der sich daraus ergebenen Schlägerei beteiligt. Als Zeugen[6] hierfür stehen zur Verfügung: der Pfleger, Herr Y......, und die Patienten A...... und B ......
3. Unbestreitbar ist, daß am 19. 12. 1990 nach dem Einschluß auf dem 4-Bett-Zimmer, in dem sich damals auch Herr I...... befand, erhebliche Mengen Alkohol getrunken wurden. Dies geschah aber ohne die Beteiligung des Herrn I....... Die im Verlauf des späteren Abends ausbrechende Schlägerei kam nach Zeugenaussagen deshalb zustande, weil Herr I...... nicht mittrinken wollte. Der Mitpatient C...... hat versucht, Herrn I ...... tätlich anzugreifen. Herr I...... hat sich dabei ausgesprochen passiv verhalten und die Schläge nur abgewehrt. Schließlich sind sich Herr B...... und Herr C...... in die Haare geraten, bis Herr A...... durch seinen körperlichen Einsatz die Schlägerei beenden konnte.
4. Bei hinreichender Bemühung[6] seitens des Psychiatrischen Krankenhauses wäre eine sachgerechte Aufklärung der Vorgänge möglich gewesen, zumal bekannt war, daß der diensthabende Pfleger O...... Herrn I...... nicht mochte, ja ausgesprochen verachtete. Pfleger Y...... aus der Nachtschicht, der mit Herrn O...... in jener Nacht gemeinsam Dienst getan hat, aber sonst auf einer anderen Station eingesetzt ist, hätte zu diesem

10. Feststellungsklage gemäß § 115 Abs. 3 StVollzG   X. B. 10

Vorfall auch persönlich gehört werden müssen. Er hätte die oben gegebene Darstellung bestätigen können. Auch den Patienten A ...... und B ...... hätte Glauben geschenkt werden müssen, zumal der damals anwesende Patient C ...... inzwischen zugegeben hat, daß er Herrn I ...... aus Ärger über dessen Enthaltsamkeit im Nachhinein fälschlich beschuldigt hat, Alkohol auf die Station geschmuggelt zu haben. Auch dieser Vorwurf hätte durch eine Rückfrage im Betrieb, in dem Herr I ...... damals beschäftigt war, ausgeräumt werden können. An jenem Tag hat es nämlich überhaupt keine Begegnung zwischen dem für den Betrieb tätigen „Einkäufer" und Herrn I ...... gegeben, da Herr I ...... an einem Platz eingesetzt war, zu dem der Einkäufer keinen Zugang hatte.

5. Für Herrn I ...... ist die Erhaltung einer unzweifelhaft positiven Beurteilung seines Therapieverlaufs und seines Verhaltens im Krankenhaus sowie eine saubere Prognosebeurteilung für die anstehende Überprüfung[5] nach § 67 d StGB im Zusammenhang mit einer jetzt bevorstehenden Entlassung ungeheuer wichtig. Aus diesem berechtigten Interesse an dem Erhalt seiner Rehabilitationschancen ergibt sich die Zulässigkeit dieses Antrages.

6. Da angesichts der bekannten Personalknappheit und damit Überlastung des vorhandenen Personals im Psychiatrischen Krankenhaus die Gefahr der Wiederholung[7] einer solchen Fehlbeurteilung und mangelnden Sachaufklärung bei falscher Anschuldigung nicht ausgeschlossen werden kann, ist es umso wichtiger, die in der Zeit vom 20. 12. 1990 – 16. 2. 1991 verhängte Ausgangs- und Urlaubssperre für Herrn I ...... als rechtswidrig zu kennzeichnen.

Rechtsanwalt

Anmerkungen

1. Vgl. Form. X. B. 2 Anm. 1–7.

2. Hier geht es um eine Maßnahme, die bereits zurückgenommen ist oder sich anders – z. B. durch Zeitablauf – erledigt hat, § 115 Abs. 3 StVollzG. Ein Vorverfahren ist durchgeführt worden, vgl. zur Erforderlichkeit: AKStVollzG/*Volckart* § 115 Rdnr. 16. Ein Antrag auf gerichtliche Entscheidung war bereits anhängig gemacht.

3. Auch bei dieser Verfahrensart muß der Antragsteller durch die Regelung einer einzelnen Maßnahme in seinem Recht verletzt sein, § 109 Abs. 2 StVollzG. Im Beispiel ist es das Recht auf Ausgang und Urlaub, (z. B. § 16 Abs. 1 und 2 MRVG-NW), das er ohne die beanstandete Maßnahme hätte wahrnehmen können. Im Rechtsbeschwerdeverfahren ist der Übergang auf die Feststellungsklage nicht mehr möglich, OLG Hamm, Beschl. v. 23. 5. 1985 – 1 Vollz (Ws) 56/85, NStZ 1985, 576. Die Grenzen der Zulässigkeit einer Feststellungsklage zieht das OLG Stuttgart im Hinblick auf das „berechtigte Interesse" sehr eng: Beschl. v. 30. 1. 1986 – 4 Ws 28/86, NStZ 1986, 431 mit kritischer Anmerkung *Volckart*. Offensichtlich großzügiger ist KG, Beschl. v. 8. 12. 1986 – 5 Ws 401/86 Vollz, StV 1987, 541.

4. In diesem Fall ist im Betreff auf eine anhängige Vollzugssache mit einem „...... Vollz ...... " -Aktenzeichen Bezug zu nehmen.

5. Zulässig ist die Klage, wenn ein Feststellungsinteresse besteht. Dies ist bei fortdauernder Diskriminierung – z. B. Minderung der Rehabilitationschancen – gegeben, AKStVollzG/*Volckart* § 115 Rdnr. 54. Vgl. auch Anmerkung 6 zu Form. X. B. 3. Die beabsichtigte Erhebung einer zivilrechtlichen Schadenersatzklage soll aber nach OLG Koblenz, Beschl. v. 25. 8. 1988 – 2 Vollz (Ws) 52/88, ZfStrVo 1989, 122 kein Feststellungsinteresse begründen.

6. Wichtig für den Erfolg der Feststellungsklage kann die Nennung von Beweismitteln sein, die die Einrichtung bei ihrer Entscheidungsfindung – fehlerhaft – nicht berücksichtigt hat, obwohl sie sie hätte heranziehen können.

7. Auch die Wiederholungsgefahr begründet ein Rechtsschutzinteresse, AKStVollzG/ *Volckart* § 115 Rdnr. 54. Zweckmäßigerweise sollte sie so weit konkretisiert werden können, daß sie nicht als völlig ausgeschlossen abgetan werden kann.

11. Antrag auf Aussetzung einer Maßnahme gemäß § 114 Abs. 2 S. 1 StVollzG (Verlegung zum jetzigen Zeitpunkt)

An das
Landgericht[1]
– Strafvollstreckungskammer –
4790 Paderborn   10. 3. 1991

In der Vollzugssache
gegen
Herrn J...
Az.: ... Js ......

zur Zeit untergebracht gem. § 63 StGB im Psychiatrischen Krankenhaus E ......
   bestelle ich mich unter Vollmachtsvorlage für den Patienten und beantrage:
1. die vor zwei Tagen für den 14. 3. 1991 angekündigte Verlegung von Herrn J... von der Station 44 (geschlossen) in die Station 48 (offen) bis zum Abschluß der Einzeltherapie[2], etwa in drei Monaten, auszusetzen;
2. in der Hauptsache[3] ebenso zu entscheiden, daß eine Verlegung auf eine offene Station erst nach Abschluß der Einzeltherapie auf der geschlossenen Station 44 erfolgen darf.

Begründung:

1. Herr J ...... ist seit etwa drei Jahren wegen pädophiler Handlungen aufgrund einer Persönlichkeitsstörung untergebracht.
2. Nach kurzer anfänglicher Weigerung war er zur intensiven therapeutischen Mitarbeit bereit. Seit etwa 12 Monaten befindet er sich bei Herrn Dipl-Psych. X ...... auf der Station 44 und nimmt dort regelmäßig an der Therapie teil.
3. Inzwischen sind die für ihn vorgesehenen Sicherungen so weit reduziert worden, daß er täglich bis zu vier Stunden Einzelausgang wahrnehmen kann. Diese Freizügigkeit hat sich als unproblematisch erwiesen, weil Herr J ...... stets bereit ist, in persönlichen Krisensituationen mit seinem Stationsleiter zu reden. Diese Bereitschaft ist auf der Grundlage eines bestehenden Vertrauensverhältnisses gegeben.
4. Als nächste Stufe der Rücknahme von Sicherungen ist für Herrn J ...... der Status des Freigängers vorgesehen. Dazu soll er auf die offene Station 48 verlegt werden. Dort wäre als Stationsleiter für ihn der Sozialarbeiter P ...... zuständig. Diesen lehnt Herr J... ab, weil er in der Anfangszeit seiner Unterbringung mit ihm schlechte Erfahrungen gemacht hat: Herr P ...... besitze nicht die Fähigkeit, sich in seine spezielle Persönlichkeitsproblematik einzufühlen; auf Unsicherheiten und kleinste Verhaltensfehler reagiere Herr P ...... mit Repressionen; insgesamt könne die Beziehung zu Herrn P ...... nicht als eine therapeutische Beziehung betrachtet werden. Herr J... zieht sich eher zurück, verschließt sich innerlich, als daß er mit Herrn P ...... offen über seine Probleme sprechen kann. Aus diesem Grunde besteht die Gefahr, daß die Therapiefortschritte, die Herr J... inzwischen gemacht hat, bei einer Verlegung auf die Station 48 zunichte gemacht[4] werden. Wegen der zu erwartenden Rückzugstendenzen und des mangelnden Vertrauens zu dem neuen Stationsleiter kann auch eine erhöhte Rückfallgefahr[5] nicht ausgeschlossen werden.

11. Antrag auf Aussetzung einer Maßn. gemäß § 114 Abs. 2 S. 1 StVollzG   X. B. 11

5. Als Folgerung hieraus wird beantragt, Herrn J... bis zum Abschluß seiner Einzeltherapie in etwa drei Monaten auf der Station 44 zu belassen. Er kann auch auf dieser Station Freigänger werden. Dies hätte zudem den Vorteil, daß die Erfahrungen, die er mit sich und den erweiterten Freizügigkeiten macht, und auch die möglicherweise bei ihm auftretenden Krisen dort mit dem Stationsleiter, Herrn Dipl.-Psych. X ......, besprochen werden können. Auf diese Weise kann der bisher eingetretene Therapieerfolg nachhaltig gesichert und zur weiteren Stärkung der Persönlichkeit von Herrn J... ausgebaut werden. Dies ist auch wichtig im Hinblick auf die Beibehaltung positiver Prognosebeurteilungen bei künftigen Vollstreckungsentscheidungen.
6. Wegen der Kürze der zur Verfügung stehenden Zeit bis zur Realisierung der angekündigten Maßnahmen wird unmittelbar gerichtliche Entscheidung beantragt. Das Widerspruchsverfahren[3] konnte nicht mehr durchgeführt werden. Aus Gründen der kurzen Frist ist auch die angekündigte Maßnahme zunächst auszusetzen. Ein höher zu bewertendes Interesse[6] am sofortigen Vollzug ist nicht erkennbar, da die Station 44 nicht unter Überbelegung zu leiden hat. Im Gegenteil, es sind noch einige Plätze frei, so daß eine Verlegung von Herrn J... nicht zwingend geboten ist.

Rechtsanwalt

Anmerkungen

1. Vgl. Form. X. B. 2 Anm. 1–7.
2. Der Rechtsanspruch auf Einzeltherapie, dessen Vereitelung in diesem Beispiel gerichtlich verhindert werden soll, stützt sich auf § 15 Abs. 1 S. 1 Halbs. 1 MRVG-NW: „Der Patient erhält die **erforderliche** ärztliche Behandlung". Diese schließt entsprechend § 136 Abs. 1 S. 1 StVollzG („...... richtet sich nach ärztlichen Gesichtspunkten") die indizierte Psychotherapie ein.

Ob der Patient allerdings Anspruch auf einen **bestimmten** Therapeuten hat, ist – soweit erkennbar – bisher im Maßregelvollzug noch nicht entschieden und dürfte auch streitig sein.

Der Anwalt wird gut beraten sein, wenn er in seinem Antrag auf Aussetzung einer Verlegung als Abbruch der therapeutischen Beziehung weniger auf den Therapeuten als auf die Behandlungsindikation, den bisher erzielten Therapieerfolg und die zu befürchtende Gefährdung und damit ansteigende Gefährlichkeit des Patienten bei einem organisationsbedingten Therapieabbruch eingeht. Denn dadurch würde der Auftrag zur Besserung und Sicherung in sein Gegenteil verkehrt.

3. Ein Antrag auf Aussetzen einer Maßnahme ist bereits vor der Stellung des Antrags auf gerichtliche Entscheidung zulässig, § 114 Abs. 3 StVollzG, kann aber durchaus mit diesem verbunden werden. Es muß nicht einmal das Vorverfahren abgeschlossen sein, vgl. AKStVollzG/*Volckart* § 114 Rdnr. 5.

4. Hierin ist die Vereitelung oder wesentliche Erschwerung des Rechts des Antragstellers zu sehen. Es genügt der Hinweis auf die Gefahr einer – auch nur zeitweiligen – Rechtsvereitelung, AKStVollzG/*Volckart* § 114 Rdnr. 6. Ein Nachweis, daß die befürchtete Rechtsvereitelung auch tatsächlich eintreten wird, muß nicht erbracht werden.

5. Auch dies kann ein tragendes Argument für den Antragsteller sein, da bei dem Maß von Freiheitsentzug und Lockerungen potentielle Gefährdungen zu berücksichtigen sind, vgl. § 16 Abs. 1 S. 1 und 2 MRVG-NW.

6. Wenn möglich sollte der Antragsteller auch auf dieses Zulässigkeitskriterium eingehen, um hier nicht der Behörde allein das argumentative Feld zu überlassen. – Freie Plätze auf einer Station dürften in der Regel keine organisatorische Zwangslage der Einrichtung begründen können.

12. Antrag auf einstweilige Anordnung gemäß § 114 Abs. 2 S. 2 StVollzG (Teilnahme an Beerdigung)

An das
Landgericht[1]
– Strafvollstreckungskammer –
4790 Paderborn   10. 3. 1991

In der Vollzugssache
gegen
Frau K...
Az.:... Js......

zur Zeit untergebracht gem. § 63 StGB im Psychiatrischen Krankenhaus E......

bestelle ich mich unter Vollmachtsvorlage für die Patientin und

beantrage:

1. für Frau K...... eine Ausführung[2] (Ausgang in Begleitung einer Sozialarbeiterin oder Krankenpflegerin) zur Teilnahme an der Trauerfeier und Beisetzung ihrer Mutter am 13. 3. 1991 zu ermöglichen;
2. gemäß § 114 Abs. 2 S. 2 StVollzG i. V. m. § 123 Abs. 1 VwGO die Durchführung dieser Maßnahme einstweilig anzuordnen.[3]

Begründung:

1. Frau K...... hat im Zustand psychotisch-wahnhafter Erkrankung ihr eigenes Kind getötet und ist dafür vom Landgericht D...... im Psychiatrischen Krankenhaus E...... untergebracht worden. Nach der Tat hat sie sehr unter dem Verlust ihres Kindes gelitten. Schwere Schuldvorwürfe haben sie an den Rand einer Depression gebracht. Über Monate hin hat sie sich sehr mit Insuffizienzgefühlen gequält. Inzwischen ist sie deutlich stabilisiert. Die von ihr erfahrene Therapie hat zu einer Konfliktverarbeitung geführt, die ihr Persönlichkeitsproblem weitgehend bewältigt hat. Dies ergibt sich aus den Aufzeichnungen des Krankenblattes und aus den aktuellen Aussagen der zuständigen Stationsleiterin, Frau Dipl.-Psychologin N......
2. Wesentlichen Anteil an der Besserung des Zustandes von Frau K...... hat ihre Mutter gehabt. Sie hat in hervorragender und verantwortungsbewußter Weise familientherapeutisch mitgearbeitet. So hat eine gute Beziehung zwischen Frau K......, ihrer Mutter und der oben genannten Stationsleiterin bestanden. Ihre Mutter war für Frau K...... in den letzten Monaten eine wichtige emotionale Stütze.
3. Für Frau K...... ist die Teilnahme an der Beisetzung ihrer Mutter insbesondere auch aus therapeutischen Gründen[4] angezeigt: Ihr muß Gelegenheit gegeben werden, durch die Teilnahme an der Trauerfeier und der Beisetzung nicht nur abstrakt rational, sondern gerade auch emotional Abschied zu nehmen. Zur weiteren Entfaltung und Erfahrung ihrer Emotionalität ist es erforderlich, daß sie Trauer erfahren und zulassen kann, statt diese zu verdrängen. Eine therapeutische Weiterbearbeitung der Persönlichkeitsproblematik kann gerade aus den Erfahrungen eines aktiven Trauererlebens sinnvoll erfolgen. Von daher wäre die Verweigerung einer Teilnahme an der Trauerfeier und Beisetzung ihrer Mutter für Frau K...... kontraindiziert, weil sie dadurch gezwungen wäre, Abschied und Trauer zu verdrängen. Die Gefahr, daß sie dabei in Verhaltensweisen, wie sie in ihren früheren Lebensphasen bestanden und zur Krankheit und schließlich zur Tat geführt haben, zurückfällt, ist anderenfalls nicht von der Hand zu weisen.
4. Da das Psychiatrische Krankenhaus entgegen dem Rat der Stationsleiterin[5] eine Ausführung von Frau K...... zur Trauerfeier abgelehnt hat, ist wegen der Eilbedürftigkeit der

Maßnahme eine einstweilige Anordnung zu erlassen. Aus diesem Grund kann das Widerspruchsverfahren nicht durchgeführt werden.

Rechtsanwalt

Anmerkungen

1. Vgl. Form. X. B. 2 Anm. 1–7.

2. Eine Ausführung kann gemäß § 16 Abs. 2 MRVG-NW zur Erledigung persönlicher oder familiärer Angelegenheiten oder aus anderen wichtigen Gründen bewilligt werden. Insoweit ist eine Ermessensentscheidung der Einrichtung erforderlich.

3. Zur Zulässigkeit des Antrags auf einstweilige Anordnung gilt das in Form. X. B. 11 Anm. 3 und 4 Gesagte entsprechend. Die exakte Abgrenzung zum vorzeitig zugelassenen Vornahmeantrag (§ 113 Abs. 1 Halbs. 2 StVollzG) dürfte nicht immer eindeutig möglich sein. Da einstweilige Anordnungen vornehmlich im Bereich der Gesundheitsfürsorge infrage kommen dürften, ist im Maßregelvollzug bei der Begründung des Antrags besonders auf den Behandlungs- und Therapieaspekt abzustellen. Hiermit dürfte am ehesten die Klippe zu umschiffen sein, daß mit der einstweiligen Anordnung nicht das Ziel des Hauptverfahrens vorweggenommen werden darf (AKStVollzG/*Volckart* § 114 Rdnr. 7 m.w. Nachw.). Denn andernfalls würde eine Vereitelung oder wesentliche Erschwerung des Rechts (vgl. *Schuler* StVollzG, Großkomm., § 114 Rdnr. 5) auf Behandlung drohen mit möglicherweise irreversiblen Folgen. Es bliebe im Nachhinein als „schwache" Rechtsschutzmöglichkeit dann nur die Feststellungsklage nach § 115 Abs. 3 StVollzG (s. Form. X. B. 10) übrig.

Zur Anfechtbarkeit einer Eilentscheidung, vgl. OLG Hamm, Beschl. v. 5. 3. 1987 – 1 Vollz (Ws) 315/86, ZfStrVo 1987, 378; gegen die Anfechtungsmöglichkeit mittels einer Rechtsbeschwerde: *Haas*, NStZ 1986, 161 (dort bezogen auf das Strafvollstreckungsrecht).

4. Hier wird der o. g. Bezug zur Behandlung hergestellt.

5. Solch ein Hinweis kann dem Gericht verdeutlichen, daß es nicht eine einheitliche oder nur einzig mögliche Beurteilung des Sachverhaltes innerhalb der Einrichtung gibt. Von daher liegt es nahe zu prüfen, ob nicht der Leiter der Einrichtung mit seiner verbindlichen Entscheidung die Grenzen des Ermessens überschritten hat, während untergeordnete Mitarbeiter sich mit ihrer Einschätzung noch im Rahmen des Ermessens bewegt haben. Zur richterlichen Prüfungskompetenz vgl. Form. X. B. 1.

13. Rechtsbeschwerde

An die Düsseldorf, den[2] ......
Strafvollstreckungskammer[1]
4000 Düsseldorf

Rechtsbeschwerde
des ......
vertreten durch RA ......

wegen Überbelegung des Unterbringungsraums

Namens und im Auftrag des Untergebrachten unter Bezug auf die beigefügte Vollmacht wird gegen die Entscheidung der Strafvollstreckungskammer vom 1. 2. 1986

Rechtsbeschwerde

eingelegt.

Es wird beantragt,³
> unter Aufhebung der Entscheidungen der StVK vom 1. 2. 1986 und des Krankenhausleiters vom 5. 12. 1985 dem Antrag des Untergebrachten stattzugeben.

Gründe:⁴

Der Untergebrachte erhebt die allgemeine Sachrüge.

Der Patient ist gemäß § 63 StGB auf der geschlossenen Abteilung des Rheinischen Landeskrankenhauses in ... seit dem 1. 12. 1985 gegen seinen erklärten Willen in einer 3-Mann-Zelle untergebracht. Er hat gegen die Einweisung schriftlich am 5. 12. 1985 Widerspruch eingelegt und Verlegung in eine wohnlich ausgestaltete Einzelzelle beantragt. Der am selben Tag ergangene Bescheid der Krankenhausleitung hat folgenden Wortlaut:
„Einzelzellen sind keine frei. Sie brauchen mir die Paragraphen nicht zu nennen, die sind mir auch bekannt. Aber wo nichts ist, hat auch der Kaiser sein Recht verloren. Sie sind in der Warteliste eingetragen."⁵

Hiergegen richtet sich der am 12. 12. 1986 eingegangene Antrag auf gerichtliche Entscheidung. Die Kammer hat den Unterbringungsraum zu Beweiszwecken in Augenschein genommen. Die Grundfläche dieses Raumes beträgt 11,54 qm und die Raumbreite 2,96 m. Der Raum ist ausgestattet mit einem Einzelzimmer – und einem Doppelbett, zwei Stühlen, drei Metallspinden, zwei Tischen, einem Heizkörper, einem Waschbecken, einer Toilette sowie einer kleinen zusammenklappbaren Schamwand. An den beiden Tischen können nur zwei Untergebrachte eine Freizeitbeschäftigung ausüben. Die StVK hält die Belegung des Unterbringungsraumes mit drei Personen für rechtmäßig. Der Antragsteller habe verkannt, daß § 2 Abs. 1 Satz 2 und Abs. 2 des MRVG NW dem Untergebrachten keinen Rechtsanspruch auf eine wohnliche Ausgestaltung seines Haftraumes gebe. Die Vorschrift richte sich an die Krankenhausleitung und begründe keine Rechte des Untergebrachten. Dem Ermessen der Vollzugsbehörde bei der Ausgestaltung der Haftträume seien nur durch das Recht auf Achtung seiner Menschenwürde, das Verbot unmenschlicher oder erniedrigender Behandlung Grenzen gesetzt. Diese Voraussetzungen lägen aber nach den vor der Kammer getroffenen, tatsächlichen Feststellungen vor.

Die Rechtsbeschwerde ist zulässig, weil es geboten ist, die Nachprüfung zur Fortbildung des Rechts und zur Sicherung einer einheitlichen Rechtsprechung zu ermöglichen.⁶ Der vorliegende Fall enthält eine entscheidungserhebliche rechtliche Fragestellung, die dazu Anlaß gibt, Leitsätze für die Auslegung von Normen des materiellen Rechts aufzustellen. Außerdem ist die Entscheidung fehlerhaft, weil sie auf einem Rechtsfehler materiellrechtlicher Art beruht. Der Antragsteller sieht die Bestimmung des § 2 MRVG NW, des Art. 1 GG, sowie des Art. III EMRK als verletzt an.

§ 2 MRVG NW lautet:
> Die Einrichtungen sind so zu gestalten, daß eine auf die Bedürfnisse des einzelnen abgestimmte Behandlung gewährleistet ist. Räume für die Behandlung, den Aufenthalt während der Ruhe- und Freizeit, für beschäftigung-, arbeitstherapeutische und schulische Maßnahmen und andere, angemessene Beschäftigungen sowie Gemeinschafts- und Besuchsräume sind zweckentsprechend auszugestalten. Die Räume müssen für eine gesunde Lebensführung geeignet und ausreichend mit Heizung, Lüftung, Boden- und Fensterfläche ausgestattet sein.

Soweit die Strafvollstreckungskammer in dieser Vorschrift lediglich eine die Krankenhausleitung verpflichtende, dem Untergebrachten aber keine Rechtsanspruch gewährende Regelung sieht, kann dem nicht gefolgt werden. Diese Auffassung entspricht nicht der Schutznormlehre und trifft auch nicht zu angesichts der im Rechtsstaat geltenden Vermutung für einen auch subjektiv-rechtlichen Gehalt einer die Verwaltung verpflichtenden Norm.⁷

Im übrigen hat die Krankenhausleitung bei der Regelung und Ausgestaltung der Unterbringungsräume kein freies Ermessen.⁸ Diesem werden vielmehr durch das Recht des

13. Rechtsbeschwerde X. B. 13

Untergebrachten auf Achtung seiner Menschenwürde (Art. I GG), das Verbot unmenschlicher Behandlung (Art. III EMRK) und europäischen Mindestgrundsätze für die Behandlung der Gefangenen Grenzen gesetzt.
Diese Grenzen sind im vorliegenden Falle eindeutig überschritten. Die Regelung des Unterbringungsraumes, der lediglich eine Grundfläche von nur 11,54 qm hat, mit drei Untergebrachten, ist rechtswidrig.
Die Fortbewegungs- und Freizeitmöglichkeiten sind derart eingeschränkt, daß von einer menschenwürdigen Unterbringung nicht mehr die Rede sein kann. Das in § 1 MRVG formulierte Behandlungsziel läßt sich solchen Räumen nicht verwirklichen.
Minimalanforderungen einer menschenwürdigen Unterbringung im Unterbringungsraum wurden mißachtet.

Rechtsanwalt[9]

Schrifttum: Volckart/Schmidt, Kommentar zum Strafvollzugsgesetz, bearb. von Eberhardt Brandt, 2. Aufl., 1982; *Lesting* in Anmerkung zu OLG Frankfurt StV 1986, 27.

Anmerkungen

1. Die Rechtsbeschwerde muß bei dem Gericht, dessen Entscheidung angefochten wird, eingelegt werden (§ 118 Abs. 1 StVollzG).

2. Die Rechtsbeschwerde muß binnen eines Monats ab Zustellung der gerichtlichen Entscheidung eingelegt werden (§ 118 Abs. 1 StVollzG).

3. In dieser Frist ist außerdem die Erklärung abzugeben, inwieweit die Entscheidung angefochten und ihre Aufhebung beantragt wird (§ 118 Abs. 1 StVollzG).

4. Die Anträge sind zu begründen (§ 118 Abs. 1 StVollzG). Aus dem Inhalt der Begründung muß mindestens folgendes hervorgehen:
a) der Umfang der Anfechtung, d.h. inwieweit die Aufhebung oder Änderung der angefochtenen Entscheidung begehrt wird (Abs. 1),
b) ob die unrichtige Rechtsanwendung im Bereich des Verfahrensrechts oder des materiellen Rechts oder in beiden Bereichen gesehen wird (Abs. 2). Wird die Verletzung materiellen Rechts gerügt, genügt es, die allgemeine Sachrüge mit diesen Worten zu erheben (AkStVollzG/*Volckart/Schmidt* § 118 Rdnr. 6).

5. Wörtliches Zitat aus der Entscheidung des OLG Bremen StV 1986, 27, der das Muster nachgebildet ist, in der die Belegung eines entsprechend großen Haftraums für rechtswidrig erklärt wird.

6. Gegen die rechtliche Entscheidung der Strafvollstreckungskammer ist die Rechtsbeschwerde zulässig, wenn es geboten ist, die Nachprüfung zur Fortbildung des Rechts oder zur Sicherung einer einheitlichen Rechtsprechung zu ermöglichen. Zur Fortbildung des Rechts ist Rechtsbeschwerde zulässig, wenn der Einzelfall eine entscheidungserhebliche, rechtliche Fragestellung enthält, die entweder dazu Anlaß gibt, Leitsätze für die Auslegung von Normen des materiellen oder formellen Rechts aufzustellen oder sich auftuende Lücken der gesetzlichen Regelung rechtsschöpferisch auszufüllen (BGHSt. 24, 21). Hier steht also nicht die gerechte Entscheidung des Einzelfalls im Vordergrund, sondern es geht um richtungsweisende Beurteilungen bestimmter Rechtsfragen und deren höchstrichterliche Durchsetzung.

Daneben ist die Rechtsbeschwerde zur Sicherung einer einheitlichen Rechtsprechung zulässig.

Das ist regelmäßig der Fall, wenn die Entscheidung rechtsfehlerhaft ist, weil sie auf einem Rechtsfehler beruht. Dieser kann verfahrensrechtlicher oder materiellrechtlicher Art sein. Eine Ausnahme hiervon ist nur gegeben, wenn das Gericht den Rechtsfehler mit Sicherheit nicht wiederholen wird (AkStVollzG/*Volckart/Schmidt* § 117 Rdnr. 4 und 5).

7. Wie hier *Lesting* in Anmerkung zu OLG Frankfurt in StV 1986, 27 mit weiteren Literaturhinweisen unter Ziff. 4.

8. Nach der Rechtsprechung des BGH hat die StVK das von der Vollzugsbehörde ausgeübte Ermessen regelmäßig dahin zu überprüfen, ob der Bescheid rechtswidrig ist, weil sie die gesetzlichen Grenzen des Ermessens überschritten oder von dem Ermessen in einer dem Zweck der Ermächtigung nicht entsprechenden Weise Gebrauch gemacht hat. Bei der Ausübung des Ermessens im Sinne eines unbestimmten Rechtsbegriffs ist dabei zu beachten, daß das Ermessen durch diesen Rechtsbegriff eingeschränkt wird (BGH NStZ 1982, 173 mit Anmerkung *Volckart*).

9. Der Antragsteller als Beschwerdeführer kann die Rechtsbeschwerde nur in einer von einem Rechtsanwalt unterzeichneten Schrift oder zur Niederschrift der Geschäftsstelle einlegen (§ 118 Abs. 3 StVollzG).

14. Checkliste von relevanten Punkten für Anträge auf gerichtliche Entscheidung

Da die Bundesländer erst seit 1981 sukzessive mit dem Erlaß von Maßregelvollzugsgesetzen begonnen haben, fehlte bisher weitgehend die materiell-rechtliche Grundlage zur Durchsetzung von Ansprüchen. Zudem ist erst ab dem 1. 1. 1985 der Rechtsweg für nach §§ 63, 64 StGB im Maßregelvollzug untergebrachte Personen entsprechend dem Strafvollzug nach §§ 109 ff. StVollzG eröffnet. Darüberhinaus war und ist die hier betroffene Klientel infolge von Krankheit, Behinderung und ihrem weit überwiegenden Herkommen aus den untersten sozialen Schichten kaum in der Lage, ihre Rechte vor Gericht durchzusetzen.

Der in diesem Vollzugsbereich tätig werdende Anwalt muß weitgehend Neuland betreten. Auf veröffentlichte Rechtssprechung in Maßregelvollzugsangelegenheiten kann bisher kaum zurückgegriffen werden. Auch die inzwischen erfreulich zahlreichen Entscheidungen in Strafvollzugsangelegenheiten können nicht ohne weiteres herangezogen und auf den Maßregelvollzug übertragen werden. Zum einen sind die Aufgaben und Zielrichtungen von Straf- und Maßregelvollzug unterschiedlich, zum anderen weichen die Maßregelvollzugsgesetze teilweise erheblich von einander und auch vom Strafvollzugsgesetz ab.

Die folgende Liste kann daher nur Anhaltspunkte für Anträge auf gerichtliche Entscheidung nennen. Jeder Anwalt wird das für seinen Mandanten infrage kommende Gesetz daraufhin durchsehen müssen, ob es für das Anliegen seines Mandanten oder für die gegen ihn vollzogene Maßnahme eine gesetzliche Grundlage gibt. Bei manchen der folgenden Punkte ist damit zu rechnen, daß die Zulässigkeitskriterien „Maßnahme zur Regelung einer einzelnen Angelegenheit" und „Geltendmachung einer Rechtsverletzung" noch auf längere Sicht streitig sein werden. Dieser Aspekt sollte deshalb besonders in der Begründung des Antrags bedacht werden.

Checkliste (ohne Anspruch auf Vollständigkeit):

1. Infrastruktur
    a) Unzureichende Räumlichkeiten, Überbelegungen, keine geeigneten Räume für Psychotherapie
    b) Geeignetes Personal fehlt, insbesondere für die individuelle Krankheit/Behinderung des Patienten/Mandanten

14. Checkliste von relevanten Punkten für Anträge auf ger. Entscheidung X. B. 14

2. **Behandlung**
   a) Behandlungs- und Eingliederungsplan
      – fehlt
      – wird nicht eingehalten
   b) Erforderliche Behandlung wird nicht gewährt
      – fachlich kompetenter Therapeut fehlt
      – fachlich kompetenter Therapeut ist auf einer anderen Station tätig, daher unzuständig
      – Meinungsverschiedenheiten darüber, was erforderliche Behandlung ist
   c) Zwangsbehandlung (ohne Einwilligung, gegen den Willen), unterschiedliche Länderregelungen!
   d) Ergänzende Gesundheitsversorgung
      – ist mangelhaft (einschl. Diagnostik)
      – Behandlung durch auswärtigen Facharzt/Fachklinik wird verweigert

3. **Rehabilitation**
   a) Weiterbildung, Berufsausbildung, Umschulung
      – wird nicht ermöglicht
   b) Freizeit, Sport
      – kein Angebot
      – Ausschluß von Teilnahme (z. B. an Kraftsport)
      – Teilnahme an Fortbildung wird nicht ermöglicht/nicht unterstützt
   c) Beschäftigung, Arbeitstherapie, Arbeit
      – es wird kein Angebot gemacht
      – nur Belohnung, statt Entlohnung (Unterbezahlung)
      – Verweigerung von freiem Beschäftigungsverhältnis
      – Anmeldung zur Renten- und Arbeitslosenversicherung ist nicht erfolgt

4. **Freiheitsbeschränkungen**
   a) Lockerungen
      – werden verweigert/zurückgenommen
   b) Urlaub:
      – als Behandlungsmaßnahme durch das Krankenhaus abgelehnt
      – Achtung! Besondere Regelungen wegen Vermengung mit Vollstreckungsrecht in
      - **Baden-Württemberg:** Vollstreckungsgericht (Kammer) verweigert die Zustimmung (vgl. OLG Stuttgart = NStZ 1986, 525 mit Anm. Walter/Pieplow)
      - **Niedersachsen:** Vollstreckungsbehörde verweigert Einvernehmen
      - **Rheinland-Pfalz:** Vollstreckungsbehörde verweigert Einvernehmen
      - **Hessen:** Vollstreckungsgericht (-Kammer) bzw. Vollstreckungsleiter verweigert die Zustimmung (wobei es zulässig sein soll, sogar den Gesichtspunkt der Schuldschwere im Maßregelvollzug zu berücksichtigen, OLG Frankfurt, Beschl. v. 28. 2. 1985 – 3 VAs 79/84, Recht & Psychiatrie 1985, 76)
   c) Prognosefragen/-probleme
   d) Zulässigkeit der Berücksichtigung von Disziplinverstößen, Alkoholgenuß, Entweichungen

5. **Soziale Kontakte**
   – Verbot/Kontrolle von Schriftverkehr
   – Nichtzulassung/zeitliche Einschränkung/Überwachung von Besuchern
   – Verhinderung des Telefonierens (faktisch keine Möglichkeit/Verbot/zeitliche Einschränkung/hohe Kosten)

6. Persönliches Eigentum
- Behinderung der Regelung von Vermögensangelegenheiten
- Verbot/Einschränkung des Erwerbs von Sachen

7. Krankenakten
- Vernachlässigung der Dokumentationspflicht
- Recht auf Akteneinsicht
  - sehr unterschiedliche Länderregelungen!

8. Verlegung in andere Einrichtungen
- als Vollzugs- und/oder Vollstreckungsangelegenheit
  - unterschiedliche Länderregelungen!

Die Vollstreckung von Maßregeln der Besserung und Sicherung

Übersichtsgrafik

§ 463 Abs. 1 StPO „Die Vorschriften über die Strafvollstreckung gelten für die Vollstreckung von Maßregeln der Besserung und Sicherung sinngemäß, soweit nichts anderes bestimmt ist."

Vollstreckungs-Behörde	§ 451 StPO Staatsanwaltschaft	§ 82 Abs. 1 S. 1 JGG Jugendrichter (für Jugendliche und nach Jugendstrafrecht verurteilte Heranwachsende)
Zuständigkeit bei gerichtlichen Entscheidungen	§ 462a StPO Strafvollstreckungskammer	§§ 82 Abs. 1 S. 2, 83 Abs. 1 JGG i.V.m. § 462a StPO Jugendrichter (jugendrichterliche Entscheidungen)
sofortige Beschwerde	Strafsenat des OLG	§ 83 Abs. 2 JGG Jugendkammer

15. Aussetzung zugleich mit der Anordnung (§ 67b StGB)

An das
Landgericht
–Strafkammer–

4400 Münster

In der Strafsache
gegen
H... S...
Az: ... Js..

wird beantragt[1]

für den Fall einer Unterbringung des Angeklagten in einem psychiatrischen Krankenhaus[2] deren Vollstreckung[3] zur Bewährung gemäß § 67b Abs. 1 Satz 1 StGB[4] auszusetzen.

Gründe:

Herr S. hat mehrfach seinen Arzt mit der Ermordung bedroht, falls dieser ihm nicht umgehend 500.000,– DM als Entschädigung für einen angeblichen Kunstfehler anläßlich seiner Augenoperation zahlen würde. Er leidet nach Angaben des Sachverständigen an einer Erkrankung aus dem psychotischen Formenkreis, die seine Verantwortung für die angeklagte Straftat entfallen läßt. Der Gutacher hat die Morddrohung als ernstlich angesehen und hält auch eine Wiederholung bei nächstpassender Gelegenheit für wahrscheinlich. Besondere Umstände[5] rechtfertigen die Erwartung, daß der Zweck der Maßregel auch durch die beantragte Aussetzung erreicht wird: Der Angeklagte war nach § 81 StPO und anschließend nach § 126a StPO im psychiatrischen Krankenhaus untergebracht. In dieser Zeit hat er eine intensive psychotherapeutische Behandlung erlebt, die er nach seiner Entlassung fortsetzen will.[6] Er erteilt ausdrücklich seine Zustimmung zu einer gerichtlichen Anordnung, diese therapeutische Behandlung während der Führungsaufsicht[7] fortzusetzen. Er wird wöchentlich einen Patientenclub[8] besuchen, in dem seine Persönlichkeitsproblematik regelmäßig mit der sehr erfahrenen Leiterin erörtert wird. Er hat sich mit dem bedrohten Arzt ausgesprochen und sich bei diesem für seine Morddrohungen entschuldigt. Der Arzt hat diese Entschuldigungen angenommen. Für ihn ist die Angelegenheit damit erledigt. Der Angeklagte hängt zwar immer noch seinen Hirngespinsten nach einer Entschädigung an, hat sich aber dazu durchgerungen, seine angeblichen Entschädigungsforderungen auf dem Zivilprozeßweg zu realisieren. Auf Gewalt will er aber verzichten. Der Angeklagte wird von Münster, wo er operiert wurde und den Arzt bedroht hatte, nach Bayern verziehen.[9] Er wird sich damit von dem Konfliktherd in Westfalen entfernen. Er hat eine sehr zuverlässige Frau geheiratet.[10] Auch kann er eine neue Stelle als Mechaniker antreten.[11]
Schließlich ist eine Gebrechlichkeitspflegschaft angeordnet worden mit dem Recht des Pflegers zur Aufenthaltsbestimmung.[12] Der Pfleger steht – ein glücklicher Ausnahmefall – in engem Kontakt mit dem Angeklagten. Er ist zuverlässig und wird mit Sicherheit die Staatsanwaltschaft als Vollstreckungsbehörde informieren, sollte sich in den persönlichen Verhältnissen des Angeklagten eine Destabilisierung ereignen und ein Rückfall in frühere Verhaltensmuster stattfinden. Wir regen an, diesen Pfleger zum Bewährungshelfer zu bestellen.[13]
Das Gericht kann fest damit rechnen, daß die Gefährlichkeit auch bei einer Aussetzung gebannt ist.[14] Aber auch, wenn das Gericht die für und gegen eine Aussetzung sprechenden Gesichtspunkte in ihrer Gesamtheit für gleichgewichtig hält, hat es sich für die Aussetzung zu entscheiden.[15]

Rechtsanwalt

Tondorf

X. B. 15

Schrifttum: Blau, Recht und Unrecht beim Straf- und Maßregelvollzug, GA 1959, 141; *ders.,* Schuld und Gefährlichkeit des psychisch abnormen Täters, Strafrechtsgeschichte, Kriminologische und rechtsvergleichende Aspekte, in: Blau/Kammeier (Hrsg.), Straftäter in der Psychiatrie, 1984; *Dünkel,* Organisationsstruktur, Behandlungsmaßnahmen und Veränderungen bei Insassen einer sozialtherapeutischen Anstalt, MSchrKrim. 1986, 1A; *Eickhoff,* Die Benachteiligung des psychisch kranken Rechtsbrechers im Strafrecht, NStZ 1987, 85; *Eisel,* Anmerkung zum Beschluß des Verfassungsgerichts vom 8. 10. 1985, R & P 86, 31; *Hanack/Horstkotte,* Leipziger Kommentar, Großkommentar, hrgs. von Hans Heinrich Jeschek, 3. Band §§ 61–79b, 10. völlig neu bearbeitete Auflage 1985; *Hoffmann/ Feest,* Die „Wende" im Maßregelrecht, R & P 1986, 62; *Leygraf,* Psychisch kranke Straftäter, 1988; *Pollähne,* Anmerkung zum OLG Hamm 2 Ws 191/87 „Voraussetzungen der bedingten Entlassung aus dem Maßregelvollzug, Verhältnis zur Beurlaubung", StV 88, 116; *Rasch,* Die Prognose im Maßregelvollzug als kalkuliertes Risiko, in Festschrift für Günter Blau; *ders.,* Krank und/oder kriminell? – Maßregelvollzug in Westfalen/Lippe, 1984; *ders.,* Forensische Psychiatrie, 1986; *Schumann,* Der psychisch kranke Rechtsbrecher, 1987; *Streng,* Vikariierens-Prinzip und Leidensdruck. Überlegungen zum Verhältnis von Therapie und Strafe im Rahmen von § 67 StGB; *Tondorf,* Der Maßregelvollzug für psychisch kranke Täter und Suchtkranke, Recht und Politik 1980, 114; *ders.:* Die katastrophale Lage psychisch Kranker im Maßregelvollzug, ZRP 1983, 118; *ders.:* Der aufgedrängte Sachverständige, ein Ärgernis für die Verteidigung, Recht und Psychiatrie 1984, 155; *ders.:* Möglichkeiten und Schwierigkeiten anwaltlicher Vertretung von Mandanten im Maßregelvollzug, in: Blau/Kammeier (Hrsg.) Straftäter in der Psychiatrie, 1984; *Volckart,* Sachverständigenbeweis zur Kriminalprognose, Recht und Psychiatrie 1985, 25; *ders.,* Verteidigung in der Strafvollstreckung und im Vollzug, 1988; *Wagner,* Effektiver Rechtsschutz im Maßregelvollzug – § 63 StGB, 1988.

Anmerkungen

1. Das Gesetz sieht abweichend von der Regelung in § 267 Abs. 3 Satz 4 StPO keinen Antrag vor als Voraussetzung dafür, daß die Maßregelaussetzung in den Urteilsgründen erörtert wird. Dies ist auch nicht in § 267 Abs. 6 StPO vorgesehen. Sachlich-rechtliche Erwägungen schreiben jedoch eine Auseinandersetzung mit der Aussetzungsfrage vor. Dies gilt auch, wenn eine Maßregel nach §§ 63, 64, StGB nicht ausgesetzt wird und die Gründe, aus denen die Maßregel vollstreckt werden muß, nicht selbstverständlich sind (LK/*Horstkotte* § 67b Rdnr. 129). Rein vorsorglich sollte im Plädoyer ein entsprechender Nebenantrag gestellt werden, damit sich dem Gericht eine Erörterung aufdrängt. Tauchen in einem solchen Fall im Urteil nur formelhafte Begründungen auf, dürfte eine Revision erfolgreich sein (LK/*Horstkotte* § 67b Rdnr. 129).

2. Die im Maßregelvollzug untergebrachten psychisch Kranken sind gegenüber Straftätern, die ihre Strafe im Strafvollzug verbüßen, sowohl faktisch als auch rechtlich benachteiligt. Trotz aller Antstrengungen wird es noch Jahre dauern, bis die Unterbringung der Patienten zufriedenstellend geregelt ist. Die Arbeitstherapie ist primitiv und stumpfsinnig; trotz der vielbeklagten Akademikerflut ist es schwierig, Ärzte, Psychologen, Sozialarbeiter und Beschäftigungstherapeuten für eine Mitarbeit in den oft einsam gelegenen Anstalten zu gewinnen, in denen der Maßregelvollzug stattfindet. Die Unterbringung im psychiatrischen Krankenhaus ist praktisch unbegrenzt. Die durchschnittliche Verweildauer beträgt 6,3 Jahre. Bei jedem fünften Patienten dauert die Unterbringung seit mehr als 10 Jahren an. Aus der Sicht des Patienten bedeutet die Einweisung in das psychiatrische Krankenhaus oft die Gefahr eines lebenslänglichen Freiheitsentzuges (*Leygraf*, S. 107, 109, 180). Das Gesamtbild ist düster genug (LK/*Horstkotte* § 67d Rdnr. 65). Die Länge der Hospitalisierung ist umgekehrt proportional zur Behandlungsintensität. Bei den meisten Patienten läßt sich infolge der jahrelangen Verwahrung kaum noch unterscheiden, wieweit ihr Verhalten

15. Aussetzung zugleich mit der Anordnung X. B. 15

noch von der ursprünglichen psychiatrischen Störung oder aber von typischen Hospitalisierungsschäden bestimmt wird. Während der für seine Taten voll verantwortliche Straftäter schon bei Antritt der Strafverbüßung den Tag seiner Entlassung weiß, ist dies dem untergebrachten Patienten nicht möglich. Ein etwaiger Freispruch wegen Schuldunfähigkeit verbunden mit einer Unterbringung in einem psychiatrischen Krankenhaus bzw. einer Entziehungsanstalt ist deshalb ein von vielen Verteidigern in seiner Gefahr für den Mandanten oft unterschätzter Pyrrhussieg. Dieser Freispruch wird auch im Strafregister eingetragen, ohne je getilgt zu werden, §§ 12 Abs. 1 Nr. 1, 43 Abs. 1 BZRG (zum ganzen: *Tondorf*, Straftäter in der Psychiatrie, 1984). Von der Entwicklung der modernen Psychiatrie blieben die Maßregelvollzugseinrichtungen, wie *Blau* (1984) herausstellt, ausgeschlossen. Die unwürdigen und mit den Grundrechten kaum zu vereinbarenden Lebensbedingungen (*Tondorf* 1980 und 1983) innerhalb des Maßregelvollzugs beschäftigen jedoch kaum die Gerichte (so bereits *Blau* 1959; *Wagner*, S. 36). LK/*Horstkotte* (§ 67b Rdnr. 53) weist darauf hin, daß die Vollstreckung der Maßregel die Möglichkeiten der Therapie beeinträchtigen und sich deshalb auf lange Sicht auf die Rückfallgefahr eher negativ auswirken kann, daß die Unterbringung in vielen Fällen den Widerstand des Betroffenen hervorrufe und seine Behandlungsbereitschaft untergrabe. Die Unterbringung nach § 63 StGB werde allmählich zu einem Fremdkörper der modernen Krankenhauspsychiatrie, weil sie in der Regel langfristig sei, während die Verweildauer bei neu aufgenommenen Patienten sonst erheblich zurückgegangen sei, möge auch der Bestand der Langzeitpatienten in den Fachkrankenhäusern noch immer besorgniserregend groß sein. Der Verteidiger muß daher versuchen, in Grenzfällen darauf hinzuwirken, daß psychisch Kranke in den Strafvollzug kommen, wo sie eigentlich gar nicht hingehören. Er hat aber angesichts der Unzulänglichkeiten des Maßregelrechtes keine andere Möglichkeit (*Tondorf* 1984). Kann der Verteidiger aber die Anordnung der Unterbringung in einem psychiatrischen Krankenhaus oder einer Entziehungsanstalt nicht verhindern, so sollte er darauf drängen, daß deren Vollstreckung durch das Gericht zur Bewährung ausgesetzt wird. Die Handhabe hierzu gibt ihm § 67b StGB. Er gibt die Chance, einen nicht unbedingt notwendigen Freiheitsentzug zu vermeiden. Gleichzeitig kann so die Therapie, die vielfach außerhalb des Maßregelvollzugs mehr Erfolg verspricht, gefördert werden. Dies gilt umso mehr, als die Aussetzung mit therapeutisch orientierten Weisungen verbunden werden kann (LK/*Horstkotte* § 67b Rdnr. 26).

3. Ausgesetzt wird nur die Vollstreckung der freiheitsentziehenden Maßregeln nach den §§ 63, 64. Mit ihr tritt gemäß § 67b Abs. 2 StGB stets Führungsaufsicht ein, die ihrerseits immer die Unterstellung unter eine Aufsichtsstelle und die Bestellung eines Bewährungshelfers einschließt, mit Weisungen verbunden werden kann und mindestens zwei Jahre dauert. § 67b regelt den seltenen Fall, daß das erkennende Gericht – nicht etwa eine Vollstreckungskammer – eine Vollstreckungsmaßnahme anordnet. Den Gegenpol zu § 67b StGB stellt die Aussetzung einer bereits vorher rechtskräftig angeordneten Maßregel dar, sei es, daß diese schon vollzogen worden ist (§ 67d Abs. 2 StGB), sei es, daß der Vollzug einer Freiheitsstrafe vorausgegangen ist (§ 67c Abs. 1), sei es der seltene Fall, daß sich der Täter zwischen Anordnung der Maßregel und ihrer Aussetzung in Freiheit befunden hat (§ 67c Abs. 2 Satz 4 StGB).

4. LK/*Horstkotte*, neben *Hanack* der maßgebende Kommentator des Maßregelvollzugsrechts, führt aus, daß sich bei den Maßregeln der §§ 63, 64 StGB eine Stufenfolge der rechtlichen Prüfung ergibt:
a) Bei der Gefährlichkeitsprognose ist zu prüfen, ob der psychische Zustand des Täters (§ 63) bzw. sein Hang zum Rauschmittelmißbrauch (§ 64) von der Art ist, daß die Gefährlichkeit schon bei einer bloßen Änderung der Lebensverhältnisse entfällt. Ist das der Fall, so kann die Maßregel nicht angeordnet werden.
b) Ist zwar die Gefährlichkeit des Täters zu bejahen, stehen aber zuverlässige Vorkehrungen zur Verfügung, die ihn weniger belasten als die mit Führungsaufsicht verbundene

Anordnung und Aussetzung der Maßregel nach den §§ 63, 64 StGB, so unterbleibt nach dem Grundsatz der Verhältnismäßigkeit ebenfalls schon die Anordnung der Maßregel, nicht nur ihre Vollstreckung.

c) Eine Aussetzung der Maßregel kommt erst in Betracht, wenn der Richter die Gefährlichkeit des Täters bejaht und sich nicht davon überzeugen kann, daß die Gefahr weiterer rechtswidriger Taten mit anderen Vorkehrungen als mit der Anordnung einer Maßregel und der damit verbundenen Führungsaufsicht begegnet werden kann. Er kann trotz vergleichsweise ungünstiger prognostischer Voraussetzungen die Vollstreckung der Maßregel aussetzen, „wenn besondere Umstände die Erwartung rechtfertigen, daß der Zweck der Maßregel auch dadurch erreicht wird" (§ 67b Abs. 1 Satz 1 StGB).

5. Besondere Umstände sind Gegebenheiten, die die gegenwärtige und künftige Umgebung des Täters und die Möglichkeiten einer Einflußnahme auf die Rückfallgefahr betreffen (LK/*Horstkotte* § 67b Rdnr. 47).

6. Solche Umstände sind: therapeutische (ärztliche, psychotherapeutische, psychologische, sozialpädagogische) Behandlung, sei sie ambulant oder mit der Aufnahme in ein Krankenhaus oder in teilstationäre Einrichtungen wie Tages- und Nachtkliniken verbunden. *Horstkotte* nennt weiter die Aufnahme in psychiatrische Übergangswohnheime, therapeutische Wohngruppen, beschützte Wohnungen, beschützte Werkstätten und sonstige Arbeitsplätze in Rehabilitations- und Trainingswerkstätten, Anschluß an eine therapeutisch orientierte Gruppe (Release-Gruppe, Anonyme Alkoholiker, Patientenclub).

7. Auch die Tatsache der Führungsaufsicht und die mit ihr verbundenen Anordnungen sind im Rahmen der Prognose zu berücksichtigen (LK/*Horstkotte* Rdnr. 50). Hinsichtlich einer Heilbehandlung oder Entziehungskur bedarf es der Zustimmung des Betroffenen (§ 56c Abs. 3 i.V.m. § 68b Abs. 2 StGB).

8. Beitritt zu einem Patientenclub (LK/*Horstkotte* Rdnr. 48 zu § 67b).

9. Auch eine Ortsveränderung kann die Vollstreckung der Maßregel entbehrlich machen, wenn der Täter von dem Konfliktherd, der ihn zu den Taten gegen bestimmte Personen oder Sachen veranlaßt hat, getrennt wird und keine Gründe dafür bestehen, daß der Täter an den alten Tatort zurückkehrt (LK/*Horstkotte* § 67b Rdnr. 49).

10. Auch werden bei Horstkotte Fälle genannt, in denen eine günstige Entwicklung deswegen erwartet wird, weil der Täter eine zuverlässige Frau geheiratet hat oder

11. eine neue Arbeitsstelle als Mechaniker angetreten hat (LK/*Horstkotte* Rdnr. 49 und 73 zu § 67b).

Horstkotte spricht sich auch dafür aus, daß in Fällen, in denen eine landesrechtliche Unterbringung besteht, von der Vollstreckung der strafrechtlichen Unterbringung nach § 63 nur noch zurückhaltend Gebrauch gemacht wird (LK/*Horstkotte* Rdnr. 67). Die landesrechtliche Unterbringung sei ein besonderer Umstand, der, auch unter dem Gesichtspunkt der Verhältnismäßigkeit, die Aussetzung der Maßregel nach § 67b verantwortbar erscheinen lasse.

12. Die Unterbringung durch den Vormund kann je nach Sachlage als besonderer Umstand bewertet werden; von noch größerer praktischer Bedeutung als die Vormundschaft ist bei seelisch Kranken die Gebrechlichkeitspflegschaft. Sie wird vielfach ohne Einwilligung des Kranken angeordnet und mit dem Recht des Pflegers zur Aufenthaltsbestimmung verbunden. Sie ist in gleicher Weise wie die Vormundschaft als besonderer Umstand im Sinne des § 67b zu werten (LK/*Horstkotte* Rdnr. 69).

13. Mit Eintritt der Führungsaufsicht untersteht der Verurteilte einer Aufsichtsstelle. Er erhält einen Bewährungshelfer. Die Auswahl des Bewährungshelfers durch den Richter bedarf nicht der Zustimmung der Aufsichtsstelle. Das Gericht ist nicht verpflichtet, einen auf Fälle der Führungsaufsicht spezialisierten Bewährungshelfer zu bestellen. Befindet sich der Täter in der Obhut seiner Familie, eines Vormundes oder Pflegers oder einer privaten

16. Dauer der Unterbringung   X. B. 16

Krankenanstalt, so kann ein Familienangehöriger, der Vormund oder Pfleger oder gar der behandelnde Arzt zum Bewährungshelfer ernannt werden (LK/*Horstkotte* Rdnr. 111 zu § 67 b).

14. Für die Aussetzungsprognose gilt nach der einen Auffassung der Grundsatz „in dubio pro reo" nicht, weil die Maßregel nach Wortlaut und Zweck des Gesetzes nur ausgesetzt werden solle, wenn die Entschärfung der Gefährlichkeit durch besondere Umstände feststehe (*Lackner*, Anmerkung 4b vor § 61 unter Hinweis auf § 67b; *Schönke/Schröder/Stree* § 67b Rdnr. 6).

15. Anderer Meinung nach ergibt sich die Situation des non liquet, in der der Satz „in dubio pro reo" anzuwenden ist jedenfalls dann, wenn der Richter die für und gegen eine Aussetzung sprechenden Gesichtspunkte **in ihrer Gesamtheit** für gleichgewichtig hält. Hier habe er sich für die Aussetzung zu entscheiden (LK/*Horstkotte* § 67b Rdnr. 24).

16. Dauer der Unterbringung (§ 67 d Abs. 2 und § 67 e StGB)

An die
Vollstreckungskammer des
Landgerichts
Paderborn

In dem Verfahren
gegen
L ...
– Az: ... StVK ...... –

bestellt sich Rechtsanwalt ...... mit anliegender Vollmacht zum Verteidiger für den Untergebrachten. Es wird beantragt:
1. Rechtsanwalt ...... dem Untergebrachten als Pflichtverteidiger[1] beizuordnen.
2. Zum Beweis der Tatsache,[2, 3c] daß angesichts der heutigen persönlichen und sozialen Lebensverhältnisse des Untergebrachten erprobt werden kann, ob er außerhalb des Maßregelvollzugs keine erheblichen rechtswidrigen Taten mehr begehen wird,[4] Einholung eines Gutachtens eines anstaltsfremden[5] psychiatrischen Sachverständigen.
3. Rechtsanwalt ...... von dem Anhörungstermin zu benachrichtigen und die Teilnahme an der Verhandlung vor der Vollstreckungskammer zu ermöglichen.[3a, b]
4. Die Aussetzung der weiteren Vollstreckung zur Bewährung gemäß § 67d Abs. 2 StGB anzuordnen.

Gründe:

Der Patient befindet sich seit 5 ½ Jahren im Maßregelvollzug.
Der zum Tatzeitpunkt gerade 21 Jahre alte Antragsteller wurde am 3. Juni 1980 vom Landgericht Essen von dem Vorwurf eines gemeinschaftlich begangenen schweren Raubes freigesprochen. Zugleich wurde seine Unterbringung in einem psychiatrischen Krankenhaus angeordnet. Er hatte zusammen mit seinem Tatgenossen einen Kiosk betreten und unter Einsatz einer Schreckschußpistole die Inhaberin gezwungen, ihnen die Ladenkasse mit 200,– DM zu überlassen. Der Sachverständige kam im Erkenntnisverfahren zu der Auffassung, daß bei ihm wegen Schwachsinns die Voraussetzungen des § 20 StGB vorlagen.
Der Angeklagte kennt seinen Vater überhaupt nicht. Auch zu seiner Mutter besteht kein Kontakt mehr. Er hat 8 Geschwister. Eine Schule hat er nicht besucht. Er wurde in einem Heim groß, in dem er durch zunehmende Agressivität anderen Pfleglingen gegenüber auffiel. Die Staatsanwaltschaft hatte vor der neuen Straftat mehrere Kaufhausdiebstähle

Tondorf

wegen mangelnder Reife bzw. wegen Schuldunfähigkeit eingestellt. Seit 1980 befindet sich der Patient im Maßregelvollzug im ...... 1981 kam es zu einer Entweichung im Rahmen eines Ausganges. Nach wenigen Tagen wurde der Patient von der Polizei zurückgebracht. Er beging während der Entweichung keine Straftaten. Vor kurzem hat er allerdings einen Mitpatienten bestohlen, aus dessen Schrank er 20,– DM entwendete.
Der Antragsteller steht unter Vormundschaft.

Zu 1.: Der Untergebrachte ist mittellos. Er ist nicht in der Lage, die Besonderheiten des Sachverhalts zu erfassen, selbst Folgerungen aus der Beweislage zu ziehen und durch geeignetes Vorbringen zur Wahrung seiner Rechte auf den Gang und das Ergebnis des Verfahrens Einfluß zu nehmen, das für ihn von entscheidender Bedeutung war. Ihm ist deshalb von Verfassungs wegen[1] ein Pflichtverteidiger beizuordnen.

Zu 2.: Durch das Gutachten eines anstaltsunabhängigen psychiatrischen Sachverständigen wird folgendes unter Beweis gestellt: Es gelang dem Patienten kurz nach Aufnahme in den Maßregelvollzug, sich in die Arbeitstherapie einzugliedern. Ihm wurden Ausgänge gewährt. Er ist 1983 ununterbrochen auf einer offenen Station. Er hat sich mit Ausnahme einer Entweichung an die Anforderungen der Therapie angepaßt. Er war pünktlich und zuverlässig, z.B. bei Ausgang-, Beurlaubung- und bei Teilnahme an der Arbeitstherapie. Seine frühere Neigung zu aggressiven, ungesteuerten Verhaltensweisen kann nicht mehr festgestellt werden. Er hat eine recht stabile Beziehung zu einer anderen Behinderten und ihrer Familie entwickelt. Aufgrund der positiven emotionalen Erfahrungen im interpersonell-therapeutischen Bereich während des Maßregelvollzuges ist es trotz seiner begrenzten Möglichkeiten doch zu einer deutlichen emotionalen Nachreifung und Stabilisierung gekommen. Die bisherigen ärztlichen Stellungnahmen des Krankenhauses enthalten lediglich in jeweils wenigen Zeilen eine Schilderung seines Zustandes und weisen unspezifisch auf die Gefahr strafbarer Handlungen hin. Sie erstrecken sich nur auf teilweise kurze Bemerkungen zur früheren Symptomatik. Eingehende und substantiierte Feststellungen sowie konkretisierte ärztliche Bewertungen seines gegenwärtigen Zustandes fehlen indessen.

Die einmalige Entweichung stellt kein seriöses Kriterium dar, das einer Entlassung entgegensteht, zumal während der Entweichung keine Straftaten begangen wurden. Von medizinischer (*Rasch* 1984 S. 45) und juristischer (LK/*Horstkotte* § 67d Rdnr. 42, § 67c Rdnr. 59, Fn. 56) Seite wird sogar die Auffassung vertreten, der einer Flucht aus dem Maßregelvollzug folgende längere Aufenthalt in Freiheit ohne die Begehung neuer Straftaten könne sich günstig auf die Entlassungsprognose auswirken (vgl. auch *Pollähne* StV 88, 116). Der von dem Patienten eingeräumte in jüngster Zeit erfolgte Diebstahl steht ebenfalls nicht entgen. Nach den Gesamtumständen dieser Tat, handelt es sich nicht um eine solche, deren Art und Schwere die Anordnung einer Maßregel nach § 63 StGB rechtfertigen könnte. Dementsprechend ist sie alleine auch nicht geeignet, die günstige Prognose auszuschließen. Vielmehr darf unter der durch die Führungsaufsicht und die Leitung eines Bewährungshelfers gegebenen Einbindung des Patienten unter Beachtung der ihm zu erteilenden Weisungen mit einer weiteren Festigung gerechnet werden und damit auch auf den Verzicht neuer erheblicher rechtswidriger Taten. Es werden folgende Weisungen vorgeschlagen:

– Der Patient hat Arbeit in einer beschützenden Werkstatt aufzunehmen. Bis ihm dort ein Arbeitsplatz zugewiesen wird, hat er weiterhin die Arbeitstherapie des ...... Zentrums für Forensische Psychiatrie zu besuchen.
– Der Patient hat täglich die ihm verordneten Medikamente unter Aufsicht der Ambulanz des ...... Zentrums für Forensische Psychiatrie einzunehmen.
– Der Patient hat sich jeden Monat einmal einem Facharzt für Psychiatrie im ...... Zentrum für Forensische Psychiatrie zur Kontrolle seines psychischen Befindens vorzustellen, sich darüber eine Bestätigung ausstellen zu lassen und diese der Führungsaufsicht auf Aufforderung vorzulegen. Der Verurteilte wird der weiteren Aufsicht und Leitung durch einen Bewährungshelfer unterstellt.

16. Dauer der Unterbringung   X. B. 16

Abschließend dürfen wir auf folgendes hinweisen:
Der für einen Schuldfähigen vorgesehene Strafrahmen beträgt bei einem minderschweren Fall höchstens fünf Jahre. Je länger sich unser Mandant über diesen Rahmen hinaus im Maßregelvollzug befindet, desto eher greift der Grundsatz der Verhältnismäßigkeit. Die Vollstreckung wird in Kürze einen Punkt erreichen, an der sie selbst bei fortdauernd ungünstiger Kriminalprognose nicht mehr fortgesetzt werden darf. Ein „lebenslänglich für einen Pelzdiebstahl" darf es nicht mehr geben (*Volckart*, Verteidigung, Rdnr. 150). Wird ein Punkt der Unverhältnismäßigkeit erreicht, bleibt nur noch der Ausspruch der Erledigung.
Um so eher sollte hier mit Hilfe eines Bewährungshelfers in der Führungsaufsicht dem Patienten die Chance eingeräumt werden, sich zu bewähren, als wenn er später ohne eine solche Hilfe entlassen werden muß!

                                                                    Rechtsanwalt

Anmerkungen

1. Das Bundesverfassungsgericht hat in der für das Maßregelvollzugsrecht richtungsweisenden Entscheidung vom 8. 10. 1985 im Fall „Paul L. Stein" (NJW 1986, S. 767) festgestellt, daß dem Untergebrachten von Verfassungs wegen jedenfalls dann ein Pflichtverteidiger beizuordnen ist, wenn es nach der konkreten Fallgestaltung, insbesondere bei Besonderheiten und Schwierigkeiten im Diagnose- und Prognosebereich, als evident erscheint, daß er sich angesichts seiner Erkrankung nicht selbst verteidigen kann.

2. Die Entscheidung des BVerfG setzt Maßstäbe für die Dauer der Unterbringung und ist geeignet, überlangen Unterbringungszeiten entgegenzuwirken. Das BVerfG verlangt auch in denjenigen Verfahren, die dem sogenannten Freibeweis unterliegen, die Geltung der richterlichen Aufklärungspflicht, wie sie für die Hauptverhandlung in der Regelung des § 244 Abs. 2 StPO ihren Niederschlag gefunden hat. Das Bundesverfassungsgericht spricht von dem Gebot „bestmöglicher Sachaufklärung". Befindet sich der Untergebrachte seit langer Zeit in ein und demselben psychiatrischen Krankenhaus, so sei es in der Regel geboten, von Zeit zu Zeit einen anstaltsunabhängigen Sachverständigen hinzuzuziehen. Dies sollte spätestens alle drei Jahre geschehen (Das Maßregelvollzugsgesetz NW vom 18. 12. 1984 enthält eine entsprechende Vorschrift: § 14 Abs. 3). Je länger die Unterbringung dauert, desto strengere Anforderungen seien aufgrund der Wirkkraft des Freiheitsgrundrechts des Untergebrachten auch an die Sachverhaltensaufklärung zu stellen, um der Gefahr von Routinebeurteilungen möglichst vorzubeugen.
Der Grundsatz der Verhältnismäßigkeit ist nach der Entscheidung des BVerfG in die Prüfung der sogenannten Aussetzungsreife der Maßregel nach § 67d Abs. 2 StGB einzubeziehen. Die Klausel von der „Verantwortbarkeit der Erprobung" schließe es ein, daß mit der Aussetzung ein vertretbares Risiko eingegangen werde. In den Grenzen der Verantwortbarkeit komme der Erprobung folglich der Charakter eines Experiments zu. Die Entlassungsprognose erfordere also nicht etwa die sichere Erwartung zukünftigen Wohlverhaltens des Untergebrachten. Bei langandauernden Unterbringungen enge sich der Bewertungsrahmen des Vollstreckungsrichters ein. Einen Anhalt hierfür sollen die Strafrahmen derjenigen Tatbestände geben, die der Täter verwirklicht habe und an die seine Unterbringung anknüpfe, aber auch diejenigen der von ihm drohenden Delikte.
Eickhoff (NStZ 1987, 67) stellt allerdings in einer Besprechung der Entscheidung des BVerfG die kritische Frage, ob ein Täter, der wegen einer lebensgeschichtlich verankerten tiefgreifenden Störung seiner psychosozialen Anpassungsfähigkeit eine Straftat begangen hat und deswegen nach § 63 StGB in eine psychiatrische Klinik eingewiesen wurde, wirklich eine Chance habe, durch die Berufung auf den Grundsatz der Verhältnismäßigkeit zwischen Unterbringungsdauer und Unterbringungszweck eine zeitliche Begrenzung der

von ihm zu erduldenden Freiheitsentziehung zu erreichen. Eickhoff wagt dies zu bezweifeln, weil keine Strafvollstreckungskammer den geradezu verwegenen Mut aufbringen werde, die Wahrscheinlichkeit der Begehung neuer Sexualdelikte, neuer Brandstiftungen, neuer Körperverletzungen in Kauf zu nehmen, um eine unerträglich lange Unterbringung beenden zu können. Die Furcht, durch die Gewährung einer Aussetzungsentscheidung die Mitverantwortung gegenüber künftigen Opfern solcher Delikte übernehmen zu müssen, weil die eigene Ermessensentscheidung die Schädigung des Opfers erst ermöglicht habe, werde verständlicherweise fast jeden Richter daran hindern, in solchen Fällen die Aussetzung der Unterbringung anzuordnen.

3. Im Lichte dieser Entscheidung des Bundesverfassungsgerichts sollen auch die Streitfragen neu überdacht werden, die zu § 454 StPO diskutiert werden, wonach der Untergebrachte grundsätzlich mündlich zu hören ist:
a) Nach der bisher überwiegenden Meinung kann mangels einer ausdrücklichen Vorschrift eine **Benachrichtigung** des Verteidigers vom Anhörungstermin nicht gefordert werden, weil er im vorgeschriebenen schriftlichen Verfahren keinen Anspruch darauf hätte, mündlich gehört zu werden. Demgegenüber wurde bereits früher eingewandt, daß sich die von der überwiegenden Meinung vermißte Rechtsgrundlage für das Recht des Verteidigers auf Anwesenheit bei der Anhörung – und deshalb auch auf Benachrichtigung vom Anhörungstermin – bereits aus Art. 103 GG ergebe. Richtigerweise gebietet das Prozeßgrundrecht auf faires, rechtsstaatliches Verfahren zwingend die Benachrichtigung und Teilnahme des Verteidigers am Anhörungstermin.
b) Auch die Auffassung, der Verteidiger habe kein **Teilnahmerecht** an der Verhandlung vor der Vollstreckungskammer, ihm sei nur Gelegenheit zur Stellungnahme zu geben, steht nicht im Einklang mit diesem Prozeßgrundrecht.
c) Auch sollte die herrschende Meinung ihre Auffassung überprüfen, wonach der Verurteilte und sein Verteidiger in dem Beschlußverfahren kein förmliches Beweisantragsrecht im Sinne des § 244 Abs. 3–6 StPO haben sollen. Der bei einer Entscheidung im Strafvollstreckungsverfahren bestehende Anspruch auf rechtliches Gehör erschöpft sich nicht in einer Äußerungsmöglichkeit, sondern verlangt ein Mitwirkungsrecht an der Rechtsfindung. Inhalt dieses Rechts ist auch das Recht, Beweisanträge zu stellen. Anhören heißt Gehör finden, was die Möglichkeit umfaßt, die Entscheidung des Gerichts beeinflussen zu können, woraus wiederum ein Beweiserhebungsanspruch resultiert. Das Bundesverfassungsgericht spricht (a. a. O.) von der richterlichen Aufklärungspflicht, die es als „Gebot bestmöglicher Sachaufklärung" verstanden wissen will. Mit diesem „Gebot bestmöglicher Sachaufklärung" korrespondiert das Beweiserhebungsrecht des Verteidigers (zum ganzen: *Tondorf* 1984, S. 125). Nach h. L. ist der Patient hier auf die Aufklärungsrüge verwiesen.
Ein Beweisantrag zur Sozialprognose ist zulässig und darf nur dann abgelehnt werden, wenn das Gericht die behauptete eigene Sachkunde besitzt. Bei Schwierigkeiten in der Ermittlung von Prognosegutachten und bei Unsicherheit in ihrer Bewertung wird der Sachverständige gebraucht. Viele Tatsachen kann das Gericht nicht alleine aufklären, entweder weil dies in der Hauptverhandlung einen unverhältnismäßigen Aufwand erfordern würde oder weil der Richter als psychiatrischer oder psychologischer Laie manche psychischen Abweichungen gar nicht erkennen oder bewerten kann (vgl. *Volckart* 1985).
4. Wie sich aus der Entscheidung des Bundesverfassungsgerichts ergibt, hatten die Ärzte in dem dortigen Verfahren auf das Wohlverhalten des Patienten, den Grad der Anpassung an die Institution abgestellt. *Rasch* (1985) spricht hier von einer Kriterienreduktion: Grundlage für die Beurteilung seiner Persönlichkeit bzw. die von ihr ausgehende Gefährlichkeit sind oft nicht mehr die Befunde, die einen Bezug zu den Gründen erkennen lassen, die im Erkenntnisverfahren die Anordnung der Unterbringung im Maßregelvollzug veranlaßten. Bei der Analyse der im Verlängerungsgutachten genannten Gründe habe sich ge-

16. Dauer der Unterbringung

zeigt, daß vornehmlich Kriterien herangezogen werden, die das Allgemeinverhalten des Patienten während der Unterbringung betreffen und sich vornehmlich auf seine Neigung zur Entweichung, seine Kooperationsbereitschaft und seinen unerlaubten Alkoholkonsum beziehen. *Rasch* und übrigens auch *Horstkotte* (Rdnr. 34 zu § 67b und 48ff. zu § 67c) halten dies für falsch. Rasch verlangt, die Entscheidungsbasis zu verbreitern. In die Beurteilung eines Patienten seien Kräfte einzubeziehen, die nicht unmittelbar mit der Behandlung des Patienten befaßt sind und eventuell auch einer ganz anderen Fachdisziplin angehören. Die beste Sicherung der Allgemeinheit sei durch eine erfolgreiche Therapie zu erreichen. Der Untersuchungsaufwand sollte dem in der klinischen Psychiatrie und klinischen Psychologie entsprechen. Bedeutsam seien:

a) Die Auslösetat, und zwar im Hinblick darauf, ob die Wiederholung einer gleichen oder ähnlichen Tat zu erwarten sei.
b) Die Persönlichkeit/die Krankheit. Die Grundlage sei: welche Disposition lasse sich für ein bestimmtes Verhalten woraus ableiten?
c) Auch das Verhalten während der Unterbringung sei von Bedeutung, vor allem, welche Chancen für den Patienten bestanden haben, Kooperationsbereitschaft sinnvoll unter Beweis zu stellen.
d) Der Gebrauch der Freiheit: In die prognostischen Überlegungen müsse eingehen, ob dem Untergebrachten Möglichkeiten zur Verfügung stünden, sein Leben in Zukunft so einzurichten, daß es nicht zu erneuten Straftaten kommt. Zu prüfen sei insbesondere die Qualität der voraussichtlichen sozialen Verankerungsmöglichkeiten im Hinblick auf Kontakte (Ehe, Freundschaften, Familienanschluß, Arbeitsmöglichkeit, Wohnung). Schließlich sei bezüglich der Gesamtsituation nach der Entlassung abzuwägen, ob eine eventuell notwendige Therapie gesichert sei. Der Kontakt zu dem Bewährungshelfer, der innerhalb der Führungsaufsicht die Nachbetreuung übernimmt, sollte möglichst frühzeitig hergestellt worden sein. *Rasch* verdeutlicht es in seinem Lehrbuch (Forensische Psychiatrie, S. 75): „Die Wahrscheinlichkeit der Begehung weiterer Straftaten ist nicht gegeben, wenn es sich bei der oder den Taten, für die eine Einschränkung der Schuldfähigkeit anzunehmen ist, um Geschehnisse handelt, die stark in situative Bezüge eingelagert sind. Die Begehung gleicher oder ähnlicher Delikte würde die Wiederherstellung situativer Gegebenheiten bzw. von Konstellationen voraussetzen, wie sie bei der zunächst in Frage stehenden Tat gegeben waren. Ist zur Erreichung dieser Konstellationen eine ganze Kette von Bedingungen vorzuschalten, läßt sich nicht von Wahrscheinlichkeit reden. Hiervon kann nur ausgegangen werden, wenn nach der Persönlichkeitsabnormität oder Krankheit des zu beurteilenden Täters erwartet werden kann, daß er sich aufgrund eben dieser Abnormität oder Krankheit **die zu Straftaten führenden Situationen selbst schafft. Ist die Situation als unmittelbare oder mittelbare Folge der Straftat verändert**, ist die Wahrscheinlichkeit der Begehung weiterer Taten nicht mehr gegeben."

5. *Volckart* (1988 S. 206) weist in diesem Zusammenhang auf folgendes hin: „Wird der Punkt der Unverhältnismäßigkeit einmal erreicht, so bleibt nur noch der Ausspruch der Erledigung. Aussetzung der Vollstreckung und Führungsaufsicht – mit der Möglichkeit des Widerrufs nach § 67g StGB – könne es nur geben, wenn der Eintritt der Unverhältnismäßigkeit deutlich noch nicht erreicht sei. Die Verteidigung sollte frühzeitig hierauf hinweisen. Für einen Mandanten mit nach vorliegenden Gutachten ungünstiger Kriminalprognose sei es allemal besser, wenn er mit Hilfe eines Bewährungshelfers in der Führungsaufsicht rechtzeitig die Chance erhalte, die Prognose zu widerlegen, als wenn er später ohne solche Hilfe entlassen werden müsse. Auch dies sei eine Folgerung aus dem Gebot, die Verhältnismäßigkeit der staatlichen Eingriffe in die Freiheitsrechte des einzelnen zu wahren."

6. Etwa 25% aller Aussetzungen der Maßregel des § 67d Abs. 2 StGB finden vor dem Hintergrund einer Umwandlung der strafrechtlichen in eine zivilrechtliche – vormund-

schaftliche Unterbringung statt. Dem begegnet Rasch mit Verständnis, wenn der Untergebrachte sich schon solange im Maßregelvollzug befunden hat, daß er nicht mehr allein existenzfähig ist (*Rasch* Forensische Psychiatrie, S. 81). Er warnt aber vor einer solchen Umwandlung, wenn man sich der Prognose nicht sicher ist und kein Risiko eingehen möchte, andererseits eine Fortsetzung der strafrechtlichen Unterbringung wegen des Grundsatzes der Verhältnismäßigkeit nicht mehr hinreichend begründen kann. *Rasch* weist darauf hin, daß die Entmündigung vor allem zum Schutz des Patienten selbst vorgenommen werden soll, nicht zum Schutz der Allgemeinheit. Im rechtlichen Status des Untergebrachten tritt eine Verschlechterung dadurch ein, daß der zivilrechtlich Untergebrachte nicht mehr der strengen Überprüfung wie im Maßregelvollzug obliegt. „Die zivilrechtlich Untergebrachten sind die rechtlosesten aller Menschen unserer Gesellschaft." (*Volckart*, Verteidigung Rdnr. 154). Sie haben keine vollzugsrechtlichen Rechtsbehelfe. Sie können beim Vormundschaftsgericht weder förmliche Anträge stellen noch gegen dessen Entscheidungen Beschwerde einlegen. Schließlich trägt der Patient, anders als im Maßregelvollzug, die Kosten seiner Unterbringung selbst. Auf diese Weise kann das gesamte Vermögen des Patienten verbraucht werden, was nach seiner Entlassung zu weiteren Problemen führt (*Wagner*, S. 13). Hinzu kommt, daß sich die Hoffnung der Patienten, als vormundschaftlich Untergebrachte schneller entlassen zu werden, nur selten erfüllt (*Schumann*, S. 47). *Eisel* (R & P 86, 31) berichtet, daß auf diese Weise „mancher Amtsrichter die zivilrechtlichen Lebenslänglichen (verwahrt)", die den Strafvollstreckungskammern zu problematisch geworden waren.

17. Aussetzung nach zuvor vollzogener Freiheitsstrafe
(§ 67 c Abs. 1 StGB[1])

An die
Strafvollstreckungskammer
des Landgerichts
4000 Düsseldorf

In dem Verfahren
gegen
S...
– Az... StVK ...... –

bestellt sich Rechtsanwalt ...... kraft anliegender Strafprozeßvollmacht zum Verteidiger des Verurteilten. Es wird beantragt:
1. ...... wie Antrag 1 in Form. 16)
2. Zum Beweis der Tatsache,[2] daß das erkennende Gericht den in § 64 StGB in Verbindung mit § 21 StGB vorausgesetzten krankhaften oder krankheitsähnlichen Zustand zu Unrecht angenommen hat und künftige Taten nicht infolge eines solchen Zustandes drohen,[3] daß auf jeden Fall aber der Verurteilte zwischenzeitlich geheilt ist,
    Einholung eines psychiatrischen Sachverständigengutachtens durch einen anstaltsfremden Gutachter.
3. ...... (wie Antrag 3 in Form. 16)
4. Die Maßregel für erledigt zu erklären,[4] ......
    Hilfsweise gemäß § 67 c Abs. 1 die Vollstreckung der Unterbringung zur Bewährung auszusetzen.[5]
    Die Reststrafe gemäß § 57 StGB zur Bewährung auszusetzen.

17. Aussetzung nach zuvor vollzogener Freiheitsstrafe

Gründe:

Der Angeklagte wurde wegen Handeltreibens mit Kokain zu einer Freiheitsstrafe von sechs Jahren verurteilt, seine Unterbringung in einer Entziehungsanstalt angeordnet und bestimmt, daß die Freiheitsstrafe vor der Unterbringung zu vollziehen ist. Anders als der dem Gericht präsentierte Sachverständige Dr. B. kam der Sachverständige Dr. K. zu dem Ergebnis, daß der Angeklagte einen Hang gehabt habe, Kokain im Übermaß zu sich zu nehmen, die von ihm begangenen Verstöße gegen das Betäubungsmittelgesetz auf diesen Hang zurückgingen und außerdem die Gefahr bestünde, daß er infolge seines Hanges zum übermäßigen Genuß von Kokain in Freiheit weiter Verstöße gegen das Betäubungsmittelgesetz begänge.

In Kürze sind $2/3$ der verhängten Strafe verbüßt. Es kann auch verantwortet werden, zu erproben, ob der Verurteilte außerhalb des Strafvollzugs keine Straftaten mehr begehen wird.

Unseres Erachtens ist die Maßregel für erledigt zu erklären. Bereits im Erkenntnisverfahren herrschte unter den Sachverständigen Streit, die die Voraussetzungen des § 64 unterschiedlich beurteilten. Während der Vollstreckung hatte der Angeklagte regelmäßig Besuche seitens der Drogenberatung. Der Drogenberater hatte bereits Schwierigkeiten, den vom Sachverständigen Dr. K. angeblich gefundenen Hang bei dem Verurteilten wiederzufinden. Auf Bitten des Drogenberaters hat der dort tätige Arzt den Verurteilten mehrfach gründlich untersucht. Er kam ebenfalls zu dem Ergebnis, daß ein suchtartiger Hang nicht festzustellen ist. Auch der Anstaltsarzt konnte keinerlei Ausfallerscheinungen erkennen. Darüberhinaus hat der Verurteilte auch während der Haft nie den Wunsch zu erkennen gegeben, Rauschmittel zu konsumieren. Das Bundesverfassungsgericht hat in seiner für das Maßregelrecht maßgebenden Entscheidung vom 8. 10. 1985 die richterliche Aufklärungspflicht hervorgehoben, das Gebot bestmöglicher Sachaufklärung, das im besonderen auch für die Strafvollstreckungskammer gelte: Je länger die Unterbringung dauere, desto strengere Anforderungen seien aufgrund der Wirkkraft des Freiheitsgrundrechts des Untergebrachten auch an die Sachaufklärung zu stellen, um der Gefahr von Routinebeurteilungen möglichst vorzubeugen.

Diese Grundsätze müssen auch hier gelten, wo eine Unterbringung in Rede steht, die im Anschluß an eine lange dauernde Strafverbüßung angeordnet wurde. Es ist ein „neutraler" Sachverständiger hinzuzuziehen. Wir sind sicher, daß der Sachverständige zu dem Ergebnis kommt, daß bereits das erkennende Gericht einen „Hang" zu Unrecht angenommen hat.

Es wird angekündigt, daß der Beweisantrag ggf. im Termin wiederholt wird.
Die Strafvollstreckungskammer darf sich auf neue ergänzende Feststellungen zu Tat und Vorgeschichte stützen, soweit diese nicht den Urteilsgründen widersprechen. Sie hat deshalb in entsprechender Anwendung des § 64 Abs. 2 StGB anzuordnen, daß die Maßregel für erledigt zu erklären ist. In jedem Fall wird der Sachverständige Fakten vortragen, aus denen sich ergibt, daß der Zweck der Maßregel die Unterbringung nicht erfordert. Deshalb ist die Vollstreckung der Unterbringung zur Bewährung auszusetzen. Für eine günstige Prognose sprechen im besonderen folgende Gesichtspunkte:

Der Angeklagte hat sich während der Haft von der „Szene" distanziert. Besuche aus diesen Kreisen haben nachweislich nicht stattgefunden. Die Ehefrau hat trotz der langen Haft die Beziehungen zu dem Verurteilten nicht abgebrochen. Im Gegenteil: Bei den beiderseitigen Besuchen hat sich die Beziehung zwischen den Eheleuten sogar noch stabilisiert. Während des Urlaubs und beim Ausgang kam es zu keinerlei Auffälligkeiten. Der Angeklagte hat die Freizeit dazu benutzt, für sich und seine Frau eine Wohnung zu besorgen. Auch hat er eine neue Arbeitsstelle festzugesagt erhalten. In der Haft hat er die Angebote mit vorwiegend berufspädagogischen Einschlag angenommen, bei sozialen Trainingskursen mitgemacht.

Rechtsanwalt

Anmerkungen

1. § 67 c StGB bestimmt – so wie die §§ 67 b und 67 d Abs. 2 – die Voraussetzungen für die Aussetzung freiheitsentziehender Maßregeln. § 67 d betrifft die Aussetzung im Zeitpunkt des Urteils, § 67 d Abs. 2 die Aussetzung einer bereits vollstreckten Maßregel, § 67 c Fälle, in denen ein rechtskräftiges Urteil schon vorliegt, die Maßregel aber noch nicht vollstreckt worden ist. Der hier besprochene § 67 c Abs. 1 StGB wird neben der hier nicht zu erörternden Sicherheitsverwahrung im Maßregelvollzug angewandt, wenn in den Fällen der §§ 63, 64 StGB keine Anordnung nach § 67 Abs. 2 oder § 67 Abs. 3 ergangen ist, kraft deren die Strafe vor der Maßregel vollstreckt wird. § 67 c Abs. 2 StGB bestrifft seltene, irreguläre Fälle, worauf LK/*Horstkotte* § 67 c Rdnr. 1 zu Recht hinweist. Wann kommt es vor, daß sich der an sich vorgeschriebene Beginn des Maßregelvollzugs um mindestens drei Jahre verzögert, obwohl die Unterbringung nicht zur Bewährung ausgesetzt worden ist und auch keine Strafe vollzogen wird, die zugleich mit der Maßregel verhängt worden ist? Deshalb kann § 67 c Abs. 2 hier vernachlässigt werden.

Maßgebliche Praktiker des Maßregelvollzugsrechts wenden sich dagegen, die Strafe vor der Maßregel zu vollziehen. Von medizinischer Sicht wird hiergegen eingewendet, daß es mit therapeutischem Denken nicht vereinbar sei, Behandlungsbereitschaft mit Zwangsmaßnahmen herbeiführen zu wollen. Vor allem ende dieses Vorgehen notgedrungen deswegen in einer Sackgasse, weil der Vollzug der Freiheitsstrafe keineswegs als leidvolle, Leidensdruck erzeugende Erfahrung durchlebt werde, sondern durch Einbindung des Verurteilten in die Subkultur des Gefängnisses eher zu einer Verstärkung der kriminellen Identität führe. (*Rasch*, Forensische Psychiatrie, S. 76). *Volckart* (Verteidigung, S. 164) hält die Vorwegvollstreckung der Maßregel und deren Anrechnung auf die Strafe sogar für verfassungsrechtlich geboten. Auch *Streng* (StV 87; 41) meint, der Vorwegvollzug der Strafe ohne therapeutische Intervention werde vielfach geradezu als erschwerender Faktor für die spätere Therapie angesehen, da die so hervorgerufene Unzufriedenheit oder Verunsicherung zu einer Verfestigung der antisozialen Haltung führen könne.

2. Das Verfahren entspricht dem in § 67 d Abs. 2 Besprochenen. Es wird eingeleitet durch einen Antrag des Verurteilten oder durch die Strafvollstreckungsbehörde. Mit der Prüfung, ob die neben einer Freiheitsstrafe verhängte Unterbringung in einer Entziehungsanstalt nach dem Ende der Strafvollstreckung zu vollziehen ist, darf in der Regel frühestens 6 Monate vor dem Strafende begonnen werden (OLG Stuttgart, NStZ 88, S. 45). Eine Prüfung nach § 67 c Abs. 1 StGB kann sinnvoll erst erfolgen, wenn ihr Ergebnis durch den weiteren Vollzug nicht mehr in Frage gestellt werden kann, im allgemeinen also erst vor dem alsbaldigen Ende der Strafverbüßung. Sie muß aber andererseits so rechtzeitig vor dem Ende des Strafvollzuges stattfinden, daß die Entscheidung auch unter Berücksichtigung eines etwaigen Beschwerdeverfahrens noch vorher rechtskräftig werden kann. Zur notwendigen Verteidigung gilt das zu Muster 2, Anmerkung 1 Gesagte. Auch im Rahmen des § 67 c Abs. 2 StGB wird die bisherige Mindermeinung vertreten, wonach der Verteidigung ein Anhörungsrecht, Teilnahme- und Beweisantragsrecht im Anhörungstermin zusteht (s. o. Anm. 3 zu Form. X. B. 16).

3. Die Strafvollsteckungskammer darf aus dem Vorleben des Angeklagten und der Tat andere prognostische Schlüsse ziehen als der Tatrichter. Sie darf sich auf neue ergänzende Feststellungen zur Tat und ihrer Vorgeschichte stützen. Sie darf auch die Frage, ob die Unterbringung außer Verhältnis zur Bedeutung der begangenen und zu erwartenden Taten und zu dem Grad der Gefahr steht, anders werten als das erkennende Gericht (LK/*Horstkotte* § 67 c Rdnr. 9).

4. Sehr umstritten sind die Fragen, ob eine Maßregel noch vollstreckt werden darf, wenn sich während der Vollstreckung der Freiheitsstrafe ergeben hat,
a) daß ein Hang des Täters nie vorgelegen hat,
b) der Hang im Sinne des § 64 StGB später infolge Heilung entfallen ist.

18. Keine Anrechnung der Maßregel   X. B. 18

Die Streitfrage ist im Rahmen des § 63 StGB weitgehend ausgetragen. Kommt die Vollstreckungskammer bei ihrer Prüfung zu dem Ergebnis, daß das erkennende Gericht den in § 63 StGB in Verbindung mit §§ 20, 21 StGB voraus gesetzten kranken oder krankheitsähnlichen Zustand zu Unrecht angenommen hat und künftige Taten nicht infolge seines Zustandes drohen, so erklärt sie die Maßregel für erledigt. Der Verurteilte ist dann nach Verbüßung der Freiheitsstrafe zu entlassen, die Führungsaufsicht tritt abweichend von § 67c Abs. 1 Satz 2 StGB nicht ein. Deshalb sollte der Verteidiger im Fall a) einen entsprechenden Antrag stellen, um dem Untergebrachten den Makel der Führungsaufsicht zu ersparen. Hat dagegen das erkennende Gericht die Voraussetzungen der §§ 63, 20, 21 StGB zu Recht angenommen, ist der Zustand im Sinne des § 63 aber später entfallen, so kommt keine Erledigung, sondern eine Aussetzung der Maßregel in Betracht (Dies ist wiederum streitig, wie hier LK/*Horstkotte* § 67c Rdnr. 9). Eine entsprechende Beurteilung muß für die 64er Fälle gelten (vgl. LK/*Horstkotte* § 67c Rdnr. 10).

5. Die Entscheidung, ob der Zweck der Maßregel noch die Unterbringung erfordert, ob die mit der Aussetzung der Maßregel verbundene Erprobung in Freiheit verantwortet werden kann, setzt eine auf den Zeitpunkt der Entlassung abgestellte Prognose voraus. Sie hat die Frage zu entscheiden, ob der Verurteilte außerhalb des Maßregelvollzugs rechtswidrige Taten begehen wird. Da die Voraussetzungen für die Aussetzung der Unterbringung nach §§ 67c Abs. 1 und 67d Abs. 2 StGB identisch sind kann ergänzend auf die obigen Anmerkungen zu § 67d StGB verwiesen werden (Form. X. B. 16 Anm. 2 und 4). Immer wieder ist darauf hinzuweisen, daß die Prognose Taten von der Art betrifft, wie sie Anlaß für die Maßregelanordnung gewesen sind. Eine schlechte Prognose, die die Vollstreckung der Maßregel fordert, muß mit dem Unterbringungsgrund zusammenhängen, also bei § 64 mit dem dort festgestellten Hang. Es gilt der vom Bundesverfassungsgericht hervorgehobene Grundsatz der Verhältnismäßigkeit. Der Satz des Verfassungsgerichts, daß mit der Aussetzung immer ein vertretbares Risiko eingegangen werden wird, trifft auch hier voll zu. Zur notwendigen Verteidigung gilt das oben Gesagte gleichermaßen.

18. Keine Anrechnung der Maßregel auf die Strafzeit bei Abbruch der Unterbringung in der Entziehungsanstalt (§ 67 Abs. 4 S. 2 in V.m. § 67d Abs. 5 S. 1 StGB)

An das
Landgericht
Strafvollstreckungskammer
4000 Düsseldorf

In der Strafvollstreckungssache
gegen
D......
– AZ.: ...... StVR ...... –

bestellt sich Rechtsanwalt ...... mit anliegender Vollmacht zum Verteidiger des untergebrachten Patienten. Es wird beantragt:
1. ...... (wie Antrag 1 in Form X. B. 16)
2. Zum Beweis der Tatsache, daß der Patient D therapiefähig, -geeignet und -willig ist, Einholung eines Gutachtens eines anstaltsunabhängigen psychiatrischen Sachverständigen.

Tondorf

3. Den Antrag der Staatsanwaltschaft zurückzuweisen, die weitere Unterbringung in der Entziehungsanstalt aus Gründen zu beenden, die in der Person des Untergebrachten liegen.
4. Hilfsweise die Sache gem. Artikel 100 GG dem Bundesverfassungsgericht vorzulegen.

Gründe:

Herr D ist vom Landgericht Düsseldorf wegen Raubüberfalls auf eine Tankstelle zu einer Freiheitsstrafe von 5 Jahren und zur Unterbringung gem. § 64 StGB in einer Entziehungsanstalt verurteilt worden. Die Straftat war Ausfluß sogenannter Beschaffungskriminalität. Die Grundlage für die Unterbringung in der Entziehungsanstalt war das Gutachten von Dr. B, der Herrn D als suchtkrank aufgrund ständigen Heroinabusus ansah. Er war zuvor mehrfach als Dealer aufgefallen. Seit Rechtskraft des Urteils vom 10. 1. 1988 befindet sich Herr D in der Suchtabteilung des Psychiatrischen Krankenhauses in ...... im gesicherten Bereich (Seit nunmehr 18 Monaten).

Mit Schreiben vom ...... an die Staatsanwaltschaft hat das Landeskrankenhaus als Vollzugsbehörde angeregt, den weiteren Vollzug der Maßregel aus Gründen, die in der Person des Untergebrachten liegen, zu beenden. Diese Anregung hat die Staatsanwaltschaft aufgegriffen und bei der zuständigen Strafvollstreckungskammer einen entsprechenden Antrag gestellt. Als in der Person liegende Gründe wurden vom LKH genannt und von der Staatsanwaltschaft übernommen:

– Herr D sei nicht therapiewillig; in den ersten 8 Monaten habe er überhaupt nicht an Einzel- oder Gruppengesprächen teilgenommen,
– in den letzten 10 Monaten sei dies nur sporadisch vorgekommen; dabei habe er in den Einzelgesprächen Widerstand aufgebaut, Schuld anderen zugeschoben, sei zu keiner Selbstreflexion bereit gewesen. In den wenigen Gruppengesprächen, an denen er teilgenommen habe, habe er obstruiert und aufgewiegelt.
– Zweimal sei er bei dem Versuch der Heroinbeschaffung erwischt worden; einmal habe er sich an einem erfolglosen Ausbruchversuch beteiligt.
– Herr D verweigere auch die Beschäftigung und Arbeit.
– Diese und weitere Gründe ließen es nicht ausgeschlossen erscheinen, daß Herr D auch therapieunfähig sei.

Deshalb sei der weitere Maßregelvollzug als aussichtslos zu beenden und Freiheitsstrafe zu vollstrecken.

Dem ist folgendes entgegenzuhalten und wird durch das beantragte Sachverständigengutachten unter Beweis gestellt:

Die Einschätzung durch das LKH ist unzutreffend:

– Auf Herrn D wird (Behandlungs-)Zwang ausgeübt; dem widersetzt er sich mit Recht.
– Die Station ist überfüllt; Herr D steht unter negativem Gruppendruck, dem er sich ohne Gefahr von Repressalien durch andere Patienten nicht entziehen kann; bei dem Personal findet er keinen hinreichenden Schutz.
– Das Personal, aber auch der Arzt sind therapeutisch nicht für Suchttherapie ausgebildet, folglich nicht in der Lage, Herrn D zu behandeln.
– Herr D ist unter anderen Voraussetzungen und Bedingungen therapiefähig, -geeignet und -willig.

Sollte hingegen die Strafvollstreckungskammer beschließen wollen, die Unterbringung nicht weiter zu vollziehen, wird beantragt, die Sache dem Bundesverfassungsgericht vorzulegen, weil der Patient alsdann in seinem Grundrecht aus Art. 2 Abs. 1 GG verletzt wäre. Die Entscheidung nach §§ 67d Abs. 5 Satz 1, 67 Abs. 4 Satz 2 StGB führt dazu, daß die bisherige Unterbringung in der Entziehungsanstalt von 1½ Jahren nicht angerechnet wird. Es ist zwar sinnvoll und geboten, die stationäre Behandlung eines Abhängigkeitskranken zu beenden, wenn sie wirklich aussichtslos sein sollte. Es ist aber ganz und gar unzulässig, in einem solchen Falle gleichzeitig an dem Betroffenen, dem ohnehin im Interesse der

18. Keine Anrechnung der Maßregel   X. B. 18

Sicherheit der Allgemeinheit ein Sonderopfer auferlegt wird, ein Übel zu vollziehen: Den nachträglichen völligen Wegfall der Maßregelanrechnung.

Rechtsanwalt

Anmerkungen

1. Die einschneidende Neuregelung der §§ 67 d Abs. 5 S. 1 und 67 Abs. 4 S. 2 StGB durch das 23. Strafrechtsänderungsgesetz vom 1. 5. 1986 hat für untergebrachte drogenabhängige Täter schwere Nachteile gebracht. Anders als früher dürfen sie erst nach einer Wartefrist von einem Jahr wegen Aussichtslosigkeit entlassen werden. Auch wird ihnen durch die Neufassung des § 67 Abs. 5 StGB die Chance genommen, nach einer erfolgreichen Therapie bereits vor Verbüßung der Hälfte der Strafe zur Bewährung entlassen zu werden. Der „zur Einhaltung der Therapiebereitschaft als motivierender Faktor erforderliche Druck" auf den Patienten soll dadurch erhalten bleiben, daß gem. § 67 Abs. 4 StGB die Dauer des Maßregelvollzuges nur solange angerechnet wird, bis ⅔ der Strafe erledigt sind, also ⅓ Reststrafe offenbleibt (*Hoffmann/Feest*, R & P 1986, 62). Die Sache wird für die Betroffenen noch schlimmer durch den nachträglichen völligen Wegfall der Maßregelanrechnung, § 67 Abs. 4 S. 2 StGB. *Volckart* (Verteidigung Rdnr. 118) beschreibt diese Konsequenz für die drogenabhängigen Untergebrachten zutreffend wie folgt:

„Dieselbe Zeit nochmal, jetzt aber im Knast! Die Sanktion wird damit desto härter, je kränker der Patient ist: von den als unheilbar Aufgegebenen wendet sich der Staat sozusagen gekränkt ab und versetzt ihnen zur Vergeltung ihres Undanks noch einmal einen kräftigen Tritt. Das Motiv des Gesetzgebers, durch Drohung mit diesem Übel Gutes zu bewirken, nämlich Behandlungsbereitschaft zu erzeugen, vermag am Unrecht der Regelung nichts zu ändern. Auch die Drohung mit der Folter ist verboten, zu welchem guten Zweck sie auch eingesetzt werden mag (Artikel 104 Abs. 1 Satz 2 GG)."

Wir folgen deshalb im Muster der Anregung *Volckarts,* im Verfahren vor der Vollstreckungskammer nach § 67d Abs. 5 S. 1 StGB die Vorlage an das Bundesverfassungsgericht gem. Art. 100 GG zu beantragen.

2. In der Regel wird sich der Betroffene an den Anwalt wenden, wenn er von dem Antrag der Staatsanwaltschaft erfährt. Wendet sich der betroffene Patient in einem früheren Stadium an den Verteidiger, wenn nämlich die ersten Schwierigkeiten in der Entziehungsanstalt auftreten, hat der Verteidiger folgende Möglichkeiten, um das Damoklesschwert der §§ 67 Abs. 4 S. 2 in Verbindung mit 67d Abs. 5 S. 1 StGB abzuwenden:

a. Der Verteidiger beantragt für seinen Patienten, diesen durch einen suchterfahrenen Therapeuten in der Entziehungsanstalt behandeln zu lassen. Er macht diesen Behandlungsanspruch durch eine Verpflichtungsklage gem. §§ 109 Abs. 1, 2, 115 Abs. 4 S. 1 StVollzG geltend, wobei ein eventuelles Vorschaltverfahren zu beachten ist (vgl. X B 4. und X B 5.).

b. Sollte dieses Vorgehen scheitern, wendet sich der Verteidiger an die Staatsanwaltschaft als Vollstreckungsleiter und beantragt dort Einweisung des Patienten in eine andere Entziehungsanstalt — abweichend vom Vollstreckungsplan — weil dort bessere Therapiebedingungen gegeben sind. Dies vorher mit einer geeigneten Einrichtung abzuklären, kann dabei hilfreich sein.

3. Wendet sich der Mandant an seinen Verteidiger, nachdem die Strafvollstreckungskammer auf den Wegfall der Anrechnung erkannt hat, so muß er die damit verbundene Grundrechtsverletzung aus Artikel 2 Abs. 1 GG im Vollstreckungsverfahren geltend machen. Es handelt sich um eine „Einwendung gegen die Zulässigkeit der Vollstreckung". Der Verteidiger wendet sich zunächst an die Vollstreckungsbehörde nach der Verordnung über die Begrenzung der Geschäfte des Rechtspflegers bei der Vollstreckung in Straf- und Bußgeldsachen vom 26. 6. 1970 (BGBl, I S. 992). In der Fassung der Verordnung vom 8. 1. 1975 (BGBl I S. 227) ist dies zunächst der Rechtspfleger. Hat dieser entschieden, ist nach

Tondorf

§ 31 Abs. 6 Rechtspflegergesetz die Entscheidung des Staatsanwalts zu erwirken, bevor Antrag auf gerichtliche Entscheidung gestellt wird. Mit dem Antrag auf gerichtliche Entscheidung auf einstweilige Unterbrechung der Vollstreckung nach § 458 Abs. 3 Satz 1 StPO zu stellen. Gegen die Entscheidung des Gerichtes ist sofortige Beschwerde gegeben. Damit wiederum ist ein Antrag nach § 307 Abs. 2 StPO zu verbinden. Erst dann ist die Verfassungsbeschwerde einzulegen.

19. Vikariierung von Strafe und Maßregel (§ 67 Abs. 3 StGB)

An das
Landgericht
Strafvollstreckungskammer
4150 Krefeld

In der Strafsache
gegen
F ...
– Az... StVR... –

bestellt sich Rechtsanwalt ...... mit anliegender Vollmacht zum Verteidiger des Verurteilten. Es wird beantragt:
1. ...... (wie Antrag 1 in Form. X. B. 16)
2. Zum Beweis der Tatsache, daß es Umstände in der Person des Verurteilten angezeigt erscheinen lassen, statt des bisherigen Vollzugs der Maßregel im Rheinischen Landeskrankenhaus ...... die Strafe in der sozial-therapeutischen Abteilung der JVA ...... zu vollziehen,
   Einholung eines Gutachtens eines anstaltsfremden psychiatrischen Sachverständigen.[1]
3. Die Strafe in der sozialtherapeutischen Abteilung der JVA ...... zu vollziehen.

Gründe:

Das Schwurgericht hat den Untergebrachten wegen Totschlags zu einer Freiheitsstrafe von sechs Jahren verurteilt. Zugleich hat es seine Unterbringung im psychiatrischen Krankenhaus angeordnet. Der Verurteilte befindet sich nach Verbüßung der Untersuchungshaft von einem Jahr seit ca. einem Jahr in der Rheinischen Landesklinik ...... Das Schwurgericht hatte die Voraussetzungen des § 21 bei dem Verurteilten angenommen, nachdem der psychiatrische Sachverständige Dr. G. und die Psychologin Dr. R. zu folgenden Ergebnissen gekommen waren:
Bei dem Verurteilten lag zum Zeitpunkt der ihm vorgeworfenen Tat eine schwerwiegende psychische Veränderung der Persönlichkeit in Form einer reaktiven Depression mit Symptomen von vitaler Tiefe vor, ferner eine erhebliche Störung des Persönlichkeitsgefüges in Form emotionaler Labilität, reaktiv-depressiver Verstimmungen, schwere Beeinträchtigung der Beziehung zur Realität, erhebliche Beeinträchtigung der sozialen Handlungskompetenz und Labilisierung der Selbstkontrolle. Die behandelnden Ärzte, Psychologen und Sozialarbeiter sind zu dem Ergebnis gekommen, daß der Verurteilte trotz der dort vorgesehenen Behandlung in einer sozialtherapeutischen Anstalt besser betreut werden kann. Der Verurteilte leidet an einer psychisch erheblich beeinträchtigenden Verfassung, die nach Angaben der behandelnden Ärzte und Psychologen als schwere neurotische Zuständigkeit gilt. Der Verurteilte ist therapiewillig. Das Landeskrankenhaus hat jedoch nicht die vielen spezifisch-therapeutischen Einwirkungsmöglichkeiten zur Verfügung, die die Beeinträchtigung der kritischen Distanz des Verurteilten zum Geschehen und der

19. Vikariierung von Strafe und Maßregel X. B. 19

Selbstreflektion, die Entscheidungsfähigkeit, die innere Isolierung sowie die Kumulation von unlösbaren zwiespältigen Agressionsaffekten gegen sich selbst und nach außen aufheben könnten. Modifizierte Formen der psychoanalytischen Behandlung, autogenes Training, Gestalttherapie, speziell soziale Therapie, psychologische Verfahren und Verhaltenstherapie, die in der Sozialtherapie ...... durchgeführt werden, werden der Situation des Verurteilten besser gerecht. Rein vorsorglich wurde die Zustimmung des Leiters der Sozialtherapie eingeholt, der bereit ist, den Verurteilten aufzunehmen.

Rechtsanwalt

Anmerkungen

1. Das Verfahren richtet sich nach § 462 in Verbindung mit § 463 Abs. 5 StPO. Die Entscheidung ergeht **ohne** mündliche Verhandlung durch Beschluß. Vor der Entscheidung sollte sich die Strafvollstreckungskammer regelmäßig sachverständig beraten lassen. Dazu gehört die Anhörung der Anstalt, in der sich der Untergebrachte bisher befunden hat. Gemäß § 9 Abs. 3 Strafvollzugsgesetz bedarf die Überweisung in die sozialtherapeutische Abteilung der Zustimmung des Leiters der aufnehmenden Anstalt. Sicherlich hat sein Urteil über die Behandlungskapazität seiner Anstalt für die Frage, ob dort bessere Behandlungsmöglichkeiten sind, besonderes Gewicht. Auch empfiehlt es sich, neben den Stellungnahmen der Anstaltsleiter das Gutachten eines neutralen Sachverständigen beizuziehen.

Anders als in den bisher erörterten Fällen hat der Verteidiger auch nach der hier vertretenen Meinung in diesem Fall kein formelles Beweisantragsrecht. Es gilt aber das vom Bundesverfassungsgericht verlangte „Gebot bestmöglicher Sachaufklärung" auch hier.

2. Sachlich-rechtlich geht es im vorliegenden Falle um das sog. Vikariieren, d.h. den stellvertretenden Austausch strafrechtlicher Sanktionen. Ein Vikariieren entfällt, wenn infolge von § 20 StGB keine Strafe verhängt worden ist! Das sog. vikariierende System wirft eine Anzahl von Fragen auf, die hier nur angedeutet werden können. Sie werden bei *Volckart* (Verteidigung, Rdnr. 114 ff.) ausführlich besprochen. Sowohl ein verfrühter als auch ein verspäteter Beginn der Maßregelvollstreckung bedeuten schwere Fehler im Hinblick auf die gesetzlich zwingend vorgeschriebene Aufgabe, die gemeinsame Aussetzungsreife möglichst früh zu erreichen. Die Lage, von der das erkennende Gericht bei seiner Entscheidung nach § 67 Abs. 1 oder 2 ausgeht (grundsätzlicher Vorwegvollzug der Maßregel – ausnahmsweise Vorwegvollzug der Strafe) kann sich während des Vollzugs ändern. Das Gesetz erlaubt in Abs. 3 nachträgliche Korrekturen in der Reihenfolge des Vollzugs. Immer wenn die Strafe vor der Maßregel zu vollstrecken ist, ist die Entwicklung der Vollstreckung kritisch zu beobachten und ggfls. ein Antrag auf Umkehr rechtzeitig zu stellen – vor allem wenn die Verteidigung den Eindruck hat, daß das Tatgericht unzulässigerweise Schuldvergeltung ausgeübt hatte, als es die Strafvollstreckung vorzog. Die nachträgliche Entscheidung darf sich nur auf Umstände in der Person des Verurteilten stützen, nicht etwa auf Gesichtspunkte der Generalprävention, Platzkapazitäten oder gar fiskalische Erwägungen (LK/*Hanack* § 67 Rdnr. 43).

Die nachträgliche Entscheidung ist immer nur zulässig, wenn der „Zweck der Maßregel dadurch leichter erreicht wird". Sind im Urteil Maßregel (§§ 63, 64) und Strafe nebeneinander angeordnet worden und ist die Strafe noch nicht verbüßt, so macht die Verlegung in die Sozialtherapeutische Abteilung keine rechtlichen Schwierigkeiten: wer sich im Strafvollzug befindet, kann gemäß § 9 Abs. 1 StVollzG verlegt werden; wird eine Maßregel vollzogen, so kann nach § 67 Abs. 2, 3 der Vorwegvollzug der Strafe angeordnet werden, wenn der Strafvollzug in der Sozialtherapeutischen Abteilung dem Zweck der Maßregel leichter zu erreichen verspricht (vgl. OLG Hamm NJW 1979, 2359 und LK/*Horstkotte* § 67 Rdnr. 22). Ein derartiger Antrag kann bei persönlichkeitsgestörten Tätern interessant sein (*Dünkel*, 1986, S. 1 ff.).

X. B. 20

3. § 67 StGB findet keine Anwendung, wenn Maßregel (§§ 63, 64 StGB) und Freiheitsstrafe aufgrund verschiedener Urteile ausgesprochen worden sind. Für diesen Fall bestimmt § 44 b Abs. 1 StrVollstrO, daß die Maßregel zuerst vollstreckt wird. Nach deren Aussetzung muß der Verurteilte noch die Strafe verbüßen. Das Ergebnis ist therapiewidrig und führt vor allem in den Fällen des § 64 StGB zu unsachgerechten Ergebnissen. *Volckart* (Verteidigung Rdnr. 119) spricht von einem „schmählichen Versagen des Gesetzgebers" und empfiehlt den Gnadenweg.

20. Überweisung in den Vollzug einer anderen Maßregel (§ 67 a StGB[1])

An das
Landgericht
Strafvollstreckungskammer
5600 Wuppertal

In dem Verfahren
gegen
S...
– Az ... StVR ... –

bestellt sich Rechtsanwältin ...... mit anliegender Strafprozeßvollmacht zum Verteidiger für den Untergebrachten. Es wird beantragt:
1. ...... (wie Antrag 1 Form. X. B. 16)
2. Den Untergebrachten in den Vollzug einer Entziehungsanstalt zu überweisen.
3. Zum Beweis der Tatsache, daß in einer Entziehungsanstalt die Resozialisierung des Untergebrachten besser gefördert wird, beantragen wir
   Einholung eines Gutachtens eines neutralen psychiatrischen Sachverständigen.

Gründe:

Das Landgericht hat den wegen Vermögensdelikten vorbestraften S. wegen Diebstahls zu einer Freiheitsstrafe von zwei Jahren verurteilt und zugleich die Unterbringung in einem psychiatrischen Krankenhaus angeordnet. Darüberhinaus hat es bestimmt, die Strafe sei vor der Maßregel zu vollziehen, damit während des Strafvollzugs die Einsicht des Angeklagten in seine Krankheit und seine Motivation für die Behandlung z. B. durch regelmäßige Teilnahme an Gruppensitzungen der Anonymen Alkoholiker sicherlich eher gefördert werde. Da der Sachverständige zu dem Ergebnis gekommen war, daß die Taten überwiegend andere psychische Ursachen hatten als die Alkoholsucht, hatte das Gericht die Unterbringung in einem psychiatrischen Krankenhaus angeordnet.
Nach Verbüßung seiner Strafe befindet sich der Untergebrachte nunmehr seit einem halben Jahr im psychiatrischen Krankenhaus. Die Ärzte mußten feststellen, daß bei dem Untergebrachten eine ausgesprochene Entziehungsproblematik vorliegt, die eine Alkoholtherapie erfordert. Seelische Erkrankungen konnte man dort nicht erkennen. Offensichtlich hatte der Sachverständige im Erkenntnisverfahren sich von sachfremden Überlegungen leiten lassen, seelische Gründe vorzuschieben, damit der Angeklagte in einem psychiatrischen Krankenhaus statt in einer Entziehungsanstalt untergebracht würde. So vertrat der Sachverständige damals die Auffassung, daß es kaum noch Entziehungsanstalten gebe, die die notwendigen Sicherungsvoraussetzungen enthielten, so daß der Vollzug einer Entziehungsbehandlung bei rückfallgefährdeten Rechtsbrechern „praktisch nur in psychiatrischen Krankenanstalten durchgeführt werden kann". Die gesetzlichen Regelungen sehen aber nicht vor, Plätze in Entziehungsanstalten freizumachen, obwohl dort im Hinblick auf die Sucht bessere Behandlungsmöglichkeiten bestehen.

Rechtsanwältin

Anmerkungen

1. Die vorstehend behandelte Überweisung in den Vollzug einer anderen Maßregel stellt einen weiteren Anwendungsfall des Prinzips des vikariierenden Systems dar. § 67 regelt den stellvertretenden Austausch im Vollzug der Maßregelunterbringung. Die Vorschrift soll dazu beitragen, daß die Zeit, in der der Verurteilte aufgrund des Maßregelausspruchs in Unfreiheit gehalten werden muß, so gut wie möglich für die Resozialisierung genutzt wird (LK/*Horstkotte* § 67a Rdnr. 1). Dabei ist darauf zu achten, daß nach Abs. 4 sich die Unterbringungsdauer und die Überprüfungsfristen trotz einer Überweisung weiter nach den Regeln richten, die für die im Urteil angeordnete Maßregel gelten. Die Entscheidung nach § 67a richtet sich danach, ob die Resozialisierung im Vollzug der anderen Maßnahme besser gefördert werden kann. Die Überweisung darf nicht dazu verwendet werden, um lästige oder schwierige Untergebrachte in andere Anstalten abzuschieben (LK/*Horstkotte* Rdnr. 8 zu § 67a).

2. Mit § 67a Abs. 3 Satz 1 sollen „optimale Resozialisierungsbedingungen" (SK/*Horn* Rdnr. 6) erreicht werden. Wer bereits nach § 67a Abs. 1, 2 in den Vollzug einer anderen Maßregel überwiesen worden ist, kann erneut überwiesen werden, und zwar entweder in den Vollzug einer dritten freiheitsentziehenden Maßregel außer der Sicherheitsverwahrung oder in den Vollzug der im Urteil angeordneten Maßregel. Hinsichtlich der Einzelheiten wird auf LK/*Horstkotte* Rdnr. 23 ff. zu § 67a verwiesen. Für das Verfahren gilt § 462a Abs. 1 Satz 1 in Verbindung mit § 463 Abs. 1, 5 und § 462. Die Entscheidung ergeht ohne mündliche Verhandlung durch Beschluß nach vorheriger Anhörung der Beteiligten.

21. Verbindung von Maßregeln, Reihenfolge bei mehreren Maßregeln
(§ 72 Abs. 3 StGB)

An das
Landgericht
Strafvollstreckungskammer

4000 Düsseldorf

In der Strafsache
gegen
S...
– Az ... StVR ...... –

bestellt sich Rechtsanwalt ...... zum Verteidiger des Untergebrachten. Es wird beantragt:
1. ...... (wie Antrag 1 in Form. X. B. 16)
2. Zum Beweis der Tatsache, daß der Zweck der Maßregel nach erfolgreicher Entziehungskur erledigt ist,
 hilfsweise die heutigen privaten und sozialen Lebensverhältnisse des Untergebrachten die Erwartung rechtfertigen, daß der Maßregelzweck auch durch die Aussetzung erreicht werden kann,
  Einholung eines Gutachtens durch einen anstaltsfremden psychiatrischen Sachverständigen.
3. ...... (wie Antrag 3 in Form. X. B. 16)
4. Die nächste Maßregel (Unterbringung in einem psychiatrischen Krankenhaus) für erledigt zu erklären,
 hilfsweise, die nächste Maßregel zur Bewährung auszusetzen.

Gründe:

Der Angeklagte wurde durch das Landgericht Düsseldorf vom Vorwurf des Diebstahls in 20 Fällen freigesprochen. Gleichzeitig ordnete das Landgericht Düsseldorf die Unterbringung in einer Entziehungsanstalt und in einem psychiatrischen Krankenhaus an. Es bestimmte, daß zunächst die Unterbringung in der Entziehungsanstalt stattzufinden habe. Der Sachverständige hatte dem Angeklagten im Erkenntnisverfahren eine hochgradige Tablettensucht und unabhängig davon schwere seelische Störungen attestiert, die unabhängig voneinander die Voraussetzungen des § 20 erfüllten. Da das Gericht sich nicht davon überzeugen konnte, ob sich der erstrebte Zweck bereits durch eine der Maßregeln erreichen ließ, ordnete es die Unterbringung in einer Entziehungsanstalt und in einem psychiatrischen Krankenhaus an. Der Untergebrachte befindet sich in der Zwischenzeit ein Jahr und zehn Monate in der Entziehungsanstalt. Er wurde dort von seiner Sucht geheilt. Die seelischen Störungen wurden durch medikamentöse Behandlung weitgehend abgebaut. Der Angeklagte hat während der Zeit der Entziehung keine rechtswidrigen Taten mehr begangen. Er hat sich aus seinem damaligen Bekanntenkreis gelöst und ist zwischenzeitlich eine stabile Beziehung zu Frau S. eingegangen. Er hat regelmäßig an der Therapie teilgenommen, die offensichtlich Wirkung gezeigt hat. Der Angeklagte kann nach seiner Entlassung sofort mit der Arbeit beginnen. Außerdem kann er bei seiner Familie, mit der er sich ausgesöhnt hat, Unterkunft finden. Die Eltern haben seine Schulden zwischenzeitlich durch einen Vergleich mit den Gläubigern reguliert.

Rechtsanwalt

Anmerkungen

1. Zum Verfahren und zur Zuständigkeit in diesen Fällen vgl. §§ 163 Abs. 3, 454, 462a StPO. Die Entscheidung ergeht aufgrund mündlicher Verhandlung. Nach der hier vertretenen Meinung gilt auch im Rahmen des § 72 StGB das Anhörungs-, Teilnahme- und persönliche Beweisantragsrecht.

2. Ordnet das Gericht mehrere freiheitsentziehende Maßregeln an, bestimmt es nach Abs. 3 Satz 1 zugleich auch die Reihenfolge der Vollstreckung. Zum Schutz des Täters ist das Gericht – über die allgemeine Überprüfung gemäß § 67e hinaus – verpflichtet, vor Ende des Vollzugs der einen Maßregel zu entscheiden, ob der Vollzug der anderen noch erforderlich ist (Abs. 3 Satz 2). Die Vollstreckung der nächsten Maßregel bedarf also jeweils einer besonderen gerichtlichen Anordnung. Das Gericht kann die nächste Maßregel für erledigt erklären, wenn ihr Zweck schon erreicht ist (§ 72 Abs. 3 Satz 3 i. V. m. § 67c Abs. 2 Satz 5). Es kann die nächste Maßregel zur Bewährung aussetzen, wenn der Maßregelzweck zwar noch nicht erreicht ist, aber besondere Umstände die Erwartung rechtfertigen, er könne auch durch die Aussetzung erreicht werden; mit der Aussetzung tritt Führungsaufsicht ein (§ 72 Abs. 3 Satz 3 i. V. m. § 67c Abs. 2 Satz 4). Schließlich kann das Gericht den Vollzug der nächsten Maßregel anordnen, wenn dies nötig ist. Zur Prognose wird in vollem Umfang auf die obigen Ausführungen bei § 67c und d hingewiesen, die auch hier in vollem Umfang zutreffen.

XI. Ordnungswidrigkeiten, einschließlich Verkehrssachen und Rechtsbehelfe

A. Verfahren vor der Verwaltungsbehörde und Führerscheinsachen

1. Legitimation und Antrag auf Akteneinsicht

An die   Freiburg, den ......
Stadt Freiburg i. Br.
Amt für öffentliche Ordnung[1]
– Bußgeldbehörde –
Basler Str. 2
7800 Freiburg i. Br.

In dem Ordnungswidrigkeitenverfahren
gegen Herrn A ... B ...
wegen Überschreitung der zulässigen Höchstgeschwindigkeit
Az.: 505.03.123456.7[2]

zeige ich die Verteidigung des Herrn A...... B...... an und weise das Mandat durch die anliegende Vollmacht[3] nach.

Ich beantrage,

mir Akteneinsicht[4] zu gewähren und mir die Akten zu übersenden.[5]

Sollten der Akteneinsicht gegenwärtig Gründe entgegenstehen,[6] so

beantrage ich,

mit vorab die polizeiliche Niederschrift über die Vernehmung des Herrn A...... B...... vom 24. 2. 1991 und das Sachverständigengutachten über die Auswertung der Fahrtenschreiber-Diagrammscheibe zur Einsicht zu überlassen.[7]

Nach Akteneinsicht wird entschieden, ob Erklärungen abgegeben und Beweisanträge gestellt werden.

                                                                                    Rechtsanwalt

Anmerkungen

1. Für die Verfolgung von Ordnungswidrigkeiten ist grundsätzlich die Verwaltungsbehörde zuständig (§ 35 Abs. 1 OWiG).
Die Behörden und Beamten des Polizeidienstes werden nur als Ermittlungsorgane der Verfolgungsbehörde tätig und sind nicht selbständig für die Verfolgung zuständig, es sei denn, die Polizeibehörde ist selbst Verwaltungsbehörde im Sinne von § 36 OWiG. (so z.B. nach § 26 Abs. 1 StVG für die Ordnungswidrigkeiten nach §§ 24, 24a StVG; vgl. auch die Zuständigkeitsvorschriften der Länder, z.B. § 4 Bay.ZuVOWiG).
Die Staatsanwaltschaft kann die Verfolgung der Ordnungswidrigkeit im Ermittlungsverfahren unter den Voraussetzungen des § 42 OWiG übernehmen. Nach Einspruch gegen den Bußgeldbescheid geht die Verfahrensherrschaft von der Verwaltungsbehörde auf die

Staatsanwaltschaft über, sobald die Akten bei ihr eingehen (§ 69 Abs. 4 Satz 1 OWiG). Die sachliche und örtliche Zuständigkeit der Staatsanwaltschaft richtet sich nach der Zuständigkeit des Gerichts (§§ 142f. GVG i.V.m. §§ 46 Abs. 1, 68 OWiG). Mit der Vorlage der Akten beim Amtsgericht übernimmt der Richter die Verfahrensherrschaft.

2. Ist das Aktenzeichen nicht bekannt, so empfiehlt sich, Tatort, Tatzeit, Tatumstände und die Tatbeteiligten möglichst genau zu bezeichnen, ohne jedoch durch die Angaben die Verteidigung zu präjudizieren.

3. Für den Nachweis der Vollmacht ist keine besondere Form vorgeschrieben (vgl. z.B. OLG Karlsruhe AnwBl. 1982, 167f.). Schriftform ist erforderlich, wenn der Verteidiger auch als Vertreter des Betroffenen auftreten will, § 73 Abs. 4 OWiG. Der Wahlverteidiger ist erst zustellungsbevollmächtigt, wenn sich seine Vollmacht bei den Akten befindet, § 51 Abs. 3 Satz 1 OWiG. Die Begrenzung auf höchstens drei Wahlverteidiger gilt auch im Bußgeldverfahren (§ 137 Abs. 1 Satz 2 StPO i.V.m. § 46 Abs. 1 OWiG). Die Bezeichnung von mehr als drei Rechtsanwälten auf dem Vollmachtsformular eine Sozietät ist unschädlich, wenn nicht mehr als drei Verteidiger das Mandat durch ausdrückliche Erklärung oder durch schlüssiges Verhalten tatsächlich angenommen haben (BVerfGE 43, 79; OLG Hamm MDR 1980, 513).

4. Zuständig für die Akteneinsicht ist die Verwaltungsbehörde, die das Verfahren führt (§ 147 Abs. 5 StPO i.V.m. § 46 Abs. 1 OWiG), auch wenn die Polizei noch mit den Ermittlungen befaßt ist. Sobald die Akten bei der Staatsanwaltschaft eingegangen sind (§ 69 Abs. 4 Satz 1 OWiG), entscheidet diese; nach Vorlage der Akten beim Amtsgericht der zuständige Richter.

5. Auf Antrag sollen dem Verteidiger die Akten mit Ausnahme der Beweisstücke zur Einsicht mitgegeben werden (§ 147 Abs. 4 StPO i.V.m. § 46 Abs. 1 OWiG). Ein Anspruch auf Übersendung der Akten soll nicht bestehen (OLG Frankfurt NStZ 1981, 191; OLG Stuttgart JR 1979, 170/172; siehe jedoch RiStBV Nr. 189 Abs. 2, Nr. 296). Die Übersendung der Akten an den Verteidiger ist gebührenfrei (vgl. *Göhler* OWiG, 9. Aufl. 1990, § 107 Rdnr. 2, § 60 Rdnr. 52; KKOWi-*Schmehl*, 1989, § 107 Rdnr. 2). Bei Verfahrensunbeteiligten kann jedoch für die Aktenübersendung eine Gebühr nach Maßgabe der Kostengesetze erhoben werden.

6. Die Akteneinsicht kann dem Verteidiger versagt werden, „wenn sie den Untersuchungszweck gefährden kann" (§ 147 Abs. 2 StPO i.V.m. § 46 Abs. 1 OWiG). Eine konkrete Gefahr wird nicht vorausgesetzt. Nach dem Vermerk über den Abschluß der Ermittlungen (§ 61 OWiG) ist das Akteneinsichtsrecht unbeschränkt.

7. Die vorzeitige Einsicht in Teile der Akten kann notwendig werden, wenn der Verteidiger schon früh auf den Gang der Ermittlungen Einfluß nehmen will. Die Akteneinsicht in Niederschriften über die Vernehmung des Betroffenen, in seine schriftlichen Äußerungen (vgl. *Göhler* § 60 Rdnr. 51), in die Niederschriften über richterliche Vernehmungen von Zeugen, Sachverständigen und Mitbetroffenen, in das Protokoll über einen richterlichen Augenschein und in alle Sachverständigengutachten ist jederzeit unbeschränkt (§ 147 Abs. 3 StPO i.V.m. § 46 Abs. 1 OWiG), selbst wenn die Einsicht in diese Aktenteile den Untersuchungszweck gefährden würde.

2. Anfechtung einer Verwarnung und Antrag auf Rückzahlung des Verwarnungsgeldes

An die Freiburg, den ......[2]
Stadt Freiburg i. Br.
Amt für öffentliche Ordnung[1]
– Bußgeldbehörde –
Basler Str. 2
7800 Freiburg i. Br.

In dem Ordnungswidrigkeitenverfahren
gegen Frau A ... B ...
wegen falschen Parkens vor einer Grundstücksausfahrt
Az.: 505.03.123456.7

zeige ich an, daß ich Frau A...... B...... verteidige und lege entsprechende Vollmacht[3] vor.

Ich erkläre

die Anfechtung der Verwarnung,[4]

die der Betroffenen am ...... (Az.: 505.03.123456.7) erteilt wurde und

beantrage:

a) die Verwarnung zurückzunehmen,
b) das Verwarnungsgeld von DM 20,– zu erstatten und
c) das Verfahren gegen die Betroffene einzustellen.

Begründung:

Frau A...... B...... wurde am ...... gegen 14.00 Uhr von dem Gemeindevollzugsbeamten[5] C...... eine Verwarnung mit Verwarnungsgeld erteilt, als sie den in der Gartenstraße geparkten Pkw Golf, polizeiliches Kennzeichen FR-AB 123, wegfahren wollte. Der Beamte kam hinzu und machte Frau A...... B...... darauf aufmerksam, daß ihr Pkw vor einer Grundstücksein- und -ausfahrt stehe und dadurch andere Verkehrsteilnehmer behindere. Auf die Bemerkung des Beamten: „Das kostet DM 20,–"[6] zahlte Frau A...... B...... diesen Betrag wortlos und erhielt die beiliegende Quittung (Block Nr. 12345, Blatt 15) über das bezahlte Verwarnungsgeld.
Die Verwarnung wird angefochten, weil sie fehlerhaft erteilt wurde und Frau B...... dadurch beschwert ist. Das mit der Zahlung konkludent erklärte Einverständnis mit der Verwarnung wurde ohne vorherige Belehrung über das Weigerungsrecht (§ 56 Abs. 2 Satz 1 OWiG) abgegeben. Damit leidet die Verwarnung an einem wesentlichen Verfahrensfehler, so daß die Verwarnung zurückzunehmen und das Verwarnungsgeld zu erstatten ist. Zur Entgegennahme des Verwarnungsgeldes bin ich bevollmächtigt.[7]
Frau A...... B...... erklärt, daß sie auch künftig für diesen Vorfall keine Verwarnung annehmen werde,[8] weil sie das Fahrzeug am Tatort nicht abgestellt, sondern es dort nur abgeholt hat.
Frau A...... B...... hat sich nicht ordnungswidrig verhalten, so daß das Verfahren gegen sie nach § 46 Abs. 1 OWiG i. V. m. § 170 Abs. 2 StPO einzustellen ist.

Rechtsanwalt

Anmerkungen

1. Die Anfechtungserklärung ist gegenüber der Stelle abzugeben, die das Verwarnungsgeld festgesetzt hat. Die Verwaltungs- bzw. Polizeibehörde ist befugt, die Verwarnung zurückzunehmen und das Verwarnungsgeld zurückzuzahlen. Leistet die Polizeibehörde keine Abhilfe, so entscheidet die Verwaltungsbehörde (vgl. *Bode* DAR 1969, 59; *Göhler* § 56 Rdnr. 36; KKOWi-*Wache* § 56 Rdnr. 27).

2. Für die Anfechtung der Verwarnung ist – wie beim Antrag auf gerichtliche Entscheidung (§ 62 OWiG) – eine Frist nicht vorgeschrieben (*Bode* DAR 1969, 59).

3. Siehe dazu Form. XI. A. 1 Anm. 3.

4. Die Anfechtbarkeit der Verwarnung ist auf ihre förmlichen Voraussetzungen beschränkt. Der Betroffene kann insbesondere rügen, daß er über sein Weigerungsrecht nicht belehrt wurde und sein Einverständnis nicht oder nur infolge arglistiger Täuschung, Drohung oder Zwangs abgegeben hat (vgl. BVerwGE 24, 9, 11; BayObLG VRS 48, 287; *Göhler* § 56 Rdnr. 33; KKOWi-*Wache* § 56 Rdnr. 28; *Wetekamp* DAR 1986, 75; für weitergehende Anfechtung *Bode* DAR 1969, 59f.). Dagegen kann der Betroffene die Anfechtung nicht damit begründen, er habe keine Ordnungswidrigkeit begangen (vgl. *Göhler* § 56 Rdnr. 33 m.w.Nachw.).

5. Zur Zuständigkeit der Beamten des Außen- und Polizeidienstes vgl. § 57 OWiG.

6. Ein Verwarnungsgeld kann von DM 5,– bis DM 75,– erhoben werden (§ 56 Abs. 1 Satz 1 OWiG). Dies gilt auch für Ordnungswidrigkeiten nach § 24 StVG.

7. Die Vollmacht zur Verteidigung berechtigt noch nicht zur Entgegennahme von Geld, Wertsachen etc. Hierzu muß gesondert Vollmacht erteilt werden, die aber in den meisten Vollmachtsformularen enthalten ist.

8. Nach der wirksamen Anfechtung der Verwarnung könnte die Verwaltungsbehörde eine neue Verwarnung erteilen (vgl. *Jagusch/Hentschel*, Straßenverkehrsrecht, 30. Aufl. 1989, § 27 StVG Rdnr. 36).

3. Antrag auf gerichtliche Entscheidung gegen die Ablehnung der Verwaltungsbehörde, eine Verwarnung zurückzunehmen

An die   Freiburg, den ......[2]
Stadt Freiburg i.Br.
Amt für öffentliche Ordnung[1]
– Bußgeldbehörde –
Basler Str. 2

7800 Freiburg i.Br.

In dem Ordnungswidrigkeitenverfahren
gegen Frau A ... B ...
wegen falschen Parkens vor einer Grundstücksausfahrt
Az.: 505.03.123456.7

beantrage ich

gerichtliche Entscheidung[3]

gegen die Ablehnung der Stadt Freiburg – Bußgeldbehörde – vom ......, die Verwarnung vom ......, Az.: 505.03.123456.7, zurückzunehmen und das in dieser Sache gezahlte Verwarnungsgeld von DM 20,– zurückzuzahlen.

4. Antrag auf Beiordnung eines Verteidigers   XI. A. 4

Begründung:[4]

Die angegriffene Verwarnung ist zurückzunehmen, weil sie an einem wesentlichen Verfahrensfehler leidet. Zur Begründung verweise ich auf den anliegenden Schriftsatz vom ......, mit dem die Verwarnung angefochten wurde. ......[5]
Die Bußgeldbehörde hat der Beschwer nicht abgeholfen, so daß nach § 62 OWiG gerichtliche Entscheidung zu beantragen ist.

Rechtsanwalt

Anmerkungen

1. Der Antrag auf gerichtliche Entscheidung ist bei der Verwaltungsbehörde zu stellen, die die angefochtene Maßnahme getroffen hat; § 62 Abs. 2 Satz 2 OWiG i.V.m. § 306 Abs. 1 Satz 1 StPO (*Göhler* § 62 Rdnr. 11; KKOWi-*Kurz* § 62 Rdnr. 11). Für die gerichtliche Entscheidung nach § 62 OWiG ist das Amtsgericht zuständig, in dessen Bezirk die Verwaltungsbehörde ihren Sitz hat (§ 62 Abs. 2 Satz 1 i.V.m. § 68 Abs. 1 OWiG).

2. Der Antrag auf gerichtliche Entscheidung nach § 62 OWiG ist nicht befristet (*Göhler* § 62 Rdnr. 14; KKOWi-*Kurz* § 62 Rdnr. 16).

3. Gegen die ablehnende Entscheidung der Verwaltungsbehörde kann nach § 62 OWiG ein Antrag auf gerichtliche Entscheidung gestellt werden. Der Verwaltungsrechtsweg ist nicht eröffnet (vgl. *Göhler* § 56 Rdnr. 37 m.w.Nachw.; KKOWi-*Wache* § 56 Rdnr. 26; a.A. *Jagusch/Hentschel*, Straßenverkehrsrecht, § 27 StVG Rdnr. 36). Das Verfahren ist dem Beschwerdeverfahren der StPO weitgehend nachgebildet. Der Antrag auf gerichtliche Entscheidung ist zu Protokoll der Geschäftsstelle oder schriftlich einzulegen (§ 62 Abs. 2 Satz 2 OWiG i.V.m. § 306 Abs. 1 StPO). Die Entscheidung ergeht ohne mündliche Verhandlung (§ 62 Abs. 2 Satz 2 OWiG i.V.m. § 309 Abs. 1 StPO) und ist nicht anfechtbar (§ 62 Abs. 2 Satz 3 OWiG). Der Antrag auf gerichtliche Entscheidung hat keine aufschiebende Wirkung.

4. Eine Begründung des Antrags ist nicht vorgeschrieben, aber zu empfehlen.

5. Vgl. dazu Form XI. A. 2.

4. Antrag auf Beiordnung eines Verteidigers

An das   Freiburg, den ......
Bundeskartellamt[1]
Mehringdamm 129
1000 Berlin 61

In dem Ordnungswidrigkeitenverfahren
gegen Herrn A ... B ...
wegen Ordnungswidrigkeit nach dem GWB
Az.: B 1 – 271000-A-123/85

wird beantragt,

dem Betroffenen einen Verteidiger[2] zu bestellen und ihm den Unterzeichneten als Verteidiger beizuordnen.[3]

Begründung:

Gegen Herrn A...... B...... wird wegen § 38 Abs. 1 Nr. 1 i.V.m. § 1 GWB ermittelt, weil er als Mitarbeiter der Firma X-GmbH an dem Vollzug wettbewerbsbeschränkender Absprachen beteiligt gewesen sein soll. ......

Die Mitwirkung eines Verteidigers ist wegen der besonderen Schwierigkeit der Sach- und Rechtslage (§ 60 OWiG i.V.m. § 140 Abs. 2 StPO) bereits im Verfahren vor der Verwaltungsbehörde erforderlich. Zu der Frage, ob die Beteiligung der „Bieter- und Arbeitsgemeinschaft" an der Ausschreibung geeignet war, „die Marktverhältnisse durch Beschränkung des Wettbewerbs spürbar zu beeinflussen", sollen zwei Gutachten mit teilweise abweichenden Ergebnissen zu den Akten gelangt sein. Eine sachgerechte Verteidigung des Herrn A...... B...... ist ohne Aktenkenntnis und Auswertung dieser Gutachten nicht möglich. Darüber hinaus hängt die Abschlußverfügung der Verwaltungsbehörde im Ordnungswidrigkeitenverfahren von der Beantwortung bisher ungeklärter, grundsätzlicher Rechtsfragen aus dem Wettbewerbsrecht ab, zu denen der Betroffene nur nach rechtlicher Beratung Stellung nehmen kann. ......

Der Betroffene beantragt die Beiordnung des Unterzeichneten als Verteidiger, weil zwischen ihm und dem Unterzeichneten ein besonderes Vertrauensverhältnis besteht. Das Vertrauensverhältnis ist besonders dadurch begründet,[4] daß der Unterzeichnete Herrn A...... B...... schon wiederholt vertreten und verteidigt hat.

Rechtsanwalt

Anmerkungen

1. Über die Bestellung eines Verteidigers entscheidet die für die Verfolgung und Ahndung der Ordnungswidrigkeit zuständige Verwaltungsbehörde, solange das Verfahren bei ihr anhängig ist (§ 60 OWiG; vgl. im einzelnen *Göhler* § 60 Rdnr. 29; KKOWi-*Kurz* § 60 Rdnr. 39). Die Zuständigkeit des Bundeskartellamtes bzw. der Landeskartellbehörden für die Verfolgung von Kartellordnungswidrigkeiten ergibt sich aus § 44 Abs. 1 GWB i.V.m. §§ 35, 36 Abs. 1 Nr. 1 OWiG. Mit dem Übergang der Verfolgungskompetenz auf die Staatsanwaltschaft (§ 69 Abs. 4 Satz 1 OWiG) wird diese auch für die Bestellung eines Pflichtverteidigers zuständig. Entsprechendes gilt für das Amtsgericht, wenn die Sache dort anhängig geworden ist (§ 69 Abs. 4 Satz 2 OWiG). Bei Kartellordnungswidrigkeiten ist insoweit der Vorsitzende des Kartellsenats beim Oberlandesgericht zuständig (§ 46 Abs. 1 OWiG i.V.m. § 82 GWB, 141 Abs. 1 StPO). Vgl. im einzelnen KKOWi-*Kurz* § 60 Rdnr. 39.

2. Die Voraussetzungen einer notwendigen Verteidigung im Ordnungswidrigkeitenverfahren vor der Verwaltungsbehörde sind in § 60 OWiG speziell und enger geregelt als in den §§ 140 ff. StPO für das Strafverfahren. Die Bestellung des Verteidigers durch die Verwaltungsbehörde gilt für das Vorverfahren (auch wenn die Staatsanwaltschaft die Verfolgung nach § 42 OWiG übernimmt), für den Einspruch gegen den Bußgeldbescheid und das sich anschließende Zwischenverfahren vor der Verwaltungsbehörde (vgl. z.B. *Göhler* § 60 Rdnr. 35, vor § 67 Rdnr. 14; KKOWi-*Kurz* § 60 Rdnr. 47). Die Bestellung durch die Verwaltungsbehörde wirkt nicht mehr für das gerichtliche Bußgeldverfahren (vgl. amtliche Begründung zu § 49 EOWiG) und für das Vollstreckungsverfahren (vgl. *Rebmann/Roth/Herrmann* OWiG § 60 Rdnr. 16; *Göhler* § 60 Rdnr. 35; KKOWi-*Kurz* § 60 Rdnr. 47).

3. Die Auswahl des Verteidigers steht im pflichtgemäßen Ermessen der Verwaltungsbehörde und ist möglichst aus der Zahl der Rechtsanwälte zu treffen, die in dem Gerichtsbezirk, in dem die Verwaltungsbehörde ihren Sitz hat, zugelassen sind (§ 142 Abs. 1 Satz 1 StPO i.V.m. § 46 Abs. 1 OWiG). Nach § 142 Abs. 1 Satz 2, 3 StPO i.V.m. § 46 Abs. 1 OWiG und der Entscheidung des BVerfG (E 9, 36, 38) ist den Wünschen des Angeklagten bzw. Betroffenen „möglichst" Rechnung zu tragen. Danach ist dem Betroffenen der Verteidiger seines Vertrauens beizuordnen, wenn nicht wichtige Gründe entgegenstehen (vgl. z.B. OLG Düsseldorf StV 1985, 450 m.w.Nachw.). Die Bestellung eines auswärtigen Verteidigers ist geboten, wenn zwischen ihm und dem Betroffenen ein besonderes Vertrau-

ensverhältnis besteht oder der gewünschte Rechtsanwalt über besondere, für das Verfahren einschlägige Spezialkenntnisse verfügt (vgl. KK/*Laufhütte*, 2. Aufl. 1987; § 142 Rdnr. 5 m.w.Nachw.; OLG Stuttgart MDR 1988, 77; *Göhler* § 60 Rdnr. 30; KKOWi-*Kurz* § 60 Rdnr. 41f.).

4. Für das Bestehen eines besonderen Vertrauensverhältnisses wird teilweise ein „substantiierter Vortrag" verlangt, soweit dies ohne Verletzung der anwaltlichen Schweigepflicht möglich ist (vgl. z.B. OLG Frankfurt StV 1985, 449). Zu den unterschiedlichen Begründungsanforderungen vgl. KK/*Laufhütte* § 142 Rdnr. 5 m.w. Nachw.

5. Antrag auf gerichtliche Entscheidung gegen die Ablehnung der Verwaltungsbehörde, dem Betroffenen einen Pflichtverteidiger beizuordnen

An das Freiburg, den ......[2]
Bundeskartellamt[1]
Mehringdamm 129
1000 Berlin 61

In dem Ordnungswidrigkeitenverfahren gegen Herrn A... B...
wegen Ordnungswidrigkeit nach dem GWB
Az.: B 1–271 000–A–123/85

beantrage ich für den Betroffenen[3]

gerichtliche Entscheidung

gegen die Ablehnung des Bundeskartellamtes vom ......, dem Betroffenen einen Verteidiger zu bestellen und ihm den Unterzeichneten als Pflichtverteidiger beizuordnen.[4]

Begründung:[5]

Das Bundeskartellamt hat den Antrag auf Beiordnung eines Pflichtverteidigers vom ...... durch Verfügung vom ...... mit der Begründung zurückgewiesen, ...
Entgegen der Ansicht des Bundeskartellamtes liegen die Voraussetzungen für eine notwendige Verteidigung vor. ......
Soweit das Bundeskartellamt meint, der Betroffene könne im übrigen nicht verlangen, daß ihm der von ihm vorgeschlagene Rechtsanwalt[6] als Pflichtverteidiger beigeordnet werde, ist zu entgegnen: ......

Rechtsanwalt

Anmerkungen

1. Der Antrag auf gerichtliche Entscheidung ist bei der Verwaltungsbehörde zu stellen, die die angefochtene Maßnahme getroffen hat (*Göhler* § 62 Rdnr. 11; KKOWi-*Kurz* § 62 Rdnr. 11; zur Zuständigkeit vgl. im übrigen Form. XI. A. 3 Anm. 1). Die amtsgerichtliche Zuständigkeit (im Beispielsfall ist das Amtsgericht Berlin-Tiergarten örtlich zuständig) gilt auch für Kartellordnungswidrigkeiten, weil nach § 82 Abs. 1 GWB das Oberlandesgericht erst für das gerichtliche Verfahren nach Einspruch gegen den Bußgeldbescheid zuständig ist.

2. Der Antrag auf gerichtliche Entscheidung nach § 62 OWiG ist nicht befristet.

3. Gegen die Ablehnung des Antrags, einen bestimmten Pflichtverteidiger zu bestellen, kann nur der Betroffene gerichtliche Entscheidung beantragen (*Göhler* § 60 Rdnr. 33; KKOWi-*Kurz* § 60 Rdnr. 55). Der nicht bestellte Verteidiger hat insoweit mangels Beschwer keinen Rechtsbehelf (vgl. OLG Köln NStZ 1982, 129; OLG Düsseldorf NStZ 1986, 138; OLG Koblenz wistra 1986, 118).

4. Der Antrag auf gerichtliche Entscheidung nach § 62 OWiG ist sowohl gegen die ablehnende Entscheidung der Verwaltungsbehörde, dem Betroffenen einen Verteidiger zu bestellen, als auch gegen die ermessensfehlerhafte Auswahl des Pflichtverteidigers zulässig. Der Antrag auf gerichtliche Entscheidung nach § 62 OWiG ist nur gegen Verfügungen der Verwaltungsbehörde statthaft. Richterliche Entscheidungen zur notwendigen Verteidigung werden mit der Beschwerde nach § 304 StPO i.V.m § 46 Abs. 1 OWiG angefochten.

Erachtet das Gericht den Antrag auf gerichtliche Entscheidung für begründet, so erläßt es unter Aufhebung der angefochtenen Maßnahme die erforderliche Sachentscheidung grundsätzlich selbst (§ 309 Abs. 2 StPO i.V.m. § 46 Abs. 1 OWiG).

Die Kosten eines erfolglosen Antrags auf gerichtliche Entscheidung trägt der Antragsteller (§ 473 Abs. 1 StPO i.V.m. § 46 Abs. 1 OWiG).

5. Der Antrag auf gerichtliche Entscheidung braucht nicht begründet zu werden; eine Begründung ist jedoch anzuraten.

6. § 142 Abs. 1 Satz 2, 3 StPO i.V.m. § 46 Abs. 1 OWiG; siehe hierzu auch Form. XI. A. 4 Anm. 3.

6. Antrag an die Verwaltungsbehörde auf Vernehmung eines Zeugen verbunden mit der Einnahme eines Augenscheins

An die   Freiburg, den ......
Stadt Freiburg i. Br.
Amt für öffentliche Ordnung[1]
– Bußgeldbehörde –
Basler Str. 2
7800 Freiburg i. Br.

In dem Ordnungswidrigkeitenverfahren
gegen Herrn A... B...
wegen Mißachtung der Wartepflicht u.a.
Az.: 505.03.123456.7

stelle ich nach Einsicht in die Ermittlungsakten zur weiteren Sachaufklärung folgende

Beweisanträge:

1. Zum Beweis der Tatsache, daß die Zeugin C...... D...... die Unfallstelle vom Hauseingang des Anwesens Ludwigstraße 6 nicht einsehen konnte, beantrage ich

   die Einnahme eines Augenscheins am Unfallort Ecke Ludwigstraße/Mozartstraße.

2. Zum Beweis der Tatsache, daß die ausgewertete Bremsblockierspur nicht dem PKW des Betroffenen zuzuordnen ist, beantrage ich,

   die Zeugin E...... F......, Im Winkel 7, 7802 Merzhausen, zu laden und sie am Unfallort zum Endstand der unfallbeteiligten Fahrzeuge nach der Kollision zu vernehmen.

Ferner beantrage ich, den Betroffenen und seinen Verteidiger rechtzeitig vor dem Termin zur Einnahme des Augenscheins und zur Vernehmung der Zeugin E...... F......

6. Antrag auf Vernehmung eines Zeugen XI. A. 6

zu benachrichtigen und ihnen die Anwesenheit während der Beweisaufnahme zu gestatten.[2] ......

Begründung:[3]

Die Zeugin C ...... D ...... hat in ihrer polizeilichen Vernehmung vom ......, As. 17f., erklärt, sie habe als sie ihre Haustüre im Anwesen Ludwigstraße 6 abschließen wollte, ein Reifenquietschen gehört, sich sofort umgedreht und die Kollision der Fahrzeuge gerade noch beobachtet. Diese Aussage ist falsch. Die Beweisaufnahme wird ergeben, daß die Unfallstelle vom Hauseingang des Anwesens Ludwigstraße 6 nicht eingesehen werden kann. ......
Die Zeugin E ...... F ...... wird bestätigen, daß der Betroffene unmittelbar vor der Kollision äußerst rechts fuhr und die Fahrzeuge schon dicht hinter der für Herrn A ...... B ...... geltenden Haltelinie zusammenstießen. Die zur Errechnung der Aufprallgeschwindigkeit ausgewertete Bremsblockierspur endet jedoch jenseits der Straßenmittellinie auf der Gegenfahrbahn und kann deshalb dem PKW des Betroffenen nicht zugeordnet werden.

Rechtsanwalt

Anmerkungen

1. Über die Beweisanträge im Vorverfahren entscheidet die nach § 35 Abs. 1 OWiG zuständige Verfolgungsbehörde (*Göhler* § 35 Rdnr. 4f., § 55 Rdnr. 18; KKOWi-*Lampe* § 35 Rdnr. 10; KKOWi-*Wache* § 55 Rdnr. 22).

2. Der Betroffene und sein Verteidiger haben bei Ermittlungshandlungen der Verwaltungsbehörde kein Anwesenheitsrecht (vgl. *Rebmann/Roth/Herrmann* OWiG § 59 Rdnr. 28; *Göhler* vor § 59 Rdnr. 125; KKOWi-*Wache* vor § 53 Rdnr. 137). Die Verwaltungsbehörde kann jedoch dem Betroffenen und seinem Verteidiger die Anwesenheit gestatten. Gegen die Ablehnung des Antrags auf Anwesenheit ist ein Antrag auf richterliche Entscheidung (§ 62 OWiG) nicht zulässig (vgl. z.B. *Göhler* vor § 59 Rdnr. 125). Im Verfahren vor der Verwaltungsbehörde haben der Betroffene und sein Verteidiger ein Anwesenheitsrecht bei der Einnahme eines richterlichen Augenscheins und bei richterlichen Vernehmungen von Zeugen und Sachverständigen (§ 168c Abs. 2, § 168d Abs. 1 StPO i.V.m. § 46 Abs. 1 OWiG). Der Verteidiger hat auch ein Anwesenheitsrecht, wenn der Betroffene von der Verwaltungsbehörde förmlich vernommen wird (§ 163a Abs. 3 Satz 2, § 168c Abs. 1 StPO i.V.m. § 46 Abs. 1 OWiG), nicht jedoch bei einer polizeilichen Vernehmung oder einer bloß formlosen Anhörung durch die Verwaltungsbehörde (*Rebmann/Roth/Herrmann* OWiG § 55 Rdnr. 17; *Göhler* § 55 Rdnr. 17; KKOWi-*Wache* § 55 Rdnr. 24; a.A. *Nelles* StV 1986, 75; *Plagemann* NJW 1977, 565f.; *Schäfer* MDR 1977, 980). Die zur Anwesenheit Berechtigten sind von den Terminen zur Beweisaufnahme vorher zu benachrichtigen, sofern dadurch der Untersuchungszweck nicht gefährdet wird (§ 168c Abs. 5 StPO i.V.m § 46 Abs. 1 OWiG).

3. Für einen ordnungsgemäßen Beweisantrag genügt eine Beweisbehauptung und die Angabe des Beweismittels (für Beweisanträge vgl. die Form. VII. D. 1–17). Die Begründung des Beweisantrags kann jedoch besonders im Verfahren vor der Verwaltungsbehörde die Notwendigkeit der Beweiserhebung unterstreichen und damit möglicherweise zu einer frühen Einstellung des Verfahrens beitragen. Nach § 163a Abs. 2 StPO i.V.m. § 46 Abs. 1 OWiG ist zwar den Beweisanträgen des Betroffenen zu entsprechen, „wenn sie von Bedeutung sind"; gegen die Ablehnung des Beweisantrags durch die Verwaltungsbehörde gibt es jedoch wegen § 62 Abs. 1 Satz 2 OWiG keine Möglichkeit, eine gerichtliche Entscheidung herbeizuführen (*Göhler* § 55 Rdnr. 18, § 62 Rdnr. 4; KKOWi-*Wache* § 55 Rdnr. 22).

7. Antrag auf gerichtliche Entscheidung (§ 62 OWiG) gegen eine verwaltungsbehördliche Durchsuchungs- und Beschlagnahmeanordnung, verbunden mit dem Antrag auf Aussetzung der Vollziehung

An das   Freiburg, den ......
Ministerium für Wirtschaft,
Mittelstand und Technologie
Baden-Württemberg
– Landeskartellbehörde –[1]
Theodor-Heuss-Str. 4
7000 Stuttgart 10

In dem Ordnungswidrigkeitenverfahren
gegen Herrn A... B... u.a
wegen Ordnungswidrigkeiten nach dem GWB
Az.: IV 3732.1/12

beantrage ich

die gerichtlichen Entscheidungen,[2]

1. den Durchsuchungs- und Beschlagnahmebeschluß der Landeskartellbehörde vom ...... aufzuheben,
2. die sichergestellten[3] Unterlagen an den Betroffenen herauszugeben,
3. den weiteren Vollzug des angefochtenen Beschlusses auszusetzen[4] und
4. die sichergestellten Unterlagen bis zur Entscheidung über den Antrag Ziff. 3 in gerichtliche Verwahrung zu nehmen.[5]

Die vom Betroffenen während der Durchsuchung erteilte Zustimmung zur Mitnahme der sichergestellten Unterlagen wird widerrufen.[6]

Begründung:

Die Landeskartellbehörde Baden-Württemberg hat am ...... die Wohn-, Geschäfts- und Nebenräume des Betroffenen durchsucht, 76 Leitzordner mit schriftlichen Unterlagen sichergestellt und diese mitgenommen.

1. Der Antrag auf gerichtliche Entscheidung ist auch noch gegen die Durchsuchungsanordnung zulässig, weil die Durchsuchung noch nicht beendet ist.[7] Die Durchsicht der Papiere (§ 110 StPO i.V.m. § 46 Abs. 1 OWiG) gehört noch zur Vollstreckung der Durchsuchungsanordnung, auch wenn die Unterlagen in amtlichen Gewahrsam genommen sind (vgl. z.B. BGH NJW 1973, 2053; KG NJW 1975, 354; OLG Karlsruhe NJW 1979, 2527).
2. Der Durchsuchungsbeschluß und die Beschlagnahmeanordnung sind rechtswidrig[8] und deshalb aufzuheben:
   a) Die Landeskartellbehörde hat ihre Zuständigkeit zur Anordnung der Durchsuchung und Beschlagnahme mit Gefahr im Verzug begründet.[9] Der Verdacht, Herr A...... B...... könnte an unzulässigen Preisabsprachen beteiligt gewesen sein, habe sich für die Behörde erst unmittelbar vor der Vollstreckung der angefochtenen Durchsuchungsanordnung anläßlich der Durchsuchung in einer anderen Firma ergeben. Die vorherige Anrufung eines Richters hätte die Durchsuchung beim Betroffenen nicht unerheblich verzögert und den Durchsuchungserfolg ernsthaft gefährdet.
   Die Landeskartellbehörde hat ihr Ermessen bei der Beurteilung der Gefahr im Verzug fehlerhaft ausgeübt. ......
   b) Die Kartellbehörde hat u.a. zwei Leitzordner mit der Bezeichnung „Korrespondenz Rechtsanwalt K...... I, II" mitgenommen. Beide Ordner enthalten ausschließlich

Verteidigungsunterlagen, die dem Beschlagnahmeschutz nach § 97 Abs. 2 Satz 1 StPO i. V. m. § 46 Abs. 1 OWiG unterliegen. ...... Der Bundesgerichtshof (BGH NJW 1973, 2035 ff.; BGH NJW 1982, 2508) hat den Schutzbereich über den Gesetzeswortlaut hinaus auch auf solche Unterlagen ausgedehnt, die der Betroffene in Gewahrsam hat.[10] Die Durchsicht (§ 110 StPO i. V. m. § 46 Abs. 1 OWiG) beschlagnahmefreier Unterlagen ist unzulässig.[11]

c) Die Durchsuchungs- und Beschlagnahmeanordnung verstößt gegen den Grundsatz der Verhältnismäßigkeit.[12] Im Ordnungswidrigkeitenverfahren ist die Verhältnismäßigkeit von Zwangsmitteln besonders aufmerksam zu prüfen.[13] Die Kartellbehörde hat die wiederholten Fragen des Betroffenen nach den gesuchten Beweismitteln nicht beantwortet und den Durchsuchungszweck nur andeutungsweise bekanntgegeben. Damit wurde dem Betroffenen die Möglichkeit genommen, die tatsächlich benötigten Unterlagen herauszugeben ......

Die Mitnahme von 76 Leitzordnern beeinträchtigt den laufenden Geschäftsbetrieb des Betroffenen nachhaltig. ......

Rechtsanwalt

Anmerkungen

1. Die Zuständigkeit der Landeskartellbehörden bzw. des Bundeskartellamtes für die Verfolgung und Ahndung von Verstößen gegen das GWB ergibt sich aus § 44 Abs. 1 GWB i. V. m. §§ 35, 36 Abs. 1 OWiG.

Der Antrag auf gerichtliche Entscheidung ist bei der Verwaltungsbehörde zu stellen, die die angefochtene Maßnahme getroffen hat (*Göhler* § 62 Rdnr. 11; KKOWi-*Kurz* § 62 Rdnr. 11). Die oberlandesgerichtliche Zuständigkeit (§§ 82, 85 GWB) ist hierfür nicht begründet. Sie gilt erst im gerichtlichen Verfahren nach Einspruch gegen den Bußgeldbescheid (*Rebmann/Roth/Herrmann* OWiG § 62 Rdnr. 12).

2. Gegen die Durchsuchungs- und Beschlagnahmeanordnung der Verwaltungsbehörde kann der Antrag auf gerichtliche Entscheidung nach § 62 OWiG gestellt werden (*Göhler* vor § 59 Rdnr. 89, 123; KKOWi-*Wache* vor § 53 Rdnr. 90, 136). Eine richterliche Durchsuchungsanordnung ist mit der Beschwerde nach § 304 StPO i. V. m. § 46 Abs. 1 OWiG anfechtbar. Beide Rechtsbehelfe sind nicht befristet und bis zur „prozessualen Überholung" der Zwangsmittel zulässig (vgl. *Göhler* vor § 59 Rdnr. 123a, 123b; KKOWi-*Wache* vor § 53 Rdnr. 136; siehe auch Anm. 7).

3. Das Herausgabeverlangen sollte nicht auf die beschlagnahmten Unterlagen beschränkt werden, weil die Ermittlungsbehörde umfangreiches Material oft zunächst nur sicherstellt und mitnimmt und erst nach der Durchsicht der Papiere (§ 110 StPO i. V. m. § 46 Abs. 1 OWiG) die Beschlagnahme einzelner Beweisgegenstände vollstreckt. Die mitgenommenen Unterlagen können auch ohne Beschlagnahme sichergestellt sein, wenn der Gewahrsamsinhaber sie freiwillig herausgegeben hat (vgl. § 94 Abs. 2 StPO i. V. m. § 46 Abs. 1 OWiG).

4. Der Antrag auf gerichtliche Entscheidung hat grundsätzlich keine aufschiebende Wirkung (§ 307 Abs. 1 StPO i. V. m. § 62 Abs. 2 Satz 2 OWiG). Das Gericht kann jedoch die Vollziehung der angefochtenen Entscheidung nach pflichtgemäßem Ermessen und unter Berücksichtigung der Erfolgsaussichten des Rechtsbehelfs aussetzen (§ 307 Abs. 2 StPO i. V. m. § 62 Abs. 2 Satz 2 OWiG). Durch die Aussetzung der Vollziehung wird bewirkt, daß die Verwaltungsbehörde die Durchsicht der Papiere (§ 110 StPO i. V. m. § 46 Abs. 1 OWiG) nicht fortsetzen darf und damit auch keine (weiteren) „Zufallsfunde" (§ 108 StPO) auftreten können, die grundsätzlich verwertbar wären.

5. Durch die Übernahme der sichergestellten Unterlagen in gerichtliche Verwahrung wird jeder Anschein vermieden, daß die Verwaltungsbehörde trotz Aussetzung der Vollziehung während der weiteren Ermittlungen in die sichergestellten Unterlagen Einsicht nehmen könnte. Derselbe Zweck kann auch dadurch erreicht werden, daß die Unterlagen auf Anordnung des Gerichts versiegelt werden.

6. Bei freiwilliger Herausgabe werden die Beweisgegenstände nur sichergestellt; eine Beschlagnahme und die mit der Anordnung des Zwangsmittels verbundene richterliche Kontrolle findet nicht statt. (Einziehungsgegenstände müssen auch bei freiwilliger Herausgabe beschlagnahmt werden, weil andernfalls die Wirkung des Veräußerungsverbots nicht eintritt; § 111c Abs. 5 StPO i.V.m. § 46 Abs. 1 OWiG.) Das Einverständnis mit der Herausgabe kann jederzeit widerrufen werden. Der Widerruf macht die Sicherstellung nach § 94 Abs. 1 StPO i.V.m § 46 Abs. 1 OWiG nicht unzulässig (vgl. KK/*Laufhütte* § 94 Rdnr. 14, § 98 Rdnr. 17). Der Widerruf kann als Antrag auf gerichtliche Entscheidung ausgelegt werden (vgl. BGH NJW 1956, 1805 f.).

7. Der gegen eine Durchsuchungsanordnung ansich statthafte Rechtsbehelf (§ 62 OWiG bei verwaltungsbehördlicher Anordnung, § 304 StPO i.V.m. § 46 Abs. 1 OWiG bei richterlicher Anordnung) ist mit dem Abschluß der Durchsuchung „prozessual überholt" und damit unzulässig. Zu den Ausnahmen bei fortwirkendem Rechtsschutzinteresse oder Wiederholungsgefahr vgl. *Göhler* vor § 59 Rdnr. 123a, 123b m.w. Nachw.; KKOWi-*Wache* vor § 53 Rdnr. 136.

8. Zu den Voraussetzungen von Durchsuchung und Beschlagnahme bei Kartellermittlungen vgl. *Gillmeister,* Ermittlungsbefugnisse im deutschen und europäischen Kartellordnungswidrigkeitenverfahren, 1985, S. 50 ff., 92 ff.).

9. Zuständig für die Anordnung der Zwangsmaßnahmen ist grundsätzlich der Richter (§§ 98 Abs. 1, 105 Abs. 1 StPO i.V.m. § 46 Abs. 1 OWiG). Nur bei Gefahr in Verzug kann die Verwaltungsbehörde die Anordnung treffen (vgl. dazu *Göhler* vor § 59 Rdnr. 82, 84; KKOWi-*Wache* vor § 53 Rdnr. 83, 129).

10. Geschützt sind die eigenen Aufzeichnungen des Betroffenen zum Zwecke der Verteidigung und die Schriftstücke, die vom Verteidiger herrühren (*Kleinknecht/Meyer* § 97 Rdnr. 36). Das Privileg gilt nur im Rahmen der Strafverteidigung. Das Mandat zur Strafverteidigung kann bereits erteilt sein, bevor die Ermittlungsbehörde ein Ermittlungsverfahren eingeleitet hat (z.B. zur Beratung über eine Selbstanzeige).

11. Vgl. KK/*Laufhütte* § 97 Rdnr. 15.

12. Vgl. z.B. *Göhler* § 46 Rdnr. 9, vor § 59 Rdnr. 54, 83.

13. Vgl. *Göhler* vor § 59 Rdnr. 67.

8. Beschwerde eines Nichtbetroffenen gegen eine richterlich angeordnete Beschlagnahme

An das   Freiburg, den ...... [2]
Amtsgericht Freiburg[1]
Holzmarktplatz 2
7800 Freiburg i.Br.

In dem Ordnungswidrigkeitenverfahren
gegen Herrn A... B...
wegen Verstoßes gegen die Gewerbeordnung
Az.: 31 Gs 15/91

zeige ich an, daß ich Herrn C ...... D ...... vertrete und lege entsprechende Vollmacht vor.

8. Beschwerde eines Nichtbetroffenen

XI. A. 8

Gegen die Beschlagnahmeanordnung des Amtsgerichts Freiburg vom ...... lege ich
Beschwerde[3]
ein und beantrage,
1. die Beschlagnahme des bei Herrn C ...... D ...... am ...... sichergestellten Leitzordners mit der Aufschrift „Aufträge Firma B ......" aufzuheben,
2. den unter Ziff. 1 bezeichneten Ordner an Herrn C ...... D ......[4] herauszugeben,
hilfsweise:
3. Herrn C ...... D ...... Kopien der Schriftstücke aus dem unter Ziff. 1 bezeichneten Ordner zur Verfügung zu stellen.[5]

Begründung:

Der bei der Firma D ...... beschlagnahmte Leitzordner enthält den Schriftverkehr, der zwischen den Firmen B ...... und D ...... gewechselt wurde. Die Beschlagnahme der Unterlagen bei dem Zeugen D ...... ist unverhältnismäßig, weil der gesamte Schriftwechsel auch beim Betroffenen hätte sichergestellt werden können. ...... In jedem Fall hätte es aber genügt, die Unterlagen sofort zu kopieren und die Originalunterlagen danach herauszugeben, weil es der Ermittlungsbehörde offenbar nur um den Nachweis der gelieferten Waren geht. Herr C ...... D ...... benötigt die beschlagnahmten Unterlagen dringend für die Buchführung und zur Durchsetzung von verjährungsbedrohten Gewährleistungsrechten gegen verschiedene Herstellerfirmen. ......
Sollte es der Ermittlungsbehörde dennoch auf die Originalunterlagen ankommen, so beansprucht Herr C ...... D ......, ihm Ablichtungen von den beschlagnahmten Unterlagen zu überlassen. ......

Rechtsanwalt

Anmerkungen

1. Die Beschwerde wird bei dem Gericht eingelegt, das die angefochtene Entscheidung erlassen hat (§ 306 Abs. 1 StPO i. V. m. § 46 Abs. 1 OWiG).
2. Die einfache Beschwerde ist nicht befristet. Das Rechtsmittel wird jedoch unzulässig, wenn die angefochtene Maßnahme „prozessual überholt" ist (vgl. *Göhler* vor § 59 Rdnr. 123, 123a; KKOWi-*Wache* vor § 53 Rdnr. 136; siehe auch Form XI. A. 7 Anm. 2, 7).
3. Gegen die richterlich angeordnete Beschlagnahme ist die einfache Beschwerde (§ 304 StPO i. V. m. § 46 Abs. 1 OWiG) zulässig. Gegen eine verwaltungsbehördliche Beschlagnahme kann gerichtliche Entscheidung nach § 62 OWiG beantragt werden (vgl. Form. XI. A. 7).
4. Nach Aufhebung der Beschlagnahmeanordnung durch den Richter oder die Verwaltungsbehörde ist die Sache grundsätzlich dem früheren Gewahrsamsinhaber herauszugeben.
5. Der Verhältnismäßigkeitsgrundsatz gebietet, den Eingriff durch ein strafprozessuales Zwangsmittel so gering wie möglich zu halten (vgl. *Göhler* § 46 Rdnr. 9, vor § 59 Rdnr. 54, 67, 83). Wenn es der Ermittlungsbehörde nur auf den Inhalt der Unterlagen ankommt, wird es regelmäßig genügen, an Stelle der Originaldokumente Kopien sicherzustellen. Im Einzelfall kann es angebracht sein, daß sich der Ermittlungsbeamte die Übereinstimmung mit dem Original auf der Kopie bestätigen läßt, bevor er das Original herausgibt. Wenn die Ermittlungsbehörde auf die Beschlagnahme der Originalunterlagen besteht, so sollten dem früheren Gewahrsamsinhaber auf Antrag Kopien der beschlagnahmten Unterlagen überlassen werden. Ob insoweit ein Rechtsanspruch besteht ist umstritten. Die für die Herstellung der Kopien entstehenden Personal- und Sachkosten sind nicht erstattungsfähig (vgl. KK/*Laufhütte* § 94 Rdnr. 13 mit Rechtsprechungsnachweisen).

9. Antrag auf richterliche Entscheidung (§ 98 Abs. 2 Satz 2 StPO) gegen die polizeiliche Beschlagnahme eines Führerscheins

An das Freiburg, den ......[2]
Amtsgericht Freiburg[1]
Holzmarktplatz 2
7800 Freiburg i. Br.

In der Strafsache
gegen Herrn A... B...
wegen Trunkenheit im Verkehr
Az.: 15 Js 12/91

beantrage ich

die richterliche Entscheidung,[3]

die Beschlagnahme des Führerscheins vom ...... aufzuheben und
den Führerschein an Herrn A...... B...... herauszugeben.

Begründung:

Die Polizeibeamten K...... und L...... vom Verkehrsunfalldienst Freiburg haben bei Herrn A...... B...... am ...... nach einem Alcotest mit positivem Ergebnis dessen Führerschein beschlagnahmt. Herr A...... B...... hat der Herausgabe des Führerscheins widersprochen.[4]

Aufgrund der bekannten Trinkmenge ist die gutachtliche Feststellung einer Blutalkoholkonzentration zu erwarten, die deutlich unter der Grenze zur absoluten Fahruntauglichkeit (1,1‰) liegt. Alkoholbedingte Ausfallerscheinungen wurden bei Herrn A...... B...... nicht festgestellt,[5] so daß keine dringenden Gründe für die Annahme vorhanden sind, die Fahrerlaubnis werde später entzogen werden (§ 111a Abs. 1 StPO).[6]

Rechtsanwalt

Anmerkungen

1. Bis zur Erhebung der öffentlichen Klage ist für den Antrag auf richterliche Entscheidung (§ 98 Abs. 2 Satz 2 StPO) das Amtsgericht zuständig, in dessen Bezirk die Beschlagnahme stattgefunden hat (§ 98 Abs. 2 Satz 3 StPO).

2. Der Antrag auf richterliche Entscheidung ist nicht befristet; er kann „jederzeit" gestellt werden. Hat ein Beamter einen Gegenstand ohne richterliche Anordnung beschlagnahmt, so soll von Amts wegen die richterliche Bestätigung binnen drei Tagen beantragt werden, wenn der von der Beschlagnahme Betroffene ausdrücklich Widerspruch erhoben hat. Unterbleibt der Antrag auf richterliche Bestätigung (§ 98 Abs. 2 Satz 1 StPO), so wird die Beschlagnahme dadurch nicht unwirksam (*Kleinknecht/Meyer* § 98 Rdnr. 14 m.w. Nachw.).

3. Der Antrag auf richterliche Entscheidung nach § 98 Abs. 2 Satz 2 StPO schließt die Überprüfung der Maßnahme nach § 23 EGGVG aus. Eine Beschwerde gegen die Beschlagnahme ist als Antrag auf richterliche Entscheidung aufzufassen.

4. Eine Beschlagnahme des Führerscheins ist nur erforderlich, wenn der Beschuldigte mit der Sicherstellung nicht einverstanden ist. Die von Amts wegen zu beantragende richterliche Bestätigung nach § 98 Abs. 2 Satz 1 StPO ist entbehrlich, wenn der Beschuldig-

10. Beschwerde gegen die vorläufige Entziehung der Fahrerlaubnis

te gegen die Sicherstellung des Führerscheins keinen Widerspruch erhebt. Der Antrag auf richterliche Entscheidung kann jedoch auch gestellt werden, wenn der Beschuldigte den Führerschein zunächst freiwillig herausgegeben hatte (vgl. z.B. *Kleinknecht/Meyer* § 98 Rdnr. 20).

5. Häufig wird es erforderlich sein, zu den Ausfallerscheinungen (möglichst unter Auswertung des Akteninhalts) eingehend Stellung zu nehmen.

6. Anläßlich der richterlichen Entscheidung überprüft das Gericht nur, ob die rechtlichen Voraussetzungen für die Beschlagnahme im Zeitpunkt seiner Entscheidung vorliegen. Gegenstand der Entscheidung ist nicht die Rechtmäßigkeit der bereits durchgeführten Maßnahmen der Strafverfolgungsbehörden. Daher wird z.B. nicht geprüft, ob die Beschlagnahme von einem Hilfsbeamten der Staatsanwaltschaft (§ 98 Abs. 1 StPO i.V.m. § 152 GVG) durchgeführt wurde oder ob Gefahr in Verzug vorlag (OLG Stuttgart NJW 1969, 760; KK/*Laufhütte* § 98 Rdnr. 19).

10. Beschwerde gegen die vorläufige Entziehung der Fahrerlaubnis

An das Freiburg, den ......[2]
Amtsgericht Freiburg[1]
Holzmarktplatz 2
7800 Freiburg i. Br.

In der Strafsache
gegen Herrn A...... B......
wegen Trunkenheit im Verkehr
Az.: 25 Js 123/91
 17 Gs 54/91

lege ich gegen den Beschluß vom ......, mit dem das Amtsgericht Freiburg Herrn A...... B...... die Fahrerlaubnis vorläufig entzogen hat,

Beschwerde[3]

ein und beantrage,
den angefochtenen Beschluß aufzuheben und Herrn A...... B...... den Führerschein wieder auszuhändigen.[4]

Begründung:

In dem angefochtenen Beschluß geht das Amtsgericht unzutreffend davon aus, daß dringende Gründe[5] für die Annahme vorliegen, Herrn A...... B...... werde nach § 69 Abs. 1 StGB die Fahrerlaubnis entzogen, weil er einer Trunkenheitsfahrt nach § 316 StGB dringend verdächtig sei.
Auf der Grundlage des Gutachtens zur Feststellung der Blutalkoholkonzentration[6] (As. 17) errechnet sich aus den Untersuchungsergebnissen ein Mittelwert von 0,72‰. Nach der Rückrechnung[7] unter Beachtung eines Abbauwertes von 0,1‰ je Stunde hat zur Tatzeit eine Blutalkoholkonzentration von 0,82‰ vorgelegen. Bei diesem Grad der Alkoholisierung kann von einer Fahruntüchtigkeit nur ausgegangen werden, wenn zusätzlich eine alkoholbedingte Ausfallerscheinung festgestellt ist (relative Fahruntüchtigkeit[8]). Dieser Nachweis ist nicht erbracht.

In dem angefochtenen Beschluß wird ohne weitere Begründung lediglich festgestellt, Herr A...... B...... habe „mit seinem Pkw beim Herausfahren aus einer Parklücke einen Nebelscheinwerfer des hinter ihm parkenden Fahrzeugs beschädigt und dadurch bewiesen, daß er infolge des Alkohols nicht mehr in der Lage war, sein Fahrzeug sicher zu führen". Zum Nachweis der relativen Fahruntüchtigkeit genügt nicht, daß sich der Beschuldigte verkehrswidrig verhalten hat; es muß feststehen, daß ihm dieser Fehler im nüchternen Zustand nicht unterlaufen wäre (vgl. *Schönke/Schröder/Cramer* § 316 Rdnr. 5; BGH DAR 1968, 123). Je geringer die Blutalkoholkonzentration zur Tatzeit war, desto höher müssen die Beweisanzeichen für die Ursächlichkeit des Alkohols für den Fahrfehler sein (vgl. *Dreher/Tröndle* § 316 Rdnr. 7d m.w.Nachw.). Im vorliegenden Fall hatte Herr A...... B...... zur Tatzeit lediglich eine BAK von 0,82‰. ...... Das hinter ihm parkende Fahrzeug war bei Überschreitung der Parkmarkierung bis auf 30 cm auf das Fahrzeug des Herrn A...... B...... aufgefahren, so daß dieser nur mit großer Mühe und nach mehrfachem Vor- und Zurücksetzen aus der Parklücke herausfahren konnte. Die Beschädigung des Nebelscheinwerfers ist kein Umstand, der auf die Alkoholisierung zurückzuführen ist. ......

Daß ein Fahrfehler häufiger von angetrunkenen als von nüchternen Fahrern begangen wird, rechtfertigt nicht den Schluß auf alkoholbedingte Fahruntauglichkeit (*Schönke/Schröder/Cramer* § 316 Rdnr. 5; BGH VRS 36, 174). ......

Rechtsanwalt

Anmerkungen

1. Die Beschwerde wird beim Gericht eingelegt, das die angefochtene Entscheidung erlassen hat (§ 306 Abs. 1 StPO).

2. Die einfache Beschwerde ist an keine Frist gebunden.

3. Gegen die richterliche Entscheidung, die vorläufige Fahrerlaubnis zu entziehen (§ 111a StPO), ist die einfache Beschwerde (§ 304 StPO) zulässig; auch dann, wenn es sich um eine Entscheidung des erkennenden Gerichts handelt (§ 305 Satz 2 StPO). Eine weitere Beschwerde ist wegen § 310 Abs. 2 StPO ausgeschlossen.

4. Die Rückgabe des Führerscheins ist vorgeschrieben (§ 111a Abs. 5 Satz 1 StPO), wenn der Richter die vorläufige Entziehung der Fahrerlaubnis aufhebt. Trotz dieser zwingenden Regelung ist ein entsprechender Antrag anzuraten, weil dadurch für den Ermittlungsrichter klargestellt wird, daß der Führerschein amtlich verwahrt wird.

5. Der Begriff „dringende Gründe" in § 111a Abs. 1 Satz 1 StPO entspricht dem des „dringenden Verdachts" nach § 112 StPO (vgl. *Kleinknecht/Meyer* § 111a Rdnr. 2), so daß „ein hoher Grad von Wahrscheinlichkeit" für eine endgültige Entziehung der Fahrerlaubnis gegeben sein muß.

6. Die Ermittlung der Blutalkoholkonzentration richtet sich nach dem von den Bundesländern 1977 vereinbarten „Gemeinsamen Erlaß über die Feststellung von Alkohol im Blut bei Straftaten und Ordnungswidrigkeiten".

Bei der Blutalkoholkonzentration ist darauf zu achten, daß grundsätzlich drei Untersuchungen nach dem Widmark-Verfahren oder einer seiner Modifikationen und zwei parallel dazu durchgeführte Untersuchungen nach der ADH-Methode zugrunde zu legen sind. Dem Untersuchenden bleibt es überlassen, die Bestimmung nach dem Widmark- oder nach dem ADH-Verfahren durch drei gaschromatographische Bestimmungen zu ersetzen. Bei Verwendung automatischer Geräte genügen zwei gaschromatographische Bestimmungen (vgl. Nr. 15 des Erlasses). Die letztere Methode hat sich jedoch in der Rechtsprechung noch nicht durchgesetzt (vgl. *Schönke/Schröder/Cramer* § 316 Rdnr. 5a m.w.Nachw.).

7. Entscheidend ist die Blutalkoholkonzentration (BAK) zur Tatzeit. Da die Blutentnahme oft erheblich nach der Tatzeit erfolgt, muß die BAK auf die Tatzeit zurückgerechnet werden: Die Rückrechnung kann erst nach Abschluß der Resorptionsphase erfolgen. Unter Berücksichtigung von Sicherheitszuschlägen geht die Rechtsprechung (BGHSt 25, 246/250) im Regelfall von einer zweistündigen Resorptionsphase gerechnet ab Trinkende aus. Aus diesem Grund wird für die ersten beiden Stunden ab Trinkende auf eine Rückrechnung verzichtet (vgl. BGHSt 25, 246/250; *Dreher/Tröndle* § 316 Rdnr. 8 a m.w. Nachw.). Für den konkreten Fall kann jedoch aufgrund besonderer Anknüpfungstatsachen eine abweichende Resorptionsdauer festgestellt werden (BGHSt 25, 246/250).

Für die Zeit nach Resorptionsende legt die Rechtsprechung für die gesamte Dauer der Eliminationsphase einen gleichbleibenden (keine Staffelung) Abbauwert von 0,1‰ pro Stunde zugrunde. Von diesem „gesicherten Mindestabbauwert ...... (darf) ohne Hinzuziehung eines Sachverständigen nicht abgewichen werden" (BGHSt 25, 246/250).

Geht es dagegen um die strafrechtliche Verantwortlichkeit des Täters i.S. von §§ 20, 21 StGB, so muß zugunsten des Täters der höchstmögliche Abbauwert zugrunde gelegt werden, der von der Rechtsprechung mit 0,29‰ pro Stunde angesetzt wird (vgl. z.B. *Schönke/Schröder/Lenckner* § 20 Rdnr. 17 m.w. Nachw.).

8. *Absolute Fahruntüchtigkeit* ist stets dann gegeben, wenn die Blutalkoholkonzentration oder zumindest die Alkoholkonzentration im Körper des Täters (BGHSt 25, 246/251) zur Tatzeit 1,1‰ oder mehr beträgt, BGH NJW 1990, 2393. (Stammt die Blutalkoholanalyse von einem Institut, das an den Ringversuchen der Deutschen Gesellschaft für klinische Chemie e.V., Gutachten 1989, NZV 1990, 104 ff., nicht teilgenommen hat, so ist wegen des erhöhten Sicherheitszuschlags von einem Grenzwert der absoluten Fahruntüchtigkeit von 1,15‰ auszugehen. Nach erfolgreicher Teilnahme dieser Institute am Ringversuch gilt auch insoweit die 1,1‰-Grenze; vgl. BGH NJW 1990, 2393/2395.) Von diesem Grenzwert ab ist allein aufgrund der BAK ohne weitere Prüfung des Fahrverhaltens für jeden Kraftfahrer Fahruntüchtigkeit gegeben. Der Gegenbeweis ist ausgeschlossen. Der frühere Grenzwert von 1,3‰ (BGHSt 21, 157) ist überholt. Der neue Grenzwert von 1,1‰ gilt auch für Strafverfahren, die im Zeitpunkt der Änderung der Rechtsprechung anhängig sind (BayObLG NZV 1990, 400), weil das Rückwirkungsverbot gem. Art. 103 Abs. 2 GG, §§ 1, 2 StGB nicht für die richterliche Gesetzesauslegung gilt.

Relative Fahruntüchtigkeit liegt vor, wenn die BAK zur Tatzeit unter dem Wert von 1,1‰ liegt, aber aufgrund zusätzlicher Tatsachen die alkoholbedingte Fahruntüchtigkeit bewiesen werden kann. Als Beweisanzeichen hierfür sind Umstände von Bedeutung, die in der Person des Täters liegen (z.B. Ermüdung, Krankheit), die die äußeren Fahrbedingungen betreffen (z.B. Straßen- und Witterungsverhältnisse) und solche, die sich auf das konkrete äußere Verhalten des Täters beziehen (sog. alkoholbedingte Ausfallerscheinungen) (vgl. BGHSt 31, 42/44 f.). Als Ausfallerscheinungen kommen z.B. in Betracht: eine auffällige Fahrweise (Schlangenlinienfahren), unbesonnenes Benehmen bei Polizeikontrollen und sonstiges Verhalten, das eine alkoholbedingte Enthemmung und Kritiklosigkeit erkennen läßt (vgl. BGHSt 31, 42/45; *Dreher/Tröndle* § 316 Rdnr. 7 ff.; *Schönke/Schröder/Cramer* § 316 Rdnr. 5 m.w. Nachw.). Die an eine konkrete Ausfallerscheinung zu stellenden Anforderungen zum Nachweis der Fahruntüchtigkeit sind um so geringer, je höher die BAK ist und je ungünstiger die objektiven und subjektiven Bedingungen der Fahrt sind (BGHSt 31, 42/45).

11. Antrag auf Ausnahme bestimmter Fahrzeugarten von der vorläufigen Entziehung der Fahrerlaubnis

An das Freiburg, den ......
Amtsgericht Freiburg[1]
Holzmarktplatz 2
7800 Freiburg i. Br.

In der Strafsache
gegen Herrn A... B...
wegen Straßenverkehrsgefährdung
Az.: 25 Js 456/91
     17 Gs 89/91

beantrage ich,

von der vorläufigen Entziehung der Fahrerlaubnis (Beschluß des Amtgerichts Freiburg vom ......) Zugmaschinen mit einer bauartbedingten Höchstgeschwingdigkeit von 32 km/h auszunehmen.[2]

Begründung:

Nach den bisher vorliegenden Ermittlungsergebnissen soll Herr A...... B...... nach einer privaten Feier mit einem geliehenen Motorrad von X-Dorf nach Hause gefahren sein, obwohl er infolge des Genusses alkoholischer Getränke nicht mehr in der Lage gewesen sei, das Fahrzeug sicher zu führen. In diesem Zustand habe er eine weitgezogene Linkskurve geschnitten und einen entgegenkommenden Pkw zum Ausweichen auf den Seitenstreifen gezwungen. Die Blutalkoholkonzentration soll zur Tatzeit 0,9‰ betragen haben.
......
Wegen der „besonderen Umstände"[3] wird der Zweck der vorläufigen Entziehung der Fahrerlaubnis durch die beantragte Ausnahme nicht gefährdet. Herr A...... B...... ist Landwirt und hat seit mehr als 18 Jahren Personenkraftwagen und landwirtschaftliche Fahrzeuge ohne jede Beanstandung geführt. Die Trunkenheitsfahrt vom ...... ist auf eine untypische, bei Trinkbeginn von Herrn A...... B...... nicht vorhergesehene Situation zurückzuführen. Er hatte sich das Motorrad geliehen, nachdem er den letzten Bus zur Heimfahrt verpaßt hatte und keine andere Möglichkeit sah, an diesem Abend zu seiner acht Kilometer entfernt gelegenen Wohnung zu gelangen.
Das Vergehen ist nicht auf eine charakterliche Unzuverlässigkeit[4] des Beschuldigten zurückzuführen. Die Aufrechterhaltung der Fahrerlaubnis für Zugmaschinen ermöglicht Herrn A...... B...... die Fortführung seines landwirtschaftlichen Betriebes.[5] Eine Gefährdung der Allgemeinheit ist schon wegen der geringen Höchstgeschwindigkeit der Traktoren und ihrem relativ seltenen Einsatz auf belebten Straßen nicht zu befürchten.
......

                                              Rechtsanwalt

Anmerkungen

1. Zur Zuständigkeit des Amtsgerichts vgl. Form. XI. A. 10 Anm. 1.

2. Von der vorläufigen Entziehung der Fahrerlaubnis können bei Vorliegen „besonderer Umstände" bestimmte Arten von Kraftfahrzeugen ausgenommen werden (§ 111a Abs. 1 Satz 2 StPO). Unter „bestimmten Arten von Kraftfahrzeugen" sind solche zu verstehen, auf die nach § 5 Abs. 1 Satz 2 StVZO die Fahrerlaubnis beschränkt werden kann. Die

12. Antrag auf vorzeitige Aufhebung einer Sperre   XI. A. 12

Kraftfahrzeugarten sind nicht identisch mit den Führerscheinklassen; die Ausnahme von der vorläufigen Entziehung kann sich jedoch auf alle Fahrzeugarten einer Führerscheinklasse beziehen. Für bestimmte Zeiten, Gebiete oder für Fahrzeuge bestimmter Fabrikate, für besondere Verwendungszwecke (z.B. Taxis, OLG Stuttgart DAR 1975, 305) oder für Fahrzeuge bestimmter Eigentümer sind Ausnahmen nicht zulässig (vgl. *Dreher/Tröndle* § 69 a Rdnr. 3).

Der Führerschein wird auch bei einer beschränkten Entziehung der Fahrerlaubnis in amtliche Verwahrung genommen. Die Verwaltungsbehörde stellt dem Beschuldigten für die bestehengebliebene Fahrerlaubnis einen Ersatzführerschein aus, der nach der Aufhebung der Entziehung der Fahrerlaubnis wieder eingezogen wird.

3. Die Voraussetzungen für die „besonderen Umstände" nach § 111a Abs. 1 Satz 2 StPO entsprechen denen des § 69a Abs. 2 StGB (*Kleinknecht/Meyer* § 111a Rdnr. 4). Aus den Umständen muß sich ergeben, daß die Allgemeinheit nicht gefährdet wird, wenn der zum Führen von Kraftfahrzeugen ansich ungeeignete Kraftfahrer nur bestimmte Fahrzeuge führt.

4. Fehlt dem Fahrzeugführer die charakterliche Zuverlässigkeit (z.B. bei Trunksucht), so wird eine Ausnahme von der umfassenden Entziehung der Fahrerlaubnis in der Regel nicht in Betracht kommen (vgl. z.B. *Schönke/Schröder/Cramer* § 69 a Rdnr. 3).

5. Wirtschaftliche Gründe sollen für die Ausnahme nach § 111a Abs. 1 Satz 2 StPO allein nicht ausreichen (vgl. *Dreher/Tröndle* § 69 a Rdnr. 3a; siehe aber auch KK/*Laufhütte* § 111a Rdnr. 5).

12. Antrag auf vorzeitige Aufhebung einer rechtskräftig verhängten Sperre für die Wiedererteilung einer Fahrerlaubnis (§ 69 a Abs. 7 StGB)

An das   Freiburg, den ......[2]
Amtsgericht Freiburg[1]
Holzmarktplatz 2
7800 Freiburg i. Br.

In dem Strafverfahren
gegen Herrn A... B...
wegen Trunkenheit im Straßenverkehr
Az.: 17 Ds 123/90

beantrage ich,

die durch das Urteil des Amtsgerichts Freiburg vom ...... festgesetzte Sperre für die Wiedererteilung der Fahrerlaubnis vorzeitig aufzuheben.[3]

Begründung:

Das Amtsgericht Freiburg hat Herrn A...... B...... durch Urteil vom ...... die Fahrerlaubnis entzogen und eine Sperre für die Wiedererteilung der Fahrerlaubnis von 15 Monaten angeordnet.[4] Das Urteil ist seit ...... rechtskräftig.
Von der Sperrfrist sind inzwischen fast zwölf Monate verstrichen.[5]
Neue Tatsachen[6] rechtfertigen die vorzeitige Aufhebung der Sperre:
1. Herr A...... B...... hat erfolgreich an einem Nachschulungskurs für alkoholauffällige Kraftfahrer[7] teilgenommen. ......
   Die Bescheinigung über die erfolgreiche Teilnahme an dem Kurs Modell „Mainz 77" vom ...... ist beigefügt.[8]

2. Darüber hinaus rechtfertigen folgende weitere neue Tatsachen die Annahme, daß Herr A...... B...... zukünftig verantwortungsvoll am Straßenverkehr teilnehmen wird und die dafür erforderliche charakterliche Zuverlässigkeit besitzt: ...... (ist auszuführen).

Rechtsanwalt

Anmerkungen

1. Für die Entscheidung nach § 69a Abs. 7 StGB ist das Gericht des ersten Rechtszuges zuständig (§§ 463 Abs. 5, 462 Abs. 1 Satz 1, 462a Abs. 2 Satz 1 StPO). Das Gericht kann die Sache nicht nach § 462 Abs. 2 Satz 2 StPO an das Wohnsitzgericht abgeben (BGHSt 30, 386). Zur Zuständigkeit nach vorausgegangener Strafvollstreckung vgl. *Dreher/Tröndle* § 69a Rdnr. 15b.

2. Der Antrag ist an eine Frist nicht gebunden. Zum frühestmöglichen Zeitpunkt für die Antragstellung vgl. Anm. 5.

3. Der Antrag darf nicht auf Wiedererteilung der Fahrerlaubnis oder auf Rückgabe des Führerscheins lauten, weil über die Erteilung der Fahrerlaubnis nach Ablauf der Sperrfrist allein die Verwaltungsbehörde entscheidet. Die vorzeitige Aufhebung der Sperrfrist kann auf bestimmte Fahrzeugarten beschränkt werden.

4. Die vorzeitige Aufhebung kommt bei befristeten und bei lebenslangen Sperren in Betracht.
Die Sperre beginnt mit der Rechtskraft des Urteils. Von der Frist abgezogen wird die Zeit zwischen der Verkündung der letzten tatrichterlichen Entscheidung und ihrer Rechtskraft, wenn in diesem Zeitraum die Fahrerlaubnis vorläufig entzogen war (§ 69a Abs. 5 StGB). Die Sperrfrist läuft auch, wenn der Täter eine Haftstrafe verbüßt oder sonst amtlich verwahrt wird (*Dreher/Tröndle* § 69a Rdnr. 12).

5. Die Sperre darf nicht vor Ablauf der gesetzlichen Mindestsperrfristen aufgehoben werden (§ 69a Abs. 7 Satz 2 StGB). Im Regelfall muß die Sperre sechs Monate, im Wiederholungsfall nach § 69a Abs. 3 StGB ein Jahr lang gedauert haben. Der Antrag auf vorzeitige Aufhebung der Sperre kann schon vor Ablauf der Mindestfrist gestellt werden und die gerichtliche Entscheidung auch schon vorher ergehen (vgl. *Schönke/Schröder/Stree* § 69a Rdnr. 22; *Himmelreich/Hentschel*, Fahrverbot – Führerscheinentzug, 6. Aufl. 1990 Rdnr. 184 m.w.Nachw.).

6. Als neue Tatsachen kommen alle bei der Anordnung der Sperrfrist noch nicht berücksichtigten Umstände in Betracht, die der Annahme eines fortdauernden Eignungsmangels entgegenstehen. Nicht ausreichend ist, daß die Tatsachen, die der früheren Anordnung der Sperre zugrundelagen, nachträglich nur abweichend gewürdigt werden. Eine lang andauernde Sperre rechtfertigt allein die vorzeitige Aufhebung der Maßregel ebensowenig wie neue wirtschaftliche oder berufliche Interessen des Verurteilten. Diese Umstände können aber im Rahmen der neu vorzunehmenden Gesamtwürdigung der Täterpersönlichkeit berücksichtigt werden (vgl. LG Bamberg StV 1984, 518; siehe auch *Jagusch/Hentschel*, Straßenverkehrsrecht, § 69a StGB Rdnr. 14 m.w.Nachw.).

7. Die Teilnahme an einem Nachschulungskurs ist nur ein Indiz für den Fortfall des Eignungsmangels. Das Gericht hat im Einzelfall unter Berücksichtigung des Kurserfolges und der Persönlichkeit des Verurteilten zu entscheiden, ob die Voraussetzungen für die Sperrfristverkürzung vorliegen. Zu der unterschiedlichen Gerichtspraxis bei der Bewertung der Nachschulungskurse für die Entscheidungen nach § 69a Abs. 7 StGB vgl. die zahlreichen Rechtsprechungsnachweise z.B. bei *Dreher/Tröndle* § 69a Rdnr. 15b.

8. Die Beseitigung des Eignungsmangels muß nicht bewiesen sein. Es genügt, daß erhebliche Tatsachen im Zeitpunkt der Beschlußfassung die Annahme rechtfertigen, daß der

13. Antrag eine Kfz-Halters   XI. A. 13

Verurteilte zum Führen von Kraftfahrzeugen nicht mehr ungeeignet ist (vgl. *Dreher/ Tröndle* § 69a Rdnr. 15a; *Himmelreich/Hentschel*, Fahrverbot – Führerscheinentzug, Rdnr. 186 m.w.Nachw.). Es empfiehlt sich jedoch ein eingehender Vortrag der „neuen Tatsachen".

13. Antrag eines Kfz-Halters gegen die Kostentragungspflicht gemäß § 25a StVG (Halterhaftung)

An die
Stadt Freiburg i.Br.
Amt für öffentliche Ordnung[1]
– Bußgeldbehörde –
Basler Str. 2

7800 Freiburg i.Br.

In dem Kostenverfahren[2]
gegen Herrn A... B...
Az.: 505.03.123456.7

zeige ich die Vertretung des Herrn A... B... an und lege entsprechende Vollmacht[3] vor.

Ich beantrage

die gerichtliche Entscheidung,[4]

den Kostenbescheid vom ......, zugestellt[5] am ......, aufzuheben.

Begründung:[6]

Mit Entscheidung vom ...... hat die Verwaltungsbehörde das Ordnungswidrigkeitenverfahren wegen Parkverstoßes gegen Herrn A... B... eingestellt und ihm gleichzeitig[7] als Kfz-Halter die Kosten des Verfahrens[8] gemäß § 25a StVG auferlegt, weil die Feststellung des Fahrzeugführers, der die Ordnungswidrigkeit begangen haben soll, nicht vor Eintritt der Verfolgungsverjährung möglich gewesen sei bzw. einen unangemessenen Aufwand erfordert hätte.
Herr A... B... haftet nicht für die Kosten des Verfahrens, weil er a.) zur Tatzeit nicht Halter des Fahrzeugs war, b.) mit dem Tatfahrzeug kein „Halt- oder Parkverstoß" begangen wurde und c.) die Ermittlung des Fahrzeugführers vor Eintritt der Verfolgungsverjährung ohne besonderen Aufwand möglich gewesen wäre.
a) Herr A... B... war an dem Tag, als der Parkverstoß begangen worden sein soll, nicht mehr Eigentümer und auch nicht mehr Halter des Pkw, Typ ......, polizeiliches Kennzeichen .... Am ......, also zwei Tage vor dem angeblichen Parkverstoß, hat er den Pkw an den Malermeister C... D... verkauft, übereignet und ihm das Fahrzeug sogleich übergeben. Damit ist die Haltereigenschaft[9] des Verkäufers A... B... erloschen und auf Herrn C... D... übergegangen (vgl. *Jagusch/Hentschel*, Straßenverkehrsrecht, 31. Aufl. 1991, § 7 StVG, Rdnr. 14). Ohne Belang ist, daß das Fahrzeug noch vorübergehend auf den Verkäufer zugelassen war.[10] Der Malermeister C... D... hat das Fahrzeug ab Übergabe ausschließlich für eigene Rechnung benutzt und ist deshalb auch nicht Beauftragter des früheren Halters i.S. von § 25a Abs. 2 StVG.
b) Mit dem Fahrzeug wurde kein „Halt- oder Parkverstoß"[11] begangen. Die Feststellungen der Bußgeldbehörde sind zwar insoweit richtig, als der Pkw Typ ......, polizeiliches Kennzeichen ......, am ...... vor der Grundstücksein- und -ausfahrt geparkt war. Der Vorwurf, deshalb gegen § 12 Abs. 3 Ziff. 3 StVO verstoßen zu haben, ist jedoch unbe-

gründet, weil die Einfahrt zum Wohnhaus des Pkw-Eigentümers C... D... führt und diese nur von ihm benutzt wird. Der Berechtigte darf vor seiner Einfahrt parken, weil das generelle Parkverbot vor Grundstückseinfahrten allein im Interesse des Anliegers vor Behinderungen beim Ein- und Ausfahren schützen soll (BayObLG VRS 49,149; BayObLG DAR 1975, 221; OLG Köln DAR 1983, 333).

c) Der Kostenbescheid ist auch deshalb zu Unrecht ergangen, weil es der Vollstreckungsbehörde ohne besonderen Aufwand möglich war, den Fahrzeugführer rechtzeitig vor Eintritt der Verfolgungsverjährung[12] zu ermitteln.[13] Herr A... B... hat am ......, also 16 Tage nach dem angeblichen Parkverstoß, eine kostenpflichtige Verwarnung erhalten. Mit dem beigefügten Anhörungsbogen wurde er u.a. aufgefordert, die Personalien des Fahrzeugführers anzugeben, wenn er die Tat nicht selbst begangen habe. Herr A... B... hat daraufhin noch am selben Tag bei der Verwaltungsbehörde angerufen, seine Personalien genannt und erklärt: „Zur Sache selbst sage ich jetzt nichts. Senden Sie mir eine ‚Anzeige'; ich werde dann alles weitere mitteilen". Daraufhin hat die Bußgeldbehörde das Ordnungswidrigkeitenverfahren eingestellt und den hier angegriffenen Kostenbescheid erlassen.

Die Bußgeldbehörde hätte statt des Kostenbescheides zunächst einen Bußgeldbescheid erlassen müssen. Erst wenn der Betroffene den Fahrzeugführer in der angekündigten Einspruchsbegründung nicht benannt hätte, wäre die Inanspruchnahme des Halters zulässig gewesen (AG Lörrach, Beschluß vom 20. 2. 1989, – 34 OWi 231/89 –, NZV 1991, 285). Im übrigen war an den beiden Fahrzeugseiten des Pkw jeweils eine große Magnetwerbetafel mit der Aufschrift angebracht: „Malerbetrieb C... D..., etc." Eine Rückfrage bei Herrn C... D... nach dem Fahrzeugführer ist nie erfolgt.[14]

Beide Maßnahmen – das Abwarten der Einspruchsbegründung bzw. die Nachfrage bei Herrn C... D... – waren der Verwaltungsbehörde ohne besonderen Aufwand und lange vor Eintritt der Verfolgungsverjährung[15] möglich, um den Fahrzeugführer zu ermitteln.

Rechtsanwalt

Anmerkungen

1. Der Antrag auf gerichtliche Entscheidung ist bei der Verwaltungsbehörde zu stellen, die die angefochtene Maßnahme getroffen hat; § 62 Abs. 2 Satz 2 OWiG i.V.m. § 306 Abs. 1 Satz 1 StPO (vgl. *Göhler* § 62 Rdnr. 11; KKOWi-*Kurz* § 62 Rdnr. 11).

2. Das Bußgeldverfahren wegen eines begangenen „Halt- oder Parkverstoßes" muß eingeleitet gewesen und wegen nichtermittelten Kfz-Führers durch Einstellung oder Freispruch wieder beendet worden sein, weil der Kfz-Führer nicht in Erfahrung gebracht werden konnte bzw. die Ermittlung einen unangemessenen Aufwand erfordert hätte (vgl. *Göhler* vor § 109a Rdnr. 7, 13).

3. Die Vertretung des Kostenschuldners im Kostenverfahren nach § 25a StVG ist keine Verteidigung, so daß auch die allgemeine Verteidigervollmacht zur Legitimation nicht genügt (vgl. *Göhler* § 60 Rdnr. 12).

4. Ergeht der Kostenbescheid gegen den Halter oder seinen Beauftragten durch die Verwaltungsbehörde oder die Staatsanwaltschaft, so kann der Kostenschuldner befristet binnen zwei Wochen ab Zustellung gerichtliche Entscheidung beantragen (§ 25a Abs. 3 Satz 2 i.V.m. § 62 Abs. 2 OWiG). Zuständig ist das Gericht, das gemäß § 68 OWiG über den Einspruch gegen einen entsprechenden Bußgeldbescheid zu entscheiden hätte. Die Entscheidung des Gerichts ist unanfechtbar (§ 25a Abs. 3 StVG i.V.m. § 62 Abs. 2 OWiG).

5. Der Kostenbescheid der Verwaltungsbehörde ist zuzustellen (§ 50 Abs. 1 Satz 2 OWiG) und mit einer Rechtsbehelfsbelehrung zu versehen (§ 50 Abs. 2 OWiG).

6. Eine Begründung des Antrags ist nicht vorgeschrieben, aber dringend anzuraten. Wenn die Begründung nicht auf der Hand liegt, so empfiehlt sich zunächst Einsicht in die Akten des Ordnungswidrigkeitenverfahrens zu nehmen.
Das Gericht hat alle Voraussetzungen des § 25a StVG zu überprüfen, insbesondere die Haltereigenschaft des Kostenschuldners, die Frage, ob ein „Halt- oder Parkverstoß" vorliegt und ob der Fahrzeugführer vor Eintritt der Verfolgungsverjährung ohne unangemessenen Aufwand zu ermitteln war.

7. Nach § 25a Abs. 2 StVG soll der Kostenbescheid grundsätzlich zusammen mit der einstellenden oder freisprechenden Entscheidung im Bußgeldverfahren ergehen. Ein isolierter Kostenbescheid wird dadurch jedoch nicht ausgeschlossen (vgl. BRDr 371/82, S. 39).

8. Die Gebühr beträgt im Verwaltungsverfahren DM 20,– (§ 107 Abs. 2 OWiG), bei Abschluß des Verfahrens durch die Staatsanwaltschaft ebenfalls DM 20,– (Nr. 1781 KVGKG) und im gerichtlichen Verfahren DM 40,– (Nr. 1780 KVGKG). Hinzu kommen Auslagen, z.B. Zustellungskosten. Der Antrag auf gerichtliche Entscheidung gemäß § 25a Abs. 3 StVG löst keine zusätzliche Gebühr aus (AG Hannover NRpfl 1988, 143; AG Saarbrücken NZV 1989, 125; *Jagusch/Hentschel*, Straßenverkehrsrecht, § 25a StVG Rdnr. 19).
Die Rechtsverfolgung bei Verfahren nach § 25a StVG ist durch Rechtsschutzversicherungen nicht (mehr) gedeckt (siehe VO vom 25. 3. 1987, BAnz. Nr. 62 vom 31. 3. 1987, S. 3385; AG Düsseldorf ZfS 1988, 80).

9. Der Halterbegriff des § 25a StVG ist derselbe wie in § 7 StVG (AG Osnabrück NZV 1988, 196; *Jagusch/Hentschel*, § 25a StVG Rdnr. 10 i.V.m. § 7 StVG Rdnr. 14ff.; einschränkend *Göhler* vor § 109a Rdnr. 16; aA AG Mannheim NZV 1988, 116; AG Essen DAR 1989, 115).

10. BGH VR 1969, 907; BGH VM 1969, 83; AG Osnabrück NZV 1988, 196; *Jagusch/Hentschel* § 7 StVG Rdnr. 23; einschränkend AG Essen DAR 1989, 115; *Göhler* vor § 109a Rdnr. 16.

11. Die Kostentragungspflicht des Halters ist auf Ordnungswidrigkeiten wegen Halt- und Parkverstöße (sog. ruhender Verkehr) beschränkt. In Betracht kommen insbesondere Verstöße gegen §§ 12, 13, 18 Abs. 8 StVO aber auch solche gegen die Grundregel des § 1 Abs. 2 StVO. Nicht erfaßt werden ordnungswidrige Verhaltensweisen, die im fließenden Verkehr begangen werden (vgl. *Göhler* vor § 109a Rdnr. 6). Der Halt- oder Parkverstoß muß als Voraussetzung für die Kostentragungspflicht festgestellt sein.

12. Abweichend von § 31 OWiG verjähren Ordnungswidrigkeiten nach § 24 StVG nach Ablauf von drei Monaten solange wegen der Handlung weder ein Bußgeldbescheid ergangen ist noch eine Anklage erhoben wurde; danach beträgt die Verjährungsfrist sechs Monate (§ 26 Abs. 3 StVG).

13. Zu der Frage, welche Ermittlungsmaßnahmen die Verwaltungsbehörde treffen muß, und ab wann der Ermittlungsaufwand „unangemessen" ist, bilden sich erst allmählich Rechtsprechungstendenzen. Anhaltspunkte sind der Rechtsprechung zu § 31a StVZO zu entnehmen. Als Bemühung um die Fahrerermittlung soll genügen, daß am Fahrzeug ein schriftliches Verwarnungsangebot angebracht wird (AG Augsburg ZfS 1988, 264; AG Detmold NZV 1989, 367; siehe auch *Göhler* vor § 109a Rdnr. 9). AG Bergisch Gladbach, NZV 1989, 366, und AG Würzburg, VM 1989, 94, verlangen i.d.R. die Übersendung eines Anhörungsbogens. Verweigert der Halter eine sachdienliche Mitwirkung zur Feststellung des Kfz-Führers (zu der der Halter rechtlich nicht verpflichtet ist), so sind notwendige Folgeermittlungen i.d.R. als unangemessen aufwendig anzusehen (vgl. dazu KKOWi-*Schmehl* § 109a Anh. Rdnr. 14; *Göhler* vor § 109a Rdnr. 10). Nennt der Halter eine bestimmte Person als Fahrer, so sind die Ermittlungen auf diese Person zu erstrecken,

wenn die Benennung nicht zu spät vor Eintritt der Verfolgungsverjährung erfolgt (siehe Anm. 14). Nachforschungen nach Fahrern, die im Ausland leben, sollen i.d.R. unangemessen aufwendig sein (vgl. BVerfG NJW 1989, 2679; *Göhler* vor § 109a Rdnr. 11). Steht der Fahrzeugführer fest, so dürfen die Kosten des Verfahrens dem Halter nicht mit der Begründung auferlegt werden, der Fahrzeugführer bestreite den Verstoß (AG Bad Kissingen DAR 1991, 35).

Bei Ermittlungen muß sich die Verwaltungsbehörde binnen einer angemessenen Frist an den Halter wenden, damit dieser noch zeitnah zu dem Verstoß Nachforschungen nach dem Fahrzeugführer halten kann. Im Regelfall ist die Anfrage innerhalb von zwei Wochen nach Feststellung des Verstoßes an den Halter zu richten (AG Bergisch Gladbach NZV 1989, 366; AG Warendorf DAR 1989, 392 mit Rechtsprechungsübersicht; KKOWi-*Schmehl* § 109a Anh. Rdnr. 13 m.w.Nachw.; eine Frist von drei Wochen gewährt *Göhler* vor § 109a Rdnr. 9). Ist die angemessene Frist überschritten, darf sich die Verwaltungsbehörde nicht darauf berufen, die Fahrerfeststellung sei nicht oder nur mit unangemessenem Aufwand möglich (AG Minden NJW 1988, 3278; KKOWi-*Schmehl* § 109a Anh. Rdnr. 13).

14. Wenn eine Firma oder eine juristische Person Fahrzeughalterin ist, erscheint dort eine Anfrage nach dem Fahrzeugführer nicht als unangemessen aufwendig (vgl. KKOWi-*Schmehl* § 109a Anh. Rdnr. 16).

15. Die Kostentragungspflicht des Halters entfällt nicht, wenn der Fahrzeugführer erst nach Eintritt der Verfolgungsverjährung (siehe Anm. 12) benannt wird oder erst so kurz vor der Verjährung, daß die Tat nicht mehr geahndet werden kann (AG Augsburg ZfS 1988, 264: vier Tage vor Verjährungseintritt ist die Benennung des Fahrzeugführers zu spät; vgl. auch KKOWi-*Schmehl* § 109a Anh. Rdnr. 17).

B. Einspruch

1. Einspruch gegen einen Bußgeldbescheid[1]

An die Freiburg, den ......[3]
Stadt Freiburg i. Br.
Amt für öffentliche Ordnung[2]
– Bußgeldbehörde –
Basler Str. 2
7800 Freiburg i. Br.

In dem Ordnungswidrigkeitenverfahren
gegen Herrn A... B...
wegen Überschreitung der zulässigen Höchstgeschwindigkeit
Az.: 505.03.123456.7

zeige ich die Verteidigung des Herrn A... B... an und lege entsprechende Vollmacht[4] vor.
Gegen den Bußgeldbescheid vom ......, zugestellt[5] am ......, lege ich[6]

Einspruch[7]

ein.
Ich beantrage, mir Akteneinsicht[8] zu gewähren und mir die Akten zu übersenden.
Eine Begründung[9] des Einspruchs bleibt für die Zeit nach Akteneinsicht vorbehalten.

Rechtsanwalt[10]

Anmerkungen

1. Der Einspruch gegen den Bußgeldbescheid ist schriftlich oder zur Niederschrift bei der Verwaltungsbehörde, die den Bußgeldbescheid erlassen hat, einzulegen (§ 67 Abs. 1 Satz 1 OWiG). Die Einspruchsschrift muß in deutscher Sprache verfaßt sein (§ 46 Abs. 1 OWiG i. V. m. § 184 GVG). Eine fremdsprachige Rechtsbehelfsschrift ohne deutsche Übersetzung genügt nicht (vgl. BGHSt 30, 182; *Göhler* § 67 Rdnr. 20; KKOWi-*Bohnert* § 67 Rdnr. 75 f.).
Der Einspruch kann auch fernmündlich zur Niederschrift der Verwaltungsbehörde eingelegt werden (BGHSt 29, 173). Auch die Einlegung mittels Fernschreiben (vgl. z.B. *Göhler* § 67 Rdnr. 22), die telegrafische Einlegung (BGHSt 31, 7 f.) und die Einlegung per Telebrief (KKOWi-*Bohnert* § 67 Rdn. 67) ist zulässig.

2. Der Einspruch ist bei der Verwaltungsbehörde einzulegen, die den Bußgeldbescheid erlassen hat (§ 67 Abs. 1 Satz 1 OWiG). Wird der Einspruch bei einer unzuständigen Verwaltungsbehörde, bei der Staatsanwaltschaft oder bei einem Gericht erhoben, so ist er nur dann wirksam und rechtzeitig eingelegt, wenn er innerhalb der Einspruchsfrist in die Verfügungsgewalt der zuständigen Verwaltungsbehörde gelangt (BVerfGE 57, 117). Es genügt jedoch, wenn die unzuständige Stelle die zuständige Verwaltungsbehörde innerhalb der Einspruchsfrist fernmündlich unterrichtet und die Empfangsbehörde darüber einen Aktenvermerk fertigt (vgl. *Göhler* § 67 Rdnr. 14 m.w.Nachw.). Die Frist ist auch gewahrt, wenn der Einspruch rechtzeitig bei einer Außenstelle der zuständigen Verwaltungsbehörde eingeht (*Göhler* § 67 Rdnr. 15).
Ein Betroffener, der sich nicht auf freiem Fuß befindet, kann den Einspruch auch bei dem Amtsgericht seines Verwahrungsortes zu Protokoll der Geschäftsstelle einlegen (§ 67

XI. B. 1

Abs. 1 Satz 2 OWiG i. V. m. § 299 StPO). Unerheblich ist, wann das Protokoll bei der zuständigen Verwaltungsbehörde eingeht. Wählt der inhaftierte Betroffene für den Einspruch die Schriftform, so genügt der Eingang der Schrift bei dem Gericht des Verwahrungsortes nicht zur Fristwahrung (OLG Düsseldorf NJW 1970, 1890; OLG Hamm NJW 1971, 2181).

3. Die Einspruchsfrist beträgt zwei Wochen und beginnt mit der Zustellung (§ 67 Abs. 1 Satz 1 OWiG). Die Frist wird nach § 46 Abs. 1 OWiG i. V. m. § 43 StPO berechnet. Die Zweiwochenfrist endet demnach mit Ablauf des Wochentages, der dem entspricht, an dem die Frist zu laufen begonnen hat. Der Betroffene kann die Frist bis zu ihrer Grenze ausschöpfen (BVerfGE 45, 360/362). Die Einspruchsfrist kann nicht verlängert werden.

Wird der Einspruch telegrafisch eingelegt (siehe Anm. 2), so wird die Einspruchsfrist schon gewahrt, wenn das Zustellungspostamt den Inhalt des Telegramms rechtzeitig an eine zur Entgegennahme des Einspruchs berechtigte Person der Verwaltungsbehörde fernmündlich mitteilt und darüber bei der Empfangsbehörde ein Aktenvermerk gefertigt wird (vgl. *Göhler* § 67 Rdnr. 21; KKOWi-*Bohnert* § 67 Rdnr. 65). Ein Einspruch mittels Fernschreiben (Anm. 2) ist schriftlich eingelegt, wenn der Fernschreibtext bei der Verwaltungsbehörde vorliegt (BVerfGE 41, 323/328; OLG Stuttgart Die Justiz 1972, 42). Bei der Einlegung des Einspruchs durch Telebrief (siehe Anm. 2) ist darauf zu achten, daß der Telebrief ohne Dazwischentreten Dritter ausschließlich auf dem Postweg befördert wird. Wird ein Bote mit der Überbringung des Telebriefes beauftragt, soll der Schriftform nicht genügt sein, vgl. OLG Koblenz NStZ 1984, 236; OLG Karlsruhe NJW 1986, 2773; *Göhler* § 67 Rdnr. 22; weitergehend KKOWi-*Bohnert* § 67 Rdnr. 67.

Der Einspruch kann bereits vor Erlaß des Bußgeldbescheides eingelegt werden (BGHSt 25, 187 – für den Strafbefehl). Dabei muß deutlich sein, daß sich der Rechtsbehelf gegen den Bußgeldbescheid richtet. Eine bestreitende Erklärung im Anhörungsbogen genügt daher nicht (OLG Köln VRS 65, 56).

4. Zur Bevollmächtigung vgl. Form. XI. A. 1 Anm. 3.

5. Der Bußgeldbescheid muß dem Betroffenen (§ 51 Abs. 2 OWiG) und den Nebenbeteiligten, deren Verfahrensbeteiligung angeordnet ist (§§ 87 Abs. 2 Satz 2, 88 Abs. 3 OWiG) zugestellt werden. Der gesetzliche Vertreter des Betroffenen erhält eine formlose Mitteilung (§ 51 Abs. 2 OWiG), weil er ein eigenes Einspruchsrecht hat (§ 67 Abs. 1 Satz 2 OWiG i. V. m. § 298 Abs. 1 StPO). Der Verteidiger gilt kraft Gesetzes als zustellungsbevollmächtigt, der Wahlverteidiger allerdings nur, wenn sich seine Vollmacht bei den Akten der Verwaltungsbehörde befindet (§ 51 Abs. 3 Satz 1 OWiG), der Pflichtverteidiger bereits von der Bestellung an. Ist die Vollmacht des Wahlverteidigers nicht zu den Akten gelangt, so ist die Zustellung an ihn unwirksam (vgl. OLG Karlsruhe Die Justiz 1982, 375; OLG Stuttgart NStZ 1988, 193 m. w. Nachw.). Eine nachträglich zu den Akten gereichte Vollmacht heilt den Zustellungsmangel nicht (vgl. *Göhler* § 51 Rdnr. 44a m. w. Nachw; KKOWi-*Lampe* § 51 Rdnr. 84).

Es steht im pflichtgemäßen Ermessen der Verwaltungsbehörde, ob sie die Zustellung an den Betroffenen oder an den zustellungsbevollmächtigten Verteidiger bewirkt. Der Betroffene bzw. der Verteidiger, dem nicht zugestellt wird, ist von dem Erlaß des Bußgeldbescheides zu unterrichten (§ 51 Abs. 2, 3 Satz 2, 3 OWiG). Für den Lauf der Einspruchsfrist kommt es nur auf die Zustellung und nicht auf die Benachrichtigung an. Wird versehentlich dem Betroffenen und seinem Verteidiger zugestellt, so ist für die Fristberechnung die spätere Zustellung maßgebend (§ 51 Abs. 4 OWiG). Wird die spätere Zustellung jedoch erst nach Ablauf der durch die frühere Zustellung in Gang gesetzten Frist bewirkt, so kommt es für die Einspruchsfrist auf die frühere Zustellung an (BGHSt 22, 221).

Zum Zustellungsverfahren vgl. das Verwaltungszustellungsgesetz vom 3. Juli 1952 (BGBl. I S. 379) und die entsprechenden Vorschriften der Bundesländer (siehe dazu die Nachweise bei *Göhler* § 51 Rdnr. 2a).

1. Einspruch gegen einen Bußgeldbescheid   XI. B. 1

Ist die Zustellung unwirksam, so läuft keine Einspruchsfrist, und der Bußgeldbescheid wird nicht rechtskräftig (vgl. z.B. OLG Düsseldorf VRS 61, 274). Der Bußgeldbescheid muß erneut zugestellt werden (§ 50 Abs. 1 Satz 2 OWiG). Auf die förmliche Zustellung kann nicht verzichtet werden *(Rebmann/Roth/Herrmann* OWiG § 51 Rdnr. 17).

6. Einspruchsberechtigt sind der Betroffene und der Nebenbeteiligte (§§ 87 Abs. 2 Satz 1, 88 Abs. 3 OWiG), gegen den eine Nebenfolge angeordnet ist. Auf die Geschäftsfähigkeit (§§ 104, 106, 114 BGB) des Betroffenen kommt es nicht an; seine Verhandlungsfähigkeit genügt *(Göhler* § 67 Rdnr. 12; KKOWi-*Bohnert* § 67 Rdnr. 15). Daneben haben der gesetzliche Vertreter und der Erziehungsberechtigte (§ 67 Abs. 3 JGG) ein eigenes Einspruchsrecht (§ 67 Abs. 1 Satz 2 OWiG i.V.m. § 298 Abs. 1 StPO).

Der Verteidiger kann aufgrund der ihm erteilten Vollmacht für den Betroffenen oder den Nebenbeteiligten selbständig Einspruch einlegen (§ 67 Abs. 1 Satz 2 OWiG i.V.m. § 297 StPO), sofern sich aus der Vollmacht nichts Gegenteiliges ergibt. Es genügt, wenn der Verteidiger zur Zeit der Einlegung des Einspruchs bevollmächtigt ist; auf die Vorlage der Vollmachtsurkunde kommt es für die Wirksamkeit des Einspruchs nicht an.

7. Mit dem Einspruch verliert der Bußgeldbescheid die Wirkung einer (vorläufigen) Entscheidung und erhält die Bedeutung einer Beschuldigungsschrift, die das Verfahren in persönlicher, sachlicher und rechtlicher Hinsicht begrenzt (BGHSt 23, 280f.). Der Einspruch verhindert den Eintritt der formellen Rechtskraft (§ 66 Abs. 2 Nr. 1a OWiG).

Der Einspruch gegen einen Bußgeldbescheid, der nur *eine* Ordnungswidrigkeit zum Gegenstand hat, kann auf einzelne Beschwerdepunkte (z.B. die Höhe der Geldbuße oder die Anordnung eines Fahrverbots) nicht beschränkt werden. Ein beschränkter Einspruch wird als unbeschränkter Rechtsbehelf behandelt (vgl. z.B. *Göhler* § 67 Rdnr. 34d; KKOWi-*Bohnert* § 67 Rdnr. 57 m.w. Nachw.). Werden durch den Bußgeldbescheid mehrere Taten in verfahrensrechtlichem Sinne geahndet, so kann der Einspruch auf einzelne Taten beschränkt werden (§ 67 Abs. 2 OWiG; vgl. auch BayObLG VRS 40, 131; OLG Karlsruhe VRS 46, 194). Soweit die Kostenentscheidung nach § 464 Abs. 3 Satz 2 StPO anfechtbar ist, kann mit dem Einspruch auch die Kostenentscheidung isoliert angefochten werden (vgl. OLG Köln VRS 62, 57; *Göhler* § 67 Rdnr. 34b; KKOWi-*Bohnert* § 67 Rdnr. 58).

Der Einspruch ist bedingungsfeindlich; seine Wirksamkeit kann daher nicht von künftigen, ungewissen Ereignissen abhängig gemacht werden. Zulässig ist jedoch, den Einspruch mit dem Vorbehalt einzulegen, ihn nach Prüfung der Sach- und Rechtslage zurückzunehmen (vgl. *Göhler* § 67 Rdnr. 29; KKOWi-*Bohnert* § 67 Rdnr. 61).

Ein Irrtum in der Bezeichnung des zulässigen Rechtsbehelfs ist unschädlich (§ 67 Abs. 1 Satz 2 OWiG i.V.m. § 300 StPO).

8. Zum Akteneinsichtsgesuch vgl. Form. XI. A. 1 Anm. 4–7.

9. Der Einspruch bedarf keiner Begründung; sie ist jedoch insbesondere anzuraten, wenn die Verwaltungsbehörde zu ergänzenden Ermittlungen veranlaßt werden soll oder um auf Verfahrenshindernisse hinzuweisen.

10. Die Schriftform des Einspruchs (§ 67 Abs. 1 Satz 1 OWiG) verlangt nicht zwingend, daß der Rechtsbehelf unterschrieben ist. Aus der Einspruchsschrift muß jedoch zuverlässig zu entnehmen sein, wer den Einspruch eingelegt hat und daß es sich um eine bindende Erklärung und nicht nur einen Entwurf handelt (*Göhler* § 67 Rdnr. 19; KKOWi-*Bohnert* § 67 Rdnr. 63; vgl. auch BayObLG DAR 1980, 283).

2. Einspruch einer juristischen Person im selbständigen Bußgeldverfahren nach § 30 Abs. 4 OWiG

An das   Freiburg, den ......[2]
Amt für öffentliche Ordnung[1]
– Bußgeldbehörde –
Basler Str. 2
7800 Freiburg i. Br.

In dem Ordnungswidrigkeitenverfahren
gegen die X-GmbH[3]
wegen Verletzung der Aufsichtspflicht
Az.: 505.03.123456.7

lege ich[4] gegen den Bußgeldbescheid[5] vom ......, zugestellt bei der X-GmbH[6] am ......,

Einspruch[7]

ein und beantrage,

den Bußgeldbescheid zurückzunehmen und das Verfahren gegen die X-GmbH einzustellen.[8]

Für den Fall, daß das Verfahren nicht eingestellt wird, verzichtet die X-GmbH nicht auf die Durchführung einer Hauptverhandlung.[9]

Begründung:

Die Verwaltungsbehörde hat gegen die X-GmbH im selbständigen Verfahren nach § 30 Abs. 4 OWiG eine Geldbuße festgesetzt, obwohl die Voraussetzungen für die Anknüpfungstat im Sinne von § 30 Abs. 1 OWiG nicht vorliegen. Der Geschäftsführer der X-GmbH hat keine Straftat oder Ordnungswidrigkeit, insbesondere keine Aufsichtspflichtverletzung begangen. ... (ist auszuführen). Der Schaden ist allein auf die Eigenmächtigkeit des früheren Mitarbeiters, Herrn C... D... oder Herrn E... F..., zurückzuführen. Beide Angestellte haben nicht als Organ für das Unternehmen gehandelt; sie wurden bei der Einstellung sorgfältig ausgewählt und im Betrieb regelmäßig überwacht. ... Wer von beiden den Schaden verursacht hat, konnte innerbetrieblich nicht geklärt werden.

Die Festsetzung einer Geldbuße im selbständigen Verfahren verlangt die Feststellung, daß ein Organ eine Anknüpfungstat i. S. von § 30 Abs. 1 OWiG begangen hat (vgl. z.B. *Göhler* § 30 Rdnr. 40). An dieser Voraussetzung fehlt es ......

Rechtsanwalt

Anmerkungen

1. Der Einspruch ist bei der Verwaltungsbehörde einzulegen, die den Bußgeldbescheid erlassen hat (§ 67 Abs. 1 Satz 1 OWiG; vgl. Form. XI. B. 1 Anm. 2). Die örtliche und sachliche Zuständigkeit der Verwaltungsbehörde zur Festsetzung einer Geldbuße im selbständigen Verfahren richtet sich nach § 88 Abs. 2 Satz 2 i. V. m. §§ 35 ff. OWiG. Daneben ist auch die Verwaltungsbehörde örtlich zuständig, in deren Bezirk die juristische Person oder Personenvereinigung ihren Sitz oder eine Zweigniederlassung hat. Bei mehreren Zuständigkeiten gilt § 39 OWiG entsprechend.

2. Die Einspruchsfrist beträgt zwei Wochen ab Zustellung (§ 67 Abs. 1 Satz 1 OWiG; vgl. Form. XI. B. 1 Anm. 3).

2. Einspruch einer juristischen Person XI. B. 2

3. Gegen eine juristische Person oder Personenvereinigung kann eine Geldbuße als Hauptfolge wegen Verletzung einer betriebsbezogenen Pflicht festgesetzt werden. Voraussetzung ist, daß durch eine von dem vertretungsberechtigten Organ begangene Straftat oder Ordnungswidrigkeit entweder die Pflichten, die die juristische Person oder Personenvereinigung treffen, verletzt worden sind oder die juristische Person oder die Personenvereinigung bereichert wurde oder werden sollte (§ 30 Abs. 1 OWiG). Nach § 30 Abs. 4 OWiG kann gegen eine juristische Person oder Personenvereinigung eine Geldbuße auch im selbständigen Verfahren festgesetzt werden, wenn gegen den Täter kein Straf- oder Bußgeldverfahren eingeleitet, wenn es eingestellt oder wenn von Strafe abgesehen wird und die Voraussetzungen des Absatzes 1 im übrigen vorliegen. Die Festsetzung der Geldbuße gegen eine juristische Person oder Personenvereinigung hängt demnach von der Feststellung ab, daß eine natürliche Person eine „Anknüpfungstat" im Sinne von § 30 Abs. 1 OWiG schuldhaft begangen hat (vgl. *Göhler* § 30 Rdnr. 40; KKOWi-*Cramer* § 30 Rdnr. 170). Mit der Neufassung von § 30 Abs. 4 OWiG durch das 2. WiKG wird die Verwaltungsbehörde in die Lage versetzt, etwa eine in einem Unternehmen begangene Ordnungswidrigkeit, die zugunsten des Betriebes begangen wurde, unmittelbar mit einer Verbandsgeldbuße zu ahnden. Es bedarf nicht mehr der Feststellung, daß wegen der Ordnungswidrigkeit oder Straftat eine bestimmte Person nicht verfolgt oder verurteilt werden kann (vgl. *Göhler* § 30 Rdnr. 40; KKOWi-*Cramer* § 30 Rdnr. 170; *Schroth* wistra 1986, 158/162 ff.).

Auch im selbständigen Verfahren wird die juristische Person oder Personenvereinigung nicht Betroffene (OLG Stuttgart NJW 1977, 1892); ihr stehen jedoch nach Erlaß des Bußgeldbescheides die Rechte eines Betroffenen zu (§ 87 Abs. 2 Satz 1 i. V. m. § 88 Abs. 3 OWiG).

4. Die juristische Person oder Personenvereinigung kann sich in jeder Lage des Verfahrens einen Verteidiger wählen. Wegen des Verbots der Mehrfachverteidigung kann derselbe Rechtsanwalt nicht mehrere juristische Personen oder Personenvereinigungen verteidigen, gegen die wegen derselben Tat Ordnungswidrigkeitenverfahren durchgeführt werden. Dagegen kann der Verteidiger des gesetzlichen Vertreters auch die am Verfahren beteiligte juristische Person vertreten (BVerfGE 45, 272/288).

5. Im selbständigen Verfahren wird die Geldbuße in einem gesonderten Bußgeldbescheid festgesetzt (§ 88 Abs. 2 Satz 1 OWiG). In der Regel enthält der Bußgeldbescheid auch die Anordnung der Verfahrensbeteiligung (vgl. *Göhler* § 88 Rdnr. 2a, 5 f.); KKOWi-*Boujong* § 88 Rdnr. 7).

6. Der Bußgeldbescheid ist der juristischen Person oder Personenvereinigung zuzustellen (§ 88 Abs. 3 i. V. m. § 87 Abs. 2 Satz 2 OWiG). Nach § 7 Abs. 2 BVerwZG ist die Zustellung an den „Vorsteher", d.h. an das zur rechtsgeschäftlichen Vertretung befugte Organ zu bewirken. Bei Zustellung durch die Post ist der bestellte Postbevollmächtigte empfangsberechtigt (§§ 45 Abs. 5; 46 Abs. 1, 4; 50 PostO; vgl. auch Form. XI. B. 1 Anm. 5).

7. Vom Erlaß des Bußgeldbescheides an stehen der juristischen Person oder Personenvereinigung die Befugnisse des Betroffenen und damit das Einspruchsrecht zu (§ 88 Abs. 3 i. V. m. §§ 87 Abs. 2, 67 OWiG).

8. Mit der Rücknahme des Einspruchs durch die Verwaltungsbehörde wird das Verfahren in den Stand vor Erlaß des Einspruchs zurückversetzt. Bis zum Eintritt der Verjährung kann die Verwaltungsbehörde einen neuen Bußgeldbescheid erlassen und von dem früheren auch zum Nachteil des Betroffenen bzw. der juristischen Person abweichen (vgl. *Göhler* § 69 Rdnr. 29; KKOWi-*Bohnert* § 69 Rdnr. 17). Es empfiehlt sich, die Verfahrenseinstellung zu beantragen, wenn zum Ausdruck gebracht werden soll, daß ein neuer Bußgeldbescheid z.B. mit geringerer Geldbuße nicht akzeptiert würde.

9. Das Gericht kann über den Einspruch durch Beschluß entscheiden, wenn es die Durchführung einer Hauptverhandlung für nicht erforderlich hält und der Betroffene und

die Staatsanwaltschaft diesem Verfahren nicht widersprechen (§ 72 Abs. 1 Satz 1 OWiG). Widerspruchsberechtigt ist auch die juristische Person oder Personenvereinigung im selbständigen Verfahren, weil ihr nach Erlaß des Bußgeldbescheides die Rechte des Betroffenen zustehen (§ 87 Abs. 2 Satz 1 i.V.m. § 88 Abs. 3 OWiG).

3. Einspruch gegen einen Bußgeldbescheid mit dem Antrag auf Rücknahme und der Anregung, einen neuen Bußgeldbescheid mit geänderter Rechtsfolge zu erlassen

An das Freiburg, den ......[2]
Amt für öffentliche Ordnung[1]
– Bußgeldbehörde –
Basler Str. 2
7800 Freiburg i. Br.

In dem Ordnungswidrigkeitenverfahren
gegen Herrn A... B...
wegen Nichtbeachtung der Vorfahrt
Az.: 505.03.123456.7

lege ich gegen den Bußgeldbescheid vom ......, zugestellt[3] am ......,

Einspruch[4]

ein und beantrage,
den Bußgeldbescheid zurückzunehmen und das Verfahren einzustellen.[5]

Begründung:

Der Betroffene hat seinen Verkehrsverstoß bereits mit Schreiben vom ...... eingeräumt. Das Verfahren ist geeignet, nach § 47 Abs. 1 OWiG eingestellt zu werden, weil der Vorwurf nur gering und deshalb eine Ahndung nicht geboten ist. ...... (ist auszuführen).
In jedem Falle wendet sich der Betroffene mit dem Einspruch gegen die Höhe der verhängten Geldbuße[6], die mit DM 150,– erheblich übersetzt ist. Der Bußgeldbescheid enthält zwar keine Angaben zum subjektiven Tatbestand[7]; hier kann jedoch nicht zweifelhaft sein, daß die Ordnungswidrigkeit nur leicht fahrlässig begangen wurde und die Radfahrerin an ihrer Gefährdung nach eigenen Angaben ein erhebliches Mitverschulden trägt. Dagegen ist das Verschulden von Herrn A... B... gering. ......
Von dem Regelfall einer Vorfahrtspflichtverletzung weicht die Tat erheblich ab. ...
Wenn das Verfahren nicht antragsgemäß nach § 47 Abs. 1 OWiG eingestellt werden kann, würde der Betroffene einen Bußgeldbescheid akzeptieren, in dem eine Geldbuße festgesetzt ist, die DM 70,–[8] nicht übersteigt.[9]

Ich rege deshalb hilfsweise an,
nach Rücknahme des mit dem Einspruch angegriffenen Bußgeldbescheids einen neuen Bescheid mit reduzierter Geldbuße zu erlassen.

Rechtsanwalt

Anmerkungen

1. Zur Zuständigkeit der Verwaltungsbehörde (§ 67 OWiG) vgl. Form. XI. B. 1 Anm. 2.
2. Zur Einspruchsfrist (§ 67 OWiG) vgl. Form. XI. B. 1 Anm. 3.

3. Einspruch gegen Bußgeldbescheid mit Antrag auf Rücknahme   XI. B. 3

3. Zu den Zustellungsvoraussetzungen vgl. Form. XI. B. 1 Anm. 5.

4. Zur Wirkung des Einspruchs vgl. Form. XI. B. 1 Anm. 7.

5. Mit der Rücknahme des Bußgeldbescheides durch die Verwaltungsbehörde wird das Verfahren wieder in den Stand vor Erlaß des Bußgeldbescheids zurückversetzt. Die Verwaltungsbehörde kann danach das Verfahren einstellen oder einen neuen Bußgeldbescheid erlassen (vgl. z.B. *Göhler* § 69 Rdnr. 25 ff., 29).

6. Die Beschränkung des Einspruchs auf die Höhe der Geldbuße ist nicht möglich (vgl. *Göhler* § 67 Rdnr. 34 d). Mit dem Einspruch kann der Bußgeldbescheid nur insgesamt angefochten werden (siehe auch Form. XI. B. 1 Anm. 7). Zu den Rechtsfolgen für die Straßenverkehrsordnungswidrigkeiten vgl. ausführlich *Janiszewski/Buddendiek*, Verwarnungs- und Bußgeldkatalog mit Punktsystem, 4. Aufl. 1989.

7. Die Angaben zum subjektiven Tatbestand sollen bei einfachen und massenhaft auftretenden Fällen entbehrlich sein (vgl. *Göhler* § 66 Rdnr. 14). Fehlen die Angaben zum subjektiven Tatbestand, so ist in der Regel von einer fahrlässigen Tatbegehung auszugehen (vgl. OLG Hamm VRS 63, 56; 61, 292). In der gerichtlichen Bußgeldentscheidung sind die Angaben zum subjektiven Tatbestand unverzichtbar (vgl. *Göhler* § 17 Rdnr. 14, § 71 Rdnr. 41; siehe aber auch OLG Koblenz NStZ 1984, 370).

8. Nach § 28 Nr. 3 StVG werden Ordnungswidrigkeiten erst ab einer festgesetzten Geldbuße von mindestens DM 80,– in das Verkehrszentralregister eingetragen.

9. Ein Verzicht auf die Einlegung des Einspruchs gegen einen Bußgeldbescheid ist erst möglich, wenn der Bußgeldbescheid erlassen ist (*Göhler* § 67 Rdnr. 41). Der Verteidiger benötigt für die Verzichtserklärung eine besondere Ermächtigung (RGSt 64, 164/165; KKOWi-*Bohnert* § 68 Rdnr. 120; *Kleinknecht/Meyer*, 39. Aufl. 1989, § 302 Rdnr. 30). Vgl. Form. XI. C. 1. Anm. 6.

C. Zwischenverfahren

1. Antrag auf gerichtliche Entscheidung gegen die Verwerfung des Einspruchs als unzulässig

An die Freiburg, den ......[2]
Stadt Freiburg i. Br.
Amt für öffentliche Ordnung[1]
– Bußgeldbehörde –
Basler Str. 2
7800 Freiburg i. Br.

In dem Ordnungswidrigkeitenverfahren
gegen Herrn A ... B ...
wegen Parkens auf einem Fußgängerüberweg
AZ.: 505.03.123456.7

beantrage ich

gerichtliche Entscheidung[3]

gegen den Bescheid vom ......, mit dem das Amt für öffentliche Ordnung den Einspruch gegen den Bußgeldbescheid vom ...... als unzulässig verworfen hat.

Begründung:[4]

Die Bußgeldbehörde hat den Einspruch des Betroffenen vom ...... mit der Begründung verworfen, der Rechtsbehelf sei nicht wirksam eingelegt (§ 69 Abs. 1 3. Alt. OWiG). Der frühere Verteidiger, Herr Rechtsanwalt K ... L ..., habe bereits vor dem Einspruch am ...... auf die Einlegung eines Rechtsbehelfs gegen den Bußgeldbescheid verzichtet.[5]

Dieser Verzicht steht der Wirksamkeit des Einspruchs nicht entgegen, weil der frühere Verteidiger zur Abgabe einer Verzichtserklärung nicht bevollmächtigt war. Für den Verzicht hätte es wie für die Zurücknahme des Rechtsbehelfs einer ausdrücklichen Ermächtigung[6] bedurft (§ 302 Abs. 2 StPO i. V. m. § 62 Abs. 1 Satz 2 OWiG), die Herr A ... B ... seinem früheren Verteidiger nicht erteilt hatte. ...... (ist auszuführen). Der Verzicht ist daher unwirksam.[7]

Rechtsanwalt

Anmerkungen

1. Der Rechtsbehelf ist bei der Verwaltungsbehörde einzulegen, die den Verwerfungsbescheid erlassen hat (§ 62 Abs. 2 Satz 2 OWiG i. V. m. § 306 Abs. 1 StPO). Die Möglichkeit, den Antrag in dringenden Fällen auch beim Amtsgericht zu stellen, ist mit der Streichung des § 306 Abs. 1 Satz 2 StPO durch das OWiGStVÄndG entfallen. Wenn der Antrag bei einer unzuständigen Stelle gestellt wird, so tritt seine Wirksamkeit erst mit dem Eingang bei der zuständigen Stelle ein (vgl. *Göhler* § 67 Rdnr. 14 ff.; KKOWi-*Bohnert* § 67 Rdnr. 89).

1. Antrag auf gerichtliche Entscheidung   XI. C. 1

Der Antrag ist schriftlich oder zur Niederschrift der Verwaltungsbehörde zu stellen (§ 62 Abs. 2 Satz 2 OWiG i. V. m. § 306 Abs. 1 StPO). Zur telegrafischen und fernmündlichen Anbringung des Antrags sowie zur Verwendung einer Telekopie siehe *Göhler* § 62 Rdnr. 12, § 67 Rdnr. 21, 22, 26.

2. Der Antrag auf gerichtliche Entscheidung muß innerhalb von zwei Wochen nach Zustellung des Verwerfungsbeschlusses gestellt werden (§ 69 Abs. 1 Satz 2 OWiG).

3. Der Bescheid, mit dem die Verwaltungsbehörde den Einspruch als unzulässig verwirft, kann mit dem befristeten Antrag auf gerichtliche Entscheidung angefochten werden (§ 69 Abs. 1 Satz 2 i. V. m. § 62 OWiG). Über die Anfechtungsmöglichkeit ist der Betroffene zu belehren (§ 50 Abs. 2 OWiG). Die Verwaltungsbehörde kann auf den Rechtsbehelf hin der Beschwer abhelfen (*Göhler* § 69 Rdnr. 7; KKOWi-*Bohnert* § 69 Rdnr. 68). Hilft sie nicht ab, so legt sie den Rechtsbehelf dem nach § 68 OWiG zuständigen Gericht zur Entscheidung vor. (Bei Kartellordnungswidrigkeiten entscheidet das Oberlandesgericht, § 82 Abs. 1 Satz 1 GWB.) Die Entscheidung des Gerichts ist unanfechtbar (§ 62 Abs. 2 Satz 3 OWiG).

Der Antrag auf gerichtliche Entscheidung kann mit einem Wiedereinsetzungsantrag verbunden werden (siehe hierzu *Göhler* § 69 Rdnr. 8).

Hat die Verwaltungsbehörde einen unzulässigen Einspruch nicht verworfen, so kann die Verwerfung noch von dem nach § 68 OWiG zuständigen Gericht beschlossen werden (§ 70 Abs. 1 OWiG). Gegen diesen Verwerfungsbeschluß ist die sofortige Beschwerde zulässig (§ 70 Abs. 2 OWiG). Siehe hierzu Form. XI. C. 2.

4. Eine Begründung des Antrags ist nicht vorgeschrieben, aber anzuraten. Hat sich der Antragsteller eine Begründung vorbehalten, so muß die Verwaltungsbehörde eine angemessene Zeit zuwarten, bevor sie entscheidet (BVerfGE 12, 110/113). Geht die Begründung erst nach Ablauf einer gesetzten Frist ein, so ist das Vorbringen gleichwohl zu berücksichtigen, solange über den Antrag noch nicht entschieden ist (*Göhler* § 62 Rdnr. 13; KKOWi-*Kurz* § 62 Rdnr. 17).

5. Die Zurücknahme eines Rechtsbehelfs sowie der Verzicht auf seine Einlegung sind bedingungsfeindlich und unwiderruflich (vgl. z.B. *Kleinknecht/Meyer* § 302 Rdnr. 9, 21 m.w. Nachw.; *Göhler* § 67 Rdnr. 41; KKOWi-*Bohnert* § 67 Rdnr. 110, 124).

6. Obwohl § 302 Abs. 2 StPO neben der Regelung für die Zurücknahme eines Rechtsmittels den Verzicht nicht nennt, benötigt der Verteidiger auch für ihn eine ausdrückliche Ermächtigung (vgl. BGHSt 3, 46; *Kleinknecht/Meyer* § 302 Rdnr. 30; *Göhler* § 67 Rdnr. 41; KKOWi-*Bohnert* § 68 Rdnr. 120). In der Ermächtigung zur Rücknahme ist die Befugnis zum Verzicht auf einen Rechtsbehelf nicht enthalten (BGHSt 3, 46). Für die Ermächtigung ist keine bestimmte Form vorgeschrieben. Sie kann in einem allgemeinen Prozeßvollmachtsformular enthalten sein, aber auch mündlich erteilt werden (vgl. z.B. KK/*Ruß* § 302 Rdnr. 22). Zur Rücknahme eines Einspruchs vgl. Form. XI. C. 3.

7. Vgl. BGHSt 3, 46/47; *Kleinknecht/Meyer* § 302 Rdnr. 31.

2. Sofortige Beschwerde gegen die Verwerfung des Einspruchs als unzulässig

An das Freiburg, den ......[2]
Amtsgericht Freiburg[1]
– Abteilung für Bußgeldsachen –
Holzmarktplatz 2
7800 Freiburg i. Br.

In dem Ordnungswidrigkeitenverfahren
gegen Herrn A ... B ...
wegen Überschreitung der zulässigen Höchstgeschwindigkeit
Az.: 3 Owi 12/91

lege ich gegen den Beschluß des Amtsgerichts Freiburg vom ......, mit dem der Einspruch gegen den Bußgeldbescheid vom ...... als unzulässig verworfen wurde,[3]

sofortige Beschwerde[4]

ein.

Begründung:

Das Gericht hat den Einspruch mit der Begründung verworfen, das Rechtsmittel sei nicht von dem Betroffenen, sondern von seiner Ehefrau eingelegt worden. Diese Tatsache ist zutreffend, hätte jedoch nicht zur Verwerfung des Einspruchs führen dürfen, weil die Ehefrau zur Einlegung des Einspruchs bevollmächtigt[5] war. Frau B...... hatte ihren zur Zeit der Zustellung des Bußgeldbescheids verreisten Ehemann, vom Inhalt der Entscheidung fernmündlich unterrichtet und bei dieser Gelegenheit seine Bitte entgegengenommen, gegen den Bußgeldbescheid Einspruch einzulegen. Mit Schreiben vom ...... hat der Betroffene die Bevollmächtigung seiner Ehefrau schriftlich bestätigt.[6] ......

Rechtsanwalt

Anmerkungen

1. Die sofortige Beschwerde wird bei dem Gericht, dessen Entscheidung angefochten wird, schriftlich oder zu Protokoll der Geschäftsstelle eingelegt (§§ 306 Abs. 1, 311 Abs. 1 StPO i. V. m. § 46 Abs. 1 OWiG). Das Rechtsmittel kann nicht mehr fristwahrend beim Beschwerdegericht eingelegt werden, nachdem § 311 Abs. 1 Satz 2 StPO a. F. durch das OWiGStÄndG weggefallen ist.

2. Die sofortige Beschwerde ist binnen einer Woche seit Bekanntmachung der Entscheidung einzulegen (§ 311 Abs. 2 StPO i. V. m. § 46 Abs. 1 OWiG). Der Verwerfungsbeschluß ist durch Zustellung bekanntzumachen (§ 35 Abs. 2 StPO i. V. m. § 46 Abs. 1 OWiG).

3. Grundsätzlich hat zunächst die Verwaltungsbehörde über die Zulässigkeit des Einspruchs zu entscheiden (§ 69 Abs. 1 Satz 1 OWiG; siehe dazu Form. XI. C. 1). Ein gerichtlicher Verwerfungsbeschluß ergeht in den Fällen, in denen die Verwaltungsbehörde einen unzulässigen Einspruch nicht verworfen hat. Das Gericht verwirft den Einspruch in einem zu begründenden (§ 34 StPO i. V. m. § 46 Abs. 1 OWiG) und mit einer Rechtsmittelbelehrung (§ 70 Abs. 2 OWiG, § 35a StPO i. V. m. § 46 Abs. 1 OWiG) zu versehenden Beschluß außerhalb der Hauptverhandlung als unzulässig, wenn der Einspruch verspätet oder nicht

3. Rücknahme des Einspruchs gegen einen Bußgeldbescheid   XI. C. 3

in der vorgeschriebenen Form oder aus anderen Gründen nicht wirksam eingelegt wurde (§ 70 Abs. 1 OWiG).
Stellt sich die Unwirksamkeit des Einspruchs erst in der Hauptverhandlung heraus, so erfolgt die Verwerfung durch Urteil (§ 260 StPO i.V.m. § 46 Abs. 1 OWiG), mit der Möglichkeit, gegen das verwerfende Urteil Rechtsbeschwerde zu führen (§ 79 Abs. 1 Satz 1 Nr. 4 OWiG).

4. Wird der Einspruch außerhalb der Hauptverhandlung durch Beschluß verworfen, kann gegen den Verwerfungsbeschluß sofortige Beschwerde geführt werden (§ 70 Abs. 2 OWiG). (Eine Rechtsbeschwerde wäre unzulässig, da diese nach § 79 OWiG nur gegen Urteile und Beschlüsse gem. § 72 OWiG statthaft ist.) Zuständig für die Beschwerdeentscheidung ist die Kammer für Bußgeldsachen beim Landgericht (§ 73 Abs. 1 GVG i.V.m. § 46 Abs. 1, 7 OWiG). Die Beschwerdeentscheidung ist unanfechtbar (§ 310 Abs. 2 StPO i.V.m. § 46 Abs. 1 OWiG). Zur Möglichkeit der Verfassungsbeschwerde vgl. *Göhler* § 70 Rdnr. 7, vor § 79 Rdnr. 9 ff.

5. Die Ehegatteneigenschaft begründet keine allgemeine Vertretungsmacht für den anderen Ehegatten (vgl. z.B. *Palandt/Diederichsen* Einführung vor § 1353 BGB Anm. 2b). Der Ehegatte kann aber als Vertreter zur Einlegung des Rechtsmittels bevollmächtigt werden (vgl. *Göhler* § 67 Rdnr. 5, 11). Mündliche Vollmachtserteilung genügt. Die Vollmacht muß zur Zeit der Rechtsmitteleinlegung bestehen (vgl. *Göhler* § 67 Rdnr. 2, 11); eine spätere Genehmigung der Einlegung des Rechtsmittels reicht nicht aus. Der Vertreter kann die Rechtsmittelschrift auch mit dem Namen des Betroffenen unterschreiben (vgl. *Göhler* § 67 Rdnr. 11; KKOWi-*Bohnert* § 67 Rdnr. 38).

6. Der Nachweis der Vollmacht ist noch nach Ablauf der Rechtsmittelfrist möglich (vgl. *Göhler* § 67 Rdnr. 2, 11; KKOWi-*Bohnert* § 67 Rdnr. 37).

3. Rücknahme des Einspruchs gegen einen Bußgeldbescheid

An das   Freiburg, den ......[2]
Amtsgericht Freiburg[1]
– Abteilung für Bußgeldsachen –
Holzmarktplatz 2
7800 Freiburg i.Br.

In dem Ordnungswidrigkeitenverfahren
gegen Herrn A ... B ...
wegen Parkens in einer unübersichtlichen Kurve
Az.: 3 OWi 123/91

nehme ich mit der ausdrücklichen Ermächtigung[3] des Betroffenen den Einspruch vom ...... gegen den Bußgeldbescheid vom ...... zurück.[4]
Herr A...... B...... legt Wert auf die Erklärung,[5] daß mit der Rücknahme des Einspruchs kein Schuldeingeständnis verbunden ist und er den Vorwurf, wie schon im Schriftsatz vom ...... dargelegt, bestreitet. Herr A...... B...... will das Ordnungswidrigkeitenverfahren nicht fortsetzen, weil er in Kürze eine längere Geschäftsreise antritt und er auch für den Fall des zu erwartenden Freispruchs oder der Verfahrenseinstellung mit einem erheblichen Teil seiner Auslagen[6] belastet bliebe.

Rechtsanwalt

Anmerkungen

1. Die Rücknahme des Einspruchs ist in derselben Form zu erklären wie die Einlegung (vgl. BGHSt 18, 257/260), also schriftlich oder zur Niederschrift grundsätzlich gegenüber der Verwaltungsbehörde (§ 67 Abs. 1 Satz 2 OWiG i.V.m. § 302 Abs. 1 Satz 1 StPO). Hat die Verwaltungsbehörde die Akten nach dem Einspruch an die Staatsanwaltschaft übersandt (§ 69 Abs. 3 Satz 1 OWiG), so ist die Rücknahme gegenüber der Staatsanwaltschaft zu erklären (vgl. § 69 Abs. 4 Satz 1 OWiG); nach Eingang der Akten bei Gericht (§ 69 Abs. 4 Satz 2 OWiG) ist dieses zuständig. Die Rücknahme des Rechtsbehelfs kann auch in der Hauptverhandlung zu Protokoll erklärt werden (vgl. *Göhler* § 67 Rdnr. 38, § 71 Rdnr. 6; *Rebmann/Roth/Herrmann* OWiG § 71 Rdnr. 29).

2. Die Rücknahme des Einspruchs gegen den Bußgeldbescheid kann schon vor Ablauf der Einlegungsfrist (§ 67 OWiG) erklärt werden und muß vor Beginn der Verkündung des Urteils im ersten Rechtszug (§ 411 Abs. 3 Satz 1 StPO i.V.m. § 71 OWiG) erfolgt sein. Nach Beginn der Hauptverhandlung zur Sache (nicht schon ab Aufruf der Hauptverhandlung [§ 243 Abs. 1 Satz 1 StPO], vgl. *Kleinknecht/Meyer* § 411 Rdn. 9; *Göhler* § 71 Rdnr. 6; KKOWi-*Senge* § 72 Rdnr. 117) kann der Einspruch nur noch mit Zustimmung der Staatsanwaltschaft zurückgenommen werden (§§ 411 Abs. 3 Satz 2, 303 StPO i.V.m. § 71 OWiG). Ist die Staatsanwaltschaft in der Hauptverhandlung nicht vertreten, so bedarf es ihrer Zustimmung nicht (§ 75 Abs. 2 OWiG).
Hat das Gericht den Betroffenen nach § 81 Abs. 1 Satz 2 OWiG darauf hingewiesen, daß die im Bußgeldbescheid bezeichnete Tat als Straftat gewürdigt werden kann, so ist die Rücknahme des Einspruchs ausgeschlossen (BGHSt 29, 305 ff.; KKOWi-*Steindorf* § 81 Rdnr. 28 m.w.Nachw.; a.A. *Göhler* § 81 Rdnr. 19).
Entscheidet das Gericht im schriftlichen Verfahren durch Beschluß nach § 72 OWiG, so endet die Möglichkeit, den Einspruch zurückzunehmen, mit dem Erlaß des Beschlusses (*Göhler* § 71 Rdnr. 6b; KKOWi-*Senge* § 71 Rdnr. 115; KKOWi-*Bohnert* § 67 Rdnr. 2). Der Beschluß ist erlassen, sobald er vom Richter unterschrieben ist (vgl. BGHSt 25, 187/189 – für den Strafbefehl).

3. Der Verteidiger bedarf zur Rücknahme des Einspruchs einer ausdrücklichen Ermächtigung (§ 302 Abs. 2 StPO i.V.m. § 67 Abs. 1 Satz 2 OWiG). Ohne diese Ermächtigung ist die Rücknahmeerklärung unwirksam. Die ausdrückliche Ermächtigung ist an keine bestimmte Form gebunden (vgl. *Kleinknecht/Meyer* § 302 Rdnr. 28 ff., 32 f.) und kann schon mit der allgemeinen Verteidigervollmacht erteilt werden.

4. Mit der Rücknahme des Einspruchs endet das Erkenntnisverfahren. Der Bußgeldbescheid wird rechtskräftig, ohne daß dazu ein besonderer Beschluß erforderlich wäre. Die Rücknahmeerklärung ist bedingungsfeindlich und kann nur insoweit beschränkt werden, als ausnahmsweise auch der Einspruch gegen den Bußgeldbescheid beschränkbar ist (vgl. dazu Form. XI. B. 1 Anm. 7). Eine wirksame Rücknahmeerklärung ist unwiderruflich. Ein zurückgenommener Einspruch kann auch innerhalb der Einspruchsfrist nicht wiederholt werden (BGH NJW 1957, 1040; *Göhler* § 67 Rdnr. 40; KKOWi-*Bohnert* § 67 Rdnr. 110).
Durch die Rücknahme des Einspruchs kann der Betroffene den Übergang zum Strafverfahren verhindern. Die Rechtskraft des Bußgeldbescheids steht jedoch der Verfolgung derselben Tat als Straftat nicht entgegen (§ 84 Abs. 1 OWiG). Hat das Gericht über die Tat als Ordnungswidrigkeit entschieden, so tritt dadurch eine Sperrwirkung für eine spätere Strafverfolgung ein (§ 84 Abs. 2 OWiG), weil das Gericht die Tat im Bußgeldverfahren auch unter strafrechtlichen Gesichtspunkten zu prüfen hat (§ 81 Abs. 1 OWiG).

5. Eine ergänzende Erklärung zur Rücknahme des Einspruchs kann sich empfehlen, wenn z.B. für einen Schadensersatzprozeß die Beiziehung der Bußgeldakten zu erwarten ist.

6. Nimmt der Betroffene den Einspruch gegen den Bußgeldbescheid zurück, so hat er seine notwendigen Auslagen zu tragen.
Für den Fall des Freispruchs sind die notwendigen Auslagen in der Regel von der Staatskasse zu tragen (§ 467 Abs. 1 StPO i.V.m. § 46 Abs. 1 OWiG). Dieser Grundsatz gilt auch für die Verfahrenseinstellung nach § 47 Abs. 2 OWiG (vgl. *Göhler* vor § 105 Rdnr. 80). Häufig bleibt der Betroffene jedoch nach der Ermessensvorschrift des § 467 Abs. 4 StPO i.V.m. § 46 Abs. 1 OWiG mit seinen notwendigen Auslagen belastet (vgl. dazu *Göhler* § 47 Rdnr. 43 ff.). Erstattet werden ohnehin nur die notwendigen Auslagen des Betroffenen (vgl. dazu *Göhler* vor § 105 Rdnr. 35 ff.; KKOWi-*Schmehl* § 105 Rdnr. 42 ff.). Der Verdienstausfall wegen versäumter Zeit (§ 464a Abs. 2 Ziff. 1 StPO i.V.m. § 46 Abs. 1 OWiG) wird meist nur unzulänglich ersetzt. (Ersatz nach dem Zeugenentschädigungsgesetz vom 1. 10. 1969, BGBl. I 1756: §§ 2, 4 ZSEG, max. DM 20,- für jede Stunde der versäumten Arbeitszeit; vgl. dazu *Göhler* vor § 105 Rdnr. 36; KKOWi-*Schmehl* § 105 Rdnr. 66).

4. Verteidigungsschrift an die Staatsanwaltschaft mit dem Antrag, das Bußgeldverfahren wegen Verjährung einzustellen

An die   Freiburg, den ......
Staatsanwaltschaft[1]
bei dem Landgericht Freiburg[2]
Kaiser-Joseph-Str. 259
7800 Freiburg i. Br.

In dem Ordnungswidrigkeitenverfahren
gegen Herrn A... B...
wegen Verstoßes gegen das Mutterschutzgesetz
Az.: 30.503.123456.7
    53 Js 123/91

begründe ich den Einspruch vom ...... gegen den Bußgeldbescheid vom ...... und

beantrage,

das Bußgeldverfahren einzustellen[3] und die dem Betroffenen erwachsenen notwendigen Auslagen der Staatskasse aufzuerlegen.[4]

Begründung:

Das Gewerbeaufsichtsamt[5] wirft Herrn A...... B...... im Bußgeldbescheid vom ...... vor, er habe als Inhaber der Firma X...... von seiner ehemaligen Angestellten, Frau C...... D......, dem Beschäftigungsverbot für werdende Mütter zuwider, noch in den letzten sechs Wochen vor der Entbindung die Fortsetzung ihrer Arbeitsleistung verlangt und damit gegen § 3 Abs. 2 MutterschutzG verstoßen.
Dieser Vorwurf ist unbegründet, weil sich die Zeugin,[6] Frau C...... D......, in Gegenwart der Sekretärin, Frau E...... F......, ausdrücklich zur Fortsetzung ihrer Tätigkeit bereiterklärt hat.
Zum Beweis dieser Tatsache stelle ich den Antrag,[7]
    Frau E...... F......,
    ladungsfähige Anschrift: ......,
    als Zeugin zu vernehmen[8] und den Betroffenen und seinen Verteidiger von dem Vernehmungstermin zu unterrichten und ihnen die Anwesenheit bei der Beweisaufnahme zu gestatten.[9]

Die Zeugin Frau E...... F...... wird bestätigen, daß sich Frau C...... D...... angesichts der damals schwierigen Personalsituation in der Firma am ...... zur Fortsetzung ihrer Arbeitsleistung bis zum ...... ohne Einschränkung bereiterklärt hat.
Unrichtig ist die Behauptung der Zeugin, Frau C...... D......, sie habe Herrn A...... B...... am ...... eine schriftliche Erklärung auf den Schreibtisch gelegt, mit der sie die Fortsetzung ihrer Beschäftigung während der sechswöchigen Schutzfrist ausdrücklich abgelehnt habe und auf diese Ablehnung bei der täglichen Arbeitseinteilung nur aus Sorge um ihren Arbeitsplatz nicht zurückgekommen sei. Herr A...... B...... hat von der Zeugin, Frau C...... D......, kein Schriftstück vorgefunden und erst fast ein Jahr später von dem angeblichen Widerruf ihrer Bereitschaft zur Fortsetzung der Arbeitsleistung erfahren, nachdem die Zeugin aus der Firma X ausgeschieden war und danach eine entsprechende Anzeige vorgelegt hatte.
Selbst wenn die Staatsanwaltschaft von einer wirksamen Widerrufserklärung ausgehen sollte, so hat Herr A...... B...... sie jedenfalls nicht zur Kenntnis genommen und damit nicht vorsätzlich gegen das Beschäftigungsverbot nach § 3 Abs. 2 MutterschutzG verstoßen.
Eine allenfalls in Betracht kommende fahrlässige Tatbegehung wäre verjährt.[10] Die Verfolgungsverjährung für eine fahrlässige Ordnungswidrigkeit nach § 21 Abs. 1 Nr. 1 MutterschutzG tritt nach einem Jahr ein (§ 31 Abs. 2 Nr. 3 OWiG),[11] weil sie mit einer Geldbuße im Höchstmaß von DM 2500,– bedroht ist (§ 21 Abs. 2 MutterschutzG i. V. m. § 17 Abs. 2 OWiG).
Die Verjährungsfrist hätte mit Beendigung[12] der Tat am ......[13] zu laufen begonnen, als Frau C...... D...... das letzte Mal vor der Entbindung in der Firma X...... gearbeitet hat. Als die erste zur Verjährungsunterbrechung[14] geeignete Handlung am ...... mit der Unterzeichnung des Anhörungsbogens durch den Amtsträger beim Gewerbeaufsichtsamt vorgenommen wurde, war die Verjährung bereits eingetreten.
Das Ordnungswidrigkeitsverfahren ist daher – wenn nicht schon aus tatsächlichen Gründen – jedenfalls wegen des Verfahrenshindernisses einzustellen.

Rechtsanwalt

Anmerkungen

1. Die Staatsanwaltschaft wird zuständige Verfolgungsbehörde, sobald die Akten von der Verwaltungsbehörde bei ihr eingehen (§ 69 Abs. 4 OWiG). Sie hat eigenverantwortlich in tatsächlicher und rechtlicher Hinsicht zu prüfen, ob sie sich die Beschuldigungen der Verwaltungsbehörde zu eigen macht (vgl. § 67 Abs. 4 Satz 2, 3 OWiG; RiStBV 282 Abs. 1) (vgl. Anm. 3, 8).

2. Die örtliche Zuständigkeit der Staatsanwaltschaft richtet sich nach der des Amtsgerichts (§ 143 GVG i. V. m. § 46 Abs. 1 OWiG). Nach § 68 Abs. 1 OWiG ist das Amtsgericht zuständig, in dessen Bezirk die Verwaltungsbehörde ihren Sitz hat. Im Verfahren gegen Jugendliche und Heranwachsende ist die besondere Zuständigkeitsregelung des § 42 JGG zu beachten.

3. Die Staatsanwaltschaft kann das Verfahren vor Übersendung der Akten an das Gericht mangels hinreichenden Tatverdachts, wegen eines Verfahrenshindernisses oder nach § 47 Abs. 1 OWiG einstellen. Grundsätzlich ist zuvor die Verwaltungsbehörde anzuhören (vgl. RiStBV 282 Abs. 5 Satz 1 i. V. m. 275 Abs. 2, 3). Die Einstellungsentscheidung ist dem Betroffenen formlos mitzuteilen (RiStBV 282 Abs. 5 Satz 1). Die förmliche Rücknahme des Bußgeldbescheids kann nur durch die Verwaltungsbehörde erfolgen, die ihn erlassen hat (vgl. Begründung zu § 66 EOWiG; *Göhler* § 69 Rdnr. 50; KKOWi-*Bohnert* § 69 Rdnr. 106). Eine Rücknahme des Bußgeldbescheides ist aber nicht erforderlich, weil er nach dem Einspruch nur noch die Bedeutung einer Beschuldigung hat, die durch die Verfahrenseinstellung beseitigt wird.

4. Wenn die Staatsanwaltschaft das Bußgeldverfahren nach Einspruch aber vor Aktenvorlage an das Gericht einstellt, obliegt ihr die Auslagenentscheidung nach § 108a Abs. 1 OWiG i.V. m. § 467a Abs. 1, 2 StPO. Es empfiehlt sich, die Auslagenentscheidung zu beantragen, weil die Entscheidung nicht von Amts wegen ergehen muß (467a Abs. 1 Satz 1 StPO; RiStBV 282 Abs. 5). Der Antrag ist unbefristet und an keine Form gebunden (*Göhler* § 108a Rdnr. 4). Die Auslagenentscheidung der Staatsanwaltschaft kann mit der Einstellungsverfügung verbunden werden oder als selbständiger Bescheid ergehen.

5. Für die Verfolgung von Ordnungswidrigkeiten nach dem Gesetz zum Schutz der erwerbstätigen Mutter sind meistens die Gewerbeaufsichtsämter zuständig; für Baden-Württemberg vgl. § 13 Nr. 13 OWiZuständigkeitenVO.

6. Die Schwangere kommt als Täterin (§ 14 Abs. 1 OWiG) der Ordnungswidrigkeit nicht in Betracht, weil sie „notwendige Teilnehmerin" ist; vgl. dazu z. B. *Schönke/Schröder/Cramer* StGB vor § 25 Rdnr. 49.

7. Zu den Anforderungen an einen Beweisantrag vgl. Form. VII. D. 1, 2 und Form. XI. A. 6 Anm. 3.

8. Die Staatsanwaltschaft kann eigene Ermittlungen anstellen oder Ermittlungsorgane darum ersuchen (§ 69 Abs. 4 Satz 2 OWiG; § 161 StPO i.V. m. § 46 Abs. 1, 2 OWiG; RiStBV 282 Abs. 2) oder das Verfahren zu weiteren Ermittlungen an die Verwaltungsbehörde zurückgeben, § 69 Abs. 4 Satz 3 OWiG (vgl. *Göhler* § 69 Rdnr. 43; KKOWi-*Bohnert* § 69 Rdnr. 87ff.).

9. Der Betroffene und sein Verteidiger haben bei der staatsanwaltschaftlichen Vernehmung eines Zeugen oder Sachverständigen keinen Anspruch auf Anwesenheit und werden deshalb von dem Vernehmungstermin auch nicht benachrichtigt (vgl. z. B. *Meyer/Kleinknecht* § 168c Rdnr. 2). Die Staatsanwaltschaft kann jedoch dem Betroffenen und seinem Verteidiger die Anwesenheit gestatten und ihnen erlauben, an den Zeugen oder Sachverständigen Fragen zu stellen. (Bei der richterlichen Vernehmung von Zeugen oder Sachverständigen steht dem Betroffenen und seinem Verteidiger ein Anwesenheitsrecht zu, § 168c Abs. 2 StPO i.V. m. § 46 Abs. 1 OWiG.).

10. Die Verfolgungsverjährung (§ 31 OWiG) stellt ein Verfahrenshindernis dar, das in jeder Lage des Verfahrens von Amts wegen zu beachten ist. Ist die Verjährung eingetreten, so ist das Verfahren einzustellen. Ein Freispruch erfolgt nicht.

11. Die Frist für die Verfolgungsverjährung richtet sich nach der Höhe der abstrakten Bußgelddrohung (§ 31 Abs. 2 OWiG), wenn das Gesetz nicht ausdrücklich eine abweichende Regelung vorsieht. Wichtige Ausnahmevorschriften sind z. B. § 26 Abs. 3 StVG: dreimonatige Verjährungsfrist für Verkehrsordnungswidrigkeiten nach § 24 StVG, solange wegen der Tat weder ein Bußgeldbescheid ergangen noch öffentliche Klage erhoben ist; danach sechs Monate. Eine Ordnungswidrigkeit nach § 24a StVG verjährt in einem Jahr (§ 31 OWiG). § 384 AO 1977: Steuerordnungswidrigkeiten nach §§ 378 bis 380 AO 1977 verjähren in fünf Jahren.
Wenn das Gesetz für vorsätzliches und fahrlässiges Handeln eine Geldbuße androht, ohne im Höchstmaß zu unterscheiden, so kann die fahrlässige Begehung im Höchstmaß nur mit der Hälfte des angedrohten Höchstbetrages geahndet werden (§ 17 Abs. 2 OWiG). Auf diese Weise können entsprechend der Einteilung nach § 31 Abs. 2 Nr. 1 bis 3 OWiG für die vorsätzlichen Tatbegehungen andere Verjährungsfristen gelten als für die entsprechenden Fahrlässigkeitstaten.
Für den Beispielsfall bedeutet das: Die vorsätzliche Tat nach § 21 Abs. 1 Nr. 1 MutterschutzG ist mit Geldbuße bis zu DM 5000,– bedroht (Verjährungsfrist: zwei Jahre, § 31 Abs. 2 Nr. 2 OWiG). Für die entsprechende Fahrlässigkeitstat ist keine eigene Geldbuße bestimmt, so daß sich die Höchstgrenze nach der allgemeinen Vorschrift § 17 Abs. 2 OWiG richtet und hier DM 2500,– beträgt (Verjährungsfrist: ein Jahr, § 31 Abs. 2 Nr. 3 OWiG).

12. Die Verjährung beginnt mit der Beendigung der Tat. Tritt ein zum Tatbestand gehörender Erfolg erst nach der Tatbeendigung ein, so beginnt die Verjährung mit dem Erfolgseintritt (§ 31 Abs. 3 OWiG). Die Tat ist in dem Zeitpunkt beendet, in dem alle auf die Tatbegehung gerichteten Tätigkeiten ihren endgültigen Abschluß gefunden haben (vgl. BGHSt 16, 207 ff.; 24, 218/220). Vollendet ist die Tat bereits, wenn alle Merkmale des gesetzlichen Tatbestandes erfüllt sind. Die Beendigung der Tat kann mit ihrer Vollendung zeitlich zusammenfallen oder auch später eintreten. Zum Verjährungsbeginn, der in § 31 Abs. 3 OWiG und § 78a StGB übereinstimmend geregelt ist, vgl. z.B. *Schönke/Schröder/ Stree* StGB § 78a Rdnr. 1 ff.

13. Bei der Fristberechnung ist der Tag, an dem die Tag beendet wird oder der tatbestandsmäßige Erfolg eingetreten ist (§ 31 Abs. 3 OWiG) in die Frist mit einzubeziehen (vgl. zur Fristberechnung *Göhler* § 31 Rdnr. 16; KKOWi-*Weller* § 31 Rdnr. 35 f.).

14. Die Verjährung wird durch die in § 33 Abs. 1 OWiG abschließend aufgezählten Verfolgungshandlungen unterbrochen. Durch die Verjährungsunterbrechung wird bewirkt, daß mit dem Tag, an dem sie eintritt, eine neue Verjährungsfrist zu laufen beginnt (§ 33 Abs. 3 Satz 1 OWiG). Die Verfolgung ist jedoch spätestens verjährt, wenn seit der Tatbeendigung das Doppelte der gesetzlichen Verjährungsfrist, mindestens jedoch zwei Jahre verstrichen sind (§ 33 Abs. 3 Satz 2 OWiG). Läßt sich nicht ausschließen, daß die Verfolgung verjährt ist, so gilt der Grundsatz „in dubio pro reo" (vgl. *Göhler* § 31 Rdnr. 20 m.w. Nachw.; KKOWi-*Weller* § 31 Rdnr. 36).

Die Übersendung eines Anhörungsbogens und die Anordnung der Übersendung eines Anhörungsbogens wirken nach § 33 Abs. 1 Nr. 1, 2. Alt. OWiG verjährungsunterbrechend, wenn sich aus dem Anhörungsbogen die konkrete Beschuldigung ergibt und die Verwaltungsbehörde eine bestimmte Person als verdächtig benennt (vgl. BGHSt 25, 6; 25, 344 ff.). Bei einer schriftlichen Anordnung kommt es für die Unterbrechung der Verjährung auf den Zeitpunkt der Unterschrift an (§ 33 Abs. 2 OWiG), bei Verwendung einer EDV-Anlage auf den Zeitpunkt des Ausdrucks des Schriftstücks (vgl. *Göhler* § 33 Rdnr. 12, 45 f.; KKOWi-*Weller* § 33 Rdnr. 23). Die Wirksamkeit der Unterbrechungshandlung hängt nicht davon ab, daß die Handlung nach außen in Erscheinung tritt oder zur Kenntnis des Betroffenen gelangt (BGHSt 25, 6; 25, 344/346).

D. Hauptverfahren

1. Antrag auf Vernehmung des Betroffenen durch einen ersuchten Richter

An das Freiburg, den ......
Amtsgericht Freiburg[1]
– Abteilung für Bußgeldsachen –
Holzmarktplatz 2
7800 Freiburg i. Br.

In dem Ordnungswidrigkeitenverfahren
gegen Herrn A... B...
wegen Nichteinhaltens des gebotenen Sicherheitsabstandes im Straßenverkehr
Az.: 3 OWi 123/91

hat das Gericht mit Verfügung[2] vom ...... das persönliche Erscheinen des Betroffenen in der Hauptverhandlung angeordnet.[3]

Ich beantrage,
1. die Anordnung des persönlichen Erscheinens zurückzunehmen[4] und
2. die kommissarische Vernehmung des Betroffenen durch einen ersuchten Richter in H...... anzuordnen.[5]

Begründung:

Das persönliche Erscheinen vor dem Amtsgericht Freiburg ist dem Betroffenen unzumutbar und für die Sachaufklärung nicht unerläßlich.[6] Herr A...... B...... ist inzwischen nach H...... umgezogen und wohnt damit ca. 600 Kilometer vom Gerichtsort entfernt. Mit der Anreise nach Freiburg wäre für den 69-jährigen Betroffenen neben dem zeitlichen und finanziellen Aufwand auch eine erhebliche körperliche Belastung verbunden. Dagegen ist der Vorwurf der fahrlässigen Nichtbeachtung des gebotenen Sicherheitsabstandes im Straßenverkehr vergleichsweise gering. Der Bundesgerichtshof verlangt für die pflichtgemäße Ermessensausübung bei der Entscheidung über die Anordnung des persönlichen Erscheinens, daß der Richter die Belange des Betroffenen einerseits und das Interesse an der möglichst vollständigen Sachverhaltsaufklärung andererseits gegeneinander abwägt (BGHSt 30, 172/175).

Der Betroffene hat eingeräumt, das Fahrzeug zur Tatzeit geführt zu haben. Zur Klärung der widersprüchlichen Angaben zu der gefahrenen Geschwindigkeit ist der Betroffene bereit, sich in H...... ergänzend vernehmen zu lassen. Durch die kommissarische Vernehmung wird gegenüber einer Vernehmung in der Hauptverhandlung keine Aufklärungseinbuße eintreten. Im übrigen wird der Betroffene von mir als Verteidiger in der Hauptverhandlung vor dem Amtsgericht Freiburg auch vertreten.[7]

Rechtsanwalt

Anmerkungen

1. Zuständig für die Entscheidung über den Einspruch gegen den Bußgeldbescheid ist das Amtsgericht, in dessen Bezirk die Verwaltungsbehörde ihren Sitz hat (§ 68 Abs. 1 OWiG). Bei Kartellordnungswidrigkeiten entscheidet der Kartellsenat des zuständigen Oberlandesgerichts (§§ 82, 92 GWB).

2. Die Anordnung des persönlichen Erscheinens in der Hauptverhandlung ist als prozeßleitende Verfügung nicht mit der Beschwerde anfechtbar (§ 305 Satz 1 StPO i. V. m. § 46 Abs. 1 OWiG).

3. Der Betroffene ist ohne besondere gerichtliche Anordnung zum Erscheinen in der Hauptverhandlung nicht verpflichtet (§ 73 Abs. 1 OWiG) und kann sich in diesem Fall durch einen schriftlich bevollmächtigten Verteidiger vertreten lassen, § 73 Abs. 4 OWiG (siehe Anm. 7). Die Anordnung zum persönlichen Erscheinen ist erforderlich, wenn die Sachverhaltsaufklärung auf eine für den Betroffenen weniger belastende Weise (z.B. kommissarische Vernehmung) nicht erreicht werden kann und auch das Abwesenheitsverfahren nach § 74 OWiG ausscheidet (vgl. OLG Hamburg NZV 1989, 245; OLG Oldenburg NZV 1989, 324). Wenn von der Anwesenheit des Betroffenen in der Hauptverhandlung ein Beitrag zur Sachaufklärung erwartet werden kann, so steht die Entscheidung über die Anordnung des persönlichen Erscheinens im pflichtgemäßen Ermessen des Gerichts (BGHSt 30, 172/175).

4. Die Anordnung des persönlichen Erscheinens muß aufgehoben werden, weil andernfalls der Einspruch gegen den Bußgeldbescheid nach § 74 Abs. 2 OWiG ohne Sachprüfung verworfen werden kann, wenn der Betroffene ohne genügende Entschuldigung ausbleibt. § 145a Abs. 3 Satz 2 StPO i. V. m. § 46 Abs. 1 OWiG verlangt, daß dem Verteidiger des Betroffenen die Anordnung des persönlichen Erscheinens bekannt gemacht wird. Ist diese Unterrichtung unterblieben, so darf der Einspruch gegen den Bußgeldbescheid nicht verworfen werden (BayObLG NZV 1989, 162 m. abl. Anm. von *Göhler;* OLG Stuttgart VRS 67, 39; a.A. *Göhler* § 74 Rdnr. 27).

5. Auf Antrag des Betroffenen oder seines Verteidigers ist eine richterliche Vernehmung des Betroffenen anzuordnen, wenn die Vernehmung zur Sachverhaltsaufklärung geboten ist und dem Betroffenen das persönliche Erscheinen wegen zu weiter Entfernung vom Gerichtsort nicht zugemutet werden kann (BGHSt 28, 44; OLG Oldenburg NZV 1989, 324). Gegen die Ablehnung des Antrags auf richterliche Vernehmung ist zwar keine Beschwerde gegeben (§ 305 Satz 1 StPO i. V. m. § 46 Abs. 1 OWiG); die fehlerhafte Ablehnung kann jedoch die Rechtsbeschwerde begründen (BGHSt 28, 44 ff.). Das Protokoll über die richterliche Vernehmung ist in der Hauptverhandlung vollständig zu verlesen (§ 73 Abs. 3 Satz 3 OWiG).

6. Das persönliche Erscheinen eines Betroffenen in der Hauptverhandlung kann z.B. unerläßlich sein, wenn sich der Richter von der Identität des Betroffenen mit dem Täter bei einer Gegenüberstellung mit Zeugen oder anhand von Lichtbildern selbst überzeugen will (vgl. dazu BGHSt 30, 172/177; siehe auch die Nachweise bei *Göhler* § 73 Rdnr. 18 f.; KKOWi-*Senge* § 73 Rdnr. 16 ff.).

7. Der Verteidiger kann den Betroffenen in der Erklärung und im Willen vertreten, also für ihn zur Sache aussagen, Erklärungen abgeben, Zustimmungen erteilen etc., wenn er schriftlich zu dessen Vertretung bevollmächtigt ist, § 73 Abs. 4 OWiG (vgl. *Göhler* § 73 Rdnr. 39, und die Kommentierungen zu § 234 StPO). Die bloße Verteidigervollmacht reicht nicht aus; es genügt aber die übliche Formulierung: „zu verteidigen und zu vertreten".

2. Beschwerde gegen die richterliche Anordnung, den Betroffenen vorzuführen

An das Freiburg, den ......[2]
Amtsgericht Freiburg[1]
– Abteilung für Bußgeldsachen –
Holzmarktplatz 2
7800 Freiburg i. Br.

In dem Ordnungswidrigkeitenverfahren
gegen Herrn A... B...
wegen Verstoßes gegen das Lebensmittel- und Bedarfsgegenständegesetz
Az.: 3 OWi 123/91

lege ich gegen die Anordnung des Gerichts vom ......, den Betroffenen zur Teilnahme an der Hauptverhandlung vorzuführen,[3]

Beschwerde[4]

ein und beantrage,

die Vollziehung der angefochtenen Entscheidung auszusetzen.[5]

Begründung:[6]

Der Betroffene wurde durch Verfügung vom ...... zum Hauptverhandlungstermin am ...... geladen und sein persönliches Erscheinen mit der Belehrung über die Folgen seines Ausbleibens angeordnet. Nach der Aussetzung des Verfahrens wurde der Betroffene zu dem neuen Hauptverhandlungstermin am ...... geladen und wiederum sein persönliches Erscheinen angeordnet. Nachdem der Betroffene zu diesem Termin ohne Angabe von Gründen nicht erschienen war, hat das Gericht seine Vorführung angeordnet.

Die Anordnung der Vorführung hätte nicht erfolgen dürfen, weil ihre Voraussetzungen nicht vorlagen:

1. Die Vorführung darf nur angeordnet werden, wenn der Betroffene zuvor über die Folgen seines Ausbleibens belehrt[7] wurde. In der zweiten Ladung ist die Belehrung unterblieben. Daß die Belehrung in einer früheren Ladung enthalten war, genügt nicht[8] (vgl. OLG Karlsruhe MDR 1974, 774; OLG Hamm VRS 57, 299; BayObLG VRS 61, 47).

2. Im übrigen ist das Ausbleiben des Betroffenen am ...... dadurch genügend entschuldigt,[9] daß er an diesem Vormittag seinen Sohn C...... B...... wegen einer akuten Erkrankung sofort zum Arzt X...... und anschließend in das Krankenhaus Y...... bringen mußte. Zum Beweis füge ich folgende Bestätigungen bei[10]......

Rechtsanwalt

Anmerkungen

1. Die Beschwerde wird bei dem Gericht eingelegt, das die angefochtene Entscheidung erlassen hat (§ 306 Abs. 1 StPO i. V. m. § 46 Abs. 1 OWiG). Das Beschwerdegericht ist seit der Streichung von § 306 Abs. 1 Satz 2 StPO durch das OWiGStVGÄndG zur Entgegennahme des Rechtsmittels nicht mehr zuständig.

2. Die einfache Beschwerde nach § 304 StPO i. V. m. § 46 Abs. 1 OWiG ist an eine Frist nicht gebunden. Mit der Vorführung des Betroffenen entfällt jedoch die Beschwerdemöglichkeit wegen „prozessualer Überholung". Die weitere Anwesenheit des Betroffenen in der Hauptverhandlung wird nach § 231 Abs. 1 Satz 2 StPO i. V. m. § 46 Abs. 1 OWiG sichergestellt.

3. Bleibt der Betroffene, dessen persönliches Erscheinen angeordnet ist (vgl. dazu Form. XI. D. 1 Anm. 3), ohne genügende Entschuldigung aus, so kann das Gericht den Einspruch durch Urteil verwerfen (§ 74 Abs. 2 Satz 1 OWiG), die Hauptverhandlung in Abwesenheit des Betroffenen durchführen (§ 74 Abs. 2 Satz 2 2. Alt. i. V. m. Abs. 1 OWiG) oder die Vorführung des Betroffenen anordnen (§ 74 Abs. 2 Satz 2 1. Alt. OWiG). Die Vorführung des Betroffenen setzt in formeller Hinsicht voraus, daß a) das persönliche Erscheinen des Betroffenen angeordnet war, b) er ordnungsgemäß zur Hauptverhandlung geladen wurde, c) er ohne genügende Entschuldigung ausblieb und d) er über die Folgen des Ausbleibens belehrt wurde (§ 74 Abs. 3 OWiG).

4. Gegen die Anordnung, den Betroffenen vorzuführen, ist die Beschwerde nach § 304 StPO i. V. m. § 46 Abs. 1 OWiG zulässig. § 305 StPO i. V. m. § 46 Abs. 1 OWiG steht nicht entgegen. Eine weitere Beschwerde ist nicht gegeben, weil die Vorführung keine Verhaftung im Sinne von § 310 Abs. 1 StPO i. V. m. § 46 Abs. 1 OWiG ist (vgl. *Rebmann/Roth/ Herrmann* OWiG § 74 Rdnr. 19 m. w. Nachw.).

5. Die Beschwerde hat im Regelfall keine aufschiebende Wirkung. Wegen der oft kurzfristig bevorstehenden Vorführung und der drohenden prozessualen Überholung (vgl. Anm. 2) ist der Antrag auf Aussetzung der Vollziehung nach § 307 Abs. 2 StPO i. V. m. § 46 Abs. 1 OWiG anzuraten, obwohl der iudex a quo und auch das Beschwerdegericht von Amts wegen zu prüfen haben, ob die Aussetzung der Vollziehung geboten ist (vgl. KK/ *Engelhardt* § 307 Rdnr. 5).

6. Die Beschwerde bedarf für ihre Zulässigkeit keiner Begründung. Das Rechtsmittel gegen eine Vorführungsanordnung wird jedoch ohne Angabe von Gründen kaum Erfolg haben. Für den Verteidiger, der zur Hauptverhandlung erschienen ist, kann sich empfehlen, zunächst den Beschwerde- und Aussetzungsantrag zu Protokoll zu geben und sich die Begründung des Rechtsmittels vorzubehalten. Für diesen Fall muß das Beschwerdegericht mit seiner Entscheidung bis zum Eingang der Begründung eine angemessene Zeit warten (vgl. BVerfGE 17, 191/193). Es kann für die Begründung eine angemessene Frist setzen (vgl. BVerfGE 12, 6/8). Die Beschwerdeeinlegung zur Niederschrift in das Hauptverhandlungsprotokoll genügt der Anforderung, die Beschwerde zu Protokoll der Geschäftsstelle einzulegen (vgl. (KK/*Engelhardt* § 306 Rdnr. 6).

7. Die Belehrung verlangt § 74 Abs. 3 OWiG. Zu den Voraussetzungen der Vorführung vgl. Anm. 3. Ist die Belehrung in der Ladung unterblieben, so ist die Verhandlung auszusetzen und der Betroffene erneut mit Belehrung zu laden.

8. Auch der ausdrückliche Hinweis auf die in einer früheren Ladung enthaltenen Belehrung über das Ausbleiben ist nicht ausreichend (vgl. OLG Düsseldorf VRS 64, 291; BayObLG VRS 49, 197; *Rebmann/Roth/Herrmann* OWiG § 74 Rdnr. 22; KKOWi-*Senge* § 74 Rdnr. 38; a. A. *Göhler* § 74 Rdnr. 22).

9. Eine genügende Entschuldigung liegt vor, wenn dem Betroffenen das Erscheinen in der Hauptverhandlung nicht möglich oder unter Berücksichtigung der Umstände des Einzelfalles und der Bedeutung der Sache nicht zumutbar ist (vgl. z.B. OLG Hamm VRS 56, 156 f.; OLG Koblenz VRS 53, 290; siehe auch *Göhler* § 74 Rdnr. 29 ff.; KKOWi-*Senge* § 74 Rdnr. 41 ff.). Grundsätzlich geht die Pflicht, auf Ladung vor Gericht zu erscheinen, der Regelung privater und beruflicher Angelegenheiten vor (vgl. z.B. OLG Hamm VRS 39, 208).

10. Das Gericht muß von Amts wegen im Freibeweisverfahren prüfen, ob die geltend gemachten Entschuldigungsgründe zutreffen. Gleichwohl ist anzuraten, die Entschuldigungsgründe unter Angabe von Beweismitteln ausführlich darzulegen, weil das Ausbleiben nicht genügend entschuldigt ist, wenn sich die Gründe nicht beweisen lassen. Der Grundsatz „im Zweifel für den Betroffenen" gilt insoweit nicht (vgl. *Rebmann/Roth/Herrmann* OWiG § 74 Rdnr. 14 m. w. Nachw.).

E. Rechtsbeschwerdeverfahren

1. Einlegung einer Rechtsbeschwerde

An das Freiburg, den ......[2]
Amtsgericht Freiburg[1]
– Bußgeldabteilung –
Holzmarktplatz 2
7800 Freiburg i. Br.

In dem Ordnungswidrigkeitenverfahren
gegen Herrn A... B...
wegen falschen Überholens im Straßenverkehr
Az.: 3 OWi 123/91

lege ich[3] gegen das am ...... verkündete Urteil des Amtsgerichts Freiburg

Rechtsbeschwerde[4]

ein und beantrage, mir Akteneinsicht[5] zu gewähren, sobald das Hauptverhandlungsprotokoll[6] zu den Akten gelangt ist.

Rechtsanwalt[7]

Anmerkungen

1. Die Rechtsbeschwerde ist bei dem Gericht einzulegen, dessen Urteil angefochten wird (§ 79 Abs. 3 Satz 1 OWiG i. V. m. § 341 Abs. 1 StPO).

2. Die Frist für die Einlegung der Rechtsbeschwerde beträgt eine Woche (§ 79 Abs. 3 Satz 1 OWiG i. V. m. § 341 Abs. 1 StPO). Richtet sich die Rechtsbeschwerde gegen einen Beschluß nach § 72 OWiG oder gegen ein Urteil, das in Abwesenheit des Beschwerdeführers verkündet wurde, so läuft die Frist ab Zustellung der Entscheidung. Dies gilt auch dann, wenn der Betroffene in der Hauptverhandlung durch einen Verteidiger vertreten war (BayObLG NJW 1971, 1578; *Göhler* § 79 Rdnr. 30a). Wurde das Urteil in Anwesenheit des Betroffenen verkündet, so beginnt die Rechtsbeschwerdefrist mit der Urteilsverkündung (§ 79 Abs. 3 Satz 1 OWiG i. V. m. § 341 Abs. 1 StPO). Die Rechtsbeschwerde muß innerhalb der Wochenfrist beim iudex a quo eingehen. Eine fristgemäße Einlegung des Rechtsmittels beim Oberlandesgericht genügt nicht.

3. Beschwerdeberechtigt ist derjenige Betroffene oder Nebenbeteiligte (und die Staatsanwaltschaft), bei dem die Voraussetzungen von § 79 Abs. 1 Satz 1 OWiG vorliegen oder für den die Rechtsbeschwerde nach § 79 Abs. 1 Satz 2 i. V. m. § 80 OWiG zugelassen wird (vgl. dazu Form. XI. E. 4). Bei mehreren Betroffenen sind die Voraussetzungen für jeden getrennt zu prüfen (vgl. *Göhler* § 79 Rdnr. 25).

4. Gegen das erstinstanzliche (meist amtsgerichtliche) Urteil oder den Beschluß nach § 72 OWiG ist unter den einschränkenden Voraussetzungen von § 79 Abs. 1 und 2 OWiG als einheitliches Rechtsmittel nur die Rechtsbeschwerde gegeben. Die Rechtsbeschwerde ist der Revision des Strafverfahrens nachgebildet und ermöglicht ebenfalls nur die Nachprüfung von Rechtsfragen (§ 337 StPO). Die Vorschriften für das Revisionsverfahren (vgl. dazu die Formulare zur Revision VIII. C.) gelten entsprechend auch für das Rechtsbeschwerdeverfahren, soweit das Ordnungswidrigkeitengesetz nichts anderes bestimmt (§ 79

Abs. 3 OWiG). Die Rechtsbeschwerde ist zu begründen; andernfalls ist sie unzulässig (§ 79 Abs. 3 OWiG i. V. m. § 344 StPO). Die Begründung wird regelmäßig in einem gesonderten Schriftsatz vorgelegt (vgl. dazu Form. XI. E. 2.).

5. Der Verteidiger sollte wegen der nicht verlängerbaren Rechtsbeschwerdebegründungsfrist rechtzeitig um Akteneinsicht, insbesondere um das Hauptverhandlungsprotokoll, bemüht sein. Bei umfangreichen oder schwierigen Bußgeldsachen kann es sich empfehlen, die Akten schon vor der Zustellung der angegriffenen Entscheidung einzusehen, um mit der Arbeit am Hauptverhandlungsprotokoll vor dem Lauf der Begründungsfrist beginnen zu können. Zur Akteneinsicht allgemein vgl. Form. XI. A. 1.

6. Das Hauptverhandlungsprotokoll ist neben der angefochtenen Entscheidung die wesentliche Grundlage zur Begründung der Rechtsbeschwerde. Das Protokoll hat den Gang der Hauptverhandlung sowie alle wesentlichen Förmlichkeiten wiederzugeben (§§ 272, 273 Abs. 1, 3 StPO i. V. m. § 46 Abs. 1 OWiG). Nach § 78 Abs. 2 OWiG ist lediglich § 273 Abs. 2 StPO nicht anwendbar, so daß die wesentlichen Ergebnisse der Vernehmungen des Betroffenen sowie der Zeugen und der Sachverständigen nicht aufgenommen zu werden brauchen. Mangels zweiter Tatsacheninstanz findet insoweit ohnehin keine Überprüfung des Urteils statt.

7. Für die Einlegung der Rechtsbeschwerde ist die Mitwirkung eines Verteidigers oder Rechtsanwalts (wie für die Revisionseinlegung) nicht vorgeschrieben (anders jedoch für die Rechtsbeschwerdeanträge und ihre Begründung, § 79 Abs. 3 OWiG i. V. m. § 345 Abs. 2 StPO).

2. Begründung einer Rechtsbeschwerde gegen die Verurteilung wegen einer Verkehrsordnungswidrigkeit

An das
Amtsgericht Freiburg[1]
– Bußgeldabteilung –
Holzmarktplatz 2
7800 Freiburg i. Br.

Freiburg, den ......[2]

In dem Ordnungswidrigkeitenverfahren
gegen Herrn A... B...
wegen Überschreitung der zulässigen Höchstgeschwindigkeit
Az.: 3 OWi 123/91

lege ich die Rechtsbeschwerdeanträge[3] und ihre Begründung vor:

1. Auf die Rechtsbeschwerde des Betroffenen vom ...... wird das Urteil des Amtsgerichts Freiburg – Az.: ...... –, vom ...... mit den tatsächlichen Feststellungen aufgehoben.
2. Die Sache wird zur neuen Verhandlung und Entscheidung, auch über die Kosten des Rechtsmittels, an eine andere Abteilung des Amtsgerichts zurückverwiesen.[4]

Begründung:[5]

Ich rüge die Verletzung formellen und materiellen Rechts:[6]

I. Verfahrensrügen[6]

1. Unzulässige Ablehnung eines Beweisantrags (§ 244 Abs. 2, 3 StPO, § 77 Abs. 2 OWiG):
Der Betroffene wendet sich gegen die Feststellung aus dem Urteil, er habe die innerörtlich zulässige Höchstgeschwindigkeit von 50 km/h um 46 km/h überschritten.
Zu diesem Beweisthema hat die Verteidigung in der Hauptverhandlung folgenden Beweisantrag gestellt:

2. Begründung einer Rechtsbeschwerde

„Zum Beweis der Tatsache, daß der Betroffene am ...... gegen 24.00 Uhr auf der Strecke von der A-Kirche bis zum B-Platz nicht schneller als 60 km/h gefahren ist, beantrage ich, den Beifahrer, Herrn D... E..., wohnhaft ......, als Zeugen zu vernehmen." (Protokoll UAS. 4).

Das Amtsgericht hat diesen Beweisantrag durch Beschluß mit folgender Begründung abgelehnt:
„Die beantragte Beweiserhebung wird abgelehnt, weil das Gericht nach den übereinstimmenden und glaubwürdigen Bekundungen der Polizeibeamten X... und Y..., die die Geschwindigkeit des Tatfahrzeugs durch Hinterherfahren mit ihrem Dienst-Kfz zuverlässig ermittelt haben, von der Richtigkeit dieser Aussagen überzeugt ist und von der Vernehmung des Zeugen D... E... keine weitere Sachaufklärung erwartet." (Protokoll UAS. 5).

Das Gericht hätte den Beweisantrag nicht ablehnen dürfen:
Ein Ablehnungsgrund nach § 244 Abs. 3 bis 5 StPO liegt nicht vor. § 77 Abs. 2 Nr. 1 OWiG[7] gestattet dem Gericht darüber hinaus einen Beweisantrag auch dann abzulehnen, wenn nach seinem pflichtgemäßen Ermessen die Beweiserhebung zur Erforschung der Wahrheit nicht erforderlich ist und der Sachverhalt aufgrund verläßlicher Beweismittel soweit eindeutig geklärt ist, daß die beantragte Beweiserhebung an der Überzeugung des Gerichts nichts mehr ändern würde (vgl. z. B. OLG Düsseldorf NZV 1989, 163; *Göhler* § 77 Rdnr. 13; KKOWi-*Senge* § 77 Rdnr. 15 ff.; mit zahlreichen Nachweisen). Dabei sind strenge Maßstäbe anzulegen. Bei der Entscheidung über die Notwendigkeit einer weiteren Beweiserhebung darf das Gericht im eingeschränkten Umfang eine Beweiswürdigung vorwegnehmen (vgl. z. B. *Göhler* § 77 Rdnr. 12; BayObLG NJW 1970, 1202 f.; OLG Hamm VRS 52, 205). Es darf jedoch grundsätzlich einen Beweisantrag nicht mit der Begründung ablehnen, das Gegenteil der behaupteten und unter Beweis gestellten Tatsache sei bereits erwiesen (vgl. OLG Düsseldorf NZV 1989, 163; OLG Karlsruhe Die Justiz 1974, 432; OLG Stuttgart VRS 62, 459). Eine weitere Beweiserhebung darf nur unterbleiben, wenn die Möglichkeit, daß die Überzeugung des Gerichts durch sie noch erschüttert wird, ausgeschlossen erscheint. Selbst wenn die Änderung der bisherigen gerichtlichen Feststellungen nur unwahrscheinlich ist, muß der Beweis erhoben werden (vgl. *Göhler* § 77 Rdnr. 13; *Alsberg/Nüse/Meyer,* Der Beweisantrag im Strafprozeß, 5. Aufl. 1983, S. 843).
Nach diesen Regeln hätte der Beweisantrag nicht abgelehnt werden dürfen, zumal der Beifahrer durch den Blick auf den Tachometer des Tatfahrzeugs eine zuverlässigere Erkenntnisquelle hatte, als die mit großem Abstand hinter dem Tatfahrzeug herfahrenden Polizeibeamten.
Das Gericht hat damit sein pflichtgemäßes Ermessen bei der Bestimmung des Umfangs der Beweisaufnahme (§ 77 Abs. 2 Nr. 1 OWiG) fehlerhaft ausgeübt. Dieser Ermessensfehlgebrauch ist durch das Beschwerdegericht nachprüfbar.
Auf der fehlerhaften Behandlung des Beweisantrags beruht das Urteil. Die Aussage des Zeugen D... E... hätte die richterlichen Feststellungen beeinflußt.

2. Aufklärungsrüge gemäß § 244 Abs. 2 StPO i. V. m. § 46 Abs. 1 OWiG:
Auch ohne den fehlerhaft abgelehnten Beweisantrag war das Amtsgericht aufgrund seiner richterlichen Aufklärungspflicht gehalten, den Zeugen D... E... zur Sache zu vernehmen. Die Beweisaufnahme hat sich von Amts wegen auf alle Beweismittel zu erstrecken, die der Sachaufklärung dienen und möglicherweise die Entscheidung beeinflussen können. Die Notwendigkeit der unterlassenen Beweiserhebung ergibt sich unmittelbar aus den Ausführungen zur Verfahrensrüge Nr. 1. Besonders nach dem Beweisantrag zur Vernehmung des Zeugen D... E... mußte sich dem Gericht die Beweiserhebung aufdrängen.
Auf der unterlassenen Beweiserhebung beruhen die Feststellungen des Urteils.

3. Unterlassung des rechtlichen Hinweises nach § 265 Abs. 2 StPO i. V. m. § 71 OWiG:
Das Amtsgericht hat gegen den Betroffenen auf dessen Einspruch gegen den Bußgeldbescheid hin eine Geldbuße festgesetzt und nach § 25 StVG ein Fahrverbot angeordnet, das in dem Bußgeldbescheid noch nicht ausgesprochen war.
Ich rüge die Verletzung von § 265 Abs. 2 StPO i. V. m. § 71 OWiG, weil das Amtsgericht den Betroffenen auf die Möglichkeit der Verhängung eines Fahrverbotes nicht hingewiesen hat.
Daß der Hinweis unterblieben ist, wird durch die Sitzungsniederschrift bewiesen, in der ein solcher Hinweis nicht protokolliert ist. Der Hinweis nach § 265 Abs. 2 StPO ist eine wesentliche Förmlichkeit im Sinne von § 273 StPO und kann nur durch das Hauptverhandlungsprotokoll bewiesen werden (BGHSt 23, 95 f.).
§ 265 StPO gilt gemäß § 71 OWiG auch im Ordnungswidrigkeitenverfahren (OLG Stuttgart DAR 1989, 292; BayObLG VRS 57, 35; vgl. auch *Göhler* § 71 Rdnr. 50a f.). Das Fahrverbot ist zwar im Ordnungswidrigkeitenrecht keine Nebenstrafe, sondern nur Nebenfolge, so daß § 265 Abs. 2 StPO nicht unmittelbar anwendbar ist. Die Hinweispflicht auf das möglicherweise zu verhängende Fahrverbot ergibt sich jedoch aus der entsprechenden Anwendung des § 265 Abs. 2 StPO (BGHSt 29, 274/278, Vorlageentscheidung gegen OLG Saarbrücken OLGSt § 265 StPO S. 15).
Auf der Verletzung des § 265 Abs. 2 StPO beruht das Urteil, weil der Betroffene sich nach einem entsprechenden Hinweis damit verteidigt hätte, daß er die Tat nicht „unter grober oder beharrlicher Verletzung der Pflichten eines Kraftfahrzeugführers begangen hat" und deshalb die Anordnung des Fahrverbots nach § 25 StVG ausscheidet.

II. Sachrügen[6]
Die Sachrüge wird allgemein erhoben. Insbesondere wird gerügt:
1. Zur Begründung der Anordnung eines Fahrverbots nach § 25 Abs. 1 StVG ist das Amtsgericht fehlerhaft von einer „groben und beharrlichen" Pflichtverletzung[8] ausgegangen. Danach darf ein Fahrverbot nach Begehung einer Ordnungswidrigkeit in der Regel erst bei wiederholter, hartnäckiger Mißachtung der Verkehrsvorschriften zur Anwendung kommen. Eine einmalige Zuwiderhandlung kann nur dann Anlaß für die Anordnung eines Fahrverbots sein, wenn sich der Betroffene besonders verantwortungslos verhalten hat (BVerfG NJW 1969, 1623 f.; OLG Karlsruhe DAR 1987, 26; OLG Düsseldorf DAR 1986, 29 f.). Die tatsächlichen Feststellungen des Urteils tragen die Bewertung des Verhaltens als „grobe und beharrliche Pflichtverletzung" nicht. ...... (ist auszuführen).
2. Das Amtsgericht hat die Feststellung, der Betroffene habe auf einer Strecke von wenigstens 500 Metern die innerörtlich zulässige Höchstgeschwindigkeit von 50 km/h um mindestens 46 km/h überschritten, in seinem Urteil wie folgt begründet:
„Die Tatsachen beruhen auf den übereinstimmenden und überzeugenden Aussagen der als Zeugen gehörten Polizeibeamten X... und Y.., die dem Betroffenen gegen Mitternacht auf einer leicht kurvigen aber übersichtlichen Strecke von mindestens 500 Metern mit ihrem Dienstfahrzeug in gleichbleibendem Abstand von ca. 400 Metern nachgefahren sind und dabei von dem ungeeichten Tachometer eine Dauergeschwindigkeit von mindestens 120 km/h abgelesen haben. Zugunsten des Betroffenen hat das Gericht Toleranzabzüge vorgenommen, ..." (UAS. 4).
Diese Feststellungen können die dem Urteil zugrundeliegenden Geschwindigkeitsüberschreitungen von 46 km/h nicht begründen. Eine zuverlässige Geschwindigkeitsfeststellung durch Hinterherfahren ist nur bei gleichbleibendem Abstand der beteiligten Fahrzeuge möglich. Aus einer Entfernung von 400 Metern kann die Einhaltung eines gleichbleibenden Abstandes aus dem hinterherfahrenden Fahrzeug – jedenfalls bei Nacht – nicht hinreichend zuverlässig beurteilt werden (OLG Celle DAR 1986, 60 f.).[9] ...... (ist auszuführen).
Auch auf dieser fehlerhaften Sachverhaltsfeststellung beruht das Urteil.

2. Begründung einer Rechtsbeschwerde

Wegen der verfahrensrechtlichen und materiellrechtlichen Mängel kann das Urteil keinen Bestand haben.

Rechtsanwalt[10]

Anmerkungen

1. Die Rechtsbeschwerdeanträge und ihre Begründung sind bei dem Gericht vorzulegen, dessen Entscheidung angefochten wird (§ 345 Abs. 1 StPO i.V.m. § 79 Abs. 3 OWiG).

2. Die Rechtsbeschwerdeanträge und ihre Begründung sind binnen eines Monats nach Ablauf der Frist zur Einlegung des Rechtsmittels vorzulegen. War die Entscheidung zu diesem Zeitpunkt noch nicht zugestellt, so beginnt die Frist mit der Zustellung (§ 345 Abs. 1 Satz 2 StPO i.V.m. § 79 Abs. 3 OWiG). Diese Frist gilt auch dann, wenn die Entscheidung über die Zulassung der Rechtsbeschwerde nach § 80 OWiG noch aussteht. Der Richter erster Instanz verwirft die Rechtsbeschwerde als unzulässig (§ 346 Abs. 1 StPO i.V.m. § 79 Abs. 3 OWiG) durch Beschluß, wenn sie verspätet eingelegt ist oder die Beschwerdeanträge nicht rechtzeitig oder nicht in der nach § 345 Abs. 2 StPO vorgeschriebenen Form angebracht sind.

3. Die Rechtsbeschwerdeanträge müssen angeben, ob die Entscheidung (Urteil oder Beschluß nach § 72 OWiG) in vollem Umfange oder nur zum Teil angefochten wird und wie weit die Aufhebung der Entscheidung verlangt wird. Bei Unklarheiten sind die Rechtsbeschwerdeanträge anhand der Begründungsschrift auszulegen. Im Zweifel gilt die Anfechtung als nicht beschränkt.

4. Für den Fall der Aufhebung der angefochtenen Entscheidung sieht § 79 Abs. 6 OWiG zwei Vereinfachungen gegenüber Revisionsentscheidungen vor:
a) Das Beschwerdegericht kann jede Sachentscheidung, die im Falle der Zurückverweisung das Amtsgericht treffen könnte, selbst vornehmen (vgl. z.B. *Göhler* § 79 Rdnr. 45). Es kann dabei den Sachverhalt auch anders würdigen, jedoch keine neuen Tatsachenfeststellungen treffen.
b) Abweichend von § 354 Abs. 2 StPO muß das Beschwerdegericht die Sache nicht an eine andere Abteilung des erstinstanzlichen Amtsgerichts oder an ein anderes Amtsgericht zurückverweisen. Es kann auch an der Richter verweisen, dessen Urteil oder Beschluß durch das Beschwerdegericht aufgehoben wurde (vgl. KKOWi-*Steindorf* § 79 Rdnr. 161; *Göhler* § 79 Rdnr. 48). Ein Antrag auf Verweisung an eine andere Abteilung des Amtsgerichts oder an ein anderes Amtsgericht empfiehlt sich, wenn Zweifel an der Unbefangenheit des erstinstanzlichen Richters bestehen. – Zu der Regelung bei Kartellordnungswidrigkeiten (erstinstanzliche Zuständigkeit des Oberlandesgerichts, § 82 GWB) vgl. § 83 Satz 2 GWB.

5. Ohne Begründung ist die Rechtsbeschwerde unzulässig. Es können nur Rechtsfehler gerügt werden (§ 344 Abs. 2 StPO i.V.m. § 79 Abs. 3 OWiG). Angriffe auf die tatsächlichen Feststellungen sind unzulässig.
Da nach § 79 Abs. 3 OWiG die Vorschriften über das strafrechtliche Revisionsverfahren (zur Einlegung und Begründung der Revision vgl. §§ 341 bis 345 StPO) für das Rechtsbeschwerdeverfahren entsprechend gelten, wird insoweit auf die Formulare zum Revisionsrecht verwiesen.

6. Aus der Rechtsbeschwerdebegründung muß hervorgehen, ob die Entscheidung wegen Fehler bei der Anwendung des Verfahrensrechts (Verfahrensrügen) und/oder wegen Verletzung des materiellen Rechts (Sachrügen) angefochten wird. Eine genaue Bezeichnung der verletzten Rechtsvorschriften ist nicht erforderlich (BGHSt 19, 273/275).
Für *Verfahrensrügen* bestehen strenge Formvorschriften. Der Beschwerdeführer muß einen bestimmten Verfahrensmangel behaupten und die den Mangel enthaltenen Tatsa-

chen so genau und vollständig angeben, daß das Beschwerdegericht schon anhand der Beschwerdeschrift prüfen kann, ob ein Verfahrensfehler vorliegt. Dazu genügt nicht, daß die Rechtsbeschwerdeschrift dazu auf den Akteninhalt oder das Hauptverhandlungsprotokoll verweist (vgl. dazu *Göhler* § 79 Rdnr. 27d). Die für den Rechtsbeschwerdevortrag wesentlichen Schriftstücke oder Aktenstellen müssen durch wörtliche Zitate oder durch eingefügte Abschriften oder Ablichtungen zum Bestandteil der Beschwerdebegründung gemacht werden.

Die *Sachrüge* kann in allgemeiner Form ohne weitere Begründung erhoben werden. Es ist jedoch anzuraten, auch hier die Verletzung der materiellen Rechtsvorschriften im einzelnen darzulegen. Das Beschwerdegericht hat – soweit die Rechtsbeschwerde zulässig ist – die Entscheidung auf alle materiellrechtlichen Fehler hin nachzuprüfen. Da die Begründung der Sachrügen nicht Zulässigkeitsvoraussetzung ist, kann der Beschwerdeführer diese Begründungen auch nach Ablauf der Beschwerdefrist bis zur Entscheidung des Beschwerdegerichts anbringen.

7. Das Gesetz zur Änderung des Ordnungswidrigkeitengesetzes vom 7. 7. 1986 (BGBl. I S. 977) hat den Umfang der notwendigen Beweisaufnahme über die bisher geltende Regelung des § 77 a.F. OWiG hinaus erheblich eingeschränkt. Wie bisher bestimmt das Gericht, unbeschadet der Pflicht, die Wahrheit von Amts wegen zu erforschen, den Umfang der Beweisaufnahme. Dabei hat es auch die Bedeutung der Sache zu berücksichtigen. Neu ist die Regelung, daß das Gericht einen Beweisantrag auch dann ablehnen kann, wenn es den Sachverhalt nach dem bisherigen Ergebnis der Beweisaufnahme für geklärt hält und „(1) nach seinem pflichtgemäßen Ermessen die Beweiserhebung zur Erforschung der Wahrheit nicht erforderlich ist oder (2) nach seiner freien Würdigung das Beweismittel oder die zu beweisende Tatsache in einem Verfahren wegen einer geringfügigen Ordnungswidrigkeit ohne verständigen Grund so spät vorgebracht wird, daß die Beweiserhebung zur Aussetzung der Hauptverhandlung führen würde" (§ 77 Abs. 2 OWiG). Zur Ablehnung von Beweisanträgen nach § 77 Abs. 2 OWiG vgl. *Göhler* § 77 Rdnr. 10ff.; KKOWi-*Senge* § 77 Rdnr. 13 ff.; OLG Düsseldorf NZV 1989, 163.

8. Siehe dazu *Jagusch/Hentschel,* Straßenverkehrsrecht, 31. Aufl. 1991, § 25 StVG Rdnr. 2, 14 ff., und die Anmerkungen zu OLG Düsseldorf DAR 1986, 30.

9. In der Rechtsprechung ist die Methode, die Geschwindigkeit eines Kraftfahrzeugs durch Nachfahren zu messen, grundsätzlich anerkannt. Wegen der Fehlerträchtigkeit dieser Methode sind folgende Voraussetzungen zu beachten:
a) Eine genügend lange Meßstrecke,
b) ein nicht zu großer, gleichbleibender Abstand,
c) in der Regel die Verwendung eines justierten Tachometers und
d) eine dabei festgestellte, so erhebliche Geschwindigkeitsüberschreitung, daß trotz Fehlerquellen und Meßungenauigkeiten der Vorwurf der schuldhaften Geschwindigkeitsüberschreitung mit Sicherheit gerechtfertigt ist. (vgl. OLG Düsseldorf DAR 1986, 29 f. m. w. Nachw.; siehe zu den Einzelanforderungen *Jagusch/Hentschel,* Straßenverkehrsrecht, § 3 StVO Rdnr. 62, mit zahlreichen Nachweisen).

10. Die Rechtsbeschwerdeanträge und ihre Begründung müssen von einem Verteidiger (§§ 138, 140 StPO) oder von einem bei einem deutschen Gericht zugelassenen Rechtsanwalt unterzeichnet sein (§ 345 Abs. 2 StPO i.V.m. § 79 Abs. 3 OWiG). Bestehen Zweifel daran, daß der Verteidiger oder Rechtsanwalt die volle Verantwortung für den Inhalt der Anträge und der Begründung übernommen hat, so ist die Rechtsbeschwerde formungültig und unzulässig (BGHSt 25, 272/273 f.). Die Vorlage von Kopien oder beglaubigten Abschriften genügt den Anforderungen von § 345 Abs. 2 StPO i.V.m. § 79 Abs. 3 OWiG nicht (vgl. BGH NJW 1962, 1505; KK/*Pikart* 2. Aufl. 1987, § 345 Rdnr. 14). Ausreichend ist die Vorlage der Rechtsmittelschrift durch Fernschreiben (BGHSt 31, 7/9) oder durch Telefax (vgl. KK/*Pikart* § 345 Rdnr. 17).

3. Begründung einer Rechtsbeschwerde gegen einen Beschluß nach § 72 OWiG

An das
Amtsgericht Freiburg[1]
– Bußgeldabteilung –
Holzmarktplatz 2
7800 Freiburg i. Br.

Freiburg, den ......[2]

In dem Ordnungswidrigkeitenverfahren
gegen Herrn A... B...
wegen Nichtbeachtung von Rotlicht an einer Lichtzeichenanlage
Az.: 3 OWi 456/91

lege ich die Rechtsbeschwerdeanträge und ihre Begründung vor:
1. Auf die Rechtsbeschwerde des Betroffenen vom ...... wird der Beschluß des Amtsgerichts Freiburg – Az.: ...... –, vom ...... mit den tatsächlichen Feststellungen aufgehoben.
2. Die Sache wird zur neuen Entscheidung, auch über die Kosten des Rechtsmittels, an eine andere Abteilung des Amtsgerichts zurückverwiesen.

Begründung:

I. Die Rechtsbeschwerde ist in entsprechender Anwendung des § 79 Abs. 1 Satz 1 Nr. 5 OWiG zulässig.[3]
Der Betroffene hat gegen den Bußgeldbescheid vom ...... rechtzeitig Einspruch eingelegt. Daraufhin verfügte das Gericht die formlose[4] Übersendung eines Schreibens an den Betroffenen, in dem es diesen nach § 72 Abs. 1 Satz 2 OWiG auf das beabsichtigte Beschlußverfahren und die Möglichkeit des Widerspruchs hiergegen hinwies und ihm Gelegenheit zur Äußerung gab.[5] Da bei Gericht kein Widerspruch des Betroffenen einging und die Staatsanwaltschaft dem schriftlichen Verfahren zugestimmt hatte, setzte das Gericht nach § 72 Abs. 1 Satz 1 OWiG durch Beschluß gegen den Betroffenen wegen Nichtbeachtung von Rotlicht an einer Lichtzeichenanlage eine Geldbuße von DM 100,– fest.

Die Voraussetzungen für die Entscheidung im schriftlichen Verfahren lagen nicht vor. Der Betroffene hat den Hinweis nach § 72 Abs. 1 Satz 2 OWiG nicht erhalten. Er hat dem Verfahren ohne Hauptverhandlung nicht zugestimmt[6] und hatte mangels Hinweis auch keine Möglichkeit, dem schriftlichen Verfahren zu widersprechen, was er andernfalls getan hätte.

Der fehlende Nachweis über den Zugang des Hinweisschreibens wirkt sich zugunsten des Betroffenen aus (BGHSt 24, 293/297). Wenn demnach davon auszugehen ist, daß der Hinweis beim Betroffenen nicht zugegangen ist, so fehlt es an der Zustimmung zum schriftlichen Verfahren. In entsprechender Anwendung von § 79 Abs. 1 Satz 1 Nr. 5 OWiG ist die Rechtsbeschwerde deshalb zulässig.[7]

II. Ich rüge die Verletzung formellen und materiellen Rechts:[8] ...... (ist auszuführen).

Rechtsanwalt

Anmerkungen

1. Zur Einlegung der Rechtsbeschwerdeanträge und ihrer Begründung vgl. Form. XI. E. 2 Anm. 1.
2. Zur Frist für die Einlegung der Rechtsbeschwerdeanträge und ihrer Begründung vgl. Form. XI. E. 2 Anm. 2.
3. Gegen einen Beschluß nach § 72 OWiG ist die Rechtsbeschwerde grundsätzlich nur unter den Voraussetzungen von § 79 Abs. 1 Satz 1 Nr. 1–3 OWiG gegeben. Das Zulas-

sungsverfahren nach § 80 OWiG kommt nur in Betracht, wenn das Gericht durch Urteil entschieden hat (§ 79 Abs. 1 Satz 2 OWiG).

4. Häufig wird der Hinweis nach § 72 Abs. 1 Satz 2 OWiG dem Betroffenen förmlich zugestellt. Die Zustellung ist gesetzlich nicht vorgeschrieben (vgl. OLG Düsseldorf JMBlNW 1989, 213; *Göhler* § 72 Rdnr. 41). Für den Fall der Ersatzzustellung hat der Bundesgerichtshof entschieden: „Ist der in § 72 Abs. 1 Satz 2 OWiG gegenüber dem Betroffenen vorgeschriebene Hinweis durch Aushändigung an dessen Ehefrau wirksam zugestellt worden, so kann der Betroffene nach Erlaß des amtsgerichtlichen Beschlusses nicht geltend machen, daß er ohne Verschulden von dem Hinweis und der Ersatzzustellung keine Kenntnis erlangt und nur deshalb dem schriftlichen Verfahren nicht widersprochen habe." (BGHSt 27, 85). Mit einer Ersatzzustellung gilt der Nachweis als erbracht, daß der Hinweis in den Empfangsbereich des Betroffenen gelangt ist (BGHSt 27, 85). Ist der Hinweis an den Betroffenen zugestellt worden, so kann der Betroffene nicht einwenden, sein Verteidiger, dessen Bevollmächtigung angezeigt war, sei von dem Hinweis nicht unterrichtet worden (BayObLG NZV 1989, 161). Zur Zustellung des Hinweises an die Verfahrensbeteiligten vgl. auch KKOWi-*Senge* § 72 Rdnr. 45 ff.

5. § 72 Abs. 1 Satz 2 in der Fassung des OWiGÄndG (BGBl. 1986 I S. 977) setzt für den Widerspruch gegen das schriftliche Verfahren eine Frist von zwei Wochen nach Zustellung des Hinweises. Nach § 72 Abs. 2 OWiG ist der Widerspruch unbeachtlich, wenn er erst nach Fristablauf eingeht. In diesem Falle kommt jedoch eine Wiedereinsetzung in den vorigen Stand in Betracht.

6. Das Einverständnis mit dem Beschlußverfahren muß der Betroffene nicht ausdrücklich erklären. Das Einverständnis gilt als erteilt, wenn der Betroffene in Kenntnis des Widerspruchsrechts dem schriftlichen Verfahren nicht widerspricht (§ 72 Abs. 1 Satz 1 OWiG; BGHSt 24, 293/296). Die Einverständniserklärung kann auch unter einer Bedingung erfolgen, wenn deren Eintritt ausschließlich in der Hand des Gerichtes liegt (vgl. OLG Düsseldorf NZV 1990, 203 m.w. Nachw.; KKOWi-*Senge* § 72 Rdnr. 19).

7. Vgl. dazu insgesamt BGHSt 24, 293 ff.; siehe auch *Göhler* § 72 Rdnr. 70.

8. Zu den Anforderungen an die Sach- und Verfahrensrügen vgl. neben den Formularen zum strafrechtlichen Revisionsrecht Form. XI. E. 2 Anm. 6.

4. Antrag auf Zulassung einer Rechtsbeschwerde[1]

An das   Freiburg, den ......[3]
Amtsgericht Freiburg[2]
– Bußgeldabteilung –
Holzmarktplatz 2

7800 Freiburg i. Br.

In dem Ordnungswidrigkeitenverfahren
gegen Herrn A... B...
wegen Verletzung der Aufsichtspflicht
Az.: 3 OWi 234/90

beantrage ich,[4]
gegen das vom Amtsgericht Freiburg am ...... verkündete Urteil[5]

die Rechtsbeschwerde zuzulassen.[6, 7]

Begründung:[8]

......

Rechtsanwalt[9]

4. Antrag auf Zulassung einer Rechtsbeschwerde XI. E. 4

Anmerkungen

1. Der Antrag auf Zulassung einer Rechtsbeschwerde ist ein Rechtsbehelf besonderer Art. Mit dem Zulassungsantrag gilt die Rechtsbeschwerde selbst als vorsorglich eingelegt (§ 80 Abs. 3 Satz 2 OWiG).
Allgemeine Voraussetzungen für die Zulassung einer Rechtsbeschwerde:
Die *Zulassung* einer Rechtsbeschwerde kommt nur in Betracht, wenn das Gericht durch Urteil entschieden hat (§ 79 Abs. 1 Satz 2 OWiG).
Nach § 80 Abs. 1 OWiG ist die Rechtsbeschwerde auf Antrag zuzulassen, wenn es geboten ist, das Urteil wegen Versagung des rechtlichen Gehörs aufzuheben oder um die Überprüfung des Urteils a) zur Fortbildung des Rechts oder b) zur Sicherung einer einheitlichen Rechtsprechung zu ermöglichen. Die klärungsbedürftige Frage kann das materielle Recht oder das Verfahrensrecht betreffen. Die Rechtsfrage muß nicht von grundsätzlicher Bedeutung sein (vgl. *Göhler* § 80 Rdnr. 2; KKOWi-*Steindorf* § 80 Rdnr. 11).
Bei der Festsetzung einer Geldbuße im Urteil von nicht mehr als DM 75,– kann die Rechtsbeschwerde nicht zugelassen werden, wenn sie nur mit der Verfahrensrüge begründet wird. Wird die Verletzung anderer Rechtsnormen gerügt, muß die Rechtsbeschwerde zur Fortbildung des Rechts geboten sein (§ 80 Abs. 2 Nr. 1 OWiG).
a) „Zur Fortbildung des Rechts ist die Beschwerde zuzulassen, wenn der Einzelfall Veranlassung gibt, Leitsätze für die Auslegung von Gesetzesbestimmungen des materiellen oder des Verfahrensrechts aufzustellen oder Gesetzeslücken rechtsschöpferisch auszufüllen" (BGHSt 24, 15/21; siehe ausführlich KKOWi-*Steindorf* § 80 Rdnr. 36 ff.).
Die Zulassung der Rechtsbeschwerde zur Fortbildung des Rechts kann auch zur Überprüfung der Verfassungsmäßigkeit eines Gesetzes geboten sein (vgl. OLG Hamm NJW 1974, 2099).
b) „Zur Sicherung einer einheitlichen Rechtsprechung ist die Beschwerde zuzulassen, wenn vermieden werden soll, daß schwer erträgliche Unterschiede in der Rechtsprechung entstehen oder fortbestehen, wobei es darauf ankommt, welche Bedeutung die angefochtene Entscheidung für die Rechtsprechung im ganzen hat." (BGHSt 24, 15/22).
Die Zulassungsvoraussetzungen liegen z.B. vor, wenn ein Gericht in einer bestimmten Rechtslage ständig von der höchstrichterlichen Rechtsprechung abweicht, nicht aber schon dann, wenn es im Einzelfall falsch entscheidet, selbst wenn der Rechtsfehler schwer (*Rebmann/Roth/Herrmann* OWiG § 80 Rdnr. 1) und offensichtlich (vgl. BGHSt 24, 15/22) ist.
Ein Fehler im Einzelfall kann jedoch die Zulassung der Beschwerde rechtfertigen, wenn mit weiteren Fehlentscheidungen gleicher Art zu rechnen ist, also eine Wiederholungsgefahr besteht (vgl. z.B. OLG Hamm NJW 1970, 624; OLG Düsseldorf VRS 57, 438). Weicht die angefochtene Entscheidung bewußt von einer höchstrichterlichen ab, so tritt offen zutage, daß die Rechtsprechung insoweit uneinheitlich ist. Bei unbewußter Abweichung kommt es auf den Grad der Wiederholungsgefahr an (vgl. *Göhler* § 80 Rdnr. 5; KKOWi-*Steindorf* § 80 Rdnr. 15 ff.; zur Zulassung der Rechtsbeschwerde bei Verstößen gegen das Verfahrensrecht vgl. ausführlich *Göhler* § 80 Rdnr. 7 ff., m.w.Nachw.; KKOWi-*Steindorf* § 80 Rdnr. 26 ff.).
Die Zulassung der Rechtsbeschwerde kommt auch in Betracht, um die Bemessung der Geldbuße bei gleichgelagerten Ordnungswidrigkeiten zu vereinheitlichen (vgl. OLG Schleswig SchlHA 1973, 192).
Die Zulassung der Rechtsbeschwerde scheitert nicht daran, daß die anstehende Rechtsfrage schon höchstrichterlich entschieden ist, wenn die einheitliche Rechtsprechung durch eine weitere höchstrichterliche Entscheidung gefestigt werden soll (vgl. *Göhler* § 80 Rdnr. 3).
Der Antrag, die Rechtsbeschwerde nur für bestimmte abtrennbare Teile des Urteils (z.B. die Bemessung der Geldbuße, vgl. dazu *Göhler* § 80 Rdnr. 17 m.w.Nachw.) zuzulassen,

ist ebenso zulässig, wie die Beschränkung der Rechtsbeschwerde selbst (vgl. *Rebmann/ Roth/Herrmann* OWiG § 79 Rdnr. 16 m.w.Nachw., § 80 Rdnr. 4). Auf die Überprüfung der Nebenfolge kann der Antrag auf Zulassung der Rechtsbeschwerde nur beschränkt werden, wenn die Nebenfolge von den anderen Rechtsfolgen isoliert beurteilt werden kann.

Seit der Neuregelung des § 80 Abs. 5 OWiG (StVÄG, in Kraft seit dem 1. 4. 1987) darf das Rechtsbeschwerdegericht Verfahrenshindernisse im Zulassungsverfahren nur dann berücksichtigen, wenn sie nach Erlaß des Urteils eingetreten sind (vgl. BGH NZV 1989, 239; BayObLG NStZ 1989, 369).

Mit dem Zulassungsantrag kann die sofortige Beschwerde (§ 464 Abs. 3 StPO) gegen die Kosten- und Auslagenentscheidung des erstinstanzlichen Gerichts verbunden werden (*Göhler* § 80 Rdnr. 18). Die sofortige Beschwerde gegen die Kosten- und Auslagenentscheidung wird jedoch als unzulässig verworfen, wenn die Rechtsbeschwerde nicht zugelassen wird. Diese früher streitige Frage ist durch die Neuregelung des § 464 Abs. 3 Satz 1 StPO (StVÄG 1987, in Kraft seit dem 1. 4. 1987), der über § 46 Abs. 1 OWiG im Ordnungswidrigkeitenrecht gilt, entschieden. Danach kann die Kosten- und Auslagenentscheidung nicht angefochten werden, wenn die Anfechtung der Hauptentscheidung nicht statthaft ist (BayObLG NStZ 1988, 427; vgl. ausführlich KKOWi-*Steindorf* § 80 Rdnr. 64; *Göhler* § 80 Rdnr. 47).

2. Der Antrag auf Zulassung der Rechtsbeschwerde muß bei dem Gericht, dessen Urteil angefochten wird, also regelmäßig beim Amtsgericht, schriftlich oder zu Protokoll der Geschäftsstelle gestellt werden (§§ 80 Abs. 3 Satz 1, 79 Abs. 3 OWiG i.V.m. § 341 StPO). Über die Zulassung der Rechtsbeschwerde entscheidet das Oberlandesgericht durch unanfechtbaren (§ 304 Abs. 4 Satz 2 StPO i.V.m. § 46 Abs. 1 OWiG) Beschluß (§ 80 Abs. 4 Satz 1 OWiG).

Das Amtsgericht hat den Zulassungsantrag daraufhin zu überprüfen, ob er form- und fristgerecht gestellt ist und auch die Beschwerdeanträge nebst Begründung rechtzeitig und in der vorgeschriebenen Form angebracht sind. Andernfalls verwirft es den Zulassungsantrag als unzulässig (§ 80 Abs. 4 Satz 2 OWiG i.V.m. § 346 Abs. 1 StPO; vgl. OLG Hamm NJW 1970, 625). Die verspätete oder formwidrige Einlegung der Beschwerdeanträge bzw. deren mangelhafte Begründung führt zur Verwerfung des Zulassungsantrags. Gegen den Verwerfungsbeschluß nach § 346 Abs. 1 StPO kann der Antragsteller binnen einer Woche nach Zustellung des Beschlusses die Entscheidung des Oberlandesgerichts beantragen (§ 346 Abs. 2 StPO i.V.m. § 80 Abs. 4 Satz 2 OWiG).

3. Der Antrag auf Zulassung der Rechtsbeschwerde muß binnen einer Woche nach Verkündung des Urteils – bei Verkündung in Abwesenheit des Beschwerdeführers, nach Zustellung des Urteils – gestellt werden (§§ 80 Abs. 3 Satz 1, 79 Abs. 4 OWiG i.V.m. § 341 StPO).

4. Antragsberechtigt ist jeder, der auch zur Einlegung der Rechtsbeschwerde befugt ist, also der Betroffene, die Nebenbeteiligten und die Staatsanwaltschaft (nicht die Verwaltungsbehörde, weil im gerichtlichen Verfahren die Staatsanwaltschaft die Aufgaben der Verwaltungsbehörde wahrnimmt, § 69 Abs. 2 OWiG). Zur Einreichung des Zulassungsantrags durch einen Rechtsanwalt siehe unten Anm. 9.

5. Die Zulassung einer Rechtsbeschwerde nach § 79 Abs. 1 Satz 2 OWiG kommt nur in Betracht, wenn das Amtsgericht durch Urteil entschieden hat. Gegen Beschlüsse des Amtsgerichts nach § 72 OWiG ist die Rechtsbeschwerde nur unter den Voraussetzungen von § 79 Abs. 1 Satz 1 Nr. 1–3, 5 OWiG zulässig; für Beschlüsse ist die Zulassung einer Rechtsbeschwerde nicht vorgesehen.

6. In den Fällen, in denen eine Rechtsbeschwerde nach § 79 Abs. 1 Satz 1 Nr. 1 bis 5 OWiG nicht zulässig ist, kann sie gegen Urteile nach Maßgabe von § 80 Abs. 1, 2 OWiG durch Entscheidung des Oberlandesgerichts zugelassen werden. Legt der Betroffene

5. Beschränkte Rechtsbeschwerde gegen die Höhe einer Geldbuße   XI. E. 5

„Rechtsbeschwerde" ein, obwohl diese von einer Zulassung nach § 80 OWiG abhängig ist, so ist diese „Rechtsbeschwerde" als Antrag auf Zulassung anzusehen (§ 300 StPO i. V. m. § 46 Abs. 1 OWiG; BGHSt 23, 233).

7. Der Antrag auf Zulassung der Rechtsbeschwerde gilt als vorsorglich eingelegte Rechtsbeschwerde (§ 80 Abs. 3 Satz 2 OWiG), so daß neben dem Zulassungsantrag die Rechtsbeschwerde zur Fristwahrung nicht eingelegt zu werden braucht. Durch den Zulassungsantrag wird der Eintritt der Rechtskraft des Urteils gehemmt (§ 343 StPO i. V. m. § 79 Abs. 3 OWiG).

8. Die Begründung des Zulassungsantrags ist keine Zulässigkeitsvoraussetzung. Der Antragsteller **soll** jedoch die Gründe angeben, aus denen die Rechtsbeschwerde zuzulassen ist (§ 80 Abs. 3 Satz 4 OWiG). Die Gründe können später vorgetragen und ergänzt werden, so daß der Verteidiger des Antragstellers nach dem Zulassungsantrag zur Vorbereitung der Begründung noch Akteneinsicht nehmen kann.

Die Anträge für die Rechtsbeschwerde und deren Begründung sind gleichwohl in der nach §§ 344, 345 StPO i. V. m. § 79 Abs. 3 Satz 1 OWiG vorgeschriebenen Form und Frist anzubringen (§ 80 Abs. 3 Satz 3 OWiG). Andernfalls ist der Zulassungsantrag unzulässig (vgl. Göhler § 80 Rdnr. 31 f.; KKOWi-*Steindorf* § 80 Rdnr. 50 f.).

9. Wegen der Verweisung von § 80 Abs. 3 Satz 3 OWiG auf § 345 StPO müssen der Zulassungsantrag und seine Begründung durch einen Verteidiger, einen Rechtsanwalt oder zu Protokoll der Geschäftsstelle eingelegt werden.

5. Beschränkte Rechtsbeschwerde gegen die Höhe einer verhängten Geldbuße

An das   Freiburg, den ......[2]
Amtsgericht Freiburg[1]
– Bußgeldabteilung –
Holzmarktplatz 2
7800 Freiburg i. Br.

In dem Ordnungswidrigkeitenverfahren
gegen Herrn A... B...
wegen Überschreitung der zulässigen Höchstgeschwindigkeit
Az.: 3 OWi 345/90

beschränke[3] ich die mit Schriftsatz vom ...... eingelegte Rechtsbeschwerde gegen das Urteil des Amtsgerichts Freiburg – Az.: ...... –, vom ...... auf den Rechtsfolgenausspruch und beantrage,

1. auf die Rechtsbeschwerde des Betroffenen das Urteil des Amtsgerichts Freiburg vom ...... im Rechtsfolgenausspruch aufzuheben und
2. gegen den Betroffenen eine Geldbuße von nicht mehr als DM 150,– festzusetzen.[4]

Begründung:[5]

Ich erhebe die allgemeine Sachrüge.[6]
Das Rechtsmittel richtet sich gegen die rechtsfehlerhafte Ausübung des tatrichterlichen Ermessens bei der Festsetzung der Geldbuße.[7] Der Schuldspruch und die ihm zugrundeliegenden tatsächlichen Feststellungen werden nicht angegriffen.
Das Amtsgericht hat den Betroffenen wegen fahrlässiger Überschreitung der zulässigen Höchstgeschwindigkeit beim Fahren außerhalb geschlossener Ortschaften um 34 km/h zu einer Geldbuße von DM 350,– verurteilt und die Höhe der Geldbuße wie folgt begründet:

„Der Betroffene hat die Tat mit einem schnellen Sportwagen begangen, der in besonderem Maße zu einer Geschwindigkeitsüberschreitung verleitet. Es ist allgemein bekannt, daß eine überhöhte Geschwindigkeit häufig die Ursache für schwere Verkehrsunfälle ist. Zur Pflichtmahnung war deshalb ein empfindliches Bußgeld zu verhängen. Bei der Höhe der festgesetzten Geldbuße hat das Gericht berücksichtigt, daß der Betroffene Architekt von Beruf ist und deshalb bei ihm von einem erheblich überdurchschnittlichen Einkommen ausgegangen werden kann." (Urteil S. 3).

Diese Gründe tragen die Rechtsfolgenentscheidung nicht.

Der Bußgeldkatalog für Verkehrsordnungswidrigkeiten vom 4. Juli 1989[8] nennt für die festgestellte Ordnungswidrigkeit eine Geldbuße von DM 200,– als Regelsatz. Die vom Amtsgericht zur Bußgeldhöhe angegebenen Gründe rechtfertigen nicht, von diesem Regelsatz abzuweichen:

Allein an das Führen eines Sportwagens kann kein Vorwurf geknüpft und deshalb die schuldabhängige Rechtsfolge nicht verschärft werden. Daß die Geschwindigkeitsüberschreitung gerade auf das Führen des Sportwagens zurückzuführen ist, hat das Gericht nicht dargetan. ....

Das Maß der abstrakten Gefährlichkeit einer Geschwindigkeitsüberschreitung ist bereits bei der Festlegung des Bußgeldrahmens und bei der Abstufung entsprechend der Höhe der Geschwindigkeitsüberschreitung in den Regelsätzen des Bußgeldkatalogs berücksichtigt. Die abstrakte Gefährlichkeit kann deshalb eine Erhöhung der Geldbuße nicht rechtfertigen. ....

Die wirtschaftlichen Verhältnisse[9] des Betroffenen sind nur bei besonders bedeutsamen Ordnungswidrigkeiten oder bei einem erhöhten Vorwurf zu berücksichtigen, und auch nur dann, wenn die wirtschaftlichen Verhältnisse außergewöhnlich gut oder schlecht sind (vgl. dazu *Göhler* § 17 Rdnr. 29, mit zahlreichen Rechtsprechungsnachweisen). Zu den tatsächlichen Einkünften des Betroffenen hat das Gericht keine Feststellungen getroffen; allein von der Berufsausübung darf auf ein „erheblich überdurchschnittliches Einkommen" nicht geschlossen werden. Die wirtschaftlichen Verhältnisse des Betroffenen können aber dahinstehen, weil die Geschwindigkeitsüberschreitung jedenfalls keine „besonders bedeutsame Ordnungswidrigkeit" darstellt und auch kein besonders grober oder beharrlicher Pflichtenverstoß festgestellt ist.

Nach alldem gibt es keine Gründe, zum Nachteil des Betroffenen von dem Regelsatz für die Bemessung der Geldbuße abzuweichen. Die Geldbuße ist deshalb zu reduzieren.

Rechtsanwalt

Anmerkungen

1. Zu den Rechtsbeschwerdeanträgen und ihrer Begründung vgl. Form. XI. E. 2 Anm. 1.

2. Zur Frist für die Einlegung der Rechtsbeschwerde und ihrer Begründung vgl. Form. XI. E. 2 Anm. 2.

3. Die Beschränkung der Rechtsbeschwerde auf einzelne Beschwerdepunkte ist zulässig, wenn der angefochtene Teil der Entscheidung rechtlich und tatsächlich eine selbständige Prüfung und Beurteilung zuläßt, ohne daß wegen des inneren Zusammenhangs auf den nicht angefochtenen Teil zurückgegriffen werden muß. Soweit eine selbständige Prüfung und Beurteilung nicht möglich ist, ist die Beschränkung gegenstandslos, und die Entscheidung wird in vollem Umfange überprüft.

Anerkannt ist, daß die Rechtsbeschwerde auf die Bemessung der Geldbuße beschränkt werden kann (vgl. z.B. OLG Stuttgart Die Justiz 1970, 239; OLG Koblenz VRS 60, 54; *Göhler* § 79 Rdnr. 32; KKOWi-*Steindorf* § 79 Rdnr. 141 ff.). Die Rechtsbeschwerde kann sich auf die Rüge beschränken, daß die Verjährung nicht beachtet wurde (vgl. OLG Frankfurt NStZ 1982, 35). Eine Beschränkung der Rechtsbeschwerde auf das Fahrverbot

5. Beschränkte Rechtsbeschwerde gegen die Höhe einer Geldbuße

ist nach überwiegender Meinung nicht wirksam (vgl. z.B. OLG Celle NJW 1969, 1187; OLG Oldenburg NJW 1969, 2213; OLG Düsseldorf NJW 1970, 1937; vgl. dazu *Göhler* § 79 Rdnr. 9; KKOWi-*Steindorf* § 79 Rdnr. 144).

4. Nach § 79 Abs. 6 OWiG kann das Beschwerdegericht abweichend von § 354 Abs. 1, 2 StPO nach Aufhebung der angefochtenen Entscheidung von der Zurückverweisung absehen und in der Sache selbst entscheiden. Das Beschwerdegericht kann jede Sachentscheidung treffen, also auch in Abweichung der angefochtenen Entscheidung eine niedrigere Geldbuße festsetzen (vgl. *Göhler* § 79 Rdnr. 45 mit zahlreichen Nachweisen). Das Beschwerdegericht kann den Sachverhalt auch rechtlich anders würdigen, jedoch keine neuen tatsächlichen Feststellungen treffen.

In geeigneten Fällen kann sich empfehlen, die Festsetzung einer Geldbuße von weniger als DM 80,– zu beantragen und diesen Antrag zu begründen, weil bei einer entsprechenden Entscheidung die Eintragung in das Verkehrszentralregister unterbleibt (§ 28 Nr. 3 StVG).

5. Zur Begründung der Rechtsbeschwerde vgl. Form. XI. E. 2 Anm. 5, 6.

6. Zu den Anforderungen an eine Sachrüge vgl. Form. XI. E. 2 Anm. 6.

7. Die Bußgeldbemessung ist grundsätzlich Ermessensentscheidung des Tatrichters und damit der Überprüfung durch das Beschwerdegericht weitgehend entzogen. Das tatrichterliche Ermessen ist jedoch an die Zumessungsgrundsätze des § 17 OWiG gebunden, deren Einhaltung im Rechtsbeschwerdeverfahren nachprüfbar ist (vgl. *Göhler* § 79 Rdnr. 45 m. weiteren Nachweisen).

8. Der Bußgeldkatalog (Bußgeldkatalog-Verordnung BGBl. I 1305, 1447; III 9 231–1–6, in Kraft seit 1. Jan. 1990) ist abgedruckt in *Janiszewski/Buddendiek,* Verwarnungs- und Bußgeldkatalog mit Punktsystem, 4. Aufl. 1989; *Jagusch/Hentschel,* Straßenverkehrsrecht, 31. Aufl. 1991, Buchteil Nr. 9; zur Verbindlichkeit der Bußgeldkataloge bei der Rechtsfolgenbestimmung durch das Gericht vgl. *Göhler* § 17 Rdnr. 27 ff.

9. Zu der Berücksichtigung der wirtschaftlichen Verhältnisse bei der Bemessung der Geldbuße vgl. *Göhler* § 17 Rdnr. 21 ff., 29; KKOWi-*Steindorf* § 17 Rdnr. 84 ff.

F. Einziehung

1. Einspruch gegen die selbständige Anordnung einer Einziehung

An das Freiburg, den ......[2]
Landratsamt
Breisgau-Hochschwarzwald[1]
Kreisjagdamt
Stadtstr. 2
7800 Freiburg i. Br.

In dem Einziehungsverfahren
gegen Herrn A... B...
wegen Einziehung einer Jagdwaffe
Az.: 515.70.123

lege ich gegen den Einziehungsbescheid[3] des Kreisjagdamtes vom ......

Einspruch[4]

ein.

Begründung:

Gegen den Jugendlichen, Herrn K...... B......, ist das Bußgeldverfahren wegen Ausübung des Jagdrechts mit Jugendjagdschein ohne Anwesenheit der erforderlichen Begleitperson (§ 16 Abs. 2 i. V.m. § 39 Abs. 1 Nr. 4 BJagdG) nach § 47 OWiG eingestellt worden. Im selbständigen Einziehungsverfahren hat das Kreisjagdamt die Einziehung des von Herrn K...... B...... benutzten Jagdgewehrs angeordnet, das im Eigentum seines Vaters, Herrn A...... B......, steht.
Die Einziehungsvoraussetzungen liegen nicht vor:
Die Sicherungseinziehung nach § 22 Abs. 2 Nr. 2 OWiG[5] scheidet aus, weil die Jagdwaffe zwar ein abstrakt gefährlicher Gegenstand ist, eine konkrete Gefahr für eine weitere gesetzwidrige Verwendung jedoch nicht besteht (vgl. *Rebmann/Roth/Herrmann* OWiG § 22 Rdnr. 34). Ein Wiederholungsfall ist ausgeschlossen, weil ...... (ist auszuführen).
Auch die Einziehungsvoraussetzungen nach § 40 Abs. 2 BJagdG i. V.m. § 23 Nr. 1 OWiG[6] bestehen nicht, weil der Eigentümer, Herr A...... B......, „nicht wenigstens leichtfertig" dazu beigetragen hat, daß das Jagdgewehr zur Begehung einer Ordnungswidrigkeit benutzt wurde. Die Jagdwaffen des Herrn A...... B...... werden grundsätzlich in einem verschlossenen Gewehrschrank aufbewahrt. Ausnahmsweise ...... (ist auszuführen).
Schließlich wäre die Einziehung der besonders wertvollen Jagdwaffe im Sinne von § 24 OWiG unverhältnismäßig.[7] Herr K...... B...... ist als Inhaber eines Jugendjagdscheins zum Führen einer Jagdwaffe grundsätzlich berechtigt. Soweit dem Vater, Herrn A...... B......, überhaupt ein Vorwurf zu machen ist, könnte dieser nur darin bestehen, daß er den Schlüssel für den Gewehrschrank nicht sicher genug verwahrt hat. Für Herrn A...... B...... gab es bis zur Tat seines Sohnes keinerlei Anhaltspunkte, daß dieser die Jagdwaffe gegen den Willen seines Vaters benutzen könnte. Mit der Jagdwaffe ist kein Schuß abgegeben worden. ......

Rechtsanwalt

1. Einspruch gegen die selbständige Anordnung einer Einziehung XI. F. 1

Anmerkungen

1. Zuständig für den Einspruch gegen den selbständigen Einziehungsbescheid ist die Verwaltungsbehörde, die den Einziehungsbescheid erlassen hat (§ 87 Abs. 3 Satz 3 i.V.m. § 67 OWiG). Örtlich zuständig ist die Verwaltungsbehörde, die in den Fällen der Verfolgung einer bestimmten Person zutändig wäre, außerdem die Verwaltungsbehörde, in deren Bezirk der Gegenstand sichergestellt wurde (§ 87 Abs. 3 Satz 3 OWiG). Zur sachlichen Zuständigkeit für die Verfolgung von Ordnungswidrigkeiten nach dem Bundesjagdgesetz vgl. z.B. § 33 Abs. 5 LJagdG Bad.-Württ.

2. Die Einspruchsfrist beträgt zwei Wochen ab Zustellung des Einziehungsbescheides (§ 87 Abs. 3 Satz 2 i.V.m. § 67 Abs. 1 Satz 1 OWiG).

3. Unter den Voraussetzungen des § 27 OWiG kann die Einziehung eines Gegenstandes oder des Wertersatzes auch getrennt vom Bußgeldbescheid selbständig angeordnet werden. Ist eine andere Person als der Täter Eigentümer des Einziehungsgegenstandes, so ist die Einzelanordnung nur unter den Voraussetzungen des § 22 Abs. 2 Nr. 2, Abs. 3 OWiG oder des § 23 OWiG zulässig (vgl. *Göhler* § 27 Rdnr. 5).

4. Der selbständige Einziehungsbescheid steht dem Bußgeldbescheid in formeller und sachlicher Hinsicht gleich (§ 87 Abs. 3 Satz 2 OWiG), so daß der Einziehungsberechtigte gegen die Entscheidung der Verwaltungsbehörde Einspruch einlegen kann.

5. Bei § 22 Abs. 2 Nr. 2 OWiG steht die Sicherung der Allgemeinheit im Vordergrund. Dazu genügt nicht, daß der Einziehungsgegenstand abstrakt gefährlich ist. Aus den Umständen des Einzelfalles muß sich auch eine konkrete Gefahr für die Allgemeinheit ergeben oder die Gefahr bestehen, daß die einzuziehenden Gegenstände zur Begehung strafbarer oder bußgeldbewerter Taten verwendet werden (vgl. dazu *Göhler* § 22 Rdnr. 23; KKOWi-*Wilts* § 22 Rdnr. 32 ff.).

6. Sofern die Einziehung nicht schon aus Sicherungsgründen gerechtfertigt ist, kann sie auch gegenüber unbeteiligten Dritteigentümern unter den Voraussetzungen des § 23 OWiG erfolgen. Unbeteiligt ist jeder, der nicht im Sinne des Einheitstäterbegriffs des § 14 OWiG Beteiligter ist.
Die Einziehung nach § 23 OWiG hängt davon ab, daß ein Gesetz (*Rebmann/Roth/Herrmann* OWiG § 23 Rdnr. 2, verlangen ein formelles Gesetz; *Göhler* § 23 Rdnr. 1, läßt ein materielles Gesetz genügen; ebenso KKOWi-*Wilts* § 23 Rdnr. 7 für Verordnung) auf diese Vorschrift ausdrücklich verweist (vgl. z.B. § 39 Abs. 2 AWG; § 36 Abs. 2 EichG; § 40 Abs. 2 BJagdG; § 56 Abs. 3 WaffG). Das Merkmal der Leichtfertigkeit (§ 23 Nr. 1 OWiG) verlangt einen gesteigerten Grad der Fahrlässigkeit; einfache Fahrlässigkeit genügt nicht (vgl. *Göhler* § 23 Rdnr. 4; KKOWi-*Wilts* § 23 Rdnr. 20).

7. Bei der Verhältnismäßigkeit ist das Gewicht der Ordnungswidrigkeit zu dem Maß des Vorwurfs beim Täter oder beim Dritten (§ 23 OWiG) in Beziehung zu setzen (vgl. *Göhler* § 24 Rdnr. 3; KKOWi-*Wilts* § 24 Rdnr. 6).

2. Antrag auf gerichtliche Entscheidung gegen die Ablehnung der Verfahrensbeteiligung im Einziehungsverfahren

An das
Landratsamt
Breisgau-Hochschwarzwald[1]
Stadtstr. 2
7800 Freiburg i. Br.

Freiburg, den ......[2]

In dem Ordnungswidrigkeitenverfahren
gegen Herrn A... B...
wegen Verstoßes gegen das Waffengesetz
Az.: 517.13.1234

beantrage ich,

die gerichtliche Entscheidung,[3]

den Beteiligungsinteressenten, Herrn C...... D......, als Verfahrensbeteiligten zuzulassen.

Begründung:

Die Verwaltungsbehörde hat die Verfahrensbeteiligung des Beteiligungsinteressenten, Herrn C...... D......, mit der Begründung abgelehnt, er habe im Anhörungsverfahren[4] gegen die Einziehung der Waffen keine Einwendungen erhoben und damit einen unwiderruflichen Verzicht erklärt (§ 431 Abs. 6 StPO i. V. m. § 46 Abs. 1 OWiG). Entgegen der Ansicht der Verwaltungsbehörde liegt eine Verzichtserklärung nicht vor. .... (ist auszuführen).

Rechtsanwalt

Anmerkungen

1. Der Rechtsbehelf nach § 62 OWiG ist bei der Verwaltungsbehörde einzulegen, deren Entscheidung angefochten wird (§ 68 OWiG).

2. Der Rechtsbehelf nach § 62 OWiG ist an eine Frist nicht gebunden. Die sofortige Beschwerde (siehe Anm. 3) ist binnen einer Woche ab Bekanntmachung der Entscheidung einzulegen.

3. Gegen eine die Verfahrensbeteiligung ablehnende Entscheidung der Verwaltungsbehörde kann die gerichtliche Entscheidung nach § 62 OWiG beantragt werden. Ist die Ablehnung durch das Gericht erfolgt, so ist gegen diesen Ablehnungsbeschluß die sofortige Beschwerde zulässig (§ 431 Abs. 5 Satz 2, § 311 StPO i. V. m. § 46 Abs. 1 OWiG).

4. Im Verfahren vor der Verwaltungsbehörde ist die Anhörung von Personen, die als Einziehungsbeteiligte in Betracht kommen, nach § 432 StPO i. V. m. § 46 Abs. 1 OWiG vorgeschrieben.

3. Rechtsbeschwerde eines Einziehungsbeteiligten wegen nicht ausreichender Entschädigung

An das
Amtsgericht Freiburg[1]
– Bußgeldabteilung –
Holzmarktplatz 2
7800 Freiburg i. Br.

Freiburg, den ......[2]

In dem Ordnungswidrigkeitenverfahren
gegen Herrn A... B...
wegen unerlaubten Wettbewerbs
Az.: 3 OWiG 1234/90

lege ich für den Einziehungsbeteiligten,[3] Herrn C...... D......, gegen den Beschluß des Amtsgerichts Freiburg vom ......

Rechtsbeschwerde[4]

ein, soweit[5] das Amtsgericht dem Einziehungsbeteiligten eine Entschädigung von mehr als DM 500,– versagt hat.

Ich beantrage,

die Entscheidung insoweit aufzuheben und dem Einziehungsbeteiligten eine Entschädigung für die eingezogenen Druckwerke ...... in Höhe von insgesamt DM 2000,–[6] zu gewähren.[7]

Begründung:[8]

Das Amtsgericht hat durch Beschluß vom ...... neben der Einziehung der Druckwerke entschieden,[9] daß der Einziehungsbeteiligte eine Entschädigung für die eingezogenen Gegenstände wegen § 28 Abs. 2 Nr. 1 OWiG grundsätzlich nicht beanspruchen kann, daß ihm jedoch aus Billigkeitsgründen eine Entschädigung nach § 28 Abs. 3 OWiG in Höhe von DM 500,– gewährt wird.
Diese Entscheidung ist fehlerhaft.
Ich rüge die Verletzung sachlichen Rechts:[8]
Das Amtsgericht hätte die Entschädigung schon dem Grunde nach nicht versagen dürfen und einen Ersatz für die Einziehung nach dem Verkehrswert[10] der Gegenstände festsetzen müssen, weil ein Ausschließungsgrund nicht vorliegt. Der Einziehungsbeteiligte hat nicht „leichtfertig dazu beigetragen", daß die Ordnungswidrigkeit begangen wurde. ...... (ist auszuführen).
Selbst wenn die Voraussetzungen für die Versagung einer Entschädigung vorlägen, wäre die aus Billigkeitsgründen mit DM 500,– angesetzte Entschädigung ermessensfehlerhaft zu gering festgesetzt. ...... (ist auszuführen).

Rechtsanwalt

Anmerkungen

1. Die Rechtsbeschwerde ist bei dem Gericht einzulegen, dessen Urteil oder Beschluß nach § 72 OWiG angefochten wird (§ 341 Abs. 1 StPO i. V. m. § 79 Abs. 3 Satz 1 OWiG).

2. Die Frist zur Erhebung der Rechtsbeschwerde beträgt eine Woche ab Zustellung der Entscheidung, wenn sich die Rechtsbeschwerde gegen einen Beschluß nach § 72 OWiG

oder gegen ein Urteil richtet, das in Abwesenheit des Beschwerdeführers verkündet wurde (§ 79 Abs. 4 OWiG). Hat das Gericht das Urteil in Anwesenheit des Betroffenen verkündet, so beginnt die Frist mit der Urteilsverkündung (§ 341 Abs. 1 StPO i. V. m. § 79 Abs. 3 Satz 1 OWiG).

Die Rechtsbeschwerdeanträge und ihre Begründung sind binnen eines Monats nach Ablauf der Einlegungsfrist vorzulegen (§ 345 Abs. 1 StPO i. V. m. § 79 Abs. 3 Satz 1 OWiG).

3. Vom Erlaß des Bußgeldbescheides an hat der Einziehungsbeteiligte grundsätzlich dieselben Befugnisse, die dem Betroffenen zustehen (§ 87 Abs. 2 Satz 1 OWiG). Auch eine juristische Person oder eine Personenvereinigung kann als Einziehungsbeteiligte in Betracht kommen. In diesem Fall wird die juristische Person oder die Personenvereinigung durch ihre zur rechtsgeschäftlichen Vertretung befugten Organe vertreten.

4. Die Anordnung über die Entschädigung des Einziehungsbeteiligten (§ 436 Abs. 3 Satz 1, 2 StPO) kann dieser mit den gleichen Rechtsbehelfen anfechten, mit denen die Bußgeldentscheidung angefochten werden kann (Einspruch bzw. Rechtsbeschwerde; vgl. *Göhler* § 87 Rdnr. 40).

5. Eine Beschränkung des Einspruchs auf die Höhe der Entschädigung ist zulässig (vgl. *Göhler* § 87 Rdnr. 40).

6. Nach § 79 Abs. 1 Satz 1 Nr. 2 OWiG ist die Rechtsbeschwerde grundsätzlich nur zulässig, wenn der Beschwerdewert DM 200,– übersteigt. Demnach ist eine Rechtsbeschwerde unzulässig, wenn der Unterschiedsbetrag zwischen der zugesprochenen Entschädigung und dem festgesetzten Wert des Einziehungsgegenstandes geringer als DM 200,– ist.

7. Das Beschwerdegericht (regelmäßig das Oberlandesgericht) kann abweichend von § 354 Abs. 1, 2 StPO in der Sache selbst entscheiden und den festgestellten Sachverhalt anders als das Amtsgericht würdigen. Neue tatsächliche Feststellungen darf das Beschwerdegericht nicht treffen.

8. Ohne Begründung ist die Rechtsbeschwerde unzulässig. Die Begründung und die Beschwerdeanträge können in geeigneten Fällen zugleich mit der Einlegung der Rechtsbeschwerde vorgetragen werden. Aus der Rechtsbeschwerdebegründung muß hervorgehen, ob die Entscheidung wegen Fehler bei der Anwendung des Verfahrensrechts und/oder wegen der Verletzung materiellen Rechts angefochten wird. Für die Verfahrensrügen bestehen strenge Formvorschriften. Die Sachrüge kann in allgemeiner Form ohne weitere Begründung erhoben werden. Zu den Begründungsanforderungen einer Rechtsbeschwerde vgl. Form. XI. E. 2 Anm. 6.

9. Die Anordnung nach § 436 Abs. 3 Satz 1, 2 StPO trifft nach § 87 Abs. 1 OWiG die Verwaltungsbehörde, wenn das Verfahren bei ihr anhängig ist; im gerichtlich anhängigen Verfahren ist insoweit das Gericht zuständig.

10. Vgl. dazu *Göhler* § 28 Rdnr. 21.

4. Antrag auf ein Nachverfahren wegen nicht gerechtfertigter Einziehung

An das Freiburg, den ......[2]
Landesgewerbeamt[1]
Baden-Württemberg
Kienstr. 18
7000 Stuttgart 1

In dem Ordnungswidrigkeitenverfahren
gegen Herrn A... B...
wegen Verstoßes gegen das Eichgesetz
Az.: 514.15.1234

beantrage ich für den Einziehungsinteressenten, Herrn C...... D......, im

Nachverfahren,[3]

1. die Einziehungsentscheidung des Landesgewerbeamtes vom ...... aufzuheben[4] und
2. die Vollstreckung der Einziehungsentscheidung bis zur rechtskräftigen Entscheidung im Nachverfahren auszusetzen.[5]

Begründung:

Die Einziehung der neuen Meßgeräte ist gegenüber dem Antragsteller nicht begründet.
I. Der Antragsteller kann seine Rechte im Nachverfahren (§ 439 StPO i.V.m. § 46 Abs. 1 OWiG) geltend machen:
Das Landesgewerbeamt hat durch Entscheidung vom ...... die angeblich nachträglich dejustierten Meßgeräte eingezogen. Diese Entscheidung ist rechtskräftig seit ...... An dem Einziehungsverfahren war Herr C...... D...... nicht beteiligt.
1. Herr C...... D...... war bis zur Rechtskraft der Einziehungsentscheidung Eigentümer[6] der Meßgeräte. ...... (ist auszuführen).

   Diese Tatsache wird glaubhaft gemacht durch die beiliegende eidesstattliche Versicherung des Zeugen K...... L......

   Durch die rechtskräftige Einziehung hat Herr C...... D...... sein Eigentum an den Geräten verloren.[7] ......
2. Herr C...... D...... hat im Verfahren vor der Verwaltungsbehörde seine Rechte unverschuldet nicht wahrnehmen können, weil er an dem Einziehungsverfahren nicht beteiligt war und von der Einziehung seiner Gegenstände erst durch die Mitteilung des Betroffenen am ...... unterrichtet wurde.

   Diese Tatsache wird glaubhaft gemacht durch die Urkunden aus der Bußgeldakte, Az.: 514.15.1234, deren Beiziehung ich beantrage.
   Aus dem Schreiben der Verwaltungsbehörde vom ...... (As. 49 ff.) ist ersichtlich, daß die Verfahrensbeteiligung der Firma X-AG angeordnet wurde, weil die Verwaltungsbehörde irrtümlich annahm, die X-AG sei Eigentümerin der Meßgeräte und damit am Verfahren zu beteiligen. Die Verfahrensbeteiligung des Herrn C...... D...... wurde nicht angeordnet.
   Daß Herr A...... B...... den Antragsteller erstmalig über die rechtskräftige Einziehungsentscheidung unterrichtet hat, wird durch die beiligende schriftliche Erklärung des Betroffenen bestätigt.
II. Die Einziehung der neuen Meßgeräte gegenüber dem Antragsteller ist nicht gerechtfertigt.[8,9] ...... (ist auszuführen).

Rechtsanwalt

Anmerkungen

1. Bei einer Einziehung durch gerichtliche Entscheidung ist der Antrag bei dem Gericht des ersten Rechtszuges zu stellen (§ 441 Abs. 1 Satz 1 StPO i. V. m. § 46 Abs. 1 OWiG). Hat die Verwaltungsbehörde die Einziehungsentscheidung erlassen, so ist der Antrag dort anzubringen. Im Nachverfahren entscheidet das nach § 68 OWiG zuständige Gericht (§ 87 Abs. 4 Satz 2 OWiG). (Zur sachlichen Zuständigkeit für die Ordnungswidrigkeiten nach dem Eichgesetz vgl. z. B. für Baden-Württemberg § 8 Nr. 2 VO der Landesregierung über Zuständigkeiten nach dem Gesetz über Ordnungswidrigkeiten, GBl. Bad.-Württ. 1990, 75).

2. Das Nachverfahren ist binnen eines Monats nach Ablauf des Tages zu beantragen, an dem der Antragsteller von der rechtskräftigen Entscheidung Kenntnis erlangt hat. Zwei Jahre nach Eintritt der Rechtskraft ist der Antrag unzulässig (§ 439 Abs. 2 Satz 1 StPO i. V. m. § 46 Abs. 1 OWiG).

3. Das Nachverfahren eröffnet den Einziehungsbeteiligten und -interessenten, denen im Einziehungsverfahren ohne ihr Verschulden kein ausreichendes rechtliches Gehör gewährt wurde, die Möglichkeit, nach Rechtskraft der Einziehungsentscheidungen noch Einwendungen gegen die Einziehung zu erheben. Das Nachverfahren kann nur stattfinden, wenn die Einziehung eines Gegenstandes für alle Prozeßbeteiligten formell rechtskräftig angeordnet ist.

Liegen die Zulässigkeitsvoraussetzungen für das Nachverfahren vor, so tritt das Gericht ohne förmliche Zwischenentscheidung in die Prüfung der Begründetheit ein. Liegen die Voraussetzungen nach § 439 Abs. 1 und 2 StPO i. V. m. § 46 Abs. 1 OWiG nicht vor, so wird der Antrag durch Beschluß (§ 441 Abs. 2 i. V. m. § 46 Abs. 1 OWiG) als unzulässig verworfen.

Mit der rechtskräftigen Aufhebung der Einziehungsentscheidung wird die Rechtslage wieder hergestellt, die vor der Rechtskraft der Einziehungsentscheidung bestand. Das Eigentum fällt an den Voreigentümer zurück, ohne daß hierfür eine weitere Entscheidung notwendig wäre.

4. Die Einziehungsentscheidung ist aufzuheben, wenn feststeht oder bei Zweifeln zugunsten des Antragstellers anzunehmen ist, daß die Einziehung ihm gegenüber ungerechtfertigt war (vgl. *Göhler* § 87 Rdnr. 50; *KKOWi-Boujong* § 87 Rdnr. 97).

5. Der Antrag auf Durchführung des Nachverfahrens hemmt nicht die Vollstreckung der Einziehungsentscheidung. Das Gericht kann jedoch den Aufschub oder die Unterbrechung der Vollstreckung anordnen (§§ 439 Abs. 1 Satz 2, 360 StPO i. V. m. § 46 Abs. 1 OWiG). Die Einziehungsentscheidung wird in der Regel durch die Übernahme der eingezogenen Gegenstände in den amtlichen Gewahrsam vollstreckt (§ 90 Abs. 3 OWiG).

6. Der Antragsteller hat die Voraussetzungen des Nachverfahrens glaubhaft zu machen. Dies gilt sowohl für die Rechtsbeeinträchtigung als Folge der Einziehung (§ 439 Abs. 1 Nr. 1 StPO) als auch für das fehlende Verschulden (§ 439 Abs. 1 Nr. 2 StPO). Dem Antrag kann demnach nur stattgegeben werden, wenn das Recht des Antragstellers bewiesen ist (vgl. § 439 Abs. 4 StPO i. V. m. § 46 Abs. 1 OWiG).

Als Mittel der Glaubhaftmachung kommen alle Beweismittel in Betracht, die generell geeignet sind, die Wahrscheinlichkeit des Vorbringens darzutun (vgl. BVerfGE 38, 35/39; vgl. im einzelnen *Göhler* § 52 Rdnr. 18 ff.).

7. Mit der Rechtskraft der Einziehungsentscheidung geht das Eigentum an den eingezogenen Sachen von Gesetzes wegen grundsätzlich auf den Staat über (§ 26 Abs. 1 OWiG).

8. Ist das „vom Antragsteller behauptete Recht erwiesen", so hat das Gericht zu prüfen, ob die Einziehung gegenüber dem Antragsteller gerechtfertigt ist. Das Gericht prüft nach,

4. Antrag auf ein Nachverfahren wegen nicht gerechtfertigter Einziehung XI. F. 4

wie die Einziehungsentscheidung hätte lauten müssen, wenn der Antragsteller seine Rechte im Einziehungsverfahren rechtzeitig hätte ausüben können. Hier wirken sich – im Gegensatz zu den Voraussetzungen nach § 439 Abs. 1 Nr. 1 und 2 StPO i.V.m. § 46 Abs. 1 OWiG – Zweifel in tatsächlicher Hinsicht zugunsten des Antragstellers aus (vgl. KK/*Boujong* § 439 Rdnr. 13).

9. Die Entscheidung des Gerichts im Nachverfahren ist mit sofortiger Beschwerde anfechtbar, wenn das Gericht durch Beschluß entschieden hat (§ 441 Abs. 2 StPO i.V.m. § 46 Abs. 1 OWiG, andernfalls ist die Rechtsbeschwerde gegeben (§ 79 Abs. 1 Satz 1 Nr. 2 OWiG). In jedem Falle muß der vom Gericht festgesetzte Wert des Einziehungsgegenstandes DM 200,– übersteigen, § 87 Abs. 5 OWiG (vgl. *Göhler* § 87 Rdnr. 51).

G. Wirtschaftsstrafgesetz

1. Sofortige Beschwerde gegen die Verpflichtung zur Rückerstattung des Mehrerlöses nach dem Wirtschaftsstrafgesetz

An das Freiburg, den ......[2]
Amtsgericht Freiburg[1]
– Bußgeldabteilung –
Holzmarktplatz 2
7800 Freiburg i. Br.

In dem Ordnungswidrigkeitenverfahren
gegen Herrn A... B...
wegen Mietpreisüberhöhung
Az.: 17 OWiG 123/90

lege ich gegen den Beschluß des Amtsgerichts Freiburg vom ...

sofortige Beschwerde[3]

ein.

Begründung:

Die Verwaltungsbehörde hat gegen die X-GmbH im selbständigen Verfahren nach §§ 10, 11 WiStG 1954 die Rückerstattung des Mehrerlöses an die geschädigten Mieter (§ 9 i. V. m. § 5 WiStG 1954) angeordnet. Auf den Einspruch der X-GmbH gegen die Rückerstattungsanordnung hat das Amtsgericht die Rückerstattungsentscheidung bestätigt.[4] Gegen diese gerichtliche Entscheidung richtet sich die sofortige Beschwerde.
Die Voraussetzungen für die Rückerstattung eines Mehrerlöses an die Mieter liegen nicht vor.[5] ...... (ist auszuführen). Der vereinbarte Mietzins war nicht überhöht. ...... (ist auszuführen).

Rechtsanwalt

Anmerkungen

1. Die sofortige Beschwerde ist bei dem Gericht einzulegen, dessen Entscheidung angefochten wird. (§ 306 Abs. 1 StPO i. V. m. § 46 Abs. 1 OWiG).

2. Die Beschwerdefrist beträgt eine Woche von der Bekanntgabe der Entscheidung an (§ 311 Abs. 2 StPO i. V. m. § 46 Abs. 1 OWiG).

3. Entscheidet das Amtsgericht über den Einspruch des Betroffenen gegen die Entscheidung der Verwaltungsbehörde im selbständigen Verfahren durch Beschluß, so ist hiergegen nicht die Rechtsbeschwerde, sondern die sofortige Beschwerde (§ 441 Abs. 2 StPO i. V. m. § 46 Abs. 1 OWiG) an das Landgericht gegeben (BGHSt 31, 361/364). Entscheidet das Amtsgericht durch Urteil, so ist hiergegen die Rechtsbeschwerde nach Maßgabe von § 79 Abs. 1 Nr. 2 OWiG zulässig.

4. Die Wertgrenze für die amtsgerichtliche Zuständigkeit nach § 23 Nr. 1 GVG gilt für die amtsgerichtliche Rückerstattungsanordnung nicht (BGHSt 12, 247 ff.; BGH NJW 1982, 1047 f.).

5. Die Rückerstattungsanordnung setzt einen Antrag des Geschädigten voraus (§ 9 Abs. 1 WiStG 1954). Nach § 9 Abs. 3 WiStG 1954, auf den § 10 Abs. 1 WiStG 1954 verweist, sind im selbständigen Verfahren zur Rückerstattung der Mehrerlöse im wesentlichen die Vorschriften des Adhäsionsverfahrens (§§ 403 ff. StPO) anzuwenden (zum Adhäsionsverfahren siehe die Form. XIII. D. 1–5).

XII. Besondere Verfahrensarten

A. Der Verteidiger in Jugendstrafsachen

1. Der Verteidiger als „Störenfried" oder als „pädagogischer Fachanwalt"

An das 11. Juli 1989/4/lu
Landgericht
5600 Wuppertal

In den Strafverfahren
gegen
......
Az.: ......

wird die Berufung gegen das Urteil des Bezirksjugendgerichts Velbert vom 30. 1. 1989 wie folgt begründet:

I. Das Amtsgericht Velbert hat den Angeklagten wegen fahrlässiger Straßenverkehrsgefährdung und unerlaubten Entfernens vom Unfallort in Tateinheit mit vorsätzlicher Trunkenheit im Verkehr zu einer Gesamtgeldstrafe von 65 Tagessätzen zu je 20,-- DM kostenpflichtig verurteilt. Dem Angeklagten wurde die Fahrerlaubnis entzogen. Die Verwaltungsbehörde durfte innerhalb von einem Jahr nach Rechtskraft des Urteils keine neue Fahrerlaubnis erteilen. Der Führerschein wurde eingezogen.
In den Gründen heißt es unter anderem:
Der Angeklagte selbst hat sich zur Sache nicht geäußert.
Der Angeklagte läßt durch seinen Verteidiger vortragen, er müsse freigesprochen werden, da ihm die Trunkenheitsfahrt vom 28. 8. 1988 und die anschließende Unfallflucht nicht nachgewiesen werden könne.
Dieser Wunschvorstellung des Angeklagten kann sich das Gericht nicht anschließen. Zur Überzeugung des Gerichts steht aufgrund der Beweisaufnahme zweifelsfrei fest, daß nur der Angeklagte mit seinem BAK von 2,23 ‰ der Fahrer der Trunkenheitsfahrt gewesen ist. Auch wenn gemäß § 252 die Polizeibeamten als Verhörspersonen nicht zur Aussage der Eltern des Angeklagten gehört werden konnten, ergibt sich dennoch die Täterschaft aufgrund anderer Beweismittel. Fest steht, daß der Angeklagte von den Polizeibeamten in seinem Zimmer in einem Bett liegend angetroffen wurde, das noch kalt war. Wesentlich erscheint dem Gericht auch die Rücknahme des Widerspruchs gegen den sichergestellten Führerschein. Dem Angeklagten ist kein Glaube zu schenken, dahingehend, daß er in Ruhe die Überprüfung des Sachverhalts abwarten wollte. Für den zur Tatzeit 18 Jahre und 7 Monate alten Angeklagten konnte Jugendstrafrecht nicht mehr zur Anwendung gelangen, denn weder die Gesamtwürdigung des Angeklagten noch die Taten selbst sprechen dafür, daß es sich hier um eine Jugendverfehlung im Sinne des § 105 JGG handelt.
Zugunsten des Angeklagten ist überhaupt nichts Positives anzuführen.
II. Das Urteil des Amtsgerichts Velbert kann keinen Bestand haben. Es steht exemplarisch für ein antiquiertes Verständnis über das Verhältnis von jugendkriminalrechtlicher Erziehung und Strafverteidigung. In dem Urteil kommen unterschwellig längst vergessen ge-

glaubte Vorbehalte gegen die Mitwirkung eines Verteidigers zum Ausdruck, der gemeint hatte, dem staatlichen Strafanspruch auch dann entschieden entgegentreten zu müssen, wenn er im Gewande von Erziehungsbemühungen auftritt.

Der junge Mann hatte gegenüber der Polizei und auf Anraten seines Verteidigers auch in der Hauptverhandlung geschwiegen. Demgegenüber hätte es der Jugendrichter offenbar als erzieherisch wünschenswert angesehen, wenn der junge Angeklagte ein Geständnis abgelegt und sich zu seinen „Missetaten" bekannt hätte. Dem Jugendrichter war – aus den nicht verwertbaren Angaben der Eltern des Angeklagten gegenüber der Polizei – klar, daß nur der Angeklagte der Täter sein mußte. Es war offenbar der Verteidiger, der in diese Klarheit Verwirrung hineingetragen hatte. Er hatte nicht nur dem Angeklagten geraten zu schweigen, sondern auch den Eltern. Es bedurfte erheblicher verfahrensrechtlicher Anstrengungen, dem Jugendrichter klarzumachen, daß er die zunächst allein als Zeugen zur Hauptverhandlung geladenen Polizeibeamten nicht vernehmen durfte, bevor feststand, ob die Eltern von ihrem Aussageverweigerungsrecht Gebrauch machen würden oder nicht. Als dann schließlich in einem neu anberaumten Termin die Eltern des Angeklagten die Aussage verweigerten, war für das Jugendgericht der Weg versperrt, die Täterschaft aus den Angaben der Eltern gegenüber der Polizeibeamten herzuleiten. Gleichwohl ist der Richter im Rahmen der sogenannten freien richterlichen Beweiswürdigung zu einer Verurteilung gekommen. Ihm standen dabei nur zwei Umstände zur Verfügung:
- Die Tatsache, daß das Bett noch kalt war, als die Polizeibeamten bei dem Angeklagten erschienen.
- Die Tatsache, daß der Angeklagte gegenüber den Polizeibeamten mitgeteilt hat, daß er den Widerspruch gegen die Führerscheinsache zurücknehmen möchte.

Diese Fakten geben nach Auffassung der Verteidigung für eine Verurteilung nichts her. Die Tatsache, daß das Bett noch kalt war, kann genausogut davon rühren, daß der Angeklagte sich erst kurv zuvor in das Bett gelegt hat. Das heißt aber noch nicht, daß er bis dahin Auto gefahren ist. Die Rücknahme des Widerspruchs gegen die Beschlagnahme des Führerscheins spricht auch nicht für die Täterschaft. Der Angeklagte wollte sich zunächst einmal mit seinem Verteidiger beraten.

Die ganze Voreingenommenheit des Jugendrichters über das Aussageverhalten des Angeklagten, aber auch seine offensichtliche Empörung über den Verteidiger als Störenfried kommt in dem Satz zum Ausdruck, daß zugunsten des Angeklagten überhaupt nichts Positives anzuführen sei. In dem Urteil wird überdeutlich die forensische Alltagserfahrung bestätigt, daß die Mitwirkung von Verteidigern die Verhandlungsatmosphäre verändert, bei größeren Gegensätzen hinsichtlich des Verfahrensausgangs die Wahrscheinlichkeit einer gewissen „Bestrafung" des Angeklagten für seinen Verteidiger erhöht (*Walter* NStZ 87, 485).

Das Urteil des Amtsgerichts Velbert ist nach alledem aufzuheben.

Rechtsanwalt

Schrifttum: S. XII. A. Anmerkungen am Ende

Anmerkungen

Die Verteidigung in Jugendstrafsachen stellt den Anwalt vor besondere Aufgaben. Sie ergeben sich aus den Besonderheiten der jugendlichen bzw. heranwachsenden Mandanten und dementsprechend aus den besonderen Vorschriften des Jugendstrafrechts.

Nach einem weit verbreiteten Verständnis soll der Rolle des Verteidigers im Jugendstrafverfahren eine vergleichsweise geringe Bedeutung zukommen, weil die Rechtsfolgenbemessung nicht den Strafrahmen des allgemeinen Strafrechts (§ 18 Abs. 1 Satz 3 JGG), sondern dem Erziehungsprinzip unterliegen würde. Allein das Auftreten eines Verteidigers bringe

1. Der Verteidiger als „Störenfried"

bereits eine gewisse Schärfe in das erzieherisch verstandene Jugendstrafverfahren hinein. Er wirke darin gleichsam als Störfaktor, z. B. wenn er Beweis- oder Befangenheitsanträge stelle (*Jung* ZRP 1981, 36/38; *Cohnitz* Anm. 8, S. 57).

Auch wird dem Verteidiger zugemutet, in erster Linie nicht mit dem Ziel der Entlastung des Jugendlichen, sondern im Interesse der erzieherisch „richtigsten" Sanktion zu verteidigen. Nur die richtige Maßnahme nutzte dem Jugendlichen, eine falsche könne ihm erheblich schädigen. Ein unberechtigter Freispruch könne zwar kurzfristig die angenehmere Lösung eines Problems für den Jugendlichen darstellen. Fraglich sei jedoch, ob eine solche Entscheidung auf lange Sicht erzieherisch richtig sei. Dahinter steht die Vorstellung, der Freigesprochene könne durch ein solches Urteil in falsche Bahnen gelenkt werden (*Brunner* JGG Rdnr. 6 zu § 68; *Herz*, Jugendstrafrecht, S. 96; *Hauber* RdJ 1979, 355ff.). *Schlickum* (StV 1981, 359/360) weist auf die Folgen dieser Meinung hin:

– Ein Verteidiger, dem der Jugendliche im vertraulichen Gespräch die Tat zugegeben hat, müßte diesen zu einem Geständnis zu bewegen versuchen, wenn er das Mandat nicht gleich wieder niederlegen will.
– Wenn die Hauptverhandlung kein zur Verurteilung ausreichendes Ergebnis gebracht hat, wäre es dem Verteidiger versagt, auf Freispruch zu plädieren.

Hauber (RdJ 1979, 355/361) verlangt noch weitergehend:
– In der Hauptverhandlung, die eine „große pädagogische Chance" sei, müsse sich der Strafverteidiger bei der Suche nach der am besten geeigneten jugendrichterlichen Sanktion Beschränkungen auferlegen, etwa bei der Berichterstattung des Jugendgerichtshelfers einen Ausschluß des Jugendlichen anregen, um „dadurch mögliche erzieherische Nachteile zu verhindern".
– Auch das gesamte Plädoyer sei dem Erziehungsgedanken unterzuordnen, weshalb begangene Fehler, charakterliche Mängel und ähnliches nicht zu beschönigen und nicht zu bagatellisieren seien.
– Es sei sogar Aufgabe des Strafverteidigers, Verständnis für die Maßnahme des Gerichts zu wecken und so die „erzieherisch unverzichtbare Annahme des Richterspruchs" zu erreichen.

Die Konsequenzen dieser Auffassung zeigen sich auch bei der Pflichtverteidigerwahl- und -bestellung. Die Eignung zum Verteidiger in Jugendstrafsachen solle beachtet werden, und eine Bindung an Vorschläge oder einen bestimmten Turnus bestehe nicht; ungeeignete Anwälte dürften übergangen werden (*Brunner* JGG Rdnr. 2 zu § 68). *Hauber* (RdJ 1979, 355/358) fordert gar eine „schwarze Liste" mit den Namen der ungeeigneten Anwälte. Gegen diese Überlegungen ist folgendes einzuwenden:

Der Jugendstrafvollzug entspricht auch heute noch nicht – trotz ehrlicher Bemühungen und nicht zu übersehender Fortschritte – erzieherischen Anforderungen. Das räumt auch Brunner ein (*Brunner* JGG Rdnr. 8 zu § 17). Im übrigen ist ein einheitliches Verständnis vom Wesen und Ziel der Erziehung (auch) im Jugendstrafrecht nicht zu erkennen (*Eisenberg* NJW 1984, 2913).

Auch ist nach der derzeitigen Konzeption die Jugendstrafe einerseits als ein dem Jugendlichen aufzuerlegendes Übel bestimmt, das aber andererseits gerade dessen Erziehungswohl nützen soll. Es geht aber nicht an, nur die eine Seite dieses Widerspruchs, die erzieherische Komponente, zu betonen, die andere jedoch hintanzustellen, daß nämlich die Jugendstrafe begrifflich Sühne für das begangene Unrecht ist und unbestritten eine echte Kriminalstrafe darstellt. Die einseitig am Erziehungsgedanken orientierte Auffassung läuft deshalb in vielen Fällen auf eine Verletzung der bestehenden Erwartungen des Jugendlichen hinaus, gegen jeden staatlichen Eingriff verteidigt zu werden (*Eisenberg* NJW 1984, 2913/2915). Umgekehrt ist es sicherlich eine erzieherisch äußerst wichtige Erfahrung für den jungen Menschen, einen Verteidiger in einer extrem schwierigen, bedrohlichen Situation an seiner Seite gehabt zu haben, auf den er sich verlassen konnte (*Zieger* StV 1982, 305).

Inzwischen hat sich in der Wissenschaft eine differenziertere Sicht der Aufgaben des Verteidigers in Jugendstrafverfahren abgezeichnet. Die älteren geständnisorientierten Auffassungen werden im modernen Schrifttum – sieht man von Brunner ab – wohl nicht mehr vertreten. Einigkeit besteht dahin, daß es beim Tatnachweis keine pädagogisch bedingten Grenzen für die Tätigkeit des Verteidigers geben darf. Nach einem Teil des modernen Schrifttums kommt eine pädagogische Aufgabe des Verteidigers voll zum Tragen in dem Bereich, in dem der erzieherische Charakter des Jugendstrafverfahrens eindeutig überwiegt, so vor allem im Rechtsfolgenausspruch bei den eher erzieherischen Maßnahmen: gemeint sind in erster Linie die Verfahren, bei denen nicht stationäre Erziehungsmaßregeln, wie insbesondere Weisungen und Zuchtmittel zu erwarten sind (*Beulke* StV 87, 458, *Walter* NStZ 87, 481, *Breymann/Schlüchter*, Verteidigung in Jugendstrafsachen, Der Bundesminister der Justiz (Hrsgb.). Mit der modifizierten Theorie eines „pädagogischen Fachanwalts" läßt sich zwar leben, Gleichwohl bestehen aus der Sicht der Verteidigung nach wie vor die geschilderten Gefahren, sei es nun bei der Bestellung eines Pflichtverteidigers oder sei es im Hinblick auf eine unbewußte Höherbestrafung des Angeklagten. Auch steht zu befürchten, daß bei Anerkennung der modifizierten Theorie die dieser zugrundeliegende radikale Auffassung wieder auflebt. Letztendlich würde eine Anbindung des Verteidigers an erzieherische Belange seine eigentliche Aufgabe als „institutionalisiertes Gegengewicht" (*Kahlert* Rdnr. 7) zum Machtmonopol des Staates zu sehr in Frage stellen. (Wie hier vor allem *Schlickum, Eisenberg, Zieger* a. a. O., *Albrecht* S. 294, *Ostendorf* AK-JGG § 68 Rdnr. 3). Der Verteidiger ist der einzige Ansprechpartner, dem sich der Jugendliche ohne Gefahr der Täuschung und des Vertrauensbruchs offen anvertrauen kann. Der Verteidiger darf dieses Vertrauen nie und nimmer enttäuschen.

Der Verteidiger hat demnach, wie auch sonst, so auch in Jugendstrafsachen, dem Mandanten im Rahmen der geltenden Gesetze ein faires Verfahren zu sichern und alles Entlastende vorzutragen. Er muß versuchen, den Jugendlichen vor dem Strafmakel zu bewahren und ihn vor allem vor der „Ansteckungsgefahr im Freiheitsstrafvollzug" zu schützen.

Die Besonderheiten und damit auch die besonderen Pflichten des Verteidigers in Jugendstrafsachen ergeben sich aus der Persönlichkeit des Mandanten. Die Jugendlichen sind regelmäßig weniger selbstbewußt als Erwachsene. Sie leiden oft stark unter dem Verfahren – auch wenn sie noch so „cool" oder „motzig" erscheinen wollen (*Zieger* StV 1982, 305). Er gibt die Erfahrung vieler im Jugendstrafrecht tätiger Verteidiger zutreffend wieder, wenn er sagt:

„Nicht nur das Verfahren überhaupt, vor allem die inquisitorisch empfundene Ausfragung durch die Jugendgerichtshilfe und das Gericht (und eventuell auch durch den Verteidiger) verstärken das Gefühl der Ohnmacht, des Ausgeliefertseins vor allem dann, wenn persönliche, körperliche und psychische, familiäre oder schulische Probleme ausgebreitet werden. Am Verfahren nehmen viele, dem Jugendlichen unbekannte, in ihrer Bedeutung und ihren Einflußmöglichkeiten oft nicht durchschaubare Personen teil."

Er fordert deshalb zu Recht, daß der Verteidiger dem Jugendlichen die Voraussetzungen und den Raum dafür schaffen muß, daß er sich authentisch selbst darstellen kann, sofern er sich dadurch nicht gefährdet.

Die Bemühungen des Verteidigers setzen schon im vorprozessualen Stadium des Verfahrens ein. Er hat Kontakte zu der Polizei, der Jugendgerichtshilfe, zu beratenden und helfenden Einrichtungen aufzunehmen. Seine Bemühungen konzentrieren sich zunächst voll und ganz auf das Ermittlungsverfahren, um eine vorzeitige Einstellung gemäß § 47 JGG durch den Jugendrichter oder nach § 45 JGG in Verbindung mit § 153 StPO durch den Staatsanwalt zu erreichen, wenn nicht überhaupt eine Einstellung nach § 170 in Betracht kommt. Kommt es trotzdem zur Verhandlung, sollte er im Gespräch mit Staatsanwalt und Richter in und außerhalb der Verhandlung die für den Jugendlichen günstigste Sanktion finden. In Kenntnis des kriminologischen Bezugrahmens für die Anwendung des JGG (vgl. *Albrecht* S. 1 ff.) wird er Maßnahmen vorschlagen, die den Jugendlichen fördern

1. Der Verteidiger als „Störenfried" XII. A. 1

und ihm nicht allzu sehr schaden. Dies setzt nicht nur die Kenntnis der §§ 3, 17, 105 JGG voraus, sondern auch die Kenntnis des vom Erwachsenenstrafrecht völlig unterschiedlichen Sanktionenkataloges. Erziehung im Sinne des Jugendgerichtsgesetzes bewirkt der Verteidiger vor allem mit beharrlichen Hinweisen auf diejenigen jugendrechtlichen Normen, die seinen Mandanten begünstigen und aus Routine- und Zeitersparnisgründen oder wegen rückständiger regionaler Praktiken bisher zu wenig beachtet und berücksichtigt werden (*Walter* NStZ 87, 482). Hierzu zählen u. a. die §§ 31, 32, 67, 71, 72, 74 JGG. Er wird den Jugendlichen nach Rechtskraft nachbetreuen und ihn über die Möglichkeiten einer besonders frühen Aussetzung der Reststrafe zur Bewährung und über die besonderen Tilgungsmöglichkeiten in Erziehungs- und Zentralregister (§§ 92 ff. JGG) informieren. All dies setzt voraus, daß der Verteidiger seinen Mandanten besonders gut kennt. Dazu gehört, daß er das besondere Vertrauen des Jugendlichen gewinnt. In den nachstehenden Checklisten und Mustern soll dem Verteidiger in Jugendstrafsachen dafür eine Hilfestellung geboten werden.

Schrifttum: Albrecht, Jugendstrafrecht 1987, *Böhm,* Einführung in das Jugendstrafrecht, 2. Aufl., 1985; *Beulke,* Funktionen der Verteidigung in Jugendstrafverfahren, StV 1987, 458; *Brunner,* Jugendgerichtsgesetz: Kommentar 8. Aufl., 1986; *Der Bundesminister der Justiz* (Hrsgb.) Verteidigung in Jugendstrafsachen 1987; *Cohnitz,* Der Verteidiger in Jugendsachen, RdJ 1956, 196; *Eisenberg,* Der Verteidiger in Jugendstrafsachen, NJW 1984, 2913; *ders.,* Jugendgerichtsgesetz mit Erl. 4. Aufl., 1991; *ders.,* Einführung in die Grundprobleme des Jugendstrafrechts, JUS 1983, 569; *ders.,* Anmerkung zu LG Berlin Beschl. v. 15. 5. 1987. – Verfahrenseinstellung nach erzieherischen Maßnahmen, NStZ 87, 561; *ders.,* Zum Schutzbedürfnis jugendlicher Beschuldigter im Ermittlungsverfahren, Besprechung von LG Konstanz NJW 88, 1276 und BVerfG NJW 88, 1256; *Häner,* Ein Absehen von der Verfolgung nach § 45 JGG setzt kein Geständnis voraus, StV 1984, 350; *Hauber,* Das Dilemma der Verteidigung jugendlicher Straftäter, RdJ 1979, 355; *Herz,* 2. Aufl. Jugendstrafrecht, 1987; *Jung,* Die jugendlichen Entscheidungen – Anspruch und Wirklichkeit ZRP 1981, 36; *Kahlert,* Verteidigung in Jugendstrafsachen, 2. Auflage 1986; *Lempp,* Das Problem der Strafmündigkeit aus kinder- und jugendpsychiatrischer Sicht; in: Nissen, G., H. Schmitz (Hrsg.): Strafmündigkeit; Juristische, jugendpsychiatrische und theologische Aspekte, 1973; *Möller,* Praxis und Auswirkungen des Jugendarrestes, ZfStrVO 1972, 45; *Molketin,* Anmerkung zu OLG Zweibrücken, Beschluß vom 28. 1. 1986 – Notwendige Verteidigung bei jugendlichen Angeklagten; Jugendstrafrecht für Angehörigen der „Skinheads". NStZ 87, 89; *Nothacker,* 30 Entscheidungen aus der Rechtsprechung zum Jugendstrafrecht 1987; *Ostendorf,* Bewährung oder Freiheitsstrafe – eine Falltür im Jugendstrafrecht, NJW 1981, 378; *ders.,* Die Prüfung der strafrechtlichen Verantwortlichkeit gem. § 3 JGG – der erste Einstieg in die Diversion, JZ 1986, 664; *Pfeiffer,* Kriminalprävention im Jugendgerichtsverfahren: Jugendrichterliches Handeln vor dem Hintergrund des Brücke-Projekts 1983; *Remschmidt,* Junge Volljährige im Kriminalrecht aus jugendpsychiatrisch-psychologischer Sicht, MSchrKrim 1978, 79; *Schaffstein,* Die strafrechtliche Verantwortlichkeit Heranwachsender und Herabsetzung des Volljährigkeitsalters, MSchrKrim 1976, 92; *ders./Beulke,* Jugendstrafrecht, 9. Aufl. 1987; *Schoreit,* Gesamtstrafenbildung unter Einbeziehung einer Jugendstrafe, ZRP 90, 175; *Schlickum,* Verteidigung in Jugendstrafsachen: Mithilfe zur Verurteilung? StV 1981, 359; *Schumacher,* Gruppendynamik und Straftat, NJW 1980, 1880; *Stutte,* Katamnesen jugendlicher Gewaltdelinquenten, MSchrKrim 1976, 309; *Tondorf,* Begeht der Strafverteidiger eine Strafvereitelung und verletzt er seine Standespflichten, wenn er den Mandanten benachrichtigt, nachdem er von einem geplanten Haft- oder Durchsuchungsbefehl erfahren hat? StV 1983, 257; *ders.* Anmerkung zu LG Bonn, StV 1984, 255; *Walter,* Stellung und Bedeutung des Verteidigers im jugendkriminalrechtlichen Verfahren, NStZ 87, 481; *Walter/Pieplow,* Zur Zuverlässigkeit eines Vorbehalts der Vollstreckbarkeitsentscheidung, insbesondere einer „Vorbewährung" gem. § 57 JGG NStZ 88, 165; *Wattenberg,* Einflußnahme „Knast" – Zum Erziehungsgedanken im Jugendstrafvollzug, ZfStrVO 90, 37; *Zieger,* Verteidiger in Jugendstrafsachen Erfahrungen und Empfehlungen, StV 1982, 305; *ders.,* Kosten der Verteidigung in Jugendstrafsachen – Der oft vergessene § 74 JGG – StV 1990, 282.

2. Die Verteidigung im Ermittlungs- und Zwischenverfahren (Checkliste)

In diesen Verfahrensabschnitten hat der Verteidiger auf folgende Besonderheiten zu achten:

1. Die Entscheidung, einen Verteidiger zu wählen, ebenso wie die Wahl desselben, kann der Jugendliche selbständig treffen (*Eisenberg* JGG Rdnr. 7 zu § 68). Sie ist auch ohne oder sogar gegen den Willen der Erziehungsberechtigten wirksam.
2. Für eine Honorarvereinbarung ist die Zustimmung des gesetzlichen Vertreters erforderlich.
3. Zur Vermeidung von Konfliktsfällen hat der Verteidiger bei Mandatserteilung den Erziehungsberechtigten klarzumachen, daß er ausschließlich im Interesse des Jugendlichen verteidigt und dabei keine Rücksicht auf etwaige Unannehmlichkeiten für die Familie nehmen kann, wenn die Verteidigung dies erfordert (vgl. dazu *Zieger* StV 1982, 305/306). Die gesetzlichen Vertreter und Erziehungsberechtigten können zwar unabhängig vom Willen des/der jugendlichen Angeklagten den Rechtsmittelweg beschreiten, aber nicht durch den Verteidiger gegen den Willen des Mandanten/der Mandantin. *Ostendorf* (AK-JGG § 68 Rdnr. 6) mahnt:

   „Es droht die Strafbestimmung des Parteiverrates gem. § 356 StGB, nachdem der Verteidiger die Interessenwahrung des/der Angeklagten übernommen hat. Die durch den/die Angeklagte(n) anders formulierten Interessen sind aber entgegengesetzte Interessen, da die Interessenformulierung nur subjektiv erfolgen kann."

   Zieger (StV 82, 306) hält ein solches Vorgehen „zumindest für standeswidrig." Es ist also Vorsicht geboten. Das erste Gespräch sollte in der Regel zunächst ohne Beisein anderer Personen stattfinden, um wechselseitige Beeinflussungen, Rücksichtnahmen und Ängste zu reduzieren. Der Jugendliche ist über die Verschwiegenheitspflicht des Verteidigers aufzuklären. Bereits die erste Unterredung sollte der Klärung des Lebenslaufs, des sozialen Umfeldes und des Tathintergrundes dienen (hilfreich der bei *Pfeiffer,* Kriminalprävention im Jugendgerichtsverfahren, auf S. 369 abgedruckte Auszug aus dem in der „Brücke" verwendeten Fragebogen).
4. Kommen polizeiliche Ermittlungshandlungen in Betracht, z.B. Nachvernehmungen, Gegenüberstellungen, erkennungsdienstliche Behandlungen, gilt der Rat, entweder die Aussage bis zur Hauptverhandlung zu verweigern oder aber eine Einlassung von der vorherigen Beratung durch den Verteidiger abhängig zu machen.

   Wurde der Jugendliche bereits vernommen, so ist zu prüfen, ob die Ermittlungsbehörden die generellen Grenzen zulässiger Vernehmungsmethoden zu § 136a StPO beachtet haben. Dabei ist mit *Eisenberg* (NJW 88, 1250) auf folgendes zu achten:

   „Es entspricht dem im materiellen wie formellen Jugendstrafrecht verankerten Verständnis einer höheren Prägbarkeit Jugendlicher im Vergleich zu Erwachsenen, daß auch die Widerstandsfähigkeit Jugendlicher im allgemeinen weniger ausgebildet ist als bei Erwachsenen. Demzufolge sind gem. § 2 JGG ...... an die Auslegung des § 136a StPO im Jugendstrafverfahren andere Maßstäbe anzulegen als im Verfahren gegen Erwachsene, und dementsprechend spezielle Grenzen zulässiger Vernehmungsmethoden zu ziehen. Nur so kann die verfassungsrechtlich geschützte Subjektstellung des jugendlichen Beschuldigten im Strafverfahren gewahrt werden. ...... Insbesondere wird man bei einem 14-jährigen nicht ohne

2. Die Verteidigung im Ermittlungs- und Zwischenverfahren

weiteres davon ausgehen können, daß er sich im Falle einer Übermüdung auf sie „beruft."

Die Möglichkeit einer Inanspruchnahme des Schweigerechtes setzt aber nicht allein die Kenntnis dieses Rechts und eine Einsicht in die Bedeutung der Aussage oder des Schweigens für das weitere Verfahren, sondern auch die Fähigkeit voraus, nach dieser Einsicht zweckmäßig (interessengerecht) sich für oder gegen eine Einlassung zur Sache zu entscheiden. Für eine solche Handlungsfähigkeit bedarf es mehr als einer bloßen Verstandesreife im Sinne des § 52 Abs. 2 StPO; während diese (schon) bei 14jährigen in der Regel vorhanden sein mag, wird jene gerade erst strafmündigen Jugendlichen ohne Beistand regelmäßig (noch) fehlen, zumal soweit sie unter dem seelischen Druck eines schlechten Gewissens leiden.

Für eine den Besonderheiten des Jugendstrafverfahrens Rechnung tragende Auslegung der §§ 163a IV, 136 I StPO ergibt sich folgendes:
„Zum einen wird der Jugendliche ausdrücklich auch darauf hinzuweisen sein, daß er sich jederzeit, auch schon vor seiner Vernehmung und vor seiner Entscheidung darüber, ob er sich zur Sache einlassen will oder nicht, durch den Erziehungsberechtigten beraten lassen darf, auch vergleichbar dem Hinweis auf das Recht, einen Verteidiger zu befragen. Zum anderen darf dem Jugendlichen nach überraschender Festnahme keineswegs nahegelegt werden, ohne elterlichen Beistand sofort Angaben zur Sache zu machen. Endlich wird dem Jugendlichen Gewissheit darüber zu verschaffen sein, daß es eine sogenannte „verspätete" Einlassung nicht gibt, er insbesondere im Fall einer vorläufigen Aussageverweigerung keine nachteiligen Folgen zu besorgen hat. Der Verteidiger sollte rügen, wenn das Anwesenheitsrecht des/der Erziehungsberechtigten nach § 67 I bei der ersten Vernehmung verletzt worden ist und in richtiger Weise eine Benachrichtigungspflicht einer Vernehmungsperson korrespondieren muß. Die Entziehung der Rechte aus § 67 Abs. 4 JGG steht allein dem Richter zu (vgl. *Eisenberg* aaO.).

5. Der Jugendliche ist auf die Vorladung zur Jugendgerichtshilfe vorzubereiten. Ihm sind die der Jugendgerichtshilfe ebenfalls gesetzlich zugeschriebenen Ermittlungs- und Überwachungsfunktionen zu erläutern. Vor allem ist er darauf hinzuweisen, daß den dort tätigen Sozialarbeitern grundsätzlich kein Zeugnisverweigerungsrecht zusteht (zu den Ausnahmefällen s. BVerfG NJW 1972, 2214 und NJW 1977, 1489; vgl. auch *Eisenberg* JGG Rndrn. 30 zu § 38; *Brunner* JGG Rdnr. 14 zu § 38). Erfährt die Jugendgerichtshilfe Einzelheiten zum Schuldvorwurf, muß sie diese streng genommen dem Gericht mitteilen (*Brunner* JGG Rdnr. 12 zu § 38). In der Praxis sind die Jugendämter allerdings in diesem Punkt zurückhaltend. Sollte sich herausstellen, sie seien „der verlängerte Arm der Polizei", würden die Jugendämter bei Jugendlichen und Heranwachsenden um jeden Kredit gebracht.
Dennoch ist dem Jugendlichen vorsichtshalber zu erklären, daß er sich bei der Jugendgerichtshilfe jeder Aussage zum Tatgeschehen und Tathintergrund zu enthalten hat, wenn kein Geständnis vorliegt. Er soll dort dann lediglich seinen Lebenslauf und die allgemeine Lebenssituation erörtern.

6. Der Verteidiger hat zu versuchen, die Situation des straffällig gewordenen Jugendlichen zu stabilisieren. Er kann ihm hierzu die entsprechenden Anlaufstellen nennen, die ihm eine Hilfestellung geben können bei der Suche nach einer Wohnung, Arbeit oder einem Ausbildungsplatz. Auch kann er die Beratungsstellen benennen, die für ambulante oder stationäre Therapien zuständig sind. Schließlich kann er Anregungen zur Freizeitgestaltung und einem allgemeinen Milieuwechsel geben.

7. Besonders wichtig ist der Versuch, gemäß §§ 45, 47 JGG Eine Einstellung des Verfahrens zu erreichen, um so dem Jugendlichen die Belastungssituation in einer Hauptverhandlung zu ersparen (sog. Diversionsverfahren, s. Form. XII. A. 2 nebst Anmerkungen).

8. Der Verteidiger hat die Verantwortlichkeit des Jugendlichen nach §3 JGG, die strafrechtliche Behandlung des Heranwachsenden nach § 105 JGG zu prüfen und sich hierzu ggf. mit Bezugspersonen des Jugendlichen, seinen Eltern, etwaigen Heimerziehern pp. in Verbindung zu setzen. Er hat – Kapitalsachen ausgenommen – entsprechende Beweisanträge bereits in diesem Stadium des Verfahrens vorzubereiten und zu stellen, nicht erst in der Hauptverhandlung, unter der der gerichtsunkundige Jugendliche meist stark leidet (vgl. *Zieger* StV 1982, 305/310). Entsprechende Musteranträge sind in Form. XII. A. 4 dargestellt.

Als Auskunftspersonen zu dem obigen Beweisthema kommen auch Bezugspersonen des Jugendlichen in Betracht wie z.B. Mitarbeiter von Ausbildungsberatungen, Freizeitheimen, Erzieher aus Jugendwohngemeinschaften, Sozialpädagogen, Lehrer u.s.w. Der Verteidiger hat sich vor ihrer Benennung mit diesen in Verbindung zu setzen und sich zu vergewissern, daß deren Aussage den Angeklagten unterstützt. Bei dieser Gelegenheit hat er die Einwilligung der Auskunftsperson einzuholen, damit diese nicht in einen Konflikt zwischen Zeugnispflicht und Schweigewunsch gerät (*Zieger* StV 1982, 305/310).

9. Erhält der Verteidiger Akteneinsicht, so ist nicht einzusehen, daß die Mitteilung des Akteninhalts zusätzlich noch Beschränkungen unter dem Gesichtspunkt des Erziehungszwecks unterworfen sein soll (so *Brunner* JGG Rdnr. 3 zu § 68). Nach der hier vertretenen Auffassung (vgl. auch *Tondorf* StV 1983, 257) hat der Beschuldigte auch im Jugendstrafverfahren Anspruch auf ungeschmälertes rechtliches Gehör und auf ungeteilten anwaltlichen Beistand (so auch *Zieger* StV 1982, 305/309).

10. Verteidiger sollten die Erziehungsberechtigten = EZ und gesetzlichen Vertreter = gesV (Eltern, Vormund, Pfleger u.a. vgl. *Ostendorf* AK-JGG § 67 Rdnr. 2) in ihre Strategie mit einbeziehen. Diese sollen die Jugendlichen im Strafverfahren persönlich unterstützen. Ihre Aufgabe deckt sich insoweit mit der eines Verfahrensbeistandes. Sie besteht primär darin, eine drohende Sanktionierung abzuwehren (*Ostendorf* AK-JGG § 67 Rdnr. 6).

Die EZ und gesV haben eine starke Rechtsstellung:

– Sie haben gemäß § 67 Abs. 1 JGG entgegen der polizeilichen Dienstvorschrift „Bearbeitung von Jugendsachen bei der Polizei" (DDV 382.1 Ziff. 2.2.2.6) das **Anwesenheitsrecht** wie der Beschuldigte. Dies gilt außer für Vernehmungsvorführungen gemäß den §§ 133 Abs. 2, 163a Abs. 3 StPO für die Vorführung und erste Vernehmung nach der Verhaftung (§ 115 StPO), für Haftprüfungen, für kommissarische Beweisaufnahmen (§§ 223, 224, 225 StPO), für die Hauptverhandlung (§ 48 Abs. 2 S. 1 JGG) und jugendgerichtliche Entscheidungen im Vollstreckungsverfahren (§ 83 Abs. 3 S. 2 JGG).

– Zur Wahrnehmung der **Verfahrensrechte** müssen sie gehört werden (Art. 103 Abs. 1 GG) vor allen Entscheidungen in der Hauptverhandlung und vor allen belastenden Entscheidungen außerhalb der Hauptverhandlung. Im einzelnen sind auch sie wie der/die Angeklagte gemäß § 257 Abs. 1 StPO zu befragen, ob sie nach der Vernehmung eines Zeugen, Sachverständigen oder Mitangeklagten sowie nach Verlesung eines Schriftstückes etwas zu erklären haben. Ebenso haben sie das Recht auf einen Schlußvortrag (§ 258 Abs. 1 StPO) sowie das letzte Wort gemäß § 258 Abs. 2, 3 StPO (zur Revisionserheblichkeit s. BGH StV 1985, 155). Das letzte Wort ist von Amts wegen und nicht nur auf Verlangen zu erteilen, wenn sie vorher als Zeugen vernommen wurden (BGH 21, 288).

– Ausdrücklich ist weiterhin das Frage- und Antragsrecht eingeräumt. Das Recht, Anträge zu stellen, schließt u. a. neben Beweisanträgen und Anträgen auf Haftprüfung das Recht auf Verteidigerwahl ein. Schließlich haben sie Anfechtungsrechte, sie können wie der Beschuldigte Rechtsmittel einlegen, allerdings nur zugunsten des Beschuldigten.

Angesichts der Beistandsfunktionen sollte der Verteidiger die Eltern in der Hauptverhandlung darum bitten, mit ihm zusammen auf der Verteidigerbank Platz zu nehmen. Es entspricht nicht ihrer Stellung, schweigend auf der Zuschauerbank zu sitzen.

Schrifttum: S. XII. A. Anmerkungen zu 1. a. E.

3. Untersuchungshaft und Pflichtverteidigung

Amtsgericht
– Jugendrichter –
4040 Neuss

In der Jugendstrafsache
gegen
……

Az.: – …… –

bestellt sich Rechtsanwalt …… mit anliegender Strafprozeßvollmacht zum Verteidiger des Beschuldigten.

1. Es wird beantragt,
    mündlichen Haftprüfungstermin anzuberaumen.
In dem Termin werde ich beantragen,
    den Haftbefehl gegen W. aufzuheben, hilfsweise außer Vollzug zu setzen.[1]
2. Es wird beantragt,
    Rechtsanwalt …… als Pflichtverteidiger beizuordnen.[2]

Gründe:

Der 16-jährige Angeschuldigte W. ist geständig, gemeinsam mit seinem gleichaltrigen Freund in der Zeit vom 1. 7. 1988 bis zum 3. 9. 1988 im Raum Meerbusch/Neuss acht PKWs, drei Gartenlauben und vier Scheunen in Brand gesetzt zu haben. Insgesamt entstand durch die Brandanschläge ein Sachschaden von 250.000,-- DM. Die polizeilichen Aussagen der Angeschuldigten wurden durch die richterliche Vernehmung im Haftverkündungstermin bestätigt. Als Motiv für ihre Taten gaben die Angeschuldigten übereinstimmend Erlebnis- und Abenteuerlust an, da laut ihren Aussagen in Meerbusch/Neuss nie „etwas los" gewesen sei. Ein weiteres Tatmotiv der Angeschuldigten war eine gewisse Geltungssucht. Um in die Schlagzeilen der Presse zu kommen, schrieben die Angeschuldigten sogenannte Bekennerbriefe, in denen sie sich in zum Teil beleidigender Weise über das Vorgehen der Polizei lustig machten. Bei der Begutachtung der Brände fiel auf, daß die Angeschuldigten nie Menschenleben in Gefahr brachten. Allerdings hatte ihr Verhalten ein großes Aufgebot von Ordnungskräften zur Folge, nicht zuletzt durch präventive Maßnahmen zur Verhinderung neuer Straftaten. Der Jugendrichter hat den Haftbefehl auf Fluchtgefahr wegen der Höhe der zu erwartenden Strafe gegründet.
Demgegenüber werden konkrete Feststellungen dazu vermißt, daß nach den persönlichen Umständen und denen der Taten davon auszugehen ist, daß sich der Jugendliche der Hauptverhandlung entziehen werde. Gegen eine Fluchtgefahr spricht folgendes:
– Der Jugendliche W. hat einen festen Wohnsitz. Er lebt auf dem Bauernhof seiner Eltern. Diese haben ihm als seine Hauptbezugspersonen seine Straftaten verziehen. Dies gilt auch für seine Freunde und Bekannten in der dörflichen Umwelt. Er braucht nicht zu fürchten, dort in irgendeiner Weise Anfeindungen oder Schikanen ausgesetzt zu sein.

Tondorf

- W., wie auch sein Mittäter, haben die Tat auch innerlich verarbeitet, nachdem sie diese einmal gestanden hatten. Sie sehen heute ihr Verhalten als einmalige Verfehlung an, die sich nicht wiederholen wird. Diesen Eindruck haben zwischenzeitlich auch die Vertreter der Jugendgerichtshilfe und der Geistliche gewonnen, die mit ihm in der Untersuchungshaft gesprochen haben.
- Bei W. handelt es sich um einen sensiblen jungen Menschen, der schwer unter der Untersuchungshaft leidet. Bei meinem Besuch bricht er oft grundlos in Tränen aus. Es wird befürchtet, daß es bei einer Fortdauer der Untersuchungshaft zu einer erheblichen Störung der seelischen Entwicklung des Jugendlichen kommt.
- Die Sache wird für den Jugendlichen nicht dadurch erleichtert, daß die Verhältnisse in der Untersuchungshaftanstalt sehr unbefriedigend sind ...... Angesichts der von Fachleuten besonders zu Beginn der Haftzeit beobachteten Selbsttötungshäufigkeit wird für den von mir vertretene Jugendlichen das Schlimmste befürchtet.

Eine Aufrechterhaltung der Untersuchungshaft wäre nicht mehr verhältnismäßig, zumal gegen Auferlegung einer Meldepflicht und Aufenthaltsbeschränkung Haftverschonung gewährt werden kann. Ich halte es für unwahrscheinlich, daß in der Hauptverhandlung eine Jugendstrafe ohne Bewährung verhängt werden wird. Es würde aber ganz und gar dem Gesetz widersprechen, Untersuchungshaft zu verhängen, um später die Strafaussetzung zur Bewährung besser legitimieren zu können.

Darüber hinaus kann der Zweck der Untersuchungshaft durch eine „vorläufige Anordnung über die Erziehung" (§ 71 Abs. 1 JGG) erreicht werden. Der von mir vertretene Jugendliche ist bereit, einem Haftrichter zufriedenstellende mündliche Zusage zu erteilen, daß er nicht fliehen wird. Er ist bereit, konkrete Meldepflichten auf sich zu nehmen. Er erklärt sich zu regelmäßigen Zusammentreffen mit einer vom Gericht zu bestimmenden Vertrauensperson, ggfls. Vertretern des Jugendamtes, bereit. Die Verteidigung hat mit diesen bereits Kontakt aufgenommen. Sie sind hierzu bereit. Schließlich ist der Jugendliche damit einverstanden, sich sofort in eine therapeutische Behandlung zu begeben, um die Defizite, die in seinen Brandstiftungen zum Ausdruck gekommen sind, aufzuarbeiten. Eine therapeutische Einrichtung ist angesprochen. Sie will den Jugendlichen aufnehmen.

Rechtsanwalt

Schrifttum: S. XII. A. Anmerkungen zu 1. a. E.

Anmerkungen:

1. Durch die gesamte Literatur zur Untersuchungshaft zieht sich wie ein roter Faden die Erkenntnis, daß die Untersuchungshaft meist gerade für jugendliche Häftlinge besonders nachteilige Folgen hat.

Schaffstein/Beulke (S. 179) sprechen von der schockartigen Erschütterung, die „namentlich bei einem weniger robusten jungen Menschen leicht zu schweren Depressionen und in der Folge zu einer dauernden Störung seiner seelischen Entwicklung führen kann.

Eisenberg verweist auf die „Selbsttötungshäufigkeit" gerade bei Jugendlichen und Heranwachsenden (§ 72 Rdnr. 3).

Hervorgehoben wird, daß die Untersuchungshaft an Jugendlichen und Heranwachsenden auch heute noch erhebliche Defizite aufweist und nirgendwo die Realitäten des Vollzuges so weit hinter den wohlmeinenden Absichten der Verfasser des JGG zurückgeblieben sind wie hier (*Schaffstein/Beulke*, S. 179).

Ostendorf (Grdl. z. §§ 71/73, Rdnr. 8) fordert:

„Wenn das pädagogisch-therapeutische Ziel ernst genommen wird, so heißt dies Öffnung zur Konfliktlösung in Freiheit. Das pädagogische Handlungsfeld innerhalb von Mauern ist eben keine alltägliche Lebenszeit, sie ist nicht auf Dauer real."

3. Untersuchungshaft und Pflichtverteidigung XII. A. 3

Dementsprechend heißt es jetzt ausdrücklich in § 72 Abs. 1 S. 2 JGG: „Bei der Prüfung der Verhältnismäßigkeit (§ 112 Abs. 1 S. 2 StPO) sind auch die besonderen Belastungen des Vollzuges für Jugendliche zu berücksichtigen."
Der Verteidiger hat diese diskriminierenden Wirkungen des Untersuchungshaftvollzuges den Haftrichtern vorzutragen. Auch sollte er folgendes zu bedenken geben:
a) Der dringende Tatverdacht muß auch hinsichtlich der Verantwortungsreife (§ 3 JGG) bestehen. Zu Recht bemängelt *Albrecht* (S. 193), daß in der Praxis diese Forderung des Gesetzgebers vernachlässigt und das Vorliegen der Verantwortungsreife zumeist noch nicht einmal formelhaft im Haftantrag angeführt wird. Der Haftrichter ist aber verpflichtet, diese zusätzliche Voraussetzung insbesondere bei den Tatverdächtigen, die das Alter der Strafmündigkeit gerade überschritten haben, zu prüfen und in der Begründung des Haftbefehls ausdrücklich festzustellen.
b) Zumeist wird der Haftbefehl auf Fluchtgefahr gestützt. In § 72 Abs. 2 JGG schreibt das Gesetz dem Haftrichter bei jungen Beschuldigten nunmehr vor: „Solange der Jugendliche das 16. Lebensjahr noch nicht vollendet hat, ist die Verhängung von Untersuchungshaft wegen Fluchtgefahr nur zulässig, wenn er
1. sich dem Verfahren bereits entzogen hatte oder Anstalten zur Flucht getroffen hat oder
2. im Geltungsbereich dieses Gesetzes keinen festen Wohnsitz oder Aufenthalt hat.
c) Der Verhältnismäßigkeitsgrundsatz verdichtet sich im Jugendstrafverfahren zu dem Gebot, die Untersuchungshaft nur zu vollstrecken, wenn eine Jugendstrafe ohne Bewährung zu erwarten ist. Im Rahmen dieser vom Haftrichter anzustellenden Prognose hat die Verteidigung viel Raum zur Argumentation.
d) Die Vorschriften über die Subsidiarität der Untersuchungshaft (§§ 71, 72 JGG) werden viel zu wenig beachtet. Die Untersuchungshaft darf danach nur verhängt und vollstreckt werden, wenn ihr Zweck nicht durch eine **vorläufige Anordnung** über die Erziehung oder durch andere Maßnahmen erreicht werden kann. Als vorläufige Anordnung über die Erziehung nach § 71 Abs. 1 JGG kommen in Betracht:
Betreuungsweisung, Aufnahme in eine Wohngemeinschaft, eine Familie oder in ein Heim, Übernahme oder Wechsel des Arbeitsplatzes oder einer Lehrstelle, Herausnahme aus als negativ beeinflussend beurteilten Gruppen, Verbot der Benutzung eines KfZ usw. (*Eisenberg* § 71 Rdnr. 6). Als „andere Maßnahmen" werden vorgeschlagen:
Eine zufriedenstellende mündliche Zusage des Jugendlichen gegenüber dem Richter, bestimmte Meldepflichten, regelmäßiges Zusammentreffen mit einer Vertrauensperson, wie ggfls. mit Vertretern des Jugendamtes und der Jugendgerichtshilfe (*Eisenberg* § 72 Rdnr. 3).
Eine besondere Ausprägung der Subsidiarität von U-Haft enthält § 71 Abs. 2 JGG. Danach kann der Haftrichter eine „einstweilige Unterbringung in einem geeigneten Heim der Jugendhilfe anordnen. Bei einem Haftbefehl geht ein Unterbringungsbefehl gemäß § 71 Abs. 2 JGG als mildere Maßnahme zunächst vor. Deshalb sind nach § 72 Abs. 1 S. 3 JGG bei Verhängung von Untersuchungshaft im Haftbefehl die Gründe anzuführen, aus denen sich ergibt, daß andere Maßnahmen, insbesondere die einstweilige Unterbringung in einem Heim der Jugendhilfe, nicht ausreichen und die Untersuchungshaft nicht unverhältnismäßig ist. Es gibt leider in den einzelnen Bundesländern nur wenige Heime, die für eine solche Unterbringung in Frage kommen. Der in Jugendstrafsachen tätige Verteidiger muß die in seinem Gerichtssprengel gelegenen Heime kennen.
e) Entgegentreten sollte der Verteidiger gesetzwidrigen Funktionserweiterungen der U-Haft in der Praxis, zu denen *Albrecht* (S. 197) u.a. folgende zählt:
Die Untersuchungshaft wird gelegentlich als Maßnahme der sofortigen stationären Kriseninvervention eingesetzt, wenn der Haftrichter die Gefahr weiteren Abgleitens in die Kriminalität bejaht. Der Jugendliche soll durch die Anordnung der Haft aus einer „kriminalitätsgefährdenden Umgebung" herausgelöst werden. Dabei wird nicht be-

Tondorf

rücksichtigt, daß er dafür in eine nicht minder kriminalitätsfördernde „totale Institution" eingebunden wird.

Die Praxis nutzt die Verhängung der U-Haft auch, um später Strafaussetzung zur Bewährung besser legitimieren zu können. Als pragmatische Überlegung gilt, daß ohne verbüßte U-Haft eine nochmalige Strafaussetzung nicht zu rechtfertigen wäre.

Bei Drogenabhängigen oder Suchtkranken wird die U-Haft gelegentlich verhängt, um über die Erhöhung des Leidensdrucks die Bereitschaft für eine stationäre Therapie zu wecken. Demgegenüber weist *Albrecht* (S. 198) darauf hin, daß im allgemeinen Freiwilligkeit für therapeutische Erfolge erforderlich ist und die Praxis deshalb mehr als bedenklich ist.

Bei ausländischen Jugendlichen wird mit der Behauptung fehlender sozialer Einbindungen häufig formelhaft der Haftgrund der Fluchtgefahr begründet (*Eisenberg* § 72 Rdnr. 6).

Derartige apokryphe Haftgründe dürfen im Jugendstrafrecht noch weniger Platz haben als im allgemeinen Strafrecht. Auch Geständniszwang beim trotzig verstockten Jugendlichen und gewünschter erzieherischer Schock haben hier nichts zu suchen.

Der Verteidiger muß sich in Haftsachen sofort mit der Jugendgerichtshilfe in Verbindung setzen. Nach § 72a JGG ist die Jugendgerichtshilfe unverzüglich von der Vollstreckung eines Haftbefehls zu unterrichten; ihr soll bereits der Erlaß eines Haftbefehls mitgeteilt werden. Auch von der vorläufigen Festnahme eines Jugendlichen ist die Jugendgerichtshilfe zu unterrichten, wenn nach dem Stand der Ermittlungen zu erwarten ist, daß der Jugendliche gemäß § 128 StPO dem Richter vorgeführt wird. Der Verteidiger kann in Gesprächen mit der Jugendgerichtshilfe darauf hinwirken, daß diese sich gegen die Untersuchungshaft ausspricht.

f) **Besondere Beschleunigungspflicht bei Jugendlichen und Heranwachsenden**
In Untersuchungshaft ist das Ermittlungsverfahren mit besonderer Beschleunigung voranzutreiben (§ 72 Abs. 4 JGG). Die in Absatz 4 ausgesprochene Pflicht zur Beschleunigung geht in der erzieherisch besonders abträglichen Untersuchungshaft über das ohnehin geltende allgemeine Beschleunigungsprinzip hinaus (*Eisenberg* § 73 Rdnr. 17). Deshalb müssen neben der Beschleunigung der normalen Ermittlungsarbeit alle der Verfahrenbeschleunigung dienenden prozessualen Maßnahmen z.B. Abtrennung von Verfahren gegen inhaftierte Beschuldigte, Anlegen von Kopienbänden zur Erleichterung der Akteneinsicht von Verteidigern mehrerer Beschuldigter genutzt werden (OLG Hamburg, StV 1983, 289).

Wichtig ist der Hinweis von *Böhm* (Seite 107) an die Staatsanwaltschaft: Da für die jugendrichterliche Entscheidung – etwa bei einer Serie von Diebstählen – die Aufklärung eines jeden Falles nicht erforderlich ist, könnte man sich oft zugunsten der Beschleunigung des Verfahrens auf die zugegebenen oder leicht zu beweisenden Fälle beschränken und hinsichtlich des anderen Teils das Verfahren einstellen.

Eile ist auch gerade dann geboten, wenn die Untersuchungshaft zum Zwecke der Verbüßung einer bereits rechtskräftigen Jugendstrafe unterbrochen ist. Bei sogenannter Überhaft können viele der Erziehungsprogramme des Jugendstrafvollzugs, vor allem die Vollzugslockerungen wie Außenarbeit, Ausgang, Urlaub und Freigang nicht angewendet werden. Auch kann ganz allgemein angesichts der Ungewissheit des Ausgangs der noch bevorstehenden Verhandlung eine sinnvolle Planung des Vollzugs nicht erfolgen (*Böhm*, S. 107).

g) **Anrechnung der U-Haft auf Jugendarrest und Jugendstrafe**
Bei Anordnung von Jugendarrest kann der Richter im Urteil aussprechen, daß oder wieweit der Jugendarrest nicht vollstreckt wird, weil dessen Zweck (der Ahndung und des Denkzettels) durch die Untersuchungshaft ganz oder teilweise bereits erreicht wurde (§ 52 JGG). *Schaffstein/Beulke* (S. 182) stellen klar, daß dabei der Jugendrichter nicht auf den Anrechnungsmodus „Tag für Tag" angewiesen ist, denn es komme allein auf die Erreichung des Erziehungszieles an. Deshalb könne auch bei einer zeitlich kürzeren

erlittenen Untersuchungshaft im Urteil ausgesprochen werden, daß der Jugendarrest nicht zu vollstrecken sei (so auch OLG Hamburg NStZ 83, 78, *Eisenberg* § 52 Rdnr. 11, a.A. *Brunner* § 52a Rdnr. 10).

Bei einer Verurteilung zu Jugendstrafe hat das Gericht aufgrund des § 52a Abs. 1 Satz 2 JGG zu prüfen, ob die Anrechnung der verbüßten U-Haft im Hinblick auf das Verhalten des Angeklagten nach der Tat oder aus erzieherischen Gründen nicht gerechtfertigt ist. Erzieherische Gründe sollen namentlich dann vorliegen, wenn nach Anrechnung der Freiheitsentziehung die noch erforderliche erzieherische Einwirkung auf den Angeklagten nicht gewährleistet ist (§ 52a Abs. 1 Satz 3 JGG). Verteidiger können hier mit *Albrecht* (S. 202) dahingehend argumentieren, daß letzteres kaum vorstellbar sei, jedenfalls dann nicht, wenn man der Einschätzung folge, daß eine „im allgemeinen positiv zu beurteilende Einwirkung des Jugendstrafvollzuges kaum angenommen werden kann" (s. auch *Eisenberg* § 52a Rdnr. 8). Im übrigen bezieht sich das Nachtatverhalten nicht auf das Prozeßverhalten, das in keinem Fall um seiner selbst Willen Berücksichtigung finden darf (*Albrecht*, S. 202). Das Ableugnen der Tat rechtfertigt die Nichtanrechnung nicht (BGH NJW 56, 1845).

2. Pflichtverteidigung. Der DVJJ hat in Anlehnung an die Marburger Richtlinien zu § 105 JGG nunmehr die sogenannten „Kölner Richtlinien" zur notwendigen Verteidigung in Jugendstrafverfahren erlassen. Sie sollen den Praktikern der Jugendgerichtsbarkeit, vor allem den Jugendstaatsanwälten und Jugendrichtern Interpretationshilfen vermitteln. Sie sind für die Verteidiger sehr hilfreich, zumal diese darauf hinweisen können, daß im DVJJ im wesentlichen neben Vertretern der Jugendgerichtshilfe, Jugendrichter und Jugendstaatsanwälte vereinigt sind.

Die „Kölner Richtlinien" (NJW 1989, 1024) finden sich zum Teil in dem neuen JGG wieder. § 68 Nr. 4 JGG bestimmt, daß dem Beschuldigten ein Verteidiger zu bestellen ist, wenn gegen ihn Untersuchungshaft oder einstweilige Unterbringung gemäß § 126a StPO vollstreckt wird, solange er das 18. Lebensjahr nicht vollendet hat; der Verteidiger wird unverzüglich bestellt. Im übrigen soll die vermehrte Mitwirkung von Verteidigern im Jugendstrafverfahren in einem zweiten Gesetz zur Änderung des JGG geregelt werden, dessen Entwurf bis zum 1. Oktober 1992 vorzulegen ist.

Viele Argumentationshilfen gibt auch eine Entscheidung des LG Essen (StV 87, 310).

4. „Non-intervention" (§ 45 Abs. 1 JGG)

An die
Staatsanwaltschaft
4000 Düsseldorf

In der Jugendstrafsache
gegen
......
Az.: – ...... –

wird beantragt, das Verfahren gegen D. gemäß § 45 Abs. 1 JGG einzustellen.[1,2]

Gründe:

Am 18. 6. 1988 fand eine Abschiedsfeier kanadischer Austauschschüler in Korschenbroich statt, an der auch der 16-jährige D. teilnahm, bei dem einer der Austauschschüler gewohnt hatte. Die Jugendlichen hatten ein Fäßchen Bier aufgemacht und kräftig gezecht. Die Teilnehmer der Feier waren schon arg angetrunken, als die Kanadier gegen 23.00 Uhr auf die Idee kamen, sich als Souvenir eine Fahne zu besorgen. Sie überredeten D. mitzukommen. D. glaubte, sich dem nicht entziehen zu können und begleitete seine kanadischen Mitschüler aus falsch verstandener Kameradschaft. Unterwegs kamen sie an einer Tankstelle vorbei und nahmen dort zwei Fahnen mit. Dabei wurden sie beobachtet. Die von Passanten herbeigerufene Polizei nahm sie vorläufig fest, stellte die Fahnen sicher. Er veranlaßte die Feststellung des Blutalkoholgehalts, die bei D. 1,16 Promille ergab. Die Jugendlichen wurden vernommen und erkennungsdienstlich behandelt. Die Jugendgerichtshilfe wurde eingeschaltet und veranlaßte ihrerseits Ermittlungen. D. ist strafrechtlich nicht nicht in Erscheinung getreten. Die Tat geschah unter Gruppenzwang und starker Alkoholbeeinflussung. D. hat das Ermittlungsverfahren einschließlich der damit in Zusammenhang stehenden Eingriffe und Zwangsmaßnahmen als zum Teil erheblich belastende Umstände erlebt. Die im Zusammenhang mit dem Ermittlungsverfahren bereits aufgetretenen general- und spezialpräventiven Auswirkungen rechtfertigen die Einstellung des Verfahrens. Aufgrund dieses Ermittlungsverfahrens ist zu vermuten, daß D. keine weiteren Straftaten begehen wird.

Rechtsanwalt

Schrifttum: S. XII. A. Anmerkungen zu 1. a. E.

Anmerkungen:

1. Die „Non-intervention" (*Ostendorf* AK-JGG § 45 Rdnr. 9) hat Vorrang vor der Diversion. Sie ist die weniger belastende Reaktion. Es ist Aufgabe des Verteidigers, der Staatsanwaltschaft immer wieder diese Vorschrift nahezubringen, vor allem wenn es sich um Bagatellen handelt, die mehr Episodencharakter haben (hilfreich ist insoweit die in der „Bewährungshilfe" 88, 297 abgedruckte Rundverfügung des leitenden Oberstaatsanwalts der Freien und Hansestadt Hamburg vom 11. 2. 1987 (Az. – 4213/1–7–). Das Ermittlungsverfahren als solches hat mit seinem ungewissen Ausgang für den Jugendlichen Strafcharakter. Die „Non-intervention" vermeidet die Gefahren der Diversion (Ausweitung sozialer Kontrolle, vgl. *Albrecht,* S. 20 ff). Abweichend von der Zustimmungsregelung in § 153 StPO gilt für die Einstellung gemäß § 45 Abs. 1 JGG, daß sie immer ohne Zustimmung des Jugendrichters erfolgen kann. Der Wortlaut ist insoweit eindeutig. Eindeutig ist nach dem Wortlaut auch, daß ein Geständnis anders als in § 45 Abs. 3 JGG nicht erforderlich ist. Dies wird immer wieder verkannt.

2. Daß Einstellungen gemäß § 170 Abs. 2 StPO aus tatsächlichen oder rechtlichen Gründen unbedingten Vorrang haben, soll hier noch einmal hervorgehoben werden. Mit Recht warnt *Ostendorf* (AK-JGG § 45 Rdnr. 4) vor der Verführung, mit einer Einstellung gemäß § 45 JGG noch ungelösten Problemen aus dem Weg zu gehen – vor allem auch im Hinblick auf die Eintragungspflicht in das Erziehungsregister. Nach einer im Vordringen befindlichen Meinung wird man auch nach § 153 Abs. 1 StPO verfahren können, wenn die richterliche Zustimmung vorliegt, da Maßnahmen nach § 45 JGG – wie auch nach § 47 JGG – in das Erziehungsregister einzutragen sind und hierdurch der Jugendliche bzw. Heranwachsende in jedem Falle schlechter gestellt wird (§ 60 Abs. 1 Nr. 7 und Abs. 2 BZRG). Um eine Einstellung nach § 153 Abs. 1 StPO zu erreichen, hat der Verteidiger bei der Staatsanwaltschaft anzuregen, ein Einvernehmen mit dem Jugendrichter herzustellen. Auch wird es von Teilen des Schrifttums (vgl. *Albrecht,* S. 104) für zulässig gehalten, bei fehlendem Geständnis des Jugendlichen § 153 a StPO anzuwenden, wenn die Voraussetzungen dieser Vorschrift gegeben sind.

5. Diversion[1] (§§ 45 Abs. 2,[2] 45 Abs. 3,[3] 47[4,5] JGG)

An die
Staatsanwaltschaft
bei dem Landgericht
5000 Köln

In der Jugendstrafsache
gegen
......

Az.: ......
wird beantragt, das Verfahren gemäß § 45 Abs. 2 JGG[3] einzustellen.

Gründe:

Der 15jährige Schüler Klaus wurde von dem Kaufhof-Detektiv bei dem Versuch, eine Videocassette einzustecken, gestellt. Klaus war sehr erschrocken und gab den versuchten Diebstahl unumwunden zu. Da alle Jugendlichen in seinem Freundeskreis ständig die neuesten Videocassetten mit „action-Filmen" besaßen, wollte er nicht hinter ihnen zurückstehen. Da er im Kaufhaus aber feststellen mußte, daß sein Taschengeld für den Kauf einer Cassette nicht ausreiche, griff er nach kurzem Zögern zu und wurde bei seinem ersten ungeschickten Diebstahlsversuch gefaßt.

Klaus erfuhr durch das „Erwischt-Werden" im Kaufhaus und die damit verbundene peinliche Situation einen „heilsamen Schock". Seine Festnahme durch die Polizei, die Vernehmung und Verwarnung durch die Beamten, die anschließende Rückführung ins Elternhaus hinterließen einen nachhaltigen Eindruck bei ihm. Seine Eltern bestraften ihn obendrein noch mit einer Woche Hausarrest (Beispiel aus dem Praxisbericht der Brücke Köln e. V. 1980–84).

Der Verteidiger führte mit Klaus ein eingehendes Gespräch und erläuterte ihm im besonderen die Folgen von Ladendiebstählen. Er hatte den sicheren Eindruck, daß Klaus das Unrecht seines Tuns eingesehen hat. Der Verteidiger glaubt, daß der Junge sein Versprechen, in Zukunft keinen Ladendiebstahl mehr zu begehen, ernst nimmt und entsprechend entschlossen ist.

Rechtsanwalt

Schrifttum: S. XII. A. Anmerkungen zu 1. a. E.

Anmerkungen

1. Die Vorschriften der §§ 45, 47 JGG enthalten die Möglichkeit, ein förmliches Verfahren zu vermeiden, wenn dies erzieherisch angezeigt ist; theoretisch kann sogar bei Verbrechen von der Erhebung der Anklage abgesehen werden, wenn die Maßnahmen des § 45 für genügend erachtet werden. Die Vorschriften eröffnen dem Verteidiger ein weites Feld, jugendlichen Mandanten zu helfen. Wenn auch der Vorgang weder an der Justiz vorbei „umgeleitet" noch die Konfliktregelung in das soziale Umfeld des Täters verlegt wird, so spricht man dennoch hier von „Diversion".

2. In den letzten Jahren wurde zunehmend § 45 Abs. 2 JGG in den Mittelpunkt der angestrebten Diversion gestellt. In den Fällen des § 45 Abs. 2 JGG kann der Jugendstaatsanwalt ohne Zustimmung des Richters von der Verfolgung absehen. Ein Geständnis des Jugendlichen – die Vorschrift gilt auch für Heranwachsende, wenn materielles Jugend-

strafrecht zur Anwendung kommt (§§ 105 Abs. 1, 109 Abs. 2 Satz 1, 112 Satz 1 und Satz 2 JGG) ist hierfür angesichts des eindeutigen Wortlauts gerade auch in Abgrenzung zu § 45 Abs. 3 JGG nicht erforderlich (h.M. *Eisenberg* JGG Rdnr. 18 zu § 45; *Häner* StV 1984, 530; *Albrecht*, S. 98, *Ostendorf* AK-JGG § 45 Rdnr. 14; anderer Ansicht *Brunner* JGG Rdnr. 11a zu § 45). Unter erzieherischer Maßnahme sind alle Maßnahmen erfaßt, die zur Erziehung des Jugendlichen von privater oder öffentlicher Seite im Rahmen bestehender Erziehungsaufgaben getroffen werden. Es reicht aus, wenn die erzieherische Maßnahme bereits durchgeführt oder eingeleitet ist. Je früher der Verteidiger das Mandat erhält, desto größer sind sine Möglichkeiten. Als „erzieherische Maßnahmen" kommen in Betracht:
— ein eingehendes Gespräch mit dem Verteidiger
— erzieherische Maßnahmen durch die Eltern
— erzieherische Gespräche durch die Jugendsachbearbeiter der Polizei
— intensive Informations- und persönliche Beratungsgespräche mit den Sachbearbeitern des Jugendamtes oder einem Vertreter der Gerichtshilfe
— ambulante pädagogische Maßnahmen durch Einschaltung des Jugendamtes:
Soziale Gruppenarbeit
Informationsgespräche für junge „Schwarzfahrer"
Verkehrserziehungskurse und Verkehrssicherheitstraining
Informationsgespräche für junge „Warenhausdiebe"
— aktive Schadenswidergutmachung mit persönlicher Entschuldigung des Täters beim Opfer — vorausgesetzt es ist nicht nur „Theater im Interesse eines günstigen Verfahrensausganges" (*Zieger* StV 1982 305/308)
— geeignete Gespräche mit dem Jugendstaatsanwalt selbst, der insoweit eine hohe Verantwortung trägt (vgl. BGH 32, 357).
Dem Verteidiger kommt hier eine wesentliche Funktion zu. Er hat die Aufgabe, rechtzeitig bei Erziehungsberechtigten bzw. anderen Personen und Institutionen besondere erzieherische Maßnahmen anzuregen.

3. Hält der Jugendstaatsanwalt eine Ahndung durch Urteil für entbehrlich, gleichwohl aber die Einschaltung des Jugendrichters für geboten, kommt das formlose Erziehungsverfahren nach § 45 Abs. 3 JGG zur Anwendung, das allerdings ein Geständnis des Beschuldigten voraussetzt.

Auch hier kann der Verteidiger wieder vorbereitend tätig werden. Als erzieherische Maßnahme beim Richter kommen allein oder nebeneinander nur in Betracht:
— Arbeitsleistungen (§ 10 Abs. 1 Nr. 4),
— Täter-Opfer-Ausgleich (§ 10 Nr. 7 JGG)
— Teilnahme an einem Verkehrsunterricht (§ 10 Nr. 9),
— alle Auflagen des § 15:
nach Kräften den durch die Tat verursachten Schaden wiedergutzumachen,
sich persönlich bei dem Geschädigten zu entschuldigen oder einen Geldbetrag zugunsten einer gemeinnützigen Arbeitseinrichtung zu zahlen,
— Ermahnung, das ist eine formlos ausgesprochene Zurechtweisung, die auch schriftlich erteilt werden darf.

4. Das formlose jugendrichterliche Erziehungsverfahren ist auch dann noch möglich, wenn der Staatsanwalt bereits Anklage erhoben oder — was einer Anklage gemäß § 76 Satz 2 gleichsteht — Antrag auf Entscheidung im vereinfachten Jugendverfahren gemäß § 76 gestellt hat. Hier steht der Richter vor der Entscheidung, ob er das Verfahren gegen den Jugendlichen einstellen will. Gemäß § 47 ist dies u.a. auch dann möglich, wenn
„1. die Voraussetzungen des § 153 StPO vorliegen,
2. eine erzieherische Maßnahme i.S.d. § 45 Abs. 2 JGG, die eine Entscheidung durch Urteil entbehrlich macht, bereits durchgeführt oder eingeleitet ist,
3. der Richter eine Entscheidung durch Urteil für entbehrlich hält und gegen den geständigen Jugendlichen eine in § 45 Abs. 3 S. 1 JGG bezeichnete Maßnahme anordnet oder

6. Zur Verantwortlichkeit des Jugendlichen nach § 3 JGG

4. der Angeklagte mangels Reife strafrechtlich nicht verantwortlich ist. Die Einstellung bedarf der Zustimmung des Staatsanwalts."

5. Der Verteidiger kann sogar anregen, daß das Gericht in der Hauptverhandlung das Verfahren mit dem Ziel unterbricht, erzieherische Maßnahmen nach § 45 Abs. 2 JGG in die Wege zu leiten, um dann das Verfahren nach § 47 Abs. 1 Nr. 1 JGG einzustellen (*Eisenberg* NStZ 87, 561; a. A. LG Berlin NStZ 87, 560).

6. Zur Verantwortlichkeit des Jugendlichen nach § 3 JGG

An das
Amtsgericht
Jugendgericht
1000 Berlin-Tiergarten

In dem Strafverfahren
gegen
......

Az.: ......

wird beantragt, gemäß § 2 JGG, § 204 StPO das Hauptverfahren nicht zu eröffnen.

Gründe:

Wie sich aus der Entwicklung des Jugendlichen ergibt, war dieser zum Zeitpunkt der Tat nach seiner sittlichen und geistigen Entwicklung nicht reif genug, das Unrecht der Tat einzusehen: Der Vater des fünfzehnjährigen J verstarb im selben Jahr, in dem dieser geboren wurde. Er wuchs in der Folgezeit bei seiner Großmutter auf, da die Mutter berufstätig war. Er bereitete schon früh erhebliche Erziehungsschwierigkeiten. Er fiel durch Schulschwänzen auf. Seine Schulleistungen waren katastrophal. Auf Veranlassung der Mutter wurde der J im Alter von zwölf Jahren in Heimerziehung gegeben. Dort hatte er Schwierigkeiten, sich in die Gemeinschaft einzugliedern. Er sonderte sich ab. Jetzt beginnt er nach Angaben des Heimerziehers, sich in die Gemeinschaft zu integrieren. Er besucht zur Zeit die 9. Klasse der Hauptschule. Disziplinarische Schwierigkeiten sind heute nicht mehr bekannt. Am 6. 9. 1978 suchte der J zusammen mit seinem Bruder den Selbstbedienungsladen X auf. Er entnahm dem Süßwarenregal einen Riegel Bounty[1] zum Preise von 1,19 DM, steckte diesen in seinen Strumpf, passierte die Kasse. Die Ware hatte er nicht bezahlt. Nach Stellung des Strafantrages erklärte der J, einen Grund für die Tat könne er nicht angeben. Er hätte aber niemals einen Diebstahl begangen, wenn er in einem persönlich geführten, überschaubaren Laden gekauft hätte, in dem eine Atmosphäre des Vertrauens mit personaler Bindung zwischen Eigentümer und Käufer herrscht. Die Süßigkeiten hätten so griffbereit dagelegen, daß ihm offensichtlich alle Sicherungen durchgebrannt seien.

Der 15jährige J war bei der Tatbegehung nicht weit von dem Übergang aus der Kindheit entfernt.[2] Die Herkunftsfamilie war „funktionaldefizitär".[3] Es lag bereits in der Jugend eine den Minderjährigen beeinträchtigende Familienatmosphäre vor. J erhielt zu Hause nie eine Belohnung für erlaubtes Verhalten. Ihm wurden wenig Einsichten sowie positive Identifikationsmerkmale vermittelt. Schließlich kam er auch in der öffentlichen Heimerziehung in den ersten Jahren nicht zurecht. Die dort herrschende Reglementierung führte zu reduzierter Willensbildung und Durchsetzungsfähigkeit. Hierdurch wurde das Erlernen der in der Außengesellschaft bestehenden abgestuften Verhaltensspielräume beeinträchtigt. Anders als im „Tante-Emma-Laden" war das Verhältnis zwischen J und dem Träger des Selbstbedienungsladens von Anonymität gekennzeichnet,[4] J konnte das begangene Unrecht als solches nicht bewerten. Das Ausbreiten der Ware in Greifhöhe wirkte hier tatprovozierend.

Zum Beweis der Tatsache, daß J nach seiner sittlichen und geistigen Entwicklung nicht reif genug war, das Unrecht der Tat einzusehen und nach dieser Einsicht zu handeln, beantragen Angeklagter und Verteidiger

Einholung eines gerichtlichen Sachverständigengutachtens eines klinischen Entwicklungspsychologen.[5]

Gründe:

Psychologen verfügen über standartisierte Entwicklungs- Intelligenz- und Sozialreifetests. Deren Kombination mit anderen Untersuchungsmethoden (Anamnese und Exploration) bedeuten eine höhere Kontrolle, als dies ohne Anwendung entsprechender Testverfahren der Fall wäre.

Rechtsanwalt

Schrifttum: S. XII. A. Anmerkungen 1. a. E.

Anmerkungen

1. Das Formular ist dem „Bounty-Urteil" des Amtsgerichts Berlin-Tiergarten vom 12. 1. 1979 nachgebildet, das von *Eisenberg* in JuS 1983, 569 besprochen worden ist. Wer als 14- bis 17jähriger straffällig wird, ist nach § 3 JGG nur verantwortlich, wenn er zur Tatzeit nach seiner sittlichen und geistigen Entwicklung reif genug ist, das Unrecht der Tat einzusehen und nach dieser Einsicht zu handeln. § 3 JGG regelt positiv, wann ein Jugendlicher strafrechtlich verantwortlich ist: Das Gericht muß daher die Verantwortlichkeit des Jugendlichen in jedem Fall positiv feststellen. Der Hinweis, daß keine Zweifel am Vorliegen der Voraussetzungen des § 3 bestehen, genügt nicht. Bei der Frage der „sittlichen Entwicklung" wird es eher auf den Entwicklungsstand im Sinne einer sozialen Reife ankommen (*Eisenberg* JGG Rdnr. 15 zu § 3). „Geistige Entwicklung" bedeutet, daß der Jugendliche zu der Einsicht reif gewesen sein muß, daß sein konkretes Verhalten nicht Recht, sondern Unrecht ist. Eine Reife, das Verhalten als sittenwidrig oder unmoralisch zu beurteilen, reicht nicht aus (*Eisenberg* JGG Rdnr. 16 zu § 3).

Es sind keineswegs nur geistig zurückgebliebene Jugendliche, bei denen die Verantwortlichkeit nach § 3 JGG nicht angenommen werden kann. *Eisenberg* (JGG Rdnr. 21ff. zu § 3) hat Kategorien gebildet, bei denen ein Fehlen der Verantwortungsreife naheliegt. Selbstverständlich können die notwendigen Feststellungen nur nach einer eingehenden, individuellen Prüfung getroffen werden:

2. Junge Jugendliche: je weniger der Jugendliche bei Tatbegehung bereits von dem Übergang aus der Kindheit entfernt war, desto eher ist eine Verneinung der Voraussetzung des § 3 JGG vertretbar: Auch normale Jugendliche bis 16 Jahre sind noch in der kindlichen ich-bezogenen Vorstellungswelt befangen, weshalb ihnen oft das Verständnis für die Belange anderer abgeht. Auch die 16- und 17jährigen Burschen leben in „Sturm und Drang"; sie können oft nicht genug Widerstandskraft aufbringen, zumal auch ihrem Selbständigkeitsdrang häufig nur unterentwickelte ethische Vorstellungen entgegenstehen; doch fehlt die Altersreife nur dort, wo der Drang übermächtig ist.

3. Die Jugendlichen weisen Mängel in der elterlichen und öffentlichen Erziehung auf oder sie sind aufgrund divergierender Kultursysteme einer Normenverunsicherung ausgesetzt, wie es etwa bei der zweiten oder namentlich dritten Generation von Ausländern der Fall zu sein scheint (*Eisenberg* Rdnr. 27a bis 30).

6. Zur Verantwortlichkeit des Jugendlichen nach § 3 JGG   XII. A. 6

Bei folgenden Tatbeständen ist die Verantwortlichkeit besonders intensiv zu prüfen:
a) Taten, bei denen es an einer unmittelbaren Beziehung zu dem Geschädigten und/oder an einer Erkennbarkeit der Schädigung und des Geschädigten fehlt. Hier weiß der Jugendliche – ohne die unmittelbare zwischenmenschliche Beziehung zum Opfer – das begangene Unrecht oft nicht als solches zu werten (Betrug zum Nachteil einer öffentlich-rechtlichen Körperschaft; Hehlerei; Vermögensdelikte in Warenhäusern und Selbstbedienungsläden: Gebrauchsentwendung ohne „Diebstahlabsicht" (vgl. *Lempp* S. 19 ff.), etwa im Zusammenhang mit Konsumprovokation, Mutprobe oder Zuwendungsbedürfnis; Hehlerei, Beteiligung am Glücksspiel (vgl. *Eisenberg* JGG Rdnr. 23 zu § 3).
b) Delikte, die in der Umgebung des Jugendlichen als „Kavaliersdelikte" angesehen werden (Schmuggel, Wilderei, einfache Kartenglücksspiele)
c) Bei Straftaten aus sozialer Konfliktsituation verfügt der Jugendliche oft nicht über die erforderliche sittliche (im Sinne von sozialer) Reife. Dies gilt vor allem bei Verhaltensweisen, die Ausdruck von Spontaneität auf unvorhersehbare Ereignisse sind.
d) Bei sexualbezogenen Handlungen wird der Jugendliche oft von der Wirkung des Geschlechtstriebs „gewissermaßen überrascht", so daß er seine Handlungssteuerung nicht darauf einstellen kann.
e) Tatbestände, die ein besonderes Verantwortungsbewußtsein (Amtsdelikte, Untreue, Berufsgeheimnis, Aufsichtspflicht) und tiefere Einsichten in die Sozialordnung (Hochverrat, Wirtschafts- und Steuervergehen) voraussetzen.
f) Straftaten, die ganz allgemein tiefere Einsichten in die Rechtsordnung voraussetzen. Die Jugendlichen haben hier zwar das Einsichtsvermögen hinsichtlich des Grundtatbestandes, jedoch oft nicht hinsichtlich des differenzierten Tatbestandes:
Beispiel (*Böhm* S. 31): Ein 15jähriger weiß in der Regel, daß man ein fremdes Fahrrad nicht stehlen darf. Daß aber der Verkauf dieses Fahrrades an einen gutgläubigen Erwerber den Tatbestand des Betruges erfüllt, wird sich mancher Jugendliche nicht vorstellen können.
Beispiel (*Herz* S. 40): Ein 15jähriges Mädchen findet ein wertvolles goldenes Feuerzeug auf der Straße und steckt es ein.
Beispiel (*Herz* S. 40): Ein 16jähriger Junge verkauft sein Mofa, das auf Raten und daher unter Eigentumsvorbehalt gekauft wurde und noch nicht abbezahlt ist.
Beispiel (*Böhm* S. 31): Ein 15jähriger Junge unterhielt sexuelle Beziehungen zu seiner 13jährigen Freundin. Ob dieser Jugendliche wirklich die „sittliche Reife" hatte, das Unrecht der Tat einzusehen, hält Böhm für zweifelhaft, zumal das hinter dem § 176 StGB stehende Tatbild des „Kinderverderbers" auf diesen Fall einer „Kinderliebe" nicht passe.

4. Ein Jugendlicher, der das Unrecht einer Tat einsieht, muß auch nach dieser Einsicht handeln können (Handlungsfähigkeit). Oft ist die Fähigkeit, das als richtig Erkannte durchzuhalten, noch nicht genug entwickelt. Dabei ist der Tatendrang gegenüber der verstandesgemäßen Erkenntnis übermächtig und nicht ausreichend zu steuern. *Böhm* (S. 31) erwähnt Fallgestaltungen, bei denen Eltern oder andere ältere Angehörige die Jugendlichen zu Straftaten mitnehmen, deren Unrecht dem Jugendlichen wohl bekannt ist.
Die Jugendlichen sind dann mitunter nicht fähig, ihrer besseren Einsicht zu folgen, weil sie von ihren Vorbildern abhängig sind. Das kann selbst bei der Mitwirkung jüngerer Jugendlicher in einer Bande älterer Heranwachsender der Fall sein. Auch die im Jugendlichen mitunter übermächtig durchbrechenden Triebregungen können es dem Jugendlichen unmöglich machen, das als Unrecht Erkannte zu vermeiden. *Herz* (S. 34) bringt folgende

Beispiele:
Ein Jugendlicher wird von seinem Vater veranlaßt, bei einem Ladendiebstahl „Schmiere" zu stehen. Er ist zwar in der Lage, das Unrecht der Tat einzusehen, kann aber nicht nach dieser Einsicht handeln.

Ein 16jähriger Junge, der keinen Führerschein besitzt, hat sein Mofa, das nur 15 km/h fahren kann und darf, verändert, damit es schneller wird. Er erklärt sein Verhalten damit, daß er von seinen Freunden, die bereits alle ihre Mofas technisch verändert haben, ausgelacht worden war. Auch hier kann der Jugendliche einsehen, daß seine Tat verboten ist. Der Druck der Freunde hindert ihn jedoch daran, das als richtig Erkannte durchzuhalten.

5. Verfahrensrechtlich empfiehlt es sich nicht, mit der Täterbegutachtung Psychiater alter Schule als forensische Sachverständige zu beauftragen. Diese neigen dazu, eine allgemein entwicklungspsychologische Fragestellung zumeist nach psychiatrischen Kriterien zu werten und so auf pathologische Fälle zu reduzieren. Etwas anderes gilt für „moderne" Jugendpsychiater mit psychologischer Zusatzausbildung. Im Allgemeinen empfiehlt sich zur Beurteilung gem. § 3 JGG die Einschaltung eines klinischen Psychologen, um konkret die Einsichts- und Handlungsfähigkeit eines Jugendlichen für eine bestimmte Tat zu überprüfen (vgl. § 43 Abs. JGG). Denn es kommt neben den obigen Faktoren wesentlich auf die Leistungsfähigkeit zur Zeit der Tat (z.B. Einfluß der Ermüdung, besondere Belastung) sowie die Überschaubarkeit der Tatsituation, auf das Vorliegen ungewohnter und affektiv getönter Umstände sowie das Vorhandensein sozialen Drucks durch Gruppenabhängigkeit an (*Eisenberg* § 3 Rdnr. 12; *Ostendorf* JZ 1986, 667).

Liegt sowohl nach § 3 JGG fehlende strafrechtliche Verantwortlichkeit als auch nach §§ 20, 21 StGB Schuldunfähigkeit bzw. verminderte Schuldfähigkeit vor, ist nach der Auffassung des BGH der Fall der Alternativität gegeben, wobei dem altersunabhängigen allgemeinen Zustand mit seinen Rechtsfolgen gegenüber dem bloß alterbedingten Zustand der Entwicklung der Vorzug zu geben sei. § 21 StGB sei § 20 StGB sachlich gleichzustellen. Lägen die Voraussetzungen letzterer Vorschrift vor, sei „die Frage der Entwicklungsreife gänzlich bedeutungslos", weil „nicht nur dem allgemeinen Sicherungsbedürfnis, sondern auch dem Wohl des betroffenen Jugendlichen mit einer Behandlung in einer psychiatrischen Krankenanstalt auf jeden Fall besser gedient" sei (BGH 26, 67, 70). Das Bayerische Oberste Landesgericht (St 1958, 263) und das überwiegende Schrifttum (*Eisenberg* § 3 Rdnr. 39, *Ostendorf*, § 3 Rdnr. 3 mit weiteren Nachweisen) halten demgegenüber die Prüfung von § 3 JGG für vorrangig mit der Folge, daß bei fehlender strafrechtlicher Verantwortlichkeit nur die sich aus § 3 Satz 2 JGG ergebenden Rechtsfolgen, nicht aber die Maßregeln der Besserung und Sicherung zur Anwendung gelangen können (vgl. auch die Lösung von *Nothacker*, S. 21). Der Verteidiger muß sich darauf einstellen, daß in entsprechenden Fällen eine Einweisung in eine psychiatrische Krankenanstalt droht. Da nur er die Verhältnisse vor Ort am besten kennt, wird er die Frage nur problematisieren, wenn die Zustände in der psychiatrischen Krankenanstalt auch eine effektive Behandlung des Jugendlichen zulassen und er dort nicht nur verwahrt wird.

Geht die Verteidigung vom Fehlen strafrechtlicher Verantwortlichkeit des Jugendlichen aus, so ist im Ermittlungsverfahren auf eine Einstellung gemäß 170 Abs. 2 StPO zu drängen (*Ostendorf* AK-JGG § 3 Rdnr. 16, *Eisenberg* § 3 Rdnr. 55). Im Zwischenverfahren ist die angestrebte Entscheidung eine solche gemäß §§ 2 JGG, 204 StPO – und nicht etwa gemäß § 47 I Nr. 4 JGG, der die Eröffnung der Hauptverhandlung voraussetzt (*Eisenberg* NJW 1984, 2918). Der Unterschied ist insofern von Bedeutung, als nur die zuletzt genannte Entscheidung nach § 60 Abs. 1 Nr. 7 BZRG in das Erziehungsregister einzutragen ist.

7. Die strafrechtliche Behandlung des Heranwachsenden nach § 105 JGG[1]

An das
Amtsgericht
Jugendgericht –
4000 Düsseldorf

In der Strafsache
gegen
......
Az.: ......

beantragen Angeklagter und sein Verteidiger zum Beweis der Tatsachen, daß
1. die Gesamtwürdigung der Persönlichkeit des H bei Berücksichtigung auch seiner Umweltbedingungen ergibt, daß er zur Zeit der Tat nach seiner jugendlichen oder geistigen Entwicklung noch einem J gleichstand oder[2]
2. es sich nach der Art, den Umständen und den Beweggründen der Tat um eine Jugendverfehlung handelt.[3]
Einholung eines gerichtlichen Gutachtens eines klinischen Jugendpsychologen.

Gründe:

Der 19½jährige H beging „aus kindlicher Naschhaftigkeit" den Warenhausdiebstahl. Er ist in seinen entscheidenden Entwicklungsjahren ohne Vater aufgewachsen und hat bei seiner Mutter wenig Rückhalt gefunden. Er war als 13- und 14jähriger geschlossen im Heim untergebracht und verbrachte als 18jähriger ein Jahr in der Jugendstrafanstalt. Seine persönlichen Entscheidungs- und Gestaltungsspielräume waren erheblich eingeengt. Seine Reifung zum Erwachs. wurde insgesamt erschwert, da in seinem bisherigen Leben Unselbständigkeit und Abhängigkeit überwogen. Auch ergeben die Beweggründe des Handelns, daß es sich um eine typische Jugendverfehlung gehandelt hat.

Rechtsanwalt

Schrifttum: S. XII. A. Anmerkungen zu 1. a. E.

Anmerkungen

1. Die Vorschrift des § 105 JGG ist starker Kritik ausgesetzt. Tatsächlich basiert diese Bestimmung auf ungenauen Kriterien. Es folgt daraus eine mögliche Ungleichbehandlung Heranwachsender. Andererseits bietet die Vorschrift für die Verteidigung eine große Chance. Der Heranwachsende, der mit einem Zuchtmittel davonkommt, ist im Rechtssinne nicht bestraft. Die Verurteilung gilt nicht als Vorstrafe, sie wird nicht im Bundeszentralregister eingetragen, der Verurteilte darf sich als unbestraft bezeichnen. Umgekehrt steht der Betroffene bei einer Einstellung nach allgemeinem Strafrecht (§ 153 StPO) günstiger da. Diese wird anders als bei §§ 45, 47 JGG nicht in das Bundeszentralregister eingetragen. Auch können Jugendstrafe und Freiheitsstrafe nicht gleichgesetzt werden. Die Jugendstrafe wird registerrechtlich günstiger als die Freiheitsstrafe behandelt, bei längerer Dauer ist ihre Aussetzung zur Bewährung wesentlich großzügiger geregelt. Außerdem kann der Strafvollzug in einer Jugendvollzugsanstalt den Verurteilten günstiger beeinflussen als in einer Erwachsenenhaftanstalt. Allerdings ist hier eine gewisse Skepsis angebracht. Offene Anstalten mit hohem Personalaufwand bilden bekanntlich eine Ausnahme. Ein Wohngrup-

penvollzug ist keineswegs die Regel. Schulische, berufsbildende und berufsfördernde Maßnahmen haben zwar an Bedeutung gewonnen, ein Idealzustand ist hier aber auch noch lange nicht erreicht. Andererseits kann die Verteidigung darauf abzielen, daß das allgemeine Strafrecht zur Anwendung kommt, wenn die nach ihm zu verhängende Maßnahme den Verurteilten weniger belastet als die nach dem Jugendstrafrecht in Betracht kommende, z. B. eine Geldstrafe anstelle eines vierwöchigen Jugendarrestes. Wenn zweifelhaft ist, ob der Täter zur Tatzeit schon erwachsen oder heranwachsend war, wird man zu seinen Gunsten von dem letzteren ausgehen.

2. Wann ergibt die Gesamtwürdigung der Persönlichkeit des Täters bei Berücksichtigung auch der Umweltbedingungen, daß er zur Zeit der Tat nach seiner geistigen oder nach seiner sittlichen Entwicklung noch einem Jugendlichen gleichstand? Die Voraussetzungen hierfür in § 105 Abs. 1 JGG sind mit *Eisenberg*, JGG, Rdnr. 8 zu § 105 dahingehend zu verstehen, daß junge Menschen schlechthin gemeint sind, in denen die „Entwicklungskräfte noch im größeren Umfang wirksam sind" (BGH 12, 116). Es ist dabei auf die individuelle Reifeprüfung des Heranwachsenden zur Zeit der Tat abzustellen. Dazu der BGH (12., 118/119):

„In Anbetracht der wiedergegebenen Erfahrung, daß die innere Reifung der Heranwachsenden ihrer körperlichen Entwicklung häufig nicht entspricht, würde es den dargelegten Zweck der Regelung jedoch geradezu gefährden, wenn Erwachsenenstrafrecht schon deshalb angewendet würde, weil eine Entwicklungsverzögerung nicht mit Sicherheit festgestellt werden könnte. Dabei muß bedacht werden, daß deren Ermittlung, beispielsweise auch wegen des Zeitablaufs, nicht immer einfach ist und eine sichere Feststellung unter Umständen unüberwindbaren Schwierigkeiten begegnen kann, obwohl in Wahrheit doch eine Reifeverzögerung zur Tatzeit vorgelegen hat. Nicht zutreffend wäre es freilich, jene strafrechtliche Sonderbehandlung, die das Jugendstrafrecht kennzeichnet, als die durchweg mildere gegenüber der Regelung des allgemeinen Strafrechts anzusehen und daraus Folgerungen zu ziehen. Aber der das Jugendstrafrecht weitmehr als das allgemeine Strafrecht beherrschende Erziehungsgedanke erfordert es, den Heranwachsenden im Zweifelsfalle nicht von jener jugendgemäßen strafrechtlichen Behandlung auszuschließen, die für den jungen Menschen nicht nur in seinem Interesse, sondern auch im Interesse der Allgemeinheit geschaffen ist und seiner Eigenart angepaßte Erziehungsmaßnahmen gestattet. Läßt sich mithin trotz Aufwendung aller angemessenen Sorgfalt nicht mit Sicherheit feststellen, ob der Heranwachsende zur Zeit der Tat noch einem Jugendlichen gleichstand, ist Jugendstrafrecht anzuwenden."

Allerdings dürfen dann im Jugendstrafrecht vorgesehene, im Erwachsenenstrafrecht nicht vorhandene Erschwerungen (Nichtanrechnung der Untersuchungshaft (§ 52a JGG), Jugendstrafe von unbestimmter Dauer) nicht verhängt werden (LG Münster NJW 1979, 938).

Hilfreiche Anhaltspunkte für die richtige Anwendung des § 105 Nr. 1 JGG sind die „jugendpsychologischen Richtlinien" zu § 105 JGG, die 1954 auf der Marburger Tagung der Deutschen Vereinigung für Jugendpsychiatrie erarbeitet worden sind.

Nach den „Marburger Richtlinien" wird ein Heranwachsender einem Jugendlichen oft in seiner geistigen und sittlichen Entwicklung gleichzustellen sein, wenn seine Persönlichkeit insbesondere folgende für die Erwachsenenreife charakteristischen Züge vermissen läßt:
– eine gewisse Lebensplanung
– Fähigkeit zu selbständigem Urteilen und Entscheiden,
– Fähigkeit zu zeitlich überschauendem Denken,
– Fähigkeit, Gefühlsurteile rational zu unterbauen,
– ernsthafte Einstellung zur Arbeit,
– eine gewisse Eigenständigkeit im Verhältnis zu anderen Menschen.

Umgekehrt können nach den Richtlinien charakteristisch jugendtümliche Züge u. a. sein:
– Ungenügende Ausformung der Persönlichkeit,
– Hilflosigkeit, die sich nicht selten hinter Trotz und Arroganz versteckt,

7. Die strafrechtliche Behandlung des Heranwachsenden nach § 105 JGG   XII. A. 7

- Naiv-vertrauenseliges Verhalten,
- Leben im Augenblick,
- starke Anlehnungsbedürftigkeit,
- spielerische Einstellung zur Arbeit,
- Neigung zu Tagträumen,
- Hang zu abenteuerlichem Handeln,
- Hineinleben in werterhöhende Rollen,
- Mangelhafter Anschluß an Altersgenossen.

Der Verteidiger sollte auch die Ergebnisse neuerer, mehr den gruppendynamischen Aspekt von Jugendlichendelikten berücksichtigenden Forschungen kennen (*Stutte*, MSchrKrim 1976, 309; *Schaffstein* MSchrKrim 1976, 92; *Remschmidt* MSchrKrim 1978, 79; *Schumacher*, Gruppendynamik und Straftat, NJW 1980, 1880). Sie weisen u.a. noch auf folgende jugendtümliche Züge hin:
- impulsives, unmittelbar aus der Situation vorschießendes Handeln,
- Neigung zu kindlich-jugendlichem Stimmungswechsel ohne rechten Anlaß,
- Fehlen einer Integration von Eros und Sexus (wichtig besonders bei Sittlichkeitsdelikten),
- Jugendliche Übersteigerung des Abenteurerdranges, des Wanderdranges, der Geltungssucht und ähnlicher phasenspezifischer Tendenzen,
- eine der Altersstufe nicht mehr entsprechende Suggestibilität,
- der Mangel an echter begründbarer Bindung an andere, z.B. Kameraden und Lehrer,
- eine starke Labilität in den mitmenschlichen Beziehungen,
- Mangel an altergemäßem Pflicht- und Verantwortungsgefühl,
- besondere Neigung zu neurotischen Fehlreaktionen und Fehlhaltungen.

Nach der neueren Rechtsprechung und Literatur ist eine Gleichstellung des Heranwachsenden mit einem Jugendlichen auch in folgenden Fällen in Betracht zu ziehen:
- Mangelnde Kontinuität im Berufsweg (BGH StV 1984, 254),
- Durchsetzungsvermögen des Heranwachsenden zeigt sich lediglich in Straftaten (BGH StV 1984, 254),
- Heranwachsender folgt Vorbildern aus Filmen (BGH StV 1984, 254),
- Reifeverzögerung durch problematische Familienverhältnisse in den entscheidenden Entwicklungsphasen (BGH StV 1983, 378),
- Scheidung der Eltern
- fortdauernde Abhängigkeit von der Mutter
- Unregelmäßiger Schulbesuch (BGH StV 1983, 378),
- Frühe Eheschließung aus naivem Zutrauen (BGHSt 12, 120),
- Ratlosigkeit und Unsicherheit gegenüber der Ordnung der Erwachsenen,
- Eheschließung aus Drang zur Selbständigkeit oder frühzeitige Lösung aus familiären Bindungen wie Widerstand gegen jede Autorität bzw. Suche nach neuen Vorbildern (BGHSt 8, 163),
- Ausgeprägte Nachahmungstendenzen (*Suttinger* MSchrKrim 1956, 65/74),
- Arbeitslose Jugendliche, weil ihnen die mit dem Eintritt in die Arbeitswelt verbundene soziale Anerkennung und finanzielle Unabhängigkeit fehlt (*Eisenberg* Rdnr. 21),
- Ausländer wegen der besonderen Sozialisationsschwierigkeiten (*Eisenberg* § 105 Rdnr. 22),
- Längere und schwere Erkrankungen sowie über längere Zeit andauernder Rauschmittelkonsum (OLG MDR 1976, 684ff.).
- Das (bedingungslose) Anschließen von Jugendlichen und/oder Heranwachsenden an eine Gruppe mit „strenger Reglementierung der Mitglieder". Diese Phase in der Entwicklung junger Menschen wird als „Nichtmehr-Kindsein" und „Noch-nicht-Erwachsensein" charakterisiert (*Molketin* Anm. zu OLG Zweibrücken NStZ 87, 89).

3. Ohne daß eine Gesamtwürdigung der Persönlichkeit erforderlich wäre, ist nach § 105 Abs. 1 Nr. 2 JGG Jugendstrafrecht anzuwenden, wenn es sich nach der Art, den Umständen und den Beweggründen um eine Jugendverfehlung handelt.

Eine Jugendverfehlung liegt vor:
a) Wenn die Art und Umstände eine jugendtümliche Verhaltensweise zeigen (studentenartige Streiche wie z.B. die Plünderung fremder Obstbäume). In der Literatur finden sich folgende Beispiele für „ins Kriminelle abgerutschte Streiche":
Eine Gruppe Abiturienten „klaut" ein Straßenschild, das sie als Trophäe in ihren Partykeller einbringt.
Ein heranwachsender Junge stielt aus der Kasse seines Lehrherrn Geld für die Eintrittskarte zu einem Abenteuerfilm.
Ein Oberschüler fälscht sein Zeugnis, um den Vorwürfen seiner Eltern zu entgehen (*Herz*, S. 45).
Ein 18-jähriger Täter entwendet ein Zelt und stiehlt anschließend in einer Buchhandlung einige Karl-May-Bände. Unweit der elterlichen Wohnung schlägt er das Zelt am Ufer eines Flusses auf, setzt sich an die Böschung und liest die Karl-May-Bücher (*Böhm*, S. 37).

b) Die Beweggründe der Tat lassen solche Merkmale erkennen, die als charakteristisch für die jugendliche Entwicklungsphase verstanden werden (jugendtümliches Verständnis des Ehrbegriffs, Entwendung von Kraftfahrzeugen zum vorübergehenden eigenen Gebrauch, wenn sie aus jugendlichem Geltungsbedürfnis oder Motorleidenschaft begangen werden, Abenteuerlust, Heimweh, pupertätsbedingte sexuelle Motive bei Brandstiftungen, jugendliche Rauflust bei Körperverletzungen, Sucht, sich bei Kameraden hervorzutun, Handeln aus aufgeheizter Atmosphäre, spontan aus einer erregten Menge, unterstützt durch das vorangegangene agressive Verhalten Gleichgesinnter (*Eisenberg* § 105 Rdnr 34 ff.). Diese Alternative darf von vorne herein bei keinem Tatbestand ausgeschlossen werden, mag es sich um ein Verbrechen oder Vergehen handeln. Gerade bei „Aggressionsdelikten" ist die mitunter erschreckend große Unfähigkeit des Täters, Konflikte mit anderen Mitteln als denjenigen der kriminellen Gewalt zu lösen, offenkundig (OLG Zweibrücken NStZ 87, 89, BGH StV 81, 183 für Vergewaltigung; BayObLG StV 1981, 527 für einen schweren Gewaltakt; BGH StV 87, 284 für Körperverletzung mit Todesfolge; BGH StV 89, 311 für unerlaubtes Handeltreiben mit BTM).

4. Gerade heranwachsende Kraftfahrer unterschätzen oft – infolge jugendlichen Leichtsinns und Unbekümmertheit, Geltungsbedürfnis, Drang zur Selbstbestätigung, Erfolgshungers und Geschwindigkeitsrausches – die Gefahren im Straßenverkehr. Die Belastung jüngerer Anfänger ist höher als diejenige altersmäßig älterer Anfänger. Jugendtypische Straßenverkehrsdelikte sind solche im Zusammenhang mit einem Zweirad, Geschwindigkeitsunfälle, meist unter Alkoholeinfluß und Fahren ohne Führerschein. Hierfür werden als Merkmale u. a. Geschwindigkeitsrausch, fehlende Abschätzung der Risiken, Bestätigungsbedürfnis oder mangelndes Verantwortungsbewußtsein (OLG Hamm NJW 1960, 1966; OLG Zweibrücken StV 89, 314) und insbesondere das Bemühen um Erreichung des Erwachsenenstatus genannt. Aus der Innehabung der Fahrerlaubnis läßt sich nicht auf das Vorliegen der Erwachsenenreife schließen. Das Wissen um Verkehrsvorschriften bedeutet keineswegs eine Reife im Sinne verantwortlichen Handelns. Gerade die Jugendlichen und Heranwachsenden geraten aufgrund ihres sportlichen Könnens und des Reizes, Gefahrenmomente zu überwinden, aus einer gewissen Angeberei heraus in Situationen, die sie nicht mehr meistern können. Das „Alter des Führerscheins", die praktische Erfahrung des Täters zum Zeitpunkt der Tat, etwaige „Vorwarnungen durch Unfälle", OWiG-Verfahren oder sonstige Vorstrafen in Zusammenhang mit Straßenverkehrsdelikten sind zu würdigen (*Eisenberg* JGG Rdnr. 31 zu § 105). Der Richter darf auch die Entziehung der Fahrerlaubnis nach §§ 7 JGG, 69 StGB im Jugendstrafverfahren anordnen. Die Vorschrift des § 7 JGG enthält eine Kann-Bestimmung, setzt also eine besondere einzelfallorientierte Prüfung

voraus (OLG Zweibrücken StV 89, 314; *Eisenberg* § 7 Rdnr. 35). Die Entziehung der Fahrerlaubnis kann unverhältnismäßig sein, wenn eine Weisung geeignet ist, den mit der Maßregel verfolgten Zweck zu erreichen. Dann ist die Maßregel subsidiär (*Nothacker*, S. 42). In Betracht kommt beispielsweise die Weisung, den Führerschein für einige Zeit zu den Gerichtsakten einzureichen.

In diesem Zusammenhang ist noch zu erwähnen, daß es gegen Jugendliche kein Strafbefehlsverfahren und auch nicht das beschleunigte Verfahren des allgemeinen Verfahrensrechts gibt (§ 79 JGG). Anders ist dies bei Heranwachsenden (§ 109 JGG). Wird der Heranwachsende einem Jugendlichen nicht gleichgestellt, bedarf es insoweit auch keiner Einschaltung des Jugendamtes bzw. dessen Anhörung.

8. Vorbereitung der Hauptverhandlung (Checkliste)

1. Kurz vor dem Hauptverhandlungstermin sollte der Verteidiger mit dem Jugendlichen endgültig die Verteidigerkonzeption festlegen.

2. Er sollte die Sache mit dem Jugendrichter und Staatsanwalt vor der Hauptverhandlung erörtern, insbesondere wenn sich zwischenzeitlich Umstände von erzieherischer (oder therapeutischer) Bedeutung verändert haben, vor allem wenn diese bei der Rechtsfolgenentscheidung zu berücksichtigen sind. Eine Vernehmung gemäß § 44 JGG sollte der Verteidiger in geeigneten Fällen anregen, um die Erforderlichkeit der Vorbereitung bestimmter Weisungen oder Auflagen oder aber einer Untersuchung darzulegen.

3. Zu der Frage des Schweigerechts wird auf Form. XII. A. 1 verwiesen. Erfahrungsgemäß können schwere Störungen in der Familie oder in der Gruppe auftreten, der der Jugendliche sich verbunden fühlt. Erkennt der Verteidiger, daß für den Jugendlichen bei einer freimütigen Aussage schwerwiegende Nachteile entstehen, sollte er ihm raten, zu schweigen. Das gleiche gilt beispielsweise auch, wenn eine Einlassung eine z. B. aus den Akten nicht zu ersehende Drogenkarriere als Tathintergrund offenbaren und damit die Annahme schädlicher Neigungen und Jugendstrafe herbeiführen würde (*Zieger* StV 1984, 305/309).

4. Zur Vorbereitung auf die Hauptverhandlung hat der Verteidiger dem einschlägig nicht erfahrenen Jugendlichen die Sitz- und Rollenverteilung der beteiligten Personen sowie die zu erwartenden Belehrungen des Gerichts vorab zu erläutern; hierdurch können Angst und Beklemmung des Jugendlichen gemildert werden. Der Verteidiger soll sich die beabsichtigte Aussage des Angeklagten von diesem vortragen lassen. Er soll ihm raten, bei seiner ihm geläufigen Umgangssprache zu bleiben. Zudem ist er darüber zu informieren, daß der Verteidiger in der Hauptverhandlung jederzeit eine Unterbrechung beantragen kann, etwa um sich mit dem Jugendlichen zu beraten, falls der Mandant unsicher wird und nicht weiß, wie er sich in bestimmten Situationen verhalten soll (*Eisenberg* NJW 1984, 2913/2918).

5. Wegen der herausragenden Bedeutung des Vertrauensverhältnisses zwischen dem Verteidiger und dem jugendlichen Angeklagten sollte es generell unterbleiben, in der Hauptverhandlung einen dem Angeklagten unbekannten Unterbevollmächtigten tätig werden zu lassen. Zumindest sollte der Jugendliche, sofern es sich als gleichsam unvermeidlich darstellt, vorher informiert werden. Der Verteidiger sollte auch den Unterbevollmächtigten vorher mit dem Jugendlichen bekannt machen, damit der Jugendliche zu dem Unterbevollmächtigten Vertrauen gewinnt.

9. Besonderheiten in der Hauptverhandlung (Checkliste)

1. Bei der Vernehmung des Angeklagten sollte der Verteidiger in der Regel hinter seinen Mandanten zurücktreten. Der Jugendliche soll sich selbst möglichst authentisch darstellen. Der Verteidiger wird allerdings dem Jugendlichen dabei helfen, d.h. „übersetzen", wenn er glaubt, daß das Jugendgericht ihn mißverstanden hat (*Zieger* StV 1984, 305/310).

2. Nach § 51 JGG soll der Vorsitzende den Angeklagten für die Dauer solcher Erörterungen von der Verhandlung ausschließen, aus denen Nachteile für die Erziehung entstehen könnten. Die Bestimmung ist wegen der grundlegenden Bedeutung der Anwesenheit des Angeklagten und der gegenüber einem Erwachsenen in derselben Verfahrenssituation zu befürchtenden Benachteiligung in der Verteidigung als Ausnahmevorschrift eng auszulegen. Es muß dem Jugendlichen in der Regel nicht von vornherein schaden, wenn er die Fremdeinschätzung seiner Person anhört (*Eisenberg* NJW 1984, 2913/2918). Auch wird durch den Ausschluß des Jugendlichen die Objektposition des Angeklagten verfestigt und sein Mißtrauen sowie Ohnmachtsgefühl verstärkt (*Zieger* StV 1982, 305/310). *Zieger* empfiehlt dem Verteidiger, einer Verfahrensweise nach § 51 Abs. 1 Satz 1 JGG zu widersprechen und sich niemals die Empfehlungen der RiLi Nr. 1 zu § 51 JGG zueigen zu machen, wonach er für seine Ausführungen (seien es Einstellungserörterungen oder das Plädoyer) von sich aus den Ausschluß des Mandanten beantragt. Um Vertrauen zu dem Verteidiger haben zu können, muß der Jugendliche wissen, was sein Verteidiger über ihn vorträgt. Die Vorschrift des § 51 JGG gilt übrigens nicht für Heranwachsende (*Eisenberg* JGG Rdnr. 2 zu § 51).

3. Für die Festlegung der Verteidigerstrategie, aber auch für das Plädoyer, muß der Verteidiger die besonderen Sanktionsmöglichkeiten des Jugendstrafrechts kennen. Auf diese Besonderheiten versuchen die nachstehenden Checklisten einzugehen, ohne Anspruch auf Vollständigkeit zu erheben.
In Sonderheit hat er dabei an die Jugendgerichtshilfe – sie ist Pflichtaufgabe der Jugendämter – zu denken. Vor den Plädoyers erhält die Vertreterin bzw. der Vertreter des Jugendamtes das Wort. Erst nach diesen Ausführungen wird die Beweisaufnahme geschlossen. Das Jugendamt ist auch verpflichtet, sich zu den Maßnahmen zu äußern, die zu ergreifen sind (§ 38 Abs. 2 Satz 2 JGG). Die Doppelfunktion der Jugendgerichtshilfe, einerseits Ermittlungshilfe für das Gericht zu leisten, andererseits dem Jugendlichen zu helfen, führt in der Praxis zu Spannungen und Konflikten. Eisenberg sieht den Grund in der Antinomie zwischen der Strafverfolgung als (– in der Regel –) einem (reaktiven) Angriff gegen den Jugendlichen und der Hilfe als Ausdruck von Schutz und Förderung für ihn (*Eisenberg* Rdn. 37 zu § 38 JGG). In der Praxis steht dennoch die Hilfe für den gestrauchelten Jugendlichen im Vordergrund. Zumeist sind die Stellungnahmen des Jugendamtes für den Angeklagten „günstig". Entgegen *Brunner* (JGG Rdnr. 11 zu § 38), der fordert, die Jugendgerichtshilfe dürfe nicht Verteidiger des Jugendlichen sein, kann man in der Praxis teilweise bei dem Jugendamt an einen „zweiten Verteidiger" denken. Deshalb empfiehlt es sich dringend, vor einem Hauptverhandlungstermin Kontakt zu dem Jugendamt aufzunehmen und dem Jugendamt die Argumente der Verteidigung vorzutragen. Sie werden dort in der Regel nicht auf „taube Ohren stoßen".

10. Verteidigerstrategie und Plädoyerhinweise

a) Verbindung von Erziehungsmaßregeln, Zuchtmitteln und Jugendstrafen

Der Verteidiger muß folgendes wissen:
Der Jugendrichter kann aus den zur Verfügung stehenden Maßnahmen stets mehrere kombiniert anwenden, wenn die erforderliche Erziehung dies nahelegt.

Mit § 8 JGG können Härten vermieden werden, die sich aus der Lücke zwischen dem Dauerarrest und der Jugendstrafe (mindestens 6 Monate) ergeben. Mit geeigneten Vorschlägen kann hier einer taxenmäßigen Sanktionspraxis entgegengetreten werden.

Alle „ambulanten" Maßnahmen können beliebig miteinander verbunden werden. Der Verteidiger kann demgemäß vorschlagen, verschiedene Weisungen untereinander und mit Erziehungsbeistand, Verwarnung und Auflagen, eventuell auch mehreren Auflagen nebeneinander zu koppeln.

Mit jeder „stationären" Maßnahme, Fürsorgeerziehung, Jugendarrest und Jugendstrafe können eine oder mehrere Weisungen und eine oder mehrere Auflagen verbunden werden, Verwarnung aber nur mit Fürsorgeerziehung und Erziehungsbeistand nur mit Jugendarrest oder Jugendstrafe. Stationäre Maßnahmen dürfen nicht miteinander verbunden werden. Nach einer Mindermeinung soll die Aussetzung der Entscheidung über die Verhängung einer Jugendstrafe die gleichzeitige Verhängung eines Dauerarrestes nicht ausschließen (z. B. LG Augsburg NStZ 1986, 507 mit zustimmender Anm. v. *Brunner*).

Neben der Aussetzung nach § 27 JGG darf Fürsorgeerziehung nicht angeordnet werden (BGHStV 89, 306).

b) Erziehungsmaßregeln

Erziehungsmaßregeln sind neben der selten angeordneten Erziehungsbeistandschaft und Fürsorgeerziehung vor allem die Erteilung von Weisungen, (§ 9 JGG).
§ 10 Abs. 1 JGG definiert sie wie folgt:
Weisungen sind Gebote und Verbote, welche die Lebensführung des Jugendlichen regeln und dadurch seine Erziehung fördern und sichern wollen. Dabei dürfen an die Lebensführung des Jugendlichen keine unzumutbaren Anforderungen gestellt werden. Vorrangig muß ein Erziehungsbedürfnis des Täters das Kriterium zur Auswahl der Weisung sein.

Das Gesetz sieht in § 10 Abs. 1 folgende Weisungen vor:
1. Weisungen, die sich auf den Aufenthaltsort beziehen,
2. bei einer Familie oder in einem Heim zu wohnen,
3. eine Ausbildungs- oder Arbeitsstelle anzunehmen,
4. Arbeitsleistungen zu erbringen:
Diese Arbeitsauflage ist Alternative zum Jugendarrest und zur Geldbuße. Im Vergleich zur Geldbuße ist weiter von Vorteil, daß der Jugendliche die Arbeitsauflage persönlich erfüllen muß und er unmittelbar erfährt, welche gemeinnützige Leistung er für die Allgemeinheit erbringt. Gegenüber dem Jugendarrest bleibt dem Jugendlichen das Stigma erspart, gesessen zu haben. Die Arbeitszeiten lassen sich durch die Möglichkeit, ihre Erfüllung über einen längeren Zeitraum zu verteilen, besser in den Lebensalltag des Jugendlichen einfügen als ein Jugendarrest, der ausgenommen mehrere Freizeitarreste grundsätzlich auch im Block vollzogen werden muß.

Tondorf

Beispiele bei *Pfeiffer* S. 183:
Jugendliche schaufeln im Winter Schnee von den Eisbahnen der Stadt München.
Sie tapezieren gemeinsam mit freiwilligen Helfern die Wohnung eines mittellosen Rentners.
Sie unterstützen Zivildienstleistende eines Heims für behinderte Kinder bei der Durchführung eines Ausflugs für Rollstuhlfahrer. Sie reparieren unter Anleitung eines Sportwarts defekte Sportgeräte bei einem Verein. Sie helfen mit beim alljährlichen „Ramadama", wenn hunderte von Münchener Bürgern an einem Mai-Wochenende Frühjahrsputz in den Parks der Stadt veranstalten.
Sie unterstützen eine Bürgerinitiative bei Vorarbeiten für ein Stadtteilfest.
Sie putzen die nach einem Einsatz verschmutzten Feuerwehrgeräte.
Sie übernehmen an den Wochenenden, wenn das Personal knapp ist, in den Altersheimen eine Fülle von leichten pflegerischen Auflagen – sie füttern z.B. Schwerkranke, führen Gehbehinderte spazieren oder lesen einem Blinden vor.
Sie helfen in einem Büro eines gemeinnützigen Vereins mit beim Versenden eines bundesweiten Spendenaufrufs.
Sie kochen unter Anleitung eines freiwilligen Helfers oder Zivildienstleistenden der Brücke in einem Stadtteilzentrum ein Mittagessen, das dann zum Selbstkostenpreis an Besucher verkauft wird.

5. sich der Betreuung und Aufsicht einer bestimmten Person (Betreuungshelfer) zu unterstellen. Diese Weisung ist besonders geeignet, Jugendarrest und eine auf Bewährung ausgesetzte Jugendstrafe zu vermeiden (*Pfeiffer* S. 141),
6. an einem sozialen Trainingskurses teilzunehmen,
7. sich zu bemühen, einen Ausgleich mit dem Verletzten zu erreichen,
8. den Verkehr mit bestimmten Personen oder Besuch von Gast- und Vergnügungsstätten zu unterlassen oder
9. bei einer Verletzung von Verkehrsvorschriften an einem Verkehrsunterricht teilzunehmen.

Der Verteidiger kann sog. „freie Weisungen" vorschlagen:
1. Weisungen zur Regelung der finanziellen Verhältnisse (z.B. Verbot, Schulden zu machen, Abzahlungsgeschäfte abzuschließen, Gebot Unterhaltspflichten zu erfüllen, Einnahmen und Ausgaben zu verbuchen, den Lohn an einen Helfer abzugeben und nur im Einvernehmen mit diesem darüber zu verfügen, Anlegung eines gesperrten Kontos).
2. Nachhilfeunterricht.
3. Stütz- oder Erziehungskurse, erlebnispädagogische Unternehmungen (Wanderungen, Radtouren etc.), gemeinsames Tun und Erleben.
4. Abgeben von Gegenständen (z.B. Waffen).
5. Besinnungsaufsätze; ein auf die Erlebnisse der Strafverfolgung bezogener Erfahrungsbericht.
6. Sonstige Weisungen anläßlich von Verkehrsverstößen:
   – Weisung an den J, sein Fahrrad oder Motorrad bei einer dafür geeigneten Behörde abzugeben, wenn er es so gebraucht hat, daß dadurch seine Lebensführung ungünstig beeinflußt worden ist; so, wenn er nachts mit Hilfe des Fahrzeuges entfernt gelegene Wirtschaften aufsuchte und anschließend seinen Pflichten ungenügend nachkam oder wenn das Fahrzeug so zum Lebensinhalt wurde, daß darunter fast alle anderen Belange, wie z.B. Ausbildung und Familienbande, Not litten.
   – Weisung, eine Haftpflichtversicherung abzuschließen: geeignet für jugendliche Fußgänger und Radfahrer, die sich wiederholt rücksichtslos im Straßenverkehr verhalten haben, vorausgesetzt, sie können die entsprechenden Kosten tragen.
   – Weisung der Nachschulung gegenüber alkoholauffälligen Kraftfahrern
   – Weisung, einen Aufsatz über rücksichtsvolles Verhalten im Straßenverkehr anzufertigen,

– Weisung an J, eine Fahrerlaubnis zu beantragen bei J, die trotz mehrfacher oder gar zahlreicher Bestrafungen wegen Fahrens ohne Fahrerlaubnis wiederum ein Kraftfahrzeug geführt haben, ohne daß sie inzwischen eine Fahrerlaubnis erworben hätten.

§ 10 Abs. 2 JGG sieht weiter vor:
Weisung, sich einer heilerzieherischen Behandlung und Entziehungskur zu unterziehen. Sie wird empfohlen bei:
– Diskrepanz zwischen Tat und bisherigen Persönlichkeitsentwicklung,
– bei sexuell motivierter Delinquenz,
– bei scheinbar sinnlosen Bereicherungsdelikten,
– bei Brandstiftungen,
– bei Spannungen in der Familie, gegenüber auffälligen Einzelgängern,
– bei Stotterern, Legasthenikern und Jugendlichen, die sich bei äußerlich intaktem Milieu desozial entwickelt haben.

Sie sollten nicht verhängt werden bei Jugendlichen, bei denen das Fehlverhalten sehr früh manifest geworden ist.
Als Sachverständige kommen Psychiater, Psychotherapeuten, Psychologen, Heil-, Sozial- und Sonderpädagogen in Betracht.
Eine Entziehungskur sollte angeordnet werden, wenn es sich um gefährdete Jugendliche handelt, deren Situation, Motivation und Persönlichkeitsbild die Hoffnung erlauben, daß mit dem vergleichsweise milden Mittel der Weisung die Bereitschaft erreicht wird, sich der Entziehungskur zu unterziehen.
Der Richter kann Weisungen ändern, von ihnen befreien und ihre Laufzeit vor Ablauf bis auf 3 Jahre verlängern, wenn dies aus Gründen der Erziehung geboten ist (§ 11 Abs. 2 JGG). Eine Änderung ist nicht nur zulässig, wenn sich die Tatsachen geändert haben, z.B. im Bereich persönlicher oder sozialer Verhältnisse wie durch Wehrdienst, sondern auch dann wenn die Weisung sich als unzweckmäßig herausstellt: z.B. der Verurteilte erscheint im Vergleich zur bisherigen Annahme des Gerichts leichter erziehbar. Ebenso ist gem. § 11 Abs. 2 JGG die Aufhebung aller Weisungen möglich. Dies bietet sich etwa an, wenn der Erfolg früher als erwartet erreicht ist.

c) Zuchtmittel

Während Erziehungsmaßregeln auf die Erweiterung des Verhaltenspotentials des Täters (oder auf die Bewahrung vor besonderen Gefährdungen) zielen, wenden sich Zuchtmittel an die Täter, „die nichts lernen und vor nichts bewahrt werden müssen, die auf eine bloße Warnung reagieren" (*Böhm*, S. 155). Das Zuchtmittel hat – wie im allgemeinen Strafrecht etwa die Geldstrafe – allein den Zweck, „einen an sich gut gearteten Täter durch „Ahndung" seiner Tat, aber ohne längeren Eingriff in seine Lebensführung eindringlich zu Bewußtsein zu bringen, daß er für das von ihm begangene Unrecht einzustehen hat". (*Schaffstein* § 18 I).
Zuchtmittel sind: die Verwarnung; die Erteilung von Auflagen; der Jugendarrest.

1. Die Verwarnung. Sie empfiehlt sich in Verbindung mit anderen Rechtsfolgen nur bei leichten einmaligen Verfehlungen „gutartiger" Jugendlicher, die bereits durch das Verfahren einschließlich der Gerichtsverhandlung besonders beeindruckt worden sind (*Eisenberg* JGG Rdnr. 6 zu § 14).
Beispiele: *Herz* S. 62: Ein 16jähriger Junge aus „gutem Hause", der u.a. in einer Lebensrettungsgesellschaft aktiv mitwirkt und außerdem ein guter Schüler ist, wurde wegen fahrlässiger Tötung angeklagt. Er hatte mit seinem Mofa mit überhöhter Geschwindigkeit eine alte Dame, die die Straße überquerte, erfaßt und verletzt. Das Opfer starb kurz nach dem Unfall. Der Junge leidet noch bei der Hauptverhandlung unter dem Vorfall. Ihm kann nicht vorgeworfen werden, ein Verkehrsrowdy zu sein, da er sich ansonsten verantwor-

tungsbewußt verhält. In diesem Falle kann der Verteidiger vortragen, daß eine förmliche Verwarnung ausreicht.

2. Erteilung von Auflagen. § 15 JGG enthält eine abschließende Aufzählung der zulässigen Auflagen.

a) Wiedergutmachung. Sie erscheint in geeigneten Fällen erzieherisch besonders sinnvoll. Vor der Auferlegung der entsprechenden Geldzahlung sollte der Geschädigte gehört werden und die Annahme der dem Jugendlichen auferlegten Leistung zusichern. Besonders sinnvoll ist es, wenn im Einvernehmen mit dem Geschädigten dem Verurteilten auferlegt wird, den Schaden durch eigene Handarbeit wiedergutzumachen.

Beispiele: *Böhm* S. 158: Jugendliche Rowdys haben im Übermut eine fremde Gartenhütte zerschlagen. Ihnen wird auferlegt, diese in ihrer Freizeit wieder fachmännisch zu errichten und die Kosten für das benötigte Material zu tragen.

Ein Jugendlicher hat durch Unachtsamkeit ein Schulkind so verletzt, daß es längere Zeit im Bett liegen muß und den Anschluß an seine Schulklasse durch das krankheitsbedingte längere Fehlen zu verlieren droht. Er wird verpflichtet, dem Kind bei Schularbeiten zu helfen.

Ein Jugendlicher, der fahrlässig einen Verkehrsunfall verursacht hat, wird verpflichtet, dem Opfer, das damit einverstanden ist, regelmäßig ins Krankenhaus Zigarren und ein Fläschen Wein zu bringen. Dabei hat das Gericht die Voraussetzungen für die Gewährung eines Schmerzensgeldes für gegeben erachtet.

b) Entschuldigung. Sie setzt voraus, daß der Geschädigte die Entschuldigung in einer Weise annimmt, die das Ehrgefühl des Jugendlichen nicht verletzt. Sie setzt die Bereitschaft des Jugendlichen oder Heranwachsenden voraus, sich zu entschuldigen.

Beispiel: *Herz* S. 55: Ein Junge hatte seinen Nachbarn, weil dieser mit seinem Funkgerät den Empfang seines Fernsehers störte, aus Wut beleidigt. Nach der Hauptverhandlung hat er sich im Beisein des Jugendrichters gemäß der Auflage bei dem Nachbarn entschuldigt. Der Nachbar war bereit, die Entschuldigung anzunehmen.

c) Arbeitsleistungen zu erbringen.

d) Geldbuße durch Zahlung an eine gemeinnützige Einrichtung. Sie kommt nur in Betracht, wenn es sich um eine leichte Verfehlung handelt und der Jugendliche sie aus eigenen Mitteln bezahlen kann.

Beispiel: *Herz* S. 63: Ein Junge verursacht mit seinem Mofa durch sein grob fahrlässiges Verhalten einen Zusammenstoß mit einem alten Mann, wobei dieser verletzt wird. Dem Jungen wird zur Auflage gemacht, sein Taschengeld als Geldbuße an eine Einrichtung zu zahlen, die sich um Unfallopfer kümmert.

Der Richter kann nach § 15 Abs. 3 S. 1 JGG nachträglich von der Erfüllung von Auflagen ganz oder zum Teil befreien, wenn dies aus Gründen der Erziehung geboten ist.

3. Jugendarrest. Der Jugendarrest steht heute im Kreuzfeuer der Kritik. Er ist längst nicht mehr das geeignete Zuchtmittel bei „kleinen und mittleren Verfehlungen gutgearteter Jugendlicher":

– Die Arrestklientel setzt sich zu einem ganz erheblichen Anteil aus sog. „Arrestungeeigneten mit erheblichen Gefährdungsmerkmalen" zusammen.

– Die Arrestideologie des „short-sharp-shock" ist vor allem an einer sozialpädagogischen Fehleinschätzung gescheitert. Die Jugendarrestanstalten sind fast durchweg nicht in der Lage, allein zu einer konstruktiven Selbstbesinnung beizutragen.

Die Schockwirkung läßt im Arrest bald nach und macht einer Gewöhnung Platz, der Schock hinterläßt keine positive Wirkung, die Insassen setzen sich überhaupt nicht mit ihren Straftaten auseinander (*Möller* ZfStrVO 1972, 45).

– Die dem Gesetz zugrundeliegende Vorstellung, daß ein von der Isolation der Einzelzelle ausgehender Zwang zur Selbstbesinnung dem Jugendlichen eindringlich das Unrecht seiner Taten vor Augen führen würde und eine bessernde Wirkung auf ihn habe, findet keine Bestätigung in den Aussagen der Pädagogik. Im Gegenteil, dort wird nahezu

10. Verteidigerstrategie und Plädoyerhinweise XII. A. 10

einhellig der Grundsatz heraus gestellt, daß Erziehung sich am wirkungsvollsten über kommunikatives Handeln realisiert. Die herkömmliche Arrestkonzeption baut weitgehend auf Illusionen auf (*Pfeiffer,* Generalprävention im Jugendgerichtsverfahren, S. 144).
– Die Möglichkeiten pädagogischer Arbeit sind im Arrest erheblich begrenzt. Das zwischen den Gesprächspartnern bestehende Machtgefälle, das Gefühl, der Anstalt ausgeliefert zu sein und die aus der Isolation der Haft entstehende emotionale Anspannung, die sch als Angst oder Abwehr äußert, verhindern, daß sich der Jugendliche wirklich offen auf sein Gegenüber einlassen kann. Außerdem fehlt meist die Zeit, eine wirkliche Vertrauensbeziehung herzustellen (*Pfeiffer* S. 144). Der stark repressive Charakter des Jugendarrestes, der in der Erziehung immer problematisch ist, ist nicht zu übersehen.
– Außerdem ist der zeitliche Abstand zur Tat – meist auch zur Hauptverhandlung – zu groß, um eine innere Auseinandersetzung mit diesen Ereignissen erwarten zu können (*Pfeiffer* S. 144).
– Bei Jugendlichen, die Verwahrlosungssymptome aufweisen, kann ein über das Leiden des Eingesperrtseins hinausgehender Abschreckungseffekt diese Jugendarrestanten kaum erreichen, weil sie nur wenig zu verlieren haben. Die Verhängung des Jugendarrestes bedeutet für diese ohnehin labilen und gefährdeten Jugendlichen und Heranwachsenden eine problematische Zusatzbelastung, gerade bei ihnen ist zu befürchten, daß sie dem vom Jugendarrest ausgehenden Stigmatisierungseffekt wenig entgegensetzen können (*Pfeiffer* S. 142).

d) Jugendstrafe

1. Das Rechtsinstitut der Jugendstrafe ist ebenfalls sehr umstritten. Argumente gegen die Jugendstrafe sind z.B. bei SCHlH OLG, Beschluß vom 10. 12. 1984, StV 1985, 420 nachzulesen:
– Durch das Unwerturteil einer Freiheitsstrafe wird der Jugendliche erniedrigt, zurückversetzt und als Krimineller abgestempelt. Dies erschwert eine Wiedereingliederung in die Gesellschaft nach Verbüßung der Strafe.
– Die Jugendstrafe erzieht nicht zu gesellschaftskonformem Verhalten, sondern verfestigt die von der Norm abweichenden Verhaltensweisen.
– Soziale Bindungen, die dem Jugendlichen Halt geben könnten, werden zerrissen.
– Durch den monotonen und ergebnislosen Tagesablauf im Vollzug wird das Zeiterleben des Jugendlichen gestört.
– Dem Jugendlichen wird durch die Reglementierung seines Lebens die Möglichkeit genommen, selbst Verantwortung zu erlernen und auszuüben.
– Der Jugendliche verliert durch den Haftvollzug jedliche Selbständigkeit sowie die Fähigkeit, Probleme zu lösen und Eigeninitiativen zu entwickeln, weil sein Leben von „außen" geordnet und kontrolliert wird.
– Der Jugendliche lernt Verhaltensschemata, die nur die Ordnungserwartung der Anstalten erfüllen und ihn selbst in den Genuß von Privilegien bringen könnten.
– Es findet eine Anpassung an die Gefangenenhierarchie statt.
– Der Jugendliche wird durch die Mitinsassen zum „fortgeschrittenen Kriminellen" erzogen (Ansteckungsgefahr).

Sehr betroffen macht auch die Lektüre eines inhaftierten Jugendlichen, der über seine Erfahrungen im Jugendstrafvollzug berichtet, die in geeigneten Fällen dem Gericht nahegebracht werden sollte (ZfStrVO 1990, 37).
2. Der Richter verhängt die Jugendstrafe, wenn wegen der schädlichen Neigungen des Jugendlichen, die durch die Tat hervorgetreten sind, Erziehungsmaßregeln oder Zuchtmittel zur Erziehung nicht ausreichen oder wegen der Schwere der Schuld Strafe erforderlich ist, (§ 17 JGG).

Schädliche Neigungen. Nach der Rechtsprechung des BGH sind schädliche Neigungen eines Jugendlichen oder Heranwachsenden, die in bestimmten Taten hervorgetreten sein sollen, regelmäßig nur gegeben, wenn sie schon von vornherein in seinem Charakter angelegt waren. Es muß sich mindestens um, sei es anlagebedingte, sei es durch unzulängliche Erziehung oder ungünstige Umwelteinflüsse bedingte Mängel der Charakterbildung handeln, die ihn in seiner Entwicklung zu einem brauchbaren Glied der sozialen Gemeinschaft gefährdet erscheinen und namentlich befürchten lassen, daß er durch weitere Straftaten deren Ordnung stören würde (BGH St 16, 261/262; StV 1985, 419). Hinzu kommt, daß die schädlichen Neigungen nicht nur zur Tatzeit, sondern auch zum Zeitpunkt der Hauptverhandlung vorhanden sein müssen. Dies ergibt sich schon aus der ultima-ratio-Stellung der Jugendstrafe (BGH StV 1985, 419).

Schädliche Neigungen können nicht geschlossen werden:
– aus sog. Gelegenheits-, Augenblicks-, Konflikts- und Notdelikten;
– aus Straftaten, zu denen der Jugendliche durch andere verführt und bei der Tatbegehung beeinflußt worden ist (*Böhm* S. 173) oder die
– aus falsch verstandener Abenteuerlust (BGH StV 1985, 419) sowie
– aus falsch verstandener Kameradschaft (BGH StV 1985, 419) begangen wurden,
– aus Bagatelltaten und gemeinlästigen Delikten,
– wenn die festgestellten Persönlichkeitsmängel bei einem erstmals strafrechtlich in Erscheinung getretenen Jugendlichen keine weiteren Straftaten befürchten lassen (BGH StV 1985, 155; 81, 77; StV 89, 306/307),
– wenn das Gericht dem Angeklagten das den Gang der Hauptverhandlung entscheidend erleichternde Geständnis, Einsicht, Distanzierung von Taten sowie Besserungswillen zugute gehalten und eine günstige Sozialprognose gestellt hat, die Feststellungen zu den persönlichen Verhältnissen ergeben haben, daß der Angeklagte nach der Begehung der letzten Tat eine Ausbildung erfolgreich abgeschlossen und nach zwischenzeitlicher Ableistung des Wehrdienstes in diesem Beruf Fuß gefaßt hat (StV 1985, 419).

Schwere der Schuld. Jugendstrafe wird auch verhängt, wenn wegen der Schwere der Schuld Strafe erforderlich ist. Von der Schwere der Tat darf nicht auf die Schwere der Schuld geschlossen werden. Dazu meint der BGH (15, 224, 225, 226):

„Es ist nicht auszuschließen, daß die Strafkammer das Wesen der reinen Schuldstrafe im Sinne des § 17 Abs. 2 letzter Halbsatz JGG verkannt hat. Wenn auch bei ihr der das Jugendgerichtsgesetz beherrschende Gedanke der Erziehung durchbrochen ist, so soll doch auch die Schuldstrafe, dem Grundgedanken des Gesetzes entsprechend, in erster Linie dem Jugendlichen dienen. Sie soll ihm das von ihm begangene Unrecht vor allem deshalb vor Augen führen, um seine eigene Sühnebereitschaft zu wecken ...... Nach der gegenwärtigen Bestimmung des § 17 JGG und dem Grundgedanken des Gesetzes soll jedoch allgemein das Wohl des Jugendlichen im Vordergrund stehen. Dies gilt auch für die reine Schuldstrafe. Daher kommt es für die Beurteilung der Schuld weitgehend auf die charakterliche Haltung und das gesamte Persönlichkeitsbild des Jugendlichen an, während der Gesichtspunkt des Schutzes der Allgemeinheit zurücktritt. Mithin ist die innere Tatseite, dagegen nicht das äußere Geschehen von entscheidender Bedeutung. Dieses hat nur insoweit Berücksichtigung zu finden, als es auf das Maß der persönlichen Schuld und die charakterliche Haltung des Täters Schlüsse zuläßt. Daher kann auch der im Schrifttum vertretenen Auffassung, die Schuldstrafe käme vorzugsweise bei Kapitalverbrechen in Betracht (vgl. z.B. Potrykus JGG 4. Aufl. § 17 Bem. 4b S. 208), in dieser Allgemeinheit nicht zugestimmt werden. Denn hierbei wird zu stark die Schwere des sachlichen Unrechts betont. Wie erwähnt hat diese jedoch gegenüber der Berücksichtigung des Umfangs der Schuld, insbesondere also der charakterlichen Haltung des Täters, der Stärke seines verbrecherischen Willens, seiner Beweggründe und der Zwecke, die er mit der Tat verfolgte, zurückzutreten. Vor allem darf der Strafzweck der Abschreckung anderer (BGH JR 1954, 149; BGH GA 1954, 309; 1955, 364 – jeweils bei Herlan –) keine Rolle spielen. Denn dieser Gesichtspunkt berücksichtigt nicht das Interesse des Jugendlichen, das, wie hervorgehoben, das Jugendgerichtsgesetz beherrscht."

Daraus folgt, daß im Ergebnis z.B. solche Täter, denen die seelisch-geistigen Voraussetzungen zur Erziehung im Jugendstrafvollzug fehlen, trotz Schwere der Schuld nicht zu

10. Verteidigerstrategie und Plädoyerhinweise

Jugendstrafe verurteilt werden dürfen. Das gleiche gilt für Täter, die zwischenzeitlich sozial eingegliedert sind und zur Zeit der Verurteilung keiner Erziehung mehr bedürfen. Deshalb scheidet die Schwere der Schuld ebenso aus, wenn die Altersverantwortlichkeit gem. § 3 JGG gerade noch bejaht oder das Ausmaß der Schuld durch Wesenszüge des Täters verringert wurde (BGH StV 86, 305).

Sehr umstritten ist, ob bei Fahrlässigkeiten eine Schwere der Schuld angenommen werden kann. Zuletzt bejahend AG Dillenburg (NStZ 87, 409) mit zustimmender Anmerkung *Böhm* und vom tatsächlichen her kritischer Anmerkung *Eisenberg*. Bei Straßenverkehrsdelikten steht die Schwere des Schadens häufig kaum in einem Verhältnis zur nach herkömmlichen Kriterien bewerteten Schwere der Schuld (*Eisenberg* § 17 Rdnr. 32; strickt dagegen auch *Ostendorf* AK-JGG § 17 Rdnr. 6).

3. Die Dauer der Jugendstrafe – Strafzumessungserwägungen

Die Dauer der Jugendstrafe bemißt sich nach § 18 JGG (mindestens 6 Monate, höchstens 5 Jahre). Handelt es sich bei der Tat um ein Verbrechen, für das nach allgemeinem Strafrecht eine Höchststrafe von mehr als 10 Jahren Freiheitsstrafe angedroht ist, so ist das Höchstmaß 10 Jahre. Die Strafrahmen des allgemeinen Strafrechts gelten nicht.

Die Jugendrichter sollen durch die gegenüber dem allgemeinen Strafrecht erhöhte Mindeststrafe, die dort gemäß § 38 Abs. 2 StGB nur einen Monat beträgt (vgl. auch § 47 StGB), zu einem restriktiven Umgang mit der Jugendstrafe angehalten werden (*Brunner* § 18, Rdnr. 1). Im Hinblick auf die Limitierungsfunktion des Tatunrechts wird es in der Literatur und Rechtssprechung als erforderlich angesehen, die in den gesetzlichen Strafrahmen des allgemeinen Rechts ausgedrückte unterschiedliche Bewertung des in einer Straftat hervorgetretenen Unrechtsgehalts bei der Bemessung der Jugendstrafe allgemein zu berücksichtigen. Der Tatrichter muß jedenfalls die Umstände würdigen, die nach allgemeinem Strafrecht zur Anwendung des gemilderten Strafrahmens hätten führen können (*Albrecht*, S. 214).

Bei der Rechtsfolgenbestimmung ist besonders zu beachten, daß die allgemeinen Strafzumessungsgrundsätze des § 46 StGB **keine** Anwendung finden. Nach § 18 Abs. 2 JGG ist die Jugendstrafe so zu bemessen, daß die erforderliche erzieherische Einwirkung möglich ist. Jedoch kann insbesondere die Auswahl und Bemessung der Jugendstrafe nicht ohne ein gewisses Äquivalent zum Schuldausgleich auskommen, das sich letztlich auf die Verfassung (Menschenwürde, Rechtsstaatsprinzip) stützt (*Nothacker*, S. 48). *Eisenberg* (§ 18 Rdnr. 17) mahnt: Eine das Maß der Schuld überschreitende Strafdauer wäre eine mit dem Rechtsstaatsprinzip unvereinbare Freiheitsbeschränkung; andernfalls würde der Verurteilte in unvertretbarer Weise zum „Erziehungsobjekt". Auch *Ostendorf* (AK-JGG § 18 Rdnr. 5) fordert ein „Verbot der Benachteiligung Jugendlicher gegenüber Erwachsenen in vergleichbarer Verfahrenslage". Demgegenüber meinen andere Wissenschaftler, § 18 Abs. 2 rechtfertige nur eine solche Strafhöhe nicht mehr, die außer jedem Verhältnis zur Tat stehe, (*Böhm*, S. 178, *Schaffstein/Beulke*, S. 110).

Wenn das Gesetz auch bei Heranwachsenden und bei den schwersten Verbrechen Jugendlicher eine Strafdauer bis zu 10 Jahren zuläßt, ist zu bedenken:

Die Strafe ist immer so zu bemessen, daß eine Resozialisierung von der Dauer her gesehen möglich sein muß. Dazu *Ostendorf* (AK-JGG § 18 Rdnr. 7): „Ein andermal erlöscht das Sicherungsinteresse, wenn eine (Re-)Sozialisierung erfolgt ist, und wächst das Verständnis bei einem (re-)sozialisierten Täter."

Ostendorf (AK-JGG § 18 Rdnr. 10) faßt den modernen Stand der Sanktionsforschung folgendermaßen zusammen:

„Einigkeit scheint darüber zu bestehen, daß spätestens nach einer Dauer von vier – fünf Jahren die entsozialisierenden Wirkungen größer sind als die resozialisierenden. Selbst für den Erwachsenenvollzug werden nach 5 Jahren Sozialisationsschäden im Sinne von Hospitalisation und Deprivation festgestellt."

Bei der Strafbemessung erweist sich das „Erziehungs"-Prinzip letztendlich als „wenig rationales Kriterium" (*Albrecht*, S. 217). Der Tatrichter sollte sich jedenfalls primär an dem Gesichtspunkt orientieren, irreparablen Entwicklungsschäden vorzubeugen (*Albrecht*, S. 217). Eine allzu lange Strafzeit kann nicht mehr für die Erziehungsarbeit nutzbar gemacht werden, sondern führt nur noch zu Abstumpfung und gefährlichen Gewöhnung an das Anstaltsleben (*Schaffstein/Beulke*, S. 110).

Durchmustert man die Kommentare nach konkreten erzieherischen Bemessungskriterien, so findet sich wenig:
— Die Verhältnisse betreffend Schule und Berufsausbildung (BGH StV 87, 306)
— Charakterliche Haltung und Persönlichkeitsbild
  (BGH StV 81, 26).
— Bisherige Unbescholtenheit, festgestellte Reiferückstände, Beeinflußbarkeit und Beeinflussung durch Mittäter, alsbaldige Tataufdeckung, erlittene Untersuchungshaft (BGH NStZ 84, 508).

Bei der Entscheidung über die Anwendung des § 106 Abs. 1 JGG ist die Frage in den Vordergrund zu stellen, ob eine spätere Wiedereingliederung des Täters erwartet werden kann. Bei der Abwägung der für die Strafbemessung maßgeblichen Gesichtspunkte darf der Sühnezweck nicht überbewertet werden (BGH StV 89, 107).

e) Strafaussetzung zur Bewährung (§ 21 JGG)

Für eine Strafaussetzung zur Bewährung sprechen bei Jugendlichen und Heranwachsenden folgende Argumente:
— „Die Jugend bedeutet eine Periode des Umbruchs, während der sich der junge Mensch an die Normen der Erwachsenenwelt anpassen muß. Es ist daher ungünstig, junge Menschen während dieser Zeit aus ihrer gewohnten Umgebung und bestehenden Bindungen herauszulösen. Der Umstand, daß bei Fehlverhalten die Verbüßung der Strafe die Folge ist, wird wie ein Damokles-Schwert über dem Jugendlichen hängen und ihn von weiteren Straftaten abhalten" (*Herz* S. 71).
— Den Jugendlichen und Heranwachsenden darf die Strafaussetzung auch dann nicht versagt werden wenn sie debil, arbeitsscheu und bindungslos sind oder aus asozialen Verhältnissen stammen, mehrfach zu Arrest verurteilt worden sind, Fürsorgezöglinge von Hilfsschüler waren. Eine Versagung der Bewährung wäre ein „Musterbeispiel" dafür, wie sozial ohnehin Gefährdete und Geschädigte zusätzlich stigmatisiert werden. Nur wenn bei ihnen die Verbüßung der Jugendstrafe häufiger zum Erfolg führen würde als die Strafaussetzung zur Bewährung — davon kann nach den Untersuchungen keine Rede sein — wäre es zu verantworten, sie regelmäßig von der Strafaussetzung zur Bewährung auszunehmen. Diese Gruppe Jugendlicher und Heranwachsender sollte im Gegenteil möglichst oft Ermutigung erfahren, und zwar dadurch, daß man ihnen einen geeigneten Bewährungshelfer zur Verfügung stellt und ihnen mit Weisungen Unterstützung in ihrer Lebensführung gibt. Die Vollstreckung der Jugendstrafe wird bei diesen Personen meist nur ihre Resignation verstärken und die ohnehin geringe Chance der Lebensbewährung verringern (*Böhm* S. 191).

Bei Vorbelastungen ist folgendes zu bedenken:
Es dürfen nur die Rückfallgefahren abgewogen werden, die zur Zeit der Entscheidung „künftig", nicht vorher zum Zeitpunkt der Tat, bestehen. Dabei stehen selbst mehrfache einschlägige Vorstrafen der Prognose einer geringen Rückfallgefahr nicht entgegen, wenn sich die sonstigen Prognosefaktoren positiv verändert haben (OLG Frankfurt NJW 77, 2175, BGH StV 86, 307).

Die jugendliche Entwicklung verläuft nicht in einem kontinuierlichen Prozeß, sondern sprunghaft mit abrupten Änderungen, auch hinsichtlich einer Kriminalitätsanfälligkeit (*Ostendorf* AK-JGG § 21 Rdnr. 8).

10. Verteidigerstrategie und Plädoyerhinweise

Der Verteidiger sollte sich die positiven kriminologischen Faktoren der Prognoseforschung (wiedergegeben bei *Ostendorf* AK-JGG § 5 Rdnr. 16) zu Nutze machen:

1. **Sozialisationsentwicklung**
   – Kein oder kein entscheidender Wechsel der Bezugspersonen.
   – Stabile, sozio-ökonomische Entwicklungsbedingungen in der Familie oder familienähnlichen Verhältnissen.
   – Ausgleichende konsequente Erziehungsmethode.
   – Keine Auffälligkeiten in der Schule.
2. **Soziale Beziehungen**
   – Tragfähige Beziehungen in der eigenen Familie, zu Freunden mit vorwiegenden normkonformen Orientierungen.
3. **Ausbildungs- und Arbeitswelt**
   – In der Lehre eines Berufes bzw. in einem kontinuierlichen Arbeitsverhältnis.
4. **Wohnung**
   – Eigenes Zimmer oder Wohnung, in dem/der man sich wohl fühlen kann.
5. **Freizeit**
   – Aktive Freizeitgestaltung.
   – Kontrolle von Suchtgefahren, insbesondere von Alkohol und Drogen.
   – Ökonomischer Realismus.
6. **Straffälligkeit**
   – Keine oder solche Strafen, die strafrechtlich ohne prognostische Bedeutung sind (z. B. fahrlässige Körperverletzung im Straßenverkehr, Beförderungserschleichung).

Der Verteidiger sollte versuchen, das Gericht davon zu überzeugen, daß frühere Maßnahmen unterhalb der Jugendstrafe deshalb keinen Erfolg hatten, weil damals der Jugendliche in einer anderen, heute überwundenen Situation war oder weil es heute konkrete Angebote gibt, Maßnahmen sinnvoll zu gestalten und sinnlose Maßnahmen dadurch überflüssig zu machen. Das JGG hat in § 21 Abs. 2 die Strafaussetzung zur Bewährung vorsichtig dahingehend erweitert, daß auch die Vollstreckung einer höheren Freiheitsstrafe, die zwei Jahre nicht übersteigt, unter den Voraussetzungen des § 21 Abs. 1 JGG zur Bewährung ausgesetzt werden kann, wenn nicht die Vollstreckung im Hinblick auf die Entwicklung des Jugendlichen geboten ist.

Sollte die Jugendstrafe nicht zur Bewährung ausgesetzt werden, hat der Verteidiger noch folgende Möglichkeiten:

1. Er kann versuchen, auf dem – allerdings selten erfolgreichen – Weg des § 57 Abs. 2 JGG nachträglich eine Strafaussetzung zur Bewährung zu erreichen. Dann müssen seit Erlaß des Urteils Umstände hervorgetreten sein, die allein oder in Verbindung mit den bereits bekannten Umständen eine Aussetzung der Jugendstrafe zur Bewährung rechtfertigen. Die hervorgetretenen Umstände müssen dem bekannten Sachverhalt ein so bedeutsames Teilstück hinzufügen, daß die Entscheidung über die Aussetzung nicht als Korrektur bei gleichbleibendem Sachverhalt erscheint, sondern einem geänderten Erscheinungsbild Rechnung trägt (*Eisenberg* § 57 Rdnr. 27).

2. Sollte hingegen eine Jugendstrafe verhängt werden, hat der Verteidiger auf die Bestimmung des § 88 JGG zu achten. Der Jugendliche ist über die Möglichkeiten einer besonders frühen Aussetzung der Reststrafe zur Bewährung zu informieren. Nach § 88 JGG soll – bis auf Ausnahmefälle – das zur Verbüßung stehende Maß der Jugendstrafe immer sechs Monate betragen. Zum anderen können sehr lange Jugendstrafen recht weitgehend ausgesetzt werden. Eine Jugendstrafe von zehn Jahren kann beispielsweise bereits nach drei Jahren und vier Monaten ausgesetzt werden. Soweit in den Fällen der Jugendstrafe wegen „Schwere der Schuld" das Ermessen in Anlehnung an § 57 StGB ausgeübt wird, sollte dem unter Hinweis auf allgemeine Auslegungsregeln bezüglich § 88 Abs. 2 JGG sowie § 2 JGG begegnet werden (vgl. dazu LG Bonn NJW 1977, 2226; StV 1984, 255 mit abl. Anm. *Tondorf*).

f) Aussetzung der Verhängung der Jugendstrafe – die Schuldfeststellung gemäß § 27 JGG

Vorurteile. Der Jugendliche hat den Bonus für sich, daß keine Strafe ausgesprochen wurde. Durch die Zurückstellung der gerichtlichen Bejahung des Merkmals „schädliche Neigungen" werden stigmatisierende Auswirkungen auf den Jugendlichen und Heranwachsenden vermieden. Der Jugendliche wird in besonderer Weise zu normangepaßtem Verhalten gedrängt, da er hinsichtlich der Frage der Rechtsfolgenverhängung im Ungewissen bleibt (*Eisenberg* Rdnr. 6).

Nachteile. Der Täter versteht den Sinn der Schuldfeststellung häufig nicht. Er glaubt, „freigesprochen worden zu sein". Vor allem setzt mit dem Tag der Urteilsverkündung ein Prozeß des Vergessens ein, der auch ein Verdrängungsprozeß werden kann. Das Gefühl, „nochmals davongekommen zu sein", die Meinung, daß vor dem „Knast" noch die Freiheitsstrafe zur Bewährung stehe, sind trügerisch (*Ostendorf* NJW 1981, 378/380). Bei einer Entscheidung nach § 27 JGG ist zwar nach neuem Recht bei späterer Feststellung schädlicher Neigungen eine Strafaussetzung zur Bewährung möglich. Sie wird aber vermutlich nur selten eingeräumt werden. Deshalb gilt die Feststellung Ziegers (StV 82, 305/ 311) nach wie vor fort: „Vor dem § 27 JGG ist eigentlich immer zu warnen."

g) Vorbewährung

Der Umstand, daß nach § 57 JGG anders als bei der Strafaussetzung im allgemeinen Strafrecht die Aussetzung der Jugendstrafe nach § 21 JGG auch noch nachträglich durch Beschluß erfolgen kann, hat in Teilen der jugendrichterlichen Praxis zur Ausformung einer selbständigen Rechtsfolge, der sogenannten Vorbewährung geführt. Der Jugendliche wird zunächst nur zu einer bestimmten Jugendstrafe verurteilt, deren Aussetzung ausdrücklich offengelassen wird. Der Tatrichter erklärt in diesem Rahmen zusätzlich, den späteren Beschluß über die Aussetzung der Jugendstrafe zur Bewährung nicht vor Ablauf einer bestimmten Frist (z. B. frühestens nach Ablauf von 6 Monaten) zu fassen. Zumeist ergeht an den jugendlichen Verurteilten gleichzeitig in Analogie zu §§ 8 Abs. 2 Satz 1, 10, 15 JGG die Weisung, während dieser Zeitspanne mit einem Bewährungshelfer Kontakt aufzunehmen.

Vorteile: Es soll geprüft werden, ob eine Strafaussetzung zur Bewährung sinnvoll ist; der Jugendliche muß sich die Bewährung durch eigene Mitarbeit gleichsam „verdienen". Dem Jugendrichter wird durch das Verhalten des Jugendlichen während der Vorbewährungszeit eine sicherere Prognose gestattet, als sie zur Zeit des Urteils möglich ist. *Eisenberg* empfiehlt: (§ 57 Rdnr. 6): Die Vorbewährung mag z. B. angebracht sein, wenn bei einem drogenabhängigen Jugendlichen eine beabsichtigte Aussetzung zur Bewährung mit der Weisung verbunden werden soll, sich einer Entziehungskur zu unterziehen, der erforderliche Therapieplatz aber noch nicht zur Verfügung steht. Ferner dürfte eine Vorbewährung einem fehlerhaftem versehentlichen Veranlassen der Vollstreckung mitunter vorbeugen.

Nachteile: Durch das Institut der Vorbewährung ist neben den gesetzlich anerkannten und in ihren Voraussetzungen und Modalitäten genau geregelten Aussetzungsfällen der §§ 21 und 27 JGG aufgrund freier richterlicher Rechtsschöpfung eine dritte von der Aussetzung entwickelt worden, die zu einer zusätzlichen Belastung des Verurteilten führt. Eine derartige Rechtsfolge wird durch das Gesetz nicht gedeckt, da insoweit eine Regelungslücke nicht besteht (*Schaffstein/Beulke*, S. 126, *Walter/Pieplow* NStZ 88, 165, *Ostendorf* AK-JGG § 57 Rdnr. 5).

11. Einheitsjugendstrafe wegen mehrerer Taten in verschiedenen Altersstufen, §§ 31, 32 JGG

An das Landgericht
Coburg
In der Strafsache
gegen
......
Az.: ......

reiche ich für Herrn B. folgende Verteidigungsschrift ein:
Wir werden im Schlußvortrag beantragen,
1. für Herrn B. Jugendstrafrecht anzuwenden,[1.]
2. davon abzusehen, die schon abgeurteilten Straftaten in die neue Entscheidung einzubeziehen,[2.]
3. die zu verhängende Strafe zur Bewährung auszusetzen.

Gründe:

Herr B. wurde durch Urteil des Landgerichts Coburg vom 27. 2. 1986 zu einer Jugendstrafe von einem Jahr und 6 Monaten vorverurteilt. Die Vollstreckung der Strafe wurde zur Bewährung ausgesetzt. Das Landgericht erkannte ihn für schuldig, am 7. oder 8. 6. 1985 Betäubungsmittel aus den Niederlanden eingeführt zu haben, darunter 4,45 g eines Gemisches aus Heroinbase. Der Angeklagte war damals Heranwachsender. Er stand kurz vor der Vollendung des 21. Lebensjahres. Die Tat wurde nach Jugendstrafrecht beurteilt. Sein Persönlichkeitsbild zur Tatzeit entsprach noch dem eines Jugendlichen. Auch wurden bei ihm die Voaussetzungen des § 21 StGB nicht ausgeschlossen. Nach den Urteilsfeststellungen war Herr B. etwa ab Dezember 84 heroinabhängig. Sein Wochenbedarf belief sich damals auf ca. 1 g „Straßenheroin". Während dieser Zeit konsumierte er auch einmal LSD und Kokain. Ab Frühjahr 1985 verwahrloste er äußerlich immer mehr.
Herr B. sieht sich zwischenzeitlich einer neuen Anklage gegenüber, die sich in zwei Tatkomplexe gliedert:
Der erste Tatkomplex reicht von Frühjahr 1984 bis Anfang Mai 1985. Diese Zeit liegt vor der Straftat, wegen derer er bereits verurteilt wurde. Er war damals leider recht massiv als Dealer tätig, um den Eigenverbrauch finanzieren zu können.
Der zweite Tatkomplex liegt nach dem Urteil des Landgerichts Coburg. Er beläuft sich von Januar 88 bis Ende Juni 88. Zu diesem Zeitpunkt war der Angeklagte bereits 23 Jahre alt. Der strafbare Vorwurf geht hier dahin, daß er das Heroin lediglich zum Eigenverbrauch erwarb.
Zu 1.: Nach Auffassung der Verteidigung gilt nach § 32 JGG einheitlich das Jugendstrafrecht. Denn das Schwergewicht liegt bei den Straftaten, die nach Jugendstrafrecht zu beurteilen wären. Die früheren Straftaten (Tatkomplex 1) haben zugleich auslösende Bedeutung für die späteren Straftaten (Tatkomplex 2). Letztere stellen sich gewissermaßen als in den früheren bereits angelegt dar. Maßgebend ist hier die Entwicklung des Herrn B. über Jahre hinweg zum Süchtigen, die schließlich in den späteren Straftaten kulminierte.
Zu 2.: Nach § 31 JGG muß das Gericht eine Jugendstrafe einheitlich neu festsetzen. Diese würde im Hinblick auf die Vorverurteilung den Strafrahmen des § 21 wahrscheinlich überschreiten (2 Jahre Höchstgrenze). Deshalb drängt sich die Frage auf, ob es nicht aus erzieherischen Gründen zweckmäßig ist, davon abzusehen, die bereits abgeurteilten Straftaten in die neue Entscheidung einzubeziehen (§ 31 Abs. 3 JGG).
Zu 3.: Insoweit bitten wir darum, Herrn B. eine neue Chance zu gewähren, mit anderen Worten eine Strafe zu verhängen, die nach § 21 JGG noch einmal zur Bewährung ausge-

Tondorf

setzt werden kann. Von einer Einbeziehung ist abzusehen, wenn es erzieherisch darauf ankommt, daß durch die neue Rechtsfolge die Erreichung des in der früher verhängten Rechtsfolge angestrebten Ziels nicht beeinträchtigt wird. Das Landgericht hatte Herrn B. mit seinem damaligen Urteil den Weg für eine Resozialisierung nicht verbauen wollen. Diese Gründe sind auch heute gegeben, nachdem Herr B. trotz aller widrigen Umstände seine Lehre beendet und eine Stelle angetreten hat.

Eine Einbeziehung würde hier zu ungewöhnlichen, vom Verurteilten schwer oder nicht akzeptablen Härten führen, der zwischenzeitlich in völlig veränderten Lebensverhältnissen lebt und seine Sucht „im Griff" hat. Für eine erneute Strafaussetzung zur Bewährung sprechen dann folgende Gründe: ......

Rechtsanwalt

Schrifttum: S. XII. A. Anmerkungen zu 1. a. E.

Anmerkungen

1. Das Muster weist einen Weg, junge Erwachsene vor einer Verbüßung einer Freiheitsstrafe zu bewahren, obwohl sie im heranwachsenden Alter schon einmal zu einer Jugendstrafe verurteilt worden sind und nun im jungen Erwachsenenalter erneut straffällig wurden. Den Weg weisen die Vorschriften der §§ 31, 32 JGG. Für mehrere Straftaten, die gleichzeitig abgeurteilt werden und auf die teils Jugendstrafrecht, teils allgemeines Strafrecht anzuwenden wäre, gilt einheitlich Jugendstrafrecht, wenn das Schwergewicht bei Taten liegt, die nach Jugendstrafrecht zu verurteilen wären. Ist dies nicht der Fall, so ist einheitlich das allgemeine Strafrecht anzuwenden (§ 32 JGG). § 32 JGG bezieht sich zwar seinem Wortlaut nach nur auf Fälle der Tatmehrheit. Seinem Sinn nach erfaßt er aber auch eine sich über die Altersgrenze erstreckende fortgesetzte Tat (BGH StV 89, 308). Als Kriterium zur Interpretation des Begriffes „Schwergewicht" bieten sich zum einen die Anzahl der Taten unter Berücksichtigung des äußeren und inneren Unrechtsgehaltes an. Diese können aber nur als Anzeichen wirken. Zum anderen kommt es aus jugendkriminologischer Sicht auf die Qualität der Tat an. Nach *Eisenberg* (§ 32 Rdnr. 15) wird der ersten Straftat prinzipiell ein höheres Gewicht beizumessen sein, als etwaigen Folgetaten im Sinne einer eventuellen sekundären Abweichung. Als weiteres wird das Schwergewicht nach der individuellen Verantwortlichkeit beurteilt. Zwar wird man allgemein die Verantwortlichkeit eines Erwachsenen höher einzustufen haben:

Wenn sich jedoch die Erwachsenentat als eine Wiederholung der Jugendstraftat darstellt, so wird hinsichtlich der Verantwortlichkeit das Schwergewicht bei der Jugendstraftat liegen, da die Hemmschwelle nach einem Rechtsbruch herabgesetzt ist (*Ostendorf* AK-JGG § 32 Rdnr. 12).

Im Mittelpunkt der Prüfung steht die Frage, ob die früheren Straftaten zugleich auslösende Bedeutung für die späteren Straftaten haben und sich letztere gewissermaßen als in den früheren bereits angelegt darstellen (OLG Düsseldorf StV 83, 378). *Ostendorf* (AK-JGG § 32 Rdnr. 32) führt hierzu aus:

„Mit seinen differenzierenden Sanktionsmöglichkeiten stellt das JGG das „bessere" Präventionsstrafrecht dar. Zudem ist die Entwicklung des jugendlichen Heranwachsenden mit dem 21. Lebensjahr keineswegs abgeschlossen, was in der rechtspolitischen Diskussion Grund ist, ein Jungtäterrecht bis zum 25. Lebensjahr zu fordern. Diese Auslegung stimmt mit der zu § 105 überein, wenn doch zweifelhaft ist, ob Jugend- oder Erwachsenenstrafrecht zur Anwendung kommt, obwohl auch dort der Wortlaut mehr für die Anwendung des Erwachsenenstrafrechts spricht. Wie dort wirkt eine Fehlentscheidung für die Anwendung des Erwachsenenstrafrechts sich regelmäßig für den/die Angeklagte(n) nicht nur belastender, sondern auch für eine Prävention ungünstiger aus."

2. Wird einheitlich Jugendstrafrecht angewendet, so sind auch nur die Sanktionen des JGG erlaubt. § 31 Abs. 1 schreibt eine einheitliche Sanktionierung auch dann vor, wenn mehrere Straftaten begangen wurden. Diese Einbeziehung steht aber gemäß § 31 Abs. 3 Satz 1 unter dem Vorbehalt der erzieherischen Zweckmäßigkeit. Eine Einbeziehung kann zu ungewöhnlichen, schweren und nicht akzeptablen Härten führen. So ist es, wenn die Einbeziehung einer längeren Jugendstrafe, deren Strafrest zur Bewährung ausgesetzt wurde, zu einer erneuten langen Jugendstrafe führen würde. Ebenso kann eine selbständige Verurteilung „richtiger", d.h. individualpräventiver sein, wenn ansonsten neben einer bereits ausgesprochenen Jugendstrafe zur Bewährung keine Bewährung aufgrund der Überschreitung der Zweijahresgrenze gem. § 21 Abs. 2 JGG mehr „drin" ist (Zitat: *Ostendorf* AK-JGG § 31 Rdnr. 18, *Eisenberg* § 31 Rdnr. 31, s. auch OLG Düsseldorf, MDR 83, 956: „Wenn besondere erzieherische Gründe eine Strafaussetzung zur Bewährung anzeigen."

Einer solchen parallelen Verurteilung steht § 21 nicht entgegen. Dieser Grundsatz gilt auch, um nicht über die 2-Jahres-Grenze des § 35 Abs. 2 Nr. 1 BTMG zu kommen (BGH StV 1983, 387).

3. Das Gesetz läßt bei Personen, die teilweise dem Jugendstrafrecht, teilweise dem Erwachsenenstrafrecht unterfallen, die Einheitsstrafe nur in Ausnahmefällen zu:
1.) Bei gleichzeitiger Aburteilung mehrerer Straftaten eines Angeklagten, auf den teils Jugendstrafrecht, teils allgemeines Strafrecht anzuwenden ist (§ 32 JGG),
2.) Bei Aburteilung in mehreren Verfahren, wenn der Angeklagte bereits nach allgemeinem Strafrecht verurteilt worden ist, sich später ergibt, daß Jugendstrafrecht anzuwenden ist (§§ 31, 105 II JGG).

Schoreit (ZRP 1990, 175 m.w.N.) weist darauf hin, daß in vielen Fällen, in denen der Angeklagte zuerst nach Jugendstrafrecht, später in einem anderen Verfahren nach allgemeinem (Erwachsenen-)Strafrecht verurteilt wird, eine Einheitsstrafe nicht gebildet werden kann. Das Gesetz sehe eine solche nicht vor, und nach herrschender Rechtssprechung könne eine Jugend- (Einheits-)strafe auch nicht in analoger Anwendung des Jugendstrafrechtes gebildet werden; es liege keine ausfüllungsfähige Gesetzeslücke vor (BGH, NJW 1990, 523). Zu Recht fordert Schoreit den Gesetzgeber zum Handeln auf. Er spricht von dem merkwürdigen Rechtszustand, daß eine einheitliche Rechtsfolge gerade in dem besonders schwierigen Lebensalter ist. Der Verurteilte müsse dann den Jugendstrafvollzug und den Erwachsenenstrafvollzug nacheinander abmachen. Ein einziger Betroffener werde also nach Maßgabe von § 92 JGG sowohl dem vor allen auf Erziehung und Besserung ausgerichteten Jugendstrafvollzug (§ 91) als auch dem anders gearteten Erwachsenenvollzug ausgesetzt. Allerdings sind die dadurch entstehenden Härten durch eine angemessene Strafmilderung auszugleichen (BGH 36, 270/275 und 295/297).

12. Besonderheiten bei Kosten und Auslagen

Der Jugendrichter kann nach § 74 JGG dem Jugendlichen oder Heranwachsenden von den Kosten und Auslagen des Verfahrens ganz oder teilweise entlasten. Verteidiger sollten sich die Forderung *Albrechts* (S. 300) zu eigen machen:
„Es gilt, den Jugendlichen vor einer zusätzlichen, oftmals besonders schädlichen Beeinträchtigung zu schützen, da die Auferlegung von Kosten und Auslagen Folgewirkungen negativer Sanktionierung im Sinne einer – im Jugendstrafrecht unzulässigen – Geldstrafe hat. Im übrigen droht mit der Überwälzung der Kostenlast die spezialpräventive Intention konterkariert zu werden. Bei der Festsetzung der Kosten im Strafverfahren sind die persönlichen und sozialen Belange des Beschuldigten stärker zu berücksichtigen. Dem sollte im Jugendstrafrecht durch weitestgehende Anwendung des § 74 JGG Rechnung getragen

werden, so daß – entgegen ständiger Praxis – die Auferlegung der Kosten und Auslagen zur Ausnahme wird." Allerdings können die Kosten des Wahlverteidigers des Jugendlichen nicht der Staatskasse auferlegt werden (BGH StV 89, 309 mit ablehnender Anmerkung von *Ostendorf*).

Aus dieser Entscheidung – so *Zieger* (StV 90, 282), – folge für die Pflichtverteidigerkosten das genaue Gegenteil: Da es hier um Kosten gehe, die der Staat kraft Gesetzes zu tragen habe, umfasse eine Entscheidung nach § 74 JGG auch die Pflichtverteidigergebühren. Sie können also auch später nicht durch Kostenrechnungen dem Angeklagten aufgegeben werden. In Jugendstrafsachen ist daher immer der Antrag auf Beiordnung als Pflichtverteidiger zu stellen, wenn der junge Angeklagte nicht ausnahmsweise über erhebliche finanzielle Mittel verfügt und die Voraussetzungen des § 68 JGG vorliegen.

Unterläßt der Verteidiger in entsprechenden Fällen einen Antrag auf Beiordnung, kann er sich wegen Schlechterfüllung seines Auftrages schadensersatzpflichtig machen (*Zieger* a.a.O.).

Im übrigen sollten die Verteidiger folgendes bedenken: Von Vertretern der Jugendgerichtshilfe wird in diesem Zusammenhang öfters Klage darüber geführt, daß Wahlverteidiger in Jugendstrafsachen unangemessen hohe Honorare mit den Eltern vereinbaren, mit denen die entsprechende Verteidigertätigkeit kaum in Einklang zu bringen ist.

13. Besonderheiten bei Rechtsmitteln

1. Sachliche Rechtsmittelbeschränkung. Unanfechtbar sind grundsätzliche Erziehungsmaßregeln (außer Fürsorgeerziehung) und Zuchtmittel. Allerdings kann der Schuldspruch der Entscheidung stets unbeschränkt angefochten werden.

Streitig ist, ob der Jugendliche gegen ein Urteil des Jugendschöffengerichtes, das ihn zu Jugendarrest verurteilt hat, Berufung einlegen kann und zwar beschränkt auf das Strafmaß, insofern, als dem Angeklagten die erlittene Untersuchungshaft nicht angerechnet würde. Nach Auffassung des LG Tübingen (MDR 61, 170) gehört zum Umfang des Zuchtmittels Jugendarrest im Sinne des § 55 Abs. 1 Satz 1 JGG auch die Entscheidung über die etwaige Berücksichtigung und erlittene Untersuchungshaft gemäß § 52 JGG. Dagegen spricht, daß sich der Begriff des Umfangs nur auf das Erkenntnis von Jugendarrest, nicht aber auf die Vollstreckungsentscheidung bezieht (*Nothacker*, S. 90).

2. Instanzielle Rechtsmittelbeschränkung. § 55 Abs. 2 verkürzt den Rechtsmittelzug auf zwei Instanzen (Berufung oder Revision). Es gelten nur folgende Ausnahmen:
– Bei erstinstanzlichem Freispruch des Angeklagten wegen einer von mehreren Taten und anschließender Verurteilung durch das Berufungsgericht auf die gleichzeitige Berufung der Staatsanwaltschaft hin.
– Anordnung einer Rechtsfolge durch die Jugendkammer als Berufungsgericht, die nicht von der Rechtsfolgenkompetenz des erstinstanzlichen Gerichts gedeckt ist.
– Gegen jedes eine Berufung als unzulässig verwerfende Urteil der Jugendkammer (*Albrecht*, S. 340 m.w.N.).

Bei Heranwachsenden ist folgendes zu beachten:

Hat das Berufungsgericht gegen den Heranwachsenden erstmals **allgemeines** Strafrecht angewendet, gilt die Rechtsmittelbeschränkung des § 55 Abs. 2 Satz 1 JGG nicht – mit der Folge, daß die Revision insoweit unbeschränkt zulässig ist.

Bei erstmaliger Anwendung von materiellem Jugendstrafrecht durch das Berufungsgericht ist die Zulässigkeit der Revision gem. § 55 Abs. 2 JGG eingeschränkt. Ein Angeklagter, der gemäß § 105 mit einer Jugendstrafe belegt worden ist und der dagegen eine zulässige Berufung eingelegt hat, kann gegen das Berufungsurteil wegen §§ 55 Abs. 2, 109 Abs. 2 JGG dann keine Revision mehr einlegen, wenn die Strafkammer die Berufung wegen Ausbleibens des Angeklagten nach § 329 StPO verworfen hat (BGHSt 30, 89).

B. Steuerstrafsachen

1. Berichtigung einer Erklärung gem. § 153 AO[1]

An das
Finanzamt ......[2]

Ort, Datum[3]

Betreff: Fa. S-GmbH
USt-Erklärung 7/85
St.-Nr. ......

Sehr geehrte Damen und Herren,

ausweislich beiliegender Vollmacht (Anlage A 1) zeigen wir an, daß wir die Fa. S-GmbH anwaltschaftlich vertreten.

Namens und in deren Auftrag[4]

berichtigen

wir deren USt-Erklärung 7/85 insoweit, als sich eine Steuerschuld von DM 18.386,– anstelle von DM 14.326,– ergibt.

Begründung:[5]

Die USt-Erklärung 7/85 unserer Mandantschaft enthält unter „Steuerpflichtige Umsätze" einen Schreibfehler (Zahlendreher), der konsequent im Formular weitergeführt, zu einer unrichtigen USt-Berechnung führte. Erst später, nach Einreichung der Erklärung 7/85, konnte der Fehler entdeckt werden.

Wir fügen daher eine berichtigte USt-Erklärung für 7/85 bei (Anlage A 2)[6] und bitten um entsprechende Festsetzung.

Rechtsanwalt

Anmerkungen

1. Eine rechtzeitige Berichtigungsanzeige kann eine Bestrafung wegen Steuerhinterziehung gemäß § 370 AO bzw. je nach Schuldgrad leichtfertige Steuerverkürzung gemäß § 378 AO verhindern. Sind durch Festsetzung aufgrund leichtfertig abgegebener, unrichtiger oder unvollständiger Erklärungen Steuern bereits leichtfertig verkürzt, so ist das vorsätzliche Unterlassen der Anzeige nach § 153 AO und die dadurch bewirkte Verkürzung gleichwohl keine straflose Nachtat (*Tipke/Kruse* § 153 AO Rdnr. 11 m.w.N.).

Erfaßt von der Berichtigungsmöglichkeit sind nicht nur Steuererklärungen, sondern auch sonstige Erklärungen, die nach den Steuergesetzen erheblich sind (*Tipke/Kruse* § 153 AO Rdnr. 3a), etwa die Mitteilung des nachträglichen Wegfalls einer Voraussetzung für eine Steuerbegünstigung (*Klein/Orlopp* § 153 AO Tz. 6).

Die Anzeigepflicht wird nur bei *nachträglicher Erkenntnis* der Unrichtigkeit der Erklärung begründet; bestand die Erkenntnis schon vorher, stellt die unrichtige Erklärung die Tathandlung einer vorsätzlichen Steuerverkürzung dar (*Franzen/Gast/Samson* § 370 AO Rdnr. 149).

Das gleiche gilt, wenn der Steuerpflichtige die Unrichtigkeit nicht positiv kannte, jedoch diese Möglichkeit und ihre Folgen von vornherein billigend in Kauf genommen hatte (OLG Hamm NJW 1959, 504).

2. Die Berichtigung ist an das zuständige Finanzamt zu richten. Es ist zu beachten, daß eine etwa berichtigte USt-Jahreserklärung auch zu einer Berichtigung der Körperschafts- bzw. Einkommensteuererklärung führt, wobei gegebenenfalls andere Finanzämter zuständig sind.

3. Die Berichtigung ist unverzüglich vorzunehmen, d.h. ohne schuldhaftes Zögern nach Erkenntnis des Fehlers, jedoch nur innerhalb der Festsetzungsfrist (§ 153 Abs. 1 Satz 2 AO). Die dem Steuerpflichtigen für die Korrektur zur Verfügung stehende Zeit hängt von Umständen des Einzelfalles ab, je nach dem, ob zur Korrektur eine komplizierte Berechnung oder nur die einfache Mitteilung einer einzelnen Tatsache dem Zweck der Anzeige genügt (*Franzen/Gast/Samson* § 370 AO Rdnr. 152). Eine Berichtigungsanzeige nach Ablauf der Festsetzungszeit geht ins Leere, eine weitergehende Anzeigepflicht scheitert am Übermaßverbot. Zeigt der Steuerpflichtige die Unrichtigkeit vor Ablauf der Festsetzungsfrist an, so endet die Festsetzungsfrist nicht vor Ablauf eines Jahres nach dem Eingang der Anzeige (§ 171 Abs. 9 AO). Auf das Erkennen innerhalb der Festsetzungsfrist kommt es nicht an, wenn eine Festsetzungsfrist nicht besteht (*Tipke/Kruse* § 153 AO Rdnr. 7).

4. Der Verpflichtete der Berichtigungsanzeige ist der Steuerpflichtige sowie sein Gesamtrechtsnachfolger und die gemäß §§ 34, 35 AO für den Steuerpflichtigen oder den Gesamtrechtsnachfolger handelnden (zum Handeln verpflichtete) Personen, wie gesetzliche Vertreter, Vereinsmitglieder, Gesellschafter, Bevollmächtigte und dergleichen.

Nicht verpflichtet ist, wer in *fremden* Steuersachen Auskunft zu erteilen, Urkunden vorzulegen, ein Gutachten zu erstatten oder das Betreten von Grundstücken und Räumen zu gestatten hat (*Tipke/Kruse* § 153 AO Rdnr. 1). Nicht also der Steuerberater oder Rechtsanwalt des Steuerpflichtigen, es sei denn der Steuerberater oder Rechtsanwalt hat die ursprüngliche Erklärung aufgrund eigener Erhebungen im Auftrag des Steuerpflichtigen erstellt.

Soweit es bei Zusammenveranlagung von Eheleuten nur um die Einkünfte oder das Vermögen des *anderen* Ehepartners geht, handelt es sich um eine *fremde* Steuersache (*Tipke/Kruse* § 153 Rdnr. 1 a.E.).

5. Es empfiehlt sich, die Berichtigung ausführlich zu begründen, insbesondere darzustellen, daß die Unrichtigkeit *nachträglich* erst erkannt wurde. In schwieriger gelagerten Fällen ist auszuführen, warum kein Verschulden vorliegt bzw. nur leichte Fahrlässigkeit, da bei anderer Interpretation durch das Finanzamt leichte Steuerverkürzung vorliegt (*Tipke/Kruse* § 153 AO Rdnr. 4).

6. Die Unrichtigkeit einer Erklärung ist anzuzeigen *und* die erforderliche Richtigstellung vorzunehmen. Der Steuerpflichtige muß wesentlich dazu beitragen, daß die betreffende Steuer nachträglich richtig festgesetzt werden kann, wobei keine zu hohen Anforderungen gestellt werden dürfen (Hans. OLG BB 1985, 1779 mit zustimmender Anmerkung *Koops*). Durch eine richtige USt-Jahreserklärung werden unrichtige USt-Erklärungen stillschweigend berichtigt (*Tipke/Kruse* § 153 AO Rdnr. 8).

2. Selbstanzeige[1,2]

An das
Finanzamt ......[3]

Ort, Datum[4]

Betreff: Eheleute Hans und Elfriede S.
       Straße, Ort[5]
       StNr. ......
Hier: Nachmeldung von Einkünften

Sehr geehrte Damen und Herren,

ausweislich beiliegender Vollmacht[6] zeigen wir an, daß wir oben genannte Steuerpflichtige anwaltschaftlich und steuerlich vertreten.[7]
Namens und in deren Auftrag melden wir die in Anlage A 1 aufgeführten Einkünfte aus Kapitalvermögen für den Veranlagungszeitraum 1984 an, die in den vorher von den Steuerpflichtigen erklärten Einkünften in deren ESt-Erklärung für den Veranlagungszeitraum 1984 nicht enthalten waren.[8]
Wir bitten um entsprechende Änderung des ESt-Bescheides 1984[9] und bitten um Zustellung des Änderungsbescheides an uns.[10]

Rechtsanwalt

Anmerkungen

1. Die Selbstanzeige (vgl. Gesamtdarstellungen in *Franzen/Gast/Samson*, Steuerstrafrecht, 3. Auflage, Kommentierung zu § 371 AO; *Blumers/Göggerle*, Handbuch des Verteidigers und Beraters im Steuerstrafverfahren, 1984, Rdnr. 319–348; *Kohlmann* (Hrsg.), Strafverfolgung und Strafverteidigung im Steuerstrafrecht, 1983, davon *Kratzsch*, Die Schwierigkeiten im Umgang mit der Selbstanzeige, S. 283 ff) stellt einen persönlichen Strafaufhebungsgrund dar und soll „einen Anreiz zur Aufdeckung bisher verschlossener Steuerquellen bieten" (vgl. BGH NJW 1974, 2293). Sie ist an enge formale Voraussetzungen gebunden und hat bei Erfüllung der Voraussetzungen des § 371 AO die Folge, daß der Steuerpflichtige für eine vollendete Steuerhinterziehung Straffreiheit erlangt.

§ 371 AO bezieht sich grundsätzlich auf den Tatbestand der Steuerhinterziehung, andere Steuervergehen, wie Bannbruch (§ 372 AO), die Begünstigung eines Steuervergehens (§ 257 StGB i. V. m. § 369 Abs. 1 Nr. 4 AO) als auch der schwere Schmuggel (§ 373 AO) sind von dieser Vergünstigung ausgeschlossen (vgl. *Franzen/Gast/Samson* § 371 AO Rdnr. 10; *Klein/Orlopp*, Kommentar zur Abgabenordnung, 4. Auflage, § 371 AO Anm. 2; *Kühn/Kutter/Hofmann*, Kommentar zur AO, 15. Auflage, § 371 Anm. 1). Ebenso ist bei der Steuerhehlerei (§ 374 AO) und bei der Wertzeichenfälschung in bezug auf Steuerzeichen (§ 348 StGB) die Selbstanzeige ausgeschlossen, weil „eine Berichtigung im Sinne des § 371 nicht möglich ist" (vgl. *Franzen/Gast/Samson*, § 371 AO Rdnr. 20). § 371 AO ist jedoch kraft ausdrücklicher Verweisung auch auf die Hinterziehung von anderen Abgaben und Erschleichung von anderen Steuervergünstigungen anwendbar (z.B. § 128 Abs. 1 Branntweinmonopolgesetz, § 14 Abwasserabgabengesetz, § 5b Abs. 2 Satz 1 Sparprämiengesetz, § 8 Abs. 2 Satz 1 Wohnungsbauprämiengesetz, § 13 Abs. 2 Satz 1 Drittes Vermögensbildungsgesetz, § 29a Abs. 1 Berlinförderungsgesetz und § 10 Investitionshilfegesetz). Nicht angewendet werden kann § 371 AO bei allen Subventionsstraftaten sowie bei nicht steuerlichen Straftaten, auch wenn diese mit der Steuerhinterziehung im engen Zusammenhang stehen und möglicherweise sogar tateinheitlich zusammentreffen (vgl. *Klein/*

Orlopp, § 371 AO Anm. 2; *Franzen/Gast/Samson*, § 371 AO Rdz. 74; *Kühn/Kutter/Hofmann*, § 371 AO Anm. 1). Der Anzeigeerstatter im Sinne des § 371 AO genießt jedoch den Schutz des § 30 AO, da der Steuerpflichtige im Rahmen einer Selbstanzeige seine Angaben vor Einleitung eines Strafverfahrens in Erfüllung seiner steuerlichen Pflichten oder in Unkenntnis einer Einleitung macht (vgl. *Kühn/Kutter/Hofmann*, § 30 AO Anm. 4d).

2. Auch im Ordnungswidrigkeitenbereich des Steuerstrafrechts (§ 378 AO) sieht das Gesetz eine sogenannte „erleichterte" Selbstanzeige vor. Hier tritt in Abweichung von § 371 Abs. 2 AO die Sperrwirkung (vgl. hierzu Anm. 3) nur ein, wenn die Einleitung eines Straf- oder Bußgeldverfahrens wegen der Tat eingeleitet ist (vgl. *Theil*, Probleme im Umgang mit der Selbstanzeige in der Praxis, BB 1983, 1279). Daraus folgt, daß eine bußgeldbefreiende Selbstanzeige auch noch gegenüber einem Außenprüfer während der Prüfung wirksam erstattet werden kann, und zwar auch für die Steuerarten und Zeiträume, auf die sich die Prüfung erstreckt (vgl. BayObLG DB 1981, 847). Es genügt jedoch nicht, wenn der Steuerpflichtige nur das Betriebsprüfungsergebnis anerkennt, er hat jedoch ein Mindestmaß an aktiver Tätigkeit zum Zwecke der Berichtigung zu entfalten (vgl. *Müller*, DB 1981, 1480).

3. Die Selbstanzeige ist grundsätzlich bei der örtlich und sachlich zuständigen Finanzbehörde zu erstatten (vgl. *Franzen/Gast/Samson* § 371 AO Rdnr. 64). Andere vertreten die Auffassung, daß die Selbstanzeige auch bei Polizei, Staatsanwaltschaft, Strafgericht und Stadtsteueramt angebracht werden kann, da auch diese am Steuerstrafverfahren mitwirken. Hier besteht jedoch das Risiko des Anzeigeerstatters, daß die Selbstanzeige nur dann als rechtzeitig eingegangen gilt, zu dem sie bei normalem Geschäftsgang zur Finanzbehörde gelangen würde (vgl. *Blumers/Göggerle* Rdnr. 327).

Die Ausschließungsgründe des § 371 Abs. 2 AO haben zeitliche Relationen, die dem Eingangsdatum bei der Finanzbehörde eine wichtige Bedeutung zumessen. Eine sogenannte „Sperrwirkung", d.h. Ausschluß der strafbefreienden Wirkung, tritt ein, wenn ein Amtsträger der Finanzbehörde (§ 7 Nr. 1 AO) erscheint. Dies ist jeder Beamte oder Angestellte des Finanzamtes, der zur steuerlichen oder steuerstrafrechtlichen bzw. bußgeldrechtlichen Prüfung erscheint. Daraus folgt, daß dies also nicht sind Polizisten oder Beamte der Staatsanwaltschaft (vgl. *Blumers/Göggerle*, Anm. 328). Die Sperrwirkung hat einen sachlichen Bereich, der die Möglichkeit der Selbstanzeige nur in dem Umfang sperrt, in dem der Amtsträger zur Prüfung erschienen ist. Maßgeblich ist nach der Formalisierung der Prüfungsanordnung (*Klein/Orlopp*, § 371 AO, Anm. 6) hier allein Art und Umfang des Prüfungsauftrages (*Kühn/Kutter/Hofmann*, § 371 AO Anm. 2). Wenn also der Außenprüfer zur Durchführung einer Lohnsteueraußenprüfung erscheint, kann der Steuerpflichtige eine Umsatzsteuerverkürzung ohne die Sperrwirkung des § 371 Abs. 2 AO anzeigen (vgl. *Klein/Orlopp*, § 371 AO Anm. 6). Zu einer eigenmächtigen Erweiterung der Prüfungsanordnung ist der Prüfer nicht befugt.

Auch wenn gemäß § 397 Abs. 1 AO mitgeteilt ist, daß ein steuerstraf- oder bußgeldrechtliches Ermittlungsverfahren eingeleitet ist, tritt eine Sperrwirkung ein. Da die Einleitung des Strafverfahrens unter Angabe des Zeitpunktes unverzüglich in den Akten zu vermerken ist (§ 397 Abs. 2 AO), erhält das Eingangsdatum bei der Finanzbehörde die oben beschriebene Bedeutung. Auch das „Wissen" oder „Wissen müssen" des Täters von der Entdeckung der Tat (§ 371 Abs. 2 Nr. 2 AO) entfaltet die oben beschriebene Sperrwirkung. Straffreiheit tritt nämlich auch dann nicht ein, wenn die Tat zum Zeitpunkt der Anzeigeergänzung oder Nachholung ganz oder zum Teil bereits entdeckt war und der Täter dies wußte oder bei verständiger Würdigung der Sachlage damit rechnen mußte. Unter „Entdecken" der Tat versteht die herrschende Meinung ein mehr als das Schöpfen eines bloßen Verdachts (vgl. *Franzen/Gast/Samson*, § 371 AO Rdnr. 120). Nicht die objektive Tatsache der Entdeckung, sondern erst die Kenntnis des Täters bei Abgabe der Selbstanzeige begründet den Ausschluß der Straffreiheit nach § 371 Abs. 2 Nr. 2 AO. Der Kenntnis des Täters steht das „Wissen müssen" bei verständiger Würdigung der Sachlage gleich (vgl. *Theil,* S. 1278/1279). Die Frage, ob der Täter bei verständiger Würdigung der Sachlage mit der Entdeckung rechnen mußte, ist aus der Sicht des Täters im Zeitpunkt der Selbstanzeige zu beurteilen (vgl. *Theil,* S. 1278).

Die oben beschriebene zeitliche Sperrwirkung endet, sobald im Falle einer Außenprüfung die berichtigten Steuerbescheide aus der Prüfung abgesandt oder die Prüfungsanordnung ergebnislos zu den Akten gelegt worden ist bzw. die Mitteilung gemäß § 202 Abs. 1 Satz 2 AO abgesandt wird (herrschende Meinung: vgl. *Blumers/Göggerle,* Rdnr. 332).

Im Falle der Einleitung und Bekanntgabe des Straf- und Bußgeldverfahrens findet die Sperrwirkung ihre zeitliche Grenze dort, wo das Ermittlungsverfahren (gegebenenfalls) erfolglos abgeschlossen worden ist (vgl. *Blumers/Göggerle,* Rdnr. 336).

Nach allgemein herrschender Meinung lebt dann das Recht zur Selbstanzeige wieder auf.

Das Erscheinen eines Amtsträgers löst auch eine persönliche Sperrwirkung aus, und zwar nur bei dem Tatbeteiligten, bei dem die Prüfung durchgeführt werden soll (vgl. *Franzen/Gast/Samson,* § 371 Rdnr. 81). Außenstehenden Dritten, wie etwa Mittätern, Teilnehmern oder einem Geschäftsführer im Verhältnis zur GmbH bleibt das Recht zur Selbstanzeige erhalten, wenn nicht die Prüfung auch bei ihnen förmlich durchgeführt wird (vgl. OLG Düsseldorf, Wistra 1982, 119 f.). Hat der Täter allerdings mehrere Betriebe, so soll die Sperrwirkung diese mit umfassen und, soweit Unternehmereinheit besteht, nach neuerer Auffassung auch bei Betriegsaufspaltung gelten (vgl. *Blumers/Göggerle,* Rdnr. 331).

Im Falle der vorherigen Einleitung und Bekanntgabe eines Straf- und Bußgeldverfahrens umfaßt die persönliche Sperrwirkung nur den oder diejenigen, denen die Einleitung bekanntgegeben worden ist. Dabei muß die Bekanntgabe gegenüber dem Täter (oder dem Teilnehmer) selbst oder seinem Vertreter erfolgen. Hier ist der Begriff im Zweifel zugunsten des Steuerpflichtigen eng auszulegen. Es ist allerdings bestritten, ob als Vertreter nur derjenige anzusehen ist, den der Steuerpflichtige konkret mit der Abgabe seiner (des Steuerpflichtigen) Selbstanzeige beauftragt hat (vgl. *Blumers/Göggerle,* Rdnr. 335). Bei der Entdeckung der Tat und „Wissen" oder „Wissen müssen" des Täters umfaßt die persönliche Sperrwirkung diejenigen Täter oder Teilnehmer, denen nachgewiesen wird, daß sie mit der Entdeckung der Tat zumindest rechnen mußten, daß man sie zu den Tätern oder Teilnehmern zählt (vgl. *Blumers/Göggerle,* Rdnr. 341).

5. Selbstanzeige erstatten können Täter oder Teilnehmer. Die Selbstanzeige kommt nur dem zugute, der sie selbst erstattet (vgl. *Franzen/Gast/Samson,* § 371 AO Rdnr. 55 ff.; *Kühn/Kutter/Hofmann,* § 371 AO Anm. 8). Dies ist insbesondere von Bedeutung in Fällen der Mittäterschaft, etwa durch Ehegatten oder Mitgeschäftsführer einer Gesellschaft. Hat erst einer der Beteiligten einmal Selbstanzeige erstattet, ist die Selbstanzeige wegen der Selbstanzeige des einen in der Regel für den anderen Teilnehmer ausgeschlossen, da seine Tat als entdeckt gilt, § 371 Abs. 2 Nr. 2 AO (vgl. *Theil,* S. 1276). Der Gehilfe oder Anstifter erlangt Straffreiheit nur, wenn er in der Selbstanzeige außer seinen eigenen Tatbeiträgen auch die falschen oder unrichtigen Angaben seiner Tatgenossen berichtigt (vgl. *Franzen/Gast/Samson,* § 371 AO Rdnr. 48). Dies kann jedoch nicht ausnahmslos gelten; es muß genügen, daß ein Teilnehmer sein ganzes Wissen mitteilt und seinen Tatbeitrag so genau bezeichnet, daß dem Staat dadurch der Zugriff auf die bisher verborgene Steuerquelle ermöglicht wird (vgl. *Theil,* S. 276).

6. Die Selbstanzeige muß nicht persönlich erstattet werden, sondern kann von einem bevollmächtigten Vertreter erklärt werden (vgl. BGHSt 3, 373). § 146 StPO (Verbot der Mehrfachverteidigung) steht der Vertretung mehrerer Steuerpflichtigen bei der Abgabe der Selbstanzeige nicht entgegen. Die Selbstanzeige stellt noch keine Maßnahme der Verteidigung dar (vgl. *KK/Laufhütte,* § 146 StPO Rdnr. 2).

7. Die Anwaltsvollmacht, in der Regel wohl Strafprozeßvollmacht, muß sich auch auf die Vertretung in steuerlichen Angelegenheiten erstrecken.

8. Der Inhalt der Selbstanzeige muß die Folge einer gewissen Tätigkeit in Richtung einer Nachholung der früheren Angaben des Steuerpflichtigen entfalten und hierdurch wesentlich dazu beitragen, daß die betreffende Steuer nachträglich richtig festgesetzt werden kann. Mit seinen Auskünften und Unterlagen muß der Steuerpflichtige dem Finanzamt eine bisher verschlossene Steuerquelle offenbaren (vgl. BGHSt 3, 373 und Hans. OLG, BB 1985, 1779). Im Prinzip muß daher der Inhalt der Selbstanzeige einer richtigen Steuererklärung nahekommen. Allerdings hat der BGH hierzu festgestellt, daß hieran keine zu hohen Anforderungen gestellt werden dürfen. Es genüge vielmehr, daß die dem Finanzamt bisher infolge des Verhaltens des Steuerpflichtigen verschlossene Steuerquelle durch eigene Tätigkeit offengelegt wird, so daß das Finanzamt auf dieser Grundlage ohne langwierige Nachforschungen den Sachverhalt aufklären und die Steuer berechnen kann (vgl. BGHSt 3, 373). Kennt der Steuerpflichtige die Besteuerungsgrundlagen nicht, vor allen Dingen dann, wenn er entgegen der handels- oder steuerrechtlichen Vorschriften keine Aufzeichnungen geführt hat, wird häufig der Weg der „gestuften" Selbstanzeige der Gestalt empfohlen, daß zunächst eine Selbstanzeige dem Grunde nach abgegeben wird mit der gleichzeitigen Ankündigung, daß bestimmte Angaben innerhalb einer angemessenen kurzen Frist noch nachgereicht, ergänzt oder präzisiert werden sollen, wenn das Finanzamt damit einverstanden ist (vgl. *Franzen/Gast/Samson*, § 371 AO Rdnr. 51; *Streck*, Die Steuerfahndung, 4. Auflage, Rdnr. 192). Ein Weg ist auch, wenn der Steuerpflichtige in der Selbstanzeige die Besteuerungsgrundlage im Wege der Schätzung selbst angibt, wobei jedoch sicherheitshalber eher zu hoch als zu niedrig geschätzt werden sollte (vgl. *Theil*, S. 1277).

Eine Selbstanzeige sollte inhaltlich keinesfalls wieder neue erhebliche Unrichtigkeiten enthalten, da derartige Erklärungen keine „Berichtigungen" darstellen und nicht zur Straffreiheit führen (vgl. BGH, DB 1977, 1347).

9. In der Regel führt die Selbstanzeige zu einer Nachzahlung des Steuerpflichtigen, die dieser unbedingt innerhalb der vom Finanzamt gesetzten angemessenen Frist (in der Regel vier bis sechs Wochen) zu erbringen hat. Folgt die Nachzahlung nicht, so ist die strafbefreiende Wirkung der Selbstanzeige ausgeschlossen. Allerdings besteht die Möglichkeit, Antrag auf Verlängerung von Nachzahlungsfristen bei der Bußgeld- und Strafsachenstelle des Finanzamtes zu stellen. Bei der Begründung ist abzustellen auf eine Argumentation, wie sie üblicherweise bei Steuerstundungsanträgen angestellt wird. Wichtig ist, daß dieser Antrag auf jeden Fall rechtzeitig vor Ablauf der Frist gestellt wird, da eine rückwirkende Verlängerung der Nachzahlungsfrist nicht ausgesprochen wird.

Eine Niederschlagung der Steuerschuld nach § 261 AO erfüllt die Bedingung des § 371 Abs. 3 AO nicht, da die Niederschlagung keine schuldtilgende Wirkung hat (vgl. *Franzen/Gast/Samson*, § 371 Rdz. 153). Ein Erlaß der hinterzogenen Steuern nach § 227 AO würde die Bedingung des § 371 Abs. 3 AO erfüllen, jedoch scheitert in aller Regel der Erlaß schon deshalb, weil der Steuerpflichtige aufgrund der vollendeten Steuerhinterziehung nicht erlaßwürdig ist (vgl. *Franzen/Gast/Samson*, § 371 Rdnr. 154).

10. Grundsätzlich ist aufgrund innerdienstlicher Weisung für die Selbstanzeige die Bußgeld- und Strafsachenstelle zuständig, die die Ordnungsmäßigkeit der Selbstanzeige zu überprüfen hat. Es ist daher zweckmäßig, das Wort „Selbstanzeige" nicht im fraglichen Schriftstück zu erwähnen, so daß dieses zunächst in die Veranlagungsstelle gelangt, mit der Möglichkeit, als Anzeige nach § 153 AO behandelt zu werden – ohne das strafrechtliche Risiko bei fehlerhafter Selbstanzeige.

3. Anzeige nach § 371 Abs. 4 AO[1]

An das
Finanzamt ......[2]

Ort, Datum[3]

Betreff: S-GmbH, Straße, Ort
       Lohnsteuer 1984
       St. Nr. ......

Sehr geehrte Damen und Herren,

ausweislich beiliegender Vollmacht vertreten wir die S-GmbH, gesetzlich vertreten durch den Geschäftsführer G, anwaltschaftlich.
Herr G, der uns beauftragt hat, ist seit 1. 1. 85 bei der S-GmbH als kaufmännischer Geschäftsführer tätig.
Aufgrund seiner dabei gewonnenen Erkenntnisse erstatten wir für die S-GmbH

Anzeige,

daß vom Vorgänger des Herrn G, Herrn F, für einen Großteil der S-GmbH im Veranlagungszeitraum 1984 nur unregelmäßig Lohnsteuer angemeldet und abgeführt wurde.[4]
Das genaue Ausmaß ist augenblicklich bei der S-GmbH noch nicht ermittelt.[5]

Rechtsanwalt

Anmerkungen

1. Hier handelt es sich um eine Selbstanzeige „eigener Art", die keinen Strafaufhebungsgrund darstellt, sondern ein Verfolgungshindernis (vgl. *Franzen/Gast/Samson*, § 371 AO Rdnr. 168). Diese Anzeige soll verhindern, daß jemand, der aufgrund des § 153 AO eine Erklärung nachholt oder berichtigt, dadurch Dritte der Strafverfolgung aussetzt, die die Abgabe der Erklärung unterlassen oder eine unrichtige oder unvollständige Erklärung abgegeben haben. Bliebe die strafrechtliche Verantwortung anderer Personen bestehen, so könnte dies jemanden, der nach § 153 AO verpflichtet ist, eine falsche Erklärung zu berichtigen, davon abhalten, dies zu tun. Deshalb sollen auch Dritte bei einer späteren Berichtigung strafrechtlich nicht verfolgt werden, es sei denn, daß ihnen oder ihren Vertretern vorher wegen der Tat die Einleitung eines Straf- oder Bußgeldverfahrens bekanntgegeben worden ist (vgl. *Franzen/Gast/Samson*, § 371 Rdnr. 168).

2. Adressat ist die zuständige Finanzbehörde, es genügt, wenn sich der Anzeigeerstatter an eine Finanzbehörde wendet, die er nach den gegebenen Umständen für zuständig halten kann (vgl. *Franzen/Gast/Samson*, § 371 AO Rdnr. 171).

3. Das Datum und der daran knüpfende Zugang bei der Finanzbehörde ist von entscheidender Bedeutung, weil die Anzeige dann wirkungslos wird, wenn dem Dritten oder seinem Vertreter vorher die Einleitung eines Straf- oder Bußgeldverfahrens wegen der Tat bekanntgegeben worden war. Hier liegt eine deutliche Privilegierung des geschützten Dritten vor, dessen Nachfolger beispielsweise noch in der Betriebsprüfung oder während einer Außenprüfung die Anzeige nach § 371 Abs. 4 AO erstatten kann, ohne daß dieser Dritte strafrechtlich verfolgt wird.

4. Die Anzeige nach § 371 Abs. 4 AO erfordert keine vollständige Berichtigungserklärung. Dem Gesetzgeber ist an einer schnellen Anzeige mehr gelegen als an einer näheren Aufklärung durch den Anzeigeerstatter. Die Aufklärung des Sachverhalts soll aufgrund der Anzeige von Amts wegen vorgenommen werden. Dies deshalb, weil der Anzeigepflichtige

in der Regel die Sachverhalte nicht aus eigenem Erleben kennt, sondern erst nachträglich erkennt. Sie ist allerdings nach § 153 Abs. 1 AO unverzüglich nach Erkenntnis zu erstatten (vgl. *Franzen/Gast/Samson*, § 371 AO Rdnr. 169).

5. Sobald unter Berücksichtigung der Mitwirkungspflicht des Steuerpflichtigen die Finanzbehörde den Sachverhalt aufgeklärt hat und eine entsprechende Steuer festgesetzt hat, ist diese entsprechend § 371 Abs. 3 AO binnen einer angemessenen Frist nachzuzahlen.

4. Ausführliche Selbstanzeige[1]

An das
Finanzamt ......[1]

Ort, Datum[1]

Betreff: Herr Franz O.,
        Straße, Ort
        Inhaber der Fa. Franz O.,
        Groß- und Einzelhandel
        StNr. ......

Hier: Nachmeldung von Einkünften und Umsatzsteuern für den Veranlagungszeitraum 1984

Sehr geehrte Damen und Herren,

ausweislich beiliegender Vollmacht[1] zeigen wir an, daß wir Herrn Franz O. anwaltschaftlich und steuerlich vertreten.

1. Im Veranlagungszeitraum 1984 hat unser Mandant eine Reihe von Geschäften durchgeführt, die nicht in seine steuerlichen Aufzeichnungen eingeflossen sind.
Die sind im einzelnen:[2]

Verkauf von Waren an	Nettopreis DM	MwSt DM
Fa. A, Adresse	10.000,–	1.400,–
Fa. B, Adresse	15.000,–	2.100,–
Fa. C, Adresse	20.000,–	2.800,–
⋮	⋮	⋮
Fa. Z, Adresse	10.000,–	1.400,–
	Sa: 200.000,–	Sa: 28.000,–

Danach ist die ESt-Erklärung 1984 hinsichtlich der Einkünfte aus Gewerbebetrieb zu berichtigen. Unser Mandant schließt nicht aus, daß noch eine Reihe weiterer Geschäfte getätigt wurden, die nicht in seinen steuerlichen Aufzeichnungen erfaßt wurden. Da diese nicht mehr nachvollziehbar sind, werden sie im Hinblick auf seine privaten Vermögensmehrungen, soweit sie nicht durch erklärte Einkünfte abzüglich der üblichen Lebenshaltungskosten und sonstiger Ausgaben unseres Mandanten definiert sind, geschätzt.[3]

Demnach sind den nachgemeldeten Umsätzen DM 20.000,– hinzuzurechnen, der nachgemeldeten MwSt DM 2.800,–.

2. Aus den Geschäftsvorfällen Fa. B, Fa. G, Fa. J und Fa. K hat unser Mandant noch Werbungskosten in Höhe von DM 6.800,– zuzüglich 14% MwSt geltend zu machen. Insoweit verweisen wir auf die Anlagen A 1–A 13 (Originalbelege), aus denen der Sachzusammenhang zum jeweiligen Geschäftsvorfall erkennbar ist.[4]

5. Beschwerde gegen Kontrollmitteilung gem. § 349 AO XII. B. 5

Demnach sind von den Einkünften aus Gewerbebetrieb DM 6.800,– und von der nacherklärten MwSt DM 952,– abzusetzen.

3. Weiter wurden Einkünfte aus Kapitalvermögen in Höhe von DM 14.862,– nicht erklärt. Insoweit wird auf Anlage A 1 verwiesen.[5]

Wir bitten daher um entsprechende Änderungen der jeweiligen Steuerbescheide und um Zustellung der Änderungsbescheide an uns.

Rechtsanwalt

Anmerkung

1. Es wird hinsichtlich der grundlegenden formalen und inhaltlichen Anforderungen an die Selbstanzeige in Form. XII. C. 2 und die dortigen Anmerkungen verwiesen.

2. Vgl. Form. XII. B. 2 Anm. 8.

3. Vgl. Form. XII. B. 2 Anm. 8 a. E.

4. Nur wenn der Sachzusammenhang eindeutig aus den Belegen hervorgeht, können die mit den nachgemeldeten Einkünften zusammenhängenden Werbungskosten und – Ordnungsmäßigkeit in steuerlicher Hinsicht vorausgesetzt – die Vorsteuern geltend gemacht werden. Eine Schätzung dürfte hier regelmäßig problematisch sein. Zwar sind bei der Schätzung nach § 162 AO alle Umstände zu berücksichtigen, die für sie von Bedeutung sind (vgl. *Klein/Orlopp*, § 162 AO Anm. 2), doch sind – bei der hier zugestandenen teilweise sachlich unrichtigen Buchführung – strenge Anforderungen zu stellen (vgl. BFH BStBl. 1970 I 838). Dies gilt neben der sogenannten Vollschätzung gemäß § 162 AO auch für eine teilweise Schätzung nach § 158 AO, „soweit" sachliche Unrichtigkeit zu beanstanden ist (vgl. Einführungserlaß zu § 158 AO).

Dennoch gelten hier die Regeln der sogenannten „steuerlichen Schätzung", weil mit dieser Selbstanzeige ein Strafverfahren vermieden werden soll. Bei der steuerlichen Schätzung kommt es darauf an, den Betrag herauszufinden, der die größere Wahrscheinlichkeit hat, während im Strafverfahren derjenige Betrag festzustellen ist, dessen Hinterziehung nach der vollen Überzeugung des Strafrichters als erwiesen anzusehen ist (vgl. *Blumers/Göggerle*, Rdnr. 392).

5. Summe der hinterzogenen Steuern oder Umfang der „steuerlichen Untreue" haben keinen Einfluß auf die Wirksamkeit der Selbstanzeige als Strafaufhebungsgrund. Wesentlich ist, daß die Selbstanzeige formal und inhaltlich den gesetzlichen Anforderungen entspricht (vgl. Anm. 5 zu Form. XII. B. 2).

5. Beschwerde gegen Kontrollmitteilung[1] gem. § 349 AO[2]

Rechtsanwälte B & Partner, Adresse[3]

An das Ort, Datum[4]
Finanzamt ......[5]

Außenprüfung bei Rechtsanwälten B & Partner
StNr. ......
Hier: Beschwerde gegen Kontrollmitteilung betreffend Fa. S-GmbH

Sehr geehrte Damen und Herren,

gemäß Prüfungsanordnung[6] vom ...... unter dem Az: ...... wird bei uns derzeit eine Außenprüfung durchgeführt. In diesem Zusammenhang beabsichtigt der Prüfer, Herr StOI

H, aufgrund der bei uns für unsere Mandantin, die Fa. S-GmbH, geführten Akten und deren Inhalte eine Kontrollmitteilung zu schreiben. Hiergegen legen wir

Beschwerde

ein und

beantragen

gleichzeitig die Aussetzung der Vollziehung.[7]

Begründung:

Gemäß § 102 AO steht uns hinsichtlich der Belange der Fa. S-GmbH ein Auskunftsverweigerungsrecht[8] zu, da wir die S-GmbH ständig anwaltschaftlich beraten und vertreten. Eine auf uns lautende Vollmacht fügen wir als Anlage A 1[9] bei.

Durch die beabsichtigte Kontrollmitteilung käme es zu einer hoheitlichen Verletzung unserer in § 102 AO festgeschriebenen Auskunftsverweigerung und damit zu einer Verletzung unseres Auskunftsverweigerungsrechts im Hinblick auf die Belange der Fa. S-GmbH. Aufgrund von § 102 AO bestehen ernstliche Zweifel an der Rechtmäßigkeit der beabsichtigten Kontrollmitteilung; außerdem bedeutet die Kontrollmitteilung für uns eine unbillige Härte, da es im Hinblick auf das Mandatsverhältnis zur S-GmbH zu einem nicht wieder gutzumachenden Schaden im Vertrauensbereich zwischen Anwalt und Mandant käme.

Weiter teilen wir mit, daß uns die S-GmbH nicht von unserer Verschwiegenheitspflicht befreit hat.[10,11]

Rechtsanwalt

Anmerkungen

1. Werden anläßlich einer Außenprüfung Feststellungen getroffen, die auch für die Besteuerung eines Dritten von Bedeutung sind, so kann die Außenprüfung diese Feststellungen dem Finanzamt, das für die Besteuerung des Dritten zuständig ist, mitteilen. Dieses Finanzamt des Dritten kann die Feststellungen verwerten. Die Mitteilungen heißen ‚Kontrollmitteilungen' (vgl. *Streck*, Die Außenprüfung, Rdnr. 455).

Das Schreiben von Kontrollmitteilungen ist durch § 194 Abs. 3 AO gerechtfertigt (*Streck*, Die Außenprüfung, Rdnr. 457).

2. § 349 AO regelt die Rechtsbehelfe gegen Verwaltungsakte, die nicht in § 348 AO aufgeführt sind. Das Beschwerdeverfahren ist unter anderem das Regelverfahren gegen alle Entscheidungen, Anforderungen und Verfügungen der Außenprüfung, sofern es sich um Verwaltungsakte handelt und keine mit dem Einspruch anzufechtende Bescheide, insbesondere Steuerbescheide, vorliegen (vgl. *Streck*, Rdnr. 641).

3. Gemäß § 102 Abs. 1 Ziff. 3a) und b) AO haben Rechtsanwälte und andere ein Auskunftsverweigerungsrecht zum Schutz bestimmter Berufsgeheimnisse. Grundsätzlich statuiert dies keine Auskunftsverweigerungspflicht, jedoch ergibt sich diese insbesondere für die in Ziff. 3a) und b) genannten Berufsgruppen aus § 203 Abs. 1 Ziff. 3 StGB (vgl. *Tipke/Kruse*, § 102 TZ 1). Das Auskunftsverweigerungsrecht geht auch über die Zeit der Berufs- oder Amtsausübung hinaus (vgl. *Tipke/Kruse*, § 102 AO TZ 2). Abweichend von § 101 Abs. 1 Ziff. 2 AO und § 103 Abs. 2 AO sieht § 102 AO keine Belehrungspflicht vor. Der Gesetzgeber geht davon aus, daß die durch § 102 AO erfaßten Personen über ihr Verweigerungsrecht informiert sind. Allerdings ist die Belehrung nicht unstatthaft, sie ist sogar angezeigt, wenn im Einzelfall erkennbar wird, daß eine Auskunftsperson das Verweigerungsrecht nach § 102 AO nicht kennt (vgl. *Tipke/Kruse*, § 102 AO TZ 5). Wird ohne Entbindung von der Verpflichtung zur Verschwiegenheit durch die in § 102 erfaßten Personen ausgesagt, so besteht ein Verwertungsverbot (vgl. *Tipke/Kruse*, § 102 AO TZ 5 Abs. 2). Soweit die Auskunft verweigert werden kann, kann auch die Erstattung eines Gutachtens oder die Vorlage von Urkunden oder Wertsachen verweigert werden (§ 104 Abs. 1 AO).

5. Beschwerde gegen Kontrollmitteilung gem. § 349 AO   XII. B. 5

Nicht verweigert werden kann jedoch die Vorlage von Urkunden oder Wertsachen, die für den geprüften Steuerpflichtigen aufbewahrt werden, soweit der Geprüfte bei eigenem Gewahrsam zur Vorlage verpflichtet wäre (§ 104 Abs. 2 AO). Das Verbot der Kontrollmitteilungen im Zusammenhang mit dem Aussageverweigerungsrecht ist in § 8 Abs. 1 BPO niedergelegt: „Soweit der Steuerpflichtige ein Auskunftsverweigerungsrecht nach § 102 AO hat und hierauf nicht ausdrücklich verzichtet, hat die Fertigung von Kontrollmitteilungen zu unterbleiben."
Allerdings erwähnt § 8 BPO den Fall des Vorlageverweigerungsrechts im Steuerverfahren des Dritten nicht, fällt allerdings nach herrschender Auffassung unter das Verbot von Kontrollmitteilungen (vgl. *Streck*, Die Außenprüfung, Rdnr. 462).

4. Die Beschwerde ist binnen einer Frist von einem Monat einzulegen (§ 355 Abs. 1 AO). Es kommt auf den Zugang bei der zuständigen Finanzbehörde an. Um im Hinblick auf die alsbaldige Fertigung der Kontrollmitteilung kein Risiko einzugehen, empfiehlt es sich, diese Frist nicht auszuschöpfen. Eine spätere Beschwerde, die formell noch rechtsmöglich ist, kann möglicherweise nach Treu und Glauben als verwirkt angesehen werden, insbesondere dann, wenn der angefochtene Verwaltungsakt vollzogen ist (vgl. *Streck*, Die Außenprüfung, Rdnr. 232, 639).

5. Gemäß § 357 Abs. 2 AO ist die Beschwerde bei der Finanzbehörde anzubringen, deren Verwaltungsakt angefochten wird, hier also bei dem Finanzamt, von dem der Außenprüfer entsandt wurde.

6. Gemäß § 5 BPO ist die Außenprüfung nur zulässig im Rahmen der in § 5 Abs. 2 BPO niedergelegten Kriterien.

7. Da durch die Einlegung des Rechtsbehelfs – hier Beschwerde – die Vollziehung des angefochtenen Verwaltungsakts nicht gehemmt wird (§ 361 Abs. 1 AO) empfiehlt es sich, die Aussetzung der Vollziehung gemäß § 361 Abs. 2 AO zu beantragen, wenn ernstliche Zweifel an der Rechtmäßigkeit des angefochtenen Verwaltungsakts bestehen oder wenn die Vollziehung für den Betroffenen eine unbillige, nicht durch überwiegende öffentliche Interessen gebotene Härte zur Folge hätte.

8. Die BPO kodifiziert ein Verbot der Kontrollmitteilungen nur bei Auskunftsverweigerungsberechtigten gemäß § 102 AO (vgl. Form. XII. C. 1), verbietet jedoch nicht das Fertigen von Kontrollmitteilungen in den Fällen des § 101 AO (Auskunftsverweigerungsrecht der Angehörigen) und des § 103 AO (Auskunftsverweigerungsrecht bei Gefahr eines Strafverfahrens). Diese Rechtsauffassung der Verwaltung ist nicht haltbar. Insgesamt ist es jedoch sehr streitig (zum Meinungsstand vgl. *Streck*, Die Außenprüfung, Rdnr. 465).

9. In der Regel impliziert das Vorhandensein von Unterlagen und Akten das Bestehen eines Mandatsverhältnisses. Um jedoch jegliche Zweifel auszuräumen, empfiehlt sich die Vorlage der jeweiligen Vollmacht bzw. der jeweiligen Vollmachten. Bei Mehrfach- und Dauermandaten empfiehlt es sich, eine Art Globalvollmacht vom Mandanten zu erbitten. Liegen schriftliche Vollmachten nicht vor, empfiehlt es sich, das Bestehen des Mandatsverhältnisses anwaltschaftlich zu versichern.

10. Soweit der Mandant den Rechtsanwalt (oder anderen von der Verschwiegenheitspflicht betroffenen Berufsträger) von der Schweigepflicht entbunden hat, besteht kein Aussageverweigerungsrecht und mithin auch kein Recht, sich auf das Verbot der Kontrollmitteilung gemäß § 8 Abs. 1 BPO zu berufen (vgl. § 102 Abs. 3 AO, vgl. Form. XII. C. 1).

11. Unabhängig von dem hier beschriebenen Rechtsmittel empfiehlt es sich grundsätzlich, den betroffenen Dritten (Mandanten) über die Absicht des Außenprüfers zu unterrichten, eine Kontrollmitteilung zu schreiben, um diesem die Möglichkeit der Selbstanzeige zu eröffnen. Durch eine Kontrollmitteilung ist solange eine strafbefreiende Selbstanzeige nicht ausgeschlossen, solange das Betriebsfinanzamt des Dritten einen möglichen Steuerstraftatbestand noch nicht erfahren hat und entsprechend reagiert hat (vgl. Form. XII. B. 1).

6. Antrag auf Akteneinsicht[1] gem. § 147 StPO

Rechtsanwälte B & Partner, Adresse[2]

An das Ort, Datum
Finanzamt ......[3]
– Bußgeld- und Strafsachenstelle –

Az.: ......
Im Ermittlungsverfahren
gegen
Fa. S-GmbH, gesetzlich vertreten durch den Geschäftsführer S, Adresse
wegen
Verdachts der Steuerhinterziehung

zeigen wir ausweislich beiliegender Vollmacht[4] an, daß wir den Geschäftsführer der S-GmbH sowie die S-GmbH anwaltschaftlich beraten und vertreten und Rechtsanwalt B zu deren Verteidiger[5] bestellt ist.

Hiermit wird

Akteneinsicht

beantragt und um kurzfristige[6] Übersendung[7] der Ermittlungsakten gebeten. Gleichzeitig wird um Mitteilung gebeten, welche Beweisstücke verwahrt werden und wann und wo diese durch den Unterzeichner besichtigt[8] werden können.

Rechtsanwalt

Anmerkungen

1. Die Rechtsgrundlage für den Anspruch des Verteidigers auf Akteneinsicht ist § 147 StPO (i.V.m. § 385 Abs. 1 bzw. § 410 Abs. 1 Nr. 3 AO i.V.m. § 46 Abs. 1 OWiG). Ergänzend sind RiStBV 160, 185–189 heranzuziehen. Die Akteneinsicht ist, sofern die Ermittlungen förmlich abgeschlossen sind (vgl. § 169a StPO) nach Ort, Zeit und Dauer modifizierbar, in seinem Umfang aber weder eingeschränkt noch beschränkbar (vgl. BVerfG, NStZ 1983, 131). Es umfaßt die vollständigen Akten und Aktenteile, die die Staatsanwaltschaft dem Gericht für das Verfahren und die Entscheidung über Schuld- und Straffrage zuleitet, die das Gericht selbst anlegt oder in Erfüllung seiner Aufklärungspflicht aus § 244 Abs. 2 StPO beigezogen hat. Zu den von der Staatsanwaltschaft vorgelegten Akten, die der Akteneinsicht unterliegen, gehören nicht nur die zur Anklageerhebung vorgelegten (§ 199 Abs. 2 Satz 2 StPO), sondern auch alle anderen Vorgänge, die zu den Akten genommen worden sind, einschließlich – und das ist für das Steuerstrafverfahren von besonderer Bedeutung – sämtlicher Beiakten. In Rechtsprechung und Schrifttum besteht Einigkeit, daß eine Beschränkung insoweit grundsätzlich nicht zulässig ist (vgl. *Blumers/Göggerle*, Rdnr. 559). Sehr streitig ist in der Literatur, inwieweit Spurenakten aus Ermittlungen gegen Dritte dem Gericht mit vorzulegen sind. Hier kommt es darauf an, ob die Spurenakten für die Feststellung der dem Beschuldigten vorgeworfenen Tat oder die Rechtsfolgen von Bedeutung sind. Im Hinblick auf die augenblickliche Rechtslage (vgl. hierzu *Blumers/Göggerle*, Rdnr. 560) kann grundsätzlich nur empfohlen werden, auch beim geringsten Zweifel auf die Vorlage von Beiakten zu drängen und notfalls von dem Verfahren nach §§ 23 ff EGGVG Gebrauch zu machen.

6. Antrag auf Akteneinsicht gem. § 147 StPO XII. B. 6

2. Nur der Verteidiger, nicht der Beschuldigte, hat Recht auf Akteneinsicht. Dem Beschuldigten können vom Verteidiger zu jeder Zeit des Verfahrens Fotokopien der Akten zur Einsicht übergeben oder überlassen werden. Keinesfalls darf der Verteidiger dem Beschuldigten Originalakten aushändigen (§§ 15, 67 der Grundsätze des anwaltlichen Standesrechts). Wenngleich gegen die Überlassung der gesamten Abschriften des Akteninhalts an den Beschuldigten grundsätzlich keine Bedenken bestehen (vgl. *Krekeler,* Wistra 1983, 46), so findet diese uneingeschränkte Information des Beschuldigten durch den Verteidiger dort seine Grenze, wo die Überlassung einer Information oder die Ablichtung den Untersuchungszweck gefährden würde (vgl. hierzu Form. I. 1 B 1 c). Eine solche Gefährdung wird zum Beispiel angenommen, wenn der Beschuldigte oder ein Dritter erfahren würde, daß er verhaftet oder seine Wohnung, seine Geschäftsräume usw. durchsucht werden sollen. Diese Grenze des Informationsrechts ist vom Verteidiger streng zu beachten, da er bei Überschreitung dieser Grenze sich dem Verdacht der Strafvereitelung (§ 258 StGB) aussetzen kann, der gemäß § 138 a StPO zu seinem Ausschluß als Verteidiger in diesem Verfahren führen kann (vgl. *Blumers/Göggerle,* Rdnr. 555).

3. Grundsätzlich entsteht das Akteneinsichtsrecht mit der Eröffnung des Ermittlungsverfahrens. Es ist dem Verteidiger so früh wie möglich zu gewähren (vgl. BVerfG, StV 1983, 178). Eine Ausnahme soll für die Polizei während des ersten Zugriffs gemäß § 163 StPO gelten; hier habe die Polizei nur das Recht, nicht die Pflicht, Einblick zu gewähren, soweit sie damit die Entscheidung des Staatsanwalts über die Gewährung des Einsichtsrechts nicht vorgreife. Entsprechendes gilt auch für das Tätigwerden der Steuerfahndung im Wege der Durchsuchung und Beschlagnahme, selbst wenn sie nicht auf Anordnung der Staatsanwaltschaft bzw. nach Übernahme des Verfahrens durch diese tätig wird. Das Recht auf Akteneinsicht besteht während des Verfahrens fort, kann allerdings bis zum Abschluß der Ermittlungen beschränkt werden (vgl. *Blumers/Göggerle,* Rdnr. 557). Das Recht auf Akteneinsicht kann beschränkt werden während des Ermittlungsverfahrens und des Zwischenverfahrens, wenn die Akteneinsicht bzw. die Besichtigung der Beweismittel den Untersuchungszweck gefährden kann (§ 147 Abs. 2 StPO). Erforderlich sind objektive, sich aus dem Fall selbst ergebende Gründe. So kann der Untersuchungszweck zum Beispiel gefährdet sein, wenn erkennbar bestimmte Untersuchungshandlungen vorbereitet werden, deren Erfolg vom Überraschungseffekt abhängig ist. Die Beschränkung muß aufgehoben werden, wenn ihr Grund wegfällt, spätestens mit Abschluß der Ermittlungen (§ 169a StPO i.V.m. § 147 Abs. 6 StPO). Die Einschränkung des Akteneinsichtsrechts darf nur für die Urkunden erfolgen, bei denen eine konkrete Wahrscheinlichkeit für die Gefährdung des Untersuchungszwecks besteht (vgl. *Franzen/Gast/Samson,* § 392 AO Rdnr. 38 und *Blumers/Göggerle,* Rdnr. 563).

4. Vgl. hier Form. XII. B. 1 Anm. 7.

5. Bei größeren Sozietäten ist darauf zu achten, daß die Beschränkung des § 137 Abs. 1 Satz 2 StPO (drei Verteidiger) nicht überschritten wird. Es empfiehlt sich daher, die Vollmacht auf einen oder zwei Verteidiger der Sozietät für die Verteidigung zu beschränken.

6. In dem Akteneinsichtsrecht und der Überlassung der Akten spiegelt sich das Vertrauen wieder, das der Verteidiger als Organ der Rechtspflege genießt. Dem Recht entsprechen Sorgfaltspflichten, die Akten sind sorgfältig aufzubewahren, alsbald durchzusehen und ohne Verzögerung zurückzugeben (vgl. *Streck,* Die Steuerfahndung, Rdnr. 646).

7. Auf Antrag des Verteidigers sollen ihm die Akten in seine Geschäfts- oder Wohnräume mitgegeben werden, falls nicht wichtige Gründe entgegenstehen (§ 147 Abs. 4 StPO). Dies gilt sowohl im Ermittlungs- als auch im Hauptverfahren. Als wichtiger Grund im Steuerstrafverfahren kommt höchstens in Betracht, daß die Akten in Ausnahmefällen wegen dringender Ermittlungsmaßnahmen nicht, auch nicht kurzfristig, entbehrt werden können (vgl. *Franzen/Gast/Samson,* § 392 Rdnr. 41). Die Entscheidung über die Herausgabe von Akten ist nicht anfechtbar (§ 147 Abs. 4 Satz 2 StPO) und braucht nicht begrün-

det werden (§ 34 StPO). Der Verteidiger kann jedoch eine Gegenvorstellung anbringen (BVerfGE 9, 89) oder eine Dienstaufsichtsbeschwerde erheben.

Da die Aktenversendung an auswärtige Verteidiger nicht vom Wortlaut des § 147 Abs. 4 StPO gedeckt ist und, für den Fall, daß eine Übersendung in die Büroräume oder Wohnung des Verteidigers nicht erfolgt, empfiehlt sich für die Praxis der Ausweg, die Akten an das örtliche Amtsgericht oder Finanzamt übersenden zu lassen, damit die Akteneinsicht dort vorgenommen werden kann. Grundsätzlich ist der Verteidiger bei der Akteneinsicht in anderen Räumen behindert, da er nicht mit der notwendigen Sorgfalt den Inhalt der Akten durcharbeiten kann. Er ist jedoch berechtigt, sich auf seine Kosten Abschriften oder Fotokopien der Akten anfertigen zu lassen.

8. Beweismittel können nicht versandt werden (§ 147 Abs. 1 2. Halbsatz StPO). Diese können nur bei der entsprechenden Behörde besichtigt werden, wobei diese als Beweismittel zu bezeichnen sind.

7. Antrag auf Aussetzung nach § 396 AO[1]

Rechtsanwälte B & Partner, Adresse

An die Staatsanwaltschaft[2]   Ort, Datum
beim Landgericht ......

Az: ......

Im Ermittlungsverfahren[3]

gegen

Herrn W. S.

wegen Verdachts der Steuerhinterziehung[4]

zeigen wir unter Vollmachtsvorlage[5] an, daß wir den Beschuldigten anwaltschaftlich vertreten.

Gleichzeitig

beantragen[6]

wir, das Verfahren gemäß § 396 AO auszusetzen.[7]

Begründung:

1. Gegen den Beschuldigten wird wegen Steuerhinterziehung ermittelt, weil er – unbestrittenermaßen – in den Veranlagungszeiträumen 1981 und 1982 als Geschäftsführer der S-GmbH an die staatsbürgerliche Congregation zur Erhaltung der Marktwirtschaft Beträge in Höhe von insgesamt DM 130.000,– (in Worten: Deutsche Mark einhundertdreißigtausend) an Spenden bezahlt hat und diese Beträge von dem zu versteuernden Einkommen abgesetzt hat.[8]

2. Nachdem der BFH die damit verbundene Problematik noch nicht abschließend behandelt hat und der Beschuldigte gegen die jeweiligen einschlägigen Bescheide Rechtsmittel eingelegt hat,[9] ist das Strafverfahren bis zum rechtskräftigen Abschluß der Besteuerungsverfahren auszusetzen.[10]

3. Die beiden Bescheide für die Veranlagungszeiträume 1981 und 1982 sind derzeit mit Klage beim Finanzgericht ...... angefochten und dort unter dem Aktenzeichen ...... und ...... anhängig.[11]

Rechtsanwalt

7. Antrag auf Aussetzung nach § 396 AO   XII. B. 7

Anmerkungen

1. Eine strafrechtliche Verurteilung wegen Steuerhinterziehung kann davon abhängig sein, ob im Besteuerungsverfahren zu Recht von einer Steuerhinterziehung ausgegangen werden kann. Um eine Verurteilung auszuschließen, wenn die Gefahr besteht, daß z. B. der BFH den Steueranspruch verneint, dies aber erst vom BFH geklärt werden muß, so kann das Verfahren ausgesetzt werden, um zu verhindern, daß der Angeklagte jetzt rechtskräftig verurteilt wird und der BFH später feststellt, daß kein Steueranspruch bestand und der Angeklagte somit keine Steuerhinterziehung begehen konnte (vgl. *Klein/Orlopp*, § 396 Anm. 1; *Franzen/Gast/Samson*, § 396 Rdnr. 5; *Blumers/Göggerle*, Rdnr. 5; *Brenner*, BB 1980, 1321).

2. Über die Aussetzung kann schon im Ermittlungsverfahren (§ 396 Abs. 2 AO) entschieden werden; damit ist hier die Staatsanwaltschaft zuständig. Sie wird aber erst dann entscheiden, wenn sie üblicherweise Anklage erheben könnte, d. h. wenn die Ermittlungen abgeschlossen sind. Dies deshalb, weil für das Strafverfahren erforderliche Beweise gesichert sein müssen. Gegebenenfalls muß die Staatsanwaltschaft dafür den Ermittlungsrichter bemühen (vgl. *Brenner*, BB 1980, 1322).

3. Sind die Ermittlungen abgeschlossen (§ 169a StPO) und ist der Eröffnungsbeschluß erlassen, ist das Gericht für diesen Antrag zuständig. Hat die Finanzbehörde das Ermittlungsverfahren selbständig durchgeführt, entscheidet sie vor dem Eröffnungsbeschluß über die Aussetzung (vgl. *Klein/Orlopp*, § 396 AO Anm. 2).

4. § 396 AO geht tatbestandlich von der Steuerhinterziehung aus. Darunter fallen alle Hinterziehungsformen im Sinne des § 370 AO sowie der gewerbsmäßige, gewaltsame und bandenmäßige Schmuggel. Auch für Versuch und Teilnahme ist § 396 AO grundsätzlich anwendbar. Ausgeschlossen ist seine Anwendung auf Steuerhehlerei (vgl. *Franzen/Gast/Samson*, § 396 Rdnr. 6). Zur Frage der Aussetzung bei einer mit einer Steuerstraftat tateinheitlich begangenen Nicht-Steuerstraftat (vgl. *Brenner*, BB 1980, 1322).

5. Vgl. Form. XII. B. 6 Anm. 5.

6. Der Antrag wird von Finanzbehörde und Staatsanwaltschaft mit Verfügung, vom Gericht durch Beschluß entschieden (vgl. *Franzen/Gast/Samson*, § 396 AO Rdnr. 21). Die Entscheidung ist eine pflichtgemäße Ermessensentscheidung (*Franzen/Gast/Samson*, § 396 AO Rdnr. 19). Grundsätzlich gilt für den Strafrichter die uneingeschränkte Vorfragenkompetenz (vgl. *Franzen/Gast/Samson*, § 396 AO Rdnr. 5), jedoch soll durch die wachsende Komplexität des Steuerrechts und die damit einhergehende Problematik für den Strafrichter das Ermessen so ausgeschöpft werden, daß einerseits dem Beschleunigungsgebot Rechnung getragen wird und andererseits dem Gesetz entsprochen wird, das zwar die uneingeschränkte Vorfragekompetenz des Gerichts respektiert („...... kann das Strafverfahren ausgesetzt werden"), aber auch auf die Fachkompetenz der Finanzgerichte hinweist (vgl. *Franzen/Gast/Samson*, § 396 AO Rdnr. 19; *Blumers/Göggerle*, Rdnr. 385).

7. Die Entscheidung zur Aussetzung hat zur Folge, daß die Verjährung ruht, § 396 Abs. 3 AO.

8. Hier wurde ein Beispiel aus der Parteispendenaffäre gewählt. Selbstverständlich kann jedes andere streitige Besteuerungsverfahren vorgreiflich für eine Verurteilung wegen Steuerhinterziehung sein.

9. Es ist erforderlich, daß gegen die entsprechenden Bescheide Rechtsmittel eingelegt werden, weil nur der in Zukunft ins Haus stehende rechtskräftige Abschluß eines Besteuerungsverfahrens die Vorgreiflichkeit erzeugen kann, die jetzt für das Gericht oder die Staatsanwaltschaft zur Debatte steht. Sind die jeweiligen Steuerbescheide rechtskräftig, ist für eine Aussetzung des Strafverfahrens kein Raum mehr.

10. Das Strafverfahren kann bis zum rechtskräftigen Abschluß des Besteuerungsverfahrens ausgesetzt werden. Dies ist der Fall, wenn alle Rechtsbehelfs- und Rechtsmittelfristen abgelaufen sind. Auch die Jahresfrist des § 356 AO bei unterbliebener oder unrichtiger Rechtsbehelfsbelehrung ist beachtlich. Auf etwa noch bestehende Aufhebungs- oder Änderungsmöglichkeiten nach den Vorschriften der §§ 172 ff. AO kommt es hingegen nicht an (vgl. *Franzen/Gast/Samson,* § 396 AO Rdnr. 23). Die Verkürzung der Aussetzung sowie der jederzeitige Widerruf ist ebenso zulässig. Es ist jedoch Voraussetzung, daß eine sachgemäße Ermessensabwägung im Einzelfall erfolgt. Anlaß zum Widerruf der Aussetzung vor bestandskräftiger Steuerfestsetzung kann z. B. gegeben sein, wenn der BFH oder sogar das Bundesverfassungsgericht in einer abstrakten Rechtslage eine Entscheidung trifft, aufgrund deren präjudizieller Wirkung die ursprünglichen Zweifel am Bestehen des Steueranspruchs wegfallen (vgl. *Franzen/Gast/Samson,* § 396 AO Rdnr. 24).

11. Die Angabe der Aktenzeichen, unter denen die Rechtsmittel bei der entsprechenden Instanz anhängig sind, ist eine praktische Arbeitshilfe für den über den Aussetzungsantrag Entscheidenden, weil er sich bereits hier durch einfache Rückfrage ein Bild über den noch bevorstehenden Zeitraum machen kann.

C. Maßnahmenkatalog bei Tätigkeit von Finanzbehörden, Steuerfahndungsstellen und Strafverfolgungsorganen

Vorbemerkung

Obwohl sich ein Unternehmen als juristische Person nicht strafbar machen kann, es bei Ermittlungshandlungen vielmehr immer nur um die strafrechtliche Verantwortlichkeit einzelner Mitarbeiter geht, strahlt deren Verhalten aber doch auf das Unternehmen als Ganzes aus und zwar umso mehr, je höher der strafrechtliche Vorwurf in der Unternehmenshierarchie angesiedelt ist. Deshalb ist von der ersten Kontaktaufnahme eines Ermittlungsorgans mit dem Unternehmen jeder unternehmensseitig verlangte oder vom Unternehmen geplante Schritt äußerst sorgfältig zu überlegen. Erfahrungsgemäß erfolgen nämlich gerade in der allerersten Phase die entscheidenden Weichenstellungen oftmals falsch. Dabei geht es – um dies mit aller Deutlichkeit herauszustellen – nicht etwa um den Versuch, die Tätigkeit der Ermittlungsbeamten zu erschweren oder gar zu unterlaufen; im Gegenteil, es empfielt sich in einer bedingt kooperativen Weise die Mitwirkung in dem Umfang anzubieten, in dem eine gesetzliche Verpflichtung seitens des Unternehmens an der Sachverhaltsaufklärung besteht.

Um letzteres beurteilen zu können, bedarf es einer juristischen Analyse der jeweiligen Situation, weshalb der erste Ansprechpartner im Unternehmen stets die Rechtsabteilung sein sollte. Diese sollte über jede beabsichtigte Reaktion einer (Fach-) Abteilung des Unternehmens so rechtzeitig informiert werden, daß vorab noch geprüft werden kann, inwieweit das Unternehmen verpflichtet ist, der gewünschten Maßnahme Folge zu leisten.

Herrscht hierüber Klarheit und besteht die Möglichkeit alternativen Handelns, ist in einem zweiten Schritt gegebenenfalls die Frage der Opportunität der verschiedenen Handlungsalternativen zu erörtern.

Formulare XII. C. 1–5 der nachfolgenden Darstellung wenden sich zunächst den fünf typischen Situationen zu, die ein Unternehmen im Rahmen von Ermittlungshandlungen treffen können und listen die gesetzlichen Grundlagen, und dabei insbesondere die jeweils korrespondierenden rechtlichen Mitwirkungspflichten auf.

Formular XII. C. 6 stellt anhand einer Checkliste zwölf „Verhaltensanweisungen" auf, die im Rahmen strafrechtlicher Ermittlungshandlungen zu beachten sind. Diese Checkliste soll dem Mitarbeiter der Rechtsabteilung eines Industrieunternehmens, der sich in der Regel weit aus dem Strafrecht herausgelebt hat, in der konkreten Situation eine praktikable, unmittelbar umsetzbare Handlungsanleitung bieten. Kein Mitarbeiter einer Rechtsabteilung eines Unternehmens sollte, wenn eine Situation sofortiges Handeln verlangt, unvorbereitet sein. Liegen bestimmte Verhaltensanweisungen vor, kann er seiner Aufgabe, unnötigen Weiterungen eines Ermittlungsverfahrens vorzubeugen und die Eingriffe auf das unumgängliche Maß zu beschränken, gerecht werden.

Maßnahmenkatalog strafrechtlicher und steuerstrafrechtlicher Ermittlungshandlungen; Maßnahmen von Finanzbehörden im Besteuerungsverfahren

1. Fernmündliches Auskunftsersuchen der Staatsanwaltschaft und der Kriminalpolizei, der Steuerfahndung oder des Finanzamts

Auskunftsersuchen der Staatsanwaltschaft oder der Kriminalpolizei: „...... bitte teilen Sie uns mit, welche Warenlieferungen seitens Ihrer Firma in dem Zeitraum von ...... bis ...... an die X GmbH erfolgten."[1]

Auskunftsersuchen der Finanzbehörde:

„...... bitte teilen Sie uns mit, bei welchen Kilometerständen und zu welchen Zeitpunkten Kundendienstarbeiten an den Fahrzeugen des Taxiunternehmers ...... durchgeführt wurden. Unsere Anfrage bezieht sich auf die Fahrzeuge mit folgenden amtlichen Kennzeichen[1,2] ...... Bitte stellen sie die betreffenden Reparaturunterlagen[3] zur Verfügung.

Hinweise

1. Gesetzliche Grundlage des Auskunftsersuchens:

Im Strafverfahren §§ 161, 163 StPO.

Beide Vorschriften verleihen den Ermittlungsorganen jedoch keine Zwangsbefugnisse, sie gestatten keine hoheitlichen Eingriffe in die Rechtssphäre Dritter und schaffen somit auch keine Mitwirkungspflichten des Adressaten. Dies gilt sowohl für den Beschuldigten wie auch für den Zeugen (vgl. BGH NJW 1962, 1021, LR/*Rieß* § 163 StPO Rdnr. 6, KK/*Müller* § 163 StPO Rdnr. 12).

Im Besteuerungsverfahren §§ 90, 92, 93 AO.

Auskunftsersuchende Stelle im Besteuerungsverfahren ist in erster Linie das Finanzamt und zwar das für das Unternehmen zuständige Finanzamt, wenn Auskunft zu Vorgängen begehrt wird, die für die Besteuerung des Unternehmens von Bedeutung sind. Geht es bei der Auskunft um die Besteuerung anderer Personen (sog. „Dritter"), wird das Auskunftsbegehren von den für diese Personen zuständigen Finanzämtern stammen.

Im Besteuerungsverfahren sind die Beteiligten nach § 90 AO anders als im Strafverfahren verpflichtet, bei der Ermittlung des Sachverhaltes mitzuwirken. Wer Beteiligter ist, ergibt sich aus § 78 AO; nach § 93 AO trifft die Mitwirkungs-(sprich Auskunfts-) pflicht unter den dort genannten Voraussetzungen auch Dritte.

Die sich aus § 90 AO ergebende Verpflichtung kann gemäß § 328 AO grundsätzlich mit Zwangsmitteln durchgesetzt werden. Zwangsmittel sind jedoch dann unzulässig, wenn der Steuerpflichtige dadurch gezwungen würde, sich selbst wegen einer Steuerstraftat oder einer Steuerordnungswidrigkeit zu belasten (§ 393 Abs. 1 S. 2 AO). Für andere gesetzwidrige Sachverhalte, die keine Steuerstraftat oder Steuerordnungswidrigkeit betreffen, besteht dieses Auskunftsverweigerungsrecht jedoch nicht. Zu Umfang und Grenzen der Offenbarungspflicht in diesen Fällen vergleiche nachfolgend Anmerkung 5. Für andere Personen, die nicht Beteiligte und nicht für einen Beteiligten auskunftspflichtig sind, ergeben sich die Grenzen der Auskunftspflicht aus den §§ 101 ff AO, insbesondere aus § 103 AO. Danach können sie die Auskunft auf solche Fragen verweigern, deren Beantwortung sie selbst oder einen ihrer Angehörigen der Gefahr eines Straf- oder Ordnungswidrigkeitenverfahrens aussetzen würde. Dahinter steht der allgemeine rechtsstaatliche Grundsatz, daß niemand gezwungen werden kann, sich einer Straftat oder einer Ordnungswidrigkeit zu bezichtigen (BVerfG 38, 105 = NJW 1975, 103; KK/*Pelchen* § 55 StPO Rdnr. 1).

Wegen dieser weitreichenden Mitwirkungspflichten im Besteuerungsverfahren braucht sich der Auskunftspflichtige nicht mit einem fernmündlichen Auskunftsbegehren zufrieden zu geben, er hat vielmehr Anspruch auf ein schriftliches Auskunftsverlangen (vgl. § 93 Abs. 2 AO).

Im Steuerstrafverfahren:
a) für die Finanzbehörde § 402 Abs. 1 AO i.V.m. § 163 StPO. § 399 Abs. 1 AO i.V.m. § 161 StPO.
b) für die Steuerfahndung § 404 AO i.V.m. § 163 StPO.

Im Steuerstrafverfahren ist, je nachdem wer das Ermittlungsverfahren führt, folgendermaßen zu unterscheiden:

aa) Wird das Ermittlungsverfahren wegen einer Steuerstraftat von der Staatsanwaltschaft geführt, hat die Finanzbehörde nach § 402 Abs. 1 AO die Rechte und Pflichten einer Polizeibehörde. Finanzbehörde wird auch hier nach der gesetzlichen Definition des § 386 Abs. 1 AO neben den dort sonst genannten Behörden in der Regel das Finanzamt sein.

Aus Gründen der Effizienz kann gem. § 387 Abs. 2 AO bei einzelnen Finanzämtern die Zuständigkeit in Steuerstrafsachen für den Bereich mehrerer Finanzämter zusammengefaßt sein; bei ihnen ist dann eine sogenannte Straf- und Bußgeldsachenstelle eingerichtet, die dem Steuerpflichtigen oder dem Dritten gegenüber dann als „Finanzbehörde" auftritt.

Soweit die Finanzbehörde wie oben erwähnt im Rahmen eines von der Staatsanwaltschaft betriebenen Ermittlungsverfahrens tätig wird, ergibt sich die Befugnis, mündliche Auskunftsersuchen einzuholen, aus § 402 Abs. 1 AO i.V.m. § 163 StPO. Was die Durchsetzungsmöglichkeiten betrifft, gilt das oben zu § 163 StPO Ausgeführte entsprechend.

bb) Wird das Ermittlungsverfahren von der Finanzbehörde gem. § 386 Abs. 2 AO selbständig durchgeführt, ist also die Staatsanwaltschaft nicht beteiligt, nimmt die Finanzbehörde gem. § 399 Abs. 1 AO die Rechte und Pflichten der Staatsanwaltschaft wahr. „Finanzbehörde" ist auch hier gem. § 386 Abs. 1 AO in der Regel das Finanzamt und soweit – auch für den Bereich mehrerer Finanzämter – eingerichtet, die sogenannte Straf- und Bußgeldsachenstelle.

In diesem Fall hat die Finanzbehörde, da ihr die Befugnisse der Staatsanwaltschaft zustehen, allerdings die Möglichkeit, das Auskunftsersuchen durch eine förmliche Zeugenvernehmung zu ersetzen (§ 399 AO i.V.m. § 161a StPO), sodaß ein Zeuge zum Erscheinen und zur Aussage verpflichtet ist, während dies bei einer Vernehmung durch die Finanzbehörde in ihrer Eigenschaft als Behörde des Polizeidienstes nicht der Fall ist; § 163a Abs. 5 StPO enthält im Gegensatz zu seinem Abs. 3 keine entsprechende Verpflichtung (h.M. vgl. LR/*Rieß* § 163 StPO Rdnr. 33).

cc) Nicht zu verwechseln mit den Straf- und Bußgeldsachenstellen, die – sofern sie das strafrechtliche Ermittlungsverfahren selbständig nach § 399 Abs. 1 AO führen – gemäß den §§ 386, 387 AO als „Finanzbehörde" auftreten, sind die Steuerfahndungsstellen, denen diese Kompetenz nicht zusteht. Der Rahmen ihrer Tätigkeit ist in § 404 AO abschließend geregelt. Danach sind die Steuerfahndungsstellen hinsichtlich ihrer Befugnisse im wesentlichen den Polizeibeamten gleichgestellt. Das heißt, der Steuerfahndung ist es nicht möglich, ein Auskunftsersuchen, das sie gemäß §§ 404 AO, 163 StPO sowohl an einen Zeugen wie auch an einen Beschuldigten richten kann, durch eine förmliche Zeugenvernehmung mit Erscheinens- und Aussagepflicht zu ersetzen (*Kühn/Kutter/Hofmann* § 404 AO Rdnr. 2).

Eine Ausnahme gegenüber den polizeilichen Befugnissen ist für die Steuerfahndung allerdings in § 404 S. 2 AO enthalten. Danach steht der Steuerfahndung die Durchsicht der Papiere des von einer Durchsuchung Betroffenen zu.

Zusammenfassend ist damit folgende Warnung angebracht: Im Rahmen eines nur fernmündlich gestellten Auskunftsersuchens besteht die Gefahr, daß zwischen einem Auskunftsersuchen in einem Besteuerungs- und einem Auskunftsersuchen in einem Steuerstraf- oder Strafverfahren nicht hinreichend deutlich unterschieden wird und damit die vorstehend aufgezeigten unterschiedlichen Befugnisse verwässert werden.

2. Im Besteuerungsverfahren muß, wie bereits dargelegt, das Auskunftsersuchen auf Verlangen schriftlich gestellt werden (§ 93 Abs. 2 AO). Auf ein schriftliches Auskunftsersuchen sollte aus folgenden Gründen auch im Straf- und Steuerstrafverfahren stets Wert gelegt werden:

– Grund und Ausmaß der Auskunftsverpflichtung sind bei schriftlichen Auskunftsersuchen besser zu überschauen.[4]
– Bei schriftlichen Auskunftsersuchen ist die Belehrung über eventuelle Auskunftsverweigerungsrechte in höherem Maße gewährleistet.[5]
– Unter Umständen muß erst geprüft werden, ob es sich um ein Auskunftsersuchen im Besteuerungsverfahren oder im Steuerstrafverfahren handelt und wer gegebenenfalls gemäß § 34 AO als gesetzlicher Vertreter des Unternehmens für die Beachtung der steuerrechtlichen Pflichten verantwortlich ist.

Anmerkungen

1. Vorliegend sind beide Auskunftsersuchen so allgemein gehalten, daß sie den Grund der Anfrage nicht erkennen lassen. So kann dem zuerst genannten Beispiel sowohl ein Steuerstrafverfahren wie auch ein Verfahren wegen eines Konkursdeliktes zugrunde liegen. Um Grund und Ausmaß der Auskunftsverpflichtung besser überschauen zu können, sollte deshalb zuerst auf ein schriftliches Auskunftsersuchen gedrängt werden. Im Straf- und Steuerstrafverfahren besteht darauf – abweichend vom Besteuerungsverfahren (vgl. § 93 Abs. 2 AO) – zwar kein Anspruch, sollte die Bereitschaft zu einem schriftlichen Auskunftsbegehren jedoch nicht gegeben sein, empfiehlt es sich, die Beantwortung der mündlichen Anfrage zu verweigern. Einer der Gründe hierfür ist, daß, solange der Anlaß des Auskunftsersuchens nicht klar ersichtlich ist, eventuelle Auskunftsverweigerungsrechte, die im Falle einer Zeugenvernehmung bestünden, nicht eindeutig zu beurteilen sind. So müßte zum Beispiel im strafrechtlichen Ermittlungsverfahren von der auskunftsbegehrenden Stelle angegeben werden, gegen wen sich das Verfahren richtet.

2. Das fernmündlich gestellte Auskunftsersuchen zur Ermittlung eines steuerlichen Sachverhaltes weist folgende Mängel auf, die in der aktuellen Situation nicht ohne weiteres erkennbar sind:
– Das Auskunftsersuchen bringt nicht zum Ausdruck, ob es sich um eine Auskunft im Besteuerungsverfahren oder im Steuerstrafverfahren handelt;
– es ist nicht nachkontrollierbar, ob die Voraussetzungen eines Auskunftsersuchens nach § 93 AO erfüllt sind, insbesondere ob die Auskunft von einem Beteiligten oder für die Besteuerung eines Dritten erstattet werden soll. Hierauf hätte die Steuerbehörde in ihrem Auskunftsersuchen hinweisen müssen (vgl. § 93 Abs. 2 AO, *Kühn/Kutter/Hofmann* § 93 AO Anm. 3).

3. Gemäß § 97 Abs. 1 AO kann die Finanzbehörde im Besteuerungsverfahren die Vorlage von Urkunden (Bücher, Aufzeichnungen, Geschäftspapiere) verlangen. Die Vorlage dieser Urkunden soll jedoch erst dann verlangt werden, wenn „der Vorlagepflichtige eine Auskunft nicht erteilt hat, wenn die Auskunft unzutreffend ist oder Bedenken gegen ihre Richtigkeit bestehen" (vgl. § 97 Abs. 2 Satz 1 AO).

1. Fernmündliches Auskunftsersuchen der Staatsanwaltschaft XII. C. 1

Während die Finanzbehörde im Besteuerungsverfahren also primär auf die Sachverhaltsaufklärung durch Einholung von Auskünften verwiesen wird, besteht die Beschränkung im Straf- und Steuerstrafverfahren nicht. Hier können die Staatsanwaltschaft, die Finanzbehörde – letztere über die Verweisungsnormen der §§ 399 Abs. 1, 402 Abs. 1 AO – oder auch die Steuerfahndung (§ 404 AO) gemäß § 95 StPO die Vorlage der Urkunden verlangen. Das auf § 95 StPO gestützte Herausgabeverlangen kann zwar gegenüber jedem, der einen Beweisgegenstand in seinen Händen hat, gestellt werden, der Beschuldigte und Zeuge braucht jedoch nichts, was gegen ihn selbst verwendet werden könnte, vorzulegen oder herauszugeben. Eine Pflicht zur Vorlage und Auslieferung des den Beschuldigten belastenden Materials hat der Zeuge dann, wenn ihm kein Zeugnis- oder Auskunftsverweigerungsrecht zusteht. Zeugnisverweigerungsberechtigte dürfen zwar zur Herausgabe aufgefordert werden, gemäß § 95 Abs. 2 StPO ist das Herausgabeerlangen aber nicht mit Ordnungs- und Zwangsmitteln verfolgbar, worüber der Zeugnisverweigerungsberechtigte zu belehren ist (*Kleinknecht/Meyer* § 95 StPO Rdnr. 6). Die Herausgabepflicht gemäß § 95 StPO ist damit gegenüber den Beschlagnahmemöglichkeiten nach § 94 StPO eingeschränkt (KK/*Laufhütte* § 95 Rdnr. 2 und 5 StPO; LR/*Schäfer* § 95 StPO Rdnr. 5). Im übrigen darf nach § 95 StPO nur dann vorgegangen werden, wenn der Gewahrsam des gesuchten Gegenstandes bei der betreffenden Person feststeht; liegen den Ermittlungsbeamten bloße Verdachtsmomente vor, bleibt ihnen nur die Möglichkeit der Durchsuchung und Beschlagnahme (vgl. LR/*Schäfer* § 95 StPO Rdnr. 4).

4. In welcher Form die Auskunft zu erfolgen hat, regelt § 93 Abs. 4 AO; danach kann der Auskunftspflichtige die Auskünfte schriftlich, mündlich oder fernmündlich erteilen. Die Finanzbehörde kann anordnen, daß der Auskunftspflichtige eine mündliche Auskunft an Amtsstelle erteilt (§ 93 Abs. 5 AO). In diesem Fall kann der Auskunftspflichtige verlangen, daß über die Auskunft eine Niederschrift aufzunehmen ist und ihm eine Abschrift der Niederschrift ausgehändigt wird (vgl. § 93 Abs. 6 AO). Die Auskunftspflicht entfällt, wenn der Adressat des Auskunftsersuchens ein Dritter ist und er Gefahr läuft, sich durch seine Auskunft einem strafrechtlichen Ermittlungsverfahren oder einem Ordnungswidrigkeitenverfahren auszusetzen (§ 103 AO).

5. Wird die Auskunft von einem am Besteuerungsverfahren Beteiligten verlangt, gilt für den Umfang der Auskunftspflicht folgendes: Alle erforderlichen Auskünfte müssen erteilt werden (vgl. §§ 90, 328 AO); notfalls muß auch gesetzwidriges Verhalten offenbart werden (§ 40 AO). Dies kann bedeuten, daß der Auskunftspflichtige unter Umständen auch Tatsachen offenlegen muß, die auf das Vorliegen einer Straftat (z.B. Betrug, Urkundenfälschung, Hehlerei usw.) hindeuten. Hier soll das Steuergeheimnis, das eine Mitteilung an die Staatsanwaltschaft verbietet, hinreichenden Schutz gewährleisten. Wegen der in § 30 Abs. 4 AO geregelten Ausnahmen vom Steuergeheimnis – insbesondere wegen der Nr. 5, die eine Offenbarungsbefugnis bei Vorliegen eines zwingenden öffentlichen Interesses vorsieht – ist dies jedoch nicht immer der Fall (vgl. *Reiß* NJW 1977, 1436). Deshalb sollte, wo der Schutz des Steuergeheimnisses nicht zweifelsfrei feststeht, die Auskunft unter Berufung auf das allgemeine Auskunftsverweigerungsrecht des § 55 StPO verweigert werden. Denn es widerspricht rechtsstaatlichen Grundsätzen, daß einerseits unter steuerlichen Aspekten eine Verpflichtung besteht, notfalls auch strafbares Verhalten zu offenbaren, andererseits aber die von den Steuerbehörden auf diese Weise erlangten Kenntnisse zu Strafverfolgungszwecken zur Verfügung stehen (vgl. auch *Schönke/Schröder/Lenckner* § 355 StGB Rdnr. 32).

Überschneiden sich Besteuerungs- und Steuerstrafverfahren, läßt dies die vorstehend umrissenen Auskunftspflichten zwar unberührt, es besteht jedoch kein Zwang, sich einer Steuerstraftat bzw. einer Steuerordnungswidrigkeit zu bezichtigen (vgl. § 393 Abs. 1 S. 2 AO). Über dieses Auskunftsverweigerungsrecht ist der Steuerpflichtige zu belehren (§ 393 Abs. 1 S. 4 AO).

Goll

2. Schriftliches Auskunftsersuchen

Finanzamt
Amtsbetriebsprüfungsstelle III
Firma ......
Steuernummer/Geschäftszeichen

Betreff
Herrn ......
1 PKW – BMW Typ 728i
2 LKW – Daimler-Benz Typ 1619
Auskunftsersuchen gem. § 93 der Abgabenordnung (AO)
– Deb. – Kto. Nr. ......

Anlage
1 Durchschrift

Sehr geehrte Damen und Herren!
Gemäß § 93 AO bitte ich um Mitteilung, ob in den Jahren 1984 und 1985 durch Ihre Firma an o.g. Fahrzeugen Reparaturen ausgeführt wurden und welche Kilometerstände ggf. bei den Reparaturen abgelesen wurden.
Ferner bitte ich um Mitteilung, durch welche Zahlungsweise (Banküberweisung oder bar) der Kaufpreis der unter Nr. 2 aufgeführten LKW im September 1985 (DM ...... Brutto) beglichen wurde.
Dieses Auskunftsersuchen ergeht zum Zwecke der Besteuerung anderer Personen. Die Voraussetzungen des § 93 AO sind erfüllt.[1]
Vorsorglich weise ich darauf hin, daß die Ihnen im Zusammenhang mit der Auskunft entstehenden Aufwendungen auf Antrag nach dem Gesetz über die Entschädigung von Zeugen und Sachverständigen erstattet werden.

Mit freundlichen Grüßen
Im Auftrag

POLIZEIDIREKTION
Kriminalpolizei
Tagebuch-Nr.
Firma ......

Betr.: Ermittlungsverfahren gegen Herrn ...... wohnhaft in ...... wegen Verdachts des Betruges.

Sehr geehrte Damen und Herren,
die Staatsanwaltschaft ...... führt unter Az ...... gegen den im Betreff genannten Herrn ...... ein Ermittlungsverfahren durch.
Mit der Durchführung der Ermittlungen wurde die Kriminalpolizei ...... beauftragt.
Den bisherigen Feststellungen zufolge haben oder hatten auch Sie Forderungen an Herrn ...... in Höhe von ...... DM. Es besteht der Verdacht, daß Herr ...... in Kenntnis seiner Zahlungsunfähigkeit Waren bestellt hat und/oder sich Leistungen erbringen ließ. Um Ihnen eine Vorladung bei der für Sie zuständigen Polizeidienststelle zu ersparen, bitten wir Sie höflich um ausführliche Beantwortung nachfolgender Fragen:
1. Wann, wo und in welcher Form (mündlich, schriftlich usw.) hat Herr ...... bei Ihnen welche Waren bzw. Leistungen bestellt?

2. Schriftliches Auskunftsersuchen

2. Über welche Erkenntnisse bezüglich der Zahlungsunfähigkeit und Zahlungsunwilligkeit des Herrn ...... verfügten Sie zum Zeitpunkt der Bestellung?
3. Wann und zu welchen Zahlungskonditionen wurden die Waren geliefert bzw. die Leistungen erbracht?
4. Wann hat Herr ...... welche Zahlungen geleistet?
5. Wann wurde Herr ...... gemahnt und wie hat er jeweils auf die Mahnung reagiert?
6. Wann wurden gegen Herrn ...... welche Zwangsvollstreckungsmaßnahmen mit welchem Erfolg durchgeführt?
7. Welche Hauptforderung (ohne Zinsen und Kosten) steht heute noch offen?

Wir dürfen Sie weiter höflich darum bitten, dem Antwortschreiben verfahrenserhebliche Schriftstücke wie Aufträge, Auftragsbestätigungen, Lieferscheine, Rechnungen, Mahnungen usw. in Fotokopie beizufügen. Diese Unterlagen werden unbedingt als Beweismittel benötigt.

Senden Sie bitte Ihr Schreiben mit den erbetenen Unterlagen möglichst bald unter Angabe unserer Tagebuchnummer ...... an
Polizeidirektion
– Kriminalpolizei –
....

Für Ihre Bemühungen bedanken wir uns im voraus und verbleiben mit

freundlichen Grüßen
Kriminalkommissar

Hinweise

1. Gesetzliche Grundlagen:
– Für das Straf- und Steuerstrafverfahren gilt dasselbe wie oben unter Form. XII. C. 1.
– Im Besteuerungsverfahren ist neben § 93 Abs. 2 AO (auf Verlangen besteht Anspruch auf schriftliches Auskunftsersuchen) auch § 121 AO zu beachten: Danach bedarf das Auskunftsersuchen als Verwaltungsakt der schriftlichen Begründung (*Kühn/Kutter/Hofmann* § 93 AO Rdnr. 3)

2. Wirksamkeitsvoraussetzungen eines schriftlichen Auskunftsersuchens im Besteuerungsverfahren:
– Das Auskunftsersuchen muß erkennen lassen, ob die Auskunft für die Besteuerung des Auskunftspflichtigen erfolgen soll, oder ob es um die Besteuerung Dritter geht, wobei der jeweilige Umfang der Auskunftspflicht unterschiedlich ist.[2]
– Aus der Begründung des Auskunftsersuchens muß dessen Sinn und Zweck erkennbar werden; ferner muß der Grund und das Ausmaß der Auskunftsverpflichtung deutlich werden (setzt in der Regel Bezugnahme auf konkreten Sachverhalt voraus).
– Aus dem Auskunftsersuchen muß sich ferner ergeben, daß die Sachverhaltsaufklärung durch die Beteiligten nicht zum Ziel führt oder keinen Erfolg verspricht.
– Im Straf- und Steuerstrafverfahren sollten schriftliche Auskunftsersuchen ebenfalls den zuvor genannten Anforderungen genügen, nicht zuletzt aus den unter Form. XII. C. 1 Anm. 1 genannten Gründen.

Liegen die vorstehend genannten Wirksamkeitsvoraussetzungen nicht vor, hat dies folgende Konsequenzen: Besteht die Behörde, obwohl der Auskunftspflichtige ein schriftliches Auskunftsersuchen verlangt, weiterhin auf ihrem mündlichen Ersuchen oder nimmt das schriftliche Ersuchen nur auf das mündliche Bezug, ist es unbeachtlich. Mit dem Verlangen des Auskunftspflichtigen nach einem schriftlichen Ersuchen verliert der ursprünglich in mündlicher Form ergangene Verwaltungsakt seine Wirkung und bedarf keiner Beachtung (vgl. § 93 Abs. 2 AO i.V.m. § 125 Abs. 1 AO; *Kühn/Kutter/Hofmann* § 93 AO Rdnr. 3, § 125 AO Rdnr. 1b). Die Nichtigkeit des Verwaltungsakts ergibt sich daraus, daß für ihn zwingend schriftliche Erteilung vorgeschrieben ist.

Ist das schriftliche Auskunftsersuchen dagegen nur inhaltlich nicht ordnungsgemäß, z.B. nicht hinreichend begründet, bewirkt dies noch nicht seine Nichtigkeit. Der Verwaltungsakt ist dann lediglich fehlerhaft und angreifbar (*Kühn/Kutter/Hofmann* § 121 AO Rdnr. 3). Der Fehler kann durch nachträgliche Begründung geheilt werden, allerdings nur innerhalb der Fristen des § 126 AO.

3. Ein Auskunftsersuchen gem. § 93 AO setzt allerdings nicht voraus, daß bereits konkrete Vorermittlungen zu einem konkreten Anfangsverdacht geführt haben. Es genügt bspw. für die Einholung einer Auskunft durch die Steuerfahndungsbehörde, daß die Möglichkeit einer objektiven Steuerverkürzung besteht.

So darf die Steuerfahndungsbehörde eine Zeitung um Auskunft über Name und Adresse der Aufgeber von Chiffre-Anzeigen ersuchen, wenn auf Grund konkreter früherer Erfahrungen für ein Tätigwerden hinreichender Anlaß besteht (BFH BB 1987, 748). Ebenso darf die Steuerfahndungsbehörde in einem Sammelsuchen ein Kreditinstitut um Auskunft über Provisionszahlungen an alle innerhalb eines bestimmten Zeitraums tätig gewordenen Kreditvermittler angehen (BFH NJW 1988, 2507 mit krit. Anmerkung *Frick* BB 1988, 109). Nach Ansicht des BFH handelt es sich hierbei nicht um unzulässige Ermittlungen ins Blaue hinein; ausreichend sei, daß sich das Tätigwerden auf Erfahrungen in einem bestimmten Umfeld gründe.

4. Die oben genannten Beispiele machen deutlich, daß die Interessenlage bei der Auskunftsperson durchaus unterschiedlich gelagert sein kann. So ist es denkbar, daß in einem Fall durch die Auskunft eine Kundenbeziehung gefährdet werden kann (Beispiel 1), während in einem anderen Fall die um Auskunft angegangene Person – beispielsweise als betrügerisch Geschädigter – ein nachhaltiges Interesse an der Verfolgung des strafbaren Verhaltens haben kann (Beispiel 2). Deshalb sollte stets geprüft werden, welche Wirkungen die Auskunft entfaltet, sodaß sie gegebenenfalls auf das beschränkt werden kann, wozu ohnehin eine gesetzliche Verpflichtung besteht, oder was im Wege einer Zeugenvernehmung ebenfalls offenzulegen wäre.

Anmerkungen

1. Statt des Hinweises, daß die Voraussetzungen des § 93 AO vorliegen, hätte die Finanzbehörde besser getan, diese zu benennen, nämlich daß „die Sachverhaltsaufklärung durch die Beteiligten nicht zum Ziele führt oder keinen Erfolg verspricht" (§ 93 Abs. 1 S. 2 AO).

Das Auskunftsersuchen enthält ferner keine Belehrung über ein etwaiges Auskunftsverweigerungsrecht nach § 103 AO, obwohl diese Belehrung vorgeschrieben und aktenkundig zu machen ist und nach herrschender Meinung nur dann verzichtbar ist, wenn eine Straftat oder Ordnungswidrigkeit des Auskunftspflichtigen offensichtlich nicht in Betracht kommt (*Tipke/Kruse* § 103 AO Rdnr. 4, *Kühn/Kutter/Hofmann* § 103 AO Rdnr. 2). Vorliegend ist dies jedoch nicht auszuschließen, insbesondere falls hinsichtlich der Zahlungsweise oder der Bestätigung falscher Kilometerstände bei Wartungsdiensten ein kollusives Verhalten in Erwägung zu ziehen ist.

2. Vgl. dazu Form. XII. C. 1 Anm. 3 und 4.

3. Vorladung zur Vernehmung, Erscheinen zum Zwecke der Vernehmung

Ein Mitarbeiter wird zur Vernehmung bei der Staatsanwaltschaft, Finanzbehörde, Kriminalpolizei vorgeladen; Staatsanwaltschaft und/oder Kriminal-, Steuerfahndungs- oder Finanzbeamte erscheinen im Unternehmen und wollen eine bestimmte Person vernehmen

Hinweise

1. Gesetzliche Grundlagen:

a) Erscheinenspflicht nach Vorladung des Beschuldigten/Zeugen im Straf- bzw. Steuerstrafverfahren:
   (1) Zur Staatsanwaltschaft besteht die Pflicht zum Erscheinen (vgl. § 163a Abs. 3 S. 1 StPO für Beschuldigte und § 161a StPO für Zeugen und Sachverständige).
   (2) Gegenüber der Polizei besteht keine Erscheinenspflicht, weder für den Beschuldigten, noch für Zeugen (KK/*Müller* § 163 StPO Rdnr. 15; § 163a StPO Rdnr. 31).
   (3) Zur Finanzbehörde:
   – Sofern die Finanzbehörde das Ermittlungsverfahren selbständig durchführt, besteht die Pflicht zum Erscheinen für Beschuldigte und Zeugen (§ 399 Abs. 1 AO i.V.m. § 163 Abs. 3 S. 1 StPO bzw. § 161a StPO).
   – Sofern die Finanzbehörde auf Ersuchen der Staatsanwaltschaft tätig wird, gilt dasselbe wie unter (2): es besteht keine Erscheinenspflicht.

b) Aussagepflicht im Straf-/Steuerstraf-/Besteuerungsverfahren:
   (1) Im Strafverfahren besteht für den Beschuldigten weder vor der Polizei noch vor der Staatsanwaltschaft eine Aussagepflicht. Bei Vernehmungen ist der Beschuldigte über den Tatvorwurf zu belehren (§ 163a Abs. 4 StPO, § 136 StPO) sowie über sein Recht, nichts zur Sache auszusagen (§ 136 StPO). Für Zeugen und Sachverständige besteht vor der Staatsanwaltschaft Aussage- bzw. Gutachtenerstattungspflicht (§ 161a StPO). Wer geeigneter Sachverständiger ist, bestimmt die Staatsanwaltschaft, in Betracht kommt z.B. auch ein in einem Industrieunternehmen (Entwicklungsbereich) tätiger Mitarbeiter.
   Bei Zeugen- oder Sachverständigenvernehmung durch die Polizei besteht keine Aussagepflicht (BGH NJW 1962, 1020; KK/*Müller* § 163 Rdnr. 15; § 163a Rdnr. 31).
   (2) Im Steuerstrafverfahren verleiht § 399 AO der Finanzbehörde dieselben Rechte und Pflichten wie sie der Staatsanwaltschaft zustehen, sofern die Finanzbehörde das Ermittlungsverfahren selbständig durchführt. Sie darf ein Ermittlungsverfahren dann selbständig durchführen, wenn die Tat ausschließlich eine Steuerstraftat darstellt, vgl. § 386 AO.[1] Trifft eine Steuerstraftat tateinheitlich mit einer anderen Straftat zusammen, endet die Ermittlungskompetenz der Finanzbehörde. Die Befugnis, die Ermittlungen auch auf andere in Tateinheit konkurrierende Delikte zu erstrecken, wurde den Finanzbehörden durch das 1. AOStrafÄndG vom 18.8.1967 (BGBl. I S. 77) entzogen.
   (3) Im Besteuerungsverfahren: Nach §§ 92, 93 Abs. 5 AO kann die Finanzbehörde anordnen, daß der Auskunftspflichtige eine mündliche Auskunft an Amtsstelle erteilt. Um eidliche Vernehmungen hat die Finanzbehörde das zuständige Finanzgericht zu ersuchen; eidliche Vernehmungen kommen nur bei Personen in Betracht, die nicht Beteiligte sind; die Anordnung und die Durchführung obliegt dem Finanzgericht (§ 94 AO).

2. Vor Beginn der Vernehmung abklären, ob
- die Vernehmung im Rahmen eines Besteuerungs-, Steuerstraf- oder Strafverfahrens erfolgt[1]
- der zu Vernehmende lediglich informatorisch gehört oder als Zeuge, Beteiligter oder Beschuldigter vernommen werden soll. Je nachdem bestehen – wie oben unter a dargestellt – unterschiedlich weitreichende Mitwirkungspflichten in den einzelnen Verfahrensarten. Ob im Falle einer bloß informatorischen Anhörung eine Auskunftspflicht besteht, ist umstritten, da es sich hierbei nicht um eine Vernehmung im engeren Sinne handelt (vgl. zum Streitstand *Kleinknecht/Meyer* Einleitung StPO Rdnr. 79).
Der Vernehmungsbeamte ist auch nicht gehalten, auf etwaige Auskunftsverweigerungsrechte hinzuweisen (*Kleinknecht/Meyer* Einleitung StPO Rdnr. 79, § 163a StPO Rdnr. 24, LR/*Rieß* § 163a StPO Rdnr. 17ff.), andererseits kann er später als Zeuge über die von ihm vorgenommene informatorische Befragung gehört werden (OLG Düsseldorf NJW 1968, 1840). Deshalb sollten entweder keine informatorischen Auskünfte gegeben oder auf klare Verhältnisse (Vernehmung als Zeuge, Beteiligter) gedrängt werden.

Anmerkungen

1. Um ein Steuerstrafverfahren handelt es sich nur, wenn wegen einer der in § 369 AO genannten Steuerstraftaten ermittelt wird. Im einzelnen sind dies: Steuerhinterziehung (§ 370 AO), Bannbruch (§ 372 AO), gewerbsmäßiger, gewaltsamer oder bandenmäßiger Schmuggel (§ 373 AO), Steuerhehlerei (§ 374 AO) sowie Begünstigung einer Person, welche eine Steuerstraftat begangen hat (§ 369 AO).
§ 386 Abs. 2 Ziff. 2 AO erweitert diese Ermittlungsbefugnisse auf Fälle, in denen eine Steuerstraftat andere Strafgesetze verletzt und deren Verletzung Kirchensteuern oder andere öffentliche Abgaben betrifft, die an Besteuerungsgrundlagen, Steuermeßbeträge oder Steuerbeträge anknüpfen. Gedacht ist bei den öffentlich-rechtlichen Abgaben z.B. an Beiträge zu Industrie- und Handelskammern, Handwerkskammern und ähnlichen Einrichtungen.

4. Erscheinen zum Zwecke der Einsichtnahme in Geschäftsunterlagen

Staatsanwaltschaft und/oder Kriminalbeamter bzw. Steuerfahndungs-/Finanzbeamter erscheinen und verlangen Einblick in Geschäftspapiere. Nach erfolgter Einsichtnahme soll ein Teil der Papiere mitgenommen werden.

Hinweise

1. Gesetzliche Grundlagen:
Wird die Einsichtnahme in die Papiere nicht freiwillig gestattet, so bedarf es im Straf- wie im Steuerstrafverfahren eines auf richterlicher Anordnung beruhenden Durchsuchungsbefehles (§ 105 StPO). Ausnahmen hiervon sind lediglich bei Gefahr im Verzuge oder bei Einverständnis des Betroffenen möglich[1] (vgl. dazu ausführlich Form. XII. D. 5).
a) Gesetzliche Grundlagen für die Durchsicht von Geschäftsunterlagen:
- Im Strafverfahren ist die Durchsicht von Papieren im Zusammenhang mit einer Durchsuchung (§§ 102, 103 StPO) nur der Staatsanwaltschaft gestattet, (§ 110 StPO).[2] Andere Beamte können nur dann Einblick in Papiere nehmen, wenn der Inhaber die Durchsicht genehmigt (§ 110 Abs. 2 S. 1 StPO). Zu den Papieren gehören

4. Erscheinen zum Zwecke der Einsichtnahme in die Geschäftsunterlagen   XII. C. 4

im Bereich von Wirtschaftsunternehmen z.B. Bilanzen, Buchungsunterlagen, Geschäftsbriefe usw., daneben aber auch in anderen Formen verkörperte gedankliche Inhalte wie z.B. Lochkarten, Magnetbänder und Speicherplatten von EDV-Anlagen[3] (KK/*Laufhütte* § 110 StPO Rdnr. 2; *Kleinknecht/Meyer* § 110 StPO Rdnr. 1).

— Im Steuerstrafverfahren ist die Durchsicht von Papieren ebenfalls nur im Rahmen einer Durchsuchung gemäß § 110 StPO möglich. Für Finanzbehörden ergibt sich diese Befugnis aus § 399 AO; für Mitglieder von Steuerfahndungsstellen aus § 404 AO. Abweichend von § 110 Abs. 1 StPO steht im Steuerstrafverfahren den Beamten der Zollfahndungsämter und der Steuerfahndung die Befugnis zur Durchsicht der Papiere des von der Durchsuchung Betroffenen zu (§ 404 S. 2 AO).

— Im Besteuerungsverfahren ist die Durchsicht von Papieren aufgrund einer Anordnung der Finanzbehörde gemäß § 97 AO zulässig.[4]

b) Gesetzliche Grundlagen für Herausgabeverlangen:

— Gemäß § 94 Abs. 1 StPO sind Gegenstände, die für das Ermittlungsverfahren von Bedeutung sein können, in Verwahrung zu nehmen oder in anderer Weise sicherzustellen. Wird der Gegenstand freiwillig herausgegeben, genügt die formlose Sicherstellung, gleichgültig, ob sich der Gegenstand im Gewahrsam des Beschuldigten oder eines anderen befindet (§ 94 Abs. 2 StPO).

— Erscheint eine freiwillige Herausgabe der Papiere nicht opportun,[5] ist die Mitnahme nur aufgrund eines Beschlagnahmebeschlusses möglich;[6] regelmäßig wird dieser in den Durchsuchungsbeschluß mit aufgenommen sein.

— Des weiteren besteht die Möglichkeit, einen Gegenstand nach § 95 StPO herauszuverlangen; eine Möglichkeit, von der vor allem Gebrauch gemacht wird, wenn zwar feststeht, daß sich ein Beweismittel im Gewahrsam einer Person befindet, es bei der Durchsuchung jedoch nicht gefunden werden konnte. Das Vorgehen nach § 95 StPO setzt keinen erfolglosen Beschlagnahmeversuch voraus (*Kleinknecht/Meyer* § 95 StPO Rdnr. 1). Das Herausgabeverlangen ist durch richterliche Anordnung geltend zu machen, ausnahmsweise bei Gefahr im Verzuge auch durch die Staatsanwaltschaft oder Polizei (umstritten).[7]

Anmerkungen

1. Es muß von Fall zu Fall geprüft werden, ob es opportun ist, auf dem Vorhandensein eines richterlichen Durchsuchungsbefehls zu bestehen. Bei bedeutenderen, wie auch bei komplexen Sachverhalten sollte darauf jedoch unbedingt Wert gelegt werden, auch wenn dies eine Durchsuchung unter Annahme von Gefahr im Verzuge nicht hindert.

2. Die Beachtung dieser Vorschrift stößt in der Praxis auf oftmals erhebliche Probleme: Will ein zur Durchsicht von Papieren nicht befugter Polizeibeamter einschlägiges Material von nicht einschlägigem unterscheiden, so wird er im Rahmen der ersten Sichtung stets auch zu einer partiellen Kenntnisnahme neigen. Eine derartige inhaltliche „Grobsichtung", um festzustellen, ob überhaupt ein Bezug zu der Straftat vorhanden ist, steht dem durchsuchenden Beamten ohne Einwilligung jedoch nicht zu (LR/*Schäfer* § 110 StPO Rdnr. 6f, 12; *Kleinknecht/Meyer* § 110 StPO Rdnr. 4), in Zweifelsfällen sind die Papiere stets dem Staatsanwalt vorzulegen.

Da die Zusammenhänge dem von der Durchsuchung Betroffenen in der Regel nicht im Detail bekannt sein werden, empfiehlt es sich, die Frage der Einwilligung zur Durchsicht sehr sorgfältig zu prüfen. Oft erscheint es auch angezeigt, um die Grobsichtung durch die Polizei zu verhindern, auf einer Versiegelung (§ 110 Abs. 3 StPO) zu bestehen.

Bei der Durchsicht durch den Staatsanwalt muß, soweit möglich, der Inhaber der Papiere zugezogen werden (§ 110 Abs. 3 2. Halbsatz StPO). Auch ist dringend zu empfehlen, wenn Papiere des Beschuldigten durchgesehen werden sollen, einen Verteidiger zuzuziehen, da dieser eher in der Lage ist, zu erkennen, in welche Richtung die Verdachtsmomente weisen und in diesem Zusammenhang auch sogleich auf entlastendes Material hinzuweisen.

3. Bedenklich erscheint es jedoch, wenn der Ermittlungsrichter beim BGH davon ausgeht, daß zu den von § 110 StPO erfaßten Gegenständen auch Disketten sowie die zum Lesen und Verarbeiten der Disketten notwendigen Zentral-Computereinheiten gehören (StV 1988, 90). Im Ergebnis würde dies bedeuten, daß u.U. die gesamte Datenverarbeitungsanlage eines Unternehmens bis zur vollständigen „Durchsicht" der Disketten blockiert werden könnte, was vielfach einem Stillstand des Unternehmens gleichkommen dürfte. Die Korrektur dieses Ergbnisses soll über den Verhältnismäßigkeitsgrundsatz erfolgen. Unverhältnismäßig sei die Durchsuchung – in Form der Durchsicht der Disketten – wenn das davon betroffene Unternehmen das sichergestellte Material dringend zur Betriebsfortführung benötige und bei weiterer Durchsicht erhebliche Nachteile drohen, andererseits aber nur ein vager Verdacht bestehe, das gesuchte Beweismittel befinde sich in dem gespeicherten Datenbestand (BGH StV 1988, 90). Letztlich läuft damit die Zulässigkeit der Blockade einer Datenverarbeitungsanlage auf eine Interessenabwägung zwischen etwaigen Schäden des davon Betroffenen einerseits sowie der Wahrscheinlichkeit der Auffindung erheblicher Beweismittel andererseits hinaus, wobei auch die Schwere der zu verfolgenden Straftat eine Rolle spielt.

4. Gemäß § 97 AO kann die Finanzbehörde von den Beteiligten und anderen Personen (= Dritten) die Vorlage von Büchern, Aufzeichnungen, Geschäftspapieren und anderen Urkunden zur Einsicht und Prüfung verlangen, wenn der Vorlagepflichtige eine Auskunft nicht erteilt hat, die Auskunft unzureichend ist oder Bedenken gegen ihre Richtigkeit bestehen. Ein unmittelbares Durchsuchungs- und Beschlagnahmerecht verleiht diese Vorschrift nicht; nach Abs. 3 dürfen die genannten Urkunden beim Vorlagepflichtigen nur eingesehen werden, wenn dieser einverstanden ist.

Jedoch kann ein entsprechendes Begehren mit den Zwangsmitteln des Zwangsgeldes, der Ersatzvornahme oder des unmittelbaren Zwanges durchgesetzt werden (§ 328 Abs. 1 AO). Unzulässig sind die Zwangsmittel erst, wenn der Steuerpflichtige Gefahr laufen würde, sich unter eben dem Einsatz der Zwangsmittel einer Steuerstraftat oder Steuerordnungswidrigkeit zu bezichtigen (vgl. § 393 Abs. 1 S. 2 AO). Obwohl aus der Gesetzessystematik der §§ 93, 328, 393 AO nicht ohne weiteres ableitbar, muß dieses allgemeine rechtsstaatliche Prinzip auch gegenüber auskunftspflichtigen Dritten gelten.

5. Sollen Rechte Dritter auch im Interesse des Auskunftspflichtigen bestmöglich gewahrt werden, sollte auf eine freiwillige Herausgabe verzichtet werden (vgl. dazu Form. XII. C. 2 Hinweis 3), hat dagegen der Auskunftspflichtige selbst ein eigenes Interesse an der Klärung des Sachverhaltes – z.B. zur Durchsetzung privatrechtlicher Ansprüche – beschleunigt er mit einer freiwilligen Herausgabe von Unterlagen das Verfahren.

6. Die Beschlagnahme vollzieht sich in zwei Schritten, nämlich in ihrer Anordnung (gem. § 98 StPO grundsätzlich durch den Richter, lediglich bei Gefahr im Verzuge auch durch die Staatsanwaltschaft; vgl. dazu noch Form. XII. C. 5 Hinweis 1) und in ihrer Ausführung. Materielle Voraussetzungen für einen wirksamen Beschlagnahmebeschluß sind:
– Beschränkung auf die Beweismittel, die für die Untersuchung von Bedeutung sein können im Sinne einer potentiellen Beweisbedeutung (BGH NStZ 1981, 94; *Kleinknecht/Meyer* § 94 StPO Rdnr. 6), d.h., es genügt für die Sicherstellung einerseits der Anfangsverdacht, der die Staatsanwaltschaft zum Tätigwerden verpflichtet (§ 152 StPO; KK/ *Laufhütte* § 94 StPO Rdnr. 8)
– andererseits müssen die zu beschlagnahmenden Gegenstände jedoch so konkret benannt sein, daß weder für den von der Beschlagnahme Betroffenen noch für den die Beschlagnahme durchführenden Beamten ein Zweifel daran besteht, daß sie mit dem Tatvorwurf

als Beweismittel in Verbindung zu bringen sind (LR/*Schäfer* § 98 StPO Rdnr. 16; *Kleinknecht/Meyer* § 98 StPO Rdnr. 9). Die Gegenstände müssen demgemäß in dem gerichtlichen Beschlagnahmebeschluß unter deutlicher Kenntlichmachung und Präzisierung im einzelnen aufgeführt werden. Wo dies nicht möglich ist, hat wenigstens ihre Beschreibung nach zeitlichen, persönlichen und sachlichen Kriterien zu erfolgen (LG Stuttgart StV 1986, 471). Ob der Umfang der Beschlagnahme in diesem Sinne erkennbar wird, ist von Fall zu Fall zu prüfen. Dies gilt insbesondere für die in der Regel formlosen mündlichen Beschlagnahmeanordnungen der Staatsanwaltschaft oder deren Hilfsbeamte bei Annahme von Gefahr im Verzuge. Deshalb empfiehlt es sich für den von der Beschlagnahme Betroffenen in diesen Fällen die mündliche Beschlagnahmeanordnung für spätere Beweiszwecke schriftlich zu fixieren. Unabhängig davon sollte der Beschlagnahme widersprochen und der Beamte darauf hingewiesen werden, daß es ihm in diesem Fall obliege, binnen drei Tagen die richterliche Bestätigung einzuholen (§ 98 Abs. 1 S. 1 StPO). Zulässig: Beschlagnahme der Unterlagen über die Geschäftsbeziehungen zum Kunden X in der Zeit von ...... bis ...... Unzulässig: Die bei der Durchsuchung wegen des Verdachts strafbarer Handlungen gefundenen Beweismittel werden beschlagnahmt (zu den entsprechenden Anforderungen an einen wirksamen Durchsuchungsbeschluß vgl. Form. XII. C. 5 Anm. 2).
– Nach § 98 Abs. 2 S. 7 StPO ist der von der Beschlagnahme Betroffene über seine Rechte zu belehren, insbesondere darüber, daß er jederzeit eine gerichtliche Entscheidung über die Beschlagnahme beantragen kann.

7. Die Ansichten darüber, von wem das Herausgabeverlangen gestellt werden kann, gehen auseinander. Nach einer Entscheidung des LG Arnsberg (Wistra 1985, 204) – herausverlangt wurden die Kontounterlagen einer Sparkasse – stellt § 95 Abs. 1 StPO den Strafverfolgungsorganen neben der Durchsuchung und Beschlagnahme einen weiteren Weg zur Verfügung, um in den Besitz eines Beweismittels zu gelangen (ebenso *Kleinknecht/Meyer* § 95 StPO Rdnr. 1 f.).
Abweichend hiervon vertritt die wohl h. M. den Standpunkt, daß das Herausgabeverlangen nur dem zustehe, der auch die Beschlagnahme anordne, im Normalfall also dem Gericht und nur ausnahmsweise bei Gefahr im Verzug auch der Staatsanwaltschaft und der Polizei (LG Bonn NStZ 1983, 327, ebenso KK/*Laufhütte* § 95 StPO Rdnr. 3 m.w.N.). *Schäfer* (LR § 95 StPO Rdnr. 9) weist zutreffend darauf hin, daß sonst die Zuständigkeitsregeln des § 98 StPO unterlaufen würden: Beschlagnahme durch den Richter einerseits, ein mit Ordnungsmitteln durchsetzbares Herausgabeverlangen durch Staatsanwaltschaft und Polizei andererseits.

5. Erscheinen zum Zwecke der Durchsuchung und Beschlagnahme

Staatsanwaltschaft/Kriminalbeamte bzw. Beamte der Steuerfahndung erscheinen und wollen Geschäftsräume durchsuchen; nach erfolgter Durchsuchung sollen Akten mitgenommen werden.

Hinweise

Als Beispiel eines Durchsuchungsbeschlusses siehe nachfolgend Form. XII. C. 6 (8).
1. Gesetzliche Grundlagen für die Durchsuchung:
   – Stets klären, ob es sich um eine Durchsuchung nach § 102 StPO (Durchsuchung beim Verdächtigen) oder um eine solche nach § 103 StPO (Durchsuchung bei anderen Personen) handelt, da unterschiedliche Anforderungen gelten.[1]

- Im Straf- und Steuerstrafverfahren ist ein richterlicher Durchsuchungsbeschluß grundsätzlich Voraussetzung einer jeden Durchsuchung (vgl. § 105 StPO, 385 AO);[2] ausnahmsweise kann bei Gefahr im Verzuge eine Durchsuchung auch von der Staatsanwaltschaft, von Hilfsbeamten der Staatsanwaltschaft oder von Beamten der Steuerfahndung angeordnet werden.[3]
- Im Besteuerungsverfahren sind Durchsuchungen zum Zwecke der Aufdeckung unbekannter steuerlicher Sachverhalte nicht zulässig: §§ 97, 99 AO bilden keine Rechtsgrundlage für derartige Durchsuchungen.

2. **Sonstige** zu beachtende formelle und **materielle Voraussetzungen eines Durchsuchungsbeschlusses:**
   - Stets abklären, worauf das Durchsuchungsbegehren gestützt wird, ob auf richterliche Anordnung oder unter Annahme von Gefahr im Verzuge auf staatsanwaltschaftliche/ steuerfahndungsbehördliche Verfügung. Bei Gefahr im Verzuge Gründe benennen lassen.[3]
   - Sowohl die richterliche Anordnung wie auch die staatsanwaltschaftliche/steuerfahndungsbehördliche Verfügung müssen die Bezeichnung des Tatvorwurfes sowie die Beweismittel nach Art und denkbarem Inhalt erkennbar werden lassen (BVerfG NJW 1981, 971).
   - Während der gesamten Durchsuchung besteht ein Anwesenheitsrecht des Betroffenen.[4]
   - Geschäftspapiere können grundsätzlich nur aufgrund eines richterlichen Beschlagnahmebeschlusses herausverlangt werden (§ 98 StPO); Ausnahme auch hier: bei Gefahr im Verzug kann die Anordnung auch durch den Staatsanwalt bzw. durch Hilfsbeamte der Staatsanwaltschaft erfolgen.[5]
   - Abklären, ob der Durchsuchungsbeschluß nicht aufgrund einer früheren, abgeschlossenen Durchsuchung verbraucht ist.[6]
   - Die bei einer fehlerhaften Durchsuchung gefundenen und beschlagnahmten Beweismittel unterliegen einem Verwertungsverbot, wenn ein Verstoß gegen die Beschlagnahmeverbote des § 97 StPO vorliegt (BGHSt 18, 227) oder den grundrechtlich geschützten Interessen des Betroffenen der Vorrang vor den Strafverfolgungsinteressen gebührt.[7]

Anmerkungen

1. Zur Klärung dieser Frage Durchsuchungsbeschluß oder Kopie davon aushändigen lassen – darauf besteht nach BVerfG NJW 1976, 1735 ein Anspruch (vgl. dazu näher Form. XII. C. 6 (8)) – bzw., wenn Durchsuchung auf die Annahme von Gefahr im Verzug gestützt wird, mündlich bestätigen lassen, welche Situation vorliegt (Durchsuchung beim Verdächtigen oder bei einer anderen Person, §§ 102/103 StPO). Wenn schon bei einem richterlichen Durchsuchungsbeschluß die Verpflichtung zur Vorlage bei dem von der Durchsuchung Betroffenen besteht, so sollte ein entsprechender mündlicher Hinweis im Falle der Annahme von Gefahr im Verzuge seitens der Staatsanwaltschaft erst recht verlangt werden. Sonst hätte der Betroffene in diesem Fall überhaupt keine Möglichkeit, zu klären, welche Situation vorliegt, den Umfang der Durchsuchung zu kontrollieren und etwaigen Ausuferungen entgegenzutreten.

Findet die Durchsuchung beim Verdächtigen statt (§ 102 StPO), genügt die Vermutung, daß durch sie Spuren und Beweismittel aufgefunden werden können; die Vermutung hat sich auf tatsächliche Anhaltspunkte zu stützen, es darf keine bloße Ausforschung erfolgen (LR/*Schäfer* § 102 StPO Rdnr. 25), es genügen keine rein gefühlsmäßigen Vermutungen (*Kleinknecht/Meyer* § 102 StPO Rdnr. 3; LR/*Schäfer* § 102 StPO Rdnr. 25). Findet die Durchsuchung bei anderen Personen statt (§ 103 StPO), müssen bestimmte bewiesene

5. Erscheinen zum Zwecke der Durchsuchung und Beschlagnahme   XII. C. 5

Tatsachen über den Grad der bloßen Vermutung hinaus die Annahme rechtfertigen, daß die gesuchte Person, Spur oder Sache sich in den zu durchsuchenden Räumen befindet, auch muß die Beweiskraft der gesuchten Gegenstände feststehen (LR/*Schäfer* § 103 StPO Rdnr. 9).

Dementsprechend muß in dem Durchsuchungsbeschluß zum Ausdruck kommen, daß eine bestimmte Spur verfolgt oder ein bestimmter Gegenstand gesucht wird (zur Prüfung eines Durchsuchungsbeschlusses vgl. Form. XII. C. 6 (8 f.)).

Beispiel: Im Ermittlungsverfahren gegen Herrn ...... wegen des Verdachts des Betrugs sollen die Verkaufsunterlagen in den Geschäftsräumen der Niederlassung Y der Firma Z, betreffend den Zeitraum 1980 bis 1982 durchsucht werden.

2. Aus dem Durchsuchungsbeschluß muß erkennbar werden
– das erlassende Gericht,
– der Beschuldigte,
– der Tatvorwurf,
– der von der Durchsuchung Betroffene,
– Art und denkbarer Inhalt der gesuchten Beweismittel,
– Begründung.

3. Gefahr im Verzuge liegt vor, wenn der Durchsuchungserfolg (vgl. entsprechend bei § 105 StPO der Beschlagnahmeerfolg) durch die Verzögerung gefährdet wäre, die die Einholung einer richterlichen Anordnung mit sich bringen würde. Der Beamte entscheidet hierüber nach seinem pflichtgemäßen Ermessen (BGH JZ 1962, 610; LR/*Schäfer* § 98 StPO Rdnr. 36, *Kleinknecht/Meyer* § 98 StPO Rdnr. 7). Ein tatsächlicher oder rechtlicher Irrtum über das Vorliegen der Voraussetzungen macht seine Anordnung grundsätzlich zwar nicht unwirksam (vgl. BGH JZ 1964, 72), jedoch können gravierende Verstöße die Verwertbarkeit des so erlangten Beweismittels in Frage stellen (LR/*Schäfer* § 98 StPO Rdnr. 37), insbesondere wenn es sich um willkürliches Verhalten handelt (vgl. dazu auch nachfolgend Anm. 7). Danach wäre ein Verwertungsverbot anzunehmen, wenn die in § 98 StPO als Regelfall vorgesehene richterliche Anordnung bewußt durch künstliches Zuwarten umgangen würde und dadurch erst die Voraussetzungen für die Annahme von Gefahr im Verzuge geschaffen würden (in diesem Sinne BGH NStZ 1985, 262). Dies könnte zum Beispiel der Fall sein, wenn die Durchsuchung auf eine bereits einige Zeit zurückliegende schriftliche Auskunft oder Zeugenaussage zurückzuführen ist, die Ermittlungsorgane aber bewußt zugewartet haben.

Bei einer Durchsuchungsanordnung durch die Staatsanwaltschaft oder deren Hilfsbeamte ist darauf zu achten, daß die Belehrung gem. § 98 Abs. 2 S. 7 StPO erfolgt, insbesondere über das Recht, jederzeit gerichtliche Entscheidung zu beantragen.

4. Das Recht des Inhabers der durchsuchten Räume – bei einer juristischen Person sind dies die zuständigen vertretungsberechtigten Personen – bei der Durchsuchung anwesend zu sein, folgt aus § 106 StPO. Die Abwesenheit des Inhabers hindert jedoch die Durchführung der Durchsuchung nicht. Der Beschuldigte, der nicht zugleich Inhaber der Räume ist, und sein Verteidiger haben kein Anwesenheitsrecht bei der Durchsuchung (KK/*Laufhütte* § 106 StPO Rdnr. 3, *Kleinknecht/Meyer* § 106 StPO Rdnr. 3).

5. Zu den materiellen Anforderungen vgl. Form. XII. C. 4 Anm. 6. Liegt ein richterlicher Beschlagnahmebeschluß – der mit dem Durchsuchungsbeschluß in der Regel verbunden ist – nicht vor, sollte der Beschlagnahme widersprochen werden. Dies empfiehlt sich schon im Interesse des Beschuldigten, da im Falle des Widerspruches binnen 3 Tagen die richterliche Bestätigung beantragt werden soll (vgl. § 98 Abs. 2 S. 1 StPO). Sofern der von der Durchsuchung Betroffene dies wünscht, ist die richterliche Überprüfung der Beschlagnahme obligatorisch. Nicht in den richterlichen Prüfungsumfang gehört dabei zwar die Frage, ob Gefahr im Verzuge vorgelegen hat (OLG Stuttgart NJW 1969, 760; *Kleinknecht/Meyer* § 98 StPO Rdnr. 17), dennoch „entlastet" die richterliche Entscheidung den Betroffenen

insofern, als er damit auch gegenüber Dritten (z.B. Geschäftspartnern) dokumentieren kann, daß er nur das herausgegeben hat, wozu er gesetzlich verpflichtet war.

6. Der Durchsuchungsbeschluß berechtigt nur zu einer einmaligen, einheitlichen Durchsuchung. Er erledigt sich mit der Beendigung der Durchsuchung und rechtfertigt spätere wiederholte Durchsuchungen nicht (LR/*Schäfer* § 105 StPO Rdnr. 38). Die Durchsuchung ist – mit eventuellen Pausen – in einem Zug auszuführen (*Kleinknecht*/*Meyer* § 105 StPO Rdnr. 14); eine bloße Unterbrechung ist als solche bekanntzugeben (LR/*Schäfer* § 105 StPO Rdnr. 38). Nicht mehr von dem ursprünglichen Durchsuchungsbeschluß gedeckt ist demnach eine Wochen später stattfindende zweite Durchsuchung, zu der die Auswertung des bei der ersten Durchsuchung vorgefundenen Beweismaterials erst Veranlassung gab; auch darf aus der Erfolglosigkeit der ersten Durchsuchung nicht auf Gefahr im Verzuge hinsichtlich weiterer Durchsuchungsmaßnahmen geschlossen werden (LR/*Schäfer* § 105 StPO Rdnr. 38). Hierzu bedarf es eines erneuten Durchsuchungsbeschlusses. Zu den rechtlichen Abwehrmöglichkeiten vgl. Anm. 7.

7. Durchsuchungsanordnungen der Staatsanwaltschaft und ihrer Hilfsbeamten sind nach § 98 Abs. 2 S. 2 StPO gerichtlich überprüfbar, solange die Durchsuchung noch andauert (BGH NJW 1978, 1013). Richterliche Durchsuchungsanordnungen sind mit der Beschwerde gem. § 304 StPO anfechtbar; allerdings ist auch hier nach beendeter Durchsuchung die Beschwerde unzulässig (zur Anfechtung richterlicher Entscheidungen vgl. KK/*Laufhütte* § 98 StPO Rdnr. 23 ff). Beendet ist die Durchsuchung jedoch erst, wenn die Durchsicht der aufgefundenen Papiere abgeschlossen ist (LR/*Schäfer* § 105 StPO Rdnr. 47). Zum Erhalt des Beschwerderechts kann es daher im Einzelfall sinnvoll sein, die Durchsuchung durch eigene Maßnahmen, wie z.B. der Hinterlegung des gesuchten Gegenstandes bei Gericht, fortdauern zu lassen (vgl. dazu *Stypmann*, wistra 1982, 14).

Wird ein Verfahrensverstoß festgestellt, führt dies allerdings nicht ohne weiteres zur Unverwertbarkeit des dadurch erlangten Beweismittels. Es gilt vielmehr der Grundsatz, daß ein aufgrund einer rechtsfehlerhaften Durchsuchung erlangtes Beweismittel der Beschlagnahme nicht entzogen ist, es sei denn, es handle sich um einen besonders schwerwiegenden Verstoß (LG Bonn NJW 1981, 291; KK/*Laufhütte* § 95 StPO Rdnr. 8). Kriterien hierfür sind: Gewicht der aufzuklärenden Tat, Schwere des begangenen Rechtsverstoßes, bewußter Mißbrauch des staatlichen Zwangsmittels.

Bejaht wurde ein derart schwerwiegender prozessualer Verstoß beispielsweise, wenn anläßlich einer Durchsuchung wegen des Verdachtes der Brandstiftung bzw. des Versicherungsbetruges auch gezielt nach Beweismitteln für Steuerstraftatbestände gesucht wurde. Der in einem ordnungsgemäßen Durchsuchungsbeschluß begrenzte Zweck der Durchsuchung rechtfertigt es nicht, unter Verkennung der Tragweite dieses Beschlusses bewußt und planmäßig auch nach anderweitigen Beweismitteln zu suchen. Derartige Beweismittel stellen keine Zufallsfunde nach § 108 StPO dar, sondern unterliegen einem Verwertungsverbot (LG Bremen wistra 1984, 241 m.w.N. aus dem Schrifttum).

Verhaltensregeln

6. Verhaltensregeln bei staatsanwaltschaftlichen Ermittlungshandlungen gegen Unternehmen

1. Sicherstellen, daß bereits vor Erscheinen der Ermittlungsorgane eine innerbetriebliche Ansprechstelle festgelegt ist und die Ermittlungsorgane in jedem Fall an diese Stelle verwiesen werden.
2. Vorsicht bei sogenannten informativen Gesprächen; diese soweit möglich unterbinden oder auf das unvermeidliche Maß reduzieren.
3. Möglichst frühzeitig gegenüber den Ermittlungsbehörden auf klare Verhältnisse drängen: Wer kommt als Verantwortlicher, wer als Zeuge in Betracht? Welche Gegenstände, Urkunden werden herausverlangt?
4. Aufbauend auf den Vorgaben der Ermittlungsbehörden intern den Kreis der in Betracht kommenden Verantwortlichen abklären; Kreis möglichst gering halten, keine mutmaßlichen Verdächtigen schaffen.
5. Soweit ohne Interessenkollision möglich, gemeinsame Verteidigungslinie anstreben. Sobald wie möglich Verteidiger bestellen, da dieser eventuell sofort Akteneinsicht bekommt.
6. Stets auf schriftliche Anfragen und entsprechende Beantwortung drängen.
7. Zeugen- oder Beschuldigtenvernehmungen sollten nur in Gegenwart eines Anwalts durchgeführt werden.
8. Erscheinen Staatsanwalt und/oder Polizeibeamte um Räume zu durchsuchen, sind die betriebsintern für diesen Fall vorgegebenen Handlungsanweisungen strikt zu beachten.
9. Herausgabe von Unterlagen grundsätzlich nur aufgrund eines Beschlagnahmebeschlusses.
10. Auflistung aller mitgenommenen Unterlagen verlangen.
11. Um Protokoll/Niederschrift über die Durchsuchungsaktion bitten; gegebenenfalls ferner um ein Abschlußgespräch nachsuchen, das in Gegenwart eines Vertreters der Rechtsabteilung bzw. des externen Anwalts stattfinden sollte.
12. Nach Abschluß der Durchsuchungs- und Beschlagnahmeaktion intern möglichst detailliert eine Chronologie über die einzelnen Vorgänge erstellen.

Einzelerläuterung

1. Sicherstellen, daß bereits vor Erscheinen der Ermittlungsorgane eine innerbetriebliche Ansprechstelle festgelegt ist und die Ermittlungsorgane in jedem Fall an diese Stelle verwiesen werden.

Anmerkungen

1. Hierbei handelt es sich um einen entscheidenden ersten Schritt, um bereits in der informativen Phase zu verhindern, daß Widersprüche entstehen, die zwangsläufig zu Weiterungen des Verfahrens führen.
2. Bei Unternehmen mit eigener Rechtsabteilung sollte diese die Ansprechstelle bilden, sonst eine Stelle, die den unmittelbaren Kontakt zu dem die Firma beratenden Anwalt unterhält. Besonders wichtig ist in diesem Falle, daß der externe Anwalt das Unternehmen in seinen inneren Strukturen kennt, nur dann sind ihm schnelle, sachbezogene Entscheidungen möglich.

3. Über die Existenz und Funktion dieser Ansprechstelle sollten alle wesentlichen Unternehmensbereiche informiert sein; ferner – ganz wichtig – die jeweils an der Pforte beschäftigten Personen.

4. Sollten Ermittlungsbeamte darauf drängen, sofort in eine Fachabteilung des Unternehmens geführt zu werden, hat sich ein Mitarbeiter der Ansprechstelle sofort dorthin zu begeben.

5. Innerbetrieblich muß sichergestellt sein, daß Aussagen jedweder Art nur in Gegenwart eines Mitarbeiters der Rechtsabteilung oder eines Anwalts erfolgen, dazu gehören auch Angaben, die anläßlich einer „informatorischen" Befragung gemacht werden (vgl. Regel 2).

2. Vorsicht bei sogenannten informativen Gesprächen; diese soweit möglich unterbinden oder auf das unvermeidliche Maß reduzieren.

Anmerkungen

1. Oftmals wird versucht, durch informative Gespräche den Kreis der in Betracht kommenden Verantwortlichen erst festzulegen oder aber durch sie einen zu pauschal gehaltenen Durchsuchungsbeschluß zu konkretisieren (welche Räume in welcher Abteilung sind in dem Durchsuchungsbeschluß angesprochen). Bei den informatorisch befragten Personen handelt es sich um Zeugen. Nach wohl h.M. stellt das sog. informatorische Gespräch jedoch keine Vernehmung im engeren Sinne dar, sodaß eine Belehrung über Zeugnisverweigerungsrechte nicht erfolgen muß (vgl. *Kleinknecht/Meyer* Einleitung StPO Rdnr. 79 m.w.N.; a.A. LR/*Hanack* § 136 StPO Rdnr. 7), andererseits steht aber einer Verwertung der so erlangten Aussagen nichts im Wege (OLG Düsseldorf NJW 1968, 1840), z.B. durch Vernehmung des Befragenden. Die Mitarbeiter eines Unternehmens müssen deshalb darauf hingewiesen werden, daß ihre sog. „informatorischen" Antworten vom Befragenden anschließend in einer Aktennotiz festgehalten werden, über deren Inhalt der Befragende später als Zeuge gehört werden kann. Neben der Tatsache, daß auf diesem Wege zusätzliche Zeugen geschaffen werden, ist auf die Gefahr von Mißverständnissen hinzuweisen: Der informativ Befragende kann die Auskunft falsch verstehen oder in sie bewußt oder unbewußt einen anderen Sinn hineinlegen als es vom Auskunftgebenden gemeint war. Später wird der Befragende als Zeuge mit Sicherheit bekunden, die Auskunftsperson habe sich so geäußert, wie es in der Aktennotiz niedergelegt sei. Auch aus diesem Grunde empfielt sich äußerste Zurückhaltung bei informatorischen Befragungen.

2. Nicht selten finden mehrere Gespräche statt, was zeitgleich durch verschiedene Ermittlungsbeamte geschehen kann. Damit ist die Gefahr von widersprüchlichen Äußerungen vorprogrammiert, was selbst dann zu Weiterungen des Verfahrens führen kann, wenn die Widersprüche in der Wirklichkeit keine Bestätigung finden. Jedenfalls ist damit das Verfahren, möglicherweise verbunden mit unnötiger negativer Publizität, in vermeidbarer Weise aufgebläht worden. Deshalb sollte jedem Ermittlungsbeamten, egal in welcher Funktion er erscheint, ein Mitarbeiter der Rechtsabteilung oder ein sonstiger Mitarbeiter an die Seite gestellt werden, der über die Gefahren von informatorischen Anhörungen aufgeklärt ist.

3. Da es noch keinen Beschuldigten gibt und man sich im eigenen Herrschafsbereich zudem sicher fühlt, ist die Gefahr unreflektierter Äußerungen besonders groß. Daher sollte jede Äußerung in dem Bewußtsein gemacht werden, daß die andere Seite einen Informationsvorsprung hat und daß damit die Tragweite der jeweiligen Antwort vielfach nicht sicher abzuschätzen ist.

6. Verhaltensregeln bei staatsanwaltschaftlichen Ermittlungshandlungen

3. Möglichst frühzeitig gegenüber den Ermittlungsbehörden auf klare Verhältnisse drängen: Wer kommt als Verantwortlicher, wer als Zeuge in Betracht? Welche Gegenstände, Urkunden werden herausverlangt?

Anmerkungen

1. Generell gilt: Strikte, auf das Begehren der Ermittlungsorgane beschränkte Auskünfte bzw. Aufbereitung von Unterlagen. Keine Aktenbereinigung, da äußerst negative Auswirkungen.

2. Keine eigene Ermittlungstätigkeit über das unmittelbar Verlangte hinaus. Sonst kann u. U. die Konzentration auf eine interne Ansprechstelle zum Bumerang werden. Den Ermittlungsorganen muß bewußt werden, daß eine Durchsuchung beispielsweise der Rechtsabteilung oder eine Vernehmung von Mitarbeitern der Rechtsabteilung als der betrieblichen Ansprechstelle keine weiteren Erkenntnisse bringt, als das, was den Ermittlungsbeamten im Rahmen der Beantwortung einer schriftlichen Anfrage auch zur Kenntnis gelangen würde. Dies setzt das Angebot einer sachbezogenen Kooperationsbereitschaft voraus (vgl. dazu auch Regel 6).

4. Aufbauend auf den Vorgaben der Ermittlungsbehörden intern den Kreis der in Betracht kommenden Verantwortlichen abklären; Kreis möglichst gering halten, keine mutmaßlichen Verdächtigen schaffen.

Anmerkungen

1. Dem oder den nach Lage der Dinge verantwortlichen Personen im Unternehmen den Vorwurf und die Verdachtsmomente offenlegen.

2. Gegebenenfalls darauf hinweisen, daß die eigene Verantwortlichkeit nicht dadurch beseitigt wird, daß ein anderer verdächtigt wird, möglicherweise ebenfalls fehlerhaft gehandelt zu haben.

3. Je mehr Personen, die möglicherweise als Verantwortliche in Betracht kommen, im Vorfeld benannt werden, bevor der Sachverhalt, beschränkt auf die Angaben der Ermittlungsbehörden, durchermittelt ist, desto größer ist die Gefahr – unberechtigter – gegenseitiger Schuldzuweisungen. Die Gefahr einer Eskalation des Verfahrens ist dann nicht mehr zu unterschätzen. Deshalb sollten sich Auskunftspersonen, z.B. bei Anfragen der Staatsanwaltschaft nach einem Unglücksfall, auf die notwendigsten Auskünfte beschränken und nicht selbst als quasi-Hilfsbeamte der Staatsanwaltschaft die Sache im Unternehmen weiterverfolgen.

5. Soweit ohne Interessenkollision möglich, gemeinsame Verteidigungslinie anstreben.

Anmerkungen

1. Unter Umständen ist in dieser Phase die Einschaltung eines oder mehrerer externer Anwälte hilfreich. Auf jeden Fall sollte dem Verantwortlichen der Anwalt nicht als Benefiz seitens des Unternehmens aufoktroiert werden, sondern man sollte ihm den Anwalt als Person seines Vertrauens anbieten. Das bedeutet, daß die Möglichkeit späterer Interessen-

kollision bereits an dieser Stelle herauszustellen ist. Dabei ist darauf hinzuweisen, daß der Mitarbeiter in seiner Verteidigung und der Wahl seines Verteidigers jederzeit frei ist und daß er ab dem Zeitpunkt einer möglichen Interessenkollision auch nicht mehr an eine gemeinsame Verteidigungslinie gebunden ist.

2. Bei Fehlen einer gemeinsamen Verteidigungslinie besteht die Gefahr, daß kein sachbezogenes Verteidigungsverhalten gewählt wird, da sich der Beschuldigte von den dem Unternehmen zur Verfügung stehenden Informationsquellen distanziert und oftmals eine später nicht mehr haltbare Verteidigungsstrategie wählt.

Beispiel: Der den strafrechtlich relevanten Erfolg unmittelbar Verursachende weist darauf hin, daß die Entscheidung der Vorgesetzte zu treffen hatte, ferner, daß keine hinreichenden Anweisungen bestanden und daß er mehrfach auf seine Überlastung hingewiesen habe. Sämtliche Behauptungen können durch Vorlage entsprechender Papiere entkräftet werden. Trotzdem beruft sich der Vorgesetzte in Unkenntnis dieser Dinge seinerseits darauf, daß er sich seit geraumer Zeit um zusätzliches Personal, um klare Arbeitsrichtlinien/Prüfrichtlinien bemühe und daß die fehlende sachliche Ausstattung Erfolge wie den eingetretenen zwangsläufig nach sich ziehen müsse. Außerdem dauere es viel zu lange, bis so etwas organisatorisch im Unternehmen umgesetzt sei. Fazit: Auf diese Weise schaukelt sich das Ermittlungsverfahren hoch. Je mehr Verantwortliche in Betracht kommen, desto größer ist die Gefahr, daß eine gegenseitige Belastung erfolgt. Spätestens ab diesem Zeitpunkt ist eine einheitliche Verteidigungslinie kaum mehr zu halten. Die Ermittlungsorgane werden geradezu aufgefordert, immer tiefer in die Sache einzusteigen. Es beginnt für sie ein „Puzzle-Spiel", bei dem es zunehmend darum geht, die Einzelbausteinchen aus dem gesamten Spektrum der gegenseitigen Schuldzuweisungen zusammenzutragen.

6. **Stets auf schriftliche Anfragen und entsprechende Beantwortung drängen.**

Anmerkungen

1. § 163a Abs. 1 S. 2 StPO sieht diese Möglichkeit zwar vor, hierauf besteht jedoch kein Rechtsanspruch (KK/*Müller* § 163a StPO Rdnr. 10); in der Regel wird dem aber seitens der Ermittlungsorgane nachgekommen werden, sofern rechtzeitig eine sachbezogene Kooperationsbereitschaft zu erkennen gegeben und dann auch praktiziert wird. Die schriftliche Stellungnahme hat innerhalb einer angemessenen Frist zu erfolgen; wird keine Erklärung innerhalb der Frist abgegeben ist dem rechtlichen Gehör gem. § 163 Abs. 1 ausreichend Rechnung getragen (KK/*Müller* § 163a StPO Rdnr. 13).

2. Vorteile: Konzentration auf eine Stelle ist damit gewährleistet. Das Verhalten der Firma gegenüber den Beschuldigten bleibt transparent (keine Dolchstoßlegende: Man opfert den Kleinsten in der Reihe). Weitergegeben wird an Tatsachenmaterial nur das, worauf die Anfrage unmittelbar bezogen ist (vgl. oben Form. XII. C. 2 Hinweis 3 und Regel 3 Anm. 2).

7. **Zeugen- oder Beschuldigtenvernehmungen sollten nur in Gegenwart eines Anwalts durchgeführt werden.**

Anmerkungen

1. Hierauf hat auch der als Zeuge Vernommene einen Rechtsanspruch (vgl. BVerfG NJW 1975, 103, ferner Form. XIII.), da er an dem Gegenstand seiner Aussage eigene rechtlich geschützte Interessen haben kann, was beispielsweise in den Zeugnis-, Auskunfts-, und Eidesverweigerungsrechten zum Ausdruck kommt. Es gehört deshalb zu den

6. Verhaltensregeln bei staatsanwaltschaftlichen Ermittlungshandlungen **XII. C. 6**

Voraussetzungen eines fairen Verfahrens, daß es dem Zeugen gestattet wird, einen Rechtsbeistand seines Vertrauens zu der Vernehmung hinzuzuziehen, damit er von seinen prozessualen Befugnissen interessengerecht Gebrauch machen kann. Dies gilt vor allem und gerade auch dann, wenn die Zeugenvernehmung im Rahmen einer ohnehin emotional angespannten Situation, wie sie beispielsweise eine Durchsuchung mit sich bringt, stattfindet (vgl. dazu nachfolgend Regel 8).

2. Eine nicht unerhebliche Rolle spielt in diesem Zusammenhang auch der Zeitfaktor:
– Da der als Zeuge Geladene vor der Kriminalpolizei weder zu erscheinen noch auszusagen braucht (vgl. Form. XII. C. 3 Hinweis 1) hat er Zeit, sich einen Rechtsbeistand zu suchen
– Vor der Staatsanwaltschaft besteht zwar Erscheinenspflicht, aber in der Regel wird die Vorladung so rechtzeitig erfolgen, daß genügend Zeit für die Suche nach einem Rechtsbeistand verbleibt. Sollte die Staatsanwaltschaft telefonisch zur sofortigen Zeugenvernehmung laden, sollte um Aufschub zwecks Kontaktaufnahme mit einem Rechtsbeistand gebeten werden. Wird das abgelehnt, besteht als letzte Möglichkeit, die Aussage zu verweigern, da die Staatsanwaltschaft nur Ordnungsgeld, aber keine Beugehaft verhängen kann.

8. Erscheinen Staatsanwalt und/oder Polizeibeamte, um Räume zu durchsuchen, sind die betriebsintern für diesen Fall vorgegebenen Handlungsanweisungen strikt zu beachten.

Amtsgericht ......
Beschluß
In der Ermittlungssache gegen ......
geboren am ......
wohnhaft ......
wegen Steuervergehens
wird auf Antrag der StA bei dem LG ...... vom ......
gemäß § 103, 105 StPO die Durchsuchung der
Geschäftsräume der Fa. ......
angeordnet, da die Durchsuchung vermutlich zur Auffindung von Beweismitteln, insbesondere von Korrespondenz und Gesprächsnotizen zwischen der Fa. ......
dem Beschuldigten und den Firmen ......
betreffend Zahlungen an den Beschuldigten
sowie ferner von Buchungsbelegen sowie sonstigen schriftlichen Aufzeichnungen über Zahlungen
führen wird.
Der Beschuldigte steht in dem Verdacht des Steuervergehens.
......
Richter am Amtsgericht
„...... wegen des Verdachts der Steuerhinterziehung des ...... wird die Durchsuchung der Geschäftsräume der Fa. X einschließlich eventueller Nebengebäude angeordnet. Nach den bisherigen Ermittlungen ist zu vermuten, daß die Durchsuchung zur Auffindung von Beweismitteln führen wird".

Anmerkungen

1. Als Handlungsanweisungen sollten den betriebsintern mit der Durchsuchung tangierten Stellen (z.B. Pforte, Buchhaltung, Vertrieb) folgende Punkte vorliegen:
a) Die erschienenen Personen von der Pforte aus zur internen Ansprechstelle führen. Im Falle der Weigerung in die gewünschte Abteilung führen und die Ansprechstelle sofort hiervon verständigen.

b) Durchsuchungs- und Beschlagnahmebeschluß vor Beginn der Aktion vorlegen lassen. Hierauf besteht aufgrund eines Beschlusses des Bundesverfassungsgerichts, abgedruckt in NJW 1976, 1735, ein Anspruch. Falls sich die Ermittlungsbeamten weigern ein Exemplar des Durchsuchungsbeschlusses auszuhändigen, auf diese Entscheidung hinweisen. Nach den Ausführungen des Bundesverfassungsgerichts wird durch den im Durchsuchungsbefehl beschriebenen Tatvorwurf der Rahmen der staatlichen Zwangsmaßnahme abgesteckt. Allein die Kenntnis vom Inhalt des Durchsuchungsbefehls versetzt den von der Durchsuchung Betroffenen in den Stand, die Durchsuchung zu kontrollieren „und etwaigen Ausuferungen ...... entgegenzutreten".
Sollten sich die Ermittlungsbeamten dennoch weigern, sollte bereits an dieser Stelle das unten unter 9. abgedruckte Schreiben ausgehändigt werden.

c) Nach Ziel und Zweck der Durchsuchung fragen, falls sich diese nicht aus dem Durchsuchungs- und Beschlagnahmebeschluß ergeben bzw. falls dieser nicht ausgehändigt werden sollte. Die mündlich hierzu erteilte Auskunft schriftlich fixieren.
Auf diese Auskunft besteht ein Rechtsanspruch nach §§ 106 Abs. 2, 103 Abs. 1 StPO (KK/*Laufhütte* § 103 StPO Rdnr. 6, § 106 StPO Rdnr. 4).
Wird bewußt und planmäßig über den Durchsuchungsbeschluß hinweggegangen, liegt ein so schwerwiegender Verfahrensverstoß vor, daß die aufgefundenen Beweismittel einem Verwertungsverbot unterliegen; § 108 StPO findet keine Anwendung (vgl. Form. XII. C. 5 Anm. 7).

d) Dienstausweise vorlegen lassen. Namen, Dienststelle und Dienstnummer der erschienenen Ermittlungsbeamten festhalten.
Nur dann können später bestimmte Ermittlungshandlungen personell zugeordnet werden.

e) Sofort externen Anwalt zuziehen und bis zu dessen Erscheinen Durchsuchungsbeginn aufzuschieben versuchen (notfalls die Versiegelung der in Frage kommenden Räume anbieten). Der externe Anwalt sollte in Gegenwart eines Ermittlungsbeamten angerufen werden.

f) Mit externem Anwalt Durchsuchungs- und Beschlagnahmebeschluß auf seine Rechtmäßigkeit hin überprüfen:
– Wie konkret ist der Tatvorwurf durch Tatsachenangaben belegt?
– Wie konkret sind die zu durchsuchenden Räume/Objekte benannt?
– Ist der Verhältnismäßigkeitsgrundsatz gewahrt?
Gegebenenfalls auf Konkretisierung drängen. Hierzu wird vor allem dann Bereitschaft bestehen, wenn noch unklar ist, welche konkreten Gegenstände (Unterlagen) sich wo im Unternehmen befinden. Sachbezogene Kooperation kann hier erneut (vgl. oben Regel 6) Zug um Zug gegen die notwendige Konkretisierung angeboten werden.
Im übrigen hängt nach BVerfGE 38, 105 (NJW 1976, 1735) die Wirksamkeit des Durchsuchungsbeschlusses davon ab, ob er tatsächliche Angaben über den Inhalt des Tatvorwurfs enthält. Ferner muß er die Beweismittel, denen die Durchsuchung gilt, in etwa umschreiben. Die nur schlagwortartige Nennung der mutmaßlichen Straftat und die Anführung des Wortlauts von § 102 StPO genügt rechtsstaatlichen Erfordernissen in der Regel nicht. Die auf Grund eines völlig unbestimmten Durchsuchungsbeschlusses aufgefundenen Beweismittel dürfen nicht verwertet werden (Form. XII. C. 5 Anm. 1, 7).
Beispiel 2 würde den soeben genannten Anforderungen nicht genügen; der Durchsuchungsbeschluß enthält keinerlei Angaben zu der Art der Beweismittel, denen die Durchsuchung gilt.
Beispiel 1 ist in dieser Hinsicht um einiges konkreter; völlig unbestimmt ist in beiden Beispielsfällen, auf welche Räume sich die Durchsuchung erstrecken soll.

g) Technische Details der Durchführung der Durchsuchung mit den Ermittlungsbeamten durchsprechen (separates Büro, Transportmöglichkeit von Akten im Unternehmen, Kopiermöglichkeit, Verpflegung). Bei allen Punkten sollte im Interesse einer möglichst

6. Verhaltensregeln bei staatsanwaltschaftlichen Ermittlungshandlungen XII. C. 6

geringen Publizität im Unternehmen auf einen raschen, ungestörten Ablauf der Durchsuchung Wert gelegt werden.

h) Solange die Durchsuchung stattfindet, durch geeignete Mitarbeiter sicherstellen, daß strikt darauf geachtet wird, daß keinerlei Aussagen von irgendwelchen in den Räumen sich aufhaltenden sonstigen Mitarbeitern gemacht werden. Dies gilt sowohl für informatorische Befragungen wie auch für Vernehmungen als Zeuge oder Beschuldigter. In den beiden zuletzt genannten Fällen sofort auf förmliche Vernehmung drängen und einen Anwalt beiziehen. Die Gespräche zwischen den Ermittlungsbeamten und den in den durchsuchten Räumen Beschäftigten sind auf technische Details (was befindet sich wo) der Durchsuchung zu beschränken. Insbesondere sind keinerlei erläuternden Stellungnahmen zu den vorgefundenen Gegenständen seitens der anwesenden Mitarbeiter zu dulden. Bei diesbezüglichen weitergehenden Erkundigungen ist, wie vorstehend ausgeführt, sofort auf einer förmlichen Vernehmung zu bestehen.

i) Soweit möglich sollte sich in jedem zu durchsuchenden Raum ein Mitarbeiter der Rechtsabteilung aufhalten, der die Durchsuchung aufmerksam verfolgt und auf Einhaltung der vorstehenden Punkte achtet. Auf die Anwesenheit besteht ein gesetzlicher Anspruch gem. § 106 Abs. 1 StPO. Werden sonstige Mitarbeiter zugezogen, sollte darauf geachtet werden, daß es sich um Personen handelt, die nach den Angaben im Durchsuchungsbeschluß mit der Sache nicht in Zusammenhang zu bringen sind.

9. Herausgabe von Unterlagen grundsätzlich nur aufgrund eines Beschlagnahmebeschlusses.

Anmerkungen

1. Die StPO gibt den Ermittlungsbeamten so weitreichende Befugnisse, daß eine sofortige Abwehr gegenüber Beschlagnahmemaßnahmen praktisch nicht möglich ist. Liegt beispielsweise ein Beschlagnahmebeschluß nicht vor, oder deckt er die Mitnahme der vorgefundenen Gegenstände nicht, so kann die Beschlagnahme dennoch von der Staatsanwaltschaft oder deren Hilfsbeamten bei Gefahr im Verzuge angeordnet werden.

Trotzdem: Ausdrücklich darauf hinweisen, daß die Mitnahme der Unterlagen nicht freiwillig gestattet wird, es vielmehr einer Beschlagnahme nach § 94 Abs. 2 StPO bedarf. Um die Vorlage der richterlichen Beschlagnahmeanordnung bitten; falls keine nachgewiesen wird (oft ist sie im Durchsuchungsbeschluß mit enthalten), der Beschlagnahme widersprechen. Das hindert zwar nicht die Mitnahme der Gegenstände nach § 98 Abs. 1 StPO (Beschlagnahme durch die Staatsanwaltschaft oder deren Hilfsbeamte bei Gefahr im Verzuge), jedoch muß die Staatsanwaltschaft innerhalb von 3 Tagen eine richterliche Bestätigung einholen.

2. Empfehlenswert ist es, einen vorformulierten Brief bereitzuhalten, aus dem sich ergibt, daß der Beschlagnahme widersprochen wird. Der Brief könnte folgenden Wortlaut haben: „...... wir weisen ausdrücklich darauf hin, daß wir Unterlagen weder freiwillig herausgeben noch ihre Mitnahme freiwillig gestatten. Wir bitten deshalb um Vorlage der richterlichen Beschlagnahmeanordnung. Sollte die Beschlagnahme unter Annahme von Gefahr im Verzuge durch die Staatsanwaltschaft oder deren Hilfsbeamte erfolgen, so widersprechen wir dieser. Sofern uns eine Kopie des Durchsuchungsbeschlusses nicht zur Verfügung gestellt werden sollte, bitten wir ferner nach Beendigung der Durchsuchung um schriftliche Mitteilung zum Grund der Durchsuchung sowie um ein Verzeichnis der beschlagnahmten Gegenstände und falls nichts Verdächtiges vorgefunden wird, um eine Bescheinigung hierüber (§ 107 StPO)."

10. Auflistung aller mitzunehmenden Unterlagen verlangen; Möglichkeit der Versiegelung der sichergestellten Unterlagen vor Ort prüfen.

Für die Fahndungsakten
Finanzamt ......
– Steuerfahndungsstelle –
Steufa-Liste 19–/–

Verzeichnis
über die im – Steuerstrafverfahren – Bußgeldverfahren – gegen ...... – freiwillig herausgegebenen – beschlagnahmten – Beweismittel. Name desjenigen, bei dem die Beschlagnahme erfolgt ist:

Lfd. Nr.	Stückzahl	Bezeichnung der Gegenstände	Bemerkungen (z.B. Miteigentum eines Dritten)
1	1	Leitzordner „Korrespondenz 1985"	
2	1	Leitzordner „Tageskopien 1984–1986"	
3	1	Taschenkalender 1986	
4	1	Notizbuch	
	2	handschriftliche Notizen „vertraulich ......" ohne Datum	

Belehrung
Über die vorbezeichneten Gegenstände darf ohne Genehmigung der Beschlagnahmebehörde nicht verfügt werden. Sie dürfen auch nicht an einen anderen Ort verbracht werden.
In ihrem eigenen Interesse und zur Vermeidung strafrechtlicher Verfolgung werden Sie darauf aufmerksam gemacht, daß insbesondere verboten ist:
1 die beschlagnahmten Sachen zu zerstören, zu beschädigen, unbrauchbar zu machen oder in anderer Weise ganz oder zum Teil der Verstrickung zu entziehen (§ 136 Abs. 1 StGB),
2 ein dienstliches Siegel zu beschädigen, abzulösen, unkenntlich zu machen oder den amtlichen Verschluß aufzuheben (§ 136 Abs. 2 StGB).
Unterschriften des/der – Beschuldigten – Betroffenen – Dritten und des Steuerfahnders zu lfd. Nr. ...... bis ......

....
(Beschuldigter/Betroffener/Dritter)   (Steuerfahnder)

Anmerkungen

1. Auf ein Verzeichnis der in Verwahrung oder Beschlag genommenen Gegenstände besteht ein Rechtsanspruch gem. § 107 StPO.
2. Eventuell versuchen, daß die Einwilligung zur Anfertigung von Kopien gegeben wird. Hierauf besteht zwar kein rechtlicher Anspruch; die Ermittlungsbeamten sollten jedoch auf die Wichtigkeit der Unterlagen für die laufende Geschäftstätigkeit und die Gefahr hingewiesen werden, daß sonst laufend Einblick bei der Ermittlungsbehörde genommen werden müßte. Ein totaler Entzug der Akten, also auch ohne Einsichtnahmemöglichkeit

6. Verhaltensregeln bei staatsanwaltschaftlichen Ermittlungshandlungen XII. C. 6

bei den Ermittlungsbehörden, dürfte nicht mit dem Grundsatz der Verhältnismäßigkeit zu vereinbaren sein, wenn ansonsten ein geordneter Geschäftsbetrieb nicht mehr aufrecht zu erhalten wäre.

3. Gegenstände, die nicht in amtliche Verwahrung genommen werden können (Grundstücke, Räume), sind in anderer Weise sicherzustellen, z.B. durch Versiegelung. Eine Versiegelung von Räumen kommt insbesondere dann in Betracht, wenn die Gegenstände im Rahmen der Untersuchung an Ort und Stelle verbleiben müssen (vgl. LR/*Schäfer* § 94 StPO Rdnr. 33). Eine Sicherstellung in anderer Weise ist nur bei förmlicher Beschlagnahme möglich (*Kleinknecht/Meyer* § 94 StPO Rdnr. 16).

11. Um Protokoll/Niederschrift über die Durchsuchungsaktion bitten; gegebenenfalls ferner um ein Abschlußgespräch in Gegenwart eines Vertreters der Rechtsabteilung bzw. des externen Anwalts nachsuchen.

Finanzamt
– Steuerfahndungsstelle –
Steufa-Liste 19–/–

Niederschrift
über den Verlauf der heute im – Steuerstrafverfahren – Bußgeldverfahren – gegen
Vorname, Name, geborene
geb. am ...... in ......
Beruf
Wohnung in
Geschäftsräume in
wegen Verdachts der
vorgenommenen Durchsuchung gemäß – § 102 StPO – § 103 StPO – und Beschlagnahme
gem. §§ 94 ff. StPO i. V.m. §§ 385, 386 AO ...... In Anwesenheit – Abwesenheit – des/
der – Vorgenannten wurde von mir heute ab ...... Uhr
unter Mitwirkung des/der
die Durchsuchung – der Person – der Wohnung – der Geschäftsräume – anderer Räume ......
des/der
Wohnung in
Geschäftsräume in ...... durchgeführt.

– Der/Die – Beschuldigte – Betroffene – wurde bei Beginn der Durchsuchung darüber belehrt, daß gegen ihn/sie ein Steuerstrafverfahren ...... eingeleitet worden ist und ......
Dem Inhaber der zu durchsuchenden Räume oder Gegenstände bzw. der an seiner Stelle zugezogenen Person wurde vor Beginn der Durchsuchung schriftlich/mündlich bekanntgegeben, daß ......
Die Durchsicht wurde freiwillig gestattet.
Die Durchsuchung und Beschlagnahme waren vom Amtsgericht ...... Az. ... angeordnet worden. Vor Beginn der Durchsuchung wurde dem/der Betroffenen – Beschuldigten – der richterliche Durchsuchungs- und Beschlagnahmebeschluß vorgelegt.
Die Durchsuchung und Beschlagnahme wurden nach §§ 404 AO, 98 Abs. 1, 105 Abs. 1 StPO von mir angeordnet, weil aus folgenden Gründen Gefahr im Verzug war: ......
Ein ausdrücklicher Widerspruch gegen die von mir angeordnete Beschlagnahme wurde – nicht – mit folgender Begründung – erhoben: ......
Der/Die Betroffene wurde über seine/ihre Rechte nach § 98 Abs. 2 StPO belehrt.
Einstweilige Beschlagnahme von Zufallsfunden wurde nach § 108 StPO von mir angeordnet, weil ......
Der Durchsuchung wohnten bei ......

Zugezogen wurde:
Von der Gemeinde (§ 105 Abs. 2 StPO) ......
Niemand, weil ......
Für den abwesenden Inhaber (§ 106 StPO) ......
Beweismittel wurden nicht vorgefunden. Auf Verlangen wurde dem/der Beschuldigten – Betroffenen – hierüber eine Bescheinigung erteilt (§ 107 StPO).
Vorgefunden wurden die in dem anliegenden Verzeichnis (Vordruck S 1–617) aufgeführten Gegenstände, die von ......
freiwillig herausgegeben wurden –
– gemäß dem Beschluß des Amtsgerichts ...... vom ......
– wegen Gefahr im Verzug gemäß § 93 Abs. 1 StPO –
– als Zufallsfunde nach § 108 StPO einstweilen –
beschlagnahmt wurden.
Dem/Der Beschuldigten – Betroffenen wurde eine Abschrift des Verzeichnisses (§ 107 Satz 2 StPO) ausgehändigt.
Auf Verlangen erhielt der/die – Beschuldigte – Betroffene – eine schriftliche Mitteilung nach § 107 Satz 1 StPO.

Besondere Vorkommnisse: ......
Unterschrift der Zeugen ......
v. g. u.
Unterschrift des/der Beschuldigten – Betroffenen – des Vertreters. Unterschriften der mitwirkenden Steuerfahnder

Anmerkungen

1. Die Aushändigung eines solchen Protokolls ist allgemein üblich, wenngleich darauf auch kein rechtlicher Anspruch besteht. Dennoch sollte gegenüber den Durchsuchungsbeamten darauf hingewiesen werden, daß speziell hierfür Formularvordrucke existieren.

2. Ziel eines Abschlußgespräches kann sein, abzuklären, wer künftig als Ansprechpartner für die Staatsanwaltschaft fungieren soll. Daneben sollte die Frage nach dem weiteren Vorgehen gestellt werden, insbesondere ob eventuell noch schriftliche Anfragen nach der Sichtung des Materials zu erwarten sind. Für diesen Fall sollte die für solche Anfragen vorgesehene Ansprechstelle benannt werden.

12. Nach Abschluß der Durchsuchungs- und Beschlagnahmeaktion intern möglichst detailliert eine Chronologie über die einzelnen Vorgänge erstellen.

Anmerkungen

1. Jeder, die Durchsuchung mitverfolgende Mitarbeiter sollte die Geschehnisse in seinem Bereich minutiös festhalten.
Dies gilt besonders für folgende Punkte:
– Was wurde durchsucht?
– Mit wem wurden seitens der Ermittlungsbeamten Gespräche geführt?
– In welcher Form (mit/ohne Belehrung) fanden diese statt?
– Wer führte in dem jeweiligen Bereich die Durchsuchungshandlungen durch?
2. Entsprechende Protokolle erstellt auch die Staatsanwaltschaft; sie werden Bestandteil der Ermittlungsakten. Unter Umständen muß hier später auf Diskrepanzen hingewiesen werden. Auch eine spätere Rekonstruktion möglicher Verfahrensverstöße ist ohne eine solche Chronologie wesentlich erschwert, wenn nicht gar unmöglich.

D. Verteidigung in Wirtschaftsstrafverfahren

Einführung

Obwohl auch die Verteidigung in Wirtschaftsstrafsachen normativ unter der Geltung der StPO steht, sind die Besonderheiten des Verfahrens vielfältig. Sie rechtfertigen es, diesem Thema ein gesondertes Kapitel zu widmen.

Prägend für das Wirtschaftsstrafverfahren ist zunächst das materielle Strafrecht. Im Gegensatz zu anderen Verfahren sind die wesentlichen Bestimmungen entweder tatbestandlich kompliziert angelegt – wie z.B. das Konkursstrafrecht (§§ 283 ff. StGB), der Subventionsbetrug (§ 264 StGB) und eine Reihe von Strafvorschriften in Nebengesetzen (AktG, AWG; GmbHG; HGB; vgl. ferner die Straf- und Ordnungswidrigkeitenvorschriften über den innerdeutschen Wirtschaftsverkehr, wie MRG Nr. 53 etc.) – oder aber zeichnen sich durch mangelnde Bestimmtheit aus – so gilt für die Untreue (§ 266 StGB) noch immer der Satz von *H. Mayer* (Mat. zur Strafrechtsreform, Bd. I, 1954, S. 337): „Sofern nicht einer der klassischen alten Fälle der Untreue vorliegt, weiß kein Gericht und keine Anklagebehörde, ob § 266 StGB vorliegt oder nicht".

Eine weitere Besonderheit des materiellen Wirtschaftsstrafrechts ist die zunehmende tatbestandliche Vorverlagerung der Strafbarkeit, wie sie insbesondere in Vorschriften des 1. WiKG (z.B. der Kreditbetrug, § 265 b StGB) und des 2. WiKG (Kapitalanlagebetrug, § 264a StGB, Börsenbetrug, § 88 BörsenG) zum Ausdruck kommt (vgl. zum 2. WiKG umfassend *Schlüchter*, Zweites Gesetz zur Bekämpfung der Wirtschaftskriminalität, 1987). Die Tendenz der Umgestaltung tradierter Tatbestände – Betrug nach § 263 StGB – in abstrakte Gefährdungsdelikte und der Ausdifferenzierung vermeintlicher Opfergruppen (Banken, Kapitalanleger!) mit der Folge einer Strafbarkeit ohne Feststellung eines Schadens beeinträchtigt nicht nur die „Bastion des klassisch-liberalen Strafrechts" (so *Hassemer* NStZ 1981, 558 zum Einsatz abstrakter Gefährdungsdelikte in der neueren Strafgesetzgebung), sondern ist wiederum mit Unklarheiten und mangelnden Kalkulierbarkeiten für den Normadressaten verbunden. Verwiesen sei nur auf die nachstehend auszugsweise wiedergegebene Tatbestandshandlung des § 264a StGB, deren Wortlaut für sich spricht: „Wer im Zusammenhang mit dem Vertrieb von Wertpapieren ...... in Darstellungen ...... über den Vermögensstand hinsichtlich der für die Entscheidung über den Erwerb ...... erheblichen Umstände gegenüber einem größeren Kreis von Personen ...... nachteilige Tatsachen verschweigt, wird ...... ".

Diese dogmatischen Schwierigkeiten zwingen den Verteidiger zu einer präzisen Überprüfung und Aufarbeitung der rechtlichen Fragen. Sie bieten ihm aber auch Chancen: Die Erfahrung hat gezeigt, daß nicht ausreichend durchdachte, gewagte oder materiell-rechtlich schlicht unzutreffende Konstruktionen der Staatsanwaltschaft im Verlauf des weiteren Verfahrens dann als fehlerhaft enttarnt wurden, wenn der Verteidiger vermeintliche Selbstverständlichkeiten hinterfragte und problematisierte. Ohne eine umfassende und kritische Prüfung der materiell-rechtlichen Grundlagen erhobener Vorwürfe kann Verteidigung in Wirtschaftsstrafverfahren nicht betrieben werden – Beispiele der Vergangenheit belegen dies: So war im Kölner „Herstatt-Verfahren" Untreue zu Lasten der Einleger der Bank (Spareinlagen, Festgelder) Gegenstand der Anklage (zu dieser Konstruktion bereits kritisch *Otto*, Straftaten leitender Personen von Banken, in: Deutsche strafrechtliche Landesreferate zum XI. Internationalen Kongreß für Rechtsvergleichung Caracas 1982, Beiheft zur Zeitschrift für die gesamte Strafrechtswissenschaft 1982, S. 67 f.). In einem späten Stadium des Verfahrens trug die Verteidigung vor, daß zwischen Bankkunde und Bank keine Vermögensfürsorgepflicht i.S. des § 266 StGB gegeben sei, sondern ein reines Leistungsaustauschverhältnis vorliege. Die Rechtsfrage wurde dadurch gelöst, daß dieser – erhebliche – Anklagepunkt gem. § 154 StPO zur Einstellung gelangte. Auch in weniger spektakulären und umfangreichen Verfahren kann die genaue dogmatische Bearbeitung (auch etwaiger zivilrechtlicher Fragen!) dazu führen, daß Hauptverfahren nicht eröffnet oder (Teil-)Freisprüche erzielt werden (vgl. aus der Rechtsprechung der jüngsten Zeit zu § 266 StGB nur BGH NStZ 1989, 72; BGH wistra 1989, 142).

Die Dominanz des sachlichen Rechts für die Verfahrensstruktur wird durch die Komplexität der Sachverhalte und (oftmals) durch die Vielzahl der „betroffenen" Personen ergänzt. Hinsichtlich des ersteren Gesichtspunktes gilt, daß Norm und Sachverhalt einander bedingen, d. h., die Merkmale der Vorschrift bestimmen den Umfang und den Schwierigkeitsgrad der Ermittlungen: Das Scheitern eines Unternehmens führt zur Tätigkeit der Staatsanwaltschaft, die Suche nach den Ursachen für den wirtschaftlichen Niedergang ist zugleich die Fahndung nach tatsächlichen Umständen und Beweisen für die Erfüllung der Tatbestandsmerkmale. Wenn die Staatsanwaltschaft die „Krise" i. S. der §§ 283 ff. StGB (Überschuldung, Zahlungsunfähigkeit, drohende Zahlungsunfähigkeit) feststellen und beweisen will, muß sie zwangsläufig die (wirtschaftliche) Geschichte der Firma ermitteln. Die Fixierung des „Nachteils" i. S. des § 266 StGB setzt voraus, daß die Finanzströme des Wirtschaftssubjekts und seine Geschäftsbeziehungen aufgeklärt werden. Der Umfang der Ermittlungen wird aber nicht nur durch Quer- und Längsschnitt ökonomischer Abläufe bestimmt, sondern auch durch die Einordnung der handelnden Personen in die Kategorien der StPO. Zu Beginn der Ermittlungen sind es häufig die „Verantwortlichen der Firma X", gegen die das Verfahren geführt wird; oftmals werden auch die Unternehmensleitung und die jeweiligen Ressortverantwortlichen in die Rolle der Beschuldigten versetzt, ohne daß die tatsächlichen Zuständigkeiten und (strafrechtlichen) Verantwortlichkeiten zu diesem Zeitpunkt geklärt sind. Während im „normalen" Ermittlungsverfahren die Tat – man denke an einen Bankraub – bekannt ist und nunmehr die Suche nach dem Täter beginnt, stellt sich im Wirtschaftsstrafverfahren die Tat – also Sachverhalt und Norm – regelmäßig erst im Verlauf des Verfahrens heraus (den Vergleich verdanke ich einem Hinweis des Kollegen *Richter II*, Köln). Der Täterkreis (die Verantwortlichen der Firma X) steht zwar umrißhaft, nicht aber endgültig fest. Die Unbestimmtheiten und Vorläufigkeiten im Sachverhalt und in der exakten Zuordnung der Rollen sind ein Grund dafür, daß die Erkenntnisinstrumente der Staatsanwaltschaft – die potentiellen Beweismittel – im Schwerpunkt in den Schriftstücken (Geschäftsunterlagen, Buchführung, Korrespondenz etc.) bestehen. Wirtschaftsstrafverfahren sind daher urkundenzentriert, und zwar vom Beginn der Ermittlungen bis zur Urteilsverkündung in der Hauptverhandlung. Im ersten Stadium der Ermittlungen – zumeist bereits unmittelbar nach Bejahung eines Anfangsverdachts – werden die Geschäftsräume durchsucht, umfangreiche Sicherstellungen vorgenommen und so der Grundstock für das Verfahren gelegt. Beschlagnahmen von Kontounterlagen bei Banken und Geschäftspartnern schließen sich an, Mehrfachdurchsuchungen – je nach Erkenntnisstand der Ermittlungsbehörde – sind in Wirtschaftsstrafsachen keine Seltenheit. Häufig stellen derartige flächendeckende Sicherstellungen angeblichen Beweismaterials aber zugleich das größte Hindernis für den Fortgang des Ermittlungsverfahrens dar. Wenn ganze Wagenladungen von Geschäftsunterlagen im ersten Zugriff abtransportiert werden, die Asservatenverzeichnisse nach § 107 StPO Schnellhefter füllen und die Staatsanwaltschaft gesonderte Räume für das sichergestellte Material anmieten muß, sind Dauer und mangelnde Justiziabilität des Verfahrens geradezu programmiert: Eine wesentliche Ursache für die oft beklagte (Über)Länge der Wirtschaftsstrafsachen liegt in dieser undifferenzierten Sicherstellungs- und Beschlagnahmepraxis, die – keineswegs als Ausnahme – jahrelange Auswertungen und Ermittlungen zur Folge haben kann. So erstaunt es nicht, daß die beiden jüngsten Entscheidungen das BGH zur überlangen Verfahrensdauer (BGHSt 35, 137; BGH wistra 1990, 65) in Wirtschaftsstrafsachen (Bankverfahren) ergingen und der BGH in dem einen Verfahren nach § 153 II StPO verfuhr, in dem anderen sogar den „gerichtlich anzuordnenden Abbruch des Verfahrens" aussprach (BGHSt 35, 137, 142).

Auch wenn man die vom BGH behandelten Extremfälle ausklammert, ist die Einstellung nach §§ 153, 153a StPO aufgrund der langen Verfahrensdauer in Wirtschaftsstrafsachen von erheblicher Bedeutung (vgl. zur Häufigkeit der Anwendung des § 153a Meinberg, Geringfügigkeitseinstellungen von Wirtschaftsstrafverfahren, 1985; zu §§ 153, 153a StPO bei langer Verfahrensdauer grundlegend BVerfG (Vorprüfungsausschuß NJW 1984, 967). Die Frage der Rechtsmittel und des Verteidigungsverhaltens bei diesem ersten Zugriff sind deshalb von prägender Bedeutung für die weitere Entwicklung des Verfahrens (zum Verteidigerverhalten bei Durchsuchung und Beschlagnahme – Einlegung der Beschwerde – wird auf die Beschwerdeschrift in Kapitel VIII A. 1 verwiesen. Das dortige Beispiel ist dem Wirtschaftsstrafverfahren entnommen).

Die personellen Beweismittel – (Mit-)Beschuldigte, Zeugen und Sachverständigen – sind demgegenüber (zunächst) von geringerer Relevanz. Das Problemfeld liegt hier vor allem in der Abgrenzung der Rollen, d. h. in der Einordnung der Personen als Beschuldigte oder Zeugen. Auch hieraus entwickeln sich Besonderheiten, die das Wirtschaftsstrafverfahren bestimmen – insbesondere die Anwendung des § 55 StPO und die Funktion des Zeugenbeistands bei Vernehmungen im Ermittlungsverfahren und in der Hauptverhandlung.

Die Bedeutung des Sachverständigen in Wirtschaftsstrafsachen wird zum einen von der Auseinandersetzung um die Wirtschaftsreferenten der Staatsanwaltschaften und die Buchprüfer der Kriminalbehörden, zum anderen von Fragen der Sachkunde und Unabhängigkeit bei nichtbehördlichen tätigen Sachverständigen gekennzeichnet.

Ein die Verteidigung beherrschendes Thema ist das „Ob" einer Einlassung des Mandanten. Dies gilt für jede Phase des Verfahrens. Vornehmlich bei der ersten Durchsuchung kommt es zu Gesprächen zwischen den durchsuchenden Beamten und den (potentiell) Beschuldigten. Das verständliche Bedürfnis des von einer Durchsuchungsmaßnahme betroffenen Beschuldigten ist – an Ort und Stelle – die Ausräumung des Verdachts durch Erklärungen gegenüber den Beamten. Selbst eine Belehrung über das Schweigerecht – wenn sie erfolgt – hält den Mandanten nicht davon ab, unter dem Eindruck der Zwangsmaßnahme Erläuterungen vorzunehmen, die regelmäßig in Form (nicht abgestimmter) Vermerke der Beamten später in den Akten aufscheinen. Über die Vernehmung der Beamten werden diese ersten Erklärungen sodann Gegenstand der Hauptverhandlung. Wie bereits dargestellt, zeichnen sich Wirtschaftsstrafsachen durch Komplexität, Unübersichtlichkeiten und Vorläufigkeiten im Sachverhalt und Tatbestand aus. Da Erklärungen – sowohl im Ermittlungsverfahren wie in der Hauptverhandlung – regelmäßig irreversibel sind, können sie das weitere Verfahren in kaum korrigierbarer Weise beeinflussen und in eine negative Richtung lenken. In der Tendenz sind Wirtschaftsstrafverfahren daher defensiv zu führen; das Wissen des Mandanten um die Vorgänge (nach *Rieß,* FS für Schäfer, S. 174 f. neben dem Schweigerecht das entscheidende Gegengewicht des Beschuldigten gegen die Machtmittel der Staatsanwaltschaft) kann in vielfältiger Form über den Verteidiger in das Verfahren eingeführt werden – schriftsätzliche Stellungnahmen, Beweisanträge und Erklärungen des Verteidigers nach § 257 StPO stellen keine Einlassung dar.

Ein – auch und gerade in Wirtschaftsstrafsachen – problembeladenes Kapitel ist die Anordnung und der Vollzug der Untersuchungshaft. Die bekannten Haftgründe der Flucht- und Verdunkelungsgefahr erfahren eine spezifische, auf Generalisierung und Abstraktion ausgerichtete Interpretation. Fluchtgefahr wird in Wirtschaftsstrafverfahren regelmäßig aus der Höhe des Schadens (auch wenn dieser noch nicht feststeht) und – häufig – aus einem behaupteten oder unterstellten Fluchtkapital und etwaigen Auslandsbeziehungen (eine Bankverbindung im Ausland) geschlossen; die Verdunkelungsgefahr soll aus der Struktur der verdachtsmäßig vorliegenden, vermeintlich auf Verdunkelung ausgerichteten Delikte resultieren.

1. Bestellung als Verteidiger in Wirtschaftsstrafverfahren

Staatsanwaltschaft Düsseldorf
Willi-Becker-Allee 8
4000 Düsseldorf 1

In dem Ermittlungsverfahren
gegen
die Verantwortlichen der Firma X
hier: Herr S
28 Js ...... /90

ist Herrn S anläßlich einer Durchsuchung der Firmenräume eröffnet worden, daß er als Beschuldigter „in Betracht" käme.[1]
Ich bestelle mich daher zum Verteidiger von Herrn S und überreiche anliegend auf mich lautende Vollmachtsurkunde.[2]
Gem. § 147 I StPO beantrage ich,

    mir Akteneinsicht zu gewähren.

Für den Fall, daß die Staatsanwaltschaft derzeit die Voraussetzungen des § 147 II StPO annimmt, beantrage ich,

    mir etwaige Aktenbestandteile i. S. des § 147 III StPO zur Einsichtnahme zur Verfügung zu stellen.[3]

Sollte die Staatsanwaltschaft einen Wirtschaftsreferenten ihrer Behörde mit der Erstellung einer Ausarbeitung zu den Verdachtsvorwürfen beauftragt haben und die Ansicht vertreten, der Wirtschaftsreferent sei Sachverständiger, so wird – wiederum unter Hinweis auf § 147 III StPO – die Einsichtnahme in diese Stellungnahme beantragt.
Zur Klarstellung weise ich darauf hin, daß hiermit keine Anerkennung des Wirtschaftsreferenten als Sachverständiger i. S. der §§ 72 ff. StPO verbunden ist.[4]
Ich beantrage weiter,

    mir etwaige Beweisstücke – soweit hiervon Fotokopien gefertigt und Beweismittelordner angelegt wurden – ebenfalls zur Einsichtnahme auszuhändigen,

da diese Fotokopien Gegenstand der Hauptakten sind und nicht der Regelung des § 147 IV StPO unterfallen.[5]
Ich gehe weiter davon aus, daß mir ohne besonderen Antrag die Akten dann zur Verfügung gestellt werden, wenn – entsprechend § 147 VI StPO – der etwaige Grund für die Versagung der Akteneinsicht entfallen ist.[6]
Sofern die Staatsanwaltschaft erwägt, erst mit Abschluß der Ermittlungen Akteneinsicht zu gewähren, wird auf folgendes hingewiesen:
Mit dem Abschlußvermerk gem. § 169a StPO ist die Akteneinsicht gem. § 147 VI StPO nicht mehr beschränkbar. Da der Abschlußvermerk zeitlich vor der Entschließung der Staatsanwaltschaft über den Abschluß des Verfahrens liegen muß, ist dem Verteidiger Gelegenheit zu geben, vor einer Abschlußverfügung zur Sache Stellung zu nehmen. Es wird daher bereits jetzt nach Gewährung der Akteneinsicht eine ausreichende Frist zur Stellungnahme – dem Umfang der Akten und des Verfahrens entsprechend – beantragt.[7]

                                            Unterschrift

1. Bestellung als Verteidiger in Wirtschaftsstrafverfahren XII. D. 1

Anmerkungen

1. Die StPO kennt keine Formalisierung der Beschuldigteneigenschaft, d. h., eine Einleitungsverfügung – wie in § 397 I AO für das Steuerstrafverfahren gesetzlich vorgeschrieben – ist zur Begründung der Beschuldigtenstellung nicht erforderlich (LR/*Rieß* § 163 a Rdnr. 9). Nach herrschender Ansicht (BGH NStZ 1987, 83; LR/*Rieß* § 163 a Rdnr. 9 FN 16 und 17 m. w. N.) wird die Beschuldigteneigenschaft durch einen Willensakt – Verfolgungsakt – der zuständigen Strafverfolgungsbehörde begründet. Die keineswegs seltene Praxis, Verfahren gegen „Verantwortliche der Firma X" zu führen und die Beschuldigten (zunächst) nicht förmlich zu bezeichnen, genügt allein nicht zur Konstituierung einer Beschuldigtenstellung (was u. a. für Fragen der Verjährung – die Bekanntgabe der Einleitung eines Ermittlungsverfahrens gegen einen bestimmten Beschuldigten unterbricht den Verlauf der Verjährung nach § 78 c StGB – bedeutsam sein kann).

2. Die Wirksamkeit der Verteidigerstellung hängt nicht von der Vorlage einer Vollmachtsurkunde ab (OLG Hamm AnwBl. 1981, 31; LG Bremen StV 1982, 515; LG Hagen StV 1983, 145; Kleinknecht/Meyer, § 137 Rdnr. 9), es empfiehlt sich gleichwohl, eine schriftliche Vollmacht vorzulegen, da die vorstehende Rechtsprechung bei Staatsanwälten weitestgehend unbekannt ist. Ob der Rechtsanwalt sich in einer ungeklärten Situation als Verteidiger oder Zeugenbeistand (BVerfGE 38, 105 = NJW 1975, 103) bestellt, ist von verschiedenen, gegeneinander abzuwägenden Umständen abhängig: Die Beschuldigteneigenschaft gewährt Rechte – z.B. das Schweigerecht, das Recht auf Akteneinsicht –, die Zeugenposition hat im Schwerpunkt Pflichten zur Folge (Aussagepflicht, strafrechtlich sanktionierte Wahrheitspflicht). Wenn daher die Beschuldigtenstellung aus der Sicht des Mandanten und des Verteidigers mit hoher Wahrscheinlichkeit unvermeidbar sein wird, ist eine frühzeitige Bestellung sinnvoll. Allerdings ist auch hier zu prüfen, ob wegen eines etwa unmittelbar bevorstehenden Verjährungseintritts die Akzeptanz der Beschuldigtenrolle zu Nachteilen führen kann.

3. Obwohl § 147 I StPO als Regel dem Verteidiger einen Anspruch auf Akteneinsicht (für den Beschuldigten) gewährt, ist die Praxis der Wirtschaftsstrafverfahren dadurch gekennzeichnet, daß die Staatsanwaltschaft regelmäßig – manchmal über Jahre – eine Gefährdung des Untersuchungszwecks annimmt und die Akteneinsicht verweigert (§ 147 II StPO). Gegen die auf § 147 II gestützte Versagung der Akteneinsicht durch die Staatsanwaltschaft ist (bislang) kein Rechtsmittel (mit Ausnahme der Dienstaufsichtsbeschwerde) gegeben (so zuletzt OLG Frankfurt StV 1989, 96 m. Anm. Welp StV 1989, 194). Da seit dem Inkrafttreten des Opferschutzgesetzes (1. 4. 1987) § 406 e IV 2 StPO dem Verletzten den Rechtsweg gegen eine Versagung seines Akteneinsichtsrechts im Ermittlungsverfahren durch die Staatsanwaltschaft eröffnet, wird de lege ferenda eine gerichtliche Überprüfung gesetzlich verankert werden müssen (so zutreffend L-R *Lüderssen*, § 147 Rdnr. 160). Vor dem Hintergrund der derzeitigen gesetzlichen Regelung und der gegen das Regel-Ausnahme-Prinzip des § 147 StPO verstoßenden Praxis weist § 147 III StPO gesteigerte Bedeutung auf. Die Einsicht in diese Unterlagen darf in keinem Verfahrensstadium verweigert werden. Sie ist unverzüglich zu gewähren. Gegen eine (immer rechtswidrige) Versagung der Einsicht ist der Rechtsweg nach § 23 EGGVG gegeben (OLG Celle NStZ 1983, 379; L-R *Lüderssen* § 147 Rdnr. 161 m.w.N.).

4. Die Gutachten eines Sachverständigen gehören zu den bevorzugten Urkunden des § 147 III StPO. Werden Wirtschaftsreferenten oder Buchprüfer (der Kriminalbehörden) im frühen Stadium des Verfahrens von dem Dezernenten der Staatsanwaltschaft eingeschaltet und mit Stellungnahmen beauftragt, so sind diese Ausarbeitungen zunächst Gutachten, soweit die Staatsanwaltschaft den Beamten als Sachverständigen beauftragt hat (BGHSt 28, 381; BGH NStZ 1984, 215; BGH StV 1986, 465). Die Frage, ob der Wirtschaftsreferent wegen Besorgnis der Befangenheit als Sachverständiger ausscheidet, braucht ein Ver-

teidiger nicht in diesem Verfahrensabschnitt zu entscheiden (der Ablehnungsantrag nach § 74 StPO kann zu jedem Zeitpunkt gestellt werden – zur Frage der Besorgnis der Befangenheit des Wirtschaftsreferenten vgl. die vorgenannten Entscheidungen sowie LR/*Dahs*, § 74 Rdnr. 7; *Krekeler* wistra 1989, 55). Der Antrag zwingt die Staatsanwaltschaft aber zu einer Festlegung: entweder sie gewährt Einsicht in die Akten (§ 147 III StPO) oder aber sie verzichtet auf den Einsatz des Wirtschaftsreferenten als Sachverständigen mit der Folge, daß seine Ausarbeitungen prozessual lediglich den Rang von Meinungen und Ansichten der Staatsanwaltschaft aufweisen.

5. Die Regelung des § 147 IV ist nicht auf Wirtschaftsstrafverfahren zugeschnitten. Die dort festgelegte Beschränkung der Besichtigung der Beweismittel auf der Geschäftsstelle hat als Leitbild die Tatwaffe und ähnliche Asservate vor Augen, nicht aber Regale voller beschlagnahmter Geschäftsunterlagen. Ein erster Ausweg zur Behebung dieser für die Verteidigung unerträglichen Situation ist die Unterscheidung zwischen den Original-Asservaten und den hiervon gefertigten Ablichtungen. Die Staatsanwaltschaft legt in Wirtschaftsstrafverfahren oftmals Beweismittelordner an (aus Gründen der Übersicht) und füllt diese mit Fotokopien der (Original)-Beweismittel. Diese letzteren Unterlagen sind Bestandteile der Hauptakten (vgl. *Schäfer* NStZ 1984, 205: „Gekorene Aktenteile") und unterliegen damit dem Akteneinsichtsrecht des § 147 I StPO. Da Staatsanwälten diese Zuordnung oftmals unbekannt ist, empfiehlt sich ein entsprechender Hinweis unter Anführung der Literatur (*Schäfer* a.a.O.).
In Betracht kommt auch – möglicherweise allerdings in einem späteren Verfahrensstadium – der Antrag auf Anfertigung von Fotokopien der Beweismittel durch die Staatsanwaltschaft und Überlassung dieser Fotokopien zum Zwecke der Fertigung weiterer Ablichtungen für die Verteidigung. In der Literatur vertreten *Krekeler*, wistra 1983, 47; *Rieß* in FS für Peter II, 126 und LR/*Lüderssen*, § 147 Rdnr. 117 die Ansicht, bei Wirtschaftsstrafverfahren mit umfangreichen Beweismitteln wandele sich der Anspruch auf Besichtigung nach § 147 IV StPO in einen Anspruch auf Übersendung „amtlich gefertigter Fotokopien der Beweismittel" (LR/*Lüderssen* a.a.O.). In der Praxis wird informell bereits häufig so verfahren (so bei Großverfahren z.B. die Staatsanwaltschaften Bonn, Koblenz, Köln).

6. Auch dieser Hinweis ist – obgleich das Gesetz dieses Verfahrens zwingend vorschreibt – keineswegs entbehrlich. Immer noch gewähren Staatsanwälte Akteneinsicht erst im denkbar spätesten Stadium des Ermittlungsverfahrens.

7. § 147 VI StPO ist nur im Zusammenhang mit § 169a StPO verständlich. Der Abschlußvermerk i.S. des § 169a StPO trennt das staatsanwaltschaftliche Verfahren in den Ermittlungs- und den Entschließungsteil (*Kleinknecht/Meyer*, § 169a Rdnr. 1; LR/*Rieß*, § 169a Rdnr. 1 m.w.N. (FN 5)). Von diesem Zeitpunkt an ist die Akteneinsicht nicht mehr beschränkbar. Da die Verteidigung nach dem Willen des Gesetzgebers in die Lage versetzt werden soll, auf die Entschließung der Staatsanwaltschaft nach Kenntnisnahme der Akten Einfluß zu nehmen, ist zwischen der Aktenübersendung und der Abschlußverfügung der Staatsanwaltschaft (§ 169a StPO: „Erwägt die Staatsanwaltschaft, die öffentliche Klage zu erheben, ...") ein ausreichender Zeitraum für die Durcharbeitung der Akten und die Fertigung einer Stellungnahme einzuräumen. Es kann geboten sein, hierauf rechtzeitig – nicht unbedingt im ersten Antrag auf Akteneinsicht – hinzuweisen. In der Praxis kommt es (leider) immer noch vor, daß Staatsanwälte mit Abschluß der Ermittlungen Akteneinsicht gewähren und die Anklage bereits in der Akte enthalten bzw. auf dem Weg zum Gericht ist.

2. Bestellung als Zeugenbeistand*

Herrn Vorsitzenden
der 10. großen Strafkammer
des Landgerichts Düsseldorf
Mühlenstraße 34
4000 Düsseldorf

Aktenzeichen
Strafverfahren gegen Herrn X u. a.
hier: Herr Y

Sehr geehrter Herr Vorsitzenden Richter
am Landgericht Z,

ich zeige an, daß ich Herrn Y als Zeugenbeistand (BVerfGE 38, 105 = NJW 1975, 103) vertrete. Auf mich lautende Vollmachtsurkunde liegt an.[1]
Mein Mandant ist in der rubrizierten Strafsache für den 12. 5. und 14. 5. 1990 als Zeuge geladen. Bereits jetzt – damit die Verfahrensbeteiligten sich hierauf einstellen und Sie den Ablauf der Hauptverhandlung planen können – teile ich mit, daß mein Mandant umfänglich von § 55 StPO Gebrauch machen wird.[2]
Mein Mandant war ursprünglich in dem obigen Verfahren beschuldigt. Das Verfahren gegen ihn ist von der Staatsanwaltschaft vor Anklageerhebung abgetrennt worden. Eine Abschlußverfügung der Staatsanwaltschaft liegt bislang nicht vor.[3]
Bei dieser Sachlage wandelt sich das Recht meines Mandanten, auf einzelne Fragen die Auskunft zu verweigern, zu einem faktischen Zeugnisverweigerungsrecht (BGHSt 10, 104; 17, 245, 247; BGH NStZ 1986, 181; BGH StV 1987, 328). Angesichts des engen, untrennbaren Sachzusammenhangs zwischen den gegen ihn erhobenen Vorwürfen und dem Gegenstand des obigen Verfahrens sind keine zur Sache gehörenden Fragen denkbar, die nicht unter § 55 StPO fallen – dies gilt bereits für die Frage, ob mein Mandant in der Firma A gearbeitet hat, da einzelne denkbare Antworten indizielle Schlüsse zu Lasten meines Mandanten zulassen könnten.[4]
Ich wäre Ihnen dankbar, wenn Sie diesen Schriftsatz den einzelnen Verfahrensbeteiligten zur Kenntnisnahme aushändigen könnten, damit geklärt werden kann, ob ein Erscheinung meines Mandanten in der Hauptverhandlung möglicherweise entbehrlich wird.[5] Für diesen Fall bitte ich um eine entsprechende Information.

Mit vorzüglicher Hochachtung

Unterschrift

Anmerkungen

1. Der Auftritt eines Zeugenbeistands ist in Verfahren vor einer Wirtschaftsstrafkammer – 15 Jahre nach der Entscheidung des BVerfG (BVerfGE 38, 105 = NJW 1975, 103) – keine grundsätzlich erklärungsbedürftige Tätigkeit. Ein Hinweis auf die vorbezeichnete Entscheidung im Bestellschreiben genügt regelmäßig (vgl. zum Zeugenbeistand LR/*Dahs*, § 58 Rdnr. 10 ff.; *Hammerstein* NStZ 1981, 125; *Thomas* NStZ 1982, 489).
2. Die rechtzeitige Ankündigung der Inanspruchnahme des § 55 StPO empfiehlt sich aus vielerlei Gründen: Das Gericht kann sich auf diese Situation einstellen und prüfen, ob § 55 StPO eingreift; der Vorsitzende wird in die Lage versetzt, den Verlauf der Hauptverhandlung zu planen und der Zeugenbeistand steht nicht vor dem Problem, im Saal die Voraus-

---

* Siehe unten Form. XIII.E.1.

setzungen der Vorschrift den hierauf nicht eingerichteten Verfahrensbeteiligten erläutern zu müssen.

3. Die Konstellationen, unter denen ein Mandant als Zeuge von § 55 StPO umfänglich Gebrauch machen will, können vielgestaltig sein. Soweit er Beschuldigter des gleichen Verfahrens war und nunmehr – nach Abtrennung – als Zeuge gehört werden soll, sind die Voraussetzungen des § 55 StPO gegeben, gleichgültig ob das Ermittlungsverfahren gegen ihn noch anhängig ist oder nach § 170 II StPO eingestellt wurde. Die Einstellung nach § 170 II StPO weist keinerlei Sperrwirkung auf (so bereits RGSt 67, 315; vgl. *Kleinknecht/ Meyer*, § 170 Rdnr. 9), die Erledigung nach § 153 StPO schließt die Gefahr einer Strafverfolgung für den Zeugen ebenfalls nicht aus, da bei Vorliegen von Nova i. S. d. § 211 StPO die Ermittlungen erneut aufgenommen werden können (BGHSt 10, 104, für den ähnlichen Fall des § 45 JGG; vgl. ferner KK *Pelchen*, § 55 Rdnr. 4). Auch der rechtskräftige Freispruch steht der Geltendmachung des § 55 StPO nicht entgegen, da § 362 Nr. 4 die Wiederaufnahme zugunsten des Angeklagten (hier: Zeugen) für den Fall eines richterlichen Geständnisses zuläßt (BGH StV 1984, 408; KK *Pelchen*, § 55 Rdnr. 4). § 55 StPO reicht also sehr viel weiter, als dies auf den ersten Blick erscheinen mag.

4. Bei kaum einer Rechtsfrage ist der Widerspruch zwischen der festen höchstrichterlichen Rechtsprechung und der Praxis der Staatsanwaltschaften und Instanzgerichte größer als bei der Wandlung des – nach dem Wortlaut – begrenzten Auskunftsverweigerungsrechts des § 55 StPO zum faktischen Zeugnisverweigerungsrecht. Der BGH (BGHSt 10, 104; 17, 245, 247; BGH bei *Dallinger* MDR 1953, 402; BGH NStZ 1986, 181; BGH StV 1987, 328) hebt ebenso wie das Schrifttum (*Kleinknecht/Meyer* § 55 Rdnr. 2; LR/*Dahs* § 55 Rdnr. 4; KK *Pelchen, Thomas* NStZ 1982, 493) immer wieder hervor, daß bei einem engen Zusammenhang zwischen dem Aussagegegenstand und dem etwaigen strafbaren Verhalten des Zeugen eine Trennung nicht möglich ist und deshalb ein totales Auskunftsverweigerungsrecht besteht. So heißt es im Leitsatz BGH StV 1987, 328: „Das Auskunftsverweigerungsrecht des § 55 StPO erstreckt sich auch auf solche Fragen, durch deren wahrheitsgemäße Beantwortung zwar alleine nicht eine Strafverfolgung ausgelöst werden könnte, die aber ein Teilstück in einem mosaikartigen Beweisgebäude betreffen und demzufolge zu einer Belastung des Zeugen beitragen können: Gleichwohl kommt es bei Instanzgerichten (noch) vor, daß vermeintlich „gefahrlose" Fragen gestellt und die Beantwortung – möglicherweise mit Zwangsmitteln gem. § 70 StPO – durchgesetzt werden soll. Hiergegen steht dem Zeugen die Beschwerde gem. § 304 II StPO zu. Der Zeugenbeistand muß – wenn eine solche Situation entsteht – nach Abstimmung mit seinem Mandanten diese Anträge ggfls. stellen (Beschwerde und Antrag auf Aufschub des Vollzugs der Vollstreckung – § 70 StPO läßt Beugehaft zu!).

5. § 55 StPO ist in der Hauptverhandlung geltend zu machen, das Erscheinen des Zeugen ist daher grundsätzlich nicht entbehrlich. Die Verfahrensbeteiligten können aber einverständlich auf den Zeugen verzichten.

E. Verteidigung in Umweltstrafsachen

Schrifttum (Auswahl): *Michalke,* Umweltstrafsachen, Praxis der Strafverteidigung Bd. 16, Heidelberg 1991; *Raeschke-Kessler/Grüter/Hamm:* Aktuelle Rechtsfragen und Rechtsprechung zum Umwelthaftungsrecht der Unternehmen, 2. Aufl. Köln 1990; *Dolde:* Zur Verwaltungsakzessorietät von § 327 StGB, NJW 1988, 2329; *Ensenbach:* Probleme der Verwaltungsakzessorietät im Umweltstrafrecht, Frankfurt 1989; *Sack:* Umweltschutzstrafrecht (Loseblattkommentar) Stuttgart 1990;

Vorbemerkungen

Die Verteidigung in Umweltstrafverfahren ist von den gesetzessystematischen, gesetzestechnischen und kriminalpolitischen Besonderheiten des im Jahre 1980 (durch das 18. StÄG) eingefügten 28. Abschnittes des Strafgesetzbuches geprägt.

Gesetzessystematisch und gesetzgebungstechnisch unterscheiden sich die §§ 324 bis 330 StGB vom übrigen Kernstrafrecht dadurch, daß die Tatbestände und ihre eigentümlichen sowie untereinander unterschiedlichen Rechtswidrigkeitsmerkmale aus sich selbst heraus nicht verständlich sind. Sie verweisen vielmehr auf außerstrafrechtliche Normen, die ursprünglich, solange die Delikte noch dem „Nebenstrafrecht" angehörten, in ihrem unmittelbaren Kontext standen: Die unbefugte Gewässerverunreinigung war in das Regelungssystem des Wasserhaushaltsgesetzes, die Luftverunreinigung und der Betrieb ungenehmigter immissionsrechtlich relevanter Anlagen im Bundesimmissionsschutzgesetz, die illegale Abfallbehandlung im Abfallgesetz, und das ungenehmigte Betreiben einer kerntechnischen Anlage im Atomgesetz geregelt. Die sprachlich-begriffliche, teleologische und die adressatenorientierte Bedeutung der Straftatbestände war integriert in den jeweiligen verwaltungsrechtlichen Sinnzusammenhang. Dem mit einer solchen „natürlichen Verwaltungsakzessorietät" verbundenen Vorteil einer widerspruchsfreien Rechtsgüterschutzstrategie (verwaltungsrechtliche Prävention ergänzt durch strafrechtliche Repression als ultima ratio) wurde in der politischen Diskussion, die der Reform vorausging und sie begleitete, die Sorge entgegengesetzt, Strafrecht außerhalb des StGB könne von der Strafjustiz leicht übersehen und vernachlässigt werden. Daß diese Befürchtung unbegründet ist, zeigt u. a. die Flut der Verfahren, in denen nach dem Betäubungsmittelgesetz die wohl meisten harten, d. h. langjährigen Strafen verhängt werden. Ebenso trügerisch war aber auch die Hoffnung, durch die Verlagerung des Umweltstrafrechts in das StGB könne seine Effektivität bezogen auf den Umweltschutzzweck erhöht werden. Die offen in Kauf genommene Gefahr von Wertungswidersprüchen zwischen dem Verwaltungsrecht und dem Strafrecht hat das gesamte Umweltstrafrecht in den Zustand einer heillosen Rechtsunsicherheit versetzt, aus der es die bisher erst spärliche und erwartungsgemäß ihrerseits wenig konsistente Rechtsprechung nicht befreien konnte.

Verteidigung in Umweltstrafsachen hat in erster Linie die Aufgabe, der Gefahr entgegenzuwirken, daß sich diese Rechtsunsicherheit auf Kosten des Mandanten auswirkt. Dabei sind hier mehr als sonst bei der Auslegung und Anwendung des materiellen Strafrechts die verfahrensrechtlichen Komponenten der Strafbarkeitsvoraussetzungen, aber auch die verfassungsrechtliche Dimension (Bestimmtheitsgrundsatz, Gleichbehandlungsgebot, Einheit der Rechtsordnung u. a.) zu beachten. Neben den auch hier geltenden besonderen Merkmalen von Wirtschaftsstrafsachen (vgl. o. *Thomas,* Vorbem. zu VII D) gehören zu den typischen Schwierigkeiten der Umweltstrafsachen das schon erwähnte Fehlen einer auch nur einigermaßen gefestigten Judikatur und die nicht immer gegebene Kompatibilität zwischen der verwaltungsrechtlichen und der strafrechtlichen Sprache. Wann z.B. ein Handeln „unbefugt", wann eine Abweichung von einem vorgeschriebenen Verfahren „wesentlich" etc. ist und wie diese Fragen „im Zweifelsfall" zu beantworten sind, darüber können sich Verwaltungsrechtler und Strafrechtler nur schwer verständigen. Müssen diese vor dem Hintergrund des in-dubio-Satzes und des Bestimmtheitsgebots auf einer eher restriktiven Auslegung bestehen, dürfen und sollen jene bei Anwendung des am Vorsorgeprinzip, an der Gefahrenprävention orientierten Verwaltungsrechts die staatliche Intervention im Interesse des Umweltschutzes auch in Grenzfällen befürworten.

So ist es erklärbar, daß die Verwaltungsakzessorietät in der strafprozessualen Praxis weitgehend von einer Konkurrenz der beiden juristischen Disziplinen geprägt ist, deren sichtbarer Ausdruck in einem gewandelten Rollenverständnis vieler in Umweltstrafsachen tätiger Staatsanwälte besteht. Sie sehen es im Dienste der guten Sache Umweltschutz als legitim an, die im Ermittlungsverfahren einer richterlichen Kontrolle weitgehend entzogenen (vgl. *Hamm* AnwBl. 1986, 66) Eingriffsbefugnisse zur Erfüllung eigentlich den Verwaltungsfachbehörden obliegender Aufgaben einzusetzen. Daß ein Staatsanwalt offen erklärt, es komme ihm weniger auf die Klärung von Straftaten als vielmehr auf den erzieherischen Effekt des lange laufenden Ermittlungsverfahrens – z.B. bei der Sanierung von Abwasserbehandlungsanlagen – an (vgl. z.B. *Kellermann*, Kriminalsoziologische Bibliographie Bd. 55, 1987, S. 23 ff. und dagegen *Michalke* ZRP 1988, 273 ff.), zeigt, wie sehr hier sogar schon das Strafverfahrensrecht, das eigentlich dem Schutze des Beschuldigten dienen soll („magna carta"!) gegen ihn gewendet und in den Dienst von z.T. sogar außerstrafrechtlichen staatlichen Ordnungszwecken gestellt wird.

Für den Strafverteidiger, der vor die Aufgabe gestellt wird, in Umweltstrafsachen tätig zu werden, ist viel, aber noch nicht alles damit gewonnen, wenn er sich mit den beschriebenen Besonderheiten vertraut gemacht hat. Er muß sich auf sie einstellen. Das bedeutet weder, daß man sich mit den Mißbräuchen des Strafrechts und insbesondere des Strafverfahrensrechts abfinden dürfte, noch, daß man schon jedes forsche Vorgehen eines Staatsanwalts stets als Übergriff bekämpfen müßte. Ein handwerklich gekonntes und sauberes Eintreten für die Grundrechte und Verfahrensgarantien eines Beschuldigten in einer Umweltstrafsache ist umso glaubwürdiger, als der Verteidiger erkennen läßt, daß ihm nichts ferner liegt als eine Abwertung der vom Staatsanwalt verfolgten Ziele. Braucht der Verteidiger eines Mordverdächtigen schon lange nicht mehr (wenn er es jemals mußte) ausdrücklich klarzustellen, daß er nicht den Mord als solchen verharmlosen will, so tut der Verteidiger in Umweltsachen durchaus gut daran, deutlich zu machen, daß sein Eintreten für die Rechte seiner Mandanten nicht verstanden werden darf, als werde damit ein sinnvoller Umweltschutz auch mit strafrechtlichen Mitteln vom Grundsatz her in Frage gestellt.

Mehr noch als bei Wirtschaftsstrafsachen gehört auch zu den Besonderheiten der Verfahren wegen Umweltdelikten, daß die Ermittlungen über lange Zeit hinweg geführt werden, ohne daß die Staatsanwaltschaft auch nur einen einzigen Beschuldigten benennen könnte. Es ist deshalb üblich, in Umweltverfahren, von denen überwiegend kleine, mittelständische oder größere Unternehmen und Betriebe mit umweltrelevanten Produktionsstätten betroffen sind, die Ermittlungsakten zunächst unter dem allgemeinen Rubrum eines „Verfahrens gegen die Verantwortlichen der Firma X" im Register einzutragen, um erst in einem späteren Zeitpunkt – wenn die „Tat" als solche festzustehen scheint – den oder die möglichen Täter aus dem Kreis der Firmenmitarbeiter als Beschuldigte zu benennen. Diese Praxis, die immerhin bedeutet, daß das Unternehmen, das bekanntlich als solches nicht Beschuldigter sein kann, z.B. Durchsuchungsaktionen „gemäß § 102 StPO" zu erdulden hat, ist praeter legem entstanden (vgl. hierzu *Michalke,* Umweltstrafsachen, Rz. 243). Daß sie in der StPO nicht vorgesehen ist und doch gehandhabt wird, hat zu dem Bedürfnis geführt, daß die anonym bleibenden potentiellen Beschuldigten („NN"), soweit sie schon in ihren Rechten beeinträchtigt werden, auch schon in dieser Phase wenigstens insoweit mit Verteidigungsrechten ausgestattet werden, als sie sich nicht gerade durch ihre Wahrnehmung eine formelle Beschuldigtenrolle zuziehen.

1. Verteidigungsschrift im Ermittlungsverfahren

Hierzu bietet sich folgender Weg an, der nach unserer Erfahrung von den Staatsanwaltschaften im Regelfall akzeptiert wird: Der Verteidiger legt eine von dem betreffenden Unternehmen rechtsverbindlich unterzeichnete (Geschäftsführung, Vorstand, Prokurist) Vollmacht vor und erklärt, die „Verteidigung eines namentlich noch zu benennenden beschuldigten Verantwortlichen der X AG" übernommen zu haben. Damit gibt man gleichsam den Ball der von der StA begründeten und dem Unternehmen zugemuteten Ungewißheit über die Person des Beschuldigten zurück. In dieser Funktion kann der Verteidiger den Kontakt zur Staatsanwaltschaft herstellen und frühzeitig die für jeden denkbaren Beschuldigten sprechenden Argumente zur Entlastung, insbesondere zur Frage, ob ein vorgefundener Zustand (z.B. Einleitung von Abwasser in einen Vorfluter bei vorhandener Erlaubnis) tatsächlich unbefugt erfolgt, vortragen (vgl. hierzu *Michalke*, Umweltstrafsachen, Rz. 243). Die Staatsanwaltschaften sind in diesen Fällen vielfach auch bereit, einem solchen „NN-Verteidiger" Akteneinsicht zu gewähren.

Hieran kann sich dann eine sog „Firmenstellungnahme" anschließen. Hierunter versteht man eine gerade in Umweltstrafsachen häufige frühe schriftsätzliche Stellungnahme, die von der Verteidigung in Zusammenarbeit mit dem Unternehmen (z.B. der Rechtsabteilung) erstellt wird und in der die der Entlastung dienenden **Sach**fragen behandelt werden, z.B. also die Funktionsweise einer Anlage erläutert oder die genehmigungsrechtliche Situation dargelegt wird. Äußerste Zurückhaltung sollte sich der Verteidiger allerdings mit der Erörterung von Fragen der persönlichen Verantwortlichkeit potentieller Beschuldigter („Verantwortlicher") auferlegen, solange noch kein Beschuldigter benannt ist. Es kann hierdurch unter Umständen das Einlassungsverhalten eines späteren Beschuldigten für diesen nachteilig festgelegt werden, und die Interessenlage des späteren Mandanten steht zu diesem Zeitpunkt meist auch noch nicht fest.

Im folgenden werden für einzelne ausgewählte Situationen Beispiele für schriftsätzliche Eingaben in Umweltstrafverfahren aus der Praxis vorgestellt, die sowohl verschiedene Verfahrensstadien als auch die wichtigsten Straftatbestände betreffen.

1. Verteidigungsschrift im Ermittlungsverfahren zur Frage einer wasserrechtlichen Einleiteerlaubnis (§ 324 StGB)

An die Staatsanwaltschaft   1.3.19..
bei dem Landgericht
......

In dem Ermittlungsverfahren
gegen
Verantwortliche der Firma F.

– AZ.: ... –

wird zum Inhalt der Ermittlungsakten und den darin erhobenen Vorwürfen einer Straftat nach § 324 StGB wie folgt Stellung genommen:[1]
Der Vorwurf der unbefugten Gewässerverunreinigung durch Verantwortliche der Firma F. ist bereits aus rechtlichen Gründen nicht haltbar.
Die Voraussetzung für eine Verwirklichung des § 324 StGB, das unbefugte,[2] nicht durch den Willen einer Behörde gedeckte Handeln der Verantwortlichen des Unternehmens, fehlt im Falle der Firma F.
Bis zum Erlaß des Einleitebescheids des Regierungspräsidenten vom 1. Oktober 1985, in der Fassung des Widerspruchsbescheides vom 1. September 1986, lag eine „wasserrechtli-

che Genehmigung" des Schiffahrtsamtes aus dem Jahr 1951 zum Einleiten der anfallenden Betriebsabwässer in den Rhein vor. Bezweifelt man die Gültigkeit dieser Einleiteerlaubnis, ist jedenfalls von einer im Sinne des § 324 StGB rechtfertigenden aktiven Duldung der Behörden bezüglich der Einleitung sämtlicher Betriebsabwässer auszugehen.
Im einzelnen:
1. Unstreitig war der Firma F. im Jahre 1951 durch das Schiffahrtsamt u. a. eine wasserrechtliche Einleiteerlaubnis für ihre Betriebsabwässer erteilt worden. Diese Erlaubnis war – wie vom Regierungspräsidenten im Schreiben vom 3. Juni 1984 (S. 31 d. A. des RP) zutreffend festgestellt – „ohne jede Beschränkung hinsichtlich der Qualität und Quantität des Abwassers". Die Tatsache, daß in der „Genehmigungsurkunde" aus dem Jahr 1930 darauf hingewiesen wird, daß „etwaige Abwässer ...... frei von schädlichen Bestandteilen" sein müssen, ist aus rechtlichen Gründen deshalb nicht maßgeblich, weil die 21 Jahre später durch das Schiffahrtsamt erteilte „Wasserbehördliche Genehmigung" die „Genehmigungsurkunde" des Jahres 1930 nicht etwa ergänzt, sondern durch eine vollkommen neue Regelung ersetzt hat. Dies ergibt sich aus dem Wortlaut der „Wasserbehördlichen Genehmigung" des Jahres 1951, die in keinem Punkt auf die frühere Urkunde Bezug nimmt und insoweit jede Auslegung dahingehend verbietet, daß etwa die Genehmigung des Jahres 1930 noch Gegenstand der im Jahr 1951 erteilten Erlaubnis gewesen ist.
2. Durch das Inkrafttreten des Hessischen Wassergesetzes am 1. August 1960 ist das „alte Recht" der „Wasserrechtlichen Genehmigung" aus dem Jahr 1951 nicht hinfällig geworden, da die Benutzung, die der Firma F. gestattet war, in einem förmlichen Verfahren aufgrund der bis zum Jahr 1960 geltenden Wassergesetze (hier Art. 1 des Gesetzes über das Dammbauwesen) zugelassen worden war. Bei einer derartigen Sachlage konnte allenfalls eine unterlassene Anmeldung der Eintragung zum Wasserbuch den Verlust des „alten" Rechts herbeiführen (§ 16 WHG). Dagegen genügte die rechtzeitige Anmeldung, um das Erlöschen des Rechts zu verhindern. Daß eine Eintragung in das Wasserbuch erfolgt, ist – entgegen der Auffassung der Staatsanwaltschaft – für den Fortbestand des „alten" Rechts nicht erforderlich (Gieseke/Wiedemann/Cychowski, 5. Aufl. Rdnr. 4 a zu § 16 WHG).
Im vorliegenden Fall hat die Firma F. rechtzeitig den Antrag auf Eintragung ihres „alten Rechts" zum Wasserbuch gestellt (S. 19 d. A. des RP). Damit war der Fortbestand der unbeschränkten Einleiteerlaubnis aus dem Jahr 1951 gesichert. Die Tatsache, daß der Regierungspräsident offenkundig die unbeschränkt genehmigte Einleitung aufgrund des alten Rechts in der Zukunft durch eine modifizierte Einleiteerlaubnis ablösen wollte und sich dementsprechend sogar auf den Standpunkt stellte, die Firma F. besitze keine wasserrechtliche Befugnis zur Einleitung von Abwasser in den Rhein (S. 129 d. A. des RP), ändert nichts am Fortbestand der ursprünglichen wasserrechtlichen Genehmigung. Weil dieses Recht durch die Anmeldung der Eintragung zum Wasserbuch als solches fortwirkte, hätte es zu seiner Aufhebung eines förmlichen, nach außen gerichteten Widerrufs bedurft oder – wie im Jahr 1985 geschehen – einer ausdrücklichen Änderung durch eine neue Einleiteerlaubnis. Daß es über 20 Jahre gedauert hat, bis sich die Behörde letztendlich schlüssig war, wie die unbeschränkte Einleiteerlaubnis der Firma F modifiziert werden könnte, hebt die Erlaubnis ebensowenig auf, wie die von dem Regierungspräsidenten geäußerte unzutreffende Rechtsmeinung, die Firma F. habe durch das Inkrafttreten des Hessischen Wassergesetzes aus dem Jahr 1960 ihre Einleiteerlaubnis verloren.
Daß auch die Behörde davon ausgegangen sein muß, daß die Firma F. über den gesamten Zeitraum ihr Abwasser auf der Grundlage einer bestehenden (wenn auch zu modifizierenden) Einleiteerlaubnis abläßt, ergibt sich bereits daraus, daß seitens des Regierungspräsidenten nichts unternommen wurde, um die beständige Einleitung zu unterbinden. Dazu hätte die Behörde jederzeit die Möglichkeit gehabt, wie es sich nicht zuletzt auch daran zeigt, daß der Regierungspräsident im Februar 1987 eine Abwassereinleitung aus dem Produktionsgebäude B trotz der zuvor erfolgten Klageeinreichung durch die Firma F. kurzerhand untersagt hat. Es erscheint nahezu ausgeschlossen, daß die Beamten des Regierungspräsidenten über Jahrzehnte hinweg eine ungenehmigte und damit möglicherweise

1. Verteidigungsschrift im Ermittlungsverfahren

strafrechtlich relevante Einleitung mitangesehen hätten, ohne deswegen entsprechend tätig zu werden. Daß aber die Behörde über die Jahre genauestens über die Vorgänge im Betrieb der Firma F. informiert war, ist nicht nur der Stellungnahme des Regierungspräsidenten zu den gegenwärtigen Ermittlungen der Staatsanwaltschaft zu entnehmen (S. 160 d. A.), sondern auch der Tatsache, daß zwischen Behördenvertretern und den Mitarbeitern der Firma F. zahlreiche Gespräche und vor allem mehrfach Ortsbesichtigungen auf dem Betriebsgelände stattfanden. Wie rege der Kontakt und der Austausch über die innerbetrieblichen Vorgänge zwischen der Behörde und der Firma F. sich insbesondere in den Jahren 1981 bis 1986 gestaltet haben, ist der anliegenden Aufstellung der in dieser Zeit stattfindenden Gespräche, Ortsbesichtigungen und gewechselten Schreiben zu entnehmen (Anlage).

3. Selbst wenn man – aus den genannten Gründen unzutreffenderweise – davon ausgehen wollte, daß eine ausdrückliche behördliche Gestattung der Einleitung ab dem Jahr 1960 nicht existent gewesen sei, müßte dennoch aufgrund der genauen Kenntnis der Behörde zumindest von einer im Sinne des § 324 StGB rechtfertigenden Duldung[3] der Einleitung ausgegangen werden. Mit eben dieser Begründung wurde bereits am 2. Februar 1981 von der Staatsanwaltschaft bei dem Landgericht ein Ermittlungsverfahren gegen die Verantwortlichen der Firma F. wegen des Verdachts der Gewässerverunreinigung nach § 170 Abs. 2 StPO eingestellt (S. 380 d. A. des RP). Es heißt hierzu in der Begründung:
„Wenn auch bisher eine Einleiteerlaubnis nicht erteilt wurde, ist gleichwohl festzustellen, daß die Einleitung der Betriebsabwässer in den Rhein mit Kenntnis des Regierungspräsidenten erfolgt ist und dieser während des seit 1965 anhängigen Erlaubnisverfahrens noch keinen Anlaß gesehen hat, die Einleitung zu untersagen. Aufgrund der Duldung des Regierungspräsidenten kann den Verantwortlichen der Firma F. nicht der Vorwurf der unbefugten Einleitung und damit der Gewässerverunreinigung gemacht werden."

4. Höchst vorsorglich wird schließlich darauf hingewiesen, daß auch und jedenfalls unter dem Aspekt des sich hierauf gründenden unvermeidbaren Verbotsirrtums[4] eine Strafbarkeit gem. § 324 StGB im vorliegenden Fall entfallen würde.

Es wird nach alldem beantragt,

    das Verfahren nach § 170 Abs. 2 StPO einzustellen.

Rechtsanwalt

Anmerkungen

1. Der vorliegende Mustertext ist ein Beispiel für eine frühe Verteidigungsschrift in einem Ermittlungsverfahren wegen des Verdachts der Gewässerverunreinigung gem. § 324 StGB. Die Ermittlungen sind noch nicht so weit gediehen, daß ein oder mehrere Beschuldigte bereits namentlich benannt sind. Betreffen die Vorwürfe – wie hier – Vorgänge aus dem Bereich eines Unternehmens mit umweltrelevanten Produktionsstätten, ist es üblich, daß die Staatsanwaltschaft das Ermittlungsverfahren unter dem Rubrum des „Ermittlungsverfahren gegen die Verantwortlichen der Firma X." einleitet. Auch ohne konkreten Beschuldigten kann und sollte sich der Verteidiger (des „Mandanten NN") in diesem Stadium des Verfahrens bereits in die Ermittlungen einschalten (vgl. *Michalke*, Umweltstrafsachen, Rz. 243). Im allgemeinen wird von der Staatsanwaltschaft akzeptiert, daß eine durch die Leitung des betroffenen Unternehmens unterzeichnete Strafprozeßvollmacht zu den Akten gereicht wird, die auf einen „zu einem späteren Zeitpunkt noch zu benennenden beschuldigten Verantwortlichen der Firma X." ausgestellt ist (vgl. hierzu auch oben Vorbemerkungen).

Der Verteidiger kann mit einem frühen schriftsätzlichen Vortrag wesentlich zur Konzentration gegebenenfalls auch zum raschen Abschluß der Ermittlungen beitragen. Dabei müssen jedoch folgende Grundregeln beachtet werden: Jegliche Erklärungen, seien sie rechtlicher oder tatsächlicher Natur, sind (von extrem seltenen Ausnahmefällen, in denen es dem Verteidiger gerade darauf ankommt, bestimmte Tatsachen in Unkenntnis des Informationsstandes der Staatsanwaltschaft vorgetragen zu haben, abgesehen) erst **nach** Akteneinsicht abzugeben. Hiervon ist zu unterscheiden die Übermittlung von innerbetrieblich allgemein zugänglichen Informationen, um die die Ermittlungsbeamten bei dem Unternehmen selbst oder dem Verteidiger nachsuchen, z.B. die Namen der Mitarbeiter des Betriebes mit den ladungsfähigen Anschriften, das sogenannte Organigramm, d.h. die Darstellung der betrieblichen Verantwortungsbereiche, die Lage- und Schaltpläne oder der Schriftwechsel mit der Behörde, bzw. die Genehmigungsunterlagen. Auf alle diese oder ähnliche Unterlagen könnten die Strafverfolgungsbehörden ohnehin jederzeit mittels eines richterlichen Durchsuchungs- und Beschlagnahmebeschlusses Zugriff nehmen. Werden sie freiwillig herausgegeben, kann das von der Staatsanwaltschaft als Zeichen für die Bereitschaft zur Mitwirkung an der Aufklärung des Sachverhalts gewertet und „klimatisch" honoriert werden.

Auch die Frage, welche Themen in einer frühen schriftsätzlichen Stellungnahme angesprochen werden, sollte sich zunächst im Grunde an denselben Prinzipien orientieren, die auch für die freiwillige Herausgabe von Unterlagen maßgeblich sind: alles, was an objektiven Fakten bereits zutagegetreten ist, kann erörtert und bewertet werden, wenn sich hieraus entlastende Momente ergeben. Unter demselben Aspekt kann zu allen sich abzeichnenden Rechtsproblemen Stellung genommen werden. Wegen der noch relativ „jungen" Rechtsmaterie des Umweltstrafrechts und der noch weitgehend spärlichen Rechtsprechung gibt es derzeit kaum ein Umweltstrafverfahren ohne diskussionswürdige materiellrechtliche Fragen. Im vorliegenden Mustertext wird unter allen sich ergebenden rechtlichen und tatsächlichen Aspekten die genehmigungsrechtliche Situation der Firma F. erörtert. Dabei wird streng darauf geachtet, daß nur auf der Grundlage der Ermittlungsakten und der von der Staatsanwaltschaft beigezogenen Behördenakten des Regierungspräsidenten (RP) als obere Wasserbehörde argumentiert wird. Dagegen wird bewußt darauf verzichtet, zur subjektiven Einstellung einzelner potentiell beschuldigter Verantwortlicher des Unternehmens (von dem allgemein gehaltenen Hinweis auf den jedenfalls gegebenen Verbotsirrtum am Ende abgesehen) konkrete Ausführungen zu machen. Der Schriftsatz behält damit den Charakter einer Stellungnahme **des „für NN" bestellten Verteidigers"** und nicht etwa eines Verantwortlichen des Unternehmens. Damit wird das spätere Einlassungsverhalten keines der möglichen Beschuldigten festgelegt. Dies ist wichtig, denn in dem frühen Stadium der noch laufenden Ermittlungen kann der Verteidiger nicht absehen, wie sich der weitere Verfahrensablauf gestaltet. Er muß auf alles vorbereitet sein, oder anders ausgedrückt, die anwaltliche Stellungnahme sollte so beschaffen sein, daß sie sich auch noch bis in die mögliche Hauptverhandlung hinein aufrechterhalten kann.

2. Neben dem Tatbestandsmerkmal der Verunreinigung, bzw. der nachteiligen Veränderung (vgl. hierzu Formular Nr. 2, Anm. 2), ist das Merkmal „unbefugt" eine der wesentlichen Voraussetzungen für die Strafbarkeit nach § 324 StGB. Nach der herrschenden Meinung ist das Merkmal „unbefugt" Bestandteil der Rechtswidrigkeit und nicht des Tatbestandes (vgl. hierzu *Schönke/Schröder-Cramer*, Rz. 14 zu § 324 StGB m.w.Nachw.). Wann eine Verunreinigung unbefugt ist, sagt aber § 324 StGB selbst nicht. Dies bestimmt sich vielmehr nach verwaltungsrechtlichen Kriterien, („verwaltungsakzessorisches" Umweltstrafrecht, vgl. zur damit verbundenen besonderen Problematik die Vorbemerkungen oben).

Die Einleitung von schadstoffbelastetem Abwasser in ein Gewässer ist z.B. immer dann strafrechtlich irrelevant, wenn eine wasserrechtliche Erlaubnis nach den Bestimmungen des Wasserhaushaltsgesetzes besteht (§§ 7ff. oder – wie hier – das „alte" Recht gem. §§ 15 ff. WHG; zu weiteren Formen der behördlichen Gestattung nach dem WHG, vgl. LK *Steindorf*, Rz. 90ff. zu § 324 StGB). Die Befugnis einer Abwassereinleitung kann sich daneben aus einem durch die Behörde erteilten **wirksamen** Verwaltungsakt ergeben. Die rechtfertigende Wirkung behält auch der fehlerhafte und rechtswidrige Verwaltungsakt, vorausgesetzt seine Fehlerhaftigkeit ist nicht so offensichtlich, daß sie zur Nichtigkeit führt (*Lackner* § 324 Anm. 5 a; LK *Steindorf* Rdnr. 106 zu § 324 StGB; LG Hanau „Alkem"-Urteil NJW 1988, 571 = NStZ 1988, 179 ff.).

Für den Strafverteidiger kann es unter Umständen langwieriger und gründlicher Studien unter Einbeziehung der verwaltungsrechtlichen Behördenakten bedürfen, bis die genehmigungsrechtliche Situation lückenlos darstellbar ist. Hat die Staatsanwaltschaft dies nicht schon von Amts wegen veranlaßt, sollte der Verteidiger die Beiziehung der vollständigen Behördenakten beantragen. Dies empfiehlt sich insbesondere dann, wenn bei einer fehlenden förmlichen Gestattung der Abwassereinleitung Anhaltspunkte dafür bestehen, daß die Behörde diese durch konkludentes Handelns (Gespräche, Schriftwechsel, Betriebsbegehungen) „aktiv" geduldet hat (vgl. hierzu die nachfolgende Anm. 3).

3. Es umstritten, ob die konkludente Duldung einer Abwassereinleitung durch die Behörde eine förmliche wasserrechtliche Erlaubnis ersetzen kann. Die herrschende Meinung hat bislang lediglich der „aktiven" Duldung eine rechtfertigende Wirkung zugebilligt (LK *Steindorf* Rdnr. 88 und 89 zu § 324 StGB m. w. Nachw.). Fälle wie der vorliegende kommen immer wieder vor und sind typisch für die Problematik der rechtfertigenden Duldung. Verfügt ein Unternehmen über alte Einleiterechte, kommt es nicht selten vor, daß die Behörde sich – in dem Bewußtsein, die „grundlegende" Regelung in der Vergangenheit vorgenommen zu haben – Zeit nimmt für die erforderliche genehmigungsrechtliche Anpassung. Daß die damit verbundene konkludente Duldung des bestehenden Zustands eine „aktive" ist, ergibt sich in aller Regel aus dem behördlichen Schriftwechsel und den mit dem Unternehmen geführten Gesprächen. Es ist die Aufgabe des Verteidigers, die Fakten, die das Wissen der Behörde um den inkriminierten Zustand und deren befürwortendes Dulden belegen, im einzelnen vorzutragen.

4. Der allgemeine Hinweis auf das Vorliegen eines Verbotsirrtums nimmt im vorliegenden Zusammenhang jedem potentiellen Beschuldigten in gewisser Weise eine Einlassung zum subjektiven Tatbestand vorweg, wobei gerade durch die in diesem Stadium noch mögliche Anonymität der Gefahr der Mißdeutung („wer sich auf Verbotsirrtum beruft, gesteht das verbotswidrige Verhalten zu") vorgebeugt werden kann. Hier ist der Umstand, daß ein Ermittlungsverfahren wegen desselben Vorwurfs schon einmal nach § 170 Abs. 2 StPO eingestellt wurde, ein in diesem Sinne „objektives" Kriterium, weil es geeignet ist, **generell** die Auffassung eines strafrechtlich irrelevanten Handeln zu begründen (allg. zum Verbotsirrtum bei § 324 StGB: LK *Steindorf* Anm. 113 ff. zu § 324 StGB). Anders wäre das freilich, wenn das frühere Ermittlungsverfahren bereits wegen eines damals (z.B. der Geschäftsleitung) zugebilligten Verbotsirrtums eingestellt worden wäre.

2. Verteidigungsschrift nach Anklageerhebung vor der Eröffnungsentscheidung (zu § 324 StGB)

Amtsgericht 22. 1. 1991
......

In dem Strafverfahren
gegen
Herrn A

– Az.: ... –

wird auf die Anklage der Staatsanwaltschaft vom 1. August 1990 wie folgt erwidert:[1]
Die Staatsanwaltschaft wirft Herrn A als dem Verantwortlichen Betriebsinhaber der Firma F vor, ab dem Jahr 1982 durch die Einleitung von schadstoffhaltigen Produktionsab-

wässern ein Gewässer nachteilig verändert bzw. „verunreinigt"[2] zu haben. Die Staatsanwaltschaft vertritt die Auffassung, daß zwar aufgrund einer im Jahre 1953 erteilten „Altgenehmigung" bis Ende 1981 die Einleitung der Abwässer befugt erfolgte, daß dies aber für den Zeitraum danach nicht mehr gelten könne, da wesentliche Produktionsstätten Anfang 1982 baulich verändert worden seien. Die „Altgenehmigung" sei – so die Staatsanwaltschaft – unter der allgemeinen Bedingung[3] erteilt worden ist, daß die Anlage nach den damaligen (1953!) Plänen des Betriebsgeländes errichtet sein müsse und für die Dauer der Erlaubnis in geordnetem Zustand zu erhalten sei. Durch die baulichen Veränderungen sei gegen die Bedingungen der „Altgenehmigung" verstoßen worden, womit der Tatbestand des § 324 StGB erfüllt sei.

Diese Rechtsauffassung der Staatsanwaltschaft ist unzutreffend. Denn selbst wenn gegen die Bedingungen der „Altgenehmigung" verstoßen worden wäre, wäre die entsprechende Zuwiderhandlung reines Verwaltungsunrecht[4] und im Sinne des § 324 StGB irrelevant. Nach der herrschenden Meinung kann bei einer unter Auflagen oder Bedingungen erteilten behördlichen Genehmigung ein Verstoß gegen eine Auflage nur dann Bedeutung für § 324 StGB gewinnen, wenn die Auflage unmittelbar zum Zwecke des Gewässerschutzes erlassen wurde. Dies ist z.B. typischerweise der Fall bei einer Anweisung im Genehmigungsbescheid, daß vor dem Ablauf des Abwasserkanals ein Auffangbecken eingebaut werden muß (Beispiel aus LK *Steindorf* Rdnr. 84 zu § 324 StGB m.w.Nachw.).

Es ist nicht ersichtlich, daß die beiden in der behördlichen Genehmigung aus dem Jahre 1953 bezeichneten Bedingungen (Errichtung nach den bekannten Plänen und geordneter Zustand) mit der Zielsetzung festgelegt wurden, damit unmittelbar oder überhaupt Gewässerschutz zu betreiben. Es standen damals vielmehr ausschließlich Belange des Arbeitsschutzes im Vordergrund, die zur Aufnahme der Bedingungen führte, was sich unschwer daraus entnehmen läßt, daß es im Genehmigungsbescheid unter der Ziff. 18 wie folgt heißt:

„Durch die beiden oben unter Ziff. 17 genannten Auflagen (Errichtung nach den bekannten Plänen und geordneter Zustand) soll für die Zukunft die Sicherheit der Arbeitnehmer im Betrieb gewährleistet werden."

Daß dies auch von der Behörde so verstanden wurde, belegt der Wortlaut eines Schreibens des Regierungspräsidenten vom 4. April 1966 (S. 17 d.A.), in dem ausgeführt wird, daß die Abwassereinleiteerlaubnis der Firma F „ohne jede Beschränkung" erteilt worden ist. Damit ist aber ausgeschlossen, daß der Tatbestand des § 324 StGB durch einen Verstoß gegen die in der Anklage bezeichneten Auflagen erfüllt werden konnte.

Es wird deshalb beantragt,

die Anklage nicht zuzulassen und das Hauptverfahren nicht zu eröffnen.

Rechtsanwalt

Anmerkungen

1. Bei dem vorliegenden Formular handelt es sich um eine Verteidigungsschrift im Zwischenverfahren (vgl. hierzu allg. *Hamm* Kap. VI.). Wegen der oben bereits erwähnten für Umweltstrafsachen typischen Rechtsunsicherheiten bei der Auslegung des materiellen Rechts ist nach unserer Erfahrung die Quote der Nichteröffnungsbeschlüsse besonders hoch. Deshalb darf die Verteidigung hier keinesfalls eine Chance zur Vermeidung der Hauptverhandlung verstreichen lassen.

2. Das Tatbestandsmerkmal des § 324 StGB, die Verunreinigung, ist ein wegen seiner Bedeutung hervorgehobenes gesetzliches Beispiel für den Oberbegriff der nachteiligen Veränderung eines Gewässers. Der BGH hat sich in seiner grundlegenden Entscheidung zu § 324 StGB (in BGHR Nr. 1 zu § 324 StGB) in einem obiter dictum der „ökologischen Auslegung" des Schutzgutes dieser Bestimmung angeschlossen und die nachteilige Verän-

2. Verteidigungsschrift nach Anklageerhebung

derung als jede Verschlechterung der natürlichen Gewässereigenschaften im physikalischen, chemischen oder biologischen Sinn definiert. Dies bedeutet, daß dieses Merkmal immer dann erfüllt ist, wenn sich die Gewässereigenschaft gemessen an dem natürlichen („absolute Reinheit des Gewässers") oder dem bisherigen Wasserzustand („status quo") verschlechtert hat. Zur Feststellung der Veränderung der Gewässereigenschaft ist es erforderlich, den Zustand des Gewässers vor und nach der Tathandlung zu vergleichen (vgl. *Michalke*, Umweltstrafsachen, Rz. 24). Hat sich der Gewässerzustand nicht (nur) unwesentlich verändert, ist der Tatbestand erfüllt. Auch das bereits verschmutzte Wasser kann noch im Sinne des § 324 StGB verunreinigt werden. Die abstrakte Möglichkeit einer Verursachung reicht nicht aus. Nicht erforderlich ist hingegen, daß durch die nachteilige Veränderung Menschen, Tiere und Pflanzen tatsächlich zu Schaden kommen. Zu der Frage, wann eine Gewässerverunreinigung im Einzelfall vorliegt, existiert eine umfassende Kasuistik. Insoweit wird auf die einschlägigen Kommentare verwiesen (z.B. LK *Steindorf* Rdnr. 33 ff. zu § 324 StGB; *Schönke/Schröder/Cramer* Rdnr. 9 zu § 324 StGB; *Gieseke/Wiedemann/Czychowski* Rdnr. 8 zu § 324 StGB).

3. Die Verwaltungsbehörde hat die Möglichkeit, die Erteilung einer wasserrechtlichen Einleiteerlaubnis mit Bedingungen und Auflagen (zum Unterschied: LK *Steindorf* Rdnr. 80 und 85 zu § 324 StGB) zu versehen. Die sich im Zusammenhang mit § 324 StGB ergebende Frage ist, ob ein Verstoß gegen eine solche Auflage oder Bedingung den Straftatbestand erfüllt. In Literatur und Rechtsprechung wird überwiegend die Auffassung vertreten, daß nicht jeder Verstoß gegen eine Auflage oder Bedingung automatisch zur Annahme eines unbefugten Handelns führt. Dies soll vielmehr nur dann gelten, wenn die Auflage oder Bedingung unmittelbar dem Gewässerschutz dient, weil sich dann – dies wird vermutet – der Verstoß direkt auf die Beschaffenheit des Gewässers auswirkt. Der typische Fall einer Auflage der Einleiteerlaubnis ist die Festsetzung von Grenzwerten für bestimmte Inhaltsstoffe des Abwassers. Danach ist dem Gewässerbenutzer gestattet, Abwasser, deren Inhaltsstoffe die aufgegebenen Grenzwerte nicht überschreiten, in ein Gewässer einzuleiten. Wird ein Grenzwert überschritten, gilt dies in aller Regel als Indiz für die Tatbestandserfüllung im Sinne des § 324 StGB (im einzelnen hierzu: LK *Steindorf* Rdnr. 80 ff. zu § 324 StGB mit den entspr. Hinw. auf Rechtspr. und Literatur).

Im hier vorgestellten Fall ist die Einleiteerlaubnis unter der Bedingung erteilt worden, die betriebliche Anlage nach den bestehenden Plänen zu errichten und in einem geordneten Zustand zu erhalten. Es handelt sich dabei jedenfalls nicht ohne weiteres um eine unmittelbar dem Gewässerschutz dienende behördliche Anordnung. Durch den Hinweis im Schriftsatz auf die Erläuterung im Genehmigungsbescheid (Ziff. 18) konnte dies belegt werden.

4. Die Verwaltungsbehörde hat die Möglichkeit, einen Verstoß gegen ihre Anordnungen, z.B. die Auflagen eines wasserrechtlichen Erlaubnisbescheides, als Ordnungswidrigkeit zu ahnden. Voraussetzung für die Einleitung eines Ordnungswidrigkeitenverfahrens ist allerdings, daß die Ordnungswidrigkeit in dem entsprechenden Bescheid hinreichend bestimmt ist oder sich aus dem Gesetz (z.B. § 41 WHG) ergibt.

Zur Verpflichtung der Behörde, ihr bekannt gewordenes, möglicherweise strafrechtlich oder ordnungswidrigkeitsrechtlich relevantes Verhalten zu melden, vgl. *Michalke*, Verteidigung in Umweltstrafsachen, Rdnr. 43.

3. Verteidigungsschrift nach Anklageerhebung vor der Eröffnungsentscheidung (zu § 326 StGB)[1]

Landgericht 23. 8. 1991
– 2. Strafkammer –

In dem Strafverfahren
gegen
Herrn A
– Az.: ...

wird beantragt,

die Anklage der Staatsanwaltschaft nicht zuzulassen und das Hauptverfahren nicht zu eröffnen.

Begründung:

Die Anklage der Staatsanwaltschaft begründet nicht den für die Eröffnung des Hauptverfahrens erforderlichen hinreichenden Verdacht (§ 203 StPO) einer Straftat nach § 326 StGB. Es ergibt sich aus dem Inhalt der Anklageschrift weder in rechtlicher noch in tatsächlicher Hinsicht der genügende Nachweis, daß es sich bei den auf dem Hof des Betriebsgeländes der Fa. X am 27. Februar 1991 vorgefundenen 15 Fässern mit Eisenspänen um Abfall[2] handelt und daß diese i.S. des § 326 StGB dort „gelagert" worden sind.

1. Die in den Fässern befindlichen Eisenspäne waren zur Wiederverwertung bestimmt. Damit unterfallen sie nicht dem sog. gewillkürten Abfallbegriff, der nach der Rspr. des BGH dann vorliegt, wenn der Besitzer eines Gegenstands sich dessen entledigen will (BGH NStZ 1990, 438 ff.). Es liegt aber auch kein „Zwangsabfall" vor, der voraussetzt, daß eine Sache objektiv ohne Gebrauchswert ist, in ihrem Zustand die Umwelt gefährdet und für die Wiederverwertung nur in unbedeutendem Maße tauglich ist (BGH a.a.O.). Entgegen der Auffassung der Staatsanwaltschaft war die Wiederverwertung der Eisenspäne wirtschaftlich sinnvoll. Der Sachverständige S. hat die Fähigkeit zum Recycling mit nahezu 95% und den materiellen Wert des wiederaufbereiteten Produkts mit ca. 800,– DM angegeben (S. 111 d.A.). Die Lagerung in den von der Staatsanwaltschaft vorgefundenen Fässern hat er ebenfalls unter den Gesichtspunkten des Umweltschutzes nicht beanstandet. Es heißt in seinem Gutachten, daß die Behältnisse fest verschlossen waren und keine Gefahr bestanden habe, daß Eisenmaterial in das Erdreich hätte gelangen können (S. 119 d.A.). Nach alledem kann deshalb die „Bedeutung" des Vorhabens der Wiederaufbereitung gegenüber dem tatsächlichen Zustand der Sache, auf die der BGH in seiner oben zitierten Entscheidung abstellt, im vorliegendem Fall nicht verneint werde.

2. Entgegen der Annahme der Staatsanwaltschaft in der Anklage wurden die Fässer auf dem Betriebsgelände auch nicht i.S. des § 326 StGB „gelagert".[3] Zwar könnte die StA inzwischen versuchen, sich auf die jüngste BGH-Entscheidung zum Abfallbegriff (NJW 1991, 1621) zu berufen, wonach auch die nur vorübergehende Lagerung (Zwischenlagerung) als Tathandlung ausreichen soll. Davon grenzt aber der BGH das i.S. des § 326 StGB nicht relevante „Bereitstellen zum Abtransport" ab. Ob es sich um eine Zwischenlagerung oder ein Bereitstellen handelt, hängt nach der Auffassung des BGH insbesondere von der Dauer der Aufbewahrung des Stoffes und der Frage ab, ob bereits ein Abnehmer oder Entsorgungspflichtiger vorhanden ist. Wie schriftsätzlich durch die Verteidigung vorgetragen (S. 28ff. d.A.), wurden die Fässer am 23. Februar 1991 befüllt und am darauffolgenden Tag auf den Hof des Betriebsgeländes gestellt, weil die Eisen- und Schrottverwertungsfirma Y, die mit der Wiederverwertung beauftragt worden war, die Fässer an

3. Verteidigungsschrift nach Anklageerhebung   XII. E. 3

diesem Tag abholen wollte. Damit ist auch nach der (bedenklich) weitgehenden Meinung des BGH (a. a. O.) der Tatbestandsmerkmal des „Lagerns" nicht erfüllt.
Herr A hat sich danach nicht nach § 326 StGB strafbar gemacht.

(Rechtsanwalt)

Anmerkungen

1. In den Ermittlungsverfahren mit dem Vorwurf eines Verstoßes gegen § 326 spielt immer wieder die Frage nach dem Begriff des Abfalls eine zentrale Rolle. Dabei zeigt sich – anders als im sonstigen Umweltstrafrecht – hier eine weitgehende Abkopplung des strafrechtlichen vom verwaltungsrechtlichen Sprachgebrauch. Deshalb werden in den beiden folgenden Anmerkungen die Grundzüge des aktuellen Diskussionsstandes vorgestellt. Näheres bei *Michalke*, Umweltstrafsachen, Rdnr. 116ff. und in den Kommentaren.

2. Der Abfallbegriff des § 326 StGB orientiert sich im wesentlichen an § 1 Abs. 1 AbfG, wobei der Bundesgerichtshof sich in seinen beiden jüngsten Entscheidungen (NStZ 1990, 438f. und NJW 1991, 1621ff.) – wie zuvor schon der Gesetzgeber – gegen die Übertragbarkeit der Beschränkungen des § 1 Abs. 1 AbfallG ausgesprochen hat. Dies bedeutet zunächst, daß jedenfalls alles, was nach dem Abfallgesetz als Abfall gilt, i. S. d. § 326 StGB Relevanz gewinnen kann. Im übrigen herrscht weitgehend Unklarheit über die Reichweite des strafrechtlichen Abfallbegriffs. Rechtsprechung und Literatur tendieren zu einer gemischt subjektiv-objektiven Sichtweise, der sich im Grundsatz auch der Bundesgerichtshof in den bereits erwähnten Entscheidungen angeschlossen hat (a. a. O.). Danach soll zunächst der subjektive Wille des Besitzers entscheiden, was als Abfall gilt (sog. gewillkürter Abfall). Will der Besitzer eine Sache vollständig beseitigen, ohne eine darüber hinausgehende Zweckbestimmung zu verfolgen, handelt es sich um Abfall. Hat er dagegen die Absicht, die Sache in beliebiger, auch veränderter Form dem Wirtschaftskreislauf wieder zuzuführen, handelt es sich um ein Wirtschaftsgut (LK *Steindorf* Rdnr. 8 und 16 zu § 326 StGB m. w. Nachw.).

Somit „entledigt" (i. S. d. § 326 StGB) sich der Besitzer einer Sache auch nicht dadurch, daß er den für ihn ausgedienten Gegenstand einer (Wieder-)Verwertung z. B. durch einen Schrotthändler zuführt (OLG Düsseldorf, MDR 1989, S. 932ff.); denn auch damit bringt er zum Ausdruck, daß der Gegenstand aus seiner (subjektiven) Sicht – wenn auch in veränderter Form – noch nicht jeglichen Gebrauchswert verloren hat.

Nur wenn der Besitzer nicht die Absicht hat, sich einer Sache zu entledigen, deren Entsorgung aber im Interesse der Allgemeinheit geboten ist, greift als Korrektiv die objektive Betrachtungsweise ein, nach der eine Sache auch gegen den Willen des Besitzers als Abfall anzusehen ist (sog. Zwangsabfall). Grundlegende Voraussetzung für das Vorliegen von „Zwangsabfall" ist aber, daß dem Gegenstand jeglicher Gebrauchswert fehlt (vgl. *Sack*, Kommentar zum Umweltschutzstrafrecht, Rdnr. 18 zu § 326 StGB).

Zu der besonders problematischen Abgrenzung zwischen Abfall und Wirtschaftsgut hat der Bundesgerichtshof in seiner Entscheidung zu § 326 StGB aus dem Jahr 1990 (NStZ a. a. O) das Vorliegen von Zwangsabfall noch weiter modifiziert und den Abfallbegriff in einem Fall bejaht, in dem der Besitzer einer Raffinerie Erdreich, das nicht gravierend mit Kohlenwasserstoffen kontaminiert war, reinigen lassen und sodann als Wirtschaftsgut wiederverwerten wollte. Er hat dies damit begründet, daß dem Vorhaben des Angeklagten, den verunreinigten Sand noch verwerten zu wollen, gegenüber dem tatsächlichen Zustand der Sache eine mindere Bedeutung beizumessen ist. Es bleibt abzuwarten, ob ein solches Kriterium geeignet ist, die in der Praxis gerade bei der Abgrenzung von Abfall zum Wirtschaftsgut auftretenden Probleme zu lösen; denn unbestritten dürfte sein, daß jede recyclingfähige Sache vorübergehend in einen Zustand gerät, in dem sie ihren ursprünglichen Gebrauchswert verloren und einen neuen noch nicht wiedergewonnen hat. Ist sie aber wiederverwertbar und will dies auch ihr Besitzer, kann es keinen Unterschied machen, in welcher Form die Sache dem Wirtschaftskreislauf wieder zugeführt wird und ob es sich um ein gegenüber dem tatsächlichen Zustand bedeutendes oder unbedeutendes Wirtschaftsgut handelt. Jede andere Auffassung dürfte nicht praktikabel sein, jedenfalls nicht mit dem Kriterium „Bedeutung des Wirtschaftsgutes" (vgl. *Michalke*, Umweltstrafsachen, Rz. 120 f.).

3. Bei der Argumentation in Fällen mit dem Vorwurf illegaler Abfallagerung ist es manchmal nicht einfach, die Frage nach dem Abfallbegriff und die nach der Tathandlung sauber auseinanderzuhalten. Auch die jüngste Entscheidung des Bundesgerichtshofs bringt eine bedenkliche Ausweitung des Abfallbegriffs (NJW 1991, 1621 f.) durch eine m. E. ungenügende Abgrenzung zur Tathandlung. Zwar verweist diese Entscheidung hinsichtlich der Definition von Abfall ausdrücklich auf die Vorentscheidung aus dem Jahr 1990 (NStZ a. a. O.). Indem der BGH jetzt jedoch die Tathandlung des „Lagerns" i. S. des § 326 StGB in die bedenkliche Nähe zum (strafrechtlich irrelevanten) „Bereitstellen zum Abtransport" der (auch) wiederverwertbaren Sache rückt (wenn ein „Abnehmer oder Entsorgungspflichtiger" noch nicht vorhanden ist oder „dessen Erscheinen (nicht) alsbald gesichert ist"), untergräbt er gleichzeitig den „subjektiven Abfallbegriff". Der Wille des Besitzers, eine Sache wiederverwerten zu wollen, soll danach - mag dies wirtschaftlich und ökologisch noch so sinnvoll sein - vollkommen unbeachtlich sein, wenn sich der Abtransport des bereitgestellten Gutes verzögert, weil der Abnehmer nicht „alsbald" erscheint. Unabhängig davon, daß es der recyclingwillige Besitzer in den seltensten Fällen in der Hand hat, das alsbaldige Erscheinen eines Abnehmers von Recyclinggut sicherzustellen, wird das Vorliegen von Abfall damit von künftigen Ereignissen abhängig gemacht. Der Besitzer, der Recyclinggut zur Abholung bereitstellt, wird erst dann wissen, daß er in Wahrheit Abfall „lagert", wenn der Abnehmer nicht „alsbald" erschienen ist. Daß dies eine auch unter dem Aspekt des Bestimmtheitsgebots (Art. 103 Abs. 2 GG) bedenkliche Entwicklung ist, sollte von der Verteidigung in geeigneten Fällen geltend gemacht werden.

4. Verteidigungsschrift im Ermittlungsverfahren (zu § 327 Abs. 2 StGB)

Staatsanwaltschaft ......
bei dem Landgericht
......

In dem Ermittlungsverfahren
gegen
Herrn A.
wegen des Verdachts gemäß § 327 StGB

– Az.: ... –

wird zum Inhalt der Ermittlungsakten wie folgt Stellung genommen:

I. Der Vorwurf:[1]
Die Staatsanwaltschaft wirft Herrn A. vor, entgegen § 327 Abs. 2 StGB als Leiter der Firma F. eine genehmigungsbedürftige Anlage im Sinne des Bundesimmissionsschutzgesetzes wesentlich verändert und auch betrieben zu haben, ohne daß dazu die erforderliche Änderungsgenehmigung erteilt worden sei. Die Staatsanwaltschaft konkretisiert ihren Vorwurf in einem Vermerk. (S. ...... ff. d. A.) dahin, daß Herr A. anläßlich der beabsichtigten Reparatur des Filters in der Abluftanlage angeordnet habe, den alten Filter zu entfernen und durch ein anderes Modell eines anderen Herstellers zu ersetzen. Hinsichtlich

4. Verteidigungsschrift im Ermittlungsverfahren XII. E. 4

ihres Vorwurfs gemäß § 327 Abs. 2 StGB beruft sich die Staatsanwaltschaft auf die immissionsrechtlichen Genehmigungsunterlagen, in denen es wie folgt heißt:

„7. Die Abluftanlage ist mit einem Filtereinsatz der Norm 1412 zu betreiben".

Herr A. habe jedoch – so die Staatsanwaltschaft – angeordnet, daß ein Filtereinsatz der Norm 1414 eingebaut und die Abluftanlage danach auch betrieben wird.

II. Einwände:

Der gegen Herrn A. erhobene Vorwurf ist unbegründet. Es liegt kein im Sinne des § 327 Abs. 2 StGB relevantes Abweichen von der bestehenden Genehmigung nach dem Bundesimmissionsschutzgesetz vor. Insbesondere stellt der Austausch des Filtereinsatzes der Norm 1412 gegen einen gleichwertigen der Norm 1414 keine im Sinne des § 15 BImSchG wesentliche Änderung dar, die einer zusätzlichen behördlichen Genehmigung bedurft hätte.[2]

Zunächst ist in Rechtsprechung und Literatur einhellige Meinung, daß bloße Reparaturen nicht zu den im Sinne des § 15 BImSchG genehmigungspflichtigen Änderungen gehören, die das gesetzliche Genehmigungserfordernis in einem für § 327 Abs. 2 StGB relevanten Sinne unterlaufen (vgl. LK *Steindorf* Rdnr. 15 zu § 327 StGB m.w.Nachw.). Der Umstand, daß statt des reparaturbedürftigen Filtereinsatzes der Norm 1412 ein Filter der Norm 1414 eingebaut wurde, vermag als solches auch die Wesentlichkeit der Änderung nicht zu begründen. Wie der Hersteller der Filtereinsätze (Fa. B) der Verteidigung auf Anfrage mitgeteilt hat, handelt es sich bei dem Filtereinsatz der Norm 1414 um die verbesserte Ausführung der Norm 1412. Im Gegensatz zu dem alten Filtereinsatz – so die Auskunft der Fa. B – ist das Rückhaltevermögen um 40% erhöht worden, daneben wurde die Konstruktion insgesamt verstärkt.

Dies bedeutet aber, daß durch den Austausch allenfalls eine Änderung der Anlage dahingehend bewirkt worden ist, daß deren Sicherheit erhöht wurde. In einem solchen Fall ist nach Rechtsprechung und Literatur eine Änderung aber nicht wesentlich i.S.d. § 15 BImSchG; denn sie gibt nach ihrer Art und ihrem Umfang zu einer erneuten Prüfung der Genehmigung keinen Anlaß (BVerwG NVwZ 1985, 46; LK *Steindorf* Rdnr. 15 zu § 327 StGB m.w.Nachw.).

Nach alledem wird beantragt,

das Verfahren gemäß § 170 Abs. 2 StPO einzustellen.

(Rechtsanwalt)

Anmerkungen

1. Bei Verteidigungsschriften in Verfahren, in denen der Vorwurf noch keine absolut klaren Konturen hat – in Umweltstrafsachen ist das die Regel – empfiehlt sich eine kurze Zusammenfassung, worin die Verteidigung aufgrund der Akte den Tatverdacht sieht und wogegen sich die Einwände richten.

2. Die Ermittlungen wegen des Verdachts einer Straftat nach § 327 Abs. 2 StGB konzentrieren sich häufig auf Fälle, in denen eine nach dem Bundesimmissionsschutzgesetz genehmigungsbedürftige Anlage ganz oder in Teilbereichen geändert betrieben wird, ohne daß die Verwaltungsbehörde die Änderung genehmigt hat. Zur Tatbestandserfüllung des § 327 Abs. 2 StGB ist dabei Voraussetzung, daß die vorgenommene Änderung i.S.d. § 15 BImSchG wesentlich ist. Literatur und Rechtsprechung stellen bei diesem Kriterium darauf ab, ob die Änderung bezogen auf die Schutzgüter der §§ 5 ff. BImSchG nach ihrer Art und ihrem Umfang zu einer erneuten behördlichen Prüfung Anlaß gibt, hierdurch also die immissionsschutzrechtliche Genehmigungsfrage insgesamt erneut aufgeworfen wird (BVerwG NVwZ 1985, 46; LK *Steindorf* Rdnr. 15 zu § 327 StGB m.w.Nachw.; *Michalke*, Umweltstrafsachen, Rz. 155 f.). Dies ist im allgemeinen immer dann der Fall, wenn

durch die Änderung zusätzliche oder andere Gefahren, auf die die bestehende Genehmigung nicht abstellt, herbeigeführt werden. Zur Wesentlichkeit der Änderung existiert eine umfassende Kasuistik, u. a. auch zu § 15 BImSchG (zu § 327 StGB: LK *Steindorf* Rdnr. 9 und 15 zu § 327; zu § 15 BImSchG, Uhle, Laubinger Rdnr. 2 zu § 15 BImSchG). Im allgemeinen ist eine Änderung dann nicht wesentlich, wenn sie sich allein sicherheitserhöhend auswirkt, d. h. keine Gefahren für die Schutzgüter des Bundesimmissionsschutzgesetzes heraufbeschwört.

Liegt eine wesentliche Änderung vor, hat der Anlagenbetreiber die Verpflichtung, nach § 15 Abs. 1 BImSchG um eine Genehmigung der Änderung bei der Behörde nachzusuchen. Tut er dies nicht, handelt er deswegen ordnungswidrig (§ 62 Abs. 1 Ziff. 4 BImSchG). **Betreibt** er die Anlage mit der nicht genehmigten Änderung, greift § 327 Abs. 2 StGB ein.

XIII. Vertretung des Verletzten und Zeugen im Strafverfahren

A. Klageerzwingungsverfahren

1. Einstellungsbeschwerde

An die   Freiburg, den ......[2]
Generalstaatsanwaltschaft Karlsruhe[1]
Hoffstr. 10
7500 Karlsruhe

In dem Strafverfahren
gegen Herrn A... B...
wegen falscher uneidlicher Aussage und Verleumdung
Az.: 43 Js 123/88

lege ich für den Anzeigeerstatter und Verletzten,[3] Herrn C... D..., gegen die Einstellungsverfügung[4] der Staatsanwaltschaft Freiburg vom ......, hier zugegangen[5] am ......

Beschwerde[6]

ein und beantrage,
1. die Einstellungsverfügung aufzuheben,
2. die Staatsanwaltschaft bei dem Landgericht Freiburg anzuweisen, gegen Herrn A... B... Anklage wegen falscher uneidlicher Aussage und Verleumdung zu erheben.[7]

Begründung[8]

Herr C...... D...... hat am ...... bei der Staatsanwaltschaft Freiburg gegen Herrn A...... B...... wegen falscher uneidlicher Aussage und Verleumdung Anzeige erstattet und dessen strafrechtliche Verfolgung verlangt, weil Herr A...... B...... den Beschwerdeführer in einer richterlichen Vernehmung wider besseres Wissen zu Unrecht des Betrugs beschuldigt hat.
1. Die Staatsanwaltschaft hat das Ermittlungsverfahren gegen Herrn A...... B...... wegen des Vorwurfs der uneidlichen Falschaussage[9] mit der Begründung eingestellt, aus dem Hauptverhandlungsprotokoll ergebe sich kein Anhaltspunkt für eine objektiv unwahre Aussage des Herrn A...... B....... Die schriftliche Erklärung des Anzeigeerstatters sei widersprüchlich und begründe keinen für eine Anklageerhebung hinreichenden Tatverdacht.
Die beanstandete Aussage ist weder wörtlich (§ 273 Abs. 3 StPO) noch inhaltlich (§ 273 Abs. 2 StPO) protokolliert worden. Die Hauptverhandlungsniederschrift ist insoweit unvollständig. Damit ist jedoch nicht bewiesen, daß die unwahre Aussage nicht gemacht wurde. Der Inhalt einer Zeugenaussage ist keine Verhandlungsförmlichkeit i.S. von § 274 StPO und nimmt daher auch nicht an der Beweiskraft des Protokolls teil (vgl. *Kleinknecht/Meyer* § 274 Rdnr. 10).
Die Staatsanwaltschaft hätte sich nicht auf die Auswertung der Sitzungsniederschrift beschränken dürfen, sondern hätte die Verfahrensbeteiligten, insbesondere den Vorsitzenden Richter, Herrn L...... M......, und den Protokollbeamten, Herrn G...... H......, als Zeugen vernehmen müssen. Diese weiteren Aufklärungen hätten sich der

Staatsanwaltschaft aufdrängen müssen, nachdem die beanstandete Aussage des Herrn A...... B...... in den Urteilsgründen wiedergegeben und dort ausdrücklich als falsch bezeichnet wurde (Urteil S. 9).......

2. Wegen des Vorwurfs der Verleumdung (§ 187 StGB) hätte die Staatsanwaltschaft den Beschwerdeführer nicht auf den Privatklageweg[10] verweisen dürfen, sondern das öffentliche Interesse an der Strafverfolgung[11] bejahen müssen, weil durch die Tat der Rechtsfrieden über den Lebenskreis des Verletzten hinaus gestört wurde und deshalb die Strafverfolgung ein Anliegen der Allgemeinheit ist....... (ist auszuführen).

Rechtsanwalt

Schrifttum: *Bader,* Zur Form des Klageerzwingungsantrags, NJW 1958, 1307; *Bischoff,* Die Wiedereinsetzung bei Versäumung der Beschwerdefrist des § 172 I StPO, NJW 1986, 2097; *Bischoff,* Die Praxis des Klageerzwingungsverfahrens, NStZ 1988, 63; *Dünnebier,* Das wiederholte Anklageerzwingungsverfahren, JR 1979, 49; *Frisch,* Der Begriff des Verletzten im Klageerzwingungsverfahren, JZ 1974, 7; *Hall/Hupe,* Die Wiederholung des Klageerzwingungsverfahrens, JZ 1961, 360; *Hochheuser,* Der Verletzte im Strafrecht, Diss. Bonn 1965; *Jung,* Die Stellung des Verletzten im Strafprozeß, ZStW 93 (1981), S. 1147; *Kalsbach,* Die gerichtliche Nachprüfung von Maßnahmen der Staatsanwaltschaft im Strafverfahren, 1967; *Kirstgen,* Das Klageerzwingungsverfahren, Diss. Bonn 1986; *Knögel,* Die Problematik des Klageerzwingungsverfahrens nach §§ 172 ff StPO, NJW 1966, 1400; *Knögel,* Noch einmal: Das Klageerzwingungsverfahren nach §§ 172 ff StPO, NJW 1967, 383; *Kohlhaas,* Neue Komplikationen im Klageerzwingungsverfahren, NJW 1962, 950; *Lueder,* Zur Anfechtung von Einstellungsbescheiden der Staatsanwaltschaft, MDR 1960, 189; *Maiwald,* Die Beteiligung des Verletzten am Strafverfahren, GA 1970, 33; *Ostendorf,* Das öffentliche Klageerzwingungsverfahren – ein notwendiges Institut zur Kontrolle der Staatsanwaltschaft, RuP 1980, 185; *Ostler,* Das Klageerzwingungsverfahren, 1931; *Pentz,* Ist das Klageerzwingungsverfahren gegen Jugendliche zulässig?, NJW 1958, 819; *Pentz,* Notanwalt für das Klageerzwingungsverfahren?, NJW 1961, 862; *Poppe,* Die Bewilligung des Armenrechts im Klageerzwingungsverfahren, NJW 1953, 1500; *Rieß,* Alte und neue aktuelle Fragen im Klageerzwingungsverfahren – Notanwalt, Ermittlungserzwingung, NStZ 1986, 433; *H. W. Schmidt,* Keine Beiordnung eines Notanwalts im Klageerzwingungsverfahren, MDR 1965, 872; *Schneidewin,* Das Klageerzwingungsverfahren im Blickfeld der neueren Rechtsprechung, NJW 1965, 1517; *Schulz-Arenstorff,* Die Zulässigkeitserfordernisse des Klageerzwingungsantrags, NJW 1978, 1302; *Werner,* Die Rechtsstellung des Verletzten im Strafverfahren bei staatsanwaltschaftlichen Verfahrenseinstellungen aus Opportunitätsgründen, NStZ 1984, 401.

Anmerkungen

1. Die Einstellungsbeschwerde ist an den vorgesetzten Beamten der Staatsanwaltschaft (nicht an den die Einstellungsverfügung erlassenden Staatsanwalt) zu richten (LR/*Rieß* 24. Aufl. 1987, § 172 Rdnr. 102). Der vorgesetzte Beamte ist nach §§ 145, 147 GVG der erste Beamte der Staatsanwaltschaft, der der einstellenden Staatsanwaltschaft dienstlich übergeordnet ist. Danach ist bei Einstellungsverfügungen von selbständigen Amtsanwaltschaften (derzeit nur in Berlin) der Leitende Oberstaatsanwalt für die Beschwerdeentscheidung zuständig und bei Beschwerden gegen die Staatsanwaltschaft einschließlich der angeschlossenen Amtsanwaltschaften der Generalstaatsanwalt beim Oberlandesgericht. Diese Vorschaltbeschwerde entfällt, wenn der Einstellungsbescheid vom Generalbundesanwalt oder vom Generalstaatsanwalt beim Oberlandesgericht erlassen wurde, weil es insoweit keinen vorgesetzten Beamten der Staatsanwaltschaft gibt (vgl. LR/*Rieß* § 172 Rdnr. 101). In diesen Fällen ist gegen den Einstellungsbescheid der Staatsanwaltschaft unmittelbar der

1. Einstellungsbeschwerde XIII. A. 1

Antrag auf gerichtliche Entscheidung nach § 172 Abs. 2 StPO zu stellen (OLG Karlsruhe NJW 1986, 145 f.).

2. Die Beschwerde muß innerhalb von zwei Wochen bei der Staatsanwaltschaft, die die Einstellungsverfügung erlassen hat, oder bei dem vorgesetzten Beamten der Staatsanwaltschaft eingegangen sein. Der Eingang bei dem Ministerium genügt zur Fristwahrung nicht, weil der Minister nicht Vorgesetzter i. S. von § 172 Abs. 1 StPO ist (vgl. LR/*Meyer-Goßner* 23. Aufl. 1978, § 172 Rdnr. 15).

Die Frist beginnt mit der Zustellung bzw. dem Zugang der formlosen Mitteilung der Einstellungsverfügung (siehe dazu unten Anm. 5); auf die tatsächliche Kenntnisnahme soll es nicht ankommen (KK/*R. Müller* 2. Aufl. 1987, § 172 Rdnr. 8; *Kleinknecht/Meyer* 39. Aufl. 1989, § 172 Rdnr. 16; LR/*Rieß* § 172 Rdnr. 109; a. A. OLG Hamburg JR 1955, 193 mit abl. Anm. *Kohlhaas;* LR/*Meyer-Goßner* 23. Aufl. 1978, § 172 Rdnr. 17, für den Fall, daß nicht förmlich zugestellt wurde).

Bei wiederholter Einstellung kommt es für die Fristberechnung auf den letzten Einstellungsbescheid an (vgl. *Kleinknecht/Meyer* § 172 Rdnr. 16). Bei Fristversäumnis kann entsprechend §§ 44 ff. StPO Wiedereinsetzung in den vorigen Stand beantragt werden (zu den unterschiedlichen Auffassungen über die Zuständigkeit für den Antrag vgl. *Kleinknecht/ Meyer* § 172 Rdnr. 17).

Die zweiwöchige Beschwerdefrist läuft nicht, wenn die Belehrung nach § 171 Satz 2 StPO über die Anfechtbarkeit der Einstellungsverfügung und der Anfechtungsfrist unterblieben ist oder nur unvollständig erteilt wurde, selbst wenn der Antragsteller die Frist kannte.

3. Die Vorschaltbeschwerde nach § 172 Abs. 1 StPO steht nur dem Antragsteller zu, der zugleich Verletzter ist.

Antragsteller ist, wer nach § 171 StPO einen Antrag auf Erhebung der öffentlichen Klage gestellt hat. Ob ein solcher Antrag auf Strafverfolgung in einer Anzeige enthalten ist, muß durch Auslegung ermittelt werden (vgl. *Kleinknecht/Meyer* § 171 Rdnr. 1). Der Antrag auf Erhebung der öffentlichen Klage kann auch noch gestellt werden, wenn die Staatsanwaltschaft das Ermittlungsverfahren schon von Amts wegen oder auf Anzeige anderer eingeleitet hat. Ein entsprechender Antrag kann auch noch nach einer staatsanwaltschaftlichen Einstellungsverfügung gestellt werden, um notfalls eine Klage erzwingen zu können (vgl. LR/*Rieß* § 171 Rdnr. 4, § 172 Rdnr. 47).

Verletzter i. S. der Vorschaltbeschwerde (und des Klageerzwingungsantrags) ist, wer durch die behauptete Straftat in seinen Rechten unmittelbar verletzt wurde. Der Begriff des Verletzten ist zum Schutze des Legalitätsprinzips weit auszulegen. Als Verletzte kommen auch in Betracht: juristische Personen oder Personenvereinigungen (§ 374 Abs. 3 StPO), eine Behörde oder sonstige Stelle, die Aufgaben der öffentlichen Verwaltung wahrnimmt (§ 194 Abs. 2 Satz 2 StGB), eine Religionsgemeinschaft (§ 194 Abs. 2 Satz 3 StGB), eine Regierung (§§ 90 b, 102 ff. StGB) oder ein Gesetzgebungsorgan (§§ 90 b, 105 ff. StGB) (vgl. *Kleinknecht/Meyer* § 172 Rdnr. 9 ff.; zum Konkursverwalter als Verletzten vgl. OLG Koblenz NStZ 1988, 89; zur Verletztenstellung bei den einzelnen Deliktsgruppen vgl. KK/ *R. Müller* § 172 Rdnr. 21 ff.).

4. Stellt die Staatsanwaltschaft das Ermittlungsverfahren ein, so hat sie den Antragsteller unter Angabe von Gründen zu bescheiden (§ 171 Satz 1 StPO), wenn der Antragsteller nicht auf einen Bescheid verzichtet hat. Der Bescheid ist auch zu erteilen, wenn der Antragsteller durch die Straftat nicht verletzt wurde.

5. Eine förmliche Zustellung des Einstellungsbescheides ist gesetzlich nicht vorgeschrieben; § 35 Abs. 2 StPO betrifft nur gerichtliche Entscheidungen. Dem Antragsteller nach § 171 StPO, der zugleich Verletzter ist, soll der Bescheid jedoch förmlich zugestellt werden, wenn es geboten erscheint, hierdurch den Nachweis für den Lauf der Beschwerdefrist zu führen (RiStBV Nr. 91 Abs. 2 Satz 1).

6. Die Einstellungsbeschwerde ist eine „Vorschaltbeschwerde" und Voraussetzung für den Klageerzwingungsantrag an das Oberlandesgericht (vgl. Form. XIII. A. 2). In Staatsschutzsachen, in denen nach §§ 120 Abs. 1, 2; 142a Abs. 1, 2 GVG der Generalstaatsanwalt und der Generalbundesanwalt die staatsanwaltschaftlichen Aufgaben wahrnehmen, entfällt die Einstellungsbeschwerde (KK/R. *Müller* § 172 Rdnr. 4; vgl. oben Anm. 1).

Neben der Einstellungsbeschwerde nach § 172 Abs. 1 Satz 2 StPO ist die nicht fristgebundene Dienstaufsichtsbeschwerde zulässig, die jedermann erheben kann.

7. Die Staatsanwaltschaft kann der Beschwerde abhelfen, indem sie ihre Einstellungsverfügung aufhebt (RiStBV Nr. 105 Abs. 1) und Anklage erhebt oder die Ermittlungen wieder aufnimmt. Mit der Wiederaufnahme der Ermittlungen wird der Einstellungsbescheid gegenstandslos. Damit fehlt der ablehnende Bescheid des vorgesetzten Beamten der Staatsanwaltschaft als Voraussetzung für das gerichtliche Klageerzwingungsverfahren. Die Wiederaufnahme der Ermittlungen ist dem Antragsteller mitzuteilen (RiStBV Nr. 105 Abs. 4).

Hilft die Staatsanwaltschaft der Beschwerde nicht ab, so hat sie dem vorgesetzten Beamten der Staatsanwaltschaft (§ 147 GVG) die Beschwerde mit einem Übersendungsbericht und den Akten vorzulegen (RiStBV Nr. 105 Abs. 2, 3). Der vorgesetzte Beamte kann die Staatsanwaltschaft unter Aufhebung der Einstellungsverfügung zur Erhebung der öffentlichen Klage anweisen oder ergänzende Ermittlungen anordnen. Hält er die Beschwerde für unbegründet, so weist er sie zurück und eröffnet damit den Weg zum Klageerzwingungsantrag an das Oberlandesgericht (s. Form. XIII. A. 2).

8. Eine Begründung der Beschwerde ist (anders als beim Antrag auf gerichtliche Entscheidung) nicht vorgeschrieben. Es empfiehlt sich jedoch, die Tatsachen vorzutragen, die Anlaß zur Fortsetzung der Ermittlungen oder zur Erhebung der öffentlichen Klage geben.

9. Bei Aussagedelikten ist derjenige Prozeßbeteiligte Verletzter i.S. § 172 StPO, zu dessen Nachteil die Entscheidung beeinflußt oder dessen Beweislage verschlechtert wurde (vgl. KK/R. *Müller* § 172 Rdnr. 26; LR/*Rieß* § 172 Rdnr. 71).

10. Das Klageerzwingungsverfahren ist stets ausgeschlossen, wenn es sich um eine Straftat handelt, die nach § 374 StPO als Privatklagedelikt verfolgt werden könnte. Treffen in einer prozessualen Tat (§ 264 StPO) ein Offizialdelikt und ein privatklagefähiges Delikt zusammen, so ist das Klageerzwingungsverfahren für beide Delikte zulässig, wenn der Antragsteller auch durch das Offizialdelikt verletzt ist (vgl. *Kleinknecht/Meyer* § 172 Rdnr. 2).

11. Bei Delikten, die nach § 374 StPO privatklagefähig sind, wird die öffentliche Klage nur dann erhoben, wenn dies im öffentlichen Interesse liegt (§ 376 StPO). Verneint die Staatsanwaltschaft das öffentliche Interesse, so stellt sie das Ermittlungsverfahren ein und verweist den Antragsteller in der Regel auf den Privatklageweg. Das staatsanwaltschaftliche Ermessen bei der Bejahung oder Verneinung des öffentlichen Interesses ist gerichtlich nicht nachprüfbar (BVerfGE 51, 176). Stehen das Offizialdelikt und das privatklagefähige Delikt in Gesetzeskonkurrenz oder in Tateinheit, so kommt nur eine öffentliche Klage in Betracht (vgl. *Kleinknecht/Meyer* § 376 Rdnr. 9).

2. Klageerzwingungsantrag

An das   Freiburg, den ......[2]
Oberlandesgericht Karlsruhe[1]
– Strafsenat –
Hoffstr. 10
7500 Karlsruhe

In dem Ermittlungsverfahren
der Staatsanwaltschaft Freiburg
gegen den ledigen Kaufmann, Herrn A... B...,
geb. am ......, in ......, wohnhaft ......,
wegen Betrugs
Az.: 31 Js 234/87

beantrage ich[3] namens und in Vollmacht[4] der Verletzten,[5] Frau C... D..., wohnhaft ......, durch

gerichtliche Entscheidung,[6]

die Erhebung der öffentlichen Klage gegen den Beschuldigten, Herrn A... B..., wegen Betrugs anzuordnen.[7]

Begründung:[8]
I.

Die Antragstellerin hat am 25. 2. 1987 in Freiburg von dem Beschuldigten einen Gebrauchtwagen, Typ ...... polizeiliches Kennzeichen ......, für DM 10.000,– gekauft, bezahlt und übereignet erhalten. Der schriftliche Kaufvertrag enthält die Zusicherung, daß der Pkw unfallfrei ist (Kaufvertrag, As. 5).

Anläßlich einer Kfz-Reparatur hat die Antragstellerin am 19. 4. 1987 von dem Kfz-Meister G... H... erfahren, daß der angeblich unfallfreie Pkw am Fahrgestell erhebliche unfallbedingte Stauchungen aufweist. Ohne Reparatur dieser Schäden sei das Fahrzeug nicht verkehrssicher und müsse aus dem Verkehr gezogen werden. Die Mängel seien nur oberflächlich kaschiert und minderten den Wiederverkaufswert des Pkw erheblich.

Nachdem der Beschuldigte das schriftliche Wandelungsbegehren der Antragstellerin vom 24. 4. 1987 unbeantwortet ließ, hat Frau C... D... den dargelegten Sachverhalt am 6. 5. 1987 beim Polizeirevier Freiburg-Nord angezeigt und gegen den Beschuldigten „Strafantrag wegen aller verfolgbaren Delikte" gestellt.

Beweis: Kopie der Anzeigeniederschrift vom 6. 5. 1987 (Anlage 1).

Soweit aus den Strafakten ersichtlich, sind auf diese Anzeige hin folgende Ermittlungen angestellt worden:

a) Am 13. 5. 1987 wurde der Kfz-Meister G... H... als Zeuge polizeilich vernommen. Er hat die Schäden am Fahrgestell im einzelnen beschrieben und die Reparaturbedürftigkeit bestätigt. Den Wert des Unfallfahrzeugs zum Zeitpunkt der Veräußerung gab der Zeuge mit ca. DM 9.000,– an. Ohne den Unfall hätte das Fahrzeug nach der Gebrauchtwagenpreisliste seinerzeit einen Wert von DM 10.800,– gehabt (Vernehmungsprotokoll, As. 13 f.).

b) Der Beschuldigte hat der Ladung zur polizeilichen Vernehmung keine Folge geleistet. Anläßlich der Terminsabsage hat er gegenüber dem Polizeibeamten X... beiläufg erklärt, von einem Unfall an dem Gebrauchtwagen sei ihm nichts bekannt; im übrigen sei der Kaufpreis in jedem Falle angemessen. Darüber hinaus wollte der Beschuldigte keine Angaben machen (Aktenvermerk über das Telefongespräch vom 15. 5. 1987, As. 19).

Mit Verfügung vom 7. 6. 1987 hat die Staatsanwaltschaft Freiburg das Ermittlungsverfahren nach § 170 Abs. 2 StPO aus tatsächlichen Gründen eingestellt, weil die Behauptung des Beschuldigten, er habe den Unfallschaden nicht gekannt, nicht zu widerlegen sei.

Beweis: Kopie des Einstellungsbescheides vom 7. 6. 1987 (Anlage 2).

Der Einstellungsbescheid[9] wurde der Antragstellerin am 12. 6. 1987 förmlich zugestellt[10] (Zustellungsurkunde, As. 29). Gegen den Einstellungsbescheid hat die Antragstellerin durch den Unterzeichneten am 20. 6. 1987, also innerhalb der zweiwöchigen Frist, Einstellungsbeschwerde[11] zum Generalstaatsanwalt bei dem Oberlandesgericht Karlsruhe erhoben.

Beweis: Kopie der Einstellungsbeschwerde vom 20. 6. 1987 (Anlage 3).

Die Beschwerde ist u. a. auf eine schriftliche Erklärung vom 14. 6. 1987 des Herrn O... P... gestützt, der den Pkw unmittelbar vor dem Beschuldigten besessen hat. Hierin heißt es:

„Ich bestätige, daß mein früherer Pkw, Typ ......, den ich vom Kauf ab Werk bis zur Veräußerung an Herrn A... B... ständig in meinem Besitz gehabt habe, während dieser Zeit keinen Unfallschaden erlitten hat. Diese Tatsache kann auch durch meine damalige Reparaturwerkstatt S... T... bestätigt werden, die das Fahrzeug bis zur Veräußerung regelmäßig gewartet hat. ......" (Bestätigungsschreiben, As. 33).

Trotz dieses neuen Beweismittels hat die Staatsanwaltschaft Freiburg der Beschwerde nicht abgeholfen und in ihrem Übersendungsbericht an die Generalstaatsanwaltschaft ohne weitere Ausführungen den für eine Anklageerhebung notwendigen hinreichenden Tatverdacht verneint (Übersendungsbericht, As. 37).

Der Generalstaatsanwalt hat die Beschwerde mit Bescheid vom 23. 7. 1987 als unbegründet zurückgewiesen und den Antrag auf Erhebung der öffentlichen Klage abgelehnt, weil selbst für den Fall, daß der Beschuldigte den Unfallschaden beim Verkauf vorsätzlich verschwiegen hätte, der Antragstellerin jedenfalls kein wirtschaftlicher Schaden entstanden sei. Der Pkw sei mit DM 10.000,– wertentsprechend bezahlt. Nach der objektiv-wirtschaftlichen Schadensberechnung habe die Antragstellerin keinen Vermögensnachteil erlitten, weil sie für den Kaufpreis ein wirtschaftliches Äquivalent erhalten habe.

Beweis: Kopie des Beschwerdebescheides vom 23. 7. 1987, Az.: Zs 19/88 (Anlage 4).

Gegen diesen Beschwerdebescheid[12] richtet sich der Antrag auf gerichtliche Entscheidung.

II.

Nach dem bisherigen Ermittlungsergebnis hätte die Staatsanwaltschaft öffentliche Klage erheben müssen. Die Einstellung des Verfahrens nach § 170 Abs. 2 StPO verletzt das Legalitätsprinzip. Der Beschuldigte ist sogar dringend[13] verdächtig, die Antragstellerin betrogen zu haben:

Frau C... D... wurde durch die falsche Angabe, der Pkw sei unfallfrei, zum Abschluß und zur Erfüllung des Kaufvertrages vom 15. 2. 1987 bestimmt.

Beweis:[14] – Zeugenaussage der Antragstellerin, Frau C... D..., wohnhaft ......
– Kaufvertrag vom 15. 2. 1987 (As. 5).

Tatsächlich handelt es sich bei dem an die Antragstellerin verkauften Pkw um einen Unfallwagen.

Beweis: – Aussage des sachverständigen Zeugen, Kfz-Meister G... H..., ladungsfähige Anschrift ......
– Sachverständigengutachten

Die Antragstellerin hat durch die täuschungsbedingte Vermögensverfügung einen Vermögensschaden erlitten, weil das Unfallfahrzeug zum Zeitpunkt der Veräußerung nicht den bezahlten Kaufpreis von DM 10.000,– wert war.

Beweis: – Aussage des sachverständigen Zeugen, Kfz-Meister G... H...
– Sachverständigengutachten

Selbst wenn man der Behauptung des Beschuldigten und der Begründung des Beschwerdebescheides folgt, der Pkw sei den Kaufpreis wert gewesen, liegt gleichwohl ein Schaden im Sinne des Betrugstatbestandes vor. Denn der Käufer ist nicht nur dann geschädigt, wenn er täuschungsbedingt einen höheren Kaufpreis als den Verkehrswert bezahlt, sondern auch, wenn er den Gebrauchtwagen zu einem den tatsächlichen Marktwert nicht übersteigenden Preis erwirbt, das Fahrzeug aber wegen der verschwiegenen Mängel überhaupt nicht oder erst nach größeren Reparaturen wieder fahrbereit ist (sog. persönlicher Schadenseinschlag) (OLG Düsseldorf VRS 39, 269; OLG Stuttgart Die Justiz 1967, 56; OLG Karlsruhe NJW 1980, 1762). An dieser, nach dem Vertragzweck vorausgesetzten Verwendbarkeit des Kaufgegenstandes fehlt es hier, weil das Fahrzeug ohne größere Reparaturen im Verkehr nicht geführt werden durfte.

Beweis: – Aussage des sachverständigen Zeugen, Kfz-Meister G... H...
– Sachverständigengutachten

Der Beschuldigte hat der Antragstellerin wider besseres Wissen die Unfallfreiheit des Fahrzeugs zugesichert. Er wußte, daß der Pkw einen Unfall erlitten hatte, weil das schädigende Ereignis in der Zeit eingetreten ist, als der Pkw im Besitz des Beschuldigten war. Vor dem Erwerb durch den Beschuldigten war das Fahrzeug unfallfrei.

Beweis: – Zeugenaussage des Vorbesitzers, Herrn O... P..., wohnhaft ......
– schriftliche Bestätigung des Herrn O... P... vom 14. 6. 1987 (As. 33)

Der Beschuldigte wollte sein Unfallfahrzeug zum Nachteil der Antragstellerin gewinnbringend veräußern und hat deshalb in der Absicht gehandelt, sich rechtswidrig zu bereichern.

III.

Frau C... D... ist befugt,[15] das Klageerzwingungsverfahren zu betreiben, weil sie Antragstellerin[16] und zugleich Verletzte[16] im Sinne von § 172 Abs. 1 StPO ist:
Mit ihrer Strafanzeige und dem – nicht erforderlichen – Strafantrag hat sie ihr unbedingtes Strafverfolgungsinteresse zum Ausdruck gebracht. Durch die Bezahlung des Gebrauchtwagens hat sie unmittelbar einen Vermögensverlust erlitten und ist damit geschädigt.

Rechtsanwalt[17]

Schrifttum: Vgl. Form. XIII. A. 1.

Anmerkungen

1. Über den Antrag auf gerichtliche Entscheidung gegen den ablehnenden Bescheid des vorgesetzten Beamten der Staatsanwaltschaft entscheidet das zuständige Oberlandesgericht (§ 172 Abs. 4 Satz 1 StPO), bei dem der Antrag auch einzureichen ist (§ 172 Abs. 3 Satz 3 StPO). Zuständig ist das Oberlandesgericht, in dessen Bezirk die Staatsanwaltschaft ihren Sitz hat, die das Verfahren eingestellt hat. Der Antrag kann nicht zu Protokoll der Geschäftsstelle des Oberlandesgerichts gestellt werden (*Kleinknecht/Meyer* § 172 Rdnr. 32).
Auch in Staatsschutzsachen mit der Zuständigkeit des Oberlandesgerichts im ersten Rechtszug ist der Klageerzwingungsantrag an das zuständige Oberlandesgericht zu richten (*Kleinknecht/Meyer* § 172 Rdnr. 38). (Zur Einstellungsbeschwerde vgl. Form. XIII A. 1 Anm. 6.)

2. Der Klageerzwingungsantrag muß innerhalb eines Monats ab Bekanntmachung der Beschwerdeentscheidung beim zuständigen Oberlandesgericht eingehen (vgl. § 172 Abs. 2 Satz 1 StPO). Die Einreichung bei der Staatsanwaltschaft oder bei den auswärtigen Zivilsenaten des Oberlandesgerichts genügt zur Fristwahrung nicht (OLG Karlsruhe Justiz 1980, 207). Gegen die Fristversäumnis ist Wiedereinsetzung in den vorigen Stand zulässig. Das Verschulden eines Rechtsanwalts, der den Klageerzwingungsantrag verspätet eingelegt hat, soll nach herrschender Meinung dem Antragsteller zuzurechnen sein (vgl. OLG Hamm NJW 1972, 1431; OLG Düsseldorf NStZ 1989, 193 mit ablehnender Anm. von *Rieß;* OLG München NStZ 1987, 136; *Kleinknecht/Meyer* § 172 Rdnr. 25, § 44 Rdnr. 19; KK/*R. Müller* § 172 Rdnr. 32 m. w. Nachw.; a. A. LR/*Rieß* § 172 Rdnr. 130).

Die Antragsfrist läuft nicht, wenn der Antragsteller über die Möglichkeit, gegen die ablehnende Beschwerdeentscheidung gerichtliche Entscheidung zu beantragen und über die dafür vorgeschriebene Form und Frist nicht belehrt wurde (§ 172 Abs. 2 Satz 2 StPO).

3. Nur ein Rechtsanwalt kann für den Antragsteller (auch in eigener Sache, OLG Bremen MDR 1971, 507) die gerichtliche Entscheidung nach § 172 Abs. 2 Satz 1 StPO beantragen (§ 172 Abs. 3 Satz 2 StPO). Eine andere Person ist auch dann nicht befugt, wenn sie nach § 138 StPO als Verteidiger aufzutreten berechtigt ist. Siehe auch Anm. 17.

4. Der Rechtsanwalt muß innerhalb der Rechtsmittelfrist bevollmächtigt sein; der Nachweis der rechtzeitigen Bevollmächtigung kann später erbracht werden (*Kleinknecht/Meyer* § 172 Rdnr. 32).

5. Zur Verletzteneigenschaft vgl. Form. XIII. A. 1 Anm. 3. Der Antragsteller muß prozeßfähig sein; sonst muß für ihn der gesetzliche Vertreter tätig werden (*Kleinknecht/Meyer* § 172 Rdnr. 7).

6. Das Oberlandesgericht beschließt die Verwerfung des Antrags als unzulässig, wenn die formellen Voraussetzungen fehlen (z.B. Vorschaltbeschwerde, Fristwahrung, vollständige Sachverhaltsdarlegung mit Beweismittelangaben, Unterzeichnung durch einen Rechtsanwalt). Der Antrag wird als unbegründet verworfen, wenn das Ermittlungsergebnis keinen genügenden Anlaß zur Erhebung der öffentlichen Klage gibt (§ 174 Abs. 1 StPO). Ist der Antrag verworfen, so kann die Staatsanwaltschaft nur aufgrund neuer Tatsachen oder Beweismittel öffentliche Klage erheben (§ 174 Abs. 2 StPO). Der Antrag kann bis zur Entscheidung zurückgenommen und innerhalb der Monatsfrist erneut gestellt werden (KK/*R. Müller* § 172 Rdnr. 57).

Für den Klageerzwingungsantrag kann dem Antragsteller nach § 172 Abs. 3 Satz 2 StPO Prozeßkostenhilfe bewilligt werden. Der Antrag ist bei dem für die Entscheidung zuständigen Gericht (§ 172 Abs. 3 Satz 3 StPO) schriftlich oder zu Protokoll der Geschäftsstelle des Oberlandesgerichts einzureichen. Der Antrag muß vor Ablauf der Monatsfrist gestellt werden (vgl. *Kleinknecht/Meyer* § 172 Rdnr. 21 m. w. Nachw.; a. A. OLG Düsseldorf JMBlNRW 1988, 215). Der Antrag ist unzulässig, wenn der Antragsteller nicht innerhalb eines Monats ab Zustellung des Beschwerdebescheides der Generalstaatsanwaltschaft die Erklärung über seine persönlichen und wirtschaftlichen Verhältnisse auf dem entsprechenden Vordruck (VO vom 24. 11. 1980, BGBl. I S. 2163) einreicht (OLG Stuttgart NStZ 1985, 41). Die §§ 114ff. ZPO gelten für die Voraussetzungen und Wirkungen der Prozeßkostenhilfe. Der Klageerzwingungsantrag muß hinreichende Erfolgsaussichten haben. Das Bewilligungs- und Beschwerdeverfahren richtet sich nach der Strafprozeßordnung. Über die Gewährung der Prozeßkostenhilfe entscheidet das Oberlandesgericht durch unanfechtbaren Beschluß (§ 304 Abs. 4 Satz 2 StPO). Zu einem Prozeßkostenhilfeantrag im Strafverfahren vgl. Form. XIII B. 2. Umstritten ist, ob dem Verletzten zur Stellung des gerichtlichen Klageerzwingungsantrags ein Notanwalt (analog § 78b ZPO) durch das Oberlandesgericht beigeordnet werden kann, wenn der Beschwerdeführer keinen zu seiner Vertretung bereiten Rechtsanwalt findet. Nach überwiegender Meinung wird der Anspruch auf Beiordnung eines Notanwalts verneint (vgl. z.B. OLG Bremen NStZ 1986,

2. Klageerzwingungsantrag XIII. A. 2

475; OLG Celle NStZ 1985, 234; OLG Düsseldorf NStZ 1985, 571; OLG Frankfurt NStZ 1981, 491; OLG Düsseldorf MDR 1988, 165; *Kleinknecht/Meyer* § 172 Rdnr. 23; KK/*R. Müller* § 172 Rdnr. 55). Dagegen wird die Bestellung eines Notanwalts zutreffend mit der Begründung bejaht, daß für den gerichtlichen Klageerzwingungsantrag ausnahmslos die Vertretung durch einen Rechtsanwalt vorgeschrieben ist und der Verletzte rechtslos bliebe, wenn er keinen zur Übernahme seines Mandats bereiten Rechtsanwalt findet. Einen Notanwalt befürworten OLG Koblenz NJW 1982, 61; OLG Saarbrücken NJW 1964, 1534; OLG Stuttgart JZ 1952, 284; *Meyer-Goßner* NStZ 1985, 234; *Roxin*, Strafverfahrensrecht, 20. Aufl. 1987, § 39B III 1b; LR/*Rieß* § 172 Rdnr. 157; *ders.* NStZ 1986, 433 ff. Der Notanwalt ist nur auf Antrag des Verletzten zu bestellen. Dafür genügt einfache Schriftform und auch die Antragstellung zu Protokoll des Urkundsbeamten der Geschäftsstelle. Der Antrag ist nur zulässig, wenn der Beschwerdeführer nachweist, daß er sich bei einer gewissen Anzahl von Rechtsanwälten erfolglos um die Übernahme des Mandats bemüht hat, gegebenenfalls nach Anfrage bei der Rechtsanwaltskammer. Der Antrag auf Beiordnung eines Notanwalts muß eine Begründung enthalten (OLG Hamburg MDR 1985, 783). Bei erkennbarer Aussichtslosigkeit des gerichtlichen Klageerzwingungsantrags wird kein Notanwalt bestellt. Über den Antrag entscheidet das Oberlandesgericht nach Anhörung der Staatsanwaltschaft. Gegen den ablehnenden Beschluß ist keine Beschwerde gegeben (§ 304 Abs. 4 Satz 2 StPO). (Vgl. zum Notanwalt ausführlich LR/*Rieß* § 172 Rdnr. 156 ff.)

Das Oberlandesgericht kann dem Antragsteller vor der Entscheidung über den Klageerzwingungsantrag die Leistung einer Sicherheit für die Kosten auferlegen. Die Höhe der zu leistenden Sicherheit wird von dem Gericht nach freiem Ermessen festgesetzt. Das Gericht bestimmt eine Frist, binnen welcher die Sicherheit zu leisten ist. Wird die Sicherheit nicht rechtzeitig erbracht, so wird der Klageerzwingungsantrag als zurückgenommen behandelt (§ 176 Abs. 2 StPO).

7. Beschließt das Oberlandesgericht die Erhebung der öffentlichen Klage, so hat die Staatsanwaltschaft den Beschluß auszuführen (§ 175 StPO). Sie ist an den Beschluß des Oberlandesgerichts in tatsächlicher und rechtlicher Hinsicht gebunden. Die Staatsanwaltschaft wählt das Gericht aus (§§ 24 ff. GVG), bei dem die Anklage erhoben wird. Eine Verfahrenseinstellung nach §§ 153, 153a StPO kommt erst nach Klageerhebung und nur mit Zustimmung des Gerichts in Betracht (*Kleinknecht/Meyer* § 175 Rdnr. 3).

Auf den Klageerzwingungsantrag kann nicht die Anordnung ergehen, die Staatsanwaltschaft habe die Ermittlungen wieder aufzunehmen (streitig, vgl. dazu *Kleinknecht/Meyer* § 175 Rdnr. 2; ausführlich *Rieß* NStZ 1986, 436; LR/*ders.* § 175 Rdnr. 16 ff.). Das Oberlandesgericht kann jedoch zur Vorbereitung seiner Entscheidung über den Klageerzwingungsantrag selbst Ermittlungen anordnen (§ 173 Abs. 3 StPO); vgl. dazu LR/*Rieß* § 173 Rdnr. 12 ff.

8. Der **Klageerzwingungsantrag** hat strenge **Zulässigkeitsvoraussetzungen**:

a) Zum notwendigen Inhalt des Antrags gehört eine aus sich heraus verständliche und in sich geschlossene Sachverhaltsdarstellung, die bei Unterstellung ihrer Richtigkeit die Erhebung der öffentlichen Klage formell und materiell rechtfertigen würde (vgl. z.B. *Kleinknecht/Meyer* § 172 Rdnr. 27).

b) Die Sachdarstellung muß in groben Zügen den Gang des Ermittlungsverfahrens, den Inhalt der angegriffenen Bescheide und die Gründe ihrer Unrichtigkeit enthalten (*Kleinknecht/Meyer* § 172 Rdnr. 27). Die Antragsschrift ist so abzufassen, daß es dem Oberlandesgericht ohne Rückgriff auf die Ermittlungsakten und Beiakten möglich ist, eine Schlüssigkeitsprüfung vorzunehmen (OLG Düsseldorf StV 1983, 498; KK/*R. Müller* § 172 Rdnr. 34 m.w. Nachw.). Zur Frage der Begründungsanforderungen gibt es stark abweichende Meinungen. Ganz überwiegend verlangen die Oberlandesgerichte eine Darstellung über den Verlauf des Ermittlungsverfahrens, eine Wiedergabe der Einstellungsbescheide und eine Auseinandersetzung mit ihnen, vgl. z.B. OLG Schleswig NStZ

1989, 286; OLG Koblenz NJW 1977, 1461; OLG Stuttgart Justiz 1984, 186. Dagegen verlangt das OLG Celle, NStZ 1989, 43 (früher schon der 2. Senat des OLG Celle NdsRpfl 1987, 38) keine Wiedergabe des Inhalts der Bescheide und keine inhaltliche Auseinandersetzung mit ihnen (vgl. zur Kontroverse die Urteilsanmerkung von *Wohlers,* NStZ 1990, 98). Eine vermittelnde Auffassung vertritt das OLG Bamberg NStZ 1989, 543, und NStZ 1989, 544, mit Anm. *Rieß.*

c) Die Bezugnahme auf Schriftstücke, die sich bei den Akten befinden oder die dem Klageerzwingungsantrag als Anlagen beigefügt oder auszugsweise in die Antragsschrift eingefügt sind, ist als Umgehung der Formvorschrift des § 172 Abs. 3 Satz 1 StPO unzulässig, wenn die erforderliche geschlossene Sachdarstellung erst durch die Anlagen oder die eingefügten Schriftstücke erreicht wird. Die Bezugnahme auf Anlagen ist nur zur näheren Erläuterung des Antragsvorbringens zulässig (OLG Düsseldorf StV 1983, 498).

d) Der Klageerzwingungsantrag muß sich erkennbar mit den Argumenten der staatsanwaltschaftlichen Einstellungsbescheide auseinandersetzen. Dabei ist auszuführen, aus welchen Gründen das Legalitätsprinzip verletzt sein soll (OLG Düsseldorf StV 1983, 498; OLG Düsseldorf NJW 1981, 934 m. w. Nachw.). Diese Darlegungsanforderungen verstoßen nicht gegen Art. 19 Abs. 4 GG und nicht gegen das Willkürverbot des Art. 3 Abs. 1 GG (BVerfG NJW 1979, 364).

e) Aus der Antragsschrift muß nachzuvollziehen sein, daß die Beschwerdefrist gem. § 172 Abs. 1 StPO eingehalten ist (vgl. OLG Karlsruhe NStZ 1982, 520; OLG Stuttgart Justiz 1983, 394; vgl. auch OLG Bamberg NStZ 1990, 202; zur Verfassungsmäßigkeit dieser Anforderung vgl. BVerfG NJW 1988, 1733; a.A. KK/*R. Müller* § 172 Rdnr. 38). Es genügt nicht, daß die Daten den Ermittlungsakten entnommen werden können.

f) Die Antragsbefugnis und die Verletzteneigenschaft müssen begründet werden (*Kleinknecht/Meyer* § 172 Rdnr. 27).

g) Bei Antragsdelikten ist in nachprüfbarer Weise darzulegen, daß die Strafantragsfrist nach § 77b StGB eingehalten wurde. Dazu gehört auch die Angabe des Zeitpunkts, in dem der Antragsteller von der Tat und der Person des Täters Kenntnis erlangt hat (Beginn der Strafantragsfrist) (*Kleinknecht/Meyer* § 172 Rdnr. 28).

h) Wurde die Einstellung der Ermittlungen auf den Eintritt der Strafverfolgungsverjährung gestützt, so muß die gegenteilige Auffassung in der Antragsschrift begründet werden (*Kleinknecht/Meyer* § 172 Rdnr. 29). Liegt die behauptete Straftat zeitlich weit zurück, so gehört es zu den Zulässigkeitsvoraussetzungen des § 172 Abs. 3 Satz 1 StPO, Tatsachen vorzutragen, die die Strafverfolgungsverjährung unterbrochen haben sollen. Dieser Vortrag wird nicht verlangt, wenn dem Vertreter des Antragstellers Akteneinsicht verweigert wurde (OLG Hamburg NStZ 1985, 41; siehe auch OLG München NJW 1973, 2120).

i) Der Klageerzwingungsantrag muß die Beweismittel angeben, mit denen nach Auffassung des Antragstellers der hinreichende Tatverdacht bewiesen werden kann (§ 172 Abs. 3 Satz 1 StPO). Der Klageerzwingungsantrag kann auch neue Tatsachen und Beweismittel enthalten (*Kleinknecht/Meyer* § 172 Rdnr. 31).

9. Zum Einstellungsbescheid vgl. Form. XIII. A. 1 Anm. 4.

10. Zur Zustellung der Einstellungsverfügung vgl. Form. XIII A. 1 Anm. 5.

11. Zur Einstellungsbeschwerde vgl. Form. XIII. A. 1.

12. Erst wenn der vorgesetzte Beamte der Staatsanwaltschaft die Einstellungsbeschwerde durch Beschwerdebescheid zurückgewiesen hat, ist für den Verletzten der Klageerzwingungsantrag zum Oberlandesgericht statthaft. Die Entscheidung des Generalstaatsanwalts ist stets sachlicher Art. Er darf sich nicht darauf beschränken, die Beschwerde wegen Fristversäumnis oder fehlender Verletzteneigenschaft als unzulässig zu verwerfen. Er muß auch in diesen Fällen prüfen, ob Anlaß zum Einschreiten besteht (vgl. LR/*Rieß* § 172 Rdnr. 110). Gegen die Beschwerdeentscheidung des Generalstaatsanwalts ist Dienstauf-

sichtsbeschwerde an den Justizminister zulässig, unabhängig davon, ob ein Klageerzwingungsantrag gestellt wird oder nicht (vgl. *Kleinknecht/Meyer* § 172 Rdnr. 18).

13. Die Erhebung der öffentlichen Klage setzt voraus, daß die Ermittlungen hierfür „genügenden Anlaß" bieten (§ 170 Abs. 1 StPO). „Genügender Anlaß" besteht bei „hinreichendem Tatverdacht", wenn also nach dem gesamten Akteninhalt bei vorläufiger Tatbewertung (BGHSt 23, 304) die Verurteilung des Beschuldigten mit Wahrscheinlichkeit zu erwarten ist (vgl. dazu z. B. *Kleinknecht/Meyer* § 170 Rdnr. 1). Dringender Tatverdacht (siehe dazu *Kleinknecht/Meyer* § 112 Rdnr. 5) ist keine Anklagevoraussetzung.

14. Der Klageerzwingungsantrag muß auch die Angabe der Beweismittel enthalten (§ 172 Abs. 3 Satz 1 StPO, siehe dazu oben Anm. 8i).

15. Die Antragsbefugnis muß sich unmittelbar aus der Antragsschrift ergeben. Auch insoweit genügt eine Bezugnahme auf die Ermittlungsakte oder auf andere Schriftstücke nicht (vgl. OLG Hamburg NJW 1970, 1561 f.).

16. Zu den Begriffen „Antragsteller" und „Verletzter" siehe Form. XIII A. 1 Anm. 3.

17. Der Klageerzwingungsantrag muß von einem Rechtsanwalt unterzeichnet sein (§ 172 Abs. 3 Satz 2 StPO). Voraussetzung ist, daß der Rechtsanwalt den Antrag einschließlich der Anlagen sachlich geprüft und für ihn im Rahmen seiner Standespflichten die Verantwortung übernommen hat (vgl. *Kleinknecht/Meyer* § 172 Rdnr. 33). OLG München NStZ 1984, 281 f., verlangt sogar „die vollständige Erarbeitung des Prozeßstoffes, seine geistige Durchdringung sowie schließlich eine maßgeblich gestaltende Einflußnahme auf die Fertigung der Antragsschrift durch den Rechtsanwalt, wobei dies aus dem Antrag selbst erkennbar sein muß". Nach Ablauf der Frist für die Anbringung des Klageerzwingungsantrags kann ein entsprechender Mangel nicht mehr geheilt werden (*Kleinknecht/Meyer* § 172 Rdnr. 33).

B. Privatklageverfahren

1. Antrag auf Durchführung eines Sühneverfahrens in Privatklagesachen[1]

An die   Freiburg, den ......[3]
Stadt Freiburg i. Br.[2]
– Vergleichsbehörde –
Rathausplatz 2
7800 Freiburg i. Br.

In der Privatklagesache
des Herrn A ...... B ......, wohnhaft ......[4]

– Antragsteller –

Verfahrensbevollmächtigter:[5] RA K ...... L ......

gegen

Herrn C ...... D ......, wohnhaft ......[4]

– Antragsgegner –

wegen Beleidigung und übler Nachrede[6]

zeige ich die Vertretung des Antragstellers an und lege entsprechende Vollmacht vor.

Ich beantrage,

1. zur Durchführung eines Sühneversuchs einen Sühnetermin zu bestimmen[7] und
2. das persönliche Erscheinen der Parteien anzuordnen.[8]

Zur Begründung[9] unterbreite ich folgenden Sachverhalt:
Herr A ...... B ...... hatte an den Antragsgegner eine Wohnung vermietet. Das Mietverhältnis ist nach einer Zwangsräumung beendet. Schon während des Rechtsstreits hat sich der Antragsgegner über Herrn A ...... B ...... wiederholt in beleidigender Weise Dritten gegenüber geäußert. Auf die schriftliche Abmahnung des Herrn A ...... B ...... vom ...... (Anlage 1) hat der Antragsgegner am ...... allen zwölf Mietparteien im Anwesen des Antragstellers das vervielfältigte Flugblatt „Hütet Euch!" (Anlage 2) in den Briefkasten geworfen.
Dieses Flugblatt enthält grobe Beleidigungen und ehrenrührige unwahre Tatsachenbehauptungen. ...... (ist auszuführen).
Wegen der Beleidigungen (§ 185 StGB) und der üblen Nachrede (§ 186 StGB) hat der Antragsteller am ...... beim Polizeirevier ...... Anzeige erstattet und Strafantrag[10] gestellt (Anlage 3).
Mit dem Sühneverfahren soll eine gütliche Erledigung des Streits versucht werden. Im Falle des Scheiterns wird Privatklage erhoben.
Ich bitte die Gebühr zur Durchführung des Sühneversuchs festzusetzen[11] und über mich anzufordern.

Rechtsanwalt

Schrifttum: Ad. Arndt, Vergleiche im Strafverfahren, NJW 1962, 783; *Brangsch,* Die Vertretung im Sühneverfahren vor dem Schiedsmann, AnwBl. 1958, 25; *Dempewolf,* Handbuch des Privatklagerechts, 1971; *Doering,* Beleidigung und Privatklage, 1971;

1. Antrag auf Durchführung eines Sühneverfahrens in Privatklagesachen   **XIII. B. 1**

Geerds, Der Schiedsmann in der Strafrechtspflege. Gegenwärtige Funktionen und künftige Möglichkeiten, SchiedsmZ 1980, 73; *Grebing,* Abschaffung oder Reform der Privatklage?, GA 1984, 1; *Herlan,* Die Beweiserhebung im Privatklageverfahren, DRiZ 1963, 188; *Koewins,* Die Rechtswirklichkeit der Privatklage, 1974; *Kuhn,* Die Beweiserhebung im Privatklageverfahren, DRiZ 1963, 188; *Maiwald,* Die Beleidigung des Verletzten im Strafverfahren, GA 1970, 33; *Martin,* Das Sühneverfahren vor dem Schiedsmann in Strafsachen, 1988; *Meynert,* Sofortige Beschwerde des Privatbeklagten gegen Einstellung wegen Geringfügigkeit, MDR 1973, 7; *Nierwetberg,* Die Feststellung hinreichenden Tatverdachts bei der Eröffnung insbesondere des Privatklagehauptverfahrens, NStZ 1989, 212; *von Schacky,* Das Privatklageverfahren und seine Bedeutung heute, 1975; *W. Schmid,* Zur Prozeßfähigkeit des Privat- und Nebenklägers, SchlHa 1981, 153; *Schorn,* Das Recht der Privatklage, 1967; *Stöckel,* Sühneversuch im Privatklageverfahren, 1982; *Thomas,* Der Auslagenvorschuß des Privatklägers, AnwBl. 1979, 128; *Zipf,* Strafantrag, Privatklage und staatlicher Strafanspruch, GA 1969, 234.

Anmerkungen

1. Bei bestimmten Privatklagedelikten (Hausfriedensbruch, Beleidigung, Verletzung des Briefgeheimnisses, vorsätzliche, gefährliche und fahrlässige Körperverletzung, Bedrohung und Sachbeschädigung) ist die Erhebung der Privatklage in der Regel erst zulässig, wenn vor der Vergleichsbehörde ein Sühneversuchs erfolglos geblieben ist (§ 380 Abs. 1 Satz 1 StPO).

Erscheint der Antragsteller im Termin nicht, so gilt das Sühneverfahren als nicht unternommen; bleibt der Antragsgegner aus, so ist der Sühnversuch als gescheitert zu betrachten (vgl. z.B. § 5 Abs. 1, 2 SühneVO Bad.-Württ.). Kommt ein Vergleich im Sühneverfahren nicht zustande, so stellt die Vergleichsbehörde dem Antragsteller die für die Erhebung der Privatklage erforderliche Bescheinigung über die Erfolglosigkeit des Sühneversuchs aus (§ 380 Abs. 1 Satz 2 StPO).

Die Errichtung der Vergleichsbehörden und die Regelung des Sühneverfahrens wird durch die Landesjustizverwaltung geregelt. Zu den Rechtsgrundlagen in den einzelnen Bundesländern vgl. *Kleinknecht/Meyer* § 380 Rdnr. 1, 2, 3; ausführlich LR/*Wendisch* § 380 Rdnr. 9ff. Das Formularbeispiel XIII. B.1 gilt für Baden-Württemberg (Rechtsgrundlagen: §§ 37–41 AGGVG vom 16. 12. 1975, GBl. S. 868, und Verordnung des Justizministeriums über das Sühneverfahren in Privatklagesachen vom 23. 10. 1971, GBl. S. 422).

2. Zuständig für die Durchführung des Sühneverfahrens ist die Gemeinde, in der die Parteien wohnen. Haben die Parteien ihren Wohnsitz nicht in derselben Gemeinde, so entfällt das Sühneverfahren (§ 380 Abs. 4 StPO i. V. m. § 1 SühneVO Bad.-Württ.). Der Sühneversuch wird vor der Vergleichsbehörde durchgeführt. Die Aufgaben der Vergleichsbehörde nimmt der Bürgermeister oder eine andere beauftragte Person war (§ 2 Abs. 2 SühneVO Bad.-Württ.).

Der Antrag auf Durchführung eines Sühneverfahrens ist in doppelter Ausfertigung einzureichen.

3. Der Antrag auf Durchführung eines Sühneverfahrens ist an eine Frist nicht gebunden.

4. Die Anschriften der Parteien sind anzugeben, damit die Ladungen erfolgen können.

5. Die Parteien können sich im Verfahren durch einen Rechtsanwalt vertreten lassen; andere Personen können von der Vergleichsbehörde als Beistände zugelassen werden (§ 3 Abs. 1 SühneVO Bad.-Württ.). Soweit einzelne Landesgesetze die Zurückweisung von Bevollmächtigten oder Beiständen vorsehen, gilt dies wegen § 225 Abs. 1 Satz 2 BRAO nicht für Rechtsanwälte (KK/*Pelchen* § 380 Rdnr. 3). Allgemein zur Selbstvertretung eines Rechtsanwalts im Privatklageverfahren vgl. *Hilger,* NStZ 1988, 441.

6. Der Sühneversuch ist nicht nur für die Beleidigung nach § 185 StGB, sondern entsprechend § 374 Abs. 1 Nr. 2 StPO auch für die Beleidigungsstraftaten im weiteren Sinne nach §§ 186–187a und § 189 StGB erforderlich. Der Sühneversuch ist entbehrlich, wenn die Straftat nach § 380 Abs. 1 StPO mit einer anderen Straftat nach § 374 Abs. 1 StPO zusammentrifft und beide Delikte eine prozessuale Tat i.S. von § 264 StPO bilden (vgl. *Kleinknecht/Meyer* § 380 Rdnr. 6).

7. Der Sühnetermin wird von der Vergleichsbehörde auf Antrag des zur Privatklage Berechtigten anberaumt (§ 2 Abs. 1 SühneVO Bad.-Württ.). Zur Gebührenzahlung als Voraussetzung für die Terminsbestimmung vgl. unten Anm. 11.

8. Die Anordnung des persönlichen Erscheinens der Parteien ist in das Ermessen der Vergleichsbehörde gestellt (§ 3 Abs. 2 SühneVO Bad.-Württ.).

9. Die Begründung soll die prozessuale Tat hinreichend konkret umschreiben, damit der mit der Durchführung des Sühneversuchs Beauftragte das Vergleichsgespräch leiten und erforderlichenfalls schon vor der Durchführung des Sühnetermins mit den Parteien einzeln Vorbesprechungen führen kann. Zur Erläuterung des Sachverhalts kann es sich empfehlen, den zwischen den Parteien gewechselten einschlägigen Schriftverkehr vorzulegen und in Ausnahmefällen die Beiziehung der Strafakten zu beantragen.

10. Der Sühneversuch setzt keinen Strafantrag voraus (vgl. LR/*Wendisch* § 380 Rdnr. 2). Der Antrag auf Anberaumung eines Sühnetermins beinhaltet keinen Strafantrag. Der Strafantrag kann nicht bei der Vergleichsbehörde, sondern nur bei Gericht, der Staatsanwalt oder einer Polizeibehörde gestellt werden, § 158 Abs. 2 StPO (vgl. *Kleinknecht/Meyer* § 158 Rdnr. 7; LR/*Wendisch* § 380 Rdnr. 2).

11. Für den Sühneversuch setzt die Vergleichsbehörde eine Gebühr von mindestens DM 20,– bis höchstens DM 100,– fest (§ 40 Abs. 1 AGGVG). Die Höhe steht im Ermessen der Vergleichsbehörde und richtet sich nach Umfang, Schwierigkeit und Bedeutung des Verfahrensgegenstandes. Gebührenschuldner ist grundsätzlich der Antragsteller (§ 40 Abs. 2 AGGVG). Die Gebühr ist fällig mit dem Antrag auf Anberaumung des Sühnetermins. Die Terminsbestimmung erfolgt in der Regel erst nach Zahlung der festgesetzten Gebühr (vgl. § 40 Abs. 3 AGGVG).

2. Antrag auf Prozeßkostenhilfe[1] und Beiordnung eines Rechtsanwalts verbunden mit einem Privatklageentwurf

An das   Freiburg, den ......[3]
Amtsgericht Freiburg[2]
Holzmarktplatz 2
7800 Freiburg i. Br.

In der Privatklagesache
gegen Herrn A... B...
wegen Hausfriedensbruchs

beantrage[4] ich,

namens und in Vollmacht des Privatklageberechtigten, Herrn C...... D......, wohnhaft ......,

1. dem Antragsteller für die erste Instanz[5] der Privatklage Prozeßkostenhilfe zu bewilligen und
2. dem Antragsteller für das Privatklageverfahren den Unterzeichneten als Rechtsanwalt beizuordnen.[6]

2. Antrag auf Prozeßkostenhilfe und Beiordnung eines Rechtsanwalts

Begründung:[7]

Der Antragsteller ist nach seinen persönlichen und wirtschaftlichen Verhältnissen nicht in der Lage, die Kosten der beabsichtigten Privatklage auch nur teilweise aufzubringen. Dies ergibt sich aus der anliegenden

Erklärung des Antragstellers über seine persönlichen und wirtschaftlichen Verhältnisse[8] vom ...... (Anlage 1) und den entsprechenden Belegen (Anlagen 2–4).

Die beabsichtigte Privatklage hat hinreichende Erfolgsaussichten und ist nicht mutwillig.[9] Zur Begründung wird auf den anliegenden

Privatklageentwurf[10]

verwiesen. Sollten weitere Darlegungen oder Beweismittel erforderlich sein, so bitte ich um einen entsprechenden Hinweis.

Die Beiordnung eines Rechtsanwalts ist wegen der Schwierigkeit der Rechtslage und wegen der sprachbedingten Verständigungsschwierigkeiten[11] geboten.[12] Der Antragsteller ist türkischer Staatsangehöriger und hält sich erst seit vier Monaten in der Bundesrepublik Deutschland auf. Ohne anwaltlichen Beistand kann der Antragsteller seine Rechte im Privatklageverfahren nicht wahrnehmen. ...... (ist auszuführen).

Rechtsanwalt

(Privatklageentwurf)

Freiburg, den ......

An das
Amtsgericht Freiburg[13]
Holzmarktplatz 2
7800 Freiburg i. Br.

Privatklage[14]

des Arbeiters A... B..., wohnhaft ......

– Privatkläger –

Prozeßbevollmächtigter: Rechtsanwalt K... L...

gegen

den Kaufmann C...... D......, wohnhaft ......

– Privatbeklagter –

wegen Hausfriedensbruchs und Beleidigung[15]

Namens und in Vollmacht des Privatklägers erhebe ich[16]

Privatklage

und beschuldige den Privatbeklagten,

er sei als Vermieter des Privatklägers am ...... zwischen 19.00 und 24.00 Uhr mit einem Nachschlüssel in dessen verschlossene Wohnung eingedrungen, habe dort alle persönlichen Sachen des Privatklägers ausgeräumt, weil dieser mit der Mietzinszahlung seit neun Tagen in Verzug war, und habe einen Zettel an der Tür mit folgender Aufschrift zurückgelassen:

„Ihr Plunder steht vor der Kellertür. Wer seine Miete nicht pünktlich zahlt, fliegt raus! Mit Euch faulem Pack werde ich schon fertig!"

Der Beschuldigte ist damit widerrechtlich in die Wohnung eines anderen eingedrungen und hat tatmehrheitlich einen anderen beleidigt.
Vergehen, strafbar nach §§ 123, 185, 53 StGB.
Wegen dieser und aller weiteren in Betracht kommenden Straftaten stelle ich gegen den Beschuldigten

Strafantrag.[17]

Zum Sühnetermin[18] ist der Privatbeklagte nicht erschienen. Eine Bescheinigung über den erfolglosen Sühneversuch ist beigefügt.[18]

Beweismittel: 1. Einlassung des Privatklägers
2. Zeugnis von Herrn L ...... M......, wohnhaft ......
3. Schriftstück, das an der Wohnungstür angebracht war
4. Mietvertrag

Von der Einzahlung eines Gebührenvorschusses[19] wird zunächst in Hinblick auf den Prozeßkostenhilfeantrag abgesehen.

Ich beantrage, das Hauptverfahren zu eröffnen[20] und nahen Termin zur Hauptverhandlung zu bestimmen.

Rechtsanwalt[21]

Schrifttum: Vgl. Form. XIII. B. 1.

Anmerkungen

1. Der Privatkläger kann für das Privatklageverfahren Prozeßkostenhilfe beantragen. Für den **Angeklagten** im Privatklageverfahren gibt es keine Prozeßkostenhilfe (OLG Düsseldorf NStZ 1989, 92), es sei denn, er ist Widerkläger (*Kleinknecht/Meyer* § 379 Rdnr. 7). Die Beiordnung eines Pflichtverteidigers ist jedoch unter den Voraussetzungen des § 140 Abs. 2 StPO möglich (BVerfG NJW 1983, 1599). Für die Gewährung der Prozeßkostenhilfe gelten die §§ 114 ff. ZPO entsprechend (§ 379 Abs. 3 StPO). Das Bewilligungsverfahren und das Beschwerdeverfahren richten sich nach den Vorschriften der StPO (*Kleinknecht/Meyer* § 379 Rdnr. 8, 17).

Der Privatkläger, dem Prozeßkostenhilfe bewilligt ist, braucht die Sicherheitsleistung nach § 379 Abs. 1 StPO nicht zu erbringen (§ 122 Abs. 1 Nr. 2 ZPO) und auch den Gebührenvorschuß nach § 67 Abs. 1 GKG nicht zu bezahlen (§ 379a Abs. 1 StPO).

Der Beschuldigte hat gegen die Bewilligung der Prozeßkostenhilfe für den Privatkläger kein Rechtsmittel. Dem Privatkläger steht gegen die Versagung der Prozeßkostenhilfe die einfache Beschwerde (§ 304 StPO) zu (*Kleinknecht/Meyer* § 379 Rdnr. 17).

Zum Prozeßkostenhilfeantrag allgemein vgl. Beck'sches Prozeßformularbuch/*Büchel*, 5. Aufl. 1989, Form. I.C. 1.

2. Zuständig für den Prozeßkostenhilfeantrag ist das Gericht, das über die Privatklage entscheidet (vgl. § 117 Abs. 1 Satz 1 ZPO). Wird der Antrag im Rechtsmittelverfahren gestellt, so ist das Rechtsmittelgericht zuständig (LR/*Wendisch* § 379 Rdnr. 27).

3. Der Antrag ist an eine Frist nicht gebunden. Der Antrag kann vor, nach oder gleichzeitig mit der Privatklage gestellt werden, auch noch in der Rechtsmittelinstanz (LR/*Wendisch* § 379 Rdnr. 23). Die Prozeßkostenhilfe kann rückwirkend bis zur Antragstellung bewilligt werden (BGH NJW 1982, 446; LR/*Wendisch* § 379 Rdnr. 23).

4. Die Prozeßkostenhilfe wird nur auf Antrag gewährt. Der Antrag ist schriftlich oder zu Protokoll der Geschäftsstelle zu stellen (§ 117 Abs. 1 Satz 1 ZPO).

5. Die Bewilligung der Prozeßkostenhilfe erfolgt für jede Instanz gesondert (§ 119 ZPO).

2. Antrag auf Prozeßkostenhilfe und Beiordnung eines Rechtsanwalts **XIII. B. 2**

6. Ist dem Privatkläger Prozeßkostenhilfe bewilligt worden, so muß ihm ein Rechtsanwalt beigeordnet werden, wenn seine Vertretung durch einen Rechtsanwalt notwendig ist (§ 390 Abs. 2 StPO: für Revisions- und Wiederaufnahmeanträge) oder sonst erforderlich erscheint (vgl. § 121 Abs. 1, 2 ZPO; vgl. LR/*Wendisch* § 379 Rdnr. 19). Entsprechend der Bewilligung der Prozeßkostenhilfe (§ 119 Satz 1 ZPO) gilt auch die Beiordnung eines Rechtsanwalts nur für die jeweilige Instanz. Zur Notwendigkeit der Beiordnung siehe unten Anm. 12.

7. Für den Prozeßkostenhilfeantrag sind die Bewilligungsvoraussetzungen vorzutragen. Das Gericht kann nach § 118 Abs. 2 ZPO die Glaubhaftmachung der tatsächlichen Angaben verlangen und selbst Erhebungen anstellen. Eidesstattliche Versicherungen des Privatklägers oder der Zeugen sollen als Mittel der Glaubhaftmachung im Privatklageverfahren ausscheiden (vgl. LR/*Wendisch* § 379 Rdnr. 25).

8. Für die Erklärung des Antragstellers über seine persönlichen und wirtschaftlichen Verhältnisse ist der Vordruck gem. VO vom 24. 11. 1980 (BGBl. I S. 2163) zu verwenden (§ 117 Abs. 4 ZPO).

9. Vgl. § 114 Abs. 1 Satz 1 ZPO.

10. Zur Begründung des Prozeßkostenhilfeantrags ist anzuraten, nur erst einen Entwurf der Privatklage einzureichen. Wird die Privatklage gleichzeitig mit dem Prozeßkostenhilfeantrag erhoben, so trägt der Privatkläger das Kostenrisiko für die Privatklage, wenn Prozeßkostenhilfe nicht bewilligt wird.

11. Die Schwierigkeit der Sachlage als Voraussetzung für die Beiordnung eines Rechtsanwalts kann sich auch daraus ergeben, daß der Antragsteller als Ausländer Verständigungsschwierigkeiten hat und deshalb zur Wahrnehmung seiner Rechte anwaltlichen Beistand benötigt (vgl. für die Voraussetzungen der notwendigen Verteidigung BVerfGE 64, 135/150; *Kleinknecht/Meyer* § 140 Rdnr. 30 m.w. Nachw.).

12. Für die Voraussetzungen der Beiordnung eines Rechtsanwalts nach § 379 Abs. 3 StPO i.V.m. § 121 Abs. 2 Satz 1 1. Alt. ZPO kommt es im Einzelfall auf Umfang, Schwierigkeit und Bedeutung der Sache an, sowie auf die Fähigkeit des Privatklägers, sich mündlich und schriftlich auszudrücken (BVerfG NJW 1983, 1599 f.). Abgesehen von den Fällen des Anwaltszwangs im Privatklageverfahren (§ 390 Abs. 2 StPO) soll die Beiordnung eines Rechtsanwalts in der Regel nur dann erforderlich sein, wenn auch für den Beschuldigten im Privatklageverfahren ein Pflichtverteidiger beizuordnen wäre (BVerfG NJW 1983, 1599 f.).

13. Die Privatklage ist beim örtlich zuständigen Amtsgericht schriftlich oder zu Protokoll der Geschäftsstelle zu erheben. Zuständig für die Verhandlung und Entscheidung über Privatklagen ist der Strafrichter (§ 25 Nr. 1 GVG). Für Privatklagen wegen Beleidigung mittels Druckschriften enthält § 7 Abs. 2 Satz 2 StPO einen besonderen Gerichtsstand.
Mit der Anklageschrift sind zwei Abschriften einzureichen (§ 381 Satz 3 StPO).

14. Die Privatklage muß inhaltlich den Anforderungen einer öffentlichen Klageschrift (§ 200 Abs. 1 StPO) entsprechen, also den Privatkläger, den Beschuldigten, die vorgeworfene Tat, die verletzten Strafbestimmungen und die Beweismittel bezeichnen.

15. Die privatklagefähigen Delikte sind in § 374 Abs. 1 StPO abschließend aufgeführt.

16. Der Privatkläger kann die Klage auch durch einen Bevollmächtigten erheben lassen, der nicht Rechtsanwalt ist (LR/*Wendisch* § 381 Rdnr. 6). Dagegen kann in der Hauptverhandlung als Beistand und Vertreter des Privatklägers nur ein Rechtsanwalt auftreten (*Kleinknecht/Meyer* § 387 Rdnr. 1). Zur Selbstvertretung eines Rechtsanwalts im Privatklageverfahren vgl. *Hilger,* NStZ 1988, 441.

17. Bei Antragsdelikten muß jeder Privatklageberechtigte selbst rechtzeitig Strafantrag stellen. In der Erhebung der Privatklage ist ein Strafantrag zu sehen (RGSt 8, 209), nicht dagegen – wie hier – in einem Privatklageentwurf (LG Bonn MDR 1965, 766). Wegen der dreimonatigen Ausschlußfrist für die Stellung eines Strafantrags (§ 77b StGB) sollte bei Zeitbedrängnis der Strafantrag vorsorglich bei einer nach § 158 Abs. 2 StPO zuständigen Behörde gestellt werden. § 77b Abs. 5 StGB regelt das Ruhen der Strafantragsfrist für die Zeit vom Eingang des Antrags auf Durchführung eines Sühneversuchs bei der Vergleichsbehörde bis zur Ausstellung der Erfolglosigkeitsbescheinigung. Der Antrag auf Prozeßkostenhilfe für das Privatklageverfahren ersetzt den Strafantrag nicht (*Schönke/Schröder/Stree* StGB 23. Aufl. 1988, § 77 Rdnr. 38).

18. Bei bestimmten Delikten ist die Erhebung der Privatklage erst zulässig, wenn vor der Vergleichsbehörde ein Sühneversuch erfolglos geblieben ist. Der Privatkläger hat eine entsprechende Bescheinigung mit der Klage einzureichen (§ 380 Abs. 1 StPO). Zum Sühneverfahren vgl. Form. XIII. B. 1.

19. Sofern dem Privatkläger nicht Prozeßkostenhilfe bewilligt ist oder ihm nicht Gebührenfreiheit zusteht, hat er einen Gebührenvorschuß zu zahlen (§ 379a Abs. 1 StPO, § 67 Abs. 1 GKG). Der Gebührenvorschuß ist zweckmäßigerweise mit Erhebung der Klage zu entrichten, weil vor der Zahlung keine gerichtliche Handlung vorgenommen werden soll (§ 379a Abs. 2 StPO). Zur Zahlung des Vorschusses soll das Gericht eine Frist bestimmen; nach fruchtlosem Ablauf dieser Frist wird die Privatklage durch Beschluß zurückgewiesen (§ 379a Abs. 1, 3 StPO). Ob nach Zurückweisung eine neue Privatklage erhoben werden kann, ist streitig, dafür: HansOLG Hamburg NStZ 1989, 244; LR/*Wendisch* § 379a Rdnr. 14ff.; dagegen: OLG Hamm NJW 1953, 717; BayObLG NJW 1956, 758; KK/*Pelchen* § 379a Rdnr. 5; *Kleinknecht/Meyer* § 379a Rdnr. 9.

Der Vorschuß (§ 67 Abs. 1 GKG) beträgt die Hälfte der bei Freispruch oder Straffreierklärung des Beschuldigten im Privatklageverfahren zu erhebenden Gebühr, also DM 50,– für jeden Beschuldigten (Nr. 1650 der Anlage 1 zu § 11 Abs. 1 GKG). Richtet sich die Privatklage gegen mehrere Beschuldigte, so ist für jeden ein Gebührenvorschuß von DM 50,– zu bezahlen (§§ 42, 45 GKG).

20. Das Gericht entscheidet über die Eröffnung des Hauptverfahrens nach denselben Voraussetzungen, die bei einer öffentlichen Klage für den Eröffnungsbeschluß gelten (§ 383 Abs. 1 Satz 1 StPO). Der Strafrichter kann, ehe er über die Eröffnung des Hauptverfahrens entscheidet, einzelne Beweiserhebungen nach § 202 Satz 1 StPO auf Antrag einer Partei oder von Amts wegen anordnen (vgl. *Kleinknecht/Meyer* § 383 Rdnr. 3). Über die Eröffnung des Hauptverfahrens entscheidet der Richter durch Beschluß. Mit dem Eröffnungsbeschluß wird die Sache rechtshängig (vgl. LR/*Wendisch* § 383 Rdnr. 12).

Der Angeklagte kann den Eröffnungsbeschluß nicht anfechten (§ 210 Abs. 1 StPO). Gegen die Zurückweisung der Privatklage kann der Privatkläger sofortige Beschwerde gem. § 390 Abs. 1 Satz 1 i.V.m. § 210 Abs. 2 StPO erheben (*Kleinknecht/Meyer* § 383 Rdnr. 9). Vgl. dazu Form. XIII. B. 5.

21. Wenn der Privatklageschriftsatz nur als Entwurf eingereicht wird, sollte er nicht unterschrieben werden.

3. Privatklage einer juristischen Person

An das
Amtgericht Freiburg[1]
Holzmarktplatz 2
7800 Freiburg i. Br.

Freiburg, den ......

Privatklage

der A-GmbH,[2] Sitz der Gesellschaft ......,
vertreten durch ihren Geschäftsführer,[3]
Herrn B ...... C ......, wohnhaft ......,

– Privatkläger –

Prozeßbevollmächtigter: Rechtsanwalt K ...... L ......

gegen

den Kaufmann D ...... E ......, wohnhaft ......,

– Privatbeklagter –

wegen unlauteren Wettbewerbs

Namens und in Vollmacht der A-GmbH erhebe ich

Privatklage[4]

und beschuldige den Privatbeklagten,
er habe als Wettbewerber des Privatklägers am ...... auf einer Motorsportveranstaltung in ...... dort im Fahrerlager des eigenen wirtschaftlichen Vorteils wegen wiederholt folgende bewußt unwahre Behauptung aufgestellt:

„Die von der X-GmbH hergestellten und vertriebenen Reifen sind wegen einer zu weichen Gummimischung mangelhaft und unbrauchbar. Ihre Benutzung ist unverantwortlich und so gefährlich, daß man sie nicht einmal für einen Kinderwagen verwenden kann."

Der Beschuldigte hat somit wider besseres Wissen über die Waren und das Erwerbsgeschäft eines anderen Tatsachen der Wahrheit zuwider behauptet, die geeignet sind, den Geschäftsbetrieb des anderen zu schädigen.
Vergehen der geschäftlichen Verleumdung, § 15 Abs. 1 UWG.
Die X-GmbH hat durch ihren Geschäftsführer, Herrn B ...... C ......, am ...... rechtzeitig beim Polizeirevier ...... Strafantrag[5] gestellt.
Beweismittel:
    Zeugen: 1. Herr N ...... O ......, wohnhaft ......
               2. Herr P ...... R ......, wohnhaft ......
    Sachverständiger: Dipl.Ing. S ...... T ......, wohnhaft ......
Der Gebührenvorschuß[6] in Höhe von DM 50,– ist durch Kostenmarken nachgewiesen.
Ich beantrage, das Hauptverfahren zu eröffnen[7] und nahen Termin zur Hauptverhandlung anzuberaumen.

Rechtsanwalt

Schrifttum: Vgl. Form. XIII. B. 1.

Anmerkungen

1. Zur Zuständigkeit des Strafrichters vgl. Form. XIII. B. 2 Anm. 13.

2. Juristische Personen und rechtsfähige und nicht rechtsfähige Vereine können Privatkläger sein, wenn sie durch eine Straftat verletzt sind (*Kleinknecht/Meyer* § 374 Rdnr. 10). Bei einer Straftat nach § 15 UWG ist die verleumdete Gesellschaft Verletzte (vgl. LR/*Wendisch* § 374 Rdnr. 12, 41). Gewerbliche Interessenverbände (§§ 13 Abs. 1, 22 UWG) sind nicht als Verletzte, sondern nach § 374 Abs. 2 Satz 1 StPO privatklageberechtigt.

3. Der gesetzliche Vertreter bzw. das Vertretungsorgan der juristischen Person oder der Personenvereinigung erheben die Privatklage namens der Verletzten. Wer die juristische Person zu vertreten hat, richtet sich nach zivilrechtlichen Vorschriften. Die GmbH wird durch ihre Geschäftsführer vertreten (§ 35 GmbHG).

4. Zu den inhaltlichen Anforderungen an die Privatklageschrift vgl. Form. XIII. B. 2 Anm. 14.

5. § 15 Abs. 1 UWG ist ein Strafantragsdelikt (§ 22 UWG). Soweit eine juristische Person Verletzte ist, hat sie ein eigenes Strafantragsrecht, das sie durch ihr vertretungsberechtigtes Organ ausüben kann.

6. Zum Gebührenvorschuß vgl. Form. XIII. B. 2 Anm. 19.

7. Zur Eröffnung des Hauptverfahrens vgl. Form. XIII. B. 2 Anm. 20.

4. Beitritt zu einem anhängigen Privatklageverfahren

An das   Freiburg, den ......[2]
Amtsgericht Freiburg[1]
Holzmarktplatz 2
7800 Freiburg i. Br.

In dem Privatklageverfahren
gegen Herrn A... B...
wegen Sachbeschädigung
Az.: 2 Bs 123/89

erkläre ich für den Privatklageberechtigten,[3] Herrn D...... E......, wohnhaft ......, den

Beitritt zum Privatklageverfahren.[4]

Herr D...... E...... ist zur Privatklage berechtigt, weil er als Miteigentümer der durch Herrn A...... B...... am ...... vorsätzlich beschädigten Baumaschine Verletzter ist. Das Miteigentum des Herrn D...... E...... wird durch den in Kopie anliegenden Kaufvertrag über die Baumaschine bewiesen.

Gegen Herrn A...... B...... stelle ich für den Mitverletzten, Herrn D...... E......, Strafantrag[5] wegen vorsätzlicher Sachbeschädigung.

Für die Beschuldigungen[6] gegen Herrn A...... B...... nehme ich Bezug auf die Anklageschrift des Privatklägers, Herrn C...... F...... vom ....

Ich beantrage, den Beitritt zum Privatklageverfahren zuzulassen.[7]

                                                                                             Rechtsanwalt

Schrifttum: Vgl. Form. XIII. B. 1.

Anmerkungen

1. Die Beitrittserklärung ist bei dem Gericht anzubringen, bei dem die Privatklage anhängig ist. Der Beitritt kann schriftlich, zu Protokoll der Geschäftsstelle, mündlich in der Hauptverhandlung oder durch Einlegung eines Rechtsmittels erklärt werden (vgl. *Kleinknecht/Meyer* § 375 Rdnr. 4; LR/*Wendisch* § 375 Rdnr. 7).
2. Der Beitritt ist bis zur Rechtskraft des Urteils, also auch noch im Rechtsmittelverfahren möglich (KK/*Pelchen* § 375 Rdnr. 6).
3. Zur Privatklageberechtigung vgl. die Voraussetzungen in § 374 StPO.
4. Wegen derselben prozessualen Tat (§ 264 StPO) ist nur ein Strafverfahren zulässig. Daher können nach erhobener Privatklage andere Privatklageberechtigte dem Verfahren nur noch beitreten (§ 375 Abs. 2 StPO). Gleichzeitig erhobene Privatklagen werden von Amts wegen verbunden (*Kleinknecht/Meyer* § 375 Rdnr. 7). Eine später erhobene Privatklage wird als Beitrittserklärung behandelt (vgl. *Kleinknecht/Meyer* § 375 Rdnr. 7).
5. Bei Antragsdelikten muß jeder Privatklageberechtigte rechtzeitig selbst Strafantrag stellen. Ein neben der Beitrittserklärung gestellter Strafantrag hat nur noch klarstellende Bedeutung, weil der innerhalb der Strafantragsfrist erklärte Beitritt, ebenso wie die Privatklage selbst, den Strafantrag ersetzt (vgl. KK/*Pelchen* § 375 Rdnr. 2; *Dreher/Tröndle* § 77 Rdnr. 24). Zur Strafantragsberechtigung vgl. § 77 StGB. Die Antragsfrist beträgt drei Monate und beginnt mit Ablauf des Tages, an dem der Berechtigte von der Straftat und der Person des Täters Kenntnis erlangt (§ 77b Abs. 1, 2 StGB).
6. Die Beitrittserklärung braucht in Inhalt und Form nicht den Anforderungen von § 381 StPO zu entsprechen. Ein Sühneverfahren nach § 380 StPO ist nicht erforderlich (*Kleinknecht/Meyer* § 375 Rdnr. 4).
7. Über die Zulässigkeit des Beitritts entscheidet das Gericht durch Beschluß. Der Beschuldigte hat gegen die Zulassung kein Rechtsmittel. Wird der Beitritt nicht zugelassen, so hat der Beitrittswillige gegen die ablehnende Entscheidung das Rechtsmittel der einfachen Beschwerde, § 304 StPO (vgl. LR/*Wendisch* § 375 Rdnr. 3).

5. Sofortige Beschwerde gegen einen Zurückweisungsbeschluß

An das   Freiburg, den ......[2]
Amtsgericht Freiburg[1]
Holzmarktplatz 2
7800 Freiburg i. Br.

In dem Privatklageverfahren
gegen Herrn A...... B......
wegen vorsätzlicher Körperverletzung
Az.: 2 Bs 345/89

lege ich gegen den Beschluß vom ......, mit dem das Amtsgericht Freiburg die Privatklage des Herrn C...... D...... vom ...... zurückgewiesen[3] hat,

sofortige Beschwerde[4]

ein.

Begründung:[5]

1. Das Gericht hat die Privatklage mit der Begründung zurückgewiesen, als Klagevoraussetzung[6] fehle der Nachweis eines erfolglos durchgeführten Sühneversuchs.[7] Entgegen der Ansicht des Gerichts ist für die Zulässigkeit der erhobenen Privatklage ein

Sühneversuch nicht erforderlich. Der Privatkläger ist Polizeibeamter und wurde am ... während seines Dienstes von dem Beschuldigten geohrfeigt. In diesem Fall hat außer dem Privatkläger auch sein Dienstvorgesetzter ein Strafantragsrecht (§ 232 Abs. 2 i. V. m. § 77a Abs. 1 StGB), so daß nach § 380 Abs. 3 StPO ein Sühneverfahren entbehrlich ist. Dem steht nicht entgegen, daß der Dienstvorgesetzte tatsächlich keinen Strafantrag gestellt hat (vgl. *Kleinknecht/Meyer* § 380 Rdnr. 13f.; KK/*Pelchen* § 380 Rdnr. 9).

2. Unzutreffend ist auch die weitere Begründung des Zurückweisungsbeschlusses, daß die Körperverletzung zum Nachteil des Privatklägers mit einem Offizialdelikt[8] zusammentreffe. Die Ohrfeige ist keine Widerstandshandlung im Sinne von § 113 StGB, weil der Beamte im Augenblick der Körperverletzung nur seinen Streifendienst verrichtete und keine konkrete Vollstreckungshandlung vornahm (*Dreher/Tröndle* § 113 Rdnr. 9 m. w. Nachw.). ...... (ist auszuführen).

Rechtsanwalt

Schrifttum: Vgl. Form. XIII. B. 1.

Anmerkungen

1. Die sofortige Beschwerde ist bei dem Gericht einzulegen, dessen Entscheidung angefochten wird. Das Rechtsmittel kann nach Aufhebung des § 311 Abs. 2 Satz 2 a. F. StPO (Gesetz vom 7. 7. 1986) nicht mehr beim Beschwerdegericht eingelegt werden (*Kleinknecht/Meyer* § 311 Rdnr. 3).

2. Die Beschwerdefrist beträgt eine Woche und beginnt mit der Bekanntmachung der Entscheidung.

3. Das Gericht hat die Privatklage zurückzuweisen, wenn es bei einer entsprechenden öffentlichen Klage das Hauptverfahren nicht eröffnen würde. Darüber hinaus hat das Gericht im Privatklageverfahren die Klageberechtigung des Privatklägers, die Durchführung eines erforderlichen Sühneverfahrens so wie die formellen Voraussetzungen nach §§ 379–382 StPO zu prüfen.

4. Der Privatkläger kann gegen die Zurückweisung der Privatklage nach § 390 Abs. 1 Satz 1 i. V. m. § 210 Abs. 2 StPO sofortige Beschwerde einlegen (vgl. z. B. *Kleinknecht/Meyer* § 383 Rdnr. 9). Dem Angeklagten steht gegen den Eröffnungsbeschluß kein Rechtsmittel zu.

5. Die Zulässigkeit der sofortigen Beschwerde ist von einer Begründung nicht abhängig. Die Begründung ist jedoch dringend anzuraten.

6. Der Sühneversuch wird als Klagevoraussetzung bezeichnet und unterscheidet sich von den Prozeßvoraussetzungen dadurch, daß deren Fehlen in jeder Lage des Verfahrens, das Fehlen des Sühneversuchs aber nur bis zum Eröffnungsbeschluß zu berücksichtigen ist (vgl. LR/*Wendisch* § 380 Rdnr. 41).

7. Zum Sühneversuch vgl. Form. XIII. B. 1.

8. Das Offizialverfahren hat stets Vorrang vor dem Privatklageverfahren. Beim Zusammentreffen von Offizial- und Privatklagedelikten (Tateinheit oder Gesetzeskonkurrenz) kommt nur eine Verfolgung im Offizialverfahren in Betracht (vgl. *Kleinknecht/Meyer* § 376 Rdnr. 9 ff.).

6. Widerklage im Privatklageverfahren

An das Freiburg, den ......[2]
Amtsgericht Freiburg[1]
Holzmarktplatz 2
7800 Freiburg i. Br.

In der Privatklagesache[3]
des Schreinermeisters A...... B......, wohnhaft ......,

— Privatkläger —

Prozeßbevollmächtigter: Rechtsanwalt K...... L......
gegen
den Auszubildenden C...... D......, wohnhaft ......,

— Privatbeklagter —

Prozeßbevollmächtigter: Rechtsanwalt M...... N......
wegen Beleidigung u. a.
Az.: 3 Bs 234/89

zeige ich unter Vorlage der Vollmacht[4] die Verteidigung des Privatbeklagten an und beantrage,
1. die Privatklage zurückzuweisen,[5]
2. hilfsweise das Verfahren gegen den Privatbeklagten nach § 383 Abs. 2 StPO einzustellen.[6]

Begründung:

Der Privatbeklagte hat die ihm vorgeworfene Straftat nicht begangen. ...... (ist auszuführen).

Namens und in Vollmacht[7] erhebe ich für den Privatbeklagten

Widerklage[8]

und beschuldige den Privatkläger,
er habe am ...... (es folgt der weitere Inhalt einer Privatklageschrift).[9]

Rechtsanwalt

Schrifttum: Vgl. Form. XIII. B. 1.

Anmerkungen

1. Die Widerklage ist bei dem Gericht zu erheben, bei dem die Privatklage anhängig ist. Dies gilt auch, wenn für eine isolierte Privatklage (statt der Widerklage) ein anderes Amtsgericht örtlich zuständig wäre. Der Gerichtsstand geht auch nicht verloren, wenn die Privatklage nach Erhebung der Widerklage zurückgenommen oder sonst erledigt wird (LR/*Wendisch* § 388 Rdnr. 19).

2. Die Widerklage kann bis zur Beendigung des letzten Wortes (§ 258 Abs. 2, 2. Halbs. StPO) im ersten Rechtszug erhoben werden.

3. Die Widerklage ist eine weitgehend selbständige Klage und deshalb mit vollem Rubrum einzulegen.

4. Zur Strafprozeßvollmacht vgl. z.B. Form. XI. A. 1 Anm. 3.

5. Die Privatklage ist zurückzuweisen, wenn die formellen Klagevoraussetzungen oder der hinreichende Tatverdacht fehlen. Gegen die Zurückweisung hat der Privatkläger das Rechtsmittel der sofortigen Beschwerde (§ 390 Abs. 1 Satz 1 i.V.m. § 210 Abs. 2 StPO).

6. Bei geringer Schuld kann das Gericht das Verfahren einstellen. § 383 Abs. 2 StPO verdrängt als Spezialvorschrift die §§ 153, 153a StPO. Die Einstellung nach § 383 Abs. 2 StPO ist von niemandes Zustimmung abhängig (*Kleinknecht/Meyer* § 383 Rdnr. 17). Die Entscheidung ergeht in Form eines Beschlusses. Die Einstellung kann in jeder Lage des Verfahrens, auch noch in der Rechtsmittelinstanz, erfolgen (vgl. *Kleinknecht/Meyer* § 383 Rdnr. 14).

Gegen die Einstellungsentscheidung kann der Privatkläger sofortige Beschwerde erheben (§ 383 Abs. 2 Satz 2 StPO).

Zur Kostenentscheidung bei der Einstellung wegen Geringfügigkeit vgl. § 471 Abs. 3 Nr. 2 StPO, bei Widerklage § 471 Abs. 3 Nr. 3 StPO.

7. Die Vollmacht zur Verteidigung beinhaltet nicht zwingend die Bevollmächtigung zur Erhebung einer Widerklage.

8. Die Widerklage ist eine Sonderform der Privatklage. Für sie gelten die Vorschriften über die Privatklage, soweit sich aus den gesetzlichen Regelungen nichts anderes ergibt.

Gegen einen Jugendlichen ist die Privatklage unzulässig (§ 80 Abs. 1 Satz 1 JGG); gegen einen jugendlichen Privatkläger kann jedoch Widerklage erhoben werden, § 80 Abs. 2 Satz 1 JGG. Die Verurteilung zu Jugendstrafe ist in einem Widerklageverfahren ausgeschlossen (§ 80 Abs. 2 Satz 2 JGG).

Die Vorschriften über den Sühneversuch (§ 380 StPO), die Sicherheitsleistung (§ 379 StPO) und den Gebührenvorschuß (§ 379a StPO) sind auf die Widerklage nicht anwendbar (*Kleinknecht/Meyer* § 388 Rdnr. 3). Von Auslagenvorschüssen für die Ladung oder Herbeischaffung von Beweismitteln (§ 68 GKG) ist der Widerkläger nicht befreit (vgl. LR/*Wendisch* § 388 Rdnr. 26).

Die Widerklage muß als solche bezeichnet und auch das zugehörige Privatklageverfahren angegeben werden, damit die Widerklage nicht als isolierte Privatklage anhängig wird. Eine verstrichene Strafantragsfrist für die Widerklagestraftat lebt wieder auf (§ 77c StGB) und wirkt bis zum letzten Zeitpunkt der Widerklagemöglichkeit (Beendigung des letzten Wortes im ersten Rechtszug, § 388 Abs. 1 StPO) (vgl. *Kleinknecht/Meyer* § 388 Rdnr. 6).

Für den Sachzusammenhang als Voraussetzung der Widerklage (§ 388 Abs. 1 StPO) genügt, daß angesichts der Taten und der Täter eine gemeinsame Sachbehandlung zweckmäßig ist (*Kleinknecht/Meyer* § 388 Rdnr. 7).

Ob für die Widerklage ein besonderer Eröffnungsbeschluß erforderlich ist, ist streitig, vgl. dazu *Kleinknecht/Meyer* § 388 Rdnr. 13f.; LR/*Wendisch* § 388 Rdnr. 23f. m.w.Nachw.). Es ergeht jedoch ein Zurückweisungsbeschluß, wenn der Widerklage die Prozeßvoraussetzungen oder der hinreichende Tatverdacht fehlen.

Zu den Privatklage- und Widerklagekosten vgl. § 471 StPO. Zur Anfechtbarkeit der Kostenentscheidung bei Einstellung des Privatklageverfahrens nach § 383 Abs. 2 StPO vgl. OLG München NStZ 1987, 380 mit Anm. von *von Stackelberg*; LG Freiburg NStZ 1988, 146 mit Anm. von *Hilger*.

9. Siehe dazu die Form. XIII. B. 2 und XIII. B. 3.

C. Nebenklageverfahren

1. Anschlußerklärung für den Nebenkläger

An das   Freiburg, den ......[2]
Amtsgericht Freiburg[1]
Holzmarktplatz 2
7800 Freiburg i. Br.

In dem Strafverfahren
gegen Herrn A... B...
wegen vorsätzlicher Körperverletzung[3]
Az: 4 Ds 123/91

wird der durch die Straftat Verletzte, Herr C...... D......, wohnhaft[4] ......, durch mich vertreten. Entsprechende Vollmacht ist beigefügt.
Herr C...... D...... schließt sich dem Strafverfahren gegen Herrn A...... B...... als

Nebenkläger[5]

an.
Ich beantrage,
die Nebenklage zuzulassen[6] und
mir Akteneinsicht[7] zu gewähren.

Rechtsanwalt

Schrifttum: Amelunxen, Der Nebenkläger im Strafverfahren, 1980; *Berz,* Zur Reform der Nebenklage, DAR 1978, 1; *Beulke,* Die Neuregelung der Nebenklage, DAR 1988, 114; *Bringewat,* Die Nebenklage – ein wirksames Verfahren zur „privaten Kontrolle" staatsanwaltschaftlicher Strafverfolgung?, GA 1972, 289; *Däubler-Gmelin,* Die Zulässigkeit der Nebenklage im Strafbefehlsverfahren, AnwBl. 1970, 87; *Gollwitzer,* Die Stellung des Nebenklägers in der Hauptverhandlung, Festschrift für Schäfer, 1979, S. 65; *Hölzel,* Das Institut der Nebenklage, 1980; *Hüsing,* Die Rechtswirklichkeit der Nebenklage, 1983; *Letzgus,* Beschwerde der Nichtzulassung der Nebenklage bei fahrlässiger Körperverletzung, NStZ 1989, 352; *Meyer-Goßner,* Die Rechtsstellung des Verletzten im Strafprozeß, ZRP 1984, 228; *Oppe,* Probleme der Nebenklage, MDR 1978, 466; *Oswald,* Rechtsfragen zur Nebenklage, NJW 1960, 1439; *Prinz,* Die Nebenklage – ein überholtes Rechtsinstitut, ZRP 1971, 128; *Rieß,* Die Rechtsstellung des Verletzten im Strafverfahren, Gutachten zum 55. DJT (1984), Verhandlungen des 55. DJT, Bd. I Teil C; *Rieß,* Nebenkläger und Wiederaufnahme nach neuem Recht, NStZ 1988, 15; *Rieß,* Strafantrag und Nebenklage, NStZ 1989, 102; *Rüth,* Ist die Nebenklage noch zeitgemäß?, JR 1982, 265; *H. Schmidt,* Erstattung von Auslagen des Nebenklägers im vorbereitenden Verfahren, NJW 1979, 1396; *Schöch,* Die Rechtsstellung des Verletzten im Strafverfahren, NStZ 1984, 395; *J. Schulz,* Beiträge zur Nebenklage, 1982; *Schwab,* Prozeßkostenhilfe und Nebenklage, MDR 1983, 810; *Spranger,* Die Zulässigkeit der Nebenklage im Strafbefehlsverfahren, NJW 1968, 1264; *Steines,* Der Nebenkläger im Strafbefehlsverfahren, DRiZ 1969, 113; *Wangemann,* Das Kostenrisiko des Nebenklägers, NJW 1972, 893.

Anmerkungen

1. Grundsätzlich ist die Anschlußerklärung bei Gericht schriftlich einzureichen. Den Zulassungsbeschluß erläßt das Gericht, bei dem das Verfahren anhängig ist (*Kleinknecht/Meyer* 39. Aufl. 1989, § 396 Rdnr. 8; schließt sich der Nebenkläger dem Verfahren durch Einlegung eines Rechtsmittels an, siehe Form. XIII. C. 4 Anm. 2). Die Anschlußerklärung kann schon vor Erhebung der öffentlichen Klage bei der Staatsanwaltschaft oder bei Gericht abgegeben werden; ihre Wirksamkeit tritt jedoch erst mit Erhebung der öffentlichen Klage ein (§ 396 Abs. 1 StPO). Zur Wirksamkeit der Anschlußerklärung vgl. unten Anm. 6.

2. Die Anschlußerklärung ist an eine Frist nicht gebunden. Sie kann schon vor Erhebung der öffentlichen Klage eingereicht werden (siehe Anm. 1). Nach Rechtskraft des Urteils ist der Anschluß nicht mehr zulässig (RGSt 66, 394; vgl. *Kleinknecht/Meyer* § 395 Rdnr. 12).

3. Das Opferschutzgesetz vom 18. 12. 1986 hat die Berechtigung zur Nebenklage von dem Katalog der privatklagefähigen Delikte (§ 374 StPO) gelöst und in § 395 Abs. 1 Nr. 1, 2 StPO die nebenklagefähigen Delikte enumerativ bezeichnet (im übrigen siehe unten Anm. 5). Die Nebenklage ist auch dann zulässig, wenn ein nebenklagefähiges Delikt mit einem nicht nebenklagefähigen Delikt in Tatmehrheit steht. Auch im Falle, daß ein Offizialdelikt und ein nebenklagefähiges Delikt in Tateinheit oder in Gesetzeskonkurrenz stehen, kann Nebenklage erhoben werden (vgl. LR/*Wendisch*, 24. Aufl. 1985, § 395 Rdnr. 4 f.; *Kleinknecht/Meyer* § 395 Rdnr. 4). Die Rechte des Nebenklägers (Antragsrechte, Rechtsmittelbefugnisse etc.) beschränken sich jedoch stets auf die nebenklagefähigen Delikte (vgl. LR/*Wendisch* § 395 Rdnr. 40).

4. Die Wohnanschrift des Nebenklägers ist anzugeben, weil ihm die Entscheidungen, die nach seinem Anschluß ergehen, bekanntzumachen sind (vgl. § 399 Abs. 1 StPO; *Kleinknecht/Meyer* § 399 Rdnr. 1).

5. Nebenklageberechtigt sind
– durch bestimmte rechtswidrige Taten verletzte Personen (§ 395 Abs. 1 Nr 1, 2 StPO),
– erfolgreiche Antragsteller im Klageerzwingungsverfahren (§ 395 Abs. 1 Nr. 3 StPO),
– nahe Angehörige eines Getöteten (§ 395 Abs. 2 Nr. 1 StPO),
– Amtsträger bei Straftaten nach §§ 90, 90b StGB (§ 395 Abs. 2 Nr. 2 StPO),
– durch einen Wettbewerbsverstoß Verletzte (§ 395 Abs. 2 Nr. 3 StPO),
– durch eine rechtswidrige Tat nach § 230 StGB Verletzte (§ 395 Abs. 3 StPO).

Übernimmt die Staatsanwaltschaft eine Privatklage (§ 377 Abs. 2 StPO), so scheidet der Privatkläger aus dem Verfahren aus. Will er weiterhin an dem Verfahren teilnehmen, so kann er sich unter den Voraussetzungen des § 395 StPO als Nebenkläger anschließen. Der automatische Übergang von der Privatklägerrolle zum Nebenkläger ist durch die Streichung des § 377 Abs. 3 StPO (Gesetz vom 18. 12. 1986) beseitigt (vgl. *Kleinknecht/Meyer* § 377 Rdnr. 12).

Die Anschlußerklärung kann jederzeit widerrufen werden (§ 402 StPO). Der Widerruf steht einem neuen Anschluß nicht entgegen (§ 392 StPO gilt für das Nebenklageverfahren nicht), es sei denn, mit dem Widerruf ist der Verzicht auf das Nebenklagerecht verbunden (vgl. *Kleinknecht/Meyer* § 402 Rdnr. 3).

Gegen einen zur Tatzeit Jugendlichen kann Nebenklage nicht geführt werden (§ 80 Abs. 3 JGG); gegen Heranwachsende ist sie zulässig.

6. Der Zulassungsbeschluß hat nur deklaratorische Bedeutung. Die Nebenklägerstellung wird schon durch die Anschlußerklärung begründet (*Kleinknecht/Meyer* § 396 Rdnr. 13). Die Wirksamkeit der Anschließung tritt jedoch frühestens mit Erhebung der öffentlichen Klage ein (§ 396 Abs. 1 Satz 2 StPO). Die öffentliche Klage wird durch Einreichung der Anklageschrift beim zuständigen Gericht erhoben (§ 170 Abs. 1 StPO). Im

2. Anschlußerklärung mit dem Antrag auf Prozeßkostenhilfe   XIII. C. 2

Strafbefehlsverfahren wird die Anschlußerklärung erst wirksam, wenn der Termin zur Hauptverhandlung anberaumt (§§ 396 Abs. 1 Satz 3 i.V.m. 408 Abs. 2; 411 Abs. 1 StPO) oder der Antrag auf Erlaß eines Strafbefehls abgelehnt wird (§ 396 Abs. 1 Satz 3 StPO). Wird der Strafbefehl erlassen und rechtskräftig (§ 410 Abs. 3 StPO), so bleibt die Anschlußerklärung gegenstandslos (*Kleinknecht/Meyer* § 396 Rdnr. 6).

7. Zum Akteneinsichtsgesuch vgl. Form. XI. A. 1 Anm. 5 ff.).

2. Anschlußerklärung für den Nebenkläger verbunden mit dem Antrag auf Prozeßkostenhilfe für die Vertretung des Nebenklägers

An das   Freiburg, den ......[2]
Amtsgericht Freiburg[1]
Holzmarktplatz 2
7800 Freiburg i. Br.

Dem Strafverfahren
gegen Herrn A...... B......
wegen sexuellen Mißbrauchs eines Widerstandsunfähigen

Az.: 3 Ds 123/91

schließt sich die durch die Straftat Verletzte, Frau C...... D......, wohnhaft[3] ......, als

Nebenklägerin[4]

an.
Ich beantrage, die Nebenklage zuzulassen.[5]
Namens und in Vollmacht der Nebenklägerin, Frau C...... D......, beantrage[6] ich
1. der Nebenklägerin für die Hinzuziehung eines Rechtsanwalts[7] zur Führung der Nebenklage in erster Instanz[8] Prozeßkostenhilfe[9] zu bewilligen und
2. der Nebenklägerin für die Vertretung der Nebenklage in erster Instanz den Unterzeichneten als Rechtsanwalt beizuordnen.[10]

Begründung:[11]

Die Nebenklägerin wurde durch den Angeklagten, Herrn A...... B......, im Zustand der körperlichen Widerstandsunfähigkeit sexuell mißbraucht (ist mit Bezug auf die Anklageschrift auszuführen). Die wegen Verstoßes gegen § 179 StGB angeklagte Tat berechtigt die Verletzte gemäß § 395 Abs. 1 Nr. 1a StPO zur Führung der Nebenklage.
Die Nebenklägerin ist nach ihren persönlichen und wirtschaftlichen Verhältnissen nicht in der Lage, die Kosten der Nebenklage auch nur teilweise aufzubringen.[12] Zum Beweis ihres wirtschaftlichen Unvermögens füge ich die

> Erklärung der Nebenklägerin über ihre persönlichen und wirtschaftlichen Verhältnisse vom ...... (Anlage 1) und die entsprechenden Belege (Anlage 2–4) bei.[13]

Die Nebenklägerin ist ohne anwaltlichen Beistand nicht in der Lage, ihre Interessen im Rahmen der Nebenklage ausreichend wahrzunehmen. Die widersprüchlichen Zeugenaussagen und die Vorwürfe, die der Angeklagte in seiner letzten Vernehmung vom ...... gegen die Nebenklägerin erhebt, belegen, daß die Sachlage[14] zur Aufklärung der Straftat besonders schwierig ist. (ist auszuführen)
Darüber hinaus ergeben sich aus der Anklage und dem bisherigen Verfahren schwierige und für den Erfolg der Nebenklage wichtige materiell-rechtliche und prozeßrechtliche Fragen,[14] zu denen sich die Nebenklägerin ohne anwaltlichen Beistand nicht äußern kann. (ist auszuführen)

Schließlich ist es der Nebenklägerin auch nicht zumutbar,[15] ihre Interessen mit dem notwendigen persönlichen Einsatz ohne anwaltlichen Beistand zu vertreten, weil sie als Opfer einer Straftat gegen die sexuelle Selbstbestimmung noch immer psychisch unter den Folgen ihrer Beeinträchtigungen leidet. (ist auszuführen)

Rechtsanwalt

Anmerkungen

1. Der Prozeßkostenhilfeantrag ist bei dem Gericht zu stellen, das für die Entscheidung über den Anschluß als Nebenkläger zuständig ist (§ 397a Abs. 2 Satz 1 StPO), also bei dem Tatrichter, bei dem die öffentliche Klage erhoben wurde, bzw. beim Berufungs- oder Revisionsgericht nach Einlegung des Rechtsmittels.

2. Der Antrag auf Gewährung von Prozeßkostenhilfe kann schon vor der Anschlußerklärung als Nebenkläger gestellt werden (§ 397a Abs. 1 Satz 2 StPO), aber noch nicht im Vorverfahren; denn die Anschlußerklärung muß nach § 396 Abs. 1 Satz 2 StPO wirksam sein können (vgl. *Kleinknecht/Meyer* § 397a Rdnr. 6). Prozeßkostenhilfe kann grundsätzlich nicht rückwirkend bewilligt werden (vgl. BGH NStZ (M) 1989, 16; BGH NJW 1985, 921; siehe auch *Kleinknecht/Meyer* § 379a Rdnr. 10 m.w.N.).

3. Zur Notwendigkeit, die Wohnanschrift des Nebenklägers anzugeben, vgl. Form. C. 1 Anm. 4.

4. Zur Anschlußerklärung vgl. Form. C. 1.

5. Zur deklaratorischen Bedeutung des Zulässigkeitsbeschlusses vgl. Form. C. 1 Anm. 6.

6. Prozeßkostenhilfe wird nur auf Antrag bewilligt (§ 397a Abs. 1 Satz 1, 2 StPO). Die Entscheidung über die Bewilligung der Prozeßkostenhilfe ist unanfechtbar (§ 397a Abs. 2 Satz 2 StPO).

7. Prozeßkostenhilfe kann nur für die Hinzuziehung eines Rechtsanwaltes, nicht aber zur Entlastung von sonstigen Kosten des Nebenklägers bewilligt werden (*Kleinknecht/Meyer* § 397a Rdnr. 2).

8. Die Bewilligung der Prozeßkostenhilfe erfolgt für jede Instanz gesondert (§ 119 Satz 1 ZPO; vgl. BGH NStZ (M) 1989, 16).

9. Durch das Opferschutzgesetz, in Kraft seit 1. April 1987, ist die Prozeßkostenhilfe für den Nebenkläger speziell geregelt (zu den sachlichen Voraussetzungen siehe unten Anm. 12 bis 15). Wird die Prozeßkostenhilfe bewilligt, so hat der beigeordnete Rechtsanwalt einen Gebührenanspruch gegen die Staatskasse (§§ 102, 98, 95 BRAGO) und die Staatskasse gegebenenfalls einen Erstattungsanspruch gegen den Nebenkläger.

10. Den beizuordnenden Rechtsanwalt bestimmt der Vorsitzende entsprechend den Regelungen in § 142 Abs. 1 StPO (§ 397a Abs. 1 Satz 4 StPO; vgl. KK/*Pelchen* § 397a Rdnr. 3). Ein Verstoß gegen die Auswahlgrundsätze soll als Teil der Gewährung der Prozeßkostenhilfe gemäß § 397a Abs. 2 Satz 2 StPO unanfechtbar sein (vgl. *Rieß/Hilger*, Das neue Strafverfahrensrecht, NStZ 1987, 145, 154 Anm. 211).

11. Für den Antrag auf Gewährung der Prozeßkostenhilfe sind die Bewilligungsvoraussetzungen vorzutragen. Die Bewilligung richtet sich nach §§ 114 ff. ZPO soweit § 397a StPO keine speziellen Regelungen enthält.

12. Der Nebenkläger muß außerstande sein, die Kosten für den Rechtsanwalt als Nebenklagevertreter aufzubringen. Die Belastungsgrenze für Ratenzahlungen ergibt sich aus der Tabelle zu § 114 Satz 2 ZPO.

13. Dem Antrag auf Gewährung von Prozeßkostenhilfe sind auf dem amtlichen Vordruck, der durch die VO vom 24. 11. 1980 (BGBl. I S. 2163) eingeführt ist, eine Erklärung

über die persönlichen und wirtschaftlichen Verhältnisse und die entsprechenden Belege beizufügen (§ 117 Abs. 2, 4 ZPO). Das Gericht kann die Glaubhaftmachung der tatsächlichen Angaben verlangen und selbst Erhebungen anstellen (§ 118 Abs. 2 ZPO). Im höheren Rechtszug kann auf die frühere Erklärung über die wirtschaftlichen Verhältnisse des Nebenklägers und die entsprechenden Belege Bezug genommen werden, wenn sich die Verhältnisse seitdem nicht verändert haben (BGH NStZ 1988, 214; *Kleinknecht/Meyer* § 397a Rdnr. 6; siehe aber auch KG StV 1989, 11, wonach die bloße Bezugnahme auf früher überreichte Unterlagen nicht ausreichen soll). Fehlt die Bezugnahme auf die frühere Erklärung, so wird der Prozeßkostenhilfeantrag verworfen (BGH a. a. O.; BGH NStZ (M) 1989, 221).

14. Die Bewilligung der Prozeßkostenhilfe setzt voraus, daß die Sach- **oder** Rechtslage schwierig ist. Die Gesetzesfassung (Sach- **und** Rechtslage) beruht auf einem offensichtlichen Redaktionsversehen (vgl. *Rieß/Hilger*, NStZ 1987, 154 Anm. 208; *Kleinknecht/Meyer* § 397a Rdnr. 5). Ferner wird Prozeßkostenhilfe bewilligt, wenn der Nebenkläger (z. B. wegen persönlicher Hilflosigkeit) nicht in der Lage ist, seine Interessen ausreichend wahrzunehmen oder ihm die Interessenwahrnehmung ohne anwaltliche Hilfe unzumutbar ist (§ 397a Abs. 1 Satz 1 StPO). Zur Gewährung von Prozeßkostenhilfe wegen fehlender Deutschkenntnisse des Nebenklägers vgl. LG Bochum StV 1987, 450.

Grundsätzlich kommt es für die Prüfung der Berechtigung zur Nebenklage nicht auf die Erfolgsaussichten der Rechtsverfolgung an (§ 397a Abs. 1 Satz 3 StPO i.V.m. § 114 ZPO). Eine Prozeßkostenhilfe für die Vertretung bei der Nebenklage kann jedoch versagt werden, wenn die Prozeßkostenhilfe für ein ersichtlich unzulässiges Rechtsmittel begehrt wird (BGH NStZ (M) 1990, 230; HansOLG Hamburg NStZ 1988, 193).

15. Vgl. zur Unzumutbarkeit der Nebenklageführung ohne anwaltlichen Beistand BT-Drucks 10/6124 S. 14.

3. Beschwerde gegen einen Nichtzulassungsbeschluß

An das   Freiburg, den ......[2]
Amtsgericht Freiburg[1]
Holzmarktplatz 2
7800 Freiburg i. Br.

In dem Strafverfahren
gegen Herrn A ... B ...
wegen uneidlicher Falschaussage
Az.: 4 Ds 234/91

lege ich gegen den Beschluß des Amtsgerichts Freiburg vom ......, mit dem die Zulassung der Nebenklage des Herrn C...... D...... abgelehnt wurde,

Beschwerde[3]

ein und beantrage, die Nebenklage zuzulassen.[4]

Begründung:[5]

Das Amtsgericht hat die Zulassung der Nebenklage mit der Begründung abgelehnt, der Gegenstand der Anklage enthalte kein nebenklagefähiges Delikt. Diese Beurteilung ist fehlerhaft. Dem Angeschuldigten wird vorgeworfen, er habe vor der Großen Strafkammer des Landgerichts Freiburg in dem Strafverfahren gegen Herrn E...... F......, Az.: III KLs 45/86, am...... uneidlich die falsche Aussage gemacht:

„Ich habe beobachtet, wie Herr C...... D...... am ...... dem Herrn K...... L...... eine gestohlene Armbanduhr verkauft hat, von der Herr D...... wußte, daß sie aus der Diebesbeute stammt."

Mit dieser unwahren Behauptung hat der Angeschuldigte nicht nur im Sinne des Anklagevorwurfs uneidlich falsch ausgesagt (§ 154 StGB), sondern den Antragsteller, Herrn C...... D....., auch verleumdet ...... (ist auszuführen).

Die Verleumdung (§ 187 StGB) ist ein nebenklagefähiges Delikt (§ 395 Abs. 1 Nr. 1b StPO). Der Berechtigung zur Führung der Nebenklage steht nicht entgegen, daß die Anklage den Vorwurf der Verleumdung nicht erhebt (BGHSt 29, 216/218).[6]

Den nach § 194 StGB erforderlichen Strafantrag[7] hat Herr C...... D...... am ...... rechtzeitig gestellt (As. 97).

Rechtsanwalt

Schrifttum: Vgl. Form. XIII. C. 1.

Anmerkungen

1. Die Beschwerde ist bei dem Gericht, von dem oder von dessen Vorsitzenden die angefochtene Entscheidung erlassen wurde, zu Protokoll der Geschäftsstelle oder schriftlich einzulegen (§ 306 Abs. 1 StPO).

2. Die einfache Beschwerde (§ 304 StPO) ist (im Gegensatz zur sofortigen Beschwerde, § 311 Abs. 2 StPO) an eine Frist nicht gebunden. Die Beschwerde gegen die Nichtzulassung ist jedoch prozessual überholt, wenn die Rechtskraft des Urteils eingetreten ist (vgl. KK/*Pelchen*, 2. Aufl. 1987, § 396 Rdnr. 11).

3. Gegen den Nichtzulassungsbeschluß können sich der Antragsteller und die Staatsanwaltschaft mit der einfachen Beschwerde (§ 304 StPO) wehren. § 305 Abs. 1 StPO steht dem nicht entgegen, weil durch die Nichtzulassung eine „dritte Person betroffen" ist (vgl. *Kleinknecht/Meyer* § 396 Rdnr. 19).

4. Zur Bedeutung des Zulassungsbeschlusses vgl. Form. XIII. C 1 Anm. 6.

5. Eine Beschwerdebegründung ist nicht vorgeschrieben (*Kleinknecht/Meyer* § 306 Rdnr. 5), aber anzuraten. Behält sich der Beschwerdeführer eine Begründung vor, so muß das Beschwerdegericht eine angemessene Zeit bis zum Eingang der Begründung mit der Entscheidung zuwarten (BVerfGE 8, 89/91; vgl. *Kleinknecht/Meyer* § 306 Rdnr. 5; KK/*Pelchen* § 395 Rdnr. 5; LG Bremen StV 1988, 293; a. A. LG Tübingen NStZ 1988, 520 mit ablehnender Anm. von *Pelchen*).

6. Für die Berechtigung zur Nebenklage kommt es nur darauf an, daß der Gegenstand der Anklage (§ 264 StPO) die rechtliche Möglichkeit der Verurteilung wegen eines nebenklagefähigen Deliktes enthält. Hinreichender Tatverdacht braucht für die nebenklagefähige Straftat nicht festgestellt zu werden (vgl. LR/*Wendisch* § 395 Rdnr. 3; *Kleinknecht/Meyer* § 395 Rdnr. 4, § 396 Rdnr. 10, jeweils m. w. Nachw.).

7. Bei Antragsdelikten kann die Nebenklage nur zugelassen werden, wenn der Antragsteller selbst einen wirksamen Strafantrag gestellt hat (*Kleinknecht/Meyer* § 395 Rdnr. 5; KK/*Pelchen* § 395 Rdnr. 5; LG Bremen StV 1988, 293; a. A. LG Tübingen NStZ 1988, 520 mit ablehnender Anm. von *Pelchen*). Der Strafantrag eines anderen genügt nicht (vgl. LR/*Wendisch* § 395 Rdnr. 17 m. w. Nachw.). Der Strafantrag soll auch dann erforderlich sein, wenn die Staatsanwaltschaft bei fahrlässiger Körperverletzung das besondere öffentliche Interesse an der Strafverfolgung (§ 232 Abs. 1 Satz 1 StGB) bejaht hat (*Kleinknecht/Meyer* § 395 Rdnr. 5 m. w. Nachw.; a. A. LR/*Wendisch* § 395 Rdnr. 18).

4. Beschwerde des Angeschuldigten gegen die Zulassung einer Nebenklage

An das
Amtsgericht Freiburg[1]
Holzmarktplatz 2
7800 Freiburg i. Br.

Freiburg, den ......[1]

In dem Strafverfahren
gegen Herrn A...... B......
wegen Betrugs
Az.: 4 Ds 345/91

lege ich als Verteidiger des Herrn A...... B...... gegen den Beschluß vom ......, mit dem das Amtsgericht Freiburg Herrn C...... D...... als Nebenkläger zugelassen hat,

Beschwerde[2]

ein.

Begründung:[3]

Das Amtsgericht hat Herrn C...... D...... mit der Begründung als Nebenkläger zugelassen, er habe „durch einen Antrag auf gerichtliche Entscheidung (§ 172 StPO) die Erhebung der öffentlichen Klage herbeigeführt" (§ 395 Abs. 1 Nr. 3 StPO). Zutreffend ist, daß Herr C...... D...... einen Klageerzwingungsantrag[4] gestellt hat und die Generalstaatsanwaltschaft daraufhin ihren Beschwerdebescheid sowie den Einstellungsbescheid der Staatsanwaltschaft aufgehoben und die Erhebung der öffentlichen Klage angeordnet hat (As. 101 ff.). Allein daraus folgt jedoch noch keine Berechtigung zur Nebenklage. Die Anschlußbefugnis nach § 395 Abs. 1 Nr. 3 StPO besteht erst, wenn das Oberlandesgericht die Erhebung der öffentlichen Klage nach § 175 Satz 1 StPO angeordnet hat (OLG Frankfurt NJW 1979, 994 f.; LR/*Wendisch* § 395 Rdnr. 14).[5] Da es an dieser Voraussetzung fehlt und auch aus anderen Gründen eine Nebenklageberechtigung nicht besteht, ist die Nebenklage unzulässig.

Rechtsanwalt

Schrifttum: Vgl. Form. XIII. C. 1.

Anmerkungen

1. Zur Einlegung der Beschwerde vgl. Form. XIII. C. 3 Anm. 1, 2.
2. Gegen die Zulassung der Nebenklage steht dem Angeschuldigten und der Staatsanwaltschaft die einfache Beschwerde (§ 304 StPO) zu. § 305 Abs. 1 StPO steht dem nicht entgegen (vgl. *Kleinknecht/Meyer* § 396 Rdnr. 19).
3. Zur Beschwerdebegründung siehe Form. XIII. C. 3 Anm. 5.
4. Zum Klageerzwingungsverfahren siehe Form. XIII. A. 1–2.
5. Die Anschlußbefugnis wegen erfolgreicher Durchführung des Klageerzwingungsverfahrens hat nur der Antragsteller, der das Klageerzwingungsverfahren selbst betrieben hat, und nicht auch ein anderer Verletzter (vgl. LR/*Wendisch* § 395 Rdnr. 14).

5. Anschlußerklärung des Nebenklägers durch Einlegung eines Rechtsmittels[1]

An das   Freiburg, den ......[3]
Landgericht Freiburg[2]
– Kleine Strafkammer –
Salzstraße 17
7800 Freiburg i. Br.

In dem Strafverfahren
gegen Herrn A...... B......
wegen gefährlicher Körperverletzung u. a.
Az.: 3 Ns 123/91

zeige ich die Vertretung des Nebenklageberechtigten, Herrn C...... D......, wohnhaft[4]......, an und lege entsprechende Vollmacht vor.

Herr C...... D...... schließt sich dem Verfahren gegen Herrn A...... B...... als

Nebenkläger[5]

an.[6]

Ich beantrage, die Nebenklage zuzulassen.

Gegen das am ...... verkündete Berufungsurteil des Landgerichts Freiburg, – Az.: 3 Ns 123/91 – lege ich

Revision[7]

ein, soweit der Angeklagte freigesprochen wurde.[8]

Ich beantrage,

mir das Urteil zuzustellen[9] und

mir Akteneinsicht[10] zu gewähren, sobald das Hauptverhandlungsprotokoll zu den Akten gelangt ist.

Rechtsanwalt

Schrifttum: Vgl. Form. XIII. C. 1.

Anmerkungen

1. Ein Nebenklageberechtigter kann sich dem Verfahren zur Einlegung eines Rechtsmittels anschließen (§ 395 Abs. 4 StPO). Das Rechtsmittel muß nicht gegen ein Urteil gerichtet sein; die Nebenklage kann z.B. auch den Zweck haben, eine sofortige Beschwerde gegen die Ablehnung einer Hauptverfahrenseröffnung einzulegen (§ 400 Abs. 2 Satz 1 StPO; *Kleinknecht/Meyer* § 210 Rdnr. 6, § 400 Rdnr. 8 f.). Einstellungsbeschlüsse nach §§ 153 ff., 205 StPO kann der Nebenkläger nicht angreifen (LG Mönchengladbach StV 1987, 335). Ein Urteil kann durch den Nebenkläger nicht mit dem Ziel angefochten werden, daß eine andere Rechtsfolge verhängt oder der Angeklagte wegen einer Gesetzesverletzung verurteilt wird, die nicht nebenklagefähig ist (§ 400 Abs. 1 StPO).

2. Die Anschlußerklärung ist bei dem Gericht anzubringen, bei dem die Sache anhängig ist. Dieses Gericht entscheidet in der Regel auch über die Berechtigung zum Anschluß (§ 396 Abs. 2 StPO). Da die Rechtsmittel grundsätzlich bei dem Gericht einzulegen sind, dessen Entscheidung angefochten wird (§§ 306 Abs. 1, 314 Abs. 1, 341 Abs. 1 StPO), ist

5. Anschlußerklärung des Nebenklägers durch Einlegung eines Rechtsmittels XIII. C. 5

auch der Nebenklageanschluß beim iudex a quo zu erklären, obwohl dieser über die Zulassung der Nebenklage nicht entscheidet (vgl. LR/*Wendisch* § 396 Rdnr. 4).

3. Der Anschluß als Nebenkläger ist zur Einlegung eines Rechtsmittels möglich (§ 395 Abs. 4 StPO). Für den Nebenkläger läuft keine abweichende Rechtsmittelfrist (BGH NStZ 1988, 214). Streitig ist der letztmögliche Zeitpunkt für die Anschlußerklärung: Teilweise wird angenommen, der Anschluß ist möglich, solange die Rechtsmittelfrist für wenigstens einen anderen Beteiligten noch läuft, also das Urteil noch nicht rechtskräftig ist (vgl. RGSt 66, 129; 71, 173; LR/*Wendisch* § 395 Rdnr. 33; KK/*Pelchen* § 395 Rdnr. 16). Nach anderer Ansicht (BGH NStZ 1984, 18; 1989, 16; *Kleinknecht/Meyer* § 399 Rdnr. 2) soll die Rechtsmitteleinlegung und die damit verbundene Nebenklage-Anschlußerklärung nur innerhalb der für die Staatsanwaltschaft laufenden Anfechtungsfrist möglich sein, also nicht mehr, wenn die Staatsanwaltschaft auf Rechtsmittel verzichtet hat. Der Ablauf der Rechtsmittelfrist hindert den Nebenkläger jedoch nicht, sich bis zur Rechtskraft dem Verfahren anzuschließen. Er wird dadurch jedoch nicht Rechtsmittelführer, so daß sich auch seine Nebenklagebeteiligung erledigt, wenn der/die Rechtsmittelführer das Rechtsmittel zurücknehmen (vgl. *Kleinknecht/Meyer* § 399 Rdnr. 2; KK/*Pelchen* § 399 Rdnr. 3).

4. Die Anschrift des Nebenklägers sollte angegeben werden, weil Entscheidungen, die nach Einlegung der Anschlußerklärung ergehen, dem Nebenkläger bekanntzumachen sind (*Kleinknecht/Meyer* § 399 Rdnr. 1).

5. Zur Anschlußbefugnis und zur Wirksamkeit der Nebenklage vgl. Form. XIII. C. 1 Anm. 5, 6.

6. Obwohl in der Einlegung des Rechtsmittels durch den Nebenklageberechtigten schon die Anschlußerklärung enthalten ist (vgl. LR/*Wendisch* § 395 Rdnr. 34), ist es zur Klarstellung anzuraten, den Anschluß ausdrücklich zu erklären.

7. Das Rechtsmittel ist bis zum Zulassungsbeschluß aufschiebend bedingt (vgl. OLG München AnwBl. 1979, 198/200). Zu den Anforderungen an die Revisionseinlegung vgl. Form. VIII. D. 1. Das Rechtsmittel der Revision ist auch für den Nebenkläger mit bestimmten Revisionsanträgen und mit einer Revisionsbegründung zu versehen (vgl. dazu BGH NStZ 1989, 221). Zu den Revisionsanträgen und ihrer Begründung vgl. Form. VIII C. 3–8.

8. Für das Rechtsmittel des Nebenklägers kommt es darauf an, daß er durch die unrichtige Behandlung des Nebenklagedelikts beschwert ist. Dies ist der Fall, wenn wegen des Nebenklagedelikts kein Schuldspruch erfolgt oder das Nebenklagedelikt bei der Rechtsfolgenentscheidung unberücksichtigt bleibt (vgl. *Kleinknecht/Meyer* § 400 Rdnr. 4ff.).

9. Hat sich der Nebenkläger erst nach dem Urteil zur Einlegung eines Rechtsmittels angeschlossen, so ist ihm das angefochtene Urteil „sofort" zuzustellen (§ 401 Abs. 1 Satz 2 StPO). Zur Frist für die Begründung des Rechtsmittels siehe § 401 Abs. 1 Satz 3, Abs. 2 StPO.

10. Zum Akteneinsichtsgesuch vgl. Form. XI. A. 1 Anm. 5 ff.

D. Adhäsionsverfahren

Einführung

Im Adhäsionsverfahren (§§ 403–406c StPO) kann der Verletzte oder sein Erbe gegen den Beschuldigten vermögensrechtliche Ansprüche jeder Art geltend machen, die ihm aus der Straftat erwachsen sind (§ 403 Abs. 1 StPO). Dazu gehören nicht nur Schadensersatz- und Schmerzensgeldforderungen, sondern auch Herausgabe- und Bereicherungsansprüche und Unterlassungsansprüche, wenn mit ihnen wirtschaftliche Interessen verfolgt werden (vgl. KK/*Engelhardt*, 2. Aufl. 1987, § 403 Rdnr. 1 m.w. Nachw.). Die Ansprüche müssen zur Zuständigkeit der ordentlichen Gerichte gehören. In Strafverfahren vor den Amtsgerichten gilt die Streitwertgrenze (DM 6.000,– gemäß § 23 Nr. 1 GVG) im Adhäsionsverfahren nicht mehr.

Für die Durchführung des Adhäsionsverfahrens gelten die strafverfahrensrechtlichen Grundsätze; für die Beweisaufnahme gilt das Amtsermittlungsprinzip (*Kleinknecht/Meyer*, 39. Aufl. 1989, Rdnr. 11; KK/*Engelhardt* § 404 Rdnr. 11).

Gegen Jugendliche findet ein Adhäsionsverfahren nicht statt (§ 81 JGG); bei Heranwachsenden kommt es darauf an, ob Jugendrecht oder allgemeines Strafrecht Anwendung findet (§ 109 Abs. 2 i.V.m. § 81 JGG).

Im Strafbefehlsverfahren kann über Adhäsionsanträge nicht entschieden werden. (Einige Landesgesetze enthalten Ausnahmen, z.B. Art. 22 BayForstStrG).

Die Adhäsionsanträge können gestellt werden, sobald die Staatsanwaltschaft mit der Sache befaßt ist; regelmäßig werden sie jedoch erst nach Erhebung der Anklage vorgelegt. Als spätesten Zeitpunkt nennt § 404 Abs. 1 Satz 1 StPO den Beginn der Schlußvorträge (vgl. BGH StV 1988, 515). Die Anträge können bis zur Urteilsverkündung, auch noch in der Berufungsinstanz, zurückgenommen werden, ohne daß dazu die Zustimmung des Antragsgegners erforderlich ist.

Werden die Anträge außerhalb der Hauptverhandlung gestellt, so sind sie dem Beschuldigten zuzustellen. Für die Zustellung hat die Staatsanwaltschaft bzw. das Gericht zu sorgen. Bereits mit Antragstellung tritt die zivilprozessuale Rechtshängigkeit ein (*Kleinknecht/Meyer* § 404 Rdnr. 6; aA LR/*Wendisch* 24. Aufl. 1985, § 404 Rdnr. 7; KK/*Engelhardt* § 404 Rdnr. 8: erst mit Zustellung bzw. der Geltendmachung der Ansprüche in der Hauptverhandlung).

Prozeßkostenhilfe kann dem Antragsteller und dem Angeschuldigten bewilligt werden, sobald die öffentliche Klage oder Privatklage erhoben ist (§ 404 Abs. 5 StPO). Die Bewilligung der Prozeßkostenhilfe richtet sich nach den §§ 114ff. ZPO und erfolgt für jeden Rechtszug gesondert (§ 119 Satz 1 ZPO). Die Entscheidung über die Gewährung von Prozeßkostenhilfe ist nicht anfechtbar (§ 404 Abs. 5 Satz 3 StPO).

Der Antragsteller hat in der Hauptverhandlung das Anwesenheitsrecht (als Zeuge auch vor seiner Vernehmung, vgl. KK/*Engelhardt* § 404 Rdnr. 9) und Anspruch auf rechtliches Gehör; er kann Beweisanträge stellen und das Fragerecht ausüben.

Das Gericht kann von einer Entscheidung über die Adhäsionsanträge absehen, wenn sie unzulässig sind oder ihm die Erledigung der Anträge im Strafverfahren als ungeeignet erscheint, insbesondere wenn für die zivilrechtliche Entscheidung eine umfangreiche zusätzliche Beweisaufnahme erforderlich wäre (§ 405 StPO).

Soweit das Gericht die Adhäsionsanträge für begründet hält, entscheidet es durch Urteil (§ 406 Abs. 1 StPO). Seit dem 1. 4. 1987 (Opferschutzgesetz) kann das Gericht auch durch Grund- und Teilurteil (§§ 301, 304 ZPO) entscheiden (406 Abs. 1 Satz 2 StPO). Hat das Gericht nur ein Grundurteil erlassen, so entscheidet über den Betrag das zuständige Zivilgericht (§ 304 Abs. 2 ZPO i. V. m. § 406 Abs. 3 Satz 3 StPO). Im Adhäsionsverfahren kann ein Anerkenntnisurteil (§ 307 ZPO) nicht erlassen werden (BGH NStZ 1991, 198; *Kleinknecht/Meyer* § 404 Rdnr. 10).

Aus dem Urteil kann nach zivilprozessualen Vorschriften vollstreckt werden (§ 406 b StPO). Über die vorläufige Vollstreckbarkeit entscheidet das Gericht nach pflichtgemäßem Ermessen (§ 406 Abs. 2 Satz 1 StPO), ohne insoweit an Anträge gebunden zu sein.

Das Adhäsionsverfahren kann auch durch gerichtlichen Vergleich (vgl. *Kleinknecht/Meyer* § 404 Rdnr. 12) beendet werden, der i. S. von § 794 Abs. 1 Nr. 1 ZPO einen Vollstreckungstitel darstellt.

Gegen die Ablehnung des Gerichts, über die Adhäsionsanträge zu entscheiden, hat der Antragsteller kein Rechtsmittel (§ 406 a Abs. 1 StPO). Für diesen Fall bleibt dem Antragsteller die Erhebung einer zivilprozessualen Klage. Der Angeklagte kann das Urteil mit den strafprozessual zulässigen Rechtsmitteln insgesamt oder den strafrechtlichen bzw. zivilrechtlichen Teil des Urteils isoliert anfechten (vgl. LR/*Wendisch* § 406 a Rdnr. 5 ff.) und auch die Wiederaufnahme des Verfahrens betreiben (§ 406 c StPO). Bei Adhäsionsverfahren, die in Strafkammersachen anhängig gemacht werden, hat der Antragsteller zu bedenken, daß er – anders als teilweise im Zivilprozeß – nur *eine* Tatsacheninstanz zur Verfügung hat.

Wird den Adhäsionsanträgen stattgegeben, so hat der Angeklagte auch die durch das Adhäsionsverfahren entstandenen besonderen Kosten (vgl. Kostenverzeichnis Nr. 1680) und die notwendigen Auslagen des Antragstellers zu tragen (§ 472 a Abs. 1 StPO). Wird dem Antrag nur teilweise entsprochen, so entscheidet das Gericht nach pflichtgemäßem Ermessen, wer die insoweit entstandenen Gerichtskosten und notwendigen Auslagen der Beteiligten trägt (§ 472 a Abs. 2 Satz 1 StPO). Die Rechtsanwaltsgebühren für die Geltendmachung und Abwehr der vermögensrechtlichen Ansprüche im Adhäsionsverfahren richten sich nach § 89 BRAGO.

1. Anträge im Adhäsionsverfahren

An das Freiburg, den ......[2]
Amtsgericht Freiburg[1]
Holzmarktplatz 2
7800 Freiburg i. Br.

In der Strafsache
gegen Herrn A... B...
und Herrn C... D...
wegen Sachbeschädigung u. a.
Az.: – 3 Ds 123/91 –

stelle ich[3] im Namen und mit Vollmacht des Verletzten,[4] Herrn E ...... F ......, wohnhaft ......,[5] die

Adhäsionsanträge:[6]

1. Die Angeklagten[7] werden als Gesamtschuldner verurteilt, an den Antragsteller DM 2.625,40[8] nebst 8% Zinsen hieraus seit dem ...... zu bezahlen.[9]
2. Die Angeklagten tragen die Kosten[10] des Adhäsionsverfahrens als Gesamtschuldner.
3. Die Entscheidung[11] ist vorläufig vollstreckbar.[12]

Vorläufiger Streitwert: DM 2.625,40

Begründung:[13]

Der Antragsteller macht gegen die Angeklagten Schadensersatzansprüche[14] wegen einer von ihnen gemeinschaftlich begangenen Sachbeschädigung geltend.

1. Die Angeklagten haben am ...... die Schaufensterscheibe im Ladengeschäft des Antragstellers durch mehrere Steinwürfe zerstört.

   Beweis:[15] Zeugnis des Herrn G ...... H ......,
   wohnhaft: ......

   Inaugenscheinnahme der Lichtbilder,
   Strafakten – Az.: 3 Ds 123/91 – As. 37–39.

   Für den entstandenen Schaden sind die Angeklagten ersatzpflichtig, § 823 Abs. 1 BGB. Wer den ersten Stein in die Scheibe geworfen und dadurch möglicherweise schon den Gesamtschaden verursacht hat, kann dahinstehen, weil die Angeklagten die unerlaubte Handlung gemeinschaftlich begangen haben (§ 830 BGB).[16] ...... (ist auszuführen).
   Die Angeklagten haben demnach dem Antragsteller gemäß §§ 823 Abs. 1, 830 Abs. 1, 840 Abs. 1 BGB gesamtschuldnerisch Schadensersatz zu leisten.

2. Der Antragsteller hat folgende Schäden erlitten:
   a) ......   (Aufstellung mit Belegen)
   b) ......
   c) ......

   Summe   DM 2.625,40

3. Der Zinsanspruch ist aus Verzug begründet.
   Die Ersatzansprüche wurden gegenüber den Angeklagten jeweils mit Schriftsatz vom ...... geltend gemacht und mit Schreiben vom ...... unter Fristsetzung zum ...... angemahnt. Die Angeklagten haben hierauf nicht erwidert und nicht gezahlt. Der Antragsteller hat zur Bezahlung der Reparaturrechnung Bankkredit in Höhe der geltend gemachten Forderung in Anspruch genommen und zahlt hierfür Bankzinsen in Höhe von 8% p.a.

   Beweis: Bescheinigung der B-Bank in der Anlage

4. Die im Adhäsionsverfahren geltend gemachten Ansprüche sind anderweitig nicht anhängig.[17] Die Ansprüche sind geeignet, im Strafverfahren erledigt zu werden, ohne daß das Verfahren dadurch unangemessen verzögert würde. Die Angeklagten haben bisher die Schadensersatzpflicht nicht bestritten, so daß voraussichtlich keine Beweismittel erforderlich werden, die nicht schon im Strafverfahren zur Verfügung stehen. Die Erledigung der Ansprüche im Adhäsionsverfahren ist auch aus Kostengründen und im Interesse der Beschleunigung geboten. Durch die Zuerkennung des Schadensersatzes kann eine zivilrechtliche Klage mit erneuter Beweisaufnahme vermieden und der Rechtsstreit endgültig beendet werden.

Ich bitte die Zustellung der Adhäsionsantragsschriften an die Angeklagten zu bewirken und den Antragsteller und seinen Bevollmächtigten vom Hauptverhandlungstermin zu benachrichtigen.[18]

Rechtsanwalt

Schrifttum: Amelunxen, Die Entschädigung des durch die Straftat Verletzten, ZStW 86 (1974), S. 457; *Granderath,* Opferschutz – Totes Recht?, NStZ 1984, 399; *Grebing,* Die Entschädigung des durch eine Straftat Verletzten, ZStW 87 (1975), S. 472, 482; *von Holst,* Der Adhäsionsprozeß, 1969; *Jescheck,* Die Entschädigung des Verletzten nach deutschem Strafrecht, JZ 1958, 591; *Kühler,* Die Entschädigung des Verletzten in der Rechtspflege, ZStW 71 (1959), S. 617; *D. Meyer,* Über die Möglichkeit eines zivilrechtlichen Vergleichs in der strafrechtlichen Hauptverhandlung, JurBüro 1984, 1121; *Pecher,*

1. Anträge im Adhäsionsverfahren

Über zivilrechtliche Vergleiche im Strafverfahren, NJW 1981, 2170; *Rieß*, Die Rechtsstellung des Verletzten im Strafverfahren, Gutachten zum 55. DJT (1984), Verhandlungen des 55. DJT, Bd. 1 Teil C; *Schätzler*, Die Entschädigung des durch eine Straftat Verletzten, ZStW 86 (1974), S. 471; *Schirmer*, Das Adhäsionsverfahren nach neuem Recht – die Stellung der Unfallbeteiligten und deren Versicherer, DAR 1988, 121; *Würtenberger*, Über Rechte und Pflichten des Verletzten im deutschen Adhäsionsprozeß, Festschrift für Pfenninger, 1966, S. 193.

Anmerkungen

1. Für die Entscheidung über die Adhäsionsanträge ist das mit dem Hauptverfahren gegen den Beschuldigten befaßte Gericht zuständig. Die Adhäsionsanträge können schon im Ermittlungsverfahren gegenüber der Staatsanwaltschaft gestellt werden (vgl. dazu LR/*Wendisch* § 404 Rdnr. 2 f.; siehe auch 174 Abs. 2 RiStBV).
Der Anspruch muß zur Zuständigkeit der ordentlichen Gerichte gehören (§ 403 Abs. 1 Satz 1 StPO). Ansprüche, die zur ausschließlichen Zuständigkeit der Arbeitsgerichte gehören, können im Adhäsionsverfahren nicht verfolgt werden (BGHSt 3, 210/212).

2. Die Adhäsionsanträge können gestellt werden, sobald die Staatsanwaltschaft mit der Sache befaßt ist; u. U. schon zusammen mit der Strafanzeige durch den Antragsteller (vgl. LR/*Wendisch* § 404 Rdnr. 2). Als spätesten Zeitpunkt für die Antragstellung nennt § 404 Abs. 1 Satz 1 StPO den Beginn der Schlußvorträge; während der Schlußvorträge wäre die Antragstellung verspätet (vgl. BGH StV 1988, 515; *Kleinknecht/Meyer* § 404 Rdnr. 4).

3. Der Antragsteller kann sich durch einen Rechtsanwalt vertreten lassen. Anwaltszwang besteht jedoch nicht, auch nicht vor dem Landgericht oder bei erstinstanzlichen Verhandlungen vor dem Oberlandesgericht (vgl. z.B. *Kleinknecht/Meyer* § 404 Rdnr. 8).

4. Antragsberechtigt ist der Verletzte (§ 403 Abs. 1 StPO), auch wenn er durch die Straftat nur mittelbar geschädigt wurde (z.B. als Besitzer neben dem Eigentümer). Ob der Verletzte Strafantrag gestellt hat, ist für die Antragsberechtigung ohne Bedeutung. Ferner ist der gesetzliche oder testamentarische Erbe antragsberechtigt (§ 403 Abs. 1 StPO). Andere Rechtsnachfolger (z.B. Zessionar, Pfändungsgläubiger) haben kein Antragsrecht (vgl. z.B. KK/*Engelhardt*, 2. Aufl. 1987, § 403 Rdnr. 8; *Kleinknecht/Meyer* § 403 Rdnr. 4). Der Antragsteller muß im Sinne des Zivilprozeßrechts (§§ 51 ff. ZPO) prozeßfähig oder gesetzlich vertreten sein.

5. Für die Zuordnung der Ansprüche im Urteil ist der Antragsteller mit Vor- und Zunamen und genauer Anschrift zu bezeichnen.

6. Schon die Antragstellung (§ 404 Abs. 2 StPO) bei Gericht bewirkt die Rechtshängigkeit der Ansprüche (vgl. *Kleinknecht/Meyer* § 404 Rdnr. 6; aA LR/*Wendisch* § 404 Rdnr. 7; KK/*Engelhardt* § 404 Rdnr. 8: Rechtshängigkeit tritt erst mit Zustellung der Antragsschrift an den Beschuldigten oder mit der mündlichen Geltendmachung der Ansprüche in der Hauptverhandlung ein).

7. Der Anspruch muß sich gegen den/die Beschuldigten richten. Gegen Jugendliche findet kein Adhäsionsverfahren statt (§ 81 JGG), auch nicht in Verfahren vor den allgemeinen Strafgerichten (§ 104 Abs. 1 Nr. 14 JGG). Bei Heranwachsenden kommt es darauf an, ob Jugendstrafrecht oder allgemeines Strafrecht angewandt wird (§ 109 Abs. 2 i.V.m. § 81 JGG). Der Antragsgegner braucht nicht geschäftsfähig zu sein; seine strafprozessuale Verhandlungsfähigkeit genügt (vgl. *Kleinknecht/Meyer* § 403 Rdnr. 9; LR/*Wendisch* § 403 Rdnr. 9). Der Abschluß eines Vergleichs erfordert die Geschäftsfähigkeit beider Parteien.

8. In Adhäsionsverfahren vor den Amtsgerichten gilt die zivilprozessuale Streitwertgrenze von DM 6.000,– (§ 23 Nr. 1 GVG) seit der Gesetzesänderung vom 1. 4. 1987 nicht mehr.

9. Es muß sich um einen vermögensrechtlichen Anspruch handeln (§ 403 Abs. 1 StPO), also eine Forderung, die auf Zahlung von Geld oder auf eine geldwerte Leistung gerichtet ist (insbesondere Ansprüche auf Schadensersatz, Schmerzensgeld, Herausgabe, Unterlassung; zu Feststellungsansprüchen vgl. LR/*Wendisch* § 403 Rdnr. 11, § 406 Rdnr. 5, und *Kleinknecht/Meyer* § 403 Rdnr. 10).

10. Wird dem Antrag stattgegeben, so hat der Beklagte die durch das Adhäsionsverfahren entstandenen besonderen Kosten (vgl. Kostenverzeichnis Nr. 1680) und die notwendigen Auslagen des Antragstellers zu tragen (§ 472a Abs. 1 StPO). Ist der Antrag ganz oder teilweise erfolglos geblieben oder wird er zurückgenommen, so entscheidet das Gericht über die Tragung der Kosten und notwendigen Auslagen nach pflichtgemäßem Ermessen (§ 472a Abs. 2 StPO). Die Rechtsanwaltsgebühren im Adhäsionsverfahren richten sich nach § 89 BRAGO.

11. Die Entscheidung über die Adhäsionsanträge trifft das Gericht „im Urteil" (§ 406 Abs. 1 Satz 1 StPO). Die Entscheidung steht einem im Zivilrechtsstreit ergangenen Urteil gleich (§ 406 Abs. 3 Satz 1 StPO). Der strafrechtliche und der zivilrechtliche Teil des Urteils bilden eine Einheit.

12. Über die vorläufige Vollstreckbarkeit entscheidet das Gericht nach pflichtgemäßem Ermessen (§ 406 Abs. 2 Satz 1 StPO), ohne an Anträge gebunden zu sein. Es kann die vorläufige Vollstreckbarkeit von einer Sicherheitsleistung abhängig machen und dem Angeklagten gestatten, die Vollstreckung durch Sicherheitsleistung abzuwenden (§ 406 Abs. 2 Satz 2 StPO).

13. Im Adhäsionsantrag müssen der Gegenstand des Verfahrens und der Anspruchsgrund bezeichnet werden (§ 404 Abs. 1 Satz 2 StPO). Zur Angabe des Anspruchsgrundes gehört der Vortrag aller Tatsachen, die für die Schlüssigkeit des Antrags erforderlich sind. Zu den Beweismitteln siehe unten Anm. 15.

14. Für zivilrechtliche Klagen aus unerlaubter Handlung vgl. Beck'sches Prozeßformularbuch/*Koeble*, 5. Aufl. 1989, Form. II. D.

15. Nach § 404 Abs. 1 Satz 2 StPO „soll" der Antrag auch die Beweismittel enthalten. Die Angabe der Beweismittel ist jedoch nicht zwingend, weil die Aufklärungspflicht des Gerichts (§ 244 Abs. 2 StPO) auch für die Voraussetzungen der Entschädigungsansprüche gilt (vgl. z.B. KK/*Engelhardt* § 404 Rdnr. 11; LR/*Wendisch* § 404 Rdnr. 9). Die Benennung der Beweismittel ist jedoch anzuraten, weil das Gericht die Entscheidung über die Adhäsionsanträge schon unter geringen Voraussetzungen, insbesondere bei drohender Verfahrensverzögerung ablehnen kann (vgl. § 405 Satz 2 StPO).

16. Zur Haftung für gemeinschaftlich begangene unerlaubte Handlungen vgl. z.B. *Palandt/Thomas*, 50. Aufl. 1991, § 830 BGB Anm. 2a und 3b.

17. Anderweitige Anhängigkeit der Ansprüche schließt die Geltendmachung im Adhäsionsverfahren aus (§ 403 Abs. 1 StPO).

18. Obwohl sich die Verpflichtung zur Zustellung der Anträge (§ 404 Abs. 1 Satz 3 StPO) und zur Benachrichtigung vom Hauptverhandlungstermin (§ 404 Abs. 3 Satz 1 StPO) schon aus dem Gesetz ergibt, empfiehlt sich ein entsprechender Hinweis. Eine förmliche Ladung zum Hauptverhandlungstermin unter Einhaltung einer Ladungsfrist ist nicht vorgesehen.

2. Unbestimmter Adhäsionsantrag auf Zahlung eines Schmerzensgeldes gegen einen Mitangeklagten im Berufungsverfahren

An das Freiburg, den ......[2]
Landgericht Freiburg
– Große Strafkammer –[1]
Salzstr. 17
7800 Freiburg i. Br.

In dem Berufungsverfahren
gegen Herrn A... B...
und Herrn C... D...
wegen Diebstahls u. a.

Az.: IV Ns 123/91

stelle ich im Namen und in Vollmacht des Verletzten,[3] Herrn C ...... D ......, gegen den Mitangeklagten, Herrn A ...... B ......, die

Adhäsionsanträge:[4]

1. Der Angeklagte A ...... B ...... wird verurteilt, an den Antragsteller ein angemessenes Schmerzensgeld[5] zuzüglich 4% Zinsen hieraus seit ...... zu bezahlen.
2. Der Antragsgegner trägt die Kosten des Adhäsionsverfahrens.[6]
3. Die Entscheidung ist vorläufig vollstreckbar.[7]

Vorläufiger Streitwert: DM 5.500,–.[8]

Begründung:

Der Antragsteller, Herr C ...... D ......, und der Mitangeklagte, Herr A ...... B ......, werden als Mittäter beschuldigt, am ...... in die Firma X eingedrungen zu sein und dort Lohngelder in Höhe von DM 34.000,— entwendet zu haben. Die Angeklagten haben die Tat im wesentlichen eingestanden und wurden in erster Instanz vom Schöffengericht verurteilt.

Der Angeklagte A ...... B ...... wurde darüber hinaus wegen einer gefährlichen Körperverletzung zum Nachteil des Antragstellers für schuldig befunden, weil er ihm nach dem Einbruch und vor dem Einsteigen in das Fluchtauto mit einer Eisenstange auf die Schulter geschlagen hat, um Herrn C ...... D ...... am Mitfahren zu hindern und die gesamte Beute für sich zu behalten.

Durch den Schlag hat Herr C ...... D ...... einen komplizierten Schlüsselbeinbruch erlitten. Er mußte elf Tage in der Y-Klinik stationär behandelt werden und war insgesamt für vier Wochen zu 100% arbeitsunfähig.

Beweis: Ärztliches Gutachten von Dr. med. K ...... L ......, bei den Strafakten (As. 97 ff.)
Ärztliche Bescheinigung von Dr. med. M ...... N ......, Kopie in der Anlage.

Der Antragsteller war durch die Körperverletzung schwer beeinträchtigt: ...... (Darstellung von Art und Dauer der Behandlung, Schmerzhaftigkeit, Beeinträchtigung der Lebensfreude etc.).

Die Intensität und die Folgen der vorsätzlichen gefährlichen Körperverletzung rechtfertigen ein Schmerzensgeld in der Größenordnung von DM 5.500,–. ......

Die hier geltend gemachten Schmerzensgeldansprüche sind anderweitig nicht anhängig[9,10]

Rechtsanwalt

Schrifttum: Vgl. Form. XIII. D. 1.

Anmerkungen

1. Für das Rechtsmittel der Berufung ist die Strafkammer des Landgerichts zuständig (§ 74 Abs. 3 GVG); über Berufungen gegen Urteile des Strafrichters entscheidet die kleine Strafkammer, gegen Schöffengerichtsurteile die große Strafkammer (§ 76 Abs. 2 GVG). Zur Zuständigkeit für die Entscheidung über die Adhäsionsanträge vgl. Form. XIII. D. 1 Anm. 1.

2. Zum Zeitpunkt der Antragstellung vgl. Form. XIII. E. 1 Anm. 2.

3. Antragsteller kann auch der Mitangeklagte des Antragsgegners sein (vgl. LR/*Wendisch* § 403 Rdnr. 6). Allgemein zur Antragsberechtigung vgl. Form. XIII. D. 1 Anm. 4.

4. Zur prozessualen Wirkung der Adhäsionsanträge vgl. Form. XIII. D. 1 Anm. 6.

5. Im Adhäsionsverfahren kann auch die Zahlung eines unbezifferten Schmerzensgeldes beantragt werden. Als Voraussetzugen von § 253 Abs. 2 Nr. 2 ZPO müssen die tatsächlichen Grundlagen für die nach § 287 ZPO vorzunehmende Schätzung vorgetragen werden (BGH NJW 1974, 1551), insbesondere Art und Umfang der Verletzungen, Ausmaß und Dauer der Beeinträchtigungen, Maß des Verschuldens und Mitverschuldens etc. Zur Bemessung der Höhe des Schmerzensgeldes vgl. *Hacks*, Schmerzensgeldbeträge, 14. Aufl. 1989. Zur zivilrechtlichen Klage auf Schmerzensgeld vgl. Beck'sches Prozeßformularbuch/ *Koeble* 5. Aufl. 1989, Form. II. D. 8.

Das Gericht kann die Entscheidung auch auf den Anspruchsgrund beschränken (§ 406 Abs. 1 Satz 2 StPO) und die Verhandlung über die Schadenshöhe nach § 304 Abs. 2 ZPO dem zuständigen Zivilgericht überlassen (§ 406 Abs. 3 Satz 3 StPO).

6. Zur Kostentragung vgl. Form. XIII D. 1 Anm. 10.

7. Zur vorläufigen Vollstreckbarkeit vgl. Form. XIII. D. 1 Anm. 12.

8. Die amtsgerichtliche Zuständigkeitsgrenze von derzeit DM 6.000,– (vgl. § 23 Nr. 1 GVG) gilt im Adhäsionsverfahren seit der Gesetzesänderung vom 1. 4. 1987 nicht mehr.

9. Anderweitige Anhängigkeit des Anspruchs schließt die Geltendmachung im Adhäsionsverfahren aus (§ 403 Abs. 1 StPO).

10. Wegen der geringen Voraussetzungen, unter denen das Gericht von der Entscheidung über die Adhäsionsanträge absehen kann (§ 405 StPO, insbesondere nach Satz 2: „nicht geeignet") empfiehlt es sich, auf die Sachdienlichkeit der Anträge, insbesondere auf die Prozeßökonomie hinzuweisen (vgl. dazu Form. XIII. D. 1).

3. Beweisantrag für das Adhäsionsverfahren

An das Freiburg, den ......[1]
Amtsgericht Freiburg
Holzmarktplatz 2
7800 Freiburg i. Br.

In der Strafsache
gegen Herrn A...... B......
wegen gefährlicher Körperverletzung u. a.
Az.: 3 Ds 234/91
hier: Adhäsionsverfahren

nehme ich Bezug auf die Adhäsionsanträge vom ......, mit denen die Antragstellerin, Frau C...... D......, von dem Angeklagten Schmerzensgeld verlangt.

3. Beweisantrag für das Adhäsionsverfahren XIII. D. 3

Der Strafakte ist zu entnehmen, daß Herr Dr. med. K...... L......, der Frau C...... D...... wegen der Verletzungen behandelt hat, nicht als Zeuge zur Hauptverhandlung geladen ist. Von der Ladung wurde möglicherweise in Hinblick auf die Verlesbarkeit (§ 256 Abs. 1 Satz 1 StPO)[2] seines ärztlichen Attestes vom ...... (As. 27 ff.) abgesehen. Die Verlesung des Attestes mag für die Schuldfeststellung und die Rechtsfolgenentscheidung im Strafurteil ausreichend sein; sie genügt jedoch nicht zur Bemessung des beantragten Schmerzensgeldes.

Beweisantrag[3]

Zum Beweis der Tatsachen,
- daß Frau C...... D...... am ...... durch mindestens sechs Schläge mit einem stumpfen Gegenstand im Bereich des Rückens und des linken Unterarmes verletzt wurde und dadurch Prellungen, Blutergüsse sowie durch die Abwehr der Schläge Stauchungen an der linken Hand erlitten hat
- und daß die Verletzungen für die Antragstellerin für mindestens drei Wochen sehr schmerzhaft waren, Frau C...... D...... sich in krankengymnastische Behandlung begeben mußte und infolge dieser Verletzungen für insgesamt vier Wochen zu 100 % arbeitsunfähig war,

beantrage ich,

Herrn Dr. med. K...... L......, wohnhaft ......, zur Hauptverhandlung zu laden und ihn als Zeugen zu vernehmen.

Ferner rege ich an,
den Zeugen in der Ladung aufzufordern, seine ärztlichen Unterlagen über die Behandlung der Antragstellerin zur Vernehmung mitzubringen.[4]
Herr Dr. med K...... L...... hat die Antragstellerin noch am Tage der Körperverletzung ärztlich versorgt und sie bis zur Genesung weiterbehandelt. Das zu den Akten gereichte ärztliche Attest vom ...... enthält nur einen ersten Befund und gibt über Art und Umfang der Beeinträchtigung nicht genügend Aufschluß. Der Angeklagte hat bisher bestritten, Frau C...... D...... mit einem Gegenstand geschlagen und die hier unter Beweis gestellten Verletzungen verursacht zu haben.
Eine Erklärung über die Entbindung des Zeugen von der ärztlichen Schweigepflicht[5] ist beigefügt.

Rechtsanwalt

Schrifttum: Vgl. Form. XIII. D. 1.

Anmerkungen

1. Die Beweisanträge im Adhäsionsverfahren sollten rechtzeitig gestellt werden, weil das Gericht nach pflichtgemäßem Ermessen von der Entscheidung über die Anträge absehen kann, wenn durch die Prüfung das Strafverfahren verzögert würde (§ 405 Satz 2 StPO).

2. § 256 StPO gestattet als Ausnahme von dem Grundsatz der Unmittelbarkeit der Beweisaufnahme (§ 250 StPO) u. a. die Verlesung von Attesten bestallter Ärzte über eigene Befunde. Ein Verlesungsverbot gilt nur für Atteste über schwere (§ 224 StGB), nicht für gefährliche oder fahrlässige Körperverletzungen (§§ 223 a, 230 StGB).

3. Der Adhäsionsantrag „soll" auch die Beweismittel enthalten (§ 404 Abs. 1 Satz 2 StPO). Die Aufklärungspflicht (§ 244 Abs. 2 StPO) des Strafgerichts erstreckt sich auch auf die Tatsachen zur Entscheidung über die Adhäsionsanträge. Zur Vermeidung einer Verfahrensverzögerung und damit der Gefahr, daß das Gericht eine Entscheidung über die

Anträge ablehnt (§ 405 StPO), empfiehlt es sich, die Beweismittel rechtzeitig zu benennen, auch wenn der Antragsteller nicht beweisbelastet ist.

Zu den Anforderungen an einen Beweisantrag vgl. Form. VII. D. 1–17.

4. Vgl. RiStBV Nr. 64 Abs. 2.

5. Ärzte sind nicht nur zur Zeugnisverweigerung berechtigt (§ 53 Abs. 1 Nr. 3 StPO), sondern unter der Strafdrohung des § 203 Abs. 1 Nr. 1 StGB auch zur Verschwiegenheit verpflichtet. Die Entbindung von der ärztlichen Schweigepflicht führt zur Aussagepflicht für den Zeugen (BGHSt 18, 146).

4. Rücknahme der Adhäsionsanträge

An das   Freiburg, den ......[1]
Amtsgericht Freiburg
Holzmarktplatz 2
7800 Freiburg i. Br.

In der Strafsache
gegen Herrn A...... B......
wegen fahrlässiger Körperverletzung
Az.: 3 Ds 345/91

nehme ich die am ...... gestellten

Adhäsionsanträge zurück[2]

und beantrage,

die gerichtlichen Auslagen für das Adhäsionsverfahren und die den Beteiligten insoweit erwachsenen notwendigen Auslagen dem Angeklagten aufzuerlegen.[3]

Begründung:

Zur Zeit der Antragstellung hatten die Ärzte beim Verletzten nur die in der Antragsbegründung dargelegten Frakturen als Folge des Sturzes vom Baugerüst festgestellt. Vor wenigen Tagen ergab sich aus Anlaß einer Nachuntersuchung beim Antragsteller der Verdacht auf einen unfallbedingten Leberriß. Die Untersuchungen dauern an. Die möglichen Folgebeeinträchtigungen müssen durch ein medizinisches Sachverständigengutachten festgestellt werden, das bis zur Entscheidung im Strafverfahren nicht erstattet werden kann.

Da nach dem außergerichtlichen Schriftverkehr zwischen dem Antragsteller und dem Angeklagten in jedem Falle zu erwarten ist, daß der Angeklagte auch Einwendungen zur Schmerzensgeldhöhe erhebt,[4] nimmt der Antragsteller die Adhäsionsanträge zurück, um seine Ansprüche beizeiten im Klagewege vor den Zivilgerichten zu verfolgen.[5]

Die Stellung der Adhäsionsanträge war angesichts der damals bekannten Unfallfolgen sachgerecht. Die unvorhergesehenen Tatsachen, die jetzt der Fortsetzung des Adhäsionsverfahrens entgegenstehen, sind adäquat kausale Folgen der Straftat, für die der Angeklagte einzustehen hat. Es ist daher sachgerecht und geboten, ihm auch die Kosten des Adhäsionsverfahrens aufzuerlegen.[6]

Rechtsanwalt

Schrifttum: Vgl. Form. XIII. D. 1.

5. Isolierte Anfechtung der Adhäsionsentscheidung XIII. D. 5

Anmerkungen

1. Die Adhäsionsanträge können bis zur Verkündung des Urteils zurückgenommen werden (§ 404 Abs. 4 StPO). Die Rücknahme kann auch noch in der Berufungsinstanz, aber nicht mehr vor dem Revisionsgericht erfolgen (vgl. LR/*Wendisch* § 404 Rdnr. 16).

2. Die Rücknahme der Adhäsionsanträge bedarf – im Gegensatz zur Klagerücknahme (§ 269 ZPO) – keiner Zustimmung des Antragsgegners. Die Rücknahme hindert nicht die Stellung neuer Adhäsionsanträge in demselben Verfahren (vgl. *Kleinknecht/Meyer* § 404 Rdnr. 13).

3. Nimmt der Antragsteller die Adhäsionsanträge zurück, so entscheidet das Gericht nach pflichtgemäßem Ermessen, wer die insoweit entstandenen gerichtlichen Auslagen und die den Beteiligten durch das Adhäsionsverfahren erwachsenen notwendigen Auslagen zu tragen hat. Die gerichtlichen Auslagen können auch der Staatskasse auferlegt werden (§ 472a Abs. 2 Satz 2 StPO).

4. Die Neufassung von § 406 Abs. 1 Satz 2 StPO ermöglicht auch die Entscheidung durch Grundurteil. Im Einzelfall ist zu prüfen, ob ein entsprechender Antrag sinnvoll und prozeßökonomisch ist, wenn in jedem Fall über die Anspruchshöhe gestritten wird und im Adhäsionsverfahren über den Betrag voraussichtlich nicht entschieden wird (§ 405 StPO).

5. Die Antragsrücknahme hindert nicht die spätere Verfolgung derselben Ansprüche vor den Zivilgerichten.

6. Ob der Antragsteller die Kostenentscheidung anfechten kann, ist umstritten; für die sofortige Beschwerde nach § 464 Abs. 3 StPO *Kleinknecht/Meyer* § 472a Rdnr. 3. Der **Angeklagte** kann eine sofortige Kostenbeschwerde gem. § 464 Abs. 3 Satz 1 StPO erheben, soweit er durch die Kostenentscheidung beschwert ist. Die Beschwerdefrist beginnt mit der Verkündung der Kostenentscheidung in der Hauptverhandlung, wenn der Angeklagte anwesend ist (§ 35 StPO). Für den **Antragsteller** ist die Anfechtung der Kostenentscheidung gem. § 406a Abs. 1 StPO ausgeschlossen (vgl. LR/*Hilger*, 24. Aufl. 1987, § 472a Rdnr. 4; KK/*Schikora/Schimansky* § 472a Rdnr. 2).

5. Isolierte Anfechtung der Adhäsionsentscheidung durch den Angeklagten mit Vergleichsvorschlag

An das Freiburg, den ......[2]
Amtsgericht Freiburg[1]
Holzmarktplatz 2
7800 Freiburg i. Br.

In der Strafsache
gegen Herrn A...... B......
wegen gefährlicher Körperverletzung
Az.: 3 Ds 345/91

lege ich gegen das am ...... verkündete Urteil des Amtsgerichts Freiburg insoweit[3]

Berufung[4]

ein, als Herr A...... B...... durch die Adhäsionsentscheidung verpflichtet wurde, an den Antragsteller ein Schmerzensgeld von DM 2.000,– zuzüglich 4% Zinsen hieraus seit ...... zu bezahlen.

Ich beantrage,
über das Rechtsmittel nach mündlicher Verhandlung zu entscheiden.[5]

Begründung:[6]

Herr A...... B...... wehrt sich mit der Berufung gegen die Höhe des zu zahlenden Schmerzensgeldes, weil er dem Antragsteller bei der Schlägerei am ...... die Kopfplatzwunde und die Prellungen im Halsbereich nicht beigebracht hat. Diese Verletzungen hat sich der Antragsteller erst nach der Auseinandersetzung zugezogen.

Beweisanträge:[7]

Zum Beweis der Tatsache, daß der Antragsteller von der Schlägerei am ...... weder eine Kopfplatzwunde noch Prellungen im Halsbereich davongetragen hat,

beantrage ich,
1. Herrn Dr. med K....... L......, wohnhaft ......,
zur Hauptverhandlung zu laden und ihn als sachverständigen Zeugen zu vernehmen.

Der Zeuge hat den Antragsteller unmittelbar nach der Körperverletzung untersucht und behandelt und dabei weder eine Kopfplatzwunde noch Prellungen im Halsbereich festgestellt.

Der Antragsteller hat den Zeugen bereits von der ärztlichen Schweigepflicht entbunden (Entbindungserklärung As. 67).

2. Ferner beantrage ich,

die Einholung eines medizinischen Sachverständigengutachtens über die Entstehungszeit der Kopfplatzwunde und der Prellungen am Hals.

Das Gutachten wird erweisen, daß diese Verletzungen des Antragstellers erst jüngeren Datums sind und ausgeschlossen werden kann, daß sie von der Auseinandersetzung am ...... herrühren.

Die Adhäsionsentscheidung ist fehlerhaft, weil das Gericht die Höhe des Schmerzensgeldes auch mit den Körperverletzungen begründet hat, die Herr A...... B...... nicht verursacht hat.

Zur Beschleunigung und Vermeidung einer kostenträchtigen Beweisaufnahme unterbreitet Herr A...... B...... den

Vergleichsvorschlag,[8]

an Herrn C...... D...... ein Schmerzensgeld von DM 1.000,— zu bezahlen, wenn der Antragsteller auf jeden weiteren Schadenersatz verzichtet, die gerichtlichen Auslagen[9] des Adhäsionsverfahrens von den Beteiligten je zur Hälfte übernommen werden und jeder Beteiligte seine im Adhäsionsverfahren entstandenen notwendigen Auslagen[9] selbst trägt.

Der Bevollmächtigte des Antragstellers erhält von diesem Schriftsatz unmittelbar Durchschrift.

Rechtsanwalt

Schrifttum: Vgl. Form. XIII. D. 1.

Anmerkungen

1. Die Berufung ist bei dem Gericht des ersten Rechtszuges schriftlich oder zu Protokoll der Geschäftsstelle einzulegen (§ 314 Abs. 1 StPO). Zur Einlegung der Berufung vgl. Form. VIII.B.Iff.

2. Die Frist zur Einlegung der Berufung beträgt eine Woche ab Verkündung des Urteils. Wurde das Urteil in Abwesenheit des Angeklagten verkündet, so beginnt die Berufungsfrist mit der Zustellung des Urteils (§ 314 Abs. 1, 2 StPO).

5. Isolierte Anfechtung der Adhäsionsentscheidung XIII. D. 5

3. Der Angeklagte kann die Adhäsionsentscheidung auch isoliert anfechten (§ 406 a Abs. 2 Satz 1 StPO). Soweit gegen den strafrechtlichen Teil kein Rechtsmittel eingelegt wird, erwächst er in Rechtskraft.

4. Die Anfechtung der Adhäsionsentscheidung erfolgt über das jeweils strafprozessual zulässige Rechtsmittel (vgl. z. B. *Kleinknecht/Meyer* § 406 a Rdnr. 3).

5. Wird nur der zivilrechtliche Teil des Urteils angefochten, so kann das Gericht über das Rechtsmittel durch unanfechtbaren Beschluß in nichtöffentlicher Sitzung entscheiden (§ 406 a Abs. 2 Satz 2 StPO).

6. Die Begründung der Berufung (§ 317 StPO) ist nicht zwingend vorgeschrieben. Auch Ausführungen, die erst nach Ablauf der einwöchigen Berufungsbegründungsfrist eingehen, sind vom Berufungsgericht zu berücksichtigen. Die Berufungsbegründung kann schon gleichzeitig mit der Einlegung des Rechtsmittels vorgelegt und später ergänzt werden. Im Adhäsionsverfahren ist eine Berufungsbegründung anzuraten, weil andernfalls mit einer Verwerfung des Rechtsmittels durch Beschluß (§ 406 a Abs. 2 Satz 2 StPO) zu rechnen ist.

7. Zu den Anforderungen an einen Beweisantrag vgl. Form. VII. D. 1–17.

8. Ein gerichtlicher Vergleich kann auch im Adhäsionsverfahren abgeschlossen werden (vgl. z. B. *Kleinknecht/Meyer* § 404 Rdnr. 12 m. w. Nachw.). Der in der Hauptverhandlung geschlossene und gerichtlich beurkundete Vergleich ist Vollstreckungstitel im Sinne von § 794 Abs. 1 Nr. 1 ZPO. Für die Mitwirkung beim Abschluß eines Vergleichs erhält der Rechtsanwalt auch im Adhäsionsverfahren eine Vergleichsgebühr (§ 89 Abs. 4 i. V. m. § 23 BRAGO).

9. Zu den kostenrechtlichen Folgen des Adhäsionsverfahrens vgl. § 472 a StPO.

E. Der Rechtsanwalt als Beistand eines Zeugen

Einführung

Das Strafverfahrensrecht enthält keine allgemeine gesetzliche Regelung zum Zeugenbeistand. Nur für den Zeugen, der zugleich Verletzter ist, sind durch das Opferschutzgesetz vom 18. 12. 1986 (BGBl. I, S. 2496) mit den §§ 406d ff. StPO einige Schutz- und Beteiligungsrechte geschaffen. Das Bundesverfassungsgericht hat jedoch in seinem Beschluß vom 8. 10. 1974, BVerfGE 38, 105 ff., bestätigt, daß ein Zeuge berechtigt ist, „einen Rechtsbeistand seines Vertrauens zu der Vernehmung hinzuzuziehen, wenn er das für erforderlich hält, um von seinen prozessualen Befugnissen selbständig und seinen Interessen entsprechend sachgerecht Gebrauch zu machen" (BVerfGE 38, 112). Für den Verletzten und den Nebenklageberechtigten vgl. die Regelungen in §§ 406f, 406g StPO.

Der Zeuge hat insbesondere die Pflichten, vor Gericht zu erscheinen, wahrheitsgemäß auszusagen und seine Aussage zu beeiden. Für die staatsanwaltschaftliche Vernehmung folgt die Pflicht zum Erscheinen und zur Aussage aus § 161a Abs. 1 Satz 1 StPO. Bei unberechtigter Weigerung muß der Zeuge mit Ordnungs- und Zwangsmitteln rechnen (§§ 51, 70 StPO).

Diesen Pflichten stehen Rechte gegenüber: Unter den Voraussetzungen der §§ 52, 53 StPO darf der Zeuge die gesamte Aussage zur Sache und nach Maßgabe des § 55 StPO die Auskunft auf einzelne Fragen verweigern. § 63 StPO regelt das Recht zur Eidesverweigerung. Obwohl der Zeuge über diese Rechte von Amts wegen zu belehren ist (§§ 52 Abs. 3 Satz 1, 55 Abs. 2, 63 2. Hs. StPO; für das Zeugnisverweigerungsrecht nach § 53 StPO besteht keine Belehrungspflicht), fehlen ihm oft die tatsächlichen und rechtlichen Kenntnisse, diese Rechte in der konkreten Vernehmungssituation seinen Interessen gemäß wahrzunehmen. Besonders im Falle des § 55 StPO kann der Zeuge während der Vernehmung nur schwer beurteilen, mit welchen Aussagen er sich der Gefahr aussetzt, wegen einer Straftat oder einer Ordnungswidrigkeit verfolgt zu werden. In der Prozeßsituation ist der Zeuge oft zu gehemmt und zu unsicher, seine Bedenken vorzutragen und seine prozessualen Rechte geltend zu machen.

Der Zeugenbeistand soll gewährleisten, daß der Zeuge „nicht zum bloßen Objekt eines Verfahrens" gemacht wird (BVerfGE 38, 105/114) und dafür sorgen, daß der Zeuge seine prozessualen Rechte interessengerecht wahrnimmt. Der Zeugenbeistand wird bloßstellende Fragen rügen (§ 68a StPO) und Fang- und Suggestivfragen oder Fragen, die zu prozeßfremden Zwecken gestellt werden, als ungeeignet bzw. nicht zur Sache gehörend (§ 241 Abs. 2 StPO) beanstanden. In geeigneten Fällen wird er darauf hinwirken, daß der gefährdete Zeuge bei der Vernehmung zur Person seinen Wohnort nicht anzugeben braucht (§ 68 Satz 2 StPO), daß während der Vernehmung seines Mandanten die Öffentlichkeit ausgeschlossen wird (§§ 171b, 172 GVG) oder der Angeklagte sich aus dem Sitzungssaal entfernt (§ 247 StPO).

Besonderen Beistand benötigen Zeugen, die in ihrer Aussagefähigkeit eingeschränkt oder geistig behindert sind. Bei der Vernehmung von jugendlichen Zeugen unter sechzehn Jahren ist auf die Einhaltung der besonderen Art und Weise der Vernehmung (§ 241a StPO) zu achten. Gelegentlich ist der Hinweis notwendig, daß der Zeuge bei der Vernehmung zur Sache sein Wissen zunächst im Zusammenhang vortragen darf (§ 69 Abs. 1 Satz 1 StPO). Der Zeugenbeistand hat auf die richtige Protokollierung der Zeugenaussage zu achten (BVerfGE 38, 105/117), jedenfalls soweit der Zeuge den Inhalt des Protokolls zu genehmigen hat (für die wörtliche Protokollierung vgl. § 273 Abs. 3 StPO).

Der Rechtsbeistand darf den Zeugen nicht in der Aussage vertreten. Er wird jedoch in geeigneter Weise eingreifen, wenn sich der Zeuge z.B. versprochen hat oder seine Erklärung von den anderen Verfahrensbeteiligten mißverstanden wurde. Der Zeugenbeistand muß vermeiden, daß durch seine Interventionen die Spontaneität der Zeugenaussage leidet oder andere Umstände des Aussageverhaltens beeinträchtigt werden, die für die Glaubwürdigkeitsbeurteilung erheblich sein können.

Die Rechte des Zeugenbeistands und seine Stellung im Strafprozeß sind noch weitgehend ungeklärt und auch durch die Rechtsprechung bisher kaum konkretisiert:

Das Recht, einen Zeugenbeistand beizuziehen, besteht außer für das Strafverfahren auch für Ordnungswidrigkeitenverfahren, Disziplinarverfahren und berufsrechtliche Verfahren (vgl. LR/*Dahs* § 58 Rdnr. 10). Es gilt für alle Verfahrensabschnitte und für „richterliche oder sonstige Vernehmungen" (BVerfGE 38, 105/112). Zum Rechtsbehelf bei Zurückweisung eines Zeugenbeistands durch die Staatsanwaltschaft vgl. OLG Hamburg NStZ 1984, 567f.

Der Rechtsanwalt ist grundsätzlich nicht gehindert, mehrere Zeugen zu vertreten, die in derselben Sache Beweismittel sind. § 146 StPO steht nicht entgegen, weil der Zeugenbeistand nicht Verteidiger ist. Eine Doppelvertretung scheidet jedoch aus, wenn die Möglichkeit eines Interessengegensatzes besteht, insbesondere wenn ein Zeuge zugleich Nebenkläger oder Adhäsionskläger ist. Für Auftraggeber mit widerstreitenden Interessen darf der Rechtsanwalt nicht tätig werden (§ 45 Nr. 2 BRAGO, § 46 Abs. 1 Richtlinien des Standesrechts, § 356 StGB), selbst wenn die Mandanten mit der Doppelvertretung einverstanden sind. Schon der Anschein der Vertretung gegensätzlicher Interessen ist zu vermeiden (§ 46 Abs. 2 Rili). Soweit einem Rechtsanwalt das Tätigwerden untersagt ist, gilt dieses Verbot auch für die mit ihm in Sozietät oder in Bürogemeinschaft verbundenen Kollegen (§ 32 Rili). Die Verteidigung mehrerer Beschuldigter durch verschiedene Rechtsanwälte derselben Sozietät hat das Bundesverfassungsgericht (BVerfGE 43, 79) jedoch für zulässig erklärt.

Grundsätzlich wird der Rechtsanwalt in demselben Verfahren nicht zugleich als Verteidiger und als Zeugenbeistand tätig sein können (vgl. aber *Dörinkel*, WuW 1975, 254/260; *Dahs*, Handbuch des Strafverteidigers, 5. Aufl. 1983, Rdnr. 169). Etwas anderes kann allenfalls gelten, wenn ein Zeuge nur abstrakt über seine Rechte und Pflichten beraten werden möchte (z.B. Pflicht zum Erscheinen vor der vernehmenden Stelle, Aussage- und Eidespflichten, Möglichkeiten einer kommissarischen Vernehmung, Verpflichtung zur Beantwortung schriftlicher Anfragen, Verpflichtung zu eigenen Nachforschungen zur Vorbereitung der Aussage, Bereithaltung und Aushändigung von Unterlagen, Anwesenheitsrecht in der Hauptverhandlung, Auslagenerstattung, Folgen der Verletzung von Zeugenpflichten etc.). Wenn dagegen der Zeuge ein besonderes Eigeninteresse am Ausgang des Strafverfahrens hat und deshalb z.B. eine Empfehlung zur Wahrnehmung seines Zeugnis- oder Auskunftsverweigerungsrechtes wünscht, wird sich die Führung beider Mandate verbieten. Der Verteidiger darf jedoch dem Zeugen mitteilen, „welche Wirkung auf die Rechtslage des Angeklagten die Ausübung oder Nichtausübung des Zeugnisverweigerungsrechts haben würde" und ihm „in Verbindung mit dieser Belehrung im Interesse des Angeklagten auch bitten ......, nicht auszusagen" (BGHSt 10, 393/395). Der Verteidiger ist selbstverständlich auch berechtigt und uU. sogar verpflichtet, Zeugen außergerichtlich über ihr Wissen zu befragen und sie über ihre Rechte und Pflichten zu belehren und zu beraten (§ 6 Abs. 1, 2 Rili).

Eine Doppelvertretung des Beschuldigten und eines Zeugen wird auch dann ausscheiden, wenn der Zeuge nur formell (noch) in der Zeugenrolle, materiell aber Mitbeschuldigter ist. Im übrigen wird der Rechtsanwalt die Tätigkeit des Verteidigers und des Zeugenbeistands schon aus praktischen Gründen, jedenfalls während der Vernehmungen, nicht gleichzeitig ausüben können.

Wenn die Verteidigung mehrerer Beschuldigter mit gegensätzlichen Interessen durch verschiedene Rechtsanwälte derselben Sozietät zulässig ist (BVerfGE 43, 79), wird man auch nicht beanstanden können, daß der Verteidiger des Beschuldigten und der Rechtsbeistand des Zeugen assoziiert sind. Die beteiligten Kollegen werden beachten, daß die Verschwiegenheitspflicht (§ 42 Rili) grundsätzlich auch untereinander gilt.

XIII. E. Der Rechtsanwalt als Beistand eines Zeugen

Wer zum Anschluß als Nebenkläger berechtigt ist, kann beantragen, daß ihm „einstweilen" ein Rechtsanwalt als Beistand bestellt wird, wenn sich die Nebenklagebefugnis aus § 395 Abs. 1 Nr. 1 a StPO (Straftaten gegen die sexuelle Selbstbestimmung) ergibt, die Mitwirkung eines Beistandes „sonst aus besonderen Gründen geboten" und eilbedürftig ist und die Bewilligung von Prozeßkostenhilfe für den Beistand möglich erscheint (§ 406g Abs. 4 StPO). Für die Bestellung des Beistandes gelten die §§ 142 Abs. 1 und 162 StPO entsprechend. Das Gericht ist nicht gehindert, auch einen Zeugen, der zum Anschluß als Nebenkläger nicht berechtigt ist, einen Beistand aus Gründen der Fürsorge (§ 140 Abs. 2 StPO entsprechend) zu bestellen (vgl. dazu die vor Inkrafttreten des Opferschutzgesetzes erschienene Rechtsprechung z.B. LG Darmstadt StV 1986, 147; LG Bremen StV 1983, 500; OLG Bremen StV 1983, 513; LG Hannover NStZ 1982, 433; LG Hannover StV 1987, 526; *Dahs* NStZ 1983, 1984; aA. *Kleinknecht/Meyer* vor § 48 Rdnr. 11). Verfassungsrechtlich soll es jedoch nicht geboten sein, einem mittellosen Zeugen einen Rechtsbeistand auf Staatskosten beizuordnen (BVerfG NStZ 1983, 347). Zur Beiordnung eines Beistandes für einen Zeugen, der sich in einer rechtlich und tatsächlich schwierigen Situation befindet, insbesondere sich durch seine Aussage der Strafverfolgung aussetzen kann, vgl. LG Darmstadt StV 1986, 147; LG Hannover StV 1987, 526.

Umstritten ist, ob der Zeugenbeistand Akteneinsicht beanspruchen kann (ablehnend BVerfGE 38, 105/116; *Kleinknecht/Meyer* vor § 48 Rdnr. 11; *Thomas* NStZ 1982, 495; befürwortend *Hammerstein* NStZ 1981, 125/127). § 147 StPO nennt nur den Verteidiger als akteneinsichtsberechtigt; aber nach Nr. 1984 Abs. 3 RiStBV ist einem bevollmächtigten Rechtsanwalt oder Rechtsbeistand Akteneinsicht zu gewähren, wenn er ein berechtigtes Interesse darlegt und sonst Bedenken nicht bestehen. Dem Zeugen ist die Aktenkenntnis nicht generell untersagt. So hat er über seinen Rechtsanwalt Gelegenheit, vom Inhalt der Akten Kenntnis zu nehmen, wenn er z.B. zugleich Nebenkläger oder Adhäsionskläger ist oder Beschuldigter in einem abgetrennten Verfahren, das dieselbe Sache betrifft; ferner wenn der Rechtsanwalt Akteneinsicht zur Regulierung zivilrechtlicher Ansprüche erhalten hat, Polizeibeamte haben als Zeugen regelmäßig Durchschriften von ihren Vernehmungsprotokollen und Aktenvermerken. Der Zeugenbeistand sollte jedenfalls insoweit Akteneinsicht erhalten (uU. nur in Teile der Akten), als dies für die Wahrnehmung der Zeugenrechte erforderlich ist (z.B. für die Beurteilung der Grenzen des Auskunftsverweigerungsrechts (§ 55 StPO) oder die „Unerläßlichkeit" von Fragen nach entehrenden Tatsachen (§ 68a StPO). Im Einzelfall wird das Interesse an einer unbeeinflußten Zeugenaussage, das auch in § 58 Abs. 1 und § 243 Abs. 2 StPO zum Ausdruck kommt, gegen die Schutzrechte des Zeugen abzuwägen sein.

Für den Verletzten wird das Akteneinsichtsrecht und das Recht zur Besichtigung amtlich verwahrter Beweisstücke jetzt durch § 406e StPO klargestellt. Er kann dieses Recht nur durch einen Rechtsanwalt ausüben und muß mit Ausnahme der in § 395 StPO genannten Fälle ein berechtigtes Interesse darlegen. Das Einsichtsrecht ist bei überwiegend schutzwürdigen Interessen anderer zu versagen und kann verwehrt werden, wenn der Untersuchungszweck gefährdet erscheint oder die Akteneinsicht das Verfahren erheblich verzögern würde (§ 406e Abs. 2 StPO). Bemerkenswert ist die Möglichkeit des Verletzten, gegen die Versagung der Akteneinsicht durch die Staatsanwaltschaft gerichtliche Entscheidung nach Maßgabe des § 161a Abs. 2 Satz 2 bis 4 StPO zu beantragen (§ 406e Abs. 4 Satz 2 StPO).

Dem Zeugenbeistand soll „außerhalb der Vernehmung des Zeugen (§§ 58 Abs. 1, 243 Abs. 2 StPO)" kein Anwesenheitsrecht zustehen (BVerfGE 38, 105/116; BVerfG Vorprüfungsentscheid, Beschluß vom 27. 1. 1986, unveröffentlicht; *Kleinknecht/Meyer* vor § 48 Rdnr. 11). Dagegen weisen *Thomas* NStZ 1982, 495, und LR/*Dahs* 24. Aufl. 1986, § 58 Rdnr. 10 Anm. 19a; im Ergebnis ebenso *Hammerstein* NStZ 1981, 127, zutreffend darauf hin, daß bei einer öffentlichen Verhandlung der Zeugenbeistand Zuhörer und damit Teil der Öffentlichkeit ist, der der Zutritt grundsätzlich nicht verwehrt werden darf (§ 169 GVG). Die Möglichkeit, daß ein Zuhörer einen noch zu vernehmenden Zeugen über den

Gegenstand der Verhandlung unterrichtet, rechtfertigt nicht, den Zuhörer aus dem Sitzungssaal zu verweisen. Der Zeuge mag in seiner Vernehmung danach gefragt werden, was er über den Inhalt der bisherigen Verhandlung weiß. Der Zeugenbeistand wird meist ein rechtliches Interesse an der Anwesenheit in der Hauptverhandlung haben, z. B. um sich für die Beratung zum Auskunftsverweigerungsrecht (§ 55 StPO) zu instruieren, insbesondere wenn er keine Akteneinsicht hatte. Er kann jedoch von der Teilnahme an der Vernehmung ausgeschlossen werden, wenn die Anwesenheit „erkennbar dazu mißbraucht wird, eine geordnete und effektive Beweiserhebung zu erschweren oder zu verhindern und damit das Auffinden einer materiell richtigen und gerechten Entscheidung zu beeinträchtigen" (BVerfGE 38, 105/120). Für den Verletzten ist das Anwesenheitsrecht seines Zeugenbeistandes bei richterlichen und staatsanwaltschaftlichen Vernehmungen in § 406f Abs. 2 Satz 1 StPO ausdrücklich bestätigt. Das Anwesenheitsrecht bei polizeilichen Vernehmungen ist damit nicht ausgeschlossen (vgl. § 406f Abs. 3 StPO). Vertritt der Rechtsanwalt einen Zeugen, der nach § 395 StPO zum Anschluß als Nebenkläger befugt ist, so ist der Zeugenbeistand auch bei nicht öffentlicher Hauptverhandlung zur Anwesenheit berechtigt (§ 406g Abs. 2 Satz 1 StPO).

Besondere Anforderungen stellt die Beratung und Unterstützung eines Zeugen, der in der Gefahr ist, sich durch die von ihm verlangte Aussage selbst zu belasten. In diesem Fall muß sich der Zeugenbeistand umfassend über das Beweisthema informieren und den Vernehmungsablauf so weit wie möglich vorhersehen, um seinen Mandanten über die strafrechtliche und ordnungswidrigkeitenrechtliche Relevanz der erwarteten Aussage aufklären zu können. Der Zeuge kann vor der Strafverfolgung nur geschützt werden, wenn er sich rechtzeitig auf sein Auskunftsverweigerungsrecht (§ 55 StPO) beruft. Der Zeugenbeistand muß deshalb darauf hinwirken, daß das Auskunftsverweigerungsrecht nicht erst für die unmittelbar selbstbelastende Antwort gewährt wird, sondern – entsprechend der gesetzlichen Regelung – schon für jede Auskunft, die die Gefahr der Verfolgung wegen einer Straftat oder einer Ordnungswidrigkeit enthält. Eine Verfolgungsgefahr besteht bereits mit jedem prozessual ausreichenden Anfangsverdacht (vgl. LR/*Dahs* § 55 Rdnr. 8).

Je offensichtlicher die Gefahr der Strafverfolgung ist, desto leichter wird sich das Auskunftsverweigerungsrecht durchsetzen lassen. Widerstand ist zu erwarten, wenn den Verfahrensbeteiligten die Verfolgungsgefahr noch verborgen ist. In diesem Falle sollte der Zeugenbeistand eingreifen, um zurückhaltend die möglichen Antworten zu skizzieren und deren strafrechtliche Relevanz zu erklären. Der Zeuge darf nicht der Gefahr ausgesetzt werden, vor der ihn § 55 StPO gerade schützen will. Die Entscheidung, ob der Zeuge die Auskunft verweigern will, liegt jedoch allein bei ihm.

Dem Zeugen steht nur dann kein Auskunftsverweigerungsrecht zu, wenn die Gefahr der Verfolgung ohne Zweifel ausgeschlossen ist. Bei Verfahrenseinstellungen nach §§ 170 Abs. 2, 153, 154, 154a StPO ist die Verfolgungsgefahr nicht ausgeräumt, weil das Verfahren jederzeit wieder aufgenommen werden kann. Bei rechtskräftiger Ablehnung der Eröffnung des Hauptverfahrens ist die weitere Verfolgung unter den Voraussetzungen von § 211 StPO möglich. Selbst nach rechtskräftiger Freisprechung kann die Gefahr der Wiederaufnahme des Verfahrens (§ 362 StPO) bestehen (zu den Einzelheiten vgl. die Kommentierungen z. B. bei *Kleinknecht/Meyer* § 55 Rdnr. 8f.; LR/*Dahs* § 55 Rdnr. 8ff.; KK/*Pelchen* § 55 Rdnr. 4; zur beschränkten Rechtskraft eines Strafbefehls vgl. BGHSt 28, 69; *Kleinknecht/Meyer* § 410 Rdnr. 6f.; zur Wiederaufnahme eines rechtskräftig abgeschlossenen Strafbefehlsverfahrens vgl. § 373a StPO).

§ 55 StPO berechtigt grundsätzlich nur dazu, einzelne Fragen unbeantwortet zu lassen. Das Auskunftsverweigerungsrecht kann jedoch zu einem umfassenden Zeugnisverweigerungsrecht erstarken, wenn „die gesamte in Betracht kommende Aussage eines Zeugen mit seinem vielleicht strafbaren Verhalten in so engem Zusammenhang steht, daß nichts übrig bleibt, was er ohne die Gefahr strafgerichtlicher Verfolgung bezeugen könnte" (BGHSt 10, 104/105).

Über die Berechtigung zur Auskunftsverweigerung entscheidet in der Hauptverhandlung zunächst der Vorsitzende, nach Beanstandung seiner Entscheidung das Gericht (§ 238 Abs. 2 StPO). Die Tatsachen, auf die der Zeuge sein Recht zur Auskunftsverweigerung stützt, sind auf Verlangen glaubhaft zu machen (§ 56 StPO) (zu den Mitteln der Glaubhaftmachung vgl. LR/*Dahs* § 56 Rdnr. 6ff.).

Bei absehbaren Meinungsverschiedenheiten über den Umfang des Auskunftsverweigerungsrechtes ist anzuraten, daß der Zeugenbeistand rechtzeitig vor der Vernehmung mit dem Gericht bzw. der Staatsanwaltschaft in Verbindung tritt, um seine Rechtsauffassung darzulegen und die Kontroverse während der Vernehmung seines Mandanten zu vermeiden.

Der Zeuge hat die Kosten für die Inanspruchnahme seines Rechtsbeistandes grundsätzlich selbst zu tragen (BVerfGE 38, 116; BVerfG StV 1983, 489). Für die Hinzuziehung eines Verletztenbeistandes kann entsprechend § 397a StPO Prozeßkostenhilfe bewilligt werden, wenn der Verletzte nebenklageberechtigt ist (§ 406g Abs. 3 StPO). Auf den tatsächlichen Anschluß als Nebenkläger kommt es nicht an. Für den Fall der Beiordnung des Beistandes waren die Meinungen zur Kostenerstattung zunächst geteilt (OLG Bremen StV 1983, 513: Gebührenanspruch nach §§ 97, 91 BRAGO, u.U. nach § 99 BRAGO; LG Hannover NStZ 1982, 433: Anspruch nach § 102 BRAGO als „sonst beigeordneter Rechtsanwalt"; nach *Kleinknecht/Meyer* vor § 48 Rdnr. 11, soll ein Gebührenanspruch gegen die Staatskasse nicht bestehen; zu den Kosten für den Rechtsbeistand vgl. allgemein *Opitz* StV 1983, 311ff.). Erfolgt die Bestellung des Rechtsbeistandes aufgrund § 406g Abs. 4 StPO, so wird der Rechtsanwalt nach den Vorschriften über die Prozeßkostenhilfe bezahlt. Wird ausnahmsweise einem nicht zur Nebenklage berechtigten Zeugen ein Beistand bestellt, so liegt es nahe, die Prozeßkostenhilfe entsprechend zu gewähren.

1. Mandatsanzeige[1] des Zeugenbeistands und Anträge zum Ausschluß der Öffentlichkeit

An das					Freiburg, den ......
Landgericht Freiburg[2]
– I. Strafkammer –
Salzstr. 17
7800 Freiburg i. Br.

In der Strafsache
gegen Herrn A...... B......
wegen versuchter Vergewaltigung
Az.: I AK 12/90

zeige ich an, daß ich Frl. C...... D...... als Zeugenbeistand vertrete und lege entsprechende Vollmacht[3] vor.
Ich werde Frl. C...... D...... bei ihrer Vernehmung am ...... begleiten.[4]
Ich beantrage,
mir Akteneinsicht zu gewähren und mir die Strafakten zu übersenden.[5]
Sollten Bedenken[6] gegen die Einsicht in die gesamten Strafakten bestehen, so beantrage ich hilfsweise,
mir eine Kopie der Anklageschrift und des Protokolls vom ...... über die polizeiliche Vernehmung von Frl. C...... D...... zu übersenden.

1. Mandatsanzeige des Zeugenbeistands

In der Hauptverhandlung werde ich beantragen,[7]
1. die Öffentlichkeit für die Dauer der Vernehmung von Frl. C...... D...... auszuschließen,
2. den Eltern den Zutritt zu der Verhandlung auch während des Ausschlusses der Öffentlichkeit zu gestatten[8] und
3. anzuordnen, daß sich der Angeklagte während der Vernehmung von Frl. C...... D...... aus dem Sitzungssaal entfernt.

Begründung:

Frl. C...... D...... ist noch nicht sechzehn Jahre alt und wird sich unter dem Eindruck der Öffentlichkeit voraussichtlich nur sehr zurückhaltend und ängstlich äußern (§ 172 Nr. 4 GVG). Den Eltern möge das Anwesenheitsrecht aus Gründen der Fürsorge für ihre Tochter gestattet werden (§ 175 Abs. 2 GVG). Frl. C...... D...... hat sich infolge der an ihr verübten Straftat in jugendpsychiatrische Behandlung begeben müssen. Für den Fall, daß die Zeugin ihre Aussage in Gegenwart des Angeklagten machen müßte, besteht nach ärztlicher Auskunft eine konkrete Gefahr für ihr körperliches und geistiges Wohl. Der beiliegenden ärztlichen Bescheinigung von Dr. E...... F...... ist auch zu entnehmen, daß die Konfrontation der Zeugin mit dem Angeklagten den bisherigen Therapieerfolg in Frage stellen wird. Zum Schutz der Zeugin ist es daher unumgänglich, daß ihre Vernehmung in Abwesenheit des Angeklagten stattfindet (§ 247 Satz 1, 2 StPO).

Rechtsanwalt

Schrifttum: Dähn, Der Schutz des Zeugen im Strafprozeß vor bloßstellenden Fragen, JR 1979, 138; *Dahs,* Zum Persönlichkeitsschutz des „Verletzten" als Zeuge im Strafprozeß, NJW 1984, 1921; LR/*Dahs,* 24. Aufl. 1986, § 58 Rdnr. 10f.; *Geerds,* Auskunftsverweigerungsrecht oder Schweigebefugnis?, Festschrift für Stock, 1966, S. 171; *Gomolla,* Der Schutz des Zeugen im Strafprozeß, 1986; *Hammerstein,* Der Anwalt als Beistand „gefährdeter" Zeugen, NStZ 1981, 125; *Humborg,* Die Rechte des Zeugen in der Hauptverhandlung, JR 1966, 448; *Jung,* Die Rechtsstellung des Verletzten im Strafverfahren, JR 1984, 309; *Krekeler,* Der Rechtsanwalt als Beistand des Zeugen und die Sitzungspolizei, NJW 1980, 980; *Opitz,* Wer hat die Kosten zu tragen, die dadurch entstehen, daß ein Zeuge in einem Strafverfahren zu einer Vernehmung einen Rechtsbeistand mitbringt?, StV 1984, 311; *Steinke,* Das Recht des Zeugen auf Rechtsbeistand, Kriminalistik 1975, 250; *Thomas,* Der Zeugenbeistand im Strafprozeß, NStZ 1982, 489; *Wagner,* Zur Stellung des Rechtsbeistandes eines Zeugen im Ermittlungs- und Strafverfahren, DRiZ 1983, 21; *Wasserburg,* Strafverteidigung und Zeugenschutz, Festschrift für Peters, 1984, S. 285.

Anmerkungen

1. Die Mandatsanzeige vor dem Termin zur Zeugenvernehmung ist nicht vorgeschrieben, aber anzuraten, um z.B. Terminsabsprachen zu ermöglichen (s. dazu aber Form. XIII. D. 2 Anm. 4, 5). Für Wirtschaftsstrafsachen vgl. auch Form. XII. D. 2.

2. Die Mandatsanzeige ist der Stelle vorzulegen, die die Vernehmung durchführt. Für Anträge, die mit der Mandatsanzeige verbunden werden, ist auf die jeweilige Zuständigkeit zu achten. Die vernehmende Stelle braucht nicht die Verfahrensherrschaft in dem konkreten Abschnitt des Erkenntnisverfahrens zu haben; so ist z.B. der Ermittlungsrichter (§ 162 StPO) nicht berechtigt, über ein Akteneinsichtsgesuch zu entscheiden. Über die Gewährung der Akteneinsicht entscheidet im vorbereitenden Verfahren und nach rechtskräftigem Verfahrensabschluß die Staatsanwaltschaft, im übrigen der Vorsitzende des mit der Sache befaßten Gerichts (§ 406e Abs. 4 Satz 1 StPO).

3. Der Regelung des § 137 Abs. 2 Satz 1 StPO (für den Verteidiger) entsprechend kann sich der Minderjährige neben seinem gesetzlichen Vertreter einen eigenen Zeugenbeistand wählen. Das Mandatsverhältnis des Minderjährigen wird jedoch zumeist daran scheitern, daß der beschränkt Geschäftsfähige (§ 106 BGB) sich nicht wirksam zu einer Honorarzahlung verpflichten kann (vgl. OLG Schleswig NJW 1981, 1681). Der gesetzliche Vertreter (grundsätzlich beide Elternteile in Gesamtvertretung, Bevollmächtigung eines Elternteils durch den anderen ist möglich) kann den Vertrag des Minderjährigen mit dem Rechtsanwalt jedoch genehmigen (§ 108 Abs. 1 BGB).

4. Der Zeugenbeistand braucht sich nicht auf eine vorbereitende Rechtsberatung oder auf eine Unterbrechung der Vernehmung zum Zwecke der Beratung verweisen zu lassen (BVerfGE 38, 105/114); er hat ein Anwesenheitsrecht während der Vernehmung seines Mandanten. Für den Beistand, der einen verletzten Zeugen vertritt, ist dies durch § 406 f Abs. 2, 3 StPO klargestellt.

5. Zum Akteneinsichtsrecht allgemein vgl. Form. XI. A. 1.

6. Ob der Zeugenbeistand ein Akteneinsichtsrecht hat ist umstritten (vgl. dazu die Einführung zu XIII. E.). Er sollte sich jedoch stets um Akteneinsicht bemühen, um den Zeugen umfassend beraten zu können. Für den Verletzten ist das Akteneinsichtsrecht seines Beistandes in § 406 e StPO geregelt.

7. Es kann sich empfehlen, Anträge, die in der Hauptverhandlung mündlich zu stellen sind, anzukündigen, um dem Gericht gerade bei revisionsträchtigen Entscheidungen Gelegenheit zur Vorbereitung zu geben.

8. Vom Ausschluß der Öffentlichkeit sind auch die Eltern des jugendlichen Zeugen betroffen, selbst wenn sie als Begleitpersonen auf Aufforderung des Gerichts erschienen sind (vgl. *Kleinknecht/Meyer* § 175 GVG Rdnr. 4).

2. Schriftsatz für einen wegen Selbstbezichtigung gefährdeten Zeugen

An das   Freiburg, den ......
Amtsgericht Freiburg
z. Hd. Herrn Richter am
Amtsgericht X...
Holzmarktplatz 2[1]
7800 Freiburg i. Br.

In der Strafsache
gegen Herrn A... B...
wegen Vergehens gegen das BtMG
Az.: 23 Js 123/89
2 Gs 25/89[2]

zeige ich an, daß ich Herrn C...... D...... als Zeugenbeistand vertrete und lege entsprechende Vollmacht[3] vor.
Ich werde Herrn C...... D...... bei seiner richterlichen Vernehmung begleiten.
Ich beantrage,
den auf den 3. 4. 1990, 14.00 Uhr, anberaumten Vernehmungstermin aufzuheben,
den neuen Termin eine Stunde später anzusetzen[4] und mir die Terminsverlegung mitzuteilen.[5]
Wegen einer nicht zu behebenden Terminskollision kann ich zu der vorgesehenen Zeit an der Vernehmung nicht teilnehmen. Der Zeuge legt Wert auf die Begleitung durch einen

2. Schriftsatz für einen wegen Selbstbezichtigung gefährdeten Zeugen   XIII. E. 2

Zeugenbeistand und müßte einen weiteren Rechtsanwalt beauftragen, wenn der Termin nicht verlegt werden kann.
Ich kündige an, daß sich Herr C...... D...... auf meinen Rat hin weitgehend auf sein Auskunftsverweigerungsrecht nach § 55 StPO zum Schutz vor Selbstbezichtigung berufen wird.[6] Der Zeuge wurde ursprünglich als Mittäter von Herrn A...... B...... beschuldigt. Das Ermittlungsverfahren ist zwar nach § 170 Abs. 2 StPO eingestellt, kann aber jederzeit wieder aufgenommen werden.[7] Auch soweit ein Teil des Verfahrens nach § 153a Abs. 1 StPO inzwischen endgültig eingestellt wurde, ist damit die Strafklage nur für Vergehen, nicht aber für Verbrechen verbraucht (§ 153a Abs. 1 Satz 4 StPO).
Aus der Sicht des Zeugen sind alle Angaben, die seinen Aufenthalt am Tatort betreffen oder voraussetzen, geeignet, ihn einem Anfangsverdacht und damit der Verfolgung wegen einer Straftat auszusetzen.[8] Insoweit wird das Recht, Auskünfte auf einzelne Fragen zu verweigern, zu einem umfassenden Zeugnisverweigerungsrecht, weil die wahrheitsgemäße Beantwortung aller Fragen nach seinem Aufenthaltsort, seinem persönlichen Umgang und seinen Tätigkeiten am 4. und 5. Februar 1989 Rückschlüsse auf eine mögliche Beteiligung an der Tat des Herrn A...... B...... zulassen können.[9]
Die Tatsachen, auf die der Zeuge seine Berechtigung zur Zeugnisverweigerung stützt,[10] ergeben sich schon aus den Umständen, die die Staatsanwaltschaft zum Anlaß genommen hat, gegen Herrn C...... D...... ein Ermittlungsverfahren einzuleiten. Das Verfahren wurde erst auf Grund der Zeugenaussage von Frau E...... F...... eingestellt. Der Beschuldigte, Herr A...... B......, behauptet weiterhin, die Tat gemeinsam mit Herrn C...... D...... begangen zu haben. ......

Rechtsanwalt

Schrifttum: Vgl. Form. XIII. E. 1.

Anmerkungen

1. Die Mandatsanzeige hat gegenüber der Stelle zu erfolgen, die die Vernehmung des Zeugen durchführt (vgl. Form. XIII. E. 1 Anm. 2).

2. Für einzelne richterliche Ermittlungstätigkeiten im Vorverfahren erhält die Sache ein eigenes Aktenzeichen des Amtsgerichts, das zur beschleunigten Zuordnung des Vorgangs neben dem staatsanwaltschaftlichen Aktenzeichen angegeben werden sollte.

3. Zur Bevollmächtigung allgemein vgl. Form. XI. A. 1.

4. Der Zeugenbeistand hat keinen Anspruch auf Terminsverlegung. Bei Terminskollision empfiehlt sich die Abstimmung mit dem Vernehmenden. Das Recht des Zeugen, einen Beistand zur Vernehmung hinzuzuziehen, rechtfertigt nicht, dem Vernehmungstermin fernzubleiben, weil der Rechtsbeistand verhindert ist, BGH NStZ 1989, 484 mit Anm. von *Krehl*, NStZ 1990, 192. Siehe auch LG Hildesheim StV 1985, 229: Aufhebung eines Ordnungsgeldbeschlusses gegen einen Zeugen, der nicht erschienen war, weil sein Zeugenbeistand an der Vernehmung nicht teilnehmen konnte.

5. Der Zeugenbeistand soll grundsätzlich keinen Anspruch auf Benachrichtigung vom Vernehmungstermin haben (vgl. z.B. *Kleinknecht/Meyer* vor § 48 Rdnr. 11). Hierauf muß der Zeugenbeistand seinen Mandanten hinweisen und ihn bitten, ihn von dem Vernehmungstermin zu unterrichten. Soweit dem Beistand des Verletzten bei einer richterlichen Vernehmung und bei der Einnahme eines richterlichen Augenscheins die Anwesenheit gestattet ist, muß er von den Terminen entsprechend § 168c Abs. 5 und § 224 Abs. 1 StPO vorher benachrichtigt werden (§ 406g Abs. 2 Satz 3 StPO).

6. Wenn der Rechtsanwalt einem Zeugen beistehen muß, der in Gefahr ist, durch seine Aussage sich selbst oder einen Angehörigen zu belasten, kann es angebracht sein, die Inanspruchnahme des Auskunftsverweigerungsrechts (§ 55 StPO) anzukündigen und zu

begründen. Auf diese Weise kann eine Kontroverse während der Vernehmung über die Grenzen des Auskunftsverweigerungsrechts und die Glaubhaftmachung (§ 56 StPO) zumindest gemildert und der Zeuge von dem Rechtfertigungsdruck während der Befragung entlastet werden. Der Zeugenbeistand sollte in jedem Falle um Akteneinsicht bemüht sein, um über den Umfang des Auskunftsverweigerungsrechts beraten zu können.

7. Vgl. z.B. *Kleinknecht/Meyer* § 170 Rdnr. 9.

8. Der Zeugenbeistand wird darauf achten, daß das Auskunftsverweigerungsrecht nicht erst bei selbstbelastenden Antworten, sondern schon bei der Gefahr (Anfangsverdacht) für die Verfolgung wegen einer Straftat oder Ordnungswidrigkeit eingreift. Die häufige Belehrung: „Sie brauchen sich durch die Angaben nicht selbst zu belasten", ist unzureichend und könnte den Zeugen sogar veranlassen, Selbstbelastendes einfach zu verschweigen, anstatt ausdrücklich zu erklären, daß er sich insoweit nicht äußern will.

9. § 55 StPO gestattet grundsätzlich nur die Auskunft auf solche (einzelnen) Fragen zu verweigern, deren Beantwortung ihn selbst oder einen Angehörigen der Gefahr aussetzen kann, wegen einer Straftat oder Ordnungswidrigkeit verfolgt zu werden. Das Auskunftsverweigerungsrecht kann jedoch zu einem umfassenden Zeugnisverweigerungsrecht erstarken, wenn der Zeuge keine Angaben machen kann, ohne in die Gefahr zu geraten, vor der § 55 StPO ihn schützen will (vgl. BGHSt 10, 104 f.).

10. Mit Ausnahme des Polizeibeamten (KK/*Pelchen* § 56 Rdnr. 1) kann der Vernehmende verlangen, daß der Zeuge die Tatsachen, auf die er sein Auskunftsverweigerungsrecht stützt, glaubhaft macht (§ 56 StPO). Die übrigen Verfahrensbeteiligten haben keinen Anspruch auf Glaubhaftmachung. Zur Glaubhaftmachung kommen alle Mittel in Betracht, die geeignet sind, die Wahrscheinlichkeit des Vorbringens in ausreichendem Maße darzutun. Beruft sich ein Zeuge auf die Verfolgungsgefahr (§ 55 StPO), so kann von ihm nicht verlangt werden, daß er Tatsachen glaubhaft macht, die er nach dem Zweck der Vorschrift nicht zu offenbaren braucht. In diesem Falle muß sich der Richter unter Umständen mit der eidlichen Versicherung begnügen, daß sich der Zeuge nach seiner Vorstellung mit den verlangten Antworten selbst oder einen Angehörigen der Verfolgung aussetzen könnte.

3. Antrag auf gerichtliche Entscheidung gegen die Anordnung von Ordnungsmitteln durch die Staatsanwaltschaft (§ 161 a Abs. 3 StPO)

An die   Freiburg, den ......[2]
Staatsanwaltschaft
bei dem Landgericht Freiburg[1]
Kaiser-Joseph-Str. 259

7800 Freiburg i. Br.

In der Strafsache
gegen Herrn A... B...
wegen Diebstahls
Az.: 22 Js 123/89

hat die Staatsanwaltschaft Freiburg am ...... gegen den von mir vertretenen[3] Zeugen, Herrn C...... D......, ein Ordnungsgeld von DM 150,– festgesetzt und ihm die durch sein Ausbleiben verursachten Kosten auferlegt,[4] weil er trotz ordnungsgemäßer Ladung zu der Vernehmung am ...... nicht erschienen war.
Gegen diese Maßregel beantrage ich die

gerichtliche Entscheidung,[5]

den Ordnungsgeldbeschluß und die Entscheidung über die Kostentragung aufzuheben.[6]

3. Antrag auf gerichtliche Entscheidung XIII. E. 3

Begründung:[7]

Der Zeuge hat die Ladung erst am Tage nach dem vorgesehenen Vernehmungstermin zur Kenntnis genommen, weil er infolge eines Verkehrsunfalls vom ...... bis ...... in der X-Klinik stationär behandelt wurde. Die Ladung, die nicht förmlich zugestellt[8] wurde, trägt den Poststempel vom .... Zu dieser Zeit befand sich Herr C...... D...... bereits in der Klinik. Aufnahme- und Entlassungsbescheinigung der X-Klinik sind beigefügt.[9]

Rechtsanwalt

Schrifttum: Vgl. Form. XIII. E. 1.

Anmerkungen

1. Der Antrag ist der Staatsanwaltschaft, deren Maßregel angefochten wird, schriftlich oder zu Protokoll der Geschäftsstelle vorzulegen (§ 161a Abs. 3 Satz 3 i.V.m. § 306 Abs. 1 Satz 1 StPO).

2. Der Antrag auf gerichtliche Entscheidung ist an keine Frist gebunden. Gegen eine durchgeführte Vorführung des Zeugen ist jedoch ein Antrag auf gerichtliche Entscheidung wegen prozessualer Überholung unzulässig.

3. Dieses Formular geht davon aus, daß der Rechtsanwalt sich als Zeugenbeistand bereits legitimiert hat. Andernfalls wäre das Mandat möglichst unter Vorlage einer Vollmacht anzuzeigen. Zur Bevollmächtigung allgemein vgl. Form. XI. A. 1.

4. Gegen einen unberechtigten ausgebliebenen Zeugen, der in der Ladung auf die gesetzlichen Folgen des Ausbleibens hingewiesen wurde (§ 48 StPO), trifft die Staatsanwaltschaft die gleiche Ordnungsmaßnahmen wie der Richter (§ 161a Abs. 2 Satz 1 i.V.m. § 51 StPO). Lediglich die Festsetzung der Ersatzordnungshaft (§ 70 Abs. 1 Satz 2 StPO) und die Anordnung der Erzwingungshaft (§ 70 Abs. 2 StPO) sind dem Richter vorbehalten (§ 161a Abs. 2 Satz 2 StPO).

5. Gegen die Anordnung der Staatsanwaltschaft ist der Antrag auf gerichtliche Entscheidung nach § 161a Abs. 3 StPO zulässig; gegen eine entsprechende richterliche Entscheidung kann der Zeuge nach § 304 Abs. 2 StPO Beschwerde führen. Die falsche Bezeichnung des Rechtsbehelfs schadet nicht (§ 300 StPO).

Die Staatsanwaltschaft kann dem Antrag entsprechend § 306 Abs. 2 StPO abhelfen, wenn sie ihn für begründet hält. Andernfalls soll sie den Antrag gemäß § 306 Abs. 2 StPO binnen drei Tagen dem zuständigen Landgericht vorlegen. Durch den Antrag wird der Vollzug der angeordneten Maßnahme nicht gehemmt.

6. Der Antrag auf gerichtliche Entscheidung kann auf einzelne Beschwerdepunkte beschränkt werden (vgl. z.B. *Kleinknecht/Meyer* § 161a Rdnr. 20). Die Teilanfechtung kann sich z.B. auch auf die Höhe des Ordnungsgeldes beschränken.

7. Die von der Staatsanwaltschaft getroffenen Anordnungen werden aufgehoben, wenn der Zeuge sich nachträglich „genügend entschuldigt" (§ 161a Abs. 2 Satz 1 i.V.m. § 51 Abs. 2 Satz 2, 3 StPO). Hält die Staatsanwaltschaft die Entschuldigungsgründe für nicht ausreichend, so legt sie den Antrag dem zuständigen Landgericht vor.

Hat der Antrag des Zeugen keinen Erfolg, so trägt er die Kosten des Antragsverfahrens (entsprechend § 473 Abs. 1 StPO) und seine notwendigen Auslagen. Wird der Antrag ganz oder teilweise für begründet erachtet, so werden die Kosten des Antragsverfahrens einschließlich der dem Zeugen entstandenen notwendigen Auslagen entsprechend dem Erfolg des Rechtsbehelfs der Staatskasse auferlegt (vgl. § 473 Abs. 3, 4 StPO).

8. Die Staatsanwaltschaft und das Gericht können Zeugen ohne förmliche Zustellung laden (vgl. z.B. *Kleinknecht/Meyer* § 48 Rdnr. 1). Nur die unmittelbare Ladung im Sinne von § 38 StPO muß durch Zustellung erfolgen.

9. Der Zeuge muß um den Nachweis der Entschuldigung bemüht sein. Bloße Glaubhaftmachung soll nicht genügen (vgl. KMR/*Paulus* § 51 Rdnr. 10). KK/*Pelchen* § 51 Rdnr. 16, verlangt, daß der Entschuldigungsgrund zur Überzeugung des Gerichts erwiesen ist; nach *Kleinknecht/Meyer* § 51 Rdnr. 10, soll genügen, daß das Gericht keinen Anlaß sieht, an dem Entschuldigungsvorbringen zu zweifeln.

XIV. Kosten

A. Honorarvereinbarungen[1]

1. Honorarvereinbarung

Normaler Honorarschein[2]

In dem Strafverfahren 52 Js 23/90 der Staatsanwaltschaft bei dem Landgericht Berlin wegen Erpressung[25] habe ich
Herrn Rechtsanwalt ......
zu meinem Verteidiger bestellt.
1. Ich verpflichte mich, ihm für die Vertretung im laufenden Ermittlungsverfahren mit Rücksicht auf die Bedeutung und den Umfang des Verfahrens anstatt der gesetzlichen Gebühren, falls diese nicht höher sind[10, 31], ein Honorar vom DM 3.000,00 (in Worten: Deutsche Mark dreitausend) zu zahlen, fällig wie folgt: monatlich 1.000,00 DM ab 1. 9. 1990.[5, 30]
Im Fall der Hauptverhandlung zahle ich für den 1. und jeden weiteren Verhandlungstag außerdem je DM 1.500,00 (in Worten: Deutsche Mark eintausendfünfhundert).[31]
2. Alle Auslagen, wie Mehrwertsteuer in der jeweils gültigen Höhe, Reisekosten, Tage- und Abwesenheitsgelder, Postgebühren und Schreibauslagen und dgl. sind daneben gesondert zu zahlen.[5, 34]
3. Für jede weitere Instanz bleibt eine neue Honorarvereinbarung vorbehalten.[10, 31]
4. Mir ist bekannt, daß der vereinbarte Betrag die gesetzlichen Gebühren überschreitet und daß im Falle des Freispruchs eine Erstattungspflicht nur im Rahmen der gesetzlichen Gebühren gegeben ist.[5, 11, 12, 27]
5. Ich trete hiermit etwaige Erstattungsansprüche gegen die Landeskasse oder andere Verfahrensbeteiligte an meinen Verteidiger zur Sicherung seiner Honoraransprüche ab.[5, 19, 34]
6. Ich habe eine Durchschrift dieses Schreibens erhalten.[28]
Berlin, den 10. 9. 1990[20]   gez. M[3, 4, 5, 7]

2. Honorarvereinbarung[1]

Stundenhonorar für Ermittlungsverfahren[2, 31, 33]

Im dem Ermittlungsverfahren der Staatsanwaltschaft bei dem Landgericht Berlin – 1 Bt Js 98/90 – wegen Untreue und anderer Vorwürfe[25] habe ich
Herrn Rechtsanwalt ......
zu meinen Verteidiger bestellt.
Ich erkläre mich bereit, in dieser Sache folgendes Wahlverteidigerhonorar zu zahlen:
1. Für die vorbereitende Tätigkeit, insbesondere das Stellen von Anträgen, Beschaffen und Durcharbeiten der Akten, für Besprechungen, sei es im Büro der Verteidigers oder außerhalb, Teilnahme von Haftprüfungsanträgen oder der Anfertigung von Haftbeschwerden oder Schutzvorschriften, ist ein Honorar von 400,00 DM (in Worten: Deutsche Mark vierhundert) für jede angefangene Arbeitsstunde vereinbart. Bei Tätigkeiten außerhalb des Büros des Verteidigers beginnt die Zeit mit dem Verlassen des Büros und endet mit der

Rückkehr ins Büro.[31] Mindestens sind die anfallenden gesetzlichen Gebühren vereinbart.[31, 33]

2. Der Verteidiger verpflichtet sich, monatlich über das angefallene Honorar abzurechnen.[30]

3. Ich verpflichte mich, einen sofort fälligen Vorschuß von 10.000 DM (in Worten: Deutsche Mark zehntausend) zu zahlen. Sobald dieser durch Rechnungen des Verteidigers belegt und erschöpft ist, verpflichte ich mich, einen Vorschuß in gleicher Höhe zu zahlen.[30]

4. Neben dem genannten Stundenhonorar wurden Schreibauslagen und Fotokopiekosten mit 1,00 DM pro Seite sowie die jeweils im Zeitpunkt der Rechnungslegung gültige Mehrwertsteuer erstattet.[5, 34]

5. Für die Vertretung nach Erhebung einer etwaigen Anklage bleibt eine erneute Honorarvereinbarung vorbehalten.[31]

6. Mir ist bekannt, daß das hier vereinbarte Honorar über die gesetzlichen Gebühren hinausgeht und daß die vereinbarten Auslagen ebenfalls die gesetzlich vorgesehenen Beträge überschreitet. Deshalb ist mir auch bekannt, daß im Falle eines Freispruches oder der Einstellung des Verfahrens mit der Folge, daß die notwendigen Auslagen der Staatskasse auferlegt werden, nicht das vereinbarte Honorar, sondern nur die gesetzlichen Gebühren und Auslagen erstattet werden.[5, 11, 12, 27]

7. Ich trete hiermit etwaige Erstattungsansprüche gegen die Landeskasse oder andere Verfahrensbeteiligte an meinen Verteidiger zur Sicherung seiner Honoraransprüche ab.[5, 19, 34]

8. Ich bestätige mit meiner Unterschrift, daß ich eine Kopie dieser Vereinbarung erhalten habe.[28]

Berlin, den 10. 9. 1990[20] gez. M [3, 4, 5, 7]

3. Honorarvereinbarung[1]

Hauptverhandlung[2, 31]

In dem Strafverfahren 523 – 10/90 des Landgerichts Berlin gegen M[25] hat der Auftraggeber

Herrn Rechtsanwalt ……

zu seinem Verteidiger bestellt.

1. Der Auftraggeber verpflichtet sich, an den Rechtsanwalt im Hinblick auf die Bedeutung und den Umfang der Sache ein Honorar von DM 4.000,00 (in Worten: Deutsche Mark viertausend) zu zahlen, fällig wie folgt: monatlich ab 1. 9. 1990 DM 1.000,00.

Für den 1. und jeden weiteren Verhandlungstag zahlt der Auftraggeber außerdem je DM 1.500,00 (in Worten: Deutsche Mark eintausendfünfhundert).

Bei Neubeginn des Verfahrens zahlt der Auftraggeber außerdem für den ersten Tag der neuen Hauptverhandlung ein gesondertes Grundhonorar von DM 2.000,00 (in Worten: Deutsche Mark zweitausend). Fortsetzungstage werden mit 1.500,00 DM (in Worten: Deutsche Mark eintausendfünfhundert) bezahlt.[31]

2. Sollte die Sache ohne Hauptverhandlung erledigt werden, beträgt das vereinbarte Honorar DM 2.000,00 DM (in Worten: Deutsche Mark zweitausend).[19, 31, 36]

3. Alle Auslagen, wie Mehrwertsteuer in der jeweils gültigen Höhe, Reisekosten, Tage- und Abwesenheitsgelder, Schreibauslagen und dgl., werden daneben gesondert erstattet. Der Auftraggeber hat dem Rechtsanwalt die Kosten für Abschriften und Ablichtungen, deren Anfertigung sachgemäß war, nach § 27 BRAGO auch dann zu erstatten, wenn es sich nicht um zusätzliche Abschriften und Ablichtungen im Sinne des Gesetzes handelt.[5, 34]

4. Für jede weitere Instanz bleibt für die Vertretung oder Sachbearbeitung eine neue Honorarvereinbarung vorbehalten.[31]

5. Honorarschein   XIV. A. 4, 5

5. Dem Auftraggeber ist bekannt, daß der vereinbarte Betrag von der gesetzlichen Regelung abweicht und daß im Fall des Obsiegens eine Erstattungsfähigkeit nur im Rahmen der gesetzlichen Gebühren gegeben ist.[5, 11, 12, 27]
6. Ich trete hiermit etwaige Erstattungsansprüche gegen die Landeskasse oder andere Verfahrensbeteiligte an meinen Verteidiger zur Sicherung seiner Honoraransprüche ab.[5, 19, 34]
7. Von dieser Vereinbarung hat der Auftraggeber ein Exemplar erhalten.[28]
Berlin, den 10. 9. 1990[20]   gez. M [3, 4, 5, 7]

4. Honorarschein[1]

Hauptverhandlung mit Zusatztagen[2, 30, 31]

In dem Strafverfahren 510 – 12/90 des Landgerichts Berlin habe ich[25]
Herrn Rechtsanwalt ......
zu meinem Verteidiger bestellt.
1. Ich verpflichte mich, anstelle der gesetzlichen Gebühren, falls diese nicht höher sind,[5, 31] an den Verteidiger für die Vorbereitung der Hauptverhandlung ein Honorar von DM 5.000,00 DM (in Worten: Deutsche Mark fünftausend) zu zahlen.
2. Für den 1. und jeden weiteren Hauptverhandlungstermin zahle ich DM 2.000,00 (in Worten: Deutsche Mark zweitausend).
3. Jeweils nach vier Verhandlungstagen zahle ich zur Abgeltung von Besprechungen mit dem Verteidiger, des Verteidigers mit anderen Verfahrensbeteiligten, insbesondere Mitverteidigern, für die Vorbereitung von Anträgen sowie für erneutes Aktenstudium ein Honorar von DM 2.000,00 (in Worten: Deutsche Mark zweitausend),[31]
4. DM 5.000,00 (in Worten: Deutsche Mark fünftausend) werden mit Unterzeichnung des Honorarscheins fällig und zugleich damit gezahlt.
5. Über das weitere Honorar rechnet der Verteidiger jeweils wöchentlich ab. Die Fälligkeit tritt jeweils eine Woche nach der Abrechnung ein.[30]
(Es folgen dann die Ziffer 5 aus der ersten Honorarvereinbarung (s. Form XIV. A.1) und die Ziffern 4 und 6 aus der zweiten Honorarvereinbarung.) S. Form XIV. A.2.
Berlin, den 21. 9. 1990[20]   gez. M[3, 4, 5, 7,]

5. Honorarschein[1]

Hauptverhandlung mit Stundenhonorar[2, 13, 33]

In dem Strafverfahren 215 – 37/90 des Amtsgerichts Tiergarten gegen Klaus Müller[25] verpflichte ich mich[13], folgendes Verteidigungshonorar an den Verteidiger,
Rechtsanwalt ......
zu zahlen.
1. Für die Verteidigung einschließlich der Vorbereitung der Hauptverhandlungstermine verpflichte ich mich, ein Stundenhonorar von DM 350,00 (in Worten: Deutsche Mark dreihundertfünfzig) zu zahlen.[33]
2. Ich verpflichte mich, einen sofort fälligen Vorschuß von DM 7.000,00 (in Worten: Deutsche Mark siebentausend) zu zahlen. Über diesen Vorschuß rechnet der Verteidiger spätestens monatlich ab.[30]
3. Sobald der Vorschuß abgerechnet ist, verpflichte ich mich, einen neuen Vorschuß in gleicher Höhe zu zahlen.[30]
(Es folgen dann die Ziffer 5 aus der ersten Honorarvereinbarung (S. Form XIV. A.1) und die Ziffern 4, 6 und 8 aus der zweiten Honorarvereinbarung.) S. Form XIV. A.2.
Berlin, den 10. 9. 1990[20]   gez. Alfred Schulze[3, 4, 5, 7, 13]

Schrifttum: Dahs, Handbuch des Strafverteidigers, 5. Auflage, 1983; *Dreher/Tröndle,* Strafgesetzbuch, 45. Auflage, 1991; *Gerold/Schmidt/von Eicken/Madert,* Bundesgebührenordnung für Rechtsanwälte, Kommentar, 11. Auflage, 1991; *Günthner,* Strafverteidigung, 1982; *Hartmann,* Kostengesetze, 24. Auflage, 1991; *Isele,* Bundesrechtsanwaltsordnung, 1976; Karlsruher Kommentar KK/*Schikora,* Kommentar zur Strafprozeßordnung, 2. Auflage, 1987; *Kleinknecht/Meyer* 40. Auflage, 1991; *Kunigk,* Das Anwaltshonorar, 1978; *Lingenberg/Hummel/Zuck/Eich,* Kommentar zu den Grundsätzen des anwaltlichen Standesrechts, 2. Auflage, 1988; *Löwe-Rosenberg/Hilger,* Strafprozeßordnung 24. Auflage, 1987; *Madert,* Gebühren des Strafverteidigers, 1987; *Meyer,* Strafrechtsentschädigung und Auslagenerstattung 2. Auflage, 1989; *Riedel/Sußbauer,* BRAGO, Kommentar, 6. Auflage, 1988; *Schmidt/Baldus,* Gebühren und Kostenerstattung in Straf- und Bußgeldsachen, 3. Auflage, 1989, *Schönke/Schröder,* Kommentar zum Strafgesetzbuch, 23. Auflage 1988; *Schumann/Geißinger,* Bundesgebührenordnung für Rechtsanwälte (BRAGebO), 2. Auflage, 1979; *Swolana/Hansens,* Bundesgebührenordnung für Rechtsanwälte, 7. Auflage, 1991.

Honorarvereinbarungen

Inhaltsverzeichnis

Formulare

1. Normaler Honorarschein
2. Stundenhonorar für Ermittlungsverfahren
3. Hauptverhandlung mit mehreren Hauptverhandlungstagen
4. Hauptverhandlung mit Zusatztagen
5. Hauptverhandlung mit Stundenhonorar

Anmerkungen

Allgemeines

1. Zulässigkeit
2. Schriftform
3. Unterschrift des Auftraggebers
4. Gesonderte Erklärung
5. Zulässige Zusätze
6. Erfüllungsort
7. Unzulässige Zusätze
8. AGBG
9. Gesetzliche Gebühr bei Formmangel
10. Eigene Checkliste statt gedruckter Honorarscheine
11. § 51 Abs. 4 Satz 2 RiLiRA
12. Zahlung freiwillig und ohne Vorbehalt
13. Auftraggeber ist nicht der Angeklagte
14. Ermessen des Kammervorstandes
15. Herabsetzung bei unangemessener Höhe
16. Gutachten des Kammervorstandes
17. Zu berücksichtigende Umstände
18. Herabsetzung durch das Gericht

5. Honorarschein XIV. A. 5

19. Erfolgshonorar
20. Vereinbarung zur Unzeit
21. Nachträgliche Honorarvereinbarungen
22. Gebührenüberhebung und Nötigung
23. Honorarvereinbarungen mit rechtsschutzversicherten Mandanten
24. Honorarvereinbarung bei Pflichtverteidigung

Einzelheiten

25. Soldanformular
26. Ohne Rücksicht auf den Umfang des Verfahrens
27. Keine Erstattung vereinbarter Honorare
28. Kopie des Honorarscheins an den Mandanten
29. Honorarvorschuß ohne Vereinbarung
30. Honorarvereinbarung mit Vorschuß
31. Vereinbarungen für einzelne Verfahrensabschnitte
32. Vielfaches der gesetzlichen Gebühr
33. Zeithonorar
34. Nebenkosten in der Honorarvereinbarung
35. Unzulässige Honorarvereinbarung
36. Vorzeitige Beendigung des Auftrages
37. Folgen der jederzeit möglichen Kündigung
38. Honorarklagen
39. Anlage: Rechtsschutz in Strafsachen für Bundesbedienstete

Paragraphen ohne weitere Bezeichnung sind solche der Bundesrechtsanwaltsgebührenordnung (BRAGO).

Anmerkungen

1. Es ist nach § 3 grundsätzlich zulässig, eine höhere Vergütung als die gesetzlichen Gebühren zu verlangen. Standesrechtlich war dies ausdrücklich zugelassen (§ 51 Abs. 4 Satz 1 RiLiRA). Durch die Entscheidungen des BVerfG (NJW 1988, 191 = AnwBl. 1987, 598; 194 = AnwBl. 1987, 603; NJW 1989, 3148) sind die Standesrichtlinien nur noch für eine Übergangszeit für anwendbar bezeichnet worden. *Lingenberg/Hummel/Zuck* (N 112); *Swolana/Hansens* (vor § 3 Rdnr. 14) und *Feuerich* (AnwBl. 1988, 511) halten § 51 Abs. 4 RiLiRA weiter für verbindlich, weil damit in der Sache nur § 3 wiederholt wird. Tatsächlich findet sich jedoch in § 3 kein Hinweis auf standesrechtliche Fragen, so daß standrechtliche Einschränkungen deshalb keine Rolle mehr spielen können. Für die Fortdauer auch BRAK Richtlinienausschuß (BRAK-Mitt. 1988, 16). Die Vergütung kann innerhalb oder außerhalb des Gebührenrahmens vereinbart oder durch den Vorstand der Rechtsanwaltskammer bestimmt werden (*Schumann/Geißinger* § 3 Rdnr. 39).

Der Vergütungsanspruch des Rechtsanwalts ist schuldrechtlicher Natur, deshalb sind abweichende Vereinbarungen im Rahmen der Vertragsfreiheit im Einzelfall möglich (*Riedel/Sußbauer/Fraunholz* § 3 Rdnr. 1; 7); zu beachten sind auch § 1 BRAO und die gemäß § 177 Abs. 2 BRAO erlassenen Standesrichtlinien (RiLi RA), soweit sie noch für eine Übergangszeit gelten, verneinend *Hartmann* (§ 3 Anm. 1; 2 B ccc).

Kein Verteidiger ist verpflichtet, zu den gesetzlichen Gebühren tätig zu werden. Er kann die Annahme des Auftrages von der Vereinbarung einer höheren als der gesetzlichen Vergütung abhängig machen (*Madert* Rdnr. 1; *Swolana/Hansens* § 3 Rdnr. 2; LG Berlin AnwBl. 1982, 262). Eine Strafverteidigung sollte nur zu einem vereinbarten Honorar übernommen werden, die Verteidigung zu den gesetzlichen Gebühren sollte die Ausnahme sein (*Schumann/Geißinger* § 3 Rdnr. 4; 5; *Madert* Rdnr. 2). Eine Honorarvereinbarung ist in vielen Fällen dringend geboten, weil die gesetzliche Gebühr nicht immer eine angemessene Vergütung darstellt (*Gerold/Schmid/Madert* § 3 Rdnr. 1). Dies gilt besonders in Strafsachen.

Honorarvereinbarungen werden schon lange von den Anwaltsorganisationen empfohlen. Der DAV propagiert seit Schaffung der BRAGO, daß diese für die Gebührenerstattung vom Gegner gelten sollen, gegenüber dem Auftraggeber sind Honorarvereinbarungen notwendig (AnwBl. 1958, 107; *Schumann/Geißinger* § 3 Rdnr. 4). Zu dem Sinn der Regelung sei auf *Hartmann* (§ 3 Anm. 2) verwiesen, der trotz einiger Bedenken das vereinbarte Honorar für im Grunde bitter notwendig hält, grundsätzlich aber eine Begrenzung der Vereinbarkeit höherer Honorare in der Masse der Fälle für wünschenswert hält. Der grundsätzlich bessere Weg sei indessen eine rechtzeitig und ausreichend erfolgende Anpassung der gesetzlichen Gebühr und Auslagen an die wirtschaftliche Allgemeinentwicklung, sei es nach oben, sei es nach unten. Dabei übersieht er jedoch, daß eine Anpassung nach unten seit 1950 nicht erfolgen konnte, weil die wirtschaftliche Allgemeinentwicklung nur nach oben erfolgte. Selbst angemessene Erhöhungen der Anwaltsgebühren können niemals angemessene Honorarvereinbarungen über die gesetzlichen Gebühren hinaus ersetzen, das beweisen die inzwischen üblichen Vereinbarungen, z.B. über Stundenhonorare, die der Markt zuläßt[32, 33].

2. Die höhere Vergütung kann der Rechtsanwalt nach § 3 Abs.1 Satz 1 nur verlangen, wenn sie schriftlich versprochen worden ist. Folglich ist die Schriftform nach § 126 Abs. 1 BGB erforderlich. Die schriftliche Bestätigung eines mündlichen Versprechens des Mandanten durch den Rechtsanwalt genügt nicht, wohl aber die schriftliche Bestätigung eines mündlichen Versprechens durch den Mandanten (*Schumann/Geißinger* § 3 Rdnr. 19; *Riedel/Sußbauer/Fraunholz* § 3 Rdnr. 7). Es reicht nicht aus, wenn der Auftraggeber bei einer mündlichen Honorarvereinbarung schreibt: „mit Ihrer Forderung einverstanden". Dies deshalb, weil sich der Inhalt des Vertrages nicht aus dem Bestätigungsschreiben ergibt (*Gerold/Schmid/Madert* § 3 Rdnr. 5; *Madert* Rdnr. 7). Auch die mündliche Bestätigung einer mündlichen Vereinbarung reicht nicht aus (*Swolana/Hansens* § 3 Rdnr. 4; OLG Hamburg MDR 1968, 936). Es wird die einseitige Schriftlichkeit gefordert (*Gerold/Schmidt/Madert* § 3 Rdnr. 5), also keine Anwendung des § 126 Abs. 1 BGB. Die Erklärung des Rechtsanwalts, die nicht notwendig schriftlich sein muß, muß aber dem Auftraggeber zugehen (§§ 151, 130 BGB) (*Riedel/Sußbauer/Fraunholz* § 3 Rdnr. 14).

Die eigenhändige schriftliche Erklärung des Auftraggebers muß dem Rechtsanwalt zugehen, eine Erklärung durch Telegramm oder Telex genügt nicht (*Schumann/Geißinger* § 3 Rdnr. 21; *Gerold/Schmid/Madert* § 3 Rdnr. 5; *Riedel/Sußbauer/Fraunholz* § 3 Rdnr. 15; *Madert* Rdnr. 7; *Schmidt/Baldus* S. 52; LG Kempten NJW 1954, 725 mit Anm. *Gerold*). Wohl aber reicht, bisher allerdings für den Honorarschein noch nicht entschieden, die Übermittlung durch Telefax aus, da dort die Unterschrift des Auftraggebers mit übertragen wird (*Schmidt/Baldus* S. 52), a.A. *Swolana/Hansens* § 3 Rdnr. 4 ohne Begründung, offen gelassen bei *Gerold/Schmidt/Madert* § 3 Rdnr. 5, der nur Telefax und Telegramm nennt, die Entscheidung des BGH NJW 1989, 1822 mit dem Zusatz Fax zitiert, aber sonst auf diese Frage nicht eingeht. Für ebenfalls eigenhändig zu erbringende Prozeßhandlungen oder vorzulegende Vollmachten inzwischen positiv entschieden (*Kleinknecht/Meyer* Einl. Rdnr. 129; BAG, NJW 1989, 1822; BFH NJW 1989, 2646; BGH wistra 1989, 313; OLG Hamburg NStZ 1989, 587 = DAR 1989, 468; ebenso *Wolf* NJW 1989, 2592 m.w.N.; BGH AnwBl. 1990, 220).

Durch die Formvorschrift des § 3 Abs. 1 Satz 1 soll der Auftraggeber davor geschützt werden, unüberlegt, leichtfertig oder unbewußt höhere als die gesetzlichen Gebührenverpflichtungen einzugehen, außerdem sollen spätere Rechtsstreitigkeiten vermieden werden (*Hartmann* § 3 Anm. 2 Ba; OLG Frankfurt AnwBl. 1983, 513 = JurBüro 1983, 1032).

5. Honorarschein XIV. A. 5

Ein abstraktes schriftliches Schuldversprechen genügt nicht der Form des § 3 Abs. 1 Satz 1. Das ergibt sich aus dem Schutzzweck der Vorschrift (*Madert* Rdnr. 7; BGHZ 57, 53 ff = BGH NJW 1971, 2227 = AnwBl. 1972, 158 = JurBüro 1972, 53).

Ebensowenig genügt das bloße Verlangen eines bestimmten Betrages für eine bestimmte Tätigkeit des Anwalts zur Begründung einer Honorarvereinbarung, wenn der Auftraggeber stillschweigend zahlt (OLG Frankfurt AnwBl. 1988, 120).

3. Nicht die ganze Honorarvereinbarung muß von dem Auftraggeber geschrieben sein. Es ist durchaus zulässig, ein Formular, einen maschinen- oder handgeschriebenen Entwurf eines Honorarscheins des Rechtsanwalts, eine Fotokopie o. ä. zu benutzen; auch ein Informationsschreiben des Rechtsanwalts, das einen Honorarvorschlag enthält und zum Zeichen des Einverständnisses unterschrieben zurückgesandt wird, reicht für die Schriftform aus (*Schumann/Geißinger* § 3 Rdnr. 20; *Gerold/Schmidt/Madert* § 3 Rdnr. 5; *Madert* Rdnr. 7). Der Auftraggeber muß nicht die ganze Erklärung eigenhändig schreiben, er muß die Erklärung aber eigenhändig unterschreiben (*Hartmann* § 3 Anm. 2 B b aa; LG Berlin AnwBl. 1982, 262). Es genügt ebenfalls ein notariell beglaubigtes Handzeichen oder eine notarielle Beurkundung (§ 126 BGB) oder eine Erklärung in einem gerichtlichen Vergleich (§ 127 a BGB) (*Swolana/Hansens* § 3 Rdnr. 4).

4. Nach § 3 Abs. 1 Satz 1 kann der Rechtsanwalt eine höhere als die gesetzliche Vergütung nur fordern, wenn die Erklärung schriftlich abgegeben und nicht in der Vollmacht oder in einem Vordruck, der auch andere Erklärungen umfaßte, enthalten ist (*Gerold/Schmidt/Madert* § 3 Rdnr. 5; *Swolana/Hansens* § 3 Rdnr. 5).

5. Zulässig sind Zusätze über folgende Punkte:
– Stundung,
– Ratenzahlung,
– Abreden über die Sicherung des Honorars,
– Reisekosten,
– Tage- und Abwesenheitsgelder,
– Postgebühren und Schreibauslagen,
– Mehrwertsteuer,
– Hinweis auf die Überschreitung der gesetzlichen Gebühren (s. Anm. 11),
– Anrechnung etwaiger Zahlungen eines Dritten, z.B. eines Rechtsschutzversicherers,
– Erfüllungsort (s. Anm. 6),
– Gerichtsstand für Honoraransprüche
(*Schumann/Geißinger* § 3 Rdnr. 23; *Gerold/Schmidt/Madert* § 3 Rdnr. 5; *Riedel/Sußbauer/Fraunholz* § 3 Rdnr. 15; *Swolana/Hansens* § 3 Rdnr. 5; *Madert* Rdnr. 10; *Lingenberg/Hummel* § 51 Rdnr. 7; BGH AnwBl. 1978, 227; LG Aachen NJW 1970, 571).

Zur Sicherung des Honorars kann sich der Verteidiger etwa aus der Staatskasse (*Dahs* Rdnr. 1116; 1130) oder von Dritten, z.B. Nebenklägern oder nicht erschienenen Zeugen und Sachverständigen zu erstattende Beträge abtreten lassen. Eine Abtretung zusätzlich zu dem vereinbarten Honorar ist jedoch als Erfolgshonorar anzusehen und damit möglicherweise nichtig (s. Anm. 19).

Eine Abtretung in Höhe der Honoraransprüche des Rechtsanwalts zur Sicherung des Honorars ist indessen grundsätzlich zulässig. Die Abtretung sonstiger Ansprüche des Auftraggebers, z.B. nach dem Strafrechtsentschädigungsgesetz, ist als überraschende Klausel nach § 9 AGBG unzulässig (*Bunte* NJW 1981, 2657 ff).

6. Der Erfüllungsort der Anwaltskanzlei nach § 29 Abs. 1 ZPO muß in dem Honorarschein nicht aufgenommen werden. Der Vertrag zwischen Auftraggeber und Rechtsanwalt ist ein Dienstvertrag in der Form eines Geschäftsbesorgungsvertrages nach § 675 BGB. Der Anwalt erfüllt seine Verpflichtung am Kanzleiort, selbst wenn er zu einem auswärtigen Termin reisen muß oder einen Ausländer im Ausland vertritt, so daß der Sitz seiner Kanzlei Erfüllungsort im Sinne von § 29 ZPO ist (*Schumann/Geißinger* Einl. Rdnr. 32; *Gerold/*

Schmidt/Madert § 1 Rdnr. 66; *Riedel/Sußbauer/Fraunholz* § 1 Rdnr. 78; § 19 Rdnr. 63; *Madert* Rdnr. 10; *Hansens* NJW 1986, 1136; BGH AnwBl. 1986, 353 = JurBüro 1986, 714; BayObLG 1982, 442; OLG Celle MDR 1980, 673; OLG Düsseldorf AnwBl. 1970, 232; OLG München AnwBl. 1984, 370; OLG Stuttgart AnwBl. 1976, 439; LG Düsseldorf AnwBl. 1966, 268 mit Anm. *Chemnitz;* LG Hamburg MDR 1976, 318 = AnwBl. 1976, 20; LG Osnabrück AnwBl. 1977, 217 = JurBüro 1977, 722; AG Köln AnwBl. 1978, 63). Daneben besteht natürlich der allgemeine Gerichtsstand des Hauptprozesses (§ 34 ZPO).

7. Unzulässig sind folgende Zusätze:
– Gerichtsstandsvereinbarungen für Schadensersatzansprüche,
– Generell für alle Ansprüche aus dem Mandatsverhältnis,
– Mandatsbedingungen,
– Haftungsbeschränkungen des Rechtsanwaltes,
– Aufbewahrungsfristen von Akten,
– Verzicht des Mandanten auf die Einrede der Verjährung,
– Lohnabtretungen,
– Vollmacht
(*Gerold/Schmidt/Madert* § 3 Rdnr. 5; *Riedel/Sußbauer/Fraunholz* § 3 Rdnr. 15).

8. Der Grund hierfür ist, daß solche Vereinbarungen nicht in einer Urkunde enthalten sein dürfen, in der der Auftraggeber eine solche Verpflichtungserklärung nicht zu erwarten braucht. Dies war die ältere Auffassung, neuerdings sind vorgedruckte Honorarvereinbarungen auch an § 9 AGBG zu messen (*Gerold/Schmidt/Madert* § 3 Rdnr. 5; LG Duisburg NJW 1986, 2887). Solche Honorarvereinbarungen sind unwirksam, wenn sie den Vertragspartner des Verwenders entgegen den Geboten von Treu und Glauben unangemessen benachteiligen. Eine unangemessene Benachteiligung ist im Zweifel anzunehmen, wenn eine Bestimmung mit wesentlichen Grundgedanken der gesetzlichen Regelung, von der abgewichen wird, nicht zu vereinbaren ist. Vorgedruckte anwaltliche Honorarscheine sind AGB im Sinne von § 1 AGBG (*Hartmann* § 3 Anm. 2 Cc; *Bunte* NJW 1981, 2657), während handschriftlich ausgefüllte Textteile die Vermutung für sich haben, ausgehandelt zu sein (AG Krefeld NJW 1980, 1582; LG Duisburg NJW 1986, 2887). Das gilt sicher auch für individuell mit der Schreibmaschine geschriebene Texte gemäß § 1 Abs. 2 AGBG. Auch deshalb sollte man keine Vordrucke verwenden (s. Anm. 10). *Gerold/Schmidt/Madert* (§ 3 Rdnr. 5) hält die Inhaltskontrolle bezüglich der Höhe nach § 9 AGBG grundsätzlich für entbehrlich, weil § 3 Abs. 3 selbst die Kontrolle unangemessener Honorarvereinbarungen regelt. Da nach § 3 Abs. 3 nur die Höhe des Honorars überprüft werden kann, nicht aber der sonstige Inhalt der Honorarvereinbarung, ist diese Auffassung abzulehnen.
Der vom AG Krefeld entschiedene Fall unterliegt indessen nicht dem AGBG, da die Formulierung in dem in Rede stehenden Honorarschein „das Honorar ist ohne Rücksicht auf den Umfang des Verfahrens vereinbart" nach § 3 Abs. 3 zu bewerten ist. (*Madert* Rdnr. 8); § 3 ist jedoch in dem Urteil des AG Krefeld nicht erwähnt (s. Anm. 26, 36).

9. Ist die Honorarvereinbarung mangelhaft, z.B. durch unzulässige Zusätze, bestimmen sich die Anwaltsgebühren nicht nach § 3, sondern nach §§ 83 ff. Der Anwaltsvertrag ist trotz dieses Formmangels nicht nichtig (*Gerold/Schmidt/Madert* § 3 Rdnr. 6; *Riedel/Sußbauer/Fraunholz* § 3 Rdnr. 1; 17; *Swolana/Hansens* § 3 Rdnr. 7; BGHZ 18, 340, 348; OLG Frankfurt AnwBl. 1983, 513 = JurBüro 1983, 1032). Es fehlt an einer den gesetzlichen Vergütungsanspruch abändernden Vereinbarung. Damit gilt § 3 Abs. 1 Satz 1, wonach der Rechtsanwalt nur bei formgerechter Vereinbarung eine höhere als die gesetzliche Vergütung fordern kann (*Gerold/Schmidt/Madert* § 3 Rdnr. 6). Es besteht nur eine Naturalobligation (*Swolana/Hansens* § 3 Rdnr. 7).

10. In der Literatur wird die Auffassung vertreten, die Benutzung der im Handel erhältlichen Honorarscheine sei dringend zu empfehlen, um jeden Streit auszuschließen (*Schumann/Geißinger* § 3 Rdnr. 19. Untersucht man hingegen die Materie genauer, stellt sich

bald heraus, daß die vorgedruckten Honorarscheine oft unzulässige Klauseln enthalten. Empfehlenswerter ist die Verwendung eigener schriftlicher Honorarscheine (*Schmidt/Madert* § 3 Rdnr. 5; *Madert* Rdnr. 15). Diese sollten jedoch nach den Maßstäben, wie sie hier erörtert sind, verfaßt sein. Auch *Dahs* (Handbuch Rdnr. 1104) hält die Verwendung von vorgedruckten Honorarscheinen für problematisch. Sie sei Manifestation vorhandenen Mißtrauens oder werde auch als anstößig bewertet. *Lingenberg/Hummel* (§ 51 Rdnr. 9) meinen sogar, daß vom Anwalt selbst aufgesetzte Erklärungen den Anschein eines möglicherweise standeswidrigen Drucks erwecken. Diese Ansicht ist nicht begründet und zu weitgehend. Der Mandant muß ohnehin ein Formular, nämlich die Vollmacht bei der Mandatsübertragung unterzeichnen, ein Protest gegen das vorgedruckte Formular hat sich in vielen Jahren nicht erhoben. Im Ergebnis ist die Verwendung eigener Entwürfe, insbesondere aus den in den Anm. 5 und 7 genannten Gründen sinnvoller. *Lingenberg/Hummel/Zuck* (N 112) halten § 51 Abs. 4 für eine Wiederholung des § 3, der mit dieser Maßgabe verbindlich bleibe. Satz 2 ist aber gerade nicht in § 3 enthalten, deshalb ist dieser Teil durch die Entscheidungen des Bundesverfassungsgerichts außer Kraft gesetzt (NJW 1988, 191; 194).

Eine umfassende Checkliste findet sich bei *Madert* (Rdnr. 16). Danach müssen folgende notwendige und wesentliche Punkte in der Honorarvereinbarung enthalten sein:

a) Die genaue Bezeichnung der Angelegenheit bzw. des Teils der Angelegenheit, insbesondere das Aktenzeichen des Ermittlungsvorgangs, falls mehrere Verfahren anhängig sind.
b) Die schriftliche Erklärung des Angeklagten oder Auftraggebers, dem Verteidiger für diese Angelegenheit das Honorar zu zahlen.
c) Der Hinweis, daß das Honorar anstelle der gesetzlichen Gebühren tritt, falls diese nicht höher sind.
d) Die Angabe der Höhe des Honorars evtl. unterteilt in:
– Ein Grundhonorar für die außergerichtliche Vertretung oder für einen bestimmten Verfahrensabschnitt,
– das Honorar für den 1. Verhandlungstag,
– das Honorar für weitere Verhandlungstage,
– das Honorar, falls mit der Hauptverhandlung von neuem begonnen wird.
e) Fälligkeit des Honorars.
f) Vorschuß zur Sicherung des Honoraranspruchs.
g) Auslagen, die daneben gesondert geschuldet sind.
h) Mehrwertsteuer in der jeweils geltenden Höhe.
i) Für jede Instanz bzw. für einen weiteren bestimmten Verfahrensabschnitt bleibt eine weitere Honorarvereinbarung vorbehalten.
j) Im Falle des Obsiegens werden nur die gesetzlichen Gebühren erstattet.
k) Abtretung der Ersatzansprüche zur Sicherheit.
l) Der Hinweis, daß der Angeklagte eine Durchschrift der Vereinbarung erhalten hat.
m) Ort, Datum, Unterschrift des Auftraggebers.

11. Nach § 51 Abs. 4 Satz 2 der Richtlinien (RiLi RA) muß der Rechtsanwalt standesrechtlich den Angeklagten darüber belehren, daß die verlangte Vergütung über die gesetzlichen Gebühren hinausgeht, was zulässig ist. Die Unterlassung war standesrechtlich zu ahnden. Zivilrechtlich wird die Wirksamkeit der Honorarvereinbarung durch die unterlassene Belehrung nicht berührt (*Schumann/Geißinger* § 3 Rdnr. 10; *Gerold/Schmidt/Madert* § 3 Rdnr. 5; *Riedel/Sußbauer/Fraunholz* § 3 Rdnr. 23; *Swolana/Hansens* § 3 Rdnr. 6). Der Hinweis mußte gemäß § 51 Abs. 4 Satz 2 RiLi RA deutlich sein (*Lingenberg/Hummel* § 51 Rdnr. 8; 10). Nach einer anderen, jedoch nicht zutreffenden Meinung, war für den Fall, daß der Hinweis nicht deutlich war oder ganz unterlassen wurde, die Honorarvereinbarung ungültig, so daß dem Rechtsanwalt nur die gesetzliche Gebühr zustand (OLG Hamburg MDR 1968, 253). Hieraus zu erwartenden Bedenken kann mit dem Hinweis begegnet werden, daß die Vereinbarung höherer Honorare üblich und angemessen sei (*Dahs* Rdnr. 1107).

Im übrigen muß der Angeklagte auch darauf hingewiesen werden, daß nur gesetzliche Gebühren, nicht aber vereinbarte Honorare erstattet werden (*Dahs* Rdnr. 1134).

12. Erfolgt die Leistung freiwillig und ohne Vorbehalt, kann sich der Leistende – in der Regel der Mandant – nicht auf den Mangel der Schriftform berufen (§ 3 Abs. 1 Satz 2). Der Auftraggeber muß mehr zahlen wollen, als er nach dem Gesetz ohne eine besondere Vereinbarung zu zahlen hätte (*Riedel/Sußbauer/Fraunholz* § 3 Rdnr. 21). Durch eine solche Leistung wird der Mangel der Schriftform geheilt. Der Leistende kann die geleisteten Zahlungen nicht mit der Begründung zurückverlangen, die Formvorschrift sei nicht gewahrt (*Schumann/Geißinger* §3 Rdnr. 24; *Gerold/Schmidt/Madert* § 3 Rdnr. 7; *Riedel/Sußbauer/Fraunholz* § 3 Rdnr. 8; *Swolana/Hansens* § 3 Rdnr. 8). Dies gilt auch bei Teilzahlungen (LG Kempten NJW 1954, 725 mit Anm. *Gerold*).

Eine Vorschußzahlung heilt den Formmangel nicht (OLG Frankfurt AnwBl. 1983, 513 = JurBüro 1983, 1032). Die Zahlung eines Teilbetrages, der die gesetzliche Gebühr nicht übersteigt, heilt den Formmangel nicht, erst mit einer Teilzahlung, die die gesetzliche Vergütung übersteigt, tritt die Heilung des Formmangels ein (*Swolana/Hansens* § 3 Rdnr. 8).

Der Auftraggeber braucht nicht zu wissen, daß der Rechtsanwalt aus einer mündlichen Gebührenvereinbarung nichts herleiten kann (*Gerold/Schmidt/Madert* § 3 Rdnr. 7; *Riedel/Sußbauer/Fraunholz* § 3 Rdnr. 21; *Swolana/Hansens* § 3 Rdnr. 8). Er muß aber wissen, daß das mündlich besprochene Honorar die gesetzlichen Gebühren übersteigt. Insoweit besteht eine Hinweispflicht des Rechtsanwalts (OLG Frankfurt AnwBl. 1988, 250 = JurBüro 1987, 1029).

Die formlose Honorarvereinbarung ist nicht wirkungslos. Der Rechtsanwalt kann seine Forderung nicht klageweise geltend machen, er kann auch nicht damit aufrechnen (*Riedel/Sußbauer/Fraunholz* § 3 Rdnr. 20; *Swolana/Hansens* § 3 Rdnr. 7). Der Auftraggeber kann die Forderung jedoch tilgen, auch seinerseits gegen den Rechtsanwalt gegebenenfalls aufrechnen.

Erfolgt die Zahlung nicht freiwillig, so kann der Schuldner die über die gesetzlichen Gebühren hinausgehenden Beträge wegen ungerechtfertigter Bereicherung zurückverlangen (*Riedel/Sußbauer/Fraunholz* § 3 Rdnr. 22; *Hartmann* § 3 Anm. 2 B bcc; *Swolana/Hansens* § 3 Rdnr. 9; *Madert* Rdnr. 9; OLG Frankfurt AnwBl. 1983, 513 = JurBüro 1983, 1032; AnwBl. 1988, 120 = JurBüro 1988, 591). Nach *Riedel/Sußbauer/Fraunholz* (§ 3 Rdnr. 22) hat der Auftraggeber die Beweislast für die Voraussetzung des Berechnungsanspruchs, nämlich, daß er nicht „freiwillig und ohne Vorbehalt" geleistet hat. (Ebenso *Gerold/Schmidt/Madert* § 3 Rdnr. 7; *Swolana/Hansens* § 3 Rdnr. 9). Diese Auffassung trifft im Gegensatz zu *Madert* (Rdnr. 9); *Hartmann* § 3 Anm. 2 B bcc und LG Freiburg MDR 1983, 1033 = AnwBl. 1983, 514 = JurBüro 1983, 1510 zu. Nachdem gezahlt ist, kann es doch nur darum gehen, daß der Auftraggeber einen Betrag zurückverlangt, er muß seinen Anspruch begründen und beweisen, ihn trifft die Beweislast; der Rechtsanwalt hat wegen der mangelnden Form keinen Anspruch. Im Rechtsstreit kommt es daher gar nicht zur Beweislast des klagenden Rechtsanwalts, weil die Klage zuvor bereits als unschlüssig abzuweisen ist. Die schriftliche Erklärung des Auftraggebers, es bestünden keine Rückforderungsansprüche, reicht für einen Verzicht auf das Rückforderungsrecht nicht aus (*Swolana/Hansens* § 3 Rdnr. 9; OLG Frankfurt AnwBl. 1988, 120 = JurBüro 1988, 591).

Rechnet der Rechtsanwalt z.B. mit einem Guthaben in einer anderen Sache mit seinem Honoraranspruch auf oder trifft er erst nach Zahlung eines Vorschusses eine mündliche Honorarvereinbarung (OLG Frankfurt AnwBl. 1983, 513 = JurBüro 1983, 1032; AnwBl. 1988, 120 = JurBüro 1988, 591; AnwBl. 1988, 250; LG Freiburg AnwBl. 1983, 514 = MDR 1983, 1033) kann nicht von einer freiwilligen Leistung gesprochen werden; ebensowenig ist eine Leistung freiwillig, wenn der Rechtsanwalt am Terminstage die Zahlung

5. Honorarschein   XIV. A. 5

eines vereinbarten Honorars erstmals verlangt, verbunden mit der Ankündigung, ohne sofortige Zahlung wolle er die Verteidigung niederlegen (s. Anm. 20), oder wenn der Rechtsanwalt mit einer Klage droht, dann ist die Leistung nicht freiwillig (*Gerold/Schmidt/Madert* § 3 Rdnr. 7; *Riedel/Sußbauer/Fraunholz* § 3 Rdnr. 21; *Swolana/Hansens* § 3 Rdnr. 8). In einem solchen Verhalten haben Ehrengerichte schon eine Nötigung gesehen (*Dahs* Rdnr. 1109).

Die Aufforderung, zusätzlich eine Honorarvereinbarung abzuschließen, anderenfalls der Rechtsanwalt das Mandat niederlegen werde, ist nicht widerrechtlich, wenn der Rechtsanwalt nach den besonderen Umständen des Falles ein berechtigtes Interesse an einer zusätzlichen Vergütung hat (BGH AnwBl. 1978, 227).

13. Den Auftrag zur Verteidigung muß nicht der Angeklagte erteilen, er kann auch von einem beliebigen Dritten kommen (*Swolana/Hansens* § 3 Rdnr. 3), z.B. dem Haftpflicht- oder Rechtsschutzversicherer oder dem Arbeitgeber, von Freunden oder Verwandten.

Besondere Vorsicht ist dann geboten, wenn der zahlende Dritte eigene Interessen verfolgt, wenn er als möglicherweise Verdächtiger die Verteidigung in seinem Interesse beeinflussen will. Auch gegenüber der oft sensationslüsternen Presse ist Vorsicht geboten (*Dahs* Rdnr. 1117).

Deshalb kann auch ein Dritter mit dem Rechtsanwalt eine Honorarvereinbarung treffen, die dann allerdings nur im Verhältnis zu diesem Dritten wirksam ist. Dieser kann Auftraggeber oder Bürge sein (*Riedel/Sußbauer/Fraunholz* § 3 Rdnr. 9). Wenn der Angeklagte sich nicht schriftlich verpflichtet hat, kann ihm gegenüber auch kein vereinbartes Honorar geltend gemacht werden (LG Freiburg AnwBl. 1983, 514 = MDR 1983, 1033). Sinnvoll ist z.B. die Unterschrift beider Eheleute, wenn einer von beiden in Haft ist. Kommt der Inhaftierte alsbald, insbesondere durch die Mitwirkung seines Verteidigers frei, so kann er selbst das vereinbarte Honorar zahlen. Bleibt er hingegen längere Zeit in Haft, so kann der Partner das Honorar notfalls abzahlen, das in Anbetracht der Bedeutung der Angelegenheit für den Angeklagten über die gesetzlichen Gebühren hinaus vereinbart worden ist.

14. Die Festsetzung der Vergütung kann dem billigen Ermessen des Vorstandes der Rechtsanwaltskammer überlassen werden. Das setzt eine entsprechende schriftliche Erklärung des Auftraggebers voraus (*Schumann/Geißinger* § 3 Rdnr. 26; *Riedel/Sußbauer/Fraunholz* § 3 Rdnr. 28; *Swolana/Hansens* § 3 Rdnr. 11). Eine solche Vereinbarung ist nicht empfehlenswert (*Schumann/Geißinger* § 3 Rdnr. 27), weil der Rechtsanwalt selbst sofort die Höhe des Honorars bestimmen kann, notfalls für einzelne Verfahrensabschnitte (s. Anm. 31). Er sollte sich nicht der Entscheidung Dritter unterwerfen, die er möglicherweise nicht beeinflussen kann.

Eine solche Vereinbarung ist auch deshalb unglücklich, weil sie in das Vertrauensverhältnis zwischen Rechtsanwalt und Angeklagtem eingreift, der sich der ihm unbekannten Autorität des Vorstandes der Rechtsanwaltskammer ausliefern muß, wobei er die Vermutung haben wird, daß dieses Gremium eher seinem Verteidiger als ihm zustimmen wird (*Dahs* Rdnr. 1109).

Die durch den Vorstand der Rechtsanwaltskammer festgesetzte Vergütung kann nach § 3 Abs. 3 herabgesetzt werden, wenn sie unter Berücksichtigung aller Umstände unangemessen hoch ist, und zwar bis zur Höhe der gesetzlichen Vergütung (*Swolana/Hansens* § 3 Rdnr. 11; 15). In diesem Fall braucht das Gericht den Vorstand der Rechtsanwaltskammer nicht gutachterlich zu hören (s. Anm.16; *Riedel/Sußbauer/Fraunholz* § 3 Rdnr. 29). Nach § 3 Abs. 2 Satz 2 gilt die gesetzliche Vergütung als vereinbart, wenn die Festsetzung der Vergütung einem Vertragsteil überlassen bleibt. Deshalb sollte keinesfalls eine solche Vereinbarung getroffen werden, da dann jedes höhere Honorar unwirksam ist, weil das Gesetz den Inhalt zwingend dahin umdeutet, daß die gesetzliche Vergütung vereinbart ist. Nur der Vorstand der Rechtsanwaltskammer, auch kein Schiedsgutachten oder ein Schiedsgericht können nach ihrem Ermessen die Höhe des Honorars bestimmen (*Gerold/*

Schmidt/Madert § 3 Rdnr. 13; *Riedel/Sußbauer/Fraunholz* § 3 Rdnr. 27; *Hartmann* § 3 Anm. 2 B c bb aaa; *Swolana/Hansens* § 3 Rdnr. 13) a.M. *Hartmann* (§ 3 Anm. 2 B c ccc).

15. Ist eine vereinbarte oder vom Vorstand der Rechtsanwaltskammer festgesetzte Vergütung (s. Anm. 14) unter Berücksichtigung aller Umstände unangemessen hoch (§ 3 Abs. 3), so kann sie im Rechtsstreit auf den angemessenen Betrag bis zur Höhe der gesetzlichen Gebühren herabgesetzt werden.

Die gesetzliche Vergütung kann nicht herabgesetzt werden, selbst wenn sie vereinbart ist, weil die Herabsetzung nur bis zur Höhe der gesetzlichen Gebühr zulässig ist (§ 3 Abs. 3 Satz 1), d.h. ausnahmsweise bis zur untersten Grenze der Rahmengebühr, in der Regel nach den Umständen des § 12 (*Riedel/Sußbauer/Fraunholz* § 3 Rdnr. 31; 38; OLG Düsseldorf AnwBl 1985, 259). Bei der Prüfung der Unangemessenheit ist von allen Umständen auszugehen (s. Anm. 17). Honorarvereinbarungen sind grundsätzlich zulässig. Eine Beschränkung nach oben sehen das Gesetz und die Richtlinien anders als nach unten nicht vor. Dies ist kein Problem der Richtlinien, sondern des § 3 Abs. 3 (s. Anm. 36).

Die vereinbarte Vergütung muß unangemessen hoch sein, wenn sie herabgesetzt werden soll; es genügt also nicht eine geringe Überschreitung der angemessenen Vergütung. Vielmehr muß zwischen Vergütung und Tätigkeit des Rechtsanwalts ein nicht zu überbrückender Zwiespalt bestehen (*Schumann/Geißinger* § 3 Rdnr. 44; *Gerold/Schmidt/Madert* § 3 Rdnr. 20; OLG München NJW 1967, 1571; LG Berlin AnwBl 1982, 262; LG Braunschweig AnwBl 1973, 358). Generell gilt jedoch der Grundsatz: pacta sunt servanda. (*Riedel/Sußbauer/Fraunholz* § 3 Rdnr. 36; *Hartmann* § 3 Anm. 2 Ca).

Eine Herabsetzung kommt nur in Betracht, wenn die Honorarvereinbarung wirksam ist. Wenn die Vereinbarung nach § 138 BGB sittenwidrig ist, soll nach *Gerold/Schmidt/Madert* (§ 3 Rdnr. 20) und *Riedel/Sußbauer/Fraunholz* (§ 3 Rdnr. 32) keine Herabsetzung in Betracht kommen, weil der Richter eine nichtige Honorarvereinbarung nicht gestalten kann. Zumindest muß er aber die Nichtigkeit vorab feststellen. Dafür gibt es kaum Beispiele. Bisher ist die Frage, ob und unter welchen Umständen von Wucher nach § 138 BGB auszugehen ist, ungeklärt (*Schmidt/Baldus* S. 57). Nur allgemein hat das Landgericht Frankfurt (AnwBl 1989, 671) festgestellt, daß nicht allein in der Vereinbarung einer übermäßig hohen Vergütung ein sittenwidriges Verhalten liegt, sondern es müssen besondere Tatbestandsmerkmale hinzukommen, wie rücksichtslose Ausnutzung der Sach- und Rechtslage gegenüber dem vom Rechtsanwalt abhängigen Auftraggeber oder wenn die Zusage durch Handlungen erreicht wird, die in ihrer Wirkung einer Erpressung nahekommen. Der Rechtsanwalt wird eine solche Feststellung vermeiden können, wenn er zur Begründung einer hohen Honorarforderung die Klage besonders gründlich formuliert (s. Anm. 38). Fehlt allerdings die Schriftform, kann es keine Herabsetzung geben, weil es dann bei den gesetzlichen Gebühren bleibt.

Es besteht ferner Einigkeit darüber, daß § 13 Abs. 4 auf herabgesetzte Honorare keine Anwendung findet, weil diese Vorschrift nur für Pauschgebühren gilt (*Gerold/Schmidt/Madert* § 3 Rdnr. 19; *Riedel/Sußbauer/Fraunholz* § 3 Rdnr. 37; BGH NJW 1987, 316 = JurBüro 1987, 373; OLG Düsseldorf AnwBl 1985, 201).

16. Vor der Entscheidung hat das Gericht gemäß § 3 Abs. 3 Satz 2 ein Gutachten des Vorstandes der Rechtsanwaltskammer einzuholen, der der Rechtsanwalt angehört, wenn es das Honorar für unangemessen hoch hält. Hält das Gericht das Honorar nicht für unangemessen hoch, braucht es kein Gutachten einzuholen (*Riedel/Sußbauer/Fraunholz* § 3 Rdnr. 40; LG Aachen NJW 1970, 571ff.), auch dann nicht, wenn die Rechtsanwaltskammer die Vergütung nach § 3 Abs. 2 Satz 1 festgesetzt hat (§ 3 Abs. 3 Satz 2, 2.Halbsatz). Das Gericht kann in letzterem Fall aber ein Gutachten einholen. Das Gutachten ist nach § 3 Abs. 3 Satz 3 kostenlos zu erstatten.

Das Gericht ist bei seiner Entscheidung weder an das Gutachten noch an die Festsetzung des Vorstandes der Rechtsanwaltskammer gebunden (*Swolana/Hansens* § 3 Rdnr. 18). Es entscheidet nach der freien richterlichen Beweiswürdigung (*Schumann/Geißinger* § 3

Rdnr. 40). Die Herabsetzung ist auch nach Zahlung des Angeklagten durch das Gericht möglich (*Gerold/Schmidt/Madert* § 3 Rdnr. 28; *Hartmann* § 3 Anm. 2 C c).

17. Das Gericht hat alle Umstände zu berücksichtigen, die für die von dem Rechtsanwalt ausgeübte Tätigkeit wesentlich sind, so z. B.:
– Umfang und Bedeutung der Sache,
– Die rechtliche Schwierigkeit,
– Die Bedeutung für den Auftraggeber,
– Zeit- und Arbeitsaufwand des Verteidigers,
– Kenntnis von Spezialgebieten und Sprachen,
– Sonderarbeiten des Rechtsanwaltes,
– Den Erfolg der Leistungen des Rechtsanwaltes,
– Die Vermögensverhältnisse des Auftraggebers,
– Die besondere Art der Leistung (z. B. kaufmännische Tätigkeit des Rechtsanwaltes),
– Anderwärtige Erwerbsversäumnisse des Rechtsanwaltes,
– Stellung und Ansehen des Rechtsanwaltes,
– Das vom Auftraggeber angestrebte Ziel
(*Schumann/Geißinger* § 3 Rdnr. 43; *Riedel/Sußbauer/Fraunholz* § 3 Rdnr. 36; *Hartmann* § 3 Anm. 2 Ca; RG JW 1938, 2772; OLG München NJW 1967, 1571; LG Braunschweig AnwBl. 1973, 358).

Die gesetzlichen Gebühren können zwar zum Vergleich herangezogen werden, von ihnen kann aber nicht ausgegangen werden, weil sie mitunter gerade kein angemessenes Entgelt darstellen (*Gerold/Schmidt/Madert* § 3 Rdnr. 27; *Hartmann* § 3 Anm. 2 Ca; BGHZ 77, 253 = NJW 1980, 1962).

Damit diese Entscheidung des Gerichtes umfassend erfolgen kann, muß die Honorarklage diese Umstände enthalten. Dies ist nur in den wenigsten Klagen der Fall. Einzelheiten s. Anm. 38.

18. Das Gericht kann die vereinbarte Vergütung bis zur Höhe der gesetzlichen Gebühren herabsetzen. Bei Rahmengebühren ist die vereinbarte oder vom Vorstand der Rechtsanwaltskammer festgesetzte Vergütung mit der Gebühr zu vergleichen, die der Rechtsanwalt im Einzelfall gemäß § 12 als Vergütung erhalten hätte.

Die hiernach zu bemessende Gebühr ist die gesetzliche Vergütung, die nicht unterschritten werden darf (*Schumann/Geißinger* § 3 Rdnr. 39; *Swolana/Hansens* § 3 Rdnr. 15).

19. § 3 sagt nichts darüber aus, ob es zulässig ist, ein Erfolgshonorar oder eine quota litis zu vereinbaren. Demnach ist ein Erfolgshonorar durch die Gebührenordnung nicht verboten, wohl aber durch das Standesrecht, wobei die Vorschrift des § 52 Abs. 1 RiLiRA wohl kaum auch nur für eine Übergangszeit bis zur Neuordnung des Standesrechts gilt (*Hartmann* § 3 Anm. 2 B ccc; dd).

Die Vereinbarung eines Erfolgshonorars war lange als standeswidrig angesehen, und zwar nach § 52 Abs. 1 RiLiRA. Darunter fielen zum Beispiel die Fälle, in denen ein Verteidiger vereinbarte, daß die aus der Landeskasse im Falle eines Freispruchs zu erstattenden Gebühren zusätzlich an ihn zu zahlen seien. Generell unzulässig war auch die Vereinbarung eines Zusatzhonorars für den Fall eines Freispruchs (*Dahs* Rdnr. 1111). Die quota litis als Unterart des Erfolgshonorars wurde ebenfalls als unzulässig angesehen, weil der Rechtsanwalt einen Anteil am Ausgang des Verfahrens nichts vereinbaren dürfe (*Isele* S. 609).

Verpflichtet sich der Rechtsanwalt zur Rückzahlung eines Teils der vereinbarten Vergütung, falls ein bestimmter Erfolg seiner anwaltlichen Tätigkeit nicht eintritt (hier: Herabsetzung der Steuerschuld um einen bestimmten Betrag), so ist dies als unzulässiges Erfolgshonorar nichtig (BGH NJW 1987, 3203 = AnwBl 1987, 489).

Dabei wurde oft übersehen, daß die Richtlinien durchaus in Ausnahmefällen eine Vereinbarung über Honorar standesrechtlich zuließen, durch die die Höhe der Vergütung vom

Ausgang der Sache abhängig gemacht wird. Bei Vereinbarungen dieser Art war aber mit besonderer Sorgfalt und Gewissenhaftigkeit zu prüfen, ob der Rechtsanwalt nicht Gefahr läuft, hierdurch seine unabhängige Stellung zu verlieren (§ 52 Abs. 2 RiLiRA).

Der Richtlinienausschuß der BRAK (BRAKMitt. 1988, 11/16) hält § 52 RiLiRA trotz der Entscheidungen des BVerfG (NJW 1988, 192; 194) auch weiterhin für anwendbar. *Lingenberg/Hummel/Zuck* vertreten die Auffassung, daß Erfolgshonorar und quota litis insgesamt in ihrer Ausprägung im Detail vorkonstitutionelles Gewohnheitsrecht seien. Deshalb gelte die Vorschrift auch in der Übergangszeit fort. Auf vereinzelte Zweifel komme es insoweit nicht an (N 115). Im übrigen gelte die Begründung, daß ein Erfolgshonorar dem Ansehen der Anwaltschaft in der Öffentlichkeit schade. Einschränkend heißt es dann allerdings auch, daß bei gewissen Gebühren der staatlichen Gesetze die Entstehung der Gebühr vom Erfolg abhänge, wobei die zivilrechtlichen Beispiele der §§ 23, 24 und 26 genannt werden, nicht aber die ebenfalls einschlägige Vorschrift des § 100 Abs. 2. Auch die Anspornung des Anwalts zu größerer Leistung bei Zulassung des Erfolgshonorars wird genannt und als unberechtigt verworfen, weil Rechtsanwälte ihre Vertragspflichten in bestmöglichem Umfang erfüllen und im übrigen dieser Eindruck bei der Masse der Anwälte verfehlt sei. Allerdings könne der Leistungsunfähigkeit eines Auftraggebers vor Beginn eines vielleicht lebensentscheidenden Prozesses gemäß § 52 Abs. 2 RiLiRA Rechnung getragen werden, d.h. insoweit doch, daß ein Erfolgshonorar zulässig sein könnte (*Lingenberg/Hummel* § 52 Rdnr. 13; 14).

Riedel/Sußbauer/Fraunholz hält Erfolgshonorare für standeswidrig und nichtig, insbesondere in Strafsachen stets für unzulässig (§ 3 Rdnr. 3; 4), ebenso *Swolana/Hansens* (§ 3 Rdnr. 30) und *Schmidt/Baldus* (S. 58/59), letzterer unter Hinweis auf die bereits erwähnte Auffassung des Richtlinienausschusses der BRAK. Auch *Schumann/Geißinger* (§ 3 Rdnr. 31) hält die Vereinbarung eines Erfolgshonorars fast ausnahmslos für standeswidrig.

Man kann sich des Eindrucks nicht erwehren, daß die Auffassung, das Erfolgshonorar in Strafsachen sei unzulässig, in der Mehrzahl von Autoren erörtert wird, die mit strafrechtlichen Problemen weniger als mit zivilrechtlichen Problemen vertraut sind. Für die Zulässigkeit des Erfolgshonorars ist *Dahs* (Rdnr. 1111; 1112). Als Strafverteidiger hat er ständig mit Fragen dieser Art zu tun, deshalb ist seine Meinung insoweit viel überzeugender. Für Dahs gilt das Verbot des Erfolgshonorars für den Fall des Freispruchs als Regelung an der Grenze der Praktikabilität. Mit Recht schreibt er wörtlich: „Viele Strafprozesse sind für den Mandanten eine Existenzfrage. Verurteilung kann völlige Vernichtung seiner Mittel, Einstellung oder Freispruch aber Erhaltung und Gewinnung wirtschaftlichen Wohlstandes und Vermögens sein. Dies sind die Fälle, in denen die erfolgreiche Beendigung des Strafverfahrens überhaupt erst die finanziellen Voraussetzungen für ein höheres Honorar schafft. Überdies ist dem Mandanten eine frühzeitige Einstellung des Verfahrens sicher viel mehr wert, als ein Freispruch nach langwierigem Verfahren. Daraus erwächst in der Praxis das Bedürfnis für die Vereinbarung eines Erfolgshonorars. Der Verteidiger muß aber erkennen, daß die Abhängigkeit des Honorars vom Erfolg auch und gerade hier die Unabhängigkeit seiner Verteidigung gefährdet und eben deshalb grundsätzlich verboten ist." ...... „Das Honorar kann gegebenenfalls darauf abgestellt werden, daß die Sache durch das Urteil erster Instanz endgültig erledigt wird und dem Mandanten dadurch weitere Kosten des Verfahrens erspart bleiben." (*Dahs* Rdnr. 1112) „In allen Fällen ist das Markten um das Honorar zu vermeiden. Der Verteidiger kann das Problem dadurch entschärfen, daß er sich von dem Mandanten schriftlich oder mündlich bestätigen läßt, daß bei günstigem Ausgang des Verfahrens eine nachträgliche Honorarvereinbarung getroffen werden soll. Das kann eine praktikable Lösung sein. Allerdings muß der Verteidiger erkennen, daß er damit keinen rechtsverbindlichen Anspruch auf das nachträgliche Honorar gewinnt, andererseits die moralische Bindung doch einen Zwang für den Menschen bedeuten kann, der als solcher den gleichen Bedenken ausgesetzt sein kann, wie das Erfolgshonorar. Überdies funktioniert das Verfahren nur bei honorigen Mandanten, die zu ihrem Wort stehen. Es gibt auch solche" (*Dahs* Rdnr. 1114). Die nachträgliche Vereinbarung, daß das aus der Landeskasse zu erstattende Honorar dem Verteidiger im Falle des Freispruchs verbleibt, wird als zulässig angesehen (*Lingenberg/Hummel* § 52 Rdnr. 7).

Gerold/Schmidt/Madert hält im Einzelfall die Meinung von *Dahs* für vertretbar (§ 3 Rdnr. 14), *Madert* (Rdnr. 6) zitiert *Dahs* wörtlich mit dem Hinweis, daß Erfolgshonorarvereinbarungen in Ausnahmefällen zulässig seien.

Das Verbot des Erfolgshonorars und der quota litis als Unterart ist nicht haltbar. Das Gesetz selbst sieht Ausnahmen vor, so in § 100 Abs. 2 (*Gerold/Schmidt/Madert*, 9. Aufl. § 100 Rdnr. 8). Der beigeordnete Rechtsanwalt erhält im Falle des Freispruchs mehr als das Vierfache der Mindestgebühr aus § 97, nämlich die gesetzlichen Gebühren der §§ 83 ff. Damit ist er durchaus wirtschaftlich am Erfolg seiner Verteidigung beteiligt. Das Argument, ein Erfolgshonorar verleite den Verteidiger zu unredlichen Machenschaften, ist eine Beleidigung für alle ordentlich arbeitenden Rechtsanwälte. Wenn ein Verteidiger seine Gebühren für Fortsetzungstermine, durch die Einlegung und Durchführung von Rechtsmitteln, die ebenfalls zusätzliche Gebühren auslösen, schließlich durch Einlegung von Einsprüchen gegen Strafbefehle und Bußgeldbescheide mit dem einzigen Zweck, eine Gebühr nach § 83 Abs. 1 Nr. 3 auszulösen, indem der erkennbar aussichtslose Einspruch erst nach dem Aufruf der Sache zurückgenommen wird, erhöhen kann, kann auch ein offen so bezeichnetes Erfolgshonorar nicht unzulässig sein. Über derartige Praktiken hat es noch nie Klagen gegeben, obgleich sie häufiger sind als Erfolgshonorare und dem Ansehen der Rechtsanwälte sicher eher schaden. Deshalb sollte der Widerstand gegen das Erfolgshonorar zumindest in Strafsachen endlich schwinden.

Allerdings ist auf die Entscheidung des BayObLG (NJW 1989, 2901) hinzuweisen, wonach ein Erfolgshonorar unzulässig ist und deshalb über § 352 StGB zur Gebührenüberhebung führt. In dem dort entschiedenen Fall ist ein Rechtsanwalt wegen Gebührenüberhebung zu einer Geldstrafe von 30 Tagessätzen verurteilt worden, der ein Erfolgshonorar von 5.000,00 DM vereinbart hatte (*Dreher/Tröndle* § 352 Rdnr. 7).

Die gegenwärtige Rechtslage ist unbefriedigend aus den genannten Gründen, insbesondere aus den von *Dahs* (oben) genannten und der Geltung des § 100 Abs. 2.

20. Standesrechtlich unzulässig ist dagegen in jedem Fall (*Schumann/Geißinger* § 3 Rdnr. 3; *Isele* S. 601; EGH Hamm BRAK Mitt. 1981, 38), oft auch unter dem Gesichtspunkt der strafbaren Nötigung zu betrachten, ein leider häufiges Verhalten von einigen Strafverteidigern, die zur Unzeit, unmittelbar vor der Hauptverhandlung, oft vor der Tür des Gerichtssaals die Unterschrift unter eine Honorarvereinbarung mit der Androhung verlangen, nicht auftreten zu wollen, wenn die Honorarvereinbarung nicht sofort unterschrieben wird (*Swolana/Hansens* § 3 Rdnr. 2). In der Drucksituation, entweder ohne Verteidiger oder zu höheren Gebühren mit Verteidiger das Verfahren durchzustehen, entscheiden sich Mandanten häufig für das Nächstliegende, die Unterschrift unter die Honorarvereinbarung. Eine solche Vereinbarung ist sittenwidrig und damit nichtig (AG Butzbach JurBüro 1986, 1033), nicht aber bei rechtzeitiger Ankündigung (*Swolana/Hansens* § 3 Rdnr. 2).

Neben dem straf- und standesrechtlichen Problem tritt hier auch das zivilrechtliche Problem auf, daß nämlich der Mandant nicht mehr freiwillig und ohne Vorbehalt zahlt und daß deshalb keine wirksame Honorarvereinbarung vorliegt (s. Anm. 12).

Zur eigenen Sicherheit sollte der Verteidiger deshalb das Datum der Honorarvereinbarung in den Honorarschein aufnehmen lassen, obwohl dies gesetzlich oder standesrechtlich nicht erforderlich ist.

Der Zeitpunkt einer Honorarvereinbarung ist dem Verteidiger unbenommen. Er kann die Vereinbarung vor Beginn seiner Tätigkeit oder später, ja sogar nach der Erledigung abschließen (*Gerold/Schmidt/Madert* § 3 Rdnr. 1; 16; KG JW 1920, 500). Die ohne Begründung von *Riedel/Sußbauer/Fraunholz* (§ 3 Rdnr. 7) vertretene Meinung, die Fortsetzung einer vertragsgemäß begonnenen Tätigkeit dürfe nicht später vom Abschluß einer Honorarvereinbarung abhängig gemacht werden, trifft so nicht zu. Natürlich kann der

Verteidiger, wenn er den großen Umfang oder die große Schwierigkeit einer Sache erkennt, auch nach Übernahme des Mandats zu den gesetzlichen Gebühren später eine Honorarvereinbarung verlangen. Er darf dies nur nicht zur Unzeit tun.

Die zur Unzeit getroffene Honorarvereinbarung spielt häufig auch bei in Haft befindlichen Angeklagten eine standesrechtlich bedenkliche Rolle. Oft ist der in Haft befindliche Angeklagte in einer bedenklichen Drucksituation. Später werden dann häufig Einwendungen erhoben, die auf diesen Punkt hinweisen, wenn der Rechtsanwalt nämlich das Honorar verlangt, das bis dahin nicht gezahlt worden ist (*Dahs* Rdnr. 1110).

Auch hier kommt es auf den Einzelfall an. Hat der Rechtsanwalt rechtzeitig, z.B. bei der Übertragung des Mandats einen Honorarvorschlag gemacht, sendet aber der Mandant den unterschriebenen Honorarschein nicht zurück, ist sicher nichts dagegen einzuwenden, wenn der Rechtsanwalt sein Auftreten in der Hauptverhandlung von der Unterschrift abhängig macht. Der Rechtsanwalt kann selbstverständlich die Übernahme des Auftrages von dem Abschluß einer Honorarvereinbarung abhängig machen (*Gerold/Schmidt/Madert* § 3 Rdnr. 1). Empfehlenswert ist es, den Mandanten zu erinnern, wenn er nicht in angemessener Zeit den Honorarschein unterschrieben zurücksendet und vor allem keine Zahlung erbringt. Kündigt der Rechtsanwalt an, daß er spätestens eine Woche vor der Hauptverhandlung die Verteidigung niederlegen werden, wenn er weder Honorarschein noch Vorschuß erhält, so liegt mit Sicherheit kein Standesverstoß vor, (§ 627 Abs. 1 BGB) (*Swolana/Hansens* § 3 Rdnr. 2; BGH AnwBl 1978, 227). Selbst bei notwendiger Verteidigung kann der Vorsitzende des Gerichts noch einen Pflichtverteidiger bestellen (§ 145 StPO). Eine Niederlegung unmittelbar vor der Hauptverhandlung erfolgt jedoch zur Unzeit und kann zu einem Beschluß nach § 145 Abs. 4 StPO führen (OLG Koblenz MDR 1975, 773; OLG Düsseldorf AnwBl 1972, 63).

21. Nachträgliche Honorarvereinbarungen sind zulässig. Dies ist nur bei gutwilligen Mandanten möglich. Geht das Verfahren nicht nach der Vorstellung des Mandanten aus, wird es dazu natürlich nicht kommen.

Bei Freispruch oder sonst positivem Ausgang ist dies jedoch anders. Nicht zu beanstanden ist, wenn die aus der Landeskasse zu erstattenden Gebühren bei dem Verteidiger verbleiben. Ein verpöntes Erfolgshonorar ist dies entgegen *Madert* (Rdnr. 14) jedoch nicht, weil eine solche Vereinbarung nur dann zu beanstanden ist, wenn die Zusage vor Abschluß des Verfahrens erfolgt (s. Anm. 19). Eine Vereinbarung nach dem freisprechenden Urteil hat mit dem Ausgang des Verfahrens und der dazu entwickelten Tätigkeit des Verteidigers jedoch nichts mehr zu tun; sie beeinträchtigt auch nicht die Unabhängigkeit des Verteidigers und ist daher zulässig (*Dahs* Rdnr. 1111; 1114).

22. Hat der Rechtsanwalt keine Honorarvereinbarung getroffen und verlangt er gleichwohl Gebühren oberhalb des gesetzlichen Rahmens, so begeht er objektiv Gebührenüberhebung nach § 352 StGB und verfällt bei Vorsatz der Bestrafung; ob auch bedingter Vorsatz genügt, ist streitig (*Lingenberg/Hummel* § 51 Rdnr. 2; *Schönke-Schröder* § 352 Rdnr. 10) das Reichsgericht ließ den bedingten Vorsatz ausreichen (RGSt 16, 363/364). Dies gilt für eine abschließende Honorarrechnung, nicht jedoch für den Fall, daß der Verteidiger zunächst nur einen Vorschuß verlangt.

Das Verlangen eines mündlich vereinbarten Honorars mit Klagedrohung, wenn es wegen des Fehlens der Formvorschriften an einer wirksamen Honorarvereinbarung fehlt und der Mandant über die Formvorschrift nicht unterrichtet ist, ist möglicherweise auch als Nötigung strafbar (*Dahs* Rdnr. 1109).

Der Tatbestand der Gebührenüberhebung ist auch dann gegeben, wenn der Rechtsanwalt aufgrund einer unzulässigen Honorarvereinbarung vom Mandanten Zahlungen verlangt, die über die gesetzlich geregelten oder über die mit ihm aufgrund einer – zulässigen – Honorarvereinbarung in der gleichen Sache zustehenden Gebührenansprüche hinausgehen (BayObLG JurBüro 1989, 1451).

5. Honorarschein

23. Möglich ist auch die Vereinbarung von Honoraren mit rechtsschutzversicherten Mandanten. Der Verteidiger findet häufig bei Mandanten Verständnis, wenn er auf die Höhe der von der Rechtsschutzversicherung zu zahlenden gesetzlichen Gebühren verweist und zugleich erklärt, daß seine Tätigkeit damit nicht ausreichend honoriert wird (*Madert* Rdnr. 17). Der Verteidiger muß aber bei einer solchen Vereinbarung auch bedenken, daß diese dem Rechtsschutzversicherer zur Kenntnis gelangt. Für weitere Mandate wird er wohl von dort kaum empfohlen werden (*Dahs* Rdnr. 1097). Hier muß in jedem Fall eine Abwägung durch den Verteidiger stattfinden.

Es soll aber auch ausnahmsweise Honorarvereinbarungen mit Rechtsschutzversicherern geben, wie z. B. bei einem Verkehrsunfall mit mehreren Toten und vielen Verletzten, bei dem hohe Nebenklägergebühren drohen. Hier besteht durchaus eine Neigung, dem Verteidiger ein höheres Honorar zu zahlen, um z. B. eine Beendigung des Verfahrens durch Strafbefehl zu erreichen, der die Nebenkläger nicht zum Zuge kommen läßt.

24. Der Pflichtverteidiger darf mit dem Angeklagten eine Honorarvereinbarung treffen (s. auch XIV D Nr. 19). Dies ist für eine Vereinbarung vor der Beiordnung unbedenklich, aber auch danach zulässig, wenn die Vereinbarung freiwillig und ohne Vorbehalt, also nicht unter dem Druck von Versprechungen oder kurz vor der Hauptverhandlung getroffen wird (*Schumann/Geißinger* § 100 Rdnr. 33; *Gerold/Schmidt/Madert* § 3 Rdnr. 39; § 100 Rdnr. 13; *Dahs* Rdnr. 1098; 1099; *Madert* Rdnr. 18; *Schmidt/Baldus* S. 74; BGH MDR 1979, 1004 = AnwBl 1980, 465 = JurBüro 1979, 1793; BGH JurBüro 1983, 689).

Eine Honorarvereinbarung eines Pflichtverteidigers sollte nur unter ganz engen Voraussetzungen möglich sein, insbesondere bei absoluter Freiwilligkeit; das Verhältnis zwischen Angeklagtem und Pflichtverteidiger sollte nicht durch gebührenmäßige Erwägungen belastet werden (*Riedel/Sußbauer/Fraunholz* § 100 Rdnr. 14).

Die Lage beim bestellten Verteidiger ist anders als beim Rechtsanwalt im Prozeßkostenhilfeverfahren. Im Strafverfahren ist Sinn und Zweck des Institutes der Pflichtverteidigung die Verfahrenssicherung sowie eine ordnungsgemäße Verteidigung und nicht etwa die Zahlungsunfähigkeit des Mandanten. Es sollte bei derartigen Vereinbarungen in jedem Fall der schriftliche Hinweis vorhanden sein, daß die Vereinbarung freiwillig erfolgt ist und über die gesetzlichen Gebühren hinausgeht, um späteren Einwendungen zu begegnen (*Oppe* NJW 1967, 2042 ff; BGH MDR 1979, 1004 = AnwBl 1980, 465 = JurBüro 1979, 1793; EGH Schleswig AnwBl 1968, 198).

Im übrigen ergibt sich dies aus § 64 RiLi RA (*Schumann/Geißinger* § 3 Rdnr. 58), der dem Pflichtverteidiger die Annahme zusätzlicher Vergütungen gestattet. Auch § 101 Abs. 1 geht von Vorschüssen und Zahlungen aus, die der Verteidiger aufgrund einer Vereinbarung erhalten hat (*Dahs* Rdnr. 1098, m.w.N.); *Riedel/Sußbauer/Fraunholz* (§ 100 Rdnr. 16) vertritt die Auffassung, daß die bei einer vorhandenen Honorarvereinbarung nach einer Beiordnung entstandenen Gebühren nur über § 100 geltend gemacht werden können, und zwar nur in Höhe der gesetzlichen Gebühren. Höhere Zahlungen des Mandanten oder von Dritten müsse er zurückzahlen. Dabei läßt er unberücksichtigt, daß er selbst die gegenteilige Meinung vertritt (§ 100 Rdnr. 4). Eine Begründung für diese im Gegensatz zur herrschenden Meinung bestehende Auffassung ist nicht ersichtlich. Ebenso *Schmidt/Baldus* (S. 74).

Eine Entscheidung nach § 100 Abs. 1 ist in diesem Fall nicht erforderlich, weil der Abschluß eines solchen Vertrages im Belieben des Mandanten steht und die Prüfung der finanziellen Verhältnisse auf eine Bevormundung hinausliefe. Der Angeklagte ist im übrigen durch § 3 Abs. 3 geschützt (*Gerold/Schmidt/Madert* § 3 Rdnr. 39; § 100 Rdnr. 13; *Swolana/Hansens* § 3 Rdnr. 26; § 100 Rdnr. 2; *Dahs* Rdnr. 1098; *Madert* Rdnr. 18; *Oppe* NJW 1967, 2042/2045; BGH MDR 1979, 1004 = AnwBl 1980, 465 = JurBüro 1979, 1793; BGH NJW 1983, 1047; aM EGH Schleswig AnwBl 1968, 198). So auch *Lingenberg/Hummel* (§ 64 Rdnr. 44) für vereinbarte Honorare, weil diese nicht notwendige Auslagen im Sinne des § 464a Abs. 2 StPO sind.

Wenn ein Wahlverteidiger eine Honorarvereinbarung trifft, und sich später zum Pflichtverteidiger bestellen läßt, kann er einen entsprechenden Teil des Honorars für die schon geleistete Arbeit nach § 628 BGB beanspruchen. Es gilt der allgemeine Grundsatz, daß der vor der Bestellung entstandene und fällige Honoraranspruch des Wahlverteidigers bestehen bleibt (*Dahs* Rdnr. 1099; *Schmidt/Baldus* S. 75; OLG Düsseldorf JurBüro 1984, 567).

25. In einem der Vordrucke der Soldanstiftung findet sich die Formel: „Ich verpflichte mich, ihm (dem Rechtsanwalt) für die Vertretung im laufenden Rechtszug – neben den gesetzlichen Gebühren – anstatt der gesetzlichen Gebühren, falls diese nicht höher sind, ... DM zu zahlen." Beide Formulierungen schließen einander aus. Entweder will der Auftraggeber neben den gesetzlichen Gebühren noch ein weiteres vereinbartes Honorar zahlen, oder er will insgesamt nur ein vereinbartes Honorar zahlen. Wird, wie häufig, nicht eine Alternative ausgestrichen, ist die Honorarvereinbarung insgesamt unwirksam. Der Honorarschein ist nicht eindeutig gefaßt. Die Formularklausel ist zu Lasten des Einführers und Verwenders auszulegen.

Die Vereinbarung eines „angemessenen" Honorars genügt nicht (*Schumann/Geißinger* § 3 Rdnr. 11; *Riedel/Sußbauer/Fraunholz* § 3 Rdnr. 25; *Swolana/Hansens* § 3 Rdnr. 2; BGH NJW 1965, 1023 = AnwBl 1965, 173, mit Anm. *Brangsch* = JurBüro 1965, 465; OLG Hamm AnwBl 1986, 465).

Es muß eine ziffernmäßige Berechnung ohne Schwierigkeiten möglich sein, allerdings nicht vor Abschluß des Verfahrens, es genügt, daß die Vergütung nach Abschluß berechnet werden kann. Auch die gesetzlichen Gebühren lassen oft eine genaue Berechnung im voraus nicht zu, so wenn z. B. statt an zwei an fünf Tagen eine Hauptverhandlung stattfindet (*Gerold/Schmidt/Madert* § 3 Rdnr. 9). Ein abstraktes Schuldanerkenntnis reicht nicht aus (BGH NJW 1971, 2227).

Die Vereinbarung muß einen klaren, unmißverständlichen Inhalt haben (OLG Hamburg MDR 1968, 253). Es muß eindeutig feststellbar sein, für welche anwaltliche Tätigkeit der Auftraggeber die höhere Vergütung zahlen soll (*Hartmann* § 3 Anm. 2 Bc; BGH NJW 1971, 2227; OLG Frankfurt AnwBl 1988, 120; OLG Hamm AnwBl 1986, 452; LG München NJW 1975, 937 mit Anm. *Chemnitz* = AnwBl 1975, 63).

Deshalb muß in jedem Honorarschein das Aktenzeichen des Ermittlungsvorganges stehen, um z. B. Verwechslungen mit mehreren Verfahren des gleichen Mandanten auszuschließen.

26. Es gibt auch die Vereinbarung, daß das Honorar X Deutsche Mark ohne Rücksicht auf den Umfang des Verfahrens beträgt. Über die Gültigkeit dieser Vereinbarung herrscht Streit. Einerseits kann der Mandant ein Interesse an einer Einstellung des Verfahrens haben, um eine Hauptverhandlung zu vermeiden. Dann ist ein vereinbartes Honorar, das für das ganze Verfahren gelten soll, möglicherweise angemessen. Andererseits kann auch ein unangemessenes Mißverhältnis vorliegen, so daß dem Mandanten ein Festhalten am vereinbarten Honorar unter Berücksichtigung aller Umstände nach Treu und Glauben nicht zugemutet werden kann (*Schumann/Geißinger* § 3 Rdnr. 44; *Gerold/Schmidt/Madert* § 3 Rdnr. 19; *Riedel/Sußbauer/Fraunholz* § 3 Rdnr. 37; *Madert* Rdnr. 153; OLG München NJW 1967, 1571 = AnwBl 1967, 198; AG Krefeld NJW 1980, 1582; s. a. Anm. 36). Hier gibt es keine generelle Regelung. *Swolana/Hansens* (§ 3 Rdnr. 14) geht davon aus, daß eine Vereinbarung, nach der der Rechtsanwalt ohne Rücksicht auf eine baldige Beendigung des Mandats die gesamte Vergütung erhalten soll, regelmäßig standeswidrig und unwirksam sei (BGHSt 27, 366 = NJW 1978, 2304).

Bei einer vorzeitigen Beendigung des Mandats infolge einer Kündigung nach § 627 BGB erfolgt die Herabsetzung des vereinbarten Honorars nach § 628 Abs. 1 Satz 1 BGB auf einen der bereits erbrachten Leistung entsprechenden Teil (*Swolana/Hansens* § 3 Rdnr. 14). Diese Regelung geht § 3 Abs. 3 vor. Die Sonderregelungen der BRAGO gehen den Vorschriften des Bürgerlichen Rechts nur vor, soweit es um die Bemessung der Höhe des Vergütungsanspruchs geht, nicht aber für den Anspruchsgrund. Dazu gehört auch die

Frage, ob und in welchem Umfang dem Rechtsanwalt bei einer vorzeitigen Beendigung des Anwaltsvertrages infolge Kündigung gegenüber dem Mandanten eine Vergütung zusteht (BGH NJW 1987, 315 = JurBüro 1987, 373; OLG Düsseldorf MDR 1986, 167; OLG Frankfurt NJW 1971, 1327; OLG Hamm NJW 1969, 1450). Ebenso im Ergebnis *Schumann/Geißinger* (§ 3 Rdnr. 44); *Gerold/Schmidt/Madert* (§ 3 Rdnr. 19); unklar *Riedel/Sußbauer/Fraunholz* (§ 3 Rdnr. 37); *Hartmann* meint, daß § 628 Abs. 1 Satz 1 BGB die Vorschrift des § 3 Abs. 3 keineswegs stets ganz verdrängt (§ 3 Anm. 2 Cc). Er verweist zur Begründung auf OLG Düsseldorf (AnwBl 1985, 201), das ebenfalls vom Vorrang des § 628 Abs. 1 Satz 1 BGB gegenüber § 3 Abs. 3 ausgeht. *Madert* meint, daß bei vorzeitiger Beendigung des Mandats § 628 ZPO ausgeschlossen ist, wenn die Vereinbarung lautet, daß auch dann das volle Honorar zu zahlen sei (Rdnr. 153). Kündigt der Mandant wegen nicht eingehaltener Weisungen, die einem wohlbegründeten Rat zuwiderlaufen, von deren Ausführung nennenswerte Nachteile zu erwarten sind, behält der Rechtsanwalt seinen Gebührenanspruch (LG Hamburg AnwBl 1985, 261).

27. Das vereinbarte Honorar ist wirksam nur im Verhältnis zum Mandanten. Das bedeutet, daß eine Erstattung durch den unterlegenen Privat- oder Nebenkläger sowie den nicht erschienenen Zeugen oder aus der Staatskasse in jedem Fall ausscheidet (*Dahs* Rdnr. 1134). Dies ergibt sich aus § 91 Abs. 2 ZPO in Verbindung mit § 464a Abs. 2 Nr. 2 StPO (*Schumann/Geißinger* § 3 Rdnr. 53; *Gerold/Schmidt/Madert* § 3 Rdnr. 46; vor § 83, Rdnr. 16; *Riedel/Sußbauer/Fraunholz* § 3 Rdnr. 61; *Hartmann* § 3 Anm. 6; LR/*Hilger* § 464a Rdnr. 40; *Kleinknecht/Meyer* § 464a Rdnr. 11; KK/*Schikora* § 464a Rdnr. 11; *Meyer* II Rdnr. 36; BVerfG NJW 1985, 727; OLG Bamberg JurBüro 1973, 733; OLG Düsseldorf MDR 1986, 167; OLG Frankfurt NJW 1971, 1327; JurBüro 1978, 259; OLG Hamburg MDR 1976, 952; OLG Hamm NJW 1969, 1450; OLG Koblenz MDR 1985, 868). Die einzige Ausnahme, bei der die Staatskasse mehr als die gesetzlichen Gebühren zu erstatten hat, ist bei Pflichtverteidigungen die Pauschvergütung, die gemäß § 99 festgesetzt wird. Eine weitere Ausnahme, Überschreitung der gesetzlichen Gebühren um 20%, nimmt das OLG München an (JurBüro 1975, 336 mit Anm. *Mümmler*).

Ein vereinbartes Honorar, das innerhalb der gesetzlichen Grenzen liegt, soll nicht zu erstatten sein. Diese Auffassung ist unzutreffend, weil das vereinbarte Honorar innerhalb der Kriterien des § 12 mit zu berücksichtigen ist. Daraus können Rückschlüsse für das Merkmal Bedeutung der Angelegenheit für den Auftraggeber gezogen werden (*Madert* Rdnr. 99; *Schmidt/Baldus* S. 154).

28. Es empfiehlt sich, die Höhe des vereinbarten Honorars mit dem Mandanten zu besprechen und ihm mit dem Bestätigungsschreiben über das Mandat eine gesonderte schriftliche Vereinbarung unter Beifügung einer Kopie zu übersenden mit der Bitte, das Original alsbald unterzeichnet zurückzusenden. Der Mandant hat dann Zeit zur Überlegung (EGH Hamm BRAK Mitt. 1981, 38). In der Regel kann man damit jedem Streit über den Inhalt der Honorarvereinbarung aus dem Wege gehen. Sendet der Mandant die Honorarvereinbarung nicht binnen angemessener Frist zurück, weiß der Verteidiger ohnehin, daß mit diesem Mandanten kein ungestörtes Vertrauensverhältnis aufgebaut werden kann.

Möglich ist auch die Unterzeichnung bei einem Gespräch mit dem Mandanten; auch dann sollte er in jedem Fall eine Kopie der Vereinbarung erhalten. Dies sollte in der Vereinbarung schriftlich festgelegt werden.

Hat der Verteidiger die Wahl, so sollte er dem Mandanten den Honorarschein und ein Doppel mitgeben, damit er in Ruhe dessen Inhalt prüfen kann. Der Mandant hat dann Zeit zum Überlegen. Sendet er danach den Honorarschein zurück, kann er kaum noch ernsthaft einwenden, er habe den Inhalt nicht verstanden oder es seien nachträgliche Ergänzungen vorgenommen worden, und was sonst noch alles an Behauptungen in derartigen Fällen aufgestellt wird.

29. Hat sich der Rechtsanwalt noch nicht festgelegt, welches Honorar er vereinbaren will, verlangt er aber nur einen Honorarvorschuß über die gesetzlichen Gebühren hinaus, so läuft er Gefahr, bei einem Streit den über die gesetzliche Gebühr hinausgehenden Betrag zurückerstatten zu müssen (*Dahs* Rdnr. 1108). Eine von dem Angeklagten erbrachte Vorschußzahlung ist keine freiwillige und vorbehaltslose Leistung (OLG Frankfurt AnwBl 1983, 513 = JurBüro 1983, 1032).

Um einen solchen Verlust zu vermeiden, sollte der Verteidiger den Betrag als „Vereinbarungsteilhonorar" oder als „Honorarteilbetrag" vereinbaren und vereinnahmen. Dies wird von den Mandanten auch begrüßt, weil die Honorare für sie immer übersehbar bleiben (*Dahs* Rdnr. 1108).

30. Es ist zu empfehlen, daß der Rechtsanwalt in die Honorarvereinbarung die Zahlung eines fälligen Vorschusses aufnimmt, was entgegen der allgemeinen Vorschußanforderung (s. Anm. 29) hier zulässig ist. In die Vereinbarung sollte auch die Verpflichtung des Gebührenschuldners aufgenommen werden, nach Erschöpfung des Vorschusses einen neuen Vorschuß, der in konkreter Höhe vereinbart werden sollte, zu zahlen. Der Verteidiger sollte sich in derartigen Fällen verpflichten, jeweils zu bestimmten Zeiten (am besten monatlich) abzurechnen, um dem Auftraggeber Gelegenheit zu geben, die Rechnung nachzuprüfen. Allerdings muß der Verteidiger wissen, daß er für seinen nach Stunden berechneten Anspruch beweispflichtig ist. Der kurze Abrechnungszeitraum von einem Monat verhindert jedoch, daß größere Honorarbeträge auflaufen, deren Höhe dann streitig werden könnte.

31. In Strafverfahren sollten Vereinbarungen grundsätzlich für einzelne Verfahrensabschnitte getroffen werden. Als Beispiele kommen in Betracht: Die Überprüfung der Haftverhältnisse einschließlich etwaiger Beschwerden, die Vertretung im Ermittlungsverfahren bis zur Anklage, die Vertretung im Zwischenverfahren, die Vorbereitung der Hauptverhandlung, die Vertretung in der Hauptverhandlung, wobei hier wiederum für jeden Verhandlungstag ein gesondertes Honorar vereinbart werden sollte (*Dahs* Rdnr. 1102; 1108). Keinesfalls sollte eine Vereinbarung darüber vergessen werden, daß bei Neubeginn des Verfahrens ein neues Grundhonorar und für etwaige Fortsetzungstage weitere Tageshonorare anfallen.

Wichtig ist jedoch, daß nie ein Pauschalhonorar für die Vertretung nach Erhebung der Anklage vereinbart wird, das die einzelnen Verhandlungstage außer Betracht läßt. Der Verteidiger riskiert sonst, daß eine Vielzahl von Hauptverhandlungsterminen stattfindet, die alle für das vereinbarte Pauschalhonorar wahrgenommen werden müssen. Es darf daher der Hinweis in keinem Honorarschein fehlen: „Anstelle der gesetzlichen Gebühren, falls diese nicht höher sind" (*Madert* Rdnr. 10).

Die Vereinbarung von Teilhonorar ist schon deshalb zweckmäßig, weil bei der Mandatsübernahme oft nicht übersehbar ist, wie lange das Verfahren dauert, ob es eingestellt wird oder ob angeklagt wird. Das führt dazu, sofort bei Mandatsübernahme eine Honorarvereinbarung z.B. für die Dauer des Ermittlungsverfahrens zu treffen und nicht allzulange zu warten (*Madert* Rdnr. 11; *Heyl* AnwBl 1965, 295).

In Strafsachen können auch Honorarvereinbarungen für bestimmte Zeiträume, z.B. die Vertretung bis zum Ende des Kalenderjahres oder für ein halbes Jahr getroffen werden. Auch die Anzahl der Stunden der Hauptverhandlungen kann Maßstab für die Bemessung eines vereinbarten Honorars sein. Möglich ist auch die Vereinbarung von Honorar für eine bestimmte Höchstzahl von Verhandlungstagen. Dauert das Verfahren länger, können dann die gesetzlichen Gebühren vereinbart werden (*Günther,* Schriftsatzmuster 8 und 9, S. 35, 36).

In jedem Fall sollte in größeren Strafsachen nach einem Zeitraum von drei bis maximal fünf Verhandlungstagen eine Zusatzvergütung vereinbart werden, die etwa einem Tagessatz entspricht. Besprechungen zwischen den Hauptverhandlungstagen über den Fortgang des Verfahrens, die Stellung etwaiger Beweisanträge, das erneute Studium der Akten zu bestimmten aufgetretenen Zweifelsfragen, Besprechungen mit den Mitverteidigern und ähnliche Dinge können sehr leicht Dimensionen annehmen, die von dem ursprünglich vereinbarten Honorar nicht umfaßt werden können und durch die Zusatzvergütung aufgefangen werden.

Unabhängig davon, welchen sonstigen Inhalt die Vereinbarung hat, sollte niemals der Zusatz unterlassen werden, daß die Gültigkeit nur für die laufende Instanz oder den vereinbarten Verfahrensabschnitt vereinbart ist, und daß für jede weitere Instanz oder jeden weiteren Verfahrensabschnitt der Abschluß einer neuen Vereinbarung vorbehalten bleibt.

32. Am häufigsten wird von einem Vielfachen der gesetzlichen Gebühren ausgegangen. Es muß ein Maßstab gewählt werden, der ohne Schwierigkeiten eine ziffernmäßige Berechnung zuläßt (*Swolana/Hansens* § 3 Rdnr. 4; BGH NJW 1965, 1023 = AnwBl 1965, 173 mit Anm. *Brangsch* = JurBüro 1965, 465; OLG Hamm AnwBl 1986, 452).

Der Hinweis braucht nicht schriftlich zu sein, sollte aber zu Beweiszwecken in den Honorarschein aufgenommen werden (*Madert* Rdnr. 4; *Heyl* AnwBl 1965, 295). Die Vereinbarung sollte eine konkrete Höhe haben, zumindest muß sie leicht eine ziffernmäßige Berechnung zulassen. Sie kann dahingehen, daß der doppelte Betrag der gesetzlichen Gebühren oder ein bestimmter prozentualer Zuschlag zu diesen Gebühren gezahlt wird (*Schumann/Geißinger* § 3 Rdnr. 8; *Riedel/Sußbauer/Fraunholz* § 3 Rdnr. 25; *Swolana/Hansens* § 3 Rdnr. 4; 10; *Schmidt* MDR 1974, 198), ferner der höchste Betrag der Rahmengebühr (*Gerold/Schmidt/Madert* § 3 Rdnr. 9). Ebenfalls für zulässig erachtet wurde im Jahre 1976 die Vereinbarung von 3.000,00 DM für jeden Verhandlungstag, wobei aus der Entscheidung nicht hervorgeht, ob die Hauptverhandlung vor dem Amtsgericht oder dem Landgericht stattgefunden hat (LG Karlsruhe AnwBl 1983, 178/179). Obwohl es keine feste Obergrenze gibt, ist das Fünffache der gesetzlichen Höchstgebühren oft noch nicht als unangemessen hoch angesehen worden (*Gerold/Schmidt/Madert* § 3 Rdnr. 20; LG Braunschweig AnwBl 1973, 358). Das Landgericht Berlin hat das Fünf- bis Siebenfache der gesetzlichen Höchstgebühren als im Rahmen des Regelmäßigen liegend angesehen, ohne daß es auf den Umfang der entfalteten Anwaltstätigkeit ankomme (AnwBl 1982, 262). Der BGH hat 1980 entschieden (NJW 1980, 1963), daß fast das Zehnfache der gesetzlichen Höchstgebühr nicht ohne weiteres unangemessen hoch sei. Die Obergrenze wird erreicht, wenn von Sittenwidrigkeit im Sinne des § 138 BGB gesprochen werden muß (*Riedel/Sußbauer/Fraunholz* § 3 Rdnr. 1; 32; *Madert* Rdnr. 3). Eine feste Obergrenze gibt es indessen nicht. Es sind jedoch auch durchaus Fälle vorstellbar, in denen ein vereinbartes Honorar allein für eine Vertretung im Haftprüfungstermin 50.000,00 DM ausmachen kann, wenn z.B. für den Auftraggeber besonders viel davon abhängt, daß er sich auf freiem Fuß befindet. Hier hängt alles vom Einzelfall ab, eine absolute Grenze gibt es nicht.

Möglich ist auch die Vereinbarung eines Sonderhonorars zu den gesetzlichen Gebühren (*Lingenberg/Hummel* § 51 Rdnr. 5; BGH AnwBl 1978, 227).

33. Die Vereinbarung von Zeithonorar ist zulässig (*Hartmann* § 3 Anm. 2 B c aa; *Madert* Rdnr. 13; *Schmidt*, MDR 1974, 198; *Madert* AnwBl 1988, 328; *Redecker* NJW 1988, 2614; LG München NJW 1975, 937 mit Anm. *Chemnitz* = AnwBl 1975, 63). Auch *Gerold/Schmidt/Madert* (§ 3 Rdnr. 9) und *Swolana/Hansens* (§ 3 Rdnr. 10) halten Zeitgebühren für zulässig, letzterer verlangt jedoch, zuvor Mindest- und Höchstgrenzen zu vereinbaren. Dabei wird jedoch übersehen, daß es der Vereinbarung von Mindest- und Höchstgrenzen nicht bedarf, da der Mandant die Honorarvereinbarung jederzeit kündigen kann. Inzwischen hat sich das Standesrecht soweit entwickelt, daß durchaus ohne Einschränkungen Stundenvereinbarungen getroffen werden können, Bedenken gegen die Zulässigkeit inzwischen überholt sein dürften (*Gerold/Schmidt/Madert* § 3 Rdnr. 9). Diese setzen natürlich zahlungskräftige Mandanten voraus.

Die Auffassung von *Lingenberg/Hummel* (§ 51 Rdnr. 2), der Zeitgebühren für unzulässig hält, verdient nicht den Vorzug. Richtig ist zwar, daß Zeithonorare im Anwaltsgebührenrecht grundsätzlich nicht geregelt sind. Aber sie sind dem Gebührenrecht im übrigen nicht fremd, weil sie ausdrücklich in § 3 nicht verboten sind. Nach § 3 kann eine höhere als die gesetzliche Vergütung vereinbart werden. Daher ist ein Zeithonorar, das die gesetzliche Vergütung überschreitet, eine höhere als die gesetzliche Vergütung (*Schmidt* MDR 1974, 198). Eine Quelle unerquicklicher Streitigkeiten ist eine solche Vereinbarung sicher nicht, wie *Lingenberg/Hummel* meint.

Die Vereinbarung von Stundenhonoraren hat sich bewährt. Erfahrungsgemäß verstehen die Mandanten die „offengelegte Kalkulation" besser als eine geheimnisvoll ermittelte Gesamtsumme des Honorars. Unabdingbar ist jedoch gerade bei Stundenvereinbarungen die Zahlung eines Vorschusses, bei dessen Erschöpfung die Zahlung eines weiteren Vorschusses erforderlich ist (s. Anm. 30). Die Auffassung von *Dahs* (Rdnr. 1102), die Honorarvereinbarung auf der Grundlage von Arbeitsstunden in Strafsachen sei nur selten zweckmäßig, ist nicht zu teilen. Die Vereinbarung von Stundenhonoraren wird eher zunehmen.

Der Rechtsanwalt muß sich über seine Tätigkeit Notizen machen, um die Stunden nachweisen zu können. Das ist nichts Unmögliches (*Schmidt* MDR 1974, 198). Allerdings muß der Rechtsanwalt wissen, daß er bei Streitigkeiten beweispflichtig ist.

Die Höhe der Stundensätze könnte bei 160,00 bis 220,00 DM beginnen (*Madert* Rdnr. 3; *Franzen* NJW 1973, 2054; *Traulsen/Fölster* AnwBl 1982, 46/48; *Franzen/Apel* NJW 1988, 1059; *Madert* AnwBl 1988, 328; *Knief* AnwBl 1989, 258 ff), aber auch höhere Beträge sind zulässig. Die Grenze liegt bei „unangemessen hoch" (vgl. Anm. 15). Der von *Gerold/Schmidt/Madert* (§ 3 Rdnr. 9) genannte Rahmen von 200,00–500,00 DM dürfte inzwischen zutreffen. Schon 1974 hielt *Schumann/Geißinger* in einem Muster für eine Honorarvereinbarung für jede angefangene Arbeitsstunde eine Vergütung von 200, 300, 400 DM für vertretbar (§ 3 Rdnr. 59).

Um die Vereinbarung einer niedrigeren als der gesetzlichen Vergütung zu vermeiden, die gemäß § 1 UWG unzulässig und auch standeswidrig sein kann (*Riedel/Sußbauer/Fraunholz* § 3 Rdnr. 6), gehört in jede Honorarvereinbarung mit Stundensätzen der Zusatz, daß zumindest die gesetzlichen Gebühren und Auslagen zu zahlen sind (*Gerold/Schmidt/Madert* § 3 Rdnr. 2).

34. In die Vereinbarung mit aufgenommen werden sollte in jedem Fall eine Verpflichtung des Schuldners, Reisekosten, Tagegelder und Abwesenheitsgelder, Postgebühren und Schreibauslagen sowie Fotokopiekosten und insbesondere die Mehrwertsteuer zum jeweils gültigen Satz zu zahlen. Dies ist deshalb besonders nötig, weil bei einer Änderung des Mehrwertsteuersatzes nur eine Vergütung mit der Mehrwertsteuer in Höhe des bei Abschluß der Vereinbarung gültigen Steuersatzes verlangt werden kann. Es ist auch zulässig, diese Punkte einzeln in einer Höhe zu regeln, die die gesetzlichen Grenzen überschreitet (*Schumann/Geißinger* § 3 Rdnr. 9; *Gerold/Schmidt/Madert* § 3 Rdnr. 10; *Riedel/Sußbauer/Fraunholz* § 3 Rdnr. 12; *Hartmann* § 3 Anm. 2 Bc aa; *Swolana/Hansens* § 3 Rdnr. 2; *Kunigk* S. 20). Die vereinbarten Beträge müssen sich, insbesondere bei Reisekosten oder Tagegeldern, wenigstens im Rahmen des Möglichen halten. So kann der Verteidiger trotz der Änderung der Nummer 1900 KostVerz. GKG in Verbindung mit § 27 vereinbaren, daß eine Deutsche Mark pro kopierter Seite auch dann gezahlt wird, wenn mehr als fünfzig Kopien anzufertigen sind (*Swolana/Hansens* § 3 Rdnr. 2). Der Hinweis auf Kosten für Abschriften und Ablichtungen, die sachgemäß sind, begründet sich aus der Handhabung der Auslagenerstattung von Pflichtverteidigergebühren gemäß § 126. Danach werden Auslagen, insbesondere Schreibauslagen und Reisekosten, nicht aus der Staatskasse erstattet, wenn sie zur sachgemäßen Wahrnehmung der Interessen der Partei nicht erforderlich waren, mögen sie auch mit dem Willen der Partei erwachsen sein. Daher kann der Rechtsanwalt in solchen Fällen von dem Angeklagten die Zahlung verlangen, darüber hinaus auch einen entsprechenden Vorschuß (*Gerold/Schmidt/v. Eicken* § 126 Rdnr. 4). Wird der Punkt in der Honorarvereinbarung nicht geregelt, sind die Nebenkosten nicht gesondert zu zahlen, weil dann ein Pauschalhonorar vereinbart ist (*Swolana/Hansens* § 3

Rdnr. 10; *Madert* Rdnr. 10). Der Mandant erwartet bei angebotenen festen Preisen wie auch sonst im Geschäftsverkehr keine Steuerzuschläge (*Gerold/Schmidt/Madert* § 3 Rdnr. 10; 11; § 25 Rdnr. 5; *Riedel/Sußbauer/Fraunholz* § 3 Rdnr. 25; *Madert* Rdnr. 10; LG Koblenz AnwBl 1984, 206 mit Anm. *Madert* = JurBüro 1984, 1667).

Insbesondere bei auswärtigen Tätigkeiten sollte die Stundenvereinbarung mit dem Verlassen des Büros und bis zur Rückkehr gelten. Das Risiko von Verspätungen der Verkehrsmittel sollte nicht der Verteidiger tragen. Möglicherweise kann hier ein geringerer Stundensatz zu Grunde gelegt werden. Das gleiche gilt für Verspätungen oder Verhandlungspausen im Gericht, weil der Verteidiger in der Regel die Zeit nicht anderweitig nutzen kann.

Bei der geringen gesetzlichen Vergütung (§ 28) ist zumindest für Tage- und Abwesenheitsgelder eine Reisekostenpauschale zu vereinbaren (*Schumann/Geißinger* § 3 Rdnr. 9).

35. Es gibt Honorarvereinbarungen, in denen es unter anderem folgendermaßen heißt: „Der Verteidiger hat mich davon in Kenntnis gesetzt, daß sich die in der Bundesrechtsanwaltsgebührenordnung festgelegten Höchstgebühren incl. Auslagenpauschale von 14% gesetzlicher Mehrwertsteuer allein für den ersten Verhandlungstag einschließlich der Gebühren für die Vertretung außerhalb der Hauptverhandlung wie folgt belaufen:

1. Bei Amts- und Schöffengerichten 1.624,50 DM
2. Bei großen Straf- und Jugendkammern 2.009,50 DM
3. Bei dem Kammergericht
   (Oberlandes-, Schwurgerichten sowie beim Bundesgerichtshof) 3.152,10 DM

Ich wurde von meinem Verteidiger darauf hingewiesen, daß er zu den gesetzlich festgesetzten Verteidigerhonoraren nicht tätig werden könne."

Diese Vereinbarung ist standeswidrig. Sie unterscheidet nicht zwischen Ermittlungsverfahren und Hauptverhandlung, läßt also den Unterschied zwischen § 84 Abs. 1 und § 83 Abs. 1 für den Mandanten nicht erkennen. Durch die Hinzurechnung von Auslagenpauschale und Mehrwertsteuer wird der Eindruck erweckt, die gesetzlichen Gebühren seien höher, was dazu führen kann, daß ein Vielfaches der genannten Beträge einen Betrag ergeben kann, der erheblich über das Siebenfache hinausgeht, das bisher oft als Obergrenze angesehen wurde (LG Berlin AnwBl 1982, 262; s. Anm. 32). Der Mandant kann dann im einzelnen die Zusammensetzung des Honorars nicht mehr nachvollziehen. Der Hinweis auf die Höchstgebühren ist für Mandanten, denen das System der Rahmengebühren nicht bekannt ist, nicht hilfreich. Die ausgewiesenen Beträge sind nicht die im Einzelfall angemessenen Gebühren, die unter den Höchstgebühren liegen können.

Der Hinweis darauf, daß der Verteidiger zu den gesetzlichen Gebühren nicht tätig sein könne, ist kein Hinweis darauf, daß die gesetzlichen Gebühren überschritten sind (s. Anm. 11).

Auch der Passus „die Verpflichtung zur Zahlung bleibt unter gleichzeitigem Verzicht auf die Rückzahlung geleisteter Beträge bestehen, wenn das Mandat vorzeitig aus nicht vom Rechtsanwalt zu vertretenden Gründen endet" begegnet Bedenken, weil ein vorheriger Verzicht seitens des Angeklagten auf das Recht der Herabsetzung übermäßigen Honorars ausgeschlossen ist (*Schumann/Geißinger* § 3 Rdnr. 42; *Swolana/Hansens* § 3 Rdnr. 9; s.a. Anm. 15). Generell ist die Vereinbarung, es bestehe kein Rückforderungsanspruch zumindest dann unwirksam (*Strohm/Herrmann* BRAKMitt. 1983 19 Nr. 13), wenn der Mandant nicht über die Höhe der gesetzlichen Gebühren aufgeklärt worden ist. Der Zweck des § 3, den Mandanten vor überhöhten Honoraransprüchen zu schützen, würde nicht erreicht, wenn durch die bloße Erklärung, es bestünden keine Rückforderungsansprüche, die Rechtsfolge des § 3 Abs. 1 Satz 2 einträte (OLG Frankfurt AnwBl 1988, 120 = JurBüro 1988, 591).

Die Vereinbarung „im Falle meines Freispruches stehen die mir aus der Landeskasse an mich zu erstattenden notwendigen Auslagen zusätzlich meinem Verteidiger zu" kann ebenfalls standesrechtliche Bedenken mit sich bringen, weil es sich dabei um ein unzulässiges Erfolgshonorar handeln dürfte (s. Anm. 19).

Das gleiche gilt für den Satz: „Kostenerstattungsansprüche und andere Ansprüche gegenüber dem Gegner, der Justizkasse oder sonst erstattungspflichtigen Dritten werden in Höhe der Honoraransprüche an den Verteidiger abgeführt." Eine Abtretung zur Sicherung der Honoraransprüche ist zulässig (s. Anm. 5, 19), hier aber nicht vereinbart. Es werden, nicht ohne weiteres erkennbar, neben den notwendigen Auslagen auch Ansprüche auf Rückzahlung von Kautionen oder nach dem Strafrechtsentschädigungsgesetz abgetreten. Auch hier dürfte es sich um ein unzulässiges Erfolgshonorar handeln.

Ebenso unterliegt der Verzicht auf die Einrede der Verjährung Bedenken, es könnte sich um eine unzulässige Klausel im Sinne des AGBG handeln (s. Anm. 7, 8).

Eine Honorarvereinbarung enthält zur Frage der Belehrung nach § 51 Abs. 4 Satz 2 RiLiRA nur den Hinweis: „Die Honorarvereinbarung ist mir von meinem Verteidiger erläutert worden". Dies dürfte standesrechtlich deshalb bedenklich sein, weil sich der Inhalt der Belehrung aus dieser Formulierung gerade nicht ergibt, wohl auch nicht ergeben soll, sonst hätte eine genauere Formulierung nahegelegen (s. Anm. 11).

In dem bereits erwähnten Vordruck (s. Anm. 25) und anderen Formularen findet sich der gleiche Satz „Analog zu der Bestimmung des § 29 Abs. 1 ZPO ist der Sitz der Anwaltskanzlei als vertraglicher Erfüllungsort gleichzeitig Gerichtsstand für alle Ansprüche aus dem dieser Vereinbarung zugrundeliegenden Rechtsverhältnis." Dieser Satz sollte in jedem Fall gestrichen werden, weil sich daraus ein Verstoß gegen das AGBG ablesen läßt, der die Honorarvereinbarung unwirksam machen könnte (s. Anm. 7, 8).

Formulare enthalten oft Zusätze, die für den gerade anstehenden Fall nicht passen. Deshalb bleiben oft ganze Passagen unausgefüllt. Dies führt dann dazu, daß wesentliche Punkte nicht vereinbart sind. Die Folge kann aber auch sein, daß der Angeklagte später behauptet, der eine oder andere Zusatz sei nachträglich vorgenommen worden. Dies ist für den Verteidiger immer mißlich, weil er das Gegenteil kaum beweisen kann. Auch deshalb empfiehlt sich die Verwendung eigener Honorarscheine, die auf den Einzelfall zugeschnitten sind (s. Anm. 10).

Auch Honorarscheine, die anstelle des Hinweises auf die Überschreitung der gesetzlichen Gebühren den Satz enthalten: „Mir ist bekannt, daß dieses Sonderhonorar in keinem Falle vom Gegner erstattet wird" ...... genügen den standesrechtlichen Vorschriften nicht. Es wird gerade nicht in einer für Laien verständlichen Form darauf hingewiesen, daß das Sonderhonorar die gesetzlichen Gebühren übersteigt. Der Laie kennt in der Regel die Vorschriften über die Kostenerstattung nicht, kann also aus der Nichterstattbarkeit nicht ohne weiteres erkennen, daß es sich um ein über die gesetzliche Höchstgrenze hinausgehendes Honorar handelt.

36. Bedenken muß ein Verteidiger auch die vorzeitige Beendigung des Auftrages. Hat er keine Honorarvereinbarung für einzelne Verfahrensabschnitte getroffen, so muß bei vorzeitiger Beendigung des Mandats im einzelnen festgestellt werden, ob und inwieweit das vereinbarte Honorar herabzusetzen ist. Das hängt im Einzelfall unter Berücksichtigung von § 628 Abs. 1 BGB davon ab, wieviel der vorgesehenen Tätigkeit von dem Verteidiger erbracht worden ist (*Schumann/Geißinger* § 3 Rdnr. 41; 44; BGH NJW 1987, 315 = JurBüro 1987, 373; OLG Düsseldorf AnwBl 1985, 201). Der Passus ohne Rücksicht auf den Umfang der Tätigkeit sei ein bestimmtes Honorar zu zahlen, ist unwirksam (*Gerold/Schmidt/Madert* § 3 Rdnr. 19; *Swolana/Hansens* § 3 Rdnr. 14). Der Bundesgerichtshof hat 1978 (BGHSt 27, 366 = NJW 1978, 2304) eine solche Honorarvereinbarung ohne Einschränkung für standeswidrig gehalten. Es ist zu bezweifeln, ob dies nach den Entscheidungen des BVerfG (NJW 1988, 191/194) heute noch rechtens ist.

Zu den im Einzelfall zu berücksichtigen Umständen gehört die Überlegung, daß eine frühzeitige Einstellung des Strafverfahrens für eine Angeklagten viel mehr wert sein kann als ein Freispruch nach langwierigem Verfahren (*Dahs* Rdnr. 1112; *Lingenberg/Hummel*

§ 51 Rdnr. 12; OLG München NJW 1967, 1571). Das kann dazu führen, daß für den Fall der Erledigung ohne Hauptverhandlung ein höheres Honorar vereinbart wird, als für einen Hauptverhandlungstermin. Normalerweise geht man jedoch davon aus, daß das Honorar bei vorzeitiger Beendigung des Auftrages geringer ist, als das Honorar für Hauptverhandlungstermine. Das Maß der Herabsetzung richtet sich am besten nach den gesetzlichen Gebühren und dem Verhältnis der erbrachten und der nicht erbrachten Tätigkeiten des Rechtsanwaltes im Verhältnis zur Gesamttätigkeit (*Madert* Rdnr. 153). Ist das Honorar für die Vertretung im gesamten Verfahren vereinbart und endet die Vertretung mit Einstellung des Verfahrens vor Zulassung der Anklage, so wird man aus dem Verhältnis der Vorschriften der §§ 84 und 83 zueinander eine Verteilung von 1/3 zu 2/3 entnehmen können, d.h. daß ein vereinbartes Honorar von 1.800,00 DM für das ganze Verfahren auf 600,00 DM für das Verfahren bis zum Abschluß der Ermittlungen herabzusetzen ist (*Gerold/Schmidt/Madert* § 3 Rdnr. 19). Daneben wird die Auffassung vertreten, daß die Tätigkeit im Ermittlungs- und im vorbereitenden Verfahren regelmäßig umfangreicher und zeitaufwendiger als die in der Hauptverhandlung sei, weshalb bei Kündigung vor Beginn der Hauptverhandlung zwei Drittel des vereinbarten Honorars verdient seien (*Swolana/Hansens* § 3 Rdnr. 14). Hier dürfte viel von der Begründung für die verlangte – herabgesetzte – Vergütung abhängen.

Beispiele nennt *Schumann/Geißinger* (§ 3 Rdnr. 45), so bei einer Honorarvereinbarung unter der Voraussetzung, daß 20 Hauptverhandlungstage stattfinden, der Angeklagte stirbt am 2. Verhandlungstag; oder in einer Strafsache vor dem Amtsgericht wird ein Honorar von 500,00 DM vereinbart, der Angeklagte entzieht das Mandat vor der Hauptverhandlung. Um eine solche Entwicklung zu verhindern, sollte man neben einem Grundhonorar stets ein Honorar für jeden einzelnen Tag vereinbaren (*Schumann/Geißinger* § 3 Rdnr. 47), (s. Anm. 31). Kündigt der Mandant grundlos, behält der Rechtsanwalt seinen Gebührenanspruch (LG Hamburg AnwBl. 1985, 261). Das gilt auch bei Vorliegen einer Honorarvereinbarung.

37. Der Angeklagte und der Verteidiger können das Mandat jederzeit kündigen. Dies kann zu Schadensersatzverpflichtungen gegen den Rechtsanwalt gemäß § 628 Abs. 2 BGB führen, weil der Angeklagte einen weiteren Rechtsanwalt beauftragen und honorieren muß (*Schumann/Geißinger* § 3 Rdnr. 49). Kündigt der Angeklagte fristlos das Mandat, gilt auch für ihn § 628 Abs. 2 BGB, wenn z.B. der Rechtsanwalt andere Mandate ausgeschlagen hat (*Schumann/Geißinger* § 3 Rdnr. 51).

38. Wenn alles nichts hilft und die Honorarklage erhoben werden muß, dann sollte sie wenigstens so sein, daß sie erfolgreich ist. Es gibt nur ganz wenige richtig begründete Honorarklagen, was eigentlich verwundert. Ein Beispiel findet sich in der Entscheidung des AG Krefeld (NJW 1980, 1582).

Zumindest muß die Klage die hier aufgeführten Umstände und eine Auseinandersetzung damit enthalten (s. Anm. 17). Sie sollte ferner auf die Höchstgrenzen aus der Rechtsprechung eingehen und die im vorliegenden Fall vorhandenen Sätze dartun, wie z.B. das Doppelte der Höchstgebühr mit dem Zusatz, daß dies keinesfalls unangemessen hoch sei (s. Anm. 32). Bei vorzeitiger Beendigung des Mandats sollten auch die Erwägungen über eine etwaige Herabsetzung angestellt werden (s. Anm. 36). Keinesfalls darf die Berechnung des Honorars nach § 18 fehlen. Die einfache Bezugnahme des Rechtsanwalts auf seine Handakte reicht in keinem Fall aus. Es ist nicht Sache des Gerichts, sich die zur Klagebegründung dienenden Tatsachen aus anderen Unterlagen zusammen zu suchen (*Hansens* NJW 1989, 1137). Dies gilt auch für beigefügte Gerichtsakten.

Derartig begründete Klagen führen in der Regel zum Erfolg. Die Gerichte honorieren buchstäblich den ausführlichen Vortrag. Anderenfalls läuft der Verteidiger Gefahr, verdiente, ihm zustehende Honorare zu verschenken.

Anhang

Rechtsschutz in Strafsachen für Bundesbedienstete

Im Einvernehmen mit dem Bundesminister der Finanzen bitte ich, bei der Gewährung von Rechtsschutz in Strafsachen für Bundesbedienstete wie folgt zu verfahren:
1. Ist gegen einen Bediensteten wegen einer dienstlichen Verrichtung oder eines Verhaltens, das mit einer dienstlichen Tätigkeit im Zusammenhang steht, ein Ermittlungsverfahren der Staatsanwaltschaft oder eine Untersuchung vor einem Seeamt eingeleitet, die öffentliche Klage im strafgerichtlichen Verfahren oder Privatklage (§ 374 StPO) erhoben oder der Erlaß eines Strafbefehls beantragt worden, so ist ihm auf seinen schriftlichen Antrag zur Bestreitung der notwendigen Kosten seiner Rechtsverteidigung ein zinsloses Darlehen zu gewähren. Voraussetzung ist, daß
   a) ein dienstliches Interesse an einer zweckentsprechenden Rechtsverteidigung besteht (z.B. weil im Falle einer Verurteilung des Bediensteten mit Schadensersatzansprüchen gegen den Bund zu rechnen wäre),
   b) die Verteidigungsmaßnahme (z.B. Bestellung eines Verteidigers, Einholung eines Gutachtens) wegen der Eigenart der Sach- oder Rechtslage geboten erscheint,
   c) nach den Umständen des Falles anzunehmen ist, daß den Bediensteten kein oder nur ein geringes Verschulden trifft,
   d) die Verauslagung der Kosten dem Bediensteten nicht zugemutet werden kann und
   e) von anderer Seite Rechtsschutz nicht zu erlangen ist.

   Als notwendige Kosten der Rechtsverteidigung sind im Falle der Bestellung eines Verteidigers die Gebühren und Auslagen (Vergütung) anzusetzen, soweit sie nach § 19 Abs. 2 der Zivilprozeßordnung (vgl. § 464a Abs. 2 StPO) zu erstatten sind. Eine Überschreitung der gesetzlichen Gebühr darf nur dann als notwendig anerkannt und bei der Bemessung des Darlehens berücksichtigt werden, wenn dies nach der Bedeutung der Angelegenheit sowie nach Umfang und Schwierigkeit der anwaltlichen Tätigkeit gerechtfertigt erscheint. In diesem Fall hat der Bedienstete den Antrag auf Gewährung eines Darlehens unmittelbar nach Beauftragung des Verteidigers, aber vor Abschluß der im Entwurf beizufügenden Honorarvereinbarung vorzulegen. Bei erheblicher Überschreitung des gesetzlichen Gebührenrahmens hat die Behörde eine Bestätigung der Anwaltskammer über die Angemessenheit des Honorars einzuholen. Zahlungen dürfen erst nach Vorlage einer wirksamen Honorarvereinbarung geleistet werden. Bei der nach Buchstabe d) erforderlichen Prüfung, ob dem Bediensteten zugemutet werden kann, die Kosten seiner Rechtsverteidigung ganz oder teilweise selbst zu verauslagen, sind die jeweiligen Bezüge (Dienstbezüge, Vergütung oder Lohn), die Versorgungsbezüge und die den Versorgungsbezügen gleichstehenden Bezüge zugrunde zu legen; maßgebend ist der jeweilige Zeitpunkt der Antragstellung.
2. Wird der Bedienstete in dem Strafverfahren freigesprochen, so wird auf Antrag des Bediensteten auf die Rückzahlung des Darlehens verzichtet, soweit der Bedienstete Kostenerstattung durch die Staatskasse oder einen Dritten nicht erlangen kann. Übersteigen die tatsächlichen und zur Rechtsverteidigung im Sinne der Nummer 1 notwendigen Kosten des Bediensteten den Darlehensbetrag, so können sie vom Bund erstattet werden, soweit es unbillig wäre, den Bediensteten hiermit zu belasten.
   Das gleiche gilt, wenn
   a) das Verfahren nicht nur vorläufig eingestellt oder nicht eröffnet wird oder
   b) der Bedienstete außer Verfolgung gesetzt wird
   und die Annahme gerechtfertigt ist, daß kein oder nur ein geringes Verschulden vorliegt.
   Der Antrag ist schriftlich innerhalb eines Monats nach Zustellung der staatsanwaltschaftlichen oder gerichtlichen Entscheidung vorzulegen. Über den Antrag darf erst

nach Vorlage einer spezifizierten Endabrechnung des Rechtsanwalts entschieden werden.
3. Wird der Bedienstete verurteilt, hat er das Darlehen in angemessenen Raten zurückzuzahlen. Liegt nur ein geringes Verschulden vor, kann auf die Rückzahlung des Darlehens zu einem angemessenen Teil verzichtet werden, soweit der Bedienstete Kostenerstattung durch die Staatskasse oder einen Dritten nicht erlangen kann.
4. In besonders begründeten Fällen können die notwendigen Kosten nach Maßgabe der Nummer 1 Satz 1 bis 4, 6 bis 8 sowie der Nummern 2 und 3 auf Antrag auch dann auf den Bundeshaushalt übernommen werden, wenn bis zum Abschluß des Strafverfahrens ein Antrag auf Gewährung eines Darlehens nicht gestellt oder abgelehnt worden war.
5. Die Nummern 1 bis 4 finden bei einem Bußgeldverfahren entsprechende Anwendung.
6. Die Entscheidungen nach Nummer 1 bis 5 trifft die oberste Dienstbehörde; sie kann diese Befugnis auf unmittelbar nachgeordnete Behörden übertragen.
7. Unberührt bleibt ein Anspruch nach § 2 Abs. 2 des Gesetzes über die Pflichtversicherung für Kraftfahrzeughalter in Verbindung mit § 150 Abs. 1 Satz 3 und 4 des Versicherungsvertragsgesetzes und ein auf allgemeinen Rechtsgrundsätzen über den Schadensausgleich bei gefahrengeneigter Tätigkeit beruhender Anspruch des Bediensteten gegen seinen Dienstherrn oder Arbeitgeber auf Übernahme der notwendigen Kosten seiner Rechtsverteidigung und auf Freistellung von den ihm auferlegten gerichtlichen und außergerichtlichen Kosten.
8. Es sind zu buchen:
   a) Darlehen bei Titel 443 01,
   b) zurückgezahlte Darlehen bei Titel 119 99.
9. Bedienstete im Sinne dieser Regelung sind Bundesbeamte, Angestellte und Arbeiter des Bundes und der bundesunmittelbaren Körperschaften, Anstalten und Stiftungen des öffentlichen Rechts, Berufssoldaten, Soldaten auf Zeit und Soldaten, die aufgrund der Wehrpflicht Wehrdienst leisten, Dienstleistende im Bundesgrenzschutz sowie frühere Angehörige dieser Personenkreise. Die Regelung gilt nach § 46 des Deutschen Richtergesetzes auch für Richter und frühere Richter im Bundesdienst.
10. Die Nummern 1 bis 8 sind auf die in einem öffentlich-rechtlichen Amtsverhältnis zum Bund stehenden Personen entsprechend anzuwenden.
11. Diese Regelung tritt mit Wirkung vom 1. Juli 1982 an die Stelle meines Rundschreibens vom 8. Juli 1965 (GMBl S. 210).

B. Pflichtverteidigergebühren

1. Pflichtverteidigergebührenantrag für 1. Instanz (Amtsgericht)

Rechtsanwalt ......[2]

Berlin, den 17. 9. 1990

An das[4]
Amtsgericht Tiergarten
Turmstraße 91

1000 Berlin 21

Geschäftsnummer
265 – 110/90

In der Strafsache
gegen S.
wegen Betruges

beantrage ich, die nachstehenden Gebühren und Auslagen festzusetzen.
Ich war bereits vor Eröffnung des Hauptverfahrens tätig; meine Tätigkeit bestand in der Teilnahme am Haftprüfungstermin vom 16. 1. 1990.[6]
Vorschüsse und sonstige Zahlungen (§ 101 Abs. 1) habe ich nicht erhalten.[7]
Aus der Staatskasse habe ich Vorschüsse (§ 127) nicht erhalten.[8] Ich werde spätere Zahlungen des Angeklagten – eines Dritten –, die für die Pflicht zur Rückzahlung der Gebühren an die Staatskasse – § 101 Abs. 1[7] und 2[9] – § 102[10] – von Bedeutung sind, der Staatskasse anzeigen.[11]
Weitere Begründung (evtl. auf gesondertem Blatt – zweifach):

Rechtsanwalt[12]

Pflichtverteidigergebührenberechnung 1. Instanz
1. Gebühr beim Amtsgericht §§ 83 Abs. 1 Nr. 3, 97 Abs. 1   320,00 DM[20]
2. Gebühr für Vertretung außerhalb der Hauptverhandlung §§ 84 Abs. 1,
   83 Abs. 1 Nr. 3, 97 Abs. 1   160,00 DM[13]
3. Postgebühren § 26, Pauschalsatz   30,00 DM[55]
4. 17 Fotokopien je 1,– DM, § 27, gemäß beiliegender Aufstellung der
   Blattzahlen   17,00 DM[56]
5. 14% Mehrwertsteuer § 25 Abs. 2   73,78 DM[65]
                                                                  600,78 DM

2. Pflichtverteidigergebührenantrag für 2. Instanz (Landgericht)

Rechtsanwalt ......[2]

Berlin, den 17. 9. 1990

An das[4]
Amtsgericht Tiergarten
Turmstraße 91

1000 Berlin 21

Geschäftsnummer
265 – 110/90

In der Strafsache
gegen S.
wegen Betruges

beantrage ich, die nachstehenden Gebühren und Auslagen für die Berufungsinstanz festzusetzen:
Vorschüsse und sonstige Zahlungen (§ 101 Abs. 1) habe ich nicht erhalten.[7]
Aus der Staatskasse habe ich Vorschüsse (§ 127) nicht erhalten.[8] Ich werde spätere Zahlungen des Angeklagten – eines Dritten –, die für die Pflicht zur Rückzahlung der Gebühren an die Staatskasse – § 101 Abs. 1[7] und 2[9] – 102 [10] von Bedeutung sind, der Staatskasse anzeigen.[11]
Weitere Begründung (evtl. auf gesondertem Blatt – zweifach):

Rechtsanwalt[12]

Pflichtverteidigergebührenberechnung 2. Instanz
1. Gebühr beim Landgericht – Große Strafkammer §§ 85 Abs. 1
   Nr. 1, 97 Abs. 1   400,00 DM[32]
2. Postgebühren § 26, Pauschsatz   30,00 DM[55]
3. 119 Fotokopien
   (gemäß beiliegender Aufstellung der Blattzahlen) 50 Kopien je
   1,– DM   50,00 DM[56]
   69 Kopien je 0,30 DM, § 27   20,70 DM
4. Gebühren für 7 weitere Hauptverhandlungstage gem. §§ 85
   Abs. 2 Nr. 1, 97 Abs. 1 6., 7., 8., 9., 13., 14., 15. 8. 1990, je
   310,00 DM   2.170,00 DM[34,35,24]
5. 14% Mehrwertsteuer, § 25 Abs. 2   373,90 DM[65]
                                                                 3.044,60 DM

3. Vorschußanforderung für Pflichtverteidigergebühren und Auslagen (Landgericht)

Rechtsanwalt ......[3]

Berlin, den 15. 8. 1990

An das
Landgericht Berlin[5]
10. Strafkammer
Turmstraße 91

1000 Berlin 21

Geschäftsnummer
510 – 30/90

In der Strafsache
gegen B.
wegen Betruges

beantrage ich, auf die Pflichtverteidigergebühren und Auslagen einen Vorschuß gemäß § 127[8] von 10.000,00 DM festzusetzen und diesen an mich auszuzahlen.

Begründung

Die am 22. 5. 1990 begonnene Hauptverhandlung wurde am 28. und 29. 5., am 4., 6., 11., 13., 18., 20., 22. 6., am 2., 6., 9., 13., 16., 18., 23. 7. sowie am 1., 2., 6., 7., 13. und 14. 8. 1990, also bisher an insgesamt 22 Tagen fortgesetzt. An allen Hauptverhandlungstagen habe ich teilgenommen. Dafür sind Pflichtverteidigergebühren in Höhe von 400,00 DM gemäß § 83 Abs. 1 Nr. 2[21] und 22 mal von je 310,00 DM gemäß § 83 Abs. 2 Nr. 2 entstanden.[24,26]

Außerdem habe ich nach meiner Beiordnung[1] 521 Fotokopien gemäß beiliegender Aufstellung der Blattzahlen[56] anfertigen lassen. Dafür stehen mir 50,00 DM und 141,30 DM gemäß § 27 zu.

Am 10. 7. 1990 hat die Vernehmung des Zeugen Z in L stattgefunden, an der ich teilgenommen habe. Der entsprechende Beschluß der Strafkammer stammt vom 19. 6. 1990 (s. Form. XIV. B.4).[5,59] Hierfür sind Flugkosten[60] B–L und zurück in Höhe von 1.600,00 DM entstanden. Ein Rückflug war am Tage der Vernehmung nicht möglich. Die Übernachtung erfolgte im T-Hotel in L. Der Preis betrug 180,00 DM.[62] Ich versichere die Entstehung dieser Auslagen. Fotokopien der Belege sind beigefügt. Die Originale werde ich mit dem Antrag auf Auszahlung der Pflichtverteidigergebühren vorlegen.[64]

Am 28. 8. 1990 ist die erneute richterliche Vernehmung des Zeugen Z in L vorgesehen. Dafür werden erneut Flugkosten von 1.600,00 DM und Hotelkosten von 180,00 DM entstehen.[60,62,64] Die Strafkammer hat auch für diese Reise durch Beschluß vom 7. 8. 1990 festgestellt, daß sie erforderlich ist.[5,59]

Insgesamt handelt es sich um 7.220,00 DM Gebühren und 3.751,30 DM Auslagen, so daß die Zahlung eines Vorschusses in Höhe von 10.000,00 DM gerechtfertigt ist.

Die Tage- und Abwesenheitsgelder nach § 28 Abs. 2 bleiben daneben noch vorbehalten.

Vorschüsse oder sonstige Zahlungen habe ich bisher weder aus der Staatskasse (§ 127)[8] noch von dem Angeklagten oder einem Dritten in dieser Sache erhalten (§ 101).[7]

Rechtsanwalt[12]

4. Antrag auf Genehmigung der Teilnahme des Pflichtverteidigers an der kommissarischen Vernehmung eines Zeugen (Landgericht)

Rechtsanwalt ......[3]

An das[5]
Landgericht Berlin
10. Strafkammer
Turmstraße 91

1000 Berlin 21

Berlin, den 19. 6. 1990

Geschäftsnummer
510 – 30/90

In der Strafsache
gegen B.
wegen Betruges

beantrage ich festzustellen, daß für die am 10. 7. 1990 in L vorgesehene Vernehmung des Zeugen Z meine Teilnahme als Pflichtverteidiger gemäß § 126 Abs. 2 erforderlich ist.[5,59] Ich beantrage ferner festzustellen, daß die Reise mit dem Flugzeug B–L und zurück sowie die Übernachtung in L im Hotel erforderlich ist. Ein Rückflug am Tage der Vernehmung ist nicht möglich, der letzte Flug L–B geht um 13.10 Uhr.[60,62,63]

Rechtsanwalt[12]

Antrag auf Feststellung der Notwendigkeit von Auslagen des Pflichtverteidigers

Rechtsanwalt ......[3]

An das[5]
Landgericht Berlin
10. Strafkammer
Turmstraße 91

1000 Berlin 21

Berlin, den 17. 9. 1990

Geschäftsnummer
510 – 30/90

In der Strafsache
gegen B.
wegen Betruges

beantrage ich, gemäß §§ 97 Abs. 2 Satz 1; 126 Abs. 1 und 2 festzustellen, daß
a) die Hinzuziehung eines Dolmetschers für die arabische Sprache für Besuche in der JVA Moabit,

b) die Anfertigung von 521 Blatt Fotokopien erforderlich ist.
Der Angeklagte ist Palästinenser aus dem Libanon; er spricht nur arabisch, wie ich bei einem Besuch in der JVA Moabit festgestellt habe. Ich beherrsche die arabische Sprache nicht. Zur Vorbereitung der Hauptverhandlung ist eine Verständigung mit dem Angeklagten erforderlich. Diese ist ohne einen Dolmetscher für die arabische Sprache nicht möglich. Der Angeklagte hat ausweislich der Akten bisher eine Einlassung verweigert, eine solche für die Hauptverhandlung jedoch in Aussicht gestellt. Ich kann deshalb die Anzahl und die Dauer der Besuche zur Vorbereitung nicht angeben, nicht einmal abschätzen. Deshalb bitte ich, die Hinzuziehung des Dolmetschers zeitlich nicht zu begrenzen.[5,57,58]
Die Akten bestehen aus drei Bänden mit bisher 521 Blatt. Ich kann aus Zeitgründen nicht jedes Blatt der Akten daraufhin prüfen, ob es für die Verteidigung unerläßlich ist, den Inhalt zu kennen, weil mir die Akten nur für 24 Stunden überlassen worden sind. Ich kann daher auch nicht prüfen, ob jede Seite fotokopiert werden muß.
Deshalb – auch aus Gründen der Waffengleichheit – dem Gericht liegen die Akten komplett vor – möchte ich die Akten komplett kopieren lassen.[5,58]

Rechtsanwalt[12]

6. Gebührenantrag für Einzeltätigkeit des Pflichtverteidigers (Amtsgericht)

Rechtsanwalt......[3]

An das[4]
Amtsgericht Tiergarten
Turmstraße 91

1000 Berlin 21   Berlin, den 17. 9. 1990

Geschäftsnummer
349 Gs 294/90

In der Strafsache
gegen A.
wegen BtM-Vergehens
beantrage ich, die nachstehenden Gebühren und Auslagen festzusetzen.
Vorschüsse und sonstige Zahlungen (§ 101 Abs. 1) habe ich nicht erhalten.[7]
Aus der Staatskasse habe ich Vorschüsse (§ 127) nicht erhalten.[8] Ich werde spätere Zahlungen des Angeklagten – eines Dritten –, die für die Pflicht zur Rückzahlung der Gebühren an die Staatskasse – § 101 Abs. 1[7] und 2[9] – § 102[10] von Bedeutung sind, der Staatskasse anzeigen.[11]
Meine Tätigkeit bestand in der Teilnahme an der richterlichen Vernehmung des Zeugen Z vom 26. 3. 1990 vor dem Amtsgericht Tiergarten.

Rechtsanwalt[12]

Pflichtverteidigergebührenberechnung
1. Gebühr für die Teilnahme an der richterlichen Vernehmung
   §§ 91 Nr. 2, 97 Abs. 1   DM 160,00[51]
2. Postgebühr § 26 Pauschsatz 15%   DM 24,00[55]
3. 14% Mehrwertsteuer § 25 Abs. 2   DM 25,76[65]
                                                                            ─────────
                                                                            DM 209,76

1.–8. Pflichtverteidigergebühren   XIV. B. 1–8

7. Antrag auf Erstattung von Pflichtverteidigergebühren bei mehrtägiger Hauptverhandlung vor dem Landgericht 1. Instanz mit gezahltem Vorschuß aus der Landeskasse

Rechtsanwalt ......[3]

Berlin, den 17. 9. 1990

An das[4]
Landgericht Berlin
10. Strafkammer
Turmstraße 91

1000 Berlin 21   Geschäftsnummer
                                            510 – 30/90

In der Strafsache
gegen B.
wegen Betruges

beantrage ich, die nachstehenden Gebühren und Auslagen festzusetzen.
Ich war bereits vor der Eröffnung des Hauptverfahrens tätig; meine Tätigkeit bestand in der Teilnahme am Haftprüfungstermin vom 16. 4. 1990.[6]
Soweit Einzelberechnung:
Ich versichere, daß die Auslagen unter Nummer 4 während meiner Tätigkeit nach Nummer 1, 2, 3 entstanden sind.[64]
Vorschüsse und sonstige Zahlungen (§ 101 Abs. 1) habe ich vom Angeklagten oder Dritten nicht erhalten.[7]
Aus der Staatskasse habe ich einen Vorschuß (§ 127) in Höhe von 10.000,00 DM[8] erhalten. Ich werde spätere Zahlungen des Angeklagten – eines Dritten –, die für die Pflicht zur Rückzahlung der Gebühren an die Staatskasse – § 101 Abs. 1[7] und 2[9] § 102[10] – von Bedeutung sind, der Staatskasse anzeigen.[11]
Weitere Begründung (evtl. auf gesondertem Blatt – zweifach):
Am 10. 7. und 28. 8. 1990 haben richterliche Vernehmungen des Zeugen Z in L stattgefunden. Ich habe an beiden Vernehmungen teilgenommen. Die entsprechenden Beschlüsse der Strafkammer stammen vom 19. 6. und 15. 8. 1990 (vgl. Form XIV. B.4).[5,59]
Die Flugkosten[60], die Hotelkosten[62] und die Taxikosten in L[60] sind im Ausland entstanden, bzw. unterliegen nicht der Mehrwertsteuer. Sie sind deshalb auch ohne Mehrwertsteuer geltend gemacht worden.[64,65]
Die Beträge für Hotel und Taxe sind zum Tageskurs in DM umgerechnet.[63] Die Postgebühren sind höher als die Pauschale, weil wegen der teilweise im Ausland spielenden Vorwürfe neben der Vorbereitung der oben beschriebenen Reise vielfache Telefongespräche und Korrespondenz ins Ausland nötig waren.[55]

Rechtsanwalt[12]

Pflichtverteidigergebührenberechnung:

1. Gebühr beim Landgericht DM 400,00[21]
 §§ 83 Abs. 1 Nr. 2, 97 Abs. 1 Hauptverhandlung am 22. 5. 1990
2. Gebühr für die Vertretung vor Erhebung der Anklage DM 200,00[15]
 §§ 84 Abs. 1, 83 Abs. 1 Nr. 2, 97 Abs. 1
3. Gebühren für 28 Hauptverhandlungstage am 28. und 29. 5., 4., 6., 11., 13., 18., 20., 22. 6., 2., 6., 9., 13., 16., 18., 23. 7., 2., 6., 7., 13., 14., 21. und 28. 8. sowie am 3., 4. 10. und 11. 9. 1990 je 310,00 DM DM 8.680,00[24,26]
 §§ 83 Abs. 2 Nr. 2, 97 Abs. 1
4. Postgebühren § 26 DM 147,30[55]
 Einzelberechnung (s. Anlage)
5. 521 Blatt Fotokopien, 50 Blatt je 1,00 DM, DM 50,00[56]
 471 Blatt je 0,30 DM, § 27 DM 141,30[56]
 Einzelnachweis[65], s. Antrag vom 15. 8. 1990 auf Vorschußzahlung (s. Form XIV. B.3)
6. Tage- und Abwesenheitsgeld
 2 mal je 2 Tage, Abflug B am 10. 7. bzw. 28. 8. 1990, Rückkehr B am 11. 7. bzw. 29. 8. 1990, 18.30 Uhr, gleich 4 Tage je 95,00 DM DM 380,00
 § 28 Abs. 2 Satz 1
 50% Zuschlag für Auslandsreisen DM 190,00
 § 28 Abs. 2 Satz 1, 2. Halbsatz DM 570,00[61]
7. 2 mal Parkgebühren Flughafen
 B je 12,00 DM netto[66]
 § 28 DM 24,00[60]
8. 14% Mehrwertsteuer
 § 25 Abs. 2 DM 1.429,76[65]
 _____
 DM 11.642,36
9. Flugkosten B–L und zurück für den 10. 7. und 28. 8. 1990 DM 3.200,00[60]
 (Orgiinaltickets mit der Bitte um Rückgabe anbei)
 §§ 28 Abs. 1, 97 Abs. 2
10. Übernachtungskosten T-Hotel in L am 10. 7. und 28. 8. 1990 (vgl. Antrag v. 15. 8. 1990 auf Zahlung eines Vorschusses) (s. Form. XIV. B.3). (Die Originalrechnungen sind mit der Bitte um Rückgabe beigefügt).[64] DM 360,00[62,63]
11. 4 mal Taxi L Flughafen-Gericht und zurück je 11,50 DM DM 46,00[60,63]
 Ziffer 9–11 DM 3.606,00
 Ziffer 1–8 DM 11.642,36
 _____
 DM 15.248,36
 ./. Vorschuß DM 10.000,00
 _____
 DM 5.248,36

8. Antrag auf Erstattung von Pflichtverteidigergebühren für einen Wiederaufnahmeantrag (Amtsgericht)

Rechtsanwalt ......[2,3]

Berlin, den 17. 9. 1990

An das[4]
Amtsgericht Tiergarten
Turmstraße 91

1000 Berlin 21

Geschäftsnummer
270 – 78/89

In der Strafsache
gegen B.
wegen Raubes

beantrage ich, die nachstehenden Gebühren und Auslagen festzusetzen.
Ich versichere, daß die Auslagen unter Nummer 2 während meiner Tätigkeit nach Nummer 1 entstanden sind.[56,64]
Vorschüsse und sonstige Zahlungen (§ 101 Abs. 1) habe ich nicht erhalten.[7]
Aus der Staatskasse habe ich Vorschüsse (§ 127) nicht erhalten.[8] Ich werde spätere Zahlungen des Angeklagten – eines Dritten –, die für die Pflicht zur Rückzahlung der Gebühren an die Staatskasse (§ 101 Abs. 1)[7] und 2[9] – § 102[10] – von Bedeutung sind, der Staatskasse anzeigen.[11]
Weitere Begründung (evtl. auf gesondertem Blatt – zweifach):
Die Notwendigkeit, einen Dolmetscher beizuziehen, ist durch Beschluß vom 2. 1. 1990 festgestellt worden.[5, 57] Ich habe die Kosten für den Dolmetscher D ausgelegt. Die Rechnung ist im Original mit der Bitte um Rückgabe beigefügt.[64]

Rechtsanwalt[12]

Pflichtverteidigergebührenberechnung Wiederaufnahmeantrag
1. Gebühr beim Amtsgericht
  §§ 90 Abs. 1, 84 Abs. 1, 83 Abs. 1 Nr. 3, 97 Abs. 1   160,00 DM[54]
2. Dolmetscherkosten netto   120,00 DM[57,66]
3. Postgebühren § 26
  15 % Pauschale   24,00 DM[55]
4. 236 Blatt Fotokopien gemäß beiliegender Aufstellung der Blattzahlen je 1,00 DM für 50 Blatt, je 0,30 DM für 186 Blatt,
  § 27   105,80 DM[56]
5. 14% Mehrwertsteuer
  § 25 Abs. 2   57,37 DM[65]
                                                            467,17 DM

Literaturverzeichnis

Schrifttum: Dahs, Handbuch des Strafverteidigers, 5. Auflage, 1983; *Gerold/Schmidt/v. Eicken/Madert*, Bundesgebührenordnung für Rechtsanwälte, 11. Auflage, 1991; *Hartmann*, Kostengesetze, 24. Auflage, 1991; *Kleinknecht/Meyer*, StPO, 40. Auflage, 1991;

Lingenberg/Hummel/Zuck/Eich, Kommentar zu den Grundsätzen des anwaltlichen Standesrechts, 2. Auflage, 1988; *Meyer,* Die Vergütung des Rechtsanwalts in Strafsachen, JurBüro 1986, Beilage 9; *Rauer,* in Festschrift für Herbert Schmidt, 1981; *Riedel/Sußbauer,* BRAGO, Kommentar, 6. Auflage, 1988; *Schmidt/Baldus,* Gebühren und Kostenerstattung in Straf- und Bußgeldsachen, 3. Auflage, 1989; *Schumann/Geißinger,* Bundesgebührenordnung für Rechtsanwälte, BRAGO, 2. Auflage, 1979; *Swolana/Hansens,* Bundesgebührenordnung für Rechtsanwälte, 7. Auflage, 1991

Paragraphen ohne weitere Bezeichnung sind solche der BRAGO.

Pflichtverteidigergebühren
Inhaltsverzeichnis

Formulare

1. Antrag für 1. Instanz (Amtsgericht)
2. Antrag für 2. Instanz (Landgericht)
3. Vorschußanforderung für Pflichtverteidigergebühren und Auslagen (Landgericht)
4. Antrag auf Genehmigung der Teilnahme des Pflichtverteidigers an der kommissarischen Vernehmung eines Zeugen (Landgericht)
5. Antrag auf Feststellung der Notwendigkeit von Auslagen des Pflichtverteidigers (Dolmetscherkosten)
6. Gebührenantrag auf Einzeltätigkeit des Pflichtverteidigers (Amtsgericht)
7. Antrag auf Erstattung von Pflichtverteidigergebühren bei mehrtägiger Hauptverhandlung vor dem Landgericht 1. Instanz mit gezahltem Vorschuß aus der Staatskasse
8. Antrag auf Erstattung von Pflichtverteidigergebühren für einen Wiederaufnahmeantrag (Amtsgericht)

Anmerkungen

1. Gebührenanspruch gegen die Staatskasse
2. Formular
3. Anträge mit Formularfreiheit
4. Festsetzung durch den Urkundsbeamten 1. Instanz
5. Feststellung der Erstattungsfähigkeit von Auslagen
6. Tätigkeit vor Eröffnung des Hauptverfahrens
7. Anrechnung von Vorschüssen und Zahlungen Dritter
8. Vorschußanforderung
9. Unterbleibende Anrechnung
10. Anrechnung von Gebühren bei anderen Verfahrensbeteiligten
11. Anrechnung bis zum Doppelten der Pflichtverteidigergebühren
12. Unterschrift am falschen Ort
13. Ermittlungsverfahren Amtsgericht
14. Verfahren außerhalb der Hauptverhandlung Amtsgericht
15. Ermittlungsverfahren Landgericht
16. Verfahren außerhalb der Hauptverhandlung Landgericht
17. Ermittlungsverfahren Oberlandesgericht, Schwurgericht oder Jugendkammer mit Schwurgerichtszuständigkeit
18. Verfahren außerhalb der Hauptverhandlung Oberlandesgericht, Schwurgericht oder Jugendkammer mit Schwurgerichtszuständigkeit
19. Entstehen der Gebühr nach § 83 Abs. 1, 1. Instanz
20. Hauptverhandlung Amtsgericht
21. Hauptverhandlung Landgericht

22. Hauptverhandlung Oberlandesgericht, Schwurgericht und Jugendkammer mit Schwurgerichtszuständigkeit
23. Erneutes Entstehen der Hauptverhandlungsgebühr in voller Höhe
24. Erneutes Entstehen der Hauptverhandlungsgebühr in eingeschränkter Höhe
25. Fortsetzungstag Amtsgericht
26. Fortsetzungstag Landgericht
27. Fortsetzungstag Oberlandesgericht, Schwurgerichtskammer oder Jugendkammer mit Schwurgerichtszuständigkeit
28. Entstehen der Gebühr nach § 85, 2. Instanz
29. Verfahren außerhalb der Hauptverhandlung Berufung Große Strafkammer
30. Verfahren außerhalb der Hauptverhandlung Berufung Kleine Srafkammer
31. Beginn der Hauptverhandlung in der Berufungsinstanz
32. Hauptverhandlung Berufung Große Strafkammer
33. Hauptverhandlung Berufung Kleine Strafkammer
34. Fortsetzungstag in der Berufungsinstanz
35. Fortsetzungstag Berufung Große Strafkammer
36. Fortsetzungstag Berufung Kleine Strafkammer
37. Vertretung außerhalb der Hauptverhandlung Revision
38. Gebühr außerhalb der Hauptverhandlung BGH
39. Gebühr außerhalb der Hauptverhandlung OLG
40. Gebühr außerhalb der Hauptverhandlung Oberlandesgericht bei Entscheidung des Einzelrichters in 1. Instanz
41. Beginn der Revisionshauptverhandlung
42. Hauptverhandlung Revision Bundesgerichtshof
43. Hauptverhandlung Revision Oberlandesgericht
44. Hauptverhandlung Revision Oberlandesgericht bei Entscheidung durch den Einzelrichter im 1. Rechtszug
45. Fortsetzungstage bei Neubeginn Revision
46. Fortsetzungstermin Revision Bundesgerichtshof
47. Fortsetzungstermin Revision Oberlandesgericht
48. Fortsetzungstermin Revision Oberlandesgericht bei Entscheidung durch den Einzelrichter im 1. Rechtszug
49. Einzeltätigkeiten gemäß § 91
50. Einzeltätigkeiten gemäß § 91 Nr. 1
51. Einzeltätigkeiten gemäß § 91 Nr. 2
52. Einzeltätigkeiten gemäß § 91 Nr. 3
53. Revisionsbegründung § 86 Abs. 3 oder § 91 Nr. 3?
54. Wiederaufnahmeverfahren
55. Auslagen
56. Photokopiekosten
57. Dolmetscherkosten
58. Auslagen vor der Beiordnung
59. Feststellung der Notwendigkeit von Reisekosten
60. Wegeentschädigung
61. Tage- und Abwesenheitsgelder
62. Übernachtungskosten
63. Übernachtungskosten im Ausland
64. Glaubhaftmachung
65. Mehrwertsteuer
66. Vorsteuer
67. Keine Verzinsung

Anmerkungen

1. Anders als der Wahlverteidiger erhält der Pflichtverteidiger seine Gebühren grundsätzlich nicht von dem Angeklagten, sondern aus der Staatskasse. Die gerichtliche Bestellung zum Verteidiger läßt den Anspruch auf Pflichtverteidigergebühren entstehen. Sie erfolgt gemäß § 140 Abs. 1 und 2 StPO, § 68 JGG, in der Revisionsinstanz für die mündliche Verhandlung gemäß § 350 Abs. 3 StPO. Auf die Zahlungsfähigkeit des Angeklagten kommt es nicht an (*Riedel/Sußbauer/Fraunholz* § 97 Rdnr. 2).
Die Bestellung erfolgt grundsätzlich unbeschränkt bis zur Rechtskraft, nicht aber automatisch für die Revisionshauptverhandlung (*Hartmann* § 97 Anm. 1 B), sie kann selten auf einzelne Verfahrensabschnitte beschränkt werden, (*Swolana/Hansens* § 97 Rdnr. 3), z.B. auf eine Instanz, auf eine richterliche Vernehmung, für die Hauptverhandlung in der Revisionsinstanz (§ 350 Abs. 3 StPO), für die Revisionsbegründung (§ 91 Nr. 3) oder das Wiederaufnahmeverfahren. Die Bestellung umfaßt nicht das Gnadenverfahren gemäß § 93. Der Anspruch entsteht auch nur in beschränktem Umfang (*Riedel/Sußbauer/Fraunholz* § 97 Rdnr. 4). Die Pflichtverteidigergebühr ist anders als die Gebühr des Wahlverteidigers, die als Rahmengebühr den Maßstäben des § 12 unterliegt, eine fixe Gebühr grundsätzlich in Höhe des Vierfachen der Mindestgebühr.

2. Ohne Formulare werden die Pflichtverteidigergebühren häufig nicht festgesetzt. Formulare sind in der Materialverwaltung des zuständigen Gerichts oder auf dessen Geschäftsstelle kostenlos zu erhalten (*Gerold/Schmid/v. Eicken* § 128 Rdnr. 3; *Riedel/Sußbauer/Chemnitz* § 128 Rdnr. 13). Dadurch wird die Festsetzung und Auszahlung erleichtert und beschleunigt. Der Pflichtverteidiger ist jedoch nicht verpflichtet, den Vordruck zu benutzen (*Schumann/Geißinger* § 128 Rdnr. 2; *Hartmann* § 128 Anm. 2 A a bb; OLG Hamm AnwBl. 1975, 95). Dieses Formular, das in fast gleicher Weise in allen Bundesländern verwandt wird, erscheint nach Inhalt und Aufbau nicht optimal.

3. Für Vorschußanträge (Form. XIV. B. 3), Anträge auf Feststellung der Notwendigkeit von Reisen zur auswärtigen Vernehmung von Zeugen (Form. XIV. B. 4) und Feststellung der Notwendigkeit der Auslagen (Form. XIV. B. 5) sind keine Formulare von der Justizverwaltung vorgeschrieben.

4. Die Festsetzung erfolgt durch den Urkundsbeamten der Geschäftsstelle des Gerichts des 1. Rechtszuges auf den Antrag des Pflichtverteidigers (§ 98 Abs. 1) (OLG Koblenz MDR 1975, 75). Das gilt auch dann, wenn der Rechtsanwalt von dem OLG oder dem BGH für die Revisionshauptverhandlung gemäß § 350 Abs. 3 StPO bestellt worden ist (*Gerold/Schmidt/Madert* § 98 Rdnr. 3; *Riedel/Sußbauer/Fraunholz* § 98 Rdnr. 3). Ist das Verfahren nicht gerichtlich anhängig geworden, z.B. im Falle des § 81 Abs. 3 StPO, so ist der Urkundsbeamte des Gerichts zuständig, das den Verteidiger bestellt hat (*Gerold/Schmidt/Madert* § 98 Rdnr. 3; § 100 Rdnr. 10; *Riedel/Sußbauer/Fraunholz* § 98 Rdnr. 3; § 100 Rdnr. 17; *Hartmann* § 98 Anm. 2 B; *Swolana/Hansens* § 98 Rdnr. 3).
Auch der Anspruch auf Vorschuß ist gegenüber dem Urkundsbeamten geltend zu machen (*Gerold/Schmidt/v. Eicken* § 127 Rdnr. 4).

5. Zuständig für die Feststellung, ob eine Erstattung von Auslagen erforderlich ist, ist nicht der Urkundsbeamte, sondern das Gericht des Rechtszuges (OLG Zweibrücken AnwBl. 1981, 511 = JurBüro 1981, 1846). Es entscheidet vor Antritt der Reise bzw. vor Entstehung der Auslagen darüber, ob diese erforderlich sind (§ 126 Abs. 2) (*Gerold/Schmidt/v. Eicken* § 126 Rdnr. 26). Die gerichtliche Entscheidung ist für das Feststellungsverfahren nach § 128 bindend. Andernfalls wird im Festsetzungsverfahren durch den Urkundsbeamten über eine Verpflichtung zur Zahlung entschieden (s. Anm. 4).

6. Nach § 97 Abs. 3 erhält der Verteidiger für seine Tätigkeit vor Eröffnung des Hauptverfahrens die Gebühr nach § 84 Abs. 1 unabhängig vom Zeitpunkt seiner Bestellung. Dies

muß er in den Antrag auf Erstattung der Offizialverteidigergebühren hineinschreiben. Zu diesen Tätigkeiten gehören Gespräche im Büro des Verteidigers, Teilnahme an Vernehmungen bei der Polizei, Besuche in der Untersuchungshaftanstalt, Anfertigung von Schutzschriften, Gespräche mit dem Staatsanwalt und dem Haftrichter, Teilnahme an Haftprüfungsterminen und für alle in diesem Zeitraum anfallenden Haftbeschwerden sowie Teilnahme an Vernehmungen des Beschuldigten oder von Zeugen, gleichgültig in welchem Umfang. Es empfiehlt sich, in dem Antrag auf Festsetzung der Gebühren den Vorgang zu benennen, der sich am einfachsten für den Urkundsbeamten nachprüfen läßt. Eine Teilnahme am Haftprüfungstermin läßt sich leicht aus der Gerichtsakte ersehen, ein Besuch in der Untersuchungshaftanstalt macht möglicherweise Rückfragen erforderlich, die die Festsetzung verzögern. Es genügt die Angabe der Tätigkeit mit einem Stichwort.

Sehr streitig ist hingegen die Frage, ob dem Pflichtverteidiger, der nach Zulassung der Anklage bestellt, aber nach deren Erhebung schon tätig war, zusätzlich die Gebühr nach § 84 Abs. 1 zusteht. Für die Zubilligung: *Gerold/Schmidt/Madert* (§ 97 Rdnr. 13 m.w.N.); für den Wahlverteidiger in § 84 Rdnr. 4; *Madert* Rdnr. 122; *Hartmann* (§ 97 Anm. 3 A mit einem Überblick über die Judikatur); *Swolana/Hansens* (§ 97 Anm. 9); *Madert* (AnwBl. 1987, 418): *Sameluck* (AnwBl. 1977, 208); *Sommermeyer* (AnwBl. 1983, 203 = MDR 1983, 8); OLG Bamberg (JurBüro 1989, 967 mit einer Abkehr von der bisherigen Rechtsprechung); OLG Düsseldorf (JurBüro 1977, 639; 1978, 1218); OLG Karlsruhe (JurBüro 1977, 982); OLG Koblenz (JurBüro 1977, 975); OLG Köln (AnwBl. 1977, 472); OLG München (AnwBl. 1978, 186 = JurBüro 1978, 878); OLG Schleswig (JurBüro 1986, 1207); OLG Stuttgart (AnwBl. 1978, 357; JurBüro 1988, 333); OLG Zweibrücken (AnwBl. 1972, 225; JurBüro 1977, 685); LG Freiburg (AnwBl. 1981, 28 mit Anm. *Chemnitz,* der zu Unrecht eine Tätigkeit im vorbereitenden Verfahren und eine Tätigkeit vor Eröffnung des Hauptverfahrens als etwas Verschiedenes ansieht); LG Oldenburg (JurBüro 1978, 1685); LG Stuttgart (AnwBl. 1979, 197).

Dagegen: *Riedel/Sußbauer/Fraunholz* (§ 97 Rdnr. 9, ebenfalls m.w.N.); OLG Bamberg (JurBüro 1978, 1528; 1981, 1529; 1834; 1982, 1362); OLG Frankfurt (JurBüro 1977, 1578); OLG Hamburg (MDR 1982, 955 = JurBüro 1982, 1687); OLG Hamm (NJW 1977, 1211 = JurBüro 1977, 37); OLG Karlsruhe (JurBüro 1983, 1201); OLG Nürnberg (JurBüro 1986, 1206); OLG Oldenburg (JurBüro 1977, 680). Der Streit rührt daher, daß für den Wahlverteidiger in § 84 Abs. 1 von einer Tätigkeit im „vorbereitenden Verfahren" gesprochen wird, während § 97 Abs. 3 von einer Tätigkeit als Verteidiger „vor Eröffnung des Hauptverfahrens" spricht.

Auszugehen ist von § 203 StPO, der das Zwischenverfahren als „vorbereitendes Verfahren" bezeichnet. Ein Anlaß, hiervon für das Gebührenrecht abzugehen, besteht nicht. Danach löst eine Tätigkeit des beigeordneten Verteidigers im Zwischenverfahren über § 97 Abs. 3 die Gebühr des § 84 Abs. 1 aus (*Gerold/Schmidt/Madert* § 84 Rdnr. 4; *Madert* Rdnr. 122; *Schmidt/Baldus* S. 61; *Meyer,* S. 29)

7. Vorschüsse und Zahlungen, die der Rechtsanwalt vor oder nach der gerichtlichen Bestellung für seine Tätigkeit in der Strafsache (in der er beigeordnet ist) von dem Angeklagten oder einem Dritten nach dieser Gebührenordnung oder aufgrund einer Vereinbarung erhalten hat, sind auf die aus der Staatskasse zu zahlenden Gebühren anzurechnen (§ 101 Abs. 1). Nach § 101 Abs. 1 Satz 2 sind Zahlungen des Angeklagten oder Dritter in der Strafsache an die Staatskasse zurückzuzahlen, sobald diese die Gebühren an den Pflichtverteidiger gezahlt hat. Zahlungen in anderen Strafsachen, überhaupt in anderen Angelegenheiten, sind nicht anzurechnen. Mit dieser Fassung versucht das Gesetz, alle Umgehungsmöglichkeiten auszugleichen, um für die Staatskasse eine möglichst vollständige Anrechnung zu erreichen.

Die Formulierung „in derselben Strafsache" könnte zu dem Schluß führen, daß darunter das gesamte Verfahren von der Einleitung der Ermittlungen bis zum rechtskräftigen Abschluß einschließlich eines Wiederaufnahmeverfahrens fällt. Die Vorschrift ist jedoch einschränkend dahin auszulegen, daß die Worte „für die gleiche Instanz" einzufügen sind. Zahlungen für die Revisionsinstanz, in der keine Beiordnung stattgefunden hat, sind deshalb beispielsweise nicht anzurechnen (*Schumann/Geißinger* § 101 Rdnr. 7; *Gerold/ Schmidt/Madert* § 101 Rdnr. 3; im Ergebnis ebenso *Riedel/Sußbauer/Fraunholz* § 101 Rdnr. 4, 5; *Hartmann* § 101 Anm. 2 D; *Swolana/Hansens* § 101 Rdnr. 4). Es empiehlt sich deshalb, derartige Zahlungen anzugeben mit dem Zusatz, daß man unter Hinweis auf die Literatur nicht von einer Anrechnungspflicht ausgehe. Grundsätzlich scheidet die Anrechnung aus für Vergütungen, die für eine Tätigkeit vor der Beiordnung erfolgt ist, so z.B. bei Bestellung zum Pflichtverteidiger am 2. Tag einer mehrtägigen Hauptverhandlung OLG Düsseldorf JurBüro 1987, 1800; (OLG München AnwBl. 1979, 399 = JurBüro 1979, 860; LG Münster AnwBl. 1970, 271). Dies gilt wegen § 97 Abs. 3 nicht bei Bestellung des bisherigen Wahlverteidigers nach Eröffnung des Hauptverfahrens, weil dieser auch die Gebühr des § 84 Abs. 1 für eine Tätigkeit im Ermittlungsverfahren unabhängig vom Zeitpunkt seiner Bestellung erhält (s. auch Anm. 11).

Bei Freispruch sind die notwendigen Auslagen über § 12 zu errechnen, dabei spielen die anzurechnenden Zahlungen des Mandanten keine Rolle (OLG München JurBüro 1979, 71).

8. Nach § 127 kann auch der bestellte Pflichtverteidiger für entstandene Gebühren sowie für entstandene und voraussichtlich entstehende Auslagen einen angemessenen Vorschuß verlangen (*Swolana/Hansens* § 127 Rdnr. 1; *Meyer* S. 30; OLG Hamburg StV 1988, 73). Dies ist insbesondere bei umfangreichen Pflichtverteidigungen angebracht (s. Form. XIV. B. 3).

Der gezahlte Vorschuß ist bei der Endabrechnung anzugeben und zu berücksichtigen.

9. Nach § 101 Abs. 2 unterbleibt die Anrechnung, soweit der Rechtsanwalt insgesamt weniger als die doppelte Pflichtverteidigergebühr erhalten würde. Bei einer Zahlung aus der Staatskasse in Höhe von 320,00 DM muß deshalb nur angerechnet werden, was über den doppelten Betrag, nämlich insgesamt 640,00 DM an den Pflichtverteidiger gezahlt worden ist.

10. In § 102 ist geregelt, daß für die Gebühren des Rechtsanwaltes, der dem Privatkläger, dem Nebenkläger oder dem Antragsteller im Klageerzwingungsverfahren oder sonst beigeordnet worden ist, die Vorschriften der §§ 97 bis 101 sinngemäß gelten.

11. Der Rechtsanwalt ist nach § 101 Abs. 3 verpflichtet, die erhaltenen Vorschüsse und Zahlungen anzugeben, allerdings nur insoweit, als sie für die Anrechnung oder die Rückzahlungspflicht nach § 101 Abs. 1 und 2 von Bedeutung sind. Erreicht die Zahlung nicht das Doppelte der Pflichtverteidigergebühren, kann eine Mitteilung unterbleiben (*Schumann/Geißinger* § 101 Rdnr. 13; *Gerold/Schmidt/Madert* § 101 Rdnr. 8; *Hartmann* § 101 Anm. 4 A; *Swolana/Hansens* § 101 Rdnr. 6). Für die Angabe aller Zahlungen OLG Hamburg (MDR 1987, 255 = AnwBl. 1987, 246 = JurBüro 1987, 551). Das Honorar für das Vorverfahren wurde nicht angerechnet, wohl aber weitere Zahlungen für den ersten Hauptverhandlungstag, obwohl die Beiordnung erst am zweiten Hauptverhandlungstag erfolgte (OLG Düsseldorf JurBüro 1987, 1800).

Da eine Anzeigefrist im Gesetz nicht vorgesehen ist, wird die Erklärung in angemessener Frist – ohne schuldhaftes Zögern – abzugeben sein (*Rauer* S. 152).

Die Nichtangabe der gezahlten Vorschüsse wird in der Regel gemäß § 263 StGB als Betrug verfolgt (*Rauer* S. 154; *Dahs* Handbuch Rdnr. 1094; EGH Schleswig AnwBl. 1968, 198). Zumindest liegt ein Standesverstoß vor (*Riedel/Sußbauer/Fraunholz* § 101 Rdnr. 12; *Lingenberg/Hummel* § 64 Rdnr. 13).

12. Die Unterschrift des Pflichtverteidigers auf der Mitte des Formulars ist systemwidrig. Nach § 18 Abs. 1 kann der Rechtsanwalt die Vergütung nur aufgrund einer von ihm unterzeichneten und dem Auftraggeber mitgeteilten Berechnung anfordern. Die Zweiteilung des Formulars gibt zu Bedenken Anlaß. Sinnvoller wäre nämlich die Unterschrift

unter der Berechnung am Ende des Formulars. Dies geschieht auch in den Fällen, in denen kein Formular benutzt wird, sondern ein schriftlicher formloser Antrag gestellt wird (s. Anm. 3). Ein vernünftiger Grund für die unterschiedliche Behandlung ist nicht erkennbar.

13. Der Pflichtverteidiger erhält im Verfahren vor dem Amtsgericht das Vierfache der Mindestgebühr der §§ 84 Abs. 1 (1. Alternative), 83 Abs. 1 Nr. 3, nämlich 4 mal 40,00 DM, mithin 160,00 DM.
Diese Gebühr steht ihm zu, wenn er vor Eröffnung des Hauptverfahrens (§ 97 Abs. 3) in irgendeiner Weise tätig gewesen ist. (s. Anm. 6).

14. Daneben erhält der Pflichtverteidiger nach §§ 84 Abs. 1 (2. Alternative), 83 Abs. 1 Nr. 3, 97 Abs. 1 erneut das Vierfache der Mindestgebühr in Höhe von 160,00 DM in einem Verfahren, in dem er nur außerhalb der Hauptverhandlung tätig ist (z.B. bei der Aufhebung der Beiordnung oder Einstellung des Verfahrens außerhalb der Hauptverhandlung oder bei Tod des Angeklagten). Auch wenn sich die Tätigkeit des Rechtsanwalts im gerichtlichen Verfahren auf die Frage beschränkt, ob gegen einen Strafbefehl Einspruch eingelegt werden soll, erhält der Verteidiger die Gebühr aus § 84 Abs. 1 zweimal, wenn er auch im Ermittlungsverfahren tätig war. Die zweite Gebühr aus § 84 Abs. 1 kann ebenso entstehen in einem Verfahren, in dem eine Hauptverhandlung nicht stattgefunden hat (z.B. in Sicherungsverfahren, bei Einziehungs- und Vermögensbeschlagnahme, §§ 430 bis 443 StPO).
Die Gebühr nach § 84 Abs. 1 kann deshalb zweimal entstehen, nämlich im Ermittlungsverfahren und im Verfahren außerhalb der Hauptverhandlung (*Schumann/Geißinger* § 97 Rdnr. 16; OLG Stuttgart JurBüro 1988, 333). Diese Gebühr (2. Alternative nach § 84 Abs. 1) entfällt, wenn in dem Verfahren eine Gebühr nach § 83 entsteht (*Gerold/Schmidt/Madert* § 84 Rdnr. 12).

15. Der Pflichtverteidiger erhält im Ermittlungsverfahren vor dem Landgericht in der ersten Instanz das Vierfache der Mindestgebühr der §§ 84 Abs. 1, (1. Alternative), 83 Abs. 1 Nr. 2, nämlich 4 mal 50,00 DM, mithin 200,00 DM.
Dies gilt in Verfahren, bei denen die Erhebung der Anklage vor der großen Strafkammer zu erwarten ist. Im übrigen gilt Anm. 13.

16. Daneben erhält der Pflichtverteidiger nach §§ 84 Abs. 1 (2. Alternative), 83 Abs. 1 Nr. 2, 97 Abs. 1 erneut das Vierfache der Mindestgebühr in Höhe von 200,00 DM in einem Verfahren, in dem er nur außerhalb der Hauptverhandlung tätig ist. Im übrigen gilt Anm. 14.

17. In Verfahren, in denen die Anklageerhebung vor dem Oberlandesgericht, dem Schwurgericht oder vor der Jugendkammer mit Schwurgerichtszuständigkeit zu erwarten ist, erhält der Pflichtverteidiger das Vierfache der Gebühr der §§ 84 Abs. 1 (1. Alternative), 83 Abs. 1 Nr. 1, nämlich 4 mal 70,00 DM, mithin 280,00 DM. Im übrigen gilt Anm. 13.

18. Daneben erhält der Pflichtverteidiger nach §§ 84 Abs. 1 (2. Alternative), 83 Abs. 1 Nr. 1, 97 Abs. 1 erneut das Vierfache der Mindestgebühr in Höhe von 280,00 DM in einem Verfahren, in dem er nur außerhalb der Hauptverhandlung tätig ist. Im übrigen gilt Anm. 14.

19. Die Gebühr für die Vertretung in der Hauptverhandlung 1. Instanz umfaßt die gesamte Tätigkeit des Verteidigers von der Zulassung der Anklage bis zum Ende der Hauptverhandlung, wenn sie nicht länger als einen Tag dauert. Dabei spielt die Dauer des Zwischenverfahrens oder der Hauptverhandlung oder der Umfang der anwaltlichen Tätigkeit keine Rolle wie bei den Gebühren des Wahlverteidigers nach § 12. In Ausnahmefällen hilft ein Antrag nach § 99.
Die Hauptverhandlung beginnt mit dem Aufruf der Sache (§ 243 Abs. 1 StPO). Damit entsteht auch die Gebühr nach §§ 83 Abs. 1, 97 (*Schumann/Geißinger* § 83 Rdnr. 26; *Gerold/Schmidt/Madert* § 83 Rdnr. 7; 8; *Riedel/Sußbauer/Fraunholz* §§ 83, 84 Rdnr. 10;

Hartmann § 83 Anm. 2 B a; *Swolana/Hansens* § 83 Rdnr. 7; OLG Düsseldorf NJW 1961, 133; LG Saarbrücken AnwBl. 1985, 152 = JurBüro 1985, 882 mit Anm. *Mümmler,* der dies – ohne nähere Begründung nur für den Wahl-, nicht aber für den Pflichtverteidiger gelten lassen will (LG Berlin JurBüro 1983, 1049).

Trotz der klaren gesetzlichen Regelung vertrat das Kammergericht seit der Entscheidung in NJW 1952, 1389, die Auffassung, daß der Aufruf der Sache nicht ausreiche, vielmehr müsse eine tatsächliche Verhandlung zur Sache stattfinden. Diese Entscheidung erging nach § 63 RAGebO. Die Auffassung ist abzulehnen (so zuletzt LG Saarbrücken AnwBl. 1985, 152 = JurBüro 1985, 882f). Schon 1952 hat *Roesen* diese Auffassung abgelehnt (NJW 1952, 1389), jedoch ohne Erfolg.

Eine Lockerung scheint sich aus dem ohne Begründung veröffentlichten Beschluß des LG Berlin (StV 1985, 73) zu ergeben, zu dem die Redaktion auf einen KG-Beschluß (4 Ws 6/79) verweist, wonach gebührenrechtlich als Hauptverhandlung auch eine solche Verhandlung anzusehen ist, in der nur über die weitere Gestaltung des Verfahrens verhandelt wird. Die Entscheidung des LG Berlin (JurBüro 1983, 1049), die die Gebühr zuerkennt, geht von einer Hauptverhandlung ohne Angeklagten, aber mit kommissarischer Vernehmung eines Zeugen aus, bedeutet also trotz gegenteiligen Leitsatzes keine Änderung der Rechtsmeinung.

Keine Verhandlung findet statt, wenn der Aufruf der Sache unterbleibt, weil z.B. ein Richter erkrankt oder ein Schöffe nicht erschienen ist (*Gerold/Schmidt/Madert*) § 83 Rdnr. 7; *Riedel/Sußbauer/Fraunholz* §§ 83, 84 Rdnr. 10; vgl. aber LG Schweinfurth (JurBüro 1980, 573) analoge Anwendung des § 83 Abs. 1 über § 8 Abs. 1 Satz 2 GKG).

Es empfiehlt sich vorsorglich für den Pflichtverteidiger, darauf hinzuwirken, daß in jedem Falle ensprechende Anträge in der Hauptverhandlung protokolliert werden, so beim Ausbleiben von Zeugen – Vorführungs- und Ordnungsgeldanträge –, beim Nichterscheinen von Angeklagten, Anträge auf Vorführung anstelle des Erlasses eines Haftbefehls nach § 230 StPO usw.

Zu beachten ist ferner, daß die Vernehmung durch den beauftragten Richter keine Hauptverhandlung ist, die eine Gebühr nach § 83 Abs. 1 anfallen läßt (*Schumann/Geißinger* § 83 Rdnr. 32; *Gerold/Schmidt/Madert* § 83 Rdnr. 7; *Hartmann* § 83 Anm. 2 A; *Swolana/Hansens* § 83 Rdnr. 4; OLG Düsseldorf AnwBl. 1980, 463; LG Düsseldorf MDR 1981, 1040). Auch hier kommt allenfalls ein Antrag nach § 99 in Frage.

20. Die Pflichtverteidigergebühr beträgt beim Amtsgericht gemäß §§ 83 Abs. 1 Nr. 3, 97 Abs. 1 das Vierfache der Mindestgebühr von 80,00 DM, somit 320,00 DM.

21. Die Pflichtverteidigergebühr beträgt für die Hauptverhandlung bei der Großen Strafkammer des Landgerichtes gemäß §§ 83 Abs. 1 Nr. 2, 97 Abs. 1 das Vierfache der Mindestgebühr von 100,00 DM, somit 400,00 DM.

22. Die Pflichtverteidigergebühr beträgt für die Hauptverhandlung bei dem Strafsenat des Oberlandesgerichts, dem Schwurgericht oder der Jugendstrafkammer mit Schwurgerichtszuständigkeit gemäß §§ 83 Abs. 1 Nr. 1, 97 Abs. 1 das Vierfache der Mindestgebühr von 140,00 DM, somit 560,00 DM.

23. Wird mit dem Verfahren nach Ablauf von mehr als 10 Tagen gemäß § 229 StPO erneut begonnen, werden die Pflichtverteidigergebühren gemäß §§ 83 Abs. 2 Satz 2, 97 Abs. 1 in Verbindung mit § 83 Abs. 1 Nr. 1 in der vollen oben genannten Höhe erneut fällig.

24. Bei einer Fortsetzung des Verfahrens innerhalb der Frist des § 229 StPO beträgt die Pflichtverteidigergebühr zwar grundsätzlich nach §§ 83 Abs. 2 Satz 1, 97 Abs. 1 das Vierfache der Mindestgebühr wie oben ausgeführt. Nach § 97 Abs. 1 Satz 1 tritt hier jedoch eine Beschränkung insofern ein, als die Pflichtverteidigergebühr nicht mehr als die Hälfte der gesetzlichen Höchstgebühr betragen darf. Dies gilt für alle Fortsetzungstage, unabhängig von deren Anzahl.

Bei Sprungrevision (§ 335 StPO) gegen das Urteil des Strafrichters und Zurückweisung an das Amtsgericht entsteht erneut die Gebühr nach § 83 Abs. 1 Nr. 3 und nicht die Fortsetzungsgebühr nach § 83 Abs. 2 Nr. 3, weil die Gebühr des Verteidigers keine Prozeßgebühr nach § 15 Satz 2 ist (*Gerold/Schmidt/Madert* § 83 Rdnr. 12; *Riedel/Sußbauer/Fraunholz* §§ 83, 84 Rdnr. 24; OLG Hamm, JurBüro 1965, 637).

25. Bei der Hauptverhandlung vor dem Amtsgericht beträgt die Höchstgebühr gemäß § 83 Abs. 2 Nr. 3 für den Fortsetzungstag 530,00 DM. Die Pflichtverteidigergebühr darf gemäß § 97 Abs. 1 Satz 1 die Hälfte der Höchstgebühr nicht überschreiten, beträgt also 265,00 DM.

26. Bei der Hauptverhandlung vor dem Landgericht beträgt die Höchstgebühr gemäß § 83 Abs. 2 Nr. 2 für den Fortsetzungstag 620,00 DM. Die Pflichtverteidigergebühr darf gemäß § 97 Abs. 1 Satz 1 die Hälfte der Höchstgebühr nicht überschreiten, beträgt also 310,00 DM.

27. Bei der Hauptverhandlung vor dem Strafsenat des Oberlandesgerichts, der Schwurgerichtskammer, oder der Jugendkammer mit Schwurgerichtszuständigkeit beträgt die Höchstgebühr gemäß § 83 Abs. 2 Nr. 1 für den Fortsetzungstag 1030,00 DM. Die Pflichtverteidigergebühr darf gemäß § 97 Abs. 1 Satz 1 die Hälfte der Höchstgebühr nicht überschreiten, beträgt also 515,00 DM.

28. Der in 1. Instanz tätige Verteidiger, der lediglich Berufung eingelegt und den Mandanten darüber berät, sonst aber in der Berufungsinstanz nicht tätig ist, erhält gemäß § 87 Satz 2 keine weitere Gebühr (*Gerold/Schmidt/Madert* § 85 Rdnr. 6; *Hartmann* § 85 Anm. 3 B c; *Swolana/Hansens* § 85 Rdnr. 4).

Wird der Pflichtverteidiger nach dem Urteil 1. Instanz erstmals bestellt und legt er das Rechtsmittel ein, so entsteht allein dadurch eine Gebühr nach § 85, nicht aber eine solche nach § 83 (*Gerold/Schmidt/Madert* § 85 Rdnr. 6; *Riedel/Sußbauer* §§ 85, 86 Rdnr. 4; *Hartmann* § 85 Anm. 3 B; LG Flensburg JurBüro 1984, 890) trotz der Einlegung beim Gericht 1. Instanz. Es reicht sogar die Entgegennahme der Information. Der Rechtsanwalt braucht bei dem Rechtsmittelgericht nicht in Erscheinung getreten zu sein (*Riedel/Sußbauer/Fraunholz* §§ 85, 86 Rdnr. 4; LG Berlin AnwBl. 1958, 176). Es genügt auch der Rat, die vom Angeklagten selbst eingelegte Berufung zurückzunehmen (*Schumann/Geißinger* § 85 Rdnr. 14) oder eine Beratung über eine von Staatsanwaltschaft oder Nebenkläger eingelegte Berufung (*Swolana/Hansens* § 85 Rdnr. 4).

Findet eine Hauptverhandlung in der Berufungsinstanz statt, an der der Pflichtverteidiger teilnimmt, geht die Gebühr der §§ 85 Abs. 3, 97 Abs. 1 in der des § 85 Abs. 1 auf. Sie entsteht also nur bei der Vertretung außerhalb der Hauptverhandlung oder in solchen Fällen, in denen eine Hauptverhandlung nicht stattfindet; so z.B. bei Verwerfung der Berufung gemäß § 322 Abs. 1 Satz 1 StPO als unzulässig, bei Einstellung des Verfahrens gemäß §§ 153 ff. StPO oder bei Rücknahme des Rechtsmittels.

29. Die gesetzliche Mindestgebühr für die Vertretung im Berufungsverfahren außerhalb der Hauptverhandlung vor der großen Strafkammer beträgt 50,00 DM, die Pflichtverteidigergebühr mithin 200,00 DM.

30. Die gesetzliche Mindestgebühr für die Vertretung im Berufungsverfahren außerhalb der Hauptverhandlung vor der Kleinen Strafkammer beträgt 40,00 DM, mithin die Pflichtverteidigervergütung 160,00 DM.

31. Für die Berufungshauptverhandlung ist auf Anm. 19 zu verweisen. Die dort beschriebene Regelung gilt sinngemäß auch für die Berufungsinstanz nach §§ 324 Abs. 1, 243 StPO (*Schumann/Geißinger* § 85 Rdnr. 6). Auch hier löst die Teilnahme an einem Termin vor dem beauftragten Richter keine zusätzliche Gebühr für den Pflichtverteidiger aus (*Gerold/Schmidt/Madert* § 85 Rdnr. 3; *Hartmann* § 85 Anm. 2 A Ia; *Swolana/Hansens* § 85 Rdnr. 2; LG Düsseldorf MDR 1981, 1040).

32. Die Pflichtverteidigergebühr beträgt bei der Großen Strafkammer des Landgerichts gemäß §§ 85 Abs. 1 Nr. 1, 97 Abs. 1 das Vierfache der Mindestgebühr von 100,00 DM, somit 400,00 DM.

33. Die Pflichtverteidigergebühr beträgt bei der Kleinen Strafkammer des Landgerichts gemäß §§ 85 Abs. 1 Nr. 2, 97 Abs. 1 das Vierfache der Mindestgebühr von 80,00 DM, somit 320,00 DM.

34. Für die Fortsetzungstage ist auf Anm. 23, 24 zu verweisen. Die dort beschriebene Regelung gilt sinngemäß auch für die 2. Instanz.

35. Die gesetzliche Höchstgebühr des § 85 Abs. 2 Nr. 1 beträgt 620,00 DM, so daß die Pflichtverteidigergebühr unter Beachtung des § 97 Abs. 1 Satz 1 bei der Großen Strafkammer 310,00 DM beträgt.

36. Die gesetzliche Höchstgebühr des § 85 Abs. 2 Nr. 2 beträgt 530,00 DM, so daß die Pflichtverteidigergebühr unter Beachtung des § 97 Abs. 1 Satz 1 bei der Kleinen Strafkammer 265,00 DM beträgt.

37. Auch bei der Revision hier gilt wie bei der Berufung, daß die Einlegung der Revision durch den bereits in der vorigen Instanz tätigen Pflichtverteidiger gemäß § 87 Satz 2 durch die Gebühren für die Berufungsinstanz mit abgegolten sind. Die Rechtsmitteleinlegung allein löst für diesen Verteidiger keine Gebühr aus. Anders ist es, wenn der Verteidiger für die Revisionsinstanz bestellt wird, ohne vorher tätig gewesen zu sein. Legt dieser das Rechtsmittel ein, so entsteht dadurch eine Gebühr nach § 86.
Auch in der Revisionsinstanz ist es möglich, daß eine Vertretung nur außerhalb der Hauptverhandlung stattfindet. Das trifft die vielen Fälle, in denen zwar eine schriftliche Revisionsbegründung vorgelegt wird, die Revision jedoch gemäß § 349 Abs. 1 StPO als offensichtlich unbegründet verworfen oder hin und wieder auch gemäß § 349 Abs. 4 StPO durch Beschluß als einstimmig für begründet angesehen wird. Die Bestellung zum Pflichtverteidiger gilt auch für die Anfertigung der Revisionsbegründung oder der Revisionserwiderung (*Hartmann* § 97 Anm. 1 B; 1 D c; KG JR 1953, 385). Die Bestellung erstreckt sich nicht auf eine Tätigkeit in der Revisionshauptverhandlung (*Gerold/Schmidt/Madert* § 86 Rdnr. 10; *Swolana/Hansens* § 97 Rdnr. 11; *Hartmann* § 97 Anm. 1 D c; BGH St 19, 258 = NJW 1964, 1035), die Bestellung insoweit erfolgt nach § 350 Abs. 3 StPO.
Soweit die Frage auftaucht, ob die Beiordnung nur für eine Einzeltätigkeit erfolgt und die Vergütung damit aus § 91 Nr. 3 zu entnehmen ist, vgl. Anm. 53.

38. Die Pflichtverteidigergebühr beträgt außerhalb der Hauptverhandlung bei dem Bundesgerichtshof das Vierfache der Mindestgebühr gemäß §§ 86 Abs. 3; Abs. 1 Nr. 1; 97 Abs. 1 von 70,00 DM, mithin 280,00 DM.

39. Die Pflichtverteidigergebühr beträgt außerhalb der Hauptverhandlung bei dem Oberlandesgericht das Vierfache der Mindestgebühr gemäß §§ 86 Abs. 3; Abs. 1 Nr. 2; 97 Abs. 1 von 50,00 DM, mithin 200,00 DM.

40. Hat in der 1. Instanz der Strafrichter, ausgenommen der Jugendrichter, entschieden, so beträgt die gesetzliche Mindestgebühr für die Vertretung außerhalb der Hauptverhandlung gemäß § 86 Abs. 3; Abs. 1 Nr. 2, 2. Alternative; 97 Abs. 1 beim Oberlandesgericht 40,00 DM, die Pflichtverteidigergebühr gemäß § 97 Abs. 1, mithin 160,00 DM.

41. Für die Revisionshauptverhandlung ist auf Anm. 19 zu verweisen. Die dort beschriebene Regelung gilt sinngemäß auch für die Revisionsinstanz, statt § 243 StPO gilt § 351 Abs. 1 StPO. In der Revisionsinstanz beginnt die Hauptverhandlung mit dem Vortrag eines Berichterstatters.

42. Für die Verteidigung in der Hauptverhandlung vor dem Bundesgerichtshof beträgt die gesetzliche Mindestgebühr gemäß § 86 Abs. 1 Nr. 1 140,00 DM, die Pflichtverteidigergebühr gemäß § 97 Abs. 1 mithin 560,00 DM.

43. Für die Vertretung in der Hauptverhandlung vor dem Oberlandesgericht beträgt die gesetzliche Mindestgebühr gemäß § 86 Abs. 1 Nr. 2 100,00 DM, die Pflichtverteidigergebühr gemäß § 97 Abs. 1, mithin 400,00 DM.

44. Bei einer Entscheidung durch den Strafrichter im 1. Rechtszug – ausgenommen den Jugendrichter – beträgt die gesetzliche Mindestgebühr gemäß § 86 Abs. 1 Nr. 2, 2. Alternative, vor dem Oberlandesgericht 80,00 DM, die Pflichtverteidigergebühr gemäß § 97 Abs. 1, mithin 320,00 DM.

45. Wird die Hauptverhandlung länger als 10 Tage unterbrochen, dann gilt sinngemäß Ziffer 24, es fallen gemäß § 86 Abs. 2 Satz 2 die Gebühren erneut in der in den Ziffern 42 bis 44 genannten Höhe an.

46. Ist die Frist des § 229 StPO eingehalten, beträgt die gesetzliche Höchstgebühr für den Fortsetzungstermin gemäß § 86 Abs. 2 Nr. 1 beim Bundesgerichtshof 1030,00 DM, die Hälfte davon ist die Pflichtverteidigergebühr gemäß § 97 Abs. 1, somit 515,00 DM.

47. Bei einer Fortsetzungsverhandlung vor dem Oberlandesgericht beträgt die gesetzliche Höchstgebühr gemäß §§ 86 Abs. 2 Nr. 2; 97 Abs. 1 620,00 DM, die Pflichtverteidigergebühr die Hälfte der Höchstgebühr, somit 310,00 DM.

48. Die gesetzliche Höchstgebühr vor dem Oberlandesgericht bei einer Entscheidung durch den Einzelrichter im 1. Rechtszug – ausgenommen den Jugendrichter – beträgt gemäß § 86 Abs. 2 Nr. 2, 2. Alternative, 530,00 DM, die Pflichtverteidigergebühr die Hälfte der Höchstgebühr gemäß § 97 Abs. 1 Nr. 1, somit 265,00 DM.

49. § 91 gilt nur für den Fall, daß der Rechtsanwalt nicht bereits Pflichtverteidiger ist. Dessen gesamte Tätigkeit wird gemäß § 97 Satz 1 durch die Gebühren der §§ 83 bis 86 abgegolten. So kann die Teilnahme des bestellten Pflichtverteidigers an einer kommissarischen richterlichen Vernehmung außerhalb der Hauptverhandlung nicht gesondert, insbesondere nicht über § 91 Nr. 2 vergütet werden. Da es für diese Tätigkeit keine gesetzliche Regelung gibt, kommt hier nur ein Antrag nach § 99 in Betracht.
Bei der Beiordnung für eine Einzeltätigkeit erhält der Rechtsanwalt die Gebühren aus § 91. Es handelt sich um eine Auffangvorschrift.

50. Gemäß § 91 Nr. 1 werden folgende Einzeltätigkeiten vergütet: Einlegung eines Rechtsmittels, Anfertigung oder Unterzeichnung anderer Anträge, Gesuche oder Erklärungen, oder eine andere nicht in Nummer 2 oder 3 erwähnte Beistandsleistung. Dazu gehören z.B.: nachträglicher Antrag auf Strafaussetzung zur Bewährung (§ 56e StGB); Antrag auf Straferlaß und Absehen vom Widerruf der Strafaussetzung zur Bewährung (§ 56f StGB); Antrag auf Straferlaß (§ 56g StGB); Antrag auf Aussetzung des Strafrestes (§ 57 StGB); Antrag auf vorzeitige Abkürzung der Sperre für die Wiedererteilung der Fahrerlaubnis (§ 69a Abs. 7 StGB); Antrag auf Fristgewährung zur Zahlung der Geldstrafe (§§ 42 StGB, 459a StPO) nach Eintritt der Rechtskraft, anderenfalls gilt § 83 oder § 85 (*Gerold/Schmidt/Madert* § 91 Rdnr. 7); Antrag auf Strafaufschub § 455, 456 StPO); generell Tätigkeit im Strafvollzug; Strafanzeigen und Strafanträge.
Nicht hierher gehören Anträge im Gnadenverfahren (§ 94) und die Tätigkeit im Wiederaufnahmeverfahren (§ 90).
Die gesetzliche Mindestgebühr des § 91 Nr. 1 beträgt 20,00 DM, die Pflichtverteidigergebühr in Verbindung mit § 97 Abs. 1 das Vierfache, mithin 80,00 DM.

51. In § 91 Nr. 2 sind geregelt: Die Anfertigung oder Unterzeichnung einer Schrift zur Rechtfertigung der Berufung gemäß § 317 StPO; die Gegenerklärung auf eine Berufung; die Führung des Verkehrs mit dem Verteidiger, dem Beistand oder Vertreter eines Privatklägers, Nebenklägers oder eines anderen Verfahrensbeteiligten (*Gerold/Schmidt/Madert* § 91 Rdnr. 12). Die Verkehrsgebühr kann in jedem Rechtszug neu entstehen, also bei einem Verfahren durch drei Instanzen insgesamt dreimal (*Gerold/Schmidt/Madert* § 91 Rdnr. 12). Beistandsleistung für den Beschuldigten bei richterlicher (kommissarischer Vernehmung) oder staatsanwaltschaftlicher Vernehmung oder mündlicher Verhandlung oder Augenscheinseinnahme außerhalb der Hauptverhandlung sowie im Klageerzwingungsverfahren (§§ 172 Abs. 2 bis 4; 173 StPO).

Die Gebühren nach Nummer 1 und 2 können nebeneinander erwachsen, so z.B. bei Stellung eines Strafantrages mit anschließendem Klageerzwingungsverfahren (*Gerold/ Schmidt* § 91 Rdnr. 14).

Dies gilt jedoch nur für Einzeltätigkeiten, der uneingeschränkt bestellte Verteidiger erhält nur die Gebühr nach §§ 83, 85.

Die Gebühren nach Nummer 1 und 2 können nebeneinander erwachsen, so z.B. für die Erstattung der Anzeige mit Strafantrag (§ 91 Nr. 1), die Beschwerde gegen den ablehnenden Bescheid der Staatsanwaltschaft (§ 91 Nr. 1) und für die Vertretung im Klageerzwingungsverfahren (§§ 172 Abs. 2 bis 4; 173 StPO) (§ 91 Nr. 2).

52. § 91 Nr. 3 regelt die Anfertigung oder Unterzeichnung einer Revisionsbegründungsschrift oder einer Erklärung auf die von Staatsanwalt, Privatkläger oder Nebenkläger eingelegte Revision.

Die gesetzliche Mindestgebühr des § 91 Nr. 3 beträgt 60,00 DM, in Verbindung mit § 97 Abs. 1 beträgt die Pflichtverteidigergebühr das Vierfache, mithin 240,00 DM.

53. In diesem Zusammenhang ist darauf zu verweisen, daß sparsame Rechtspfleger dem Pflichtverteidiger bei Vertretung im Revisionsverfahren vor dem BGH außerhalb der Hauptverhandlung keine Gebühr nach §§ 86 Abs. 3, 97 Abs. 1 bewilligt haben, sondern nur eine Gebühr gemäß § 91 Nr. 3. Die Ersparnis für die Staatskasse beträgt in solchen Fällen 40,– DM. Die Pflichtverteidigergebühr nach §§ 86 Abs. 3 Nr. 1; 97 Abs. 1 beträgt 280,00 DM (s. Anm. 38), die Pflichtverteidigergebühr nach §§ 91 Nr. 3; 97 Abs. 1 beträgt 240,00 DM. Diese Auffassung ist sachlich falsch, weil § 91 gerade für den nicht zum Verteidiger bestellten Rechtsanwalt gilt, die Bestellung zum Pflichtverteidiger gemäß § 140 StPO jedoch für das gesamte Verfahren gilt und erst mit der Rechtskraft endet (*Kleinknecht/Meyer* § 140 Rdnr. 5; 8). Der ohne Einschränkung bestellte Pflichtverteidiger kann systemgerecht nur nach § 86 und nicht nach § 91 vergütet werden (*Gerold/Schmidt/Madert* § 97 Rdnr. 16; *Riedel/Sußbauer/Fraunholz* § 97 Rdnr. 7; *Hartmann* § 91 Anm. 4; *Swolana/Hansens* § 91 Rdnr. 14).

Von Bedeutung ist diese Regelung für die Verfahren vor dem BGH. Beim OLG beträgt die Pflichtverteidigergebühr gemäß §§ 96 Abs. 3; Abs. 1 Nr. 2; 97 Abs. 1 200,00 DM bzw. 160,00 DM (s. Anm. 39, 40), während die Pflichtverteidigergebühr aus §§ 91 Nr. 3; 97 Abs. 1 240,00 DM beträgt.

Ein Fall des § 350 Abs. 3 StPO (Beiordnung für die mündliche Verhandlung in der Revisionsinstanz) liegt gerade nicht vor. Die Vertretung in der Revisionsinstanz ohne jeden Kontakt mit dem Angeklagten wäre im übrigen bedenklich, weil der Angeklagte Anspruch auf Information über die Tätigkeit des Pflichtverteidigers hat. Deshalb handelt es sich gerade nicht nur um eine Einzeltätigkeit des Pflichtverteidigers, er ist daher nach §§ 86 Abs. 3, 97 Abs. 1 zu vergüten.

54. Die Bestellung zum Pflichtverteidiger kann auch für ein Wiederaufnahmeverfahren gemäß § 364b StPO erfolgen. Gemäß §§ 90, 97 Abs. 1 Satz 2 entsteht für die Vorbereitung, die Stellung eines Antrages sowie die Vertretung im Verfahren eine Gebühr nach § 84 Abs. 1. Der Rechtsanwalt erhält auch die Wiederaufnahmegebühr, wenn er dem Verurteilten von der Stellung des Wiederaufnahmeantrages abrät (§ 90 Abs. 1 Satz 2), aber nach § 97 Abs. 1 Satz 2 nur dann, wenn das Gericht den Verteidiger bereits vorher gemäß § 364b Abs. 1 Satz 1 StPO bestellt oder eine Feststellung gemäß § 364b Abs. 1 Satz 2 StPO getroffen hatte (*Swolana/Hansens* § 97 Rdnr. 13). Der Gebührenrahmen innerhalb der Vorschrift des § 84 Abs. 1 richtet sich nach dem Gericht, das im 1. Rechtszug entschieden hat (§ 90 Abs. 2).

Es handelt sich um eine Pauschgebühr, die auf andere Gebühren nicht anzurechnen ist. Sie deckt auch die Tätigkeit im Beschwerdeverfahren oder während der Beweisaufnahme über die Zulässigkeit des Antrages ab.

Nach der Anordnung der Wiederaufnahme entstehen die Gebühren der §§ 83 ff. erneut (*Gerold/Schmidt/Madert* § 97 Rdnr. 18).

55. Auslagen sind die Post-, Telegrafen-, Fernsprech- und Fernschreibgebühren (§ 26 Abs. 1). Das Gesetz sieht zwei Abrechnungsmöglichkeiten vor. Entweder nimmt der Pflichtverteidiger eine Einzelabrechnung vor oder es wird der Pauschbetrag gemäß § 26 Satz 2, letzte Alternative geltend gemacht. Der Pauschbetrag beträgt 15% der gesetzlichen Gebühren, in Straf- und Bußgeldsachen höchstens 30,00 DM, abweichend von dem Pauschbetrag in Zivilsachen, der höher ist. Er muß nicht im einzelnen nachgewiesen werden.

Die Postgebührenpauschale entsteht in jeder Instanz neu, kann also in einem Strafverfahren, das durch mehrere Instanzen läuft, auch mehrmals anfallen. Der Pflichtverteidiger kann die Postgebührenpauschale des § 26 über §§ 97 Abs. 2, 126 Abs. 1 geltend machen. *Gerold/Schmidt/v. Eicken* (§ 126 Rdnr. 11; BGH NJW 1971, 1855 = AnwBl. 1971, 315; KG JurBüro 1980, 1198; OLG Düsseldorf JurBüro 1987, 703) vertritt die Auffassung, daß der Pflichtverteidiger die Pauschale in Höhe von 15% der Wahlanwaltsgebühren, also nicht nur der Gebühren des § 123 fordern kann. Dies kann sich allerdings nur auf Wertgebühren beziehen, nicht aber auf Rahmengebühren für den Wahlverteidiger, weil deren Höhe gerade nicht feststeht, sondern von dem Rechtsanwalt erst bestimmt werden müßte. Dies wäre eine Quelle unzähliger Streitigkeiten auf einem Nebenschauplatz. Deshalb ist der Auffassung nicht zu folgen. Im übrigen liegen die Pflichtverteidigergebühren in einer Höhe, die diese Frage zur Zeit zumindest obsolet macht.

56. Fotokopiekosten werden gemäß §§ 97 Abs. 2, 126 Abs. 1 Satz 1, 27, Nr. 1900 Kostenverzeichnis Anlage 2 zum GKG erstattet.

Danach betragen die Schreibauslagen für jede Seite unabhängig von der Art der Herstellung in derselben Angelegenheit und in demselben Rechtszug für die ersten 50 Seiten je 1,00 DM, für jede weitere Seite 0,30 DM.

Dem Pflichtverteidiger sind Schreibauslagen für solche Abschriften zu erstatten, die er im Zeitpunkt der Herstellung für erforderlich halten durfte. Dabei gehen einige Gerichte sehr kleinlich vor. (*Gerold/Schmidt/v. Eicken* § 126 Rdnr. 7; *Swolana/Hansens* § 126 Rdnr. 7; LG Hof JurBüro 1987, 549).

Es empfiehlt sich, eine Aufstellung der fotokopierten Blätter aus der Strafakte dem Antrag beizufügen, damit der Rechtspfleger die Notwendigkeit der Anfertigung von Fotokopiekosten prüfen kann. Dies steht zwar mit der Waffengleichheit zwischen Gericht und Verteidigung nicht im Einklang (der Verteidiger muß den gleichen Kenntnisstand haben wie der Richter), entspricht aber noch heute oftmals herrschender Rechtspraxis. Die Vorlage der Handakte kann nicht gefordert werden (LG Frankenthal AnwBl. 1985, 157). Es genügt die Glaubhaftmachung des Verteidigers.

Es ist zulässig, daß der Pflichtverteidiger seinen Aktenauszug dem Angeklagten überläßt. Nicht erstattungsfähig sind jedoch die Kosten für den zweiten Aktenauszug, den der Pflichtverteidiger zu diesem Zweck für den Angeklagten anfertigt, weil diese Auslagen nicht erforderlich sind (*Meyer*, JurBüro 1985, 1133; OLG Saarbrücken JurBüro 1986, 1213).

57. Nach § 97 Abs. 2 sind auch andere Auslagen als Reisekosten zu erstatten. Darunter können nach § 126 Abs. 1 auch Dolmetscherkosten sein, die der Pflichtverteidiger verauslagt hat (*Gerold/Schmidt/v. Eicken* § 126 Rdnr. 10; *Riedel/Sußbauer/Fraunholz* § 126 Rdnr. 10). Sie werden erst erstattet, wenn die Hinzuziehung gerichtlich genehmigt worden ist (*Gerold/Schmidt/Madert* § 97 Rdnr. 20; LG München AnwBl. 1982, 495; AG Celle MDR 1983, 143). Liegt ein Beschluß nach § 126 vor, ist er für das Erstattungsverfahren bindend (§ 126 Abs. 2 Satz 2) (s. Form. XIV. B. 5).

58. Grundsätzlich sind nicht nur die Auslagen zu erstatten, die nach der Beiordnung des Pflichtverteidigers entstanden sind. Denkbar sind auch Fälle, in denen z.B. der Gerichtsvorsitzende dem Wahlverteidiger die Beiordnung in der Hauptverhandlung zusagt, der Wahlverteidiger aber zu deren Vorbereitung einen ausländischen Angeklagten mit einem Dolmetscher in der Untersuchungshaft aufsucht. Diese vor der Beiordnung entstandenen Auslagen sind nach der Meinung von *Gerold/Schmidt/Madert* (§ 97 Rdnr. 20 m.w.N.; *Swolana/Hansens* § 97 Rdnr. 14; KG AnwBl. 1980, 467; KG JurBüro 1989, 1554; OLG Frankfurt StV 1983, 425; OLG Düsseldorf JurBüro 1986, 571; a.M. OLG Hamm 1980, 468 mit abl. Anm. *Chemnitz*; OLG Zweibrücken JurBüro 1983, 1203; mit Einschränkungen *Riedel/Sußbauer/Fraunholz* § 97 Rdnr. 16) zu erstatten. Gleichwohl ist es sicherer, einen Beiordnungsantrag, gekoppelt mit einem Antrag auf Feststellung der Notwendigkeit der Beiziehung eines Dolmetschers zu stellen. Der Antrag sollte möglichst genau gehalten werden, um eine zeitliche Beschränkung durch das Gericht zu vermeiden, die dann zu einem erneuten Antrag führen müßte.

Ein Antrag sollte auch dann gestellt werden, bevor eine größere Anzahl von Fotokopien aus den Gerichtsakten angefertigt wird (s. Form. XIV. B. 5).

59. Der Pflichtverteidiger hat für notwendige Reisen Anspruch auf Erstattung von Reisekosten (*Schmidt* S. 37). Voraussetzung ist die vorherige Feststellung, ob die Reise erforderlich ist durch das Gericht nach § 126 Abs. 2. Die Höhe der Reisekosten richtet sich nach § 28 (*Gerold/Schmidt/v. Eicken* § 126 Rdnr. 21; § 126 Abs. 1 Satz 2 gilt für den Pflichtverteidiger nicht (*Riedel/Sußbauer/Fraunholz* § 97 Rdnr. 17).

Die Reisekosten umfassen gemäß § 28 Abs. 1 und 2: Wegeentschädigung, Tage- und Abwesenheitsgeld, Übernachtungskosten.

Grundsätzlich sollten bei zu erstattenden Reisekosten keine Unterschiede zwischen Wahl- und Pflichtverteidiger gemacht werden.

60. Zu der Wegeentschädigung gehört in erster Linie das Kilometergeld von 0,45 DM für jeden angefangenen Kilometer des Hin- und Rückweges bei Benutzung des eigenen Pkws (Einzelheiten bei *Meyer*, Die Geschäftsreise des Rechtsanwalts, JurBüro 1988, 1268). Daneben sind zu erstatten die tatsächlichen Aufwendungen bei Benutzung anderer Verkehrsmittel, z.B. bei der Bundesbahn die 1. Klasse, und, falls erforderlich, der Schlafwagen (*Schumann/Geißinger* § 28 Rdnr. 9; *Gerold/Schmidt* § 28 Rdnr. 20).

Streitig ist, ob innerhalb der Bundesrepublik Flugkosten zu erstatten sind (*Gerold/Schmidt/Madert* § 28 Rdnr. 20).

Man wird die Erstattung kaum ablehnen können, wenn eine erhebliche Zeitersparnis eintritt, wie z.B. bei Flügen von und nach Berlin (*Schumann/Geißinger* § 28 Rdnr. 9 Anm. 22; LG Flensburg (JurBüro 1976, 1650) – hier waren die Übernachtungskosten, einschließlich Bar-Besuch, unter Hinweis auf Flugmöglichkeiten am gleichen Tage von Hamburg nach Berlin und zurück abgesetzt worden). Bei Auslandsreisen ist grundsätzlich der Flugpreis zu erstatten, obwohl hier wiederum streitig ist, ob dem Pflichtverteidiger die 1. Klasse erstattet wird (*Gerold/Schmidt/Madert* § 28 Rdnr. 20; OLG Frankfurt (NJW 1971, 160; AnwBl. 1974, 306 mit abl. Anm. *Schmidt* für eine fünfstündige Flugreise wird die Economy-Class, nicht aber die 1. Klasse erstattet). Bejahend *Meyer* (JurBüro 1988, 1268). Auch dieser Streit sollte eigentlich im Zeitalter der Business-Class überholt sein, deren Tarife nur gering über dem Normaltarif liegen (*Riedel/Sußbauer/Fraunholz* § 28 Rdnr. 10).

Bei Flugreisen sind auch die Taxikosten zum und vom Flughafen zu erstatten, weil nicht davon auszugehen ist, daß der Verteidiger nur mit öffentlichen Verkehrsmitteln fährt (*Gerold/Schmidt/Madert* § 28 Rdnr. 20; *Riedel/Sußbauer/Fraunholz* § 28 Rdnr. 10). Ebenso sind Parkgebühren für den eigenen Pkw des Verteidigers am Heimatflughafen zu erstatten, wenn sie geringer sind als Taxikosten.

61. Die Tage- und Abwesenheitsgelder ergeben sich aus § 28 Abs. 2 Satz 1. Es handelt sich um pauschalierte Beträge für die Mehrkosten, die auf einer Geschäftsreise entstehen, gleichgültig, in welcher Höhe sie tatsächlich entstanden sind (*Gerold/Schmidt/Madert* § 28 Rdnr. 22; *Riedel/Sußbauer/Fraunholz* § 28 Rdnr. 12; *Swolana/Hansens* § 28 Rdnr. 11). Das Tage- und Abwesenheitsgeld beträgt bis zu 4 Stunden 25,00 DM, zwischen 4 und 8 Stunden 50,00 DM und bei mehr als 8 Stunden 95,00 DM. Die Zeit rechnet von Haustür zu Haustür der Wohnung oder des Büros (*Gerold/Schmidt/Madert* § 28 Rdnr. 22; *Riedel/ Sußbauer/Fraunholz* § 28 Rdnr. 13; *Swolana/Hansens* § 28 Rdnr. 12). Bei Auslandsreisen hat der Rechtsanwalt einen Anspruch auf einen Zuschlag von 50% (§ 28 Abs. 2 Satz 1, 2. Halbsatz). Es handelt sich nicht um eine Kannvorschrift (*Gerold/Schmidt/Madert* § 28 Rdnr. 22; *Riedel/Sußbauer/Fraunholz* § 28 Rdnr. 14).

62. Schließlich hat der Pflichtverteidiger auch Anspruch auf Ersatz der Übernachtungskosten (§ 28 Abs. 2 Satz 2) in voller Höhe, wenn sie angefallen sind, z. B. also nicht bei Benutzung eines Schlafwagens (*Gerold/Schmidt/Madert* § 28 Rdnr. 23; *Riedel/Sußbauer/ Fraunholz* § 28 Rdnr. 16). Zum Grund der Übernachtungskosten sollte auf die vorhandenen oder nicht ausreichend vorhandenen Verkehrsbedingungen hingewiesen werden.

Zu der Frage, in welcher konkreten Höhe Übernachtungskosten zu vergüten sind, findet sich lediglich der Hinweis auf Übernachtungskosten – im Rahmen der Üblichkeit und Angemessenheit – (*Gerold/Schmidt/Madert* § 28 Rdnr. 23; *Riedel/Sußbauer/Fraunholz* § 28 Rdnr. 16). Grundsätzlich hat der Verteidiger Anspruch auf die tatsächlich angefallenen Übernachtungskosten für jede Nacht, für die er auswärts Unterkunft suchen muß (*Schumann/Geißinger* § 28 Rdnr. 8). Zur Angemessenheit gilt § 670 BGB. Hier sollte in dem Antrag stets eine kurze Begründung erfolgen, z. B. „wegen Messe alle billigen Hotels ausgebucht" oder „günstige Lage zum Tätigkeitsort" o. ä. Wenn der Auftraggeber im Hilton-Hotel übernachtet, sind auch die Übernachtungskosten des Verteidigers in diesem Hotel zu vergüten (*Gerold/Schmidt/Madert* § 28 Rdnr. 23). Die Entscheidung des LG Berlin (AnwBl. 1971, 326), wonach die Übernachtungskosten im Berliner Hilton Hotel mit 74,00 DM unangemessen hoch seien, weshalb nur 35,00 DM zuerkannt wurden, dürfte überholt sein. Das OLG Karlsruhe hat 1985 (JurBüro 1986, 110) die Übernachtungskosten im Steigenberger-Hotel mit 150,00 DM nicht anerkannt, sondern unter Hinweis darauf, daß der Pflichtverteidiger vor seiner Bestellung in anderen billigeren Hotels übernachtet hat, die 80,00 DM kosteten, diesen Betrag zuerkannt (*Hartmann* § 28 Anm. 6 B).

63. Fallen Wege- und Übernachtungskosten im Ausland an, muß der Wechselkurs nachgewiesen werden. Bei Bezahlung mit Euroscheck oder Kreditkarte findet sich der umgerechnete Betrag im entsprechenden Kontoauszug, sonst sollte in jedem Fall eine Umtauschquittung mit Kursangabe der Bank beigefügt werden.

64. Der Pflichtverteidiger muß für Auslagen keine Belege vorlegen. Es reicht die Glaubhaftmachung (*Riedel/Sußbauer/Fraunholz* § 128 Rdnr. 13). Gleichwohl sollte es keine Schwierigkeiten machen, die Belege im Original oder in Kopie, notfalls mit der Bitte um Rückgabe beizufügen. Auf jeden Fall beschleunigt eine solche Verfahrensweise die Festsetzung erheblich, weil trotz der Glaubhaftmachung oft erfahrungsgemäß Rückfragen gerade in diesen Punkten erfolgen.

65. Der Rechtsanwalt hat Anspruch auf Ersatz der auf seine Vergütung entfallenden Umsatzsteuer, sofern diese nicht nach § 19 Abs. 1 Umsatzsteuergesetz unerhoben bleibt (§ 25 Abs. 2). Der Steuersatz beträgt seit dem 1. 7. 1983 14%.

66. Bei Mehrwertsteuerpflicht des Rechtsanwaltes ist die ihm in Rechnung gesetzte Mehrwertsteuer nicht in der Pflichtverteidigervergütungsberechnung geltend zu machen, sondern als Vorsteuer in der Umsatzsteuererklärung. Die Mehrwertsteuer enthaltenden Rechnungen sind deshalb nur netto geltend zu machen.

67. Eine Verzinsung der Pflichtverteidigergebühren findet grundsätzlich nicht statt, weil § 104 Abs. 2 ZPO nicht gilt (*Meyer*, S. 30). Bei der oft sehr langen Dauer bis zur Auszahlung der Gebühren wäre dies jedoch sicher angebracht.

C. Strafsachen besonderen Umfanges

Formulare

1. Hauptverhandlungstage
2. Ermittlungsverfahren
3. Kommissarische Vernehmung
4. Vorschußanforderung
5. Nebenkläger
6. Stellungnahme zur Äußerung des Bezirksrevisors

Anmerkungen

Allgemeines

1. Beiordnung nach §§ 140, 350 Abs. 3 StPO
2. Gilt nicht für Wahlverteidiger
3. Nebenklägervertreter
4. Formloser Antrag
5. Zuständigkeit
6. Zeitpunkt
7. Antrag auf Zahlung der Pflichtverteidigergebühren
8. Rechtsanspruch
9. Vorschuß
10. Anhörung der Staatskasse
11. Stellungnahme des Verteidigers
12. Unanfechtbarer Beschluß
13. Anspruch gegen den Angeklagten
14. Anrechnungspflicht, keine Verzinsung

Einzelheiten

15. Pauschvergütung für das ganze Verfahren
16. Teile des Verfahrens
17. Besonders umfangreiches Verfahren
18. Einzelfälle
19. Kommissarische Vernehmung
20. Besonders schwieriges Verfahren
21. Einzelfälle in rechtlicher Hinsicht
22. Einzelfälle in tatsächlicher Hinsicht
23. Weitere Einzelheiten
24. Höhe der Pauschgebühren im Einzelnen: Rechtsprechung
25. Allgemeine Bemessungsgrundsätze
26. Eigene Stellungnahme
27. Auslagen
28. Mehrwertsteuer

1. Hauptverhandlungstage

Rechtsanwalt Dietrich Herrmann,[4]
Turmstraße 10, 1000 Berlin 21,

An das
Kammergericht[5]
Witzlebenstraße 4–5,
1000 Berlin 19

über das
Landgericht Berlin[10]
Turmstraße 10
1000 Berlin 21   Berlin, den 21. 9. 1990[6]

In der Strafsache   Geschäftszeichen
gegen M   523–70/90

beantrage ich[4], gemäß § 99 Abs. 1 für die Vertretung in der Hauptverhandlung eine Pauschvergütung von 2.800,00 DM[15] zuzüglich 14% Mehrwertsteuer zu bewilligen.[28]

Begründung

Durch Beschluß des Vorsitzenden der 23. Strafkammer des Landgerichts Berlin vom 15. 1. 1990 bin ich dem Angeklagten gemäß § 140 Abs. 1 Nr. 1 StPO zum Pflichtverteidiger bestellt worden.[1]
Hauptverhandlungstermine haben am 23. 2., 1., 2., 12. und 13. 3. 1990 stattgefunden. Das Urteil vom 13. 3. 1990 ist rechtskräftig[6]. Die Pflichtverteidigergebühren für den 23. 2. 1990 betragen gemäß §§ 83 Abs. 1 Nr. 2, 97 Abs. 1 400,00 DM und für den 1. und 2., 12. und 13. 3. 1990 gemäß §§ 83 Abs. 2 Nr. 2, 97 Abs. 1 jeweils 310,00 DM.[6,24]
Durch diese Gebühren ist meine Tätigkeit nicht ausreichend vergütet, weil es sich um eine besonders umfangreiche und besonders schwierige Strafsache gehandelt hat.[18,21]
Nach § 99 Abs. 1 ist in besonders umfangreichen oder besonders schwierigen Strafsachen dem gerichtlich bestellten Rechtsanwalt für das ganze Verfahren[15] oder für einzelne Teile des Verfahrens[16] auf Antrag eine Pauschvergütung zu bewilligen, die über die Gebühr des § 97 hinausgeht.
Die Pauschgebühr soll hier für einen Teil des Verfahrens[16], nämlich die vier besonders langen Hauptverhandlungstage beantragt werden.[16,18]
a) Das Verfahren war besonders umfangreich[17]. Die Hauptverhandlungen haben an allen Fortsetzungstagen von 9.00 Uhr bis 17.00 Uhr mit einer Stunde Mittagspause gedauert. Am 23. 2. 1990 dauerte die Hauptverhandlung von 12.00 Uhr bis 16.00 Uhr. Ich habe an allen Verhandlungstagen teilgenommen. Damit überschritt die Hauptverhandlung an den Fortsetzungstagen erheblich die durchschnittliche Verhandlungsdauer, die bei der Strafkammer mit 4 bis 5 Stunden anzusetzen ist. Auch die Tatsache, daß die Hauptverhandlung an allen Fortsetzungstagen bis 17.00 Uhr gedauert hat, ist zu berücksichtigen, weil normalerweise bei mir um 16.00 Uhr die Sprechstunde beginnt, die an diesen Tagen jeweils eine Stunde verschoben werden mußte[18]. Darüber hinaus ist auch zu berücksichtigen, daß der Angeklagte sich in Haft befand und die gegen ihn erhobenen Vorwürfe bestritt. Die Anklage umfaßte 19 Einzelpunkte, die eingehend zu erörtern waren. Die Vorbereitungszeit darf deshalb nicht außer Betracht bleiben. Der Angeklagte wurde von mir achtmal in der Untersuchungshaft aufgesucht[18]. Die Tatsache, daß die Hauptverhandlung am 23. 2. 1990 von 12.00 Uhr bis 16.00 Uhr dauerte, fällt demgegenüber nicht mindernd ins Gewicht, weil es sich um eine etwa durchschnittliche Zeit gehandelt hat[18].

b) Daneben ist darauf hinzuweisen, daß das Verfahren auch besonders schwierig war[20]. Bei den gegen den Angeklagten erhobenen Vorwürfen handelt es sich um Betrug, der zu den rechtlich schwierigsten Tatbeständen des Strafgesetzbuches gehört[21,22].
Die Akten bestanden aus 2.590 Blatt. Es sind 34 Zeugen vernommen worden. Auch dies ist bei der Bemessung einer Pauschvergütung zu berücksichtigen. Insoweit war das Verfahren auch besonders schwierig in tatsächlicher Hinsicht[22].
Legt man die oben geschilderten Umstände zugrunde, ist eine Erhöhung der Pauschgebühr auf je 700,00 DM[24], d.h. etwas mehr als das Doppelte der gesetzlichen Gebühren angemessen. Die Erhöhung betrifft die vier besonders langen Hauptverhandlungstage, so daß der Pauschbetrag 2.800,00 DM betragen sollte[16].
Hinzu kommt die gesetzliche Mehrwertsteuer mit 14%[28].
Vorschüsse oder Zahlungen habe ich weder vom Angeklagten noch von Dritten erhalten[14].

Herrmann, Rechtsanwalt

2. Ermittlungsverfahren

Rechtsanwalt Dietrich Herrmann[4]
Turmstraße 10, 1000 Berlin 21,

An das
Kammergericht[5]
Witzlebenstraße 4–5

1000 Berlin 19

über das
Landgericht Berlin[10]
Turmstraße 91

1000 Berlin 21   Berlin, den 28. 9. 1990[6]

In der Strafsache   Geschäftszeichen
gegen L   527 – 22/90

beantrage ich[4], gemäß § 99 Abs. 1 für die Vertretung im Ermittlungsverfahren eine Pauschvergütung[16] von 1.000,00 DM zuzüglich 14% Mehrwertsteuer[28] zu bewilligen.

Begründung

Durch Beschluß des Ermittlungsrichters des Amtsgerichts Tiergarten vom 2. 11. 1990 bin ich dem Angeschuldigten gemäß § 117 Abs. 4 StPO zum Pflichtverteidiger bestellt worden[1]. Der Angeschuldigte befindet sich seit dem 26. 9. 1989 unter dem Vorwurf, seine Tochter ermordet zu haben, in Untersuchungshaft. Am 2. 7. 1990 ist Anklage vor der 27. (Schwurgerichts) Strafkammer des Landgerichts Berlin erhoben worden. Meine Beiordnung wurde durch Beschluß vom 13. 7. 1990 gemäß § 143 StPO aufgehoben, weil der Angeschuldigte einen Wahlverteidiger bestellt hat, der die Wahl angenommen hat[6].
Die Pflichtverteidigergebühr beträgt gemäß §§ 84 Abs. 1 Nr. 1, 83 Abs. 1 Nr. 1, 97 Abs. 1 280,00 DM[6,24].
Nach § 99 Abs. 1 ist in besonders umfangreichen oder besonders schwierigen Strafsachen dem gerichtlich bestellten Rechtsanwalt für das ganze Verfahren[15] oder einzelne Teile[16] des Verfahrens auf Antrag eine Pauschgebühr zu bewilligen, die über die Gebühr des § 97 hinausgeht.

3. Kommissarische Vernehmung XIV. C. 3

Die Pauschgebühr soll hier für einen Teil des Verfahrens, nämlich das Ermittlungsverfahren, geltend gemacht werden, weil ich als Pflichtverteidiger ausgeschieden bin[16].
Das Verfahren war besonders umfangreich[17].
Die Vertretung dauerte vom 2. 10. 1989 bis zum 13. 7. 1990[18]. In der gesamten Zeit war der Angeschuldigte in Untersuchungshaft. Ich habe ihn 20mal in der JVA Moabit und dreimal in der JVA Tegel besucht, wohin er zur Untersuchung auf seinen Geisteszustand verlegt worden war[18].
Die Besuche fanden jeweils sonnabends statt am:
7., 14., 21., 28. 10., 4., 25. 11., 9., 23. 12. 1989, 6., 13., 27. 1., 17. 2., 7., 28. 4., 12., 26. 5., 9., 16., 23. 6. und 7. 7. 1990 in der JVA Moabit, am 24. 2., 3. und 10. 3. 1990 in der JVA Tegel[18].
Die Akten bestanden aus zwei Bänden mit 564 Blatt. Am 21. 11. 1989 fand eine Akteneinsicht statt, die am 27. 6. 1990 ergänzt wurde.
Die Anzahl der Besuche unter Berücksichtigung der Tatsache, daß sie durch die Untersuchungshaft des Angeschuldigten besonders zeitaufwendig waren, ist weit überdurchschnittlich.
Alle Umstände ergeben, daß die gesetzliche Gebühr von 280,00 DM nicht ausreicht. Hier kommt eine Überschreitung um etwa das Vierfache der Gebühr auf 1.000,00 DM in Betracht[24].
Hinzu kommt die gesetzliche Mehrwertsteuer von 14%[28].
Vorschüsse oder Zahlungen habe ich weder von dem Angeschuldigten noch von Dritten erhalten[14].

Herrmann, Rechtsanwalt

3. Kommissarische Vernehmung

Rechtsanwalt Dietrich Herrmann[4]
Turmstraße 10, 1000 Berlin 21

An das
Kammergericht[5]
Witzlebenstraße 4–5
1000 Berlin 19

über das
Landgericht Berlin[10]
Turmstraße 91
1000 Berlin 21   Berlin, den 28. 9. 1990[6]

In der Strafsache   Geschäftszeichen
gegen M   510 – 30/90

beantrage ich[4], gemäß § 99 Abs. 1 für die Vertretung bei den beiden kommissarischen Vernehmungen des Zeugen Z in L am 11. 7. und 28. 8. 1990 eine Pauschvergütung von 2.800,00 DM[16,19] zuzüglich 14% Mehrwertsteuer[28] zu bewilligen.

Begründung

Durch Beschluß des Vorsitzenden der 10. Strafkammer des Landgerichts Berlin vom 15. 1. 1990 bin ich dem Angeklagten gemäß § 140 Abs. 1 Nr. 1 StPO zum Pflichtverteidiger bestellt worden[1]. Neben Hauptverhandlungen an 29 Tagen haben zwei kommissarische Vernehmungen des Zeugen Z in L stattgefunden, an denen ich teilgenommen habe.
Das Verfahren ist rechtskräftig abgeschlossen[6].

Das Gesetz sieht für die Teilnahme an der kommissarischen Vernehmung des Zeugen keine Gebühren für den Pflichtverteidiger vor. Lediglich der für die Einzeltätigkeit bestellte Verteidiger erhält eine Gebühr nach § 91 Nr. 2. Diese soll als Ausgangspunkt hier zugrunde gelegt werden[24].
Die Gebühren für diese beiden Vernehmungen würden gemäß §§ 91 Nr. 2, 97 Abs. 1 jeweils 160,00 DM für den nur hierfür bestellten Pflichtverteidiger betragen[24].
Nach § 99 Abs. 1 ist in besonders umfangreichen oder besonders schwierigen Strafsachen dem gerichtlich bestellten Rechtsanwalt für das ganze Verfahren[15] oder einzelne Teile[16] auf Antrag eine Pauschgebühr zu bewilligen, die über die Gebühr des § 97 hinausgeht.
Die Pauschgebühr soll hier für einen Teil des Verfahrens, nämlich die beiden kommissarischen Vernehmungen in L beantragt werden[19]. Für das übrige Verfahren kommt eine Pauschvergütung nicht in Betracht[16].
Dieser Teil des Verfahrens war besonders umfangreich[17,18].
An beiden Tagen erfolgte der Abflug in Berlin um 7.10 Uhr, die Rückkehr jeweils am folgenden Tage um 18.30 Uhr. Wenn auch die Vernehmungen jeweils nur drei Stunden gedauert haben, muß doch die gesamte Zeit der Abwesenheit berücksichtigt werden.
Die Abwesenheit ging hier erheblich über die durchschnittliche Hauptverhandlungsdauer hinaus, die bei der Strafkammer mit etwa vier bis fünf Stunden anzusetzen ist[18].
Die Abwesenheit war mehr als doppelt so lang. Dies rechtfertigt für jeden Tag der Abwesenheit einen Betrag, der etwas weniger als die dreifache Höchstgebühr der Gebühren der § 91 Nr. 2 mit 520,00 DM ausmacht[24], nämlich für je eine Reise zu einer kommissarischen Vernehmung 1.400,00 DM. Selbst wenn man die Gebühr des § 91 Nr. 2 nicht anwenden will, käme man über § 83 Abs. 2 Nr. 2, der beim Landgericht die Höchstgebühr von 620,00 DM für einen Fortsetzungstag vorsieht, auf einen Betrag, der etwas mehr als das Doppelte dieser gesetzlichen Gebühren ausmacht.
In jedem Fall kann seit der Entscheidung des Bundesverfassungsgerichts[24] die Höchstgebühr, sei es aus § 91 Nr. 2 mit 520,00 DM, sei es aus § 83 Abs. 2 Nr. 2 mit 620,00 DM überschritten werden.
Hinzu kommt die gesetzliche Mehrwertsteuer von 14%[28].
Vorschüsse oder Zahlungen habe ich weder von dem Angeklagten noch von einem Dritten erhalten[14].

Herrmann, Rechtsanwalt

4. Vorschußanforderung

Rechtsanwalt Dietrich Herrmann[4]
Turmstraße 10, 1000 Berlin 21

An das Kammergericht[5]
Witzlebenstraße 4–5

1000 Berlin 19

über das
Landgericht Berlin[10]
Turmstraße 91

1000 Berlin 21   Berlin, den 29. 6. 1990

In der Strafsache   Geschäftszeichen
gegen M   510 – 30/90

beantrage ich[4], mir für die bisherige Vertretung des Angeklagten einen Vorschuß auf die zu erwartende Pauschgebühr in Höhe von 10.000,00 DM zu zahlen.

4. Vorschußanforderung

Begründung

1) Durch Beschluß des Vorsitzenden der 10. Strafkammer des Landgerichts Berlin vom 15. 1. 1990 bin ich dem Angeklagten gemäß § 140 Abs. 1 Satz 1 StPO zum Pflichtverteidiger bestellt worden[1].

Nach § 99 Abs. 1 ist in besonders umfangreichen oder besonders schwierigen Strafsachen dem gerichtlich bestellten Rechtsanwalt für das ganze Verfahren[15] oder einzelne Teile[16] auf Antrag eine Pauschgebühr zu bewilligen, die über die Gebühren des § 97 hinausgeht. Für die Geltendmachung der Gebühren nach § 99 gibt es keinen im Gesetz vorgesehenen Zeitpunkt[6]. Es gibt auch keinen gesetzlich geregelten Anspruch auf Vorschuß für den bestellten Verteidiger.

War der Pflichtverteidiger jedoch schon längere Zeit tätig und ist abzusehen, daß ein Antrag auf Zahlung einer Pauschvergütung nach § 99 erfolgreich sein wird, kann auch ein Vorschuß bewilligt werden.

2) So ist es hier. Es haben 20 Verhandlungstage stattgefunden, die jeweils von 9 bis 18 Uhr gedauert haben mit einer Stunde Mittagspause. Ich habe an allen Hauptverhandlungstagen während der gesamten Verhandlungszeit teilgenommen.

Normalerweise dauern Hauptverhandlungen bei der Strafkammer des Landgerichts vier bis fünf Stunden, hier dauerte die Hauptverhandlung jeweils neun Stunden, mindestens acht Stunden, wenn man die Mittagspause berücksichtigt. Allein dieser Umstand erweist, daß das Verfahren bisher besonders umfangreich war.

Hinzu kommt, daß die Dauer der Hauptverhandlung es mir unmöglich machte, an den Verhandlungstagen meine Sprechstunde wahrzunehmen, die normalerweise von 16 bis 18 Uhr dauert. Dies rechtfertigt die Annahme, daß hier eine Pauschgebühr, die die gesetzlichen Gebühren um das Doppelte überschreitet, zugebilligt werden wird[18].

Die gesetzlichen Gebühren betragen gemäß §§ 83 Abs. 1 Nr. 2, 97 Abs. 1 für den ersten Verhandlungstag 400,00 DM, für die weiteren 19 Tage gemäß §§ 83 Abs. 2 Nr. 2, 97 Abs. 1 je 310,00 DM, zusammen also 6.290,00 DM[24]. Der Pauschbetrag sollte deshalb 12.500,00 DM betragen.

3) Hier haben die Hauptverhandlungen jeweils an drei Tagen der Woche stattgefunden. Das bedeutet, daß ich den überwiegenden Teil meiner Arbeitszeit in dieser Sache verbringe.

Da ich laufende Kosten für Miete, Gehälter und sonstige Bürokosten habe, die ich nicht wie sonst erwirtschaften kann, ganz abgesehen von Entnahmen für mich und meine Familie, bin ich auf die Zahlung eines Vorschusses angewiesen. Ein Betrag von 10.000,00 DM ist in dieser Sache in jedem Fall angemessen. Hinzu kommt die gesetzliche Mehrwertsteuer[28].

Vorschüsse oder Zahlungen habe ich in dieser Sache weder von dem Angeklagten noch von Dritten erhalten[14].

Herrmann, Rechtsanwalt

5. Nebenkläger

Rechtsanwalt Dietrich Herrmann[4]
Turmstraße 10, 1000 Berlin 21

An das
Kammergericht[5]
Witzlebenstraße 4–5
1000 Berlin 19

über das
Landgericht Berlin[10]
Turmstraße 91
1000 Berlin 21   Berlin, den 28. 9. 1990

In der Strafsache   Geschäftszeichen
gegen N   528 – 3/90

beantrage ich[4], gemäß § 99 Abs. 1 für die Vertretung des Nebenklägers[3] in der Hauptverhandlung eine Pauschvergütung von 3.750,00 DM zuzüglich 14% Mehrwertsteuer[28] zu bewilligen.

Begründung

Durch Beschluß des Vorsitzenden der 28. Großen Strafkammer (Schwurgerichtskammer) des Landgerichts Berlin vom 20. 3. 1990 ist dem Nebenkläger Prozeßkostenhilfe unter meiner Hinzuziehung gemäß § 397a StPO bewilligt worden[1,3].
Hauptverhandlungen haben am 2., 5., 9., 12. und 16. 4. 1990 stattgefunden.
Die Gebühren für den 2. 4. 1990 betragen gemäß §§ 102, 97 Abs. 1, 83 Abs. 1 Nr. 1 560,00 DM, für die übrigen vier Tage gemäß §§ 102, 97 Abs. 1, 83 Abs. 2 Nr. 1, 83 Abs. 1 Nr. 1 je 515,00 DM, insgesamt also 2.620,00 DM[24].
Nach § 99 Abs. 1 ist in besonders umfangreichen oder besonders schwierigen Strafsachen dem gerichtlich bestellten Rechtsanwalt für das ganze Verfahren[15] oder für einzelne Teile[16] des Verfahrens auf Antrag eine Pauschvergütung zu bewilligen, die über die Gebühr des § 97 hinausgeht.
Die Hauptverhandlungen haben an allen Tagen von 9.00 Uhr bis 18.00 Uhr mit einer Stunde Mittagspause gedauert. Ich habe an allen Hauptverhandlungen teilgenommen.
Die Revisionen der Angeklagten gegen das Urteil vom 16. 4. 1990 sind durch Beschluß des Bundesgerichtshofs vom 23. 7. 1990 verworfen worden. Das Urteil ist somit rechtskräftig. Damit sind die Gebühren gemäß § 16 fällig[6].
Die Pauschgebühr soll hier für die Vertretung im ganzen Verfahren beantragt werden[15].
Das Verfahren war besonders schwierig in tatsächlicher Hinsicht[22]. Es richtete sich gegen zwei Angeklagte, die gemeinschaftlich den Vater des Nebenklägers ermordet hatten. Während sich der eine Angeklagte nicht äußerte, bestritt der andere bis zum Urteil jegliche Tatbeteiligung.
Durch insgesamt sieben Beweisanträge des Nebenklägers konnten schließlich die entscheidenden Tatsachen festgestellt werden, die zu einer Verurteilung beider Angeklagten führten. Insgesamt wurden 23 Zeugen und zwei medizinische Sachverständige gehört.
Die Akten bestanden aus insgesamt 1.829 Blatt. Zur Vorbereitung der Hauptverhandlungen wurde der gesamte Akteninhalt mit dem Nebenkläger erörtert, was zu den bereits genannten Beweisanträgen führte.
Daneben war das Verfahren auch besonders umfangreich[17,18]. Eine Verhandlung vor dem Schwurgericht von neun Stunden geht über die übliche Dauer von sechs bis acht Stunden

hinaus. Bei einer Gesamtschau aller Umstände ist eine Erhöhung der Pauschgebühr auf 750,00 DM für jeden Hauptverhandlungstag angemessen, d. h. für fünf Hauptverhandlungstage auf insgesamt 3.750,00 DM.

Insgesamt handelte es sich um ein besonders schwieriges Verfahren in tatsächlicher und rechtlicher Hinsicht[20,22].

Hinzu kommt die gesetzliche Mehrwertsteuer mit 14%[28].

Vorschüsse oder Zahlungen habe ich weder vom Nebenkläger noch von Dritten erhalten[14].

Herrmann, Rechtsanwalt

6. Stellungnahme zur Äußerung des Bezirksrevisors

Rechtsanwalt Dietrich Herrmann[4]
Turmstraße 10, 1000 Berlin 21

An das[5]
Kammergericht
Witzlebenstraße 4–5
1000 Berlin 19

Berlin, den 28. 9. 1990

In der Strafsache
gegen M

Geschäftszeichen
510 – 30/90

gebe ich zur der Äußerung des Bezirksrevisors vom 18. 9. 1990 folgende Gegenerklärung ab[11]:

1. Der Bezirksrevisor übersieht in seiner Stellungnahme, daß sehr wohl am 11. 7. 1990 eine kommissarische Vernehmung des Zeugen Z in L stattgefunden hat. Das Protokoll über die Vernehmung findet sich in Band II Blatt 431. Daraus ergibt sich auch meine Teilnahme[1].

2. Der Bezirksrevisor hat auch übersehen, daß das Landgericht Berlin mit Beschluß vom 8. 8. 1990 (Band II Blatt 491) meine Teilnahme an der erneuten Vernehmung des Zeugen Z für erforderlich gehalten hat.

3. Soweit Einwendungen gegen die Höhe der verlangten Pauschgebühr gemacht werden, sind diese unbeachtlich.

Für die kommissarische Vernehmung gilt gerade nicht die Vorschrift über die Fortsetzungstage (§ 83 Abs. 2), vielmehr ist für diese Tätigkeit keine Vorschrift im Gesetz enthalten.

Nur der nicht zum Verteidiger bestellte Rechtsanwalt bekäme wenigstens die Gebühr nach § 91 Nr. 2, der bestellte Pflichtverteidiger hingegen müßte ohne Entgelt tätig sein. Hierfür schafft § 99 einen Ausgleich[19].

Herrmann, Rechtsanwalt

Schrifttum: Gerold/Schmidt/Madert, Bundesgebührenordnung für Rechtsanwälte, Kommentar, 11. Auflage, 1991; *Günther*, Strafverteidigung 1982; *Hartmann*, Kostengesetze, 24. Auflage, 1991; *Kunigk*, Das Anwaltshonorar, 1978; *Madert*, Gebühren des Strafverteidigers, 1987; *Riedel/Sußbauer/Fraunholz*, BRAGO, Kommentar, 6. Auflage, 1988; *Rauer* in Festschrift für Herbert Schmidt, 1981; *Schumann/Geißinger*, Bundesgebührenordnung für Rechtsanwälte (BRAGebO), 2. Auflage, 1979; *Swolana/Hansens*, BRAGO, Bundesgebührenordnung für Rechtsanwälte, 7. Auflage, 1991; *Tho-*

mas, Pflichtverteidigung als reduzierte Verteidigung, Schriftenreihe der Arbeitsgemeinschaft Strafrecht des Deutschen Anwaltvereins, Heft 2; Paragraphen ohne weitere Bezeichnung sind solche der BRAGO

Anmerkungen

Allgemeines

1. Durch den Beiordnungsbeschluß nach §§ 140, 350 Abs. 3 StPO entsteht der Anspruch auf die Pflichtverteidigergebühr. Der beigeordnete Verteidiger erhält das Vierfache der Mindestgebühr. Er muß daher auf einen erheblichen Teil der gesetzlichen Gebühren verzichten. Die Pflichtverteidigergebühr ist keine Rahmengebühr wie die Gebühr des Wahlverteidigers, sondern eine fixe Gebühr. Es gibt Fälle, in denen dieser Satz nicht ausreicht, die Tätigkeit des Pflichtverteidigers zu vergüten (*Riedel/Sußbauer/Fraunholz* § 99 Rdnr. 1), weil er unzumutbar niedrig ist (*Gerold/Schmidt/Madert* § 99 Rdnr. 1). § 99 soll verhindern, daß der Verteidiger im Verhältnis zu seiner Vergütung unzumutbar belastet wird (BVerfG AnwBl 1987, 194 = JurBüro 1987, 1029). Der Pflichtverteidiger soll keinen zusätzlichen Gewinn durch die Pauschvergütung erhalten (*Hartmann* § 99 Anm. 2A). Die Pauschvergütung muß dabei nicht kostendeckend sein (*Swolana/Hansens* § 99 Rdnr. 2; OLG Bamberg JurBüro 1982, 90; OLG Bremen JurBüro 1981, 1192). Für diese Fälle läßt § 99 eine Pauschvergütung zu, die die Wahlverteidigergebühr überschreiten kann (OLG Karlsruhe StV 1990, 367 mit Anm. *Sommermeyer*).

Grundsätzlich wird durch die Beträge des § 97 Abs. 1, die der bestellte Verteidiger erhält, auch die Tätigkeit in überdurchschnittlich umfangreichen oder schwierigen Sachen abgegolten. Hier wird dem Verteidiger bewußt ein Opfer zugemutet. § 99 ist nur anwendbar, wenn es sich um objektiv (OLG Hamburg JurBüro 1990, 354) besonders umfangreiche oder schwierige Sachen handelt (*Riedel/Sußbauer/Fraunholz* § 99 Rdnr. 2; *Swolana/Hansens* § 99 Rdnr. 2; OLG Bamberg JurBüro 1982, 90; 1988, 1349; OLG Bremen JurBüro 1981, 1192).

§ 99 ist anwendbar für den gerichtlich bestellten Verteidiger, auch wenn für ihn sein nach § 53 BRAO bestellter allgemeiner Vertreter tätig geworden ist (*Swolana/Hansens* § 99 Rdnr. 1), nicht jedoch bei Vertretung durch andere Personen (OLG Hamm AnwBl 1979, 236 = JurBüro 1979, 520; OLG Oldenburg JurBüro 1979, 68) oder den bestellten Referendar (OLG Hamburg JurBüro 1989, 208).

2. § 99 gilt nicht für den Wahlverteidiger. Dieser kann innerhalb des Gebührenrahmens der §§ 83 ff die angemessene Gebühr gemäß § 12 selbst bestimmen. Reicht eine Gebühr innerhalb des Rahmens nicht aus, so steht es dem Wahlverteidiger frei, eine Honorarvereinbarung gemäß § 3 zu treffen (*Gerold/Schmidt/Madert* § 99 Rdnr. 1; *Riedel/Sußbauer/Fraunholz* § 99 Rdnr. 1; *Swolana/Hansens* § 99 Rdnr. 1). (Siehe Honorarvereinbarung XIV A), wenn er sie durchsetzen kann. Dies führt jedoch bei der Auferlegung der notwendigen Auslagen des Angeklagten auf die Landeskasse nicht zur vollen Erstattungspflicht der Wahlverteidigergebühren, weil vereinbarte Honorare nicht erstattet werden (*Riedel/Sußbauer/Fraunholz* § 3 Rdnr. 61; *Hartmann* Anm. 1), wohl aber zu über den Gebührenrahmen der §§ 83 ff hinausgehenden Pflichtverteidigergebühren über § 99 (BVerfG NJW 1985, 727; OLG Hamm MDR 1989, 568 = AnwBl 1989, 686; OLG Koblenz JurBüro 1985, 554).

3. § 99 gilt nach § 102 auch für Verteidiger, die dem Privat- oder Nebenkläger gemäß § 397a StPO oder dem Verletzten im Klageerzwingungsverfahren gemäß § 172 Abs. 3 Satz 2 StPO beigeordnet worden sind (*Gerold/Schmidt/Madert* § 99 Rdnr. 1, § 102 Rdnr. 2; *Hartmann* § 99 Anm. 1; *Swolana/Hansens* § 99 Rdnr. 1).

6. Stellungnahme des Bezirksrevisors XIV. C. 6

Grundsätzlich gelten die gleichen Umstände wie beim Pflichtverteidiger. Allerdings ist wegen der verschiedenen Zielrichtungen der Tätigkeiten nicht zwingend, daß z.B. dem Nebenkläger ebenso eine Pauschvergütung bewilligt wird, weil auch der Pflichtverteidiger einen Beschluß nach § 99 erwirken könnte.

4. Die Pauschvergütung wird nur auf Antrag, also nicht automatisch von Amts wegen bewilligt (*Gerold/Schmidt/Madert* § 99 Rdnr. 13; *Riedel/Sußbauer/Fraunholz* § 99 Rdnr. 14; *Swolana/Hansens* § 99 Rdnr. 6).

Der Antrag ist formlos zu stellen. Anders als bei den Anträgen auf Zahlung der Pflichtverteidigergebühr gibt es für die Pauschgebühren keine Formulare. Dies gilt auch für die Stellungnahme zur Äußerung des Bezirksrevisors.

Diesen Antrag stellt der Pflichtverteidiger. Er nennt zweckmäßiger Weise den begehrten Betrag sowie Umstände, die die Höhe der Pauschvergütung rechtfertigen sollen (*Gerold/Schmidt/Madert* § 99 Rdnr. 13; *Hartmann* § 99 Anm. 3 A; *Swolana/Hansens* § 99 Rdnr. 6).

5. Zuständig für die Entscheidung ist ein Strafsenat des Oberlandesgerichts, wenn das Oberlandesgericht selbst oder ein anderes Gericht seines Bezirks den Pflichtverteidiger bestellt hat (§ 99 Abs. 2 Satz 1). Im Ehrengerichtsverfahren nach § 116 BRAGO gegen Rechtsanwälte entscheidet der Ehrengerichtshof (*Gerold/Schmidt/Madert* § 99 Rdnr. 16; *Riedel/Sußbauer/Fraunholz* § 99 Rdnr. 14; *Hartmann* § 99 Anm. 3 Bc; *Swolana/Hansens* § 99 Rdnr. 7; OLG Hamm NJW 1964, 1915).

Hat der Bundesgerichtshof den Pflichtverteidiger bestellt (§ 350 Abs. 3 StPO), so entscheidet ein Strafsenat des Bundesgerichtshofs über die Pauschvergütung, soweit es um die Tätigkeit in der Revisionshauptverhandlung vor dem Bundesgerichtshof und deren Vorbereitung geht (BGH St 23, 324 = BGH NJW 1970, 2223) im übrigen bleibt die Zuständigkeit des Oberlandesgerichts erhalten (*Riedel/Sußbauer/Fraunholz* § 99 Rdnr. 14), also für die Revisionsbegründung selbst dann, wenn die Revisionshauptverhandlung vor dem BGH stattfindet (*Gerold/Schmidt/Madert* Rdnr. 16; *Hartmann* § 99 Anm. 3 Bb; BGH St 23, 324 = BGH NJW 1970, 2223). Die Tatsache, daß der Bundesgerichtshof während eines Ermittlungsverfahrens mit einer Strafsache befaßt ist, vermag seine Zuständigkeit für die Bewilligung einer Pauschvergütung nicht zu begründen. Es bleibt die grundsätzliche Regelung, wonach das OLG entscheidet, in dessen Bezirk das Hauptverfahren anhängig wird (BGH St 27, 185 = NJW 1977, 1644).

Bei Beiordnung eines Verteidigers durch das BayObLG im ersten Rechtszug ist in entsprechender Anwendung des § 99 Abs. 2 Satz 1 das BayObLG zuständig (*Gerold/Schmidt/Madert* § 99 Rdnr. 16; *Hartmann* Anm. 3 Bc; BayObLG AnwBl 1987, 619 = MDR 1987, 870).

6. Es gibt keinen im Gesetz vorgeschriebenen Zeitpunkt für die Stellung eines Antrages nach § 99. Gleichwohl dürfte der Antrag auf Bewilligung einer Pauschvergütung erst zulässig sein, wenn die Tätigkeit des Pflichtverteidigers abgeschlossen ist und die gesetzliche Pflichtverteidigergebühr nach § 16 fällig ist (*Riedel/Sußbauer/Fraunholz* § 99 Rdnr. 15; *Swolana/Hansens* § 99 Rdnr. 6; OLG Bamberg JurBüro 1990, 1282; OLG Nürnberg JurBüro 1987, 245), d.h. wenn z.B. das Verfahren rechtskräftig abgeschlossen (OLG Düsseldorf JurBüro 1980, 392) oder die Beiordnung aufgehoben worden ist. *Gerold/Schmidt/Madert* (§ 99 Rdnr. 7; 11) läßt die Beendigung der Instanz ausreichen. Diese Auffassung verdient deshalb den Vorzug, weil § 99 zwei Alternativen nennt, für das ganze Verfahren oder für einzelne Teile des Verfahrens.

Spätestens muß der Antrag am Schluß des zweiten auf den rechtskräftigen Abschluß des Verfahrens folgenden Kalenderjahres gestellt werden, weil der Anspruch auf die Pauschvergütung anderenfalls gemäß § 196 Nr. 15 BGB verjährt (*Gerold/Schmidt/Madert* § 99 Rdnr. 14; *Swolana/Hansens* § 99 Rdnr. 6; *Rauer*, Festschrift S. 145; OLG Hamm AnwBl 1985, 155 = JurBüro 1984, 1843). Anders das OLG Hamburg (JurBüro 1991, 233), das die Beendigung der Instanz als Zeitpunkt des Verjährungsbeginns ansieht.

7. Voraussetzung für den Antrag nach § 99 ist nicht der vorherige Antrag oder gar die Auszahlung der gesetzlichen Pflichtverteidigergebühren. Wird die Pauschvergütung bewilligt, entfällt der gesonderte Anspruch nach § 97 Abs. 1, es werden die Pflichtverteidigergebühren auf die Pauschvergütung angerechnet. Gleichwohl empfiehlt es sich, zuerst die Auszahlung der Pflichtverteidigergebühren nach § 97 Abs. 1 zu beantragen, weil das Verfahren nach § 99 erfahrungsgemäß langwierig ist (*Gerold/Schmidt/Madert* § 99 Rdnr. 14; *Swolana/Hansens* § 99 Rdnr. 6; *Günther* S. 31; OLG Nürnberg JurBüro 1987, 245).

8. Die Pauschvergütung wird nicht neben den Pflichtverteidigergebühren gezahlt, sondern an deren Stelle (*Gerold/Schmidt/Madert* § 99 Rdnr. 14; *Riedel/Sußbauer/Fraunholz* § 99 Rdnr. 16). Soweit die gesetzlichen Voraussetzungen vorliegen, hat der Pflichtverteidiger einen Rechtsanspruch auf die Pauschgebühren (*Gerold/Schmidt/Madert* § 99 Rdnr. 15; *Hartmann* § 99 Anm. 2 A).

9. Im Gesetz ist die Zahlung eines Vorschusses nicht vorgesehen. Grundsätzlich kann deshalb kein Vorschuß verlangt werden (*Swolana/Hansens* § 99 Rdnr. 9; OLG Bamberg JurBüro 1981, 94; 1990, 1282). War der Pflichtverteidiger jedoch schon längere Zeit tätig und ist abzusehen, daß der Antrag auf Zahlung einer Pauschvergütung nach § 99 erfolgreich sein wird, kann ein Vorschuß bewilligt werden. Aus der Möglichkeit, für Teile des Verfahrens eine Pauschgebühr zu zahlen, wird der Schluß gezogen, daß Vorschußzahlungen zulässig sind (OLG Bremen NJW 1967, 899). Das OLG Bamberg (JurBüro 1981, 94) bewilligt Abschlagszahlungen, wenn die Hauptverhandlung wenigstens drei Monate dauert, das OLG Düsseldorf (JurBüro 1980, 392) bei etwa 50 Hauptverhandlungstagen.
Das gilt nicht für eine noch zu erbringende Leistung (*Gerold/Schmidt/Madert* § 99 Rdnr. 12; OLG Bremen NJW 1967, 899; OLG Hamburg NJW 1967, 2220 = AnwBl 1967, 410).
Ein Vorschuß kommt dann in Betracht, wenn dies der Billigkeit entspricht (*Gerold/Schmidt/Madert* § 99 Rdnr. 12 m.w.N.; u.a. OLG Bamberg JurBüro 1982, 94) oder die Versagung eine unzumutbare Härte für den bereits im erheblichen Umfang tätig gewordenen Pflichtverteidiger wäre (*Riedel/Sußbauer/Fraunholz* § 99 Rdnr. 15; *Hartmann* § 99 Anm. 3 F; OLG Bremen NJW 1967, 899; OLG Hamburg NJW 1967, 2220 = AnwBl 1967, 410).
Zu beachten ist aber besonders bei den hier zitierten Entscheidungen aus der Zeit vor 1972, daß sie möglicherweise wegen der damals viel niedrigeren Pflichtverteidigergebühren für heutige Verhältnisse zu großzügig waren (*Riedel/Sußbauer/Fraunholz* § 99 Rdnr. 3).
In dem Antrag ist zunächst dazu Stellung zu nehmen, aus welchem Grund eine Pauschvergütung nach § 99 schon jetzt gerechtfertigt ist. Erst danach sollte zusätzlich begründet werden, weshalb ein Vorschuß in Betracht kommt. Nach *Riedel/Sußbauer/Fraunholz* (§ 99 Rdnr. 15) ist es zweifelhaft, ob überhaupt eine Vorschußregelung nötig ist, da der Pflichtverteidiger zumindest auf die Pflichtverteidigergebühren gemäß §§ 97 Abs. 4, 127 einen Vorschuß verlangen kann. Ebenso *Hartmann* (§ 127 Anm. 1). Dies ist zwar ein Ausweg, aber kein ausreichender Ausgleich, der eben durch § 99 geschaffen werden soll, wenn es sich um langjährige Verfahren handelt. Hier sollte der Auffassung des OLG Bremen (NJW 1967, 899) der Vorzug gegeben werden, wonach Vorschußzahlungen deshalb möglich sind, weil das Gesetz in § 99 Abs. 1 Pauschvergütungen auch für Teile des Verfahrens vorsieht und die von der Rechtsprechung (OLG Hamm AnwBl 1987, 338) geforderte Gesamtschau gerade nicht im Gesetz genannt ist.

10. In § 99 Abs. 2 Satz 3 ist geregelt, daß in dem Verfahren die Staatskasse zu hören ist. Dies ist gemäß § 103 der Bezirksrevisor des Gerichts, das die Beiordnung ausgesprochen hat (*Gerold/Schmidt/Madert* § 103 Rdnr. 4; *Riedel/Sußbauer/Fraunholz* § 99 Rdnr. 14; *Rauer*, Festschrift S. 151). Deshalb sollte der Antrag über dieses Gericht geleitet werden.

11. Obwohl im Gesetz nicht ausdrücklich vorgesehen, muß die Äußerung des Bezirksrevisors dem Pflichtverteidiger vor der Entscheidung über seinen Antrag zur Kenntnis und Stellungnahme vorgelegt werden (*Gerold/Schmidt/Madert* § 99 Rdnr. 17; *Riedel/Sußbauer/Fraunholz* § 99 Rdnr. 14; *Hartmann* Anm. 3 C; *Swolana/Hansens* § 99 Rdnr. 8; BVerfG 18, 49 = AnwBl 1964, 254).

Die Mitteilung an den Pflichtverteidiger kann nur dann unterbleiben, wenn der Bezirksrevisor dem Antrag in voller Höhe zustimmt.

12. Das Gericht entscheidet durch unanfechtbaren Beschluß nach § 304 Abs. 2 StPO (*Gerold/Schmidt/Madert* § 99 Rdnr. 18; *Riedel/Sußbauer/Fraunholz* § 99 Rdnr. 14; *Swolana/Hansens* § 99 Rdnr. 8). Gegenvorstellungen sind jedoch zulässig, (*Hartmann* § 99 Anm. 3 G; OLG Nürnberg AnwBl 1974, 356 mit Ergänzung in JurBüro 75, 201), so insbesondere, wenn die Stellungnahme des Bezirksrevisors dem Verteidiger nicht zur Kenntnis gebracht wurde.

13. Liegt die Pauschvergütung unterhalb der Obergrenze des Rahmens der §§ 83 ff, kann der Pflichtverteidiger neben dem Antrag nach § 99 einen Antrag nach § 100 stellen, wenn die gesetzlichen Gebühren des Wahlverteidigers höher wären als die bewilligte Pauschvergütung (*Gerold/Schmidt/Madert* § 99 Rdnr. 14; 20).

Umgekehrt kann eine Pauschvergütung auch dann bewilligt werden, wenn eine Entscheidung nach § 100 Abs. 2 bereits vorliegt (*Swolana/Hansens* § 99 Rdnr. 2; OLG Hamm AnwBl 1988, 358 = JurBüro 1987, 720).

14. Zahlungen des Angeklagten oder von Dritten sind gemäß § 101 auf die Pauschvergütung anzurechnen (*Swolana/Hansens* § 99 Rdnr. 6). Bei der Entscheidung nach § 99 bleiben derartige Zahlungen außer Betracht, der Pflichtverteidiger muß sie aber gemäß § 101 Abs. 3 anzeigen (*Gerold/Schmidt/Madert* § 99 Rdnr. 19; *Riedel/Sußbauer/Fraunholz* § 101 Rdnr. 12). Ebenso sind die gezahlten Pflichtverteidigergebühren bei der Auszahlung der Pauschvergütung abzusetzen (*Swolana/Hansens* § 99 Rdnr. 8).

Eine Verzinsungspflicht besteht nicht (*Hartmann* § 99 Anm. 3 G; *Swolana/Hansens* § 99 Rdnr. 8; OLG Frankfurt NJW 1972, 1481).

Einzelheiten

15. Die Pauschvergütung ist gemäß § 99 Abs. 1 für das ganze Verfahren zu bewilligen. Dabei ist eine Gesamtschau anzustellen (*Riedel/Sußbauer/Fraunholz* § 99 Rdnr. 1; OLG Hamm AnwBl 1987, 338), wobei besonders kurze Verfahrensabschnitte andere, die besonders umfangreich sind, ausgleichen können.

Für die Bewilligung einer Pauschvergütung genügt es nicht, daß eine Hauptverhandlung an mehreren Tagen besonders lange gedauert hat, wenn an den übrigen Tagen jeweils nur kurz verhandelt worden ist (*Gerold/Schmidt/Madert* § 99 Rdnr. 7; *Riedel/Sußbauer/Fraunholz* § 99 Rdnr. 6).

Die Pauschvergütung muß der Höhe nach die Gebühren aus § 97 übersteigen. Nach oben besteht keine Grenze (*Swolana/Hansens* § 99 Rdnr. 8).

16. Daneben ist die Pauschvergütung nach § 99 Abs. 1 auch für einzelne Teile des Verfahrens zu bewilligen. Zwar soll grundsätzlich die bereits erwähnte Gesamtschau aller Verfahrensteile erfolgen, oft aber ergibt sich, daß ein durchschnittliches, keine Pauschgebühren rechtfertigendes Verfahren vorliegt, bei dem einzelne Verfahrensabschnitte besonders herausragen. So kann das Ermittlungsverfahren, das Zwischenverfahren, einer von mehreren Hauptverhandlungen u. ä. bei sonst durchschnittlich langen Verfahrensabschnitten für einen besonders umfangreichen Verfahrensabschnitt sprechen. Auch dann, wenn der Verteidiger ausscheidet, kann für die bis dahin angefallene Tätigkeit für einen Teil des Verfahrens eine Pauschvergütung bewilligt werden (*Gerold/Schmidt/Madert* § 99 Rdnr. 7; OLG Düsseldorf JurBüro 1980, 392).

Ebenso kommt auch ein besonders umfangreiches Verfahren der 1. Instanz in Betracht, während die 2. Instanz, z.B. durch Beschränkung der Berufung auf das Strafmaß nicht besonders umfangreich sein muß (*Gerold/Schmidt/Madert* § 99 Rdnr. 7).

Das OLG Hamburg (JurBüro 1989, 1556 mit Anm. *Mümmler*) lehnt die Pauschgebühr für einzelne Verfahrensabschnitte ab. Auch das OLG Bamberg (JurBüro 1989, 876) lehnt die Bewilligung einer Pauschvergütung für einzelne Verhandlungstage ab.

Die Meinung, eine Pauschvergütung innerhalb der Instanz für einen Verfahrensabschnitt zu bewilligen, sei zwar zulässig, aber unüblich und nicht zu empfehlen (*Gerold/Schmidt/Madert* § 99 Rdnr. 7 unter Hinweis auf OLG Bamberg JurBüro 1983, 876; 1988, 1347; 1988, 1349), widerspricht dem Gesetz, das ausdrücklich von einzelnen Teilen des Verfahrens spricht. Sie ist deshalb abzulehnen.

17. Nicht jedes überdurchschnittlich umfangreiche Verfahren rechtfertigt eine Pauschgebühr. Das Verfahren muß besonders umfangreich sein, auch wenn es einfach ist (*Swolana/Hansens* § 99 Rdnr. 2). Hier kommt es in erster Linie auf den zeitlichen Aufwand des Verteidigers an. Dabei sind die Vergleiche zu den gesetzlichen Gebühren, z.B. zu § 83 Abs. 1 Satz 1 bis 3 zu ziehen:

Schwurgerichtssachen mit normalen Schwurgerichtssachen usw. (*Gerold/Schmidt/Madert* § 99 Rdnr. 3; *Riedel/Sußbauer/Fraunholz* § 99 Rdnr. 6).

18. Als Beispiele für besonders umfangreiche Verfahren kommen in Betracht:
- Langjähriges Ermittlungsverfahren (OLG Hamm AnwBl 1981, 511). Die Pauschvergütung bei einem fünfjährigen Wiederaufnahmeverfahren und etwa 290 Stunden Arbeitszeit wurde mit 1.500,00 DM, also etwa 5,00 DM pro Stunde bewertet.
  Das normale Ermittlungsverfahren dauert etwa drei Monate, ein Zeitraum von neun Monaten ist nicht überdurchschnittlich, sondern bereits besonders umfangreich.
- Viele Besuche bei dem inhaftierten Angeklagten (*Gerold/Schmidt/Madert* § 99 Rdnr. 5; *Swolana/Hansens* § 99 Rdnr. 4; OLG Bamberg JurBüro 1973, 49; OLG München JurBüro 1975, 1475).
  Die einzelnen Besuche sollten mit dem genauen Datum aufgeführt werden, bei einer pauschalen Angabe „viele Besuche in der JVA" oder „fünf Besuche" ohne Datumsangaben kann leicht der Eindruck entstehen, die Angaben seien nicht überprüfbar. Das setzt allerdings genaue Aufzeichnungen des Pflichtverteidigers voraus, zumindest über den Tag, besser über die genaue Tageszeit seiner Besuche.
- Mehrere mündliche Haftprüfungsverfahren, gegebenenfalls mit Beschwerden und weiteren Beschwerden
- Viele und umfangreiche Akten und Beiakten, die der Pflichtverteidiger durcharbeiten muß (*Gerold/Schmidt/Madert* § 99 Rdnr. 3; 5)
- Langwierige und zahlreiche Besprechungen (*Gerold/Schmidt/Madert* § 99 Rdnr. 5; *Riedel/Sußbauer/Fraunholz* § 99 Rdnr. 6; OLG Düsseldorf StV 1987, 451)
- Neuerliche Einarbeitung
- Zahlreiche Anklagepunkte vor allem in Wirtschaftsstrafsachen mit oft erheblichem Umfang an Unterlagen und Beweisstücken (*Riedel/Sußbauer/Fraunholz* § 99 Rdnr. 8)
- Durch umfangreiche Akten verursachte lange Dauer der Hauptverhandlung (*Gerold/Schmidt/Madert* § 99 Rdnr. 3)
- Die besondere Dauer der Hauptverhandlung. Dabei ist zu beachten, daß die gewöhnliche Verhandlungszeit beim Schwurgericht etwa sechs bis acht Stunden, bei der Großen Strafkammer etwa vier bis fünf Stunden und beim Amtsgericht etwa zwei Stunden beträgt (*Gerold/Schmidt/Madert* § 99 Rdnr. 5; *Kunigk*, Anwaltshonorare S. 116). *Hartmann* (§ 99 Anm. 2 B) hält ohne nähere Begründung bei der Strafkammer eine Verhandlungsdauer von acht Stunden noch für normal, ebenso OLG Hamm (JurBüro 1979, 552). *Swolana/Hansens* (§ 99 Rdnr. 4) nennt eine Verhandlungsdauer von mehr als fünf oder sechs Stunden am Tag vor dem Schöffengericht und von mehr als acht Stunden (bei

zwei Stunden Mittagspause) vor der Großen Strafkammer für überdurchschnittlich (OLG Bamberg JurBüro 1988, 1347; 1350; 1989, 965; OLG München JurBüro 1975, 1475)
— Umfangreiche Beweisanträge (*Gerold/Schmidt/Madert* § 99 Rdnr. 3; 5; *Swolana/Hansens* § 99 Rdnr. 4)
— Eigene Ermittlungen des Pflichtverteidigers (OLG Frankfurt NJW 1975, 948 = AnwBl 1974, 357)
— Große Anzahl der Zeugen und Sachverständigen (*Riedel/Sußbauer/Fraunholz* § 99 Rdnr. 3)
— Die Erstreckung der Hauptverhandlung in Zeiten, in denen ein Rechtsanwalt normalerweise in seiner Kanzlei zu tun hat (*Gerold/Schmidt/Madert* § 99 Rdnr. 3), also z.B. nachmittags nach 16.00 Uhr (OLG Bamberg JurBüro 1982, 92)
— Eine Rolle spielt auch, in welchem Maße der Verteidiger durch die Pflichtverteidigung seiner Praxis entzogen war. Aufwendungen für einen Vertreter sind bei der Bemessung der Pauschgebühr nicht gesondert zu berücksichtigen (*Riedel/Sußbauer/Fraunholz* § 99 Rdnr. 9; OLG Nürnberg AnwBl 1972, 92).
— Bei Verfahren vor dem erweiterten Schöffengericht (§ 29 Abs. 2 Satz 1 GVG) sollte in jedem Fall die Bewilligung einer Pauschgebühr beantragt werden.
— Eine umfangreiche Revisionsbegründung (OLG Düsseldorf StV 1987, 451)
Nicht ausreichend für ein besonders umfangreiches Verfahren:
— Anklage vor der Großen Strafkammer für sich gesehen (*Riedel/Sußbauer/Fraunholz* § 99 Rdnr. 6)
— In Wirtschaftsstrafsachen kann ein Ausgleich, der keine Pauschvergütung zuläßt, darin liegen, daß der Angeklagte geständig und die Hauptverhandlung nur kurz ist (*Riedel/Sußbauer/Fraunholz* § 99 Rdnr. 8)
— Eine Hauptverhandlung an mehreren Tagen, weil das durch § 83 Abs. 2 ausgeglichen wird (*Riedel/Sußbauer/Fraunholz* § 99 Rdnr. 5; *Swolana/Hansens* § 99 Rdnr. 4; OLG Bamberg JurBüro 1988, 1347). Jedoch kann bei längeren Hauptverhandlungen für die weitere Vorbereitung, die sonst unter § 83 Abs. 1 fällt, eine Pauschgebühr zugebilligt werden (*Gerold/Schmidt/Madert* § 99 Rdnr. 10; *Riedel/Sußbauer/Fraunholz* § 99 Rdnr. 5).
— Der besondere Zeitaufwand für nicht am Gerichtsort ansässige Pflichtverteidiger wird durch das Abwesenheitsgeld abgegolten (BayObLG AnwBl 1987, 620 = MDR 1987, 870 = JurBüro 1988, 479; OLG Bamberg JurBüro 1987, 1681; JurBüro 1987, 1789).

19. Auf ein Einzelproblem soll gesondert eingegangen werden. Zunehmend finden im Großverfahren kommissarische Vernehmungen gemäß § 223 StPO statt, an denen der Pflichtverteidiger erforderlicherweise teilnimmt (§ 126 Abs. 2).
Das Gesetz sieht hierfür keine gesonderte Vergütung vor. § 91 Nr. 2, der eigentlich passen könnte, gilt nicht für den Vollverteidiger, sondern nur für den Pflichtverteidiger, dem allein die Vertretung bei der kommissarischen Vernehmung übertragen ist.
In der Kommentierung wird die Frage der Vergütung unterschiedlich behandelt. *Riedel/Sußbauer/Fraunholz* vertritt einerseits die Auffassung, § 99 sei nicht gedacht für Tätigkeiten, die nach dem Gesetz nicht besonders vergütungspflichtig sind (§ 99 Rdnr. 2). Andererseits vertritt er die Meinung, daß die Wahrnehmung auswärtiger Termine bei der Bemessung der Pauschvergütung mit zu berücksichtigen sei (§ 99 Rdnr. 10).
Gerold/Schmidt/Madert hält die Wahrnehmung eines einzelnen Beweistermins außerhalb der Hauptverhandlung noch nicht für besonders umfangreich (§ 99 Rdnr. 5 unter Hinweis auf eine — veraltete — Entscheidung OLG Nürnberg, JurBüro 1959, 71), nimmt aber das Gegenteil bei einer größeren Anzahl von Terminen außerhalb der Hauptverhandlung an (§ 99 Rdnr. 5; OLG Nürnberg, JurBüro 1966, 778). Das OLG Bamberg (JurBüro 1974, 862) nimmt bei einer fünftägigen Reise in die Türkei zu kommissarischen Vernehmungen je Tag 180,00 DM an.

Das OLG Hamburg (JurBüro 1989, 1556) lehnt die generelle Bewilligung einer Pauschvergütung ab, weil es dann nicht zu der Gesamtschau kommen könne.

Hier sollte einheitlich entschieden werden. Jede kommissarische Vernehmung, an der der Pflichtverteidiger teilnimmt, bedeutet einen erheblichen Zeitaufwand, ganz besonders dann, wenn die Vernehmung im Ausland stattfindet. Deshalb ist grundsätzlich eine Pauschvergütung zu bewilligen, wenn eine kommissarische Vernehmung nach § 223 StPO stattgefunden hat. Das Gesetz sieht ausdrücklich eine Pauschvergütung auch für Teile des Verfahrens vor. Von einer Abwägung, auch vom Ausgleich mehrerer Verfahrensabschnitte spricht das Gesetz nicht.

Dabei sollte beachtet werden, daß die Bewilligung von Tage- und Abwesenheitsgeld nach § 28 nichts mit der Vergütung nach § 99 zu tun hat. § 99 betrifft nur die gesetzlichen Gebühren des § 97, der ausdrücklich auf die Gebühren nach §§ 83 ff. verweist, nicht aber auf die Vorschriften über Auslagen nach §§ 25 ff.

20. Besonders schwierig in rechtlicher oder tatsächlicher Hinsicht ist ein Verfahren, wenn es über das Normalmaß hinaus verwickelt ist (*Gerold/Schmidt/Madert* § 99 Rdnr. 4) oder sich von sonstigen auch überdurchschnittlichen Sachen abhebt (*Riedel/Sußbauer/Fraunholz* § 99 Rdnr. 2).

21. Besonders schwierig in rechtlicher Hinsicht ist ein Verfahren, z.B.
- bei Kenntnissen in entlegenen Rechtsgebieten, z.B. Umweltschutz (*Schumann/Geißinger* § 99 Rdnr. 22)
- bei Verhandlungen, die das Normalmaß an wirtschaftlichen, buchhalterischen oder steuerrechtlichen Kenntnissen (*Gerold/Schmidt/Madert* § 99 Rdnr. 5) oder besonderen Kenntnissen ausländischen Rechts überschreiten oder die Rechtslage außergewöhnlich schwierig ist (*Swolana/Hansens* § 99 Rdnr. 5)

Nicht besonders rechtlich schwierig ist
- die Mitwirkung eines Psychiaters oder Psychologen (*Gerold/Schmidt/Madert* § 99 Rdnr. 5; *Riedel/Sußbauer/Fraunholz* § 99 Rdnr. 11),
- wenn auf die Veränderung des rechtlichen Gesichtspunktes gemäß § 265 StPO hingewiesen worden ist (*Gerold/Schmidt/Madert* § 99 Rdnr. 5),
- die Beurteilung einer Kinderaussage in einem Verfahren wegen Vornahme sexueller Handlungen an Abkömmlingen (*Riedel/Sußbauer/Fraunholz* § 99 Rdnr. 11; OLG Nürnberg, Rechtspfleger 1963, 139)
- nicht allein deshalb, weil es sich um eine Wirtschaftsstrafsache handelt (*Swolana/Hansens* § 99 Rdnr. 5)
- oder weil es sich um Verstöße gegen das BTM-Gesetz handelt (*Swolana/Hansens* § 99 Rdnr. 5)
- wenn der Angeklagte sich gegen die Beiordnung des Pflichtverteidigers gewehrt hat (*Riedel/Sußbauer/Fraunholz* § 99 Rdnr. 11)

22. Besonders schwierig in tatsächlicher Hinsicht ist ein Verfahren z.B., wenn
- der Angeklagte oder Zeugen der deutschen Sprache nicht mächtig sind und mit ihnen nur über einen Dolmetscher verkehrt werden kann (*Riedel/Sußbauer/Fraunholz* § 99 Rdnr. 11; OLG Bamberg JurBüro 1974, 862; 1979, 1527; OLG Hamm AnwBl 1970, 177);
- durch eigene Sprachkenntnisse des Verteidigers im Ermittlungsverfahren ein Dolmetscher nicht erforderlich ist (*Gerold/Schmidt/Madert* § 99 Rdnr. 5; OLG Hamm NJW 1959, 2033; OLG Bamberg JurBüro 1979, 1527), nur dann, wenn der Pflichtverteidiger dadurch zu einem erheblichen Zeit- und Arbeitsaufwand genötigt wird (OLG Bamberg JurBüro 1978, 1178);

6. Stellungnahme des Bezirksrevisors XIV. C. 6

– viele Zeugen in der Anklageschrift benannt sind, wenn es um die Bewertung der Aussagen geht;
– der Angeklagte im hohen Maße uneinsichtig ist und eine ordnungsgemäße Verteidigung erheblich behindert (*Gerold/Schmidt/Madert* § 99 Rdnr. 5; OLG Bamberg JurBüro 1974, 862; OLG München AnwBl 1981, 462);
– wenn der Verteidiger kurzfristig vor Beginn der Hauptverhandlung bestellt wird (*Swolana/Hansens* § 99 Rdnr. 5; OLG München JurBüro 1981, 462);

23. Keinesfalls muß ein Strafverfahren besonders umfangreich und besonders schwierig sein, um zu einer Pauschvergütung zu kommen. Es reicht vielmehr aus, wenn eine von beiden Voraussetzungen vorliegt (*Gerold/Schmidt/Madert* § 99 Rdnr. 2; *Riedel/Sußbauer/Fraunholz* § 99 Rdnr. 2). Dabei sind beide Umstände gleich zu bewerten, der Schwierigkeit kann kein größerer Wert beigemessen werden (*Riedel/Sußbauer/Fraunholz* § 99 Rdnr. 11).

Sind beide Umstände für sich gesehen nicht ausreichend, eine Pauschvergütung zu bewilligen, so kann doch bei einer Gesamtbetrachtung der Tätigkeit des Rechtsanwaltes ein Anspruch auf eine Pauschvergütung entstehen.

Auch die Bedeutung der Angelegenheit (so z.B. § 12) spielt für die Pauschvergütung keine Rolle. Schließlich ist § 99 auch nicht dafür gedacht, eine eingetretene Kostensteigerung aufzufangen, mag auch die letzte Gebührenerhöhung längere Zeit zurückliegen (*Riedel/Sußbauer/Fraunholz* § 99 Rdnr. 12).

Billigkeitserwägungen stehen zwar im Vordergrund, auf eine kostendeckende Vergütung kommt es nicht an (*Gerold/Schmidt/Madert* § 99 Rdnr. 10). Der Verteidiger soll sich gerade nicht mit einer unbilligen Vergütung begnügen.

24. Für die Höhe der Pauschgebühr im einzelnen gibt es keine Maßstäbe. Fest steht inzwischen nur, daß der obere Gebührenrahmen der gesetzlichen Wahlverteidigergebühren nicht die Grenze der Pauschvergütung darstellt (*Gerold/Schmidt/Madert* § 99 Rdnr. 10 m.w.N.; *Riedel/Sußbauer/Fraunholz* § 99 Rdnr. 4; 18; *Swolana/Hansens* § 99 Rdnr. 8; BVerfG NJW 1985, 727 = JurBüro 1985, 1773; OLG Koblenz JurBüro 1985, 416 m.w.N.). Grundsätzlich bildet die Höchstgrenze der Wahlverteidigergebühren die Obergrenze (*Hartmann* § 99 Anm. 2 B; BayObLG JurBüro 1977, 690; OLG Bremen JurBüro 1981, 1193). Sie kann ausnahmsweise überschritten werden (OLG Düsseldorf AnwBl 1982, 265; OLG Nürnberg JurBüro 1987, 295) z.B. bis zum Doppelten der Höchstgebühr des Wahlanwalts (OLG Hamm JurBüro 1978, 1821; München AnwBl 1982, 213) oder darüber hinaus (OLG Karlsruhe AnwBl 1989, 113 = StV 1988, 353) oder sogar bis zum Vierfachen (OLG München AnwBl 1977, 118) oder Fünffachen (OLG Bamberg JurBüro 1980, 1043). (Einzelheiten siehe Ziffer 25)

Grundlage ist in erster Linie die gesetzliche Pflichtverteidigergebühr gemäß § 97, die alsdann im einzelnen erhöht werden muß (*Gerold/Schmidt/Madert* § 99 Rdnr. 13). Sie sollte deshalb in jedem Antrag angegeben werden.

Die Bedeutung des Verfahrens für die Allgemeinheit ist kein Grund für eine Pauschvergütung (*Riedel/Sußbauer/Fraunholz* § 99 Rdnr. 12).

Die Stundenberechnung soll nach *Riedel/Sußbauer/Fraunholz* (Rdnr. 13) der Pauschvergütung nach § 99 widersprechen, weil der angemessene „Stundenlohn" für jede Kanzlei unterschiedlich ist. Grundsätzlich wird man sagen können, daß bei einer Überschreitung der üblichen Stunden für die Hauptverhandlung oder der Dauer des Ermittlungsverfahrens (siehe Ziffer 18) eine Pauschgebühr in Höhe der doppelten Pflichtverteidigergebühren bis zur Höhe der Wahlverteidigerhöchstgebühren beantragt und bewilligt werden sollte.

25. Für die einzelnen Oberlandesgerichtsbezirke einschließlich des Bundesgerichtshofs gilt im übrigen folgendes, wobei nicht von allen Gerichten veröffentlichte Entscheidungen vorliegen, viele mir vorliegende, nicht veröffentlichte Entscheidungen habe ich nicht zitiert:

a) BGH

BGH St 23, 325 = NJW 1970, 223

Pauschvergütung nur für die Revisionshauptverhandlung, weil die Oberlandesgerichte für die Revisionsbegründung unterschiedliche Beträge bewilligen, was sich offenbar aus der unterschiedlichen Finanzkraft der Länder ergibt.

BGH St 27, 185 = NJW 1977, 1644

Der Ermittlungsrichter beim BGH ist für die Pauschvergütung nicht zuständig. Das Gericht steht noch nicht fest, da der Generalbundesanwalt nach § 74a Abs. 2 GVG das Verfahren übernommen hat und Anklage noch nicht erhoben ist. Der Verteidiger ist gemäß § 117 Abs. 4 Satz 1 StPO vom Ermittlungsrichter des Amtsgerichts Tiergarten in Berlin bestellt worden. Daher ist zu erwarten, daß das Verfahren in Berlin anhängig wird. Daher ist das Kammergericht zuständig.
(Fall Teufel)

b) BayObLG

JurBüro 1977, 691

Die Wahlverteidigerhöchstgebühr ist der Höchstbetrag der Pauschgebühr.
Bewilligt wurde für 37 Hauptverhandlungstage anstelle der Pflichtverteidigergebühr von 13.900,00 DM in einem Spionageverfahren ein Betrag von 26.000,00 DM. Dabei wurde für den Verhandlungstag ein Betrag von 600,00 DM unter Zugrundelegung des seit 1975 geltenden Gebührenrechts bewilligt, wobei annähernd 4.000,00 DM für Aktenstudium und sonstige Vorbereitung sowie die Vorbereitung des Plädoyers bewilligt wurden.

AnwBl 1987, 619 = MDR 1987, 870 = JurBüro 1988, 479

Tatsächlich umfangreiches Verfahren der Revisionsbegründung bei einem Urteil von 155 Seiten und einem Hauptverhandlungsprotokoll von 188 Seiten. Bewilligt wurden 1.000,00 DM statt 240,00 DM, die gemäß § 86 Abs. 1 Nr. 1, Abs. 3 a.F. entstanden wären. Die Reisezeiten des auswärtigen Verteidigers wurden dabei nicht berücksichtigt.
Die zweieinhalbfache Wahlverteidigerhöchstgebühr (2.281,25 DM) ist überhöht. Grundsätzlich sind die Wahlverteidigerhöchstgebühren die Grenze. Die besonderen Belastungen des auswärtigen Pflichtverteidigers werden durch die Zahlung von Fahrtkostenersatz, Tage-, Abwesenheitsgelder und Übernachtungskosten ausgeglichen.

c) OLG Bamberg

JurBüro 1974, 862

Bei einer fünftägigen Reise zu einer kommissarischen Vernehmung in die Türkei wurden pro Tag 180,00 DM, für eine halbtägige kommissarische Vernehmung im Inland 90,00 DM, Verständigung nur mit einem türkischen Dolmetscher, andersgeartete Einstellung (Genugtuung für Verletzung der Familien- und Mannesehre) statt 400,00 DM für den ersten Verhandlungstag wurden 750,00 DM, für zwölf weitere Verhandlungstage statt 180,00 DM je 230,00 DM bewilligt, insgesamt mehr als 1.000,00 DM über den damaligen Mittelgebühren für Wahlverteidiger.

JurBüro 1977, 950

Dem Pflichtverteidiger kann die Höchstgebühr des Wahlverteidigers als Pauschbetrag auch dann zugesprochen werden, wenn nicht alle Umstände aus § 12 diese Voraussetzungen erfüllen.

JurBüro 1977, 1103

Die Pauschvergütung für die Vertretung vor dem Schwurgericht kann erst dann erhöht werden, wenn die Hauptverhandlung länger als acht Stunden dauert. Die vorausgegangene Wahlverteidigertätigkeit wird nicht vergütet. Die Gebühr wurde für die drei Tage, an

6. Stellungnahme des Bezirksrevisors

denen über acht Stunden verhandelt wurde, auf das Eineinhalbfache erhöht. Die Gebühr für die Revisionsbegründung wurde auf 400,00 DM verdoppelt.

JurBüro 1979, 1527
Für die Teilnahme an der Anhörung des Beschuldigten im Sicherungsverfahren gemäß § 415 Abs. 2 Satz 1 StPO in der Nervenklinik durch den beauftragten Richter kann der Verteidiger keine besonderen Gebühren verlangen. Die Verständigung mit dem Beschuldigten war nur über einen Dolmetscher möglich, deshalb sind die gesetzlichen Gebühren um 50% zu überschreiten.

JurBüro 1980, 1043
Das Verfahren mit dem Vorwurf der Bildung einer kriminellen Vereinigung und Strafvereitelung wurde eingestellt. Die Pflichtverteidigergebühren hätten 140,00 DM betragen. Das Verfahren lief dreivierteil Jahre, der Verteidiger verwies auf mindestens 91 Arbeitsstunden, bewilligt wurden 2.500,00 DM, das Fünffache der Höchstgebühr der Wahlverteidigergebühren (ein Stundenlohn von etwa 30,00 DM).

JurBüro 1982, 90
Die Pauschgebühr muß nicht kostendeckend sein. Die Höchstgebühren eines Wahlverteidigers sind grundsätzlich die Höchstgrenze der Pauschvergütung. Der Gesichtspunkt der „Einmannkanzlei" rechtfertigt keine besondere Pauschvergütung. Für den ersten Verhandlungstag wurde gemäß §§ 99, 97 die Höchstgebühr, für die Tage, an denen an Vor- und an Nachmittagen verhandelt wurde, jeweils die Höchstgebühr für Fortsetzungstage bewilligt, für die halbtags stattfindenden Hauptverhandlungen die Hälfte der Höchstgebühr.

JurBüro 1982, 94
Kein Vorschuß für zukünftige Gebühren, es muß erst eine mindestens dreimonatige Hauptverhandlung vorliegen, dann liegt eine unzumutbare Härte vor.

JurBüro 1982, 1362
Eine an sich mögliche Erhöhung der gesetzlichen Gebühren für den ersten Verhandlungstag unterbleibt, weil die Verhandlungen an zwei weiteren Tagen besonders kurz waren. Wegen des besonderen Umfangs fand eine Erhöhung der Gebühr von 340,00 DM um 100% und von weiteren 50% wegen der Hinzuziehung eines Dolmetschers statt. Die besondere Schwierigkeit ist nicht mit kurzer Dauer zu kompensieren.

JurBüro 1982, 1365
Nur in außergewöhnlichen Sonderfällen, bei Anlegung erheblich strengerer Maßstäbe als sie in § 99 Abs. 1 gefordert werden, kann die Wahlverteidigerhöchstgebühr überschritten werden. Bewilligt wurde der Höchstbetrag der Wahlverteidigergebühren.

JurBüro 1983, 876
Keine Pauschvergütung für einzelne Verhandlungstage

JurBüro 1984, 1191
In besonders schwierigen Verfahren ist ein Zuschlag von 50% angemessen.

JurBüro 1987, 1687; ebenso JurBüro 1987, 1789
Die Reisezeit des Pflichtverteidigers zum Gerichtsort der Hauptverhandlung rechtfertigt nicht die Bewilligung einer Pauschvergütung.

JurBüro 1988, 1347
Die Pauschgebühr für das Ermittlungsverfahren und den ersten Hauptverhandlungstag wurden mit den Wahlverteidigerhöchstgebühren (1.030,00 DM bzw. 2.060,00 DM) bemessen. Es waren neun Besuche bei dem verhafteten Angeklagten nötig, die Akten bestanden aus mehr als 1300 Blatt. Zwei über acht Stunden hinausgehende Verhandlungstage wurden nicht vergütet, weil vier andere, sehr kurze Verhandlungen zu kompensieren waren.

JurBüro 1988, 1350

Der Antrag nach § 99 kann nicht auf einzelne Hauptverhandlungstage beschränkt werden. Ein einzelner Hauptverhandlungstag vor der Großen Strafkammer ist nur dann als besonders umfangreich anzusehen, wenn er unter Anrechnung einer Mittagspause von zwei Stunden acht Stunden gedauert hat.

JurBüro 1989, 965

Eine Beiordnung am 13. Verhandlungstag wirkt nicht rückwirkend. Für die weiteren 31 Tage steht dem Verteidiger jeweils die Gebühr nach §§ 97 Abs. 1, 83 Abs. 2 Nr. 2 zu.

Der Zeitaufwand für Fahrten vom auswärtigen Kanzleiort ist nicht vergütungsfähig. Grundsätzlich bewilligt der Senat in einer Sache, die vor der Großen Strafkammer verhandelt wird, einen Zuschlag von 50%, wenn einschließlich Mittagspause bis zu zwei Stunden mehr als acht Stunden verhandelt wird. Damit kam hier keine Pauschvergütung in Betracht. (Ebenso JurBüro 1988, 1347, 1349)

Bei vielen Verhandlungsterminen hat der Senat jedoch entschieden, daß wegen der weiteren Vorbereitung und der damit verbundenen Störung des ordnungsmäßigen Kanzleibetriebes auch bei kürzerer Verhandlungsdauer eine Pauschvergütung bewilligt werden kann. Bewilligt wurde für Tage, an denen vor- und nachmittags verhandelt wurde oder mehr als vier Stunden, ein Zuschlag von 50%; für Tage, an denen nur vor- oder nachmittags oder weniger als vier Stunden verhandelt wurde, wurde keine Pauschvergütung bewilligt. Für das Vorverfahren wurde die Wahlverteidigerhöchstgebühr von 550,00 DM nach §§ 97 Abs. 1, 84 Abs. 1 Nr. 2 a.F. bewilligt.

JurBüro 1990, 1282

Ein Vorschuß ist nicht veranlaßt, wenn die Pflichtverteidigergebühren bereits gezahlt sind und mit einem alsbaldigen Abschluß des Verfahrens zu rechnen ist.

d) Kammergericht Berlin

e) OLG Braunschweig

NJW 1961, 619

Mit der Zahlung der Gebühr aus § 97 ist die Sache nicht erledigt. Die Pauschgebühr tritt an die Stelle der gesetzlichen Gebühr. Ist sie bereits gezahlt, ist sie anzurechnen.

f) OLG Bremen

NJW 1967, 899

In Schwurgerichtsverfahren wegen nationalsozialistischer Mordtaten werden Pflichtverteidiger ganz außergewöhnlich intensiv beansprucht und belastet. Vergleich zwischen Vorbereitung von Richtern und Verteidigern, wobei Richter zusätzlich Organisation des Verfahrens machen, weshalb die Vorbereitung des Verteidigers etwa die Hälfte der Zeit beträgt, d.h. pro Tag 150,00 DM (im Jahr 1967 betrug die Pflichtverteidigergebühr das Eineinhalbfache der Mindestgebühr nach § 83 Abs. 1 Nr. 1 von 100,00 DM). Für Sitzungstage bis zu zwei Stunden verbleibt es bei der Pflichtverteidigergebühr von 150,00 DM, für Sitzungstage bis zu acht Stunden wird das Doppelte mit 300,00 DM und für Sitzungstage über acht Stunden das Dreifache mit 450,00 DM bewilligt, daneben ein Arbeitstag für je vier Sitzungstage zur Vorbereitung und Rücksprachen mit dem Angeklagten. Für kommissarische Vernehmungen gilt der gleiche Maßstab wie für Hauptverhandlungen, der dadurch bedingte Aufenthalt am ausländischen Vernehmungsort wird mit 150,00 DM vergütet, ausgenommen die reinen Reisetage.

AnwBl 1975, 449

Begründung für eine zweite Vorschußzahlung. Als ersten Vorschuß hatte das OLG für ein besonders umfangreiches Verfahren gemäß §§ 97 Abs. 1, 83 Abs. 1 Nr. 2, 84 Abs. 1 Nr. 2 die damalige Vorverfahrensgebühr von 200,00 DM mit 2.000,00 DM verzehnfacht,

6. Stellungnahme des Bezirksrevisors

die Gebühr für den ersten Verhandlungstag gemäß §§ 97 Abs. 1, 83 Abs. 1 Nr. 2 von damals 400,00 DM auf 2.000,00 DM verfünffacht. Für 17 Hauptverhandlungstage bewilligt das OLG für Verhandlungen bis zu zwei Stunden keine, für Verhandlungen bis zu acht Stunden das Doppelte, für darüber hinausgehende Verhandlungszeiten das Dreifache der gesetzlichen Gebühren. Für das Sichten und Verarbeiten der Verhandlungsergebnisse, die notwendigen Gespräche mit dem Angeklagten, der in Haft war, und die weitere Vorbereitung hat das Gericht einen zusätzlichen Tag mit normaler Bezahlung von 360,00 DM für je vier Verhandlungstage angesetzt.

JurBüro 1981, 1192
Die Pauschvergütung braucht nicht kostendeckend zu sein, weil ein Pflichtverteidiger mit hohen Bürokosten anders zu beurteilen wäre als ein solcher, der derartige Unkosten nicht hat, obwohl beide die gleiche Arbeitsleistung erbringen. Bewilligt werden für den ersten Verhandlungstag die vierfache, für die folgenden Tage die dreifache Pflichtverteidigergebühr.

JurBüro 1981, 1193
Für das Hauptverfahren und die Revision wurde eine Pauschvergütung nicht, dagegen für das Ermittlungsverfahren doch von 310,00 DM bewilligt. Der Verteidiger mußte sich besondere medizinische und psychologische Kenntnisse aneignen, um sich mit der strafrechtlichen Verantwortlichkeit seines Mandanten, der an einer Bluterkrankheit leidet und der Spielleidenschaft verfallen ist, auseinandersetzen zu können. Außerdem hat er an einem Haftprüfungstermin teilgenommen.

g) OLG Celle

NJW 1968, 1152 = JurBüro 1968, 390
Vor Eintritt der Fälligkeit der Pflichtverteidigervergütung (§ 16) ist die Bewilligung eines Vorschusses unzulässig.

Entgegen OLG Bremen (NJW 1967, 899) und Hamburg (NJW 1967, 2220) ist das OLG der Meinung, die Bewilligung einer Pauschvergütung für Teile des Verfahrens umfasse nicht die Zulässigkeit von Vorschußzahlungen. Der Antragsteller solle sich an den zuständigen Landesjustizminister wenden, der schon solchen Gesuchen entsprochen habe.

h) OLG Düsseldorf

JurBüro 1980, 392 m.w.N.
Pauschgebühren nur nach einer Gesamtschau des Verfahrens bei rechtskräftigem Abschluß. Pauschgebühren für einzelne Teile nur, wenn der Verteidiger aus dem Verfahren ausscheidet. Vorschußzahlungen kommen nur in Großverfahren in Betracht. Darunter sind Verfahren, bei denen von vornherein mit 50 Hauptverhandlungstagen und mehr zu rechnen ist, zu zählen.

AnwBl 1982, 265 = NStZ 1982, 167 = JurBüro 1982, 247
Keine Pauschvergütung für Tätigkeiten, die das Gesetz nicht vorsieht, hier Verhandlung an vier Tagen über mehrere Ablehnungsgesuche. Bewilligt wurde für die Hauptverhandlung erster Instanz die Rahmenhöchstgebühr eines Wahlverteidigers und für die Revisionsbegründung eine Gebühr im oberen Bereich der Wahlverteidigergebühr. Überschreitung der Höchstgebühren nur ausnahmsweise.

StV 1985, 72
Tätigkeit in einem besonders umfangreichen und schwierigen Strafvollstreckungsverfahren, bewilligt wurde etwa der dreifache Betrag der gesetzlichen Gebühren.

NStZ 1985, 235
Für die Anrechnung der Pflichtverteidigervergütung auf die Wahlverteidigerkosten des früheren Angeklagten ist kein Raum, wenn der Pflichtverteidiger allein wegen der Schwie-

rigkeit oder des Umfangs des Verfahrens oder ähnlichen vom Angeklagten nicht zu vertretenden Umständen neben dem Wahlverteidiger zusätzlich bestellt worden ist.

Nachdem das BVerfG (NStZ 1984, 561 mit zustimmender Anm. Senge) entschieden hat, daß die Anrechnung keine zwingende Auslegung der einschlägigen Kostenbestimmungen sei und mit dem Recht eines Angeklagten auf freie Verteidigerwahl kollidiere oder dieses Recht sogar aushöhlen könne, hält der Senat an seiner früheren Auffassung nicht länger fest.

Hier war der Pflichtverteidiger für den Fall des möglichen Ausfalls des Wahlverteidigers bestellt worden.

StV 1987, 451

Zahlreiche, nicht gesondert zu vergütende Besprechungen mit dem Mandanten sowie eigene Ermittlungen des Verteidigers und eine sehr ausführliche und sich im wesentlichen, sämtlichen entscheidungserheblichen Fragen auseinandersetzende Revisionsbegründung rechtfertigen die Bewilligung einer Pauschvergütung wegen besonderen Umfangs der Sache.

i) OLG Frankfurt

NJW 1972, 1481

Die Pauschvergütung ist nicht zu verzinsen.

AnwBl 1974, 358

Im Verfahren gegen Astrid Proll wurden die gleichen Maßstäbe angelegt wie in der Entscheidung in NJW 1975, 948.

AnwBl 1975, 30

Der Pflichtverteidiger in einem NSG-Verfahren beantragte seine Entpflichtung mit der Begründung, die Revisionsbegründung verlange von ihm eine solche Arbeit, daß selbst eine Pauschvergütung nicht einmal seine Geschäftsunkosten abdecke. Das noch nicht vorliegende Urteil werde voraussichtlich 600 Seiten umfassen, das Protokoll umfasse 2.749 Seiten. Der Antrag wurde abgelehnt, weil die nicht befriedigende Gebührenregelung kein Recht gebe, die Tätigkeit als Pflichtverteidiger zu verweigern.

NJW 1975, 948 = AnwBl 1974, 357

In außergewöhnlich (frühere Fassung des § 99) umfangreichen und schwierigen Verfahren im Baader-Meinhof-Komplex kann die Pauschgebühr erheblich angehoben werden, aber nicht in dem Umfang wie bei NSG-Verfahren. Es kann die grundsätzlich anerkannte Bemessungsgrenze der gesetzlichen Höchstgebühren für Wahlverteidiger ausnahmsweise überschritten werden. Bewilligt wurde eine Gebühr, die die Wahlverteidigerhöchstgebühr um ein Viertel überstieg. Die Sitzungstage wurden mit dem Doppelten der normalen Tagessätze vergütet und für das Vorverfahren und die Vorbereitung ein Betrag von 3.000,00 DM bewilligt. Die Gebühr für das Vorverfahren betrug damals nach §§ 83 Abs. 1 Nr. 1, 84 Abs. 1 Nr. 1 200,00 DM.

j) OLG Freiburg

k) OLG Hamburg

NJW 1967, 2220

Dem Verteidiger sind für eine 40tägige Reise zur Vernehmung von 50 Zeugen in Israel pro Tag 150,00 DM (die damalige Tagesgebühr) für einen Pflichtverteidiger vor dem Schwurgericht nach §§ 93 Abs. 1 Nr. 1, 97 in Höhe des Eineinhalbfachen der Mindestgebühr zuerkannt worden. Obwohl noch keine Anklage erhoben war, wurde ein Vorschuß von 6.000,00 DM bewilligt.

AnwBl 1987, 339 = MDR 1987, 607 = JurBüro 1987, 72

6. Stellungnahme des Bezirksrevisors

Die nach § 99 zuzuerkennende Pauschvergütung entzieht sich jeglicher Schematisierung durch Leitlinien, die ausschließlich unter Berücksichtigung aller Umstände des Einzelfalles nach Billigkeitserwägungen zutreffend sind. Zweck ist nicht die angemessene Honorierung anwaltlicher Tätigkeit, sondern billiger Ausgleich für das Opfer, das in der Übernahme der Pflichtverteidigertätigkeit liegt. Beurteilung des Verteidigerverhaltens zum Teil als unnütze Verzögerung, die nicht der Förderung des Verfahrens diente. Bewilligt wurden 2.100,00 DM statt der gesetzlichen Gebühren von 1.702,50 DM.

NStZ 1988, 230 = MDR 1988, 254 = AnwBl 1989, 58 = JurBüro 1988, 598.

Der besondere Umfang einer Strafsache ist an objektiven Maßstäben, nicht allein an der Anzahl der Verhandlungstage zu messen, die aber indizielle Bedeutung haben können. Verhandlungstage, die auf ein prozessual erlaubtes Verhalten des Verteidigers zurückzuführen sind, das aber nicht der Förderung des Verfahrens diente, sind nicht zu berücksichtigen. Für die Pauschgebühr sprechen deshalb nicht die insgesamt 26 Verhandlungstage in der Berufungsinstanz.

JurBüro 1989, 208

Einer beigeordneten Referendarin steht weder die Regelvergütung noch die Pauschgebühr zu. Die erbrachten Leistungen sind mit den Bezügen der Referendarin abgegolten.

JurBüro 1989, 1556

Mit den Gebühren nach §§ 97 Abs. 1, 83 Abs. 1 ist auch die Teilnahme an kommissarischen Vernehmungen abgegolten. Grundsätzlich ist bei der Bewilligung der Pauschgebühr auch die Teilnahme an kommissarischen Vernehmungen zu berücksichtigen. Eine analoge Anwendung auf einzelne Teile sei nicht vertretbar (gegen Herrmann NStZ 1987, 446), weil sonst keine Abwägung und Ausgleichung mehrerer Verfahrensabschnitte untereinander erfolgen könne.

MDR 1990, 272

Die Pauschvergütung ist nach oben durch die Wahlverteidigerhöchstgebühr beschränkt, da auch ein freigesprochener Angeklagter keinen höheren Anspruch gegen die Staatskasse hat. Vor der Bestellung geleistete Tätigkeiten bleiben außer Betracht. Es handelt sich nicht um eine angemessene Honorierung, sondern lediglich um einen billigen Ausgleich für die nach § 49 BRAO gebotene Übernahme der Pflichtverteidigung.

JurBüro 1990, 354

Es kommt auf die objektive Bewertung an, die subjektiven in der Person des Pflichtverteidigers liegenden Momente haben außer Betracht zu bleiben. Eine schematisierte Berechnung nach Leitlinien und Anzahl der Verhandlungstage verbietet sich. Die Begrenzung erfolgt durch die Wahlverteidigerhöchstgebühr. Weil der Antragsteller schon vier Monate Wahlverteidiger war, ist die Schwierigkeit zum Zeitpunkt der Bestellung bereits gemindert, desgleichen durch die Bestellung von zwei Pflichtverteidigern für den Angeklagten. Bewilligt wurde eine Pauschvergütung von 102.000,00 DM, d. h. das rund 1,8fache der Pflichtverteidigervergütung.

JurBüro 1992, 233

Die Verjährung beginnt mit dem Ende der Instanz gemäß § 16 und richtet sich nach § 196 Abs. 1 Ziff. 15 BGB.

l) OLG Hamm

NJW 1965, 1826

Kein Vorschuß, da gesetzlich nicht vorgesehen. Auch keine Festsetzung von festen Tagesgebühren für die zukünftige Hauptverhandlung.

AnwBl 1970, 177

Der Angeklagte bestritt mit immer neuen Einlassungen den Tatvorwurf. Die Vorbereitung war mit dem türkischen Angeklagten außerordentlich schwierig. Deshalb wurde die Vorgebühr von damals 75,00 DM durch eine Pauschvergütung von 350,00 DM ersetzt.

MDR 1972, 263
Eine Strafsache ist auch dann besonders umfangreich, wenn der Vorsitzende nach Aufruf erklärt, er werde erst eine andere Sache verhandeln, die Verteidiger sollten im Gericht warten. Die Sache war auf 9 Uhr angesetzt, es wurde die andere Sache verhandelt, dann um 14.20 Uhr erneut aufgerufen und bis 17.15 Uhr verhandelt. Die Wartezeit wurde eingerechnet, eine Pauschgebühr in unbekannter Höhe bewilligt.

AnwBl 1979, 552
Eine Verhandlungsdauer bis zu acht Stunden vor der Jugendstrafkammer oder großen Strafkammer erfüllt für sich allein noch nicht die Voraussetzungen des besonderen Umfangs.

AnwBl 1981, 511 mit Anm. *Schmidt*
Pauschvergütung im Wiederaufnahmeverfahren wegen verschiedener Delikte u. a. Mord mit lebenslanger Strafe mit fünfjähriger Tätigkeit des Verteidigers. Die gesetzliche Gebühr gemäß §§ 97, 90, 84 Abs. 1, 83 Abs. 1 Nr. 1 betrug 200,00 DM, bewilligt wurden 1.500,00 DM.
Nach der Anmerkung von *Schmidt* zu deren Beschluß umfaßten die Akten sechs Bände, der Rechtsanwalt hatte vorgetragen, ca. 290 Stunden an der Sache gearbeitet zu haben. Das bedeutet einen Stundensatz von etwas mehr als 5,00 DM. Der Nettostundenverdienst eines Richters dürfte bei rund 30,00 DM beginnen.

AnwBl 1985, 155 = JurBüro 1984, 1843
Die Voraussetzungen für eine Pauschgebühr lassen sich nur aufgrund einer umfassenden Gesamtschau ermitteln, die regelmäßig erst nach rechtskräftigem Abschluß des gesamten Verfahrens möglich ist. Dieser Zeitpunkt ist für die Fälligkeit und den Beginn der Verjährungsfrist maßgeblich. Das Verfahren war besonders umfangreich und besonders schwierig. Die Hauptakten umfaßten fast 1.000 Seiten, die Anklage nannte 230 Zeugen, 29 Aktenordner und Überführungsstücke waren als Beweismittel aufgeführt. Neben der Durchleuchtung der Firmenkonstruktion und der Vertriebs- und Finanzunternehmen im In- und Ausland nahmen prozessuale Fragen bezüglich Haft- und Verhandlungsfähigkeit einen breiten Raum ein.
Bewilligt wurden für die Vorbereitung der Hauptverhandlung einschließlich des ersten Tages 3.000,00 DM (damals betrug die Pflichtverteidigergebühr gemäß § 83 Abs. 1 Nr. 2 280,00 DM, so daß hier etwa das Elffache dieser Gebühr bewilligt wurde). Für die Fortsetzungstermine bis zu vier Stunden wurden 350,00 DM, bis zu sieben Stunden 450,00 DM und über sieben Stunden hinaus 550,00 DM bewilligt (die Gebühr des § 83 Abs. 2 Nr. 2 betrug 225,00 DM, so daß Pauschsätze beginnend mit dem Eineinhalbfachen bewilligt wurden).
Für die kommissarischen Vernehmungen sind bei Inlandsreisen je Tag 200,00 DM, bei Auslandsreisen je Tag 300,00 DM bewilligt worden.
Für die Revisionsbegründung wurden 750,00 DM, d.h. fast das Vierfache der damaligen Gebühr des § 86 Abs. 1 Nr. 1, Abs. 3 bewilligt.

AnwBl 1987, 338
Gesamtschau; vorherige Tätigkeit als Wahlverteidiger unbeachtlich; die nach der Beiordnung erfolgte Anzahl und Dauer der Besprechungen war wegen sprachlicher Verständigungsschwierigkeiten besonders zeitraubend, sie stehen jedoch zu dem objektiven Umfang des Verfahrens, auf den § 99 Abs. 1 abstellt, in keinem Verhältnis.

AnwBl 1988, 358 = JurBüro 1987, 720
Die Pauschvergütung kann auch noch nach einem Antrag gemäß § 100 Abs. 2 bewilligt werden. Die Anklage umfaßte 116 Seiten gegen vier Angeklagte, es waren 40 Zeugen benannt; es wurde auf viele Beweismittelordner und Urkunden Bezug genommen. Die gesetzlichen Gebühren von 2.520,00 DM wurden auf 3.500,00 DM erhöht.

MDR 1989, 568 = AnwBl 1989, 686
Der Antrag eines Wahlverteidigers auf eine Pauschvergütung ist unzulässig. § 99 ist auch nicht entsprechend anzuwenden. Der Wahlverteidiger kann eine Honorarvereinbarung treffen, die bei Übertragung der notwendigen Auslagen auf die Landeskasse nicht in voller Höhe erstattet werden muß.

m) OLG Karlsruhe

NJW 1974, 110
Die Pauschgebühr wurde auf das Dreifache der Gebühren für die Verteidigung im Vorverfahren erhöht.

MDR 1974, 601
Der Pflichtverteidiger erhält eine Pauschgebühr nur für die Zeit seiner Beiordnung, die Tätigkeit als Wahlverteidiger bleibt unberücksichtigt. Der Antrag wurde abgelehnt.

JurBüro 1975, 487
Der frühere Wahlverteidiger war am dritten Hauptverhandlungstag rückwirkend für das Vorverfahren und die beiden ersten Tage bestellt worden. Er verlangte für den dritten und vierten Hauptverhandlungstag eine Pauschgebühr. Bewilligt wurden 1.500,00 DM anstelle der 1.440,00 DM betragenden Wahlverteidigerhöchstgebühren. Für die Revision, mit der nur die allgemeine Sachrüge erhoben wurde, wurde keine Pauschgebühr bewilligt.

AnwBl 1978, 358
Die Wahlverteidigerhöchstgebühren geben einen Orientierungsmaßstab für die Pauschvergütung. Hier dauerte die Hauptverhandlung sieben Tage, zwei davon dienten der Frist des § 229 Abs. 1 StPO, an einem Tag wurde nur vormittags verhandelt. Der Aktenumfang betrug vier Bände. Auch die Tätigkeit als Wahlverteidiger vor der Beiordnung wurde berücksichtigt. Bewilligt wurde eine Pauschvergütung von 2.700,00 DM. (Die gesetzlichen Gebühren lassen sich aus den abgedruckten Gründen nicht entnehmen, da nicht gesagt ist, ob vor dem Jugendschöffengericht oder der Jugendstrafkammer verhandelt wurde).

AnwBl 1979, 279
Für die Vorbereitung in einer Strafkammersache wurden 1.900,00 DM bewilligt (die Pflichtverteidigergebühr betrug damals gemäß §§ 97 Abs. 1, 84 Abs. 1 Nr. 2 140,00 DM). Für die einzelnen Fortsetzungstage wurden bei zweistündiger Dauer 300,00 DM, bis zu vier Stunden 350,00 DM und bis zu sieben Stunden 450,00 DM bewilligt. (Die damaligen Fortsetzungsgebühren gemäß §§ 97 Abs. 1, 83 Abs. 2 Satz 2 betrugen 280,00 DM).

JurBüro 1985, 553
Eine nicht sachgerechte Verteidigung vermag keine besondere Schwierigkeit nach § 99 zu begründen. Nach Aufhebung im Strafausspruch in der Revisionsinstanz wollte der Verteidiger beim Landgericht Freispruch oder Einstellung (beim Vorwurf eines Verbrechens des Meineides) erreichen.

JurBüro 1987, 391
Die Dauer der Hauptverhandlung von 9–17.15 Uhr mit zweistündiger Mittagspause ist eher unterdurchschnittlich. Die Beiordnung dauerte vom 16. 1. 1986 bis zur Rechtskraft am 1. 8. 1986. Der Verteidiger war mindestens siebenmal von Karlsruhe zur Untersuchungshaftanstalt Freiburg gefahren, um den Angeklagten zu besuchen. Dabei hatte er insgesamt etwa acht Stunden und 40 Minuten unter Abzug der Fahrzeiten mit einem Dolmetscher den Mandanten besucht. Es ging um die Einfuhr von 1,5 kg Heroin. Das Gericht hat keine Pauschvergütung bewilligt, weil keine besonders umfangreiche oder schwierige Sache vorlag. Der Stundenlohn dürfte unter 20,00 DM gelegen haben.

AnwBl 1989, 113 = StV 1988, 353
Der Antragsteller war drei Jahre lang tätig, die Hauptverhandlung, die auf 14 halbe Tage festgesetzt war, war vorzubereiten, es war ein vorläufiges Berufsverbot nach § 132a

StGB vom Landgericht verhängt worden, wogegen Staatsanwaltschaft und Verteidiger Beschwerde eingelegt hatten. Schwierigkeiten ergaben sich aus der Persönlichkeitsstruktur und der Erkrankung des Angeklagten. Am ersten Verhandlungstag wurde das Verfahren nach § 206a StPO eingestellt, weil der Angeklagte verhandlungsunfähig war. Die gesetzliche Gebühr betrug gemäß §§ 97 Abs. 1, 83 Abs. 1 Nr. 2 340,00 DM. Bewilligt wurden 2.000,00 DM, um zu verhindern, daß dem Pflichtverteidiger ein unzumutbarer finanzieller Nachteil entsteht.

StV 1990, 367 mit Anm. *Sommermeyer*
    Weder die tatsächlich erbrachte Arbeitszeit des Verteidigers noch seine individuellen Kanzleikosten und die infolge der anderweitig entgangenen Einnahmen bilden unmittelbare und verläßliche Bemessungsgrundlagen für Pauschvergütungen. Die Arbeitszeit kann ein Indiz sein. Hier wurden die – nicht genannten – Höchstgebühren eines Wahlverteidigers überschritten.

n) OLG Kassel

o) OLG Koblenz

MDR 1972, 169 m.w.N.
    Ist ein Pflichtverteidiger sehr lang tätig und ist ein Ende des Verfahrens noch nicht abzusehen, so kann eine Vorschußgewährung auf die Pauschvergütung gerechtfertigt sein. Hier war der Verteidiger schon zwei Jahre lang bestellt, die Hauptverhandlung vertagt, und die Staatsanwaltschaft ermittelte weiter.

GA 1977, 59
    Auch nach der Neufassung des § 99 kann dem Pflichtverteidiger eine Pauschvergütung nur gewährt werden, wenn die Strafsache das durchschnittliche Ausmaß eines vergleichbaren Verfahrens vor dem gleichen Spruchkörper erheblich überschreitet.

JurBüro 1985, 416
    Die Höchstgebühren eines Wahlverteidigers stellen grundsätzlich die Höchstgrenze für die Pauschgebühr des § 99 dar. Bei Pflichtverteidigergebühren von 12.830,00 DM und Wahlverteidigerhöchstgebühren von 26.170,00 DM wurden 33.000,00 DM bewilligt, weil das Verfahren vor einer Wirtschaftsstrafkammer an 46 Verhandlungstagen den Pflichtverteidiger über ein Jahr überwiegend in Anspruch genommen hat.

JurBüro 1985, 554
    Der § 99 ist auf den Wahlverteidiger auch nicht entsprechend anwendbar. Dieser hat die Möglichkeit der Honorarvereinbarung nach § 3.

NStZ 1988, 371 = GA 1989, 233
    Pauschvergütung nur in besonders umfangreichen oder schwierigen Strafsachen, wenn die Sache das überdurchschnittliche Ausmaß vergleichbarer Fälle erheblich übersteigt. Die Pauschvergütung kann nicht nach bestimmten Sätzen je nach Zahl und Dauer der Hauptverhandlungstermine festgesetzt werden. Die Pauschvergütung wurde versagt, obwohl die Hauptverhandlung gegen fünf Angeklagte vor dem Jugendschöffengericht über neun Stunden gedauert hatte und 15 Zeugen vernommen worden waren. Es handelt sich um eine für das Jugendschöffengericht durchschnittliche Sache.

NStZ 1990, 345 = JurBüro 1990, 879
    Die Tätigkeit im Vollstreckungsverfahren kann die Bewilligung einer Pauschvergütung rechtfertigen. Es handelt sich um eine Einzeltätigkeit nach § 91. Die Gebühr betrug bis zum 1. 1. 1987 nach §§ 97 Abs. 1, 91 Nr. 2 140,00 DM. Die Wahlverteidigerhöchstgebühr betrug 455,00 DM. Für die Teilnahme an sieben Anhörungsterminen entsteht nur eine Gebühr nach § 91 Nr. 2. Das Verfahren dauerte fünf Jahre, trotzdem Zuerkennung nur der Wahlverteidigerhöchstgebühr von 455,00 DM.

p) OLG Köln

NJW 1964, 1281 = AnwBl 1966, 237
Enthält – durch Gebührenerhöhungen und Gesetzesänderungen überholte – Pauschsätze.

NJW 1964, 1334
Die Schwierigkeit hat größere Bedeutung als der Umfang (nach *Riedel/Sußbauer/Fraunholz* § 99 Rdnr. 10; ebenso *Swolana/Hansens* § 99 Rdnr. 5 bedenklich, da das Gesetz beide Umstände gleichstellt). In dem Beschluß wird dies (1964) als ständige Rechtsprechung bezeichnet.

q) OLG München

MDR 1968, 607 = JurBüro 1968, 548
In der Mordsache aus dem Dritten Reich wurde ein Vorschuß von 2.000,00 DM bewilligt, obwohl noch keine Anklage erhoben war.

AnwBl 1975, 1475
Die Pauschvergütung ist zu gewähren, wenn sich der Beschuldigte in Untersuchungshaft befindet und zu beurteilen ist, ob Sicherungsverwahrung anzuordnen ist und die Hauptverhandlung bei zwei Stunden Mittagspause von 8.30 bis 19.30 Uhr dauert. Die Vergütung wurde verdoppelt.

AnwBl 1977, 78
Die Höchstgebühren des Wahlverteidigers stellen grundsätzlich die Höchstgrenze für die Bemessung der Pauschgebühren dar. Die gesetzlichen Gebühren betragen gemäß §§ 97 Abs. 1, 83 Abs. 1 Nr. 2 280,00 DM und gemäß §§ 97 Abs. 1, 83 Abs. 2 Nr. 2 für acht Verhandlungstage je 225,00 DM, insgesamt 2.080,00 DM. Bewilligt wurden 900,00 DM und acht mal 450,00 DM, insgesamt 4.500,00 DM.

AnwBl 1977, 118 m.w.N.
Bewilligung des Siebeneinhalbfachen der gesetzlichen Pflichtverteidigergebühren, das entsprach 1977 dem vierfachen Höchstbetrag der Wahlverteidigergebühren (siehe ausführliche Begründung mit vielen Einzelpunkten).

AnwBl 1977, 178 = JurBüro 1977, 638
Ist keine der beiden Voraussetzungen – besonderer Umfang oder besondere Schwierigkeit – jeweils für sich allein erfüllt, bedingen Umfang und Schwierigkeit in ihrer Gesamtheit eine besondere Inanspruchnahme und Mühewaltung des Pflichtverteidigers, so rechtfertigt auch dies die Bewilligung einer Pauschvergütung.

AnwBl 1981, 462 mit Anm. *Schmidt*
Die Pauschvergütung wurde verweigert, weil nur zwei Hauptverhandlungstermine von wenigen Minuten stattgefunden hätten, wofür der Antragsteller die vollen Pflichtverteidigergebühren in der Berufungsinstanz erhalten habe. Aus der Anmerkung von *Schmidt* ergibt sich, daß es sich um ein außerordentlich schwieriges Mandat handelte, wobei der Antragsteller das Vertrauen des Mandanten, eines schwer querlatorischen Angeklagten, gewinnen mußte. Eine Pauschvergütung wurde durch den Vorsitzenden der Berufungskammer befürwortet. Zwischen dem ersten und zweiten Hauptverhandlungstermin hatte der Rechtsanwalt insgesamt über 18 Stunden mit dem Angeklagten gesprochen und ihn schließlich zur Rücknahme der Berufung überredet. Der errechnete Stundenlohn lag bei 30,00 DM.

AnwBl 1982, 213 = JurBüro 1982, 94
Nach 39 bzw. 38 und 35 Verhandlungstagen wurden für drei Pflichtverteidiger unterschiedliche Pauschgebühren für den ersten Verhandlungstag und das Zwischenverfahren bewilligt: das Doppelte der Wahlverteidigerhöchstgebühren und für die folgenden Verhandlungstage das Eineinhalbfache derselben Gebühren. Unterschiede ergeben sich zum

einen aus der Anzahl der Verhandlungstage, an denen die Verteidiger teilgenommen hatten, und aus dem unterschiedlichen Verhalten der Angeklagten. Es waren bereits Vorschüsse gezahlt worden.

r) OLG Nürnberg

JurBüro 1966, 778

Die Pflichtverteidigergebühren hätten für das Ermittlungsverfahren und 49 Hauptverhandlungstermine insgesamt 4.365,00 DM betragen. Bewilligt wurde mit einer Pauschvergütung von 13.000,00 DM ca. das Dreifache der Pflichtverteidigergebühr.

AnwBl 1972, 92

Kosten für den Vertreter eines Pflichtverteidigers in dessen Büro während seiner Abwesenheit werden nicht nach § 99 erstattet.

AnwBl 1974, 356

In einer Mordsache, bei der die Tat rund 30 Jahre zurücklag, wurden dem bestellten Verteidiger für die Vorbereitung des Verfahrens ein Betrag von je 300,00 DM für 13 volle Arbeitstage, für 15 Verhandlungstage bis zu einer Stunde und für 12 Verhandlungstage bis zu drei Stunden jeweils ein Betrag von 180,00 DM, für sieben Verhandlungstage, an denen drei bis sechseinhalb Stunden verhandelt wurde, jeweils 360,00 DM und für die Vorbereitung des Plädoyers für neun volle Arbeitstage je 300,00 DM bewilligt. Die Pflichtverteidigergebühr betrug damals gemäß §§ 97 Abs. 1, 83 Abs. 1 Nr. 1 400,00 DM, für die Fortsetzungstage gemäß §§ 97 Abs. 1, 83 Abs. 2 Nr. 1 jeweils 180,00 DM.

JurBüro 1974, 1280

Keine gesonderte Gebühr nach § 91 für kommissarische Vernehmung. Aber Teilnahme an einer solchen, neue Einarbeitung, 481 Blatt Akten, Besuche im Nervenkrankenhaus, sieben Zeugen und zwei Sachverständige, zahlreiche Anklagevorwürfe rechtfertigen nahezu eine Verdoppelung der Pflichtverteidigervergütung.

JurBüro 1975, 201

Zu dem Beschluß im AnwBl 1974, 356 sind Gegenvorstellungen für zulässig erachtet worden.

JurBüro 1987, 245

Die Höchstgebühren eines Wahlverteidigers können ausnahmsweise überschritten werden, wenn auch die Höchstgebühren noch in einem grob unbilligen Mißverhältnis zur Inanspruchnahme des Pflichtverteidigers stehen. In der Praxis ist es üblich, daß erst die Pflichtverteidigergebühren des § 97 beantragt, festgesetzt und ausgezahlt werden.

Die Pauschgebühr wurde hier innerhalb des Gebührenrahmens festgesetzt; für eine Verhandlungsdauer am 1., 2., 3. und 7. Verhandlungstag von 7 bis 8.30 Stunden wurden für den ersten Tag 700,00 DM, für die Fortsetzungstage je 500,00 DM zu Grunde gelegt; am 4. und 5. Tag wurden drei Stunden, am 6. Tag wurde kaum mehr als vier Stunden verhandelt, hierfür wurden je 400,00 DM bewilligt.

s) OLG Oldenburg

NJW 1968, 1392 = MDR 1968, 607 = AnwBl 1968, 191

In Strafprozessen außergewöhnlichen Umfangs können dem Pflichtverteidiger Abschlagzahlungen gewährt werden. Es handelte sich um ein Verfahren, das Mordtaten der Nationalsozialisten betraf. Bis zu fünf Stunden wurde eine doppelte Tagesgebühr, bei einer Verhandlungsdauer von fünf bis sieben Stunden die dreifache und bei über sieben Stunden hinausgehenden Verhandlungen vierfache Tagesgebühren zugebilligt. Für zusätzliche Besprechungen wurde keine besondere Gebühr bewilligt.

JurBüro 1979, 68

Der Pflichtverteidiger, der sich durch einen nicht zum allgemeinen Vertreter bestellten Assessor vertreten läßt, bekommt keine Pauschgebühr.

t) OLG Saarbrücken

u) OLG Schleswig

JurBüro 1986, 187
Richtlinien für die Bewilligung einer Pauschvergütung.
Der Umfang geht der Schwierigkeit vor, die nur selten selbständige Bedeutung hat, etwa in Wirtschaftsstrafsachen oder bei einer rechtlich besonders schwierigen Revisionsbegründung.

Leitlinien:
Eintägige Hauptverhandlung bis zu fünf Stunden keine Pauschgebühr, bis zu acht Stunden erfolgt eine Verdoppelung, dauert die Verhandlung länger als acht Stunden, wird die zweieinhalbfache Gebühr gewährt.
Fortsetzungstage, an denen länger als acht Stunden verhandelt wird, wurden mit dem Dreifachen der Pflichtverteidigergebühr vergütet.
Dauert die Hauptverhandlung sechs Tage oder mehr, werden die Gebühren für die Fortsetzungstage bereits bei einer Termindauer von mehr als zwei Stunden auf das Eineinhalbfache oder das Doppelte erhöht, wenn die überwiegende Zahl länger als fünf Stunden gedauert hat.
Die Vorverfahrensgebühr wird verdoppelt, wenn auch für die Hauptverhandlung die Pauschgebühr zu zahlen ist, weil der Umfang der Hauptverhandlung eine umfangreiche Vorbereitung indiziert. Bei nachgewiesener Mehrarbeit (Haftprüfungen, kommissarische Vernehmungen, mehrbändige Akten mit umfangreichen Zeugenaussagen, wissenschaftlichen Gutachten oder schwierigen Wirtschaftsvorgängen) wird die Pauschgebühr nach dem angemessenen Zeitaufwand festgesetzt, wobei der volle Arbeitstag mit 800,00 DM–1.000,00 DM zu bemessen ist.

v) OLG Stuttgart

AnwBl 1972, 89
Gegen einen Rechtsanwalt wurde wegen Betruges 114 Tage verhandelt. Für die Revisionsbegründung wurden zugunde gelegt: Urteilsgründe 1.689 Seiten, Sitzungsniederschrift 2.726 Seiten, Revisionsbegründungsschrift 375 Seiten mit 77 Seiten späterer Ergänzung. Der Tagessatz wurde (1970) mit 450,00 DM bemessen. Bewilligt wurden 30.000,00 DM.

w) OLG Tübingen

x) OLG Zweibrücken

JurBüro 1978, 1530
Die vom Pflichtverteidiger nach Rechtskraft entwickelte Tätigkeit bleibt unvergütet und wird durch die Pauschvergütung nicht betroffen.
Eine Tätigkeit vor dem Jugendschöffengericht von dreieinhalb Stunden liegt im Durchschnittsbereich, ein besonderer Umfang liegt erst ab fünf Stunden vor.

JurBüro 1981, 1029
Eine Gebühr nach § 83 Abs. 2 kann nur entstehen, wenn zuvor eine Gebühr nach § 83 Abs. 1 entstanden ist. War der Verteidiger am ersten Verhandlungstag nicht anwesend, wird er für den zweiten Verhandlungstag nach § 83 Abs. 1 vergütet.
Eine Zusammenstellung von Leitlinien der Oberlandesgerichte findet sich im übrigen bei *Thomas* S. 65 ff.

26. Insgesamt handelt es sich um eine wenig glückliche Lösung, weil sich einige Oberlandesgerichte weigern, überhaupt Maßstäbe für die Bewilligung von Pauschgebühren bekanntzugeben (z.B. OLG Hamburg JurBüro 1990, 354). In Terroristenverfahren sind

teilweise nur minimale Überschreitungen der Pflichtverteidigergebühren bewilligt worden, während in NSG-Verfahren erheblich über diese Beträge hinausgehende Summen bewilligt worden sind. Einzelheiten nennt Hannover (StV 1981, 487 ff.). Durch die fehlende Anfechtungsmöglichkeit werden daher ganz erheblich voneinander abweichende Pauschvergütungen bewilligt. Für NSG-Verfahren OLG Bamberg, JurBüro 1970, 583; OLG Frankfurt AnwBl 1974, 358; AnwBl 1975, 30; OLG Köln NJW 1966, 1281; OLG Nürnberg AnwBl 1974, 356; OLG Stuttgart AnwBl 1972, 89. Für Baader-Meinhof-Prozesse OLG Frankfurt NJW 1975, 948.

Hinzu kommt, worauf *Eisenberg/Classen* sehr begründet hinweisen (NJW 1990, 1021), daß mit der Pauschvergütung die Pflichtverteidiger diszipliniert werden, indem sie für nach Ansicht des Gerichts unnötige Anträge dadurch bestraft werden, daß der dafür verwandte Zeitaufwand nicht berücksichtigt wird. Tätigkeiten des Pflichtverteidigers, die zwar prozessual erlaubt sind, aber nur verfahrensfremde oder -verschleppende Ziele verfolgen und einer sachlichen Verteidigung nicht dienen, bleiben bei der Bemessung der Vergütung außer Betracht (*Swolana/Hansens* § 99 Rdnr. 2; OLG Hamburg JurBüro 1988, 598; 1990, 354; OLG Karlsruhe JurBüro 1981, 721; JurBüro 1985, 553), ebenso neben der Sache liegende politische Ausführungen des Angeklagten. Es muß dann aber ein offensichtlicher Extremfall vorliegen (OLG Karlsruhe AnwBl 1979, 71). Das führt insbesondere bei umfangreichen Verfahren zu einer Beeinträchtigung der notwendigen Verteidigung, weil sich jeder Rechtsanwalt überlegen muß, ob er sich in einem solchen Verfahren beiordnen läßt. In ähnlichem Sinne auch *Thomas* S. 65 ff. Die zulässigen Beweisanträge werden später im Zusammenhang mit der Bewilligung der Pauschvergütung einer Inhaltskontrolle unterzogen. Dies kann nicht richtig sein.

Die Auffassung, der Pflichtverteidiger solle sich an den zuständigen Landesjustizminister wenden, ist abzulehnen, sie entspricht nicht dem Gesetz. Eine Berechnung nach Stunden setzt sich in Honorarvereinbarungen immer mehr durch, sie ist dem Gebührenrecht nicht fremd, deshalb könnte dies schon ein Weg zu einer plausibleren Rechtsprechung zu § 99 sein.

Die Anträge sind daher ganz besonders gründlich vorzubereiten und zu begründen.

27. Die Pauschvergütung bezieht sich nur auf den Gebührenanspruch, nicht auch auf die Auslagen, die in § 97, auf den § 99 verweist, nicht erwähnt sind (*Hartmann* § 99 Anm. 3 E; 5; *Swolana/Hansens* § 99 Rdnr. 8; OLG Koblenz JurBüro 1985, 417).

Nach einhelliger Meinung sind Auslagen nur in der tatsächlichen Höhe nach § 98, nicht mit einem Pauschsatz festzusetzen.

§ 99 gilt deshalb nicht für Auslagen der §§ 26 bis 29.

Der Anspruch auf eine Pauschvergütung kann deshalb auch nicht mit der Begründung ganz oder teilweise versagt werden, durch die bewilligten Reisekosten sowie Tage- und Abwesenheitsgelder sei der Mehraufwand bereits abgegolten.

Hierüber ist im Rahmen des § 97 durch den Urkundsbeamten gemäß § 98 zu entscheiden (*Gerold/Schmidt/Madert* § 99 Rdnr. 9; *Riedel/Sußbauer/Fraunholz* § 99 Rdnr. 17; OLG München AnwBl 1982, 213 = JurBüro 1982, 94). Sie gehören deshalb nicht in den Antrag nach § 99.

Zu den Auslagen gehören die Postgebühren (§ 26), Schreibauslagen (§ 27) und Reisekosten (§ 28).

28. Der Pflichtverteidiger kann neben der Pauschvergütung auch die Mehrwertsteuer in der jeweils gültigen Höhe (§ 25 Abs. 2) berechnen (*Gerold/Schmidt/Madert* § 99 Rdnr. 9; *Riedel/Sußbauer/Fraunholz* § 99 Rdnr. 17; OLG Koblenz JurBüro 1985, 471).

Sie sollte zur Klarstellung in dem Antrag jeweils mitaufgeführt werden.

Swolana/Hansens (§ 99 Rdnr. 8) vertritt die Meinung, daß die Mehrwertsteuer nicht zu berücksichtigen sei unter Hinweis auf BGH JurBüro 1962, 341. Diese Auffassung trifft nicht zu, weil in der genannten BGH-Entscheidung ausdrücklich gesagt ist, die Umsatzsteuer sei gesondert festzusetzen.

D. Anspruch des bestellten Verteidigers gegen den Angeklagten (§ 100 BRAGO)

1. Anspruch des bestellten Verteidigers gegen den Angeklagten

Rechtsanwalt ......

Berlin, den 21. 9. 1990

An das
Amtsgericht Tiergarten[1]
Turmstraße 91
1000 Berlin 21

In der Strafsache
gegen M.

Geschäftsnummer
252–16/90

beantrage ich,[5]
gemäß § 100 Abs. 2 festzustellen[14], daß der Angeklagte[4] ohne Beeinträchtigung des für ihn und seine Familie notwendigen Unterhalts zur Zahlung von Wahlverteidigergebühren in der Lage ist.[13,15,16]

Begründung

Mit Beschluß des Vorsitzenden des Schöffengerichts Tiergarten vom 8. 1. 1990 bin ich dem Angeklagten gemäß § 140 Abs. 1 Nr. 2 StPO zum Verteidiger bestellt worden.
Das Verfahren ist durch Urteil vom 4. 9. 1990 in der 2. Instanz abgeschlossen worden.
Dem Angeklagten sind die Kosten des Verfahrens und seine notwendigen Auslagen auferlegt worden (§ 465 StPO). Das Urteil ist rechtskräftig.[6]
Der Angeklagte ist von Beruf Schlossermeister. Nach seinen Angaben in der Hauptverhandlung am 4. 9. 1990 hat er monatliche Nettoeinkünfte von 5.000,00 DM. Die Ehefrau ist berufstätig und hat eigene Einkünfte. Die Kinder sind volljährig und nicht mehr unterhaltsberechtigt.[14]
Die Anschrift des Angeklagten lautet Schloßstraße 5 in Berlin 41.[11]
Unter diesen Umständen kann der Angeklagte angemessene Wahlverteidigergebühren zahlen.[13]

Rechtsanwalt

2. Anspruch des bestellten Rechtsanwalts gegen den Nebenkläger

Rechtsanwalt ......

Berlin, den 22. 9. 1990

An das
Amtsgericht Tiergarten[1]
Turmstraße 91
1000 Berlin 21

In der Strafsache					Geschäftsnummer
gegen A						266–10/90

beantrage ich,[5]
gemäß § 100 Abs. 2 festzustellen,[14] daß der Nebenkläger[3] ohne Beeinträchtigung des für ihn und seine Familie notwendigen Unterhalts zur Zahlung von Wahlanwaltsgebühren in der Lage ist.[13,15,16]

Begründung

Durch Beschluß des Vorsitzenden des Schöffengerichts Tiergarten vom 25. 4. 1990 bin ich dem Nebenkläger gemäß § 397a Abs. 1 StPO als Rechtsanwalt beigeordnet worden.
Das Verfahren ist durch rechtskräftigen Freispruch des Angeklagten[4] mit Urteil vom 6. 7. 1990 abgeschlossen.[6] Die eigenen notwendigen Auslagen hat der Nebenkläger selbst zu tragen (§ 471 Abs. 2 StPO).
Der Nebenkläger ist von Beruf Handelsvertreter. Er hat in der Hauptverhandlung am 6. 7. 1990 angegeben, daß er monatlich etwa 1.400,00 DM netto verdient. Er ist unverheiratet und hat keine Kinder.[14] Er wohnt jetzt in Beusselstraße 20, Berlin 21.[11]
Unter diesen Umständen kann der Nebenkläger angemessene Gebühren für seinen beigeordneten Rechtsanwalt zahlen.[13]

Rechtsanwalt

Schrifttum: Dahs, Handbuch des Strafverteidigers, 5. Auflage, 1983; *Gerold/Schmidt/ v. Eicken/Madert,* Bundesgebührenordnung für Rechtsanwälte, Kommentar, 11. Auflage, 1991; *Hartmann,* Kostengesetze, 24. Auflage, 1991; *Lingenberg/Hummel/Zuck/Eich,* Kommentar zu den Grundsätzen des anwaltlichen Standesrechts, 2. Auflage, 1988; *Madert,* Gebühren des Strafverteidigers, 1987; *Riedel/Sußbauer,* BRAGO, Kommentar, 6. Auflage, 1988; *Schmidt/Baldus,* Gebühren- und Kostenerstattung in Straf- und Bußgeldsachen, 3. Auflage, 1989; *Schumann/Geißinger,* BRAGebO, Bundesgebührenordnung für Rechtsanwälte, 2. Auflage, 1979; *Swolana/Hansens,* BRAGO, Bundesgebührenordnung für Rechtsanwälte, 7. Auflage, 1991.
Paragraphen ohne weitere Bezeichnung sind solche der BRAGO.

Inhaltsverzeichnis

Formulare

1. Anspruch des bestellten Verteidigers gegen den Angeklagten
2. Anspruch des bestellten Verteidigers gegen den Nebenkläger

2. Anspruch des bestellten Rechtsanwaltes   XIV. D. 2

Anmerkungen

Vorbemerkung
1. Zuständigkeit
2. Nur für Pflichtverteidiger
3. Bestellter Verteidiger anderer Verfahrensbeteiligter
4. Begriffsbestimmung
5. Formloser Antrag
6. Zeitpunkt des Antrages
7. Verjährungsfrist
8. Anrechnung der Gebühren aus §§ 97, 99
9. Kein Vorschußanspruch
10. Anhörung des Angeklagten
11. Überprüfung der Verhältnisse von Amts wegen
12. Kein wiederholter Antrag
13. Obergrenze des Anspruchs
14. Feststellung der Leistungsfähigkeit
15. Zeitpunkt der Leistungsfähigkeit
16. Ratenzahlung
17. Zahlungsklage
18. Bei Freispruch kein Antrag
19. Honorarvereinbarung
20. Verzicht auf den Anspruch
21. Honorarvereinbarung mit Dritten
22. Auslagenerstattung
23. Mehrwertsteuererstattung
24. Sofortige Beschwerde

Der bestellte Verteidiger kann gegen den Angeklagten Gebührenansprüche erheben. Voraussetzung der Geltendmachung von Wahlverteidigergebühren im gesetzlichen Umfang ist generell, von Ausnahmen abgesehen, der Beschluß des Gerichts gemäß § 100 Abs. 2.

1. Zuständig für die Entscheidung ist gemäß § 100 Abs. 2 Satz 1 das Gericht des 1. Rechtszuges, selbst dann, wenn z.B. das Berufungsgericht den Verteidiger bestellt hat (*Gerold/Schmidt/Madert* § 100 Rdnr. 10; *Riedel/Sußbauer/Fraunholz* § 100 Rdnr. 17; *Hartmann* § 100 Anm. 2 Bc aa aaa). Wird das Verfahren abgegeben oder verwiesen, so ist für die Entscheidung das Gericht zuständig, das zuletzt mit der erstinstanzlichen Behandlung der Strafsache befaßt war (*Schumann/Geißinger* § 100 Rdnr. 13). Ist das Verfahren nicht anhängig gewesen, entscheidet das Gericht, das den Verteidiger bestellt hat, nach § 100 Abs. 2 Satz 2 (*Gerold/Schmidt/Madert* § 100 Rdnr. 13; *Riedel/Sußbauer/Fraunholz* § 100 Rdnr. 17; *Swolana/Hansens* § 100 Rdnr. 10), so z.B. im Fall des § 81 Abs. 2 StPO. Die Festsetzung erfolgt durch den Urkundsbeamten der Geschäftsstelle nach § 98 Abs. 1. Entscheidungen über die Festsetzung der Gebühren auf die Erinnerung des Verteidigers trifft der Vorsitzende des Gerichts des ersten Rechtszuges (§ 98 Abs. 2) (OLG Düsseldorf MDR 1990, 744 = JurBüro 1990, 723).

2. § 100 gilt nur für den Verteidiger, der z.B. gemäß §§ 140 StPO, § 68 JGG bestellt worden ist (*Schumann/Geißinger* § 100 Rdnr. 1; Rdnr. 10; *Gerold/Schmidt/Madert* § 100 Rdnr. 1; *Riedel/Sußbauer/Fraunholz* § 100 Rdnr. 8; OLG Hamm NJW 1961, 1640), und zwar im Rahmen der Beiordnung. War der Verteidiger im Gnadenverfahren als Wahlverteidiger tätig, so entsteht kein Anspruch gegen die Staatskasse nach § 100, wohl aber gegen den Angeklagten (*Gerold/Schmidt/Madert* § 100 Rdnr. 4; *Swolana/Hansens* § 100

Rdnr. 2). Der Wahlverteidiger kann die Gebührenklage ohne gerichtlichen Beschluß nach § 100 Abs. 2 erheben.

Der Anspruch des Verteidigers besteht auch dann, wenn er gegen den Willen des Angeklagten oder neben einem Wahlverteidiger bestellt worden ist (*Gerold/Schmidt/Madert* § 100 Rdnr. 1; *Schmidt/Baldus* S. 71; *Swolana/Hansens* § 100 Rdnr. 2; OLG Düsseldorf AnwBl 1978, 358). § 100 stellt nur eine Folgeregelung des Umstandes dar, daß das Gericht unter bestimmten Voraussetzungen einen Verteidiger schon wegen der Art des Vorwurfs bestellen muß, also unabhängig von den Vermögensverhältnissen des Angeklagten, vielmehr im Interesse eines geordneten Verfahrensablaufs, der Wahrheitsfindung und der Herbeiführung eines gerechten Urteils (*Hartmann* § 100 Anm. 1 C; BGH St 3, 395).

Für Ansprüche eines Rechtsanwalts, die dieser vor seiner Bestellung zum Pflichtverteidiger als Wahlverteidiger aus einer Honorarvereinbarung erworben hatte, findet § 100 Abs. 2 und 3 keine Anwendung (BGHZ 86, 98 = NJW 1984, 1047 = MDR 1983, 471 = AnwBl 1983, 219 = JurBüro 1983, 689).

3. § 100 Abs. 2 gilt auch für den beigeordneten Rechtsanwalt des Nebenklägers im Rahmen des § 397a Abs. 1 Satz 4 StPO, des Privatklägers und des Antragstellers im Klageerzwingungsverfahren über § 102 Abs. 1 (*Gerold/Schmidt/Madert* § 100 Rdnr. 14; *Swolana/Hansens* § 100 Rdnr. 2), ferner für den beigeordneten Verteidiger im Disziplinarverfahren nach § 109 Abs. 1 und den in Freiheitsentziehungsverfahren beigeordneten Verteidiger gemäß § 112 Abs. 4 (*Hartmann* § 100 Anm. 1 A).

4. Das Gesetz spricht von dem Beschuldigten in § 100 Abs. 1 und 2. Mit der Zulassung der Anklage wird aus dem Beschuldigten gemäß § 157 StPO der Angeklagte. Die Feststellung der Leistungsfähigkeit des Angeklagten kann erst nach Eintritt der Fälligkeit erfolgen. Vorher ist der Antrag unzulässig (siehe Anm. 6). Dies bedeutet in der Regel, daß das Verfahren in der Instanz abgeschlossen sein muß. Der Abschluß tritt normalerweise mit dem Urteil ein, d.h. nach Zulassung der Anklage, deshalb ist es sachgerecht, in diesem Zusammenhang vom Angeklagten statt vom Beschuldigten zu sprechen. Infolgedessen wird hier der Begriff des Angeklagten aus der StPO zugrunde gelegt.

5. Die Entscheidung nach § 100 Abs. 2 ergeht nicht von Amts wegen, sondern nur auf Antrag des beigeordneten Rechtsanwaltes gemäß § 100 Abs. 2 Satz 1 (*Schumann/Geißinger* § 100 Rdnr. 13; *Gerold/Schmidt/Madert* § 100 Rdnr. 7; *Riedel/Sußbauer/Fraunholz* § 100 Rdnr. 18; *Hartmann* § 100 Anm. 2 B a; *Swolana/Hansens* § 100 Rdnr. 9). Für diesen Antrag gibt es keine vom Gericht vorgesehenen Formulare, der Antrag ist deshalb formlos zu stellen.

6. Das Gesetz sieht keinen ausdrücklichen Zeitpunkt für die Antragstellung vor (*Gerold/Schmidt/Madert* § 100 Rdnr. 7). Die Vergütung wird mit Abschluß des Verfahrens, z.B. durch den Eintritt der Rechtskraft oder die Beendigung des Auftrages nach § 16 fällig. Solange das Verfahren nicht abgeschlossen ist, wird die Vergütung gemäß § 16 Satz 2 auch dann fällig, wenn eine Kostenentscheidung ergangen oder der Rechtszug beendet ist, oder wenn das Verfahren länger als drei Monate ruht. Sind die Gebühren nach § 16 noch nicht fällig, so ist deshalb ein Antrag nach § 100 unzulässig (*Gerold/Schmidt/Madert* § 100 Rdnr. 7; *Riedel/Sußbauer/Fraunholz* § 100 Rdnr. 12, 18; *Hartmann* § 100 Anm. 2 Bb).

Andererseits kann der bestellte Verteidiger den Antrag nach § 100 spätestens gleichzeitig mit dem Antrag auf Zahlung der Pflichtverteidigervergütung nach § 98 stellen (*Riedel/Sußbauer/Fraunholz* § 100 Rdnr. 18).

Der Antrag sollte so rechtzeitig gestellt werden, daß über ihn noch vor Ablauf der Verjährung entschieden und die Verjährung durch Klageerhebung noch unterbrochen werden kann (*Gerold/Schmidt/Madert* § 100 Rdnr. 7, 12; *Swolana/Hansens* § 100 Rdnr. 9).

7. Die Verjährungsfrist beginnt gemäß § 100 Abs. 3 Satz 2 nicht mit dem Zeitpunkt, in dem der Verteidiger den Antrag stellt und das Gericht die Leistungsfähigkeit festgestellt

2. Anspruch des bestellten Rechtsanwaltes

hat (*Schumann/Geißinger* § 100 Rdnr. 31; OLG Nürnberg JurBüro 1964, 126). Vielmehr beginnt die Verjährungsfrist mit der Rechtskraft der das Verfahren abschließenden gerichtlichen Entscheidung (§ 100 Abs. 3 Satz 1), die Verjährung tritt gemäß § 196 Abs. 1 Nr. 15 BGB mit Ablauf des 2. Kalenderjahres nach Rechtskraft oder Beendigung des Verfahrens ein. § 100 Abs. 3 Satz 1 gilt auch bei Erledigung des Auftrages im Laufe des Verfahrens (*Hartmann* § 100 Anm. 3; *Swolana/Hansens* § 100 Rdnr. 17; *Schmidt/Baldus* S. 73). Es kommt also nicht auf die in § 16 Satz 2 genannten Umstände, wie ergangene Kostenentscheidung oder Ruhen des Verfahrens länger als drei Monate, an. Dies ist allerdings nicht im Rahmen des Verfahrens nach § 100 Abs. 2, sondern erst im Rahmen eines etwaigen Gebührenprozesses zu prüfen, falls dort eine Einrede gemäß § 222 Abs. 2 BGB erhoben wird (*Gerold/Schmidt/Madert* § 100 Rdnr. 7; a.M. ohne Begründung OLG Düsseldorf AnwBl 1973, 407). Ein Antrag nach § 100 kann also auch nach Eintritt der Verjährung gestellt werden (*Riedel/Sußbauer/Fraunholz* § 100 Rdnr. 26). Die Verjährungsfrist kann beginnen und ablaufen, weil der Rechtsanwalt seinen Anspruch so lange nicht geltend machen kann, wie die richterliche Feststellung der Leistungsfähigkeit nicht getroffen ist (*Riedel/Sußbauer/Fraunholz* § 100 Rdnr. 12). Der Antrag nach § 100 Abs. 2 unterbricht nicht die Verjährung, gleichgültig, ob die Höhe der Gebühr angegeben ist oder nicht (*Gerold/Schmidt/Madert* § 100 Rdnr. 12; *Hartmann* § 100 Anm. 3).

§ 100 Abs. 2 und 3 findet auf Ansprüche des Rechtsanwalts, die dieser vor seiner Bestellung zum Pflichtverteidiger aus einer Honorarvereinbarung als Wahlverteidiger erworben hatte, keine Anwendung. Die Verjährung solcher Ansprüche ist im Zweifel für die Dauer der Beiordnung gehemmt (*Gerold/Schmidt/Madert* § 100 Rdnr. 12; *Swolana/Hansens* § 100 Rdnr. 17). Die Verjährungsfrist beginnt mit der Niederlegung des Mandats des später beigeordneten Verteidigers. Mit der Aufhebung der Wahlverteidigung beginnt sofort die Verjährungsfrist zu laufen, die zwei Jahre, nicht zwei Kalenderjahre beträgt (BGHZ 86, 98 = NJW 1983, 1047 = MDR 1983, 471 = AnwBl 1983, 219 = JurBüro 1983, 689). Während der Zeit der Beiordnung ist gemäß § 202 BGB die Verjährung allerdings gehemmt, um nicht das Vertrauensverhältnis zu belasten.

8. Der bestellte Verteidiger hat gegen den Angeklagten einen Anspruch wie ein Wahlverteidiger, der sich nach den Umständen des § 12 bemißt (*Gerold/Schmidt/Madert* § 100 Rdnr. 3; *Riedel/Sußbauer/Fraunholz* § 100 Rdnr. 3; 10). Auf die Gebühren eines gewählten Verteidigers sind die Verteidigergebühren der §§ 97 und 99 anzurechnen (§ 100 Abs. 1 Satz 2). Der Gebührenanspruch gegen den Angeklagten tritt Kraft Gesetzes neben den Vergütungsanspruch gegen die Staatskasse (*Gerold/Schmidt/Madert* § 100 Rdnr. 2). Der Beschluß nach § 100 Abs. 2 kann daher erst ergehen, wenn die Verteidigergebühren festgesetzt sind, weil erst dann die Höhe der etwaigen Differenz feststeht. Ist dem bestellten Verteidiger eine Pauschvergütung in Höhe der angemessenen Wahlverteidigergebühr oder darüber hinaus bewilligt, hat er keinen Anspruch mehr gegen den Angeklagten (*Schumann/Geißinger* § 100 Rdnr. 4, 11; *Gerold/Schmidt/Madert* § 100 Rdnr. 6; *Swolana/Hansens* § 100 Rdnr. 4; *Dahs* Rdnr. 1098). Dies hat seinen Grund darin, daß der zahlungsfähige Angeklagte die an den bestellten Verteidiger aus der Staatskasse gezahlten Gebühren an die Staatskasse zu erstatten hat und er sonst mit übermäßigen Kosten belastet würde (*Swolana/Hansens* § 100 Rdnr. 4). Es wäre auch nicht der Sinn der Regelung (*Hartmann* § 100 Anm. 1 C; OLG Celle MDR 1973, 1043), wenn der bestellte Verteidiger eine höhere Vergütung bekäme als der Wahlverteidiger.

Der gerichtlich bestellte Verteidiger, der unter den Voraussetzungen des § 100 Abs. 2 die Gebühren eines gewählten Verteidigers geltend macht, muß sich die nach den §§ 97 und 99 gezahlten Pflichtverteidigergebühren, nicht aber die ebenfalls aus der Staatskasse erstatteten Auslagen anrechnen lassen. Die auf den Differenzbetrag entfallende Mehrwertsteuer kann er verlangen, so daß diese in die Gebührengegenüberstellung einzubeziehen ist (OLG Düsseldorf AnwBl 1987, 339 = JurBüro 1986, 573).

9. Der bestellte Verteidiger hat keinen Anspruch auf Zahlung eines Vorschusses gegen den Angeklagten (§ 100 Abs. 1 Satz 1, 2. Halbsatz), dies auch dann nicht, wenn ihm bekannt ist, daß der Angeklagte sich in guten Vermögensverhältnissen befindet und das Gericht voraussichtlich einen Beschluß nach § 100 Abs. 2 fassen würde. Er darf seine Tätigkeit nicht von einem Vorschuß abhängig machen (*Gerold/Schmidt/Madert* § 100 Rdnr. 5; *Dahs* Rdnr. 1092). Der Angeklagte (*Hartmann* § 100 Anm. 1 D) oder für ihn ein Dritter kann aber freiwillig einen Vorschuß zahlen (*Schumann/Geißinger* § 100 Rdnr. 3, 12, 33; *Gerold/Schmidt/Madert* § 100 Rdnr. 5, 13; *Swolana/Hansens* § 100 Rdnr. 5; *Riedel/Sußbauer/Fraunholz* § 100 Rdnr. 15; BGH NJW 1980, 1394 = MDR 1979, 1004 = AnwBl 1980, 465 = JurBüro 1979, 1793). Der bestellte Verteidiger darf jedoch insbesondere nicht durch schillernde Erklärungen, Unmutsäußerungen, Versprechen oder dergleichen „freiwillige" Zahlungen herbeiführen (*Schumann/Geißinger* § 100 Rdnr. 12; *Gerold/Schmidt/Madert* § 100 Rdnr. 5, 13; *Dahs* Rdnr. 1092; 1098).

Der Vorschuß ist im Rahmen des § 101 anzurechnen (*Gerold/Schmidt/Madert* § 100 Rdnr. 5, 13; *Swolana/Hansens* § 100 Rdnr. 5). Zahlungen, die der Verteidiger vor seiner Bestellung für seine Tätigkeit in dieser Strafsache erhalten hat, sind anzurechnen, unabhängig, ob aufgrund gesetzlicher Gebühren oder aufgrund einer Honorarvereinbarung für Wahlverteidiger (*Hartmann* § 100 Anm. 1 D).

Der Verteidiger muß den Angeklagten aus standesrechtlichen Gründen darüber aufklären, daß er zu einer Zahlung nicht verpflichtet ist (*Hartmann* § 100 Anm. 1 D).

Verlangt der bestellte Verteidiger dennoch Vorschuß, macht er so seine Tätigkeit von der Zahlung eines solchen abhängig, handelt er standeswidrig gemäß § 64 Abs. 2 RiLiRA (*Riedel/Sußbauer/Fraunholz* § 100 Rdnr. 4; *Dahs* Rdnr. 1092; EGH Schleswig AnwBl 1968, 198).

Wird der Vorschuß nicht aus freien Stücken angeboten, sondern von dem bestellten Verteidiger gefordert und dann auch an ihn gezahlt, kann er als ungerechtfertigte Bereicherung zurückgefordert werden (*Schumann/Geißinger* § 100 Rdnr. 12; *Riedel/Sußbauer/Fraunholz* § 100 Rdnr. 15). Die Zahlung eines Vorschusses ersetzt keine Honorarvereinbarung (*Lingenberg/Hummel* § 64 Rdnr. 29).

Wird der Verteidiger von dem Angeklagten auch im Gnadenverfahren beauftragt, kann er insoweit Vorschuß wie ein Wahlverteidiger (*Gerold/Schmidt/Madert* § 100 Rdnr. 5) nach § 17 verlangen (*Swolana/Hansens* § 100 Rdnr. 5).

10. Das Gericht muß im Rahmen der Feststellung der Leistungsfähigkeit (Anm. 14) den Angeklagten anhören (§ 100 Abs. 2 Satz 1). Dabei muß es ihm eine nach den Umständen ausreichende Frist zur Stellungnahme auf die zugleich übersandte Kopie des Antrags nebst Begründung gewähren (*Hartmann* § 100 Anm. 2 B c bb; *Swolana/Hansens* § 100 Rdnr. 11). Äußert er sich, so kann er Angaben zu seinen wirtschaftlichen Verhältnissen machen.

11. Äußert sich der Angeklagte nicht, oder hat das Gericht Zweifel an seinen Angaben, so muß es von Amts wegen die wirtschaftlichen und familiären Verhältnisse überprüfen (*Gerold/Schmidt/Madert* § 100 Rdnr. 7; OLG Düsseldorf AnwBl. 1973, 407; OLG München AnwBl. 1974, 283), und zwar nach den Vorschriften der StPO und unter Ausnutzung aller ihm zu Gebote stehenden Mittel (*Schumann/Geißinger* § 100 Rdnr. 5, 14; *Riedel/Sußbauer/Fraunholz* § 100 Rdnr. 20; *Swolana/Hansens* § 100 Anm. 2).

Normalerweise bedient sich das Gericht dabei der sozialen Gerichtshilfe, die durch ihre Ermittlungen die Feststellungen des Gerichtes ermöglicht, aber auch der Staatsanwaltschaft, die ihre Hilfsbeamten, z.B. die Polizei gemäß § 152 GVG, einschalten kann (*Schumann/Geißinger* § 100 Rdnr. 14; *Hartmann* § 100 Anm. 2 B c cc; *Swolana/Hansens* § 100 Rdnr. 13). Der bestellte Verteidiger kann sich darauf beschränken, dem Gericht Anhaltspunkte für die von Amts wegen zu betreibende Aufklärung des Sachverhalts zu geben. Die Mitteilung des bestellten Verteidigers, der Angeklagte habe einen Wahlverteidiger bestellt, ist ein ausreichender Hinweis für die Leistungsfähigkeit (*Schumann/Geißinger* § 100 Rdnr. 14; OLG München AnwBl. 1974, 283).

2. Anspruch des bestellten Rechtsanwaltes

Die Mitteilung der Anschrift des Angeklagten in dem Antrag ist Zulässigkeitsvoraussetzung (OLG Düsseldorf AnwBl. 1973, 407), weil nur dann eine Prüfung der Vermögensverhältnisse stattfinden kann. Ebenso muß der bestellte Verteidiger die berufliche Tätigkeit angeben oder sonstige bestimmte Tatsachen vortragen, aus denen sich Schlüsse auf die Einkommens- oder Vermögensverhältnisse des Angeklagten ziehen lassen (OLG Düsseldorf AnwBl. 1973, 407; JurBüro 1985, 725; AnwBl 1985, 594 = JurBüro 1985, 1032).

12. In der Kommentierung wird die Auffassung vertreten, daß ein einmal abgelehnter Antrag wiederholt werden könne. Dabei wird auf den Fall verwiesen, daß der arme Angeklagte, der nach Abschluß des Strafverfahrens 500 000 DM im Lotto gewonnen habe, auch die Wahlanwaltskosten nach § 100 tragen könne, das sei nicht unbillig (*Gerold/Schmidt/Madert* § 100 Rdnr. 7; *Madert* S. 167).

Unter Berufung auf den allgemeinen Rechtsgedanken des § 323 ZPO wird ferner die Auffassung vertreten, daß ein erneuter Antrag bei Besserung der wirtschaftlichen Verhältnisse, und zwar bis zum Eintritt der Verjährung, zulässig sei (*Riedel/Sußbauer/Fraunholz* § 100 Rdnr. 26). Die Meinung, der Antrag sei wiederholbar, wird auch von *Schumann/Geißinger* (§ 100 Rdnr. 21) vertreten, desgleichen von *Gerold/Schmidt/Madert* (§ 100 Rdnr. 11), ebenso von *Swolana/Hansens* (§ 100 Rdnr. 16).

Hingegen verweist *Hartmann* (§ 100 Anm. 2D) unter Hinweis auf das KG (JR 1967, 349; JR 1968, 309 = OLG St § 100, 5) darauf, daß ein wiederholter Antrag unzulässig sei. Es komme danach allen auf die Verhältnisse während der Dauer der Beiordnung an.

Zur Prüfung dieser Frage bedarf es jedoch weder der Anstellung von Billigkeitserwägungen noch der Heranziehung von Grundsätzen der ZPO, sie läßt sich nämlich an Hand der Gebührenvorschriften lösen (siehe Anm. 15).

Eine nachträgliche Aufhebung des Beschlusses wegen der Veränderung der tatsächlichen Verhältnisse des Angeklagten ist nicht möglich (*Gerold/Schmidt/Madert* § 100 Rdnr. 11; *Riedel/Sußbauer/Fraunholz* § 100 Rdnr. 26; *Hartmann* § 100 2 D; *Swolana/Hansens* § 100 Rdnr. 16), bei einer Verschlechterung schon deshalb nicht, weil nur der bestellte Verteidiger antragsberechtigt nach § 100 Abs. 1 ist.

13. Die Obergrenze des Anspruchs gemäß § 100 Abs. 2 gegen den Angeklagten wird durch die Höchstgebühren der §§ 83 ff. gebildet. Dabei sind nur die Gebühren zugrunde zu legen, die von der Beiordnung umfaßt werden (*Riedel/Sußbauer/Fraunholz* § 100 Rdnr. 9, 10). Mehr als die Vergütung des Wahlverteidigers, die im Einzelfall nach § 12 angemessen wäre, kann der Rechtsanwalt nicht fordern (*Gerold/Schmidt/Madert* § 100 Rdnr. 1; 3; 6), d. h. der bestellte Verteidiger kann die Gebühren eines gewählten Verteidigers verlangen zu dem Teil, hinsichtlich dessen er aus der Landeskasse keine Vergütung erhält (*Swolana/Hansens* § 100 Rdnr. 4).

14. Das Gericht stellt innerhalb der gesetzlichen Gebühren die Leistungsfähigkeit des Angeklagten gemäß § 100 Abs. 2 fest. Voraussetzung ist, daß der Angeklagte zur Zahlung von Wahlverteidigergebühren ohne Beeinträchtigung des für ihn und seine Familie notwendigen Unterhalts in der Lage ist (§ 100 Abs. 2 Satz 1). Dabei nennt das Gericht einen Betrag, bis zu dem der Angeklagte die Gebühren eines gewählten Verteidigers zu zahlen im Stande ist (*Gerold/Schmidt/Madert* § 100 Rdnr. 7; *Hartmann* § 100 Anm. 2 Bc cc; *Dahs* Rdnr. 1093). Es handelt sich jedoch nicht um ein Kostenfestsetzungsverfahren, damit wird auch die im Einzelfall dem bestellten Verteidiger zustehende Gebühr nicht festgesetzt. Deshalb ist der bestellte Verteidiger auch nicht verpflichtet, die Höhe der Wahlverteidigergebühren in seinem Antrag nach § 100 Abs. 2 anzugeben, die er später von dem Angeklagten verlangen will (*Gerold/Schmidt/Madert* § 100 Rdnr. 7; *Hartmann* § 101 Anm. 2 Ba; OLG Frankfurt OLGSt § 100 S. 1). *Swolana/Hansens* (§ 100 Rdnr. 9) meint, daß der Verteidiger den geforderten Gebührenbetrag substantiieren sollte, weil die Zahlungsfähigkeit auch von der Höhe des Gebührenanspruchs abhänge. Dies trifft deshalb nicht zu, weil das Gericht bestimmen kann, daß der Anspruch bis zu einer bestimmten Höhe besteht, oder auch Ratenzahlung anordnen kann. *Riedel/Sußbauer/Fraunholz* meint einerseits, daß der Anwalt verpflichtet sei, den geforderten Betrag zu nennen (§ 100 Rdnr. 18). Andererseits vertritt er die Auffassung, daß der Rechtsanwalt nicht verpflichtet sei, die Höhe seiner behaupteten Forderung anzugeben, zumal das Gericht die Höhe der Forderung nicht prüft (§ 100 Rdnr. 24).

Der letzteren Auffassung ist zuzustimmen, weil das Gesetz keinen konkreten Antrag verlangt. Der bestellte Verteidiger kann aber die Höhe seiner Gebührenvorstellungen angeben (*Gerold/Schmidt/Madert* § 100 Rdnr. 7). Er muß wenigstens in Umrissen dartun, aufgrund welcher Tatsachen er den Angeklagten für leistungsfähig hält (*Hartmann* § 99 Anm. 2 B a; *Swolana/Hansens* § 100 Rdnr. 9; OLG Düsseldorf MDR 1984, 963; 1043; AnwBl 1985, 594 = JurBüro 1985, 1032; 1985, 725).

Zur Feststellung der Leistungsfähigkeit gehört auch die Prüfung etwaiger Ansprüche des Angeklagten gegen dritte Personen. Dabei kommt es nicht auf Erstattungsansprüche aus dem gleichen Verfahren an. Man kann nicht die Leistungsfähigkeit des Nebenklägers mit der Begründung feststellen, daß der verurteilte Angeklagte zur Zahlung der Gebühren des Nebenklägervertreters imstande ist. Hier gibt es den unmittelbaren Anspruch des Nebenklägervertreters gegen den Angeklagten aufgrund des Urteils. Die entgegengesetzte Auffassung von *Gerold/Schmidt/Madert* (§ 100 Rdnr. 9; ebenso *Swolana/Hansens* § 100 Rdnr. 13) ist abzulehnen, weil sie nicht praktisch wirksam wird. Das gleiche gilt für Ansprüche gegen Rechtsschutzversicherer, weil die Beiordnung nach § 140 StPO in der Regel ein Vorsatzdelikt verlangt, für das der Rechtsschutzversicherer nicht eintrittspflichtig ist. Auch Ansprüche nach dem StrEG (LG Hamburg AnwBl 1985, 594) können keine Rolle spielen, weil sie einen Freispruch voraussetzen, bei dem nach § 100 Abs. 2 Satz 1, 1. Alternative, der direkte Anspruch gegen die Staatskasse entsteht. Dann kommt es auf die Leistungsfähigkeit des Angeklagten oder einen Dritten nicht an.

Anders ist es bei Ansprüchen gegen vermögende Ehegatten gemäß § 1360a Abs. 4 BGB und Eltern gemäß § 1610 Abs. 2 BGB. Hier kommt es sehr wohl auf die entsprechenden Vermögensverhältnisse Dritter an (*Gerold/Schmidt/Madert* § 100 Rdnr. 9), nach Auffassung des OLG Düsseldorf (JurBüro 1982, 248) nur bezüglich des Vorschusses, nicht für einen abgeschlossenen Prozeß.

Im Rahmen der Prüfung werden die Familienverhältnisse des Angeklagten, etwaige Unterhaltsverpflichtungen für die Familienangehörigen, deren eigene Einkommensverhältnisse, soweit sie für Unterhaltspflichten von Bedeutung sind, im übrigen die Einkommens- und Vermögensverhältnisse festgestellt. Das Gericht muß die ihm zugänglichen Ermittlungsmöglichkeiten ausnutzen (OLG München AnwBl 1974, 283). Der Angeklagte muß imstande sein, den Anspruch auf eine Vergütung nach § 100 Abs. 1 ohne Beeinträchtigung des für ihn oder seine Familie notwendigen Unterhalts zu zahlen.

Zur Prüfung der Leistungsfähigkeit kann das Gericht auch in gewissem Umfang die Regeln der Prozeßkostenhilfe heranziehen (§§ 114ff. ZPO) (*Schumann/Geißinger* § 100 Rdnr. 14; *Swolana/Hansens* § 100 Rdnr. 13). Das Gleiche gilt für die Lohnpfändungsregeln gemäß §§ 850c ff. ZPO, insbesondere die dort genannten Freibeträge. Beides gibt einen gewissen, wenn auch nicht allein maßgeblichen Anhalt (*Hartmann* § 100 Anm. 2 B c d; OLG Hamm NJW 1963, 1218). Das LG Mainz (MDR 1981, 428) beläßt dem Angeklagten den doppelten Sozialhilfesatz. Der arbeitsscheue, nicht der arbeitslose Angeklagte verdient nicht den Schutz des § 100 Abs. 2 (LG Kiel AnwBl 1971, 25). Für ihn ist von einem fiktiven Arbeitseinkommen auszugehen (*Swolana/Hansens* § 100 Rdnr. 13).

Für die Feststellung nach § 100 Abs. 2 ist es unerheblich, ob die Bestellung des Verteidigers auf Antrag des Angeklagten oder gar gegen seinen Willen erfolgt ist (*Gerold/Schmidt/Madert* § 100 Rdnr. 1; 8; *Swolana/Hansens* § 100 Rdn. 2), denn die Bestellung eines Verteidigers im Strafverfahren ist nicht ein Fürsorgeakt für den Angeklagten, sondern sie dient in erster Linie dazu, im staatlichen Interesse einen geordneten Verfahrensablauf zu garantieren (OLG Hamm NJW 1961, 1640). Der Gebührenanspruch gegen den Angeklagten tritt kraft Gesetzes neben den Vergütungsanspruch gegen die Staatskasse. Der Angeklagte kann auch keine Einreden daraus herleiten, daß der Pflichtverteidiger seinen Weisungen nicht gefolgt sei (*Gerold/Schmidt/Madert* § 100 Rdnr. 2; *Riedel/Sußbauer/Fraunholz* § 100 Rdnr. 8).

Früher vom Angeklagten abgegebene Erklärungen, wie Anerkenntnis oder Schuldversprechen, sind unbeachtlich (*Gerold/Schmidt/Madert* § 100 Rdnr. 7; *Riedel/Sußbauer/Fraunholz* § 100 Rdnr. 13).

15. Streitig ist die Frage, welcher Zeitpunkt für die Feststellung der Leistungsfähigkeit maßgeblich ist. Einerseits wird die Meinung vertreten, es komme auf den Zeitpunkt der Entscheidung des Gerichtes an (*Schumann/Geißinger* § 100 Rdnr. 21; *Gerold/Schmidt/Madert* § 100 Rdnr. 7; *Riedel/Sußbauer/Fraunholz* § 100 Rdnr. 20; *Swolana/Hansens* § 100 Rdnr. 13; *Schmidt* NJW 1974, 90; OLG Bamberg AnwBl 1985, 594 = JurBüro 1985, 1032; 1990, 482; OLG Düsseldorf NJW 1974, 961 = AnwBl 1974, 88; OLG Hamm MDR 1971, 601; OLG Zweibrücken MDR 1974, 66; LG Bielefeld AnwBl 1975, 250; LG Krefeld AnwBl 1972, 195; LG Stuttgart AnwBl 1973, 148).

Andererseits legt das Kammergericht die wirtschaftlichen Verhältnisse des Angeklagten z.Zt. des Strafverfahrens zugrunde (KG JR 1968, 309). Zur Begründung verweist es darauf, daß es auch beim Wahlverteidiger auf den Zeitpunkt der Tätigkeit ankomme und damit auf das Datum der Fälligkeit. Ebenso *Hartmann* (§ 100 Anm. 2 Bc cc; *Schmidt* NJW 1974, 90; OLG Koblenz MDR 1971, 886; OLG Saarbrücken NJW 1973, 2313; LG Freiburg AnwBl. 1982, 266 mwN).

Entscheidend ist die Tatsache, daß die Gebühr nach § 16 fällig sein muß. Es findet keine Benachteiligung des Wahl- oder bestellten Verteidigers statt, wie das Kammergericht meint. Beim Wahlverteidiger kommt es bei der Prüfung der Gebührenhöhe gemäß § 12 Abs. 1 auf die Einkommens- und Vermögensverhältnisse zur Zeit der Fälligkeit an. Auf diesen Zeitpunkt kann es auch bei dem Antrag nach § 100 Abs. 2 nur ankommen. Das schließt zugleich einen wiederholten Antrag aus (siehe Anm. 12). Die Auffassung von *Schmidt/Baldus* (S. 72), der Zeitpunkt der Entscheidung des Gerichts begünstige einseitig den Rechtsanwalt, ist nicht zwingend. Zum einen soll es nicht nur Verschlechterungen der wirtschaftlichen Lage eines Angeklagten geben, zum anderen nimmt auch § 12 BRAGO auf eine nachträgliche Veränderung der Einkommens- und Vermögensverhältnisse des Auftraggebers keine Rücksicht (*Gerold/Schmidt/Madert* § 12 Rdnr. 11 mwN; *Riedel/Sußbauer/Fraunholz* § 12 Rdnr. 11).

16. Das Gericht kann außer der Obergrenze der Leistungsfähigkeit (*Gerold/Schmidt/Madert* § 100 Rdnr. 7; OLG Frankfurt OLGSt § 100 Nr. 1) auch feststellen, daß der Angeklagte nur zur Zahlung von Raten bis zu einer bestimmten Höhe fähig ist. Die Höhe der Raten und die Zahlungstermine sind in dem Beschluß zu nennen (*Schumann/Geißinger* § 100 Rdnr. 20; *Gerold/Schmidt/Madert* § 100 Rdnr. 7; *Riedel/Sußbauer/Fraunholz* § 100 Rdnr. 21; *Hartmann* § 100 Anm. 2B c ee; *Swolana/Hansens* § 100 Rdnr. 14; *Schmidt/Baldus* S. 72; OLG Köln NJW 1963, 2041).

17. Wenn der Angeklagte trotz des Beschlusses nach § 100 Abs. 2 nicht freiwillig zahlt, gibt es wegen der Rahmengebühren keine Kostenfestsetzung nach § 19, da § 19 Abs. 8 ausdrücklich die Festsetzung bei Rahmengebühren, d.h. für alle gesetzlichen Verteidigergebühren ausschließt. Der Beschluß nach § 100 Abs. 2 ist kein Titel (*Gerold/Schmidt/Madert* § 100 Rdnr. 7; *Riedel/Sußbauer/Fraunholz* § 100 Rdnr. 23; *Hartmann* § 100 Anm. 2 B e ee; *Swolana/Hansens* § 100 Rdnr. 14; *Schmidt/Baldus* S. 72). Das Gericht hat auch nicht festzustellen, ob die Ansprüche des Rechtsanwaltes berechtigt sind (*Schumann/Geißinger* § 100 Rdnr. 17; *Gerold/Schmidt/Madert* § 100 Rdnr. 7).

Vielmehr muß der Verteidiger eine Gebührenklage erheben (*Gerold/Schmidt/Madert* § 100 Rdnr. 2; 7; *Dahs* Rdnr. 1092), bei der er die Umstände des § 12 angibt (*Schumann/Geißinger* § 100 Rdnr. 29). Dabei wird im Rahmen des § 12 Abs. 1 auch der Beschluß nach § 100 Abs. 2 berücksichtigt. Einwendungen wie Verzug und Aufrechnung richten sich nach dem BGB (*Gerold/Schmidt/Madert* § 100 Rdnr. 2; *Riedel/Sußbauer/Fraunholz* § 100 Rdnr. 8).

18. Das Kostenänderungsgesetz 1986 hat das Verfahren bei Freispruch des Angeklagten erheblich vereinfacht. Der bestellte Verteidiger mußte früher den Antrag nach § 100 Abs. 2 stellen, das Gericht mußte sich theoretische Gedanken über die Leistungsfähigkeit des Angeklagten machen, und zum Schluß zahlte die Staatskasse die Differenz zwischen den Gebühren eines bestellten und eines gewählten Verteidigers auf einen weiteren Antrag des bestellten Verteidigers an diesen aus. Damit waren unendlich viele Streitfragen verbunden, eine Vielzahl von Gerichten ließ den Anspruch gegen die Staatskasse unberücksichtigt, so daß z.B. bei einem inhaftierten Angeklagten, der freigesprochen wurde, keine Differenzgebühren entstehen konnten, weil er nicht leistungsfähig war. Jetzt heißt es in § 100 Abs. 2 Satz 1 (1. Alternative), daß der Anspruch auf die Gebühren eines gewählten Verteidigers unter Anrechnung der Gebühren eines bestellten Verteidigers gemäß § 100 Abs. 1 auch insoweit geltend gemacht werden kann, als dem Angeklagten ein Erstattungsanspruch gegen die Staatskasse zusteht. Da dieser Erstattungsanspruch gemäß § 467 Abs. 1 StPO im Urteil ausgesprochen wird, bedarf es jetzt bei einem freigesprochenen Angeklagten keines Antrages nach § 100 Abs. 2 mehr (*Gerold/Schmidt/Madert* § 100 Rdnr. 8; 9; *Riedel/Sußbauer/Fraunholz* § 100 Rdnr. 22; *Hartmann* § 100 Anm. 2 A). Es genügt der Antrag auf Erstattung der notwendigen Auslagen gegen die Staatskasse. Bei Teilfreispruch bleibt der Antrag nach § 100 Abs. 2 weiter erforderlich (*Gerold/Schmidt/Madert* § 100 Rdnr. 9). Anderer Ansicht ist *Hartmann* (§ 100 Anm. 2 A) unter Hinweis auf eine Entscheidung des LG Mainz (MDR 1981, 428) zum alten Recht. Ebenso unter Hinweis auf *Hartmann* (§ 100 Anm. 2 A), *Swolana/Hansens* (§ 100 Rdnr. 7). Hier ist der Auffassung von *Gerold/Schmidt/Madert* zu folgen, weil bei einem Teilfreispruch ein Teil der Gebühren dem Angeklagten auferlegt wird, weshalb auch insoweit seine Leistungsfähigkeit zu prüfen ist.

19. Der Verteidiger darf, gleichgültig ob vor oder nach der Bestellung, mit dem Angeklagten eine Honorarvereinbarung treffen, solange dies von seiten des Angeklagten freiwillig geschieht. Alsdann braucht kein Bechluß nach § 100 Abs. 2 herbeigeführt zu werden (*Gerold/Schmidt/Madert* § 100 Rdnr. 13; *Riedel/Sußbauer/Fraunholz* § 100 Rdnr. 4; *Swolana/Hansens* § 100 Rdnr. 2; *Dahs* Rdnr. 1098; BGH NJW 1980, 1394 = AnwBl 1980, 465 = MDR 1979, 1004 = JurBüro 1979, 1793). Für Gebühren, die nach der Bestellung entstehen, kann eine gerichtliche Geltendmachung nur nach einem Beschluß gemäß § 100 Abs. 2 erfolgen (*Riedel/Sußbauer/Fraunholz* § 100 Rdnr. 16; OLG Düsseldorf NJW 1961, 1640). Eine Begründung hierfür wird nicht genannt. Ein Beschluß nach § 100 Abs. 2 wäre indessen eine Bevormundung des Angeklagten. Im übrigen ergibt sich dies auch aus § 64 Abs. 1 RiLi RA. Dies beruht darauf, daß es sich hier um eine Honorarvereinbarung mit dem Willen des Angeklagten handelt.

Wenn ein Wahlverteidiger eine Honorarvereinbarung trifft und später zum Verteidiger bestellt wird, kann er einen entsprechenden Teil des Honorars für die schon geleistete Arbeit beanspruchen (*Gerold/Schmidt/Madert* § 100 Rdnr. 13; *Dahs* Rdnr. 1099; BGHZ 86, 101 = BGH NJW 1983, 1047 = MDR 1983, 471 = AnwBl 1983, 219 = JurBüro 1983, 689).

Der Rechtsanwalt darf die Vereinbarung nicht mit schillernden Erklärungen, Versprechungen und Unmutsäußerungen oder kurz vor der Hauptverhandlung fordern und damit den Beschuldigten unter Druck setzen (*Schumann/Geißinger* § 100 Rdnr. 33; *Gerold/Schmidt/Madert* § 100 Rdnr. 5; 13; *Dahs* Rdnr. 1098 ff.; BGH AnwBl. 1980, 465 = MDR 1979, 1004 = JurBüro 1979, 1793; a.M. *Riedel/Sußbauer/Fraunholz* § 100 Rdnr. 15).

Ist hingegen der Verteidiger ohne oder gar gegen den Willen des Angeklagten bestellt, gibt es keine Einforderung der Gebühren ohne einen Beschluß nach § 100 Abs. 2 (§ 64 Abs. 2 RiLi RA; *Lingenberg/Hummel* § 64 Rdnr. 14). Es ist deshalb ein Gebot der Vorsicht, das Gericht gemäß § 100 Abs. 2 anzurufen, bevor Gebühren oder vereinbarte Honorare gegen den Angeklagten eingeklagt werden.

Einem beigeordneten Verteidiger, der bis zur Niederlegung des Mandats als Wahlverteidiger tätig war, steht nach Auferlegung der Verteidigerkosten auf die Landeskasse ein

2. Anspruch des bestellten Rechtsanwaltes XIV. D. 2

Anspruch gegen den Beschuldigten auf Bezahlung seiner bis zur Niederlegung des Mandats entstandenen Wahlverteidigerkosten zu, die dieser aus der Landeskasse verlangen kann. Zur Geltendmachung dieser Kosten bedarf es keines Verfahrens nach § 100 Abs. 2 (OLG Düsseldorf AnwBl 1984, 264 = JurBüro 1984, 567).

20. Erklärt der Verteidiger nach seiner Bestellung, daß alle Gebühren die Staatskasse trage, so kann darin ein Verzicht auf einen Anspruch aus § 100 Abs. 2 liegen (*Schumann/Geißinger* § 100 Rdnr. 9; *Gerold/Schmidt/Madert* § 100 Rdnr. 2; *Riedel/Sußbauer/Fraunholz* § 100 Rdnr. 8; OLG Hamm AnwBl. 1962, 73). Deshalb sollte sich der Verteidiger vor solchen Erklärungen sehr hüten.

21. § 100 Abs. 2 dient dem Schutz des Angeklagten, nicht aber dem Schutz Dritter. Hat der Verteidiger mit einem Dritten eine Honorarvereinbarung getroffen, so gilt § 100 nicht, der lediglich von dem Verhältnis zwischen dem Verteidiger und dem Angeklagten spricht, wobei der Angeklagte als Auftraggeber geschützt werden soll (*Lingenberg/Hummel* § 64 Rdnr. 33).

22. Streitig ist, ob auch Auslagen zu erstatten sind, weil diese in § 100 nicht ausdrücklich erwähnt sind. Zwar wird die Frage nur selten praktisch, da der bestellte Verteidiger die entstandenen Auslagen in der Regel gegen die Staatskasse geltend machen kann (*Gerold/Schmidt/Madert* § 100 Rdnr. 4; *Riedel/Sußbauer/Fraunholz* § 100 Rdnr. 11; *Hartmann* § 100 Anm. 1 E; *Swolana/Hansens* § 100 Rdnr. 3; OLG Düsseldorf AnwBl 1987, 339 = JurBüro 1986, 573; OLG Stuttgart MDR 1985, 959).

Die Staatskasse braucht Ablichtungskosten nicht zu erstatten, die nicht notwendig sind, wohl aber hat sie der Angeklagte aus dem Antrag gemäß § 27 zu erstatten, wenn der bestellte Anwalt zunächst Wahlverteidiger war (*Gerold/Schmidt/Madert* § 100 Rdnr. 4; OLG Düsseldorf JurBüro 1984, 567; OLG Koblenz OLG St § 100, 33).

23. Die Mehrwertsteuer ist hingegen zu erstatten, weil § 100 seinem Sinn und Zweck nach dies gebietet. Dem Verteidiger steht gegen den Angeklagten die Mehrwertsteuer vom Differenzbetrag zwischen den Wahl- und Pflichtverteidigergebühren zu. Anderenfalls träte für den Pflichtverteidiger eine Benachteiligung ein (*Gerold/Schmidt/Madert* § 100 Rdnr. 4; *Riedel/Sußbauer/Fraunholz* § 100 Rdnr. 11; *Swolana/Hansens* § 100 Rdnr. 3; OLG Düsseldorf AnwBl 1987, 339 = JurBüro 1986, 573; OLG Stuttgart MDR 1985, 959), er müßte die Mehrwertsteuer aus eigener Tasche zahlen.

24. Gegen den Beschluß nach § 100 Abs. 2 ist nach Abs. 2 Satz 3 die sofortige Beschwerde nach den Vorschriften der §§ 304 bis 311 a StPO zulässig.

Es handelt sich dabei um die sofortige Beschwerde mit einer Frist von einer Woche nach §§ 311 Abs. 2, 35 Abs. 2 Satz 1 StPO nach Zustellung oder sonstiger Bekanntmachung.

Gegen Entscheidungen des Oberlandesgerichts oder des Bundesgerichtshofs ist keine Beschwerde zulässig (§ 304 Abs. 4 StPO).

Eine weitere Beschwerde findet nicht statt (§ 310 Abs. 2 StPO) (*Gerold/Schmidt/Madert* § 100 Rdnr. 11; *Riedel/Sußbauer/Fraunholz* § 100 Rdnr. 24; *Hartmann* § 100 Anm. 2 C h).

Die Zulässigkeit der Beschwerde könnte gemäß § 304 Abs. 3 StPO vom Wert des Beschwerdegegenstandes abhängen, der 100,00 DM übersteigen muß (*Riedel/Sußbauer/Fraunholz* § 100 Rdnr. 24). In Wahrheit liegt keine Entscheidung über die Kosten selbst vor, es wird lediglich die Leistungsfähigkeit des Angeklagten festgestellt. Tatsächlich dürfte diese Frage keine Rolle spielen, da die Differenz zwischen den Wahl- und Pflichtverteidigergebühren meistens höher ist als 100,00 DM (*Gerold/Schmidt/Madert* § 100 Rdnr. 11; OLG Karlsruhe JurBüro 1977, 1580; OLG München AnwBl 1978, 265 = JurBüro 1978, 1834).

Der Pflichtverteidiger sollte die Höhe der beanspruchten Wahlverteidigergebühren auch aus diesem Grunde nicht angeben, wozu er auch nicht verpflichtet ist. Das Gericht prüft die Höhe auch nicht (s. Anm. 11, 14).

Die Staatskasse, der die notwendigen Auslagen des Angeklagten nach § 467 StPO auferlegt worden sind, ist nicht beschwerdeberechtigt (*Schumann/Geißinger* § 100 Rdnr. 27; *Gerold/Schmidt/Madert* § 100 Rdnr. 11; *Riedel/Sußbauer/Fraunholz* § 100 Rdnr. 25; *Swolana/Hansens* § 100 Rdnr. 15; *Schmidt/Baldus* S. 73; KG OLG St § 100 S. 3 = JR 1967, 472; OLG Köln MDR 1971, 240; OLG Oldenburg NJW 1972, 2323 = AnwBl 1972, 321; LG Würzburg JurBüro 1981, 1836).

Etwaige Einwendungen gegen die Kostenhöhe können im Verfahren auf Erstattung der notwendigen Auslagen berücksichtigt werden.

Beschwerdeberechtigt sind der Rechtsanwalt, soweit dem Antrag nicht entsprochen worden ist, und der Angeklagte, soweit ihm stattgegeben worden ist (*Gerold/Schmidt/Madert* § 100 Rdnr. 11; *Riedel/Sußbauer/Fraunholz* § 100 Rdnr. 25).

Der Angeklagte soll bei Freispruch ein Rechtsschutzinteresse an der Beschwerde haben. Da er wirtschaftlich nicht betroffen ist, hat er in diesem Fall kein Beschwerderecht (*Schmidt/Baldus* S. 73, 74).

XV. Verfassungsbeschwerde, Menschenrechtsbeschwerde

Vorbemerkung

Ultima ratio nach dem fehlgeschlagenen Versuch, Grundrechtsschutz vor den zuständigen Fachgerichten zu erlangen, sind die außerordentlichen Rechtsbehelfe der Verfassungsbeschwerde und – danach – der Menschenrechtsbeschwerde. Es ist nicht möglich, im Rahmen eines Formularbuchs für den Strafverteidiger alle denkbaren verfassungsrechtlichen Rechtsschutzvarianten durchzuspielen. Es ist dennoch versucht worden, in die Beispiele möglichst viel an Information hineinzubringen. Im übrigen sind, anders als sonst in diesem Formularbuch, die jeweils anfallenden Kosten und Gebühren in einem eigenen Abschnitt der Formulare dargestellt.

1. Verfassungsbeschwerde wegen Auslieferungsentscheidungen/Haft/ gesetzlicher Richter/Prinzip der Verhältnismäßigkeit (Art. 2 Abs. 1, 2, 16 Abs. 2, 20 Abs. 3, 101 Abs. 1 S. 2 GG)

An das
Bundesverfassungsgericht

Verfassungsbeschwerde
des Herrn ......

– Beschwerdeführer –

Verfahrensbevollmächtigter[1]: Rechtsanwalt ......

wegen[2]: 1. Beschluß des OLG ...... vom ...... Az. ...... (Photokopie Anlage 1)[3]
2. Auslieferungshaftbefehl des OLG ...... vom ...... Az. ...... (Photokopie Anlage 2)[3]
3. Entscheidung über die Fortdauer der Haft des OLG ...... vom ...... Az. ...... (Photokopie Anlage 3)[3]

Ich zeige an, daß mir der Beschwerdeführer Vollmacht erteilt (Anlage 4)[4] und mich mit der Wahrnehmung seiner Interessen beauftragt hat.

Namens und im Auftrag des Beschwerdeführers erhebe ich

Verfassungsbeschwerde

gegen die vorgenannten Entscheidungen[5] des OLG ...... Gerügt wird die Verletzung der Art. 16 Abs. 2 S. 2, Art. 2 Abs. 2 S. 2, Art. 2 Abs. 1 i.V.m. Art. 20 Abs. 3 GG, Art. 101 Abs. 1 S. 2 GG[6].

Begründung:[7]

I. Sachverhalt[8]

1. Der Beschwerdeführer wendet sich gegen die Entscheidung des OLG, mit der seine Auslieferung in die Türkei zur Vollstreckung einer Freiheitsstrafe wegen vorsätzlicher Tötung und wegen eines Haftbefehls wegen dringenden Tatverdachts einer weiteren vorsätzlichen Tötung für zulässig erklärt worden ist. Der Beschwerdeführer ist türkischer Staatsangehöriger kurdischer Volkszugehörigkeit und seit 1977 in der Bundesrepublik. 1979 hat er unter Hinweis auf mögliche politische Verfolgung in der Türkei die Anerkennung als Asylberechtigter beantragt. Das zuständige Bundesamt hat den Antrag

abgelehnt; der Verwaltungsrechtsstreit ist noch anhängig. 1983 hat die Türkei die Auslieferung verlangt, weil der Beschwerdeführer während eines Streits zweier Studentengruppen zusammen mit anderen auf Studenten geschossen habe. Ein Student sei getötet worden; wer den tödlichen Schuß abgegeben habe, sei offen geblieben. In Abwesenheit sei der Beschwerdeführer zu 28 Jahren Zuchthaus verurteilt worden. Der Beschwerdeführer behauptet, zur Tatzeit gar nicht am Tatort gewesen zu sein, die Pistolen seien nie untersucht worden, den Widersprüchen in den Aussagen der Belastungszeugen sei man nicht nachgegangen, eine Ortsbesichtigung sei abgelehnt worden. Der Beschwerdeführer habe als Kurde politische Verfolgung und weitere Folterung zu vergegenwärtigen. Das OLG hat die Auslieferung am 27. 7. 1983 für zulässig erklärt.

2. Das OLG habe die Anordnung der Haft am 28. 7. 1983 zur Durchführung der Auslieferung ausgesprochen. Zuletzt habe das OLG am 25. 5. 1984 die Fortdauer der Auslieferungshaft und ihre Vollstreckung angeordnet. Die Haft dauere deshalb unverhältnismäßig lange.[9]

3. Der Senat hat beide Entscheidungen unter dem Vorsitz des regelmäßigen Vertreters des ordentlichen Vorsitzenden getroffen; die Stelle des Vorsitzenden Richters ist seit über einem Jahr aufgrund einer haushaltsrechtlichen Besetzungssperre vakant. Der zuständige Justizminister hat in einem vertraulichen Gespräch Dritten gegenüber geäußert, die Rechtsprechung des Senats passe ihm ohnehin nicht; er werde den neuen Vorsitzenden zu einem „geeigneten Zeitpunkt" ernennen.

II. Rechtsausführungen

§ 1 Zulässigkeit

(1) Fristberechnung[10]

Die Entscheidung über die Zulässigkeit der Auslieferung ist dem Verfolgten am 27. 7. 1983 bekannt gemacht worden (§ 32 S. 1 IRG). Am selben Tag hat der Verfolgte eine Abschrift der Entscheidung erhalten (§ 32 S. 2 IRG).
Der Auslieferungshaftbefehl ist dem Verfolgten am 28. 7. 1983 bekannt gegeben worden. Er hat am selben Tag eine Abschrift erhalten (§ 34 Abs. 1, 3, § 20 Abs. 2 IRG).
Die Monatsfrist des § 93 Absatz 1 BVerfGG ist infolgedessen vom 27. 7. bzw. vom 28. 7. 1983 an zu berechnen; sie ist noch nicht abgelaufen.[11]

(2) Erschöpfung des Rechtswegs[11a]

Nach § 90 Abs. 2 BVerfGG ist die Verfassungsbeschwerde nur zulässig, wenn der Rechtsweg erschöpft ist. Diese Voraussetzung ist gegeben, da die Entscheidungen des OLG unanfechtbar sind (§ 13 Absatz 1 S. 2 IRG).

(3) Zum Prüfungsumfang bei Gerichtsentscheidungen

a) Gerichtliche Entscheidungen sind hinsichtlich ihrer Tatsachenfeststellungen sowie der Auslegung und Anwendung des materiellen Rechts vom Bundesverfassungsgericht grundsätzlich nicht nachzuprüfen. Das Bundesverfassungsgericht hat jedoch sicherzustellen, daß die ordentlichen Gerichte die grundrechtlichen Normen und Maßstäbe beachten. Dabei hängen die Grenzen seiner Eingriffsmöglichkeiten namentlich von der Intensität der geltend gemachten Grundrechtsbeeinträchtigung ab. Die Schwelle eines Verstoßes gegen objektives Verfassungsrecht, den das Bundesverfassungsgericht zu korrigieren hat, ist erreicht, wenn die Entscheidung des Gerichts Fehler bei der Tatsachenfeststellung oder Auslegung erkennen läßt, die auf einer grundsätzlich unrichtigen Auffassung von der Bedeutung eines Grundrechts, insbesondere vom Umfang seines Schutzbereichs, beruhen und auch in ihrer materiellen Bedeutung für den konkreten Rechtsfall von einigem Gewicht sind. Je nachhaltiger die Grundrechtssphäre des Beschwerdeführers betroffen wird, desto strengere Anforderungen sind an die Begründung des Eingriffs zu stellen und desto weiter reichen die Nachprüfungsmöglichkeiten des Bundesverfassungsgerichts.[12]

b) Diese Voraussetzungen sind im vorliegenden Fall erfüllt. ......

§ 2 Begründetheit

(1) Gesetzlicher Richter, Verstoß gegen Art. 101 Abs. 1 S. 2 GG[13]

a) „Gesetzlicher Richter im Sinn des Artikel 101 Absatz 1 Satz 2 GG ist ...... nicht nur das Gericht als organisatorische Einheit oder das erkennende Gericht als Spruchkörper, sondern sind auch die zur Entscheidung im Einzelfall berufenen Richter. Die Geschäftsverteilungspläne der Kollegialgerichte, die der Bestimmung des gesetzlichen Richters dienen, müssen daher von vornherein so eindeutig wie möglich festlegen, welche Spruchkörper und welche Richter zur Entscheidung des Einzelfalls berufen sind ......[14] Die Normen, aus denen sich der gesetzliche Richter ergibt, müssen überdies so geartet sein, daß sachfremden Eingriffen, sei es der Exekutive, der Legislative oder eines Gerichts, vorgebeugt wird."[15]

b) Das Bundesverfassungsgericht hat eine regelmäßige Vertretung „für eine kurze Übergangszeit" für mit Art. 101 Abs. 1 S. 2 GG vereinbar gehalten.[16] Schon die im Zusammenhang mit Einsparungsbemühungen im Personalbereich des öffentlichen Dienstes nicht seltene sechsmonatige Wiederbesetzungssperre verstößt gegen Art. 101 Abs. 1 S. 2 GG;[17] für eine mehr als einjährige Sperre gilt das aber auf jeden Fall. ......[18]

c) Zwar macht die abstrakte Möglichkeit eines Mißbrauchs eine Anordnung des Geschäftsverteilungsplans noch nicht verfassungswidrig.[19] Im vorliegenden Fall ergibt sich aber aus der Erklärung des zuständigen Ministers, daß die Möglichkeit eines sachfremden Eingriffs der Justizverwaltung ernstlich bestanden hat. ......

(2) Asylrecht, Verstoß gegen Art. 16 Abs. 2 S. 2 GG

a) Nach Art. 16 Abs. 2 S. 2 GG genießen politisch Verfolgte Asylrecht. Das GG hat damit das Asylrecht, über das Völkerrecht hinausgehend, als Grundrecht ausgestaltet, an das alle staatliche Gewalt gebunden ist. „Der verfassungsrechtliche Asylanspruch ist weder von der Herkunft und der politischen Gesinnung des Verfolgten abhängig, noch von der politischen Richtung, die in dem Verfolgerstaat herrscht. Ebenso wenig ist eine Beschränkung auf bestimmte ‚asylwürdige' Rechtsgüter gerechtfertigt. Asylrechtlichen Schutz genießt vielmehr jeder, der aus politischen Gründen Verfolgungsmaßnahmen mit Gefahr für Leib und Leben oder Beschränkungen seiner persönlichen Freiheit ausgesetzt wäre ...... oder – allgemein gesagt – politische Repressalien zu erwarten hätte."[20] Diese grundgesetzliche Garantie führt dazu, daß auch dann, wenn, wie hier, der Verfolgte bisher nicht als Asylberechtigter anerkannt worden ist, im Auslieferungsverfahren selbständig geprüft werden muß, ob er nach seiner Auslieferung in den ersuchenden Staat politische Verfolgung zu gewärtigen hat.[21]

b) Das hat das OLG verkannt. ......

c) Daß das OLG den dem türkischen Haftbefehl zugrundeliegenden dringenden Tatverdacht nicht näher geprüft, sondern als gegeben unterstellt hat, entspricht gängiger Praxis und weit verbreitetem internationalem Brauch. Dagegen ist auch verfassungsrechtlich nichts einzuwenden.
In besonders gelagerten Fällen erleidet dieser Grundsatz jedoch Ausnahmen (s.a. § 10 Abs. 2 IRG).[21a] Sie sind insbesondere dann gegeben, „wenn Tatsachen des Schuldvorwurfs aus dem Strafverfahren Anhaltspunkte dafür liefern, dem Auszuliefernden drohe im ersuchenden Staat politische Verfolgung."[22]

d) So liegt es hier ...... Das gilt auch bezüglich der Auslieferung zur Vollstreckung ......

e) Das OLG hat auch die Schutzwirkungen des Grundsatzes der Spezialität im derzeitigen Auslieferungsverkehr[23] mit der Türkei überbewertet. Der Grundsatz der Spezialität besagt (§ 11 Abs. 1 IRG): „Die Auslieferung ist nur zulässig, wenn gewährleistet ist, daß der Verfolgte
1. in dem ersuchenden Staat ohne deutsche Zustimmung aus keinem vor seiner Überstellung eingetretenen Grund mit Ausnahme der Tat, derentwegen die Auslieferung bewilligt worden ist, bestraft, einer Beschränkung seiner persönlichen Freiheit unter-

worfen oder durch Maßnahmen, die nicht auch in seiner Abwesenheit getroffen werden können, verfolgt werden wird,
2. nicht ohne deutsche Zustimmung in einen dritten Staat weitergeliefert, überstellt oder in einen dritten Staat angeschoben wird und
3. den ersuchenden Staat nach dem endgültigen Abschluß des Verfahrens, dessentwegen seine Auslieferung bewilligt worden ist, verlassen darf."
Dieser Grundsatz ist bei Auslieferung an einen Staat mit freiheitlich demokratischer Rechtsordnung und geordneten innerstaatlichen Verhältnissen in der Regel eine ausreichende Garantie gegen politische Verfolgung des Ausgelieferten.[24] Dies gilt aber nicht generell für den Auslieferungsverkehr mit allen Staaten. Eine vorsichtigere Beurteilung ist insbesondere dann notwendig, wenn in dem ersuchenden Staat schon ein förmlicher Verstoß gegen dieses Prinzip bekannt geworden ist. Dann ist eine besonders genaue Prüfung jedes Einzelfalls erforderlich. Dafür ist die politische Grundhaltung des Beschwerdeführers bedeutsam; außerdem ist auf die allgemeinen Verhältnisse in der Türkei einzugehen.[25]
f) Diese Prüfung führt dazu, die Auslieferung im vorliegenden Fall für unzulässig zu halten.......

(3) Freiheit der Person/Prinzip der Verhältnismäßigkeit, Verstoß gegen Art. 2 Abs. 2 S. 2, Art. 2 Abs. 1, Art. 20 Abs. 3 GG
a) Die Anordnung der Auslieferungshaft stellt aber ebenso wie die Untersuchungshaft[26] einen staatlichen Eingriff in die persönliche Freiheit dar; er darf nur aufgrund eines Gesetzes erfolgen und muß von überwiegenden Belangen des Gemeinwohls zwingend geboten sein.[27]
b) Wie sich aus den vorangegangenen Ausführungen ergibt, durfte Auslieferungshaft schon deshalb nicht angeordnet werden, weil die Auslieferung „von vornherein unzulässig" war (§ 15 Abs. 2 IRG).......[28]
c) Die fortwährende Vollstreckung des Auslieferungshaftbefehls ist mit dem Grundrecht des Beschwerdeführers aus Art. 2 Abs. 2 S. 2 GG i. V. m. dem Verhältnismäßigkeitsprinzip[29] nicht vereinbar.
Für die Beurteilung der Dauer der Auslieferungshaft und ihrer Vollstreckung kann es, ebenso wenig wie bei der Untersuchungshaft, nicht allein auf das Gewicht des Tatvorwurfs ankommen. Die Auslieferungshaft ist als Maßnahme der internationalen Rechts- und Amtshilfe Teil der gegen den Verfolgten durchgeführten Strafverfolgung insgesamt. Sie ist im Zusammenhang mit dem Gewicht des Tatvorwurfs und der verwirkten Sanktion zu sehen, unterliegt jedoch von Verfassungs wegen – ebenso wie das gesamte Strafverfahren – dem Gebot größtmöglicher Verfahrensbeschleunigung. Dies bedeutet, daß ab einer gewissen, für die verfahrensmäßige und technische Abwicklung der notwendigen Entscheidungen unabdingbaren Mindestdauer des Verfahrens besondere, das Auslieferungsverfahren selbst betreffende Gründe vorliegen müssen, um die weitere Aufrechterhaltung, jedenfalls aber die weitere Vollstreckung der Auslieferungshaft zu rechtfertigen. Auch wenn im Ausland eine schwere Straftat festgestellt und deswegen auf eine hohe Strafe erkannt worden ist, über deren Geeignetheit als Grundlage der Auslieferung letztlich noch entschieden werden muß,[30] kann also eine längere Fortdauer der Auslieferungshaft oder ihre weitere Vollstreckung mit dem Grundsatz der Verhältnismäßigkeit unvereinbar werden, wenn derartige besondere Gründe für das Andauern des Auslieferungsverfahrens fehlen.[31]
d) So liegt es hier, weil die Bundesregierung bisher jede Stellungnahme darüber verweigert hat, warum bisher, obwohl das OLG die Auslieferung für zulässig erklärt hat, eine Entscheidung über die Auslieferung durch die zuständigen Ministerien nach Maßgabe des § 74 IRG noch aussteht.......[32, 33]

Rechtsanwalt

Zuck

1. Verfassungsbeschwerde wegen Auslieferungsentscheidungen XV. 1

Schrifttum: Alternativ-Kommentar zum Grundgesetz, 2. Aufl. 1989; *Badura,* Staatsrecht, 1986; *Benda/Maihofer/Vogel,* Handbuch des Verfassungsrechts, 1983; *Dörr,* Die Verfassungsbeschwerde in der Prozeßpraxis, 1990; *Gusy,* Die Verfassungsbeschwerde, 1988; *Hesse,* Grundzüge des Verfassungsrechts der Bundesrepublik Deutschland, 17. Aufl. 1990; *Jarass/Pieroth,* GG 1989; *Klein,* Verfassungsprozeßrecht, AöR 108 (1983), 410 ff, 561 ff; *Lechner,* BVerfGG, 3. Aufl. 1973; *Leibholz/Rupprecht,* BVerfGG, 1981, Nachtrag 1971; *Leibholz/Rinck/Hesselberger,* GG, Stand 1989; *v. Mangold/Klein/Starck,* GG, Bd. 1, 3. Aufl. 1985; *Maunz/Schmidt-Bleibtreu/Klein/Ulsamer,* BVerfGG, Stand 1989; *Maunz/Dürig/Herzog,* GG, Stand 1990; *Maunz/Zippelius,* Deutsches Staatsrecht, 27. Aufl. 1988; *v. Münch,* GG, Bd. 1, 3. Aufl. 1985, Bd. 2, 2. Aufl. 1983, Bd. 3, 2. Aufl. 1983; *Schlaich,* Das Bundesverfassungsgericht, 1985; *Schmidt-Bleibtreu/Klein,* GG, 7. Aufl. 1990; *Schramm,* Staatsrecht, 3 Bände, 3. Aufl. 1985; *Seifert/Hömig,* GG, 2. Aufl. 1985; *Stern,* Das Staatsrecht der Bundesrepublik Deutschland, Bd. 1, 2. Aufl. 1984, Bd. 2, 1980; *Zuck,* Das Recht der Verfassungsbeschwerde, 2. Aufl. 1988.

Anmerkungen

1. Es herrscht kein Anwaltszwang, § 22 BVerfGG. Das Gesetz gilt jetzt in der Neufassung vom 12. Dezember 1985 (BGBl. I 2230).

2. Es gibt im Verfassungsbeschwerdeverfahren keine Gegner, sondern nur Beteiligte.

3. Es empfiehlt sich, die angegriffenen Entscheidungen in Photokopie beizufügen. Der Verfassungsbeschwerdeschriftsatz sollte dem Gericht dreifach vorgelegt werden (je eine Fertigung für jedes Mitglied der Kammer, §§ 15 a, 93 b BVerfGG). Der Vorsitzende entscheidet zu gegebener Zeit, wieviele weitere Abschriften vorzulegen sind, § 23 Abs. 3 BVerfGG. Solche weiteren Abschriften werden – selten – dann erforderlich, wenn der Berichterstatter vor der Entscheidung der Kammer Stellungnahmen der in § 94 BVerfGG genannte Äußerungsberechtigten einholen möchte (§ 40 GO) oder aber, wenn die Zustellung der Verfassungsbeschwerde erfolgt, § 23 Abs. 2 BVerfGG, § 22 Abs. 1 GO. Der Rahmen des Zustellungsumfangs bewegt sich zwischen 15 Exemplaren (kleine Zustellung) und 40 Exemplaren (große Zustellung). Hat die Verfassungsbeschwerde viele Anlagen, können erhebliche Kopiekosten entstehen. Darauf muß man den Beschwerdeführer aufmerksam machen. (Zur Erstattungsfähigkeit dieser Auslagen s. u. „Kosten und Gebühren" und Form. XV. 8).

4. Zur (Spezial)Vollmacht nach § 22 Abs. 2 BVerfGG vgl. Form. XV. 5.

5. Anzugreifen sind immer alle den Beschwerdeführer belastenden Entscheidungen. Hat also der Beschwerdeführer in einem Instanzenzug in mehreren Instanzen Grundrechtsverletzungen erlitten, so sind alle Entscheidungen in die Verfassungsbeschwerde mit einzubeziehen, die nach einer dem Beschwerdeführer günstigen Entscheidung ergangen sind.

Da die Verfassungsbeschwerde gegen ein Gesetz voraussetzt, daß der Beschwerdeführer „selbst, gegenwärtig und unmittelbar" durch das Gesetz verletzt sein muß, BVerfGE 1, 97/ 101 ff., das Gesetz also keines Vollzugsaktes mehr bedarf, ist sie im Strafrecht schwer vorstellbar. Der Beschwerdeführer wird die von ihm geltend gemachte Verfassungswidrigkeit einer Strafrechtsnorm deshalb in aller Regel nur mittelbar rügen können. Dabei ist es sinnvoll, solche Rügen schon vor den Fachgerichten zu erheben, damit diese – bei vorkonstitutionellem Recht – selbst über die Verfassungsmäßigkeit der Norm entscheiden (Beispiel: BVerfGE 24, 20 zu § 244 StGB), oder – bei nachkonstitutionellem Recht – das Verfahren nach Art. 100 Abs. 1 GG aussetzen und dem Bundesverfassungsgericht zur Entscheidung vorlegen. Ein solches Vorgehen wird der Betroffene beim zuständigen Fachgericht anregen (nicht: beantragen). „Vorkonstitutionelles Recht wird zu nachkonstitutionellem, wenn es vom Gesetzgeber nach Inkrafttreten des Grundgesetzes in seinen Willen aufgenommen" und bestätigt worden ist. Dies setzt voraus, „daß sich ein Bestätigungswille aus dem Inhalt eines Gesetzes selbst oder – bei Gesetzesänderungen – auch aus dem engen sachlichen Zusammenhang zwischen unveränderten und geänderten Normen erschließen läßt", BVerfGE 24, 20/22.

6. § 92 BVerfGG schreibt die förmliche Grundrechtsrüge vor. Das Bundesverfassungsgericht kann auch nicht gerügte Grundrechte in seine Überlegungen mit einbeziehen, ist dazu aber nicht verpflichtet. Dagegen ist es im Regelfall überflüssig (aber auch unschädlich), einen Antrag auszuformulieren. Das gilt auch für die Anordnung der Auslagenerstattung nach § 34a Abs. 2 BVerfGG. Immer ist es aber geboten, die Bestimmungen, auf die der Beschwerdeführer sich stützt, genau zu zitieren, da die meisten Artikel des Grundrechtskatalogs oder der sonst rügefähigen Rechte des § 90 BVerfGG, Art. 93 Absatz 1 Nr. 4a GG mehrere, voneinander abweichende Grundrechte oder grundrechtsähnliche Rechte enthalten.

7. §§ 23, 92 BVerfGG schreiben eine Begründung vor. Wichtig ist, daß diese Begründung innerhalb der Fristen des § 93 BVerfGG vorzulegen ist. Das schließt nicht aus, „die Begründung der Verfassungsbeschwerde nachträglich in tatsächlicher und rechtlicher Hinsicht zu ergänzen. Dies darf jedoch nicht dazu führen, daß nach Fristablauf ein neuer Sachverhalt . . . . . . zum Gegenstand der Verfassungsbeschwerde gemacht wird", BVerfGE 18, 85/89.

8. Vgl. dazu – teilweise – BVerfGE 63, 197.

9. Vgl. dazu – teilweise – BVerfGE 61, 28.

10. Wiedereinsetzung in den vorigen Stand gibt es im Verfassungsbeschwerdeverfahren nicht, BVerfGE 4, 309 und dazu *Zuck*, Die Wiedereinsetzung in den vorigen Stand im Verfassungsbeschwerdeverfahren, ZRP 1985, 299. Dem Rechtsanwalt des Beschwerdeführers ist deshalb dringend anzuraten, den rechtzeitigen Eingang der Verfassungsbeschwerde telefonisch zu überwachen oder, wo immer möglich, die Verfassungsbeschwerde durch Boten zum Bundesverfassungsgericht zu bringen.

11. Am 1. 7. 1983 ist gemäß § 86 Abs. 1 das Gesetz über die internationale Rechtshilfe in Strafsachen (IRG) in Kraft getreten. Für das Formular wird unterstellt, daß der Antrag auf Entscheidung über die Zulässigkeit der Auslieferung nach § 29 IRG nach dem 1. 7. 1983 gestellt worden ist.
Achtung: Rechtsprechung und Schrifttum beziehen sich überwiegend auf Altrecht; es ist deshalb – einfachrechtlich – jeweils zu prüfen, ob die Erkenntnisse auch für die Rechtslage nach dem IRG anwendbar sind. Zu weiteren Rechtsquellen vgl. *Kleinknecht/Meyer* Einl. Rdnr. 215, 216.

11a. Der Rechtsweg im Sinne des § 90 Abs. 2 S. 1 BVerfGG ist solange nicht erschöpft, als der Beschwerdeführer die Möglichkeit hat, in Verfahren vor den Gerichten des zuständigen Gerichtszweigs die Beseitigung des Hoheitsaktes zu erreichen, dessen Grundrechtswidrigkeit er geltend macht, BVerfGE 8, 222/225 f. Rechtsweg im Sinne der Vorschrift ist jede gesetzlich normierte Möglichkeit der Anrufung eines Gerichts, BVerfGE 67, 157/170.

Die Erschöpfung des Rechtswegs ist im Einzelfall objektiv nicht geboten und dem Beschwerdeführer subjektiv nicht zuzumuten, „wenn im Hinblick auf eine gefestigte jüngere und einheitliche höchstrichterliche Rechtsprechung auch im konkreten Einzelfall keine von dieser Rechtsprechung abweichende Erkenntnis zu erwarten ist", BVerfGE 9, 3/7 f, st. Rspr. Die gesetzlich geregelten Ausnahmen des § 90 Abs. 2 S. 2 (allgemeine Bedeutung der Verfassungsbeschwerde oder schwerer und unabwendbarer Nachteil für den Beschwerdeführer) sind eng auszulegen, BVerfGE 22, 349/355. In der Praxis wird sich der Beschwerdeführer im allgemeinen nicht auf die beiden Ausnahmen berufen können.

Über die Erschöpfung des Rechtswegs hinaus verlangt das Bundesverfassungsgericht die Geltendmachung der Grundrechtsverletzung im jeweils sachnächsten Verfahren (Grundsatz der Subsidiarität der Verfassungsbeschwerde, BVerfGE 31, 364/368, st. Rspr.). Dazu

1. Verfassungsbeschwerde wegen Auslieferungsentscheidungen XV. 1

gehört u.U. die Gegenvorstellung, BVerfGE 63, 77/78 f (zu § 304 Abs. 4 StPO) und vor allem § 33 a StPO, BVerfGE 42, 243/245 f, vgl. dazu auch Form. XV. 3 Anm. 7.

12. BVerfGE 42, 113/148 f; 66, 116/131; 67, 213/222 f.

13. Eine gute Übersicht über „Die Rechtsprechung des Bundesverfassungsgerichts zu Artikel 101 Absatz 1 Satz 2 GG" gibt *Wipfelder* VBlBW 1982, 33. Der Strafverteidiger wird Ansatzpunkte für einen Verstoß gegen Art. 101 Abs. 1 S. 2 GG in erster Linie bei der **Besetzung der Richterbank** suchen. In Betracht kommt neben der im Formular behandelten Wiederbesetzungssperre vor allem die Überbesetzung von Spruchkörpern (s. dazu die Nachweise bei *Wipfelder* VBlBW 1982, 38 f) und die Schöffenwahl (vgl. BVerfGE 31, 181; BGH NJW 1984, 2389; *Vogt/Kurth*, Der Streit um die Frankfurter Schöffenwahl, NJW 1985, 103; LG Frankfurt NJW 1985, 155; NJW 1985, 157; BGH NJW 1985, 926; LG Frankfurt NJW 1985, 928; BGH NJW 1985, 2341; OLG Stuttgart NJW 1985, 2343); zur Mitwirkung des Ergänzungsrichters im Wiederaufnahmeverfahren vgl. BVerfGE 30, 149; 30, 165; 31, 295/296; 63, 77/80; zur Mitwirkung von Hilfsrichtern s. BVerfGE 14, 156; BGHZ 95, 22. Wenig Freude wird der Strafverteidiger bei auf Art. 101 Abs. 1 Satz 2 GG gestützen Rügen haben, die sich auf Verfahrensmängel beziehen. Grundsätzlich gilt, daß niemand durch einen error in procedendo seinem gesetzlichen Richter entzogen wird. Art. 101 Abs. 1 S. 2 GG schützt nämlich nicht vor Irrtum, sondern nur vor Willkür, BVerfGE 3, 359/364 f.

Achtung: Ob eine Gerichtsentscheidung willkürlich ist, hängt nicht von subjektiven Umständen oder einem Verschulden des Gerichts ab, sondern davon, ob die Entscheidung offensichtlich sachwidrig und damit objektiv willkürlich ist, BVerfGE 57, 39/42. Mit dem objektiven Willküreinwand ist deshalb kein persönlicher Vorwurf gegen das Gericht verbunden; wenn auch eine offensichtlich sachwidrige Entscheidung selten sein wird, sollte doch dort, wo diese Voraussetzung gegeben ist, keine Scheu bestehen, den objektiven Willküreinwand auch zu erheben. Er muß aber stets sehr sorgfältig begründet sein. S. dazu *Zuck*, Was ist Willkür? MDR 1986, 723.

Auch eine falsche Entscheidung muß als wirksame Bestimmung des gesetzlichen Richters hingenommen werden. Nur wenn sie „offensichtlich unhaltbar oder gar sachlich ohne Bezug auf diesen Maßstab wäre", kann Art. 101 Abs. 1 S. 2 GG verletzt werden, BVerfGE 6, 45/53. Diese Grundsätze beherrschen auch die Behandlung fehlgeschlagener Ablehnungsgesuche: „Die Entscheidung eines Gerichts, an der zuvor erfolglos abgelehnte Richter mitwirken, verletzt den Anspruch auf den gesetzlichen Richter nicht schon dann, wenn das Ablehnungsgesuch infolge fehlerhafter Anwendung einfachen Rechts zurückgewiesen sein sollte, sondern erst, wenn diese Zurückweisung auf willkürlichen Erwägungen beruht", BVerfGE 29, 45/48 f; 31, 145/164. Dies gilt auch, wenn ein Gericht über ein unzulässiges oder offensichtlich unbegründetes Ablehnungsgesuch nicht ausdrücklich entschieden hat, BVerfGE 11, 1/6. Nicht anders sind fehlerhaft beurteilte Zuständigkeiten zu würdigen, BVerfGE 29, 45/49. Sinnvoll kann es dagegen sein, eine unterlassene Vorlage zu rügen. Es kann jemand seinem gesetzlichen Richter auch dadurch entzogen werden, daß das Gericht der Verpflichtung zur Vorlage an ein anderes Gericht nicht nachkommt, BVerfGE 3, 359/363; 9, 213/215 f; 13, 132/143; 17, 99/104; 19, 38/42; 23, 288/320; 64, 1/20 f; 64, 125/134. Ob der Europäische Gerichtshof insoweit, als Gerichte der Bundesrepublik gemäß Art. 177 Abs. 3 EWGV zur Vorlage an ihn verpflichtet sind, gesetzlicher Richter nach Art. 101 Abs. 1 S. 2 GG ist, hatte das Bundesverfassungsgericht lange dahingestellt sein lassen, BVerfGE 31, 145/169, jetzt aber bejaht, BVerfG, NJW 1987, 577/578 und dazu Vedder, Ein neuer gesetzlicher Richter? NJW 1987, 526.

14. BVerfGE 17, 294/298 f; 18, 65/69; 18, 344; 18, 423/424.

15. BVerfGE 3, 359/364; 9, 223/226 f; 18, 423/425.

16. BVerfGE 18, 423/426; Vorprüfungsausschuß NJW 1983, 1541 (3 Monate).

17. AA. BayVerfGH DÖV 1986, 106 (für das bayerische Recht). S. dazu BGHZ 95, 22.

18. BGH NJW 1985, 2337.

19. BVerfGE 9, 223/230; 18, 425/427.

20. BVerfGE 9, 174/180f; 15, 249/251; 52, 391/398; 54, 341/347.

21. BVerfGE 60, 348/358; s. a. BVerfGE 56, 216.

21a. Vgl. dazu *Grützner/Pötz,* Internationaler Rechtshilfeverkehr in Strafsachen, IRG-Kommentar § 10 Rdnr. 21 m.w. Nachw.; *Uhlig/Schomburg* § 10 Rdnr. 6, 7; OLG Koblenz GA 1982, 586 (L); OLG Köln DRiZ 1978, 373.

22. BVerfGE 52, 391/407; 59, 280/282ff; 60, 348/356f; 63, 215/225. Daß auch die Bundesregierung nach der derzeitigen Bewilligungspraxis diese Frage mit großer Sorgfalt prüft, reicht nicht aus, zumal deren Entscheidung gerichtlich nicht anfechtbar ist, BVerfGE 63, 215/226.

23. Zu den Verhältnissen in den einzelnen Staaten, bezogen auf den Auslieferungsverkehr ganz allgemein vgl. *Frankreich* BVerfGE 18, 112; *Italien* BVerfGE 59, 280; 61, 28; 63, 332; *Jugoslawien* BVerfGE 38, 398; 50, 240; *Libanon* BVerfGE 60, 348; *Türkei* BVerfGE 15, 249; 63, 197; 215; Sri Lanka BVerfGE 80, 315. Zum Völkerrecht vgl. BVerfGE 75, 1/26.

24. BVerfGE 60, 348/358f; 63, 197/209.

25. BVerfGE 63, 197/212f. Über den Spezialitätsgrundsatz hinaus kann auch in einem Notenwechsel eine besondere Zusage des ersuchenden Staats gegeben worden sein; das betrifft häufig den Fall einer im Ausland drohenden Todesstrafe, s. BVerfGE 63, 197/205; 64, 125/134. Zu Art. 102 GG in diesem Zusammenhang vgl. BVerfGE 18, 112 und, zweifelnd, BVerfGE 60, 348/355.

26. Das Recht der *Untersuchungshaft* wird von den widerstreitenden Belangen der Freiheit der Person und den unabweisbaren Bedürfnissen einer wirksamen Strafrechtspflege beherrscht. „Ein vertretbarer Ausgleich des Widerstreits ...... läßt sich nur erreichen, wenn den Freiheitsbeschränkungen, die vom Standpunkt einer funktionstüchtigen Strafrechtspflege aus erforderlich sind, ständig der Freiheitsanspruch des noch nicht verurteilten Beschuldigten als Korrektiv entgegengehalten wird ...... Dies bedeutet, daß zwischen beiden Belangen abzuwägen ist. Dabei ist zu berücksichtigen, daß der Grundsatz der Verhältnismäßigkeit der Haftdauer auch unabhängig von der zu erwartenden Strafe Grenzen setzt ...... und zu bedenken, daß sich das Gewicht des Freiheitsanspruchs gegenüber dem Interesse an einer wirksamen Strafverfolgung mit zunehmender Dauer der Untersuchungshaft regelmäßig vergrößern wird", BVerfGE 53, 152/158f; s. dazu BVerfGE 19, 342/347; 20, 45/49f; 20, 144/148; 35, 185/190; 36, 264/270. Der in § 112a StPO enthaltene *Haftgrund der Wiederholungsgefahr* ist verfassungsgemäß, BVerfGE 35, 185. Die für den *Vollzug der Untersuchungshaft* in § 119 Abs. 3 StPO aufgeführten Generalklauseln sind als rechtsstaatlich ausreichend hinzunehmen. Sie rechtfertigen eine Vielzahl inhaltlich sehr verschiedener Maßnahmen. Es besteht auch kein Grund, den Rechtsbegriff „Ordnung in der Vollzugsanstalt" eng auszulegen und darunter nur ein Mindestmaß an Ordnung zu verstehen, BVerfGE 35, 311/316f; s. a. BVerfGE 42, 95/100. Zu Einzelfällen vgl. *Benachrichtigung der Angehörigen* (Art. 104 Abs. 4 GG) BVerfGE 38, 32; *Besuchserlaubnis* BVerfGE 34, 384; 42, 95; *Briefverkehr* BVerfGE 34, 384; 35, 35; 35, 311; 42, 243; *Dauer* BVerfGE 10, 271; 20, 45; 20, 144; 21, 220; s. a. BVerfGE 36, 264; *Fernseher* BVerfGE 35, 1; 35, 307; *Paketempfang* BVerfGE 34, 369; *Radio* BVerfGE 15, 288; *Schreibmaschine* BVerfGE 35, 5; *Überlastung des Gerichts* BVerfGE 36, 264 (s.a. Stichwort „Dauer"); *Zeitungen* BVerfGE 34, 384.

Daß *Haftentschädigung für Ausländer* nur bei Gegenseitigkeit gewährt wird, ist verfassungsgemäß, BVerfGE 30, 409.

27. BVerfGE 53, 152/158; 61, 28/32.

28. Das Bundesverfassungsgericht behandelt jedoch Angriffe gegen die Anordnung selbst mit Reserve. Bedeutsam sind insoweit die dem Beschwerdeführer zur Last gelegte Tat, die Höhe der Strafe „sowie die im Auslieferungsverkehr gebotene Rücksichtnahme auf die Wirksamkeit der Strafrechtspflege des ersuchenden Staats", BVerfGE 61, 28/33; s. a. Anm. 30.

29. Der *Grundsatz der Verhältnismäßigkeit* hat seine Wurzel im Rechtsstaatsprinzip (Art. 20 Abs. 3 GG, s. dazu BVerfGE 57, 250/270; 69, 1/2). Wird dagegen verstoßen, so gehört die Regelung nicht mehr zur verfassungsmäßigen Ordnung. Das kann der Beschwerdeführer über Art. 2 Abs. 1 GG rügen, BVerfGE 59, 275/278. Der Grundsatz fordert, daß der Einzelne von unnötigen oder übermäßigen Eingriffen bewahrt bleibt; eine Maßnahme darf den Bürger nicht stärker belasten, als es zum Schutz öffentlicher Interessen unerläßlich ist; die Mittel, die angewendet werden, müssen geeignet sein, die angestrebten Zwecke zu erreichen (Grundsätze der Eignung, Erforderlichkeit, Zumutbarkeit), BVerfGE 17, 306/313 f; 19, 342/348 f; 55, 159/165; 69, 1/35; 81, 156/192 st. Rspr.

30. Insoweit handelt es sich um Hilfsvortrag; würde das Bundesverfassungsgericht die Entscheidung des OLG zur Zulässigkeit der Auslieferung aufheben, würde die Haftanordnung schon nach § 15 Abs. 2 IRG gegenstandslos. Das Muster zeigt, daß, solange über die Zulässigkeit der Auslieferung nicht entschieden ist, auch isoliert gegen die Haftanordnung, ihre Aufrechterhaltung und ihre Vollstreckung vorgegangen werden kann, weil die fehlende Entscheidung im Hauptsacheverfahren nicht zulasten des Beschwerdeführers gehen darf, BVerfGE 36, 264/271 ff; 61, 28/36.

31. BVerfGE 61, 28/34 f.

32. BVerfGE 61, 28/35 f.

33. Der Verfahrensgang ist wie folgt zu skizzieren: Ist die Verfassungsbeschwerde ordnungsgemäß eingelegt (sie hat übrigens keine aufschiebende Wirkung), so erhält sie ein Aktenzeichen. Da dies schon eine Vorprüfung durch den zuständigen Präsidialrat (§ 60 Abs. 1 GG) voraussetzt, vergehen darüber 8 bis 10 Tage. Ist die Verfassungsbeschwerde unzulässig, offensichtlich unbegründet oder kann die Senatszuständigkeit nicht alsbald geklärt werden, wird die Verfassungsbeschwerde in das Allgemeine Register (AR) eingetragen (§ 59 GO).

Nach der Mitteilung des Aktenzeichens hört der Beschwerdeführer von der Sache für längere Zeit nichts mehr. Rücksprachen mit dem Berichterstatter sind im allgemeinen ausgeschlossen; in aller Regel ist telefonischer Kontakt nur mit dem wissenschaftlichen Mitarbeiter des Berichterstatters möglich.

Fordert der Berichterstatter nach § 34 Abs. 6 BVerfGG einen Vorschuß auf die Gebühr nach § 34 Absatz 2 Satz 1 BVerfGE an, so sollte der Beschwerdeführer noch einmal sorgfältig prüfen, ob er die Verfassungsbeschwerde wirklich aufrecht erhalten will (Warnfunktion der Vorschußanordnung, s. a. „Kosten und Gebühren").

Geschieht dies nicht, so kommt es – in einer Zeit zwischen drei Monaten und einem Jahr – zu einer Entscheidung der Kammer, daß die Verfassungsbeschwerde nicht zur Entscheidung angenommen wird, § 93 b Abs. 1 BVerfGG. Dieser Beschluß ist unanfechtbar. Er ist im allgemeinen mit wenigen Sätzen begründet.

Die Kammer kann der Verfassungsbeschwerde stattgeben, wenn sie offensichtlich begründet ist und das Bundesverfassungsgericht die hierfür maßgebliche Frage bereits entschieden hat, § 93 b Abs. 2 BVerfGG. Eine solche Kammerentscheidung steht einer Senatsentscheidung gleich.

Hat die Kammer weder abgelehnt noch stattgegeben, so wird die Verfassungsbeschwerde zugestellt (meistens werden erst jetzt Akten beigezogen), und nun entscheidet der Senat über die Annahme, § 93 c BVerfGG.

Das Senatsverfahren dauert zwei bis vier Jahre. Wenn sich einer der sogenannten Äußerungsbeteiligten aufgrund der Zustellung zur Verfassungsbeschwerde äußert, wird der Schriftsatz an den Beschwerdeführer weitergeleitet. Schriftwechsel ist unüblich. Wenn das Gericht etwas will, fragt es.

Von mündlicher Verhandlung wird fast immer abgesehen, § 94 Abs. 5 BVerfGG.

Die Senatsentscheidung wird dem Beschwerdeführer zugestellt; zugleich wird häufig eine Presseerklärung des Gerichts veröffentlicht.

Kosten und Gebühren

Das Verfahren des BVerfG ist grundsätzlich kostenfrei, § 34 Abs. 1 BVerfGG. Wird jedoch die Annahme einer Verfassungsbeschwerde abgelehnt (§ 93b Abs. 1 oder § 93c BVerfGG) oder wird die Verfassungsbeschwerde verworfen (§ 24 BVerfGG), so kann das BVerfG dem Beschwerdeführer eine Gebühr bis zu DM 1000,– auferlegen (sogenannte Unterliegensgebühr) (§ 34 Abs. 2 S. 1 BVerfGG). Der Berichterstatter kann durch unanfechtbaren Beschluß auf diese Gebühr einen Vorschuß fordern, § 34 Abs. 6 BVerfGG. Die Frist zur Bezahlung wird nach ersten Erfahrungen mit einem Monat gesetzt. Eine abschließende Sachprüfung ist mit der Vorschußanforderung noch nicht verbunden, was sich schon daraus ergibt, daß es eine Entscheidung des Berichterstatters und nicht der ganzen Kammer ist. Dennoch hat die Vorschußanforderung Warnfunktion. Der Beschwerdeführer wird seine Verfassungsbeschwerde noch einmal sorgfältig prüfen müssen. Will er an ihr festhalten, so muß er den Vorschuß rechtzeitig bezahlen. Tut er dies nicht, so wird die Verfassungsbeschwerde wegen Fristversäumung nach § 93b Abs. 1 Nr. 1 BVerfGG nicht zur Entscheidung angenommen.

Das BVerfG kann die Unterliegensgebühr von DM 1000,– bis auf DM 5000,– erhöhen, wenn die Einlegung der Verfassungsbeschwerde einen Mißbrauch darstellt, § 34 Abs. 4 BVerfGG (Mißbrauchsgebühr). Davon macht das BVerfG vor allem bei Beschwerdeführern Gebrauch, die auf Belehrung wegen offenkundiger Mängel ihre Verfassungsbeschwerde nicht zurücknehmen.

Erweist sich eine Verfassungsbeschwerde als begründet, so sind dem Beschwerdeführer die notwendigen Auslagen ganz oder teilweise zu erstatten, § 34a Abs. 2 BVerfGG; vgl. dazu auch Form. XV. 7, 8.

Rechtsmittel und Fristen

Die Verfassungsbeschwerde ist binnen eines Monats (nach Zustellung der angegriffenen Entscheidung, sonst nach deren Verkündung) zu erheben, wenn sie sich gegen ein Gesetz richtet, binnen eines Jahres, § 93 BVerfGG. Ist der Revisionsführer bei der Verkündung einer Entscheidung in Strafsachen selbst anwesend und unterbleibt ein Antrag nach § 35 Abs. 1 StPO, dann beginnt die Frist mit der Verkündung des Revisionsurteils. Es ist dann geboten, nach § 93 Abs. 1 Satz 3 2. Halbsatz BVerfGG zu verfahren. **Achtung:** Die Monatsfrist beginnt auch bei formloser Übersendung der strafgerichtlichen Entscheidung an den Verteidiger zu laufen, BVerfG, 2. Kammer d. Zweiten Senats, NJW 1991/2623. Die Verfassungsbeschwerde hat keine aufschiebende Wirkung. Rechtsmittel gibt es gegen die Endentscheidungen des BVerfG im Verfassungsbeschwerdeverfahren nicht, wohl aber den Rechtsbehelf der Menschenrechtsbeschwerde, s. Form. XV. 9.

2. Verfassungsbeschwerde wegen Unterbringungsmaßnahmen/ Pflichtverteidigung/faires Verfahren/Sachverständigengutachten (Art. 2 Abs. 1, 2, Art. 20 Abs. 3 GG)

An das
Bundesverfassungsgericht

Verfassungsbeschwerde[1]
des Herrn ......

— Beschwerdeführer —

Verfahrensbevollmächtigter: Rechtsanwalt ......

wegen: 1. Beschluß des Landgerichts ...... vom ...... Az. ... (Photokopie [Anlage 1])
       2. Beschluß des OLG ...... vom ...... Az. ... (Photokopie Anlage 2)

Ich zeige an, daß mir der Beschwerdeführer Vollmacht erteilt (Anlage 3) und mich mit der Wahrnehmung seiner Interessen beauftragt hat.

Namens und im Auftrag des Beschwerdeführers erhebe ich

Verfassungsbeschwerde

gegen:

1. Beschluß des Landgerichts ...... vom ...... Az. ...

Gerügt wird die Verletzung der Grundrechte des Beschwerdeführers aus Art. 2 Abs. 1 iVm. Art. 20 Abs. 3, Art. 2 Abs. 2 S. 2 GG.

Begründung

I. Sachverhalt[2]

Der Beschwerdeführer hatte 1968 einen Pelzmantel unter Alkoholeinfluß gestohlen. Er wurde 1970 wegen Diebstahl im Rückfall zu einer Freiheitsstrafe von 9 Monaten verurteilt. Gleichzeitig ordnete das Gericht die Unterbringung des Beschwerdeführers in einer Heil- und Pflegeanstalt an. Dort befindet er sich seither. 1980 beantragte der Beschwerdeführer die Aufhebung der Unterbringung, hilfsweise die Aussetzung der weiteren Vollstreckung zur Bewährung gemäß § 67d Abs. 2 StGB. Das Landgericht ordnete die Fortdauer der Unterbringung an, weil nicht verantwortet werden könne zu erproben, ob der Beschwerdeführer außerhalb des Maßregelvollzugs keine rechtswidrigen Taten mehr begehe. Das Landgericht stützte sich dabei auf ein Gutachten eines externen Sachverständigen aus dem Jahr 1974, welches beim Beschwerdeführer eine Schizophrenie diagnostiziert hatte; spätere ärztliche Stellungnahmen stammten von Krankenhäusern, in denen der Beschwerdeführer untergebracht war. Sie enthielten nur kurze Bemerkungen und unspezifische Hinweise auf die Gefahr strafbarer Handlungen.

Das mit der sofortigen Beschwerde angerufene Oberlandesgericht verneinte die Notwendigkeit eines weiteren Gutachtens. Der Antrag auf Bestellung des Bevollmächtigten des Beschwerdeführers zum Pflichtverteidiger wurde vom Vorsitzenden des zuständigen Senats abgelehnt; dies sei nicht angebracht. Der Beschwerdeführer hatte dazu vorgetragen, die Rechtslage sei schwierig, er sei völlig mittellos und müsse befürchten, wegen eines Diebstahls lebenslänglich in einem psychiatrischen Krankenhaus zu bleiben.

II. Rechtsausführungen

§ 1 Zulässigkeit[3]

......

§ 2 Begründetheit

(1) Die Entscheidungen über die Fortdauer der Unterbringung des Beschwerdeführers in einem psychiatrischen Krankenhaus verletzen diesen in seinem Grundrecht aus Art. 2 Abs. 2 S. 2 GG i. V. m. dem Rechtsstaatsprinzip (Art. 20 Abs. 3 GG).

Auszugehen ist von der Tatsache, daß die Freiheit der Person nur aus besonders gewichtigen Gründen und unter strengen formellen Gewährleistungen eingeschränkt werden darf (Art. 2 Abs. 2, Art. 104 Abs. 1 GG).[4]

Zu diesen wichtigen Gründen gehören in erster Linie solche des Strafrechts. Die insoweit geschaffenen gesetzlichen Eingriffstatbestände haben zugleich freiheitsgewährleistende Funktion, da sie die Grenzen zulässiger Einschränkung bestimmen. Mit dem Regelungsgefüge der §§ 63, 67d, 67e StGB hat der Gesetzgeber der Verfassung Genüge getan.

(2) Die freiheitssichernden Funktionen der Art. 2 Abs. 2, Art. 104 GG sind aber auch im Verfahrensrecht zu beachten. Darin liegt eine der Wurzeln des Rechts auf ein faires Verfahren.[5] Als zentrales Anliegen gehört dazu die Ermittlung des wahren Sachverhalts mit Mindesterfordernissen für eine zuverlässige Wahrheitsforschung nicht nur im strafprozessualen Hauptprozeß, sondern auch für die im Vollstreckungsverfahren zu treffenden Entscheidungen. Auch Entscheidungen, die den Entzug der persönlichen Freiheit betreffen, müssen deshalb auf zureichender richterlicher Sachaufklärung beruhen. Für die Hauptverhandlung hat dies im „Gebot bestmöglicher Sachaufklärung" (s. a. § 244 Abs. 2 StPO) seinen Niederschlag gefunden.

Geht es um Prognoseentscheidungen, bei denen geistige und seelische Anomalien in Frage stehen, so besteht in der Regel die Pflicht des Gerichts, einen erfahrenen Sachverständigen zuzuziehen. Auch bei einer Entscheidung über die sogenannte Aussetzungsreife (vgl. § 67d Abs. 2 StGB) muß dabei für den Einzelfall hinreichend gründlich verfahren werden. Der Strafvollstreckungsrichter muß sich jedoch ständig bewußt sein, daß er Aussagen oder Gutachten des Sachverständigen selbständig zu beurteilen hat. Die Prognoseentscheidung darf nicht dem Sachverständigen überlassen werden.[6] „Dabei ist darauf Bedacht zu nehmen, daß das ärztliche Gutachten hinreichend substantiiert ist. Es muß den Richter in den Stand setzen, sich – zumindest im Verbund mit dem übrigen Akteninhalt – die tatsächlichen Voraussetzungen für seine Entscheidung zu erarbeiten und auch die Frage zu beantworten, ob und gegebenenfalls welche Straftaten von dem Untergebrachten infolge seines Zustandes zu erwarten sind. Dazu wird es – je nach Sachlage – ein möglichst umfassendes Bild der zu beurteilenden Person zu zeichnen haben. Das Gutachten sollte zudem nicht aus länger zurückliegender Zeit stammen. Befindet sich der Untergebrachte seit langer Zeit in ein und demselben psychiatrischen Krankenhaus, so ist es in der Regel geboten, von Zeit zu Zeit einen anstaltsfremden Sachverständigen hinzuzuziehen."[7]

(3) Erst auf dieser Grundlage kann die Verhältnismäßigkeit weiterer Unterbringung beurteilt werden.[8] Es handelt sich um eine wertende Entscheidung des Richters. Das Bundesverfassungsgericht prüft sie nur eingeschränkt nach. Bei lang andauernder Unterbringung[9] wächst die verfassungsrechtliche Kontrolldichte. Im vorliegenden Fall haben die Gerichte gegen die insoweit als verletzt gerügten Grundrechte verstoßen. Es fehlt schon an zeitnahen, hinreichend begründeten Sachverständigengutachten ......[10]

(4) Die Vorschriften der StPO über die notwendige Mitwirkung und die Bestellung eines Verteidigers (§§ 140 ff StPO) stellen sich als Konkretisierung des Rechtsstaatsprinzips in seiner Ausgestaltung als Gebot fairer Verfahrensführung dar.[11] Die Verfassung selbst will sicherstellen, daß der Beschuldigte auf den Gang und das Ergebnis des gegen ihn geführten Strafverfahrens Einfluß nehmen kann.[12] Auch beim Vollzug der Unterbringung darf der Untergebrachte nicht nur Verfahrensobjekt sein. Ihm ist von Verfassungs wegen jedenfalls dann ein Strafverteidiger beizuordnen, „wenn es nach der konkreten Fallgestaltung, insbesondere bei Besonderheiten und Schwierigkeiten im Diagnose- und Prognosebereich, als evident erscheint, daß er sich angesichts seiner Erkrankung nicht selbst verteidigen kann."[13]

So liegt es hier. Der Beschwerdeführer war nicht in der Lage, die Besonderheiten des Sachverhalts zu erfassen, selbst Folgerungen aus der Beweislast zu ziehen und durch geeignete Vorbringung zur Wahrung seiner Rechte auf den Gang und das Ergebnis des Verfahrens Einfluß zu nehmen, das für ihn von entscheidender Bedeutung war. Der Vorsitzende des Strafsenats war deshalb verpflichtet, dem Beschwerdeführer für das Verfahren vor dem Oberlandesgericht einen Pflichtverteidiger zu bestellen.

Rechtsanwalt

Schrifttum: Vgl. Form. XV. 1.

Anmerkungen

1. Zum Rubrum s. die Anm. 1–7 zu Form. XV. 1.

2. Zum Sachverhalt vgl. – teilweise – BVerfG, Beschluß vom 8. 10. 1985 Az. 2 BvR 1150/80, 1504/82, NJW 1986, 767.

3. S. Form. XV. 1 Anm. 10–12.

4. BVerfGE 22, 180/219; 58, 208/224; 66, 191/195. Ein solcher Grund ist auch der Schutz der Allgemeinheit vor einem gemeingefährlichen Geisteskranken. Eine Freiheitsentziehung darf aber nur angeordnet und aufrecht erhalten werden, wenn überwiegende Belange des Gemeinwohls dies zwingend gebieten. Insbesondere bei psychischen Störungen, deren Grenze zum Krankhaften fließend, und die medizinisch lediglich als Abweichungen von einem angenommenen Durchschnittsverhalten zu beschreiben sind, ist der Richter zu besonders sorgfältiger Prüfung aufgerufen, ob den festgestellten Störungen Krankheitswert im Sinne des Gesetzes zukommt, BVerfGE 58, 208/277; 66, 191/195 f.

5. Zum *Grund:*
„Die Wurzeln dieses allgemeinen Prozeßgrundrechts finden sich in den in einem materiell verstandenen Rechtsstaatsprinzip verbürgten Grundrechten und Grundfreiheiten des Menschen, insbesondere in dem durch ein Strafverfahren bedrohten Recht auf Freiheit der Person . . . . . .; ferner in Artikel 1 Absatz 1 GG, der es verbietet, den Menschen zum bloßen Objekt eines staatlichen Verfahrens herabzuwürdigen, und von daher einen Mindestbestand an aktiven verfahrensrechtlichen Befugnissen des Angeklagten voraussetzt. Aus der Aufgabe des Strafprozesses, den Strafanspruch des Staates um des Rechtsgüterschutzes Einzelner und der Allgemeinheit willen in einem justizförmig geordneten Verfahren durchzusetzen und damit dem vom Gewicht der Strafe Bedrohten eine wirksame Sicherung seiner Grundrechte zu gewährleisten, ergibt sich ferner, daß dem Strafprozeß von Verfassungs wegen die Aufgabe gestellt ist, daß aus der Würde des Menschen als eigenverantwortlich handelnder Person abgeleitete Prinzip, daß keine Strafe ohne Schuld verhängt werden darf (vgl. BVerfGE 20, 323/331), zu sichern und entsprechende verfahrensrechtliche Vorkehrungen bereitzustellen", BVerfGE 57, 250/275.

Zum *Inhalt:*
Das Bundesverfassungsgericht hat am Grundsatz des fairen Verfahrens solche Beschränkungen Verfahrensbeteiligter gemessen, die von den speziellen Gewährleistungen der Verfahrensgrundrechte, z.B. aus Art. 103 Abs. 1 GG, nicht erfaßt werden, BVerfGE 26, 66/71; 38, 105/111; 39, 238/243; 40, 95/99; 41, 246/249; 46, 202/210; 57, 250/275. „Allerdings enthält das Recht auf ein faires Verfahren keine in allen Einzelheiten bestimmten Ge- oder Verbote; es bedarf vielmehr der Konkretisierung je nach den sachlichen Gegebenheiten. Dabei ist im Blick auf die Weite und Unbestimmtheit des Rechtsstaatsprinzips mit Behutsamkeit vorzugehen. Erst wenn sich unzweideutig ergibt, daß rechtsstaatlich unverzichtbare Erfordernisse nicht mehr gewahrt sind, können aus dem Prinzip selbst konkrete Folgerungen für die Verfahrensgestaltung gezogen werden; diese haben sich tunlichst im

Rahmen der vom Gesetzgeber gewährten Grundstruktur des Verfahrens zu halten", BVerfG NJW 1986, 767/768; s.a. BVerfGE 57, 250/275. Zur Thematik s. *Dörr,* Faires Verfahren, 1984; *Tettinger,* Fairness und Waffengleichheit, 1984; *Karwacki,* Der Anspruch der Parteien auf einen fairen Zivilprozeß, 1984 (zum Strafprozeß S. 24ff).

Hinweis:
Schwach ausgeprägte Rechtspositionen, wie sie sich aus der Unbestimmtheit des Grundsatzes des fairen Verfahrens ergeben, sollten nicht nur als Risiko für den Beschwerdeführer gegeben werden. Sie eröffnen ihm auch die Chance rechtsfortbildender Konkretisierung.

6. BVerfGE 58, 208/223; NJW 1986, 767/768.

7. BVerfG NJW 1986, 767/768f. In Unterbringungsfällen gehört deshalb die mündliche Anhörung des Betroffenen zu den erforderlichen Ermittlungsmaßnahmen, BVerfGE 58, 208/223; 66, 191/197f. Sie dient dem Zweck, dem ärztlichen Gutachter richterliche Kontrolle entgegenzusetzen und so den Verfahrenssicherungen besondere Wirksamkeit zu verleihen. Allgemein zur verfassungsrechtlichen Dimension des Beweisrechts vgl. zur *Eidesleistung* (§ 70 StPO) BVerfGE 33, 23; zum *Zeugnisverweigerungsrecht* Presseangehöriger (§ 53 Abs. 1 Nr. 5 StPO) BVerfGE 20, 162; 25, 296; 36, 193; 36, 314; Tierarzt (§ 53 Abs. 1 Nr. 3 StPO) BVerfGE 38, 312 (verneint); Sozialarbeiter (§ 53 Abs. 1 Nr. 3 StPO) BVerfGE 33, 367 (verneint); zum *Zeugen vom Hörensagen* (§ 251 Abs. 2 StPO) BVerfGE 57, 250 (zulässig); zur *heimlichen Tonbandaufnahme* BVerfGE 34, 238: „Grundsätzlich (darf) jedermann selbst und allein bestimmen, wer sein Wort aufnehmen soll sowie ob und von wem seine auf einen Tonträger aufgenommene Stimme wieder abgespielt werden darf. Damit ist allerdings noch nicht ausgeschlossen, daß in Fällen, wo überwiegende Interessen der Allgemeinheit dies zwingend gebieten, auch das schutzwürdige Interesse des Beschuldigten an der Nichtverwertung einer heimlichen Tonbandaufnahme im Strafverfahren zurücktreten muß". Der Ausschluß des *Rechtsbeistandes eines Zeugen* von der Zeugenvernehmung verstößt im allgemeinen gegen den Grundsatz des fairen Verfahrens, BVerfGE 38, 105. Zur Verwendung von *Tagebuchaufzeichnungen* BVerfGE 80, 367.

8. S. dazu Form. XV. 1 Anm. 29.

9. S. dazu BVerfG NJW 1986, 767/770.

10. Neben dem im Muster behandelten „Ob" der Unterbringung bedarf auch das „Wie" sorgfältiger verfassungsrechtlicher Kontrolle. Das betrifft etwa die unzumutbare Form der Unterbringung (mit mehr als vier Personen in einem Schlafraum und ohne jede Rückzugsmöglichkeit ins Private); das Fehlen jeglicher berufsfördernder Maßnahmen und die in der Praxis häufig erheblich eingeschränkten Therapiemöglichkeiten. S. dazu Tondorf, Die katastrophale Lage psychisch Kranker im Maßregelvollzug, ZRP 1983, 118; Bernsmann, Maßregelvollzug und Grundgesetz, in: Blau/Kammeier, Straftäter in der Psychiatrie, 1984, 142ff.

11. Die Grundrechtsrüge ist auf Art. 2 Abs. 1 GG zu stützen, s. dazu Form. XV. 1 Anm. 29.

12. BVerfGE 65, 171/174f; NJW 1986, 767/771 st. Rspr. Dieser verfassungsrechtlich verbürgte Anspruch umfaßt das Recht des Beschuldigten, sich im Strafverfahren von einem Rechtsanwalt als gewähltem Verteidiger seines Vertrauens verteidigen zu lassen *(Wahlverteidiger),* BVerfGE 26, 66/71; 34, 293/302; 38, 105/111; 39, 156/163; 238/243; 63, 380/390f.; 64, 135/149; 66, 313/318f. Die Beschränkung der Zahl der Wahlbeteiligten eines Beschuldigten auf drei (§ 137 Abs. 1 S. 2 StPO) ist mit dem GG vereinbar, ebenso wie das Verbot gemeinschaftlicher Verteidigung mehrerer Beschuldigter (§ 146 StPO), BVerfGE 39, 156; letzteres gilt auch im Bußgeldverfahren, BVerfGE 39, 205. Ist dem Angeklagten für die Revisionshauptverhandlung ein Verteidiger bestellt worden *(Pflichtverteidiger),* so ist es verfassungsrechtlich geboten, die Verhandlungen nicht in dessen Abwesenheit durchzuführen, BVerfGE 46, 202/212; 54, 100/117; 65, 171/175 ff. Die Bestellung des Verteidigers ist im übrigen über die in § 140 Abs. 2 StPO genannten Gründe hinaus stets dann erforderlich, wenn seine Mitwirkung aus sonstigen Gründen rechtsstaatlich geboten ist,

BVerfGE 46, 202/210; 56, 185/186; 63, 380/391. Das ist etwa dann der Fall, wenn die Würdigung aller Umstände das Vorliegen eines „schwerwiegenden Falls" ergibt und der Beschuldigte die Kosten eines Wahlverteidigers nicht aufzubringen vermag, BVerfGE 39, 238/243; 46, 202/210f; 63, 380/391; dies im Privatklageverfahren nicht schon allein deshalb geboten, weil der Privatkläger anwaltlich vertreten ist, BVerfGE 63, 380; zur Auswahl des Pflichtverteidigers entgegen dem Wunsch des Angeklagten s. BVerfGE 9, 36. Im Verfahren über die Normenkontrolle nach Art. 100 Abs. 1 GG auf Antrag eines Strafgerichts ist die Beiordnung eines Pflichtverteidigers nicht zulässig, BVerfGE 1, 108. Eine Reihe von Entscheidungen beschäftigt sich mit den **Verteidigergebühren**, vgl. zum rechtlichen Gehör bei der Festsetzung der Pauschgebühr nach § 99 BRAGO BVerfGE 18, 49; zur gegenüber den Pflichtverteidigergebühren fehlenden Erhöhungsmöglichkeit für den Wahlverteidiger BVerfGE 68, 237; zur Kürzung der dem Wahlverteidiger zu erstattenden Kosten um die aus der Staatskasse zu gewährende Vergütung des Pflichtverteidigers BVerfGE 66, 313. Von Verfassungs wegen ist es nicht geboten, einen Rechtsanwalt, der Beschuldigter in einem Strafverfahren oder Betroffener in einem Bußgeldverfahren gewesen ist, in eigener Sache die Gebühren und Auslagen zu erstatten, die er als Gebühren und Auslagen eines bevollmächtigten Rechtsanwalts erstattet verlangen könnte, BVerfGE 53, 207.

13. BVerfG NJW 1986, 767/771.

Kosten und Gebühren

S. Form. XV. 1 „Kosten und Gebühren".

Rechtsmittel und Fristen

S. Form. XV. 1 „Rechtsmittel und Fristen".

3. Verfassungsbeschwerde wegen Strafbefehl/rechtliches Gehör/ne bis in idem/nulla poena sine lege/Ungleichbehandlung/Prozeßkostenhilfe (Art. 3 Abs. 1, 19 Abs. 4, 103 Abs. 1, 2, 3 GG).

An das
Bundesverfassungsgericht

Verfassungsbeschwerde[1]

des Herrn ......

– Beschwerdeführer –

Verfahrensbevollmächtiger: Rechtsanwalt ......

wegen 1. Beschluß des Amtsgerichts ...... vom ...... Az... (Photokopie Anlage 1).
2. Beschluß des Landgerichts ...... vom ...... Az... (Photokopie Anlage 2).
3. Urteil des Amtsgerichts ...... vom ...... Az... (Photokopie Anlage 3).
4. Beschluß des Oberlandesgerichts ...... vom ...... Az... (Photokopie Anlage 4).

Ich zeige an, daß mir der Bechwerdeführer Vollmacht erteilt (Anlage 5) und mich mit der Wahrnehmung seiner Interessen beauftragt hat.

Namens und im Auftrag des Beschwerdeführers erhebe ich

Verfassungsbeschwerde

gegen

1. Beschluß des Amtsgerichts ...... vom ...... Az... (Verwerfung Wiedereinsetzungsgesuch).

2. Beschluß des Landgerichts ...... vom ...... Az... (Verwerfung sofortige Beschwerde).
3. Urteil des Amtsgerichts ...... vom ...... Az... (zweite Verurteilung).
4. Beschluß des Oberlandesgerichts ...... vom ...... Az... (Verwerfung Sprungrevision).

Gerügt wird die Verletzung der Grundrechte des Beschwerdeführers aus Art. 3 Abs. 1, Art. 103 Abs. 1, Art. 103 Abs. 2 Art. 103 Abs. 3 GG.

Ich beantrage, dem Beschwerdeführer Prozeßkostenhilfe zu bewilligen und den Unterzeichnenden als Rechtsanwalt beizuordnen.

Begründung

I. Sachverhalt[2]

1. Der Beschwerdeführer verursachte 1978 einen Verkehrsunfall, bei dem der Fahrer eines Motorrads schwer verletzt wurde. Wegen des Vergehens der fahrlässigen Körperverletzung verhängte das Amtsgericht durch Strafbefehl eine Geldstrafe von 20 Tagessätzen zu je DM 45,–.

2. Der Strafbefehl wurde dem Beschwerdeführer am 14. 10. 1978 zugestellt. Mit Schreiben vom 20. 10. 1978, das ausweislich des Eingangsstempels des Amtsgerichts am 24. 10. 1978 (Dienstag), also einen Tag nach Ablauf der Einspruchsfrist bei Gericht einging, legte der Beschwerdeführer mit eingeschriebenem Brief Einspruch ein. Das Amtsgericht verwarf den Einspruch als unzulässig, weil verspätet. Der Beschwerdeführer legte Beschwerde ein und beantragte zugleich fristgerecht Wiedereinsetzung in den vorigen Stand gegen die Versäumung der Einspruchsfrist. Bei Vorlage des Einlieferungsscheins trug er vor, er habe darauf vertrauen dürfen, daß ein Einspruchsschreiben, das am Freitag (20. 10.) zur Post gegeben werde, am Montag (23. 10.) den Empfänger erreiche. Amtsgericht und später – auf sofortige Beschwerde – Landgericht folgten dem nicht: Der Beschwerdeführer habe nicht bis 20. 10. warten dürfen; er habe den Weg des Eilbriefs oder Telegramms wählen müssen.

3. Am 9. 12. 1978 starb das Unfallopfer an den Folgen seiner Verletzungen. Außerdem war inzwischen ermittelt worden, daß der Beschwerdeführer als Inhaber eines Jahresjagdscheins im August 1972 in Bayern erlaubnisfrei eine Pistole erworben hatte. Er behielt sie über den Zeitpunkt des Inkrafttretens des WaffenG (1. 1. 1973) in seinem Besitz, ohne sie anzumelden; eine Waffenbesitzkarte hatte er nicht. Im Frühjahr 1973 ging die tatsächliche Gewalt über die Pistole unter ungeklärten Umständen auf eine andere Person über, bei der die Pistole 1978 sichergestellt wurde. Auf Anklage der Staatsanwaltschaft verurteilte das Amtsgericht den Beschwerdeführer nunmehr wegen eines Vergehens der fahrlässigen Tötung und wegen eines Vergehens der Ausübung der tatsächlichen Gewalt über eine Schußwaffe ohne Erlaubnis (§§ 53 a Abs. 3 Nr. 1 a i.V.m. § 28 Abs. 1 S. 1 WaffenG) zu einer Gesamtgeldstrafe von 70 Tagessätzen zu DM 45,–. Der Strafbefehl wurde insoweit aufgehoben, die bezahlte Geldstrafe angerechnet. Mit der Sprungrevision machte der Beschwerdeführer geltend, durch den rechtskräftigen Strafbefehl sei die Strafklage verbraucht, die Verurteilung nach Waffenrecht sei ohne gesetzliche Grundlage erfolgt. Das OLG verwarf die Revision als offensichtlich unbegründet.

II. Rechtsausführungen

§ 1 Bewilligung Prozeßkostenhilfe

Das Bundesverfassungsgericht hat anerkannt, daß – trotz Fehlens entsprechender Vorschriften im BVerfGG – Prozeßkostenhilfe entsprechend §§ 114 ff ZPO auch im Verfassungsbeschwerdeverfahren, und zwar nicht nur für die mündliche Verhandlung, sondern auch, wie hier, für das schriftliche Verfahren, bewilligt werden kann.[3] Zwar hat das Gericht erklärt, weil das Verfahren kostenfrei sei, und kein Anwaltszwang bestehe, könne Prozeßkostenhilfe im schriftlichen Verfahren nur unter sehr strengen Voraussetzungen gewährt werden, nämlich, „wenn das unbedingt erforderlich" sei.[4] Die Verhältnisse haben sich aber seit der aus dem Jahr 1969 stammenden Entscheidung aus dem 27. Band grundlegend geändert. Zum einen ist das Verfassungsbeschwerdeverfahren im Regelfall nicht mehr kostenfrei.[5] Zum anderen werden wegen der Schwierigkeiten des Verfassungsbeschwerdeverfahrens rund zwei Drittel aller Verfassungsbeschwerden von Rechtsanwälten eingelegt; es gibt deshalb so etwas wie einen faktischen Anwaltszwang. Die Voraussetzungen für die Gewährung von Prozeßkostenhilfe sind im übrigen gegeben ......

§ 2 Zulässigkeit[6]

(1) ......

(2) Der Rechtsweg ist erschöpft. Soweit es sich um die Entscheidung des Landgerichts im Verfahren auf Wiedereinsetzung in den vorigen Stand handelt, folgt dies aus § 311 StPO,[7] für den Beschluß des OLG aus § 349 StPO.[8]

......

§ 3 Begründetheit

(1) Rechtliches Gehör – Art. 103 Abs. 1 GG, Art. 19 Abs. 4 GG

Im Strafbefehlsverfahren ist der Anspruch des Beschuldigten auf rechtliches Gehör durch die Möglichkeit des Einspruchs gewährleistet. Wird die Einspruchsfrist unverschuldet versäumt, so hängt die Verwirklichung des Rechts aus Art. 103 Abs. 1 GG davon ab, daß Wiedereinsetzung in den vorigen Stand gewährt wird. In diesem Fall des summarischen Verfahrens dürfen daher bei der Anwendung und Auslegung der die Wiedereinsetzung regelnden prozeßrechtlichen Vorschriften die Anforderungen zur Erlangung der Wiedereinsetzung und damit unmittelbar zur Wahrung des Anspruchs auf rechtliches Gehör in der Sache selbst nicht überspannt werden. An diesem Grundsatz ist zu messen, welche Vorkehrungen gegen drohende Fristversäumung vom Bürger verlangt werden könne.[9]

Dadurch werden auch die Anforderungen begrenzt, die nach Versäumung an Vortrag und Glaubhaftmachung der Säumnisgründe gestellt werden dürfen.[10] Ebenso ergibt sich daraus der Maßstab für die verfassungskonforme Auslegung des in § 44 StPO verwendeten Begriffs „unabwendbares Ereignis".

Im vorliegenden Fall haben Amtsgericht und Landgericht die Sorgfaltspflichten des Beschuldigten für den schriftlichen Einspruch gegen den Strafbefehl überspannt. Der Bürger darf die ihm vom Gesetz eingeräumte Einspruchsfrist bis zu ihrer Grenze ausnutzen.[11] Wählt er die durch die § 409 Abs. 1 StPO eröffnete Möglichkeit, den Einspruch schriftlich einzulegen, so hat er allerdings bei der Berechnung der Frist zu berücksichtigen, daß es auf den Tag des Eingangs beim zuständigen Gericht ankommt. Bedient er sich der Post, so muß er die gewöhnliche Laufzeit einer Postsendung je nach deren Art und je nach der Entfernung zwischen Aufgabe- und Zielort einkalkulieren. Mehr muß er aber nicht tun, weil die Post für die Briefbeförderung ein Monopol hat. In der Verantwortung des Absenders liegt es nur, das zu befördernde Schriftstück ordnungsgemäß frankiert und adressiert so rechtzeitig zur Post zu geben, daß es nach deren organisatorischen und betrieblichen Vorkehrungen bei regelmäßigem Betriebsablauf den Empfänger fristgerecht erreicht. Versagen die Vorkehrungen der Post, so hat dies der Bürger, der darauf keinen Einfluß hat, nicht zu vertreten. Differenzierungen danach, ob die Verzögerung auf eine zeitweise besonders starke Beanspruchung der Leistungsfähigkeit der Post (z.B. an Feiertagen), auf einer zeitweise verminderten Dienstleistung (z.B. an Wochenenden) oder auf der Nachlässigkeit eines Bediensteten beruhen, sind unzulässig. Von Verfassungs wegen ist es erforderlich, alle Fälle, in denen sich der Bürger zur Durchsetzung seiner Rechte den Diensten der Post anvertraut, gleich zu behandeln.[12] Die Entscheidungen der Gerichte (Anlage 1–2) beruhen auf dem gerügten Verfassungsverstoß. Es kann nicht ausgeschlossen werden, daß dem Beschwerdeführer Wiedereinsetzung in den vorigen Stand gewährt worden wäre, wenn die Gerichte Bedeutung und Tragweite des Art. 103 Abs. 1 GG hinreichend beachtet hätten.[13]

(2) Art. 3 Abs. 1 GG (fahrlässige Tötung)

a) Die Rechtsprechung zur beschränkten Rechtskraftwirkung des Strafbefehls,[14] wonach eine Verurteilung im ordentlichen Verfahren wegen einer schon von einem rechtskräftigen Strafbefehl erfaßten Tat für zulässig gehalten wird, wenn die Bestrafung unter einem nicht schon im Strafbefehl gewürdigten rechtlichen Gesichtspunkt erfolgt, der eine erhöhte Strafbarkeit begründet, geht auf den summarischen Charakter des Strafbefehlsverfahrens zurück, das vornehmlich der Vereinfachung und Beschleunigung dient.

Die damit verbundenen typischen Fehlerquellen waren jedoch im vorliegenden Fall gerade nicht entscheidend. Der bei der Rechtsfindung nicht berücksichtigte straferschwerende Taterfolg ist erst nach Erlaß – hier sogar erst nach Rechtskraft – des Strafbefehls eingetreten; der Richter hätte ihn ebenso wenig berücksichtigen können, wenn er nicht durch Strafbefehl nach Aktenlage, sondern durch Urteil aufgrund einer Hauptverhandlung entschieden hätte. Zwar hat schon das Reichsgericht die Durchführung eines neuen Strafverfahrens für zulässig erachtet.[15] Die damit verbundene einschränkende Auslegung des Grundsatzes „ne bis in idem"[16] hat das Bundesverfassungsgericht als immanente Schranke des Art. 103 Abs. 3 GG angesehen.[17] Die Neuregelung der Rechtskraftwirkung im Bußgeldverfahren vom 24. 5. 1968 (BGBl. I S. 481) (§§ 84 Abs. 2 S. 2, 85 Abs. 3 S. 2 OWiG) sowie die Einführung des § 153 a StPO (dort Abs. 1 S. 4, Abs. 2 S. 2) haben jedoch unter dem Aspekt des Art. 3 Abs. 1 GG neue, hier einschlägige Maßstäbe geschaffen.

b) Der Gleichheitssatz bindet alle staatlichen Stellen. In seiner allgemeinen Formulierung verbietet er, wesentlich Gleiches ungleich und wesentlich Ungleiches in sachwidriger Weise gleich zu behandeln.[18] Art. 3 Abs. 1 GG ist insbesondere verletzt, „wenn eine Gruppe von Normadressaten im Vergleich zu anderen Normadressaten anders behandelt wird, obwohl zwischen beiden Gruppen keine Unterschiede von solcher Art und solchem Gewicht bestehen, daß sie die ungleiche Behandlung rechtfertigen könnten. Das gilt nicht nur, wenn der Gesetzgeber mehrere Personengruppen ohne sachlichen Grund verschieden behandelt, sondern auch dann, wenn die Gerichte im Wege der Auslegung gesetzlicher Vorschriften zu einer solchen, dem Gesetzgeber verwehrten Differenzierung gelangen."[19]

Eine unterschiedliche Rechtskraftwirkung von Strafbefehl und Strafurteil läßt sich danach rechtfertigen, wenn dem Strafbefehlsverfahren im Gegensatz zum Urteilsverfahren möglicherweise Unzulänglichkeiten anhaften, die typischerweise zu unvollständiger Sachaufklärung und unvollständiger rechtlicher Würdigung führen können, so daß hier im Interesse materialer Gerechtigkeit die Möglichkeit einer Korrektur als unumgänglich erscheint. Dies mag für eine Vielzahl von Fallgestaltungen im Blick auf den summarischen Charakter des Verfahrens zutreffen, und jedenfalls insoweit ist in der Vergangenheit auch zu Recht von der Rechtsprechung differenziert worden. Bei Fällen der vorliegenden Art, in denen der die Frage der Rechtskraftwirkung aufwerfende weitergehende Taterfolg erst nach Abschluß des Verfahrens eingetreten ist, kann dies jedoch nicht ohne weiteres gelten. Hier läßt sich nicht ins Feld führen, daß die „nachträglich" eingetretene Unrichtigkeit der Entscheidung ebenfalls typischerweise eine Folge der Besonderheit des Strafbefehlsverfahrens sei, das schon von seiner Zielrichtung her auf Vereinfachung und besondere Beschleunigung angelegt sei, und sich gerade deshalb als unentbehrlich erweise. Das rechtsstaatliche Beschleunigungsgebot gilt für alle Arten des Strafverfahrens; auch im Urteilsverfahren lassen sich Fallgestaltungen wie hier nicht ausschließen. Einer weiteren Vertiefung der Frage, wo im einzelnen die Grenzen einer generalisierenden Rechtsprechung zur Rechtskraftwirkung von Strafbefehlen heute zu ziehen sind, bedarf es jedoch nicht. Für die verfassungsrechtliche Beurteilung genügt es hier, festzustellen, daß die Verschiedenheit von Urteil und summarischer Entscheidung nach Aktenlage in den Fällen nicht mehr tragfähig für eine Differenzierung ist, in dem der bei der Entscheidung unberücksichtigte Umstand erst nachträglich eingetreten ist und lediglich die Verurteilung wegen eines schweren Vergehens begründen könnte. Für solche Fälle des nach Verfahrensabschluß entstandenen, die Bestrafung wegen eines schweren Vergehens begründenden Tatumstands besteht kein Unterscheidungsmerkmal, das eine verschiedene Behandlung der

Rechtskraft des Urteils und des Strafbefehls sachlich noch rechtfertigen könnte. Die angegriffenen Entscheidungen sind nach alledem wegen Verletzung des Grundrechts des Beschwerdeführers aus Art. 3 Abs. 1 GG aufzuheben.

(3) Art. 103 Abs. 2 GG

a) Nach Art. 103 Abs. 2 GG kann eine Tat nur bestraft werden, wenn die Strafbarkeit gesetzlich bestimmt war, bevor die Tat begangen wurde. Art. 103 Abs. 2 GG versagt verfassungskräftig sowohl die rückwirkende Anwendung neu geschaffener Straftatbestände als auch die Strafbegründung im Wege der Analogie oder des Gewohnheitsrechts. Der Satz „nulla poena sine lege" begründet eine strikte Bindung der Strafgerichte an das geschriebene materielle Strafrecht. Die Strafgerichte sind gehalten, den Gesetzgeber beim Wort zu nehmen; ihn zu korrigieren, ist ihnen verwehrt. Sie müssen in Fällen, die vom Wortlaut einer Strafnorm nicht mehr gedeckt sind, zum Freispruch gelangen. Art. 103 Abs. 2 GG, der darüber hinaus hinreichend bestimmte Straftatbestände verlangt, will sicherstellen, daß jedermann vorhersehen kann, welches Verhalten verboten und mit Strafe bedroht ist. Mit diesem Grundgedanken des Art. 103 Abs. 2 GG setzt sich auch eine Verurteilung in Widerspruch, der eine objektiv unhaltbare und deshalb willkürliche Auslegung des geschriebenen materiellen Strafrechts zugrundeliegt. Auch hier wird der Beschuldigte wegen eindeutig nicht mit Strafe bedrohten Verhaltens bestraft; seine Bestrafung kann er nicht vorhersehen. In Art. 103 Abs. 2 GG ist damit auch eine spezielle Ausgestaltung des Willkürverbots des Grundgesetzes für die Strafgerichtsbarkeit enthalten. Dies entspricht der Tradition, in welcher der Satz „nulla poena sine lege" steht. Historisch geht dieses Postulat wesentlich auf die Zielvorstellung zurück, den Einzelnen vor richterlicher Willkür zu schützen. Zudem entspricht diese Ausgestaltung des Art. 103 Abs. 2 GG der systematischen Einordnung der Norm im Grundgesetz. Innerhalb der Vorschriften über die Rechtsprechung steht Art. 103 Abs. 2 GG in engem Zusammenhang mit Normen, die vornehmlich dem Schutz der Freiheit des Einzelnen gegenüber der richterlichen Gewalt dienen.[20]

b) Der Bestrafung des Beschwerdeführers wegen eines Vergehens nach § 53 Abs. 3 Nr. 1a WaffenG liegt nicht eine nur rechtsfehlerhafte Anwendung von Vorschriften des Waffengesetzes zugrunde, die das Bundesverfassungsgericht nicht zu korrigieren hätte. Sie beruht vielmehr auf schlechthin unhaltbarer und damit objektiv willkürlicher Auslegung der angewendeten Strafnormen. Der Beschwerdeführer hatte sich wegen des Sachverhalts, den das Gericht als Grundlage der Verurteilung festgestellt hat, unter keinem Gesichtspunkt strafbar gemacht. Ihm wurde zur Last gelegt, die tatsächliche Gewalt über eine vor Inkrafttreten des Waffengesetzes legal erworbene Schußwaffe bis zu einem Zeitpunkt vor Ablauf der Anmeldefrist des § 59 WaffenG ausgeübt zu haben. Das Verhalten war nach eindeutiger Rechtslage nicht verboten, geschweige denn strafbedroht.[21]

Rechtsanwalt

Schrifttum: Vgl. Form. XV. 1.

Anmerkungen

1. Zum Rubrum s. die Anm. 1–7 zu Form. XV. 1.

2. Zum Sachverhalt vgl. – teilweise – BVerfGE 65, 377; 64, 389.

3. BVerfGE 1, 109; s. dazu *Zuck,* Die Verfassungsbeschwerde, 1973, Rdnr. 27.

4. BVerfGE 27, 25. In der Praxis spielt die Prozeßkostenhilfe für die der mündlichen Verhandlung vorausgehenden Verfahrensstadien keine Rolle.

5. S. Form. XV. 1 Stichwort „Kosten und Gebühren".

6. S. Form. XV. 1 und dort Anm. 10–12.

7. *Kleinknecht/Meyer* Rdnr. 7 zu § 311 StPO.

Achtung: Bei Verstössen gegen den Grundsatz des rechtlichen Gehörs (Art. 103 Abs. 1 GG) ist im übrigen zu prüfen, ob nicht nach § 33a StPO vorgegangen werden muß. Diese Verpflichtung des Beschwerdeführers folgt aus dem Grundsatz der Subsidiarität der Verfassungsbeschwerde, vgl. ausführlich BVerfGE 42, 243/247 ff; s. dazu auch BVerfGE 33, 192; 42, 252.

8. *Kleinknecht/Meyer* Rdnr. 23 zu § 349 StPO; vgl. im übrigen Anm. 7.

9. BVerfGE 25, 158/166; 26, 315/319; 34, 154/156; 35, 296/298; 37, 100/102; 40, 42/44. Das alles gilt gleichermaßen im *Bußgeldverfahren*. Hier ist nur zu beachten, daß Geldbußen wegen Ordnungswidrigkeiten, die den Betrag von DM 80,– nicht erreichen, in aller Regel keinen schweren und unabwendbaren Nachteil iSd. § 92c BVerfGG (früher: § 93a Abs. 4 BVerfGG) darstellen; eine gegen einen solchen Bußgeldbescheid erhobene Verfassungsbeschwerde wird nicht zur Entscheidung angenommen, § 93b Abs. 1 Nr. 3 BVerfGG, vgl. BVerfGE 66, 211 und früher schon BVerfGE 42, 261. Zu den *Urlaubsvorkehrungen* vgl. BVerfGE 25, 156/166; 26, 315/318; 40, 183/186.

10. BVerfGE 26, 315/320; 37, 93/97f; 37, 100/103; 38, 35/39; 40, 42/44. Es konnte deshalb zur Glaubhaftmachung, deren Mittel in der StPO und im OWiG ohnehin nicht bezeichnet sind, die „schlichte Erklärung" des Antragstellers genügen, BVerfGE 40, 182/186.

Achtung:
Nach der Neufassung des § 45 Abs. 2 StPO (1974) hält das BVerfG es nicht mehr für ein verfassungsrechtliches Gebot, die sogenannte „schlichte Erklärung" zur Glaubhaftmachung allein ausreichen zu lassen, BVerfGE 41, 332.

11. BVerfGE 31, 388/390; 40, 42/44.

12. BVerfGE 41, 23/27; 44, 302/307; 53, 25/29; 53, 148/151; 54, 80/84. Zu den Problemen der *Briefbeförderung* s.a. BVerfGE 41, 341; 41, 356; 42, 258; 43, 75; 46, 404; 50, 397. Zum Zugang durch *Telex* vgl. BVerfG, NJW 1986, 244.

Achtung:
Wenn es in BVerfGE 40, 42/45 heißt: „Dabei sind übliche Verlängerungen der Laufzeit, wie sie durch verminderten oder ganz entfallenden Leerungs- und Zustellungsdienst an Wochenenden und Feiertagen entstehen, von vornherein in die Berechnung einzubeziehen. Wenn das beachtet wird, und es im Einzelfall keine konkreten Hinweise auf andersartige Verzögerungen gibt, dann darf der Bürger darauf vertrauen, daß die normale Laufzeit nicht überschritten werde", so ist diese Entscheidung durch die eingangs dieser Anmerkung zitierte Rechtsprechung aufgegeben.

13. Sogenannte Kausalitätsprüfung. Nach dem Vorbringen des Beschwerdeführers darf es nicht ausgeschlossen sein, daß eine ihm günstigere Entscheidung ergeht, wenn der bislang übergangene Vortrag beachtet wird, BVerfGE 13, 132/145; 53, 219/233; 60, 247/250, st. Rspr.

Achtung:
Dieser Vortrag gehört zu den unabdingbaren Begründungsvoraussetzungen!

14. Das Thema ist hochaktuell. Vgl. BVerfGE 65, 366 = NStZ 1984, 325 (m. Anm. *Schnarr*) = JZ 1984, 374 (m. Anm. *Kühne*); dazu auch *Neumann* NJW 1984, 779 und jetzt die ab 1. 4. 1987 geltenden §§ 373a, 410 Abs. 3 StPO (StVÄG 1987 v. 27. 1. 1987 BGBl. I S. 475). Auf Strafbefehle, die vor dem 1. 4. 1987 zugestellt worden sind, in § 409 Abs. 1 Satz 1 Nr. 7 aF anzuwenden (Art. 12 Abs. 3 StVÄG 1987).

15. RG DStrR 1938, 55; ebenso später BGHSt 18, 141; 28, 69.

16. *Grundsatz:* Durch Art. 103 Abs. 3 GG ist das Verbot, eine verbrauchte Strafklage zu wiederholen, zum Rang eines Verfassungsrechtssatzes erhoben worden. Die Vorschrift nimmt auf den bei Inkrafttreten des Grundgesetzes geltenden Stand des Prozeßrechts und seiner Auslegung durch die herrschende Rechtsprechung Bezug. Sie garantiert dem schon

3. Verfassungsbeschwerde wegen Strafbefehl

Bestraften oder rechtskräftig freigesprochenen Täter Schutz gegen erneute Verfolgung und Bestrafung wegen derselben Tat. Das Verbot gilt aber nur, wenn ein Gericht der Bundesrepublik entschieden hat, BVerfGE 3, 248/252; 12, 62/66. Das Grundgesetz geht von einem prozessualen *Tatbegriff* aus, wie er im verfassungsrechtlichen Gesamtbild des Prozeßrechts, insbesondere in der Rechtsprechung unangefochten galt. Dieser Begriff stellt auf einen nach natürlicher Auffassung zu beurteilenden einheitlichen Lebensvorgang ab. „Tat" ist danach der geschichtliche und damit zeitlich und sachverhaltlich begrenzte Vorgang, auf welchen Anklage und Eröffnungsbeschluß verweisen und innerhalb dessen der Angeklagte als Täter oder Teilnehmer einen Straftatbestand verwirklicht haben soll, BVerfGE 23, 191/202; 56, 22/27 f. „Dieselbe Tat im Sinne von Artikel 103 Absatz 3 GG liegt auch vor, wenn die wiederholte Nichtbefolgung einer Einberufung zum *zivilen Ersatzdienst* auf die ein für allemal getroffene und fortwirkende Gewissensentscheidung des Täters zurückgeht; eine inzwischen ergangene Verurteilung wegen Dienstflucht steht dem nicht entgegen," BVerfGE 23, 191. In der *Versagung der Fahrerlaubnis* durch die Verwaltungsbehörde liegt keine verbotene Doppelbestrafung, BVerfGE 20, 365/372, auch nicht in der Anordnung der **Führungsaufsicht**. BVerfGE 55, 28/30.

17. BVerfGE 3, 248/252 f; 65, 377/384.

18. BVerfGE 28, 324/349; 60, 16/42; 61, 138/147; 64, 158/168; 65, 141/148; 67, 186/195, st. Rspr. Die Rechtsprechung hat aber die Formel in eine Vielzahl von besonderen Argumentationsmustern aufgelöst. Zu ihnen gehören: die *Rechtsanwendungsgleichheit*: „Das bestehende Recht ist ausnahmslos ohne Ansehen der Person zu verwirklichen; jeder wird in gleicher Weise durch die Normierungen des Rechts berechtigt und verpflichtet; es ist den Gerichten verwehrt, bestehendes Recht zugunsten oder zulasten einzelner Personen nicht anzuwenden," BVerfGE 66, 331/335 f; die *Steuergerechtigkeit* BVerfGE 66, 214/223; 67, 290/297; 68, 143/152; 68, 310; vgl. dazu *Tipke/Kruse* AO 11. Aufl. 1985 Tz. 29 ff zu § 3 AO m. w. Nachw.; die *Systemgerechtigkeit*, BVerfGE 60, 16/43; 61, 138/148; 67, 70/84 f; 68, 237/253; vgl. dazu *Peine* Systemgerechtigkeit, 1985; die *Typengleichheit* BVerfGE 17, 1/25; 51, 115/122; 63, 119/128; 67, 236/237; die *Gruppengleichheit*, vgl. Anm. 19 und schließlich das *materielle* und *prozessuale Willkürverbot*, vgl. dazu *Zuck*, Die Beseitigung groben prozessualen Unrechts, JZ 1985, 921 m. w. Nachw.

19. BVerfGE 55, 72/88; 58, 369/374; 59, 52/59; 60, 329/346; 62, 256/274; 63, 255/261 f; 65, 377/384.

20. BVerfGE 64, 389/393 f.

21. Zur Begründung im einzelnen vgl. BVerfGE 64, 389/395 f.

Kosten und Gebühren

S. Form. XV. 1 „Kosten und Gebühren".

Rechtsmittel und Fristen

S. Form. XV. 1 „Rechtsmittel und Fristen".

4. Antrag auf Erlaß einer einstweiligen Anordnung

An das
Bundesverfassungsgericht

Antrag auf Erlaß einer einstweiligen Anordnung

des Herrn ......

– Antragsteller[1] –

Verfahrensbevollmächtigter: Rechtsanwalt ......[2]

Ich zeige an, daß mir der Antragsteller Vollmacht erteilt (Anlage)[3] und mich mit der Wahrnehmung seiner Interessen beauftragt hat.
Namens und in seinem Auftrag beantrage[4] ich, folgende einstweilige Anordnung[5] zu erlassen:
Die Vollziehung der Urteile des Landgerichts ...... vom ...... Az... (Photokopie Anlage 1) und des Bundesgerichtshofs vom ...... Az... (Photokopie Anlage 2) wird bis zur Entscheidung[6] über die Verfassungsbeschwerde[7] des Antragstellers ausgesetzt.

Begründung

I. Sachverhalt

Der Antragsteller ist Rechtsanwalt und Bankier. Er ist jetzt 73 Jahre alt. Die Instanzgerichte haben ihn wegen Zoll- und Steuerhinterziehung im innerdeutschen Handel zu einer Gesamtfreiheitsstrafe von vier Jahren verurteilt. Eine Ladung zum Strafantritt liegt schon vor. Ein Antrag auf Vollstreckungsaufschub nach § 456 StPO ist ergebnislos geblieben.[8]

II. Rechtsausführungen

Nach ständiger Rechtsprechung des Bundesverfassungsgerichts ist bei Prüfung der Voraussetzungen des § 32 BVerfGG ein strenger Maßstab anzulegen.[9]
Würdigt das Bundesverfassungsgericht die Umstände, die für oder gegen den Erlaß einer einstweiligen Anordnung sprechen, so haben die Gründe, die für die Verfassungswidrigkeit des beanstandeten Hoheitsaktes angeführt werden, grundsätzlich außer Betracht zu bleiben, es sei denn, die Verfassungsbeschwerde erweise sich von vornherein als unzulässig oder offensichtlich unbegründet.[10]
Im vorliegenden Fall liegt nach Ansicht des Antragstellers keiner der beiden Ausnahmefälle vor.
Dann sind nach ständiger Rechtsprechung des Gerichts „grundsätzlich allein die Folgen abzuwägen, die eintreten würden, wenn eine einstweilige Anordnung nicht erginge, der Antrag in der Hauptsache aber Erfolg hätte, gegenüber den Nachteilen, die entstünden, wenn die begehrte einstweilige Anordnung erlassen würde, dem Antrag in der Hauptsache aber der Erfolg zu versagen wäre."[11]
Eine Abwägung nach den genannten Gründen ergibt hier folgendes:
Ergeht die einstweilige Anordnung nicht, so wird bei dem im hohen Lebensalter stehenden Antragsteller die Strafe vollstreckt. Die vierjährige Strafhaft wird unter diesen Umständen irreparable psychische und physische Schäden bei dem bislang nicht vorbestraften, hoch angesehenen Antragsteller hervorrufen.
Ergeht die einstweilige Anordnung, bleibt aber später der Verfassungsbeschwerde der Erfolg versagt, so wird der Strafanspruch des Staates für geraume Zeit aufgeschoben. Das ist gerade im Bereich des innerdeutschen Handels vertretbar: Generalpräventive Gesichtspunkte können hier nicht die gleiche Rolle spielen wie im Straßenverkehrs- oder Betäu-

4. Antrag auf Erlaß einer einstweiligen Anordnung XV. 4

bungsmittelrecht. Es bleibt bei der Entscheidung eines Einzelfalls, die nicht unter Einsatz der Gesundheit des Antragstellers getroffen werden sollte.
Auch unter Anlegung strenger Maßstäbe ist deshalb die beantragte einstweilige Anordnung zu erlassen.

Rechtsanwalt

Schrifttum: Fuß, Die einstweilige Anordnung im verfassungsgerichtlichen Verfahren, DÖV 1959, 201; *Grundmann,* Einstweilige Anordnung bei behaupteter Verfassungswidrigkeit von Gesetzen, DVBl 1959, 857 ff; *Klein,* Die einstweilige Anordnung im verfassungsgerichtlichen Verfahren, JZ 1966, 461 ff; *Granderath,* Die einstweilige Anordnung im Verfahren vor dem Bundesverfassungsgericht, NJW 1971, 542 ff; *Erichsen,* Die einstweilige Anordnung, in: BVerfG und Grundgesetz, Bd. 1, 1976, 170 ff; *Grunsky,* Der einstweilige Rechtsschutz im öffentlichen Recht, JuS 1977, 217 ff; *Ule,* Einstweilige Anordnungen im Verfassungsbeschwerdeverfahren, Festschrift für Maunz, 1981, 395 ff; *Pestalozza,* Verfassungsprozeßrecht, 2. Aufl. 1982, 182 ff; *Karpen,* Der einstweilige Rechtsschutz im Verfassungsprozeß, JuS 1984, 455; *Zuck,* Die einstweilige Anordnung bei der Verfassungsbeschwerde gegen strafrechtliche Entscheidungen, NStZ 1985, 241.

Anmerkungen

1. Im Verfahren über den Erlaß einer einstweiligen Anordnung gibt es keinen Antragsgegner, nur Verfahrensbeteiligte.

2. Es besteht kein Anwaltszwang, § 22 BVerfGG.

3. Vgl. dazu Form. XV. 5.

4. Die einstweilige Anordnung kann ohne Antrag erlassen werden. Im Rahmen eines Verfassungsbeschwerdeverfahrens ist es aber üblich und angebracht, einen solchen Antrag zu stellen.

5. Da der Erlaß einer einstweiligen Anordnung nicht von einem Antrag abhängt, ist das Bundesverfassungsgericht auch nicht an den Inhalt des Antrags gebunden. Maßgebend ist vielmehr § 32 Abs. 1 BVerfGG.

6. Die Entscheidung in der Hauptsache darf nicht vorweggenommen werden, BVerfGE 3, 41/43; 67, 149/151. Dort, wo sie – aus der Natur der Sache heraus – vorweggenommen wird, dürfen die Erfolgsaussichten in der Hauptsache „in den Blick genommen" werden, BVerfGE 63, 254; 67, 149/152.

7. Zwar muß die Verfassungsbeschwerde noch nicht erhoben sein, BVerfGE 3, 267/277; EuGRZ 1986, 37/38. Sie muß aber (noch) erhoben werden können. Mit der negativen Entscheidung über die Verfassungsbeschwerde erledigt sich dann auch der Antrag auf Erlaß einer einstweiligen Anordnung. Diese Entscheidung kann auch die Kammer im Rahmen des § 93 c BVerfGG treffen.

8. Der Antragsteller muß zunächst § 456 StPO ausschöpfen, BVerfGE 56, 396/411.

9. BVerfGE 46, 1/11; EuGRZ 1986, 37/38.

10. BVerfGE 46, 1/11. Die einstweilige Anordnung kann gerade deshalb nötig werden, weil dem Gericht die zur gewissenhaften und umfassenden Prüfung der für die Entscheidung der Hauptsache maßgeblichen Rechtsfragen erforderliche Zeit fehlt; es wäre dann nicht angängig, den Erlaß einer einstweiligen Anordnung von etwas Ungewissem, der summarischen Abschätzung der Erfolgschancen in der Hauptsache, abhängig zu machen, BVerfGE 7, 367/371; EuGRZ 1986, 37/38.

11. BVerfGE 46, 1/11; 64, 67/69 f; EuGRZ 1986, 37/38.

Kosten und Gebühren

Vgl. grundsätzlich Form. XV. 1 „Kosten und Gebühren".

Die für die Verfassungsbeschwerde maßgeblichen Grundsätze gelten auch im Verfahren über den Antrag auf Erlaß einer einstweiligen Anordnung, § 34 Abs. 2 S. 3, Abs. 6, § 34a Abs. 3 BVerfGG.

Rechtsmittel und Fristen

Gegen die Entscheidung über den Antrag auf Erlaß einer einstweiligen Anordnung gibt es für den Beschwerdeführer im Verfassungsbeschwerdeverfahren kein Rechtsmittel, § 32 Abs. 3 S. 2 BVerfGG. Zu beachten ist aber, daß die einstweilige Anordnung nach sechs Monaten außer Kraft tritt; sie kann mit einer Mehrheit von zwei Drittel der Stimmen wiederholt werden, § 32 Abs. 5 BVerfGG.

5. Vollmacht

Hiermit erteile ich Herrn ......

Vollmacht,[1]

mich vor dem Bundesverfassungsgericht zur Durchführung eines Verfassungsbeschwerdeverfahrens[2,3] wegen

1. Beschluß des Amtsgerichts ...... vom ...... Az...

2. Beschluß des Oberlandesgerichts ...... vom ...... Az...[4]

zu vertreten und alle zur Durchführung dieses Verfahrens erforderlichen Handlungen vorzunehmen.

......, den   Unterschrift

Schrifttum: Zuck, Das Recht der Verfassungsbeschwerde 2. Aufl. 1988 Rdnr. 708 ff; vgl. im übrigen die Nachweise bei Form. XV. 1.

Anmerkungen

1. Die Vollmacht ist schriftlich zu erteilen, § 22 Abs. 2 S. 1 BVerfGG. Sie ist Wirksamkeitsvoraussetzung für alle Prozeßhandlungen. Die Vollmacht darf nicht nur außerhalb der Ausschlußfrist des § 93 BVerfGG nachgereicht werden (BVerfGE 1, 433). Es ist auch zulässig, sie erst nach Ablauf dieser Frist auszustellen (BVerfGE 50, 381/383).

Liegt die Vollmacht dem Antragsschriftsatz nicht bei, so erhält der Beschwerdeführer folgende formularmäßige Mitteilung:

„Es wird Ihnen aufgegeben, bis spätestens ...... eine Vollmacht vorzulegen, die sich ausdrücklich auf das obengenannte Verfassungsbeschwerde-Verfahren bezieht (§ 22 Abs. 2 BVerfGG). Geht die Vollmacht innerhalb der gesetzten Frist nicht ein, so kann die zuständige Kammer die Verfassungsbeschwerde ohne weitere Prüfung als unzulässig nicht zur Entscheidung nehmen." Auf diese Frist ist deshalb sorgfältig zu achten.

2. Die Vollmacht muß sich ausdrücklich auf das Verfahren beziehen, § 22 Abs. 2 S. 2 BVerfGG. Die allgemeine Anwaltsvollmacht genügt deshalb nicht.

3. Oder: Antrag auf Erlaß einer einstweiligen Anordnung wegen ......

4. Oder: Verfassungswidrigkeit des § ...... Abs. ...... S. ...... des Gesetzes vom ...... (BGBl. I S. ...).

6. Ablehnungsgesuch

An das
Bundesverfassungsgericht

Im Verfahren über die Verfassungsbeschwerde des

Herrn ......

wird Bundesverfassungsrichter X.[1] wegen Besorgnis der Befangenheit abgelehnt.[2]

Begründung[3]

Der Beschwerdeführer hat soeben erfahren, daß Bundesverfassungsrichter X. zu den Rechtsfragen, die in dem strafrechtlichen Ausgangsverfahren eine Rolle spielen, ein Gutachten für die Staatsanwaltschaft erstattet hat. In diesem Gutachten hat er sich auch – für den Beschwerdeführer negativ – zu den im Verfassungsbeschwerdeverfahren zu behandelnden verfassungsrechtlichen Fragen geäußert.

Zwar ist in verfassungsgerichtlichen Verfahren in die „vernünftige Würdigung aller Umstände" die besondere Eigenart miteinzubeziehen, daß kein neuer Richter an die Stelle des (erfolgreich) abgelehnten tritt, und schon wenige erfolgreiche Ablehnungen zur Beschlußunfähigkeit des zuständigen Senats führen können (BVerfGE 32, 288/290; 35, 171/173; 43, 126/128). Es ist deshalb auch ein strenger Maßstab anzulegen (BVerfGE 47, 105/108).[4] Auch unter diesen einschränkenden Bedingungen[5] ist die Besorgnis der Befangenheit jedoch berechtigt. Bundesverfassungsrichter X. hat nicht allgemein seine wissenschaftliche Meinung zu einer verfahrensrelevanten Rechtsfrage geäußert. Er war vielmehr für einen Beteiligten jener Verfahren tätig, die mit der Verfassungsbeschwerde angegriffen worden sind.

Schrifttum: Maunz/Schmidt-Bleibtreu/Klein/Ulsamer, BVerfGG, Stand 1979, Anm. zu § 19 BVerfGG; Zuck, Die Ablehnung von Bundesverfassungsrichtern, MDR 1986, 894; Wassermann, Rechtlicher Selbstschutz bei der Ablehnung von Richtern am BVerfG? NJW 1987, 418; vgl. im übrigen die Nachweise bei Form. XV. 1.

Anmerkungen

1. Eine pauschale Ablehnung namentlich nicht genannter Richter, insbesondere eines ganzen Senats oder des Bundesverfassungsgerichts überhaupt, ist unzulässig, BVerfGE 11, 1; 46, 200.

2. Abgesehen vom Fall der Selbstablehnung, § 19 Abs. 3 BVerfGG – Beispiel: BVerfGE 43, 126 – setzt die Ablehnung einen Antrag voraus. Die Prüfung der Frage von Amts wegen, ob ein Richter Anlaß zur Besorgnis der Befangenheit gegeben hat, ist unstatthaft, BVerfGE 46, 34/35.

3. Die Ablehnung ist zu begründen, § 19 Abs. 2 S. 1 BVerfGG.

4. Weder die Abstammung, die Zugehörigkeit zu einer politischen Partei oder ein ähnlicher allgemeiner Gesichtspunkt (vgl. § 18 Abs. 2 BVerfGG) noch die frühere Mitwirkung im Gesetzgebungsverfahren oder die Äußerung einer wissenschaftlichen Meinung zu einer für das Verfahren bedeutsamen Rechtsfrage rechtfertigen deshalb die Ablehnung, BVerfGE 43, 126/128. Ob das Argument der Beschlußunfähigkeit (Manipulation des Senats durch Ablehnung) noch uneingeschränkt gilt, ist angesichts des nunmehr in § 15 Abs. 2 BVerfGG n.F. vorgesehenen Losverfahrens zur Herstellung der Beschlußfähigkeit zweifelhaft. Das Bundesverfassungsgericht scheut aber die Ergänzung eines Senats durch Richter des anderen Senats und wird deshalb das Losverfahren sicher nur sehr vorsichtig einsetzen. Es spricht deshalb viel dafür, daß es bei der restriktiven Haltung bleibt.

Achtung:
Der Strafverteidiger ist es gewohnt, Ablehnungsgesuche als Waffe einzusetzen. Er wird umdenken müssen: Beim Bundesverfassungsgericht ist dieses Instrument untauglich, s. dazu jetzt BVerfG NJW 1987, 429 ff; Zuck MDR 1986, 894; Wassermann NJW 1987, 418.

5. Es gibt nur wenig erfolgreiche Ablehnungsgesuche, vgl. BVerfGE 20, 1 ff; 20, 9 ff; 35, 246 f.

7. Antrag auf Festsetzung des Gegenstandswerts

An das
Bundesverfassungsgericht

Im Verfahren über die Verfassungsbeschwerde des

Herrn ......

beantrage ich,

den Gegenstandswert auf DM 100.000,- festzusetzen.[1]

Begründung[2]

I. Sachverhalt

Gegenstand der Verfassungsbeschwerde war ein Beschluß, mit dem auf sofortige Beschwerde ein OLG die Entscheidung des Rechtspflegers wiederhergestellt hatte; dieser hatte die vom Beschwerdeführer geltend gemachten notwendigen Auslagen für seinen Wahlverteidiger unter Berufung auf § 464a Abs. 2 Nr. 2 StPO in Verbindung mit § 91 Abs. 2 Satz 3 ZPO um die bereits aus der Staatskasse gezahlte Vergütung eines Pflichtverteidigers von DM 5.000,- gekürzt[3].

II. Rechtsausführungen

§ 1 Rechtsgrundlage
Nach § 113 Abs. 2 Satz 3 BRAGO ist der Gegenstandswert im Verfassungsbeschwerdeverfahren unter Berücksichtigung aller Umstände, insbesondere der Bedeutung der Angelegenheit, des Umfangs und der Schwierigkeit der anwaltlichen Tätigkeit sowie der Vermögens- und Einkommensverhältnisse des Auftraggebers nach billigem Ermessen zu bestimmen, jedoch nicht unter DM 6.000,-. Damit sind praktisch[4] alle wesentlichen Gesichtspunkte aufgezählt.

§ 2 Bedeutung der Angelegenheit
Vorrangig geht es darum, was dem Beschwerdeführer selbst die Sache wert ist. Hier erschöpft sich die subjektive Seite darin, nicht mit DM 5.000,- belastet zu werden.

Die Verfassungsbeschwerde hat aber auch objektive Bedeutung. Kommt ihr eigenständiges Gewicht zu, muß das zu einer Erhöhung des Ausgangswerts führen. Eine die Normauslegung beeinflussende Bedeutung hat größeres Gewicht als der Hinweis auf Parallelverfahren. Danach ist eine Erhöhung um 25% gerechtfertigt.

§ 3 Umfang und Schwierigkeit der anwaltlichen Tätigkeit
Dieses Kriterium dient nur der Korrektur der gefundenen Ergebnisse.[5] Die „Eigenart der Sache" und die „besonders sorgfältige und gedankenvolle Arbeit" der Verfassungsbeschwerde erfordern hier einen weiteren Zuschlag.

§ 4 Die Vermögens- und Einkommensverhältnisse des Beschwerdeführers[6] führen zu keiner Änderung des gefundenen Werts.

§ 5 Nach billigem Ermessen
ist es deshalb angebracht, den Gegenstandswert auf DM 10.000,– festzusetzen.

Schrifttum: Zuck, Die Festsetzung des Gegenstandswerts im Verfassungsbeschwerdeverfahren, AnwBl. 1974, 34 ff; AnwBl. 1978, 333 ff.

Anmerkungen

1. Das Gericht wird nur auf Antrag tätig. Der Antrag ist schriftlich einzureichen. Im allgemeinen setzt das Bundesverfassungsgericht den Gegenstandswert restriktiv an. Es lassen sich jedoch folgende Fallgruppen bilden (vgl. dazu ausführlich *Zuck* AnwBl. 1978, 333 ff): Wiedereinsetzung in den vorigen Stand (Art. 19 Abs. 4 GG) DM 6.000 bis DM 30.000; Versagung des rechtlichen Gehörs (Art. 103 Abs. 1 GG) DM 6.000 bis DM 30.000;
Zulassungs- und Statusfragen DM 100.000;
Gesetzesverfassungsbeschwerden DM 100.000;
höhere Gegenstandswerte sind selten.

2. Maßgebend sind § 34a Abs. 2, 3 BVerfGG, § 113 Abs. 2 S. 3 BRAGO. Die Begründungspflicht ergibt sich aus § 23 BVerfGG.

3. S. dazu MDR 1983, 780 mit abl. Anm. *Eggert,* MDR 1984, 110. Zur – erfolgreichen – Verfassungsbeschwerde vgl. BVerfGE 66, 313.

4. BVerfG, NJW 1989, 2047; NJW 1989, 2048.

5. BVerfG, NJW 1989, 2047/2048; NJW 1989, 2048/2049. Das gilt auch für das in § 4 erwähnte Kriterium.

6. Auch das ist nur ein Korrekturfaktor. Die dazu erforderlichen Tatsachen muß der Beschwerdeführer vortragen, vgl. Fn. 5.

8. Antrag auf Kostenfestsetzung

An das
Bundesverfassungsgericht

Im Verfahren über die Verfassungsbeschwerde des

Herrn ......

stelle ich den Antrag,[1]

    die Kosten des Beschwerdeführers wie folgt festzusetzen:

Gegenstandswert: DM 100.000,–

13/10 Prozeßgebühr gemäß § 113 Abs. 2, § 11 Abs. 1 S. 2, § 31 Abs. 1 Nr. 1 BRAGO[2]	2.060,50 DM
Porti, Telefon gemäß § 26 BRAGO	40,— DM
1.200 Fotokopien gem. § 27 BRAGO[3]	
50 Kopien á DM 1,—	50,— DM
1150 Kopien á DM 0,30	345,— DM
14% Mehrwertsteuer	349,37 DM
	2.844,87 DM

Ich beantrage, die festgesetzten Kosten von der Anbringung des Gesuchs ab mit 4% zu verzinsen.[4]

                                          Rechtsanwalt

Schrifttum: Maunz/Schmidt-Bleibtreu/Klein/Ulsamer, BVerfGG, Stand 1979, Rdnr. 30 ff. zu § 34 BVerfGG; *Zuck,* Das Recht der Verfassungsbeschwerde, 2. Aufl. 1988, Rdnr. 1042 ff.

Anmerkungen

1. Hat das Bundesverfassungsgericht im Verfassungsbeschwerdeverfahren eine Entscheidung nach § 34a Abs. 2, 3 BVerfGG getroffen, so setzt der Rechtspfleger beim Bundesverfassungsgericht (§ 21 Abs. 1 RPflG) auf Antrag (§ 23 BVerfGG) in entsprechender Anwendung der §§ 103, 104 ZPO die Kosten fest.

2. Im allgemeinen fällt nur die Prozeßgebühr an. Bei einem Regelgegenstandswert von DM 6.000,– beträgt die 13/10 Prozeßgebühr DM 417,30. Der Abschluß einer Gebührenvereinbarung ist deshalb zu empfehlen. Vereinbarte Gebühren sind nicht erstattungsfähig.

3. Zu beachten ist, daß wegen § 23 Abs. 3 BVerfGG Photokopien in erheblichem Umfang anfallen können. Insoweit, also für die sogenannte Überstücke der Verfassungsbeschwerde und weitere Schriftsätze, ist die Erstattung zweifelsfrei, vgl. BVerfGE 65, 72. Kosten für Anlagen zu Schriftsätzen gehören zu den Auslagen, die durch die Prozeßgebühr abgegolten sind, BVerfGE 61, 208/209; 65, 72/74. Sind die Auslagen aber sehr zahl- oder umfangreich, was im Verfassungsbeschwerdeverfahren nicht selten ist, so sind auch die insoweit anfallenden Photokopiekosten erstattungsfähig. Pauschale Angaben dazu genügen nicht. Erstattungsfähige Auslagen können nur aufgrund genauer Angaben des Antragstellers festgesetzt werden, BVerfGE 65, 73/74. Über diese Zusatzkosten sollte man den Beschwerdeführer rechtzeitig belehren.

4. § 104 Abs. 1 ZPO. Gegen die Entscheidung des Rechtspflegers ist gemäß § 11 Abs. 1 RPflG die Erinnerung zulässig. Sie ist innerhalb einer Notfrist von 2 Wochen einzulegen (§ 21 Abs. 2 RPflG). Über diese entscheidet der Senat, bei dem die Hauptsache anhängig war.

9. Menschenrechtsbeschwerde[1]

An[1] die
Europäische Menschenrechtskommission
Europarat – Generalsekretär[2]
BP 431 R 6
F – 67006 Strasbourg Cedex[3]

Beschwerde nach Art. 25 EMRK[4]
des Herrn Mehmed Aslan,
Obererstraße 15, 9204 Trommingen

– Beschwerdeführer –

Verfahrensbevollmächtigter:
Rechtsanwalt Maran Tschörpes,
Residenzplatz 88, 9000 Onkberg[5]

gegen

die Bundesrepublik Deutschland[6]

wegen

Artikel 6 Abs. 3 c EMRK[7]

Ich zeige an, daß mir der Beschwerdeführer Vollmacht erteilt (Anlage 1)[8] und mich mit der Wahrnehmung seiner Interessen beauftragt hat.

9. Menschenrechtsbeschwerde an die Europäische Menschenrechtskommission XV. 9

Namens und im Auftrag des Beschwerdeführers erhebe ich

Beschwerde

nach Art. 25 EMRK

gegen die Bundesrepublik Deutschland

mit folgenden Anträgen:[9]

1. Es wird festgestellt, daß die Bundesrepublik Deutschland Art. 6 Abs. 3 c der Konvention verletzt hat.
2. Die Bundesrepublik Deutschland hat den Beschwerdeführer ...... DM ...... zu erstatten.[10]

Begründung[11]

§ 1 Formalien

a) Der Beschwerdeführer ist Hilfsarbeiter.[12]
b) Er ist 48 Jahre alt (geboren am 5. Oktober 1937).[13]
c) Der Beschwerdeführer macht mit der Beschwerde die Verletzung seines Rechts auf den unentgeltlichen Beistand eines Pflichtverteidigers geltend, außerdem Entschädigungsansprüche, soweit er Auslagen und Gebühren seines Bevollmächtigten zu bezahlen hat.[14]

§ 2 Sachverhalt

Der Beschwerde liegt folgender Sachverhalt zugrunde.[15]

a) Der Beschwerdeführer ist türkischer Staatsangehöriger. Er hielt sich von 1964 bis 1976 in der Bundesrepublik auf. 1974 wurde er wegen Verletzung des BetäubungsmittelG festgenommen. Das Landgericht hielt ihn für schuldig, 16 kg Haschisch in die Bundesrepublik eingeführt zu haben, und verurteilte ihn zu zwei Jahren und drei Monaten Freiheitsentzug (Urteil vom ...... Az.: ..., Photokopie Anlage 2).[16] Im Revisionsverfahren beraumte der Bundesgerichtshof Hauptverhandlung an. Der Beschwerdeführer hielt sich inzwischen in der Türkei auf. Sein deutscher Rechtsanwalt beantragte seine Bestellung als Pflichtverteidiger für die Hauptverhandlung. Der Vorsitzende des Strafsenats lehnte dies mit der Begründung ab, daß ein auf freiem Fuß befindlicher Angeklagter einen Anspruch auf einen Pflichtverteidiger nicht habe, da § 350 Abs. 2, 3 StPO weder sein persönliches Erscheinen noch seine Vertretung durch einen Verteidiger vorschreibe (Entscheidung vom ...... Az.: ..., Photokopie Anlage 3).[16] Gegenvorstellungen unter Hinweis auf BVerfGE 46, 202 blieben erfolglos (Schriftsatz vom ...... mit Anlagen, Photokopie Anlage 3 a).[16] Aufgrund der Hauptverhandlung, in der weder der Angeklagte noch der Verteidiger anwesend waren, wurde die Revision verworfen (Urteil vom ...... Az.: ..., Photokopie Anlage 4).[16]
Der Beschwerdeführer rügte nunmehr mit der Verfassungsbeschwerde die Verletzung seiner Grundrechte (Schriftsatz vom ......, Photokopie Anlage 5).[17] Der Vorprüfungsausschuß[18] nahm die Verfassungsbeschwerde nicht zur Entscheidung an. Die Entscheidung des Vorsitzenden des BGH-Strafsenats sei nicht willkürlich; es handle sich um keinen schwerwiegenden Fall iSv. BVerfGE 46, 202. Der Beschwerdeführer habe in der Bundesrepublik bleiben und mit Hilfe eines Dolmetschers an der Hauptverhandlung teilnehmen können,[19] vgl. Photokopie des Beschlusses vom ...... Az.: ..., Anlage 6.[16]
b) Im Verfahren vor dem Bundesverfassungsgericht sind dem Beschwerdeführer Anwaltskosten in Höhe von DM 668,96 entstanden. Der Anwalt des Beschwerdeführers hat das Honorar nicht geltend gemacht, weil er die Mittellosigkeit des Beschwerdeführers kannte.

§ 3 Weitere Zulässigkeitsvoraussetzungen

a) Das innerstaatliche Rechtsmittelverfahren ist erschöpft, wie die Ausführungen zu § 2 zeigen.[20]

b) Die Entscheidung des Bundesverfassungsgerichts stammt vom ......; sie ist dem Verfahrensbevollmächtigten des Beschwerdeführers am ...... zugestellt worden. Ganz gleich, wie man den Fristbeginn bei Art. 26 EMRK ansetzt,[21] ist die Frist gewahrt.

§ 4 Begründetheit[22]

a) Art. 6 Abs. 3 EMRK garantiert dem Angeklagten drei Rechte: sich selbst zu verteidigen, den Beistand eines Verteidigers seiner Wahl zu erhalten und, unter bestimmten Bedingungen, unentgeltlich den Beistand eines Pflichtverteidigers zu erhalten. Die Bestimmung will einen effektiven Schutz der Verteidigungsrechte gewährleisten.[23] Diese Rechte bestehen unabhängig von der auch hier gegebenen Möglichkeit des Angeklagten, selbst vor Gericht aufzutreten.

Der Beschwerdeführer war im vorliegenden Fall mittellos ...... Auch das „Interesse der Rechtspflege" ist gegeben. Wäre das Verfahren, wie in der Regel, schriftlich entschieden worden, hätte die Bundesanwaltschaft sich geäußert, und der Beschwerdeführer hätte eine Gegenerklärung abgeben können (§ 349 Abs. 3 StPO). die gleiche Chance muß ihm auch bei einer mündlichen Verhandlung eingeräumt werden, zumal schwierige Fragen der Auslegung des § 146 StPO zu klären waren ......

Es wäre deshalb erforderlich gewesen, dem Beschwerdeführer einen Pflichtverteidiger für die Hauptverhandlung vor dem Bundesgerichtshof zu gewähren.[24]

b) Die Frage nach der Anwendung des Art. 50 EMRK ist entscheidungsreif.[25]

Die Kosten sind für die Vertretung des Beschwerdeführers vor dem Bundesverfassungsgericht entstanden. Zu Unrecht wendet die Regierung ein, der Rechtsanwalt habe auf die Rückforderung des Geldes verzichtet und könne außerdem wegen Verjährung keine Forderung mehr stellen.

Die Nicht-Anforderung des Honorars ist unbeachtlich: „Ein Anwalt (dient) in einer Rechtssache auf dem Gebiet dem Menschenrechte dem allgemeinen Interesse ...... wenn er sich bereit erklärt, die Vertretung oder den Beistand für einen Beschwerdeführer zu übernehmen, der außerstande ist, ihn umgehend zu bezahlen".[26]

Unbeachtlich ist auch der Einwand, die Forderung sei verjährt. Das Argument fällt „nicht in den Bereich des ordre public" und nur der Beschwerdeführer selbst hätte das Recht, sich darauf zu berufen.[27]

Die Forderung des Beschwerdeführers ist deshalb aus Billigkeitserwägungen gerechtfertigt.

Rechtsanwalt

Schrifttum: Berger, Rechtsprechung des Europäischen Gerichtshofs für Menschenrechte 1987; *Epp,* Der Grundsatz „ne bis in idem" im internationalen Rechtsbereich, ÖJZ 1980, 36; *Frowein,* Deutung der Unschuldsvermutung in Artikel 6 Absatz 2 der EMRK, Festschrift für Huber, 1981, 553; *Frowein,* Der europäische Grundrechtsschutz und die nationale Gerichtsbarkeit, 1983; *Frowein/Peukert,* Europäische Menschenrechtskonvention, 1985; *Frowein/Ulsamer,* Europäische Menschenrechtskommission und nationaler Rechtsschutz 1985; *Golsong,* Internationaler Kommentar zur EMRK 1987; *Kühl,* Unschuldsvermutung und Einstellung des Strafverfahrens, NJW 1984, 1264; *Krüger,* Europäische Kommission für Menschenrechte – Funktion und Arbeitsweise, EuGRZ 1980, 238; *Matscher,* Das Verfahren vor den Organen der EMRK, EuGRZ 1982, 489 ff; 517 ff; *Murswiek,* Die Individualbeschwerde vor den Organen der Europäischen Menschenrechtskommission, JuS 1986, 8 ff; 175 ff; *Peukert,* Die überlange Verfahrensdauer (Artikel 6 Absatz 1 EMRK) in der Rechtsprechung der Straßburger Instanzen, EuGRZ 1979, 261; *ders.,* Die Garantie des „fair trial" in der Straßburger Rechtsprechung, EuGRZ 1980, 247; *Rogge,* Einstweilige Maßnahmen vor der EMRK, NJW 1977, 1569; *Schellenberg,* Das Verfahren vor der Europäischen Kommission und dem Europäischen Gerichtshof für Menschenrechte, 1983; *Schumann,* Verfassungs- und Menschenrechtsbeschwerde, 1963; *Stackelberg/Stackelberg,*

9. Menschenrechtsbeschwerde an die Europäische Menschenrechtskommission

Das Verfahren der deutschen Verfassungsbeschwerde und der Europäischen Menschenrechtsbeschwerde; *Weidmann,* Der Europäische Gerichtshof für Menschenrechte auf dem Weg zu einem europäischen Verfassungsgerichtshof, 1985.

Anmerkungen

1. Die Amtssprachen des Europarates sind Englisch und Französisch, jedoch nimmt die Kommission Schreiben in allen offiziellen Sprachen derjenigen Mitgliedsstaaten entgegen, die das Individualbeschwerderecht anerkannt haben, vgl. *Frowein/Peukert* Rdnr. 33 zu Art. 25. Die Beschwerde kann deshalb in deutscher Sprache erhoben werden. Der von der Kommission versandte Fragebogen und dessen Erläuterungen (die Ausfüllung des Fragebogens ist Voraussetzung für die Registrierung der Beschwerde) ist in englischer/französischer Sprache abgefaßt, jedoch ist zumindest für die Erläuterungen eine deutsche Übersetzung beigefügt (s. dazu Form. XV. 9 Anlage). Auch die Antworten des Generalsekretärs erfolgen auf deutsch, *Murswiek* JuS 1986, 175/176. Zur Sprachenfrage vgl. *Krüger* EuGRZ 1980, 238/239 f.

2. Die Beschwerde ist privatschriftlich an den Generalsekretär des Europarats zu richten, *Frowein/Peukert* Rdnr. 33 zu Art. 25. Eine bestimmte Zahl von Abschriften ist nicht vorgeschrieben. Da der in Anm. 1 erwähnte Fragebogen auch nur einfach vorzulegen ist, sind Abschriften für den Generalsekretär entbehrlich.

3. So lautet die postalische Anschrift.

4. Art. 25 EMRK hat folgenden Wortlaut:
„1. Die Kommission kann durch ein an den Generalsekretär des Europarats gerichtetes Gesuch jeder natürlichen Person, nicht-staatlichen Organisation oder Personenvereinigung angegangen werden, die sich durch eine Verletzung der in dieser Konvention anerkannten Rechte durch einen der Hohen Vertragsschließenden Teile beschwert fühlt, vorausgesetzt, daß der betreffende Hohe Vertragsschließende Teil eine Erklärung abgegeben hat, wonach er die Zuständigkeit der Kommission zur Entgegennahme solcher Gesuche anerkannt hat. Die Hohen Vertragsschließenden Teile, die eine solche Erklärung abgegeben haben, verpflichten sich, die wirksame Ausübung dieses Rechts in keiner Weise zu behindern.

2. Diese Erklärungen können auch für einen bestimmten Zeitabschnitt abgegeben werden.

3. Sie sind dem Generalsekretär des Europarats zu übermitteln, der den Hohen Vertragsschließenden Teilen Abschriften davon zuleitet, und für die Veröffentlichung der Erklärungen sorgt.

4. Die Kommission wird die ihr durch diesen Artikel übertragenen Befugnisse nur ausüben, wenn mindestens sechs Hohe Vertragsschließende Teile durch die in den vorstehenden Absätzen vorgesehenen Erklärungen gebunden sind."

5. Anwaltliche Vertretung ist nicht vorgeschrieben, aber zulässig, vgl. Art. 26 Abs. 2 EMRK, Art. 37 Abs. 1 VerfO Kom. Sie ist auf jeden Fall dann ratsam, wenn die Beschwerde an die beklagte Regierung zugestellt worden ist, zumal die Zustellung die Möglichkeit eröffnet, unter den üblichen Voraussetzungen die kostenlose Bestellung eines Anwalts zu beantragen. Dieser kann im Fall der Bewilligung frei gewählt werden, *Frowein/Peukert* Rdnr. 35 zu Art. 25. Auch beim Verfahrensbevollmächtigten ist neben dem Namen und dem Beruf die Anschrift anzugeben, Art. 38 Abs. 1 lit. b VerfO Kom.

6. Es ist derjenige Staat anzugeben, dem die hoheitliche Maßnahme oder Unterlassung anzulasten ist, *Frowein/Peukert* Rdnr. 27 zu Art. 25; s. dazu Art. 38 Abs. 1 lit. c VerfO Kom.

7. Vgl. Art. 38 Abs. 1 lit. d VerfO Kom., wonach die Beschwerde „die Bestimmung der Konvention, deren Verletzung behauptet wird", enthalten muß.

8. Es genügt die – normale – deutsche Prozeßvollmacht.

9. Eine Antragstellung ist nicht vorgeschrieben, Art. 38 VerfO Kom.

10. Grundsätzlich kommen nur Feststellungsanträge in Betracht; nach ständiger Rechtsprechung des EGMR hält er sich weder für kompetent, ein Gerichtsurteil oder eine andere staatliche Maßnahme aufzuheben, noch die Regierung aufzufordern, die strittigen Teile einer Maßnahme zu beseitigen, vgl. EGMR EuGRZ 1979, 460; EuGRZ 1983, 384/348; daneben können – im Einzelfall, so wie hier – Ansprüche auf „gerechte Entschädigung" (Art. 50 EMRK) geltend gemacht werden, vgl. *Frowein/Peukert* Rdnr. 2 zu Art. 25.

Art. 50 EMRK hat folgenden Wortlaut:
„Erklärt die Entscheidung des Gerichtshofs, daß eine Entscheidung oder Maßnahme einer gerichtlichen oder sonstigen Behörde eines der Hohen Vertragsschließenden Teile ganz oder teilweise mit den Verpflichtungen aus dieser Konvention in Widerspruch steht, und gestatten die innerstaatlichen Gesetze des erwähnten Hohen Vertragsschließenden Teils nur eine unvollkommene Wiedergutmachung für die Folgen dieser Entscheidung oder Maßnahme, so hat die Entscheidung des Gerichtshofs der verletzten Partei gegebenenfalls eine gerechte Entschädigung zuzubilligen."

11. Ein bestimmter Aufbau ist nicht vorgeschrieben, s. a. *Murswiek* JuS 1986, 8. Soweit die nach der VerfO Kom. nötigen Formalien nicht schon im Rubrum enthalten sind, gehören sie zweckmäßigerweise zur Einleitung der Beschwerde (§ 1). Danach ist der Sachverhalt darzustellen (§ 2), anschließend die weiteren Zulässigkeitserfordernisse (§ 3) und schließlich die Ausführungen zur Begründetheit (§ 4).

12. Neben der eingangs dem Namen des Beschwerdeführers beigefügten Anschrift ist auch der Beruf anzugeben, Art. 38 Abs. 1 lit. a VerfO Kom.

13. Art. 38 Abs. 1 lit. a VerfO Kom.

14. Nach Art. 38 Abs. 1 lit. d VerfO Kom. muß der Beschwerdeführer „soweit möglich den Gegenstand der Beschwerde" angeben.

15. Nach Art. 38 Abs. 1 lit. e VerfO Kom. muß die Beschwerde „eine Sachverhaltsdarstellung" enthalten. Der Fall ist – in etwa – dem Fall Pakelli, EGMR EuGRZ 1983, 344 nachgebildet.

16. Art. 38 Abs. 1 lit. f VerfO Kom. fordert die Angabe der wesentlichen Schriftstücke, die sich auf den Gegenstand der Beschwerde beziehen. Zweckmäßigerweise wird unter „Angabe" die „Vorlage" zu verstehen sein, *Frowein/Peukert* Rdnr. 33 zu Art. 25.

17. Vgl. Anm. 16. Die Vorlage des Verfassungsbeschwerdeschriftsatzes ist besonders wichtig, weil die EMRK zur Erschöpfung des Rechtswegs auch rechnet, daß der Beschwerdeführer alle Rügen, die er gegenüber der Kommission erhebt, auch nach materiellem Recht, soweit dieses dies zuläßt, erhoben hat. Das kann der Beschwerdeführer häufig nicht mit der knapp begründeten Kammerentscheidung des Bundesverfassungsgerichts belegen, sondern nur mit der Verfassungsbeschwerde selbst.

18. Seit 1. 1. 1986: die Kammer.

19. Zum Dolmetscher im Strafverfahren vgl. Fall Luedicke, EGMR EuGRZ 1979, 34; im Ordnungswidrigkeitenrecht vgl. Fall Öztürk, EGMR NStZ 1984, 269. Zu beiden s. *Schroth*, Europäische Menschenrechtskonvention und Ordnungswidrigkeitenrecht, EuGRZ 1985, 557.

20. Art. 26 EMRK lautet:
„Die Kommission kann sich mit einer Angelegenheit erst nach Erschöpfung des innerstaatlichen Rechtszuges in Übereinstimmung mit den allgemein anerkannten Grundsätzen des Völkerrechts und innerhalb einer Frist von sechs Monaten nach dem Ergehen der endgültigen innerstaatlichen Entscheidung befassen."

Insbesondere im Strafprozeß, wo die Verletzung der Rechte des Art. 6 EMRK in Betracht kommt, muß der Beschwerdeführer zuvor innerstaatlich alle Angriffs- und Verteidi-

9. Menschenrechtsbeschwerde an die Europäische Menschenrechtskommission XV. 9

gungsmittel nutzen, z.B. Richterablehnung, Gesuch auf Wiedereinsetzung in den vorigen Stand, Verweisungsantrag, Anträge auf Nachholung rechtlichen Gehörs, Beschwerde, vgl. *Frowein/Peukert* Rdnr. 9 zu Art. 26 m.w. Nachw. „Wird die Geltendmachung der sich aus Artikel 6 ergebenden Verfahrensrechte durch Justizorgane vereitelt, ist das in geeigneter Weise im Rechtsmittelverfahren zu rügen. Dabei empfiehlt es sich im Strafverfahren vor deutschen Gerichten, die Verletzung des Artikels 6 ausdrücklich zu rügen . . . . . ." *Frowein/Peukert* Rdnr. 9 zu Art. 26.

Das Verfassungsbeschwerdeverfahren nach § 90 BVerfGG gehört zum innerstaatlichen Rechtsweg, Verfassungsbeschwerde muß also eingelegt werden, *Frowein/Peukert* Rdnr. 18 zu Art. 26. Zu Einzelfällen von Verfassungsbeschwerden in Strafsachen als Verfahrensvoraussetzung, insbesondere zur Problematik der **Verfahrensdauer** vgl. die Nachweise bei *Frowein/Peukert* Rdnr. 19 zu Art. 26.

21. Nach dem Wortlaut kommt das Erlaßdatum in Betracht; richtigerweise wird man von der Zustellung auszugehen haben, vgl. *Frowein/Peukert* Rdnr. 35 zu Art. 26.

Achtung:
Nach Art. 38 Abs. 3 VerfO Kom. gilt als Datum der Beschwerdeeinlegung das Absendedatum der ersten schriftlichen Eingabe, *Frowein/Peukert* Rdnr. 40 zu Art. 26.

An weiteren Zulässigkeitsvoraussetzungen ist zu beachten (vgl. dazu *Murswiek* JuS 1986, 8 ff):
– Vereinbarkeit mit den Bestimmungen der Konvention, Art. 27 Abs. 2 1. Alt. EMRK.
– – Die Parteifähigkeit des Beschwerdegegners, Art. 25 Abs. 1 EMRK.
– – Die Parteifähigkeit des Beschwerdeführers, Art. 25 Abs. 1 Satz 1 EMRK.
– – Die Prozeßfähigkeit des Beschwerdeführers.
– – Die Postulationsfähigkeit.
– – Die Beschwerdebefugnis („Opfer-Eigenschaft"), Art. 25 Abs. 1 Satz 1 EMRK.
– Keine Rechtskraft und keine anderweitige internationale Rechtshängigkeit, Art. 27 Abs. 1 b EMRK.
– Keine offensichtliche Unbegründetheit, Art. 27 Abs. 2 2. Alt. EMRK.
– Kein Mißbrauch des Beschwerderechts, Art. 27 Abs. 2 3. Alt. EMRK.

22. Der Verfahrensgang ist vielschichtig. Die meisten Beschwerden scheitern im Zulässigkeitsstadium. 1984 wurden – immerhin – 11 % der Beschwerden für zulässig erachtet, vgl. *Bartsch,* Die Entwicklung des internationalen Menschenrechtsschutzes, 1983/1984, NJW 1985, 1751/1759.

Zunächst prüft das Sekretariat die Beschwerde vor; es weist in einem Belehrungsschreiben auf Umstände hin, die gegen die Erfolgsaussichten der Beschwerde sprechen, und deshalb schon die Registrierung nicht angeraten erscheinen läßt. Auf eine solche Belehrung hin sollte die Beschwerde in der Regel zurückgenommen werden.

Besteht der Beschwerdeführer auf Weiterbehandlung, so erhält er ein Formular, das er ausfüllen muß (vgl. Form. XV. 9 Anhang). Nach Eingang des ordnungsgemäß ausgefüllten Formulars wird die Beschwerde registriert.

Nach Registrierung wird ein Berichterstatter ernannt. Ist die Beschwerde eindeutig unzulässig, wird sie im summarischen Verfahren abgewiesen.

Hält die Kommission die Beschwerde für zulässig, wird sie der Bundesrepublik zur Stellungnahme über die Zulässigkeit zugeleitet. Der Beschwerdeführer erhält die Möglichkeit zur Gegenäußerung.

Wird die Beschwerde nunmehr als unzulässig zurückgewiesen, gibt es dagegen kein Rechtsmittel. Wird sie als zulässig erachtet, hindert das eine spätere abweichende Entscheidung nicht, Art. 29 EMRK, vgl. etwa EGMR 1981, 275 – Fall Oosterwijck, s. dazu *Schellenberg* S. 181 ff.

In der Begründetheitsstufe wird einerseits die Begründetheit der Beschwerde geprüft, andererseits hält sich die Kommission zur Verfügung der beteiligten Parteien, um eine gütliche Regelung zu erreichen, Art. 28 EMRK.

Hält die Kommission den Sachverhalt für hinreichend aufgeklärt, bildet sie sich eine provisorische Meinung, Art. 47 VerfO Kom. Sie wird mündlich und vertraulich den Parteien übermittelt, um eine gütliche Einigung zu erzielen, *Krüger* EuGRZ 1980, 238/245.

Kommt es zu einer gütlichen Einigung, so bedarf diese der Genehmigung der Kommission.

Kommt es zu keiner Einigung, so erstattet die Kommission einen ausführlichen Bericht an das Ministerkomitée gemäß Art. 31 EMRK. Damit ist das Verfahren vor der Kommission beendet.

Entweder wird die Sache nunmehr innerhalb von drei Monaten an den Gerichtshof vorgelegt, Art. 48 EMRK; sonst entscheidet das Ministerkomitée, Art. 32 Abs. 1 EMRK. An diesem Verfahren ist der Beschwerdeführer nicht beteiligt.

Im Verfahren vor dem Gerichtshof hat der Beschwerdeführer die Stellung eines Verfahrensbeteiligten. Der EGMR entscheidet durch eine aus sieben Richtern bestehende, ad hoc gebildete Kammer. Es findet eine mündliche Verhandlung statt, selten ein Beweisverfahren. Zu alledem vgl. ausführlich *Murswiek* JuS 1986, 175/176 ff.

23. EGMR, EuGRZ 1979, 387 – Fall Sunday Times; EuGRZ 1980, 644 – Fall Artico; EuGRZ 1982, 301 – Fall Adolf; EuGRZ 1983, 344/347 – Fall Pakelli.

24. EMR EuGRZ 1983, 344/348 – Fall Pakelli.

25. In der Praxis wird die Entschädigungsentscheidung meist nicht mit dem Hauptsacheurteil verbunden, weil es an der Spruchreife fehlt. Dies führt dann zu einem Anschlußverfahren, unter Umständen nach einer weiteren mündlichen Verhandlung, vgl. *Murswiek* JuS 1986, 175/179.

26. EGMR EuGRZ 1983, 344/349 – Fall Pakelli.

27. EGMR EuGRZ 1983, 344/349 – Fall Pakelli.

Kosten und Gebühren

Vertretungskosten des Beschwerdeführers können im Verfahren nach Art. 50 EMRK erstattet werden. Voraussetzung ist, „daß die verletzte Partei das Verfahren eingeleitet hat, um auf dem innerstaatlichen Rechtsweg eine Rechtsverletzung zu verhindern oder aufheben zu lassen, um die Verletzung durch die Kommission und den Gerichtshof feststellen zu lassen, und um Wiedergutmachung zu erlangen. Es wird auch verlangt, daß die Forderung erwiesen, begründet und angemessen ist", EGMR, NJW 1984, 2749/2751 – Fall Zimmermann und Steiner; s.a. EuGRZ 1983, 480 – Fall Minelli; EuGRZ 1985, 304/306 – Fall Piersack.

Verfahrenskosten (Gerichtskosten) entstehen dem Beschwerdeführer im Verfahren vor dem Konventionsorgan nicht, *Murswiek* JuS 1986, 175/179. „Siehe nunmehr EGMR, EuGRZ 1987, 399/401 f – Fall Lutz; EKMR, EUGRZ 1989, 328; EUGRZ 1989, 329; Fall Fedele und das Gesetz zur Änderung des Gerichtskostengesetzes und der Strafprozeßordnung vom 15. 6. 1989 (BGBl. I S. 1083). Zur Kostenrechtsnovelle siehe *Lüdtke – Handjery*, NJW 1989, 2870/2871.

Rechtsmittel und Fristen

Die Beschwerde ist binnen sechs Monaten zu erheben, Art. 26 EMRK. Sie hat keine aufschiebende Wirkung, *Frowein/Peukert* Rdnr. 2 zu Art. 25.

Die Verfahrensdauer liegt bei durchschnittlich sechs Jahren, *Murswiek* JuS 1986, 175/179. Einstweiligen Rechtsschutz gibt es nur sehr eingeschränkt. Die Kommission hat lediglich die Möglichkeit, den beklagten Staat zu ersuchen, während des Verfahrens die vom Beschwerdeführer angegriffenen Entscheidung nicht zu vollziehen, Art. 36 VerfO Kom. Dies geschieht selten. Daneben gibt es einen Antrag auf vorrangige Entscheidung, Art. 27 S. 2 VerfO Kom. Zum Ganzen vgl. *Rogge*, Einstweilige Maßnahmen vor der EMRK, NJW 1977, 1569.

9. Menschenrechtsbeschwerde an die Europäische Menschenrechtskommission XV. 9

> Voir notice explicative, p. 9
> *See Explanatory Note, p. 9*

COMMISSION EUROPÉENNE DES DROITS DE L'HOMME
EUROPEAN COMMISSION OF HUMAN RIGHTS

Conseil de l'Europe - *Council of Europe*
Strasbourg, France

REQUÊTE
APPLICATION

présentée en application de l'article 25 de la Convention européenne des Droits de l'Homme,
ainsi que des articles 37 et 38 du Règlement intérieur de la Commission

*under Article 25 of the European Convention on Human Rights
and Rules 37 and 38 of the Rules of Procedure of the Commission*

IMPORTANT : La présente requête est un document juridique et peut affecter vos droits et obligations.
This application is a formal legal document and may affect your rights and obligations.

XV.9 XV. Verfassungsbeschwerde, Menschenrechtsbeschwerde

I - **LES PARTIES**
    THE PARTIES

A. LE REQUÉRANT
   THE APPLICANT

(Renseignements à fournir concernant le requérant et son représentant éventuel)
(Fill in the following details of the applicant and any representative)

1. Nom de famille .... Aslan ....   2. Prénom (s) ... Mehmed ...
   Name of applicant   *First name (s)*

3. Nationalité .... türkisch ....   4. Profession ... Hilfsarbeiter ...
   Nationality   *Occupation*

5. Date et lieu de naissance .... 5.10.1937 Ankara ....
   Date and place of birth

6. Domicile .... Obererstrasse 15, 9204 Trommingen ....
   Permanent address

                                                  7. Tel N° ..... 999/13422 .....

8. Adresse actuelle .... Obererstrasse 15, 9204 Trommingen ....
   At present at

Le cas échéant, *(if any)*

9. Nom et prénom du représentant * .... Tschörpes Maran ....
   Name of representative *

10. Profession du représentant .... Rechtsanwalt ....
    Occupation of representative

11. Adresse du représentant .... Residenzplatz 88, 9000 Onkberg ....
    Address of representative

                                                 12. Tel N° ..... 99/245310 .....

B. LA HAUTE PARTIE CONTRACTANTE
   THE HIGH CONTRACTING PARTY

(Indiquer ci-après le nom de l'Etat contre lequel la requête est dirigée)
(Fill in the name of the country against which the application is directed)

13. Bundesrepublik Deutschland (zu 1. - 13. vgl. Form. XV.9 Rubrum)

---

* Si le requérant est représenté, joindre une procuration signée par le requérant en faveur du représentant.
A form of authority signed by the applicant should be submitted if a representative is appointed.

9. Menschenrechtsbeschwerde an die Europäische Menschenrechtskommission XV. 9

II - **EXPOSÉ DES FAITS**
STATEMENT OF THE FACTS
(Voir chapitre II de la notice explicative)
(See Part II of the Explanatory Note)

14. Vgl. besonders Blatt (Form. XV..9 § 2a)

Si nécessaire, continuer sur une feuille séparée
Continue on a separate sheet if necessary

III - EXPOSÉ DE LA OU DES VIOLATION(S) DE LA CONVENTION ALLÉGUÉE(S) PAR LE REQUÉRANT, AINSI QUE DES ARGUMENTS À L'APPUI
STATEMENT OF ALLEGED VIOLATION(S) OF THE CONVENTION AND OF RELEVANT ARGUMENT

(Voir chapitre III de la notice explicative)
(*See Part III of the Explanatory Note*)

15. Vgl. besonders Blatt (Form. XV.9 § 4)

9. Menschenrechtsbeschwerde an die Europäische Menschenrechtskommission **XV. 9**

IV - EXPOSÉ RELATIF AUX PRESCRIPTIONS DE L'ARTICLE 26 DE LA CONVENTION
STATEMENT RELATIVE TO ARTICLE 26 OF THE CONVENTION

(Voir chapitre IV de la notice explicative. Donner pour chaque grief, et au besoin sur une feuille séparée, les renseignements demandés sous ch. 16 à 18 ci-après).
(See Part IV of the Explanatory Note. If necessary, give the details mentioned below under points 16 to 18 on a separate sheet for each separate complaint)

16. Décision interne définitive (date et nature de la décision, organe - judiciaire ou autre - l'ayant rendue)
Final decision (date, court or authority and nature of decision)

```
Nichtannahmebeschluss des Bundesverfassungsgerichts vom
..... Az. ..... (Form. XV.9 § 2a), Anl. 6)
```

17. Autres décisions (énumérées dans l'ordre chronologique en indiquant, pour chaque décision, sa date, sa nature et l'organe - judiciaire ou autre - l'ayant rendue)
Other decisions (list in order, giving date, court or authority and nature of the decision for each one)

```
Urteil des Landgerichts .... vom .... Az. ....
(Form. XV.9 § 2a), Anl. 2)
Entscheidung des Vorsitzenden des .... Strafsenats beim
Bundesgerichtshof vom ..... Az. .....
(Form. XV.9 § 2a), Anl. 3)
Urteil des Bundesgerichtshofs vom ..... Az. .....
(Form. XV.9 § 2a), Anl. 4)
```

18. Le requérant disposait-il d'un recours qu'il n'a pas exercé ? Si oui, lequel et pour quel motif n'a-t-il pas été exercé ?
Is any other appeal or remedy available which you have not used ? If so, explain why you have not used it.

```
Nein.
```

Si nécessaire, continuer sur une feuille séparée
Use separate sheets if necessary

V - EXPOSÉ DE L'OBJET DE LA REQUÊTE
STATEMENT OF THE OBJECT OF THE APPLICATION

(Voir chapitre V de la notice explicative)
(*See Part V of the Explanatory Note*)

19.
1. Feststellung, dass die Bundesrepublik Deutschland Art. 6 Abs. 3 c EMRK verletzt hat.

2. Verurteilung der Bundesrepublik Deutschland, Kosten und Auslagen in Höhe von ...... DM zu erstatten (vgl. Form. XV.9 Rubrum).

VI - AUTRES INSTANCES INTERNATIONALES TRAITANT OU AYANT TRAITÉ L'AFFAIRE
STATEMENT CONCERNING OTHER INTERNATIONAL PROCEEDINGS

(Voir chapitre VI de la notice explicative)
(*See Part VI of the Explanatory Note*)

20. Le requérant a-t-il soumis à une autre instance internationale d'enquête ou de règlement les griefs énoncés dans la présente requête ? Si oui, fournir des indications détaillées à ce sujet.
Have you submitted the above complaints to any other procedure of international investigation or settlement? If so, give full details.

9. Menschenrechtsbeschwerde an die Europäische Menschenrechtskommission XV. 9

VII - PIÈCES ANNEXÉES
LIST OF DOCUMENTS

(Voir chapitre VII de la notice explicative. Joindre copie de toutes les décisions mentionnées sous ch. IV et VI ci-avant. Se procurer, au besoin, les copies nécessaires et, en cas d'impossibilité, expliquer pourquoi celles-ci ne peuvent pas être obtenues)
(*See Part VII of the Explanatory Note - Include copies of all decisions referred to in Parts IV and VI above. If you do not have copies, you should obtain them. If you cannot obtain them, explain why not*)

21. a) ....

b) ....

c) ....

(Es sind jetzt   a l l e   in Form. XV.9 **aufgeführten Anlagen beizufügen**).

XV. Verfassungsbeschwerde, Menschenrechtsbeschwerde

VIII - LANGUE DE PROCÉDURE SOUHAITÉE
STATEMENT OF PREFERRED LANGUAGE

(Voir chapitre VIII de la notice explicative)
(*See Part VIII of the Explanatory Note*)

22. Je préfère recevoir la décision de la Commission en :   anglais/français*
    I prefer to receive the Commission's decision in :   English/French*

(Es kann nur englisch oder französisch gewählt werden).

IX - DÉCLARATION ET SIGNATURE
DECLARATION AND SIGNATURE

(Voir chapitre IX de la notice explicative)
(*See Part IX of the Explanatory Note*)

23. Je déclare en toute conscience et loyauté que les renseignements qui figurent sur la présente formule de requête sont exacts et je m'engage à respecter le caractère confidentiel de la procédure de la Commission.
    I hereby declare that, to the best of my knowledge and belief, the information I have given in my application is correct and that I will respect the confidentiality of the Commission's proceedings.

(Es genügt die Erklärung des Bevollmächtigten, wenn die

24. Je désire/je ne désire pas* garder l'anonymat à l'égard du public.   Vollmacht vorliegt.
    I do/do not object* to my identity being disclosed.

(Das Einverständnis wird meist erklärt).

        Lieu/*Place* ....   Date/*Date* ....

....
(Signature du requérant ou de son représentant)
(*Signature of the applicant or his representative*)

---

* Biffer ce qui ne convient pas
Delete as appropriate

9. Menschenrechtsbeschwerde an die Europäische Menschenrechtskommission

NOTICE EXPLICATIVE
à l'intention des personnes qui remplissent une formule de requête présentée en application de l'article 25 de la Convention

INTRODUCTION

Les indications qui suivent sont destinées à vous aider à remplir votre formule de requête à la Commission. **Il vous est recommandé de les lire d'abord attentivement en entier.** Vous pourrez ensuite vous y reporter au moment de remplir chacune des rubriques de la formule.

Une fois remplie, cette formule constituera votre requête à la Commission, au sens de l'article 25 de la Convention, et servira ainsi à l'examen de votre cas par la Commission. Il est donc très important **qu'elle soit remplie de manière complète et précise, même si cela doit vous entraîner à répéter des renseignements qui figurent déjà dans votre correspondance antérieure avec le Secrétariat.**

Ainsi que vous le constaterez, cette formule comporte neuf rubriques. Celles-ci doivent toutes être remplies, de manière que votre requête contienne toutes les données requises par le Règlement intérieur de la Commission. Vous trouverez ci-après des indications spécifiques se rapportant à chacune des rubriques. Vous trouverez également, à la fin de cette notice, le texte des articles 37 et 38 du Règlement intérieur de la Commission.

COMMENT REMPLIR LA FORMULE DE REQUÊTE

I. **LES PARTIES** - Article 38, par. 1 (a), (b) et (c)
(1-13)

S'il y a plus d'un requérant, donner pour chacun d'entre eux les renseignements requis en utilisant au besoin une feuille séparée.

Tout requérant peut désigner, pour le représenter, un juriste ou toute autre personne résidant sur le territoire d'un Etat partie à la Convention, sauf décision contraire de la Commission. Lorsque le requérant est représenté, tous renseignements utiles concernant le représentant doivent être fournis sous cette rubrique ; le Secrétariat ne correspondra alors qu'avec le représentant.

II. **EXPOSÉ DES FAITS** - Article 38, par. 1 (e)
(14)

Veuillez exposer de manière claire et détaillée, mais néanmoins concise, les faits dont vous vous plaignez. Efforcez-vous de décrire les événements dans l'ordre où ils se sont produits, en donnant leur date exacte. Si vos griefs portent sur plusieurs affaires distinctes (par exemple, plusieurs ensembles de procédures judiciaires), veuillez traiter chaque affaire séparément.

III. **EXPOSÉ DE LA OU DES VIOLATIONS DE LA CONVENTION ALLÉGUÉES PAR LE REQUÉRANT, AINSI QUE DES ARGUMENTS À L'APPUI** - Article 38, par. 1 (d) et (e)
(15)

Veuillez expliquer sous cette rubrique, aussi précisément que possible, quels sont vos griefs **au regard de la Convention**. Indiquez sur quelle(s) disposition(s) de la Convention vous vous fondez et expliquez pourquoi vous estimez que les faits que vous avez décrits sous rubrique n° II ont entraîné une violation de ces dispositions.

EXPLANATORY NOTE
for persons completing the form of application under Article 25 of the Convention

INTRODUCTION

These notes are intended to assist you in drawing up your application to the Commission. **Please read them carefully before completing the form,** and then refer to them as you complete each section of the form.

The completed form will be your application or "petition" to the Commission under Article 25 of the Convention. It will be the basis for the Commission's examination of your case. It is therefore important that you **complete it fully and accurately even if this means repeating information you have already given the Secretary in previous correspondence.**

You will see that there are nine sections to the form. You should complete all of these so that your application contains all the information required under the Commission's Rules of Procedure. Below you will find an explanatory note relating to each section of the form. You will also find at the end of these notes the text of Rules 37 and 38 of the Commission's Rules of Procedure.

NOTES RELATING TO THE FORM OF APPLICATION

I. **THE PARTIES** - Rules 38 (1) (a), (b) and (c)
(1-13)

If there is more than one applicant, you should give the required information for each one, on a separate sheet if necessary.

An applicant may appoint a lawyer or other person resident in a Convention country to represent him, unless the Commission decides otherwise. When an applicant is represented by another person, relevant details should be given in this part of the application form, and the Secretariat will correspond only with the representative.

II. **STATEMENT OF THE FACTS** - Rule (38) (e)
(14)

You should give clear and concise details of the facts you are complaining about. Try to describe the events in the order in which they occurred. Give exact dates. If your complaints relate to a number of different matters (for instance different sets of court proceedings) you should deal with each matter separately.

III. **STATEMENT OF ALLEGED VIOLATION(S) OF THE CONVENTION AND OF RELEVANT ARGUMENT** - Rule 38 (1) (d) and (e)
(15)

In this section of the form you should explain as precisely as you can what your complaint **under the Convention** is. Say which provisions of the Convention you rely on and explain why you consider that the facts you have set out in Part II of the form involve a violation of these provisions.

Vous aurez constaté que certains articles de la Convention autorisent, sous certaines conditions, des ingérences dans l'exercice des droits qu'ils garantissent (voir, par exemple, les alinéas (a) à (f) de l'article 5, par. 1, ainsi que le second paragraphe des articles 8 à 11. Si vous invoquez l'un de ces articles, veuillez expliquer pourquoi vous estimez que l'ingérence dont vous vous plaignez n'était pas autorisée.

You will see that some of the articles of the Convention permit interferences with the rights they guarantee in certain circumstances—(see for instance sub-paras. (a) to (f) of Article 5 (1) and paras. (2) of Articles 8 to 11). If you are relying on such an article try to explain why you consider the interference which you are complaining about is not justified.

IV. EXPOSÉ RELATIF AUX PRESCRIPTIONS DE L'ARTICLE 26 DE LA CONVENTION - Article 38, par. 2
(16-18)

Sous cette rubrique, veuillez décrire de manière complète les recours que vous avez exercés devant les autorités nationales. Remplissez chacune des trois parties de cette rubrique, en séparant vos réponses pour chacun des griefs que vous soumettez à la Commission. Sous chiffre 18, mentionnez tout recours qui aurait pu porter remède à vos griefs mais que vous n'avez pas exercé. Si un tel recours existait, veuillez le spécifier (par exemple, en nommant l'autorité — judiciaire ou autre — à laquelle il aurait pu être adressé) et expliquer pourquoi vous n'en avez pas usé.

IV. STATEMENT RELATIVE TO ARTICLE 26 OF THE CONVENTION - Rule 38 (2)
(16-18)

In this section you should set out details of the remedies you have pursued before the national authorities. You should fill in each of the three parts of this section and give the same information separately for each separate complaint. In part 18 you should say whether or not any other appeal or remedy is available which could redress your complaints and which you have not used. If such a remedy is available, you should say what it is (e.g. name the court or authority to which an appeal would lie) and explain why you have not used it.

V. EXPOSÉ DE L'OBJET DE LA REQUÊTE - Article 38, par. 1 (d)
(19)

Veuillez indiquer sous cette rubrique ce que vous attendez de la procédure que vous engagez devant la Commission.

V. STATEMENT OF THE OBJECT OF THE APPLICATION - Rule 38 (1) (d)
(19)

Here you should state briefly what you want to achieve through your application to the Commission.

VI. AUTRES INSTANCES INTERNATIONALES TRAITANT OU AYANT TRAITÉ L'AFFAIRE
(20)

Vous indiquerez ici si vous avez soumis à une autre instance internationale d'enquête ou de règlement les griefs contenus dans votre présente requête. Dans l'affirmative, veuillez donner à ce sujet des renseignements complets, notamment le nom de l'organe international que vous avez saisi, tous détails sur les procédures suivies, les décisions rendues, avec leur date. Joindre une copie des décisions rendues et de tout autre document pertinent.

VI. STATEMENT CONCERNING OTHER INTERNATIONAL PROCEEDINGS
(20)

Here you should say whether or not you have ever submitted the complaints in your application to any other procedure of international investigation or settlement. If you have, you should give full details, including the name of the body to which you submitted your complaints, dates and details of any proceedings which took place and details of decisions taken. You should also submit copies of relevant decisions and other documents.

VII. PIÈCES ANNEXÉES - Article 38, par. 1 (f)
(21)

N'omettez pas de joindre à votre requête et de mentionner sur cette liste tous les jugements et autres décisions que vous avez visés sous rubriques IV et VI, ainsi que tout autre document que vous désirez soumettre à la Commission comme moyen de preuve (comptes rendus d'audience, déclarations de témoins, etc.). Quant aux décisions judiciaires, produire leurs motifs et non seulement leur dispositif. Veuillez toutefois vous limiter aux documents pertinents pour l'examen des griefs que contient votre requête.

VII. LIST OF DOCUMENTS - Rule 38 (1) (f)
(21)

Do not forget to include all judgments and decisions referred to in Sections IV and VI of your application and include in your list, and submit, any other documents you wish the Commission to take into consideration as evidence (transcripts, statement of witnesses, etc.). Include any document giving the reasons for a court or other decision as well as the decision itself. Only submit documents which are relevant to the complaints you are making to the Commission.

VIII. LANGUE DE PROCÉDURE SOUHAITÉE
(22)

Les langues officielles de la Commission sont l'anglais et le français. Bien que le Secrétariat puisse faire usage d'autres langues dans sa correspondance, les documents officiels comme la décision de la Commission vous seront communiqués dans l'une des deux langues officielles, exclusivement. Veuillez indiquer ici à laquelle va votre préférence.

VIII. STATEMENT OF PREFERRED LANGUAGE
(22)

The official languages of the Commission are English and French. Although the Secretariat conducts correspondence in a number of other languages as well, documents such as the Commission's decision will be communicated to you in one of the two official languages. Indicate which you prefer.

IX. DÉCLARATIONS ET SIGNATURE
(23-24)

Sous cette rubrique, vous prenez notamment l'engagement de respecter le caractère confidentiel de la procédure.

IX. DECLARATION AND SIGNATURE
(23-24)

The declaration includes an undertaking to respect the confidentiality of the Commission's proceedings. Under

9. Menschenrechtsbeschwerde an die Europäische Menschenrechtskommission   XV. 9

Aux termes de l'article 33 de la Convention, la Commission siège à huis clos. Il en découle que le contenu de tous les dossiers, y compris tous les exposés des parties, demeure confidentiel. En revanche, la ou les décisions de la Commission sur la recevabilité de votre requête peuvent être rendues publiques. Au cas où vous vous opposeriez à ce que votre nom soit divulgué au public, veuillez le faire savoir ici au Secrétariat.

Si la formule de requête est signée non par le requérant lui-même mais par son représentant, elle doit être accompagnée d'une procuration en faveur de ce dernier, signée par le requérant lui-même (à moins qu'une telle procuration ait déjà été remise antérieurement au Secrétariat).

ANNEXE

Articles 37 et 38 du Règlement intérieur de la Commission

De l'introduction de l'instance

Article 37

1. Toute requête formulée en vertu de l'article 24 ou de l'article 25 de la Convention doit être présentée par écrit et signée par le requérant ou la personne qui le représente.

2. Lorsque la requête est présentée par une organisation non gouvernementale ou par un groupe de particuliers, elle est signée par les personnes habilitées à représenter l'organisation ou le groupe. La Commission décide de toute question relative au point de savoir si les personnes qui ont signé une requête avaient pouvoir de le faire.

Article 38

1. Toute requête formulée en vertu de l'article 25 de la Convention doit indiquer :
  a. le nom, l'âge, la profession et l'adresse de la partie requérante ;
  b. s'il y a lieu, le nom, la profession et l'adresse de son représentant ;
  c. la Haute Partie Contractante contre laquelle la requête est dirigée ;
  d. autant que possible, l'objet de la demande et la disposition de la Convention dont la violation est alléguée ;
  e. l'exposé des faits et des moyens ;
  f. tout document pertinent, en particulier les décisions, judiciaires ou autres, qui se rapportent à l'objet de la requête.

2. Le requérant doit fournir des éléments permettant d'établir que les conditions de l'article 25 de la Convention se trouvent remplies.

3. En règle générale, la requête est réputée introduite à la date de la première communication du requérant exposant — même sommairement — l'objet de la requête. La Commission, si elle l'estime justifié, peut toutefois décider de retenir une autre date.

4. Le requérant doit informer la Commission de tout changement de son adresse.

Article 33 of the Convention the Commission meets *in camera*. This means that the contents of all case-files, including all pleadings, must be kept confidential. The Commission's decisions on the admissibility of your case may, however, be made available to the public. If you have any objection to your name being made public, you should inform the Secretary of this.

If the application is signed by the representative of the applicant, it should be accompanied by a form of authority signed by the applicant himself (unless this has already been submitted).

ANNEX

Rules 37 and 38 of the Commission's Rules of Procedure

Institution of proceedings

Rule 37

1. Any application made under Article 24 or 25 of the Convention shall be submitted in writing and shall be signed by the applicant or his representative.

2. Where an application is submitted by a non-governmental organisation or by a group of individuals, it shall be signed by those persons competent to represent such organisation or group. The Commission shall determine any question as to whether the persons who have signed an application are competent to do so.

Rule 38

1. Any application under Article 25 of the Convention shall set out :
  a. the name, age, occupation and address of the applicant ;
  b. the name, occupation and address of its representative if any ;
  c. the name of the High Contracting Party against which the application is made ;
  d. as far as possible, the object of the application and the provision of the Convention alleged to have been violated ;
  e. a statement of the facts and arguments ;
  f. any relevant documents and in particular any judgment or other act relating to the object of the application.

2. The applicant shall provide information enabling it to be shown that the conditions laid down in Article 26 of the Convention have been satisfied.

3. The date of introduction of the application shall in general be considered to be the date of the first communication from the applicant setting out, even summarily, the object of the application. The Commission may nevertheless for good cause decide that a different date be considered to be the date of introduction.

4. The applicant shall keep the Commission informed of any change of his address.

Erläuterungen

für Personen, die das für Beschwerden nach Art. 25 der Konvention
bestimmte Formular ausfüllen.

Einleitung

Diese Erläuterungen haben den Zweck, Ihnen die Abfassung Ihrer Beschwerde zu erleichtern. Sie werden gebeten, diese Erläuterungen zunächst sorgfältig durchzulesen. Beim Ausfüllen der einzelnen Punkte des Formulars können Sie anschließend auf die entsprechenden Abschnitte der Erläuterungen zurückgreifen.

Das ausgefüllte Formular stellt Ihre Beschwerde oder Ihr „Gesuch" nach Art. 25 der Konvention dar und somit die Grundlage für die Prüfung Ihres Falles duch die Kommission. Es ist daher wichtig, daß sie das Formular vollständig und gewissenhaft ausfüllen, selbst wenn Sie Angaben wiederholen, die Sie bereits im früheren Schriftwechsel mit der Kommission gemacht haben.

Wie Sie sehen, hat das Formular neun Abschnitte. Alle müssen ausgefüllt werden, damit Ihre Beschwerde sämtliche nach der Verfahrensordnung der Kommission erforderlichen Angaben enthält. Nachfolgend finden Sie nähere Erläuterungen zu den einzelnen Ziffern des Beschwerdeformulars.

Am Schluß der Erläuterungen finden Sie den Wortlaut der Art. 37 und 38 der Verfahrensordnung der Kommission.

Das Formular gibt es nur in den Amtssprachen der Kommission, nämlich auf französisch und englisch. Sie können es jedoch auf deutsch ausfüllen.

Eine deutsche Übersetzung der unter Ziff. 1 bis 24 geforderten Angaben liegt bei.

Wichtig: Das Formular ist eine Urkunde und kann für Ihre Rechte und Pflichten von Bedeutung sein.

Erläuterungen zum Ausfüllen des Beschwerdeformulars

I. **Die Parteien** – vgl. Art. 38 Abs. 1 Buchst. a), b) und c) der Verfahrensordnung (Ziff. 1–13 des Formulars)

Wenn es sich um mehr als einen Beschwerdeführer handelt, müssen die erforderlichen Angaben für jeden einzelnen, wenn nötig auf einem gesonderten Blatt, gemacht werden.

Ein Beschwerdeführer kann einen Juristen oder eine andere Person mit ständigem Aufenthalt in einem Vertragsstaat der Konvention zu seinem Vertreter bestellen, es sei denn die Kommission entscheidet anders. Wenn ein Beschwerdeführer vertreten wird, müssen die nötigen Angaben unter dieser Ziffer gemacht werden; das Sekretariat führt den Schriftwechsel ausschließlich mit dem Vertreter.

II. **Darlegung des Tatbestandes** – vgl. Art. 38 Abs. 1 Buchst. e) der Verfahrensordnung (Ziff. 14 des Formulars)

Stellen Sie die Tatsachen, über die Sie sich beklagen, klar und umfassend, aber kurz dar. Versuchen Sie, die Ereignisse in zeitlicher Reihenfolge zu beschreiben, und geben Sie die Daten genau an. Wenn sich Ihre Beschwerde auf verschiedene Angelegenheiten bezieht (z.B. mehrere Gerichtsverfahren), sollten Sie jeden Vorgang gesondert behandeln.

III. **Angabe der geltend gemachten Verletzung(en) der Konvention und Begründung** – vgl. Art. 38 Abs. 1 Buchst. d) und e) der Verfahrensordnung (Ziff. 15 des Formulars)

Erläutern Sie so genau wie möglich, worüber Sie sich **nach der Konvention** beschweren.

9. Menschenrechtsbeschwerde an die Europäische Menschenrechtskommission

Geben Sie an, auf welche Bestimmung(en) der Konvention Sie sich berufen und erklären Sie, warum Ihrer Ansicht nach die Tatsachen, die Sie in Abschnitt II des Formulars beschrieben haben, die genannte(n) Bestimmungen verletzen.

Bestimmte Artikel der Konvention erlauben unter gewissen Voraussetzungen Eingriffe in die darin garantierten Rechte (siehe z. B. Art. 5 Abs. 1 Buchst. a) bis f) sowie die zweiten Absätze der Art. 8 bis 11). Wenn Sie sich auf einen dieser Artikel stützen, sollten Sie erklären, warum der von Ihnen gerügte Eingriff nicht gerechtfertigt ist.

IV: Angaben zu Artikel 26 der Konvention – vgl. Art. 38 Abs. 2 der Verfahrensordnung (Ziff. 16–18 des Formulars)

In diesem Abschnitt sollten Sie ausführliche Angaben über die von Ihnen bei den innerstaatlichen Behörden und Gerichten eingelegten Rechtsmittel machen. Füllen Sie jeden der drei Teile dieses Abschnittes aus, und machen Sie die Angaben für jeden einzelnen Beschwerdepunkt getrennt. Unter Ziff. 18 geben Sie an, ob Ihnen ein weiteres Rechtsmittel, das Ihrer Beschwer hätte abhelfen können, von dem Sie aber keinen Gebrauch gemacht haben, zur Verfügung gestanden hat. Wenn ein solches Rechtsmittel gegeben war, sollten Sie es näher bezeichnen (zum Beispiel durch Angabe des Gerichts oder der Behörde, bei der es hätte eingelegt werden können) und erklären, warum Sie es nicht eingelegt haben.

V. Angabe des Gegenstandes der Beschwerde – vgl. Art. 38 Abs. 1 Buchst. d) der Verfahrensordnung (Ziff. 19 des Formulars)

Geben Sie kurz an, was Sie mit der Anrufung der Kommission erreichen wollen.

VI. Andere internationale Instanzen, die mit dieser Angelegenheit befaßt sind oder waren

Geben Sie an, ob Sie die in der vorliegenden Beschwerde erhobene(n) Klage(n) schon in einem anderen internationalen Untersuchungs- oder Schlichtungsverfahren vorgetragen haben. Wenn dies der Fall ist, machen sie dazu ausführliche Angaben (insbesondere der angerufenen internationalen Behörde, Daten und andere Einzelheiten der durchgeführten Verfahren und der ergangenen Entscheidungen). Legen Sie Kopien der ergangenen Entscheidungen und aller anderen wichtigen Unterlagen vor.

VII. Beigefügte Unterlagen – vgl. Artikel 38 Abs. 1 Buchst. f) der Verfahrensordnung (Ziff. 21 des Formulars)

Vergessen Sie nicht, sämtliche Urteile und Entscheidungen beizufügen, auf die Sie sich in den Abschnitten IV und VI Ihrer Beschwerde beziehen, und legen Sie jedes andere Schriftstück vor, das von der Kommission als Beweismittel berücksichtigt werden soll (Verhandlungsprotokolle, Zeugenaussagen usw.) Fügen Sie alle gerichtlichen Entscheidungen mitsamt den Entscheidungsgründen bei. Senden Sie jedoch nur diejenigen Unterlagen ein, die für Ihre Beschwerde von Bedeutung sind.

VIII. Gewünschte Verfahrenssprache

Die Amtssprachen der Kommission sind Englisch und Französisch. Obwohl das Sekretariat den Schriftwechsel auch in anderen Sprachen (u. a. deutsch) führen kann, werden Ihnen amtliche Schriftstücke wie die Entscheidung der Kommission nur in einer der beiden Amtssprachen zugestellt werden. Geben Sie an, welche Sprache Sie vorziehen.

IX. Erklärung und Unterschrift
(Ziff. 23–24 des Formulars)

Die Erklärung enthält die Verpflichtung, die Vertraulichkeit des Kommissionsverfahrens zu wahren. Nach Art. 33 der Konvention tagt die Kommission unter Ausschluß der Öffentlichkeit. Dies bedeutet, daß der Inhalt der Akten mitsamt dem Parteivortrag vertraulich zu behandeln ist. Die Entscheidung(en) der Kommission über die Zulässigkeit Ihres Falles kann (können) jedoch veröffentlicht werden. Wenn Sie mit der Veröffentlichung Ihres Namens nicht einverstanden sind, teilen Sie dies hier dem Sekretariat mit.

Wenn die Beschwerde vom Vertreter des Beschwerdeführers unterzeichnet wird, muß ihr eine vom Beschwerdeführer persönlich unterzeichnete Vollmacht beigefügt werden (es sei denn, eine solche wurde bereits früher eingereicht).

Anhang
Artikel 37 und 38 der Verfahrensordnung der Kommission

Einleitung des Verfahrens
Artikel 37

(1) Jede Beschwerde nach Artikel 24 oder 25 der Konvention ist schriftlich zu erheben und vom Beschwerdeführer oder seinem Vertreter zu unterzeichnen.

(2) Wird die Beschwerde von einer nichtstaatlichen Organisation oder von einer Personenvereinigung erhoben, so ist sie von den zur Vertretung dieser Organisation oder Vereinigung berechtigten Person zu unterzeichnen. Die Kommission entscheidet über jede Frage, die sich auf die Ermächtigung der Unterzeichner bezieht.

Artikel 38

(1) Eine Beschwerde nach Artikel 25 der Konvention muß enthalten
a) den Namen, das Alter, den Beruf und die Anschrift des Beschwerdeführers;
b) gegebenenfalls den Namen, den Beruf und die Anschrift seines Vertreters;
c) die Bezeichnung des Hohen Vertragsschließenden Teils, gegen den die Beschwerde gerichtet ist;
d) soweit möglich den Gegenstand der Beschwerde und die Bestimmung der Konvention, deren Verletzung behauptet wird;
e) eine Sachverhaltsdarstellung und rechtliche Begründung;
f) die Angabe der wesentlichen Schriftstücke, insbesondere von gerichtlichen oder anderen Entscheidungen, die sich auf den Gegenstand der Beschwerde beziehen.

(2) Der Beschwerdeführer hat Unterlagen dafür beizubringen, daß die in Artikel 26 der Konvention aufgestellten Voraussetzungen für die Zulässigkeit erfüllt sind.

(3) Als Datum der Erhebung der Beschwerde ist in der Regel das Datum der ersten Mitteilung des Beschwerdeführers anzusehen, in welcher der Gegenstand der Beschwerde, wenn auch nur zusammenfassend, dargelegt ist. Die Kommission kann jedoch, wenn sie es für gerechtfertigt hält, entscheiden, ein anderes Datum gelten zu lassen.

(4) Der Beschwerdeführer hat die Kommission von jeder Änderung seiner Anschrift zu unterrichten.

Übersetzung
der unter Ziff. 1 bis 24 des Beschwerdeformulars geforderten Angaben

1.–13.	**Die Parteien** (siehe Abschnitt I der Erläuterungen)
1.	Name
2.	Vorname(n)
3.	Staatangehörigkeit
4.	Beruf
5.	Geburtsdatum und -ort
6.	Ständige Anschrift
7.	Tel. Nr.
8.	Zur Zeit in
	Gegebenenfalls
9.	Name und Vorname des Vertreters*

---

* Wenn ein Vertreter bestellt ist, eine vom Beschwerdeführer unterzeichnete Vollmacht beifügen.

9. Menschenrechtsbeschwerde an die Europäische Menschenrechtskommission XV. 9

10. Beruf des Vertreters
11. Anschrift des Vertreters
12. Tel. Nr.
13. Bezeichnung des Staates gegen den die Beschwerde gerichtet ist
14. **Darlegung des Tatbestandes** (siehe Abschnitt II der Erläuterungen)
15. **Angabe der geltend gemachten Verletzung(en) der Konvention und Begründung** (siehe Abschnitt III der Erläuterungen)
16.–18. **Angaben zu Artikel 26 der Konvention** (Siehe Abschnitt IV der Erläuterungen. Wenn nötig, Angaben zu jedem einzelnen Beschwerdepunkt gemäß Ziffern 16 bis 18 auf gesondertem Blatt machen).
16. Letzte innerstaatliche Entscheidung (Datum und Art der Entscheidung, Bezeichnung des Gerichts oder der Behörde)
17. Andere Entscheidungen (in zeitlicher Reihenfolge mit Angabe des Datums und der Art der Entscheidung und der Bezeichnung des Gerichts oder der Behörde)
18. Gab es ein Rechtsmittel, das der Beschwerdeführer nicht eingelegt hat? Wenn ja, welches? Grund für die Nichteinlegung?
19. **Angabe des Beschwerdegegenstandes** (siehe Abschnitt V der Erläuterungen)
20. **Andere internationale Instanzen, die mit dieser Angelgenheit befaßt sind oder waren** (siehe Abschnitt VI der Erläuterungen)
Sind die vorliegenen Beschwerdepunkte bereits einem anderen internationalen Untersuchungs- oder Schlichtungsorgan vorgelegt worden? Wenn ja, ausführliche Angaben.
21. **Beigefügte Unterlagen** (siehe Abschnitt VII der Erläuterungen. Kopie aller unter Ziff. IV und VI genannten Entscheidungen beifügen. Es obliegt dem Beschwerdeführer, die Kopien zu beschaffen oder die Hinderungsgründe anzugeben)
22. **Gewünschte Verfahrenssprache** (siehe Abschnitt VIII der Erläuterungen)
Ich wünsche die Entscheidung der Kommission zu erhalten:

auf englisch/französisch

23.–24. **Erklärung und Unterschrift** (siehe Abschnitt IX der Erläuterungen)
23. Ich erkläre nach bestem Wissen und Gewissen, daß die von mir im vorliegenden Beschwerdeformular gemachten Angaben richtig sind und ich die Vertraulichkeit des Verfahrens vor der Kommission wahren werde.
24. Ich bin damit einverstanden/nicht damit einverstanden*, daß mein Name veröffentlicht wird.

Ort

Datum

Unterschrift des Beschwerdeführers oder seines Vertreters

---

* Unzutreffendes streichen.

Zuck

Sachverzeichnis

Römische Zahlen, Großbuchstaben und arabische Zahlen beziehen sich auf die Systematik des Formularbuches; Zahlen mit dem Zusatz Anm." kennzeichnen die betreffende Anmerkung.

Abfall Begriff XII.E.3 Anm. 2, 3; -beseitigung, umweltgefährdende XII.E.3
Ablehnung von Gerichtspersonen des Bundesverfassungsrichters XV.6; des Protokollführers VII.B.19b; des Richters VII.B.19a, XV.1 Anm. 13, XV.6; des Sachverständigen VII.B.19c, VIII.B.6 Anm. 4; des Schöffen VII.A.12, VII.B.19a bb
Ablösung des Staatsanwaltes VII.B.19d
Abwesenheit in Hauptverhandlung VIII.B.4., VIII.D.5,6; Revisionsgrund VIII.C.2 B.I.4
Adhäsionsverfahren XIII.D; Anträge XIII.D.1, 2; Berufung gegen Adhäsionsentscheidung XIII.D.5; Beweisantrag XIII.D.3; in Jugendstrafsachen XIII.D.1 Anm. 7; Rücknahme der Anträge XIII.D.4
Änderung des rechtlichen Gesichtspunktes VII.B.13b
Ärztliches Handeln gerichtliche Überprüfbarkeit X.B.1c (cc), X.B.3 Anm. 9, X.B.9 Anm. 1
Akten Antrag auf Beiziehung VII.D.12; Mitteilung aus den – I.B.1c, I.C.1c, II.8 Anm. 6, XII.B. Anm. 2
Akteneinsicht Antrag auf erneute VII.A.3; Antrag des Verteidigers II.10 Anm. 2, III.3; Aussetzungsantrag bei fehlender, abgelehnter VII.B.7; bei Untersuchungshaft V.1 Anm. 5, V.2, V.4 Anm. 6, V.5 Anm. 2; Beschwerde gegen Ablehnung VII.A.4; des Verletzten XIII.E.Einf.; des Zeugenbeistandes XIII.E.Einf.; im Bußgeldverfahren XI.A.1; im Jugendstrafverfahren XII.A.2 Nr. 9; im Nebenklageverfahren XIII.C.1 Anm. 7; im steuerlichen Ermittlungsverfahren XII.B.6; im Wirtschaftsstrafverfahren XII.D.1 Anm. 3, 5–7; Information des Mandanten I.B.1c, I.C.1c, II.8 Anm. 6, XII.B.6 Anm. 2; in Krankenakten bei Unterbringung X.B.7; in Revisionsinstanz VIII.C.1 Anm. 6; Revision bei abgelehnter VII.A.4 Anm. 9; Versagung XI.A.1 Anm. 6
Akteninformation Weitergabe an Beschuldigten I.B.1c, I.C.1c, II.8. Anm. 6, XII.B.6 Anm. 2
Anfechtungsklage im Maßregelvollzug bei Falschbehandlung X.B.3; bei Grundrechtseingriffen X.B.2
Anhörung anwaltliche von Zeugen III.5, 6; nachträgliche VIII.F.1

Anhörung der Beteiligten bei Unterbringung X.B.16 Anm. 3, XV.2 Anm. 7; im Einziehungsverfahren XI.F.2 Anm. 4
Anklage Ersetzung durch Strafbefehl IV.12, 13
Anklageschrift Inhalt VI.Vorb.VII.A.7d; Verlesung VIII.C.2 B.I.5
Anklageschrift, fehlerhafte Antrag auf Einstellung des Verfahrens VII.A.7d; Antrag auf Nichtverlesung VII.B.3
Anlagen, unerlaubtes Betreiben XII.E.4
Anordnung, vorläufige über die Erziehung Jugendlicher XII.A.3 Anm. 1d
Anschlußerklärung für den Nebenkläger XIII.C.1, 2, 5
Antrag auf gerichtliche Entscheidung des Kfz-Halters gegen Kostenbescheid XI.A.13; gegen Ablehnung der Beteiligung im Einziehungsverfahren XI.F.2; gegen Einstellungsbeschwerdebescheid XIII.A.2; gegen erkennungsdienstliche Maßnahmen VIII.E.2; gegen Justizverwaltungsakte V.12, VIII.E.2, VIII.F.3; gegen Ordnungsmittelanordnung gegen Zeugen XIII.E.3; gem. § 23 EGGVG V.12, VIII.E.2, VIII.F.3; im Maßregelvollzug X.B.1c (cc), X.B.2, 3, 14; s. a. Anfechtungsklage
Antrag auf gerichtliche Entscheidung im Bußgeldverfahren gegen Ablehnung der Rücknahme einer Verwarnung XI.A.3; gegen Ablehnung der Pflichtverteidigerbestellung XI.A.5; gegen Beschlagnahmeanordnung XI.A.7; gegen Beschlagnahme des Führerscheins XI.A.9; gegen Durchsuchungsanordnung XI.A.7; gegen Verwerfung des Einspruchs gegen Bußgeldbescheid XI.C.1
Anwesenheitspflicht in Hauptverhandlung VIII.C.2 B.I.4; im Bußgeldverfahren XI.D.1 Anm. 3
Anwesenheitsrecht des Verteidigers im Bußgeldverfahren XI.A.6 Anm. 2; von Erziehungsberechtigten XII.A.2 Nr. 10; s.a. Vernehmung des Beschuldigten, Vernehmung von Zeugen
Anzeige der Mandatsbeendigung II.12 Anm. 1; Straf- s. dort
Arbeitsauflage für Jugendliche XII.A.10b
Asylrecht XV.1
Aufbewahrung von erkennungsdienstlichen Unterlagen VIII.E.1

1037

Sachverzeichnis
Röm. Zahlen, Großbuchstaben, arab. Zahlen = Formular

Aufklärungsrüge VIII.C.4, 7; im Bußgeldverfahren XI.E.2 I.2

Auflagen Antrag auf nachträgliche Änderung IV.9; Arbeits- für Jugendliche XII.A.10b; bei Einstellung des Verfahrens III.18, IV.4–7; bei gnadenweiser Strafaussetzung X.A.14 Anm. 21; bei Haftverschonung V.1 Anm. 10, V.2 Anm. 9–12; bei wasserrechtlicher Einleiterlaubnis XII.E.2 Anm. 3; im Jugendstrafrecht XII.A.10c Nr. 2

Augenscheinsbeweis VII.D.9, 10; im Wiederaufnahmeverfahren IX.4 C (14)d; und Revision VIII.C.2 B.I.10

Augenscheinseinnahme Antrag auf Ladung zur – III.11; Beweisantrag in Hauptverhandlung VII.D.9, 10; im Bußgeldverfahren XI.A.6

Ausbleiben des Angeklagten in Hauptverhandlung VIII.C.2 Anm. 6; Wiedereinsetzungsantrag und Berufung/Revision VIII.B.4, VIII.D.5, 6

Ausführung X.B.12

Ausgangssperre bei Unterbringung X.B.10

Auskunftsersuchen von Behörden gegenüber Unternehmen XII.C.1, 2

Auskunftsverweigerung bei Auskunftsersuchen XII.C.1 Anm. 1, XII.C.2 Anm. 1; des Angeklagten VII.A.14; des Zeugen VII.A.15 Anm. 5e, XII.D.2 Anm. 2–5, XIII.E.Einf., XIII.E.2 Anm. 6–10; in Steuerstrafsachen XII.B.5 Anm. 3, XII.C.1 Anm. 3

Auslagen in Jugendstrafsachen XII.A.12; sofortige Beschwerde gegen -entscheidung XI.E.4 Anm. 1; Tragung bei Einspruchsrücknahme XI.C.3 Anm. 6

Auslagen, notwendige Antrag auf Feststellung der Notwendigkeit XIV.B.4, 5; des Pflichtverteidigers XIV.B.1–8 Anm. 55–64; im Adhäsionsverfahren XIII.D.1 Anm. 10, XIII.D.4 Anm. 3; im Verfassungsbeschwerdeverfahren XV.1 nach Anm. 33

Auslagenvorschuß XIV.B.3

Auslieferungsrecht XV.1

Aussage, falsche und Wiederaufnahmeverfahren IX.3

Aussagegenehmigung Antrag auf Erteilung für Zeugen VII.B.17

Aussagepflicht in Steuersachen XII.C.3 Hinweis 1b

Aussageverhalten des Angeklagten XII.A.1 Nr. 4, 5; Mitteilung vor Hauptverhandlung VII.A.14

Ausschließung der Öffentlichkeit, Antrag auf VII.B.18, XIII.E.1

Ausschluß des Angeklagten Entfernung während Vernehmung VIII.C.2 Anm. 6; vorübergehender in Jugendstrafsachen XII.A.9 Nr. 2

Ausschluß von Gerichtspersonen s. Ablehnung von Gerichtspersonen

Aussetzung der Maßregelvollstreckung zugleich mit Anordnung X.B.15; der Verhängung der Jugendstrafe XII.A.10g; des Steuerstrafverfahrens XII.B.7; von Maßnahmen im Maßregelvollzug X.B.11

Aussetzung der Hauptverhandlung I.B.4a, I.C.4g; bei abgelehnter Akteneinsicht VII.B.7b; bei Änderung Sach- und Rechtslage VII.B.13 b, c; bei Änderung Verfahrenslage VII.B.13 c bb; bei fehlender Akteneinsicht VII.A.4 Anm. 2, VII.B.7a; bei Nichteinhaltung der Ladungsfristen VII.B.5; bei Verfahrenshindernis VII.B.11 Anm. 2; bei Verhinderung des Verteidigers VII.A.2 Anm. 5, VII.B.13 c b β; bei verspätetem Vorbringen von Tatsachen VII.B.13 a; bei verspäteter Benennung von Zeugen VII.B.13 a; bei Verteidigerwechsel VII.B.20 d

Aussetzung der Vollziehung bei Beschwerde nach § 181 GVG VIII.A.5; des Haftbefehls V.1 Anm. 10, V.2; im Bußgeldverfahren XI.A.7, XI.D.2; von Steuerverwaltungsakten XII.B.5 Anm. 7

Außenprüfung Beschwerde gegen Kontrollmitteilung XII.B.5

Bedingungen bei wasserrechtlicher Einleiterlaubnis XII.E.2 Anm. 3

Befangenheit als Ablehnungsgrund VII.A.12, VII.B.19; s. a. Ablehnung von Gerichtspersonen

Befragung informatorische durch Steuerfahndung XII.C.6 Nr. 2; von Zeugen durch Verteidiger III.5, 6

Begnadigung s. Gnadengesuch

Behördenzeugnis Verlesbarkeit VII.A.15 Anm. 5h

Beiakten Akteneinsicht III.3 Anm. 5

Beiordnung eines Pflichtverteidigers Ablehnung der – II.15; als Konkretisierung des Rechtsstaatsprinzips XV.2; Antrag auf – II.13, VII.B.20a, b; Antrag auf gerichtliche Entscheidung gegen Ablehnung der – XI.A.5; Beschwerde gegen – II.17; Beschwerde gegen die Ablehnung der – II.16; für Revisionshauptverhandlung VIII.F.2; im Bußgeldverfahren XI.A.4, 5; im Gnadenverfahren X.A.14 Anm. 2; im Jugendstrafverfahren XII.A.1 Anm; im Vollstreckungsverfahren X.A.10 Anm. 1; im Wiederaufnahmeverfahren IX.2 Anm. 41; neben Wahlverteidiger, Antrag auf VII.B.20b; Vorschlagsrecht des Beschuldigten II.15 Anm. 1; s.a. Pflichtverteidigerbestellung

Beiordnung eines Rechtsanwaltes als Zeugenbeistand XIII.E.Einf; im Klageerzwingungsverfahren XIII.A.2 Anm. 6; im Nebenklageverfahren XIII.C.2; im Privatklageverfahren XIII.B.2

Beistand eines Zeugen s. Zeugenbeistand

Zahlen nach Anm. = Anmerkungen der Formulare   **Sachverzeichnis**

Beitritt zur Privatklage XIII.B.4
Belehrung bei Auskunftsersuchen XII.C.2 Anm. 1; des Angeklagten VIII.C.2 B.I.6; unterbliebene VII.A.15 Anm. 2, 4, VIII.D.3 Anm. 1, VIII.E.2 Anm. 3
Belehrung des Beschuldigten bei polizeilicher Vernehmung VII.A.15 Anm. 2; über Beweisantragsrecht VII.D.14 Anm. 1
Belehrung des Betroffenen bei Beschlagnahme XII.C.6 Nr. 10; bei Ladung zur Hauptverhandlung XI.D.2 Anm. 7, 8
Belehrung von Zeugen VII.A.15 Anm. 4, VIII.C.2 B.I.7; bei anwaltlicher Befragung III.5 Anm. 4, 5; über Zeugnisverweigerungsrecht VIII.C.5 II.2
Benachrichtigung des Verteidigers vom Vorführtermin V.4 Anm. 4; von Anhörung über Aussetzung des Strafrestes X.B.16 Anm. 3; von Vernehmungen VII.A.9 Anm. 6, VII.A.15 Anm. 9, VII.D.14 Anm. 3; s. a. Terminsnachricht
Benachrichtigung des Zeugenbeistandes vom Vernehmungstermin XIII.E.2 Anm. 5
Beratung, rechtliche I.B.1b, I.C.1b
Berichtigungsanzeige in Steuersachen XII.B.1
Berufsausbildung während Unterbringung X.B.6
Berufshelfer des Verteidigers Antrag auf Zulassung zur Hauptverhandlung VII.B.9; Detektiv III.13; Sachverständige III.7, 15; wissenschaftliche Mitarbeiter III.13 Anm. 4, III.14
Berufung Ausbleiben des Angeklagten VIII.D.6; bei gleichzeitigem Wiedereinsetzungsantrag VIII.B.4, 5 Anm. 3, VIII.D.3, 5; beschränkte s. Berufungsbeschränkung; gegen Adhäsionsentscheidung XIII.D.5; in Jugendstrafsachen VIII.B.1 Anm. 1, XII.A.13; nachträgliche Bezeichnung als – VIII.B.3; Rechtsbehelf gegen Verwerfungsbeschluß VIII.B.5; reformatio in peius VIII.B.Vorb., VIII.B.8 Anm. 1, VIII.B.9 Anm. 1; Übergang auf Revision VIII.B.2 Anm. 1, VIII.C.1 Anm. 1; unbeschränkte VIII.B.6
Berufungsbegründung VIII.B.6; Frist VIII.B.3 Anm. 2; im Jugendstrafverfahren XII.A.1
Berufungsbeschränkung auf Strafaussetzung zur Bewährung VIII.B.8 Anm. 1; auf Strafmaß VIII.B.7; innerhalb des Rechtsfolgenausspruchs VIII.B.8; innerhalb des Schuldspruchs VIII.B.9
Berufungseinlegung VIII.B.1-3; verspätete VIII.B.5, VIII.D.3
Beschlagnahme Anfechtung der – eines Führerscheins XI.A.9; Anfechtung der – im Bußgeldverfahren XI.A.7; Anordnung III.8 Anm. 4, XII.C.5; Beschwerde gegen – III.8 Anm. 10, VIII.A.1, 2, XI.A.8; Teilnahme des Verteidigers III.8; von Geschäftsunterlagen XII.C.4 Anm. 6, XII.C.5, 6 Nr. 9; von Verteidigerpost III.4 Anm. 3, VIII.A.2

Beschlagnahmefreiheit von Handakten III.8 Anm. 13; von Verteidigerpost III.4 Anm. 3; Wegfall bei Schweigepflichtsentbindung II.9 Anm. 7, III.8 Anm. 13
Beschlagnahmeverzeichnis XII.C.6 Nr. 10
Beschleunigtes Verfahren und Jugendstrafsachen XII.A.7 Anm. 4
Beschleunigungsgebot bei Untersuchungshaft V.6 Anm. 4, V.9 Anm. 6, 8 im Jugendstrafverfahren XII.A.3 Anm. 1 f
Beschuldigter Begriff XII.B.D.1 Anm. 1
Beschwerde bei Untersuchungshaft s. Haft –; gegen Ablehnung Akteneinsicht VII.A.4; gegen Ablehnung der Beiordnung als Pflichtverteidiger II.16; gegen Ablehnung Gewährung rechtlichen Gehörs VIII.F.1 Anm. 2; gegen Ablehnung Privatklagebeitritt XIII.B.4 Anm. 7; gegen Ablehnung Terminsverlegung VII.A.2 Anm. 1; gegen Beiordnung als Pflichtverteidiger II.17; gegen Beschlagnahme VIII.A.1; gegen Beschlagnahme im Bußgeldverfahren XI.A.8; gegen Beschlagnahme von Verteidigerpost VIII.A.2; gegen Durchsuchungsanordnung VIII.A.1, XII.C.5 Anm. 7; gegen Einstellung des Verfahrens s. Einstellungs –; gegen Entziehung der Fahrerlaubnis XI.A.10; gegen Gnadenentscheidung X.A.18 Anm. 2b; gegen Kontrollmitteilungen bei Außenprüfung XII.B.5; gegen Nichtzulassung der Nebenklage XIII.C.3; gegen Ordnungsmittelfestsetzung VIII.A.5; gegen Sicherungshaftbefehl X.A.7 Anm. 2; gegen Steuerverwaltungsakte XII.B.5; gegen Versagung Prozeßkostenhilfe XIII.A.2 Anm. 6; gegen Vorführungsanordnung XI.D.2; gegen Zulassung der Nebenklage XIII.C.3; im Gnadenverfahren X.A.18 Anm. 26; Übersicht VIII.A. Vorb.; Wiedereinsetzung bei Versäumung -frist VIII.D.4; s.a. Dienstaufsichts-, Einstellungs-, Haft-, Menschenrechts-, Rechtsbeschwerde
Beschwerde, sofortige VIII.A.4; bei Gebührenanspruch XIV.D.1–2 Anm. 24; gegen Ablehnung der Strafaussetzung X.A.13; gegen Einstellung des Privatklageverfahrens XIII.B.6 Anm. 6; gegen Entscheidung über Strafaufschub X.A.8 nach Anm. 14, X.A.9 nach Anm. 9; gegen Gesamtstrafenbildung X.A.3; gegen Kosten-/Auslagenentscheidung XI.E.4 Anm. 1, XIII.D.4 Anm. 6; gegen Ordnungsmittelfestsetzung VIII.A.5; gegen Rückerstattungsanordnung nach Wirtschaftsstrafgesetz XI.G.1; gegen Verwerfung des Einspruchs gegen Bußgeldbescheid XI.C.2; gegen Widerruf der Strafaussetzung X.A.6; gegen Zurückweisung der Privatklage XIII.B.5; im Einziehungsverfahren XI.F.2 Anm. 3, XI.F.4 Anm. 9; im Wiederaufnahmeverfahren IX.7 (1)
Beschwerde, weitere V.8, VIII.A.3

1039

Sachverzeichnis

Röm. Zahlen, Großbuchstaben, arab. Zahlen = Formular

Besetzung des Gerichts Checkliste für Verteidiger VII.C vor 1; Einwand der vorschriftswidrigen – VII.C.7–10; Überprüfung der Schöffen VII.C.4–6, 8–9; Unterbrechungsantrag bei Mitteilung der – VII.C.1
Besetzungseinwand VII.C.7–10
Besetzungsrüge VII.C.7–10, VIII.C.2 B.II.1 VIII.C.2 C Anm. 3, VIII.C.5 II.1, XV.1 Anm. 13
Besorgnis der Befangenheit s. Ablehnung von Gerichtspersonen, Befangenheit
Bestellung als Pflichtverteidiger s. Beiordnung eines Pflichtverteidigers, Pflichtverteidigerbestellung
Besteuerungsverfahren Auskunftsersuchen gegenüber Unternehmen XII.C.1, 2; Aussagepflicht XII.C.3 Hinweis 1b; Aussetzung Steuerstrafverfahren bis Abschluß – XII.B.7; Durchsuchung XII.C.5 Hinweis 1; Herausgabe von Unterlagen XII.C.1 Anm. 3, XII.C.4 Anm. 4; Vernehmung von Beschuldigten/Zeugen XII.C.3
Besuchserlaubnis Antrag auf Erteilung II.14
Betäubungsmittelrecht Strafzumessungskriterien VII.B.22 B Zurückstellung der Strafvollstreckung X.A.19
Betreiben, unerlaubtes von Anlagen XII.E.4
Bevollmächtigung s. Vollmacht
Bewährung s. Strafaussetzung zur Bewährung
Bewährungshelfer X.B.15 Anm. 13
Beweisanregung im Ermittlungsverfahren III.16, VII.D.14 Anm. 2; in Hauptverhandlung VII.D.11
Beweisantizipation VIII.C.4 II.4
Beweisantrag auf Ladung von Sachverständigen VII.D.6; auf Vernehmung von Sachverständigen VII.D.7; bedingter VIII.C.D.15; Checkliste für Revision VIII.C.2 B.II.3 hilfsweiser VII.D.15–17; im Adhäsionsverfahren XIII.D.3; im Ermittlungsverfahren III.16, V.4 Anm. 10, VII.D.14; im Haftprüfungstermin V.4 Anm. 10, V.5 Anm. 5; im Maßregelvollzug X.B.16 Anm. 3, X.B.19 Anm. 1; im Strafvollstreckungsverfahren X.B.16 Anm. 3; im Wiederaufnahmeverfahren IX.2 (8); im Zwischenverfahren VII.D.13; in Verschleppungsabsicht I.4a, I.C.4f, VIII.C.4 II.8; verspäteter VIII.C.4 II.8; vor der Hauptverhandlung VII.D.6; zur Sozialprognose X.B.16 Anm. 3
Beweisantrag im Bußgeldverfahren XI.A.6; Rechtsbeschwerde gegen Ablehnung XI.E.2 I.1
Beweisantrag in Hauptverhandlung Ablehnung VII.D.2–4 Anm. 1, VIII.C.4; angekündigter VII.B.8; Augenscheinseinnahme VII.D.9, 10; Einholung eines Sachverständigengutachtens VII.D.5, 16; und Revision VIII.C.4; Verlesung von Urkunden VII.D.8; Vernehmung von Zeugen (nichtpräsent) VII.D.1; Vernehmung von Zeugen (präsent) VII.D.2, VIII.C.4 II.1; Vernehmung von Sachverständigen VII.D.7, VIII.C.4 II.9; Zuziehung eines weiteren Sachverständigen VII.D.17
Beweisaufnahme VIII.C.4, XV.2 Anm. 7; im Bußgeldverfahren XI.E.2 Anm. 7; im Ermittlungsverfahren V.5 Anm. 5; Unmittelbarkeitsgrundsatz VII.A.15 Anm. 5b, VIII.B.Vorb., XIII.D.3 Anm. 2
Beweiserhebungsverbot VII.A.15 Anm. 1
Beweisermittlungsantrag auf Beiziehung von Akten VII.D.12; im Ermittlungsverfahren VII.D.14 Anm. 2; im Zwischenverfahren VII.D.13 Anm. 2; in Hauptverhandlung VII.D.12
Beweisführung III.9 Anm. 2, 3
Beweismethodenverbot VII.A.15 Anm. 3
Beweismittel Arten IX.4 A; Erreichbarkeit VIII.C.4 II.6; Geeignetheit VIII.C.4 II.7; im Wirtschaftsstrafverfahren XII.D.Einf.; präsente VIII.C.4 II.11; Tonbandaufnahmen VII.A.15 Anm. 6, VII.B.10; Urkunden VII.A.15 Anm. 5; Wiederaufnahmeverfahren bei neuen -n IX.3 (3), 4, 8, 9
Beweismittelverbot VII.A.15 Anm. 2
Beweissicherung III.12, 16 Anm. 2
Beweisstücke Besichtigung amtlich verwahrter III.3 Anm. 7, VII.A.3 Anm. 6, 7
Beweisthemaverbot VII.A.15 Anm. 1
Beweisverbot Checkliste VII.A.15
Beweisverwertungsverbot VII.A.15 Anm. 4; s.a. Verwertungsverbot
Beweiswürdigung VIII.C.8
Blutalkoholkonzentration XI.A.10 Anm. 6, 7
Briefkontrolle bei Gefangenen III.4
Bundeszentralregister Anschrift VIII.F.3 Anm. 1; Antrag auf gerichtliche Entscheidung gem. § 23 EGGVG VIII.F.3; Eintragung von Jugendverurteilungen XII. A.7 Anm. 1; und Verfahrenseinstellung IV.5 Anm. 2
Bußgeldbescheid Einspruch s. dort; neuer mit geänderter Rechtsfolge XI.B.3 Anm. 5; Rücknahme XI.B.3 Anm. 5; Zustellung XI.B.1 Anm. 5, XI.B.2 Anm. 6
Bußgeldkatalog XI.E.5 Anm. 8
Bußgeldverfahren Anfechtung von Verwarnungen XI.A.2; Akteneinsicht XI.A.1; Aussetzung der Vollziehung XI.D.2; Beiordnung als Pflichtverteidiger XI.A.4; Beweisanträge XI.A.6; Einstellung XI.B.3 Anm. 5, XI.C.4; gegen juristische Person/Personenvereinigung XI.B.2; Rücknahme der Anordnung des persönlichen Erscheinens XI.D.1; Rückzahlung des Verwarnungsgeldes XI.A.2; Selbstanzeige in Steuersachen XII.B.2 Anm. 2; Vernehmung, kommissarische des Betroffenen XI.D.1; Vernehmung von Zeugen XI.A.6;

Zahlen nach Anm. = Anmerkungen der Formulare **Sachverzeichnis**

Vertretungsanzeige XI.A.1 Vollmacht XI.A.1 Anm. 3, XI.C.3 Anm. 3, XI.D.1 Anm. 7; s. a. Antrag auf gerichtliche Entscheidung, Beschwerde, Rechtsbeschwerde

Denkgesetze, Verstoß gegen VIII.C.8
Detektiv Beauftragung durch Verteidiger III.13
Dienstaufsichtsbeschwerde VIII. vor A; bei Ablehnung von Beweisanträgen VII.D.14 Anm. 2; bei Einstellungsbeschwerde XIII.A.2 Anm. 12; bei Presseinformationen III.21
Disziplinarverfahren IV.4 Anm. 4; Gebühren XIV.D. 1–2 Anm . 3
Diversion XII.A.5
Dolmetscher XV.9 Anm. 19; Antrag auf Zuziehung VII.A.10; Kosten als notwendige Auslagen XIV.B.5
Drogenabhängigkeit Zurückstellung der Strafvollstreckung X.A.19
Durchsicht von Papieren s. Einsicht in Geschäftsunterlagen
Durchsuchung Anfechtung im Bußgeldverfahren XI.A.7; Beschwerde gegen – im Bußgeldverfahren XI.A.8; Teilnahme des Verteidigers III.8; von Geschäftsräumen XII.C.5, 6 Nr. 8
Durchsuchungsanordnung III.8 Anm. 3, 4, XII.C.5, 6 Nr. 8; Beschwerde gegen – III.8 Anm. 10, VIII.A.1, XII.C.5 Anm. 7
Durchsuchungsprotokoll III.8 Anm. 9, XII.C.6 Nr. 11

Eidesstattliche Versicherung in Revision VIII.D.1, 2; über Wiederaufnahmegrund IX.2 Anm. 123
Einsicht in Geschäftsunterlagen III.8 Anm. 8; Beschwerde gegen – VIII.A.1; im Bußgeldverfahren XI.A.7; im Steuerstrafverfahren XII.C.4
Einspruch gegen Einziehungsbescheid XI.F.1; gegen Strafbefehl VIII.D.1
Einspruch gegen Bußgeldbescheid XI.B.1; Antrag auf gerichtliche Entscheidung gegen Verwerfung XI.C.1; einer juristischen Person im selbständigen Verfahren XI.B.2; mit Antrag auf Rücknahme XI.B.3; mit Wiedereinsetzungsantrag VIII.D.2; Rücknahme XI.B.3; sofortige Beschwerde gegen Verwerfung XI.C.2
Einstellung des Verfahrens Anträge im Ermittlungsverfahren III.18, IV.10; bei fehlerhaftem Eröffnungsbeschluß VII.A.7 d; bei fehlerhafter Anklageschrift VII.A.7 d; bei örtlicher Unzuständigkeit VII.B.6 a; bei unwirksamem Strafantrag VII.A.7 b; bei Verjährung VII.A.7 c XI.C.4; bei zurückgenommenem Strafantrag VII.A.7 a; durch Urteil VII.B.6 a, 11; in Bußgeldsachen XI.B.3 Anm. 5, XI.C.4; in Jugendstrafsachen XII.A.2 Nr. 7, XII.A.4, 5; in Privatklagesachen XIII.B.6 Anm. 6; in Wirtschaftsstrafsachen XII.D.Einf.; nach Eröffnung Hauptverfahren VI.Vorb.; und Wiederaufnahmeverfahren IX.2 (1) c, IX.4 B (6); Verbescheidung des Strafantragstellers XIII.A.1 Anm. 4, 5; vorläufige VII.A.6; wegen Gesetzesänderung VII.A.8; wegen Verfahrenshindernis VII.A.7, VII.B.6 a, 11, XI.C.4; wegen Verhandlungsunfähigkeit VII.A.6
Einstellung des Verfahrens nach Klageerhebung endgültige IV.10; unter Auflagen und Weisungen IV.6, 7; vorläufige IV.6, 7; wegen geringer Schuld IV.3; Zustimmungserklärung IV.8
Einstellung des Verfahrens vor Klageerhebung Antrag auf Änderung von Auflagen IV.9; endgültige IV.10; unter Auflagen und Weisungen IV.4, 5; vorläufige IV.4, 5; wegen geringer Schuld IV.1, 2; Zustimmungserklärung IV.8
Einstellungsbeschwerde XIII.A.1; Antrag auf gerichtliche Entscheidung gegen -bescheid XIII.A.2; Wiedereinsetzung bei Versäumung der -frist VIII.D.4, XIII.A.1 Anm. 2
Einstweilige Anordnung, Antrag auf im Maßregelvollzug X.B.12; im verfassungsgerichtlichen Verfahren XV.4
Einwand der Unzuständigkeit des Gerichts VII.B.6 a, b; der vorschriftswidrigen Gerichtsbesetzung VII.C.7–10
Einwendungen gegen Entscheidungen der Vollstreckungsbehörden X.A.1 nach Anm. 6, X.A.8 nach Anm. 14, X.A.9 nachAnm. 9; gegen Gnadenentscheidungen X.A.18 Anm. 2b
Einwendungsausschluß s. Rügepräklusion
Einzeltherapie Rechtsanspruch auf X.B.11 Anm. 2
Einziehung Antrag auf Nachverfahren XI.F.4; Einspruch gegen selbständigen -bescheid XI.F.1; Entschädigung XI.F.3; Ladung von Beweispersonen VII.D.2–4 Anm. 4; Sicherungs- XI.F.1 Anm. 5; s. a. Antrag auf gerichtliche Entscheidung, Beschwerde sofortige, Rechtsbeschwerde
Entfernung aus dem Sitzungszimmer VIII.C.2 Anm. 6
Entschädigung des Einziehungsbeteiligten XI.F.3
Entschuldigung als Auflage in Jugendstrafsachen XII.A.10c Nr. 2b
Entziehung der Fahrerlaubnis Antrag auf Ausnahme bestimmter Fahrzeuge XI.A.11; beschränkte Anfechtung mit Berufung VIII.B.8 Anm. 1, VIII.B.9; Beschwerde gegen vorläufige – XI.A.10; Strafzumessungskriterien VII.B.22 A.III
Entziehungsanstalt s. Unterbringung
Erfolgshonorar XIV.A.1–5 Anm. 5, 19
Ergänzungsrichter VII.C.6 Anm. 2; Besetzungsrüge VII.C.10
Ergänzungsschöffen VII.C.6 Anm. 2; Besetzungsrüge VII.C.9
Erkennungsdienstliche Maßnahmen Antrag auf

Sachverzeichnis   Röm. Zahlen, Großbuchstaben, arab. Zahlen = Formular

gerichtliche Entscheidung VIII.E.2; Rechtsmittel VIII.E; Vernichtung von Unterlagen VIII.E.1
Erledigterklärung von Maßregeln der Besserung und Sicherung X.B.17 Anm. 4
Ermittlungstätigkeit des Verteidigers I.B.3a, I.C.3a, III.9; Beauftragung von Detektiven III.13; Beauftragung von Sachverständigen III.7, 15; Befragung von Zeugen III.5; Beweissicherung III.12; Übertragung auf Mitarbeiter III.13 Anm. 4, III.14
Ermittlungsverfahren Auskunftsersuchen von Behörden XII.C.1, 2; Beweisantrag III.16, VII.D.14; Checkliste III.1; Checkliste in Jugendstrafsachen XII.A.2; Einstellungsanregung IV.1, 2, 4, 5; Einstellungsantrag III.18, IV.10; in Steuerstrafsachen XII.C.; in Umweltstrafsachen, Verteidigungsschrift XII.E.1, 4; und Disziplinarverfahren IV.4 Anm. 4; Verhaltensregeln für Unternehmen XII.C.6; Verteidigungsschrift III.17; Vertretungsanzeige III.2; Zuständigkeit in Steuerstrafsachen XII.C.1 Hinweis 1
Eröffnung des Hauptverfahrens VI.Vorb.; Antrag auf Nicht- VI.1, 2, VII.A.5, VIII.F.1
Eröffnungsbeschluß Antrag auf Aufhebung VII.A.5, VIII.F.1; fehlerhafter VII.A.7d
Ersatzfreiheitsstrafe X.A.8 Anm. 5 Aussetzung des Strafrestes X.A.10 Anm. 4, 5
Erstattungsanspruch gegen Staatskasse s. dort
Erziehung vorläufige Anordnung über die – Jugendlicher XII.A.3 Anm. 1d
Erziehungsbeistandschaft XII.A.10b
Erziehungsberechtigte Rechtsstellung im Jugendstrafverfahren XII.A.2 Nr. 10
Erziehungsmaßregeln gegen Jugendliche XII.A.10b; Verbindung mit anderen Maßnahmen XII.A.10a
Erziehungsregister Eintragung XII.A.4 Anm. 2, XII.A.6 Anm. 5; Tilgung XII.A.1; Verlesung einer Eintragung VII.B.14b
Erziehungsverfahren, formloses XII.A.5 Anm. 3, 4
Europarat Anschrift XV.9

Fahrerlaubnis Antrag auf vorzeitige Aufhebung der Sperre für Wiedererteilung XI.A.12; s.a. Entziehung der Fahrerlaubnis
Fahruntüchtigkeit XI.A.10 Anm. 8
Fahrverbot XI.E.2, I.3, II.1
Faires Verfahren s. Verfahren, faires
Falschaussage s. Aussage, falsche
Fernmeldeverkehr Überwachung VII.A.15 Anm. 7
Fernschreiber Einlegung Rechtsbeschwerde per – XI.E.2 Anm. 10
Festnahme, vorläufige Abwendung V.3 Anm. 1; Schriftsatz zum Vorführtermin V.4

Feststellungsklage im Maßregelvollzug X.B.3, 10
Flucht als Haftgrund V.1 Anm. 8
Fluchtgefahr als Haftgrund V.1 Anm. 8; V.4 Anm. 9, 11
Fortgesetzte Handlung IX.2 (1)e
Fortsetzungsfeststellungsklage X.B.3
Frage-recht des Verteidigers VII.B.21; Typen VII.B.21; unzulässige I.B.4a, I.C.4c, d, VII.B.14a, 21 Nr. 1; Zurückweisung VII.B.21 Nr. 1, 7
Freiheit der Person XV.1 II § 2 (3), XV.2 II § 2 (1)
Freiheitsentziehende Maßregeln s. Maßregeln der Besserung und Sicherung
Freiheitsstrafe Ersatz- X.A.8 Anm. 5, X.A.10 Anm. 4, 5; erstmalige Verbüßung X.A.11 Anm. 7, 8; s.a. Strafvollstreckung
Führerschein Anfechtung der Beschlagnahme XI.A.9
Führungsaufsicht bei Aussetzung der Maßregelvollstreckung X.B.15 Anm. 3
Führungszeugnis IV.11 Anm. 3; Nichtaufnahme von Eintragungen VIII.F.3
Fürsorgeerziehung XII.A.10b

Gebrechlichkeitspflegschaft X.B.15 Anm. 12
Gebühren bei einstweiliger Anordnung XV.4 nach Anm. 11; bei Menschenrechtsbeschwerde XV.9 nach Anm. 27; bei Verfassungsbeschwerde XV.1 nach Anm. 33; für Strafsachen besonderen Umfangs s. Pauschgebühr; für Sühneversuch XIII.B.1 Anm. 11; im Adhäsionsverfahren XIII.D.1 Anm. 10; im Disziplinarverfahren XIV.D.1–2 Anm. 3; im Klageerzwingungsverfahren XIV.B.1–8 Anm. 10, XIV.C.1–6 Anm. 3, XIV.D.1–2 Anm. 3; im Nebenklageverfahren XIV.B.1–8 Anm. 10, XIV.C.5, XIV.C.1–6 Anm. 3, XIV.D.2, XIV.D.1–2 Anm. 3; im Privatklageverfahren XIV.B.1–8 Anm. 10, XIV.C.1–6 Anm. 3, XIV.D.1–2 Anm. 3
Gebühren des Pflichtverteidigers XV.2 Anm. 12; Anspruch gegen Angeklagten auf Wahlverteidigergebühren XIV.D.1; Anspruchsentstehung XIV.B.1–8 Anm. 1; bei mehrtägiger Hauptverhandlung XIV.B.7; bei Teilnahme an Zeugenvernehmung XIV.B.4; für Einzeltätigkeit XIV.B.6, XIV.B.1–8 Anm. 49–53; für 1. Instanz XIV.B.1; für 2. Instanz XIV.B.2; für Wiederaufnahmeantrag XIV.B.8, XIV.B.1–8 Anm. 54; Höhe XIV.B.1–8 Anm. 13–48; Honorarvereinbarung XIV.A.1–5 Anm. 24, XIV.D.1–2 Anm. 19; Pauschgebühr s. dort; vor Eröffnung Hauptverfahren XIV.B.1-8 Anm. 6; Vorschuß XIV.B.3, XIV.B.1–8 Anm. 7, XIV.D.1–2 Anm. 9

Zahlen nach Anm. = Anmerkungen der Formulare

Sachverzeichnis

Gebühren des Wahlverteidigers Anspruchsentstehung II.2 Anm. 3, II.3 Alt.A Anm. 5; bei Mandatsanbahnung II.1 Alt.B Anm. 2; bei Mandatsniederlegung II.11 Anm. 4, 5; bei mehreren Verteidigern II.4 Anm. 6; s.a. Honorarvereinbarung

Gebührenklage gegen Angeklagten XIV.D.1–2 Anm. 17

Gebührenüberhebung XIV.A.1–5 Anm. 22

Gebührenvorschuß XIV.B.1–8 Anm. 7; Anforderung durch Pflichtverteidiger XIV.B.3, XIV.D.1–2 Anm. 9; bei Pauschgebühr XIV.C.4, XIV.C.1–6 Anm. 9; bei Privatklage XIII.B.2 Anm. 19; Mitteilungspflicht für -zahlung XIV.B.1–8 Anm. 11

Gedächtnisprotokoll bei Zeugenbefragung III.6 Anm. 7

Gegendarstellung III.20a; Aufforderung zur Veröffentlichung III.20b; gerichtlicher Antrag auf Veröffentlichung III.20c

Gegenstandswert Festsetzung im Verfassungsbeschwerdeverfahren XV.7

Gegenüberstellung III.10 Anm. 1, VII.B.2a

Gegenvorstellung VIII. vor A; auf Nichtbestellung Pflichtverteidiger VIII.F.2; bei Gnadenentscheidung X.A.18 Anm. 2a

Geldbuße IV.5, IV.6 Anm. 2; in Jugendstrafsachen XII.A.10c Nr. 2d

Geldstrafe Antrag auf Zahlungserleichterung X.A.1; Berechnung in Tagessätzen IV.11 Anm. 3, 4; Einwendung gegen Ablehnung der Zahlungserleichterung X.A.1 nach Anm. 6

Gerichtsbesetzung s. Besetzung des Gerichts

Gesamtstrafe Antrag auf nachträgliche Bildung X.A.2; sofortige Beschwerde gegen -nbeschluß X.A.3

Geschäftsverteilungsplan VIII.C.5 II.1; Antrag auf Einsicht in – VII.C.2, 3

Geschwindigkeitsübertretung XI.E.2 II.2

Gesetzlicher Richter VIII.C.5 II.1, XV.1 II § 2 (1)

Geständnis Verlesbarkeit VII.A.15 Anm. 5g; Widerruf IX.4 D (20)a

Gesundheitsvorsorge bei Unterbringung X.B.5

Gewässerverunreinigung XII.E.1, 2

Glaubwürdigkeit von Zeugen I.B.4a, b, I.C.4e, VIII.C.7 II.2

Gleichheitsverstoß XV.3 II § 3 (2)

Gnadenentscheidung Inhalt X.A.14 Anm. 5; Rechtsbehelfe X.A.18; Widerruf X.A.18 Anm. 2e

Gnadengesuch auf Strafaussetzung zur Bewährung X.A.14, 15; auf Vollstreckungsaufschub X.A.16; auf Vollstreckungsunterbrechung X.A.17; Rechtsbehelfe gegen Ablehnung X.A.18; Subsidiarität X.A.14 Anm. 12c (3), (6), Anm. 15; und Vollstreckungshemmung X.A.14 Anm. 6;

Gnadengründe X.A.14 Anm. 12

Haft s. Untersuchungshaft

Haftabwendung V.1 bei Auslandsaufenthalt des Beschuldigten V.2, 3

Haftbefehl Abwendung eines drohenden V.1; Anordnung des Vollzugs eines ausgesetzten -s VII.B.22 Anm. 9; Antrag auf Aufhebung III.17, V.6; Antrag auf Aufhebung des Sicherungs-s X.A.7; Antrag auf Aussetzung des Vollzugs V.1 Anm. 10, V.2, 6; Auslieferungs- XV.1 II § 2 (3)c; befristete Aussetzung des Vollzugs V.11 Anm. 3; bei Auslandsaufenthalt V.2, 3; im Jugendstrafverfahren XII.A.3; im Wiederaufnahmeverfahren IX.7; Maßnahmen anstelle eines -s V.3; neuer – nach Aufhebung des früheren V.9 Anm. 5; Vollstreckungs- X.A.8 Anm. 3, X.A.9 Anm. 5

Haftbeschwerde bei nichtrechtskräftiger Verurteilung V.10; gegen Haftbefehl V.5 Anm. 2, V.6; gegen Haftfortdauerbeschluß V.7, 8; Übersicht V.12; weitere V.8

Haftfortdauer Beschwerde gegen -beschluß V.7, 8; Stellungnahme bei – über 6 Monaten V.9

Haftgründe V.1 Anm. 8, V.4 Anm. 7, 9, 11, V.5 Anm. 7–9

Haftprüfung Antrag auf mündliche V.5; durch OLG V.9

Haftunfähigkeit V.4 Anm. 14, 15

Haftverschonung V.1, 2

Halbstrafe Antrag auf Aussetzung zur Bewährung X.A.11, 12

Halterhaftung XI.A.13

Hauptverfahren Antrag auf Nichteröffnung VI.1, 2, VII.A.5, VIII.F.1; in Jugendstrafsachen XII.A.6

Hauptverhandlung Abwesenheit des Angeklagten VIII.C.2 Anm. 4–6; Ankündigung von Anträgen VII.A.13; Ausbleiben des Angeklagten VIII.B.4, VIII.D.5, 6; Beweisanregung VIII.D.11; Beweisanträge in der – VII.D.1, 2, 5, 7–9; Beweisanträge vor der – VII.D.6; Beweisermittlungsantrag VII.D.12; Checkliste in Jugendstrafsachen XII.A.8, 9; Checkliste zur Vorbereitung VII.A.17; Entbindung des Angeklagten vom Erscheinen in der – II.7 Anm. 3; Gegenvorstellung auf Nichtbestellung Pflichtverteidiger VIII.F.2; s.a. Aussetzung der Hauptverhandlung

Hauptverhandlungstermin Abstimmung mit Gericht VII.A.1; Antrag auf Verlegung VII.A.2; Beschwerde gegen Ablehnung -sverlegung VII.A.2 Anm. 1; Verhinderung des Verteidigers VII.A.1

Heranwachsende strafrechtliche Behandlung XII.A.7

Herausgabe von Unterlagen XII.C.1 Anm. 3, XII.C.4, 6 Nr. 9

Hilfsbeweisantrag VII.D.16, 17; in Revision VIII.C.4; unechter VII.D.15

Sachverzeichnis   Röm. Zahlen, Großbuchstaben, arab. Zahlen = Formular

Hilfsschöffen Antrag auf Einsicht in -liste VII.C.6; Besetzungsrüge VII.C.9
Hinweispflicht, gerichtliche auf Änderung Sach- und Rechtslage VII.B.13 b, c; auf Änderung Verfahrenslage VII.B.13 c bb; auf rechtsfolgenverschärfende Umstände XI.E.2, I.3; und Revision VIII.C.2, B.I.12
Honorar Erfolgs- XIV.A.1-5 Anm. 5, 19; Höhe XIV.A.1-5 Anm. 14–18, 32
Honorarschein XIV.A.1, 4, 5
Honorarklage XIV.A.1-5 Anm. 38
Honorarvereinbarung II.2 Anm. 4, 6 des Pflichtverteidigers XIV.A.1–5 Anm. 24, XIV.D.1–2 Anm. 19; für Hauptverhandlung XIV.A.3; für Hauptverhandlung mit Zusatztagen XIV.A.4; in Jugendstrafsachen XII.A.2 Nr. 2; normale XIV.A.1; notwendiger Inhalt XIV.A.1–5 Anm. 10; Schriftformerfordernis XIV.A.1–5 Anm. 2, 3, 12; standeswidrige XIV.A.1-5 Anm. 19, 20, 35, 36; Stundenhonorar XIV.A.1-5 Anm. 33; Stundenhonorar für Hauptverhandlung XIV.A.5; Vordruck der Soldanstiftung XIV.A.1-5 Anm. 10, 25
Honorarvorschuß XIV.A.1-5 Anm. 29, 30

Identifizierung des Angeklagten durch Zeugen VII.B.2a; des Täters VII.A.5
Indizienbeweis VIII.C.8
Interessenkollision bei Mandatsannahme II.4 Anm. 2, 3
Intimsphäre, Schutz der VII.A.15 Anm. 6

Jugendarrest XII.A.10c Nr. 3; Anrechnung der U-Haft XII.A.3 Anm. 1g
Jugendgerichtshilfe XII.A.2 Nr. 5, XII.A.9 Nr. 3
Jugendliche strafrechtliche Verantwortlichkeit XII.A.2 Nr. 8, XII.A.6
Jugendpsychologie XII.A.6 Anm. 5
Jugendschöffen VII.C.4 Anm. 4
Jugendstrafe XII.A.10 d; Anrechnung der U-Haft XII.A.3 Anm. 1f; Aussetzung der Verhängung XII.A.10 g; Aussetzung zur Bewährung XII.A.10 e; Einheits- bei Taten verschiedener Altersstufen XII.A.11; Verbindung mit anderen Maßnahmen XII.A.10 a; Vorbewährung XII.A.10 g; Vorteile gegenüber Freiheitsstrafe XII.A.7 Anm. 1;
Jugendstrafrecht Anwendung auf Heranwachsende XII.A.7; Aufgaben des Verteidigers XII.A.1 Anm.
Jugendstrafverfahren Anordnung, vorläufige über Erziehung XII.A.3 Anm. 1d; Aufgaben des Verteidigers XII.A.1 Anm.; Beiordnung eines Pflichtverteidigers XII.A.1 Anm.; Berufung VIII.B.1 Anm. 1, XII.A.13; Berufungsbegründung XII.A.1; Checkliste für Ermittlungsverfahren XII.A.2; Checkliste für Hauptverhandlung XII.A.8, 9; Checkliste für Zwischenverfahren XII.A.2; Diversion XII.A.5; Einstellung XII.A.1 Anm. , XII.A.2 Nr. 7, XII.A.4, 5; formloses Erziehungsverfahren XII.A.5 Anm. 3, 4; Non-intervention XII.A.4; Pflichtverteidiger XII.A.3 Anm. 2; Plädoyer XII.A.10; Rechtsmittel XII.A.13; Revision XII.A.13; und Adhäsionsverfahren XIII.D.1 Anm. 7; und beschleunigtes Verfahren XII.A.7 Anm. 4; und Nebenklage XIII.C.1 Anm. 5; und Privatklage XIII.B.6 Anm. 8; und Strafbefehl XII.A.7 Anm. 4; Untersuchungshaft XII.A.3; Verbindung von Maßnahmen XII.A.10a; Verteidigerstrategie XII.A.10
Jugendverfehlung XII.A.7 Anm. 3
Juristische Person als Nebenbeteiligte im Bußgeldverfahren XI.B.2; als Privatklägerin XIII.B.3; Einspruch einer – im selbständigen Verfahren XI.B.2
Justizverwaltungsakt bei Aufnahme Verurteilung in Führungszeugnis VIII.F.3 Anm. 1; bei erkennungsdienstlichen Maßnahmen VIII.E.2 Anm. 1; bei Untersuchungshaft V.12

Klageerhebung IV.3 Anm. 1, XIII.A.1 Anm. 11 Absehen von – s. Einstellung des Verfahrens
Klageerzwingungsverfahren XIII.A; Antrag XIII.A.2; Antrag auf gerichtliche Entscheidung gegen Einstellungsbeschwerdebescheid XIII.A.2; Anwaltsgebühren XIV.B.1-8 Anm. 10; XIV.C.1–6 Anm. 3, XIV.D.1–2 Anm. 3; s.a. Einstellungsbeschwerde
Klagerücknahme IV.12
Kölner Richtlinien zur notwendigen Verteidigung im Jugendstrafverfahren XII.A.3 Anm. 2
Kommissarische Vernehmung s. Vernehmung, von Zeugen
Kosten bei Einstellung des Verfahrens III.8 Anm. 1, IV.3 Anm. 4, 5; bei einstweiliger Anordnung XV.4 nach Anm. 11; bei Freispruch XI.C.3 Anm. 6; bei Menschenrechtsbeschwerde XV.9 nach Anm. 27; bei Privat-/Widerklage XIII.B.6 Anm. 8; bei Rücknahme des Strafantrages VII.A.7a Anm. 6; bei Verfassungsbeschwerde XV.1 nach Anm. 33; des Adhäsionsverfahrens XIII.D.1 Anm. 10; für Zeugenbeistand XIII.E.Einf.; im Jugendstrafverfahren XII.A.12; -tragungspflicht des Kfz-Halters XI.E.13; sofortige Beschwerde gegen -entscheidung XI.E.4 Anm. 1, XIII.D.4 Anm. 6
Kostenfestsetzung Antrag in Verfassungsbeschwerdeverfahren XV.8

Ladung des Angeklagten VII.B.5a; des Betroffenen im Bußgeldverfahren XI.D.2; des Verteidigers VII.B.5b
Ladung von Beweispersonen VII.D.2–4 Beweisantrag auf – VII.D.6; durch Verteidiger

Zahlen nach Anm. = Anmerkungen der Formulare   **Sachverzeichnis**

VII.D.3, 4, 7 Anm. 8; im Rechtshilfeweg VIII.C.4 II.6; zur Berufungsverhandlung VIII.B.1 Anm. 4
Ladungsfrist Aussetzung der Hauptverhandlung bei Nichteinhaltung VII.B.5

Mandat Anbahnungsgespräch II.1; Anzeige der -sbeendigung II.12 Anm. 1; Bestätigungsschreiben II.1; -sangebot II.2; -sannahme II.3; -serteilung in Jugendstrafsachen XII.A.2 Nr. 3; -skündigung II.11; -sniederlegung II.12, 13; -sübernahme bei mehreren Betroffenen II.1 Alt.B Anm. 4, II.3 Alt.A Anm. 4; -sumfang II.8; s. a. Vertretungsanzeige
Marburger Richtlinien im Jugendstrafrecht XII.A.7 Anm. 2
Maßregelaussetzung zur Bewährung bei mehreren Maßregeln X.B.21 Anm. 2; bei weiterer Vollstreckung X.B.16; Eintritt der Führungsaufsicht X.B.15 Anm. 3; nach vollzogener Freiheitsstrafe X.B.17; zugleich mit Anordnung X.B.15
Maßregeln der Besserung und Sicherung Anrechnung auf Strafzeit X.B.18; Antrag auf Erledigterklärung X.B.17, 21; beschränkte Anfechtung mit Berufung VIII.B.8 Anm. 1; Reihenfolge bei Vollstreckung von Strafe und – X.B.17 Anm. 1, X.B.19; Überweisungsantrag in den Vollzug anderer – X.B.20; Verbindung mehrerer – X.B.21
Maßregelvollstreckung Begriff X.B.1b; Reihenfolge bei mehreren Maßregeln X.B.21; Reihenfolge mit Strafvollstreckung X.B.17 Anm. 1, X.B.19; Übe cht X.B. vor 15;
Maßregelvollzug Anfechtung von Realakten/ Verwaltungsakten X.B.1c (cc), X.B.3 Anm. 9, X.B.9 Anm. 1; Anfechtung von Rechtsverletzungen Dritter X.B.2 Anm. 11; Antrag auf Aussetzung einer Maßnahme (Verlegung) X.B.11; Antrag auf einstweilige Anordnung (Teilnahme an Beerdigung) X.B.12; Antrag auf Gewährung Ausbildungsplatz X.B.6; Antrag auf vorherige Strafvollziehung X.B.18; Begriff X.B.1b; Checkliste für Anträge auf gerichtliche Entscheidung X.B.14; Rechtsbehelfsverfahren X.B.1c; Rechtsbeschwerde X.B.1c (dd), X.B.13; Rechtsmittelübersicht X.B.1a; Überweisung in anderen – X.B.20; s. a. Anfechtungs-, Feststellungs-, Untätigkeits-, Unterlassungs-,Verpflichtungs-, Vornahmeklage
Mehrerlös Rückerstattung nach WiStG XI.G.1
Mehrfachverteidigung II.4; in Steuerstrafsachen XII.B.2 Anm. 6; sukzessive II.1 Alt.B Anm. 4, II.3 Alt.A Anm. 4
Mehrfachvertretung von Zeugen XIII.E.Einf.
Menschenrechtsbeschwerde XV.9; Fragebogen der Kommission XV.9 Anl.

Mitarbeiter des Verteidigers III.13 Anm. 4, III.14 Antrag auf Zulassung zur Hauptverhandlung VII.B.9; -erklärung III.13; s. a. Berufshelfer
Mitbeschuldigte Kontakt mit Verteidiger I.B.2b, IC.2c

Nachschieben neuen Vorbringens in Beschwerdeinstanz IX.6 (4)
Nachverfahren Einziehung von Gegenständen XI.F.4; Rechtsmittel XI.F.4 Anm. 9
Nebenbeteiligte im Bußgeldverfahren XI.B.2
Nebenklage Antragsrecht des Nebenklägers im Wiederaufnahmeverfahren IX.2 Anm. 54; Anschlußerklärung XIII.C.1, 2; Anschlußerklärung durch Einlegung Rechtsmittel XIII.C.5; Anwaltsgebühren XIV.C.5, XIV.C.1–6 Anm. 3, XIV.D.2, XIV.D.1–2 Anm. 3; Beschwerde gegen Nichtzulassung XIII.C.3; Beschwerde gegen Zulassung XIII.C.4; Ladung von Beweispersonen VII.D.2–4 Anm. 4; -berechtigung XIII.C.1 Anm. 5, XIII.C.3 Anm. 6; Prozeßkostenhilfeantrag XIII.C.2
Ne bis in idem XV.3
Neue Tatsachen und Beweismittel s. Wiederaufnahmeverfahren
Niederschrift s. Protokoll
Non-intervention XII.A.4
Notanwalt XIII.A.2 Anm. 6
Nulla poena sine lege XV.3

Öffentliches Interesse XIII.A.1 Anm. 11
Öffentlichkeit Antrag auf Ausschließung VII.B.18, XIII.E.1; -srüge VIII.C.6
Offenkundige Tatsachen VIII.C.4 II.5
Opportunitätsprinzip IV.Vorb.
Ordnungsmittel XIII.E.3; Anfechtung der Festsetzung VIII.A.5, XIII.E.3
Ordnungswidrigkeitenverfahren s. Bußgeldverfahren

Pauschgebühr für besonders umfangreiche/ schwierige Verfahren XIV.C.1-6 Anm. 18, 20–22; für Ermittlungsverfahren XIV.C.2; für Hauptverhandlung XIV.C.1; für kommissarische Zeugenvernehmung XIV.C.3; für Nebenklage XIV.C.5; Höhe XIV.C.1-6 Anm. 24, 25; Stellungnahme zur Äußerung des Bezirksrevisors XIV.C.6; rechtliches Gehör bei Festsetzung XV.2 Anm. 12; Rechtsprechung XIV.C.1-6 Anm. 25; Vorschuß XIV.C.4, XIV.C.1-6 Anm. 9
Persönliches Erscheinen Anordnung im Bußgeldverfahren XI.D.1
Personalbeweis III.9 Anm. 2, VII.A.15 Anm. 5b, IX.4 A (3)
Petition X.A.18 Anm. 2c
Pflichtverteidiger Antrag auf Aufhebung der -bestellung II.15 Anm. 2; Antrag auf Aussetzung

1045

der Hauptverhandlung bei -bestellung VII.B.20 d; Antrag auf Zurücknahme der -bestellung VII.B.20 c; Bestellung – neben Wahlverteidiger II.4 Anm. 7, VII.B.20 b; Bestellung Wahlverteidiger zum – VII.B.20 a; in Jugendstrafsachen XII.A.3 Anm. 2; s. a. Auslagen, Beiordnung, Gebühren

Plädoyer IV.4 Anm. 1, VII.B.22; in Jugendstrafsachen XII.A.10

Präsidialbeschlüsse Antrag auf Mitteilung VII.C.3

Presse Kontakt mit Verteidiger I.B.2c; Verteidigung gegen -meldungen III.20, 21; s. a. Dienstaufsichtsbeschwerde, Gegendarstellung, Unterlassung, Widerruf

Privatleben, Achtung des VII.A.15 Anm. 6

Privatklage Antrag auf Beiordnung eines Rechtsanwaltes XIII.B.2; Anwaltsgebühren XIV.B.1–8 Anm. 10, XIV.C.1-6 Anm. 3, XIV.D.1-2 Anm. 3; Beitritt zu einer anhängigen XIII.B.4; einer juristischen Person XIII.B.3; Einstellung des -verfahrens XIII.B.6 Anm. 6; Entwurf XIII.B.2; Ersetzung des Strafantrags durch – XIII.B.2 Anm. 17, XIII.B.4 Anm. 5; Gebührenvorschuß XIII.B.2 Anm. 19; inhaltliche Anforderungen an -schrift XIII.B.2 Anm. 14; Ladung von Beweispersonen VII.D.2–4 Anm. 4; nach Sühneversuch XIII.B.1 Anm. 1; Prozeßkostenhilfeantrag XIII.B.2; sofortige Beschwerde gegen Zurückweisung XIII.B.5; und Widerklage XIII.B.6

Prognoseentscheidung im Maßregelvollzug X.B.16 Anm. 2, 4, X.B.17 Anm. 5, XV.2 II § 2 (2)

Protokoll fremdsprachiges VII.A.11; Gedächtnis- III.6 Anm. 7; über Durchsuchung III.8 Anm. 9, XII.C.6 Nr. 11; Überprüfung in Revision VIII.C.2 B; s. a. Verlesung von Vernehmungsprotokollen

Protokollführer Ablehnung wegen Befangenheit VII.B.19 b

Protokollierung von Zeugenaussagen VII.B.15

Prozeßkostenhilfeantrag für Verletztenbeistand XIII.E.Einf.; im Adhäsionsverfahren XIII.D.Einf.; im Klageerzwingungsverfahren XIII.A.2 Anm. 6; im Nebenklageverfahren XIII.C.2, XIII.E.Einf.; im Privatklageverfahren XIII.B.2; im Verfassungsbeschwerdeverfahren XV.3 II § 1

Prozeßurteile IX.2 (1) a

Prozeßvollmacht II.2 Anm. 5, II.3 Alt.B Anm. 2

Psychatrisches Krankenhaus s. Unterbringung

Realakte im Maßregelvollzug X.B.1c (cc), X.B.3 Anm. 9, X.B.9 Anm. 1

Rechtliches Gehör Antrag auf nachträgliche Gewährung VIII.F.1; Beschwerde gegen Ablehnung der Gewährung VIII.F.1 Anm. 2; im Maßregelvollzug X.B.16 Anm. 3; im Strafbefehlsverfahren IV.11 Anm. 1, XV.3

Rechtsanwalt als Vertreter des Privatklägers XIII.B.1 Anm. 6, XIII.B.2 Anm. 6, 12; als Vertreter des Verletzten im Klageerzwingungsverfahren XIII.A.2 Anm. 3, 4, 6; als Vertreter im Sühneverfahren XIII.B.1 Anm. 6; als Zeugenbeistand XIII.E; Unterzeichnung der Revisionsbegründung VIII.C.3 Anm. 9; Unterzeichnung des Wiederaufnahmeantrags IX.2 (7)

Rechtsauskunft I.B.1a, I.C.1a

Rechtsbehelfe bei Strafvollstreckung X.A.1 nach Anm. 6, X.A.8 nach Anm. 14, X.A.9 nach Anm. 9; gegen Berufungsverwerfungsbescheid VIII.B.5; gegen Steuerverwaltungsakt XII.B.5 Anm. 5; gegen Zurückweisung Zeugenbeistand XIII.E.Einf.; im Gnadenverfahren X.A.18; im Maßregelvollzug X.B.1c; Rücknahme XI.C.1 Anm. 5, 6; Übersicht VIII. vor A; Verzicht auf Einlegung XI.C.1 Anm. 5, 6; s. a. Dienstaufsichtsbeschwerde, Gegenvorstellung, Verfassungsbeschwerde, Wiederaufnahme, Wiedereinsetzung

Rechtsbeistand II.5 s. a. Zeugenbeistand

Rechtsbeschwerde im Bußgeldverfahren Begründung XI.E.2, 3; Beschränkung XI.E.4 Anm. 1, XI.E.5; Einlegung XI.E.1; gegen Ablehnung richterlicher Vernehmung XI.D.1 Anm. 5; gegen Beschluß im schriftlichen Verfahren XI.E.3; gegen Verurteilung wegen Verkehrsordnungswidrigkeit XI.E.2; Zulassungsantrag XI.E.4

Rechtsbeschwerde im Einziehungsverfahren gegen Entscheidungen im Nachverfahren XI.F.4 Anm. 9; wegen unzureichender Entschädigung XI.F.3;

Rechtsbeschwerde im Maßregelvollzug X.B.1c (dd), 13

Rechtshilfeabkommen VIII.C.4 II.6

Rechtskraft Hemmung durch Berufung VIII.B.Vorb.; von Bußgeldbescheiden XI.C.3 Anm. 4; von Strafbefehlen IV.Vorb. zu 11, IX.5 (1), XV.3, II.§ 3 (2); von Urteilen IX.2 (1)c

Rechtskreistheorie VII.A.15 Anm. 4

Rechtsmittel Beschränkung XII.A.13; Einlegung eines unbestimmten VIII.B.2, 3, VIII.C.1 Anm. 1; gegen erkennungsdienstliche Maßnahmen VIII.E; in Jugendstrafsachen VIII.B.1 Anm. 1, XII.A.13; -belehrung, unterbliebene VIII.D.3 Anm. 1; -verzicht VIII. vor A; Teilrücknahme VIII.B.7 Anm. 1; Übersicht VIII. vor A;

Referendar als Verteidiger II.5 Anm. 4

Reformatio in peius s. Berufung

Reststrafe Antrag auf Aussetzung zur Bewährung X.A.10

Zahlen nach Anm. = Anmerkungen der Formulare **Sachverzeichnis**

Revision Antrag auf Aufhebung Verwerfungsbeschluß VIII.D.7; bei abgelehnter Akteneinsicht VII.A.4 Anm. 9; Beruhen des Urteils auf Gesetzesverletzung VIII.C.3 Anm. 8; Checkliste zur Prüfung von Verfahrensfehlern VIII.C.2; Gegenerklärung zum Verwerfungsantrag VIII.C.9; Gegenvorstellung auf Nichtbestellung Pflichtverteidiger VIII.F.2; in Jugendstrafsachen XII.A.13; Literaturhinweise VIII.C; mit gleichzeitigem Wiedereinsetzungsantrag VIII.D.6; Übergang auf Berufung VIII.B.2 Anm. 1, VIII.C.1 Anm. 1; und Nebenklageverfahren XIII.C.5; s. a. Sprungrevision
Revisionsantrag VIII.C.1 Anm. 5, VIII.C.3 Anm. 3
Revisionsbegründungsschrift VIII.C.3-8; Sachrüge VIII.C.3, 8; Verfahrensrüge betr. Aufklärungspflicht VIII.C.7; Verfahrensrüge betr. Behandlung von Beweisanträgen VIII.C.4; Verfahrensrüge betr. Besetzung des Gerichts VIII.C.5; Verfahrensrüge betr. Öffentlichkeit VIII.C.6; Verfahrensrüge betr. unstatthafte Protokollverlesung VIII.C.5; Verfahrensrüge betr. Vereidigung von Zeugen VIII.C.3; verspätete VIII.D.7
Revisionseinlegung VIII.B.2, VIII.C.1; und Wiedereinsetzungsantrag VIII.D.6
Richterablehnung s. Ablehnung von Gerichtspersonen
Rügen s. Einwand, Sachrüge, Verfahrensrüge
Rügepräklusion Checkliste VII.A.16

Sachbeweis III.9 Anm. 2, VII.A.15 Anm. 5 b
Sachdienliche Angaben III.5 Anm. 3
Sachkunde des Gerichts, eigene VII.D.5 Anm. 1, VII.D.17 Anm. 2; und Revision VIII.C.4 II.9
Sachrüge allgemeine VIII.C.3; ausgeführte VIII.C.8; im Bußgeldverfahren XI.E.2 II; im Maßregelvollzug X.B.13;
Sachurteile IX.2 (1)a
Sachverständige Ablehnung wegen Befangenheit VII.B.19c, VIII.B.6 Anm. 4; Beauftragung durch Verteidiger III.7, 15; Beweisantrag auf Einholung -ngutachten VII.D.5; Beweisantrag auf Ladung VII.D.6; Beweisantrag auf Vernehmung VII.D.7, VIII.C.4 II.9; Hilfsbeweisantrag auf Zuziehung weiterer VII.D.17; im Wiederaufnahmeverfahren IX.4 C (14)c; im Wirtschaftsstrafverfahren XII.D.Einf.,XII.D.1 Anm. 4; Kontakt mit Verteidiger III.7; Ladung durch Verteidiger VII.D.2–4, 7 Anm. 8; Vernehmung III.10 Anm. 3, 4, VII.D.7, VIII.C.4 II. 9; Zulassung zur Hauptverhandlung VII.B.9
Schadensersatz Ansprüche gegen Verteidiger II.12 Anm. 5; im Adhäsionsverfahren XIII.D.1
Schädliche Neigungen XII.A.10 d

Schikanöse Behandlung bei Unterbringung X.B.9
Schmerzensgeldantrag im Adhäsionsverfahren XIII.D.2
Schöffen Ablehnung wegen Befangenheit VII.A.12, VII.B.19 a bb; Antrag auf Einsicht in Auslosungsprotokoll VII.C.5; Antrag auf Einsicht in Wahlunterlagen VII.C.4; Besetzungsrüge VII.C.8; Mitwirkung an Haftentscheidung V.5 Anm. 1; s. a. Ergänzungs-, Hilfs-, Jugendschöffen
Schriftliches Verfahren Rechtsbeschwerde gegen Beschluß im – XI.E.3
Schriftverkehr mit Gefangenen II.3 Alt. C, III.4; mit Sachverständigen III.7; mit Zeugen III.5
Schuld Geringfügigkeit der – IV.1 Anm. 1; Schwere der – XII.A.10 d
Schutzschrift s. Verteidigungsschrift
Schweigen des Angeklagten VII.A.14; bei polizeilicher Vernehmung VII.A.15 Anm. 2; in Jugendstrafsachen XII.A.2 Anm. 4;
Schweigepflicht III.14 I; in Steuerstrafsachen XII.B.5 Anm. 3; -entbindungserklärung II.9; Verschwiegenheitserklärung III.13
Selbstanzeige bei Steuerhinterziehung XII.B.2; ausführliche XII.B.4; nach § 371 Abs. 4 AO XII.B.3; und Kontrollmitteilung XII.B.5 Anm. 11
Selbstladung von Beweispersonen s. Ladung
Sicherheitsleistung für Kosten im Klageerzwingungsverfahren XIII.A.2 Anm. 6; zur Abwendung der U-Haft V.2 Anm. 10, 12, V.3
Sicherstellung des Führerscheins XI.A.9 Anm. 4
Sicherungseinziehung XI.F.1 Anm. 5
Sicherungshaftbefehl Antrag auf Aufhebung X.A.7; Beschwerde gegen – X.A.7 Anm. 2
Sitzordnung Antrag auf Änderung VII.B.2
Sprechschein Antrag auf Erteilung II.14
Sprungrevision VIII.B.1 Anm. 3, VIII.B.2 Anm. 1, VIII.C.1 Anm. 1
Staatsanwalt Antrag auf Ablösung VII.B.19 d
Staatskasse Kostentragung bei Berufung VIII.B.7 Anm. 3; Kostentragung bei Einstellung des Verfahrens IV.3 Anm. 4, 5; Kostentragung bei Freispruch XI.C.3 Anm. 6; Kostentragung bei mehreren Verteidigern II.4 Anm. 7; Kostentragung bei Ladung von Beweispersonen VII.D.2–4 Anm. 4; Kostentragung im Bußgeldverfahren XI.C.3 Anm. 6; Tragung von Dolmetscherkosten VII.A.10 Anm. 3, 7
Standesrecht Beratung durch Kammervorstand II.1 Alt.B Anm. 3; Grenzen zulässigen Verteidigerhandelns I.A.3; kollegiale Rückversicherung II.1 Alt.A Anm. 1
Stellungnahme im Ermittlungsverfahren III.17
Steuerberater als Verteidiger II.5
Steuerhinterziehung Strafzumessungskriterien VII.B.22 C

Sachverzeichnis
Röm. Zahlen, Großbuchstaben, arab. Zahlen = Formular

Steuerstrafverfahren Antrag auf Akteneinsicht XII.B.6; Antrag auf Aussetzung XII.B.7; Auskunftsersuchen gegenüber Unternehmen XII.C.1, 2; Aussagepflicht XII.C.3 Hinweis 1b; Begriff XII.C.3 Anm. 1; Berichtigungsanzeige XII.B.1; Beschlagnahme XII.C.4 Anm. 6, XII.C.5, XII.C.6 Nr. 8, 10; Beschwerdeschrift gegen Kontrollmitteilungen XII.B.5; Durchsuchung XII.C.5, 6 Nr. 8; Einsicht in Geschäftsunterlagen XII.C.4; Herausgabe von Unterlagen XII.C.1 Anm. 3, XII.C.4 Hinweis 1b, XII.C.6 Nr. 9, 10; Selbstanzeige XII.B.2-4; Verhaltensregeln für Unternehmen XII.C.6; Vernehmung von Beschuldigten/Zeugen XII.C.3; Zuständigkeit im Ermittlungsverfahren XII.C.1 Hinweis 1

Strafantrag des Dienstvorgesetzten VII.A.7a Anm. 1; des Mandanten III.19; Ersetzung durch Privatklage XIII.B.2 Anm. 17, XIII.B.4 Anm. 5; Kontakt des Verteidigers mit -sberechtigtem I.B.2a, I.C.2a; Rücknahme VII.A.7a; -sberechtigung VII.A.7b Anm. 1; Wirksamkeit VII.A.7b

Strafanzeige III.19

Strafaufschub s. Vollstreckungsaufschub

Strafaussetzung zur Bewährung Antrag auf Aufhebung Sicherungshaftbefehl X.A.7; Antrag auf Aufhebung von Weisungen X.A.4; Antrag bei Halbstrafe X.A.11, 12; Antrag bei Reststrafe X.A.10; bei Gesamtstrafenbildung X.A.3; Berufungsbeschränkung auf – VIII.B.8 Anm. 1; im Gnadenweg X.A.14, 15; im Jugendstrafverfahren XII.A.10 e, g; sofortige Beschwerde gegen Ablehnung X.A.13; sofortige Beschwerde gegen Widerruf X.A.6; Stellungnahme zum Widerrufsantrag X.A.5;

Strafbefehl Anregung zur Stellung des -santrags IV.11, 13; Einspruchseinlegung VIII.D.1; Ersetzung der Anklage durch – IV.12, 13; gegen Jugendliche XII.A.7 Anm. 4; rechtliches Gehör IV.11 Anm. 1, XV.3 II § 3 (1); Rechtskraft IV.Vorb. zu 11, IX.5 (1); Rechtskraft, beschränkte XV.3 II § 3 (2); Rücknahme des -antrags IV.12 Anm. 1; Wiederaufnahmeverfahren IX.5; Wiedereinsetzungsantrag bei Versäumung Einspruchsfrist VIII.D.1

Strafe Einbeziehung in Jugendstrafe XII.A.11; Höhe der – als Haftgrund V.4 Anm. 11;

Strafunterbrechung s. Vollstreckungsunterbrechung

Strafverfolgung Maßnahmen zur Sicherstellung der – V.3

Strafvollstreckung Antrag auf Gesamtstrafenbildung X.A.2; Antrag auf Zahlungserleichterung X.A.1; Beschwerde gegen Gesamtstrafenbeschluß X.A.3; -mehrerer Freiheitsstrafen X.A.11 Anm. 8; Rechtsbehelfe gegen Entscheidungen der Vollstreckungsbehörden X.A.1 nach Anm. 6, X.A.8 nach Anm. 14, X.A.9 nach Anm. 9; Reihenfolge mit Maßregelvollstreckung X.B.17 Anm. 1, X.B.19; und Wiederaufnahmeverfahren IX.7; Vollzugstauglichkeit X.A.9; von Geldstrafen X.A.1 Anm. 3; Zurückstellung im Betäubungsmittelrecht X.A.19; s.a. Vollstreckungsaufschub, Vollstreckungsunterbrechung

Strafzumessung VII.B.22; bei Betäubungsmitteldelikten VII.B.22 B; bei Steuerhinterziehung VII.B.22 C; bei Verhängung der Jugendstrafe XII.A.10d; im Verkehrsrecht VII.B.22 A.III

Sühneversuch im Privatklageverfahren XIII.B.1

Tagebuchaufzeichnungen Verwertungsverbot VII.A.15 Anm. 6

Tatsachen Arten IX.4 B; Wiederaufnahmeverfahren bei neuen – IX.3 (3), IX.4, 9

Tatschwere als Haftgrund V.1 Anm. 8, V.5 Anm. 9

Tatverdacht dringender V.1 Anm. 8, V.4 Anm. 10, V.5 Anm. 3, 9, V.6 Anm. 3; hinreichender VI.1 Anm. 2, VII.A.5; nachträglicher Wegfall VII.A.5

Teilrechtskraft von Urteilen IX.2 (1)c

Telefax Einlegung Rechtsbeschwerde per – XI.E.2 Anm. 10

Termin s. Hauptverhandlungstermin, Benachrichtigung des Verteidigers

Terminsnachricht an Zeugenbeistand XIII.E.2 Anm. 5; von Anhörung im Maßregelvollzug X.B.16 Anm. 3; von kommissarischer Vernehmung VII.A.9 Anm. 6; s.a. Benachrichtigung des Verteidigers

Tonbandaufnahmen Verwertungsverbot bei heimlichen VII.A.15 Anm. 6; während der Hauptverhandlung VII.B.10

Trunkenheitsfahrt Strafzumessungskriterien VII.B.22 A.III; s.a. Fahruntüchtigkeit

Überwachung des Briefwechsels von Gefangenen III.4; des Fernmeldeverkehrs VII.A.15 Anm. 7

Überweisung von Anstalt zu Anstalt X.B.19, 20

Umweltstrafrecht Abfallbeseitigung, umweltgefährdende XII.E.3; Berufungsbegründung VIII.B.6; Gewässerverunreinigung XII.E.1, 2; materielles – XII.E. Vorb.; Verteidigungsstrategie XII.E. Vorb.; s.a. Verteidigungsschrift in Umweltstrafsachen

Unfallflucht Strafzumessungskriterien VII.B.22 A.III

Ungebühr vor Gericht VIII.A.5 Anm. 5

Untätigkeitsklage im Maßregelvollzug X.B.6, 7

Unterbrechung der Hauptverhandlung Antrag VII.B.12; Antrag bei Mitteilung der Gerichtsbesetzung VII.C.1; Antrag bei Verteidigerwechsel VII.B.20d Anm. 1–3; bei Verfahrenshindernis VII.B.11 Anm. 2

Zahlen nach Anm. = Anmerkungen der Formulare **Sachverzeichnis**

Unterbringung Abbruch wegen Aussichtslosigkeit X.B.18; Anhörung des Untergebrachten X.B.16 Anm. 3; Dauer X.B.15 Anm. 2, X.B.16, XV.2; Überbelegung des -sraumes X.B.13; zivilrechtliche Vormundschaft X.B.16 Anm. 6; s. a. Maßregelaussetzung zur Bewährung, Maßregeln der Besserung und Sicherung pp.
Unterlassung Antrag auf einstweilige Verfügung III.20 f; Aufforderung zur Abgabe Verpflichtungserklärung III.20 d; bei Presseberichten III.20 Vorb. 1 f; Verpflichtungserklärung III.20 e
Unterlassungsklage gegen Androhung einer Maßnahme (Verlegung) X.B.8; gegen Realakte (Schikanen) X.B.9; vorbeugende X.B.8 Anm. 1
Unternehmen Verhaltensregeln bei staatsanwaltschaftlichen Ermittlungshandlungen XII.C.6
Unterschrift des Verteidigers auf Klageerzwingungsantrag XIII.A.2 Anm. 17; auf Wiederaufnahmeantrag IX.2 (7); bei Rechtsbeschwerde XI.E.2 Anm. 10; bei Revision VIII.C.3 Anm. 9
Untersuchungshaft XV.1 Anm. 26; Abwendung gegen Auflagen V.1 Anm. 10, V.2 Anm. 9–12; Abwendung gegen Sicherheitsleistung V.2 Anm. 10, 12, V.3; Anträge zur Ausgestaltung V.11; Jugendliche in – XII.A.3; Rechtsbehelfsübersicht V.12; über 6 Monate V.9; s. a. Haftabwendung pp.
Untervollmacht II.6
Urlaubssperre X.B.10; während Unterbringung X.B.4
Urkunde Beweisantrag auf Verlesung VII.D.8; Verlesbarkeit VII.A.15 Anm. 5
Urkundenbeweis VII.A.15 Anm. 5; im Wiederaufnahmeverfahren IX.4 C (14)a; und Revision VIII.C.2 B.I.9
Urteil Aufhebung IX.Vorb.; Ausschließung der Öffentlichkeit bei -sverkündung VII.B.18 b; Rechtskraft IX.2 (1)c; Verlesbarkeit VII.A.15 Anm. 5a; s. a. Prozeßurteil, Sachurteil

Veränderung des rechtlichen Gesichtspunktes VII.B.13 b
Verantwortlichkeit, strafrechtliche von Heranwachsenden XII.A.7; von Jugendlichen XII.A.2 Nr. 8, XII.A.6
Verdunkelungsgefahr als Haftgrund V.1 Anm. 8, V.5 Anm. 7
Vereidigung von Sachverständigen VIII.C.2 B.I.8 b; von Zeugen VIII.C.2 B.I.7 h, VIII.C.3
Verfahren, faires XV.2 II § 2 (2)
Verfahrenseinstellung s. Einstellung
Verfahrensfehler Checkliste für Revision VIII.C.2; s. a. Verfahrensrügen

Verfahrenshindernis Einstellungsanträge VII.A.7, VII.B.6a, 11, XI.C.4
Verfahrensrügen VIII.C.3-7; Behandlung von Beweisanträgen VIII.C.4, 7, XI.E.2 I; Checkliste VIII.C.2; im Bußgeldverfahren XI.E.2 Anm. 6; Nichteinhaltung von Ladungsfristen VII.B.5 Anm. 8; Vereidigung von Zeugen VIII.C.3; Verlesung von Protokollen VIII.C.5 II.2; Wiedereinsetzung zur Nachholung von – VIII.D.Vorb.; s. a. Aufklärungs-, Besetzungs-, Öffentlichkeits-, Zuständigkeitsrüge
Verfassungsbeschwerde bei Abbruch Unterbringung wegen Aussichtslosigkeit X.B.18; Ablehnung des Bundesverfassungsrichters XV.6; Antrag auf Erlaß einstweilige Anordnung XV.4; bei ablehnender Gnadenentscheidung X.A.18 Anm. 1; Gegenstandswertfestsetzung XV.7; Kostenfestsetzung XV.8; und Wiedereinsetzung XV.1 Anm. 10; Vollmacht XV.5; wegen Auslieferungsentscheidung XV.1; wegen Strafbefehl XV.3; wegen Unterbringungsmaßnahmen XV.2; s. a. Menschenrechtsbeschwerde
Verhältnismäßigkeitsgrundsatz bei Auslieferungshaft XV.1 Anm. 29; bei Unterbringung X.B.16 Anm. 2; bei Untersuchungshaft V.4 Anm. 12, V.6 Anm. 4, V.9 Anm. 9; in Jugendstrafsachen XII.A.3 Anm. 1 c
Verhandlungsunfähigkeit des Angeklagten VII.A.6
Verhinderung des Verteidigers II.6 Anm. 3; an Terminswahrnehmung VII.A.1, 2; Aussetzung der Hauptverhandlung VII.A.2 Anm. 5, VII.B.13 c bß
Verhörperson als Zeuge VII.A.15 Anm. 5e, VIII.C.5 II.2
Verjährung und Verfahrenseinstellung VII.A.7c, XI.C.4; von Ordnungswidrigkeiten XI.C.4 Anm. 11-14; von Straftaten VII.A.7c
Verkehrszentralregister XI.B.3 Anm. 8
Verkehrsrecht Strafzumessungskriterien VII.B.22 A.III
Verlesung von Behördenzeugnissen VII.A.15 Anm. 5h; von Eintragungen im Erziehungsregister VII.B.14b; von früheren Urteilen VII.A.15 Anm. 5a; von Geständnissen VII.A.15 Anm. 5g; von Urkunden VII.A.15 Anm. 5; von Widersprüchen VII.A.15 Anm. 5g
Verlesung von Vernehmungsprotokollen VII.A.15 Anm. 5; in Berufungsverhandlung VIII.B.Vorb., VIII.B.1 Anm. 3; und Revision VIII.C.5 II.2; Verbot nach Zeugnisverweigerung VII.A.15 Anm. 5d, e, VIII.C.5 II.2; zur Gedächtnisunterstützung VII.A.15 Anm. 5f
Verletzter im Adhäsionsverfahren XIII.D.1 Anm. 4; im Klageerzwingungsverfahren

Sachverzeichnis

Röm. Zahlen, Großbuchstaben, arab. Zahlen = Formular

XIII.A.1 Anm. 3, 9; im Privatklageverfahren XIII.B.3 Anm. 2

Vernehmung formlose III.8 Anm. 14; kommissarische des Betroffenen im Bußgeldverfahren XI.D.1; von Jugendlichen XII.A.2 Nr. 4; von Sachverständigen III.10 Anm. 3, 4, VII.D.7, VIII.C.4 II.9; von Verhörpersonen VII.A.15 Anm. 5e, VIII.C.5 II.2

Vernehmung des Beschuldigten Antrag auf Ladung des Verteidigers III.10; Anwesenheit des Verteidigers III.10 Anm. 1, 2, V.1 Anm. 7, XII.C.6 Nr. 7; Belehrung bei polizeilicher VII.A.15 Anm. 2; im Besteuerungsverfahren XII.C.3; im Steuerstrafverfahren XII.C.3

Vernehmung von Zeugen Antrag auf kommissarische VII.A.9; Anwesenheit des Verteidigers III.10 Anm. 3, 4, XI.C.4 Anm. 9, XII.C.6 Nr. 7; Gegenüberstellung III.10 Anm. 1, VII.B.2a; Genehmigungsantrag für Teilnahme an kommissarischer XIV.B.4; im Besteuerungsverfahren VII.A.9 Anm. 7, XII.C.3; im Bußgeldverfahren XI.A.6, XI.C.4 Anm. 9; im Steuerstrafverfahren XII.C.3; Jugendliche XIII.E.Einf; staatsanwaltschaftliche XIII.E.3; und Revision VIII.C.7

Vernehmungsfähigkeit VII.A.15 Anm. 3

Vernehmungsmethoden unzulässige VII.A.15 Anm. 3

Vernehmungsprotokoll s. Protokoll

Vernehmungstechnik VII.B.21; auf Gewährung auswärtigen Wohnens X.B.4; auf Gewährung von Gesundheitsbehandlung X.B.5; auf Gewährung von Urlaub X.B.4

Verschlechterungsverbot s. reformatio in peius

Verschleppungsabsicht bei Beweisanträgen I.B.4a, I.C.4f, VIII.C.4 II.8

Verschwiegenheitserklärung III.13; s.a. Schweigepflicht

Verständigung, informelle III.17 Anm. 3, 4, IV. Vorb.

Verteidiger als Vertreter des Beschuldigten II.7; als Vertreter im Bußgeldverfahren XI.A.1 Anm. 3; in Jugendstrafsachen XII.A.1; in Steuerstrafsachen II.5; in Wirtschaftsstrafsachen XII.D.1; -wechsel in Hauptverhandlung VII.B.20c, d; s.a. Pflichtverteidiger, Wahlverteidiger

Verteidigergespräch III.17 Anm. 3, 4

Verteidigerpost II.3 Alt.C, III.4; Beschwerde gegen Beschlagnahme VIII.A.2

Verteidigung Grenzen zulässiger I.A-C

Verteidigung, notwendige VII.B.20a, XV.2 Anm. 12, bei Schwierigkeit Sach- und Rechtslage II.13 Anm. 2, XI.A.4, XIII.B.2 Anm. 11, 12; bei Unterbringung X.B.16 Anm. 1, XV.2 II § 2 (4); bei Verständigungsschwierigkeiten VII.A.10 Anm. 6, XIII.B.2 Anm. 11, 12; im Bußgeldverfahren XI.A.4; im Jugendstrafverfahren XII.A.3 Anm. 2; im Privatklageverfahren XIII.B.2 Anm. 11, 12; in Revisionshauptverhandlung VIII.F.2 Anm. 6

Verteidigungsschrift im Bußgeldverfahren XI.C.4; im Ermittlungsverfahren III.17, IV.2; im Zwischenverfahren VI.1, 2, XI.C.4

Verteidigungsschrift in Umweltstrafsachen Ermittlungsverfahren XII.E.1, 4; Zwischenverfahren XII.E.2, 3

Verteidigungsstrategie im Jugendstrafverfahren XII.A.10

Vertretung bei steuerlicher Selbstanzeige XII.B.2 Anm. 6; bei Verhinderung des Verteidigers II.6 Anm. 3; des Beschuldigten in Hauptverhandlung II.7; des Kfz-Halters im Kostenverfahren XI.A.13 Anm. 3; im Sühneverfahren XIII.B.1 Anm. 5

Vertretungsanzeige II.10; des Zeugenbeistandes XIII.E.1; im Bußgeldverfahren XI.A.1; im Ermittlungsverfahren III.2

Verwaltungsbehörden Zuständigkeit im Bußgeldverfahren XI.A.1 Anm. 1

Verwarnung Anfechtung im Bußgeldverfahren XI.A.2; Antrag auf gerichtliche Entscheidung gegen Ablehnung der Rücknahme XI.A.3; in Jugendstrafsachen XII.A.10c Nr. 1; mit Strafvorbehalt IV. Vorb. zu 11

Verwarnungsgeld Anfechtung der Ablehnung der Rückzahlung XI.A.3; Antrag auf Rückzahlung XI.A.2

Verweisungsantrag bei funktioneller Unzuständigkeit VII.B.6b

Verwertungsverbot bei unterbliebener Belehrung VII.A.15 Anm. 2, 4; bei unterbliebener Benachrichtigung des Verteidigers VII.A.15 Anm. 9; nach Zeugnisverweigerung VIII.C.5 II 2; verfassungsrechtliches VII.A.15 Anm. 6; von mittelbar erlangtem Beweis VII.A.15 Anm. 8

Vikariierung von Strafe und Maßregel X.B.19, 20

Vollmacht bei Berufungsbeschränkung VIII.B.7 Anm. 1; bei Teilrücknahme Rechtsmittel VIII.B.7 Anm. 1; des Ehegatten XI.C.2 Anm. 5; für Rechtsmittel gegen erkennungsdienstliche Maßnahmen VIII.E.1 Anm. 3; im Bußgeldverfahren XI.A.1 Anm. 3, XI.C.3 Anm. 3, XI.D.1 Anm. 7; im Gnadenverfahren X.A.14 Anm. 2; im Klageerzwingungsverfahren XIII.A.2 Anm. 4; im Steuerstrafverfahren XII.B.2 Anm. 6, 7; im Verfassungsbeschwerdeverfahren XV.5; im Vertretungsfall II.7; im Vollstreckungsverfahren X.A.10 Anm. 1; im Wiederaufnahmeverfahren IX.2 Anm. 41, IX.8 Anm. 3; im Wirtschaftsstrafverfahren XII.D.1 Anm. 2; s.a. Prozeßvollmacht

Vollstreckung s. Maßregelvollstreckung, Strafvollstreckung

Zahlen nach Anm. = Anmerkungen der Formulare **Sachverzeichnis**

Vollstreckungsaufschub Antrag X.A.8, 9; Einwendungen gegen Ablehnung X.A.8 nach Anm. 14, X.A.9 nach Anm. 9; im Gnadenweg X.A.16; im Wiederaufnahmeverfahren IX.7 (1)a; und Verfassungsbeschwerde XV.4

Vollstreckungsbehörden X.A.1 Anm. 3; Einwendungen gegen Entscheidungen der – X.A.1 nach Anm. 6, X.A.8 nach Anm. 14, X.A.9 nach Anm. 9

Vollstreckungshaftbefehl X.A.8 Anm. 3, X.A.9 Anm. 5

Vollstreckungshemmung bei Gnadengesuch X.A.14 Anm. 6; im Einziehungsverfahren XI.F.4 Anm. 5; im Wiederaufnahmeverfahren IX.7

Vollstreckungsunterbrechung X.A.11 Anm. 5; im Gnadenweg X.A.17; im Wiederaufnahmeverfahren IX.7 (1)a

Vollzugsuntauglichkeit X.A.9

Vorbewährung XII.A.10g

Vorführung des Beschuldigten V.4; des Betroffenen im Bußgeldverfahren XI.D.2

Vorgespräch II.1 Alt. A Anm. 4, II.1 Alt. B Anm. 1

Vorläufige Festnahme V.4

Vorladung zur Vernehmung XII.C.3

Vornahmeklage bei Rechtsverletzung Dritter X.B.7; bei Untätigkeit X.B.6, 7

Vorschuß s. Auslagenvorschuß, Gebührenvorschuß, Honorarvorschuß

Vorstrafen, getilgte VII.A.15 Anm. 1

Wahlgegenüberstellung III.10 Anm. 1

Wahlverteidiger XV.2 Anm. 12; Bestellung zum Pflichtverteidiger VII.B.20a; im Bußgeldverfahren XI.A.1 Anm. 3; Ladung mehrerer VII.B.5b; mehrere II.4 Anm. 4, 5; XI.A.1 Anm. 3, XII.B.6 Anm. 5; neben Pflichtverteidiger II.4 Anm. 7, VII.B.20b

Wahrunterstellung VIII.C.4 II.2

Weisungen Antrag auf Aufhebung X.A.4; bei gnadenweiser Strafaussetzung X.A.14 Anm. 21; Einstellung des Verfahrens unter – IV.4-7; im Jugendstrafverfahren XII.A.10b

Widerklage im Privatklageverfahren XIII.B.6

Widerruf der Bewährungsstrafe X.A.5, 6; eines Geständnisses IX.4 D (20)a; von Gnadenentscheidungen X.A.18 Anm. 2e; von Pressemitteilungen III.20 Vorb. 1c, d; von Zeugenaussagen IX.4 D (20)d

Widerspruch gegen schriftliches Verfahren XI.E.3 Anm. 5; Verlesbarkeit VII.A.15 Anm. 5g; -sverfahren im Maßregelvollzug X.B.1c (bb)

Wiederaufnahme bei fortgesetzter Handlung IX.2 (1)e; gegen Strafbefehl IX.2 (1), IX.5; Gründe IX. Vorb.; Haftfragen IX.7; nach § 79 BVerfGG IX. Vorb; zugunsten des Verurteilten IX.1 (1), IX.3, 4, 5 (2); Zulässigkeitsvoraussetzungen IX.2; Zuständigkeit in Wirtschaftsstrafsachen IX.2 Anm. 78; zuungunsten des Verurteilten IX.1 (2), IX.5 (1)

Wiederaufnahmegesuch bei Falschaussage von Beweispersonen IX.3; bei neuen Tatsachen und Beweismitteln IX.3 (3), IX.4, 8, 9; wiederholtes IX.6

Wiedereinsetzung bei Ausbleiben des Angeklagten in Hauptverhandlung VIII.D.5; bei Nichterscheinen des Verteidigers in Revisionsverhandlung VIII.F.2 Anm. 3; bei Versäumung der Berufungseinlegungsfrist VIII.D.3; bei Versäumung der Beschwerdefrist gegen Einstellungsbescheid VIII.D.4, XIII.A.1 Anm. 2; bei Versäumung der Einspruchsfrist gegen Bußgeldbescheid VIII.D.2; bei Versäumung der Einspruchsfrist gegen Strafbefehl VIII.D.1, XV.3 II § 3 (1); bei Versäumung der Frist für Revisionsverteidigerbestellung VIII.F.2 Anm. 3; bei Versäumung Klageerzwingungsfrist XIII.A.2 Anm. 2; bei Versäumung der Revisionsbegründungsfrist VIII.D.7; bei Versäumung der Wiedereinsetzungsfrist VIII.D.1; gegen Urteile VIII.D.5, 6; im Verfassungsbeschwerdeverfahren XV.1 Anm. 10; mit gleichzeitiger Berufungseinlegung VIII.B.4, 5 Anm. 3, VIII.D.3; mit gleichzeitiger Revisionseinlegung VIII.D.6; und Wiederaufnahmeverfahren IX.2 Anm. 15; Vorkehrungen gegen Fristversäumnis XV.3 II § 3 (1); wegen Ausbleiben des Angeklagten VIII.B.4, VIII.D.5, 6

Wiedererkennung s. Identifizierung

Wiedergutmachung Aufhebung von Urteilen IX.Vorb.

Wiedergutmachung des Schadens Einstellung nach – IV.4; in Jugendstrafsachen XII.A.10c Nr. 2a

Wiederholungsgefahr als Haftgrund V.1 Anm. 8, V.5 Anm. 8; Rechtsbeschwerde bei – von Fehlentscheidungen XI.E.4 Anm. 1

Willensfreiheit, Verbot der Beeinträchtigung I.B.2a (bb), VII.A.15 Anm. 3

Wirtschaftsstrafverfahren Akteneinsicht XII.D.1 Anm. 3, 5-7; Bestellung als Zeugenbeistand XII.D.2; Beweiserhebung XII.D.Einf.; materielles Strafrecht XII.D.Einf.; sofortige Beschwerde gegen Rückerstattungsanordnung XI.G.1; Verteidigerbestellung XII.D.1; Zuständigkeit für Wiederaufnahmeverfahren IX.2 Anm. 78

Zahlungsauflage s. Geldbuße

Zahlungserleichterung Antrag auf – bei Geldstrafe X.A.1; Einwendung gegen Ablehnung X.A.1 nach Anm. 6

Zeugen Antrag auf Erteilung Aussagegenehmigung VII.B.17; im Wiederaufnahmeverfahren

Sachverzeichnis

Röm. Zahlen, Großbuchstaben, arab. Zahlen = Formular

IX.4 C (14)b, D (20)d; Kontakt mit Verteidiger I.B.2a, III.5; Ladung durch Verteidiger VII.D.3, 4; Ordnungsmittel gegen – XIII.E.3; Schriftsatz zum Schutz vor Selbstbezichtigung XIII.E.2; Unerreichbarkeit VIII.C.4 II.6; Ungeeignetheit VIII.C.4 II.7; Vereidigung VIII.C.2 Anm. B.I.7h, VIII.C.3; Wiederaufnahmeverfahren bei Aussagedelikten von – IX.3; s.a. Auskunftsverweigerung, Zeugnisverweigerung

Zeugenbefragung s. Befragung

Zeugenbeistand XIII.E; Akteneinsicht XIII.E. Einf.; Anwesenheitsrecht XIII.E. Einf.; Bestellung im Wirtschaftsstrafverfahren XII.D.2; Kosten XIII.E. Einf.; Mandatsanzeige XIII.E.1; Rechtsbehelf gegen Zurückweisung XIII.E. Einf.

Zeugenbelehrung s. Belehrung von Zeugen

Zeugeneinvernahme s. Befragung

Zeugenerklärung bei anwaltlicher Befragung III.5 Anm. 7, III.6

Zeugenpflichten XIII.E.Einf.

Zeugenrechte XIII.E.Einf.

Zeugenvernehmung s. Vernehmung von Zeugen

Zeugnisverweigerungsrecht III.14, VIII.C.5 II.2; bei Gegenüberstellung VII.B.2a Anm. 2; Herausgabe von Unterlagen und – XII.C.1 Anm. 3; und Verwertungsverbot VII.A.15 Anm. 5d; von Sozialarbeitern der Jugendgerichtshilfe XII.A.2 Nr. 5

Zuchtmittel XII.A.10c; Verbindung mit anderen Maßnahmen XII.A.10a

Zufallsfund III.8 Anm. 4; Verwertbarkeit VII.A.15 Anm. 7, XII.C.5 Anm. 7

Zuständigkeitsrüge VII.B.6; Verlust bei funktioneller Zuständigkeit VII.A.16

Zustellung des Einstellungsbescheides XIII.A.1 Anm. 5; gerichtlicher Hinweis nach § 72 OWiG XI.E.3 Anm. 4

Zustellungsbevollmächtigter V.1 Anm. 11, V.2 Anm. 11

Zwischenverfahren Beweisantrag VII.D.13; Einstellung VI.Vorb.; in Jugendstrafsachen XII.A.2; Verteidigungsschrift VI.1, 2; Verteidigungsschrift in Umweltstrafsachen XII.E.2, 3